GEORG HENSEL

SPIELPLAN

SCHAUSPIELFÜHRER

VON DER ANTIKE BIS ZUR

GEGENWART

1978

PROPYLÄEN

© 1978 by VERLAG ULLSTEIN GMBH · FRANKFURT/M · BERLIN · WIEN
PROPYLÄEN VERLAG
Gesamtherstellung: Druck- und Buchbinderei-Werkstätten
May & Co Nachf., Darmstadt
Printed in Germany 1978
ISBN 3 550 05622 2

INHALT

WOZU THEATER?

VORSCHLÄGE ZUM GEBRAUCH
DIESES BUCHES

Wozu die saure Arbeit der dramatischen Form?
Wozu ein Theater erbauet,
Männer und Weiber verkleidet,
Gedächtnisse gemartert,
die ganze Stadt auf einen Platz geladen?

Lessing

Gebrauchsanweisung zum Theater? Ist dies nötig? Genügt nicht die Liebe zum Theater? Sie genügt; doch »auch die Liebe«, meinte schon Ovid, der einiges von ihr verstand, »will gelernt sein«. Es kann nichts schaden, vor der Begegnung mit dem Gegenstand meiner Liebe auf der Bühne oder auf dem Bildschirm etwas darüber zu erfahren, wie er beschaffen ist, und was er von mir erwartet. Denn nicht nur der Besucher erwartet etwas vom Theater; auch das Theater erwartet — wie dies unter Liebenden üblich ist — etwas von seinen Besuchern.

Die Antigone des Sophokles, rund 2400 Jahre alt, stellt andere Anforderungen als die Antigone des Anouilh, eine Mittzwanzigerin. Der Spielplan des Theaters umfaßt Stücke aus einem Zeitraum von zweitausendfünfhundert Jahren, und allen gegenteiligen Behauptungen zum Trotz ist es für einen Theaterbesucher nützlich, etwas über diese zweieinhalb Jahrtausende zu wissen. Der Begriff ›Bildung‹ ist in Verruf geraten, doch wer möchte ernsthaft die Sätze eines Mannes bestreiten, die Christine Reinhardt in einem Brief an ihre Mutter, Anfang Juli 1807, überliefert hat: »Überhaupt glaubt man nicht, wie sehr das Theater, wenn man so zehn Jahre lang es alle Abende besucht, bildet. Da kommt denn doch alles vor: Welt, Kunst, Moral tritt durch das Spiel der Personen hervor, und durch die Freiheit des Urteils gewinnt es für die Zuschauer neues Interesse und Lebendigkeit. Auch bei meinem Sohne habe ich es bemerkt.« Der Mann war Goethe, doch bedürfte es seiner etwas erschreckenden Autorität nicht, um ihm zuzustimmen.

Wer geht schon zu einem Rendezvous mit Welt, Kunst, Moral, mit dem Spiel der Personen, ohne wenigstens den Namen seiner Verabredung zu kennen? ›Antigone‹ taucht in der Theatergeschichte mindestens ein Dutzendmal auf, aber mit diesem Namen ist noch nicht einmal gesagt, daß man durch wallende, antike Gewänder und überanstrengte Stimmen bedroht wird: Anouilhs Antigone ist ein Mädchen von heute; Brechts Antigone beginnt im März 1945, als die Russen gerade Berlin erobern. Wer eine ausgesprochene Abneigung gegen die Jungfrau von Orleans hat, der kann sich dennoch an ihr ergötzen, falls sie von Shaw, Brecht oder Anouilh geschrieben ist. Wer das lothringische Mädchen heroischer vorzieht, der wird die Stücke dieser drei Herren meiden, sich aber die Johanna von Schiller oder von Claudel nicht entgehen lassen.

Wer hat schon die Titel von Aischylos bis Anouilh im Kopf? Und diese Titel führen nicht selten in die Irre: Ionescos ›Kahle Sängerin‹ singt nicht, sie ist nicht einmal kahl; es gibt sie gar nicht, obwohl ein Stück nach ihr benannt ist.

Dieses Buch will zunächst solche Irrtümer und Fehlbegegnungen durch einfache Auskünfte vermeiden. Der eilige Leser schlägt nach und weiß, wer das Stück wann geschrieben hat, wann es zum erstenmal aufgeführt worden ist, wann und wo es spielt, und worum es geht. Wer freilich im dritten Satz einer Inhaltsangabe nicht mehr weiß, ob Mathilde nun die Mutter, die Geliebte oder die Tochter des Schwagers oder des Onkels des jungen Mannes beziehungsweise des Stiefbruders aus erster Ehe oder aber dieses blutschänderischen Bastards sei, dessen Name so schwer auszusprechen ist — dem ist wenig geholfen. Über den ›Inhalt‹ wird hier deshalb nur so viel erzählt, daß man den Grundriß des Geschehens erkennt.

Wer damit nicht zufrieden ist — und nichts wünscht sich der Verfasser dieses Buch mehr als solche Leser —, der blättert ein wenig vor und informiert sich über den Autor des Theaterstücks. Er wird dort Namen und Daten finden, aber auch bezeugte Geschichten und Äußerungen des Autors, die mehr über ihn sagen als ein heruntererzählter Lebenslauf. Die Geschichte beispielsweise, daß Tschéchows Sarg in Moskau in einem Güterwagen mit der Inschrift ›Für Austern‹ ankam und von nur hundert Menschen zum Friedhof geleitet wurde, weil die andern Freunde Tschéchows versehentlich im Trauerzug eines Generals mitliefen und sich dabei nur über die Militärmusik wunderten — dies zu erzählen, mag manchem strafwürdig unwichtig erscheinen; nicht so dem Verfasser dieses Buches, der solche Geschichten aufgelesen hat, weil er glaubt, daß Geschichte nur dann interessant ist, wenn sie durch Geschichten erzählt wird und daß jeder die Geschichten erlebt, die zu ihm passen — und sei es erst bei der Beerdigung.

Das bedenkliche Wort ›Geschichte‹ ist gefallen und fordert das Geständnis, daß der noch neugierigere Leser am Eingang jedes Kapitels ein Stück Theatergeschichte findet. Es wird zur freiwilligen Lektüre unverbindlich dem angeboten, der — vielleicht nach der Aufführung — nun doch einmal wissen will: Wie war das damals, als dieses Stück zum erstenmal gespielt wurde? Wie sah das Theater aus — eine Wanderbühne, ein festes Haus, der Saal eines Schlosses? Was für Dekorationen hatte man, und welchen Sinn hatten sie? Wer saß da vor der Bühne — oder stand man dort gar? (denn ein stehendes Publikum muß lebhafter unterhalten werden als ein sitzendes). Wen herrschte Goethe an, wenn er das Weimarer Publikum anherrschte, und was hielt Schiller von der Abendkasse? Waren Frauen — auf der Bühne und im Zuschauerraum — zugelassen? Und wer zahlte dies alles — der Staat, das Publikum oder beide?

Man kann dieses Nachschlage-Buch auch lesen, von vorn nach hinten, und am Ende ist man durch die Geschichte des Theaters von Thespis bis Tennessee Williams spaziert.

Sie ist nicht vollständig, diese Geschichte, die hier wiederum zum größten Teil aus Geschichten besteht; aber sie versucht, den Hintergrund derjenigen Epochen ein bißchen lebendig zu machen, deren Stücke auf den gegenwärtigen Bühnen noch lebendig sind.

Die ersten Kapitel folgen dem ›klassischen‹ Theater: von Griechenland nach Spanien, England, Frankreich und Italien mit Rückgriffen in die römische Komödie, nach Deutschland, Österreich, Rußland, Skandinavien und Amerika. Unter ›klassisch‹ wird dabei nicht der enge literarische Stilbegriff verstanden, sondern wie in der Umgangssprache das Musterhafte, das die Theaternationen in ihrer Blütezeit nacheinander, manchmal auch gleichzeitig, herausgebildet haben. (Bei Amerika darf man sich streiten, ob dort solche ›klassischen‹ Muster überhaupt entstanden, oder ob nicht alle amerikanischen Stücke in den verschiedenen Abteilungen des zeitgenössischen Theaters unterzubringen sind.) Über diese ›klassischen Stücke‹ ist meist mehr zu lesen als über die modernen: sie sind, der landläufigen Meinung zum Trotz, schwieriger, schon deshalb, weil sie älter sind. Erklärt ist nur, was der Erklärung bedarf. So wird man über leicht einzusehende Stücke und vor allem über Komödien nur das Nötigste finden: erklärter Humor ist, wenn man trotzdem nicht lacht.

Das moderne Theater, das mit Ibsen, Strindberg und Pirandello beginnt, bedient sich so wunderbarer Begriffe wie naturalistisch, symbolistisch, expressionistisch, surrealistisch, existentialistisch, episch, absurd. Es ist so selbstverständlich wie betrüblich, daß sie sich kaum umgehen lassen (obwohl sie so oft wie möglich vermieden werden), und an passender Stelle ist von ihnen auch die Rede (ohne daß der Leser eine Gehirnverschlingung befürchten müßte), doch hat der Autor sie nicht als Ordnungsschubfächer benutzt. Alle diese stilistischen Unterscheidungen erscheinen ihm zweitrangig angesichts der fünf Gründe, die ein Mensch der Gegenwart haben kann, seine Zeit damit zu verbringen, daß er Theaterstücke schreibt.

1. Er will die Welt so zeigen, wie sie ihm erscheint, dicht an der Wirklich-

keit — dieser Autor führt sein Publikum zur Begegnung mit sich selbst ins Sprechzimmer der Seelenkenner; er wird auch Naturalist genannt.

2. Er will die Welt so zeigen, daß er damit eine weltliche oder geistliche Predigt verbinden kann — dieser Autor führt sein Publikum zur Belehrung in die Klasse der Schulmeister; er wird auch Moralist genannt.

3. Er will sich mit der Welt einen Jux machen — dieser Autor führt sein Publikum zum Spaß in den Salon der Spieler; er wird auch Komödiant genannt.

4. Er will die Welt, so widerborstig sie ihm erscheinen mag, mit allen ihren Übeln harmonisieren — dieser Autor führt sein Publikum zur Beglückung in einen Schwarm der Poesie; er wird auch Dichter im engeren Sinne genannt.

5. Mehr als diese vier Gründe konnte der Verfasser nicht finden. Wenn er trotzdem von fünf Gründen spricht, so nur sicherheitshalber: irgendjemand wird schon noch einen Grund entdecken.

Die modernen Autoren, quer durch ihre Stil-Etiketten und Nationen, sind hier also in vier Schubfächer gezwängt: sie klemmen nun ein bißchen, weil manche nicht ganz hineingehen und mit einem Bein schon draußen sind, um in ein anderes Schubfach umzusteigen — doch keine Ordnung ohne Grausamkeit!

Da es der Verfasser für menschenunmöglich hält, auch nur die Fragen, die sich ihm gestellt haben, alle selbst zu beantworten, hat er ausführlich und mit Lust zitiert: Meinungen der Autoren, Meinungen über die Autoren. Diese Partien liebt er besonders: er hat sie nicht zu schreiben, er hat sie nur herauszusuchen brauchen. Und außerdem erhofft er sich von ihnen eine Korrektur und Relativierung seiner eigenen Urteile, da er nicht imstande ist, sich als Instanz zu betrachten und schon gar nicht als unfehlbar. Gelegentlich hat er die verschiedenartigsten Ansichten so komponiert, daß eine heilsame Verwirrung entsteht, und dem Leser gar nichts anderes übrig bleibt, als sich zu einer eigenen Meinung zu entschließen.

Dieses Buch ist nicht für Theater-Fachleute bestimmt: sie wissen sowieso schon alles, und sie wissen es auch noch besser. Aber natürlich ist es ihnen dennoch nicht verboten, dies zu konstatieren. Dies Buch ist für Leute bestimmt, die irgendein anderes Fach beherrschen und das Theater lieben — oder es aus familiären wie gesellschaftlichen Gründen lieben lernen sollten.

Tragödien und Komödien sind zunächst nichts anderes als Verkehrsunfälle, die zu sehen eine Menge Menschen ins Theater geht, weil es ein Vergnügen ist, einen Verkehrsunfall aus der Nähe zu betrachten, besonders wenn die Beteiligten so lebhaft, elegant und schlagfertig argumentieren, wie dies bei den besseren Bühnenstücken üblich ist. Daß offenbar beide Parteien auf ihre Weise recht haben, kann den Reiz dieses Schauspiels nur erhöhen. Bei den Komödien liegt der Fall insofern verhältnismäßig einfach, als es um irdische Unfälle unter ziemlich normalen Menschen geht. Bei Tragödien ist immer eine jenseitige Kraft beteiligt — die Götter, Gott oder ein namenloses Schicksal —, und die Menschen überragen das Normalmaß derart, daß sie die Blitze des Himmels auf sich ziehen.

Immer bleiben Fragen zurück. Genau hier, wo das Schauspiel über den Unglücksfall hinaus Neugierde erregt, die es selbst nicht stillen kann, empfiehlt sich dieses Buch als Erste Hilfe bei Theater-Fällen.

Georg Hensel

ZUR ZWEITEN AUFLAGE

Neun Jahre liegen zwischen der ersten und der zweiten Auflage. Inzwischen sind Lebenswerke von den Bühnen verschwunden, als habe es sie nie gegeben. Christopher Fry, beispielsweise, wurde vor neun Jahren von urteilsfähigen Leuten für den Shakespeare des 20. Jahrhunderts gehalten; heute, obwohl er lebt und schreibt, ist er vergessen. Lebenswerke sind auf die Bühnen gekommen, als seien sie nie vergessen gewesen. Ödön von Horváth, beispielsweise, war vor neun Jahren nur Eingeweihten, heute ist er jedem Theaterbesucher bekannt. Lebenswerke sind geschrieben worden. Franz Xaver Kroetz, beispielsweise, war vor neun Jahren nichts weiter als zwanzig Jahre alt; heute gehört er — wie Peter Handke oder Thomas Bernhard — zu den bekanntesten Dramatikern.

Die zweite Auflage hat dreierlei ermöglicht: Korrektur, Neugliederung und Erweiterung. Der Verfasser dankt allen Lesern, die ihm in scheinbar unlösbaren Streitfällen durch liebenswürdige Dokumentenhilfe richtige Datierungen verschafft haben. Das Kapitel »Vermischtes« ist aufgelöst und sein Inhalt auf andere Kapitel verteilt — ich weiß jedoch nicht, ob ich auf diese Neuerung stolz sein soll: sie entspricht einem Ordnungsbedürfnis, das sich über die Erfreulichkeit chaotischer Theaterwinkel hinwegtäuschen möchte.

Vermehrt wurde die Zahl der Dramatiker um mehr als fünfzig und die Zahl der Stücke um fast dreihundert. Nicht alle neu hinzugekommenen Dramen und Dramatiker sind neu: einige Komplexe werden nachgeliefert, die in der ersten Auflage fehlen und inzwischen von den Theatern aufgegriffen worden sind. So einige Engländer des 18. Jahrhunderts, darunter Richard Sheridan. Einige Expressionisten, darunter Else Lasker-Schüler. Einige politische Agitatoren, darunter Friedrich Wolf. Einige Autoren aus den Ländern des Ostens und aus der DDR.

Vollständigkeit wäre nur durch ungefähr zehn Bände zu erreichen. So waren Enscheidungen notwendig, über die man streiten kann. Nicht alles ist gestrichen, was nicht oder kaum mehr gespielt wird. Viele Autoren, die aus den Staats- und Stadttheatern verschwunden sind, werden von Privattheatern, Tournee-Theatern und vom Fernsehen vorgeführt oder in Schulen und Universitäten gelesen, und manche verdrängte Autoren werden auf die Bühnen zurückkehren. Unmöglich, alles aufzunehmen, was gerade Mode ist. Unmöglich, alles wegzulassen, was gerade außer Mode ist: dafür ist auch das Theater zu sehr der Mode unterworfen. Im Zweifelsfall wurde im allgemeinen das schwierigere Stück aufgenommen und auf ein leichter durchschaubares Stück verzichtet. Im übrigen ist die Aufgabe der richtigen Auswahl so unfaßbar, weil von Spielzeit zu Spielzeit wechselnd, daß es mir leichtgefallen ist, sie nicht zu lösen.

Es ist Mode geworden, daß junge Regisseure alte Stücke gegen ihre Autoren deuten. Bei diesen »kritischen Klassiker-Inszenierungen« führt der Regisseur mit dem Klassiker zugleich seine Kritik an dem Klassiker vor. In extremen Fällen inszeniert er weniger ein klassisches Stück als seine Unlust, es zu inszenieren. Solche Regisseure halten die Meinung, die sie von einem Theaterstück haben, für wichtiger als die Meinung des Stückeschreibers: durch ihre Regie fahren sie dem Klassiker über den Mund. Das kann sehr aufschlußreich sein. Der Regisseur macht damit jedoch die Kenntnis der Klassiker nicht entbehrlich, er macht sie erst recht notwendig: man muß wissen, was der Autor gemeint und gewollt hat, und darüber kann man in diesem Buch etwas erfahren. Wer auf die neue Deutung des Regisseurs erpicht ist, der wird sie erst verstehen, wenn er sich mit dem alten Stück vertraut gemacht hat.

Das Verlangen der Theater, uns an einem Abend drei Lebensstunden wegzunehmen, ist zu hoch, um blindlings erfüllt zu werden. So will dieses Buch — auch — eine Art Menü-Karte sein mit Erläuterungen zu klassischen Gerichten und zu neuen Extravaganzen. Der moralische Ernst versteht sich in den deutschen Theatern so sehr von selbst, daß der Genuß immer wieder der Ermutigung bedarf.

Darmstadt, Januar 1975   Georg Hensel

1. GRIECHENLAND: DAS FRUCHTBARE MISSVERSTÄNDNIS

Der Ursprung: Ein Mensch gibt Auskunft · Aristoteles: Die Sache mit der ›Kathar-sis‹ · Der Stil: Unterm Himmel ein Fest · Das Geld: Wer zahlt, hat Einfluß · Apollon: Schicksalsmacht in Delphi · Aischylos: Theologe und Politiker · Sophokles: Die For-derungen der Götter und der Menschen · Euripides: Aufklärer und Psychologe · Aristophanes: Satiriker und Reaktionär

Derjenige Glückswechsel ist der brauchbarste — d. h. fähigste, Furcht und Mitleid zu erwecken —, der aus dem Besseren in das Schlimmere geschieht.
Aristoteles (389 bis 323 v. Chr. Nach einer Übersetzung aus dem 19. Jahrhundert)

Sobald die Tragödie aus ist, höret unser Mitleid auf, und nichts bleibt von allen den empfundenen Regungen in uns zurück, als die wahrscheinliche Furcht, die uns das bemitleidete Übel für uns selbst schöpfen läßt.
Lessing, Hamburgische Dramaturgie, 1768

Hat nun der Dichter an seiner Stelle seine Pflicht erfüllt, einen Knoten bedeutend geknüpft und würdig gelöst, so wird dann dasselbe in dem Geiste des Zuschauers vorgehen: die Ver-wickelung wird ihn verwirren, die Auflösung aufklären, er aber um nichts gebessert nach Hause gehen; er würde viel-mehr, wenn er asketisch aufmerksam genug wäre, sich über sich selbst verwundern, daß er ebenso leichtsinnig als hart-näckig, ebenso heftig als schwach, ebenso liebevoll als lieblos sich wieder in seiner Wohnung findet, wie er hinausgegangen.
Goethe, Nachlese zu Aristoteles' Poetik, 1827

Schauder und Jammer erregt nach Aristoteles die Tragödie, aber so, daß sie nach der Erregung von Schauder und Jammer, rein durch die Handlungsführung, den Hörer schließlich zu jener Urlust eines beglückenden Gefühls der Erleichterung her-aufreißt und somit wirklich als eines der größten Stimulanzien des Lebens wirkt.
Wolfgang Schadewaldt, Von Wirkung und Wesen des Trauerspiels, 1956

... dieselben zwei nun schon bekannten Gruppen: diejenigen Dichter, die durchaus in gerader Linie vom ›Priester‹ abstam-men wollen; und solche, die nach ihren geistigen Vormännern befragt, mürrisch ›Hordenclown‹ angeben ...
Arno Schmidt, Meine Bibliothek, 1965

Steht ein Stück von Aischylos oder Sophokles auf dem Spielplan, so geraten nicht wenige Theaterbesucher in Versuchung, die abonnierte Eintrittskarte einem bildungshungrigen Schüler zu überlassen, auf daß er erlebe, was Aristoteles, der Theoretiker der Tragödie, mit »Furcht und Mitleid« gemeint hat.

Furcht vor einem verlorenen Abend und Mitleid mit sich selbst (nicht mit dem Schüler) entstehen in diesen Kartenverschenkern schon, wenn sie nur an einen antiken Chor denken, der einen kaum verständlichen Hymnus auf einen wenig bekannten griechischen Gott anstimmt. Es besteht kein Grund, sich dieser Regungen zu schämen. Es besteht aber auch kein Grund, ihnen zu erliegen und die Antike allein den Gymnasiasten und ihren Lehrern zu überlassen.

Diese Antike hat uns das Theater geschenkt. Sie hat Theaterformen entwickelt, die noch heute in Gebrauch sind oder, abgewandelt, nachwirken. Sie hat die Grundlagen des Bühnenbildes und der Bühnentechnik gelegt. Sie hat Themen behandelt, die im Verlaufe der Theatergeschichte immer wieder aufgegriffen worden sind. Die Geschichten von Antigone, Elektra und Orest beispielsweise sind bis heute

Tanzende Karyatide.
Antikes griechisches Marmorrelief

rund je zwanzigmal dramatisiert worden, einschließlich der Opernfassungen; das Schicksal des Oedipus nicht weniger als vierzigmal. Man begegnet ihnen auch bei modernen Bühnenschriftstellern immer wieder, und es erhöht den Genuß der zeitgenössischen Werke, wenn man das griechische Vorbild kennt.

Hemmungen vor der Antike entstehen, wenn sich der Zuschauer aufgefordert fühlt, sich in einer Götterwelt zurechtzufinden, die ihm nichts mehr zu sagen hat. Wenn er meint, er sei verpflichtet, einem antiken Stück wie ein antiker Zuschauer zu begegnen. Wenn er befürchtet, seine kulturhistorischen Kenntnisse reichten zum Verständnis des Stückes nicht aus. Wenn er den Argwohn hegen muß, er werde im Theater nicht als Zuschauer bedient, sondern als Mitglied einer Gemeinde von Apollon-Verehrern, bei der er nicht eingeschrieben ist.

Dagegen gibt es Mittel. Erstens: der Mut, eine antike Tragödie so unbefangen zu betrachten wie das Stück eines Zeitgenossen — auf die Gefahr hin, es in den Augen der Wissenschaftler mißzuverstehen. Das Theater ist nicht für die Gelehrten da, und jeder hat das Recht, die Antike auf seine Weise falsch zu deuten. So war die deutsche Klassik, soweit sie auf die Antike zurückgriff, ein Mißverständnis — ein sehr fruchtbares. Und mehr als dies dürfen wir, wenn wir eine antike Tragödie sehen, für uns nicht erwarten; es ist mehr als genug.

Zweitens: die Kenntnis einiger einfacher geschichtlicher Zusammenhänge, die keineswegs das gehütete Privatgeheimnis der Gymnasien und Universitäten sind. Sie rückt uns das antike Theater nicht — unmittelbar — näher, sondern zeigt uns, wie weit wir uns von ihm entfernt haben, und erst, wenn wir es in der rechten Entfernung sehen, kommt es uns — mittelbar — näher. Nicht die vorschnelle Behauptung, das griechische Theater sei auch für uns noch gültig, führt uns zum Verständnis, sondern die Einsicht in das, was uns vom griechischen Theater trennt, und in das, was uns an ihm unverständlich bleiben muß. Von diesen einfachen Kenntnissen ist im folgenden die Rede.

Der Ursprung: Ein Mensch gibt Auskunft

Sich zu verkleiden und eine Rolle zu spielen; einem andern eine Rolle vorzuspielen; zuzuschauen, wie eine Rolle vorgespielt wird — diese Bedürfnisse sind offenbar so alt wie der Mensch. Es ist eine müßige Streitfrage, was zuerst da war: der religiöse Kult des Priesters, der sich dieses Spielbedürfnisses bedient, oder das Spielbedürfnis, das im religiösen Kult Befriedigung findet. Den ›Mimos‹, das weltliche Volkstheater, gab es in Griechenland schon mindestens dreihundert Jahre vor Aischylos, dem ersten Tragiker, und diese saftigen Darbietungen wurden durch das Staatstheater der Dichter keineswegs abgelöst oder verdrängt. Kein Zweifel jedoch, daß die attische Tragödie aus dem religiösen Kult hervorgegangen ist.

Die Ägypter führten neben anderen religiösen Mysterienspielen die Passion des Osiris auf, des ermordeten, zerstückelten und auferstandenen Gottes. Das war ein Fest mit Zelten und Verkaufskiosken, mit Pauken und Schellen, mit genußvollem Essen, das Bier floß in Strömen, und die Tänzerinnen verbargen ihre nackten Oberkörper nicht. Herodot (um 485 bis etwa 425–420 v. Chr.), der griechische Historiker, Geograph und Reiseschriftsteller, war davon überzeugt, daß die Ägypter diese religiös fundierten Lustbarkeiten erfunden

haben — »Von ihnen erst haben es die Hellenen gelernt« —, und er betonte
die enge Verwandtschaft zwischen dem ägyptischen Gott Osiris und dem
griechischen Gott Dionysos. Kein anderer aber als Dionysos ist zum Stammvater des attischen Theaters geworden.

Der bocksfüßige Dionysos war ein Gott der Fruchtbarkeit und des Rausches, ein Gott der Verwandlung, hervorgebracht durch Fruchtbarkeit und
Rausch. Ein in Griechenland eingewanderter volkstümlicher Gott; Homer

hat ihn noch nicht zu den Olympiern
gezählt. Seine Mutter, die thebanische
Königstochter Semele, verbrannte, als
sich ihr sein Vater Zeus in seiner unverhüllten göttlichen Gewalt zeigte,
und Zeus trug den sechs Monate alten
Embryo in seinem Schenkel aus. Aus
den Feiern zu Ehren dieses Gottes, den
»Dionysien«, ist das griechische Staatstheater hervorgegangen.

Der Athener Tyrann Peisistratos
(600 bis 527 v. Chr.) hat den Dionysos-Kult, den die Bauern bei der Weinlese und beim Fasching feierten, zum
Staatskult erhoben, und unter seiner
Herrschaft geschah dieser erste Schritt,

Flötenspieler und Tänzerin.
Altattische Schale, um 500 v. Chr.

der aus dem Kult heraus und in das
Theater hineinführte: aus dem als

Böcke verkleideten Sängerchor trat ein einzelner vor diesen Chor und antwortete ihm in der Wechselrede. Ein unerhörter Augenblick in der Geschichte des Theaters: aus der Masse der maskierten und berauschten Gottes-
diener löst sich ein ›Antwortender‹, gibt und verlangt Auskunft, gibt und
verlangt Rechenschaft — über sich, die Götter und das Schicksal. Mit diesem
dramatischen Augenblick entsteht das religiöse Drama: der einzelne wird
sich seiner selbst bewußt, steht vor Gott und der Welt und führt mit ihnen
ein Zwiegespräch. Es war ein feierlicher Augenblick, denn das Erforschen der
Wahrheit im Gespräch, im Verhör und im Selbstverhör, und das Aufdecken
von unauflösbaren Gegensätzen im Zwiegespräch gehören zu den Grundlagen unserer Kultur. Es war aber auch ein heiterer Augenblick, denn es
geschah im Spiel bei einem berauschenden Fest zu Ehren des Gottes und zum
Vergnügen der Menschen.

Wir verdanken diesen Augenblick Thespis, einem Manne aus dem attischen
Dorf Ikara, der mit einem Chor und dem sprichwörtlich gewordenen Thespis-

Karren im Lande umherzog, um die Dionysien auszugestalten. Ihn verpflichtete im Jahre 534 v. Chr. Peisistratos für die in Athen alljährlich im März
gefeierten Frühlings-Dionysien, die sechs Tage lang dauerten. Thespis holte
nicht nur erstmalig den ›Antwortenden‹ vor den Chor (und spielte ihn
wahrscheinlich selbst), er gab ihm auch statt der üblichen tierähnlichen Maske
eine menschliche Maske, verkleidete ihn als Dionysos und ließ auch den
Bockschor mit menschlichen Masken auftreten. Das war eine Revolution: der
Mensch tritt aus der Liturgie, in der er bisher nur einer von vielen Lobsängern
Gottes gewesen ist, als einzelner hervor.

So geschehen am Südhang der Akropolis von Athen, im heiligen Bezirk,
wo während des fünften und vierten Jahrhunderts v. Chr. das steinerne
Amphitheater, das ›Dionysos-Theater‹
entstand. Heute sieht dieses Theater
ziemlich heruntergekommen aus. Gras
und Quecken wuchern zwischen dem
piräischen Kalkstein der Sitzreihen, die
Zypressen verstärken noch die Fried-
hofsstimmung, mannshohe Barrieren
von Kakteen und Agaven über den
oberen Sitzreihen, und darüber leuchten die kahlen Stützmauern des Akro-
polis-Felsens. Doch wer Sinn hat für
den Geist eines Ortes, der begreift
unmittelbar, wieso gerade hier, in der
Stadt Athenes, das Theater entstehen
konnte: zu dem ekstatischen Dionysos-
Kult mußte der Geist Athenes kommen, die Kontrolle des Verstandes.
Athene, so glaubten die Hellenen, ist
mutterlos aus dem Kopf des Zeus entsprungen: die streitbare, männliche
Vernunft, die von keiner Frau geboren
werden kann.

Mythisch gesprochen, ist das Theater
aus dem Zusammenwirken von Dionysos und Athene entstanden, ist es
dem Schenkel und dem Kopf des
Zeus entsprungen: aus der Lebenskraft
und dem Geist des höchsten Gottes.
Praktisch gesprochen, verdanken wir

Schauspieler mit Masken.
Griechisches Vasenbild (Ausschnitt)

es dem Engagement einer Provinzwanderbühne, des Thespis aus einem
Dionysos verehrenden Dorf, in die Weltstadt Athen, wo der erste Dialog
gesprochen wurde. Aischylos hat in seinem Stück ›Die Perser‹ den zweiten
›Antwortenden‹ gegen den Chor gestellt und in seiner ›Orestie‹ schließlich
auch den von Sophokles eingeführten dritten Schauspieler übernommen.
Das Theater ist damit mehr und mehr zu einer Kunstform geworden, zu
einer Mischung von Ekstase und Berechnung, von Rausch und Verstand, und
dies ist es bis heute geblieben.

Wo man auch seinen Ursprung suchen mag, in Ägypten oder in Griechenland, und was da auch immer feierliche Historiker behaupten mögen, das
Theater war von Anfang an noch etwas anderes als ein religiöser Ritus; es
war zumindest ebensosehr ein Fest. Ein Fest der Verwandlung: durch
Sprache, Maske und Spiel verwandeln sich Menschen in Götter — nach dem
Glauben der Frühzeit des Theaters beschwören die verwandelten Menschen
die Götter zur Anwesenheit beim Spiel. Durch Sprache, Maske und Spiel
verwandeln sich — in rascher Entwicklung — Menschen in Heroen der
Legende, der Geschichte und schließlich in andere, freilich exemplarische
Menschen. Durch Sprache, Maske und Spiel werden aber auch die Zuschauer
verwandelt, indem sie sich von den dargestellten Vorgängen ergreifen lassen.
›Theatron‹ nannte man im griechischen Theater nur die Abteilung der Zuschauer: sie haben dem Theater den Namen geliefert — ohne sie ist Theater
nicht möglich.

Aristoteles: Die Sache mit der ›Katharsis‹

Selbstverständlich gab es auch so etwas wie eine Theorie der Tragödie.
Sie steht in der ›Poetik‹ des Aristoteles und hat ein jahrtausendelanges
Kopfzerbrechen verursacht, das noch nicht beendet ist und vermutlich auch
nie enden wird. Aristoteles, geboren im makedonischen Stagira 389 vor
Christus, Schüler Platons, Lehrer Alexanders des Großen seit 343, Gründer einer Philosophenschule 335, durch den Tod Alexanders, 323 in Babylon, zur Flucht vor seinen Feinden aus Athen gezwungen, gestorben
im gleichen Jahr an einem Magenleiden in der Emigration, in Chalkis
auf Euboia, war der wohl universalste und einflußreichste Denker des
Abendlandes, ein ebenso enzyklopädischer wie scharfsinniger Wissenschaftler, dessen Bedeutung man nur durch ehrfürchtige Superlative ausdrücken kann.

Aristoteles nannte die Hauptwirkungen der Tragödie ›phobos‹, ›eleos‹
und ›katharsis‹. Diese drei griechischen Begriffe sind im Laufe der Geschichte
immer wieder neu übersetzt oder wenigstens neu gedeutet worden. So war

›phobos‹ für Corneille und das französische klassizistische Theater der ›Schrecken‹ und ein Mittel zur ›Katharsis‹, zur ›Reinigung‹ der Leidenschaften im Zuschauer. Lessing bekämpfte in seiner ›Hamburgischen Dramaturgie‹ (1768) diese Auffassung erbittert: für ihn waren ›eleos‹ das ›Mitleid‹, das der Zuschauer mit dem Schicksal des Tragödienhelden empfinde, und ›phobos‹ die ›Furcht‹, die im Zuschauer für sein eigenes Geschick erregt werde: »Sobald die Tragödie aus ist, höret unser Mitleid auf, und nichts bleibt von allen den empfundenen Regungen in uns zurück, als die wahrscheinliche Furcht, die uns das bemitleidete Übel für uns selbst schöpfen läßt.« Furcht und Mitleid, so meinte Lessing, verwandelten (katharsis) die Leidenschaften des Zuschauers in »tugendhafte Fertigkeiten«. Er glaubte also, daß die Tragödie den Zuschauer zu einem besseren Menschen mache. Bei Johann Gottfried Herder gar wurde die Katharsis zu einem mystischen Akt, zur Sühnung und heiligen Vollendung des Menschen.

Der abstrakten Spitzfindigkeiten abholde Goethe dagegen wußte, was jeder nüchterne Beobachter weiß: daß der Zuschauer »um nichts gebessert nach Hause« geht. Die Begriffe ›eleos‹, ›phobos‹, ›katharsis‹ bezog Aristoteles, nach Goethe (1827), keineswegs auf die Zuschauer, sondern allein auf »die Konstruktion des Trauerspiels«: »Wenn sie durch einen Verlauf von Mitleid und Furcht erregenden Mitteln durchgegangen, so müsse sie mit Ausgleichung, mit Versöhnung solcher Leidenschaft zuletzt auf dem Theater ihre Arbeit abschließen.« Die Katharsis also — ein Ausdruck, den übrigens die antiken griechischen Ärzte für die Beseitigung schädlicher Stoffe aus dem Körper gebrauchten — ist für Goethe ›Ausgleichung, Versöhnung‹ nicht im Zuschauer, sondern in der Tragödie selber.

Die für das Theater folgenreichste Neudeutung des Aristoteles im 20. Jahrhundert stammt von dem Altphilologen Wolfgang Schadewaldt, dessen Übersetzungen — zusammen mit den Übersetzungen von Walter Jens und Rudolf Bayr — dem antiken Theater eine neue Chance auf der modernen deutschen Bühne gegeben haben — frei von den moralisierenden Absichten der vorangegangenen Deuter der Katharsis als einer Läuterung des Publikums.

Als Schadewaldts Übersetzung der ›Elektra‹ zum erstenmal gespielt wurde (am 17. 3. 1956, Landestheater Darmstadt, Regie Gustav Rudolf Sellner), schrieb er im Programmheft der Darmstädter Bühne: »Gehen wir heute mit den Mitteln unserer modernen Sprachbetrachtung erneut an die Sache heran, so zeigt sich freilich, daß der wahre Aristoteles überhaupt nicht von Furcht und Mitleid und irgendeiner bessernden Wirkung der Tragödie spricht . . . Nicht Furcht und Mitleid, sondern Schrecken (Schauder) und Jammer erregt nach dem ursprünglichen Grundsinn des Aristoteles die Tragödie . . . Auch die Tragödie wird in ihrem Wesen auf das genaueste bestimmt durch die ihr eigentümliche *spezifische* Lustform. Und diese spezifische Lustform des tragischen Spiels beruht nun eben auf jener kathartisch purgativen unschädlichen Freude der Befreiung und Erleichterung nach dem Durchjagtsein durch die Urempfindung des Schauders und des Jammers, des Schreckens und der Rührung.«

Ob Furcht und Mitleid, ob Schauder und Jammer, ob Läuterung oder Lustgefühl bei der Tragödie — sie ist ›Theater‹, und sie war es zweifellos auch schon im 5. vorchristlichen Jahrhundert. Der Schluß, daß Aristoteles, der von allem unendlich viel verstanden hat, auch über das Theater das letzte Wort gesprochen haben müsse, ist nicht zwingend. Schließlich war er unter anderem auch eine Art Professor; er durfte deshalb vom Theater Dinge erwarten, die außer von Professoren von niemand erwartet werden. Es ist ein schlechtes Zeichen, daß er von der Urteilsfähigkeit des Theaterpublikums nicht viel hielt: kein Theatermann von Geblüt verachtet das Publikum, denn er weiß, daß es ein unablösbarer Teil des Theaters ist und daß es nur an ihm liegt, wie die Zuschauer während der Aufführung reagieren.

Zwar wurde am Vortage der Festspiele eine geschnitzte Statue des Dionysos feierlich, doch nicht ohne phallische Satyrn, in die Orchestra, den runden Spielplatz, gebracht, und der Dionysos-Priester hatte einen Ehrenplatz, sein Marmorsessel steht noch heute — doch schon im Jahre 510 v. Chr., dem ersten Jahre der attischen Demokratie, hat ein Wettbewerb der Dramatiker stattgefunden. Wo aber ein Wettbewerb ist, da sind außer den bestallten Schiedsrichtern auch alle Zuschauer Kritiker, und wo Stücke und Aufführungen kritisiert werden, da kann nicht mehr nur ein besonders schön ausgeschmückter Gottesdienst abgehalten werden, da muß der weltliche Kunstverstand am Werke sein, der das Gute vom Minderen trennt. Da konnten bei den Zuschauern der Tragödie nicht nur ›Furcht und Mitleid‹ und die ›Katharsis‹, wie immer man sie auch deuten mag, geherrscht haben, da muß schon ein kritischer Abstand zwischen dem Dargestellten und den Zuschauern bestanden haben: Spaß am Spiel, Freude über das Gelungene und Ärger über das Mißlungene, Beifall und Ablehnung.

Jede gute moderne Aufführung eines griechischen Stückes läßt beides spüren: im Hintergrund die Götter, die für uns nur noch Symbole menschlicher Abhängigkeit von übermenschlichen Mächten sein können, und im Vordergrund den Kunstverstand, das Theater um des Theaters willen.

Der kultische Anteil am griechischen Theater ist unwiederbringlich versunken; das Spiel aber ist frisch geblieben, und wer auch nur das wenige weiß, was hier über die Anfänge gesagt worden ist, der wird von der Größe dieses Anfangs berührt werden, von der Größe des Augenblicks, da sich im Spiel zum erstenmal einzelne Menschen aus der Menge lösten, um durch Rede, Gegenrede und Handeln an das Schicksal Fragen zu stellen. Dies ist die höchste Aufgabe des Theaters geblieben.

Der Stil: Unterm Himmel ein Fest

Nichts wäre unsinniger, als von unserem Theater zu verlangen, es solle die griechischen Klassiker so darbieten, wie sie in der Antike vermutlich aufgeführt worden sind. Wer heute im Parkett sitzt und in den offenen Kasten unserer Bühne starrt, wo sich ein antikes Drama begibt, der sollte sich dennoch erinnern, wie anders in der Antike gespielt worden ist: es erleichtert den Zugang.

Das schönste und besterhaltene antike Theater ist in Epidauros. Noch heute finden dort auf fünfundfünfzig steil ansteigenden, steinernen Sitzreihen vierzehntausend Zuschauer Platz. Die oberste Reihe ist zwanzig Meter höher als der Spielkreis der Orchestra, doch wenn in der Orchestra eine Münze zu Boden fällt, hört man sie dort oben so deutlich den Sand berühren, als liege man mit dem Ohr daneben. Von oben sah man den Einzug des Chores, von oben die Entfaltung des Spiels, und man verstand doch jede geflüsterte Silbe. Und wenn man über dieses Amphitheater hinausschaute, so sah man, daß dieser Theaterbau eine menschliche Antwort war auf eine Herausforderung der Natur: die im Dreiviertelkreis sitzenden Zuschauer blicken in einen Dreiviertelkreis aus grünen, buschigen Hügeln, in ein Amphitheater der Natur, dessen Orchestra eine Wiese mit Ölbäumen ist und dessen höchste Sitzreihen im Hochgebirge liegen — einem Platz für die Götter. Der Spielkreis des Menschentheaters wirkt wie der Boden einer Schale, die, gefüllt mit menschlichem Leid, den Göttern kredenzt wird: Seht, so ist unser Geschick, so verstehen wir es, und so ehren wir euch, wo unser Verstehen aufhört und nur noch Leid und Jammer bleiben!

Von oben aber konnte man auch in zornige Empörung geraten, die Schauspieler herrlich beschimpfen, gegen den Widerstand der Platzanweiser die Spielfläche stürmen und den Dichter, der auch sein eigener Regisseur und Hauptdarsteller war, zur Rechenschaft ziehen: zum Nachspiel der Festspiele gehörte die Aburteilung undisziplinierter Zuschauer. Das Göttliche und das Allzumenschliche, sie waren schon am Ursprung des Theaters auf eine sehr menschliche Weise miteinander verbunden, und nach den drei Tragödien eines Spieltages folgte — nach dem Abendessen — das Satyrspiel, in dem die Darsteller mit umgeschnalltem Phallus die Themen der vorangegangen

Das antike Theater von Epidauros heute

Tragödien in die saftige Satire verkehrten und dem Gelächter preisgaben. Auch daran darf man denken, wenn man eine heutige Aufführung einer antiken Tragödie, zerschmettert vom schuldlosen Jammer der Kreatur und ohne Hoffnung auf ein Lachen, verläßt.

Im allgemeinen wurde bei den sechstägigen Dionysien vier, später drei Tage lang gespielt. An jedem Tag drei Tragödien und die dazugehörige Komödie, alle vom gleichen Autor. Jeder Dramatiker hatte also einen ganzen Tag für sich allein. Zehn ausgeloste Preisrichter schrieben ihr Urteil, und der zum Sieger erklärte Dichter erhielt einen Ehrenpreis. Bis zum Jahre 350 v. Chr. waren es lauter Uraufführungen; dann spielte man außerhalb des Wettbewerbs auch ältere Stücke noch einmal: das ist der Beginn des Repertoire-Theaters.

Gespielt wurde in der Orchestra, in deren Mitte der Altar stand. An das Rund dieser Spielfläche baute man zunächst Zelte, später ein festes Bühnenhaus an: die Skene. Sie hatte ein großes Mitteltor und zwei kleinere Seitentore. Die Skene wurde bemalt, und schon bei Aischylos sorgte ein Bühnenbildner für passende Dekorationen. Schon damals gab es eine Art Rollbühne, die aus dem Mitteltor der Skene herausgefahren werden konnte, um das Ende einer Szene, die sich im Innern des Hauses unsichtbar abgespielt hat, den Zuschauern zu zeigen. So darf man vermuten, daß die Mordaktionen, die in der griechischen Tragödie ja immer hinter der Skene geschehen, in ihrem Ergebnis doch vor die begierigen Augen des Publikums kamen: der Bühnenwagen rollte vor und zeigte den Täter und seine blutbespritzten Opfer — der Schrecken wurde präsentiert.

Lebende Pferde für die Streitwagen; Maschinen für Donner und Blitz; Hebekräne, die in der Komödie Tiere, Menschen und Götter schweben lassen — daß das Schauspiel auch die Schau-Lust befriedigen muß, hat man von Anfang an gewußt und nur in puritanischen Zeiten, zum Schaden des Theaters, nicht mehr wahrhaben wollen. Es gab nur drei Schauspieler — den zweiten hat Aischylos, den dritten hat Sophokles eingeführt; jeder mußte also mehrere Rollen übernehmen. Aus dem Dionysos-Kult stammt die Maske. Aischylos ließ als erster die Leinenmasken bemalen; zu seiner Zeit trugen sie heroisch strenge Züge. Der vielzitierte Kothurn war zur klassischen Zeit noch kein Stöckelschuh, sondern ein Schaftstiefel mit besonders dicker Sohle. Farbenprächtig und symbolkräftig waren die Kostüme, überlebensdick ausgepolstert die Schauspieler.

Sie trugen ihren Text in einer Weise vor, die wir heute eher Gesang als Sprechen nennen würden, so wie wir die antike Tragödie näher zur Oper als zum Schauspiel rücken müßten. Der Musikwissenschaftler Thrasybulos Georgiades gibt in seinem Buch ›Musik und Rhythmus bei den Griechen‹ (1958) auf die Frage »Wurde denn der Vers bei den Griechen stets gesungen?« die komplizierte Auskunft: »So formuliert, wäre die Frage nicht ganz korrekt, weil der griechische Vers in sich schon Musik enthält. Er braucht nicht erst in Musik gesetzt zu werden ... Der Rhythmus wird schon auf der Sprachebene

Das Dionysostheater in Athen zur Zeit des Perikles. Blick auf die Skene.
Versuch einer Rekonstruktion von E. Fiechter

restlos, d. h. auch musikalisch, festgelegt, und deswegen kann man durch eine besondere musikalische Rhythmik nichts mehr ausrichten. Der griechische Vers enthält die musikalische Komponente, weil die griechische Sprache sie schon enthält.«

Der Chor tanzte und sang, begleitet von einem Flötenbläser. Die Chorlieder, Gebete, Anrufungen und Beschwörungen der Gottheiten sind heute zum größten Teil ohne Kenntnis der Mythologie nicht zu verstehen, und selbst wenn man sie versteht, sind sie — nach zweitausend Jahren Christentum — kaum nachzuempfinden. So stellt der Chor dem modernen Regisseur die schwierigste Aufgabe. Meist läuft es darauf hinaus, daß der Chor aufgelöst und unzulässig vermenschlicht oder aber durch Rekonstruktionsversuche antiker Gebräuche zum Kunstgewerbe veräußerlicht wird.

Heutige Aufführungen griechischer Tragödien hinterlassen durch diesen im Urgrund einer vergangenen Religion verwurzelten Chor meist einen unbefriedigenden Rest. Schwerer aber als dieser Rest wiegt das, was lebendig geblieben ist: Ursituationen und Urkonflikte, die, in Athen zum erstenmal zum Spiel geformt, uns heute noch beschäftigen. Gerade der unbefriedigende Rest aber, verbunden mit einem ewigen Thema, hat die Dramatiker immer wieder gereizt, die antiken Modelle für ihre eigene Zeit abzuwandeln.

Das griechische Theater hatte nie die Absicht, den Alltag des Zuschauers im Spiele zu präsentieren, sondern das ins Beispielhafte gesteigerte Dasein in seiner Verwobenheit mit dem Schicksal, dem der Mensch unterworfen ist. Die Hauptpersonen der Tragödie sind keine Durchschnittsmenschen (wie die Mitglieder des Chors), sondern Heroen. Diese »Helden«, so deutet sie der Theaterkritiker und -historiker Siegfried Melchinger in einem Essay ›Antigone und die andern‹ (1964), besitzen »zwar die Unvollkommenheit und daher Glaubwürdigkeit alles Menschlichen«, sie stellen aber »eine ungewöhnliche Möglichkeit des Menschseins dar«: »Antigone, ein Mensch — und gerade in der Abschiedsszene in die bitterste Einsamkeit verstoßen, um an ihr wie nur ein Mensch zu leiden —, stellt eine Möglichkeit des Menschseins dar, die zwar nur wenigen erreichbar ist, aber allen gezeigt werden soll, in ihrer ganzen schauerlichen, jedoch ruhmeswürdigen Konsequenz: daß nämlich sogar die Götter solche Menschen verlassen ... Nur die Heroen sind (nicht nur solcher Taten, sondern) solchen Erkennens, solcher Bewußtheit ihres Tuns fähig. Das ist das tiefste Thema der antiken Tragödie. In den Heroen stellt sich das Menschliche neben das Göttliche. Der Ruhm verleiht ihnen, trotz dem Tod, Unsterblichkeit ... Wenn Aristoteles sagt, die Dichtung sei philosophischer als die Geschichte, so kann man die Philosophie des modernen Dramas darin erblicken, daß sie die Möglichkeit des Heroischen für das Menschsein leugnet, während die Philosophie der antiken Tragödie

Sophokles: König Oedipus, in der Fassung von Hugo von Hofmannsthal, aufgeführt durch Max Reinhardt im Berliner Zirkus Schumann, 1910/11. Skizze von Emil Orlik

im Heroischen die höchste Möglichkeit des Menschseins gesehen und dargestellt hat. (Brechts) Galilei ist wie die andern. Antigone ist eben nicht wie die andern.«

Mitten in die Natur, zwischen Oliven und Klatschmohn, stellten die Griechen ihr Theater, das nicht Natur ist, sondern Kunst: geformte und überhöhte Natur. Die Kunstmittel zur Überhöhung sind der strenge Spielraum, Orchestra und Skene, sind die Dämonie und die Starrheit der Maske, sind Bühnenbild und Bühnenmaschinerie, sind die gebundene Sprache, die stilisierte Gebärde, der Gesang, die Flöte und der Tanz. Es sind Mittel, deren sich auf andere Weise auch das moderne antinaturalistische Theater bedient.

Das Geld: Wer zahlt, hat Einfluß

Das Theater der Aischylos, Sophokles, Euripides und Aristophanes war alles andere als ein Volkstheater; es war Staatstheater, subventioniert wie die meisten heutigen deutschen Bühnen, doch viel mehr als die modernen Intendanten abhängig vom Staat und seiner Zensur.

Begründet in der Tyrannis, wurde das Theater als ein Instrument der Beeinflussung und Propaganda von der Demokratie übernommen. Der höchste Staatsbeamte, der Archont, wählte die Stücke aus. Er bestimmte, was das Publikum sehen sollte. Er bestimmte die reichen Bürger, die Choregen, denen es eine Ehre war, für die Kosten des Chors und der Ausstattung aufzukommen. Der Dramatiker und die Schauspieler wurden vom Staat entlohnt. Die vom Staate bestimmten Choregen wiederum hatten Einfluß auf die Schiedsrichter: zusammen mit dem ›Rat der Fünfhundert‹ benannten sie die Kandidaten für das Schiedsrichteramt, eine lange Liste, aus der durch das Los die zehn amtierenden Preisrichter ermittelt wurden.

Ausgewählt war auch das Publikum. Zutritt hatten nur die Freien, die Vollbürger; die große Masse der Sklaven, deren Arbeit die Grundlage der antiken Wirtschaft und Kultur gewesen ist, blieb ausgeschlossen. Daß die Frauen Zutritt hatten, ist — vor allem wegen der ›Obszönität‹ der Satyrspiele — umstritten, doch trotzdem wahrscheinlich. Die Antike hatte ein ganz anderes, ein ungeniertes Verhältnis zu dem, was man heutzutage obszön nennt. Dazu der britische Philologe H. D. F. Kitto in seinem Buch »The Greeks‹ (deutsch ›Die Griechen‹, 1957): »In den ›Fröschen‹ des Aristophanes greift Aischylos den Euripides an, weil er ›unmoralisch‹ sei. Euripides habe so erbärmliche Schlampen auf die Bühne gebracht, ›daß sich anständige Frauen aus Scham darüber erhängt haben‹. Warum hätten sie das getan, wenn sie sorgfältig im Hause gehütet wurden? Die ›Vita‹ oder Biographie des Aischylos berichtet, daß die Furien in den ›Eumeniden‹ so schauerlich waren, daß die Knaben zu Tode erschraken und die Frauen Mißgeburten hatten — eine alberne Geschichte, aber wer sie auch zuerst erzählt hat, glaubte, daß Frauen ins Theater gingen.«

Auf den Besuch der Theateraufführungen legte der Staat den größten Wert: der Bürger hatte zwar ein Eintrittsgeld zu entrichten, doch wurde es ihm, falls er arm war, zurückerstattet. Gegen Ende des fünften vorchristlichen Jahrhunderts, nach der Beseitigung der Tyrannis, zahlte die Demokratie »Anwesenheitsgelder« für alle. Der Staat tat dies selbstverständlich nicht, um dem Bürger zu einem Vergnügen mit finanziellem Gewinn zu verhelfen, sondern um ihn durch die von ihm abhängigen Theaterdichter und Preisrichter zu beeinflussen, um ihn fester an die genehmen religiösen und politischen Ideen zu binden.

Diese Ideen waren konservativ und aristokratisch, denn auch in der attischen Demokratie hatte die Aristokratie, später die Geldaristokratie, den größten Einfluß. Der Staat war für den Griechen göttlich begründet, und ein Frevel am Staat war somit zugleich ein Frevel an den Göttern, war Gotteslästerung. An nichts waren die konservativen Kräfte mehr interessiert als an der Erhaltung dieser im Seelischen verwurzelten Einheit von Religion und Politik. Nichts anderes bedeutet der Begriff ›kultisches Theater‹: der vom Staat geförderte, gelenkte und finanzierte Kult stützt die von der Aristokratie als staatserhaltend betrachteten Ideen.

Das antike Theater hat sich sehr rasch entwickelt; es ist dabei zwar durch seine Organisationsform ein Staatstheater geblieben, hat sich aber schließlich seinem kultischen Auftrag mehr und mehr entzogen und den Einzelmenschen mit seinen privaten Problemen in den Vordergrund gespielt. Während Aischylos noch in seiner ›Orestie‹ das menschliche Gericht als eine göttliche Einrichtung begründet und die Rachegöttinnen — auf göttliches Geheiß — in Schutzgöttinnen des Staates verwandeln läßt, während Sophokles in seinen Tragödien noch das furchtbarste schuldlose Leid heroisch bejaht, und sei es im Untergang, lösen sich bei Euripides die Welt der Götter und die heroisch-tragische Haltung auf. Über das Schicksal, das bei Aischylos noch ein zu erleidendes Verhängnis ist, wird bei Euripides bereits diskutiert: der Mensch beginnt, die Gesetze, die ihm bis dahin als göttliche Gaben erschienen sind, als menschliche Gesetze zu durchschauen, zu beklagen, anzuklagen und zu ihrer Veränderung aufzurufen.

So konnte Euripides die Gunst der konservativ-aristokratisch fühlenden Preisrichter nicht erringen: zweiundneunzig Titel sind von ihm überliefert (davon neunzehn Stücke vollständig erhalten), die Arbeit eines halben Jahrhunderts, in dem er nur fünfmal ausgezeichnet wurde. Nach der Zahl seiner Preise war er ein erfolgloser Autor — doch hat er, der zu seiner Zeit das war, was man heute einen Avantgardisten nennt, in der nachklassischen Zeit die größten Erfolge beim Publikum und die nachhaltigste Wirkung gehabt.

Die Entwicklung der griechischen Tragödie brachte eine Verlagerung ihrer Themen mit sich: aus dem göttlichen und staatlichen in den privaten Bereich; das Schicksal, am Anfang von außen auferlegt, wurde am Ende im eigenen Wesen erkannt; die Dramengestalten, am Anfang überlebensgroße Heroen — Menschen, wie sie sein sollten —, werden am Ende Menschen, wie sie tatsächlich sind. Damit wandelte sich auch der Stil: vom Mysterium mit festumrissenen Figuren zum Seelendrama mit vielfältig schillernden, nicht mehr ganz greifbaren Charakteren; von der strikten Überhöhung zum Naturalistischen hin. So ist die Geschichte des antiken Dramas, das im einzelnen so viele unvergängliche Modelle geliefert hat, im ganzen ein Modell für eine Entwicklung, die sich auch in der späteren Theatergeschichte in Abwandlungen immer wieder ereignet.

Eine Entwicklung, die durch keine staatliche Lenkung aufzuhalten ist — wir dürfen ziemlich sicher sein, daß Euripides unter seiner Erfolglosigkeit beim Preisrichterkollegium nicht sonderlich gelitten hat: er folgte mehr seinem inneren als dem staatlichen Auftrag. Es lag ihm mehr daran, sein Bild vom Menschen unter das Publikum zu bringen, als die Geldgeber

günstig zu stimmen. In ihm ist der Typ des modernen Theaterdichters vorgebildet, der keine Aufträge entgegennimmt.

Rausch und Berechnung, Religion und Schaulust, Götter und Schiedsrichter, Gebet und Applaus, Schauder und Gelächter, Tod und Phallus, Läuterung
und Genuß, politische Erziehung und Unterhaltung — das griechische Theater
hat diese Gegensätze in sich vereinigt und sich vom Kult, vom politisch-
religiösen Beispiel hin zum reinen Spiel, zur Diskussionsstätte bürgerlicher
Probleme entwickelt.

Apollon: Schicksalsmacht in Delphi

Es gibt kaum eine antike Tragödie, in der nicht Delphi eine entscheidende
Rolle spielte. Ob da vom Orakel, von pythischen Sprüchen, von Phöbus,
Apollon, der Pythia oder schlicht von Delphi gesprochen wird — immer ist
das gleiche gemeint: das Apollon-Heiligtum in Delphi. Dort wird von Blutschuld entsühnt, werden Ratschläge eingeholt, oft zweideutige Orakel, dort
ist der Sitz einer schicksalsbestimmenden Macht, die auch den Ablauf der
Tragödie lenkt. So kann es nichts schaden, wenn man von diesem entscheidenden Ort eine deutlichere Vorstellung hat.

Das Heiligtum des Apollon liegt an einem Abhang des Parnass-Massivs
und war ein riesiger Komplex der verschiedenartigsten Gebäude. Am Eingang, wie als Wächter, ein Tempel der Athene. Daneben für die Wettkämpfe,
die zu Ehren Apollons veranstaltet wurden, Übungslager, Sporthalle mit
Badebecken und Duschanlagen. Ein Serpentinweg führt durch das Heiligtum
am Berghang hoch. Am Weg stehen die Schatzhäuser mit den Opfergaben —
die Athener bauten als einzige in Marmor. Ein gigantischer Felsbrocken
war Gaia, der uralten Muttergöttin, geweiht: sie entstammt dem Chaos, sie
ist Erde, gebärender Schoß, aber auch Unterwelt und Tod. Die Erinnyen, die
Rachegeister, sind ihre Ausgeburten. Über ihrem Felsen und sie beherrschend,
steht ein Tempel; er gehört Apollon, einem jungen Gott, einem Sohn des
Zeus. Der Tempel ist über einem Erdspalt errichtet, in dem der Drache
Python, eine andere Ausgeburt der Gaia, hauste; Apollon hat den Drachen
erschlagen und seine eigene Priesterin, die Pythia, an diesen Erdspalt gesetzt.
Hier stand ihr Dreifuß, hier atmete sie, Lorbeerblätter kauend, aus dem
Erdloch berauschende Dämpfe ein und stammelte ihre zweideutigen Sprüche:
die Orakel. Und hier stand, den Mittelpunkt der Welt bezeugend, der
›Omphalos‹, der Nabelstein: Zeus hatte zwei Adler von den Weltenden
fliegen lassen, und hier, am Nabel der Alten Welt, haben sie sich getroffen.

Die Orakel wurden übermittelt und gedeutet von der Priesterschaft, die
damit eine ungeheure Macht über die ratsuchenden Griechen besaß: was sie

sagte, galt als der Wille Apollons. Wenn man einem homerischen Apollon-Hymnus aus dem siebten vorchristlichen Jahrhundert glauben will, ist die Priesterschaft von der Insel Kreta gekommen; dort hat man sich schon hundert Jahre vorher Gedanken über die kultische Reinigung von der Blutschuld gemacht. Die Priester haben beispielsweise den Plan für die Schlacht bei Salamis entworfen, in der die persische Flotte vernichtet wurde; sie haben Auswanderer und Koloniengründer beraten, Regeln für eine menschlichere Kriegsführung gesetzt, das Asylrecht geheiligt, die Blutrache durch Sühnebräuche ersetzt, kurz: das gesamte griechische Leben auf eine zivilisatorische ›Wohlgesetzlichkeit‹ gebracht. Den Priestern hat man später vorgeworfen, sie seien von feindlichen Mächten bestochen worden, und so ist ihr Einfluß allmählich geschwunden. Hier in Delphi hat Oedipus, als die Pest in Theben herrschte, durch Kreon Rat einholen lassen, und hier hat Apollon den Muttermörder Orest entsühnt und die Erinnyen in Schlaf versetzt – ein Bild dafür, daß der jüngere Gott die Blutrachegeister der älteren Muttergottheit Gaia durch neue Gesetze ablöst.

Zum Heiligtum gehören das Theater, das ein Stück oberhalb des Apollon-Tempels gebaut ist – 35 Sitzstufen mit 5000 Plätzen – und wiederum ein Stück höher das Stadion für die Wettkämpfe. Bei den delphischen Wettspielen, den Pythien, waren die Dichter, Musiker und Gelehrten wichtiger als die Athleten. Hier auch rauscht der kastalische Quell: nach der Sage jagte Apollon die Nymphe Kastalia, und sie sprang, ihm zu entgehen, als Wasser die Felsen hinunter. Dies alles ist bei ›Delphi‹ mitzudenken: Fels und Quell, Sportplatz und Theater, Schatzhäuser und die Tempel Apollons und Athenes, mit einer zivilisierenden Priesterschaft, die alle großen Entscheidungen durch ihre Sprüche beeinflußt.

Aischylos: Theologe und Politiker

Neues Gesetz
Erschüttert von heut an die Welt.
›Die Eumeniden‹ des Aischylos (458 v. Chr.)

Aischylos, geboren um 525 v. Chr. in Eleusis bei Athen. Sohn des Chorführers Euphorion, gehört zum reichen Adel. 484 wird er bei den Dionysien zum erstenmal als Sieger genannt. Er ist Dichter, Regisseur, Chorführer und hat wohl auch Hauptrollen gespielt. Im Laufe seines Lebens wird er achtundzwanzigmal ausgezeichnet. Er kämpft bei Marathon, Salamis und Plataiai gegen die Perser. 472, acht Jahre nach der Niederlage der Perser bei Salamis, führt er ›Die Perser‹ auf, deren Ruhm ihm eine Einladung des

Tyrannen Hieron I. von Syrakus nach Sizilien einträgt, wo er um 474 lebt.
Nach der Aufführung seiner ›Orestie‹ in Athen (458) wird er beschuldigt,
er habe die eleusinischen Feste entweiht, und geht verbittert nach Sizilien,
wo er 456 in Gela stirbt. Der entscheidende Bestandteil seiner Tragödie ist
der Chor, der, am Anfang einziehend, während des gesamten Spiels anwesend ist. Aischylos führt den zweiten Schauspieler ein und übernimmt in
seiner ›Orestie‹ den von Sophokles eingeführten dritten Schauspieler. Als
Regisseur arbeitet er schon mit einem Bühnenbildner, mit Agatharchos.

Die flächige Reliefbühne am Rande der Spielfläche, der Orchestra, wird
mit prunkvollen Dekorationen ausgestattet. Ein aus dem Mitteltor der Skene
herausfahrbarer Bühnenwagen erlaubt es, das Ergebnis der im Innern eines
Gebäudes vollbrachten Tat dem Publikum zu zeigen. Es gibt Maschinen für
Donner, Blitz und Feuer. Die Schauspieler, in Lederstiefeln mit überhöhter
Sohle, werden ausgestopft und in symbolische Gewänder gehüllt. Ihre Lein-
wandmasken sind mit feierlich stilisierten Zügen bemalt.

Als Dramatiker und Regisseur liebt Aischylos die harten Kontraste. Sein
hoher Stil entspricht seinem aristokratisch-heroischen Lebensgefühl und dem
Ernst, mit dem er als Heimkehrer aus den Perserkriegen die unauflösliche
Verbundenheit der Götter mit dem Staate, der Theologie mit der Politik,
dramatisch behauptet. Freilich bringt er in seiner ›Orestie‹ neue Gottesvorstellungen ins Spiel, die zu seiner Zeit revolutionär gewirkt haben.

Von seinen etwa neunzig Tragödien und Satyrspielen sind 72 dem Titel
nach überliefert und sieben Tragödien erhalten.

Die Sieben gegen Theben. Uraufgeführt 467; mit dem ersten Preis ausgezeichnet; der dritte Teil einer Trilogie, deren erste Teile ›Laios‹ und ›Oedipus‹
hießen; mit dem Satyrspiel ›Die Sphinx‹. Sagenstoff um König Oedipus.
Theben wird von dem Oedipus-Sohn Eteokles gegen sieben Heerführer verteidigt, unter denen sich sein Bruder Polyneikes befindet. Eteokles stellt sich
Polyneikes zum Zweikampf. Beide fallen. Damit ist der Fluch ihres Vaters
Oedipus erfüllt, doch hat Eteokles die Stadt gerettet. Ein patriotisches Stück,
das den bewußten soldatischen Opfertod feiert. Die Gestalt des Eteokles
trägt schon individuellere Züge. — Wolfgang Schadewaldts Übersetzung,
uraufgeführt in Tübingen 1960, führte zur ersten Aufführung dieser zweit-
ältesten, erhaltenen Tragödie auf einer öffentlichen Bühne der Neuzeit.

Die Schutzflehenden, auch ›Die Hiketiden‹. Uraufgeführt um 463; der
erste Teil einer Trilogie. Die Tragödie behandelt den Sagenstoff der Dana-
iden. Der Chor beherrscht das noch sehr undramatische Drama; er besteht
aus hundert Personen: den fünfzig Töchtern des Königs Danaos, die ge-

zwungen werden sollen, die fünfzig Söhne des Königs Aigyptos zu heiraten. Die Töchter, die ›Schutzflehenden‹, fliehen nach Argos zu König Pelasgos. Ihr Vater befiehlt ihnen, die Aigyptos-Söhne in der Brautnacht umzubringen; nur Hypermestra weigert sich — sie liebt ihren verordneten Gatten Lynkeus. Vor Gericht gestellt, wird sie von Aphrodite, der Göttin der Liebe, verteidigt.

Der gefesselte Prometheus. Uraufgeführt um 457; Teil einer Prometheus-Trilogie, zu der ›Die Erlösung des Prometheus‹ gehörte. — Prometheus, Titan und Halbgott, der den Menschen das Feuer, die Schrift und die Zahlen gebracht und ihnen damit Herrschaft über Naturgewalten verliehen hat, wird zur Strafe auf Befehl des Zeus an einen Felsen geschmiedet. Er muß leiden, »weil er die Menschheit allzusehr geliebt«, und er leidet bewußt für die Menschen. Er besteht in einem gewaltigen Monolog auf seinem Leid, auf Klage und Schmähung und wird in den Tartaros gestürzt, weil er sich weigert, Zeus ein Geheimnis zu verraten: er weiß, daß der Tyrannengott Zeus untergehen und ein neuer, den Menschen enger verbundener Gott kommen wird — ein Sohn, den Zeus mit einer Göttin zeugt. Das erste uns bekannte Stück der Antike, das in der Rebellion gegen Zeus verharrt. In diesem monologischen und lyrischen Passionsspiel vom Halbgott, der den Menschen hilft im vollen Bewußtsein der Strafe, die ihn erwartet — er wird an einen Felsen wie an ein Kreuz geschmiedet —, deutet sich, viereinhalb Jahrhunderte vor Christus, ein Erlöser-Drama an.

Die Perser. Zweiter Teil einer Trilogie. Uraufgeführt im Jahre 472 v. Chr. in Athen; die Kosten trug Perikles. Die älteste erhaltene Tragödie. Aischylos wurde für sie mit dem ersten Preis ausgezeichnet.

Wer? Xerxes, König der Perser. Atossa, seine Mutter. Der Geist seines verstorbenen Vaters Dareios. Ein persischer Krieger als Bote. Chor: zwölf fürstliche persische Greise.

Wo und wann? In einem Hof des persischen Königspalastes in Susa. 480 v. Chr., kurz nach der Schlacht bei Salamis.

Was? Der Chor der persischen Greise vermittelt eine Vorstellung von dem gewaltigen Heer, das Xerxes gegen die Griechen führt, um seine Niederlage bei Marathon zu rächen. Mit dem Chor wartet Atossa, die Unheil geträumt hat, auf den Ausgang der entscheidenden Schlacht. Ein Bote meldet den Untergang der mehr als 200 Schiffe umfassenden Flotte bei Salamis und die Niederlage des Heeres. In seiner Totenklage beschwört der Chor den Geist des Dareios, des Vaters und Vorgängers von Xerxes. Dareios prophezeit die vollständige Vernichtung der persischen Kriegsmacht (in der Schlacht bei Plataiai, im folgenden Jahr); als Ursache nennt er Maßlosigkeit und Ver-

Aischylos: *Agamemnon (Orestie).*
Skizze von Ernst Stern zu Max Reinhardts
Inszenierung im Berliner Zirkus Schumann,
1910/11
Heimkehr Agamemnons; mit Kassandra

blendung, das Überschreiten der dem Menschen gesetzten Grenzen. König Xerxes erscheint und bricht in Selbstanklagen aus. Die gesungenen Klage-Dialoge zwischen Xerxes und dem Chor steigern sich in wildes Jammergeschrei.

Hinweise: Heinz Kindermann rekonstruiert in seiner ›Theatergeschichte Europas‹ die Uraufführung und schildert die effektvollen Kontraste: der reiche persische Hof und der geschlagene, auf einem zerstörten Wagen in die Orchestra einfahrende Xerxes; der Geist des Dareios, der hinter seinem hohen Grabmal auftaucht, und die zu Boden geworfenen Greise; Atossa, die zuerst im Prunkgewand, dann in einem schlichten Kleid, schließlich im Trauergewand auftritt; Xerxes und der Chor, die sich nach orientalischer Sitte die Bärte ausraufen, die Gewänder zerreißen und mit unbändigen Schreien die Orchestra tanzend verlassen.

Aischylos spiegelt acht Jahre nach der Schlacht bei Salamis, an der er teilgenommen hat, den Sieg der Griechen in der Niederlage der Perser, ohne die Perser zu schmähen und ohne Themistokles und seine siegreichen Landsleute zu rühmen. Aus dem aktuellen Zeitstoff gewinnt er eine überzeitliche Warnung, gerichtet an seine Landsleute, die Sieger: die Wurzel der Niederlage des Xerxes liegt in seiner Überheblichkeit; diese ›Hybris‹ führt in die Verblendung, der die göttliche Rache folgt. Dazu Egon Friedell: »Diese Auffassung ist dann von Herodot übernommen worden und durch ihn in die Weltgeschichte eingegangen. Wir haben hier den Fall, daß ein Dichter einen Historiker belehrt hat.«

Die Übersetzung von Wolfgang Schadewaldt wurde 1959 von den Städtischen Bühnen Heidelberg (Regie: Hans Gaugler) zum erstenmal gespielt. Das Schiller-Theater, Berlin, brachte 1960 eine Neufassung von Mattias Braun (Regie: Hans Lietzau). Braun, Jahrgang 1933, hat den Aischylos in

eine rhythmisierte, heutige Prosa übersetzt, hat ihn erweitert und umgedeutet. Zwei neue Figuren: der ›Statthalter‹, obwohl die Niederlage ahnend,
läßt den ›Verfolgten‹, einen persischen Bürger, auspeitschen und hängen
zur Warnung vor Defaitismus. Der Chor, ›Männer aus der Stadt‹, repräsentiert den ohnmächtigen Widerstand der Bürger gegen Xerxes, der, aus der
Schlacht heimgekehrt, entschlossen ist, ganz Persien bis auf den letzten
Untertan, mit in seinen Untergang zu reißen. Der Geist des Dareios fordert
von Atossa, sie solle ihren Sohn Xerxes töten, damit Persien die Niederlage
überlebe. Atossa tötet Xerxes zwar nicht, doch verflucht sie ihn. Xerxes ist
— ohne jede Selbstanklage — der rasende, sich selbst vergottende Herrscher.
Braun hat aus der mythischen Tragödie, in der die Götter den maßlosen
Herrscher strafen, ein Zeitstück gemacht, gespeist aus den deutschen Erfahrungen des zweiten Weltkrieges: ein Stück gegen die Unmenschlichkeit des
wahnsinnigen Diktators, der noch in seiner Niederlage als Endsiegfanatiker
ein ganzes Volk zum sinnlosen Untergang zwingen will.

Die Orestie. Trilogie. Das dazugehörige Satyrspiel ›Proteus‹ ist nicht erhalten. Uraufgeführt im Jahre 458 v. Chr. im Dionysos-Theater in Athen;
finanziert von Xenokles von Aphidnai. Mit dem ersten Preis ausgezeichnet;
letzter Sieg des Aischylos in Athen.

1. Teil: Agamemnon.

Wer? Agamemnon, König von Argos. Klytaimnestra, seine Gemahlin.
Kassandra, eine trojanische Königstochter. Aigisthos, Neffe des Agamemnon

*Aischylos: Agamemnon (Orestie). Entwurf für das Modell einer Aufführungsrekon-
struktion im Dionysostheater in Athen von H. Wirsing nach H. Bulle*

und Geliebter der Klytaimnestra. Ein Wächter. Ein Herold. Chor: die Ältesten von Argos.

Wo und wann? Vor dem Königspalast von Argos. Nach dem Ende des Trojanischen Krieges, um 1200 vor Christus.

Was? Ein Wächter erblickt die Feuerzeichen, die den Fall Trojas verkünden und damit die Heimkehr Agamemnons erwarten lassen. Der Chor der Greise zieht ein. Ein Bote meldet, daß Agamemnon auf dem Weg ist. Klytaimnestra befiehlt dem Boten, ihrem Gatten zu berichten, daß sie ihm treu gewesen sei. Agamemnon fährt auf seinem Wagen — mit der trojanischen Königstochter Kassandra als Beute — in die Orchestra. Er empfiehlt Kassandra der Güte Klytaimnestras und betritt den Palast. Kassandra prophezeit dem Chor das kommende Unheil: Klytaimnestra, die zur Geliebten des Aigisthos geworden ist, wird Agamemnon ein Netz überwerfen und ihn im Bad erschlagen; dieser Gattenmord wird von Orestes, ihrem Sohn, mit Muttermord gerächt; so erfüllt sich der Fluch, der auf dem Geschlecht der Atriden liegt. Kassandra betritt den Palast. Man hört die Todesschreie Agamemnons. Klytaimnestra hat ihn und Kassandra getötet. Sie prahlt in wildem Triumph mit dem Gattenmord und rechtfertigt ihn damit, daß Agamemnon vor dem Beginn des trojanischen Feldzuges ihre Tochter Iphigenie geopfert hat, um günstigen Segelwind zu erhalten; auch sie bezieht sich auf den Fluch, der über den Atriden liegt. Aigisthos ist tief befriedigt über den Mord; er betrachtet ihn als Rache für die Untat, die Agamemnons Vater, König Atreus, einst an Thyestes begangen hat. (Thyestes ist der Bruder des Atreus und der Vater des Aigisthos. Atreus hat die Kinder des Thyestes zerstückelt und ihr Fleisch dem Thyestes als Gastmahl vorgesetzt, dann den Thyestes mit Aigisthos, der damals noch ein Säugling war, aus dem Lande vertrieben.) Aigisthos errichtet gegen den vom Chor vertretenen Willen des Volkes, das auf die Rückkehr des Agamemnon-Sohnes Orestes hofft, eine Gewaltherrschaft über Argos.

2. Teil: Das Totenopfer (Die Opferbringenden).

Wer? Orestes, Sohn des Agamemnon und der Klytaimnestra. Pylades, sein Freund. Elektra, Orests Schwester. Klytaimnestra, Witwe des Agamemnon. Aigisthos, ihr Gemahl. Kilissa, die Amme des Orestes. Ein Pförtner. Ein Diener. Chor: Dienerinnen der Klytaimnestra.

Wo und wann? Am Grabhügel des Agamemnon und vor dem Königspalast in Argos. Einige Jahre nach dem ersten Teil der Trilogie.

Was? Orestes, in der Fremde erzogen, ist nach Argos gekommen, um den Tod seines Vaters Agamemnon, den seine Mutter Klytaimnestra erschlagen hat, zu rächen. Die Dienerinnen der Klytaimnestra (der Chor), gefolgt von

Elektra, opfern am Grabe des Agamemnon. Ermutigt vom Chor, der den unrechtmäßigen Gewaltherrscher Aigisthos haßt, betet Elektra um den Rächer, der »den Mord mit Mord bezahlt«. Orestes gibt sich Elektra zu erkennen: Apollon hat ihm die Rache befohlen und schwere Strafen angedroht, falls er sie nicht vollzieht. Orestes, angemeldet als Fremder, berichtet seiner Mutter, Orestes sei tot. Klytaimnestra heuchelt Trauer und schickt nach Aigisthos. Orestes erschlägt ihn im Innern des Palastes, zieht seine Mutter in den Palast und tötet sie. Orestes fühlt sich von den Erinnyen verfolgt, den Rachegeistern der Mutter, und stürzt davon — nach Delphi, zum Heiligtum des Apollon, der ihm die Rache auferlegt hat.

3. Teil: Die Eumeniden.

Wer? Pythia, die delphische Priesterin. Apollon. Athene. Hermes. Orestes. Der Geist der Klytaimnestra. Chor: die Erinnyen.

Wo und wann? Im Apollon-Heiligtum in Delphi. Im Athene-Heiligtum auf der Akropolis von Athen. Kurze Zeit nach dem zweiten Teil.

Was? Orestes ist vor den Erinnyen nach Delphi ins Apollon-Heiligtum geflüchtet. Apollon hat die Erinnyen (Chor) in Schlaf versenkt und Orestes entsühnt. Apollon schickt Orestes nach Athen zum Gericht der Athene, Hermes begleitet ihn. Der Geist der Klytaimnestra hetzt die Erinnyen hinter Orestes her. In einem Streitgespräch mit Apollon beklagen sich die Erinnyen, daß der Gott einem Muttermörder beistehe. In Athen setzt Athene, die Schutzgöttin der Stadt, ein Geschworenengericht ein, das auf dem Ares-Felsen, dem Areopag, vor dem Volk über diesen Fall und über alle künftigen Fälle entscheiden soll. Orestes wird von den Erinnyen des Muttermordes angeklagt. Die Erinnyen entschuldigen den Mord der Klytaimnestra an ihrem Gatten Agamemnon damit, daß die beiden nicht blutsverwandt sind. Apollon tritt als Beschützer des Orestes, als Zeuge und als Angeklagter auf, denn er hat den Muttermord befohlen. Muttermord steht gegen Gattenmord. Athene, die von keiner Mutter geboren, sondern dem Haupt des Zeus entsprungen ist, fügt den Stimmsteinen der Richter den entscheidenden Stein bei, der Orestes freispricht. Sie verlangt, daß man in ihrem Spruch ihren Vater Zeus ehre. Die rachedürstenden Erinnyen verwandelt Athene in ›Eumeniden‹, in segensreiche Schutzgötter der Stadt Athen. Die Trilogie endet mit einer Jubelprozession.

Hinweise: Nichts liegt dem unbefangenen Zuschauer näher, als die verwickelten Familiengreuel und die sich bekämpfenden verschiedenen Gottesvorstellungen ungeduldig beiseite zu schieben und sich vor dieser Trilogie an die menschlichen Vorgänge und an das Kriminaldrama zu halten. Danach wäre der erste Teil, ›Agamemnon‹, die Geschichte eines Mannes, der aus dem Kriege heimkehrt, ein Sieger zwar, doch von den Kämpfen schwer gezeichnet, bescheiden geworden und müde. Seine Frau hat ihn betrogen, doch kann sie für sich anführen: ihr Mann hat dem Kriegsglück ihre Tochter geopfert, er ist zehn Jahre im Felde gewesen und hat als Beute eine Geliebte mitgebracht. Sie tötet den Gatten und heiratet den Geliebten.

Dem Mord-Stück folgt das Rache-Stück, der zweite Teil, ›Das Totenopfer‹. Der Sohn betrachtet es als eine von Gott auferlegte unausweichliche Pflicht, den Tod seines Vaters zu rächen. Den Geliebten seiner Mutter zu erschlagen, fällt ihm nicht schwer: er ist Ehebrecher. Die Mörderin seines Vaters aber ist seine Mutter (dies erst bei Aischylos, in der Überlieferung ist Aigisthos der Täter), und unter der Last des Muttermordes bricht er zusammen, wird er von Gewissenszweifeln in den Wahn getrieben.

Spätestens beim dritten Teil aber, den ›Eumeniden‹, ist es nicht mehr möglich, von dem religiösen Hintergrund der ›Orestie‹ abzusehen und sie nur als einen interessanten Kriminalfall mit schon erstaunlich vielfältigen Motiven zu betrachten. Es kam Aischylos nicht darauf an, eine seinem Publikum längst bekannte Geschichte aus der Vorzeit — sie lag damals schon rund 740 Jahre zurück — auf möglichst packende Weise noch einmal vorzuführen, sondern darauf, sie religiös und politisch neu zu deuten. Doch auch daraus kann der heutige Theaterbesucher einen Gewinn ziehen.

Der Familienfluch der Atriden, die ihre Abstammung auf Zeus zurückführen, hat zu einer Kette von Freveln und Gegenfreveln, zu Kinderschlächtereien und Kannibalismus geführt: ein Bild vergangener Rechtsverhältnisse. Ihnen werden neue Rechtsverhältnisse entgegengesetzt. Das Hauptmotiv der Chöre ist die immer wiederkehrende Bitte um Recht; auch der Chor der Erinnyen fühlt sich bei der Verfolgung des Muttermörders im Recht und ist empört über Apollon, der den Muttermörder schützt. Bei der Verhandlung in Athen werden Gattenmord und Muttermord gegeneinander abgewogen. Die Erinnyen, Ausgeburten der Urmutter Gaia und Enkel des Chaos, sind Vertreter des mutterrechtlichen Prinzips: ihnen wiegt der Mord eines Blutsverwandten, der Muttermord, schwerer als der Gattenmord, der nur einen durch die Ehe, durch eine späte zivilisatorische Einrichtung, gebundenen Partner trifft. Die Göttin Athene, mutterlos aus dem Haupt des Zeus entsprungen, setzt die vaterrechtliche Vorstellung durch: »Nie schlag ich Tod der Frauen höher an als den des Mannes, der des Hauses Haupt.« Sie zerbricht die bis an den Ursprung der Menschheit reichende Kette der Blutrache durch das Schwurgericht der Bürger von Athen, das sie begründet und an dessen erster Entscheidung sie teilnimmt: sie gibt die den Freispruch bringende Stimme ab.

Damit ist das Gericht der zwölf Geschworenen, eine zivilisatorische Einrichtung, die die Barbarei der vernunftlosen Sippen- und Blutrache durch Urteile aus der Vernunft ersetzt, an Athene und ihren Vater Zeus, den höchsten der Götter, gebunden: an eine neue, eine junge Gottesvorstellung.»Der junge Gott hat alte überrannt«, klagt die Chorführerin der Erinnyen schon in Delphi, und »neues Gesetz erschüttert von heut an die Welt«, singen die Erinnyen in Athen und klagen darüber, »daß uralter Gott in den Abgrund sinkt«. Doch Athene gewinnt die Erinnyen, diese Verkörperungen des uralten Rache-Gesetzes, als Schutzgötter der Stadt Athen, als neue zivilisatorische Kräfte göttlicher Herkunft.

So spiegelt sich in der ›Orestie‹ eine der entscheidenden Wendungen in der Menschheitsgeschichte: die Ablösung der vom Blute und der Sippe geforderten Rache durch das von der Vernunft gesetzte staatliche Recht, das durch den Schwur der Richter an göttliches Gebot gebunden ist. Wenn Aischylos das neue Recht durch neue Gottesvorstellungen begründet, so handelt er als Theologe; wenn er die neuen Gottesvorstellungen an Athen bindet, so handelt er als Politiker. Das göttlich begründete Recht wird in die Hände der zwölf Geschworenen, der Bürger, gelegt — das ist ein Schlag gegen den Familienfluch, unter dem eine Untat die andere blindlings nach sich zieht; ein Schlag gegen den Fatalismus einer absoluten Schicksalsabhängigkeit. »Über der Götter Gebot ehrt er die Menschen, uralte Moiren vernichtend«, klagt in Delphi der Chor der Rachegeister über Apollon. Die jungen Götter, Apollon und Athene, versöhnen das neue menschenfreundliche Gesetz mit Zeus, dem alten Gott. In der ›Orestie‹ ist zu spüren, wie der Mensch seine eigene über Recht und Unrecht entscheidende Kraft entdeckt: sein zivilisatorisches Selbstbewußtsein erwacht, wir sind am Beginn der europäischen Kultur, deren Grundlage die Rechtssicherheit ist. (Alle Zitate aus der ›Orestie‹ sind der Übersetzung von Ernst Buschor entnommen.)

Meinungen: »Die griechische Tragödie, seltsam für uns zu denken, endet optimistisch. Der Held erkennt, und mit ihm erkennt der Betrachter, gewinnt an Klarheit und Wissen, wird nicht in christlichem Sinne ›geläutert‹, sondern wie bei Platon, im genauen Sinne des Wortes, zur Einsicht gebracht«: Walter Jens, Übersetzer der ›Orestie‹ in ein bühnenwirksames Deutsch. — »Damit daß Athene die Entscheidung von sich abweist und mit ihr Menschen beauftragt, jedoch Menschen ihres Staates, damit daß sie einerseits zurücktritt und doch andererseits den Ausschlag gibt — ist doch im Drama das Entscheidende immer das Letzte —, tritt an die Stelle des alten ein neues Verhältnis zwischen Menschen und Gott. Der Mensch ist auf sich selbst gestellt, er sieht mit eigenen Augen, prüft aus eigener Erkenntnis, er darf nicht mehr blind sich an den Spruch des Gottes halten, er muß nun selbst sehen wie er's treibt. Und doch ist das, was ihn in diesen Stand der Freiheit und Gefahr versetzt, die Göttin«: Karl Reinhardt. — »Nichts lag der damaligen Kunstanschauung ferner als die Idee eines Theaters, das von jeder Beziehung zum Leben und zur Politik frei gewesen wäre. Die griechische Tragödie war im engsten Sinne des Wortes ›politisches Theater‹; das Finale der ›Eumeniden‹ mit dem inbrünstigen Gebet um das Gedeihen des attischen Staates zeigt, worum es ihr am meisten zu tun war«: Arnold Hauser.

Moderne Aufführungen in antiken Theatern: Das Nationaltheater Athen und das Piräus-Theater Athen spielen griechische Tragödien in neugriechischer Sprache am Fuße der Akropolis von Athen, doch nicht im (allzu zerstörten) Dionysos-Theater, sondern im Theater des Herodes Attikus und im Theater von Epidauros. — 1960 Teatro Popolare Italiano im antiken Theater in Syrakus. Übersetzung in ein jargonnahes Italienisch, radikale Herausarbeitung des Gedankens, daß ein modernes demokratisches Rechtsbewußtsein gegen den Aberglauben der Vorzeit gesetzt wird: Pier Paolo Pasolini. Regie und Rolle des Orest: Vittorio Gassman, der durch Negertänzer von Haiti die archaische Barbarei unterstreicht.

Einige Neudichtungen: ›Elektra‹ von Sophokles, 413 v. Chr. — ›Orestes‹ von Euripides, 408 v. Chr. — ›Oreste‹ von Voltaire, 1750. — ›Oreste‹ von Alfieri, 1786. — ›Die Orestie‹ von Alexandre Dumas, 1856. — ›Die Tragödie der Elektra und des Orest‹ von André Suarès, 1905. — ›Die Quelle (»The Tower beyond Tragedy«), Epos von Robinson Jeffers, 1924; deutsch und dramatisiert von Eva Hesse, 1960. — ›Das Leben des Orest‹, Oper von Ernst Křenek, 1930. — ›Trauer muß Elektra tragen‹ von Eugene O'Neill, 1931. — ›Der Familientag‹ von T. S. Eliot, 1939.—›Die Fliegen‹ von Jean-Paul Sartre, 1943. — ›Die Atriden-Tetralogie‹ von Gerhart Hauptmann, 1940 bis 1944.

Sophokles: die Forderungen der Götter und der Menschen

> Und betoniere dein Gesicht,
> verschal's mit Eisen, geh heiter durch das Ziel,
> selbst wenn dir nicht danach zumut ist.
>
> Der sterbende Herakles in ›Die Frauen von Trachis‹

Sophokles, geboren 496 (497?) v. Chr. in Kolonos bei Athen, Sohn des Waffenschmiedes Sophillos, wächst, sorgfältig erzogen, in wohlhabenden Verhältnissen auf. Bei der Siegesfeier nach der Schlacht bei Salamis, in der Aischylos mitgekämpft hat, führt er den Knabenchor an. Er verheiratet sich mit einer adligen Athenerin und steht den Idealen der Aristokratie nahe. Als er achtundzwanzig Jahre alt ist, geht er im Jahre 484 bei den Dionysien zum erstenmal — vor Aischylos — als Sieger hervor. Er tritt zunächst auch als Schauspieler auf, führt Regie, arbeitet später nur noch als Theaterdichter. Er ist ein Freund von Herodot (um 485 bis 425/20), beliebt als Dramatiker und hochgeehrt als Bürger. Zahlreiche Staatsämter; unter anderem ist er zweimal Stratege und erfüllt diplomatische Aufgaben. Im Alter von neunzig Jahren stirbt er 406 (405?) und wird in seinem Geburtsort Kolonos beigesetzt, in der Nähe von Athen, wo sein ›König Oedipus‹ ins Schattenreich eingeht. Als einem verehrten und gefeierten Heros werden ihm jährlich Staatsopfer dargebracht.

Sophokles erweitert die dramatischen Möglichkeiten entscheidend. Er vergrößert zwar den Chor, doch drängt er ihn in seinen Aufgaben zugunsten der Darsteller zurück. Der Anteil des Chors — Liturgie, Lyrik und Kommentar — durchwirkt noch immer das Geschehen und bleibt der wesensnotwendige Hintergrund der Tragödie, doch das Zwiegespräch beherrscht als das eigentlich dramatische Element die Aufführung. Die dramatischen Begegnungen steigert Sophokles weiter durch die Einführung des dritten Schauspielers (um 408). Der Einzelmensch wird nun plastischer, doch bleibt er, so genau er in seinen Beweggründen und seelischen Regungen greifbar wird, eine überlebensgroße und beispielhafte Gestalt. Er entspricht etwa den Plastiken des zeitgenössischen Phidias, in denen sich persönlicher Ausdruck und überpersönliche Stilisierung auf eine einzigartige, eben ›klassische‹ Weise miteinander verbinden. Indem Sophokles die drei Stücke eines Spieltages nicht mehr als geschlossene Trilogie aufbaut, sondern jedes Stück als Drama für sich, erreicht er eine stärkere Konzentration der Handlung. Er erfindet die Technik des ›analytischen‹, des untersuchenden Dramas: ein Fall, der vor dem Beginn der Handlung liegt, wird durch die Handlung aufgeklärt und in seiner Auswirkung gezeigt.

Sophokles, ein Konservativer, der anders als viele seiner Dichterkollegen sein Vaterland außer in diplomatischem Auftrag nie verlassen hat, gilt seinen Zeitgenossen als ein frommer Mann. Doch während Aischylos in seiner ›Orestie‹ noch Götter und Menschen in einer neuen, rechtlichen Ordnung eint, scheinen die Menschen des Sophokles weiter von den Göttern entfernt, mehr auf sich selbst gestellt, mehr ihren Zweifeln und ihrem Leid ausgeliefert. Zwar bleiben die Macht der Götter, Schicksal und Verhängnis, auch bei Sophokles unangetastet, doch kommt es ihm in seinen Tragödien offenbar weniger darauf an, die Unantastbarkeit dieser geglaubten Weltordnung zu bestätigen, als darauf: zu zeigen, wie der Mensch mit ihr fertig wird. Das Hauptdrama spielt sich nicht mehr als beispielhaftes Schaustück zwischen Menschen und Göttern ab, sondern im Innern eines beispielhaften Menschen, der in ein richtiges Verhältnis zu den Göttern geführt wird. Das ist in der Tragödie ein Weg in den Untergang, der freilich nicht nur die göttliche Weltordnung, sondern auch die Größe des untergehenden Menschen bestätigt.

Mag an den Tragödien des Sophokles für den nachantiken Menschen manches nicht mehr unmittelbar mitzuempfinden sein, so wirken sie doch als gewaltige Sinnbilder für das Leid, das dem Menschen mit seiner Geburt auferlegt ist: er glaubt sich schuldlos, und er kann dem Leid doch nicht entrinnen, es gehört zu seinem Leben. Die Menschen des Sophokles bekennen sich zu diesem Leid, so unbegreifbar es sein mag, und nehmen es heroisch auf sich: Recht behalten immer die Götter. Unüberhörbar aber sind bei Sophokles auch Mitleid und Barmherzigkeit — gelegentlich so stark, daß der Christ vom vorchristlichen Sophokles betroffen werden mag.

Meinungen: »Christlicher Glaube und hellenische Tragik sind identisch, sofern in ihnen der Mensch als Knecht des Seins erscheint«: Gerhard Nebel. — »Es schrieb jemand eine Abhandlung, worin er zeigte, daß Sophokles ein Christ gewesen. Das ist keineswegs zu verwundern, aber es ist merkwürdig, daß das ganze Christentum nicht *einen* Sophokles hervorgebracht«: Goethe, Gespräch mit Riemer. — »Seine Charaktere besitzen alle eine solche Redegabe und wissen die Motive ihrer Handlungsweise so überzeugend darzulegen, daß der Zuhörer fast immer auf der Seite dessen ist, der zuletzt gesprochen hat«: Goethe. — »Sophokles erst hat den nichts als leidenden Menschen erfaßt, den, der gänzlich seinem Leiden überantwortet ist. Das Leid gewinnt bei ihm den Charakter einer den Menschen einschließenden Schicksalslage, aus der er nicht herauskann, weil er selbst sein Leiden ist. Leid ist hier mit dem Menschen gesetzt. Und weil Sophokles der Tragiker des Menschen ist, mußte er auch zum Tragiker des ausweglosen, äußersten und umfassendsten Leidens werden«: Wolfgang Schadewaldt.

Von den 123 Dramen, die Sophokles — nach Überlieferung der Bibliothek von Alexandria — geschrieben hat, sind nur die sieben Tragödien erhalten, die in eine Schulausgabe aufgenommen wurden.

Aias. Uraufgeführt in den fünfziger Jahren des fünften Jahrhunderts, spielt während des Trojanischen Krieges. Aias fühlt sich zurückgesetzt und in seinem Ehrgefühl gekränkt, weil das Gericht der Achaier die Waffen und die Rüstung des toten Achill, diese Symbole des Mutes und der Führerposition, nicht ihm, sondern Odysseus zugesprochen hat; er will Agamemnon, Menelaos und Odysseus ermorden. Athene, die Schutzgöttin des Odysseus, versetzt ihn jedoch in einen Wahn, so daß er statt der Fürsten das Beutevieh

Sophokles: Aias. Rekonstruktion der Bühne von H. Wirsing nach H. Bulle

der Hirten erschlägt. Dem aus dem Blutrausch erwachten, von der Göttin lächerlich gemachten Aias bleibt nur der Sturz in das eigene Schwert. — Aias ist Unrecht geschehen, doch der Mensch muß auch vor dem Unrecht der Götter — so verkündet Athene — in den ihm gesetzten Grenzen bleiben. Als Muster des göttlichen und des menschlichen Maßes erscheint Odysseus, der gegen den Willen des Menelaos und des Agamemnon für ein ehrenvolles Begräbnis seines toten Gegners sorgt. Der Mensch ist zwar den Göttern ausgeliefert, doch vermag er, humane Entscheidungen zu treffen — in dieser Einsicht handelt Odysseus, und von dieser Einsicht ist Sophokles getragen. (Eine kühle, klare Übertragung von Walter Jens wurde im Dezember 1965 vom Schauspielhaus Zürich uraufgeführt; Regie: Leopold Lindtberg.)

Philoktet. Uraufgeführt 409 in Athen, ist bemerkenswert durch die Gestalt des Neoptolemos. Während des Trojanischen Krieges segelt er mit Odysseus auf die Insel Lemnos, wo Philoktet vor neun Jahren ausgesetzt worden ist, weil er an entsetzlichen Geschwüren leidet. Neoptolemos täuscht dem Kranken Freundschaft vor und verspricht ihm, ihn nach Griechenland zurückzubringen. Für dieses Versprechen läßt er sich von Philoktet den Bogen und die mit dem Blut der lernäischen Schlange getränkten Pfeile des Herakles geben, denn nur mit ihnen kann, so lautet ein Orakel, Troja erobert werden. Doch als Neoptolemos einen grauenvollen Schmerzanfall des Ausgesetzten erlebt, wird er von Mitleid ergriffen, gesteht seinen Betrug, gibt — gegen den heftigen Widerstand des Odysseus — Philoktet die Waffen zurück und will ihn nach Griechenland bringen. Das Mitgefühl des jungen Neoptolemos triumphiert hier über den von Odysseus skrupellos vertretenen Anspruch des Staates, und sogar die Götter haben ein Einsehen: Herakles erscheint und schickt alle, damit das Orakel erfüllt werde, nach Troja — dort aber soll Philoktet nach dem Willen des Zeus geheilt werden. — Das durch ein Orakel vorbestimmte Schicksal erfüllt sich hier nur noch auf eine äußerliche, geradezu mechanische Weise; es gibt nachträglich der Entscheidung des mitfühlenden jungen Mannes gegen den vom Orakel provozierten Betrug und für die Menschlichkeit recht. — Neudichtung: ›Philoktet‹ von Heiner Müller, 1964.

Antigone. Tragödie. Uraufgeführt um 442 in Athen. Nachdichtung von Friedrich Hölderlin, 1804.

Wer? Antigone, Tochter des Oedipus. Ismene, ihre Schwester. Kreon, König von Theben, ihr Onkel. Eurydike, seine Gemahlin. Haimon, beider Sohn. Teiresias, ein blinder Seher. Ein Wächter. Ein Bote. Ein Diener. Chor: thebanische Greise.

Wo und wann? Vor dem Königspalast in Theben. Um 1230 v. Chr.

Was? Eteokles und Polyneikes, Söhne des Oedipus, sind im Kampf um Theben gefallen. (Aischylos hat diesen Stoff in ›Die Sieben gegen Theben‹ behandelt. Siehe Seite 32.) Kreon, der neue König, hat Eteokles, den Verteidiger Thebens, bestatten lassen, doch die Bestattung des Angreifers Polyneikes verboten. — Antigone will ihre Schwester Ismene dazu gewinnen, daß sie beide ihren Bruder Polyneikes bestatten. Ismene wagt es nicht und rät Antigone ab. — Der Wächter meldet König Kreon, daß Antigone den Leichnam des Polyneikes mit Sand bedeckt und die Bestattungsbräuche vollzogen hat. Im Streitgespräch mit Kreon beruft sich Antigone auf das Recht der Totengötter; Kreon besteht auf dem Recht des Staates, den toten Feind unbestattet zu lassen. Er läßt Antigone und Ismene gefangennehmen. Haimon, der Sohn Kreons und Verlobte Antigones, bittet Kreon vergeblich, die Schwestern freizulassen. Kreon entschließt sich, Ismene nicht zu verfolgen, läßt aber Antigone in ein Felsengrab lebendig einmauern. — Teiresias, der blinde Seher, warnt Kreon, die Toten zu verfolgen. Als Kreon dem Seher Bestechlichkeit vorwirft, prophezeit ihm Teiresias Unheil. Kreon, unsicher geworden, befragt den Chor, der ihm rät, Polyneikes zu bestatten und Antigone freizugeben. Kreon nimmt den Rat an und eilt zum Grab. — Ein Bote berichtet dem Chor und Eurydike, der Gemahlin Kreons, daß Kreon zu spät gekommen ist: Antigone hat sich erhängt, Haimon hat an ihrer Leiche das Schwert gegen seinen Vater gezogen, und als er ihn nicht getroffen, sich selbst getötet. — Kreon beklagt vor dem Chor seine Schuld. Ein Bote berichtet aus dem Palast, daß sich Eurydike, den Kindermörder Kreon verfluchend, umgebracht hat. Kreon, dem Wahnsinn nahe, fühlt sich als Mörder der Kinder und seiner Gemahlin.

Hinweise: Das Stück wird mit Hilfe des zum geflügelten Wort gewordenen Ausspruchs der Antigone »Nicht mitzuhassen, mitzulieben bin ich da«
(in Hölderlins Nachdichtung: »Zum Hasse nicht, zur Liebe bin ich«) meist so
gedeutet, daß hier das menschliche Gebot, den Bruder zu bestatten, gegen
den unmenschlichen Befehl eines Tyrannen stehe, den Leichnam unbestattet
zu lassen; mit Antigone kämpfe das göttliche Recht der Menschlichkeit gegen
die gottlose, unmenschliche Tyrannei des Kreon. Doch so einfach – Humanität gegen inhumanes Staatsgesetz – war es weder von Sophokles gemeint
noch von Hölderlin, dessen Nachdichtung (gedruckt 1804) oft gespielt wird.

Göttliches Recht steht auch hinter Kreon: er vertritt keine gottferne, moderne Staatsraison, sondern die göttlich begründete Polis, den religiös unter-
mauerten Staat. Und Antigone handelt nicht nur als Schwester, sie befolgt
zugleich das Gebot der Totengötter: nur wenn die Bestattungsbräuche vollzogen wurden, konnte nach griechischem Glauben der Tote ins Reich der
Schatten eingehen. Göttliches Recht steht also auf beiden Seiten, und beide,
Antigone und Kreon, gehen unter durch ihre maßlose, die Grenze über-
schreitende einseitige Unbedingtheit; sie haben es, wie Hölderlin schreibt,
›gar zu weit‹ getrieben. Doch Antigone gewinnt in ihrem Untergang, Kreon
aber verliert: der Chor wendet sich im Verlaufe der Tragödie mehr und mehr
von Kreon ab, der Antigone zu und preist zum Schluß ein ›Denken‹, das
›im Alter gelehrt‹ wurde. Politisch muß dieses Stück bei der Uraufführung
unerhört kühn gewirkt haben: es stellt Kreon, dem Vertreter der Polis, ein
Mädchen gleich, das zu einem Landesverräter hält, wobei Landesverrat zugleich Gotteslästerung bedeutet.

Für das heutige Theater entscheidend ist nicht die Gelehrtenfrage, welche
geglaubten göttlichen Kräfte hinter Antigone und Kreon stehen, und ob es
erlaubt sei, die Tragödie als ein humanes Tendenzstück mißzuverstehen, sondern entscheidend sind die dramatischen Vorzüge. Das Stück ist in harten
Gegensätzen von scheinbarer Ruhe und gewaltigen Ausbrüchen aufgebaut;
die Verklammerung der Gegenpositionen und der Zusammenprall der Kräfte
sind außerordentlich spannungsvoll, und die Charaktere packen gerade
durch ihre nicht ganz durchschaubaren Beweggründe. Antigone lebt in der
Sicherheit ihres göttlichen Auftrags, aber es schlägt auch der Trotz der
Rebellion aus ihr, scharf bis zum Hohn. Sie rühmt sich ihrer Tat und sieht
ihrer Bestrafung, ihrer Vereinigung mit dem Tod und mit dem toten
Bruder mit triumphierender Freude, ja mit einer tiefen Todessucht und
nicht ohne Wollust entgegen: mehr Braut des Totengottes als Braut Hai-
mons. Sie bricht nicht zusammen, weil sie auf Befehl Kreons im Felsengrab eingesperrt, sondern weil sie *lebendig* eingemauert wird, weil sie nicht
sterben darf.

Auch Kreon lebt zunächst in der Sicherheit eines göttlichen Auftrags: die Stadt vor der Anarchie und die Altäre der Götter vor der Zerstörung zu schützen. Er ist ein rechtsbewußter Herrscher, kein Tyrann. Wie er sich um so fester an diese Sicherheit klammert, je mehr an ihr gerüttelt wird — durch Teiresias, durch Haimon, durch den Chor —, wie er mit der Würde des gerechten Zornes um Gesetz und Götter kämpft bis zur furchtbaren Ratlosigkeit, zur plötzlichen Einsicht, die zu spät kommt — dies gibt auch ihm die tragische Größe.

Sophokles, dessen Sympathien zweifellos auf der Seite der Antigone waren, wußte, daß Antigone um so größer wirkt, je größer ihr Gegenspieler ist. Antigone geht in der Sicherheit ihres göttlichen Auftrags in den Tod — Kreon wird diese Sicherheit genommen. Kreon, der meint, rechtlich zu denken, und doch zerbrochen und ratlos im Unrecht sitzt, Kreon erschüttert mehr als Antigone, die im Gefühl des Rechtes untergeht.

Eine Neufassung der ›Antigone‹ des Sophokles hat Bertolt Brecht nach dem zweiten Weltkrieg geschaffen, uraufgeführt unter Brechts Regie am 15. Februar 1948 im Stadttheater Chur. Für sein ›Antigone-Modell 1948‹ hat er die Nachdichtung Hölderlins stark gekürzt, rationalisiert und durch dramaturgische Tricks und Hinzugedichtetes völlig umgedeutet. So ist ein revolutionäres Lehrstück entstanden, das in seiner Tendenz trotz des Sophokles-Hölderlin-Textes mit diesen Dichtern nichts mehr zu tun hat. Kreon ist bei Brecht zu einem Diktator geworden, der einen privaten Raubkrieg um Bodenschätze führt, Antigone zwar nicht zur Vertreterin einer allumfassenden Humanität, doch immerhin zu einer menschlicheren Rebellin gegen Kreons Macht. Brecht beginnt mit einem Vorspiel: Berlin, März 1945; zwei Schwestern nach einem Luftangriff; ihr Bruder, deutscher Soldat und in dieser letzten Phase des Krieges desertiert, wurde auf der Straße von der SS erhängt; während ein SS-Mann im Zimmer ist, verleugnet die eine Schwester den Bruder, während die andere, ein Messer in der Hand, sich fragt, ob sie den Bruder abschneiden soll. Danach folgt die thebanische Antigone, die damit als eine Widerstandskämpferin gegen die Unmenschlichkeit der Diktatur erscheinen muß, unmittelbar verbunden mit der deutschen Vergangenheit. Dazu Brecht und Caspar Neher: »Im übrigen handelt es sich in keiner Weise darum, etwa durch das Antigonedrama oder für dasselbe den ›Geist der Antike zu beschwören‹; philologische Interessen konnten nicht bedient werden.« (Bühnenskizze siehe Seite 77.)

Meinungen: »Die Vernunftform, die hier tragisch sich bildet, ist politisch, und zwar republikanisch, weil zwischen Kreon und Antigone, Förmlichem und Gegenförmlichem, das Gleichgewicht zugleich gehalten ist«: Hölderlin. —

»Wenn Polyneikes sein väterliches Erbteil, woraus man ihn gewaltsam vertrieben, wieder zu erobern suchte, so lag darin keineswegs ein so unerhörtes Vergehen gegen den Staat, daß sein Tod nicht genug gewesen wäre und daß es noch der Bestrafung des unschuldigen Leichnams bedurft hätte. Man sollte überhaupt nie eine Handlungsweise eine Staatstugend nennen, die gegen die Tugend im allgemeinen geht«: Goethe zu Eckermann. – »Das Familieninteresse hat das Weib, Antigone, die Wohlfahrt des Gemeinwesens Kreon, der Mann, zum Pathos«: Hegel. – »Königs Wille, höchstes Gesetz. Nein, sagt Antigone, es gibt ein höheres: das Gesetz, das ich im Busen trage. Ich kann nicht auf Befehl hassen, was meine Seele liebt. Und du, König, hast kein Recht, ewigem Sittengesetz deine Gelegenheits-Paragraphen überzuordnen. Eine demokratische Dichtung«: Alfred Polgar. – »Antigone ist eine Beauftragte des Polyneikes und des Totenreiches, dessen Wildheit sich eben in den Zerstörungen zeigt, die in der Familie des Kreon und in der Polis Theben angerichtet werden. In diesem Drama ist alles Grab – der tragische Prozeß beginnt bei einem nicht-existenten Grab und endet am Grab, in das Antigone lebendig verschlossen wird und in dem Haimon und sie Selbstmord begehen«: Gerhard Nebel. – »Antigone beispielsweise hat eine Sache zu verteidigen – die Sache der großen Familien, deren Traditionen und religiöse Verpflichtungen vom Staat bedroht werden. Kreon dagegen vertritt eine andere, modernere Sache – der Sophokles offensichtlich keinen Geschmack abgewinnen kann, denn seine Sympathien sind konservativ. Kreon ist ein primitiver Demokrat und steht auf dem Standpunkt, daß bei einem Streit zwischen Staat und Familie der Staat recht bekommen müsse. Das sind die beiden Positionen; und an Stelle von Antigone und Kreon hätte man ebensogut zwei Rechtsanwälte bemühen können«: Jean-Paul Sartre in einem Interview zu dem englischen Theaterkritiker Kenneth Tynan, 1961.

Einige andere Fassungen des gleichen Stoffes: ›Antigone‹ von Euripides (nur in Bruchstücken erhalten). – ›Antigone‹ von Alfieri, 1783. – Vorspiel zur Antigone des Sophokles von Hugo von Hofmannsthal, 1908. – ›Antigone‹ von Walter Hasenclever, 1917. – ›Antigone‹ von Jean Cocteau, 1922. – ›Antigone‹ von Jean Anouilh, 1942. – ›Antigone‹, Oper von Arthur Honegger, 1927. – ›Antigonae‹, archaisierende Neufassung der Hölderlinschen Nachdichtung mit Musik von Carl Orff, 1949.

Die Trachinierinnen. Tragödie. Uraufgeführt um 438 v. Chr.

Wer? Deianeira, Gemahlin des Herakles. Herakles, Sohn des Zeus. Hyllos, beider Sohn. Iole, eine Königstochter (stumme Rolle), Geliebte des Herakles. Lichas, ein Herold. Ein Bote. Ein Greis. Deianeiras Amme. Chor: Mädchen von Trachis, Freundinnen der Deianeira.

Wo und wann? Vor einem Palast in Trachis. Mythische Vorzeit.
Was? Deianeira erwartet die Rückkehr ihres Gatten Herakles, der die
Stadt des Eurytos belagert. Ihm ist geweissagt worden, daß dies seine letzte
Knechtsarbeit sei, nach der er die mühelose Ruhe gewinne. Deianeira schickt
ihren Sohn Hyllos zu Herakles. — Ein Herold meldet den Sieg des Herakles,
der nach den Dankopfern für Zeus zurückkehren werde. Der Herold bringt
unter den Gefangenen Iole, die Tochter des besiegten Königs Eurytos, ins
Haus. — Der Bote erzählt Deianeira, Iole sei die Geliebte des Herakles, der,
von Eros bezwungen, diesen Kampf nur geführt habe, um Iole zu erlangen.
Deianeira, die die Macht des Eros und der Schönheit kennt, haßt Iole sowenig wie die früheren Geliebten des Herakles, doch will sie Herakles durch
einen Liebeszauber zurückgewinnen: Herakles hat einst den Kentauren Nessos getötet, um Deianeira zu beschützen, und der sterbende Nessos hat ihr
geraten, sein geronnenes Blut aufzubewahren — es sei ein Zauber, der Herakles davor bewahre, je eine andere Frau mehr als sie zu lieben. Deianeira
salbt ein Festgewand mit dem Blut und schickt es durch Lichos zu Herakles,
der es beim Dankopfer zum erstenmal tragen soll. Deianeira beobachtet nun,
wie die vom Nessos-Blut getränkte Wolle sich zersetzt, und befürchtet,
Nessos habe sie betrogen. Ihr Sohn Hyllos berichtet, daß Herakles von dem
Gewand bei lebendigem Leib zerfressen wird, und klagt seine Mutter als
Mörderin an. — Herakles, auf einer Bahre nach Trachis gebracht, leidet unter
entsetzlichen Qualen, enthüllt seinen sich zersetzenden Leib und bittet seinen
Vater Zeus um den Tod. Er erkennt, daß zwei Weissagungen eingetroffen
sind: er werde nicht durch einen Lebenden sterben, und er werde nach dieser
letzten Sklavenarbeit keine Mühsal mehr zu ertragen haben — nun steht ihm
der Tod durch den toten Nessos bevor, und nur für Tote gibt es keine Mühsal.
Er befiehlt seinem Sohn Hyllos, ihn zu verbrennen und Iole zu heiraten.

Hinweise: Von dieser Tragödie des Sophokles gibt es eine deutsche Fassung, die glasklar und außerordentlich bühnenwirksam ist, geschrieben in
einer von Jargon durchsetzten und dennoch poetischen Sprache. Sie ist auf
einem Umweg entstanden: der amerikanische Dichter Ezra Pound (geboren
1885), Stammvater der modernen englischen und amerikanischen Poesie, hat
im Jahre 1954 ›Die Trachinierinnen‹ für den Rundfunk bearbeitet und dabei
die Dialoge in Verse übertragen, die aus der amerikanischen Alltagssprache
genährt sind; die Chorlieder hat er, ohne Jargon, in hinreißenden Rhythmen
frei nachgedichtet.

Eva Hesse hat 1959 diesen ebenso nüchternen wie glanzvollen Text vorzüglich ins Deutsche übertragen: ›Die Frauen von Trachis‹. (Aufführung in
Anwesenheit von Ezra Pound am 12. Dezember 1959, Landestheater Darmstadt; Regie: G. R. Sellner.)

Beginnt beispielsweise die Übersetzung von Roman Woerner mit »Es ist ein Wort von altersher in Menschenmund: Du kannst von keines Sterblichen Los vor seinem Tod jemals erkunden, ob es günstig liegt, ob schlecht«, so heißt es bei Pound/Hesse schockierend lapidar: »Keiner weiß, was ihm blüht, eh er tot ist. Das hör ich dauernd.« Gerade der Abstand, den Pound durch den Jargon von der Antike schafft, rückt Sophokles dem heutigen Zuschauer näher, als dies irgendeine antikisierende Fassung vermag.

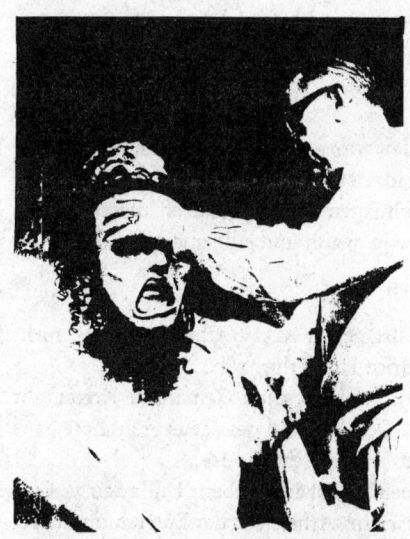

Sophokles: Die Frauen von Trachis. Regisseur G. R. Sellner setzt dem Schauspieler Edmund Saussen die Maske des Herakles auf. Inszenierung der Fassung des amerikanischen Dichters Ezra Pound im Hessischen Landestheater Darmstadt 1959

Eros als treibende Macht hinter allen Vorgängen: wenn Herakles den Flußgott tötet, um Deianeira zu erobern; wenn er den Kentauren Nessos tötet, um sie zu schützen; wenn er ein ganzes Land verwüstet, um Iole als Geliebte zu gewinnen; wenn Deianeira ihm unwissend das tödliche Nessos-Gewand schickt, weil sie glaubt, sich damit gegen die jüngere Iole behaupten zu können. Der tödliche Doppelsinn der Weissagungen: Mit dem Nessos-Gewand gewinnt Deianeira in der Tat den Herakles für ewig — freilich nur durch den Tod. Und Herakles gewinnt, wie vorhergesagt, nach dieser letzten Knechtsarbeit endlich die mühelose Ruhe — freilich wiederum nur durch den Tod: »Ich dachte mir, das hieß ein angenehmes Leben. Keine Rede davon. Es hieß, daß ich sterben muß. Denn unter Toten gibt es keinen Knechtsdienst.« Herakles nimmt die Maske ab, als er den Schicksalsspruch erkennt und anerkennt: »Wenn man's so sieht, welch ein Glanz: Es fügt sich alles ein.« Das würdevolle Sterben eines schwergeplagten Mannes, der sein Schicksal auf sich nimmt. Der fast zaghafte Versuch einer in langen Ehejahren gereiften Frau, ihren Mann von der jüngeren Geliebten zurückzugewinnen. Und die Rebellion eines jungen Mannes, des Hyllos, der an einem Tag seine Mutter und seinen Vater verloren hat: »Götter, der Jammer hier ist ihre Schande ... das alles kam von Zeus.«

Der Untergang zweier Menschen, die von den Gottheiten der Liebe zusammengetrieben und auseinandergerissen worden sind, vollzieht sich nicht mehr hinter einem professoralen Vorhang in mythischer Ferne, sondern unmittelbar unter uns. Das Leid als eine Bedingung des menschlichen Lebens wird von einem Mann am Ende seiner Tage unter Qualen angenommen, und die Revolte gegen die Götter wird dargestellt als die natürliche Reaktion eines jungen Mannes, der zum erstenmal vom Leid schwer getroffen ist. Pound hat unter den klassizistischen Verschüttungen den Realisten Sophokles ausgegraben und spielbar gemacht.

Eine Meinung: »Wie trefflich ist der ganze Zustand, das Empfinden, die Existenz der Dejanira gefaßt! Wie ganz ist sie die Hausfrau des Herkules, wie individuell, wie nur für diesen einzigen Fall passend ist dies Gemälde und doch wie tief menschlich, wie ewig wahr und allgemein«: Schiller an Goethe.

König Oedipus. Tragödie. Uraufgeführt gegen 425 v. Chr. in Athen; nicht preisgekrönt. Nachdichtung von Friedrich Hölderlin, 1804.
Wer? Oedipus, König von Theben. Iokaste, seine Gemahlin. Kreon, ihr Bruder. Teiresias, ein blinder Seher. Der Priester des Zeus. Ein Bote, aus Korinth. Ein Hirte. Ein Diener. Chor: thebanische Greise.
Wo und wann? Vor dem königlichen Palast in Theben. Um 1250 v. Chr.
Was? In Theben herrscht die Pest (wie in Athen vor der Entstehung dieser Tragödie). König Oedipus hat seinen Schwager Kreon zum Apollon-Heiligtum nach Delphi geschickt, um Rat einzuholen. Kreon berichtet, die Stadt werde von der Pest befreit, sobald eine alte Blutschuld gesühnt sei: der Mord an Iem Vorgänger des Königs Oedipus, an Laios. Oedipus stellt mit großem Eifer Nachforschungen an und verflucht den Täter. Als sich der blinde Teiresias weigert, sein Wissen mitzuteilen, wird er von Oedipus des Mordes beschuldigt. Der zur Verteidigung gezwungene Teiresias erklärt, daß Oedipus der Mörder ist. Oedipus weigert sich, dies zu glauben, da er dem Laios nie begegnet sei. Iokaste, die Gemahlin des Oedipus, berichtet, daß ihrem ersten Gemahl Laios geweissagt worden ist, er werde von seinem Sohn erschlagen; deshalb ist das noch nicht drei Tage alte Kind einem Hirten übergeben worden, damit er es im Gebirge aussetze; Laios aber sei von Räubern an einem Kreuzweg erschlagen worden. Oedipus, der als Sohn des Königs von Korinth aufgewachsen ist, erinnert sich, daß bei einem Gastmahl behauptet worden ist, er sei kein echter Sohn seines Vaters; als er Apollon befragt, wird ihm darüber nichts gesagt, wohl aber, daß er seinen Vater erschlagen und seine Mutter heiraten werde. Oedipus hat aus Furcht vor die-

sem Spruch Korinth verlassen und unterwegs nach Theben auf einem Kreuzweg einen alten Mann getötet, der ihn vom Wege abgedrängt und geschlagen
hat. Oedipus ahnt, daß dieser Alte Laios gewesen ist. Ein Bote berichtet, daß
der König von Korinth eines natürlichen Todes gestorben und daß Oedipus
ein Findelkind ist: dem Boten ist einst das ausgesetzte Kind von einem Hirten übergeben worden. Der Hirte bezeugt, daß dieses Kind der Sohn des
Laios und der Iokaste ist. Oedipus erkennt, daß sich der Spruch des Apollon
an ihm erfüllt hat: er ist ausgesetzt worden, hat seinen Vater Laios erschlagen und seine Mutter Iokaste geheiratet. Iokaste, die geahnt hat, daß diese
Wahrheit ans Licht kommt, ist in den Palast gegangen und hat sich erhängt.
Ein Diener berichtet: Oedipus hat sich an der Leiche Iokastes mit ihrem
Schmuck die Augen ausgestochen. Oedipus bittet Kreon um die Verbannung.
Der Chor hat das letzte Wort (in Hölderlins Übersetzung):»Preiset glücklich
keinen, eh denn er an des Lebens Ziel gedrungen, Elend nicht erfahren hat.«

Hinweise: Wenn Laios seinen neugeborenen Sohn aussetzen läßt, um zu
verhindern, daß er von ihm einst erschlagen wird, so bringt er gerade dadurch Oedipus auf den Weg, der zum Vatermord führt; wenn Oedipus seine
vermeintlichen Eltern in Korinth verläßt, damit er seinen Vater nicht er-
schlage und seine Mutter nicht heirate, so begibt er sich gerade dadurch auf
den Weg, der ihn zum Vatermord und zur Ehe mit der Mutter führt. Der
Mechanismus dieser Apollon-Orakel läßt sich als ein Bild dafür auffassen,
daß dem Menschen unverschuldetes Leid vorbestimmt ist: Leid ist, unabhängig von moralischer Schuld, ein unablösbarer Bestandteil des menschlichen Daseins. Zu dieser Einsicht wird Oedipus und werden mit ihm die
Zuschauer gebracht.

Oedipus hat den göttlichen Auftrag, eine Blutschuld zu sühnen: er muß
einen Mordfall aufklären und dabei sich selbst als den Täter entdecken.
Solange er noch sehend ist und in der vermeintlichen Sicherheit seiner Unschuld lebt, ist er verblendet; sobald er die Wahrheit sieht und die Gewißheit
seiner Schuld, blendet er sich selbst. Der Mensch, der ahnungslos gerecht
sein will und Schuld in seiner Umwelt sucht, entdeckt die Schuld in sich.
Schlimmer noch: der Mensch erschrickt tödlich vor sich selbst als vor einem
Täter, der — jenseits juristischer Schuld — schuldig werden muß. Daß er, als
er die Wahrheit schon ahnt, nicht davon abläßt, sie zu erforschen, furchtlos
vor dem Schrecken, den sie ihm bringen muß — darin liegt seine Größe. Und
darin liegt die unvergängliche Größe dieser Tragödie.

Der Form nach ist ›König Oedipus‹ der genialste Reißer der Bühnenliteratur. Ein Kriminalfall ist zu lösen, und der Untersuchungsrichter, entschlossen, die Tat hart zu bestrafen, muß in Zeugenverhören und im Selbstverhör

entdecken, daß er selbst der Täter ist: je näher er der Wahrheit kommt, desto näher kommt er sich selbst, und sobald er die ganze Wahrheit entdeckt, hat er sich selbst ganz erkannt. In der Verblendung über sich selbst konnte er sehend leben — indem er sich selbst in der Wahrheit sieht, muß er sich blenden. Dieser unerhört dramatischen Konstruktion mit ihren tragischen Ironien und Paradoxien kann sich kein Zuschauer entziehen, wie er sich auch immer zu der antiken Auffassung von Schicksal und Schuld stellen möge.

Verändert man die Konstruktion in einer einzigen, freilich entscheidenden Einzelheit, so schlägt die Tragik um in Komik: sobald der Untersuchungsrichter von Anfang an weiß, daß er selbst der Schuldige ist, und die Verhöre, die er anstellen muß, um den Schuldigen zu finden, nur führt, um diese Wahrheit zu verbergen, wird aus dem Oedipus der Dorfrichter Adam und aus der Tragödie eine Komödie von Kleist: ›Der zerbrochne Krug‹ (siehe auch Seite 454).

Bei der von Gustav Rudolf Sellner inszenierten ersten Aufführung der Übersetzung von Wolfgang Schadewaldt (18. 9. 1952) in Darmstadt ist man der Frage nachgegangen, wie die acht Rollen des Stückes auf die drei Schauspieler der Antike verteilt gewesen sind. Aus dem Bau des Stückes, den Möglichkeiten der Auftritte mußte geschlossen werden: der erste Schauspieler war Oedipus; der zweite war der Priester, Teiresias, Iokaste und der Hirte — es sind die Menschen, die der gesuchten Wahrheit nahestehen und gezwungen werden, sie zu offenbaren; der dritte Schauspieler war Kreon, der Bote aus Korinth und der Diener — es sind die Menschen, die vom Tragischen nicht erfaßt werden und ahnungslos Teilstücke der Wahrheit ans Licht bringen. So sind — bis in die Besetzung der Rollen — inneres und äußeres Gefüge des Stückes, Form und Gehalt, untrennbar. Der ›König Oedipus‹ ist das vollkommenste Modell des Tragischen.

Meinungen: »Dazu kommt, daß das Geschehene, als unabänderlich, seiner Natur nach viel fürchterlicher ist und die Furcht, daß etwas geschehen *sein* möchte, das Gemüt ganz anders affiziert als die Furcht, daß etwas geschehen *möchte*. Der Oedipus ist gleichsam nur eine tragische Analyse. Alles ist schon da, und es wird nur herausgewickelt ... Aber ich fürchte, der Oedipus ist seine eigene Gattung, und es gibt keine zweite Spezies davon«: Schiller. — »Die alte Tragödie beruht auf einem unausweichlichen Sollen, das durch ein entgegenwirkendes Wollen nur geschärft und beschleunigt wird. Hier ist der Sitz alles Furchtbaren der Orakel, die Region, in welcher Oedipus über alle thront«: Goethe. — »Vorher (vor ›Oedipus auf Kolonos‹) könnte das Drama ›Blödipus‹ heißen. Vorher ist die Dichtung halb lächerlich. Das achtzehnte Jahrhundert brauchte die Bezeichnung ›Schafskopf‹, die nicht zu lieblos ist,

für den Unglückswurm, welcher beim Sophokles als ›König Oedipus‹ auftritt; welchem prophezeit worden, er werde seinen Vater töten, seine Mutter heuern, und der trotzdem beides tut! Gerade die ›Unentrinnbarkeit‹ soll
hier in ein Bühnengleichnis gebracht werden? Dieses Gleichnis hinkt entsetzlich. Die Benennung ›dramatisierte Unentrinnbarkeit‹ kommt weit eher auf

Sophokles: König Oedipus. Bühnenbild von Franz Mertz, Inszenierung G. R. Sellner,
Landestheater Darmstadt 1952

den gegenteiligen Inhalt hinaus: man sieht weit eher deutliche Entrinnbar-
keit bei einem so ertüftelten Orakelfall«: Alfred Kerr. — »Oedipus, der sich
in seinen Schein Verwickelnde, steigt auf zum Kämpfer um der Wahrheit
willen ... Den Auftrag, von dem er nicht ahnt, daß er des Gottes Auftrag
ist, sich selbst zu erkennen. Der Gott legt auf den Menschen die Aufgabe, an
der dieser zerbricht, um sich zu finden ... In seinem König Oedipus schrieb
Sophokles seine Tragödie der menschlichen Selbsterkenntnis«: Karl Reinhardt. — »Die Schönheit der Dichtung ruht nicht im sinnreichen Aufbau des
dunklen Scheiterhaufens aus Götterdiagnosen und tückisch verflochtenen Ge-

schehnissen, sondern in dem Leuchten und Verbrennen der Menschenseelen, für die er getürmt ist«: Alfred Polgar.

Einige Neudichtungen: ›Oedipus‹ von Seneca. — ›Die unglückhaftig Königin Jocasta‹ von Hans Sachs, 1550. — ›Oedipe‹ von Pierre Corneille, 1659. — ›Oedipe‹ von Voltaire, 1718. — ›Der romantische Oedipus‹ von Platen, 1828. — ›Oedipus und die Sphinx‹ von Hofmannsthal, 1906. — ›König Oedipus‹ nach Sophokles von Hofmannsthal, 1909. — ›Oedipe-Roi‹ von Cocteau, 1928. — ›Die Höllenmaschine‹ von Cocteau, 1932. — ›Oedipe‹ von Gide, 1931. — ›Oedipus Tyrann‹ nach Hölderlin von Heiner Müller, 1967.

Elektra. Tragödie. Uraufgeführt gegen 413 in Athen.

Wer? Aigisthos, König von Argos und Mykenae, zweiter Gemahl der Klytaimnestra. Klytaimnestra, seine Gemahlin, Witwe des Agamemnon. Drei Kinder des Agamemnon und der Klytaimnestra: Orest, Elektra, Chrysothemis. Pylades, Freund Orests, stumme Rolle. Der alte Erzieher Orests. Der Chor: Jungfrauen von Mykenae.

Wo und wann? Vor dem Königspalast in Mykenae. Um 1183 v. Chr.

Was? Orest kommt mit seinem Freund Pylades und seinem alten Erzieher nach Mykenae, um den Tod seines Vaters zu rächen. Sein Vater Agamemnon ist nach seiner Rückkehr aus dem Trojanischen Krieg von seiner Mutter Klytaimnestra und ihrem Geliebten Aigisthos erschlagen worden. Elektra hat damals ihren Bruder Orest dem Erzieher übergeben, damit er ihn in Sicherheit bringe. Apollon hat nun in Delphi dem Orest befohlen, bei seiner gerechten Rache mit List vorzugehen. So beschließt Orest, der Erzieher solle im Palast berichten, Orest sei tödlich verunglückt. — Elektra wird von den Mördern ihres Vaters wie eine Sklavin behandelt. Sie hofft auf Rache und die Rückkehr ihres Bruders Orest. Ihre Schwester Chrysothemis, die sich duldend mit ihrem Geschick abgefunden hat, bringt Agamemnon ein Totenopfer dar; sie warnt Elektra: Wenn sie nicht schweige, werde sie von Aigisthos und ihrer Mutter lebendig in ein Felsengrab eingesperrt. — In einem großen Streitgespräch bekennt sich Klytaimnestra reuelos zum Gattenmord: sie habe Agamemnon aus gerechten Gründen getötet, weil er ihre Tochter Iphigenie geopfert hat. Elektra wirft ihr vor, sie habe Agamemnon nur deshalb getötet, weil sie die Geliebte des Aigisthos geworden ist, mit dem sie jetzt schamlos lebt. — Klytaimnestra fleht Apollon um Hilfe an. Der Erzieher meldet ihr, seinem Auftrag gemäß, den Tod des Orest beim Wagenrennen in Delphi. Klytaimnestra, im Glauben, ihr Gebet habe sich erfüllt, ist erleichtert von ihrer Angst. — Elektra beklagt den Tod des Orest. Sie versucht Chrysothemis zu überreden, daß sie beide den Aigisthos töten, doch Chrysothemis lehnt ab: sie hat Angst vor den Mächtigen und will vom

Hause des Agamemnon retten, was sich durch Unterwerfung und Mäßigung retten läßt. — Orest gibt sich als Fremder aus, der die Asche des Orest überbringt. Elektra, die Urne in den Händen, bejammert den Tod ihres Bruders und wünscht sich den Tod. Orest gibt sich zu erkennen. Jubelnd umarmt ihn Elektra und unterwirft sich seinem Willen. Sie beten — Elektra zu Apollon —, bevor sie den Palast betreten. Elektra bewacht das Tor, während Orest Kly-

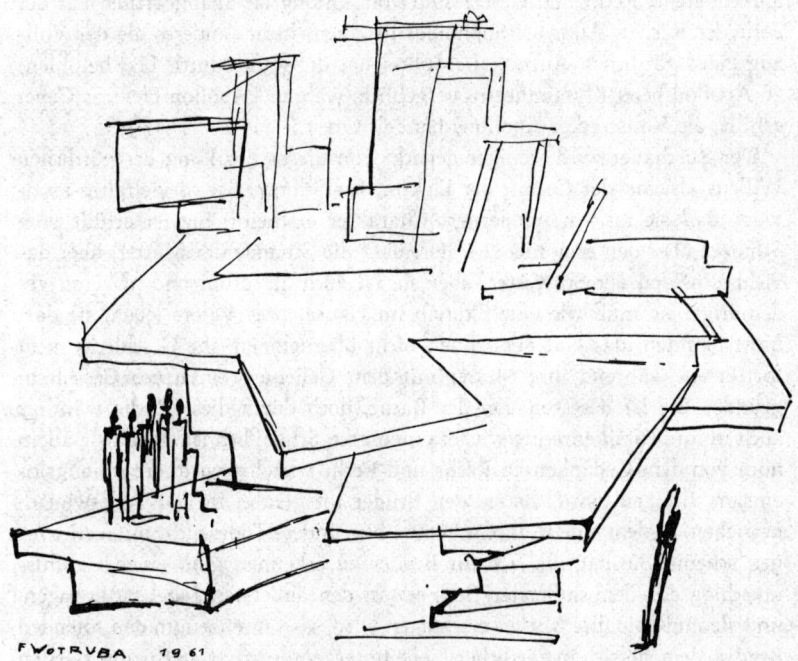

Sophokles: Elektra. Bühnenbild-Entwurf des Bildhauers Fritz Wotruba
für eine Inszenierung von G. R. Sellner, Wien 1961

taimnestra tötet. Als Aigisthos kommt, öffnet Elektra das Tor, und man erblickt eine verhüllte Leiche, die Aigisthos zunächst für die Leiche des Orest hält. Er deckt sie auf, erkennt Klytaimnestra. Orest treibt ihn in den Palast und tötet ihn an der gleichen Stelle, an der Aigisthos seinen Vater erschlagen hat.

Hinweise: Die Tragödie des Sophokles behandelt den gleichen Stoff, den Aischylos im zweiten Teil seiner Orestie ›Das Totenopfer‹ (siehe Seite 36) dramatisiert hat. Anders als bei Aischylos wird Orest nach der Tat nicht von den Erinnyen verfolgt: der Chor stellt zum Abschluß befriedigt fest, daß Elektra von ihrem Leiden befreit ist. Bei Aischylos ist die Rache des Orest einer größeren Handlung untergeordnet, die erst im dritten Teil durch die göttliche Setzung eines neuen Rechtes abgeschlossen wird. Bei Sophokles sind mit dem Tode der Klytaimnestra und des Aigisthos zugleich auch Staat und Volk entsühnt; es ist ein abgeschlossenes Drama, in dessen Mittelpunkt Elektra steht; Recht und Gesetz sind von Anfang an unangegriffen auf der Seite der Rächer. Auch bei Sophokles geschieht nichts anderes als der Vollzug eines göttlichen Auftrags: Apollon hat die Rache durch List befohlen; zu Apollon betet Klytaimnestra vergeblich, während Apollon Elektras Gebet erfüllt; als Vollstrecker Apollons handelt Orest.

Der Zuschauer wird weniger gepackt von dieser Erfüllung des göttlichen Willens als von der Gestalt der Elektra. Ihr Schmerz ist so vielfältig motiviert, daß sie als ein ›moderner‹ Charakter erscheint. Sie ist erfüllt vom Schmerz über den ermordeten Vater, über die Schande der Mutter, über das Sichbescheiden der Schwester, aber sie ist auch als Erbin und als Frau gedemütigt: sie muß wie eine Sklavin im Hause ihres Vaters leben, sie darf nicht heiraten, das Gut der Ahnen nicht übernehmen, ihr Geschlecht nicht fortsetzen, während ihre Mutter mit dem Geliebten ein neues Geschlecht gründet. Sie ist besessen von der Rache, doch durch diese Rache wäre sie auch in ihre Familienrechte wieder eingesetzt. Schließlich ist sie, da sie allein noch von dem Gedanken an Rache und Recht verzehrt wird, erbarmungslos einsam. Ihr Leid wird, als sie den Bruder tot glaubt, in den Todeswunsch getrieben, in dem eine in ihrem Wesen begründete Todessucht mitzuschwingen scheint. Sie hat, als sich ihr Bruder zu erkennen gibt, einen Gefühlsumschlag aus dem äußersten Schmerz in den äußersten Jubel zu ertragen, und sie muß, als ihre Mutter erschlagen wird, als Ohrenzeugin den tötenden Bruder, dem sie sich in zärtlicher Liebe untergeordnet hat, noch zum zweiten Schlag antreiben. Kurz: diese von elementarer Leidenschaft erfüllte und dabei geradezu ziselierte Rolle ist so großes Theater, daß sie immer wieder begehrt wird.

Das Seelendrama drängt — zumindest für die theaterspielende Gegenwart — das Göttergeschehen in den Hintergrund, und alle Versuche, diese Tragödie in die Strenge des Kultischen zurückzutreiben (Elektra mit Maske), scheitern an der kunstvollen Verflechtung der verschiedenartigsten Motive, an der plastischen Menschlichkeit, an der ausgefeilten Psychologie.

Einige andere Fassungen des gleichen Stoffes: ›Das Totenopfer‹ von Aischylos, 458 v. Chr. — ›Elektra‹ von Euripides, 413 v. Chr. (eine dramatische Antwort des Euripides auf die kurz zuvor aufgeführte ›Elektra‹ des Sophokles). — ›Elektra‹ von Hugo von Hofmannsthal, 1903. — ›La tragédie d'Electre et d'Oreste‹ von André Suarès, 1905. ›Elektra‹, Oper von Richard Strauss, Libretto von Hofmannthal, 1909. — ›Trauer muß Elektra tragen‹ von Eugene O'Neill, 1931. — ›Électre‹ von Jean Giraudoux, 1937. — ›Die Fliegen‹ von Jean-Paul Sartre, 1943. — ›Elektra‹ von Gerhart Hauptmann, 1945.

Oedipus auf Kolonos. Tragödie. Geschrieben 407/06. Uraufgeführt von einem Enkel des Sophokles, 401 in Athen, vier oder fünf Jahre nach dem Tod des Dichters (406/05).

Wer? Oedipus, verbannter König von Theben. Antigone und Ismene, seine Töchter. Polyneikes, sein älterer Sohn. Kreon, sein Schwager. Theseus, König in Athen. Ein Bewohner von Kolonos. Ein Bote. Chor: Greise aus Kolonos.

Wo und wann? Der Hain der Eumeniden bei Kolonos und die Umgegend. Um 1232 v. Chr.

Was? Oedipus, ausgestoßen und blind, ist mit seiner Tochter Antigone nach Kolonos gekommen; hier sollen nach einem Orakel seine Leiden enden. Doch noch einmal drängt sich ihm seine Vergangenheit auf. Sein Schwager Kreon will ihn mit Gewalt nach Theben zurückbringen, um das Polyneikes und Eteokles, die Söhne des Oedipus, kämpfen — Theben werde nach einem Orakel erst dann Frieden finden, wenn der Leichnam des vertriebenen Oedipus in Theben bestattet sei. Theseus, der König von Athen, beschützt Oedipus. Als Polyneikes, nun selbst vertrieben, seinen Vater Oedipus bittet, ihm gegen seinen Bruder Eteokles beizustehen, da nach Göttersprüchen der Sieg dort sei, wo Oedipus ist, verflucht Oedipus seinen Sohn Polyneikes, der ihn einst aus Theben verbannt hat, und sagt ihm voraus, daß er Eteokles töten und in diesem Kampf fallen wird. Blitz und Donner kündigen Oedipus an, daß ihn Zeus in die Schattenwelt holen wird. Mit Theseus geht Oedipus in den heiligen Hain, wo ihn die Unterwelt auf eine wunderbare, keinem anderen Menschen widerfahrene, schmerzlose Weise aufnimmt. Der Stadt Athen, die von Oedipus als die frömmste aller Städte gepriesen wird, prophezeit der Sterbende Segen, falls Theseus den Ort seines Todes geheimhält.

Hinweise: Nicht geboren zu werden, ist das Höchste; früh zu sterben, ist das Nächstbeste; dem Leid kann niemand entgehen: diese tief pessimistischen Klagen des Chores bestimmen die dunkle Melodie dieser Tragödie. Nach menschlichen Maßen ist Oedipus schuldlos, und in seiner großen Rede gegen Kreon besteht er darauf: was er auch getan hat, er hat es schuldlos getan, weil es der Wille der Götter war. Und so stirbt er in der Verklärung, weil er im tiefsten Leid den Willen der Götter anerkennt. Sein milder Tod ist eine so hohe Gnade, daß er sein entsetzliches Leben überstrahlt.

Auch im Alterswerk des Sophokles gibt es keine Rebellion gegen die
Götter: er zeigt den Menschen im schlimmsten, von den Göttern auferlegten
Leid, er feiert den Tod als Gnade, doch feiert er damit auch die Götter und
die Menschen, die ihr Schicksal heroisch ertragen. Athen, das den ausgestoßenen Oedipus aufgenommen und beschützt hat, wird von den Göttern
gesegnet — eine unüberhörbare Mahnung des Atheners Sophokles an seine
Landsleute, wie sie sich zu verhalten haben, wenn ihnen der vom Schicksal
geschlagene Mensch begegnet.

Als staatserhaltende Kraft, als — schnöde ausgedrückt — Propagandist für
die staatserhaltende Götterwelt, mit deren nicht einsehbarem Willen sich der
Bürger abzufinden hat, den er achten und im äußersten Schmerz noch bejahen muß, war Sophokles außerordentlich brauchbar — seine Erhöhung zum
Heros war politisch verdient. Als Dichter, der die Umstände zwar für unabänderlich hielt, doch ihnen ein gewisses Maß von Menschlichkeit abforderte,
wirkt er über seine eigenen politisch-religiösen Umstände hinaus.

Euripides: Aufklärer und Psychologe

Zeus, wer du seist auch, Hoher, Unerforschlicher,
Ob Geist des Menschen, ob Naturnotwendigkeit ...
... Götter! Doch warum zu Göttern flehn?
Sie hören ja schon lange nicht mehr meinem Ruf.
Hekabe in ›Die Troerinnen‹ des Euripides, 415 v. Chr.

Euripides, geboren irgendwann vor 480 v. Chr. auf Salamis — der Sage nach
im Jahre 480, am Tage der Schlacht bei Salamis —, ist der Sohn eines Gutsbesitzers. Er führt, abseits von der Metropole Athen, auf Salamis, das zu-
rückgezogene Leben eines Gelehrten und Schriftstellers. Zweimal ist er verheiratet und hat drei Söhne. Sokrates ist mit ihm befreundet. Seinen ersten
Sieg als Dramatiker erringt er 441; insgesamt wird er nur viermal mit dem
ersten Preis ausgezeichnet. Bei den Preisrichtern ist er nicht populär, wohl
aber bei der intellektuellen Jugend. In der Geschichte des Dramas ist er der
erste Avantgardist, der die neuen Ideen seiner Zeit auf die Bühne bringt,
von den Konservativen abgelehnt wird und seine größte Wirkung erst nach
seinem Tode hat: über den römischen Dichter Seneca (um Christi Geburt bis
65 n. Chr.) beeinflußt er entscheidend das klassizistische französische und
deutsche Drama.

Von seinem Werk überliefert sind die Titel von 92 Stücken, 55 Fragmente, 17 Tragödien und Der Kyklop, das einzige griechische Satyrspiel, das
vollständig erhalten ist und das, wie sich der britische Altphilologe H. D. F.
Kitto ausdrückt, »Witze enthält, die eine Versammlung von Börsenmak-

Rückseite einer Satyrspiel-Vase, Neapel

lern erbleichen lassen würden«. Doch scheint das Satyrspiel dem Euripides gar nicht so sehr gelegen zu haben; er bevorzugte als viertes Stück eines Spieltages offenbar ein Drama mit glücklichem Ausgang (wie seine ›Alkestis‹).

In Athen wurde er sehr oft angegriffen und von dem konservativen Komödiendichter Aristophanes verspottet. Im hohen Alter folgt er 408 einer Einladung des Königs der Makedonier, Archelaos, nach Pella. Zwei Jahre später, 406, stirbt er im nördlichen Makedonien — der Sage nach von Hunden zerrissen, die seine Gegner auf ihn gehetzt haben. Der fast neunzigjährige Sophokles leitet die staatliche Trauerfeier im Athener Dionysostheater mit einem unbekränzten Chor. Drei Dramen aus dem Nachlaß werden in Athen von einem Sohn des Euripides aufgeführt und preisgekrönt.

Was war an ihm so schockierend modern? Er war ein Schüler der Sophisten, die den Menschen und die Vernunft in den Mittelpunkt ihres Weltbildes rücken. Die enge Bindung des Menschen an die Götter und an den göttlich begründeten Staat, während der Perserkriege noch eine Lebensnotwendigkeit, löst sich in der Nachkriegsgeneration allmählich auf; damit verliert auch das aristokratische, heroisch-tragische Lebensgefühl an Kraft. Bürgerliche Tugenden treten an seine Stelle: man glaubt an den Wert der Erkenntnis, des Wissens, der Bildung, der Erziehung. In dieser Epoche der Aufklärung wird man skeptisch gegenüber den Göttern; man nähert sich der Einsicht, daß sie von den Menschen geschaffen worden sind und nicht umgekehrt, und man wird folglich ebenso skeptisch gegenüber dem Staat. Das Schicksal, das bis dahin, mag es noch so unbegreiflich geblieben sein, als sinnvoll und heilig begriffen worden ist, erscheint nun eher als blindwütender Zufall. Der Mensch tritt den Göttern fragend und klagend gegenüber:

die Götter antworten nicht, der Mensch klagt ihre stumme Ungerechtigkeit an. Die Religion löst sich auf, die Menschen sind auf sich selbst gestellt und rücken unter einem götterleeren Himmel dichter zusammen. Die Dramen des Euripides sind Ausdruck dieser Übergangszeit. Euripides erscheint als ein Zweifler, der unter seinen Zweifeln schwer leidet; als ein Mensch, der glauben will, doch die Kraft zum Glauben verloren hat. Zwar werden in seinen Dramen durch die Chöre noch Gebete verrichtet, doch das ist eher Lyrik als Religion, und die Dialoge sind voller Zweifel, Anklagen und Lästerungen. Als einzige Göttin bleibt Athene, die Schutzgöttin der Stadt, unangegriffen — dies offenbar wohl nur aus nüchternem politischem Zweckdenken.

Die Götter erzählen bei Euripides im Prolog die Vorgeschichte des Dramas, und am Ende kommen sie geflogen (deus ex machina) und klären unentwirrbar gewordene menschliche Beziehungen — das ist eine äußerliche Theatermechanik, und das eigentliche Drama spielt sich dazwischen, in der menschlichen Seele, ab. Die Götter sind keine geglaubten jenseitigen Mächte mehr, sondern nur noch Gleichnisse für diesseitige seelische Mächte. Die alten Mythen haben ihre Allgemeinverbindlichkeit verloren, Euripides deutet sie nicht nur um, er erfindet auch neue Mythen.

Der von den Göttern abgenabelte, der selbständig und damit auch einsam gewordene Mensch ist das große Thema des Euripides. Er schafft komplizierte Charaktere, die aus den verschiedenartigsten Elementen gemischt und oft mit sich selbst uneins sind: gebrochene, farbige Persönlichkeiten. Euripides spürt zwischen Zärtlichkeit und Brutalität den feinsten Regungen nach. Nichts fesselt ihn mehr als das Gefühlsleben der Frau; er schreibt die ersten erotischen Tragödien und analysiert seine Heldinnen wie ein moderner Nervenarzt. Da er als Psychologe vieles versteht, findet er auch vieles verzeihlich und manches lächerlich: er amüsiert sich über die Schwächen der Starken, der traditionellen Heroen, und er hat Verständnis für Klytaimnestra und andere traditionelle Ungeheuer. Das Ungeheure — es kommt für ihn nicht aus der Unterwelt der Götter, er hat die Unterwelt in der menschlichen Seele entdeckt.

Mit der Götterwelt sind die Sittengesetze ins Wanken geraten; Euripides sucht eine neue Wertwelt aus den Bedingungen des menschlichen Zusammenlebens, aus der Vernunft und aus der irdischen Verantwortung. Zwar blickt auch er noch mit Hochmut auf alles Nichtgriechische, »Barbarische«, herab, doch hat er Mitleid mit den Armen und mit den Sklaven. Er bringt als erster soziale Probleme in die Orchestra. Er haßt die Tyrannis und ist ein entschiedener Demokrat.

Sind seine Tragödien auch realistischer als die seiner Vorgänger, so sind sie doch nicht realistisch: Euripides liebt die Extreme. Er treibt die gerade von ihm entdeckte allzu menschliche Leidenschaft bis an die Grenze des Pathologischen und darüber hinaus. Die von ihm gerade entdeckte, frei erfundene Handlung stattet er mit effektvollen Verwicklungen, Überraschungen und Massenszenen aus und scheut dabei nicht das Sensationelle und das Sentimentale. Neuartig ist auch die von ihm verwendete Musik, von der er so reichen Gebrauch macht, daß opernhafte Wirkungen entstehen. Manche seiner Schauspieler-Arien, Duette und Chöre werden auch als virtuose Solo-Nummern dargeboten. Im Dialog liebt er die Beredsamkeit um ihrer selbst willen, die allgemeingültige Sentenz und das Bonmot: man kann ihn – wie Schiller – bei vielen Gelegenheiten zitieren.

Dem artistischen Raffinement seiner Stücke entsprechend, ist seine Bühne einerseits mit realistischen Bemalungen und Dekorationen ausgestattet und verfügt andererseits über Kran und Flugmaschinen für die Erscheinungen der Götter. Die Skene erhält eine Oberbühne, so daß Spannungen zwischen drei Ebenen möglich werden. Seine Masken wirken verzerrt: sie sind erstarrter psychologischer Ausdruck, hochstilisierte Pathologie.

Mit Euripides löst sich das Theater vom Kultischen ab: von den Göttern und vom Staat. Es wird zu einem Ort, an dem der Mensch sich in seinen Gefühlen, seinen Gedanken und in seiner gesellschaftlichen Lage wiedererkennt beim Betrachten übersteigerter Charaktere, beim Genuß spannender und verblüffender Handlungen. Der menschliche Verstand macht sich selbständig: im Ernst der verantwortungsbewußten Vernunft und im Spiel der Ironie. Die strenge Form der Tragödie zerfällt in artistische Virtuosenstücke und in erzieherische Lehren. Poesie, statt Gebet. Handlung, statt Göttergeschehen. Menschen, statt Heroen. Schauspieler, statt Rhapsoden. Kunst, statt Kult. Man mußte aufgeklärt, gescheit, gebildet und seiner eigenen Zeit ein wenig voraus sein, wenn man den Euripides zu seiner Zeit genießen wollte.

So modern dies alles heute scheint – so wenig wird Euripides heute gespielt. Das hat seinen Grund: seine Themen sind nach seinem Tode von vielen Dramatikern bis zur Gegenwart so häufig aufgegriffen worden, daß die Theater lieber die späteren, uns näher liegenden Fassungen als die Urfassungen des Euripides spielen. Überdies ist er unserer eigenen Zeit sehr eng verwandt: mehr als diese enge Verwandtschaft schätzt das Theater den fernen Schauder des Kultischen – einen exotischen Reiz.

Bei der Betrachtung der folgenreichsten Stücke des Euripides beschränken wir uns deshalb auf knappe Skizzen: für das lebendige Theater sind sie nicht mehr als Steinbrüche, in denen sich neuere Autoren ihr Material geholt haben.

Meinungen: »Ich habe nichts dawider, daß Euripides seine Fehler habe; allein er war von Sophokles und Äschylus doch immerhin ein sehr ehrenwerter Mitstreiter. Wenn er nicht den hohen Ernst und die strenge Kunstvollendung seiner beiden Vorgänger besaß und dagegen als Theaterdichter die Dinge ein wenig läßlicher und menschlicher traktierte, so kannte er wahrscheinlich seine Athenienser hinreichend, um zu wissen, daß der von ihm angestimmte Ton für seine Zeitgenossen eben der rechte sei«: Goethe zu Eckermann. — »Ein Präger von Aussprüchen. Ein hoher Poet von gefälliger Alltagssprache. Dreist als Förderer der Schmutzliteratur. Der Vater jeder modernen Bühnenkunst. Ein Mensch, der Menschen seiner Gegenwart gemalt hat (nicht Mythenbolde); darum sind sie fast Menschen auch unserer Gegenwart ... Er hat keine Angst vor dem ›Unteren‹. Mit einem Wort: er ist von den Damaligen der größte«: Alfred Kerr. — »Die mythischen Stoffe scheinen für ihn nur ein Vorwand zu sein, um die aktuellsten Fragen der Philosophie und die unmittelbarsten Probleme des bürgerlichen Lebens zu behandeln«: Arnold Hauser. — »Es wurde vorhin bei den drei Tragikern an Shakespeare, Schiller und Ibsen erinnert; zutreffender ist es aber vielleicht, wenn man Oratorium und Oper zum Vergleich heranzieht und bei Aischylos an Bach, bei Sophokles an Gluck und bei Euripides an Wagner denkt. Es findet sich bei Euripides und Wagner dieselbe ›Freigeisterei der Leidenschaft‹, dieselbe Psychologisierung der Götterwelt, dieselbe Durchdringung mit Philosophie und dieselbe Vielfarbigkeit einer ganz neuen Palette«: Egon Friedell. — »Wenn dann die Götter abziehen, bleibt das zuckende Gefühl übrig und auf diesem Felde weidet nun Euripides bis zum Überdruß«: Gerhard Nebel.

Alkestis. Das letzte Stück einer Tetralogie, uraufgeführt — an der Stelle eines Satyrspiels — 438 v. Chr.; zweiter Preis für Euripides (nach Sophokles). — Dem König Admet ist von der Göttin Artemis der Tod bestimmt, weil er ein Opfer versäumt hat, doch kann er weiterleben, falls ein anderer für ihn freiwillig in den Tod geht. Sogar Admets uralte Eltern sind zu diesem Opfer nicht bereit, nur seine junge Gemahlin Alkestis: da die Kinder den Vater nötiger brauchten als die Mutter. Sie läßt sich versprechen, daß Admet nicht wieder heiraten werde, und stirbt. Als Herakles, Gast im Hause Admets, davon erfährt, entreißt er am Grabe dem Tod (Thanatos) Alkestis und bringt sie — verschleiert, als angeblichen Gewinn in einem Wettkampf — zurück. Admet fühlt sich zu der Verschleierten hingezogen und gerät in einen Konflikt mit seinem Schwur, seiner verstorbenen Frau die Treue zu halten, bis Herakles Alkestis enthüllt.

Der Kampf des Halbgottes Herakles, der hier fressend und saufend das tätige und genießende Leben vertritt, gegen den Todesgott Thanatos ist nur ein Mechanismus im Hintergrund: er führt das Happy-End für die Liebenden herbei. Das Hauptthema ist privat und bürgerlich: die sich opfernde Ehefrau und die Belohnung des Opfers. In dem zugrunde liegenden Volksmärchen vom Liebesopfertod eines Gatten bleibt der Tod Sieger.

Einige Neudichtungen: ›Die getrewe Frau Alkestis mit ihrem getrewen Mann Admeto‹ von Hans Sachs, 1551. — ›Alkestis‹ von Wieland, 1772. — ›Alceste seconda‹ von Alfieri, 1798. — ›Admetus' Haus, der Tausch des Schicksals‹ von Herder, 1803. ›Alkestis‹ von Hugo von Hofmannsthal, 1898. — ›Alkestis‹ von Alexander Lernet-Holenia, 1946. — ›Cocktail Party‹ von T. S. Eliot, 1947. — ›Alkestis‹ von Ernst Wilhelm Eschmann, 1950. — ›Die Alkestiade‹ von Thornton Wilder, 1955. — ›Alkestis‹, Oper von J. B. Lully, 1674. — ›Admeto‹, Oper von Händel, 1727. — ›Alkestis‹, Oper von Gluck, 1767. — ›Alkestis‹, Oper von E. Wellesz (Libretto: Hofmannsthal), 1924.

Medea. Tragödie, uraufgeführt 431 v. Chr., ausgezeichnet mit dem dritten Preis. — Die Kolcherin Medea und der Grieche Jason leben mit ihren beiden Kindern als Flüchtlinge bei König Kreon von Korinth. Obwohl Medea für Jason das Goldene Vlies geraubt, ihm das Leben gerettet und um seinetwillen ihren Bruder getötet hat, wird sie von Jason verlassen; er heiratet Glauka, die Tochter Kreons, angeblich um den Kindern aus dem Elend des Flüchtlingsschicksals zu helfen. Kreon verbannt Medea als Zauberin mit ihren Kindern. Aus Rache will Medea den König, seine Tochter und Jason umbringen, entschließt sich aber später, ihre eigenen Kinder zu töten — dies scheint ihr die furchtbarste Rache an Jason zu sein. Sie schickt die Knaben mit einem vergifteten Gewand und einem vergifteten Kranz zu Glauka. An dem Gift gehen Glauka und ihr Vater Kreon zugrunde. Medea tötet ihre Kinder, und als Jason kommt, um sie für den Giftmord zu strafen, erscheint Medea mit den Leichen auf einem Drachenwagen, den ihr der Sonnengott Helios geschickt hat. Jason verflucht die Kindesmörderin. Die angehängte Moral des Chors, daß Zeus auch dort einen Weg wisse, wo der Mensch nicht begreife, wirkt danach wie Hohn.

Hintergrund dieser Tragödie ist der Zusammenstoß der frühasiatischen mit der früheuropäischen Kultur. Medea, die Kolcherin, ist die Fremde, deren maßloses Wesen den griechischen Idealen strikt entgegengesetzt ist. Sie ist von göttlicher Herkunft, eine Enkelin des Sonnengottes Helios; eine Zauberin, die mit Hekate, der unheimlichen Göttin des Mondes, im Bunde steht. Medea besitzt für die Griechen den exotischen Reiz und den Schrecken des Barbarischen. Kränkung, Demütigung, beleidigter Stolz einer verlassenen und ausgestoßenen Frau sind, verzögernd gebrochen durch Mutterliebe, in

den dämonischen Haß, die reuelose Rache, den erbarmungslosen Hohn gesteigert — ins Übermenschliche, das hier als das Nichtgriechische, das unbegreiflich Fremde, begreifbar gemacht wird. Die Gestalt der Medea ist nicht
mehr Teil einer übergeordneten Handlung, sondern die Triebkraft der Handlung: die selbständig gewordene dramatische Heldin, deren psychologische
Besonderheiten die Besonderheit des Ablaufs erzwingen. Eine gewaltige
Rolle, die von großen Tragödinnen immer wieder gespielt worden ist.

Einige Neudichtungen: ›Medea‹ von Seneca, erste Hälfte des ersten Jahrhunderts n. Chr. — ›Médée‹ von Pierre Corneille, 1635. — ›Medea in Korinth‹ von F. M. Klinger, 1790. — ›Medea‹ von Ludwig Tieck, 1789. —
›Medea‹, dritter Teil der Trilogie ›Das goldene Vließ‹ von Grillparzer, 1822.
— ›Medea‹ von Hans Henny Jahnn, 1926. — ›Medea‹ von R. Jeffers, 1946,
deutsch von Eva Hesse, 1960. — ›Médée‹ von Jean Anouilh, 1946. — ›Medea
postbellica‹ von F. Th. Csokor, 1947. — ›Die Liebende‹ von Friedrich Forster,
1952. — ›Medea‹, Oper von Cherubini, 1797. — ›Medea‹, dramatischer Monolog für Sopran und Orchester, von Ernst Křenek, 1951.

Euripides: Medea. Darstellung auf einer antiken Amphora

Hippolytos. Tragödie, uraufgeführt 428 v. Chr.; erster Preis für Euripides. — Hippolytos, der Sohn des Königs Theseus, ein reiner Jüngling, verachtet die Liebe: er opfert der keuschen Göttin Artemis, nicht aber Aphrodite, der Göttin der Liebe. Um sich zu rächen, erfüllt Aphrodite die junge Gattin des greisen Theseus, Phaidra, mit einer heftigen Leidenschaft zu ihrem Stiefsohn. Gegen den Willen Phaidras offenbart die kupplerische Amme dem Hippolytos die Liebe seiner Stiefmutter. Hippolytos ist entrüstet. Die gedemütigte Phaidra nimmt sich das Leben und beschuldigt Hippolytos in einem hinterlassenen Brief fälschlich, er habe ihre Ehre geschändet und sei schuld an ihrem Tod. Theseus verflucht seinen Sohn, und der Meeresgott Poseidon jagt durch einen aus dem Meer auftauchenden Stier Hippolytos in den Tod. Artemis verspricht dem Toten göttliche Ehren: sie sollen ihm von Jungfrauen, die sich verheiraten wollen, dargebracht werden.

Scheinen auch Hippolytos und Phaidra das Opfer eines Götterstreites, so sind die Götter, Aphrodite und Artemis, hier doch nicht mehr als Sinnbilder menschlicher Leidenschaften. Aphrodite: die hemmungslose sinnliche Liebe, die nur durch die Erfüllung ihres Schreckens beraubt werden könnte. Artemis: die auf sich selbst stolze Keuschheit. Der Reiz der Tragödie liegt in der psychologischen Meisterschaft, mit der Phaidra und Hippolytos gezeichnet sind. Phaidra, eine im Grunde brave Frau, wird von der Liebe wie erschlagen, von der unerwiderten Liebe bis an den Rand des Todes und von der abgewiesenen Liebe in die Rache und in den Selbstmord getrieben. Hippolytos, ein Jäger und Athlet, keusch wie die keusche Artemis, die er auf eine scheue Weise liebt, doch auch selbstbezogen, ichverliebt und mit einem Zug ins Frigide. Kein mythisches Geschehen, sondern ein erotisches Drama mit intimer Seelenkenntnis.

Einige Neudichtungen: ›Phaedra‹ von Seneca, erste Hälfte des ersten Jahrhunderts n. Chr. — ›Phèdre‹ von Racine, 1677. — ›Phaedra‹, Übersetzung des Racine von Schiller, 1804. — ›Phaedra‹ von A. C. Swinburne, 1866. — ›Fedra‹ von d'Annunzio, 1909. — ›Die Frau aus Kreta‹ von Robinson Jeffers, 1954; deutsch von Eva Hesse, 1954. — ›Hippolyte et Aricie‹, Oper von Ph. Rameau, 1733. — ›Fedra‹, Oper von Gluck, 1744. — ›Phèdre‹, Ballett von Jean Cocteau und Georges Auric, 1949.

Die Troerinnen. Dritter Teil einer Trilogie, uraufgeführt 415 v. Chr.; ausgezeichnet mit dem zweiten Preis. — Die Tragödie ist nach dem Chor benannt: die gefangenen Frauen Trojas nach der Eroberung der Stadt. Ungeheures Leid erwartet sie. Die Frauen werden an die Sieger verteilt. Im Mittelpunkt steht Hekabe, die Königin von Troja: sie hat ihren Mann und ihre Söhne im Krieg verloren, nun schleppen die Sieger ihre Töchter als Beute fort und töten ihr Enkelkind Astyanax, das Söhnchen der Andromache, Hekabes Hoffnung für Rache und für die Zukunft Trojas, und sie muß seine Leiche bestatten. Troja wird eingeäschert, und Hekabe bleibt nicht einmal die Möglichkeit, sich in den Flammen umzubringen — sie wird in die Gefangenschaft geführt. — Eingefügt sind die haßvollen Anklagen Hekabes gegen Helena, die Ursache des Krieges. Helena soll in Griechenland vor Gericht gestellt werden, doch deutet sich die Möglichkeit an, daß sie sich, Inbegriff der nie endenden Liebe, der Verurteilung entziehen kann. Eingefügt sind auch Kassandras Gesichte; sie prophezeit den Siegern Unheil, die Irrfahrten des Odysseus und die Ermordung Agamemnons, doch auch die Erlösung Hekabes durch den Tod.

Ein Jahr vor der Uraufführung hat Alkibiades die Insel Melos überfallen, die Männer ermordet, die Frauen und Kinder zu Sklaven gemacht, und im Jahr der Uraufführung bereitet Athen den Krieg gegen Sizilien vor. ›Die Troerinnen‹ sind ein pazifistisches Zeitstück. Euripides warnt seine Landsleute, er zeigt den Krieg um Troja ohne allen heroischen Glanz als eine Kette von Grausamkeiten und Schlächtereien. Eine Springflut des Leidens bricht über die Besiegten herein: durch Hekabe, auf die alles Leid dieser Welt, hervorgerufen durch den Krieg, gehäuft scheint, gewinnt es faßbare Gestalt und stürmt es auf die Zuschauer ein. Und eine Springflut des Leidens erwartet die Sieger. »Denn wer zerstört, der schafft sich selbst den Untergang«, verkündet Poseidon. Das Stück dröhnt geradezu von Klagen gegen die Götter. Zeus wird mit Worten angerufen, die seine Existenz in Frage stellen und es für denkbar halten, daß er eine menschliche Fiktion ist. Die Sinnlosigkeit des unermeßlichen Leides ist der schlimmste Teil dieser wilden Anklage gegen den Krieg. Sie scheint sich ihrer eigenen Ohnmacht schon bewußt und wagt in tiefem Pessimismus auch keine Rettung von jenseitigen Mächten zu erhoffen: in den Flammen Trojas, die am Ende des Stückes lodern, in diesen Flammen der Sinnlosigkeit versinkt auch der Glaube an eine überirdische Weltordnung zu Asche.

Einige Neudichtungen, die modernen Aufführungen zugrunde lagen: Franz Werfel schrieb unmittelbar vor dem ersten Weltkrieg, im Frühjahr 1914, in einer melodischen, zuweilen auch reimklingenden Sprache die ›Troerinnen des Euripides. In deutscher Bearbeitung‹. Anders als bei Euripides, wo sich Hekuba nicht in die Flammen stürzen darf, spricht Hekuba bei Werfel: »... hier ist nicht mehr / Ein Recht zum Tod. Seht her, so nehme ich / Mein Leben an die Brust und trag's zu Ende!« Hekuba bleibt hier am Leben aus »Trotz gegen die menschliche Schöpfung«, als Widerstand gegen die Natur, als Glaube an das Mittlertum der Menschheit, die da ist, ihren Sinn der Welt zu leihen«. Euripides endet mit einem Sturm von Klagen und

Fragen an die Götter, Werfel mit dem Sinn, der einer unsinnigen Welt aufzuzwingen sei: »Tugend«. Die Haupttendenz der Neudichtung von Mattias
Braun (1957): bei den kollektiven Gewalttaten auf der moralischen Verantwortung des einzelnen zu bestehen. Sartres »Die Troerinnen des Euripides«
(uraufgeführt im März 1965 im Pariser Théâtre Nationale Populaire; deutsch
im Juli 1966 bei den Hersfelder Festspielen) verurteilt aus der Erfahrung
des französischen Algerienkriegs besonders den Kolonialkrieg, die Städte-
zerstörer und Folterer: »Ihr werdet dran verrecken. Alle«, prophezeit Poseidon, Beschützer Trojas, in Sartres Epilog.

Iphigenie auf Tauris. Tragödie, uraufgeführt um 412 v. Chr. — Iphigenie
dient auf Tauris (heute: Krim) als Priesterin der Göttin Artemis, die sie
von Beginn des Trojanischen Krieges in Aulis vor dem Opfertod bewahrt
hat. Nun muß Iphigenie alle Griechen der Artemis opfern. Zwei Griechen,
die am Ufer gefangengenommen worden sind, werden zu ihr gebracht
und sollen auf Befehl des Königs der Taurier, Thoas, geopfert werden. Es
sind Orestes, der Bruder der Iphigenie, und Pylades, sein Freund und Schwager. Sie sind hierhergekommen, um das Standbild der Artemis zu rauben

Euripides: Iphigenie auf Tauris. Pylades, Orest und Iphigenie.
Attische Vasenmalerei um 400 v. Chr.

und nach Athen zu bringen; dafür soll Orestes auf Befehl Apollons von den Erinnyen befreit werden, die ihn rächend verfolgen, weil er seine Mutter Klytaimnestra erschlagen hat. — Iphigenie, die nicht weiß, daß ihr Bruder Orestes vor ihr steht, bittet ihn, einen Brief nach Griechenland zu bringen; sein Freund Pylades muß der Artemis geopfert werden. — Jeder der beiden Freunde will für den andern in den Tod gehen. Endlich gelingt es Orestes, Pylades zu überreden, den Brief nach Argos zu schaffen. — Iphigenie liest Pylades den Brief vor: sie nennt ihren Namen als Absender, der Brief ist an ihren Bruder Orestes gerichtet. Pylades übergibt den Brief Orestes, und die Geschwister erkennen sich. — Die drei Griechen wollen mit dem Standbild der Artemis nach Argos entfliehen. Iphigenie, von Thoas überrascht, wie sie das Standbild löst, belügt den König: das von den Griechen entweihte Götterbild müsse im Meer gereinigt werden. So erreichen sie ihr Schiff. Ein Bote enthüllt Thoas, daß er getäuscht worden ist. Thoas beschließt, die Flüchtenden zu verfolgen, doch die Göttin Athene greift (als ›dea ex machina‹) ein und verkündet, daß Apollon die Entführung des Bildes befohlen hat: Orestes wird dem Kultbild in Athen einen Tempel bauen, Iphigenie wird seine Priesterin sein. Thoas unterwirft sich dem Willen der Göttin.

Apollons Auftrag, das Kultbild der Artemis zu holen; seine Verheißung, der Muttermörder Orestes werde damit entsühnt; das Eingreifen der Athene — dies alles bleibt äußere Handlung. Die Reinigung von der Blutschuld war das Thema der ›Orestie‹ des Aischylos. Euripides dagegen ist an der höchst verwickelten Erkennungsszene der Geschwister mehr interessiert: der Zuschauer weiß, daß sie Geschwister sind, die Handelnden wissen es nicht — dies erhöht den Rühreffekt, zumal beide, noch ehe sie sich erkannt haben, sich wie Geschwister näherkommen. Nicht minder rührend ist der zweite Höhepunkt, der in die Erkennungsszene verzögernd eingeschoben ist: der Streit der Freunde, wer sich für den andern opfern darf — ein Preisgesang auf die Freundestreue. Ein humaner Zug liegt in den Zweifeln der Iphigenie an der Berechtigung der Menschenopfer, die sie Artemis darbringen muß. Den Barbaren Thoas zu belügen und zu übertölpeln, zögert sie freilich nicht — von dem bis in den Hochmut gesteigerten Überlegenheitsgefühl der Griechen über alles Nichtgriechische ist auch der kosmopolitische Euripides nicht frei.

Goethe hat in seiner ›Iphigenie‹ (1779) die Mechanik der Entsühnung durch den Raub eines Kultbildes und die Mechanik der eingreifenden Athene beseitigt, die Entsühnung ins Seelische verlegt und die humane Iphigenie zur Lüge unfähig gemacht. Bei Goethe läßt Thoas die Griechen freiwillig ziehen, nicht nur aus frisch erlernter Humanität, sondern — da Goethe reali-

stischer war als die Berufshumanisten wahrhaben wollen — vor allem deshalb, weil Thoas Iphigenie liebt. Der aus Liebe auf die Geliebte Verzich-
tende — ein für Euripides undenkbarer Gedanke, den Goethe dem Handlungsmodell des Euripides doch abgewinnen konnte.

Einige Neudichtungen: ›Iphigénie‹ von Racine, 1674. — ›Die Geschwister
in Taurien‹ von J. E. Schlegel, 1737. — ›Iphigenie auf Tauris‹ von Goethe,
1779. — ›Iphigénie en Tauride‹, Oper von Gluck, 1779.

Die Bakchen (Die Bacchantinnen. Die Mänaden). Tragödie, geschrieben
408/07 in Makedonien; uraufgeführt und mit dem ersten Preis ausgezeichnet wahrscheinlich 406 v. Chr. in Athen von einem Sohn des Euripides, im
Todesjahr des Dichters. — Der asiatische Dionysos, Gott der Fruchtbarkeit,
des Rausches (und des Theaters), verkündet in menschlicher Gestalt, daß er
die Stadt Theben bestrafen wird, weil sie sich seinem Kult widersetzt und
bestreitet, daß er ein Sohn des Zeus ist. Dionysos hat die Frauen Thebens in
Rausch versetzt und als rasende Mänaden ins Gebirge, auf den Kithairon,
gejagt. Pentheus, dem König von Theben, der die Mänaden bekämpfen will,
verwirrt Dionysos die Sinne und führt ihn in Frauenkleidern auf den
Kithairon. — Ein Diener berichtet, daß Pentheus von den rasenden Frauen

Euripides:
Iphigenie in Aulis.
Opferung
der Iphigenie.
Pompejanische
Wandmalerei

zerstückelt worden ist. Seine Mutter Agaue hat seinen Kopf auf den Thyr-
sus-Stab gesteckt, im Wahn, es sei das Haupt eines Löwen. Kadmos, ihr
Vater, bringt den zerfetzten Leichnam seines Enkels Pentheus. Agaue erwacht aus ihrem Rausch und erkennt, daß sie ihren Sohn getötet hat. —
Dionysos, nun in göttlicher Gestalt, vertreibt Kadmos, Agaue und ihre
Schwestern aus Theben. Sein Vater Zeus hat ihm diese Rache für seine Mißachtung durch die Thebaner gestattet.

Stand am Anfang des klassischen griechischen Theaters der Dionysos-
Kult, so steht mit diesem Stück, das wie eine schauerliche Parodie wirkt,
an seinem Ende die scharfe Absage an Dionysos. In den ›Bakchen‹ kommt
Dionysos aus Kleinasien, und Theben ist eine Station auf seinem Erobe-
rungszug. Seine Kampfmittel sind die Täuschung, die Verblendung, der
Rausch, die Raserei, und seine Rache ist so grausam wie grotesk, so tödlich
wie lächerlich. Dionysos triumphiert, doch Euripides ist auf der Seite der
vom Gott geschlagenen und den Gott anklagenden Menschen. Die Aufführung der ›Bakchen‹ im Dionysos-Theater in Athen muß den Zuschauern
den gewaltigen Abstand zwischen diesem Dionysos der mythischen Vorzeit
und dem Namenspatron ihres Theaters, ihrer eigenen, aufgeklärten Zeit
vor Augen geführt haben. — Oper: ›Die Bassariden‹ von H. W. Henze, 1966.

Iphigenie in Aulis. Tragödie, geschrieben 407/06 in Makedonien; uraufgeführt wahrscheinlich 405 v. Chr. von einem Sohn des Euripides, ein Jahr
nach dem Tod des Dichters. — Eine Windstille hält die griechische Flotte,
die auf dem Wege nach Troja ist, in Aulis fest. Der Seher Kalchas hat verkündet, daß Agamemnon als Pfand für die Fahrt und die Eroberung Trojas
seine Tochter Iphigenie der Göttin Artemis opfern muß. Agamemnon schickt
nach Iphigenie: sie soll ins Lager kommen, um sich mit Achilles zu verloben. — Klytaimnestra, die Gattin Agamemnons, kommt mit ihrer Tochter
Iphigenie und mit ihrem Söhnchen Orestes. Im Gespräch mit Achilles erfährt sie, daß er von einer Verlobung nichts weiß. Ein Diener berichtet Klytaimnestra und Achilles, daß Agamemnon die Verlobung nur als Vorwand
benutzt hat und Iphigenie opfern will. — Klytaimnestra und Iphigenie
flehen Agamemnon an, das Opfer nicht zu vollziehen. Achilles ist bereit,
Iphigenie gegen das Heer zu schützen, das ihren Tod fordert. Iphigenie
nimmt den Opfertod freiwillig auf sich: für Hellas, als Befreierin Griechenlands von der Bedrohung durch die Barbaren. Sie zieht bekränzt zum Altar.
Die Göttin Artemis erscheint in der Luft und verkündet Klytaimnestra, daß
sie Iphigenies Leben erhalten und das Mädchen an einen geheimen Ort
bringen wird: die Griechen werden am Altar ein Reh töten, im Wahn, es sei
Iphigenie.

Artemis fordert das Menschenopfer, weil Agamemnon in ihrem heiligen Hain ein Reh getötet hat — Euripides rechtfertigt diese göttliche Forderung nicht, sie erscheint sinnlos und grausam. Agamemnon und sein Bruder Menelaos schwanken beide in ihrem Entschluß, das Opfer zu vollziehen: Agamemnon schreckt davor zurück, sein Kind zu töten, und Menelaos will lieber auf den Zug gegen Troja verzichten, als seinen Bruder zum Opfer zu zwingen. Zur entscheidenden Kraft, die eine ausweglose Situation herbeiführt, werden — im Hintergrund — die Ratsversammlung des Heeres und das kriegslüsterne Volk. Der Entschluß Iphigenies, zum Opferaltar zu gehen, entsteht so plötzlich, daß er wie ein rührendes Wunder wirkt: es wird durch die patriotischen und menschlichen Argumente, die sie selbst für ihren freiwilligen Tod anführt, nicht erklärt. Sie geht nicht in den Tod, weil sie das Für und Wider mit dem Verstand erwogen hat: was sie dazu sagt, erscheint nur wie die nachträgliche Rechtfertigung einer Entscheidung, von der sie ergriffen worden ist. In der Dramenliteratur ist sie das erste in einer langen Reihe junger Mädchen, in denen sich Reinheit und Tod verschwistern.

Einige Neudichtungen: ›Iphigenie in Aulis‹ von Gottsched, 1734. — ›Iphigenie in Aulis‹, eine freie Übersetzung des Euripides von Schiller, 1790. — ›Iphigenie in Aulis‹ von Gerhart Hauptmann, 1943. — ›Iphigénie en Aulide‹, Oper von Gluck, 1779.

Aristophanes: Satiriker und Reaktionär

> Herr, soll ich einen von den gewöhnlichen Witzen jetzt loslassen, wie sie das Publikum allzeit belacht?
>
> Xanthias, Diener des Dionysos, in ›Die Frösche‹

Genaue Lebensdaten sind nicht bekannt. Vermutlich wurde er um 445 v. Chr. geboren auf der Insel Aigina vor Athen und starb um 385 in Athen. Öffentlich tätig war er von 427 bis 388. Erst der Tod des Perikles (429), der das Theater einer Zensur unterworfen hatte, gab ihm die Möglichkeit, sich als scharfer Kritiker des demokratischen Staates und als Satiriker zu entfalten. Als politischer Kopf und als Freund des Adels stellte er den heroisch-aristokratischen Geist aus der Zeit der (vor einem halben Jahrhundert beendeten) Perserkriege, die Moral der Marathonkämpfer, seinen Zeitgenossen als Vorbild hin und verspottete die neuen, aufklärerischen Gedanken, die Naturphilosophie und die künstlerischen Entwicklungen seiner Zeit. Demgemäß galt seine Liebe dem Aischylos, sein Hohn dem Euripides. Als einem Verächter des damals Modernen, der Avantgarde seiner Zeit, war ihm der Bei-

fall der Menge sicher. Doch fühlte er sich als frommer Patriot, der bewährte
Ideale zu verteidigen hat. Ob seine Satiren dazu beigetragen haben, das Vertrauen des Volkes in die Demokratie zu untergraben, oder ob die Demokratie
zu ihrer Selbstreinigung solcher Satiren bedarf — das war schon damals eine
Streitfrage.

Aristophanes greift nach den großen Themen: Staat, Justiz, Philosophie,
Erziehung, Krieg und Frieden. Er zeigt sie im Zerrspiegel grotesker Situationen, in denen das Erhabene und das Lächerliche, das Heilige und das Obszöne
hart gegeneinandergestellt sind. Tierchöre und Tiertänze geben ihm die
Möglichkeit, menschliches Verhalten zu parodieren. Schon seine Menschendarsteller sind Parodien: unförmig ausgepolstert und bemalt, mit karikierten Masken und einem kurzen Kittel, der den Phallus nicht bedeckt. Seine
Chorlieder neigen zum Couplet, strotzen von aktuellen Anspielungen, Spottversen und Wortwitzen wie die gesungenen Chöre heutiger Kabaretts. Die
Flugmaschinen werden häufig benutzt und setzen wie die Requisiten optische
Pointen. Das Publikum wird gelegentlich aus der Orchestra direkt angesprochen; bei dieser aktuellen Zeitkritik, ›Parabase‹ genannt, nimmt der Chor
die Masken ab.

Der von Aristophanes angegriffene Sokrates — so berichtet die Legende —
habe sich von seinem Sitz erhoben, um sich dem Publikum zum Vergleich
mit seinem Zerrbild in der Orchestra anzubieten. Kabarett mit Operetten-
und Musical-Effekten — doch das Lachen wird nie Selbstzweck: es ist eine
pädagogische Verführung zum politisch-religiösen Ernst. Aristophanes —
das ist eine Art Aischylos mit den Mitteln der Komödie.

Von seinen 44 Komödien sind elf erhalten. *Die Acharner* (425), ein pazifistisches Stück: nachdem der Bauer Dikaiopolis in Athen in der Volksversammlung ohne Erfolg gegen den Krieg geredet hat, schließt er auf eigene
Faust Frieden mit den Spartanern. *Die Ritter* (424): ein scharfer Angriff
gegen den Demagogen Kleon, den Nachfolger des Perikles und Führer der
athenischen Kriegspartei. *Die Wolken* (423): Verhöhnung der aufklärerischen Sophisten, der Dialektik, der neuen naturwissenschaftlichen Erkenntnisse und der Lehren des Philosophen Sokrates (470 bis 399 v. Chr.). Wenn
wir Platon glauben dürfen, hat dieses Stück später die Geschworenen gegen
Sokrates eingenommen und ist also indirekt mitschuldig an seinem Tod:
Sokrates, wegen angeblicher Gotteslästerung zum Tode verurteilt, nahm den
Schierlingsbecher und vergiftete sich. *Die Wespen* (422): eine Justizsatire;
die Richter werden als Wespen, als habsüchtige Handlanger des Demagogen
Kleon, verächtlich gemacht, und die athenische Lust am Prozessieren wird
verspottet. *Der Frieden (421)* ist abermals eine pazifistische Komödie: Trygaios, ein bocksgeiler Weinbauer, fliegt auf einem Mistkäfer zum Olymp

Aristophanes: Die Frösche. Entwurf für ein nicht ausgeführtes Rekonstruktionsmodell von H. Wirsing nach H. Bulle

und befreit die vom Dämon des Krieges gefangengehaltene Friedensgöttin Eirene. Der Brecht-Schüler Peter Hacks hat eine außerordentlich bühnenwirksame Bearbeitung geschaffen, deren Uraufführung im Ostberliner Deutschen Theater, 1962, Regie: Benno Besson, eine Stunde lang applaudiert wurde; Hacks zu seinem Stück ›nach Aristophanes‹: »Wo Analogien zu heutigem Geschehen vorliegen, wird der Bearbeiter sie, mit äußerstem Zartgefühl, verdeutlichen. Wo keine sind, wird er sie nicht hineinzumanipulieren trachten. Das Unvergängliche ist der Gestus.« — *Die Vögel* (414) gründen ein märchenhaftes Friedensreich, das ›Wolkenkuckucksheim‹, gegen die Macht der Götter und der Menschen; die Vögel hungern die Menschen aus, indem sie die Saat wegpicken. Gerichtet (ohne Erfolg) gegen die ›sizilianische Expedition‹ des Alkibiades, gegen den Versuch Athens, Sizilien zu erobern. Nach Wolfgang Schadewaldt, der das Stück neu übersetzt hat (Uraufführung: März 1966, Kiel; Regie: Friedrich Petzold), »eine jener Komödien, in denen der Dichter im Wunderglas des Ridiculen die Vorstellung einer besseren Welt heraufführt«. — Von *Lysistrata* (411), abermals einem pazifistischen Stück, ist im folgenden noch ausführlicher die Rede. *Die Weiber am Thesmophorenfest*, auch ›Die Thesmophriazusen‹ (411), greifen ausgerechnet Euripides als Weiberhasser an, der wie kein anderer griechischer Dichter die Opferbereitschaft der Frauen gerühmt und ihr Leid beklagt hat. Mit diesem Kunstgriff einer Attacke mit falschen Argumenten gegen das richtige Ziel verspottet Aristophanes die Emanzipation der Frau. — *Die Frösche* (405), geschrieben kurz nach dem Tode des Euripides und des Sophokles: eine Literatursatire, die den Euripides verunglimpft; Dionysos will ihn als seinen Lieblingsdichter aus dem Hades holen, da es in Athen keine großen, lebenden Dichter mehr gibt, entscheidet sich jedoch nach einem Dichterwett-

streit zwischen Aischylos und Euripides für Aischylos, damit er die Athener
zu den alten Tugenden erziehe; Aischylos übergibt seinen Ehrenplatz im
Hades dem Sophokles. — *Die Ekklesiazusen*, auch ›Die Weibervolksver-
sammlung‹ (392): Satire auf eine Weiberregierung mit Weiber-, Güter- und
Männergemeinschaft. — *Plutos* (388) wendet sich gegen die kommunistische
Idee einer gleichmäßigen Verteilung des Besitzes: Plutos, der Gott des Reichtums, wird von seiner Blindheit geheilt, doch wird dadurch der Reichtum
nicht gleichmäßig verteilt, sondern nun werden die guten Menschen reich
und die schlechten arm.

Meinungen: »Von dem Niedrigen, Sittenlosen wendet sich der Gebildete
mit Abscheu weg, aber er wird in Erstaunen gesetzt, wenn es ihm dergestalt
gebracht wird, daß er es nicht abweisen kann, vielmehr solches mit Behagen
aufzunehmen genötigt ist. Aristophanes gibt uns hiervon die unverwerflich-
sten Zeugnisse«: Goethe. — »Scherze, die uns an einem Menschen von Erziehung unerträglich sein würden, belustigen uns im Mund des Pöbels. Von
dieser Art sind viele Szenen des Aristophanes, die aber zuweilen auch diese
Grenze überschreiten und schlechterdings verwerflich sind«: Schiller. — »Die
Art wie Aristophanes die gute alte Zeit herausstreicht und die Gegenwart
heruntermacht, ist aber so offenkundig unehrlich und krampfhaft, daß sie
uns nicht zu überzeugen vermag ... Ohne klassizistische Vorurteile betrachtet, ist Aristophanes ganz einfach der großartigste Revolverjournalist, von
dem die Weltliteratur zu künden weiß. Wie so viele Satiriker, war er nichts
weniger als ein ›freier Geist‹, sondern ein Philister mit umgekehrten Vorzeichen, ein kleinherziger Denunziant und unter der Maske des Moral-
trompeters eine ganz amoralische Größe«: Egon Friedell. — »Aristophanes
... dieser (für seine Zeit) lustige, doch in der Seele klobig-beschränkte Stück-
macher; dieser wundersame Finder voll unerhörten Theaterbluts; dieser ver-
nagelte Gegenpart vom Kühnen, Zukunftsvollen; dieser Beißer, der nach
allen leuchtenden Köpfen seiner Epoche sprang; dieser Dickfellig-Verbohrte,
der ebenso dumm vor Attikas Michelangelo blieb wie vor dem großen Urheber des perikleischen Alters und dem sokratischen Menschentum; dieser
Liebling des Amphi-Parketts (der vermutlich ein Esel war, aber voll Dicht-
kraft ... es läßt sich vereinigen) —: Aristophanes dankt seine Stellung in der
Welt mehr dem Zeitpunkt, wo er sie betrat, als einem heute noch gültigen
Werk«: Alfred Kerr. — »Mit Aristophanes erreichte die Dichtung der Griechen vielleicht die Gipfelhöhe des absolut Kunsthaften dank seiner geistigen
Überlegenheit und Freiheit ... Erstaunlich, ja unfaßbar wird es immer bleiben, wie bei ihm die Sphären einer geradezu panischen Unflätigkeit und der
nicht minder panischen Naturmythe mit dem Alltäglichen und Aktuellen

zusammenflossen, wie demgemäß seine dichterische Sprachkraft über diese elementaren und politischen Bezirke gebieten konnte«: Erwin Laaths. — »Auch die Komödiendichter der Zeit sind — obgleich die Komödie eine an und für sich demokratische Gattung ist — reaktionär gesinnt, und nichts ist für die Verhältnisse in Athen bezeichnender, als daß ein Gegner der Demokratie wie Aristophanes nicht nur erste Preise gewinnen, sondern auch große Publikumserfolge erzielen kann«: Arnold Hauser.

Lysistrata. Komödie. Uraufgeführt 411 v. Chr. in Athen, wahrscheinlich an den Lernäen, dem griechischen Kelterfest.

Wer? Lysistrata. Kalonike. Myrrhine. Kinesias, Myrrhines Mann. Lampito, Spartanerin. Ein athenischer Ratsherr. Ein Herold der Spartaner. Chor: zur Hälfte Frauen, zur Hälfte Greise.

Wo und wann? Vor der Akropolis von Athen. Während des Peloponnesischen Krieges.

Was: Während des Krieges zwischen Athen und Sparta läßt Lysistrata die attischen Frauen schwören, daß sie so lange auf das eheliche Lager verzichten, bis die Männer Frieden geschlossen haben. Lampito, eine Abgesandte aus Sparta, will auch die Spartanerinnen zum Liebesstreik verpflichten. — Die Athenerinnen besetzen die Akropolis, bemächtigen sich des Kriegsschatzes der Staatskasse und wehren mit Wassergüssen den Ansturm der Greise (Halbchor) ab, die die Frauen ausräuchern wollen. — Dem Ratsherrn hält Lysistrata eine große ernste Rede gegen den Krieg; dann wird er von den Frauen begossen und als Leiche ausstaffiert. — Lysistrata hat größte Mühe, die Frauen zusammenzuhalten, die mit allerlei Ausreden die Akropolis verlassen wollen, um zu ihren Männern zu gehen. — Kinesias, ein junger Ehemann, will Myrrhine, seine Frau, aus der Akropolis entführen. In einer großen Bettszene reizt sie seine Begierde bis aufs äußerste und läßt ihn schließlich sitzen. — Ein Herold der Spartaner, die groteske, fleischgewor-

Aristophanes: Lysistrata.
Kinesias und Myrrhine.
Skizze von Ernst Stern, 1920

dene Sexualnot der Männer, verkündet, daß auch in Sparta die Frauen ge-siegt haben. Der Frieden wird geschlossen und mit Gesang, Tanz und Trunk gemeinsam auf der Akropolis gefeiert.

Hinweise: Im Jahre der Uraufführung tobte schon zwanzig Jahre lang der Peloponnesische Krieg zwischen Athen und Sparta. Gegen Athen rückte König Agis vor und war schon bedenklich nahe. Die Bundesgenossen der Spartaner hatten die attische Besatzung aus der Stadt Oropos hinausgewor-fen. Die attische Flotte beherrschte mit größter Mühe eben noch die Ägäis. Die eiserne Finanzreserve war angegriffen. Alkibiades versuchte, gegen die attische Demokratie zu putschen. Denunziationen und Fememorde waren an der Tagesordnung. Sieben Jahre später hatte Athen den Peloponnesischen Krieg verloren: ›Lysistrata‹, dieser pazifistische Warnschrei des Aristopha-nes, ausgestoßen mitten im selbstmörderischen Krieg der Griechen, blieb so nutzlos wie die Warnschreie seiner literarischen Nachfolger. Daß er ihn aus-stoßen durfte und nicht wegen Wehrkraftzersetzung oder Defaitismus vor ein Kriegsgericht gestellt wurde, bleibt ein ewiger Ruhmestitel der attischen Demokratie.

Wenn Aristophanes den Krieg in seiner Komödie einfach dadurch beendet, daß die Frauen sich auf beiden Fronten ihren Männern bis zum Friedens-schluß verweigern, so wußte er selbstverständlich, daß dies ein nicht zu ver-wirklichender Wunschtraum ist, doch verhöhnte er mit dieser pazifistischen Utopie seine Zeitgenossen: Eher noch, polterte er, seid ihr durch Ausbettung als durch Vernunft zum Frieden zu bringen!

Die Komödie, in der die Männer mit liebeskampfbereitem Phallus auf-traten, ist außerordentlich derb. In einer Kammerspielszene bereitet Myrrhine ihrem von Sexualnot schwer geschlagenen Mann Kinesias das eheliche Lager mit quälender Langsamkeit, treibt mit allen Mitteln der Koketterie seine Sinnlichkeit auf den Höhepunkt und verläßt ihn dann, selbst unter der Ent-ziehung leidend, mit mühsamem Spott. Eine Art antiker Striptease, um den Mann nicht für die Liebe, sondern für den Frieden gefügig zu machen. An solche Szenen mag Hegel gedacht haben, als er sagte: »Ohne ihn (Aristo-phanes) gelesen zu haben, läßt sich kaum wissen, wie dem Menschen sau-wohl sein kann.«

Die Athener erscheinen als elegante Weltstädter, nicht ohne Hochmut — die Spartaner als grobe Provinzler mit bauernschlauen Dickköpfen. In vielen deutschen Übersetzungen sprechen die Spartaner schwyzerdütsch, und Lam-pito, die Anführerin der Spartanerinnen, wird als sportlicher Trampel von sachlicher Sinnlichkeit dargestellt. In Lysistrata verbinden sich die Energie der klugen Frau mit der Raffiniertheit des Weibchens, die Reinigungswut der Hausfrau mit dem Gefühl, dem Schmerz und der Sorge der Mutter. Als

Antike in der Gegenwart: In ein Zeitstück aus dem Jahre 1945, aus der letzten Phase des zweiten Weltkriegs in Berlin, hat Bertolt Brecht die ›Antigone‹ des Sophokles verwandelt. Zwei Schwestern, deren Bruder von der SS auf der Straße erhängt worden ist, stehen im Vorspiel von Brechts ›Antigone-Modell 1948‹ vor der Entscheidung, ihr Leben aufs Spiel zu setzen, um den Leichnam ihres Bruders zu bergen; danach folgt eine stark bearbeitete Fassung der ›Antigone‹ des Sophokles. Uraufführung im Februar 1948 im Stadttheater Chur; Regie: Bertolt Brecht; Bühne: Caspar Neher. (Siehe auch Seite 46.)

eine irdische Variante der Athene läßt sie noch im gröbsten Witz spüren, daß Aristophanes ein religiös fundierter, politischer Moralist gewesen ist. Die Komödie umspannt die unverblümte Sexualdrastik ebenso wie den tödlich ernsten politisch-religiösen Hymnus, die Anrufung Athenes, der Namensgeberin und Schirmherrin Athens, der von Leidenschaft freien Vernunft. Die ernsten Untertöne werden bei modernen Aufführungen oft mit Kabarett-Ulk zugedeckt.

Neufassungen: Die Bühnenbearbeitungen, außer der von Wolfgang Schadewaldt (Uraufführung am 27. 5. 1958 in Darmstadt; Regie: G. R. Sellner), drängen das kultische Element zugunsten des Witzes in den Hintergrund. — 1902 komponierte Paul Lincke seine Operette ›Lysistrata‹. — ›Lysistrata‹, Oper von Paul Kont, 1961. — ›Lysistrate und die Nato‹ von Rolf Hochhuth, 1973.

Die griechischen Götter waren Schicksalsmächte in der antiken Tragödie. Wiederentdeckt, tummelten sie sich, Wundertaten verrichtend, auf den Bühnen der Renaissance —
diesmal als Gegenstände der profanen Schaulust. So stieß bei den Festspielen zur
Hochzeit des Großherzogs Ferdinando Medici mit Christine von Lothringen auf der
Uffizien-Bühne in Florenz 1589 im dritten Zwischenspiel zur Aufführung von Giro-
lamo Bargaglis Komödie ›La Pellegrina‹ der göttliche Apoll (als Puppe) aus der Luft
auf den Pythondrachen nieder, dessen Flügel von Spiegeln blitzten und der mit rot-
glühender Zunge Feuer spie. Rasch wurde der Puppen-Apoll nach seiner Landung mit
einem Tänzer-Apoll ausgetauscht, der den Drachen in einer Pantomime tötete. Dabei
schauten auf der Bühne achtzehn Paare in Gewändern zu, die man für griechisch
hielt. — Stich (Ausschnitt) von Agostino Caraci nach einem Bühnen-Entwurf von
Bernardo Buontalenti (1536–1608), dem Erbauer des 60 Meter langen und 24 Meter
breiten Theatersaals in den Uffizien; Bühnenbreite: 14 Meter

2. SPANIEN: KREUZ UND OLÉ

Am Anfang war die Prozession · 1492, das Jahr des Triumphs · Das Volkstheater im Hinterhof · Zwischen Engeln und Teufeln · Die Zaubertricks des Hoftheaters · Der Sinn der Sinnestäuschungen · Drei Themen, drei Gattungen · Die Welt als Festspiel Gottes · Lope de Vega: das Genie der Volkstümlichkeit · Mit Mantel und Degen · Tirso de Molina: der Mönch, der die Frauen kannte · Calderon: Ritter, Kaplan, Hofdichter

> Der Gegenstand muß nur eine Handlung haben. Die Fabel darf nicht episodisch und nicht durch andere Dinge, die mit dem Hauptplan in keiner Verbindung stehen, unterbrochen sein. Man darf ihr kein Glied nehmen können, ohne dadurch den Zusammenhang des Ganzen zu stören. Man schürze den Knoten von Anfang an, bis sich das Stück dem Ende nähert; die Lösung darf erst mit der letzten Szene eintreten.
>
> Lope de Vega

> (Der HERR zur WELT im ›Großen Welttheater‹:)
> Ich selbst verteil' die Rollen,
> Nach eines jeglichen Natur und Richtung.
> Doch daß des Festes Dichtung,
> Wie sich's gebühret, auch mit allen Prachten
> Der Szenerie und mit dem Schmuck der Trachten
> Ergötzlich blende,
> So rüste du verschwenderisch und behende
> Die holden Scheine,
> Daß jeder Wirkliches zu schauen meine.
> Und nun ans Werk! Derweil ich dirigiere,
> Sei du die Bühne, und der Mensch agiere.
>
> Calderon de la Barca

In Lorca, einem südspanischen Städtchen zwischen Murcia und Granada, beginnt die Karfreitagsprozession um acht Uhr abends und dauert bis Mitternacht. Hölzerne Tribünen in der Hauptstraße, die Sitzplätze sind nicht billig. An der Spitze der Prozession: eine Fahne mit der Heiligen Jungfrau. Es folgt ein Altar. Dann eine Bußbruderschaft in schwarzen hohen, spitzen Kapuzen, aus denen zwei Löcher für die Augen ausgeschnitten sind; rote goldbordierte Mäntel darüber, die bis zu den nackten Füßen reichen. Die Büßer tragen elektrisch beleuchtete Kerzen. Feierlich ist ihr Schritt, im Rhythmus dumpfer Trommelschläge. In gewissen Abständen folgen Gruppen, die Stationen aus der Passion Christi auf den Schultern tragen: den Gekreuzigten; das Abendmahl mit einem rothaarigen Judas; den kreuztragenden Christus in einem kostbaren violetten Gewand, goldbestickt; ein prunkvoller Sarkophag mit dem aufgebahrten Leichnam Christi.

Immer wenn eine solche Gruppe oder ein Altar vorüberzieht, wird die dichtgedrängte Menge am Straßenrand still, bekreuzigt sich, murmelt ein Gebet. Zwischen diesen religiösen Stationen aber marschieren römische Legionäre mit blauen Helmbüschen, Silberschilden und goldenen Rüstungen, die Adler über den Häuptern, und ihr Centurio erhält enthusiastischen Applaus, denn seine Haltung und sein Schritt sind von einer überwältigenden Eleganz. »Olé«-Schreie in der Karfreitagnacht, wenn eine Dorfschöne, als Kleopatra kostümiert, mit Sphinx und Hofstaat, mit braunen Kindern und fächerschwingenden Nubiern auf einem Schauwagen vorüberfährt. Ihr Reitergefolge, Ägypter mit wippenden Federbüschen auf dem Kraushaar, verschmäht den Sattel — die Altäre werden abgesetzt, die Straße zwischen ihnen wird zur Arena, die Ägypter hetzen ihre Pferde hin und her und voltigieren unter dem Jubel der Zuschauer. Mark Anton donnert auf seinem Streitwagen vierspännig einher, wendet vor der Abendmahlsgruppe und galoppiert zurück zum Sarkophag des Herrn, wo er abermals wendet, um noch einmal das tausendstimmige »Olé« zu provozieren. Kaiser Nero, faul ausgestreckt unter römischen Säulen; Kreuzritter mit Trommeln und Fanfaren; Nebukadnezar, Esther und die alttestamentarischen Propheten; Mohammed führt die Reiterspiele seines Gefolges an.

Dazwischen immer wieder die Bruderschaften mit Kapuze und Mantel, an deren Farbe man sie erkennt: sie haben die einzelnen Abteilungen der Prozession vorbereitet, sie besitzen unter den Zuschauern ihre Gegner und Anhänger. Sie läßt man hochleben, oder man lacht sie aus und schreit ungeduldig nach der nächsten Abteilung, von der man sich mehr erwartet.

Berittene Teufel mit schwarzen Fledermausflügeln, aus rotgeschminkten Mündern satanisch röhrend, können den Triumph des Erzengels nicht aufhalten: auf seinem Schauwagen schüren geschwänzte Teufel das Höllenfeuer, doch überragt er sie alle, das Flammenschwert in der Hand, auf seiner weißen, hohen Säule — sie ist so hoch, daß er sich bei jeder Glühlampenkette, die quer über die Straße gespannt ist, bücken muß. Er ist des Triumphierens müde, er gähnt und ruft unwillig: »Vamos! Geh'n wir weiter!« Die Barfüßer greifen in ihre Mäntel und werfen Bonbons unter die Kinder. Eine Standarte mit der Muttergottes, die Menge bekreuzigt sich und schreit: »Es lebe die Heilige Jungfrau!« und schreit im gleichen Atem »Olé!«, denn die Standarte ist besonders prunkvoll bestickt, und einer brüllt zum Gelächter der andern: »Es leben die, die nichts arbeiten!«, wenn die Mauren zu faul sind, Kunststücke auf ihren ungesattelten Pferden vorzuführen. Am Straßenrand gähnt herzhaft ein kleines Mädchen, seine gläserne Dornenkrone ist ihm in die Stirn gerutscht, mühsam bläst es seinen Kaugummi zu einer platzenden Blase auf — vier Stunden hat diese Prozession gedauert, von der hier nur ein Bruchteil beschrieben worden ist. Die Kutten werden über den nackten Männerbeinen hochgerafft, die Kapuzen aus dem Gesicht geschoben, die erste Zigarre wird in Brand gesetzt — morgen beginnt die Saison der Corridas, der Stiergefechte, und am Ostersonntag hat man auch in kleineren Arenen große Matadore zu Gast.

Diese Nachtprozession in Lorca ist nur eine von vielen Prozessionen, die in allen spanischen Dörfern und Städten aus allen möglichen Anlässen die Straßen und Wege durchziehen: wie vor Jahrhunderten so noch heute. War es eine Prozession? Oder ein historisch-allegorischer Festzug? War es ein religiöser Akt? Oder ein Vorwand für Zirkus-Artistik? Wer stand da vier Stunden lang am Rande der Straße, bekreuzigte sich, betete und applaudierte der stolzen Haltung eines schönes Mannes und dem Prunk der Kostüme — eine Gemeinde von Gläubigen oder ein Haufen kritischer Zuschauer?

Am Anfang war die Prozession

Diese Fragen führen zum Urspung und zur Eigenart des klassischen spanischen Theaters. Sein Ursprung ist die Darstellung biblischer Szenen — und die theatralische Lust, diese Szenen so farbig und unterhaltsam wie möglich zu spielen. Die Heilige Schrift als Theatertext — das Spiel mit Kostüm und Maske, mit Gesang und Tanz, mit lächerlichen und grotesken Figuren bemächtigte sich der Gotteshäuser. Dies so früh und so heftig, daß es vom Konzil von Toledo im Jahre 633 aus der Kirche verbannt wurde. Die theaterhaften Umzüge an Fronleichnam sind Papst Urban dem Vierten zu danken, der 1264 die Fronleichnamsfeier anordnete. Aus ihnen hat sich die eine der drei Hauptgattungen des klassischen spanischen Theaters entwickelt: die ›Autos sacramentales‹, die kirchlichen Fronleichnamsspiele, deren Höhepunkt nicht mehr Spiel ist, sondern ein sakramentaler Akt, die Eucharistie, das Abendmahl.

Das spanische Theater, in der Kirche entstanden, aus der Kirche verbannt, der Kirche nutzbar gemacht im Fronleichnamsspiel, bleibt auch dann geistig mit der Kirche verbunden, wenn es später von Wandertruppen, von Berufsschauspielern getragen wird und sich feste Häuser und den Hof erobert. Die Elemente der Prozession sind in das Theater eingegangen: die Begegnung biblischer und historischer, zeitgenössischer und allegorischer Gestalten; Menschen der Gegenwart und der Geschichte zwischen Engeln und Teufeln; die Primitivität der Schauwagen und der Prunk der Kostüme; die

Frömmigkeit und die Artistik; der auf das Jenseits gerichtete Glaube und der diesseitige Genuß am Spiel; die distanzlose religiöse Inbrunst und das distanzierte ästhetische Urteil; Kreuz und Olé. Im Theater wie bei der Prozession ist die fromme Anrufung der Heiligen Jungfrau und der naive Begeisterungsausbruch über die Schönheit ihres gestickten Bildes durchaus miteinander möglich. Die Religiosität hindert nicht daran, die Artistik zu genießen, und der Genuß der Artistik mindert nicht die Religiosität. Inbrunst und Schau, Verzückung und Entzücken, Gebet und Applaus haben sich nicht aus-, sondern zusammengeschlossen. Es gibt keinen Unterschied zwischen der gläubigen Gemeinde und dem kritischen Publikum: der Zuschauer gehört zur gleichen Zeit beiden an. Alles Theater ist zu Gott hin gerichtet — doch wird es mit irdischen Augen beurteilt und genossen.

1492, das Jahr des Triumphes

Im Hafen von Barcelona schwappt ein hölzernes Segelschiff, man kann es für ein paar Pesetas besichtigen. Für das, was es geleistet hat, ist es lächerlich klein: man möchte sich ihm kaum für eine Hafenrundfahrt anvertrauen, doch ist es die maßstabgerechte, historisch getreue Nachbildung der Karavelle ›Santa Maria‹, auf der Columbus die Neue Welt entdeckt hat. Es war der Beginn eines neuen Zeitalters. Das Datum: 1492.

Im gleichen Jahr endet der mehr als siebenhundertjährige Krieg des christlichen Spaniens gegen die Mauren. Auf der Straße von Granada über die Sierra Nevada nach Motril gibt es einen Gebirgspaß, von dem aus man auf dem Wege nach dem Süden Granada zum letztenmal sieht. Der Paß heißt noch heute ›Suspiro del Moro‹ — der ›Seufzer des Mohren‹. Er erinnert an den Abschiedsseufzer, den der letzte maurische Herrscher über das Königreich Granada ausgestoßen hat, Tränen in den Augen. Abu Abd'-Allah Mohammed XIII., von den Spaniern Boabdil genannt, mußte, von den ›katholischen Königen‹ Ferdinand und Isabella besiegt, am 1. Januar 1492 Granada verlassen. »Weine wie ein Weib«, soll ihn seine Mutter Aischa verspottet haben, »da du nicht kämpfen konntest wie ein Mann.«

Beide Ereignisse, die Niederlage Mohammeds und den Triumph des Columbus, den Seufzer des Mohren und das »Land!«-Geschrei des Entdeckers, hat rund ein Jahrhundert später Lope de Vega in seinem Columbus-Schauspiel ›Die Neue Welt‹ auf die Bühne gebracht. In dem Jahrhundert, das Lope de Vega von diesen beiden größten Ereignissen der spanischen Geschichte trennt, ist Spanien zur Weltmacht geworden. Die Opfer auf diesem Wege sind die Juden, die schon 1492 vertrieben werden, und die ›Moriscos‹, die

Procession des Pélerins à COMPOSTELLE.

*Prozession in Compostella. Die noch im heutigen Spanien üblichen Prozessionen
mit getragenen Figuren biblischer Szenen sind der Ursprung einer der drei
Gattungen des klassischen spanischen Theaters: der kirchlichen Fronleichnamsspiele.
Kupferstich aus dem 18. Jahrhundert*

christianisierten Mauren, die Philipp II. in Andalusien fast völlig ausrotten
läßt. Religiöse Toleranz — daran war bei einem Herrscher nicht zu denken,
der mit Hilfe der römischen Kirche die Welt beherrschen wollte. Toleranz
gab es in Spanien nur in den von den Mauren beherrschten Gebieten.

Der Zerfall der spanischen Macht beginnt schon unter Philipp II.: 1588,
zehn Jahre vor seinem Tode, geht die Armada, die spanische Flotte, im
Kampf gegen die Engländer unter. Als Lope de Vega seine ›Neue Welt‹
schreibt, verherrlicht er die vergangene Größe Spaniens und feiert damit
sein Vaterland als Vollstrecker des göttlichen Willens. Der Aufstieg des
spanischen Welttheaters, das noch heute auf unseren Bühnen gespielt wird,
hat sich während des Abstiegs der politischen Macht Spaniens, während
seines Abgangs vom geschichtlichen Welttheater vollzogen. Davon wird noch
zu reden sein.

Zuvor ein kurzer Blick auf das Jahrhundert der politischen Größe, das
auch ein Jahrhundert des Theaters gewesen ist. Es hat ebenfalls 1492 begonnen, denn der Islam, in diesem Jahr endgültig aus Spanien vertrieben,

hatte jede Darstellung von Göttern und Menschen auf der Bühne verboten. Von der heutigen Bühnenpraxis aus gesehen, ist dieses Theaterjahrhundert freilich nur eine Zeit der Vorbereitung für Lope de Vega, Tirso de Molina und Calderon de la Barca, doch sollte man wissen, daß sie die Vollender, nicht die Erfinder des spanischen Theaters sind. Was fanden sie vor? Was entwickelten sie weiter?

Theater in Buchillustrationen: die Holzschnitte in der Erstausgabe der um 1508 entstandenen ›Ekloge von den drei Hirten‹ des Juan del Encina sind zusammengebaut aus Figurinen und Versatzstücken

Typisch für das spanische Theater ist die unbezweifelbare Antwort, die der nach sich selbst, nach dem Sinn seines Daseins fragende Mensch erhält — sie kommt aus dem unantastbaren katholischen Glauben. Selbst die Dramatiker, die den Klerus verspotten, greifen nur einzelne Geistliche an, nie die Kirche. Dieses Fundament des späteren spanischen Barocktheaters ist schon unerschütterlich gebaut bei Juan del Encina (um 1469 bis 1529). Seine religiösen Spiele sind geprägt vom späten Mittelalter, von den ›Moralitäten‹, in denen personifizierte Tugenden und Laster als allegorische Gestalten um die Seele des Menschen kämpfen. Seine weltlichen Spiele, geprägt von der Renaissance, sind erfüllt von antiken Göttern, die freilich christlich überlagert und ausgedeutet sind. Er erfindet die Gattung der ›Farsa‹, der Einakter, die sich durch realistisch gesehene komische Figuren auszeichnen. Dieser Realismus der komischen Figuren, die aus dem Volksleben gegriffen sind, wo es am farbigsten ist, steht in striktem Gegensatz zur Typenkomik festgelegter Figuren der italienischen Stegreifkomödien. Er ist eine originale spanische Leistung.

Verbunden mit der ersten großen tragischen Liebesgeschichte, erfüllt dieser Realismus auch das Lesedrama ›Celestina‹, das wohl im letzten Jahrzehnt des 15. Jahrhunderts entstanden ist. Anonym 1499 in Burgos erschienen, ist es ins Deutsche, Holländische, Lateinische, Italienische, Französische und Englische übersetzt worden, ein europäischer Bestseller, der das Barocktheater in vielen Ländern beeinflußt hat. Die einundzwanzig Akte der zweiten Fassung (1502) des nicht für das Theater bestimmten Dialog-Dramas heißen im Original ›Tragicomedia de Calisto y Melibea‹. Als ihr Autor wird der getaufte Jude Fernando de Rojas († 1541) vermutet. Calisto und Melibea sind die Namen des Liebespaares. Celestina ist die Kupplerin, die dem Calisto Liebesnächte bei Melibea verschafft. Sie wird von ihren Komplizen ermordet, Calisto stürzt von einer Leiter zu Tode, und Melibea springt von einem Turm: »Ich will Calisto im Tode zufriedenstellen, hatte ich doch zu Lebzeiten so wenig Gelegenheit dazu.« Der Charakter der Kupplerin; das Paar, das, von Leidenschaft überwältigt, die Gesittung mißachtet und daran zugrunde geht; die tragischen und grotesken Szenen; die Nebenfiguren sind von vielen Dramatikern ausgebeutet worden. Eine 1964 in Mailand uraufgeführte Fassung von Carlo Terron — deutsch 1966 in Köln — reduziert das Stück auf Sozialkritik und Sexualdrastik.

Über die ›Celestina‹, die auch ihm als Steinbruch gedient hat, geht wenige Jahre später Bartolomé de Torres Naharro hinaus zur Gesellschafts- und Sittenkomödie. Er zieht den Theaterfiguren endgültig die Schäferkleidung aus und bringt Menschen aus allen Gesellschaftsschichten auf die Bühne. Er zeichnet sie realistisch, verknüpft sie aber durch eine phantastische Handlung. Auch diese Kombination wird für das spanische Barocktheater fruchtbar und typisch. Er ist der Vater der ›Comedia de capa y espada‹, der Mantel- und Degenstücke, der zweiten großen Gattung des spanischen Theaters. Schon bei ihm wird der Mantel zur Vermummung und Täuschung, wird der Degen zur Verteidigung der Ehre, dem Hauptmotiv dieser Stücke, geschwungen; schon bei ihm werden die galanten Abenteuer der Herren von den Dienern parodiert. Von der italienischen Renaissance übernahm er die Gliederung des Dramas in fünf Akte, doch nannte er die Fünftel nicht Akte, sondern ›Jornadas‹, ›Tagereisen‹. Diese Bezeichnung weist auf das Stationendrama hin, das ebenfalls zu einem festen Bestandteil des spanischen Barocktheaters wird: ungehindert von der Forderung nach der Einheit von Zeit und Ort, werden die Schauplätze munter gewechselt und die Zeiträume, wie es gerade paßt, übersprungen. Hauptsache ist der theatralische Effekt der einzelnen Szene, nicht der große literarische Zusammenhang. Es ist Schauspielertheater, nicht theatralische Illustration irgendwelcher philosophischer Gedanken.

Alle Eigenheiten des spanischen Theaters, die sich bis dahin entwickelt haben, finden sich in dem umfangreichen Werk des Portugiesen Gil Vicente

86

Argument der Neynten Wirckung.

Sempronio vnd Parmeno giengend zů dem hauß Ce
lestine mit ainander redendt das morgen mal bey ir zů
halten/da selbst sy fanden Arueusam vnd Eliciam/so tz
ten sich zů tisch / vnd essend/zertrůgen sich mitt ain,
ander Elicia vnd Sempronio/darumb Elicia von dem
tisch auff stond/Celestina vnd Arensa verainigten sy
wider/vñ also redend mit ainander kam Lucrecia ain
dienerin Melibee Celestinã zů irer frawen berůffend.

*Die Tragikomödie ›Celestina‹, ein Lesedrama, erschien anonym zunächst 1499
in Burgos und wenige Jahre später in vielen europäischen Sprachen. Holzschnitt
aus der deutschen Erstausgabe, Augsburg, 1505*

(um 1470 bis um 1536), der die Feste am portugiesischen Hof inszenierte.
Mit seinen geistlichen Spielen steht er noch in der Tradition des Mittelalters. Mit seinen mythischen und allegorischen weltlichen Spielen, in denen
sich die antike Götterwelt in den portugiesischen Kostümen seiner Zeit tummelt, aber in die auch schon die derben Volkstypen eindringen, ist er der

Renaissance verpflichtet. In seinen Komödien gibt er bereits — wie später die Mantel- und Degenstücke — auf der Ebene der Dienerschaft und der Leute aus dem Volke eine komische Variante der in aristokratischen Kreisen spielenden Haupthandlung und reiht die ernsten und die grotesken Szenen in harten Gegensätzen aneinander. In seinen Possen porträtiert er alle Schichten des portugiesischen Volkes mit einem in die Satire getriebenen Realismus. Das gleichzeitige italienische Theater ist dagegen ausgesprochen schematisch, typisiert und literarisch. »Nicht Handlung ist das Wichtigste«, schreibt der Theaterhistoriker Heinz Kindermann, »sondern das Porträt der Menschen in Situationen, in denen sie sich erst so recht entpuppen. Das Decouvrieren des Menschlichsten, im Guten und im Bösen, als primär darstellerisches Moment gesehen, steht hier in der Mitte.«

Das Volkstheater im Hinterhof

Noch eine unerläßliche Voraussetzung für die Hochblüte des spanischen Barocktheaters mußte erfüllt werden: es ist keine Glanzzeit des Theaters denkbar ohne die Beteiligung eines breiten Publikums. Die Renaissance-Dichter Encina, Torres Naharro, Gil Vicente schrieben für Hof- und Palastbühnen. Das Barocktheater aber eroberte sich sein großes Publikum durch Wandertruppen unter freiem Himmel. Um die Mitte des 16. Jahrhunderts, unter dem römisch-deutschen Kaiser Karl V., gewann das Volkstheater, das von einer Unzahl von Wandertruppen getragen wurde, eine immer größere Bedeutung.

Miguel de Cervantes Saavedra (1547 bis 1616), heute jedem Kind als Verfasser des ›Don Quijote‹ bekannt, schrieb für Wandertruppen, um damit Geld zu verdienen. Er brauchte es dringend. Fünf Jahre lang hatte er, in algerische Gefangenschaft geraten, von 1575 bis 1580 in Bagnos und auf Galeeren als Sklave der Mauren ein elendes Leben führen müssen. Seine Familie hatte ihn losgekauft und war dadurch arm geworden. In seinem ersten Stück ›El trato de Argel‹ (›Leben in Algier‹) stellte er das Schicksal der algerischen Sklaven dar — 25 000 Christen wurden damals von den Mauren gefangengehalten. Ein Sklave, der Saavedra heißt wie Cervantes, fleht im Stück König Philipp II. an, die Sklaven von der Folter und aus der Gefangenschaft zu befreien. Cervantes erweiterte damit das spanische Theater um das Zeitstück, das, aus dem Erleben des Autors geschrieben, an die Menschheit appelliert, die bei Cervantes durch den Herrscher verkörpert wird. Später rühmte sich Cervantes, er habe als erster »die verborgenen Gedanken und Einbildungen der Seele«, verkörpert durch allegorische Personen, unter all-

gemeinem Beifall auf die Bühne gebracht. Das ist nicht ganz richtig, doch hat
er die schon gebräuchlichen allegorischen Figuren erweitert, um innere mora-
lische Konflikte klarzulegen. Im übrigen aber trat Cervantes, wie aus einer
Rede in seinem Schelmenstück ›Pedro de Ardemales‹ hervorgeht, für den
Schauspieler ein, der ganz in der Bühnenfigur aufgeht und mit dem sich der
Zuschauer vollkommen gleichsetzen kann. Der Schauspieler muß, so fordert
Pedro, »mit so viel Kunst spielen, daß er sich völlig in die dargestellte Figur
verwandelt ... Wenn sich der Ausdruck, den er selbst annimmt, auf den
Gesichtern aller Zuschauer zeigt, so ist der Schauspieler vortrefflich.« Das
ist die Schauspielkunst des Illusionstheaters, das den Zuschauer weniger
zum Nachdenken als zum Nachfühlen zwingen will.

Als Kind hat Cervantes noch Aufführungen der wichtigsten Wandertruppe
der Frühzeit des Volkstheaters gesehen und hat sie im Alter beschrieben:
»Das Theater bestand nur aus vier im Quadrat aufgestellten Bänken, über
die fünf bis sechs Bretter gelegt waren, so daß die Spielfläche sich etwa vier
Spannen hoch über dem Erdboden abhob. Den hinteren Abschluß der Bühne
bildete ein altes, wollenes Tuch, das an einem Strick von einer Seite zur
andern gespannt war. Dahinter war die Garderobe und der Platz für die
Musikanten.« Es handelt sich um das Theater des Direktors, Dramatikers
und Schauspielers Lope de Rueda, der etwa zwanzig Jahre lang, von 1544
bis zu seinem Tod in Cordoba 1565, durch Spanien gezogen ist. Er war
außerordentlich beliebt beim Volk, doch gastierte er auch mit großem Erfolg
am Hofe Philipps II.

Im Jahr seines Todes, 1565, wurden in Madrid die ersten Spielhöfe, die
›Corrales‹, gegründet. Sie werden zum Schauplatz des barocken spanischen
Volkstheaters. Ein ›Corral‹ ist ein Hof zwischen drei oder vier Häusern. An
der einen Hauswand ist die Bühne aufgeschlagen. Davor stehen einige
Bänke für angesehene Bürger. An den Wänden der Häuser, die den Hof
seitlich begrenzen, sind weitere Sitzreihen für Männer, die von den Frauen
streng getrennt sind. An der Hauswand gegenüber der Bühne sind aufsteigende Sitzgerüste für die Frauen aus dem Volke aufgebaut. Die Fenster
der Häuser werden an vornehme Damen vermietet, die durch die Gitter und
Jalousien blicken können, ohne selbst gesehen zu werden. Der größte Teil
des Hofes, zwischen den Sitzreihen vor der Bühne und der Tribüne für die
Frauen vor der gegenüberliegenden Hauswand, wird ›Patio‹ genannt: es ist
das Parkett für die Masse der Zuschauer, für die ›Mosqueteros‹, die etwa
den ›Gründlingen‹ des Shakespeare-Theaters entsprechen. Im Patio mußten
sie stehen, und wer stehen muß, der darf schon einige Unterhaltung verlangen, damit ihn die Beine nicht schmerzen. Hier hielten sie ihre Lärminstru-
mente und Wurfgeschosse bereit — aber auch ihre Kennerschaft und ihre Be-

Ein ›Corral‹, ein Hinterhof zwischen drei oder vier Häusern mit einer improvisierten Bühne, ist der Schauplatz des barocken Volkstheaters in Spanien. Zeitgenössische Darstellung

Die Bühne des Volkstheaters im Hinterhof hat sich, wie diese Aufnahme aus dem heutigen Spanien, aus La Alberca, zeigt, nicht gewandelt

geisterungsfähigkeit, um »Victor!« oder »Viva!« zu schreien, wenn ihnen
eine Szene besonders gefiel. Dies alles unter freiem Himmel. Gespielt wurde
nachmittags; die besseren Spielhöfe konnten Sonnensegel von einem Haus-
dach zum andern ziehen.

Die bedeutendsten Volkstheater in Madrid waren der Corral in der Strada
de la Cruiz, 1579 eröffnet, und der Corral in der Strada del Principe, 1582
eröffnet. In diesen Theaterhöfen gastierten Wandertruppen. Sie zahlten dafür Miete und erhoben Eintrittsgeld. Die Miete wurde kassiert von geistlichen Bruderschaften, die wiederum die Höfe gemietet, für das Theater
eingerichtet und die Spielerlaubnis erwirkt hatten. Auch sie erhoben Eintrittsgeld. Obwohl der Zuschauer also zweimal zahlen mußte, war der
Theaterbesuch ungemein billig. Die Bruderschaften unterhielten von ihren
Einnahmen Kranken- und Armenhäuser. Das spanische Theater war imstande, soziale Einrichtungen zu subventionieren, während das heutige Theater in Deutschland subventioniert wird wie eine soziale Einrichtung.

Die besten Autoren setzten zwar dem Hof und dem Volk die gleichen
Stücke vor, doch ist nicht daran zu zweifeln, daß es leichter war, den Beifall
des königlichen Hofes als den Beifall des Volkes im Theaterhof zu gewinnen.
Bewaffnet mit Schlüsseln, Pfeifen, Glöckchen, Klappern, Orangen und Gurken standen die ›Mosqueteros‹ im Patio und wollten unterhalten sein.
Überdies gab es unter ihnen offenbar organisierte Gruppen, deren Anführer
bestechlich waren. Doch selbst wenn sie unvoreingenommen waren, gingen
sie ins Theater, wie man heute ins Kino geht: sie kamen freiwillig und zahlten den vollen Preis. Das antike griechische Theater mit seinen staatlichen
Subventionen hatte dagegen ein exklusives Publikum. Der Zwang, die
›Mosqueteros‹ zu gewinnen, zu amüsieren, zu fesseln, zu verblüffen, hat
gewiß dazu beigetragen, viele Eigenheiten des spanischen Theaters zu entwickeln und auszubauen. Die Geschlossenheit der Einzelszene, die unmittelbar zündet. Die Realistik der Volkstypen, die es dem Publikum erlaubt, sich
auf der Bühne wiederzuerkennen. Die Abwandlung tragischer Situationen
ins Komische — sie gestattet nach dem vollen Ernst doch das Gelächter. Das
Vermeiden eines deprimierenden Stückschlusses und damit das Ausweichen
vor der extremen Tragik. Der Wechsel der Schauplätze und das Übersprin-
gen von Zeiträumen, die beide einen bunten, revuehaften Zug in die
Stücke bringen. Das Verdeutlichen innerer Vorgänge durch allegorische Gestalten, die auch die feinsten seelischen Regungen dem gröbsten Dummkopf
klarmachen. Das strikte Vermeiden abstrakter Gedankengänge und literarischer Themen, die nicht auf Anhieb zu begreifen wären. Die Konstruktion
einfacher dramatischer Situationen, in denen der Schauspieler brillieren und
den Zuschauer mitreißen kann. Die ewigen Abwandlungen dieser effektvol-

len Szenen, denn das Publikum will nie etwas Neues, es will immer wieder das Alte in einem neuen Gewande sehen. Schließlich auch, mehr oder minder deutlich, der gemeinsame Glaube, der alle miteinander verbindet: Autoren, Publikum, Schauspieler und die das Theater organisierenden geistlichen Bruderschaften.

Kein spanischer Autor wäre auf den Gedanken gekommen, etwa für eine Intelligenz-Elite, für eine ›Experimentier‹-Bühne oder für die Nachwelt zu schreiben: sie machten keine Literatur, sondern Theater, das unmittelbar zünden muß. Stolz bekannte Cervantes, der im übrigen mehr von seiner Epik als von seinen Stücken hielt, er habe zwanzig bis dreißig Schauspiele geschrieben,»die alle aufgeführt wurden, ohne daß man ihnen Gurken oder andere Wurfgeschosse gewidmet hätte. Sie machten ihren Weg ohne Pfeifen, Radau und Krawall.«

Zwischen Engeln und Teufeln

Die Schauspieltruppen hatten in den Corrales eine Bühne zur Verfügung, die sich von der primitiven Wanderbühne eines Lope de Rueda im Prinzip kaum, doch in einem Punkte wesentlich unterschied: Die Bühne hatte eine Versenkung, aus der die Teufel auftauchen konnten, und eine Maschinerie, mit deren Hilfe die Engel und Heiligen vom Himmel und in den Himmel schwebten. Im übrigen war die Bühne wie beim Wandertheater hinten durch einen Vorhang vom Umkleideraum getrennt. Im Corral kam eine Galerie an der Hinterwand der Bühne und an ihren Seitenwänden hinzu, an der man ebenfalls Vorhänge für Auftritte von links und rechts aufhängen konnte. Die Galerie war unerläßlich für die Ständchen unterm Balkon der Geliebten. Einzelne Versatzstücke, Bäume oder Brunnen, wurden auf die Bühne getragen. Einen zum Zuschauer abschließenden Vorhang besaß sie nicht — wer im Stück erdolcht wurde, mußte zusehen, daß er durch den Hintervorhang in die Garderobe fiel, damit seine Leiche den weiteren Fortgang nicht störte oder gar gezwungen wäre, sich zum Abgang noch einmal zu beleben.

Nichts an dieser Bühne ist Zufall. Sie dient vollkommen dem, was das spanische Theater sein und darstellen wollte. Da es keinen Vorhang gibt, der das Publikum von der Bühne trennt, müssen die Versatzstücke, die den Wechsel des Schauplatzes andeuten, vor den Augen der Zuschauer aufgebaut werden. So wird dem Publikum immer vorgeführt, daß auf der Bühne ein Spiel stattfindet und nicht die Fortsetzung der Wirklichkeit. Die Bühne ist nicht die Erde — diese Illusion könnte man nur hinter einem geschlossenen Vorhang vorbereiten —, sondern sie bedeutet die Erde, und den Menschen auf der Bühne werden nur die Gegenstände geboten, die sie zu ihrem irdischen Spiel brauchen, und dies vor aller Augen: was da auf die Bühne gebaut wird, ist ihr Spiel-Zeug. Und diese Bühne, Sinnbild der Erde, hat ein Loch, aus dem die Teufel quellen, und eine Flugmaschinerie, an der Engel und Heilige schweben — die Erde wird immer wieder im Zusammenhang mit der Unterwelt, der Hölle, und der Überwelt, dem Himmel, gesehen. Mit einer Ausnahme: die Gesellschaftskomödien, die Mantel- und Degenstücke, bleiben im irdischen Bereich; ihr Blick führt nicht höher als bis zur Galerie, auf der die Geliebte erscheint, und sie braucht die Seitenvorhänge für die so wichtigen Verwechslungen, Vermummungen und Lauscher.

Die Primitivität der Dekoration wird aufgewogen durch die Sprache des Dramatikers, der mit glanzvollen Worten in der Phantasie der Zuschauer eine Welt beschwört, die farbiger und intensiver ist, als sie je durch Dekorationen aufgebaut werden könnte. Prunkvoll dagegen, die reine Schaulust entzückend, sind die Kostüme. Mit ihnen wurde ein unvorstellbarer Luxus getrieben. So war die Bühne des Volkstheaters, der Spielhöfe zwischen den Häusern, wie Lope de Vega sie liebte. So einfach blieb sie während des ›goldenen‹, des gesamten 17. Jahrhunderts; das erste öffentliche Theater mit einem Dach wurde in Madrid erst 1708 gebaut.

Die Zaubertricks des Hoftheaters

Ganz anders das höfische Theater. Schon Philipp II. (1556—1598) verfügte in seinem Madrider Schloß über einen eigenen Theatersaal. Unter seinem Nachfolger Philipp III. (1598—1621) wurde zu Beginn des 17. Jahrhunderts im gleichen Schloß auch ein Corral-Theater eingerichtet, weil die königliche Familie (durch die Jalousien) das Theater in Anwesenheit des Volkes (im Stehparkett) genauso wie das Volk erleben wollte.

Das höfische Theater änderte seinen Charakter unter Philipp IV. (1621 bis 1665), der zwar die Niederlande und Portugal verloren hat, aber ein Theaternarr gewesen ist. Er schrieb Komödien und wirkte bei höfischen Aufführungen als Schauspieler mit. Unter diesem vierten Felipe wurden im Madrider Schloß, in Jagd- und Lustschlössern, in Aranjuez und Buen Retiro, höfische Theater eingerichtet von dem italienischen Architekten und Bühnenbildner Cosimo Lotti, den die Spanier wegen seiner Künste den Hexenmeister nannten. Er brachte die Dekorations-Ideen mit, die das Italien der ausgehenden Renaissance und des beginnenden Barock entwickelt hatte: die Kulissen und die Perspektive.

Während dem alternden Lope de Vega, der durch Lotti ins höfische Thea-

*Theatralischen Charakter hatten die höfischen Feste. Prunkvolle Reiterspiele in
Aranjuez, 1789. Gemälde von Paret y Alcazar*

ter gebracht wurde, die phantastische Ausstattung, die komplizierten Maschinerien, die Ingenieurkünste und optischen Tricks gar nicht zusagten — »Die
körperliche Darstellung bot einen Augenschmaus, dem das Gehör unterliegen mußte« —, wurde diese unter Lottis Nachfolger, Baccio del Bianco, noch
prunkvoller ausgestattete Hofbühne zum eigentlichen Spielfeld Calderons
(der freilich auch Fronleichnamsspiele und für das Volkstheater geschrieben hat).

Bei den Freilichtaufführungen in Aranjuez und vor allem in Buen Retiro
tobte sich die entfesselte Ingenieursphantasie aus. Der Theaterhistoriker
Joseph Gregor hat versucht, die Aufführung von Calderons ›Über allen Zauber Liebe‹ in Buen Retiro beschreibend zu rekonstruieren und ist davon
überzeugt, daß unter anderem aufgewendet wurden: auf dem Teich ein In-
selchen, umgeben von Flachkähnen; farbige Korallenriffe und Wasserfälle;
Galathea erscheint zwischen Fontänen; Schaufelräder peitschen den See auf,
das Schiff des Ulysses wird vom Sturm gepackt; unter Donner und Blitz verschwindet der Berg; Circes Palast taucht auf, Marmorstatuen, kristallene
Säulen, goldene Kapitelle; ein Wasserfestzug mit Sirenen und Tritonen;
Fische erheben sich aus dem Wasser und sprühen Parfüm über das Publikum; Circes Palast versinkt, es erscheint der Ätna und speit Flammen — dies
alles im Schein von mehr als tausend Glaslaternen und unzähligen Kerzen.
Daneben gab es in Buen Retiro einen Theatersaal, dessen Bühnenrückwand
sich zum Garten hin öffnen ließ.

Das höfische Theater in den Sälen erhielt sein Gepräge durch die aus Italien kommenden Seitenkulissen und den abschließenden Hintergrundsprospekt: sie geben durch perspektivische Wirkungen der Bühne eine sich scheinbar im Unendlichen verlaufende Tiefe. Kein Zuschauer kann erkennen, wo die Kulissen aufhören und der Prospekt anfängt, und die Szene läßt sich durch eine leicht zu bewerkstelligende Änderung der Kulissen, wenn es sein muß auch vor aller Augen, auf zauberhafte Weise vollständig verwandeln. Die Grenze zwischen Schein und Wirklichkeit scheint aufgehoben — mehr noch als ein Fest der Sinne ist das Theater hier ein Fest der Sinnestäuschungen.

Der Sinn der Sinnestäuschungen

Daß sich das spanische Barocktheater so rasch dieser italienischen Erfindung bemächtigt, sie ins Monströse vergrößert und ausgebaut hat, spricht nicht nur für den raschen Austausch geistiger und künstlerischer Ereignisse im damaligen Europa, es hat seinen tieferen Sinn: nichts kam dem spanischen Barocktheater so entgegen wie die perspektivische Kulissenbühne. Die Kulissen, diese an der Seite der Bühne hintereinander aufgestellten und nach hinten perspektivisch verkürzten, bemalten Leinwände, schaffen die Illusion ungeheurer Räume — eine Illusion, die doch nie Wirklichkeit sein will, sondern sich als Illusionstrick so offen darbietet wie die technischen Zauberkünste im Freilichttheater. Die Welt wird auf dieser Bühne zwar abgebildet, doch zugleich als Schein, als Sinnestäuschung dargestellt — und dies entspricht genau dem Hauptthema nicht nur des spanischen Barock. Calderon gibt dazu die Schlüsselsätze in seinem Stück ›Das Leben ein Traum‹ (deutsch von Max Kommerell): »Was ist Leben? Raserei! Was ist Leben? Schein und Schaum! Ein Als-Ob, ein Wenn und Kaum, klein dem Haben, groß dem Sterben, Traum ist dieses ganze Leben, und die Träume sind ein Traum.«
Noch die Träume sind ein Traum — das ist ein perspektivischer Sturz in die Verunwirklichung der Welt. Sie wird auf dem Theater schon durch die Kulissen als Sinnestäuschung, als Schein denunziert. Das wahre Sein ist jenseits dieser Welt, bei Gott. Die mittelalterliche Idee der ganz auf ihr Jenseits, auf Gott, bezogenen Welt erlebt ihre gloriose Wiedergeburt im spanischen Barocktheater. Von Renaissance, von der Wiedergeburt des ganz auf sich selbst gestellten Menschen, kann man in Spanien kaum sprechen: hinter den Pyrenäen erlebt das Mittelalter seine Wiedergeburt im Barock, auf der dreigeteilten Bühne: die Erde, die nur ein Ort des Spiels ist, der Täuschungen und des Traums, zwischen Hölle und Himmel.

»Noch ist der Gradualismus des Mittelalters in Kraft«, schreibt Karl Voßler, »zu dem nun freilich die dramatische Anschauung des Lebens in Widerspruch gerät: denn gerade die wahre Wirklichkeit, das reine Sein, das überzeitliche und regungslos in Gottes Ratschluß ruht, entzieht sich der Dramatisierung. Gott handelt nicht, er waltet. Unter ihm, das Leben der Geschöpfe hat an der Wirklichkeit nur soweit teil, als es hingeordnet ist zu ihm, und es verliert sich in dem Maße, als es sich von ihm abwendet, in Schein und Nichtigkeit. Daher kommt es, daß alles menschliche Drama der Spanier mehr oder weniger unter dem Zeichen der Illusion steht, daß es nach der wahren Wirklichkeit zwar trachtet, aber doch nur durch den Austritt aus dem Leben dorthin gelangen kann.«

Wird auf dem Theater die Welt als Schein dargestellt, so wird damit die ganze Welt zum Theater gemacht. In Calderons geistlichem Festspiel ›Das große Welttheater‹ betrachtet Gott, der ›Meister‹, die Welt als eine Bühne, deren Schauspieler die Menschen sind — sie spielen das Leben, und wenn der Tod sie abberufen hat, richtet sie der ›Meister‹, beurteilt, belohnt, bestraft ihr Spiel, und die allegorische Figur der ›Welt‹ wird nicht müde zu versichern, daß das Leben nur ein Schauspiel sei.

Drei Themen — drei Gattungen

Drei große Gruppen von Schauspielen haben sich herausgebildet:

1. Die ›Autos sacramentales‹, die von der Gegenreformation geförderten Fronleichnamsspiele, die unmittelbar aus der Prozession hervorgegangen sind, ja bei denen die Schauwagen der Prozession an die unter freiem Himmel aufgeschlagene Bühne herangefahren und zu einem Teil der Bühne werden. Sie dienen dem katholischen Dogma der Eucharistie, sie belehren über die Bedeutung des Abendmahls. Doch auch sie sind durchsetzt von possenhaften Zwischenspielen, die der Unterhaltung und der Schaulust frönen. Von Lope de Vega sind nicht weniger als 48, von Calderon 73 ›Autos‹ erhalten. Veranstalter sind die Kirche, die Bruderschaften, die Orden, vor allem die Jesuiten.

2. Die ›Comedias de teatro‹, in denen sich die Menschen, umgeben von allegorischen Figuren, zwischen Himmel und Hölle, zwischen Engeln und Teufeln, im Wechsel ihres Geschicks zu bewähren haben: Geschichte und Heilsgeschichte sind hier unlösbar miteinander verbunden.

3. Die ›Comedias de capa y espada‹, die Mantel- und Degenstücke, die weltlichste Gruppe im spanischen Barocktheater. In diesen Konversationslustspielen werden die ernsten Probleme der Aristokratie — Liebe, Ehre und

Rache — auf der Ebene der Dienerschaft ins Komische gewendet. Sie zu schreiben, galt am schwierigsten, weil sie ganz im Menschlichen bleiben und keine allegorische Figur, kein Engel und kein Teufel, den dramatischen Knoten schürzen oder lösen darf.

Alle drei Gattungen sind Stationenstücke; sie springen mit Zeit und Ort um, wie es gerade paßt; belebt von realistischen Volkstypen setzen sie die Groteske auf den Ernst und den Ernst auf die Groteske; bestimmt für ein stehendes und leicht erregbares Publikum liefern sie dem Schauspieler immer wieder einzelne Glanznummern, die den Beifall provozieren; die dramatische Szene wird von außen konstruiert, sie fällt dem Schauspieler zu wie dem Menschen das Schicksal, und in ihr hat sich der Mensch zu offenbaren und zu bewähren.

Die ›Comedias de teatro‹ und die Mantel- und Degenstücke werden auf den einfachen Bühnen der Corrales, im Volkstheater, dem bürgerlichen, städtischen Theater, das von Eintrittsgeldern lebt, ebenso gespielt wie auf den prunkvollen und mit allem technischen Raffinement ausgestatteten höfischen Bühnen.

›Das große Welttheater‹ ist mit Recht zu einem Begriff für das spanische Barocktheater überhaupt geworden. Seine Weltschau steht noch hinter den scheinbar rein gesellschaftlichen Mantel- und Degenstücken mit ihren Liebes- und Eifersuchtsintrigen und ihren vom Ehrgefühl provozierten Duellen. Denn diese Mißverständnisse und Verwechslungen bis zum Überdruß, diese ewigen Vermummungen, Irrtümer und Täuschungen der Komödie sind ja nichts anderes als — in kleiner Münze — dramatische Beweise für die Scheinhaftigkeit der Welt: Welttheater ist hier das Theater der kleinen, der gesellschaftlichen Welt.

Die Welt als Festspiel Gottes

›El siglo de oro‹, ›das goldene Jahrhundert‹, nennen die Spanier nicht etwa das 16. Jahrhundert, das Jahrhundert ihres Aufstiegs zur Weltmacht, das für sie schon 1492 mit der Vertreibung der Mauren und der Entdeckung der Neuen Welt beginnt. ›Goldenes Jahrhundert‹ nennen sie das 17. Jahrhundert, das Jahrhundert ihres politischen Abstiegs, das für sie schon 1588 mit dem Verlust ihrer Armada beginnt. Auch dies ist bezeichnend: Wo war das Gold im ›goldenen Jahrhundert‹? Spanien verlor seine Großmachtstellung; es steuerte auf den wirtschaftlichen Ruin zu; die Bauern und die städtischen Proletarier hungerten; der Adel und der Hof verarmten; Denunzianten nutzten die Inquisitionsgerichte; der Schmutz Madrids war weltberühmt;

Korruption und Rechtsunsicherheit beherrschten das öffentliche Leben. Wo also war das ›Gold‹? Nur in der Welt der Täuschung, bei den Festen, beim Stierkampf und im Theater.

›Golden‹ nennen die Spanier das Jahrhundert des goldenen Scheins. Man schätzt, daß in diesen hundert Jahren etwa 20 000 weltliche und geistliche Stücke geschrieben und aufgeführt worden sind. Da die Welt für Spanien politisch und wirtschaftlich nicht mehr zu halten war, flüchtete es sich ins Theater, wo die Welt als nichtiger Schein dargestellt wurde. Politisch gebrochen, waren die Spanier — ohne Reformation — religiös ungebrochen: angeführt von der Gegenreformation, brachten sie nach einer nur oberflächlichen Renaissance-Episode das Mittelalter noch einmal zum Blühen, und sie wurden durch ihren Glauben darin bestärkt, die Welt nur als Schein, als Theater zu betrachten. Über die Verluste in der geschichtlichen Welt tröstete sie die religiöse Überzeugung, daß alle Geschichte nur Teil der Heilsgeschichte ist: daß erst nach dem Tode die Entscheidung darüber gefällt wird, ob man seine Rolle auf Erden gut gespielt hat.

Sie gut zu spielen — darauf freilich bestanden die Spanier, und dies hat auch, zusammen mit ihrem Temperament und dem Bewußtsein ihres politischen Machtverlustes, zu ihrem empfindlichen Ehrgefühl beigetragen, dem bewegenden Moment der Mantel- und Degenstücke. Wenn die Macht des Edelmannes verlorengeht, so hat er nichts mehr zu verteidigen als ihre Form — die Ehre, die hier nicht aus einem eigenen Wertbewußtsein kommt, sondern abhängig ist von der Meinung der andern.

In seinem erleuchtenden Essay ›Das große Welttheater‹ schreibt der Literaturhistoriker Richard Alewyn: »Ist aber die Wirklichkeit des Zuschauers selbst nur ein Theater, wie das Gleichnis vom Welttheater es will, dann ist das Theater in Wirklichkeit schon ein Theater im Theater. Dann steht der Zuschauer im Theater seinerseits schon auf der Bühne und spielt in einem Spiel, ob er es weiß oder nicht. Wer aber ein guter Schauspieler sein will, der wird sich nicht täuschen lassen. Der weiß, daß die prächtigste Dekoration nur ein Schein ist und auch das prunkvollste Kostüm nur geliehen. Aber er wird seine Rolle trotzdem so gut spielen, wie er nur kann. Denn er weiß im Dunkel des kosmischen Zuschauerraums unsichtbar den Zuschauer aller Zuschauer: Gott. Von Gott, dem absoluten Spieler, zu Gott, dem absoluten Zuschauer, führt die Achse durch eine Stufenfolge von Wirklichkeiten. In ihrer Mitte steht der Mensch, auch seinerseits Zuschauer zugleich und Schauspieler in dem Großen Welttheater des Barock.«

So ist das spanische Barocktheater noch in seiner äußersten Verfeinerung im Kern das geblieben, was das spanische Theater an seinem Anfang war: eine Prozession. Mit Schauwagen biblischer, allegorischer und historischer

Szenen; mit Geschichte, untergeordnet der Heilsgeschichte; mit dem Schein der Kostüme und dem Sein im Gebet; mit Frömmigkeit und Freude an der Artistik; mit einem neugierigen, leicht zu langweilenden, kritischen Publikum, das zugleich eine religiöse Gemeinde ist, für die es zwischen nationaler Politik und Religion keine Trennung gibt.

Lope de Vega: das Genie der Volkstümlichkeit

> Wenn ich eine Komödie schreiben will, verschließe ich die Regeln mit sechs Schlüsseln und werfe Terenz und Plautus aus meinem Studierzimmer, damit sie kein Geschrei erheben (denn die Wahrheit pflegt selbst in stummen Büchern laut zu werden) und schreibe nach dem Vorbild derjenigen, die den Beifall des Volkes wollten; denn da das Volk die Stücke bezahlt, so ist es billig, ihm Albernheiten zu bieten, wenn man ihm gefallen will.   Lope de Vega
> in seiner ›Neuen Kunst‹, 1609

Lope Felix de Vega Carpio war Patriot, Priester und Poet, ein Soldat und Sänger für den König, ein Liebhaber der Frauen und Lobdichter Gottes, ein Opfer der erotischen Galanterie und der zur Buße geschwungenen Geißel.

Im Laufe seines Lebens, das am 15. November 1562 in Madrid begonnen und am 27. August 1635 in Madrid geendet hat, sind ihm unter anderem zur Last gelegt worden: Desertion aus der Jesuitenschule, in die den früh verwaisten Jungen sein Onkel, ein Inquisitor, geschickt hat. Verdacht des Diebstahls. Erotische Skandale und zwei satirische Gedichte gegen einen Schauspieldirektor und die Frauen in dessen Truppe — verurteilt zu zwei Jahren Verbannung aus Kastilien und vier Jahren Verbannung aus Madrid. Erpressung seiner Geliebten, der (verheirateten) Tochter eben jenes Schauspieldirektors — Verlängerung der Verbannung auf zehn Jahre. Bruch der Verbannung, Entführung Isabels aus Madrid, die er heiratet. Ein Jahr nach Isabels Tod (im Kindbett) Anklage wegen Konkubinats.

Die Kehrseite dieses Anklage- und Strafregisters: Als Fünfzehnjähriger kämpft er gegen die Portugiesen. Zwei Jahre später studiert er Theologie an der Universität in Alcala. Kaum drei Wochen nach der Hochzeit mit Isabel geht er an Bord der ›San Juan‹, um mit der Flotte Philipps II. gegen die Engländer zu segeln und erlebt 1588 den Untergang der Armada. 1590 wird er Sekretär und Helfer in Liebessachen bei einem Herzog von Alba. Nach dem Tod seiner zweiten Frau, der Schauspielerin Micaela — von ihr hat er einen Sohn, der ertrinkt, und eine Tochter, die ins Kloster geht — wird er

TERCERA PARTE
DE LAS COMEDIAS
DE LOPE DE VEGA, Y OTROS AV
tores, con sus loas, y entremeses, las quales Co
medias van en la segunda oja

Dedicadas a don Luys Ferrer y Cardona, del Abito de Santiago, Coad
jutor en el oficio de Portant vezes de General, Gouernador
desta ciudad y Reyno, y señor dela Baronia de Sot.

CON LICENCIA,

En Madrid, En casa de Miguel Serrano
de Vargas, Año, 1613.

A costa de Miguel Martinez,

V endese en la calle mayor, en las gradas de
san Felipe,

Lope de Vega: Titelseite des dritten Teils der Erstausgabe seiner Komödien.
Madrid, 1613

in den Johanniterorden aufgenommen und, ein Familiar der Inquisition, in Toledo zum Priester geweiht. Seine ersten theatralischen Triumphe in Madrid hat er durch geistliche Spiele, die Kindheit und Jugend des gerade seliggesprochenen Isidorus feiern können — die spanische Hauptstadt feiert noch heute ihren Heiligen, ›San Isídro‹, mit Prozessionen und Stierkämpfen. Er wirkt bei der Verbrennung eines Hostienschänders mit. Papst Urban VIII. verleiht ihm im Jahre 1627 den Doktor der Theologie. Im Alter von fast 73 Jahren kasteit und geißelt er sich zu Tode. Drei Bischöfe nehmen an seinem Leichenbegängnis teil.

Lope de Vega beherrschte vier Jahrzehnte lang die spanische Bühne. Er schrieb 400 ›Autos‹, Fronleichnamsspiele, von denen 56 überliefert sind. Er eröffnet sie mit einem komischen Prolog, der ›Loa‹, dem ›Lob‹, und mit einem schwankhaften Zwischenspiel. Er schrieb für das Volkstheater und für das Hoftheater, wie er selbst in einem Gedicht behauptet, 1500 Stücke. Rund 470 sind davon erhalten, weitere 300 dem Titel nach überliefert. »Und mehr als hundert hab ich über Nacht«, heißt es in dem gleichen Gedicht, »vom Schreibtisch auf die Bretter gleich gebracht.« Für die nächsten anderthalb Jahrhunderte gab er dem spanischen Bühnenstück die Form: den Vers und die drei ›Jornadas‹, die drei Akte, die sich um Einheit des Ortes und der Zeit nicht kümmern.

In seinen historischen Volksschauspielen feiert der Patriot und Priester Lope de Vega, der 1588 mit dem Untergang der Armada den Beginn des Abstiegs der spanischen Weltmacht erlebt hat, unermüdlich die Größe Spaniens und seines Herrscherhauses. Durch Wunder, Engel und allegorische Gestalten greift Gott in die Handlung ein als Lenker der Weltgeschichte und des Welttheaters: spanische Politik und spanischer Katholizismus erscheinen als unlösbare Einheit.

In seinen Mantel- und Degenstücken, irdischen Komödien aus dem Alltag, in denen Edelleute mit Mantel und Degen die Hauptrollen spielen, wandelt der Kavalier und galante Liebhaber Lope de Vega immer wieder die gleichen Intrigen ab. Hier empfand er sich als Sittenschilderer und Nachahmer des Lebens. Er spult Liebes- und Ehrenhändel hurtig ab und mischt das Komische mit dem Erhabenen. Die Komik kommt aus der Dienerschaft: vom ›Gracioso‹, dem Begleiter des Caballero, und von der ›Graciosa‹, der Begleiterin der Dame. Lope macht sie zu feststehenden Einrichtungen, nicht jedoch zu feststehenden Figuren. In jedem Stück hat der Gracioso — anders als der feststehende Arlecchino in der italienischen Stegreifkomödie, ähnlich den individuellen Narren Shakespeares — seine unverwechselbare Eigenart, die mit der Eigenart seines Herren in Verbindung steht: der Gracioso ist die Parodie des Caballero.

Der berühmteste Gracioso, freilich der spanischen Romanliteratur, ist des Miguel de Cervantes' dicker Sancho Pansa, dessen materialistischer Weltverstand den idealen Höhenflug seines Herrn Don Quijote parodiert. So stellt Lope dem ritterlichen Pathos der Ehre, der Liebe und des Stolzes immer wieder die saftige Alltäglichkeit des Mannes aus dem Volke gegenüber: er ist immer damit beschäftigt, für Essen, Trinken und Geld zu sorgen; er hält das schlichte Überleben für wichtiger als das Leben unter einem adligen Ehrengebot; er ist jederzeit bereit, die Moral für die irdischen Genüsse aufzugeben. Der Realismus des Gracioso und der Graciosa heben ebenso stark den Idealismus des Caballero und der Dame, ihre strenge Form, vom Alltag ab, wie sie diese Form vom Alltag her als bloßen Schein dem Gelächter preisgeben. Ohne dieses realistisch-satirische Element könnte man Lopes Komödien heute, da ihr strikter Ehrenkodex längst historisch ist, nicht mehr spielen.

Lope de Vega war ein Genie der Volkstümlichkeit: das Publikum liebte ihn wie keinen anderen und trieb ihn, indem es immer neue Stücke verlangte, zu dieser ungeheuren Arbeitsleistung an. Neue Stücke, das hieß freilich: neue Abwandlungen alter Situationen und Themen. Man ging damals ins Theater, wie man heute ins Kino geht, das auch kein Repertoire besitzt und im wesentlichen von Abwandlungen des alten lebt. Man war zufrieden mit dem Bekannten, war es nur auf eine unbekannte Weise neu arrangiert, und man hätte den Unmut nicht verstanden, mit dem Friedrich Hebbel später Lope de Vegas »zweideutige Geschicklichkeit, unermüdlich dasselbe zu sagen«, tadelte.

Der Ort seiner größten Triumphe war das Volkstheater in den ›Corrales‹ (siehe Seite 87) mit seiner einfachen Bühne. Der phantastischen Ausstattung des höfischen Theaters, in dem auch seine Stücke gespielt worden sind, stand er, der es gewohnt war, durch seine Verse die Ausstattung in der Phantasie der Zuschauer zu erzwingen, mißtrauisch gegenüber. Doch benutzte er nach der Sitte seiner Zeit auf seiner kargen Bühne die prunkvollsten Kostüme, und selbstverständlich tragen alle Personen, seien es antike Götter oder historische Gestalten längstvergangener Zeiten, ohne Rücksicht auf das, was man heute Anachronismen nennt, das Kostüm seiner eigenen Zeit: das goldene Zeitalter vereinnahmte alle anderen Zeitalter schon durch das barocke Kostüm — es betrachtete sich als Mitte der Welt und machte sich auch zur Mitte der Weltgeschichte.

Viele Couplet-Einlagen, Lieder und Gedichte Lope de Vegas muten den Kenner heutiger spanischer Lyrik außerordentlich modern an. Dies ist kein Zufall. Die spanischen Lyriker nach dem ersten Weltkrieg haben sich bewußt an Lope de Vega orientiert, sie haben ihn als Lyriker neu entdeckt. Es

Lope de Vega: Das brennende Dorf. Bühnenbildentwurf von Karl Gröning zur Hamburger Inszenierung von Günther Haenel, 1935

gibt Gedichte von Federico García Lorca, der 1936 ermordet worden ist, die man dem dreihundert Jahre vor ihm gestorbenen Lope de Vega unterschieben könnte — und umgekehrt. So manches, was an der neueren spanischen Lyrik »modern« erscheint, ist nicht modern, sondern spanische Tradition. Erwin Walter Palm, der Lieder und Romanzen Lope de Vegas herrlich übersetzt hat, schreibt darüber: »Er (Lope) war (für die spanischen Lyriker nach dem ersten Weltkrieg) das lebendige Beispiel für jene ›poesía tradicional‹, für die das Gesagte und längst Gewußte der immer frische Stoff ist, der nur auf den lebendigen Augenblick wartet, um neu gesagt zu werden. Im Anonymen unterzutauchen, ohne sich selbst zu verlieren, ist überdies ein Grundwille aller spanischen Kunst.«

Meinungen: »Lope de Vega ist ein vortrefflicher Charaktermaler. In seinen ernsthaft gemeinten Stücken ist nichts konsequenter und wahrer, als die Haltung seiner Personen. Wie es aber einmal zum Spaß kommt, hört alles Recht der Folgerichtigkeit auf. Der Zweck ist nur, den Zuseher zu unterhalten, und je toller, desto besser. Mit Würde und Empfindung angelegte Charaktere stürzen sich mit einem Sprung in den tollen Sabbath und gebärden sich so närrisch als der Narr ... Bei Shakespeare hat die Darstellung des Gefühls und der Leidenschaft häufig etwas Symbolisches; er gibt eine Metaphysik der Leidenschaft, ein précis, ein abrégé des Gefühls. Bei Lope de Vega ist die Darstellung immer rein der Natur abgesehen ... Calderon, der Schiller der spanischen Literatur, Lope de Vega ihr Goethe«: Grillparzer (siehe auch Meinungen zu Calderon, Seite 125). — »Sein Quell ist spanisch, sein Ziel überirdisch: und die rasche, phantasievolle Verbindung zwischen diesem und jenem, das ist die eigentlich Lopesche Aufgabe und Methode, seine hundertfältig variierte, immer neue, drangvolle dichterische Arbeitsweise, in der für Zweifel, Bedenken und Unsicherheit kein Raum und keine Zeit bleibt. Wollte man Lopes Genialität auf eine Formel bringen, so könnte man sagen: sie verneint alles Ausschließliche und schließt alles wirklich Verneinende aus, denn sie geht ganz und gar in der Hinnahme des Lebens auf ... Lope erzieht nicht, er beflügelt«: Karl Voßler. — »Lope spielte mit der Neugier des Publikums; er rechnete aber auch mit dessen artistischem Interesse. In dieser Kunst war ihm wohl nur noch Shakespeare ebenbürtig. Nur geht bei Lope alles viel stärker als bei Shakespeare scheinbar vom bunten Zufall des Lebens aus. Keine Szene soll dabei zu lang sein; kein Gefühl soll zu kontinuierlich werden — es ginge sonst schmerzlich in die Tiefe — und hier wurde doch virtuoses Theater gespielt«: Heinz Kindermann. — »Den Sonderfall zu verallgemeinern, dem Zufälligen den Schein der Regel zu geben, das Kunstwerk darauf anzulegen, daß das Gefühl in die Irre geführt und daß Süß Bitter wird, ist ein Verfahren, in dem Lope und sein Publikum sich einig sind. Es entspricht der Ästhetik der Zeit. Dazu gehört umgekehrt, daß hinter allem Einmaligen, daß hinter dem Natürlichen sofort das ernüchternde Schema sichtbar wird, in das alles hineinfällt, und daß man das unangenehme Klicken des Mechanismus hört ... Die Erfahrung der Machtlosigkeit des einzelnen gibt Lopes Figuren, verglichen mit denen Shakespeares, den Charakter von Puppen (auch wenn sie noch so lebendig sind)«: Erwin Walter Palm. — »Wenn in Theaterkreisen die Rede auf die altspanischen Komödien kommt, heißt es allgemein, daß eine schöner sei als die andere. Aber, wie oft ich auch alte spanische Komödien sehe, ich sehe immer die andere und nie die eine. Die alten spanischen Komödien haben das an sich: wenn die Dekorationen und die Kostüme und die Musik und die Inszenierung und alle Schauspieler so hinreißend sind, daß es hinreißender gar nicht mehr geht, merkt man vom Stück nichts, und der Abend ist kein verlorener Abend. Aber wann kommt denn, erstens, das alles zusammen? Und zweitens: wenn das alles zusammenkommt, lohnt es die Mühe? Spielt man denn Stücke, um sie vergessen zu machen? Die Garnierung soll das Rindfleisch heben und würzen, aber nicht ersetzen!«: Hans Weigel.

Mit Mantel und Degen

Die größten Verdienste um Lope de Vega hat sich für den deutschen Sprachraum der österreichische Dramatiker Franz Grillparzer erworben. Er hat sich jahrzehntelang mit Lope beschäftigt, hat ihn gegen das damalige Übergewicht Calderons verteidigt, ist von ihm zu eigenen Dramen angeregt worden und hat eine Unmenge Lope-Stücke in seinen ›Studien zum spanischen Theater‹ genau beschrieben, untersucht und beurteilt.

Für die Fronleichnamsspiele, die Heiligen-Komödien und historischen Stücke von Lope de Vega fehlen in Deutschland die historischen, religiösen, gesellschaftlichen und politischen Voraussetzungen. So werden im wesentlichen nur einige seiner Intrigenkomödien, seiner Mantel- und Degenstücke gespielt. Eine gewisse Lope-Wiedergeburt ist Hans Schlegel zu danken; er hat mehr als ein halbes Hundert seiner Stücke in ein anmutiges Deutsch übertragen. Aus diesem Vorrat werden immer wieder einzelne Komödien hervorgeholt, bringen es meist zu einem hübschen Theatererfolg, ohne doch — mit wenigen Ausnahmen — eine so feste Stellung im Repertoire zu erlangen, wie sie etwa Molière oder Shakespeare besitzen.

Bei der Lektüre liegen die Stücke so unscheinbar und welk auf der Hand wie die vielfältig geknifften japanischen Wunderblumen aus buntem Papier, doch sobald man sie in ihr Element bringt — die Blumen ins Wasser und die Stücke auf die Bühne —, erblühen sie in einer etwas künstlichen, stilisierten Schönheit. Es sind Partituren für phantasievolle Regisseure, die einen Nerv für Farbe, Tempo und Eleganz besitzen und mit eigenen Einfällen der Komik der Personen und Situationen auf die Beine helfen können — Regisseure und Komödianten, die das Spiel um des Spieles willen, das Theater um des puren Theaters willen lieben.

Wer sich auf einen solchen Theaterabend durch die Lektüre des Stückes vorbereitet oder auch nur seinen Inhalt allzu genau zur Kenntnis nimmt, der beraubt sich um ein wichtiges Element des Vergnügens an Lope de Vega: um die Verblüffung, die der Autor immer gesucht und meist gefunden hat. Um diese leichtgewichtigen Werkchen zu verstehen, die zur Unterhaltung des breitesten Publikums geschrieben sind, bedarf es keiner Vorbereitung. Zu ihnen gehören (die Uraufführungsdaten sind nicht bekannt):

Wer kam denn da ins Haus? (Dé cuándo acá nos vino?) Ins Haus kommen — mit einem gefälschten Brief ihres Feldhauptmanns — ein Fähnrich und sein Freund, beide in Madrid ausgeplündert. Der Fähnrich verliebt sich in Angela, die Tochter des Hauses, deren Mutter Barbara wiederum den Fähnrich für sich haben und ihre Tochter mit einem der beiden albernen Freier abspeisen möchte. Scheinbar gefügig geht der Fähnrich auf das Verlangen der Mutter ein und gewinnt schließlich mit Hilfe des Feldhauptmanns doch die Tochter — und für die liebestolle Mutter ist ein schüchterner Jurist parat.

Tumult im Narrenhaus (Los locos de Valencia). Don Floriano befürchtet, er habe einen Prinzen im Duell getötet, und stellt sich verrückt. Im Narrenhaus verliebt er sich in Doña Erifila, die sowenig verrückt ist wie er, doch wie er unter Verrückten verrückt spielt. Die Liebenden wissen voneinander nicht, daß sie normal sind, und bedauern sich gegenseitig wegen ihrer Narrheit. Irrsinn simulieren ferner die Nichte des Narrenhausverwalters und deren Magd — beide, weil sie in Don Floriano verliebt sind. Das barocke Thema von Schein und Sein wird in diesem Wirbel von echten und simulierenden Narren, von liebenden Verrückten und Verrückten aus Liebe, von freiwilliger und unfreiwilliger Täuschung, in die schiere Groteske getrieben: das Narrenhaus als Zerrspiegel der Welt.

Bei Tag und Nacht, auch: *Liebe aus Neid* (El perro del hortelano). Eine reiche neapolitanische Witwe, die Gräfin Diana di Belfiore, erwischt ihren Sekretär Teodoro, wie er Marcelina, einer ihrer Dienerinnen, den Hof macht. Die Gräfin läßt Teodoro den Entwurf zu einem Brief korrigieren, dem er entnehmen muß, daß er von seiner Herrin begehrt wird. Doch bei Tage ist die Gräfin standesstolz und weist den Sekretär ab. In der Nacht dagegen kommt ihr Standesbewußtsein ins Schmelzen. Durch eine von Teodoros Diener Tristan inszenierte Verkleidungsgroteske wird der alte Graf Ludovico betrogen: er glaubt, Teodoro sei sein im Kindesalter von den Türken geraubter Sohn. Teodoro, auf diese Weise zum Grafen geworden, kann nun der Gemahl der Gräfin werden. — Bemerkenswert ist die Frechheit, mit der Lope de Vega durch einen Betrug den Standesunterschied als eine Posse aus der Welt schafft. Noch bemerkenswerter, daß die Gräfin den Sekretär keineswegs liebt, sondern ihn nur ihrer Dienerin abjagen möchte: sie redet sich die Liebe ein, während sie doch nur einer anderen Frau diesen Mann nicht gönnt. So heißt das Stück bei Lope de Vega ›Der Hund des Gärtners‹: dieser Titel setzt die Gräfin mit dem sprichwörtlichen Gärtnerhund gleich, der einen Knochen, selbst wenn er ihn nicht mag, doch keinem andern Hund überlassen will. ›Tag und Nacht‹ ist eine Bearbeitung der Lope-Komödie ›Der Hund des Gärtners‹ von dem französischen Dramatiker Georges Neveux.

Die verzankten Brautleute (Los Novios de Hornachuelos). Zwei Paare, die sich nicht ausstehen können, werden durch ihre Herren mit Gewalt zusammengebracht. Das adlige Fräulein Estrella ordnet die Hochzeit des Ziegenhirten mit einer Magd an, und der König, Heinrich III. von Kastilien, ordnet die Hochzeit ebendieses Edelfräuleins mit einem verschlampten Junker an. Das Happy-End führt wiederum der König herbei, bemerkenswerterweise durch die Scheidung der Paare.

Die schlaue Susanne (La discrete enamorada) entledigt sich ihres älteren Freiers, indem sie ihn ihrer heiratslustigen Mutter in die Arme spielt, während sie für sich selbst den Sohn dieses Freiers erobert.

Diese und zahlreiche andere Stücke müssen eine dauerhaftere Lebenskraft auf den deutschen Bühnen erst noch erweisen. Eine festere Stellung haben sich schon erworben:

Der Ritter vom Mirakel (El Caballero del Miraglo). Komödie in drei Akten. — Don Guzmán aus Aragon, Mitglied der spanischen Söldnerarmee in Rom, ist ein Prahler, Spiegelfechter, Betrüger und erotischer Freibeuter. Er bringt sich mit seinen Hochstapeleien in die schwierigsten Situationen, doch findet er immer wieder durch ein ›Mirakel‹ einen Ausweg. Er stellt drei Frauen nach und macht ihnen ihre Männer abspenstig: Isabella, der Frau des alten Patricio, und den Kurtisanen Otavia und Beatrice. Er entscheidet sich schließlich für Isabella, da sie das meiste Geld besitzt, und schwindelt ihr eine große Summe ab, mit deren Hilfe er nach Spanien fliehen will. Doch wird er das Opfer seiner eigenen Intrigen und seiner Schäbigkeit: sein Diener Tristan, den er schlecht behandelt, klärt Isabella über seinen Herrn auf. Die von Guzmán Geschädigten nehmen ihm das Geld ab und ziehen ihn im nächtlichen Rom buchstäblich bis aufs Hemd aus. Vergeblich bittet er seine ehemaligen Geliebten um Hilfe. Vergeblich wendet er sich sogar an die Damen im Publikum: der Preller ist geprellt, doch hofft er noch immer, irgendwo eine Frau zu finden, die sich von ihm betrügen läßt. — Das Stück wird vor allem wegen der Titelrolle immer wieder gespielt. Im Kreis der typisierten Figuren, der männerjagenden Kurtisanen, der betrugslüsternen Ehemänner, der gewitzten Diener, im Wirbel der Vertauschungen und Verwechslungen, ist Guzmán ein die Typisierung sprengender Charakter: er glaubt an seine eigenen Lügen und er prahlt, schwindelt und betrügt mit einer solchen Virtuosität, daß er mehr Vergnügen macht als seine Umwelt, die ja auch alles andere als moralisch ist. Moral blitzt nur am Schluß für einen Augenblick auf, wenn Don Guzmán im Hemd, aller Verkleidungen entkleidet, in seiner nur in sich selbst verliebten Herzenskälte enthüllt ist — ein leerer Wicht, der von seiner eigenen Leere verschluckt wird. Doch springt auch da noch seine Frechheit — und der Charme seiner Frechheit — hervor. Eine Paraderolle, die gleichwohl nicht dazu verführen darf, aus dem turbulenten Gaunerschwank

eine gewichtige Charakterkomödie zu machen. Wie immer bei Lope de Vega
sind auch hier die Ansätze zu einem differenzierten Charakter weniger aus
der Person als aus der dramatischen Situation entwickelt, dem Anlaß zu
schauspielerischen Bravourstücken.

Die kluge Närrin (La Dama Boba). Komödie in drei Akten. — Finea, die
Tochter eines Edelmannes, ist reich, aber töricht: sie ist keineswegs dumm —
es erscheint ihr nur dumm, sich zu bilden. Obwohl sie von allen verlacht
wird, fehlt es ihr durch ihre Mitgift nicht an Freiern. Als sie sich von Laurencio, der von ihrer schöneren und klügeren Schwester Nisa begehrt wird,
geliebt fühlt, wird sie durch die Liebe auf ihre Art klug, wird eine ›kluge
Närrin‹ und gewinnt dank ihrer Anmut und Herzenseinfalt Laurencio, der
anfänglich auch nur ein Mitgiftjäger gewesen ist, für sich. Um ihn gegen
die Intrigen ihrer Schwester und das Gebot ihres Vaters zu halten, muß die
klug gewordene Närrin noch einmal die Närrin, die sie früher gewesen ist,
spielen und gerät dabei an den Rand der klinischen Narrheit, ja des Wahnsinns. — Auch diese Komödie, ein Frauenstück, verdankt seine größere Beliebtheit der Titelrolle, die über die übliche Lope-de-Vega-Verspieltheit hinausgeht. Wenn Finea, zunächst eine törichte, später bei aller Einfalt eine
hintergründig kluge Närrin, durch die Liebe von der Narrheit geheilt, aus
List die Närrin noch einmal spielen und dabei um ihre Heilung bangen muß,
so streift sie das Tragische und überstrahlt in diesem Augenblick des Leidens
alle possenhaften Vorgänge. Auch Laurencio zerbricht die Typik des Freiers,
wenn er, überwältigt von dem Wunder, das er selbst bei Finea hervorgerufen,
vom Mitgiftjäger zum liebenden Manne wird. Liebe ist hier mehr als das
bloße Begehren mit austauschbaren Damen, als die sie von Lope de Vega
sonst meist frech und frivol dargestellt wird. Liebe verwandelt die beiden,
führt sie zu sich selbst: indem sie sich gegenseitig finden, finden sie ihr
eigentliches Wesen. Um diesen poetisch zärtlichen Kern des Stückes tobt das
wilde Getriebe der wandlungslosen grotesken Freier, Diener und Greise. Nur
Nisa, die gescheitere Schwester, ist noch reicher ausgestattet: sie schillert in
allen Farben der Bosheit aus Eifersucht, der Koketterie mit dem Geist, der
Blaustrümpfigkeit und des Trotzes, ohne doch je unliebenswürdig zu werden. Grillparzer, der gerade dieses Stück unkonzentriert gelesen hat, meinte
unbegreiflicherweise:»Man hofft anfangs, das dumme Mädchen werde durch
die Liebe klüger gemacht werden oder gerade durch ihre Dummheit provi-
denziell das Rechte treffen. Manchmal nimmt's auch einen solchen Anlauf,
die Erwartung löst sich aber in nichts auf.« Die Bühnenpraxis hat erwiesen,
daß es nicht beim Anlauf bleibt, daß die Erwartung erfüllt wird: die törichte
Jungfrau wird zur klugen Frau.

Die Launen der Doña Belisa, auch: *Das exaltierte Fräulein* (Los melindres de Belisa). Komödie in drei Akten. — Belisa ist ein reiches, verzogenes Mädchen, infantil, launisch und unverträglich. Es behandelt seine zahlreichen Freier auf das abscheulichste. Als ihre Mutter Lisarda, eine Witwe, ihren Schuldner Don Eliso pfänden läßt, werden zwei vermeintliche maurische Sklaven als Eigentum Elisos mitgepfändet, Felisardo und Celia, und ins Haus der Mutter Belisas gebracht. In Wahrheit hat Felisardo, um seine Geliebte zu schützen, einen Kavalier im Zweikampf niedergestochen, ist mit Celia ins Haus Elisos geflüchtet und hat sich, im Irrtum, die pfändenden Gerichtsdiener seien seine polizeilichen Verfolger, mit seiner Geliebten als Sklave verkleidet. Belisa verliebt sich in Felisardo, und ihr Bruder Juan, ähnlich verzogen wie sie, will Celia zu seiner Geliebten machen. Auch Lisarda, die Mutter Belisas, fühlt sich zu dem angeblichen Sklaven Felisardo gewaltig hingezogen und will ihn heiraten. Felisardo und Celia werden bei jeder Zärtlichkeit ertappt, was die Eifersucht Belisas ins Maßlose steigert. Die wachsenden Verwirrungen werden dadurch gelöst, daß Felisardo die maurische Verkleidung aufgibt — inzwischen nämlich ist der Edelmann, den er glaubt erstochen zu haben, gesundet. Felisardo und Celia werden ein Paar. Belisa heiratet den Schuldner ihrer Mutter, Don Eliso, der es vor allem auf ihr Geld abgesehen hat, und ihre mannstolle Mutter muß sich trösten. — Vergnügen machen die vielfältigen Varianten der Albernheit, Schmähsucht und Launenhaftigkeit Belisas und der ironische Abstand, den sich Lope de Vega von seinen Figuren bewahrt. Wenn die überspannte Belisa in die Leidenschaft für den vermeintlichen Sklaven umkippt, so ist diese die Schadenfreude fördernde Verliebtheit nicht mehr als eine Mischung von Sexus und Besitzgier mit einem starken Zug naiver Grausamkeit: Belisa will dem Geliebten das Mal der Sklaven einbrennen und ihn in Ketten legen lassen. Das abrupte Ende freilich, bei dem die vermeintlichen Sklaven, bis dahin auf der Flucht vor fremden Leidenschaften, doch zusammenkommen dürfen, ist nicht denkbar ohne den Respekt davor, daß sie, wie sich für ihre Umwelt herausstellt, ein vor Gott verlobtes Paar sind.

Meinungen: »... Anlaß zu mehreren ganz guten Szenen, bei denen die Zimperlichkeit (melindres) des groß gewachsenen Kindes die Hauptunterhaltung ausmacht. Letztere hat sogar ein paar hinreißend schöne Stellen in Art eines musikalischen Solos oder der Opernarie, in denen sie sich über ihren Charakter und Seelenzustand ausspricht«: Grillparzer. — »Da liebt alles durcheinander in immer neuer, falscher Richtung. Da werden die irrtümlichen Seufzer pausenlos laut. Da gärt die Eifersucht heißblütig und roten Auges. Domestiken und Granden geraten in den Wirbel der genauen

Komödienverknotung, bis es sich eben löst mit dem schönen Gleichmut der Überlegenheit, mit der augenzwinkernden Logik direkt ins Parkett«: Friedrich Luft.

Die Sklavin ihres Geliebten (La esclava de su galán). Komödie in drei Akten. – Der reiche Don Fernando hat seinen in Elena verliebten Sohn Juan aus dem Hause gejagt, weil er sich weigert, Priester zu werden. Elena läßt sich, verkleidet als indische Sklavin, an Fernando verkaufen und gewinnt Vertrauen und Zuneigung des Alten. Sie beschwichtigt seinen Zorn gegen Juan, der inzwischen bei dem reichen Don Leonardo, einem Freund Fernandos, lebt, dessen Tochter Serafina in Juan verliebt ist. Fernando ist bereit, ihm zu verzeihen und ihm die Ehe zu gestatten, meint freilich, daß die vermögende Serafina seine Schwiegertochter werde. Elena, durch diese Entwicklung entsetzt, glaubt überdies Grund zur Eifersucht auf den von Serafina geliebten Juan zu haben, und Juan wird eifersüchtig auf die ebenfalls umworbene Elena. Dies gibt endlich Juan die Kraft, seinem Vater zu gestehen, daß er Elena liebt, und damit führt er das glückliche Ende herbei. – Der Gegensatz zwischen dem schüchternen und liebenswürdig unbeholfenen Juan und seiner tatkräftigen, intelligenten und sich ihrer Reize bewußten Geliebten Elena und die elegante Konstruktion der Handlung mit ihren tänzerisch konstruierten Parallel- und Kontrastauftritten machen den Zauber des Stückes aus, das allein von der Virtuosität seiner theatralischen Effekte lebt.

Loderndes Dorf, auch: *Dorf in Flammen* (Fuente Ovejuna). Schauspiel in drei Akten. – Der Großkomtur Guzmán, dem König Ferdinand die Herrschaft über das Dorf Fuente Ovejuna übertragen hat, ist ein Wüstling und Tyrann. Er versucht Laurencia, die Tochter des Alkalden, zu vergewaltigen; sie wird von dem Bauernsohn Frondoso vor ihm geschützt. Als sich Jacinta, ein Mädchen aus dem Dorf, dem Komtur auf einem Feldzug verweigert, liefert er sie den Soldaten aus; ihr Beschützer wird auf seinen Befehl ausgepeitscht. Laurencia und Frondoso heiraten: der Komtur läßt sie bei der Hochzeit auf sein Schloß entführen; er foltert Frondoso. Laurencia gelingt die Flucht; sie facht den Kampf gegen den Komtur an. Die Dorfleute stürmen sein Schloß; er wird erschlagen. Der König schickt einen Richter. Doch wen er auch verhört, wer den Komtur getötet habe – jeder antwortet, wie der Alkalde geraten hat, mit dem Namen des Dorfes: »Fuente Ovejuna.« König Ferdinand und Königin Isabella, unterrichtet über die Ursache des Aufstandes und die Einmütigkeit der Angeklagten, begnadigen das Dorf. – Ein ganzes Dorf erhebt sich gegen den Feudalherrn, das Volk gegen die Willkür der Aristokratie – die revolutionären Ansätze, das Kollektiv des

Aufstandes mit der gemeinsamen Antwort ›Fuente Ovejuna‹ sind nach
sowjetrussischem Vorbild von ›linken‹ Regisseuren immer wieder betont
und zum Revolutionsdrama ausgebaut worden; bei Lope freilich wird das
System des Staates noch nicht angegriffen: seine Bauern kämpfen nicht gegen eine Klasse, sondern für ihr Recht, das vom Herrscherpaar anerkannt
wird. Noch im heutigen Spanien ist der Titel dieses wuchtigsten Dramas
von Lope de Vega ein redensartlicher Begriff, das Zitat eines Vorbildes beim
gemeinsamen Kampf gegen diktatorische Willkür.

Schein ist Sein (Lo fingido verdadero). Eine dramatische Legende. — Ein Spiel
um den römischen Schauspieler Genesius, der unter dem Christenverfolger
Diocletian als Märtyrer gestorben, später heiliggesprochen und zum Schutzpatron der Komödianten geworden ist. 285 v. Chr. wird der Imperator Aurelius Carus, als er sich gegen Zeus empört, vom Blitz erschlagen. Sein älterer
Sohn Carinus, der die Frau eines Senators verführt hat, wird in Rom von
dem Senator umgebracht. Numerianus, der jüngere Sohn des Aurelius Carus,

*Lope de Vega: Schein ist Sein. Bühnenbildentwurf von Karl Gröning zur Ham-
burger Inszenierung von Heinrich Koch, 1954*

wird von seinem Schwiegervater Aper vergiftet, und Diocletian, ein dalmatinischer Söldner, tötet Aper als Verräter und zieht als Imperator in Rom ein. Vor ihm spielt der Schauspieler Genesius in einer Komödie einen Eifersüchtigen, wobei das Spiel in Ernst umschlägt und die Zuschauer auf der Bühne zu Mitspielern werden, als Genesius, der in der Tat auf die Partnerin aus seiner Truppe eifersüchtig ist, aus einer gespielten eine richtige Entführung macht. Als Genesius dem Diocletian einen der verachteten christlichen Märtyrer vorspielen soll, wird mitten in der Probe abermals aus dem Spiel Ernst — heiliger Ernst: Genesius, vom Glauben ergriffen, wird das, was er spielt: ein Christ. Er stirbt als Märtyrer. — Das barocke Grundthema, daß alles nur Schein sei, wird zunächst in der raschen Auslöschung der Caesaren vorgeführt: die Geschwindigkeit, mit der sie über die Grenze zum Jenseits gebracht werden, lassen diesen Grenzübertritt zum Tode wie eine Art Spiel erscheinen. Dann wird das Thema für seine Umkehr vorbereitet: der als Schauspieler nur scheinbar eifersüchtige Genesius ist als Mensch wahrhaftig eifersüchtig — Schein und Sein sind hier bei ihm das gleiche. Schließlich die Umkehr des Themas: der Schein des Märtyrers, den Genesius spielt, schlägt in das Sein des Glaubens um: Genesius wird wahrhaft zum Märtyrer. Die Verdoppelung des Scheins durch den Schauspieler, der — Theater auf dem Theater — den Märtyrer spielt und dabei zum Märtyrer wird, führt zum Sein in Gott: aus dem Spieler auf dem Theater des Caesars, dem Spieler in einer Scheinwelt, wird der Spieler auf dem Welttheater Gottes, das keine Scheinwelt mehr, sondern im Martyrium die wahre Wirklichkeit ist. (Die erste Aufführung dieses Legendenspiels in Deutschland war erst 1954: Deutsches Schauspielhaus, Hamburg; Regie: Heinrich Koch.)

Historische Schauspiele von Lope de Vega haben sich die deutschen Bühnen auf die Dauer nicht erobern können, obwohl sie ungemein interessante Themen behandeln. *König Wamba* (El rey Bamba): der durch die Mauren herbeigeführte Untergang des Gotenreiches in Spanien. — *Der erste Fajardo* (El primer Faxardo): der Zusammenprall des Christentums mit dem Islam im südspanischen Königreich Murcia. — *Demetrius* (El gran duque de Moscoria): die Ermordung des Zarensohnes ist mit der Demetriusfabel kombiniert, und dem Demetrius wird ein spanischer Diener beigegeben; ein Vorläufer von Schillers Demetrius-Fragment. — *Die Jüdin von Toledo* (La judía de Toledo) und *König Ottokar von Böhmen* (La imperial de Oton) sind zwei Stücke, die Grillparzer zu eigenen Dramen angeregt haben.

Columbus, auch: ›Die Neue Welt‹ (El nuevo mundo): das wichtige Jahr 1492, mit der Vertreibung der letzten Mauren und der Entdeckung des

›neuen Indiens‹. Die Spanier — Columbus und der Geistliche der Expedition ausgenommen — sind hier nur hinter dem Gold und den Indianermädchen her. Im Gegensatz zur allegorischen Figur des ›Christlichen Glaubens‹ wendet sich die Allegorie der ›Abgötterei‹, unterstützt vom Teufel, gegen die Entdeckung Amerikas — selbstverständlich vergebens: Columbus pflanzt das Kreuz in der Neuen Welt auf, das von den Indianern schon verehrt wird, bevor sie noch christianisiert sind. Die vom Teufel in Gestalt eines Indianers aufgewiegelten Häuptlinge werfen das Kreuz ins Meer, doch unter Musik erhebt sich ein Kreuz an der gleichen Stelle, welches göttliche Wunder die Indianer bekehrt. Die Indianer sprechen zwar spanisch, verstehen die Spanier aber trotzdem nur bruchstückhaft, woraus Lope ebenso komische Wirkungen zieht wie aus dem Zusammenprall der Eingeborenen mit zivilisatorischen Erfindungen: so muß beispielsweise ein Indianer glauben, ein Brief könne Menschen beobachten und ihre Taten dem Empfänger erzählen. Gleich sechs Teufel bekennen schließlich ihre Niederlage, und am Schluß wird Columbus in Barcelona von den katholischen Königen wie ein zweiter Christus gefeiert, der im okzidentalen Indien unzählige Seelen erlöst hat. Das Stück schließt mit der Taufe der von Columbus nach Spanien gebrachten Indianer. Gottes und Spaniens Glorie, unlösbar miteinander verbunden, werden auf die gläubigste und amüsanteste Weise gefeiert — derart naiv, daß bei einer heutigen Aufführung auch der religiöse Ernst zur Farce werden müßte. Immerhin stellt Grillparzer zu diesem Stück fest: »... es zeigt sich, daß er (Lope) die schändliche, ja für Spanien schädliche Kehrseite dieser Entdeckung einer neuen Welt vollkommen eingesehen hat. Durch diese Einsicht in die Vorurteile seiner Zeit unterscheidet er sich wesentlich von Calderon, der ihm an Verständigkeit der Anordnung und Festhalten einer Grundidee himmelweit überlegen, dagegen aber von jenen Vorurteilen so befangen ist, daß ihm auch nicht der geringste Zweifel dagegen einfällt. So wie Lope in früheren Stücken die Galanterie, den absurden Ehrbegriff und die blinde Untertänigkeit seiner Zeit leise verspottet hat, so entgehen ihm auch hier die üblen Folgen der Goldvermehrung für Spanien nicht: das Vaterland wird sich entvölkern, böse Kriege werden entstehen, das Gold, trotz seiner Vermehrung, wird sich verstecken und endlich fehlen.«

Tirso de Molina: der Mönch, der die Frauen kannte

Wann er in Madrid geboren wurde, weiß man nicht genau: 1571, 1572 oder erst 1583. So kann man auch nicht wissen, ob er als Jüngling, siebzehnjährig, oder erst als beinahe dreißigjähriger junger Mann Mönch und Dramatiker geworden ist. Dies nämlich geschah im gleichen Jahr: 1600 trat Gabriel

PARTE
TERCERA DE
LAS COMEDIAS DEL
MAESTRO TIRSO
DE MOLINA.

RECOGIDAS POR DON FRANCISCO LV-
cas de Auila, ſobrino del Autor.

A DON IVLIO MONTI CAVALLERO MILANES.

$7^{0\frac{1}{2}}$

Año   1634.

D·L·ESCVERES

CON LICENCIA, ı$

Impreſſo en Tortoſa, en la Imprenta de Franciſco Martorell, año 1634.
A coſta de Pedro Eſcuer mercader de Libros de Zaragoça.

Tirso de Molina: Titelseite des dritten Teils der Erstausgabe seiner Komödien, 1634

Téllez in den Orden der Mercedarier ein und begann unter dem Namen Tirso de Molina Stücke zu schreiben. Vermutlich dramatisierte er, ehe er sich die öffentlichen Bühnen eroberte, geistliche Stoffe für seine Klosterbrüder. Ihm hat Lope de Vega sein Stück ›Schein ist Sein‹ gewidmet, in dem der römische Schauspieler Genesius, während er einen christlichen Märtyrer auf der Bühne spielt, zum Christen und Märtyrer wird (siehe Seite 110).

Der Orden der Mercedarier, gestiftet zu Beginn des 13. Jahrhunderts, bekannte sich zur Augustiner-Regel und hatte die Aufgabe übernommen, in aller Welt zu missionieren und die Christen aus der heidnischen Sklaverei zu befreien. Tirso de Molina schrieb die Geschichte dieses Ordens; sie ist vermutlich verlorengegangen. Von 1616 bis 1618 missionierte und predigte er im Auftrag des Ordens in Santo Domingo auf Haiti. In dem Mercedarierkloster der altkastilischen Stadt Soria verbrachte er als Comendador und Superior seine beiden letzten Lebensjahre; er starb dort am 2. März 1648.

Sein dramatisches Hauptwerk, etwa drei- bis vierhundert Stücke, schrieb er zwischen 1600 und 1626. Rund 85 Stücke sind davon erhalten, darunter vier Fronleichnamsspiele. Nur einen Bruchteil seiner Stücke ließ er drucken und schrieb in den letzten zwanzig Jahren seines Lebens nichts Nennenswertes mehr für die Bühne. Möglicherweise haben ihn die »neidischen Stürme und Verfolgungen«, von denen er in einem Vorwort zu seinen gedruckten Komödien berichtet, zu diesem Verzicht gezwungen. Bei seinem Tode war er als Dramatiker vergessen.

Tirso de Molina ging bei der Konstruktion seiner Stücke mit der Wahrscheinlichkeit der Handlung sehr großzügig um. Er verließ sich auf die Kraft des Theaters, das auch den unwahrscheinlichsten Vorgang glaubhaft machen kann, und er vertraute dem behenden Witz, der guten Laune, dem spaßigen Charme seiner Dialoge und dem Glanz seiner Sprache. Er gehört zu den virtuosesten Wortspielern und Vers-Akrobaten der Weltliteratur.

Die Triebfeder seiner Komödien sind meist eifersüchtige und gewitzte Damen. Von ihnen gehen Tempo, Initiative und die Intrigen aus. Die Männer sind dagegen kaum mehr als Objekte weiblicher Aktivität. Die bei einem Autor, der schon in jungen Jahren Mönch geworden ist, verblüffende Kenntnis der weiblichen Natur, ihrer äußeren Reaktionen wie ihrer geheimsten seelischen Regungen, hat man damit erklärt, daß der Bruder Gabriel Téllez im Beichtstuhl manches gehört hat, was dem Dramatiker Tirso de Molina zugute gekommen ist.

Zwei seiner Stücke sind noch heute wichtig: ›Don Gil von den grünen Hosen‹, weil es immer wieder gespielt wird, und ›Der Verführer von Sevilla oder Der steinerne Gast‹, weil es die Figur des Don Juan, die zu einem späten europäischen Mythos geworden ist, zum erstenmal auf die Bühne bringt.

Meinungen: »Über alles liebt Tirso die außergewöhnlichen Kerle, die Käuze und Sonderlinge, Pechvögel und Glückskinder, Außenseiter und Einzelgänger, die Unentwegten und Hintergründigen und, was er am besten kennt, das hintergründige Wesen der Mädchen und Frauen. Neben diesem Sinn für den Einzelmenschen tritt das, was bei Lope de Vega so bunt und lebendig war, einigermaßen zurück: das Nationale und Landschaftliche, die Umwelt und Gemeinschaft«: Karl Voßler. — »War Lopes Komödie Fluchtraum — Tirso de Molinas Komödien sind Spiel an sich«: Heinz Kindermann.

Don Gil von den grünen Hosen (Don Gil de las calzas verdes). Komödie in drei Akten. 1617. — Deutsche Fassungen von Johannes von Guenther und von Hans Schlegel. — Don Martin hat in Valladolid Doña Juana die Ehe versprochen, hat sie verführt und sitzenlassen, um auf Wunsch seines Vaters in Madrid die reiche Doña Ines zu heiraten. Damit die verlassene Juana seine Spur nicht finde, soll sich Martin, ausgerüstet mit einem entsprechenden Brief seines Vaters, um Ines unter dem Namen Don Gil bewerben: Martin sei anderweitig verlobt, Don Gil sei sein Ersatz. Doña Juana aber folgt in Männerkleidung ihrem treulosen Martin nach Madrid und stellt sich im Park, wo sich Martin mit Ines treffen soll, noch bevor Martin erscheint, Doña Ines als der erwartete Don Gil vor. Prompt verliebt sich Ines in den vermeintlichen Don Gil und weist den später eintreffenden — ebenfalls vermeintlichen — Don Gil des Don Martin zurück. Sie schwärmt nur von ihrem ›Don Gil von den grünen Hosen‹. Juana begnügt sich nicht mit der Verkleidung als Don Gil — verkleidet als Doña Elvira, erzählt sie Ines, sie reise ihrem treulosen Geliebten nach: eben jenem (von Don Martin vorgetäuschten) Don Gil. Da Juana inzwischen Martin die falsche Nachricht zugespielt hat, sie sei in ein Kloster gegangen, um dort ein Kind von ihm zu erwarten, und schließlich gestorben, glaubt Martin, Don Gil sei der rächende Geist Juanas. Nicht genug mit den beiden falschen Don Gils, platzen nach unbeschreiblichen Komplikationen in einer Nachtszene unter dem Balkon der Doña Ines, die nicht sicher ist, ob Don Gil kommen wird, gleich vier grünbehoste Don Gils aufeinander: Martin, Juana (die sich rasch vom Balkon der Ines geschlichen hat), Doña Clara, eine Freundin der Ines, die sich ebenfalls in den ›Don Gil von den grünen Hosen‹ verliebt hat, und Don Juan, der Ines seit langem liebt. Aus ihrem Streit, aus ihren Beschimpfungen und Verleumdungen aus Liebe und Eifersucht ergeben sich nicht weniger als drei Paare: Juana und Martin, Ines und Juan, und auch für Clara findet sich ein Herr. — Eine völlig unpsychologische Komödie, in der die Charaktere, sofern man die Personen überhaupt so nennen darf, immer wieder für die jeweilige Situation und endlich für den glücklichen Ausgang zurechtgebogen werden. Das Vexierspiel der Verklei-

Tirso de Molina: Don Gil von den grünen Hosen. Bühnenbildentwurf von Otto Reigbert für Otto Falckenberg, den Leiter der Münchner Kammerspiele von 1916 bis 1944

dungen scheint nicht mehr zu überbieten: Doña Juana spielt nicht nur ihre eigene Rolle und die männliche Rolle des Don Gil, sie spielt daneben ein anderes Mädchen, die Doña Elvira, und das Mädchen Elvira, das den Don Gil spielt. Dieser vierfachen Aufspaltung einer Person entspricht der vierfach auftretende Don Gil, dessen Gestalt aus den verschiedenartigsten Gründen angenommen wird und der in Wahrheit überhaupt nicht existiert — die Ausgeburt eines in seiner Liebe verletzten Mädchens. Die barocke Lust an der perspektivischen Täuschung, an der Vortäuschung des Seins durch den Schein, tobt sich hier in der Verkleidung der Verkleideten, im Briefwechsel zwischen erfundenen Personen aus, bis sich der Schein als Schein enthüllt und auf dem Theater als bloßes Theaterrequisit, als ein Kostüm, erkannt ist — als ein Theaterrequisit freilich, durch dessen Hilfe jedem Mitspieler seine künftige richtige Rolle mit dem richtigen Partner zugewiesen wird. Der Erfolg des Stückes hängt ganz ab von einem überragenden Talent für eine Hosenrolle, vom Einfallsreichtum des Regisseurs, von seinem komödiantischen Elan und seinem Formgefühl, vom Tempo und von der Genauigkeit der scheinbaren Improvisationen aller Mitspieler.

Meinungen: »Tohuwabohu, Wirrwarr — auch dieses Spanierstück war nur eins von vielen der Gattung; aber zugleich sieht es aus, als ob's ein Gipfel wäre der alten Gattung. Ich dachte: wieviel Sittenschliff steckt in solcher Kennergewitztheit; und wieviel Herkommen in solchem Sittenschliff. Und wie muß ein Land kunstdurchtränkt sein (nicht zugleich geniedurchtränkt), wenn ein einziger Mensch dreihundert solcher Stücke schreiben kann; im Nebenamt! Brauchbare Stücke! Solche Künstler sind Endnummern, Abschließer; die letzten Steine für den ganzen Bau«: Alfred Kerr. — »Ein Quidproquo, ein Quodlibet, das sinnlos anmuten würde, wenn nicht eine sehr leichte Hand des Dichters dies alles in eine höhere Heiterkeit der Verwirrungen des Daseins heben würde«: Emil Belzner.

Der Verführer von Sevilla oder Der steinerne Gast (El burlador de Sevilla y Convidado de Piedra). Stück in drei Akten. 1617.—Der Stoff ist nach Tirso so oft benutzt worden, daß er hier ausführlicher skizziert sei.

Don Juan Tenorio, Sproß einer berühmten Familie, verführt im nächtlichen Königspalast von Neapel die Herzogin Isabella; er hat sich dabei für ihren Verlobten, den Herzog Octavio, ausgegeben. Als Isabella — zu spät — den Betrug bemerkt, wird Don Juan von den Wachen des Königs festgenommen und dem kastilischen Gesandten übergeben: seinem Onkel Don Pedro Tenorio. Onkel Pedro läßt ihn über den Balkon entfliehen und meldet dem König, Isabella glaube, Octavio habe sich bei ihr eingeschlichen. Der König beauftragt den Onkel, Octavio zu verhaften, damit er Isabella heirate. Der Onkel belügt Octavio, ein Unbekannter sei bei Isabella gewesen, und läßt ihn ebenfalls entfliehen.

Don Juan wird nach einem Schiffbruch von seinem Diener Catalinon bei Tarragona an Land getragen. Die männerscheue Fischerin Tisbea bewirtet ihn. Don Juan verspricht ihr die Ehe, verführt sie und flieht samt Diener auf Pferden, die er Tisbea gestohlen hat. Entehrt, ist Tisbea dem Wahnsinn nahe.

Der König von Kastilien, Alfonso XI., hatte die Absicht, Don Juan mit Doña Anna zu vermählen, der Tochter des verdienten Großkomturs Don Gonzalo de Ulloa. Vom Vater Don Juans, von Don Diego Tenorio, seinem Oberkammerherrn, erfährt der König jedoch, daß Don Juan in Neapel Isabella entehrt hat und sich jetzt hier in Sevilla aufhält. Der König verbannt Don Juan nach Lebrija und verlangt, daß er Isabella heirate. Dem Herzog Octavio, der sich ihm in Sevilla zu Füßen wirft, verspricht der König die Ehe mit Doña Anna, der Tochter des Großkomturs.

Auf der Straße begegnet Don Juan seinem alten Freund, dem Marqués de la Mota, der von Doña Anna geliebt wird. Eine Zofe Annas übergibt Don Juan einen Brief ihrer Herrin an den Marqués. Don Juan liest ihn und erfährt, daß Doña Anna, die mit ihrer vom König bestimmten Verlobung nicht einverstanden ist, den Marqués um 11 Uhr nachts in einem roten Mantel erwartet. Don Juan, entschlossen, die Gelegenheit auszunutzen, erzählt dem Marqués, er solle um Mitternacht zu Doña Anna kommen. Der Marqués, der sich bis Mitternacht die Zeit vertreiben will, gibt Don Juan seinen roten Mantel, damit er an seiner Statt eine Frau namens Beatriz besuchen kann, was er für einen kapitalen Spaß hält. Inzwischen will er selbst ins Bordell. Don Juan dringt mit dem Mantel des Marqués bei Doña Anna ein. Sie erkennt, daß er nicht der Marqués ist und ruft um Hilfe. Don Juan ersticht ihren herbeieilenden Vater, den Großkomtur. Dem Marqués de la Mota erzählt Don Juan, bei der Fopperei mit Beatriz habe es einen Toten gegeben, und entflieht. Der Marqués wird vom Vater Don Juans verhaftet und vom König zum Tode verurteilt.

Unterwegs zu seinem Verbannungsort Lebrija kommt Don Juan im Dorf Dos-Hermanas zur Hochzeit des Bauernmädchens Aminta mit Patricio zurecht. Don Juan belügt Patricio, er habe seine Braut Aminta schon früher besessen, worauf der in seiner Ehre verletzte Patricio auf Aminta verzichtet. Dem Vater Amintas verspricht Don Juan, er werde seine Tochter heiraten. Er schwört ihr, wenn er sein Wort breche, bitte er Gott um seinen Tod, und leise fügt er für sich hinzu: »Von eines Toten Hand. Gott verhüte, daß mich ein Lebend'ger töte.«

Am Strand bei Tarragona begegnet die Herzogin Isabella, die von Neapel kommt, damit Don Juan sie, auf des Königs Befehl, heirate, der Fischerin Tisbea und erfährt, daß auch sie von Don Juan betrogen ist.

In der Kirche von Sevilla lädt Don Juan am Grabmal des von ihm erstochenen Großkomturs das Standbild des Toten zum Essen in seine Wohnung ein. Zum Entsetzen des Dieners Catalinon erscheint die Statue zum Nachtmahl. Furchtlos nimmt Don Juan die Gegeneinladung des steinernen Gastes an, am nächsten Abend zu ihm in die Gruftkapelle zum Essen zu kommen. Als das Standbild des Großkomturs gegangen ist, wird Don Juan doch vom Entsetzen gepackt, ist aber entschlossen, Sevilla seinen Mut zu beweisen. Der König will Don Juan verzeihen und ihn mit Isabella verheiraten. Der Marqués de la Mota soll am gleichen Tage Doña Anna heiraten. Don Juan, dem die Ehre gebietet, sein der Statue gegebenes Versprechen zu halten, geht in die Kapelle, wo ihm der Großkomtur Skorpione, Vipern und Krallen zum Nachtmahl vorsetzt. Als es der Komtur verlangt, reicht ihm Don Juan die Hand und spürt das Feuer der Hölle — er beteuert, daß er Doña Anna nicht angerührt hat, doch muß er für die böse Absicht sterben — nach dem Willen Gottes durch die Hand eines Toten. Das Grabmal versinkt mit dem Komtur und Don Juan in der Tiefe.

Die Fischerin Tisbea und die Bäuerin Aminta erscheinen bei Hofe und verlangen, daß Don Juan ihre Ehre wiederherstellte· Der Marqués wird, als

Der steinerne Gast, herausgefordert von Don Juan — eine Szene von Tirso de Molina. Gemälde von Francisco Goya (1746–1828)

von Don Juan betrogen, rehabilitiert. Don Juans Diener Catalinon berichtet vom Ende seines Herrn in der Kapelle, und der König vereinigt drei Paare, die von Don Juan getrennt worden sind: Isabella mit Octavio, Anna mit dem Marqués und Aminta mit Patricio. Von Tisbea ist nicht mehr die Rede.

Tirso de Molinas Don Juan, dessen Rohstoff er in der Sage, in Chroniken und auf der Jesuitenbühne gefunden hat, ist ein triebhafter Abenteurer, ein sexueller Vielfraß, ein Freibeuter des Brautbettes. Der Begriff ›Liebe‹ kommt in seinem Wörterbuch nicht vor — er sieht die Gelegenheit, ein Mädchen zu besitzen, und kann ihr nicht widerstehen. Dabei verläßt er sich keineswegs auf besondere Verführer-Eigenschaften — er verführt nicht, er betrügt. In zwei Fällen, bei der Herzogin Isabella und bei Doña Anna, der Tochter des Großkomturs, versucht er gar nicht erst, als er selbst zum Ziel zu gelangen, sondern gibt sich im Schutze der Nacht für einen anderen, für den erwarteten Geliebten aus: er führt die Liebe nicht herbei, er stiehlt sie. In den beiden andern Fällen, bei der Fischerin Tisbea und der Bäuerin Aminta, nutzt er seine soziale Stellung aus und verspricht als Edelmann diesen einfachen Mädchen, die sich durch sein Versprechen geehrt fühlen, die Ehe: auch hier führt er die Liebe nicht herbei, er erschleicht sie.

Wenn er mit dem Marqués de la Mota die Skandalchronik von Sevilla durchhechelt oder erwägt, mit dem Marqués das Portugiesenviertel zu besuchen, wo die Liebe käuflich ist, so scheint er — wie der Marqués — nicht mehr als ein sevillanischer Playboy, ein reicher Sohn aus gutem Hause, der sich die Zeit mit erotischen Abenteuern vertreibt. Doch die Lust am Betrug ist bei ihm größer als die Lust an der Erotik. Die Frauen zu beschmutzen und ihnen die gesellschaftliche Voraussetzung für die Ehe, die Jungfräulichkeit, zu nehmen — das ist sein größtes Vergnügen. Er ist gemütsroh und absolut schamlos; ein ins Negative verkehrter Caballero, ein Raubritter der Unritterlichkeit: es scheint zu seinem Ehrenkodex zu gehören, sich den Frauen gegenüber unehrenhaft zu verhalten. Mit der Verachtung der weiblichen Ehre ist bei ihm das empfindlichste Ehrgefühl verbunden, sobald es sich um die männliche Welt handelt: Don Juan, der sein einer Frau gegebenes Wort, ohne zu zögern, jederzeit bricht, hält sein Wort, das er der Statue des Großkomturs gegeben hat; er gestattet es sich nicht, seiner Furcht nachzugeben, er folgt der Einladung in die Grabkammer, wobei es ihm darauf ankommt, daß Sevilla seinen Mut bewundert.

Doch ist er mutig? Ist er nicht vielmehr eitel und leichtfertig? Im gesellschaftlichen Bereich verläßt er sich darauf, daß er einer der großen Familien angehört und sein Vater als Oberkammerherr Einfluß beim König hat. Und in der Tat versucht der König und mit ihm die Gesellschaft alles, seine Untaten milde zu sühnen und ihm goldene Brücken zu bauen — Tirso de Mo-

lina macht sich da so wenig Illusionen, daß sein Bild der Gesellschaft ausgesprochen zynisch wirkt. Im religiösen Bereich verläßt sich Don Juan auf
die Langmut Gottes: der Tod und das Gericht scheinen ihm noch weit; ein
Wechsel, den man immer wieder prolongieren kann. Die Gesellschaft hat er
richtig eingeschätzt, falsch aber Gott. Er scheitert nicht an der Gesellschaft,
er scheitert an Gott. Bei Gott hat er geschworen, daß ihm sein Wortbruch
an Aminta den Tod bringen soll — mit der heimlichen Einschränkung »den
Tod durch eines Toten Hand«, womit er den Schwur zur Posse gemacht zu
haben glaubt. Aber der Schwur ist vor Gott keine Posse: die Hand eines
Toten, der Statue des Großkomturs, verbrennt ihn und zieht ihn in die Hölle.
Gott muß schon durch ein Wunder eingreifen, damit ein Don Juan Tenorio
bestraft wird.

Tirso de Molinas ›Verführer von Sevilla‹, der richtiger auch ›der Erzschelm
von Sevilla‹ und zu harmlos ›der große Herzensdieb von Spanien‹ genannt
wird, ist das Drama eines faszinierenden Monstrums. Seine Schauer werden
noch erhöht durch die aus Furcht kecken und witzigen Einwürfe, Kommentare und Repliken des Dieners Catalinon.

Tirsos ›Don Juan‹ ist kein dämonisches, kein psychologisches, kein gesell-
schaftskritisches, kein metaphysisches und kein religiöses Stück, und doch
scheinen alle Geheimnisse der Dämonie, der Psychologie, der Gesellschaftskritik, der Metaphysik und der Religion in ihm eingeschlossen. Dies hat die
Gestalt des Don Juan unsterblich gemacht: sie ist ein Kristallisationszentrum
für Deutungen und Umdeutungen, für die Lieblingsthemen künftiger Zeitalter, die sich am Modell des Don Juan — ähnlich wie an den Modellen der
griechischen Antike — dramatisch darstellen lassen.

Meinungen: »Mit bewundernswerter Enthaltsamkeit hat er (Tirso de
Molina) sich gehütet, seinen Don Juan ins Mythische und Dämonische zu
steigern, was doch so ein billiger naheliegender Effekt gewesen wäre. Er hat
es den italienischen und französischen Bearbeitern, den Librettisten und
Romantikern überlassen, einen Empörer, Gottesleugner, Freigeist oder gar
einen Heuchler oder, das ist das Neueste, einen unbewußt sexuell Invertier-
ten aus ihm zu machen. Nur sehr schnellebig, flink, sinnlich, tapfer, leicht-
füßig und hemmungslos an den Genuß des Augenblicks hingegeben, läßt er
ihn sein: ein gedankenloser Andalusier, ein Eintagsmensch, ein Blender, ins
Edelmännische erhoben, der keine Zeit hat, sich zu besinnen. Im Grund, bei
allem Glanz, der ihn umrauscht, bei allem Schneid, den er tatsächlich hat, eine
triebhafte, gemeine Natur«: Karl Voßler. — »Die Renaissance war weltfreu-
dig, man entdeckte die Heiterkeit einer galanten Skepsis. Aber die Reformation und Gegenreformation machten sich von neuem daran, die Eitelkeit des

Fleisches zu verwerfen. So kreierte der dichtende Mönch Tirso de Molina eine Art negativen Troubadour. Aus alten Sevillaner Chroniken hob er eine Warnfigur ans Licht: den Wüstling Don Juan Tenorio, der in gedankenlosem Schematismus — noch ohne irgendwelchen Höllenglanz von Dämonie — sich auf die Suche nach Rekorden macht«: Albert Schulze Vellinghausen.

Einige Neufassungen: ›Don Juan oder Der steinerne Gast‹ von Molière, 1665. — ›Don Giovanni ossia Il Convitato di pietra‹, Oper von Giuseppe Gazzaniga, Text von Giovanni Bertati, 1787, Vorbild für Abbate da Ponte, der das Textbuch für Mozarts ›Don Giovanni‹ schrieb, 1787. — ›Don Juan und Faust‹, Tragödie von Grabbe, 1829. — ›Don Juan Tenorio‹, religiöses Drama von José Zorrilla, 1844, ein Stück für den Allerseelentag über den bereuenden Don Juan. — ›Don Juan‹, dramatisch-episches Gedicht aus dem Nachlaß von Nikolaus Lenau, 1844. — ›Mensch und Übermensch‹, Komödie von Bernard Shaw, 1903. — ›Don Juan kommt aus dem Krieg‹, Schauspiel von Ödön von Horvath, 1935. — ›Don Juan oder Die Liebe zur Geometrie‹, Komödie von Max Frisch, 1953. — ›Ornifle‹ von Jean Anouilh, 1955.—›Don Juan‹ von Henry de Montherlant, 1958.

Calderon: Ritter, Kaplan, Hofdichter

> Dem König muß man Vermögen und Leben geben; aber die
> Ehre ist Eigentum der Seele, und die Seele gehört nur Gott.
> Calderon in seinem ›Richter von Zalamea‹.

Seinen vollständigen Namen muß man auf der Zunge zergehen lassen: Don Pedro Calderón de la Barca Barreda González de Henao Ruiz de Blasco y Riaño — eine Prozession von Vokalen, so klangvoll wie seine Verse. Er entstammt einer vornehmen Familie von Hofbeamten. Am 17. Januar 1600 wird er in Madrid geboren. Erzogen auf dem Jesuitenkollegium in Madrid, studiert er von seinem 15. bis zu seinem 19. Lebensjahr in Salamanca Rechtswissenschaften, Philosophie und Geschichte, nimmt als Zwanzigjähriger an einem Dichterwettstreit zur Seligsprechung des Heiligen Isidorus (San Isídro) teil und wird von Lope de Vega — mit dem dritten Preis — öffentlich ausgezeichnet. Er kämpft mit den spanischen Armeen in Oberitalien und Flandern. Breda, die Festung des Oraniers, fällt 1625, und Calderon schreibt über diesen spanischen Sieg, der, da die Festung als uneinnehmbar galt, eine europäische Sensation gewesen ist, sein Stück ›Die Belagerung von Breda‹, und nach diesem Stück, nicht nach Berichten — so behauptet der Theaterhistoriker Joseph Gregor —, habe Velazquez sein weltberühmtes Bild ›Die Übergabe von Breda‹ gemalt.

Calderon de la Barca (1600–1681), nach einem Stich von F. de Grado

Philipp IV. überträgt dem Fünfunddreißigjährigen die Leitung des Hoftheaters in Buen Retiro und nimmt ihn zwei Jahre später in den Ritterorden Santiago auf. Als Ordensritter fühlt sich Calderon verpflichtet, den königlichen Namen zu verteidigen, als in Katalanien ein Aufruhr ausbricht. Sein königlicher Gönner und wohl auch Freund will ihn nicht ins Feld ziehen

lassen und verlangt von ihm ein neues Festspiel für Buen Retiro, doch Calderon, der seine Ritterpflichten nicht minder ernst nimmt als das Theater,
schreibt das Spiel ›Kampf der Liebe und der Eifersucht‹ in einer Woche zu
Ende und geht dann zur Armee. »Bei Calderon«, vermerkt Eichendorff, »ist
die Liebe unbedingt der Ehre untertan, und die Ehre empfängt ihre Weihe
von der Religion, welche Calderons Liebe ist.«

Der einundfünfzigjährige Calderon wird nach schwerer Krankheit Priester;
Kaplan bei der königlichen Gruftkapelle in Toledo, schließlich 1663 in Madrid
Hofkaplan ehrenhalber, ohne seelsorgerische Amtspflichten, aber mit dem
Auftrag, jedes Jahr ein ›Auto‹, ein Fronleichnamsspiel, für die spanische
Hauptstadt zu schreiben. 37 Jahre lang wird das Fronleichnamsfest in Madrid
nur mit den ›Autos‹ von Calderon gefeiert. 73 dieser Stücke sind erhalten;
das bedeutendste, ›Das große Welttheater‹, wird 1675 zum erstenmal auf-
geführt.

Feiert der 38 Jahre ältere Lope de Vega seine größten Triumphe im
Volkstheater, auf der Bühne der ›Corrales‹, der von Häusern umschlossenen
Spielhöfe, so ist Calderon der Dichter des königlichen Hoftheaters. 108 Comedias sind von ihm erhalten. Die Aufführungen kann man sich nicht
prunkvoll genug vorstellen. Das Lustschloß von Buen Retiro diente mit
mehreren Sälen und Plätzen, samt einem Teich mit Insel, dem Theater.
Meister der Ausstattung, der Dekorationen und Maschinen, waren Cosimo
Lotti und, nach dessen Tod, Baccio del Bianco. Sie brachten die Neuheiten
der Renaissance- und der Frühbarock-Bühne aus Italien mit: Seitenkulissen,
Perspektivkünste und Apparate, die den Himmel mit ganzen Scharen fliegender Gottheiten bevölkern. Künste der Illusion, die sich doch zugleich als
künstliche Illusion offen darbietet: des Scheins, der darauf besteht, nur Schein
zu sein — das paßte genau zu den Themen Calderons.

Noch glanzvoller und raffinierter müssen die Freilichtaufführungen in
Buen Retiro und in Aranjuez gewesen sein, mit allen erdenklichen Licht- und
Wasserkünsten, mit Schiffbrüchen, Erdbeben, gewaltigen Gewittern, graziö-
sen Wasserfestzügen, Verwandlungen von Säulen in Menschen und von
Menschen in Säulen, Zaubervorstellungen einer christianisierten Antike.
(Wer mehr darüber wissen will, der lese ab Seite 92 nach.) Das Theater stellt
die Welt als Schein dar, und die ganze Welt wird von Gott selbst als Theater
betrachtet: die Menschen spielen ihr Leben, und nach ihrem Tod wird ihr
Spiel von Gott belohnt oder bestraft, denn den Menschen wird zwar eine
bestimmte Rolle zugewiesen, doch sind sie frei in ihren Entscheidungen —
Schauspieler, die mit ihrem irdischen Leben um die Ewigkeit spielen.

Mauren und Troubadours dichten mit, wenn Calderon dichtet. Seine
Sprache: Bilder von erlesener Kostbarkeit; spitzfindige Zwiegespräche; rhe-

torisches Höhen- und Brillantfeuerwerk — all dies hochstilisiert bis manieriert, einschließlich der Natur, deren Wesen bei Calderon von Max Kommerell vortrefflich charakterisiert wird: »Es ist nichts in dieser Natur aus Naturstoff, zumal die Körperlichkeit der besseren Leute nur durch einen Aufwand des seltensten Materials zustande kommt ...«

Calderon vereinigt in sich die Ideale seiner Zeit: er ist Ordensritter, Soldat seiner Katholischen Majestät, er ist Priester und Dichter geistlicher Spiele, und selbst seine weltlichen Spiele dienen, da sie im Dienste des Königs aufgeführt werden, dem Ruhme Gottes, dem sich der spanische König vollkommen verbunden fühlt. Die Zeit, die im Theater das Bild der ganzen Welt erkennt, findet im Theaterdichter Calderon ihren reinsten Ausdruck. Er ist, schlicht gesagt, der größte Dichter der katholischen Welt. Im Jahre 1665 stirbt Philipp IV.; sein Nachfolger Karl II. ist Calderon weniger gewogen. Der Dichter zieht sich vom weltlichen Leben zurück. Er stirbt am 25. Mai 1681. Eine ungeheure Menschenmenge folgt seinem Sarg. Sein Grab ist jetzt in der Madrider Kongregationskirche.

Goethe war eine Zeitlang von Calderon tief ergriffen und ließ den ›Standhaften Prinzen‹, ›Das Leben ein Traum‹ und ›Die große Zenobia‹ in Weimar aufführen; später stand er dem von den deutschen Romantikern über alle Maßen gefeierten Dichter kritischer gegenüber. In Düsseldorf wurde Calderon von Immermann aufgeführt, in Bamberg von E. T. A. Hoffmann, und in Wien wuchs er ins ständige Repertoire des Burgtheaters. August Wilhelm Schlegel und Johann Diederich Gries hatten ihn ins Deutsche übertragen. Unter dem Titel ›Geistliche Schauspiele‹ übersetzte Eichendorff ein Dutzend seiner Fronleichnamsspiele, darunter auch ›Das große Welttheater‹; Grillparzers Antwort auf Calderons ›Das Leben ein Traum‹ ist sein Stück ›Der Traum ein Leben‹. Hofmannsthals dichterische Antwort auf das gleiche Stück ist seine Tragödie ›Der Turm‹. Auch Ferdinand Raimunds ›Verschwender‹ ist ohne Calderons ›Leben ein Traum‹ nicht zu denken. Hofmannsthal ist mit seinem ›Großen Salzburger Welttheater‹, Paul Claudel ist mit seinem ›Seidenen Schuh‹ Calderon tief verpflichtet. Wilhelm von Scholz hat sich an »freien Nachschöpfungen« Calderons versucht. Max Kommerell hat ›Das Leben ein Traum‹ und ›Die Tochter der Luft‹ bearbeitet. Bühnengerechte Übertragungen liegen von Eugen Gürster vor. Dennoch sind nur wenige Stücke Calderons in das feste Repertoire der deutschen Bühnen eingegangen.

Meinungen: »Seine Stücke sind durchaus bretterrecht; es ist in ihnen kein Zug, der nicht für die beabsichtigte Wirkung kalkuliert wäre. Calderon ist dasjenige Genie, was zugleich den größten Verstand hatte«: Goethe zu Eckermann. — »Shakespeare reichte uns die volle reife Traube vom Stock;

wir mögen sie nun beliebig Beere für Beere genießen, sie auspressen, keltern, als Most, als gegorenen Wein kosten oder schlürfen, auf jede Weise sind wir erquickt. Bei Calderon dagegen ist dem Zuschauer, dessen Wahl und Wollen, nichts überlassen; wir empfangen abgezogenen, höchst rektifizierten Weingeist, mit manchen Spezereien geschärft, mit Süßigkeiten gemildert; wir müssen den Trank einnehmen, wie er ist, als schmackhaftes köstliches Reizmittel, oder ihn abweisen«: Goethe. — »Wie manchen Fehlgriff hätten Goethe und ich uns ersparen können, wenn wir den Calderon früher gekannt hätten«: Schiller zu dem Calderon-Übersetzer J. D. Gries. — »Calderon und Lope de Vega sprechen in Bildern. Aber Calderon ist bilderreich und Lope de Vega ist bildlich. Calderon schmückt seinen Dialog mit ausgesponnenen und prächtigen Vergleichungen. Lope de Vega vergleicht nichts, sondern beinahe jeder seiner Ausdrücke hat eine sinnliche Gewalt und das Bild ist nicht eine Ausschmückung, sondern die Sache selbst. — Lope de Vega geht aber von der natürlichen Empfindungsweise des Spaniers zu jeder Zeit aus; Calderon nimmt die künstliche Verbildung seiner Zeit zum Ausgangspunkte. — Calderon großartiger Manierist, Lope Naturmaler«: Grillparzer. — »Calderons Natur ist verfallen. Freiheit hat der Mensch nicht, sofern er als Naturwesen ihr angehört, sondern sofern er sich über sie erhebt und mit Gott verbündet. Das Weltall ist Schicksal. Seine andere Eigenschaft ist Pracht — bis in seinen kleinsten Teil, den der Dichter vorzeigt. Er ist die Hand, die lauter Kleinodien emporhält«: Max Kommerell. — »Wär' ich Nietzsche, der einen Teil seines Erdengangs mit der Ersinnung von Kalauern verbrachte (Schule Richard Wagner), ich äußerte: das Wesen Calderons ist die Ethik-ette . . .«: Alfred Kerr. — »Der Vorzug, ein katholischer Christ zu sein, wird nie so glücklich und so zwingend klar, wie wenn man vor Calderons Theater sitzt. Die Protestanten im Parkett denken den ganzen Abend an Shakespeare«: Walther Kiaulehn. — »Das spanische Theater ist ein Theater der Form, und zwar einer Form, die vor den Personen da ist. Der Mensch Calderons schafft nicht, wie der Mensch Shakespeares, die Form aus seinem Charakter, sondern er wird in die Form hineingeboren. Er ist bedingt durch die Gesetze der Sitte, der Gesellschaft, des Glaubens. Die Sitte verpflichtet ihn auf das Gebot der Ehre, die Gesellschaft zum Dienst für den König, der Glaube zur Treue gegenüber der Kirche. Wenn Calderons Helden uns ergreifen oder entzücken, ist es deshalb, weil ihr Adel, ihre Leidenschaft, ihre Kühnheit, ihre Weisheit, ihr Witz durch die Form hindurchstrahlen. Sie gebären die Form nicht, sie durchleuchten sie. Der Zauber Calderons beruht darin, wie er eine feststehende Theaterform durch den Reichtum seines Geistes variiert. Sitte, Gesellschaft und Glaube liefern auch die Stoffe der Calderonschen Dichtung«: K. H. Ruppel. (Siehe auch Meinungen zu Lope de Vega, Seite 102.)

Dame Kobold (La dama duende). Komödie in drei Akten. Uraufgeführt um 1629 in Madrid. — Wörtlich zu nehmender Drehpunkt des Stückes ist ein (wohl von Tirso de Molina erfundener und von späteren Autoren oft nachgeahmter) drehbarer Wandschrank zwischen zwei Zimmern. In dem einen Zimmer wohnt Doña Angela, eine übermütige, lebenssprühende Witwe, die von Don Juan und Don Luis, ihren sittenstrengen Brüdern, bewacht wird und das Geheimnis des Schrankes kennt; im andern Zimmer wohnt ein Freund ihrer Brüder, Don Manuel, der vom drehbaren Schrank nichts weiß. Angela betritt mit ihrer Dienerin Isabel durch den Schrank immer wieder Manuels Zimmer und treibt dort den verwirrendsten Unfug: durch Briefchen unter seinem Kopfkissen erweckt sie in Manuel den Verdacht, eine Geliebte des Don Luis werde im Haus verborgen und bitte um Manuels Hilfe. Mit knapper Not entgeht Angela, abermals mit Hilfe des Schrankes, der Entdeckung, als Manuel einmal unverhofft in sein Zimmer zurückkehrt. Manuel kann sich die ihm unerklärlichen Vorfälle nur durch einen übernatürlichen Kobold erklären, an den sein ängstlicher und abergläubischer Diener Cosme von Anfang an glaubt. Als es Angela gelingt, Manuel auf Umwegen in ihr Zimmer zu locken, wird das Geheimnis des Schrankes gelüftet, und Don Luis, der Manuel unehrenhafter Absichten verdächtigt, fordert Manuel zum Duell — doch Manuel bittet die Brüder um die Hand Angelas.

Hinweise: Calderons berühmtestes und erfolgreichstes Mantel- und Degenstück. Das Übernatürliche, in den geistlichen Spielen Calderons ein geglaubtes Wunder und in seinen mythologisch-antikisierenden Festspielen Zauberei und Magie, ist hier, im rein gesellschaftlichen Spiel, ein von der Heldin angewendeter und vom Publikum durchschauter Trick, der nur vom Liebhaber, wenn auch widerstrebend, und von seinem Diener für übernatürlich gehalten wird. Dieses Mißverhältnis zwischen dem Wunderglauben und dem als Drehtürtrick entlarvten Wunder erzeugt eine Komik, die Calderon in allen denkbaren Varianten auskostet. Wie er die temperamentvolle, ihr listenreiches Spiel genießende Angela mit Manuel zusammenführt, einem dem Don Quijote entfernt verwandten Ritter, der doch bei aller Lächerlichkeit der Situationen, in die er gerät, Ritter genug bleibt, um für Angela ein angemessener Partner zu werden; wie er die frische Schalkhaftigkeit der Zofe Isabel gegen den einfältigen Gespensterglauben des Dieners Cosme setzt, der gleichwohl wie Sancho Pansa auf seinen Herrn abgestimmt ist; wie er auch die beiden ehrenstrengen Brüder durch parodistische Züge in das Spielwerk seiner Typenkomik einbezieht — das ist, gespeist von einer glanzvollen Rhetorik, von einer Virtuosität der Form, die immer wieder entzückt, falls sie von der Bühne erfüllt wird. So sicher die Wirkung des Stückes bei der Lektüre erscheint, so sicher geht sie in Langeweile unter, wenn es nur durchschnittlich, sogar wenn es nur überdurchschnittlich aufgeführt wird. Charaktere und psychologische Atmosphäre werden hier nicht verlangt, wohl aber schauspielerische Artistik in Vollendung. — Bearbeitungen: Hugo von Hofmannsthal, 1920. — Oper von Felix Weingartner, 1916.

Der standhafte Prinz (El principe constante). Vermutlich geschrieben zwischen 1629 und 1636. Übersetzungen von Eckart Peterich und Eugen Gürster. — Die Portugiesen haben den Mauren die Stadt Ceuta entrissen und rücken um 1440 unter dem Kommando der Prinzen Fernando und Enrique gegen Tanger vor, wo der König von Fez seine Streitkräfte sammelt. Fernando nimmt den Neffen des Königs, den Feldherrn Muley, gefangen und schenkt ihm Leben und Freiheit, als Muley ihm erzählt, daß er die Prinzessin Phönix liebt, die ihr Vater, der König von Fez, mit Tarudante, dem König von Marokko, verheiraten will. Tarudante und der König von Fez schlagen vereinigt die Portugiesen; Fernando und Enrique werden gefangen. Der König schickt Enrique nach Lissabon mit einer Botschaft an Eduard, den König von Portugal: er sei bereit, den Prinzen Fernando gegen die Stadt Ceuta auszutauschen. Fernando wird inzwischen ehrenhaft behandelt, bis Enrique mit der Nachricht eintrifft, daß König Eduard von Portugal gestorben ist und in seinem Testament den Austausch verfügt hat, und nun zerreißt Fernando vor den Augen des Königs von Fez das Dokument, um zu verhindern, daß Ceuta wieder maurisch und die Christen in der Stadt mohammedanisch werden. Fernando wird jetzt wie ein Sklave gehalten und bleibt standhaft trotz Mißhandlungen, Hunger und einer ekelerregenden Krankheit; mit faulenden Lumpen bekleidet, siecht er dahin. Ein Befreiungsversuch Muleys zerschlägt sich. Vergebens bitten Muley und Prinzessin Phönix, die Fernando in einer scheuen Liebe zugetan ist, für die Gefangenen. Der König von Fez liefert Fernando auch gegen Gold nicht aus, er fordert Ceuta. Fernando stirbt im Gefängnis. Alfonso, der neue König von Portugal, und Enrique landen mit einem Heer in Tanger, und der tote Fernando zeigt ihnen, eine verklärte Erscheinung in der Tracht der Ordensritter von Avis, mit der Fackel in der Hand den Weg zum Sieg. Die Portugiesen nehmen Tarudante, den König von Marokko, Prinzessin Phönix und Muley gefangen und tauschen sie gegen den toten Prinzen aus. Alfonso erwirkt vom König von Fez, daß er nach dem Wunsche des Toten seine Tochter Phönix mit Muley vermählt. Fernandos Leichnam wird als Märtyrer-Reliquie nach Portugal gebracht.

Hinweise: Dieses historisch-geistliche Drama verklärt in seiner vollkommenen Verschmelzung von Politik und Religion, von Patriotismus und

Katholizismus, den ungebrochenen Glaubenshelden, der, kraft seiner nie
angezweifelten Bindung an Gott, seine Freiheit und sein Leben opfert für
das Christentum in einer maurischen Stadt — ein Romane, dessen Stolz bis
an die Grenzen des Hochmuts und der Selbsterniedrigung geht, und ein
innerlich freier, männlicher Christ in der Unfreiheit der Sklaverei, ein über
den Islam siegender Märtyrer noch in seinem Tode. Die Außergewöhnlich-
keit Fernandos wird durch eine Neben- und Kontrastfigur gesteigert, durch
den portugiesischen Soldaten Brito, der alles tut, um sein Leben zu erhalten
— dafür stellt er sich in der Schlacht sogar tot und kämpft erst, als es um
sein eigenes Dasein geht. Das Stück, ein gewaltiges rhetorisches Fresko, ist,
schnöde ausgedrückt, Propaganda für den religiös fundierten, imperialisti-
schen Feudalstaat. Es ist ungemein edel und langweilig, da, bis auf wenige
Szenen, höchst undramatisch. Wegen seiner Glaubensinbrunst und der Poesie
seiner Verse wurde es von den deutschen Romantikern, einschließlich Eichendorff und Richard Wagner, über alles Maß geliebt. Goethe, als er es 1807
bei Johanna Schopenhauer vorlas, konnte bei der Geistererscheinung des
toten Prinzen vor Ergriffenheit nicht weiterlesen. In einem Brief an Schiller
schrieb er: »Ich möchte sagen, wenn die Poesie ganz von der Welt verloren-
ginge, so könnte man sie aus diesem Stück wiederherstellen.« 1811 vermerkte
er in seinen ›Annalen‹: »Der standhafte Prinz ward mit allgemeinem Beifall
aufgeführt und so der Bühne eine ganz neue Provinz erobert.« Zu Eckermann
äußerte er sich später skeptischer und gestand ihm, wie schwierig es auf dem
Theater gewesen sei, den ›Standhaften Prinzen‹ beim »Publikum einzu-
schwärzen«.

Das Leben ein Traum (La vida es sueño). Schauspiel in drei Akten. Uraufge-
führt 1635 in Madrid.
Wer? Basilius, König von Polen. Sigismund, sein Sohn. Astolf, Herzog
von Moskau, Neffe des Königs. Estrella, Nichte des Königs. Clotald, Sigismunds Wächter und Erzieher. Rosaura, illegitime Tochter Clotalds. Clarin,
Rosauras Diener. Wachen. Soldaten. Musiker. Gefolge. Volk.
Wann und wo? Mittelalter. Polen. Im Wald und am königlichen Hof.
Was? Vorgeschichte: König Basilius ist angeblich kinderlos. Um seinen
Thron streiten sich sein Neffe Astolf und seine Nichte Estrella. Der Streit
wird gegenstandslos, als Astolf um Estrella wirbt. Astolf liebt jedoch insgeheim die illegitime Tochter einer Moskauer Hofdame, Rosaura, die er einst
besessen und dann verlassen hat. Der Thron des Königs Basilius steht eigentlich seinem Sohn Sigismund zu. Basilius jedoch hat Sigismund sofort nach
seiner Geburt in einen Turm im Wald bringen lassen, da ihm die Sterne
prophezeit haben, Sigismund werde zu einem gewalttätigen Tyrannen, vor

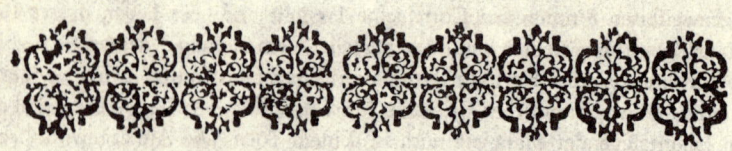

COMEDIA FAMOSA.

LA VIDA ES SVEÑO,

De D. Pedro Calderon de la Barca.

Perſonas que hablan en ella.

Roſaura Dama.	Eſtrella Infanta.	Baſilio Rey.
Segiſmundo Principe.	Soldados.	Aſtolfo Principe.
Cloteldo viejo.	Clarin Gracioſo.	Guardas. Muſicos.

Sale en lo alto de vn monte Roſaura, en abito de hombre, de camino,
y en repreſentando los primeros verſos
và baxando.

Roſ. Hipogrifo violento,
que corriſte parejas con el viento,
donde rayo ſin llama,
paxaro ſin matiz, peſin eſcama,
y bruto ſin inſtinto
natural, al confuſo laberinto
de ſus deſnudas peñas
te desbocas, te arraſtras, y deſpeñas,
quedate en eſte monte,
donde tengan los brutos ſu Factonte,
que yo ſin mas camino,
que el que me dan las leyes del deſtino,
ciega, y deſeſperada
baxarè la cabeça enmarañada
deſte monte eminente,
que abraſa al Sol el ceño de la frente.
Mal Polonia recibes
a yn eſtrangero, pues con ſangre eſcriues

Part, I.   A

---

*Calderon de la Barca: Erste Seite der Erstausgabe seiner Komödien mit dem Anfang
von ›Das Leben ein Traum‹. Madrid, 1640*

dem selbst sein Vater die Knie beugen müsse. Sigismund ist in der Wildnis aufgewachsen, erzogen von Clotald. — Das Stück beginnt damit, daß die als Mann verkleidete Rosaura und ihr Diener Clarin auf der Suche nach Astolf, der ihr einst die Ehe versprochen hat, sich im Walde verirren und zu Sigismunds Turm geraten. Der gefesselte Sigismund begreift sein Schicksal nicht und sucht die Ursache alles Bösen in der bloßen Tatsache der Geburt: »Denn des Menschen größte Sünde ist, daß er geboren ward.« Clotald, der Wächter, nimmt Clarin und Rosaura gefangen, in der er seinen Sohn zu erkennen glaubt, da sie das Schwert mit sich führt, das er seiner Frau als Pfand zurückgelassen hat. — Basilius will, bevor er Astolf den Thron übergibt, seinen Sohn Sigismund prüfen. Durch einen Schlaftrunk betäubt, soll Sigismund an den Hof gebracht und als König behandelt werden. Erweist er sich, wie prophezeit, als Tyrann, so soll er wieder in den Turm gesperrt werden; andernfalls bleibt er König. — Clotald bringt Rosaura und Clarin zum König, der sie begnadigen kann, da er das Geheimnis des Turmes selbst offenbart hat. Rosaura gibt sich Clotald als Frau zu erkennen und berichtet ihm, daß Astolf sie entehrt, ihr die Ehe versprochen und sie verlassen hat. — Sigismund, im Prunk des Hofes erwachend, bedroht Clotald mit dem Tode, beleidigt Astolf und Estrella und ermordet einen Diener, indem er ihn aus dem Fenster wirft. Er klagt seinen Vater an, daß er ihn im Turm aufwachsen ließ, will Rosaura mit Gewalt nehmen, geht mit Dolch und Degen gegen Clotald und Astolf vor und will seinen Vater bestrafen. Basilius läßt den hochmütigen, jähzornigen und gewalttätigen Sigismund wieder in Schlaf versenken und in den Turm sperren. Wenn Sigismund dort erwacht, soll er glauben, daß seine Erlebnisse am Königshof »zum Heil der Welt nur leere Träume waren«. Rosaura, unter falschem Namen im Dienste Estrellas, wird von Astolf erkannt und zur Ursache eines Streites zwischen Astolf und Estrella. — Sigismund träumt im Turm laut von Rache: Clotald soll sterben, sein Vater vor ihm niederknien. Als er erwacht, hält er seine Erlebnisse am Hofe, seine Rachsucht, ja das Menschenleben überhaupt für einen Traum, aus dem man erst im Tode erwacht, »und selbst die Träume sind nur Traum«. Diese Erkenntnis gibt ihm die Kraft zu dem Entschluß: »Darum zäumen wollen wir den rauhen Mut, diesen Ehrgeiz, diese Wut, wenn wir wieder einmal träumen.« — Soldaten befreien Sigismund aus dem Turm und rufen ihn zum König aus. Noch einmal will Sigismund »träumen«: »doch mit Bedacht und mit Vorsicht soll's geschehn; denn man wird uns vom Genuß einst zur besten Zeit erwecken.« Immer, wenn er jetzt Gelegenheit zur Rache und Gewalttat hat, wendet er nach kurzem Schwanken die Lehre des Traumes an: er ehrt Clotald als seinen Lehrer; er widersteht der Versuchung, sich Rosauras zu bemächtigen, die ihn — im Kampf gegen Astolf — zum Rächer ihrer Ehre machen will; er schlägt das Heer seines Vaters Basilius, doch klagt er, als sein Vater vor ihm kniet, die Sterndeuter an und liefert sich, niederkniend, dem Urteil seines Vaters aus. Aus sittlichen Gründen verzichtet er auf seine Liebe zu Rosaura und bittet Astolf, daß er sie um ihrer Ehre willen heirate; aus politischer Vernunft heiratet er selbst Estrella und sperrt den Anführer des Aufstandes, der ihn aus dem Turm befreit hat, lebenslang in den Turm.

Hinweise: Hat man den ›Wundertätigen Magier‹ ›Calderons Faust‹ genannt, so könnte man ›Das Leben ein Traum‹ ›Calderons Oedipus‹ nennen. Bei Sophokles prophezeit das Orakel, daß Oedipus seinem Staat Unglück bringen und seinen Vater erschlagen wird — deshalb läßt sein Vater das Kind aussetzen. Bei Calderon sind es die Sterne, die Sigismund ein ähnliches Schicksal prophezeien — deshalb läßt sein Vater das Kind in den Turm sperren. Bei Sophokles wie bei Calderon erfüllt sich die Prophezeiung: bei Sophokles erbarmungslos, bis sich Oedipus, als er erkennt, welche Frevel er unter dem Zwang des Orakels begangen hat, selbst blendet; bei Calderon währen Unglück und Gewalttat, die Sigismund bringt, die kurze Spanne, da er, ohne es zu wissen, nur König auf Probe ist. Oedipus kann sich zu dem ihm bestimmten Schicksal im Untergang heroisch bekennen, mehr bleibt ihm nicht — Sigismund dagegen hat mit seiner zweiten Herrscher-Zeit noch eine zweite Chance, er kann sich und sein Schicksal wandeln. »Der Spruch der Sterne kündet stets die Wahrheit«, heißt es bei Calderon, »ein Frevler aber ist, wer ihre Meinung zu einer schauerlichen Tat mißbraucht.« »Goldgestickte Charaktere auf azurnem Pergament« (Übersetzung: Kommerell) nennt Calderon die Sterne. Doch was sie auch meinen mögen — dies die Lehre des Christen —, der Mensch hat die freie Entscheidung, trotz aller Prophezeiungen sittlich zu handeln. Wenn König Basilius, von den Sternen geängstigt, dem Horoskop mehr vertraut als den Menschen und seinen Sohn Sigismund in den Turm sperrt, um selbst Schicksal zu spielen, so frevelt er. Und solange Sigismund gegen seinen Vater wütet und diesen Frevel rächen will — dies die zweite Lehre des Christen —, solange frevelt Sigismund. Kein Unrecht kann durch neues Unrecht gutgemacht werden — der Christ verzeiht, wie Sigismund bei seiner zweiten Herrscher-Probe, als ihn ein Aufstand zum König gemacht hat und er alle Macht in den Händen hält: er gibt sie freiwillig seinem Vater zurück.

Die Kraft, diese Macht nicht zur Rache zu mißbrauchen, die Kraft zur Selbstüberwindung erhält Sigismund aus seiner Einsicht in die Scheinhaftigkeit der Welt. Er hat sie gewonnen, als ihm seine erste Königs-Probe als Traum erschienen ist, und mit ihr das ganze Leben: »Was ist Leben? Raserei! Was ist Leben? Hohler Schaum! Ein Gedicht, ein Schatten kaum! Wenig kann das Glück uns geben: Denn ein Traum ist alles Leben und die Träume selbst ein Traum« (Übersetzung: A. W. Schlegel. Siehe auch Seite 94). Zwei Jahrzehnte vorher hat Shakespeare, dessen ›Maß für Maß‹ auch eine Art Lehrstück über Macht und Gnade (mit einem Herrscher auf Probe) ist, in seinem ›Sturm‹ gedichtet: »Wir sind vom gleichen Stoff, aus dem die Träume sind, und dies kleine Leben umfaßt ein Schlaf.«

Für den katholischen Theologen Calderon endet der Schein der Welt, der Traum des Lebens, mit dem Erwachen im Tode, dem Sein in Gott. Doch hat sich der Mensch, dem das Erwachen im Tode und der Richtspruch Gottes bevorstehen, in diesem Schein sittlich zu bewähren, und er kann es, da Gott ihm einen freien Willen gegeben hat: »Denn der Mensch überwiegt ja doch die Sterne.« Aus dem wilden Barbaren Sigismund wird, indem er sich bei jeder neuen Entscheidung an seine Einsicht in den Traumcharakter des Lebens erinnert, ein christliches Muster an Tugend und Versöhnung. Der an die Gnade Gottes glaubende Calderon hat die sittlich befriedigendsten, tiefsten Happy-Ends der Weltliteratur geschrieben.

Übersetzungen: Johann Diederich Gries, August Wilhelm Schlegel, Max Kommerell, Eugen Gürster, Hans Schlegel. — Freie Nachschöpfung: Wilhelm von Scholz, 1933. — Oper: ›Sigismondo‹ von Rossini. — Neudichtungen: ›Der Verschwender‹ von Raimund, 1834. ›Traum ein Leben‹ von Grillparzer, 1840. ›Der Turm‹ von Hofmannsthal, 1924.

Über allen Zauber Liebe (El mayor encanto amor). Höfisches Festspiel. Uraufgeführt in der Johannisnacht 1635 für eine ›Fiesta‹ des Königs Philipp IV. und der Königin Isabella, auf dem Schloßteich von Buen Retiro. — Übersetzungen von August Wilhelm Schlegel und Wilhelm von Scholz. — In einem wilden Sturm landet Ulysses (Odysseus auf seinen Irrfahrten) auf der Insel der Zauberin Circe, die seine Gefährten in Tiere verwandelt. Ulysses, der durch die Göttin Juno gegen die Magie der Circe gefeit ist, solange er sie nicht liebt, will die Verzauberten aus dem Bann der Circe erlösen, und Circe, deren Magie gegen Ulysses machtlos ist, will ihn durch ihre Schönheit verzaubern. Ihre feindlichen Absichten währen nicht lange: sie lieben sich, können auf Magie und Schutz verzichten, und der Refrain der hymnischen Strophen jubelt: »Über allen Zauber ist die Liebe.« Die Verwandlungen, während ihres Kampfes bloße Zauberkunststücke, Verhexungen von Helden in eine Menagerie, greifen jetzt tiefer: Ulysses und Circe wandeln sich aus Liebe. Die Gefährten erinnern den pazifistisch gewordenen Ulysses vergebens an seine Waffentaten, er ist mit Circe der auch über den Krieg triumphierenden Liebe verfallen. Erst als der Schatten des toten Achill ihm den Rat der Götter überbringt, reißt er sich los und flieht vor der Liebe auf sein Schiff. Circe will Ulysses töten, indem sie das Meer in Feuer verwandelt, doch die Nymphe Galathea, die Ulysses die Blendung des einäugigen Riesen Polyphem zu danken hat, beschützt ihn. Die verlassene Circe, die erfahren hat, daß Liebe stärker ist als aller Zauber, läßt ihre Insel versinken und tötet sich selbst mit ihrer Magie. Noch die Flucht des Ulysses vor der Liebe und der Selbstmord Circes aus unerfüllbarer Liebe werden hier zum Preisgesang auf die Liebe.

Hinweise: Das Ausstattungs- und Zaubertheater beginnt mit dem vom Sturm gepeitschten Schiff und endet mit der flammenspeienden versinkenden Insel und einem glanzvollen Wasserfestzug; dazwischen allerlei Illusionskünste und Zaubertricks, ein reichhaltiges mythologisches Varieté (siehe auch Seite 93). Dem Prunk der Ausstattung entsprechen die Prunk- und Prachtarien der Sprache. Gereimte Verskaskaden, eine hochstilisierte, artistische Poesie, durchfunkelt von Ironie, durchwachsen vom derben Humor des verfressenen und bornierten Leporell und des in einen Affen verwandelten Clarin.

Meinungen: »Calderons Fiestas waren zur Aufführung bei feierlichen Gelegenheiten bestimmt, und wiewohl es dabei auf theatralischen Pomp,

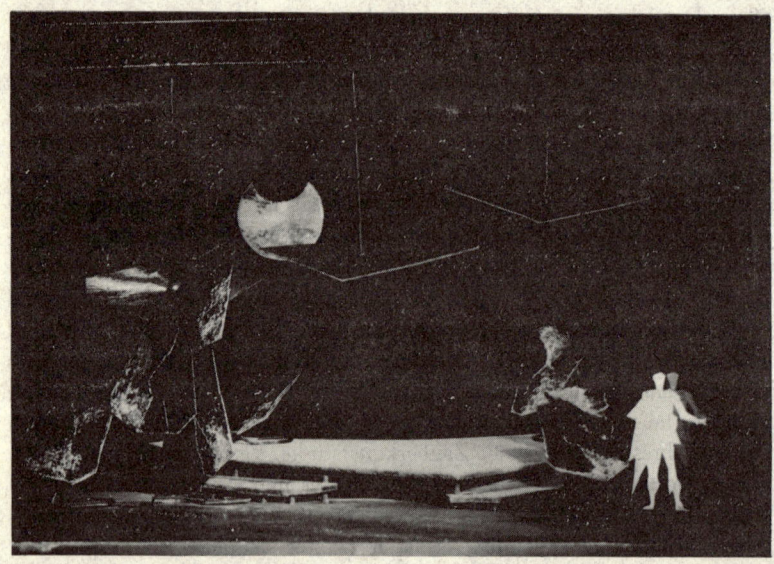

Calderon de la Barca: Über allen Zauber Liebe. Bühnenmodell von Franz Mertz für eine Inszenierung von Gustav Rudolf Sellner, Landestheater Darmstadt, 1957

durch häufigen Dekorationswechsel und sichtbar vorgehende Wunder angelegt ist, auch häufig Musik eingeführt wird, so könnte man sie auch poetische Opern nennen, das heißt Schauspiele, die durch den bloßen Glanz der Poesie das leisten, was in der Oper erst durch die Ausschmückungen der Maschinerie, der Musik und des Tanzes erreicht werden soll. Hier überläßt sich der Dichter ganz den gewagtesten Flügen seiner Phantasie, und seine Darstellung berührt kaum noch die Erde«: August Wilhelm Schlegel. — »Es ist ein Humor, der noch heute das höfische Publikum von ehemals, dessen Geschmack er angepaßt war, bloßstellt. Tiefer Schwachsinn wohnt in dem kindlichen Spiel . . .«: Alfred Polgar.

Der wundertätige Magier (El mágico prodigioso). Geistliches Spiel, aufgeführt an Fronleichnam 1637. Übersetzungen von Hans Schlegel und Eugen Gürster. — Antiochia zur Zeit der Christenverfolgungen im Jahre 250. Der Philosoph Cyprianus findet unter den heidnischen Göttern keinen, der dem Gott entspricht, den Plinius beschreibt: »Gott ist eine höchste Güte, Wesen durch sich selbst vorhanden, ist allwissend, ist allmächtig.« Der ›Dämon‹ (Satan, Luzifer) in der Gestalt eines reichen Mannes versucht in einem theologischen Streitgespräch vergebens, Cyprianus von der Ahnung des allgütigen, allmächtigen, allwissenden und uranfänglichen Gottes abzubringen. — Cyprianus unterbricht den Zweikampf zwischen Lälius, dem Sohn des Statthalters, und Florus: beide lieben Justina, die insgeheim Christin ist, und beide wollen sie heiraten. Cyprianus geht als Vermittler zu Justina, verliebt sich leidenschaftlich in sie und wird von ihr — wie Lälius und Florus — abgewiesen. Um den Ruf Justinas zu verderben, erscheint der Dämon auf dem Balkon ihres Hauses, als Lälius und Florus sich, nichts voneinander wissend, ihrem Hause nähern; der Dämon versinkt in der Erde, und Lälius und Florus, deren jeder glaubt, der andere sei bei Justina gewesen, fechten miteinander. Wieder tritt Cyprianus dazwischen; er durchschaut, daß die beiden einer Täuschung erlegen sind. — Justina weist Cyprianus abermals ab: nur im Tod könne sie ihn lieben. Der Dämon zaubert ein Ungewitter herbei und tritt, durchnäßt wie ein Schiffbrüchiger, vor Cyprianus, der ihn in sein Haus aufnimmt, da er sich als Magier ausgibt und Cyprianus verspricht, ihm seine kühnsten Wünsche zu erfüllen. Um seine Macht zu beweisen, läßt er einen Berg wandern und die schlafende Justina in einem sich öffnenden Felsen erscheinen. Cyprianus unterschreibt mit Dolch und Blut einen Kontrakt: er gibt seine Seele für die Kunst, Justina herbeizubeschwören. — In einer Höhle im Gebirge hat der Dämon Cyprianus ein Jahr lang in der Magie unterrichtet. Cyprianus ist entschlossen, nun Justina durch Magie herbeizuzwingen. Der Dämon, der keine Macht über den freien Willen des Menschen hat, beschwört die Mächte der Hölle, Justina durch erotische Versuchungen zu verwirren. Doch ihre Willenskraft ist stärker, sie weist den Dämon ab, als er sie zu Cyprianus schaffen will: »Mein Schutz ist Gott allein.« Gegen ihren Glauben ist der Dämon machtlos, doch sendet er, um sie zu entehren, ihr Trugbild zu Cyprianus. Justina geht zu einem geheimen Gebetsort der Christen. Als Cyprianus den Mantel der vermeintlichen Justina herunterreißt, hält er einen Leichnam im Arm, der rasch zu einem Gerippe wird. Der Dämon klagt den Himmel an, daß er, der einst Wissenschaft und Gnade besessen, nun, nachdem er die Gnade verloren, auch seine Wissenschaft nicht nutzen kann. Cyprianus fordert vom Dämon den Vertrag zurück und beschwört ihn mit seiner erlernten Magie, ihm den Namen dessen zu nennen, der Justina beschützt. Widerstrebend muß der Dämon gestehen, daß es der allgütige, allwissende, allmächtige Gott der Christen ist. Als Cyprianus dem Dämon den Vertrag mit Gewalt entreißen will, gibt sich der Dämon als Satan zu erkennen. Er besteht auf seinem Pakt, da er nicht mehr versprochen habe, als Justina herbeizuzitieren. Cyprianus, voller Angst, daß er der Sklave Satans sei, doch auch voller Vertrauen, ruft den Gott der Christen an. — Vor dem Statthalter, der die Christen gefangengenommen hat, berichtet Cyprianus, was er erlebt hat und bekennt sich, inzwischen getauft, als Christ; er ist entschlossen, als Märtyrer zu sterben. Im Kerker gesteht er Justina, daß er seine Seele dem Satan verschrieben hat; sie ist gewiß, daß der allgütige Gott auch diese Sünde verzeihen wird. Im Tode, wie sie ihm einst versprochen, wird sie ihn lieben. Justina und Cyprianus werden enthauptet, die Erde bebt, Sturm tobt, und über dem Richtblock mit den Leichen erscheint der Dämon auf einer Schlange, gesteht auf Gottes Befehl seine Täuschungen und berichtet, daß die beiden Toten in das Reich Gottes eingegangen sind.

Hinweise: Diese Dramatisierung der mittelalterlichen Legende vom Heiligen Cyprianus wird oft der ›spanische Faust‹ genannt. Goethe lernte das Stück 1794 kennen, vier Jahre nachdem der erste Teil seines ›Faust‹ erschienen war. Er notierte dazu: »Der wundervolle Magus ist das Sujet vom Doktor Faust, mit einer unglaublichen Großheit behandelt.« Kein anderes Stück aber macht so deutlich, wie weltenweit Calderon und Goethe voneinander entfernt sind, und dies gerade durch gewisse Ähnlichkeiten des ›Sujets‹, der Fabel.

Calderons gelehrter Cyprianus ist keineswegs der Wissenschaften überdrüssig, sondern der heidnischen Götter. Das Thema ist von Anfang an auf das Religiöse beschränkt: durch die Lektüre des Römers Plinius ist Cyprianus dem christlichen Gott schon nahe, und alles, was der Dämon unternimmt, sind Versuche, ihn von der Erkenntnis des christlichen Gottes, vom Glauben abzuhalten. Der Dämon muß scheitern: er ist Luzifer, der gefallene Engel, der wohl über größeres Wissen und höhere Kräfte verfügt als der Mensch, doch da er nicht mehr in der Gnade Gottes steht, ist seine Macht eng begrenzt: er vermag nichts gegen den Menschen, der sich zu Gott bekennt. Die Gnade Gottes geht über alles Wissen, und jeder Mensch kann sie erlangen, wenn er sich, kraft seines freien Willens, unter den Schutz Gottes stellt.

Der Teufelspakt wird bei Calderon von Cyprianus nur aus einem einzigen Grunde abgeschlossen: die Magie soll ihm das Mädchen verschaffen; vom Teufel ebenfalls nur aus einem einzigen Grunde: durch das Mädchen Cyprianus vom christlichen Gotte fernzuhalten. Da das Mädchen aber Christin ist, kann der Dämon sie zwar vor der Welt entehren und sie durch Sinnlichkeit in Versuchung bringen, nicht aber verführen. So muß der Dämon durch sein Scheitern an ihrem Glauben das Gegenteil seiner Absicht erreichen: er muß gegen seinen Willen Cyprianus beweisen, daß der Beschützer des Mädchens allmächtig ist, allwissend, allgnädig, der einzige, uranfängliche Gott. Calderons Fabel dient mit außerordentlicher Klarheit und Logik allein dieser Beweisführung: Gott wird Gelegenheit gegeben, jede dieser seiner vier Grundeigenschaften zu offenbaren, und der von Anfang an zur Niederlage verurteilte Dämon muß die Wahrheit Gottes den Menschen verkünden. Irdische und himmlische Liebe verschmelzen für Cyprianus und Justina im Märtyrertod, in der Gnade Gottes. Was Cyprianus hinanzieht, ist nicht das strebende Sichbemühen — denn er bemüht sich sehr rasch nur noch um Justina, um die Erfüllung seiner sinnlichen Wünsche — und es ist nicht das Ewigweibliche, sondern der christliche Glaube, der im Weibe, in Justina, lebendig und von Gott nachprüfbar begnadet worden ist.

Calderons Drama ist ein Lehrstück, es dient der christlichen Unterweisung. Indem Cyprianus über die Eigenschaften Gottes, über die Willensfreiheit und über die Grenzen der Macht Satans unterrichtet und damit zum Christen gemacht wird, lernt das Publikum die gleiche Lektion. Calderon illustriert vorgegebene Glaubenssätze, so kann keine Frage offenbleiben, kein Zweifel bestehen. Er gibt das theatralische Planspiel des göttlichen Heilsplans — ein eindeutiges Weltbild von einer absoluten Glaubensgewißheit und damit absoluten Geschlossenheit, wie es für Goethe nicht mehr möglich gewesen ist.

Keinen Zweifel läßt Calderon freilich auch darüber, daß er mit Cyprianus, der so rasch lernt, vom Heiden zum Märtyrer zu werden, die Geschichte eines außergewöhnlichen Menschen darstellt: eine Heiligenlegende. Die Alltagsmenschen um Cyprianus, seine Diener Clarin und Moscon, und Livia, die Dienerin Justinas, werden am Ende des Stückes zwar vom Wunder, vom sichtbar besiegten Dämon, berührt, doch nicht bekehrt. Im Stück parodieren

sie die ernsten Themen auf die derbste Weise. So die Liebe: Clarin und Moscon haben sich Livia schlicht geteilt und wachen eifersüchtig darüber, daß
keiner sie einen Tag länger als der andere besitzt. So den Teufelspakt: Clarin,
um Livia für sich zu besitzen, will ebenfalls einen Vertrag mit dem Dämon
schließen — er schlägt sich die Nase blutig und schreibt mit blutigem Finger
den Pakt auf ein schmutziges Taschentuch. Hier zeigt sich der Realismus des
theologischen Lehrmeisters Calderon: er kannte die Schwächen seiner Schüler.

Der Richter von Zalamea (El alcalde de Zalamea). Schauspiel in drei Akten.
Uraufgeführt 1643 in Madrid.

Wer? Philipp II., König von Spanien. Don Lope de Figueroa, General. Don
Alvaro de Atayde, Hauptmann. Pedro Crespo, ein reicher Bauer. Juan und
Isabel, seine Kinder. Ines, seine Nichte. Don Mendo, ein armer Landedel-
mann. Nuño, dessen Diener. Ein Sergeant. Rebolledo, ein Soldat. Chispa,
Marketenderin. Ein Gerichtsschreiber. Gefolge des Königs. Soldaten. Bauern.

Wo und wann? In und bei Zalamea, einem Dorf in Estremadura. Um
1580.

Was? Soldaten auf dem Marsch machen in Zalamea Quartier: Hauptmann
Don Alvaro im Hause des Bauern Pedro Crespo. Der Bauer hält seine Tochter Isabel und seine Nichte Ines im oberen Stock seines Hauses verborgen.
Der adelsarrogante Hauptmann, der alles Bäuerliche verachtet, wird von der
Begierde nach Isabel gepackt. Um in das Versteck der Mädchen einzudringen,
streitet er sich scheinbar mit dem Soldaten Rebolledo, der in das Zimmer der
Mädchen flüchtet, verfolgt von dem Hauptmann. Crespo und sein Sohn Juan
durchschauen diese List und folgen mit gezogenem Degen. Den Kampf verhindert der General Don Lope; er weist den Hauptmann aus Crespos Haus
und nimmt hier selbst Quartier. Doch besteht er darauf, daß er allein, nicht
der Bauer über einen Offizier urteilen darf. Crespo dagegen ist entschlossen,
seine Ehre gegen jedermann zu verteidigen: »Die Ehre ist das Eigentum der
Seele, und der Seele Herr ist Gott.«

Der Hauptmann läßt Isabel durch den Soldaten Rebolledo und die Marketenderin Chispa ein Ständchen bringen. Der General Don Lope und Crespo
kommen von verschiedenen Seiten, vertreiben die Soldaten und fechten im
Dunkeln eine Zeitlang gegeneinander, ohne sich zu erkennen. Don Lope
befiehlt dem Hauptmann, bei Tagesanbruch Zalamea zu verlassen, und übernimmt den Schutz des Hauses, doch wird er nach Guadalupe zum König abberufen. Juan, Isabels Bruder, will als Soldat dem General folgen. Der
Hauptmann Don Alvaro überfällt mit einer Handvoll Soldaten Crespos Haus
und entführt Isabel. Die Soldaten fesseln Crespo und schleppen ihn ins Gebirge. Juan folgt den Hilfeschreien seiner Schwester.

Am nächsten Morgen findet Isabel im Gebirge ihren Vater, an einen Baum gebunden. Sie berichtet, daß der Hauptmann sie vergewaltigt hat; Juan ist zu spät gekommen, doch hat er im Kampf den Hauptmann verwundet. Isabel bittet ihren Vater um den Tod. Der Gerichtsschreiber berichtet: Crespo ist vom Gemeinderat einstimmig zum Richter gewählt worden; den verwundeten Hauptmann haben seine Soldaten zum Verbinden ins Dorf gebracht; der König wird heute oder morgen nach Zalamea kommen. Crespo betritt mit bewaffneten Bauern das Haus, in dem sich der nur leicht verwundete Hauptmann verborgen hat. Allein mit dem Hauptmann, legt Crespo den Richterstab ab und bittet auf den Knien »nur als Mensch«, daß der Hauptmann seine Tochter Isabel heirate; er will ihr seinen gesamten Besitz als Mitgift überlassen. Der Hauptmann verspottet ihn: nur ein Kriegsgericht könne ihn verurteilen. Crespo ergreift den Richterstab und läßt den Hauptmann im Gemeindehaus in Ketten legen. Juan will, um der Ehre willen, seine Schwester Isabel erstechen, doch Crespo läßt auch ihn gefangensetzen, unter dem Vorwand, er habe den Hauptmann verwundet, und in der Hoffnung, seinen Sohn auf diese Weise zu retten. General Don Lope kehrt zurück und verlangt, daß der Hauptmann nicht vom Bauernrichter Crespo, sondern von einem Kriegsgericht verurteilt werde.

Ehe es vorm Gemeindehaus noch zum Kampf zwischen den Soldaten und den Bauern kommt, trifft der König ein. Er entscheidet, daß Crespo gerecht geurteilt habe, doch die Vollstreckung einem anderen Tribunal zustehe. Crespo läßt die Türen des Gemeindehauses öffnen: man erblickt den erdrosselten Hauptmann auf einem Stuhl — das Urteil ist schon vollstreckt. Der König erkennt die Rechtfertigung Crespos an — »Nichts tut ein Fehl im Kleineren, wenn man nur den Hauptpunkt traf« — und ernennt Crespo zum Richter auf Lebenszeit. Isabel wird in ein Kloster gehen, Juan in die Dienste des Generals treten.

Hinweise: Calderons Schauspiel ist eine Um- und Neudichtung eines gleichnamigen Stückes von Lope de Vega. Seit Karl Immermann den ›Richter von Zalamea‹ 1835 in Düsseldorf zum erstenmal in Deutschland aufgeführt hat, ist er von den deutschen Spielplänen nicht mehr wegzudenken. Worauf beruht dieser dauerhafte Erfolg? Heute erscheint es absurd, daß ein von Soldaten vergewaltigtes Mädchen ehrlos ist — so ehrlos, daß ihr Bruder, der sie liebt, sie töten zu müssen glaubt; so ehrlos, daß ihr Vater gleichfalls ehrlos ist. Mehr als der historisch gewordene Ehrbegriff fesselt heute der allgemeine Rechtsbegriff. Ist ihr Vater im Recht? Juristisch gibt es mancherlei gegen ihn zu sagen. Als Richter urteilt er in eigener Sache, und er verurteilt als ein von Bauern zum Richter gewählter Bauer einen adligen Offizier, der das Privileg seiner Zeit besitzt, vor ein Kriegsgericht gestellt zu werden. Auf diesem Privileg besteht auch der General, obwohl er mit dem Bauern befreundet ist. Moralisch ist der Bauernrichter zweifellos im Recht; formaljuristisch ist er es nicht. Die Entscheidung darüber, welches Recht, das moralische des Bauern oder das formaljuristische des Generals, höher zu bewerten sei, kann hier nur eine einzige Person treffen: Philipp II., der absolute Monarch. Und dieser Aristokrat und oberste Chef seiner Soldaten entscheidet sich durch Calderon, den Aristokraten und ehrpusseligen Offizier, gegen den angeklagten adeligen Offizier, gegen das formale und für das moralische Recht. Im Madrid von 1643 ein erstaunlicher Vorgang, doch rennt diese Tendenz des Schauspiels heute überall dort offene Türen ein, wo Gleichheit vor dem Gesetz besteht.

Auf der Familienehre und auf der praktizierten Gleichheit vor dem Gesetz in einem religiös begründeten Feudalstaat kann also die außerordentliche Wirkungskraft des Schauspiels nicht mehr beruhen. Doch bereitet es den Menschen zu allen Zeiten ein großes Vergnügen, einen Mitmenschen wie diesen Bauern Pedro Crespo zu erleben, der trotz zeitgebundenem Ehrenkodex seine Werte ausschließlich aus sich selbst und aus seinem Verhältnis zu Gott empfängt: »Mein Wert ruht in mir selbst. Gott allein ist da mein Richter.« Und Gott gibt ihm recht, denn der Schiedsspruch des Königs ist für Calderon und seine Zeitgenossen ein Schiedsspruch Gottes.

Dauerhaft ist das Schauspiel durch die ungewöhnliche Persönlichkeit Pedros; durch den heimlichen Respekt und Humor in seinen Auseinandersetzungen mit dem ihm ebenbürtigen Dickkopf des Generals; durch den klaren spannungsgeladenen Aufbau, die scharfe sich steigernde Dialektik, die großen, theatralisch unerhört wirksamen Szenen: die geschändete Isabel vor dem gefesselten Vater; der stolze Bauer, der, bevor er die Macht des Richters gebraucht, den Schänder auf den Knien bittet, seine Tochter zu heiraten; der Schiedsspruch des Königs, der in einer hoffnungslos verrannten Lage das moralische, das göttliche Recht bekräftigt.

Mit Don Mendo und seinem Diener Nuño zitiert Calderon überdies in komischen Kontrastszenen den Don Quijote und seinen Diener Sancho Pansa aus dem Roman des Cervantes auf die Bühne, um im Ritter von der traurigen Gestalt den Verführungsrausch und den Adelsstolz ins Groteske zu variieren. Die zeitlich bedingte Ehre vergeht — das Theater aber, und sei es über ihrer Vergänglichkeit errichtet, besteht.

Eine Meinung: »In diesem Drama haben allein die Männer Seele. Von der Frau spielt nur das Antlitz mit, die Erscheinung, der Leib. Also doch ihre Seele«: Alfred Polgar.

Das große Welttheater (El gran Teatro del Mundo). Geistliches Spiel. Uraufgeführt an Fronleichnam 1675 in Sevilla. Übersetzung und Bearbeitung
von Joseph von Eichendorff (1846). — Freie Nachdichtung von Hugo von
Hofmannsthal: ›Salzburger großes Welttheater‹ (1922). Neudichtung von
Wilhelm von Scholz: ›Das deutsche große Welttheater‹ (1941). Übersetzung
von Eugen Gürster.

Wer? Der Meister. Das Gesetz der Gnade. Die Welt. Die Weisheit. Die
Schönheit. Der König. Der Reiche. Der Landmann. Der Bettler. Das Kind.
Eine Stimme.

Wann und wo? Ohne Zeit und Ort, immer und überall.

Was? Der ›Meister‹, Gott im Sternenmantel, schafft die Welt aus dem
Chaos und führt sich auf der Welt als Bühne ein Schauspiel vor. Er verteilt
sieben Rollen; das ›Kind‹ bleibt aus dem Spiel, es stirbt nach der Geburt.
Die ›Welt‹ überreicht den Spielern ihre Insignien: der ›Weisheit‹ die Kutte
des Geistlichen, dem ›König‹ die Krone, dem ›Reichen‹ Gold und Silber, der
›Schönheit‹ Schmuck und Blumen, dem ›Landmann‹ den Spaten, nichts oder
ein Lumpenkleid dem ›Bettler‹. Die ›Weisheit‹ preist den ›Meister‹, der an
dem Spiel als Zuschauer teilnimmt. Das ›Gesetz der Gnade‹ eröffnet mit
einem Prolog das Spiel unter dem Thema »Tue recht — Gott über euch«. Zwei
Türen für Auftritt und Abgang der Spieler bedeuten Geburt und Tod. Ein
Streitgespräch zwischen ›Weisheit‹ und ›Schönheit‹ offenbart unüberbrück-
bare Gegensätze: die ›Schönheit‹ erschöpft sich im Weltgenuß, während die
›Weisheit‹ auch das Schöne dem Göttlichen unterordnet. Der ›Reiche‹ prahlt
mit seinem Reichtum, der ›König‹ mit seiner Macht, und der ›Landmann‹
beklagt die harte Arbeit und die Steuern. Unberührt nehmen sie den Spruch
»Tue recht — Gott über euch«, dieses Gesetz des Spiels, vom ›Gesetz der
Gnade‹ entgegen. Vergebens bittet sie der ›Bettler‹ um ein Almosen; nur die
›Weisheit‹ gibt ihm Brot. Von der ›Weisheit‹ aufgefordert, den Sinn und
Wert ihres Lebens zu verkünden, beklagt der ›Bettler‹ nicht seine Armut,
sondern daß er in Sünden geboren sei; der ›König‹, die ›Schönheit‹ und der
›Landmann‹ zeigen Reue, als die ›Stimme‹ sie an das Tor des Todes ruft.
Der ›Reiche‹ beharrt darauf, daß nur das Geld die Welt regiere. Die ›Weis-
heit‹ — weise, da sie das Leben vom willkommenen Tode her betrachtet —
hat das Schlußwort. Die ›Welt‹ nimmt den Spielern ihre Insignien ab. — Der
›Meister‹ richtet beim Gastmahl (dem zu allen Fronleichnamsspielen ge-
hörenden Abendmahl mit Hostie und Kelch) die Spieler: er erhebt ›Bettler‹
und ›Weisheit‹ zu sich; ›Schönheit‹, ›König‹ und ›Landmann‹ müssen erst im
Fegefeuer sühnen, doch werden sie später auch zur Tafelrunde zugelassen;
der ›Reiche‹ muß in die Hölle. Den Epilog spricht die ›Welt‹: das Leben ist
nur ein Schauspiel vor Gott, dem höchsten Richter. Sie bittet die Zuschauer,

also auch Gott, um Nachsicht: »Und da dieses ganze Leben eben nur ein
Schauspiel vorstellt, o, so werde dem wie jenem Nachsicht hier wie dort zum
Lohne.«

Hinweise: Der fünfunddreißigjährige Calderon hat in ›Das Leben ein
Traum‹ das Bild des Traums benutzt, um das irdische Dasein als Schein darzustellen: zum Sein in Gott erwacht der Mensch durch den Tod, das Ende
des Traums; das Leben ist nur ein Vorspiel zum Erwachen. Der fünfund-
siebzigjährige Calderon macht die Bühne, mit der er sich ein Leben lang
beschäftigt, zum Bild für die ganze Welt. Auf der Oberbühne, im Himmel,
thront der Meister, verteilt die Rollen und stellt das Thema. Der Mensch ist
unfrei, insofern als ihm die Rolle zugeteilt wird. Er ist jedoch frei, sie gemäß
dem gestellten sittlichen Thema — »Tue recht — Gott über euch« — gut oder
schlecht auf der Erde, der Mittelbühne, zu spielen: »Jede Rolle kann dich
heben . . . Und ist dann das Spiel geschlossen, speist an meiner Seit' zur
Nacht, wer's am besten hat gemacht und getreu und unverdrossen, seiner
Rolle Geist erschlossen.« Der ›Meister‹ ist Zuschauer und Richter. Wer das
sittliche Thema des Spiels, das rechte Handeln und die Gottesfurcht, verfehlt
hat, den schickt er in die Hölle, durch die Versenkung in die Unterbühne.
Jeder hatte die Möglichkeit, »durch sein Tun sich selbst zu adeln«. (Siehe
auch Seite 97.) »Das Theater«, schreibt Richard Alewyn, »ist genau das, was
für den barocken Trübsinn die Welt: sinnlich, aber nicht wirklich.« Die Wirklichkeit ist jenseits der Sinnlichkeit des Welttheaters: bei Gott.

Die Welt ist Trug (El Gran Duque de Gandía). Drei Akte. 1671. Deutsch
von Anton M. Rothbauer. Eine handschriftliche Kopie wurde erst 1959 von
der tschechoslowakischen Akademie der Wissenschaften aufgefunden im
Schloß der Grafen Kuenburg in Mladá Vožice. Uraufgeführt am 22. Mai 1959
durch die Wiener Festwochen im Theater an der Wien.

Francisco de Borja (1510–1571), Herzog von Gandía, bat — als Vizekönig
von Katalonien — Kaiser Karl V. um seinen Abschied, entsagte dem »Trug
der Welt«, reiste nach Rom zu Ignatius von Loyola und wurde 1565 der
dritte General des Jesuitenordens. Mit seinem Schicksal verbindet Calderon
die Abdankung Kaiser Karls V. (1556) und seinen Rückzug von der Welt.
In einer »Mantel-und-Degen«-Handlung kämpfen Carlos und Juan, die
Söhne de Borjas, um die Hofdame Magdalena. — Vermutlich ist Calderon
1671, im Jahr der Heiligsprechung de Borjas, über die österreichische Botschaft in Madrid von Kaiser Leopold I. mit diesem Werk beauftragt worden.
Seine kulturhistorische Bedeutung ist weit größer als seine dramatische
Qualität.

3. ENGLAND: ZWANZIG JAHRE FÜR DIE EWIGKEIT

Shakespeare, der begnadete Landlümmel · Mister zehn Prozent · Den Kneipen be-
nachbart, vom Adel geschützt · Eine Vorstellung im Globe-Theater · Die ungenauen
Texte eines Stückeschreibers · Der Mann, der's nicht so genau wußte · Im Schnell-
kurs: die Königsdramen · Im Schnellkurs: Komödien · Im Schnellkurs: Raritäten ·
Shakespeares große Stücke · Auftakt und Abgesang: Christopher Marlowe und
Ben Jonson

Der Chorus an die Zuschauer im Globe-Theater:
　　　　　　　Diese Hahnengrube,
Faßt sie die Ebnen Frankreichs? Stopft man wohl
In dieses O von Holz die Helme nur,
Wovor bei Azincourt die Luft erbebt?
O so verzeiht, weil ja in engem Raum
Ein krummer Zug für Millionen zeugt,
Und laßt uns, Nullen dieser großen Summe,
Auf eure einbildsamen Kräfte wirken!
Denkt euch im Gürtel dieser Mauern nun
Zwei mächt'ge Monarchien eingeschlossen,
Die, mit den hocherhobnen Stirnen, dräuend,
Der furchtbar enge Ozean nur trennt.
Ergänzt mit dem Gedanken unsere Mängel,
Zerlegt in tausend Teile einen Mann
Und schaffet eingebild'te Heereskraft.
Denkt, wenn wir Pferde nennen, daß ihr sie
Den stolzen Huf seht in die Erde prägen:
Denn euer Sinn muß unsre Kön'ge schmücken.

(Aus Shakespeares ›Heinrich V.‹,
deutsch von A. W. Schlegel)

Hamlet an die Schauspieler:
... paßt die Gebärde dem Wort, das Wort der Gebärde an;
wobei ihr sonderlich darauf achten müßt, niemals die Bescheidenheit der Natur zu überschreiten. Denn alles, was so übertrieben wird, ist dem Vorhaben des Schauspiels entgegen,
dessen Zweck, sowohl anfangs als jetzt war und ist, der Natur
gleichsam den Spiegel vorzuhalten: der Tugend ihre eignen
Züge, der Schmach ihr eignes Bild, und dem Jahrhundert und
Körper der Zeit den Abdruck seiner Gestalt zu zeigen.

(Aus Shakespeares ›Hamlet‹,
deutsch von A. W. Schlegel)

In Stratford-upon-Avon, dem ältesten Marktflecken der grünen Parklandschaft Warwickshire, verwaltet die ungemein tüchtige ›Shakespeares-Geburtsstadt-Gesellschaft‹ sein Andenken. Wo er oder ein Mitglied seiner Familie einmal gewohnt haben mag, verkündet ein Schild an der Tür, angebracht vom ›Shakespeare Birthplace Trust‹, die Besuchszeit und den Eintrittspreis. Es gibt ein Shakespeare-Hotel, eine Shakespeare-Bar, und über dem Eingang einer Bank prangt ein Shakespeare-Mosaik — er ist ja auch ein sparsamer, um nicht zu sagen: ein geiziger, er ist jedenfalls ein höchst erfolgreicher Geschäftsmann gewesen.

In der Henley Street wird sein Geburtshaus gezeigt: Tudor-Fachwerk, senkrechte schwarze Balken zerlegen die weißgetünchte Fassade in engen Abständen, verbleite Fenster dazwischen, ein hübscher Erker. Das Geburtszimmer Shakespeares ist im Stil einer Mittelklasse-Familie mit schweren holzgeschnitzten Möbeln eingerichtet, eine gestickte Decke überm Bett, eine solide Kinderwiege. Alles, was sich mit absoluter Sicherheit über dieses Haus sagen läßt, ist dies: hier wurde Shakespeare nicht geboren. Er könnte in vielen anderen Häusern in Stratford geboren sein, nicht jedoch in diesem, denn es wurde von Shakespeares Vater John, einem analphabetischen, aber wohlhabenden Handschuhmacher, Geschäftsmann und Mitglied des Stadtrates, nachweislich frühestens elf Jahre nach der Geburt Williams gekauft.

Alles, was sich über sein meist angegebenes Geburtsdatum, den 23. April 1564, sagen läßt, ist dies: am 23. wurde er sicherlich nicht geboren; es wäre nur so schön, weil er auch an einem 23. April gestorben ist, im Jahre 1616, das steht fest. Fest steht auch der Tag der Taufe, es ist der 26. April. Der Geburtstag liegt, wie aus der Grabinschrift zu schließen ist, zwischen dem 24. April 1563 und dem 23. April 1564 — es läßt sich also nicht einmal das Jahr ermitteln. Fest steht im übrigen so wenig, daß die Spekulationen nicht aufgehört haben, Shakespeares Werke seien von einem anderen geschrieben, von seinem Kollegen Christopher Marlowe, der im gleichen Jahr geboren und unter ungeklärten Umständen ermordet worden ist, von dem gelehrten Francis Bacon, von einem Kreis des Rosenkreuzer-Ordens, von irgendwelchen Grafen oder Autoren-Teams. Sogar ein so kluger Mann wie der Kritiker Alfred Kerr stöhnte, als er über Shakespeares ›Maß für Maß‹ schrieb, den Satz hervor: »Ich meine, daß man (trotz allem, trotz allem) wieder verzweifelt, ob ein Landlümmel aus dem Drecknest Stratford so was allein gemacht hat.« Allen Anti-Stratford-Theorien sollte Sir Edmund Chambers mit seinem zweibändigen Shakespeare-Buch, das 1930 in Oxford erschienen ist und eine Unmenge dokumentarisches Material über die Umwelt und die Lebensumstände Shakespeares enthält, eigentlich auf ewig den Garaus gemacht haben.

Shakespeare, der begnadete Landlümmel

Doch schon Alfred Kerr, der die Dramatiker kannte, hätte es besser wissen müssen als törichte Literaturdetektive, die nach komplizierten Lösungen suchen, weil sie die einfachste nicht glauben können: daß sich ein Lateinschüler aus der Provinz durch Bücher, Freunde und Theaterpraxis als Schauspieler und Dramaturg sehr wohl die nötigen Kenntnisse fürs Stückeschreiben aneignen kann — der Rest ist Begnadung, und warum soll ein ›Landlümmel‹ nicht begnadet sein? Es ist auch nicht viel Rätselhaftes dabei, wenn er, acht- oder neunundvierzig Jahre alt, in seinen Geburtsort zurückkehrt, um hier, müde der Intrigen und Konkurrenzkämpfe, als reichster Bürger und größter Grundbesitzer der Stadt seinen Lebensabend zu verbringen, in seinen Obst- und Blumengärten am Ufer des Avon, zumal er in London damals schon etwas außer Mode gekommen und an der gerade modernen, italienischen Kulissenbühne nicht interessiert gewesen ist.

Den Grundriß seines Alterssitzes und Sterbehauses ›New Place‹ hat die famose Stratforder Shakespeare-Gesellschaft am richtigen Ort durch Hecken und Blumen zum Blühen gebracht — mit Blick zum Avon, wo die Schwäne heute für den ›Schwan vom Avon‹ poetische Reklame schwimmen.

Ersparen wir uns alle eigentlich notwendigen ›vermutlich‹ und ›wahrscheinlich‹ und überblicken wir rasch, was von seinem Lebensweg einigermaßen gesichert und für sein Werk von Bedeutung ist.

Als William Shakespeare vier Jahre alt ist, wird sein Vater Bürgermeister von Stratford, das damals 1500 Einwohner zählt. William besucht die Lateinschule, ein einstöckiges Fachwerkhaus, das heute noch erhalten ist. Hier beschäftigt er sich mit Lilys lateinischer Grammatik, mit Ovid,

Solus instar omnium

Giovanni Gabrielli, genannt Il Sivello, gestorben zwischen 1603 und 1611. Dieser Stich von Agostino Caracci ist das erste maßgebliche Schauspielerporträt in Europa

Virgil und den englisch-lateinischen Schuldialogen des Erasmus von Rotterdam.

Der Sechzehnjährige verläßt die Schule. Der Achtzehnjährige heiratet am 27. November 1582 die acht Jahre ältere Anna Hathaway, ein für damalige Verhältnisse spätes Mädchen — es ist eine Blitzheirat und ihr folgt eine Blitzgeburt, denn schon sechs Monate später wird das Töchterchen Susanna getauft. Zwei Jahre danach — am 2. Februar 1585, werden die Zwillinge, Sohn Hamnet und Tochter Judith, getauft, und ein Jahr danach wird ein Antrag auf Zwangsvollstreckung gegen Shakespeares Vater gestellt. Der freilich besitzt drei Häuser, die er auch in Notzeiten nicht zu verkaufen oder auch nur zu beleihen braucht. William, offenbar ohne Beruf, verschwindet aus Stratford und ist 1590 in London nachzuweisen. Er tritt als Schauspieler am Theater des James Burbage auf, einer hervorragenden Bühne, und es werden die ersten Stücke von ihm gespielt. Zwischen 1590 und 1610 entsteht sein Werk. Es sind die beiden folgenreichsten Jahrzehnte der Theatergeschichte, zwei Jahrzehnte für die Ewigkeit.

Unter Shakespeares Namen kursiert aus der Zeit vor 1590 das blutige Drama ›Titus Andronicus‹ und der dreiteilige ›König Heinrich VI.‹, möglicherweise eine Gemeinschaftsarbeit mit Christopher Marlowe. Mit ›Richard III.‹, uraufgeführt 1593, beginnt die Reihe seiner Meisterwerke. Wegen der Pest werden die Theater geschlossen, und Shakespeare schreibt 1593 im Geschmack der Zeit das Renaissance-Gedicht ›Venus und Adonis‹, widmet es — wie ein Jahr später sein Versepos ›Lucrezia‹ im gleichen Stil — dem Grafen von Southampton und gewinnt damit einen einflußreichen Gönner.

Mister zehn Prozent

Als nach der Pest die Theater 1594 wieder öffnen, rückt Shakespeare in eine sehr wichtige Position auf: er wird Gesellschafter, Teilhaber der Truppe der ›Chamberlain's Men‹, der Truppe des Lord Kämmerers. Das ist Lord Hunsdon, ein Vetter der Königin Elisabeth. Die Hälfte der Anteile gehören Cuthbert und Richard Burbage, den Söhnen von James Burbage, bei dem Shakespeare als Schauspieler begonnen hat. Shakespeare ist mit zehn Prozent an Gewinn und Verlust beteiligt. Er hat Einfluß auf die Ausgaben (die Kostüme, nebenbei bemerkt, sind wesentlich teurer als die Theaterstücke) und er hat Einfluß auf die Einnahmen: durch den Spielplan, durch seine eigenen Stücke und durch die Auswahl und Bearbeitung fremder Stücke. Er wird dabei zum wohlhabenden Mann und kauft Grundbesitz in seiner Heimatstadt Stratford.

Das gefährlichste und wichtigste Konkurrenzunternehmen sind ›The Admiral's Men‹, die Truppe des Admirals, deren Direktor Philipp Henslowe sich den Theaterautor Ben Jonson durch laufende Vorschüsse verpflichtet hat. Gespielt werden im ›Theatre‹, dessen Teilhaber Shakespeare ist, unter anderem ›Die Komödie der Irrungen‹, ›Die beiden Veroneser‹, ›Liebes Leid und Lust‹, ›Der Widerspenstigen Zähmung‹, ›Romeo und Julia‹, ›Ein Sommernachtstraum‹, ›Der Kaufmann von Venedig‹, ›Viel Lärm um Nichts‹, ›Die lustigen Weiber von Windsor‹ und dazwischen Königsdramen. 1599 ist die Pachtzeit für das Grundstück, auf dem das ›Theatre‹ steht, abgelaufen, und die Schauspieler reißen gegen den Widerstand des Grundbesitzers das Gebäude ab. Südlich der Themse, auf der ›Bankside‹ in Southwark, entsteht ihr neues Haus, das berühmte Globe-Theater, in der Nachbarschaft des Rose-Theaters ihres Konkurrenten Henslowe.

Das Globe-Theater wird mit ›Heinrich V.‹ oder mit ›Julius Caesar‹ eröffnet. Es folgen ›Wie es Euch gefällt‹, ›Was Ihr wollt‹ und der ›Hamlet‹ um die Wende zum 17. Jahrhundert. Dem ›Hamlet‹ muß eine intensive Lektüre der ›Essays‹ des französischen Philosophen Michel de Montaigne (1533—1592) vorausgegangen sein: seine Gedankenwelt, geschult an der stoischen und epikuräischen Lebensweisheit der Antike, ja viele nahezu wörtliche Zitate sind samt den Fehlern des englischen Übersetzers Florio in Shakespeares Werken bis zu seinem letzten, dem ›Sturm‹, nachweisbar. Der

Das Globe-Theater in London, um 1612

Shakespeare-Übersetzer Hans Rothe schätzt in seinem Buch ›Shakespeare als Provokation‹ den Einfluß Montaignes sehr hoch: »In den früheren Stücken Shakespeares wurde Rücksicht auf die normale Welt genommen, wurden sogar Gesetz und Sitte wiederhergestellt. In den späteren Werken ist Rücksicht auf die anderen zwecklos, denn sie passen von vornherein nicht zu den Ausnahmegestalten, die für kurze Zeit die Welt abhängig machen von den Forderungen übermenschlicher Eifersucht, übermenschlicher Mordlust, übermenschlicher Liebe. Während Shakespeare in seiner ersten Schaffensperiode die Einrichtungen und Umgangsformen des Alltags im Ernsten wie im Heitern anerkannte, gibt es für ihn von jetzt ab nur noch das Recht des Individuums, dessen Pflicht es ist, Chaos zu verbreiten, wenn es nur in ganzer Größe und Wüstheit zur Erfüllung seines Schicksals kommt.«

Am 24. März 1603 stirbt die Königin Elisabeth, die das Theater gegen die Puritaner beschützt hat. Ihr Nachfolger, Jakob I., Sohn der Maria Stuart, ist Protestant und mag weder Katholiken noch Puritaner. Er übernimmt die ›Chamberlain's Men‹ als seine eigene, königliche Theatertruppe, als ›King's Men‹, erlaubt ihnen Gastspielreisen und weist die Behörden an, sie zu unterstützen. In den dreizehn Jahren bis zum Tod Shakespeares läßt Jakob am Hofe nicht weniger als dreihundert Theatervorstellungen veranstalten. Die Pest erzwingt wiederum die Schließung der Theater für ein Jahr. Shakespeare schreibt inzwischen ›Troilus und Cressida‹, ein Stück, das vom Globe-Theater abgelehnt wird. Der Shakespeare-Übersetzer Hans Rothe vermutet, daß es deshalb das einzige Stück Shakespeares ist, von dem wir die Urfassung — nicht die Theaterbearbeitung — besitzen.

Als die Theater 1604 wieder eröffnet werden, spüren sie die Konkurrenz neuer Ideen. Der Architekt Inigo Jones hat aus Italien die Guckkastenbühne mitgebracht, die durch Vorhang, Kulissen, perspektivische Malereien eine Illusion der Wirklichkeit zu geben versucht. Für Shakespeares Arbeitsweise, für seine rasch wechselnden Schauplätze, die aus der Sprache geschaffen und nicht durch Dekorationen gebaut werden, ist diese Bühne völlig unbrauchbar. Architekt Jones und der Dramatiker Ben Jonson arbeiten nun zusammen an höfischen Maskenspielen, die mit ihrer phantastischen, illusionistischen Ausstattung im Publikum neue Wünsche erwecken, und langsam kommt Shakespeares einfache Bühne aus der Mode.

Als Teilhaber des Globe-Theaters mit seinen beträchtlichen Einnahmen ist er nicht mehr darauf angewiesen, vom Erfolg seiner eigenen Dramen zu leben. Er schreibt nun auch Stücke, die dem Publikum nicht mehr so leicht eingehen: ›Timon von Athen‹, ›Ende gut, alles gut‹, ›Maß für Maß‹, ›Othello‹, ›Macbeth‹, ›König Lear‹, ›Antonius und Kleopatra‹ und ›Coriolan‹. Von ihnen schlagen nur ›Othello‹ und ›König Lear‹ wirklich ein;

›Timon von Athen‹, ›Antonius und Kleopatra‹ und ›Coriolan‹ sind damals anscheinend überhaupt nicht aufgeführt worden. Shakespeare schreibt seine ›Abschiedsstücke‹, ›Kymbelin‹, ›Das Wintermärchen‹, ›Der Sturm‹, und zieht sich, siebenundvierzig Jahre alt, um 1611 nach Stratford zurück. Er beschäftigt sich mit Obst, Blumen, Kommunalpolitik und der Verwaltung seines Vermögens.

Zwei Jahre später brennt das Globe-Theater, dessen Gesellschafter er noch immer ist, innerhalb von zwei Stunden ab. Eine Böllerkanone, die zur Aufführung von ›Heinrich VIII.‹ gehört, hat das Dach entzündet. Menschenleben waren nicht zu beklagen. Eines Mannes Hosenboden, der in Brand geraten war, wurde rechtzeitig mit ein paar Flaschen Bier gelöscht. Mit dem Theater aber sind wohl auch die Rollenhefte und Soufflierbücher der Shakespeare-Stücke verbrannt.

Am 25. März 1616 unterzeichnet Shakespeare sein Testament. Dieses Testament wird von Anti-Stratford-Leuten immer wieder ins Feld geführt, weil es so gar keinen großen Gedanken enthält; weil es nur die Vermögensverhältnisse regelt und in abscheulichem Englisch abgefaßt ist; weil Shakespeare darin seiner Frau ›das zweitbeste Bett‹ vermacht. Das Testament wurde von Shakespeares Anwalt Francis Collins geschrieben, und Anwälte haben nun einmal die Eigenschaft, daß sie Vermögensverhältnisse regeln, und zwar in juristischem Kauderwelsch, und ein Gentleman wie Shakespeare hatte zu seiner Zeit ein Staatsbett, das nur von hohem Besuch benutzt werden durfte, so daß das ›zweitbeste Bett‹ durchaus keine Infamie war. Überdies erhielt seine Witwe, ohne daß dies im Testament eigens festgesetzt werden mußte, ihren Pflichtteil — das war ein Drittel der Einkünfte aus den Grundstücken, und das war im Falle Shakespeares eine ganze Menge.

Am 23. April 1616, einen Monat nachdem er sein Testament gemacht hat, stirbt er. Sein Grabmal in der Holy Trinity Church in Stratford zeigt zwischen zwei Säulchen das plastische Brustbild eines Mannes mit Schnurr- und Spitzbart, gewaltiger Glatze und Löckchen über den Ohren. Das Papier in der Linken, die Feder in der Rechten sind so starr wie sein Blick: der steinerne Shakespeare sieht hier eher aus wie ein Bankbeamter, der gerade mit aller Entschiedenheit einen Kredit verweigert. Ein Vierteljahrhundert nach seinem Tode, 1642, schließen die siegreichen Puritaner sämtliche Theater.

Den Kneipen benachbart, vom Adel geschützt

Wie in Deutschland, Frankreich, Italien und Spanien fing auch in England das Theater in der Kirche mit den Wechselgesängen der Liturgie an. Der

Schritt aus der Kirche, deren Vorplatz nun den Spielraum bildete mit der Kirchentür als Mittelpunkt, ermöglichte es, die der Bibel entnommene Spielhandlung mit weltlichen Späßen anzureichern. Aus den Fronleichnamsspielen, die sich in Spanien zu einer besonderen Theatergattung entwickelten, wurden in England Volksfeste; ihre theatralischen Aufführungen, meist zu Pfingsten, wurden bestritten und finanziert von den Zünften der Handwerker. Die kirchlichen Spiele, die ›Mysterien‹, stellten die Passion Christi dar; die weltlicheren Spiele, die ›Mirakel‹, handelten von den Heiligen, oft von den Schutzheiligen der Zünfte, und boten farbige Unterhaltung. Ein Rückschritt im Dramatischen waren die späteren ›Moralitäten‹, da sie statt lebendiger Menschen nur Allegorien, personifizierte Tugenden und Laster, enthielten. Die folgenreichste Moralität dieser Frühzeit des englischen Theaters ist der mittelalterliche ›Everyman‹, das Spiel vom Sterben des reichen Mannes, das Hugo von Hofmannsthal zu seinem ›Jedermann‹ (1911) angeregt hat.

In Spanien blieb das Theater im Schutz und im Dienst der Kirche; in England verweltlichte es vollkommen. König Heinrich VIII. löste die englische Kirche von Rom; Königin Elisabeth ließ die schottische Königin Maria Stuart, Parteigängerin Spaniens und des Katholizismus, hinrichten; sie beendete das Wirken der Gegenreformation, und ihre Flotte vernichtete die spanische Armada.

Die Wiederentdeckung der Antike, die man Renaissance nennt, wurde vom spanischen Theater im Dienste der Gegenreformation in das Weltbild des Mittelalters eingebaut. Das spanische Barocktheater, abgesehen von den gesellschaftlichen Mantel- und Degenstücken, hat in seinen geistlichen Fronleichnamsspielen und in seinen weltlicheren Schauspielen die Entdeckungen der Renaissance den mittelalterlichen Mysterien, Mirakelspielen und Moralitäten eingepaßt und untergeordnet. Das englische Theater dagegen, unbehelligt von der Gegenreformation, hat durch die Renaissance, durch die nun übersetzten griechischen und römischen Schriftsteller, durch die Schriften der Lutheraner und frühen Humanisten, durch spanische, französische, portugiesische Romanciers und italienische Novellisten zu einem eigenen Gesicht und einem weltlichen Selbstbewußtsein gefunden.

Das gleiche Ereignis, das Spaniens Theater in den Glanz der Vergangenheit flüchten ließ, machte das englische Theater stolz auf die Gegenwart: Englands Sieg über die spanische Armada im Jahre 1588. Das spanische Theater zeigt das Leben als Schein und Traum und den Menschen in seiner Abhängigkeit von Gott. Das englische Theater zeigt das ins Überlebensgroße gesteigerte Leben und den ins Übermenschliche gesteigerten Menschen. Wenn die spanischen Schauspieltruppen vorm Volk spielten, so bezogen

sie die ›Corrales‹, Höfe
zwischen drei Häusern,
gemietet von geistlichen
Bruderschaften als den
Veranstaltern; ihren Reinertrag verwendeten sie für
caritative Zwecke. Wenn
die englischen Schauspieltruppen vorm Volk spiel-
ten, so bezogen sie eben-
falls Höfe zwischen drei
Häusern und vermieteten
die Fensterreihen an das
vornehmere Publikum,
doch waren dies Kneipen-
höfe, ›Innyards‹ genannt,
und ihre Protektoren
waren Adlige — den
Reinertrag behielt die
Truppe.

Als der Gemeinderat
der Londoner City 1574
die Gasthoftheater verbot,
bauten Schauspielertrup-
pen feste Theater vor den
Toren, außerhalb des
Machtbereichs der City, in
den sogenannten ›Freihei-
ten‹ von London. So 1576
James Burbage des ›Thea-
tre‹, wo vermutlich der

*Titelbild zu Kirkmans ›The Wits‹, London, 1673. Es
zeigt Personen aus den während des Theaterverbots
improvisierten ›Drolls‹, Kurzszenen aus beliebten
Stücken, und unterrichtet über Bühne, Kostüme und
Gebärden*

junge Shakespeare spielte und seine ersten Stücke aufführte. Diese Theater
waren dicht benachbart den Kneipen und Bordellen, und das berühmte
›Schwan‹-Theater nannte sich nach dem gleichnamigen Freudenhaus — nicht
etwa umgekehrt. Sie lagen einige Kilometer nördlich der Stadt.

Die Schauspieltruppen um und in London wurden 1594 abermals unterdrückt, ausgenommen die konkurrierenden Truppen des Lord Kämmerers
und des Lord Admirals. So zogen brotlos gewordene englische Berufsschauspieler auf den Kontinent und machten die Niederlande, Dänemark, Deutschland und Österreich mit ihren Stücken und ihrer Kunst vertraut. Im gleichen

Jahr erbaute die Gesellschaft des Lord Kämmerers, der Shakespeare angehörte, das Globe-Theater, und noch keine zehn Jahre später, 1603, im Todesjahr der Königin Elisabeth, gab es in London nicht weniger als elf feste
Schauspielhäuser.

Elisabeths Nachfolger Jakob I. übernahm den Schutz des Theaters, und
damit war es bis 1642, bis zum Sieg der theaterfeindlichen Puritaner, endgültig gesichert: weitab von Mysterien und Mirakelspielen, von der spanisch-
katholischen Bewährung des Menschen vor Gottes Geboten — ein weltliches
Theater, in dem der Mensch sich selbst und seinen Möglichkeiten im Guten
wie im Bösen begegnet. Ist das spanische Barocktheater eine Prozession zu
Gott geblieben, so ist das englische Renaissance-Theater zu einer Expedition
ins Innere des Menschen geworden.

Eine Vorstellung im Globe-Theater

Trompetenstöße, eine gewaltige Fahne wird gehißt und flattert über dem
runden, aus Holz gebauten Theater, das rund tausend Zuschauer faßt. Es ist
zwei Uhr nachmittags, die Vorstellung beginnt, und sie muß in zwei bis
zweieinhalb Stunden zu Ende sein, eine längere Spieldauer ist durch Gesetz
verboten. (Schlußfolgerung am Rande: Von den Stücken Shakespeares, die
mehr als zweieinhalb Stunden erfordern, kann also nicht die tatsächliche
Bühnenfassung vorliegen.)

Das wohlhabendere Publikum steigt in den Treppenhäusern zu den drei
Rängen hoch; sie erlauben von drei Seiten den Blick auf die Bühne von
oben. Die feineren Herren und der Adel haben ihre Loge unmittelbar neben
dem Podium, fast auf dem Podium — es sind, wie auch heute noch üblich, die
teuersten und schlechtesten, weil der Bühne zu nahen Plätze. Durch zwei
Seiteneingänge füllt sich das Parterre mit Volk, mit den ›Gründlingen‹: sie
müssen stehen wie die ›Mosqueteros‹ im spanischen Hinterhoftheater, und
wenn das Stück so langweilig wird, daß sie ihre müden Beine spüren, so
fangen sie an, Radau zu machen. Die Theaterautoren in England wie in
Spanien nehmen darauf Rücksicht und sorgen dafür, daß die ernsten Szenen
aufregend sind und durch komische Szenen unterbrochen werden. Auf das
Fechten wartet man wie heute im Wildwestfilm auf die gezogenen Colts —
es wird mit höchster Artistik und spannungssteigernden Finten gefochten.
Niemand ist hierhergekommen, um ›Kunst‹ zu genießen — die Leute wollen
unterhalten werden. Die obersten Hofkreise besuchen das öffentliche Theater
so wenig wie die Königin: gar nicht. Sie haben ihre eigenen Aufführungen
am Hof, für die das Theater zweifellos eine eigene Bühnenfassung einrich-

tet, und sie haben ihre Feste und Maskenspiele, an denen sie selbst als Schauspieler teilnehmen. Im Globe-Theater aber sind alle Schichten des Volkes vertreten, und da auch Frauen ohne Begleitung Zutritt haben, wird das Theater von den professionellen Liebeshändlerinnen als Treff- und Anknüpfungspunkt besucht. Ehrbare Damen, sofern sie sich überhaupt ins Theater wagen, verbergen ihr Gesicht hinter einer Maske.

Ein elisabethanisches Theater. Rekonstruktion von Richard Southern (Copyright)

Das rechteckige Podium der Bühne ragt weit in den runden Zuschauerraum hinein. Im Hintergrund des Podiums: zwei Seitentüren und dazwischen die durch einen Vorhang abgeschlossene Hinterbühne. Darüber ein entsprechender Balkon als Oberbühne. Darüber eine Hochbühne, auf der Turmszenen stattfinden oder die Musikanten sitzen. Eine Flugmaschinerie für Gestalten aus dem ›Himmel‹ und eine Versenkung im Podium, die zur Unterbühne, zur ›Hölle‹, führt, entsprechen dem spanischen Theater, doch wird von ihnen im elisabethanischen England nur ein bescheidener Gebrauch gemacht. Dieser hintere Abschluß des Podiums kommt von der mittelalterlichen Himmel-Erde-Hölle-Bühne, aber das Podium, die Erde, und die Oberbühne, der Balkon, sind die Hauptschauplätze — denn nun beherrscht das Irdische die Szene. Das Theater ist im Grunde nichts anderes als der verbesserte Innenhof eines Gasthauses, in dem das Podium aufgeschlagen wird; die Fenster darüber dienen als Bühnenbalkon, und die Fenster der Seitenhäuser werden als Galerie für zahlungskräftige Zuschauer benutzt. Der Blick von oben auf das Podium und seinen hinteren Abschluß, das Spiel unter freiem Himmel — das alles ist enger dem antiken Amphitheater mit Orchestra und Skene als dem barocken Guckkasten mit seinen Beleuchtungseffekten im Saal verwandt.

Kein Vorhang, keine Dekorationen: die Schauplätze werden durch die Sprache in der Phantasie der Zuschauer hervorgebracht. Ein elisabethanisches Stück beginnt also mit dem ersten gesprochenen Wort und endet mit dem letzten. Wenn heute ein Shakespeare-Regisseur, bevor das erste Wort gesprochen ist, Dekorations-, Licht- und Atmosphärezauber auf der Bühne treibt, so zeigt er damit, daß er nicht gesonnen ist, aus dem Geist Shakespeares zu inszenieren, denn er zeigt den Augen, was durch die Ohren viel besser vor den inneren Augen des Publikums beschworen wird. Nie wird dem elisabethanischen Zuschauer die Illusion eines Schauplatzes aufgebaut; immer bleibt er sich der Tatsache bewußt, daß auf dem Podium ein Spiel stattfindet — so können die Schauspieler der nächsten Szene schon auftreten und reden, während die Schauspieler der vorangegangenen Szene, die irgendwo anders spielt, noch beim Abgang sind.

Im Globe-Theater sind nur die Galerien und die Hinterbühne überdacht; Podium und Parkett liegen unter freiem Himmel. Doch so leicht es ist, durch ein paar atmosphärestarke Verse ohne jede Dekoration den Schauplatz zu wechseln, so leicht ist es auch, durch ein paar bildkräftige Verse das Tageslicht zur Nacht zu machen. So primitiv dies technisch scheinen mag, so raffiniert ist das Verfahren: es erzwingt vom Bühnenautor Poesie, mit deren Hilfe er das Publikum durch die Tages- und Jahreszeiten und durch die fernsten Länder führt.

Dies verlangt vom Schauspieler das äußerste an sprachlicher Präzision, Ausdruckskraft, Magie: er muß ja die Vorstellung der Natur erzwingen. Schauspielerinnen gibt es nicht, Knaben vorm Stimmbruch spielen die Mädchenrollen. So ist die Pikanterie der häufigen Hosenrollen für Mädchen noch gesteigert: ein Junge, der ein Mädchen spielt, das einen Jungen spielt.

Die ersten großen deutschen Shakespeare-Verehrer, Wieland und Herder, Lessing, der junge Goethe und Schiller, hatten keine Ahnung von der Shakespeare-Bühne. Ihren zeitgenössischen barocken Guckkasten mit Vor-

hang und Kulissen, mit naturnachahmenden Bauten vor Augen, konnten sie
sich über die ›Regellosigkeit‹ Shakespeares gar nicht beruhigen, denn sie
kannten die Regeln seiner Bühne nicht, die an Geschmeidigkeit und sprachlicher Ausdruckskraft, erzwungen durch ihre Einfachheit, dem barocken
Kinozauber weit überlegen ist. Erst die Übersetzungen der Romantiker und
die theaterpraktischen Überlegungen vor allem Ludwig Tiecks haben auf
die richtige Spur geführt. Seit den zwanziger Jahren unseres Jahrhunderts
wird Shakespeare mehr und mehr so oder doch so ähnlich aufgeführt wie
im elisabethanischen Theater: auf einer Podiumbühne, jetzt ›Raumbühne‹
genannt, mit wenigen Dekorationen und ›Verwandlungen‹ vor aller Augen,
und auf hell ausgeleuchteter Spielfläche.

Die ungenauen Texte eines Stückeschreibers

Shakespeare hat diese Theaterform nicht erfunden; er hat sie vorgefunden.
Wie fast alle großen Dramatiker war er kein Revolutionär der Bühne, sondern ein Erbe, ein Ausnutzer. Überkommenen Formen gab er neue Inhalte
und überkommenen Inhalten eine neue Form.

Durch die Praxis wurde er zum ›playwright‹, zum Stückeschreiber. Das
war ein Beruf, der von verkrachten Akademikern, von Juristen und Soldaten, von Abenteurern und Schauspielern ausgeübt wurde, falls sie dazu
Talent hatten. Als Vorlage dienten Novellen, Romane, Chroniken, vor allem
aber ältere Stücke. Man pfiff auf das ›geistige Eigentum‹, arbeitete sie um,
paßte sie aktuellen Ereignissen an, spickte sie mit tagespolitischen Anzüglichkeiten und schneiderte die Rollen den Schauspielern der jeweiligen Truppe
genau auf den Leib. Gewissensbisse bei der Übernahme fremder Stoffe, Einfälle, ja Verse hatte man nicht: was gerade paßte, das wurde verwendet. An
den Stücken arbeiteten oft mehrere Autoren zusammen oder unabhängig
voneinander — es ging dabei ähnlich zu wie heute in den Drehbuchabteilun-
gen von Hollywood. Kein Mensch weiß, an wieviel Stücken Shakespeare auf
diese Weise als ungenannter Co-Autor beteiligt war.

Shakespeare konnte von seinen Vorgängern und Zeitgenossen lernen:
von John Lyly den Witz der Songs und der Diener, auch den stilistischen
Schwulst (über den er sich später lustig gemacht hat); von Thomas Kyd den
Blankvers (und aus dessen ›Spanischer Tragödie‹ die Hamlet-Handlung);
von George Peele und Robert Greene die Abwendung vom antiken Pathos
und die Hinwendung zum Realismus des Volkes; von Christopher Marlowe
die große Form: die Steigerung des Menschlichen ins Überlebensgroße, ohne
dabei den Realismus der Charaktere, die innere Wahrheit des Menschen, zu

verlieren. Wenn Shakespeare seine Vorlagen plünderte, umgoß, erweiterte und vertiefte, so fühlte er sich wohl als einer jener rund fünfzig Stückeschreiber, die damals um die Gunst des Publikums und — mit einem schielenden Auge — um die Gunst des Hofes kämpften. Er überragt seine Konkurrenten freilich — damals in der Gunst des Publikums ein knappes Jahrzehnt lang, und heute bis in alle Ewigkeit. Der Druck seiner Theaterstücke war ihm gleichgültig. Zwar war es damals nicht üblich, daß Autoren ihre Stücke drucken ließen, denn die hatten sie ja an ihre Truppe verkauft, die damit allein das Recht besaß, sie zu spielen, und dieses Recht wäre durch gedruckte Texte gefährdet worden, doch schrieben Stenographen im Parkett so eifrig wie fehlerhaft mit, Schauspieler wurden bestochen, ihre Rollen auszuleihen, und es war ein besonderer Glücksfall, wenn sich der Souffleur bestechen ließ, denn er allein besaß den vollständigen Text. Um die auf diese Weise mit unendlich viel Fehlern, Lücken und Ausbesserungen zusammengestoppelten Raubdrucke — nach ihrem Quart-Format ›Quartos‹ genannt — hat sich Shakespeare nie gekümmert. Er hat auch nicht wie sein Kollege Ben Jonson eine größere Ausgabe seiner Werke im Folio-Format gesammelt, sorgfältig redigiert, fehlerfrei und mit den nötigen Fußnoten zur Erläuterung. Er hätte es sich sogar ohne Verleger finanziell mühelos leisten können und wahrscheinlich noch daran verdient. Er hat es nicht getan, er hielt seine Stücke offenbar für einen Teil des lebendigen Theaters und nicht für Lesestoff, für ›Literatur‹.

Erst 1623, sieben Jahre nach seinem Tod, erschien die erste Gesamtausgabe von Shakespeares Dramen, herausgegeben von seinen Bühnenkollegen John Heminge und Harry Condell: 36 Stücke im Folio-Format, weshalb diese Ausgabe die ›Folio‹ genannt wird; sie ist gedruckt angeblich nach den ›True Originall Copies‹. Doch waren auch diese ›Originale‹ keine Originale, sondern Bühnenbearbeitungen (zu offenbar verschiedenen Zwecken) der vom Autor einst gelieferten, nicht mehr vorhandenen und unbearbeitet wohl nie gespielten Originale. Sie weichen von den Einzelausgaben der ›Quartos‹ ab, die wiederum untereinander keineswegs übereinstimmen. Um das Maß vollzumachen, stimmen einzelne Folio-Bände dieser ersten Ausgabe auch nicht textgetreu überein, da wohl noch während dem Druck dieser etwa tausend Exemplare immer wieder am Text herumgearbeitet worden ist. Und ob die 36 Stücke der ›Folio‹ alle von Shakespeare stammen, oder ob seine Kollegen unwissentlich oder wissentlich einiges eingeschmuggelt haben, um das Buch dicker zu machen und noch Unbekanntes zu bieten, das ist so unsicher wie die Urheberschaft einiger Stücke, die unter seinem Namen kursieren, aber nicht in die ›Folio‹ aufgenommen worden sind. Was Shakespeare genau geschrieben hat — wir wissen es nicht.

Mr. WILLIAM

SHAKESPEARES

COMEDIES,
HISTORIES, &
TRAGEDIES.

Published according to the True Originall Copies.

Martin Droeshout sculpsit London.

LONDON
Printed by Isaac Iaggard, and Ed. Blount. 1623.

Titelblatt der ›Folio‹, der ersten Gesamtausgabe der Werke Shakespeares,
London 1623

Nun wird dieser unsichere Text auch noch ins Deutsche übersetzt. Zunächst von Wieland 22 Dramen in acht Bänden (1762 bis 1766), nicht ohne Lücken und Rokoko-Parfüm. Diese Ausgabe wurde im Auftrag des Verlags von dem Philologen Eschenburg überarbeitet, verbessert, ergänzt (1775 bis 1777): 36 Dramen liegen 1782 in 13 Bänden vor in Prosa, nur ›Sommernachtstraum‹ und ›Richard III.‹ in Jamben. Diese Übersetzungen, deren »Vollständigkeit im Ganzen und Genauigkeit im Einzelnen« von A. W. Schlegel gerühmt wird, ist Shakespeare näher als die berühmteste aller deutschen Ausgaben, die ›Schlegel/Tieck‹-Ausgabe (1796 bis 1825), die Shakespeare mit romantischem Schmelz legiert. Shakespeare als kraftvollster deutscher Romantiker – so wird er von vielen Menschen geliebt. Seit den fünfziger Jahren unseres Jahrhunderts aber spielen viele Theater wieder – wie schon Jürgen Fehling – den nüchternen und genauen Eschenburg, der einst die Bühnen für Shakespeare erobert hat.

August Wilhelm Schlegel hat nur einen Teil der Stücke übersetzt (17), leider nicht die allerbesten, und Ludwig Tieck hat — mit Ausnahme des in die ›Schlegel/Tieck‹-Ausgabe nicht aufgenommenen ›Perikles‹ — gar nichts übersetzt, sondern seine Tochter Dorothea und Wolf Graf Baudissin für sich arbeiten lassen und mit ihnen nur ›Korrigierstunden‹ abgehalten. Ihre Leistungen sollen nicht geschmälert werden, doch gibt es kaum eine deutsche Bühne, die diese Texte, mehr oder minder heimlich, nicht veränderte: auf der Bühne gesprochen, sind sie mit ihren komplizierten Vers- und Satzverschränkungen streckenweise vom Publikum in der geforderten Geschwindigkeit einfach nicht aufzunehmen. Oder die Bühnen nehmen (selten) den von Friedrich Gundolf (1908–1923) abgewandelten ›Schlegel/Tieck‹, der manchmal klarer, meist aber im Stil der Schule Stefan Georges gespreizter ist. Oder sie nehmen zeitgenössische Übersetzungen beispielsweise von Richard Flatter (1952–1956), der allerdings der Romantik sehr verpflichtet ist. Oder sie nehmen die Übersetzung von Hans Rothe, der seine Arbeit 1918 begonnen hat und der witziger, ›natürlicher‹, freier ist, wo es ihm erlaubt scheint. Oder sie nehmen den wortgenauen, kraftvoll lyrischen Erich Fried.

Oder aber die Bühnen nehmen irgendeine Übersetzung und bessern sie, dem Urheberrecht zum Trotz, insgeheim mit den besten Partien anderer Übersetzungen aus — das zerstört zwar die einheitliche Grundmelodie, aber es ist ein durchaus elisabethanisches Verfahren. Wer das gleiche Stück von Shakespeare an verschiedenen Bühnen sieht, der hat jedesmal einen anderen Text gehört und niemals genau den, der von Shakespeare stammt. Niemand aber spielt heute, allen deutschen Gerüchten zum Trotz, Shakespeare besser als die Engländer, und sie bearbeiten den auch ihren Ohren gar nicht so leicht eingängigen Text natürlich ebenfalls.

Der Londoner Stückeschreiber, Schauspieler und Theatermacher, der, nachdem er sich von diesen Geschäften zurückgezogen, von Stratford nach London fuhr, nicht um die Drucklegung seiner Stücke zu besorgen, sondern um mit seinen Mitbürgern gegen die Umzäunung der Gemeindewiesen zu protestieren, hätte gegen den Umgang der heutigen Theater mit seinen Texten sicherlich nichts Grundsätzliches einzuwenden: er wollte immer das Publikum, und das Publikum hat man von der Bühne nur dann, wenn jeder gesprochene Satz sofort verstanden wird — über Einzelheiten, selbstverständlich, kann man immer streiten.

Der Mann, der's nicht so genau wußte

Obwohl man nicht einmal mit Sicherheit sagen kann, ob Shakespeares berühmtes Einrenken der ›sittlichen Weltordnung‹ am Schlusse seiner Tragödien — dieser beruhigende Auftritt von Herren wie Fortinbras, dieses winzige Heftpflaster auf einer gewaltigen Wunde —, ob dies von ihm so gemeint oder nur von der Zensur gewünscht worden ist, haben sich Philologen und Literaturwissenschaftler nicht entmutigen lassen, das Weltbild dieses Verfassers höchst unordentlich überlieferter Werke zu enträtseln und ihn auf einen Glauben oder eine Philosophie festzulegen. Ungeheure Berge von Literatur sind dabei entstanden, darunter die geistreichsten Theorien. Der Theaterbesucher mag sie zur Kenntnis nehmen, doch bleibt dies für ihn eine Nebensache. Nichts erscheint ihm in einer Shakespeare-Vorstellung einleuchtender als Goethes Feststellung, daß Shakespeare immer neue Seiten biete und am Ende unerforschlich bleibe wie das Universum, das er darstellt: »Denn wir sämtlich, wie wir auch sind, können weder seinem Buchstaben noch seinem Geist genügen.« Mit einem Glaubensbekenntnis ist Shakespeare nicht beizukommen: er gehörte wie sein Vater, und wie es der Staat verordnete, der anglikanischen Kirche an, und Goethe hielt es für den größten Lebensvorteil Shakespeares, daß er als Protestant geboren und erzogen worden sei. Nun — sein Vater war kein Kirchgänger, er selbst ein säumiger und gemahnter Kirchensteuerzahler, seine Mutter stammte aus einer katholischen, seine Frau aus einer puritanischen Familie, und die katholischen Priester in seinen Stücken sind lauter nette Leute. Es läßt sich aus seinen Werken nichts anderes herauslesen, als daß er religiös indifferent gewesen ist, ein Agnostizist wie Montaigne. Man hat versucht, die Philosophie der Rosenkreuzer in Shakespeares Dramenfabeln und in seiner Sprache nachzuweisen, und man hat — wie für viele andere Theorien — einleuchtende Argumente dafür gefunden, doch kann dies für die Theaterbesucher nicht mehr sein als bestenfalls Poesie: wie die Bilder, die Shakespeare der Alchemie und Astrologie entnimmt.

Shakespeare ist kein religiöses und kein philosophisches, sondern ein theatralisches Ereignis: ein Fest der Aktion und Gegenaktion, ein Fest der spielenden Menschen, der Sprache und der Phantasie. Es fehlen nicht die Anspielungen auf aktuelle Zeitereignisse, doch ein eigentliches Zeitstück hat Shakespeare, vielleicht mit Ausnahme von ›Richard II.‹ und ›Hamlet‹, nie geschrieben.

Als er stirbt, ist Calderon sechzehn Jahre alt. Das geschlossene Glaubensgehäuse, das der Spanier nach Shakespeares Tod in seinen Dramen nachbaut, diesen von Gott geschaffenen, gelenkten und auf Gott allein bezogenen Kosmos, in dem der Mensch, frei in seinen Entscheidungen, geprüft und gerichtet wird — diese klare Weltordnung ist für Shakespeare schon verloren. Für Shakespeare ist das Glaubensgehäuse gesprengt, seine Menschen sind unsicher, komplizierter und einsamer geworden: sie fühlen sich abhängig, doch wovon, das wissen sie nicht genau. So undurchschaubar die Welt, so undurchschaubar sind die menschlichen Schicksale, verknäuelt aus Charakter und Verhängnis, aus Zufall und Bestimmung. Der Mensch steht in der Natur und gegen die Natur, er vernichtet und wird vernichtet, er scheitert in der Tragödie und triumphiert in der Komödie, und niemand weiß so recht, weshalb.

Der Konflikt sei unvermeidlich? Unlösbar? Der Held siege moralisch im Untergang, indem er sein Schicksal bejaht? Das sind so Redensarten ... Die Motivierungen Shakespeares sind verrätselt: immer bleibt ein Rest Geheimnis, seine Menschen sind nicht auszuloten. Shakespeare ist der Dichter, der es nicht so genau weiß: darin liegt seine Größe, seine Überlegenheit über alle, die es genau zu wissen glauben, und darin liegt seine Unsterblichkeit.

Shakespeare erklärt das Leben nicht, er zeigt es, und wenn er es als Märchen zeigt, so müssen wir ihm glauben, daß es so ist, wie er es zeigt: das ist das Geheimnis seiner Kunst. Wir müssen ihm glauben, und wenn sich unser Verstand noch so sehr gegen seine absurden Konstruktionen, gegen die Löcher in seinen Motivketten, gegen die Sprünge in seinen Charakteren, gegen die Unwahrscheinlichkeiten seiner Psychologie sträubt — seine Gestalten leben mit allen ihren Widersprüchen, und alle unsere Widersprüche finden wir in ihnen. Ist Shakespeare lebensverliebt, so sind wir es auch. Ist er sterbenstraurig, so sind wir es auch. Indem er uns einen Teil unserer Welt zeigt, macht er uns zu einem Teil seiner Welt.

Seine Welt ist keine Idylle, doch unstillbar ist ihre Sehnsucht nach einfachen bürgerlichen Tugenden: nach Freundschaft und Liebe, nach Mut und Weisheit, nach Gerechtigkeit und Gnade. Mit dieser Sehnsucht beschenkt und stärkt er unsere Welt noch dann, wenn er uns gerade ihre tiefsten Abgründe gezeigt hat.

Noch immer stehen wir vor ihm wie Herder, als er ihm in den siebziger Jahren des 18. Jahrhunderts den Weg in Deutschland bereitet hat, in einer Begeisterung, die keine Ausrufezeichen scheut, weil sie sich selbst sowenig wie ihren Gegenstand ganz erklären kann: »Wenn er die Begebenheiten seines Dramas dachte, im Kopf wälzte, wie wälzen sich jedesmal Örter und Zeiten so mit umher! Aus Szenen und Zeitläuften aller Welt findet sich, wie durch ein Gesetz der Fatalität, eben die hierher, die dem Gefühl der Handlung die kräftigste, die idealste ist, wo die sonderbarsten, kühnsten Umstände am meisten den Trug der Wahrheit unterstützen, wo Zeit- und Ortwechsel, über die der Dichter schaltet, am lautesten rufen: ›Hier ist kein Dichter! ist Schöpfer! ist Geschichte der Welt!‹« Shakespeare ist das Rätsel, in dem wir alle unsere Rätsel wiederfinden. Die Lösung? Sie steht dahin — bei ihm wie bei uns.

Meinungen: »Auf die geringste von seinen Schönheiten ist ein Stempel gedruckt, welcher gleich der ganzen Welt zuruft: ich bin Shakespeares! und wehe der fremden Schönheit, die das Herz hat, sich neben ihr zu stellen!«: Lessing. — »Er führt uns durch die ganze Welt, aber wir verzärtelte unerfahrne Menschen schreien bey ieder fremden Heuschrecke, die uns begegnet: Herr, er will uns fressen«: Goethe. — »Mehrere Jahre hatte er schon meine ganze Verehrung und war mein Studium, ehe ich sein Individuum liebgewinnen lernte. Ich war noch nicht fähig, die Natur aus der ersten Hand zu verstehen«: Schiller. — »Mit Einem Worte, so wie er die fruchtbarste, kühnste Phantasie in das Reich der Natur hineinträgt, so trägt er auf der andern Seite die Natur in die jenseits des Wirklichen liegenden Regionen der Phantasie hinüber«: A. W. Schlegel. — »Das war Shakespeares Humanität, die Schuld zu verurteilen, den Menschen zu bedauern; seine Frömmigkeit war der Glaube an eine gerechte Weltordnung«: Otto Ludwig. — »Bei keinem Dichter ist das allegorische Lesen, das heißt die Suche nach dem Sinn hinter den Erscheinungen unnötiger, verwirrender und verlockender als bei Shakespeare«: Friedrich Gundolf. — »Aber an Shakespeare hat sich das deutsche schauspielerische Dasein unter stets aufs neue problematischen Verhältnissen immer wieder emporgehoben, hier besteht im allseits Abgebrochenen, stets Traditionslosen sogar eine Art Kontinuität«: Hofmannsthal. — »Eine Dichtung aus Grundsätzen und Zeitideen, wenn auch noch so edlen, kann nicht dauern, weshalb die letzten der halbechten Shakespeare-Stücke mehr Kraft und mehr Wahrheit behalten als die besten von Schiller«: Stefan George und Karl Wolfskehl. — »Wollte man den Versuch wagen, das Wesen dieses unfaßbaren Menschen in einem einzigen Wort auszudrücken, so könnte man vielleicht sagen: er war der vollkommenste Schauspieler, der je gelebt hat. Er war der leidenschaftlichste und objektivste, hingegebenste und souveränste Charakterdarsteller der menschlichen Natur, aller ihrer Höhen und Niederungen, Flachheiten und Abgründe, Zartheiten und Bestialitäten, Träume, Taten und Widersprüche. Er ist der roheste Schlächter und der femininste Gefühlsmensch, der feinste Artist und der geschmackloseste Barbar, der, gleich den Edelleuten seiner Zeit, mit einer Überfülle von Juwelen prunkt, er schreckt vor nichts zurück und bevorzugt nichts: denn alles ist ja nur eine Rolle, die möglichst glaubhaft und möglichst einprägsam vorgetäuscht werden will«: Egon Friedell. — »Ich sehe keinen Grund für die Ansicht, daß Dante oder Shakespeare selbständig nachdachten. Die Menschen, die denken, daß Shakespeare dachte, sind immer Leute, die sich nicht mit dem Schreiben von Dichtung, sondern mit dem Denken beschäftigen«: T. S. Eliot. — »Shakespeare schreibt seine Stücke nicht, weil er ein Erlebnis festhalten oder ein Problem lösen will; es ist bei ihm nicht zuerst das Motiv gegeben und es wird dazu die Form und die Darstellungsmöglichkeit nicht nachträglich gesucht, sondern es ist vor allem andern die Nachfrage da, und er trachtet hauptsächlich dieser zu entsprechen. Er schreibt seine Stücke, weil sein Theater die Stücke braucht«: Arnold Hauser. — »Die Grundidee, säuberlich erarbeitet und geistesgeschichtlich verankert, ist das einzige, was man bei Shakespeare nicht suchen darf. Danach befragt, würde er durch jedes deutsche Examen fallen. Dafür hat er auf jedem deutschen Theater triumphiert, wo diese Frage nicht gestellt wurde«: Hans Rothe. — »Was für ein Geklapper! Ich nehme Shakespeare nicht aus: Diese Degen und Brünnen und Wamse und Giftbecher und Dolche — als Buch gelesen unvergleichlich, aber auf der Bühne: Das Komische traurig und das Ernste zum Lachen!«: Gottfried Benn. — »Die Shakespeare-Forscher könnten sich viel Kopfzerbrechen ersparen, wenn sie bei einer offensichtlich unbefriedigenden Stelle in den Dramen zugeben wollten, daß auch Shakespeare hier und da etwas mißglückte, anstatt derartige Stellen völlig vernunftwidrig zu rechtfertigen«: Somerset Maugham. — »Wenn Herr Shaw Shakespeare angreift, so handelt er in berechtigter Notwehr«: Karl Kraus.

Im Schnellkurs: die Königsdramen

Von den 36 Stücken der Folio-Ausgabe von 1623 (siehe auch Seite 156) sind zehn ›Historien‹, auch ›Königsdramen‹ genannt. Nach der Vernichtung der spanischen Armada im Kanal im Jahre 1588 entwickelte England, das keine Invasion mehr zu fürchten brauchte, das Selbstbewußtsein einer Großmacht.

Dem damit wachsenden Interesse für die eigene Geschichte kamen Shakespeares >Historien<, diese patriotisch aufbereiteten, pseudohistorischen Bilderbogen, entgegen. Mit wenigen Ausnahmen werden sie in Deutschland selten gespielt. Zur Orientierung genügen einige Hinweise.

König Heinrich der Sechste (King Henry VI) besteht aus drei Teilen, geschrieben von 1590 bis 1592; der erste Teil möglicherweise in Zusammenarbeit mit Christopher Marlowe. Held des ersten Teils, der in England und Frankreich von 1422 bis 1444 spielt, ist Lord Talbot: nach dem Tode Heinrichs V. verteidigt er im Hundertjährigen Krieg die englische Macht in Frankreich. Die Jungfrau von Orleans erscheint hier im Bunde mit den Teufeln, ist die Geliebte des Dauphin und endet als Lügnerin und Sünderin am Pfahl. Von der Szenentechnik hat Goethe für seinen >Götz von Berlichingen< gelernt. Der zweite Teil, der in England von 1445 bis 1455 spielt, schildert den Streit zwischen den Häusern York (>Weiße Rose<) und Lancaster (>Rote Rose<), der Partei Heinrichs VI., dessen Gemahlin Margaretha die Mittelpunktsfigur ist. Im dritten Teil, der in England und Frankreich von 1455 bis 1471 spielt, werden die >Rosenkriege< fortgesetzt. Shakespeares Sympathien gelten Heinrich VI., einem äußerlich schwachen, doch gütigen Herrscher, der sich höheren Wahrheiten verpflichtet fühlt. Der drittgeborene Sohn seines Gegners, des Herzogs von York, ist der hinkende und bucklige Richard, nachmals Herzog von Gloster, nachmals König Richard III.: sein finsterer Charakter wird hier vorgeformt.

König Richard der Dritte (The Tragedy of King Richard III), geschrieben um 1592, schildert die Ereignisse von 1471 bis 1485, das Ende der Rosenkriege mit dem Sieg des Grafen von Richmond; er ist der erste Herrscher aus dem Haus Tudor, der Großvater von Shakespeares Königin Elisabeth. Das meistgespielte aller Königsdramen (mehr darüber auf Seite 176).

König Richard der Zweite (The Tragedy of King Richard II), geschrieben um 1594, ist der erste Teil der >Lancaster-Tetralogie<, zu der noch >Heinrich IV.< (mit zwei Teilen) und >Heinrich V.< gehören. >Richard II.< spielt in England und Wales von 1398 bis 1400 und stellt Ursache und Beginn der >Rosenkriege< zwischen den Häusern Lancaster und York dar. Richard II., befangen in der Mystik seines Gottesgnadentums, schwach, in sich selbst verliebt und ohne politische Verantwortung für den Staat, entsagt dem Thron und läßt sich gefangennehmen. Bolingbroke, Herzog von Hereford, läßt ihn ermorden und besteigt als Heinrich IV. den Thron. Da Richard II. eine Rolle ist, die einen geistigen Schauspieler faszinieren kann — lyrisch, monologisch, sich bespiegelnd, genießend und unter sich selbst leidend, entfernt dem Hamlet verwandt —, wird das Stück gelegentlich gespielt.

König Heinrich der Vierte (King Henry IV) besteht aus zwei Teilen, geschrieben zwischen 1596 und 1598. Das Drama spielt in England von 1402 bis 1413. Bolingbroke, jetzt Heinrich IV., von Gewissensbissen über die Ermordung Richards II. geplagt, von der Angst und dem Mißtrauen des Usurpators gepeinigt, schlägt eine Rebellion seiner früheren Helfer nieder, die von Percy Heißsporn angeführt wird. Sein Sohn Heinz entwickelt sich vom übermütigen Prinzen zum Herrscher und übernimmt nach dem Tod seines Vaters als Heinrich V. die Regierung. Das Stück hat Shakespeare berühmt gemacht durch die saftige Komik seines Sir John Falstaff: ein fetter Fresser und Säufer, ein Angsthase und Aufschneider, immer bereit, den König zu parodieren; er zieht mit einer Flasche statt mit einer Waffe in den Krieg, erschwindelt sich Heldenruhm und entwickelt aus seiner intimen Kenntnis der Menschen und des Weltlaufs eine drastische

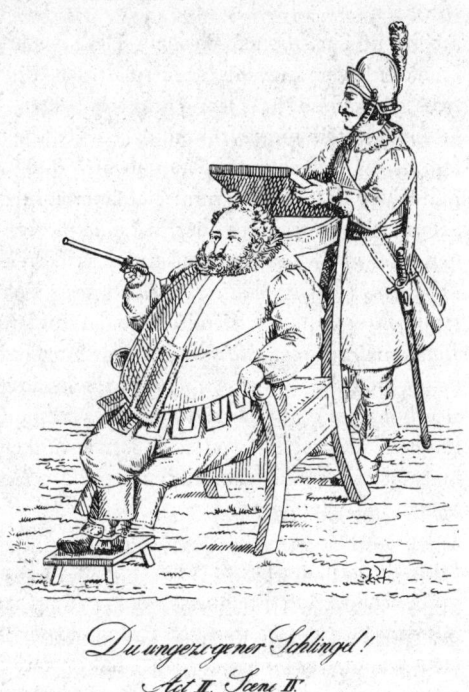

Du ungezogener Schlingel!
Act II. Scene IV.

Ludwig Devrient (1784–1832) als Falstaff in Shakespeares ›König Heinrich IV‹. Federlithographie von Johann Peter Lyser, Berlin 1828

Philosophie der Faulheit und des Genusses. Shakespeare hat den Falstaff, seine populärste Figur, zum Mittelpunkt der Komödie ›Die lustigen Weiber von Windsor‹ (Seite 169) gemacht. Falstaff zuliebe wird ›Heinrich IV.‹ gelegentlich auch in Deutschland aufgeführt.

König Heinrich der Fünfte (The Life of King Henry V), geschrieben 1599, spielt in England und Frankreich von 1414 bis 1420. Heinrich V., der Prinz Heinz aus ›Heinrich IV.‹, besiegt im Hundertjährigen Krieg 1415 bei Azin-

court die Franzosen und gewinnt damit die französische Königskrone. Das
Stück ist ein Panorama der Siege dieses Nationalhelden und Volkslieblings,
der Krieg führt und vom Frieden träumt. Eine Art patriotisches Festspiel,
verschnitten mit Ironie und derber Komik. Im Londoner ›Mermaid‹-Theater
inszenierte im Jahre 1960 Julius Gellner unter der Direktion von Bernhard
Miles zum Entsetzen der Shakespeare-Traditionalisten das Stück mit Stahl-
helm und modernem Kampfanzug und zog damit eine Parallele zwischen
den Invasionen der Normandie von 1415 und 1944.

König Johann (The Life and Death of King John), geschrieben um 1594
zwischen den historisch miteinander verbundenen Königsdramen, geht wie
ein Vorspiel am weitesten in die Vergangenheit zurück. Es spielt in England
und Frankreich von 1199 bis 1216. Johann ›Ohneland‹, König seit dem Tod
seines ältesten Bruders Richard Löwenherz (1159), wirft Arthur, das Söhnchen seines zweitälteren Bruders, ins Gefängnis, weil es höhere Thron-
ansprüche besitzt als er; Kämpfe mit den Franzosen, die Arthurs Mutter ins
Land ruft; mit dem Papst, den Johann als Oberherrn anerkennt; Bürgerkrieg.
Johann wird von einem Mönch vergiftet. Held des Stückes ist Philipp
Faulconbridge, ein illegitimer Sohn von Richard Löwenherz: abenteuer-
lustig, tapfer, Rächer des sterbenden Königs, Mahner zur Einigkeit und
Treue.

König Heinrich der Achte (The Famous History of the Life of King Henry
VIII) wird 1613 vom Globe-Theater aufgeführt. Wahrscheinlich ein be-
stelltes Festspiel für die Hochzeit der Tochter König Jakobs I., Elisabeth
Stuart, mit dem Heidelberger Pfalzgrafen Friedrich V., dem ›Winterkönig‹
des Dreißigjährigen Krieges. Ein patriotisch-höfisches Spiel, das den Zeit-
abschnitt von 1520 bis 1544 behandelt und mit der Taufe der nachmaligen
Königin Elisabeth endet — im Jahre der Aufführung war sie gerade zehn
Jahre tot. Das Stück müßte nach dem ›Sturm‹ geschrieben sein und ist in der
Folio-Ausgabe von 1623 enthalten. Trotzdem ist es unwahrscheinlich, daß
dieses rhetorische und zeremonielle Schaugepränge, in dem der farbige Charakter Heinrichs VIII. blaß und äußerlich bleibt, von Shakespeare stammt;
vielleicht hat John Fletcher einen Entwurf von Shakespeare bearbeitet, vielleicht war es umgekehrt; von Shakespeare jedenfalls ist nicht viel zu spüren.
Elisabeth II. ließ sich das Stück bei ihrer Krönung 1953 als Festspiel aufführen. Für Shakespeares Nachruhm ist es dennoch ein Schicksalsstück: als
es am 29. Juni 1613 gespielt wurde, setzte ein Böllerschuß, der zum ersten
Akt gehörte, das Globe-Theater in Flammen; es brannte, vermutlich samt
allen schriftlichen Theater-Hinterlassenschaften Shakespeares, vollständig ab.

Alle Königsdramen — außer dem von Wolf Graf Baudissin übersetzten
›Heinrich VIII.‹ — wurden von A. W. Schlegel ins Deutsche übertragen.

Im Schnellkurs: Komödien

So unerläßlich es ist, sich vor dem Besuch eines Königsdramas in großen
Zügen über die dem Stück zugrunde liegende geschichtliche Stunde zu unterrichten; so nützlich es ist, etwas zu wissen über rund ein Dutzend schwie-
rigerer Stücke, so unsinnig wäre es, sich auf den Besuch einer Komödie
Shakespeares sorgfältiger vorzubereiten. Die Handlung zu durchschauen,
macht keinerlei Schwierigkeiten, und man darf seine Komödien noch immer
so besuchen wie das elisabethanische Publikum: unvorbereitet, wie man sich
einen Film betrachtet. Durch seine Komödien — und sogar einen Teil seiner
Tragödien — ist Shakespeare der größte Humorist der Weltliteratur. Dem
zum Tiefsinn neigenden Leser sei es auch umgekehrt gesagt: Shakespeare,
der größte Dramatiker der Weltliteratur, ist ein Humorist. Und nur Humor-
lose könnten versuchen, Humor zu erklären. Statt dessen ein paar Daten,
Andeutungen über Themen und Narren, um die Erwartung zu steigern oder
die Erinnerung zu stärken.

Die Komödie der Irrungen (The Comedy of Errors), geschrieben zwischen
1589 und 1591. Das erste Lustspiel Shakespeares, mehr Schwank als Komödie, ist eine Umarbeitung der ›Zwillinge‹ des römischen Dichters Plautus
(siehe auch Seite 285). Zwei Zwillingsbrüder, als Kinder durch einen Schiffbruch ebenso getrennt wie ihre Eltern, werden als junge Männer nach grotesken Verwicklungen durch Frauen — zwei Schwestern — wieder zusammengeführt. Das Verwechslungsspiel wird dadurch noch gesteigert, daß die
Diener der Zwillinge ebenfalls Zwillinge sind. Der ernste Hintergrund:
Doppelgänger sind unheimlich, denn sie stellen die Einmaligkeit und Unver-
wechselbarkeit des Menschen in Frage. — Deutsch von Wolf Graf Baudissin.
Über eine freie Übersetzung und Bearbeitung von Hans Rothe, der auf Plautus zurückgreift, lacht das Publikum und schimpft die Kritik.

Verlorene Liebesmüh (Love's Labour's Lost), ursprünglicher deutscher Titel
›Liebes Leid und Lust‹, geschrieben um 1592. Zwischen dem König von
Navarra mit seinen drei Hofherren und der Prinzessin von Frankreich mit
ihren drei Hofdamen findet die Liebe gleich vierfach und auf die gleiche
rasche Weise statt. Und dies, obwohl die Herren eigentlich eine platonische
Akademie gründen wollten; der Plan scheitert an der Liebe der Damen.

Shakespeare verspottet die Mode des ›Euphuismus‹ (der schwülstigen Wortspiele und literarischen Anspielungen, die John Lyly durch seinen Roman
›Euphues‹ in Schwang gebracht hat) und ist doch selbst noch in ihr befangen.
Die Natur als die siegreiche Gegenspielerin wird von dem Hofmann Biron
ebenso hinreißend besungen, wie er die Unnatur des Akademie-Planes und
der bombastischen und gezierten Sprache verspottet. Saftige Rüpel führen
— ähnlich wie später im ›Sommernachtstraum‹ — ein unfreiwillig komisches,
›heldisches‹ Spiel auf. Mit der Gestalt des Spaniers Don Armado wird — vier
Jahre nach dem Sieg Englands über die spanische Armada — die spanische
Lebensform parodiert. Am Schluß bricht der Ernst des Todes in die tollste
Albernheit, erwächst aus Tod und Schmerz das klare, gefaßte Gefühl. —
Deutsch von Wolf Graf Baudissin. Frei übersetzt und bearbeitet von Hans
Rothe: ›Liebe leidet mit Lust‹. Die schönste deutsche freie Übersetzung,
eine herrlich kraftvolle Prosa, stammt von J. M. R. Lenz (siehe Seite 348).

Die beiden Veroneser (The Two Gentlemen of Verona), geschrieben zwischen
1590 und 1593. Zwei Freunde aus Verona lieben am Hofe des Herzogs von
Mailand das gleiche Mädchen: die Tochter des Herzogs. Liebe zur Verlobten
des Freundes; Treulosigkeit und sprunghafte Herzen; Flucht in den Wald,
wo sich die Liebenden wiederfinden; eine abenteuerliche Handlung mit
spaßigen Typen in der Luft der italienischen Renaissance. Das Stück ist in
einer schlechten, bruchstückhaften Fassung überliefert und dem damals
modischen Zeitstil des ›Euphuismus‹ (nach John Lylys Roman ›Euphues‹)
verpflichtet: seine verschnörkelten und gespreizten Wortspiele haben schon
Wieland, den ersten deutschen Übersetzer, verdrossen. Die Übersetzung von
Dorothea Tieck ist schwerfällig im Witz. Drastisch und publikumswirksam
ist Hans Rothes freie Nachdichtung: ›Zwei Herren aus Verona‹, die freilich
aus dem einen Herrn, dem Proteus, der die Braut des Freundes ernsthaft
liebt, einen den Konflikt vereinfachenden Schürzenjäger macht.

Der Widerspenstigen Zähmung (The Taming of the Shrew), geschrieben
um 1594/95. Ein Stück auf der Grenze; vor ihr zappeln noch die Typen des
italienischen Volkstheaters, hinter ihr wachsen die Charaktere der Komödie.
Persönlichkeit und Poesie in der Haupthandlung zwischen Katharina und
Petruchio; Typen und Posse sind der Rest des Stückes. Das kratzbürstige und
tyrannische Käthchen wird von Petruchio, der auf ihre groben Klötze grobe
Keile setzt, gezähmt durch Heirat, Hunger, Schlafentzug, Verletzung der
Eitelkeit und Vernichtung ihrer eigenen Meinung. Doch ist dies, richtig gespielt, mehr als ein Akt der Dressur: Petruchio ist ein Grobian nur aus
pädagogischen Gründen, und Käthchen erliegt mehr seiner gelassenen

Shakespeare: Der Widerspenstigen Zähmung, vorletzte Szene. Holzschnitt aus der Londoner Ausgabe von 1635

Männlichkeit und seinem versteckten Herzen als seinen rauhen Methoden. Sie wird durch Liebe gezähmt, nicht durch Gewalt, und nachdem Petruchio in ihr die Liebende erweckt hat, wird sie zur gehorsamen Gattin, doch nicht zur Sklavin. – Deutsch von Wolf Graf Baudissin. Als publikumswirksam erwies sich noch im Jahre 1960 (in Ulm; Regie mit sozialkritischen Gewichten: Peter Palitzsch) die erste deutsche Prosa-Übersetzung von Johann Joachim Eschenburg (1775): ›Die Kunst eine Widerbellerin zu zähmen‹. – Grundlage für die komische Oper ›Der Widerspenstigen Zähmung‹ (1874) von Hermann Götz und für das amerikanische Musical ›Kiss me, Kate‹ (1948) von Cole Porter.

Viel Lärm um Nichts (Much Ado about Nothing), geschrieben zwischen 1598 und 1599. Die koboldhafte witzige Beatrice und der nicht minder witzige Junggeselle Benedikt geben vor, die Liebe zu verachten, und werden dadurch zusammengebracht, daß man beiden getrennt anvertraut, der oder die andere sei in sie oder in ihn verliebt. Das Tragische streift das lyrische Paar Hero und Claudio: Hero wird von dem Intriganten Don Juan als Dirne verleumdet – Mißtrauen bei Claudio, leidende Unschuld bei Hero. Die Wahrheit kommt durch die herrliche Einfalt der Gerichtsdiener Holzapfel und Schlehwein ans Licht. Am ritterlichen Minnehof auf Messina ein höchst irreales, fröhliches Märchenspiel, in dem die Personen von den Liebenden bis zu den Lumpen paarweise geordnet und ausgewogen sind. – Deutsch von Wolf Graf Baudissin.

Die lustigen Weiber von Windsor (The Merry Wives of Windsor), geschrieben um 1598, nach einer — freilich erst im Jahre 1702 berichteten — Anekdote — auf Wunsch der Königin Elisabeth: Sie hatte über den verfressenen Maulhelden Sir John Falstaff in Shakespeares ›König Heinrich der Vierte‹ (siehe Seite 164) so gelacht, daß sie innerhalb von vierzehn Tagen eine Fortsetzung wünschte. Falstaff als Liebhaber, der mit dem gleichen Text um zwei Frauen wirbt und von beiden geprellt wird. Wieweit Shakespeare überhaupt an dieser dürftigen Posse beteiligt ist, in der Falstaff fast nur noch als Schwankfigur erscheint, das ist umstritten. — Deutsch von Wolf Graf Baudissin. — Textgrundlage für die Opern ›Die lustigen Weiber von Windsor‹ (1849) von Otto Nicolai und ›Falstaff‹ (1893) von Verdi.

Wie es euch gefällt (As you like it), geschrieben um 1599. Im Ardenner Wald werden von Emigranten und Vertriebenen die adligen Tugenden gepflegt, die am Hofe des Herzogs Friedrich verkommen sind: er hat seinen Bruder, den rechtmäßigen Herzog, vertrieben. Ein Wald der Eheanbahnung, in dem sich vier Paare finden: Orlando und Rosalinde, das charmante Hosenmädchen, das ein Mädchen sein muß, und ein Mädchen, das einen Jungen spielt, und ein Junge, der das Mädchen spielt, das sie tatsächlich ist (im England Shakespeares, wo die Rolle von einem Knaben gespielt wurde, war dies noch komplizierter); Celia und Oliver; das Schäferpaar Sylvius und Phoebe, die sich in Rosalinde, den angeblichen Ganymed, verguckt hatte; der zynische Narr Probstein und das deftige Kätchen. Ein Wald des Seelenfriedens: an seinem Saum genügt das Wort eines Einsiedlers, um den rachedürstenden Diktator Friedrich in einen geistlichen Herrn zu verwandeln und den rechtmäßigen Herzog wieder einzusetzen. Es ist nicht mehr der Wald der Naturdämonen des ›Sommernachtstraums‹, sondern ein gesitteter Zauberwald: er hebt die Bösartigkeit der Welt im Märchen auf. Ein geistreiches, musikalisches Spiel — ›die ganze Welt ist Bühne‹ — voller Erotik und leiser Schwermut: im Frühbarock ein vorausgeahntes Rokoko. In dem melancholischen Herrn Jaques hat Georg Brandes eine geniale, leichte Bleistiftskizze zum Hamlet gesehen. — Deutsch von A. W. Schlegel.

Was ihr wollt oder Dreikönigsabend (Twelfth Night, or What You Will), geschrieben um 1600. Der Herzog von Illyrien liebt die Gräfin Olivia, schickt ihr als Liebesboten die als Page verkleidete Viola, und schon verliebt sich Olivia in den vermeintlichen Pagen, in Viola, die wiederum den Herzog liebt. Dies wäre unauflösbar, tauchte nicht Violas Zwillingsbruder auf, so daß Olivia in Natur bekommt, was sie in der verkleideten Viola zu haben geglaubt, und Viola und der Herzog ein Paar werden können. So drollig diese

Shakespeare: Was ihr wollt, dritter Akt. Szene mit Junger Tobias, mit Bleichenwang und dem Narren. Schabblatt (Ausschnitt) von T. Ryder nach H. Ramberg

Konstruktion, so traumhaft schwermütig ist es doch, wenn die Gestalten hintereinander herjagen, ohne sich zu erreichen, genarrt durch die Verkleidung, durch einen Irrtum über das Wesen des geliebten Partners — ein Reigen des Vergeblichen, der sich schließlich im Komödienschluß in Paaren auflöst. Besonders füllig sind die Randfiguren: der trunksüchtige, weltlustige Junker Tobias, der an den Falstaff aus ›Heinrich IV.‹ erinnert wie Viola an die Rosalinde aus ›Wie es euch gefällt‹; der possenhaft einfältige eitle Bleichenwang; das spaßverliebte Kammermädchen Maria; der gefoppte Malvio, der weit mehr als eine Puritaner-Parodie eine Tragikomödie der Ichbezogenheit zu spielen hat; der weltweise Narr, ein Wortverdreher und Philosoph, den eine geheime Trauer nie verläßt. Mit diesem seinem musikalischsten Stück scheint Shakespeare Abschied zu nehmen von seinen früheren Lustspielmotiven, indem er sie noch einmal mit vollendeter Meisterschaft aufgreift. Die folgenden Komödien, ›Troilus und Cressida‹, ›Maß für Maß‹ werden so bitter, daß man sie kaum Komödien nennen darf. — Deutsch von A. W. Schlegel.

Ende gut, alles gut (All's Well that Ends Well) ist in der ersten Fassung vermutlich das Shakespeare zugeschriebene Lustspiel ›Gewonnene Liebesmüh‹, das 1598 genannt wird; der überlieferte Text dürfte eine spätere Bearbeitung aus den Jahren 1602/03 sein. Helena hat den König von Frankreich geheilt und darf sich dafür einen Gemahl aussuchen; sie wählt Bertram, der jedoch von einer aufgezwungenen Hochzeit nichts wissen will. Er geht mit Parolles, einem geschwätzigen und feigen Schurken, nach Italien. Helena folgt ihm heimlich, und es gelingt ihr, die beiden Bedingungen zu erfüllen, die Bertram ihr für seine Rückkehr nach Frankreich gestellt hat: sie muß einen Ring von ihm besitzen und ein Kind von ihm erwarten. Beides verschafft sie sich in Florenz, wo sie, von der Nacht geschützt, die Stelle Dianas einnimmt, der Bertram nachstellt. Er erkennt ihren Wert wie den Unwert seines Kumpans Parolles. Eine dramatisierte Novelle von Boccaccio, episch abenteuerlich, von seltsamer Trockenheit. — Deutsch von Wolf Graf Baudissin.

Im Schnellkurs: Raritäten

An die hier als Raritäten bezeichneten Stücke wagen sich im allgemeinen nur unternehmungslustige, einfallsreiche Regisseure; sie versprechen, so fragwürdig die Stücke sein mögen, besonders interessante Theaterabende.

Titus Andronicus (The Lamentable Tragedy of Titus Andronicus), geschrieben um 1590, die erste Tragödie Shakespeares, falls sie überhaupt von ihm stammt. Angeregt durch Dramen des römischen Dichters Seneca und durch die übermenschlichen Gestalten, die Shakespeares Zeitgenosse Christopher Marlowe auf die Bühne gebracht hat. Ein Drama im Geschmack der Zeit mit ungeheuerlichen Greueln, damals außerordentlich erfolgreich. Titus Andronicus, ein (erfundener) römischer Feldherr, zieht als Sieger über die Goten mit der gefangenen (erfundenen) Gotenkönigin Tamora in Rom ein. Er will seine Tochter Lavinia zwingen, den neuen Kaiser zu heiraten, und ersticht einen seiner Söhne, der dagegen aufbegehrt. Er läßt einen Sohn der Tamora schlachten, die nun die Frau des Kaisers und die Geliebte des Mohren Aaron wird, eines in das Böse verliebten, maßlosen Teufels. Aaron bringt zwei Titus-Söhne in den Verdacht des Raubmords. Dem Vater wird versprochen, daß seine Söhne freikommen, falls er sich eine Hand abhacke, doch als er es getan hat, werden die Söhne geköpft. Aaron hetzt die Söhne Tamoras auf, die Titus-Tochter Lavinia zu schänden und ihr Zunge und Hände abzuschneiden. Titus rächt sich, indem er den Söhnen Tamoras die Kehlen durchschneidet, wobei Lavinia die Blutschüssel halten muß. Dies alles — und noch mehr — auf offener Szene. Menschenopfer auf Altären, eine Festtafel wird zur Schlachtbank, von 25 Personen sind am Ende 14 tot. Die späteren Stücke Shakespeares, die heute maßlos in ihren Greueln erscheinen, sind für Shakespeares Zeitgenossen Mäßigungen der zeitüblichen Maßlosigkeiten gewesen. — Das Stück galt in neuerer Zeit für unspielbar, bis es der Regisseur Peter Brook 1955 im Shakespeare-Theater in Stratford mit Laurence Olivier in der Titelrolle, mit Vivien Leigh als Lavinia und Anthony Quayle als Mohr inszenierte und dabei Gier, Haß, Bosheit, Rache und Grausamkeit aus dem archaisch-antiken Untergrund herausarbeitete; die Aufführung wurde mit triumphalem Erfolg in vielen europäischen Theaterstädten gezeigt. — Deutsch von Wolf Graf Baudissin.

Shakespeare: Titus Andronicus. Die einzige erhaltene von den zu Lebzeiten Shakespeares entstandenen Bühnenzeichnungen

Antonius und Kleopatra (Antony and Cleopatra), geschrieben zwischen 1607 und 1608. Als Historie setzt das Stück ›Julius Caesar‹ fort. Nach der Schlacht von Philippi, die mit dem Sieg der Triumvirn Marcus Antonius, Octavius und Ämilius Lepidus geendet hat, führt Marcus Antonius mit Cleopatra, der ägyptischen Königin, in Alexandria ein wollüstiges Leben. Aus politischen Gründen heiratet er Octavia, eine Schwester des Octavius (= Octavian, später Augustus), in Rom, besänftigt seine römischen Gegner und kehrt zu Cleopatra zurück: »Im Ost wohnt meine Lust.« Octavian räumt Ämilius Lepidus, den dritten Mann der Triumvirn, aus dem Wege und besiegt Antonius bei Alexandria. Antonius verflucht Cleopatra, doch als sie die falsche Nachricht verbreiten läßt, sie habe sich getötet, stürzt er sich in sein Schwert. Sterbend erfährt er, daß Cleopatra lebt, läßt sich zu ihr tragen und stirbt, versöhnt mit ihr; sie tötet sich durch den Biß von Giftschlangen. So weitschweifig und lärmend die weltpolitischen Ereignisse dargestellt sind, das Stück lebt aus dem Privaten, aus der Intimität, aus der Leidenschaft. Antonius zwischen dem politischen Auftrag des Westens, der von Octavius vollendet repräsentiert wird, und der Exotik des Ostens, zwischen Herrschaft und Genuß, zwischen einer bedingten Welt und der Unbedingtheit der Leidenschaft. Seine Beziehungen zu Cleopatra, alle Varianten der Hörigkeit und der Sinnlichkeit, sind mit äußerster Delikatesse dargestellt: ›moderne‹, gebrochene Charaktere, vibrierend und nervös; sie behalten gleichwohl den übermenschlichen Glanz von Göttern. — Das Stück ist schwer zu besetzen und mit seinen vielen kontrastreichen Schauplätzen schwer auf die Bühne zu bringen; es wird selten gespielt und hat selten Erfolg. — Deutsch von Wolf Graf Baudissin.

Timon von Athen (The Life of Timon of Athen), vermutlich geschrieben zwischen 1607 und 1608, stammt wahrscheinlich nur zum Teil von Shakespeare. Timon, ein freigiebiger Freund aller Menschen, wird aus Enttäuschung über die Schmarotzer seiner Güte, die ihn im Stich lassen, als er alles verschenkt hat, zum Hasser aller Menschen und des irdischen Daseins. Er stirbt in der Einsamkeit; sein Grabstein trägt ein »Fluch allem, was da lebt!« Das tiefpessimistische Stück ist mehr Gleichnis als Drama: die Parabel von einem Manne, der die Menschen lieben möchte, sie jedoch als hassenswert erlebt; im Reichtum ist er als Verschenker so maßlos wie in der Armut als Verlassener — darin erinnert er von ferne an ›König Lear‹. — Deutsch von Dorothea Tieck. — Auch durch Fritz Kortners Bearbeitung und Inszenierung an den Münchner Kammerspielen (1961) konnte das Stück für das Repertoire nicht wieder erobert werden.

Coriolan (The Tragedy of Coriolanus), geschrieben um 1608. Der römische Aristokrat Cajus Marcinus ist empört, daß man dem Volk, als eine Hungerrevolte droht, Tribunen bewilligt hat, »um seine Pöbelweisheit zu vertreten«. Obwohl er im Krieg gegen die Volsker vom Volk im Stich gelassen wird, kämpft er sich aus dem belagerten Corioli frei und besiegt die Volsker. Für seinen Sieg wird ihm der Beiname Coriolanus verliehen; der römische Senat ernennt ihn zum Konsul. Bei der Werbung um die Volksstimmen, die er als Konsul braucht, beschimpft Coriolan das Volk als wankelmütige Menge. Die Tribunen erreichen, daß er im Namen des Volkes aus Rom verbannt wird. Er geht zu den Volskern über und führt sie, zur Rache entschlossen, gegen Rom. Seiner Mutter gelingt es, ihn davon abzubringen, sein Vaterland zu zerstören. Von den Volskern des Hochverrates angeklagt, wird Coriolan erstochen. — Coriolan, Held und Volksverächter, geht an seinem aristokratischen Hochmut ebenso zugrunde wie am Undank des Volkes und an der Schlauheit seiner Tribunen, die mehr für ihre Amtsmacht als für das Wohl der Römer kämpfen. Volumnia, seine Mutter, weiß, daß sie die Rettung Roms mit dem Leben ihres Sohnes erkauft, und Coriolan weiß dies auch. So

Shakespeare: Coriolan. Holzschnitt von Alfred Roller, der Aufführungen des Stückes am Wiener Burgtheater und in Paris inszenierte. 1921

tapfer er für das Volk kämpft, so unfähig ist er, sich als Teil des Volkes zu fühlen: »Ich steh, als wär der Mensch sein eigner Schöpfer und kennte keinen Ursprung.« – Obwohl Coriolans Charakter, seine Unfähigkeit, sich mit der gegebenen Umwelt zu arrangieren, und die Unfähigkeit seiner Umwelt, diesen Charakter zu ertragen, die unentwirrbaren Ursachen seines Unterganges sind, hat man in neuerer Zeit aus der unauslotbaren Tragödie ein einschichtiges politisches Tendenzdrama gemacht. Giorgio Strehler hat am Piccolo Teatro in Mailand (1957) mit Hilfe des Übersetzers Gilberto Tofano ›Coriolan‹ als Klassenkampfstück inszeniert: Kapital gegen Volk; Diktatur gegen Demokratie; Coriolan, ein arroganter und stupider Offizier, als Werkzeug der herrschenden Klasse, die ihn fürchtet, als sie ihn nicht mehr kontrollieren kann. Ähnliche Tendenzen zeigt eine (unvollständige) Bearbeitung aus Bertolt Brechts Nachlaß, uraufgeführt 1962 in Frankfurt. – Deutsch von Dorothea Tieck.

Perikles, Fürst von Tyrus ((The Play of Pericles, Prince of Tyre), 1609 als Quarto unter Shakespeares Namen erschienen, doch nicht in die Folio-Ausgabe von 1623 aufgenommen, obwohl beide Ausgaben vom gleichen Verleger stammen. Ein an Schauplätzen und Abenteuern reiches Stück. Die Freier um die Tochter des Königs Antiochus werden, falls sie ein Rätsel nicht lösen können, getötet. Da die Lösung ergibt, daß der König und seine Tochter im Inzest leben, flieht Perikles, als er dies erraten hat. Schiffbruch; Heirat mit der Königstochter eines fremden Landes; Seesturm, die Frau des Perikles stirbt, nachdem sie das Töchterchen Marina geboren, ihre Leiche wird in einem Sarg ins Meer gelassen; Marina wächst als Pflegetochter des Königspaars von Tarsus heran; die Königin will sie töten lassen, weil Marina ihre eigene Tochter überflügelt; Piraten rauben Marina und verkaufen sie in ein Bordell; trotzdem erringt sie durch ihre Reinheit die Gunst des Regenten von Mytilene, bei dem sie ihr unglücklicher Vater wiederfindet; ihre Mutter ist nur scheintot gewesen, Perikles findet sie durch eine Vision, die ihm die Göttin Diana schickt, in deren Tempel zu Ephesus: »Segen den Geduldigen«; der Regent von Mytilene heiratet Marina, die beiden ziehen als Königspaar in Tyrus ein, und die böse Königin von Tarsus wird vom eigenen Volk getötet. – Sollte das Stück, das sich bis Ende des 17. Jahrhunderts im ständigen Repertoire der englischen Bühne gehalten hat, von Shakespeare sein – wahrscheinlich hat er nur einen Entwurf des Novellisten George Wilkin überarbeitet –, so wäre es die erste seiner ›Romanzen‹, mit denen sein Werk endet. – In die deutsche Schlegel/Tieck-Ausgabe wurde es nicht aufgenommen, doch ist es das einzige Werk von Shakespeare, das Ludwig Tieck übersetzt hat, erschienen 1811 in seinen ›Supplementen zum Shakespeare‹.

Kymbelin (The Tragedy of Cymbeline), geschrieben zwischen 1609 und 1611. Der in der Folio-Ausgabe von 1623 schlecht überlieferte Text stammt wahrscheinlich nur zu einem geringen Teil von Shakespeare: selbst Friedrich Gundolf vermutet als Autor »einen Nachahmer«. Eine ›Romanze‹ – wie noch ›Das Wintermärchen‹ und ›Der Sturm‹ – mit vielverschlungener abenteuerlicher Handlung und Elementen des Barock, das am Hoftheater gerade modisch wird. Kymbelin, ein altbritischer König, spielt nur eine Nebenrolle. Seine Gemahlin, eine böse Stiefmutter, haßt Imogen, seine Tochter aus erster Ehe, weil diese nicht Cloten, den Sohn aus der ersten Ehe der Königin heiratet, sondern den einfachen Edelmann Leonatus Posthumus. Sie erreicht, daß Posthumus verbannt wird und will Imogen vergiften; das Gift aber bewirkt – später – nur einen Scheintod. In der Verbannung in Rom wettet Posthumus mit dem Intriganten Jachimo, daß Imogen treu sei. Jachimo läßt sich in Britannien in einer Truhe in Imogens Schlafzimmer schmuggeln, späht intime Geheimnisse der Schlafenden aus und behauptet mit diesen Scheinbeweisen, er habe Imogen verführt. Posthumus will nun Imogen durch einen Diener ermorden lassen, doch der Diener rät Imogen,

sich als Mann zu verkleiden und Posthumus aufzusuchen. Cloten folgt ihr
in den Kleidern ihres Gatten, um sie mit Gewalt zu nehmen, doch wird er
erschlagen. Im Krieg zwischen Römern und Briten kämpft Posthumus tapfer
auf britischer Seite. Der Sieg der Briten wird entschieden durch einen vom
britischen Hof verbannten Lord und zwei Söhne des Königs Kymbelin, die
der Lord aus Rache in seine Verbannung mitgenommen hat. Kymbelin wird
aus römischer Gefangenschaft befreit und findet seine totgeglaubten Söhne
wieder, die Imogen beschützt haben; Jachimo wird entlarvt; Imogen und
Posthumus vereinen sich wieder; Kymbelins Gattin bringt sich im Wahnsinn um. — Das lyrische, märchenbunte Bilderbogen-Stück stellt — neben
vielen anderen Motiven — wieder das Leben in der Natur, das die Königs-
söhne zu jungen Edelmännern gemacht hat, gegen das Leben am Hofe, an
dem Cloten verdorben worden ist. — Deutsch von Dorothea Tieck. — Bernard
Shaw, der das Stück närrisch, platt und unerträglich fand, hat den fünften
Akt umgeschrieben: er wirkt in seiner Fassung wie eine Parodie auf das
elisabethanische Theater. Hans Rothe hat eine deutsche Neufassung des
Stückes geschaffen, ›König Cymbelin‹, in der Cymbelin — nach Rothe —
zum tragischen Helden wird, zu einem »Herrscher, der zu herrschen glaubt,
aber stets gelenkt wird, der durch Unsicherheit reift und durch Intoleranz
das Verzeihen lernt«.

Shakespeares große Stücke

Richard III. (Tragedy of King Richard III). Geschrieben um 1592. Im dritten
Teil des vorangegangenen ›Heinrich VI.‹ ist der Herzog von Gloster, der
spätere Richard III., schon vorgeformt. Zum erstenmal als Raubdruck 1597
veröffentlicht; fünf voneinander abweichende Quarto-Ausgaben folgen, auf
deren letzte sich im wesentlichen die Folio-Ausgabe von 1623 stützt. —
Deutsch von A. W. Schlegel.
    Wer? König Eduard IV. Söhne des Königs: Eduard, Prinz von Wales,
nachmals König Eduard V.; Richard, Herzog von York. Brüder des Königs:
George, Herzog von Clarence; Richard, Herzog von Gloster, nachmals König
Richard III. Mutter des Königs und seiner Brüder George und Richard:
Herzogin von York. Gemahlin des Königs: Elisabeth. Witwe König Hein-
richs VI.: Margareta. Witwe Eduards, des Prinzen von Wales, nachmals
mit Gloster vermählt: Anna. Heinrich, Graf von Richmond, nachmals König
Heinrich VII. Herzog von Buckingham.
    Wo und wann? England. 1471 bis 1485.
    Was? Richard, der Herzog von Gloster, ist häßlich, »und zwar so lahm

und ungeziemend, daß Hunde bellen, hink ich wo vorbei«. Da er sich als Verliebter die Zeit nicht vertreiben kann, »bin ich gewillt, ein Bösewicht zu werden«. Um auf den Thron zu gelangen, scheut er vor keinem Mord zurück. Er läßt seinen Bruder George, den Herzog von Clarence, im Tower ermorden; er beseitigt König Heinrich VI. und dessen Sohn, Prinz Eduard, und wirbt um Anna, die Witwe des Prinzen, als sie mit dem Trauerzug für Heinrich VI. durch London zieht. Er behauptet, er habe ihren Gatten und ihren Schwiegervater nur aus Liebe zu ihr ermordet und gibt ihr sein Schwert, damit sie ihn töte — so gelingt es ihm, Anna, die er heimlich verhöhnt, zu seiner Frau zu machen. Als König Eduard IV. stirbt, läßt Richard dessen Söhne, den Prinzen von Wales und den Herzog von York, im Tower ermorden. Den Thron Eduards IV. nimmt Richard, Frömmigkeit vorschützend, scheinbar nur gezwungenermaßen an, und den Herzog von Buckingham, der ihm bei dieser Heuchelei geholfen hat, läßt er enthaupten, als Buckingham vor weiteren Bluttaten zögert. Elisabeth, die Witwe Eduards IV., Margareta, die Witwe Heinrichs VI., und seine eigene Mutter, die Herzogin von York, verfluchen ihn, doch Richard läßt ihre Flüche durch Trommelwirbel über-

David Garrick als König Richard III., letzter Akt. Stich von Th. Cook, 1798, nach einem Gemälde von Hogarth, um 1746

tönen. Er beseitigt seine Frau Anna und wirbt bei Königin Elisabeth, der Witwe König Eduards IV., um die Hand ihrer Tochter, der jungen Prinzessin Elisabeth. Der Graf von Richmond zieht mit einem Heer gegen Richard, dem die Geister der von ihm Ermordeten erscheinen, um ihm seinen Untergang zu verkünden (welche Szene vermutlich ebensowenig von Shakespeare stammt wie die Werbung Richards um Elisabeth). Vor dem Kampf wird Richard zum erstenmal von Gewissensbissen überfallen, doch zieht er mutig in die Schlacht, in der er fällt. Der Kampf zwischen den Häusern Lancaster (rote Rose) und York (weiße Rose) ist beendet. Der Graf von Richmond heiratet die junge Prinzessin Elisabeth und besteigt als Heinrich VII. den Thron. (Sie sind die Großeltern von Shakespeares Königin Elisabeth.)

Hinweise: ›Richard III.‹ steckt noch in der Dramatik Christopher Marlowes mit ihren überlebensgroßen Greueln und ragt schon in den Bereich überlebensgroßer Charaktere, in dem Shakespeare später Meister sein wird. Historisches, ins Mythische gesteigert (der historische Richard war sehr viel harmloser), ist verbunden mit psychologischen Motivierungen. Der hinkende und bucklige Richard, ungeeignet zum Zeitvertreib der Liebe, wird böse aus Vorsatz, doch ist dies nur einer von vielen Beweggründen. Seine seelischen Defekte allein aus seinen körperlichen Defekten zu erklären, hieße, diese vielfältig schillernde Gestalt zu eng sehen. Im übrigen erliegen ihm trotz seiner Häßlichkeit Anna, deren Mann er getötet hat, und Elisabeth, deren Kinder er ermorden ließ. Richard ist ein Renaissance-Mensch, der seine Klugheit für sein eigenes Verdienst und die Beschränktheit seiner Umwelt für deren Laster hält. Seinem Plan, die Herrschaft an sich zu reißen, ordnet er alle menschlichen Beziehungen, jede seiner Handlungen und alle seine Talente unter. Er kennt sich selbst sehr genau; er weiß, daß er ein Verbrecher ist, und er ist es mit Vergnügen. Daß er vor sich selbst aufrichtig und nicht nur klug, sondern ungewöhnlich mutig ist, noch im Angesicht seines Untergangs — dies gibt seinen Verbrechen eine schauerliche Größe. Er ist ein Genie und ein Mörder, und er stellt sein Genie und seine Morde in den Dienst seiner Herrschsucht: ein zynischer Zweckdenker und erbarmungsloser Verächter der Menschen, die er mit geradezu übermenschlicher Macht durch die Fülle seiner Persönlichkeit beherrscht. Sein Intellekt überstrahlt mit infernalischem Glanz noch den Abscheu vor seinen Verbrechen und läßt ihn schließlich erkennen, daß er selbst die Ursache seines Untergangs ist. Auf Richard als die Zentralfigur sind seine Opfer und Helfer bezogen; so wirken sie unselbständig und flach. Nur der Chor der klagenden und fluchenden Frauen hat etwas von seiner mythischen Gewalt — es sind Schicksalsstimmen von antikischen Maßen. Allein die Titelrolle hält dieses Stück — als einziges der ›Königsdramen‹ — fest im deutschen Repertoire. Sie war in England von Burbage — zu Shakespeares Zeiten — über Garrick und Kean bis Laurence Olivier die Domäne großer Schauspieler und wurde in Deutschland von Fritz Kortner, Werner Krauss und Hans Christian Blech gespielt.

Meinungen: »Richard ist ein abscheulicher Bösewicht: aber auch die Beschäftigung unsers Abscheues ist nicht ganz ohne Vergnügen; besonders in der Nachahmung«: Lessing. — »Shakespeares Richard hat so gewiß am Leser einen Bewunderer, als er auch ihn hassen würde, wenn er ihm vor der Sonne stünde«: Schiller. — »Jedermann hat bis izt Richards Charakter als ein Meisterstück bewundert, und der Triumph der dramatischen Kunst ist, daß dieses Wesen dem Zuschauer immer furchtbar, aber nie verhaßt wird«: Ludwig Tieck. — »In dieser Welt, wo jeder das Gute, das ihm Vorteil brachte, für das Gute an sich hielt, hat er gelernt, sich seine Weltordnung aus dem Prinzip des Bösen aufzubauen; sein blindes, ungeadeltes Selbstgefühl hebt ihn über die untergeordneten Geister, der Stolz seiner Intelligenz über das Sittengesetz hinweg. Daß dem Klugen und Starken die Welt gehöre, war der Grundsatz seines Machiavelli, den der Dichter ihm schon in Heinrich VI. zum Muster und Meister gab«: G. G. Gervinus. — »Hanebüchen einfach: ein heuchlerischer Metzger«: Alfred Kerr. — »Man hat Richard einen Teufel genannt; er selbst hätte nichts dagegen gehabt; doch fällt er aus Gottesfurcht. Mit Recht sagt er nach dem Geistertraum: ›Ich selber üb an mir die Rache aus‹«: Alois Brandl. — »Das Stück zeigt das Wort in seiner ganzen verhängnisvollen Zauberkraft, das Wort als Mittel der Lüge, der Verdrehung, der Hinterlist, der schmeichlerischen Tücke, der lächelnden Bosheit, der grinsenden Täuschung — kurz, das Wort als das eigentliche Wirkungsmittel des intellektuell überragenden politischen Verbrechers«: K. H. Ruppel.

Romeo und Julia (Romeo and Juliet). Tragödie. Uraufgeführt um 1595 in London. 1597 zum erstenmal — ohne Verfassernamen — als Raubdruck veröffentlicht. — Deutsch von A. W. Schlegel.

Wer? Escalus, Prinz von Verona. Graf Paris, Verwandter des Prinzen. Montague und Gräfin Montague, Eltern von Romeo. Capulet und Gräfin Capulet, Eltern von Julia. Romeo. Julia. Benvolio und Mercutio, Romeos Freunde. Tybalt, Neffe der Gräfin Capulet. Julias Amme. Bruder Lorenzo, ein Franziskaner.

Wo und wann? In Verona und Mantua. Beginn des 15. Jahrhunderts.

Was? Die Familien Montague und Capulet sind verfeindet. Romeo, ein Montague, und die vierzehnjährige Julia, eine Capulet, begegnen sich bei einem Fest der Capulets, das Romeo maskiert besucht, zum erstenmal und werden von der Liebe wie vom Blitz getroffen. Sie lassen sich heimlich von dem Franziskanerbruder Lorenzo trauen, der sich von dieser Hochzeit die Versöhnung der Familien verspricht. Tybalt, ein Capulet, beleidigt auf dem Marktplatz Romeo, um ihn zum Kampf zu reizen. Statt Romeo, der Frieden mit den Capulets will, kämpft sein Freund Mercutio. Als Romeo zwischen die Kämpfenden tritt, wird durch seine Schuld, aber gegen seinen Willen, Mercutio tödlich verwundet. Romeo, um seinen Freund zu rächen, ersticht Tybalt und wird vom Prinzen von Verona aus der Stadt verbannt.

Shakespeare: Romeo und Julia. Entwurf des Herzogs Georg von Meiningen für die Schlußszene, 1897

Bevor er nach Mantua flieht, verbringt er heimlich eine Nacht, die Hochzeitsnacht, bei Julia. Als Julia von ihrem Vater zur Heirat mit dem Grafen Paris gezwungen werden soll, bittet sie Bruder Lorenzo um Hilfe; er gibt ihr einen Trunk, der sie in einen zweiundvierzigstündigen, todähnlichen Schlaf versetzt. Sie wird in die Familiengruft der Capulets gebracht. Bruder Lorenzos Bote, der Romeo über die Ereignisse unterrichten soll, wird durch Seuchenquarantäne aufgehalten, und Romeo erreicht die falsche Nachricht vom Tode Julias. Er kauft Gift und eilt zurück nach Verona, wo ihm in der Familiengruft Graf Paris entgegentritt, der hier eine einsame Totenfeier begehen will. Im Kampf tötet Romeo den Grafen und vergiftet sich an der vermeintlichen Leiche Julias. Bruder Lorenzo, inzwischen darüber unterrichtet, daß sein Bote Romeo nicht erreicht hat, kommt zu spät. Die erwachende Julia küßt Romeo und tötet sich mit seinem Dolch. Die Capulets und Montagues versöhnen sich an den Leichen ihrer Kinder und betrauern »die armen Opfer unsrer Zwistigkeiten«.

Hinweise: Lorenzo, der weltfromme, humorvoll vernünftige, weise Mönch, will mit der Vermählung der Liebenden ihre verfeindeten Familien versöhnen, doch was er auch in bester Absicht unternimmt, es schlägt ins Gegenteil um: erst im Tode werden die Liebenden vereint und nur durch ihren Tod die Familien versöhnt. Theoretiker der Tragödie haben Shakespeare vorgeworfen, daß dieser tragische Ausgang nur durch einen Zufall — Lorenzos Bote wird durch eine Seuche aufgehalten — herbeigeführt werde. Dem Theater sind die Theorien gleichgültig: es spielt die einmalige, abseitige, farbige, unendlich zarte, leidenschaftliche und traurige Geschichte der Liebenden von Verona. Dem Zuschauer ist es nicht verboten, sie als ein Gleichnis zu nehmen: für das notwendige Scheitern des absoluten Gefühls in einer Welt, die durch das Zusammenwirken von gesellschaftlichen Bindungen, von Familienhaß, von bösen Folgen guten Willens, von Charakter, Verhängnis und auch Zufall derart verrätselt ist, daß niemand sie durchschauen kann. Schwerer aber als solche Überlegungen wiegt die enge Nachbarschaft von Liebe und Tod, unmittelbar spürbar schon bei der ersten Begegnung Romeos und Julias und immer gegenwärtig, noch in ihrem Glück. Sie sind nicht durch nachrechenbare Ursachen zum Tode bestimmt, sondern durch die Gesetze der Poesie: ihre Liebe hat sich in der einen Nacht erfüllt, und nicht durch einen häuslichen Herd, nur durch den Tod kann sie unsterblich werden. Romeo und Julia, kindlich noch, wenn sie ihre heimliche Ehe schließen; noch kindlich, wenn sie, durch falsche Nachrichten verwirrt, sich rasch töten wollen, sind wissend, älter und reif geworden, als sie schließlich ihrem Leben ein Ende machen. Ihr Leben, das nichts ist als in sich selbst versunkene Liebe, ist zu Ende gelebt, wenn sie sterben. Zum Reichtum des Stückes gehört die Drastik der Amme, ihre vulgäre kupplerische Lust und ihr herzhaftes Vergnügen am Glück der Jungen; gehört der blitzende Witz Mercutios, der so voller übermütiger Einfälle ist, daß er unter dem Gelächter seiner Freunde stirbt, denn noch seinen Tod müssen sie für einen seiner Späße halten. Eine Tragödie voll Humor und Witz in allen Spielarten, von der unverfrorensten Zote bis zur geschliffenen Frivolität, vom harmlosen Scherz bis zur zynischen Ironie — aus ihrem Komödienton tritt um so gewaltiger der Ernst hervor.

Meinungen: »Ich kenne nur *eine* Tragödie, an der die Liebe selbst hat arbeiten helfen; und das ist ›Romeo and Juliet‹, von Shakespeare«: Lessing. — »Romeo und Julia ist das Schauspiel der jungen, stürmischen Liebe, die, auf den ersten Blick entstanden, so leidenschaftlich ist, daß sie, um ihr Ziel zu erreichen, alle Hindernisse sprengt, so ernst, daß sie keine andere Wahl kennt als den Geliebten oder den Tod, so stark, daß sie das junge Paar beinahe augenblicklich und auf der Stelle einander in die Arme wirft, endlich so unselig, daß der Untergang mit reißender Schnelligkeit auf das Glück der Vereinigung folgt«: Georg Brandes. — »Shakespeares Seele ist hier noch mehr als sonst der wahre Gehalt, mehr als die Begebenheiten, mehr sogar als die Charaktere: es ist mehr ein ›Hohelied der Liebe‹ als ein Drama vom Unglück der Liebenden«: Friedrich Gundolf.

Andere Versionen: Lope de Vega hat aus dem Romeo- und Julia-Stoff die Komödie ›Castelvines y Monteses‹ (1602) mit Heirats-Happy-End gemacht: Julia trinkt das Gift des Mönches, um sich zu töten, doch der Mönch, der ihr einen Schlaftrunk gegeben hat, ruft Roselo (Romeo) rechtzeitig herbei. — Kleist hat in seiner ›Familie Schroffenstein‹ (1801) das Thema der Liebenden aus verfeindeten Familien aufgegriffen und die in den Tod treibenden Mißverständnisse — Bilder für die Unmöglichkeit, die Welt mit dem Verstand zu durchdringen — bis in die äußerste Absurdität getrieben. — ›Roméo et Jeannette‹ von Jean Anouilh, 1945.

Einige Opern: ›I Capuleti e i Montecchi‹ von Vincenzo Bellini (1830), ›Roméo et Juliette‹ von Gounod (1867), ›Romeo und Julia‹ von Sutermeister (1940).

Ein Sommernachtstraum (A Midsummer Night's Dream). Komödie. Nach Ansicht des Shakespeare-Forschers Dover Wilson für drei Aristokraten-Hochzeiten in drei Fassungen geschrieben und am Hof aufgeführt: 1592, 1595, 1598. Zum erstenmal gedruckt: 1600. — Deutsch von A. W. Schlegel.
Wer? Theseus, Herzog von Athen. Hippolyta, Amazonenkönigin, seine Braut. Lysander und Demetrius, beide verliebt in Hermia. Hermia, verliebt in Lysander. Helena, verliebt in Demetrius. Egeus, Vater der Hermia. Oberon, Elfenkönig. Titania, Elfenkönigin. Puck (Droll), ein Elf. Die Handwerker-Rüpel: Squenz, Zettel, Flaut, Schnock, Schnauz, Schlucker.
Wo und wann? Athen und naher Wald. Zeitlos.
Was? Theseus, der Herzog von Athen, bereitet seine Hochzeit mit der besiegten Amazonenkönigin Hippolyta vor. Vor ihm klagt Egeus, ein athenischer Bürger, seine Tochter Hermia an: sie will nicht den von Egeus bestimmten Demetrius heiraten, sondern Lysander. Wenn sie ihrem Vater

nicht gehorcht, kann sie mit dem Tode bestraft oder in ein Kloster geschickt werden. Hermia flieht deshalb mit Lysander in den Wald, gesucht von Demetrius, hinter dem wiederum Hermias Freundin Helena herirrt. Oberon, der Elfenkönig, liegt im Eifersuchtsstreit mit seiner Gattin Titania. Um sie zu bestrafen, läßt er sich von Puck, einem Elf, eine Wunderblume bringen: wird ihr Saft auf die Augen eines Schlafenden geträufelt, so verliebt er sich in jede Kreatur, die er nach dem Erwachen zuerst erblickt. Mit diesem Zaubersaft verwirrt Puck die beiden Menschenpaare derart, daß nun Lysander Helena mit seiner Liebe verfolgt, schließlich auch Demetrius, während die vorher von beiden umworbene Hermia leer ausgeht. Helena fühlt sich verspottet, Hermia verlassen, und die jungen Männer ziehen den Degen gegeneinander. In einer Waldlichtung, wo Titania schläft, proben Handwerker das Stück ›Pyramus und Thisbe‹, um es bei der Hochzeit am Hof vorzuführen. Puck zaubert dem Weber Zettel einen Eselskopf an, in den sich die ebenfalls mit der Wunderblume behandelte Elfenkönigin nach dem Erwachen verliebt. Im Schlafe werden die Verwirrten durch Oberon und Puck von der Verzauberung erlöst — außer Demetrius, der sich deshalb jetzt in Helena verliebt. So gibt es drei Paare: Theseus und Hippolyta, Lysander und Hermia, Demetrius und Helena. Oberon und Titania, wieder versöhnt, segnen — nachdem die Handwerker ihr Spiel aufgeführt haben — die drei Paare und ihre künftigen Kinder.

Hinweise: Zwischen Palast und Wald, zwischen gesellschaftlichem Sittengesetz und außersittlichen, naturischen Kräften, spannt sich das Stück. So komisch die Verwirrung der Liebenden mit dem Wechsel ihrer Partner sein mag, hinter ihr steht die Gewalt des anarchischen Eros: sie sind dem Zauber des panischen Oberon ausgeliefert und zusammengetrieben von seinem faunischen Puck. Unter dem Streit Oberons und Titanias leidet die Erde; die Welt der Elementarwesen und Naturdämonen ergreift Besitz vom Menschen und offenbart im traumhaften Spiel den elementaren, dämonischen, gesetzlosen Urgrund seiner Seele. Erst die Versöhnung Oberons und Titanias kann den Aufruhr der übermenschlichen und innermenschlichen Kräfte beenden, und nur mit ihrem Segen kann das gesellschaftliche Sittengesetz (die rechte Ehe der rechten Paare) bestätigt und in seiner Würde wieder eingesetzt werden. Untrennbar sind die drei Sphären des Stückes miteinander verwoben: der alles umfassende Bereich der Naturdämonen, der höfische Bereich der Sitte und der in aller Unschuld parodierende Bereich der Rüpel. Das 19. Jahrhundert hielt sich vornehmlich an das romantische Waldesweben mit lieblichem Elfenzauber und einem neckischen Puck, der zu allerlei Scherzen aufgelegt ist. Dazu paßte die elegante Musik von Felix Mendelssohn-Bartholdy

(1843). Erst der Expressionismus hat den Blick frei gemacht für den Schrekken der Verblendung hinter dem drolligen Verwirrspiel, für den Nachtmahr im Nachtmärchen, für die unheimlichen Mächte der Natur und der Seele, die hier entbunden sind und — ohne menschliches Zutun, ja ohne auch nur die Möglichkeit menschlichen Zutuns — wieder gebändigt werden. Den Durchbruch dieser Auffassung, die Shakespeare wohl näher ist als die harmlose Ballett-Feerie, brachte auf der Bühne der Komponist Carl Orff mit seiner Einrichtung des (freilich noch immer zu weichen) Schlegel-Textes und vor allem mit seiner nicht illustrierenden, sondern dramaturgisch wirksamen Musik. Uraufführung dieser Fassung 1952, Landestheater Darmstadt; Regie Gustav Rudolf Sellner.

Meinungen: »Oberon und Titania, Droll und die Elfen verkörpern nur das Naturweben und -wandeln selber, das unverantwortliche Spiel von Wuchs und Wetter, wie es dem anthropomorphen Menschengeist erscheint: sie verkörpern, das heißt freilich schon, daß sie sich menschlicher Triebe und Sinne bedienen, und da der Dichter ihnen Rede gibt, so gehören sie auch dem Menschentum so weit an wie die Sprache selbst, die ja zugleich Gewächs, Element und Satzung ist«: Friedrich Gundolf. — »Doch mit oder ohne Mendelssohn: das unbegreifliche Werk steckt ja so voll ewiger Melodie, daß die Engel unter allen Umständen mitsingen. Es ist eine Dichtung, die die Erde tanzen macht«: Alfred Polgar.

Der Kaufmann von Venedig (The Merchant of Venice). Uraufgeführt um 1595. Zum erstenmal erwähnt 1598. Zum erstenmal gedruckt 1600. — Deutsch von A. W. Schlegel.

Wer? Der Doge von Venedig. Antonio, ein venezianischer Kaufmann. Bassanio, sein Freund. Porzia, eine reiche Erbin. Nerissa, ihre Begleiterin. Prinz von Marokko und Prinz von Arragon, Freier der Porzia. Shylock, ein Jude. Jessica, Shylocks Tochter. Lorenzo, ihr Liebhaber. Der Clown Lanzelot Gobbo, sein Vater, u. a.

Wo und wann? In Venedig und in Belmont, auf Porzias Landsitz. Renaissance.

Was? Um die Hand der reichen Erbin Porzia bewerben sich die Prinzen von Marokko und von Arragon und der Venezianer Bassanio, den Porzia insgeheim liebt. Auf Wunsch ihres verstorbenen Vaters muß Porzia denjenigen Freier erhören, der von drei Kästchen, einem goldenen, einem silbernen und einem bleiernen, das Kästchen wählt, das ihr Bild enthält. Bassanio wählt das richtige, das Kästchen aus Blei. Damit er sich bewerben konnte, brauchte er Geld. Sein Freund, der Kaufmann Antonio, konnte es ihm nicht

Shylock, gespielt von Macklin, in Shakespeares
›Der Kaufmann von Venedig‹, vierter Akt. Stich
aus Bells Shakespeare-Ausgabe, London 1775

leihen, denn Antonios Reichtum besteht in Schiffen, deren Ankunft er erwartet. Um dem Freund Bassanio trotzdem zu helfen, hat Antonio Geld bei dem verachteten Juden Shylock geliehen. Shylock hat eine Bedingung gestellt: wird der Schuldschein nicht rechtzeitig eingelöst, so darf er ein Pfund Fleisch aus Antonios Körper »nächst dem Herzen« schneiden. Die Nachricht trifft ein, daß Antonios Schiffe gesunken sind, und Shylock verklagt ihn. Vor Gericht besteht Shylock auf seinem ›Schein‹, auf dem Pfund Fleisch, und ist auch durch die ihm von Bassanio angebotene doppelte Summe nicht umzustimmen. Das Gericht hat ein Gutachten des Rechtsgelehrten Dr. Bellario angefordert. Verkleidet als Abgesandte Bellarios treffen Porzia und Nerissa ein, und Porzia (in Männerkleidung) übernimmt die Verhandlung. Nach vergeblichem Versuch, Shylock von seiner Forderung abzubringen, gesteht sie ihm das Pfund Fleisch zu, doch darf es kein Quentchen mehr oder weniger sein, und es darf kein Tröpfchen Blut fließen, da Antonio nur sein Fleisch, genau ein Pfund, und nicht sein Blut verpfändet habe. Überdies wird jetzt Shylock angeklagt: nach venezianischem Gesetz verfallen sein Leben und sein Vermögen dem Staat, denn er habe Antonio, einem venezianischen Bürger, nach dem Leben getrachtet. Der Doge von Venedig schenkt ihm das Leben, zieht die Hälfte seines Vermögens ein und spricht die andere Hälfte Antonio zu. Antonio will diese Vermögenshälfte bis zum Tode Shylocks nur verwalten: für Shylocks Tochter Jessica, die von ihrem Liebhaber Lorenzo entführt worden ist und dabei ihren Vater um Gold und Juwelen bestohlen hat. Antonio stellt die Bedingung, daß Shylock sich taufen läßt und seinen Nachlaß Lorenzo und Jessica vermacht. Gebrochen verläßt der Jude den Gerichtssaal. Das Nachspiel mit Musik feiert die Gnade und die drei Paare Porzia und Bassanio, Nerissa und Graziano, Jessica und Lorenzo. Porzia und Nerissa haben ihre venezianische Verkleidungs- und Richterkomödie aufgeklärt, und Antonio erfährt, daß nicht alle seine Schiffe untergegangen sind.

Hinweise: Im Jahre 1594 gab es in England, wo kaum Juden lebten, einen sensationellen Grund, über Juden zu diskutieren. Roderigo Lopez, ein portugiesischer Jude und Leibarzt der Königin Elisabeth, wurde von dem Grafen Essex angeklagt, er plane im Auftrag Philipps II., des Königs von Spanien, die Königin Elisabeth zu ermorden. Unter dem Beifall des Volkes wurde Lopez im Februar zum Tode verurteilt. Die Königin, die an seine Schuld nicht glaubte, schob die Hinrichtung monatelang hinaus, bis sie von den Essex-Anhängern schließlich doch zur Unterzeichnung des Todesurteils gebracht wurde. Am 7. Juni 1594 wurde Lopez, der sich zum Christentum bekannte, hingerichtet; einen Teil seines Vermögens durfte seine Familie behalten.

Überdies lebte damals in London ein Don Antonio, der als Anwärter auf den portugiesischen Thron ein Rivale des spanischen Königs war und der bei dem Versuch, Schiffe für den Kampf gegen Spanien zu kaufen, Bankrott machte. Er hatte den Grafen Essex, einen entschiedenen Gegner Spaniens, und die öffentliche Meinung auf seiner Seite.

Um die antijüdische Stimmung auszunutzen, spielte eine Theatertruppe unter großem Zulauf des Publikums ein Stück des damals schon ermordeten Christopher Marlowe, ›Der Jude von Malta‹, mit dem dämonischen Juden Barrabas, einem Christenhasser, Mörder, Verräter und abgefeimten Zyniker. Danach muß ›Der Kaufmann von Venedig‹, als Konkurrenzstück geschrieben, sensationell gewirkt haben. Shakespeares Komödie spielt mit hoher Wahrscheinlichkeit durch Antonios Mißgeschick mit seinen Schiffen auf Antonio, den portugiesischen Thronanwärter, an; mit Bassanio auf den Grafen Essex, der mit Antonio befreundet gewesen ist; mit Porzia auf die Königin Elisabeth und ihre langwährenden Versuche, den Juden zu retten; mit Gewißheit läßt die Komödie — und dies dürfte die Sensation gewesen sein — durch Shylock dem Juden mehr Gerechtigkeit widerfahren als die damalige öffentliche Meinung.

Es wäre unsinnig, bei Shakespeare nach einer projüdischen oder antijüdischen Gesinnung zu suchen. Die Juden waren damals durch Gesetz aus England verbannt, es gab keine ›Rassentheorie‹ und keine ›Judenfrage‹. Man kannte keine Juden, doch war ›Der Jude‹ eine mythische Figur, gehaßt aus religiösen Gründen als Gegner Christi und verachtet als risikoloser Zinskapitalist von Kaufleuten wie Antonio, die ihr Geld in gewagten Unternehmungen stecken hatten. Shylock war für Shakespeare sicherlich nichts anderes als ein interessanter, farbiger Charakter, der überdies aktuelle Anspielungen ermöglichte und sich von Marlowes ›Juden von Malta‹ genügend unterschied, um das Publikum anzuziehen. Doch wirkte ›Der Kaufmann von Venedig‹ damals als ein relativ projüdisches Stück: der Haß Shylocks ist die begründete Antwort auf den unbegründeten Haß, den ihm die höchst unchristliche Gesellschaft entgegenbringt, die ihn ausgeschlossen hat.

Diese Gesellschaft ist ohne jeden inneren Adel: Antonio, der ›königliche‹ Kaufmann, ist zwar königlich genug, keinen Zins zu nehmen, doch unköniglich genug, den verhaßten Juden anzuspeien und trotzdem bei ihm Geld zu leihen; Bassanio ist ein gerissener Mitgiftjäger; Lorenzo, der mit Shylocks Tochter Jessica durchbrennt und mit ihr das ihrem Vater gestohlene Gut verjubelt, ist nicht ohne frivole und zuhälterische Züge, und der restlichen schmarotzerhaften Kumpanei steht die moralische Entrüstung über den Juden schon gar nicht an. Wenn Shylock in seiner empörten Rede vor Gericht das primitivste Menschenrecht fordert, das dem Juden verweigert wird, so muß dies damals in England ein unerhörter Vorgang gewesen sein, und es erschüttert noch heute. Shylocks Tragik: haßvoll hat man ihm immer Unrecht getan, und nun, da er dem Buchstaben nach recht hat, kann er auf sein unmenschliches Recht in übersteigertem Haß nicht mehr verzichten. Hier und in Porzias herrlichem Plädoyer für die Gnade ist Shakespeare wohl der allgemeinen Meinung seiner Zeit entgegengetreten. Im Nachspiel freilich werden, als sei er darin zu weit gegangen, den so wenig noblen venezianischen Noblen die Segnungen einer durch Gnade und Musik harmonisierten Welt zuteil. Shakespeare erzwingt sie durch die mächtige Magie seiner Naturpoesie, nicht durch die innere Entwicklung der Personen, die nach einem Schelmenspiel nur noch paarweise zu Bett gebracht werden. Deshalb wirkt dieser schönste und poetischste Teil der Komödie, als sei er aus äußerlichen Gründen angehängt: als solle das Stück, das im Grunde längst zu Ende ist, die nötige Länge bekommen, oder als solle das Publikum nach dem Schrecken des buchstäblich genommenen Rechtes mit einem Preisgesang auf die Gnade wieder beruhigt werden. Wie das Stück auch immer gemeint gewesen sei und damals gewirkt habe — im 20. Jahrhundert erscheint es antisemitisch. Wie sehr man sich auch darum bemüht, die Tragik Shylocks herauszuarbeiten, er bleibt von der Welt der Gnade und der Musik ausgeschlossen: der letzte Teil des Stückes spricht dieses letzte und schwerste Urteil über ihn. Und tiefer als das psychologische Verständnis für den Hassenden, das dem Stück abgerungen werden kann, wirkt nach den Mordexzessen des Antisemitismus das Bild des messerwetzenden und die Waage schwingenden Juden, der ein Pfund Menschenfleisch verlangt — eine Buße, nebenbei bemerkt, die es nie im jüdischen, wohl aber im altrömischen Recht gegeben hat.

Meinungen: »Wahrlich, Shakespeare würde eine Satire auf das Christentum gemacht haben, wenn er es von jenen Personen repräsentieren ließe, die dem Shylock feindlich gegenüberstehen, aber dennoch kaum wert sind, demselben die Schuhriemen zu lösen«: Heinrich Heine. — »Die Lösung des Streitfalls erfolgt zwar durch eine Finte, denn wer ein Pfund Fleisch schneiden darf, der darf natürlich auch Blut vergießen und ungenau messen; noch mehr ist die Abfassung eines Vertrages, der ein Menschenleben zu morden erlauben soll, durch einen Notar mit Siegel und in klagbarer Form ein bares Traumgebild. Aber zwischen Luft und Luft steht unangreifbar in ewiger Wesenheit das Prinzip des Rechts«: Alois Brandl. — »Als Kernstück des ganzen Werks und als Schlüssel für Shakespeares Auffassung von Scheilock ist der große Ausbruch anzusehen: ›Hat ein Jud keine Augen?‹ Das hatte man auf der englischen Bühne noch nie gehört! Damit man aber nicht zuviel Sympathie für ihn empfand, gab ihm Shakespeare eine flatterhafte, ungetreue und höchst unangenehme Tochter«: Hans Rothe. — »In diesem hochberühmten Theaterstück wird dargestellt, wie die Gradheit und Genauigkeit eines schlimmen Juden an dem talmudischen Dreh braver Christen zuschanden wird«: Alfred Polgar. — »Wenn sich der Jude und der Christ erzählen, daß sie sich hassen und sich gleich wieder auf den Bart spucken möchten, fallen mir die Öfen von Auschwitz ein. Es ist soviel kaputtgegangen, warum soll nicht ein Stück von Shakespeare auch dabeisein?«: Walther Kiaulehn.

Julius Cäsar (Julius Caesar). Tragödie. Uraufgeführt um 1599. Zum erstenmal gedruckt in der Folio-Ausgabe von 1623. Das erste Shakespeare-Stück, das ins Deutsche übersetzt wurde: 1741 von Caspar Wilhelm von Borck. A. W. Schlegels Übersetzung wurde 1803 zum erstenmal in Weimar gespielt.

Wer? Julius Cäsar. Calpurnia, seine Gemahlin. Die Triumvirn nach dem Tode Cäsars: Octavian, Neffe Cäsars, an Sohnes Statt von ihm angenommen; Marcus Antonius; Ämilius Lepidus. Verschworene gegen Cäsar: Marcus Brutus; Cassius, sein Schwager; Casca; Decius Brutus u. a. Portia, Gemahlin des Brutus.

Wo und wann? Rom. Feldlager bei Sardes. Schlachtfeld bei Philippi. 45—42 v. Chr.

Was? Cäsar wird nach seinem Sieg über Pompejus vom Volk gefeiert. Mark Anton bietet ihm auf dem Kapitol dreimal die Königskrone an, und dreimal lehnt Cäsar ab, doch ist er enttäuscht, daß das Volk von dieser Ablehnung begeistert ist. Cassius leitet eine Verschwörung gegen Cäsar. Es gelingt ihm, den ehrenhaften Brutus, der die Freiheit der Republik in Gefahr sieht, für die Ermordung Cäsars zu gewinnen, indem er ihn durch anonyme Briefe daran erinnert, daß einer seiner Ahnen einst einen römischen Tyrannen vertrieben hat. Mit Cäsar auch Mark Anton zu töten, lehnt Brutus ab: nach seinem Willen sollen die Verschwörer Rom vor der Tyrannis bewahren, doch keine Mörder sein. Cäsar mißachtet alle Warnungen vor den ›Iden des März‹ (Monatsmitte). Sein Entschluß, zum Kapitol zu gehen, wird von dem Mitverschworenen Decius Brutus gefestigt, der Cäsars Hoffnung schürt, der Senat werde ihm die Königskrone anbieten. Im Senat wird Cäsar von den Verschwörern erdolcht. Gegen den Willen des Cassius erlaubt Brutus dem Günstling Cäsars, Mark Anton, die Leichenrede zu halten. Unter dem Jubel des Volkes erklärt Brutus auf dem Forum, daß er Cäsar geliebt habe, »aber weil er herrschsüchtig war, erschlug ich ihn«. Er verläßt das Forum, und Mark Anton hetzt an der Leiche Cäsars mit einer demagogischen Rede das Volk, das eben noch Brutus zugestimmt hat, gegen die Verschwörer auf. Das Volk zündet ihre Häuser an und vertreibt sie aus Rom. Als Triumvirn übernehmen Mark Anton, Octavian und Lepidus die Herrschaft. Brutus und Cassius rüsten Heere gegen Rom. Cäsars Geist erscheint Brutus, um ihm zu sagen, »daß du zu Philippi mich sehen sollst«. Bei Philippi werden Cassius und Brutus von Mark Anton und Octavian geschlagen und töten sich. Mark Anton bestätigt an der Leiche des Brutus, daß Brutus, »der beste Römer unter allen«, der einzige Verschwörer gewesen ist, der Cäsar nicht aus Mißgunst, sondern für das gemeine Wohl getötet hat.

Hinweise: Der Shakespeare-Übersetzer Hans Rothe bezieht aus der Theaterpraxis einleuchtende Argumente für die Vermutung, daß es sich bei dem überlieferten Text nicht um eine geschlossene Tragödie, sondern um Teilstücke zweier Cäsar-Dramen handele. Die erregende Mitte jeder Aufführung ist die Rede Mark Antons an der Leiche Cäsars: wie er seinen Schmerz um Cäsar in ein Mittel zur Volksverführung umwandelt und seine eiskalte Geschicklichkeit mit echten Gefühlen heizt; wie er bei seinem Refrain »Und Brutus ist ein ehrenwerter Mann« das ›ehrenwert‹ langsam aushöhlt, umwendet und ins höhnische Gegenteil verkehrt; wie er bei seiner schließlich unverhohlenen Anklage gegen die Verschworenen das Pathos der blutigen Leiche nutzt und dem Volk Versprechungen macht, bezogen aus dem Testament Cäsars — das ist das in der Weltliteratur beispiellose Meisterstück demagogischer Rhetorik mit allen Tricks und Rezepten der Massenverführung, so virtuos gehandhabt, daß man unter Schaudern hingerissen ist.

Das Bruchstückhafte und die Vieldeutigkeit des Textes lassen im übrigen die verschiedenartigsten Ausdeutungen zu. So ist es möglich, Cäsar, der schon im ersten Drittel des Dramas ermordet wird und dann nur noch einmal kurz als Geist erscheint, dennoch zur Hauptfigur des Stücks zu machen, zum großen Herrscher, nach dessen Ermordung das römische Reich ins Chaos des Bürgerkriegs versinkt; der Geist Cäsars wird damit zum Verkünder seiner eigenen Unsterblichkeit; er triumphiert über seine Mörder, die ihrer politischen Aufgabe nicht gewachsen sind, und jagt sie in den Tod. Es ist aber auch möglich, Cäsar als den künftigen Tyrannen auszuspielen, der um der republikanischen Freiheit willen getötet werden muß; damit wird Brutus zur tragischen Hauptperson, der Tyrannenmörder aus ethischen Motiven, der die Freiheit Roms höher schätzt als seine Freundschaft zu Cäsar; die Geistererscheinung Cäsars ist dann nicht mehr als der bildgewordene Ausdruck der Gewissensqualen des Brutus, der als Mörder die Sühne erwarten muß, wie berechtigt seine Tat auch politisch gewesen sei. Es ist naheliegend, das Volk als einen wankelmütigen, verächtlichen Pöbelhaufen vorzuführen, doch ist es auch möglich, die Tragödie des irregeleiteten, unter allen Herrschern leidenden Volkes in den Vordergrund zu spielen.

Ob man das Stück als objektiviertes historisches Geschehen darbietet, als dramatischen Bericht von der chaotischen Zeit zwischen dem Ende der römischen Republik und dem Anfang der Kaiserzeit, oder ob man den tragischen Modellfall des ethischen Republikaners vorführt, der zwar stark genug ist, den als Freund geliebten Tyrannen zu töten, aber nicht klug genug, in der Stunde seiner Macht auch den künftigen Tyrannen Mark Anton zu durchschauen und zu beseitigen; ob man sich am Mythos der großen Persönlichkeit berauscht, die über ihren leiblichen Tod hinaus unsterblich ist, oder am Mitleid mit dem leicht verführbaren und immer verführten Volk; ob mythisches, ob politisches, ob Drama der Charaktere — unüberhörbar bleibt der Grundton einer schwermütigen Ballade des Untergangs, einer skeptischen Melancholie vor dem Lauf der Geschichte und vor der Schwäche des Menschen, der den historischen Zwängen ausgeliefert ist.

Meinungen: »Niemand, wenn nicht ein naiver Republikaner wie Swinburne, kann glauben, daß Brutus wegen einer in Shakespeares Seele schlummernden, politischen Begeisterung für die Republik zur Hauptperson wurde. Er hat sicherlich kein politisches System gehabt und legt ja bei anderen Gelegenheiten die königstreueste und königsliebendste Gesinnung an den Tag«: Georg Brandes. — »Es hat Shakespeare keinen Schmerz verursacht,

Cäsar aus rein technischen Gründen nach unten zu dichten, um Brutus nach oben zu dichten«: Bernard Shaw. —»Brutus und Cassius werden gezwungen, mit den nämlichen Schwertern, mit denen sie Cäsar umbrachten, sich selbst umzubringen. Nimmt man nun Cäsar die ethische Größe, indem man ihn als einen halb lächerlichen, halb anrüchigen Despoten spielen läßt — als einen abgetakelten Mussolini —, so verschwindet mit seiner Größe auch der ethische Gehalt der Strafe, die seiner Ermordung folgt«: Richard Flatter. — »Denn das ist das Thema dieses Stückes, das mit Fug für seine Gesamtheit, für alle fünf Akte ›Julius Cäsar‹ heißt: Der geborene Herrscher eines Reichs, den dieses Staatswesen so, wie es war, brauchte, wird ermordet; sein weiterlebender Geist wendet das Schwert, bis seine Mörder es sich selbst in die Brust stoßen. Dies ist Schicksal; so, unentrinnbar, ist sein Weg«: Gustav Landauer.

Hamlet, Prinz von Dänemark (Hamlet, Prince of Denmarke). Tragödie. Uraufgeführt 1601 in London. 1603 zum erstenmal — vermutlich als Raubdruck — in einer Fassung veröffentlicht, die A. W. Schlegel, der populärste deutsche Übersetzer, nicht gekannt hat. Die erweiterte zweite Hamlet-Ausgabe erschien 1604, die dritte in der Folio-Ausgabe von 1623. Die ›Leitgedanken‹ der ersten Fassung von 1603, angereichert durch das ›Material‹ der übrigen Texte, hat Hans Rothe für seinen deutschen ›Hamlet‹ benutzt.

Wer? Claudius, König von Dänemark. Hamlet, Sohn des vorigen Königs und Neffe des Claudius. Gertrude, Hamlets Mutter, Witwe des vorigen Königs und Gattin des Claudius. Horatio, Hamlets Freund. Polonius, Oberkämmerer. Ophelia, Tochter des Polonius. Laertes, Sohn des Polonius. Rosenkranz und Güldenstern, Hofleute. Fortinbras, Prinz von Norwegen. Der Geist von Hamlets Vater.

Wo und wann? In Helsingör, am dänischen Königshof. Zeit: unbestimmt.

Was? Prinz Hamlet ist von der Universität in Wittenberg an den Königshof in Helsingör zurückgekehrt: sein Vater ist tot, und Claudius, der neue König, ein Bruder seines Vaters, hat schon Gertrude, Hamlets Mutter, geheiratet. Was Hamlet vermutet, wird ihm durch den Geist seines Vaters bestätigt: Claudius hat Hamlets Vater ermordet. Hamlet wird vom Geist beauftragt, diesen Mord zu rächen, doch soll er dabei seine Mutter schonen. Um den Auftrag besser ausführen zu können und um Claudius der Tat zu überführen, nimmt Hamlet ›ein wunderliches Wesen‹ an: er spricht scheinbar zusammenhanglose, doppeldeutige Sätze, in denen sich seine Taktik, Claudius zu provozieren, und sein Ekel vor einer Welt, in der dieser Mord möglich ist, durchdringen. (Der aus dem protestantischen Wittenberg kommende Hamlet braucht einen Beweis für Claudius' Schuld, da der Geist nach der da-

Shakespeare: Hamlet. Links: David Garrick (1716–1779) als Hamlet. Stich von G. A. Liebe nach einer englischen Vorlage, aus dem Taschenbuch für das Theater, Gotha 1781. — Mitte: John Philipp Kemble (1757–1823) als Hamlet. Schabblatt von H. Dawe nach einem Gemälde von Thomas Lawrence. — Rechts: Friedrich Ludwig Schröder (1744–1816) als Hamlet. Zeichnung von Joseph Franz Frhr. v. Goez

maligen protestantischen Auffassung durchaus ein täuschender Teufel aus der Hölle sein könnte. Der Geist selbst freilich ist katholisch: er beklagt, daß er ohne Beichte und Letzte Ölung getötet worden ist.) Der Kämmerer Polonius vermutet, Hamlets Geist sei verwirrt, weil er Ophelia, die Tochter des Polonius, liebe, ohne von ihr erhört zu werden. Hamlet, belauscht vom König und von Polonius, angewidert von Mord, Rache und dem Lauf der Welt, rät Ophelia, in ein ›Kloster‹ zu gehen (eine zu eindeutige Übersetzung; Hamlet schickt Ophelia »to a nunnery«, und so nannte man auch das ›Freudenhaus‹). Eine Schauspieltruppe gibt Hamlet Gelegenheit, dem König eine Falle, die ›Mausefalle‹, zu bauen: er läßt die Schauspieler vorm Hofe eine Pantomime und (vermutlich: oder) ein Stück aufführen, in dem ein König auf die gleiche Weise wie Hamlets Vater ermordet wird und der Mörder die Königin für sich gewinnt. Bevor das Spiel noch zu Ende ist, bricht der erregte Claudius mit dem Hofstaat auf. Nun hat Hamlet Gewißheit, doch tötet er, als sich ihm die Gelegenheit bietet, Claudius nicht: der König betet, und Hamlet will ihn nicht in der Reue sterben lassen — was freilich auch ein Vorwand sein kann, nicht töten zu müssen. Hamlet klagt seine Mutter so unbarmherzig an, daß der Geist seines Vaters noch einmal erscheint, um ihn an seine Rache und die befohlene Schonung der Mutter zu erinnern. Polonius belauscht dieses Gespräch hinter einem Vorhang und wird, als er sich durch ein Geräusch verrät, von Hamlet erstochen, der ihn für den König hält. Um Hamlet zu beseitigen, schickt König Claudius ihn nach England, läßt ihn von seinen Spitzeln Rosenkranz und Güldenstern begleiten, denen er einen Mordbrief mitgibt — seine Empfänger sollen Hamlet in England töten. Ham-

let entdeckt den Brief und ändert ihn ab: nun werden Rosenkranz und
Güldenstern getötet. Nach Dänemark zurückgekehrt, wird Hamlet Zeuge
der Beerdigung Ophelias: sie ist, seelisch und geistig verwirrt, im Fluß ertrunken. Ihr Bruder Laertes, entschlossen, den Tod seines Vaters Polonius
zu rächen, duelliert sich mit Hamlet. Auf den Rat von König Claudius
benutzt er zu diesem sportlichen Wettkampf ein scharfes Rapier, dessen
Spitze er vergiftet. Claudius hält überdies einen Giftbecher bereit. Beim
Duell vertauschen die beiden in der Hitze des Gefechtes die Rapiere, und
Hamlet tötet Laertes, der im Sterben den Mordplan gesteht. Die Königin hat
versehentlich vom Giftbecher getrunken; Hamlet ersticht den König. Der
vom vergifteten Rapier verwundete Hamlet stirbt; sein letztes Wort: »Der
Rest ist Schweigen.« Fortinbras, der Prinz von Norwegen, wird das Erbe
Dänemarks antreten; er läßt Hamlet mit königlichen Ehren bestatten: »denn
er hätte, wäre er hinaufgelangt, unfehlbar sich höchst königlich bewährt«.

Hinweise: Schon diese dürre Inhaltsangabe ist eigentlich eine Fälschung,
denn so eindeutig, wie dies hier notgedrungen geschehen mußte, lassen sich
die Vorgänge in ›Hamlet‹ nicht erklären. Einer der besten Kenner des Stücks,
John Dover Wilson, hat ein umfangreiches Buch über die schlichte Frage
geschrieben, was in ›Hamlet‹ vorgehe, und ist dabei zu den vieldeutigsten
Ergebnissen gelangt. Die unklaren Motive haben T. S. Eliot dazu gebracht,
den Knoten der offenen Fragen mit der Formulierung zu zerhauen, ›Hamlet‹
sei, aus vielen Schichten gewachsen, ›ein künstlerischer Fehlschlag‹: »Wir
müßten etwas verstehen, was Shakespeare selber nicht verstand.«

Wahrscheinlich schrieb Shakespeare den ›Hamlet‹ aus einem äußeren Anlaß: Ben Jonson hatte für die konkurrierende ›Truppe des Admirals‹ die ›Spanische Tragödie‹ von Thomas Kyd zu einem aktuellen Bühnenschlager umgearbeitet, und Shakespeare, der Dramaturg des Globe-Theaters, arbeitete, um diesen Erfolg zu übertrumpfen, ebenfalls ein Stück von Kyd um, den ›Hamlet‹. Sicher ist, daß Shakespeare, der von der Lektüre der ›Essays‹ von Montaigne tief beeindruckt war, ebensoviel Montaigne wie ganz Persönliches in den ›Hamlet‹ eingebracht hat.

Das Rache-Thema lag in der Luft: im Februar 1601, dem Jahr der ›Hamlet‹-Uraufführung, war Graf Essex als Verschwörer gegen den Staat hingerichtet worden; die Essex-Verschwörung war dafür eingetreten, daß Jakob, der Sohn der Maria Stuart, der Nachfolger der Königin Elisabeth werde; Maria Stuarts Gatte aber, Lord Henry Darnley, war im Februar 1566 von dem Grafen Bothwell ermordet worden, den Maria dann im Mai des gleichen Jahres geheiratet hatte. Haben sich die Zuschauer verständnisinnig zugezwinkert, wenn in ›Hamlet‹ die Königin sorgfältig blaß gehalten wird, so daß man nie erfährt: war sie nun eigentlich an dem Mord beteiligt oder nicht? Haben sich die Studenten in Oxford und in Cambridge, wo ›Hamlet‹ gespielt wurde, damals gesagt: wie soll sich dieser Shakespeare denn anders aus der Affäre ziehen? – er darf es mit dem künftigen König Jakob nicht verderben, dem Sohn der Maria Stuart, der es nicht gestattet, daß über seine Mutter geredet wird, und er darf es mit dem Publikum nicht verderben, das natürlich von Marias Schuld überzeugt ist. Die Königin in ›Hamlet‹ wäre also nichts anderes als ein Kompromiß des Theater-Aktionärs Shakespeare, der von Jakob Schutz und Förderung erhofft? Was dachten die Zuschauer, wenn Hamlet hemmungslos Montaigne ohne Quellenangabe zitierte und wenn er den Polonius mit den gleichen Worten als häßlichen alten Mann beschrieb, mit denen sich Montaigne selbst beschrieben hatte? Was dachten sie, wenn Horatio beim Tod Hamlets fast die gleichen Worte spricht, die der Graf Essex auf dem Schafott vor seiner Hinrichtung gesprochen hat? Was, wenn Ophelia um »Bonny sweet Robin« klagt? – so nämlich wurde Essex genannt. Sind in dem dänischen Prinzen geschichtliche Situationen, Charakterzüge und Neigungen des Grafen Essex und des künftigen Königs Jakob miteinander verschmolzen? Man hat damals vom Theater verlangt, was man heute von den Zeitungen erwartet: Stellungnahme zu Tagesfragen. Ist das Stück ein Appell an Jakob, den Schöngeist und protestantischen Theologen, weniger zögernd zu denken und mehr entschlossen zu handeln? Ein Versuch, Stimmung für ihn und die Essex-Verschwörer zu machen? In der Tat hat Jakob I., der 1603 der Königin Elisabeth folgte, die Ehre des hingerichteten Essex wiederhergestellt, den mitverschworenen Grafen Southampton, einen anderen Gönner Shakespeares, aus dem Kerker des Tower entlassen und Shakespeares Theatertruppe zur königlichen Truppe mit vielen Vergünstigungen erhoben. ›Hamlet‹ also ein erfolgreiches, politisches Tendenzstück?

Oder war ›Hamlet‹ damals schon — allgemeiner — ein neuer Orest? Orests Mutter Klytaimnestra hatte den Mörder ihres Gatten Agamemnon geheiratet, und Orest war, dem Rachebefehl folgend, wahnsinnig geworden — Hamlet ein neuer, ein anderer Orest, der seine Mutter nicht töten darf und kann? Ein Orest, der über die Rache hinausgewachsen ist, unfähig, Blut mit Blut zu vergelten?

In Deutschland haben sich die Fragen noch vermehrt. Kaum hatten die Deutschen Shakespeare entdeckt, Lessing und Wieland, schon machten sie das Sturm-und-Drang-Genie aus ihm, das sie auch gerade entdeckt hatten: Goethe und vor allem Herder. Goethe hat den ›Hamlet‹ gelesen, als stamme er von ihm selber und heiße eigentlich ›Werther‹: »... eine große Tat auf eine Seele gelegt, die der Tat nicht gewachsen ist«. A. W. Schlegel, der Übersetzer, rügte Hamlets ›Hang zu krummen Wegen‹ und meinte, das Stück zeige, »wie eine Überlegung, welche alle Beziehungen und möglichen Folgen einer Tat bis an die Grenzen der menschlichen Voraussicht erschöpfen will, die Tatkraft lähmt«. Sein Bruder Friedrich sah Hamlet als finsteren Nihilisten: »Das Innerste seines Daseins ist ein gräßliches Nichts, Verach-

Ein Zimmer im Haus des Polonius, Entwurf des englischen Bühnenbildners Gordon Craig (1872–1966). Aus ›Hamlet‹, übersetzt und eingerichtet von Gerhart Hauptmann. Cranach-Presse, Weimar, 1928

tung der Welt und seiner selbst.« Ist dieser Hamlet ein Intellektueller, der sich durch sein Denken den Weg zur Tat versperrt? Oder ist sein Zögern sachlich gerechtfertigt, da er zuerst Beweise schaffen muß? Ist Hamlet als energiegeschwächter Melancholiker unfähig, seinem Gewissen zu folgen? Oder ist er durch sein empfindliches Gewissen nur in zeitweilige, melancholische Depressionen gestürzt worden? So viele Fragen, so viele durchaus mögliche Antworten. Jeder starke Schauspieler prägt sich seinen eigenen Hamlet. In Deutschland, belastet durch die romantische Tradition, ist er meist, mit Grad- und Mischungsunterschieden, eine sensible, intellektualisierte, ja oft sogar feministische Gestalt. Er kommt einfach nicht zum Handeln: mal steht ihm das Gefühl, mal das Gewissen, mal das Denken im Wege, und daran geht er, ein bißchen weibisch, zugrunde. Hamlet ist das Lieblingsspiegelkind des deutschen Intellektuellen: ihm ist es im Laufe der Geschichte selten anders ergangen.

In England dagegen, wo sich keine 240 Jahre jüngere, romantische Übersetzung zwischen Shakespeare und das Publikum geschoben hat, ist Hamlet, mit Grad- und Mischungsunterschieden, eher ein aktiver junger Mann, tief verwundet durch das Böse, dem er zum erstenmal in seiner ganzen Gewalt begegnet. Daß seine Mutter Teil daran hat: das ist die Wurzel seines Ekels. Seine Monologe sind kein allgemeines Räsonnement, sondern der verallgemeinernde, moralische Protest eines jungen Menschen: sein erstes tiefes Erschrecken vor der Welt und seine Selbstvorwürfe, daß er ihre Reinigung nicht rascher betreiben kann. Sie wird keineswegs verzögert durch eine spezielle Tatgehemmtheit Hamlets, sondern durch sachliche Umstände. Natürlich gibt es auch in dieser Auffassung die Problematik von Geist und Tat, doch ist sie nicht das Hauptthema: Hamlet bleibt in der scheinbar passivsten Verzweiflung immer ein aktiver Protest gegen das Böse. Die Engländer spielen mehr das politische Drama als die Individualtragödie, mehr das Stück als eine mögliche Philosophie des Stückes, und sie lassen durchaus spüren, aus welch britischem Lieblingsmaterial die Tragödie gebaut ist: ein Schloßgespenst, das seine Rache will; eine Detektivgeschichte, in der Beweismaterial provoziert wird; makabrer Friedhofshumor und ein empörter Gentleman, dem der Lauf der Welt wider die konservative Sitte geht und wider die politische Vernunft.

Meinungen: »Die Hauptzüge Jakobs finden sich in Hamlet wieder: der Widerwille gegen Blutvergießen, die Unentschlossenheit, die Neigung zum Philosophieren, die Furcht vor der Tat, das Zögern, zu strafen, das halb Schwäche, halb Großmut ist«: Lilian Winstanley. — »Obgleich es ... nicht an Parallelen zu Hamlets Lebensumständen gebricht, so wäre doch die

Annahme, Jakob habe geradezu das Modell zu Hamlet abgegeben, selbstverständlich ebenso barock wie die Vermutung gegen Essex. Nichts konnte
zu jener Zeit dummer und geschmackloser sein als den vermutlichen Thron-
erben oder den neuen König an die traurigen Verhältnisse erinnern zu wollen, unter denen er aufgewachsen war«: Georg Brandes. — »Shakespeares
Hamlet ist eine einzige, an Jakob I. gerichtete Beschwörung, das göttliche
Recht der Könige nicht in Reflexion und Diskussionen zu verbrauchen«:
Carl Schmitt. — »Keine *große* Leidenschaft ist der Inhalt dieses Stücks, aber
eine sehr tiefgezeichnete, die Handlung selbst interessiert weit weniger, als
die Empfindung, die durch die Empfindung der Hauptperson veranlaßt
wird«: Ludwig Tieck. — »Hier im Hamlet hat sich der Dichter ausdrücklich
die glänzende Aufgabe gestellt, die ungeheure Kluft zu schildern, die zwischen Pflichtgefühl und Erfüllung, zwischen Wollen und Tun, zwischen Einsicht und Entschluß, zwischen Entschluß und Tat gelegen ist«: G. G. Gervinus. — »Sein Name ist wie der Name eines Holzschnitts von Albrecht
Dürer: Melancholie«: Victor Hugo. — »Aber man hat Shakespeare mißverstanden, wenn man in Hamlet einen ganz modernen Reflexionskranken ohne
Tatkraft gesehen hat. Es ist geradezu eine Ironie des Schicksals, daß *er* eine
Art Sinnbild von nachdenkender Schlaffheit geworden ist, er, der Pulver in
allen Nerven und allen Sprengstoff des Genies in seiner Natur hat«: Georg
Brandes. — »Der Rächer Hamlet war durch die Quelle, der Denker Hamlet
durch die Umwelt und Geistesverfassung des Dichters gegeben, und die
Mischung äußerst bunter Elemente zu einem Charakter mit *innerer* Spannung
gehörte in Shakespeares mittlerer Zeit zu seinen Lieblingsmitteln, um sein
Kunstziel ›lebendiger als Leben!‹ zu verwirklichen«: Alois Brandl. — »Wir
kennen diesen Hamlet wie wir unser eigenes Gesicht kennen, das wir so oft
im Spiegel erblicken, und das uns dennoch weniger bekannt ist, als man
glauben sollte...«: Heinrich Heine. — »Aber das ist ja der Grundzug der
Tragödie, daß Hamlet ständig aktiv ist auf das Ziel der Wahrheit und des
wahrheitsgemäßen Handelns hin — daß seine Gründe des Zögerns durchaus
und ganz berechtigt sind gerade an dem eigentlichen Maßstab des Wahr-
seins«: Karl Jaspers. — »In diesen Vorgängen sieht man den jungen, aber
schon etwas beleibten Menschen die neue Vernunft, die er auf der Universität
in Wittenberg bezogen hat, recht unzulänglich anwenden. Sie kommt ihm bei
den feudalen Geschäften, in die er zurückkehrt, in die Quere. Gegenüber
der unvernünftigen Praxis ist seine Vernunft ganz unpraktisch. Dem Widerspruch zwischen solchem Räsonieren und solcher Tat fällt er tragisch zum
Opfer. Diese Lesart des Stücks, das mehr als eine Lesart hat, könnte, meines
Erachtens, unser Publikum interessieren«: Bertolt Brecht. — »Hamlet ist
nicht nur der Thronfolger, der seinen Vater zu rächen versucht. Hamlet

wird nicht nur durch seine Situation bestimmt, jedenfalls nicht eindeutig. Diese Situation wurde ihm aufgezwungen, Hamlet akzeptiert sie, bäumt sich aber gleichzeitig dagegen auf. Er nimmt die Rolle an, befindet sich jedoch selbst außerhalb der Rolle. Er ist jemand anderer als seine Rolle. Er überragt sie«: Jan Kott. — »Was andere Autoren vernichten, sobald das Werk fertig ist, hat sich im Hamlet-Text erhalten — es ist so, als ob man alles, was Goethe im Lauf eines langen Lebens über den Fauststoff gedacht hat, nicht als Phasen, sondern als einheitliches Werk ansehen wollte«: Hans Rothe.

Troilus und Cressida (The Tragedy of Troylus and Cressida). Geschrieben um 1602. Zum erstenmal in einer Quarto gedruckt 1609. Vermutlich zum erstenmal aufgeführt 1679. — Deutsch von Wolf Graf Baudissin. Zur Einbürgerung in Deutschland hat die Übersetzung von Hans Rothe (erste Fassung 1920) entscheidend beigetragen.

Wer? Priamus, König von Troja. Seine Söhne: Hektor, Troilus, Paris u. a. Kalchas, trojanischer Priester, zu den Griechen übergelaufen. Cressida, seine Tochter. Pandarus, ihr Onkel, ein Kuppler. Agamemnon, Oberanführer der Griechen. Menelaus, sein Bruder. Helena, Gemahlin des Menelaus, von Paris entführt. Griechische Heerführer: Achilles, Ajax, Ulysses, Nestor, Diomedes, Patroklus. Thersites.

Wo und wann? In Troja und im griechischen Heerlager vor dieser Stadt. Trojanischer Krieg.

Was? Troilus, ein Sohn des trojanischen Königs Priamus, liebt Cressida, die Tochter des trojanischen Priesters Kalchas, der zu den belagernden Griechen übergelaufen ist. Kalchas erreicht, daß Cressida gegen einen gefangenen Troer ausgetauscht wird. Im Lager der Griechen freilich wird Cressida, die Troilus ewige Treue geschworen hat, bald die Geliebte des Griechen Diomedes. Ein Zweikampf zwischen dem Griechen Ajax und dem Trojaner Hektor soll den Krieg beenden, doch Hektor bricht den Kampf ab, da Ajax eine trojanische Mutter hat. Der Grieche Achill läßt Hektor, der sich ohne Waffen ausruht, von seinen Myrmidonen erschlagen. Agamemnon glaubt, daß der Krieg nun, nach dem Tode Hektors, bald zu Ende sei, aber Troilus, der zum Zeugen der Treulosigkeit Cressidas geworden ist, will ihn, rachsüchtig, fortsetzen.

Hinweise: Der Streit um dieses Stück beginnt schon mit seiner ersten Veröffentlichung in einer Quarto-Ausgabe im Jahre 1609: sie ist mit zwei verschiedenen Titelblättern erschienen, und auf dem einen wird behauptet, das Stück sei vom Globe-Theater aufgeführt worden, während das andere diese Bemerkung nicht enthält; dafür wird in einer Vorrede dieser Ausgabe festgestellt, das Stück sei noch nicht aufgeführt worden,»noch nicht vom Theater verdorben«. Vermutlich haben es die Globe-Leute nicht gespielt, wollten es auch nicht spielen, und so kam es erst 1679, mehr als sechzig Jahre nach Shakespeares Tod, auf die Bühne. Der Text der Folio-Ausgabe von 1623 ist so vorzüglich, daß hier ausnahmsweise einmal ein – nicht für das Theater bearbeitetes – Manuskript von Shakespeare als Unterlage gedient haben mag. Elemente der Komödie und der Tragödie, greller Hohn und tiefer Schmerz, Satire und Trauer, sind derart gemischt, daß die Aufführung die größten Schwierigkeiten bereitet. Die Erfahrungen des ersten Weltkriegs haben den Ernst des Stückes dem deutschen Publikum nähergebracht; Otto Falckenbergs Münchener Inszenierung hat daran den größten Anteil. Doch erst nach dem zweiten Weltkrieg ist es so gut verstanden worden, daß man von einem späten Durchbruch des Stückes in das Repertoire sprechen kann. Homers griechische Helden vor Troja erscheinen hier als tückische, dumme und brünstige Prahler und Trottel, als ›Idioten des Mars‹. Der Anlaß des Krieges wird zurückgeführt auf ›Hahnrei und Hure‹, auf den von allen verachteten Paris und die hohlköpfige Helena. Der noch verhältnismäßig edel gezeichnete Trojaner Hektor ist zunächst mit Vernunftgründen für den Frieden, opfert dann aber auch die Vernunft einer mörderischen Krieger-Ehre. Waffenlos wird er von den Mannen des Achill erschlagen, einem infamen Meuchelmörder, der seinen Lustknaben Patroklus mehr liebt als den offenen Kampf. Troilus, ein Sohn des Priamus, verliert seine geliebte Cressida, die, an die Griechen ausgeliefert, alsbald zur Offiziershure wird. Heldentum ist in diesem Stück ein blutiger Witz. Ritterlichkeit und Liebe sind aus läppischem Anlaß in einem Krieg untergegangen, der von einer Horde von Zynikern und Egoisten geführt wird, bestenfalls von verschlagenen Realpolitikern wie Ulysses. Der Kuppler Pandarus (dessen Name heute in England den Zuhälter bezeichnet) gehört durch seine ungenierte Aufrichtigkeit noch zu den erfreulichsten Gestalten, und Thersites gießt in seinen Hohnreden gegen Krieg und Unzucht Kübel von Menschenverachtung aus, doch wird er, wie alle großen Narren Shakespeares, getragen von tiefer Melancholie und schmerzvoller Weisheit: ein Mann des Pöbels, der hier nobler ist als die nobelsten Krieger. Viele Motive des Stückes sind nur angedeutet und diese Ansätze überdies vielfältig verschlungen. Heutige Ohren hören in diesem bitter grotesken Shakespeare Töne wie von Shaw oder auch von Giraudoux.

Meinungen:»Jedoch wollt's ich lieber lesen als auf der Bühne sehen«: Ulrich Bräker. — »Wollen Sie Shakespeares freien Geist erkennen, so lesen Sie ›Troilus und Cressida‹, wo er den Stoff der Ilias auf seine Weise behan-

200 ENGLAND

delt«: Goethe zu Eckermann. — »Und in der Tat, es herrscht darin eine jauchzende Bitterkeit, eine weltverhöhnende Ironie, wie sie uns nie in den Spielen der komischen Muse begegnete. Es ist weit eher die tragische Göttin, welche überall in diesem Stück sichtbar wird, nur daß sie hier einmal lustig tun und Spaß machen möchte«: Heinrich Heine. — »Shakespeares dramatische Ilias erkläre ich für seinen Don Quixote . . . Wie es Cervantes Größe ausmacht, daß er den Kampf zugleich für das Bürgertum und — kurz gesagt — für die heroisch-ideale Gesinnung des Geistigen gegen den Philister führt, so ist es die Bedeutung von Shakespeares Troilus und Cressida, daß der Dichter hier, indem er seinen grimmigen Krieg gegen die Weiber- und Brunsthelden führt, das Positive zeigt, das statt dessen die Gesellschaft neu aufbauen soll: die Freundschaft«: Gustav Landauer. — »Diese Helden sind nicht die Parodien von Helden. Shakespeare ist niemals, in keinem Werke parodistisch. Daß diese Helden Helden sind und doch so erbärmlich, so falsch, so tückisch, so infernalisch gemein — das ist der tragische Sinn des Stückes, das ist der Weltpessimismus Shakespeares«: Herbert Jhering. — »In der Tragödie sterben die Helden, aber die moralische Ordnung wird gerettet. Der Tod der Helden bestätigt die Existenz des Absoluten. In diesem verblüffenden Stück stirbt Troilus nicht und bringt die treulose Cressida auch nicht um. Es gibt keine Katharsis. Nicht einmal der Tod Hektors ist vollends tragisch. Dieser Held muß für seine brave Geste zahlen und stirbt, überrumpelt von den Myrmidonen, erdolcht von einem prahlerischen Feigling. Auch dieser Tod ist voller Hohn. Die Groteske ist grausamer als die Tragödie. Thersites hat recht. Aber was will das schon besagen, daß er recht hat? Thersites ist ein Schuft«: Jan Kott.

Maß für Maß (Measure of Measure). Komödie. Uraufgeführt am Tage nach Weihnachten 1604 in Whitehall, der Residenz Jakobs I. Zum erstenmal gedruckt in der Folio-Ausgabe von 1623. Deutsch von Wolf Graf Baudissin. Deutsche Fassung von Hans Rothe: ›Zweierlei Maß‹.

Wer? Vincentio, Herzog von Wien. Angelo, Statthalter während der Abwesenheit des Herzogs. Mariana, Angelos Verlobte, von ihm verlassen. Claudio, ein junger Edelmann. Julia, seine Geliebte, die ein Kind von ihm erwartet. Isabella, Claudios Schwester, eine Klosternovizin. Lucio, ein Wüstling.

Was? In ›Vienna‹, einem märchenhaften Wien, geht es sittlich schlampert zu. Der weichherzige Herzog Vincentio übergibt seine Macht — die Macht über das Gesetz, über Leben und Tod — dem sittenstrengen Angelo und geht angeblich auf Reisen. In Wahrheit lebt er, als Mönch verkleidet, unterm Volk, um das Regiment seines Statthalters zu überwachen und notfalls einzugreifen. Angelo verurteilt den jungen Edelmann Claudio, dessen Geliebte Julia ein Kind erwartet, wegen Unzucht zum Tode. Als Claudios Schwester Isabella, eine Klosternovizin, Angelo um Gnade für ihren Bruder bittet, erfährt Angelo an sich selbst die Verführbarkeit: er will ihre Bitte erfüllen, falls sie seine Geliebte wird. Isabella weist ihn entrüstet ab und versteht es auch, ihren Bruder davon zu überzeugen, daß ihre Reinheit höher stehe als sein Leben, und verlangt nun — wie Angelo — seinen Tod. Der Herzog im Mönchsgewand rät Isabella, zum Schein Angelos Angebot anzunehmen, und bewegt Mariana, die verlassene Verlobte Angelos, dazu, im Schutze der Nacht an Isabellas Statt mit Angelo ins Bett zu gehen. Angelo, der den Betrug nicht bemerkt, will Claudio dennoch hinrichten lassen. Der Herzog kehrt von seiner angeblichen Reise zurück und läßt Angelo durch Isabella öffentlich anklagen. Er begnadigt Angelo, der nun Mariana heiraten muß. Claudio wird Julia heiraten, und der Herzog bittet um die Hand Isabellas.

Hinweise: Ein Lehrstück über die Verführungen der Macht, über Gesetz und Gnade. Es trägt seine Lektionen hart am Rande des Todes heiter vor. Man vermutet, daß es Shakespeare an Jakob I. gerichtet hat, der ein Jahr vor der Uraufführung der Nachfolger Elisabeths geworden ist. Angelo ist (wie Calderons Sigismund; siehe Seite 129) ein Herrscher auf Probe; das Opfer eines Experimentes, das der Herzog beobachtet und aus dem er lernt. Es ist ein Experiment mit der gnadenlosen Strenge, verkörpert in Angelo, der, seinen Trieben unterworfen, schließlich selbst der Gnade bedarf. Damit der Schluß, die Begnadigung Angelos, überzeuge, darf er von Hause aus weder Puritaner noch Zyniker, weder Wüstling noch Heuchler sein; noch in seiner schlimmsten Verfehlung muß er Mitgefühl auf sich ziehen und unter der Verantwortung seines tödlich ernst genommenen Amtes leiden. Wenn er Isabella anbietet, ihren Bruder vorm Henker zu retten, falls sie sich ihm ergebe, so ist dies zunächst nur ein böser Einfall, in den er sich hineinsteigert, bis er ihm erliegt: ein sittenstrenger Mann, von seinem sinnlichen Verlangen nach der sittenstrengen Nonnenkeuschheit überwältigt und vor sich selbst erschrocken. Die welterfahrene Isabella verweigert sich ihm weniger aus jungfräulicher Scham als aus ihrer bedingungslosen Abhängigkeit von einer geistigen Reinheitsvorstellung, der sie ihren Bruder und Angelo opfern will. Angelo und Isabella haben auf verschiedene Weise beide die Sittlichkeit bis zu einem Punkte verabsolutiert, wo sie in Unsittlichkeit umschlägt. Beide sind gnadenlos durch ein lebensvernichtendes abstraktes Ideal der Reinheit, und beide sind der Gnade bedürftig und ihrer am Schluß auch würdig geworden, nachdem sie der Herzog in die Nähe des Todes geführt hat. Nur durch das Bewußtwerden, ja das Durchleben des Todes kann die

›Komödie‹ ihr heiteres Ende finden. Die hohe Auseinandersetzung über die Tödlichkeit verabsolutierter Ideale vollzieht sich über einem Abgrund der hier besonders kraß, ordinär und lüstern geschilderten Unterwelt der Gefängnisse und Bordelle.

Meinungen: »Weder die laxe Milde, die der Herzog hatte walten lassen und die er selber verwirft, noch das überscharfe Gebiß, das Angelo anlegte, soll für das rechte Verfahren gelten; die Lässigkeit, die der Sünde Erlaubnis gibt, und das Abschreckungssystem, das die Sünder mit der Sünde vertilgt, trifft die gleiche Verwerfung. Dies Stück in seinem auffallend praktischen Charakter ist wie zu einer Verteidigung des Besserungssystems geworden, des einzigen Strafsystems, für das sich eines Dichters sittliche Anschauung der Welt füglich erklären konnte«: G. G. Gervinus. – »Man bewegt sich auf haarscharfem Grat zwischen tragischem Opfer und Justizkomödie. Es ist ein Spiel tatsächlich um Kopf und Kragen, atemberaubend. Es wird dann pädagogische Komödie«: Albert Schulze Vellinghausen.

Eine Oper: Richard Wagner gewann aus ›Maß für Maß‹ den Text für seine zweite Oper ›Das Liebesverbot‹ (1836).

Othello (The Moor of Venice). Uraufgeführt vermutlich 1604 im Globe-Theater. Ende des gleichen Jahres am Hofe Jakobs I. gespielt. Neuinszenierungen 1610 (Globe-Theater), 1612/13 (Hoftheater). Zum erstenmal gedruckt (Quarto-Ausgabe) 1622. Deutsch von Wolf Graf Baudissin.

Wer? Der Doge von Venedig. Brabantio, Senator. Desdemona, Brabantios Tochter. Othello, der Mohr, Feldherr in Diensten Venedigs. Cassio, sein Leutnant. Jago, sein Fähnrich. Emilie, Jagos Frau, Kammerfrau der Desdemona. Rodrigo, ein junger Venezianer; verliebt in Desdemona. Bianca, Kurtisane; Geliebte des Cassio.

Wo und wann? Venedig und Zypern. Renaissance (um 1570).

Was? Desdemona, die Tochter des venezianischen Senators Brabantio, ist heimlich die Frau des Feldherrn Othello geworden, eines Mauren. Othellos schlimmster Feind ist sein Fähnrich Jago, den er — zugunsten Cassios — bei der Beförderung übergangen hat. Jago hetzt durch den jungen Venezianer Rodrigo, der Desdemona liebt, den Vater Desdemonas, Brabantio, gegen Othello auf und warnt, den ergebenen Diener heuchelnd, Othello vor der Rache Brabantios. Die Klage Brabantios vor dem Senat, Othello habe seine Tochter durch Zauberkünste verführt und mit Gewalt entführt, bleibt wirkungslos, da sich Desdemona zu Othello bekennt und bei ihm bleiben will. Der Senat schickt Othello nach Zypern, das von den Türken bedroht ist. Auf

Zypern zerstört Jago mit den raffiniertesten Intrigen das Vertrauen Othellos zu Desdemona: er erweckt in Othello den Verdacht, sein Leutnant Cassio sei der Liebhaber Desdemonas, liefert dafür Scheinbeweise und warnt zugleich Othello, um ihn noch tiefer in die Eifersucht zu treiben, vor den Schrecken der Eifersucht. Othello glaubt seinen Verdacht bestätigt, als die arglose Desdemona zwischen ihm und Cassio, den er aus dem Dienst entlassen hat, vermitteln will. Während sie Othello, der über Kopfschmerzen klagt, die Stirn verbinden will, verliert sie ein Spitzentuch, ein Liebespfand, das Othello ihr einst geschenkt hat. Emilie, Jagos Frau, hebt es auf. Jago legt das Tuch zu Cassios Eigentum und Cassio gibt es der

Shakespeare: Othello. Der farbige Schauspieler Ira Aldridge in der Titelrolle, Frankfurt 1852, Lithographie 1866, nach einem Lichtbild von I. Chailloux

Kurtisane Bianca, damit sie das Muster nachzeichne. Jago belügt Othello, er habe das Tuch bei Cassio gesehen und führt ein von Othello belauschtes Gespräch mit Cassio derart doppeldeutig, daß Othello eindeutig annehmen muß, Desdemona stelle Cassio wie eine Dirne nach. Als nun die Kurtisane Bianca das Spitzentuch Cassio zurückgibt, da sie das Geschenk ›irgendeines Schätzchens‹ nicht abzeichnen wolle, ist Othello von Desdemonas Schuld überzeugt. Othello wird nach Venedig zurückgerufen, Cassio zu seinem Stellvertreter auf Zypern bestimmt. Als sich Desdemona über diese Berufungen freut, weil sie sich von ihnen die Versöhnung Othellos und Cassios erhofft, schlägt Othello sie, der ihre Freude als einen Beweis für ihre Beziehungen zu Cassio betrachtet, vor der Gesandtschaft. Jago zettelt einen Kampf zwischen Rodrigo und Cassio an und tötet dabei Rodrigo. Othello weckt die schlafende Desdemona mit Küssen, sie soll beichten; er glaubt ihr nicht und ersticht sie. Jagos

Frau Emilie deckt die Lügen ihres Mannes auf und wird von Jago erstochen. Othello bittet, nach Venedig zu melden »von einem, der (nicht klug, doch zu sehr!) liebte«; er erdolcht sich und stirbt, die tote Desdemona küssend.

Hinweise: Man hat Othello als Nigger gespielt (Albert Bassermann), als Neger (Fritz Kortner) und öfter als dunkelhäutigen Berber, als einen Mann aus Mauretanien, doch auf den Schwärzegrad der Haut kommt es nicht an. Für Shakespeare und seine Zeitgenossen war der Unterschied zwischen Maure und Neger unerheblich: ›Othello‹ ist keine Rassentragödie. Dennoch spielt seine Hautfarbe eine Rolle: ähnlich wie Shylock, der Jude von Venedig, ist der Mohr von Venedig ein Fremder, doch anders als Shylock ist er hochgeachtet, ein zuverlässiger und kühner Kondottiere, den man braucht und ehrt und den man freilich doch seine Fremdheit fühlen läßt, wenn es um intime Beziehungen geht wie um die Ehe mit einer Venezianerin. Othello hat aus guten Gründen Desdemona heimlich geheiratet. Wie alle Fremden, wie auch Shylock, ist er auf die Ordnung Venedigs, auf das Recht, angewiesen und besonders empfindlich, wenn er glaubt, getäuscht zu werden. Daß sein grenzenloses Vertrauen so leicht zu zerstören und in grenzenloses Mißtrauen zu verwandeln ist, daran ist nicht eine afrikanische Dschungelwildheit schuld, doch seine Stellung als Fremder, als Außenseiter hat daran teil. Othello, ein fürstlicher, ein edler Mensch, der wie kein Venezianer der Ordnung der Stadt und der Weltordnung mit einer fast kindlichen Arglosigkeit vertraut, muß mit dem Verlust dieses Vertrauens ins Chaos stürzen. Sein menschlicher Adel macht ihn zum leichten Opfer von Winkelzügen, deren unmenschliche Schmutzigkeit außerhalb seiner Vorstellungswelt liegen. Seine vielzitierte, sich ins Rasende steigernde Eifersucht ist viel mehr als Eifersucht (von der Rodrigo geplagt wird): das sich steigernde, von Jago genährte, falsche Gefühl, daß er getäuscht worden sei. Nicht als triebgejagter Eifersüchtiger, dem man das Weibchen geraubt, tötet Othello Desdemona, sondern er richtet als ein Getäuschter über die Untreue, und er begeht dieses schlimmste Unrecht in dem Bewußtsein, höchste Gerechtigkeit zu üben.

Vor dieser bittersten tragischen Ironie liegt die böse Ironie des Scheinbeweises, der ihn von Desdemonas Schuld endgültig überzeugt: in einem Augenblick innigster Liebe, als sie Othello pflegen will, verliert sie das Spitzentuch, das ihr den Tod durch Othello bringen wird. Was aus Liebe geschieht, führt zum falschen Beweis für verratene Liebe. Was aus Gerechtigkeit geschieht, ist tödliches, nie wiedergutzumachendes Unrecht.

Jago treibt Othello aus dem Vertrauen in die Verblendung. Für seinen niederträchtigen Neid, seinen gnadenlosen Haß, seine abgefeimte Bosheit gibt es keine materiellen Motive. Daß er bei der Beförderung übergangen worden ist, erscheint als Anlaß, nicht als Ursache für seinen Zynismus, für seine schamlose Lust an der Zerstörung und Erniedrigung: es ist die Lust, das unerreichbar Edle zum Werkzeug des Gemeinen zu machen. Jagos Freude am Bösen hat keine Dämonie und keine Größe; sie ist ordinäre Infamie. Wie Jago den Sinn jedes Vorgangs in sein Gegenteil umlügt, so wird Othellos Lebenssinn in sein Gegenteil verkehrt: er vertraut, wo er mißtrauen müßte, und er mißtraut, wo er vertrauen müßte. So erscheint Jago, der aus Othello ein Instrument seiner niedrigen Lüste macht, selbst als Instrument eines Verhängnisses, das eine absolute Liebe, wie sie zwischen Othello und Desdemona herrscht, auf dieser Welt, in der es das Gemeine gibt, nicht zuläßt. Noch die Zufälle, oft verspottet von Leuten, die eine Tragödie für eine moralische Rechenaufgabe halten, sind hier Verbündete eines Schicksalszwanges, der sich nicht nachkalkulieren, der sich nur nachfühlen läßt.

Meinungen:»Othello hingegen ist das vollständigste Lehrbuch über diese traurige Raserei (die Eifersucht); da können wir alles lernen, was sie angeht, sie erwecken und sie vermeiden«: Lessing. — »In Othello ist die reinste Wahrheit der Natur und gar kein Stil, keine Manier«: Clemens Brentano. — »Eine düstre Trauer umfaßt mich manchmal, wenn ich dem Gedanken Raum gebe, daß vielleicht der ehrliche Jago, mit seinen bösen Glossen über die Liebe Desdemonas zu dem Mohren, nicht ganz unrecht haben mag«: Heinrich Heine. — »Es bleibt eben, neben aller dichterischen Großartigkeit, ein großes Gelärm«: Theodor Fontane. — »Othello ist weit weniger eine Studie über die Eifersucht als eine neue und gewichtigere Studie über die Bosheit in ihrer Machtvollkommenheit. Der Nabelstrang, der den Meister mit dem Werke verbindet, führt nicht zu Othellos, sondern zu Jagos Persönlichkeit«: Georg Brandes. — »In der Tat ist es eigentümlich, wie Jago mit der Virtuosität des Genies in seiner Welt wiederholt, was Shakespeare getan hat, als er diese Welt und Jago als ihre treibende Kraft schuf: mit einer begrenzten Zahl von Umständen wird aufs meisterhafteste hausgehalten, und Jago wie dieser Othellodichter Shakespeare sind beide dadurch ausgezeichnet, daß sie zu rechnen, zu kombinieren, ihre Aufgabe interessant und elegant zu lösen verstehen wie nur je der Verfasser eines Intrigenstücks, daß sie aber dabei zugleich eine strotzende Fülle der Kraft, eine Üppigkeit, eine Natur haben wie die leibhaftige Renaissance«: Gustav Landauer. — »Nur ein Dichter, der ein Weltschöpfer und dessen Werk ein dramatischer Kosmos ist, konnte mit so niederschmetternder Unmittelbarkeit wie im ›Othello‹ zeigen, auf welch geringen, dürftigen, ja nichtigen Anstoß hin das Chaos wiederkehren kann«: K. H. Ruppel.

Oper: ›Othello‹ von Giuseppe Verdi, Text von Arrigo Boito, 1887.

Macbeth (The Tragedy of Macbeth). Uraufgeführt um 1606 in London. Zum erstenmal gedruckt in der Folio-Ausgabe von 1623. – Deutsch von Dorothea Tieck.

Wer? Duncan, König von Schottland. Malcolm und Donalbain, seine Söhne. Macbeth und Banquo, seine Feldherren. Lady Macbeth. Fleance, Banquos Sohn. Macduff, schottischer Edelmann. Lady Macduff. Hekate und drei Hexen. Drei Mörder.

Wo und wann? Schottland und England. Um 1040.

Was? Den aus der Schlacht heimkehrenden schottischen Feldherren Macbeth und Banquo prophezeien drei Hexen: Macbeth wird König, Banquo Stammvater eines Königsgeschlechts. Als Lady Macbeth von der Prophezeiung erfährt, entwirft sie, ehrgeiziger und unmenschlicher als ihr Gatte, den Mordplan. Macbeth tötet den schlafenden König Duncan und wird von schweren Gewissensbissen heimgesucht. Die mißtrauischen Söhne des Königs, Malcolm und Donalbain, verlassen Schottland. Macbeth verdächtigt sie des Vatermords und läßt sich zum König krönen. Da Banquo nach den Hexensprüchen Stammvater eines Königsgeschlechts werden soll, kauft Macbeth drei Mörder. Sie töten Banquo; sein Sohn Fleance entkommt. Banquos Geist erscheint nun, nur sichtbar für Macbeth, bei einem Festbankett und hindert ihn zweimal daran, Platz zu nehmen. Die Hexen warnen Macbeth vor Macduff, versichern Macbeth jedoch zur gleichen Zeit, kein von einem Weibe geborener

Shakespeare: Macbeth. Illustration von Ludwig de Guernier zu einer Ausgabe aus dem 18. Jahrhundert

Mensch könne ihm schaden und er werde nicht besiegt, ehe der Wald von Birnam zu seinem Schloß Dunsinam hinaufsteige. Sie zeigen ihm aber auch Banquo als den Stammvater von acht Königen. Macbeth läßt die Familie Macduffs töten, der nach England geflohen ist, zu Malcolm, dem Sohn des ermordeten Königs Duncan. In England wird gegen Macbeth ein Heer aufgestellt, dem sich viele Schotten anschließen. Je sicherer Macbeth geworden ist, desto mehr zerfällt die innere Sicherheit seiner Frau: schlafwandelnd versucht Lady Macbeth, unsichtbares Blut von ihren Händen zu waschen. Macbeth, der sich zum Kampf vorbereitet, wird ihr Tod gemeldet. Der Wald von Birnam steigt herauf zum Schloß: die angreifenden Engländer tragen zur Tarnung Zweige vor sich her. Macbeth wird im Kampf von Macduff erschlagen, der nicht von »einem Weibe geboren«, sondern vorzeitig aus dem Mutterleib geschnitten worden ist. Malcolm wird König von Schottland.

Hinweise: Verschiedene Anzeichen deuten darauf hin, daß dem überlieferten Text eine (verstümmelte und durch fremde Zusätze entstellte) Fassung zugrunde liegt, die für Jakobs Hoftheater bestimmt war. Banquo ist der Stammvater der Stuarts und damit auch Jakobs I., des Sohns der Maria Stuart. Shakespeare hat deshalb Banquo, der in der historischen Chronik Mitwisser Macbeths ist, im Stück von jeglicher Mitschuld frei gemacht. Für Jakob I., der (1605) eine ›Dämonologie‹ zur Verteidigung des Hexenglaubens geschrieben hat und nicht weniger als 800 Hexen verbrennen ließ, sind eigens — vermutlich von fremder Hand — die Hexenszenen erweitert und ausgebaut worden. Wichtig daran ist: die Hexen im Stück sind keine personifizierten seelischen Kräfte, sondern geglaubte Wirklichkeit. Ihre Orakel sind so zweideutig und unentrinnbar wie die der delphischen Pythia in der antiken Tragödie — was keinen modernen Zuschauer daran hindern wird, sie nicht nur als jenseitige Kräfte, sondern auch als gestaltgewordene Seelenmächte zu begreifen.

Das Stück wird zu den ›Charakterdramen‹ gerechnet und als ›Tragödie des maßlosen Ehrgeizes‹ bezeichnet, was — wie immer, wenn Shakespeare auf eine einfache Formel gebracht wird — zu einfach ist. Macbeth ist sein eigener Gegenspieler. Als siegestrunkener Schlachtheimkehrer hat er noch Gemüt und Menschenliebe. Aber sein erster Gedanke nach der Hexenprophezeiung gilt bereits Banquo, dem Rivalen; noch will er ohne eigenes Zutun warten und fürchtet schon das Grauen der Einbildung, die Qual seiner eigenen Phantasie. Seine Monologe sind Ausbrüche aus dem Unterbewußten, gegen die sich sein bewußter Widerstand richtet, bis er langsam ausgehöhlt wird. Ohne die phantasielosere Lady, die eigentlich Ehrgeizige im Stück, käme es nicht zum Mord — das sinnliche Abhängigkeitsverhältnis ist eine Haupttriebkraft, wichtiger als der vielzitierte Ehrgeiz. Sofort nach der Tat versucht Macbeth, den Mord aus dem Bewußtsein zu verdrängen, und ahnt doch schon, daß er, der den Schlaf gemordet, nie mehr schlafen kann: er begreift, daß der Mord im Grunde sein eigener, nur verzögerter Selbstmord gewesen ist. Der Sog seiner Tat, der Zwang, sie vor der Entdeckung zu schützen, Sicherheit zu gewinnen, macht ihn zum Massenmörder, und er setzt eine Kruste der Kälte und Härte an bis hin zu seinem letzten Selbstgespräch, dem nihilistischen Glaubensbekenntnis, in dem er das Leben als ein Märchen begreift, das ein Idiot erzählt und das nichts bedeutet. Die Schicksalssprüche von außen, das Eigengewicht der Bluttat, die neue Bluttaten fordert, und die Getriebenheit von innen — dies alles greift ineinander, unentwirrbar. Shakespeares Selbstvernichtung des Bösen ist keine einschichtige Ballade von kraftstrotzenden, gesunden Mördern, sondern der aus vielen Quellen gespeiste Prozeß eines seelischen Sterbens.

Meinungen: »Macbeth ist als Persönlichkeit eine Art Gegenstück zu Hamlet. Der dänische Prinz ist eine leidenschaftliche, aber feine und sinnige Natur, bei der sich vor dem ihm vorschwebenden Totschlage Unruhe, Selbstvorwürfe und Selbstqual regen, aber nach der begangenen Tat niemals die geringste Reue — und er tötet doch vier Personen vor dem Könige! Der schottische Than ist der grobe, einfache Krieger, der Mann der Handlung, der nach kurzem Bedenken zustößt, aber gleich nach dem Morde von Gesichts- und Gehörs-Halluzinationen ergriffen wird und dann — wild und wankend wie ein Delirist — von Untat zu Untat getrieben wird«: Georg Brandes. — »Alles, was sich vollzieht, trotz Mord und wieder Mord, ist im wesentlichen ein Innerliches; die ganze Charakteristik der Rolle muß in das Wort, in den Ton gelegt werden, nicht in das Kraftmaß, wohl aber in die Seele des Tones«: Theodor Fontane. — »Ich empfinde — bei nie vergänglicher Bewunderung für diesen dunklen William — doch den Stumpfsinn einer . . . einer Kriminaljambik mit Geniestrecken«: Alfred Kerr.

Bearbeitung von Schiller, 1801, für das Weimarer Hoftheater.

Oper ›Macbeth‹ von Verdi, nach Shakespeare von Francesco Maria Piave, 1874. — ›Macbett‹ von Ionesco, 1972.

König Lear (The Tragedy of King Lear). Erste Aufführung am Hof Jakobs I.: 26. 12. 1606. Erster Druck: 1608. Deutsch von Wolf Graf Baudissin.

Wer? Lear, König von Britannien. Goneril, Regan und Cordelia, seine Töchter. Herzog von Albanien, verheiratet mit Goneril. Herzog von Cornwall, verheiratet mit Regan. König von Frankreich, wirbt um Cordelia. Graf von Gloster. Edgar, Glosters Sohn. Edmund, Glosters unehelicher Sohn. Graf von Kent; ein Getreuer König Lears. Der Narr.

Wo und wann? Britannien. Mythische Zeit.

Was? König Lear, alt, eigensinnig und leicht erregbar, will sein Reich an seine drei Töchter verteilen. Den größten Teil soll diejenige Tochter erhalten, die ihn am meisten liebt. Als Lear die Frage stellt: »Wer von euch liebt uns nun wohl am meisten?«, überbieten sich Goneril und Regan an Schmeicheleien. Cordelia, die allein ihren Vater liebt und von ihm am innigsten geliebt wird, ist unfähig zu einem übertriebenen Lippenbekenntnis: »Ich lieb Eur Hoheit, wie's meiner Pflicht geziemt, nicht mehr, nicht minder.« Lear, tief enttäuscht von dieser Antwort, enterbt und verstößt Cordelia und teilt sein Reich unter Goneril und Regan auf, unter der
Bedingung, daß sie ihn abwechselnd aufnehmen. Beide
Schwestern behandeln ihn derart schlecht, daß er in die Nacht
hinausläuft, im Gewittersturm
über der Heide dem Wahnsinn
nahe. Hier begegnet er Glosters
Sohn Edgar, der sich verrückt
stellt: Edgar ist von seinem
Halbbruder, von Glosters un-
ehelichem Sohn Edmund, bei
seinem Vater verleumdet worden und muß sich nun vor
aller Welt verbergen. Der Graf
von Gloster holt, ohne seinen
Sohn Edgar zu erkennen, König Lear, um ihn zu seiner
Tochter Cordelia zu bringen.
Cordelia, inzwischen mit dem
König von Frankreich ver-
heiratet, ist mit einem französischen Heer in Britannien
gelandet. Verraten von seinem
unehelichen Sohn Edmund, wird
Gloster, weil er Lear geholfen
hat, auf Befehl Regans geblen-
det und verstoßen. Geführt von

August Wilhelm Iffland (1759–1814) als Shakespeares König Lear. Zeichnung von Wilhelm Henschel, um 1810

seinem Sohn Edgar, der sich noch immer verrückt stellt, trifft er den phantastisch mit Blumen bekränzten, gegen Undankbarkeit, Heuchelei und Unzucht rasenden Lear. Ein Blinder und ein Toller: Gloster ist blind durch seinen Sohn, Lear im Wahnsinn durch seine Töchter; beide haben, verblendet, ihre aufrichtigen Kinder verstoßen und sind von ihren unaufrichtigen Kindern, denen sie vertraut haben, ins Leid gestoßen worden. Gepflegt von Cordelia, erwacht Lear noch einmal aus seinem Wahn und erkennt die Wahrheit. Das französische Heer wird geschlagen, Lear und Cordelia werden gefangen. Heerführer der siegreichen Briten ist Edmund, den inzwischen Regan — in harter Rivalität mit ihrer Schwester Goneril — geheiratet hat. Im Zweikampf wird Edmund von Edgar schwer verwundet. Bevor er stirbt, berichtet er, daß die eifersüchtige Goneril ihre Schwester Regan vergiftet und sich erstochen hat; er gesteht, daß er befohlen hat, Lear und Cordelia heimlich zu ermorden. Lear trägt die tote Cordelia herbei, er hat ihren Mörder erschlagen und stirbt an ihrer Leiche.

Hinweise: Diese Tragödie ist ein Elementarereignis wie der Sturm über der Heide: kein moralischer und kein seelischer Meteorologe vermag zu sagen, woher und weshalb er kommt. Für das furchtbare Geschick König Lears eine moralische Schuld zu suchen, wäre unmoralisch: der jähzornige alte Mann, der von seinen Töchtern peinliche Liebesbekenntnisse verlangt und höchst lebensuntüchtig vorzeitig auf seine Macht verzichtet und sein Reich verteilt, fällt in ein Leid, das in seinem ungeheuren Ausmaß in keinem Verhältnis zum Anlaß steht. Menschliche Bindungen werden zerrissen und der ganze Kosmos gerät in Aufruhr. »Die Zurückführung seines Jammers auf eine einzelne menschliche Eigenschaft heißt das weggeworfene Zündholz mit dem Waldbrand verwechseln«, schrieb Gundolf in ›Shakespeare, sein Wesen und Werk‹. Verblendung löst die Tragödie

Ludwig Devrient (1784—1832) als Shakespeares König Lear. Kolorierte Lithographie nach einer Zeichnung von Schoppe, um 1825

aus: Lear täuscht sich in seinen Töchtern, wie sich Gloster in seinen Söhnen täuscht. Die Heuchler werden erhört und die Liebenden verstoßen, doch läßt sich keine Schuld für diese Verblendung finden. Das unverschuldete Leid ist zugleich und in gleicher Weise Lear wie Gloster auferlegt — es wird damit aus dem Bereich extremer Sonderfälle gehoben und als eine Grundbedingung des menschlichen Daseins dargestellt. Erst in der Blindheit und im Wahn erkennen die Verblendeten die Wahrheit, erst im Untergang sehen sie die Welt und sich selbst, wie sie sind. Hier ist Shakespeare in der Nachbarschaft der antiken Tragödie: als der König Oedipus des Sophokles (siehe Seite 50) die Wahrheit sieht, blendet er sich selbst. Nach dem Sinn des Leides fragt Shakespeare nicht, ja sein Narr, dieser weiseste aller seiner Narren, spottet über diese Frage, wenn auch nicht ohne tiefe Melancholie. »Dulden muß der Mensch sein Scheiden aus der Welt wie seine Ankunft. Reif sein ist alles«, sagt Edgar, und mehr vermag der den Mächten ausgelieferte Mensch nicht zu sagen.

König Lear mag mehr als der von seinen Kindern enttäuschte Vater erscheinen: als das Opfer der Undankbarkeit; oder mehr als der von der Welt enttäuschte König, als das Opfer seines eigenen Verzichtes auf die Macht; oder mehr als der Inbegriff des Menschen, dem die Selbsterkenntnis nicht gegeben ist und der nur durch Leiden und Untergang zur Erkenntnis der Wahrheit gelangt: als das Opfer des unbegreiflichen Daseins — die Tragödie mag mehr als ein dunkles Märchen, mehr als psychologische Auffaltung eines verzwickten Charakters, mehr als Symbol menschlicher Verblendung und Ohnmacht gespielt werden — die poetische Kraft Shakespeares, Herrin über die naturischen Elementarmächte, ist so groß, und die Wucht der archaischen Bilder, die er aufeinandertürmt, so gewaltig, daß sie durch keinen Deutungsversuch zu zerstören sind.

Auch die Engländer, deren Shakespeare-Tradition im allgemeinen realistischer und eindeutiger ist als die deutsche, kennen die verschiedenartigsten ›Lear‹-Interpretationen. So hat die ›Old Vic Company‹ 1952 mit John Gielgud in der Titelrolle eine von Hugh Hunt inszenierte Aufführung gebracht, so aktionsgetrieben und märchenbunt, daß jede Frage nach der absurden Voraussetzung des Stückes, nach dieser unsinnigen Aufteilung der Macht, verstummte, und sieben Jahre später brachte im Shakespeare Memorial Theatre in Stratford der Regisseur Glen Byam Shaw die gleiche Frage auf extrem andere Weise zum Verstummen: Charles Laughton stellte den Lear so realistisch als herrischen und leicht senilen Vater dar, daß sich wiederum alle Widersprüche lösten. Die Deutschen, mit dem Regisseur Gustav Rudolf Sellner als Bahnbrecher (1951, Landestheater Darmstadt), dürften den ›Lear‹ am weitesten in die abstrakte Allgemeingültigkeit getrieben haben: Lear als Symbol für den schuldlosen Jammer der Kreatur, die erst im Tod den Frieden findet.

Meinungen: »Lear im Gewitter oder mit der toten Cordelia auf dem Arm, das grausige Zusammen und Durcheinander des Wahnsinnigen, des Scheintollen, des Berufsnarren und des Blinden im Schuppen des armen Tom übersteigen als Sinnenbilder des jüngsten Gerichts ihren szenischen wie ihren rationalen Vorwand weitaus und tragen auf ihrer armseligen Fläche die Bürde von unerschöpflichem Geheimnis«: Friedrich Gundolf. — »Ein Geschehnis wird berichtet; seht her, ruft der Dichter, ich zeige euch, wie's dabei im Innern der Menschen zuging; warum sie tun mußten, was sie taten. Wie es Herder gesagt hat: ein Stück unsäglich reiche, breite, innige Menschenwelt ist ›zu einem Vater- und Kinder-, Königs- und Narren- und Bettler- und Elend-Ganzen zusammen geordnet‹, eben um dieses Ganzen, um der gegenseitigen Beleuchtung der einzelnen Teile und Vorgänge und Gestalten willen«: Gustav Landauer. — »In ›König Lear‹ gibt es nicht nur keinen christlichen Himmel, sondern auch jenen nicht, den die Humanisten verkündeten und an den sie glaubten. ›König Lear‹ ist ein tragischer Spott über jegliche Eschatologie, über den Himmel, der auf Erden verheißen wird, und über den Himmel, der nach dem Tode anheben soll. Sowohl über die christliche als auch über die laizistische Theodizee, über die Kosmogonie und die vernünftige Geschichte, über die Götter, die gute Natur und den nach dem ›Ebenbild‹ geschaffenen Menschen. In ›König Lear‹ zerbrechen beide Werteordnungen, die des Mittelalters und die der Renaissance. Am Schluß dieser gewaltigen Pantomime bleibt nur die blutige und leere Erde zurück«: Jan Kott.

Das Wintermärchen (The Winter's Tale). Uraufgeführt um 1610. Zum erstenmal gedruckt in der Folio-Ausgabe von 1623, vermutlich auf Grund eines für das Hoftheater bearbeiteten und besonders im letzten Teil bruchstückhaften Textes. — Deutsch von Dorothea Tieck.

Wer? Leontes, König von Sizilien. Hermione, seine Gemahlin. Mamillius und Perdita, ihre Kinder. Antigonus, ein vornehmer Sizilianer. Paulina, dessen Gemahlin. Camillo, ein sizilianischer Hofmann. Polyxenes, König von Böhmen. Florizel, sein Sohn. Autolycus, ein Spitzbube. Ein alter Schäfer und sein Sohn.

Wo und wann? Sizilien und Böhmen. Zeitlos.

Was? Leontes, König von Sizilien, ist derart eifersüchtig auf seinen Gast Polyxenes, den König von Böhmen, daß er ihn töten lassen will. Doch der als Mörder ausersehene, redliche Camillo flieht mit Polyxenes, was

Shakespeare: Das Wintermärchen. Landschaft in Böhmen. Entwurf von Emil Orlik (1870–1932) für eine Aufführung des Deutschen Theaters Berlin unter der Regie von Max Reinhardt, 1906

Leontes in seiner grundlosen Eifersucht noch bestärkt. Er wirft seine Gemahlin Hermione ins Gefängnis und beschuldigt sie, die Tochter, die sie im Gefängnis zur Welt bringt, stamme nicht von ihm. Antigonus muß das Mädchen aussetzen. Erst als das delphische Orakel, das Leontes befragen läßt, die Unschuld Hermiones bestätigt und dem König prophezeit, er werde ohne Thronerbe bleiben, »wenn das, was verloren ist, nicht wiedergefunden wird«, bahnt sich eine Wandlung an. Als Leontes nun den Tod seines Sohnes Mamillius erfährt und Hermione bei dieser Nachricht wie tot zusammenbricht, wird der König von der Reue gepackt und will sein Leben nur noch in Trauer verbringen. (Weder er noch die Zuschauer wissen, daß Paulina die scheintote Hermione bei sich verbirgt und fälschlich für tot ausgibt.) Antigonus setzt das Mädchen in Böhmen aus, wo es, ›Perdita‹ (die Verlorene) genannt, von einem Schäfer aufgezogen wird. Als allegorische Figur tritt ›die Zeit‹ auf und läßt sechzehn Jahre vergehen. Inmitten einer Schäferidylle verliebt sich Florizel, der Sohn des Böhmenkönigs Polyxenes, beim Schurfest in Perdita. Da ihm sein Vater die Verlobung mit der vermeintlichen Schäferin verbietet, flieht er, vom treuen Camillo beraten, mit Perdita nach Sizilien, bald gefolgt von seinem Vater und Camillo. Der noch immer in der Reue lebende König Leontes weigert sich, eine neue Ehe einzugehen. In Perdita erkennt er seine Tochter, und da sich das Orakel erfüllt hat — das Verlorene ist wiedergefunden worden —, führt Paulina alle in ihr Haus, um ihnen eine lebensechte Statue der Hermione zu zeigen: bei musikalischer Untermalung erweist sich das Standbild als Hermione selber. So sind Leontes und Hermione wieder vereint; Florizel wird mit dem Segen seines Vaters Perdita heiraten, und Camillo ehelicht Paulina.

Hinweise: Zwischen Renaissance und Barock ein manieristisches Stück, in dem Zeiten und Orte unbekümmert gemischt sind. Böhmen liegt am Meer, Delphi ist eine Insel, man glaubt an das Orakel wie die Griechen und liebt wie die Christen, man gibt sich antikisch, und doch ist Hermione die Tochter des Kaisers von Rußland. Shakespeare schrieb ›Das Wintermärchen‹, diese Träumerei an britischen Kaminen, kurz vor seiner endgültigen Rückkehr nach Stratford, unmittelbar vor dem ›Sturm‹, seinem Abschied von der Bühne. Die erhaltene Textfassung ist mit ihren nur dekorativen Umzügen und Liedern und ihrem opernhaften Schluß wohl dem Hoftheater Jakobs I., der neuen barocken Mode, angepaßt. Und der berühmte menschenfressende Bär mag darauf zurückzuführen sein, daß gerade am Hofe ein dressierter Bär zur Verfügung stand.

In keinem der vorausgegangenen Stücke Shakespeares spielt der nackte Ablauf der Zeit eine so gewichtige Rolle; als allegorische Figur rafft die Zeit die Jahre zusammen und schafft damit eine wesentliche Voraussetzung dafür, daß sich ein Paar, das sich am Anfang auf den Tod zerstritten hat, zum Schluß wiederfinden kann: ein Happy-End guterhaltener Endvierziger, Leute in Shakespeares Alter. Zwar wird da auch noch ein frühlingshaftes Paar zusammengegeben, aber die Hauptsache bleibt das Sichwiederfinden älterer Herrschaften, des winterlichen Paares. Das Stück beginnt mit der Härte einer Tragödie, mit dem von grundloser Eifersucht maßlos verblendeten König; es wendet sich kraß ins Komische, wenn Antigonus in Böhmen von einem Bären gefressen wird und die Hirten darüber sachliche Bemerkungen machen, die den grausamsten Humor ergeben; es folgt mit Balladen und Tänzen die böhmische Idylle, in der das schlimmste Übel nicht größer ist als der gerissene Taschendieb Autolycus; es endet als Komödie dort, wo es als Tragödie begonnen, in Sizilien, fast mit einem Mysterium: das Orakel erfüllt sich zwar auch aus äußeren Gründen, weil das Verlorene wiedergefunden ist, doch kann es sich aus inneren Gründen erst dann erfüllen, als der König bereit ist, das Verlorene, Tochter und Frau, wieder aufzunehmen. Hermione wurde zu Stein, weil Leontes für sie zu Stein geworden war, und nur der aus seiner Versteinerung erlöste Leontes kann auch Hermione aus dem

Stein erlösen. Es ist eine Steigerung in eine von Apoll, vom Jenseitigen, gesegnete Szene; eine Steigerung nach innen, ins schmerzgereifte Glück der Eheleute mit der herben Süße des winterlichen Märchens, das allein alle äußeren und inneren Widersprüche des Stückes widerspruchslos in sich vereinen und alle nüchternen Einwände des beleidigten Verstandes gegenstandslos machen kann.

Meinungen: »Es ist eine von jenen Geschichten, die recht dazu gemacht scheinen, die traurige Muße langer Winterabende zu unterhalten; die schon für die Kindheit anziehend und begreiflich sind, und die durch innige Wahrheit in der Schilderung der Charaktere und Leidenschaften beseelt, mit dem Schmuck einer gleichsam zur Einfalt des Stoffes herablassenden Poesie ausgestattet, das erwachsene Alter in die goldene Zeit der Einbildungskraft zurückversetzen«: A. W. Schlegel. – »Er (der Titel ›Das Wintermärchen‹) besagt, daß er (Shakespeare) sein Jahr am Ende fühlte und seinen Kindern Märchen erzählte mit der unbekümmerten Herablassung, die es eigentlich besser weiß, sich aber den

Shakespeare: Das Wintermärchen. Hans Pagay als Hirt in einer Reinhardt-Inszenierung des Deutschen Theaters Berlin, 1906. Zeichnung von Emil Orlik

Zuhörern mehr oder minder einfühlend anpaßt, ein wenig ironisch und über ihre Köpfe hinweg sich selbst erinnernd und entrückend. Er macht ihnen ein Theater vor, ohne es noch mitzumachen ...«: Friedrich Gundolf. – »Shakespeare geht auf die Rührungsszene des Schlusses. Dahin will er kommen. Dahin! Er begründet nicht sehr, weshalb der König so plötzlich in Eifersuchtsraserei fällt; und fast überhaupt nicht, weshalb die Königin eigentlich sechzehn Jahre verborgen bleibt; er will irgendwie, daß ein König, der einst gerast hat, und eine Gattin, die sechzehn Jahre verborgen blieb, sich in einem Schlußauftritt finden. Ein Schmarren, aber ein unsterblicher«: Alfred Kerr.

Der Sturm (The Tempest). Schauspiel. Uraufgeführt vermutlich 1611 am Hof König Jakobs I. 1623 zum erstenmal — als erstes Stück der Folio-Ausgabe — gedruckt. — Deutsch von A. W. Schlegel. Hans Rothe versucht in seiner Übersetzung, das Stück, soweit möglich, von den Zutaten des Hoftheaters zu befreien.

Wer? Alonso, König von Neapel. Sebastian, Bruder des Königs. Ferdinand, Sohn des Königs. Prospero, rechtmäßiger, doch vertriebener Herzog von Mailand. Antonio, sein Bruder, der ihn vertrieben hat. Miranda, Tochter Prosperos. Gonzalo, ein ehrlicher alter Rat des Königs. Trinculo, Matrose, und Stephano, Kellermeister des Königs. Kaliban, eine Mißgeburt, halb Fisch, halb Mensch, und Ariel, ein Luftgeist: Diener Prosperos.

Wo und wann? Auf einer Insel. Zeitlos.

Was? Vor zwölf Jahren ist Prospero, der Herzog von Mailand, mit seiner dreijährigen Tochter Miranda in einem Boot ausgesetzt worden: sein Bruder Antonio hat ihn mit Hilfe des Königs von Neapel vertrieben. Gonzalo, ein Berater des Königs, hat Prospero heimlich Proviant und Bücher mitgegeben, die Prospero mehr wert sind als sein Herzogtum. Durch seine Zauberkünste wird Prospero Herr über eine Insel, über den Luftgeist Ariel und die Mißgeburt Kaliban. — Das Stück beginnt mit einem Sturm, den Prospero durch Zauberkraft hervorgerufen hat. Als Schiffbrüchige werden ans Ufer der Insel geworfen: der König von Neapel, sein Sohn Ferdinand und sein Bruder Sebastian; Antonio, Prosperos Bruder, und der alte Gonzalo. Mit Ariels Hilfe will Prospero seine alten Feinde bestrafen. Der König von Neapel muß annehmen, daß sein Sohn Ferdinand ertrunken ist, und irrt trauernd auf der Insel umher. Prospero versenkt ihn in einen tiefen Schlaf. Mordanschläge werden geplant: Antonio, Prosperos Bruder, will Sebastian, den Bruder des Königs, dazu überreden, daß er den schlafenden König ermordet; er selbst will Gonzalo töten. Kaliban, zu dem sich der Matrose

Shakespeare: Der Sturm. Rudolf Schild-kraut (1862–1930) als Kaliban in einer Aufführung des Deutschen Theaters Berlin, 1915. Radierung von Schippenbach

Trinculo und der ewig betrunkene Kellermeister Stephano gesellt haben,
will mit Stephano Prospero ermorden, um Herr über die Insel zu werden.
Inzwischen hat Ferdinand, der Königssohn, Prosperos Tochter Miranda
getroffen; die beiden lieben sich, und Prospero will ihnen, nach harten
Prüfungen, die Ehe gestatten. Mit Ariels Hilfe verhindert Prospero die
Mordpläne: die Schiffbrüchigen, verwirrt und dem Wahnsinn nahe, werden vor Prosperos Höhle geführt. Statt sich an ihnen zu rächen, löst
Prospero den Zauberbann und verzeiht seinen Feinden. Kaliban und seine
Kumpane werden verprügelt. Der König bereut und setzt Prospero wieder
als Herzog ein. In Neapel werden Ferdinand und Miranda heiraten. Prospero
hat seinen Zauberstab zerbrochen, die Geister aus seinem Dienst entlassen
und wird nach Mailand gehen: »mein dritter Gedanke soll das Grab sein«.

Hinweise: Shakespeares letztes Stück; nach dem ›Sturm‹ zog er sich
— 1611 — endgültig nach Stratford zurück. Seine Bühne wurde altmodisch:
aus Italien waren die Errungenschaften des Vorhangs, der Kulissen, der
Perspektive und der Illusionskünste komplizierter Maschinerien ans Hoftheater Jakobs I. gebracht worden. Ben Jonson, Shakespeares Konkurrent,
brillierte mit den Neuheiten. Am Hof ist, mit Hilfe dieser barocken Bühnen-
künste, der ›Sturm‹ wohl zum erstenmal aufgeführt worden: die überlieferte Fassung verlangt technische Einrichtungen, über die das Globe-
Theater nicht verfügt hat, und sie sieht ein Maskenspiel und opernhafte
Einlagen vor, wie sie am Hof üblich gewesen sind.

Es sieht ganz so aus, als habe sich Shakespeare in seinem letzten Stück
zweierlei gestattet: mit Prospero ein Bild seiner selbst, einen Abschied auf
der Bühne von der Bühne, die ihm nicht mehr gefallen konnte, und mit dem
Zaubermärchen die Möglichkeit, das Bitterste versöhnlich und heiter zu
sagen: lächelnder Abschied über einem Abgrund von Melancholie.

Die ›bezauberte Insel‹ liegt geographisch zwar zwischen Tunis und
Neapel, geistig aber ist sie nicht von dieser Welt — Utopie, Wunschland, Ort
eines Gedankenexperimentes: Was geschähe, wenn ein geistiger Mensch die
Erde beherrschte? Prospero ist Herr über die Insel. Was auf ihr auch immer
geschieht, er hat es verursacht oder kann es in seinem Sinne lenken. Und die
Kräfte, die ihn dazu befähigen, wurden ihm nicht von der Natur oder einer
überirdischen Instanz verliehen; er hat sie aus seiner Bibliothek, er ist ein
Intellektueller. Die Mächtigen dieser Erde werden ohnmächtig in seinem
Herrschaftsbereich. Prospero ist durch seinen Luftgeist Ariel Herr über die
Elemente, und Ariel gehört, samt seinen dienenden Geistern, nicht zu den
naturischen Dämonen, wie sie noch den ›Sommernachtstraum‹ beherrschen,
sondern ist Geist von Prosperos Geist — reiner Geist, Herr über die dämo-

nische Natur. Die Mächtigen der Erde, durch Prosperos Sturm auf diese Insel gezwungen, bringen ihre vergangene Schuld mit und laden neue Schuld auf sich. Es sind Thronräuber und potentielle Mörder, und selbst ihre Trunkenbolde lassen sich von Kaliban zu Thronraub und Mord verführen. Es ginge auf der Insel so blutig und kalibanisch zu wie überall auf der Erde, besäße Prospero nicht diese Zaubermacht. Durch Zauberei wird Schuld bewußt gemacht, finden die Menschen sich selbst und ihre Reue. Durch Zauberei übt der Geist seine Herrschaft aus, werden Gnade und Güte inthronisiert. Keine Vergeltung:»Edler als die Rache ist die Tugend.« Der Sturm Prosperos, ein ›großer Zauber‹, hat die Welt gereinigt, und Prospero, ganz Gnade und Güte geworden, verzichtet auf den Zauber, um aus eigener Kraft zu leben: mit dem Blick auf den nahen Tod.

Die utopische Insel ist Wunschland, das macht sie heiter. Doch was geschähe, wenn der Geist, wie sonst überall üblich, keine Zaubermacht besäße ... die Insel ist *nur* Wunschland; sie ist Nirgendland, das macht sie bei aller Heiterkeit bitter.

Prospero zaubert nicht mehr, er reist nach Mailand ab. Shakespeare reist nach Stratford: noch einmal hat er gezaubert, noch einmal mit Ariel, dem Geist, und mit Kaliban, dem Tier, gespielt und eine Welt geschaffen, die der unsern gleich ist. Erlösen freilich konnte er sie nur in Utopia — er nimmt Abschied, lächelnd über einem Abgrund von Melancholie. Zwei Jahre später brannte das Globe-Theater ab. Drei Jahre später war er tot. Und zwei Jahrzehnte später wird Calderon in seinem Schauspiel ›Das Leben ein Traum‹ (siehe Seite 129) einen Mächtigen die Kraft gewinnen lassen, seine Macht nicht zur Rache zu mißbrauchen, und Verse dichten, die an Prosperos Einsicht anklingen:»Wir sind vom gleichen Stoff, aus dem die Träume sind, und dies kleine Leben umfaßt ein Schlaf.« Eine Einsicht, die im ›Ajax‹ des Sophokles lautet:»Wir sind nichts anderes als Träume, unser Leben ist nur ein flüchtiger Schatten.«

Meinungen:»Die innerste Handlung des ›Sturms‹ ist im Grunde diese: der Kampf zwischen der Hierarchie der Engel gegen die Nachkommen der Dämonen, jede der Legionen wird von einem Magier geführt, von einem Weißmagier auf der rechten, von einem Schwarzmagier auf der linken Seite — Geister vom ›Baum des Lebens‹ (Einweihung) gegen die Geister vom ›Baum des Guten und Bösen‹ (wilde Leidenschaften). Im Verlauf von apokalyptischen Ereignissen siegt der Engel des Lebens über die Rasse des Schweins und des Raben, über Sycorax, den Engel des Todes ... Die rechtmäßige und durchgeistigte Ehe ist die irdische Manifestation des Baumes des Lebens; die Wollust ist die Bresche, durch die die Geister vom Baum des

Guten und Bösen versuchen, in die offenbarte Welt einzubrechen und sie in ihr ewiges Verderben hineinzuziehen«: Paul Arnold. — »Was für eine unsägliche, was für eine das Menschenleben von Generationen und Generationen für Jahrtausende vorwegnehmende Tragik liegt aber darin, daß er (Prospero), dieser Reinste und Größte und Höchste und Mächtigste der Sterblichen, nachdem er seiner Seele Genugtuung verschafft und an die Stelle des Hasses die Liebe gesetzt hat, am Leben, an der Natur, am Geiste für seine Person genug hat, zur Seite geht und sich zum Verstummen und Verscheiden rüstet. Das ist für mich der Gipfel der Renaissance und damit der bisher erreichte Gipfel unsrer neueren Menschheit: der vollendet zur Herrlichkeit gediehene Personalismus, der in seiner Glorie resigniert; ganz und gar das Gegenbild zu dem Christus, der vom Marterholz zum Himmel emporsteigt«: Gustav Landauer.

Auftakt und Abgesang: Christopher Marlowe und Ben Jonson

Von den rund fünfzig Stückeschreibern des elisabethanischen Theaters interessieren außer Shakespeare, dem Zentralmassiv, vor allem noch zwei: Christopher Marlowe, eine monströse Renaissance-Gestalt, die wie der Auftakt zu Shakespeare wirkt, und Ben Jonson, der mit satirischen Sittenpossen auf der barockisierten Bühne des Hoftheaters Neuheiten, die Shakespeare nicht mitmachen konnte oder wollte, zu triumphalen Erfolgen geführt hat.

Christopher Marlowe, geboren in Canterbury als Sohn eines Schuhmachers am 6. Februar 1564, im Geburtsjahr Shakespeares, war als Fünfundzwanzigjähriger schon auf der Höhe seines Ruhmes, als Shakespeare gerade anfing. Er ging als Sechzehnjähriger an die Universität Cambridge und brachte es dort zum Magister der freien Künste; ein gebildeter junger Mann, Übersetzer von Ovid und Vergil. Er kämpfte als Soldat in den Niederlanden und war mit 21 Jahren Schauspieler und Stückeschreiber in London, vermutlich für die Truppe des Earl of Nottingham. Er trieb sich in den Kneipen und Bordellen des Theaterviertels herum, führte ein wüstes Leben und, wenn man der Anklageschrift der Behörden glauben darf, die lästerlichsten Reden. So warf man ihm unter anderem vor, er habe behauptet, die Juden hätten sich zwischen Christus und Barrabas mit Recht für Barrabas entschieden; Johannes sei der Geliebte Christi gewesen; das Neue Testament sei hundsmiserabel geschrieben, und alle Protestanten seien Dummköpfe und Heuchler — damals lauter todeswürdige Verbrechen.

Am 30. Mai 1593 wurde dem im dreißigsten Lebensjahr stehenden Marlowe in einer Kneipe in Deptford bei London sein eigener Dolch durchs

Auge ins Gehirn gestoßen — ob es ein Liebeshandel war, ob die Geheimpolizei dahinterstand, das weiß niemand. Besonders phantasievolle Leute meinen, er sei gar nicht ermordet worden, sondern nur verwundet, und er habe sich von nun an verborgen und insgeheim die Stücke Shakespeares geschrieben.

Als Dramatiker setzte Marlowe die wuchtigen, reimlosen, fünffüßigen Jamben, den ›Blankvers‹, gegen das Reim- und Wortspielgeklingel seiner Zeitgenossen durch. Das gleiche Versmaß nach dem Schema dida-dida-dida-dida-dida (di = unbetonte, da = betonte Silbe), das Versmaß Shakespeares, wird Lessing durch seinen ›Nathan‹ für die deutsche Klassik erschließen.

Die Helden seiner Dramen sind überlebensgroße Kolossalgestalten mit machtvoller, titanischer Sprache. *Tamerlan der Große* (1587), der asiatische Gewaltherrscher, ist von einem dämonischen Machthunger besessen; er geht ohne jede Hemmung über Myriaden von Leichen und vergöttert sich selbst; noch im Sterben — an einer Krankheit, die ihm die Götter zur Strafe geschickt — glaubt er, daß er »viel zu groß für diese schnöde Welt« und für einen »höheren Thron« ausersehen sei. *Der reiche Jude von Malta* (1589) Barabas, glaubt sich, weil er vom Gouverneur ungerecht behandelt worden ist, im Recht, wenn er sich auf die grauenhafteste Weise rächt; Shakespeares ›Kaufmann von Venedig‹ ist wahrscheinlich als Konkurrenzstück dazu entstanden (siehe auch Seite 184). In Tamerlan und in Barabas nimmt der Teufel aus dem mittelalterlichen Mysterienspiel menschliche Züge an.

Edward der Zweite (1592) ist die erste Historie, in der nicht mehr das Panorama der geschichtlichen Vorgänge das wichtigste ist, sondern der Charakter des Herrschers: ihn herauszuarbeiten, sind alle Szenen arrangiert; die Chronik wird dabei der Persönlichkeit untergeordnet. Zum erstenmal auch wird ein Frauencharakter — Königin Isabella, die Gattin Edwards — in seiner Entwicklung und Wandlung (zum Bösen) begründet. Es ist der neue Weg, den Shakespeare mit seinem ›Richard III.‹ beschreitet, offenbar von Marlowe angeregt, mit dem zusammen er möglicherweise den ersten Teil seines ›König Heinrich der Sechste‹ geschrieben hat. Nach Marlowes Stück hat Bertolt Brecht, zusammen mit Lion Feuchtwanger, die Historie ›Leben Eduards des Zweiten von England‹ geschaffen, die 1924 in München uraufgeführt worden ist.

Die tragische Geschichte von Doctor Faustus ist geschrieben um 1592 nach dem deutschen Volksbuch ›Historia von D. Johann Fausten‹, erschienen 1587 bei Spieß in Frankfurt am Main und 1592 in einer englischen Übersetzung von ›P. F.‹ Faust verwirft in seinem Eingangsmonolog Theologie, Rhetorik und Medizin: »Ein Halbgott ist der Jünger der Magie: drum will zur Gottheit ich empor durch sie.« Er fürchtet sich nicht vor der Verdammnis, die Hölle erscheint ihm als Paradies, und so verschreibt er Lucifer, dem gefallenen Engel, seine Seele, falls ihm Mephistopheles vierundzwanzig Jahre lang dient. Der Pakt wird mit Blut besiegelt. Mephistopheles läßt die sieben Todsünden vor Faust erscheinen. Mit seiner Hilfe kann Faust in Rom den Papst ohrfeigen. Am Hof des deutschen Kaisers (Karl V.) läßt Faust die Erscheinungen Alexanders des Großen und seines Gegners Darius mitein-

Doktor Faustus von Christopher Marlowe. Titelbild der Londoner Ausgabe von 1636: die Beschwörungsszene

ander kämpfen, und vor Studenten in Wittenberg zaubert er die schöne Helena herbei. Sie zu seiner Geliebten zu machen, ist sein letzter Wunsch. Immerhin kann er sie noch küssen, dann ist sein Vertrag abgelaufen. In seiner letzten Stunde bereut er vor seinen Studenten den Pakt; er sieht das Blut Christi am Firmament strömen, und er weiß, daß ein Tropfen ihn retten könnte, doch daß er ewig verdammt ist. Mit dem Glockenschlage Mitternacht verflucht er sich und Lucifer und wird von Teufeln zerrissen. Der moralisierende Chorus warnt davor, ›verbotnen Dingen nachzuspüren‹.

Bei einer Londoner Aufführung (die erste war 1594, ein Jahr nach Marlowes Tod) soll Satan persönlich auf der Bühne erschienen sein, worüber einige Schauspieler und Zuschauer den Verstand verloren haben. So unrichtig diese alte Anekdote nur sein kann, so richtig zeigt sie doch das seelische Klima dieser Zeit: das Blut Christi und die Teufel sind hier keine symbolischen Mächte, sondern wie im Mysterienspiel geglaubte Wirklichkeit.

Marlowes Faust revoltiert gegen das Mittelalter: er ist ein übermenschlicher Frevler, der sich, immer wieder von einem guten Engel gemahnt und
von einem bösen Engel verführt, immer wieder für den bösen Engel entscheidet. Anfang und Ende des Stückes enthalten in Ansätzen Gedanken,
die Goethe in seinem ›Faust‹ weitergeführt hat, im ganzen aber ist Marlowes
Faust weniger von philosophischem Erkenntnisdrang als von Neugier, Sinnlichkeit und Machthunger angetrieben: er ist revoltierendes Fleisch, nicht
suchender Geist. Die Zaubereien im Mittelteil des Stückes sind wie im
Volksbuch Narrenpossen; der Famulus Wagner ist ein belustigender Rüpel,
alle Nebenpersonen sind schematisch, außer Mephistopheles, der eine fast
rührende Melancholie ausstrahlt: im ständigen Bewußtsein, daß er, wo er
auch immer sei, immer in der Hölle ist, weil er das ewige Heil verloren, ist
er ein leidender Teufel. Der Schlußchor, der davor warnt, verbotenen Dingen
nachzuspüren, bringt das Drama als Lehrstück wieder in die mittelalterliche
Welt ein, gegen die so gewaltig und glanzvoll gefrevelt worden ist, doch
besteht kein Zweifel, daß der Frevel das Vergnügen am Stück gebracht hat:
im Kern ist es ein Schauerdrama.

Englische Komödianten spielen diesen ›Faust‹ in Deutschland; 1608 wird
er in Graz aufgeführt, dann sinkt der Faust-Stoff für die nächsten zwei
Jahrhunderte zum bloßen Anlaß für Zauberstücke und Schauvergnügen ab,
bis er von Lessing, Klinger und Goethe aufgegriffen wird. Nur Calderon
nimmt ihn mit seinem ›Wundertätigen Magier‹ (1637) ernst und stellt ihn
in die katholische Glaubenswelt. (Siehe auch Seite 135.)

Meinungen: »Unser reines Gefühl wird, dort wo unsere historische Bildung nichts dazwischen redet, bei Marlowe nimmer ergriffen, Shakespeare
hat dessen geschichtliche Verdienste aufgehoben und in einen übergeschicht-
lichen Bereich mit emporgenommen«: Friedrich Gundolf. — »Shakespeare
erst schafft die heilige Harmonie. Hinter Blut und Mord geht die neue Ordnung auf. Und zwischen Lärm und Kampf bettet sich die Stille. Marlowe
hat nur die Affekte, Shakespeare die Totalität. Marlowe hat das Theater der
Zeit, Shakespeare die Welt. Vor Marlowe sieht man heute noch nur sein
Publikum sitzen, roh, genußfreudig, den Menschen des Dramas verwandt.
Bei Shakespeare sehen wir allein das in sich ruhende Kunstwerk. Marlowe
ist Übergang, Shakespeare ist Ewigkeit«: Herbert Jhering. —
Marlowe und Shakespeare sind im gleichen Jahr geboren, und doch ist
Marlowe zum Vorläufer Shakespeares geworden. Nur neun Jahre jünger als
Shakespeare ist Ben Jonson, und doch hat er Shakespeare im öffentlichen
Ansehen, im Erfolg am Hof und beim Publikum den Rang abgelaufen.
Shakespeare ist in Jonsons Stücken aufgetreten und hat den jüngeren

Kintopp-Nachruhm: Filmanzeige vom 12. März 1913

Kollegen gefördert, der bald seinen eigenen Ruhm verdunkelt. Die beiden
waren befreundet und blieben es wohl auch, als Jonson sich durch mancherlei
Anspielungen in seinen Stücken über Shakespeare lustig machte. Sie trafen
sich in den Kneipen in der Nähe der St. Pauls Kathedrale, in der ›Meerjung-
frau‹ oder im ›Teufel‹, wo Jonson als Literaturpapst in seinem Trinkzimmer
›Apollo‹ Hof hielt. Dort hatte er über den Kamin geschrieben, was er nicht
mochte: Dummheit, Luxus, Trübsal, Geschwätzigkeit, und was er mochte:
welterfahrene, heitere und gelehrte Männer, auch erlesene Frauen, und Ge-
tränke in angemessenen Mengen. Ein Zeitgenosse, der Theologe Fuller,
rühmt die Witzgefechte, in denen sich Jonson durch solide Gelehrsamkeit,
Shakespeare durch funkelnden, wendigen Geist und den Reichtum seiner
Einfälle auszeichnen.

Dabei hatte der gelehrte Ben Jonson, am 11. Juni 1573 geboren und aufgewachsen als Stiefsohn eines Maurermeisters, keinen Universitätsrang, sondern nur das Gymnasium besucht, in Westminster; sein Lehrer freilich, der
Altertumsforscher William Camden, muß ihn durch das klassische Altertum
über alle Maßen beeindruckt haben. Das hat Jonsons Stil verdorben: seine
Tragödien sind in klassischem Historismus und in gelehrten Anspielungen
ertrunken. Unermüdlich im Erfinden von Kunsttheorien berief er sich vor
allem auf den römischen Dichter Horaz und dessen Abneigung vor phantastischen Zerrbildern, Wundern und Göttereingriffen. Er bewunderte die
Naturwissenschaft und ihren damals bedeutendsten englischen Vertreter
Sir Francis Bacon. So konnte es nicht ausbleiben, daß er sich als ein Mann
der Vernunft und der Aufklärung über Shakespeares Stücke, diese romantischen Märchen, die im Reiche der Phantasie spielen und auf logische Motivierungen oft verzichten, lustig machte. Ben Jonson stellt in seinen Komödien
nach italienischem Muster Typen auf die Bühne, die auf einen bestimmten
Charakterzug festgelegt sind: satirisch zugespitzte bürgerliche Alltagsmenschen, ihre Schwächen gibt er mit beispiellosem Hohn der Schadenfreude
des Publikums preis. Nicht überlebensgroße Verbrechen will er schildern,
sondern lebensgroße Torheiten; er schreibt keine Phantasiespiele, sondern
Zeitstücke zur Warnung seiner Zeitgenossen.

Volpone, uraufgeführt 1605 in London. Volpone, ein reicher Geizhals in
Venedig, stellt sich todkrank und läßt durch seinen Diener Mosca nacheinander einige habgierige Venezianer wissen, er werde ihnen sein Vermögen
hinterlassen, wenn er nur ihrer Freundschaft sicher sei. Die Erbschleicher über-
häufen ihn mit Geschenken. Sie sind wie Volpone (der Fuchs) und Mosca (die
Schmeißfliege) schon durch ihre Tiernamen typisiert. Der Kaufmann Corvino
(die Krähe) liefert seine junge Frau Colomba (die Taube) dem Volpone ans

Volpone von Ben Jonson. Entwurf für das Bühnenbild des ersten Aktes von André Barsacq, Théâtre de l'Atelier, Paris, nach 1920

Bett. Der Wucherer Corbaccio (der Rabe) überschreibt Volpone sein Vermögen, um es als Erbe, vergrößert, wiederzugewinnen, und enterbt dabei seinen Sohn Leone (der Löwe). Mosca aber klärt Leone auf und bringt ihn in Volpones Haus, wo Leone gerade zurechtkommt, die Vergewaltigung der Kaufmannsgattin Colomba zu verhindern. Da sich alle vor einer Blamage schämen und überdies der Notar Voltone (der Geier) immer noch auf Volpones Erbe hofft und vor keinem Betrug zurückscheut, trägt Volpone vor Gericht den Sieg davon. Um den blutigen Spaß noch weiter zu treiben, setzt Volpone den Mosca als Alleinerben ein, stellt sich tot und will die Wut der Betrogenen genießen. Mosca aber, der von Volpone durch einen Schuldschein erpreßt wird, nutzt das Testament aus, das nur der Fopperei dienen sollte, und weist Volpone als lebenden Leichnam ab. Der enterbte Sohn des Wucherers und die verkuppelte Frau des Kaufmanns sind die einzigen relativ anständigen Menschen, dafür aber bodenlos dumm.

Das Stück wird in verschiedenen Bearbeitungen gespielt, die zum Teil sehr stark voneinander abweichen. Ludwig Tieck hat es 1793 unter dem Titel ›Ein Schurke über den anderen oder die Fuchsprelle‹ übersetzt. Stefan Zweig hat 1926 eine erfolgreiche Bearbeitung geschaffen mit dem durchaus zutreffenden

Untertitel ›Eine lieblose Komödie‹. Ein Betrüger, der andere Betrüger entlarvt, und schließlich selbst betrogen wird: das ist ein rasendes Karussell menschlicher Niedertracht, Geldgier und Bosheit, gespickt mit eindeutigen Zweideutigkeiten und dem fatalen Bewußtsein, daß der Reiche das Recht nach Belieben drehen kann: ein zynischer Witz von ungeheurem Ausmaß.

Der Alchemist, geschrieben 1610. Der Londoner Bürger Heiter hat aus Furcht vor der Pest sein Londoner Haus verlassen, in dem nun der Hausverwalter Lips, der Alchemist Dunst und die Dirne Dortchen Allgemein ein einträgliches Geschäft beginnen. Der Alchemist verspricht, Gold zu machen, die Dirne dient als Köder, und so werden der Reihe nach die Goldhungrigen geprellt, darunter der Genießer Sir Epikur Mammon und der puritanische Pastor Trübsal Heiligung. An die Alchemie glaubte man zu Ben Jonsons Zeiten immerhin noch. Leichtgläubigkeit und Goldgier werden durch dieses grandiose Geschäft mit der Dummheit verspottet, das erst der heimkehrende Hausbesitzer aufklärt. Eine Explosion im Laboratorium gibt ihm das Signal, die Betrüger hinauszuprügeln, die, ungestraft, anderswo Opfer finden werden. In einem dem Stück vorgesetzen ›Argument‹ des Autors heißt es: »Manch armer Wicht wird heillos nun geprellt; in Spiegeln zeigt man ihm den Lauf der Welt.« Die Schufte erraffen das Geld, und ihre Opfer, die armen Wichte, sind dumm — so sieht der Lauf der Welt in Ben Jonsons Spiegeln aus.

Das Stück handelt in der unmittelbaren Gegenwart seines Autors, im Pestjahr 1610. Wolf Graf Baudissin hat es mit allen Zeitanspielungen und samt Jonsons Gelehrtenprotzerei im Jahre 1836 übersetzt. Eine neuere Übertragung von Gertrud Kannengiesser war 1957 im Schauspielhaus Essen erfolgreich.

Das schweigsame Weib, geschrieben 1609. Herr Mürrisch (Sir Morosus) haßt nichts so sehr wie den Lärm, heiratet deshalb ein erlesen schweigsames Mädchen, das sich sofort nach dem Hochzeitsgelage als ein Ausbund von Radauseligkeit entpuppt. — Stefan Zweig hat aus dieser Posse das Libretto für die Oper ›Die schweigsame Frau‹ (1935) von Richard Strauss gemacht.

Shakespeare bringt die Welt auf die Bühne; Ben Jonson nur einen Ausschnitt aus der Gesellschaft. Shakespeare macht aus typisierten Figuren unberechenbare Einzelmenschen; Jonson typisiert die Menschen wieder zu Trägern ganz bestimmter Eigenschaften. Shakespeares Welt ist unendlich, sie bezieht den Kosmos mit ein; Jonsons Welt ist eng auf das Bürgerliche begrenzt. Shakespeare spiegelt im Märchen das unbegreifliche Leben; Jonson spiegelt in der Sittenposse den Alltag seiner Zeit und spitzt ihn zur Satire zu, deren Elemente genau zu berechnen sind. Shakespeares Witz ist dem gelassenen Humor untergeordnet; Jonsons Witz steigert sich in den Hohn. Shake-

Bühnenbild für ein Schäferspiel, London 1625. Entwurf des englischen Architekten Inigo Jones, der aus Italien die Guckkastenbühne mitgebracht hatte, den Vorhang, die Kulissen, die perspektivische Malerei. Durch seine Zusammenarbeit mit Ben Jonson kam Shakespeares ›elisabethanische‹ Bühne aus der Mode

speare stellt die Welt dar, wie sie ist; Jonson will sie verbessern. Mit Ben Jonson beginnt eine andere Epoche des Theaters: wer die weitere Entwicklung kennt, glaubt bei ihm schon den Tonfall der Goldoni und Molière zu hören.

Ben Jonson liegt auch auf einem anderen Gebiet an der Spitze der Entwicklung, die über Shakespeares Bühne hinweggeht: er verbündet sich mit dem Architekten Inigo Jones, der aus Italien die Guckkastenbühne mitgebracht hat, den Vorhang, die Kulissen, die perspektivische Malerei, kurz: technische Mittel, um auf der Bühne entweder die Illusion der Wirklichkeit zu schaffen, oder aber zauberische Illusionen für wirklich auszugeben (siehe auch Seite 148). Shakespeares letzte drei oder vier Stücke, die ›Romanzen‹, sind dieser neuen, barockisierten Bühne schon angepaßt oder aber durch Bearbeiter für das Hoftheater angepaßt worden. Shakespeares elisabethanische Bühne, auf der die Schauplätze aus der Sprache des Dramatikers erschaffen werden, kommt aus der Mode: das Publikum will sich nun an gemalten Dekorationen ergötzen.

So nimmt es nicht wunder, daß Ben Jonson, bewundert von König Jakob, zum Intendanten des Hoftheaters und 1616, im Todesjahr Shakespeares, zum ›Poeta laureatus‹ ernannt wird; die Universität Oxford verleiht ihm den Magister Artium. Dies trotz seiner bewegten Vergangenheit: er war im Gefängnis, weil er einen Theaterskandal angezettelt, und ein Jahr später, 1598, weil er seinen Schauspielerkollegen Gabriel Spencer im Duell getötet hat. Ben Jonson, dessen Anhänger sich ihm zu. Ehren der ›Stamm Ben‹ nennen, stirbt nach einem glanzvollen Leben und schließlich auch nach Mißerfolgen, gelähmt und einsam, am 6. August 1637 in London. Er wird in der Westminster Abtei im Poetenwinkel beigesetzt. Seine heute meistzitierten Verse stehen nicht in seinen Komödien, sondern in der Folio-Ausgabe von Shakespeares Werken aus dem Jahre 1623: ein Widmungsgedicht für Shakespeare, den er über alle seine Zeitgenossen stellt: »Du bist ein Monument auch ohne Grab / Und lebst, solange deine Werke leben.« Es endet, in der Übersetzung von Bodenstedt, mit den Zeilen:

»Und wußtest du auch wenig nur Latein,
Noch wen'ger Griechisch, ist doch Größe dein,
Davor sich selbst der Donnrer Äschylus,
Euripides, Sophokles beugen muß . . .
Sie aus der Gruft möcht' ich heraufbeschwören,
Deines Kothurns erhabnen Schritt zu hören!
Voll Stolz war Rom, voll Übermut Athen:
Sie haben deinesgleichen nie gesehn!«

4. FRANKREICH: DAS JAHRHUNDERT DER VERNUNFT

Ich denke — also bin ich Franzose · Die Geburt der Comédie Française · Man kennt nur eine Zeit: die eigene · Corneille: der klassische Verhinderer der Tragödie · Racine: der Vollender der klassischen Tragödie · Molière: der Erfinder der schwarzen Komödie · Im Schnellkurs: Molières Katalog der Laster · Ausblick auf Rokoko und Revolution: Marivaux und Beaumarchais

> In einer Tragödie muß es durchaus nicht immer Blut und Tod geben: es genügt, wenn die Handlung Größe hat, wenn die Handelnden heldisch sind, wenn die Leidenschaften entfacht werden und alles jene erhabene Trauer atmet, auf der die Freude an der Tragödie beruht.
> Die oberste Regel ist, zu gefallen und zu ergreifen. Alle andren sind nur dazu da, zu dieser ersten zu führen.
>
> Racine in der Vorrede zu seiner Tragödie
> ›Bérénice‹, 1670

> Brécourt: Schon seit Tagen höre ich Molière darüber klagen, nichts kränke ihn so wie die Anschuldigungen, jemand Bestimmtes gemeint zu haben mit den von ihm gezeichneten Figuren. Seine Absicht ist, die öffentlichen Sitten zu schildern, ohne jemand persönlich anzugreifen. Alle Gestalten, die er vorführt, sind freie Schöpfungen seiner Phantasie, durch die er die Zuschauer erheitern will. Da es die Aufgabe der Komödie ist, alle Schwächen der Menschen im allgemeinen, vor allem aber der Menschen unseres Jahrhunderts, darzustellen, so ist es für Molière unmöglich, einen Charakter zu zeichnen, der nicht seinesgleichen im wirklichen Leben fände.
> Molière: Du willst bloß Molière rechtfertigen.
> Brécourt: Keineswegs!
> Molière: Schön, aber sag mir, meinst du, daß dein Molière nun befriedigt ist und keinen Anlaß mehr findet...
> Brécourt: Keinen Anlaß? Ach, wir bieten ihm immer noch genug Anlaß und wollen trotz allem, was er tut und sagt, nicht gescheiter werden.
>
> Molière in seinem ›Stegreifspiel von Versailles‹, 1663

Nichts bringt einen normalen (das heißt hier: lernfaulen) Menschen dem Jahrhundert Corneilles, Racines und Molières in Deutschland auf zwanglosere Weise näher als ein Spaziergang durch einen Garten im französischen Stil. Irgendein kleiner deutscher Fürst, der wie fast alle seine Kollegen von Ludwig XIV., dem französischen Sonnenkönig, fasziniert gewesen ist, hat ihn anlegen lassen, und so befindet man sich noch heute in diesem Garten schon mit dem ersten Schritt ›bei Hofe‹: da gibt es keine verschlungenen Pfade und verschwiegenen Verstecke für so ungebändigte, anarchische Erscheinungen wie spielende Kinder, streunende Hunde oder Liebespaare — die Wege sind schnurgerade und überschaubar, und wer sie auch betritt, der ist bereits entdeckt. Was da auch gebaut oder angebaut ist, Blumen, Sonnenuhren oder Brunnen, es ist symmetrisch angeordnet, und man wundert sich nur, daß die Wege nicht mit Parkett belegt sind.

Sprüht links eine Fontäne aus einem Fischmaul, so kann man sich darauf verlassen, daß ein Zwilling der Fischmaulfontäne rechts den gleichen Bogen spuckt. Sollte es ein Liebespaar wagen, sich hinter der Sonnenuhr links zu küssen, so ist man ein wenig irritiert, hinter der Sonnenuhr rechts das gleiche Liebespaar nicht vorzufinden. In diesen französischen Gärten sieht sich der empfindsame Besucher links vom Mittelweg alsbald nach seinem eigenen Doppelgänger um, der doch, den Regeln dieses Stils entsprechend, eigentlich rechts vom Mittelweg stehen müßte.

Hier sollte einmal jemand versuchen, sich zu verirren — es wird ihm beim besten Willen nicht gelingen: alles ist klar angelegt, übersichtlich, logisch, und sämtliche Wege führen schließlich zum Portal des Schlosses. Die Natur läßt hier zwar auch die Blumen blühen und die Hecken wachsen, doch der Gärtner sorgt dafür, daß die Natur seinen Plan erfüllt — wuchert sie darüber hinaus, so wird sie zurechtgestutzt. Die Blumen blühen nicht einfach — sie haben Dienst. Ihre Schönheit ist geordnet, und die Ordnung wird vom Hofe befohlen. Nicht viel anders steht es mit Corneille, Racine und Molière: die Natur ihrer Bühnengestalten ist zurechtgestutzt; ihre Schönheit ist die Schönheit der Übersicht, der Klarheit und Logik, und niemand wird sich in ihnen — wie etwa in den Gestalten Shakespeares — verirren.

Die Wurzeln Molières freilich, des Komödiendichters, reichen tiefer in den Humus des Chaos; seine Hauptpersonen haben einen Rest von Unbestimmbarkeit, der sich nicht berechnen läßt. Dies ist der Hauptgrund dafür, daß er allein auf den deutschen Bühnen dieses große französische Jahrhundert repräsentiert. Corneille und Racine sind für das deutsche Publikum bestenfalls staunenswerte Monumente; sie werden bei uns trotz einiger Versuche sowenig heimisch wie etwa Kleist in Frankreich.

Ich denke — also bin ich Franzose

Die Franzosen haben diesen Garten-Stil im 17. Jahrhundert erfunden; er ist eine Unterabteilung des allgemeinen Zeitstils, den die Franzosen durch weitere, eng miteinander verknüpfte Erfindungen geprägt haben. Es ist ihr ›Grand siècle‹, ihr Großes Jahrhundert. Es beginnt mit dem Jahre 1605, als der normannische Edelmann François de Malherbe an den Hof Heinrichs IV. berufen wird. Er ist ein mittelmäßiger Dichter, aber er fordert von der Sprache Klarheit, Reinheit, Strenge und Allgemeinverständlichkeit, und er ist damit zu einem der erfolgreichsten Schulmeister der Welt geworden, denn seine Zeitgenossen wollten eben das von ihm lernen, was er sie lehren wollte.

Theatersaal des Palais Royal. Ludwig XIII. (Regierungszeit von 1610 bis 1643)
und Anna von Österreich bei einer Aufführung. Nach einem Stich von Lockum

Seine Forderungen wurden zum Refrain des Jahrhunderts auf allen Lebensgebieten.

Die Franzosen des 17. Jahrhunderts erleben, wie Kardinal Richelieu, seit 1624 leitender Minister Ludwigs XIII., den Absolutismus gegen den Widerstand des Hochadels durchsetzt; wie er eine straffe, zentralistische Verwaltung einrichtet und der von ihm im Januar 1635 gegründeten ›Académie Française‹ die Aufgabe stellt, »unserer Sprache bestimmte Regeln zu geben, sie rein, beredt und fähig zu machen, die Künste und Wissenschaften zu behandeln«; wie sein Nachfolger, der Kardinal Mazarin, den Widerstand des Adels, die ›Fronde‹, endgültig bricht, mit dem Westfälischen Frieden, der 1648 den Dreißigjährigen Krieg beendet, zum erstenmal den Rhein zur Grenze macht und 1659 den Spaniern Rousillon und Artois abnimmt; wie der dreiundzwanzigjährige Ludwig XIV. nach dem Tode Mazarins 1661 selbst regiert, mit seiner gewaltigen Kriegsflotte das Kolonialreich in Kanada, Louisiana und Westindien vergrößert; wie sein Hof in Versailles das Vorbild Europas wird — doch schon die Kinder dieser Franzosen des ›Großen Jahrhunderts‹ werfen 1715 dem Sarg Ludwigs XIV. Steine nach und danken Gott, daß dieser Herrscher endlich tot ist. Die Form der Zivilisation, des Lebens und des Geistes, die er repräsentiert hat, ist mit dem Ende des Jahrhunderts zur unerträglichen Formel erstarrt.

Streng ist die Form von Anfang an, Malherbe hat sie als erster für die Sprache gefordert, und Nicolas Boileau hat sie 1674 in seinem Lehrgedicht ›L'Art Poétique‹, ›Die Dichtkunst‹, verpflichtet auf Klarheit, Maß und Logik — Verpflichtungen, die sie, ein Jahr nach dem Tode Molières, längst erfüllt hat. Streng ist die Form des Staates: an seiner Spitze steht der absolute Monarch, der jeden seiner Untertanen ohne Gerichtsverhandlung auf unbestimmte Zeit internieren kann. Der Monarch selber ist der Staat; jedenfalls hat dies Ludwig XIV. behauptet und auch danach gehandelt. Der Adel ist zum Hofadel geworden, zum Planetensystem, das den ›Sonnenkönig‹ in genau festgelegten Bahnen umkreist. Wirtschaft und Verwaltung sind straff zentralistisch organisiert, und auch die Kirche ist dem Herrscher untergeordnet. Streng sind die höfischen Sitten; als Racine einen Formfehler begeht, einen unachtsamen Verstoß gegen die Höflichkeit, wird er von Ludwig XIV. nie mehr eines Wortes gewürdigt.

In dem vielleicht geistreichsten Kapitel seiner von Geist sprühenden ›Kulturgeschichte der Neuzeit‹ hat Egon Friedell die typischen Erfindungen und Erscheinungen dieses Jahrhunderts zusammen betrachtet: den zentral organisierten Staat; die neu entwickelte Strategie und die Uniformierung der auf Exaktheit gedrillten Armee; die geometrische Regelmäßigkeit der königlichen Bauten und den Gartenstil Lenôtres; das marionettenhafte, doch anmutige Menuett; das reglementierte Leben in den Salons und am Hofe; die von Jean Baptiste Lully geschaffene Große Oper mit ihrer strengen Ordnung und Klangreinheit; die ›Allonge‹, die große Staatsperücke, die den Kopf des Menschen stilisiert wie einst die künstlichen Bärte der Pharaonen; schließlich den Siegeszug des Kaffees, des den Verstand schärfenden Lieblingsgetränks der Rationalisten. In dem Philosophen Descartes (Cartesius, 1596—1650), der das gesamte Dasein auf das Denken zurückführt, sieht Friedell die Schlüsselfigur eines Jahrhunderts, das er das cartesianische Zeitalter nennt. »Ich denke — also bin ich«, folgerte Descartes, und viele seiner Landsleute folgern

noch heute: Ich denke — also bin ich Franzose. Descartes hat die analytische
Geometrie begründet, den — nach Friedell — Versuch,»die Realität in ein
feststehendes Liniennetz einzufangen, an dem sie sich zu orientieren hat und
von dem aus sie durch den souveränen Verstand jederzeit bestimmt und vor-
ausbestimmt werden kann: ein höchster Sieg des Rationalismus über die
Materie, wenn auch nur ein Scheinsieg«.

So wären die Franzosen des 17. Jahrhunderts Ordner und Klärer aus Leidenschaft, die ihre anderen, die triebhaften Leidenschaften durch Vernunft im
Zaume zu halten trachten; verstandeshelle Kaffeetrinker, die zum Essen eine
zierliche Metallhand erfinden, die Gabel; Spaziergänger in symmetrischen
Gärten; nachlässig gewaschene, aber raffiniert parfümierte Perückenträger;
hochstilisierte Salonplauderer und Menuett-Tänzer, für die ein Formfehler
ein Grund zum Selbstmord wäre und denen Vernunft und Natur und Gott so
ziemlich das gleiche bedeuteten. Natürlich gilt dies nur für die tonangebende
Schicht am Hofe und in den Salons und ist überdies stark vereinfacht, doch
zeichnet es die Grundlinien der Epoche nach, wie sie auch an ihrer Dramatik
abzulesen sind.

»Der Staat, die Wirtschaft, das Drama, die Architektur, die Geselligkeit,
die Strategie, die Gartenkunst: alles wird cartesianisch.« So drückt es Friedell
aus.»In der Tragödie, wo die Begriffe der Leidenschaften miteinander kämpfen; in der Komödie, wo die algebraischen Formeln der menschlichen Charaktere entwickelt werden; in den Anlagen von Versailles, die abstrakte Gliede-
rungen von Gärten sind; in der analytischen Methode der Kriegführung und
der Volkswirtschaft; in dem sozusagen deduktiven Zeremoniell der Gebärden
und Manieren, des Tanzes und der Konversation: überall herrscht als unum-
schränkter Gebieter Descartes.«

Die Geburt der Comédie Française

Mit dem ersten Atemzug des neuen Jahrhunderts wurde eine künstlerische
Ehe legitimiert, aus der das barocke französische Theater hervorgegangen ist:
im Jahre 1600 verbündete sich die französische Truppe von Vallerant-le-
Conte, dessen Komiker Agnan Sarat die italienischen Commedia dell'arte-
Typen liebte, mit einer italienischen Truppe. Die beiden Truppen spielten in
freundschaftlichem Wettbewerb abwechselnd im Hôtel de Bourgogne, und die
Franzosen übernahmen dabei die italienische Spezialität, die Affären und
Skandale des Tages in aktuellen Possen und Parodien zu glossieren. Als es
König Heinrich IV. zu umständlich wurde, mit den Damen des Hofes dieses
Theater zu besuchen, lud er die französische Truppe mehrmals in der Woche

zu Gastspielen in den Louvre ein — zum Ärger seiner Gattin, die den Italienern den Vorzug gab. Da auch die Königin ihren Willen durchsetzte und
dafür sorgte, daß die Italiener ebenfalls in den Louvre geladen wurden, kam
es zu fruchtbarer Konkurrenz und einem Ideenaustausch zwischen Franzosen
und Italienern.

Die ›Confrères de la Passion‹ waren Besitzer des Hôtel de Bourgogne und
hatten bis 1697 das Privileg, Theateraufführungen zu veranstalten. Trotzdem
hat sich schon 1634 in einem ehemaligen Ballhaus am Stadtrand eine andere

Theater im Hôtel de Bourgogne, um 1600. Nach einem Stich von Bosse

französische Truppe niedergelassen, im Théâtre du Marais. Diese beiden
französischen Truppen wetteiferten miteinander, wobei das Theater des Hôtel
de Bourgogne die höhere Gunst des Hofes errang: es wurde ab 1641 von
König Ludwig XIII. subventioniert, und die von Kardinal Richelieu gegründete ›Gazette‹ schrieb vorläufig nur über seine Aufführungen. Damals hörte
man auch auf, mißfallende Schauspieler mit Obst zu bewerfen — statt dessen
gewöhnte man sich das Pfeifen an. Die in der Zeitung veröffentlichte Thea-
terkritik und die schrillen Pfiffe des Unmuts im Parkett sind also in Frankreich gleich alt.

Im Jahre 1658 wurde die Konkurrenz-Idylle dieser beiden Bühnen heftig gestört: Molière, der mit seiner Truppe zwölf Jahre lang durch die Provinz gezogen war, errang bei einem Gastspiel im Louvre einen großen Erfolg und damit die Förderung des Königs: die italienische Truppe mußte nun ihr Haus, das Théâtre de Petit-Bourbon, mit der Truppe Molières teilen und ging ein Jahr später nach Italien zurück. Der Vergrößerung des Louvre fiel das Petit-Bourbon zum Opfer, Molière erhielt den Saal des Palais Royal, den schon Richelieu als Theater eingerichtet hatte. Molière ließ ihn renovieren und hatte damit den größten Theatersaal Europas: 27 ansteigende Sitzreihen, abgeschlossen durch zwei Reihen Logen. Man schätzt, daß der Saal etwa zweitausend Zuschauer aufnehmen konnte. Vornehme Damen und Herren saßen in der zweiten Hälfte des Jahrhunderts auch auf der Bühne; gewöhnliche Bürger standen im Parterre. Das Publikum im Stehparterre freilich war meist in der Überzahl und entschied den Erfolg.

Als die Italiener 1622 wieder nach Paris kamen, mußte Molière den Saal mit ihnen teilen. Ab 1665 führte Molières Theater den Titel ›Troupe du Roi‹, die Truppe des Königs. Von den Italienern hat Molière vieles übernommen und auf seine eigene Art weiterentwickelt. Um die Gunst des Publikums kämpfte gleichzeitig Jean Baptiste Lully, der Schöpfer der Großen Oper, der eifersüchtig über seine Erfindung wachte; er erwirkte einen höchst ärgerlichen königlichen Erlaß, der allen anderen Theatern verbot, mehr als zwei Sänger und sechs Streichinstrumente zu halten. Lully hatte das Théâtre Guénégaud zur Verfügung; er intrigierte nach dem Tode Molières 1673 dessen Truppe und die Italiener aus dem Palais Royal hinaus und nahm dieses schönste Theater in Besitz. Molières Truppe bezog Lullys ehemaliges Haus und vereinigte sich mit der Truppe des Théâtre du Marais.

Ludwig XIV. hatte sehr früh erkannt, daß das Theater ein hervorragendes Instrument zur Beeinflussung und Repräsentation ist; wir würden heute sagen: zur Propaganda. Indem die Tragödie der Corneille und Racine auf angenehme Weise erschüttert, stellt sie die von der Zeit hervorgebrachten und von ihrem höchsten Exponenten, dem König, für notwendig erachteten Verhaltensnormen als vorbildlich auf die Bühne: von der gesellschaftlichen Etikette bis zur Auflösung der Leidenschaften im Disput und zu ihrer Überwindung durch die Regeln der Vernunft, die zugleich die Regeln der Gesellschaft und des Staates sind. Das Theater spiegelt die Gesellschaft und prägt sie. Noch die bittersten Komödien Molières korrigieren die Auswüchse der Gesellschaft, indem sie das Publikum zum Lachen bringen, und geben zugleich dem Publikum das Gefühl einer Freiheit, die ihm rechtlich in keiner Weise garantiert ist.

Es ist ein Theater der Regeln und der Erziehung, dessen Wege wie die Wege im französischen Garten zum Portal des Schlosses, zum Herrscher führen. Und es ist ein Theater der Repräsentation: wie Ludwig XIV. die politische Vormacht in Europa gewinnt, so wird es zum Vorbild des europäischen Theaters, wie es sich im Laufe des folgenden, des 18. Jahrhunderts entwickelt — den zweiten Blick hat es freilich nicht mehr nach Paris, sondern nach England gerichtet.

Entscheidenden Anteil an dieser erzieherischen Ausstrahlung nach innen und an der kulturpolitischen Ausstrahlung nach außen hat die Comédie Française. Sie entsteht nicht etwa aus den Bedürfnissen des Publikums oder durch die Interessen der Theaterdirektoren, sondern durch einen Verwaltungs- akt von oben, durch einen Befehl Ludwigs XIV. Am 18. August 1680 — im

Die Vertreibung der italienischen Schauspieler aus Paris, 1697. Nach einem Gemälde von Watteau, um 1718

gleichen Jahr wird in Deutschland das Ballett aus Paris eingeführt — befiehlt er, daß die Truppe des Hôtel de Bourgogne, die auf die hohe Tragödie spezia- lisiert ist, vereinigt wird mit der Truppe im Hôtel Guénégaud, bestehend aus Mitgliedern des Théâtre du Marais und der Molière-Truppe, die auf Komö- dien spezialisiert sind. Die besten Schauspieler beider Truppen werden engagiert, die andern pensioniert. Sprecher dieser vereinigten Bühnen, des ›Théâtre Français‹, wird La Grange, ein führendes Mitglied der Molière-Truppe. Sie spielt zunächst im Hôtel Guénégaud — Tragödien im Winter, Komödien im Sommer —, und ins Hôtel de Bourgogne ziehen die Italiener ein, die nach wie vor großen Zulauf haben.

Im Schloßhof von Versailles: vor Ludwig XIV. wird eine Ballettkomödie von Molière aufgeführt, 1674

Der König und eine Reihe von ihm eingesetzter Instanzen beeinflussen das Théâtre Français finanziell, organisatorisch, in der Besetzung der Rollen und im Spielplan. Das Theater wird vom König subventioniert; an den Einnahmen sind die Schauspieler, soweit sie Gesellschafter sind, beteiligt. Es ist Hoftheater, Staatstheater, und wenn es der König befiehlt, so wird in Versailles, Saint-Germain, Fontainebleau und Chambord gespielt. Das Theater erhält 1689 ein neues Haus und mit ihm einen neuen Namen: Théâtre de la Comédie Française. Der Name wurde zum Ruhmestitel und ist es noch heute. Wenn Mitglieder der Comédie in einem Film spielen, so muß im Titelvorspann ihre Mitgliedschaft genannt werden — wie eine Art Adelsprädikat. Wer irgendwo ein Gastspiel der Comédie sehen kann, der versäume es unter keinen Umständen: es ist die traditionsreichste französische Bühne mit allen Vorzügen und auch mit allen Nachteilen der Tradition.

Das neue Haus der Comédie, ein von dem Architekten François d'Orbay umgebauter Saal des alten ›Jeu de Paume de l'Etoile‹ in der Rue Neuve des Fossés-Saint-Germain-des-Prés, wurde am 18. April 1689 eröffnet mit der ›Phädra‹ von Racine; es folgte ›Le Médecin malgré lui‹ von Molière.

Man kennt nur eine Zeit: die eigene

Die Bühne wird — außer durch die Rampenbeleuchtung — durch vierzehn Glaslüster erhellt, die in den Pausen heruntergelassen werden, damit man die Kerzen schneuzen kann. Unter der Rampe stehen die Bänke des Orchesters, das durch Lullys Monopol noch immer sehr klein ist. Es folgt das ausgedehnte Stehparterre, das hinten durch die amphitheatralisch gebauten Bankreihen abgeschlossen wird. Darüber drei Ränge mit je neunzehn Logen zu acht Plätzen. Die Proszeniumslogen links und rechts vorn an der Bühne sind dem König und der Königin vorbehalten. Ein Theater, das verschiedene Gesellschaftsschichten zwar zusammenbringt, dabei aber streng voneinander trennt. Der größte Teil der deutschen Theater ist — als Hoftheater — nach diesem Prinzip gebaut worden: Parterre, in das man später Stühle stellt, Ränge und Logen, im Halbrund angeordnet, und die Fürstenloge.

Wie sah es auf der Bühne aus? Der Streit um die ›drei Einheiten‹ — die von Aristoteles übernommenen Einheiten des Ortes, der Zeit und der Handlung — ist zwar mit großer Heftigkeit geführt worden, doch haben sich keineswegs alle Dramatiker dieser klassizistischen Forderung gebeugt. Auch legte man — zum späteren Spott Lessings — die Einheiten des Ortes und der Zeit recht großzügig aus: das Stück durfte immerhin einen Zeitraum von 24 Stunden umfassen, in den man überdies hineinstopfte, was nur einigermaßen möglich war, und die Schauplätze durften durchaus wechseln, wenn sie sich nur innerhalb dieser 24 Stunden einigermaßen erreichen ließen. Es ist viel über diese pedantischen Regeln gespottet worden, aber sie fördern zweifellos eine konzentrierte Dramatik und ließen in der undogmatischeren Praxis doch der barocken Schaulust ihr Recht. Barock und die klassizistische Variante sind im französischen Theater so eng miteinander verbunden, daß sie sich nicht einzeln herauspräparieren lassen.

Die Kulissenbühne ist reich bemalt. Barocke Flugmaschinen, Versenkungen und Verwandlungsdekorationen werden verwendet, wenn es irgend möglich ist. Es gibt fließendes Wasser, aus den Wunden spritzendes Blut und in den letzten Jahrzehnten auch lebende Pferde auf der Bühne. Entscheidend aber ist, daß der Zuschauer auf der Bühne sich und seiner eigenen Zeit begegnet: mag das Stück auch in der Antike spielen, die auf den Prospekt gemalten Paläste und die Kostüme entstammen dem eigenen, dem 17. Jahrhundert. Der

Römer auf der Bühne zieht elegant den Federhut von der Allongeperücke, und Iphigenie mit tiefausgeschnittener, spitzgeschnürter Taille ist gekleidet wie Madame de Montespan, die Geliebte des Königs.

Man geht nicht ins Theater, um auf der Bühne Menschenschicksale vergangener Zeiten zu sehen, sondern um Menschen vergangener Zeiten so leben zu sehen, wie man selbst lebt oder aber leben sollte. Historische Interessen hat niemand; man zwingt der Vergangenheit sein gegenwärtiges Kostüm und Lebensgefühl auf. Man kennt nur eine einzige Zeit: die eigene.

Die Dekorationen ahmen oft Schauplätze nach, die dem Publikum bekannt sind. Die Kostüme sind die Prunkkostüme des Hofes, oft Geschenke von höfischen Mäzenen, und die Schauspieler versuchen, ihre Zuschauer in den Logen an äußerer Pracht noch zu übertreffen. Die Sprache ist die gesteigerte Sprache des Hofes und der Salons: der bevorzugte Vers, der Alexandriner, ist mit seinen zwölf Silben in der Mitte geteilt — so gibt er einen Sprachhauch von Symmetrie und erlaubt Satz und Gegensatz, die beliebteste Redefigur der Zeit, in einer Zeile.

Der Vorhang der Comédie Française in der Rue Neuve des Fossés-Saint-Germain-des-Prés, um 1726. Nach einem Stich von Coypel

Das Theater ist ein gesellschaftliches Ereignis, und die Gesellschaft will nichts anderes als sich selber sehen: in die Größe des Helden oder der Heldin gesteigert, in die Satire übersteigert, doch immer so, daß Menschen und Handlungen genau durchschaubar bleiben. Man kennt die Normen der Gesellschaft und setzt sie gleich mit den Gesetzen der Vernunft. Man weiß genau, was richtig ist, und was falsch, und man will sich in dieser festgefügten Wertordnung bestätigt sehen. Man wird es: die Dramatiker sorgen dafür. Und wenn ein Komödiendichter wie Molière spottet, so verspottet er doch nicht die Sitte der Zeit, sondern die bis zur Unsitte übertriebene Sitte — setzt also auf indirekte Weise die Sitte wieder ein. Sind die von ihm getroffenen Damen und Herren in den Logen verärgert, so hat er immerhin die Chance, daß die Königsloge den Jubel des Stehparketts gutheißt — wie es tatsächlich oft genug geschehen ist: Ludwig XIV. lachte gern, auch auf Kosten seiner Hofgesellschaft.

Meinungen: »Wirklich ist dieses große Vorrecht der dramatischen Manier, die Seele gleichsam bei ihren verstohlensten Operationen zu ertappen, für den Franzosen durchaus verloren. Seine Menschen sind (wo nicht gar Historiographen und Heldendichter ihres eigenen hohen Selbst) doch selten mehr als eiskalte Zuschauer ihrer Wut oder altkluge Professoren ihrer Leidenschaft«: Friedrich Schiller, 1781. — »Das Trauerspiel der Franzosen ist eigentlich der glänzendste Teil ihrer poetischen Literatur und derjenige, welcher auch mit Recht immer die Aufmerksamkeit der anderen Nationen am meisten auf sich gezogen hat«: Friedrich Schlegel, 1812. — »Die Franzosen seien Phrasenmacher, heißt es immer! Macht einmal solche Phrasen, die so durchgehend mit der Handlung verwebt sind, wenn ihr könnt! Wenn es in gleicher Mühe zugeht, so will ich doch lieber schöne Worte hören, als triviale! Sie hätten die Griechen schlecht nachgeahmt! Das ist nicht wahr, sie sind eben die Franzosen ihres Zeitalters geblieben, und die ganze Gesinnungsweise, Manier und Form ist originell und sowohl Shakespeare als Calderon, sowohl Sophokles als Goethe und Schiller gegenüberstehend, berechtigt und unbefangen zu genießen«: Gottfried Keller.

Corneille: der klassische Verhinderer der Tragödie

Im Pariser Théâtre du Marais wurde im Jahre 1629 das Publikum mit dem erstaunlich weltgewandten und eleganten Erstlingswerk eines jungen Dramatikers aus der Provinz bekannt gemacht, mit der Komödie ›Mélite‹. Pierre Corneille hat sie, so nimmt man an, im Jahr zuvor bei einem Gastspiel des

Theaters in Rouen dem Direktor der Truppe, Mondory, übergeben. Corneille wird am 6. Juni 1606 in Rouen geboren und als Jesuitenschüler früh mit dem Dogma der Willensfreiheit und mit der anzustrebenden und möglichen Herrschaft der Vernunft vertraut. Der Achtzehnjährige wird Advokat und bleibt es bis zu seinem 56. Lebensjahr. Seine Komödie ›Mélite‹ ist ein Geniestreich; so wird er 1634 in Rouen dem Kardinal Richelieu vorgestellt, der ihn in sein Pariser Dramatiker-Kollegium beruft. Es besteht aus fünf Autoren; sie arbeiten gemeinsam Dramen aus, die der Kardinal angeregt hat. Doch Corneille zieht sich bald von dieser Arbeit zurück; er kann sich, wie der Kardinal bemerkt, nicht einordnen. Zwei Jahre später wird der ›Cid‹ von Corneille unter dem Jubel des Publi-

LE CID
TRAGI-COMEDIE

A PARIS,
Chez AVGVSTIN COVRBE', Imprimeur & Libraire de Monseigneur frere du Roy, dans la petite Salle du Palais, à la Palme.
M. DC. XXXVII.
AVEC PRIVILEGE DV ROY.

Der Cid von Corneille,
Titelblatt der Erstausgabe, 1637

kums uraufgeführt, und ›schön wie der Cid‹ wird zu einer sprichwörtlichen Redensart. Die von Richelieu gegründete Académie Française freilich kritisiert das Stück scharf, weil es gegen Wahrscheinlichkeit und Moral verstoße. Die Akademie wacht unerbittlich über die ›drei Einheiten‹ des Ortes, der Zeit und der Handlung. Corneille schreibt nun strenger gebaute Römerdramen — nach dem Muster Senecas —, darunter ›Horace‹ (1640), ›Cinna‹ (1640), ›Mort de Pompée‹ (Pompejus, 1643). 1647 wird er in die Akademie gewählt. Ein eklatanter Mißerfolg (›Pertharite‹, 1651) verbittert ihn, er wendet sich ab von der Bühne und kehrt nach Rouen zurück. Ermutigt vom Finanzminister Fouquet, schreibt er, beginnend 1659 mit einem ›Oedipus‹, bis 1674 noch zehn Dramen. Er muß erleben, wie er von dem eine Generation jüngeren Racine überflügelt wird, zieht sich endgültig vom Theater zurück und stirbt nach zehn Jahren, verarmt und fast vergessen, am 1. Oktober 1684 in Paris. Er hinterläßt dreiundzwanzig Dramen und sieben Komödien.

Polyeucte (Polyeucte martyr, Spielzeit 1641/42). Eine ›christliche Tragödie‹, also ein Widerspruch in sich, denn das Schicksal Polyeuctes, eines vornehmen Armeniers, der unter Kaiser Decius den Märtyrertod stirbt, kann nicht tragisch sein: von der Gnade des Glaubens getroffen, erfüllt es sich im Martyrium. Doch ist das Stück selbst von Aufklärern und Atheisten bewundert worden, da der weltliche Gegenspieler Polyeuctes, der Römer Severus, als ein humaner Held dargestellt ist, der sich zur religiösen Duldsamkeit bekennt und sogar versucht, Polyeucte zu retten, obwohl er auch in der Liebe sein Gegenspieler ist.

Der Lügner (Le Menteur, 1643), ist — fünfzehn Jahre vor Molière — die erste französische Charakterkomödie. Zum Teil übersetzt, zum Teil frei nachgedichtet dem Stück ›Die verdächtige Wahrheit‹ des Spaniers Ruiz de Alarcón. — Dorant, der Held der Komödie, ist kein Held, sondern ein phantasievoller Schwindler, der seine Heldentaten erfindet, um den Damen zu imponieren. Seine barocken Lügen und Hochstapeleien zeugen von so viel Charme, Schwung und naiver Einbildungskraft, daß es unmöglich ist, ihm allzu böse zu sein; so muß sein Diener Klito, die fleischgewordene Vernunft, schließlich verblüfft feststellen, daß man sich im Netz seiner eigenen Lügen verstricken und doch eine hübsche junge Dame gewinnen kann. — Carlo Goldoni hat sein Stück ›Der Lügner‹ (1750) geschrieben, als er von einer Dilettantenaufführung von Corneilles Komödie in Florenz tief beeindruckt war. — ›Der Lügner‹ ist bemerkenswert durch die Tatsache, daß Corneille mit diesem Stück deutsches Publikum bezaubert hat, 1956 in Baden-Baden, als die Übersetzung von Hans Schiebelhuth zum erstenmal aufgeführt wurde. Der 1944 in Amerika verstorbene Schiebelhuth, glanzvoller Übersetzer von Thomas Wolfe, war ein wortverliebter Lyriker, dem hier gereimte deutsche Alexandriner gelungen sind: sprechbar und voll barocken Zaubers.

Der Cid (Le Cid, 1636), geschrieben nach einer spanischen Vorlage, den ›Mocedades del Cid‹ (Jugendtaten des Cid) von Guillém de Castro. Uraufgeführt in den ersten Januartagen 1637, im Théâtre du Marais, Paris. — Zwei Liebende, Rodrigue und Chimène, geraten durch einen Streit ihrer Väter in die kompliziertesten Konflikte. Der Vater Chimènes hat den Vater Rodrigues geohrfeigt, und der zur Rache verpflichtete Rodrigue tötet im Duell Chimènes

Vater. Er liefert sich Chimène aus, damit sie, die Geliebte, an ihm, dem Geliebten, die Rache vollziehe, zu der sie durch die Ehre verpflichtet ist. Der Konflikt scheint unlösbar, da Liebe ohne Ehre bei Corneille sowenig denkbar ist wie Ehre ohne Rache. Die Mauren, die sich Sevilla nähern, geben jedoch Rodrigue Gelegenheit, das Vaterland zu retten; zwei Könige, die er gefangennimmt, begrüßen ihn mit dem maurischen Titel ›Cid‹ (Herr), und dieser Titel wird ihm als Ehrenname von Ferdinand, dem König von Kastilien, verliehen. Für den König ist Rodrigues Schuld durch seine Heldentaten gegen die Mauren gesühnt. Nicht so für Chimène — sie fordert vor dem König Rache für den Tod ihres Vaters. Widerwillig ordnet der König einen Kampf an zwischen Rodrigue und Sanche, der ebenfalls Chimène liebt; Chimène soll den Sieger heiraten. Rodrigue ist zunächst entschlossen, in diesem Kampf zu fallen, um die Ehre seiner Geliebten wiederherzustellen. Er ändert seine Absicht, als er erfährt, daß Chimène ihn noch immer liebt; er entwaffnet Sanche und bittet den König um eine Entscheidung. Der König befiehlt, daß Rodrigue wieder gegen die Mauren ziehen und nach einem Jahr Chimène heiraten wird.

Die Académie Française hatte dem Stück unter anderem vorgeworfen, es sei nicht spannend genug und verstoße gegen die Gesetze der Wahrscheinlichkeit und der Moral. Diese Vorwürfe haben einiges für sich: innerhalb von 24 Stunden wird beleidigt, ein Vater im Duell getötet, fordert die Tochter des Getöteten Sühne, werden die Mauren besiegt, wird ein weiteres Duell ausgetragen und schließlich die Tochter vom König dazu bestimmt, dem Mann die Ehe zu geloben, der ihren Vater erschlagen hat. Was die ›Spannung‹ betrifft, so werden weder die beiden Duelle noch die Maurenkämpfe auf der Bühne gezeigt. Trotzdem sind alle diese Vorwürfe pedantische Theorie. Gerade der Verzicht auf äußere Bühnenaktionen macht Corneilles Größe aus und bestimmt die gesamte folgende Dramatik: sie wird in die Charaktere verlegt, in den Disput über die Aktion und in die Selbstbefragung der Charaktere in scharfsinnig zergliedernden Monologen. Der lange Bericht über die Maurenschlacht gehört durch seine innere Dramatik zu den hinreißenden Partien dieses Stückes. Die Unwahrscheinlichkeiten schließlich, diese geballten Ereignisse innerhalb von vierundzwanzig Stunden, mögen zwar den Leser stören, dem Theaterpublikum aber werden sie — wie die Unwahrscheinlichkeiten Shakespeares — dank der Kraft Corneilles, Leben aus dem szenischen Augenblick zu schlagen, frühestens bewußt, wenn der Vorhang gefallen ist. Corneilles Größe wird in Deutschland nie ganz zu begreifen oder gar unmittelbar zu empfinden sein: sie ist unlösbar mit seiner Sprache verbunden.

Als Jean Vilar im Jahre 1952 mit seinem ›Théâtre Nationale Populaire‹ den ›Cid‹ mit Gérard Philipe in der Titelrolle auf deutschen Bühnen spielte, war es ein Triumphzug. Alle eingefleischten deutschen Vorurteile verstummten vor dieser vollendeten Vereinigung von Geist und Leidenschaft, von Intelligenz und Temperament der Sprache und des Spiels, von glanzvoller Rhetorik und schlichtem Gefühl.

Bei der Wesensverschiedenheit der deutschen und der französischen Sprache ist keine befriedigende Übersetzung vorstellbar. »Corneillen gut zu übersetzen«, stellte schon Lessing fest, »muß man bessere Verse machen können, als er selbst.«

Corneille hat den ›Cid‹, der meist unter den Tragödien rangiert, ›Tragi-Comédie‹ genannt, was mit ›Tragikomödie‹ nicht richtig übersetzt wäre. Die tragischen Konflikte des Stückes, hervorgegangen aus der gleich hohen Bewertung von Liebe, Ehre und Rache, werden überspielt von höheren Werten: vom Kampf gegen die Feinde des Vaterlandes, vom Staat, repräsentiert durch den König, den Repräsentanten zugleich der Vernunft, der durch einen Kompromiß — ein Jahr Frist, zugleich ein Jahr patriotischer Kampf — eine befriedigende Lösung in Aussicht stellt. Die Wertordnung des ›Großen Jahrhunderts‹ ist im ›Cid‹ vollkommen ausgeprägt. Corneille freilich, der mit dem ›Cid‹ als der Begründer der klassischen französischen Tragödie gilt, ist eher der klassische Verhinderer der Tragödie, hier wie in seinen anderen Dramen: sein christlicher Optimismus, sein Glaube an die Göttlichkeit der Vernunft und an die Vernünftigkeit Gottes, erlaubt ihm keine ausweglosen tragischen Situationen.

Meinungen: »Ich habe Corneilles Rodogune, Pompée und Polyeucte gelesen und bin über die wirklich enorme Fehlerhaftigkeit dieser Werke, die ich seit zwanzig Jahren rühmen hörte, in Erstaunen geraten. Handlung, dramatische Organisation, Charaktere, Sitten, Sprache, alles, selbst die Verse bieten die höchsten Blößen an, und die Barbarei einer sich erst bildenden Kunst reicht lange nicht hin, sie zu entschuldigen ... Es ist die Armut der Erfindung, die Magerkeit und Trockenheit in Behandlung der Charaktere, die Kälte in den Leidenschaften, die Lahmheit und Steifigkeit im Gang der Handlung und der Mangel an Interesse fast durchaus«: Schiller an Goethe, 1799. — »Von Corneille ging eine Wirkung aus, die fähig war, Heldenseelen zu bilden. Das war etwas für Napoleon, der ein Heldenvolk nötig hatte; weshalb er denn von Corneille sagte, daß, wenn er noch lebte, er ihn zum Fürsten machen würde«: Goethe zu Eckermann, 1827. — »Die Gesetzgeber und Ordner dieser Welt sind alle eines geheimen Todes gestorben, insofern der Verzicht auf alles Persönliche ein Tod ist: dieser geheime Tod der Mächtigen und Helden, der mit dem physischen Tod nicht zusammenfällt, im Gegenteil die erste Bedingung der nun zu bewältigenden geschichtlichen Aufgabe ist, war vielleicht das eigentliche Thema des Tragikers Corneille. So erscheint das Dasein

in einem furchtbaren Widerspruch mit sich selbst: Gesetze sind dem Leben
auferlegt, die dem Leben selbst widersprechen, und dennoch werden die
Erfüller dieser Gesetze von einem Lichte umstrahlt, das dem Leben erst seinen
reinsten Wert schenkt; es ist das Licht der verzichtenden Seele, der grande
âme«: Reinhold Schneider.

Racine: der Vollender der klassischen Tragödie

Dem fünfundzwanzigjährigen Jean Baptiste Racine verhilft Molière, herausgefordert von dem Tragödien-Ruhm des Konkurrenztheaters im Hôtel de
Bourgogne, zu seiner ersten Uraufführung: er bringt 1664 die Tragödie ›La
Thébaïde‹, das erste Stück Racines, mit großem Erfolg heraus; es wird fünf-
zehnmal wiederholt. Als ein Jahr später Racines ›Alexander der Große‹ im
Molière-Theater nur vier Aufführungen erreicht, aber in einer Sondervorstellung durch das Ensemble des Hôtel de Bourgogne vom Publikum bejubelt
wird, erlaubt Racine der Truppe des Hôtel de Bourgogne, sein Stück in ihren
regulären Spielplan aufzunehmen und bringt Molières erste Tragödin, die
Du Parc, dazu, daß sie zum Hôtel de Bourgogne übergeht. Sie spielt hier ein
Jahr später die Hauptrolle in Racines ›Andromaque‹, seinem ersten Meisterwerk, der ersten großen französischen Charaktertragödie. Racine weiß, daß
er einen neuen Ton auf die Bühne bringt und studiert die Hauptrollen mit
den Schauspielern sorgfältig ein; mit der Du Parc hat er die Andromaque
sieben Monate lang exerziert. Der verärgerte Molière läßt im gleichen Jahr
eine possenhafte Parodie auf Racines ›Andromaque‹ spielen, und Racine
dringt in Molières Bereich ein: nach den ›Wespen‹ des Aristophanes schreibt
er für das Hôtel de Bourgogne seine ›Plaideurs‹, seine einzige Komödie. Das
Lachen Ludwigs XIV., der sich das Stück in Versailles vorspielen läßt, gibt
dieser gewagten Satire auf die Justiz den allerhöchsten Segen; sie wird zwischen 1680 und 1715 nicht weniger als 288mal aufgeführt — heute ist sie, im
Gegensatz zu den Komödien Molières, verstaubt.

Auch Jean Racine kommt aus der Provinz. Er wird am 22. Dezember 1639
in La Ferté-Milon in der Champagne geboren, lernt Griechisch und Latein in
der Abtei ›Port Royal‹, dem Hauptquartier der jesuitenfeindlichen Jansenisten, die sich mit ihrer Lehre von der göttlichen Gnade und Vorherbestim-
mung auf Augustin berufen. Das Port Royal ist theaterfeindlich. Racine
bricht sein Theologiestudium ab, sobald er seine Verbindungen ausnutzen
kann, die er sich durch Oden auf die Hochzeit des Königs und auf die Aka-
demien geschaffen hat. Verbindungen zum Hof, zum Fabeldichter La Fontaine, zu Molière, zu Nicolas Boileau, dessen normsetzendes Lehrgedicht ›Die
Dichtkunst‹ von Racine entscheidend geprägt ist und seine Tragödien ent-

Racines ›Phädra‹, in der Bearbeitung von Schiller gespielt von Friederike Bethmann-Unzelmann (1760–1815) im Hoftheater Berlin, 1806. Während der Vorstellung skizziert von Henschel

scheidend fördert. Boileau wendet sich gegen Corneilles überlebensgroße Heroen wie gegen Molières Komik, die ihm zu grob erscheint. Zwischen 1666 und 1677 schreibt Racine seine acht großen Dramen, ›Andromaque‹, ›Les Plaideurs‹, ›Britannicus‹, ›Bajazet‹, ›Mithridate‹, eine ›Iphigénie‹ und eine ›Phèdre‹ nach Euripides. Verletzt durch eine Hofintrige gegen seine ›Phèdre‹, möglicherweise auch aus religiösen Gründen, kehrt er 1677 nach Port Royal zurück. Er heiratet eine amusische, bigotte Frau; der Ehe entstammen sieben Kinder. Als Vorleser und Hofhistoriker verbringt er seine letzten zwölf Lebensjahre, oft als Begleiter des Königs, auf Feldzügen und Reisen. Zwei Dramen schreibt er noch, ›Esther‹ und ›Athalie‹, biblische Tragödien für das Mädchenpensionat von Saint Cyr. Zu spät operiert, stirbt er am 21. April 1699 an einem Leberabszeß in Paris.

Racine hat seine Dramen in engster Zusammenarbeit mit dem Theater, seine Hauptrollen immer für bestimmte Schauspieler geschrieben. Die ›drei Einheiten‹ des Ortes, der Zeit und der Handlung, die seinem um eine Generation älteren Kollegen Corneille so viele Schwierigkeiten gemacht haben, beherrscht er vollendet. Die Architektur seiner Dramen ist makellos. Er benötigt meist nur eine Palastdekoration; Verwandlungen werden durch Stühle und Hocker vor den Augen der Zuschauer vorgenommen; es wird ohne Pause und ohne Zwischenvorhänge gespielt.

Von Racine her gesehen, erscheint Corneille mit seinem starren Heroismus, mit den Gewaltsamkeiten seiner Handlungen und seiner Verse wie ein ungeschlachter Riese. Racines Verse sind außerordentlich elegant, natürlich im Fluß und selbstverständlich in den Reimen. Seine Handlungen setzen kurz vor der Katastrophe ein; es entwickeln sich konzentrierte, unerhört subtile Seelendramen, ebenso raffiniert in der Durchleuchtung der Motive wie in der Erforschung des Gewissens. Antikes Erbe wird christianisiert; Euripides, der Psychologe und Dramatiker der Frauenseele, ist mehr Vorbild als der heroische Seneca.

Man hat oft bemerkt, daß selbst die Frauen Corneilles etwas Männliches und selbst die Männer Racines etwas Weibliches haben. Eros ist bei Racine die zerstörerische Macht, und die Vernunft begründet den Untergang des in die Leidenschaft verstrickten Menschen. ›Majestätische Trauer‹ bleibt am Ende der Tragödie. Racine hält auf Maß und Manieren noch im tiefsten Schmerz, noch in der zartesten Empfindung.

Der hohe Stil, der kühle Kalkül, Racines Formbewußtsein und seine Musikalität sind so französisch, daß er — wie Corneille — zu den großen Unübersetzbaren gehört. In Frankreich sind seine sieben großen Tragödien lebendiger Besitz des Theaters, der Comédie Française. In Deutschland sieht man gelegentlich seine ›Phädra‹, die Schiller 1804 (in fünffüßige Jamben) übertragen hat, eine Übersetzung voller Schönheiten, doch schon durch ihr anderes Versmaß dem Atem des Originals fremd. Auch die Übersetzungen von Rudolf Alexander Schröder (in gereimte Alexandriner) haben bisher Racine in Deutschland nicht heimisch machen können. »Keiner von den berühmtesten unter den berühmten Versen Racines ist in einer anderen Sprache wiederzugeben«, bekennt Schröder, der es gleichwohl versucht hat, um »zu einer erstmaligen oder erneuten Lektüre eines der größten Dichter der Welt zu verführen«.

Meinungen: »In tausend Jahren wird er (Racine) Tränen entlocken, er wird in allen Ländern der Erde bewundert werden, Menschlichkeit wird er einflößen, Mitleiden, Zärtlichkeit«: Goethe. — »Ohne die Schauspieler der Molièreschen Truppe und des Hôtel de Bourgogne hätte Racine kein einziges Drama geschrieben. Aber daraus ersieht man, wie seine Dichtung viel weniger gelehrt und humanistisch ist als sie den philologisch eingestellten Kritikern erscheinen mag. Gerade die Reden, die Sprachgewalt, die Worte ersetzen bei Racine die bühnenmäßige Wirkung und leben nicht auf dem Papier, sondern im Schauspiel. Die ganze Schwungkraft dieses Theaters, seine Hoheit und Feierlichkeit werden aus den geistigen und klanglichen Mitteln des Wortes bestritten«: Karl Vossler. — »Die Gesellschaft ist für das Theater Racines und Molières dasselbe, was für das Theater des Sophokles und Aristophanes der Mythus, die Götter- und Schicksalswelt, nämlich die letzte bestimmende Macht, *der* umfassende Horizont, von dem alle Lebens- und Seelenmächte des Einzelmenschen sich abhoben«: Friedrich Gundolf.

Phädra (Phèdre). Uraufgeführt am 1. Januar 1677 im Hôtel de Bourgogne, Paris. Übersetzungen von Schiller (1804) und R. A. Schröder (U: 1957). — Eine Frau liebt ihren Stiefsohn, wird zurückgewiesen und verleumdet ihn bei ihrem Mann — das klassische Modell für diesen Fall ist Phädra. Bei Euripides, auf den Racines Stück zurückgeht, ist die Tragödie nach dem Stiefsohn ›Hippolytos‹ benannt (siehe Seite 65). Bei dem griechischen Dramatiker steht zwar noch ein Götterstreit hinter dem Geschehen (Aphrodite rächt sich an Hippolytos, weil er nicht ihr, sondern der keuschen Artemis opfert und die Liebe verachtet), doch sind auch bei ihm schon die Götter nicht viel mehr als Sinnbilder menschlicher Leidenschaften, die er mit psychologischer Meisterschaft auf die Bühne bringt: Eros gegen Askese. Racine versichert, er habe sich streng an den Mythos gehalten und der Frevel seiner Phädra sei weniger eine Regung ihres Willens als vielmehr eine Strafe der Götter. Dies gäbe der Auffassung recht, daß Phädra ein Mensch ohne die Gnade Gottes — in jansenistischem Sinne — sei, und in der Tat hat das theaterfeindliche Port Royal, die Schule und theologische Heimat Racines, dieses Stück anerkannt. Stärker aber als alle mythischen Beziehungen, in die Racine seine Phädra stellt, wirkt ihre irdische Leidenschaft, die Energie ihres (unausgesprochen: christlichen) Gewissens und die Intelligenz, mit der sie ihre Schuld analysiert und verurteilt.

Als Phädra die Nachricht erhält, ihr Gatte Theseus, der König von Athen, sei tot, wagt sie es, ihrem Stiefsohn Hippolyt zu gestehen, daß sie ihn liebt — bei Euripides überbringt die Amme dieses Geständnis. Hippolyt weist Phädra zurück — bei Racine, dem ein der Keuschheit verschworener Jüngling wohl nicht recht geheuer war, liebt Hippolyt Aricia, und auch dies ist eine verbotene Liebe, denn Aricia ist die Gefangene seines Vaters, sie entstammt einem dem Theseus feindlichen Geschlecht und hat Anspruch auf den athenischen Thron. Der totgeglaubte Theseus kehrt zurück, und die Amme Oenome beschuldigt vor ihm Hippolyt, er habe Phädra verführen wollen. Theseus verflucht seinen Sohn, der sich wie ein französischer Kavalier verurteilen läßt, ohne Phädra anzuklagen. Phädra hat die Verleumdung durch die Amme geduldet, erwacht jedoch rasch aus dieser Verwirrung und will die Wahrheit gestehen. Als sie aber von Theseus erfährt, daß Hippolyt Aricia liebe, wird sie von der Eifersucht hingerissen. Der Fluch des Theseus erfüllt sich; ein Meeresungeheuer, eine Ausgeburt Poseidons, jagt Hippolyts Pferde in die Flucht: Hippolyt wird zu Tode geschleift. Phädra hat Gift genommen; bevor sie stirbt, bezeugt sie die Reinheit Hippolyts. Ihr Tod gibt »dem Tag, den ich beschmutzt, sein reines Licht zurück«. Die Amme hat sich ins Meer gestürzt. Theseus erfüllt den letzten Wunsch Hippolyts und nimmt Aricia an Tochter Statt an.

Racine hat zwar — gegenüber Euripides — seine Phädra, wie er sich in der Vorrede ausdrückt, »etwas weniger hassenswert« gemacht, indem er die Verleumdung Hippolyts der Amme überläßt, doch besteht kein Zweifel, daß er Phädra uneingeschränkt moralisch verurteilt. Sie klagt die Götter an wie ihre antike Vorläuferin, doch nimmt sie ihre Schuld auf sich wie eine Christin, wenn sie auch als Heidin in den Freitod gehen muß — kein gnädiger Gott ist über ihr. »Die Verfehlungen der Liebe gelten hier wirklich als Verfehlungen, die Leidenschaften werden nur vor Augen gestellt, um die ganze Zerrüttung zu zeigen, deren Ursache sie sind, und das Laster wird hier überall mit Farben ausgemalt, die seine Häßlichkeit aufdecken und abscheulich machen«, so schreibt Racine in seiner Vorrede, und mag er bei ihr auch die taktische Absicht mitformuliert haben, die theaterfeindlichen Jansenisten mit der Tragödie durch die Hervorkehrung ihrer moralisch belehrenden Qualitäten zu versöhnen — Racine hält seine ›Phädra‹ für »vielleicht das Vernünftigste, das ich auf die Bühne gebracht habe«: erbarmungslos hat er die Liebe verurteilt, die unvernünftig ist, sofern sie außerhalb des christlichen Sittengesetzes steht. Für Theseus, der in dem Stück das letzte Wort hat, ist die tote Phädra nicht mehr als eine Übeltäterin, die man rasch vergessen sollte — er wendet sich dem schuldlos gestorbenen Sohne zu. Und niemand verachtet Phädra mehr als die sterbende Phädra. Wer aber die unabweisbare Leidenschaft, die Raserei des Eros, so unabweisbar lebendig macht wie Racine, der weiß, daß sie mit der Vernunft, dem Allheilmittel seiner Epoche, nicht aus der Welt zu schaffen ist. Hat Corneille in tragischen Situationen noch vernünftige Kompromisse gefunden und damit die Tragik verhindert, so kann Racine an den Kompromiß der Vernunft nicht mehr glauben. Seine ›majestätische Trauer‹ ist auch die Trauer darüber, daß die Tragödie immer noch möglich und selbst im Jahrhundert der Vernunft nicht zu verhindern ist.

Meinungen: »Ein Stück, welches viele Verdienste hat, und wenn man einmal die Manier zugibt, sogar fürtrefflich heißen könnte«: Schiller. — »Den tragischen Konflikt, den noch Euripides als ein äußeres Neben- und Gegeneinander unvereinbarer Weltmächte gesehen hatte ... ›verlegt‹ er (Racine) nicht etwa lediglich, wie man so sagt, ›ins Innere‹, ein Vorgehen, dessen ja auch die antiken Tragiker von Fall zu Fall keineswegs entraten konnten und durften, sondern er isoliert ihn im Sinne eines christlichen Entweder-Oder mit einer Strenge und Ausschließlichkeit, die vor ihm keiner, nach ihm wenige gewagt haben«: Rudolf Alexander Schröder. — »Dies Drama von Racine (die verschmähte Stiefmutter; oder der umgekehrte Don Carlos) bleibt ein schlechtweg spannendes, wundervoll gebautes Meisterwerk. Im übrigen: ein Konversationsstück der Tragik und des Edelmuts und der Leidenschaft. Kul-

tivierter Leidenschaft. Treibhäuslicher Tragik. Alles wächst auf Beeten. Jeder
Ausbruch bemessen, gerundet . . . Versailler Griechen sind die Leute, noch
wenn sie toben«: Alfred Kerr. — »Die Götter Griechenlands sind da, nicht
damit sie, wie bei Sophokles, in das tragische Erlebnis aufgenommen oder,
wie bei Euripides, skeptisch gegen das Erlebnis gesetzt werden, sondern damit
sie sprachliche Wendungen befeuern. Antike Gesetze und Gebräuche sind
Deklamationsstücke geworden. Aber was für Deklamationsstücke!«: Herbert
Ihering. — »Ob auch gedämpft durch das Zeremoniell einer äußerst verbind-
lichen Sprache — es herrscht tödlicher Ernst. Um die Allonge-Perücken weht
der Hauch von Tod und Verdammnis. Wer genau hinhört, dem stellt sich
dieses perfekt-ökonomische, mit Worten und Szenen wunderbar ›rechnende‹
Drama als ein großes ›Lamento‹ der Todesnähe von Todgeweihten dar.
Lamento im Sinne der monumentalen Klage einer barocken Wortoper«:
Albert Schulze Vellinghausen.

Neufassungen des gleichen Stoffes: siehe Seite 65.

Molière: der Erfinder der schwarzen Komödie

Als Ludwig XIV. den Kritiker-Papst Boileau fragte, welcher Dichter seiner
Regierung zum höchsten Ruhm gereiche, erhielt er die ihn verblüffende Antwort: »Sire, das ist Molière.« Der König erwiderte: »Das hätte ich nicht vermutet, doch Sie müssen es ja wissen.« Boileau nannte Molière, obwohl er
Racine sehr hochschätzte und seinem Freund Molière durchaus nicht un-
kritisch gegenüberstand — er muß eben doch ein weitschauender Kritiker
gewesen sein. Und für den König kam diese Auskunft unerwartet, obwohl er
Molière mit großem Vergnügen sah, ihn schützte und förderte und in seinen
Ballett-Komödien als Tänzer auftrat — der König lachte gern, doch konnte er
wohl, wie viele Menschen, das nicht für bedeutend halten, was ihn zum
Lachen brachte. Boileau hat recht behalten, besonders für alle nichtfranzösi-
schen Bühnen: auf ihnen ist Molière, den auch eine mindere Übersetzung
nicht morden kann, der bedeutendste, wenn nicht der einzige Theaterdichter
des ›Großen Jahrhunderts‹.

Eigentlich sollte er Hoftapezierer werden. Tapezierer und königlicher Kammerdiener war schon sein Vater, als dessen ältester Sohn er am 15. Januar
1622 in der Pariser Rue Saint Honoré geboren wurde. Er hieß mit bürger-
lichem Namen Jean Baptiste Poquelin, verbrachte seine Kindheit im Viertel
vom Pont Neuf, trat mit vierzehn Jahren in die renommierte Jesuitenschule
von Clermont (Paris) ein und wurde Schüler des Philosophen Gassendi, der
seinen Widersacher Descartes den ›Geist‹ nannte, während Descartes ihn

›das Fleisch‹ titulierte, denn
Gassendi versuchte, ein irdisches Epikureertum mit
dem Christentum zu ver-
binden. Soviel cartesiani-
scher Geist in Molières geo-
metrisch gebauten Komö-
dien nachgewiesen werden
mag, der Dramatiker Mo-
lière zog schon, als er noch
der Knabe Poquelin wär,
immer das ›Fleisch‹ Gassen-
dis vor.

In Orleans legte er eine
juristische Prüfung ab,
lernte die Kunst des Tape-
zierens bei seinem Vater,
der ihn an seiner eigenen
Stelle im Gefolge Ludwigs
XIII. unterbrachte, und
machte auf einer Reise mit
dem Hofe um 1642 die Be-
kanntschaft der Schauspielerin Madeleine Béjart.

*Molière als Sganarell in einer Aufführung seines
›Don Juan‹. Stich von Simonin*

Der Einundzwanzigjährige gründete mit der Béjart,
die er liebte, das ›Illustre Théâtre‹, nannte sich hinfort Molière und verzichtete ausdrücklich auf die Hoftapeziererstelle, die ihm sein Vater besorgt
hatte. Zwei Jahre später war das Theater bankrott und Molière im Schuld-
turm. Freunde lösten ihn aus; sein Vater lieh ihm Geld, das er später peinlich
genau zurückzahlte. Nun zog er dreizehn Jahre lang durch die französische Provinz; seine Truppe verbesserte ihr Ensemble und gewann einen gewissen Ruf.

Molière war Theaterdirektor, Schauspieler und Regisseur; er schrieb Zwi-
schen- und Nachspiele, Komödien und mißlungene Tragödien. Als er mit
seiner Truppe am 24. Oktober 1658 zum erstenmal im Louvre vor Ludwig XIV. spielen durfte, ließ er die Tragödie ›Nicomède‹ von Corneille aufführen, den er in Lyon kennengelernt hatte, und als Nachspiel seine eigene
Komödie ›Le docteur amoureux‹. Molières Komödie amüsierte den Hof, der
König stellte die Truppe an und verlieh ihr den Titel ›Troupe de Monsieur
le frère unique de Roi‹ und sieben Jahre später den Titel ›Troupe des
Königs‹. Sie spielte zunächst im Hôtel du Petit-Bourbon, ab 1660 im Palais
Royal, in dem damals größten Theatersaal Europas, aus dem sie erst nach

dem Tode Molières vertrieben wurde. Aus Molières Truppe ist die Comédie Française hervorgegangen (siehe Seite 233), die sich noch heute ›Das Haus Molières‹ nennt.

Seinen ersten großen Erfolg hatte Molière 1659 mit den ›Lächerlichen Preziösen‹ — der Erfolg brachte ihm auch seine ersten ernsthaften Feinde ein, eben die Preziösen, von denen die Salons beherrscht wurden. In den nun folgenden vierzehn Jahren bis zu seinem Tod schrieb und inszenierte er seine Meisterwerke und spielte die Rollen, die er sich auf den Leib schrieb — auch auf den kranken Leib: noch aus dem Husten seiner Lungenkrankheit machte er im ›Geizigen‹ einen Bühneneffekt. Seine Truppe spielte dreimal in der Woche, am Dienstag, Freitag und am Sonntag. Zweiunddreißig Stücke sind von ihm erhalten — rund zwei neue Stücke schrieb er pro Jahr. Davon sind in das Weltrepertoire eingegangen: ›Die Schule der Männer‹ (1661), ›Die Schule der Frauen‹ (1662), ›Tartüff‹ (1664), ›Don Juan‹ (1665), ›Der Misanthrop‹ (1666), ›Amphitryon‹ (1668), ›George Dandin‹ (1668), ›Der Geizige‹ (1668), ›Der Bürger als Edelmann‹ (1670), ›Die Schelmenstreiche des Scapin‹ (1671), ›Die gelehrten Frauen‹ (1672) und ›Der eingebildete Kranke‹ (1673). Am 17. Februar 1673 wurde ›Der eingebildete Kranke‹ zum viertenmal aufgeführt, der schwer lungenkranke Molière spielte die Titelrolle und wurde im dritten Akt von einem Krampf gepackt; man brachte ihn in sein Haus in der Rue Richelieu, wo er nach einem Blutsturz — noch im Kostüm des ›eingebildeten Kranken‹ — starb.

Nach dem Willen des Erzbischofs von Paris sollte er kein christliches Begräbnis erhalten. Doch Ludwig XIV., der ihm so oft gegen seine Feinde geholfen hatte, bemühte sich wenigstens um einen Kompromiß, um ›ein wenig Erde‹: so wurde er im Josephsfriedhof in der Rue Montmartre beigesetzt, doch sein Sarg durfte nicht in der Kapelle aufgestellt werden, und die beiden Geistlichen stimmten keinen Trauergesang an. Schweigend folgten zweihundert Menschen mit Fackeln dem Sarg. Fanatisierte Gegner Molières, die sich um sein Sterbehaus zusammengerottet hatten, mußten mit Geld zerstreut werden. Sein Ruhm wuchs sofort nach seinem Tode, doch erst 105 Jahre später stellte die Académie Française seine Büste auf mit der Inschrift: »Seinem Ruhm fehlte nichts — er fehlte dem unsern.«

Molière hatte als Vierzigjähriger die junge Armande geheiratet, eine angebliche Schwester, vermutlich aber uneheliche Tochter der Madeleine Béjart, die einst seine Geliebte gewesen war. Ein Pamphlet behauptete, Armande sei seine Tochter, und bezichtigte ihn der Blutschande. Zur Freude seiner Feinde gab es einen Riesenskandal. Um die Verleumder zum Schweigen zu bringen, stand Ludwig XIV. mit der Herzogin von Orléans Pate bei Molières erstem Kind. Molière litt schwer unter dieser Ehe: Armande, die eine sehr talentierte Schauspielerin war, betrog ihn schon in der ersten Nacht nach ihrer Hochzeit. Im ›Misanthrop‹ glaubt man die Seelenqualen, die Armande ihrem Gatten bereitet hat, zu erkennen.

Ein Satiriker, der den Schutz eines absolutistischen Herrschers braucht, damit er seine Stücke aufführen kann — dies ist die wahrhaft absurde Lage Molières. Sofort nach der Uraufführung des ›Tartüff‹, eines Stückes, das sich nicht gegen den Glauben, wohl aber gegen die Scheinheiligkeit richtet, erreichte die ›Gesellschaft des heiligen Sakraments‹, daß diese Komödie verboten wurde. Erst nach fünf Jahren, 1669, konnte der König eine gemilderte Fassung des ›Tartüff‹ freigeben. Molière hatte erbitterte Feinde im Klerus, in den Salons, in der Armee, beim Bürgertum. Er war der Spiegel einer Gesellschaft, die lieber den Spiegel zertrümmert als sich geändert hätte. Wie Sainte-Beuve berichtet, hat der König Molière Geflügel vorgelegt und dazu laut gesagt: »Ich gebe Molière zu essen, meinen Offizieren ist der Verkehr mit ihm nicht gut genug.«

Die fruchtbarste Zeit Molières waren seine vierzehn letzten Lebensjahre in Paris. Undenkbar jedoch sind ihre Reife und Eigenart ohne die vorausgegangenen dreizehn Jahre in der Provinz. Während die Tragiker Corneille und Racine ihr Publikum in der Metropole fanden, ein vergleichsweise gebildetes und erlesenes Publikum für ein Elite-Theater, lernte Molière, bevor er Hofdichter in Paris wurde, wie man jedes Publikum für sich gewinnt: noch einmal fand ein Dramatiker zu sich selbst — wie die Spanier und die englischen Elisabethaner — durch die Berührung mit dem Volk. Er spürte die Reaktionen des Publikums am eigenen Leib, wenn er als Schauspieler auf der Bühne stand, und er zog als Autor und als Regisseur daraus seinen Nutzen. Er war Theatermann, kein Literat, und er blieb es auch in Paris. Die Frau seines Schauspielers Poisson berichtet: »Sein Charakter war sanft, gefällig, edel; er hielt gerne Ansprachen, und wenn er seine Stücke den Schauspielern vorlas, wollte er, daß sie ihre Kinder mitnähmen, um aus deren naiven Bewegungen seine Schlüsse ziehen zu können.« Er wußte, daß auch die Erwachsenen im Theater so naiv reagieren wie die Kinder. Er wußte, daß es schwieriger ist, eine Komödie als eine Tragödie zu schreiben, und daß es auf das unbewußt genießende Publikum der billigen Plätze ankommt. Seine Reisen durch die Provinz waren wie eine gigantische Generalprobe für Paris.

Wie alle großen Dramatiker war er mehr Vollender als Erfinder und verarbeitete er ungeniert alles, was vor ihn kam: die traditionelle französische Posse, das italienische Stegreiftheater und die Komödien der Spanier.

Das italienische Stegreiftheater, die Commedia dell'arte, arbeitete mit feststehenden maskierten Typen — er nahm ihnen die Maske ab, spielte mit

den Typen, verfeinerte sie zu Charakteren, die um so farbiger wurden, je
mehr er sich selbst als Schauspieler vom Typen- zum Charakterkomiker entwickelte, und er kehrte zwischendurch doch immer mal wieder zur Type und
zur Maske zurück. Sein Freund Boileau, der literarische Kritiker, nahm ihm
die Rückgriffe auf die Farce übel, doch Molière brauchte offenbar diese Ausflüge in die schiere Komik. Die Spanier hatten den ›gracioso‹ erfunden, den
Diener, der — wie Sancho Pansa den Don Quijote — den Höhenflug und
Ernst des Helden parodiert — Molière verzichtete oft auf die spanische Dop-
pelläufigkeit der Handlung, verwandelte den ›gracioso‹ in den Sganarelle,
den er selbst gern spielte, und machte ihn in vielen Possen zur Hauptfigur.

Er beherrschte drei Gattungen vollendet: die unverwüstliche Posse, die
große Charakterkomödie und die vom Hofe gewünschten Ballettkomödien,
bei denen der König und die vornehmen Zuschauer zwar als Tänzer mitwirken konnten, deren Balletteinlagen er trotzdem mit der Handlung fest
verknüpfte. Er verwendete Vers und Prosa; die Prosa oft parodistisch zum
Pathos der Tragödie, und den Vers ließ er unauffällig wie Prosa sprechen.

Während die Tragödien des Jesuiten-Schülers Corneille und des Janse-
nisten-Schülers Racine so christlich sind, wie sich ihre Epoche fühlte, fällt es
schwer, im Werk des Jesuiten-Schülers Molière speziell Christliches zu entdecken. Er war gewiß nicht ungläubig und im Alltag das, was man einen
grundanständigen Menschen nennt, doch stand er der konfessionell gebundenen Gläubigkeit wohl indifferent gegenüber; sie ist jedenfalls kein notwendiges Element seiner Stücke. »Er schildert die Menschheit, als sei Christus
nie gewesen«, stellt sein Biograph Sainte-Beuve fest, »was für ihn freilich
leicht war, da er ja in erster Linie ihre lasterhafte häßliche Seite schilderte.
Molière trennt Menschheit und Christus, oder vielmehr, er zeigt uns bloß
die Menschen, ohne irgend etwas anderes zu denken; und dadurch trennt
er sich von seinem Jahrhundert.«

Er trennt sich von seinem barocken Jahrhundert, indem er das Irdische
vom Jenseitigen isoliert und sich auf das Gesellschaftliche beschränkt, und er
überragt sein Jahrhundert, indem er den Verstoß gegen die von seiner Zeit
gesetzten Normen des Glaubens und der Vernunft nicht mehr tragisch sieht
wie sein Zeitgenosse Racine, sondern komisch wie die Zeitgenossen aller
folgenden Jahrhunderte.

Leidenschaft, die von der Vernunft nicht mehr kontrolliert und beherrscht
werden kann, ist für die Tragiker seiner Zeit ein Anlaß zum Untergang; für
Molière ein Anlaß zum Gelächter. Zum bitteren Gelächter: der Katalog
seiner Komödien ist wie ein Katalog schlimmer Eigenschaften, und nirgends
nährt Molière die Hoffnung, daß sich eine seiner Gestalten bessere. Er begnügt sich damit, seine Charaktere wie Zwiebeln zu schälen; ihr Kern ist

brutaler oder gedankenloser Egoismus. Man lacht über sie, doch ohne Fröhlichkeit. Seine großen Stücke sind ›schwarze‹ Komödien, skeptisch bis melancholisch bis gallenbitter. Molière stellt die Menschen dar, wie sie sind; er unternimmt keinen Versuch, sie zu ändern. Sein Spitzname war ›le Contemplateur‹ — der Betrachter.

Ob er die Überspitzungen gesellschaftlicher Konventionen oder einen Menschen, der sich auf eine falsche Weise bemüht, sich den Konventionen anzupassen, dem Gelächter preisgibt — die aus der Vernunft geborenen Konventionen sind das Maß, an dem der Mensch gemessen wird, und seine Komik entspringt den Abweichungen vom Maß. Bei seinen besten Komödien freilich erweist sich, daß der Mensch nicht ausgemessen werden kann. So komisch etwa der ›Misanthrop‹, gemessen an den vernünftigen Forderungen der Gesellschaft, sein mag, er hat seine eigene Vernunft, und es bleibt beim komischen Zusammenstoß mit der Gesellschaft ein unauflösbarer, tragischer Rest. Es mag sein, daß Goethe dieses Tragische bei Molière überbetont und eine zu ernste Deutung und Darstellung seiner Stücke gefördert hat, doch gehört dieser Rest der Zweifel, der Begrenztheit der Vernunft, des Irrationalen im rationalen Planspiel, zum Handgepäck für die 'Ewigkeit des Theaters: ohne ihn wäre Molière in seinem Zeitalter als ein hurtiger Effektenmacher steckengeblieben.

Meinungen: »Molière hatte Corneille, Racine und La Fontaine das Verdienst voraus, Philosoph zu sein«: Voltaire. — »Ich kenne und liebe Molière seit meiner Jugend und habe während meines ganzen Lebens von ihm gelernt. Ich unterlasse nicht, jährlich von ihm einige Stücke zu lesen, um mich immer im Verkehr des Vortrefflichen zu erhalten ... Molière züchtigte die Menschen, indem er sie in ihrer Wahrheit zeichnete«: Goethe zu Eckermann. — »Dieser Mensch kannte alle Schwächen und wunderte sich nicht darüber; er tat Gutes mehr, als er daran glaubte; er rechnete auf die Laster, und seine glühendste Empörung wurde zum Lachen. Gern betrachtet er diese jämmerliche Menschheit als ein altes, unheilbares Kind, das man aufrichten und besonders dadurch trösten muß, daß man es unterhält«: Sainte-Beuve. — »Denn darin liegt das Geheimnis des geborenen Darstellers, daß er nicht etwa an das Publikum, an die Aufnahme *denkt*, sondern in jedem Augenblick zugleich Publikum *ist*, seine eigene Resonanz, sich selber erlebt und anguckt; dies, diese Selbstschau, die ihm Beifall und Kritik spendet und empfängt, ist die tiefste Quelle des Humors bei Molière. Er spielte sich, sah sich zu, weinte und lachte über sich, war wirklich der ›Schauspieler seiner selbst‹. Wurde auch oft kritiklos gegen sich selbst, denn er hatte sich natürlich sehr lieb«: Karl Wolfskehl. — »Das Menschliche bei Molière ist nicht die einzelne Figur, das Menschliche ist der Geist, der die Figuren zusammenhält, ist der Ton, der Rhythmus, die Angriffsrichtung«: Herbert Jhering. — »Molière hat in Form der von der Vernunft her entworfenen Komödie das schwärzeste Theater der Literatur aller Zeiten geschrieben ... Molière hat den Menschen wie ein Insekt auf eine Nadel gesteckt und mit einer feinen Pinzette das Spiel seiner Reflexe gereizt. Und der Insekten-Mensch zeigt nur einen, immer denselben Reflex, den, der bei der geringsten Berührung seine Scheren zusammenzucken läßt: den Egoismus ... Wer ist gut bei Molière? Wer liebt? Wer kümmert sich um einen anderen außer um sich selbst? Es gibt keine Antwort auf diese Frage. Die Personen Molières schauen sich verlegen an und schweigen ... Dank Molière ist das wahre französische Theater das einzige, wo man nicht die Messe liest, sondern wo man lacht wie die Männer im Krieg — die Füße im Schmutz, die warme Suppe im Bauch und die Waffe in der Hand — über unser Elend und über unser Entsetzen«: Jean Anouilh.

Im Schnellkurs: Molières Katalog der Laster

Wer sich über den genauen Ablauf der Handlung einer Molière-Komödie vor der Aufführung unterrichten möchte, dem müßte wegen Humorlosigkeit die Eintrittskarte entzogen werden, und schon der Versuch, die Handlung zu erzählen, wäre unter Strafe zu stellen. Diese Komödien mit ihren durchsichtigen Figurengruppen sind so herrlich klar, daß sie keiner Erläuterung bedürfen, und dort, wo etwas in der Schwebe bleibt, soll es auch nach dem Schlußvorhang nicht ausgesprochen werden. Deshalb nur einige Bemerkungen über Themen, Typen und Charakteure. (Übersetzungen u. a. Wolf Graf Baudissin, Ludwig Fulda und Hans Weigel.)

Die Schule der Männer (L'Ecole des Maris). Uraufgeführt am 24. 6. 1661 im Palais Royal. Sganarell ist der Vormund Isabellas, die er gern heiraten möchte. Er hält sie wie eine Sklavin, und sie betrügt ihn mit dem jungen Valère. Arist, zwanzig Jahre älter als Sganarell, hat trotzdem bei seinem Mündel mehr Glück: er ist der Vormund Leonores, der Schwester Isabellas, die er gern heiraten möchte. Er hat Vertrauen zu ihr und gewinnt sie damit. Arist ist überdies das Musterbeispiel eines Mannes, der sich lieber einer Gesellschaft von Narren anpaßte, als daß er klug, aber einsam durchs Leben ginge, und Sganarell ist ein griesgrämiger Sonderling. — Belehrt wird in dieser Schule über die Vorzüge der Anerkennung gesellschaftlicher Konventionen, worüber sich mit Molière streiten läßt, und über die notwendige Selbständigkeit der Frau, worüber sich keine Frau mit Molière streiten wird.

Die Lästigen (Les Facheux). Uraufgeführt am 17. 8. 1661 auf Schloß Vaux. Dem Liebhaber Erast gelingt es bis zum Ende des Stückes nicht, seine Geliebte Orphise in Ruhe zu sprechen, weil er von aufdringlichen Schwätzern immer wieder festgehalten wird: er soll sich das Selbstlob eines dilettantischen Künstlers, eines Kartenspielers, eines prahlenden Jägers anhören; er soll sich für einen Bekannten duellieren, ein Streitgespräch über die Eifersucht entscheiden, eine Bittschrift an den König vermitteln und einem angeblichen Freund sein Vertrauen schenken. Die Vereinigung des konventionellen Liebespärchens ist nur insofern wichtig, als sie verhindert wird durch eine Hofschranzenparade, eine Revue der ›Lästigen‹ (die alle von Molière gespielt wurden). Molière schrieb das Stück im Auftrag des Finanzministers Fouquet für ein Fest im Schloßpark von Vaux, und Ludwig XIV. riet Molière, die höfischen Laffen und Maulhelden zu verspotten, besonders den Hofjägermeister Soyecourt, der als Jäger Dorant zur gelungensten Figur geworden ist. Die erste ›Ballettkomödie‹ Molières — ein zeitsatirisches Libretto zum Amüsement des Königs — wurde mit Wasserkünsten, mit Gesang und Tanz in den Zwischenakten aufgeputzt, in den Parks von Vaux und Fontainebleau und später im Palais Royal aufgeführt. — Hugo von Hofmannsthal hat in seiner einaktigen freien Prosavariante ›Die Lästigen‹ (von Max Reinhardt 1916 uraufgeführt) die Löwen und Löwinnen der Wiener Salons um die Jahrhundertwende karikiert.

Die Schule der Frauen (L'Ecole des Femmes). Uraufgeführt am 26. 12. 1662 im Palais Royal. Arnolphe, ein Junggeselle von 42 Jahren, der die betrogenen Ehemänner verspottet, läßt sein Mündel Agnes, ein hübsches Mädchen von einem Bauernhof, zunächst im Kloster in Unwissenheit aufwachsen, später unter der Bewachung eines dummen Dienerpaares, damit sie ihm als Siebzehnjährige, fern von jeglicher Verführung, aber auch fern von jeglicher Bildung, zur treuen Ehefrau werde. Die unwissende Agnes entdeckt mit dem jungen Horace in aller Unschuld die Liebe. Ihre natürliche Vernunft triumphiert über den unvernünftigen Dressurakt. Horace macht ausgerechnet Arnolphe zu seinem väterlichen Vertrauten, berichtet ihm von seinen Fortschritten bei Agnes und treibt damit Arnolphe durch alle Höllen der Eifersucht. — Arnolphe, der erste große Charakter, den Molière geschaffen hat, ist nicht ohne tragikomische Züge. — Heinrich Strobel hat das Stück zu einem Libretto für die Oper ›Schule der Frauen‹ von Rolf Liebermann (1957) verarbeitet.

Tartüff (Le Tartufe). Uraufgeführt am 12. 5. 1664 im Schloß von Versailles. Im Haus des wohlhabenden Pariser Bürgers Orgon hat sich Tartüff eingenistet, ein Betrüger, der den Frommen spielt. Er will Orgon das Vermögen abjagen, Orgons Frau Elmire zu seiner Geliebten und Orgons Tochter Marianne zu seiner Frau machen. Orgon, der sein schlechtes religiöses Gewissen zu betäuben versucht, ist samt seiner Mutter, einer bigotten Familienkommandeuse, von Tartüffs Frömmigkeit verzückt. Er will dem Verlobten seiner Tochter die schon gegebene Zustimmung zur Heirat entziehen, setzt Tartüff zu seinem Erben ein und verschreibt ihm sein Vermögen. Erst als Almire, seine Frau, ihm Gelegenheit gibt, ein Gespräch zwischen ihr und dem ihr nachstellenden Tartüff zu belauschen, jagt er den Heuchler aus dem Haus. Tartüff, im Besitz der Vermögensverschreibung, versucht jetzt, Orgon mit seiner Familie aus dem Hause zu vertreiben und erreicht auf Grund einer politischen Denunziation, daß der König einen Haftbefehl gegen Orgon erläßt. Molière unterschiebt nun dem König auf der Bühne so viel Klugheit, Einsicht und Noblesse, daß dem König im Zuschauerraum, Ludwig XIV., nichts anderes übrigbleibt, als sich ebenso nobel zu benehmen.

Tartüff ist kein frommer Mensch auf Abwegen, sondern ein Schurke, der sich der frommen Maske nur bedient. Trotzdem waren klerikale Kreise der Meinung, der ›Tartüff‹ richte sich nicht nur gegen den Mißbrauch der Religion, sondern gegen die Religion überhaupt, erreichten sofort nach der ersten Aufführung ein Verbot des Stückes, erreichten, daß dieses Verbot ein Jahr später nach einer Privatvorstellung erneuert wurde, und erst fünf Jahre nach der Uraufführung wurde eine gemilderte Fassung gegen den Willen des Pariser Erzbischofs von Ludwig XIV. freigegeben. Der Streit um den ›Tartüff‹ hat wesentlich dazu beigetragen, daß die soziale Stellung der Schauspieler, die nach einer Verordnung von 1641 im öffentlichen Leben nicht mehr benachteiligt werden durften, gegen Ende des Jahrhunderts sich sehr verschlechtert hat: wieder wurden ihnen die Sakramente entzogen.

Gegen Tartüff ist Orgons Schwager Cléante gestellt, der Mann nach dem Herzen des Jahrhunderts, vernünftig, ausgeglichen und kompromißbereit; ihm entspricht der gesunde Menschenverstand und der Mutterwitz der Zofe Dorine. In der Geometrie dieses Spiels und seiner einfachen Figuren ist Orgon die modernste Gestalt: vielschichtig, aus irrationalem Nährboden fast tragikomisch. Tartüff kennt man als kraftvollen Lüstling, getrieben vom Sexus; als spinnedürren raffinierten Bösewicht; als Heuchler, der sich in seine Rolle so intensiv eingelebt hat, daß er sich manchmal selber glaubt; als einen Erzschelm von Format, der einen Dummkopf so geschickt betrügt, daß man sogar seinen Spaß an ihm haben kann — dies alles ist, je nach dem

Schauspieler, in verschiedenen Mischungsverhältnissen und Abwandlungen
möglich.

Der französische Dramatiker Jean Anouilh, der Molière als seinen Schutzpatron betrachtet, hat die Komödie 1960 in Paris inszeniert; er verlegte sie
in die achtziger Jahre des vorigen Jahrhunderts und zeigte, daß Orgons
weitverzweigte Familie, die mehr Furcht vor dem Skandal als vor dem
Bösen hat, daß diese Welt der scheinheiligen Konventionen der rechte
Mutterboden für den scheinheiligen Tartüff ist: Tartüff und seine Umwelt
sind sich in ihrer Unmoral fast ebenbürtig, und nur Elmire, Orgons Gattin,
steht rein über diesem Schmutz und wird damit zur Gegenspielerin Tartüffs
und ihrer eigenen Familie. Ohne an Molière ein Wort zu ändern, hat
Anouilh ihn mit verblüffender Logik und großem Erfolg in einen Anouilh
des 17. Jahrhunderts verwandelt.

Don Juan (Dom Juan). Uraufgeführt am 16.2.1665 im Palais Royal. Geschrieben — rasch und in Prosa — nach einem Theaterstück des Italieners
O. Giliberto (1652), der wiederum auf den ›Verführer von Sevilla‹ des Spaniers Tirso de Molina (siehe Seite 117) zurückgeht. — Don Juan hat Elvire aus
dem Kloster entführt, sie geheiratet und dann verlassen. Unter der Devise
›Der Liebe wahres Glück ruht nur im Wechsel‹ verspricht er in Sizilien zwei
Bauernmädchen die Ehe und ermordet in Sevilla im Zweikampf den Komtur, der die Ehre seiner Tochter Anna vor Don Juan schützen will. Ermah-
nungen zur Reue fruchten nichts; Don Juan genießt die Verführung, leugnet
jegliche Moral und heuchelt Reue, wenn es ihm nützlich erscheint. Er lädt
die Statue des Komturs zum Gastmahl ein und wird, noch immer unbuß-
fertig, von dem steinernen Komtur unter Donner und Blitz in die Tiefe
gezogen. Sganarell, sein teils komischer, teils rührender, immer ängstlicher
Diener (Molière hat ihn gespielt), stellt fest, daß die Ehre der Frauen gerächt
und der Himmel versöhnt ist — nur er ist um seinen Lohn betrogen.

Mitten im Streit um den ›Tartüff‹ macht Molière mit ingrimmiger Lust
neben der zynischen Herzenskälte noch einmal die frömmelnde Heuchelei
zum Thema. Sein Don Juan ist ein kalter, gewissenloser Eroberer, den nicht
die erotische Lust, sondern der Widerstand der Frauen reizt. Er lebt bewußt,
mit geistigem Genuß, gegen die göttlich-menschliche Ordnung, und wenn er
Reue heuchelt, so kann er sich höhnisch auf die allgemein beliebte Heuchelei
berufen. Ein atheistischer Freigeist, der auch die intellektuelle Verführung
kennt: einem Bettler gibt er ein Almosen, nicht um Gottes, sondern um der
Menschheit willen, und der Bettler soll für das Goldstück fluchen. Don Juan
ist tapfer und bleibt es, als er an der Erscheinung des steinernen Komturs
nicht mehr zweifeln kann — doch ist er tapfer gegen Gott und fährt zur

Aubrey Beardsley (1872–1898): Don Juan, Sganarell und der Bettler. Aus den Illustrationen zu Molières ›Don Juan‹

Hölle, wobei es durchaus möglich ist, daß Molière diese Höllenfahrt als bloßen Theaterdonner empfunden hat.

Auch der ›Don Juan‹ wurde rasch verboten. Nach dem Tode Molières hat Corneille eine harmlosere Fassung hergestellt, die meist gespielt worden ist, bis erst in unserem Jahrhundert Louis Jouvet leidenschaftlich für den Molièreschen Urtext eintrat. In Bertolt Brechts Werken findet sich eine 1952 in Rostock uraufgeführte Bearbeitung (Mitarbeiter Benno Besson und Elisabeth Hauptmann), in der Don Juan, sozialkritisch eingefärbt, als Verkörperung des Feudalismus erscheint: er tritt auf als ›sexuelle Großmacht‹, wie es in den Anmerkungen heißt, und verführt durch Kostüm, Reichtum und Ruf, also durch seine gesellschaftliche Stellung; er ist ›kein Atheist im fortschrittlichen Sinne‹, sondern ein zynischer Epikureer, dem jedes Argument für sein Genußleben recht ist. — Weitere Neufassungen des ›Don Juan‹-Stoffes siehe Seite 122.

Der Menschenfeind, Der Misanthrop (Le Misanthrope). Uraufgeführt am 4. 6. 1666 im Palais Royal. Alceste haßt die Schmeichelei, die Unnatur, die Lüge, die gesellschaftliche Heuchelei. Aufrichtigkeit ist die Forderung eines Menschenfreundes, doch Aufrichtigkeit um jeden Preis muß Alceste zum Misanthropen, zum Menschenfeind, machen. Alceste scheitert an der Gesellschaft durch die Maßlosigkeit seiner moralischen Forderung, die in ihrer Konsequenz unmenschlich ist. Ausgerechnet er liebt die in das Spiel mit ga-

lanten Halbwahrheiten vernarrte Celimène. Ihre Leidenschaft zur gesellschaftlichen Unaufrichtigkeit steht der Leidenschaft Alcestes zur gesellschaftssprengenden Aufrichtigkeit in nichts nach. Der Selbstgenuß ihrer Lügentriumphe
ist ebenbürtig dem Selbstgenuß Alcestes, wenn er unter dem Scheitern der
Wahrheit leidet. Alceste durchschaut Celimène und kann doch nicht von ihr
lassen. Durch einen Brief kommt die Wahrheit ans Licht, daß Celimène mit
nicht weniger als vier Verehrern, einschließlich Alceste, spielt und sich über
sie amüsiert. Selbst da noch, als Celimène von ihren Verehrern verlassen ist,
will Alceste sie heiraten. Doch sie kann seine Forderung nicht erfüllen, mit
ihm in die Einsamkeit zu gehen und ihr Leben zu ändern. Für Alceste, der
entschlossen ist, in der Wahrheit zu leben, bleibt nur ein Platz außerhalb der
Gesellschaft. Heiraten werden Philinte und Eliante, die das besitzen, was
Alceste fehlt: Einsicht in die unausrottbaren menschlichen Schwächen; die
Bereitschaft, besonnen zu urteilen und nach einem vertretbaren Kompromiß
zu suchen; praktische Vernunft, die zwar nicht glanzvoll ist, doch das Leben
erträglich macht. Mit diesem Paar hat Molière den Hierarchien gesellschaftlicher Heuchelei, den artifiziellen Vergnügungen, den graziösen Lastern und
handfesten Ungerechtigkeiten seiner Zeit eine von Humor getragene, lebensfähige Moral abverlangt.

Für die Zeitgenossen Molières war der Misanthrop absurd lächerlich,
trotz seines Adels und seiner Lauterkeit, weil er an die Gesellschaft einen
utopischen, einen unmöglichen Anspruch stellt. Uns darf er — nach und mit
Goethe — ein wenig tragisch erscheinen:»Hier stellt sich der reine Mensch
dar, welcher bei gewonnener großer Bildung doch natürlich geblieben ist
und wie mit sich, so auch mit andern, nur gar zu gern wahr und gründlich
sein möchte; wir sehn ihn aber im Konflikt mit der sozialen Welt, in der
man ohne Verstellung und Flachheit nicht umhergehen kann.« Nicht die
schlechtesten Eigenschaften Molières, seine moralische Empfindsamkeit und
sein Abstand vom eigenen Leid an der Unaufrichtigkeit, scheinen in diesen
›Menschenfeind‹ eingegangen. Ein ironisch-poetisches Selbstporträt: Molière
spielte den Alceste, und die Darstellerin der Celimène war Armande Béjart,
seine kokette Gattin, die ihn betrog und die er gleichwohl liebte.

Die Gesellschaft, die Alceste verlassen muß, wird durch das bloße Auftreten der Wahrheit — im enthüllenden Brief — auseinandergesprengt;
Wahrheit dient im Salon den sich streitenden Frauen nur als verletzende
Waffe. Molière gibt zwar die Überspanntheit des moralischen Anspruchs an
die Gesellschaft dem Gelächter preis, doch mißt er auch die Gesellschaft am
moralischen Anspruch, und sein Befund ist vernichtend. Die Charakterkomödie freilich und der Humor, mit dem der ›Menschenfeind‹ gezeichnet
ist, wirken heute stärker als die gesellschaftliche Lehre.

Amphitryon (Amphitryo). Uraufgeführt am 13. 1. 1668 im Palais Royal.
Molière bezog den Stoff für diese Komödie aus dem Stück ›Les deux Sosies‹
von Jean Rotrou (1636), der wiederum auf die Komödie ›Amphitruo‹ des
Römers Plautus (siehe Seite 286) zurückgeht. Bei Plautus zeugt Jupiter mit
Alkmene, der Gattin des thebanischen Feldherrn Amphitryon, den Herakles,
den Halbgott und Helfer der Menschen, und nimmt dabei, um Alkmene vor
dem Vorwurf der Untreue zu schützen, die Gestalt des Amphitryon an. Der
Götterbote Merkur foppt Sosias, den Diener Amphitryons, indem er in der
Gestalt des Sosias auftritt und ihm die Existenz streitig macht. Molière baut
das Doppelgängerspiel als Komödie weiter aus: er gibt dem Sosias die Ehefrau Cleanthis bei, die freilich so zänkisch ist, daß kein Gott sie besitzen
möchte, und er rückt statt der mythischen Geburt des Herkules das galante
Abenteuer des Gottes in den Mittelpunkt. Das war naheliegend: Ludwig XIV.,
zu dessen Erheiterung das Stück geschrieben ist, hatte ein kinderreiches Verhältnis mit der Madame de Montespan und beglückte so manche Ehefrau,
was der betroffene Gatte, der sich nicht rächen durfte, als besondere Auszeichnung zu betrachten hatte. »Man schweigt am besten darüber«, philosophiert Sosias, der (ein geistiger Bruder Sganarells und die Rolle Molières)
zur Hauptperson wird, wenn ihm Merkur sein eigenes Ich streitig macht:
eine Parodie auf Descartes' damals modernen Grundsatz »Ich denke — also
bin ich«. Die (falsche) Beweisführung des Sosias »Der richtige Amphitryon
ist immer der, bei dem wir speisen werden« ist in Frankreich zur Redensart
geworden. Ein barockes, frivoles Spiel, das sich über die betrogene Alkmene,
die von allem nichts bemerkt, den Kopf nicht zerbricht. Das tut erst Heinrich
von Kleist mit seinem den Molière benutzenden und tiefsinnig umformenden
›Amphitryon‹ (1807. Siehe auch Seite 451).

George Dandin. Uraufgeführt am 18. 7. 1668 im Schloß von Versailles. — Der
reiche Großgrundbesitzer George Dandin hat Angélique, die Tochter eines
armen Landedelmannes, geheiratet. Sie fühlt sich an diese Geldehe nicht gebunden und betrügt ihn, doch Dandin gelingt es nicht, sie vor ihrer adligen
Familie zu überführen, die gegen ihn zusammenhält. Im Gegenteil, immer
wenn er es versucht, wird er überspielt und muß sich entschuldigen. Als
Dandin seine Frau mit ihrem Geliebten, dem höfischen Gecken Clitandre,
nachts im Garten überrascht, appelliert sie an seine Großmut und bittet um
Verzeihung. Er sperrt sie aus dem Haus, damit er ihr endlich den Betrug
nachweisen kann, doch sie täuscht einen Selbstmord vor, um ihn herauszu-
locken, empfängt im Haus ihre Eltern und klagt nun Dandin als nächtlichen
Herumtreiber und Trunkenbold an. Er muß abermals um Verzeihung bitten;
es bleibt ihm nichts übrig als der Sprung ins Wasser. Dandin weiß, daß ihm

im Grunde recht geschieht: er hat für sein Geld eine adlige Ehefrau gekauft, die den standesgemäßen Ehebruch dem ungeliebten Bauerngatten vorzieht, und je dickköpfiger er auf seinem Recht beharrt, desto lächerlicher wird er. Eine Farce, die am Ende die Tragikomödie streift, wenn aus dem gefoppten Tölpel ein bis auf den Tod verletzter Mensch wird — doch Molière, selbst ein betrogener Ehemann, hat diesen schmerzlichen Vorgang zum Vergnügen des Versailler Hofes, der über einen ungehobelten Parvenü lachen wollte, als Ballettkomödie geschrieben: mit Prolog und Zwischenspielen, mit Tanz, Schäfern und Schäferinnen. Zwei verliebte Schäfer verhindern schließlich den Selbstmord Dandins — immerhin soll der Bauer, der gegen die Gesellschaftsordnung verstoßen und nach einer Frau gegriffen hat, die ihm nicht zusteht, doch nicht sterben. Den tragischen Kern des Stückes schälte erst im 19. Jahrhundert die Comédie Française heraus.

Roger Planchon hat mit seiner Compagnie du Théâtre de la Cité Villeurbanne in einer Vorstadt von Lyon 1961 den ›George Dandin‹ als realistisches, sozialkritisches Tendenzstück inszeniert: es spielt auf dem Bauernhof Dandins und will zeigen, daß es zwischen Menschen verschiedener Gesellschaftsschichten keine Verständigung gibt; aus der besonderen Angélique Molières, die dem ihr aufgezwungenen, ungeliebten Gatten nicht treu sein will, wird dabei eine allgemeine Vertreterin der aristokratischen Klasse.

Der Geizige (L'Avare). Uraufgeführt am 9. 9. 1668 im Palais Royal. — Der reiche Hapargon will seine Kinder reich verheiraten: mit dem älteren Witwer Anselm seine Tochter Elise, die jedoch Valère liebt, der in Hapargons Dienste getreten ist, damit er immer um Elise sein kann; mit einer häßlichen Witwe seinen Sohn Cléanthe, der jedoch die junge Mariane heiraten möchte, die sich wiederum sein Vater als künftige Ehefrau ausersehen hat. Als Hapargons im Garten vergrabene Schatztruhe verschwindet — Cléanthes Diener La Flèche hat sie an sich genommen, um seinem Herrn ein Druckmittel gegen seinen geizigen Vater Hapargon in die Hand zu geben — erreichen die Verwirrungen, Verwechslungen und Mißverständnisse bei den Diebstahlsuntersuchungen ihren Höhepunkt. Sie werden durch die Ankunft Anselms gelöst, der mit seinem Geld Hapargon beruhigt, die richtigen Paare zusammenbringt und überdies in Valère und Mariane seine verloren geglaubten Kinder wiedererkennt.

Was auch in dieser locker gebauten Prosakomödie geschieht, deren Stoff Molière dem ›Goldtopf‹ (›Aulularia‹, siehe auch Seite 285) des römischen Dichters Plautus entnommen hat — es ist nichts anderes als eine fortschreitende Selbstenthüllung des geizigen Hapargon. Diese einzige, dafür aber auch einzigartige Glanzrolle hat Molière gespielt. Am Anfang, wenn der

Geizige die Taschen seines Dieners durchsucht, ist er durch sein Mißtrauen nur lächerlich. Erschreckend schäbig wird er, wenn er bei seiner Brautwerbung im Konflikt zwischen Geld und Liebe über ein paar geringfügigen Ausgaben das letzte Restchen Gefühl preisgibt. Das schiere Entsetzen aber geht von ihm aus, wenn er mit seinem Geld auch den Sinn seines Lebens verloren glaubt: »Wozu bin ich jetzt noch auf der Welt?« Hier nimmt der Geiz solche Aus-

Molière: Der Geizige, im vierten Akt. Lithographie aus dem 19. Jahrhundert, von Brecquent

maße an, daß man mit dem Geizigen, der sich des verlorenen Geldes wegen aufhängen will, Mitleid empfindet. Es ist der tragikomische Augenblick dieses Charakters, doch dauert er nicht lange: wenn der Geizige schließlich einverstanden ist mit dem Verlust der zu seiner Braut Erkorenen, des Sohnes und der Tochter, falls er nur sein Geld wiedererhält, einen neuen Rock dazu, keine Mitgift und keine Hochzeit zu zahlen braucht, so ist er nicht mehr erbarmungswürdig, sondern nur noch erbärmlich.

Der kleine Kosmos von Menschen, der von Hapargon abhängt, müßte durch die Unheilbarkeit seines Geizes ewig unglücklich werden, das Spiel wäre als Lustspiel gar nicht möglich, würden die Menschen aus ihrer Abhängigkeit von Hapargon nicht befreit. Selbst befreien können sie sich nicht, weder durch Gefühl, noch durch Vernunft oder List. Sie müssen buchstäblich losgekauft werden durch den großzügigen Reichen, der alle Unkosten übernimmt. Nur durch das Geld Anselms kann das böse Spiel zum Lustspiel werden. Der Geldgier ist allein das Geld gewachsen—das ist bei aller Heiterkeit ein pessimistischer Befund.

Jean Vilar hat mit seinem Théâtre National Populaire im Jahre 1952 den ›Geizigen‹ als einen tänzerisch-komödiantischen Wirbel, nahe der Commedia dell'arte, inszeniert und als Hapargon auf jegliche tragische Beimischung verzichtet: keine Sekunde des Erbarmens mit diesem von der Geldgier geschlagenen Charakter.

Der Bürger als Edelmann (Le Bourgeois gentilhomme). Uraufgeführt am 14. 10. 1670 in Chambord vor König und Hof. Eine Ballettkomödie, geschrieben im Auftrag Ludwigs XIV., mit Musik von Lully. — Der reiche Jourdain (Molières Rolle), der sich in den Manieren der Aristokratie unterrichten läßt, wird hereingelegt. Er wirbt um die Gunst einer Marquise, doch der Graf Dorante, der ihr in Jourdains Auftrag Geld und Geschenke übermittelt, gibt vor der Marquise diese Gaben als seine eigenen aus. Jourdain verweigert aus Snobismus die Hand seiner Tochter Lucile dem bürgerlichen Cléanthe, und Cléanthe verkleidet sich als türkischer Prinz, verleiht Jourdain die Würde eines Paladins und erreicht damit, daß Jourdain ihm Lucile zur Frau gibt. Das Stück endet mit dem ›Ballett der Nationen‹. Eine Parvenü-Posse mit Mummenschanz und Maskerade. Zu einer Bearbeitung von Hugo von Hofmannsthal schrieb Richard Strauss die Musik (1912); aus dem Nachspiel, das statt des türkischen Balletts aufgeführt wurde, ist die Oper ›Ariadne auf Naxos‹ (1916) hervorgegangen.

Die Schelmenstreiche des Scapin (Les Fourberies de Scapin). Uraufgeführt am 24. 5. 1671 im Palais Royal. — Der neapolitanische Erzschelm Scapin überlistet zwei reiche alte Geizhälse, um ihren Söhnen zum Glück zu verhelfen; an seinem besessenen Spieltrieb enthüllen sich die Schwächen seiner Umwelt. Ein Rückgriff Molières auf seine Anfänge, auf die Stegreifkomödie im italienischen Stil. Eine Glanzrolle von Jean-Louis Barrault. Deutsche Bühnen scheuen mit Recht davor zurück: völlig unliterarisches, reines Theater, mimisch, pantomimisch, tänzerisch.

Die gelehrten Frauen (Les Femmes savantes). Uraufgeführt am 11. 3. 1672 im Palais Royal. — Schon 1659 hatte Molière in einem Einakter die »Preziösen« verspottet, die affektierten und sentimentalen Damen der Salons, deren Geist ihren geistigen Ansprüchen nicht gewachsen ist. Die ›gelehrten‹ Frauen sind durch unmäßigen und unverdauten Genuß von Poesie und Wissenschaft die dümmsten — diese Einsicht zu beweisen, läßt Molière zwei Parteien zum Kampf um eine Eheschließung gegeneinander antreten. Die Partei der scheinbar Gescheiten und wahrhaft Dummen — Philaminte, die Gattin, Armande, die älteste Tochter, und Belise, die Schwester des Herrn Chrysale — hat auf einen geistigen Hochstapler gesetzt: auf Trissotin, einen skrupellosen Mitgiftjäger in der Maske des Schöngeists. Die Partei der scheinbar Beschränkten und wahrhaft Gescheiten — Chrysale, der Hausherr, und sein Bruder Ariste — führt einen aufrichtigen jungen Mann ins Treffen: Clitandre soll Henriette, die jüngste Tochter Chrysales, heiraten, die zur Partei der Intelligenten gehört. Der Kampf um die Ehestiftung ist zugleich ein Zwist unter den ehestiftenden Eltern: Philaminte, die Mutter Henriettes, ist Anführerin der ersten, der Vater Chrysale ist Anführer der zweiten Partei.

Molières Ironie läßt die eheliche Machtprobe unentschieden ausgehen; seine Welterfahrung führt die Entscheidung von außen herbei: Trissotin, der geistige Hochstapler, wird durch einen Trick entlarvt. Ariste bringt die Nachricht, die Familie sei durch einen Prozeß verarmt, und schon zieht sich Trissotin, der Mitgiftjäger, zurück. Auch Philaminte stimmt nun der Hochzeit zwischen Henriette und Clitandre zu.

Symmetrisch ist die Schlachtordnung der beiden Parteien aufgebaut. Die Charaktere bergen nichts Unberechenbares: ihr Wesen wird durch ihr Verhältnis zur Vernunft bestimmt. Das Innenleben ist bis in den letzten Winkel ausgeleuchtet. Jedes Dialoggeplänkel ist wie Schritt und Gegenschritt in einem zeremoniellen Kampf: kein Schlachtgetümmel, sondern tänzerische Waffengänge — ein Menuett der Argumente.

Der Blaustrumpf Armande in der Pose der abgeklärten Philosophin enthüllt sich dabei als hitziges, egoistisches und boshaftes Weibsbiest; ihre sanfte Schwester Henriette als souveränes Mädchen, das seine Sanftheit aus Spott und Ironie spielt. Chrysale, der friedfertige Papa, ist gutmütig bis zur Liederlichkeit und von milder Komik, wenn er seine Ansprüche als Hausherr anmeldet. Philaminte, die mit dem Pseudogeist flirtende Mama, ist überlegen genug, bei ihrer Niederlage nicht das Gesicht zu verlieren und ihre heimliche Herrschaft im Hause aufrechtzuerhalten.

Die Geometrie des Aufbaus deckt sich mit der Geometrie der Komik. Beweist die Handlung dieser Komödie die Überlegenheit der Vernunft, repräsentiert durch den Bruder Ariste und in einer derben Variante durch den Witz der ungebildeten, aber klugen Köchin Martine, so beweist ihre Form die Anmut der Vernunft. Mit diesem Ballett der Torheiten gibt Molière, der ›Die gelehrten Frauen‹ für seine beste Komödie hielt, dem handfesten gesunden Menschenverstand sein graziösestes Fest.

Der eingebildete Kranke (Le Malade imaginaire). Uraufgeführt am 10. 2. 1673 im Palais Royal. — Argan, der sich einbildet, krank zu sein, bildet sich nicht nur ein, krank zu sein: er ist es. Er leidet allerdings nicht an den Krankheiten, die von seinen kurpfuschenden Ärzten behandelt werden, sondern eben an seiner Einbildung: er ist ein Hypochonder. Er kann sich nicht anders denn als leidenden Mittelpunkt der Welt sehen. Von seiner Tochter Angélique verlangt er, daß sie den akademisch verdrehten Trottel Thomas Diafoirus heirate, der gerade seine medizinische Prüfung bestanden hat, damit ihm immer ein Arzt zur Hand sei. Wenn er die zweifelhafte Annehmlichkeit der stets bereiten Klistierspritze dem sicheren Glück seiner Tochter vorzieht, das sie nur bei dem jungen Cléanthe finden kann, und wenn er, gebeutelt von Todesfurcht, zögert, sich auch nur im Spaße tot zu stellen, weil dies doch gesundheitsschädlich sein könnte, so gewinnt er bei aller Komik etwas Dämonisches: die rasende, sich selbst und seine Umwelt zerstörende Ichsucht. Das ist die eine Seite des Stückes: die Charakterkomödie.

Die andere Seite ist die Typenkomödie. Belinde, Argans zweite Frau, haßt ihre Stieftochter Angélique und nährt den Krankheitswahn Argans, weil sie hofft, von ihm als Alleinerbin eingesetzt zu werden. Das Dienstmädchen Toinette, die Vernunft als Hausmannskost, führt die Gegenintrige. Als Arzt verkleidet, verordnet sie Argan als neue Diät seine Lieblingsspeisen. Sie überredet ihn, sich tot zu stellen, und schon enthüllt sich Gattin Belinde als pietätlose Erbschleicherin, während Tochter Angélique in ihrem Schmerz ihr gutes Herz offenbart. So erlaubt Argan ihr, daß sie ihren Cléanthe heiratet, der freilich Medizin studieren muß.

Molière: Der eingebildete Kranke. Max Pallenberg (1877–1934) in der Titelrolle, Deutsches Theater Berlin, 1916, Inszenierung von Max Reinhardt. Lithographie von Charlotte Berend-Corinth

Die Verstellung der Guten entlarvt die Verstellung der Bösen: eine zeremonielle Dramaturgie mit vorgeprägten Figuren. Die Satire auf die Ärzte ist die reine Posse.

Das Stück ist als Ballettkomödie geschrieben: dem zweiten Akt folgte ein Zigeunertanz, dem dritten eine Burleske der Ärzte und Apotheker, eine Art Tanz ums »Goldene Klistier«, und zum Schluß wurde dem arztsüchtigen Argan mit Gesang und Tanz die Doktorwürde verliehen.

In Deutschland wird das Stück meist ohne Ballett mit dem Gewicht auf der Charakterkomödie gespielt. Doch schon Theodor Fontane hat im Jahre 1871 in seiner Kritik über den ›Eingebildeten Kranken‹ gefragt, »ob wir mit unserer steten Forderung, ›im Lustspiel das Possenhafte zu vermeiden und das Leben in seiner Wahrheit auf uns wirken zu lassen‹, denn so ganz auf dem rechten Wege sind . . . Ein italienisches Volkstheaterelement guckt aus jeder Szene, aus jeder Rolle hervor, und Mr. Argan . . . ist nicht ohne Anklänge an Policinell«.

Die Wahrheit Molières ist hier die Wahrheit der Karikatur, die erst wahr wird durch Übertreibung. Und allzusehr scheint Molière im Falle seiner ärztlichen Zeitgenossen gar nicht übertrieben zu haben. Wenn wir Pierre Gaxotte, dem Biographen Ludwigs XIV., glauben dürfen, wurde der Sonnenkönig von seinen Ärzten praktisch hingemacht. Sie zogen ihm die Zähne

Molière: Der eingebildete Kranke. Aufführung 1674, ein Jahr nach dem Tode Molières, im Theater im Park von Versailles. Stich Le Pautre, 1676

und brachen ihm dabei den Kiefer. Sie ließen ihn regelmäßig zur Ader, ›purgierten‹ ihn mit Einläufen und stopften ihn voll mit den abenteuerlichsten Mixturen, einschließlich Pferdemist. Sie verschafften ihm bei dieser Gelegenheit Furunkulosen, Verstopfung, Schwindel ›und schließlich eine allgemeine Vergiftung‹. Dies alles, lange nachdem der Sonnenkönig über die quacksalbernden Ärzte Molières gelacht hatte. Eine Wahrheit, über die man lacht, verführt dazu, daß man sie nicht ganz ernst nimmt. Molière nahm sie bitter ernst. Er spielte den eingebildeten Kranken im Palais Royal und rief von der Bühne:»Ach was, Molière! Das ist ein unverschämter Bursche ... Wenn ich Arzt wäre, ich würde an dem frechen Kerl Rache nehmen, und wenn er krank würde, dann ließe ich ihn ohne Hilfe sterben.« Es war eine ungeheure Herausforderung, denn Molière sprach diese Sätze als todkranker Mann. Er rief sie in jenem dritten Akt, in dem er bei der vierten Vorstellung, am 17. Februar 1673, zusammenbrach. Er starb an einem Blutsturz im Kostüm des eingebildeten Kranken — eine der schauerlichsten Ironien der Theatergeschichte. Sie machte noch aus dem Tode des großen Komödianten und Komödienschreibers eine Pointe.

Ausblick auf Rokoko und Revolution: Marivaux und Beaumarchais

Als Ludwig XIV. im Jahre 1715 starb, hatte er das Große Jahrhundert um fünfzehn Jahre und sich selbst überlebt; Steine flogen hinter dem Sarg des Sonnenkönigs her. Die barocke Formel des Gleichklangs von Herrscher, Vernunft und Gott löste sich auf, und gegen Ende des neuen Jahrhunderts, in der Großen Revolution von 1789, wurde der Absolutismus schließlich geköpft.

Das Barock hatte im 17. Jahrhundert wuchtige Paläste gebaut; es war eine Kunst, in der Herrschertum und Staat sich selber feierten. Das Rokoko baute im 18. Jahrhundert kleine Schlösser mit Boudoirs und Cabinets, in denen die Aristokratie und das reiche Bürgertum ihr intimes Leben führten. Die Kunst des Barock stand im Dienste des Hofes; die Kunst des Rokoko im Dienst einer Schönheit, die sich selbst genug war. Das Barock wollte repräsentieren; das Rokoko: genießen.

Malte das Barock schwellende, reife Frauen, so zog das Rokoko das zarte Mädchen an der Schwelle der Reife vor. Kein mythologischer Anlaß war François Boucher zu gering, die Natur mit nackten Frauen zu bevölkern, und Antoine Watteau wurde der Maler der »fêtes galantes«, der galanten Feste im Freien. Die Natur wird zu einem Paradiesgarten, in dem sich Liebespaare ergehen; sie singen und spielen auf der Viola d'amore, sie schaukeln oder sitzen anmutig auf Baumwurzeln herum, sie tanzen oder lassen uns in edler Haltung an ihren Stimmungen der Heiterkeit, des Glücks und der leichten Melancholie teilhaben; vor allem aber sind sie verkleidet, als sei plötzlich die ganze Welt ein riesiges Theater geworden, in dem man elegant und zärtlich, kostbar und empfindsam mitspielt. Watteau hat die italienischen Schauspieler gemalt, die damals in Paris an der Spitze der Entwicklung lagen, und der Theaterdichter, der für diese Italiener schrieb und für uns heute diese Epoche repräsentiert, ist oft genug mit Watteau verglichen worden: es ist Pierre Carlet de Chamblain de Marivaux.

Als sein erstes Stück 1720 aufgeführt wurde — und durchfiel — war Molière schon fast ein halbes Jahrhundert tot, doch seine Komödien gehörten zum festen Bestand der Comédie Française. Marivaux ging mit seinen Komödien zur italienischen Konkurrenz, zum ›Théâtre Italien‹, das 1716 wieder eröffnet worden war; der leichte Akzent der Italiener war eine aparte Note, die durchaus zu Marivaux paßte. Molière war Hofdichter (und manchmal, wenn es der launenhafte Ludwig XIV. wollte, fast so etwas wie ein Hofnarr), Marivaux war Weltmann und freier Schriftsteller.

Geboren am 4. Februar 1688 in Paris, verbrachte Marivaux seine Jugend in der Provence, kam 1712 nach Paris zurück und fand Anschluß an die Avantgarde, die im Salon der Marquise de Lambert verkehrte. In einem Kreis geistreicher Intellektueller entwickelte sich seine Sprache: die funkelnde Tirade, schillernd in allen Farben der Ironie, verspielt, mit sich selbst kokettierend, und der rasche Witz der Repliken. Nach ihm hat man diese Manier — in negativem Sinne — ›Marivaudage‹ genannt und wollte damit das Überspltzte, Gekünstelte, Manierierte treffen, doch kann ›Marivaudage‹ heute auch durchaus ein Lob für die graziös verspielte Rede sein, die sich selbst nicht ganz ernst nimmt. Die ›Marivaudage‹ gab es schon vor Marivaux — bei den von Molière verspotteten ›Preziösen‹ — und sie gab es nach ihm: bei Musset, bei Giraudoux und bei Jacques Audiberti.

Silvia: Giovanna-Rosa Benozzi, ab 1716 die jugendliche Liebhaberin des Théâtre Italien in Paris

Marivaux verlor sein Vermögen bei einem Finanzkrach; kein Fürst finanzierte ihn, er finanzierte sich selber als Publizist, Kritiker, Romancier und Theaterautor. Seine Romanfiguren sind komplizierte Charaktere, die er unermüdlich bis in die feinsten seelischen Regungen durchleuchtet und dem Leser erläutert. Im ›Théâtre Italien‹ fand er die jugendliche Liebhaberin, Giovanna-Rosa Benozzi, genannt Silvia, die seinem Stil und seinem Ideal entsprach: sie war dunkelblond, blauäugig, zart, sensibel und hatte den zur Konvention gewordenen, in genormten Gebärden erstarrten, klassischen Stil der Comédie Française längst durchbrochen; sie war graziös, doch natürlich; sie spielte aus dem Herzen, nicht aus dem Kopf, und der Esprit ihrer Texte schien von ihr selbst zu stammen. Marivaux schrieb von 1720 bis 1757 dreißig Stücke, und er studierte — wie einst Racine mit der Du Parc — seinen neuen Ton, seine vorher nie gehörten sprachlichen Finessen mit der Silvia ein.

Wie Molière ging Marivaux vom italienischen Theater aus, freilich in völlig anderer Richtung. Er benutzte die feststehenden Typen des italienischen Theaters, einschließlich des Arlecchino, doch war er nicht mehr an den mit ihnen möglichen Verwicklungen und Intrigen interessiert, sondern an ihrem Inneren: er drang in sie ein, fand sie nicht, wie man vermuten sollte, hohl, sondern von den raffiniertesten seelischen Mechanismen bewegt.

Corneille behandelte noch die großen Themen, Staat und Krieg und Heldentum; Molière beschränkte sich auf die Konflikte in der Gesellschaft; Marivaux entdeckte die Probleme im einzelnen Menschen. Molière hatte zitierfähige Charaktere geschaffen, Tartüff, Hapargon, den Misanthrop; Marivaux löste die Charaktere in Psychologie auf, schuf ein Spielwerk ihrer wechselseitigen Beeinflussung und erfand eine neue, zitierfähige Art der komödienhaften Rede, eben die »Marivaudage«.

Die Liebe ist bei Molière einfach vorhanden; es fragt sich nur, wie die Liebenden zusammenkommen, und dies wird durch die äußerliche Intrige besorgt; im übrigen ist Liebe eine Angelegenheit am Rande anderer, gesellschaftlich wichtigerer Probleme. Bei Marivaux rückt die Liebe in den Mittelpunkt der Handlung; die Liebenden sind äußerlich von vornherein zusammen, dazu bedarf es keiner Intrige mehr; es fragt sich nur: Wie findet man sich innerlich? Was ist überhaupt Liebe? Vor allem: wie erwacht sie? Eine Frage für Mädchen, nicht für Frauen; eine Frage für Silvia, nicht für Armande Molière, geborene Béjart. Für Molière ist die Angelegenheit der Liebe erledigt, sobald sich das Paar gefunden hat; für Marivaux fängt sie nun erst an, schwierig zu werden: er beschäftigt sich mit den langwierigen Umwegen der Gefühle. Dazu bedarf es eines verfeinerten intimen Stils, des Kammerspieltons für das Drama des Innenlebens.

Molières Figuren entwickeln sich nicht, sie bleiben vom Anfang bis zum Schluß die gleichen, und wenn die Handlung weitergeht, so nur dadurch, daß sie von neu auftretenden Figuren weitergetrieben wird. Marivaux steckt mit Vorliebe geschlossene Gesellschaften in entlegene Landhäuser, in die von außen keiner mehr eindringt; er beobachtet, wie die Personen aufeinander wirken und sich dabei entwickeln: seelische Experimente in der Retorte. »Ich habe im menschlichen Herzen allen Winkeln nachgespürt, in denen sich die Eigenliebe verbergen kann«, bekennt Marivaux, »und jedes meiner Lustspiele hat den Zweck, sie aus einem dieser Winkel herauszuholen.« Nicht nur herauszuholen, sondern auch zu überwinden: mehr durch Gefühl als durch die Einsicht des Verstandes. Die Vernunft, Molières oberste Göttin, erleidet bei Marivaux die ersten Niederlagen: es siegt die Empfindung. Marivaux scheut nicht die Rührung und beherrscht die leise Komik — beides mit Anmut, mit der Grazie des Rokoko. Man lacht bei Molière; man lächelt bei Marivaux.

Das Spiel von Liebe und Zufall (Le Jeu de l'Amour et du Hasard). Uraufgeführt am 23.1.1730 im Théâtre Italien, Paris. — Silvia und Dorante sollen einander heiraten. Unabhängig voneinander kommen beide auf den gleichen Gedanken, den vorgesehenen Partner erst zu prüfen. So tauscht Silvia mit ihrer Zofe Lisette die Rolle, und Dorante wechselt die Kleider mit seinem Diener Arlequin. Die beiden Bediensteten in der Kleidung ihrer Herrschaft finden ohne größere Schwierigkeiten zueinander; es macht ihnen nur ein wenig Kummer, dereinst ihrem Partner gestehen zu müssen, daß sie zur Dienerschaft gehören. Silvia und Dorante verlieben sich zwar auch, doch quälen sie sich sehr, da sie annehmen müssen, in einen Dienstboten verliebt zu sein. Als Dorante gesteht, wer er ist, hält Silvia ihr Geheimnis noch zurück: sie will, daß Dorante auch bereit ist, sie als Zofe zu heiraten. Er ist es, und sie wird aus Freude ohnmächtig.

Eine grazile Komödie und ein Seelenexperiment im geschlossenen Raum. Ein Triumphgesang auf die Unbeirrbarkeit der Liebe: sie ist durch kein Kostüm zu täuschen. Überdies ein Sprung über den Graben, der die Gesellschaftsklassen ein halbes Jahrhundert vorher noch so schroff trennte, daß Molières Bauer George Dandin, der eine Adlige heiratet, zur unziemlichen und lächerlichen Figur werden muß. Bei dem sechsundsechzig Jahre jüngeren Marivaux dagegen wird ohne Liebe keine Ehe geschlossen und ist die gesellschaftliche Mesalliance theoretisch schon durchaus möglich, ja die Bereitschaft des Herrn, eine Bedienstete zu heiraten, ist der letzte Liebesbeweis. Die nur sich selbst gehorchende Empfindung ist wichtiger als die von der Vernunft geforderte Verbindung.

Die falschen Vertraulichkeiten (Les fausses Confidences). Uraufgeführt am 16.3.1737 im Théâtre Italien, Paris. — Dubois, der Diener des verarmten Bürgersohnes Dorante, ist entschlossen, seinen Herrn mit der schönen und reichen Witwe Araminte zu verheiraten. Er bringt Dorante ins Haus Aramintes als Verwalter und spielt mit kühler Berechnung und Freude an der Intrige alle Vorzüge des besonders schönen Dorante aus, während er zugleich mit allerlei Tricks die Leidenschaft Aramintes weckt und steigert. Die Komik des vom Diener zur Ehe präparierten und hin- und hergeschobenen schönen Herren geht in die Rührung über Araminte ein: sie liebt Dorante und entscheidet sich, von ihrer Familie verlassen, für ihn, der sein schnödes Spiel gesteht, bei dem alles gespielt gewesen ist außer seiner Liebe.

Marivaux adelt eine Eheschließungsintrige, die von dem geldgierigen Diener bewußt und nur um des Vermögens willen eingefädelt wird, durch das reine Gefühl der Liebenden. Die gesellschaftliche Schranke wird zwar nicht revolutionär gestürmt, doch sanft, wenn auch zögernd und nach langen seelischen Umwegen, durch einen Akt des Herzens aufgehoben. Lessing hat das Stück 1767 gesehen und dabei über Marivaux geurteilt:»Seine Stücke, so reich sie auch an mannigfaltigen Charakteren und Verwicklungen sind, sehen sich einander dennoch sehr ähnlich. In allen der nämliche schimmernde und öfters allzu gesuchte Witz; in allen die nämliche metaphysische Zergliederung der Leidenschaften ...« Den ›Bauer mit der Erbschaft‹ von Marivaux dagegen lobte Lessing uneingeschränkt:»Die drolligste Laune, der schnurrigste Witz, die schalkigste Satire lassen uns vor Lachen kaum zu uns selbst kommen.«

Französische Marivaux-Aufführungen sind ein hoher Genuß. In Deutschland sind nach Lessings Zeit die ›Falschen Vertraulichkeiten‹ erst 1961 wieder aufgeführt worden, in einer guten Übersetzung von Sigrid von Massenbach, inszeniert von Hermann Stelter in Hannover. Der Erfolg war so groß, daß Marivaux auch an unseren Bühnen wieder ins Gespräch gekommen ist.

Marivaux starb in Paris, am 12. Februar 1763. Rund zwanzig Jahre später, 1784, wird die Komödie ›Ein toller Tag oder Figaros Hochzeit‹ von Beaumarchais in Paris aufgeführt. Von Beaumarchais her gesehen, wirken die Keckheiten, die Marivaux seinem Arlequin in den Mund gelegt hatte, wie die Vorboten der Kühnheiten und des revolutionären Schwungs seines ›Figaro‹. Im übrigen greift Beaumarchais, in dessen frühen Komödien die Herzenszartheit Marivaux' zur Sentimentalität geworden ist, bei seinen beiden Figaro-Komödien auf den handfesteren Stil Molières zurück.

Beaumarchais wurde am 24. Januar 1732 als Pierre Augustin Caron in Paris geboren. Sein Vater war Uhrmacher. Den Adelstitel ›de Beaumarchais‹ kaufte Pierre sich erst viele Jahre später. Sein Lebenslauf ist wie ein phantastischer Abenteuerroman. Er war Uhrmacher, Erfinder, Harfenlehrer, Geschäftsagent, kaufte sich den Adelsrang und die Stelle eines königlichen Sekretärs, prügelte sich mit einem Herzog und kam ins Staatsgefängnis, schrieb rührselige Dramen, farbige Memoiren und scharfe Pamphlete, wurde gepfändet und als Verleumder angeklagt, war Geheimagent Ludwigs XVI. in London, Deutschland und Wien, war Schwindler, Hochstapler, Spekulant und ein Finanzgenie, rüstete mit Millionen aus dem französischen und dem spanischen Staatsschatz die amerikanische Flotte, erbaute sich ein Schloß in der Nähe der Bastille und führte Prozesse aus rhetorischer Leidenschaft.

In seinem ›Fragment meiner Reise nach Spanien‹ berichtete er, wie er die Beleidigung seiner Schwester Lisette durch ihren zögernden und unzuverlässigen Bräutigam, den königlichen Archivar Don Joseph Clavijo y Faxardo, gerächt habe, und Goethe schrieb nach dieser Quelle 1774 seinen ›Clavigo‹, in dem Beaumarchais in der Aufführungspraxis gewöhnlich wie ein Sturmvogel der schon zu ahnenden Revolution mit offenem Haar in die reaktionäre spanische höfische Welt braust. Beaumarchais sah den ›Clavigo‹ — und damit sich selbst auf der Bühne — in Augsburg (siehe auch Seite 361).

Durch seine erste Komödie um den schlauen Figaro ›Der Barbier von Sevilla‹ (1775) gehört Beaumarchais in die Geschichte des Musiktheaters; sie lieferte die Libretto-Grundlage für Rossinis Oper (1816). Durch seine zweite Figaro-Komödie ›Ein toller Tag‹ (1784) gehört er trotz Mozarts Oper ›Figaros Hochzeit‹ (1786), deren Libretto eine Bearbeitung seiner Komödie ist, noch zur Geschichte der Sprechbühne. Beaumarchais lehnte diese Bearbeitung von da Ponte scharf ab; vielleicht ahnte er, daß der Weltruhm seiner Komödie auf die Oper übergehen würde. »So unwahrscheinlich es klingt«, schreibt Willy Haas, »Beaumarchais gab Mozart fast schon die Musik zum ›Figaro‹. Wir hören bereits die Arien des selig-unseligen Pagen Cherubin, seine Herzensverwirrung, seine zarte Komik — wir hören schon ganz und gar die Arie ›Neue Freuden, neue Leiden‹, Ton für Ton, die Arien der Gräfin und Susannes: sie sind schon, wie die Blumen in der Knospe, bei Beaumarchais vorhanden.«

Ein toller Tag oder Figaros Hochzeit (Le Mariage de Figaro). Geschrieben 1781; drei Jahre lang verboten; uraufgeführt am 27. 4. 1784 in Paris. — Graf Almaviva hat nichts dagegen, daß die Zofe Susanne den Kammerdiener Figaro heiratet, er will sie nur neben seinem Schlafzimmer einquartieren. Er hat zwar auf das Recht, doch nicht auf die Möglichkeit der ersten Nacht verzichtet. Obwohl seiner Gattin überdrüssig, ist der Graf eifersüchtig auf Cherubin, den Pagen, der in alle Frauen verliebt ist: in die Gräfin, in Susanne und in die Gärtnerstochter Franchette. So konventionell, wenn auch perfekt, die Gegenintrige Figaros, Cherubins, Susannes und der Gräfin geführt wird, mit Vermummungen und Verwechslungen im Schloßgarten, bei denen der Graf schließlich um die als Susanne verkleidete Gräfin wirbt— so unkonventionell ist die Figur des Figaro. Bleibt der schlaue Diener bei Molière doch immer in seinem Stand — Figaro antwortet vor Gericht auf die Frage nach seinem Beruf: »Edelmann — wenn es der Himmel gewollt hätte, könnte ich der Sohn eines Fürsten sein.« Der angeklagte Figaro wird zum Ankläger; er verhöhnt die Standesordnung, die Nachsicht gegen die Großen, die Rücksichtslosigkeit gegen

Beaumarchais: Ein toller Tag oder Figaros Hochzeit. Szene im vierten Akt mit dem Grafen Almaviva, mit Cherubin und Susanne. Erste öffentliche Aufführung 1784. Anonyme kolorierte Radierung

die Kleinen, und sogar seine Braut Susanne spottet: »Dürfen denn Frauen wie ich ›Zustände‹ haben? Das ist ein Übel von Rang.« Das gesellschaftskritische politische Zeitstück platzt hier aus allen Rokoko-Nähten, gleichgültig ob Beaumarchais an einer Revolution interessiert war (was unwahrscheinlich ist), oder ob er nur die revolutionäre Stimmung wie eine Konjunktur bei seinen geschäftlichen Spekulationen ausnutzte (was sehr viel wahrscheinlicher ist). Der Graf, der hier vom dritten Stand systematisch blamiert und überspielt wird, spricht aus, was die jubelnden Zuschauer damals gefühlt haben: »Man kann die Zeit nicht aufhalten.« Den heutigen Zuschauern freilich fällt es schwer, den umstürzlerischen Elan zu bejubeln: ohne kulturhistorische Hilfe ist er kaum mehr zu verspüren. Die Zeit hat aus dem revolutionären Stück im Gewande des Intrigenschwanks einen Intrigenschwank mit revolutionären Zwischentönen gemacht. Max Ophüls, der Filmregisseur, hat gleichwohl 1957 im Deutschen Schauspielhaus, Hamburg, das Stück zu einem großen Erfolg geführt: mit eigener Übersetzung; die antiquierte Fassung von Josef Kainz ist danach nicht mehr nötig.

Die Zeit brachte fünf Jahre nach der Uraufführung, 1789, die Große Revolution, und sie nahm dem aus dem Volke hochgekommenen Abenteurer Beaumarchais, der die revolutionäre Stimmung seiner Zeit abgelauscht und genährt, den Platz, den er sich in der von ihm verspotteten feudalen Gesellschaft erobert hatte, sein Vermögen und sein Vaterland. Er wurde bei Ausbruch der Revolution von den Jakobinern als Wucherer und Aristokratenfreund gebrandmarkt und als royalistischer Emigrant geächtet. Er saß in London in Schuldhaft, lebte später in der Schweiz und in Hamburg, bis er 1796 nach Frankreich zu seiner Familie zurückkehren durfte. Drei Jahre später starb er, am 18. Mai 1799.

Figaros Selbstporträt dürfte auch auf Beaumarchais zutreffen: »Herr da und Knecht dort, wie es dem Glück gefällt; ehrgeizig aus Eitelkeit, fleißig aus Notwendigkeit, aber faul mit Entzücken; ein Redner je nach der Gefahr; Poet zu meiner Erholung, Musiker aus Liebhaberei, galant in jähen Anwandlungen, habe ich alles gekostet, alles getan und bin mit allem zu Ende.« Hier klingt schon das kommende Jahrhundert an: die Welt der Bourgeoisie und der ehrgeizigen Spekulanten, der Glücksritter des Kapitals, der neuen Rangordnung, die durch Besitz und Geld bestimmt wird.

5. ITALIEN: ALLE WEGE KOMMEN VON ROM

Menander: griechische Erbschaft · Plautus und Terenz: römischer Vorrat für Jahrhunderte · Vorhang, Bett und Kiste: das ewige Stegreifspiel · Commedia dell'arte: die längste Serie der Welt · Carlo Goldoni: Kampf dem Harlekin · Carlo Gozzi: Kampf gegen Goldoni · Dänische Verwandtschaft: Ludwig Holberg

Es sollen Polizisten in den Rängen
das Publikum von Platz zu Platz bewachen;
und sehen sie bestochene Claqueure,
so sollen sie den Kerlen hier im Haus
das Hemd als Kaution vom Leibe ziehen!
Denn wer hier ungerecht Partei ergreift,
sei's selber, sei's durch Mittelsmänner,
der soll — so hat mir Jupiter befohlen —
nach gleichem Recht der Strafe unterliegen,
als ob er schuldig sei der Amtserschleichung!
Durch unser Können werben wir um Lorbeer,
nicht durch Erschleichung und Parteilichkeit!

Aus Merkurs Prolog zum ›Amphitryon‹ des Plautus (um
254 bis 184 v. Chr. Deutsch von E. R. Lehmann-Leander)

Die römischen Theater sind die Sakristei der Venus, der Hort
allen Unrates, das Konsistorium der Schamlosigkeit.

Der Kirchenschriftsteller Tertullian
(nach 150 bis um 225 n. Chr.)

Doch ist auch hier das Volk wieder die Base, worauf dies alles
ruht; die Zuschauer spielen mit, und die Menge verschmilzt
mit dem Theater in ein Ganzes. Den Tag über auf dem Platz
und am Ufer, auf den Gondeln und im Palast, der Käufer und
Verkäufer, der Bettler, der Schiffer, die Nachbarin, der Advokat
und sein Gegner, alles lebt und treibt und läßt sich es an-
gelegen sein, spricht und beteuert, schreit und bietet aus, singt
und spielt, flucht und lärmt. Und abends gehen sie ins Theater
und sehen und hören das Leben ihres Tages, künstlich zusammengestellt, artiger aufgestutzt, mit Märchen durchfloch-
ten, durch Masken von der Wirklichkeit abgerückt, durch Sitten
genähert. Hierüber freuen sie sich kindisch, schreien wieder,
klatschen und lärmen. Von Tag zu Nacht, ja von Mitternacht
zu Mitternacht ist immer alles eben dasselbe.

Goethe, ›Italienische Reise‹, Venedig, 1786

Viele Wege, so heißt es, führen nach Rom. Alle Wege des klassischen europäischen Theaters aber kommen von Rom. Die Griechen erfanden zwar für Europa das Theater, doch waren sie verschollen, als sich die europäischen Theaternationen entwickelten: ihr Vorbild war das nach griechischem Vorbild geschaffene römische Theater. Viele Stücke des englischen elisabethanischen Theaters, des spanischen und französischen Barocktheaters, auch des deutschen klassizistischen Theaters sind ohne die Vermittlung durch römische Autoren und durch italienische Wandertruppen nicht denkbar. So gering der Anteil Italiens am heutigen Repertoire der deutschen Bühnen ist, so gewaltig ist seine Bedeutung für die europäische Szene. Rom und die Italiener, die Erben Griechenlands, sind die Verwandler und Vermittler, die Transformatoren und Transporteure, die großen Umformer und Anreger.

Die Römer, diese Bauern und Krieger, schätzten die Staatskunst höher als die schönen Künste. Sie verwandten ihre Hauptenergie auf die Entwicklung eines Imperiums, einer weltumspannenden Verwaltung, einer reichserhaltenden Rechtsprechung und einer präzisen, ehernen Prosa. Die schönen Künste bezogen sie aus Griechenland. Sie traten dort als Besatzungsmacht auf, doch scheuten sie sich nicht, die gebildeten griechischen Sklaven in Rom als geistige Besatzungsmacht zu dulden und zu ermutigen. Übersetzungen aus dem Griechischen sind der Anfang der bedeutenderen römischen Literatur.

Die Skene des römischen Theaters ist stärker als ihr griechisches Vorbild gegliedert.
Pompejanische Wandmalerei

Die Stammväter des römischen Lustspiels sind die griechischen Komödien-schreiber nach Aristophanes (siehe auch Seite 71). Ihre Stücke unterscheiden sich von der alten attischen Komödie in einigen wesentlichen Punkten. Ist die Komödie aus den saftigen, trunkenen Spässen der Phallus-Prozessionen ent-standen, aus ›komos‹, dem Umzug der Berauschten, und ›ode‹, ihrem derben Gesang, so ist sie nach Aristophanes zimperlicher geworden. Wenn etwa in einer alten Parodie Antigone, dabei ertappt, wie sie ihren Bruder Polyneikes bestatten will, vor Kreon als ein verkleideter Diener entlarvt wird, den Anti-gone beauftragt hat, weil sie selbst sich fürchtet — so ist die Pointe der Ent-larvung die Enthüllung des Greisengesichtes und eines gewaltigen Phallus unter der Maske und dem Gewand eines Mädchens.

Das naive Gelächter über das, was man heute eine Obszönität nennen würde, hatte schon Aristophanes eingeschränkt, und es verlor sein Recht immer mehr. Nach der Niederlage Athens im Peloponnesischen Krieg (431 bis 404) gab es keine reichen Bürger mehr, die den Chor, den teuersten Teil einer Aufführung, finanzieren wollten, und schließlich wurde er verboten. Der Chor aber, der in der ›Parabase‹ seine Masken absetzte und aktuelle Schimpfreden an das Publikum hielt, war der eigentliche Träger der kulti-schen, der religiös-politischen Erziehung der Bürger durch die Komödie. Mit dem Zurücktreten des Chors, teils aus Geldmangel, teils durch die Zensur,

Antike Parodie auf die ›Antigone‹ des Sophokles: Antigone hat es nicht gewagt, ihren Bruder zu beerdigen, und einen Diener in ihrem Gewand und mit weiblicher Maske zur Bestattung geschickt; der Diener (Mitte) wird vom Wächter ergriffen und vor Kreon (links) als Mann entlarvt. Phlyakenvase

verlor die griechische Komödie allmählich ihren politischen Charakter, ihre erzieherischen Absichten und ihre großen staatlich-religiösen Themen. Was also fanden die lernbegierigen Römer vor? Nicht mehr die politische Satire und den selbst durch die Parodie noch respektierten Mythos, nicht mehr die staatserhaltende Tugendlehre und ihre unablösbare Kehrseite, die orgiastisch entbundene und ins Groteske gesteigerte Triebhaftigkeit, sondern das Lustspiel, das sich auf das rein Gesellschaftliche beschränkt, ein irdisches, vergleichsweise wohlanständiges, bürgerliches Theater. Es ist gezwungen, sich innerhalb seiner thematischen Grenzen zu erweitern, indem es die Handlung raffinierter verschachtelt und tiefer in die privaten Eigenschaften der Menschen eindringt.

Menander: griechische Erbschaft

> Die Götter setzten jeglichem von uns zum Kommandanten
> den Charakter ein.   Menander

Zum wichtigsten griechischen Erblasser wurde Menandros (Menander), geboren zwischen 343 und 341 v. Chr. in Athen. Ein reicher Mann, der lieber in seiner Heimatstadt lebte als in Alexandria, wohin ihn König Ptolemaios eingeladen hatte. Er blieb, samt seiner Hetäre Glykera, in seiner vornehmen Villa in der athenischen Hafenvorstadt Piräus, schrieb mehr als hundert Stücke, von denen freilich nur acht preisgekrönt wurden, und ertrank beim Baden im Jahre 291 in der Bucht von Phaleron. Hetären und Sklaven, Liebhaber und Kuppler bevölkern seine Stücke, die nie von der Politik, aber immer von der Liebe handeln.

Noch repräsentieren seine Personen einen gesellschaftlichen Typus und sind keine ausgefallenen Einzelmenschen, doch sind sie der Charakterkomödie schon näher als der Typenposse. Das Schicksal (Tyche) belastet Menanders Menschen zwar mit allerlei Zufälligkeiten, mit Geburt, Stand, Besitz und Fähigkeiten, aber der Charakter des Menschen ist entscheidend für sein erreichbares Glück. Er kann das Beste aus dem ihm Zugeteilten machen, er kann vertraute Freunde finden und sich mit dem lästigen Weltgetriebe und der Gesellschaft arrangieren. »Kein Mitmensch ist mir fremd, zeigt er sich edel nur. Erschaffen sind wir alle gleich: den Unterschied macht der Charakter — der verbindet oder trennt.«

Den Götterkult verachtet Menander. Seine Lustspiele lehren die Einsicht in menschliche Schwächen, Nachsicht, Toleranz und eine irdisch begründete Humanität. Das Glück, die Seelenruhe zu erreichen durch richtiges Denken,

*Relief aus dem ersten Jahrhundert vor Christus: ein Dichter, vermutlich Menander,
prüft eine Schauspielermaske*

durch Gerechtigkeit, Selbstbeherrschung und maßvollen Genuß — dies lehrte
damals der Philosoph Epikur (341 bis 271 v. Chr.), Menanders Kommiß-
Kumpel: die beiden leisteten zusammen ihren Militärdienst ab.

Menander benutzt für seine Verse die Alltagssprache, mit der er auch die
Berufe und Gesellschaftsschichten charakterisiert, doch wird sein gleichwohl
geschlossener und eleganter Stil gerühmt. »Nächst dem Sophokles kenne ich
keinen, der mir so lieb wäre«, sagte Goethe zu Eckermann. »Er ist durchaus
rein, edel, groß und heiter, seine Anmut ist unerreichbar.« Dabei kannte
Goethe den Griechen nur aus Fragmenten, aus Zitaten anderer Schriftsteller
und durch römische Vermittlung: erst 1905 sind größere Komödienteile in
einem ägyptischen Dorf in einer Aktenurne gefunden worden, wo sie als
Einwickelpapier dienten, was sie immerhin vor dem üblichen Schicksal bewahrte, von den Fellachen als Dünger verwendet zu werden, und erst seit
der Mitte unseres Jahrhunderts besitzen wir eine vollständige Komödie von
Menander, den ›Dyskolos‹, ebenfalls auf ägyptischen Papyrusblättern, eine
private Abschrift aus dem 3. Jahrhundert n. Chr.

Dyskolos, geschrieben um 317 v. Chr. und preisgekrönt bei den Lernäen,
wurde von Ernst R. Lehmann-Leander zum erstenmal — zeilengetreu und

elegant — unter dem Titel ›Der alte Griesgram‹ ins Deutsche übersetzt und kommentiert. Ein Stück der Charakterproben — Knemon, ein armer und mißtrauischer Bauer, besteht sie nicht; er wird dem Spott eines Sklaven und eines Kochs preisgegeben, weil er außerstande ist, die Ursache seines Menschenhasses in seinem eigenen Wesen zu finden, und statt dessen zu Unrecht seine Umwelt des Egoismus anklagt. Seine vorbildliche Gegenfigur ist sein Stiefsohn Gorgias, der so arm wie er und doch bereit ist, seine Halbschwester, eine Tochter Knemons, mit dem städtischen Müßiggänger Sostratus zu verheiraten, den er freilich zuerst einer Probe unterwirft: er muß arbeiten wie ein Bauer und beweisen, daß er ehrlich ist und sich nicht scheut, sich den Armen gleichzustellen. Brüderlichkeit, Aufrichtigkeit, Ausgleich zwischen arm und reich, zwischen Bauer und Städter sind die Lehren des Stückes, dessen Hauptkomik in den Nebenfiguren liegt. Reichtümer kommen vom Schicksal, sie können wechseln — so predigt der reiche Menander: wer sie besitzt, der soll seine Mitmenschen damit glücklich machen, und wer sie verliert, der braucht Charakter, um den Verlust mit Gleichmut zu tragen.

Plautus und Terenz: römischer Vorrat für Jahrhunderte

> Denn wer sich heut auf die Bretter vorwagt, muß was Neues auf neue Weise irgendwie erfinden. Wer's nicht kann, räume seinen Platz dem Könner.
>
> Pseudolus zum Publikum in ›Pseudolus‹ von Plautus (deutsch von E. R. Lehmann-Leander)

Das griechische Komödien-Erbe wurde zunächst dem römischen Publikum angepaßt, und dies bedeutet: vergröbert, durch Titus Maccius Plautus. Geboren um 254 v. Chr. in Umbrien, hat er am Theater eine Menge Geld verdient, wahrscheinlich als Schauspieler, worauf sein Name ›Maccius‹, auch ›Maccus‹, hindeutet: der ›Maccus‹ war im damaligen Volkstheater, das Alltagszenen mit feststehenden Typen spielte, die lustige Figur. Plautus verlor sein Vermögen bei geschäftlichen Spekulationen und verdiente seinen Lebensunterhalt bei einem Müller in der Tretmühle, die das Göpelwerk antrieb; nebenbei schrieb er in dieser Zeit mindestens drei Stücke. Als er 184 starb, hatte er sein Publikum mit rund 130 Komödien unterhalten, von denen zwanzig, zum Teil in Bruchstücken, überliefert sind.

Sein Publikum kannte keine Sitzplätze, was für den Bau eines Stückes von großer Bedeutung ist: sitzende Zuschauer kann man — wie in den griechischen Amphitheatern — schon eher mit poetischen Feinheiten fesseln oder auch mit Maßen langweilen; wer aber steht, der muß, damit er im Theater bleibe und nicht nach draußen gehe, um sich die Beine zu vertreten, mit saftigeren Mitteln unterhalten werden. Und draußen, vor dem Theater, einer einfachen Holzbude, lockte überdies die Konkurrenz der Artisten, Boxer und Gladiatoren. Eine Claque, die eine Aufführung gegen Bezahlung zum Erfolg führte oder auspfiff, gab es auch schon. Gespielt wurde mit grotesken Masken.

Plautus drehte die Entwicklung der Komödie zum Charakterstück, wie sie bei Menander im Gange war, zurück und stellte kraftvolle, runde Possentypen auf die Bretter, jagte sie mit Verkleidungen, Verwechslungen und allerlei Intrigen durcheinander, spickte den Dialog — seine originellste Kunst — mit Wortwitzen und Kalauern und fügte Musical-Effekte ein: Partien, die zur Flöte gesungen und getanzt wurden.

Zu seinen Lieblingsfiguren gehören verlogene Sklaven, Schmarotzer, Prahler, Geizhälse und die rüden Halbstarken, die ihrem Vergnügen nachgehen, wozu auch die Entführung jungfräulicher Mädchen gehört. Er hat damit einige dramatische Grundfiguren und Ursituationen geschaffen, auf die Shakespeare, Molière, Holberg und die Commedia dell'arte zurückgegriffen haben.

Der Schatz. Das Dreigroschenstück (Trinummus). Geschrieben nach einem griechischen Lustspiel von Philemon, dem Konkurrenten Menanders, wobei Plautus die griechische Großzügigkeit seinen sparsamen römischen Landsleuten plausibel machen mußte. — Die Geschichte eines jungen, im Kerne unverdorbenen Verschwenders, der den Besitz seines abwesenden Vaters Charmides vergeudet. Dessen Freund sorgt allerdings dafür, daß ein Haus, in dem Charmides einen Schatz verborgen hat, zurückgekauft wird. Der heimkehrende Charmides beschämt seinen Sohn durch Güte. Ein lehrhaftes Spiel zwischen Großzügigkeit und Geiz, Verschwendungssucht und Sparsamkeit, das mit einem Prolog zwischen der ›Verschwendungssucht‹ und ihrer Tochter, dem ›Mangel‹, beginnt. — Der einundzwanzigjährige Lessing übersetzte und modernisierte das Lustspielchen im Stil der italienischen Komödie im Jahre 1750: ›Der Schatz‹. Originalgetreu ist die moderne Übertragung von Ernst R. Lehmann-Leander unter dem wörtlich übersetzten Titel ›Das Dreigroschenstück‹ (das übliche Honorar für einen angeworbenen Intriganten).

Der Bramarbas (Miles gloriosus, wahrscheinlich 205 v. Chr.), auch ›Der Eisenfresser‹ genannt, ist der Hauptmann Pyrgopolinices, der mit seinen angeblichen Heldentaten so lautstark prahlt, daß er damit das Klappern seines Harnischs übertönt. Er hat die Griechin Philocomasium nach Ephesus entführt, wo sie sich freilich heimlich mit ihrem Geliebten, dem Griechen

Pleusicles, trifft. Um den Bramarbas zu täuschen, wird behauptet, das Mädchen bei Pleusicles sei Philocomasiums (nicht vorhandene) Zwillingsschwester, deren Rolle Philocomasium mit Vergnügen übernimmt. Bramarbas wird im Netz seiner Eitelkeit gefangen: eine engagierte Dirne, Acroteleutium, spielt ihm eine ehrbare, rasend in ihn verliebte Frau vor — Bramarbas fällt darauf herein, wird von dem angeblichen Ehemann der Dirne ertappt

Der prahlende Soldat der griechischen Komödie, der »Bramarbas« bei Plautus, ist in den folgenden Jahren in immer neuen Abwandlungen auf die Bühne gebracht worden, u. a. von Andreas Gryphius 1663 in ›Horribili cribrifax‹. Stich von Martin Engelbrecht, um 1730/35

und von dessen Dienern verprügelt; er entgeht mit Mühe der Entmannung. Das junge Paar kommt zusammen. Die gesamte Intrige hat Palaestrio eingefädelt, der Diener des ›Eisenfressers‹, denn er ist ein ehemaliger Sklave des Pleusicles und seinem alten Herrn treu. — Der Typ des Soldaten, der mit erlogenen Heldentaten im Krieg und in der Liebe prahlt und bei der Werbung um eine Frau geprellt wird, ist seit Plautus, der auch diese Fabel von einer griechischen Komödie bezogen hat, immer wieder auf die Bühne gebracht worden; so von Andreas Gryphius (›Horribilicribrifax‹, 1663), von J. M. R. Lenz, der sechs Lustspiele von Plautus übersetzt und bearbeitet hat (›Der großprahlerische Offizier‹, 1772; nach einer Umarbeitung ›Die Entführungen‹: der Bramarbas als preußischer Werbeoffizier). Der ›Capitano‹ der Dommedia dell'arte ist ein direkter Nachkomme des plautinischen Bramarbas und findet sich in den höheren Komödien Italiens, Frankreichs,

Spaniens und Dänemarks wieder. Seine Spuren führen auch zu Goldoni
(›L'Amante militare‹, 1752), zu Molière (›Les Fourberies de Scapin‹, 1671),
zu Shakespeare (Falstaff in ›König Heinrich der Vierte‹ 1590-92 und ›Die
lustigen Weiber von Windsor‹, 1600), zu Hofmannsthal und Richard Strauss
(Ochs auf Lerchenau in ›Der Rosenkavalier‹, 1911).

Die Zwillinge. Die Menaechmen (Menaechmi). — Menaechmus aus Epidamnus,
ausgescholten von seiner zänkischen Ehefrau, will Trost bei seiner Geliebten
Erotium suchen, doch vor ihm trifft dort Menaechmus aus Syrakus ein, sein
Zwillingsbruder, von dem er in seiner Kindheit getrennt worden ist und der
ihn nun sucht. Der Bruder aus Syrakus hat zwar Vergnügen an Erotium,
doch großes Mißvergnügen, als er von der Frau seines Bruders wegen seiner
angeblichen Treulosigkeit verfolgt wird. In seiner Not stellt er sich wahnsinnig, und der von seiner wütenden Schwägerin geholte Arzt, der ihn untersuchen soll, gerät an seinen schuldlosen Bruder, den Menaechmus aus Epidamnus. Erst als sich die Brüder gegenüberstehen, klären sich die Verwechslungen auf. Plautus hat mit geradezu mathematischer Genauigkeit nicht
weniger als acht Verwechslungssituationen geschaffen, die bei künftigen
Doppelgängerstücken immer wieder auftauchen und zu den klassischen
Szenen der Commedia dell'arte gehören. — Direkt von Plautus stammen u. a.
ab: ›Menechmo‹ von Hans Sachs (1548), ›El palacio confuso‹ von Lope de
Vega und ›Komödie der Irrungen‹ von Shakespeare (siehe Seite 166), der
die Verwandlungsmöglichkeiten potenziert, indem er auch die Diener zu
Zwillingen macht.

Der Goldtopf (Aulularia), geschrieben nach einem Stück von Menander. —
Der alte Euclion, der stets in Armut gelebt hat, entdeckt einen Topf voll Geld
und lebt von nun an in entsetzlicher Angst vor Dieben. Als der Topf gestoh-
len wird, sucht er den Dieb in rasender Verzweiflung auch unter dem Publikum: »Wo bin ich? Wer bin ich? Ich weiß nicht, ich habe keinen Kopf mehr.«
Dieses Motiv des durch Geldverlust um seinen Verstand, ja um seinen
Lebensgrund gebrachten Menschen hat Molière in seinem ›Geizigen‹ (1668,
siehe auch Seite 263), der auf dieses Stück von Plautus zurückgeht, zum
Hauptmotiv gemacht. Der Geizige Molières ist unheilbar — der Euclion des
Plautus vermacht den wiederaufgetauchten Goldtopf zum glücklichen Possen-
ende seiner Tochter als Mitgift. — Das Stück wurde mit einem, auf einer
europäischen Tournee erhärteten, großen Erfolg wiederausgegraben von
Wolfram Mehring in seinem Pariser Théâtre de la Mandragore (1960):
marionettenhafte Gestalten mit grotesken Masken und einem mitreißenden
Spieltemperament.

Amphitryo (Amphitruo). Der thebanische Feldherr Amphitryo ist im Kriege.
Seiner Frau Alkmene erscheint der Götterkönig Jupiter in der Gestalt des
Amphitryo. Sie verbringt mit ihm eine Liebesnacht in der Annahme, er sei
ihr rechtmäßiger Gatte. Als Amphitryo seinen gefräßigen Diener Sosias mit
der Siegesbotschaft nach Hause schickt, wird Sosias von dem Götterboten
Merkur in der Gestalt des Sosias empfangen, an seiner eigenen Existenz
irregemacht und verprügelt. Der eifersüchtige und verwirrte Amphitryo
wird von Jupiter mit der Verheißung getröstet, daß Alkmene den Halbgott
Herkules gebären wird. — Sophokles hat einen ›Amphitryon‹, Aischylos
und Euripides haben eine ›Alkmene‹ geschrieben, doch diese Tragödien
sind nicht überliefert. Plautus war vermutlich der erste, der den Stoff aus
dem Mythischen, aus der Zeugung des Gottessohnes und Helfers der Menschheit, ins Komische gewendet hat: die Geburt des Herakles ist bei ihm nicht
mehr als ein Trostpflästerchen am Schluß einer Verwechslungskomödie, und
wie sich Alkmene mit dem göttlichen Betrug abfindet, verrät Plautus nicht,
er läßt sie zum Schluß einfach nicht mehr auftreten. Erst Kleist macht Alkmenes Gefühle zu einem Hauptthema und nimmt den Mythos wieder ernst. —
Einige Neufassungen: ›Sacri Mater Virgo‹ (1621), ein lateinisches Drama
von J. Burmeister, in dem der christliche Gott mit Jupiter, Maria mit Alkmene, Joseph mit Amphitryon und Jesus mit Herkules gleichgesetzt werden.
›Les deux Sosies‹ (1636) von Jean Rotrou, die Hauptquelle für die Louvre-
Schlafzimmerkomödie ›Amphitryon‹ von Molière (1667). ›Amphitryon‹
von Heinrich von Kleist (1807), der Molières Komödie übersetzt und um-
arbeitet. ›Amphitryon 38‹ von Jean Giraudoux (1929), der ironisch behauptet, es sei die 38. Fassung dieses Stoffes. ›Der Kuckuck von Theben‹, Oper
von E. Wolf-Ferrari (1943): vor allem ein Ehestreit zwischen Zeus und Hera.
›Ausflug mit Damen‹ von Friedrich Michael (1944): Jupiter besucht Alkmene
erneut — zwanzig Jahre nach der Liebesnacht. ›Zweimal Amphitryon‹ von
Georg Kaiser (1944): ein pazifistisches Lehrstück. Zeus erteilt Amphitryon,
einem kriegslüsternen Militaristen, eine Lektion. ›Alkmene‹, Oper von
Giselher Klebe (1961) nach Kleist. ›Amphitryon‹ von Peter Hacks, 1968.

Publius Terentius Afer, geboren um 190 v. Chr. im afrikanischen Karthago,
war ein Berbersklave. Der römische Senator Terentius Lucanus kaufte ihn,
ließ ihn frei und schenkte ihm seinen eigenen Namen: Terenz. Publius Cornelius Scipio der Jüngere suchte seinen Lehrer unter den tausend Griechen
aus, die als Geiseln nach Rom gebracht worden waren, den Schriftsteller
Polybios, und wurde als ein Verehrer der griechischen Kultur bald auch zum
Förderer des Terenz, der seine Komödien so eng nach dem Vorbild des Griechen Menander schrieb, daß Cäsar ihn als »halben Menander« rühmte.

Illustration zu Terenz, aus dem Codex Parisinus (9. Jahrhundert); sie geht auf Darstellungen aus dem 4. Jahrhundert zurück

Alkmene und Jupiter in der Komödie ›Amphitryo‹ von Plautus. Illustration aus einer 1511 in Venedig erschienenen Ausgabe

Hatte Plautus die griechische Komödie vergröbert, so versuchte der zwei
Generationen später geborene Terenz, alle ihre Feinheiten dem inzwischen
mit der griechischen Kultur vertrauteren römischen Publikum zu vermitteln.
Seine Handlungen und seine Charaktere sind vielschichtiger, sein Witz ist
geistreicher. Er wurde nur dreißig Jahre alt und schrieb sechs Komödien, die
alle erhalten sind und die Hauptquelle für die (indirekte) Kenntnis Menanders waren bis zu den ägyptischen Funden der Menander-Texte im 19. und
20. Jahrhundert. Terenz wurde gegen Ende des Mittelalters zu dem wichtigsten Mittelsmann zwischen dem Theater der Antike und der Renaissance.

Das Mädchen von Andros, ein Lustspiel, das auf zwei Komödien Menanders
beruht, wurde 166 v. Chr. aufgeführt. In einem Wirbel von Ereignissen und
Enthüllungen erzählt es eine zarte Liebesgeschichte. – Der junge Athener
Pamphilus ist ein Freund der Hetäre Chrysis. Als sie stirbt und verbrannt
wird, kommt Glyceria, die sich für die Schwester der Chrysis hält, dem
Scheiterhaufen zu nahe und wird von Pamphilus zurückgezogen und umarmt. Erst nach großen Schwierigkeiten und nicht ohne die Hilfe eines
schlauen Sklaven, des Davus, kommen Glyceria und Pamphilus, die inzwischen zusammen eine Tochter haben, zur Heirat. Der Vater des Pamphilus
hatte eigentlich andere Ehepläne mit seinem Sohn, doch Glyceria, so stellt sich
heraus, ist nicht die Schwester der Hetäre, sondern die Schwester des Mädchens,
das der Vater des Pamphilus ursprünglich für seinen Sohn vorgesehen hat. –
Auf dieses Lustspiel des Terenz geht der erste Teil des ernsten, christlich-
humanistischen Kurzromans ›Die Frau von Andros‹ (1930) von Thornton
Wilder zurück; seine ›Frau von Andros‹, die Hetäre Chrysis, ist eine Trägerin
der klassischen griechischen Kultur und tatsächlich die Schwester Glycerias.
    Verwandt mit diesem Stück ist der *Selbstquäler* (Heautontimorumenus,
163 v. Chr.): ein Vater hat seinen Sohn wegen einer Liebe, die er mißbilligt,
verstoßen und peinigt sich nun, da er seinen Sohn noch immer liebt, mit
schweren Selbstvorwürfen. Einen in höchst zweifelhafte Geschäfte verwickelten Parasiten stellt Terenz in den Mittelpunkt seines Lustspiels *Phormio*
(161 v. Chr.); eine Schwiegermutter ist die Zentralfigur in *Hecyra* (165
v. Chr.).

Der Eunuch, aufgeführt 161 v. Chr., erzählt eine heikle Geschichte mit deli-
katem Witz. – Die Hetäre Thais hat zwei Liebhaber. Beide machen ihr ein
wertvolles Geschenk. Der eine, Thraso, ein prahlerischer Hauptmann (ein
noblerer Verwandter des ›Bramarbas‹ von Plautus), übergibt ihr die junge
Sklavin Pamphila. Der andere, Phaedria, übergibt ihr einen Eunuchen.
Phaedria hat einen Bruder, Chaerea, der in Pamphila verliebt ist; auf den

Rat des wie üblich schlauen Sklaven verkleidet er sich als Eunuch und geht ins Haus der gerade abwesenden Thais. Er vergewaltigt die noch jungfräuliche Pamphila nach dem Bade. Es bedarf, wie fast immer bei Terenz, einer neu zu entdeckenden Tatsache, um die böse Geschichte zu einem guten Ende zu führen: Pamphila, so stellt sich heraus, ist keine Sklavin, sondern eine freie Bürgerin, so daß sie von Chaerea geheiratet werden kann. Auch hier hat Menander mit zwei Komödien Pate gestanden, mit dem ›Eunuch‹ und dem ›Schmeichler‹, aus dem die Figur des Schmarotzers Gnatheo stammt.

Die Brüder (Adelphi), aufgeführt 160 v. Chr., nach Menanders ›Adelphoe‹. Eine Erziehungskomödie zwischen zwei ungleichen Brüdern. — Der eine, Demea, ist ein Bauer, verheiratet, tyrannisch und mürrisch. Der andere, Micio, ist ein Junggeselle, lebt in der Stadt, ist freigebig und großzügig. Er hat Aeschimus, den ältesten Sohn seines Bruders, adoptiert, und um ihn entbrennt der Streit um die rechte Erziehung. Der liberale Micio vertritt den Grundsatz: »Durch den Appell an Ehrgefühl und Freiheit erzieht man Kinder besser als durch Furcht« (Deutsch von Ernst R. Lehmann-Leander). Er behält recht, obwohl sein Adoptivsohn Aeschimus das ihm gewährte Vertrauen zunächst zu mißbrauchen scheint. Der tyrannische Demea aber scheitert bei der Erziehung seines zweiten Sohnes, Ktesipho, und wird so großzügig wie Micio, allerdings aus Heuchelei und auf dessen Kosten. — Terenz predigt hier im Geiste Menanders seinen römischen Landsleuten, denen der arbeitsame und strenge Bauer Demea näherstehen muß als der verschwenderische Micio, das hellenistische Erziehungsideal der Großzügigkeit, der Einsicht in menschliche Schwächen, des Vertrauens und der Vernunft. Es sind Ideale, die auf Molière verführerisch wirken mußten: in seiner ›Schule der Männer‹ (1661. Siehe auch Seite 257) hat er die dramatische Situation und Lehren aus dem Lustspiel von Terenz aufgegriffen.

Terenz hat sich dem Menander so eng verbunden gefühlt, daß man ihn, den aus Karthago stammenden Nubier, den letzten griechischen Komödienschreiber nennen könnte. Sein Tod ist wie ein Symbol: auf der Rückkehr von einer Reise nach Griechenland, seiner geistigen Heimat, ging im Jahre 159 v. Chr. sein Schiff unter, und er ertrank im Meer.

Nach ihm brachte Rom keine Komödienschreiber von Rang mehr hervor. Der Zirkus, Gladiatorenkämpfe und Possen beherrschten das Interesse des Publikums, doch wurden Plautus und Terenz immerhin noch fast ein halbes Jahrtausend lang aufgeführt. Ihr Bühne blieb eine Bretterbude. Erst rund hundert Jahre nach dem Tode des Terenz begann Pompejus, 55 v. Chr., in Rom, am südlichen Ende des Marsfeldes, den Bau des ersten steinernen Amphitheaters nach griechischem Vorbild. Die Plätze waren im Halbkreis

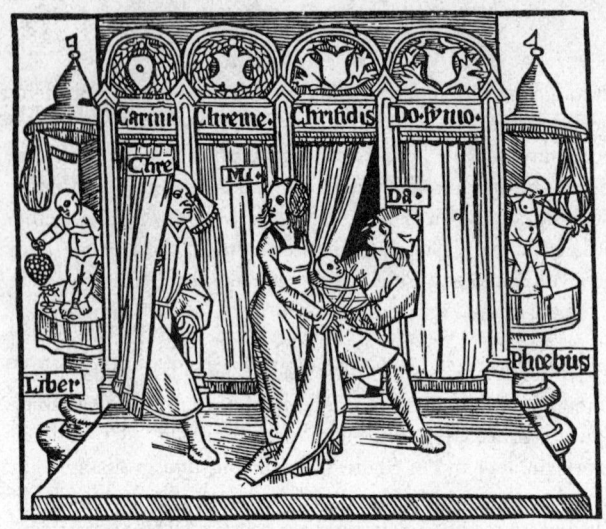

Die mittelalter-
liche Terenz-
Bühne läßt noch
ihre Herkunft
von der römischen
Skene erkennen.
Illustration aus
der Lyoner
Terenz-Ausgabe
von 1493

angeordnet (bei den Griechen im Dreiviertelkreis). Es war mit seinen 20 000
(nach anderer Schätzung: 40 000) Plätzen das größte Theater der Alten Welt.

Die europäischen Theaternationen verdanken die Stoffe und Ideen der
nachklassischen, der nacharistophanischen Komödien den Lustspielen von
Plautus und Terenz. Hauptvermittler der klassischen griechischen Tragödie
aber ist ein römischer Dramatiker, dessen Stücke nicht aufgeführt, nur öffent-
lich vorgelesen wurden: der um 4 v. Chr. im spanischen Cordoba geborene
Seneca. Er war Erzieher und Berater des jungen Kaisers Nero, stoischer Philosoph, Tugendlehrer und Moralist, der an die Charaktererziehung des
Menschen durch Belehrung glaubte. Drei Jahre, nachdem Nero seine Mutter
Agrippina (59 n. Chr.) ermordet hatte, verließ Seneca den römischen Hof.
Er war Mitwisser der Verschwörung gegen Nero und wurde sogar zum
Gegenkaiser vorgeschlagen. Als die Verschwörung im Jahre 65 verraten
wurde, öffnete sich Seneca die Adern, nahm Gift und erstickte sich durch
heiße Dämpfe.

Seneca formte die Stoffe der klassischen griechischen Tragödie mit lehr-
hafter Vernunft und großer Beredsamkeit in abschreckende Beispiele zer-
störerischer Leidenschaften um. Seine pädagogisch-pathetischen Tragödien,
in der Renaissance wiederentdeckt, wurden zu Fundgruben für das Barocktheater, das ohne ihn nicht denkbar ist. So schrieb er neun Stücke nach antiken Dramen, die vollständig erhalten sind; darunter zwei Herkules-Stücke,
einen ›Thyestes‹ nach Sophokles oder Euripides und einen ›Agamemnon‹
nach Aischylos. Corneille griff auf seinen ›Oedipus‹ (nach Sophokles) und
auf seine ›Medea‹ (nach Euripides) zurück, der noch Franz Grillparzer verpflichtet ist. Racine hat den Bericht über den Tod des Hippolytos der ›Phädra‹

Senecas (nach Euripides) zu danken. Senecas hoher Stil, seine überlebensgroßen Gestalten mit ihren rasenden Leidenschaften und sein schroffer Moralismus haben auch im elisabethanischen Theater Englands, bei den Vorläufern Shakespeares, kräftige Spuren hinterlassen.

Vorhang, Bett und Kiste: das ewige Stegreifspiel

> Mit welchen Augen betrachtest du den Tisch des Herrn, wenn du gerade vom Mimus kommst, wo du das Sofa sahst, auf dem der schändliche Ehebruch vorgeführt wurde?
>
> Johannes Chrysostomus, Kirchenlehrer und Heiliger (um 345 bis 407)

Bücher über Theaterautoren und ihre Stücke legen den weitverbreiteten Gedanken nahe, Theater sei ein von einem Dichter geschriebener Text, der von Schauspielern verleiblicht wird. Dies trifft für den größten Teil des modernen Theaters zu, nicht aber für das Theater überhaupt, das eine Erscheinung für sich ist, die ohne Literatur, sogar ohne einen unliterarischen, schriftlich niedergelegten Text existieren kann und jahrhundertelang existiert hat.

Dieses Theater außerhalb der Literatur ist das große Kraftreservoir für das literarische Theater der Bühnenautoren. Wenn sich die Autoren allzuweit von dieser Quelle entfernen, verlieren sie ihre Wirkung auf der Bühne und schreiben nur noch Literatur, nicht mehr Literatur für das Theater. Alles große literarische Theater, sofern es wirklich Theater ist, hat einen Hauptanschluß an den unliterarischen Unterstrom des reinen Theaters, das seine Grundfiguren und Grundsituationen in frühester Zeit ausgeformt hat.

Schon im 8. vorchristlichen Jahrhundert, also dreihundert Jahre vor Aischylos, ist das griechische Volkstheater nachweisbar, der ›Mimus‹, der vermutlich aus dem Orient stammt. Die ›Mimen‹ — denen sich die späteren Schauspieler des Staatstheaters von Aischylos bis Aristophanes weit überlegen fühlten — spielten bei Volksfesten, privaten Gesellschaften, Gastmählern und Gelagen. In ihren Szenen imitierten, karikierten und kritisierten sie den Alltag. Sie stellten die Vertreter der Volksberufe dar und entwickelten die komischen Theaterfiguren für die nächsten zweitausend Jahre. Mit der wachsenden Skepsis gegenüber der Religion machte ihr Witz auch vor dem Mythos, dieser Verkoppelung von Staat und Religion, nicht halt. Den Chor, das Rückgrat der klassischen Tragödien und Komödien, hervorgegangen aus der Liturgie zu Ehren eines Gottes, kannte der Mimus nicht: es war ein profanes bis blasphemisches Theater, gespielt von Männern, die unter einem gewaltigen Wanst einen gewaltigen Phallus trugen, und von höchst ungenierten Frauen in extrem kurzem Gewand. Der Mimus war realistisch, derb, frech und das, was man heute obszön nennen würde.

Im antiken Griechenland stand dieses kabarettistische Volkstheater nach dem Tode der großen Tragiker in der üppigsten Blüte, gelangte in die griechische Kolonie Sizilien und erreichte seine größte Beliebtheit in der römischen Kaiserzeit. Gespielt wurden Possen mit Gesang und Tanz zur Flöte, ohne Kothurn und ohne Maske, doch mit reichlich viel Schminke. Die Männer trugen bunte Lappenjacken, die Frauen einen kurzen Überwurf; bei den ›Ludi Florales‹ spielten die Frauen auch nackt. Auf der Bühne hüllenlos aufzutreten, genierte sich nicht einmal Theodora, die Gattin Justinians (527 bis 565 n. Chr), des Kaisers von Byzanz.

Ein Hauptdarsteller, der ›Archimimus‹, leitete das Spiel der festgelegten Typen, unter denen es schon den schmarotzenden ›Parasitus‹ gibt, den kahlköpfigen Tölpel ›Stupidus‹, meist der betrogene Ehemann, und ›Sannio‹, den Grimassenschneider. List, Betrug, Gefräßigkeit, Ehebruch waren beliebte Themen, und bissige Anspielungen auf gesellschaftliche und politische Mißstände würzten den Dialog, der sich an Wortspielen berauschte, an wörtlich genommenen und dadurch sinnverdrehten Wörtern. Es sind Elemente, die noch heute Fastnachts- und Puppenspiele und das Kabarett, diese direkten Nachkommen des Mimus, beherrschen. Am Mimus ergötzten sich auch die gebildeteren Schichten, die allein wohl die politischen Seitenhiebe ganz zu genießen wußten, und dem so bedeutenden Staatsmann wie ernsten Tragödienschreiber Seneca (siehe auch Seite 290) konnte die satirische Zeitkritik dieser Bühnen gar nicht scharf genug sein.

Vorhang, Bett und Kiste waren die Hauptrequisiten des hölzernen Spielpodiums, zu dem eine Leiter führte. Das Bett war der Ort des drastisch vorgeführten Ehebruchs; der Vorhang, der die Bühne keineswegs vorn, sondern hinten abschloß, verbarg den überraschenden Auftritt des Ehemannes, und die Kiste war das Versteck für den Liebhaber, für die dritte Person im Dreieck, für den ›Latinus‹. Dieses Schema bringt noch heute der Boulevard-Komödie Erfolg.

Hatte der Mimus schon die griechischen Götter verspottet, so nahm er in der römischen Kaiserzeit den christlichen Gott aufs Korn: die Taufe wurde mit der hölzernen Pritsche vollzogen von einem Priester, dessen Rock den Phallus nicht bedeckte. Der Mime Genesius, auf diese Weise zum Hohn getauft, wurde in der Parodie vom Glauben ergriffen, bekannte sich zum Christentum und starb unter Kaiser Diocletian als Märtyrer (303 n. Chr.); er wurde heiliggesprochen und ist als St. Genesis der Schutzpatron der Schauspieler, die seiner am 25. August gedenken. Er ist die Hauptperson der dramatisierten Heiligenlegende ›Schein ist Sein‹ von Lope de Vega (siehe auch Seite 110).

Der aus Griechenland eingewanderte Mimus überflügelte in Rom zeitweilig die ›Atellane‹, das altitalische Stegreifspiel. Es ist nach Atella benannt, einer Kleinstadt in Kampanien, deren oskische Bevölkerung das Spiel entwickelt hat. Schon im dritten vorchristlichen Jahrhundert wurden die von Dilettanten gespielten Atellane von den Römern als Nachspiel den Tragödien angehängt. Die Theaterhistoriker streiten sich über die genauen Beziehungen zwischen Mimus, Atellane und Commedia dell'arte, unbestreitbar jedoch ist, daß sie aus der gleichen Wurzel, aus der Lust am Spiel und am Spott, hervorgegangen sind. Und unbestreitbar erscheinen einige Typen der Atellane als Vorläufer der Commedia dell'arte.

Der römische Lustspieldichter Plautus (um 254 bis 184 v. Chr.) war vermutlich Schauspieler der Atellane; sein Name ›Maccius‹ deutet auf ›Maccus‹ hin, den Tölpel der Atellane, der als Stammvater des ›Pulcinella‹ der Commedia dell'arte gelten darf. Plautus hat aus dem prahlenden Angeber ›Manducus‹ der Atellane seinen ›Miles gloriosus‹ (siehe auch Seite 283) gemacht, seinen ›Bramarbas‹, der sich dann zum ›Capitano‹ der Commedia dell'arte herausgemausert hat. Zumindest im Geiste verwandt sind der ›Ardalio‹ der Atellane mit dem ›Arlecchino‹ der Commedia dell'arte, der intrigante Schwätzer, Fresser und Säufer ›Buccus‹ mit dem ›Brighella‹, der alte, komische Geizkragen ›Pappus‹ mit dem ›Pantalone‹, der gerissene, bucklige Beutelschneider ›Dossenus‹ mit dem ›Dottore‹.

Wie auch im einzelnen die Zusammenhänge gewesen sein mögen: die Commedia dell'arte hat Elemente aus einem unliterarischen Theater aufgenommen und verarbeitet, das schon mindestens zweitausend Jahre lang neben, unter und auch über dem Theater der Bühnenautoren ein freches Eigenleben geführt hat.

Commedia dell'arte: die längste Serie der Welt

> Ich, ein Dieb? Aber nein! Ich finde die Sachen nur, bevor sie ihr Besitzer verliert.
>
> Überlieferter Witz des Brighella

›Commedia‹ war ursprünglich ein Wort für alles, was ein gutes Ende nimmt, und ›arte‹ meint, daß diese Happy-End-Geschichten kunstvoll vorgeführt werden, von Berufsschauspielern. Commedia dell'arte ist das italienische Stegreiftheater, das zweihundert Jahre lang, von 1545 bis zur Mitte des

18. Jahrhunderts, die Bühnen Italiens und einen großen Teil der anderen europäischen Bühnen beherrscht hat.

Eine gefräßige Theaterform: sie hat Elemente des unliterarischen Volkstheaters in sich aufgenommen; sie hat Typen des Lustspieldichters Plautus verarbeitet und Typen aus der ›Commedia erudita‹, ihrem scheinbaren Gegenteil, der gelehrten Komödie mit festgelegtem Text, übernommen; sie hat

Riciulina und Mezzetino, zwei Figuren aus der Commedia dell'arte. Radierung von Jacques Callot aus Balli di Sfessania, um 1620

sich des Volkswitzes und der Witzfiguren aus den verschiedenen italienischen Landschaften bemächtigt und der Masken des venezianischen Karnevals bedient. Aber auch eine ungemein fruchtbare Theaterform: italienische Komödianten haben sie verbreitet, und sie hat die deutschen und englischen Lustspiele durchdrungen, die Rüpel Shakespeares genährt, die französische Komödie bereichert, vor allem Molière und noch den Rokoko-Dichter Marivaux (siehe auch Seite 269), und das Wiener Volkstheater der Stranitzky, Raimund und Nestroy mitgeprägt. Goldoni hat die Commedia dell'arte benutzt und bekämpft, Gozzi hat sie verteidigt und verwandelt, Ludwig Holberg hat sie ins Dänische umgeformt, und noch August Kotzebue, der wiederum den

Holberg ausbeutete, hat von ihr profitiert. Wer die Typen der Commedia dell'arte und ihre Beziehungen kennt, der findet sie heute als Schnittmuster hinter so mancher Unterhaltsamkeit des Films und des Fernsehens. Aus dem Stegreif, aus der reinen Improvisation, kommt kein Theater zustande. Gewisse Abmachungen müssen vorher auch bei der Commedia dell'arte getroffen werden. Zunächst über den Typus der Mitspieler. Diese Typen haben sich natürlich im Laufe der Zeit abgewandelt, vermischt und vermehrt, sie können hier also nur schematisch skizziert werden.

Eine italienische Stegreiftruppe bestand gewöhnlich aus sechs männlichen und sechs weiblichen Schauspielern; jeder spielte immer die gleiche Rolle und vererbte sie, samt Kostüm, Requisiten und Witzen, innerhalb seiner Familie.

Zentrum des Spiels und der Komik sind die Diener, die ›Zanni‹. Aus ihren Reihen hervorgegangen ist der ›Arlecchino‹, ursprünglich der Klein-städter aus Bergamo, der in der Weltstadt Venedig zum Diener wird. Er trug zunächst Jacke und Hose aus bunten Flicken, eine Beule auf der Stirn, den hölzernen Degen, später das rhombisch gescheckte Kostüm, einen breit-krempigen Hut mit einem Fuchs- oder Hasenschwanz, eine schwarze Leder-Halbmaske und einen Holzprügel. Er ist gelenkig, gefräßig und unver-schämt, doch macht er seine dummschlauen Einfälle auch seinem Herrn zu-nutze.

Seine Abwandlung ins Tölpelhafte und Bäuerliche ist der ›Truffaldino‹. Eine Abwandlung des Harlekins ins Intrigante bis zum schieren Schurken in der Maske des Biedermannes ist der ›Brighella‹ in giftgrüner Uniform, ein Enkel der schlauen Sklaven aus der griechisch-römischen Komödie.

Der liebenswürdigere ›Mezzetino‹, ein anmutiger Spaßmacher im rot-weiß gestreiften Gewand, ist der Ahnherr des französischen Turlupin, des Scapin, des molièreschen Sganarelle und des spanischen Figaro, der wiederum bei Beaumarchais auftaucht.

Eine Art neapolitanischer Arlecchino ist der höchst indezente ›Pulcinella‹ mit weißer Pluderbluse, weißem Käppchen unter einem Hut mit Hahnen-feder, mit Holzdegen und Schnurrbartmaske, ein boshafter, schadenfroher Kerl, immer auf der Jagd nach Geld, Wein und Liebe. Er scheut sich nicht, seine kleineren Notdürfte auf der Bühne zu verrichten. Pulcinella wird in Frankreich zum ›Polichinelle‹, in England zum ›Jack Pudding‹ und in Deutschland zum ›Hanswurst‹.

Neapolitaner ist auch der ›Tartaglia‹, ein geschwätziger, aber stotternder, kurzsichtiger Fettwanst, der als Richter und Notar das Gesetzbuch und als Apotheker die Klistierspritze schwingt.

›Pantalone‹ ist Venezianer, lang, hager, ziegenbärtig, in roter Jacke und

Hose, ein reicher Kaufmann, ein überalterter Liebhaber, mißtrauisch, doch leicht zu übertölpeln.

Der ›Capitano‹, ein Enkel des prahlenden Bramarbas von Plautus, trägt Kostüm und Degen der Edelleute, kann sich und seine Tapferkeit nicht laut genug rühmen und entpuppt sich immer wieder als Feigling. Eine seiner Abwandlungen ist der Windbeutel und Maulheld ›Scaramuccio‹, in Frankreich ›Scaramouche‹, ein verlogener Sexualprotz obendrein.

Ein bürgerlicher Typ ist der ›Dottore‹ aus Bologna, meist schwarz gekleidet, ein Arzt, Jurist oder Philosoph, immer aber ein hemmungsloser Schwätzer, ein scheingelehrter Wicht. Mit ihm wird die Borniertheit des Fachmanns dem Gelächter preisgegeben. Molière und nach ihm Anouilh haben vom ›Dottore‹ in allerlei Verkleidungen den reichsten Gebrauch gemacht.

Als immer gleiche, komische Grundlage der Commedia dell'arte nennt Goldoni: den Venezianer Pantalone, den Bologneser Dottore und die beiden Bergamasker Diener, Brighella und Arlecchino.

›Ruffiana‹, auch ›Rosetta‹, ist die komische Alte. Die Partnerinnen des Arlecchino und des Pulcinella heißen ›Fiametta‹ oder ›Olivetta‹, und wenn sie bei aller Gewitztheit auch lieblich und zart sind, ›Colombina‹, in Frankreich ›Colombine‹. Um den Arlecchino, der sich in Colombina verliebt oder mit ihr verlobt oder verheiratet ist, eifersüchtig zu machen, bedarf es des ›Pedrolino‹, des ehrlichen Dieners, meist zärtlich, aber unglücklich in Colombina verliebt. Das Dienstmädchen Toinette in Molières ›Eingebildetem Kranken‹ ist eine Weiterentwicklung der schlauen Colombina, eines weiblichen Arlecchino. In Frankreich wird der ›Pedronello‹ zum ›Pierrot‹, die ›Pedronella‹ zur ›Pierette‹. Gelegentlich tritt ein Pärchen auf, das zu nichts anderem als zur Liebe bestimmt ist: ›Isabella‹ und ›Florindo‹.

Dieses Arsenal von festgelegten Figuren wurde nicht von Schriftstellern sondern von Schauspielern ausgeprägt. Mit ihm läßt sich improvisieren, zumal die Zuschauer schon am ebenfalls festgelegten Kostüm erkennen, um wen es sich handelt. Die Möglichkeiten ihrer Beziehungen liegen auf der Hand. Festgelegt werden mußte nur noch der grobe Ablauf der Handlung: Wer begegnet wem? Was wollen sie voneinander? Wer tritt störend dazwischen? Zu welchem Ergebnis soll die Szene führen?

Um diese Fragen zu klären, fertigte der ›Concertatore‹ ein Szenarium an und heftete es hinter der Bühne an, so daß sich jeder Schauspieler vor seinem Auftritt über den gewünschten Fortgang der Geschichte orientieren konnte. Das Szenarium wurde ›Canevas‹ genannt: mit diesem Wort bezeichnen die Franzosen ein gitterartiges Gewebe, das als Untergrund für Stickereien benutzt wird. Auf den Grund des Canevas also stickten die Darsteller ihr farbiges Spiel.

Figuren der Commedia dell'arte: der ›Pantalone‹; ein ›Zanni‹, ein Diener mit dem
Holzschwert (vermutlich ein Konterfei des Schauspielers Francesco Gabbrielli); darunter der ›Capitano‹. Drei Radierungen von Jacques Callot (um 1620). Der ›Comico‹
im ältesten Harlekin-Kostüm (aus der Zeit von 1660 bis 1680), eine Radierung von
Giuseppe Maria Mitelli (1634 bis 1718)

Dazu hatten sie ein Repertoire von mehr als zehntausend ›lazzi‹, von ausprobierten akrobatischen Effekten, von immer paraten Witzen, die sie bei passender Gelegenheit anbrachten. Besonders Arlecchino mußte stets bereit sein, Stockungen mit seinen Spässen zu überspielen. Und wenn in der Stadt, in der die Truppe auftrat, ein Skandälchen ruchbar wurde, so kam es taufrisch auf die Bühne, wurde im Spiel improvisiert und kommentiert.

Undenkbar ist die Commedia dell'arte ohne das Spieltemperament der Italiener, ohne ihre Akrobatik, ihr mitreißendes Sprechtempo und die Ausdruckskraft ihrer Gebärden. Die Halbmasken der Komiker (die Liebhaber trugen keine Masken) unterstrichen zwar den Typ, legten aber das Gesicht, anders als die antiken Masken, nicht auf einen bestimmten Ausdruck fest. Im übrigen spielte man mit dem ganzen Körper. Ihre Bühne, ein einfaches Holzgerüst, hatte keine nennenswerten Dekorationen, nur Vorhänge auf allen vier Seiten, um Überraschungs-Auftritte und Zauber-Einlagen zu ermöglichen: eine Bühne, die allein durch den Schauspieler lebendig wird.

In der Mitte des 18. Jahrhunderts verschwand die Commedia dell'arte; die Autoren und das Publikum fingen an, sich für kompliziertere Charaktere zu interessieren. In Wien wurde sie sogar verboten, am 11. 2. 1752. In Deutschland gaben sich der Literaturprofessor Gottsched und die Theaterdirektorin Caroline Neuber alle Mühe, den Harlekin, den Hanswurst, von der Bühne zu vertreiben, doch hat sich schon Lessing 1767, dreißig Jahre nach der symbolischen Verbannung des Hanswurst, bei einer Marivaux-Kritik darüber belustigt, daß der verjagte Harlekin im scheckichten Jäckchen dennoch im Theater der Neuberin auftrat, freilich als weißgekleidetes Hänschen. Und Lessing, der für die hohe deutsche Komödie mehr als jeder andere getan, legte ein gutes Wort für den volkstümlichen Harlekin ein: »Die Neuberin ist tot, Gottsched ist auch tot: ich dächte wir zögen ihm das Jäckchen wieder an.« Er fragte: »Warum wollen wir ekler, in unseren Vergnügungen wähliger und gegen hohle Vernünfteleien nachgebender sein, als — ich will nicht sagen, die Franzosen und Italiener sind — sondern, als es selbst die Römer und Griechen waren?«

Die Commedia dell'arte hat inzwischen die scheckichten Jäckchen oft gewechselt, aber ganz verschwunden ist sie nicht. Wenn in Hollywood ein billiger Wildwester fürs Fernsehen gedreht wird, so stehen ein paar festgelegte Typen zur Verfügung, die man schon an ihrem Kostüm erkennt, darunter der Sheriff, der Bandit, das ›badgood girl‹, das Mädchen im Tingeltangel, das ›böse‹ erscheint, sich aber als ›gut‹, als unverdorben herausstellt, dazu ein paar komische Nebenfiguren, Arlecchino mit dem Colt, und ein Szenarium mit der in groben Zügen festgelegten Handlung — der Rest wird vor der Kamera improvisiert, der Überfall auf diePostkutsche, die Schlägerei im Saloon, das Pistolen-Duell auf der leeren Hauptstraße. Der ›Canevas‹ erlaubt nur geringfügige Abwandlungen und erfordert zur Erheiterung die ›lazzi‹, von den Filmleuten ›gags‹ genannt.

Wie konnte und kann in zeitgemäßer Aufmachung sich ein Spiel so lange halten, das im Grunde immer wieder das gleiche bringt? Diese Frage berührt ein offenes Geheimnis der menschlichen Natur — auf die Erkundigung »Was gibt's Neues?« will insgeheim kein Mensch etwas wirklich Neues hören. Es verlangt den Menschen nur nach einer Abwandlung des alten, nach einer Bestätigung, daß alles im ›Canevas‹ und seinen bekannten Variationsmöglichkeiten weitergeht. Das wirklich Neue ist immer erschreckend; das ›Neue‹ aber, das nur eine Verschiebung innerhalb des vertrauten Schemas ist, beruhigt, denn es bestätigt, daß das Leben in gewohnter Weise weitergeht.

Nichts anderes will der Mensch erfahren, der »Was gibt's Neues?« fragt oder ein Theater aufsucht. Darauf beruht der Massenerfolg aller ›Serien‹: in Büchern, auf der Bühne, im Film oder im Fernsehen. Auch die Commedia dell'arte war eine ›Serie‹: sie unterhielt ihr Publikum zweihundert Jahre lang, und ihre Typisierungen halten noch heute vor.

Carlo Goldoni: Kampf dem Harlekin

Heute verlangt man von dem Schauspieler Seele, und Seele unter der Maske ist wie Feuer unter der Asche.   Goldoni

»Ich besitze eine sehr gut erhaltene, in Pergament gebundene Handschrift aus dem 15. Jahrhundert mit 120 Stoffen oder Skizzen von italienischen Stücken, die man Commedia dell'arte nennt. Ihre komische Grundlage bilden immer Pantalone, ein venezianischer Kaufmann; der Doktor, ein Rechtsgelehrter aus Bologna; Brighella und Arlecchino, Bedienstete aus Bergamo. Der erste ein Schelm und der zweite ein Tölpel.« So schrieb Carlo Goldoni und kam zu dem Ergebnis: »Die Maske wird das Spiel des Darstellers immer beeinträchtigen. Will er nun Freude oder Schmerz ausdrücken, ob er nun verliebt ist, in Zorn gerät oder scherzt, stets zeigt sich das gleiche bemalte Leder ... Er mag gestikulieren und den Ton seiner Stimme wechseln wie er will, nie wird er durch seine Gesichtszüge, die wahren Dolmetscher des Herzens, die verschiedenen Leidenschaften erkennen lassen, von denen seine Seele bewegt ist ... Heute verlangt man von dem Schauspieler Seele, und Seele unter der Maske ist wie Feuer unter der Asche.«

Goldoni, der Theaterautor und Regisseur, nahm den Schauspielern die Maske ab, räumte die Asche vom Feuer der Leidenschaften und versuchte, die Seele ins Spiel zu bringen. Die Natürlichkeit der französischen Schauspieler entzückte ihn, denn auch er wollte auf der Bühne ›Natur‹. Vorbild seiner Lustspiele waren die Charakterkomödien Molières, von denen Goethe gesagt hatte, Molière züchtige die Menschen, indem er sie in ihrer Wahrheit zeige. Auch Goldoni zeigte die Menschen in ihrer Wahrheit, wie er sie in den Cafés und auf den Plätzen Venedigs erlebte, doch wollte er sie nicht züchtigen, nur belehren: lachend sollten sie ihre Schwächen erkennen, und diese Schwächen zeichnete Goldoni mit gutmütigem Spott. Die beißende Satire lag ihm nicht, er war zu liebenswürdig. Er glaubte daran, daß der Mensch sich und sein Schicksal beherrschen kann und daß er dazu eines weniger strengen als souveränen Helfers bedarf: der Charakterkomödie in seinem Geschmack.

Goldoni war Venezianer, geboren am 25. Februar 1707 im Palazzo Cent'ani, der heute Casa Goldoni heißt und das Theatermuseum beherbergt. Sein Großvater konnte es sich noch leisten, sich in seiner Villa am Lido ein eigenes Theater einzurichten und dafür Schauspieler und Sänger zu engagieren. Viel Geld blieb da für Carlos Vater nicht übrig, der ebenfalls in das Theater vernarrt, doch gezwungen war, einen Brotberuf zu ergreifen; er wurde Arzt in dem Fischerdorf Chioggia. Der zehnjährige Carlo war Schüler einer Dominikaner-Pension in Rimini, riß von dort aus und fuhr mit einer Schauspieltruppe nach Chioggia zurück, wo der Direktor der Truppe ein gutes Wort für ihn bei seinem Vater einlegte. Durch Protektion erhielt Carlo eine Freistelle in einem geistlichen Institut in Pavia, wo er, gerade sechzehn Jahre alt, den Entschluß faßte, Italien ein Theater zu schenken, das mit den Bühnen der Spanier, Franzosen und Engländer konkurrieren kann. Doch zunächst flog er von der Schule, weil er eine ›Atellane‹, eine Satire, auf die vornehmen Familien Pavias geschrieben hatte.

Der Tod seines Vaters zwang ihn, seine Familie zu unterstützen; er wurde Sekretär bei verschiedenen hohen Beamten und verfaßte nebenbei Theaterstücke, die er später in die Gesamtausgabe seiner Werke nicht aufnahm. In Padua holte er sich den juristischen Doktor, wurde Advokat in Venedig, nahm aber die erste Gelegenheit wahr, sich der Truppe des Direktors Giuseppe Imer anzuschließen, und erprobte mit den Schauspielern seine neuen Ideen. In Genua lernte er Nicoletta, seine künftige Frau, kennen. Er wurde genuesischer Konsul in Venedig, gab für Repräsentation mehr Geld aus, als er hatte, war vier Jahre lang Rechtsanwalt in Pisa und schrieb nebenbei immer wieder Theaterstücke.

Seine Umarbeitung einer Commedia dell'arte zum ›Diener zweier Herren‹ wurde in Venedig ein großer Erfolg. 1748 verpflichtete ihn Direktor Medebac vom Teatro Sant'Angelo in Venedig als Hausdichter, und zu Beginn der

Saison 1750 kündigte das Theater sechzehn Komödien von Goldoni an — darunter waren sechs ohne die Maskenfiguren der Commedia dell'arte. Wie viele große Theaterautoren arbeitete Goldoni mit den Schauspielern und studierte seine Stücke selbst ein. Er mußte ja die in der Commedia dell'arte erstarrten Darsteller mit seinem neuen Stil vertraut machen: der Harlekin sollte nicht nur von der Bühne vertrieben, er mußte auch den Schauspielern ausgetrieben werden. Sein neues Theater propagierte er als ›Nuovo Teatro Comico‹ und begann mit einem ebenso autobiographischen wie programmatischen Lehrstück, ›Il Teatro Comico‹, in dem ein Theaterdirektor vorführt, wie die Schauspieler zur Überwindung der Commedia dell'arte erzogen werden, und was das Publikum in Zukunft vom Lustspiel erwarten darf.

Trat im ›Lügner‹, den Goldoni nach Corneille schrieb (siehe auch Seite 242) noch das Personal der Commedia dell'arte auf, so waren aus dem ›Kaffeehaus‹ alle Masken, samt ihren Namen, verschwunden und hatten differenzierteren Charakteren Platz gemacht. Von ›differenzierteren Charakteren‹ kann man allerdings nur aus Goldonis Sicht sprechen; vom 20. Jahrhundert aus gesehen, das den psychologischen Naturalismus hinter sich hat, sind Goldonis Rokoko-Charaktere nicht viel mehr als farbigere Typen — was sein historisches Verdienst keineswegs schmälert.

Ein typischer Theaterkrach bereitete seinen Abschied von dieser Bühne vor: als Frau Direktor Medebac, die erste Schauspielerin, ihre unerträglichen Launen hatte und krank wurde, wie es ihr gerade paßte, schrieb Goldoni für die zweite, eine jüngere Schauspielerin die Glanzrolle der verführerischen ›Mirandolina‹, und sofort wurde Frau Medebac gesund und streitbar. Man einigte sich zwar wieder, doch 1751 ging Goldoni zum Teatro San Luca über, ebenfalls in Venedig. Er wurde verpflichtet, jedes Jahr acht neue Stücke zu schreiben. Hier erlebte er das erfolgreichste, doch auch intrigenreichste Jahrzehnt seines Lebens. Vom Publikum geliebt, von akademischen Puristen bekämpft wurden seine Volksstücke im venezianischen Dialekt, dessen Anmut er über alles liebte; darunter 1759 ›Die Rusteghi‹, von Ermanno Wolf-Ferrari 1906 zum musikalischen Lustspiel ›Die vier Grobiane‹ verarbeitet; 1760 ›Das neue Haus‹ und ›Skandal in Chioggia‹, ein Stück, das Goethe 26 Jahre später im gleichen Haus gesehen hat. Goethe schrieb über diese ›Rauf- und Schreihändel in Chiozza‹ ausführlich in seiner ›Italienischen Reise‹: »Ein Gelächter und Gejauchze von Anfang bis zu Ende ... Großes Lob verdient der Verfasser, der aus nichts den angenehmsten Zeitvertreib gebildet hat. Das kann man aber auch nur unmittelbar seinem eigenen lebenslustigen Volk.«

Nachfolger Goldonis bei Medebac wurde einer seiner schlimmsten Feinde:

der Abbate Chiari, der ihn erbittert bekämpfte und ihn doch imitieren mußte.

Sein zweiter großer Gegner war der Graf Carlo Gozzi: er hielt an den Masken der Commedia dell'arte fest und verachtete Goldonis kleinbürgerliche Gestalten und ihren Dialekt. Auch Direktor Medebac machte ihm das Leben sauer; er beanspruchte das Eigentumsrecht der ersten Gesamtausgabe seiner Komödien für sich.

So folgte Goldoni 1762 einem Ruf des französischen Königs, Ludwigs XV., nach Paris, wo er als Direktor den Zerfall der ›Comédie italienne‹, der italienischen Komödie, aufhalten sollte. Die ›Comédie Française‹ mit ihrem Molière-Repertoire war zwar damals das beliebtere Theater, aber bei den Italienern wollte das Publikum natürlich trotzdem Commedia dell'arte sehen: Goldoni mußte also auf eine Theaterform zurückgreifen, die er selbst mit Hilfe seines Vorbildes Molière schon überwunden hatte. Doch auch mit dieser Selbstverleugnung konnte er die ›Comédie italienne‹ nicht retten.

Inzwischen wurden seine Stücke gedruckt verbreitet und in den europäischen Theaterstädten viel gespielt. Goldoni übernahm das Amt eines Sprachlehrers und Vorlesers der königlichen Prinzessinnen am Hofe Ludwigs XV. und später auch Ludwigs XVI. Mit seiner französisch geschriebenen Komödie ›Le Bourru bienfaisant‹ (›Der wohltätige Griesgram‹) hatte er noch einen großen Erfolg. 1787 vollendete er — in französischer Sprache — seine aufschlußreichen und liebenswürdigen Memoiren, von denen Königin Marie Antoinette 25 Exemplare subskribierte. Zwei Jahre später verlor er durch die Französische Revolution seine Pension, mit der ihn Ludwig XVI. beschenkt hatte. Sein Name verschwand aus dem öffentlichen Gespräch, er verarmte und erblindete. Schließlich gewährte ihm die Nationalversammlung, gedrängt von Joseph, dem Bruder des Dichters André Chenier, wieder seine Jahresrente: am 6. Februar 1793, an seinem Todestag.

Goldoni hatte Kompromisse machen müssen. »Ich füge mich darein«, konnte er dennoch nicht ohne Stolz feststellen, »einige Stegreifkomödien zu schreiben, ohne auf meine Charakterlustspiele zu verzichten. In den ersteren beschäftigte ich die Masken und brachte in den letzteren interessante und vornehme Komik zum Ausdruck. Jeder hatte seinen Anteil am Vergnügen, und mit der Zeit und durch Geduld gelang es mir, zwischen ihnen volles Einvernehmen herzustellen. Nun hatte ich die Genugtuung, meinem Geschmacke folgen zu dürfen, der nach Verlauf weniger Jahre der allgemeine und am meisten anerkannte Geschmack in ganz Italien geworden.«

Goldonis Theaterreform hat schließlich gesiegt. Die meisten seiner Stücke freilich gereichen, wie schon Goethe argwöhnte, »nur unmittelbar seinem eigenen lebenslustigen Volk« zur reinen Freude. Die folgenden Hinweise auf

einige Stücke beziehen sich auf die Ausgabe von Lola Lorme, durch deren
ausgezeichnete, originalgerechte Übersetzungen die wichtigsten Werke Goldonis auch dem deutschen Publikum zugänglich sind. Die Uraufführungsdaten sind nicht der Autobiographie Goldonis entnommen, der mit Jahres-
zahlen recht großzügig umgegangen ist, sondern der ›Enciclopedia dello
spettacolo‹ (Rom, 1954–1962).

Der Diener zweier Herren (Il servitore di due padroni). Uraufführung wahrscheinlich 1746 in Mailand, durch die Compagnia Antonio Sacchi. Goldoni
schrieb dieses Stück während seiner Advokatenzeit in Pisa (»Bei Tag arbeitete ich für das Gericht, bei Nacht für das Theater«) auf Bitten des venezianischen Schauspielers Sacchi, des berühmtesten Arlecchino-Darstellers seiner
Zeit, der ihm auch den Stoff lieferte, eine alte Commedia dell'arte. Die Komödie wurde in Venedig mit großem Beifall aufgeführt und machte Goldoni
zum begehrten Bühnenautor. — In einem venezianischen Gasthaus wohnen,
ohne voneinander zu wissen, Florindo und Beatrice, die Florindo liebt und
die ihm, als Mann verkleidet und unter dem Namen ihres toten Bruders
Federico, aus Turin nachgereist ist. Truffaldino, der schlechtbezahlte Diener
Beatrices, tritt auch in den Dienst Florindos; wenn er nicht als Diener zweier
Herren ertappt werden will, muß er gerade das verhindern, was seine Herrschaften innig wünschen: daß sie sich finden. Wenn Truffaldino vor lauter
Hunger immer wieder die Brotkrumen verschluckt, mit denen er eigentlich
einen heimlich geöffneten Brief zukleben will, wenn er beiden Herrschaften,
die in getrennten Zimmern speisen, zugleich servieren muß und sich nur
noch mit akrobatischer Gewandtheit des Körpers und der Zunge retten kann,
so ist er der reine Stegreifenpossen-Arlecchino — er muß improvisieren, um
sich und seine beiden Geldquellen am Leben zu erhalten. In Beatrice steckt
die Commedia-dell'arte-Figur der Colombine, in dem Kaufmann Pandolfo
der Pantalone, in dem Doktor Lombardi der Dottore, in dem Wirt Tebaldo
der Brighella. Trotzdem geht diese Komödie in der Charakterzeichnung der
Liebenden, zu denen noch Pandolfos Tochter Rosaura (auch Clarice genannt)
und Lombardis Sohn Silvio gehören, über die Commedia dell'arte hinaus, ja
der Kontrast zwischen dem allein von der Selbsterhaltung getriebenen, fühllosen Truffaldino und dem reicheren Gefühlsleben seiner Herren zeigt im
Stück den Kontrast zwischen der alten Commedia und Goldonis neuer Komödie. Er wird bis ins äußerste getrieben: Truffaldino ist aus Selbstschutz
so unverfroren, daß er beide Herrschaften belügt, die andere Herrschaft sei
gestorben — und genau da begegnen und erkennen sich die Liebenden.
Die Paare kommen zusammen, und sogar für Truffaldino findet sich ein
Mädchen, die Kammerzofe Blandina (auch Smeraldina genannt). — Einen

Arlecchino im ›Diener zweier Herren‹ von Goldoni.
Stich von Antonio Baratti, nach einer Zeichnung von
Piero Antonio Novelli

triumphalen Erfolg in vielen Ländern erlangte diese Komödie in den fünfziger Jahren unseres Jahrhunderts gerade dadurch, daß Giorgio Strehler mit seinem Mailänder Piccolo Teatro auf die Ansätze zur Charakterkomödie verzichtet hat und noch über die erste Fassung Goldonis zurück zum Stil der Commedia dell'arte (auch mit Halbmasken für die feststehenden Figuren) gegangen ist. Marcello Moretti (1961 gestorben) spielte mit unerhörter artistischer Brillanz den Arlecchino, ebenso marionettenhaft wie menschlich, wobei seine wie alle übrigen Improvisationen selbstverständlich auf das genaueste einstudiert waren. Die Anmut der Leidenschaften, einschließlich einer geradezu graziösen Verzweiflung, die Vehemenz und Melodie der Sprache und der Gebärden waren so mitreißend, daß sie jedem deutschen Theater den Mut zu diesem oder zu einem anderen der Commedia eng verbundenen Mischstücke Goldonis nehmen sollten: sie können allein vom Temperament und vom Formgefühl des mittelmeerischen Menschen erfüllt werden.

Das Kaffeehaus (La bottega del caffè). Uraufführung: 2. Mai 1750 in Mantua. Eines der sechzehn Stücke, die Goldoni nach eigenen Angaben 1750/51 für das venezianische Teatro Sant'Angelo schrieb; eines der sechs Stücke dieser Saison ohne die Masken der Commedia dell'arte; ein Stück des Weltrepertoires, das nicht unbedingt romanischer Schauspieler bedarf. — Eine venezianische Sackgasse mit drei Läden: einem Kaffeehaus zwischen Barbiersalon und Spielhölle. Enthüllt und entmachtet wird Don Marzio, ein freches und taktloses Lästermaul, ein schamloser Lügner, Denunziant und Polizeispitzel. Er sieht es am Ende ein, daß er sich durch seine böse Zunge die berechtigte Verachtung aller zugezogen hat, und verläßt Venedig. Don Marzio hat einen allgemeinen moralischen Reinigungsprozeß aufgehalten, der schließlich von zwei Frauen gewonnen wird. Die eine, die zärtliche Vittoria, ist jung verheiratet mit dem Kaufmann Eugenio, der im Spielsalon des Herrn Pandolfo zu versacken droht, zumal Pandolfo und der Hochstapler Flaminio, der sich als Graf Leandro ausgibt, ihn mit gezinkten Karten betrügen. Die andere Frau, die handfeste Placida, ist mit dem falschen Grafen verheiratet, der sie mit der Tänzerin Lisaura betrügt. Helfer der Frauen ist der Kaffeehausbesitzer Ridolfo, ein anständiger Mann und biederer Freund. »Es sind darin ebenso viele Charaktere als Personen«, hat Goldoni stolz festgestellt, und zu diesen Charakteren gehört auch der mundfertige Diener Trappola. Es gibt keine Schwarz-Weiß-Malerei mehr, sondern moralische Mischfarben: Menschen, deren Stärken und Schwächen genau, doch mit einsichtsvoller Liebe gezeichnet sind. Goldonis Liebenswürdigkeit ist so groß, daß sogar seine ruchlosesten Figuren besserungsfähig erscheinen. Er kam der von ihm angestrebten Wirklichkeitstreue immerhin so nahe, daß ihm dieses Lustspiel Drohungen »mit Degen, Dolch und Pistole« eintrug — von Venezianern, die sich durch Don Marzio porträtiert glaubten.

Der Lügner (Il bugiardo). Uraufführung: 23 Mai 1750 in Mantua. Eines der sechzehn Stücke, die Goldoni nach eigenen Angaben 1750/51 für das venezianische Teatro Sant'Angelo schrieb; ein Mischstück, das sich noch der Masken der Commedia dell'arte bediente. — Der ›Dottore‹ heißt hier Balanzoni und ist Arzt in Venedig; ›Colombina‹ ist das Kammermädchen seiner Töchter Rosaura und Beatrice; ›Brighella‹ ist der Vertraute des in Rosaura schüchtern verliebten Florindo; ›Arlecchino‹ dient Lelio, dem Lügner, dessen Vater ›Pantalone‹ ist, der venezianische Kaufmann, den Goldoni hier freilich aus der Schablone gelöst und mit Geist und Gemüt begabt hat. Der neuartige Charakter inmitten der Masken ist Lelio, der Lügner, den Goldoni von Corneille übernommen hat (siehe auch Seite 242).»Ich machte mir eine Ehre daraus«, schrieb Goldoni, »nach seinem Vorbild zu arbeiten. Ich fügte nur soviel hinzu, als mir für den Geschmack meiner Nation und für die Aufnahme meines Stückes nötig schien.« Der redliche Liebhaber Florindo, dessen Liebeswerben um Rosaura mit Serenade, Sonett und Geschenken Lelio geschickt für sich ausnutzt, ist eine Erfindung Goldonis. Wie bei Corneille kann man dem Lügner nicht allzu böse sein: er ist eher ein von seiner Phantasie mit-

gerissener Angeber mit dem Charme des unbedenklichen Leichtsinns. Anders
als bei Corneille geht er leer aus: nachdem es ihm fast gelungen ist, Rosaura
zu erobern, muß er einsehen, daß selbst seine virtuosen Lügen der Wahrheit
nicht gewachsen sind — eine Einsicht, die ihn nicht daran hindern wird, der
Windbeutel zu bleiben, der er ist: er lebt in einer zusammengeschwindel-
ten Scheinwelt über der gemeinen Wirklichkeit, er ist ein Lügner aus Lust,
der seine Seifenblasen mit einiger Gelassenheit zerplatzen sieht. Während
sich in der Commedia dell'arte die Verwicklungen und Verwechslungen
aus den Masken fast automatisch und zum puren Spaß ergeben, ist in
Goldonis Komödie ein anrüchiger Mensch ihr Urheber und ihr Auflöser:
Lelio fängt sich selbst im Gespinst seiner Lügen. Dem Wirbel des alten
Stegreifspiels hat Goldoni eine verursachende moralische Mitte gegeben:
den Charakter.

Mirandolina, auch *Die Locandiera* (La locandiera). Eines der sechzehn
Stücke, die Goldoni nach eigenen Angaben 1750/51 für das venezianische
Teatro Sant'Angelo schrieb; die Uraufführung fand hier wohl erst im Januar
1753 statt. Ein Stück ohne die Masken der Commedia dell'arte. Geschrieben
zum Ärger der Frau Direktor Medebac nicht für sie, die erste Schauspielerin,
die ihre schwer erträglichen Launen hatte, sondern für die Soubrette Coral-
lina. — Schauplatz ist eine ›Locanda‹, eine Art Hôtel garni, in Florenz; Mirandolina ist die hübsche und intelligente Wirtin. Von den Männern verehrt,
hat sie nur Spott für ihre Verehrer, obwohl sie zur treuen Ehefrau wie geschaffen scheint. Zwei ihrer Verehrer sind lächerlich bis tragikomisch: der
verarmte, ewig schmarotzende, doch grotesk adelsstolze und hochmütige
Marchese di Forlipopoli, und der materialistische, allein auf seinen Reichtum
pochende, doch gutmütige Graf von Albafiorita. Der fast ebenbürtige Gegenspieler Mirandolinas ist der Cavaliere di Ripafratta, ein selbstzufriedener
Junggeselle, der die Frauen ungefähr so störend empfindet wie Mirandolina
die Männer. Mit List, mit geheucheltem Verständnis für seine Eigenart, mit
Koketterie in der Maske der Biederkeit, mit einer völlig naiven Durchtrieben-
heit macht Mirandolina den Frauenfeind in sich verliebt: des Widerspenstigen Zähmung durch Intelligenz und Manieren — ein Triumph freilich, der sie,
während sie ihn noch auskostet, schon beschämt, so daß sie nun erst reif
wird, den redlichen Kellner Fabrizio zu heiraten, der allein ihrem Stand entspricht und der unter ihrem Spiel in mühsam gedämpfter Eifersucht schwer
gelitten hat. Dieses Ende enthält eine Spitze gegen die von Mirandolina
gefoppte Aristokratie; ob es als schiere Vernunftheirat wirkt, liegt allein
an der Darstellerin der Mirandolina. Der Geist der Commedia dell'arte kann
sich durch zwei Diener einschleichen; er wirbelt offen nur als Episode zweier

abenteuerlustiger, hochstapelnder Schauspielerinnen, Ortensia und Dejanira, durch dieses graziöse Lustspiel der feineren und tieferen Empfindungen. Der florentinische Alltag duftet nach Küche, frischer Wäsche und bei allem Übermut nach bürgerlicher Sittsamkeit. — Goethe sah das Stück auf seiner italienischen Reise und zeigte sich sehr befriedigt darüber, daß die Mirandolina, deren lieblose Kälte und weiblicher Übermut ihn erbosten, von einem jungen Mann gespielt wurde: »Man klatschte dem Jüngling Beifall mit frohem Mute zu und war ergötzt, daß er die gefährlichen Eigenschaften des geliebten Geschlechts so gut gekannt und durch eine glückliche Nachahmung ihres Betragens uns an den Schönen für alles, was wir ähnliches von ihnen erduldet, gleichsam gerächt habe ... Man empfand hier das Vergnügen, nicht die Sache selbst, sondern ihre Nachahmung zu sehen, nicht durch Natur, sondern durch Kunst unterhalten zu werden, nicht eine Individualität, sondern ein Resultat anzuschauen.« Goethe genoß das, was man heute »Verfremdung« nennt.

Auf der Opernbühne ist Goldoni durch den venezianischen Komponisten Ermanno Wolf-Ferrari (1876 bis 1948), einen Deutschitaliener, heimisch geworden. Die Textbücher seiner Opern ›Die neugierigen Frauen‹ (1903), ›Die vier Grobiane‹ (1906), ›Die schalkhafte Witwe‹ (1931) und ›Il Campiello‹ (1936), sind bearbeitete Stücke von Goldoni.

Carlo Gozzi: Kampf gegen Goldoni

... dann habe ich begriffen, wie klug Gozzi die Masken mit den tragischen Figuren verbunden hat. Das ist das eigentliche Schauspiel für dieses Volk; denn es will auf eine crudele Weise gerührt sein, es nimmt keinen innigen zärtlichen Anteil am Unglücklichen, es freut sie nur, wenn der Held gut spricht; denn aufs Reden halten sie viel, sodann aber wollen sie lachen oder etwas Albernes vernehmen.

Goethe, ›Italienische Reise‹, Venedig, 1786

Der Theaterreformer Goldoni, der die Masken der traditionellen Stegreifkomödie zurückdrängte, nach Möglichkeit ganz wegließ und sich am Charakterlustspiel versuchte, hatte zwei erbitterte Gegner: den Abbate Chiari, den Theaterdichter des ›Teatro San Samuele‹, der Goldoni parodierte, und Carlo Gozzi, der Goldoni durch sein Talent als Theaterautor mehr als durch seine Streitschriften gefährlich wurde.

Graf Carlo Gozzi, geboren am 13. Dezember 1720 in Venedig, ein Soldat, Schriftsteller und Polemiker von hohen Graden, war ein führendes Mitglied der Akademie der Granelleschi, die sich für die Reinerhaltung der Sprache, des Toskanischen, einsetzte und Goldoni wie Chiari verhöhnte. Goldoni, der in seinen realistischen Stücken im kleinbürgerlichen Milieu den Dialekt und die mundartgefärbte Umgangssprache benutzte, beschimpfte die Akademiker als Schwätzer, Pedanten und bedeutungslose Dilettanten und berief sich auf seine Erfolge beim Publikum.

Um Goldoni zu beweisen, daß sich das sensationshungrige Publikum zu jeder Neuheit drängt, schrieb Gozzi von 1761 an vier Jahre lang seine zehn ›fiabe‹, seine Märchenkomödien: Spiele mit Hexen und Magiern, mit verzauberten Menschen und beseelten Tieren, mit Ungeheuern und Narren, mit Verwandlungen und Wundern. Vier Masken der venezianischen Commedia dell'arte, der Truffaldino, der Tartaglia, der Brighella und der Pantalone, purzeln durch dieses effektvolle Zaubertheater. Der Aristokrat Gozzi verachtete die neuen Gedanken der Aufklärung, diese Vorläufer demokratischer Ideen. Er schrieb seine Stücke als bewußter Reaktionär, vereinigte das Erbe des barocken Zaubertheaters mit dem Erbe der italienischen Stegreifkomödie und trat mit dieser von ihm zu elegantem Rokoko verarbeiteten Mischung dem wachsenden Realismus bei Goldoni, seinem antiaristokratischen Affekt und seinem Streben nach Natürlichkeit entgegen.

Gozzi hatte 1761 sofort Erfolg, einen so großen Erfolg, daß er nicht nur durch die Sensationslust des Publikums erklärt werden kann. Er gehört zu den Theaterautoren, die unmittelbar für die Bühne, für ihre besonderen Schaueffekte und für ganz bestimmte Schauspieler schreiben, und er hatte im venezianischen Teatro San Samuele die beste Commedia dell'arte-Truppe seiner Zeit zur Verfügung, die Truppe eben jenes berühmten Arlecchino-Truffaldino-Darstellers Antonio Sacchi, der sechzehn Jahre vorher, 1745, Goldonis Stück ›Der Diener zweier Herren‹ (siehe auch Seite 303) angeregt und mit ihm Goldoni zum ersten Ruhm verholfen hatte. Die Liebe des Publikums zur Commedia dell'arte war noch groß, besonders zu den vier Masken-Darstellern dieser Truppe. Wenn Goldoni, der über die Masken längst hinausgewachsen war, seine Zeitgenossen für seine Charakterlustspiele dadurch gewann, daß er sie mit ihren Schwächen und Stärken auf der Bühne auftreten ließ, so zeigte Gozzi dem Publikum seine phantastischen Träume, seine Märchengestalten, gemischt mit gewohnter Stegreifkost.

Goldoni, schon in Gozzis erstem Stück ›Die Liebe zu den drei Orangen‹ 1761 persönlich angegriffen, hatte noch allerlei anderen Ärger (siehe auch Seite 301) und folgte ein Jahr später einem Ruf des französischen Königs nach Paris, von wo er nicht mehr nach Italien zurückkehrte. In Venedig hatte Gozzi vorläufig gesiegt, doch war das Ende der Stegreifkomödie auch durch ihn nicht mehr aufzuhalten, und heute ist Gozzi auf den Bühnen der Welt fast nur noch durch die Veroperungen seiner Stoffe und Stücke lebendig.

Die Liebe zu den drei Orangen (L'amore delle tre melarance). Mit diesem Stück, von dem nur der Canevas, das Szenarium für das Stegreifspiel, erhalten ist, eröffnete Gozzi am 25. Januar 1761 im venezianischen Teatro San Samuele seinen Kampf gegen Goldoni auf der Bühne. Ein hypochondrischer Prinz wird durch den Narren Truffaldino von seinen Grillen geheilt und erobert sich die Prinzessin in der Orange. Mit dem Kampf der Fee Morgana, einer Karikatur des Dramatikers Chiari, gegen den Zauberer Celio, einer Karikatur Goldonis, gibt Gozzi eine bissige Allegorie auf die Theaterfehden und greift beide Dramatiker an. — Zur Oper verarbeitet von Serge Prokofieff (1921).

Der Rabe (Il Corvo). 1761, wahrscheinlich Anfang Oktober, in Mailand im Teatro Regio Ducale uraufgeführt und anschließend im Teatro San Samuele in Venedig gespielt, ist pures Zaubertheater. Höhepunkt: Prinz Jennaro verwandelt sich auf offener Bühne in eine Marmorstatue, und Armilla, die Tochter des Zauberkönigs Norando, stößt sich, während sie verzweifelt die Statue umarmt, einen Dolch in den Busen — ihr Blut erweckt den Marmor wieder zum Leben. — Gozzi hat hier regelrechte Rollen geschrieben und die Improvisationen nur den Stegreif-Masken vorbehalten.

König Hirsch (Il re cervo). Uraufführung: 5. Januar 1762 in Venedig, Teatro San Samuele. Heinz von Cramer hat die Märchenkomödie frei zu einem Libretto für die Oper von Hans Werner Henze (1956) bearbeitet. Die Haupthandlung in Cramers Fassung ist der Kampf zwischen dem rechtmäßigen König und dem Statthalter, der ihn töten möchte, wobei sich der König in einen Hirsch und der Statthalter in die Gestalt des Königs verwandeln. Windgeister lenken die Kugel, die den Hirsch töten soll, auf den Statthalter — allgemeine Rückverwandlung, und der rechtmäßige König nimmt das Mädchen, über das er so lange getäuscht worden ist (bei Gozzi: Angela, die Tochter Pantalones), zur Frau.

Turandot. Uraufführung: 22. Januar 1762, Venedig, Teatro San Samuele. Gozzi verzichtet hier auf die Zauberei, deren Übermaß in ›König Hirsch‹ man ihm vorgeworfen hat. Den Masken der Commedia dell'arte weist er Nebenrollen zu: Truffaldino ist der Ober-Eunuch, Brighella der Wachhauptmann, Tartaglia Minister und Pantalone Kanzler am chinesischen Hof. Bezeichnenderweise ist dieses tragikomische Märchen, das den aus Stegreifspiel und Komödie gemischten Goldonis nahekommt, am lebendigsten geblieben. Schiller hat die deutsche Übersetzung des Wieland-Schülers F. A. C. Werthes erweitert und umgeformt und dabei für die Stegreifmasken elegante Dialoge geschrieben. Seine Fassung ließ Goethe 1802 am Weimarer Theater aufführen: Der enterbte Prinz Kalaf wirbt um die Prinzessin Turandot, die Tochter des chinesischen Kaisers. Sie gibt jedem ihrer Freier drei Rätsel auf, und wer sie nicht lösen kann, der wird geköpft. Obwohl sie vom Anblick Kalafs tief getroffen ist, stellt sie auch ihm die Rätsel; sie fühlt sich, stolz auf ihre Jungfräulichkeit, als Rächerin der Frauen am männlichen Geschlecht. Kalaf löst die Rätsel, und Turandot will sich erstechen. Doch Kalaf verspricht ihr, auf ihre Hand zu verzichten, wenn sie das Rätsel seines Namens und seiner Herkunft löst. Sie kann dies, denn Prinzessin Adelma, verliebt in Kalaf, hat ihr den Namen und die Herkunft verraten; sie steht als Siegerin da, ihrer Verpflichtung ledig, und jetzt gesteht sie Kalaf ihre Liebe. Während bei Gozzi um Liebe und Tod grausam gespielt wird, läßt Schiller das Parabelspiel vom Kampf der Geschlechter, dessen possenhafte Züge er weit zurückgedrängt hat, mit einem Sieg des in Demut verwandelten Stolzes, der beseelten und verzeihenden Liebe enden. – Opern: ›Turandot‹ von Ferruccio Busoni, 1918. ›Turandot‹ von Giacomo Puccini, 1926: in dem von Puccini benutzten Libretto, das wie Busoni auf Gozzi zurückgeht, hat Kalaf seinen Kopf für die Lösung seines Rätsels eingesetzt; der Prinzessin, die ihm ihre Liebe gesteht, doch vor der Ehe scheut, nennt er selbst seinen Namen und gibt sich damit ganz in ihre Hand.

Als Gozzis Erfolge nachließen, bearbeitete er französische und spanische Dramen, wobei er, gemäß seinen Neigungen, die Barockdichter, Calderon, Tirso de Molina, Moreto, bevorzugte; Hauptbedingung allerdings war, daß seiner Freundin Teodora Ricci, der ersten Liebhaberin der Sacchi-Truppe, die Hauptrolle lag.

Während Goldoni in Italien doch bald wieder höhergeschätzt wurde, war der Einfluß Gozzis auf die französische und vor allem auf die deutsche Romantik außerordentlich groß. Die Brüder Schlegel räumten ihm den Rang eines Shakespeare ein. Tieck fühlte sich durch seine Märchendramen mit ihm geistesverwandt. Goethe und Schiller sprachen oft über ihn; Eckermann notierte eine Bemerkung Goethes: »Gozzi habe die Meinung gehabt, es gebe nur sechsunddreißig tragische Situationen; Schiller habe geglaubt, es gebe mehr, allein, es sei ihm nicht einmal gelungen, nur so viele zu finden.« E. T. A. Hoffmann rühmte Gozzi begeistert und schrieb eine ›Turandot‹-Variante. Ferdinand Raimund ließ sich für sein Wiener Zaubertheater von Gozzi anregen.

Am 4. April 1806 starb Gozzi. Zwanzig Jahre vorher notierte Goethe in Venedig, »den 5. Oktober 1786 nachts«: »Ich komme noch lachend aus der Tragödie und muß diesen Scherz gleich auf dem Papier befestigen.« Er hatte ein Stück von Gozzi gesehen und erlebt, wie das Publikum protestierte, als ein Tyrann von seinem Sohn verlangt, seine Gemahlin umzubringen. Die Vorstellung konnte erst weitergehen, nachdem der Darsteller des Sohnes dem Publikum versichert hatte, es solle sich nur ein wenig gedulden, dann werde die Sache noch ganz nach Wunsch ablaufen. Goethe schloß von dieser Gozzi-Aufführung auf den Geschmack der Italiener am Glanz der Rhetorik und zurück auf die griechische Antike: »Die Tragödie gestern hat mich manches gelehrt. Erstlich habe ich gehört, wie die Italiener ihre elfsilbigen Jamben behandeln und deklamieren; dann habe ich begriffen, wie klug Gozzi die Masken mit den tragischen Figuren verbunden hat. Das ist das eigentliche Schauspiel für dieses Volk; denn es will auf eine crudele Weise gerührt sein, es nimmt keinen innigen zärtlichen Anteil am Unglücklichen, es freut sie nur, wenn der Held gut spricht; denn aufs Reden halten sie viel ... Jetzt verstehe ich besser die langen Reden und das viele Hin- und Herdissertieren im griechischen Trauerspiele. Die Athenienser hörten noch lieber reden und verstanden sich noch besser drauf als die Italiener ...«

Das von Goethe beschriebene Publikum ist im Grunde ein Opernpublikum, das sich ins Schauspiel verlaufen hat: es ist sich in jeder Sekunde bewußt, daß auf der Bühne Kunst stattfindet, Artistik, und es will sich dabei amüsieren. So nimmt es nicht wunder, daß der klassische Beitrag Italiens zum Welttheater in die Oper mündet.

Dänische Verwandtschaft: Ludwig Holberg

Wie der italienische Komödienschreiber Carlo Goldoni besaß der Däne Ludwig Holberg ein Buch mit italienischen Stegreifkomödien, deren Themen und Typen, Situationen und Szenen er fleißig benutzte. Wie Goldoni versuchte Holberg, von der Typenposse, der Commedia dell'arte, zur Charakterkomödie zu gelangen. Holberg hat es darin nicht so weit gebracht wie sein 23 Jahre jüngerer Kollege Goldoni, und beide haben ihr großes Vorbild Molière nicht ganz erreicht. Immerhin hat Holberg die dänische Nationalkomödie geschaffen. In Dänemark werden seine Stücke heute noch viel gespielt; in Deutschland gelegentlich. Holberg wiederum wurde ausgebeutet von dem deutschen Dramatiker August Kotzebue (1761–1819).

Holberg wurde am 3. Dezember 1684 im norwegischen Bergen, einer freien Hanse-Stadt, als Sohn eines dänischen Offiziers geboren. Dänisch war seit dem Mittelalter die Schriftsprache Norwegens. An der Universität Kopenhagen studierte Holberg zunächst Theologie, die ihm gar nicht zusagte; dann Jura und Geschichte. Er bereiste auf abenteuerliche Weise fast ganz Europa, kam nach Aachen, London, Leipzig, Brüssel, Paris, Genua und Rom. 1718

Der Politische
Kannegießer, die
erste Komödie
Ludwig Holbergs
und der dänischen
Literatur. Stich
von J. F. Clemens,
nach einem
Bild von
C. A. Lorentzen.
Aus ›Holberg-
Gallerie‹, Kopen-
hagen, 1828

wurde er – bei dürftigstem Gehalt – an der Kopenhagener Universität
Professor für Metaphysik; er war ein Schüler der englischen Aufklärung,
ein Verehrer Newtons und der exakten Forschung, ein Rationalist und
Realist.

Das dänische Nationaltheater, gefördert von König Frederik dem Vierten,
an dessen Hof französische Schauspieler und italienische Sänger gastierten,
wurde kurioserweise von zwei Franzosen gegründet: am 23. September 1722
eröffneten sie das Groennegade-Theater, das erste Haus für dänische Schau-
spielaufführungen in Kopenhagen, mit dem ›Geizigen‹ von Molière in dänischer Sprache. Zwei Tage später brachten sie den ›Politischen Kannegießer‹
von Ludwig Holberg heraus, die erste dänische Komödie. Holberg wurde
damit im Alter von 38 Jahren Hausdichter für das dänische Nationaltheater
und brachte in den folgenden sechs Jahren 28 Komödien heraus.

Während der Regierungszeit des pietistischen, theaterfeindlichen Königs
Christian des Sechsten (1730–1746) schrieb Holberg keine Zeile für das
Theater; er veröffentlichte statt dessen eine Reihe umfangreicher historischer
und juristischer Arbeiten. 1736 wurde er Professor – mit anständigem Gehalt – für Geschichte.

Unter Frederik dem Fünften (1746–1766) erwachte das Theaterleben neu.
1748 bezog ein dänisches Ensemble das Theater an Kongens Nytorv, und
Holberg übernahm die künstlerische Leitung. Er schrieb noch sechs Komödien

und ließ neben seinen eigenen Stücken u. a. Molière, Marivaux und Goldoni in dänischer Sprache aufführen. Er kaufte sich den Barons-Titel und starb, vom Hofe geehrt, vom Publikum geliebt, als wohlhabender Mann am 28. Januar 1754.

Holberg wandelte die Masken der italienischen Commedia dell'arte ins Dänische ab, ins Bäuerlich-Bürgerliche, und hielt sich an die klassizistischen Regeln, an die Einheit des Ortes, der Zeit und der Handlung. Der freche und witzige Diener Arlecchino der Commedia heißt bei Holberg Henrik und bedient sich des Gauners Oldfux, um seine Streiche auszuführen. Der geprellte Tölpel, der statt des gerissenen Henrik stets zu Unrecht bestraft wird, ist Alv. Aus Colombina, der Geliebten Arlecchinos, wird die Pernille; aus Rosetta, der komischen Alten, die Magelone. Isabella und Florindo, das aufrichtige, tugendhafte Pärchen, heißt bei Holberg Leonore und Leander. Der überlistete Vater oder Vormund ist Jeronimus, der bürgerliche, vernünftige Freund heißt Leonard.

Neben dänischen Varianten der italienischen Maskenkomödien wie ›Das arabische Pulver‹, ›Heinrich und Pernille‹, ›Pernilles kurzer Fräuleinstand‹, ›Die Reise Sganarells‹, schrieb Holberg nach Molières Vorbild Komödien, in denen eine bestimmte, sich nie wandelnde Charaktereigenschaft enthüllt und karikiert wird. Beispielsweise die modische Französelei in ›Jean de France‹; die Prahlerei in ›Dietrich Menschenschreck‹, einer neuen Variante des uralten Bramarbas; die gelehrte Hohlköpfigkeit des studierten und arrogant gewordenen Bauernsohnes in ›Erasmus Montanus‹; die Geziertheit der preziösen Frauen im ›Glücklichen Schiffbruch‹; die Schwatzhaftigkeit der Frauen in der ›Wochenstube‹; die Schwatzhaftigkeit des Mannes in ›Meister Gert Westphalen‹; der Geiz des Wucherers im ›Elften Juni‹ (auch ›Ochsendorfs Reise‹); die sinnlose Geschäftigkeit, die den Müßiggang verdeckt, in ›Der Stundenlose‹ (auch ›Viel Geschrei und wenig Wolle‹).

Wie alle Aufklärer glaubte Holberg an die Erziehbarkeit des Menschen durch Vernunft, Beispiel und Einsicht. So baute er seine Komödien oft als Lehrstücke auf: irgendeinem Menschen, der eine schlechte Eigenschaft besitzt, ja der im Grunde nichts anderes ist als diese Eigenschaft selber, wird ein Streich gespielt, der alle üblen Folgen seiner Untugend offenbart. Beim Dialog bevorzugt Holberg die Form des Verhörs: über die betreffende Eigenschaft wird zu Gericht gesessen, und am Schluß kann aus den Verhören eine moralische Lehre gezogen werden. Auf diese Moral kam es dem Pädagogen Holberg allein an, der gleichwohl Humor genug besaß, seine Lektionen amüsant vorzutragen.

Er bevölkerte seine Komödien mit Typen aus den unteren Ständen, mit Bauern und Bürgern, mit Soldaten und Handwerkern, mit Matrosen und

Dirnen, mit Bettlern und Beamten. Dabei sind ihm Figuren gelungen, die über den Schematismus seiner dramatischen Form und ihrer belehrenden Absicht hinauswachsen. Werden auch oft die Vertreter ihres Standes, die über ihre soziale Stellung hinauswollen, wieder in ihren Stand zurückverwiesen, so ist doch zu spüren, daß das Herz Holbergs, der aus dem Volk stammt, insgeheim auf ihrer Seite ist.

Der politische Kannegießer (Den politiske Kandestoeber). Die erste Komödie Holbergs und der dänischen Literatur, uraufgeführt am 25. September 1722 als zweites Stück des gerade gegründeten dänischen Nationaltheaters in Kopenhagen. Nach Holbergs Worten eine Satire auf »gewisse Prahler unter den gemeinen Leuten in Freistädten, die in den Wirtshäusern Obrigkeit und Rat tadeln und doch nichts wissen«. — Hermann von Bremen, ein Kannegießer in Hamburg, vernachlässigt seinen Beruf und sitzt täglich im Wirtshaus, wo er beim ›Collegium Politicum‹ eines Kreises von Handwerkern präsidiert, alles besser weiß und die große Politik auf die einfältigste Weise kritisiert. Zwei junge Leute, Abraham und Sanders, verkleiden sich als Abgesandte des Hamburger Rates und überbringen Hermann seine Ernennung zum Bürgermeister. Hermann, zunächst über die Maßen stolz, scheitert bald an den Aufgaben und Pflichten, die ihm auferlegt werden, und wird an den Rand des Selbstmords getrieben. Er gewinnt die Einsicht, daß Räsonieren leichter ist als Regieren. Als sich sein Amt mit den ihn überfordernden Bürden als Scherz herausstellt, erträgt er, tief erleichtert, gerne den Spott und läßt die politischen Bücher, die er nur halb verdaut hat, verbrennen. — Schwingt da auch die an die dänischen Stammtischdemokraten gerichtete, zeitgebundene Moral mit, daß sich Handwerker besser nicht mit Politik befassen, so ist der ›politische Kannegießer‹ doch sprichwörtlich geworden für den zeitlosen Typ des Wirtshaus-Strategen, dessen praktisches Können seinem Wollen und seiner Angeberei nicht gewachsen ist.

Jeppe vom Berge (Jeppe paa Bjerget). Uraufgeführt 1722 im Nationaltheater Kopenhagen. — Der Bauer Jeppe, von seiner Frau betrogen und verprügelt, vom Verwalter ausgebeutet und wie ein Stück Vieh behandelt, ist zum Säufer geworden. Als er besinnungslos betrunken ist, läßt Baron Nilus ihn auf sein Schloß bringen und, als er erwacht, als Baron behandeln. Im Umgang mit seinen vermeintlichen Untergebenen zeigt sich Jeppe nun als brutaler Tyrann, der den Kammerdienern ihren Sold nicht gönnt und die Frau des Verwalters in sein Bett befiehlt. Der Baron verabreicht ihm einen Schlaftrunk und läßt ihn wieder als Bauer erwachen. Jeppe wird als Einbrecher in das Schloß des Barons vor Gericht gestellt, zum Tode verurteilt und im Zustande der Volltrunkenheit an den Armen aufgehängt. Als unverbesserlicher Säufer wird er wieder verprügelt und verspottet. — Das Stück hat, von heute aus gesehen, eine reaktionäre politische Moral: »Kein Bauer werde Fürst, wie einst in alten Tagen. Das war wohl ehedem; doch sollt es jetzt so sein, so bräche Missetat und Tyrannei herein.« Doch trotz dieser den Feudalismus bejahen-

Ludwig Holberg:
Jeppe vom Berge.
Stich von
J. F. Clemens, nach
einem Bild von
C. W. Eckersberg.
Aus ›Holberg-
Gallerie‹, Kopen-
hagen, 1828

den Lehre macht Holberg auch klar, daß man mit einem Bauern nicht derart spielen darf, und stattet seinen Jeppe, der zum Tyrannen wird, weil er ein Leben lang als Sklave behandelt worden ist, mit tragikomischen Zügen und einem pfiffigen Humor aus. Wenn Jeppe, als Baron erwachend, an seiner eigenen Identität zweifelt, so erinnert er an Calderons Prinzen Sigismund, der in ›Das Leben ein Traum‹ (siehe auch Seite 129), getäuscht durch einen ähnlichen Trick, Schein und Sein nicht mehr unterscheiden kann. Holberg hat den Stoff aus der ›Utopia‹ Bidermanns, doch taucht er schon im Vorspiel zu Shakespeares ›Der Widerspenstigen Zähmung‹ auf; Gerhart Hauptmann hat ihn in ›Schluck und Jau‹ wieder aufgegriffen und weiter ausgesponnen.

Ulysses von Ithakien. 1724 im Nationaltheater Kopenhagen uraufgeführt und von Tieck als das ›Juwel‹ Holbergs gepriesen, ist ein für den Dänen untypisches Stück. An Hand des Trojanischen Krieges, beginnend mit dem

Paris-Urteil, bei dem Paris den Apfel der Venus zuerkennt, weil sie als einzige der drei Göttinnen bereit ist, sich nackt auszuziehen, und endend mit der Heimkehr des achtzigjährigen Ulysses, den Penelope inzwischen sechzehnmal betrogen hat, parodiert Holberg die ›Haupt- und Staatsaktionen‹, die mit ungeheurem Pathos und Schwulst vornehmlich von deutschen Wandertruppen in Dänemark gespielt wurden. Als Klassizist, der die drei Einheiten für notwendig hält, belustigt sich Holberg über Orts-, Zeit- und Handlungssprünge, indem er sie ins Groteske treibt. Als Rationalist veralbert er Prophezeiungen und Wundertaten, den lügenhaften Greis Tiresias und die leicht zu überlistende Zauberin Dido (= Circe). Als Realist entzaubert Holberg die Helden und die heroischen Legenden: Sein Ulysses ist ein pathetischer Hohlkopf. Held der Satire ist Kilian, der Diener des Ulysses: ein dänischer Pfeifenraucher und der fleischgewordene gesunde Menschenverstand. Mit Holberg hält Kilian den Trojanischen Krieg für einen gigantischen Unfug; er will nichts anderes als überleben, und dies gelingt ihm, weil er auf eine zivile Weise tapferer, intelligenter und listiger ist als sämtliche Helden in und um Troja. Er könnte fast von Bertolt Brecht erfunden sein, und man hat ihn nicht ganz zu Unrecht den Schwejk des 18. Jahrhunderts genannt. Durch Kilian allein wächst Holbergs Literaturkomödie über ihren parodistischen Anlaß hinaus: er sieht die Welt nicht aus der Frosch-, sondern aus einer allgemein menschlichen Perspektive. Wurden bis dahin die Bauern auf der Bühne zum Ergötzen der Hofgesellschaft als Tölpel denunziert, so denunzieren sich durch den bauernschlauen Kilian die höfischen Helden selbst als Tölpel. Kilian ist ein Held nach dem Herzen des Volkes — und des modernen Volksstücks, das sich durch ihn in der Theatergeschichte anmeldet.

6. DEUTSCHLAND: DIE VORSÄTZLICHE KLASSIK

Der Professor und die Prinzipalin · Lessing: der produktive Kritiker · Sturm und Drang: weniger denken, mehr leben · J. M. R. Lenz: die bittersten Komödien · Goethe: als junges Genie · Das andere junge Genie: Dr. Ritter alias Dr. Schmidt alias Schiller · Weimar: die Olympier probieren · Schiller: in den besten Jahren · Goethe: in den besten Jahren · Der Dramatiker ohne Bühne: Kleist

Für Brief und Paket, die ich soeben erhalte, danke ich schönstens und sage nur noch geschwind und aus dem Stegreife, daß ich nicht allein Ihrer Meinung bin, sondern noch viel weiter gehe. Alles Poetische sollte rhythmisch behandelt werden! ... Auf alle Fälle sind wir genötigt, unser Jahrhundert zu vergessen, wenn wir nach unserer Überzeugung arbeiten wollen. Denn so eine Salbaderei in Prinzipien, wie sie im allgemeinen jetzt gelten, ist wohl noch nicht auf der Welt gewesen ... Goethe an Schiller, Weimar, 24. November 1797

Wenn das Drama wirklich durch einen so schlechten Hang des Zeitalters in Schutz genommen wird, wie ich nicht zweifle, so müßte man die Reform beim Drama anfangen und durch Verdrängung der gemeinen Naturnachahmung der Kunst Luft und Licht verschaffen.

Schiller an Goethe, Jena, 29. Dezember 1797

Ich hatte wirklich einmal den Wahn, als sei es möglich, ein deutsches Theater zu bilden. Ja, ich hatte den Wahn, als könne ich selber dazu beitragen und als könne ich zu einem solchen Bau einige Grundsteine legen. Ich schrieb meine Iphigenie und meinen Tasso und dachte in kindischer Hoffnung, so würde es gehen. Allein es regte sich nicht und rührte sich nicht und blieb alles wie zuvor.

Goethe zu Eckermann, 27. März 1825

Kein Augenzeuge hat überliefert, was im Oktober 1737 in der Leipziger Theaterbude der Friederike Caroline Weißenborn, verheiratete Neuber, geschehen ist, doch steht fest, daß sie damals in einem von ihr verfaßten Vorspiel den Harlekin aus dem ernsten Theaterstück verbannt hat. Daß sie dabei eine Puppe im buntscheckigen Harlekinsgewand feierlich auf einem Scheiterhaufen verbrannt habe, hat sich als Legende herausgestellt. Vermutlich hat sie — wie im Frühling des folgenden Jahres in Hamburg — ihr programmatisches Vorspiel ›Der alte und der neue Geschmack‹ aufgeführt, in dem ein weiblicher Harlekin das Vorurteil gegen den neuen Geschmack vertritt und natürlich besiegt wird. Die Neuberin kämpfte mit ihrer Truppe für den neuen Geschmack, und sie selbst spielte bei dem Leipziger Verbannungs-Akt den Vertreter des alten Geschmacks, den Harlekin. In ihrer Eigenschaft als Autorin fegte sie sich in ihrer Eigenschaft als Harlekin von der Bühne: auch diese Pointe spricht dafür, daß sie eine große Komödiantin gewesen ist.

Sicherlich wollte sie ihrem Konkurrenten und erbitterten Gegner, dem vom Publikum geliebten Harlekin-Darsteller Joseph Ferdinand Müller, eins auswischen, doch ganz gewiß wollte sie nicht nur dies: sie sah im Hanswurst ein Haupthindernis, zu der höheren Form des Theaters zu gelangen, die ihr vorschwebte. ›Kanzel der Tugendlehre‹ sollte das Theater werden. In Leipzig blieb 1737 der Harlekin Müller der Sieger; die Neuberin ging mit ihrer Truppe nach Hamburg, und das Ehepaar Neuber überreichte dem Rat der Hansestadt eine — erfolglose — Denkschrift, in der es um Schutz bat und seine moralischen Absichten formulierte. Die Tragödie, heißt es darin, »bringt uns die erhabensten Begriffe von der Tugend bei, und sie reizt uns zu der Liebe zum Vaterlande, zu der Großmut und zu tausend edeln Empfindungen, die den Menschen so wohl anstehen«. Das Leben der Neuberin beweist, daß dies nicht nur berechnete Phrasen waren; sie fühlte sich berufen, »die Schaubühne von ihrem Unflate zu säubern«.

Schon vor 1737 hatte sie in ihrer Truppe den Harlekin stark zurückgedrängt und ihm vor allem die handfesten Obszönitäten

Hanns Wurst, dargestellt von dem Theaterdirektor und Schauspieler Johann Ferdinand Beck. Kupferstich von C. F. Fritzsch d. J., 18. Jahrhundert.

verboten, die seine Spezialität waren. Ganz verzichtet jedoch hat sie auch nach 1737 nicht auf den Hanswurst; er trat bei ihr in milderer Abwandlung unter allerlei anderen Namen wieder auf. Sie war zu Kompromissen gezwungen, teils durch das Publikum, teils dadurch, daß es an Stücken für das von ihr angestrebte, reformierte Theater fehlte. Überdies war sie eine Vollblut-Komödiantin, die sich nicht einmal durch ihre eigenen Theorien den theatralischen Effekt verderben ließ. »Sie tändelte ungemein gerne auf dem Theater. Alle Schauspiele von ihrer Erfindung sind voller Verkleidung, voller Festivitäten, wunderbar und schimmernd« — so hat Lessing sie beschrieben.

Ein zeitgenössisches Porträt zeigt ihr volles Gesicht, eingerahmt von einer Löwenmähne, ihr prominentes Dekolleté, umrankt von Rüschen; ihre Augen sind fröhlich und listig, am interessantesten aber ist ihr Mund: der energisch gekerbten Oberlippe gelingt es nicht, die sinnlich-volle Unterlippe zurückzuhalten. Das Porträt einer Dame und einer Komödiantin — das war zu ihrer Zeit ein arger Widerspruch, doch war sie in der Tat beides.

Der Professor und die Prinzipalin

Unsre Komödien und Tragödien haben noch so ziemlich Zuschauer. Die Mühe, so zur Verbesserung des Geschmackes angewendet wird, scheint nicht gar so vergebens zu sein. Es finden sich auch allhier verschiedene bekehrte Herzen. Leute, denen man es fast nicht hätte zutrauen können, sind nunmehr Liebhaber der Poesie geworden und Viele finden an den ordentlich gesetzten Stücken ein gutes Belieben.

Johann Neuber, Theaterprinzipal, in einem Brief aus Hamburg an den Magister Gottsched, 1731

Die ›Neuberin‹, geboren als Friederike Caroline Weißenborn am 9. März 1697 in Reichenbach im Vogtland, war die Tochter eines Advokaten, der ihr Latein und Französisch beibrachte, mehr Bildung als damals bei Töchtern üblich, und sie derart tyrannisierte, daß sie ihm als zwanzigjähriges Mädchen durchbrannte. Das war in Zwickau. Sie trat mit Johann Neuber, der die Rechte studiert hatte und den sie heiratete, in die Spiegelbergsche Schauspieltruppe ein, wechselte mit ihrem Mann zu anderen Truppen über und begeisterte sich an den Höfen von Dresden, Braunschweig und Hannover für Stücke und Stil französischer Schauspieler. Nach zehn Jahren, 1727, übernahm sie mit ihrem Mann eine eigene Truppe und freundete sich mit dem Leipziger Universitätslehrer Johann Christoph Gottsched an, der, damals 27 Jahre alt, in ihr die ideale Partnerin sah, um seine Theaterreformpläne zu verwirklichen. Die Neuberin hatte sich schon vorher an der französischen

Tragödie versucht; Gottsched hatte schon vorher — vergeblich — eine Truppe für seine Ideen gewinnen wollen. Leipzig wurde nun zehn Jahre lang ihr Standquartier bis zu jener symbolischen Verbannung des Harlekins im Jahre 1737; sie bereiste mit ihrer Truppe damals u. a. Dresden, Braunschweig, Hannover, Hamburg und Nürnberg.

Gottsched war das, was man einen ›Aufklärer‹ nennt. Die ›Aufklärung‹ verließ sich auf die Erfahrung und den Verstand. Dies wertete nicht nur die Phantasie ab, sondern auch die Glaubensbekenntnisse, die ›tolerant‹, das heißt: als gleichwertig, betrachtet wurden. Damit mußte das irdische Leben, der Einzelmensch und die Gesellschaft, zum Hauptthema werden. Versenkung und Flugmaschinen, diese Symbole für Hölle und Himmel auf der Barockbühne, wurden überflüssig oder waren nur noch Hilfsmittel für das Zaubertheater, das die rationalistische Aufklärung selbstverständlich verachtete. Politisch lief die Aufklärung auf die Französische Revolution hinaus; sie hat in der Erklärung der Menschenrechte schließlich formuliert:»Der Zweck jeder staatlichen Vereinigung ist die Erhaltung der natürlichen und unverjährbaren Menschenrechte. Das sind die Rechte auf Freiheit, Eigentum, Sicherheit und Widerstand gegen Unterdrückung.« Gott wurde gleichgesetzt mit der Natur und die Natur mit der Vernunft. Ein außerordentlicher Optimismus beflügelte den Aufklärer: er glaubte an die Erziehbarkeit des Menschen durch die Vernunft, durch das belehrende Beispiel.

Dieser Erziehungsoptimismus forderte das lehrhafte Theater heraus. So ist es zunächst gar nicht lächerlich, sondern höchst avantgardistisch, wenn der blutjunge Gottsched konsequent verlangte:»Der Poet wählt sich einen moralischen Lehrsatz, den er seinen Zuschauern auf eine sinnliche Art einprägen will. Dazu ersinnt er sich eine allgemeine Fabel, daraus die Wahrheit eines Satzes erhellet. Hiernächst sucht er in der Historie solche berühmte Leute, denen etwas Ähnliches begegnet ist, und von diesen entlehnet er die Namen für die Personen seiner Fabel, um derselben also ein Ansehen zu geben. Er erdenket sodann alle Umstände dazu, um die Hauptfabel recht wahrscheinlich zu machen, und das werden die Zwischenfabeln oder Episodia nach neuer Art genannt. Dieses teilt er dann in fünf Stücke ein, die ohngefähr gleich groß sind, und ordnet sie so, daß natürlicherweise das letzte aus dem vorhergehenden fließet . . . Die Komödie ist nichts anderes als die Nachahmung einer lasterhaften Handlung, die durch ihr lächerliches Wesen den Zuschauer belustigen, aber auch zugleich erbauen kann . . .«

Das Drama als Illustration eines moralischen Lehrsatzes zur Erbauung, Belehrung, Besserung — dies wollte auch die Neuberin. Die Neubers drückten es so aus:»Unsere Bemühung ist überhaupt jederzeit dahin gegangen, in unsern Vorstellungen die strengste Moral beizubehalten, alle leeren

Possen und unehrbare Zweideutigkeiten zu vermeiden und welches der eigentliche und vernünftige Endzweck des Schau-Platzes sein soll, die Zuschauern nicht sowohl zum Lachen zu reizen als solche zu verbessern.« Das war damals neu, denn bisher hatten die Schauspieltruppen nur ›Ergötzlichkeiten‹ versprochen.

Bis dahin spielten die Theatertruppen in Deutschland — mit Ausnahme des Magisters Johannes Velten (1640–1692), der auch Molière, Calderon und (ohne ihn zu nennen) Shakespeare im Spielplan hatte — nur ›Haupt- und Staatsaktionen‹, unerhört blutrünstige und schwülstige Historien, die aus dem Barock hervorgegangen waren; Zaubertheater mit bühnentechnischen

Kulissenbühne mit Szene einer ›Haupt- und Staatsaktion‹, vermutlich aus Corneilles ›Cid‹. Titelblatt der ›Teutschen Schawbühne‹ des Isaac Clauss, Straßburg, 1655

Tricks, durchsetzt von possenhaften Zwischenspielen; Stegreifspiele, Abkömmlinge der italienischen Commedia dell'arte (siehe auch Seite 291), in denen der Harlekin mit heute schwer vorstellbaren Derbheiten triumphierte. Was man häufig als Erfindungen des 20. Jahrhunderts anprangert — Pin-up-Erotik und Striptease, den es, nebenbei bemerkt, schon bei den Pharaonen gegeben hat —, das stand damals in weit obszöneren Vorformen in vollster Blüte, und die allgemeine Mißachtung des Schauspielerstandes war kein bloßes bürgerlich-religiöses Vorurteil, sondern hatte schon einsehbare Gründe. Besonders beliebt waren Hosenrollen mit dem Höhepunkt der handgreiflichen und durch Augenschein überzeugenden Feststellung des weiblichen Geschlechtes im männlichen Gewand.

Die Neuberin begann mit ihrer Reform im praktischen Alltag ihrer Truppe. Sie machte die unverheirateten Schauspielerinnen zu ihren Pflegetöchtern, die unverheirateten Schauspieler zu ihren Kostgängern und steuerte das Liebesleben rigoros in die Ehe oder in die Trennung. Mit der moralischen Erziehung erfolgte die künstlerische: die Schauspieler, durch die Stegreifpossen ans freie Improvisieren gewöhnt, mußten nun Rollen lernen, den im Deutschen sehr beschwerlichen französischen ›Alexandriner‹, den klassischen Vers mit seinen zwölf Silben, und eine neue Gebärdensprache.

Die Texte für den ›neuen Geschmack‹ lieferten der Professor Gottsched und seine ›Deutsche Gesellschaft‹, die für die Neuberin klassizistische französische Stücke übersetzten, darunter Corneille und Racine. Der Nachschub floß spärlicher, als er gebraucht wurde, und es war nicht leicht, das Publikum, das an Zaubertheater, an Zoten und raschen Szenenwechsel gewöhnt war, für die ›regelmäßigen‹ Stücke der Franzosen mit ihrer vergleichsweise eintönigen Einheit des Ortes, der Zeit und der Handlung zu gewinnen. Gottscheds Tragödie ›Der sterbende Cato‹, 1731 uraufgeführt, wurde, obwohl hölzern und unpoetisch, von vielen Wandertruppen mit großem Erfolg gespielt, und ein Jahr später gab es schon acht deutsche Dramen, gebaut nach den Regeln der Franzosen und geschrieben in Alexandrinern.

· Die Neuberin machte mehr Kompromisse, als es Gottsched recht war, und in der Kostümfrage lachte sie ihn aus. Wie in Frankreich und wie es im gesamten Barock üblich gewesen, wurden alle historischen Rollen im Kostüm der Gegenwart gespielt — den Römern war die Versailler Hoftracht selbstverständlich. Gottsched verlangte das historisch richtige Kostüm. Um ihm zu zeigen, wie wenig er von der Theaterpraxis verstehe, ließ die Neuberin 1741 in Leipzig den dritten Akt seines ›Sterbenden Cato‹ in römischer Tracht aufführen, in Toga und mit ›fleischfarbener Leinewand‹ an den Füßen — der Versuch ging im von ihr erwarteten Gelächter des Publikums unter.

Die schroffen Forderungen Gottscheds waren ihr, die ja mit ihrer Truppe

Heute wird von den

Königl. Pohlnischen Churfürstl. Sächsischen/
Imgleichen
Hoch-Fürstl. Braunschweig-Lüneb.
auch
Hoch-Fürstl. Schleswig-Holsteinischen

Hof=Comödianten

Und zwar
Mit Besonderer Hoher Erlaubniß
Das Deutsche Vorspiel aufgeführet werden,
Genannt:

Der Allerkostbarste Schatz.

Verfertiget von Friderica Carolina Neuberin.

Personen:

Die Vernunft, als Apollo mit einem Lorberkranze, hält an statt der Leyer, das Bild der
Klugheit.
Die Wahrheit, als der GOtt des Tages, in einem ganz goldenen Kleide, über dem Haupte
schwebt eine Sonne.
Die Vorsorge, als die Göttin des Überflusses, ihr Kleid ist mit Blumen, Frucht-Hör-
nern und Weinranken gezieret.
Die Menschenfreundschaft, ⎤
Die Sanftmuth,   ⎬ als geflügelte Huldgöttinnen.
Die Aufrichtigkeit, als eine Wahrsagerin.
Die Kunst, als eine Pilgerimme, trägt an statt des Pilgerstabs einen Maaßstab und Zirkel.
Die Arbeit, trägt ein Reißbret, ein Buch rein Pappier und eine Schwanenfeder.
Die Hofnung, hat einen gedoppelten Spiegel, ein Brenn-Glaß und einen Vergrösse-
rungs-Spiegel.
Die Belohnung, ⎤
Die Dankbarkeit, ⎬ als bekränzte und mit Blumen gezierte Schutzgöttinnen.
Die Unerfahrenheit, in einem Maschienenkleide, ohne Kopf, doch mit Händen.
Die Wahrscheinlichkeit, als ein Gelehrter im Hauskleide.
Der Hochmuth, ⎤
Das Vorurtheil, ⎬ als Furien.
Der Tadler, als die Nacht, in einem Sternenkleide mit Fledermausflügeln, hat eine
Blendlaterne, und eine Sonne von Flittergolde um den Kopf.
Die Cläckerey, als eine Zwärgin, mit einem grossen Mannskopfe.
Das Kinderspiel.

Hierauf folgt das Schauspiel:

Democrit.

Eine lustige Comödie von Mr. REGNARD, in Deutschen Versen aus dem Franz.
übersetze.

Personen:

Democrit.	Cleanthis, Bediente der Ismene.
Agelas, König zu Athen.	Criseis, geglaubte Tochter des Thaler.
Agenor, Prinz von Athen.	Thaler, ein Bauer.
Ismene, Prinzeßin, versprochene des Agelas.	Ein Oberaufseher.
Strabo, Schüler des Democrit	Ein Haushofmeister.

Der Anfang ist um 4. Uhr in dem neuen Schauspiel-Hause, in Leipzig, auf der Nicolai
Straße in Herrn Krahens, oder in dem sonst bekannten Zotens Hofe.

Mittwochs, den 4. Oct. 1741.   Johann Neuber.

---

*Die Neuberin verspottet in ihrem Vorspiel ›Der allerkostbarste Schatz‹
in der Gestalt des ›Tadlers‹ den Professor Gottsched, der daraufhin
seine Beziehungen zur Neuberschen Truppe abbricht.
Theaterzettel vom 4. Oktober 1741.*

an der Publikumsfront stand und für die der Erfolg lebensnotwendig war, unerträglich geworden, und im September 1741 verhöhnte sie in ihrem Vorspiel ›Der allerkostbarste Schatz‹ Gottsched in Gestalt des ›Tadlers‹, der in einem Sternkleid mit Fledermausflügeln auf der Bühne erschien, eine Flittergoldsonne auf dem Kopf und eine Laterne in der Hand, mit der er Fehler suchte. Der wütende Gottsched hatte alles unternommen, die Vorstellung zu verhindern — vergebens, sie wurde sogar wiederholt.

Es ist leicht einzusehen, daß sich der pedantische Theatertheoretiker und die komödiantische Theaterpraktikerin auf die Dauer nicht vertragen konnten; dennoch war die Zeit ihrer Zusammenarbeit für beide die glücklichste und erfolgreichste. Nach ihrem Bruch übernahmen zwar andere Wandertruppen die Arbeiten Gottscheds und seines Kreises, doch wurde er noch zu Lebzeiten von seinen Gegnern, darunter Lessing, vom Stuhl des Literaturpapstes gestoßen und weit unter seinem Wert abgekanzelt. Auch die Neuberin hatte kein Glück mehr auf ihren Reisen; ihr Stil galt als überholt, und ein letzter Versuch, in Wien noch einmal neu zu beginnen, schlug 1753 fehl. Sie zog sich, verarmt, nach Dresden zurück. Im Siebenjährigen Krieg wurde das Haus, in dem sie wohnte, 1756 von preußischen Soldaten besetzt, mit denen sie ihr Zimmer teilen mußte. Bei einem Bombardement wurde das Haus 1760 zerstört, sie flüchtete in das Dorf Laubegast, wo sie im gleichen Jahr, am 30. November, starb. Sie hatte mehr als jede andere für die moralische Hebung ihres Standes getan; trotzdem wurde sie als Schauspielerin in ungeweihter Erde begraben: das Kirchhofstor blieb verschlossen, ihr Sarg mußte über die Mauer gehoben werden.

Mehr als dreißig Jahre lang ist die Neuberin mit ihrer Truppe durch die Lande gezogen. Daß sie auf ihrer Suche nach einer neuen Schauspielkunst kein anderes Vorbild hatte als die schon erstarrte und absterbende Schauspielkunst des französischen klassizistischen Theaters und daß sie keinen anderen Verbündeten fand als den zwar einfallsreichen und oft das Richtige erkennenden, dabei aber amusischen und dichterisch unbegabten Moralprediger Gottsched, war nicht ihre Schuld. Immerhin hatte sie neben den zeitüblichen Zauber- und Stegreifstücken mit gereinigten Harlekinaden — darunter mit ›Hanswurst‹ als Zaubertheater ›Das ruchlose Leben und erschreckliche Ende des weltbekannten Ertzzauberers Dr. Johann Faust‹ — auch Corneille, Racine, Molière, Voltaire, Destouches, Marivaux, Holberg, Elias Schlegel, Gellert und den jungen Lessing in ihrem Repertoire. Publikumskreise, die bis dahin das Theater verachtet hatten, wurden durch diese Autoren neu gewonnen: die Intelligenz, die Beamten, der Adel. Wenn auch die Neuberin mit ihrer Truppe in den letzten zehn Jahren Pech hatte, so waren ihre Reformen nicht aufzuhalten und hatten schon auf andere Theater-›Banden‹ übergegriffen.

Es mindert weder ihr noch Gottscheds historisches Verdienst, wenn — zur Verdeutlichung ein bißchen übertrieben — festgestellt werden muß, daß am Anfang des großen deutschen Theaters die sittliche Entrüstung einer gebildeten Dame und eines pedantischen Akademikers stehen. Das barocke spanische Welttheater, das englische Theater, die italienische Commedia dell'arte samt ihren Verwandlern Goldoni und Gozzi, selbst Molières, des provinzerfahrenen Theaterdirektors Komödien, waren Volkstheater: besucht und getragen von einem Publikum aus allen Schichten, das zunächst zu seinem Vergnügen vor der Bühne saß oder meist sogar stand. Gott samt Himmel und Hölle, der Monarch samt dem absolutistischen Staat und politischer Erziehung, Kritik an der Gesellschaft und an menschlichen Grundeigenschaften — alles war unlösbar verbunden mit Unterhaltung, und selbst die Religiosität des Barock wurde auf dem Theater durchaus nicht blasphemisch auch zum großen Amüsement. Das deutsche Theater ist seinen späten Ursprung aus einer Reformbewegung, die der sittlichen Erziehung galt, der Belehrung und der Bildung, nie ganz losgeworden. Noch in Bertolt Brechts moralisierenden Stücken steckt ein Rest Aufklärung, sogar ein Rest theoretisierender Gottsched.

Das Volkstheater ist älter als seine Dichter; es bringt seine Autoren hervor, ja es erfindet sie geradezu. Das deutsche Bildungstheater wird von Autoren hervorgebracht, die ihr Publikum erst finden, ja erfinden und erziehen müssen. Es wird dem Volk verordnet und wäre sofort am Ende, würde es nicht mit Amüsement gemischt, wie es schon die Neuberin getan, oder subventioniert, wie es schon zur Zeit der Neuberin verlangt worden ist.

Johann Elias Schlegel (1719—1749), der Onkel der berühmteren Schlegels, hat schon in der Mitte des 18. Jahrhunderts ein vom Staat bezahltes und verwaltetes Theater in einem festen Haus gefordert, das nicht von einem Schauspiel-Prinzipal, sondern von einem literarisch gebildeten ›Aufseher‹ geleitet werden müsse, und der Fabeldichter Christian Fürchtegott Gellert (1715 bis 1769) verlangte 1751 nach dem Vorbild des antiken Griechenlands ein Theater auf öffentliche Kosten. Gellert wollte auch Gewinnanteile für die Haus-Autoren und dachte an die Höfe und die Städte als Träger dieser Bühnen.

Hoftheater und Stadttheater mit hohen Zuschüssen sind schließlich typisch für das deutsche Bühnenwesen geworden und haben sich auf die Dauer segensreich auf die Qualität der Spielpläne ausgewirkt. An einem Stadttheater, dem ›Hamburgischen Nationaltheater‹, seit dem Frühjahr 1767 durch zwölf Hamburger Bürger finanziell gesichert, hat Lessing als Dramaturg den Grundstein für das klassische deutsche Theater gelegt. Im alten Redouten- und Komödienhaus in Weimar, von Herzog Carl August 1791 zum Hoftheater erhoben, haben Goethe, der Theaterdirektor, und Schiller, sein Mit-

arbeiter, gegenseitig ihre klassischen Stücke inszeniert. Es war eine beabsichtigte, eine im vollen Bewußtsein dieser schwierigen Aufgabe vorsätzlich
hergestellte Klassik. Und wenn Lessing, Goethe und Schiller auch längst nicht
so eng moralistisch waren wie Gottsched, so hat der heutige Besucher eines
deutschen Staats- oder Stadttheaters, das zum allergrößten Teil von Steuer-
geldern lebt, doch noch immer insgeheim ein schlechtes Gewissen, wenn er
nur unterhalten und nicht auch — in gewissen Grenzen, versteht sich — ein
wenig belehrt worden ist. Der belehrende Professor und die moralische Prinzipalin sind mehr als die Wegbereiter des deutschen Theaters — sie sind seine
geheimen Symbolfiguren.

Lessing: der produktive Kritiker

> Wer richtig räsoniert, erfindet auch: und wer erfinden will, muß
> räsonieren können. Nur die glauben, daß sich das eine von dem
> anderen trennen lasse, die zu keinem von beiden aufgelegt sind.
>
> Lessing, ›Hamburgische Dramaturgie‹, 1. April 1768

Als die Neuberin 1747 mit ihrer Truppe in Leipzig spielte, gewährte sie zwei
theaterbesessenen jungen Herren freien Eintritt, die ihr dafür französische
Stücke übersetzten, sehr frei, aber brauchbar, darunter Marivaux und Voltaire. Die Herren hießen Weiße und Lessing, und ein Jahr später saß der
Pfarrerssohn und Student der evangelischen Theologie Gotthold Ephraim
Lessing, damals 19 Jahre alt, bei den Proben zu seinem Stück *Der junge
Gelehrte*, das die Neuberin im Januar 1748 in Leipzig uraufführte. Dieser
junge Gelehrte, der das Leben der Studierstube und die Tat den Büchern vorzieht, war ebenso eine Selbstermunterung Lessings wie eine Absage an den
nichts als gelehrsamen Gottsched-Kreis.

Lessing, geboren am 22. Januar 1729 in Kamenz in der Lausitz, lebte nach
dem Studium der Theologie, der Medizin und Philologie ab 1748 als freier
Journalist in Berlin, wo er für die ›Vossische Zeitung‹ sieben Jahre lang Kritiken schrieb, später (1759—1765) für die mit Friedrich Nicolai und Moses
Mendelssohn gegründete Zeitschrift ›Briefe, die neueste Literatur betreffend‹.

Der Dreißigjährige schlachtete in seinem siebzehnten Literaturbrief Gottsched regelrecht ab: »Er hätte aus unsern alten dramatischen Stücken, welche
er vertrieb, hinlänglich abmerken können, daß wir mehr in den Geschmack
der Engländer als der Franzosen einschlagen; daß wir in unsern Trauerspielen
mehr sehen und denken wollen, als uns das furchtsame französische Trauerspiel zu sehen und zu denken gibt; daß das Große, das Schreckliche, das

Melancholische besser auf uns wirkt, als das Artige, das Zärtliche, das Verliebte; daß uns die zu große Einfalt mehr ermüde, als die zu große Verwickelung.« Im gleichen Brief verwies Lessing auf »die Meisterwerke des Shakespeare« und auf die alten deutschen Stücke: »›Doktor Faust‹ hat eine Menge Szenen, die nur ein Shakespearisches Genie zu denken vermögend gewesen.«

Mit dem Begriff ›Genie‹, der dem Verstande eines Gottsched nicht angemessen war, öffnete Lessing, obwohl selbst die reinste Gestalt der deutschen Aufklärung, um einen winzigen Spalt die Tür zu der Gegenbewegung. »Was ersetzt bei Homer die Unwissenheit der Kunstregeln, die ein Aristoteles nach ihm erdacht, und was bei einem Shakespeare die Unwissenheit oder Übertretung jener kritischen Gesetze?« fragte Johann Georg Hamann und fuhr lapidar fort: »Das Genie, ist die einmütige Antwort.« Auf Hamann und Herder beriefen sich die Dichter des ›Sturm und Drang‹, der wüsten Gefühls-Reaktion gegen die verstandestrockene Aufklärung. Der Genie-Kult des ›Sturm und Drang‹, zu dem auch Goethe und Schiller in ihren Anfängen gehörten und der wie die Aufklärung, die er bekämpfte, schließlich verwandelt in die deutsche Klassik eingegangen ist, kündigt sich bei Lessing an.

Der sechsundzwanzigjährige Lessing schrieb (1755) mit *Miss Sara Sampson* das erste bürgerliche Trauerspiel in Deutschland — die hohen Trauergefühle waren bis dahin nur den höheren Gesellschaftskreisen vorbehalten. Von 1760 bis 1765 war Lessing Sekretär des Generals Tauentzien in Breslau und fand dabei den Stoff und die Modellfiguren für seine *Minna von Barnhelm*, die er unmittelbar nach dem Siebenjährigen Krieg schrieb (1763). Goethe meinte dazu: »Lessing, der im Gegensatz von Klopstock und Gleim die persönliche Würde gern wegwarf, weil er sich zutraute, sie jeden Augenblick wieder ergreifen und aufnehmen zu können, gefiel sich in einem zerstreuten Wirtshaus- und Weltleben, da er gegen sein mächtig arbeitendes Innere stets ein gewaltiges Gegengewicht brauchte, und so hatte er sich auch in das Gefolge des Generals Tauentzien begeben. Man erkennt leicht, wie genanntes Stück (Minna von Barnhelm) zwischen Krieg und Frieden, Haß und Neigung erzeugt ist. Diese Produktion war es, die den Blick in eine höhere, bedeutendere Welt aus der literarischen und bürgerlichen, in welcher sich die Dichtkunst bisher bewegt hatte, glücklich eröffnete.« Den größten Erfolg hatte dieses Lustspiel am Hamburgischen Nationaltheater, an das Lessing 1767 mit einem ansehnlichen Gehalt als Dramaturg berufen wurde; den Posten eines Theaterdichters, der ihm auch angeboten war, lehnte er ab. Das Nationaltheater übernahm auch die Kosten für seine ›Hamburgische Dramaturgie‹, die das grundlegende Werk für das neue deutsche Theater geworden und noch heute mit großem Genuß zu lesen ist.

Die ›Hamburgische Dramaturgie‹ ist eine Sammlung von Kritiken, die Lessing vom 1. Mai 1767 bis zum 19. April 1768 im Auftrage des Nationaltheaters schrieb. Die Schauspielerleistungen zu analysieren, gab er bald auf: einige weibliche Mitglieder des Ensembles hatten wenig Verständnis dafür, daß sie vom hauseigenen Kritiker getadelt wurden. Lessing schrieb ihnen im 25. Stück seiner Dramaturgie hinter die eitlen Ohren: »Der wahre Virtuose . . . spottet bei sich über jede uneingeschränkte Bewunderung, und nur das Lob desjenigen kitzelt ihn, von dem er weiß, daß er auch das Herz hat, ihn zu tadeln.« Was Lessing zu den Stücken und Autoren zu sagen hatte, ging weit über den Anlaß des Theaterabends hinaus: es entstand beiläufig eine aphoristische Theorie des zu schaffenden deutschen Dramas und eine praktische Anleitung zu ihrer Verwirklichung. Lessing fand, daß die Franzosen, die sich mit ihrer Einheit des Ortes, der Zeit und der Handlung auf Aristoteles beriefen, die Griechen nur in Äußerlichkeiten nachahmten. Über Shakespeare hatte er schon im 17. Literaturbrief geschrieben: »Der Engländer erreicht den Zweck der Tragödie fast immer, so sonderbare und ihm eigene Wege er auch wählet; und der Franzose erreicht ihn fast niemals, ob er gleich die gebahnten Wege der Alten betritt.« Der Zweck der Tragödie war für Lessing, der die Zentralbegriffe des Aristoteles ›Furcht und Mitleid‹ anders als die Franzosen übersetzte und deutete: »Verwandlung der Leidenschaften in tugendhafte Fertigkeiten.« Das ist das Erziehungsideal des Aufklärers und ein anderes fruchtbares Mißverständnis der Antike.

In Hamburg kam Lessing natürlich mit den Schauspielern zusammen — sie hatten ihren Stammtisch im Ratskeller —, mit Konrad Ekhof und Friedrich Ludwig Schröder, den Charakterdarstellern, und mit Friederike Hensel, der auch körperlich gewaltigen Heroine. Wir wollen Lessing wünschen, daß der Klatsch, der über ihn und Susanne Mecour, die bezaubernde Darstellerin seiner Franziska, verbreitet wurde, auf angenehmer Wahrheit beruht. Aus der Berührung mit dem lebendigen Theater ist 1772, zwei Jahre nach Hamburg, seine rollenkräftige ›Emilia Galotti‹ entstanden und deshalb auch, wie vergangen ihre Problematik sein mag, als Theaterstück lebendig geblieben.

Ein Versuch Lessings, als Verlagsbuchhändler unabhängig zu werden, scheiterte, und so folgte er 1770 einer Berufung als Bibliothekar nach Wolfenbüttel. Hier schrieb er noch manch kraftvolle Polemik und für das Theater *Emilia Galotti* (1772) und *Nathan, der Weise* (1779). Als Siebenundvierzigjähriger heiratete er Eva König; Weihnachten 1777 gebar sie ihm einen Sohn, der nur vierundzwanzig Stunden lebte, und im Januar starb sie an den Folgen der Geburt. »Ich wollte es auch einmal so gut haben wie andere Menschen«, schrieb Lessing an seinen Freund, den Shakespeare-Übersetzer Johann Joachim Eschenburg. »Aber es ist mir schlecht bekommen.«

Nach einem Besuch am Braunschweiger Hof wurde Lessing vom ›Stickfluß‹ befallen; er lebte noch zwölf Tage in seinem Quartier am Ägidienmarkt, las und ließ sich vorlesen im Bewußtsein des nahenden Todes, beruhigte, schon den Todesschweiß in den Haaren, seinen Arzt und starb ›mit lächelndem Blick‹ am 15. Februar 1781.

Bis zum Überdruß ist Lessings Selbstbekenntnis zitiert worden: »Ich bin weder Schauspieler noch Dichter. Ich fühle die lebendige Quelle nicht in mir, die durch eigene Kraft sich emporarbeitet, durch eigene Kraft in so reichen, so frischen, so reinen Strahlen aufschießt: ich muß alles durch Druckwerk und Röhren aus mir heraufpressen.« Bis zum Überdruß ist behauptet worden, Lessing habe sich damit genau erkannt. Er hat es nicht: er ist ein Dichter, und ›Druckwerk und Röhren‹ sind selbst bei denjenigen Dichtern das übliche Verfahren, die sehr viel schwerfälliger schreiben als der geistreiche und elegante Lessing, dessen Werk von der Preß-Arbeit nichts ahnen läßt. Er schrieb seine Stücke in Prosa, und sie hatte mehr mit Dichtung zu tun als sämtliche Alexandriner-Verse seiner Zeitgenossen, und als er im Nathan zum Vers griff, führte er den fünffüßigen Jambus, den Blankvers, ins deutsche Drama ein, der durch Goethe, Schiller und die Shakespeare-Übersetzungen Schlegels klassisch geworden ist.

Literaturwissenschaftler mögen ihn als Vorläufer und Wegbereiter einordnen, für das Theater ist er ein Vollendeter: er hat bewußt und vorsätzlich Musterstücke geschrieben, aber zumindest sind seine ›Minna‹, seine ›Emilia‹ und sein ›Nathan‹ Meisterstücke. Sie stehen dem von Lessing bekämpften klassizistischen französischen Theater viel näher als dem von ihm als Vorbild gepriesenen Shakespeare. Auch dies spricht für Lessings Genie, für das Genie der Klarheit, das, ungeachtet theoretischer Einsichten, in der Praxis den Weg geht, der zu ihm paßt. Und die vielgescholtenen drei Einheiten, deren sich selbst Lessing bediente, sind ja auch, werden sie so undogmatisch wie von ihm verwendet, keineswegs ein Zwang, sondern eine große formale Hilfe bei der Konzentration einer dramatischen Handlung.

Die Leidenschaften, die Lessing auf die Bühne bringt, sind, so heiß sie sich gebärden mögen, Ausgeburten einer eiskalt gearbeiteten, rationalen Sprache. Sein Stakkato von Fragen und Ausrufen, diese abgebrochenen Sätze, die der Gesprächspartner aufgreift, in eine verknappte Frage wendet oder, gesteigert, wiederholt oder, atemlos, zu Ende bringt — das ist auch ohne Vers eine kunstvolle Sprache von stupendem Elan. Man durfte über sie spotten, als man, vom Naturalismus verdorben, warmblütige ›Menschen‹ auf der Bühne wollte. Heute, da man wieder weiß, daß das Theater dieser gutnachbarlichen Warmblüter nicht unbedingt bedarf, sondern sich schon oft aus der dramatischen Situation, dem hochgespannten Dialog, dem Kalkül und dem Effekt, kurz:

aus dem Gedanken, vortrefflich ernährt hat, sollten die Sinne für die formalen Reize Lessings geschärft sein: für die Leidenschaften aus dem Großhirn. Auch die Vernunft hat ihre Ekstasen.

Meinungen: »Es ist doch gar keine Frage, daß Lessing unter allen Deutschen seinerzeit über das, was die Kunst betrifft, am klarsten gewesen, am schärfsten und zugleich am liberalsten darüber gedacht und das Wesentliche, worauf es ankommt, am unverrückbarsten ins Auge gefaßt hat«: Schiller an Goethe. — »Sein Stil ist ganz der Stil der römischen Bauwerke: höchste Solidität bei der höchsten Einfachheit; gleich Quadersteinen ruhen die Sätze aufeinander, und wie bei jenen das Gesetz der Schwere, so ist bei diesen die logische Schlußfolge das unsichtbare Bindemittel«: Heinrich Heine. — »Lessing ist nichts anderes als der weltliche Luther, als der durch keine religiöse Voraussetzung mehr beschränkte Luther«: Ferdinand Lassalle. — »Die Gelehrten von Fach, von Zunft, von Privilegium, die Doktoren und sonstigen Ohren, die charakterlosen Universitätsschriftsteller des siebzehnten und achtzehnten Jahrhunderts mit ihren steifen Zöpfen und ihrer vornehmen Pedanterie und ihren winzig-mikrologischen Dissertationen, sie haben sich zwischen das Volk und den Geist, zwischen das Leben und die Wissenschaft, zwischen die Freiheit und den Menschen gestellt. Die ›unbefugten‹ Schriftsteller haben unsere Literatur gemacht. Gottsched und Lessing, da wählt zwischen einem ›befugten‹ und einem ›unbefugten‹ Autor!«: Karl Marx. — »Seine Bedeutung für die Nation liegt in seinem Widerspruch zu ihr. Innerhalb eines Volkes, dessen größte Gefahr der gemachte Charakter ist, war er ein *echter* Charakter«: Hugo von Hofmannsthal. — »Ein Geist, der zu hell ist, um die Kontrolle des Gemüts durch den Verstand mit Sklavenhalterei des Intellekts zu verwechseln, der den Anteil des Intellekts in der Kunst bejaht, weil die gestaltlose ›Vision‹ nur über den von seiner Einsicht erhellten Weg zu dauernder Gestalt gelangen kann«: K. H. Ruppel.

Miss Sara Sampson. Trauerspiel in fünf Aufzügen. Geschrieben in Berlin 1755. Uraufgeführt am 10. Juli 1755 in Frankfurt an der Oder.

Wer? Sir William Sampson. Miss Sara, dessen Tochter. Mellefont. Marwood, Mellefonts alte Geliebte. Arabella, ein jüngeres Kind, der Marwood Tochter.

Wo und wann? Ein Gasthof in der Provinz. Mitte des 18. Jahrhunderts.

Was? Mellefont hat Sara Sampson verführt und ist mit ihr in einen Provinzgasthof geflohen. Marwood, seine ehemalige Geliebte, die von ihm eine Tochter, Arabella, hat, reist ihm nach, um ihn zurückzugewinnen. Sara hofft, daß Mellefont sie heiraten wird. Mellefont — »Sara Sampson, meine Geliebte!

Wieviel Seligkeiten liegen in diesen Worten! — Sara Sampson, meine Ehe-
gattin! — die Hälfte dieser Seligkeiten ist verschwunden!« — macht Ausflüchte vor ihr wie vor der Marwood, die ihm ihre Tochter Arabella gegen-
überstellt. Marwood, zunächst als entfernte Verwandte vorgestellt, klärt Sara
darüber auf, daß sie die Geliebte Mellefonts und Mutter seines Kindes ist.
Sie nutzt Saras Ohnmacht aus, um deren Arznei mit Gift zu vertauschen, und
entflieht. Die sterbende Sara verzeiht allen und bittet ihren Vater, der ihr
zum Gasthof nachgereist ist, um Mellefont als Schwiegersohn anzuerkennen,
Mellefont, den sie noch immer liebt, mit seiner Tochter Arabella in sein Haus
aufzunehmen. An der Leiche Saras ersticht sich Mellefont. — »Es steht bei
mir nicht, das Geschehene ungeschehen zu machen, aber mich wegen des
Geschehenen zu strafen — das steht bei mir!« Vater Sampson — »Ach, er war
mehr unglücklich als lasterhaft« — wird Sara und Mellefont zusammen in
einem Grab beerdigen und Arabella als Vermächtnis seiner Tochter hüten.

Hinweise: Das erste deutsche ›bürgerliche Trauerspiel‹; der Stoff stammt
aus englischen Quellen; es setzt sich über Gottscheds Forderung hinweg, daß
nur ›Potentaten, Prinzen und hohe Standespersonen‹ Träger eine Tragödie
sein dürften. Die Frauentypen Sara und Marwood tauchen in der folgenden
Dramatik immer wieder auf: in Lessings ›Emilia Galotti‹ als Emilia und Orsina; in Schillers ›Kabale und Liebe‹ als Luise und Lady Milford; in Goethes
›Götz‹ als Maria und Adelheid; Goethes Clavigo, sein Fernando in ›Stella‹
und sein Weislingen in ›Götz‹ gehören zur engeren Verwandtschaft Mellefonts. Der halbherzige Mann zwischen einer rührend Naiven und einem
intriganten Vamp, zwischen angeschlagener Tugend und lebfrischer Sinnlichkeit, ernährt noch heute die Techniker der Rühr- und Amüsierstücke für
Boulevard und Broadway. Lessing schrieb an Gleim, daß »die Zuschauer vier
Stunden wie Statüen saßen und in Thränen zerflossen« — sie saßen ja erstmalig vor einem deutschen Zeitstück, in dem sie sich, ihre Probleme und ihre
Sprache wiedererkannten. Mit diesen historischen Bemerkungen wird das
Stück im allgemeinen eingesargt, und in der Tat besteht die Gefahr, daß es
in seinem übermenschlichen, fast schon unmenschlichen Edelmut ertrinkt.
Doch hat dieser Edelmut aus dem Gefühl eines jungen Mädchens eine härtere
Beimischung: Einsicht in die eingeborene Schwachheit jedes Menschen, Bereit-
schaft zum Verzeihen und das Bewußtsein, daß der fehlende Mensch der
Gnade bedarf, kurz: eine durchaus menschenmögliche, christliche Vernunft.
Weiter noch führen die unablässigen Gewissensbefragungen, die bis in das
›Beiseite‹-Gesprochene reichen: in ihnen werden die unaufhebbaren Span-
nungen zwischen der menschlichen Beschaffenheit und dem sittlichen An-
spruch ebenso deutlich wie die Grenzen der Liebesfähigkeit. Die Menschen

Lessings erschrecken vor sich selbst und vor einem Schicksal, zu dem auch der undurchschaubare Zufall gehört: hier geht das Stück des Sechsundzwanzig- jährigen weit über den planen Rationalismus und über den sich selbst genießenden gefühlsseligen Moralismus seiner Zeit hinaus.

Eine Meinung: »Ein Gleichnis für die Blindheit des Menschen im Netz der Verhängnisse . . . In der tragischen Fabel der ›Miss Sara Sampson‹ ist der junge Berliner Autor Lessing schon so ›modern‹ wie der (ihn recht genau kennende) Grübler Kierkegaard. Er bejaht, was seit dem dialektischen Dänen die Existenzphilosophie bis heute beschäftigt: das ›Scheitern als Sinnerfül- lung‹. Die Menschen dieses Trauerspiels ziehen aus, glücklich zu werden. Blind aber angesichts dessen, was ihnen (im doppelten Sinne) ›verhängt‹ ist, werden sie nicht ins ›Glück‹, sondern ins Leiden gebracht; leidend aber finden sie zu sich selbst«: G. F. Hering. – Der Schriftsteller und Regisseur Hering hat wesentlich zur erfolgreichen Wiederbelebung des Stückes beigetragen.

Minna von Barnhelm oder Das Soldatenglück. Lustspiel in fünf Aufzügen. Uraufgeführt am 30. 9. 1767 am Deutschen Nationaltheater in Hamburg. Wer? Major von Tellheim, verabschiedet. Minna von Barnhelm. Graf von Bruchsall, ihr Oheim. Franziska, ihr Mädchen. Just, Bedienter des Majors. Paul Werner, gewesener Wachtmeister des Majors. Der Wirt. Eine Dame in Trauer. Ein Feldjäger. Riccaut de la Marlinière. Wo und wann? In einem Wirtshaus in Berlin, abwechselnd in dem Saal und in einem daranstoßenden Zimmer. Nach dem Ende des Siebenjährigen Krieges (1756–1763). Was? Vorgeschichte: Der verabschiedete Major von Tellheim darf Berlin nicht verlassen, da die Generalkriegskasse ein Verfahren gegen ihn eingeleitet hat. Während des Krieges sollte er die Kontributionen der sächsischen Stände möglichst hochtreiben; statt dessen hatte er, um die Härten der Zahlungen zu mildern, die Kontributionen in angemessener Höhe aus eigener Tasche vorgeschossen. Die Wechsel, die er dafür von den sächsischen Ständen bekom- men hat, enthält ihm nun die Generalkriegskasse vor und beschuldigt ihn, unterstützt von Verleumdern, es handele sich um Bestechungsgelder, die er für eine niedrige Festsetzung der Kontributionen erhalten habe. Durch seine noble Haltung in der Kontributionsfrage war während des Krieges im thü- ringischen Winterquartier Minna von Barnhelm auf ihn aufmerksam gewor- den; die beiden verlobten sich, doch Tellheim schrieb ihr nur noch einmal – in seiner Ehre beleidigt, verarmt, entlassen und am rechten Arm verwundet, fühlt er sich jetzt ihrer, die eine reiche Erbin ist, nicht mehr würdig, obwohl er sie noch immer liebt. – Das Stück beginnt damit, daß der Wirt den Major,

MINNA DE BARNHELM
ACTE I. SCENE II.

ACTE I. SCENE VI.

ACTE II. SCENE II.

Drei Szenen aus Lessings ›Minna von Barnhelm‹. Radierungen von Daniel Chodo-
wiecki (1726–1801), der, seit 1797 Direktor der Berliner Akademie, eine Auf-
führung dieses Lustspiels in Berlin sah

der ihm einige Monatsmieten schuldig ist, in ein armseliges Zimmer um-
quartiert hat, um Platz für zwei Damen zu schaffen: für die mit ihrer Kam-
merjungfer Franziska angereiste Minna von Barnhelm, die ihren Verlobten,
den Major von Tellheim, sucht. Um seine Schulden zu bezahlen und ein neues
Quartier zu finden, ist Tellheim, der nicht weiß, wer die beiden Damen sind,
gezwungen, seinen Verlobungsring zu versetzen. Durch seinen Diener Just,
der den Ring beim Wirt beleiht, kommt der Ring an den Wirt und durch den
Wirt an Minna, die damit erkennt, daß sie ihren Verlobten gefunden hat.
Doch Tellheim weigert sich, sie zu heiraten: »Ich bin Tellheim, der verabschiedete, der an seiner Ehre Gekränkte, der Krüppel, der Bettler.« Weder
nimmt er von der Witwe eines gefallenen Kriegskameraden das Geld an, das
ihm zusteht, noch nimmt er das Geld an, das ihm sein ehemaliger Wachtmeister Werner leihen oder auf eine diskrete Weise schenken will. Er gibt
sich auch nicht mit der Nachricht zufrieden, daß der König sein Verfahren
niedergeschlagen habe; er verlangt Gerechtigkeit, keine Gnade. Als ihm
Minna seinen Verlobungsring, den sie vom Wirt hat, zurückgibt, nimmt er
an, es sei ihr Ring und fühlt sich entlobt. Erst als ihn Franziska belügt, Minna
sei enterbt, ist der Major bereit, Minna zu heiraten, Geld bei Werner zu
leihen und sogar in fremde Kriegsdienste zu treten. Durch ein Handschreiben
des Königs wird Tellheim rehabilitiert; er erhält sein Geld zurück, das er den
sächsischen Ständen vorgeschossen hat. Um ihm eine Lektion zu erteilen,
verweigert sich ihm Minna mit seinen Argumenten, sie sei seiner nun nicht

mehr würdig. Indem sie den Verlobungsring zurückweist, den Tellheim noch immer für ihren Ring hält, bekräftigt sie jedoch in Wahrheit die Verlobung. Als ihr Scherz in Verbitterung umzuschlagen droht, klärt sie das Spiel mit den Ringen, die List ihrer erdichteten Enterbung auf, und ihr Erbonkel, der Graf von Bruchsall, kommt gerade zurecht, das Glück der beiden zu bekräftigen. Dem Wachtmeister Werner macht Franziska einen Heiratsantrag.

Hinweise: Aus Lessing, der das Preußen Friedrichs des Großen für ›das sklavischste Land Europas‹ hielt, ist weder militärisches noch antimilitärisches Kapital zu schlagen. Sein Major Tellheim weiß selbst nicht genau, weshalb er Soldat geworden ist, und er denkt nicht daran, »aus dieser gelegentlichen Beschäftigung ein Handwerk zu machen«; er verachtet die Söldner, die »wie ein Fleischerknecht reisen«. Revolutionär wirkte Lessing, als er am Ende des Siebenjährigen Krieges sein Stück schrieb, durch seine Bürgerlichkeit. Auch als Lustspieldichter blieb er, was er im Hauptberuf immer war: ein Erzieher. ›Mit seinem Verstande lachen‹ sollte nach Lessings Willen das Komödienpublikum, und seine Minna darf von sich selbst sagen: »Ich bin eine große Liebhaberin von Vernunft.« Sie ist Lessings anmutige, witzige, einsichtsvolle Erzieherin, die das überspannte Ehrgefühl des Majors dadurch auf sein rechtes Maß zurückführt, daß sie die Situation (reiches Mädchen, verarmter Major) mit List umkehrt (rehabilitierter Major, enterbtes Mädchen) und das strikte Ehrenprinzip des Majors mit seinen Argumenten gegen ihn selbst wendet. Sie treibt es so weit, daß aus der Komödie fast eine Tragödie wird (und aus Lessing eine Vorahnung von Kleist) und kann — so sagt sie am Ende des grausamen Spiels zum tief verstörten Tellheim — nicht bereuen, »mir den Anblick Ihres ganzen Herzens verschafft zu haben«. Ein so reines Herz, daß es den Erziehungsakt lohnte; ein so empfindsames Herz, daß es den Erziehungsakt notwendig machte, denn das übersteigerte Ehrgefühl des Majors ist ja nicht das Standesprodukt seiner preußischen Uniform, sondern die gesteigerte Empfindlichkeit seiner Gefühle. Minna spürt die Grenze auf, wo Ehrgefühl in Hochmut umzuschlagen droht. Indem sie Tellheim quält, vermittelt sie ihm die Einsicht, wie sehr er sie gequält hat, und sie ahnt schon, daß sie diesem großen Humorlosen auch künftig noch solche pädagogischen Streiche spielen muß. Sie hat ihn aus seiner Starre erlöst und ein bißchen menschlicher und freier gemacht — doch scheinen Rückfälle nicht ausgeschlossen. Das Stück ist kein aufklärerisches Rechenexempel mehr, in dem eine lächerliche Eigenschaft bloßgestellt wird, sondern die humorvolle Enthüllung von nicht ganz berechenbaren und deshalb lebendigen Menschen. — Fast alle Nebenfiguren sind nahezu Hauptrollen: die geschwätzige, trocken witzige, doch herzliche, wenn auch völlig unsentimentale Franziska; der Wachtmeister Werner, ein Rauhbein mit Charme; Tellheims Bedienter Just, dieser Obergefreite des Siebenjährigen Krieges, der grob ist aus Aufrichtigkeit und nur dort dient, wo er verehrt; der aufdringliche und neugierige Wirt, der nur dort dient, wo er verdient. Der Glücksritter Riccaut hat Manieren und versteht es, durch Entrüstung über den ungerechten Weltlauf seine Bettelei zu einer ganz natürlichen Sache zu machen — bis er das Geld sieht: dann brechen seine Formen zusammen, und in der Gier dieses Spielers blitzt die Dämonie des Molièreschen Geizigen auf. Auch ihm läßt Lessing Gerechtigkeit widerfahren: er ist ein Getriebener, der auf seine Weise zur Welt gehört wie die nobleren Charaktere — man muß ihn mit Vorsicht behandeln, doch nicht verachten. Heute wirkt er geradezu erholsam unter lauter Ehrenmännern, die erst richtig munter werden, wenn sie sich für andere opfern dürfen.

Emilia Galotti. Trauerspiel in fünf Aufzügen. Geschrieben 1772. Uraufführung am 13. März 1772 in Braunschweig.

Wer? Emilia Galotti. Odoardo und Klaudia Galotti, ihre Eltern. Der Prinz von Guastalla, Hettore Gonzaga. Marinelli, Kammerherr des Prinzen. Kamillo Rota, einer von des Prinzen Räten. Graf Appiani. Gräfin Orsina. Conti, Maler. Angelo und Bediente.

Wo und wann? Am Hofe des Prinzen von Guastalla, im Hause der Galottis und auf Dosalo, dem Lustschloß des Prinzen. Mitte des 18. Jahrhunderts.

Was? Der Prinz ist seiner Geliebten, der Gräfin Orsina, überdrüssig; er liebt Emilia Galotti, die Tochter eines Obersten, die kurz vor ihrer Verheiratung mit dem Grafen Appiani steht. Marinelli, der Kammerherr des Prinzen, versucht, Emilia seinem Herrn zu verschaffen. Es gelingt ihm nicht, den Grafen Appiani durch einen Auftrag fortzuschicken; der Graf will erst Emilia heiraten. Marinelli läßt die beiden auf der Fahrt zur Hochzeit überfallen; der Graf wird dabei erschossen, und Emilia — angeblich zu ihrem Schutz — auf das Lustschloß des Prinzen gebracht. Emilias Mutter, die erfahren hat, daß »Marinelli« das letzte Wort des sterbenden Grafen gewesen ist, ahnt die Wahrheit. Odoardo, der Vater Emilias, trifft im Lustschloß die Gräfin Orsina, die, gerade vom Prinzen abgewiesen, die Pläne des Prinzen durchschaut und sie Odoardo erklärt; in ihrer Eifersucht gibt sie ihm einen Dolch. Odoardo wird verboten, seine Tochter nach Hause zu bringen: sie müsse erst in Guastalla als Zeugin des Überfalls aussagen. Doch erreicht er, daß er sie allein sprechen darf. Emilia bittet ihren Vater, sie zu töten, nicht aus Angst vor Gewalt, sondern aus Angst vor ihrer eigenen Verführbarkeit: Verführung ist die wahre Gewalt! — »Ich habe Blut, mein Vater, so jugendliches, warmes Blut als eine.« Sie erinnert ihn an den Vater der Römerin Virginia, »der, seine

Tochter von der Schande zu retten, ihr den ersten, den besten Stahl in das Herz senkte«. Odoardo erdolcht seine Tochter — »Eine Rose gebrochen, ehe der Sturm sie entblättert« — und wird sich dem Gericht stellen; zum Prinzen: »Ich gehe und erwarte Sie als Richter. — Und dann dort — erwarte ich Sie vor dem Richter unser aller!« — Der Prinz, entsetzt und verzweifelt, verbannt Marinelli.

Hinweise: Mehr noch als die Gewalt des Fürsten fürchtet Emilia ihre eigene Verführbarkeit: darin ist sie realistisch und Lessing groß; das ist wie eine Vorahnung von Hebbels psychologischen Tiefbohrungen. Noch wird das Opfer der Fürstenwillkür, Emilia, getötet — nicht der Fürst. Noch ist vorrevolutionäre Zeit, doch wirkt Emilias Schicksal wie ein Dolch gegen den Absolutismus — ein Zeitstück aus des Autors Gegenwart, für damals kühn. Doch welche Rose möchte heute, ernsthaft vor die Wahl gestellt, lieber gebrochen als entblättert werden? Und welcher Vater krümmte, um die Tochter vor ihrer eigenen Leidenschaft zu bewahren, den römerstolzen Finger am Abzugshahn? Diese Hauptentscheidung, in die das Stück führt, feiert einen ethischen Rigorismus, den in einer nüchterner gewordenen Zeit auch die Ethik nicht mehr billigen kann. Wer dürfte für die Rettung *dieser* Tugend *dieses* Opfer fordern? Wer schätzte sie höher als das Leben — so hoch, daß der Tochtermord gerechtfertigt wäre? Schon Schiller fand, nach Goethes Zeugnis, das Stück ›zuwider‹. Die Unsterblichkeit der ›Emilia Galotti‹ liegt weder in der Gesellschaftskritik, noch in der sittlichen Entscheidung, dieser Mischung von Christentum, Römertugend und Zweifeln an der eigenen Widerstandsfähigkeit, sondern in der Sprache des Stückes, in seinen Rollen und seinem Aufbau: unsterblich an der ›Emilia Galotti‹ ist allein der Anteil des reinen Theaters. Emilia bringt uns zwar nicht mehr zum Weinen, aber an der theatralischen Architektur ihres Schicksals vermögen wir uns zu ergötzen. Am Prinzen, diesem amoralischen Ästheten und anziehenden Verführer. An Vater Odoardo, diesem mißtrauischen preußischen Puritaner, der die streng sittliche Gegenwelt vertritt. An der Gräfin Orsina zwischen Zweifel und Klagen, Resignation und Rache, verletztem Stolz und verletzter Liebe — die tödlich getroffene Leidenschaft, die den Schauplatz des Todes bereitet. An Marinelli vor allem, der kein Teufel ist, wie ihn noch Fontane wollte, sondern ein teuflischer Mensch: seine Intelligenz, dem Herrn weit überlegen, zieht aus der Amoral des Herrn kalt die Konsequenzen. Aus der Lust, mit denen zu spielen, die durch ihren Stand berechtigt sind, über ihn zu verfügen; aus dem Bewußtsein, durch seine Stellung die Puppe des Prinzen zu sein, macht er mit Genuß den Prinzen zu seiner Puppe — er betreibt die Intrige nicht wie ein Teufel als l'art pour l'art, sondern aus dem Ressentiment des durch Geburt zweitrangigen Mannes. Lessings Kritik am Absolutismus, der die Zeit manche Wirkung genommen hat, kommt zum Schluß noch einmal unverstellt zum Zuge, wenn der Prinz von der Anrufung des richtenden Gottes tief getroffen wird.

Meinungen:»Ihr Tod ist lehrreich schrecklich, ohne daß aber dadurch die Handlung des Vaters zum absoluten Muster der Besonnenheit werde. Nichts weniger! Der Alte hat ebensowohl als das erschrockene Mädchen in der betäubenden Hofluft den Kopf verloren, und eben diese Verwirrung, die Gefahr solcher Charaktere, in solcher Nähe wollte der Dichter schildern«: Johann Gottfried Herder. —»Da deckt sich ein eminent politisches Kräftefeld auf. Die Verführung sitzt in der Macht selbst. Macht und Verderben sind Nachbarn. Die Grenze ist schwankend oder zumindest recht elastisch. Der Prinz will gewinnen und sich doch keine ›schmutzigen Hände‹ machen. Da aber liegt die aufregende Aktualität des Stückes«: Albert Schulze Vellinghausen. —»Das Ganze ist durchaus kein Revolutionsstück und kein Drama der Politik, eine Schicksalsfabel erneut, wiederum vom Verhängnis handelnd, das die Menschen sich selbst bereiten, da sie blind sind vor dem Fatum, das doch kein ›Zufall‹ ist«: G. F. Hering. —»Das nämlich ist der Effekt: das Stück läutert nicht — es stößt durch seine der Dramentechnik wegen erklügelten Gewaltsamkeiten ab. Es dokumentiert aus sich selbst die Unnatur. Der Lessing, den wir verehren, ist ein anderer«: Emil Belzner.

Nathan der Weise. Dramatisches Gedicht in fünf Aufzügen. Geschrieben 1779. Uraufgeführt am 14. April 1783 in Berlin, zwei Jahre nach dem Tode Lessings.

Wer? Sultan Saladin. Sittah, dessen Schwester. Nathan, ein reicher Jude. Recha, dessen angenommene Tochter. Daja, eine Christin, aber in dem Hause des Juden als Gesellschafterin der Recha. Ein junger Tempelherr. Der Patriarch von Jerusalem.

Wo und wann? In Jerusalem, im Hause Nathans und am Hof Saladins. Mittelalter, etwa 12. Jahrhundert.

Was? Ein junger deutscher Tempelherr, Gefangener des Sultans Saladin, hat Recha, die Tochter des Juden Nathan, aus dem brennenden Haus ihres Vaters gerettet. Recha glaubt, ein Engel habe sie vor dem Tode bewahrt, doch der von einer Reise zurückgekehrte Nathan vermutet in ihrem Retter den einzigen Tempelherrn in der Stadt, den der Sultan am Leben gelassen hat, weil er seinem verschollenen Bruder ähnlich sieht. Der Tempelherr lehnt die ihm überbrachte Einladung Nathans, ihn zu besuchen, schroff ab:»Laßt den Vater mir vom Hals. Jud' ist Jude. Ich bin ein plumper Schwab.« Nathans persönliche

Letzter Auftritt. pag. 275.
Saladin. Sie finds! sie sind es, Sittah sie sind
es! sind beyde meines......deines Bruders Kinder

Letzter Auftritt in Lessings ›Nathan der Weise‹.
Anonymer Kupferstich
aus dem ›Gothaer Theaterkalender‹, 1782.

Einladung nimmt er zögernd an und verliebt sich, während der Jude beim Sultan ist, im Hause Nathans in Recha, schreckt aber zugleich vor dieser Liebe zurück, da er Recha für eine Jüdin hält. Von Daja, der christlichen Gesellschafterin der Recha, erfährt er, daß Recha, ohne es zu wissen, ein Christenmädchen ist. Nathan hat sie an Kindes Statt angenommen, als seine Frau und seine sieben Söhne bei einer Judenverfolgung von Christen ermordet worden sind. Der Tempelherr befragt, ohne Namen zu nennen, den christlichen Patriarchen von Jerusalem, ob ein Jude ein christliches Kind ungetauft aufziehen dürfe; der fanatische Patriarch will von dem Tempelherrn kein Wort zugunsten des Juden hören, er besteht auf: »Tut nichts. Der Jude wird verbrannt.« Inzwischen sind sich Sultan Saladin, der Mohammedaner, und Nathan, der Jude, respektvoll nähergekommen. Auf die Frage des Sultans, welche der drei großen Religionen, die christliche, die jüdische oder die mohammedanische, die echte sei, hat Nathan das Gleichnis von den drei Ringen erzählt: aus einem Ring, der die geheime Kraft besitzt, »vor Gott und Menschen angenehm zu machen, wer in dieser Zuversicht ihn trug«, läßt ein Mann für seine drei Söhne Ringe machen, und als nach seinem Tode die Söhne den Richter befragen, welches der echte Ring sei, erhalten sie die Antwort: »Es eifre jeder seiner unbestochnen, von Vorurteilen freien Liebe nach!

Es strebe von euch jeder um die Wette, die Kraft des Steins in seinem Ring
an Tag zu legen, komme dieser Kraft mit Sanftmut, mit herzlicher Ver-
träglichkeit, mit Wohltun, mit innigster Ergebenheit in Gott zu Hilf'!«. — Der
Tempelherr berichtet dem Sultan, daß durch sein Gespräch mit dem Patriarchen Nathan in Gefahr ist: der Patriarch läßt den Juden suchen, der ein
Christenmädchen in seinem Hause hat. Den Schutz Rechas will der Tempelherr übernehmen, doch Nathan hat inzwischen Beweise über die Herkunft
Rechas erhalten: sie ist die Tochter des Ritters von Filnek und damit die
Schwester des Tempelherrn. Überdies stellt sich heraus, daß Ritter von Filnek
in Wirklichkeit Assad ist, der verschollene Bruder des Sultans; er hat in
Deutschland eine Deutsche geheiratet. So sind Recha, das Christenmädchen
im jüdischen Hause, und der christliche Tempelherr Nichte und Neffe des
mohammedanischen Sultans.

Hinweise: Ein merkwürdiger, vielbelächelter Schluß. Da hat sich ein junger
Tempelritter lange gequält, um seine Vorurteile gegen einen Juden und ein
Judenmädchen zu überwinden, plötzlich erfährt er, daß sie ein Christenmädchen ist, und schon erwacht wieder sein antijüdischer Affekt, bis er erkennt,
daß er selbst an dem Mädchen genau das am meisten liebt, was sie ihrem
jüdischen Pflegevater verdankt. Nach so viel jungenhaftem Irren, Trotz und
schließlich männlicher Einsicht und Vertrauen in das eigene, unverdorbene
Gefühl, nach so viel Liebe bei beiden jungen Leuten, dürfte der naive Theaterbesucher mit einiger Gewißheit erwarten, daß die beiden ein Paar werden.
Doch Lessing macht sie zu Geschwistern, zu Nichte und Neffe des Sultans
obendrein, zieht eine verwirrende Stammtafel aus der Tasche und demonstriert damit, daß es für den inneren Rang eines Menschen auf Abstammung
und Religion nicht ankommt: ob Jude, ob Christ, ob Staufe, ob Maure,
das wird auf einmal unwichtig, denn der Adel des Menschen, ja der bloße
Nachweis, daß er es verdient, Mensch genannt zu werden, hängt ab von
dem Grad seiner Einsicht und seiner Duldsamkeit. Lehrsatz geht vor
Liebe: dieser Stückschluß konnte nur von einem Menschen erfunden werden,
der zum Eros ein nahezu rationales und zur Ratio ein nahezu erotisches
Verhältnis hatte.

Viele Dialoge im Nathan sind nichts anderes als ein fortgesetztes Gespräch
über Toleranz: zwischen Saladin und seiner Schwester über die Unzulänglichkeit der Kreuzritter, die nur den Namen Christi, nicht aber seine Tugend
verbreiten; zwischen Nathan und dem Tempelherrn über die Unmenschlichkeit der Behauptung, von Gott auserwählt zu sein; zwischen Saladin und
Nathan, wenn der weise Jude die Ring-Parabel erzählt und die von Vorurteilen freie Liebe fordert; zwischen dem Tempelherrn und dem Patriarchen,

diesem Inbegriff der Intoleranz; zwischen Nathan und dem Klosterbruder, der sich zur jüdischen Abstammung des Christentums bekennt; sogar die Monologe des Tempelherrn sind kaum Gefühlsentladungen, mehr Dialoge mit der Stimme der Vernunft — bis hin zu jenem Schluß, der das letzte Glied einer logischen Beweiskette bildet. Doch diese Beweiskette bliebe tot, bestenfalls eine interessante Debatte, wäre hinter den Argumenten des Verstandes die Güte nicht zu spüren. Zwar ist die Fabel untadelig als Lehrstück konstruiert, aber unüberhörbar ist auch der Herzschlag ihrer Gestalten. Hugo von Hofmannsthal sah in diesem Stück »das geistreichste Lustspiel, das wir haben«, erfüllt vom »Fechten mit dem Verstand (und mit dem als Verstand maskierten Gemüt)«.

Lessings Vernunft wurzelt nicht in einem abstrakten Rationalismus, sondern in einer sehr handfesten Menschenliebe. Es ist eine Vernunft, die allein das menschenwürdige Zusammenleben möglich macht. Sie war in der nationalsozialistischen Zeit, als Lessings ›Nathan‹ verboten war, gleichfalls verboten und wurde durch die Schürung irrationaler Affekte ersetzt, die zu den barbarischsten Verbrechen in der deutschen Geschichte und zum Zusammenbruch aller Werte führten. Wenn Nathan in der Pogrom-Erzählung von der Ermordung seiner Frau und seiner Söhne berichtet, wenn er, überwältigt vom Schmerz der Erinnerung, weint, und aus diesen Tränen zum Lächeln kommt, zu diesem »Und doch ist Gott!« — so ist dies die Geburtsstunde der Weisheit aus dem Leid, der Vernunft aus der schmerzgeborenen Güte.

Menschheitsernst im Märchenspiel, Anmut in der Allegorie, Humor im humanen Pathos — Lessings Stück ist beides: Demonstration und Dichtung, Pädagogik und Poesie. Rokoko, im Feuer eines leidenschaftlich ernsten Verstandes gehärtet, ist doch in der Leichtigkeit der Argumentation und in der graziösen Fabel noch deutlich spürbar — verbunden mit dem vollen Gewicht der Humanität, diesem Grundgedanken der deutschen Klassik. Vernunft aus Güte: gegen sie wird noch heute von den Fanatikern aller ideologischen und konfessionellen Fronten schwer gesündigt. Sie erkennen sich im Patriarchen und greifen Lessings ›Nathan‹ an, als sei er heute geschrieben.

Meinungen: »Möge doch die bekannte Erzählung, glücklich dargestellt, das deutsche Publikum auf ewige Zeiten erinnern, daß es nicht nur berufen wird, um zu schauen, sondern auch um zu hören und zu vernehmen. Möge zugleich das darin ausgesprochene göttliche Duldungs- und Schonungs-Gefühl der Nation heilig und wert bleiben«: Goethe. — »Ich habe den heiligen Eindruck wieder, wenn ich diese Dichtung sehe: hier sind ein paar anständige Menschen; und rings um sie die Sintflut... Bei Lessing ist Corneilles schöne Großmut zu einer deutschen, innigen, leuchtenden Anständigkeit gewandelt.

August Wilhelm Iffland (1759 bis 1814), Dramatiker, Schauspieler und Regisseur, seit 1796 Direktor des Nationaltheaters Berlin, als Lessings ›Nathan‹. Zeichnung von Wilhelm Hendschel, Berlin, um 1810

Nicht nur die eindrucksvolle Bewegung; wie bei dem Nordfranzosen; sondern etwas, das uns tiefer nahesteht; worin das unterbrechende Wirklichkeitswort, das Unheroische (die herzliche Überlegenheit der bürgerlichen Gewalt über die militärische), die Vergeistigung, Sänftigung, Rücksicht, Entwicklung ... kurzweg das Beste der Menschennatur herauskommt«: Alfred Kerr. — »Ohne die Sprache und das Versmaß des dramatischen Gedichts ›Nathan der Weise‹ keine Sprache der großen Bühnendichtungen Schillers, Goethes, Kleists und Hebbels. Ja, die Sprachfügungen Kleists besonders, die Stauungen, die Stockungen im Strom und Fluß des Redens, die scheinbaren Verriegelungen, die die Verse dann erst recht fließend machen, die knappen Ausrufe, Fragen, Einschübe —: all das ist in der Sprache des ›Nathan‹ nach unergründlichen Gesetzen schon vorweggenommen«: G. F. Hering. — »Die Figur des Nathan ist sehr genau und sehr jüdisch gezeichnet — der feine Sophismus, der Hang zum Psychologieren und zum psychologischen Spintisieren, das Talent, Menschen einzufangen und für sich einzunehmen, die Neigung zur Aphoristik und abstrakten Dialektik, die Schlauheit, die eins ist mit seiner Lebensklugheit, der Sinn für wohltätige Handlungen (wie fast bei allen Orientalen) ... selbst den jüdischen Tonfall hat Lessing gut im Ohr gehabt«: Willy Haas.

Sturm und Drang: weniger denken, mehr leben

> Genie ist eine Dornenkrone und der Geschmack ein Purpurmantel, der einen zerfleischten Rücken deckt.
>
> Johann Georg Hamann (1730—1788)

»Unser Jahrhundert hat sich so tief in die dunklen Werkstätten des Kunst- und Verstandesmäßigen verloren«, meinte Johann Gottfried Herder (1744 bis 1803), »daß es das weite, helle Licht der ursprünglichen Natur in früheren

Jahrhunderten nicht mehr zu erkennen vermag.« Johann Georg Hamann (1730—1788), der sich als Kreuzzügler betrachtete »gegen die Lügen-, Schau- und Maulpropheten der Aufklärung«, befahl kurz angebunden: »Denken Sie weniger und leben Sie mehr!« Das war ein neuer, aufsässiger und revolutionärer Ton in einem Jahrhundert, das man das ›aufgeklärte‹ nannte, weil es sich dem Verstand verschrieben hatte, den Regeln im täglichen Umgang, in der Moral und in der Dichtkunst, und zwischen Natur und Vernunft keinen großen Unterschied erblicken konnte. Nun also wurde die ›Natur‹ gegen den Verstand ausgespielt und das ›Leben‹ gegen das Denken.

Man berief sich auf den französischen Philosophen und Schriftsteller Jean-Jacques Rousseau (1712—1778), der alles, worauf man bis dahin stolz gewesen, den Fortschritt der erhellenden Vernunft, verdammte und zur Ursache des sittlichen Verfalls erklärte. »Der Mensch, der denkt, ist ein entartetes Tier«, behauptete Rousseau; sein Befehl »Zurück zur Natur!« wurde zum Slogan einer neuen Epoche. Bei Hamann liest sich das dann so: »Das Herz schlägt früher, als unser Kopf denkt — ein guter Wille ist brauchbarer als eine noch so reine Vernunft.« Und Herder behauptet: »Poesie ist älter als Prosa. Denn was ist die Sprache in ihren Anfängen anderes als eine Nachahmung der tönenden, handelnden, sich regenden Natur, als eine Sammlung von Elementen der Poesie?« Hatte die prosaische Aufklärung in der Natur die Vernunft entdeckt, so meinte man jetzt, in einer völlig anders begriffenen ›Natur‹ die Poesie zu entdecken.

Die literarische Bewegung, die aus solch umwälzenden Gedanken entsprang, eine Revolte junger Männer, die sich zur Revolution entwickelte, hat man ›Sturm und Drang‹ genannt. Das ist ein handliches Schlagwort der Philologen und heute auch der Fußballreporter, die von einer Sturm-und-Drang-Periode reden, wenn eine Mannschaft mit aller Gewalt ein Tor erzwingen will. ›Der Wirrwarr‹ hieß das Drama eigentlich und zu Recht, das der vierundzwanzigjährige Frankfurter Konstabler-Sohn Friedrich Maximilian Klinger (1752—1831), der von Goethe gefördert wurde, im Jahre 1776 schrieb, und Sturm und Drang taufte es der heute vergessene Christoph Kaufmann um, ein Propagandist der neuen Genies, ein Mann der Reklame-Effekte, der sich mit nacktem Oberkörper als ›Naturmensch‹ produzierte.

Die Mannschaft des ›Sturm und Drang‹ war um die Mitte des 18. Jahrhunderts geboren, und diese zornigen jungen Männer erfüllten die siebziger und achtziger Jahre mit ihren Dramen, mit ihrem Lärm, mit ihrem neuen Pathos der Maßlosigkeit, doch auch mit ihrem Genie. Klinger gehörte dazu, Lenz, Johann Heinrich Voß, der Homers ›Ilias‹ und ›Odyssee‹ übersetzte, der junge Goethe, der in Straßburg die bis dahin als verworrene Willkür verdammte Gotik feierte und zum ›Schäkespears Tag‹ jubelte: »Natur! Natur!

Nichts so Natur als Shakespeares Menschen.« Homer und Shakespeare mit
ihren hochentwickelten Kunstprodukten wurden zu Kronzeugen für die unmittelbar der Natur entsprungene Poesie gemacht — nüchtern betrachtet,
ein absurder Vorgang, doch damals, polemisch gegen die Kunstprodukte der
vorangegangenen Generation, der Aufklärung und des Rokoko, gerichtet,
eine ›natürliche‹ Reaktion.

*Friedrich Maximilian
Klinger gab mit
seinem Drama ›Sturm
und Drang‹ (1776)
einer revolutionären
Epoche ihren Namen:
gegen die artistische
Spielerei des Rokoko
wird die Elementar-
kraft des Gefühls ent-
bunden. Illustration
von Ignaz Albrecht
zu Klingers Tragödie
›Die Zwillinge‹, die
1796 in Wien gespielt
wurde. Die Urauf-
führung brachte Fried-
rich Ludwig Schröder
am 23. Februar 1776
in Hamburg heraus*

Zerschlage dich Guelfo! —

I. Albrecht fe

4. Aufz. 5. Auft.

Die Zwillinge.

»Kerls, die in Ohnmacht fallen, wenn sie einen Buben gemacht haben«, höhnte Fritz Schillers Räuber Moor, »kritteln über die Taktik des Hannibal ... Mir ekelt vor diesem tintenklecksenden Säkulum ... Pfui! pfui! über das schlappe Kastraten-Jahrhundert, zu nichts nütze, als die Taten der Vorzeit wiederzukäuen und die Helden des Altertums mit Kommentationen zu schinden und zu verhunzen mit Trauerspielen.« Daß der edle Räuber auch in den Schundromanen dieser Zeit zur Lieblingsfigur wurde, kann nicht allein mit dem Erfolg von Schillers ›Räubern‹ erklärt werden: der Räuber lag in der Luft; in ihm waren die Sehnsüchte der Zeit Gestalt geworden — er rebelliert gegen die verknöcherte Gesellschaft, er ist ein Individualist, ein ›Kerl‹, er kämpft gegen die Tyrannen und hilft den Armen, und er ist ganz und gar ›Freiheit‹. Frei wollten die Stürmer und Dränger vor allem anderen sein: frei von der Willkür der Fürsten, frei von den Zwängen der Gesellschaft, frei von den Regeln einer verstandesmäßigen Poetik.

Ein irrationaler Affekt hält die Stürmer und Dränger in Schwung: das Genie dichtet in der Ekstase; der Dichter wird überwältigt von Mächten, die mit dem Verstand nicht zu fassen sind; er schreibt unter Zwang, unter einem Diktat von Naturkräften, die durch ihn hindurchwirken. Es ist die expressionistische Bewegung des 18. Jahrhunderts. Das Gefühl, mit dem das Rokoko artistisch spielt und dem die ›Empfindsamkeit‹ schwärmerisch huldigt, wird nun als Elementarkraft entbunden, von den Dramatikern auf die Szene geschleudert und von schwächeren Talenten in die schiere Kraftmeierei gesteigert. Dennoch geht die Verbindung zur Wirklichkeit des Alltags nicht verloren: in Zeitstücken werden soziale Mißstände angegriffen, und es bleibt oft nicht bei der schrillen Attacke, es werden — so von Lenz — sogar handfeste Verbesserungsvorschläge gemacht. Dieses Erbe der Aufklärung, für eine vernünftige Gesellschaftsordnung zu kämpfen, haben die Stürmer und Dränger bei all ihrem gesellschaftssprengenden Kult des einzigartigen Genies nicht verschleudert.

Zum Kreis des jungen Goethe gehörte sein Frankfurter Landsmann Klinger, der Livländer Lenz, der gleichzeitig mit ihm in Straßburg lebte, der Pfälzer Friedrich Müller, der ein Faust-Fragment hinterließ, und der Straßburger Heinrich Leopold Wagner, der ›Die Kindsmörderin‹ schrieb und dem Goethe vorwarf, er habe seinen Plan zum Faust benutzt. Die ›Frankfurter gelehrten Anzeigen‹, redigiert von Johann Heinrich Merck, unterstützten die jungen Leute. In Schwaben entstand der zweite, spätere Kreis um Friedrich Daniel Schubart, der seine Oden auf die Freiheit und gegen die Tyrannen mit zehnjähriger Gefangenschaft auf dem Hohen Asperg bezahlen mußte, und um Schiller, der, zehn Jahre jünger als Goethe, dem ›Sturm und Drang‹ noch verbunden war, als Goethe und Herder schon neue Wege suchten.

In seinen ›Anmerkungen übers Theater‹ gab Lenz 1774 eine temperamentvolle Theorie der neuen Bühnenstücke. Höhnisch wirft er Aristoteles mit seinen Einheiten des Ortes, der Zeit und der Handlung über Bord:»Zum Henker, hat denn die Natur den Aristoteles um Rat gefragt, wenn sie ein Genie schuf?« Lenz läßt nur die Einheit der ›Charaktere‹ gelten,»die sich ihre Begebenheiten erschaffen, die selbsttätig und unveränderlich die ganze große Maschine selbst drehen, ohne die Gottheit in den Wolken... nötig zu haben.« Der Charakter wird zum Mittelpunkt und Motor des Dramas, das zur Nachahmung der Natur verpflichtet ist,»aller der Dinge, die wir um uns sehen, hören etcetera«. Das Drama verliert seine geschlossene Form; es liefert eine Unzahl kleiner Szenen, Tragisches und Komisches sind gemischt, die ›Tragi-Komödie‹ wird zur bevorzugten Gattung, grelle Farben und groteske Übertreibungen sind — trotz theoretischer Nachahmung der Natur — stilistische Lieblingsmittel.»Das Schauspiel«, verlangt Lenz,»ist nur eine Reihe von Handlungen, die wie Donnerschläge aufeinander folgen, eine die andere stützen und heben.«

Das Schauspiel als eine Art Dauergewitter — das war ein neuer Stil, und wie zu jedem neuen Stil braucht die Bühne neue Regisseure, neue Schauspieler und ein neues Publikum. Der wichtigste Theatermann für den ›Sturm und Drang‹ war Friedrich Ludwig Schröder (1744–1816). Er war der Stiefsohn des Theater-Prinzipals Ackermann, der nach dem Zusammenbruch des ›Hamburger Nationaltheaters‹ wieder selbst die Leitung seiner Truppe übernommen hatte. Nach dem Tod Ackermanns wurde der siebenundzwanzigjährige Schröder 1771 Direktor der Ackermannschen Truppe und machte Hamburg zum entscheidenden Kampfplatz der neuen Dramatiker. Er hatte seinen Kreis von Freunden und Beratern, eine Clique, die auf den Vorderbänken des Parterres auch als unbezahlte Claque wirkte: sie feuerte den Applaus an und brachte Mißfallenskundgebungen zum Schweigen.

Zu diesem Kreis gehörten Matthias Claudius, der Verleger Rode, ein Freund Lessings und Herders, und kunstinteressierte Hamburger Bürger. Sie diskutierten die revolutionäre Programmschrift Goethes und Herders ›Von deutscher Art und Kunst‹, Herders Fanfarenstöße für den verachteten Shakespeare und für den ›Götz‹ des Neulings Goethe, Goethes Fanfarenstöße für Shakespeare und die verachtete Straßburger Gotik. Sie studierten die Shakespeare-Übersetzungen von Wieland und Eschenburg und bereiteten damit die ersten deutschen Shakespeare-Aufführungen mit unverfälschten, getreulich übersetzten Texten vor. Sie boten erstaunliche Honorare für unaufgeführte deutsche Originalwerke und neue deutsche Übersetzungen; dieses als ›Preisausschreiben‹ berühmt gewordene Verfahren von 1775 brachte als erste Stücke gleich drei Bruderkampf-Dramen ans Licht, von denen Maximilian Klingers Stück *Die Zwillinge* honoriert und am 23. Februar 1776 in Hamburg aufgeführt wurde. Die Hamburger Bühne versicherte sich auf diese Weise systematisch der Avantgarde und ihres dazu erkorenen Ahnherrn Shakespeare. Das Publikum, leider, ließ sich zu einem Abonnement mit diesem modernen Spielplan nicht verführen.

Schröder führte unter anderem auf: von Shakespeare (meist in Eschenburgs Übersetzung): ›König Lear‹, ›Hamlet‹ (mit verändertem Schluß: Hamlet, für die Stürmer und Dränger ein Genie, bleibt am Leben und wird König von Dänemark), ›Othello‹ (welche sensationelle Aufführung nach zeitgenössischem Bericht »die frühzeitige mißglückte Niederkunft dieser oder jener namhaften Hamburgerin« zur Folge hatte), ›Macbeth‹, ›Der Kaufmann von Venedig‹, ›Maß für Maß‹; von Goethe ›Clavigo‹, ›Götz von Berlichingen‹, ›Stella‹; von Schiller ›Die Räuber‹, ›Kabale und Liebe‹, ›Fiesco‹ und ›Don Carlos‹; ›Der Hofmeister‹ von Lenz und eine Menge anderer, heute vergessener Dramen des ›Sturm und Drang‹. Dazwischen auch Lessing, Molière, Holberg und die Unterhaltungsdramatiker Iffland und Kotzebue. Zusammen rund 25 Premieren im Jahr.

Gespielt wurde wie seither auf einer Guckkastenbühne mit Kulissen aus dem Fundus, doch ließ Schröder neue Einzelbilder malen, um die Schauplätze genauer zu charakterisieren, und schummerte durch neuartige Beleuchtungseffekte eine zwielichtige Atmosphäre, die den neuartigen zwielichtigen Charakteren entsprechen sollte. Die Kostüme, bis dahin nichts als pompös, auf Schaulust berechnet und dem Fundus entnommen, wurden erstmalig für jeden Schauspieler eigens angefertigt: die modern gewordene Individualität erzwang sich die individuelle Aufmachung.

Am stärksten umgewälzt aber wurden Sprache und Gebärde. Konrad Ekhof, Inbegriff des Lessing-Schauspielers, war berühmt geworden durch seine präzise, gelassene Sprache, durch seine gebändigte Haltung, durch seine Kunst, das geistige Argument, den Typus und das Symbol zu präsentieren — ein ›Denkschauspieler‹. Der jüngere Schröder dagegen wurde berühmt durch seine Natürlichkeit, durch den Reichtum der geschmeidigen Gebärden und der ausdrucksvollen Mimik, die ihm, einem ehemaligen Tänzer und Stegreif-Mimen, selbstverständlich waren und die er weit über die ›Natürlichkeit‹ hinaustrieb — er präsentierte ganz bestimmte Individuen und einmalige Situationen. Man spielte aus dem Herzen, nicht mehr aus dem Kopf, und Schröder entwickelte für sein Ensemble einen neuen Form-Kanon, genau gestufte Abwandlungen von Gefühlsgebärden: wie man die Hand aufs Herz legt, die Hände ringt, mit dem ganzen Körper Ausdruck schafft. Ein Augenzeuge, Johann Friedrich Schink, über Schröder als Lear: »Dieses Sprudeln wird Schäumen, knirschendes, kreischendes Rachegeheul.

Friedrich Ludwig Schröder (1744–1816) als König Lear. Zeichnung in Schröders Stammbuch von Ferdinand Kobell (1740–1799) aus dem Jahre 1780. Der Regisseur und Schauspieler Schröder, seit 1771 Theaterdirektor in Hamburg, ab 1771 auf Gastspielreisen, von 1781 bis 1785 am Wiener Burgtheater und später noch zweimal in Hamburg, machte Hamburg zum entscheidenden Kampfplatz der neuen Dramatiker des ›Sturm und Drang‹.

Dann sinkt die in den Tränen der äußersten Wut erschöpfte Stimme, sie bricht, die Wut ergießt sich in Tränen und mit halbstammelndem Laute spricht er . . .«

Gewitter sind zeitlich eng begrenzt, und jede Überdruck-Bewegung läuft bald auf abstumpfende Wiederholungen der stärksten Effekte hinaus, auf Selbstzitate, auf das, was man Manier nennt. 1795 kam eine französische Truppe nach Hamburg, und das Publikum, des Stürmens und Drängens müde, stürmte und drängte zu den Franzosen. An Ostern des folgenden Jahres löste Schröder seine Truppe verbittert auf.

Die Durchschnittsproduktion des ›Sturm und Drang‹, gesellschaftskritische Zeitstücke und Entrollungen kolossaler Charaktere, ist vergessen. Historisches Verdienst ist die Entdeckung des unverfälschten Shakespeare — jetzt erst, durch das deutsche Theater, wird er zum Gegengewicht der Franzosen auf der europäischen Szene. Geblieben sind ›Sturm-und-Drang‹-Dramen Goethes und Schillers und — mit einigem Abstand — zwei Stücke von Lenz. Geblieben sind die Folgen dieses rebellischen Impulses: Büchner, Grabbe, Wedekind, expressionistische Stücke des 20. Jahrhunderts und auf der sozialkritischen Linie Gerhart Hauptmann und Bertolt Brecht.

348

J. M. R. Lenz: die bittersten Komödien

> Das Schauspiel ist nur eine Reihe von Handlungen, die wie
> Donnerschläge aufeinander folgen, eine die andere stützen und
> heben. Lenz, Anmerkungen übers Theater, 1774

Den livländischen Pfarrerssohn Jakob Michael Reinhold Lenz, geboren am
12. Januar 1751 in Leßwegen, fand man vierzig Jahre später, am 24. Mai
1792, in Moskau tot auf der Straße. Als Zwanzigjähriger hatte er sein Theologiestudium in Königsberg abgebrochen und war als Reisebegleiter und
Dolmetscher zweier kurländischer Adliger nach Straßburg gekommen, wo er
Goethe kennenlernte, von dem er in einem kaum faßbaren Maße abhängig
wurde: vom Werther, von den Gedichten, von der Shakespeare-Verehrung;
nach der Abreise Goethes versuchte er sogar, bei Friederike Brion der Nachfolger seines Vorbildes zu werden, und in Weimar verehrte auch er Frau
von Stein. Der Herzog von Weimar nannte ihn grob den Affen Goethes.
»... so litt er im allgemeinen von der Zeitgesinnung, welche durch die
Schilderung Werthers abgeschlossen werden sollte«, bemerkte Goethe in
›Dichtung und Wahrheit‹.

Lenz schlug sich als Privatlehrer, als ›Hofmeister‹, mühsam durch und
schrieb 1774 über die (böse ironisch gemeinten) ›Vortheile der Privaterziehung‹ sein Stück ›Der Hofmeister‹. Im gleichen Jahr brachte er, um die
moralisierenden Aufklärungskomödien zu treffen, seine modernisierenden
Neufassungen von fünf handfesten Komödien des Plautus heraus, die phantastische Satire ›Der neue Menoza oder Die Geschichte des cumbanischen
Prinzen Tandi‹, und seine ›Anmerkungen über das Theater‹, eine Theorie
der ›Sturm-und-Drang‹-Stücke (siehe auch Seite 345), »nebst angehängtem
übersetzten Stück Shakespeares«: seine freie Prosa-Übersetzung von Shakespeares ›Love's Labour's Lost‹ (siehe auch Seite 166), ist die schönste deutsche
Fassung dieses Stücks; bühnenwirksam obendrein. Zwei Jahre später kamen
die Literatursatire ›Pandämonium Germanicum‹, in der er seine wichtigsten
literarischen Zeitgenossen, einschließlich sich selber, auftreten läßt, und ›Die
Soldaten‹. Im März 1776 folgte er einer verheirateten Hofdame nach Weimar, von wo er wegen einer verliebten Intrige (einer, nach Goethe, ›Eselei‹)
ausgewiesen wurde. Zeitweise geistig umnachtet, lebte er am Oberrhein,
war er 1778 bei Pfarrer Oberlin im Steintal — Georg Büchner hat 1836 in
dem Fragment ›Lenz‹ seine seelischen Verwirrungen messerscharf und mit
schmerzvoller Poesie freigelegt: »Er ging gleichgültig weiter, es lag ihm nicht
am Weg, bald auf-, bald abwärts. Müdigkeit spürte er keine, nur war es ihm
manchmal unangenehm, daß er nicht auf dem Kopf gehen konnte.« Ein

Bruder holte ihn 1779 nach Riga, zwei Jahre später kam er nach Moskau, wo er elf Jahre später im Elend starb.

Goethe bescheinigte ihm in ›Dichtung und Wahrheit‹: »Aus wahrhafter Tiefe, aus unerschöpflicher Produktivität ging sein Talent hervor, in welchem Zartheit, Beweglichkeit und Spitzfindigkeit miteinander wetteiferten, das aber, bei all seiner Schönheit, durchaus kränkelte, und gerade diese Talente sind am schwersten zu beurteilen. Man konnte in seinen Arbeiten große Züge nicht verkennen; eine liebliche Zärtlichkeit schleicht sich durch zwischen den albernsten und barockesten Fratzen, die man selbst einem so gründlichen und anspruchslosen Humor, einer wahrhaft komischen Gabe kaum verzeihen kann.«

Der Hofmeister oder *Die Vorteile der Privaterziehung*. Komödie in fünf Akten. 1774. Uraufgeführt am 12. April 1778 durch Schröder in Hamburg. — Läuffer ist ›Hofmeister‹, Privaterzieher, bei Major von Berg. Dessen Tochter Gustchen hat sich ihrem Vetter Fritz von Berg, bevor er für drei Jahre zur Universität geht, auf ewig versprochen. Als sie von Läuffer schwanger wird, flieht sie aus ihrem Elternhaus und bringt ihr Kind bei einer blinden Frau zur Welt. Läuffer verbirgt sich unter falschem Namen bei dem Schulmeister Wenzeslaus, wird entdeckt und von Gustchens Vater in den Arm geschossen. Er kastriert sich und wird deshalb von Wenzeslaus als wahrer Erzieher der Jugend gepriesen. Gustchen stürzt sich in einen Teich und wird von ihrem Vater gerettet. Fritz von Berg, der inzwischen auf der Universität allerlei erlebt hat und sogar als Bürge für einen verschuldeten Studienkameraden im Gefängnis gewesen ist, kehrt nach Hause zurück. Er fühlt sich, da er so lange nicht geschrieben hat, mitschuldig, heiratet Gustchen und adoptiert ihr Kind, »weils das Bild seiner Mutter trägt« — durch Hofmeister wird er es nie erziehen lassen. Läuffer heiratet die Bauernmagd Lise, die auf Kinder keinen Wert legt.

Soweit Lenz gegen Privaterzieher und für öffentliche Schulen eintritt, soweit er sich bemüht, »die Stände so darzustellen, wie sie sind«, Vertreter des Adels, der Bürgerschaft, der Bauern und der Studenten, soweit er, kühn für seine Zeit, die Anerkennung eines unehelichen Kindes — nicht durch den Vater, sondern durch den Gatten der Mutter — gutheißt, ist das Stück historisch; freilich das erste deutsche Sozialdrama von dieser Schärfe. Von bitterstem Sarkasmus, daß der Hofmeister, halb Domestike, halb Familienmitglied, immerhin ein Vertreter des Geistes, seinen Platz in dieser Gesellschaft erst nach seiner Entmannung findet. Mitleid mit dieser verwirrten, geschundenen Kreatur und beißende Ironie jagen und überschneiden sich in grausamen Humoren.

Maries Zimmer in ›Die Soldaten‹ von J. M. R. Lenz. Entwurf von Rudolf Bamberger, dem Bruder des Regisseurs Ludwig Berger, aus den zwanziger Jahren des 20. Jahrhunderts.

Bertolt Brecht hat in seiner Bearbeitung der Tragikomödie die Komik verstärkt und die zeitgebundene Gesellschaftskritik beschnitten zugunsten einer allgemeineren Attacke gegen die Knechtsseligkeit des Geistes vor der Macht. Der Hofmeister lehrt bei Brecht ›Das ABC der Teutschen Misere‹; in seinem Epilog heißt es: »Und erst wenn er verstümmelt und entmannt / Wird er von oben gnädigst anerkannt. / Gebrochen ist sein Rückgrat. Seine Pflicht / Ist, daß er nun das seiner Schüler bricht.« Von Brecht und Caspar Neher am 15. 4. 1950 mit dem (Ost-)Berliner Ensemble im Deutschen Theater herausgebracht, wurde diese Fassung zu einem triumphalen Erfolg.

Die Soldaten. Komödie in fünf Akten. Geschrieben zwischen 1774 und 1775. Uraufgeführt am 26. 12. 1863 am Wiener Burgtheater in einer Bearbeitung von Eduard von Bauernfeld unter dem Titel ›Das Soldatenliebchen‹. Dann vergessen und durch den Münchener Theaterwissenschaftler Artur Kutscher neu für die Bühne gewonnen, 1911 durch eine geschlossene Aufführung. — Marie, die Tochter eines Galanteriehändlers in Lille, und Stolzius, ein Tuchhändler in Armentières, lieben sich, doch als Desportes, ein Aristokrat und Offizier, ihr die Ehe verspricht, schreibt sie Stolzius mit Hilfe ihres Vaters den Abschiedsbrief. Desportes läßt sie sitzen, und Herr von Mary bewirbt sich um sie; ebenso der Graf de la Roche, dessen einsichtige und mitleidige Mutter Marie als Gesellschafterin in ihr Haus nimmt, ihr klarmacht, daß nur ein bürgerlicher Mann zu ihr passen könne, und ihr den Umgang mit Männern verbietet. Herr von Mary stellt ihr im Garten der Gräfin nach, und Marie flieht aus dem Haus. Sie will nach Philippville, zu Desportes' Vater; unterwegs bricht sie hungernd zusammen und wird von ihrem Vater aufgefunden. Der verlassene Stolzius, von den Offizieren verhöhnt, ist Bursche des Herrn von Mary geworden. In dessen Wohnung hört er, wie sich Desportes rühmt, daß die bürgerliche Marie, die er eine Hure nennt, zu seinem aristokratischen Vater nicht vordringen kann: einer seiner Jäger soll sie abfangen, in Stubenarrest halten, verführen und später heiraten. Stolzius vergiftet Desportes und sich selbst in der Gewißheit: »Gott kann mich nicht verdammen.« — Die Gräfin de la Roche beklagt Maries Schicksal als Folge »des ehelosen Standes der Soldaten« bei dem Obristen, Graf von Spannheim, der den Vorschlag macht, der König solle »eine Pflanzschule von Soldatenweibern anlegen, Amazonen müßten es sein«.

Zwar läßt Lenz seine Gräfin daran zweifeln, daß sich Frauen von Ehre für diese Pflanzschule hergeben werden, doch hat er diesen Vorschlag ernst gemeint und ihn sogar dem Herzog in Weimar vorgetragen. Abgesehen von dem Reformer-Pathos des Schlusses, sind die ›Soldaten‹ ein glanzvolles Theaterstück. »Ich hab einige Jahre mit den Leuten gewirtschaftet, in Garnison gelegen, gelebt, hantiert«, schrieb Lenz an Herder — man spürt es, die Offizierstypen sind außerordentlich vielfältig, lebendig, realistisch; kollektiv ist nur ihr Drang zu Bürgermädchen, im übrigen sind es knapp gezeichnete, aber voll ausgeprägte Charaktere. Trotz seiner Absicht, die den Offizieren befohlene Ehelosigkeit und die Folgen der Standesunterschiede zwischen Adel und Bürgertum zu kritisieren, ist Lenz nicht der Schwarzweißmalerei des Tendenzdramas erlegen: er zeigt nicht nur die größere Verführungskraft des höheren Standes (wie schon Lessing in ›Emilia Galotti‹), er zeigt (ausgeprägter noch als Lessing) die Verführbarkeit eines blutjungen Mädchens, die nicht nur in ihrer Umwelt und ihrem Stand begründet ist, sondern auch in ihrer Eitelkeit und Lebensgier. Ohne Stolzius, der den Verlust Maries erleiden muß, den es in ihre Nähe drängt, und sei es als Bursche ihres Verführers, und dem nur Mord und Selbstmord bleiben, um sich — zum erstenmal — in seiner Menschenwürde zu bestätigen, ohne diesen unglückseligen Getriebenen ist Büchners ›Woyzeck‹ (siehe auch Seite 536) nicht zu denken. Eine hochexplosive Mischung von Realismus, Ironie und Gesellschaftskritik in einer Sprache von dramatischem Elan, gesättigt und prall, knapp und wunderbar frisch, in fünfunddreißig konzentrierten, an Shakespeare geschulten Bildern, die sich atemlos jagen.

Goethe: als junges Genie

Sauwohl u Projeckte.
Goethe, Tagebuch-Notiz, 21. 6. 1775

Als die Kochsche Theatertruppe am 12. April 1774 in Berlin ›Götz von Berlichingen mit der eisernen Hand‹ zum erstenmal auf die Bühne brachte, war der Name des Verfassers so unbekannt und deshalb so wenig geeignet, Publikum anzulocken, daß man ihn nicht nannte. Erst als das Stück wiederholt werden mußte, verriet der Theaterzettel als Autor »Herrn D. Göde in Frankfurt am Main« und vermerkte zum Stück:»Es soll, wie man sagt, nach Shakespeareschem Geschmack abgefaßt sein. Man hätte vielleicht Bedenken getragen, solches auf die Schaubühne zu bringen, aber man hat dem Verlangen vieler Freunde nachgegeben.« Koch machte mit dem Stück Furore und gewiß nicht nur wegen des eingelegten Zigeuner-Balletts; es mußte gleich siebzehnmal gegeben werden und wurde noch im gleichen Jahr in Hamburg von Schröder herausgebracht.

Johann Gottfried Brückner, der Darsteller des Götz, trug sensationellerweise weder Zopf noch Perücke, und die Kostüme bemühten sich mit geschlitzten Puffärmeln und Federbuschhelmen rührend um historische Richtigkeit. Dies war neu, mitten im preußischen Rokoko. Goethe war damals fünfundzwanzig Jahre alt und hatte, bevor er Geschmack an Shakespeare gefunden, dem Geschmack seiner eigenen Zeit gehuldigt. Am 28. 8. 1749 in Frankfurt am Main geboren, war er 1765 als Student der Rechte nach Leipzig gegangen und hatte dort, verliebt in Annette Käthchen Schönkopf und eng verbunden dem eleganten Rokoko, ›Die Laune des Verliebten‹ geschrieben.

Die Laune des Verliebten. ›Ein Schäferspiel in Versen und Einem Acte.‹ 1767. Aufgeführt vom Weimarer Liebhabertheater am 20. 5. 1779. — Eridons Eifersucht wird um so schlimmer, je weniger Grund er hat und je mehr ihn Amine liebt, der er sogar das Tanzen verbietet. Er wird geheilt durch Amines Freundin Egle, die Amine mit ihrem eigenen Geliebten Lamon großzügig zum Tanze schickt und mit Eridon so lange kokettiert (»sie affectirt eine zärtliche Entzückung«), bis er sie küßt. Durch diesen Kuß belehrt, muß er beschämt Amine um Verzeihung bitten:»So eine kleine Lust wird dir mein Herz nicht rauben.« Egle spricht die Schlußmoral:»Ihr Eifersüchtigen, die ihr ein Mädchen plagt / Denkt *euren* Streichen nach, dann habt das Herz und klagt.« — Ein Vierpersonen-Schäferspiel in der Renaissance-Tradition, geschrieben in gereimten Alexandrinern: durch Koketterie belehrend und mit der Belehrung kokettierend.

Die Mitschuldigen. ›Ein Lustspiel in Versen und drei Aufzügen.‹ 1768. Aufgeführt vom Weimarer Liebhabertheater am 9.1.1777. — Als ›Mitschuldige‹ erkennen sich zum Schluß: der Wirt, der, von politischer Neugierde getrieben, nachts im Zimmer seines Gastes Alcest einen versiegelten Brief suchen will; Alcest, der mit der verheirateten Wirtstochter Sophie, die er früher geliebt hat, in eben dieser Nacht in seinem Zimmer ein Rendezvous hat, allerdings von ihr, obwohl sie ihn noch liebt, nicht mehr als Küsse erhält; Söller, ihr Mann, der den Wirt, Alcest und Sophie belauschen kann, weil er heimlich in Alcests Zimmer eingedrungen ist, um ihn zu bestehlen. Mit dem Diebstahl klärt Alcest die nächtliche Szene in seinem Zimmer auf. Man verzeiht sich. Söller braucht den Teil des gestohlenen Geldes, mit dem er seine Schulden bezahlt hat, nicht zurückzugeben und faßt das allgemeine Aufatmen in den letzten Satz:»So — diesmal blieben wir wohl alle ungehangen.«

Schwer erkrankt, hatte Goethe sein Studium in Leipzig abgebrochen und war 1768 nach Frankfurt zurückgekehrt. Beeindruckt von Lessings ›Minna von Barnhelm‹, arbeitete er in diesem Jahr einen nach intensivem Studium Molières entstandenen Einakter in die ›Mitschuldigen‹ um, ganz im französischen Geschmack, in gereimten Alexandrinern: ein graziöses Spiel, nicht ohne Witz und Pikanterie. Auf der Liebhaberbühne in Weimar spielte Goethe neun Jahre später den Alcest.

Götz von Berlichingen mit der eisernen Hand. Die erste Fassung *Geschichte Gottfriedens von Berlichingen mit der eisernen Hand, dramatisiert,* (›Urgötz‹), geschrieben 1771 in Frankfurt, wurde aus dem Nachlaß Goethes 1832 veröffentlicht. Die zweite Fassung *Götz von Berlichingen mit der eisernen Hand. Ein Schauspiel,* wurde 1773 in Darmstadt (im Selbstverlag) gedruckt. Die dritte Fassung *Götz von Berlichingen mit der eisernen Hand. Schauspiel in fünf Aufzügen* hat Goethe (1804) für die Bühne in Weimar bearbeitet.

Wer? Kaiser Maximilian. Götz von Berlichingen. Elisabeth, seine Frau. Maria, seine Schwester. Carl, sein Söhnchen. Georg, sein Bube. Bischof von Bamberg. An des Bischofs Hofe: Weislingen, Adelheid von Walldorf. Franz von Sickingen. Lerse. Franz, Weislingens Bube.

Wann und wo? Anfang des 16. Jahrhunderts in Franken, Bayern und Württemberg.

Was? (Nach der zweiten Fassung von 1773) Götz von Berlichingen, ein kaisertreuer Ritter, nur abhängig von»Gott, seinem Kaiser und sich selbst«, gehaßt von den Fürsten und geliebt von den Bedrängten, schnappt seinem Feind, dem Bischof von Bamberg, seinen Jugendfreund Adelbert von Weislingen weg, dem er auf seiner Burg Jaxthausen das üppige Hofleben in Bamberg

Weislingens Tod. Illustration des französischen romantischen Malers und Lithographen Eugène Delacroix (1798–1863) zu Goethes ›Götz von Berlichingen‹.

zugunsten der freien Ritterschaft ausreden möchte. Weislingen scheint zugänglich und verlobt sich mit Götzens Schwester Maria, doch Nachrichten aus Bamberg locken ihn in die Residenz, wo er Adelheid von Walldorf verfällt, die ihre Schönheit für ihren Ehrgeiz berechnend einsetzt: sie stellt ihm ihre Hand in Aussicht, falls er beim Kaiser ihre und des Bischofs Interessen vertritt. Auf die Beschwerde Nürnberger Kaufleute, die Götz überfallen hat, wird der Ritter mit der eisernen Hand vom Kaiser geächtet, und Weislingen führt die Reichsexekution gegen ihn. Der Ritter Franz von Sickingen heiratet Götzens Schwester Maria auf Jaxthausen und verläßt mit ihr, da es Götz verlangt, die Burg. Jaxthausen wird von den Reichstruppen belagert; die Aufforderung zur Übergabe beantwortet Götz mit dem populärsten deutschen Zitat: »Vor Ihre Kaiserliche Majestät hab ich, wie immer, schuldigen Respekt. Er aber, sag's ihm, er kann mich — — —« (in der Erstausgabe noch ohne Gedankenstriche: »im Arsch lecken«; für den Weimarer Hofgebrauch von Goethe abgeändert in »er kann zum Teufel fahren«). Als die Vorräte zu Ende gehen, nimmt Götz das Angebot des freien Abzugs an, wird aber, trotz des kaiserlichen Ehrenwortes, gefangengenommen. Im Heilbronner Rathaus soll er Urfehde schwören und streitet sich mit den kaiserlichen Räten, da der Schwurtext ihn als Rebellen gegen Kaiser und Reich bezeichnet. Sein Schwager Franz von Sickingen befreit ihn; nun gelobt er, sich auf seine Burg zurückzuziehen und Frieden zu halten. Auf Jaxthausen schreibt er seine Lebensgeschichte. Weislingen und Adelheid haben geheiratet, aber Adelheids Ehrgeiz gilt Karl, dem Sohn des Kaisers. Sie betrügt Weislingen mit dessen Knappen Franz, und als Weislingen sie vom Hof entfernen und auf seine Güter schicken will, stiftet sie Franz an, ihren Mann zu vergiften. Die aufständischen Bauern machen Götz zu ihrem Hauptmann, doch als die Bauern Miltenberg brandschatzen, bricht zwischen Götz und den andern Bauernführern der Streit aus. Weislingens Reiter besiegen die Brandstifter. Götz wird verwundet und gefangen. Der sterbenskranke, von Franz vergiftete Weislingen zerreißt auf Bitten von Götzens Schwester Maria das über Götz gefällte Todesurteil. Franz gesteht den Giftmord und stürzt sich aus dem Fenster in den Main. Weislingen stirbt, während Maria für ihn betet. Adelheid wird von einem geheimen Femegericht zum Tode verurteilt. Götz stirbt im Gärtchen des Heilbronner Gefängnisturms; seine letzten Worte: »Himmlische Luft — Freiheit! Freiheit!«

Hinweise: Goethe schrieb die erste Fassung seines ›Götz‹ innerhalb von sechs Wochen zu Beginn der fünf Jahre (1771—1775), die von der Literaturwissenschaft seine ›Frankfurter Geniezeit‹ genannt werden. Er kam damals oft nach Darmstadt in den Kreis der ›Empfindsamen‹, die man sich allzu zimperlich nicht vorstellen darf; Karoline Flachsland, Herders Braut, gehörte dazu und der geistreiche und sarkastische Johann Heinrich Merck (1741 bis 1791). Er ermunterte Goethe, der die von Herder angeregte Umarbeitung seines ›Götz‹ nur als ›Vorübung‹ ansah und an einen Druck, geschweige denn an eine Aufführung, nicht dachte, die Fassung von 1773 auf eigene Kosten herauszubringen: »Bei Zeit auf die Zäun', so trocknen die Windeln.« Wer mehr über das geistige Klima dieser Jahre wissen möchte, der lese den Abschnitt »Sturm und Drang: weniger denken, mehr leben« (Seite 341) nach.

Den Plan zum ›Götz‹ faßte Goethe in Straßburg, wo er sein Studium durch das Lizenziat abgeschlossen und durch Herder für Shakespeare begeistert worden war. ›Zum Schäkespears Tag‹, im Jahre der Niederschrift des ›Götz‹, hatte Goethe festgestellt: »Schäkespears Theater ist ein schöner Raritäten-Kasten, in dem die Geschichte der Welt vor unsern Augen an dem unsichtbaren Faden der Zeit vorbeiwallt. Seine Plane sind, nach dem gemeinen Stil zu reden, keine Plane, aber seine Stücke drehen sich alle um den geheimen Punkt, den noch kein Philosoph gesehen und bestimmt hat, in dem das Eigentümliche unseres Ichs, die prätendierte Freiheit unsres Wollens mit dem notwendigen Gang des Ganzen zusammenstößt.« Im ›Götz‹ geht der ›Gang des Ganzen‹ über den Ritter mit der eisernen Hand, über das Eigentümliche seines Ichs, hinweg. Daß er, der allein den kaiserlichen Reichsgedanken bewahrt, den zu verwirklichen der Kaiser zu schwach ist, vom Kaiser geächtet wird, ist voll bitterer Ironie und führt in die Melancholie des

Schlusses: dem letzten ›Freiheit‹-Seufzer des sterbenden Götz folgt Elisabeths, seiner Frau, Klage: »Nur droben, droben bei dir. Die Welt ist ein Gefängnis.« Die Welt verändert sich, Götz ist eine anachronistische Gestalt; die geschichtliche Entwicklung, die zur höfischen Zivilisation führt, löscht ihn aus. Mit Ingrimm hat der junge Goethe seine Kraftkerle mit ihrer saftigen Sprache ins höfische Rokoko seiner Gegenwart geschleudert. Doch im notwendigen Gang des Ganzen geht die Freiheit des Wollens notwendig — ›tragisch‹ — unter: auch dies hat der zweiundzwanzigjährige Autor gesehen. Weislingen steht zwischen den Zeiten, er ist im Stück der ›modernste‹ Charakter: schwankend, verführbar durch Frauen, durch Macht, durch den Sog der Zukunft. Goethe, der diese Zerrissenheit und den Hang zur Treulosigkeit von sich selbst gut kannte, hat sie in Clavigo, in Fernando und Tasso immer wieder ins Spiel gebracht. Das ›Böse‹ ist für ihn nur die Kehrseite des ›Guten‹, das eine scheint ihm so notwendig wie das andere; er verurteilt weder eine Person, nicht einmal die macchiavellistische Adelheid, noch die Geschichte — er ist kein Sittenrichter, er stellt dar.

Ist das Barockdrama, auch die klassizistische Variante der Franzosen, auf Staat und Gesellschaft gerichtet, so ist Goethes Geschichtsdrama ein Drama von Charakteren: die Einzelpersönlichkeit mit ihren Empfindungen wird wichtig — Götz ist keine typische, er ist eine einmalige Gestalt, umgeben von vielen anderen Gestalten, einem gewaltigen, vielfarbigen Fresko in 51 Szenen, einem umfassenden Panorama der geschichtlichen Welt, dem ›schönen Raritäten-Kasten‹.

Wer bei Goethe Ideen inszeniert, der verfehlt ihn; nur aus dem Privaten werden seine Gestalten lebendig.

Meinungen: »Ihn (Goethe) zu beschuldigen, daß er sich wirklich eingebildet habe, sein Drama könnte und sollte auf unsern Schaubühnen aufgeführt werden, würde ebensoviel sein, als ihm, der so viel Genie zeigt, den allgemeinen Menschenverstand abzusprechen«: Wieland (1774, im Jahre der Uraufführung). — »Bei Stücken wie dies, wo man nirgends das Winkelmaß anlegen kann, muß ein jeder den Wert aus dem Eindruck bestimmen, den das Stück so, wie es da ist, auf ihn macht, und da sind wir unsers Orts dem Vf. für seine Komödie verbunden und erwarten größere Dinge von ihm«: Matthias Claudius. — »Daß ›Götz von Berlichingen‹ großen Beifall in Berlin gefunden, ist, fürchte ich, weder zur Ehre des Verfassers, noch zur Ehre Berlins ... Denn eine Stadt, die kahlen Tönen nachläuft, kann auch hübschen Kleidern nachlaufen«: Lessing. — »Auf seine gute Natur verlaß ich mich, er wird fortkommen und dauern. Er ist ein Menschenkind mit viel Gebrechen, und doch immer der besten einer«: Goethe. — »Eine abscheuliche Nachahmung dieser schlechten englischen Stücke von Shakespeare ... Das Publikum klatschte und verlangte begeistert die Wiederholung dieser geschmacklosen Plattheiten«: Friedrich der Große. — »Welche Macht der Sprache, weil echt, schlicht und wahr überall. Und zugleich welch Gefühl der Beschämung, wenn man dabei der Platitüden, der Pointiertheiten und vor allem des Bombastes gedenkt, welch letzterer in der Mehrzahl unsrer heutigen Stücke das große Wort führt«: Theodor Fontane. — »Daß das Stück dennoch lebt, während die tausend Ritterstücke, die es heraufbeschworen hat, vermodert sind — verdankt es dem Tod des Götz. Goethe hat seinem Ritter die Tragik der Vergeblichkeit hinzugedichtet: Götz stand, zuletzt fast allein, gegen eine ›verderbte Welt‹. Der Sterbende flüstert: ›Schließt euere Herzen sorgfältiger als eure Tore. Es kommen die Zeiten des Betrugs. Die Nichtswürdigen werden regieren mit List, und der Edle wird in ihre Netze fallen.‹«: Siegfried Melchinger.

Urfaust. Zweiundzwanzig Szenen, geschrieben zwischen 1773 und 1775 in Frankfurt. Das Manuskript ist verloren. Eine Abschrift, die um 1776 die Weimarer Hofdame Luise von Göchhausen anfertigte, wurde 1887 im Göchhausenschen Nachlaß in Dresden von Erich Schmidt gefunden. Diese vermutlich unvollständige Abschrift wird ›Urfaust‹ genannt. Uraufgeführt am 8. Mai 1918 von den Frankfurter Städtischen Bühnen unter der Regie von Karl Zeiß.

Mit dem Faust-Stoff war Goethe früh vertraut: durch Volksbuch, Puppenspiel und das Faust-Drama von Marlowe. Die Forschung kennt viele Gründe, daß Goethe in Frankfurt begonnen hat, ein Faust-Drama zu schreiben. Davon einige. In Straßburg hatte sich der Student Goethe über den neuen französischen Materialismus entsetzt — »Allein wie hohl und leer ward uns in dieser tristen atheistischen Halbnacht zumute, in welcher die Erde mit allen ihren Gebilden, der Himmel mit allen seinen Gestirnen verschwand« — und gegen dieses mechanistische, gottlose, unsinnliche, auch unpoetische Weltbild setzte er seinen Faust: er verwirft die materialistische Wissenschaft ebenso wie das Kirchenchristentum, er glaubt an den Geist in einer allesumfassenden, sinnenhaften ›Natur‹ und bedarf doch zur Rettung der Gnade. Der Straßburger Student Goethe hatte Friederike Brion geliebt und verlassen, getrieben vom Dämon der Selbstverwirklichung, und am 14. Januar 1772 wurde ein ›Gretchen‹, die Kindsmörderin Susanna Margarethe Brandt, in Frankfurt öffentlich mit dem Schwert enthauptet: beide Erlebnisse gingen in das Schicksal ›Gretgens‹ ein. Goethe, der durch Herder in Shakespeare eine neue Welt entdeckt hatte, fand in ›Romeo und Julia‹ und in ›Hamlet‹ Modell-Figuren und -Szenen, die er seinen Faust-Szenen anverwandelte, und in Darmstadt hatte er im Mai 1773 Hans Sachsens Knittelverse lieben gelernt und mit Johann Heinrich Merck Knittelverse um die Wette gedichtet.

Im ›Urfaust‹ gibt es noch keinen Prolog im Himmel und keine Wette um Faust, die von Mephisto dem Herrn angetragen wird. Faust stürzt noch nicht in die tiefste Verzweiflung, greift nicht zur ›einzigen Phiole‹, hört nicht die Osterglocken und macht keinen Osterspaziergang; noch klagt er nicht: »Zwei Seelen wohnen, ach! in meiner Brust!« Kein Teufels-Pudel, keine Beschwörung Mephistos und kein Pakt mit dem Bösen. Keine Hexenküche und kein verjüngender Liebestrank. Valentin, Gretgens Bruder, wird von Faust noch nicht getötet, die Walpurgisnacht findet nicht statt, und keine ›Stimme von oben‹ ruft in Gretchens Kerker: »Ist gerettet!« Mephistopheles spricht: »Sie ist gerichtet.«

Es ist nun nicht so, daß all dies, weil es nicht im ›Urfaust‹ steht, auch noch nicht existierte: von Anfang an hat Goethe an ein metaphysisches Drama, an einen Pakt zwischen Faust und Mephisto, gedacht. Daß er im ›Urfaust‹ fehlt, liegt nur daran, daß Goethe diese geplante Szene in Frankfurt noch nicht ausgeführt hat. Angelegt ist sie schon im ersten großen Monolog, und von der ›Hundsgestalt‹ Mephistos ist ebenso die Rede wie vom Tode Valentins, obwohl weder der Pudel noch die Tötung Valentins im ›Urfaust‹ vorkommen. Schon in Frankfurt hatte Goethe an den Kaiserhof und die Begegnung mit Helena, an ein himmlisches Gericht über Faust gedacht. Was also im ›Urfaust‹ fehlt, das hat doch in der Planung schon bestanden und den ›Urfaust‹ beeinflußt. Diese 22 Szenen sind ein Bruchstück, das über sich selbst hinaus auf das Ganze weist. So muß bei jeder Urfaust-Aufführung ein fragwürdiger Rest bleiben: entweder, man spielt das Bruchstück als Bruchstück und läßt das Publikum dabei nach der ›Tragödie erster Teil‹ schielen, aus der man manchmal auch Szenen übernimmt, oder man tut so, als sei der ›Urfaust‹ ein geschlossenes Drama und als sei das ganze Stück niemals geschrieben worden, was dem Publikum zu glauben freilich schwerfällt.

Dennoch werden die Urfaust-›Fetzen‹, die Goethe später ein »höchst konfuses Manuskript« nannte, sehr häufig aufgeführt: die Gretgen-Tragödie ist in ihnen fast vollständig erhalten, und als reines Theaterstück ist sie wirkungsvoller als der ›Tragödie erster Teil‹, der auch kein Stück für sich ist, sondern gebieterisch den zweiten Teil fordert, an den sich kaum eine Bühne wagen darf. (Siehe auch Seite 420.)

Wie verschieden der ›Urfaust‹ inszeniert werden kann, erweist die Aufführungspraxis. Dazu einige Beispiele aus zehn Jahren. 1952, Schauspielhaus Bochum; Regie: Hans Schalla; als menschliches, nicht als metaphysisches Drama. 1952, Residenztheater München; Regie: Bruno Hübner; psychologisch, bürgerlich naturalistisch. 1952, Tribüne Berlin; Regie: Willi Schmidt; als geschlossenes Sturm-und-Drang-Stück, leidenschaftlich, expressiv. 1957, Landestheater Darmstadt; Regie: Werner Düggelin; radikaler Verzicht auf

Der ›Urfaust‹ von Goethe, 1887 entdeckt, wurde am 8. Mai 1918 zum erstenmal öffentlich aufgeführt im Frankfurter Schauspielhaus. Szene ›Nacht, offen Feld‹. Entwurf von F. K. Delavilla. Foto: Dantes. Regisseur Karl Zeiß benutzt spätgotische Trachten nach Vorbildern des jungen Albrecht Dürer und behandelt das Fragment als eine geschlossene Dichtung, mit einem jungen Faust

Goethes ›Urfaust‹, inszeniert im Jahre 1957 von Werner Düggelin am Landestheater Darmstadt. Bühnenmodell (Studierstube) von Jörg Zimmermann.

das metaphysische Drama; Faust spricht den Erdgeist als seine innere Stimme, das durchaus sinnliche Gretgen spricht den Bösen Geist als ihre innere Stimme; Faust und Mephisto, beide jung, als Komplizen, als zwei personifizierte Reaktionsmöglichkeiten auf die Welt. 1958, Stadttheater Malmö; Regie: Ingmar Bergman; Faust als junger Existentialist, der die durchschaute Leere des Daseins hektisch ausfüllt; Mephisto als Ausgeburt der Faustschen Phantasie, als Verwirklicher seiner Triebe; Fausts Beziehungen zu einem unsentimentalen Gretgen sind rein sexuell. 1959, Kammertheater des Württembergischen Staatstheaters Stuttgart; Regie: Dietrich Haugk; als in sich geschlossenes Stück; Faust jung, modern skeptisch; Mephisto ein Theaterteufel. 1959, Schauspielhaus Düsseldorf; Regie: Hanskarl Zeiser; als Zeitstück aus Goethes Gegenwart ins 18. Jahrhundert verlegt. 1961, Schauspielhaus Wuppertal; Regie: Werner Kraut; Bühnenbilder: Frans Masereel; ein junger Faust und Mephisto als sein anderes, höllisches Ich.

Clavigo. ›Ein Trauerspiel.‹ 1774. Erste Aufführung am 23. August 1774 durch Schröder in Hamburg. — Clavigo, ein mittelloser, ehrgeiziger junger Mann, als Schriftsteller hochbegabt, macht in Madrid (um 1770) Karriere. Schon ist er Archivarius des Königs. Er bricht das Eheversprechen, das er Marie Beaumarchais gegeben hat, einer Französin, die in Madrid bei ihrer Schwester wohnt. Ihr Bruder eilt aus Frankreich herbei und zwingt Clavigo, eine Erklärung zu unterschreiben, daß er Marie durch seine Heiratsversprechungen betrogen hat. Clavigo bittet Beaumarchais dieses Schuldbekenntnis noch zurückzuhalten, »bis ich imstande gewesen bin, Donna Maria von meinem geänderten reuevollen Herzen zu überzeugen«. Marie, die ihn noch immer liebt, vergibt ihm, und Beaumarchais zerreißt das Schuldbekenntnis. Clavigo, der seinen weiteren Aufstieg durch diese gesellschaftlich unvorteilhafte Heirat bedroht sieht, läßt sich die Ehe mit Marie von seinem Freund Carlos nur zu gern ausreden; Carlos: »Möge deine Seele sich erweitern, und die Gewißheit des großen Gefühls über dich kommen, daß außerordentliche Menschen eben auch darin außerordentliche Menschen sind, weil ihre Pflichten von den Pflichten des gemeinen Menschen abgehen; daß der, dessen Werk es ist, ein großes Ganzes zu übersehen, zu regieren, zu erhalten, sich keinen Vorwurf zu machen braucht, geringe Verhältnisse vernachlässigt, Kleinigkeiten zum Wohl des Ganzen aufgeopfert zu haben.« Carlos rät Clavigo, sich außerhalb Madrids zu verbergen, und sorgt dafür, daß Beaumarchais unter Androhung des Gefängnisses wegen Erpressung Spanien rasch verlassen muß. Der neue Treuebruch Clavigos bringt Marie den Tod. Bei ihrem nächtlichen Leichenbegängnis ersticht Beaumarchais den bereuenden Clavigo. Sterbend – »Ich danke dir, Bruder! Du vermählst uns!« – erreicht Clavigo, daß ihm Beaumarchais vergibt.

Der fünfundzwanzigjährige Goethe hat das Stück in einer Woche geschrieben. Als Quelle benutzte er das ›Fragment meiner Reise nach Spanien‹ seines französischen Zeitgenossen Beaumarchais (siehe auch Seite 273); ein großer Teil seines Stückes ist fast wörtlich aus dem Beaumarchais' übersetzt, der tragische Schluß – nach einer englischen Ballade – weicht von der Historie ab: Marie, die Schwester des Beaumarchais, verheiratete sich in Paris, der historische Don Joseph Clavigo y Faxarda hatte noch jahrzehntelang Gelegenheit, sich über seinen Bühnentod zu amüsieren. Beaumarchais sah den ›Clavigo – und damit sich selber – in Augsburg auf der Bühne und meinte dazu: »Der Deutsche hat meine Geschichte mit einem Zweikampf und einem Begräbnis überladen, Zusätze, die weniger von Talent zeugen als von Hohlköpfigkeit.« Hinter dem gebrochenen Eheversprechen und der aus Ehrgeiz verlassenen Marie steckt Goethes Sesenheimer Friederike Brion und hinter dem weltklugen Freund Carlos höchstwahrscheinlich der Darmstädter Kriegsrat Merck, der im übrigen seinem Freund Goethe über den ›Clavigo‹ mitteilte: »Solch einen Quark mußt Du mir künftig nicht mehr schreiben, das können die Anderen auch!« Carlos ist für Goethe kein kleinlicher Bösewicht,

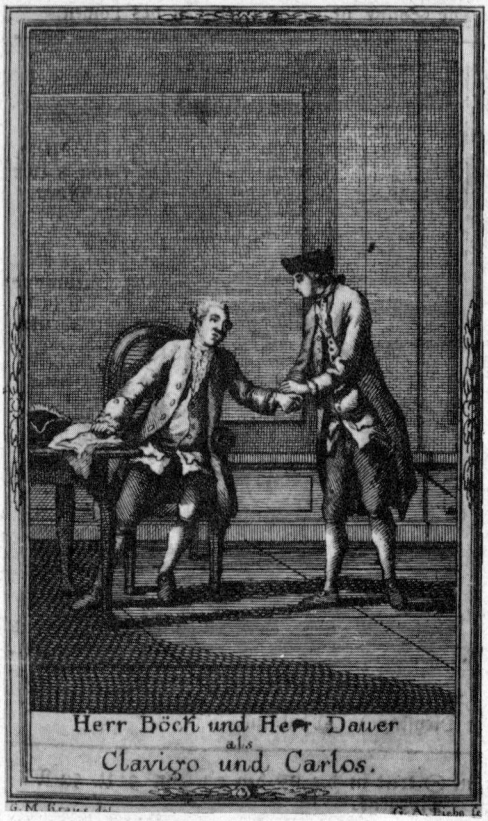

Herr Böck und Herr Dauer
als
Clavigo und Carlos.

Goethes Trauerspiel ›Clavigo‹, aufgeführt in Gotha 1774, mit den Schauspielern Böck und Dauer als Clavigo und Carlos. Stich von G. A. Liebe nach Georg Melchior Kraus, aus dem ›Taschenbuch für die Schaubühne‹, Gotha, 1779.

sondern ›wahrer Weltverstand‹ und ›reine Freundschaft‹; selbst wenn sein Spott den Zynismus streift, wird er getrieben von der Sorge um den begabten Freund, aus dem er etwas Großes machen will.

In Clavigo, der zwar den Kopf, nicht aber die Ellbogen des Karrieristen besitzt, sah Goethe eine Weiterentwicklung seines Weislingen aus dem ›Götz‹: »Weislingen selbst in der ganzen Rundheit der Hauptperson.« Da Goethe den Clavigo zu den Gestalten rechnet, die er ›Resultate reuiger Betrachtungen‹ genannt hat, dürfte das Gespräch über die Freiheit zum Ruhm und über die Bescheidung im bürgerlichen Leben, das zwischen Clavigo und Carlos geführt wird, von Goethe mit sich selbst geführt worden sein: Clavigo und Carlos zusammen kommen dem jungen Goethe nahe; er rechtfertigt sich und seine Widersprüche durch beide Gestalten in einer ›poetischen Beichte‹.

Clavigo kann sich nicht entscheiden: weder zum Rückzug in das gute Gewissen und in die umgrenzte Bürgerlichkeit, noch zum Vorstoß, frei von Gewissensbissen, auf der Bahn seines grenzenlosen Ehrgeizes. Doch geht er nicht an der Unvereinbarkeit von Sitte und Sendungsbewußtsein zugrunde, sondern an sich selber. Er ist eine ›Natur‹, ein höchst moderner Charakter: nicht fest umrissen, konstituiert er sich aus dem Zusammenwirken vieler Motivketten immer wieder neu.

Wurzel des Trauerspiels ist nicht die Leidenschaft, sondern ihr Gegenteil: die erloschene Leidenschaft. Wäre sie nicht erloschen, so käme Clavigo nicht einmal in Versuchung, Marie zu verlassen. Staunend über sich selbst, stellt er fest:»Sie ist verschwunden! glatt aus meinem Herzen verschwunden ... Daß man so veränderlich ist!« Immer fühlt er sich als Objekt:»So unerwartet aus einem Zustand in den andern. Man taumelt, man träumt!« Sogar die verlassene Marie erkennt die Leidenschaft als ein Fatum an, wenn sie, statt Clavigo anzuklagen, die rührende Frage an das Schicksal richtet:»Ach! warum bin ich nicht mehr liebenswürdig?« In der verhängnisvollen Unbeständigkeit des Gefühls, in der poetischen Wahrheit, nicht in der moralischen Richtigkeit, ist der unsterbliche Teil des ›Clavigo‹ begründet, versteckt in einem Knäuel sterblicher Intrigen und modischer Kolportage, in einem hochintelligenten Seelenreißer.

Stella. ›Schauspiel für Liebende‹. 1775. Erste Aufführung am 8. Februar 1776 durch Schröder in Hamburg. Zweite Fassung 1803: ›Ein Trauerspiel‹. In Weimar am 15. Januar 1806 gespielt; 1816 gedruckt. Das Stück spielt in Goethes Gegenwart. — Stella liebt einen Mann, mit dem sie glücklich gewesen ist und der sie verlassen hat. In ihrem Schicksal erkennt Madame Sommer (= Cäcilie)»ein Bild meines eigenen Lebens«; sie ist in einem Gasthof, nahe der Wohnung Stellas, abgestiegen mit ihrer Tochter Lucie, die bei Stella Gesellschafterin werden soll. — Im gleichen Gasthof trifft Fernando, ein Offizier, ein; er ist der ehemalige Geliebte Stellas, zu der er jetzt zurückkehren will. Cäcilie ist seine Frau, die er vor acht Jahren verlassen hat, und Lucie ist seine Tochter. Fernandos ›Verworrenheit‹ —»Diese drei besten weiblichen Geschöpfe der Erde — elend durch mich! — elend ohne mich! — Ach! noch elender mit mir« — macht Cäcilie ein Ende:»Stella! Nimm die Hälfte des, der ganz dein gehört — Du hast ihn gerettet — von ihm selbst gerettet — Du gibst mir ihn wieder!«, und zu Fernando:»Wir sind dein.« — Für den Weimarer Hofgebrauch, damit»das Gefühl befriedigt und die Rührung erhöht« werde, verwandelt der dreißig Jahre ältere Goethe den Schluß: Fernando erschießt sich, Stella vergiftet sich.

›Die Leiden des jungen Werthers‹ waren ein Jahr vorher erschienen, das Wertherfieber mit Selbstmorden im Gefolge hatte die erregbaren jungen Leute ergriffen, der sechsundzwanzigjährige Goethe, Anführer der literarischen Avantgarde, hatte die stärkste Wirkung in die Breite, die er zeitlebens erreichte. Die ›Stella‹, in kürzester Zeit hingeworfen, entstand zwischen Advokatenarbeit, Liedern an Lili, Verlobung mit Lili Schönemann, halber Entlobung, einer ausgedehnten Korrespondenz, unter anderem mit der Gräfin Stolberg, der Seelenfreundin, der»theueren Ungenandten«, Bällen und Gesellschaften, »Ich tanze auf dem Drahte mein Leben so weg«, einer Reise in die Schweiz – mit den beiden Grafen Stolberg, als ›Haimonskinder‹ – in Stulpenstiefeln, gelber Hose, gelber Weste, blauem Frack, mit offenem Kragen und freiem Haar, der Werthertracht, der Kleidung der Rebellion, Stimmung: »Sauwohl und Projekte«. ›Stella‹ steckt tief in dieser Zeit der seelenvollen, halb öffentlichen Briefe und der beredten Gefühle.

›Schauspiel für Liebende‹, der Untertitel der ersten Fassung, ist mehr als eine Gattungsbezeichnung; er wirkt wie eine Widmung, eine Hoffnung und ein Verzicht: Liebende werden aufgerufen, ihr Verständnis wird erhofft; auf Menschen, die nie Liebende gewesen sind, wird von vornherein verzichtet. Liebende: beherrscht von der Ausschließlichkeit des Gefühls, alles andere – die Beziehung zum täglichen Leben, zur Gesellschaft – wird zweitrangig; Liebende: hingegeben der anarchischen Gewalt ihres Gefühls.

»... so ward das Mädchen von Kopf bis zu den Sohlen ganz Herz, ganz Gefühl«: in diesem Bekenntnis ist Stella eingeschlossen, darüber hinaus ist sie nichts; jede Handlung, die sich nicht auf den Geliebten bezieht, ist ihr nicht einmal Ersatz, nur »Entschädigung«. Cäcilie hat tiefer gelitten, ist länger verlassen und reifer als Stella. Da sie weiß, daß es zwischen den Geschlechtern etwas Unüberbrückbares gibt, ist sie überlegener: sie liebt ohne den Zwang, alleinige Eigentümerin des Geliebten sein zu müssen. Fernando ist weniger ein Liebender als der Geliebte, passiv, verstört, ein Dulder, fast nur der Gefühlswirbel, den die beiden Frauen erregen.

Das Gegeneinander dieser drei lyrischen Melodien in Prosa verträgt keinen handfesten Schluß, keine ›Lösung‹, es sei denn das ›Märchen‹. Das Verhältnis zu dritt der ersten Fassung befriedigt nur einen Wunschtraum Fernandos; daß es von Dauer sein könnte, widerspricht allen Erfahrungen des Publikums unserer monogamen Breiten. Gift und Pistole der zweiten Fassung bringen auch keine ›Lösung‹, sondern nur die wohlfeile Befriedigung eines bündigen, weil durch Todesfälle geschaffenen Endes. So bleibt die Aufnahme des Stückes, die durch die Schlußszene den letzten starken Impuls erhält, immer zwiespältig.

Im Jahr der ›Stella‹, 1775, folgte Goethe einer Einladung des Herzogs Carl August nach Weimar; er traf dort am 7. November ein, den begonnenen ›Egmont‹ im Gepäck, den er erst ein Dutzend Jahre später in Rom vollendete. In Weimar wurde Goethe das, was in den Schulbüchern ein Klassiker genannt wird. In den ersten fünf Jahren allerdings beschäftigte er sich vor allem mit Staatspolitik, trieb botanische und geologische Studien, wurde Geheimer Legationsrat, schrieb für das Weimarer Liebhabertheater unter anderem ›Die Geschwister‹ und ›Triumph der Empfindsamkeit‹, reiste in die Schweiz, übernahm die Direktion der weimarischen Kriegs- und Wegebaukommission,

Das Mannheimer Nationaltheater, 1782. Ausschnitt aus dem Kupferstich von Klauber nach einer Zeichnung von F. Schlichten. Das Theater faßte 1200 Zuschauer im Parterre und in den drei Logenräumen. Hier wurde Schillers Schauspiel ›Die Räuber‹ am 13. Januar zum erstenmal aufgeführt.

begann die Arbeit an der ›Iphigenie‹ und wurde, 31 Jahre alt, 1780 zum Geheimen Rat ernannt: in diesem Jahr, da Goethe Minister wurde, vollendete der zehn Jahre jüngere Medizinstudent Schiller ›Die Räuber‹.

Das andere junge Genie: Dr. Ritter alias Dr. Schmidt alias Schiller

> Seine Bildung kann schlechterdings nur anschauend gewesen sein; daß er keine Kritik gelesen, vielleicht auch mit keiner zurechtkommt, lehren mich seine Schönheiten und noch mehr seine kolossalischen Fehler. Er soll ein Arzt bei einem württembergischen Grenadier-Bataillon sein, und wenn das ist, so muß er starke Dosen in Emeticis ebenso lieben als in Aestheticis, und ich möchte ihm lieber zehn Pferde als meine Frau zur Kur geben.   Schiller über Schiller,
> in der Selbstrezension seiner ›Räuber‹, 1782

Am 13. Januar 1782 gingen die ›Räuber‹ in Mannheim zum erstenmal über die Bretter. Das Stück, ein Jahr vorher im Druck erschienen, war ›berüchtigt‹. »Aus der ganzen Umgegend, von Heidelberg, Darmstadt, Frankfurt, Mainz, Worms, Speier usw. waren die Leute zu Roß und zu Wagen herbeigeströmt, um dieses berüchtigte Stück ... zu sehen«, erinnerte sich Schillers Freund Andreas Streicher, und über seine Wirkung berichtete ein Premierenbesucher: »Das Theater glich einem Irrenhause, rollende Augen, geballte Fäuste, heisere Aufschreie im Zuschauerraum. Fremde Menschen fielen einander schluchzend in die Arme, Frauen wankten, einer Ohnmacht nahe, zur Tür. Es war eine allgemeine Auflösung wie ein Chaos, aus dessen Nebeln eine neue Schöpfung hervorbricht.«

Zwölfhundert Zuschauer im Parterre und in den drei Logenrängen faßte das Mannheimer Theater, das 1777 aus dem Umbau des alten ›Schütthauses‹ hervorgegangen war; es war von vornherein als ›Comödien- und Redouten-haus‹ für das deutsche Schauspiel bestimmt. Der erste Direktor dieser ›chur-fürstlichen deutschen Schaubühne‹ war Theobald Marchand. Karl Theodor, Kurfürst von der Pfalz, übernahm nach dem Tode Maximilians III., des Kur-fürsten von Bayern, auch die Regentschaft über Bayern, verlegte seine Resi-denz nach München und nahm Oper, Ballett und die Marchandsche Truppe in seine neue Hauptstadt mit. Die Mannheimer, gewöhnt an glanzvolles Rokoko-Theater, samt Voltaire-Uraufführungen, waren verzweifelt, bis der Kurfürst den Freiherrn Heribert von Dalberg mit der Bildung eines National-Theaters beauftragte.

Als Dalberg die Leitung übernahm, richtete er einen Ausschuß von En-semble-Migliedern ein, der über Repertoire und dramaturgische Fragen beriet und — schriftlich und anonym — die eigenen Vorstellungen kritisierte. Die erhal-tenen Protokolle zeugen von einer intensiven theoretischen und durch Selbst-kritik auch praktisch erzieherischen Arbeit. Der bedeutendste Kopf und einer der besten Schauspieler in diesem Kreis war August Wilhelm Iffland (1759 bis 1814), Verfasser theoretischer Theaterschriften und bürgerlicher Theater-stücke, in deren Problemen das Publikum, entzückt und in seiner konservati-ven Weltauffassung bestätigt, seine eigenen Alltagsprobleme wiedererkannte.

Iffland war mit seinen Kollegen Beil und Beck nach der Auflösung des Gothaer Hoftheaters nach Mannheim gekommen; diese drei jungen Schau-spieler entstammten der Schule Konrad Ekhofs, des großen Lessing-Darstel-lers (siehe auch Seite 346), und brachten das Ideal der ›Natürlichkeit‹ in ein Ensemble, das am hochstilisierten französischen Theater geschult war. Diese ›Natürlichkeit‹ ist nur relativ zu verstehen: sie war ›natürlicher‹ als der französische Stil, stand aber noch immer unter der Vorherrschaft des Typi-schen. Iffland warnte vor der Nachahmung des französischen Stils — »Die Franzosen geben Vorstellungen. Die Deutschen Darstellungen. Ihre Gemälde der Leidenschaften sind prächtig, unsere wahr...« —, und er war jung genug, um hingerissen zu sein von dem Schauspieler Friedrich Ludwig Schröder (siehe auch Seite 346), der mit seinem Hamburger Theater auf dem Weg zur ›Natürlichkeit‹ schon längst einen Schritt weiter war: weg vom Typischen, hin zur zwielichtigen Individualität, zum ›Charakteristischen‹.

Schröder hatte in Hamburg die erste Welle der Sturm-und-Drang-Drama-tiker, darunter auch Goethe, auf die Bühne gebracht; er gastierte 1780 in neun Rollen in Mannheim und begeisterte als Hamlet, Odoardo Galotti und König Lear das Publikum mit seiner expressiven Spielweise. Sein Vorbild wirkte: der ›Mannheimer Stil‹, dessen Grundlage Ekhofs typisierende Gestaltung war, nahm einen Schuß von der Charakterisierungskunst Schröders auf. Mannheim kam auf die richtige Linie für die zweite Welle des ›Sturm und Drang‹, mit Schillers ›Räubern‹ an der Spitze, und in der stilisierenden Weiterentwicklung für die Weimarer Arbeiten Goethes und Schillers.

Dem Aristokraten und Hofmann Dalberg lagen Ifflands bürgerliche Stücke mit ihrer Bestätigung der geltenden Wertwelt und ihrer erzieherischen Lehre, sich durch kluge Kompromisse einzurichten, viel näher als Schillers höchst unbürgerliche, revolutionäre, ja elementare ›Räuber‹. Trotzdem entschloß er sich, das ihm vom Hofbuchhändler Schwan empfohlene Trauerspiel aufzuführen, freilich nicht ohne Eingriffe. So wurde die Handlung — gegen die Meinung des Ensemble-Ausschusses — aus der kaum verflossenen Gegenwart, der Mitte des 18. Jahrhunderts, zurückverlegt in das Jahr,»als Kaiser Maximilian den ewigen Landfrieden für Deutschland stiftete«, ins Jahr 1495, was Iffland als Franz Moor zum Kummer Dalbergs nicht hinderte,»eine blaue Atlasweste und Hosen, Tricots, weiße Binde, bestickte Riemen und einen spanischen weißen Mantel« zu tragen. Ferner mußte Schiller auf dem Theaterzettel die morali-

Schiller: Selbstkarikatur, 1786

sche Nutzanwendung seiner ›Räuber‹ klarmachen; er tat es in den schaurigsten Farben: »Der Jüngling sehe mit Schrecken dem Ende der zügellosen Ausschweifungen nach, und der Mann gehe nicht ohne den Unterricht von dem Schauspiel, daß die unsichtbare Hand der Vorsicht auch den Bösewicht zu Werkzeugen ihrer Absicht und Gerichte brauchen und den verworrensten Knoten des Geschicks zum Erstaunen auflösen könne.«

Schiller war zur Uraufführung nach Mannheim gekommen, ohne Urlaub bei seinem Regimentschef zu nehmen, und als er in einer Zeitung angegriffen wurde, weil in den ›Räubern‹ das Graubündnerland das ›Athen der heutigen Gauner‹ genannt wird, verbot ihm Herzog Karl Eugen von Württemberg, noch irgend etwas außer medizinischen Schriften drucken zu lassen und jegliche Verbindung zum ›Ausland‹, zu dem damals alles gehörte, was nicht Württemberg war.

Vom Herzog war Schiller abhängig. Geboren am 10. November 1759 in Marbach am Neckar, war er als Vierzehnjähriger in die Herzogliche Militär-

DEUTSCHLAND

akademie, die ›Karlsschule‹ bei Stuttgart, eingetreten und hatte zunächst Jura, später Medizin studiert. Obwohl er einem ›Poetischen Oppositions-Club‹ angehörte, Rousseau, Goethes ›Götz‹, die ›Sturm-und-Drang‹-Dramatiker las (siehe auch Seite 341 »Sturm und Drang: weniger denken, mehr leben«) und sich gegen den Geist dieser ›militärischen Pflanzschule‹ auflehnte, war er sich doch, wenn wir seinem Freund Andreas Streicher glauben dürfen, der Tatsache bewußt, daß er »auf Kosten des Fürsten in der Akademie nicht nur erzogen, sondern auch mit vorzüglicher Güte und Auszeichnung behandelt worden« war; außerdem nahm er Rücksicht auf seinen Vater, einen Offizier im herzoglichen Dienst. Die ›Räuber‹ beendete er 1780 und wurde im gleichen Jahr nach seiner Entlassung aus der Akademie ›Regimentsmedicus‹.

Nach der Uraufführung der ›Räuber‹ 1782 war er noch ein zweites Mal in Mannheim ohne Urlaub gewesen und wurde dafür vom Herzog in Arrest gesteckt. Diese Strafe empörte ihn weniger als das Verbot, »von seinen Naturgaben freien Gebrauch zu machen«, wie sich Streicher ausdrückt. Er arbeitete in tiefer Niedergeschlagenheit an seinem zweiten Stück, dem ›Fiesco‹, und hoffte auf Dalberg, der ihm in Aussicht gestellt hatte, ihn nach Mannheim zu holen.

Am 22. September 1782, abends zehn Uhr, fuhren ein Dr. Ritter und ein Dr. Wolf durch das dunkelste der Stuttgarter Tore, das Eßlinger Tor; es waren Schiller und sein Freund Andreas Streicher, dessen höchst lesenswerter Bericht ›Schillers Flucht von Stuttgart und Aufenthalt in Mannheim von 1782 bis 1785‹ so aufregend ist wie nur eines der frühen Schillerschen Dramen. Im Fluchtgepäck waren Shakespeare, zwei unbrauchbare Pistolen, »beide nur mit frommen Wünschen für Sicherheit und glückliches Fortkommen geladen«, und der nicht ganz vollendete ›Fiesco‹. Schiller las das Stück, auf das er alle Hoffnungen zur Gründung einer neuen Existenz gesetzt hatte, in Mannheim unverzüglich dem Regisseur Meyer, Iffland und anderen Schauspielern vor, und dies wurde zur Katastrophe — Meyer zu Streicher: »Weil der ›Fiesco‹ das allerschlechteste ist, was ich je in meinem Leben gehört, und weil es unmöglich ist, daß derselbe Schiller, der ›Die Räuber‹ geschrieben, etwas so Gemeines, Elendes sollte gemacht haben.«

Meyer nahm das Manuskript mit und hielt es am nächsten Morgen für ein Meisterstück: »Aber wissen Sie auch, was schuld daran ist, daß ich und alle Zuhörer es für das allerelendeste Machwerk hielten? Schillers schwäbische Aussprache und die verwünschte Art, *wie* er alles deklamiert. Er sagt alles in dem nämlichen hochtrabenden Ton her . . .« Trotzdem brachte der ›Fiesco‹ Schiller kein Glück. Seine Versuche, von seinem Herzog die Erlaubnis zur Rückkehr und zum ungehinderten Schreiben zu bekommen, scheiterten, und

Ein Pater fordert die in den böhmischen Wäldern umzingelten Räuber zur Übergabe auf. Ausschnitt aus dem Schiller-Porträt von F. Kirschner, 1784.

Schillers ›Räuber‹, in modernem Kostüm inszeniert von Erwin Piscator am Berliner Staatstheater, 1926. Am Boden liegt Roller (Veit Harlan). Links neben ihm steht Karl Moor (Carl Ebert); rechts neben Roller steht Spiegelberg (Paul Bildt) in der Maske eines russischen Weltrevolutionärs. Spiegelberg ist als Ideologe der Revolution zur Hauptperson geworden; Karl Moor erscheint nur als Revolutionär aus privaten Gefühlen.

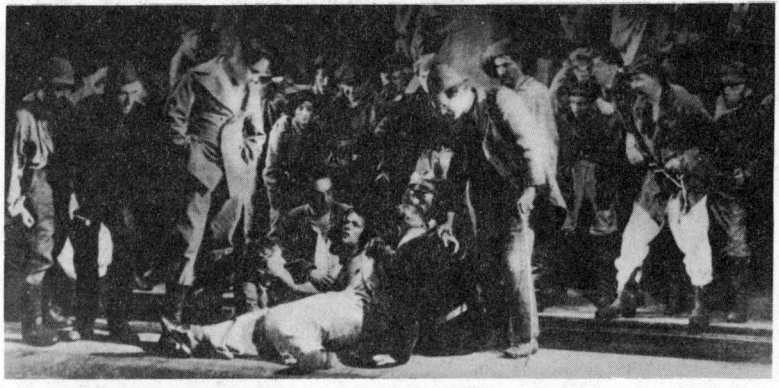

Dalberg zahlte keinen Vorschuß, bevor der ›Fiesco‹ nach seinen Wünschen umgearbeitet und vollendet war.

Schon auf dem — zu Fuß zurückgelegten — Fluchtweg von Mannheim über Darmstadt zum Frankfurter Vorort Sachsenhausen beschäftigte sich Schiller mit einem neuen Stück, mit ›Luise Millerin‹ (später von Iffland in ›Kabale und Liebe‹ umbenannt); er schrieb daran, während er den ›Fiesco‹ umarbeitete, in Oggersheim, wo er sich, immer in der Furcht, ausgeliefert zu werden, Doktor Schmidt nannte.

In Bauerbach bei Meiningen, eingeladen von Henriette von Wolzogen und

unglücklich verliebt in deren Tochter Charlotte, beendete er die ›Luise Millerin‹ und fing den ›Don Carlos‹ an. Endlich wurde er, am 1. September 1783,
von Dalberg nach Mannheim als Theaterdichter verpflichtet. 1784 brachte
das Nationaltheater seinen ›Fiesco‹ mit mäßigem, ›Kabale und Liebe‹ mit
stürmischem Erfolg heraus, hielt Schiller seine oft zitierte Antrittsrede bei der
Kurfürstlich-Deutschen Gesellschaft »Was kann eine gute stehende Schaubühne eigentlich wirken« (später veröffentlicht unter dem Titel ›Die Schaubühne als moralische Anstalt betrachtet‹), las er im Darmstädter Schloß am
26. Dezember 1784 den ersten Akt seines ›Don Carlos‹ vor und wurde daraufhin von dem anwesenden Herzog Carl August von Weimar zum ›Rat‹ in
weimarischen Diensten ernannt — das war zwar nur ein Titel, doch machte
er Hoffnung.

Erst zehn Jahre später, im Sommer 1794, kam es in Jena zum entscheidenden Gespräch mit Goethe, der Schiller bewußt gemieden hatte. Goethe, vier
Jahre vorher aus Italien zurückgekehrt, wo er sich — nach seinen eigenen
Worten — bemüht hatte, sich »zu größerer Bestimmtheit und Reinheit in
allen Kunstfächern auszubilden«, war angewidert von Schillers ›Räubern‹,
»weil ein kraftvolles, aber unreifes Talent gerade die ethischen und theatralischen Paradoxen, von denen ich mich zu reinigen gestrebt, recht im vollen
hinreißenden Strome über das Vaterland ausgegossen hatte«.

Aus ihrem Streitgespräch über die Urpflanze, die Goethe als eine ›Erfahrung‹, Schiller aber als eine ›Idee‹ betrachtete, entwickelte sich ihr Bund: die
Frage, ob die lebendige Erfahrung oder die abstrakte Idee den Vorrang habe,
trennte sie ihrem Wesen und ihrem Talent nach im Innersten, und die Klärung
dieser Trennung machte sie fähig, sich zu verbünden. »Wenn er das für eine
Idee hielt, was ich als Erfahrung aussprach«, notierte Goethe, »so mußte
doch zwischen beiden irgend etwas Vermittelndes, Bezügliches obwalten!
... und so besiegelten wir, durch den größten, vielleicht nie ganz zu schlich-
tenden Wettkampf zwischen Objekt und Subjekt, einen Bund, der ununterbrochen gedauert und für uns und andere manches Gute gewirkt hat.«

Der junge Dramatiker Schiller, in Mannheim durch geringe Einkünfte
nachdrücklich darüber belehrt, daß ein deutscher Dichter nicht einmal soviel
verdienen könne, »als einem fleißigen Handwerksmanne mit mäßigen Fähigkeiten gelingen müsse«, gab den Beruf des Theaterdichters auf, entschlossen,
sich als Wissenschaftler, als Jurist oder Minister eine Existenz zu schaffen
und das Dichten nur noch aus innerem Zwang und im Nebenberuf zu betreiben. Er verließ Mannheim im April 1785, kam über Leipzig und Dresden
nach Jena, wo er 1788 Geschichtsprofessor wurde. Zwei Jahre später erhielt
er den Hofratstitel und heiratete Charlotte von Lengefeld. Die französische
Nationalversammlung erteilte dem ›Citoyen Gilet‹, dem Bürger Schiller,

1792 das französische Bürgerrecht: Danton hat die Urkunde unterschrieben.
Bühnenbearbeitungen des ›Don Carlos‹ in Prosa und Jamben, Übersetzungen
des Euripides (›Iphigenie in Aulis‹ und ›Die Phönizierinnen‹), Geschichts-
studien, aus denen seine ›Geschichte des Abfalls der Vereinigten Niederlande‹
und seine ›Geschichte des Dreißigjährigen Krieges‹ hervorgingen, philosophische und ästhetische Schriften, die Idee zu einem Wallenstein-Drama —
dies alles hatte Schiller hinter sich, als er nach jenem Urpflanzen-Gespräch am
23. August 1794 den Briefwechsel mit Goethe eröffnete, der die vorsätzliche,
die programmatische Herstellung der deutschen Klassik erörterte, förderte
und vorantrieb.

Mit der von Goethe inszenierten Aufführung von Schillers ›Wallensteins
Lager‹ am Weimarer Theater begann am 12. Oktober 1798 das, was man
»die klassische Epoche« im engeren Sinne nennt. Das junge Genie, nunmehr
39 Jahre alt, Hofrat und Professor, siedelte ein Jahr später von Jena nach
Weimar über und arbeitete mit dem inzwischen geadelten Geheimen Rat
J. W. von Goethe intensiv zusammen: am Hoftheater inszenierten sie gegenseitig ihre Stücke.

Die Räuber. ›Ein Schauspiel‹. Vollendet 1780. Uraufgeführt am 13. Januar
1782 in Mannheim (Bericht darüber Seite 365). Schiller veröffentlichte 1782
in der Zeitschrift ›Wirtembergisches Repertorium‹ über sein Stück und die
Mannheimer Aufführung eine anonyme Kritik, gezeichnet mit ›K . . . r‹,
möglicherweise den Anfangs- und Endbuchstaben von Karl Moor.

Wer? Maximilian, regierender Graf von Moor. Karl und Franz, seine
Söhne. Amalia von Edelreich, Nichte des Grafen. Spiegelberg, Schweizer,
Grimm, Razmann, Schufterle, Roller, Kosinsky, Schwarz: Libertiner, nachher
Banditen. Hermann, Bastard von einem Edelmann. Daniel, ein alter Diener
im Moorischen Hause. Pastor Moser.

Wann und wo? »Der Ort der Geschichte ist Teutschland, die Zeit der Geschichte um die Mitte des 18. Jahrhunderts. Die Zeit des Schauspiels ohngefähr zwei Jahre.«

Was? Maximilian, regierender Graf von Moor, hat zwei Söhne: Karl führt
ein wildes Studentenleben in Leipzig; Franz, der Zweitgeborene, erreicht
durch gefälschte Briefe, in denen Karl als steckbrieflich gesuchter Verbrecher
verleumdet wird, daß der alte Moor seinen Sohn Karl enterbt und verflucht.
Der enttäuschte und verbitterte Karl gehört einer Horde von Studenten an,
die auf Vorschlag Spiegelbergs in den böhmischen Wäldern eine Räuberbande
gründen; Karl wird zum Hauptmann gewählt. Franz versucht, seinen Vater,
der die Verstoßung Karls bereut, in den Tod zu treiben: er läßt ihm durch
Hermann melden, Karl sei als Soldat gefallen — der Schock macht den Vater

ohnmächtig; Franz gibt ihn für tot aus, sperrt ihn in einen verlassenen Turm im Wald und übernimmt die Herrschaft. Vergeblich versucht er, Amalia, Karls Braut, die als Waise auf dem Schloß lebt, für sich zu gewinnen. In der Räuberbande gibt es zwei Gruppen: Karl hilft den Armen, rächt unschuldig Verfolgte und straft korrupte Minister und Advokaten; die Anhänger Spiegelbergs (der später als Verräter beseitigt wird) betreiben Überfälle, Raub und Vergewaltigung aus Lust am Luderleben. Die Bande wird von Militär umzingelt; es wird ihr Generalpardon angeboten, wenn sie ihren Hauptmann ausliefert. Karl ist bereit, sich zu opfern, doch Roller zerreißt den Pardon, und die Bande schlägt sich durch, wobei Roller umkommt. Kosinsky stößt neu zur Bande: er hat ein ähnliches Schicksal wie Karl hinter sich, auch eine Braut namens Amalia, und dies bringt Karl zum Entschluß, in seine Heimat Franken zu ziehen. Er läßt sich unter falschem Namen in das Schloß seines Vaters bringen, erkennt, daß ihn Amalia noch immer liebt, und wird von dem alten Diener Daniel über die Intrigen seines Bruders Franz aufgeklärt. Die Räuberbande lagert im Wald in der Nähe des Turmes und entdeckt den alten, dem Verhungern nahen Moor, als ihm Hermann heimlich Essen bringt. Karl schwört Rache; er beauftragt Schweizer, seinen Bruder Franz lebend zu ihm zu schaffen. Franz, von einer Vision des Jüngsten Gerichtes erschreckt, läßt Pastor Moser holen, um sich, im Streite mit ihm, von der Überlegenheit seines Unglaubens zu überzeugen — es gelingt ihm nicht, er bleibt im Todesschrecken. Die Räuber haben das Schloß angesteckt und dringen ein. Franz erdrosselt sich. Schweizer, da er Franz nicht lebend bringen kann, erschießt sich. Der alte Moor stirbt, als Karl sich als sein Sohn und als Räuberhauptmann zu erkennen gibt. Amalia will bei Karl bleiben, doch die Räuber verlangen, daß Karl seinen Schwur hält: »Opfer um Opfer! Amalia für die Bande!« Amalia bittet Karl, sie zu töten. »Karl«, so schreibt Schiller in seiner Selbstrezension, »auch im größten Bedrängnis noch Mann, ermordet Amalien, die er nicht mehr besitzen kann, verläßt die Bande, die er durch dieses unmenschliche Opfer befriedigt hat, und geht hin, sich selbst in die Hände der Justiz zu überliefern.«

Hinweise: Obwohl ›In tirannos‹ — ›Gegen die Tyrannen‹ — auf dem Titelblatt der zweiten Auflage von 1782 stand und der Räuber Moor auch gegen absolutistische Willkür kämpft, ist das Schauspiel ›Die Räuber‹ kein republikanisches Tendenzdrama gegen den Absolutismus. Anlaß zum Stück sind gewiß die Zwänge der ›Karlsschule‹ und ein explosives Freiheitsbedürfnis, doch war der junge Schiller schon fähig, in zwei mit Abstand gesehenen Gestalten, in Karl und Franz, zu objektivieren, was in ihm gärte. Franz, getrieben vom Ressentiment des Benachteiligten, des Zweitgebore-

Bild links: Alexander Moissi (1880–1935), ab 1905 am Deutschen Theater Berlin, als Franz Moor in Schillers ›Räubern‹, inszeniert von Max Reinhardt, Premiere am 10. Januar 1908. Nach einer Zeichnung von Emil Orlik

Bild rechts: August Wilhelm Iffland (1759–1814), seit 1779 Mitglied des Mannheimer Nationaltheaters, ab 1796 Direktor des Nationaltheaters Berlin, als Franz Moor in Schillers ›Räubern‹ im letzten Akt: »Rächet denn jemand droben über den Sternen? – Nein.« Stich von Hans Meno nach einer Zeichnung von F. Casel, 1806

nen und Häßlichen, von diesen tiefreichenden, irrationalen Gefühlen, hat eine rationale Philosophie entwickelt, die alle Gefühlsbindungen in das reine Nichts auflöst. »Das ist mein Bruder! – Das ist verdolmetscht: er ist aus eben dem Ofen geschossen worden, aus dem du geschossen bist«; die Konsequenz dieser materialistischen Logik: »Der Mensch entsteht aus Morast, und watet eine Weile im Morast, und macht Morast, und gärt wieder zusammen in Morast, bis er zuletzt an den Schuhsohlen seines Urenkels unflätig anklebt.« Schiller hat den selbstherrlichen Intellekt als Urheber des Nihilismus fixiert, gültig noch bis in unser Jahrhundert; in seiner Vorrede schreibt er: »Wer es einmal so weit gebracht hat (ein Ruhm, den wir ihm nicht beneiden), seinen Verstand auf Unkosten seines Herzens zu verfeinern, dem ist das Heiligste nicht heilig mehr – dem ist die Menschheit, die Gottheit nichts. Beide Welten sind nichts in seinen Augen.«

Daß Franz nun seinen Verstand benutzt, um mit genau dosierten falschen Briefen und falschen Nachrichten seinen Vater im Gemüt zu ermorden, setzt seinen philosophischen Grundriß in paradoxe dramatische Aktionen um: es

ist der Seelenmord eines Mörders, der keine seelischen Bindungen kennt —
die Selbstentlarvung des Nihilismus, die in der Selbstvernichtung des Nihilisten notwendig enden muß.

Neben dieser höchst modernen seelischen und gedanklichen Analyse, die
zu Dostojewskis Raskolnikow, zum motivlosen Mord André Gides und zum
Nihilismus im 20. Jahrhundert führt, wirkt die Verführbarkeit des im Kern
edlen Karl altmodisch. Doch meldet sich in Karl der Sittenprediger mit dem
Politiker Schiller an, wenn Karl mitten in der Anarchie plötzlich vom Gesetz
wie überfallen wird: »O über mich Narren, der ich wähnte, die Welt durch
Greuel zu verschönern und die Gesetze durch Gesetzlosigkeit aufrechtzuerhalten.« Seine abrupte Einsicht, »daß zwei Menschen wie ich den ganzen
Bau der sittlichen Welt zugrund richten würden«, mag psychologisch überraschend kommen, doch zeigt sie, daß Schiller sein großes Thema — den Zusammenstoß der realen geschichtlichen mit der idealen sittlichen Welt —
schon in den Gefühlseruptionen seiner Jugend gefunden hatte. Von Karls
›Freiheit‹ bleibt ihm nur die Freiheit zum Selbstmord; er macht von ihr
keinen Gebrauch und liefert sich der irdischen Justiz aus, deren Gebrechen
er bekämpft hat — damit setzt Schiller die menschliche Ordnung, und sei sie
noch so gebrechlich, wieder ein. Das ist mehr als eine Konzession an die
Zeitgenossen, das ist schon Abschied von der gesellschaftszerstörenden
Revolte aus dem beleidigten, maßlosen Gefühl (bei Karl) und aus dem frei-
gesetzten, maßlosen Verstand (bei Franz). Abschied von einem Geniekult,
der in der mörderischen Banditenverehrung gipfelt, und Abschied von einer
Aufklärung, die in den mörderischen Zynismus führt — Abschied von der
Freiheitsgebärde, die sich in sich selbst erschöpft, und Vorahnung eines neuen
Freiheitsbegriffes, den Schiller ohne irdische und überirdische Ordnung nicht
denken kann.

Es gibt kaum eine Schwäche in diesem Stück, die Schiller in seiner anonymen Rezension nach der Mannheimer Uraufführung nicht aufgedeckt hätte:
diese Selbstkritik zeugt von einem eminenten Kunstverstand und einem fast
unmenschlichen Abstand, den Schiller von seiner eigenen Produktion hatte.
Seine ›Räuber‹ wurden sofort ein Weltschlager, gespielt in Paris, London,
New York und Moskau, sogar in den Leibeigenentheatern in Rußland.

Meinungen: »Rohe Großheit, gezeugt im widernatürlichen Beischlaf der
Subordination mit dem Genie«: Goethe. — »Wenn man es dem Verfasser
nicht an den Schönheiten anmerkt, daß er sich in seinen Shakespeare vergafft hat, so merkt man es desto gewisser an den Ausschweifungen«:
Schiller, in der Selbstrezension. — »Um den Karl Moor zu spielen, muß man
an ihn glauben. Aber welcher gebildete Mensch kann das? Fände sich einer,

so tut er mir leid. Im Leben wird jede Kraftmeierei verlacht; auf der Bühne sollen wir sie nach wie vor pietätvoll hinnehmen«: Theodor Fontane. —»Was hatte Sartre eigentlich entdeckt, was es bei diesem frühen Schiller nicht schon lange gibt? Den Menschen in der ›extremen Situation‹? Sie ist in den ›Räubern‹ Bild für Bild gegeben. Die radikale Verzweiflung an einem Leben, das sich, wie man es auch betrachtet, als absurd erweist? Die Angst als die das Sein und Dasein des Menschen bestimmende Macht? Sie treibt Karl und seine Genossen, die als ›Libertiner‹ Bekenner der absoluten Freiheit und damit gleichsam Vorläufer der Existentialisten sind, in das kollektive Verbrechen und den intellektuellen Terroristen Franz in das individuelle«: K. H. Ruppel. — »Die deutsche Daseinsverfehlung, die Unfähigkeit zum Gesellschaftlichen, zum Staat, feiert in diesem genialen Drama der Verruchtheit Orgien, entlädt sich in Unflat, Bosheit und grandioser Weltverneinung. Welch ein Stück des Aufruhrs! Es firmiert ›in tyrannos‹ und meint die Welt schlechthin«: Karl Korn.

Opern: ›Die Räuber‹ von Giuseppe Verdi, 1850. ›Die Räuber‹ von Giselher Klebe, 1957.

Die Verschwörung des Fiesco zu Genua. ›Ein republikanisches Trauerspiel‹. Vollendet 1782. Gedruckt 1783. Erste Aufführungen: 20. Juli 1783 in Bonn; 8. Oktober 1783 in Frankfurt am Main. In Mannheim aufgeführt am 11. Januar 1784: Mißerfolg. Am 1. Dezember 1787 am Wiener Burgtheater als erstes Schiller-Drama; gekürzt von Kaiser Joseph II.

Im Genua des Jahres 1547 gibt es drei Machtgruppen. 1. der junge Gianettino Doria, Neffe und einziger Erbe des greisen Andreas Doria, Dogen von Genua, will die Macht usurpieren und sich zum Herzog von Genua machen; zwölf Senatoren stehen auf seiner Todesliste. 2. Verrina, ein Mann von sechzig Jahren, gehört einer republikanischen Verschwörung an, die eines herrscherlichen, vom Volke respektierten Anführers bedürfte, um zu siegen. 3. Fiesco, Graf von Lavagna, ein Freund Verrinas, 23 Jahre alt, wäre dieser Anführer, hoffte er nicht insgeheim, die republikanische Verschwörung nur zu benutzen, um selbst Herzog von Genua zu werden. Verrina durchschaut Fiesco früh — »Den Tyrannen wird Fiesco stürzen, das ist gewiß. Aber Fiesco wird Genuas gefährlichster Tyrann werden, das ist gewisser!« — und beschließt: »Wenn Genua frei ist, stirbt Fiesco!« Der Mohr Muley Hassan, der Fiesco im Auftrag von Gianettino Doria ermorden sollte, von Fiesco jedoch für sich gewonnen wird, verrät die Verschwörer an den alten Andreas Doria — der schickt den verräterischen Mohren gefesselt zu Fiesco und läßt ihm ausrichten, er werde in dieser Nacht ohne Wachen schlafen. Fiesco will Andreas Doria schonen, doch kann er den Aufstand nicht aufhalten. Gianettino Doria wird von dem jungen Bourgognino getötet, dem Verlobten der Verrina-Tochter Berta, die von Gianettino vergewaltigt worden ist. Fiesco tötet auf der Straße eine Gestalt im Scharlachrock Gianettinos — es ist Leonore, Fiescos Gemahlin, die für ihn kämpfen wollte und den Rock des getöteten Gianettino auf der Straße aufgelesen hat. Fiesco sieht in ihrem Tod ein Werk der »Vorsehung«, die sein »Herz für die nahe Größe« prüft. Zum Herzog ausgerufen, gelobt er: »Ich will Genua einen Fürsten schenken, wie ihn noch kein Europäer sah!« Verrina, der die Republik höher stellt als seine Freundschaft zu Fiesco, bittet ihn auf den Knien, den Herzogspurpur abzulegen: »Der erste Fürst war ein Mörder und führte den Purpur ein, die Flecken seiner Tat in dieser Blutfarbe zu verdecken.« Fiesco lehnt ab. Verrina lockt ihn auf den Steg, der zu einer Galeere führt, und stürzt ihn ins Meer. Er wird sich dem zurückgekehrten Andreas Doria, dem halb Genua zujubelt, stellen.

Alte Schauspielerweisheit meint, das Stück werde gern dazu verwendet, einen Regisseur zu ermorden, und meist blieben dabei auch Schiller und das Publikum auf der Strecke. In der Tat ist seine Mischung von politischer Moral und unbedenklicher Kolportage sehr heikel: ein Verschwörer vom Format Fiescos, der gleichwohl seine geheimsten Pläne vor dem gewohnheitsmäßigen Verräter Muley Hassan auspackt, scheint ebenso absurd wie der irrtümliche Tod seiner Frau im gefundenen Mantel des Todfeindes. Den Schluß mit Fiescos Ermordung hat Schiller auf Wunsch des Intendanten Dalberg für die Mannheimer Aufführung geändert: aus dem Schwanken des ehrgeizigen Fiesco — »Ein Diadem erkämpfen ist groß. Es wegwerfen ist göttlich« — entwickelte Schiller ein idealistisches Happy-End: Fiesco verzichtet freiwillig auf die Herzogswürde und findet, wie Schiller im Vorwort schreibt, »eine höhere Wollust darin, der glücklichste Bürger als der Fürst seines Volkes zu sein«. Für das Leipziger Theater diktierte Schiller 1785 den dritten Schluß, bei dem Fiesco wieder durch Verrina stirbt. Diese ›Leipziger Fassung‹ meinte H. H. Borcherdt 1943 in Dresden in einer Handschrift gefunden zu haben, doch wird u. a. von Prof. Dr. Lieselotte Blumenthal, der ›Fiesco‹-Bearbeiterin der Schiller-National-Ausgabe, mit guten Argumenten bestritten, daß diese Dresdener Handschrift dem Willen Schillers entspreche: Verrina ersticht Fiesco, geht dann aber nicht zu Andreas Doria — was in der ersten Fassung die Unterwerfung des Revolutionärs Verrina unter die konstitutionelle Ordnung bedeutet —, sondern stellt sich den Revolutionären: »Mein Prozeß ist verloren auf dieser Erde, aber ich habe ihn gewonnen vor dem Allmächtigen.«

Die deutschen Erfahrungen mit der Diktatur haben dort, wo ruhigere Zeiten Schiller verstiegene Konstruktionen vorwarfen, seinen politischen Realismus wieder zu entdecken gelehrt. Eine sterbende Republik, die nach

›Es ist mein Weib!‹ — *Fiesco erkennt, daß er seine Gemahlin Leonore getötet hat. Aufführung des Trauerspiels* ›Die Verschwörung des Fiesco zu Genua‹ *von Schiller am Weimarer Hoftheater, 3. Mai 1805. Aquatinta von Johann Christian Ernst Müller nach einem Gemälde von Johann August Nahl, um 1810.*

einem starken Manne ruft; Fiesco, der Tyrannenstürzer, der den Versuchungen der Macht erliegt, der gefährlich faszinierende Demagoge, der es versteht, die Massen von der Republik zur Monarchie zu verführen; Verrina, der alte Republikaner, der seine Beteiligung an Fiescos scheinrepublikanischer Verschwörung moralisch nur dadurch rechtfertigen kann, daß er Fiesco ermordet, als der die Republik endgültig verraten hat; die bittere Resignation Verrinas, der nach seiner befreienden Tat vor einem Volk steht, das zu einem großen Teil nicht mehr frei sein will — diese Tragödie eines politischen Moralisten in einer amoralischen Welt: Themen, die trotz der barocken Haupt- und Staatsaktionen unvergänglich sind. Daß es bei den Republikanern nicht um die Freiheit allein, sondern immer auch um private Motive geht, um irgendeine geschändete Berta, die gerächt werden soll, spricht ebenfalls für die verblüffende Nüchternheit politischer Einsichten in dieser aufs äußerste erhitzten Prosa.

Der geheime tragische Held des Stückes ist die Idee der Republik selber; von dem glanzlosen Verrina, so rein seine Motive sein mögen, kann sie nicht verwirklicht werden, und sie wird verraten von Fiesco, von dem einzigen

Manne, der das Zeug dazu hätte, sie zu verwirklichen, und gerade deshalb am anfälligsten ist für die Versuchungen des privaten Ehrgeizes. »Den ›Fiesco‹ verstand das Publikum nicht«, schrieb Schiller nach der Mannheimer Aufführung an Reinwald. »Republikanische Freiheit ist hier zu Lande ein Schall ohne Bedeutung, ein leerer Name – in den Adern der Pfälzer fließt kein römisches Blut.«

Kabale und Liebe. ›Ein bürgerliches Trauerspiel‹. Vollendet 1783. Die Rollen, für die es Vorbilder in Lessings ›Emilia Galotti‹ gibt, sind dem Ensemble des Mannheimer Nationaltheaters angepaßt. Gedruckt 1784. Uraufführung am 13. April 1784 in Frankfurt am Main; Mannheimer Aufführung zwei Tage später mit stürmischem Erfolg. Der ursprüngliche Titel ›Luise Millerin‹ auf Vorschlag Ifflands ersetzt durch ›Kabale und Liebe‹.

Am Hofe eines deutschen Fürsten im 18. Jahrhundert. Ferdinand, Major, Sohn des Präsidenten von Walter, und Luise, die Tochter des Stadtmusikanten Miller, lieben sich. Luises Vater hält eine Ehe zwischen einem Aristokraten und einem Bürgermädchen für unmöglich und unterrichtet den Vater Ferdinands, der Luise als ›Bürgerkanaille‹ verachtet. Um sich dem Herzog zu verpflichten, will Präsident von Walter seinen Sohn Ferdinand mit der Maitresse des Herzogs, Lady Milford, verheiraten und läßt durch den Hofmarschall von Kalb das Gerücht verbreiten, diese Eheschließung stehe kurz bevor. Ferdinand weigert sich, die »privilegierte Buhlerin« zu heiraten, und lernt Lady Milford zu seiner Überraschung nicht als eine Abenteurerin kennen, sondern als eine Unglückliche, die sich mit dem Herzog zwar arrangiert, doch ihm auch oft Gnade für Verurteilte abgeschmeichelt hat. Sie gesteht Ferdinand, daß sie nur ihn liebe, und Ferdinand gesteht ihr, daß er Luise liebt. Lady Milford will mit allen Mitteln um ihn kämpfen. – Im Hause Millers wird Ferdinand von seinem Vater, dem Präsidenten, überrascht; der will Miller ins Zuchthaus werfen, Luise und ihre Mutter an den Pranger stellen lassen, doch Ferdinand droht seinem Vater, die verbrecherische Geschichte seiner Karriere zu enthüllen. Wurm, der Haussekretär des Präsidenten, der vergeblich um Luise geworben hat, schlägt dem Präsidenten eine Intrige vor: der Präsident läßt Miller verhaften, weil er ihn bedroht hat, und Wurm erpreßt von Luise, die damit ihren Vater vorm Tode zu erretten glaubt, einen Liebesbrief, der an den Hofmarschall von Kalb adressiert wird. Ferdinand, dem der Brief in die Hand gespielt wird, glaubt sich in seiner Eifersucht berechtigt, Luise zu töten. – Lady Milford hat Luise zu sich gebeten; von der Reinheit des Mädchens beschämt, entschließt sie sich, das Herzogtum zu verlassen. – Der aus dem Gefängnis entlassene Miller versucht, seine verzweifelte Tochter vor dem Selbstmord zu bewahren.

Getreu ihrem dem Sekretär Wurm geleisteten Schwur, bestätigt Luise Ferdinand, daß sie den Brief an den Hofmarschall geschrieben hat.
Ferdinand schickt Miller mit einem Brief zu seinem Vater, wirft Gift in ein Glas Limo-
nade, trinkt daraus und läßt Luise trinken. Als er Luise sagt, daß sie nun
beide sterben werden, gesteht Luise, daß sie den Brief auf Verlangen des
Präsidenten geschrieben hat. Ferdinand führt seinen Vater an Luises Leiche:
».. . ich hab einen Mord begangen, den du mir nicht zumuten wirst, allein
vor den Richter der Welt hinzuschleppen . . . Eine Gestalt wie diese stehe auf
deinem Grabe, wenn du auferstehst — und neben Gott, wenn er dich richtet.«
Der Präsident läßt den mit Enthüllungen drohenden Wurm verhaften, doch
stellt er sich selbst dem Gericht, als ihm der sterbende Ferdinand vergeben
hat:»Jetzt euer Gefangener!«

Der dreiundzwanzigjährige Schiller hat das Stück im württembergischen
Arrest entworfen, auf der Flucht zu schreiben begonnen und im thüringischen
Exil beendet (siehe auch Seite 369). Es ist gegen den selbstherrlichen Despotismus gerichtet, und der Kammerdiener klagt in einer Episodenszene vor
Lady Milford den Verkauf von siebentausend Landeskindern als Soldaten
nach Amerika an:»Es traten wohl so etliche vorlaute Bursch' vor die Front
heraus und fragten den Oberst, wie teuer der Fürst das Joch Menschen ver-
kaufe? — Aber unser gnädigster Landesherr ließ alle Regimenter auf dem
Paradeplatz aufmarschieren und die Maulaffen niederschießen.«

Das 1963 wiedergefundene Soufflierbuch der Mannheimer Erstaufführung
von 1784, gekürzt und bearbeitet von Schiller, beweist, daß diese bittere
Anklage des Soldatenhandels nicht, wie man bisher angenommen hat, gestrichen gewesen, sondern in Mannheim gebracht worden ist. In dieser
Bühnenfassung, im September 1964 im Nationaltheater Mannheim (Intendant
und Regisseur: Ernst Dietz) zum erstenmal wieder gespielt, hat Schiller
einige Kraftausdrücke gemildert, die ›Heulhure‹ durch eine ›Maitresse‹ ersetzt, den ›Herzog‹ zum ›Fürsten‹ verallgemeinert, statt ›Minister und Kuppler‹ ironisch ›staatskluge Köpfe‹ geschrieben, den Musicus Miller mehr als
liebenden denn als groben Vater gezeichnet, die Lady Milford als eine Frau
aus dem nachrevolutionären, bürgerlichen England idealisiert und vor allem
den Schluß verschärft: es gibt keine Versöhnung zwischen dem sterbenden
Ferdinand und seinem Vater, und der Vater stellt sich nicht unter das
Gericht; der verhaftete Wurm spricht zu ihm den letzten, harten Satz:»Es
soll mich kitzeln, Bube, mit dir verdammt zu sein!«

Mit mehr Berechtigung als ›Die Räuber‹ könnte ›Kabale und Liebe‹ das
Motto ›Gegen die Tyrannen‹ auf dem Titelblatt tragen. Der Angriff gegen
den Absolutismus und gegen die schroffe Trennung der Stände, die eine Ehe
zwischen Adel und Bürgertum vereitelt, ist von der Geschichte überholt. Als

revolutionäres Tendenzdrama ist das Stück historisch. Dennoch hat es sich nicht überlebt. Die Triebkraft der Dramatik ist freilich nicht mehr die Gegenüberstellung der höfischen Intrigenwelt mit der reinen, wenn auch verführbaren und durch Erpressung einzuschüchternden Bürgerwelt, nicht mehr der gesellschaftliche Zwang, sondern die Gegenüberstellung scharf ausgeformter Charaktere: der machthungrige Präsident in seiner kalten Entschlossenheit; Miller mit seiner freimütig groben Redlichkeit; die parfümierte Dummheit des eitlen Hofmarschalls von Kalb, einer höfischen Rokoko-Karikatur; der psychologisch raffinierte Sekretär Wurm, unter dessen zynischem Witz verletzte Liebe liegt, ein tiefgekränkter Bürger überdies, aufgestiegen in die Kreise des Adels, mächtig geworden, doch verachtet geblieben; die Maitresse mit dem wachen Gewissen, das doch lange schlagen muß, bis sie sich befreien kann — ein Kreis von Gestalten, die heute mehr als gesellschaftliche Schranken repräsentieren: sie stehen ganz allgemein für die Verschränktheiten der realen Welt, in der das absolute Gefühl, wie es in Ferdinand Gestalt wird, ebenso untergehen muß wie Luises Gefühl unter dem als notwendig empfundenen Druck der Entsagung.

Ferdinand wird zum Selbstmörder und Mörder nicht nur aus einer Liebe, die sich allzu mißtrauisch und rasch verraten glaubt, nicht nur aus Eifersucht, sondern aus Ekel vor einer Welt, die seiner Vorstellung von Reinheit nicht gewachsen ist. Die ewige Revolte der Jungen gegen die Ungerechtigkeit der Welt, die ihnen in den Alten personifiziert erscheint, ist in dieses bürgerliche Trauerspiel eingegangen, in seine leidenschaftliche, aber gehärtete Sprache, in seinen kunstvollen Bau, und hat es andere Stücke dieser Gattung überleben lassen.

Don Carlos, Infant von Spanien. ›Ein dramatisches Gedicht‹. Auf den Stoff vom Mannheimer Intendanten Dalberg aufmerksam gemacht, beginnt Schiller, 23 Jahre alt, 1782 in Bauerbach die Arbeit am ›Carlos‹. Don Carlos, verliebt in seine Stiefmutter, revoltiert aus dem Gefühl gegen den gesellschaftlichen Zwang — ein Liebesdrama, doch plant Schiller schon, »in Darstellung der Inquisition die prostituierte Menschheit zu rächen«. Als Mannheimer Theaterdichter setzt er 1784 die Arbeit fort, und das Liebesdrama wandelt sich zu einem höfischen Familiendrama; Posa, der Träger der Freiheitsidee, gewinnt an Bedeutung. Im Darmstädter Schloß liest Schiller den ersten Akt in Anwesenheit des Herzogs Carl August von Weimar vor (siehe auch Seite 370). In Leipzig und Dresden weitet Schiller ab 1785 das Stück zum politischen Ideen-Drama aus, in dem Posa und König Philipp, dem Schiller historische Gerechtigkeit widerfahren läßt, zu den mächtigsten Figuren werden. Die erste vollständige Buchausgabe erscheint 1787 bei Göschen in Leipzig; Schillers erstes Versdrama, in Jamben. Gekürzte Bearbeitungen hat Schiller schon vorher an verschiedene Theater geschickt, darunter eine Prosa-Fassung an Friedrich Ludwig Schröder in Hamburg (siehe auch Seite 345), der sie am 29. August 1787 uraufführt. Eine Reihe weiterer Fassungen bringen im wesentlichen Kürzungen. Schiller veröffentlicht 1788 zur Verteidigung seines Stückes in Wielands ›Teutschem Merkur‹ sehr aufschlußreiche ›Zwölf Briefe über den Don Karlos‹. — Die heutige Bühnenpraxis benutzt die letzte Fassung, die der fünfundvierzigjährige Schiller in seinem Todesjahr 1805 für die Gesamtausgabe seiner dramatischen Werke geschaffen hat; von den ursprünglich 7375 Versen blieben hier 5370.

Wer? Philipp der Zweite, König von Spanien. Elisabeth von Valois, seine Gemahlin. Don Carlos, der Kronprinz. Prinzessin von Eboli, Dame der Königin. Marquis von Posa, ein Malteserritter. Herzog von Alba. Domingo, Beichtvater des Königs. Der Großinquisitor des Königreichs.

Wo und wann? Am Hofe König Philipps II. von Spanien, Mitte des 16. Jahrhunderts.

Was? Schiller hat auf den vierzig Druckseiten seiner ›Briefe über den Don Karlos‹ manche Beziehungen seines Dramas anders gedeutet, als sie aus dem Werk abzulesen sind: es ist ein Stück des Übergangs vom Sturm-und-Drang-Pathos zur abgeklärteren Klassik, von der privaten zur politischen Leidenschaft, von der Schwarzweißmalerei zur Darstellung komplexer Menschen, vom freien Umgang mit der Geschichte zur größeren Geschichtstreue, die keine Pedanterie, sondern die Anerkennung der Macht des geschichtlich Bedingten bedeutet. Schiller ist mit seinem ›Carlos‹ gewachsen, der ihn schließlich angeekelt hat, und dieser Prozeß ist an der Verschiebung der Motive und der Kompliziertheit der Intrige abzulesen. Diese Intrige mit dürren Worten nachzuerzählen, hieße, dem Leser einen Irrgarten aufzubauen, den er nur verwirrt verlassen könnte. Statt dessen eine Skizze der wichtigsten Situationen.

Don Carlos, der Kronprinz, liebt seine Stiefmutter Elisabeth, mit der er einst verlobt gewesen ist, die aber dann die Ehe mit seinem Vater Philipp II. geschlossen hat und ein untadeliges Leben führt. Philipp erfährt von dieser Liebe durch die Hofdame Eboli: sie verrät den Prinzen, von dem sie verschmäht wird, aus Rache. Auf der Suche nach einem uneigennützigen Menschen, der ihm die Wahrheit offenbaren könnte, stößt Philipp auf den Marquis von Posa, den engsten Freund des Kronprinzen. Posa fordert vom König in kühner Rede — »Ich kann nicht Fürstendiener sein« und »Geben Sie Gedankenfreiheit« — Freiheit für die Bürger des Staates: »Der Bürger sei wiederum, was er zuvor gewesen, der Krone Zweck — ihn binde keine Pflicht als seiner Brüder gleich ehrwürdge Rechte.« (Schiller formuliert durch Mar-

IOH: PHIL: KLINGMANN

ALS DON CARLOS

*Johann Philipp Klingmann (1762–1824), ab 1784 in
Hamburg, von 1791 bis 1822 am Wiener Burgtheater, spielte Schillers ›Don Carlos‹ bei der Uraufführung am 29. August 1787 in Hamburg unter
der Regie von Friedrich Ludwig Schröder. Stich von
Carlos Townley nach einer Zeichnung
von J. C. Gröger*

quis Posa 1787 Grund-
gedanken der Französischen
Revolution, die zwei Jahre
später ausbricht.) Philipp
vertraut dem ›sonderbaren
Schwärmer‹ Posa und be-
auftragt ihn, das Herz der
Königin zu erforschen. Posa
gelingt es, die Unschuld
Elisabeths aufzudecken, und
er benutzt seine neue Macht-
stellung, um seine politischen Pläne, die Befriedung
der von Spanien blutig
unterdrückten Niederlande,
zu fördern. Gegen Philipps
Willen will er Don Carlos
zum Befehlshaber der spa-
nischen Truppen in Brüssel
machen, wo er sich mit den
Aufständischen verbünden
soll. Als der uneingeweihte
Carlos sich von Posa verraten glaubt, sich in seiner Not
an die gefährliche Eboli
wendet und damit eine ausweglose Situation schafft,
opfert Posa sein eigenes
Leben: er spielt Philipp einen
Brief in die Hände, aus dem
der König entnehmen muß, daß Posa die Königin liebt. Zuvor hat Posa von
der Königin Abschied genommen; sie soll Carlos ermutigen, »das kühne
Traumbild eines neuen Staates« zu verwirklichen. Philipp läßt Posa erschießen. Als er erfährt, daß Carlos in den Niederlanden einen Aufstand
erregen sollte, unterwirft er sich nach einem Gespräch mit dem Großinquisitor
der Kirche und liefert seinen Sohn der Inquisition aus.

Hinweise: Schiller läßt in seinen ›Briefen über den Don Karlos‹ nicht den
geringsten Zweifel, daß ›Don Carlos‹ für ihn vor allem ein politisches Stück
ist, dessen wichtigste Schlüsselfigur Posa heißt mit seiner »allumfassenden

unendlichen Philanthropie«, seinem »großen kosmopolitischen Gang«, seiner »Humanität und heroischen Tugend« und seinem Talent für »pragmatische Brauchbarkeit«, für die Nutzanwendung seiner Idee, für das realistische politische Handeln. Was Schiller, je länger er am ›Carlos‹ arbeitet, um so mehr interessiert, ist der Zusammenprall des Enthusiasten Posa mit der Realität: »... von diesem enthusiastischen Entwurfe, wie er nämlich im Konflikt mit der Leidenschaft erscheint, handelt das gegenwärtige Drama.« Sein Thema: das Schicksal der gegen die historischen Gegebenheiten gerichteten republikanischen Tugenden, das Wechselspiel von Idee und Geschichte.

Diesem politisch-philosophischen Thema sind die zahlreichen anderen Themen des vielverschlungenen Stückes untergeordnet: das pikante Drama einer Liebe zwischen Stiefsohn Carlos und Stiefmutter Elisabeth, der psychologisch raffinierte Konflikt zwischen Vater Philipp und Sohn Carlos, der ethische Konflikt Posas zwischen bedingungsloser Männerfreundschaft und einer bedingten Freundschaft um politischer Ziele willen; schließlich die Liebesintrige der Eboli und die postalische Kolportage fehlgeleiteter Briefe, die Dramaturgie des Mißverständnisses. Wer auf der Bühne das Gewicht auf eines der Dramen innerhalb des Dramas legt, der bringt den ›Carlos‹ aus der Balance und um sein geistiges Gewicht. Das höfische Familien- und Intrigendrama ist nur der theatralische Ausdruck bestimmter politischer Verhältnisse, es ist das bühnenwirksame Bild der geschichtlichen Welt: das Material, mit dem Posa und Philipp arbeiten.

Das große Drama spielt zwischen dem Marquis und dem König, zwischen diesen beiden extrem entgegengesetzten Exponenten politischen Handelns: Realpolitiker sind zwar beide, nur für den Marquis Posa aber gehört die Idee einer gottgewollten Freiheit zur Realität. Philipp ist die lebenskräftigste, die Vers für Vers unverlorene Gestalt. Dieser König, der dem politischen Erzieher Schiller verhaßt gewesen ist, dem aber der Dichter Schiller volle Gerechtigkeit widerfahren läßt, ergreift tiefer als der Posa, bei dem der politische Erzieher den Dichter im Schlepptau hat. Philipp ist unter dem Zwang, die Macht zu gebrauchen, zum zynischen Menschenverächter geworden; seine Tragik: als ein Gefangener seines eigenen Machtsystems muß er vereinsamen und kann den freien Menschen, den er sucht, nur unter seinen Gegnern finden. Dieser König und sein liberaler Gegenspieler Posa, dem der König am liebsten ein Sondergesetz erlassen würde, verstehen sich gegenseitig besser, als sie von irgend jemand sonst im Stück verstanden werden.

Schiller hat dem Posa die letzte Entscheidung zwischen menschlicher Bindung, seiner Freundschaft mit Carlos, und praktischer Politik, dem Griff zur

Macht, erspart; er gibt dem Posa die Möglichkeit, beides einigermaßen miteinander zu verknüpfen. Daß Posa diese Prüfung erspart bleibt, daß er einen Ausweg, und sei es in den frei gewollten Tod, findet, läßt ihn unter dem tragischen Rang und der menschlichen Nähe Philipps bleiben. Dennoch ist Posa mit mitleidigen Bemerkungen über den abgewirtschafteten Idealismus und verblasene Schwärmerei nicht einfach abzutun: Posa, »der junge Weltbürger«, wie ihn Schiller genannt hat, »der republikanische Erzieher des Menschengeschlechts« mit dem »kühnsten Ideal einer Menschenrepublik allgemeiner Duldung und Gewissensfreiheit«, mit »diesem enthusiastischen Entwurf, den glücklichsten Zustand hervorzubringen, der der menschlichen Gesellschaft erreichbar ist«, dieser Posa hat als Ideal, als Wille und Richtung keineswegs abgewirtschaftet. Seinen Opfertod — nicht für den Freund Carlos, sondern für ihr gemeinsames politisches Ideal — verteidigt Schiller mit dem Satz: »Aufopferungsfähigkeit ist der Inbegriff aller republikanischen Tugend« — ein Satz, der in einigermaßen gesicherten Republiken zwar nicht gern gehört, dort aber, wo man für eine künftige Republik kämpft, sehr gut verstanden wird.

Der Realist Schiller läßt die Pläne Posas scheitern, doch Posas Untergang ist ein moralischer Sieg. Posa, der Vorläufer, scheitert als praktischer Politiker, nicht als politischer Philosoph; sein Ideal »republikanischer Freiheit« war bisher weder durch Erschießungskommandos noch durch irgendwelche Inquisitionsgerichte umzubringen. Daß sein Ideal einer weltumspannenden Menschenrepublik allgemeiner Duldung und Gewissensfreiheit jemals verwirklicht werde, glaubt kein nüchterner Mensch. Doch auch der nüchternste Mensch kann den Grad der Menschenwürdigkeit eines Staates nicht besser als durch seine Nähe zu Posas Ideal bestimmen.

Weimar: die Olympier probieren

Auch gereichte zu unserm größten Vorteil, daß wir nur vor einem kleinen, genugsam gebildeten Publikum zu spielen hatten, dessen Geschmack wir befriedigen und uns doch dabei unabhängig erhalten konnten; ja wir durften manches versuchen, uns selbst und unsere Zuschauer in einem höheren Sinne auszubilden. Hier kam uns nun Schiller vorzüglich zu Hilfe . . .   Goethe, Annalen, 1797

Ich habe am Theater nur solange ein wahrhaftes Interesse gehabt, als ich dabei praktisch einwirken konnte. Es war meine Freude, die Anstalt auf eine höhere Stufe zu bringen, und ich nahm bei den Vorstellungen weniger Anteil an den Stücken, als daß ich darauf sah, ob die Schauspieler ihre Sache recht machten oder nicht.

            Goethe zu Eckermann, 29. 1. 1826

13. Mai 1800. Generalprobe in Weimar für Schillers Bearbeitung des ›Macbeth‹ von Shakespeare. Heinrich Voß beherrscht den Text der Titelrolle nur unzulänglich. Solche Nachlässigkeiten können Goethe aufs höchste erregen. Er läßt den Regisseur Anton Genast in seine Loge kommen und herrscht ihn an: »Was ist denn das mit diesem Herrn Voß? Der Mann (!) kann ja kein Wort von seiner Rolle, wie soll er den Macbeth spielen? Sollen wir uns vor den höchsten Herrschaften und dem Publikum blamieren? Man sistiere das Stück für morgen und Sie brauchen das Warum weder vor Herrn Voß noch dem Personal zu verschweigen!« Schiller, neben Goethe sitzend, fürchtet für seine Premiere und greift beschwichtigend ein. Es wird weiter probiert, die Aufführung am nächsten Tag entwickelt sich zu einem großen Erfolg. Schiller eilt in der Pause auf die Bühne, fragt erregt: »Wo ischt der Voß?« Der tritt vor, gesenkten Kopfes, erwartet nach Goethes nun auch Schillers Unmut. Doch Schiller umarmt ihn: »Nein, Voß! Ich muß Ihne' sage': Meischterhaft, meischterhaft. Aber nun ziehe' Sie sich zum dritten Akt um!«, und als Voß in seiner Garderobe verschwunden ist, zum Regisseur Genast: »Sehe' Sie, Genascht, wir habbe recht gehabt! Er hat zwar ganz andere Verse gesproche', als ich sie geschriebe' hab', aber er ischt trefflich!«

Diese Geschichte ist wahr, soweit Augenzeugenberichte von Schauspielern wahr sein können. Eduard Genast, Sohn des Regisseurs Anton Genast und Mitglied des Weimarer Ensembles, berichtet sie in seinen Erinnerungen. Von 1793 bis 1817 war sein Vater Regisseur unter Goethes Leitung, und

für diese Zeit läßt Eduard Genast in seinem Buch seinen Vater als Ich-Erzäh-
ler auftreten: »Ich habe treu, was mir mein Vater mündlich und schriftlich
darüber mitgeteilt, hier niedergeschrieben und führe ihn dabei selbsterzäh-
lend ein.« Leider läßt sich nicht erkennen, was Anton Genast nur mündlich
und was er schriftlich überliefert hat. Seine Geschichte jedenfalls zeigt Goethe,
für den der Text heilig ist: Theater bedeutet für ihn vor allem anderen, das

Das alte Theater in Weimar, erbaut als Redoutenhaus 1779, abgebrannt 1825. Am
1. Januar 1784 wurde für dieses Haus die Bellamosche Truppe engagiert, die bis
Ostern 1791 spielte. Goethe leitete hier das von ihm gegründete Hoftheater von
1791 — es eröffnete am 7. Mai mit Ifflands ›Jägern‹ — bis zum 7. April 1817

Wort des Dichters, unverfälscht und klar artikuliert, an das Ohr des Publikums zu bringen. Und sie zeigt Schiller, der großzügig die Verschlampung
seiner eigenen Verse zu verzeihen bereit ist, wenn nur der theatralische
Effekt erreicht wird.

Schillers Liebe zum Bühnen-Effekt, zum Theater-Coup, war kaum zu
bremsen; so ließ er, als er Goethes ›Egmont‹ einstudierte, im fünften Akt
den Herzog Alba als Henker auftreten: mit wallendem, rotem Mantel und
tief ins Gesicht gezogenem Hut. Goethe war zum Einverständnis zu bewegen,
doch die blutbeschmierten Hände, die Lady ›Macbeth‹ nach der Ermordungs-
szene ausführlich ringen sollte, redete er Schiller aus.

Wenn Schiller im Sommer die Gastspiel-Abstecher des Weimarer Theaters
nach Lauchstädt und Rudolstadt leitete, so vergaß er nie, bevor er während
der Vorstellung auf die Bühne kam, sich bei der Kasse nach den Einnahmen
zu erkundigen. »Ich sah die innere Befriedigung auf seinem Gesicht«, so
erzählte Vater Genast, »wenn er zu mir sagte: ›Das ischt ja heute wieder eine
recht gute Einnahme! Ich hab an Goethe geschriebe, daß wir recht gute Geschäfte mache!‹«

Goethe wie Schiller gingen die Schauspieler auf die Nerven. Schiller zu Goethe:»Ich will mit dem Schauspielervolk nichts mehr zu tun haben, denn durch Vernunft und Gefälligkeit ist nichts auszurichten, es gibt nur ein einziges Verhältnis zu ihnen: den kurzen Imperativ, den ich nicht auszuüben habe.« Dennoch stand Schiller den Schauspielern gelassener als Goethe gegenüber, der beispielsweise über die Schauspielerin Wilhelmine Maas, weil sie in Berlin bei Iffland auf Engagement gastierte, acht Tage Hausarrest verhängte, ihr eine Schildwache vor die Tür stellte und sie überdies diese Wache bezahlen ließ.

Als Schiller die Probe für eine Wiederholungsaufführung des ›Tancred‹ nach Voltaire von Goethe überwachte und der Schauspieler Haide immer wieder die gleichen, schon von Goethe gerügten Fehler machte, die höchsten Töne seiner Stimme anstrengte, mit Händen und Armen in der Luft malte und diese seine Methode auch noch verteidigte — dies, so berichtet Genast, »brachte Schiller aus seiner würdevollen Ruhe heraus, und er rief voller Zorn: ›Ei was! Mache' Sie's, wie ich's Ihne' sage und wie's der Goethe habe will. Und er hat Recht — es ischt ä Graus, das ewige Vagire mit dene Händ und das Hinaufpfeife bei der Recitation!‹ Haide stand wie vom Donner gerührt da, denn so war Schiller noch nie aufgetreten.«

Goethe und Schiller hatten ihre eigene Auffassung von der Recitation. Auf der ersten Leseprobe ließen sie nicht die Schauspieler ihre Rollen lesen, sondern lasen ihnen zunächst abwechselnd den Text vor, wobei sie die Verse zum Entzücken des Herzogs Carl August gemessen bis pathetisch skandierten. Hinter dem Verfahren vieler Leseproben und nur weniger Bühnenproben stand wohl auch die Hoffnung, die Schauspieler möchten verstehen lernen, was sie zu spielen hatten — bei vielen ausgezeichneten Schauspielern ist dies jedoch überflüssig: sie können wunderbar sein, ohne ihre Rolle, geschweige denn das Stück, mit dem Verstand je begriffen zu haben.

Es läßt sich heute nicht mehr entscheiden, ob die von Goethe streng gedrillten Schauspieler immer so ganz im Unrecht waren, wenn sie sich heimlich wehrten. Wenn Sohn Genast erzählt, wie ihm Goethe die Gefangennahme des Kaisers Aurelianus vorspielte, im blauen Radmantel, den Hut halbschräg auf dem Kopf, mit martialischer Miene das Schwert zückend, und dann Vater Genast, der Regisseur, seinem Sohn heimlich ins Ohr flüsterte:»Wenn du es so machst, brech' ich dir den Hals«, so ist man geneigt, dem Komödianten mehr als dem Dichter zu vertrauen.

Goethe hatte als Student in Leipzig Aufführungen der Koch'schen Truppe gesehen, die das Erbe der Neuberin (siehe auch Seite 317) übernommen hatte, und sich dabei für die Schauspielerin Corona Schröter begeistert. Als er in Weimar zum wichtigsten Mann des von der Herzogin-Mutter Anna Amalia geförderten Liebhabertheaters geworden war, holte er die Schröter. Für diese Liebhaberbühne, an der Anna Amalia, ihr Sohn, der Herzog Carl August, der Märchenerzähler Musäus, Damen und Herren des Hofes und — als Fünfzehnjähriger — der spätere Dramatiker August Kotzebue mitwirkten, suchte Goethe sieben Jahre lang, von 1776 bis 1783, die Stücke aus, schrieb selbst Stücke, inszenierte sie, kümmerte sich um Kostüme und Dekorationen und spielte Hauptrollen bei den Aufführungen in Weimar und in den Schlössern Ettersburg und Tiefurt. Er lernte von dem großen Lessing-Schauspieler Konrad Ekhof (siehe auch Seite 346), befreite sich durch sein Faschings-Spiel ›Triumph der Empfindsamkeit‹, in dem er auch seinen ›Werther‹ verspottete, von seiner eigenen »empfindsamen« Epoche und spielte mit Corona Schröter u. a. in seinem Lustspiel ›Die Mitschuldigen‹, in dem er den Alcest und Corona Schröter die Sophie gab, und 1779 bei der Uraufführung seiner ›Iphigenie‹ (der ersten, der Prosa-Fassung), in der die Schröter die Iphigenie und Goethe den Orest dar-

stellte. Er hatte also sieben Jahre Theaterpraxis, wenn auch im wesentlichen mit begeisterten Dilettanten, als er am 17. Januar 1791 die Oberaufsicht über das Weimarische Hoftheater übernahm, das von 1784 bis 1791 von der Truppe Joseph Bellomos bestritten worden war. Die Entlassung dieser Truppe befürwortete Goethe. Er war ein Jahr vorher aus Venedig zurückgekehrt, wo sich seine Vorliebe für Italien merklich abgekühlt hatte, und fühlte sich mehr und mehr von der Naturwissenschaft angezogen. Die vielfältigen Pflichten, die er am Weimarer Hof übernommen hatte, und der Zwang, bei der praktischen Verwirklichung von Ideen Kompromisse zu schließen,

Goethe als Orest und Corona Schröter als Iphigenie bei der ersten Aufführung der (Prosa-) ›Iphigenie‹ von Goethe am 6. April 1779 im Weimarer Redoutenhaus. Nach einer Zeichnung von Melchior Kraus, gestochen von F. W. Facius.

hatten ihn ebenso verwandelt wie die Beschäftigung mit dem Philosophen Spinoza und den Gesetzen der Natur, das Studium der römisch imitierten, griechischen Antike in Italien aus Johann Joachim Winckelmanns berühmtem Blickwinkel der »edlen Einfalt und stillen Größe«, diesem überaus fruchtbaren und folgenschweren Mißverständnis. Evolution statt Revolution, Entwicklung statt Umsturz, Gesetz und Ordnung statt des genialischen Chaos, das Maß statt der Maßlosigkeiten seiner Jugend beherrschten sein Denken. Doch wäre es falsch, sich ihn als gipsernen Olympier vorzustellen. In Italien hatte er sich nicht nur an edler Einfalt und stiller Größe, sondern auch an dem handfesten Zauber der Commedia dell'arte (siehe auch Seiten 277 und 293), an Goldoni und Gozzi, am Volksleben ergötzt, und sosehr das ›Sittliche‹ für ihn zu einem Zentralbegriff geworden war, so war er doch auch Vergnügungen nachgegangen, die nicht unbedingt das ›Sittliche‹ repräsentieren. »Vieles kann ich ertragen. Die meisten beschwerlichen Dinge / Duld ich mit ruhigem Mut, wie es ein Gott mir gebeut«, hatte er gerade in Venedig gedichtet, und diesem klassischen Epigramm-Auftakt die unmutigen Verse folgen lassen: »Wenige sind mir jedoch wie Gift und Schlange zuwider, / Viere: Rauch des Tabaks, Wanzen und Knoblauch und †« − eines der harmloseren der Venetianischen Epigramme (aus dem Nachlaß), die seine innerste Verfassung offenbaren, kurz bevor er Theaterdirektor wurde.

Länger als ein Vierteljahrhundert, von 1791 bis 1817, leitete Goethe nun das Hoftheater. Seine Freundschaft mit Schiller begann nach einem klärenden Gespräch in Jena (siehe auch Seite 370) im Sommer 1794, zwei Jahre nachdem Goethe Schillers ›Don Carlos‹ in Weimar hatte aufführen lassen. Das Weimarer Komödien- und Redoutenhaus, ein Rang- und Logentheater mit perspektivischer Kulissenbühne in einfachen, klaren Linien, wurde nach einem Umbau am 12. Oktober 1798 in Anwesenheit des Hofes neu eröffnet; Goethe hatte dafür ›Wallensteins Lager‹ von Schiller inszeniert, und ein Jahr später, am 3. Dezember 1799, zog Schiller von Jena nach Weimar um, erhielt seine eigene Loge, besprach täglich Theaterfragen mit Goethe, den er auch bei den Proben vertrat. Der fünfzigjährige Goethe und der vierzigjährige Schiller hatten damit praktisch gemeinsam ihre eigene Bühne.

Gewiß, es mußten Rücksichten auf den Herzog Carl August und auf das Publikum genommen werden, doch beweist schon die Tatsache, daß Goethe erfolglose Stücke vor halbleerem Haus spielen ließ, um eine vollkommene Aufführung zu erreichen, die bei den wenigen Bühnenproben nur während der Vorstellungen zu erzielen war, wie sehr er insgeheim dieses Hoftheater als seine Versuchsbühne benutzte. Dazu der Theaterhistoriker Heinz Kindermann: »Ansonsten aber betrachtete Goethe − wie nachher in der Welt ihrer theatralischen Zusammenarbeit noch viel vernehmlicher Schiller − das Weimarische Hoftheater als eine Art Experimentierbühne, auf der man sich, besonders wegen der anwesenden Geistesaristokratie, erlauben durfte, das Publikum als Versuchsobjekt zu behandeln.«

Erziehung war das oberste Gebot: Erziehung der Schauspieler und des Publikums. Goethe glaubte an die pädagogische Wirkung des Vorbildes, lud Iffland zu Gastspielen ein, der den Stil des Mannheimer Nationaltheaters (siehe auch Seite 366) mitbrachte; er versuchte, Iffland als Regisseur zu gewinnen, der freilich die Leitung des Berliner Hoftheaters vorzog. Lieblingsbegriffe des Regisseurs Goethe waren: Besonnenheit, Herzenssprache, vornehmer Anstand, ruhige Haltung, schickliche Stellung, Harmonie. Er liebte symmetrische Gruppen und suchte die Wahrheit eines Gefühls, und sei es noch so wild, in ›Schönheit‹ auszudrücken. Der Schauspieler soll »nicht allein die Natur nachahmen, sondern sie auch idealisch vorstellen«.

Das ist eine harte Absage an den ›Sturm und Drang‹, dessen Autoren Goethe im übrigen kaum spielen ließ, und an jeglichen Naturalismus. Der Schauspieler soll weg vom Charakteristischen, weg vom Hamburger Stil Schröders (siehe auch Seite 345), hin zum Typischen, zum ›Idealischen‹, das sich gleichwohl ›natürlich‹, ungekünstelt, darstellen muß. Er wird zur eher statischen Figur eines ausgewogenen Gemäldes, aus dessen auf der Probe mit Kreide skizziertem Schachbrett-Grundriß und aus dessen Hintergrunds-Rahmen er unter keinen Umständen fallen darf. Durch viele pedantische Regeln gehemmt, durfte er nicht in den Bühnenhintergrund sprechen und seinen Mund vom Publikum nicht weiter als durch eine Vierteldrehung des Kopfes entfernen: der Schauspieler war für den Text da — nicht etwa, wie im Vollblut-Theater üblich, der Text für den Schauspieler.

So unerträglich heute dieser Stil gesprochener Wort-Opern sein mag, ohne seine Kenntnis ist die hochklassische deutsche Bühnendichtung nicht zu verstehen, und damals war dieser bis zur Manier überanstrengte Stil notwendig, um Schauspieler und Publikum mit der anspruchsvollen Bühnendichtung der Welt vertraut zu machen.

›Weltliteratur‹ — Goethe versuchte, diesen von ihm geprägten Begriff auch auf der Bühne lebendig zu machen. Gewiß ließ er die Erfolgsautoren seiner Zeit aufführen, soweit sie gute Rollen schreiben konnten: in diesem Vierteljahrhundert gab es von 2797 Schauspiel-Aufführungen 638 mal Kotzebue, 354 mal Iffland, immerhin 331 mal Schiller, nur 259 mal Goethe, 64 mal Lessing und 59 mal Shakespeare. Doch unermüdlich waren Goethe und Schiller bemüht, große ausländische Muster der deutschen Bühne anzuverwandeln. So übersetzte und bearbeitete Goethe (mit geringem Erfolg) ›Mahomet‹ und ›Tancred‹ von dem damals schon unmodernen Voltaire; Schiller (mit großem Erfolg) Shakespeares ›Macbeth‹, Gozzis ›Turandot‹,

Schauspielkunst zu Beginn des 19. Jahrhunderts: ›Würdiger Greis beim Aufstehen und Fortgehen‹. Aus Jelgerhuis' Lehrbuch ›Gesticulatie en Mimiek‹, Amsterdam, 1827

Picards ›Parasit‹ und ›Der Neffe als Onkel‹ und Racines ›Phaedra‹. Terenz (›Die Brüder‹ in antiken Masken), Shakespeare (›Julius Caesar‹ in Schlegels Übersetzung), Calderon, Molière, Marivaux, Beaumarchais, Goldoni, Gozzi, Holberg wurden für ein ›Repertorium‹ gewonnen, das sich im großen und ganzen aus Unterhaltung und anspruchsvoller Weltliteratur so zusammensetzt, wie es im Mischungsverhältnis und in der Weltoffenheit noch heute an den deutschen Stadt- und Staatstheatern üblich ist.

Für das deutsche Theater noch folgenreicher als diese exemplarische Öffnung der Spielpläne für die Dramatik der Welt wurden selbstverständlich die Eigenproduktionen Goethes und Schillers, die sich in einer einzigartigen Weise gegenseitig anregten, anfeuerten, und, gerade weil sie grundverschiedene Naturen waren, korrigierten und ergänzten. So wäre etwa Goethes ›Faust‹ ohne Schiller, der ihn mit allerlei Listen vorantrieb, nie vollendet und der ›Wilhelm Tell‹ ohne Goethe, der Schiller den Stoff überließ, nie geschrieben worden.

Bei der praktischen Theaterarbeit ist ihr Anteil oft gar nicht voneinander zu trennen. Noch bevor Schiller nach Weimar gezogen war, hatte er Goethes ›Egmont‹ bearbeitet und 1796 mit Iffland, den Schiller ja von Mannheim gut kannte (siehe auch Seite 366), in der Titelrolle einstudiert. Schiller, der sich besser als Goethe auf den theatralischen Effekt verstand, fügte klare Motivierungen ein, spitzte Formulierungen gedanklich zu, strich Lyrismen, und Goethe meinte dazu: »Denn wie in einem Stück zu viel geschehen kann, so kann auch darin zu viel Empfundenes ausgesprochen werden. Und so ließ sich Schiller durch manch angenehme Stelle nicht verführen, sondern strich sie weg.« Als Goethe ›Wallensteins Lager‹ von Schiller inszenierte, besetzte er auch die kleinste Rolle mit den besten Kräften, die er hatte, kostümierte die Schauspieler nach Holzschnitten aus dem Dreißigjährigen Krieg, bewältigte glanzvoll die Massenszenen, deren Gliederung ihm besonders lag, und unterrichtete Schiller über jede Einzelheit.

Gemeinsam arbeiteten Goethe und Schiller an den Schiller-Uraufführungen der ›Piccolomini‹ und ›Wallensteins Tod‹ (1799). Die Uraufführung seiner ›Maria Stuart‹ (1802) studierte Schiller ein, für die Weimarer Erstaufführung der Goetheschen (Vers-) ›Iphigenie‹ (uraufgeführt am Wiener Burgtheater) im Jahre 1802 straffte Schiller das Stück und gab dem Seelendrama etwas von seiner eigenen Leidenschaft. Goethe besuchte die ›Iphigenie‹-Proben nicht. Genast berichtet, wie Schiller »uns alle durch sein Feuer und seine Phantasie zur Begeisterung« hingerissen habe. Für Schillers ›Turandot‹-Aufführung (1802, nach dem Stück von Gozzi, siehe auch Seite 309) spielte Goethe den Schauspielern die vier Commedia-Masken vor, wie er sie in Italien auf der Bühne gesehen hatte, und für Schillers Uraufführung der ›Braut von Messina‹ studierte Goethe die Chöre ein, aufgeteilt in verschiedene Stimmhöhen.

Zu großen Erfolgen wurden auch Schillers ›Jungfrau von Orleans‹ und die Uraufführung seines ›Wilhelm Tell‹, für die Goethe wiederum insbesondere die Massen-Regie übernommen hatte. Schon schwerkrank, arbeitete Schiller noch an der Erstaufführung seiner ›Phaedra‹ nach Racine; sie war am 30. Januar 1805. Ein Vierteljahr später, am 1. Mai, besuchte Schiller zum letzten Male das Theater. »Anfang Mai wagt' ich mich aus«, berichtet Goethe, damals ebenfalls krank, »ich fand ihn im Begriff, ins Schauspiel zu gehen, wovon ich ihn nicht abhalten wollte: ein Mißbehagen hinderte mich, ihn zu begleiten, und so schieden wir vor seiner Haustüre, um uns nie wieder zu sehen.« Schiller starb ein paar Tage später, am 9. Mai 1805, an Lungentuberkulose.

Am nächsten Tag blieb die Bühne geschlossen, und statt des Theaterzettels erschien die Bekanntmachung: »Bei der traurigen Stimmung, welche durch das Ableben des allgemein geschätzten und um das deutsche Theater so sehr verdienten Herrn Hofrath von Schiller, allhier, besonders bei dem Personale des fürstlichen Hoftheaters hervorgerufen worden, wird auf Ansuchen desselben die morgende Darstellung mit gnädigster Zustimmung ausgesetzt.« Der bettlägerige Goethe, dem man den Tod Schillers bis nach der Beerdigung verheimlicht hatte, kommentierte vor Genast diesen Anschlag grimmig: »Sagt dem, der die sonderbare Annonce über den Tod meines Freundes verfaßt hat, er hätte es sollen bleiben lassen! Wenn ein Schiller stirbt, bedarf es dem Publikum gegenüber wegen einer ausgefallenen Theatervorstellung keiner Entschuldigung.«

Goethe versuchte, den ›Demetrius‹ von Schiller zu beenden, über den die beiden Freunde oft gesprochen hatten:»Unsere gemeinsamen Freunde hofft' ich zu verbinden; das deutsche Theater, für welches wir bisher gemeinschaftlich, er dichtend und bestimmend, ich belehrend, übend und ausführend, gearbeitet hatten, sollte bis zur Herankunft eines frischen ähnlichen Geistes durch seinen Abschied nicht ganz verwaist sein.« Erst als es Goethe nicht gelang, Schillers Stück zu Ende zu schreiben, war ihm der Freund endgültig gestorben:»Nun war mir Schiller eigentlich erst entrissen, sein Umgang erst versagt ... nun fing er mir erst an, zu verwesen; unleidlicher Schmerz ergriff mich ...«

Ein Jahr nach Schillers Tod hatte Goethe den ersten Teil des ›Faust‹ beendet und zum Entsetzen Weimars seinen ›Bettschatz‹ Christiane Vulpius geheiratet, unbekümmert darum, daß man ihn heimlich den ›Priapus‹ nannte. Christiane starb zehn Jahre später, 1816, als Goethe wieder die Arbeit am zweiten Teil des Faust aufnahm. Ein Jahr danach, am 13. April 1817, bewilligte Carl August die Bitte Goethes, ihn von der Leitung des Theaters zu entheben. Man nimmt an, daß die Intrigen der Sängerin und Schauspielerin Karoline Jagemann Goethe das Theater endgültig verleidet hatten. Die Jagemann, geboren 1777 in Weimar und ausgebildet am Mannheimer Nationaltheater, war 1797 als Zwanzigjährige nach Weimar engagiert worden und hatte das Kunststück fertiggebracht, dreißig Jahre lang die einflußreiche Geliebte des Herzogs Carl August zu bleiben (der 1828 starb, zwanzig Jahre vor ihr). Zumindest den Anlaß für Goethes Rücktritt lieferte sie, als sie gegen seinen Protest und während seiner Abwesenheit das Gastspiel des Sensationsstückes ›Der Hund des Aubry de Mont-Didier‹ durchsetzte, in dem ein Pudel die Hauptrolle spielte. Goethes Rücktrittsgesuch ist dieses Pudels Kern, doch war er der praktischen Theaterarbeit, des ständigen Ärgers mit der Oper, in der die Jagemann Alleinherrscherin sein wollte, und anderer Schwierigkeiten längst überdrüssig. Bei der Festaufführung zu Goethes 78. Geburtstag stand im ›Torquato Tasso‹ statt der Büste Vergils auf der Bühne eine Büste Goethes, der die Jagemann als Prinzessin einen Kranz aufsetzte.

Der ›Faust‹ war das Thema seines letzten Briefes, den er an Wilhelm von Humboldt schrieb, sechs Tage vor seinem Tode. Er starb am 22. März 1832, das Weimarische Hoftheater blieb vier Tage lang geschlossen und brachte dann als Totenfeier ›Torquato Tasso‹, das Stück, das am engsten mit Weimar verbunden ist.

Über die Verschiedenheiten Goethes und Schillers lassen sich Bände schreiben und sind Bände geschrieben worden. Für das praktische Theater gilt die Faustregel der Regisseure: Schiller muß man mit dem Kopf anfassen — wenn bei ihm die gedanklichen Positionen stimmen, dann kommen auch die Gefühle seiner Personen in Ordnung, soweit sie überhaupt bei ihm in Ordnung kommen können, und Goethe muß man mit dem Herzen anfassen — wenn bei ihm die Beziehungen der Sympathie und Liebe stimmen, dann kommen auch die gedanklichen Positionen seiner Personen in Ordnung, soweit sie überhaupt bei ihm in Ordnung kommen können.

Gemeinsam haben sie in der Zeit ihrer Freundschaft ein Theater erarbeitet, das selbstverständlich nicht im historisch gewordenen Stil, aber im weltoffenen Spielplan und im Anspruch, der an das Publikum gestellt wird, bis heute für das deutsche Theater verbindlich geblieben ist. Wer sich unvorbereitet zum Schauspielhause drängt, wer verlangt, »was ihm unmittelbar genießbar ist«, wer nur »schauen, staunen, lachen, weinen will«, der ist für Goethe ›Pöbel‹. Stolz stellte er von seinen Weimarer Zuschauern fest, »daß sie mehr als ihr Legegeld mitbringen und daß diejenigen, denen bei der ersten sorgfältigen Aufführung bedeutender Stücke noch etwas dunkel, ja ungenießbar bliebe, geneigt sind, sich von der zweiten besser unterrichten und in die Absicht einführen zu lassen«. Es sind die Argumente, die noch heute von den deutschen Staatstheater-Intendanten gebraucht werden, wenn ihr Publikum sich langweilt oder verständnislos zeigt.

Das Weimarer Publikum bestand aus dem Hof, dem gebildeten Bürgertum und den Studenten, deren es allein in Jena achthundert gab, und wenn Goethe die Studenten für ihre Mißfallens- oder auch Beifallskundgebungen anherrschte, so sprach er nicht nur als Leiter des Theaters, sondern auch als ihr Vorgesetzter, der als Minister die Oberaufsicht über ihre Universität führte. Noch heute hat das deutsche Theater etwas von einer Universität: im guten wie im trockenen Sinne.

Mit dem belehrenden Professor Gottsched und der sittlich entrüsteten Prinzipalin Caroline Neuber (siehe auch Seite 319) war das deutsche Theater in seine klassische Epoche eingetreten, auf deren Höhepunkt zwei große Dichter vorsätzlich klassische Musterstücke zur Bildung des Publikums produzierten und einen zähen Kampf um die Erziehung des Publikums führten.

Nichts war ihnen fremder als die für das Volkstheater klassische Mischung von Tragischem und Komischem, die der Bühne nicht nur die Weite des Lebens, sondern auch ihre Unterhaltsamkeit schenkt. Zwar war das Theater auch ihnen ein Fest, doch ein feierliches, das mit dem Einzug des Hofstaates begann, und von ihrem Erziehungsprogramm nahmen sie rühmlicherweise die Fürsten nicht aus. Nur unmittelbar genießen zu wollen, schien ihnen pöbelhaft. Ihre Musen waren nicht um ihrer selbst willen da: sie waren — glanzvolle — Angestellte der Bildung.

Weimar hat das innere Verhältnis des Deutschen zu seinem Theater entscheidend bestimmt — damals ein an Geist reiches Nest von 6500 Einwohnern. Hier, im Scheine von 500 Laternen und unter der Protektion des Fürsten Carl August ist die deutsche Hochklassik entstanden. Teuer war sie, nach schnödem Gelde berechnet, nicht: sie hat den Herzog weniger als seine Maitresse gekostet.

Schiller: in den besten Jahren

> Die wahre Kunst aber hat es nicht bloß auf ein vorübergehendes Spiel abgesehen; es ist ihr ernst damit, den Menschen nicht bloß in einen augenblicklichen Traum von Freiheit zu versetzen, sondern ihn wirklich in der Tat frei zu machen, und dieses dadurch, daß sie eine Kraft in ihm weckt, übt und ausbildet, die sinnliche Welt, die sonst nur als ein roher Stoff auf uns lastet, als eine blinde Macht auf uns drückt, in eine objektive Ferne zu rücken, in ein freies Werk unseres Geistes zu verwandeln und das Materielle durch Ideen zu beherrschen.
>
> Schiller, Über den Gebrauch des Chors
> in der Tragödie, 1803

Wallenstein. ›Ein dramatisches Gedicht in einem Vorspiel und zwei Teilen‹. Schiller beschäftigte sich mit dem Stoff seit 1791 und schrieb das Stück von 1796 bis 1799. Gespräche über das Drama mit Goethe in Jena und Weimar. 1798 Brief an Goethe: »Ich finde augenscheinlich, daß ich über mich selbst hinausgegangen bin, welches die Frucht unseres Umganges ist...« Zum erstenmal gedruckt: 1800.

Wallensteins Lager. ›Vorspiel in einem Aufzug‹. Uraufgeführt unter Goethes Regie am 12. Oktober 1798 in Weimar. — Wallensteins Heer vor der Stadt Pilsen in Böhmen, 1634. Im Prolog heißt es von Wallenstein: »Denn seine Macht ist's, die sein Herz verführt, sein Lager nur erkläret sein Verbrechen.« Das ›Lager‹, geschrieben in gereimten Knittelversen, führt in farbigen Gruppen das zusammengewürfelte Söldnerheer vor. Es befürchtet, vom Kaiser in Wien auseinandergerissen zu werden, und will nur unter seinem ›Abgott‹ Wallenstein dienen. Ein sprachgewaltiger Kapuziner, der — im Stile von Abraham a Santa Clara — mit barocken Wortspielen gegen das wüste

›Wallensteins Lager‹ von Schiller, Weimarer Aufführung vom 11. Dezember 1805. Aquatinta von Johann Christian Ernst Müller nach einem Gemälde von Georg Melchior Kraus, um 1810

Treiben der Soldaten und gegen Wallenstein predigt (»Und solang der Kaiser diesen Friedland läßt walten, so wird nicht Fried im Land«), wird, von den Kroaten beschützt, von Jägern und Karabinieren zum Rückzug gezwungen. Der Arkebusier, der darauf beharrt, daß auch Wallenstein im Dienst des Kaisers stehe, wird verspottet. So vielfältig die Gruppen innerhalb der Armee sind, Wallensteins ›Schattenbild‹ hält sie zusammen, und mit dem Schlußlied »Wohlauf, Kameraden, aufs Pferd« werden sie zum geschlossenen Chor: das Heer repräsentiert seine Verführbarkeit und Wallensteins Verführung zur Macht, zum Abfall vom Kaiser.

Die Piccolomini. ›Erster Teil in fünf Aufzügen‹. Uraufgeführt (mit Teilen von ›Wallensteins Tod‹) am 30. Januar 1799 in Weimar.
    Wer? Wallenstein, Herzog zu Friedland, kaiserlicher Generalissimus im Dreißigjährigen Kriege. Octavio Piccolomini, Generalleutnant. Max Piccolomini, sein Sohn, Oberst bei einem Kürassierregiment. Graf Terzky, Wallensteins Schwager, Chef mehrerer Regimenter. Illo, Feldmarschall, Wallensteins Vertrauter. Isolani, General der Kroaten. Buttler, Chef eines Dragonerregiments. Kriegsrat von Questenberg, vom Kaiser gesendet. Baptista Seni,

Astrolog. Herzogin von Friedland, Wallensteins Gemahlin. Thekla, Prinzessin von Friedland, ihre Tochter. Gräfin Terzky, der Herzogin Schwester.

Wo und wann? Pilsen, 1634.

Was? Kriegsrat von Questenberg, Abgesandter des Kaisers, stellt fest, daß die meisten Offiziere nicht dem Kaiser, sondern Wallenstein ergeben sind. Kaisertreu ist Octavio Piccolomini, der das unbegrenzte Vertrauen Wallensteins genießt, seit er ihm in der Schlacht bei Lützen das Leben gerettet hat. Der Kaiser hat durch einen geheimen Erlaß Octavio für den Nachfolger Wallensteins bestimmt. Terzky und Illo bedrängen Wallenstein, Octavio nicht länger zu trauen, vom Kaiser abzufallen und ein Bündnis mit den Schweden zu schließen. Wallenstein, der Astrologie ergeben, sieht die ›rechte Sternenstunde‹ noch nicht gekommen. Seine Ziele: die böhmische Königskrone für sich, die Einheit des Reiches, ein befriedetes Europa. Als Questenberg im Namen des Wiener Hofes verlangt, daß Wallenstein acht Regimenter abgibt, bietet Wallenstein zum Schein seinen Rücktritt an. Terzky und Illo lassen die Offiziere vor einem Bankett ein Schriftstück lesen, durch das sich die Offiziere verpflichten, sich auf keinerlei Weise von Wallenstein zu trennen, »so weit nämlich unser dem Kaiser geleisteter Eid es erlauben wird.« Diese einschränkende Klausel hat Illo auf einem Duplikat des Schriftstückes weggelassen, das nach dem Essen zur Unterschrift herumgereicht wird. Alle Offiziere, auch Octavio, unterschreiben – außer Max, dem Sohn Octavios, der es für überflüssig hält, seine Treue schriftlich zu bekräftigen. Darüber verärgert, fängt der betrunkene Illo Streit mit ihm an und verrät dabei das Geheimnis der Klausel. Octavio Piccolomini weiht seinen Sohn Max, der in Wallensteins Tochter Thekla verliebt ist, in die verräterischen Pläne Wallensteins ein und in die Absicht des Kaisers, ihn, Octavio, zum Nachfolger Wallensteins zu machen. Octavio erhält die Nachricht, daß Sesin, ein an die Schweden abgesandter Unterhändler, mit Dokumenten gefangen worden ist; sie beweisen zumindest, daß Terzky mit den Schweden verhandelt. Max, angeekelt von der ›Staatskunst‹ seines Vaters, will sich bei dem verehrten Wallenstein Klarheit holen: »Rein muß es bleiben zwischen mir und ihm.«

Wallensteins Tod. ›Zweiter Teil in fünf Aufzügen‹. Uraufgeführt am 20. April 1799 in Weimar.

Wer? Wie in ›Die Piccolomini‹, außer Questenberg. Dazu: Oberst Wrangel, von den Schweden gesendet. Deveraux und Macdonald, Hauptleute in der Wallensteinischen Armee.

Wo und wann? Pilsen und Eger, 1634.

Was? Die Sterne stehen nach den Berechnungen des Astrologen Seni günstig für Wallenstein, und die Gefangennahme des Unterhändlers Sesin versperrt ihm den Weg zurück. Durch den Oberst Wrangel bieten die Schweden Wallenstein die böhmische Königskrone an; dafür soll er Eger und Prag den Schweden räumen. Nach langen inneren Kämpfen entschließt sich Wallenstein zu diesem Pakt. Er kann Max Piccolomini von der Richtigkeit seines Handelns nicht überzeugen. Octavio Piccolomini zieht durch den kaiserlichen Geheimbefehl, der Wallenstein ächtet und ihn zum Nachfolger macht, den Kroatengeneral Isolani und den Dragonergeneral Buttler, der von Wallenstein in seiner Eitelkeit gekränkt worden ist, auf seine Seite. Max Piccolomini verachtet auch die Politik seines Vaters Octavio, der durch Wallensteins Fall aufsteigen wird. Während sich Wallenstein noch mächtig glaubt, fällt der größte Teil seiner Truppen, die nun von seinem Verrat erfahren, von ihm ab. Er verläßt sich auf seinen Todfeind, den scheinbar treuen Buttler, und auf die Schweden. Auch die ihm ergebenen Pappenheimer Kürassiere, denen er versichert, er verhandle nur zum Schein mit den Schweden, verlassen ihn. Es gelingt ihm nicht, Max Piccolomini zu halten, der, tief enttäuscht von seinem Vater wie von Wallenstein, die Entscheidung Thekla überläßt. Sie verweist ihn auf sein Gewissen, das ihn an den Kaiser bindet — gegen ihren Vater. Max fällt auf der Seite der Kaiserlichen im Kampf gegen die siegreichen Schweden. Wallenstein ist in Eger eingezogen, wo Buttler die Hauptleute Deveraux und Macdonald als Mörder Wallensteins gedungen hat. Sie töten ihn — nachdem Illo und Terzky beim Bankett ermordet worden sind — in seinem Schlafzimmer, zur Eile von Buttler angetrieben, der Trompeten der mit Octavio heranrückenden kaiserlichen Truppen für Signale der Schweden hält. Octavio bringt die Begnadigung Wallensteins — zu spät. Vergeblich versucht er, seine Verantwortung für Wallensteins Ermordung auf Buttler abzuwälzen. Die Gräfin Terzky nimmt Gift. Octavio wird durch ein kaiserliches Schreiben zum Fürsten ernannt.

Hinweise: Der große Monolog Wallensteins aus dem ersten Akt von ›Wallensteins Tod‹ führt in das Grundproblem des Stückes: »Wärs möglich? Könnt ich nicht mehr, wie ich wollte? Nicht mehr zurück, wie mirs beliebt? Ich müßte die Tat vollbringen, weil ich sie gedacht...« Wallenstein zwischen Gedanke und Tat, Plan und Verwirklichung, Idee und Geschichte: er hat mit den Schweden nur durch Mittelsmänner verhandelt, damit er sich jederzeit wieder distanzieren kann; er hat es sorgsam und lange vermieden, sich festzulegen, und er will sich noch seine geglaubte Abhängigkeit von den Gestirnen, eine günstige Konstellation erwartend, für einen unabhängigen Entschluß zunutze machen — dieser Wallenstein, der mit allen Mitteln versucht, sich die Freiheit zur Tat so lange wie möglich zu erhalten, muß plötzlich erfahren, daß die Tat schon nicht mehr ihm gehört, sobald er nur ihren

Gedanken ausgesprochen; daß sein Plan schon in den ersten Stadien der Verwirklichung ein von ihm nicht geahntes Gesicht annimmt; daß seine Idee unter bestimmten Bedingungen der realen geschichtlichen Welt, auf die er keinen Einfluß hat, Handlungen hervorbringt, die ihn umstellen wie eine ›Mauer‹, verstricken in ein ›Netz‹: er hat die Freiheit des Entschlusses nicht mehr, seine Tat hat sich selbständig gemacht und ihn unter das geschichtliche Schicksal gezwungen. Das Unberechenbare macht seine Rechnung auf, und Wallenstein muß zahlen.

Im Briefwechsel Schillers mit Goethe finden sich so bezeichnende Sätze wie: »in einem frühen Stadium der Arbeit« (November 1796): »Das eigentliche Schicksal tut noch zu wenig und der eigene Fehler des Helden noch zu viel zu seinem Unglück«; ein Jahr später (Oktober 1797): »Da der Hauptcharakter eigentlich retardierend ist, so tun die Umstände eigentlich alles zur Krise, und dies wird, wie ich hoffe, den tragischen Eindruck sehr erhöhen.« Den Aufbau der ›Umstände‹, der ›Mauer‹, des ›Netzes‹, hat Schiller mit seinem eminenten dramaturgischen Verstand auf das effektvollste vorgenommen. Das Geflecht der individuellen Motivierungen jeder einzelnen höchst farbigen Person ergibt die Bedingungen der geschichtlichen Welt, an denen Wallenstein zugrunde geht. Er bewegt sich von vornherein in einem Labyrinth wie in einer Falle — wo immer er sich einem Ausgang nähert, schnappen exakt die Türen zu. Die Perfektion der Kriminalstory steht für die infernalische Maschinerie des geschichtlichen Vollzuges, der nicht aufzuhalten, nicht einmal ganz zu durchschauen ist.

Max Piccolomini und Thekla, die sich bedingungslos für Treue, Sauberkeit und Liebe entscheiden, müssen in der pessimistischen Geschichtsschau Schillers notwendig untergehen. Sie sind dieser Welt nicht gewachsen, oder besser: diese Welt ist ihrem sittlichen Anspruch nicht gewachsen.

Bei Wallenstein ist es (neben egoistischen Zielen) eine revolutionäre Idee — Einheit des Reiches, Frieden Europas —, die unter den Bedingungen einer konservativen Welt erstickt. Doch auch Octavio Piccolomini, sein Gegenspieler, der sich auf die konservative Welt stützt, erleidet im Grunde das gleiche Schicksal. Er macht sich bewußt und mit gutem Gewissen schmutzige Hände, überdies zur Erhaltung des gültigen Rechts, bis er erkennt, daß seine Hände nicht nur schmutzig, daß sie blutig geworden sind, als er intimste menschliche Beziehungen, Freundschaft und Vertrauen, der Politik geopfert. Wallenstein dagegen vergiftet menschliche Beziehungen nicht, überläßt das Schmutzgeschäft dem Illo und wirkt deshalb sympathischer: er wird gerade von denen verraten, von Octavio und Buttler, denen er vertraut. Wie Wallenstein seine Tochter verliert, so verliert Octavio seinen Sohn — auch seine Tat hat sich selbständig gemacht, sie führt zur Ermordung Wallensteins, die er nicht gewollt, und am Ende steht er, zum Fürsten erhoben, unter diesem Lohne schaudernd und einsam da. Wallensteins und Piccolominis Erfahrung ist allgemein: der politisch Handelnde macht sie auf seine Weise immer wieder.

Meinungen: »Ich stelle die ›Piccolomini‹ ... unter allen Schillerschen Arbeiten am höchsten. Zwei Kunstrichtungen, die wir gewohnt sind, als einander feindlich anzusehen, verschmelzen hier. Wir hatten die Klarheit, den Stil und die Handlungslosigkeit des französischen Klassizismus ... und wir haben zugleich den historischen Sinn und die scharfe und reiche Charakteristik des Shakespeareschen Dramas. Von dem einen die Schönheitslinie, von dem anderen das Kolorit«: Theodor Fontane. — »Wenn das Stück endigt, so ist alles aus, das Reich des Nichts, des Todes hat den Sieg behalten; es endigt nicht als eine Theodicee«: Georg Friedrich Hegel. — »Weder darf das Tragische durch eine rein sittliche Betrachtung bei Seite geschoben werden, die Wallensteins Handeln nur an dem Maßstab der Idee mißt, noch genügt es, sein Schicksal als ›schweigend‹ und ›taub‹ zu bezeichnen, weil es einen mächtigen und großen Menschen sinnlos zerstört. Schiller hat mit dem ›Wallenstein‹ einen Kreis der Menschheit durchmessen, in welchem die waltenden Mächte und die geschichtliche, aus dem Charakter entsprungene Tat eine Einheit bilden. Wie der ›Faust‹, so umschließt auch der ›Wallenstein‹ Tragödie und Theodizee zugleich«: Benno von Wiese. — »Niemand siegt und niemand hat recht in diesem Streit. Denn die moralische Rechnung, falls man eine solche zwischen Wallenstein und Octavio aufmacht, geht nicht auf ... Nach moralischen Gesichtspunkten ließ sich allein schon der historisch-politische Stoff nicht in seinem Zusammenhang fassen, noch weniger dramatisch organisieren und erst recht nicht zu einer Tragödie umschaffen. Wir sahen ja, ›das eigentlich Moralische‹ erwies sich dem Dramatiker als ›leer‹. Hier setzt der Schritt an, der über das eigene, bisherige Schaffen Schillers, aber auch über die Tragödie Lessings und dessen Begriff vom Tragischen hinausführt«: Gerhard Storz.

Maria Stuart. ›Trauerspiel in fünf Aufzügen‹. Geschrieben 1799/1800. Uraufführung unter eigener Regie am 14. Juni 1800 in Weimar. Erste Buchausgabe 1801; im gleichen Jahr erschien nach einem älteren Manuskript eine englische Übersetzung in London, deren deutscher Text nicht erhalten ist.

Wer? Elisabeth, Königin von England. Maria Stuart, Königin von Schottland, Gefangene in England. Robert Dudley, Graf von Leicester. Georg Talbot, Graf von Shrewsbury. Wilhelm Cecil, Baron von Burleigh, Großschatzmeister. Graf von Kent. Wilhelm Davison, Staatssekretär. Amias Paulet,

Ritter, Hüter der Maria. Mortimer, sein Neffe. Graf Aubespine, französischer
Gesandter. Melvil, Marias Haushofmeister. Hanna Kennedy, ihre Amme.
Wo und wann? England. 1587.
Was? Elisabeth, Königin von England, hält auf Schloß Fotheringhay Maria,
Königin von Schottland, gefangen. Maria, als Mörderin ihres Gatten aus
Schottland vertrieben, hatte bei Elisabeth Schutz gesucht, doch die unehelich
geborene Elisabeth ließ Maria, in der sie als Königin und als Frau eine Riva-
lin erblickt, einsperren. Der junge Mortimer verschafft sich als Neffe Paulets,
der Maria bewacht, Zutritt zu Maria und gesteht ihr, daß er in Frankreich
katholisch geworden und nun entschlossen ist, sie mit Gewalt aus ihrem
Gefängnis zu befreien. Doch Maria hofft mehr auf den Grafen Leicester,
Elisabeths Günstling, der einst Maria geliebt hat, und schickt ihm durch
Mortimer ihr Bildnis. Lord Burleigh, Großschatzmeister von England, verkündet Maria das Todesurteil. Sie erkennt weder die Richter noch das Urteil
an, das durch falsche Zeugenaussagen zustande gekommen sei. Burleigh hält
den Tod der katholischen und insgeheim den englischen Thron beanspruchen-
den Maria aus staatspolitischen Gründen für notwendig. Graf Shrewsbury
stimmt für Begnadigung. Leicester hat zwar im Gericht für die Verurteilung
Marias gestimmt, tritt aber im Staatsrat gegen die Vollstreckung ein; er
hofft damit, Zeit zu gewinnen, und Maria, die er liebt, durch eine von ihm
arrangierte Begegnung mit Elisabeth freizubekommen. Diese Begegnung, von
der sich Maria ihre Freiheit erhofft, besiegelt ihren Untergang: als sie, um
Gnade bittend, von Elisabeth als Frau gedemütigt wird, nennt sie Elisabeth
einen Bastard und sich selbst die rechtmäßige Königin. Unter den Papieren
Marias hat man einen Brief gefunden, der beweist, daß Leicester Beziehungen
zu ihr unterhält. Um sich zu retten, läßt Leicester den ihn zum offenen Handeln drängenden Mortimer verhaften; Mortimer ersticht sich, Leicester kann
sich aus der Schlinge ziehen, doch Burleigh durchschaut sein Doppelspiel:
»Graf! Dieser Mortimer starb euch sehr gelegen.« Leicester tritt nun für den
Tod Marias ein; Elisabeth befiehlt, daß er und Burleigh der Hinrichtung bei-
wohnen sollen. Elisabeth unterzeichnet das Todesurteil, händigt es dem
Staatssekretär Davison aus und weigert sich, ihm einen klaren Befehl zu
erteilen, ob er das Urteil weiterleiten oder aufbewahren soll. Burleigh entreißt Davison das Todesurteil und bereitet die Vollstreckung vor. Maria
nimmt Abschied von ihrer Dienerschaft; ihr Haushofmeister Melvil, der
heimlich Priester geworden ist, um ihr die Beichte abzunehmen, erteilt ihr die
Absolution. Maria empfindet nun das Unrecht, das ihr Elisabeth zufügt, als
ein höheres Recht, als Buße für die Schuld ihrer Vergangenheit: »Gott wür-
digt mich, durch diesen unverdienten Tod die frühe schwere Blutschuld abzu-
büßen.« Leicester, außerstande, die Hinrichtung anzusehen, bleibt zurück

›Der Thron von England ist durch einen Bastard entweiht!‹: Friederike Bethmann-Unzelmann (1760 bis 1815) als Maria Stuart in Schillers Trauerspiel, bei einer Aufführung des Berliner Hoftheaters, um 1808/10. Von Henschel während einer Vorstellung skizziert

und bricht zusammen, als er die Geräusche vom Schafott hört. Elisabeth, triumphierend über den Tod Marias, will doch den Schein der Milde wahren, läßt den Staatssekretär Davison verhaften und verbannt Burleigh: »Euch gebührte nicht, der Milde unsres Herzens vorzugreifen —.« Shrewsbury, den sie zu ihrem Berater und Freund machen möchte, nimmt seinen Abschied: »Ich habe deinen edlern Teil nicht retten können.« Elisabeth bleibt allein; sie verlangt nach Leicester, doch: »Der Lord läßt sich entschuldigen, er ist zu Schiff nach Frankreich.«

Hinweise: Über ›Maria Stuart‹ hat Goethe, wenn Friedrich Schlegel nicht schwindelt, vor der Uraufführung in Weimar eine jener drastischen Bemerkungen gemacht, die er mehr liebte, als sich die Schulweisheit träumen läßt: »Mich soll nur wundern, was das Publikum sagen wird, wenn die beiden Huren zusammenkommen und sich ihre Aventuren vorwerfen.« Das Publikum ist noch immer hingerissen, und der ›Sukzeß‹, den Schiller schon bei der Weimarer Uraufführung befriedigt konstatieren konnte, ist ihm treu geblieben nicht zuletzt durch die Tatsache, daß die beiden Königinnen auch zwei Weiber sind, die sich als Rivalinnen vor dem Geliebten schneidende Sottisen an die gekrönten Häupter werfen. Wie sich hier Erotik, Politik und Religion durchdringen — das ist ein Stück Enthüllungspsychologie, wie es nach der Erfindung dieses Begriffs nicht scharfsinniger geschrieben worden ist.

Beim Streit der Königinnen wenden sich die Sympathien der Maria Stuart zu. Sie ist jung, schön und muß, drastisch ausgedrückt, einmal ein süßes Luder gewesen sein — Elisabeth ist älter, häßlich und spielt die saure Jungfer. Marias Verbrechen liegt in der Vergangenheit, vor dem Beginn des Stückes — Elisabeths Verbrechen, die unberechtigte Anklage ihrer Rivalin, vollzieht sich vor den Augen des Publikums. Marias Verbrechen ist der Leidenschaft entsprungen — Elisabeth wird von niedrigeren Motiven, von gekränkter Eitelkeit, von Eifersucht und Neid getrieben. Maria bekennt sich zu ihrer schuldbeladenen Vergangenheit — Elisabeth heuchelt eine Gegenwart der Gerechtigkeit. Maria ist die schuldlos des Hochverrats Angeklagte — Elisabeth macht von ihrem Gnadenrecht keinen Gebrauch und verhindert den politischen Justizmord nicht.

Doch Maria gewinnt nicht nur die Sympathien, sondern auch das moralische Recht. Als bei der Begegnung der Königinnen Elisabeth die Maria menschlich demütigt, gibt sie der sich demütigenden Stuart die Würde der Königin zurück und verliert selbst ihre menschliche und königliche Würde. Dies ist der psychologische und der sittliche Wendepunkt des Stückes: von hier an führt Marias Weg in die Läuterung, in die Verklärung, ins Überirdische; Elisabeths Weg in die Schuld, in die Vereinsamung, ins Irdische. Maria wird, in den Anklagepunkten des Prozesses unschuldig, das Fehlurteil aus freiem Entschluß als Buße für ihre juristisch verjährte Schuld am Gattenmord auf sich nehmen; sie wird ihrer Feindin Elisabeth verzeihen, und Elisabeth wird nicht einmal die Größe haben, die Verantwortung für die Hinrichtung selbst zu tragen, sondern sie durch einen schaurig schäbigen Trick auf einen unbeteiligten Staatssekretär abwälzen. Maria wird ihr politisches Spiel um den Thron und ihr Leben verlieren, aber sie wird, aus tiefer Schuld geläutert und verklärt als Märtyrerin, in der Gloriole des innerlich freien Menschen zum Schafott gehen — Elisabeth wird die uneingeschränkte Macht gewinnen, belastet mit der Schuld, eine Unschuldige aufs Schafott gebracht zu haben, und dabei, vereinsamt und moralisch vernichtet, zur Gefangenen ihrer eigenen absoluten Staatsmacht werden. Im Tode triumphiert durch Maria die sittliche Idee des freien Menschen über den Zwang der Geschichte.

Dies alles — Vorgeschichte und Ausgang der Tragödie — liegt in der Begegnung der Königinnen beschlossen. Das Ideendrama, das Drama der Läuterung und des sittlichen Triumphes könnte sich nicht erfüllen, würde nicht auch das menschliche Drama, das Drama der Schuld und des ›Hurenhaften‹ erfüllt. So entscheiden die Darstellerinnen der Maria und der Elisabeth durch ihre Vielschichtigkeit, durch dieses Ineinandergreifen von Erotik, Politik und Religion, das ganze Stück. Schiller sah Maria nicht mehr als 25, Elisabeth höchstens 30 Jahre alt.

Die Jungfrau von Orleans. ›Eine romantische Tragödie‹. Geschrieben 1800 bis
1801. Aufgeführt am 11. November 1801 in Leipzig, am 23. November 1801
in Berlin, am 23. April 1803 in Weimar. Erstmalig gedruckt 1802 in Berlin.
Wer? Karl der Siebente, König von Frankreich. Königin Isabeau, seine
Mutter. Agnes Sorel, seine Geliebte. Philipp der Gute, Herzog von Burgund.
Graf Dunois, Bastard von Orleans. Talbot, Feldherr der Engelländer. Lionel,
englischer Anführer. Thibaut d'Arc, ein reicher Landmann. Margot, Louison,
Johanna: seine Töchter.

Wo und wann? Frankreich, um 1430.

Was? Johanna, eine Tochter des reichen Landmannes Thibaut d'Arc, folgt
einer göttlichen Stimme, die ihr befohlen hat, ihr Vaterland von den Engländern zu befreien. Karl, Dauphin von Frankreich, ist von seiner Mutter,
Königin Isabeau, und von dem Herzog von Burgund verlassen worden. Der
englische Feldherr Talbot hat Paris erobert; Isabeau und der Herzog von Burgund huldigen dort dem vom Parlament als neuen König eingesetzten Engländer Harry Lancaster. Karl ist weder durch seine Geliebte Agnes Sorel noch
durch den tapferen Bastard Dunois zum Kampf zu bewegen; er will lieber
auf seinen Thron verzichten. Da erreicht ihn die Nachricht, daß die Engländer
in einer Schlacht bei Orleans zweitausend Mann, die Franzosen aber nicht
einen Mann verloren haben; die Franzosen wurden zum Sieg geführt von
einer behelmten Jungfrau, »wie eine Kriegesgöttin, schön zugleich und
schrecklich anzuschaun«. Johanna erscheint am Hofe Karls und erzählt von
ihrer Berufung: die Heilige Mutter Gottes ist ihr erschienen und hat sie zum
Kampf aufgerufen: »Eine reine Jungfrau vollbringt jedwedes Herrliche auf
Erden, wenn sie der ird'schen Liebe widersteht.« Abermals führt sie die
Franzosen zum Kampf und siegt über die Engländer. Den Herzog von Burgund gewinnt sie für die Sache Frankreichs. Alle Bewerber um ihre Hand
weist sie zurück, da sie ihre Mission nur als Jungfrau erfüllen kann, doch ist
sie auf dem Schlachtfeld im Zweikampf mit dem englischen Feldherrn Lionel
nicht fähig, ihren Gegner zu töten — sie liebt ihn und fühlt, daß sie damit ihr
Gelübde gebrochen hat. So kann sie ihrem Vater nicht antworten, als er sie
bei der Siegesfeier und der Krönung Karls in Reims teuflischer Künste anklagt. Donner scheint die Anklage zu bestätigen, Johanna wird verlassen
und verbannt. Sie gerät in die Gefangenschaft der Königin Isabeau, wird
Lionel gegenübergestellt und widersteht nun allen Versuchungen der irdischen Liebe. Mit Ketten gefesselt, hört sie, daß die Schlacht für die Franzosen
verloren scheint. Ihr Gebet wird erhört: die Ketten fallen von ihr, sie stürmt
in den Kampf und führt die Franzosen zum entscheidenden Sieg. Tödlich verwundet, stirbt Johanna, versöhnt mit dem Volk und dem König, während sie
die Mutter Gottes erblickt, in der Verklärung.

Hinweise: Die historische Jungfrau von Orleans wurde im Mai 1430 von den Engländern gefangen, vor einem geistlichen Gericht als Hexe verklagt und am 30. Mai 1431 in Rouen auf dem Scheiterhaufen verbrannt. 1456 wurde sie in einem Prozeß rehabilitiert und 1920 heiliggesprochen. Auf Prozeß und Scheiterhaufen verzichtet Schiller zugunsten der Verklärung. Sein Drama ist gegen das den Wunderglauben mit Aufklärerspott übergießende Epos ›La pucelle d'Orléans‹ von Voltaire (1757) gerichtet.

Zusammengeklebtes Papiermodell (Aquarell) von Max Brückner für den ersten Akt der ›Jungfrau von Orleans‹ von Schiller zur Aufführung durch das Theater des Herzogs Georg II. von Sachsen-Meiningen, 1884

Einer Jungfrau, die in göttlichem Auftrag die Feinde schlachtet (»Ein Schlachten war's, nicht eine Schlacht zu nennen«), wird man ebenso skeptisch gegenüberstehen wie jeder kriegerischen Macht, die sich auf Gott beruft. Doch so vordergründig wollte Schiller, so romantisch er sich hier gebärdet, seine ›romantische Tragödie‹ nicht verstanden wissen. Sie war für ihn mehr als die rührende und erhabene Geschichte von Johanna, dem Hirtenmädchen und der Schwertjungfrau: sie war für ihn ein Gleichnis für den Zusammenstoß eines als göttlich empfundenen Auftrages mit der realen Welt.

Es geht um die Ordnung der Welt, und daß ihr zerrütteter Zustand durch einen Konflikt zwischen England und Frankreich bildhaft gemacht wird, ist nur eine stoffliche Frage. Beherrscht wird die Welt von Talbot, der nicht als Engländer wichtig ist, sondern als Unterdrücker und Nihilist: »Die einzige Ausbeute, die wir aus dem Kampfe des Lebens wegtragen, ist die Einsicht in das Nichts und herzliche Verachtung alles dessen, was uns erhaben schien und wünschenswert.«

Symbol einer von Gott eingesetzten Ordnung ist der König. Auch dies ist nicht vordergründig monarchistisch zu verstehen, sondern als ideale, gottgewollte Herrschaft der Gerechtigkeit, des Schutzes für die Schwachen, der Treue und der Gnade. Karl wäre dieser ideale Herrscher, versagte er nicht in einem einzigen, doch wesentlichen Punkt: er ist ein unpolitischer Pazifist, immer auf der Flucht in eine geschönte Vergangenheit und in die Poesie; er ist, gefangen von dem utopischen Traum einer ›schuldlos reinen Welt‹, nicht bereit, seinen Ordnungsauftrag in dieser Welt zu erfüllen, die eben alles andere ist als schuldlos und rein.

Johanna dagegen unterwirft sich dem göttlichen Ordnungsauftrag und nimmt alle Schuld auf sich, die mit seiner irdischen Verwirklichung unlösbar verbunden ist. Ihre Jungfräulichkeit ist nur ein Bild für die Reinheit der Idee; ihre Liebe zu Lionel, dem ›Feind‹, nur ein Bild für den Abfall von ihrer Sendung. Indem sie Lionel und jede irdische Rettung ablehnt und sich der Idee vollkommen unterwirft, siegt sie. Sie siegt, indem sie sich opfert. Ihr Schicksal: das Schicksal der reinen Idee in der unreinen Welt. Der Sieg und damit Karls Reich der Gerechtigkeit und der Gnade ist nur durch Johannas Opfertod möglich — insofern ist dieses Stück eine Tragödie. Eine ›romantische‹ Tragödie ist es nicht durch den Stoff, sondern durch die Verklärung der siegenden Idee. Schiller ordnete an: »Der Himmel ist von einem rosichten Schein beleuchtet ... Alle stehen lange in sprachloser Rührung.« Hier wird das Tragische übergeführt in die Legende.

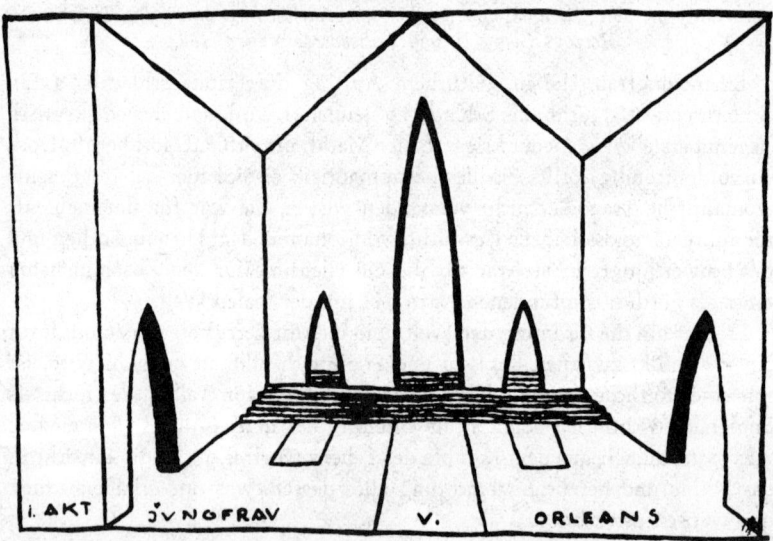

Bühnenbildskizze zu Schillers ›Jungfrau von Orleans‹ (1920) von Theodor C. Pilartz, der, ursprünglich Bildhauer, am Landestheater Darmstadt unter der Leitung von Gustav Hartung (1920–1924) den Schritt vom Jugendstil zum Expressionismus vollzogen hat

Fraglich bleibt, ob sich Schillers Geschichtsphilosophie einem Theaterpublikum aus einer Aufführung der ›Jungfrau von Orleans‹ zwanglos erschließt. Das Stück wurde mißbraucht — am Hoftheater — als doppelter Lob-
gesang auf Patriotismus und Monarchie, oder später als Sprechoper mit
historischer Massen-Show, oder auch als vaterländische Freiheitsfanfare mit
Volkssturmpathos. Gerecht wird ihm allein die poetische Legende.
Andere Fassungen des gleichen Stoffes: Georg Kaiser ›Gilles und Jeanne‹
(1923). G. B. Shaw ›Saint Joan‹ (1924). Bertolt Brecht ›Die Heilige Johanna
der Schlachthöfe‹ (1930). Paul Claudel ›Johanna auf dem Scheiterhaufen‹
(1939), vertont von Arthur Honegger. Maxwell Anderson ›Joan of Lorraine‹
(1946). Jacques Audiberti ›La Pucelle‹ (1950). Bertolt Brecht (nach Anna
Seghers) ›Der Prozeß der Jeanne d'Arc zu Rouen 1431‹ (1952). Jean Anouilh
›Die Lerche‹ (1953). Bertolt Brecht ›Die Gesichte der Simone Machard‹
(1957).

Die Braut von Messina oder Die feindlichen Brüder. ›Ein Trauerspiel mit
Chören‹. Geschrieben 1801/1802. Uraufgeführt am 19. März 1803 in Weimar.
Erste Buchausgabe: 1803.
Wer? Donna Isabella, Fürstin von Messina. Don Manuel, Don Cesar, ihre
Söhne. Beatrice. Diego. Boten. Chor, besteht aus dem Gefolge der Brüder.
Die Ältesten von Messina, reden nicht.
Wo und wann? Messina, Mittelalter.
Was? Donna Isabella, Fürstin von Messina, versucht, ihre verfeindeten
Söhne, Don Manuel und Don Cesar, zu versöhnen. Als ihr dies gelungen
scheint, schickt sie nach Beatrice, ihrer Tochter, die, allen unbekannt, in einem
einsamen Kloster aufgewachsen ist. Dem Gemahl Isabellas nämlich, dem in-
zwischen verstorbenen Fürsten, war vor der Geburt Beatrices durch einen
Araber ein Traum gedeutet worden: Sollte seine Frau eine Tochter gebären,
so werde diese Tochter seine beiden Söhne töten und den ganzen Stamm
vernichten. Der Fürst hatte deshalb befohlen, seine Tochter Beatrice zu töten;
Isabella jedoch hatte Beatrice heimlich in das Kloster bringen lassen. Ein
Mönch deutete einen Traum Isabellas: Ihre Tochter werde die streitenden
Gemüter ihrer Söhne in heißer Liebesglut vereinen. Beide Orakel erfüllen
sich. Die verfeindeten Brüder haben unabhängig voneinander Beatrice kennengelernt und lieben sie, ohne das Geheimnis ihrer Herkunft zu ahnen.
Beide wollen Beatrice heiraten, sie geraten darüber in Streit, und Don Cesar
ersticht Don Manuel. Als er erfährt, daß Beatrice seine Schwester ist, gesteht
er vor seiner Mutter und Beatrice den Brudermord und läßt sich von Mutter
und Schwester nicht davon abbringen, sich an der Bahre des Bruders zu
erstechen.

Hinweise: Schiller, der historischen Dramen überdrüssig, hat den Stoff frei erfunden und nach dem Vorbild des ›Königs Oedipus‹ von Sophokles aufgebaut: der Untergang des Herrschergeschlechtes vollzieht sich an einem Tag, die Handlung ist der Vollzug der Orakel, des in der Vorgeschichte vorherbestimmten Schicksals. Der Chor verkündet:»Noch niemand entfloh dem verhängten Geschick. Und wer sich vermißt, es klüglich zu wenden, der muß es selber erbauend vollenden.« Doch wird der Schicksalsablauf erst durch Don Cesars Charakter ausgelöst, und ihm bleibt die Freiheit des Willens und der sittlichen Entscheidung, wenn auch nur die Freiheit zum Tode:»Der freie Tod nur bricht die Kette des Geschicks.« Die Literaturwissenschaft hat unermüdlich darauf hingewiesen, daß der aus der Antike übernommene und von Schiller aus griechischen, christlichen und maurischen Elementen gemischte Orakelzwang um 1800 nicht mehr lebendig sein konnte und unvereinbar ist mit Schillers Begriffen von Freiheit und Schuld —»Das Leben ist der Güter höchstes nicht, der Übel größtes aber ist die Schuld«, lauten die Schlußverse des Chores — doch hat die Theaterpraxis bei den seltenen Aufführungen gezeigt, daß solche philosophischen Einwände vor der Lebenskraft des dramatischen Aufbaus und vor der Weisheit und Schönheit der Chor-Partien verblassen, zumal wenn das Stück gekürzt, gestrafft und mehr zum Charakterdrama hin mit individualisierten Chören inszeniert wird.

Der Chor, den Schiller als die Vollendung seines Kampfes gegen den Naturalismus auf der Bühne betrachtet, ist nach Schillers Absicht geteilt und im Streit mit sich selbst nur dann,»wo er als wirkliche Person und als blinde Menge mithandelt. Als Chor und als ideale Person ist er immer eins mit sich selbst.« Aber schon Goethe hat im Einverständnis mit Schiller für die Weimarer Uraufführung den Chor in Rollen aufgeteilt. In seinem Vorwort ›Über den Gebrauch des Chors in der Tragödie‹ hat Schiller für dieses hohe ›Kunst-Theater‹ Forderungen vorweggenommen, wie sie Bertolt Brecht im 20. Jahrhundert für das ›epische Theater‹ aufgestellt hat. So blitzt Brechts ›Verfremdungs-Effekt‹, der dem Zuschauer die Vorgänge auf der Bühne so ›fremd‹ macht, daß er aus der Illusion einer vorgetäuschten Wirklichkeit verstoßen und zum Urteil aus kritischem Abstand gezwungen wird, bei Schiller auf: »Denn das Gemüt des Zuschauers soll auch in der heftigsten Passion seine Freiheit behalten; es soll kein Raub der Eindrücke sein, sondern sich immer klar und heiter von den Rührungen scheiden, die es erleidet. Was das gemeine Urteil an dem Chor zu tadeln pflegt, daß er die Täuschung aufhebe, daß er die Gewalt der Affekte breche, das gereicht ihm zu seiner höchsten Empfehlung; denn eben diese blinde Gewalt der Affekte ist es, die der wahre Künstler vermeidet, diese Täuschung ist es, die er zu erregen verschmäht.« Die Freiheit des Zuschauers soll nicht »im Sturm der Affekte verlorengehen«.

SCHILLER: TELL 409

Meinungen: »Die ›Braut von Messina‹ ist gewiß als Drama schwach: ein Gewebe von Zufälligkeiten, das wir als Schicksal empfinden sollen, eine äußerliche Nachahmung der in ihrem Kern nicht verstandenen Antike. Aber die Chöre in diesem Werk gehören zu dem gewaltigsten, das je von der Bühne herab erklungen ist, und in ihrer erschütternden Wirkung sind sie nur dem Herrlichsten zu vergleichen, das uns vom Altertum erhalten blieb«: Paul Ernst. — »Die ›Braut von Messina‹ verdankt ihre Entstehung mehr der Sehnsucht als dem Wesen Schillers ... Fast durchwegs triumphiert die Formulierung über die Gestaltung. Man sieht dem Dichter in die Werkstatt«: Max Christian Feiler. — »Die Unerbittlichkeit des Schicksals (der Ate), die Schiller hier konstruiert hat, wirkt sinnlos durch die Gewaltsamkeit der Voraussetzungen und ihrer Zufälle ... Je abstrakter und puritanischer man das auf die Bühne bringt, desto gefährlicher ist die Wirkung. Das überragend Dichterische liegt in der Sprache und in der Komposition. Je mehr man also (durch Farbe, Dramatik, Feuer) die reine Handlung überspielt, desto leuchtender tritt das Dichterische hervor«: Siegfried Melchinger.

Wilhelm Tell. ›Schauspiel‹. Geschrieben zwischen 1802 und 1804. Uraufgeführt in Weimar am 17. März 1804. Erste Buchausgabe: 1804.

Wer? Hermann Geßler, Reichsvogt in Schwyz und Uri. Werner, Freiherr von Attinghausen, Bannerherr. Ulrich von Rudenz, sein Neffe. Landleute aus Schwyz, darunter Werner Stauffacher. Landleute aus Uri, darunter Walter Fürst, Wilhelm Tell, Pfarrer Rösselmann. Landleute aus Unterwalden, darunter Arnold vom Melchtal, Konrad Baumgarten. Gertrud, Stauffachers Gattin. Hedwig, Tells Gattin, Fürsts Tochter. Walter und Wilhelm, Tells Knaben. Berta von Bruneck, eine reiche Erbin. Johannes Parricida, Herzog von Schwaben.

Wo und wann? Schweiz, Anfang des 14. Jahrhunderts.

Was? Die Vögte des habsburgischen Kaisers unterdrücken die freiheitsliebende Bevölkerung. Sie wird zu Frondiensten an den Zwingburgen herangezogen. Konrad Baumgarten aus Unterwalden flüchtet an den Vierwaldstätter See, von Reitern verfolgt, weil er einen kaiserlichen Vogt, der seine Frau vergewaltigen wollte, mit der Axt erschlagen hat. Wegen eines Unwetters weigert sich der Fischer, ihn an das andere Ufer, nach Schwyz, zu bringen. Wilhelm Tell wagt mit Baumgarten die Überfahrt und rettet ihn. Die Reiter des Landvogts rächen sich an den Hütten und Herden des Volkes.

Geßler, Reichsvogt in Schwyz und Uri, hat in Altdorf einen Hut auf einer Stange aufstellen lassen, dem die Schweizer die gleiche Ehre wie dem Vogt erweisen müssen: wenn sie den Hut nicht mit entblößtem Haupt und gebeugtem Knie grüßen, werden sie an Leib und Gut bestraft.

Im Hause Walter Fürsts in Uri beraten Fürst, Stauffacher aus Schwyz und Melchtal aus Unterwalden. Der geflohene Melchtal erfährt, daß die Folterknechte des Vogts seinem Vater beide Augen ausgestochen haben. Die drei Männer beschwören einen Bund gegen die Tyrannen.

Freiherr von Attinghausen, der den Landadel vertritt, versucht, seinen ehrgeizigen Neffen Ulrich von Rudenz davon abzuhalten, nach Altdorf zur kaiserlichen Herrenburg zu reiten: »Das Haupt zu heißen eines *freien* Volks, das dir aus Liebe nur sich herzlich weiht... *das* sei dein Stolz, *des* Adels rühme dich.« Doch Rudenz verläßt ihn: er wirbt um das reiche Ritterfräulein Berta von Bruneck, das ihn freilich später zu seinem Erstaunen an die Seite seines Volkes verweist.

Vertreter der Kantone Uri, Schwyz und Unterwalden beschließen nachts auf dem Rütli die Vertreibung der Vögte und die Loslösung von Österreich, da der Kaiser ihre Boten nicht empfangen hat. Sie beschwören: »Wir wollen frei sein, wie die Väter waren, eher den Tod, als in der Knechtschaft leben.« Am Christfest soll der Aufstand losbrechen.

Der Einzelgänger Tell, der am Rütli-Schwur nicht teilgenommen hat, ist mit seinem Sohn Walter in Altdorf an dem aufgestellten Hut achtlos vorübergegangen. Der Reichsvogt Geßler mit großem Jagdgefolge verlangt unter Androhung des Todes, daß Tell seinem Sohn auf achtzig Schritt Entfernung mit der Armbrust einen Apfel vom Kopf schießt. Vergeblich bitten ihn Vertreter des Volkes, darunter Walter Fürst, Stauffacher und Melchtal, diese unmenschliche Probe Tell zu erlassen; vergeblich bittet auch Berta und führt Rudenz gegen Geßler eine kühne Rede. Tell trifft den Apfel, und als er von Geßler befragt wird, weshalb er vor dem Meisterschuß seinem Köcher einen zweiten Pfeil entnommen habe, antwortet er offen, dieser Pfeil sei, falls er seinen Sohn getroffen hätte, für Geßler bestimmt gewesen. Geßler läßt Tell gefesselt auf sein Schiff bringen, um ihn außer Landes nach Küßnacht in den Kerker zu schaffen. Das Schiff gerät in einen Sturm; Geßler ist gezwungen, Tell loszubinden und ihm das Steuer anzuvertrauen. Tell steuert das Schiff in die Nähe des Ufers, springt auf eine Felsplatte und stößt das Schiff auf den See zurück.

Nachdem der alte Attinghausen noch gehört, daß die drei Kantone den Aufstand beschworen haben und daß sein Neffe Rudenz auf die Seite seines Volkes zurückgekehrt ist, stirbt er mit der Ermahnung zur Einigkeit: »Kein Ort der Freiheit sei dem andern fremd... Seid einig — einig — einig —«

In der ›Hohlen Gasse bei Küßnacht‹ erwartet Tell den Vogt, erschießt ihn und gibt sich dem sterbenden Geßler, der ihn als Todesschützen vermutet, zu erkennen. Tells Tat löst den Aufstand vorzeitig aus, die Zwingburgen und Schlösser der tyrannischen Vögte werden erstürmt. Überdies trifft die Nachricht ein, daß der Kaiser von seinem Neffen, Herzog Johann von Schwaben, ermordet worden ist. Der Kaisermörder, genannt Johannes Parricida, bittet Tell um Schutz. Tell, der seine Tat als gerechte Notwehr empfindet, nimmt Johannes, den Mörder aus egoistischen Gründen, in sein Haus nicht auf, doch zeigt er ihm den Weg nach Italien, wo er sich dem Papst zu Füßen werfen soll. Die frei gewordenen Schweizer feiern Tell als ihren Erretter. Berta wird Rudenz heiraten, der seine Knechte zu freien Schweizern erklärt.

Hinweise: Als Schiller gestorben war, fand man auf seinem Schreibtisch den Monolog der Marfa, eine Szene aus dem zweiten Akt der Tragödie ›Demetrius‹, von der nur der erste Akt und die ersten drei Szenen des zweiten Aktes vollendet sind. Nach dem Bruchstück und den erhaltenen Entwürfen hätte ›Demetrius‹ wohl den antiken Schicksalszwang mit der freien Entscheidung des Charakterdramas in sich vereinigt — die Tragödie eines Betrogenen, der sich, endlich aufgeklärt über den Betrug, dafür entscheidet, zum Betrüger zu werden. Zwischen den Tragödien ›Demetrius‹ und ›Die Braut von Messina‹ schrieb Schiller, angeregt von Goethe, der den Stoff einige Jahre vorher als Epos behandeln wollte, das Schauspiel ›Wilhelm Tell‹, das schon bei der Weimarer Uraufführung den größten Beifall erhielt und bis heute sein populärstes Stück geblieben ist. Schiller an Iffland, der die Berliner Aufführung herausbrachte: »Ein rechtes Stück für das ganze Publikum, ein Volksstück, das Herz und Sinne interessieren soll. Ich hab' ihn mit Liebe gearbeitet, und was aus dem Herzen kommt, geht zum Herzen.«

Es steht der ›romantischen Tragödie‹, der Legende ›Die Jungfrau von Orleans‹, näher als den beiden zeitlich benachbarten Tragödien: Gott selber ist auf der Seite der Freiheit und auf der Seite Tells, einer legendären Figur, und so wird die Idee der Freiheit ungebrochen verwirklicht. Die Schweizer dürfen ein von Schiller legitimiertes, unsichtbares, aber bindendes »Gott mit uns« im Schilde führen, und dieser Geschichtsoptimismus, extrem entgegengesetzt etwa dem Geschichtspessimismus des ›Wallenstein‹, macht das Schauspiel zum Festspiel und zur Feier.

Börne, Bismarck, Lassalle und viele andere haben die Tötung Geßlers als Meuchelmord verurteilt. Schiller, gezwungen, sich gegen solche voraussehbaren, für ihn gefährlichen Mißverständnisse zu schützen, läßt Tell vor der Tat einen langen Monolog der Selbstrechtfertigung halten, den er »das Beste im ganzen Stück« nannte, und läßt Parricida, den ruchlosen Kaisermörder »aus Impietät und Ehrsucht« auftreten, um gegen ihn Tells Tat als moralisch abzusetzen, um ›die Hauptidee‹ noch einmal klarzulegen: »das Notwendige und Rechtliche der Selbsthilfe in einem streng bestimmten Fall.« Die Diktatoren des 20. Jahrhunderts haben ihre Opfer gelehrt, daß der Tyrannenmord zum ethischen Handgepäck gehört und daß das Attentat, der Meuchelmord, die angemessene Todesart für einen Tyrannen ist, der Menschen und Menschenrechte meuchelt: an Tells sittlichem Recht bestand schon 1870 für Theodor Fontane kein Zweifel mehr; der Auftritt Parricidas, der Tell zu unkünstlerischem Selbstruhm zwingt, ist überflüssig geworden und wird auch meist gestrichen.

Man hat ferner oft getadelt, daß Tell kein politischer Mensch sei, auf dem Rütli nicht mitschwört, daß die Erhebung der Eidgenossen und die Tat des Einzelgängers Tell, diese private Notwehr, begangen für die eigenen Kinder, geistig unverbunden nebeneinanderher laufen. Doch gerade diese Trennung zeugt von Genialität: die Tat, die den Aufstand des Volkes auslöst, kommt von einem einzelnen, und dieser einzelne ist kein ideologischer Täter; er tötet nicht für eine abstrakte, sondern für eine ganz konkrete Freiheit, das heißt: für die Sicherheit seiner Familie — ein Zug, der eher zu Goethe als zu Schiller zu passen scheint, und in der Tat hat Goethe Schiller geraten, Tell von der Verschwörung abzusondern. Den Tell dachte sich Goethe als einen »unbewußt-kindlichen Heldenmenschen . . ., für Weib und Kind sorgend und sich nicht kümmernd, wer Herr oder Knecht sei«.

Für Tells Vereinzelung sprechen auch poetische Gründe: der Held eines politischen Dramas wäre Melchtal, der engagierte, die Widerstandsbewegung vorantreibende Kopf — doch politische Arbeit ist glanzlos; um Tell aber ist der poetische Glanz der Legende, der übernatürlichen Kraft, mit der er Geßlers Schiff auf dem See zurückstößt, und der mythischen Bindung an die uralte Figur des Meisterschützen, der mit einem einzigen Schuß die dramatische Wende bringt — von Homers heimkehrendem Odysseus bis zu den Marshalls der banalsten Wildwestfilme, die ihre Faszination aus diesem Anschluß an erzählerischen Urstoff beziehen.

Wie Tell ein einzelner ist, der sich vor Gott rechtfertigen kann, so besteht das Schweizer Volk aus einzelnen. Wenn sie auch typische Vertreter ihrer Stände sind vom Hirten bis zum Landadel, wenn sie auch zum revolutionären Chor zusammenwachsen, so doch nie zum fanatisierten Kollektiv: der Rütli-Schwur kommt aus gequälten Bauernseelen, ist Ausbruch und nicht schmetternde Rhetorik. Heute unerträglich (und deshalb auch meist auf ein Minimum gestrichen) ist allein Berta, das Edelfräulein, das Liebe, Patriotismus und Besitzfreudigkeit auf eine peinliche Weise huldvoll mischt. Unerträglich stillos wird der Geßler, sobald er vom Schauspieler psychopathologisch aufgefasert, statt als ungebrochene Macht des Bösen hingestellt wird — auch er eine Figur aus einer Legende.

Ursprünglich endete das Schauspiel mit musikalisch untermalten Rufen der Eidgenossen: »Freiheit, Freiheit, Freiheit.« Das letzte vollendete Stück Schil-

Entwurf des Schweizer Bühnenbildners Max Bignens für eine Freilichtaufführung von Schillers ›Wilhelm Tell‹ in Interlaken, 1951

lers gewährt den Menschen, wonach sie in seinem ersten Stück, ›Die Räuber‹, nur geschrien haben: ›Wilhelm Tell‹ ist ein von Gott und der Geschichte gesegneter, ein erfüllter Freiheits-Traum mit einem poetischen Helden, einem ›träumerischen Menschen‹, wie ihn Geßler nennt. Der Regisseur, der sich auf das politische Spiel und den Realismus seiner Charaktere verläßt und dem Stück den traumhaften Glanz der Legende, des Märchens und des Opernhaften nimmt, der bringt es um.

Eine Oper: ›Wilhelm Tell‹ von G. Rossini, 1829.

Goethe: in den besten Jahren

> Ich kenne mich zwar nicht selbst genug, um zu wissen, ob ich eine wahre Tragödie schreiben könnte; ich erschrecke aber bloß vor dem Unternehmen und bin beinahe überzeugt, daß ich mich durch den bloßen Versuch zerstören könnte.
>
> Goethe an Schiller, Weimar, 9. Dezember 1797

Egmont. ›Ein Trauerspiel in fünf Aufzügen‹. Begonnen 1775 in Frankfurt, fortgesetzt 1778 und 1781 in Weimar, beendet 1787 in Italien. Zum erstenmal gedruckt 1788. Uraufgeführt am 9. Januar 1789 in Mainz durch die Koch'sche Truppe. Erste Aufführung in Weimar am 31. März 1791 durch

Bellamo. 1796 bearbeitet Schiller das Stück für das Gastspiel Ifflands in Weimar, 25. April 1796. — Schauspielmusik von Beethoven, 1810.

Wer? Margarete von Parma, Tochter Karls des Fünften, Regentin der Niederlande. Graf Egmont, Prinz von Gaure. Wilhelm von Oranien. Herzog von Alba. Ferdinand, sein natürlicher Sohn. Machiavell, im Dienste der Regentin. Klärchen, Egmonts Geliebte. Brackenburg, ein Bürgerssohn. Bürger von Brüssel.

Wo und wann? Brüssel, um 1568.

Was? Die Niederlande sind von den Spaniern besetzt. Milde und wohlwollende Regentin ist Margarete von Parma, die Tochter Karls V. und Schwester des spanischen Königs Philipp II. Auch ihr Berater Machiavell, ein durch Ironie von der Politik distanzierter Geist, tritt dafür ein, die Niederländer nach ihrer eigenen Verfassung leben zu lassen. Vom Grafen Egmont, gegen den sie religiöse und politische Vorbehalte hat, ist Margarete insgeheim bezaubert. König Philipp, unzufrieden mit Margaretes Regentschaft, schickt den fanatisch strengen und grausamen Herzog Alba mit einem Truppenaufgebot in die Niederlande. Das Volk, seiner alten freiheitlichen Privilegien von den Spaniern beraubt, hofft auf den allseits geliebten Grafen Egmont, der freilich die Größe der Gefahr nicht erkennt, die erregten Gemüter beruhigt und dem Rat Wilhelms von Oranien, mit ihm Brüssel zu verlassen, nicht folgt. Egmont geht zu dem Bürgermädchen Klärchen, das ihn bedingungslos liebt und von dem Bürgerssohn Brackenburg hoffnungslos geliebt wird. Die Regentin verläßt Brüssel, Alba zieht ein und läßt Egmont, den Helden und die Hoffnung des Volkes, verhaften und zum Tode verurteilen. Vergeblich versucht Klärchen, auf den Straßen das Volk zur gewaltsamen Befreiung Egmonts zu begeistern. In ihrer Verzweiflung vergiftet sie sich. Im Gefängnis bekennt sich Ferdinand, der natürliche Sohn Albas, zu Egmont, dem er damit seine innere Sicherheit wiedergibt. In seinem letzten Schlaf vor der Hinrichtung erscheint ihm »die Freiheit in himmlischem Gewande«, sie »hat die Züge von Klärchen«, deutet ihm an, daß sein Tod den Niederländern die Freiheit verschaffen werde, und reicht ihm einen Lorbeerkranz. Egmont wird zur Hinrichtung geführt; seine letzten Worte: »Schützt eure Güter! Und euer Liebstes zu erretten, fallt freudig, wie ich euch ein Beispiel gebe.«

Hinweise: Über den ›Egmont‹, in den Frankfurter Sturm-und-Drang-Jahren begonnen und erst zwölf Jahre später in Italien in Prosa beendet, als die ›Iphigenie‹ schon in Verse umgeschrieben war, urteilte Goethe, es stehe da mehr, wie es sein konnte, als wie es sein sollte. Schiller deckte in seiner Rezension von 1788 die Schwächen der Tragödie auf, ihre ungenutzten Motive, die bloße Aneinanderstellung einzelner Handlungen und Gemälde, in der das ursprünglich geplante Freiheitsdrama untergeht: »Die Einheit dieses Stückes liegt also weder in den Situationen noch in irgendeiner Leidenschaft, sondern sie liegt in dem Menschen.« Dieser Mensch, Egmont, hält als Erscheinung, als Charakter, als Persönlichkeit allein die Szenen zusammen. Zu arglos und zu passiv für einen politischen Freiheitshelden, wirkt er doch wie die personifizierte Freiheit. Goethe sah in ihm »die ungemessene Lebenslust, das grenzenlose Zutrauen zu sich selbst, die Gabe, alle Menschen an sich zu ziehen und so die Gunst des Volkes, die stille Neigung einer Fürstin (Margarete), die ausgesprochene eines Naturmädchens (Klärchen), die Teilnahme eines Staatsklugen (Oranien), ja selbst den Sohn seines größten Widersachers (Ferdinand) für sich einzunehmen«. So kann allein der Darsteller des Egmont, ein reifer Mann mit dem Herzen eines Jünglings, verhindern, daß dieser Bilderbogen in Langeweile ertrinkt.

Goethe hatte als Minister in Weimar politische Erfahrungen gesammelt; er trat für einen von Preußen wie von Österreich unabhängigen Bund der deutschen Fürsten ein, war durch seine einzige Berlin-Reise im Mai 1778 in seiner Abneigung gegen den preußischen Absolutismus bestärkt worden und dürfte, wenn es im ›Egmont‹ von den (anachronistisch im Gleichschritt marschierenden) Spaniern heißt: »Diese Kerle sind wie Maschinen, in denen der Teufel sitzt«, Potsdamer Erinnerungen ausgesprochen haben.

Dennoch ist ›Egmont‹ erst in zweiter Linie das politische Drama, zu dem es Schiller (siehe auch Seite 391) zurechtbiegen wollte: Alba wird mehr von persönlichen Ressentiments gegen Egmont geleitet und Oranien mehr von Freundschaft für Egmont als von der Politik; dem zwischen Mut und Feigheit schwankenden, politisch unreifen Volk ist schließlich die eigene Haut wichtiger als die Freiheit, und selbst für Egmont ist Freiheit kein abstrakter Begriff, sondern nicht zuletzt die schlichte Möglichkeit, Klärchen zu lieben. Schiller nannte die Traumerscheinung der Freiheit in Klärchens Gestalt einen »Salto mortale in eine Opernwelt«, doch ist für Egmont, der ein von seinem ›Dämon‹ getriebener, unberechenbarer Mensch ist und kein Schillerscher Ideenheld, die Freiheit mit dem, was er liebt, mit Klärchen identisch. Gegensätze, die Schiller politisch aufgebaut hätte, führt Goethe aus dem Urgrund von Zuneigung und Abneigung, von Haß und Liebe herauf. ›Egmont‹ ist das Paradox eines Freiheits-Dramas, in dem mehr aus privaten als aus politischen Motiven gehandelt wird, und dies ist in seiner Skepsis gegenüber der Wirkungskraft ›reiner‹, vom Privaten unbeeinflußter Ideale ein höchst realistischer Zug.

Iphigenie auf Tauris. ›Ein Schauspiel‹. Die erste Prosa-Fassung wurde 1779 in Weimar geschrieben und auf der Liebhaberbühne mit Goethe als Orest aufgeführt (siehe auch Seite 388). Die Versfassung wurde 1786 in Karlsbad begonnen und im Dezember in Italien beendet. Uraufführung am 7. Januar 1800 durch das Wiener Burgtheater. Weimarer Aufführung unter alleiniger Regie Schillers (siehe auch Seite 392) am 15. Mai 1802. Erster Druck: 1787. Wer? Iphigenie. Thoas, König der Taurier. Orest. Pylades. Arkas. Wo und wann? Hain vor Dianens Tempel in Taurien. Mythische Vorzeit. Was? Die Griechin Iphigenie ist in dem barbarischen Tauris (heute: Krim) Priesterin der Diana. Sie hat den alten Brauch abgeschafft, daß jeder Fremde der Diana geopfert wird. Als Thoas, der König der Taurier, um sie wirbt, offenbart sie ihm das Geheimnis ihrer Herkunft: sie stammt aus dem fluchbeladenen Geschlecht der Atriden und sollte von ihrem Vater Agamemnon in Aulis geopfert werden, um günstigen Wind für den Kriegszug nach Troja zu erhalten, doch die Göttin Diana hat sie in einer Wolke hierher nach Tauris gebracht. Thoas droht, die Menschenopfer wieder einzuführen, wenn sie ihn abweist. Zwei Fremde sind in Tauris gelandet und sollen den Göttern geopfert werden. Es sind Iphigenies Bruder Orest und sein Freund Pylades, die nach Tauris gekommen sind, weil Apollo geweissagt hat, daß der als Muttermörder verfluchte und mit Wahnsinn geschlagene Orest geheilt werde, wenn er »die Schwester, die an Tauris Ufer im Heiligtume wider Willen« lebt, nach Griechenland zurückbringt. Unter der ›Schwester‹ verstehen Orest und Pylades das Götterbild der Diana, Apollos Schwester, und wollen es aus dem Tempel rauben. Orest und Iphigenie erkennen sich; Iphigenie, die leibliche Schwester, kann Orest von Gewissensqual und Wahnsinn heilen. Sie bereiten ihre Flucht vor und wollen das Götterbild mitnehmen, doch Iphigenie ist unfähig zur Lüge. Auf die Gefahr hin, daß sie, ihr Bruder und Pylades sterben müssen, gibt sie sich Thoas in die Hand und gesteht ihm die Wahrheit. Dianas Standbild bleibt in Tauris, da die ›Schwester‹, die Apollos Spruch gemeint, Iphigenie selber ist. Thoas verzeiht und läßt die Griechen in ihre Heimat zurückkehren.

Hinweise: Die ›Iphigenie auf Tauris‹ des Euripides (siehe auch Seite 67), von dem Goethe den Rohstoff hat, feiert den Triumph griechischer List über die taurischen Barbaren und den Triumph der am Schluß auftretenden Göttin Athena, der sich Thoas unterwirft. Durch den Doppelsinn des Wortes ›Schwester‹, unter dem zunächst fälschlich Diana, dann richtig Iphigenie verstanden wird, geht die lösende und heilende Kraft bei Goethe nicht mehr von einer von außen eingreifenden Göttin, sondern aus dem Inneren Iphigenies aus. Nicht durch Betrug, sondern durch Verzicht auf Betrug wird der Barbar in Thoas überwunden; genauer: erhebt sich Thoas über das, was in ihm barbarisch ist.

Der Familienfluch der Atriden ist bei Goethe nur ein Bild für den immer der Erlösung bedürftigen schuldlos-schuldigen Menschen, und Iphigenie, die einsame Heimatlose, die bittere Anklägerin aus dem Geschlecht des Tantalos, erlöst sich selbst durch Wahrheit und Vertrauen: sie wird ein innerlich freier, befreiender und nun auch die äußere Freiheit gewinnender Mensch.

Goethes ›Iphigenie‹ ist der schöne Traum vom stillen Triumph der Wahrheit und Menschlichkeit über Thoas: den Rückfall in die Barbarei, und über Pylades: die Winkelzüge weltkluger List. Wenn im letzten Akt mit dem Götterbild als Streitobjekt der Mythos verschwindet und Iphigenie nur noch als Schwester und Geliebte bleibt, macht der Realist Goethe deutlich,

Goethes ›Iphigenie‹, gespielt von Clara Ziegler (1844–1909), die von 1868 bis 1874 dem Münchener Hoftheater angehörte, im Residenztheater München, 1872. Bleistiftzeichnung von Ludwig Thiersch

daß Thoas nicht aus abstrakter Humanität Iphigenie ziehen läßt, sondern aus Liebe, dem einfachsten und schwierigsten, dem menschlichsten aller Beweggründe.

Die wilde Kraft der Gefühle gibt den kühlen und klaren Versen ihre Tiefe und ihre Wahrhaftigkeit; diese Verse vereinen das scheinbar Unvereinbare: Leid und Schönheit.

Torquato Tasso. ›Ein Schauspiel in fünf Aufzügen‹. Begonnen 1780/1781; abgeschlossen nach der Italienreise 1788/1789. Uraufgeführt am 16. Februar 1807 in Weimar in einer von Goethe um rund 700 Verse gekürzten Fassung, in der Tasso sympathischer, weniger pathologisch erscheint. Erster Druck 1790.

Wer? Alphons der Zweite, Herzog von Ferrara. Leonore von Este, Schwester des Herzogs. Leonore Sanvitale, Gräfin von Scandiano. Torquato Tasso. Antonio Montecatino, Staatssekretär.

Wo und wann? Auf Belriguardo, einem Lustschloß. Zweite Hälfte des 16. Jahrhunderts.

Was? Der Dichter Torquato Tasso (1549 bis 1594) lebt als Gast des Herzogs von Ferrara und dessen Schwester Leonore auf dem Lustschloß Bel-

Stilbühne für Goethes ›Torquato Tasso‹, entworfen 1912 von Kurt Kempin für das Darmstädter Hoftheater. In Darmstadt, einer der Hochburgen des Jugendstils, bahnte sich schon kurz nach der Jahrhundertwende die Abkehr von der illusionistischen Kulissenbühne an. Von 1897 bis 1921 leitete hier Kempin das Ausstattungswesen; er verwendete plastische Dekorationsteile und Elemente des Jugendstils, aus dem der Expressionismus hervorgegangen ist

riguardo, wo er sein Epos ›Das befreite Jerusalem‹ beendet. Prinzessin Leonore, für die er eine leidenschaftliche Zuneigung empfindet, krönt ihn mit dem Lorbeer. Der leicht verletzliche Tasso sieht sich durch den Staatssekretär Antonio, der gerade von einer erfolgreichen diplomatischen Mission aus Rom zurückgekehrt ist und den Dichter Ariost rühmt, herabgesetzt. Auf Wunsch der Prinzessin bietet er Antonio dennoch seine Freundschaft an, freilich so ungeschickt, daß sich daraus ein Streit entwickelt, in dem Tasso seinen Degen gegen Antonio zieht. Der Herzog verhängt über Tasso Zimmerarrest, tadelt jedoch auch den weltklügeren Antonio, der seine Schuld einsieht. Der eingesperrte Tasso verfällt einem tiefen Mißtrauen gegen seine Freunde und das höfische Leben. Die Gräfin Santivale, eine Freundin des Hauses, die Tasso gerne an ihren Hof nach Florenz nähme, versucht zu vermitteln, und Antonio geht zu Tasso, überbringt ihm die Verzeihung des Herzogs und schließt mit ihm Frieden. Tasso ist dennoch entschlossen, den Hof zu verlassen, und wird beim Abschied von seiner Liebe zu Prinzessin Leonore derart überwältigt, daß er sie umarmt. Leonore stößt ihn zurück, der Herzog, Leonore und die Gräfin Santivale reisen von Belriguardo ab. Der schwer leidende Tasso findet Erlösung in der Kunst — »Und wenn der Mensch in seiner Qual verstummt, / Gab mir ein Gott, zu sagen wie ich leide« — und sucht einen Halt an Antonio: »Zerbrochen ist das Steuer, und es kracht / Das Schiff an allen Seiten. Berstend reißt / Der Boden unter meinen Füßen auf! Ich fasse dich mit beiden Armen an! So klammert sich der Schiffer endlich noch / Am Felsen fest, an dem er scheitern sollte.«

Hinweise: Das persönlichste Schauspiel Goethes: »Bein von meinem Bein und Fleisch von meinem Fleisch.« Als der Einunddreißigjährige den ›Tasso‹ begann — »Ich hatte das Leben Tassos, ich hatte mein eigenes Leben, und indem ich zwei so wunderliche Figuren mit ihren Eigenheiten zusammenwarf, entstand mir das Bild des Tasso, dem ich als prosaischen Kontrast den Antonio entgegenstellte« — stand ihm der leidenschaftliche, chaotische Tasso, ein »gesteigerter Werther«, wie ihn ein französischer Kritiker zur Zufriedenheit Goethes später genannt hat, am nächsten; als der vierzigjährige Goethe die Dichtung vollendete, hatte er nach seiner aus Verzweiflung angetretenen Flucht aus Weimar nach Italien seinen Frieden mit der Weimarer Aristokratie gemacht, war er Frau von Stein, von der sich Züge in der Leonore finden, ferner, und Antonio, dem ›prosaischen Kontrast‹ Tassos, der nun krankhafter erscheinen mußte, nähergerückt. Für Goethe war ›Torquato Tasso‹ mehr noch als viele andere seiner Dichtungen ein Akt der Selbstbefreiung durch Selbstdarstellung in zwei entgegengesetzten Gestalten: in Tasso, dem Genie, das, übersensibel, mißtrauisch, überwältigt von sich selbst und am Rande der Selbstvernichtung, immer in einer Gesellschaft der Formen und der Form scheitern muß, sogar dann, wenn sich diese Gesellschaft liebevoll um ihn bemüht, und in Antonio, der, obwohl durchaus nicht unverletzlich, doch immer wieder zu den Formen findet und sie beherrscht, indem er sich beherrscht.

Beide haben recht: das Genie, das seinen eigenen Gesetzen folgen muß, und der Staatsmann, der Unterordnung unter die Gesetze der Gesellschaft fordert. Ihr Konflikt ist unlösbar, darum muß einer der beiden zerbrechen: der leichter Verwundbare, Tasso. Die Gräfin Sanvitale: »Zwei Männer sind's, ich hab es lang gefühlt, die darum Feinde sind, weil die Natur nicht *einen* Mann aus ihnen formen konnte.« Goethe war dieser *eine* Mann: Tasso, die ›Welle‹, und Antonio, der ›Fels‹. Es war ihm möglich, auch ›Antonio‹ zu sein, weil ihm ein Gott gegeben, in der Dichtung zu sagen, wie er als ›Tasso‹ gelitten hat.

Meinungen:»Was sagen Sie zu Goethes Tasso? Mir mißfällt er tout uni-ment. Warum gibt er dem kleinlichen stolzen großmüthelnden Antonio diese

Superiorität über den Zögling der Muse und der Grazie?«: Graf Stolberg in einem Brief an Jacobi. — »Da ist der ganze Göthe darin mit aller seiner Größe und aller seiner Niedrigkeit«: Börne. — »Keine der handelnden Personen ist so geschildert, daß man ihr Wohl und Wehe zu dem seinigen mache könnte«: A. W. Schlegel. — »Es will uns scheinen, als ob Goethe mit dem ›Tasso‹ die ro-mantische Gefahr der eignen Seele gebannt hat, über der geisterhaften Musik der Phantasie die festgegründete Erde und ihre irdischen Ordnun-gen und Formen zu verlieren«: Benno von Wiese. — »Ein doppelter Kampf findet hier seinen Ab-schluß: ein Kampf zweier Seelen in derselben Brust (nämlich der Phantasieseele und der Erkenntnis-seele, der Wunschseele und der Pflichtseele) und ein Kampf der einen (nämlich der Phantasieseele) um ihre Bestätigung im Umfangen und Halten der ewigen Schönheit, durch den beseligenden Zau-ber gestillten Anschauens und Verharrens—Tassos Liebe zur Prinzessin«: K. H. Ruppel. — »Goethe, der sich durch den ›Tasso‹ so sublim bekannte wie nirgend sonst, erkannte sich im Prozeß dieser Konfession. So stellte er sich unter das Gesetz der Selbstbeschränkung, an welchem Tasso zer-schellt«: G. F. Hering.

Goethes ›Torquato Tasso‹, gespielt von Pius Alexan-der Wolff, (1784–1828), dem Lieblingsschüler Goe-thes, am Berliner Hof-theater, 30. Mai 1816. Ra-dierung von Thiele nach einer Zeichnung von Stürmer

Faust. ›Eine Tragödie‹. Geschrieben von 1773 bis 1775: ›Urfaust‹ (siehe auch Seite 357); von 1788 bis 1790: ›Faust, ein Fragment‹; von 1797 bis 1807 — von Schiller ermutigt und beraten — ›Faust. Eine Tragödie‹; von 1825 bis 1832: ›Faust, der Tragödie zweiter Teil in fünf Akten‹ (vollendet im Sommer 1831) erscheint nach Goethes Tod als Band 1 seiner nachgelassenen Werke.

›Wozu der Lärm? Was steht dem Herrn zu Diensten?‹: aus der ersten Faust-Auf-
führung 1819, der Privataufführung einiger Szenen aus Faust I in Berlin unter
Leitung des Fürsten Radziwill, mit dem Herzog Karl von Mecklenburg-Strelitz,
Bruder der Königin Luise, als Mephisto und Pius Alexander Wolff als Faust. Litho-
graphie von Hermann Eichens nach einer Zeichnung von C. Schulz,
veröffentlicht 1835.

Aufführungen: 1819 Privataufführung einiger Szenen aus Faust I in Berlin
unter Leitung des Fürsten Radziwill; 1829 Erstaufführung des Faust I in
Braunschweig am 19. Januar; 1829 Faust I in Weimar am 28. August,
Goethe besucht diese Aufführung nicht; 1854, am 4. April, Erstaufführung
des auf ein Fünftel gestrichenen Faust II in Hamburg; 1876 erste Aufführung
von Faust I und II durch Otto Devrient am Hoftheater in Weimar, am 6. und
7. Mai.

Aus praktischen Gründen, um den ›Faust‹ durchschaubarer zu machen,
wird er im folgenden in zusammenhängende Portionen zerlegt: ›Das Spiel‹,
›Das Mysterium‹, ›Die Tragödie‹, ›Kleine und große Welt‹.

»Das Spiel.« Drei Personen bestreiten das ›Vorspiel auf dem Theater‹.
Der ›Direktor‹ ist gewillt, »der Menge zu behagen«, und weiß doch, daß er,
um die Kassen zu füllen, den Dichter braucht. Der ›Theaterdichter‹ ist, streng
genommen, kein Theaterdichter, sondern nur ein Dichter, weil es ihn vorm
Publikum schaudert und weil er mehr an die Nachwelt als an den Augenblick denkt, in dem allein das Theater sich verwirklicht. Die ›Lustige Person‹,

ein Nachfahre des Arlecchino, vertritt das reine Theater, das als Commedia dell'arte auch ohne Dichter ausgekommen ist, und will vor allem der Mitwelt Spaß machen. Goethe hat als Dichter des ›Faust‹ sozusagen diese drei Rollen gleichzeitig gespielt: den Dichter, der sich und möglicherweise der Nachwelt zum Vergnügen vor sich hin dichtet, ohne an den Augenblick des Theaters und sein nur begrenzt aufnahmefähiges Publikum zu denken; die Lustige Person, die ihre unvergänglichen Späße um des Spasses willen macht, daneben aber auch sich im Augenblick, in aktuellen parodistischen Anspielungen, so sehr verschwendet, daß sie von der Nachwelt nur noch mit historischen Erläuterungen verstanden werden kann; schließlich den Theaterdirektor, der die beiden andern immer wieder zur Ordnung ruft, zum Bühnen-Bündnis, zum Blick auf das Publikum. Als Direktor war der dichtende Goethe am wenigsten erfolgreich, als Dichter und Lustige Person ist er sich selbst und seiner Aufsicht davongelaufen, und es ist eine Dichtung von rund fünfhundert Druckseiten, von genau 12 111 Versen entstanden. Goethe glaubte nicht, daß man sie aufführen könne, und schrieb dem Theaterdirektor August Klingemann, der den ersten Teil des ›Faust‹ am 19. Januar 1829 in Braunschweig aufführte: »Machen Sie mit meinem Faust, was Sie wollen!«

Von der Dichtung ›Faust‹, die ganze Gelehrtengenerationen mit Nahrung für ganze Bibliotheken von erklärenden und deutenden Werken versorgt hat, kann hier nur am Rande die Rede sein: schon das Anblättern eines Buches über ›Faust‹ fordert ein neues Buch über den gleichen Gegenstand heraus. Das Theater hat es mit dem Stück ›Faust‹ zu tun: mit dem, was dem Publikum im Augenblick des Anschauens faßbar und fühlbar werden kann; mit dem, was ein kluger und inspirierter ›Direktor‹ aus der zum Lesen bestimmten Dichtung herauslöst. Daß der ›Faust‹ nicht als unaufführbare Dichtung gilt, sondern als das gewaltigste deutsche Bühnenstück, ist für das 20. Jahrhundert das Verdienst von Gustaf Gründgens, vor allem seiner Inszenierung des ersten Teils im Jahre 1957 und des zweiten Teils im folgenden Jahr am Hamburger Schauspielhaus.

In Hamburg entwickelte Gründgens das gesamte Stück aus dem ›Vorspiel auf dem Theater‹: auf dem Spielgerüst einer Wandertruppe diskutieren der Theaterdichter, der nachher die Rolle des Faust übernimmt, die Lustige Person, der Harlekin, der nachher den Mephisto spielt, und der Direktor, der sich einen Bart umbinden, eine Leiter besteigen und ›der Herr‹ sein wird, umgeben von bunten, geflügelten Erzengeln, Bildern einer naiven Frömmigkeit. Bis zum Ende des zweiten Teils wird auf diese Weise der Charakter des Spiels gewahrt: jeglicher Guckkasten-Illusionismus, der notwendig hinter den Visionen Goethes zurückbleiben muß, entfällt, und das Wort erhält seine die Vision gebärende Zauberkraft zurück. So schließt das Vorspiel, indem es

Das erste Gretchen der ersten öffentlichen Faust-Aufführung: Wilhelmine Berger,
geborene Pichler (1805—1837), war nicht ganz vierundzwanzig Jahre alt, als sie bei
der Erstaufführung des Faust I am Hoftheater in Braunschweig das Gretchen spielte.
Ölgemälde von Carl Tunica

die Dichtung als Spiel einer Wandertruppe auf die Bretter herunterholt, den
gesamten ›Faust‹ auf und stimmt in den ungeheuren shakespearenahen
Humor ein, den es bei Goethe nur hier gibt und der seinen ›Faust‹ über alles
erhebt, was die Weimarer Klassik hervorgebracht hat.

»Das Mysterium.« Goethe hat zu Eckermann unmutig gesagt: »Da kommen sie und fragen: welche Idee ich in meinem Faust zu verkörpern gesucht?
— Als ob ich das selber wüßte und aussprechen könnte! . . . Es hätte auch in
der Tat ein schönes Ding werden müssen, wenn ich ein so reiches, buntes,

und so höchst mannigfaltiges Leben, wie ich es im Faust zur Anschauung gebracht, auf die magere Schnur einer einzigen durchgehenden Idee hätte reihen wollen!« Und, bei anderer Gelegenheit:»Der Faust ist doch ganz etwas Incommensurabeles, und alle Versuche, ihn dem Verstand näherzubringen, sind vergeblich.«

Dennoch ist das reiche Leben Fausts umschlossen von Szenen, die eine mit dem Verstande zu fassende Grundidee offenbaren, und Schiller ist nicht müde geworden, Goethe an ein herauszuarbeitendes Hauptmotiv zu erinnern: »Kurz, die Anforderungen des ›Faust‹ sind zugleich philosophisch und poetisch, und Sie mögen sich wenden, wie Sie wollen, so wird Ihnen die Natur des Gegenstandes eine philosophische Behandlung auflegen, und die Einbildungskraft wird sich zum Dienst einer Vernunftidee bequemen müssen.«

Diese Vernunftidee wird Handlung im ›Prolog im Himmel‹ durch die ›Wette‹ um Faust, die Mephistopheles dem Herrn anträgt. Es ist keine echte Wette: mit dem Herrn kann niemand, auch Mephisto nicht, wetten, und der Herr ist entschlossen, seinen ›Knecht‹ Faust, der ihm jetzt nur verworren dient, »bald in die Klarheit« zu führen. Wenn er Mephisto erlaubt, Faust, solange er auf der Erde lebt, zu verführen, von seinem ›Urquell‹ abzuziehen, so nur um den Teufel zu beschämen — der Herr verkündet: »Es irrt der Mensch, solang er strebt« und »Ein guter Mensch, in seinem dunklen Drange, ist sich des rechten Weges wohl bewußt«. Mephisto ist kein ebenbürtiger Gegner des Herrn: er ist nicht frei in seinen Taten, er darf »nur frei erscheinen«. Für den Herrn ist er nicht mehr als ein ›Schalk‹, der mit seiner Erlaubnis die zur Faulheit neigenden Menschen aufreizen mag.

Bei dieser jenseitigen Rangordnung ist der Ausgang schon am Anfang klar: Faust wird, wozu ihn auch Mephisto verführen mag, in das Reich des Herrn eingehen. In der vorletzten Szene, der ›Grablegung‹, versucht Mephisto, während sich der ›greuliche Höllenrachen‹ auftut, mit seinen ›Dickteufeln‹ und ›Dürrteufeln‹ die Seele des gestorbenen Faust an sich zu reißen, doch himmlische Heerscharen, rosenstreuende Engel vertreiben die Satansscharen, und der lüsterne Mephisto vergafft sich in die Engel, ›die allerliebsten Jungen‹, die ›Faustens Unsterbliches‹ entführen. Mephisto bleibt in dieser Szene, in der noch das saftig Obszöne im Dienste des Heiligen steht, als geprellter Teufel zurück: »Die hohe Seele, die sich mir verpfändet, die haben sie mir pfiffig weggepascht.«

In ›Bergschluchten‹, der letzten Szene, sprechen die Engel, ›Faustens Unsterbliches tragend‹, die Schlüsselverse der ›Vernunftidee‹: »Wer immer strebend sich bemüht, den können wir erlösen! Und hat an ihm die Liebe gar von oben teilgenommen, begegnet ihm die selige Schar mit herzlichem

Erscheinung des Erdgeistes in Faust I. Handzeichnung von Goethe

Willkommen.« Die Liebe von oben: die Gnade des Herrn, die hier bildhaft wird durch die ›Himmelskönigin‹, die ›Mater gloriosa‹, die Muttergottes. »Die eine Büßerin, sonst Gretchen genannt«, bittet für Faust, den ›frühe Geliebten‹, und der ›Chorus mysticus‹ spricht die Schluß-Verse: »Das Ewigweibliche zieht uns hinan.« Das Ewigweibliche: die ewige Liebe.

Der Kritiker Alfred Kerr hat die ›Vernunftidee‹ kurz und schnoddrig formuliert: »Was ist hier das Kerndrama? Es sind zwei Kerndramen. Erstens (aufs einfachste gebracht): in der verwirrenden Welt, voll von Roheit, Mühsal, Schönheit — arbeiten und nicht verzweifeln. Der andere Kern: die Liebe ist das Größeste.« Die Liebe freilich auch des Herrn: die Gnade.

Insofern ist der ›Faust‹ keine Tragödie, sondern ein Mysterienspiel, seiner Form nach das letzte große barocke Drama in Deutschland. Anders als es der Direktor im Vorspiel angekündigt, führt das Drama nicht »vom Himmel durch die Welt zur Hölle«, sondern zum Himmel, in die Verklärung des gescheiterten Faust, der weder gebeichtet, noch gebüßt hat. ›Tragödie‹ ist ›Faust‹ nur innerhalb dieser überirdischen Handlung, von seinem ersten Monolog bis zu seinem Tod.

»Die Tragödie.« Sie entwickelt sich aus dem Pakt, den Faust mit dem Teufel Mephistopheles schließt. In der ersten Szene, ›Nacht‹, verzweifelt Faust im Studierzimmer an den Grenzen der Wissenschaften; im ›Zeichen des Makrokosmos‹ im Buch des Magiers Nostradamus glaubt er, die Gesetze der harmonisch wirkenden Natur zu erkennen, durch den Schein zum Sein vorzudringen, doch bleibt ihm dies Zeichen schließlich doch nur Schein; ein Schauspiel. Er beschwört den ›Erdgeist‹, der ihn als ›Übermenschen‹ verspottet und ihn in seine Grenzen zurückweist: »Du gleichst dem Geist, den du begreifst, nicht mir!« Fausts Famulus Wagner tritt lerneifrig und borniert dazwischen, wird von Faust verspottet, der, wieder allein, durch die Osterglocken und den Chor der Engel »Christ ist erstanden!« vom Selbstmord zurückgehalten wird: nicht durch die christliche Botschaft, wohl aber durch die Erinnerung an seine Jugend, an die Zeit, da diese Botschaft ihn noch zum Gebet geführt hat. — ›Vor dem Tor‹, in der Idylle der Osterspaziergänger, offenbart Faust dem Famulus Wagner seinen sinnlichen und seinen geistigen Durst: »Zwei Seelen wohnen, ach! in meiner Brust, die eine will sich von der andern trennen: die eine hält in derber Liebeslust sich an die Welt mit klammernden Organen; die andre hebt gewaltsam sich vom Dunst zu den Gefilden hoher Ahnen.« Ein seltsamer schwarzer Pudel schließt sich ihnen an. — Im ›Studierzimmer‹ übersetzt Faust den Anfang des Johannes-Evangeliums, verwirft die Übersetzung »Im Anfang war das Wort!« zugunsten der seiner Verzweiflung am Wort entsprechenden Formel: »Im Anfang war die Tat!« Der störende Pudel, von Faust magisch bedrängt,

wird zu Mephisto im Gewande eines fahrenden Schülers, der sich vorstellt
als »ein Teil von jener Kraft, die stets das Böse will, und stets das Gute
schafft«, als »der Geist, der stets verneint«. Faust schlägt ihm einen Pakt
vor; Mephisto schläfert ihn ein, befreit sich von Fausts magischem Bann
und erscheint dann als Junker wieder. Faust verflucht sein irdisches Leben,
Hoffnung, Glaube und Geduld. Mephisto bietet ihm an, ihm auf Erden zu
dienen, wenn Faust sich verpflichtet, im Jenseits der Diener Mephistos zu
werden. Faust, unbekümmert um ›das Drüben‹, stellt die Bedingung:
»Kannst du mich schmeichelnd je belügen, daß ich mir selbst gefallen mag,
kannst du mich mit Genuß betrügen: das sei für mich der letzte Tag! ...
Werd ich zum Augenblicke sagen: Verweile doch! du bist so schön! Dann
magst du mich in Fesseln schlagen, dann will ich gern zugrunde gehn!«

Nüchtern ausgedrückt, wird damit der Termin für Fausts Tod festgesetzt:
er muß sterben und Mephistos Diener werden, sobald er mit der menschlichen Begrenztheit, die er haßt, zufrieden ist; sobald er sich selbst gefällt
und, sei er auch nur durch Genuß betrogen, den irdischen Augenblick, das
menschliche Dasein, als schön empfindet. Der Pakt, von dessen genauer
schriftlicher Formulierung man nichts erfährt, wird von Faust mit Blut
unterschrieben. Faust verlangt nun nach den ›Tiefen der Sinnlichkeit‹:
»Stürzen wir uns in das Rauschen der Zeit, ins Rollen der Begebenheit!«

*Des Pudels Kern: August Heigel (1792–1849), Schauspieler am Münchener Hof-
theater von 1824 bis zu seinem Tod in der Isar, als Mephisto. Zeitgenössische
Karikatur von Josef Petzl, München*

und Mephisto verspricht ihm »die kleine, dann die große Welt«, nachdem er in einer geistreichen Episode im Gewande Fausts einen Schüler, der wie eine Parodie auf Fausts Prometheus-Drang wirkt, und die Universitäten verspottet hat.

Die nun folgenden Szenen des ersten und des zweiten Teils bringen die Fahrt durch die kleine und die große Welt. Sie sind von einem solchen Reichtum an Gedanken, Witz und Poesie, daß sie sich, nach Goethes Worten, in der Tat nicht »auf die magere Schnur einer einzigen durchgehenden Idee« reihen lassen, doch bestätigen sie, was von Anfang an klar ist: Faust, der irrende Knecht des Herrn, kann den Pakt nicht verlieren: nie ist er zufrieden mit sich, mit dem Genuß, mit dem irdischen Augenblick. Und Mephisto hält den Pakt nicht ein: nie verschafft er Faust das, was Faust eigentlich will; immer versucht er, Faust statt dessen mit niedrigeren Genüssen zu betrügen und in schwere Schuld zu verstricken.

Die viertletzte Szene des zweiten Teils, ›Großer Vorhof des Palastes‹, bringt den Tod Fausts und damit die Entscheidung über den Pakt. Faust, durch die ›Sorge‹ erblindet, will einen Sumpf trockenlegen, kolonisieren, doch die Arbeiter, die er zu hören glaubt, sind Mephistos Lemuren, die für Faust das Grab schaufeln. Das Geklirr der Spaten, das den blinden Faust ergötzt, bringt ihn dem Tode näher, nicht jedoch seiner Vision von einem freien Volke auf neugewonnenem freien Grund. In diesem Augenblick bescheidet sich Faust mit der Erde und mit seinen menschlichen Grenzen und erkennt als der Weisheit letzten Schluß: »Nur der verdient sich Freiheit wie das Leben, der täglich sie erobern muß!« Könnte Faust das Gewimmel des freien Volkes auf dem eroberten Neuland tatsächlich sehen, »zum Augenblicke dürft ich sagen: ›Verweile doch, du bist so schön! Es kann die Spur von meinen Erdetagen nicht in Äonen untergehn.‹ — Im Vorgefühl von solchem hohem Glück genieß ich jetzt den höchsten Augenblick.« Damit stirbt Faust: der höchste Augenblick war für ihn nur das Vorgefühl eines tüchtigen, stets gefährdeten Lebens innerhalb der den Menschen gesetzten Grenzen. Er erlebt diesen Augenblick trotz Mephisto, der ihn bis zum letzten Atemzug betrügt: er erlebt ihn nur in der Vision. In der Realität ist er, umgeben von schaufelnden, höllischen Totengräbern, gescheitert, und sein »Verweile doch . . .«, das er sagen ›dürfte‹, gilt einem nur ›im Vorgefühl‹ erreichten Ziel.

Goethe hat viele Fassungen verworfen und lange an dieser Auflösung gearbeitet, die Mephisto den Pakt ›nur halb‹, nämlich nur in der Vision Fausts, gewinnen läßt. In der Realität sind beide gescheitert: Faust, der durch den Pakt nicht erreicht, was er will, und Mephisto, der Faust die Erfüllung nur durch Betrug vorspiegeln kann. Doch hat Faust den höchsten Augenblick

Faust auf der Mysterienbühne: Prolog im Himmel mit drei Erzengeln und Mephisto-
pheles. Leipziger Wiederholung (um 1877) der ersten Aufführung des ersten und
zweiten Teils durch Otto Devrient auf dem Hoftheater in Weimar, Premiere am
24. Mai 1876. Zeitgenössischer Holzstich

durch Mephisto immerhin in der Vision erreicht — Mephisto, den der Herr hat gewähren lassen, bleibt auch hier »ein Teil von jener Kraft, die stets das Böse will, und stets das Gute schafft«. Das Gute: trotz Mephisto und durch Mephisto hat Faust geistig die gesuchte Erfüllung gefunden.

Mit der folgenden Szene, ›Grablegung‹, von der schon die Rede war, mündet die Tragödie des titanischen, über seine Grenzen hinausgreifenden Geistes in das Mysterium der Verklärung, der weiteren Verwandlungen nach dem Tode. Es folgt die Gnade Gottes — die Gnade Goethes: sein dramatisches Werk kreist von Goetz bis Faust, von Clavigo bis Tasso, von Ferdinand in ›Stella‹ bis Egmont um fehlbare und fehlende, um schwache und scheiternde Menschen, die, unabhängig von einer abstrakten sittlichen Idee, schließlich vom Erbarmen und von der Gnade ihres Schöpfers getroffen werden. »Das Unzulängliche, hier wirds Ereignis«: der Gnade. Diese Begnadigung des Unzulänglichen entfernt Goethe von Schiller, bei dem die Verklärung stets philosophisch-ideologisch gerechtfertigt wird, und rückt ihn in die Nachbarschaft Shakespeares.

»Kleine und große Welt.« Sie entfalten sich innerhalb der umfassenden Schalen des Spiels (auf der Bühne), des Mysteriums (im Himmel), der Tragödie (auf der Erde) zwischen dem eingegangenen und dem aufgelösten Pakt in einer Überfülle von Szenen, die nicht an der durchgehenden ›Vernunftidee‹ gemessen, sondern in ihrem Reichtum genossen werden wollen. Für sie gilt Goethes Empfehlung für die wunderlichen Deutschen, die sich »durch ihre tiefen Gedanken und Ideen, die sie überall suchen und überall hineinlegen, das Leben schwerer als billig« machen: »Ei! so habt doch endlich einmal die Courage, Euch den Eindrücken hinzugeben, Euch ergötzen zu lassen, Euch rühren zu lassen, Euch erheben zu lassen, ja Euch belehren und zu etwas Großem entflammen und ermutigen zu lassen; aber denkt nur nicht immer, es wäre alles eitel, wenn es nicht irgend abstrakter Gedanke und Idee wäre!« So seien diese unausschöpfbaren Szenen nur skizziert.

Die Fahrt durch die ›kleine Welt‹ beginnt ganz unten, im billigsten Vergnügen, in ›Auerbachs Keller in Leipzig‹ bei saufenden Studenten, die von Mephisto durch Weinzaubereien gefoppt und erschreckt werden. In der ›Hexenküche‹ wird Faust durch die schöne Helena, die er im Zauberspiegel erblickt, in Bann geschlagen und durch einen Zaubertrunk verjüngt und liebestoll gemacht. Als er auf der ›Straße‹ Margarete (Gretchen) sieht, verlangt er von Mephisto, daß er ihm ›die Dirne‹ verschaffe. ›Abend‹ in Gretchens Zimmer: während sie abwesend ist, zögert Faust, gerührt von der Reinheit dieser Mädchenstube, Gretchen zu verführen, doch Mephisto stellt ein Kästchen mit Schmuck in ihren Schrein. Als die beiden das Zimmer verlassen haben, findet Gretchen den Schmuck, nimmt an, er sei ein Pfand ihrer

Mutter, und legt ihn an. Beim ›Spaziergang‹ erfährt Faust, daß Gretchen den Schmuck der Kirche übergeben hat, und verlangt von Mephisto neues Geschmeide. In ›Der Nachbarin Haus‹ zeigt Gretchen Frau Marthe Schwerdtlein den neuen Schmuck und erhält den Rat, ihn hier, bei der Nachbarin, heimlich zu tragen. Mephisto überbringt Frau Marthe die von ihr ersehnte (und von ihm erlogene) Nachricht, ihr Mann sei in der Fremde gestorben. Unter dem Vorwand, einen zweiten Zeugen herbeizuschaffen, vereinbart er mit Marthe ein Treffen im Garten. Auf der ›Straße‹ ist Faust sofort bereit, als falscher Zeuge aufzutreten, wenn er nur Gretchen, die er ›von Herzen‹ liebt, wiedersieht.

Faust im Biedermeier: Mephisto und Frau Marthe, gezeichnet von Carl Spitzweg (1808–1885)

Im ›Garten‹ hofiert Mephisto mit sanfter Ironie Frau Marthe und hat alle Mühe, ihre kaum verhüllten Anträge höflich abzuweisen; Gretchen zupft die Blätter einer Sternblume ab und verrät damit, wie sehr sie Faust liebt. Die beiden küssen sich im ›Gartenhäuschen‹. In ›Wald und Höhle‹ ahnt der von Mephisto verspottete, zwischen Gier und Liebe schwankende Faust, daß er Gretchen Unglück bringen wird. In ›Gretchens Stube‹ singt Gretchen am Spinnrad: »Meine Ruh ist hin, mein Herz ist schwer...« In ›Marthens Garten‹ fragt Gretchen nach Fausts Religion und ahnt, daß er wohl gläubig, doch kein Christ ist. Vor Mephisto schaudert sie. Ihre Kammer will sie für Faust offenlassen, doch hat sie Angst vor ihrer Mutter; Faust gibt ihr ein Fläschchen mit einem Schlaftrunk. ›Am Brunnen‹ zieht Lieschen über ein Mädchen her, das ein Kind erwartet und von ihrem Geliebten verlassen worden ist; Gretchen kann nicht mitschmähen: »Und bin nun selbst der Sünde bloß!« Am ›Zwinger‹ betet Gretchen vor einem Andachtsbild der Mater dolorosa: »Ach, neige, Du Schmerzensreiche,

Faust in der französischen Romantik: die Kerker-
Szene des ersten Teils; Faust: ›Besinne dich doch!
Nur Einen Schritt, so bist du frei‹. Lithographie
von Eugène Delaxcroix (1798–1863.)

Dein Antlitz gnädig meiner Not . . .« Der Soldat Valentin, Gretchens Bruder, klagt auf der Straße vor Gretchens Tür — es ist ›Nacht‹—, daß seine Schwester ihren guten Ruf verloren ·hat. Mephisto ficht mit ihm, lähmt ihm die Hand und sorgt dafür, daß er von Faust erstochen wird. Der sterbende Valentin verflucht Gretchen als Hure. Im ›Dom‹ fällt Gretchen, bedrängt von der Gewissensstimme des ›Bösen Geists‹, in Ohnmacht. Die ›Walpurgisnacht‹ feiert das Volk der Hexen und hexenhaften Wesen im Sexualrausch auf dem Brocken im Harzgebirge. Mephisto, hier als Junker Volland mit Pferdefuß, treibt Faust in die Arme einer jungen, nackten Hexe, doch Faust erscheint im Tanz ein ›blasses, schönes Kind‹, das ›dem guten Gretchen gleicht‹. Die Erscheinung Gretchens, das Mal des Todes, ›ein einzig rotes Schnürchen‹, um den Hals, ist hier zum erstenmal nicht nur Gegenkraft, sondern Gegenspielerin Mephistos. Das Zwischenspiel ›Walpurgisnachtstraum‹ ist eine Literatursatire mit inzwischen verwelkten Pointen. ›Trüber Tag. Feld‹: Faust verlangt in rasender Verzweiflung — Gretchen liegt im Kerker, weil sie ihr Kind ertränkt hat — von Mephisto, daß er sie befreie. Auf Zauberpferden reiten sie — ›Nacht. Offen Feld‹ — am Rabenstein vorbei, dem von Hexen umwobenen Hinrichtungsplatz. Faust dringt in den ›Kerker‹ ein, Mephisto hat ihm die Schlüssel verschafft und den Wärter eingeschläfert. Gretchens Geist ist verwirrt, doch was sie im Wahn spricht — die Vision ihrer Mutter, die an dem Schlaftrunk gestorben ist, ihres getöteten Bruders und ihres ertränkten Kindes —, trifft Faust tief: »O wär ich nie geboren!« Mephisto erscheint und mahnt zur Eile. Margarete flieht nicht: »Gericht Gottes! dir hab ich mich übergeben!« Dem »Sie ist gerichtet!« Mephistos antwortet eine ›Stimme von oben‹: »Ist gerettet!« Mephisto

zieht zwar Faust mit sich fort, sein »Her zu mir!« ist stärker als Gretchens
verhallende Stimme »Heinrich! Heinrich!«, doch ist er hier schon der Unter-
legene: dieser Schluß des ersten Teils bringt als Gerichtsspruch Gottes die
Gnade ›von oben‹ für die schuldbeladene Margarete, wie der Schluß des
zweiten Teils die Gnade für den schuldbeladenen Faust bringen wird. Margarete, ein Mädchen aus Fleisch und Blut, eine Kindsmörderin und doch zugleich die Verkörperung der schenkenden Liebe, des Ewig-Weiblichen, wird
im großen Spiel um Fausts Seele unter den Büßerinnen, den mystischen
Gestalten sein, die über Mephistopheles triumphieren.

›Der Tragödie zweiter Teil‹ führt in die ›große Welt‹. An Schubart
schrieb Goethe: »Es gibt noch manche herrliche, reale und phantastische
Irrtümer auf Erden, in welchen der arme Mensch sich edler, würdiger, höher,
als im ersten gemeinen Teile geschieht, verlieren dürfte.« Bevor die Stationen
dieser neuen Irrtümer beginnen, wird der von Selbstvorwürfen zerrissene
Faust (Erster Akt. ›Anmutige Gegend‹) von einem Geisterkreis, den Ariel
anführt, ›im Tau aus Lethes Flut‹ gebadet, von der Natur mit der Fähigkeit
des Vergessens beschenkt: »Sein Innres reinigt von erlebtem Graus!« Faust
fühlt sich von der Erde erquickt, »zum höchsten Dasein immer fortzustre-
ben«, doch scheint er bescheidener geworden und fähig, das Sein im Schein
zu erkennen: er wendet der gewaltigen Sonne den Rücken und begreift:
»am farbigen Abglanz haben wir das Leben«.

Im übrigen ist die ›Kaiserliche Pfalz‹, die Welt der Politik, der Schauplatz
des ersten Aktes. Im ›Saal des Thrones‹ hört sich der zur Heiterkeit entschlossene, leichtfertige, junge Kaiser widerwillig die Klagen seines Kanzlers,
seines Heermeisters, Schatzmeisters und Marschalks an. Mephisto, hier als
Hofnarr, verspricht, alle Schwierigkeiten mit Geld zu beseitigen, und bedient
sich des Astrologen als Sprachrohr, um zunächst die vom Kaiser gewünschte Fröhlichkeit zu fordern und damit das Vertrauen des Kaisers zu
gewinnen. Im ›Weitläufigen Saal‹ veranstaltet Faust einen Mummenschanz,
ein Renaissance-Fest, in dem sich, vom Herold angesagt, allerlei Vertreter
des Volkes, der griechischen und deutschen Mythologie, allegorische Gestalten wie Furcht, Hoffnung und Klugheit in sinnbildlichen Szenen zur Belehrung des Kaisers tummeln. Faust fährt, verkleidet als Plutus, als Gott des
Reichtums, vor. Sein ›Knabe Wagenlenker‹ ist die Verkörperung des geistigen Reichtums, der sich in der Selbstverschwendung vollendenden Poesie;
er entzündet ›Flämmchen‹ der Bezauberung durch den Geist auf den Köpfen
der Maskierten, die freilich fast überall rasch erlöschen, und wird von Faust-
Plutus vom Hofe weg in seine eigene Sphäre verwiesen: »Nur wo du klar
ins holde Klare schaust, dir angehörst und dir allein vertraust, dorthin, wo
Schönes, Gutes nur gefällt, zur Einsamkeit! — da schaffe deine Welt!«

Faust-Plutus öffnet eine Kiste mit Goldschätzen, um die sich gierig die Menge drängt, die den Zauber für Wirklichkeit hält, und verwandelt das Gold in Flammen. Auch der Kaiser, in der Maske des Pan, ist vom flammenden Scheingold besessen, sein Bart fängt Feuer, der Palast droht abzubrennen, bis Faust-Plutus den Zauber beendet. Mephisto erscheint in der Maskerade als der neidische Verleumder Zoïlo-Thersites und als der Geiz, dem der Reichtum nur zur Befriedigung seiner Lüsternheit dient. Wie sich aus der nächsten Szene ergibt (es wird beim Karneval nicht gezeigt), läßt Mephisto während der Maskerade den Kaiser eine Anweisung auf die ungehobenen Bodenschätze unterzeichnen, die er als Papiergeld vervielfältigt. Das Papiergeld erscheint wie ein Symbol für einen doppelten Selbstbetrug: es ist ungedeckt, denn niemand weiß, wieviel Schätze im Boden stecken, und es verführt zum Genuß, der nicht durch Arbeit verdient ist. Im ›Lustgarten‹ zeigen sich die Minister über das Papiergeld höchst befriedigt, und der Kaiser setzt Faust und Mephisto als Kustoden der Bodenschätze ein. Der neue Reichtum wird von den meisten rasch verschwendet; am vernünftigsten zeigt sich der wiederaufgetauchte Hofnarr, den Mephisto betrunken gemacht hatte, um seine Stelle einzunehmen: er kauft Grundbesitz.

Der reich gewordene Kaiser will amüsiert werden; er verlangt, Helena und Paris vor sich zu sehen. In der ›Finsteren Galerie‹ gesteht Mephisto dem Faust, daß er über dieses ›Heidenvolk‹ keine Macht habe: die geistige Welt der Griechen ist dem nordischen Teufel, der zur christlichen Mythologie gehört, verschlossen. Doch weiß er einen Weg: Faust muß, geführt von einem Schlüssel, den ihm Mephisto gibt, zu den ›Müttern‹ hinab- oder auch hinaufsteigen, die von den ›Bildern aller Kreatur‹ umschwebt sind: in das Reich der ›Gebilde‹, ihrer ›Gestaltung‹ und ›Umgestaltung‹, Ausgeburten des nicht weiter erklärbaren ›ewigen Sinnes‹. Wenn Faust mit dem Schlüssel den Dreifuß der ›Mütter‹ berührt, folgt ihm der Dreifuß, mit dessen Hilfe sich dann auf der Erde Weihrauchnebel in Götterbilder verwandeln lassen. In den ›Hell erleuchteten Sälen‹ unterhält Mephisto indessen die ungeduldige Hofgesellschaft als Wunderdoktor. Im ›Rittersaal‹ läßt der mit dem Dreifuß von den Müttern zurückgekehrte Faust vor Kaiser und Hof Paris und Helena erscheinen. Während die Hofgesellschaft ihre albernen Bemerkungen macht, wird Faust von der Schönheit Helenas — dem Sinnbild des Schönen überhaupt — so tief ergriffen, daß er das Sinnbild, das Ideal, real besitzen will: er greift nach der mit Paris entschwindenden Helena, doch die Geister gehen mit einer Explosion in Wind auf.

Der zweite Akt führt in Fausts ›Hochgewölbtes, enges gotisches Zimmer‹. Faust liegt besinnungslos auf dem Bett, Mephisto kommentiert: »Wen Helena paralysiert, der kommt so leicht nicht zu Verstande.« Mephisto legt

Fausts alten Pelz an und amüsiert sich über den Schüler, den er in der
Parallelszene des ersten Teils gefoppt hat: der Schüler, inzwischen Baccalau-
reus geworden, ist die fleischgewordene Arroganz der Jugend, vollgestopft
mit den zu Goethes Zeiten modernen romantischen Ideen, derart selbstbewußt und borniert, daß selbst Mephisto mit ihm Nachsicht hat: »Wenn
sich der Most auch ganz absurd gebärdet, es gibt zuletzt doch noch e' Wein.«
Im ›Laboratorium‹ versucht der zum Doktor avancierte Famulus Wagner,
voller Verachtung für das natürliche Zeugen und Wachsen, einen künstlichen
Menschen, den ›Homunculus‹, in der Phiole herzustellen. Der Homunculus
entsteht, wohl nicht ohne Mephistos Hilfe; er darf die Phiole nicht verlassen
— »Was künstlich ist, verlangt geschlossnen Raum« — und begrüßt Mephisto
als ›Herr Vetter‹. ›Vetter‹ wohl insofern, als Homunculus, ähnlich wie
Mephisto, reiner Verstand ist — ein Verstand freilich, der körperlich werden,
menschlich werden möchte. Homunculus schwebt in seiner Phiole über Faust,
erkennt dessen antikische Sehnsuchtsträume und schlägt Mephisto vor, zur
›klassischen Walpurgisnacht‹ aufzubrechen. Der nordische Mephisto, der
das Griechenvolk verachtet, läßt sich doch von der Aussicht auf ›thessalische
Hexen‹ verführen. Sie fliegen davon; Wagner bleibt enttäuscht zurück.
   Die ›Klassische Walpurgisnacht‹, ein Gegenstück zum nordischen Hexen-
treffen auf dem Blocksberg, findet auf den ›pharsalischen Feldern‹ statt, am
Jahrestag der Schlacht von Pharsalus, in der Caesar den Pompejus besiegt
hat. Die ›Luftschiffer‹ Homunculus, Mephisto und Faust schweben nieder,
und Fausts erste Frage gilt der Helena: »Wo ist sie?« Mephisto begegnet

*Klassische Walpurgisnacht in Faust II. Szenenbild von Teo Otto für die Hamburger
Inszenierung von Gustaf Gründgens, 1958.*

›Am oberen Peneios‹ allerlei mythischen Gestalten, Greifen und Sphinxen. Faust findet — wie Goethe in der griechischen Antike — selbst »im Widerwärtigen große, tüchtige Züge«, immer auf der Suche nach Helena. ›Am unteren Peneios‹ wird Faust von dem weisen Kentauren Chiron, der schon Helena befördert hat, zur Sibylle Manto getragen. Manto — »Den lieb ich, der Unmögliches begehrt« — zeigt Faust den Weg in die Unterwelt, den sie einst auch Orpheus gewiesen hat. ›Am obern Peneios‹ läßt Seismos, die vulkanische Kraft, einen neuen Berg entstehen, der Mephisto von seinen Sphinxen trennt und den Naturphilosophen einen aktuellen Anlaß für ihr altes Streitgespräch liefert. Während Mephisto von den ›Lamien‹, von Goethe erfundenen Vampyrwesen, um seine sexuellen Hoffnungen betrogen wird, sucht Homunculus einen Weg, wie er sein Glas entzweischlagen, aus seiner Künstlichkeit herauswachsen und »im besten Sinn entstehn« könnte. Dabei gerät er zu zwei griechischen Naturphilosophen, zu dem Neptunisten Thales und dem Vulkanisten Anaxagoras, die sich über den gerade entstandenen neuen Berg streiten. Mephisto gelangt zu den ›Phorkyaden‹, einem ›Dreigetüm‹ von häßlichen Schwestern, von Chaostöchtern, die gemeinsam nur ein Auge und einen Zahn besitzen, und leiht sich ihre Gestalt — in dieser griechischen Welt fühlt er sich der Häßlichkeit und dem Chaos am engsten verwandt. In den ›Felsbuchten des Ägäischen Meers‹ wird ein Meerfest gefeiert. Der ›Neptunist‹ Thales (er glaubt wie Goethe, daß alles Lebendige im Wasser entsteht) führt Homunculus zu dem ewig seine Gestalt wechselnden Proteus. Von ihm weiß der Meeresgott Nereus, daß er das Geheimnis kennt, »wie man entstehn und sich verwandeln kann«. Proteus rät dem Homunculus, der nur geistige Eigenschaften besitzt und sich verkörpern möchte, im Meer zu beginnen, verwandelt sich in einen Delphin und trägt Homunculus über die Wellen zum Muschelwagen der schönen Meeresnymphe Galatee, der Statthalterin der Liebesgöttin Aphrodite. An ihrem Thron zerbricht Homunculus, wie von ›Pulsen der Liebe gerührt‹, sein Glas und ergießt sich funkelnd ins Meer: »So herrsche denn Eros, der alles begonnen!«

War die nordische Walpurgisnacht auf dem Brocken eine Raserei des Sexus, so ist die klassische Walpurgisnacht ein Fest des Eros. Eros hat Faust an den Eingang der Unterwelt, auf den Weg zu Helena geführt. Eros hat Homunculus, das künstliche Geistwesen mit dem Drang, körperhaft zu werden, aus seinem Gehäuse befreit und mit dem allesgebärenden Meer vereint. Mephisto, dem der Eros unzugänglich ist, muß sich unter der Maske der Phorkyaden, der häßlichsten Wesen, verbergen. Die Welt der klassischen Walpurgisnacht lebt, den ›Müttern‹ näher als alle vorausgegangenen ›Faust‹-Welten, in ›Gestaltung‹ und ›Umgestaltung‹; das Meer erscheint als gebärende Natur; die mythischen Wesen, aus Mensch und Tier gebildet, sind in der Verwandlung begriffen: zum Menschen hin. Im schönen Menschen sah Goethe »das letzte Produkt der sich immer steigernden Natur«.

Der dritte Akt, obwohl ein festes Glied des Ganzen, könnte auch für sich allein stehen: er ist ein geschlossenes, klassizistisches Drama. Dem tiefsinnigen Satyrspiel der klassischen Walpurgisnacht folgt nun die klassische Tragödie, in der Form angeregt von Euripides: Faust findet und verliert Helena. ›Vor dem Palast des Menelas zu Sparta‹ erwartet die aus Troja heimgeholte Helena mit einem Chor gefangener Trojanerinnen ihren Gatten Menelas, der sie vorausgeschickt hat, um ein Opfer für die Olympier vorzubereiten. Was sie insgeheim vermutet, wird ihr von Mephisto in der Gestalt der grauenhaft häßlichen Phorkyas, die sie an ihrem Herd findet, bestätigt: Menelas will die untreue Helena und die Trojanerinnen den Göttern opfern. Mephisto-Phorkyas, Urheber dieser Täuschungen und Lügen, bietet Rettung an: die Burg, die ein kühnes nordisches Geschlecht am Hang des Taygetos erbaut hat. (Goethe beschreibt hier, ohne sie je gesehen zu haben, die Burg der mittelalterlichen Stadt Mistra, eine fränkische Gründung aus dem Jahre 1249, deren höchst eindrucksvolle, mehr byzantinische als gotische Ruinen noch heute über Sparta zu sehen sind.) In Nebelschwaden zaubert Phorkyas das phantastische mittelalterliche Gebäude herbei. Im ›Innern Burghof‹ empfängt Faust in ritterlicher Hofkleidung Helena und macht sie zur Mitregentin. Faust wird hier, ohne als dramatische Gestalt zu verlieren, zur Allegorie der abendländischen Dichtung wie Helena zur Allegorie der antiken Kunst: sie sprechen in ihren angestammten Versmaßen, die sie schließlich austauschen, in antikischen Trimetern, in fünffüßigen Jamben, in Reimen — Helena klingt der nordische Reim ›seltsam und freundlich‹ (»Und hat ein Wort zum Ohre sich gesellt, ein andres kommt, dem ersten liebzukosen«); sie erlernt diese Form von Faust und reicht ihm, zusammen mit ihm reimend, die Hand. Die Truppen des heranrückenden Menelas werden von den Germanen, Goten, Franken, Sachsen und Normannen, von einer Vision der Völkerwanderung, besiegt. »Der Schauplatz verwandelt sich durchaus«: in Arkadien singt und springt der Knabe Euphorion, der Sohn Fausts und Helenas. Von den Eltern zum Maß ermahnt, zur kräftigenden Berührung der Erde, springt Euphorion in die Lüfte, strahlt auf, stürzt als schöner Jüngling tot herab, »doch das Körperliche verschwindet sogleich, die Aureole steigt wie ein Komet zum Himmel auf«: Euphorion als Genius der nicht mehr antiken, nicht mehr romantischen, der nachgoetheschen, ›modernen‹ Poesie, für deren bedeutendsten Vertreter Goethe Lord Byron hielt. Euphorions Stimme ruft aus der Tiefe nach der Mutter; Helena folgt ihr, sie umarmt Faust, »das Körperliche verschwindet, Kleid und Schleier bleiben ihm in den Armen«. Helenas Gewänder verwandeln sich in Wolken, heben Faust in die Höhe und tragen ihn davon. Während Faust von der Vermählung mit der Schönheit der Antike ›über alles Gemeine‹ erhoben wird, nimmt Mephisto-Phorkyas Euphorions Kleid, Mantel und Lyra, um sie an talentlose Poeten, an die Epigonen zu verleihen, »zu stiften Gild- und Handwerksneid«. Phorkyas setzt die Maske ab und zeigt sich als Mephistopheles.

Ins heimische, nordische ›Hochgebirge‹ (vierter Akt) wird Faust von der Wolke getragen, in der er die Gestalt Helenas erkennt: die Vermählung mit Helena war ein von Eros erzwungenes geistiges, ein ästhetisches Erlebnis, doch ist das Ästhetische für den Klassizisten Goethe die Voraussetzung für das Sittliche. Im Gebirgsnebel taucht die Erinnerung an die irdische, seelische Liebe, an Gretchen auf: »Wie Seelenschönheit steigert sich die holde Form, löst sich nicht auf, erhebt sich in den Äther hin und zieht das Beste meines Innern mit sich fort.« Mephisto, von Siebenmeilenstiefeln hergebracht, tritt dazwischen. »Herrschaft«, will Faust nun, »Eigentum! Die Tat ist alles, nichts der Ruhm.« Gegen die zwecklose Kraft des Meeres möchte er kämpfen, Dämme bauen, Land gewinnen. Damit Faust das Land als Lehen erhält, schlägt Mephisto vor, dem von einem Gegenkaiser bedrohten Kaiser zum Sieg zu verhelfen. ›Auf dem Vorgebirg‹ ist das Lager des Kaisers. Faust, im Harnisch, bietet seine Hilfe an. Mit ihm sind die von Mephisto beschafften ›drei Gewaltigen‹, die Mordriesen Raufebold, Habebald und Haltefest. Nach anfänglichen Erfolgen des Gegenkaisers übernimmt Mephisto den Ober- befehl und siegt mit Hilfe der Undinen und Zwerge durch magische Ver- blendungen. In ›Des Gegenkaisers Zelt‹ werden die drei Gewaltigen von den Herolden des Kaisers beim Plündern gestört, doch erweisen sich beim Ver- teilen der Beute die Fürsten des Kaisers als nicht weniger habgierig, und am habgierigsten ist die Kirche: der Erzbischof läßt sich schon den Zehnten für das Land verschreiben, das Faust mit, wie der Kirchenfürst weiß, Teufels- künsten dem Meer erst noch entreißen muß.

In der ›Offenen Gegend‹ (fünfter Akt) kommt ein Wanderer zu Philemon und Baucis, dem alten Paar; es haust in der Nähe einer Kapelle friedlich auf einem Fleckchen Erde, das von Fausts Landgewinnungsanlagen, die viele Menschenopfer fordern, noch nicht erfaßt ist. In seinem ›Palast‹ fühlt sich Faust, ›im höchsten Alter‹, gestört vom Läuten dieser Kapelle, von diesem Stück Land, das ihm nicht gehört. Die Reichtümer der Erde werden in seinem Hafen an Land gebracht, doch er wünscht sich von Mephisto den beschei- denen Besitz der beiden Alten: »Die wenig Bäume, nicht mein eigen, ver- derben mir den Weltbesitz.« ›Tiefe Nacht‹: Lynkeus, der Türmer, beobachtet entsetzt, wie der Besitz der Alten abbrennt; Mephisto und die drei gewal-

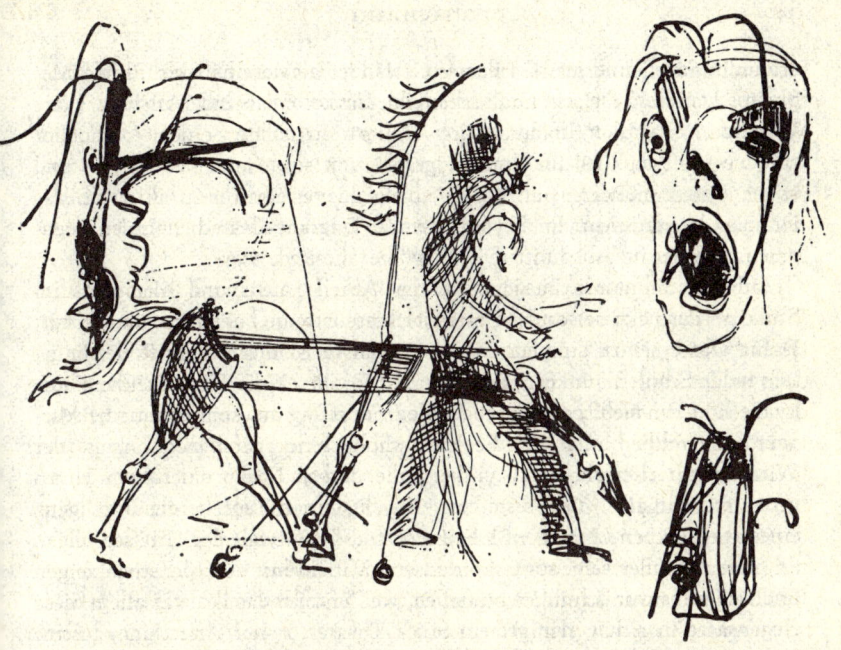

Chiron, der Kentaur im zweiten Teil des Faust. Skizzen von Teo Otto für die Hamburger Inszenierung von Gustaf Gründgens, 1958

tigen Gesellen haben das Feuer gelegt, die Alten sind vor Schreck gestorben, den Wanderer haben sie erschlagen. Faust verflucht diese Tat — er wollte Tausch, keinen Raub. Um ›Mitternacht‹ versuchen ›vier graue Weiber‹ bei Faust einzudringen; drei, ›Mangel‹, ›Schuld‹ und ›Not‹, können dem Reichen nichts anhaben, doch die ›Sorge‹ schleicht sich durchs Schlüsselloch ein, während von ferne schon ihr Bruder kommt: der Tod. Noch ist die mit Mephisto ausgehandelte Bedingung für Fausts Tod nicht erfüllt, noch mag Faust sich selbst nicht gefallen: »Könnt ich Magie von meinem Pfad entfernen, die Zaubersprüche ganz und gar verlernen, stünd ich, Natur, vor dir ein Mann allein, da wärs der Mühe wert, ein Mensch zu sein!« Allein dieser Wunsch, der Faust mit sich und der Erde versöhnte und dessen Erfüllung ihn Mephisto auslieferte, kann ihm von Mephisto, dem Herrn der Zaubersprüche, nicht erfüllt werden: der Teufel steht seinem eigenen Sieg im Wege. Wie am Anfang seines Weges sieht sich Faust als ›Tor‹: »Nach drüben ist die Aussicht uns verrannt; Tor, wer dorthin die Augen blinzelnd richtet, sich über Wolken seinesgleichen dichtet! Er stehe fest und sehe hier sich um: dem Tüchtigen ist diese Welt nicht stumm!« Faust ist dieser Tüchtige nicht, denn was er erreicht hat, ist das Werk Mephistos. Unter dem Anhauch der Sorge erblindet Faust, und im ›Großen Vorhof des Palastes‹ hält der Blinde Mephistos Lemuren, die sein Grab schaufeln, für kolonisierende Arbeiter. Wäre Wirklichkeit, was er in der Vision erblickt, so dürfte er den Augenblick rühmen — er darf es nur »im Vorgefühl von solchem hohen Glück« und stirbt. Damit mündet sein Weg durch die kleine und die große Welt, das Drama der Stationen, in die umfassende Tragödie des scheiternden Menschen, von der im Abschnitt ›Die Tragödie‹ die Rede war.

Auf der Bühne, so ausgewogen der Anteil Fausts und Mephistos im Stück bei der Lektüre scheinen mag, ist Mephisto die beherrschende Gestalt. Dafür gibt es einen simplen Grund: Mephisto ist die bessere Rolle. Er ist fahrender Schüler, Junker, Hexenbaron, Hofnarr, Geiz, die häßliche Phorkyade und er spielt zweimal sogar den Faust — eine komödiantische Verwandlungsrolle, hinter der die Melancholie eines gefallenen Engels, der Witz eines welterfahrenen Zynikers, die derben Späße eines vom Herrn geduldeten Schalks, die Dummheit eines lüsternen Teufels, die Intelligenz eines realistischen Menschenbeobachters und die Gewalt des Urbösen leben. Er kann dies alles sein, sogar Spuren von Mitleid mit den Menschen zeigen und sich selbstironisch in Frage stellen, weil er auch das ist, was allein diese Gegensätze in sich vereinigt: ein Stück Theater, reiner Arlecchino, lustige Person, grotesk-humoristisches Spiel.

Meinungen: »Neben Werther, Tasso, Wilhelm, Eduard, Ferdinand und der ganzen Reihe steht unsichtbar immer Faust und macht sein Erstgeburtsrecht geltend. Er ist der Kronprinz, auf den einmal das Reich übergeht, die andern sind nur nachgeborene Söhne und haben sich mit dem zu begnügen, was nebenher abfällt... Vor Faust fürchtete Goethe sich selber. Dieser Junge war ihm zu früh schon über den Kopf gewachsen und ließ sich nichts gefallen«: Herman Grimm. — »›Das Ewig-Weibliche zieht uns hinan‹ —: nicht umsonst ist dies das letzte Wort nicht nur der Faustdichtung, sondern auch des Dichters Goethe. Es ist sein letztes Bekenntnis zur Möglichkeit einer *diesseitigen* Vollendung des Menschen, einer Vollendung des Menschen als physisch-geistiger Persönlichkeit, einer Vollendung auf der Grundlage des Beherrschens der äußeren Welt, der Erhebung der eigenen Natur zur Geistigkeit, Kultur und Harmonie, ohne ihre Naturhaftigkeit aufzuheben«: Georg Lukács. — »In diesem zweiten Teile befreit Goethe den Nekromanten aus den Krallen des Teufels, er schickt ihn nicht zur Hölle, sondern läßt ihn triumphierend einziehen ins Himmelreich unter dem Geleite tanzender Englein, katholischer Amoretten, und·das schauerliche Teufelsbündnis, das unsern Vätern so viel haarsträubendes Entsetzen einflößte, endet wie eine Farce, — ich hätte fast gesagt: wie ein Ballett«: Heinrich Heine. — »Es ist

die Härte dieser Dichtung, daß sie statt einer gegebenen letzten Antwort
oder statt einer um Erlösung ringenden letzten Frage dem Menschen vorläufig die Selbsthilfe empfiehlt; nicht bloß in dem Sinn, daß man sich in der
Welt kräftig tummle; Selbsthilfe auch vor Gott, Sorge und Tod. Wie weit
der Abschluß des Ganzen dieser götterlos, fast ruchlos tätigen Selbsthilfe der
Person entgegenkommt mit der helfenden Liebe, bleibt vorsichtig offen, und
es wird immer wieder für einen Menschen oder ein Zeitalter verräterisch
sein, ob man auslegend mehr das eine oder das andere hervorhebt«: Max
Kommerell. — »Trotz seines Teufelspaktes steht auch Faust in der Gnade,
insofern er den übersinnlichen Drang niemals verliert. Dieser theologische
Gedankengang, grundlegend für das ganze Gedicht, kann nur aus den Frankfurter Jahren Goethes stammen«: Wilhelm Flitner. — »Fausts eigentliches
Problem ist nun eben dies: daß er nicht hinfindet von verzweifelnder Unge-
duld zu gläubiger Geduld, sondern unentschieden zwischen beiden schwankt:
so oft er im Gang der Dichtung anhebt, Geduld zu lernen und im produktiven Verzicht das Ewige im Irdischen zu ergreifen, so oft gleitet er von
neuem ab in frevelnde Vermessenheit. Er entwickelt sich nicht im Sinne von
Fortschritt und Läuterung, sondern lediglich im Sinne von Reifung, so nämlich, daß sein Leben immer mehr an Bedeutungsfülle und Weltgehalt zu-
nimmt«: Johannes Pfeiffer. — »Es wird zur großen tragischen Paradoxie der
Faust-Dichtung, daß der Mensch nur durch den Teufel zu Gott gelangen
kann«: Benno von Wiese. — »Was ist das für ein Gewäsch über den Faust!
Alles erbärmlich. Gebt mir jedes Jahr 3000 Thlr. und ich will Euch in drei
Jahren einen Faust schreiben, daß Ihr die Pestilenz kriegt«: Grabbe. —
»Denn so viel Kritik möglich sei, moralisch und selbst künstlerisch, an die-
sem ›inkommensurablen‹ Erzeugnis (aber was ist interessant außer dem
Inkommensurablen!), diesem ungeheuren und dabei durchaus übersehbaren,
durchaus durchdringbaren Zeitgewächs, halb Ausstattungs-Revue, halb
Weltgedicht, das innerlich 3000 Jahre Menschheitsgeschichte, von Trojas
Fall bis zur Belagerung Missolunghis, umfaßt, und in dem alle Quellen der
Sprache springen, — es ist an jeder Stelle so vorzüglich, so geistvoll, so
herrlich wortgenau und abundierend an Weisheit und Witz, so kunstfroh,
heiter und leicht im Tiefsinn und in der Größe, in der humoristischen Behandlung des Mythos zum Beispiel, auf den Pharsalischen Feldern und am
Peneios, und in derjenigen des Mysteriums der Helena, daß jeder Kontakt
damit entzückt, erstaunt, belebt, zur Kunst befeuert, daß es Liebe verdient,
dies ewig kuriose Gebilde, weit mehr noch als Ehrfurcht . . .«: Thomas
Mann. — »Wer den zweiten Faust einübt, muß erkennen: das Nebeneinander zweier, nein, dreier Stile. Erster Stil: antiker Form sich verdammt
nähernd; also kothurnig. Zweiter Stil: heutnäher; zwangloser. Dritter Stil:

weder auf Stelzen noch in Holzschuhen — sondern auf hold schwebender, ja, singender Sohle. Der Dichter heißt mir im ersten Fall: Goethos. Im zweiten: von Goethe. Im dritten: Wolfgang. Dem entsprechen die zu denkenden Orte der Luftschicht. Im ersten Fall: Hellas. Im zweiten: Sachsen-Weimar-Eisenach. Im dritten: Morgenäther«: Alfred Kerr. — »Die Surrealisten und die Abstrakten — Goethe, zum erstenmal (durch Gründgens 1958 in Hamburg) richtig gedeutet, stellt sie alle in den Schatten: Traumweltorgien, allegorische Abstraktionen, Perspektivismus der Jahrhunderte (man dachte immer, das sei eine Erfindung von Benn), der kühnste Griff ins Musée imaginaire, das freieste Spiel mit den Formen (die Griechen, Calderon, die Morality, die Fastnachtskomödie, das Mysterium), der Teufel, Harlekin und der Mensch als Übermensch. Welche Dimensionen, welche Reiche, welche Phantasmagorien sind hier erschlossen! ›Faust II‹ — ein Prototyp des modernen Theaters, das wissen wir jetzt«: Siegfried Melchinger. — »Des Menschen Leben ist ein ähnliches Gedicht: Es hat wohl einen Anfang, hat ein Ende, allein ein Ganzes ist es nicht. Ihr Herren, seid so gut und klatscht nun in die Hände«: Goethe, etwa 1800, in einer ›Abkündigung‹ für den Faust.

Der Dramatiker ohne Bühne: Kleist

> Es kann kein böser Geist sein, der an der Spitze der Welt steht:
> es ist bloß ein unbegriffener! Lächeln wir nicht auch, wenn die
> Kinder weinen?   Kleist an Frh. von Altenstein,
>   Königsberg, 4. August 1806

Als der vierunddreißigjährige Kleist am 21. November 1811 seinem Leben ein Ende machte, hatte er nicht eines seiner Dramen auf der Bühne gesehen. Sein Erstling ›Die Familie Schroffenstein‹ war 1804 vom Nationaltheater Graz unter großem Beifall uraufgeführt worden, doch erst elf Jahre nach Kleists Tod begann das Stück, bearbeitet und unter dem Titel ›Die Waffenbrüder‹, seinen Weg über viele Bühnen. Als er Goethe seine ›Penthesilea‹ schickte, erläuterte er im Brief:

»Es ist übrigens ebensowenig für die Bühne geschrieben, als jenes frühere Drama: der Zerbrochne Krug, und ich kann es Ew. Exzellenz gutem Willen zuschreiben, mich aufzumuntern, wenn dies letztere gleichwohl in Weimar gegeben wird. Unsre übrigen Bühnen sind weder vor noch hinter dem Vorhang so beschaffen, daß ich auf diese Auszeichnung rechnen dürfte, und so sehr ich auch sonst in jedem Sinne gern dem Augenblick angehörte, so muß ich doch in diesem Falle auf die Zukunft hinaussehen, weil die Rücksichten gar zu niederschlagend wären.« Goethe ließ den ›Zerbrochnen Krug‹ 1808 in Weimar aufführen; es wurde ein Mißerfolg. Auch Weimar war »weder vor noch hinter dem Vorhang« für Kleist der rechte Ort, doch spielte man das Stück in einer nicht theatergerechten Fassung: nach der Flucht des Dorfrichters Adam, also nach Auflösung der Spannung, wenn das Stück rasch zu Ende gehen müßte, folgte noch eine überflüssige Szene mit langweiligen Erläuterungen der (außerdem mit einer schwachen Anfängerin besetzten) Eve. Bei der heute üblichen Theaterpraxis hätte der Autor die Proben besucht und wäre der spannungslose Schluß allerspätestens nach der Premiere gestrichen worden; für die Buchausgabe nahm Kleist die Verse, die den Mißerfolg gebracht hatten, heraus und verbannte sie in die ›Varianten‹. Diese Bühnenfassung kam zu spät; erst nach Kleists Tod wurde ›Der zerbrochne Krug‹ wieder aufgeführt, 1816 in München.

Fast alle Autoren, deren Stücke in das Weltrepertoire eingegangen sind, hatten eine eigene Bühne und konnten bei der praktischen Arbeit mit den Schauspielern mühelos Einsichten in dramaturgische Notwendigkeiten gewinnen und die Bühnenwirksamkeit ihrer Stücke erhöhen. Kleist hatte nie Gelegenheit, mit der Bühnenpraxis in Berührung zu kommen; rührend mutet es an, daß er Deklamationsunterricht nahm; nach dem ›Zerbrochnen Krug‹ fand er nur noch einmal eine Bühne, die wenigstens eines seiner Stücke spielte: das ›Theater an der Wien‹ führte 1810 sein ›Käthchen von Heilbronn‹ auf, es bekam mittelmäßige bis schlechte Kritiken, wurde aber ein Publikumserfolg.

Zehn Jahre nach Kleists Tod, 1821, wurde sein ›Prinz von Homburg‹ aufgeführt; 65 Jahre nach seinem Tod, 1875, die ›Penthesilea‹; 87 Jahre nach seinem Tod, 1898, der ›Amphitryon‹. ›Die Hermannsschlacht‹, ein politisches Tendenzdrama, in dem, kaum germanisch-römisch verhüllt, Preußen und Österreich zur Einigkeit gegen den gehaßten Napoleon aufgerufen werden, ein Zeitstück, von dem Kleist schrieb, daß es »mehr, als irgendein anderes, für den Augenblick berechnet war«, wurde zu seinen Lebzeiten nicht einmal gedruckt. Zehn Jahre nach seinem Tod hat es Ludwig Tieck zusammen mit dem Erstdruck des ›Prinzen von Homburg‹ veröffentlichen können; das Wiener Burgtheater, dem es zur Uraufführung vorlag, spielte es nicht einmal 1813 bei der Siegesfeier; erst 28 Jahre nach dem Tode Kleists, 18 Jahre nach dem Tode Napoleons, gegen den es geschrieben war, kam es am 29. Oktober 1839 in Pyrmont durch das Detmolder Hoftheater auf die Bühne. Kleist, der »auch sonst in jedem Sinne gern dem Augenblick angehörte«, hatte seine Lage als Dramatiker in jenem Brief an Goethe richtig beurteilt; in der Tat mußte er, dem Theater fern, »auf die Zukunft hinaussehen«.

Der am 18. Oktober 1777 in Frankfurt an der Oder geborene Heinrich von Kleist trat als Fünfzehnjähriger in das Garderegiment Potsdam ein, nahm am Rheinfeldzug teil, wurde, zwanzig Jahre alt, Leutnant und nahm zwei Jahre später Abschied von diesem ungeliebten Beruf. Er studierte Rechtswissenschaften in Frankfurt an der Oder, verlobte sich mit Wilhelmine von Zenge und entwarf, 23 Jahre alt, auf einer Reise nach Würzburg sein erstes Drama, ›Die Familie Ghonorez‹, später umgewandelt in ›Die Familie Schroffenstein‹. Diese Reise befreite ihn von einem Alp: er glaubte sich vorher zu einer Heirat nicht fähig und war nach einer geheimnisvollen Operation in Würzburg zur Ehe bereit, die er sich ohne Kinder nicht vorstellen konnte. Kein anderer Mensch hat je so intensiv an einem ›Lebensplan‹ gearbeitet und in pedantischen Briefen seine Braut über die Notwendigkeit eines ›Lebensplans‹ aufgeklärt, dessen Leben dann so chaotisch verlaufen wäre: alle Pläne Kleists scheiterten, sein Leben war eine einzige Frage nach dem Sinn seines Daseins, nach seiner irdischen Bestimmung, und der Gedanke an den Selbstmord war sein fast ständiger Begleiter.

Die Philosophie Kants machte seine ungewisse Ahnung zur Überzeugung, daß die absolute Wahrheit, die er als Daseinsgrund leidenschaftlich suchte, durch die Wissenschaft, durch die Vernunft, nicht zu finden sei: die vergebliche Suche nach der Wahrheit, die um so undurchdringlicher wird, je mehr der Verstand sucht, sie zu durchdringen, wird eines der großen Themen Kleists bleiben, und das Verhör, das verzweifelte Herausfragen der Wahrheit, wird der Rechtsstudent zur wichtigsten Dialogform seiner Dramen machen.

Kant hatte ihn buchstäblich zerschmettert, ihm sein »einziges und höchstes Ziel« genommen. Unruhig reiste er durch Europa: zunächst mit seiner Halbschwester Ulrike nach Paris, wo es ihm außerordentlich mißfiel und er am ›Robert Guiskard‹ arbeitete; dann nach Frankfurt am Main und von dort allein in die Schweiz. Rousseau, der den denkenden Menschen als ein entartetes Tier bezeichnet und kategorisch die Rückkehr zur Natur befohlen hatte, stand Pate bei dem phantastischen Plan Kleists, sich in der Schweiz einen Bauernhof zu kaufen und dort mit Wilhelmine, der Tochter eines preußischen Generalmajors, als Bauer und Bäuerin zu leben. Wilhelmine hatte seine Forderungen schon abgelehnt, als er noch in Paris war. Nach der Verzweiflung über die Ohnmacht der Vernunft, aus der sich Kleist in das Gefühl gerettet hatte, in die Sicherheit des Herzens, nun diese Verzweiflung: »Giebt es denn nirgends Treue? — Ach, Wilhelmine —!« schrieb ihr Kleist, löste ein paar Monate später die Verlobung und schickte ihre Briefe zurück. Die Forderung nach dem rückhaltlosen Vertrauen; die Forderung, sich absolut auf die Wahrheit des Gefühls zu verlassen, selbst wenn die Wahrheit der Vernunft zu anderem Verhalten raten sollte — Kleist wird in seinen künftigen

Dramen nicht müde werden, diese Forderungen zu stellen, und die Wahrheit der Vernunft als Scheinwahrheit oder als eine sich dem Zugriff des Verstandes entziehende, unfaßbare Größe darstellen.

In der Schweiz begann Kleist den ›Zerbrochnen Krug‹, in dem Evchen diese Gefühlssicherheit von ihrem Ruprecht vergeblich verlangt, und vollendete er ›Die Familie Schroffenstein‹, dieses Sinnbild einer absurden Welt, die an dem zugrunde geht, was sie fälschlich für wahr hält, und in der nur das Gefühl Augenblicke der Wahrheit und des Glückes schafft.

Christoph Martin Wieland, der Kleist in sein

Heinrich von Kleist, gemalt von einem Unbekannten, vermutlich während seiner Kriegsgefangenschaft von März bis Juli 1807 auf dem Fort Joux, wo er an seiner ›Penthesilea‹ arbeitete. Das Bild wurde 1938 entdeckt und ist im Besitz der Kleist-Gesellschaft

Haus nach Oßmannstadt eingeladen hatte, trug er Partien aus seinem ›Robert Guiskard‹ vor, die Wieland später zu dem berühmt gewordenen Urteil begeisterten: »Wenn der Geist des Aeschylus, Sophokles und Shakespeare sich vereinigten, eine Tragödie zu schaffen, so würde das sein was Kleists Tod Guiskards des Normannen, sofern das Ganze demjenigen entspräche, was er mich damals hören ließ.«

Kleist trieb es aus dem Haus Wielands fort, wohl auch deshalb, weil die dreizehnjährige Luise Wieland ihn unsäglich liebte. Er reiste nach Leipzig und Dresden; der ›Guiskard‹ wollte ihm nicht gelingen, und die nächste Reise war eine Flucht vor dem Selbstmord: nach Bern, Mailand, Genf und Paris. Er schrieb, verzweifelnd in seinem rasenden Ehrgeiz, an Ulrike: »Die Hölle gab mir meine halben Talente, der Himmel schenkt dem Menschen ein ganzes oder gar keins«, verbrannte das Guiskard-Manuskript und brach zu Fuß auf nach Boulogne-sur-Mer, um in die französische Armee einzutreten und bei der zu erwartenden Invasion in England zu fallen; an Ulrike: »... unser aller Verderben lauert über den Meeren, ich frohlocke bei der

Aussicht auf das unendlich-prächtige Grab.« Ein Bekannter Kleists, ein Militärarzt, brachte ihn dazu, nach Deutschland zurückzukehren; er lag monatelang krank in Mainz und verstand seine ›seltsame Reise‹ nicht mehr: »Ich selber habe seit meiner Krankheit die Einsicht in ihre Motive verloren und begreife nicht mehr, wie gewisse Dinge auf andere folgen konnten.« Die Entrückungszustände in Kleists Dramen sind keine romantischen Marotten, sie sind Erfahrung.

Er trat in den preußischen Staatsdienst ein, kam als Diätar der Domänenkammer nach Königsberg, vollendete dort 1806 den ›Zerbrochnen Krug‹ und schrieb an der ›Penthesilea‹. Im gleichen Jahr gab er die Beamtenlaufbahn endgültig auf. Als Preußen die letzte Schlacht verloren hatte, wurde Kleist auf dem Weg nach Berlin von den Franzosen unter dem Verdacht der Spionage verhaftet und als Gefangener nach Joux und Chalon-sur-Marne gebracht; auf den Festungswällen arbeitete er an seiner ›Penthesilea‹, die er, im August 1807 nach Deutschland zurückgekehrt, in Dresden vollendete.

Im gleichen Jahr war der ›Amphitryon‹ erschienen und das ›Käthchen von Heilbronn‹ vollendet, das Kleist in einem Brief an seine Kusine Marie von Kleist als »die Kehrseite der Penthesilea« bezeichnete, »ihr anderer Pol, ein Wesen, das ebenso mächtig ist durch gänzliche Hingebung, als jene durch Handeln«. Die Zeitschrift ›Phöbus‹, die Kleist mit Adam Müller herausgab, brachte Fragmente seiner Werke unter das Publikum, doch scheiterte sie schon nach einem Jahr am Widerstand der Buchhändler gegen die verlegerischen Außenseiter und daran, daß es nicht gelang, Autoren zu gewinnen wie Goethe, Wieland, Jean Paul, Madame de Staël, auf deren Mitarbeit man setzte.

Auch in Dresden wurde Kleist von Selbstmordgedanken bedrängt — er wollte sterben, doch nicht allein. Er schrieb 1808 die ›Hermannsschlacht‹, seinen Haßgesang gegen Napoleon als den Unterdrücker der Freiheit — noch ein Jahr vorher hatte Kleist trotz seiner Abneigung gegen die Franzosen gehofft, von der französischen Regierung mit dem Verlag des ›Code Napoleon‹ beauftragt und damit wirtschaftlich sorgenfrei zu werden. Auf die Österreicher hatte Kleist im Kampf gegen Napoleon die größten Erwartungen gesetzt, doch das Burgtheater lehnte die Aufführung der ›Hermannsschlacht‹ ab — im von den Franzosen besetzten Wien war das Stück unmöglich.

Kleist reiste wieder: Ende April 1809 nach Österreich, von dort nach Prag, wo er die Zeitschrift ›Germania‹ gründen wollte, schrieb politische Gedichte und den ›Katechismus der Deutschen‹, kehrte, erkrankt, in seine Geburtsstadt Frankfurt an der Oder zurück und siedelte im nächsten Jahr nach Berlin über, wo der erste Band seiner Erzählungen mit ›Michael Kohlhaas‹ und sein ›Käthchen von Heilbronn‹ von dem Verleger Reimer herausgebracht wurden.

In Berlin verkehrte er in literarischen Kreisen, zu denen Adam Müller, Achim von Arnim, Clemens Brentano und Fouqué gehörten. Keiner erkannte die Bedeutung seines Werks. Theaterdirektor Iffland schwieg sich über das ihm angebotene ›Käthchen von Heilbronn‹ aus, und Kleist schrieb ihm einen bösen Brief:»Es tut mir leid, die Wahrheit zu sagen, daß es ein Mädchen ist; wenn es ein Junge gewesen wäre, so würde es Ew. Wohlgeboren wahrscheinlich besser gefallen haben.«

Ludwig Tieck hatte Kleist im Sommer 1808 in Dresden kennengelernt und beschrieben:»Heinrich Kleist war von mittlerer Größe und ziemlich starken Gliedern, er schien ernst und schweigsam, keine Spur von vordringender Eitelkeit, aber viele Merkmale eines würdigen Stolzes in seinem Betragen. Er schien mir mit den Bildern des Torquato Tasso Ähnlichkeit zu haben, auch hatte er mit diesem die etwas schwere Zunge gemein.« Wie er sich in Berlin darbot, schilderte Achim von Arnim:»Eine sehr eigentümliche, ein wenig verdrehte Natur, wie das fast immer der Fall ist, wo sich Talent aus der alten preußischen Montierung durcharbeitete. Er ist der unbefangenste, fast zynische Mensch, der mir lange begegnet, hat eine gewisse Unbestimmtheit in der Rede, die sich dem Stammeln nähert und in seinen Arbeiten durch stetes Ausstreichen und Abändern sich äußert. Er lebt sehr wunderlich, oft ganze Tage im Bett, um da ungestörter bei der Tabakspfeife arbeiten zu können.«

Kleist wurde (nicht genannter) Redakteur der ›Berliner Abendblätter‹, der ersten Tageszeitung Berlins, die am 1.Oktober 1810 nach einem damals höchst ungewöhnlichen Reklamefeldzug mit Plakaten und Anzeigen in anderen Blättern auf die Straße kam: sie erschien, außer sonntags, jeden Abend und verbreitete die Polizeiberichte vom gleichen Nachmittag — dies war sensationell. Das Boulevardblatt wurde zunächst zu einem Publikumsschlager, doch schon nach zwei Monaten ließ das Interesse der Leser nach: der Polizeipräsident Gruner, ein Freund Kleists, der ihm die Polizeiberichte verschaffte, war entlassen worden, und allein mit kritischen Theaterberichten, mit Anekdoten, Erzählungen, Feuilletons und Übernahmen aus auswärtigen Zeitungen ließen sich die Leser nicht halten. Politische Nachrichten zu bringen, erlaubte die Hardenbergsche Staatskanzlei nicht. In den ›Abendblättern‹ hat Kleist u. a. seinen Aufsatz ›Über das Marionettentheater‹ veröffentlicht — nicht die rechte Lektüre für Leute, die sensationelle Lokalnachrichten erwarten. Am 30. März 1811 erschien die letzte Nummer, Kleist war wieder fast mittellos. Durch den Tod der Königin Luise verlor er eine kleine Rente, die ihm die Königin aus ihrer Privatschatulle gewährt hatte. Der Staat verweigerte ihm eine mündlich versprochene Pension.

Im Sommer 1811 hatte er seinen ›Prinzen von Homburg‹ vollendet; er widmete das, wie er sich ausdrückte, ›vaterländische Schauspiel‹ handschrift-

lich der Prinzessin Wilhelm von Preußen, und das Manuskript, das in Hof-
kreisen keinerlei Gegenliebe fand, wäre wohl — wie aus anderen Gründen
Kleists zweibändige Autobiographie — verschollen, hätte es sich Ludwig Tieck
nicht drei Jahre nach Kleists Tod vom Hofe verschafft und drucken lassen.
Alle Finsternisse seines Lebens hat Kleist in den ›Prinzen von Homburg‹
eingebracht, alle Todesfurcht und Todesnähe, doch auch alle Gnade, Seligkeit,
Anmut und Harmonie, die seinem Leben nicht beschieden waren: mit dem
›Prinzen von Homburg‹ erfüllte sich sein Leben.

Am 20. November 1811 fuhr er mit der gleichaltrigen Henriette Vogel,
einer verzückten Seelenfreundin, die wußte, daß sie (vermutlich an Gebär-
mutterkrebs) unheilbar erkrankt war, an den Kleinen Wannsee, um, wie
er an seine Kusine Marie schrieb, »einen Abgrund tief genug zu finden,
um mit ihr hinabzustürzen«. Sie ordneten sehr sorgfältig ihre letzten Angelegenheiten, scherzten, waren fröhlich, zärtlich, »außerordentlich vergnügt«, tranken am 21. November ihren Kaffee (mit Rum) im Freien, auf
einem Hügel am See, und dann setzten sie sich in einer kleinen Grube einander gegenüber, Fuß zwischen Fuß, Kleist schoß Henriette ins Herz und sich
in den Mund, das Blei blieb im Gehirn stecken, er erstickte am Schießpulver.
Die drei Pistolen hatte Henriette wohl in einem mit einem Tuch zugedeckten
Körbchen mitgebracht.

Sie hatten ihren Tod wie ein Fest begangen; Kleist hatte ihm, wie er an
Kusine Marie schrieb, als einer »unerhörten Lust« entgegengesehen ». . . ich
sterbe, weil mir auf Erden nichts mehr zu lernen und zu erwerben übrig
bleibt.« An Ulrike schrieb er: ». . . die Wahrheit ist, daß mir auf Erden nicht
zu helfen war. Und nun lebe wohl; möge Dir der Himmel einen Tod schenken, nur halb an Freude und unaussprechlicher Heiterkeit dem meinigen
gleich.«

Die Familie Ghonorez (Schroffenstein). ›Ein Trauerspiel in fünf Aufzügen‹.
Geschrieben 1802 in der Schweiz. ›Die Familie Ghonorez‹ spielt in einem
mythischen Spanien. Das erhaltene Manuskript ist der einzige mit Sicherheit
nur von Kleist stammende Text. Auf den Rat seines Freundes Ludwig Wieland
ließ Kleist das Stück durch einen Abschreiber von Spanien nach Schwaben verlegen, und aus der Familie ›Ghonorez‹ wurde die Familie ›Schroffenstein‹;
Prosapartien wurden in Jamben umgeformt, was zu einigen Entstellungen
geführt hat. Die Urfassung ist der ohne Kleists Mitwirkung gedruckten
›Familie Schroffenstein‹ (1803) entschieden vorzuziehen; im folgenden werden deshalb die Namen der ›Familie Schroffenstein‹ nur in Klammern bei-
gefügt. Uraufgeführt am 9. Januar 1804 im Nationaltheater Graz.

Wer? Raimond (Rupert), Graf von Ghonorez (Schroffenstein) aus dem

Hause Ciella (Rossitz). Elmire (Eustache), seine Gemahlin. Rodrigo (Otto-
kar), ihr Sohn. Juan (Johann), Raimonds (Ruperts) natürlicher Sohn. Alonzo
(Sylvester), regierender Graf von Ghonorez (Schroffenstein) aus dem Hause
Gossa (Warwand). Franziska (Gertrude), Alonzos (Sylvesters) Gemahlin,
Stiefschwester der Elmire (Eustache). Ignez (Agnes), ihre Tochter. Antonio
von Ghonorez (Jeronimus von Schroffenstein aus dem Hause Wyk).
Wo? In Spanien (in Schwaben).
Was? Zwischen zwei Stämmen der Familie Ghonorez, dem Hause Ciella
und dem Hause Gossa, herrscht tödliches Mißtrauen, ausgelöst durch einen
Erbvertrag: stirbt ein Stamm aus, so erbt der andere den ganzen Besitz.
Dieser Erbvertrag ist die erste in einer Reihe schauerlicher Paradoxien: dazu
geschaffen, Frieden zu stiften, schafft der Vertrag Unfrieden. Stirbt in einem
Hause ein Sohn, so wird das andere Haus des Mordes verdächtigt. Das Mißtrauen führt zu unberechtigten Taten, die ein verstärktes Mißtrauen und
neue unberechtigte Taten zeugen. Philipp, der Sohn Alonzos von Gossa, ist
vor einigen Jahren gestorben, nicht vom Hause Ciella vergiftet — doch Franziska, Philipps Mutter, ist vom Giftmord überzeugt. Pedro, der Sohn Raimonds von Ciella, wird tot aufgefunden; er ist nicht vom Hause Gossa
ermordet worden — doch Raimond von Ciella ist davon überzeugt. Der
Herold des Hauses Ciella wird bei den Gossas getötet, während Alonzo von
Gossa, der diesen Mord nicht will, in Ohnmacht liegt, doch Raimond von
Ciella glaubt dies nicht und läßt nun den Abgesandten von Gossa in gehei-
mem Auftrag töten, um so zu handeln, wie nach seiner Meinung der andere
gehandelt hat. Der Vermittler zwischen den Fronten, Antonio von Ghonorez,
stiftet um so mehr Unheil, je mehr er sich um Heil bemüht, und ausgerechnet
Juan, Raimonds natürlicher Sohn, der in Ignez vom feindlichen Hause Gossa
unglücklich verliebt ist, wird für einen Meuchelmörder gehalten. Rodrigo
von Ciella und Ignez von Gossa, die Kinder der verfeindeten Häuser, lieben
sich und befragen sich zwischen den Fronten: sie rechnen gegenseitig auf,
was ihre Eltern gegeneinander gedacht und getan haben, und jeder versucht,
die eigenen Eltern zu rechtfertigen. Ihre Rechnung geht exakt auf: so viel
vermeintliches Recht ist auf der einen Seite wie auf der anderen. Sie lieben
sich aus einer Sicherheit des Gefühls, die mit diesen Rechnungen nichts zu
tun hat; Ignez:»Denn etwas gibt's, das über alles Wähnen und Wissen hoch
erhaben — das Gefühl ist es der Seelengüte andrer.« Um Ignez vor seinem
Vater zu retten, tauscht Rodrigo mit ihr Hut und Mantel und wird von
seinem Vater Raimond, der ihn für Ignez hält, erstochen. Ignez wird von
ihrem Vater Alonzo erstochen, der sie für Rodrigo hält. Die Aufklärung, daß
Pedro von Ciella nicht ermordet worden, sondern ertrunken ist, kommt zu
spät. Ein Blinder ist der erste, der die Wahrheit sieht. An den Leichen ihrer

Kinder versöhnen sich die Eltern. Der über den Ereignissen wahnsinnig
gewordene Juan spricht die letzten Worte, in denen das Schicksal als ein
Taschenspielertrick erscheint.

Hinweise: Shakespeares ›Romeo und Julia‹ hat Grundzüge der Handlung
geliefert, Schillers ›Wallenstein‹ den Schicksalsgedanken, doch offenbart dieser Erstling schon, in die Extreme getrieben, die eigene Fülle Kleists. »Ach,
Wilhelmine«, hatte er 1801 an seine Braut geschrieben, »wir dünken uns frei,
und der Zufall führt uns allgewaltig an tausend feingesponnenen Fäden fort.«
An den Rand des Manuskriptes der ›Ghonorez‹ notierte er: »Das Schicksal
ist ein Taschenspieler — Sturm der Leidenschaft, Raub des Irrtums, Himmel
hat uns zum Narren.« Der Himmel hat Kleists Menschen so lange zum Narren, als sie versuchen, die Welt mit dem Verstand zu durchdringen, sich mit
der Sprache des Kopfes zu ›verständigen‹. Jeder Versuch dieser Art führt bei
Kleist ins Mißverständnis, und das Mißverständnis führt zum falschen Handeln, das genau das Gegenteil von dem bewirkt, was gewollt ist. Eingeschlossen in ihr eigenes Bewußtsein, bleiben alle Menschen einsam und verfehlen
den Weg zum anderen Menschen. Es scheint, daß Kleist den ganzen Katzenjammer seiner (ebenfalls mißverstandenen) Kant-Lektüre in dieses Trauerspiel von der vereitelten Erkenntnis der Wahrheit verwandelt hat. Nur die
Liebenden, Ignez und Rodrigo, ›verstehen‹ sich: mit der Sprache des Herzens.
Bei ihnen bahnt sich der Weg an, den Kleist weitergehen wird: aus der
Scheinsicherheit des Erkennens und bewußten Denkens gefallen, sucht er eine
neue Sicherheit im Gefühl. Für den Literaturwissenschaftler Peter Szondi ist
der das Mißtrauen bewirkende Vertrag, »diese Abwendung von der Natur
zugunsten des Buchstabens«, in »Kleists Augen die Sünde, die mit Untergang gestraft wird«: der Erbvertrag als Symbol für eine Welt, die sich der
Natur entfremdet und an die Stelle der Liebe eine kalte Abmachung setzt.
    Kleists Berner literarische Freunde konnten sich, wie Heinrich Zschokke
berichtet, vor Lachen nicht halten, als er ihnen im März 1802 seine ›Familie
Ghonorez‹ vorlas. Kleist soll, insbesondere beim fünften Akt, ›stürmisch‹
mitgelacht haben. So verblüffend das Gelächter ›auch des Dichters‹ über das
Trauerspiel scheint, so verständlich ist es doch: Kleist muß an dieser perfekt
gebauten Höllenmaschine, in der das Uhrwerk des Mißtrauens der Katastrophe entgegentickt, das Vergnügen der Selbstbefreiung gehabt haben. Als
er den erkennenden Verstand als unzulänglich, ja als katastrophenzeugend
denunziert hatte, konnte er darüber lachen. Schon bald wollte er von dem
Stück nichts mehr wissen: er nannte es in einem Brief an seine Schwester
Ulrike »eine elende Scharteke« — und strich dann doch diese Bemerkung
durch. Nach der erfolgreichen Aufführung der Urfassung, ›Die Familie

Ghonorez‹, die der Bühne auch die leicht lächerliche Ritteratmosphäre und die langen Mordschwerter erspart, im Jahre 1962 durch das Landestheater Darmstadt (Regie: Hans Bauer) sollte das Stück seinen Ruf, an unfreiwilliger Komik scheitern zu müssen, verloren haben — es steht an Genialität den Erstlingen Goethes und Schillers in nichts nach.

Meinungen: »Dabei ist eine große architektonische Regularität in dem Stücke; wie zwei Säulen-Ordnungen stehen die beiden Familien einander gegenüber, und wie eine Säule auf jener Seite stürzt, folgt eine auf der entgegengesetzten nach«: Joseph Görres. — »Das Prinzip der Spannung, das roh und platt dem Schundroman, dem Spektakelstück, den Räuber und Ritterscharteken der Spieß und Kramer zugrunde liegt, ohne dessen Wirksamkeit die Belletristik ausgestorben wäre — dies Prinzip wollte Kleist einmal aus eigenwilligem Ehrgeiz in die Höhe der Kunst erheben, mit allen Mitteln abgefeimter Seelenkunde, szenischen Kunstverstandes und geläuterter Sprachkraft«: Friedrich Gundolf. — »Das ganze Stück ist eine einzige Abfolge von Akten des Versehens, Verdenkens (Verdacht!), Verkennens, Vergehens an der Wirklichkeit (die Vorsilbe ›ver‹ bedeutet hier wie in vielen anderen Zusammensetzungen: falsch in falsche Richtung). Immer wieder findet sich im Drama der gleiche Vorgang: jeder Vorfall ist eindeutig für die Menschen, gedeutet aus dem Zusammenhang ihres eigenen Bewußtseins und aus der Sicht der Welt, die ihnen vorschwebt. Die Welt ihres Bewußtseins, mag in ihm auch Mißtrauen, Haß, Neid und Rachsucht herrschen, ist für sie das einzig Wirkliche«: Friedrich Koch. — »Zu deutlich spüren wir die heimliche Komik der superlativischen Tragödie. Sie liegt nicht zuletzt darin, daß hier unfreiwillig gerade das verspottet wird, was späterhin das Heiligste sein soll: das Vertrauen zu der eigenen Natur als der einzigen Instanz unmittelbarer Weltbeziehung«: Günter Blöcker. — »Vieles vom heutigen ›absurden‹, ›grausamen‹ Theater der Weltangst ist darin vorgebildet. Die Sprache hat schon die Merkmale des unter hohem Druck geborenen Kleistschen Stils. Auch sein rasanter, wie ein Wortduell geführter Dialog zeichnet sich ab, ebenso die Überwältigung des Menschen durch ein Gefühl, das ihm die Sprache verschlägt, so daß er nur wortlos hinausstürzen kann — hinaus ins Unsägliche, Ungeheure, das ihn zu vernichten droht, indem es ihn überwältigt«: Walter Muschg.

Amphitryon. ›Ein Lustspiel nach Molière‹. Geschrieben 1806 in Königsberg. Erstdruck, herausgegeben von Adam H. Müller, während Kleist in französischer Gefangenschaft war, 1807: ›Heinrich von Kleists Amphitryon, ein Lustspiel nach Molière‹. Erste Aufführung: 8. April 1899 in Berlin, am Neuen

Theater. Kleist übersetzte und verwandelte die Komödie ›Amphitryon‹ von
Molière (siehe auch Seite 262) und zog wahrscheinlich auch den ›Amphitruo‹
von Plautus heran (siehe auch Seite 286). Andere Fassungen des gleichen
Stoffes: Seite 286.

Wer? Jupiter, in der Gestalt des Amphitryon. Merkur, in der Gestalt des
Sosias. Amphitryon, Feldherr der Thebaner. Sosias, sein Diener. Alkmene,
Gemahlin des Amphitryon. Charis, Gemahlin des Sosias.

Wo und wann? Theben, vor dem Schlosse des Amphitryon. Mythische
Vorzeit.

Was? Alkmene erwartet die Rückkehr ihres Gatten Amphitryon aus dem
Krieg, in dem er die Athener besiegt hat. Doch statt seiner kommt Jupiter,
der Göttervater, in der Gestalt des Amphitryon und verbringt eine lange
Liebesnacht bei ihr. Am Morgen erscheint der echte Amphitryon und muß
sich, als Alkmene ihm von der Nacht berichtet, betrogen fühlen, während
Alkmene sich von Amphitryon betrogen fühlt, als er bestreitet, in der Nacht
bei ihr gewesen zu sein. Während Amphitryon nach Zeugen sucht, die seine
Abwesenheit von Theben bestätigen sollen, erscheint abermals Jupiter in der
Gestalt Amphitryons: er erklärt Alkmene, daß Jupiter die Nacht bei ihr ver-
bracht hat; er will, eifersüchtig auf Amphitryon, als der er geliebt worden
ist, als Gott geliebt werden, doch Alkmene gesteht ihm, daß sie immer nur
Amphitryon geliebt habe und liebe. Amphitryon hat seine Feldherren als
Zeugen herbeigerufen; vor ihnen und dem Volk stehen sich die beiden Am-
phitryone gegenüber. Alkmene, zur Entscheidung zwischen den gleichen
Gestalten gezwungen, hält Jupiter-Amphitryon für den echten. Amphitryon
muß damit erkennen, daß Alkmene immer nur ihn zu lieben wähnte. Jupiter
gibt sich als Gott zu erkennen und verheißt Amphitryon, daß ihm ein Sohn,
ein Heros, der Halbgott Herkules, geboren werde. Mit einem vieldeutigen
»Ach!« Alkmenes endet das Stück. Gegen diese Haupthandlung um die unerschütterliche Treue Alkmenes ist die Nebenhandlung gesetzt: der Götterbote Merkur macht in der Gestalt des Amphitryon-Dieners Sosias dem Sosias
die Existenz streitig, verschmäht es aber, Charis, die Gattin des Sosias, zu
begehren, was Charis außerordentlich ärgert; sie wäre gern untreu geworden,
und ihren Zorn über Merkur-Sosias ergießt sie über Sosias.

Hinweise: Kleist folgte seiner Molière-Vorlage nur im Szenischen, verkehrte ihre Frivolität ins strikte Gegenteil und erweiterte ihr gesellschaftliches Thema ins Mythische. Alkmene, die ihren Gemahl Amphitryon mit
Jupiter betrügt, ist bei Kleist die treueste aller Frauen. Unfähig, auch nur die
Begriffe Geliebter und Gemahl voneinander zu trennen, verletzt sie niemals
»die keusche Liebe der Gattin«, denn selbst den Gott kann sie nur als Am-

phitryon empfangen. Ihr unfehlbares Gefühl wird gerade dadurch bestätigt, daß es scheinbar fehlt: als sie, gezwungen, zwischen Amphitryon und Jupiter-Amphitryon zu wählen, sich gegen Amphitryon entscheidet, so entscheidet sie sich doch nicht für Jupiter, sondern für den göttlich gesteigerten Gatten. Jupiter ist es schmerzlich bewußt: »Alles, was sich dir nahet, ist Amphitryon.« So ist ihr scheinbarer Betrug nichts anderes als reine Liebe.

An dieser Liebe scheitert Jupiter, der Gott, der in sein eigenes Geschöpf verliebt ist. »Auch der Olymp ist öde ohne Liebe«, doch kann sie Jupiter nur empfangen, wenn er Mensch wird. Und für Alkmene muß er sich in Amphitryon verwandeln, in den einzigen Menschen, den sie liebt. Dieser Liebe muß sich auch der Gott unterwerfen, und er unterwirft sich damit sich selber, denn dieser pantheistische Jupiter ist in allem, auch in der Liebe. Gott muß Mensch werden, um sich, liebend, als Gott zu bestätigen.

So muß Amphitryon bei Kleist vom Gehörnten zum Begnadeten werden: Amphitryon wird nicht von Jupiter, sondern von sich selber, von einem göttlichen Amphitryon, betrogen. Und dieses ›Betruges‹, dieser keuschen Unkeuschheit, bedarf es, um Herkules, den in Reinheit empfangenen Gottessohn und Helfer der Menschen, zu gebären. Menschliches und Göttliches verschmelzen in einem mythischen Akt.

Diese tiefsinnigen Paradoxien wendet Kleist bei der Dienerschaft ins Komische. Amphitryon, der Herr, kann sich nicht damit abfinden, daß er durch das Auftreten eines Doppelgängers seine Identität verliert: so wird er dicht an den Rand des Tragischen geführt. Sosias, der Diener, findet sich mit seinem Doppelgänger rasch ab: so wird er komisch durch den Identitätsverlust. Dicht an den Rand der Tragik kommt Alkmene, wenn sie im Gott nur den Gatten sehen will, und komisch ist Charis, da sie im Gatten den Gott zu sehen verlangt. Den seelischen Qualen oben entsprechen die körperlichen Prügel unten; den Zweifeln an der eigenen Identität: die Wort- und Situationsspielerei; der bangen Selbstbefragung: die pure Neugierde; der Geburt des Gottessohnes: Wurst mit Kohl. Die vollkommene Entsprechung des Tragischen mit dem Komischen, auch sie auf einer ›Goldwaage‹ ausgependelt, ist die tiefste Paradoxie Kleists: das Geheimnis der reinen Heiterkeit dieser schönsten deutschen Komödie.

Meinungen: »Erwägt man die Bedeutung des deutschen und die Frivolität des Molièreschen Amphitryon, erwägt man die einzelnen von Kleist hinzugefügten komischen Züge, so muß man die Gutmütigkeit bewundern, mit der die komischen Szenen dem Molière nachgebildet sind: der deutsche Leser hat von dieser mehrmaligen Rückkehr zu dem französischen Vorbilde den Gewinn, kräftig an das Verhältnis des poetischen Vermögens der beiden

Nationen erinnert zu werden«: Adam H. Müller, der Herausgeber der Erstausgabe. — »Daß er auf ›Verwirrung des Gefühls‹ aus war, dieser Dichter, ist wahr. Er ist es noch in einem so überaus liebenswerten Stück, wie seiner herrlichen Bearbeitung von Molières Amphitryon, worin zugleich, Goethen sehr ärgerlich, sein Hang zur Mystik sich kundgibt, indem er ›le partage avec Jupiter‹ als christliche Überschattung durch den Heiligen Geist interpretiert«: Thomas Mann.

Der zerbrochne Krug. ›Ein Lustspiel‹. Ein Kupferstich — vermutlich ›Der Richter oder Der Zerbrochne Krug‹ von J. J. Le Veau nach einem (verlorenen) Original von Debucourt — im Zimmer von Heinrich Zschokke in Bern war 1802 Anlaß zu einem literarischen Wettstreit zwischen Kleist, Zschokke, Heinrich Geßner und Ludwig Wieland. 1803 diktierte Kleist die ersten drei Szenen seinem Freund Ernst von Pfuel, um ihm zu beweisen, daß er sein Talent für Komik zu Unrecht bezweifelt hatte. 1806 in Königsberg vollendet. Uraufgeführt am 2. März 1808 in Weimar durch Goethe, der den Einakter in drei Akte aufteilte und der von Kleist für den Mißerfolg verantwortlich gemacht wurde. Erst 1963 wurde durch eine von dem Kleist-Forscher Helmut Sembdner aufgefundene, zeitgenössische Kritik erkannt, daß am Mißerfolg weniger diese Akteinteilung schuld war als eine langweilige Szene von 458 Versen, in denen Eve nach der bereits gelösten Spannung umständlich die Ereignisse der Nacht erklärt. In der ersten gedruckten Ausgabe (1811) hat Kleist diese Szene in den Anhang unter die ›Varianten‹ verwiesen, und Goethe hat vier Wochen nach Kleists Freitod, als niemand wagte, Kleist zu spielen, sogar eine Aufführung der gekürzten Fassung erwogen. Goethes absolute Verständnislosigkeit gegenüber dem ›Zerbrochnen Krug‹, den er aufführen ließ, obwohl er ihn ›problematisch‹ fand, wurde von Sembdner damit als Legende entlarvt.

Wer? Walter, Gerichtsrat. Adam, Dorfrichter. Licht, Schreiber. Frau Marthe Rull. Eve, ihre Tochter. Veit Tümpel, ein Bauer. Ruprecht, sein Sohn. Frau Brigitte.

Wo und wann? Ein niederländisches Dorf bei Utrecht. 18. Jahrhundert.

Was? Vorgeschichte: Der kahlköpfige und klumpfüßige Dorfrichter Adam stellt Eve nach, der Tochter der Witwe Marthe Rull. Um sie gefügig zu machen, verspricht er ihr ein Attest, das ihren Verlobten, den Bauernsohn Ruprecht Tümpel, vom Militärdienst in den Kolonien befreien soll, der ihn in den sicheren Tod führen werde. Die um Ruprecht bangende Eve läßt Adam abends in ihre Kammer ein, wo er angeblich das Attest ausfertigen will. Ruprecht, der die beiden beobachtet hat, sprengt die Tür auf und schlägt Adam, den er im Dunkeln nicht erkennt, zweimal mit der Türklinke über den

*›Der Richter oder Der zerbrochne Krug‹: dieser Kupferstich von Jean Jacques Le
Veau (1782), nach einem Gemälde von Louis Philibert Debucourt (1755–1832), ist
höchstwahrscheinlich das Bild, das Kleist zu seinem Lustspiel ›Der zerbrochne Krug‹
angeregt hat*

Schädel. Adam flüchtet, zerbricht dabei einen Krug und verliert seine Perücke
im Spalier unter Eves Fenster. Die durch den Lärm geweckte Marthe, Eves
Mutter, hält Ruprecht für den Täter; Eve wagt nicht, ihr zu widersprechen,
da sie fürchtet, daß sich Adam an Ruprecht rächen werde. – Das Stück beginnt
mit der Nachricht, daß der Gerichtsrat Walter zur Inspektion kommt. Der
Schreiber Licht durchschaut schon Adams Lügengeschichte über seine Kopf-
wunden und seine Perücke. Adam muß den Gerichtstag kahlköpfig abhalten
und versucht, als er den Fall des zerbrochnen Krugs zu klären hat, seine
Schuld zu verbergen, indem er den Verdacht auf den wütenden Ruprecht, der
sich von Eve betrogen glaubt, abwälzt und Evchen mit heimlichen Drohungen
zum Schweigen zwingt. Die Zeugin Brigitte glaubt, in der Nacht den leibhaftigen Teufel gesehen zu haben; sie hat Adams Perücke im Spalier gefunden und seine Klumpfuß-Spuren im Schnee entdeckt. Adam schiebt nun die
Schuld auf den Teufel und will deshalb die Synode im Haag anrufen; vor
das Oberlandesgericht will er jeden bringen, der es wagt zu behaupten, die
Perücke gehöre ihm. Gerichtsrat Walter, der ihn längst durchschaut hat, läßt
ihn der Form halber noch das Urteil fällen. Als Adam dabei Ruprecht zum
Halseisen verdammt, gesteht Eve die Wahrheit. Das Papier, mit dem Adam
ihr beweisen wollte, daß Ruprecht als Soldat ins mörderische Ostindien

geschickt werde, stellt sich als Fälschung heraus. Adam entflieht; Licht wird zu seinem Nachfolger eingesetzt; Eve versöhnt sich mit Ruprecht. Frau Marthe will in Utrecht bei der Regierung um den zerbrochnen Krug weiterklagen.

Hinweise: In einer Vorrede beschreibt Kleist den Kupferstich, der ihn zu diesem Lustspiel angeregt hat; darin heißt es: Der Gerichtsschreiber sah »jetzt den Richter mißtrauisch zur Seite an, wie Kreon, bei einer ähnlichen Gelegenheit, den Oedip«. Der König Oedipus des Sophokles (siehe auch Seite 50) mußte, um Theben von der Pest zu befreien, herausfinden, wer vor langer Zeit seinen Vorgänger Laios erschlagen hatte, und entdeckte zu seinem Entsetzen, daß er selbst dieser Mörder war. Die Grundkonstruktion dieses Musters aller Tragödien hat Kleist nur in *einem* Punkt geändert, und sie ist damit zur Grundkonstruktion einer Musterkomödie geworden: der Übeltäter, den der Dorfrichter Adam herausfinden muß, ist, wie bei ›Oedip‹, Adam selber, doch, im strikten Gegensatz zu ›Oedip‹, weiß dies Adam. König Oedipus verhört, um eine verborgene Wahrheit ans Licht zu bringen, und gehe er an ihr zugrunde; Adam verhört, um die ihm bekannte Wahrheit zu verdunkeln: um hinters Licht zu führen, damit er nicht zugrunde gehe. Der Rangunterschied zwischen den Untaten macht die sophokleische Geschichte vollends zur Tragödie und ihre kleistische Abwandlung vollends zur Komödie: Oedipus hat seinen Vater erschlagen; Adam hat nur versucht, ein Mädchen zu verführen. Doch fühlt sich Adam, eine bäuerliche Parodie des ›Oedip‹, wie ein tragischer Held vom Schicksal verdammt: »denn jeder trägt«, seufzt er, »den leid'gen Stein zum Anstoß in sich selbst.« Aus einem genußfrohen Junggesellen mit einer verzeihlichen Schwäche für Mädchen wird Adam zum Lügenteufel erst, als er Evchen durch Betrug zu erpressen versucht. Und wenn er sich, als es um seinen Kragen geht, in den schieren Teufel steigert, so ist er doch, hinkend sich selbst prellend, ein armer Teufel auch, den der Gerichtsrat zwar nicht straflos lassen, dem er aber doch verzeihen kann. Von dem Mädchen allein hängt es ab, wie schwer Adams versuchte Untat wiegt. Kleists Eve lebt, wie schon seine Alkmene in ›Amphitryon‹ und später sein ›Käthchen von Heilbronn‹, in der Sicherheit des Gefühls; von ihrem Ruprecht verlangt sie vergeblich die gleiche unerschütterliche Gefühlsgewißheit; sie ist die in Verzweiflung gestürzte Treue, voller Scham vor dem, was Adam von ihr verlangt hat. Durch diese Reinheit Eves wiegt Adams Betrug so schwer, daß Eves Schicksal in der Komödie fast zur Tragödie wird. Doch bevor Adam noch Evchen in den Abgrund des Tragischen stürzen kann, hat er sich selber den Hals ins Eisen ›judifiziert‹. So pfiffig, durchtrieben und unverschämt Adam auch ist, er fängt sich in dem

Gespinst der Lügen, das ihm zur Befreiung dienen sollte. Nicht die paar Indizien, die Perücke und die Hinkefuß-Spuren, entlarven ihn schließlich, sondern die beflissene falsche Deutung, die Adam diesen Indizien gibt, hat ihn schon vorher entlarvt: die Sprache, die Adam zur Verstellung benutzen will, rächt sich, indem sie ihn verrät und die Wahrheit gegen seinen Willen offenbar macht.

Es ist (wiederum wie beim ›Oedip‹) die Sprache des Verhörs in einem einzigen großen Prozeß, der mit den ersten Sätzen des Stücks, mit den Fragen des Schreibers Licht und den Lügen Adams, schon einsetzt, bevor noch die eigentliche Verhandlung begonnen hat. Kleist hat zwar an Fouqué geschrieben, daß er sein Lustspiel »nach dem Teniers« gearbeitet habe, doch bedeutet dies nicht, daß es ein derbes niederländisches Sittenbild sei; ganz abgesehen davon, daß die flämische Genre-Malerei derb sein kann im Thema, immer aber hauchzart ist in der Technik, ist Kleists Lustspiel dem hohen Märchen näher als der Burleske, lebt es mehr aus der Dialektik als aus dem Milieu, hat seine vehemente Sprache den Vorrang vor der Atmosphäre und breiter Kleinmalerei. Wer aus dem Adam nur einen saftigen und schmuddeligen Genießer und Lügner macht, aus dem Verlobten Ruprecht nur einen dummen Tölpel und aus dem Gerichtsschreiber Licht nur einen katzbuckelnden Streber, wer in der streitsüchtigen und prozeßlustigen Marthe nicht auch eine Spur vom bedingungslosen Gerechtigkeitsfanatismus des Michael Kohlhaas spüren läßt, der hat den hohen Stil dieser bei allem Realismus zarten Komödie verfehlt, die an einem Januartag spielt, so hell und klar wie die Sprache Kleists.

Während Adam eine ländliche Gerichtsverhandlung führt, wird über ihn von einer höheren Instanz verhandelt, und wenn ihn am Schluß der Gerichtsrat Walter, der da über ihm ›waltet‹, nicht in den Selbstmord treiben, sondern gnädig behandeln will, so wird der sündige Dorfrichter Adam zum ›Adam‹ überhaupt, zum fehlbaren Menschen, der auf die Gnade angewiesen ist. Der Gerichtsrat Walter, so leger er sich geben mag, hat da auf seine beamtenhafte Weise etwas von den großen Gnade-Bringern Kleists, von dem Kaiser im ›Käthchen‹, vom Kurfürsten im ›Prinzen von Homburg‹, ja sogar einen göttlichen Funken vom Jupiter ›Amphitryons‹.

Meinungen: »Der Kleist des zerbrochenen Topfes hat nach Lavaterschem Styl eine Art Abgeschnittenheit, indem er mit viel Witz, Verstand und etwas Talent sich mit sich selbst amüsirt, ohne die mindeste Ahnung zu haben, wie es andern Leuten dabei zu Muthe ist«: Herzog Carl August zu Goethe. — »Sie wissen, welche Mühe und Proben ich es mir kosten ließ, seinen Wasserkrug aufs hiesige Theater zu bringen. Daß es dennoch nicht glückte, lag

einzig in dem Umstand, daß es dem übrigens geistreichen und humoristischen
Stoffe an einer rasch durchgeführten Handlung fehlt«: Goethe zu J. D. Falk. –
»Der Zerbrochne Krug gehört ... zu denjenigen Werken, denen gegenüber
nur das Publikum durchfallen kann. Der ergötzlichste Einfall und das farbig-
ste Sittengemälde ist hier zum Genialen gesteigert, sich organisch verbindend
wie Wurzel und Frucht. Seit dem Falstaff ist im Komischen keine Figur
geschaffen worden, die dem Dorfrichter Adam auch nur die Schuhriemen auflösen dürfte«: Hebbel. – »Ein Sünder wohl, aber kein Bösewicht steht vor
uns, ausgestattet mit all der Schwäche, die unseres Fleisches Erbteil ist«: Otto
Brahm. – »Ein Werk der hohen Dichtung wie der Guiskard oder die Penthesilea ist der Zerbrochne Krug nicht – und zwar schon der Art nach nicht: er
ist ein Werk meisterlicher Mache, nicht tiefen Seelengehaltes oder gar schöpferischen Lebens ... er ist ein geheimnisloses Werk und sogar, obwohl in
Versen geschrieben, ein trockenes, an Poesie seltsam armes Werk – wobei
ich nicht das romantische Blümeln und Flimmern unter Poesie verstehe, son-

*›Der zerbrochne
Krug‹: Zeichnung von
Adolph von Menzel
(1815–1905); aus
seinen Illustrationen
zu Kleists Lustspiel*

dern die gestaltenschaffende und seelenkündende Sprachkraft«: Friedrich Gundolf. — »Daß die verschleiernde Rede die Wahrheit aufdeckt, ist die Erfahrung
im ›Zerbrochnen Krug‹. Die Zweideutigkeit der Sprache richtet sich nicht nur
gegen die Wahrheit, sondern auch gegen die Lüge. Kleist hat damit die positiven Kräfte, die im Wesen der Sprache liegen, freigesetzt, und zwar auf eine
höchst dialektische Art, indem er sie nämlich aus den negativen Elementen
entspringen ließ: die Negation negiert sich selbst«: Hans Heinz Holz. — »Der
gebrechliche und beschädigte Mensch, Adam, in gebrechlicher, beschädigter
Welt . . . Die gebrechliche Welt ein System gebrechlicher Instanzen —: in
dieser Sicht rückt Kafka neben Kleist«: G. F. Hering.

Penthesilea. ›Ein Trauerspiel‹. 24 Auftritte, ohne Akt-Einteilung. Geschrieben in Königsberg und in französischer Gefangenschaft in Chalon-sur-Marne,
vollendet in Dresden 1807. Erstdruck: 1808, bei Cotta. Erste Aufführung:
25. April 1876 im Königlichen Schauspielhaus, Berlin.
  Wer? Penthesilea, Königin der Amazonen. Prothoe, Meroe, Asteria, Für-
stinnen der Amazonen. Die Oberpriesterin der Diana. Achilles, Odysseus,
Könige des Griechenvolks.
  Wo und wann? Schlachtfeld bei Troja. Mythische Vorzeit.
  Was? Auf dem Schlachtfeld vor dem von den Griechen belagerten Troja
erscheint, von Penthesilea angeführt, das Heer der Amazonen, um eine Schar
Jünglinge einzufangen und sie nach ihrer Heimat Themiscyra zum ›Rosenfest‹, zur Zeugung, zu entführen. Nach dem Gesetz ihres Frauenstaates müssen sich die Amazonen ihren Gatten mit dem Schwert erkämpfen und sich
seiner nach der Zeugung entledigen. Penthesilea verstößt gegen das Gesetz,
das den Amazonen verbietet, sich einen bestimmten Mann auszuwählen: sie
liebt Achilles, den Griechen, und will ihn immer wieder zum Kampf stellen.
Achilles liebt Penthesilea, und als er sie besiegt hat, folgt er dem Rat der
Amazonenfürstin Prothoe, die aus ihrer Ohnmacht erwachende Penthesilea
über ihre Niederlage zu täuschen: er gibt sich als ihr Gefangener aus. Penthesilea: »Der Mensch kann groß, ein Held im Leiden sein, doch göttlich ist
er, wenn er selig ist.« Die Seligkeit währt nicht lange; als die Amazonen
versuchen, Penthesilea zu befreien, erkennt sie, daß sie von Achilles besiegt
worden ist. Im Kampf wird Penthesilea von den Amazonen, Achilles von
Odysseus fortgerissen. Achilles fordert Penthesilea durch einen Herold zum
Kampf auf Leben und Tod heraus: er will sich in einem Scheinkampf von ihr
besiegen und in ihre Heimat zum ›Rosenfest‹ bringen lassen. Penthesilea,
rasend in Haßliebe, rückt mit Elefanten und Hunden gegen Achilles, stürzt
sich mit ihren Hunden auf ihn und zerfleischt ihn, nachdem sie ihn mit einem
Pfeil durch den Hals getötet hat. Als sie aus ihrem Rausch erwacht, tötet sie

sich selbst durch ein ›vernichtendes Gefühl‹: »schärf' und spitz' es mir zu einem Dolch; und diesem Dolch jetzt reich' ich meine Brust«.

Hinweise: Als Kleist eines Tages, während »ihm die hellen Tränen über die Backen flossen«, von seinem Freund Pfuel gefragt wurde, was ihm geschehen sei, antwortete er »mit dem Ausdruck verzweiflungsvoller Trauer: ›Sie ist nun tot!‹ — Wer denn? ›Ach, wer sonst, als Penthesilea!‹« Diese von Pfuel überlieferte Szene bietet sich in einem Brief Kleists an ›Kusine‹ Marie von Kleist so dar: »Als ich aus meiner Stube mit der Pfeife in der Hand in seine (Pfuels) trat, und ihm sagte: jetzt ist sie tot, traten ihm zwei große Tränen in die Augen.« Im gleichen Brief schreibt Kleist: »Sie hat ihn wirklich aufgegessen, den Achill, vor Liebe. Erschrecken Sie nicht, es läßt sich lesen.« In einem anderen Brief, ebenfalls an Marie: »Es ist wahr, mein innerstes Wesen liegt darin, und Sie haben es wie eine Seherin aufgefaßt: der ganze Schmutz zugleich und Glanz meiner Seele.« Goethe jedoch, dem Kleist »auf den ›Knien meines Herzens‹« seine Zeitschrift ›Phöbus‹ mit einem Penthe-

Ernst Stern, Bühnenbildner in Berlin von 1905 bis 1933, entwarf für Kleists ›Penthesilea‹ diesen Drehbühnenplan und schrieb dazu in ›Reinhardt und seine Bühne‹, 1918: ›Da eine Änderung der Szene einerseits im Gedicht selbst bedingt ist, andererseits es aber eigentliche Aktschlüsse nicht gibt ... sah ich mich genötigt, die Drehbühne zu verwenden. Ich glaube nicht, daß sie sich jemals so glänzend bewährt hat wie in diesem Fall‹

silea-Fragment schickte, schrieb ihm zurück: »Mit der Penthesilea kann ich mich noch nicht befreunden« und äußerte später zu Falk: »Beim Lesen seiner ›Penthesilea‹ bin ich neulich gar zu übel weggekommen. Die Tragödie grenzt in einigen Stellen völlig an das Hochkomische, z. B. wo die Amazone mit *einer* Brust auf dem Theater erscheint und das Publikum versichert, daß alle ihre Gefühle sich in die zweite, noch übriggebliebene Hälfte geflüchtet hätten.« Selbst der Penthesilea-Verleger Cotta wollte das Stück nicht einmal anzeigen, damit es nicht angefordert würde.

›*Auf der Drehbühne stehen zwei Hügel aufgebaut, ein niederer und ein höherer. Zwischen beiden eine schwere Steinbrücke mit plumpen Quadern, die das zwischen den Hügeln liegende Tal in einem Bogen überspannt. Die Hügel sind von allen Seiten gangbar*‹. *So schrieb Ernst Stern zu seinem Entwurf für Kleists* ›*Penthesilea*‹, *inszeniert an Max Reinhardts Deutschem Theater Berlin, von Felix Holländer.*

Gleichwohl ist die Sprachmacht dieser eruptiven Dichtung so groß, daß sie sich auf der Bühne eine autonome Welt erschafft, in der die Gewaltsamkeiten der Handlung, die bei einer Inhaltserzählung brutal hervortreten, vollkommen logisch und natürlich wirken, weil sie den Gesetzen der inneren Vorgänge entsprechen: das Gefühl, das die Liebende zwingt, den Geliebten zu zerfleischen, vermag auch, wenn es die Liebende gegen sich selbst richtet, sie zu töten. Penthesilea und Achilles sind weder Menschen noch Übermenschen, sie sind Sprache gewordene Seele: die innigsten Beziehungen zwischen Haß und Liebe, Seligkeit und Tod, Lust und Mord; der Wunsch, liebend zu unterwerfen, und der Wunsch, sich unterwerfend, zu lieben.

Meinungen: »Züge von Kleist und von Pfuel mischen sich also in Achill;
und auch in Penthesilea glauben wir nach und neben dem Dichter ein zweites
Modell zu ahnen: Ulrike. Grade weil die fast männlich-feste Art der Schwester dem Frauenideal Kleists so gänzlich entgegenlief, mag es seine eigene
männische Natur angetrieben haben, dieses Phänomen, dieses ihm dennoch
verwandte ›Amphibion‹ poetisch zu fassen: er dachte an die ›weibliche Hel-
denseele‹ Ulrike — ›es läßt sich nicht an ihrem Busen ruhen‹, hatte er inmitten
aller Bewunderung geklagt — und schilderte die Königin der ›Amazonen oder
Busenlosen‹ jetzt«: Otto Brahm. — »In diesem Vernunftweiberstaat der Amazonen, welche die Natur in sich vergewaltigt, sich ihr entfremdet haben, entwirft Kleist das Gemälde von einem wahrhaft prinzipiell, wahrhaft gesetzlich
eingerichteten Gemeinschaftswesen, das in höchst orthodoxer, rigoroser Weise
das Dogma durchführt, daß der Mensch lediglich um des Staates und seiner
Erhaltung willen da ist, die Verbindung zwischen Mann und Weib nur der
Kindererzeugung dient, die Ehe allein eine wirtschaftliche Institution sein
soll, wie es denn die Vernuftehe und Vernunftheirat im Grunde auch stets
gewesen«: Julius Hart. — »... in der Penthesilea allein läuft Kleists dramatisches Können einmal völlig in der Richtung seines seelischen Müssens.
Vision von Wollust und Grausen, von Rosen und Eisen, von heißem Licht
und schwülem Qualm ... hingerissene Wut und versunkene Verzückung,
Raserei des Fassens und des Vernichtens: das ist der innerste, der unterste,
der heißeste Kleist, die feurige Mitte, die dann auf ihren Auswegen erst sich
zu heldenhaften oder grotesken Geschicken und Gestalten wölkte, dehnte,
verdickte oder verdünnte«: Friedrich Gundolf. — »Vom ›unfehlbaren Gefühl‹
ist nicht mehr die Rede. Während in den drei vorherigen Werken Kleists die
Menschen weiterleben, stirbt Penthesilea«: Friedrich Koch. — »›Penthesilea‹
ist die Tragödie eines Gefühls, das nicht in sich hineinhorcht, um so vielleicht
die Stimme Gottes zu vernehmen, sondern das selber Gott zu sein meint. Es
setzt sich absolut, statt sich, wie das in den gefühlsverherrlichenden Gestalten
Kleists der Fall ist, instrumental zu nehmen. Die von unersättlichem Verlangen Gepeitschte hat Augenblicke, in denen sie vor sich selbst zurück-
schaudert, vor der Maßlosigkeit eines Fühlens, das *nur* verwirrt, das *nur* fort-
reißt, das blind macht statt sehend«: Günter Blöcker. — »Die Schauspielerin,
die es vermöchte, das Heldische, das Wilde und Kriegerische dieser Königin
herauszubringen, würde also nur dann vollkommen sein, wenn sie zugleich
das Weibliche, die sehnsüchtige Passivität, die entzückende Eitelkeit, die
sinnliche Begierde Penthesileas verkörperte, wenn sie weniger eine heroische
Natur gestaltete — Kleist schuf nie reine Heroen —, sondern ein leichtverletz-
liches Weib, eine Schwester des Prinzen von Homburg, widerspruchsvoll und
kompliziert, von heißen Affekten gejagt und gehetzt, und beherrscht von

dem absoluten Gefühl ihrer Liebe«: Wilhelm Herzog. — »Naturgewalten: mit den Bildern der Jagd, der Tierhetze, der rasenden Verfolgung verbinden sich wieder und wieder Bilder des Sturmwindes, des tobenden Gewitters, des plötzlichen Blitzschlages. ›Penthesilea, wie Sturmwind ein zerrissenes Gewölk, weht der Trojaner Reihen vor sich her‹, sie ›schlug mit Donnerkrachen eben ein!‹ Achill, ›die Reihn schon wettert er entlang‹. Und wenn beide aufeinandertreffen, ereignet sich ein Wettkampf — ›wie losgelassene Gewitterstürme, noch der erstaunten Welt ihn nicht gezeigt‹. Beider Tun, allem von Menschen Gewohnten sich entziehend, spielt sich in einer Sphäre des Kosmischen ab, das den Beobachter nur fassungsloses Staunen, nicht aber gedankliches Begreifen erlaubt«: Volker Klotz. — »Goethe hat die ›Penthesilea‹ komisch gefunden. Daher erlauben sich noch heute Hüter der Klassizität, die Maßlosigkeit und Zügellosigkeit Kleistens zu tadeln, dem hohen Geist, der sich die hohe Sprache baute, ein so strenges wie mokantes Gesicht zu zeigen; gewissermaßen: ein weimarsch' Gesicht«: Alfred Polgar. — »Fahren Sie an einem Sonntag 100 Kilometer nördlich von Berlin in die Gegend des Großen Kurfürsten, Fehrbellin, und die friderizianischen Orte: eine Landschaft kärglich und dürr, gar nicht zu beschreiben, Ortschaften, die Armut und Notdurft in Person, wahre Brutstätten von Kausaltrieb, da wird es sich für Sie erklären, warum der Dichter der ›Penthesilea‹ immer eine peinliche und arrogante Figur bleiben mußte in einem Volk, dem aus der Erscheinung des Ackerbürgers und Ortsvorstehers die praktische Nützlichkeit als Grundlage seiner farblosen Empfindungen anerzogen wurde«: Gottfried Benn.

Das Käthchen von Heilbronn oder Die Feuerprobe. ›Ein großes historisches Ritterschauspiel‹. 1807/08. Buchausgabe: 1810, Berlin, in der Realschulbuchhandlung. Erste Aufführung: 17. März 1810 im Theater an der Wien.

Wer? Der Kaiser. Friedrich Wetter, Graf vom Strahl. Kunigunde von Thurneck. Theobald Friedeborn, Waffenschmied aus Heilbronn. Käthchen, seine Tochter. Maximilian, Burggraf von Freiburg. Der Rheingraf vom Stein, Verlobter Kunigundens.

Wo und wann? Schwaben. Mittelalter.

Was? Der Heilbronner Waffenschmied Theobald Friedeborn klagt vor dem heimlichen Femgericht den Grafen Wetter vom Strahl an, er habe seine Tochter Käthchen durch Teufelskünste entführt. Käthchen, vom ersten Anblick des Ritters wie gebannt, ist ihm überallhin gefolgt. Vor dem Femgericht erkennt Käthchen nur den Grafen als Richter an, sie ist ihm freiwillig gefolgt, der Graf wird freigesprochen und befiehlt ihr auf Veranlassung der Richter, zu ihrem Vater heimzukehren. Der Graf liebt sie, kann sie aber nicht heiraten, da sie nicht adlig ist. Der Graf befreit in einer Köhlerhütte die gefesselte

Kunigunde von Thurneck aus der Gefangenschaft ihres früheren Verlobten, des Burggrafen von Freiburg, und bringt sie auf sein Schloß Wetterstrahl. In ihr glaubt er die Kaisertochter gefunden zu haben, die ihm in einem Traum in der Silvesternacht als Ehefrau verheißen worden ist. Käthchen erfährt durch Zufall von einem Anschlag, den der Rheingraf, ein ehemaliger Verlobter Kunigundes, gegen Kunigunde und ihren jetzigen Verlobten, den Grafen vom Strahl, plant, und geht zur Burg Thurneck, um davor zu warnen. Graf vom Strahl will Käthchen mit der Peitsche davonjagen, kann sie aber dann doch nicht verstoßen. Die Burg wird überfallen. Kunigunde, die das seltsame Verhältnis zwischen dem Grafen und Käthchen mit Mißtrauen beobachtet, schickt Käthchen in das brennende Schloß, um ein wertvolles Futteral zu holen. Aus dem zusammenstürzenden Schloß (die ›Feuerprobe‹) wird Käthchen durch einen lichtumflossenen Cherub gerettet. — Unter Holunderbüschen an der äußeren Mauer des Schlosses Wetterstrahl spricht Käthchen im Schlaf; der Graf vom Strahl will erfahren, warum Käthchen ihm, »einem Hunde gleich, durch Feuer und Wasser« folgt und befragt die Schlafende. Er erfährt, daß auch ihr in der Silvesternacht ein Cherub erschienen ist, erkennt nun in Käthchen die ihm verheißene Kaisertochter und läßt sie zu seiner Mutter auf sein Schloß bringen. In der Badegrotte sieht Käthchen durch Zufall, daß Kunigundes Schönheit nur künstlich vorgetäuscht ist. Kunigunde will Käthchen vergiften lassen. Vorm Kaiser behauptet der Graf, Käthchen sei nicht die Tochter des Waffenschmieds, sondern des Kaisers. In einem vom empörten Kaiser befohlenen Gottesgericht besiegt der waffenlose Graf den bewaffneten Theobald nur durch seinen Blick. Von diesem Gottesurteil beeindruckt, erinnert sich der Kaiser, daß er bei einem Turnier in Heilbronn ein Bürgermädchen namens Gertrud geliebt und verlassen hat; ein Amulett, das er Gertrud geschenkt und das nun Käthchen besitzt, ist der letzte Beweis dafür, daß Käthchen seine Tochter ist. Er erhebt sie zur kaiserlichen Prinzessin von Schwaben, und der Graf vom Strahl wird sie heiraten.

Hinweise: Fackeln und Femgericht in der Höhle, Köhlerhütte und Gewitter im nächtlichen Gebirge, Mönchs-Einsiedelei und vertauschte Briefe, die Peitsche gegen ein Mädchen geschwungen, Feuersbrunst, Sturmgeläute und Verfolgungsjagd, klirrende Schwerter, rasselnde Rüstungen, das Bad in der Grotte und die Entlarvung der bitterbösen Kunigunde, Gift und Gottesgericht, der Fehltritt des Kaisers und schließlich der Hochzeitszug — kaum etwas fehlt von dem, was zu Kleists Zeit dem Publikumsgeschmack gut und teuer war. »Nur die Absicht, es für die Bühne passend zu machen«, so schrieb er später über dieses sein damals erfolgreichstes Stück, »hat mich zu Mißgriffen verführt, die ich jetzt beweinen möchte.«

Burg Thurneck, Bühnenbild von Karl Friedrich Schinkel (1781–1841) für Kleists
›Käthchen von Heilbronn‹, aufgeführt am Königlichen Schauspielhaus Berlin, am
21. April 1824. Aquatinta von Dietrich

Doch an den entscheidenden Stellen sind seine Bühnen-Effekte mehr als
ein aufgesetzter Theatercoup: es sind romantische Sinnbilder für die wachsende Kraft des Irrationalen, das die Widerstände der Realität aufsaugt und
verwandelt. Irrational ist der Traum, den Käthchen und der Graf vom Strahl
beide hatten und in dem ihre Vereinigung beschlossen wurde: Symbol für
ihre innere Bestimmung. Käthchen folgt dem Traum, der Bestimmung aus
dem Unbewußten bedingungslos. Unmittelbar nach der ›Penthesilea‹ geschaffen, ist Käthchen, wie es Kleist in einem Brief an Marie von Kleist ausdrückte,
»die Kehrseite der Penthesilea, ihr andrer Pol, ein Wesen, das ebenso mächtig
ist durch gänzliche Hingebung, als jene durch Handeln«. Die Macht ihrer
Hingebung gibt ihr diese Sicherheit und diese Fähigkeit, ihr Leid nicht als
Leid zu empfinden; ihre lautere Unbeirrbarkeit zieht den Cherub, die Hilfe
und die Gnade des Wunders, an. Dieses gefühlsverwunschene Mädchen steht
immer mit einem leisen Staunen vor der Realität, als trüge sie, offenen Auges,
das Bild ihres Traumes auf der Netzhaut.

Der Graf vom Strahl dagegen muß erst durch Vorurteile und Täuschungen
stoßen, bis er die rechte Deutung des Traumes, die Gewißheit seiner Bestim-

mung, findet. Als die beiden in der Sicherheit ihres Gefühls vereint sind, verwandelt sich ihnen die Welt: die Tochter des Waffenschmieds wird zur Tochter des Kaisers, der standesstolze Graf zum zärtlichen Liebhaber, die schöne Kunigunde wird erkannt als kosmetisch korrigierte Hexe, und der auf Ehre so bedachte Vater Schmied trägt ohne Murren die ihm vom Kaiser in einer Tanzpause verabreichten Hörner — die Wirklichkeit der Widerstände dieser Welt ist zur Täuschung geworden und der von der Welt als Täuschung betrachtete Traum zur Wirklichkeit: gesiegt hat das reine, unbeirrbare Gefühl; die tragische Verkettung hat sich gelöst im Märchen.

Am Anfang, beim Femgericht, sieht es keineswegs so aus, als könne diese Endstation Märchen jemals erreicht werden: mit einer großartig gespannten, messerscharfen Szene wird die Verhandlung über Käthchen eröffnet, über ein dem gemeinen Verstande nicht begreifbares Wesen. Diese Verhandlung muß am Schluß des Stückes geschlossen werden, weil es nichts zu richten gibt: Käthchen hat, in ihrer ganzen Existenz von einem Traumbild ergriffen, durch nichts anderes als durch die Unerschütterlichkeit ihres Gefühls den gemeinen Verstand ins Unrecht gesetzt. Dieser Umkehrprozeß beherrscht das Stück: Entwirklichung der Realität und Verwirklichung des Traums.

Meinungen: »Welche Krankhaftigkeit, welches schlaffe, aller Selbsttätigkeit sich entschlagende Insichleben geht durch diese magnetische Rittergeschichte! Das ist alles auf Hellseherei, auf Bleigießen, auf Zurückkehr in sich und innere Beschauung gebaut, Luftzellen für Magnetiseure, aber keine Wohnhäuser für Menschen mit Fleisch und Blut, für gesunde Menschen, für Menschen, die 70 Pulsschläge in einer Minute haben, für Menschen, wie sie das Drama braucht!« Moritz Gottlieb Saphir, 1843. — »Mit dem ›Käthchen‹ hatte Kleist eine Figur, aber keinen Stoff. Was er der Figur aus eignem mitgab, das Zarte, Nachtwandlerische, Hingebende, das seltsame Nebeneinander von Zauber und Verstiegenheit, Traum und Trotz, Grazie und Sprödigkeit, gehört zu den ewigen Wundern der deutschen Dichtung. Was er hinzutat, damit aus dieser poetischen Figur eine dramatische wurde, kommt aus dem historischen Arsenal der Leihbibliotheksromane«: K. H. Ruppel, 1937.

Prinz Friedrich von Homburg. ›Ein Schauspiel‹. Geschrieben 1809/11. Der Prinzessin Wilhelm von Preußen gewidmet, übermittelt und dazu bestimmt, Kleist die Gunst des Hofes zu erwerben. Tieck verschaffte sich das am Hof geringgeschätzte Manuskript 1814, drei Jahre nach Kleists Tod, und besorgte die Erstausgabe 1821. Erstaufführung unter dem Titel ›Die Schlacht von Fehrbellin‹ am 3. Oktober 1821 am Wiener Burgtheater.

Käthchen von Heilbronn und Graf Wetter vom Strahl auf dem Gemälde ›Der Traum‹ (um 1825) von Heinrich Anton Dähling (1773–1850)

Wer? Friedrich Wilhelm, Kurfürst von Brandenburg. Die Kurfürstin. Prinzessin Natalie von Oranien, seine Nichte, Chef eines Dragonerregiments. Prinz Friedrich Arthur von Homburg, General der Reiterei. Obrist Kollwitz, vom Regiment der Prinzessin von Oranien. Graf Hohenzollern, von der Suite des Kurfürsten.

Wo und wann? Bei Fehrbellin und in Berlin. 1675.

Was? Heinrich, Graf von Hohenzollern, führt den Kurfürsten und die Hofgesellschaft im Schloßpark von Fehrbellin zum Prinzen von Homburg, der sich schlafwandelnd einen Lorbeerkranz windet. Der Kurfürst schlingt um den Kranz seine Halskette und gibt ihn Prinzessin Natalie, seiner Nichte. Der Prinz spricht im Traum die Prinzessin als seine Braut an und findet, als

die Hofgesellschaft erschrocken entwichen und er erwacht ist, einen Damen-
handschuh in seiner Hand. Sein Traumbild, daß dieser Handschuh der Prinzessin gehöre, wird ihm am nächsten Tag bestätigt: Natalie vermißt ihn bei
ihrem Aufbruch mit der Kurfürstin, und der Prinz spielt ihr den Handschuh
zu, als habe sie ihn erst eben verloren.

Die Schlacht mit den Schweden steht bevor. Bei der Befehlsausgabe hört
der Prinz, innerlich mit dem Handschuh beschäftigt, nicht recht hin, als ihm
nach dem Schlachtplan streng verboten wird, ohne ausdrücklichen Befehl des
Kurfürsten in die Schlacht einzugreifen. Er hat dem Kurfürsten früher schon
zwei Siege verscherzt. Verführt von seinen ruhmverheißenden Traumgesich-
ten, führt er, obwohl nochmals davor gewarnt, seine Reiter vorzeitig in den
Kampf. Die Schweden werden geschlagen, doch, nach Ansicht des Kurfürsten,
nicht so entscheidend, wie dies ohne die Voreiligkeit des Prinzen möglich
gewesen wäre.

In Berlin befiehlt der Kurfürst, daß derjenige, der, »bevor ich Ordre gab«,
die Reiterei in die Schlacht geführt hat, vor ein Kriegsgericht gestellt wird.
Das Gericht verurteilt den Prinzen zum Tod. Heinrich von Hohenzollern
berichtet dem Prinzen, seinem Freund, daß die Vollstreckung nicht abzuwenden scheint. Überdies erfährt der Prinz, der den Ernst der Anklage nicht einsieht und nach anderen als kriegsrechtlichen Motiven für das Urteil sucht,
daß über eine Heirat der Prinzessin Natalie mit einem Angehörigen des
schwedischen Königshauses verhandelt wird. Auf dem Weg zur Kurfürstin,
die er um ihre Fürsprache bitten will, sieht er das Grab, das für ihn geschau-
felt worden ist. In panischer Todesangst bettelt er vor der Kurfürstin und
Natalie um sein nacktes Leben, verzichtet er auf seine Stellung als General
und auf die Hand Nataliens.

Natalie bittet für ihn bei ihrem Oheim, dem Kurfürsten: »Das Kriegs-
gesetz, das weiß ich wohl, soll herrschen, jedoch die lieblichen Gefühle auch.«
Als der Kurfürst von ihr erfährt, daß der Prinz um Gnade fleht, begnadigt er
ihn sofort — unter einer Bedingung: »Wenn er den Spruch für ungerecht
kann halten.« Der Prinz, auf diese Weise zur Entscheidung über seine Tat
aufgerufen, beginnt, seine Tat zu begreifen, und ist danach unfähig, die
Begnadigung anzunehmen: »Schuld ruht, bedeutende, mir auf der Brust, wie
ich es wohl erkenne; kann er nur vergeben mir, wenn ich mit ihm drum
streite, so mag ich nichts von seiner Gnade wissen.«

Das Offizierskorps hat, angeführt vom Obristen Kottwitz, eine Bittschrift
für den Prinzen unterschrieben. Der Prinz, der sich auf dem Weg zum Kurfürsten sein künftiges Grab hat zeigen lassen, ist nun fest entschlossen: »Ich
will das heilige Gesetz des Kriegs, das ich verletzt', im Angesicht des Heers,
durch einen freien Tod verherrlichen!« Als letzte Gnade bittet er darum,

daß der Friede mit den Schweden nicht durch die Hand Nataliens erkauft werde.

Der Prinz wird mit verbundenen Augen in den Garten des Fehrbelliner Schlosses geführt; der Kurfürst, der ihn begnadigt hat, führt Natalie mit dem von seiner Kette umwundenen Lorbeerkranz zum Prinzen. Der bekränzte Prinz fällt in Ohnmacht, fragt erwachend: »Nein, sagt! Ist es ein Traum?« Der Krieg gegen Schweden wird wieder aufgenommen.

Hinweise: Was man auch immer (und mit Recht) gegen Kriegsgerichte haben mag, das Todesurteil gegen den Prinzen von Homburg ist begründet: er hat, verführt von seinem Glückstraum, entgegen einem unmißverständlichen und vernünftigen Befehl, seine Reiterei vorzeitig in die Schlacht geführt. Daß man ihm mildernde Umstände zubilligen mag; daß die Schlacht — nicht aber der Krieg, wie es sich der Kurfürst erhofft hatte — trotzdem gewonnen worden ist, ändert nichts an der Tatsache, daß er aus persönlicher Ruhmsucht die Existenz des Staates im Krieg aufs Spiel gesetzt hat. (Und nichts kann einen modernen Soldaten mehr verbittern als ein Vorgesetzter, der nicht aus nüchterner militärischer Einsicht, sondern aus purem Ehrgeiz handelt und damit das Leben, den Sieg, das Ende des Krieges für alle gefährdet.) Ein einzelner, der aus privaten Gründen den Erfolg eines gemeinschaftlichen Unternehmens in Gefahr bringt, wäre auch der Verurteilung durch Zivilisten sicher.

Dennoch läßt Kleist den Prinzen durch den Kurfürsten begnadigen: der Prinz ist im gleichen Augenblick, da er um Gnade bittet, ein freier Mann. Die Gnade ist ihrem Wesen nach bedingungslos, und so entscheidet auch über die Bedingung, die der Kurfürst stellt — »wenn er den Spruch für ungerecht kann halten« — kein Kriegsgericht, sondern allein der Prinz, der damit zu seinem eigenen Richter eingesetzt wird. Der Prinz handelt, wie es sich der Kurfürst von ihm erhofft: er kann sich trotz äußerster Todesfurcht nicht freisprechen; er sieht ein, daß er der Gnade nicht würdig ist, und wird durch diese Einsicht, die dem Anblick des eigenen Grabes standhält, der Gnade würdig. Darin eine spezifisch ›preußische Ethik‹ zu sehen, wäre ein arges Mißverständnis, wie es Bertolt Brecht in einem ebenso witzigen wie schiefen ›sozialkritischen Sonett‹ bewußt gefördert hat: er legt den Prinzen als einen »Ausbund von Kriegerstolz und Knechtsverstand« auf den Rücken »mit allen Feinden Brandenburgs in Staub«. Es ist eine Ethik, ohne die kein Staat — im weniger extremen Fall: ohne die nicht einmal eine schäbige Firma — bestehen könnte.

Der preußische Hof hat denn auch wenig Gefallen an diesem schlafwandelnden Prinzen gefunden, der mit seinen somnambulen Zuständen, seiner

Todesfurcht und seinen Ohnmachten so sehr ein fehlbarer und der Gnade bedürftiger Mensch ist und so wenig der Schablone vom Preußentum entspricht. Der historische Prinz von Homburg war in der Tat ein ganz anderer Kerl: nach der Schlacht von Fehrbellin hat er auf der Walstatt zwischen »mehr als tausend Todten« ungerührt gefrühstückt, sich dortselbst »braff lustig gemacht« und darüber seiner Frau einen Brief voll gemütvoller Roheiten geschrieben.

Der Gehorsam, über dessen Berechtigung der Verurteilte hier selbst zu entscheiden hat, ist sowenig spezifisch preußisch, wie der Hamlet spezifisch dänisch ist, und am Schluß knallen nicht die Schüsse des Exekutionskommandos, sondern waltet die Gnade und erfüllt sich ein Traum. Ein Spiel zwischen Traum und Tag. Sie stehen zu Beginn in schroffem Gegensatz. Hier der Bereich der Nacht mit Treibhauslorbeer und Violen — dort der Bereich des Tages mit Säbel und Feldredoute. Hier der Schlafwandler, das Unbewußte und Irrationale — dort Befehlsausgabe, helle Bewußtheit und das höchst rationale Geschäft der Strategie. Hier die anarchische Kraft privater Ruhmsucht — dort der Anspruch der Gesellschaft und das Gesetz. Hier schwingender Lyrismus — dort Kasinokürze. Hier sprachliche Trunken-, dort Trockenheit. Sie durchdringen sich im Verlauf des Spiels und zehren voneinander. Der Prinz nimmt die Forderung des Tages in sich auf, der Kurfürst räumt dem Bereich der Nacht sein Recht ein. In dem Maße, in dem sich der Prinz innerlich dem Kurfürsten nähert, nähert sich der Kurfürst dem Prinzen. Die verborgenen Beziehungen, die auch den Kurfürsten mit den Kräften der Nacht verbinden, geben ihm seine überlegene Einsicht. In vollendeter Harmonie schwingt das Stück aus, während das Kampfgeschrei schon die Bewährung ankündigt, die die neugewonnene innere Position wird bestehen müssen. Durch seinen leisen Humor macht der Kurfürst die heimliche Komödie spürbar, die in diesem Schauspiel steckt, dem Tode dicht benachbart.

Meinungen: »›Der Prinz von Homburg‹ gehört zu den eigentümlichsten Schöpfungen des deutschen Geistes, und zwar deshalb, weil in ihm durch die bloßen Schauer des Todes, durch seinen hereindunkelnden Schatten, erreicht worden ist, was in allen übrigen Tragödien (das Werk ist eine solche) nur durch den Tod selbst erreicht wird: die sittliche Läuterung und Verklärung des Helden ... Kleist stieß mit dem ›Prinzen von Homburg‹ nun noch obendrein gegen einen Fleck, der zu seiner Zeit, wo Theodor Körner die Leute in seinen Trauerspielen ordentlich darum die Wette laufen ließ, wer zuerst sterben solle, zu den allerempfindlichsten gehörte. Todesfurcht und ein Held! Was zuviel ist, ist zuviel! Es war eine Beleidigung für jeden Fähnrich. ›Ein Butterbrot verlangen Sie von mir? das geb' ich Ihnen nicht!

*Der Mime. Anonyme Karikatur aus ›Musenklänge aus Deutschlands Leierkasten‹,
Reutlingen, um 1840. Von wenigen rühmlichen Ausnahmen abgesehen, entwickelte
sich auf den Bühnen im 19. Jahrhundert der ›Mime‹ zum Alleinherrscher: um seinen
Bedürfnissen nach Effekten zu genügen, wurde der Text, auch der Klassiker, rücksichtslos verstümmelt; an den Bühnen, an denen er als reisender Virtuose gastierte,
spielte er alle anderen Mitwirkenden an die Wand. Erst die Reformen des Herzogs
Georg II. von Meiningen — diszipliniertes Ensemble-Spiel und für jede neue Inszenierung eine neue, korrekte Ausstattung — machten diesem Unwesen allmählich
ein Ende. Der Herzog übernahm 1870 die Leitung seines Hoftheaters und übte durch
seine europäischen Gastspielreisen einen außerordentlichen Einfluß aus: er schuf ein
Theater der Dichter, in dem für Mimeneitelkeiten kein Platz mehr war, und bereitete
dem Naturalismus und einer neuen Kunst der Menschendarstellung den Weg*

Aber mein Leben mit Vergnügen!«: Friedrich Hebbel. — »Die Gleichheit des
Anfangsbilds und des Endbildes spricht das Ganze aus. Man sollte nicht
sagen: das opernartige Ende des Stücks nimmt den Anfang wieder auf;
sondern: der Anfang nimmt das Ende vorweg. Und zwar in einer Pantomime,
obschon gesprochen wird. Die Pantomime des Schlusses bedeutet, daß alles
erfüllt ist, was die Zeichen des Anfangs verhießen. Das Geisterhafte hat sich
mit der Wahrheit eines Menschen gesättigt, der vor dem Tod sich selber
begriff«: Max Kommerell. — »Der Kurfürst ist tatsächlich ein ›irdischer Gott‹
und das Verhältnis des Prinzen zu ihm als dem Repräsentanten der Wirklichkeit ist in entscheidenden Zügen dasselbe wie das von Mensch und Gott im
Neuen Testament. Damit hat sich in diesem Drama etwas für Kleists Werk
Unerhörtes begeben. Überall dort, wo bisher die Wirklichkeit seinen Menschen gegenübertrat und in ihr Leben eingriff, war es die Wirklichkeit als
harte, grausame, gefühllose, mit dem Menschen spielende Macht, eine abstrakte, ungreifbare Macht, die Zufall oder Gesetz heißen mochte oder Pest
oder Schicksal. Die Wirklichkeit war das andere, das den Menschen zermalmt.
Allein in ›Prinz Friedrich von Homburg‹ hat Kleist hindurchgefunden zu
einer echten, positiven Gestaltung der Wirklichkeit, zu einer echten Lösung
seines Grundproblems. Aus einem Drama der Hingabe des Menschen an das
Vaterland als letzten, absoluten Wert wurde ihm unter der Hand das ›Schauspiel des Menschentums‹, eine in die letzten Tiefen vordringende Gestaltung
des Verhältnisses von Ich und Wirklichkeit«: Friedrich Koch. — »Was ihm
(dem Kurfürsten) auch begegnen mag — der Aufstand der Offiziere, die Unsicherheit des Schlachtenausgangs —, er versteht es von seiner eigenen
Machterfahrung aus und steht da, ähnlich der Luthergestalt im Kohlhaas
als klassische Figur, obwohl mit dem Romantischen vertraut, so daß in ihm
das goethische Vermächtnis der Hochzeit von Faust und Helena vollzogen ist
und er zum leibhaftigen Porträt von Goethe selbst wird: so hat Kleist dem,
der ihn verleugnet und abgelehnt hatte, gehuldigt und ihn dicht neben den
Prinzen, der sein Selbstporträt war, als Freund und Gönner gestellt«: Ferdinand Lion. — »Homburg ist ein Träumer, ein Mann der verwirrten Klarsicht;
und Kurfürst Friedrich ist mehr ein Mensch der ahnungsvollen Sicherheit,
des Abwartens und Vertrauens als des Wissens und der rationalen Planung.
In ihnen allen *geschieht* das Leben, das ›dunkle, rätselhafte, irdische
Leben‹, und so erfahren sie es in seiner Totalität. Daß sie sich dabei selbst
ein Rätsel bleiben, eben das macht ihre Erfahrung vollständig«: Günter
Blöcker.

7. ÖSTERREICH: WIENER SPEZIALITÄTEN

Volkstheater und Burgtheater · Ferdinand Raimund: der Verzauberer · Johann Nestroy: der Entzauberer · Grillparzer: Rückzug ins Innenleben

Nun sollte aber damals in dem Theater der Leopoldstadt in solchen Stücken kein ernstes Liebesverhältnis mehr stattfinden, weil man in jeder Szene lachen wollte, und der Geschmack des Publikums war in dieser Hinsicht zu fürchten. Ich wollte aber meinem Märchen seine kindliche moralische Bedeutung nicht rauben, daher bemühte ich mich, es soviel als möglich mit komischen Szenen zu durchflechten.

Raimund in einem autobiographischen Aufsatz, 1836

Der Ernst hat eine feierliche Seite, eine schauerliche Seite, überhaupt viele sehr ernsthafte Seiten, aber ein elektrisches Fleckerl hat er doch immer, und da fahren bei der gehörigen Reibung die Funken der Heiterkeit heraus.

Edelschein in ›Die lieben Anverwandten‹ von Nestroy, 1848

Die Jugendeindrücke wird man nicht los. Meinen eigenen Arbeiten merkt man an, daß ich in der Kindheit mich an den Geister- und Feenmärchen des Leopoldstädter Theaters ergötzt habe.

Grillparzer

Dächer mögen anderswo die praktische Aufgabe haben, ein Haus nach oben abzuschirmen — in Wien scheinen sie vor allem das Standquartier für feurige Quadrigen und alternde Philosophen, die weise herunter auf die Plätze gucken. Wohin man blickt, stoßen Engel in die Posaunen, preschen Nackedeis über die Dächer, um im Laufschritt ein Wappen vorzuweisen, schmiegen sich üppige Frauen an die Fassaden, hocken, dichtgedrängt, allegorische Damen und Herren auf den Gesimsen und winken sich mit Lorbeerkränzen zu. Grimmige Männer mit Schmerbäuchen flankieren die Portale, kokette Karyatiden tragen ihre nicht lastende Last so lässig und elegant, als könnten sie jederzeit ihren Platz verlassen, um in einem feineren Nachtlokal aufzutreten. Ob die Amoretten und Putten nun im Barock geboren oder in den Gründerjahren imitiert worden sind — dies erscheint gar nicht so wichtig angesichts der Tatsache, daß Wien unter dem Schutz steinerner Engel gedeiht, einer Fallschirmtruppe aus dem ewigen Himmel der Allegorien, die hier die Dächer, die Gesimse und die Tore besetzt hält.

Der kraftvolle barocke Himmel Wiens, den nur die hauchzarte Gotik der Stephanskirche durchstößt, wölbt sich über Kirchen und Palästen, und er

nimmt auch das Theater unter seinen Schirm. Nichtösterreicher sollte man
in die Wiener Theater nur dann einlassen, wenn sie nachweislich unter dem
barocken und auch unter dem Ringstraßen-Himmel Wiens mindestens einen
Tag lang spazierengegangen sind und die Engel begrüßt haben: andernfalls
könnten sie das Wiener Theater, sofern es wirklich Wiener und nicht aus-
wechselbares großstädtisches Theater ist, leicht mißverstehen.

Volkstheater und Burgtheater

Das österreichische Volkstheater, das mit Raimund und Nestroy unsterblich
geworden ist, stammt unmittelbar ab von der italienischen Barockoper: der
Marionettenspieler, Zahnarzt, Komiker und Theaterdirektor Josef Anton
Stranitzky (1676 — 1726) übersetzte italienische Opernlibretti und arbeitete
sie in Sprechstücke mit gesungenen Chören, Couplets und Stegreifeinlagen
um, in denen dem Barockhelden der Hanswurst gegenübersteht.

Stranitzkys Hans Wurst ist eine originale Schöpfung; er unterscheidet
sich vom Clown der englischen Wandertruppen, vom Pickelhering der Holländer, von den Typen der italienischen Commedia dell'arte (siehe auch
Seite 293), vom Harlequin und Scapin der Franzosen: er ist bäuerlicher Ab-
kunft, ein »Salzburger Sau- und Krautschneider«. In gelben Hosen mit roten,
grün eingefaßten Hosenträgern über einem blauen Leibchen mit grünem
Herzen, trägt er eine offene rote Jacke, darüber eine Narrenkrause; das Haar
ist in einem senkrecht stehenden Knoten auf dem Kopf zusammengebunden,
ein grüner, spitzer Hut sitzt darauf; der Bart ist kurz und schwarz; eine
Holzpritsche, die ›Pistolese‹, steckt im Gürtel. Kein dummer, sondern ein
fest im Alltag stehender, verschmitzter Bauer: wenn er auf seine handfeste
Weise das gleiche tut wie der Herr und Held des Stückes, so sind die Lacher
auf seiner Seite und ist der Held in den Augen des Publikums zur komischen
Figur geworden. Wo sich der Held leidenschaftlich oder galant gibt, ist Hans
Wurst offenherzig und zielstrebig in seinen erotischen Wünschen: er läßt
»dem Kizl seinen Lauff«, ist derb bis zur Obszönität, und wenn er seine
Hosen verliert, so ist sein Hemd auf allzu natürliche Weise beschmutzt.
Stranitzky scheute sich nicht, bei einer ›Amphitruo‹-Aufführung seine beiden Sosiasse ihre hosenlosen Hinterteile zur Loge mit den vornehmsten Besuchern recken zu lassen — zu deren ausgesprochenem Vergnügen. Die
barocke Welt und der nicht mehr ganz so ungenierte Hans Wurst leben in
den Stücken Raimunds biedermeierlich verengt und verfeinert, doch ungebrochen weiter, und die barocken Wortspiele Hans Wursts spitzt Nestroy
satirisch zu.

Um das von der Wiener Stadtverwaltung neu erbaute ›Theater am Kärntnertor‹ stritten sich eine italienische Truppe und Stranitzkys ›Teutsche Komödianten‹, die seit 1707 im Ballhaus in der Teinfaltstraße spielten. Der Kaiserhof sprach italienisch, und die Italiener beherrschten die Wiener Barockoper; der Hof entschied, daß das neue Theater — am 30. Dezember 1710 — von den Italienern eröffnet wurde. Das Publikum aber ließ die Italiener im Stich, so daß sie aus finanziellen Gründen das Kärntnertortheater aufgeben mußten, und schon im Frühjahr 1711 zog Stranitzky ein. Damit hatte das Volkstheater in Wien, der damaligen Hauptstadt des Kaiserreiches, seinen festen Platz.

Die Überlieferung des Theaters, das nicht mehr sein will als Theater, ist in Österreich nie abge-

Josef Anton Stranitzky (1676–1726), Marionettenspieler, Komiker und Direktor der ›Teutschen Komödianten‹, zog 1711 mit seiner Truppe in das Wiener Theater am Kärntnertor ein. Damit hatte das Volkstheater seinen festen Platz in der Hauptstadt des Kaiserreiches. Stranitzkys Hans Wurst (links) war eine originale Schöpfung: kein dummer, sondern ein verschmitzter Bauer und handfester Parodist seines Herren. Illustration aus Stranitzkys ›Lustiger Reyszbeschreibung‹

brochen. Ohne diese barocke Tradition des Theaters als Fest der Sinne ist das deutsche klassische Theater entstanden: als sich Lessing, Goethe und Schiller an ihre Schreibtische setzten, um endlich die deutsche Klassik programmatisch herzustellen, waren sie Aufklärer und Erben der Aufklärung mit pädagogischer Absicht. So ist die deutsche Schaubühne vornehmlich zu einem Ort der Volkserziehung und Bildung geworden.

Der von Berlin enttäuschte Klopstock schlug Kaiser Josef II. vor, in Wien ein Nationaltheater zu errichten; Lessing sollte es leiten. Kaiserin Maria Theresia hatte 1741 das unbenutzte, an die Hofburg grenzende Ballhaus einem Theaterdirektor überlassen. 35 Jahre später, am 17. Februar 1776, dekretierte Josef II., »daß Seine Majestät der Kaiser geruhen, das Theater nebst der Burg zum Hof- und Nationaltheater zu erheben ... daß wir in der Wahl neuer Stücke nicht auf die Menge, sondern auf die Güte dieser Bedacht nehmen sollten ... zur Verbreitung des guten Geschmacks, zur Veredelung der Sitten«. Das ›Burgtheater‹ wurde damit zum ersten Theater in Europa, das mit der Pariser ›Comédie Française‹ in einen ernsthaften Wettstreit treten konnte. Künstlerisch verwalteten sich die Schauspieler selbst: abwechselnd führten die fünf Mitglieder eines Ausschusses je einen Monat lang Regie und entschieden über Spielplan, Besetzung und Ausstattung. Obwohl sich Josef II. nicht zu Unrecht als ›Freigeist‹ betrachtete, war die Zensur sehr engherzig. Kaum ein Stück des ›Sturm und Drang‹ durfte gespielt werden, doch trug der Schauspieler Friedrich Ludwig Schröder (siehe auch Seite 345), der die Stürmer und Dränger im Hamburger Nationaltheater herausgebracht hatte und am Wiener Burgtheater vier Jahre lang gastierte, entscheidend zur Entwicklung eines eigenen Burgtheater-Stils bei.

Als Josef Schreyvogel 1814 die künstlerische Leitung des Burgtheaters übernahm, jubelte er: »Lessing, Schiller und Goethe sind auf meinem Wege; kein anderer Deutscher ist vor oder neben mir, den ich nicht zu übertreffen hoffen dürfte.« Er verwirklichte Goethes Weimarer Idee eines Repertoires der bedeutendsten dramatischen Werke der Weltliteratur: er führte die Weimarer Klassiker auf, dazu den überall vernachlässigten Kleist, Molière, Holberg, die klassischen Spanier und machte die Burg zur Uraufführungsbühne für Grillparzer. Unter Heinrich Laube (1849–1867) und unter Franz von Dingelstedt (1870–1881) war das Burgtheater unter den deutschsprachigen Bühnen die erste. 1888 verließ es das Ballhaus und bezog am Ring den Bau, der 1944 ausbrannte und 1955 wiederhergestellt wurde.

Von Anfang an hatte das Volk Zutritt zum Burgtheater, zu einem Hoftheater — auch dies war eine zukunftsträchtige Entscheidung Josefs II. Keinen Zutritt zur Burgtheaterbühne hatten die Autoren und Schauspieler des Volkstheaters. So sind zwar Dramen von Grillparzer und Hebbel an der Burg aufgeführt, Nestroy und Raimund aber, der von einem verzehrenden Burgtheater-Ehrgeiz besessen war, zu ihren Lebzeiten nie dort gespielt worden. Joseph von Sonnenfels, der Berater Josephs II., wollte das Volkstheater sogar aus Wien vertreiben, der Kaiser jedoch ließ es im Theater am Kärntnertor leben, und es überlebte dort und in anderen kleinen Theatern. Unter Schreyvogel machte das Wiener Theater in der Burg den Sprung vom Barock in den Klassizismus; der Übergang vom Barock ins Biedermeier blieb den Volkstheatern der Wiener Vorstädte überlassen.

Raimund und Nestroy werden heute vom Burgtheater unnachahmlich und unübertrefflich aufgeführt — sie stehen im Repertoire neben Grillparzer und gehören nicht nur zum Pflicht-, sondern auch zum Vergnügungsprogramm jedes Theaterfreundes, der Wien besucht. In Österreich ist das Volkstheater ›klassisch‹ geworden, in Deutschland (und am Wiener Burgtheater bis zum ersten Weltkrieg) ist nur die Klassik klassisch, und das ist ein gewaltiger Unterschied. Noch heute fragt der deutsche Theaterbesucher: Womit muß ich mich auf der Bühne auseinandersetzen? Der österreichische: Wird's schön sein? Die Aufführung ist dem Wiener noch immer wichtiger als das Stück. Auch dies hat in Deutschland zur Vorherrschaft des Regie-Theaters, in Österreich zur Vorherrschaft des Schauspieler-Theaters geführt. Beide Methoden habe ihre Vorzüge und ihre Nachteile — großes Theater aber ergibt sich nur aus ihrer Harmonie.

Das alte Burgtheater, seit 1776 Hof- und Nationaltheater in Wien. 1888 bezog das Burgtheater den Bau am Ring, der 1944 ausbrannte und 1955 wiederhergestellt wurde

Ferdinand Raimund: der Verzauberer

»Die Neigung zur Schauspielkunst, durch den Besuch des k. k. Hoftheaters geweckt, erwachte schon sehr früh und mit solcher Heftigkeit in mir, daß ich schon als Knabe beschloß, nie einen anderen Stand zu wählen; doch war mein Sinn vorzugsweise dem Trauerspiel zugewandt, das Lustspiel begeisterte mich weniger, die Posse war mir gleichgültig.« In diesem Bekenntnis Ferdinand Raimunds liegt die Tragödie seines Lebens: er ist ein Meister des Lustspiels und der Posse geworden und hat immer das Trauerspiel, Grillparzer und das Burgtheater als unerreichbare Ideale betrachtet. Am 1. Juni 1790 im sechsten Wiener Bezirk geboren, verlor er mit fünfzehn Jahren beide Eltern, wurde von einem herumziehenden Theaterdirektor mit nach Ungarn genommen, war von 1813 bis 1817 Schauspieler am Wiener Theater in der Josefstadt, wo er auch den Franz Moor gab, aber im ›Lokalfache‹, in einer Lokalposse, den allergrößten Erfolg hatte. Von 1817 bis 1830 spielte er am Theater in der Leopoldstadt. Er hatte in dem »an vielen Fronten geführten Kampf Ferdinand Raimunds gegen Ferdinand Raimund« (:Hans Weigel) als Dreißigjähriger die Schauspielerin Luise Gleich geheiratet, obwohl er nicht sie, sondern die Kaffeesiederstochter Toni Wagner liebte; die Ehe wurde nach zwei Jahren geschieden, er lebte dann mit Toni zusammen. Als Dreiunddreißigjähriger arbeitete er, da das Theater dringend ein Stück brauchte, das Märchen ›Die Prinzessin mit der langen Nase‹ in die Posse ›Der Barometermacher auf der Zauberinsel‹ um und schrieb, durch den Erfolg ermuntert, noch sieben Stücke. Nach 1830 gastierte er in Berlin, Hamburg und München. Der Sechsundvierzigjährige, von einem tollwutverdächtigen Hund an der Hand geritzt, schoß sich eine Kugel in den Kopf und blieb noch sechs Tage bei Bewußtsein; er starb am 5. September 1836 in Pottenstein.

Sein Sinn war »vorzugsweise dem Trauerspiel zugewandt« geblieben, doch hatte er nichts anderes als Märchen- und Zauberspiele geschrieben, immer in der Furcht, seine Stücke könnten dem Vorstadtpublikum nicht komisch genug sein. Nur ›Moisasurs Zauberfluch‹ hatte er im Theater an der Wien aufführen lassen, »wo man den Ernst gelten ließ«, und dieses Zauberspiel hatte er auf dem Friedhof Weidling bei Klosterneuburg geschrieben. Seine Spiele sind bevölkert mit Zauberern und Geistern, mit Feen und Furien, mit Göttern und Genien, mit Personifikationen menschlicher Eigenschaften und zahllosen allegorischen Figuren. Seine barocke Welt, Himmel und Hölle umspannend, ist oft eines Calderon würdig, doch oft auch so heillos zwischen Pathos und Parodie, daß man nicht weiß, ob man nun mit dem oder gegen den Willen Raimunds lacht. Freilich hat sogar die unfreiwillige Komik so mancher von Raimund groß gemeinter Gebärden etwas

Erinnerungsblatt an Ferdinand Raimund (1790–1836), den Schauspieler und Drama-
tiker, mit acht Szenen aus seinen Stücken. Links von oben nach unten: Die gefesselte
Phantasie, Das Mädchen aus der Feenwelt, Der Diamant des Geisterkönigs, Der
Barometermacher auf der Zauberinsel; rechts von oben nach unten: Moisasurs
Zauberfluch, Der Alpenkönig und der Menschenfeind, Die unheilbringende Krone,
Der Verschwender. Kupferstich von C. Mahlknecht nach einer Zeichnung von
J. Haslwander

entwaffnend Liebes — durch seine Märchen-Einfalt lieb noch in der Bitter-keit. Antiker Mythos und romantisches Märchen, Barock, Rokoko und der Wurschtel des Volkstheaters tummeln sich neben- und durcheinander: die Wiener Vorstadt wird ins Zentrum des Universums gerückt, und das ganze Universum nimmt dabei die Lokalfarben der Wiener Vorstadt an.

Raimund war dort groß, wo er sich klein dünkte: im Lustspiel, in der Charakterposse. Hans Weigel faßte sein Dilemma in den Satz: »Ferdinand Raimund wollte Schiller und Shakespeare sein, so konnte er nicht ganz Ferdinand Raimund werden.« Er war ein naives Genie, und er will naiv ge-nossen sein: lieber soll man dort, wo es allzu verworren wird, gähnen als versuchen, das Verworrene aufzuklären. Deshalb nur ein paar Namen, Daten und Andeutungen: der volle Zauber seiner vertrackten Zauberhandlungen erschließt sich nur auf der Bühne — auf einer Wiener Bühne, vor der un-befangene Zuschauer sitzen.

Der Diamant des Geisterkönigs. ›Zauberspiel in zwei Aufzügen‹, uraufge-führt am 17. 12. 1824 im Theater in der Leopoldstadt mit Raimund als Florian. Geschrieben nach einem Märchen aus Tausendundeiner Nacht. Zu sechs Statuen muß die siebente gesucht werden, die kostbarer und seltener ist als alle andern: ein unschuldiges Mädchen, das Eduard dem Geisterkönig bringen muß, ohne sich ihr zu nähern. Statt des dafür versprochenen Dia-manten erhält Eduard vom Geisterkönig das Mädchen: »Ein Weib, wie die sein wird, ist der schönste Diamant, den ich dir geben hab' können.« Alle Geisterszenen sind parodiert; Kolombine und Hanswurst stecken in Mariandl und Florian Waschblau, der als Diener zwar dumm, gefräßig und verliebt ist, doch so pudeltreu, daß er sich zeitweise in einen Pudel verwandelt.

Das Mädchen aus der Feenwelt oder Der Bauer als Millionär. ›Romantisches Original-Zaubermärchen mit Gesang in drei Aufzügen‹, uraufgeführt am 10. 11. 1826 im Theater in der Leopoldstadt mit Raimund als Fortunatus Wurzel. Die von Raimund vorgesehene Heldin ist Lottchen, das Mädchen aus der Feenwelt: sie darf ihre Mutter, die Fee Lacrimosa, wiedersehen und erhält ihre durch Hochmut verlorene Geistermacht zurück, falls sie den Reichtum haßt und sich bis zu ihrem 18. Lebensjahr mit einem armen Mann verbindet, der ihre erste Liebe sein muß. Die Erlösungs-Feerie, samt dem ernsthaften Liebespaar Lottchen und Karl, ist jedoch blaß gegenüber der realistisch-humorvollen Welt des Fortunatus Wurzel. Dieser Bauer ist durch den Neid zum Millionär geworden, praßt dumm und herzlos in der Stadt, bis durch den Zauber der Feen bei einem Gastmahl die Jugend von ihm Abschied nimmt und das Alter sich seiner bemächtigt — er verflucht Reichtum und

Neid, wird in seine alte
Hütte zurückversetzt, von
seinen ehemaligen Bedien-
ten bedroht, vom Neid be-
schimpft, doch preist er als
›Aschenmann‹ die Zufrie-
denheit und wird begna-
digt. Wurzel ist kein Hanswurst mehr, sondern ein
großer Charakter. Das
›Aschenlied‹ und ›Brüder-
lein fein‹ sind sehr populär
geworden.

Moisasurs Zauberfluch.
›Zauberspiel in drei Auf-
zügen‹, uraufgeführt am
25. 9. 1827 im Theater an
der Wien. Ein Schauspiel
der Gattenliebe mit zwei
guten und zwei schlechten
Ehepaaren. Es spielt teils in
einer indischen Landschaft,
teils in einem Alpental, dessen Bewohner sehr realistisch
gezeichnet sind: selbstsüchtig, verschmitzt, herzlos, verlogen. Steinbrecher Hans
und Mirzel sind ein guther-
ziges Papageno-Papagena-
Pärchen. Die Haupthand-
lung nimmt Motive der
›Alkestis‹ des Euripides auf

*Ferdinand Raimund in seinem romantischen Origi-
nal-Zaubermärchen ›Das Mädchen aus der Feenwelt oder Der Bauer als Millionär‹ als Fortunatus
Wurzel mit Constanze Dahn, geborene Le Gaye,
der Frau des Schauspielers Friedrich Dahn (1811 bis
1889) und Mutter des Schriftstellers Felix Dahn
(1834–1912). Anonyme Lithographie von einem
Gastspiel in Hamburg, 1831*

(siehe auch Seite 62), die durch eine Oper von
Gluck-Calsabigi und viele Parodien in Wien populär war. Während Hoanghu,
der Herrscher eines indischen Diamantenreiches, im Kriege ist, wird sein
Reich und jeder, der es betritt, von Moisasur, dem Dämon des Übels, ver-
steinert und Hoanghus Frau Alzine in ein altes Weib verwandelt, das die
Empfindungen der Jugend behält. Moisasur läßt sie diamantene Tränen
weinen, damit sie in die Hände habsüchtiger Menschen fällt, und in einem
Alpental aussetzen. Der Fluch löst sich erst, wenn sie in den Armen des

Todes Freudentränen weint — dies geschieht, als ihr Gatte Hoanghu, dem der Genius der Tugend hilft, die Hälfte seines Lebens für ihr Leben bietet.

Die gefesselte Phantasie. ›Original-Zauberspiel in zwei Aufzügen‹, uraufgeführt am 8. Januar 1828 im Theater in der Leopoldstadt mit Raimund als Nachtigall. Hermione, Königin der Halbinsel Flora, muß einen würdigen Mann heiraten, um die Macht der Zauberschwestern zu brechen; sie will einen Dichter, der »ein Gedicht ersinnt, das an Wert hoch über allen andern steht«. Gegen den von Apollo und der Phantasie begnadeten Dichter, den Hirten Amphio, lassen die Zauberschwestern einen Wiener Heurigen-Harfenisten, den versoffenen, groben, doch mit Mutterwitz begabten Nachtigall, auftreten. Wenn er von der gefesselten Phantasie Inspiration fordert, weist sie ihn (mit gegen Metternichs Zensur gerichteten) Sätzen ab: »Die Phantasie muß frei sein, wenn sie dichten soll. Nie wird sie dir in Fesseln dienen.« Für das Publikum ist nicht der von Raimund vorgesehene Held Amphio, schwach als Dichter und Liebhaber, sondern Nachtigall die Hauptperson.

Der Alpenkönig und der Menschenfeind. ›Romantisch-komisches Märchen in drei Aufzügen‹, uraufgeführt am 17. Oktober 1828 im Theater in der Leopoldstadt mit Raimund als Rappelkopf. Was bei Raimund so oft gegeneinandersteht — die Zauberhandlung mit ihrem gestelzten Pathos und der Realismus seiner Volksgestalten —, ist hier eine vollkommene Einheit. Grillparzer bemerkte, daß der misanthropische Raimund in dem Menschenfeind Rappelkopf »in der wunderlichen Hauptperson ein wenig sich selbst habe kopieren können«. Rappelkopf, von Natur aus gutmütig und gutherzig, steigert sich in das böse Gehabe eines Menschenfeinds. Sein Verfolgungswahn wird, damit er geheilt werde, vom Alpenkönig zunächst ins Extrem getrieben; dann tritt der Alpenkönig als Rappelkopfs Doppelgänger auf und spielt ihm vor, wie unerträglich er ist. So wird Rappelkopf durch sein Spiegelbild in einer Szene von hinreißender Komik, in der er sich seiner eigenen Widerlichkeit langsam bewußt wird und sich mit sich selber schießen möchte, zur Vernunft gebracht: »Damals ein Menschenfeind und in meinem Leben nimmermehr.«

Die unheilbringende Krone oder König ohne Reich, Held ohne Mut, Schönheit ohne Jugend. ›Original-tragisch-komisches Zauberspiel in zwei Aufzügen‹, uraufgeführt am 4. Dezember 1829 im Theater in der Leopoldstadt mit Raimund als Zitternadel. In einer großen, vielverschlungenen Allegorie kämpfen Phantasie und Liebe, verkörpert in dem Dichter Ewald, gegen die verabsolutierte böse Macht, verkörpert in dem Usurpator Phalarius. Ein Unterkampf der Unterwelt — Hades tritt persönlich auf — gegen die Götter, deren charmanteste Vertreterin Lucina den Dichter mit einer Zauberfackel ausstattet, damit er drei absurde Aufgaben lösen kann, um die Weltordnung wiederherzustellen: er beschafft einen König ohne Reich, einen Helden ohne Mut, eine Schönheit ohne Jugend. Der Held ohne Mut ist der Dorfschneider Simplicius Zitternadel, ein sympathischer Märchenheld wider Willen, berauscht von seinen unfreiwilligen Erfolgen und doch bescheiden, eine Art realistischer Sancho Pansa neben dem Dichter-Idealisten Ewald.

Der Verschwender. ›Original-Zaubermärchen in drei Aufzügen‹, uraufgeführt am 20. Februar 1834 im Theater in der Josefstadt mit Raimund als Valentin. Der reiche Julius von Flottwell gerät durch seine verschwenderische Freigebigkeit in Armut und Elend. Als er an seinem 50. Geburtstag seinem Leben ein Ende machen will, gibt ihm der Bettler Azur, ein Spiegelbild des fünfzigjährigen arm gewordenen Flottwell, alle Geschenke zurück, die er einst von Flottwell erhalten hat: »Was du den Armen gabst, du hast's im vollen Sinne selber dir gegeben.« Azur, eine teils phantastische, teils realistische Gestalt, ist der dienstbare Geist der Fee Cheristane, die ihn zum Schutze Flottwells bestimmt hat. Flottwell wird sein durch Azur wiedergewonnenes Vermögen mit dem Tischlermeister, seinem ehemaligen Diener, teilen und bei ihm und seiner Familie leben: Valentin war der einzige, der den arm gewordenen Flottwell bei sich aufnehmen wollte.

Raimund verurteilte das vergeudete Leben Flottwells, den er durch Azur und Valentin nur vorm Undank der Menschen schützen wollte. Die uneingeschränkt vorbildliche Gestalt seines naiv-moralischen Zaubermärchens ist der brave, edelmütige Valentin, der es durch Güte und Genügsamkeit zu einem bescheidenen Glück gebracht hat. Seine Frau Rosa, die ehemalige Kammerzofe im Hause Flottwells, ist aus der schnippischen Kolombine hervorgegangen und zu einer guten Mutter, wenn auch mit reschem Mundwerk, geworden — die realistische Ergänzung des idealisierten, rührenden Valentin. Seine schlichte Lebensphilosophie singt er im Hobellied: Was ist vorm Himmel arm oder reich? »Das Schicksal setzt den Hobel an und hobelt s' beide gleich.« Vor dem Tod stellt er sich »im Anfang« taub, »doch sagt er: Lieber Valentin, mach keine Umständ', geh! Da leg' ich meinen Hobel hin, und sag der Welt adje!«

Wie im ›Alpenkönig‹ ist es Raimund im ›Verschwender‹ noch einmal gelungen, Allegorie und Alltag, Märchen und Moral, Poesie und Pädagogik miteinander zu vereinen. Die Erwartung des begeisterten Wiener Publikums, das Zaubermärchen werde auf Befehl des Kaisers auf dem Burgtheater er-

scheinen, wurde nicht erfüllt — nichts hatte sich Raimund, dessen Ehrgeiz
und Selbsteinschätzung weit über das ›Volkstheater‹ hinausgingen, mehr
gewünscht, doch wurde sein Wunsch erst rund ein halbes Jahrhundert nach
seinem Tod, am 18. Oktober 1885, erfüllt.

Johann Nestroy: der Entzauberer

Als Ferdinand Raimund in seinem Todesjahr 1836 Nestroys Posse ›Lumpazivagabundus‹ sah, soll er zu Franz von Marinelli, dem Direktor des Leopoldstädter Theaters, gesagt haben: »Neben 'n Nestroy bin i nix mehr; no,
machen m'r halt Platz!« Seine Begleiterin hörte von ihm nach der Vorstellung: »Das kann i nit! Aber i siech, das g'fallt, i hab' selber lachen müssen—
no, so is's halt mit mir und meine Stück gar. Alles umsonst!«
   Natürlich war Raimunds Lebenswerk nicht umsonst, doch hat er dem elf
Jahre jüngeren Nestroy Platz gemacht. Raimund hatte den ungestillten Ehrgeiz, große Bühnendichtungen für das Burgtheater zu schreiben. Nestroy
dagegen sagte: »Bis zum Lorbeer versteig ich mich nicht, g'fallen sollen
meine Sachen, unterhalten, lachen sollen d' Leut und mir soll die G'schicht
a Geld tragen, daß ich auch lach, das ist der ganze Zweck.« Wenn Raimund
seine Zaubermärchen schrieb, dann verstieg er sich bis zum Lorbeer und
suchte ihn nicht dort, wo er ihm in der Tat zu überreichen ist: im irdisch-
realistischen Bereich seiner Märchen, sondern dort, wo ihm die Nachwelt den
Lorbeer verweigert: im überirdischen, zauberisch moralisierenden Bereich.
Wenn Nestroy den Zauber überhaupt benutzte, so verspottete er ihn; er
hielt sich an die Erde und ihre Bewohner, entzauberte auch sie und verspottete sich selbst: »Was hat denn die Nachwelt für mich getan? Nichts! Gut,
das nämliche tu ich für sie!«
   Raimund ist naiv, gläubig, pathetisch, romantisch, verklärend, resigniert
— Nestroy ist ironisch, skeptisch, antipathetisch, antiromantisch, entlarvend,
angriffslustig. Raimund blickt von seiner Biedermeierstube in den Barock-
himmel — Nestroy zieht die philosophischen Hausknechte den philosophie-
renden Engeln vor und sprengt die Biedermeierstube in die Luft, wobei er,
nach Karl Kraus, boshafterweise »seine Welt erst sprengte, nachdem er sie
in der Überzeugung gefestigt hatte, daß sie die beste der Welten sei«. Raimund besaß Gemüt und Humor und glaubte an das gute Herz — Nestroy
verspritzte Galle und Witz, und nichts war ihm so verdächtig wie das gute
Herz: »Es gibt sehr wenig böse Menschen, und doch geschieht so viel Unheil
in der Welt; der größte Teil dieses Unrechts kommt auf Rechnung der vielen,
vielen guten Menschen, die weiter nichts als gute Menschen sind.« Nestroy

war ein Voltairianer, ein ironischer Aufklärer, ein — wienerisch ausgedrückt — josefinischer Mensch.

Gemeinsam haben sie nur dies: beide haben die falsche Frau geheiratet und nach der raschen Scheidung mit einer anderen gelebt, die sie als Katholiken nicht heiraten durften; beide waren im Hauptberuf Schauspieler und schrieben ihre Stücke, weil sie Rollen für sich selber brauchten und weil Theater und Publikum danach verlangten. Sie sind sich gegenseitig zum Schicksal geworden: Nestroy hat auf der Bühne Raimund-Rollen gespielt, in Graz den Menschenfeind Rappelkopf in Raimunds ›Alpenkönig‹ so wenig raimundisch-gemüthaft, daß ihn ein Kritiker den ›Menschenfresser‹ nannte. So verhinderte Raimund, soweit es in seiner Macht stand, daß in Wien in seinen Stücken der Schauspieler Nestroy auftrat, der nun auf diese Weise gezwungen wurde, sich selber Stücke zu schreiben.

Nestroy, geboren am 7. Dezember 1801 in der Wiener Innenstadt, sollte Hofadvokat werden wie sein Vater. Er besuchte das vornehme ›Akademische Gymnasium‹ und das exklusive ›Schotten-Gymnasium‹, studierte Philosophie und Jura, doch interessierte er sich mehr für Musik und für seine Stimme und verließ die Universität kurz vor dem Abschluß seines Studiums. Im zweiundzwanzigsten Lebensjahr wurde er für erste Baßrollen an die Wiener Hofoper engagiert, debütierte als Sarastro in Mozarts ›Zauberflöte‹ und ging nach einem Jahr an das Deutsche Theater in Amsterdam. Dies gab ihm die materielle Möglichkeit zu heiraten. Seine Frau zog ihm einen ungarischen Grafen vor und ließ ihn mit einem Kind sitzen. In der österreichischen Provinz, in Brünn, Graz und Preßburg, spielte er rund 450 Rollen, ernste und komische, den Geßler im ›Tell‹ wie den Just in Lessings ›Minna‹, vor allem aber Rollen mit Gesang der Wiener Volkskomödie, bis er, dreißig Jahre alt, nach Wien kam, ans ›Theater an der Wien‹ — seine Opernkarriere war damit zu Ende, doch war er bald einer der beliebtesten Volksschauspieler und Possenschreiber. Mehr als einen hinreißenden Spaßmacher in ihm zu sehen, ist seiner Mitwelt nie eingefallen. Er hatte die Soubrette Maria Weiler nach Wien mitgebracht, machte sie zur Herrin seines Hauses, zur Mutter seiner Kinder, nannte sie stets »die Frau Weiler« und ließ sich von ihr tyrannisieren. 1845 ging er in das Theater in der Leopoldstadt. 1854 übernahm er als Pächter die Direktion des ›Carl-Theaters‹; er behielt sie bis zu seinem — von zahlreichen Gastspielen unterbrochenen — Rückzug von der Bühne im Jahre 1860.

In seinen letzten dreißig Lebensjahren, von 1832 bis 1862, hatte er nicht weniger als 66 Stücke geschrieben, Possen ›mit Gesang‹ (Musik meist von Adolf Müller, 1801—1885), mit Couplets und Duetten. Davon waren rund dreißig sehr erfolgreich; rund zwanzig gehörten zu seinen Lebzeiten zum

Wiener Repertoire und wurden allein in Wien mehr als hundertmal aufgeführt. Er starb in Graz am 25. Mai 1862 und wurde auf dem Währinger Friedhof in Wien beigesetzt. Halb Wien trauerte um ihn, doch die Nachwelt flocht zunächst nur dem Mimen Nestroy Kränze — sie vergaß den Dramatiker, und wer auch hätte seine Rollen mit ihren aktuellen Couplets und Improvisationen spielen können? Erst nach zwanzig Jahren wurden seine Stücke wieder ausgegraben, und erst fünfzig Jahre nach seinem Tod wurde der Nachwelt Nestroys Rang durch Karl Kraus ins Bewußtsein gebracht.

Von Nestroy wird berichtet, er sei liebenswürdig, bescheiden, ja schüchtern und gehemmt gewesen. Dem Schauspieler Nestroy, einer langen, schlottrigen Gestalt von ebenso komischer Eckigkeit wie Beweglichkeit, werden nachgerühmt: ungezügelte Kraft, überschäumender Mutwille, die Kunst der Improvisation, des vielsagenden, die Zensur überspielenden Schweigens, der stummen Pointen durch effektsichere Gebärden und die Dämonie des Verneinens.

Der Dramatiker Nestroy las sich die Stoffe auf, wo er sie fand, meist in französischen Vaudevilles: er benutzte ungeniert vorgefertigte Situations- und Handlungs-Schablonen, künstliche Welten, die auf neue Weise komisch wurden, sobald sie Nestroy mit seinen Gestalten und ihrer natürlichen Drastik bevölkerte. Bürger aller Schichten suchten und fanden bei Nestroy die Freiheit, die es im Österreich Metternichs nicht gab: im Theater lachten sie über sich und ihre eigene Misere. Wenn Nestroy die Reichen sarkastisch herunterputzte, so wurde er doch keineswegs sentimental vor den Armen, denen er nicht minder die Leviten las. Er war mehr als ein von der Zensur zu den gerissensten Tricks gezwungener Zeit- und Gesellschaftskritiker, er war ein bitterer Kritiker der Welt und der Menschen überhaupt: sein Arzt Kampl sagt über die Welt: »Der Teufel soll sie holen . . . Das tut er nicht. Der Teufel holt nie, was man will«, und über die Menschen meint Nestroy: »Ich glaube von jedem Menschen das Schlechteste, selbst von mir, und ich habe mich noch selten getäuscht.« Wenn er auf Wunsch der Direktion und des Publikums an seine ungemütlichen Stücke ein konventionelles gemütliches Ende anpappt, so drückt sich auch darin seine souveräne Weltverachtung aus, die vor dem eigenen Werk nicht haltmacht.

Nestroy schrieb sich und seinem Bühnen-Partner, dem trägen und fetten Schauspieler Wenzel Scholz die Rollen auf die grundverschiedenen Leiber. Scholz war die Verkörperung der Dummheit und auch der Herzenseinfalt einer Raimund-Figur. Nestroy dagegen, von Otto Stoessl porträtiert: »Er liebt den Hochmut vor dem Fall, den Spott für den Schaden und die Melancholie der Enttäuschungen, Hinauswürfe, der Entlarvungen, den Trotz und Hohn des Unterlegenen, der sich gescheiter weiß als die anderen. Er sieht sich lieber

frech als dumm, lieber toll als vorsichtig, lieber ein Schurke als ein Spießbürger, lieber ein Narr oder Gauner als eine Schlafmütze. Wählt er aber
einen ihm eigentlich verhaßten Charakter, so macht er ihn durch die Bosheit
der Schilderung irgendwie grandios.«

Parodie ist Nestroys Antriebskraft. Er parodiert den Stil seiner Vorlagen,
die Sprache der Kanzleien und die große Oper in den ›Quodlibets‹; er beherrscht alle Schattierungen zwischen Dialekt und Hochdeutsch, und wenn
bei ihm Hochdeutsch gesprochen wird, so klingt es, mitten im Dialekt, als
parodiere sich das Hochdeutsche selbst. Die barocke Lust am Wortwitz und
am Wortspiel führt bei ihm zum Gedankenspiel und aus dem Spiel in den
tödlichen Ernst. Mit ›Judith und Holofernes‹ parodierte er 1849 Hebbels
›Judith‹, und wer diese Parodie jemals gelesen hat, der kann bei Hebbel
nicht mehr ernst bleiben. Wenn Nestroys Holofernes sagt: »Ich möcht mich
einmal mit mir selbst zusammenhetzen, nur um zu sehen, wer der Stärkere
ist, ich oder ich«, so wird Hebbel überhebbelt. »Man sattle mir das buckligste
meiner Kamele« — der absurde Superlativ dieses Befehls trifft Hebbels
superlativischen Holofernes mitten ins Herz. Hebbel verachtete Nestroy und
sagte, wie Friedrich Theodor Vischer berichtet, von ihm: »Wenn der an einer
Rose nur gerochen hat, so stinkt sie.«

Die Handlungen der Nestroy-Stücke nachzuerzählen, hieße: Nestroy auf
das verkleinern, was nicht von ihm stammt und ihm nur Anlaß für seinen
Eigenwuchs gewesen ist, für die Sprachakrobatik eines Monolog-Philosophen
und scharfsinnigen Menschen-Enthüllers. Aber ein paar Andeutungen
können nichts schaden.

Der böse Geist Lumpazivagabundus oder Das liederliche Kleeblatt. ›Posse
mit Gesang‹, uraufgeführt am 10. April 1833 im Theater an der Wien mit
Nestroy als Knieriem. — In diesem frühen, schlecht gebauten, trotzdem oft
gespielten Stück ist Nestroy in der Form noch in der Nähe Raimunds: Geister
greifen in das Schicksal der Menschen ein; die Menschen freilich beherrschen
schon die Szene. Der böse Geist Lumpazivagabundus, der die Söhne der
Zauberer zum Luderleben verführt hat, glaubt nicht daran, daß Reichtum
die Menschen bessere. Es kommt zu einer Wette zwischen Fortuna, der Beherr-
scherin des Glücks, und Amorosa, der Beschützerin der Liebe: drei Vagabunden
werden von Fortuna reich gemacht; wenn nur zwei durch den Reichtum zum
soliden Leben geführt werden, hat Fortuna gewonnen; bleiben aber zwei trotz
Reichtum liederlich, so ist Amorosa die Siegerin, und Fortuna muß ihre Tochter Brillantine dem Zauberersohn Hilaris zur Frau geben, der mit Amorosa
glaubt, daß nur die Liebe die Menschen bessern könne. Fortuna sorgt dafür,
daß drei Vagabunden in der Lotterie 100 000 Taler gewinnen: der melan-

Das liederliche Kleeblatt
Zauberposse von N. Nestroy

Knieriem: Ich trank nur halb einen Rausch an, wie ich seit den letzten Cometen heim geht hab.
Leim: Drauet aber geb mir jechter Wien. Und wer mir horcht der giengt Schlag, der geht, la läg zu.

Nestroy spielte bei der Uraufführung seiner Posse
›Der böse Geist Lumpazivagabundus oder Das liederliche Kleeblatt‹ am 10. April 1833 im Theater an
der Wien den melancholischen Schustergesellen Knieriem (links). Den Leim spielte Carl Carl (1787 bis
1854), seit 1826 Pächter und Direktor des Theaters
an der Wien, seit 1838 Besitzer des Leopoldstädter
Theaters, das er 1847 niederriß; an seiner Stelle erbaute er ein neues Komödienhaus, das ›Carl-Theater‹,
eröffnet am 10. Dezember 1847. Den Zwirn gab
Nestroys Gegenpart, der dicke und träge Komiker
Wenzel Scholz (1787–1857)

cholische Schustergesell
Knieriem, ein philosophi-
scher Säufer, der den nahen
Weltuntergang als Vor-
wand zum Rausch benutzt:
»Da wird einem halt angst
und bang, die Welt steht
auf kein' Fall mehr lang«;
der leichtfertige Schneider-
gesell Zwirn, der sich im
Luxus seines Berufes schämen wird; der von Hause
aus fröhliche Tischlergesell
Leim, der mit dem Schick-
sal hadert, weil er seine
geliebte Peppi verloren
glaubt. Durch den Lotterie-
Gewinn wird nur Leim
solide und heiratet seine
Peppi. Knieriem trinkt
nun Wein statt Bier, und
Zwirn verpraßt das Geld
als snobistischer Lebe-
mann. Fortuna hat die
Wette verloren, Hilaris
und Brillantine dürfen
heiraten. Amorosa bringt
durch die Macht der Liebe
auch noch Knieriem und
Zwirn zum bürgerlichen
Leben. Die so skeptische
Posse mündet in einer Idylle: das Vagabundenleben der drei Gesellen ist zu
Ende; als Meister haben sie zusammen ein Haus bezogen und erfreuen sich
des Segens ihrer Arbeit und ihrer Familien. Diese moralische Beruhigung
freilich ist ohne innere Logik unglaubwürdig angeklebt, und Nestroy hat sie
ein Jahr später in der allerdings erfolglosen Fortsetzung ›Die Familien Zwirn,
Knieriem und Leim oder Der Weltuntergangs-Tag‹ wieder zurückgenom-
men: die Ehen sind unglücklich, Zwirn und Knieriem bleiben unverbesserlich. Dazu der Wiener Kritiker Hans Weigel: »Liederlichkeit in dreifacher
Gestalt als Selbstschutz gegen die Hölle der Existenz.«

In seiner Lokalposse ›Zu ebener Erde und erster Stock oder Die Launen des Glückes‹
zeigt Nestroy auf geteilter Bühne zugleich die Reichen in der Beletage und darunter
im Erdgeschoß die Armen. Während oben getafelt wird, fragen unten die Kinder:
›Krieg'n wir heut' gar nichts als Brot?‹ und Schlucker meint dazu: ›So lang wir das
noch hab'n, dankt's Gott‹. Farbstich aus Bäuerles ›Theaterzeitung‹

*Müller, Kohlenbrenner und Sesseltrager oder Die Träume von Schale und
Kern.* ›Posse mit Musik‹, uraufgeführt am 4. 4. 1834 im Theater an der
Wien. Neu bearbeitet von Hans Weigel. Ein Müller, ein Kohlenbrenner und
ein Sesseltrager werden kurz vor ihrer Heirat trübselig, weil sie meinen, daß
alle Romantik, die sie vom Leben zu fordern haben, nun im Ehe-Alltag
untergehen wird. Um sie zu heilen, schickt ihnen Rübezahl drei Träume. Im
ersten Traum werden sie reich, aber durch das Geld verbittert und bringen
sich um. Im zweiten Traum heiraten sie nur aus Liebe, aber die Liebe vergeht, und sie bringen sich um. Im dritten Traum werden sie berühmt als
Dichter, Musiker und Sänger, aber im Alter schwindet der Ruhm, und sie
verhungern. Aus den Träumen erwacht, bescheiden sie sich damit, daß ihnen
des Lebens ›goldene Mittelstraße‹ geblieben ist. — Nestroy spielte in der
ersten Abteilung die Rolle des Rot, in der zweiten den Herfort, in der dritten
den Steinröthel.

Zu ebener Erde und erster Stock oder Die Launen des Glückes. ›Lokalposse mit Gesang‹, uraufgeführt am 24. November 1835 im Theater an der Wien; Nestroy spielte den Johann, einen gewissenlosen zynischen Diener. — Auf geteilter Bühne werden gleichzeitig die Armen im Erdgeschoß und die Reichen in der Beletage gezeigt. Die Armen sind den Reichen moralisch keineswegs überlegen: für Geld sind sie bereit, ihren Sohn Adolf aus dem Haus zu schicken, damit er, der Emilie, die Tochter des Millionärs Goldfuchs, liebt, dem Hausbesitzer Zins nicht im Wege stehe, der Emilie ebenfalls haben möchte. Die Armen denken nicht daran, ihre Abmachung einzuhalten, als sich herausstellt, daß Adolf, der nur ihr Pflegesohn ist, durch seinen totgeglaubten Vater reich wird. Die Reichen werden arm, die Armen werden reich, sie tauschen ihre Stockwerke, und wenn der reich gewordene Adolf schließlich die arm gewordene Emilie heiratet, so bleibt kein Zweifel, daß auch dies nur zu den ›Launen des Glückes‹ gehört, denen die Menschen ausgeliefert sind.

Die beiden Nachtwandler oder Das Notwendige und das Überflüssige. ›Posse mit Gesang‹, uraufgeführt am 6. 5. 1836 im Theater an der Wien; Nestroy spielte den Fabian Strick. — Der arme Seiler Sebastian Faden rettet nachtwandelnd und ahnungslos einem reichen Lord das Leben und darf sich dafür von dem Lord alles für das Leben Notwendige, doch nichts Überflüssiges wünschen. Bei seinem Hochzeitsmahl wird er zum Übermut verführt und verlangt von seinem Wohltäter, den er für einen Zaubergeist hält, das Überflüssige: der Lord soll sich seinen häßlichen Bart abschneiden. Der Hochzeiter wird in seine arme Ausgangssituation zurückversetzt — er ist, samt seinem Gesellen Fabian Strick, der als falscher Nachtwandler bei einem Nachbarn einen Schinken stiehlt, durch die Erfüllung seiner notwendigen Wünsche nicht besser geworden.

Der Färber und sein Zwillingsbruder. ›Posse mit Gesang‹, uraufgeführt am 15. 1. 1840 im Theater an der Wien; Nestroy spielte die Doppelrolle der Zwillingsbrüder. Bearbeitet von Hans Weigel. — Eine Satire auf das Militär mit einer Doppelrolle für einen großen Komödianten: die ungleichen Zwillingsbrüder Kilian und Hermann Blau. Kilian ist Färber, ein schüchterner, argloser Zivilist ohne jede ›Kurasch‹; Hermann ist Sergeant beim Zoll, ein Draufgänger und Schürzenjäger. Um seinen martialischen Bruder zu retten, muß der zivilistische Färber in dessen Uniform schlüpfen und stellvertretend den Helden markieren — »Ich werd' doch ein Bruder sein, der sich g'waschen hat, was ich alles tu und unternimm!« — sein friedfertiges Wesen liegt im Kampf mit dem heroischen Zwang seiner Uniform, und gerade durch seine liebenswürdige Schüchternheit wird er zum unfreiwilligen Helden, gewinnt eine Schlacht und besteht jede gefährliche Situation. — Josef Meinrad, ein hinreißender Nestroy-Spieler, hat mit dieser Doppelrolle in Österreich, Deutschland und der Schweiz triumphale Erfolge errungen.

Der Talisman oder Die Schicksalsperücken. ›Posse mit Gesang‹, uraufgeführt am 16. Dezember 1840 im Theater an der Wien mit Nestroy als Titus. — Der Barbiergeselle Titus Feuerfuchs hat beruflich und privat unter seinen roten Haaren zu leiden. Sein kometenhafter Aufstieg beginnt, sobald ihm eine schwarze Perücke als Talisman geschenkt wird. Witwen umwerben ihn und stecken ihn in die Anzüge ihrer verstorbenen Männer. Der schwarzen Perücke im Schlaf beraubt, bedient er sich einer blonden Perücke, wird darauf Sekretär einer Freifrau, wird als Perückendieb entlarvt und verjagt, tritt seinem Onkel, dem reichen Bierversilberer Spund, mit einer grauen Perücke entgegen und behauptet, aus Kummer über die bisherige Lieblosigkeit des Onkels ergraut zu sein. Als der darob gerührte Onkel ihn zum Universalerben einsetzen will, wird er von den Witwen wieder begehrt, doch abermals als Perückenträger entlarvt. Er verzichtet auf die Erbschaft, sein Onkel richtet ihm einen Barbierladen ein, und er heiratet keine der liebes- und geldsüchtigen Witwen, die rote Haare nur bei einem reichen Erben in Kauf nähmen, sondern die Gänsehüterin Salome Pockerl, die ebenfalls unter roten Haaren zu leiden hat.

Eine der besten Sittenpossen Nestroys und eine im Kern bittere Satire auf das Schicksal — das Glück hängt von so lächerlichen Zufälligkeiten wie der Haarfarbe ab, vom Schein einer Perücke, nicht vom Sein eines Menschen. Titus wechselt mit der Farbe seiner Perücke jeweils sein Auftreten, seinen Beruf, seine Liebhaberin, seine Gesinnung und bleibt doch der gleiche tragikomische Typ: kratzig, raunzend, aufbegehrend, mundfertig mit der Lüge jonglierend, dabei auch pathetisch und geknickt, zärtlich und glücklich, immer auf eine unsentimentale Weise rundum menschlich und sympathisch. Er braucht ja auch kaum zu betrügen — die Menschen betrügen sich schon selbst. — Heinrich Sutermeister hat nach dem ›Talisman‹ eine ›burleske Oper‹ komponiert: ›Titus Feuerfuchs‹, 1958.

Einen Jux will er sich machen. ›Posse mit Gesang‹, uraufgeführt am 10. März 1842 im Theater an der Wien mit Nestroy als Weinberl. — Der Commis Weinberl, vom Gewürzkrämer Zangler zum Associé ernannt, soll während der Abwesenheit seines Chefs den Kramerladen bewachen. Von dem unwiderstehlichen Wunsch ergriffen, einmal in seinem Leben ein Abenteuer zu erleben und ein ›verfluchter Kerl‹ zu sein — »Ich muß um jeden Preis dieses Verfluchtekerlbewußtsein mir erringen« —, geht er mit dem Lehrbuben Christopherl nach Wien, wo die beiden ihrem Meister Zangler begegnen.

Sie flüchten in den Modesalon der Madame Knorr, und Weinberl gibt sich
hier als der Ehemann der Witwe von Fischer aus. Die Witwe kommt in den
Salon; sie läßt sich, nachdem sie ihre erste Verblüffung überwunden hat, auf
dieses Spiel ein. Meister Zangler, der in Wien Heiratsplänen nachgeht, hat
seiner Nichte Marie die Ehe mit August Sonders verboten, und Marie und
August sind nun ebenfalls nach Wien ausgerissen. Damit ist die Ausgangssituation geschaffen für einen Wirbel des Sich-unvermutet-Begegnens, des
Sich-voreinander-Versteckens, der Verwechslungen und Verwicklungen.
Weinberl, nach Hause zurückgeflüchtet, verhindert einen Einbruch in Zang-
lers Laden, erlangt damit die Vergebung seines Chefs, erringt Herz und Hand
der Witwe, und auch August und Marie werden ein Paar.

Die Sehnsucht des kleinen Biedermeier-Bürgers nach der großen Welt
wird von Nestroy milde verspottet, mehr noch verklärt. Der ›Jux‹ ist seine
liebenswürdigste, eine herzhafte Posse, behaglich, genußfroh und fast ohne
Bitterkeit. Sie lebt von Weinberls Charme des verzweifelten Mutes, von der
Pfiffigkeit des (oft von einer Schauspielerin dargestellten) Christopherl, von
der phlegmatischen Dummheit des ›vazierenden Hausknechts‹ Melchior,
dessen ewiger Ausspruch »Ja, das is' klassisch« auf seine Weise klassisch
geworden ist, und von der Kunst Nestroys, auch in der puren Posse mit
Sprachbildern zu philosophieren. Dazu Otto Stoessl: »Die zwei Seelen in der
Brust dieser Possenleute, ihre eigene verschüchterte und die Nestroysche, die
sie zum Reden bringt, erleuchtet und irreführt, dieser Wechsel von Unten
und Oben, Innen und Außen gibt allen Handlungen eine Überlebensgröße
der Bedeutung und den nichtigen Teilnehmern durch den Dialog ein komisches Heldenformat.«

Nestroys ›Jux‹ ist nach dem englischen Stück ›A day well spent‹ von John
Oxenford geschrieben und wurde von Thornton Wilder als Vorlage für seine
Farce ›Die Heiratsvermittlerin‹ (siehe auch ›Wilder‹) benutzt: sie spielt 1880
im Staate New York und feiert auf dem Weg über die possenhaften Abenteuer den Mut, sich im Leben zu verschwenden, den Mut zum einfachen,
herzlichen Gefühl und zum Abenteuer des Vertrauens in den geliebten Menschen. Seinen Dank an Nestroy stattete Wilder auf die charmanteste Weise
ab: seine New Yorker Heiratsvermittlerin hat ihre Lebensart von ihrem
verstorbenen Mann, und der stammt aus Wien — die Wiener Lebensart wird
vom amerikanischen Puritanismus der Gründerjahre als Heilmittel ange-
heiratet.

Der Zerrissene. ›Posse mit Gesang‹, uraufgeführt am 9. April 1844 im Theater
an der Wien mit Nestroy als Lips. — ›Zerrissen‹ ist der Kapitalist, Herr von
Lips, vom Lebensekel, der aus der Langeweile kommt: er weiß, daß er wie

ein kleiner Bub, dem nichts fehlt und der dennoch ›grantig‹ ist, verhauen werden müßte, »aber bei einem Bub'n in meinem Alter müßten die Schläg' vom Schicksal ausgehn, und von da hab ich nix zu riskier'n«. Er ist der einzige in seiner Familie, »folglich kann mir kein teurer Angehöriger sterben, außer ich selber, und um mich werd ich mir auch die Haar' nicht ausreißen, wenn ich einmal weg bin«. Selbst die Natur kränkelt für ihn »an einer unerträglichen Stereotypigkeit«. Der Schlosser Gluthammer dagegen bedauert, daß er nicht reich ist: »Schad', ich hätt' zum Reichtum viel Anlag g'habt«; er ist mit der Welt zerfallen, seitdem ihn die treulose Mathilde verlassen hat. Lips, dem nur die Ehe noch ein neuer Reiz sein könnte, schwört aus lauter Verzweiflung, die erste Frau zu heiraten, die ihm begegnet — es ist eine Madame Schleier, in der Gluthammer seine Mathilde erkennt. Im handgreiflichen Streit um Mathilde stürzen Lips und Gluthammer über den Balkon in einen Gebirgsbach. Jeder rettet sich, unabhängig vom andern; jeder hält sich für den Mörder seines Nebenbuhlers; jeder versteckt sich vor der Justiz, wobei Lips das Leben aus der Perspektive des Knechts kennenlernt, und als sich die beiden begegnen, halten sie sich gegenseitig für den Geist des von ihnen Ermordeten. Bei der Jagd nach der Erbschaft des totgeglaubten Lips haben sich die Freunde des Kapitalisten in ihrer ganzen Gier und Schäbigkeit enthüllt, während Kathi, das Patenkind des Herrn Lips, sich als ungemein verständig und lieb erweist. Lips und Gluthammer erkennen und versöhnen sich. Gluthammers Liebe zu Mathilde ist erloschen, Lips wird die herzensgute Kathi heiraten und darf als Zerrissener hoffen, in ihr seine bessere Hälfte gefunden zu haben.

Eine der ungemütlichsten Possen Nestroys: wie Lips ernsthaft leidet und zugleich neben seinem Leid steht, über das er, sich selbst beobachtend, räsoniert, so macht Nestroy das Leid bewußt und belustigt sich zugleich ebenso darüber, wie er die Heilung des Zerrissenen durch den Schock der Todesfurcht und durch Kathis Liebe zugleich ernsthaft anspielt und dabei doch parodiert. Nestroys Witz schmerzt hier um so tiefer, je mehr sein Schmerz zum Witz wird.

Grillparzer: Rückzug ins Innenleben

Als sich Wien rüstete, den achtzigsten Geburtstag Franz Grillparzers zu feiern, der damals, vergrämt von der Kritik und einem Mißerfolg, 33 Jahre lang nur noch für die Schublade geschrieben und kein Drama mehr dem Burgtheater zur Aufführung übergeben hatte, sammelten österreichische Frauen 20 000 Gulden, um eine Grillparzer-Stiftung zu gründen. Grillparzer, um seine Erlaubnis gebeten und hingewiesen auf die damit verbundene Ehre und Freude, sagte: »Ehre, no ja, schon gut, wir haben in Österreich ohnehin zu wenig Ehre, und was die Freude betrifft, wenn mir die Damen eine Freude machen wollen, dann sollen sie mir drei neue Rasiermesser schenken, weil die meinen schon schlecht sind.«

Ihm eine Freude zu machen, war sehr schwierig: er war ein Melancholiker, ja ein Hypochonder, und eher dazu geneigt, das Unglück, das ihn traf, mit Ingrimm zu genießen. Dies galt sogar für die Rasiermesser: Marie von Ebner-Eschenbach, die von seinem Wunsch gehört hatte, schenkte sie ihm zum achtzigsten Geburtstag, erhielt von ihm dafür einen »langen, ernsthaften Kuß«, stellte den »Ausdruck einer wahrhaft kindlichen Freude« auf seinem Gesicht fest und erfuhr, als sie sich am nächsten Tag danach erkundigte, wie dem Herrn Hofrat die Rasiermesser gefielen: »Die sind ihm wieder nicht recht, müssen umgetauscht werden.«

Grillparzer war während seines langen Lebens auf die Dauer nie etwas recht gewesen, nicht einmal er selber oder gar sein eigenes dramatisches Werk. Er sagte von sich: »In mir leben zwei völlig abgesonderte Wesen. Ein Dichter von übergreifender, ja sich überstürzender Phantasie, und ein Verstandesmensch der kältesten und zähesten Art.« Diese beiden Wesen unterstützten sich nur in Glücksfällen; meist stand das eine dem andern im Wege.

Er wurde am 15. Januar 1791 in Wien geboren und starb in Wien wenige Tage nach seinem 81. Geburtstag, am 21. Januar 1872. Sein Vater war Jurist, seine Mutter kam aus dem Großbürgertum; sie erhängte sich in religiösem Wahn. Grillparzer dachte oft an den Freitod; er verwarf ihn wie eine Wohltat, die ihm nicht zusteht. Er wuchs in der kulturgesättigten Atmosphäre Wiens auf; sein erster großer Lese-Eindruck war Schikaneders Textbuch für Mozarts ›Zauberflöte‹, das ihm ein Dienstmädchen geliehen hatte. Er schrieb: »Die Jugendeindrücke wird man nicht los. Meinen eigenen Arbeiten merkt man an, daß ich in der Kindheit mich an den Geister- und Feenmärchen des Leopoldstädter Theaters ergötzt habe.« Die überstürzende Phantasie des Wiener Volkstheaters freilich hat der ›Verstandesmensch‹ Grillparzer in seinen eigenen Dramen klassizistisch stilisiert, wobei sie ihre herrliche Naivität verloren hat.

Seinen ersten und größten Erfolg — im Theater an der Wien — hatte er, sechsundzwanzig Jahre alt, mit der Schicksalstragödie *Die Ahnfrau* (uraufgeführt am 31. 1. 1817), einem Schauerdrama, in dem sich eine Familie unter dem Fluch der Erbschuld, verkörpert durch das Gespenst einer Ehebrecherin, selbst ausrottet; schon sein Versmaß — vierfüßige Trochäen — wirkt heute unfreiwillig komisch.

In den Jamben der deutschen Klassik schrieb Grillparzer sein Trauerspiel *Sappho* (1818): Sappho liebt den Jüngling Phaon, der sie jedoch nur als Dichterin verehrt und die Sklavin Melitta liebt; Sappho will in wilder Eifersucht Melitta von der Insel Lesbos verbannen, doch als nun Phaon mit Melitta flieht und das junge Paar gefangen und vor sie gebracht wird, verzichtet sie, segnet die Liebenden und stürzt sich ins Meer. Das Drama über den, wie es Grillparzer nannte, »Kontrast zwischen Kunst und Leben« war am Wiener Burgtheater (Uraufführung am 21. 4. 1818) ein großer Erfolg.

Grillparzers ›Sappho‹, ein Gastspiel am Wiener Burgtheater 1835 mit Auguste Stich-Crelinger (1795 bis 1865) in der Titelrolle, zusammen mit ihrer Tochter Clara Stich (als Melitta), die sich nach ihrer zweiten Ehe Liedtke nannte (1820–1862), und mit ihrer Tochter Bertha Stich als Eucharis (1818–1876). Mutter Auguste Stich war 26 Jahre vor diesem Wiener Gastspiel das erste Gretchen in Goethes ›Faust‹, bei der Privataufführung des Fürsten Radziwill, in Berlin 1819. Stich von L. Burckart nach einer Zeichnung von M. Kern

Drei Jahre später (26. und 27. 3. 1821) brachte das Burgtheater ein ›dramatisches Gedicht in drei Abteilungen‹ von Grillparzer heraus, *Das Goldene Vließ*: Jason holt das fluchbeladene Goldene Vließ zurück, bringt von Kolchis die ihn liebende Medea mit und verläßt sie in Griechenland, weil er die Griechin Kreusa liebt; im dritten Teil, ›Medea‹, wird die liebende Medea zur Rächerin: sie tötet Kreusa und ihre eigenen Kinder und wird das Goldene Vließ nach Delphi bringen, wo sie sich dem Spruch der Priester unterwerfen will. Schon in der ›Medea‹ des Euripides (siehe auch Seite 63) stand im Hintergrund der Tragödie der Zusammenstoß zweier Kulturen; Grillparzer charakterisiert ihn, indem er Medea und die Kolcher in freien Rhythmen, die Griechen und Jason in Jamben sprechen läßt. Grillparzer hielt das Werk für mißlungen.

Am 19. 2. 1825 brachte das Burgtheater das Trauerspiel (in Jamben) *König Ottokars Glück und Ende* heraus: das barocke Historiendrama zeigt

Jason und Medea unter einem Baum. Federzeichnung von Franz Grillparzer zu seinem dramatischen Gedicht ›Das Goldene Vließ‹, uraufgeführt vom Burgtheater 1821

die letzten achtzehn Lebensjahre (1261–1278) des selbstherrlichen, gewalttätigen Königs Ottokar von Böhmen; er wird von dem verantwortungsvollen, auf Recht und Ordnung verpflichteten Rudolf von Habsburg überwunden, der sich als Statthalter Gottes auf Erden empfindet.

Am 28. 2. 1828 folgte, ebenfalls im Burgtheater, die Tragödie (in Jamben) *Ein treuer Diener seines Herren:* Bancbanus wird vom König als Reichsverweser eingesetzt, ist aber dieser Bewährungsprobe nicht gewachsen. Grillparzers Absicht, ›den Heroismus der Pflichttreue‹ darzustellen, wurde so falsch als ein Preisgesang auf die knechtische Unterwürfigkeit verstanden, daß der Kaiser das Stück absetzen ließ, obwohl er ›am ersten Abende‹, wie Grillparzer 1842 notierte, ihm ›seine a. h. Zufriedenheit bezeigen‹ ließ.

Die Tragödie (in Jamben) *Des Meeres und der Liebe Wellen,* am 5. 4. 1831 vom Burgtheater uraufgeführt, ist ein zartes Seelendrama: der Fischer Leander schwimmt nachts durch das Meer zum Turm der jungen Hero, die als Priesterin die Ehelosigkeit gelobt hat; sie verbirgt ihn vor dem Tempelwächter und ist bereit, ihn in der nächsten Nacht wiederzusehen, doch der argwöhnische Oberpriester löscht das Licht, das Hero für Leander ins Fenster gestellt hat, und Leander ertrinkt im Meer.

Der Traum, ein Leben, ein ›dramatisches Märchen in vier Aufzügen‹ (in Trochäen), wird am 4. 10. 1834 vom Burgtheater uraufgeführt. Mit dem Titel spielt Grillparzer auf Calderons ›Das Leben, ein Traum‹ an (siehe auch Seite 129); bei Calderon wie bei Grillparzer durchdringen sich Traum und

Leben und läutert der Traum das Leben; mit der Handlung Calderons freilich hat Grillparzers Märchen, das vom Wiener Zaubertheater genährt ist, nichts zu tun. Die ›große Welt‹, nach der sich der junge Rustan sehnt, erlebt er im Traum und wird darin zum Lügner und mehrfachen Mörder; er erwacht, als er sich in einen Abgrund stürzt, beherzigt die dunkle Warnung des Traums und erkennt: »Eines nur ist Glück hienieden, Eins: des Innern stiller Frieden, und die schuldbefreite Brust.«

Ebenfalls dem Volkstheater eng verbunden ist Grillparzers Lustspiel (in Jamben) *Weh dem, der lügt.* Die Premiere am Burgtheater (6. 3. 1838) war ein Mißerfolg. Die Komödie, deren Held Leon ist, ein Enkel des traditionellen Hanswurst, preist ebenso spassig wie ernstgemeint die uneingeschränkte Wahrhaftigkeit. Leon, Küchenjunge am Hof des Bischofs Gregor, befreit Atalus, den Neffen seines Herrn, einen fränkischen Edelmann, aus der Gefangenschaft der heidnischen Germanen und wird dadurch aus den haarsträubendsten Gefahren errettet, daß er die schlichte Wahrheit sagt; durch das unverblümte Geständnis der Wahrheit wird ihm sogar Edrita, die Braut des von ihm befreiten Atalus, mit dem Segen des Atalus und des Bischofs zur Frau gegeben.

Der gegen Kritik ungemein empfindliche Grillparzer gab nach diesem Mißerfolg kein Theaterstück mehr aus der Hand und ordnete zehn Jahre später, 1848, testamentarisch an, seine nachgelassenen Werke zu verbrennen.

Sie wurden natürlich ebensowenig verbrannt wie die Romane Franz Kafkas, der den gleichen Wunsch gehabt hatte. *Libussa,* ›Trauerspiel in fünf Aufzügen‹ (in Jamben), am 21. 1. 1874 vom Wiener Burgtheater uraufgeführt, ist eine tiefsinnige, philosophisch-allegorische Märchendichtung: die mythische Gründung Prags, die Entstehung einer neuen staatsbürgerlichen Ordnung aus magischer Weisheit und weiblichen Prinzipien, verkörpert durch die aus dem Überirdischen stammende Böhmen-Herrscherin Libussa und ihre Schwestern, und aus den männlichen Prinzipien der Macht und des Rechts, verkörpert durch den Bauern Primislaus, den Libussa zu ihrem Manne macht.

Die Jüdin von Toledo, ›Historisches Trauerspiel in fünf Aufzügen‹, zum größten Teil in Jamben, zehn Monate nach Grillparzers Tod, am 22. 11. 1872 in Prag uraufgeführt, ist eine Staatstragödie, angeregt durch Lope de Vega und die Beziehungen der ›spanischen‹ Tänzerin Lola Montez zu Ludwig von Bayern: Alfons VIII., König von Kastilien, verheiratet mit Eleonore von England, lernt die leidenschaftliche Liebe (»das Weib als solches«) durch die schöne Jüdin Rahel kennen, doch das Idyll, das er sich mit ihr in seinem Lustschloß Retiro eingerichtet hat, währt nicht lange; die Reichsstände beschließen — in Anwesenheit der Königin — Rahels Tod, lassen sie ermorden, und an ihrer Leiche findet Alfons, der zunächst entschlossen war, die Schuldigen zu bestrafen, zu Weib, Kind und Volk zurück — Rahel ist das Opfer, das dem herrscherlichen Reifeprozeß des Königs nicht ohne Grausamkeit gebracht wird. *Ein Bruderzwist in Habsburg*, ebenfalls 1872 nach dem Tod Grillparzers uraufgeführt, hat sich als sein lebenskräftigstes Nachlaßdrama erwiesen (siehe Seite 501).

Die letzte Grillparzer-Uraufführung war im Jahre 1958: das Wiener Volkstheater brachte zum erstenmal das Trauerspiel *Blanka von Kastilien*, das der Sechzehnjährige, fasziniert von Schillers ›Don Carlos‹, von Napoleon und einer Hofopernsängerin, geschrieben und 1810 vom Burgtheater mit dem Vermerk ›unaufführbar‹ zurückerhalten hatte.

Dreiundzwanzig Jahre alt, war Grillparzer in die Finanzstrafkammer eingetreten und hatte damit eine Beamtenlaufbahn begonnen, die ihn nicht befriedigte; pünktlich mit 65 Jahren trat er mit dem Titel Hofrat in den Ruhestand. Dreißig Jahre alt, hatte er Katharina Fröhlich kennengelernt, sich mit ihr verlobt, zog als Greis zu ihr und zu ihren beiden Schwestern, und als er in den Armen der siebzigjährigen Kathi starb, war sie noch immer seine Verlobte. Er schrieb einmal: »Ich glaube, bemerkt zu haben, daß ich in der Geliebten nur das Bild liebe, das sich meine Phantasie von ihr gemacht hat, so daß mir das Wirkliche zu einem Kunstgebilde wird, das mich durch seine Übereinstimmung mit meinen Gedanken entzückt, bei der kleinsten Abweichung aber nur um so heftiger zurückstößt.« Dieser Zwiespalt zwischen einer in den Traum gesteigerten Wirklichkeit und der Ernüchterung durch die Wirklichkeit des Alltags hat ihn sein Leben lang gehemmt. »Es fehlte ihm die Courage zu sich selbst«, stellte Ferdinand Kürnberger in seinem Nachruf grob, aber treffend fest. Sie fehlte ihm auch bei seinem Besuch in Weimar und bei seinem Verhältnis zur deutschen Klassik.

Als Goethe starb, stand Grillparzer im 41. Lebensjahr. Seine ›Ahnfrau‹ war 1819 in Weimar aufgeführt worden, und er besuchte, 35 Jahre alt, den siebenundsiebzigjährigen Goethe im Jahre 1826. Als Goethe ihn ins Speisezimmer führte, brach er in Tränen aus, doch folgte er einer Einladung, an einem anderen Abend Goethe zu besuchen, den er allein antreffen werde, »nach manchem Wanken und Schwanken« nicht. Er wußte, wie sehr seine Arbeiten von Goethes damaligen Neigungen entfernt waren: »Die Gründe einer solchen Abweichung von seinen Ansichten ihm selbst gegenüber zu verteidigen, fühlte ich mich ... viel zu schwach; seine Darlegung aber mit einer geheuchelten Billigung oder einem lügenhaften Stillschweigen hinzunehmen, dazu hatte ich vor ihm viel zuviel Ehrfurcht.«

Grillparzer, der das Erbe des Wiener Volkstheaters und des österreichisch-spanischen Barocktheaters mit den Weimarer Errungenschaften verbinden wollte, hatte überhaupt vor der deutschen Klassik zuviel Ehrfurcht: er hielt an ihren Formen, am Aufbau ihrer Tragödien und an ihren Versen fest, obwohl ihn sein Lebensgefühl längst über die Klassik hinausgeführt hatte. Grillparzer war seinem Wesen nach ein Dichter des nachklassischen Biedermeier: er mißtraut jeglicher ›Größe‹, wie sie von der Klassik gefeiert worden ist; seine Menschen sind ohnmächtig vor dem Schicksal, das hingenommen werden muß; Resignation, Schwermut und Verzweiflung liegen ihnen nahe; ihr Handeln wendet sich gegen sie selbst, ihre Einsichten kommen zu spät; Harmonie, ein bescheidenes Glück, ist ihnen nur im kleinsten privaten Kreis gegeben; sie haben einen Abscheu vor Dämonie und großen Leidenschaften; der Friede ist in der großen Welt der Politik nicht herstellbar, er kann nur als innerer Friede, als Seelenfriede, erlebt werden, und die Seele ist kein einfacher Begriff mehr: sie wird psychologisch in wechselnde Empfindungen und Stimmungen aufgefasert. Grillparzers Versuch, diesen Schmerz am Ende des idealistischen Rausches, diesen Katzenjammer der Klassik in klassische Formen zu pressen, prägt seiner eigenen Klassizität die Züge des Unangemessenen und Unerfüllten auf.

Ein nachklassisches Lebensgefühl in gewaltsam klassischer Form — dies allein verbindet den Biedermeier-Dramatiker Grillparzer mit dem Dramatiker des beginnenden Realismus, mit Friedrich Hebbel. Im übrigen war für Grillparzer die Weltgeschichte, in die aktiv einzugreifen sich die Gestalten der deutschen Klassik bemühen, nicht viel mehr als eine grandiose Hintergrundsdekoration, vor der sich die Hauptsache abspielt: das intime Seelenleben der Menschen, die von der Weltgeschichte belästigt werden. Hebbel dagegen hat versucht, das intime Seelenleben seiner Menschen in weltgeschichtliche Perspektiven auszuweiten.

Der boshafte Karl Kraus hat von Grillparzer gesagt, er sei »vornehmlich aus dem Bedürfnis Österreichs nach einem Klassiker entstanden«. Er wird auf den deutschen Bühnen immer wieder neu ›entdeckt‹, weil ihn ein Regisseur oder Dramaturg beim Lesen doch nicht so langweilig fand, wie er befürchtet hatte, und er wird immer wieder für eine Weile neu von den deutschen Bühnen verschwinden, weil er beim Aufführen dann doch nicht so gewaltig ist, wie man sich beim Lesen erhofft.

Grillparzer beklagte sich, daß Goethe ihm nicht gerecht geworden sei, »insofern ich mich nämlich denn doch, trotz allem Abstande, für den Besten halte, der nach ihm und Schiller gekommen ist«; er sah sich aber auch realistischer als »ein Mittelding zwischen Goethe und Kotzebue, wie ihn das Theater braucht«. Wer aber Gelegenheit hat, eine Grillparzer-Aufführung in Wien zu sehen, der versäume sie unter keinen Umständen: die Wiener Schauspieler verstehen es, sogar Grillparzers Schwächen in österreichische

Vorzüge umzumünzen, in Nuancen der Stimmung und einer geheimen melancholischen Musik.

Meinungen: »Grillparzer — ein verteufelter Name wahrhaftig für die Nachwelt; aber sie müssen's lernen, ihn auszusprechen ... Ich kenne ihn nicht, doch die Jahrhunderte werden ihn kennen«: Lord Byron. — »Wie viele bittere und ätzende Worte waren über diese Lippen gekommen, bevor sie ihr typisch gewordenes ›Sei's!‹ oder ›In Gottes Namen!‹ aussprechen lernten«: Marie von Ebner-Eschenbach. — »... wir kennen bis jetzt von Grillparzer noch keine Szene oder Zeile, die etwas mehr als mittelmäßig wäre«: Thomas Carlyle. — »Man wollte von ihm die allgemeine politische Deklamation, er sah vor sich eine politische Materie, die ihn anging, die einzig in ihrer Art war, dieses alte lebendige Staatsgebilde, sein Österreich. Dieses liebte er und durchdrang es mit scharfem, politischem Denken, aber er liebte es nicht, sich unter die politische Kleie zu mengen, so war er den einen zu fortschrittlich, den andern zu reaktionär, den Ämtern schien er kühn und bedenklich, von der andern Seite gesehen kalt und an sich haltend; für die, welche allein politisch zu leben meinten, war er bei Lebzeiten ein toter Mann: nun ist freilich er lebendig, die andern tot«: Hugo von Hofmannsthal. — »Es gibt ›sprachlose‹ Dichter, wie Grillparzer, die ohne Schöpfergewalt über den Stoff des Dichters, die Sprache, ja ohne Gehör für ihre innere Gesetzmäßigkeit, das Wort als ein überkommenes und übernommenes Mittel nur zur verstandesmäßigen Mitteilung ihrer Vorstellung, nicht als eigenmächtiges, ausdrucksames Gebilde ureigener Sprachfähigkeit verwenden«: Richard von Schaukal. — »Das Theater Grillparzers gehört nur mit einigen sehr äußerlichen Merkmalen zur Romantik, ist vielmehr eine feine, nicht mehr ganz lebensfähige Nachblüte der Weimarer Klassik«: Egon Friedell. — »Seine Poesie fängt an mit deutschem Verständnisse der Zeit und endet mit österreichischer Abwendung von der Zeit«: Ferdinand Kürnberger. — »Wir sehen da auf ein gutes Dutzend von Theaterstücken, aber wir sehen, ganz wie bei Ferdinand Raimund, nur auf eine einzige echte Tragödie: Grillparzers Leben. Wir wissen von zwei erzählenden Werken, aber echte Größe hat nur Grillparzers Geschichte: seine Krankengeschichte namens Biographie, die ihn in unbegreiflicher Selbstentfremdung, Selbstentzweiung, in aberwitzigem Selbsthaß die eigene Größe abwürgen ließ«: Hans Weigel. — »Was Grillparzer an sich selbst erfährt und an seinen Menschen darstellt, ist nicht ein sittlicher Konflikt verschiedener, einander entgegengesetzter Werte, auch nicht, wie bei H. v. Kleist, ein tragisches Ringen des Ich um seine einmalige, gottgewollte Bestimmung in einer vom Wahn verdunkelten Welt, sondern es ist die Gefährdung des Ich durch sich selbst, die Auflösung und Aufspaltung dieses

Ich durch die verschiedenen, in ihm divergierenden und einander entgegentretenden Möglichkeiten«: Benno von Wiese.

Ein Bruderzwist in Habsburg. ›Trauerspiel in fünf Aufzügen‹. Geschrieben zwischen 1825 und 1848. Aus dem Nachlaß in der Gesamtausgabe 1872 veröffentlicht. Uraufgeführt am 24. September 1872 im Stadttheater Wien. Wer? Rudolf II., römisch-deutscher Kaiser. Matthias und Max, seine Brüder. Ferdinand und Leopold, seine Neffen. Don Cäsar, des Kaisers natürlicher Sohn. Melchior Klesel. Oberst Wallenstein. Wo und wann? Prag, Ungarn, Wien. Anfang des 17. Jahrhunderts, unmittelbar vor Beginn des Dreißigjährigen Krieges.

Hinweise: Alle Gefahren, die Grillparzer schon vor 1848, vor dem Jahr der Oktoberrevolution in Österreich und der ungarischen und tschechischen Erhebungen, mit der Auflösung der Habsburgischen Dynastie verbunden sah, zeigte er im ›Bruderzwist‹ in der Vorgeschichte des Dreißigjährigen Krieges, und seine eigenen Einsichten in die Problematik des politischen Handelns legte er Kaiser Rudolf in den Mund. Er schrieb auf die Titelseite des ersten Manuskripts: »Das Tragische wäre dann doch, daß der Kaiser das Herannahen der neuen Weltepoche bemerkt, die andern aber nicht, und daß er fühlt, wie alles Handeln den Hereinbruch nur beschleunigt.«

Die ›andern‹ verfolgen ihre egoistischen oder engstirnigen Ziele. Matthias, ein Bruder des Kaisers, will sich aus Eitelkeit in der Heldenrolle sehen und wird zum Werkzeug seines eigenen Kanzlers, des ehrgeizigen Kardinals Klesel; der Kardinal macht Matthias zum Kaiser, um sich damit eine persönliche Machtposition zu verschaffen. Ferdinand, der Neffe des Kaisers (der künftige Kaiser des Dreißigjährigen Krieges und der Gegenreformation), ist ein religiöser Fanatiker. Leopold, der andere Neffe, dem Kaiser treu ergeben, handelt politisch unklug, indem er ein fremdes Heer nach Böhmen führt. Die Prager Stände kämpfen um Religionsfreiheit, und die Türken bedrohen das Reich von außen. Don Cäsar, der uneheliche Sohn des Kaisers, bleibt zwar völlig im Privaten, doch erscheint seine Liebes- und Eifersuchtsraserei, die kein Sittengesetz respektiert, wie ein Symbol für alle diese Kräfte, die keiner höheren Ordnung verpflichtet sind.

Wie geschäftig sie sich auch aufführen, sie werden bewegt von der anonymen Macht der Geschichte, der ›Zeit‹, die unaufhaltsam weiterschreitet — Kaiser Rudolf fühlt, daß er »die Zeit, die wildverworrene, neue«, nicht bändigen kann. Er erkennt, daß hinter dem drohenden Glaubenskrieg der Kampf um die nackte Macht steht, und die egoistischen Motive der Handelnden verekeln ihm das Handeln überhaupt. Er hat erfahren, daß selbst die reinste

Absicht eines edlen Mannes, wird sie in der realen Welt verwirklicht, zu einem Zerrbild der geplanten Tat werden kann, und dies läßt ihn vor den Folgen jeglicher Tat zittern. So denkt kein Politiker, der mit dem Egoismus der Handelnden und mit dem Scheitern einer guten Absicht unerschrocken arbeitet; so denkt ein philosophischer, ein tief religiöser Mensch auf einem Thron, dem er nicht gewachsen ist. Die Menschen hätten ihn lieben müssen, meinte Schiller, »wenn ihm das Los eines Privatmannes gefallen wäre«.

Die Sterne betrachtet Rudolf als Sinnbilder einer göttlichen Ordnung, von der die Menschen abgefallen sind, und angesichts der zerfallenden Ordnung betrachtet er sich selbst als »das Band, das diese Garbe hält, unfruchtbar selbst, doch nötig, weil es bindet«. Noch bindet er die Völkerschaften des Reiches, die Katholiken und die Protestanten, denn er ist, obwohl überzeugter Katholik, tolerant, »die Überzeugung ehrend, selbst im Irrtum«. Als er erwarten muß, daß ihn sein Bruder Matthias vorzeitig vom Kaiserthron stoßen könnte, verpflichtet er seine Getreuen, dennoch Matthias zu helfen: im Kaiseramt allein, nicht in der Person des Kaisers, sieht er das gott-gewollte, ordnungstiftende Symbol. Gott und Kaisertum sind für ihn eine untrennbare Einheit, und in einer Lage, in der jegliches Handeln verderblich sein könnte, wartet er, »bis frei der Weg, den Gott dem Rechten ebnet«.

Seine Tragik: was ihn als Mensch adelt, läßt ihn als Herrscher versagen. Im Religiösen, in der Erwartung, daß Gott eingreifen werde, liegt der tiefste Grund für sein Nichthandeln — er liegt im spanischen Barock, in einer ver-gangenen Epoche. So ist der ›Bruderzwist‹ kein politisches, sondern nur ein historisches Drama: die Tragödie eines ganz bestimmten Charakters.

Grillparzers eigene Resignation tönt unüberhörbar aus dem Trauerspiel. Es ist sein Preisgesang auf das Konservative; seine Elegie auf eine sterbende Ordnung; seine Scheu vor den Konsequenzen des Handelns; sein Ekel vor den Massen, die in der Zukunft eine entscheidende Rolle spielen werden, kurz: seine Angst vor unserer Gegenwart.

In seinem Stück schwingt, philosophisch und religiös auf das edelste be-gründet, Fatalismus, ja Defaitismus vor der Geschichte. Er ist ein schlechter politischer Lehrmeister und ein Verführer durch den Charme seiner Re-signation. Zwar läßt er seinen Rudolf präzise Ideen vertreten, doch ist Rudolf nur als Kaiser die Verkörperung einer Idee, nicht als Mensch, als Tempera-ment mit reizbaren Nerven — so wie Grillparzer als Geschichtsphilosoph zwar Ideen vertritt, doch als Dramatiker aus seiner eigenen reizbaren Menschlich-keit schöpft.

8. WETTERLEUCHTEN DES MODERNEN DRAMAS IN DEUTSCHLAND

Neuer Wein in alten Schläuchen: Friedrich Hebbel · Gegen das klassische Muster: die Welt in einer Scherbe · Grabbe: der Riß zur Schöpfung · Büchner: die Kraft zur Schöpfung

Die Geschichte ist für den Dichter ein Vehikel zur Verkörperung seiner Anschauungen und Ideen, nicht aber ist umgekehrt der Dichter der Auferstehungsengel der Geschichte.

Friedrich Hebbel in ›Mein Wort über das Drama‹, 1843

Da wollte man idealistische Gestalten, aber alles, was ich davon gesehen habe, sind Holzpuppen. Dieser Idealismus ist die schmählichste Verachtung der menschlichen Natur.

Georg Büchner in ›Lenz‹, 1835

Neuer Wein in alten Schläuchen: Friedrich Hebbel

»In die Hölle des Lebens kommt nur der hohe Adel der Menschheit; die Andern stehen davor und wärmen sich.« So schrieb Friedrich Hebbel, der sich in der Hölle des Lebens fühlte und daraus den Stolz ableitete, zum Adel der Menschheit zu gehören. Von seinen fünfzig Lebensjahren waren die ersten dreiunddreißig in der Tat eine Hölle: geboren am 18. März 1813 in Wesselburen in Dithmarschen als Sohn eines Maurers, wuchs er mit der Armut auf, mit körperlichem und geistigem Hunger. Arm und hungrig ist er geblieben, bis er 1846 die Wiener Hofschauspielerin Christine Enghaus heiratete, die nicht nur ein uneheliches Kind, sondern auch Geld und Einfluß hatte und schon sechs Jahre dem Burgtheater angehörte.

Die Jahre davor hielten ihn in demütigenden Abhängigkeitsverhältnissen von Gönnern, Stipendien, von einer Frau, die er 1835 in Hamburg kennenlernte, der Näherin Elise Lensing, die ihn selbstlos liebte, ihm ihre Ersparnisse opferte, ihm zwei Kinder gebar und die von ihm doch nicht geliebt werden konnte — er hatte Achtung vor ihr, war ihr dankbar, aber alles in ihm wehrte sich dagegen, sie zu heiraten. Sie half ihm in Hamburg, während seiner Studienzeit in Heidelberg und München und während seines zweiten Hamburger Aufenthalts: das Jurastudium hatte er abgebrochen, hatte damit sein Stipendium verloren und war im Winter 1835 völlig mittellos von München nach Hamburg zu Fuß zurückgekehrt. Dreißig Jahre alt, erhielt er vom dänischen König ein Reisestipendium für zwei Jahre, lebte 1843/44 in Paris,

1844/45 in Rom und Neapel und lernte auf dem Heimweg in Wien die rettende Christine Enghaus kennen. Durch sie fand er einen gesicherten Lebensmittelpunkt, eigenen Grund und
Boden, Zugang zum Wiener Hof, die Möglichkeit jährlicher Reisen nach
München, Weimar, Hamburg, Paris und London. Christine spielte die Hauptrollen seiner Stücke am Burgtheater; für seine ›Nibelungen‹ wurde er mit
dem Schiller-Preis ausgezeichnet; er starb, am 13. September 1863, als Ehrendoktor und Hofrat.

Sowenig ihn die Notjahre zum Revolutionär machen konnten, sowenig
konnten die Jahre der Geborgenheit und der Ehrungen ihn in seiner tragischen Weltsicht beirren: aus seinen Lebensumständen lassen sich seine
Gedanken nicht ableiten. Seine ›Hölle des Lebens‹ war nicht von Elend oder
Wohlstand abhängig, sie war die Mitte seiner geistigen Existenz. Der vierundzwanzigjährige Hebbel schilderte Elise Lensing in einem Brief seine
›Todeskrankheit‹: »Ob es für diese Krankheit ein Heilmittel gibt, weiß ich
nicht; aber das weiß ich, der Doktor (sei er nun über den Sternen oder im
Mittelpunkt meines Ichs), der mich kurieren will, muß zuvor die ganze Welt
kurieren, und dann bin ich gleich kuriert.« Er nennt in diesem Brief die
Krankheit, sein Leiden an der Welt, noch deutlicher beim Namen: »Das Gefühl des vollkommenen Widerspruchs in allen Dingen.«

Dieser vollkommene Widerspruch in allen Dingen, über den Hebbel in
seinen Tagebüchern immer wieder so tiefsinnig wie glanzvoll schreibt, ist das
Generalthema seiner Dramen. Der Mensch Hebbels kennt weder eine religiöse
noch eine auch nur moralische Gewißheit; er kennt deshalb auch keine persönliche Schuld; seine Handlungen sind die Folgen unausweichlicher psychologischer Motive, und er handelt, um sich selbst, so wie er ist, zu verwirklichen. Damit aber gerät er in einen notwendigen Widerspruch mit dem
Gesamten, dem ›Ganzen‹, dem ›All‹, der ›Idee‹, und an diesem vollkommenen
Widerspruch, der von Hebbel nicht moralisch verurteilt, sondern als unumgänglich konstatiert wird, scheitert der Mensch. Doch durch seinen Untergang
hält er den Prozeß der ewigen Verwandlung und Entwicklung des Ganzen
im Gange; notwendig für das Ganze scheint Hebbel der Untergang des einzelnen. Da er die Wandlung des Ganzen zeigen will, bevorzugt er in seinen
Dramen Zeitwenden: Grenzsituationen zwischen zwei Epochen.

»Es gibt nur Eine Notwendigkeit«, notierte Hebbel, »die, daß die Welt
besteht; wie es den Individuen aber in der Welt ergeht, ist gleichgültig. Das
Böse, das sie verüben, muß, indem es die Existenz der Welt gefährdet, bestraft
werden; aber zu ihrer Entschuldigung für das Unglück, das sie erleiden, ist
kein Grund vorhanden.« Für die deutsche Klassik waren ›Gut‹ und ›Böse‹
noch unumstößliche Werte, fest verankert jenseits der irdischen Welt. Für

Hebbel gilt dies nicht mehr: bei ihm findet das Böse seine Strafe, nicht weil es nach ewigen Maßstäben ›böse‹ ist, sondern nur weil es die Existenz der Welt gefährdet, einer Welt, die das Gute, wenn es leidet, nicht entschädigt.

Hebbels Dramen sind Menschenfallen, in denen der einzelne dem Ganzen geopfert und in denen dieses Opfer gutgeheißen wird. All seinen Scharfsinn hat Hebbel aufgeboten, diese Fallen ausweglos zu bauen: »Es ist töricht, von dem Dichter das zu verlangen, was Gott selbst nicht darbietet, Versöhnung und Ausgleich der Dissonanzen. Aber allerdings kann man fordern, daß er die Dissonanzen selbst gebe, und nicht in der Mitte zwischen dem Zufälligen und dem Notwendigen stehen bleibe. So darf er jeden Charakter zugrunde gehen lassen, aber er muß uns zugleich zeigen, daß er, wie der Tod, mit der Geburt selbst gesetzt ist.«

Hebbel ist der Dramatiker der Tragik ohne Schuld, des von der Geburt an vorbestimmten Unterganges, der notwendigen Dissonanzen einer gnadelosen Welt, in der ein Mensch nur als Bestandteil, nicht aber als einzelner wichtig ist. Daß dies, politisch ausgedeutet, zur Vergötzung der staatlichen Autorität und zur Verachtung des Menschen führen muß, liegt auf der Hand. Die Erfahrung der Diktatur, die Mißbrauch mit Hebbel getrieben hat, macht mißtrauisch gegenüber Hebbel: mit ihm lassen sich Menschenopfer rechtfertigen, die dem Götzen Staat dargebracht werden. Einer der Gründe, weshalb er nur noch selten gespielt wird.

Friedrich Hebbel,
eine ›Tragödia infernalis‹ schreibend.
Karikatur von H. König

Die Geisteswissenschaftler haben ihre Freude daran, die inneren Widersprüche in Hebbel selber aufzudecken, den Theoretiker gegen den praktischen Dramatiker auszuspielen und ihn, der sich immer dagegen gewehrt hat, ein ›Dialektiker‹, ein ›Hegelianer‹ zu sein, als Dialektiker und Hegelianer wider Willen darzustellen — er ist auf keine einfache Formel zu bringen: so strikt er die Geschichte der Menschheit dem einzelnen Menschen überordnet, so notierte er doch im Tagebuch: »Die Geschichte der Menschheit macht zuweilen einen Eindruck auf mich, als ob sie der Traum eines Raubtiers wäre.«

Die Theaterleute halten sich an das Einfachere: an Stücke und Rollen, und wenn sie schon Hebbel spielen, so wegen der zwei, drei großen Rollen, die in seinen besten Stücken enthalten sind, und trotz der Unzahl undankbarer Nebenrollen; manchmal gelingt es ihnen, dem Publikum zu suggerieren, Hebbel sei imstande gewesen, Leidenschaften und Gefühle zu geben, obwohl seine Texte immer nur eine freilich höchst raffinierte Mathematik der Gefühle enthalten.

Meinungen: »Bei Shakespeare haben die Charaktere ihre Ruhepunkte, ihr Eigentlichstes zeigt sich nur, wenn es herausgefordert wird durch die Situation; Hebbels Charaktere sind Tag und Nacht in ihrer vollen Wappenzier; jede seiner Personen ist beständig auf der Jagd nach den eigenen charakteristischen Zügen. Der Charakter ist in jedem bis zur Monomanie gesteigert. Sie wissen alle, daß sie Originale sind und möchten beileibe nicht anders erscheinen«: Otto Ludwig. — »Hebbel empfindet ein verborgenes Glück über das Unglück auf Erden. Eine tragische Schadenfreude. Eine Wonne über Das, was er als Frevel mißbilligt . . . Hebbels Dichtungen sind unsterblich; seine Lehren unmöglich«: Alfred Kerr. — »Viele Helden Hebbels tragen schwarzen Vollbart: Herodes, Holofernes, Kandaules, Hagen. Das muß was zu bedeuten haben«: Alfred Polgar. — »Denn das ist das Seltsame, das Ungeheuerliche, das Dämonische an Hebbel: Je kälter, je dünner, je gläserner er abstrahiert, desto heißer, desto drohender, desto unheimlicher brennt seine Phantasie«: Herbert Jhering. — »Die Gestalten Hebbels sind wie Eisblumen, gefrorener Seelenhauch«: Gerhart Hauptmann. — »Wenn Hebbel humoristisch wird, so hat man immer etwa den Eindruck, wie wenn eine Hyäne Pfötchen gibt. Humor ist ein Aroma, eine Begnadung; und das eine wie das andere fehlte Hebbels Schöpfungen«: Egon Friedell. — »Der christliche Gottmensch gehört nach seiner Meinung ebenso wie die philosophische Doktrin oder die große poetische Schöpfung in die ›symbolische Sphäre‹, und Hebbel verteidigt seinen Künstlerglauben gegen den autoritären Anspruch der christlichen Theologie und der idealistischen Philosophie. Ja, die Kunst ist der Philosophie überlegen, weil sie das Absolute nicht durch Denken nachvollzieht, sondern unmittelbar darstellt. Die Kunst ist ›realisierte Philosophie, wie die Welt die realisierte Idee‹ ist«: Benno von Wiese. — »Dem theozentrischen Drama Schillers (Jungfrau von Orleans), in dem die Gottheit im Grunde der geheime, im Menschen sich verklärende Held ist, steht das anthropozentrische Drama Hebbels (Judith) gegenüber, in dem der Mensch vom ersten bis zum letzten Augenblick wohl der Beziehung zu Gott bedarf und sie sucht, um leben zu können, in dem er aber auf eine unheimliche und aufreibende Weise niemals gewiß ist, ob es wirklich Gottes Stimme ist, die er vernimmt und nicht seine eigene, ob er Gottes Forderung gehorcht oder dem geheimsten Wunsch und Triebe seines unbewußten Ich«: Gerhard Fricke. — »Ich selbst bin den weitaus größten Teil meines Lebens ohne Hebbel ausgekommen. Heute weiß ich: ich verdanke der grandiosen Ohnmacht seiner Dramen nur — ein Erschrecken, einigen seiner Gedichte freudigen Herzschlag und tiefen Atemzug, seinen kritischen Schriften überwältigende Einsicht in das Wesen des geistigen Prozesses überhaupt, in das Wesen des Dichterischen ganz besonders«: Wilhelm Lehmann.

Hebbels ›Judith‹, expressionistisch inszeniert von Richard Weichert (1880–1961) an den Städtischen Bühnen, Frankfurt am Main; Bühnenbild: Ludwig Sievert; Premiere am 30. April 1920. Mit Heinrich George (1893–1946) als Holofernes

Judith. ›Eine Tragödie in fünf Akten‹. Prosa. Geschrieben 1839/40. Uraufgeführt durch das Königliche Hoftheater, Berlin, am 6. Juli 1840. Gedruckt 1841. — Um das hebräische Volk vor der Vernichtung durch Nebukadnezars Feldhauptmann Holofernes zu retten, geht die jungfräuliche Witwe Judith aus der belagerten Stadt Bethulien ins Lager des Holofernes. Unter dem Vorwand, die Hebräer verraten zu wollen, dringt sie zu Holofernes vor; sie verliebt sich in ihn und schlägt ihm nach einer Liebesnacht den Kopf ab. Sie erkennt, daß sie diese

Tat, zu der sie aus Liebe zu ihrem Volk aufgebrochen ist, aus Rache begangen hat, weil Holofernes in ihrem Herzen die Stelle ihres Gottes eingenommen hat. Gebrochen kehrt sie, die als Heldin gefeiert wird, nach Bethulien zurück und wünscht sich den Tod, falls sie von Holofernes ein Kind empfangen hat.

In Judith und Holofernes stehen sich gegenüber: die Jüdin und der Heide; auf der Grenze zwischen zwei Menschenaltern der siegende Monotheismus und der unterliegende Polytheismus; das Werkzeug Gottes, das sich nicht sicher ist, ob es wirklich nach dem Willen Gottes oder aus eigensüchtigen Motiven handelt, und der sich selbst vergottende Übermensch, dem es gelingt, sich zwischen Judith und ihren Gott zu stellen; die Frau, die Holofernes zu hassen glaubt und ihn doch lieben muß, und der Mann, der diese Liebe mit dem Leben bezahlt.

Hebbel hat die innere Unsicherheit Judiths polemisch gegen die innere Sicherheit der Schillerschen Jungfrau von Orleans gestellt: »Der Mensch, wenn er sich auch in der heiligsten Begeisterung der Gottheit zum Opfer weiht, ist nie ein ganz reines Opfer, die Sündengeburt bedingt den Sündentod, und wenn Judith auch in Wahrheit für die Schuld aller fällt, so fällt sie in ihrem Bewußtsein nur für ihre eigene Schuld.«

Faszinierend ist der vierte Akt, die Begegnung zwischen Holofernes und Judith, die psychologischen Bohrungen nach den Motiven und ihre undurchschaubare Verrätselung.

Andere Fassungen des gleichen Stoffes: ›Judith‹, 1551, und ›Die Judit mit Holoferne‹, 1554, von Hans Sachs. ›Judith‹ von Martin Opitz, 1635. ›Judith und Holofernes‹, eine Parodie auf Hebbel, von Nestroy, 1849. ›Die jüdische Witwe‹ von Georg Kaiser, 1911. ›Judith‹, Oper von Arthur Honegger, 1925. ›Judith‹, Drama von Jean Giraudoux, 1931.

Maria Magdalena. (Zur Schreibung ›Magdalene‹ führte ein Druckfehler der Erstausgabe, 1844.) ›Ein bürgerliches Trauerspiel in drei Akten‹. Prosa. Geschrieben 1843 in Kopenhagen und Paris. Uraufgeführt am 19. Oktober 1846 durch das Stadttheater Leipzig. — Klara, die Tochter des Tischlermeisters Anton, ist von ihrem Jugendgeliebten, dem Sekretär, verlassen worden. Aus Schmerz und Trotz gibt sie bei einem Tanzfest dem Drängen Leonhards, ihres ungeliebten Verlobten, nach; sie erwartet ein Kind von ihm. Als ihr Bruder Karl unter dem (falschen) Verdacht des Juwelendiebstahls verhaftet wird, stirbt ihre Mutter vor Entsetzen; Leonhard, der ein zynischer Karrieremacher ist, nimmt die Familienschande zum Anlaß, seine Verlobung zu lösen. Klara hat an der Leiche ihrer Mutter geschworen, ihrem Vater keine Schande zu machen, und ihr Vater hat geschworen, sich zu töten, falls sie ihm Schande bringe. Der Sekretär, ihr Jugendgeliebter, der sie nun heiraten will, wendet sich von ihr ab, als er erfährt, wie eng sie an Leonhard gebunden ist: »Darüber kann kein Mann weg.« Leonhard weigert sich, sie zu heiraten. Der Sekretär tötet Leonhard im Pistolenduell und wird schwer verwundet. Klara stürzt sich in den Brunnen. Der sterbende Sekretär wirft sich und Meister Anton vor, daß sie an ihrem Tod schuld sind. Meister Anton bleibt in seinem moralischen Anspruch starr – bis zum letzten Satz, mit dem er nach Hebbels Willen zu einer »Ahnung seines Mißverhältnisses zur Welt« kommt: »Ich verstehe die Welt nicht mehr!«

Schillers bürgerliches Trauerspiel ›Kabale und Liebe‹ bezog seinen Konflikt noch aus dem Gegensatz zweier Stände, dem aristokratischen und dem bürgerlichen. Hebbel hat sich – ohne soziale Anklage – streng auf die kleinbürgerliche Welt beschränkt: »Es war meine Absicht, das bürgerliche Trauerspiel zu regenerieren und zu zeigen, daß auch im eingeschränkten Kreis eine zerschmetternde Tragik möglich ist, wenn man sie nur aus den rechten Elementen, aus den diesem Kreis selbst angehörigen, abzuleiten versteht.« Hebbel zeigte sich zufrieden, daß »die Gebundenheit des Lebens in der Einseitigkeit, aus der von vornherein alles Unheil entspringt, so recht schneidend hervortritt«. Alle seine Personen haben Recht, »sogar Leonhard, wenn man nur nicht aus den Augen läßt, daß er von Haus aus eine gemeine Natur ist«.

Die zerschmetternde Wirkung des liebeleeren und gottfernen Stückes geht nicht von der betrogenen Klara aus, deren Schicksal, von heute aus gesehen, kleinbürgerlich-traurig erscheinen mag, nicht von der erstarrten Sozialordnung mit ihrer fatalen Gleichsetzung von Sitte und Sittlichkeit, ihrer Moral ohne Liebe und ohne Erbarmen, sondern von der Gesamtkonzeption: ein – wie ›König Oedipus‹ – analytisches Drama, das die Folgen einer umfangreichen Vorgeschichte zeigt; unabwendbare Folgen, denn jede Person ist derart in sich eingeschlossen, daß zwischen zwei Menschen kein Gespräch möglich ist – der Dialog ist kein Dialog, sondern der Ausdruck der Unfähigkeit, miteinander zu reden. Jeder geht an seiner Gebundenheit an sich selbst einsam zugrunde. Das Stück erweckt kaum Mitleid mit seinen insularen, in sich erstarrten Personen, denen kein Funken Freiheit gelassen ist, wohl aber Mitleid mit Hebbel, mit einem gequälten Gehirn, das diesen ausweglosen Gang in den Tod so perfekt ersonnen und dann befriedigt festgestellt hat: »Jetzt sind alle Mauslöcher ausgestopft . . .«

Herodes und Mariamne. ›Eine Tragödie in fünf Akten‹. Jamben. Geschrieben 1847/48 in Wien. Uraufgeführt am 19. April 1849 durch das Wiener Burgtheater: »Das Publikum verhielt sich nicht eben ablehnend, aber eiskalt«, notierte Hebbel. Gedruckt 1850. – Eine welthistorische Wende im Hinter-

grund des Dramas: Marc Anton und Octavian kämpfen um die beiden
Hälften der Alten Welt, deren Zusammenbruch schon spürbar wird; Herodes,
Vasall des Marc Anton, gehört der untergehenden Zeit des Despotismus an;
die Makkabäerin Mariamne, seine Frau, ist mit ihrer Forderung, nicht »zum
Ding herabgesetzt« zu werden, dieser Zeit schon entwachsen, und am Ende
lassen die Legendengestalten der Heiligen Drei Könige, die auf der Suche
nach Christus sind, eine neue Zeit ahnen: der Demut, des Vertrauens, einer
menschlicheren Liebe. Verschränkt mit der Darstellung dieser Zeitenwende
ist die private Tragödie des Herodes und der Mariamne, die Tragödie zweier
Liebender, die freilich, losgelöst von ihrer Zeit, als Liebende nicht begriffen
werden könnten: wie sie auf einer welthistorischen Grenzscheide stehen, ist
auch ihre Liebe ein Grenzfall. Herodes, zu Marc Anton befohlen, bei dem
ihn seine Schwiegermutter Alexandra verleumdet hat, verlangt von Mariamne, daß sie sich töte, falls er nicht wiederkehre: »Zwei Menschen, die sich
lieben, wie sie sollten, können einander gar nicht überleben.« Mariamne, die
bereit wäre, Herodes freiwillig in den Tod zu folgen, weigert sich, dieses
verlangte Opfer zu versprechen. Der mißtrauische Herodes stellt Mariamne
»unter das Schwert«: er befiehlt, sie — nach seinem Tod — zu töten. Mariamne erfährt von diesem Befehl; obwohl sie sich gegen das erzwungene Opfer
wehrt — »das kann man tun, erleiden kann man's nicht« —, ist sie bereit,
ihm zu vergeben, und erwartet den zweiten Abschied des Herodes als eine
Probe seines Vertrauens. Als er sie abermals heimlich unter das Schwert
stellt, spielt sie ihm bei seiner Rückkehr die Ungetreue vor und zwingt ihn
damit, das Todesurteil über sie zu vollstrecken. Sie verteidigt sich nicht; erst
nach ihrem Tod erfährt Herodes, daß sie ihm treu gewesen ist. Dem Römer
Titus hat sie sich anvertraut: »Sterben kann ein Mensch den andern lassen;
fortzuleben zwingt auch der Mächtigste den Schwächsten nicht.«
  Hebbel hat damit das Paradox einer Liebestragödie ohne Liebe geschaffen,
denn wenn Herodes von Mariamne fordert, daß sie sich nach seinem Tode
umbringe, und wenn Mariamne auch nicht den geringsten Versuch macht,
Herodes begreifen zu lassen, daß sie freiwillig wohl, nicht aber auf Befehl
mit ihm sterben würde, so herrscht zwischen den beiden nicht das, was man
unter Liebe versteht. Sie gehen nicht an einer Leidenschaft, sondern an einem
theoretischen Liebesbegriff zugrunde — ein Untergang, der nicht nachgefühlt,
der nur kühl nachkalkuliert werden kann. Soviel von Liebe die Rede ist, sie
kommt in diesem Gehirnstück nicht vor. Mitreißend allein ist eine Teilansicht
des Stückes: die Tragödie der in ihrem Stolz und in ihrer Menschenwürde
gedemütigten Mariamne — sie erzwingt ihren Tod durch Herodes, einen Tod
aus ihrem eigenen Entschluß, gerade weil er versucht hat, ihr die Freiheit
des eigenen Entschlusses zum Tode zu nehmen.

Hebbels ›Agnes Bernauer‹,
Uraufführung durch das Münchener Nationaltheater am 25. März 1852.
Holzstich aus der ›Illustrierten Zeitung‹, Leipzig 1852

Agnes Bernauer. ›Ein deutsches Trauerspiel in fünf Aufzügen‹. Prosa.
Geschrieben in Wien 1851. Uraufgeführt am 25. März 1852 durch das
Münchener Hoftheater. Gedruckt 1856. — In der ersten Hälfte des 15. Jahr-
hunderts heiratet der Bayernherzog Albrecht (III.) heimlich die schöne Augs-
burger Baderstochter Agnes und durchkreuzt damit die staatspolitischen
Pläne seines Vaters, des Herzogs Ernst von Bayern, der seinen Thronfolger
Albrecht mit einer Tochter des Herzogs von Braunschweig verheiraten will.
Als der Bürgerkrieg droht, läßt Herzog Ernst »im Namen der Witwen und
Waisen, die der Krieg machen würde«, Agnes zum Tode verurteilen; seine
Häscher ertränken sie in der Donau, nachdem sie sich geweigert hat, auf
Albrecht zu verzichten. Albrecht steht seinem Vater nun im Bürgerkrieg
gegenüber, bedroht durch Reichsacht und Kirchenbann. Herzog Ernst erkennt
die tote Agnes als rechtmäßige Gattin Albrechts an und stiftet ihr einen feier-
lichen Totendienst, »damit das reinste Opfer, das der Notwendigkeit im

Laufe aller Jahrhunderte gefallen ist, nie im Angedenken der Menschen erlösche«. Er geht ins Kloster, setzt Albrecht als Herzog ein und macht ihn damit zum Richter über sich selbst.

Für Hebbel, der davon überzeugt ist, daß der einzelne dem Ganzen geopfert werden muß, ist Agnes Bernauers reine Schönheit schon Grund genug für ihren schuldlosen Untergang: jede Verkörperung eines Ideals muß nach Hebbel auf Erden notwendig untergehen. In einem Brief an Karl Werner kommentiert er seine ›Agnes Bernauer‹: »Es ist darin ganz einfach das Verhältnis des Individuums zur Gesellschaft dargestellt und demgemäß an zwei Charakteren, von denen der eine aus der höchsten Region hervorging, der andere aus der niedrigsten, anschaulich gemacht, daß das Individuum, wie herrlich und groß, wie edel und schön es immer sei, sich der Gesellschaft unter allen Umständen beugen muß, weil in dieser und in ihrem notwendigen formalen Ausdruck, dem Staat, die ganze Menschheit lebt, in jenem aber nur eine einzelne Seite derselben zur Entfaltung kommt. Das ist eine ernste, bittere Lehre, für die ich von dem hohlen Demokratismus unserer Zeit keinen Dank erwarte . . .« Hebbel kann für dieses Stück in der Tat von niemand Dank erwarten, der das Menschenopfer für den verabsolutierten Staat verabscheut und sich von Hebbel lieber des ›hohlen Demokratismus‹ als der Unmenschlichkeit bezichtigen läßt.

Andere Fassungen des gleichen Stoffes: ›Der Engel von Augsburg‹ von Otto Ludwig, 1846. ›Agnes Bernauer‹ von Melchior Meyr, 1851. ›Die Bernauerin‹, Oper von Carl Orff, 1946.

Gyges und sein Ring. ›Eine Tragödie in fünf Akten‹. Jamben. Geschrieben in Wien 1853/54. Uraufgeführt am 25. April 1889, 26 Jahre nach Hebbels Tod, durch das Wiener Burgtheater. Gedruckt 1856. — Kandaules, König der (kleinasiatischen) Lydier, tritt (in mythischer Vorzeit) für neue, reformerische Ideen ein — ein Intellektueller mit barbarischen Rückständen. Seine Gemahlin Rhodope dagegen, die aus einem fernen Land stammt, »wo indische und griechische Art sich mischen«, hält an den indischen Traditionen fest: sie lebt zurückgezogen und ist in ihrer unverhüllten Schönheit nur von ihrem Vater und ihrem Gemahl gesehen worden; sie weigert sich sogar, sich bei einem Fest als Königin öffentlich zu zeigen. Kandaules ist mit seinem Gast, dem aufgeklärten und zartsinnigen Griechen Gyges, eng befreundet. Gyges hat ihm einen Ring geschenkt, der seinen Träger unsichtbar macht. Kandaules verlangt in naivem Stolz auf die Schönheit seiner Frau, daß Gyges, unsichtbar durch den Ring, sie in ihrem Schlafgemach sehe. Gyges verliebt sich dabei in Rhodope, überwältigt von ihrer Schönheit. Er gesteht dies Kandaules und verlangt von ihm, getötet zu werden; Kandaules weigert sich, Gyges bricht nach Ägypten auf. Rhodope ahnt, was geschehen ist — »Ich bin befleckt wie niemals noch ein Weib!« — und läßt Gyges zurückholen. Er erklärt ihr seine Liebe, ist bereit, alle Schuld auf sich zu nehmen und zu sterben. Doch Kandaules will für einen Frevel, den er begangen hat, keinen andern sterben lassen; er sieht sich schuldig und wirft sich vor, daß er neue Sitten einführen und damit an den ›Schlaf der Welt‹ rühren wollte. Der Ring, der überirdische Kräfte verleiht und von seinem Träger mehr als ›eitle Possen‹ verlangt, erscheint ihm als Symbol für das undurchschaubare Schicksal: »Es hängt vielleicht an ihm das ganze Weltgeschick.« Rhodope, schwer verletzt in ihrem Zartgefühl und Vertrauen, verlangt einen Zweikampf und wünscht sich, daß Kandaules unterliege — Kandaules fällt; Gyges wird zum König der Lydier ausgerufen. Rhodope, nach ihrer Vermählung mit Gyges: »Ich bin entsühnt, denn Keiner sah mich mehr, als dem es ziemte. Jetzt aber scheide ich mich — (Sie durchsticht sich) — so von Dir!«

Hebbel hoffte, mit seiner Tragödie »den Durchschnittspunkt, in dem die antike und die moderne Atmosphäre ineinander übergehen«, getroffen und einen speziellen Konflikt dieser Zeit »auf eine allen Zeiten zugängliche Weise gelöst zu haben«; als »alles bedingende und bindende« Idee seines Stückes erschien ihm »die Idee der Sitte«. Durch ihren Freitod behauptet Rhodope die Unantastbarkeit der weiblichen Würde, nicht jedoch die Unantastbarkeit des mythischen Sittengesetzes; es ist verletzt worden, und dieser Frevel wird schwer geahndet, doch feiert Hebbel nicht die Unterwerfung unter die Tradition: zwar stellt er den Untergang des Sittenfrevlers, des einer freieren Epoche zustrebenden Kandaules, als notwendig dar, am Ende aber steht der Grieche Gyges, der Träger einer nachmythischen, humanistischen Kultur. Ohne den mythischen und geschichtsphilosophischen Anteil wäre Hebbels Tragödie nur eine etwas peinliche Schlafzimmergeschichte, die den Zeitgenossen der Bikini- und Nacktbadestrände wie ein lächerlicher Skandal erscheinen müßte.

Die Nibelungen. ›Ein deutsches Trauerspiel in drei Abteilungen‹. Jamben. Geschrieben in Wien zwischen 1850 und 1860. Uraufgeführt am 31. Januar (I. und II. Teil), am 16. und 18. Mai (vollständig) 1861 in Weimar durch Franz von Dingelstedt. — I. ›Der gehörnte Siegfried. Vorspiel in einem Akt‹. Am Hof König Gunthers in Worms (6. Jahrhundert) besiegt Siegfried die Burgunder im Steinwurf. Ein Vertrag wird geschlossen: Gunther wird Siegfried seine Schwester Kriemhild zur Frau geben; Siegfried wird Gunther helfen, die im nordischen Isenland in einem Flammenmeer wohnende Brunhild zu erobern, die bisher ihre Freier immer im Kampf besiegt hat. Siegfried soll, unsichtbar durch seine Tarnkappe, an der Seite Gunthers kämpfen. Hagen verlangt, daß diese Abmachung ein Geheimnis der Männer bleibt. — II. ›Siegfrieds Tod. Ein Trauerspiel in fünf Akten‹. Brunhild, für Gunther von dem unsichtbaren Siegfried besiegt, folgt den Burgundern nach Worms, wo sie abermals betrogen wird: Siegfried, wieder mit Tarnkappe, überwältigt sie für Gunther in der Hochzeitskammer. Ein Gürtel, den er ihr dabei entreißt, gerät Kriemhild in die Hände, der nun Siegfried das Geheimnis der Eroberung Brunhilds anvertraut. Bei einem Streit über den Vortritt zum Wormser Dom läßt sich die eifersüchtige Kriemhild dazu hinreißen, Brunhild das »Kebsweib ihres Gatten« zu nennen und Siegfried als ihren Überwinder zu verraten. Brunhild fühlt sich von Siegfried schwer gedemütigt: er hat sie verschmäht und zu einem Mittel erniedrigt, Kriemhild zu gewinnen. Hagen, dem Hause Burgund bedingungslos treu, ist bereit, sie zu rächen. Er listet Kriemhild die verwundbare Stelle Siegfrieds ab — ein Lindenblatt bedeckte sie, als sich Siegfried im Drachenblut unverwundbar »hörnte« — und wirft bei der Jagd einen Speer in Siegfrieds Rücken, der, sterbend, die Burgunder verflucht. Kriemhild verlangt die Totenprobe: als Hagen im Dom an die Bahre des toten Siegfried tritt, blutet Siegfrieds Wunde, und Kriemhild klagt ihn als Mörder an. — III. ›Kriemhilds Rache. Ein Trauerspiel in fünf Akten‹. König Gunther verweigert Kriemhild, Hagen vor Gericht zu stellen. So nimmt sie die Werbung des Heunenkönigs Etzel an, die Markgraf Rüdeger ihr überbracht hat, nachdem Rüdeger ihr schwört, ihr jeden Dienst zu leisten. Sieben Jahre später ziehen die Burgunder zu einem Besuch an Etzels Hof. Für die ›Schlächterei im Odenwald‹ verlangt Kriemhild von Etzel, dem sie einen Sohn, Ortnit, geboren hat, ›Mord um Mord‹. Sie läßt das Gefolge der Burgunder töten. Als dies beim Bankett der Fürsten bekannt wird, schlägt Hagen dem Knaben Ortnit den Kopf ab. In einem furchtbaren Blutbad werden die meisten Burgunder getötet. Dietrich von Bern bringt Hagen und Gunther gefesselt vor König Etzel. Kriemhild, der Hagen nicht verrät, wo er den Nibelungenschatz im Rhein versenkt hat — sie hat den Schatz den Heunen als Belohnung versprochen —, läßt ihren Bruder Gunther töten und erschlägt Hagen mit Siegfrieds Schwert Balmung. Der alte Hildebrant tötet in seiner Empörung Kriemhild. Etzel, angewidert von Gericht und neuer Rache, tritt seine Reiche an Dietrich von Bern ab: »Schleppt die Welt auf Eurem Rücken weiter —« Dietrich nimmt an: »Im Namen dessen, der am Kreuz erblich.«

Hebbel sah den Zweck seines Trauerspiels darin, »den dramatischen Schatz des Nibelungen-Liedes für die reale Bühne flüssig zu machen, nicht aber den poetisch-mythischen Gehalt des weit gesteckten altnordischen Sagenkreises, dem es selbst angehört, zu ergründen, oder gar . . . irgendein modernes

Burgschauspielerin Christine Enghaus (1817–1910), seit 1846 verheiratet mit Hebbel, als Brunhild in Hebbels ›Nibelungen‹. Photo aus dem Jahre 1863

Lebensproblem zu illustrieren«. In der Übergangsepoche vom archaischen Heidentum zum Christentum lösen die Treue Hagens zum burgundischen König und die Treue Kriemhilds zu Siegfried das Unheil aus. Mit der blutigen Kriemhild sah Hebbel sich dadurch vollkommen ausgesöhnt, »daß ihr eigenes inneres Leid selbst während des entsetzlichen Rache-Aktes noch viel größer ist als das äußere, was sie den andern zufügt«.

Die Unangemessenheit der vergleichsweise harmlosen Anlässe und ihrer grauenhaft unmenschlichen Folgen störte Hebbel nicht; er war davon überzeugt, die ›Gesetze der menschlichen Seele‹, den psychologischen Realismus, so sehr respektiert zu haben, daß seine Nibelungen aus allgemeingültigen Motiven in voller Freiheit handeln: »Der Gyges ist ohne Ring möglich, die Nibelungen sind es ohne Hornhaut und Nebelkappe.« Läuft das Drama auch auf ein neues, ein christliches Zeitalter hinaus, so heroisiert es doch die Treue bis zur blutigsten Unmenschlichkeit, die geheime Lust am Untergang; seine Verquickung von vorzeitlicher Reckenstarrheit und neuzeitlicher Psychologie, von Mythischem und Modernem, ist unbekömmlich geworden. »Hebbels Nibelungen«, meinte Alfred Polgar, »sind Geschöpfe, in denen die Verschmelzung von Tierischem und Göttlichem zum Menschlichen noch nicht vollzogen ist. Sie haben Vernunft und Ethos, aber neben diesen, ihnen durchaus koordiniert, stehen in noch ungebrochener Kraft Trieb und Instinkt.«

Gegen das klassische Muster: die Welt in einer Scherbe

Hebbel hat die Weimarer Klassik hinter (nicht: unter) sich gelassen, insbesondere durch eine andere Geschichtsauffassung, durch seine bohrende Psychologie, durch seine tiefe, freilich oft zurückgedrängte Neigung zum Realismus. Dennoch versuchte er immer wieder, wenn auch nicht ausschließlich, eine große Form der Weimarer Klassik zu erfüllen: die in sich geschlossene Verstragödie in fünf Akten. Kraft und Glanz seiner Verse blieben allerdings hinter dem Weimarer Vorbild zurück. Grob gesagt, Hebbel goß seinen neuen Wein in alte Schläuche, und dies kann weder dem Wein noch den Schläuchen bekommen. Der ein Dutzend Jahre ältere Grabbe dagegen schrieb 1834 unverblümt an Immermann: »Soll man ewig die alten Hosen tragen?« Der Vers seines eigenen Hannibal-Dramas war für ihn jetzt »ein Zwitter, ich zerschlage ihn, wie neue rauhe Chausseesteine, und verwandle ihn in Prosa«. Nicht nur durch die Prosa, auch durch den Aufbau seiner späten Dramen hat Grabbe das klassische Muster gesprengt. Was man ihm oft als Formlosigkeit angekreidet hat, ist nur eine andere, eine nichtklassische Form des Dramas. Er hat sie nicht erfunden, schon Dichter des Barock, später Lenz und andere Dramatiker des ›Sturm und Drang‹ (siehe auch Seite 345) haben sich ihrer bedient, doch nach Grabbe ist diese Form auf der Bühne lebendig geblieben.

Eine andere Form bedeutet ein anderes Verhältnis zur Welt. Der Literaturwissenschaftler Volker Klotz hat dies in seinem Buch ›Geschlossene und offene Form im Drama‹ scharfsinnig untersucht. Die einfachsten seiner Ergebnisse für die ›offene Form‹ sind, vereinfacht dargestellt: Die Handlung ist nicht einheitlich; mehrere Handlungen laufen gleichberechtigt nebeneinanderher. Das Geschehen setzt unvermittelt ein, folgt keiner Entwicklung, sondern reiht Gleichwertiges hintereinander und bricht unvermittelt ab. Statt eines bestimmten Standes, der beispielhaft für das Ganze steht, kommen viele Personen vieler Stände auf die Bühne. Aus großen Zeitspannen werden Ausschnitte gegeben, und die weiterfließende Zeit selber wirkt am dramatischen Geschehen mit. Je umfassender das offene Drama das Weltganze darstellen will, desto mehr ist es gezwungen, sich auf Bruchstücke zu beschränken, auf Scherben, in denen sich das Weltganze spiegelt. »Gegenspieler des Helden ist keine Person, sondern die Welt in ihrer Fülle der Einzelerscheinungen.« Die Personen des offenen Dramas verlieren das kontrollierte Selbstbewußtsein, die Fähigkeit zur verantwortungsbewußten Entscheidung, die den Personen des geschlossenen Dramas eigen sind, und sie gewinnen dabei an Wirklichkeitsnähe und an Lebensfülle. Klotz kommt für das geschlossene Drama zu der handlichen Formel »Ausschnitt als Ganzes« und für das offene Drama zur Gegensatzformel »Das Ganze in Ausschnitten«.

Hat in der von der Weimarer Klassik bevorzugten geschlossenen Form ein Weltausschnitt versucht, die Welt als ein möglichst von einer Idee geordnetes Ganzes zu repräsentieren, so versuchen Lenz, Grabbe, Büchner und die Nachfolger ihres Typs, das durch eine Idee nicht zu fassende Weltganze in Weltausschnitten fühlbar zu machen.

Grabbe und Büchner sind aus dem Muster der geschlossenen Form ausgebrochen, aus dem klassischen Bannkreis Weimars, in dem sich — nach ihnen — Grillparzer und Hebbel noch bewegen. Ein Teil der Dramen Grabbes ist gedruckt worden, als Goethe noch lebte; Grabbe schickte sie ihm nach Weimar, er erhielt keine Antwort. Der mit Büchner gleichaltrige Hebbel notierte 1839, zwei Jahre nach dem gemeinsamen Todesjahr Grabbes und Büchners: »Grabbe und Büchner: der eine hat den Riß zur Schöpfung, der andere die Kraft.« Die Zeit hat sein Urteil bestätigt.

Grabbe: der Riß zur Schöpfung

Christian Dietrich Grabbe verzeichnete als früheste Kindheitserinnerung, daß er einen alten Mörder an die frische Luft geführt habe. Am 11. Dezember 1801 als Sohn des Zuchthausverwalters und Vorstehers einer Pfandleihe in Detmold geboren, war er auf dem Zuchthaushof, auf den die Fenster der Wohnung gingen, als ersten Spielplatz angewiesen. Seine robuste, nur Platt sprechende Mutter nannte man den ›Zuchthauskommissarius‹. Seinen ungebildeten Eltern war er dankbar, doch konnte er sie nicht lieben. Sie gaben dem jungen Krischan (wenn Grabbes bösartige Frau dies nicht erfunden hat) »alle Tage ein Glas Branntwein«, das sie für sein Gedeihen für nützlich hielten.

Das Scheitern war der ewige Refrain seiner Lebensstationen. Er studierte von 1820 bis 1823 die Rechte in Leipzig und Berlin. In der Berliner Literaten-Konditorei Stehely verblüffte er durch die Maßlosigkeit seiner Arroganz, seines Prahlens, seiner Zynismen und seines Saufens den jungen Heinrich Heine, der ihn im übrigen als einen genialen, shakespearenahen Dichter propagierte. In Berlin hatte Grabbe 1822 seine während der Gymnasialzeit begonnene Tragödie *Herzog Theodor von Gothland* beendet, ein wüstes Versdrama mit dem Neger Berdoa, aufgetürmt aus Erinnerungen an Shakespeares Neger Aaron (aus ›Titus Andronicus‹), an Jago und Richard III., an Marlowes Juden von Malta und an Schillers Franz Moor und übertürmt zu einem Superbösewicht, der ausschließlich Böses tut aus purer Lust am Bösen, während sein Gegenspieler Herzog Theodor von Gothland, ein betrogener Idealist wie Karl Moor, für eine gerechte Sache zum Verbrecher wird. »Allmächtige Bosheit regiert die Welt«, die von Grabbe in dieser absolut nihilistischen Tragödie absolut verachtet wird. Das Stück wurde siebzig Jahre später zum erstenmal gespielt, am 7. Februar 1892 in Wien.

Immerhin fand Ludwig Tieck in einem Brief an Grabbe: »Ihr Werk hat mich angezogen, sehr interessiert, abgestoßen, erschreckt und meine große Teilnahme für den Autor gewonnen, von dem ich überzeugt bin, daß er etwas

viel Besseres liefern kann.« Doch brachte Tieck schon — nicht wörtlich gegen
Grabbe, den er sogar durch eine Klammer ausnahm — den gewichtigsten
Einwand vor, der auch künftige Tragödien Grabbes trifft: »Das Gräßliche ist
nicht tragisch: wilder roher Zynismus ist keine Ironie: Krämpfe sind keine
Kraft, sondern entstehen oft (bei Ihnen glaube ich nicht) aus der Schwäche.«
Beim schmächtigen, unbeholfenen Grabbe, der seine Schüchternheit prahlend
überpolterte, kamen die sprachlichen und szenischen Krämpfe doch aus der
Schwäche — er ist den pubertierenden Gymnasiasten nie ganz losgeworden.

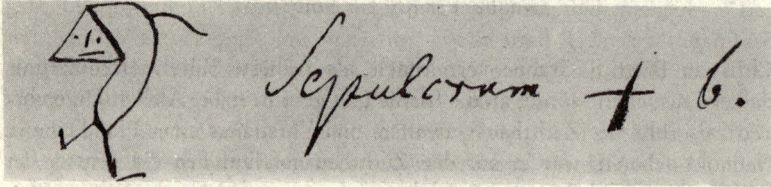

Unterschrift Grabbes, ein makabres Wortspiel mit seinem Namen:
Sepulcrum (= Grab) plus be = Grabbe

In Berlin hatte er, ebenfalls 1822, sein Lustspiel *Scherz, Satire, Ironie und
tiefere Bedeutung* geschrieben, und ausgerechnet diese Literatursatire, die so
zeitgebunden scheint, ist, unbeschädigt von der Zeit, das einzige Werk
Grabbes, das noch heute Silbe für Silbe das Publikum mitreißt — in der
Maßlosigkeit der Satire werden die Schwächen Grabbes zu Vorzügen.
   Er brach sein Studium 1823 ohne Examen ab. Versuche, als Schauspieler
ans Theater zu kommen, schlugen fehl. Auch Ludwig Tieck, den er in Dresden besucht und enerviert hatte, konnte ihm zu diesem Beruf nicht verhelfen,
für den er wahrscheinlich höchst ungeeignet war. Von der Trunksucht schwer
angeschlagen, ging er zurück ins verwünschte Detmold, zu seinen Eltern,
deren Ersparnisse er aufgebraucht hatte und die ihn doch mit Freudentränen
empfingen.
   Er holte sein Examen nach, wurde Advokat und später ›Auditeur‹, eine
Art Gerichtsoffizier, Militärbeamter im Leutnantsrang. Nach rund zehn
Jahren erhielt er eine Verwarnung von der Regierung — er hatte mit wichtigen Akten Feuer angemacht und amtliche und private Gelder unentwirrbar
vermischt; als er seinem vorgesetzten Militärreferenten die nur rhetorisch
gemeinte Frage stellte: »Nun, Herr Regierungsrat, ich muß wohl um meinen
Abschied nachsuchen?« erhielt er zu seiner Verblüffung den Abschied sofort.
Das war 1834.
   Ein Jahr vorher hatte er Luise Clostermeier geheiratet und beim Verlassen
der Kirche zu ihr gesagt: »So, da haben wir nun das Unglück!« Auch dieser

Scherz wurde bitterer Ernst — der zweiunddreißigjährige rabiate Junggeselle, dessen Leibspeise aus Bier, Schnaps und rohen Zwiebeln bestand, und die zweiundvierzigjährige, schöngeistige Jungfer paßten von Anfang an nicht zusammen; bald scheuchte er sie mit Degen und Pistole durch die Wohnung, und sie trug den Skandal in die ganze Stadt. Der verabschiedete Grabbe verließ seine Frau, ohne ihr Lebewohl zu sagen und ohne ihr Geld zu geben. Im Oktober 1834 bestieg er die Postkutsche nach Frankfurt am Main.

Während der elf Detmolder Jahre hatte er einige literarische Erfolge. 1827 waren zwei Bände seiner frühen ›Dramatischen Dichtungen‹ in Frankfurt erschienen; sein ehemaliger Leipziger und Berliner Kommilitone Georg Ferdinand Kettembeil hatte sie verlegt. 1829 war seine Tragödie *Don Juan und Faust* durch die Truppe August Pichlers im Detmolder Hoftheater mit großem Kassenerfolg aufgeführt worden; Albert Lortzing, der die Bühnenmusik geschrieben hatte, spielte den Don Juan, Madame Lortzing die Donna Anna — Grabbe lobte in anonymen Rezensionen sich und die Schauspieler in Frankfurter Blättern, doch schon die zweite Aufführung wurde verboten, und kein anderes seiner Stücke ist zu seinen Lebzeiten auf die Bühne gekommen.

Zwei Jahre lang, von 1827 bis 1830, arbeitete er an zwei Stücken, mit denen er einen Zyklus deutscher Nationaldramen, entsprechend den Königsdramen Shakespeares, beginnen wollte: *Kaiser Friedrich Barbarossa* und *Kaiser Heinrich der Sechste*. Die fünfaktigen Tragödien sind in der Hauptsache in Versen geschrieben, doch nähern sie sich schon der ›offenen‹ Dramenform: Grabbe entfernte sich im Aufbau vom klassischen Muster und reihte realistische, historische Szenen aneinander (uraufgeführt am 8. und 10. Dezember 1875 in Schwerin). 1831 vollendete er *Napoleon oder Die hundert Tage*, ein Prosadrama in fünf Aufzügen; hier gibt es keinerlei Rückstände des Weimarer Musters mehr, die ›offene Form‹ ist so weit getrieben, daß sie sich — ohne rigorose Bearbeitung — der Bühne entzieht: Grabbe hält sich eng an die Geschichte; nicht der kühl gesehene Napoleon (»Er ist kleiner wie die Revolution, nicht er, die Revolution lebt noch in Europa«) ist der Held, sondern die Massen, die realistisch gezeichnet sind, wobei Grabbe das Übertreiben wiederum nicht lassen kann. Sein historischer Bilderbogen enthält über hundert Rollen und verlangt für seine kolossalen Schlachtengemälde ganze Regimenter von Statisten. Ein Kürassier, befragt, wo sein rechter Fuß sei, antwortet verblüfft: »Sakrament, da fliegt er hin, der Deserteur!« — Grabbe, der sich gelegentlich nach Krieg sehnte, kannte den Realismus des Krieges nicht, doch ließ er immerhin seinen Blücher »all das Morden leid« sein (uraufgeführt im Theater an der Wien, am 12. August 1869). Friedrich Sieburg meint zu dem Stück: »Der Bereich des klassischen, historischen

Dramas ist damit endgültig verlassen. Es gibt keine Privatschicksale mehr.
Der Kaiser ist zwar die Hauptperson des Stücks, aber es ist nicht so, daß er
einen Konflikt durchkämpfte, der ihn aus dem Stück heraushöbe und dieses
zu seinem ureigenen Drama machte. Die Vielheit der Personen, der Volks-
gruppen und sozialen Schichten ... trägt dazu bei, die individuellen Verhältnisse des Dramas immer mehr in den Hintergrund zu drängen und
schließlich nur noch die Massenhaftigkeit und Anonymität der Menschen
gelten zu lassen.«

Den angefangenen *Hannibal* nahm Grabbe mit nach Frankfurt, arbeitete an
ihm vormittags in seiner Dachstube in der Großen Bockenheimer Gasse 108,
trank Rheinwein im Hotel ›Schwan‹ am Steinweg und brütete nachmittags
vollangezogen im Bett. Sein Verleger Kettembeil wies den ›Hannibal‹ zurück; der um Hilfe gebetene Dramatiker und Intendant Karl Immermann in
Düsseldorf versprach Arbeit als Rezensent und Dramaturg — im Dezember
1834 reiste Grabbe nach Düsseldorf. Immermann brachte ihn dazu, auf seinen
allmorgendlichen Rum zu verzichten, half ihm in vielerlei Weise, doch ließ
er nicht eines seiner Stücke aufführen. Den ›Hannibal‹ schrieb Grabbe in
Prosa um, zog ihm ›die alten Hosen‹ der Verse aus. Die locker gefügten
Szenen wechseln rasch die Schauplätze; Hannibal kämpft auf verlorenem
Posten für seine Eroberer-Vision und für eine Heimat, deren politische Ordnung und deren Krämergeist ihm verhaßt sind; er geht an der Macht der
Umstände, am bloßen Ablauf der Geschichte, schuldlos zugrunde — er
scheitert, wie Grabbe sich selbst scheitern sah. Hinreißende Dialogpartien und
hohle Kraftmeierei, tragische Einzelzüge und Schaulust am lauten Abenteuer
sind auch hier unauflösbar miteinander verquickt (uraufgeführt am Nationaltheater München, am 20. Dezember 1918).

Auch die Freundschaft mit Immermann konnte nicht lange dauern. Grabbe
hatte sich mit seinen Zechkumpanen, literarischen Oppositionellen, im Wein-
haus ›Zum Drachenfels‹ über Immermann lustig gemacht, der überdies gegen
Grabbe aufgehetzt wurde, und so verbot er ihm schließlich, über das Düsseldorfer Theater zu schreiben. Grabbe arbeitete an seiner ›Hermannsschlacht‹,
lebte vom Vorschuß und von der Hoffnung, mit der ›Hermannsschlacht‹,
einem Preisgesang auf das heimatliche lippische Land, die Gnade seines
Fürsten wiederzuerlangen. Besser als »ein wohlfeiler Sturz in den Rhein,
wofür ich mich noch zu teuer achte«, erschien ihm die Rückkehr nach Detmold.

Im Mai 1836 stieg Grabbe in Detmold im Gasthof ›Zur Stadt Frankfurt‹
ab, entschlossen, den häuslichen Ärger nicht eher auf sich zu nehmen, bis er
die ›Hermannsschlacht‹ vollendet hatte. Verwahrlost und todkrank, wurde
er von seiner Mutter gepflegt — seine Frau betrieb derweil die Scheidung.
Das Kernstück des Prosa-Dramas *Die Hermannsschlacht*, episch gegliedert

in Eingang, drei Tage, drei Nächte und Schluß, ist das Gemälde der Wald-schlacht mit kriegerischen, idyllischen und humorvollen Episoden. Grabbe, der in Jugenderinnerungen an Landschaft und Menschen schwelgte, verkleidet die westfälischen Bauern seiner Zeit als Germanen und macht mehr die genau gekannte Umgebung Detmolds als eine mögliche Bühne zum Schauplatz. Seine Germanen haben mehr Lust zu essen und zu trinken, als das römische Weltreich zu zertrümmern, und auch Hermann, der von einem geeinten ›Deutschland‹ träumt, resigniert rasch vor der Realität: »Da Varus und seine Römer tot sind und ihr nicht Lust habt, den Sieg weiter zu verfolgen, so lad ich euch zum Schmaus in meinen Hünenringen ein.« Mit diesem Stück ist Grabbe der Wirklichkeit, wie er sie gesehen hat, so nahegekommen, daß diese Wirklichkeit die Kunstform des Theaters völlig auflöst (uraufgeführt in Düsseldorf, am 12. September 1936).

Die ›Hermannsschlacht‹ war beendet, Grabbe wollte in sein Haus, doch seine Frau ließ ihn erst ein, als er einen Polizeidiener zu Hilfe nahm. Er lebte noch knapp zwei Monate. Seine Frau keifte an seinem Sterbebett mit seiner Mutter, deren Branntweindunst sie unerträglich fand. Den um sein Seelenheil besorgten Geistlichen vertrieb Grabbe durch derbe Witze. Er starb, nicht ganz 35 Jahre alt, am 12. September 1836 an Rückenmarksschwindsucht. Ob er mehr durch Alkohol oder durch eine luetische Infektion aus seiner Leip-ziger Studentenzeit ruiniert worden sei, darüber streiten sich die medizinisch gebildeten Literaturdetektive.

Nicht nur sein wegbereitendes Werk, das bei all seinen Schwächen die Bühne frei machte für die einströmende Wirklichkeit, auch sein unglückliches Leben hatte literarische Folgen: Hanns Johst, expressionistischer Dramatiker und später Präsident der nationalsozialistischen ›Reichsschrifttumskammer‹, verfaßte 1917 ein Grabbe-Drama ›Der Einsame‹; ein Jahr später schrieb Bertolt Brecht aus der Lust, den spießbürgerlichen Genie-Kult Johsts zu paro-dieren, sein erstes Drama, ›Baal‹, das über den parodistischen Anlaß weit hinauswuchs.

Meinungen: »Grabbe hat sich vor der Trivialität, der er nie entging, wenn er sich auf das Menschliche einließ, in die Hypergenialität, die die Welt über-bieten und die Idee durch die Erscheinung vernichten will, hineingeflüchtet und bewegt sich darin wie der Schöpfer der Wolkenbilder, der Wind, durch-aus im Leeren«: Friedrich Hebbel. — »Was er zu fassen vermochte und in kühne Gesichte zu bannen imstande war, das waren die dunklen, elementaren Mächte, die im Großen wie im Kleinen das Leben in seine Aufschwünge und Katastrophen, seinen Glanz und sein Elend treiben, so vulkanisch, gewalt-tätig und furchtbar, wie sie sich in seinem eignen zerklüfteten Inneren entluden«: Benno von Wiese. — »Grabbe sieht die Geschichte schon als Theater, bevor sie der Dichter dem Theater übergibt. Theater wird dem Theater zum Vorwurf«: Walter Höllerer. — »Manchmal wirkt Grabbe wie jemand, der alle Fenster aufstößt in einer verjährten Luft. In dieser Bewegung des Aufstoßens freilich ist seine Tat beendet. Was er hereinläßt, ist nicht zeugender Luftstrom. Nur Splitter, Staub, Geröllwolken«: Alfred Kerr. — »Vielleicht war Grabbe wirklich ein großes Genie — aber er hat sich selbst so überbrüllt, daß man es kaum noch erkennen kann. Wer die deutschen Dramatiker des ›Sturm und Drang‹, vor allem Lenz und Klinger, sehr liebt, kann unmöglich ihrem eitlen Epigonen Grabbe zugetan sein«: Willy Haas. — »Was er zeichnete wurde ihm zur Fratze. Liebe, Glanz, Licht, Adel, Anmut, Ordnung kommen in seinem wie mißmutig hervorgestoßenen Werk nicht vor. Der hungrige Unfriede, in dem er mit sich selbst lebte, geht durch fast jede seiner Zeilen. Eines von den Halbgenies, tragisch, unvollendet, unersättlich, dämonisch umwittert, wie sie in der Historie unserer Dichtung nicht selten sind«: Friedrich Luft.

Scherz, Satire, Ironie und tiefere Bedeutung. ›Ein Lustspiel in drei Aufzügen‹. Prosa. Geschrieben 1822. Zum erstenmal gedruckt 1827. Uraufgeführt in einer Privatvorstellung in Wien, 1876, im Akademietheater. Erste öffentliche Aufführung am 27. Mai 1907 in München, in einer Bearbeitung von Max Halbe. — Der Teufel ist vor dem Großreinemachen in der Hölle auf die Erde geflohen. An einem warmen Sommertag steifgefroren, wird er von vier Naturhistorikern untersucht, die ihn, weil er so häßlich ist, für eine Schriftstellerin halten. Er stellt sich als Generalsuperintendent vor, wird als Gast im Schloß des Barons von Haldungen aufgenommen und will als Gegengabe für diese Freundlichkeit die Verlobung Liddys, der Nichte des Barons, hintertreiben. Dem Freiherrn Mordax verspricht er Liddy unter der Bedingung, daß Mordax dreizehn Schneidergesellen ermordet. Dem mit Liddy verlobten Herrn von Wernthal kauft er Liddy ab. Den romantisierenden Dichter Rattengift, der Calderon nachäfft und die Wirklichkeit für trivial hält, läßt er Liddy in ein romantisches Waldhäuschen führen, damit Mordax sie dort rauben kann. Der versoffene Schulmeister hat den Teufel im Kamin sitzen sehen und ist sicher, daß er der Teufel ist, als ihm der Schmied erzählt, wie er dem Superintendenten einen Huf beschlagen hat. Er beschließt, den Teufel in einem Vogelbauer zu fangen. Nach einer gewaltigen Saufnacht, in der sich alle Beteiligten die Wahrheit sagen, versieht der Schulmeister einen Käfig mit unzüchtigen Ködern, um den Teufel hineinzulocken, der freilich zunächst den Schulmeister für noch unzüchtiger hält. Mordax schlägt dreizehn Schneidergesellen tot. Als er im Waldhäuschen Liddy mit seinen Spießgesellen überfällt, wird er von dem rührend einfältigen und unsagbar häßlichen Mollfels besiegt. Liddy wird Mollfels heiraten. Mordax und Liddys ehemaliger Verlobter von Wernthal fallen aus ihren Rollen, reden sich mit ihren Schauspielernamen an und flüchten ins Orchester. Des Teufels Großmutter, eine junge und hübsche Person, überredet den Schulmeister, den Teufel wieder freizulassen, und der Schulmeister sieht am Fenster, daß »der vermaledeite Grabbe, oder wie man ihn eigentlich nennen sollte, die zwergigte Krabbe, der Verfasser dieses Stücks«, kommt und schreit: »Er ist so dumm wie'n

›Der Freiherr Mordax geht spaziren, ihm begegnen dreizehn Schneidergesellen, er macht sich die Serviette vor und schlägt sie sämmtlich todt‹: Holzschnitt von Karl Thylmann (1888–1916) für eine Ausgabe von ›Scherz, Satire, Ironie und tiefere Bedeutung!‹, im Verlag Kurt Wolff, München, 1923

Kuhfuß, schimpft auf alle Schriftsteller und taugt selber nichts.« Während Liddy tadelt: »Schulmeister, Schulmeister, wie erbittert sind Sie gegen einen Mann, der Sie geschrieben hat!« tritt Grabbe mit einer Laterne herein, und der Vorhang fällt.

Und tiefere Bedeutung? Wo steckt sie? In der Grausamkeit der Späße, in der Sauforgie aus Verzweiflung, im Triumph des leibhaftigen Teufels, der die Welt für ein mittelmäßiges Lustspiel hält, hingeschmiert von einem Primaner-Engel während der Schulferien — in diesen verfratzten Personen, die alle das Gegenteil von dem sind oder tun, was man von ihnen erwartet: der Verlobte verkauft seine Braut, der Freiherr ist ein Mörder, der Dichter kann nicht dichten, der Liebhaber ist abstrus häßlich, der dumme Bauernjunge tritt als Genie auf, der Teufel als Geistlicher, und der Schulmeister, dieses verschlampte Jahrmarktsgenie, diese Selbstparodie Grabbes, säuft und prügelt, erzählt saftige Witze und läßt den gefangenen Teufel frei, wenn er ihm nur ein Pfötchen gibt. Die Welt als große Grimasse, von der man nie so genau weiß, ob sie vom Schmerz oder vom Gelächter kommt. Sie kommt

Der Teufel in Grabbes ›Scherz, Satire, Ironie und tiefere Bedeutung‹, gespielt von Erwin Faber in der Inszenierung von Erich Engel (1891–1966) am Münchener Künstlertheater, 6. Juli 1922. Bleistiftzeichnung von Carl Graumann

von beidem: Grabbe kippt sein tragisches Pathos ins Groteske um und verschafft sich damit eine befreiende Souveränität über seinen Schmerz. Er bestand darauf, daß sein Lustspiel »aus der nämlichen Grundansicht« entstanden sei wie sein vorausgegangenes erstes Stück, die Tragödie ›Herzog Theodor von Gothland‹, in dem die Welt von einem allmächtigen Wahnsinn geschaffen und getrieben scheint.

War Schillers Form für ›Gothland‹ das heimliche Vorbild, so der ironisch-romantische Tieck für das Lustspiel, für Grabbes meistgespieltes Stück, das auch sein bestes ist, weil er hier nicht mehr will als er kann, und weil er aus seinen Schwächen, indem er sie parodiert, Vorzüge macht. Grabbe verspottet die Autoren seiner Zeit, den Literaturbetrieb der zwanziger Jahre des 19. Jahrhunderts, und schreckt auch nicht vor großen Namen zurück, soweit sie gerade modisch sind — nur die Freunde Ludwig Tiecks nimmt er sorgfältig aus, von dem er Hilfe erwartet und dem er seine Literatursatire zu schicken gedenkt.

Grabbes Lustspiel ist taufrisch geblieben; das Publikum lacht sogar über Anspielungen auf Schriftsteller, deren Namen niemand mehr kennt — die Geste der Satire ist so stark, daß sie ihren vergessenen Gegenstand mitproduziert. Grabbe beherrscht schon Tricks, die erst 130 Jahre später durch Autoren wie Adamov und Ionesco populär geworden sind: so den schwarzen Humor, wenn Mordax sich vor der Ermordung der dreizehn Schneidergesellen eine Serviette umbindet, damit er sich nicht mit Blut bespritzt; so die wörtlich genommene und ausgespielte Metapher, wenn sich die vier Naturhistoriker mit Kieselsteinen buchstäblich »die Köpfe zerbrechen«.

Der französische Dramatiker Alfred Jarry hat das Stück 1907 frei nachgedichtet; Jarrys wildphantastischer ›König Ubu‹ aus dem Jahre 1888, der unflätige Held einer wüsten Parodie auf das Historiendrama, wird von den Absurden und Surrealisten des 20. Jahrhunderts als Stammvater beansprucht

— durch seinen zynischen Witz, durch seine absurden Wendungen und surrealistischen Effekte ist König Ubu mit Grabbes Literatursatire eng verwandt.

Don Juan und Faust. Tragödie, vier Akte, Jamben. Vollendet 1828. Uraufgeführt in Anwesenheit des Autors am 29. März 1829 in Detmold mit Musik
von Albert Lortzing, der den Don Juan spielte. — Das einzige Stück Grabbes,
das zu seinen Lebzeiten aufgeführt wurde; 1829 noch in Lüneburg und 1832
in Augsburg. — Don Juan stellt in Rom Donna Anna nach, der Tochter des
spanischen Gouverneurs Don Gusman. Dr. Faust, der sich dem schwarzen
Ritter, dem Höllenfürsten, mit Blut verschrieben hat, begehrt ebenfalls
Donna Anna. Bei ihrer Hochzeitsfeier mit Don Octavio provoziert Don Juan
den Bräutigam und tötet ihn, Faust jedoch entführt Donna Anna in sein
Zauberschloß auf dem Montblanc, das ihm der schwarze Ritter gebaut hat.
Don Juan tötet Donna Annas Vater im Duell und folgt Dr. Faust. Auf dem
Montblanc widersteht Donna Anna dem Werben Fausts; die Ehre gebietet
ihr, dem toten Bräutigam treu zu bleiben, doch ist sie von der Leidenschaft
Don Juans berührt. Faust wird am Montblanc von Don Juan verhöhnt: »Wer
stürmt mit übermenschlicher Gewalt das Herz der Anna und vermag das Fleckchen nicht zu erobern? Wozu übermensch- lich, wenn du ein Mensch bleibst?« — Faust — »Wozu Mensch, wenn du nach Über- menschlichem nicht strebst?« — läßt Don Juan durch Geister nach Rom an die Grabstätte des Gouverneurs schaffen. Kunst und Wissenschaft hat Faust verworfen, seine Frau in Wit- tenberg getötet — er liebt Donna Anna. Als sie ihm ge- steht, daß sie ihn haßt, tötet er sie mit einem raschen Wort: »Stirb!« — er bereut es sofort, doch kann auch der schwarze Ritter Donna Anna nicht wie- der lebendig machen. In Rom tritt Faust, verzweifelt über den Tod Donna Annas, Don Juan

Uns freut es den Freunden, die sich für dramatische Kunst und alles in diesem Fache erscheinende
Große und Schöne interessiren, die Anzeige machen
zu können, daß der Verfasser, der als historischer
Dramatiker schon in seinem Marius und Sulla so
hoch anerkannt ist, sich gegenwärtig damit beschäftigt die Geschichte der Hohenstaufen als deutsches
Nationaldrama in einem Cyclus von acht Tragödien
zu bearbeiten. . Das erste Stück „Kaiser Friedrich
Barbarossa" wird noch im Laufe dieses Jahres erscheinen, und die anderen bis zum Untergang dieses
hehren Kaisergeschlechtes mit Conradin in geeigneten
Zwischenräumen folgen, worüber wir uns vorbehalten seiner Zeit dem Publicum das Nähere noch
mitzutheilen.

Frankfurt a. M., im Januar 1829.

Joh. Christ. Hermann'sche Buchhandlung.

*Grabbes kühne Pläne: letzte Seite der ›Litera-
rischen Anzeige‹, die Grabbes Verleger G. F.
Kettembeil der Erstausgabe von ›Don Juan
und Faust‹, Frankfurt am Main, 1828, angehängt hat*

gegenüber, der sich rasch mit der Aussicht auf tausend andere Mädchen tröstet. Der Ritter erdrosselt Faust. Die Bildsäule des Gouverneurs, die Don Juan auf dem Friedhof zum Essen eingeladen hat, tritt ein und bietet Don Juan Rettung vor der Hölle an, falls er bereue. Er bereut nicht, der Ritter setzt den Palast in Flammen und reißt Don Juan mit sich fort, um ihn an Faust zu schmieden: »Ich weiß, ihr strebet nach demselben Ziel und karrt doch auf *zwei* Wagen!«

Schon der zweiundzwanzigjährige Grabbe trug sich mit der Idee »von einem andern Faust, der mit dem Don Juan zusammentrifft«. Vier Jahre später, entschlossen zu »Trotz und Überbietung von allem, was mir in den Weg kommt«, versucht er, die Sagen von dem romanischen Don Juan und dem germanischen Faust, von der »zu sinnlichen« und der »zu übersinnlichen Natur des Menschen« zu verschmelzen. Er wollte damit Goethe überbieten (dessen ›Faust II‹ noch nicht erschienen war) und Mozart (dessen ›Don Giovanni‹-Libretto von Da Ponte er benutzte). Der Reiz des literarischen Einfalls, nicht seine literarische Qualität, bringt dieses Stück gelegentlich noch auf die Bühne. Grabbe konnte seinen Vorsatz nicht verwirklichen: da Don Juan und Faust um eine Frau kämpfen, muß ihr Konflikt im Sinnlichen steckenbleiben, in dem sich zwar ein ganzer Don Juan zeigen läßt, nicht aber ein ganzer Faust — so ist hier Faust als Gegenspieler (nicht als Monologist) nur eine Abwandlung des Don Juan. Der Konflikt zwischen diesen beiden Gestalten, deren jede ein Stück von ihrem Gegenspieler enthält, wird nicht in den geistigen Bereich getragen, der Faust angemessen wäre.

Überdies kommt es, wenn sich die beiden schon einmal begegnen, nicht zum Kampf: auf dem Hochzeitsfest entführt Faust durch das ungeistige Mittel der Zauberei Donna Anna, ohne daß dabei Don Juan in Aktion treten könnte; abermals der Zauberei bedient sich Faust, um Don Juan von Donna Anna auf dem Montblanc fernzuhalten, und als die beiden in Rom wieder zusammenkommen, hat Faust Anna schon getötet, und die beiden sind nicht mehr als ein verzweifelter und ein sich nach neuen Abenteuern umsehender Liebhaber. Donna Anna ist nur das blasse Streitobjekt eines Hahnenkampfes.

Eine literarische Mixtur ist auch der schwarze Ritter, eng verwandt dem Luzifer aus Byrons ›Kain‹ (während Byrons ›Manfred‹ das Schloß im Hochgebirge geliefert hat): ein gefallener Engel, der Gott ewig bekämpft und in diesem Kampf zu siegen hofft. Die kraftvollste Figur ist Leporello, der Diener Don Juans; an ihm erfüllt sich Grabbes eigentliches Talent: die zynische Parodie des eigenen Pathos.

Grabbes Don Juan und Faust führen kein Eigenleben, sie zehren vom Glanz ihres Namens, von der ihnen vorausgegangenen Literatur. So epigonenhaft in der Form, im Vers, im Personal die Tragödie des jungen Grabbe ist — mit einzelnen Sätzen prellt er vor. So mit Fausts skeptischem Paradox: »Nichts glauben kannst du, eh' du es nicht weißt, nichts wissen kannst du, eh' du es nicht glaubst.« Oder in Fausts Trieb zur Selbstzerstörung: »Aus Nichts schafft Gott, wir schaffen aus Ruinen! Erst zu Stücken müssen wir uns schlagen, eh' wir wissen, was wir sind und was wir können!« Oder mit Fausts Selbstbekenntnis, das die Methode mancher religiöser Schriftsteller des 20. Jahrhunderts vorwegnimmt: »Gibt es einen Pfad zum Himmel, so führt er durch die Hölle, mindestens für mich.«

Büchner: die Kraft zur Schöpfung

In Grabbes Lustspiel ›Scherz, Satire, Ironie und tiefere Bedeutung‹ verfertigt der Dichter Rattengift ein Gedicht darüber, daß er nicht zu dichten vermag; als er nach einem Vergleich sucht, blickt er durchs Fenster ins Freie: »Dort sitzt ein Junge und kackt — Ne, so sieht es nicht aus! — Aber drüben auf der Steinbank sitzt ein zahnloser Bettler und beißt auf ein Stück hartes Brot — Nein, das wäre zu trivial, zu gewöhnlich!« Mit Rattengift hat Grabbe das Fenster des Dichterzimmers zur Natur geöffnet, zur nüchternen Wirklichkeit des Lebens; anders als Rattengift ist ihm diese natürliche Wirklichkeit nicht zu gewöhnlich erschienen, doch war er nicht imstande, sie in sein Werk einzubringen.

Was Grabbe geahnt und worum er sich in seinen besten Augenblicken bemüht hat — dies, und mehr, gelingt dem zwölf Jahre jüngeren Georg Büchner. Hebbels Vergleich gilt noch immer: »Grabbe und Büchner: der eine hat den Riß zur Schöpfung, der andere die Kraft.« Ebenso treffend urteilte der Schriftsteller Karl Gutzkow, der Büchners Drama ›Dantons Tod‹ in der Zeitschrift ›Phönix‹ bekanntmachte, 1835 in einem Brief an Büchner: »Von Grabbe sind zwei Dramen erschienen. Wenn man diese aufgesteifte, forcierte, knöcherne Manier betrachtet, so muß man Ihrer sprudelnden Naturkraft das günstigste Horoskop stellen.«

»Die Dichter, von denen man sage, sie geben die Wirklichkeit, hätten auch keine Ahnung davon; doch seien sie immer noch erträglicher als die, welche die Wirklichkeit verklären wollten«: diesen Satz legt der zweiundzwanzigjährige Büchner in seiner Novelle ›Lenz‹ dem Dichter J. M. R. Lenz (siehe auch Seite 348) in den Mund und läßt ihn fortfahren: »Der liebe Gott hat die Welt wohl gemacht, wie sie sein soll, und wir können wohl nicht was Besseres klecksen; unser einziges Bestreben soll sein, ihm ein wenig nachzuschaffen. Ich verlange in allem — Leben, Möglichkeit des Daseins, und dann ist's gut; wir haben dann nicht zu fragen, ob es schön, ob es häßlich ist.« Das ist Büchners eigene Meinung, der mit parodierten Sätzen des idealistischen Philosophen Fichte zu sich selber gefunden hat. Sein Lenz spottet: »Die Leute können auch keinen Hundsstall zeichnen. Da wollte man idealistische Gestalten, aber alles, was ich davon gesehen, sind Holzpuppen. Dieser Idealismus ist die schmählichste Verachtung der menschlichen Natur.« Büchner konnte einen ›Hundsstall‹ zeichnen; er verachtete den Idealismus und liebte die Dichtungen, in denen er die menschliche Natur wiederfand, Volkslieder, Shakespeare, manches von Goethe, nichts von Schiller.

Er wurde geboren am 17. Oktober 1813 in Goddelau bei Darmstadt und starb, noch nicht vierundzwanzig Jahre alt, am 19. Februar 1837 in Zürich, in der Emigration. Drei Jahre nach seiner Geburt zog seine Familie nach Darmstadt, wohin der Vater als Bezirksarzt versetzt worden war. Der Vater verurteilte alle liberalen oder gar demokratischen Bestrebungen, doch ist seine Tochter Louise zu einer Frauenrechtlerin von großem Einfluß und sind alle seine Söhne zu kämpferischen Demokraten herangewachsen: Wilhelm wurde Fabrikant und Reichstagsabgeordneter; Ludwig, Arzt und Herausgeber der ›Nachgelassenen Schriften von Georg Büchner‹, weltberühmt durch ›Kraft und Stoff‹, eine allgemeinverständliche Darstellung der materialistischen Philosophie, wurde Landtagsabgeordneter und Mitbegründer des ›Deutschen Freidenkerbundes‹; Alexander, auch er ein »schreckenerregender Demokrätzer«, wurde Literaturprofessor in Caen, und sein Schüler Auguste Dietrich übersetzte als erster Georg Büchner ins Französische (1889); Georg hielt schon als Siebzehnjähriger auf dem Darmstädter Gymnasium eine revolutionäre Rede, die freilich von seinen Lehrern nicht auf die Gegenwart bezogen wurde: er verteidigte bei einer Schulfeier den Selbstmord Catos von Utika, der lieber sterben als das Ende der römischen Republik und ihrer Freiheit erleben wollte.

Georg Büchner studierte Medizin in Straßburg und in Gießen, wo er, zwanzig Jahre alt, den Rektor Friedrich Ludwig Weidig (1791–1837) kennenlernte, den Kopf einer hessischen revolutionären Verschwörung. Er schrieb die mitreißendste revolutionäre Flugschrift deutscher Sprache: ›Friede den Hütten! Krieg den Palästen!‹ — »Das Leben der Reichen ist ein langer Sonntag: sie wohnen in schönen Häusern, sie tragen zierliche Kleider, sie haben feiste Gesichter und reden eine eigne Sprache; das Volk aber liegt vor ihnen wie Dünger auf dem Acker.« Rektor Weidig nannte die Schrift ›Der Hessische Landbote‹, spickte sie mit Bibelzitaten und verwässerte sie — zum Zorne Büchners — aus taktischen Gründen.

Im gleichen Jahr gründete Büchner die Darmstädter Sektion der ›Gesellschaft der Menschenrechte‹, übte mit ihr Pistolenschießen und wurde, nachdem sein Freund Karl Minnigerode mit 150 Exemplaren des ›Landboten‹ verhaftet worden war, im Januar 1835 mehrfach verhört. Er mußte jederzeit mit seiner Verhaftung rechnen und begann im gleichen Monat in seinem Elternhaus das Drama ›Dantons Tod‹, das ihm Geld für die Flucht bringen sollte. Als er eine Vorladung erhielt, ging sein ältester Bruder Wilhelm zum Darmstädter Arresthaus und gab sich dort so lange wie möglich als ›der junge Büchner‹ aus, um Georg einen Vorsprung für seine schon vorbereitete Flucht nach Straßburg zu verschaffen. Am 9. März ging Georg über die französische Grenze, unter dem Datum des 13. Juni wurde ein Steckbrief gegen ihn erlassen: die öffentlichen Behörden des In- und Auslandes werden ersucht, »denselben im Betretungsfalle festzunehmen und wohlverwahrt an die unterzeichnete Stelle abliefern zu lassen«. Büchner wußte nicht, wie lange er in Straßburg noch sicher sein konnte.

Im Frühjahr 1836 schrieb er sein melancholisches Lustspiel ›Leonce und Lena‹ für ein Preisausschreiben des Cotta-Verlages, überschritt aber die Einsendefrist. Im September wurde er auf Grund seiner Arbeit ›Über das Nervensystem der Fische‹ zum Dr. phil. der Universität Zürich promoviert, siedelte im Oktober nach Zürich über und begann im Winter mit seinem ›Woyzeck‹. Zu Beginn des folgenden Jahres, am 19. Februar 1837, starb er am ›Faulfieber‹, an Typhus, in der Zürcher Spiegelgasse (damals: Steingasse) 12 — im Haus nebenan wird 1916/17 Lenin wohnen; in der gleichen Gasse wird im ›Cabaret Voltaire‹ der Dadaismus entstehen.

Seine fromme Straßburger Braut Minna Jaeglé drückte ihm die Augen zu. Sie allein wußte wohl, wo Büchners Aufzeichnungen, darunter ein vermutlich fertiges und sicherlich wenig frommes ›Aretino‹-Drama, geblieben sind. Dem Büchner-Herausgeber Karl Emil Franzos verweigerte sie 1877 die ihr überlassenen Papiere: »Das Andenken an Georg Büchner ist mir zu teuer, als daß ich wünschen könnte, etwas Unfertiges von ihm der Kritik der Rezensenten auszusetzen.« In ihrem Nachlaß fand sich keine Zeile von Georg Büchner.

»Er hatte ja auch keine Zeit«, schrieb der Theaterkritiker Alfred Polgar, »der Jüngling-Dichter, dem schon das Abrakadabra moderner Theatermagie auf den Lippen war, als der Tod sie eilig schloß (wie um einen Vorlauten am Ausplaudern noch nicht reifer Geheimnisse zu hindern).« Georg Büchner hatte nicht mehr die geringste Beziehung zur Weimarer Klassik; er verspottete den Idealismus und mißtraute jeglicher Idee, denn er hatte den körperlichen Hunger als die einzige revolutionäre Kraft erfahren: »Der Hunger allein kann die Freiheitsgöttin werden.« An seine Braut schrieb er: »Das Muß ist eins von den Verdammungsworten, womit der Mensch getauft worden« — angesichts der Weltgeschichte und angesichts der Geschichte

eines einzelnen Menschen spürte er dieses verdammte ›Muß‹, war er ein
Fatalist und lebte dennoch als Revolutionär, solange er eine Chance für die
Revolution sah, was freilich bei seinem skeptischen Verstand nicht allzulange
dauern konnte. Er war ein humaner Pessimist, ja ein heroischer Nihilist —
wie Albert Camus im 20. Jahrhundert.

Er versuchte, der Natur nachzuschaffen, und er fragte nicht danach, ob das
Ergebnis schön oder häßlich sei. Er nahm die Wirklichkeit des Lebens in
seine Dramen auf, und wenn er historische oder medizinische Dokumente,
Reden und Redensarten, wörtlich übernahm, so waren dies keine Plagiate,
sondern Zitate der Realität aus Geschichte und Alltag, die er so vollkommen
einschmolz, daß sie von seiner Sprache und seinen Erfindungen nicht mehr
zu trennen sind.

Das Abrakadabra moderner Theatermagie — Büchner reihte, jenseits der
klassischen Dramaturgie, seine konzentrierten Bilder episch aneinander wie
später Bertolt Brecht. Wenn in Grabbes Dramen solche Szenenfetzen nur
Bruchstücke geblieben waren, bei Büchner wurden sie zur Form, in die das
Weltganze eingeschlossen ist. Der psychologische Realist Büchner brachte
Woyzeck, einen armen Kerl, einen sozial Rechtlosen, auf die Bühne wie
später Gerhart Hauptmann, und er pinselte dabei dennoch keinen Sonderfall naturalistisch aus, sondern weitete die psychologische und soziale Situa-
tion zur allgemeinen: er traf mit dem armen Soldaten zugleich den armen
Menschen, der einsam an den Geheimnissen der Welt, am verfluchten ›Muß‹,
zugrunde geht — wie später die Expressionisten. Der Mensch kann bei
Büchner mit dem Verstand, mit Ideen nicht ausgemessen werden: er ist »ein
Abgrund; es schwindelt einen, wenn man hinunterschaut«. Büchner konnte
hassen und schnitt Karikaturen aus, so schauerlich wie grotesk — wie später
Frank Wedekind und wie noch später Eugène Ionesco in seinen schmerz-
haften Possen. Im negativen Märchen der Großmutter (in ›Woyzeck‹) ist der
ganze Kafka vorgebildet. Im Lyrischen fügte Büchner scheinbar Unverein-
bares in einem einzigen Bilde zusammen wie später die Surrealisten. Realistisch gesehene Geschichte, soziales Drama, episches Theater, Menschheits-
drama, schneidende Groteske, surreales Bild und expressiver Schrei — dies
alles steckt in Büchner und ist bei ihm kein Experimentieren mit verschiedenen Stilformen, sondern wirkt wie eine Ausgeburt der Natur. Alle diese
verschiedenartigen Elemente sind bei ihm ein Ganzes; unverwechselbar geprägt ist jeder Satz, und jeder Satz kommt — was freilich nur die Hessen
hören — unmittelbar aus dem Darmstädter Dialekt; das Lied seiner französischen Revolutions-Henker wird noch heute im Hessischen gesungen: »Und
wann ich hame geh, scheint der Mond so scheh ...« Büchner scheint wie aus
Versehen ein Jahrhundert zu früh geboren.

Meinungen: »Büchners Danton ist freilich ein Produkt der Revolutions-Idee, aber nur so, wie wir alle Produkte Gottes sind oder, wie alle Pflanzen und Bäume, trotz ihrer Verschiedenheit, von der Sonne zeugen«: Friedrich Hebbel. — »Georg Büchners Geist lebte nun mit uns, in uns, unter uns. Und wer ihn kennt, diesen wie glühende Lava aus chthonischen Tiefen empor-geschleuderten Dichtergeist, der darf sich vorstellen, daß er, bei allem Ab-stand seiner Einmaligkeit, ein Verwandter von uns gewesen ist«: Gerhart Hauptmann. — »Den Dichter und den Wissenschaftler Büchner treibt der gleiche Drang, das herrische Verlangen nach der Wahrheit des Wirklichen. Er ist einer der ersten unter den Deutschen, die sich vom Geistesidealismus des großen Gestern aufs entschiedenste abwenden und getrieben werden von dem neuen Geist der Liebe und Andacht zur unveränderten Realität«: Karl Viëtor. — »Börne war noch geborgen im Liberalismus des Vor-März, Heine im St. Simonismus, Marx im frommen Atheismus des deutsch-philosophischen Idealismus. Georg Büchner lebte schon jenseits der pax teleologica zwischen dem Zeitalter des Augustinus und des Karl Marx. Büchner dachte: ›Alles, was ist, ist um seiner selbst willen da.‹«: Ludwig Marcuse. — »Der Stoff ist für Büchner mehr als Vorlage, mehr auch als Material, an Hand dessen sich Dichtung, Philosophie, Geschichte exemplifizieren ließe: der Stoff ist die Substanz der Poesie. Kein Gleichgroßer in der deutschen Literatur und auch kein Größerer hat sich so vorurteilslos und ungehemmt auf ihn eingelassen. Büchner hat Klang und Dichtung aus ihm herausgeholt, indem er ihn auf sich selbst konzentrierte. Wenn seine Phantasie ihn zersetzt, ergänzt, auf-fächert, dichtet, wird, was sie hinzufügt, abermals Stoff. Auch eine noch so erfundene Situation wirkt bei Büchner wie abgeschrieben«: Helmut Krapp. — »Alle Gestalten Büchners haben Verstand, die einen haben großen, die andern haben kleinen. Aber alle haben auch die Ausdruckskraft, das, was sie zu sagen haben, mit unerhörter Plastizität zu äußern. Das ist wohl die Tugend Büchners, die am wenigsten begriffen worden ist«: Kasimir Ed-schmid. — »Er hatte die betörende Schärfe der Konsequenz, von der Logik bis zur blutigsten Paradoxie, von der wollustvoll-zynischen Faulheit der Sexualität bis zur blumigen, fruchtigen Süße reinster Erotik, von der Lange-weile und Relativität der Zeit bis in die Mechanik momentaner Puppen-existenz, und er hatte das alles unmittelbar, in geradezu schreckhafter Weise, nämlich in Fleisch und Blut«: Martin Kessel. — »Schöngeistigkeit liebte er nicht, sondern Tatsachen: nur das sind die Menschen, welche imstande sind, den schönen Geist zur Tatsache zu machen«: Robert Musil.

Dantons Tod. ›Ein Drama.‹ Geschrieben im Januar und Februar 1835. Erster Druck: 1835. Uraufgeführt am 5. Januar 1902 durch den Verein Freie

Volksbühne im Berliner Belle-Alliance-Theater. — Der einundzwanzigjährige
Büchner schrieb ›Dantons Tod‹ heimlich in Darmstadt, im Hause seines
Vaters, während er sein Examen vorbereitete, seinem Vater bei naturwissenschaftlichen Untersuchungen half, und mit der von ihm gegründeten Darmstädter Sektion der ›Gesellschaft der Menschenrechte‹ die Revolution vorbereitete — er erwartete jeden Tag seine Verhaftung, und das ›Danton‹-
Honorar sollte seine Flucht nach Straßburg finanzieren. Dennoch war der
junge hessische Revolutionär Büchner als Dichter weder für noch gegen die
Revolution: er betrachtet sie mit der Unbestechlichkeit des Wissenschaftlers
und diagnostiziert ihre Agonie mit der Kälte des Mediziners. ›Dantons Tod‹
als lautes historisches Fresko, gar als revolutionäres Tendenzstück — dies
wäre ein arges Mißverständnis. Falsch angefaßt wurde das Drama schon von
dem Frankfurter Verleger Sauerländer, der es 1835 druckte, als Büchner
bereits nach Straßburg geflohen war, und ihm den verfälschenden Untertitel
gab ›Dramatische Bilder aus Frankreichs Schreckensherrschaft‹. Diese »buch-
händlerische Dreistigkeit«, wie sie von Gutzkow genannt wurde, hat später
auf dem Theater Schule gemacht — inszeniert wurde mit Vorliebe der Sauer-
ländersche Untertitel. Die Größe Büchners jedoch mit ihrer bestürzenden
Gegenwärtigkeit ist nicht in dem historischen Bilderbogen begründet, obwohl
er auch hier erschreckend aktuell ist, wenn er die mörderischen Ideologen mit
dem guten Gewissen, die Techniker der Macht und den politischen Schauprozeß auf die Bühne bringt. Groß ist Büchner als menschenschaffender
Dichter, groß als Dichter der menschlichen Daseinsnot.

Wenn das Stück beginnt, liegt die Revolution schon im Sterben: Robespierre wird Danton samt seinen Freunden aufs Schafott bringen, die Diktatur wird der Revolution folgen, nichts kann diese Entwicklung aufhalten.
Danton, der Held der Revolution, ist müde geworden — nicht etwa aus
moralischen oder ideologischen Gründen, sondern er ist gepackt vom Ekel,
gebannt von der Einsicht ins Nichts. Ekel vor dem Leid, das mit dem menschlichen Dasein unlösbar verbunden ist; Ekel vor dem unausweichbaren, tragischen Zwang des Menschen, Schmerz erleiden und zufügen zu müssen: »Es
wurde ein Fehler gemacht, wie wir geschaffen wurden; es fehlt uns etwas,
ich habe keinen Namen dafür.« Ekel vor dem ›gräßlichen Fatalismus der
Geschichte‹, von dem Büchner seiner Braut schrieb: »Puppen sind wir, von
unbekannten Gewalten am Draht gezogen; nichts, nichts wir selbst!« Ekel
vor dem ›Fluch des Muß‹, unter dem jeder Handelnde leidet und notgedrungen Ärgernis macht: »Der Mann am Kreuze hat sich's bequem gemacht: es
muß ja Ärgernis kommen, doch wehe dem, durch welchen Ärgernis kommt!«
Sehnsucht nach der Ruhe des Nichts und die Angst, daß der Tod das Nichts
nicht bringen könnte: »Das Nichts hat sich ermordet, die Schöpfung ist seine

Georg Büchners Drama ›Dantons Tod‹,
inszeniert von Max Reinhardt am Deutschen Theater Berlin;
Bühnenbild: Ernst Stern; Premiere am 15. Dezember 1916,
Zeichnung: Ludwig Rainer Kauner

Wunde, wir sind seine Blutstropfen, die Welt ist das Grab, worin es fault.«
Der Ekel und das Nichts — zwei Begriffe, die hundert Jahre später von Jean-
Paul Sartre nicht tiefer gedeutet wurden. Ekel vor der Welt und Sehnsucht
nach dem Nichts — »Die Welt ist das Chaos. Das Nichts ist der zu gebärende
Weltgott« —, das ist die Grundstimmung Dantons.

Die entscheidenden Szenen des Dramas sind leise, sie handeln vom Untergang Dantons, der nicht an der Revolution zugrunde geht, nicht an den
Intrigen seiner Gegenspieler, sondern an seinem eigenen, veränderten Verhältnis zur Revolution, zur Welt überhaupt, an einem tief fatalistischen Verhältnis des Überdrusses, das ihn erst den Intrigen seiner Gegenspieler ausliefert: Robespierre, dem Moralisten ohne Güte, diesem sich im Recht wäh-
nenden, tragisch umwitterten ›Blutmessias‹, und St. Just, dem skrupellosen
Techniker des Schauprozesses, einem Scheinlogiker des Terrors und mörderisch abstrakten Ideologen.

Als sich Dantons Lebenskraft gegen die Sehnsucht nach dem Nichts noch
einmal aufbäumt, als er von der Sterbensangst gepackt wird, ist es zum

Handeln zu spät. »Die Guillotine ist der beste Arzt«, ist einer seiner letzten Sätze. Julie, seine Gattin, und Lucile, die Gattin seines Freundes Camille Desmoulins, zwei Frauen so einfach und schön wie Kornblumen, gehen freiwillig in den Tod: Julie vergiftet sich, Lucile ruft vor der Guillotine: »Es lebe der König!« und wird von der Wache abgeführt. Ein ›Herr‹ in einer der großen, furiosen Volksszenen faßt die Stimmung des Stückes in einen spintisierenden Satz: »Ja, die Erde ist eine dünne Kruste; ich meine immer, ich könnte durchfallen, wo so ein Loch ist.«

Oper ›Dantons Tod‹ von Gottfried von Einem, 1947.

Leonce und Lena. ›Ein Lustspiel‹. Drei Akte in Prosa. Geschrieben im Frühjahr 1836; gedruckt: 1842. Uraufgeführt am 31. Mai 1885 in einem Park durch die Münchener Liebhabertruppe ›Intimes Theater‹ mit Max Halbe als Leonce. — Die Handlung mit ihren Vermummungen und Verwechslungen, angeregt von Brentanos ›Ponce de Leon‹ und Mussets ›Fantasio‹, scheint auf den ersten Blick konventionell. Doch wenn ein füreinander bestimmtes Pärchen, Prinz Leonce vom Reiche Popo und Prinzessin Lena vom Reiche Pipi, voreinander flieht, um sich nicht heiraten zu müssen; wenn dieses Pärchen sich auf der Flucht trifft, sich verliebt, ohne sich zu erkennen; wenn es, maskiert, vom Vater des Prinzen, König Peter, stellvertretend für das geflohene Pärchen miteinander verheiratet wird und nach der Hochzeit erkennen muß, daß es sich, wie vorbestimmt, geheiratet hat — so ist dies, zwischen ›Danton‹ und ›Woyzeck‹, nicht mehr konventionell: auch Leonce und Lena sind mit dem verfluchten ›Muß‹ der Fatalität getauft.

Die lakonische Vorrede besteht aus zwei Fragen in italienischer Sprache, die Büchner Alfieri und Gozzi in den Mund legt. »Und der Ruhm?« fragt der Idealist Alfieri, und der Realist Gozzi fragt zurück: »Und der Hunger?« Auch im Lustspiel kann Büchner den Hunger nicht vergessen: die Bauern müssen im Sonntagsstaat für die Prinzenhochzeit Spalier stehen und sind so aufgestellt, »daß der Wind von der Küche über euch geht und ihr auch einmal in eurem Leben einen Braten riecht«. Doch Büchner spottet auch über die einfältigen Bauern, deren Unfähigkeit zur Revolution er schon als Student in Gießen erfahren hatte: die Bauern lieferten seine revolutionäre Flugschrift »Friede den Hütten! Krieg den Palästen!« brav den Polizeibehörden der Paläste ab. In der Straßburger Emigration, in die ihn diese Flugschrift getrieben hatte, war Büchner mit der Revolution fertig; die deutsche Misere erschien ihm als unheilbar — so konnte er sich über sie belustigen, wenn auch nicht ohne Bitterkeit.

Von Gießen hatte der junge Revolutionär an seine Eltern nach Darmstadt geschrieben: »Man nennt mich einen Spötter. Es ist wahr, ich lache oft; aber ich lache nicht darüber, *wie* jemand ein Mensch, sondern nur darüber, *daß* er ein Mensch ist, wofür er ohnehin nichts kann, und lache dabei über mich selbst, der ich sein Schicksal teile.« So lacht Leonce. Die Gesellschaftskritik in ›Leonce und Lena‹ ist nicht die Ursache, sie ist nur ein Teil der Melancholie und der selbstironischen Melancholie dieses Lustspiels, die tiefer wurzelt: in der Tatsache, »daß jemand ein Mensch ist, wofür er ohnehin nichts kann«, und in der Ohnmacht des Lebens vor dem Tode.

Die in den Tod verliebte Lena wird von Leonce, von ihrem ›Todesengel‹, auf die geschlossenen Augen geküßt, und Leonce — »Jetzt stirb! Mehr ist unmöglich!« — will sich ermorden: der Tod als Verführer zum ersten Kuß, und der erste Kuß als Verführer zum Tod. Der Tod beherrscht Leonce und Lena und selbst Leonces Kumpan, den handfesten Valerio, der, die Plackerei des Lebens und das sichere Totenhemd vor Augen, die Konsequenz gezogen hat, sich zu betrinken. Der Tod ist in diesem Lustspiel so mächtig, weil das Leben ohnmächtig ist: Leonce leidet, bloß weil er ist, und die Essenz des Lebens sieht er in der Langeweile. Wenn Lena fragt: »Ist es denn wahr, die Welt sei ein gekreuzigter Heiland, die Sonne seine Dornenkrone, und die Sterne die Nägel und Speere in seinen Füßen und Lenden?«, so ist dies, im ›Lustspiel‹, ein quälender Nachhall aus Büchners ›Danton‹: »Der Mann am Kreuze hat sich's bequem gemacht: es muß ja Ärgernis kommen, doch wehe dem, durch welchen Ärgernis kommt!«

Wenn Büchners Lustspiel endet, bleibt der Grundgeschmack der Melancholie zurück. Die Prinzenhochzeit hat die Todesnähe des Stückes nicht aufgehoben, nur überspielt in die Vision einer ironisierten Idylle: »Wir lassen alle Uhren zerschlagen, alle Kalender verbieten und zählen Stunden und Monden nur nach der Blumenuhr, nur nach Blüte und Frucht. Und dann umstellen wir das Ländchen mit Brennspiegeln, daß es keinen Winter mehr gibt und wir uns im Sommer bis Ischia und Capri hinaufdestillieren, und das ganze Jahr zwischen Rosen und Veilchen, zwischen Orangen und Lorbeer stecken.« Das Stück kann als Lustspiel nur enden durch die Flucht in ein märchenhaftes Utopia, in dem es keinen Hunger gibt und keine Langeweile. Die Welt, aus der die Kalender, die Uhren, der Winter verbannt sind, ist nicht von dieser Welt. Daß die Idylle ein Traum sein muß — dies entlarvt die Welt: das Lustspiel hebt sich damit selbst auf, Büchners Lachen bleibt unheimlich — das Lachen darüber, daß einer, er selbst eingeschlossen, ein Mensch ist.

Was Büchner vom reaktionären Metternich-Deutschland hielt, liegt schon im Namen seiner Königreiche: Popo und Pipi. Er veralbert die kleinen Staaten, die vom Fenster eines Saales völlig überwacht werden können; die Bedienten belustigen sich über das Hofleben, selbst der Präsident des Staats-

Der erste Woyzeck: Albert Steinrück (1872 bis 1929) bei der Uraufführung von Georg Büchners ›Woyzeck‹ am Residenztheater München, 8. November 1913. Bleistiftzeichnung von Carl Graumann

rates hält das königliche Wort für »ein Ding — das nichts ist«; »alle Untertanen werden aufgefordert, die Gefühle Ihrer Majestät zu teilen«, und König Peter muß sich einen Knoten in sein Schnupftuch machen, damit er sich, falls es ihm einfällt, was der Knoten zu bedeuten hat, gelegentlich an sein Volk erinnert. Später, in Zürich, hat der gescheiterte Revolutionär Büchner vor der Schweiz mit ihrer »einfachen, guten, rein republikanischen Regierung« den höchsten Respekt.

Woyzeck. ›Ein Fragment in Prosa.‹ Geschrieben 1836 in Zürich. 1879 aus Büchners handschriftlichem Nachlaß von Karl Emil Franzos herausgegeben. Fritz Bergemann hat 1922 die Bruchstücke neu geordnet. Uraufgeführt am 8. November 1913 im Residenztheater München. — Wenn Leonce in Büchners Lustspiel ›Leonce und Lena‹ einmal so ernst wird, daß er aus seinem Stil fällt, dann sagt er: »Weißt du auch, Valerio, daß selbst der Geringste unter den Menschen so groß ist, daß das Leben noch viel zu kurz ist, um ihn lieben zu können?« Diese Frage stellt Büchner, als bedränge ihn mitten im Lustspiel schon der ›Woyzeck‹, einer der »Geringsten unter den Menschen«, den zu lieben er uns zwingen wird.

Woyzeck, Soldat und Barbier, rasiert seinen geschwätzig borniertem Hauptmann; von dem Doktor, einem Vertreter des mörderischen wissenschaftlichen Fanatismus, wird er für Experimente mißbraucht, und das Geld, das er dafür erhält, daß er ausschließlich Erbsen ißt, bringt er Marie, die ein Kind von ihm hat. Marie ist eine ›Natur‹, ganz und gar kreatürliches Dasein; sie betrügt Woyzeck mit dem Tambourmajor, einem potenten Brocken, und was sie dabei an moralischer Schuld auf sich lädt, das wird aufgehoben durch die Unschuld ihrer sinnlichen Begierde. Als Woyzeck, ein einsamer Mann, der sogar von seinem Freund Andres nicht verstanden wird, von dem Betrug erfährt, ersticht er Marie, wirft das Messer in den Teich und verschwindet im

Teich, als er, von der Angst gepackt, man könne das Messer finden, ins Wasser geht, um es weiter hinauszuwerfen. (Erhaltene Bruchstücke deuten an, daß Büchner an eine Rückkehr Woyzecks aus dem Teich und an eine Gerichtsverhandlung gedacht hat.)

Wenn Woyzeck mordet, dann ist es, als habe nicht sein Opfer, sondern er selbst diesen Mord zu erleiden, und er tötet ja auch nicht den Tambourmajor, seinen Rivalen bei Marie, sondern Marie, das Kostbarste, das einzige, das er auf dieser Erde hat: »Sie war doch ein einzig Mädel ... Und doch möcht ich den Himmel geben, sie noch einmal zu küssen.« Mit Marie hat er sich selbst getötet, gleichgültig, wie das Stück ausgeht: ob er im Teich ertrinkt oder vor Gericht gestellt wird.

Des Doktors Moral ist der schiere Hohn: »Woyzeck, der Mensch ist frei, in dem Menschen verklärt sich die Individualität zur Freiheit.« Woyzeck ist nicht frei, auch er ist mit dem ›Muß‹ getauft. Der »gräßliche Fatalismus der Geschichte«, über den Büchners Danton so glanzvoll räsonieren kann, liegt auch über der privaten Geschichte Woyzecks, der, verfolgt von Stimmen und mit seinen unheimlichen Gesichten wie mit Zentnersäcken behangen, von ›Freimaurern‹ und ›Schwämmen‹ stammelt, wenn er dunkle Mächte

›Über der Stadt is alles Glut! Ein Feuer fährt um den Himmel und ein Getös herunter wie Posaunen‹: Woyzeck zu Andres, als sie im Gebüsch Stecken schneiden. Entwurf von John Heartfield (d. i. Helmut Herzfeld, geb. 1891) für das Deutsche Theater Berlin, zu Georg Büchners ›Woyzeck‹

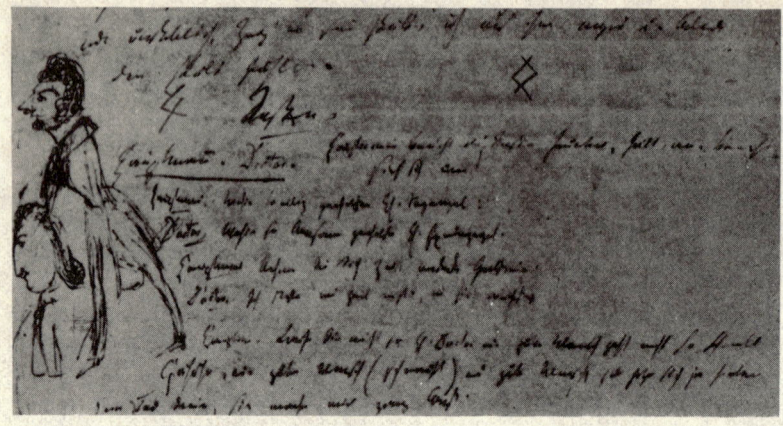

Zeichnung von Georg Büchner in der Handschrift des ›Woyzeck‹

meint, denen er sich rettungslos ausgeliefert fühlt. Nicht solche Mächte freilich richten Woyzeck zugrunde, sondern die Menschen um ihn, Hauptmann, Doktor, Tambourmajor und Marie — ihnen ist er ausgeliefert, ihnen kann er sich nicht entziehen.

Im Woyzeck sieht der Literaturhistoriker den passiven Helden des Naturalismus und den Aufschrei des Expressionismus vorgebildet, im Hauptmann und im Doktor die wedekindsche Verhöhnung der bürgerlichen Scheinmoral, im negativen Märchen der Großmutter die Technik Kafkas (siehe dort) — Büchners eigener Ton, unabhängig von solchen historischen Beziehungen, ist so einfach wie ein Volkslied, seinem hessischen Dialekt entsprungen, und sein ›Woyzeck‹, zwei Dutzend winziger Szenen, kann gar nicht einfach genug gespielt werden. Mit Büchner beginnt in der deutschen Bühnenliteratur das moderne Drama.

Zahlreiche Verstümmelungen, Fehldeutungen und Dunkelheiten in den bisher veröffentlichten Büchner-Texten sind erst 1967 durch Werner R. Lehmann in seiner historisch-kritischen, kommentierten ›Hamburger Büchner-Ausgabe‹ geklärt worden, deren erster Band die für das Theater wichtigen Arbeiten, die ›Dichtungen und Übersetzungen mit Dokumentationen zur Stoffgeschichte‹, enthält, darunter drei Formen des besonders unsicher überlieferten ›Woyzeck‹. Dazu Lehmann: »Der ›Woyzeck‹ ist kein Mundartenstück . . . Büchners Stück ist jedoch mundartlich koloriert, und zwar in viel stärkerem Maße, als bisher angenommen werden konnte . . . In vielen Fällen haben das seine Herausgeber für korrekturbedürftige Fehler oder handschriftliche Abkürzungen gehalten.«

9. RUSSLAND: DIE GESELLSCHAFTLICHE WIRKLICHKEIT

Das Theater wird importiert · Kunst durch Prügel: Leibeigenen-Theater · Das eigene Thema: Satire und Sozialkritik · Revolutionäres und Reaktionäres · Die Entlarver: Gribojédow und Gogól · Vorgeschmack auf Tschéchow: Iwan Turgénjew · Das Geld, die neue Macht: Ostrówski · Der Bußprediger: Leo Tolstój · Anton Tschéchow: Elegie mit Lächeln · Romantische Revolutionäre: Maxim Gorki und Isaak Babel · Roter Bürgerschreck, Schreck der roten Bürger: Majakówski

Nichts fürchtet der Mensch mehr als das Gelächter.

Nikolai Gogól

Mit Puppen lassen sich alle möglichen Experimente anstellen, sie verlangen nichts zu essen.   Ostrówski an Nekrassow

Ja, ich komme immer mehr zu der Überzeugung, daß das Wesentliche nicht in neuen oder alten Formen liegt, sondern darin, daß man schreibt, ohne an Formen zu denken, nur weil es aus der Seele kommt.

Treplew in ›Die Möwe‹ von Anton Tschéchow

Nur der Mensch existiert, alles übrige — ist das Werk seiner Hände und seines Gehirns! Der M-ensch! Einfach großartig! So erhaben klingt das! M-men-nsch! Man soll den Menschen respektieren! Nicht bemitleiden ... nicht durch Mitleid erniedrigen soll man ihn ... sondern respektieren! Trinken wir auf das Wohl des Menschen, Baron.

Satin in ›Nachtasyl‹ von Maxim Gorki

Auch mir
    wächst die Agitpropkunst
        zum Halse heraus,
auch ich
    schriebe
        Goldschnitt und Fliederstrauß —
    das wär was
        für Scheckbuch und Seele.
Doch ich
    bezwang mich,
        trat
            bebenden Hauchs
    dem eigenen Lied
        auf die Kehle.

Wladimir Majakówski in dem Gedicht ›Mit aller Stimmkraft‹

»Ich schreibe gerade ein neues Stück. Es fängt so an: ›Wie schön ist es hier! Wie ruhig! Kein Vogel ist zu hören, kein Hund, kein Kuckuck, keine Eule, keine Nachtigall, keine Uhr, kein Läuten, nicht einmal eine Grille . . .‹« Dies sagte der russische Dramatiker Anton Tschéchow nicht ohne Bosheit zu einem Freund, während sein Regisseur Stanisláwski daneben stand.

Das Moskauer Theaterpublikum hatte allen Grund, über diese Anekdote zu lachen, denn in jeder Inszenierung von Stanisláwski zwischerten die Vögel, bellten die Hunde, tickten die Uhren, läuteten die Glocken, zirpten die Grillen, und zu diesen atmosphäreschaffenden Geräuschen wurde er von Tschéchow herausgefordert, dem Meister schwebender und verschwebender Seelenstimmungen.

Stanisláwski hatte mit NemiRówitsch-Dántschenko das ›Moskauer Künstlertheater‹ im Jahre 1898 gegründet (siehe auch Seite 552). Er war ein Fanatiker der Wirklichkeitstreue: vor einer Einstudierung des ›Othello‹ schickte er eine Studiengruppe nach Zypern, vor ›Julius Caesar‹ reiste sein Dekorationsmaler nach Rom, und für eine Ibsen-Aufführung ließ er Modell-Möbel aus Norwegen kommen. Auf seiner Bühne wurde nichts ›markiert‹: Tee war echter Tee, Kaminfeuer richtiges Feuer, und gebratene Gänse kamen frisch vom Ofen.

Mit seinem Ensemble probte Stanisláwski in einem stillen Park des Moskauer Villenvorortes Túschino, und er arbeitete selten weniger als ein halbes Jahr an einer Aufführung. Bevor er einzelne Szenen probieren ließ, lasen die Schauspieler immer wieder gemeinsam das Stück, bis sie alle auch die geringste Einzelheit jeder im Stück vorkommenden Rolle, die feinsten Schattierungen des gesamten Werks beherrschten. Er war davon überzeugt, daß der Schauspieler eine seelische Regung auf der Bühne nur dann vollendet ausdrücken könne, wenn er sie im Augenblick des Spiels auch tatsächlich in seinem eigenen Innern erlebte. So sperrte er, wenn er die Stimmung der Einsamkeit hervorbringen wollte, seine Darsteller von jeglicher Berührung mit der Außenwelt ab. Historische Kostüme mußten die Schauspieler lange vor der Premiere täglich tragen, damit sie sich dann absolut natürlich in ihnen bewegten.

Von neutralem Grau sind die Wände und Sitze im ›Moskauer Künstlertheater‹, und wenn sich der graue Vorhang, der als einzigen Schmuck seit dem Erfolg der Tschéchow-Komödie eine weiße Möwe trägt, pünktlich um acht Uhr öffnet, so hat kein verspäteter Zuschauer die Chance, in die feierliche Tempel-Stille des Theaters noch eingelassen zu werden: Stanisláwskis Kunst, auf der Bühne das Privatleben einiger Menschen so darzustellen, als werde es nicht von Künstlern nachgespielt, sondern dort oben gerade in diesem Augenblick von eben diesen Privatmenschen gelebt, duldet nicht die

geringste Störung der seelischen Atmosphäre, die den Zuschauer umfängt
und ihn sich selbst vergessen läßt.

Wenn Nemiröwitsch-Dántschenko zu Tschéchow nach der Aufführung
seines ›Kirschgartens‹ sagte: »Du kannst ruhig behaupten, dies sei dein
Theater!«, so war dies kein übertriebenes Kompliment, sondern die schlichte
Feststellung einer Tatsache: Tschéchow war und ist die zarte Seele des ›Moskauer Künstlertheaters‹.

Schon nach seiner ersten Gastspielreise durch Westeuropa hatte sich Sta-
nisláwski eine führende Position im internationalen Theater erobert. Der
Berliner Kritiker Alfred Kerr, der dem ›Künstlertheater‹ keineswegs bedin-
gungslos huldigte, schrieb im Jahre 1916: »Unsere Kenntnis des Möglichen
ist durch ihr Zusammenspiel erweitert worden: sie brachten die Pausen des
Lebens, das Verdämmernde, die Daseinsvergänglichkeit selber in dieser
Slawen-Welt auf eine nie zu vergessende Art ... Man fühlte das Einsame,
Niedere dieses stumpf, schnöde, fahl verfließenden Lebens ... Eine Gesell-
schaft sitzt bei Tisch im Hintergrund eines größeren Raums ... man hört
Tellerklappern, das Geräusch der Messer, die Stimmen, lachende, tiefere, all-
tägliche ... und man fühlt: dies Leben in Verlassenheit dahinziehend, in
geselliger Verlassenheit, es ist die Verlassenheit von hundert Millionen, man
spürt die Schattenseite des Erdballs, man gewahrt Menschen, die in aller
Heiterkeit von der Schwermut ihrer Geographie bedrückt sind; im trauten
Beisammensein ist ein Zug des Verzichtens, Sichfügens ... man sagt: Brüder-
chen, Mütterchen, Väterchen, alle küssen sich, trinken Tee, mancher trinkt
Schnaps, — — —«

Das ›Moskauer Künstlertheater‹, Tschéchow, Gorki, Ibsen, Gerhart Hauptmann auf dem Spielplan, machte Schule. Aus den von Stanisláwski gegründeten Ausbildungs-›Studios‹ sind fast alle bedeutenden russischen Theaterleute hervorgegangen. Und man blieb in Rußland dieser Schule treu. Noch
heute wird Maxim Gorkis ›Nachtasyl‹ im ›Moskauer Künstlertheater‹ in der
gleichen Inszenierung gespielt, die Stanisláwski und Nemiröwitsch-Dántschenko geschaffen haben — die Schauspieler, inzwischen die dritte Generation, empfinden und drücken sich so aus, wie es der 1938 gestorbene Stanisláwski 1902 ihren Vorgängern einstudiert hat.

Das Theater wird importiert

Mit dem seelisch vertieften Realismus Stanisláwskis und mit seiner bis in die
geringste Einzelheit verwirklichten, geschlossenen szenischen Vision haben
zum erstenmal in der Geschichte des Welttheaters Russen eine international

führende Rolle übernommen — ungefähr mit dem Beginn des 20. Jahrhunderts. In den Kreis der europäischen Theaternationen ist Rußland als letzte getreten. Bevor es eigene Leistungen exportieren konnte, mußte es polnisches, deutsches, französisches und italienisches Theater importieren. Während im übrigen Europa das Theater im 16. und 17. Jahrhundert schon seine großen Triumphe feierte, ergötzte sich der russische Hof noch an dressierten Affen und Bären, an Narren und an Faustkämpfern.

Anders als in allen übrigen europäischen Theaterländern hat sich in Rußland aus eigenen Ansätzen, aus nationalen Tänzen und Hochzeitsspielen und aus der kirchlichen Liturgie kein Theater entwickelt — es mußte aus den westlichen Staaten eingeführt werden. Diese Importe freilich trafen auf ein großes Theaterbedürfnis und erweckten außerordentliche schauspielerische Fähigkeiten. Die westeuropäischen Anregungen umwandelnd, hat sich das russische Theater zwar spät, doch rasch entwickelt. Wie erklären sich seine Besonderheiten, die es unverwechselbar machen und mit denen es das internationale Theater bereichert hat?

Westeuropa hatte über Rom den Zugang zur Antike, zum Erbe des griechischen Theaters; Rußland war nicht nach Rom, sondern nach Byzanz, nach Konstantinopel, dem Sitz der Ostkirche, orientiert. Die Liturgie im römischen Kulturkreis hat, stilistisch betrachtet, einen dramatischen Charakter, der, sobald der Schritt vor die Kirchentür getan war, ein weltliches Theater herausforderte. Die Liturgie im byzantinischen Kulturkreis hat einen epischen Charakter und blieb im Sakralraum der Kirche. Griechisch-orthodoxe Mysterienspiele entstanden erst im 17. Jahrhundert (Mysterienspiele in England: Ende des 13. Jahrhunderts), und zwar in der Ukraine, die damals (bis 1654) unter polnischer Herrschaft stand; sie gingen nicht unmittelbar aus der griechisch-orthodoxen Literatur hervor, sondern waren im Kampf gegen die katholische Propaganda, gegen die geistlichen Spiele der Jesuiten, und nach dem dramatischen Vorbild des Jesuitentheaters geschrieben worden. Ukrainische Geistliche brachten diese ersten theatralischen Darbietungen, die man ›polnische Späße‹ nannte, 1685 nach Moskau, als sie dort nach dem Vorbild des ukrainischen Kiew eine geistliche Akademie gründeten. Durch Bauern, denen die Rollen der Hirten anvertraut waren, dürfte zum erstenmal eine Spur ungeschminkter Wirklichkeit, die später das russische nationale Drama entscheidend prägen wird, in diese Aufführungen eingedrungen sein.

Das erste russische Hoftheater wurde unter dem Zaren Alexéj Micháilowitsch (1645—1676) zwar schon 1673, im gleichen Jahr wie die Comédie Française gegründet, doch spielte man in Paris den geistreichen Molière, in Moskau noch Hanswurstiaden, blutige Haupt- und Staatsaktionen, und nach dem Tod des Zaren löste sich das Theater auf.

›Polnische Späße‹: ein religiöses Schultheater mit Oster- und Weihnachtsspielen, mit biblischen Handlungen und belehrenden Allegorien, entwickelte sich in Rußland im 17. Jahrhundert nach dem Vorbild des polnischen Jesuitentheaters, dessen Theoretiker der Jesuit Maciej Sarbiewski war. In seinem Buch ›De perfecta poesi‹ (1626) forderte er eine trapezförmige Bühne, die sich nach hinten verjüngt und deren Boden mit schachbrettartigen Markierungen für den Chor versehen ist. Auf dem zeitgenössischen Holzschnitt eines russischen Schultheaters im 17. Jahrhundert ist Sarbiewskis Einfluß abzulesen

Da das Theater in Rußland nicht von selbst wachsen wollte, mußte es von oben verordnet werden. Der erste Zar, der das Volk buchstäblich ins Theater treiben ließ, war Peter I., der Große (1689–1725). Peter war entschlossen, Rußland zu europäisieren. Auf seinen Reisen durch Westeuropa hatte ihm das deutsche Theater einen besonderen Eindruck gemacht: es erschien ihm ein Beweis dafür, daß es nicht nur die speziell talentierten romanischen Völker in dieser Kunst zu etwas bringen konnten. Er engagierte 1702 die Danziger Truppe des Johann Christian Kunst, die nach dessen Tod von Otto Fürst, einem in Moskau lebenden Deutschen, übernommen wurde. Sie führte in einem Theatersaal des Kreml, später im Komödienhaus am Roten Platz, Singspiele auf und deutsche Haupt- und Staatsaktionen. 1706 verlegte Peter der Große seinen Hof nach St. Petersburg, wo er so viel mit dem Aufbau seiner neuen Hauptstadt zu tun hatte, daß er sich um das Theater nicht mehr kümmern konnte. Erst unter seiner Tochter Elisabeth erhielt St. Petersburg 1756 ein festes Theater am Newa-Ufer.

Die von Zar Peter verordneten deutschen Komödianten dürften ihre Zuschauer reichlich ermüdet haben: sie sprachen zunächst deutsch, später so miserabel russisch, daß sie nicht verstanden wurden; ihr Repertoire enthielt vor allem die Hanswurstiaden, die in Deutschland von der Neuberin (siehe auch Seite 317) bekämpft wurden, freilich auch schon deutsch-russische Versionen von Molière. Im Auftrage Peters spielten sie nicht zum Vergnügen des Publikums, sondern zu seiner Erziehung. Ihre Stücke verbreiteten westeuropäische Ideen, und Peter ließ seine Reformen, seine Heldentaten, ja sogar seine nicht standesgemäße zweite Ehe durch Bühnenspiele erläutern und verherrlichen; in parodistischen Dialogen ließ er nicht nur den Aberglauben, sondern auch den Glauben bekämpfen, Gott, die Kirche und ihre Patriarchen veralbern. Seine Schwester Nathalia Alexejéwna dagegen, die für ihr Schloßtheater ein russisches Ensemble zusammengestellt und bei der Auflösung des Moskauer Komödienhauses 1709 die Perspektivdekorationen übernommen hatte, pflegte auch Spiele mit biblischen Motiven; daß jegliche Revolution zu verdammen sei, gehörte zur immer wiederkehrenden Moral der Stücke.

Die Zarin Anna Iwánowna (1730–1740) hatte ihre Jugend im Baltikum verbracht und dort deutsche Wandertruppen kennengelernt. Unterstützt von deutschen Beratern und von ihrem Cousin, dem Kurfürsten Friedrich August von Sachsen, zugleich König von Polen, stellte sie aus ihr überlassenen, nicht mehr ganz taufrischen Mitgliedern der Dresdner ›Comédie italienne‹ ein italienisches Opern-Ensemble zusammen, ließ eine italienische Commedia-dell'arte-Truppe auftreten (siehe auch Seite 293) und lud die Neuberin nach St. Petersburg ein, die am 30. April 1740, zum 10. Jahrestag der Krönung der Zarin, im Winterpalast zum erstenmal eine deutsche Komödie aufführte. Ihr Gastspiel, das mit der deutschen Abart des klassizistischen französischen Stils bekannt machte, dauerte nur neun Monate: nach dem Tod der Zarin im Oktober 1740 siegten die Anhänger der Italiener, der Beschützer der Neuberin wurde nach Sibirien verbannt, die Neuberin mußte um ihren Abschied bitten. Die italienische Commedia-Truppe freilich war an Grazie, Witz und Modernität den Deutschen überlegen, die sich als aufklärerische Erzieher und Reformer fühlten — mit einem Zeitungsartikel ›Über den Nutzen der Theatervorstellungen und Komödien zur Zügelung der menschlichen Leidenschaften‹ war ihr Kommen angekündigt worden.

Die Zarin Elisabeth Petrówna (1741–1762), eine Tochter Peters des Großen, bevorzugte das französische Theater und baute für die Truppe Sevignys das schon erwähnte erste steinerne Theater in St. Petersburg. Für ihre Krönung in Moskau, gefeiert durch eine italienische Oper, errichtete sie gegenüber dem Zarenpalast ein hölzernes Theater für 5000 Zuschauer. Neben Franzosen und Italienern spielte in St. Petersburg eine deutsche Truppe mit Konrad Ackermann; sie zeigte internationales Theater in deutschen Bearbeitungen, darunter Molière, Goldoni, Holberg, Gellert und Lessing. Ackermann heiratete im November 1749 in Moskau seine Kollegin, die Tragödin Sophie Charlotte Schröder, die Mutter Friedrich Ludwig Schröders, der damals in Kinderrollen auftrat und später, ab 1771, in Hamburg den deutschen Dichtern des ›Sturm und Drang‹ zum Durchbruch verhalf (siehe auch Seite 345), nachdem sein Stiefvater Konrad Ackermann und seine Mutter, zusammen mit Konrad Ekhof, am Hamburgischen Nationaltheater und anderswo Lessing und die Autoren seiner Generation auf die Bühne gebracht hatten.

Dieser Ackermann, der mit seiner Frau und mit Ekhof bis 1751 in St. Petersburg bei der Truppe Johann Peter Hilverdings blieb, hatte auf die Entstehung einer selbständigen russischen Schauspielkunst einen vielleicht entscheidenden Einfluß: Helden lagen ihm nicht, er war kein Formvirtuose wie seine romanischen Kollegen, doch gerade durch die Lebenskraft und Lebensnähe seiner bürgerlichen und komischen Rollen faszinierte er einen reichen Fabrikantensohn aus Jaroslávl, Fjodór Wólkow (1729—1763), derart, daß Wólkow das erste private russische Provinztheater in Jaroslávl gründete.

Die lebensgetreue Darstellung der Wirklichkeit, den Realismus, eine künftige Spezialität der Russen, hatte Wólkow bei Ackermann studiert, hatte sich mit ihm befreundet und von ihm alles Notwendige für die Bühnenpraxis gelernt. Wólkow war mit seinem Jaroslávler Liebhabertheater, das zunächst in einer Scheune spielte, sein eigener Übersetzer, Regisseur, Kapellmeister, Architekt und Maschinist. Sein Erfolg war so groß, daß er, unterstützt vom benachbarten Adel, ein richtiges Theater am Ufer der Wolga bauen und erstmals Eintrittsgeld verlangen konnte. Er wurde damit zum Gründer des russischen Berufstheaters. Zarin Elisabeth holte ihn mit seinem Ensemble 1752, ein Jahr nach der Abreise der deutschen Truppe, nach St. Petersburg, wo inzwischen aus einem Liebhabertheater der Kadetten ein öffentliches Theater geworden war. Wólkows Schauspieler, ergänzt durch Künstler aus der Kadettenschule, bildeten nun das Petersburger Hoftheater. Auch in Moskau ließ die Zarin (1759) Wólkow ein russisches Theater einrichten.

Der Gründungserlaß der Zarin Elisabeth für das Petersburger Theater vom 30. August 1756 erlaubte die öffentliche Aufführung von Komödien und Tragödien ›für Geld‹ — dies war entscheidend, denn der Hof stellte zwar Kostüme, Musik und Licht und erschien gelegentlich auch zu den Vorstellungen, doch war es kein abgeschlossenes Hoftheater: ›für Geld‹ hatte jedermann Zutritt. Man spielte Molière, Corneille, Racine, Voltaire, Holberg, Beaumarchais, Lessings ›Minna von Barnhelm‹ (seine ›Miss Sara Sampson‹ wurde als zu grausam abgelehnt), und die russischen Schauspieler glänzten vor allem in der lebendigen Darstellung des Alltags.

Ein nationales Theater mit russischen Schauspielern war in St. Petersburg und in Moskau geschaffen, doch gespielt wurden vorwiegend ausländische

Das Bolschoj-Theater, das kaiserliche ›Große Theater‹, in Petersburg, um die Mitte des 19. Jahrhunderts. Zeitgenössischer Stich

Stücke — wo blieben die russischen Autoren? Der erste russische Bühnendichter von einiger Bedeutung, Alexander Sumarókow (1718—1777), war zugleich der erste Direktor des Petersburger russischen Theaters. Er war freilich von seinen Vorbildern Corneille, Racine und Molière, die er als Kadett durch die französische Truppe kennengelernt hatte, in Form und Idee abhängig. Fatalerweise bekämpfte er gerade die dramatische Gattung, die dem Theaterbedürfnis und der spezifischen Begabung der Russen am nächsten lag: das damals moderne bürgerliche Trauerspiel mit seinem relativen Realismus.

Sumarókow war rückständiger als eine Theaterautorin, die sich zwar auch der französichen Schablone bediente, aber im Dialog witziger, zeitnäher und lebendiger war: Zarin Katharina II. (1729—1796), die eine Unmenge Komödien und Singspiele verfaßte. Wie schon Peter der Große benutzte sie das Theater als Instrument der Erziehung; sie bekämpfte den Aberglauben, den Klatsch, die Furcht vor der Bildung und die Freimaurer in drei Komödien, ›Der sibirische Schamane‹, ›Der Betrüger‹ und ›Der Verführte‹, die Kotzebue ins Deutsche übersetzte. Unangetastet ließ sie selbstverständlich das Elend der breiten Bevölkerung, die Gesellschaftsform, auf der das Zarenreich beruhte — Katharina feierte als oberste Tugend den Gehorsam vor dem Staat und den Gepflogenheiten der Obrigkeit.

Die von der Sowjetunion bevorzugten gesellschaftlichen und politischen Lehrstücke, die das Publikum zum Einverständnis mit der gerade herrschenden Gesellschaftsform erziehen sollen, sind also keine Erfindung der bolschewistischen Revolution, sondern eine aus der deutschen Aufklärung gespeiste russische Tradition, die schon unter Katharina II. in hoher Blüte stand.

Kunst durch Prügel: Leibeigenen-Theater

Im Jahre des Regierungsantritts der Zarin Katharina II., 1762, gelang es endlich der russischen Aristokratie, sich von der absoluten Herrschaft des Zaren zu befreien: die Adligen durften nach einem kaiserlichen Privileg nun nicht mehr geprügelt und in den Staatsdienst gezwungen werden. Viele zogen sich auf ihre Landgüter zurück. Angesteckt von der Theaterleidenschaft Katharinas II., gründeten sie dort, aber auch in ihren Stadtpalästen, Schauspiel- und Ballett-Ensembles aus ihren Leibeigenen, um sich und ihre Gäste zu amüsieren, zumal in der Fastenzeit, wenn die Berufstheater geschlossen waren. Den freiesten Beruf der Welt mußten also Sklaven ausüben, und wenn sie als Schauspieler versagten, sich auf der Bühne versprachen, so wurden sie verprügelt — eine in Europa einzigartige Einrichtung. Mehr als hundert Leibeigenen-Theater unterhielten die Adligen in ihren Stadtpalästen, davon mehr als fünfzig in Moskau, die restlichen auf den Landsitzen. Rund fünfzig Leibeigenen-Theater gab es schon im letzten Drittel des 18. Jahrhunderts, und noch rund siebzig bestanden bis tief in das 19. Jahrhundert — die Leibeigenschaft wurde 1861 offiziell aufgehoben: sie hatte 45 Millionen Bauern betroffen.

Der Graf Nikolaj Schérémétjew konnte die 230 Personen seines Theaterpersonals, einschließlich der zu den Aufführungen benötigten Handwerker, aus den 210 000 Leibeigenen seiner Besitzungen auswählen. Der Fürst Jussùpow unterhielt — ebenfalls gegen Ende des 18. Jahrhunderts — u. a. ein Ballett mit dreißig Mädchen, die, wenn der Fürst und seine Gäste in Laune waren, auch nackt tanzen mußten. Das Ballett, später ein russische Spezialität, wurde damals schon sehr gepflegt. Beliebt waren ferner Opern, Einzel-Szenen, auch höchst erotischen Charakters, lebende Bilder nach antiken Mustern. Das Theater des Fürsten Schachowskój, ausgestattet mit 200 Galerie- und 100 Parterre-Sitzen, mit 50 Orchestersesseln und 27 Logen, spielte Mozart, Shakespeare, Calderon und Schiller. Die Theaterleidenschaft des Grafen Skawrònski ging so weit, daß seine Dienerschaft auch bei ihren alltäglichen Verrichtungen deklamieren und die Sätze, die sie an ihre Herrschaft richten wollte, singen mußte.

Die leibeigenen Bauern lernten in der Theatertruppe Lesen und Schreiben, Französisch und Italienisch, die Mägde wurden als Sängerinnen und Tänzerinnen ausgebildet. Man behandelte sie teils wie Familienangehörige, teils wie Sklaven. Fürst Jussùpow, der zu seinen Leibeigenen verhältnismäßig anständig war, schickte sie nach Moskau, damit sie im Staatstheater die Technik der Schauspieler studieren konnten. Bald trieb man mit den begabtesten Leibeigenen einen schwunghaften Menschenhandel: für beträchtliche Summen wurden sie an die Staatstheater ausgeliehen oder verkauft, wo man sie auf dem Programmzettel daran erkannte, daß vor ihrem Namen das ›M.‹ für ›Monsieur‹ fehlte. Fürst Jussùpow hatte angeordnet, seine leibeigenen Schauspieler nach seinem Tod freizulassen; sie gingen an die Staatstheater, wo die Zucht kaum weniger streng war, oder sie wurden Lehrer an anderen Leibeigenen-Theatern.

Im Gegensatz zum Staatstheater Peters des Großen oder Katharinas II., das erzieherische Absichten verfolgte, dienten die Leibeigenen-Theater lediglich dem Vergnügen der Aristokratie, die allein — bei freiem Eintritt, versteht sich — im Zuschauerraum saß. Der Adel blieb unter sich und amüsierte sich beispielsweise mit Schillers freiheitstrunkenen ›Räubern‹, gespielt von Sklaven auf einer Rokoko-Bühne.

Aufgeführt wurden im wesentlichen ausländische Opern und ausländische Szenen und Stücke, auch in russischen Bearbeitungen. Zur russischen Bühnenliteratur haben die Leibeigenen-Theater nichts beigetragen, wohl aber zur Bildung der russischen Bühnenkünstler, einschließlich der Orchestermitglieder, der Dirigenten und Komponisten: sie kamen aus dem riesigen Begabungs-Reservoir des untersten Standes. Während die westeuropäischen Staatstheater aus Wandertruppen hervorgingen, deren Schauspieler Spezialisten waren, geübt im freien Improvisieren, oft Schauspielerfamilien, die den Beruf schon durch mehrere Generationen ausübten, wurden die russischen Staatstheater auf dem Weg über die Leibeigenen-Bühnen mit Naturbegabungen aus dem Volke versorgt, die von Anfang an auf festgelegte Texte und Einordnung in ein Ensemble gedrillt waren. Noch heute besticht das russische Theater durch den Reichtum seiner Volkstypen und die disziplinierte Geschlossenheit seiner Inszenierungen.

Das eigene Thema: Satire und Sozialkritik

Vom Zaren verordnet zur Volksbildung und zur Stabilisierung seiner eigenen Macht war das Hoftheater, zu dem allein jedermann eine Eintrittskarte kaufen konnte. Zur Unterhaltung des Adels allein diente das Leibeigenen-

Theater. Beide waren abhängig von ausländischen Vorbildern. Hof und Adel sprachen Französisch und Deutsch und zogen die Theateraufführungen in den Originalsprachen den russischen Bearbeitungen vor. Sie verachteten die russische Sprache etwa so wie der preußische König Friedrich der Große die deutsche. Es gab keine Bühne, auf der das russische Volk seine eigenen Autoren, sein eigenes Vergnügen und seine eigenen Gedanken und Empfindungen gefunden hätte.

Dies änderte sich erst in den zwanziger Jahren des 19. Jahrhunderts. Die Siege über Napoleon, dessen Rußlandfeldzug 1812 im brennenden Moskau endgültig zusammengebrochen und der 1813 durch die Völkerschlacht bei Leipzig entscheidend geschlagen war, stärkten das russische Nationalgefühl. Man schämte sich nicht mehr, Russisch zu sprechen. Außerdem verlor der Hofadel die geistige Führung an den mittleren und kleinen Adel, der unter dem zaristischen System und seiner Bürokratie gelitten hatte und der seine eigene bevorzugte Stellung gegenüber dem Volk als Unrecht ansah. So begann die von der Nachahmung westlicher Schriftsteller freie, die wahrhaft russische Literatur, mit dem Protest gegen die zaristische Ordnung, gegen Bürokratie und Leibeigenschaft.

Die von oben befohlenen oder gar, wie im Falle Katharinas II., von oben geschriebenen Satiren sind heute längst vergessen. Die von unten geschriebenen, gegen die bestehende Gesellschaftsordnung gerichteten Satiren sind der große Beitrag Rußlands zum Welttheater. Mit dem schlimmsten sozialen Übel des alten Rußlands, der Leibeigenschaft, hat in den zwanziger Jahren des 19. Jahrhunderts Alexander Gribojédow (1795–1829) in seiner Komödie ›Verstand schafft Leiden‹ (siehe auch Seite 559) die gesamte Gesellschaftsform und nicht nur einzelne Symptome scharf angegriffen. Es ist bezeichnend, daß Gribojédow, der die Komödie schon 1816 entwarf, weder ihre Aufführung, noch nur ihren Druck erlebte: ab 1824 zirkulierte sie in Abschriften; maskierte Studenten spielten während der Fastenzeit einzelne Szenen in den Straßen; 1831, zwei Jahre nachdem Gribojédow als russischer Gesandter in Teheran bei einem Aufstand ermordet worden war, kam die Komödie im Moskauer Kaiserlichen Kleinen Theater zum erstenmal auf die Bühne; zwei Jahre später erschien eine durch die Zensur verstümmelte Ausgabe und erst dreißig Jahre später der vollständige Text. ›Verstand schafft Leiden‹ ist das erste russische Stück von übernationalem Rang. Mit dieser Komödie hat die russische Bühnenliteratur ihr eigenes Thema und ihren eigenen Ton gefunden: Satire und Sozialkritik.

In diesen zwanziger Jahren wurden Shakespeare und Schiller in Petersburg und Moskau glänzend aufgeführt. Die von ihnen angeregten russischen Dramatiker, vorwiegend Tragödienschreiber, waren mittelmäßig und sind vergessen, mit einer Ausnahme: Alexander Puschkin (1799—1837). Wie die Deutschen den Bibelübersetzer Luther, so betrachten die Russen Puschkin als den Schöpfer ihrer dichterischen Sprache. Sein ›Boris Godunow‹ (1825; in Deutschland zum erstenmal gespielt im September 1964 in Dortmund) ist eine Historie nach dem Vorbild Shakespeares, doch ist nicht ein König, sondern das Volk der Held: die Gegenspieler im Kampf um die Zarenkrone um die Wende zum 17. Jahrhundert, Zar Boris und Thronräuber Grigori Otréjew (der ›falsche Demetrius‹, den schon Lope de Vega zu einer Dramenfigur gemacht hat; siehe auch Seite 111), begegnen sich nicht; Bojaren und Kirchenfürsten, Mönche und Kosaken, polnische Edelleute und verbannte Russen, deutsche, russische und polnische Truppen bevölkern die farbige Szene. Diese erste russische Tragödie in Shakespeare-Versen ist als Oper von Modest Mussorgski, bearbeitet und instrumentiert von N. Rimsky-Korssakow (1872), auf die deutschen Bühnen gekommen. So unüberschätzbar ›Boris Godunow‹ für die Russen ist als ein nationales ›klassisches‹ Stück, für das internationale Theater ›klassisch‹ geworden sind nur die russischen Autoren der sozialen Gegenwartsdramen.

Gribojédow und Nikolai Gogól (1809—1852) mit seiner in die Karikatur getriebenen Komödie ›Der Revisor‹ (1836) griffen Adel und Bürokratie an. Die Kaufleute und Spekulanten, die ersten Kapitalisten, brachte Alexander Ostrówski (1823—1886) mit dem absinkenden Adel auf die Bühne. (Siehe auch Seite 565). Die Thronbesteigung des liberalen Zaren Alexander II. (1855), die offizielle Aufhebung der Leibeigenschaft (1861), brachten Bewegung in die erstarrte Gesellschaftsordnung: Gelehrte, Journalisten, Geistliche, Industrielle und Kaufleute, kurz: die ›Intelligenz‹ und das Bürgertum, konnten sich nun offen gegen den Absolutismus und für die Liberalisierung bekennen. Viele reich gewordene Bürger stammten von leibeigenen Bauern ab oder waren selbst noch Leibeigene gewesen; sie hatten mehr Sympathien für die Armen als für den noch immer mit Vorrechten ausgestatteten Adel. Ihren Geist und ihre Welt schilderte Ostrówski, ursprünglich ein Konservativer, vor allem in den späten Stücken, die er in den siebziger Jahren schrieb.

Ostrówski war auf das streng zensurierte kaiserliche ›Kleine Theater‹ in Moskau angewiesen. Dieses 1826 gegründete ›Maly‹-Theater besteht noch heute und dient dem Schauspiel, während das Große Theater, das ›Bolschoj‹-Theater, die Opern- und Ballett-Bühne ist. Als Zar Alexander II. im Jahre 1881 in Petersburg ermordet wurde, folgte ihm sein Sohn Alexander III., ein Reaktionär, dessen Hofzensur die westeuropäische realistische Literatur bekämpfte und damit auch die Arbeit des Kleinen Theaters einengte. Wieder wurden Privattheater gegründet, doch nicht mehr von amüsierfreudigen Adligen mit Leibeigenen, sondern von reformfreudigen Bürgern mit Schauspielern. Auch sie wurden zensuriert, doch nicht so streng wie die kaiserlichen Theater. Bis zur Revolution behielten sie die Führung und prägten den Stil aus, der die russische Theaterkunst weltberühmt machte.

Wieder kam von einer deutschen Truppe der entscheidende Anstoß: 1885 und 1890 gastierten die ›Meininger‹ in Moskau. Herzog Georg II. von Sachsen-Meiningen hatte 1870 die Leitung seines Hoftheaters übernommen, hatte drei Jahre später zur höchsten Mißbilligung seiner Standesgenossen und des Kaisers Wilhelm II.

Alexander Puschkin: Selbstkarikatur, gezeichnet Anfang der zwanziger Jahre des 19. Jahrhunderts in Kischinew

eine Schauspielerin geheiratet und mit ihrer Hilfe die Bühne tiefgreifend reformiert, die damals von gastierenden Virtuosen in schlampigen und schablonisierten Inszenierungen beherrscht wurde. In seinem Theater mußten auch die besten Darsteller Statistenrollen übernehmen, und wenn er überhaupt Virtuosen beschäftigte, so waren sie dem Ensemble untergeordnet. Schon für die erste Bühnenprobe ließ er die vollständige, penibel historische Dekoration aufbauen; seine Schauspieler in penibel historischen Kostümen, in beispielsweise entsetzlich schweren, echten Ritterrüstungen, durften bei der Probe nicht ›markieren‹, sondern mußten wie bei der Premiere schon mit ihrer ganzen Kraft spielen. Die naturalistische Ausstattung, die Vertreibung des deklamatorischen Pathos, das für seine Zeit unerhört realistische Spiel und das bis zum letzten ›Volks‹-Statisten durchgeformte Ensemble hatten außerhalb Meiningens ihren ersten triumphalen Erfolg bei einem Gastspiel in Berlin, im Mai 1874.

Die ›Meiningerei‹ ist heute ein Schimpfwort für die lächerliche, gamaschenknopfgetreue Imitation der historischen Wirklichkeit durch Bühnenbild und Kostüme – dies durch die Schuld der minderen Meininger-Nachahmer, die nur die Äußerlichkeiten der Theaterreform Georgs II. übernahmen. Der Meininger Stil mit seinem Realismus, seiner Ensemble-Kunst und seiner Beseelung des Schauspielers wirkte weltweit durch Gastspiele in 38 europäischen Städten mit rund zweieinhalbtausend Aufführungen zwischen 1874 und 1890. Gastspiele in Berlin und London, in Breslau und Kiew, in Basel und Leipzig, in Warschau und Odessa, in Budapest und Triest. Sie spielten Schiller, Shakespeare, Kleist, Grillparzer, Molière und auch schon Ibsen.

Beim ersten Moskauer Gastspiel, 1885, saß ein Fabrikantensohn, Regisseur und Schauspieler namens Konstantin Sergejewitsch Alexéjew im Zuschauerraum und erkannte, wie vom Blitz getroffen, daß dieses realistische Theater den richtigen Weg für eine eigenständige russische Bühne öffnen könnte. Er ist diesen Weg gegangen, hat die Methoden der Meininger verfeinert und ist unter seinem Künstlernamen Stanisláwski weltberühmt geworden. Mit dem Dramaturgen des Kleinen Theaters, dem Schriftsteller NemiRówitsch-Dántschenko, der vergeblich versucht hatte, das Kleine Theater zu reformieren und an ihm Anton Tschéchow (1860–1904) zum Durchbruch zu verhelfen, gründete er 1898 das ›Moskauer Künstlertheater‹, dessen Arbeitsmethode und Wirkung zu Beginn dieses Kapitels (siehe Seite 540) beschrieben worden sind. Seine westeuropäischen Vorbilder waren das Théâtre Libre von André Antoine in Paris und Otto Brahms Freie Bühne in Berlin. Finanziert wurde das Künstlertheater von der reichen Bürgerschaft Moskaus, die auf der Bühne ›Wirklichkeit‹ wollte, nicht aristokratischen Stil. Damit war das russische Theater zum erstenmal in seiner Geschichte international führend: mit der ›Stanisláwski-Methode‹, mit der Wirklichkeitsnähe Ibsens, Gerhart Hauptmanns, Tolstójs, Gorkis und Tschéchows: mit dem psychologischen Zeitstück, das auf das Publikum gesellschaftskritisch wirkt.

Revolutionäres und Reaktionäres

Stanisláwski hat zwischen 1905 und der Revolution 1917 auch symbolistische und sogar surrealistische Inszenierungen geschaffen, doch ist sein Name zu einem internationalen Begriff geworden durch seine die Natur nachahmenden und die feinsten atmosphärischen und seelischen Schwingungen beschwörenden Aufführungen. Revolutionäre Gedanken lagen ihm fern. Zu seiner Verblüffung aber mußte er feststellen, daß Inszenierungen, mit denen er nichts anderes wollte als die genaue, tendenzfreie Wiedergabe des Lebens, vom Publikum als revolutionärer Aufruf empfunden wurden. So 1905 bei Ibsens ›Volksfeind‹: obwohl Stanisláwski und sein Ensemble nicht an Politik dachten, kam es zu politischen Demonstrationen der Zuschauer. »Ganz unerwartet sah ich mich daher im Endergebnis auf der gesellschaftlichen Linie«, erzählte Stanisláwski, »von der Intuition über Wirklichkeitswiedergabe und Symbol zur Politik.«

Mit der Parteidramatik, die nach der Oktober-Revolution entstand, konnte sich Stanisláwski nie befreunden; in seinen Erinnerungen schrieb er 1925:

»Tendenz und Kunst sind unvereinbar, eins schließt das andere aus.« Nach der Revolution schickte ihn der Volkskommissar Lunatschárski mit seinem Theater zwei Jahre auf Tournee ins Ausland, nach Europa und Amerika: er rettete damit Stanisláwski vor seinen sowjetischen Gegnern und er täuschte mit Stanisláwskis Hilfe im Ausland das Bild einer toleranten Sowjetregierung vor, die sogar diese spätbürgerliche Kunst schätzt und fördert.

Die von Stanisláwski geschaffene Illusion des Alltagslebens auf der Bühne mußte zu Gegenbewegungen führen. Schon vor der Revolution entstand die ›Stilbühne‹, gefördert durch den Moskauer Industriellen Mamóntow und durch den Stanisláwski-Schüler Wsewolod Meyerhold: ihre wichtigsten Mitarbeiter waren die Bühnenbildner: die Schauspieler wurden in eine raffinierte optische Komposition dekorativ eingepaßt. Gegen die Fesseln des Illusionis-

›Entfesseltes Theater‹: Bühnenmodell von Alexander Wesnin für eine Aufführung des dramatisierten Romans ›Der Mann, der Donnerstag war‹ (1908) von Gilbert K. Chesterton am Moskauer Kammertheater, der Experimentierbühne, die Alexander Taírow (1885–1950) im Jahre 1914 eröffnete

mus und gegen die Fesseln der Stilbühne setzte der Stanisláwski-Schüler Alexander Taírow (1885–1950) sein ›entfesseltes Theater‹. Für ihn war der Schauspieler das wichtigste, seine Phantasie und sein Körperausdruck. So zog er Improvisationstheater wie die Commedia dell'arte (siehe auch Seite 293) dem Theater der Dichter vor. Den Bühnenraum versuchte er, ›dynamisch‹ zu beleben, indem er den Bühnenboden auflöste und auf Podien verschiedener Höhe und Tiefe spielen ließ, wobei sich das Spiel der Pantomime und Akrobatik bediente und sich dem Tanz und dem Turnen näherte. Taírow sah sich als Regisseur wie ein Ballettmeister. Inzwischen sind seine Tricks selbst mittelmäßigen Regisseuren geläufig und werden immer wieder maßvoll angewendet.

Der Theaterkritiker Alfred Polgar, der dieses Theater schon damals nur als ›hübsch‹, keineswegs aber als ›Erneuerung‹ empfand, hat es nicht ohne Bosheit beschrieben: »Die Schauspieler Taírows sind durchweg fabelhafte Tänzer, ihr Schutzpatron ist der heilige Elastikus ... Statisten gibt es keine, nur Movisten: Jeder ist mit ganzem Leibe bei der Sache. Taírows Leute sind auch Turner, Springer, Läufer, Kletterer, Schlangenmenschen ... Übrigens scheint mir die Sache unkomplett, solange nicht der Publikumsraum in die Bewegtheit der Szene mit einbezogen ist. Vollendet wird das Spiel erst sein, wenn sich der Zuschauer, etwa durch Sprungfedern unter seinem Sitz, so erschüttert fühlen wird, wie ihn manchmal das alte Theater durch seine Kraft und sein Pathos erschüttert hat.«

Taírow hatte seine Experimentierbühne, das Moskauer Kammertheater, 1914, im ersten Weltkrieg, eröffnet. Dieses Theater, nicht um des Wortes, sondern um des Theaters willen, war mit seinem reinen Schönheitskult eine spätbürgerliche Angelegenheit, doch wurde es in Westeuropa bei seinen Gastspielen nach der Oktoberrevolution als Ausdruck und Errungenschaft der Revolution empfunden.

Zum großen Regisseur des Revolutionstheaters aber wurde der Stanislawski-Schüler Wsewolod Meyerhold, der sich der bolschewistischen Partei anschloß und nach der Revolution mit einem beispiellosen Erfindungsreichtum experimentierte. Von der ›Stilbühne‹ hatte er die dekorative Verwendung des Schauspielers und die genau berechnete Symbolik der Gesten mitgebracht; nun nahm er dem Schauspieler vollends die Persönlichkeit und machte ihn zum Ausdrucksträger von anonymen Massenerlebnissen für das Massenerlebnis seiner Zuschauer. Gogóls ›Revisor‹ beispielsweise wurde bei ihm nicht mehr von individuellen Charakteren, von psychologisch gesehenen und in die Karikatur überspitzten Persönlichkeiten in einer Provinzstadt gespielt, sondern zum allgemeinen Gleichnis gemacht für die bestechliche Beamtenschaft im gesamten alten Rußland; so ließ er bei der Bestechungsszene im halbrunden Bühnenhintergrund ein Dutzend Türen aufgehen, aus denen sich Köpfe und Hände anonymer Beamter reckten und »300 Rubel von mir!« anboten. Auch Ostrówski verfälschte er, indem er seine Adligen zu verzerrten Popanzen und seine armen Leute zu Volkshelden machte.

Versuchte Taírow, das Theater zu ›theatralisieren‹, so wollte Meyerhold das Leben selbst ›theatralisieren‹: durch Massenaufführungen im Freien, durch Allegorien der Revolution, verbunden mit Festzügen und Truppenparaden. Die Bühne räumte er zunächst einmal leer und versah sie dann mit allerlei Holz- und Eisenkonstruktionen, mit Plattformen, Böden und Leitern, mit Seilbahnen, Kränen, schwenkbaren Wänden und versenkbaren Böden — alles war pausenlos in Bewegung, unterstützt von Scheinwerfern, Projektionen und Musik: der Einzelmensch, der Bürger, wurde aufgelöst

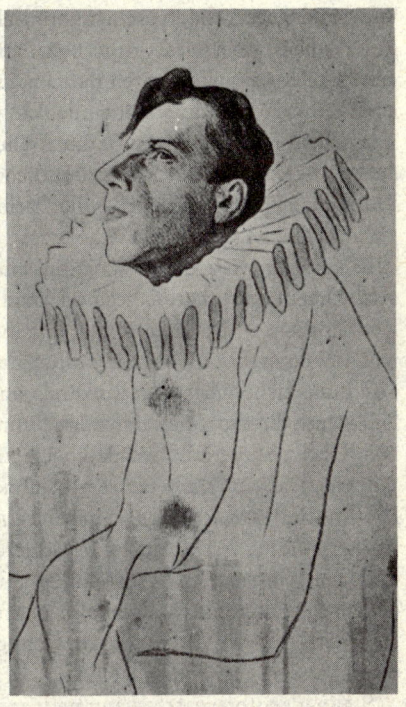

Wselowod Meyerhold (1874—1940), der Regisseur des russischen Revolutionstheaters, als Pierrot porträtiert von Uljanow

im Massenausdruck, und die Masse wurde mit revolutionärem Elan bewegt. Er holte den traditionellen russischen Hanswurst wieder auf die Bühne, baute Zirkus-Grotesken und Manegen-Kunststücke ein und versuchte damit, das allerbreiteste Publikum zu erreichen, denn auch er machte bald die Erfahrung, daß der politische Revolutionär meist einen ausgesprochen reaktionären Geschmack hat. Sein ›Theater-Armee‹ reiste mit ihren ›Theater-Sturmtrupps‹ durch die russischen Lande und trieb Propaganda und Agitation.

Meyerhold hat die Geschichte des Theaters durch seinen Ideenreichtum außerordentlich bereichert. Nach ihm ist etwas szenisch Neues kaum noch erfunden worden. Doch ist es bezeichnend, daß der Beitrag der bolschwistischen Revolution zum internationalen Theaterleben in Inszenierungs-Ideen, im Massen-Arrangement besteht. Nicht bereichern konnte Meyerhold die Geschichte der Bühnenliteratur, und wenn er die alten Theaterautoren bis zur Unkenntlichkeit revolutionär umkrempelte, so geschah es aus Not: außer

Wladímir Majakówski (1893—1930; siehe auch Seite 596,) dem romantischen Ruhmsänger, aber auch grotesken Satiriker des bolschewistischen Staates, gab es keinen revolutionären Bühnendichter von Bedeutung, und auch Majakówski, dem Meyerhold viel verdankte, wurde ihm bald genommen: 1929/30 inszenierte Meyerhold die Satiren ›Die Wanze‹ und ›Das Schwitzbad‹, in denen Majakówski die ›rote Bourgeoisie‹, die neue Parteibürokratie mit Kübeln von Hohn übergoß — die Partei-Kritik reagierte mit maßloser Empörung, und Majakówski erschoß sich.

Die bolschewistische Revolution mündete in den Despotismus Stalins: sein kleinbürgerlicher Geschmack und sein großrussischer Nationalismus lehnten die revolutionäre Bühne mit ihrer kritischen Darstellung der nationalen Vergangenheit ab. Sie wurde nun als ›formalistisch‹ gebrandmarkt. Der blutigen ›Säuberung‹ Rußlands von der Generation der Revolutionäre fielen auch die experimentierenden Bühnen, darunter das Meyerhold-Theater, zum Opfer. Meyerhold wurde abgesetzt und verfemt. Das 1917 gegründete jüdische Theater ›Habímah‹ (= ›Bühne‹), das, aufgebaut von dem Stanisláwski-Schüler Wachtángow, herrliche Aufführungen in hebräischer Sprache herausgebracht hatte, durfte emigrieren: die kommunistischen Behörden schlugen ihm eine Auslandstournee vor; 1930 verließ das von Antisemiten bekämpfte Ensemble Deutschland, löste seine Geschäftsstelle in Berlin auf und ging nach Tel Aviv, wo es seit 1945 ein großes Haus am Rothschild-Boulevard besitzt und seit 1958 den Titel eines Israelischen Nationaltheaters führt.

Stalin, der ›rote Zar‹, zwang nach zaristischer Tradition die Theater, seine diktatorische Herrschaft zu rechtfertigen und zu rühmen. Die Schriftsteller sollten ›Ingenieure der menschlichen Seele‹ werden; der ›sozialistische Realismus‹ wurde verordnet, der weder sozialistisch noch gar realistisch ist. Alles, was man dazu sagen könnte, hat Meyerhold schon 1939 ausgesprochen. Damals lud man ihn zu einem Kongreß der Regisseure ein, damit er öffentliche ›Selbstkritik‹ übe, aber Meyerhold dachte nicht daran, den ›sozialistischen Realismus‹ anzunehmen; er stellte fest: »Wenn das, was heute auf den besten Moskauer Bühnen geschieht, eine Großtat des neuen Sowjettheaters ist, dann ziehe ich es vor, als Formalist bezeichnet zu werden. Ich für meinen Teil finde das, was gegenwärtig in unseren Theatern geleistet wird, erbärmlich und erschreckend ... Dieses erbärmliche und sterile Etwas, das den Namen ›Sozialistischer Realismus‹ beansprucht, hat mit Kunst nichts zu tun. Theater aber ist Kunst, und ohne Kunst gibt es kein Theater.« Er mußte seine Offenheit und seinen Mut mit dem Leben bezahlen: am nächsten Tag wurde er unter dem Vorwand, er sei ein deutscher Spion, verhaftet und bald danach liquidiert; vermutlich ist er unter der Vernehmungsfolter gestorben.

Das Revolutionstheater dringt 1927, zum zehnten Jahrestag der Oktoberrevolution, erstmals in Stanisláwskis Moskauer Künstlertheater ein: die Regisseure I. J. Sudakow und N. N. Litowzewa haben in Bühnenbildern von W. A. Simow das Schauspiel ›Panzerzug 14–69‹ von Wselowod Iwanow inszeniert, der die Eroberung eines weißen Panzerzugs durch rote Partisanen schildert. Photo: Szene auf dem Glocken-turm im zweiten Akt

Nach dem zweiten Weltkrieg wurde auch Taírow abgesetzt, der Leiter des Moskauer Kammertheaters. Stalin verfolgte die Juden, ließ sie in Konzen-trationslager sperren oder erschießen; das Michöels-Theater, das jiddische Moskauer Kammertheater, wurde geschlossen. Das Wachtángow-Theater übte ›Selbstkritik‹ und spielte Tendenzstücke. Die ›Stanisláwski-Methode‹ wurde 1950 allen Sowjetbühnen aufgezwungen: es war freilich nicht die originale Methode Stanisláwskis, der Kunst und Tendenz für unvereinbar hielt, sondern der verzweifelte Versuch, die naturalistischen Kunstbegriffe Stanisláwskis zu benutzen, um höchst unnaturalistischen, weil tendenziösen Propaganda-Stücken durch die Regie künstlich den Anschein der Natürlichkeit aufzuzwingen, die sie naturgemäß nicht besitzen konnten. So kam Stanis-láwski, der am Tage der Oktoberrevolution mit Tschéchows ›Kirschgarten‹ in poetischer Verklärung das Leben der Leute gezeigt hatte, gegen die sich die Revolution richtete, noch einmal zu späten, zu falschen Ehren: seine einst revolutionären Regie-Methoden mußten nun reaktionären Zwecken dienen — der Festigung eines absolutistischen Systems.

In dem Beschluß des Zentralkomitees der Kommunistischen Partei der So-wjetunion aus dem Jahre 1946 heißt es: »Die Dramatiker und Theater sollen in den Schauspielen und Aufführungen das Leben der Sowjetgesellschaft in ihrer unaufhörlichen Vorwärtsbewegung wiedergeben und die Weiterentwicklung der besten Charakterzüge des Sowjetmenschen, die während des Großen Vaterländischen Krieges besonders stark zutage getreten sind, auf jede Weise fördern. Unsere Dramatiker und Regisseure sind berufen, an der Erziehung der Sowjetmenschen aktiv teilzunehmen, ihren hohen kulturellen Ansprüchen zu genügen, die Sowjetjugend so zu erziehen, daß sie optimistisch, lebensfroh, der Heimat ergeben ist, an den Sieg unserer Sache glaubt, keine Schwierigkeiten fürchtet und fähig ist, jedwede Schwierigkeit zu überwinden.«

Das Drama, das von der Wahrheitssuche des Dramatikers und von Gegensätzen lebt, wurde auf die ›Wahrheit‹ der Partei, auf optimistische Propaganda, auf die Vernebelung des Volkes festgelegt und damit zum Tode verurteilt. Nach Stalins Tod (1953) gab es gewisse Lockerungen, sogar Majakówski wurde wieder gespielt, doch noch immer blieben die Dramatiker, so mutig sich nun auch einige öffentlich wehrten, am allerdings etwas längeren Gängelband der Partei und ihres Propaganda-Auftrages. Das Majakówski-Theater in Moskau versucht, die Arbeit Meyerholds wieder aufzunehmen: unrealistisches, gegen den Illusionismus gerichtetes Theater, das auf den west- und auch auf den osteuropäischen Bühnen eine Selbstverständlichkeit ist. Neuere russische Bühnenautoren — wie beispielsweise Jewgeni Schwarz (1896—1958) — können im Westen Europas gelegentlich damit erstaunen, wie weit sie sich, mehr oder minder verschlüsselt, gegen die Verordnung des ›sozialistischen Realismus‹ vorwagen dürfen: man versteht, daß dies die Russen sehr bewegen muß, doch solange diese Autoren an die Beschlüsse der Kommunistischen Partei gebunden sind, werden sie in nichtkommunistischen Ländern provinziell wirken.

Wie unter Peter dem Großen oder Katharina II. wird das Publikum im sowjetrussischen Schauspiel darüber belehrt, wie es sich zu verhalten habe, damit die bestehende Gesellschaftsordnung im Prinzip erhalten bleibe. Weltbedeutung aber erreichte die russische Dramatik erst dann (und behielt sie nur so lange), als sie nicht ›von oben‹ verordnet war, sondern ›von unten‹ die bestehende Gesellschaftsordnung kritisch schilderte oder satirisch bekämpfte. Ihr großes gesellschaftliches Thema war der Kampf des Bürgertums um seine Rechte und der Niedergang des Adels.

Die Entlarver: Gribojédow und Gogól

Die erste russische Komödie von übernationaler Bedeutung schrieb Alexander Sergejewitsch Gribojédow (siehe auch Seite 549). Geboren 1795 in Moskau, Husar, Schreiber konventioneller Lustspiele für das Theater in Petersburg,

Freimaurer und Freund der ›Dekabristen‹, adliger Revolutionäre, die gegen Leibeigenschaft und Absolutismus waren, nach dem Dekabristen-Aufstand im Dezember 1825 verhaftet, doch bald wieder freigelassen, da ihm nichts nachzuweisen war; als russischer Gesandter 1829 in Teheran durch persischen Pöbel ermordet.

Verstand schafft Leiden (›Geist bringt Kummer‹). Diese 1824 vollendete Komödie in gereimten Versen und vier Aufzügen hat für das russische Theater eine ähnliche Bedeutung wie Lessings rund sechzig Jahre früher geschriebene ›Minna von Barnhelm‹ für das deutsche: lebendige nationale Charaktere — Rollen, um die sich die Schauspieler reißen — lösen die feststehenden internationalen Lustspieltypen ab. Gribojédow wahrt noch die klassizistischen Einheiten der Handlung, der Zeit (ein Tag) und des Ortes (Schauplatzwechsel erst im vierten Akt).

Der junge Tschatzki kehrt von einer dreijährigen Reise nach Moskau zurück, in das Haus des hohen Beamten Famúsow. Dessen Tochter Sophie ist seine (ihm unwürdige) Jugendliebe; sie hat sich inzwischen in Moltschálin, den kriecherischen Sekretär ihres Vaters, verliebt. Der auf seine Karriere erpichte Moltschálin geht auf ihre sentimentalen Neigungen ein und stellt zugleich — wie sein Chef Famúsow — der Zofe Lisa (vergeblich) nach, wodurch er es mit Sophie verdirbt. Nun rechnet Tschatzki, verbittert aus enttäuschter Liebe, als der Vorkämpfer einer besseren Zukunft mit der Adels- und Beamtengesellschaft ab. Die Gesellschaft erklärt ihn — mit Sophiens Hilfe — für verrückt und stößt ihn aus. Er verläßt Moskau; die Gesellschaft, kaum gestört durch seine Anklagen und die sich daraus ergebenden Enthüllungen, wird sich wieder arrangieren: sie ist entlarvt, doch nicht vernichtet.

Der Aristokrat Gribojédow attackiert Adel und Beamtenschaft durch eine Fülle glänzend charakterisierter Figuren, die so eng miteinander verbunden sind, daß sein Angriff nicht nur Einzelerscheinungen, sondern die herrschende Gesellschaftsschicht als ein unauflösbares Ganzes trifft: ein Gespinst von Korruption, Klatsch und Kriecherei. Seine fortschrittlichen Ideen verkündet er durch Tschatzki, der gleichwohl kein Prediger, sondern ein temperamentvoller junger Mann ist, blutlebendig in seinen Unklarheiten und inneren Widersprüchen. Der ›Oblomow‹-Autor Gontscharow urteilte: »Sehr wenige Tschatzkis sind abgeklärt genug, um in der Erkenntnis Trost zu finden, daß sie nicht umsonst gekämpft haben, denn sie haben für sich selbst nichts gewonnen, wohl aber für die Gesamtheit, und für die Zukunft. Jede Sache, die der Erneuerung bedarf, ruft den Schatten Tschatzkis hervor . . .«

Einzelne Szenen und Akte dieses Stücks wurden seit 1825 gespielt. Am 26. Januar 1831 kamen in Petersburg alle vier Akte — zensuriert — auf die

Famúsow in Gribojédows Komödie ›Verstand schafft Leiden‹, gespielt von Stanisláwski in der Aufführung des Moskauer Künstlertheaters im Jahre 1906; Inszenierung: Stanisláwski (1863 bis 1938) und Nemirówitsch-Dántschenko (1858–1943)

Bühne. Die erste unzensurierte Aufführung war im Kleinen Theater in Moskau, am 27. November 1831. Noch heute ist es sehr populär. Dazu der russische Kritiker Belínski (1811 bis 1848), der die Gesellschaftskritik in der russischen Literatur begründet hat: »Ein Theaterstück, das das ganze lesekundige Rußland nach handschriftlichen Exemplaren auswendig lernte, mehr als zehn Jahre, bevor es gedruckt erschien! Gribojédows Verse verwandelten sich in Sprichwörter und Redensarten, seine Komödie wurde zur unversieglichen Quelle für Nutzanwendungen auf die Ereignisse des Alltagslebens, zur unerschöpflichen Fundgrube für Epigramme.«

Die genialste russische Komödie, ›Der Revisor‹, schrieb Nikolai Wassiljewitsch Gogól. Geboren 1809 als Sohn eines Landedelmannes in der Ukraine; vom Direktor des Kaiserlichen Theaters in Petersburg als Schauspieler abgewiesen; kleiner Beamter, später auch Lehrer; Erzähler ukrainischer und Petersburger Novellen, in denen sich ein neuer Realismus mit dämonischer Gespenstik mischt; Freund Puschkins, der ihm die Idee zum ›Revisor‹ schenkte; ins Ausland getrieben durch den Haß der konservativen Beamten, der ihm nach der Aufführung seines ›Revisor‹ (1836) entgegenschlug; mehr aber noch durch den Beifall der fortschrittlichen Liberalen, der ihn, den Erzkonservativen, erschreckte; Schöpfer einer neuen psychologischen und grotesk-satirischen Prosa durch seinen Roman ›Tote Seelen‹, dessen ersten Band er in Italien vollendete (dramatisiert im Jahr 1959 durch Arthur Adamov; siehe dort); als Lobsänger der Leibeigenschaft und des alten absolutistischen Rußlands von den Konservativen als zu zahm, von den Liberalen als reaktionär verachtet; christlicher Mystiker mit Welterlösungs-Ideen; Pilger zum Heiligen Grab in Jerusalem; Heimkehrer nach Rußland 1848, wo er am zweiten Teil seiner ›Toten Seelen‹ schrieb und im religiösen Wahn das Manuskript, die Arbeit von sieben Jahren, um ein Opfer zu bringen, 1852 verbrannte. Nach dieser Verbrennung lebte er noch neun Tage; er verweigerte jegliche Nahrung, um sein Fleisch abzutöten, und starb am 4. März.

Der Revisor. Komödie in fünf Akten. Geschrieben 1835 nach einer Idee von Puschkin, der einmal in einer Provinzstadt für einen mit der Aufdeckung von Korruption beauftragten geheimen Beamten gehalten worden ist. Uraufgeführt am 19. April 1836 im Alexandra-Theater in Petersburg auf Befehl und in Anwesenheit des Zaren Nikolai I., der zwar ein schlimmer Zensor (Puschkins), doch auch ein unerbittlicher Richter korrupter Beamter gewesen ist.

Durch einen widerrechtlich geöffneten Brief erfahren die Honoratioren einer Provinzstadt, daß ein Revisor aus Petersburg zu ihnen kommen wird. Sie halten Chlestaków, einen kleinen Beamten, der auf der Heimreise von Petersburg aus Geldmangel in einem Gasthaus abgestiegen ist, für diesen gefürchteten Revisor und drängen ihm Geld auf. Dmuchanówski, der Stadthauptmann, benutzt sogar seine Frau und seine Tochter Marja, um sich dem vermeintlichen Revisor angenehm zu machen, der gar nicht weiß, wie ihm geschieht, und als ihm das Spiel zu gefährlich wird, unter dem Vorwand abreist, er müsse bei seinem Erbonkel die Einwilligung zu seiner Verlobung mit der Tochter des Stadthauptmanns einholen. Während der Stadthauptmann in der Vorfreude auf Rache an seinen Feinden und auf eine Petersburger Karriere schwelgt, die er durch seinen künftigen Schwiegersohn gesichert sieht, bringt der Postmeister einen aufgebrochenen Brief, in dem Chlestaków seine Erlebnisse in ihrer Stadt schildert. Die im Brief als Dummköpfe beschriebenen Dummköpfe lesen sich gegenseitig ihre Porträts vor (eine nach Molières ›Misanthrop‹ geschriebene Szene) — da meldet ein Polizist die Ankunft des richtigen Revisors, und alle erstarren.

»Den Spiegel soll nicht schelten, wer eine Fratze hat« — dieses russische Sprichwort setzte Gogól als Motto über seinen ›Revisor‹. In seinem Spiegel gibt es nur Fratzen. Eine komplette Kommunalverwaltung tritt auf, von den Schutzleuten bis zum Stadthauptmann, dazu Gutsbesitzer, Kaufleute, einfache Bürger — und nicht ein anständiger Mensch. Korrupt sind sie alle; sogar die berechtigten Klagen über die Korruption stammen von Bittstellern, die sich an der Korruption gemästet haben. Nicht einem einzigen schlägt das Gewissen, als der Revisor aus Petersburg gemeldet wird. Ihre fieberhaften Überlegungen gelten nur den Fragen: Wie kann man den Revisor täuschen? Ob er wohl bestechlich ist? Gott hat die Menschen so eingerichtet, daß sie Sünden begehen — so finden sie den kommunalen Betrug ganz normal. Und diesem Gott wollen sie auch danken, falls es ihnen gelingt, den Revisor zu betrügen oder zu kaufen. Nur ändern wollen sie sich nicht. Sie drängen ihm das Geld auf, bevor dieser Windbeutel noch begriffen hat, daß er für den gefürchteten Revisor gehalten wird. Sie fallen nicht einmal auf einen gerissenen Hochstapler herein: ihr beflissenes Bedürfnis, sich von allen Verfehlungen los-

zukaufen, zwingt dem vergleichsweise harmlosen Aufschneider und Zech-
preller Chlestaków die Rolle eines Revisors nach ihrem Herzen auf: eines
bestechlichen Revisors, der ›nimmt‹ wie sie selber. Nicht einer, der sich, als
sie ihr Spiel gewonnen glauben, bessern wollte! Behaglich wälzen sie sich in
ihrem Sumpf und überlegen schon, wie sie ihn noch vergrößern könnten.
So stehen sie, wie von der Trompete des Jüngsten Gerichtes getroffen, zu
Säulen erstarrt, als der richtige Revisor kommt: Monumente der Ratlosigkeit,
der Bosheit und des Entsetzens — eine Galerie erlesener Fratzen.

Zeichnung von Nikolai Gogól zu seiner Komödie ›Der Revisor‹, 1835

Meyerhold (siehe auch Seite 554) hat in seiner berühmt-berüchtigten ›Revisor‹-Inszenierung am Ende bei spärlichem Kerzenlicht den Schauspielern
lebensgroße Wachspuppen untergeschoben: ein veritables Panoptikum als
Schlußeffekt. »Der Revisor hat kein Ende«, stellte Gogól einmal fest, und
der russische Schriftsteller Dimitri Mereschkowski fügte dem hinzu: »Der
›Revisor‹ ist unendlich. Es ist kein vorübergehendes, von Zeit und Ort beding-
tes Lachen: es ist das unendliche Gelächter des russischen Gewissens über den
russischen Staat.« Doch geht das Stück weit über den vergangenen russischen
Staat hinaus: es zeigt, wie gefährlich und grausam Dummheit und Bestechlichkeit sind. Es ist eine bitterböse Satire, über die man zwar lacht, doch nicht
ohne Schaudern. Alexander Herzen charakterisiert Gogól mit drei Worten:
»Lachend, aber erbarmungslos«, und der religiöse Mystiker Gogól ging in
der Deutung seiner Komödie noch weiter. »Mein ganzes Streben geht dahin,
daß jedermann, der meine Werke gelesen hat, nach Herzenslust über den
Teufel lachen kann«, schrieb er 1847. Er glaubte, daß sich in den Personen

seiner Komödie durch den falschen Revisor der Teufel selbst offenbare, und sah im richtigen Revisor den Weltenrichter, die Verkörperung der göttlichen Gerechtigkeit. »Schwer ist unser Leben«, schrieb er 1849 in einem Brief, »und wir vergessen noch jeden Augenblick, daß alle unsere Handlungen einst vor einen Revisor kommen werden, den niemand bestechen kann.«

Die Heirat (›Die Heiratskomödie‹). ›Eine völlig unwahrscheinliche Begebenheit in zwei Akten‹. Geschrieben 1833. Uraufgeführt 9. Dezember 1842 Alexandra-Theater, Petersburg. — Podkoljóssin, ein Beamter, hat das Junggesellenleben satt. Da er schon graue Haare, aber keine Gelegenheit hat, Mädchen kennenzulernen, und überdies schüchtern ist, wendet er sich an eine Heiratsvermittlerin, ein geldgieriges Kuppelweib. Die auserlesene, ebenfalls schüchterne, aber insgeheim lüsterne Braut, eine späte Jungfrau mit Erbschaft, wird von zahlreichen Freiern umworben, und Podkoljóssin wäre immer wieder rasch und erleichtert bereit, seine Heiratspläne fallenzulassen, würde er nicht immer wieder von seinem Freund Kotschjarkow daran gehindert. Der freilich will ihn aus schierer Schadenfreude verehelichen, weil er mit seiner eigenen Frau hereingefallen ist, und nebenbei möchte er die Heiratsvermittlerin um ihr Honorar betrügen. Er lügt und intrigiert die anderen Bewerber an die Wand, doch während der Pfarrer schon das Brautpaar erwartet und das Hochzeitsessen vorbereitet wird, springt Podkoljóssin durchs Fenster und entflieht in einer Kutsche. — Um ihn, den Charakter des unheilbaren Junggesellen, gruppieren sich die Freier: gehemmte oder vom Schicksal schlecht behandelte Glücksjäger, Offiziere und Bürger, Petersburger Biedermeier. Es ist die gleiche soziale Schicht, aus der Ostrówski sein Komödienpersonal holen wird, und Gogól karikiert sie schon mit dem gleichen erbarmungslosen Spott, der seinen zwei Jahre später geschriebenen ›Revisor‹ auszeichnet. Eine giftige Satire, ein Wirbel von Gier, Lüsternheit, Dummheit, Bosheit und Eitelkeit, in Schwung gebracht durch possenhafte Elemente, doch am Ende mit Anflügen von Tragikomik und der Melancholie des Scheiterns und der unerfüllbaren Wünsche. — Zur Oper ›Die Heirat‹ verarbeitet von Bohuslav Martinu (1954).

Die Spieler, ein 75-Minuten-Einakter ohne Frauenrollen, geschrieben 1834, Uraufführung 5. Februar 1843, Moskau, Bolschoi-Theater. Von Gogól möglicherweise als Skizze für ein ausgewachsenes Werk betrachtet. Der moralpredigende Gutsbesitzer und sein Sohn, die von einer Bande von Falschspielern ausgenommen werden sollen, entpuppen sich ebenfalls als Betrüger: wie immer auf Gogóls Bühne ist jeder ein Gauner. Zur Belehrung werden alle erdenklichen Falschspielertricks ausführlich dargestellt und beschrieben.

Vorgeschmack auf Tschéchow: Iwan Turgénjew

Iwan Sergejewitsch Turgénjew, geboren 1818 in Orjol, Landadel, gestorben an Krebs 1883 in Bougival bei Paris, war ein ›Westler‹; von deutschen und französischen Lehrern auf dem Gut seiner Eltern unterrichtet; Student in Petersburg und Berlin; Gegner der ›Slawophilen‹, die alles Westeuropäische, einschließlich der Reformen Peters des Großen, ablehnten. Tendenzloser Schilderer der Leibeigenschaft in seinem realistischen Buch ›Aufzeichnungen eines Jägers‹ (1852), das in Rußland wie ›Onkel Toms Hütte‹ in Amerika wirkte. Drei Jahre lang auf sein Landgut verbannt; ab 1854 mit wenigen Unterbrechungen im Ausland, nicht als ›Emigrant‹ — er liebte Rußland —, doch konnte er sich von der Sängerin Pauline Viardot-Garcia nicht trennen, die er anbetete und mit deren Familie er nun in Baden-Baden lebte. In ihrem Pariser Haus hatte er schon 1849/50 ›Ein Monat auf dem Lande‹ geschrieben; Rakítin, der platonische Hausfreund in dieser Komödie, trägt autobiographische Züge: Pauline war mit dem Schriftsteller Viardot glücklich verheiratet; Ende 1870 ging Turgénjew mit Familie Viardot nach Paris. Autor des Romans ›Väter und Söhne‹ (1862) mit der Gestalt Basárows, des ersten ›Nihilisten‹ in der Literatur, und meisterhafter Novellen um zarte, poetische Frauen und Mädchen. 1880 in Moskau und Petersburg nach langen Jahren der Feindschaft und der Mißverständnisse in Rußland enthusiastisch gefeiert.

Ein Monat auf dem Lande. Komödie in fünf Akten. Geschrieben in Paris 1849/50. Zum erstenmal in Moskau gespielt 1872. — Natalja, die reife, doch unerfahrene Frau des grundanständigen Gutsbesitzers Islájew, langweilt sich unendlich. In sich selbst verliebt, spielt sie ein wenig mit der Liebe des Hausfreundes Rakítin, eines klugen und noblen Mannes, ohne ihm Intimitäten zu gestatten. Als sie sich in den neuen Hauslehrer, den harmlos heiteren Studenten Alexej Beljájew, verliebt, wird sie von — begründeter — Eifersucht auf ihre siebzehnjährige Pflegetochter Vera geplagt. Bevor diese und andere Gefühle und Gefühlsverwirrungen des aus sich mehrfach überkreuzenden Liebesbeziehungen gehäkelten Stückes größeren Schaden anrichten können, reisen Hausfreund Rakítin und Hauslehrer Alexej vorsorglich ab. Der zynisch witzige Hausarzt Schpigelskij, der vergeblich um Vera angehalten hat, begnügt sich mit der ältlichen Jungfer Jelisaweta. Vera, überdrüssig der Launen ihrer Pflegemutter, heiratet einen älteren, gutmütigen Gutsnachbarn, und Natalja wird sich weiter mit ihrem Mann langweilen, der dies alles nicht ganz begriffen hat. — Dieser Monat auf dem Lande ist ein Monat zartester Regungen, ganzer und halber Gefühle, seelischer Krisen, die in gesitteten Formen nicht eigentlich überstanden, sondern zum voraussehbaren Beginn

Karikaturen, gezeichnet von I. S. Turgénjew bei einem Gesellschaftsspiel in Baden-Baden in den sechziger Jahren des 19. Jahrhunderts: ›Schullehrer oder Pfarrer vom Lande, durch Entbehrungen zum Idioten geworden. Hat sehr lange und sehr schlimm hungern müssen. Die Notlage hat auch die Entwicklung der niedern Leidenschaften gehindert, die in ihm stecken. Geizig und lüstern; neidisch und unbescheiden. Liebt feierliche Zeremonien und prunkvollen Gottesdienst. — Ehemaliger Friseur oder Chorist. Ein recht gutmütiger Mensch, wenn auch lächerlich, schwatzhaft und aufgeblasen. Schnupft, hat schlechte Zähne und leidet an Podagra, reißt gerne Zoten, ist manchmal sehr komisch‹.

neuer und anderer seelischer Krisen geführt werden: niemand verlangt ernsthaft das, was er eigentlich möchte, und jeder erhält das, was er eigentlich nicht möchte. Harmlose Spitzendeckchen des Edelmutes und wohlanständigen Betragens genügen, um den Ausbruch geheim brodelnder Gefühlsvulkane zu verhindern. Die Gesellschaftskritik, spürbar im Hausarzt, der sich mit gleichmütigem Opportunismus aus der Armut in diese Feudalwelt hochgearbeitet hat, bleibt ganz am Rande. Turgénjew richtet Leckerbissen für sensible Schauspieler an; mit Anmut und Poesie breitet er eine flirrende Gefühlswelt aus zwischen Melancholie und Ironie — ein Vorgeschmack auf Anton Tschéchow, der zehn Jahre nach der Niederschrift dieser Komödie geboren wurde.

Das Geld, die neue Macht: Ostrówski

»Meine Aufgabe ist es, der russischen dramatischen Kunst zu dienen, die jetzt nur mich allein hat. Ich bin ihr alles: die Akademie, ihr Mäzen und obendrein ihr Schutz«, stellte Alexander Ostrówski fest, der fast fünfzig Theaterstücke, ein großes russisches Repertoire, geschrieben hat. Er wurde 1823 als Sohn eines kleinen Gerichtsbeamten im alten Kaufmannsviertel Moskaus, jenseits des Moskwa-Flusses, im ›Hintermoskaustromland‹, geboren, dessen bis dahin literarisch unentdecktes Leben er auf die Bühne brachte. Lieber als ins Gymnasium ging er ins Moskauer ›Kleine Theater‹. Sein Jurastudium brach er ab und wurde Schreiber am Moskauer ›Gewissensgericht‹, das aus der Zeit Katharinas II. stammte; hier wurden Rechtsstreitigkeiten zwischen Eltern und Kindern und familiäre Kriminalfälle entschieden, hier lernte Ostrówski die intimsten Seiten des Adels und der reichen Kaufleute kennen. Als Kanzlist am Moskauer Handelsgericht wurde er mit den betrügerischen Tricks der Kaufleute vertraut. Im Alter von 28 Jahren machte er sich als Dramatiker selbständig. Er stand damals den ›Slawophilen‹ nahe, den Befürwortern der Leibeigenschaft, des Absolutismus und der patriarchalischen Dorfordnung, den Gegnern sogar der Reformen Peters des Großen und jeglicher demokratischer Bestrebungen. Davon zeugen seine Stücke ›Bleib bei deinem Leisten‹, ›Armut ist kein Laster‹ und ›Leb nicht, wie's dir gefällt‹ aus den fünfziger Jahren. Erst als er 1856 an einer Wolga-Expedition teilnahm und das Leben in der Provinz kennenlernte, war er von der Notwendigkeit sozialer Reformen überzeugt: nach vier historischen Dramen in der Nachfolge von Puschkins ›Boris Godunow‹ (siehe auch Seite 550) ließ er die Heldin in seinem Drama ›Das Gewitter‹ (1859) an der traditionellen Ordnung zugrunde gehen. Er näherte sich den Ideen der revolutionären Demokraten, ohne dadurch freilich zum ›Westler‹ zu werden, und schrieb 1869 an den Lyriker Nekrassow: »Die Slawophilen haben sich kleine Bauern aus Holz gemacht und spielen mit ihnen. Mit Puppen lassen sich alle möglichen Experimente anstellen, sie verlangen nichts zu essen.«

In der von Nekrassow geleiteten, fortschrittlichen Zeitschrift ›Der Zeitgenosse‹ wurden ab 1857 viele Komödien Ostrówskis gedruckt. Er bevölkerte die Bühne mit Kaufleuten, Gutsbesitzern und kleinen Beamten, schilderte den Abstieg des Adels, den Aufstieg der Geldleute und die Gerissenheit der Spekulanten. Er übersetzte Terenz, Cervantes, Shakespeare und Goldoni. »Einkünfte habe ich fast keine vom Theater«, schrieb er 1866 an seinen Freund, »obgleich fast alle Theater in Rußland von meinem Repertoire leben.« Verbittert und erfolglos kämpfte er für eine Reform des Theaterlebens, um ein neues breites Publikum, gegen die Zensur und die zaristischen Theatergewaltigen. Am 1. Januar 1886 wurde er zum Chef des Repertoires der Moskauer Bühnen und zum Leiter der Moskauer Theaterschule ernannt, doch starb er schon am 14. Juli des gleichen Jahres an Angina pectoris. Johannes von Guenther hat zwanzig Ostrówski-Stücke für eine vierbändige Ausgabe ins Deutsche übertragen.

Ostrówskis Theater lebt weniger vom spannenden Aufbau als von Charakteren und Zuständen. Es ist mehr episch als dramatisch. Seine Charaktere entwickeln sich nicht, sie enthüllen sich; die Zustände verändern sich nicht, sie werden durchleuchtet. In seinen gesellschaftskritischen Komödien kritisiert Ostrówski nicht durch das Pathos einer Anklage, durch eine ausgesprochene Moral, sondern durch die unpathetische, realistische Darstellung der Gesellschaft und ihrer amoralischen Gewohnheiten. Seine Stärken sind die charakteristische Episode, die stimmungsvolle Atmosphäre, der individuelle Reichtum der Nebenrollen. Seine Komödien sind fest verwurzelt in den Zeitumständen der zweiten Hälfte des 19. Jahrhunderts, mit der Entmachtung des Adels, dem durch die Aufhebung der Leibeigenschaft (1861) die Arbeitskräfte genommen werden, und mit dem Aufstieg des Bürgertums. Zwischen Feudalismus und Kapitalismus verleugnet Ostrówski nicht den luderhaften Charme der wurzellos gewordenen Aristokratie und demaskiert die luderhaften Methoden der zur Macht drängenden Geldbürger. Ostrówski gibt auf der Bühne keine revolutionären Parolen aus: er zeigt Menschen mit ihren großen Schwächen und auch mit ihren bescheidenen Stärken in bestimmten gesellschaftlichen Verhältnissen. Diese Verhältnisse sind vergangen und interessieren im 20. Jahrhundert nicht mehr besonders, doch ohne sie kann sich Ostrówski auf der Bühne nicht entfalten: sie müssen mit inszeniert werden, damit eine in sich geschlossene, glaubwürdige Bühnenwelt entsteht.

Es bleibt ja in der Familie. Komödie in vier Akten. Geschrieben 1849 unter dem Titel ›Bankrott‹. Der Kaufmann Bolschów überschreibt seinen gesamten Besitz seinem Kommis Podchaljúsin, dem er auch seine Tochter Lípotschka überläßt, und erklärt sich für zahlungsunfähig, um sich mit diesem betrügerischen Bankrott zu bereichern. Doch seine Rechnung, daß sein Vermögen in der Familie bleibe, geht nicht auf: sie verschwendet das Geld mit vollen Händen und bleibt erbarmungslos, als der Betrug entdeckt und Bolschów ins Schuldgefängnis eingesperrt wird. — Wie in Gogóls Komödien gibt es hier nicht einen einzigen anständigen Menschen. Der Zensor verbot das Stück mit der Begründung: »Alle handelnden Personen sind ausgemachte Schurken ... Das Stück ist eine Beleidigung der Kaufmannschaft.« 1850 wurde ›Bankrott‹ unter dem Titel ›Es bleibt ja in der Familie‹ in einer Zeitschrift gedruckt; die Moskauer Kaufleute verlangten ein Verfahren gegen den Autor, ein Komitee sprach ihn der Beleidigung der Kaufmannschaft schuldig, Zar Nikolai I. bestätigte das Komitee-Gutachten mit der Randbemerkung: »Ganz richtig. Umsonst gedruckt. Spielen verboten!« und ließ Ostrówski unter Polizeiaufsicht stellen. Damit er das Stück 1859 in eine Sammlung seiner Werke aufnehmen konnte, mußte Ostrówski zu seinem Ärger vieles verändern, vor

›Das Gewitter‹ (1859), Schauspiel von Alexander Ostrówski. Aufführung am Moskauer Kammertheater, das Alexander Taïrow 1914 eröffnete

allem aber den Kommis verhaften und nach Sibirien schicken lassen. Erst 1861 durfte die Komödie gespielt werden; erst 1881 in der ursprünglichen Fassung.

Das Gewitter. Schauspiel in fünf Akten. Geschrieben 1859 nach einer Reihe von Komödien, in denen der damals den ›Slawophilen‹ nahestehende Ostrówski idealisierte Figuren des ›alten Rußlands‹, gütige Patriarchen und Beamte, den neuen gewissenlosen Geschäftsleuten und gerissenen Spekulanten gegenübergestellt hatte. Nachdem Ostrówski die wahren Verhältnisse auf dem Lande und den Kreis demokratischer Revolutionäre um Nekrassow (siehe auch Seite 566) kennengelernt hatte, rückte er von seinem sentimentalen Konservativismus ab. — Katja ist die junge Frau des Kaufmanns Tischa Kabánow; sie haben sich zwar, der Sitte gemäß, nicht aus Liebe geheiratet, doch könnten sie gut miteinander leben, würden sie nicht von Marfa Kabánowa, der Mutter des Ehemannes, erbarmungslos tyrannisiert, die von ihrem Sohn verlangt, daß er seine Frau streng hält und auch verprügelt. Während ihr Mann verreist ist, lernt Katja einen jungen Mann aus der Stadt, Boris, lieben, der von seinem Onkel, dem Kaufmann Dikój, wie sie von ihrer Schwiegermutter tyrannisiert wird. Mit Schwiegermutter und Onkel zeigt Ostrówski den damals weit verbreiteten Typus des ungebildeten, überheb-

lichen und herrschsüchtigen Menschen, den er sonst oft als komische Figur
verspottet, in seiner ganzen Grausamkeit, wobei der Onkel im Grunde feige,
die Schwiegermutter aber von ihrer heiligen Unantastbarkeit fest überzeugt
ist, die ihr nach altrussischer Sitte absolute Autorität über Sohn und Schwiegertochter verleiht. Als ihr Mann verfrüht zurückkehrt, gesteht Katja,
gepeinigt von der Schwiegermutter, während eines Gewitters ihre Schuld.
Von Mann und Schwiegermutter mit ihrer Selbstgerechtigkeit gequält, im
Stich gelassen von Boris, der zu schwach ist, seinem Onkel entgegenzutreten
und sich von ihm nach Sibirien schicken läßt, ertränkt sich Katja in der
Wolga. »Schäme dich!« herrschte die alte Kabánowa ihren Sohn an der Leiche
seiner Frau an. »Es ist sündhaft, über sie zu weinen!« Das ›dunkle Reich‹
despotischer Traditionen, das Ostrówski hier in einem erfundenen Wolga-
städtchen um 1850 zeigt, siegt zwar über Katja und Boris, doch ist es schon
schwer erschüttert. Seinen Zusammenbruch werden jedoch als erste die
Schlauen ausnutzen, die im ›Gewitter‹ durch Tischas Schwester Warja und
Dikójs Kommis Wanja vertreten sind — sie gehen ungeniert ihrem Vergnügen nach. Katja wird das Opfer der konservativen Traditionen, in denen
sie auch aufgewachsen ist: durch ihre Liebe widersetzt sie sich ihnen, doch
empfindet sie diese Liebe als Todsünde und wird von ihrem Gewissen zu dem
Geständnis gezwungen, dem notwendig der Gang in den Tod folgen muß. —
Leós Janáček komponierte nach dem ›Gewitter‹ seine Oper ›Katja Kabá-
nova‹, 1921.

Eine Dummheit macht auch der Gescheiteste. Komödie in fünf Akten. Geschrieben 1868. — Jegór Dmítrisch Glúmow, ein gerissener junger Mann,
verarmter Adliger, will sich einen einträglichen Posten und eine reiche Braut
verschaffen. Mit Intelligenz und skrupelloser Heuchelei bedient er sich aller
Mittel, die sich ihm in einer korrupten und borniertem Gesellschaft anbieten.
Wie es verlangt wird, spielt er den eselsgeduldigen Zuhörer, den schüchternen, aber glühenden Verehrer, den Konservativen und Reaktionär, den liberalen Freigeist, den religiösen Schwärmer und abergläubischen Visionär —
eine vielfältige, glänzende Rolle. Seine Dummheit: er führt ein Tagebuch,
in dem er absolut ehrlich ist. Wie in Gogóls ›Revisor‹ die Gesellschaft durch
Chlestakóws Brief über ihre Erbärmlichkeit aufgeklärt wird, so hier durch
dieses Tagebuch, das sich die Betrogenen gegenseitig vorlesen. Doch aus dem
von der Gesellschaft angeklagten Heuchler Glúmow wird ein Ankläger der
gesellschaftlichen Heuchelei: »Gesetzt, ich hätte jedem von ihnen das einzeln
vorgelesen, was ich über die anderen geschrieben habe, so hätte ein jeder
Beifall geklatscht . . . Sie brauchen mich, meine Herren. Ohne Menschen wie
mich können Sie gar nicht existieren.« — Glúmow ist das Produkt der gesell-

schaftlichen Spielregeln, und die Gesellschaft, die sich über ihn entrüstet, sieht dies auch insgeheim ein: man wird ihn zwar bestrafen, man wird ihn aber als geschickten Geschäftsmann auf die Dauer nicht entbehren können. Die Gesellschaft ist mit einem satirisch zugespitzten Realismus gezeichnet. Mit dem Eingeständnis, daß sie den von ihr verurteilten Glúmow wieder ›heranziehen und verwöhnen‹ wird, verurteilt sie sich selbst.

Tolles Geld. Komödie in fünf Akten. Geschrieben 1870. Von ›tollem Geld‹ lebt der Moskauer Adel — von Geld, das er nicht selbst verdient hat und das er nicht in den Taschen halten kann. Doch diese Zeit läuft ab: »Jetzt ist sogar das Geld klüger geworden, es geht nur noch zu den ernsthaften Leuten und nicht mehr zu uns. Früher, da war das Geld dümmer . . .« Die Komödie spielt auf dieser Grenze zwischen jetzt und früher: die junge Aristokratin Lydia, umschwärmt von adligen Verschwendern auf Kredit, heiratet, vom Bankrott bedroht, einen Mann der kommenden Zeit, den Unternehmer Wassilków, einen täppischen Bären aus der Provinz, der bei der Eisenbahn und bei der Börse besser Bescheid weiß als in den Salons, und dem jedes Geschäft gelingt. Lydia soll ihm mit ihrer Schönheit und ihren noblen Manieren den fehlenden Glanz verleihen. Doch dieses kapriziöse, eiskalte und aufs süße Moskauer Leben erpichte Luxusweibchen betrachtet ihren schwerfälligen Ehemann — wie auch ihre Liebhaber — nur als Geldquelle. Als er sich weigert, ihre maßlosen Rechnungen zu bezahlen, die sie für standesgemäß hält, verläßt sie ihn, doch sie muß bald zu ihm zurückkehren, da ihre alten aristokratischen Freunde bei allem Charme nicht zahlungsfähig sind. Wassilków nimmt sie unter der Bedingung wieder auf, daß sie als ›Wirtschafterin‹ zuerst den Wert der Arbeit und des Geldes praktisch kennenlernt. Sie fügt sich mit Haltung, doch wird sie wohl weiter versuchen, sein Geld in ›tolles Geld‹ zu verwandeln. — Zweihundert Jahre vorher konnte Molière seinen ›George Dandin‹ (siehe auch Seite 262), den reichen Bauern, der eine arme Adlige heiratet und damit gegen die Gesellschaftsordnung verstößt, noch dem schadenfrohen Gelächter des Versailler Hofes preisgeben — bei Ostrówski ist die Zeit der bürgerlichen Unternehmer angebrochen, man kann sich über ihre Schwerfälligkeit ein wenig amüsieren, doch sie sind die Männer der Zukunft, die bereits begonnen hat, und müssen ernst genommen werden. Die Vertreter des absinkenden Adels, diese Windbeutel und Schnorrer, hat Ostrówski freilich mit so viel kaltblütiger Nonchalance und selbstironischem Witz versehen, daß ihre Leichtlebigkeit mehr bezaubert als der biedere Ernst einer nüchterneren und moralischeren Zukunft. Auch die Verschwendungssucht hat ihren Charme: eine Einsicht, vor der sich nur die strikten Moralisten, nicht aber die Beobachter vom Schlage Ostrówskis drücken.

Der Wald. Komödie in fünf Akten. Geschrieben 1871. Uraufgeführt 1871 im Alexandra-Theater in Petersburg. — Auf ihrem Gut im Walde, weit ab von der nächsten Kreisstadt, herrscht die mehr als fünfzig Jahre alte, steinreiche, adlige Witwe Raíssa Páwlowna Gurmýschskaja. Sie ist verliebt in den blutjungen, hübschen und haltlosen Alexéj, dem es nicht gelungen ist, das Gymnasium zu absolvieren. Um den Klatsch zum Verstummen zu bringen, will sie Alexéj mit ihrer armen Verwandten Axínja verheiraten, die aber Pjotr liebt, den Sohn des Holzhändlers, der wiederum Axínja als Schwiegertochter ablehnt, weil sie keine Mitgift hat. Der Holzhändler verdient eine Unmenge Geld daran, daß die geizige, aber geschäftsuntüchtige Witwe ihren Wald zu Bargeld macht, damit sie Geld an ihren knabenhaften Geliebten verschenken kann und nicht an ihren Neffen zu vererben braucht. Dieser Neffe, ein Schmierenkomödiant, kommt mit einem Kollegen auf das Gut. Er heißt Gennadius und wird, weil er Tragöde ist, ›der Unglückliche‹ genannt; sein Kollege Arkadius, ein Komiker, ist ›der Glückliche‹ — es sind die geheimen Hauptrollen des Stücks: der schwadronierende, komisch gravitätische, abge-

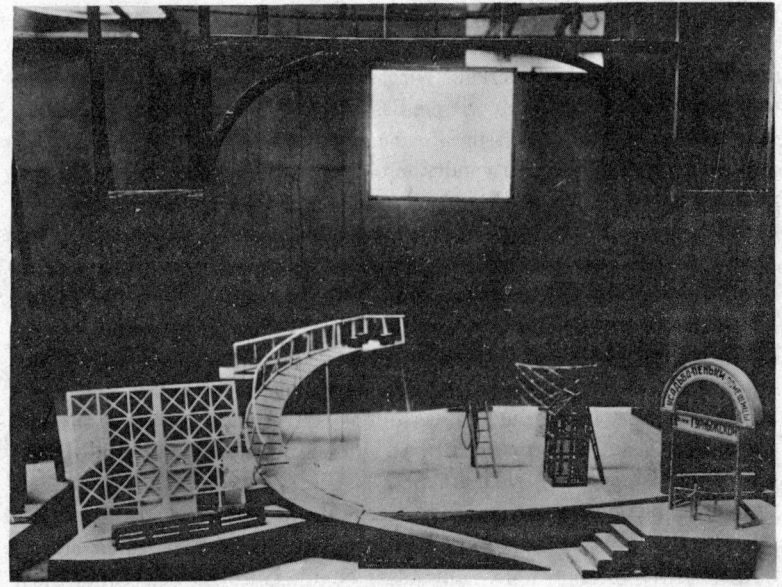

›Der Wald‹ (1871), Komödie von Alexander Ostrówski, wird 1924 von Wsewolod Meyerhold (1874–1940) in Moskau inszeniert auf einer von einer Treppenspirale beherrschten Bühne; Modell: Feodorow. Alle 33 Episoden, in die Meyerhold das Stück eingeteilt hat, spielen auf oder unter dieser Treppe; Ostrówski wird sozialkritisch zugespitzt, der Adel karikiert, das Volk veredelt

rutschte Tragöde mit dem Herzen eines reinen Toren, ein Don Quijote von der Schmiere, und sein rührend komischer Sancho Pansa. Um seiner Erbtante zu verbergen, daß er nur ein fahrender Schauspieler ist, spielt Gennadius den Herren und läßt Arkadius seinen Diener spielen. Der ›unglückliche‹ Gennadius bringt Glück in diese unglücklich verfilzte ›Wald‹-Welt: er bewahrt seine Cousine Axínja vorm Selbstmord, zwingt die Tante, die ihn enterbt, immerhin, ihm eine alte Schuld zurückzuzahlen, schenkt das Geld Axínja als Mitgift, damit sie ihren Pjotr heiraten kann, und zieht mit seinem Kollegen Arkadius weiter, arm und lächelnd wie zuvor, während seine alte Tante ihren verkrachten Gymnasiasten heiratet, und dies wird keine Ehe des Lächelns sein.

Den Gutsbesitzern war 1861 durch die Aufhebung der Leibeigenschaft ihre absolute Autorität genommen; sie versuchten, durch autoritäres Gebaren und den Verkauf ihres Besitzes eine Macht aufrechtzuerhalten, die nicht mehr zu retten war. Der Wald, den einst Leibeigene bewirtschaften mußten, war ein Symbol für die Macht des Adels. Wenn er nun von seiner adligen Besitzerin an einen bürgerlichen Holzhändler verkauft wird für Bargeld, für die neue Macht, die sie für ihr privates Vergnügen braucht, wird der Wald zum Symbol für die veränderten gesellschaftlichen Verhältnisse. Der Erlös aus dem Waldverkauf wird sich rasch verbrauchen, der Adel ist im Grunde schon entwurzelt wie die Besitzlosen — Gennadius, der wurzellos gewordene, besitzlose Adelssproß, ein fahrender Komödiant, hat diese Endsituation seiner noblen Verwandtschaft für sich selbst schon akzeptiert und bejaht. Im ›Wald‹ ist aus Besitzgier und Genußsucht einer der Teufel des anderen. Es geschieht nicht viel in dieser mehr epischen Tragikomödie, aber sie ist reich in der realistischen Kleinmalerei von Alltagsteufeleien und in ihren poetischen Details. Die Komödianten, deren Leben doch das Spielen ist, spielen nicht mit den Gefühlen; in der Welt der Witwe und des Holzhändlers aber wird mit den Gefühlen anderer gespielt, als ob das Leben nur ein Spiel um Macht und Genuß sei. »Wen habt ihr in seinem Leid getröstet?« fragt Gennadius. Der zerlumpte, versoffene Schmierenkomödiant sagt dieser Welt seine Meinung, untermischt mit bitteren Schimpftiraden aus Schillers von der Zensur genehmigten ›Räubern‹. »Euch selber habt ihr unterhalten, nur euch selber ergötzt.« Verändern oder aufhalten kann er und will er diese Welt nicht; sie treibt weiter, der Katastrophe entgegen: »Wozu sie stören! Mögen sie dahinleben, wie es ihnen beliebt.«

Wölfe und Schafe. Komödie in fünf Akten. Geschrieben 1875. Uraufgeführt 1875 im Alexandra-Theater in Petersburg. — Den größten Einfluß im Gouvernement hat die adlige, verarmte Gutsbesitzerin Merópa Dawýdowna

Mursáwetzkaja, ein Fräulein von 65 Jahren. Mit ihrem Gehilfen Wúkol Tschugúnow betrügt und korrumpiert sie alle Menschen, mit denen sie zu tun hat, und scheut vor den schmutzigsten Tricks, vor Fälschung und Erpressung, nicht zurück. Sie hat es auf das Vermögen der hübschen Witwe Jewlámpia Kupáwina abgesehen und bedroht sie mit einem kostspieligen Prozeß, falls sie sich weigert, ihren verkommenen Neffen Apollón zu heiraten. Das alte Fräulein, ihr Gehilfe und dessen Neffe Kláwdij, ein talentierter Wechselfälscher, scheinen ›Wölfe‹ zu sein, bis sich der kleine Gutsbesitzer Berkútow, scheinbar ein ›Schaf‹, in der Stadt aber ein gerissener Geschäftemacher, als ein Wolf mit bedeutend größerem Rachen entpuppt: er hat mit der vermögenden Jewlámpia schon zu Lebzeiten ihres Mannes geflirtet, er befreit sie nun aus dem Intrigengespinst des alten Fräuleins, dessen Betrügereien er rasch aufdeckt – nicht aus Menschenliebe, sondern um die Witwe samt Vermögen zu vereinnahmen. Ein anderes scheinbares Schäfchen, Glafíra, eine arme Verwandte des alten Fräuleins, entwickelt ebenfalls wölfischen Appetit: ehe er sich's versieht, hat sie, Askese heuchelnd, einen vermögenden, ehescheuen Grundbesitzer zur Ehe gezwungen. »Was sind Sie und ich schon für Wölfe?« klagt der Gehilfe des alten Fräuleins. »Wir sind Hühner, Tauben sind wir ... wir picken immer nur ein Körnlein und werden nie satt.« Beide sind mit ihren überalterten Betrugsmethoden »mit genauer Not mit dem Leben davongekommen«: schlimmer als die Wölfe im hergebrachten Wolfspelz sind die Wölfe im neumodischen Schafspelz der Harmlosigkeit und der guten Manieren. Der wahre Wolf der neuen Zeit ist der nach außen hin unantastbare Unternehmer mit Kapital, Energie und kaltem Geldverstand. – Dieses Bestiarium Ostrówskis wirkt um so bösartiger, je selbstverständlicher die scheinbaren Schafe und Superwölfe ihre betrügerischen Geschäfte betreiben und je gelassener sie die Schachzüge ihrer Gegner durchschauen und durchkreuzen: Betrug und Gegenbetrug sind ihr tägliches Brot, die allgemeine Verlogenheit gehört zu ihrer Lebensform.

Der Bußprediger: Leo Tolstój

Als Iwan Turgénjew 1880 den von ihm hochverehrten, damals 52 Jahre alten Leo Tolstój besuchte, war er entsetzt: Tolstój hatte sich von der Literatur abgewandt. »Er hat sich kopfüber in ein anderes Gebiet gestürzt«, berichtete Turgénjew in einem Brief, »hat sich mit Bibeln und Evangelien in fast allen Sprachen umgeben und einen Haufen Papier vollgeschrieben. Er hat einen ganzen Koffer voll mystischer Ethik und Pseudo-Interpretationen ... Es hat ganz den Anschein, als werde er der Literatur nichts mehr

Leo Tolstój in Leipzig.
›*Nee mei Kutester, Se derfen nich gloom, hier
wärsch wie in Rußland — bei uns genn so
gemeene Gotteslästerungen nich ketuldet wärn.*‹
Karikatur von Th. Th. Heine, 1902

geben, oder, falls er wiederkommt, dann mit jenem Koffer.« Tolstój kam wieder; sechs Jahre später, nun 58 Jahre alt, zum erstenmal als Dramatiker, und er kam, wie Turgénjew befürchtet hatte, mit jenem Koffer voll mystischer Ethik.

Ein Jahr vor dem Besuch Turgénjews hatte sich Tolstój in seiner ›Beichte‹ der schlimmsten Ausschweifungen auf das ausschweifendste bezeichnet: »Lüge, Raub, Hurerei und Ehebruch, Trunksucht, Jähzorn, Mord — es gab kein Verbrechen, das ich nicht begangen hätte, und trotz allem lobten die Menschen mein Verhalten . . .« Der Graf Tolstój, der seine Bauern noch vor Aufhebung der Leibeigenschaft befreit und sich als Schiedsrichter zwischen Bauern und Gutsbesitzern bei beiden Gruppen und bei der Regierung mißliebig gemacht hatte, sagte sich von der Gesellschaftsordnung los. Der (noch als Siebzigjähriger) vom Sexus besessene Tolstój verdammte die Frauen als die verführerischen Instrumente des Sexus. Der Ehemann Tolstój, Vater von dreizehn Kindern, predigte absolute sexuelle Enthaltsamkeit auch zwischen Ehegatten und stellte dieses ›moralische‹ Gesetz über den Fortbestand der Menschheit. Der Künstler Tolstój, der zwischen 1864 und 1875 ›Krieg und Frieden‹ und ›Anna Karénina‹, zwei der gewaltigsten Romane seit Anbeginn der Literatur geschrieben hatte, behauptete, daß ›gut‹ den Begriff ›schön‹ einschließe, keineswegs aber ›schön‹ den Begriff ›gut‹, stellte die Ethik über die Ästhetik und wetterte gegen die Kunst. Der zutiefst skeptische, ungläubige Tolstój zwang sich bei der vergeblichen Suche nach dem Sinn des Daseins zur Gläubigkeit der Bauern: »In direktem Gegensatz zu dem, was ich in unserer Gesellschaft gesehen hatte, wo sich nicht einer unter tausend als gläubig bekannte, gab es unter dem Volk auch nicht einen Ungläubigen unter tausend.« Er verkündete Gewaltlosigkeit, Besitzlosigkeit, Keuschheit und peinigte dabei seine Frau Sófja Andréjewna mit seiner maßlosen sexuellen Gier und dem seine große Familie ruinierenden Plan, auf seinen Besitz und die Einkünfte aus seinen Werken zu verzichten. Eine seltsame Gemeinde von Schwärmern sammelte sich um ihn; der Zar ließ sie verfolgen, nicht aber Tolstój, den er nicht zum Märtyrer machen wollte. 1894 überließ Tolstój seiner Frau sein Vermögen, blieb aber im Luxus seines Familiengutes und ließ sich, während er demonstrativ den altrussischen Bauernkittel trug, weiterhin ›Graf‹ titulieren.

Am 28. Oktober 1910 verließ der Zweiundachtzigjährige das Gut Jásnaja Poljána, wo er am 28. August 1828 zur Welt gekommen war, eine der einflußreichsten Persönlichkeiten des 19. Jahrhunderts, einer der größten realistischen Epiker der Weltliteratur — es war keine Flucht in den Tod, sondern eine Flucht aus seiner Ehe und aus dem Leben, das er im Widerspruch zu seinen eigenen Lehren führte. Tolstój fand kein anderes Leben mehr: er starb an einer Lungenentzündung, die er sich im Eisenbahnwagen geholt hatte, wenige Tage später, am 7. November, auf der Bahnstation Astápowo.

In seinen letzten vierzehn krisenhaften Lebensjahren, in denen er schwer darunter litt, daß er das, was er anderen predigte, selbst nicht vorleben konnte, entstand sein dramatisches Werk. Es ist wie fast alles, was er geschrieben hat, stark autobiographisch, und so ist es geprägt vom Kampf des Puritaners gegen den realistischen Psychologen, vom Kampf des Predigers gegen den Künstler Tolstój.

Die Macht der Finsternis. Drama in fünf Akten. 1886 in drei Wochen geschrieben, auf die Bitte eines gerade in Moskau gegründeten ›Volkstheaters‹. Uraufgeführt am 12. Februar 1888 in Paris vom ›Théâtre Libre‹. Von der russischen Zensur fast zehn Jahre für die Bühne verboten; mit Genehmigung des Zaren im Alexandra-Theater in Petersburg aufgeführt im Jahre 1895. — Der leichtfertige, die Frauen anziehende Bauernknecht Nikita hat ein Verhältnis mit Aníssja, der jungen Frau seines Herrn Pjotr. Angestiftet von Nikitas Mutter, vergiftet Aníssja ihren Mann und gibt sein Geld Nikita, der sie zwar heiratet, doch das Geld in der Stadt durchbringt mit Akulina, der Tochter des Bauern Pjotr aus erster Ehe. Akulina, die eigentliche Erbin, bekommt ein Kind von Nikita. Nikitas Frau Aníssja und seine Mutter zwingen ihn, den Säugling zu ermorden und Akulina zu verheiraten. Bei der Hochzeitsfeier legt Nikita, dem sein frommer Vater ins Gewissen geredet hat, eine öffentliche Beichte ab, bekennt sich zu seinem Verbrechen und nimmt auch die Schuld der Frauen auf sich. Er bittet seinen Vater »um Christi willen« um Vergebung, und sein Vater umarmt ihn verzückt: »Du hast kein Erbarmen mit dir gehabt, so wird Er mit dir Erbarmen haben. Gott, da, Gott, da! Der ist es!« — Tolstój wendet seine ganze Meisterschaft an, um die wortarmen, primitiven Menschen dieses dumpfen, patriarchalischen Dorfes in ihren seelischen Widersprüchen lebendig zu machen, auf daß aus dem mit allen naturalistischen Mitteln finster gemalten Leben der jähe Umschlag ins selbstvernichtende Selbstbekenntnis begreiflich werde. Wenn Nikita die Schuld der Frauen auf sich nimmt, so tut er es in übersteigerter Selbstanklage, um zu büßen — nicht um die Frauen freizusprechen, die hier alle der Inbegriff verderbenbringender Sinnlichkeit sind. Inthronisiert wird die zur Buße rufende Gläubigkeit des einfachen Bauern. Dem Prediger Tolstój liefert dazu der Künstler Tolstój die Argumente. »Wie oft habe ich die Bauern um ihre Unwissenheit und Bildungslosigkeit beneidet«, hatte Tolstój in seiner ›Beichte‹ geschrieben. »In jenen Glaubenssätzen, deren Konsequenzen nach meiner Auffassung zur offenbaren Sinnlosigkeit führten, sahen sie nichts Falsches, sie konnten sie annehmen und dabei an die Wahrheit glauben — an dieselbe, an die auch ich glaubte.« Zum Stück Alfred Kerr, 1903: »Die Einfachheit eines gewissen Barbarismus bewundre wer will. Ich nicht. Es ist recht schön, primitiv zu sein; es ist aber noch viel schöner, sehr differenziert zu sein.«

Die Früchte der Aufklärung. Komödie in vier Akten. Begonnen 1886. Zum erstenmal in einer Privatvorstellung auf Tolstójs Besitz Jásnaja Poljána am 30. 12. 1889 gespielt. — Freigelassene Bauern wollen beim Gutsherrn in Moskau Land kaufen. Das Dienstmädchen des Herrn, eine Bauerntochter, beschwört in einer grotesken spiritistischen Sitzung einen Klopfgeist, der dem Gutsbesitzer befiehlt, die Wünsche der Bauern zu erfüllen. — Eine grobschlächtige, langatmige Satire auf die Gutsbesitzer und ›aufgeklärten‹ Intellektuellen, die durchweg strohdumm sind, mit einigen amüsanten Typen unter den idealisierten Bauern.

Der lebende Leichnam. Drama in sechs Akten (12 Bildern). Geschrieben 1900. Uraufführung im Jahr 1910, Petersburg. — Fedjas (Fjodor Protásows) Ehe mit Lisa (Jelisawéta) ist unglücklich, obwohl sie sich lieben und ein Kind haben. Damit Lisa ihren Jugendfreund, den ehrenhaften Viktor (Michailowitsch) Karénin, ohne einen schmutzigen Scheidungsprozeß heiraten kann, täuscht Fedja, nachdem er Lisa einen Abschiedsbrief geschrieben hat, Selbstmord vor. Lisa und Viktor heiraten. Fedja, der sich angeblich ertränkt hat, treibt sich als ›lebender Leichnam‹, begleitet von der Zigeunerin Mascha, in den Kneipen der Zigeunerchöre herum. Nach ein paar Jahren wird er erkannt, denunziert, und Lisa und Karénin werden wegen Bigamie angeklagt. Als Fedja von seinem Anwalt erfährt, daß die zweite Ehe in jedem Fall für ungültig erklärt wird, erschießt er sich im Gerichtsgebäude. Er stirbt weinend: »Wie wohl ist mir! Wie wohl!...« — Der zweiundsiebzigjährige theoretisch kunstfeindliche Tolstój schrieb diese Anklage gegen die russischen Ehegesetze, die mit kirchlicher Strenge eine Scheidung fast unmöglich machten, eine Anklage gegen Kirche und Staat, die den Menschen das Recht verweigern, ihr Leben frei zu ordnen, mit bewußter Kunstlosigkeit. Für den tendenzlosen Menschengestalter Tolstój freilich spricht der sehr komplexe Fedja (eine Paraderolle von Alexander Moissi): er rechtfertigt sein Trinken und Vagabundieren mit dem Ekel davor, das Leben seiner Gesellschaftsschicht mitzumachen, »Geld zusammenzuraffen, den Unrat vermehren«, und

Fedja in Tolstójs Drama ›Der lebende Leichnam‹, gespielt von Gustav Waldau (1871 bis 1958), am Residenztheater München, Juni 1929; Regie: Max Reinhardt. Zeichnung: Peter Trumm

mit seiner Schwäche, »mit diesem ganzen Unrat aufzuräumen«, doch bleibt es offen, ob seine Ehe scheitert, weil er, sensibel und haltlos, dazu neigt, sich treiben zu lassen; oder ob er sich treiben läßt, weil er spürt, daß Lisa, seine reine Frau, unwiderstehlich zu dem korrekten Karénin hingezogen wird; ob er sich aus dem Wege räumt, um Lisa und Karénin den Weg frei zu machen, oder um bei Mascha und im Trunk zu verdämmern. Noch in der Verkommenheit bewahrt Fedja seinen intellektuellen Charme und bleibt ein liebenswerter, erbarmungswürdiger Mensch, der, wie er auch immer seinen Tod vor sich selbst begründen mag, in den Tod geht, weil er absolut einsam ist.

Das Licht scheint in der Finsternis. Unvollendetes Drama. Begonnen 1896. Aus dem Nachlaß 1911/12 herausgegeben. — Der Gutsherr Nikolai Iwanowitsch Sarýnzow predigt Gewaltlosigkeit, Besitzlosigkeit, Verweigerung des Eides und des Militärdienstes; seine Frau Mascha kämpft aus Mutterliebe um die Erhaltung des Besitzes für ihre Kinder — mit diesen beiden Gestalten hat Tolstój mit größter Objektivität sich selbst und seine Frau porträtiert, wobei er seiner Frau mehr Gerechtigkeit widerfahren läßt als sich selbst (siehe auch Seite 574). Während Fürst Boris, von Nikolais Ideen ergriffen, den militärischen Diensteid verweigert und in der Irrenabteilung des Militärhospitals in den Wahnsinn getrieben wird, ist Nikolai unfähig, seine eigenen Gedanken zu verwirklichen: ein Idealist, der vor der Wirklichkeit versagt. Nähme er, wie er es fordert, die Bergpredigt wörtlich, und lebte er wie ein Heiliger, so müßte er grausam sein zu seinen Nächsten; er kann es nicht. Er macht Kompromisse wie Tolstój selber. Das Drama, ein Fragment, in dem noch kein Licht in die Finsternis dringt, ist eine Selbstanklage Tolstójs, eine öffentliche Beichte, eine Art Schauprozeß, in dem er über sich zu Gericht sitzt. Seine Thesen sind im Drama so eng an seinen Spezialfall gebunden, daß sie nicht über die meisterhaft geschilderte zeitgenössische Atmosphäre und ihre besonderen russischen Menschen hinausweisen: die Probleme bleiben im naturalistischen Gesellschaftsbild stecken.

Krieg und Frieden. ›Nach dem Roman von Leo Tolstój für die Bühne nacherzählt und bearbeitet von Alfred Neumann, Erwin Piscator und Guntram Prüfer‹, 1955. — Hauptperson ist der ›Erzähler‹, der die aus Tolstójs Roman herausgezogenen Handlungsstränge zur Illustration seiner eigenen Thesen arrangiert: das Theaterspiel ist der Belehrung durch diesen Redner untergeordnet. Belehrt wird darüber, daß das private Geschick des Menschen wesentlich von den wirtschaftlichen und politischen Verhältnissen abhängt. Zu diesem Zweck ist die Bühne geteilt in eine ›Schicksalsbühne‹, auf der die weltpolitischen Figuren auftreten und der Krieg stattfindet, und in eine ›Aktionsbühne‹, auf der sich der von der Schicksalsbühne bestimmte Alltag der Menschen vollzieht. Die Lektionen befassen sich mit: Zerstörung menschlichen Glücks und sozialer Reformen durch den Krieg; Vermißtenlos und Schmerz der Überlebenden; verbrannte Erde und Partisanen; Flüchtlinge und Erschießungskommandos. Am Schluß werden nach Nennung der Verluste in den letzten drei Kriegen die menschliche Vernunft und Sittlichkeit zum Kampf gegen den Krieg aufgerufen. Zur Rechtfertigung ihres Verfahrens berufen sich die Bearbeiter auf Tolstójs ›Idee und Absicht‹. Zweifellos wollte Tolstój die Unmenschlichkeit des Krieges und die Verflechtung des Privaten mit dem Gesellschaftlichen zeigen. Der Idee jedoch, daß der ›Zufall‹ die großen Entscheidungen fällt, hätte er in der Verallgemeinerung und Schärfe des Stückes nicht zugestimmt, denn er verwarf den Begriff ›Zufall‹ ebenso wie den des ›Genies‹ und bekannte sich zur religiösen Idee der ›Unfaßbarkeit des Endzwecks‹. Tolstójs Menschen sind seinen Bearbeitern überdies unter den Händen gestorben: was davon übriggeblieben ist, sind präparierte Lehrmittel für Demonstrationszwecke. Mit der Reduzierung der Menschen des Romans auf Funktionäre der Thesen des Stücks verlieren auch die Thesen an Nachdruck — der Schrei gegen den Krieg trifft im Roman tiefer als im Stück. Wenn Tolstój auch thesenhaft formulierte Absichten verfolgt hat, so ist er doch das Musterbeispiel eines Dichters, der Dichter ist nicht durch seine, sondern trotz seiner Absichten. Dies ist in seinen originalen Stücken stets zu spüren; nicht in dieser Bearbeitung seines Romans.

Anton Tschéchow: Elegie mit Lächeln

Die Beisetzung Tschéchows könnte von Tschéchow erfunden sein. Er war am 15. Juli 1904 in Badenweiler im Schwarzwald an Tuberkulose gestorben und nach Moskau übergeführt worden. Die Leidtragenden, die sich am Bahnhof versammelt hatten, wunderten sich, daß Tschéchow mit Militärmusik beerdigt wurde: sie folgten, ohne es zu wissen, dem Sarg mit der Leiche des Generals Keller, die gerade aus der Mandschurei angekommen war. »Als der Fehler aufgeklärt wurde«, erzählte Maxim Gorki, »fingen einige lustige Leutchen an zu schmunzeln und zu lächeln. Hinter Tschéchows Sarg schritten etwa hundert Menschen, nicht mehr ...« Tschéchows Sarg war in einem grünen Güterwagen transportiert worden, der die Aufschrift trug: ›Für Austern‹.

Tschéchow war nur vierundvierzig Jahre alt geworden. Geboren am 29. Januar 1860 im südrussischen Taganrog am Asowschen Meer; sein Vater war Kaufmann, sein Großvater ein Leibeigener, der sich und seine Familie mit großer Mühe freigekauft hatte. Als Gymnasiast führte Anton mit seinen Brüdern Gogóls ›Revisor‹ auf. Er studierte Medizin in Moskau und schrieb, um sein geringes Stipendium aufzubessern und um seine verarmten Angehörigen zu unterstützen, lustige Kurzgeschichten für Witzblätter und Zeitungen. Seinem Beruf als praktizierender Arzt verdankte er die Erweiterung seines Beobachtungsfeldes und Kenntnisse, »deren wirklicher Wert für mich als Schriftsteller nur der ermessen kann, der selber Arzt ist«. Seine fortdauernde Beschäftigung mit der Wissenschaft machte ihn zum philosophischen Materialisten und zum Atheisten — freilich ohne jeden antikirchlichen Affekt.

Sein Bruder Nikolai war 1889 an Tuberkulose gestorben, er selbst hatte unzweifelhaft die gleiche Krankheit: er fragte nach dem Sinn seines Lebens. Mühsam reiste er nach der Insel Sachalin, dem berüchtigten Verbannungsort vor der Küste Sibiriens, um die medizinischen Verhältnisse an diesem ›Ort des ärgsten Leidens‹ zu studieren und veröffentlichte ein Buch darüber. 1892 kaufte er das Gut Mélichowo bei Moskau; hier schrieb er viele seiner besten Novellen, die ihn zu einem ungemein beliebten Schriftsteller machten, und die Komödien ›Die Möwe‹ und ›Onkel Wanja‹. Er notierte: »Wie gut wäre es, wenn jeder von uns eine Schule, einen Brunnen oder sonst etwas in dieser Art hinterließe, damit das Leben nicht vorübereilt und spurlos in der Ewigkeit verschwindet«, und in striktem Gegensatz zu den Gestalten seiner Phantasie, die ihr Leben spurlos dahinschwinden lassen, gründete er zwei Schulen, ein Krankenhaus und ein Feuerwehrdepot. Er reiste viel, auch ins Ausland, nach West- und Südeuropa. Er besuchte Leo Tolstój (siehe auch Seite 573) auf seinem Gut, den er als Dichter verehrte, als Prediger ablehnte. Tolstój wiederum, in seinen eigenen Dramen ein Prediger, verehrte den Novellisten Tschéchow, lehnte aber den Dramatiker Tschéchow ab, der seine Bühnengestalten moralisch nicht bewertet, sondern diagnostiziert wie ein Arzt, den die Moral nichts angeht. Gorki erzählt, wie Tschéchow das bis zu Tränen begeisterte Lob Tolstójs für eine seiner Erzählungen aufnahm: »Tschéchow hatte an diesem Tage erhöhte Temperatur, er saß mit roten Flecken auf den Wangen da und neigte den Kopf und wischte seinen Kneifer. Lange schwieg er, endlich sagte er aufseufzend, leise und befangen: ›Es sind — Druckfehler drin ...‹«

Seine Komödie ›Die Möwe‹ fiel 1896 in Petersburg durch. Bei der Moskauer Aufführung durch Stanisláwski (siehe auch Seite 540), zwei Jahre später, gab es einen überraschenden, orkanhaften Erfolg. »Alle küßten sich«, berichtete Stanisláwski, »selbst die Fremden, die die Bühne stürmten.« Das ›Moskauer Künstlertheater‹ wurde damit zum Theater Tschéchows. Hier lernte er auch bei der Erstaufführung seiner ›Möwe‹ die Schauspielerin Olga Knipper kennen und heiratete sie drei Jahre später. Die Ärzte empfahlen ihm nach seinem ersten Blutsturz, in den Süden zu ziehen. Er kaufte sich auf der Krim bei Jalta an, seine Frau blieb am Künstlertheater in Moskau. 1900 schrieb er die Stücke ›Drei Schwestern‹ und ›Der Kirschgarten‹, der am 29. Januar 1904, an seinem 44. Geburtstag, in Moskau uraufgeführt wurde. Die Premieren- und Geburtstagsfeier wurde von seinen Freunden und wohl auch von ihm, dem Todkranken, als Abschiedsfest empfunden. Er reiste mit seiner Frau nach Badenweiler und starb dort ein halbes Jahr später, am 15. Juli 1904.

Tschéchow betrachtete die Novelle als sein »Eheweib«, das Drama als »eine effektvolle, lärmende, dreiste und ermüdende Geliebte«. Er hat diese Geliebte immer wieder mit seinem Eheweib betrogen: es geschieht nicht viel an äußerer Handlung in seinen novellistischen Dramen. Sie leben von einem poetischen, ja symbolischen Realismus — »Sie morden den Realismus«, hatte ihm Gorki schon 1900 geschrieben —, doch steuert Tschéchow den Realismus nicht ins Symbol, sondern findet das Symbol in der Realität: Möwe, Wald, Regimentsmusik, Kirschgarten. Seine Menschen reden und fühlen aneinander vorbei, sie schweigen sogar aneinander vorbei. Ihr Daseinsgrund ist ihnen abhanden gekommen, sie spielen über die Leere ihres Lebens hinweg und wirken komisch, weil sie so traurig sind. Der unpolitische Tschéchow hat keine Gesellschaftskritik beabsichtigt, doch kann man sie aus ihm herauslesen oder leicht hineindeuten, da er die Gesellschaft geschildert hat, wie sie war. Gorki berichtete: »Von seinen Schauspielen sprach er als von ›lustigen Stücken‹, und mir scheint, er war aufrichtig davon überzeugt, daß er eben ›lustige Stücke‹ schrieb.« Sie sind in der Tat ›lustig‹: etwa so wie die Leidtragenden, die bei Tschéchows Beerdigung bemerkten, daß sie hinter dem falschen Sarg trauerten.

Tschéchows Melancholie lächelt, und sein Lächeln ist von der Selbstironie nicht weit entfernt. »Seine Stücke werden verfälscht«, erkannte Siegfried Melchinger, »wenn sie in einen Schleier aus Elegie, Melancholie, Morbidität gehüllt werden. Ihre Atmosphäre entsteht im Schweigen, und dieses Schweigen beginnt dort, wo das Gerede endet, wo der Vordergrund durchsichtig wird auf die Wahrheit hin, die dahinter ist. Tschéchows Atmosphäre ist nicht die des Impressionismus, die den Zuschauer in verschwommene Empfindungen einlullt und am Nachdenken hindert. Sie ist ein Konzentrat aus Wahrheit, das gespielt werden muß, neben den Worten, hinter den Worten, jenseits aller Worte, und sei es durch nicht als reglose, stumme Konzentration der Vorstellungskraft auf das Vorzustellende.«

Dieser Platónow. (›Der unnützige Mensch Platónow‹. ›Der tolle Platónow‹. ›Armer Don Juan‹. ›Platónow‹.) Ein 1920 im Nachlaß ohne Titel gefundenes Jugendwerk aus den Jahren 1877 bis 1881. In Rußland 1923 erstmals gedruckt. Erste vollständige deutsche Übersetzung durch Peter Urban: ›Platónow‹, 1973. – Der melancholisch zynische Dorfschullehrer Platónow, verheiratet mit der fügsamen Sascha, nimmt die Liebe der Frauen an, ohne sie zu erwidern, weil er zu schwach ist, ihnen zu widerstehen: der jungen Gutsbesitzerin Maria Grekowa, die ihm alles verzeiht, wenn sie ihn nur verzückt betrachten darf; der heruntergekommenen, lebensgierigen Generalswitwe Anna Woinitzew, die von der Liebe nicht Abschied nehmen kann; der zarten Sofia, die ihn ernsthaft liebt und ihn schließlich auf dem Sofa erschießt, auf dem er über neue Verlegenheitslösungen nachdenkt. Ein Reigen tragikomischer Figuren um einen tragikomischen Dorf-Don-Juan wider Willen. Er sieht seine Nichtsnutzigkeit ein, hat aber nicht die Kraft, nach seinen Einsichten zu leben. Er ist ein melancholischer, todessüchtiger Zyniker, der von einem sinnvollen Leben der Arbeit und der Güte träumt, angeekelt von seiner Umgebung, zu der er, voller Selbstmitleid, doch gehört: eine zerbröckelnde, todgeweihte Welt.

Der Bär und *Der Heiratsantrag.* Einaktige Schwänke, geschrieben 1888. Der ›Bär‹ ist der Gutsbesitzer Smirnów, der schon zwölf Frauen sitzenlassen hat und von neun Frauen übers Ohr gehauen worden ist. Er versucht, bei der hübschen, trauernden Witwe Popówa eine Schuld einzutreiben, streitet sich grob mit ihr, fordert sie zum Duell, belehrt sie über den Umgang mit Pistolen, verliebt sich in sie und erobert sie mit einem ausgedehnten Kuß. – Den ›Heiratsantrag‹ stellt der stets um seine stabile Gesundheit bangende Junggeselle Lómow. Der Vater des Mädchens Natálja, sein Gutsnachbar, ist einverstanden. Bevor Lómow seinen Antrag vor Natálja vorbringen kann, streitet er sich schon mit ihr über eine Grenzwiese. Dreimal hat er einen Riesenkrach mit ihr, die ihn durchaus als Mann haben möchte, bis sie sich endlich küssen und sofort den vierten Streit beginnen, während Natáljas Vater sie mit dem Schrei nach Champagner überschreit. – Beide Schwänke sind wirkungssichere dramatische Etüden, den großen Stücken Tschéchows nur durch die Farbigkeit der Charaktere und der Atmosphäre verwandt.

Die Möwe. Komödie in vier Akten. Geschrieben 1895. Uraufgeführt und durchgefallen im Alexandra-Theater in Petersburg am 17. November 1896. Mit großem Erfolg durch das Moskauer Künstlertheater 1898 aufgeführt, das seitdem auf seinem grauen Bühnenvorhang eine weiße Möwe trägt (siehe auch Seiten 540 und 552). – Die Möwe wird von dem jungen Schriftsteller Kostja (Konstantin Trepljów) an einem See geschossen, der zum Landgut seines Onkel Sórin gehört, wo Kostja mit seiner Mutter, der Schauspielerin Irína Arkádina, und ihrem Geliebten, dem vielgelesenen Schriftsteller Trigórin, zu Besuch ist. Während Nina, ein junges Mädchen mit schauspielerischem Ehrgeiz, die Möwe betrachtet, sagt Kostja: »Nicht lange, und ich werde auf die gleiche Weise mich selber töten.« Nina hat bei einer Aufführung auf dem Gut die Hauptrolle eines symbolistischen Stückes gespielt, das Kostja auf der Suche nach ›neuen Formen‹ geschrieben hat; die Aufführung hat Kostja abgebrochen, enttäuscht von sich selber und von den Reaktionen der Zuschauer. Er liebt Nina, doch sie liebt den Schriftsteller Trigórin, der angesichts der Möwe Notizen macht: »Ein Sujet für eine kleine Erzählung: Am Ufer des Sees wohnt ein junges Mädchen seit ihrer Kindheit; genau ein solches wie Sie; es liebt den See gleich einer Möwe und ist glücklich und frei wie die Möwe. Zufällig aber kam ein Mensch, der sah sie und brachte sie vor lauter Müßiggang ins Verderben, genau wie diese Möwe.« Verderben für die glückliche ›Möwe‹ Nina bringt nicht Kostja, der die Möwe geschossen hat, sondern Trigórin. Nach zwei Jahren treffen sich alle wieder auf dem Gut. Nina ist die Geliebte Trigórins gewesen und hat ein Kind von ihm auf die Welt gebracht; das Kind ist gestorben, sie ist Schauspielerin in der Provinz geworden. Kostja ist jetzt ein angesehener Schriftsteller, er wird von den gleichen Zeitschriften wie Trigórin gedruckt. Noch immer liebt er Nina, und die von Trigórin verlassene Nina liebt noch immer Trigórin, den selbst die inzwischen ausgestopfte Möwe an nichts mehr erinnert. Kostja erschießt sich. — Vorgänge voller Melancholie in diesem Geflecht seelischer Beziehungen, das noch weiter verästelt ist: der Lehrer liebt Mascha, die Tochter des Verwalters; Mascha liebt Kostja; Kostja liebt Nina; Nina liebt Trigórin, und Trigórin bleibt bei der Schauspielerin Irina, die er nicht liebt und die nur sich selber liebt. Jeder möchte das sein und besitzen, was ihm unerreichbar ist. Selbst der erfolgreiche Trigórin möchte lieber angeln als schreiben, und der Gutsbesitzer Sórin möchte lieber schreiben, als Gutsbesitzer sein. Sie leiden am unerfüllten Leben; keiner hat die Kraft, sich zu ändern; einer hat die Kraft, genauer: ist schwach genug, sein Leben zu beenden. Mit der Nachricht von Kostjas Selbstmord endet das Stück — Tschéchow nennt es gleichwohl ›eine Komödie‹, und in der Tat haben diese (hier nicht einmal vollständig aufgezählten) verfehlten Wünsche, unerfüllten Lieben, unüberwindbaren Schwachheiten, diese Seufzer, Träume und Tränen in ihrer geradezu mathematischen Reihung einen Zug zur Komödie: der menschlichen Ohnmacht und des notwendigen Scheiterns. Mit dem jungen und dem älteren Schriftsteller führt Tschéchow ein Selbstgespräch über alten und neuen Stil, über Kunst und Künstler, über das Theater, von dem alle Personen durchdrungen sind: sie alle müssen Rollen spielen, die sie sich nicht gewünscht haben, und träumen von Rollen, die sie nie erhalten werden, und nur Nina lernt zu dulden, ihr ›Kreuz zu tragen‹: »Wenn ich an meine Berufung denke, so fürchte ich mich vor dem Leben nicht mehr.«

Onkel Wanja. ›Bilder aus dem Landleben in vier Akten‹ (Urfassung ›Der Waldschrat‹). Geschrieben um 1896. 1897 in verschiedenen Provinztheatern. Vom Moskauer Künstlertheater am 26. Oktober 1899 gespielt. — Iwan Wójnitzki, ›Onkel Wanja‹, verwaltet das Gut seiner verstorbenen Schwester. Ihr Mann, Professor Serebrjákow, ist mit seiner jungen, zweiten Frau Jeléna zu Besuch gekommen. Normalerweise lebt der Professor mit Jeléna in der Stadt von den Erträgnissen des Gutes, auf dem sich Onkel Wanja und Sonja, die Tochter des Professors aus erster Ehe, schon seit vielen Jahren abrackern. Onkel Wanja hat entdeckt, daß der von ihm so bewunderte Gelehrte ein aufgeblasener Scharlatan ist, ein Hypochonder und Schmarotzer. Als der Professor das Gut verkaufen will, schießt Wanja aus sicherer Entfernung zweimal auf ihn und verfehlt ihn — dann nimmt er seine tödlich langweilige Alltagsarbeit wieder auf: »Alles wird wie früher sein.« Sonja, eine gute Seele, aber ein häßlichs Mädchen, liebt den überarbeiteten Landarzt

Ástrow, der Bäume pflanzt, um den Wald zu retten, und über den Stumpfsinn des Landlebens verbittert ist (nach ihm, dem ›Waldmenschen‹, war die
Urfassung des Stückes benannt) — sie nennt sich selbst eine ›Episodenfigur‹,
die kein Glück hat auf der Welt. Astrow liebt sie nicht, er ist verliebt in ihre
junge Stiefmutter Jeléna. Wie der Städter reist er vom Gute ab. Sonja bleibt
nur die Hoffnung auf das Jenseits: »Dann werden wir ausruhen.« — Das Stück
endet, wie es begonnen hat: die Revolte Onkel Wanjas ist in sich zusammengebrochen, das Gut wird verkauft, es bleibt alles beim alten: eine leere Gegenwart, die durch Arbeit nicht erfüllt, sondern in ihrer Leere und Langeweile
bestätigt wird. Ein trostloser Zustand ist durch die ergebnislose Empörung
ausdrücklich als unabänderlich bewiesen worden. »Jene, die hundert oder
zweihundert Jahre nach uns leben und uns verachten werden, weil wir unser
Leben so dumm und so geschmacklos vertan — jene werden vielleicht ein Mittel
finden, wie man glücklich wird, wir aber...«, philosophiert Ástrow vor Onkel
Wanja und findet — wie wohl auch der Landarzt Tschéchow — einen geringen
Trost in dem Gedanken: »In diesem ganzen Landkreis gab es nur zwei anständige, intelligente Männer: ich und du.« Doch Tschéchow ist kein Tragiker:
wenn Wanja auf den Professor schießt, ihn verfehlt und sich selbst beschimpft,
so ist nicht nur dies von einer Komik, die allein die großen Humoristen kennen:
eine Komik, die Lachen macht und durch dieses Lachen den Verzweiflungs-
schmerz des Scheiterns vertieft.

Drei Schwestern. Drama in vier Akten. Geschrieben 1900. Uraufgeführt vom
Moskauer Künstlertheater am 31. Januar 1901. — In einer Provinzstadt ver-
trauern und versauern drei schöne, gebildete, adlige Schwestern. Ihr Vater
ist als Brigadegeneral von Moskau hierher versetzt worden, und sie zehren
von Erinnerungen an Moskau, wo sie ihre Jugend verlebt haben. Die Hoffnungen, die sie auf ihren Bruder Andréj Prosórow gesetzt haben, erfüllen
sich nicht: er wird kein großer Wissenschaftler, sondern ein engherziger
Spießer; mit seiner kleinbürgerlichen Frau Natálja, die den Schwestern ihren
letzten Besitz nimmt, macht er ihnen das Leben noch schwerer. Hoffnungslos
sehnen sie sich nach Moskau: Olga, Lehrerin am Mädchengymnasium;
Mascha, verheiratet mit einem bornierten Gymnasiallehrer; Irína, der nur
der Weg zur Volksschullehrerin bleibt. Ein gewisser Trost ist das Regiment
ihres verstorbenen Vaters: Mascha liebt den Batteriechef, Oberstleutnant
Werschínin, und Irína, die Telefonistin, verlobt sich mit dem Baron und
Leutnant Tusenbach. Doch Tusenbach fällt im Duell, und das Regiment ver-
läßt das Städtchen. Die Musik der abziehenden Soldaten verklingt, den
Schwestern bleibt der Traum von Moskau und die Langeweile der Arbeit.
Irína: »Die Zeit wird kommen, da werden wir alle erkennen, warum das

›Drei Schwestern‹, Drama von Anton Tschechow, Szene aus dem ersten Akt bei der Uraufführung am Moskauer Künstlertheater 1901 unter der Regie von Stanis-láwski und NemiRówitsch-Dántschenko, mit Olga Knipper, der Frau Tschéchows, als Mascha

alles, weshalb diese Leiden, da wird es kein Rätsel mehr geben, bis dahin jedoch muß man leben... man muß arbeiten, nichts als arbeiten.« — Wie fast alle Tschéchow-Menschen sind auch die drei Schwestern vom Schicksal für Rollen engagiert worden, die sie nicht mögen und die sie doch resignierend spielen müssen, während sie von Rollen träumen, die sie nie erhalten werden. Die Provinzstadt ist Symbol und Realität ihrer unerfüllten, ungeliebten Gegenwart, umklammert von der Vergangenheit, von geschönten Erinnerungen an Moskau, und von einer unerreichbaren Zukunft, von der Sehnsucht nach Moskau: Moskau ist Symbol und Realität ihrer nie zu stillenden Wünsche, Traumland, Seelenland. Doch wie auch im Theater eine Fehlbesetzung ein oft eher komisches Unglück, aber keine Tragödie ist, so sind diese drei vom Schicksal fehlbesetzten Schwestern zwar ein wenig unglücklich, aber auch ein wenig komisch — sie spielen die Tragikomödie der Unfähigkeit, ihrem ›leidenschaftlichen Verlangen nach Leben‹ zu folgen, der Ergebenheit in die Zufälligkeiten ihrer Lebensbedingungen; sie fragen sich vergeblich, welchen Sinn ihr Leben hat, und sie verblühen melancholisch, doch nicht ohne kleine Späße und ohne poetische Schönheit. Stanisláwski (siehe auch Seite 540) berichtete von den Proben zur Uraufführung, bei denen man anfangs zu langsam gespielt habe: »Es zeigte sich, daß sie (die Menschen Tschéchows) ganz und gar nicht nur Schwermut und Langeweile mit sich herumschleppen, im Gegenteil, es sind Menschen, die Fröhlichkeit, Lachen und Munterkeit suchen, die leben wollen, nicht nur vegetieren.«

Der Kirschgarten. Komödie in vier Akten. Geschrieben 1900. Uraufgeführt vom Moskauer Künstlertheater am 29. Januar 1904 (siehe auch Seiten 540, 552 und 580). — Tschéchows letztes Stück; nach der Premiere feierte man seinen 44. Geburtstag, und ein halbes Jahr später starb er. Ein Stück des Abschieds, auch für ihn. — Den Abschied zu vertiefen, beginnt das Stück mit einer Ankunft: die Gutsbesitzerin Ljubów (Ranjéwskaja) kehrt mit Tochter Anja und Erzieherin Charlotta nach fünf Jahren aus dem Ausland zurück, wo sie ihr Geld an der Riviera ausgegeben hat, und nach dieser Trennung holt das Wiedersehen mit dem Gut die Erinnerungen so betörend hervor, daß die Abreise am Ende, eine Reise ins Ausland mit veruntreutem Geld, um so schmerzlicher ist. Dazwischen geschieht an äußerer Handlung so gut wie nichts: das Gut kommt unter den Hammer, und während man auf das Ergebnis der Versteigerung wartet, feiert man ein Fest — man versteht es, mit gespielter Sorglosigkeit zu verarmen. Abschied von einem Kirschgarten, so schön und so berühmt, daß er sogar im Konversationslexikon steht. Am Anfang leuchtet er blühend durch die Fenster, am Ende hört man, wie die Bäume gefällt werden — Lopáchin, ein reicher Kaufmann, Nachkomme von Leibeigenen, die hier gefront haben, hat den unrentablen Kirschgarten gekauft; er wird ihn aufteilen und rentable Sommerhäuschen darauf bauen lassen. Abschied von einer Lebensform, die so schön und so berühmt gewesen und so unhaltbar geworden ist wie der Kirschgarten: die Gutsbesitzersfamilie, die auf eine so blühende Weise lebensuntüchtig ist, zerstreut sich in alle Winde, verliert ihren Besitz an eine neue Schicht, emporgekommen aus dem Stand der Leibeigenen. Schon schwätzt Trofímow, ein verkrachter Student und intellektueller Wirrkopf: »Wir müssen aufhören, von uns entzückt zu sein. Wir müssen einfach arbeiten.« Insofern ist dies ein vorrevolutionäres Stück: um die Jahrhundertwende Abschied von den feudalen Faulenzern. Und auf diese Weise hat man den ›Kirschgarten‹ schon 1928 in Moskau neu einstudiert: als Satire auf eine absterbende Gesellschaftsschicht, als Vorahnung der Revolution — so wird es in der Sowjetunion gespielt. Doch Tschéchow war ohne jeden revolutionären Optimismus: der Aufkäufer des Kirschgartens, der hier sein Geld verdient, ist gerade deshalb ein bißchen verächtlich und im übrigen schon längst von der gleichen Krankheit wie seine Vorgänger befallen: er weiß nicht, weshalb er lebt, und dies stört ihn. Während die anderen ihre innere Leere mit anmutigem Müßiggang überdecken, versucht er es mit der Arbeit — das ist kein grundsätzlicher Unterschied. Und der Student, der so wacker zum Arbeiten auffordert, tut natürlich auch nichts. Ein sozialkritischer Abschied von einer absterbenden Lebensform wird hier nur beiläufig gefeiert. Wichtiger: höchst individuelle Menschen nehmen Abschied von ihrem Kirschgarten, der Stätte ihrer Vergangenheit und ihrer Erinne-

rungen an Glück und Tod. Wer könnte sich dem Charme ihrer Lebens-
untüchtigkeit entziehen? Tschéchow fand sein Stück ›komisch, sehr komisch‹
und war gegen Stanisláwskis allzu lyrische Inszenierung — auch die Melancholie hat ihre Komik. Seine Schlußpointe: der alte Diener Firs, der die
Noblesse der adligen Vergangenheit um sich trägt und jegliche Freiheit
belächelt, kichert darüber, daß man ihn, den Sterbenden, im versteigerten
Gutshaus vergessen hat — mit ihm stirbt, über sich selbst amüsiert, das alte
Rußland. Am Tage der Oktoberrevolution spielte das Moskauer Künstlertheater den ›Kirschgarten‹, »in welchem«, wie sich Stanisláwski ausdrückt,
»das Leben gerade der Leute dargestellt wird, gegen die der Aufstand vorbereitet wurde ... Es hatte den Anschein, als wollten die Zuschauer noch
einmal aufatmen in der Atmosphäre der Poesie, sich für immer vom alten,
Sühneopfer fordernden Leben verabschieden. Die Aufführung endete mit
lärmendem Beifall; doch aus dem Theater gingen die Zuschauer schweigend —
vielleicht waren unter ihnen auch solche, die sich zum Kampf für ein neues
Leben rüsteten. Sehr bald begann eine Schießerei, und ihr ausweichend,
gelangten wir mit knapper Not nach Hause.«

Romantische Revolutionäre: Maxim Gorki und Isaak Babel

Er hieß Alexéj Peschków. Als seine erste Erzählung in einer Provinzzeitung
erschien, im September 1892, wählte er seinen Schriftstellernamen: Gorki,
›der Bittere‹. Damals war er vierundzwanzig Jahre alt; geboren am 4. März
1868 als Sohn eines Sklaven, eines Wolga-Treidlers, in Nischnij-Nowgorod;
aufgewachsen unter ehemaligen Sibirien-Sträflingen, unter Industrie- und
Hafenarbeitern, unter revolutionären Studenten, geschult von marxistischen
Verschwörern. Er hatte als Schauermann, Gärtner und Bäcker gearbeitet und
sich, neunzehn Jahre alt, verzweifelt darüber, daß er niemals das Wissen der
Studenten erreichen könne, eine Kugel in die Brust geschossen — das Herz
blieb unverletzt, aber die Wunde in der Lunge verursachte eine Tuberkulose.
Der unmäßige Respekt vor der Bildung ist ihm geblieben und hat ihn belastet:
die ungebildeten Leute seiner Romane und Stücke leben geistig über ihre
Verhältnisse; sie quälen sich ab mit Philosophie und reden oft in Aphorismen.
   Er war durch das mittlere Rußland gewandert, zur Krim und zum Kauka-
sus, hatte in vielen Berufen unter Landstreichern, Zigeunern, Fischern und
Verbannten in Tiflis gelebt. Nach seinem literarischen Debüt arbeitete er als
Lokalreporter, auch Provinzreporter für Moskauer Blätter und schrieb Erzählungen. Nach seinem mäßigen, aber aktuellen Gedicht ›Der Sturmvogel‹
wurde er als Sturmvogel der Revolution gefeiert, verhaftet, verbannt.

Zur Bühne kam er auf einem bezeichnenden Umweg: sein Roman ›Fomá Gordéjew‹ wurde mehrfach zum Theaterstück verarbeitet und 1901 von vielen Bühnen gespielt. Im März des folgenden Jahres führte Stanisláwski (siehe auch Seite 540) mit dem Moskauer Künstlertheater Gorkis erstes Stück (in Petersburg, bei einer Tournee) *Die Kleinbürger* (›Die Spießbürger‹) auf: Inbegriff der Kleinbürger, die an überholten Werten hängen, ist der Handwerker Bessemjonow; gegen ihn steht sein Pflegesohn, der Eisenbahner Nil, er predigt: »Herr einer Sache ist derjenige, der sie erzeugt hat« und: »Rechte nimmt man sich« — ein klassenbewußter Proletarier. Im Dezember 1902 — man sagte in Moskau schon, der Sturmvogel Gorkis sei zu Tschéchows melancholischer Möwe gestoßen — wurde Gorkis *Nachtasyl* im Moskauer Künstlertheater triumphal gefeiert und dann auf dem Weg über Max Reinhardts Deutsches Theater in Berlin zu einem Welterfolg — dem einzigen, den Gorki je auf dem Theater hatte.

Er nahm im Lager der Sozialdemokraten an der Revolution von 1905 teil, wurde verhaftet, gegen Kaution freigelassen und floh über Berlin, wo er in einer von Max Reinhardt veranstalteten Sondervorstellung begeistert gefeiert wurde, nach Paris. In den Vereinigten Staaten, verfolgt von der Hearst-Presse, schrieb Gorki 1906 neben wüsten Pamphleten gegen Kapitalismus und Militarismus seinen proletarischen Roman *Die Mutter* (von Bertolt Brecht als ›Lehrstück‹ 1931/32 dramatisiert) und das Klassenkampf-Stück *Die Feinde*, in dem sich borniert Arbeitgeber und idealistische Arbeiter gegenüberstehen und die Frau des Fabrikdirektors den Sieg der Arbeiter prophezeit. Stalin ließ das 1906 in Berlin uraufgeführte Stück 1930 vom Moskauer Künstlertheater als Muster des ›Sozialistischen Realismus‹ einstudieren.

Gorki hatte in den Vereinigten Staaten Propaganda gegen eine westliche Anleihe für die zaristische Regierung gemacht und konnte deshalb nicht nach Rußland zurück. Er ging nach Capri, wo er sieben Jahre lang als ein nicht einzuschmelzender, absolut russischer Fremder lebte. Er empfing ganze Scharen russischer Pilger und half unermüdlich den Armen und Hoffnungslosen. »Der Gott meiner Großmutter, der zu aller Kreatur so freundlich war«, nährte seine Seele, während er mit dem strengen Gott seines Großvaters die Kirche identifizierte und ablehnte. Seinen Versuch, Sozialismus und Glaube zu vereinigen, verurteilte Lenin als verhängnisvolle ›Abweichung‹; den ›Gottsucher‹ Gorki hat Lenin auch später bekämpft. Nach einer Amnestie zur 300-Jahr-Feier der Zaren-Dynastie Romanow fuhr Gorki 1913 nach Rußland zurück. Die Oktoberrevolution 1917 erschreckte ihn: er sah in ihr die Kulturwerte untergehen, vor denen er einen hohen Respekt und die er sich so mühsam errungen hatte. Er schrieb gegen Lenin, gegen die ›Lynchjustiz‹, für »Christus, die unsterbliche Idee der Liebe und Barmherzigkeit«, für die »Freiheit des Individuums«, die »freie Meinungsäußerung«, und es wollte ihm nicht in den Kopf, daß ausgerechnet das so rückständige russische Volk nun die Führung der Welt übernehmen sollte. Lenin wollte ihn loswerden und drängte ihn, zur Erhaltung seiner Gesundheit ins Ausland zu gehen. Gorki reiste 1921 ab, hoffte sieben Jahre lang auf die Humanisierung des Sowjetregimes, das er öffentlich nicht angriff. 1928 kehrte er nach Rußland zurück, überzeugt, daß das russische Volk »die Schwelle seiner Wiedergeburt überschritten hat«. Seine Geburtsstadt Nischnij-Nowgorod wurde 1932 nach ihm in ›Gorki‹ umgetauft. In den frühen dreißiger Jahren fing er eine Dramen-Serie an (... und andere), die von der vorrevolutionären Epoche bis zur Gegenwart führen sollte, doch ist er nicht bis zur Oktoberrevolution gelangt, und seine Hauptpersonen sind keine Revolutionäre.

Von Stalin umworben, der ihm zuliebe eine Zeitlang die Unterdrückung der Schriftsteller milderte, verkündet er 1934 den ›Sozialistischen Realismus‹ mit dem ›positiven Helden‹, den zu schaffen ihm freilich nicht gelingt: lebendig sind nur seine Vagabunden und heruntergekommenen Intellektuellen, die romantischen Vorläufer der Revolution. Sein 1910 geschriebenes Stück *Wássa Schelesnówa* baute er 1935 um: gegen Wássa, die Besitzerin einer Schiffahrtsgesellschaft, die vom kapitalistischen Konkurrenzkampf zum Verbrechen getrieben wird, stellt er als ebenbürtige und schließlich überlebende Kraft ihre Schwiegertochter, die Revolutionärin Rachel (Deutsche Bearbeitung von Bertolt Brecht, 1949).

Schon im nächsten Jahr bemerkte Gorki, daß er mit seinem ›Sozialistischen Realismus‹, unter dem er selbst im wesentlichen den Stil seiner frühen großen Romane verstand, nur ›Froschpoesie‹ von ›Impotenten‹ herausgefordert hatte. Als die Zeit der ›Säuberung‹ und der Schauprozesse 1936 begann, als der Diktator Stalin alte Revolutionäre und Intellektuelle verschwinden und ermorden ließ, wurde Gorki das Ausreisevisum verweigert. Er starb nach einer Lungenentzündung am 18. Juni 1936. Beim Staatsbegräbnis trugen auch Stalin und Molotow seine Urne, die in der Kremlmauer am Roten Platz eingemauert wurde.

Nachtasyl. Vier Bilder. 1896. Uraufführung Moskauer Künstlertheater, 18. Dezember 1902. Deutsche Erstaufführung am 23. Januar 1903, Kleines Theater, Berlin. — Das Ehepaar Kostyléw hat Verschläge und Pritschen an eine zusammengewürfelte Gesellschaft von Gescheiterten, Entgleisten, Heruntergekommenen und Verbrechern vermietet, ·darunter der Schuster Aljóschka, die Pastetenverkäuferin, der ›Baron‹, der ›Tatar‹, das Strichmädchen Nástja, das sich mit Kitschromanen in ein glücklicheres Scheinleben träumt, der

Falschspieler und Amateurphilosoph Ssátin, der Schlosser Klestsch, der für sie alle klagt: »Keinen Winkel, in dem man zu Hause ist . . . Krepieren muß man . . . ich kann nicht leben . . . nicht leben.« Die Wirtin, Wassilíssa Kosty-léwa, hat ein Verhältnis mit dem ehemaligen Dieb Wássjka Pépel, der jedoch in Natascha, die Schwester der Wirtin, verliebt ist. Der gewalttätige Wirt spioniert ihnen nach, es kommt zu Eifersuchts-Szenen und Schlägereien. Der Pilger Luká hat für jeden einen Trost; er erzählt dem trunksüchtigen Schau-spieler von einer kostenlosen Trinkerheilanstalt, dem Dieb Pépel von einem möglichen neuen Leben in Sibirien. Pépel will mit Natascha nach Sibirien gehen, doch die eifersüchtige Wirtin Wassilíssa schürt eine Prügelei, bei der Pépel mehr gegen seinen Willen den Wirt erschlägt. Die Wirtin verrät ihn an die Polizei, Natascha wendet sich von ihm ab, er entflieht. Als die Polizei kommt, ist auch der Pilger verschwunden. Der Schauspieler trinkt wieder und erhängt sich. Ssátin beharrt trotz allem auf der Würde und den Möglich-keiten des Menschen; mit seinem Kommentar zu diesem Selbstmord endet die Szenenfolge: »Er hat uns das Lied verdorben . . . dieser Dummkopf!« — Schon Stanisláwski hatte bei der Uraufführung, bei der Tschéchows Frau Olga Knipper die Dirne und Stanisláwski den Ssátin spielte, seine Schwierig-keiten mit, wie er schrieb, »Gorkis lehrhaften wie Predigten wirkenden

›Nachtasyl‹ von Maxim Gorki, deutsche Erstaufführung im Kleinen Theater, Berlin, 1903, mit Max Reinhardt als Luká, rechts am Bett der sterbenden Schlossersfrau Anna, gespielt von Elise Vallentin-Zachow

Monologen«. Von den philosophischen Neigungen Gorkis sind vor allem der
Pilger Luká und Ssátin betroffen. Oft wird behauptet, Gorki spreche durch
Luká, doch Luká könnte aus dem Umkreis des zum Prediger gewordenen,
alten Tolstój (siehe auch Seite 573) stammen; er verkündet die Menschenliebe, die Gewaltlosigkeit, die Seligkeit des Glaubens, der selbst dann helfe,
wenn man nicht weiß, ob das Geglaubte wahr sei. Gorki aber verachtete die
zivilisationsfeindliche Askese; sein Sprachrohr ist nicht der Dulder, sondern
Ssátin: »Der Mensch kann glauben oder nicht glauben — das ist seine Sache.
Der Mensch ist frei . . . Nur der Mensch existiert, alles übrige — ist das Werk
seiner Hände und seines Gehirns. Der Mensch — wie stolz das klingt!
Einfach großartig!« Im übrigen hat Ssátin offenbar Nietzsche schlecht verdaut und preist den Wert des Tüchtigen, der aus der Masse aufsteigt. »Ich
mußte in szenischer Interpretation die gesellschaftliche Stimmung der damaligen Zeit und die Tendenz des Autors, die in der Predigt und den Monologen Ssátins ihren Ausdruck findet, wiedergeben«, berichtet Stanisláwski.
»Als Ssátin spielte ich nur die Tendenz und dachte an die gesellschaftliche
Bedeutung des Stücks, und die kam wie zum Trotz nicht heraus.«

Sommergäste. Uraufführung 11. November 1904, Theater der Kommissar-
schewskaja, St. Petersburg. Erstaufführung in der Bundesrepublik 9. Oktober
1971, Wuppertal; Regie: Günter Ballhausen. — Rund zwanzig Personen sind
— am Vorabend der Revolution von 1905 — Sommergäste auf ihren Datschen
vor der Stadt: pausenlos redende und debattierende Vertreter der bürgerlichen Intelligenz mit komplizierten persönlichen Beziehungen. Sie sind
durchweg ins Kleinbürgertum aufgestiegen und wollen nun ihr Leben
genießen. Warja, die Frau des Anwalts, kennzeichnet ihre Lage: »Die
Intelligenz — das sind nicht wir! Wir sind etwas anderes — wir sind Sommergäste in unserem Land. Zugereiste! Wir sind ausschließlich damit beschäftigt,
einen bequemen Platz im Leben zu suchen.« Aus dieser Gesellschaft von
Egoisten, Zynikern und Ästheten bricht eine Gruppe von Menschen
— darunter Warja — aus, die dem politischen Aufruf der Ärztin Maria
Lwowna folgen wird: sie agitiert dafür, daß sich Intelligenz und Arbeiter-
schaft verbünden. Ihre vorbildliche Haltung wird auch durch die erwiderte
Liebe zu dem zwölf Jahre jüngeren Wlass, dem Bruder Warjas, belohnt.
— Mit Maria Lwowna hat Gorki seine eigene Überzeugung ausgesprochen:
er unterstützte die Sozialdemokratische Arbeiter-Partei mit Geld und war
1905 — eingekerkert, freigelassen, amnestiert — als Publizist und Redner,
als Mitbegründer der von Lenin geschaffenen, ersten legalen marxistischen
Tageszeitung »Neues Leben« tätig. »Sommergäste« wirkt wie ein schwacher
Tschechow mit einer starken Spritze revolutionärer Agitation.

Barbaren. Geschrieben 1905 in Finnland; Uraufführung 1906 in Riga. Eine Kreisstadt um das Jahr 1905 hat Hunger nach Brot, Geld, Einfluß. Sie erwartet den Bau der Eisenbahn und erhofft von den Ingenieuren Arbeit, Aufträge, auch Abwechslung in der ländlichen Langeweile. Die hochmütigen Ingenieure aber behandeln die Kleinstädter als Wilde oder Idioten: als Barbaren. Im Laufe der Zeit spinnen sich Beziehungen zwischen den Kleinstädtern und den Ingenieuren an — die Kleinstädter gehen von ihrem diktatorisch regierenden Oberbürgermeister zu den Ingenieuren über. Wenn nach einer Umgruppierung von Verhältnissen das Stück endet, so hat sich in der Kleinstadt vieles geändert, aber nichts gebessert: auch die Ingenieure sind Barbaren. Eine Frau erschießt sich, sie hat durch exzessive Romanlektüre ein Traumleben geführt, sie geht an der Enttäuschung zugrunde, die ihr ein Ingenieur bereitet hat: statt sie mitzunehmen, hat er sie ihrem Mann zurückgegeben. Gorkis Personen sind interessant durch ihre privaten Sehnsüchte und Defekte, nicht als Musterexemplare einer zum Untergang bestimmten Gesellschaft. Gorki glaubte, daß die Revolution vom Proletariat der Großstädte ausgehen müsse; sein Stück »Barbaren« aber besteht aus — so der Untertitel — »Szenen in einer Kreisstadt«. Von einem nicht näher beschriebenen, neuen Leben träumt da ganz allgemein nur ein Student. Das neue Leben, das die Eisenbahn gebracht hat, entspricht moralisch dem alten Leben haargenau: Gorki registriert eine grausame Komödie menschlicher Beziehungen.

Jegor Bulytschow und die andern. Aus dem unvollendeten Dramenzyklus *. . . und andere.* Geschrieben und in Moskau uraufgeführt 1932. — Vorher schrieb Gorki *Somow und andere*; diesen Versuch, sowjetische Gegenwart auf die Bühne zu bringen, hielt Gorki für mißlungen. — Drei Tage aus dem Sterben des reichen Kaufmanns Jegor Bulytschow und der bürgerlichen Gesellschaft zwischen November 1916 und März 1917. Das Schauspiel endet mit dem Tod Bulytschows während der Februar-Revolution 1917. Zu den Widersprüchen, die das Interesse an seiner Person wachhalten, gehören: er ist zwar reich, doch verachtet er die betrügerischen Methoden reicher Kaufleute; er hält den Rubel für einen »Verbrecher«, doch vermehrt er sein Kapital; er hat sich von der Gesellschaft, zu der er gehört, innerlich gelöst, doch kann er sie nicht verlassen; er ist ein Kraftkerl, doch durch Leberkrebs zu einem absehbaren Tod verurteilt. Für die Miseren des Daseins macht er die Natur und Gott verantwortlich, nicht die Gesellschaft, nicht seine Klasse, nicht den Kapitalismus, doch ahnt er schon, wohin die geschichtliche Reise geht. Mit fast zwanzig Personen, den »andern« um Jegor, gibt Gorki das Bild einer faulen, korrupten Gesellschaft, die reif ist für die Revolution.

Dostigajew und andere. Uraufführung 1933, Leningrad. Deutsche Erstaufführung 1953, Magdeburg. — Das Stück spielt während der Oktoberrevolution 1918. Es setzt »Jegor Bulytschew und die andern« fort: Bulytschows Patensohn Jakow Laptew und der Förster Donat haben sich den Bolschewisten angeschlossen, mit denen auch das Dienstmädchen Glafira sympathisiert, und Bulytschews uneheliche Tochter Schura drängt sich den Bolschewisten auf, die von Rjabinin, der Zentralfigur des Stücks, angeführt werden. Bei Dostigajew, dem egozentrischen Einzelgänger, versammeln sich die Gegner der Bolschewisten, ein Überfall auf den örtlichen Sowjet wird geplant, doch werden die Gegenrevolutionäre von den Bolschewisten verhaftet.

ISAAK BABEL, einem aufgeregten jungen Mann, dessen Brille von gewachstem Zwirn zusammengehalten wurde, prophezeite Maxim Gorki 1916 in Petersburg, in der Redaktion der Zeitschrift »Letopis«: »Der Weg des Schriftstellers, Verehrtester, ist mit Nägeln übersät von außerordentlichem Format. Man muß ihn mit nackten Sohlen gehen, Blut wird genügend fließen, und mit jedem Jahr wird es reichlicher fließen ...« Gorki druckte in »Letopis« die beiden ersten Erzählungen Babels, riet ihm »unter die Menschen« zu gehen und beschützte bis zu seinem Tod den 26 Jahre jüngeren Schriftsteller. Zwischen 1917 und 1924 war Babel u. a. Soldat, arbeitete in der Tscheka, im Volkskommissariat für Volksbildung, kämpfte 1920 im polnisch-russischen Krieg in der Armee General Budjonnys, war Redakteur in Odessa, Reporter in Petersburg und Tiflis.

In der Moldawanka, dem leidvollen Judenviertel von Odessa, war Babel 1894 als Sohn eines chassidischen Teppichhändlers geboren worden, mußte Hebräisch, die Bibel, den Talmud studieren und lernte auf der Handelsschule durch Monsieur Vadon so gut französisch, daß er seine ersten Kurzgeschichten in französischer Sprache schrieb. Er übernahm Maupassants Pointentechnik und schilderte in seiner Novellensammlung »Budjonnys Reiterarmee« (1925) nicht ohne Selbstironie den Bürgerkrieg und den Krieg, den er bei Budjonnys Kosaken kennengelernt hatte: als einen elementaren Ausbruch, rauschhaft romantisch, grausam und blutig. Marschall Budjonny wurde nicht müde, gegen Babels Erzählungen zu protestieren: in einem offenen Brief an Gorki nannte er sie kleinbürgerlich und zugleich Delirien eines hebräischen Erotomanen. Babel lachte darüber, aber Budjonnys ehemaliger Politkommissar Stalin ließ ihn drei Jahre nach dem Tod seines Beschützers Gorki, am 15. Mai 1939, verhaften und ins Lubjanka-Gefängnis nach Moskau schaffen. Sein weiteres Schicksal in einem Zwangsarbeitslager ist ungewiß; sein offizielles Todesdatum ist der 17. März 1941; am 23. Dezember

1954, fünfzehn Jahre nach seiner Verhaftung, wurde er vom Obersten Gerichtshof der UdSSR »auf Grund neu entdeckter Umstände« rehabilitiert, »da keine verbrecherischen Handlungen vorgelegen haben«. Die Aufführung seines 1933 beendeten (zweiten) Stückes »Maria« hat er nicht erlebt: es wurde 1935 in »Theater und Drama« veröffentlicht und bald verboten. Die Schwierigkeiten hatte Babel geahnt, da das Stück, wie er 1933 in einem Brief schrieb, »natürlich nicht mit der Generallinie der Partei übereinstimmt«.

Sonnenuntergang. Schauspiel in acht Szenen. Uraufführung 28. Februar 1928, Künstlertheater Moskau. Deutschsprachige Erstaufführung 19. Oktober 1963, Schauspielhaus Zürich. Deutsche Erstaufführung 17. September 1966, Schloßtheater Celle. – Odessa 1913; Personen aus Babels »Geschichten aus Odessa« (1926). In den ersten vier Bildern tyrannisiert Mendel Krik, ein jüdischer Fuhrunternehmer, seine Familie, verjagt die Freier seiner Tochter Dwojra, läßt die Söhne nicht ins Geschäft und will schließlich mit der Tochter einer versoffenen Kupplerin nach Bessarabien durchbrennen. In den letzten vier Bildern herrscht der mit den Gangstern des Gettos verbündete Sohn Benja: er hat seinen Vater zum geistigen Krüppel geschlagen; die überreife Dwojra darf sich nun verloben. – In einem personenreichen Chagall-Milieu konstatiert Babel, der in romantische, expressive Übersteigerungen verliebt ist, gleichwohl mit einem Realismus, der keine moralischen Wertungen kennt, eine Revolution in einer Familie.

Maria. Schauspiel in acht Bildern. 1933. Uraufführung 10. April 1964, Saarbrücken. – Maria, Tochter eines zaristischen Generals und Kommissarin in der Roten Armee, tritt nicht auf: diese liebenswerte und vorbildliche Revolutionärin hat Babel auf der Bühne ausgespart – sie ist die Negativform des Positiven, das in diesen ersten Revolutionsjahren in Petrograd nur schwer zu erkennen, bestenfalls zu erhoffen ist. Auf die Bühne kommen novellistisch gezeichnete Schicksale: Schwarzhändler Dymschitz benutzt als Helfer Kriegskrüppel, weil die nicht durchsucht werden; von der Generalstochter Ljudmila, der Schwester Marias, wird Dymschitz zurückgestoßen, er ist ihr zu ordinär, doch bald wird sie von einem ehemaligen Garderittmeister entjungfert und infiziert; der Geist ihres Vaters, des zaristischen Generals, der in den Bolschewisten die Zukunft sieht, wird verwirrt, als er von ihrer Verhaftung erfährt: er hält einen Boten Marias für Maria und stirbt. Im letzten Bild ziehen in das Zimmer des Generals Leute ein, »die seither im Keller waren«; die junge Frau ist schwanger: »Die Kinder, die man jetzt produziert, die werden mal ein schönes Leben haben« – dies die abschließende Hoffnung. – Sieben Bilder lang Abschiedsstimmung von einer vergangenen

Lebensform, und ein Bild schüchterne Ahnung des nachrevolutionären Lebens — Babel, der seine ideale Revolutionärin nicht zu zeigen gewagt hat, ist mit »Maria« das Zwischenglied von der vorrevolutionären Dichtung zur nachrevolutionären Propaganda: zwischen Tschechow und Majakówski.

Roter Bürgerschreck, Schreck der roten Bürger: Majakówski

»Das war meine Revolution«, bemerkte er in seiner Autobiographie stolz zur Oktoberrevolution des Jahres 1917. Wegen revolutionärer Umtriebe wurde der am 19. Juli 1893 in Bagdady im Kaukasus geborene Wladímir Majakówski schon als Dreizehnjähriger ins Gefängnis gesteckt und nach elfmonatiger Haft als Minderjähriger freigelassen und unter Polizeiaufsicht gestellt. Er schloß sich der revolutionären Künstler-Bewegung des Futurismus an, der Männer des ›Futurums‹, der Zukunft, die sich in Rußland etwa zur gleichen Zeit wie in Italien, doch, wie sie behaupteten, unabhängig von Italien formierten. Die italienischen Futuristen bejahten unter anderem Militarismus und Patriotismus, »die schönen Ideen, für die man stirbt«; Marinetti, der 1909 das Manifest des Futurismus veröffentlicht hatte, wurde denn auch nach dem ersten Weltkrieg zum Vorkämpfer des Faschismus. Die russischen Futuristen waren antimilitaristisch und antibürgerlich, doch als Männer der Zukunft wie die Italiener zunächst einmal entschlossen, die Vergangenheit kurz und klein zu hauen. Majakówski unterschrieb ihr 1912 veröffentlichtes Manifest ›Ein Schlag ins Gesicht des öffentlichen Geschmacks‹, in dem die russischen Klassiker des 19. Jahrhunderts von Puschkin bis Gorki verworfen wurden.

Majakówski war ein Bürgerschreck in gelber Bluse und schwarzer Krawatte, provozierte mit sprachgewaltigen Versen Publikum und Presse, ein Propaganda-Genie, das sich im Krach am wohlsten fühlte und mit Selbstreklame nicht sparte. In seiner Dichtung ›Wolke in Hosen‹ (1915) fegte er Liebe, Kunst, Ordnung und Religion der bürgerlichen Gesellschaft vom Tisch und brüllte: »Der Schädel der Welt / muß heut / mit dem Schlagring gespalten werden!«

Nach der Revolution entwarf er dreitausend Propaganda-Plakate, dichtete unzählige politische Knittelverse, machte Reklame für die Staatliche Handelsorganisation, verfaßte Drehbücher, spielte im Film, rezitierte in Fabriken, gründete Zeitschriften. In Petrograd (Leningrad) wurde am 7. November 1918 sein *Mysterium Buffo* uraufgeführt. Dieses »heroische, epische und satirische Bild unseres Weltalters« in sechs Akten ist eine Art proletarisches Mysterienspiel, so grotesk wie pathetisch. Es beginnt mit der Sintflut, führt auf

*Wladímir Majakówski (1893–1930),
futuristischer Lyriker, bolschewisti-
scher Agitator und Propagandist,
Autor der satirischen Stücke ›Die
Wanze‹ und ›Das Schwitzbad‹*

einer Arche die Geretteten, sieben bürger-
liche und sieben proletarische Paare, in den
Klassenkampf und läßt die heroischen
Proletarier durch Hölle und Himmel in ein
strahlendes, technisches Paradies gelangen.
Alle Personen sind typisierte Massenteil-
chen; es gibt Pantomimen, Tanz, Musik,
Chöre, Filmprojektionen, Zirkusakrobatik
und satirische Hanswurstiaden; die Bühne,
bewegliche Gerüste im Freien, wird zum
Forum der Belehrung nicht lesekundiger
Massen, zur Tribüne der Agitation und
Propaganda; das Publikum singt mit den
Spielern die Internationale. Man bräuchte
diese Darbietungen nicht mehr zur Kenntnis zu nehmen, wären solche Inszenierungen des Regisseurs Meyerhold (siehe auch
Seite 553) nicht so außerordentlich folgenreich gewesen: ohne ihn ist das politische
Theater Erwin Piscators, sind die Filme
Eisensteins und das Lebenswerk des Stückeschreibers Bertolt Brecht nicht zu denken,
ihre Technik und ihre Überdeutlichkeit,
berechnet für Analphabeten. Lenin, der Vater der Revolution, hielt freilich
mehr von dem durch die Futuristen verworfenen Puschkin als von dem Futuristen Majakówski. Nach Lenins Tod (1924) baute Stalin den neuen Klassen-
staat, die Bürokratie seiner Funktionäre aus, und der rote Bürgerschreck Majakówski, bis zum Haß angeekelt von dieser Entwicklung, von den ›ultraroten
Kapitalisten‹, von der neuen Mittelstandsklasse der bolschewistischen Bonzen, wurde zum Schreck der roten Bürger: seine Satiren *Die Wanze* (1928)
und *Das Schwitzbad* (1929), von Meyerhold inszeniert, erregten bei der
Partei-Kritik einen Sturm der Empörung. Majakówskis Kritik ist kein Antikommunismus, sondern die Kritik eines revolutionären Kommunisten an
dem, was er noch für bürgerliche Entartungserscheinungen des Kommunismus
halten konnte und was sich in den vergangenen Jahrzehnten als unablösbarer
Bestandteil des praktizierten Kommunismus erwiesen hat. Seine Satiren
mußten abgesetzt und durften erst 1956 im Moskauer ›Satirischen Theater‹
wieder aufgeführt werden.

Majakówski, der zugunsten der ›Agitprop‹-Kunst, zugunsten der Agitation
und Propaganda, wie es in einem seiner Gedichte heißt, »dem eigenen Lied auf

die Kehle« getreten war, und der sich bis zuletzt als wahrhafter Kommunist, als Autor ›gut parteigetreuer Bücher‹ fühlte, erschoß sich am 14. April 1930. In seinem Abschiedsbrief — »Niemand trifft die Schuld an meinem Tode« — hat er den ›Genossen Regierung‹ gebeten, seiner Familie ein erträgliches Leben zu sichern. Stalin rühmte ihn als besten Dichter der Sowjetepoche. Mit seinem Tod war der Futurismus in Rußland zu Ende. Unter Stalins Diktatur kapselte sich die Sowjetunion von der internationalen Entwicklung ab, der reaktionäre ›Sozialistische Realismus‹ in kleinbürgerlichem Geschmack wurde verordnet, und damit war auch die Epoche des russischen Theaters von übernationalem Rang zu Ende. Sie hatte rund hundert Jahre gedauert, von 1830 bis 1930, von Gribojédow bis, wenn man weitherzig ist, Majakówski.

Die Wanze. ›Eine Zauberkomödie in neun Bildern‹. Geschrieben 1928. Uraufgeführt am 13. Februar 1929 im Meyerhold-Theater in Moskau. — Die ersten vier Bilder dieses Stückes mit rund 130 Sprech-, Tanz- und Pantomimen-Rollen spielen in einer russischen Kleinstadt Ende der zwanziger Jahre. Iwan Bratfisch (Prissýpkin), umbenannt in Pierre Fiedelbratsch, »früherer Arbeiter, früheres Parteimitglied«, will die Frucht seines revolutionären Kampfes vorzeitig genießen und ist deshalb aus der Partei ausgestoßen worden: seine Geliebte, die klassenbewußte, aber reizlose Arbeiterin Zoja Birkelein, hat er verlassen und feiert Hochzeit mit der üppigen Elsevira Rinnesans (= Renaissance), einer Manikürdame, deren kleinbürgerliche Familie durch den Schwiegersohn mit der Gewerkschaftskarte in das herrschende Proletariat aufsteigen möchte. Es wird getanzt und gesoffen, ›bürgerlich‹ nach Beethoven und Shakespeare gebrüllt, da bricht Feuer aus, und Fiedelbratsch friert im Keller im eisigen Löschwasser ein. Die letzten fünf Bilder spielen fünfzig Jahre später. Eine Weltregierung, zu der auch der ›Sowjet von Chikago‹ gehört, eine hochtechnifizierte, keimfreie Gesellschaft, repräsentiert durch eine ›funkmegaphonische Sprachrohranlage‹, taut Fiedelbratsch aus dem Eise auf und mit ihm eine kostbare, weil inzwischen längst ausgestorbene Wanze. Fiedelbratsch meldet sich für sie als Blutspender und wird im Zoo dem staunenden Publikum als rauchender, saufender, nach seiner Braut verlangender ›Spiesserius vulgaris‹ vorgeführt — vergeblich schreit er nach gleich ihm aufgetauten Mitbürgern, man bindet ihm einen Maulkorb um. — Majakówski wollte den bürgerlich spießerhaft gewordenen Revolutionär treffen, der einer künftigen kommunistischen Idealwelt so fossilienhaft, absurd und schmutzig wie eine Wanze erscheinen muß.

Im Westen wurde das Stück zuerst durch André Barsacq in seinem Pariser Théâtre de l'Atelier 1959 aufgeführt; das Essener Schauspielhaus brachte 1962 die deutsche Erstaufführung in der Bundesrepublik. In beiden Aufführungen wirkt Fiedelbratsch, der Verräter der Revolution, im zweiten Teil durch seine menschlichen Gelüste rundum sympathisch, als der letzte Mensch überhaupt, als ein Opfer und damit ein Ankläger der sterilen technisierten Roboterwelt der Zukunft. Majakówskis satirisches Geschoß ist ein Rohrkrepierer geworden: wenn er vor der Uraufführung schrieb: »Das Problem ist die Anprangerung des kleinbürgerlichen Spießergeistes unserer Zeit«, so prangert er gegen seinen Willen in unserer Zeit eine seelenlose, verplante, funktionelle Zukunftswelt an, sei sie nun kapitalistisch oder kommunistisch. Majakówskis Ohrfeige trifft die eigene Backe.

Das Schwitzbad. ›Drama mit Zirkus und Feuerwerk‹. Geschrieben 1929. Uraufgeführt am 16. März 1930 im Meyerhold-Theater in Moskau. – Käuzerich (Tschudákow) hat eine Zeitmaschine nach dem Muster von H. G. Wells konstruiert, mit der man in Vergangenheit und Zukunft fahren könnte, doch die Parteibürokratie versucht, die Erfindung zu unterdrücken. Majakówski verhöhnt mit Gogólscher Schärfe den Typ des Künstlers, der auf Befehl malt, wie es gerade befohlen wird, des sozialistischen Phrasendreschers, des feigen Funktionärs, sogar des offiziellen Partei-Kritikers, wenn eine Delegation roter Bonzen im Stück die Aufführung eben dieses Stückes verhindern will. Doch dann erscheint eine ›phosphoreszierende Frau‹ mit Hilfe der Zeitmaschine aus dem Jahre 2030, eine Art kommunistischer Engel aus einer Zukunft ohne Hunger, Geld und Büros, und hilft dem Erfinder und den wackeren Arbeitern gegen den ›Kopro‹-Chef, den »Chefvorstand der Hauptverwaltung für Koordinierung und Kompromißprojektierung«, der sich verdutzt fragt: »Was soll das heißen? Daß ich und solche wie ich für den Kommunismus unbrauchbar sind?« Der Engel hat die ›Schädlinge‹ in seiner Zeitmaschine mitgenommen und sie um 1970 hinausgeworfen. – Bei der Aufführung in der Ostberliner ›Volksbühne‹ 1959, inszeniert von dem russischen Stalinpreisträger Nikolai Petrow, einem Meyerhold-Schüler, mündete das Stück mit Filmprojektionen in Visionen einer paradiesischen kommunistischen Zukunft, samt Baggern, ›Volksarmee‹ und strahlenden Kinderaugen – die mangelhafte Gegenwart wird mit diesem Versprechen getröstet. Genau gegen diese Art einfältiger Agitation hat Majakówski seine Satire geschrieben, doch hat er freilich auch für diesen die Satire vernichtenden Zukunftsoptimismus mindestens den Ansatz geliefert. (Westdeutsche Erstaufführung 15. März 1968, Stadttheater Saarbrücken)

Nikolai Robertowitsch Erdman, in Moskau 1902 geboren und 1970 gestorben, gehört zu den Dramatikern um Wsewolod Meyerhold (siehe auch Seite 554), den erfindungsreichen Regisseur des Revolutionstheaters. Als

Politisches Agitationstheater: 1926 inszenierte Wselowod Meyerhold (1874–1940)
in Moskau das Revolutionsstück ›Brülle, China‹ von Sergej Tretjakow und setzte
gegen die realistisch dargestellte Arbeitswelt der chinesischen Kulis die karikierte
Ausbeuter- und Genußwelt der Europäer, die sich marionettenhaft bewegen und
Masken tragen. Mit dieser Aufführung gastierte Meyerhold 1930 in Berlin. Die
Zweiteilung der Welt in menschliche Unterdrückte und unmenschliche, maskierte
Unterdrücker ist zu einem der ›Verfremdungs‹-Mittel Bertolt Brechts geworden.
Tretjakow wurde ein Opfer der ›Säuberungen‹ Stalins

Erdman 23 Jahre alt war, schrieb er *Das Mandat*. Das Stück wurde 1925 vom Moskauer Staatlichen Dramatischen Theater uraufgeführt und danach von Meyerhold auf einer runden Bühne inszeniert. Es beginnt als Satire auf die Versuche des Bürgertums, sich den nachrevolutionären politischen Verhältnissen äußerlich anzupassen — ein ehemaliger Gutsbesitzer erlaubt seinem Sohn nur dann die Ehe, wenn er als Schwager einen Kommunisten einbringt — und schlägt dann über in einen Schwank um eine zaristische Reliquie: der Köchin des Gutsbesitzers wird ein Kleid der Zarin angezogen, und sie läuft als Zarentochter herum wie eine groteske politische Versuchung. *Das Mandat* wurde 1927 im Berliner Renaissance-Theater gespielt, und Alfred Kerr meinte dazu: »Man gewahrt Lachmittel, ohne zu lachen.«

Erdman schrieb 1928 die satirische Komödie *Der Selbstmörder*, und ihre Aufführung wurde dem Wachtangow-Theater vom Zentralen Spielplankomitee, der staatlichen Zensur, verboten. Dennoch wagte Meyerhold in seinem eigenen Theater die Einstudierung; sie wurde 1933 — nach der Generalprobe — verboten. Dabei ist *Der Selbstmörder* primär eine Satire auf den Opportunismus des Kleinbürgertums. Während der »NEP«, Lenins »Neuer Ökonomischer Politik«, die den privaten Kleinbetrieben gewisse Freiheiten ließ, schöpften die Kleinbürger neue Hoffnung auf ein ruhiges Eigenleben. Als ein Arbeitsloser durch Zufall und Einfall auf die Idee kommt, sich als künftiger Selbstmörder auszugeben, versuchen alle möglichen Leute, seinen Selbstmord für ihre Interessen auszunutzen: durch unterschobene Selbstmordgründe soll ein Märtyrer der verschiedenartigsten reaktionären Ziele geschaffen werden. In den dreißiger Jahren war Lenins NEP längst durch einen Fünfjahresplan Stalins abgelöst, und *Der Selbstmörder*, der keinen »positiven Helden« hat, erschien als massive Kritik am Sowjetsystem. Beide Stücke Erdmans bieten dem Publikum die Möglichkeit, sich mit den Wünschen der Kleinbürger, wie grotesk sie auch karikiert seien, gegen die Sowjetbürokratie zu solidarisieren. Erdman wurde 1934 verbannt und als Theater-Autor erst 1956 rehabilitiert, nach dem XX. Parteitag in Moskau, auf dem Chruschtschow die Entstalinisierung einleitete: Erdmans *Mandat* wurde im Moskauer Majakowski-Theater nach Meyerholds Inszenierung peinlich genau rekonstruiert. *Der Selbstmörder* wurde 1969 im schwedischen Göteborg uraufgeführt; die deutschsprachige Erstaufführung brachte 1970 das Zürcher Schauspielhaus heraus. Der späte Erfolg des Stücks beruht wohl darauf, daß sich das Kleinbürgertum zur künftigen Einheitsklasse auszuwachsen scheint.

10. SKANDINAVIEN:
DER MUSTERKOFFER DES 20. JAHRHUNDERTS

Ibsen: die Tragödie auf dem Plüschsofa
Strindberg: das Ich auf dem Experimentiertisch

Leben heißt — dunkler Gewalten
Spuk bekämpfen in sich.
Dichten — Gerichtstag halten
Über sein eignes Ich.
Ibsen (deutsch von Christian Morgenstern)

›Mitleid und Furcht‹ war die Forderung der Alten
an das Trauerspiel, mitleidend für die, welche heimgesucht
wurden,
wenn die Götter in verborgenem Rat erschüttern
der Menschenkinder verschiedenes Geschick;
wir Neueren, wir haben den Ton etwas geändert;
Humanität, Resignation —
auf der Reise von der Insel des Lebens zu der des Todes!
Strindberg

Seit dem Norweger Henrik Ibsen (1828–1906) und dem Schweden August
Strindberg (1849–1912) ist nichts grundsätzlich Neues mehr für die Bühne
und auf der Bühne erfunden worden: das Drama des 20. Jahrhunderts wandelt Anregungen aus fast allen Epochen der Theatergeschichte ab, mit
besonderer Vorliebe aber Anregungen von Ibsen und Strindberg, der in
Ibsens Spur begonnen, ihn an Radikalität und Erfindungsreichtum aber bald
übertroffen hat.

Beide sind eine Zeitlang als Theaterpraktiker tätig gewesen. Ibsen war
Dramaturg und Regisseur am Nationaltheater in Bergen und danach fünf
Jahre lang, von 1857 bis 1862, künstlerischer Direktor des Norwegischen
Theaters in Christiana — ein lernender, junger Mann, der die Technik des
französischen Sittenstücks studierte und seine marionettenhaften Typen in
Alltagsmenschen seiner Heimat und seiner Gegenwart verwandelte. Strindberg hatte in seinen letzten fünf Lebensjahren, von 1907 bis 1912, seine
eigene, von ihm selbst subventionierte Bühne, das ›Intime Theater‹ in
Stockholm — ein lehrender, reifer Mann, der seine Erfindungen ausprobierte.
Beide sind als Bühnenautoren nicht — wie dies bis zu ihnen überall üblich
gewesen ist — von ihren nationalen Theatern zum Weltruhm getragen worden, sondern haben durch ihren im Ausland erworbenen Weltruhm ihren
nachhinkenden nationalen Theatern einigen Glanz verliehen.

Eine entscheidende Station auf diesem ihrem Weg war Deutschland: die von den Ibsen-Verehrern Otto Brahm und Paul Schlenther mitgegründete ›Freie Bühne‹ in Berlin, ein ›Verein‹, dessen ›geschlossene‹ Vorstellungen vor der Zensur sicher waren, eröffnete am 29. September 1889 mit Ibsens in Berlin verbotenem Stück ›Gespenster‹; Max Reinhardt spielte mit besonderer Liebe Strindberg, und seine Berliner ›Kammerspiele‹, ein umgebautes Tanzlokal, wurden zum Vorbild für Strindbergs ein Jahr später, 1907, gegründetes ›Intimes Theater‹. Nicht durch das skandinavische Theater also, sondern durch einzelne skandinavische Autoren wurde das internationale Theaterleben bereichert.

Beide freilich, Ibsen und Strindberg, stehen in einer skandinavischen Tradition: zu ihr gehört die engste Verbundenheit mit der Heimat und der schärfste Protest gegen ihre Gesellschaft, gehören Stipendien, die den Protestierenden gleichwohl gewährt werden, gehören Fluchtreisen ins Ausland, Arbeit und Anerkennung im Exil, schließlich die Rückkehr und die Anerkennung in der Heimat. Ibsen und Strindberg sind internationale Autoren und nationale Provinzler zugleich — ohne die Mystik der skandinavischen Berge und des spärlichen, herbeigesehnten Lichtes, ohne die nordischen Märchen und den skandinavischen Alltag sind ihre Werke nicht zu denken: es ist Heimatkunst mit Weltgehalt.

Der erste norwegische Dramatiker, der von der provinziellen Helden- und Bauernromantik zum Realismus überging, war Björnstjerne Björnson (1832 bis 1910): in seinem Schauspiel *Ein Fallissement* wird ein Großkaufmann durch einen Bankrott aus der moralischen Verluderung gerissen. Das war 1874. Drei Jahre später begann Ibsen mit ›Stützen der Gesellschaft‹ die Reihe seiner realistischen Dramen, in denen er nicht mehr einzelne Menschen, sondern die ganze Gesellschaft angriff. Björnson ist aus dem Weltrepertoire verschwunden: der bürgerliche Realismus dieses mannhaften Republikaners und lutherischen Christen, sein optimistischer Wille zum Ausgleich und zur Versöhnung wirken harmlos und pausbäckig neben Ibsen und Strindberg, den radikalen pessimistischen Enthüllern.

In der dramatischen Technik im Bannkreis Ibsens, doch angeregt von seiner Bekanntschaft mit Strindberg und als Menschengestalter von unverwechselbarem Eigenwuchs ist der große norwegische Epiker Knut Hamsun (1859—1952). In Paris lernte er 1894/95 Strindberg kennen. »Es ist überhaupt fast unmöglich, mit ihm auszukommen«, schrieb er in einem Brief. »Aber das übergehe ich. Er ist nun einmal, trotz allem, August Strindberg.« Hamsun nannte ihn ein »Gehirn zu Pferde« und »das große ungezähmte Mysterium unserer Tage«. In seiner *Kareno-Trilogie* (1895—1898), bestehend aus den Schauspielen ›An des Reiches Pforten‹, ›Spiel des Lebens‹ und

›Abendröte‹, verhöhnte der von Nietzsches ›Herrenmoral‹ infizierte Hamsun den bürgerlichen Intellektuellen vom Typ Björnsons und seine kompromißbereite praktisch-politische Alltagsvernunft: der antiliberale, antibürgerliche, antihumane Ivar Kareno, ein Schmalspur-Nietzsche, verrät nach zwanzig Jahren seine Ideen und seine Anhänger, flickt sich sein zerfetztes bürgerliches Nest wieder zurecht und wird Reichstagskandidat für die liberale Partei. Hamsuns Versdrama in acht Akten *Munken Vendt* (1900) ist in der Form mit Ibsens ›Peer Gynt‹ (1867) verwandt, doch ohne jede Hoffnung auf Erlösung durch die Liebe. Sein romantisches Schauspiel *Königin Tamara* wurde 1902 mit geringem Erfolg in Christiana uraufgeführt. Hamsun mochte das Theater nicht; er glaubte, daß das Drama, dem er unabwendbare »psychologische Unzulänglichkeiten« vorwarf, »von allen Dichtungsformen die unvollkommenste ist«. Trotzdem schrieb er (1908) noch ein Schauspiel *Vom Teufel geholt* (= ›In den Fängen des Lebens‹), und dies ist bezeichnenderweise ein Theaterstück gegen das Theatermilieu, das Hamsun für verderblich hielt: der tragikomische, aber erbarmungslos geschilderte Abstieg der alternden ›Königsjuliane‹, einer einst berühmten Varieté-Sängerin, die in ihrem Lebenshunger und ihrer Liebesgier vor einem Mordversuch nicht zurückschreckt, um sich ihren Geliebten zu erhalten, und schließlich, von allen Verehrern verlassen, bei einem Neger-Boy endet. Insbesondere durch Max Reinhardts Berliner Aufführung in den Kammerspielen (1914) wurde dies Hamsuns erfolgreichstes Stück — und ein Anlaß für den Kritiker Alfred Kerr, Hamsun den ›Strindhügel‹ zu nennen. Hamsun, eine Art Dramatiker wider Willen, blieb auf der Bühne eine bizarre Ausnahmeerscheinung.

Mit seinem Dutzend Gesellschaftsdramen hat Ibsen die Muster geschaffen, die von den verschiedenartigsten Autoren abgewandelt worden sind und noch heute abgewandelt werden. Er ist für eine große Gruppe von Dramatikern in dreifacher Hinsicht zum Vorbild geworden: als Schöpfer scheinbar natürlicher Menschen, in denen der Zuschauer sich selbst oder seine nächsten Bekannten zu entdecken glaubt; als Dramenbaumeister und Dialogschreiber, der scheinbar alltägliche Vorgänge und Gespräche durch den Alltag übergreifende Symbole zu allgemeingültigerer Bedeutung führt; als Vertreter moralkritischer, gesellschaftskritischer und philosophischer Thesen. Strindberg, Hamsun, Tschéchow, Gerhart Hauptmann, Bernard Shaw, Eugene O'Neill, Tennessee Williams, Arthur Miller, Jean-Paul Sartre, John Osborne und viele andere, auch mindere Talente, Verfasser von Gebrauchs-Stücken bis hin zu den Drehbuch-Autoren sogenannter Problemfilme, haben je nach Neigung, Talent und Temperament mehr vom psychologischen Naturalisten oder vom Symbolisten, mehr vom Techniker oder vom Thesenverfechter Ibsen gelernt.

Zu vielen Räumen, die mit Schlagworten des 20. Jahrhunderts etikettiert sind, hat Strindberg die Türen aufgestoßen: zur Psychoanalyse der besessene Selbstentblößer, dessen Beichtzwang ihn vorm Selbstmord rettet; zum Expressionismus der monologische Ankläger, der die Bühne mit Aufspaltungen seines leidenden, lyrischen Ichs füllt; zum Gottsucher-, Passions- und Erlösungsdrama der Epiker, der Stationen religiöser Erschütterungen aneinanderreiht; zum Existentialismus der sich selbst Unbekannte, der in der Angst und im Nichts nach dem Sinn seiner Existenz fragt; zum Surrealismus und zum absurden Theater der Traumtechniker, der in Symbolen denkt, in sich wandelnden Bildern, die aus Alltagselementen komponiert sind.

Selbstverständlich ist nicht jeder Dramatiker des 20. Jahrhunderts durch Ibsens und Strindbergs Türen gegangen; einige mögen auf ähnliche Weise selbständig die gleichen Räume erreicht haben. Doch mancher Nachfolger wirkt nur deshalb stärker als seine stärkeren Vorläufer Ibsen und Strindberg, weil er die Gleichzeitigkeit mit dem lebenden Publikum, den unmittelbar überspringenden aktuellen Tonfall für sich hat, den Ibsens und Strindbergs Alltagsprosa nicht mehr haben kann.

Ibsen: die Tragödie auf dem Plüschsofa

In Ibsens Familiendrama ›Gespenster‹ geht ein Kinderheim in Flammen auf; die Ursache wird nicht geklärt, doch hat das Publikum den Tischler Engstrand im Verdacht der Brandstiftung. Ibsen, befragt, ob Engstrand wirklich das Feuer gelegt habe, antwortet: »Zuzutrauen wär's dem Kerl schon!«

Auch Ibsen weiß nicht, ob Engstrand ein Brandstifter ist; wie sein Publikum ist er auf Vermutungen angewiesen. Dies zeigt ein neues Verhältnis des Dichters zu seinen eigenen Gestalten an und eine neue dramatische Technik, in der sich dieses Verhältnis ausdrückt. Die Bühnengestalt hat sich von ihrem Erfinder losgelöst, sie lebt für sich selbst und ist nicht mehr ganz zu durchschauen: sie ist so ›wirklich‹ geworden, daß sie wie jeder wirkliche Mensch ein undurchdringliches Geheimnis birgt. Sie scheint von der Straße auf die Bühne zu kommen, man sieht sie handeln und hört sie sprechen, und wenn sie abgeht, scheint sie wieder in einem Alltag zu verschwinden, zu dessen Zeugen das Publikum nicht gemacht wird. Auf der Bühne offenbart sie sich nicht durch ein Selbstgespräch oder durch eine an das Publikum gerichtete Seitenbemerkung; sie könnte dies auch gar nicht tun, denn sie weiß über sich selbst nicht besser Bescheid als irgendein Mensch im Publikum über sich selbst Bescheid weiß. Kurz: es geht im Kunstraum der Bühne so zu wie ›in der Natur‹; die Bühne und die Menschen, die sie bevölkern, sind ein Stück nachgeahmter Natur, weshalb man diesen Stil ›Naturalismus‹ nennt. Seit Ibsen ist er von den Bühnen der Welt nicht mehr verschwunden.

Selbstverständlich geht es auf Ibsens naturalistischer Bühne durchaus nicht so zu wie in der Natur: er erweckt nur im Publikum den intensiven Anschein ungeschminkten Lebens. Seine Gestalten, die von der Straße zu kommen scheinen, kommen zu einem großen Teil geradewegs aus dem französischen Sittenstück: der falsche und der echte, aber entwurzelte Edelmann, der verständnisvolle Vertraute und der vernünftige Ratgeber, die männerverzehrende und die unverstandene Frau, das naive und das gefallene, aber geläuterte Mädchen. Man entdeckt diese längst bekannten, fest umrissenen Typen bei Ibsen freilich erst bei genauerem Hinsehen, weil er nur ihr Skelett und ihre Aufgabe im Drama übernommen, ihnen aber Fleisch und Blut seiner Zeitgenossen gegeben hat. Unter der schreibenden Hand sind sie ihm wie der zweifelhafte Brandstifter Engstrand ins Leben entlaufen, so daß sie auf der Bühne wie aus dem Leben zu kommen scheinen — noch dann, wenn ihre Schicksale derart ineinander verschlungen sind, daß sie, während sie dem Publikum rückwärts enthüllt werden, zugleich vorwärts der unvermeidlichen Katastrophe entgegenstürzen. ›Wie im Leben‹ ist dies so wenig wie ihre Art zu sprechen: ihre Dialoge, scheinbar alltäglich, sind insgeheim mit zusammenraffenden Symbolen verbunden wie dem ›Puppenheim‹, der ›Wildente‹, den ›Wiedergängern‹ (›Gespenster‹ aus der Vergangenheit), dem Meer, den weißen Rossen, und das, was sie verschweigen, ist so wichtig wie das, was sie aussprechen — eine höchst kunstvolle dramatische Technik, und auch sie ist seit Ibsen, ihrem Vollender, nicht mehr von den Bühnen der Welt verschwunden.

Ibsen glaubte, daß es zur Schaffung einer modernen Tragödie der Greuel der klassischen Tragödie und ihrer überlebensgroßen Gestalten nicht bedürfe, sondern daß in den scheinbar kleinen Freveln des Alltags, in Geldnot, Betrügereien, halben Lügen, gefälschten Unterschriften, genügend tragischer Konfliktstoff verborgen sei. Melpomene, die klassische Muse des Trauerspiels, entdeckte er auf dem heimischen Plüschsofa.

Er holte seine Stoffe aus den Zeitungen, die er unersättlich las. Johannes Guthmann hat in einem Hotel in Christiana den alten Ibsen erlebt, »einen Wall von Zeitungen um sich aufgebaut, skandinavische, deutsche, französische, englische, alle dicht um sich herum, als wolle er sich ihrer vergewissern, sie insgesamt, eine nach der anderen, seiner Lesebegierde zu eigen machen. Und er las ... Wortwörtlich schien er, von Anfang bis zu Ende, alles zu lesen; vom politischen Leitartikel bis zu den Stadtneuigkeiten, den Kritiken, den Verlobungsanzeigen, den Geschäftsreklamen — alles! Zeitunglesen! Ob ich's kannte! Das aber hier war ein buchstäbliches Feststellen, ein In-sich-

Der Dramatiker Henrik Ibsen, karikiert von Olaf Gulbransson (1873–1958)

Aufsaugen von Wirklichkeiten, ein Nachleben des täglichen Lebens, dem ein Wächter zu sein für Ibsen Aufgabe und Schicksal war.« Ibsen hat dieses tägliche Leben aus den Kleinstädten Norwegens auf die Bühnen der Welt gebracht und damit versucht, in das tägliche Leben einzugreifen. Auch die Hoffnung, durch das Theater Ansichten und Lebensformen der Gegenwart zu kritisieren und das Publikum direkt oder indirekt zum kritischen Denken, ja zur Änderung des eigenen Lebens aufzurufen, ist seit Ibsen von den Bühnen der Welt nicht mehr verschwunden.

Ibsen hielt sich mehr für einen Dichter als für einen Sozialphilosophen. »Für das Solidarische habe ich eigentlich nie ein starkes Gefühl gehabt; ich habe es eigentlich nur so als traditionellen Glaubenssatz mitgenommen«, schrieb er an den dänischen Kritiker Georg Brandes. »Es gilt, sich selbst zu retten«, steht in diesen Briefen; auch: »Der Staat ist der Fluch des Individuums«, und, ganz rigoros: »Der Staat muß weg!«

Zum großen Gesellschaftsreformer fehlte dem Anarchisten Ibsen der Sinn für die Notwendigkeit der Gesellschaft. Er war ein romantischer Individualist und rief den Einzelmenschen auf, sich selbst zu verwirklichen. Seine Hauptfrage war nicht: Wie kommt der Mensch mit der Gesellschaft zurecht? Sondern, indem er feststellte »Ich habe kein Talent zum Staatsbürger«: Wie kommt der Mensch mit sich selbst und mit seinen ›Idealen‹ zurecht? Er hatte zwar das utopische und durchaus romantische Ziel, den ›Menschengeist‹ zu revolutionieren, aber er entlarvte auch den romantischen Idealismus und wurde darüber zum Dichter, zum Schöpfer ungewöhnlicher und — sein historisches Verdienst — ganz gewöhnlicher, alltäglicher Charaktere.

Er wußte: »Weder die Moralbegriffe noch die Kunstformen haben eine Ewigkeit vor sich« — seine Moralbegriffe sind zu einem großen Teil uninteressant geworden, und auch seine Kunstform hat gelitten, denn gerade die von seinen Zeitgenossen gerühmte Vollkommenheit seiner dramaturgischen Konstruktion, dieser pünktliche, fahrplanmäßige Ablauf, mit dem seine Katastrophen, seine symbolischen Beziehungen und tragischen Ironien auftreten, lassen seine Schauspiele bis an den Rand des Komischen als berechenbar und berechnet erscheinen.

Egon Friedell prophezeite um 1930: Wenn Ibsens »Tracht dem Publikum einmal so fern sein wird wie die Adrienne der Lady Milford und der Haarbeutel Franz Moors, wird es erkennen, daß es sich um Ewigkeitsdichtungen handelt, obgleich oder vielmehr weil sie vom Dichter ebenso als tendenziöse Zeitdichtung konzipiert wurden wie die Räuber und Kabale und Liebe«. Dieser Zeitpunkt ist noch nicht erreicht und die Frage, ob Ibsen Ewigkeitsdichtungen geschaffen hat, noch nicht entschieden. Gewiß ist nur, daß seine Stücke als Weltanschauungsdramen nicht mehr genießbar sind, als Menschendramen aber ihre Reize haben: man spielt seine Charaktere, nicht mehr seine Ideen. Groß ist er noch als Zweifler an ethischen Idealen, nicht mehr als Errichter einer privaten Ethik.

Meinungen. »Alle diese Menschen leben ein schattenhaftes Leben; sie erleben fast keine Taten und Dinge, fast ausschließlich Gedanken, Stimmungen und Verstimmungen. Sie wollen wenig, sie tun fast nichts. Sie denken übers Denken, fühlen sich fühlen und treiben Autopsychologie«: Hofmannsthal. — »Alle diese Stücke sind Monologe Ibsens mit verteilten Ideen. Nicht Stücke, in denen Menschen Ideen haben oder von Ideen besessen sind. So und so vom Verfasser benannte Bühnenarbeiter tragen nach einem vorgezeichneten Schema Aufschriften herum, und Ibsen redet dazu mit einer ins Natürliche verstellten Stimme das Problematische über den modernen Menschen«: Franz Blei. — »Er war, nächst Shakespeare, der größte Historiendichter des neueren Europa. Ganz wie dieser wird er erst zur vollen Wirkung gelangen, wenn die Kleider seiner Gestalten Kostüme geworden sind«: Egon Friedell. — »Ibsen bleibt für uns der große Anreger; der Ahnherr nicht eines einzelnen Dramas, doch einer ganzen dramatischen Epoche«: Alfred Kerr. — »Ibsen hält gern der Moral Moralpredigten und ruft die Ordnung zur Ordnung«: Alfred Polgar. — »Er kämpfte gegen die konventionelle Moral, die bürgerlichen Vorurteile, die herrschende Gesellschaft im Namen der Idee einer Freiheit, an deren Realisierbarkeit er selbst nicht glaubte. Er war ein Kreuzfahrer ohne Glauben, ein Revolutionär ohne Gesellschaftsideal, ein Reformer, der sich schließlich als arger Fatalist entpuppte«: Arnold Hauser. — »Zumindest die späten Tragödien Ibsens enthalten doch, ganz simpel gesagt, mehr Menschenkenntnis, mehr Schicksalsahnung, mehr Theaterkunst als beinahe alles, was das 19. Jahrhundert hervorbrachte ... Nicht mit Naturalisten oder Realisten muß er sich messen, sondern mit Shakespeare oder Euripides. Die einzige Schwäche des Ibsenschen Kosmos ist ein totaler Determinismus. Die Welt besteht aus lauter Rädern, die in der Vergangenheit fabriziert wurden und nun allzugut ineinandergreifen«: Joachim Kaiser.

Henrik Ibsen, im gleichen Jahr wie Tolstój geboren, am 20. März 1828 in Skien an der norwegischen Südküste, hatte als Siebenjähriger in der eigenen

Familie den Zusammenbruch einer bürgerlichen Existenz erlebt, die als Drohung in seinen Dramen eine große Rolle spielen wird: sein Vater, ein Kaufmann, wurde zahlungsunfähig, Henrik mußte nach dem Besuch der Mittelschule als Sechzehnjähriger Lehrling bei einem Apotheker in Grimstadt werden. Hier begann er zu schreiben, veröffentlichte sein Erstlingsdrama, die Römertragödie *Catilina* (1850) unter dem Pseudonym Brynjolf Bjarme; sein zweites Stück, das Wikingerschauspiel *Das Hünengrab* wurde im gleichen Jahr vom Theater in Bergen aufgeführt. Für diese Nationalbühne, an der er Dramaturg und Regisseur wurde (bis 1857), schrieb er eine Reihe von romantischen Stücken, in denen der künftige Realist und seine Hauptthemen schon zu spüren sind. 1857 wurde er künstlerischer Direktor des Theaters in Christiana und heiratete dort Susanne Thoresen, einen, wie er schrieb, »Charakter, wie ich ihn just brauche, unlogisch, aber von einem starken poetischen Instinkt; groß ist ihre Denkungsart und beinahe zügellos ihr Haß gegen alle kleinlichen Rücksichten«. In seinem Nibelungen-Wälsungen-Schauspiel *Nordische Heerfahrt* (›Die Helden auf Helgeland‹, 1857) steckt schon ein modernes Ehedrama, und in seinem Versspiel *Komödie der Liebe* (1862) versucht der Dichter Falk, sich bei seinem bedingungslosen Kampf gegen die Lüge von allen kleinlichen, kleinbürgerlichen Rücksichten zu befreien. Das norwegische Theater in Christiana brach zusammen, und nach seinem realistischen Drama aus der mittelalterlichen Geschichte Norwegens *Die Kronprätendenten* (1863) reiste Ibsen 1864 nach Italien.

»Alles oder nichts« ist die vielzitierte Parole des norwegischen Pfarrers *Brand,* der Titelgestalt eines dramatischen Gedichtes, das Ibsen im Sommer 1865 im italienischen Arricia schrieb. (Uraufgeführt am 24. März 1885 im Neuen Theater, Stockholm.) Brand ist ein Glaubensfanatiker, der im Namen des Gekreuzigten alle Halbheiten und Kompromisse verachtet. Er opfert Mutter, Frau, Kind und die Kirche seinen idealen Forderungen und versucht vergeblich, das Volk seiner radikalen Ethik zu unterwerfen. Im Hochgebirge wird er von einer Lawine verschüttet, und auf seine letzte Frage, ob Gott der Wille eines Mannes zur Errettung genüge, antwortet eine Stimme: »Er ist deus caritatis!« Man hat diesen Schluß auf entgegengesetzte Weise gedeutet: der Gott der Liebe segnet Brands Leben — oder aber der Gott der Liebe gibt zu erkennen, daß weit über dem sich und seine Mitmenschen aufopfernden Glauben Brands die Liebe steht. Wenn Ibsen in diesem Stück mit seinen Landsleuten satirisch abrechnet, so ist ihm der Abrechner Brand mit seinem lebensblinden Fanatismus zu einer tragikomischen Figur geraten, die an ihrer eigenen Maßlosigkeit zugrunde geht — ein Sonderling wie der ›Freiluftagitator‹ Lammers, ein Pastor und Stifter einer christlich-apostolischen Gemeinde in Skien, der Ibsen als Modell gedient hat.

Peer Gynt. (1867. Uraufgeführt am 24. Februar 1876 im Christiana-Theater, Oslo.) »Peer, das lügst du« — mit diesem ersten Satz und Peers Antwort an seine Mutter Aase »Nein, es ist wahr« ist das Hauptthema des vielverschlungenen ›dramatischen Gedichts‹ schon angeschlagen: Peer lügt. Soweit er ein Aufschneider, Träumer und Phantast ist, lügt er nicht ohne Charme und bezaubert das Parkett. Aber er ist auch ein Egoist und Versager, der sich in die unproduktive Phantasterei, in die selbstbeschönigende Lüge flüchtet. Er entführt Ingrid, die Braut eines anderen, an ihrem Hochzeitstag, verführt und verstößt sie. Kirchenglocken bewahren ihn zwar davor, daß er im Hochgebirge, im Reich der Trolle, mit der ›Grünen‹, der Tochter des Dovre-Alten, vermählt und zum Troll gemacht wird, doch den Grundsatz der selbstsüchtigen Troll-Welt »Sei dir selbst genug« wird er befolgen und das Gebot der Menschenwelt »Sei du selber« nicht erfüllen können. Unter Glockenläuten schrumpft der ›große Krumme‹, die Stimme der Bequemlichkeit und des geringsten Widerstandes zwar zusammen, doch seinen Rat »Geh außen herum« wird Peer befolgen. So verläßt er Solveig, die ihn liebt, und heißt sie, auf ihn zu warten — er geht ›außen herum‹, um die halbe Welt. An der Küste von Marokko, durch Sklavenhandel reich geworden, träumt Peer

›Peer Gynt‹ von Henrik Ibsen: Bühnenmodell von Karl Gröning (geboren 1897) für eine Inszenierung Leopold Jessners (1878–1945) aus dem Jahre 1929, Stadttheater Altona

davon, durch sein Geld zum Kaiser der Welt zu werden. Der Engländer Cotton, der Franzose Ballon, der Deutsche von Eberkopf, der Schwede Trumpeterstraate, personifizierte und parodierte Nationaleigenschaften, stehlen ihm seine Jacht, und in der Wüste läßt sich Peer im Zelt eines Araberhäuptlings wie ein Prophet göttlich verehren. Er will Anitra, die Häuptlingstochter, entführen, wird jedoch von ihr um seine Schätze bestohlen. Professor Begriffenfeldt, der Vorsteher des Irrenhauses in Kairo, hat, selbst verrückt geworden, die Wächter eingesperrt und liefert Peer den Anstaltsinsassen aus, die ihn zum Kaiser der Selbstsucht krönen. Bei einem Schiffbruch, Jahre später, rettet sich Peer, indem er den Schiffskoch, einen Familienvater, von den Bootsplanken in den Tod stößt; die Todesangst begegnet ihm, personifiziert durch den ›Fremden Passagier‹, der auf seinen Leichnam wartet. In die Heimat zurückgekehrt, hört er Solveigs Stimme, erkennt, daß sein Kaiserreich hier gewesen wäre, und begegnet dem ›Knopfgießer‹, der ihn umgießen will, weil er nichts Halbes und nichts Ganzes, weil er »niemals er selbst gewesen«. Selbst für den ›Mageren‹, den Teufel im Priesterrock, ist er kein rechtes Objekt, ein Halber, kein Engel und kein Teufel. Solveig nimmt Peer auf, durch den ihr ganzes Leben »zu einem schönen Gesang« geworden ist; bei ihr, im Namen von »Glaube, Hoffnung, Liebe« wird ihm vergeben.

Die abenteuerlichen Lebensstationen Peer Gynts wandeln immer wieder das Grundthema ab: während er meint, er selbst zu sein, läuft er vor sich selbst davon; während er meint, sich selbst, »das Gyntsche Ich«, zu verwirklichen, ist er doch immer nur sich selbst genug, ein norwegischer Troll, ein Halbwesen, das sich belügt und ohne Beziehung zu den Forderungen der Realität die Wege des ›großen Krummen‹ außen herum geht. Glaube, Hoffnung, Liebe erlösen ihn im Tode: ein Akt der Liebe Solveigs, der Gnade jenseits irdischer Gerechtigkeit, ein bürgerlich-romantischer Rückgriff Ibsens.

Die zahlreichen symbolischen Figuren, die Ibsen aus der Märchenwelt Norwegens entwickelt hat, sind Personifikationen der inneren Kräfte, die Peer Gynt bewegen: seines Egoismus, seines Selbstbetrugs, seiner Angst, seiner Selbstprüfungen.

›Peer Gynt‹, von Ibsen als höhnisches Zerrbild selbstzufriedenen Norwegertums konzipiert, und mit vielen damals aktuellen Bosheiten vollgestopft, ist über diesen Anlaß zur satirisch-tragischen Symbolfigur einer unproduktiven Phantasie geworden, einer durch Egoismus und Selbstbetrug verfehlten Selbstverwirklichung.

Dietrich Eckart, ein nationalsozialistischer Schriftsteller und Propagandist Hitlers (1868–1923), hat in seiner Bearbeitung und Übersetzung (1918) versucht, Peer Gynt in einen Germanen-Heros umzufälschen. Eine getreue und poetische Übersetzung stammt von Christian Morgenstern (1901). Die Bühnenmusik Edvard Griegs, von Ibsen in Auftrag gegeben (1874), betont das romantische Element, in dem Ibsen Epigone ist und von dem er sich in seinen späteren Werken befreit hat. Werner Egks Oper ›Peer Gynt‹ (1938) vereinfacht und verändert Ibsens Drama sehr stark. Durch die selbstlose Liebe wird Peer Gynt schließlich doch entsühnt. Die Zweifel an der Berechtigung rigoroser ethischer Forderungen sind in Ibsen nie verstummt; in der *Wildente* (siehe auch Seite 615), achtzehn Jahre später, wird der Wahrheitsfanatismus seines Gregers Werle nichts anderes erreichen, als daß ein Kind sich tötet, und wird sein Dr. Relling die ›Lebenslüge‹ als eine glückbringende notwendige Illusion für den Durchschnittsmenschen betrachten. In dem zehnaktigen geschichtsphilosophischen Doppeldrama *Kaiser und Galiläer* (1873) um den spätrömischen Kaiser Julian Apostata verkündet Ibsen, der Hegel-Leser, zwischen Antike und Christentum eine dialektische Synthese, ein ›drittes Reich‹, »das auf dem Baum der Erkenntnis und des Kreuzes zusammen gegründet werden soll, weil es sie beide zugleich haßt und liebt«; Ibsen glaubte, daß die Ideale seiner eigenen Zeit zu diesem ›dritten Reich‹ hinstrebten. (Uraufgeführt am 5. Dezember 1896 im Stadttheater Leipzig.)

In München, wo Ibsen, seit ›Brand‹ vom norwegischen Storting mit einem Stipendium ausgestattet, ab 1875 lebte, schrieb er die Reihe seiner Gesellschaftsdramen, durch die er zum großen europäischen Dichter, zum Kosmopoliten und zum Anreger des internationalen Theaters geworden ist. Die entscheidende theoretische Anregung hatte ihm der dänische Literaturkritiker Georg Brandes (1842–1927) gegeben. Das Generalthema seiner Dramen ist die Lüge; ihre Generalforderung: die Selbstverwirklichung des einzelnen. In einem gewissen Maße sind sie alle noch romantisch, in die Zukunft aber wirkten sie durch ihren Realismus.

Die Stützen der Gesellschaft (1877. Uraufgeführt am 14. November 1877 in Odense; am 25. Januar 1878 in Berlin, Belle-Alliance-Theater), an ihrer Spitze der spekulierende Konsul Bernick, sind verlogen im politischen, geschäftlichen und privaten Leben. In einem angehängten Komödienschluß mit einer kaum überzeugenden Wendung des Konsuls zur Lauterkeit werden ›Freiheit und Wahrheit‹ als die rechten Stützen der Gesellschaft eingesetzt.

Nora oder Ein Puppenheim (1879. Uraufgeführt am 21. Dezember 1879 im Hoftheater Kopenhagen. Deutsche Erstaufführung 3. März 1888, Residenztheater, München). Nora fühlt sich als ›Puppenfrau‹ in einem ›Puppenheim‹,

›Gespenster‹ von Ibsen: Entwurf von Edvard Munch (1863–1944) für Max Reinhardts
Inszenierung zur Eröffnung seiner Berliner Kammerspiele am 8. November 1906

in dem aus Liebe gelogen wird. Sie verläßt Mann und Kinder — vielleicht
werden ihr Mann und sie in der Trennung sich so verändern,»daß ein
Zusammenleben zwischen uns beiden eine Ehe werden könnte«.

Gespenster (1881. Uraufgeführt im Mai 1882 durch eine norwegische Wandertruppe in Chicago; am 14. April 1886 in Augsburg). Anders als Nora,
hat Frau Alving ihren Mann nicht verlassen und den Abgrund einer un-
wahrhaftigen Ehe neunzehn Jahre lang durch die Lüge überdeckt. Frau
Alving hat ihren Mann nur geheiratet, weil ihre Liebe von Pastor Manders
abgewiesen worden ist, und ihr Sohn Osvald, der seine Gehirnerweichung
dem ausschweifenden Leben seines Vaters verdankt, verliebt sich nun in
Regine, die Tochter des Tischlers Engstrand, von der sich herausstellt, daß
auch sie ein Kind Alvings und damit Osvalds Halbschwester ist, freilich
ohne Paralyse. Schuld an der Krankheit Osvalds ist sein Vater; schuld an
der neunzehnjährigen Hölle der Alvingschen Ehe ist die Rücksicht auf gesellschaftliche Konventionen; schuld an dem Versuch Osvalds, Regine zu verführen, ist das Blut des Vaters, das auch in der leichtfertigen Regine fließt.
Die Schuldfrage scheint durch Umwelt und Vererbung wissenschaftlich erklärbar und ohne jedes metaphysische Geheimnis. Doch je genauer Ibsen
das Netz aus Ursachen und Wirkungen webt, desto unüberschaubarer wird
es. Im Laufe des Stückes erweitert sich das Bild des verstorbenen Kammerherrn Alving, dieser nicht auftretenden Hauptperson: war er nicht ein vitaler

Mann, dessen Lebensfreude, ja Lebensgrund in dieser dumpfen Provinz ersticken mußte? Hat er ohne sinnvolle Arbeit nicht ebenso unter seiner tüchtigen Frau gelitten wie sie unter ihm? Wäre Frau Alving etwa mit Pastor Manders, diesem Versager als Mensch, Freund und Christ, glücklicher geworden? Und ist dieser Versager nicht ein Versager aus reinstem, kindlichem Herzen? Und die Krankheit des Kammerherrn — ist sie nicht ein Symbol für die verfaulte Lebenskraft, die durch keine medizinische Errungenschaft je zu heilen wäre? Sind nicht zu viele Ursachen für die Krankheit Osvalds zusammengekommen, als daß man noch irgend jemand allein für die Schuld haftbar machen könnte? Und sind die Menschen nicht alle ›Gespenster‹, oder, übersetzt man Ibsens ›Gjengangere‹ genauer, ›Wiedergänger‹ — Varianten von Varianten, deren Ursprünge zu weit zurückliegen, als

›Gespenster‹ von Ibsen:
Entwurf von Paul Ott-
Gera aus den
zwanziger Jahren
für das Reuss-Theater
in Gera

daß man sie durchschauen könnte? Und ist Osvalds Krankheit nicht ein Symbol für dieses schuldlos zu erleidende Schicksal, das man tragisch nennt? Klagt das Stück nicht mehr als die Gesellschaft, klagt es nicht den irrationalen Urgrund des Lebens an, wie immer man ihn nennen will? »Und wer ist es«, fragt Frau Alving, »der es so eingerichtet hat auf dieser Welt, Pastor Manders?«

Der Kritiker Alfred Kerr schrieb 1906, als ›Gespenster‹ ein aufwühlendes Gegenwartsstück war, von der »furchtbar harten Wucht dieses wider Gott kyklopisch und schweigend gerichteten Anklagestücks«. Mit böser Ironie dringt die Wahrheit, zerstörend, ans Licht: kein Geld sollte Osvald von seinem Vater erben, davor hat ihn seine Mutter bewahrt, aber Osvald hat Schlimmeres geerbt, vor dem ihn keine Mutter bewahren kann; Pastor Manders, der Tugendprediger, fällt auf den Heuchler Engstrand herein und wird ihm mit dem Geld des Kammerherrn eine Art Seemannsbordell finanzieren, und genau dorthin bringt der beschränkte Manders die Regine, die er vor Unmoral bewahren will; Frau Alving, die alles getan hat, um das Leben Osvalds rein zu erhalten, wird von ihm angefleht, ihm das Leben zu nehmen; Osvald, der allein völlig unbeteiligt ist an den Verstrickungen der Vergangenheit, geht an der Vergangenheit zugrunde, und er verblödet ausgerechnet mit dem Wort ›Sonne‹.

So sehr es freilich theoretisch einleuchten mag, daß in den ›Gespenstern‹ der Geist der zeitlosen Tragödie herrsche, die Zeitprobleme von 1881 sträuben sich dagegen, sich in zeitlose tragische Symbole zu verwandeln: solange der Provinzmief den Zuschauern als historischer Zustand und die Paralyse als eine heilbare Krankheit erscheinen muß, bleibt dieses ›Familiendrama‹ zwischen historisch gewordenem Zeitstück und einer ahnbaren, zeitlosen Tragödie hängen.

Ein Volksfeind (1882. Uraufgeführt am 13. Januar 1883 im Christiana-Theater, Oslo). Der Badearzt Dr. Stockmann hat festgestellt, daß Wasserleitung und Bäder durch Industrieabwässer zu Krankheitsherden geworden sind, kämpft gegen die ›kompakte Majorität‹ der Stadt, die durch die Sanierungsmaßnahmen einen Gewinnausfall fürchtet, und steigert sich in maßlose Anklagen gegen die gesamte bürgerliche Gesellschaft und ihre ›sämtlichen geistigen Lebensquellen‹. Die berechtigte Gesellschaftskritik wird von einem ›Strudelkopf‹ geführt, wie ihn Ibsen genannt hat. So scharf (und unglaubwürdig) die Satire auf die Vertreter der allzu dummen ›Mehrheit‹ ist, auch Dr. Stockmanns fast unmenschliche Bedingungslosigkeit ist in sie einbezogen: er ist ein Narr, wenn auch ein sympathischer, und sein Schlußwort ›Der ist der stärkste Mann der Welt, der allein steht‹, ist eine Selbsttäuschung.

Die Wildente (1884. Uraufführung in Bergen am 9. Januar 1885; am 4. März 1888 im Berliner Residenz-Theater). Gregers Werle, der Wahrheitsfanatiker, bringt in diesem Schauspiel mit seiner ›idealen Forderung‹ nur Unheil; als ein lächerlicher und lebensfremder Unmensch steht er am Ende da, während der Arzt Relling, den man zu Ibsens Zeiten als Zyniker bezeichnet hat und den man heute einen lebensklugen Skeptiker nennen würde, mit seinem Satz »Nehmen Sie einem Durchschnittsmenschen die Lebenslüge, und Sie nehmen ihm zu gleicher Zeit das Glück« recht behält. Der Durchschnittsmensch, Gregers' Freund Hjalmar Ekdal, wird von Gregers darüber aufgeklärt, daß seine Frau Gina vor ihrer Ehe mit Gregers' Vater, einem Großkaufmann, ein Liebesverhältnis gehabt hat, noch jetzt auf indirekte Weise dafür Geld erhält, und daß seine vierzehnjährige Tochter Hedwig wahrscheinlich ein Kind des alten Werle ist. Gregers erwartet von Hjalmar, daß er nun aus seiner Ehe »ein Zusammenleben in Wahrheit und Aufrichtigkeit« mache. Hjalmar hat bis dahin zufrieden gelebt: seine Tochter Hedwig liebt ihn zärtlich, seine Frau Gina hat ihm alle Arbeit und alle Alltagssorgen abgenommen, damit er sich ganz seiner ›Erfindung‹ widmen kann — einer Erfindung, die er nie machen wird. Sie ist wie die Vorstellung, die er von seiner Familie und von sich selber hat, sein Selbstbetrug, seine ›Lebenslüge‹, die ihn und seine Familie glücklich macht. Ein mehrdeutiges Symbol seines Lebens ist eine Wildente, die auf dem Dachboden lebt; der alte Werle hat sie angeschossen und durch seinen Hund aus dem Tang holen lassen, an dem sich verwundete Wildenten tief unten im Wasser festbeißen. Die Wildente, ein Opfer des alten Werle, hat sich an ihr flügellahmes Leben auf dem Dachboden gewöhnt; sie wird von Hjalmars Tochter Hedwig über alles geliebt. Gregers sieht in der Wildente ein Symbol für das reduzierte Leben Hjalmars, der zur ›flügelwunden Jagdbeute‹ seines Vaters geworden ist, und verlangt von Hedwig, daß sie die Ente töte als das Liebste, was sie auf Erden hat, um Hjalmar zu beweisen, wie sehr sie ihn liebt. Hjalmar, von Gregers' ›idealer Forderung‹ gepeinigt, kann in Hedwig nicht mehr seine Tochter sehen, entzieht ihr seine Liebe, will seine Frau verlassen — Hedwig geht auf den Dachboden und erschießt statt der Wildente sich selbst. Noch immer erwartet Gregers von der Wahrheit »die höhere Weihe«, von Hjalmars Schmerz um Hedwig, daß er »das Erhabene in ihm frei« mache — Relling aber, der Arzt, bleibt auch hier nüchtern und sagt voraus, daß Hjalmar sich in Rührung, Selbstbewunderung und Selbstmitleid, in eine neue Lebenslüge, einwickeln wird: »Ach, das Leben könnte doch noch ganz schön sein, wenn wir nur Frieden hätten vor diesen famosen Gläubigern, die uns armen Leuten das Haus einlaufen mit der idealen Forderung.«

Ibsen, der Mann der idealen Forderungen, zeigt hier nicht nur die Lebens-

SKANDINAVIEN

lüge als ein ›stimulierendes Prinzip‹ des Durchschnittsmenschen, er zeigt
überdies, daß auch die ideale Forderung Gregers nur eine andere Art Lebenslüge ist: Gregers leidet nicht nur am ›Rechtschaffenheitsfieber‹, er leidet
überdies am ›Vergötterungsdelirium‹, denn er lügt vor sich selbst seinen
erbärmlich energielosen und unintelligenten Freund Hjalmar in einen höheren, den Idealforderungen gewachsenen Menschen um, und die geheime
Ursache seines eigenen Wahrheitsfanatismus ist durchaus unedel, ist der
Haß gegen seinen Vater. Ibsens oft zitierter Vers »Dichten — Gerichtstag
halten über sein eigenes Ich« könnte als Motto über der ›Wildente‹ stehen:
Ibsen rechnet in Gregers mit seinen eigenen Idealen der Wahrhaftigkeit um
jeden Preis ab und in Hjalmar mit dem Leben, das diese Wahrhaftigkeit
nicht erträgt. Der vierzehnjährigen Hedwig, die allein mit der Wahrheit
ernst macht, bleibt nur, ihrem Leben ein Ende zu setzen. Relling ist der
Skepsis des 20. Jahrhunderts nach den beiden Weltkriegen ganz nahegerückt;
das Pathos Gregers ist grausamer und komischer geworden; Hjalmar, der
sein Leben »schön und ruhig und friedlich« haben will, und sei es auch um
den Preis des Selbstbetrugs, ist so lebendig geblieben wie an seinem ersten
Tag: ein Stück glanzvoller, tragikomischer Enthüllungspsychologie. (Zehn
Jahre später schrieb Tschéchow seine ›Möwe‹; siehe auch Seite 582.)

Rosmersholm (1886. Uraufgeführt am 17. Januar 1887 in Bergen; am
6. April 1887 in Augsburg), ein Schauspiel unter ›Adelsmenschen‹, denen
nur der freiwillige Weg in den Tod bleibt. Rosmer, ein ehemaliger Pfarrer,
der Freiheit, Wahrheit und Selbstverantwortlichkeit verschworen, lebt in
einer geistigen Gemeinschaft mit Rebekka West. Es stellt sich heraus, daß
Rebekka, einst in Rosmer sinnlich verliebt, Rosmers Frau Beate den Weg
zum Selbstmord im Mühlgraben gewiesen hat; nun, durch Rosmer geläutert,
von unsinnlich adligem Wesen wie er, nimmt sie ihre Schuld auf sich, und
Rosmer geht mit ihr in den Tod. ›Weiße Rosse‹, die auf Rosmersholm gesehen werden, sind Sinnbilder der Toten, die nach den Lebenden rufen.

Die Frau vom Meer (1888. Uraufgeführt am 12. Februar 1889, Christiana-
Theater, Oslo). Ellida fühlt sich unfrei in ihrer Ehe mit dem Bezirksarzt
Dr. Wangel, da sie sich vor ihrer Heirat mit einem geheimnisvollen Seefahrer verlobt hat und nun vom Meer, dem Symbol des Abenteuerlichen,
Gefährlichen und Verderblichen, angezogen wird. Als der ›Fremde‹, ihr Verlobter, kommt, um sie zu holen, läßt Dr. Wangel sie entscheiden, wohin sie
will, und durch diese ihr gegebene ›völlige Freiheit‹ gewinnt sie die Kraft,
bei Dr. Wangel zu bleiben. Die unterschwellige Bindung ans Meer ist durch
die freie Selbstverantwortung wie eine Selbsttäuschung gelöst worden.

Die Tragödin Eleonora Duse (1859–1924) als Ibsens ›Hedda Gabler‹. Karikaturen von Olaf Gulbransson (1873–1958)

Hedda Gabler (Uraufführung Kopenhagen 1890. Deutsche Erstaufführung am 31. Januar 1891 im Hoftheater, München). In ihr sind das Spiel aus Langeweile, die Lüge und der Selbstgenuß zur Person geworden, die nicht als Produkt der bürgerlichen Gesellschaft erscheint, sondern als Natur, als eine alles vernichtende Frau: ihren Mann betrügt sie mit ihrem ehemaligen Geliebten, und ihren Geliebten will sie um seine Arbeit, ein kulturgeschichtliches Werk (und ebenfalls ein Betrug), betrügen. Sie treibt ihn in den Selbstmord, befiehlt ihm einen ›Tod in Schönheit‹ und erschießt sich, um der Unfreiheit zu entrinnen, in die sie durch einen Erpresser geraten ist.

Ibsen kehrte 1891 nach Norwegen zurück, wo er in Christiana die letzten fünfzehn Jahre seines Lebens verbrachte, nun auch in seiner Heimat ein gefeierter Dichter. Die Dramen dieser letzten Jahre behandeln sehr persönliche, oft autobiographische Themen, und das Symbolische, das seit der ›Wildente‹ sein Werk durchtränkt, gewinnt mehr und mehr einen mystischen Charakter. Er starb in Oslo, am 23. Mai 1906, an Arterienverkalkung. Unmittelbar nach seinem Tod setzte eine scharfe Kritik an Ibsen ein, der bis dahin von vielen seiner Zeitgenossen als ein Aischylos des 19. Jahrhunderts betrachtet worden war.

Baumeister Solness (1892. Uraufgeführt am 7. September 1892 im Haymarket-Theater, London; am 19. Januar 1893 in Berlin). Der Preis, den ein Künstler für sein Lebenswerk zahlen muß, und das Verhältnis eines alternden Künstlers zur Jugend: er fürchtet sich vor ihrem Talent — dies der gegen sich selbst rücksichtslos autobiographische Zug. Baumeister Solness fürchtet sich davor, von dem Sohn seines Assistenten überflügelt zu werden — und dieser Assistent ist einst sein Dienstherr gewesen und von Solness längst überflügelt worden. Der scheinbare Kraftmensch Solness hat Gewissensbisse: sein Weg zwischen Idealismus, dem himmelstrebenden Kirchenbau, und sich bescheidendem Alltag, dem Bau von Wohnhäusern, hat Opfer gefordert, die er nicht vergessen kann. Hilde Wangel, ein Mädchen von 22 Jahren, das ihn zehn Jahre vorher schwärmerisch bewundert hat, als er den Richtkranz an die Spitze des Kirchturmgerüstes gehängt, ergreift nun mit ihrer Forderung nach dem Höchsten seelischen Besitz von ihm: sie will mit ihm ›Luftschlösser‹ bauen, ihn zum Unmöglichen treiben und verleitet ihn dazu, den Richtkranz am Turm aufzuhängen – bei diesem Versuch, »so hoch zu steigen, wie er baut«, wie es doppelsinnig heißt, stürzt er ab. Hilde, die alles »furchtbar spannend« findet, hat ihren Triumph: »Mein Baumeister!«

Klein Eyolf (1894. Uraufgeführt 3. Dezember 1894 in London, Haymarket Theatre, Deutsche Erstaufführung 12. Januar 1895, Berlin, Deutsches Theater). Mehr Symbol als Wirklichkeit ist der verkrüppelte Junge Eyolf, der als Kind vom Tisch gefallen ist, während seine Eltern sich liebten: Symbol ihrer Schuld, Anlaß für den Vater, Eros zu verdächtigen und sich seiner Frau zu entziehen. Allmers schreibt ein Buch über die Verantwortung und verführt seine Frau Rita, an dieses Werk zu glauben, an das er selbst nicht glauben kann. Wie die Erfüllerin ihrer geheimsten Wünsche erscheint die ›Rattenmamsell‹, lockt Eyolf mit sich und führt ihn ins Meer, in den Tod – Skepsis und Verzicht sind die Grundmelodie.

John Gabriel Borkmann (1896. Uraufgeführt am 14. Dezember 1896 in London, Avenue-Theatre), ein gescheiterter Napoleon der Börse, ein verkrachter und mit Gefängnis bestrafter Bankdirektor, hat der Macht die Liebe geopfert: statt Ella Rentheim, die er liebt und die ihn liebt, hat er der Mitgift wegen ihre Zwillingsschwester Gunhild geheiratet. Nach diesem Grundmuster ist sein Leben verlaufen: er hat sich am Vermögen seiner Bankkunden vergriffen, und dies gilt ihm nicht als Betrug, sondern als Manöver zum Segen der Menschheit, den er ihr auch gegen ihren Willen und mit seinen eigenen Methoden bringen will. Seine Frau haßt ihn, seine Jugendliebe klagt ihn des ›Seelenmordes‹ an, er fühlt sich als Herrenmensch: »Wer nicht an mich glaubt, ist hier überflüssig« und geht doch an der Sünde zugrunde, »die man begeht, wenn man das Liebesleben mordet in einem Menschen«. Er flieht in eine Eislandschaft, noch immer seiner Wahnidee eines von ihm zu schaffenden »tiefen, endlosen, unerschöpflichen Reiches« verfallen – eine »eisige Erzhand« greift ihm ans Herz, und die beiden Frauen, »zwei Schatten über einem toten Mann«, reichen sich die Hand. Das Komödiantische in der Rolle des verbitterten alten Mannes ist so stark, daß es mit

›John Gabriel Borkmann‹ von Ibsen in der Inszenierung von Max Reinhardt am Deutschen Theater, Berlin, 14. März 1917. Bild: Ernst Stern

dem Altern des Stückes die geheime Komödie, die in ihm verborgen ist, zum Vorschein gebracht hat.

Wenn wir Toten erwachen (uraufgeführt am 26. Januar 1900 in Stuttgart). Im Dezember 1899 erschienen, ist es das letzte Bühnenwerk des 19. Jahrhunderts, Ibsens dramatischer Epilog, eine Abrechnung mit sich selbst. Der Bildhauer Rubek, Ibsens Stellvertreter auf der Bühne, verwirft sein Werk, weil es dem Absoluten entsagt und Kompromisse mit dem Erfolg geschlossen hat. Er begegnet Irene, die vor vielen Jahren sein Modell gewesen ist und ihn geliebt hat, doch ihm ist sie nur ein Mittel für das Werk gewesen, das ihn berühmt gemacht hat, und dies hat ihr Leben und schließlich ihren Geist zerstört. Begleitet von einer Diakonissin, der Wärterin der irren Irene, geht Rubek mit Irene ins Gebirge, gipfelwärts — eine Lawine reißt Rubek und Irene in den Tod; die letzten Worte des Stückes, das »Pax vobiscum!« der Diakonissin, gelten nur für die Toten, der Friede ist nicht mit den Lebenden, und wenn wir Toten erwachen, dann haben wir nicht gelebt.

Ein Künstler hat das erfüllte Leben für sein Werk verworfen und verwirft nun sein unerfüllt gebliebenes Werk — niemand hat Ibsen schärfer kritisiert als er in diesem Abschiedsstück sich selbst.

Strindberg: das Ich auf dem Experimentiertisch

»Und so gehe ich wie ein Menschenfresser und Henker herum. Welch' ein Lebensberuf Schriftsteller zu sein: wie ein Fleischhauer töten und verkaufen.« Dies schrieb 1898 der neunundvierzigjährige Strindberg in deutscher

Sprache aus Lund an Kerstin, seine Tochter aus zweiter (vor einem Jahr geschiedener) Ehe, die bei ihrer Großmutter in Österreich lebte. Kerstin war damals vier Jahre alt, sie konnte diese Sätze nicht verstehen. Ihr Vater hatte ihr schon Briefe geschrieben, als sie erst acht Monate alt war: das Schreiben war für ihn eine Art magischer Akt, bei dem es nur auf das Schreiben ankommt, nicht darauf, ob es auch verstanden wird.

Wenn er wirklich ein Menschenfresser, Henker und Fleischhauer war, so henkte, tötete, fraß und verkaufte er durch Schreiben sich selber. Durch diese literarischen Selbstmorde rettete er seinen Verstand und sein Leben: er befreite sich durch seine Werke von der Furcht, irrsinnig zu werden. So gibt es in Strindbergs Werken nur eine Hauptperson: Strindberg, in immer neuen Abwandlungen, Verkleidungen, Aufspaltungen — Strindberg bei dem Versuch, sich zum Stellvertreter aller Menschen zu machen.

Sein wichtigstes Prosawerk ist seine Autobiographie; sie umspannt, ausgenommen die Jahre von 1888 bis 1892, sein Leben vom Geburtsjahr 1849 bis 1900, zwölf Jahre vor seinem Tod. Eine rückhaltlose Beichte und ein verzweifelter Versuch, sich selbst mit allen seelischen Krisen, mit Zwangsvorstellungen, Selbstmordgedanken, Verfolgungswahn, Eifersuchtszwängen, Angstzuständen zu durchschauen, zu verstehen, am Leben zu erhalten. Mit dem Pfunde seiner Autobiographie wucherte er auch als Dramatiker: er experimentierte unermüdlich mit sich selbst, mit seinen Erfahrungen, mit seinen Psychosen, mit seinen Möglichkeiten. Er konnte sich offenbar in eine Krise, in eine Krankheit hineinkommandieren, und er tat es, um sein Ich zum Menschheits-Ich, seine private Welt zur Welt überhaupt zu erweitern.

Er begann im Fahrwasser Shakespeares, Schillers und des 21 Jahre älteren Norwegers Ibsen, den er bald erbittert bekämpfte, und hatte an seinem Lebensende so viele neue Gedanken szenisch formuliert und so viele neue szenische Formen gefunden, daß ein großer Teil der Dramatiker des 20. Jahrhunderts von ihm abhängig, zumindest aber bei ihm vorgeprägt erscheint. Davon wird bei der Betrachtung seiner folgenreichsten Stücke noch die Rede sein.

Johan August Strindberg wurde am 22. Januar 1849 in Stockholm geboren. Sein Vater war Kolonialwarenhändler, seine Mutter eine ehemalige Kellnerin und Magd. Die Familie Strindberg mit ihren elf Kindern gehörte zum Mittelstand; August fühlte sich schon früh zerrissen von seinem Verlangen nach der ›Herrlichkeit der Oberklasse‹ und dem Gefühl, daß sich das ›Sklavenblut der Mutter‹ dagegen auflehne. Dieser Zwiespalt wird ihn sein Leben lang begleiten, wie ihm eine Ungerechtigkeit seines Vaters — er mußte einen Diebstahl gestehen, den er nicht begangen hatte — unvergeßlich bleiben wird.

Als er dreizehn Jahre alt war, starb seine Mutter an Schwindsucht; zur Stiefmutter, der Haushälterin, fand er keinen Weg. Die ersten Schuljahre erlitt er als eine >Lehrzeit für die Hölle<, doch war er ein vorzüglicher Schüler. Er wurde zum genauen Beobachter seiner Umwelt, der Stadt Stockholm und der Schärenlandschaft, und zum frühen Zergliederer seiner selbst. Seinen pietistischen Christusglauben hatte er schon vor seinem Abitur 1867 verloren; er neigte zum dogmenfreien Pantheismus. Mit Begeisterung las er Lessing, den >Laokoon< und Charles Dickens.

Als Student in Uppsala entdeckte er: »Das Ich ist nichts an sich; es ist eine Mannigfaltigkeit von Reflexen, ein Komplex von Trieben, Begierden, manche hier unterdrückt, andere dort entfesselt« — dieses aufgelöste Ich wird er auf die Bühne bringen. Zwei Grundzüge in seiner Seele betrachtete er als lebensentscheidend: den Zweifel und die Empfindlichkeit gegen Zwang — es sind Grundzüge seiner künftigen Dramengestalten.

Er gab sein Studium rasch auf, arbeitete als Volksschullehrer, als Hauslehrer und nach dem vergeblichen Versuch, Schauspieler zu werden — er wollte Schillers Räuber Moor spielen —, schrieb er das Stück Der Freidenker, das ihn davon überzeugte, daß ihm Gott die Gabe des Dichters verliehen habe. Sein Einakter In Rom wurde 1870 aufgeführt; ein Jahr später, am 16. Oktober 1871, sein Trauerspiel Der Friedlose; es brachte ihm ein Stipendium König Karls XV. ein, er konnte wieder in Uppsala studieren. Als er fürchtete, man halte ihn für geisteskrank, bat er einen Irrenarzt um ein Gutachten — es beruhigte ihn.

Er wurde Journalist, Kritiker, Redakteur, Stockholm-Korrespondent für auswärtige Zeitungen und schrieb 1872 sein erstes großes Bühnenwerk, das schwedische Reformationsdrama Meister Olof. Es wurde wegen seiner radikalen Forderungen nach geistiger Befreiung und sozialer Gerechtigkeit zunächst nicht aufgeführt. Strindberg arbeitete es vier Jahre später in Verse um und ließ Meister Olof sich der Autorität Luthers unterwerfen. Zuerst aufgeführt wurde jedoch die Prosa-Fassung (am 30. Dezember 1881 in Stockholm), nachdem Strindberg durch seinen realistisch-satirischen Roman >Das rote Zimmer< berühmt geworden war.

Im Herbst 1874 wurde Strindberg Assistent an der königlichen Bibliothek in Stockholm, trieb intensive kulturhistorische Studien und lernte Chinesisch. Er heiratete 1877 Siri von Essen, die Frau seines Freundes, des Barons Wrangel, der sich scheiden ließ, weil er in eine andere Frau verliebt war. Siri war Schauspielerin; die ersten sieben Jahre dieser >modernen< Ehe zwischen gleichberechtigten Partnern empfand sie als glücklich. Die Töchter Karin und Greta wurden geboren, Strindberg schrieb Dramen und Gedichte und machte sich 1882 mit seinem Pamphlet >Das neue Reich< so unbeliebt,

Die Schauspielerin Siri von Essen (1850 bis 1912), Strindbergs erste Frau. Nach einem Pastellbild von Maria Röbl

daß er 1883 Schweden verließ; sechs Jahre lang reiste er mit seiner Familie durch Frankreich, Deutschland, die Schweiz und Dänemark.

In Bayern schrieb er 1887 die Tragödie *Der Vater* (siehe auch Seite 627), der seine eigene Ehe als Modell gedient hat: sie war inzwischen von seinem Verdacht belastet, er werde von Siri bespitzelt, mit einer Freundin in lesbischer Liebe betrogen, mit dem Irrenhaus bedroht. Im gleichen Jahr reichten Strindberg und seine Frau brieflich in Stockholm die Scheidung ein und begründeten sie mit ›Haß und Abneigung‹ — was Strindberg nicht hinderte, Siri mit Eifersucht zu peinigen.

›Der Vater‹ und *Fräulein Julie* (siehe auch Seite 628) wurden in Dänemark aufgeführt. Hier, in Kopenhagen, versuchte Strindberg vergeblich, ein Theater zu gründen. 1889 kehrte er nach Schweden zurück, er hatte in diesen Auslandsjahren nicht weniger als 25 Bücher geschrieben. Zwei Jahre später erlangte er die Scheidung, die er mit seiner französisch geschriebenen ›Verteidigungsrede eines Toren‹ vorbereitet hatte, einer Darstellung seiner Ehe, endend mit den Sätzen: »Die Geschichte ist jetzt aus, meine Geliebte. Ich bin gerächt: wir sind quitt.« Die Auflösung dieser Ehe machte er mit erstaunlicher Objektivität zum Gegenstand seines Einakters *Das Band*, dem letzten einer Reihe wenig bekannter Stücke, die er in diesen drei Jahren in Schweden schrieb. Versuche, ein Theater zu gründen, scheiterten; er geriet in wirtschaftliche Not.

Im September 1892 verließ er Schweden und lebte mit geringfügigen Unterbrechungen sieben Jahre lang im Ausland: in Berlin, London, Österreich und Paris. Seine Reise nach Berlin hatten deutsche Schriftsteller durch einen Aufruf in Maximilian Hardens Zeitschrift ›Die Zukunft‹ finanziert. Zu seinem Berliner Kreis gehörten der norwegische Maler Edvard Munch, die Naturwissenschaftler Carl Ludwig Schleich und Wilhelm Bölsche, die Schriftsteller Richard Dehmel, Heinrich und Julius Hart, Paul Schlenther, Theodor Wolff. Hier lernte er die österreichische Journalistin Frida Uhl kennen, heiratete sie 1893, reiste mit ihr, die er bald seine ›schöne Gefangenenwärterin‹ nannte, unruhig durch England, Österreich und Frankreich, immer in Geldnöten und schweren Sorgen um seine Kinder aus erster Ehe. Im Mai 1894 kam ihre Tochter Kerstin zur Welt, im November des gleichen Jahres fuhr Frida von Paris zu der erkrankten Kerstin nach Österreich — es war das Ende dieser kurzen zweiten Ehe, die drei Jahre später in Wien geschieden wurde.

Strindbergs Pariser Jahre von 1894 bis 1896 werden nach einem Teil seiner Autobiographie die ›Inferno-Krise‹ genannt: er beschäftigte sich nicht mehr mit Literatur, sondern — erfolglos — mit Naturwissenschaften, mit Magie, Okkultismus und Alchemie; vergeblich versuchte er, Gold zu machen; er litt unter Verfolgungswahn, schweren Seelenstörungen, dicht am Irrsinn. War er vor dieser Krise materialistischer Atheist, so näherte er sich nun durch den schwedischen Mystiker und Spiritisten Emanuel von Swedenborg (1688—1772) der Theosophie, durch den deutschen Philosophen Arthur Schopenhauer (1788—1860) dem Buddhismus, durch erlebte Frömmigkeit dem katholischen Glauben, erwog sogar seinen Eintritt ins Kloster und fühlte sich dabei als Opfer okkulter Übeltäter, gemartert von Furcht und Gewissensqualen. In ›Legenden‹, der Fortsetzung von ›Inferno‹, schilderte er, wie er im Traum Tod, Erlösung, die Vergebung Gottes und die Gewißheit erlangte, »daß die Hölle hinter mir lag und sich der Himmel auftat«. Er fühlte sich als gläubiger Christ, er konnte wieder literarisch arbeiten. *Nach Damaskus*, 1897 in Paris begonnen, ist das autobiographische Drama seiner religiösen Wandlung (siehe auch Seite 629). Insgesamt schrieb er nach ›Inferno‹ vierunddreißig Stücke, die wichtigsten, die bahnbrechenden, die den psychologischen Naturalismus weit hinter sich lassen (vierundzwanzig Stücke hatte er vor dieser Krise geschrieben).

Die ›Dame‹ in *Nach Damaskus* spielte Harriet Bosse. Strindberg schrieb ihr am Premierentag, am 19. November 1900, einen kurzen Brief, in dem er

Die Schauspielerin Harriet Bosse (1878 bis 1961), Strindbergs dritte Frau, als ›Die Dame‹ in seiner dramatischen Dichtung ›Nach Damaskus‹, bei der Uraufführung am 19. November 1900 in Stockholm

ihre Rollenauffassung korrigierte: »... wenn ich mir die Figur auch etwas
heller vorgestellt hatte, mit kleinen Zügen von Schelmerei und mit mehr
Weite. Ein wenig von Puck! — dies ist mein erstes Wort an Sie! und wird
mein letztes sein!« Es blieb nicht das letzte Wort: Strindberg, der 1899
endgültig nach Schweden zurückgekehrt war, nahm ihr nicht nur eine Feder
vom Hut, um damit Rollen für sie zu schreiben, er fragte sie 1901: »Möchten Sie nicht ein kleines Kind mit mir zusammen haben, Fräulein Bosse?«
»Ich knickste«, berichtete Harriet, »und antwortete völlig hypnotisiert: ›Ja,
danke‹, und dann waren wir verlobt.« Die Heirat war im Mai 1901; Tochter
Anne-Marie wurde im März 1902 geboren und die Ehe 1904 geschieden —
sie lebten dennoch zusammen und schrieben sich freundschaftliche Briefe.
Strindberg war, schlicht gesagt, zur Ehe einfach nicht geschaffen.

  Zwischen 1900 und 1903 schrieb er nicht weniger als siebzehn Dramen.
Darunter seine wichtigsten, wegweisenden *Rausch* (siehe auch Seite 634),
Totentanz (siehe auch Seite 635), *Ein Traumspiel* (siehe auch Seite 635). 1898
hatte er den Zyklus der christlich-gläubigen ›Jahresfestspiele‹ mit *Advent*
begonnen (Uraufführung 28. Dezember 1915, Kammerspiele München, Otto
Falckenberg). In diesem Mysterienspiel wird ein altes, liebloses Ehepaar, das
dem arroganten Wahlspruch ›Streng, aber gerecht‹ folgt, heimgesucht durch
den ›Anderen‹, einen als strafender Zuchtgeist büßenden Teufel in verschiedenen menschlichen Gestalten, der die Aufgabe hat, sie bis »zum Kreuze zu peinigen«; durch Höllenqualen bringt er sie zur Selbsterkenntnis, zur Reue und
Buße, so daß der Stern von Bethlehem schließlich über der Welt aufgehen
kann. Von ›Advent‹, in dem sich die Bösen, indem sie in der Welt nur das
Böse erblicken, ihre eigene Hölle selbst schaffen, führen Linien zum frühen
Paul Claudel, zu Sartre und Tennessee Williams. Im märchenhaften Passionsdrama *Ostern* (1900. Uraufgeführt am 9. März 1901 in Frankfurt am
Main), das zwischen Gründonnerstag und Karsamstag spielt, nimmt die
probeweise aus dem Irrenhaus entlassene Eleonora, eine Märchengestalt
mit der Osterlilie in der Hand, in einer realistisch gezeichneten, unglücklichen Familie, alle Schuld auf sich und erweckt durch Herzenseinfalt und
Güte die Kraft zur Liebe und zur christlichen Ergebung. *Die Kronbraut* und
Schwanenweiß (beide 1901), für Harriet Bosse geschrieben, sind im neuromantischen Stil von dem französisch-belgischen Dichter Maurice Maeter-
linck (1862—1949) angeregte Märchenspiele von Schuld und Läuterung und
voll schwedischer Folklore.

  »Ich stellte mir die Aufgabe, nach dem Lehrmeister Shakespeare Menschen
im großen und kleinen zu zeigen und kein Blatt vor den Mund zu nehmen«,
so begründete Strindberg die Reihe seiner historischen Dramen, darunter
Die Folkunga-Saga, Gustav Wasa, Erich XIV., Gustav Adolf (1899—1901);

Karl XII. (das ›Drama einer Katastrophe‹: der Absturz des Königs, des diktatorischen Menschenverächters, eine ins Dämonische reichende psychologische Studie des Zerfalls, der antikischen und christlichen Schicksalsrache am Bösen), *Engelbrekt* (ein demokratischer schwedischer Bauernführer), *Königin Christina, Gustav III.* (1901–1902); *Luther oder Die Nachtigall von Wittenberg* (1903; in vierzehn Bildern das Leben des jungen Rebellen Luther, unterstützt von Dr. Johannes Faust, bis zur Wartburg); *Der letzte Ritter, Der Reichsverweser, Der Jarl von Bjälbo* (1908).

Strindberg war 58 Jahre alt, als er endlich bekam, was er sich wie alle Dramatiker immer gewünscht hatte: ein eigenes Theater. Zusammen mit dem Bühnenpraktiker und Schauspieler August Falck eröffnete er am 26. November 1907 mit der Uraufführung seines ›Pelikan‹ in Stockholm sein ›Intima Teatern‹, das ›Intime Theater‹, dessen Vorbild die ein Jahr vorher gegründeten ›Kammerspiele‹ Max Reinhardts in Berlin waren. In Deutschland und in anderen europäischen Ländern war Strindberg längst ein berühmter Mann; durch sein ›Intimes Theater‹, das nun die Uraufführungen vieler seiner Stücke herausbrachte, wurde er es auch in Schweden.

Der Bühnenruhm in seiner Heimat kostete ihn viel Geld: das Theater blieb ein Verlustgeschäft. Er wirkte durch seine ›Offenen Briefe an das Intime Theater‹ und durch Briefe an die Schauspieler als Dramaturg und Kritiker, und er führte auch Regie. Die wichtigsten Stücke, die er für diese Bühne schrieb, sind die Kammerspiele, Enthüllungsdramen, deren naturalistische Einzelheiten in die Atmosphäre des archaisch Bösen, des Traumhaften und Gespenstischen übergehen. *Wetterleuchten* (siehe Seite 640). *Brandstätte* (Uraufführung: 5. Dezember 1907): einem ›Fremden‹ enthüllen sich vor der Ruine des abgebrannten Hauses, in dem er seine Kindheit verbracht hatte, die Übeltaten eines ganzen Stadtquartiers: Ehebruch und Brandstiftung, Lüge und Haß, Gespenster vergangener Schuld um die Blumen des Gärtners, die Hoffnungsblumen für die nächste Generation (mit Falck hatte Strindberg einen Apfelbaum gesehen, der durch die Hitze seines niederbrennenden Vaterhauses zum Blühen gekommen war). *Gespenstersonate* (siehe Seite 639). *Der Scheiterhaufen:* Abrechnung der Kinder mit ihrer Mutter, die in maßlosem, vampirhaftem Egoismus ihren Mann ins Grab gebracht und ihre Kinder vernachlässigt, dabei aber stets den *Pelikan* (der erste, böse ironische Titel des Stückes) gespielt hat, der seine Jungen mit seinem eigenen Blut ernährt. Es folgten Märchenspiele, Historien, die Trilogie *Moses, Sokrates, Christus* und 1909 seine letzte dramatische Dichtung *Die große Landstraße*, eine Art Fortsetzung von ›Nach Damaskus‹: der ›Jäger‹ (= Strindberg) auf dem Weg durch sieben symbolische und satirische Lebensstationen wie ›Lügenwald‹, ›Eselsdorf‹, ›Tofeth‹ (= Stockholm) zu sich selbst, zum schuldbewußten

Selbstbekenntnis, zum Angesicht des
Todes und zu Gott: »O Ewiger, ich lasse
nicht Deine Hand, Deine harte Hand,
ehe Du mich gesegnet hast. Segne mich,
Deine Menschheit, die leidet an der
Gabe des Lebens. Mich zuerst, der ich
am meisten gelitten habe, nicht der sein
zu können, der ich sein möchte.« (Uraufführung 19. Februar 1910, Stockholm, Intima Teater.)

In seinen letzten vier Jahren lebte
Strindberg in Stockholm, zurückgezogen und vereinsamt im ›Blauen Turm‹.

Noch einmal verlobte er sich, mit der
Schauspielerin Fanny Falkner, doch vor
der Ehe schreckten beide zurück. Als
Journalist griff er abermals in alle

*Die neunzehnjährige Fanny Falkner,
die letzte Verlobte Strindbergs, im
Jahre 1909*

Gebiete des Lebens ein, ein radikaler (der Sozialdemokratie nahestehender)
Kämpfer gegen alles Konservative. Er verwandelte seine Leser in begeisterte
Anhänger und erbitterte Feinde. An seinem 63. Geburtstag — in seinem
Todesjahr — feierte ihn die Arbeiterjugend durch einen Fackelzug, und der
Führer der Sozialdemokraten überreichte ihm eine Nationalspende. Ein Vier-
teljahr später, am 14. Mai 1912, starb Strindberg an Magenkrebs. Bei seiner
Totenfeier waren das schwedische Königshaus, Reichstag, Regierung und
Universität vertreten.

Meinungen: »Wie ein Geysir speit sich diese heiße Nordlandseele aus.
Eben: riesenhaft! — Und so freudlos dieses Gottesgehirn! Es ist schaurig,
wenn sein irres Frauenlächeln plötzlich abreißt und sich in Medusenstarre
umkehrt. Nein, Lieber: diesen Namen kann man richtig nur mit Lapidarschrift
schreiben: STRINDBERG«: Richard Dehmel. — »Es ist alles echt an August
Strindberg, seine Zerknirschungen und seine Ekstasen, seine Ängste und seine
Verzückungen, sein Größenwahn und seine Demutsparoxysmen, echt aber
auch das bißchen Komödianterei und Charlatanerie, das überall mit unter-
läuft, echt vor allem auch die Ironie, die immer wieder an den eigenen Empfindungen skeptisch herumzerrt und Götterphysiognomien in Fratzen verkehrt«: Heinrich Hart. — »Die Werke dieses Monomanen haben eine kalte
Glut. Der strahlendste Haß wird in dieser Gestalt zum lebenden Symbol. Als
ein Ankläger wandelt ... nachtwandelt er durch seine Zeit. Weit mehr als ein
sozialer Ankläger! Strindberg selbst in seiner dunklen Größe bildet ein

wetterleuchtendes irres Gleichnis für das Schmachvolle, das Unzulängliche in der Welt. Er ist ein Erdenkläger«: Alfred Kerr. — »Das Hauptwerk Strindbergs aber ist ein Sprengstoff unter dem modernen Theater, den das bürgerliche Publikum noch damit neutralisiert, daß es das Werk pathologisch nennt und sich damit von der Gefahr distanziert«: Franz Blei. — »Ihn Weiberhasser zu nennen, ist Schwachsinn. Er war ein das Weib fanatisch Liebender. Ströme der Zärtlichkeit waren es, die die Mühlen seines Hasses trieben«: Alfred Polgar. — »Bei Strindberg ist die Maske des Menschen, das Äußerste seines Gesichts, nicht abgehoben, sondern durchlöchert: auch in der schrecklichsten Enthüllung ist das Nackte noch von den Fetzen der Lüge bedeckt. Denn dieser Dichter hat gesehen, was keiner vor ihm und nach ihm sah: daß diese Maske in Wahrheit angewachsen war und daß das Nackte nur zum Vorschein kommen konnte, wenn es vom Blut der Zerfetzung der oberen Schicht überströmt war«: Siegfried Melchinger.

Der Vater. ›Trauerspiel in drei Akten‹ (1887. Uraufgeführt am 14. November 1887 im Casino-Theater in Kopenhagen; 1890 in Berlin, Lessing-Theater). In einem Landhaus bei Stockholm betreibt in den achtziger Jahren des vorigen Jahrhunderts Laura systematisch die Entmündigung ihres Mannes, des ›Rittmeisters‹, des Vaters ihrer Tochter Berta. Der wissenschaftlich gebildete Rittmeister möchte Berta in der Stadt Lehrerin werden lassen und sie damit auch auf ihre künftige Aufgabe als Mutter und Erzieherin ihrer Kinder vorbereiten, doch Laura will ihre Tochter unter ihrem eigenen Einfluß behalten. Sie verbreitet das Gerücht, der Rittmeister sei nicht zurechnungsfähig, und da er als Vater juristisch berechtigt ist, über die Erziehung seiner Tochter zu bestimmen, stürzt sie ihn durch zweideutige Antworten in quälende Zweifel, ob er überhaupt der Vater der von ihm zärtlich geliebten Berta sei. Der Rittmeister, der verzweifelt »um seinen Verstand kämpft«, erleidet einen Nervenzusammenbruch und stirbt an einem Schlaganfall in einer Zwangsjacke, in die ihn die Amme mit Billigung des von Laura falsch unterrichteten Arztes gesteckt hat.

Ein autobiographisches Stück der Selbstanalyse und des Frauenhasses: Strindberg lebte damals schon seit Jahren in der Angst, irrsinnig zu werden, und war von entsetzlichem Argwohn gepeinigt, seit seine Frau Siri einen Schweizer Arzt über seinen Zustand befragt hatte. Im Rittmeister hat er seine Selbstzweifel objektiviert, in Laura seine Zweifel an seiner Frau Siri in die Gewißheit des absolut Bösen gesteigert. Trat Ibsen für die moderne, die emanzipierte Frau ein, so benutzte Strindberg, der damals die Emanzipation zugunsten der Mutterschaft ablehnte, Ibsens Enthüllungstechnik zum Kampf gegen die moderne Frau. Hinter den autobiographischen Zügen, der zeitgebundenen Tendenz und hinter dem perfekten Kriminaldrama, in dem der systematisch geschürte Zweifel die seelische Mordwaffe ist, taucht in Umrissen ein zeitloses Thema auf: die Unvereinbarkeit einer männlich-rationalen, logischen Welt mit einer weiblich-irrationalen, außerlogischen Welt.

Fräulein Julie. ›Ein naturalistisches Trauerspiel‹ (1888. Uraufgeführt als ›geschlossene Vorstellung‹ 14. März 1889 Kopenhagen; 3. April 1892 Berlin, Residenztheater). Das kleine ›Théâtre Libre‹ in Paris (gegründet 1887; siehe auch 12. Kapitel) war mit naturalistischen Einaktern weltberühmt geworden. Davon angeregt, schrieb Strindberg zwischen 1888 und 1892 elf Einakter, von denen ›Fräulein Julie‹ am lebendigsten geblieben ist. — Auf einem Herrensitz (um 1880) feiert das Gesinde in der Küche die Mittsommernacht. Die hochfahrende und mannstolle Grafentochter Julie kokettiert mit dem ehrgeizigen, nüchternen Diener Jean beim Tanz derart, daß er sie in seine Kammer mitnimmt. In der Ernüchterung nach dem Rausch beginnt der Streit: auf Julies »Knecht ist Knecht« erwidert Jean »Und Hure ist Hure«. Julie wird ihm lästig — sie verläßt am Morgen das Haus mit einem Rasiermesser, das Jean ihr in die Hand gedrückt hat, um sich umzubringen.

Eine Dame und ihr Domestik; die Dame fallend und der Domestik aufsteigend — das war 1888 noch unerhört. Überdies ist der Vertreter der aufsteigenden Schicht nicht besser als die Vertreterin des absteigenden Adels. Doch der Seelenzergliederer Strindberg ging über die eingleisige Gesellschaftskritik weit hinaus: in diesem Musterstück der Gesellschafts- und Sexualpsychologie zerstört sich die dem Sexus verfallene Frau selbst. Im Vorwort führt Strindberg die Umstände auf, mit denen er Julies Geschick begründet hat: mit »den Grundinstinkten der Mutter; der falschen Erziehung des Mädchens durch den Vater; ihrem eigenen Wesen und den Einwirkungen des Bräutigams auf das schwache, degenerierte Gehirn; ferner: der Feststimmung in der Mittsommernacht; der Abwesenheit des Vaters; ihrer monatlichen Unpäßlichkeit; der Beschäftigung mit Tieren; dem aufreizenden Einfluß des Tanzes; dem nächtlichen Schummerlicht; der starken aphrodisischen Einwirkung der Blumen; und schließlich dem Zufall, der die beiden in einen abgelegenen Raum treibt, wozu noch die Entschlossenheit des erregten Mannes kommt«.

An ›einfache Theatercharaktere‹ konnte dieser Strindberg der vielfältigsten Motive ebensowenig mehr glauben wie an die Mathematik des französisch konstruierten Dialogs: »Ich . . . habe die Hirne unregelmäßig arbeiten lassen, wie sie es in Wirklichkeit tun, wo in einem Gespräch kein Thema bis auf den Grund erschöpft wird, sondern wo zwei Hirne ineinandergreifen wie zwei Zahnräder. Und daher irrt auch der Dialog umher, er versorgt sich in den ersten Szenen mit einem Material, das späterhin bearbeitet wird, aufgenommen wird, wiederholt, entfaltet wird, erweitert wird, wie das Thema in einer Musikkomposition.« Diese Technik der Charaktere und des Dialogs ist von Amerikanern des 20. Jahrhunderts wie Tennessee Williams und Edward Albee weitergeführt worden.

Nach Damaskus. ›Dramatische Dichtung in drei Teilen‹ (1898—1904. Uraufführung Teil I am 19. November 1900, Stockholm; deutsche Erstaufführung am 27. April 1914, Lessingtheater, Berlin. Uraufführung Teil II und III, Juni 1916, Kammerspiele München, durch Otto Falckenberg.) Jedes Bild ist eine Station auf dem Wege ›nach Damaskus‹, auf dem einst der ungläubige Saulus zum gläubigen Paulus geworden ist. Die Hauptperson, ›Der Unbekannte‹, unterscheidet sich von Saulus wie von Paulus so sehr, daß der Titel ›Nach Damaskus‹ nicht mehr ist als eine biblische Anspielung auf einen Ort der inneren Umkehr. ›Der Unbekannte‹ ist ein Selbstbildnis Strindbergs, der versucht, Stationen seines Lebens in allgemeingültige Lebensstationen des ›Unbekannten‹ zu verwandeln: des Menschen, der sich selbst nicht kennt und dessen Leben eine unablässige Suche ist nach der eigenen Bestimmung, nach dem absoluten Wert, nach, religiös ausgedrückt, Gott.

Der Weg des Unbekannten auf der Bühne beginnt bei den Klängen eines Trauermarsches an einer Straßenecke mit einer Kirche, einem Postamt und einem Kaffeehaus. Das Kaffeehaus ist ein Ort der Betäubung durch den Alkohol, durch die Flucht in den Rausch. Das Postamt ist der Ort, von dem der Unbekannte, ein Schriftsteller, Geld oder Ablehnung von seinem Verleger erwartet — Geld als Symbol für jegliche materielle Lebensnotdurft, aber auch das Symbol der geistigen Bestätigung des Schriftstellers durch die Öffentlichkeit. Er hat Frau und Kind verlassen, ohne zu wissen, warum; er ist sich selbst nichts anderes als ein Bündel von unbeantworteten Fragen: »Wenn ich überhaupt wüßte, warum ich noch auf der Welt bin, warum ich hier stehe, wohin ich gehen soll, was ich tun soll!« Der Unbekannte durchläuft nun verschiedene Stationen bis zu einem klösterlichen Irrenasyl und dann in umgekehrter Richtung die gleichen Stationen zurück zur Straßenecke. Auf diesem Weg begegnen ihm teils Menschen wie die Dame, der Arzt, die Mutter, die zu Strindbergs Privatleben gehörten, teils Figuren, die dem Ich des Unbekannten entsprungen scheinen, wie der Bettler, Caesar, der Konfessor, der Böse Geist — es sind Person gewordene innere Stimmen. Die ›Dame‹ versucht vergeblich, den Unbekannten mit in die Kirche zu nehmen. Der ›Bettler‹ erkennt die Triebkraft seines Lebens, sein Leit- und Leidmotiv: »Herr, Sie glauben nur Böses und bekommen deshalb nur Böses. Versuchen Sie einmal, Gutes zu glauben.« Im ›Arzt‹, dem Gatten der ›Dame‹, erkennt er einen Schulkameraden, dem er in seiner Jugend schweres Unrecht getan hat, und er leidet wieder unter dieser Schuld: er meint, ihm den Glauben an die göttliche Gerechtigkeit genommen zu haben. ›Caesar‹, der Geisteskranke, der unter dem Zwang steht, »die Schöpfung neu ordnen« zu müssen, verkörpert einen Seelenzustand des Unbekannten. Er heiratet die ›Dame‹, die sich vom Arzt trennt, begegnet im ›Asyl‹ dem ›Konfessor‹ im Dominikanergewand, der richtenden Stimme seines eigenen, gnadelosen Gewissens, der es noch nicht gelingt, ihn von seiner Lust an ›schönen Gewissensqualen‹, vom Selbstgenuß seiner Reue, zu befreien. Vor Gott kann der Unbekannte nicht knien, doch ruft er ihn schon um Hilfe an, und die ›Mutter‹ der ›Dame‹ erkennt, daß er auf dem Wege nach Damaskus ist. Als, wieder an der Straßenecke, die ›Dame‹ in die Kirche geht, folgt er ihr: »Nun ja, ich kann ja einmal hindurchgehen; aber stehenbleiben werde ich nicht.« Mit dieser skeptischen Annäherung an den Glauben, mit einem »Vielleicht« vor der Kirchenpforte, endet der erste Teil.

Im zweiten Teil ist die Ehe mit der ›Dame‹ zu einem Verhältnis der Haßliebe geworden (mit Rückgriffen auf Strindbergs Trauerspiel ›Der Vater‹), und der Unbekannte fürchtet, seine erste Frau werde wieder heiraten und seine Kinder könnten einen Stiefvater bekommen (die Befürchtungen Strindbergs in seiner zweiten Ehe). Im Laboratorium versucht der Unbekannte (wie Strindberg in Paris) Gold zu machen, um den ›falschen Wertmesser Gold‹, um die ganze Weltordnung zu zerstören: »Ich bin der Zerstörer, der Auflöser, der Weltverbrenner.« Bei einem Bankett feiern die Professoren, Vertreter einer hybriden Wissenschaft, den Goldmacher als den größten Mann des Jahrhunderts, und als der Unbekannte dies als den schönsten Augenblick seines Lebens preist, weil er ihm den Glauben an sich selbst gegeben habe, verwandelt sich das Bankett in eine Gesellschaft von Säufern und Lumpen, die, angeführt von dem Irren ›Caesar‹, den Unbekannten verhöhnen – die Goldmacherei war ein Traum, und der ›Bettler‹, dieser andere Teil seines Wesens, zeigt ihm, daß Gold nur Dreck ist. »Er kann von niemandem mehr Gutes glauben«, sagt die Dame, »nicht einmal von sich selbst«, und der Konfessor erwidert: »Das ist ja die göttliche Strafe: er mußte der Lüge glauben, weil er die Wahrheit nicht haben wollte ... Die Kraft des Menschen im Bösen ist unermeßlich.« Am Ende des zweiten Teils ist der Unbekannte wieder bereit, den Weg des Glaubens zu versuchen, doch noch immer ist er skeptisch: zwar folgt er dem Konfessor, doch traut er seinem eigenen Entschluß kaum: »Kommen Sie, Priester, ehe ich anderen Sinnes werde!«

Im dritten Teil sind der Unbekannte und der Konfessor auf einem mühseligen Hochgebirgsweg zum Kloster. Der Unbekannte schwelgt in Selbstmitleid, er sieht sich als »ein Stiefkind des Lebens ... gehetzt, gejagt ... mit einem Worte: verflucht!«, und er schwelgt in Hochmut. Er sucht den »Tod,

*Der ›Unbekannte‹ im
Kloster: Illustration zu
Strindbergs dramatischer
Dichtung ›Nach Damaskus‹
(1900) von Alfred Kubin
(1877–1959)*

ohne zu sterben«, den Tod seines alten Ichs, die Läuterung und Verwandlung,
»es war mein Traum, Entsühnung zu erlangen . . . durch eine Frau«. Im
Kloster erkennt er in Pater Uriel den Arzt, der ihm nun seine Jugendschuld
verziehen hat, wie der Prior davon überzeugt, daß wir »als Nachkommen
Adams mit Schuld geboren« werden. »Ich wollte den innersten Sinn des
Lebens wissen«, faßt der Unbekannte sein Leben zusammen, und der Prior
erwidert: »Du willst also wissen, was keiner wissen darf.« Die Rätsel des
Lebens, die mit dem Verstand nicht zu lösen sind, müssen hingenommen
werden. Die Welt ist zwiespältig, der Mensch zum Selbstwiderspruch verurteilt: Pater Melcher zeigt dem Unbekannten in der Gemäldegalerie des
Klosters, daß alle Porträts von Boccaccio bis Bismarck, von Luther bis Voltaire, von Gustaf Adolf bis Napoleon zwei Köpfe haben. Der Pater bezieht
sich auf Hegels Schema ›These, Bejahung; Antithese, Verneinung; Synthese:
Zusammenfassung‹ und verkündet: »Junger Mann, verhältnismäßig junger
Mann! Du hast das Leben damit begonnen, alles zu bejahen; später hast du
es fortgesetzt, indem du grundsätzlich alles verneintest. Beende es nun damit,
zusammenzufassen! Also: sei nicht länger exklusiv! Sage nicht: entweder —
oder, sondern: sowohl als auch! Mit einem Wort oder zweien: Humanität

und Resignation!« Der ›Böse Geist‹ versucht den Unbekannten und zeigt ihm ein Kind,»den kleinen Sterblichen, der dem Leiden geweiht werden soll«, ein Brautpaar, das sein Anfangsparadies zur Hölle machen wird, doch der Unbekannte, der nun weiß, daß das Dunkel ›vom Lichte selbst‹ kommt, daß das Böse zum Guten gehört, schickt ihn davon: er weist mit ihm seine alten Fragen ab, die antwortlosen Fragen überhaupt — sie stehen am Ende des Stückes wie an seinem Anfang, doch der Unbekannte nimmt sie nun hin. Der Konfessor bettet ihn in einen Sarg, wo er symbolisch sterben und sich verwandeln wird:»Er ruhe in Frieden!«

›Humanität und Resignation‹: Resignation vor der Unbeantwortbarkeit der Fragen, die das widerspruchsvolle Menschenleben stellt, und Humanität trotz dieser Antwortlosigkeit — das ist noch kein christlicher Glaube; es mag allenfalls Bereitschaft zum Glauben sein. Strindberg führt sich selbst als ›Unbekannten‹ auf der Bühne weiter, als er im Leben gelangt ist: Strindberg wird nicht gläubig, er macht nur deutlich, wie gerne er es wäre; sein Saulus wird kein Paulus, er möchte es nur sein.

›Humanität und Resignation‹ — diese Formel Strindbergs vom Beginn des 20. Jahrhunderts ist für viele Menschen dieses Jahrhunderts gültig geblieben — sie bemühen sich, human zu sein und im übrigen die metaphysischen Fragen nach dem Sinn ihres Daseins einzustellen. Nichts anderes, freilich in schärfster Ausprägung, tun die Stummelwesen des Dramatikers Samuel Beckett.

Man streitet sich darüber, wieweit es Strindberg gelungen sei, sein Leben mit seinen besonderen Spannungen, sein Grundgefühl, freudlos, niedrig geboren und verfolgt zu sein, seine Haßliebe zur Frau, von der er das Höchste erwartet und das Niedrigste zu erhalten glaubt, kurz: sein privates Leiden in eine allgemeine Menschheitspassion zu verwandeln. Unbestreitbar, daß seine manische Selbstbezogenheit, sein mangelnder Abstand vom eigenen Ich, anders ausgedrückt: seine ungeheure Humorlosigkeit, ihn auch in ›Nach Damaskus‹ oft an die unfreiwillige Komik heranführen. Unbestreitbar aber auch, daß er Formen und Formeln der Dramatik des 20. Jahrhunderts vorweggenommen und oft mit mehr Kraft und Kunst verwirklicht hat als seine Nachfolger.

In ›Nach Damaskus‹ steht eigentlich nur ein einziger Mensch auf der Bühne: der Unbekannte, der Autor selbst. Alle anderen Personen sind entweder Gestalten aus seiner Vergangenheit und als Teil seiner Vergangenheit Teile seiner eigenen Person, oder aber sie sind Figuren, die von vornherein Aufspaltungen des Autors, seine inneren Stimmen, darstellen. Strindberg spricht durch seine Gestalten mit sich: man kann das Drama als einen gewaltigen Monolog auffassen. Bernhard Diebold (1886—1945), ein scharfsinniger

Kritiker des expressionistischen Theaters, stand ›Nach Damaskus‹ zwar skeptisch gegenüber — »Seine Selbstbiographie wird zur Kosmographie — seine unglückliche Liebe und sein leeres Portemonnaie zum Leid der ganzen Menschheit« — doch sah er in diesem Drama gleichwohl den Beginn des expressionistischen Theaters: »In ›Nach Damaskus‹ steht mit dem ›Unbekannten‹ zum erstenmal der Monologist des expressionistischen Dramas auf dem Theater. Jener im Kerne eher lyrische als dramatische Ankläger der Menschheit und Ausschreier seiner Schmerzen, wie Sorges ›Bettler‹, Hasenclevers ›Sohn‹ und Kornfelds ›Bitterlich‹, deren meiste Gegenspieler weniger Vertreter von wirklichen Gegenwillen sind als Materialisationen ihrer eigenen Seelen.«

Strindbergs episches Stationen-Theater, das Drama als Leidensweg eines Menschen — diese Form wird im 20. Jahrhundert, jenseits des modischen Expressionismus, von Paul Claudel für seine katholischen Gnadendramen, von Ernst Barlach für seine mystischen Gottsucher-Dramen, vom Atheisten Sartre für sein religiöses Diskussionsdrama ›Der Teufel und der liebe Gott‹, ja selbst von so entgegengesetzten Dramatikern wie dem biologischen Mystiker Hans Henny Jahnn und dem romantischen Amerikaner Tennessee Williams (›Camino real‹) benutzt.

Außerordentlich folgenreich war auch Strindbergs Traumtechnik: die äußeren Vorgänge auf der Bühne folgen nicht der äußeren Logik, sondern sind Ausdruck innerer, seelischer Veränderungen. Die Auftritte der ›Dame‹ beispielsweise erfolgen nicht auf Grund einer realistischen Handlung, die sie auf die Bühne führt, sondern sie erscheint, als sei sie telepathisch herbeigerufen, immer dann, wenn ihre Anwesenheit vom Unbekannten seelisch gefordert wird, und sie erscheint überdies immer so, wie er sie gerade sieht: als die seit je ersehnte Geliebte; als die peinigende Ehefrau; als erlösendes und vernichtendes Weib; als Mutter und als Eva. So vieldeutig und sich wandelnd die Figuren sind, so vieldeutig und sich wandelnd sind die Stationen. Das Bankett der Professoren beispielsweise wird auf offener Szene zu einem Bankett von Lumpen, sobald die innere Situation des Unbekannten diese Verwandlung erfordert. Statt mit Formulierungen argumentiert Strindberg hier mit Bildern: mit optischen Formulierungen seelischer Zustände. Es sind keine glatten Allegorien, die man bis ins letzte mit dem Verstand auslegen könnte, sondern vieldeutige Vexierspiegel, in denen Teile der Realität auf eine überreale Weise miteinander verbunden sind. Dies aber ist die Technik des künftigen Surrealismus und des künftigen ›absurden Theaters‹: in Strindberg sind die Ansätze für ein tragisches Genie wie Franz Kafka und ein tragikomisches Talent wie Eugène Ionesco zu spüren, samt ihren zahlreichen Gefährten und Nachahmern.

Strindbergs Drama als subjektive Lebensbeichte schließlich, als ein verzweifelter Versuch der Selbstbefreiung durch Selbstdarstellung — das ist die Technik der künftigen Psychoanalyse: sie wird versuchen, der Dämonen des Unterbewußten dadurch Herr zu werden, daß sie bewußt gemacht, aus der Tiefe der Seele hervorgeholt, ›besprochen‹ und objektiviert werden wie die Seelenfiguren auf Strindbergs Traumbühne.

Rausch (›Verbrechen und Verbrechen‹). ›Komödie in vier Akten‹ (1899. Uraufgeführt am 26. Februar 1900 in Stockholm; August 1900, Sommertheater Breslau). ›Komödie‹ insofern, als seine Personen am Ende geläutert sind, sühnend oder zur Sühne bereit. Strindberg hatte Kerstin, seine Tochter aus zweiter Ehe mit Frida Uhl, durch ›Schwarze Magie‹ krank zaubern wollen, damit er einen Grund hätte, sie in Österreich zu besuchen. Dieses Motiv einer bösen Gedankentat nimmt er auf und verleiht dem Dramatiker Maurice, der Hauptperson des Stückes, noch andere autobiographische Züge. — Maurice verspricht auf dem Pariser Friedhof Montparnasse seiner Geliebten Jeanne, daß er nach dem Erfolg seines neuen Bühnenstückes bei ihr und ihrer gemeinsamen Tochter Marion bleiben werde. Nach der erfolgreichen Premiere aber stürzt er sich mit Henriette, der Geliebten seines Freundes Adolphe, in den Rausch einer Liebesnacht. Maurice und Henriette wollen fliehen; Maurice spricht ihrer beider geheimen Wunsch aus, seine Tochter Marion möchte sterben. Er besucht Marion, und sie stirbt tatsächlich. Maurice steht unter Mordverdacht, sein Stück wird abgesetzt, sein Publikum verdammt ihn. Maurice und Henriette beginnen sich zu hassen: sie verdächtigen sich gegenseitig, das Kind ermordet zu haben. Als sich herausstellt, daß Marion eines natürlichen Todes gestorben ist, finden Maurice und Henriette nicht wieder zusammen: sie sind reif geworden, neue Menschen zu werden. Henriette kehrt zu ihrer Familie zurück; Maurice, in der Öffentlichkeit rasch rehabilitiert, folgt dem Ruf des Abbés zur Kirche. Der Abbé hält ihm vor: »Sie haben in Gedanken gemordet, als Ihr böser Wille das Kind aus dem Leben wünschte«, und Maurice stimmt ihm zu: »Sie haben recht! — Mein Entschluß ist gefaßt: Heute abend komme ich zu Ihnen in die Kirche, um mit mir selbst ins reine zu kommen — aber morgen gehe ich ins Theater.«

Diese auch vom Abbé für gut befundene ›Lösung‹, ein praktischer Kompromiß zwischen dem Beruf als Dramatiker und dem Ruf zum Glauben, wirkt nach dem vorausgegangenen Exzeß seelischer Entblößungen allzu glatt: der Glaube erscheint unglaubwürdig, der Kirchgang wie ein Patent des Seelenfriedens. Gemischt aus naturalistischen, expressionistischen, symbolistischen, mystischen und christlichen Elementen, ist ›Rausch‹ am stärksten in der Seelenanalyse.

Totentanz. Drama in zwei Teilen. (1900. Uraufgeführt im September 1905, Residenztheater Köln. In Skandinavien zum erstenmal am 8. September [1. Teil] und 1. Oktober [2. Teil] 1909 in Stockholm, im Intimen Theater.) Abgeschieden von der Welt, leben Kapitän Edgar und Frau Alice in einem Festungsturm auf einer Schäreninsel. Sie sind fünfundzwanzig Jahre verheiratet, ihre Ehe ist eine einzige Orgie des Hasses: ohne eine jenseitige Bindung, sind sie allein auf sich verwiesen, auf ihr Duell der seelischen Leere, des Ekels und der Bosheit. Sie demütigen sich, um nicht gedemütigt zu werden; sie quälen sich, um ihre Qualen zu genießen; sie warten sehnsüchtig auf den Tod des andern, und sie peinigen sich, obwohl (oder weil) sie sich insgeheim noch lieben. Ihr Freund Kurt, der ihre Ehe einst mitbegründet hat und der sich als Vermittler versucht, wird von ihnen wechselseitig als Waffe gegeneinander benutzt. Edgars Tochter Judith und Kurts Sohn Allan (im zweiten Teil) lieben sich, doch ist schon zu spüren, daß sie den tödlichen Tanz des Hasses fortsetzen werden. Der Kapitän stirbt mit den Christus-Worten: »Vergib ihnen, denn sie wissen nicht, was sie tun.« Nachdem ›der wunderbare Friede des Todes‹ eingezogen ist, fühlt Alice »eine merkwürdige Lust, gut von ihm zu sprechen«: »Ich muß diesen Mann geliebt haben! – Und gehaßt! . . . Friede sei mit ihm!« – Von Edgar heißt es im Stück: »Er würde komisch sein, wenn er nicht tragisch wäre, und es sind Züge von Größe in all seiner Kleinheit« – die Monotonie des Bösen erreicht in der Tat oft genug die Grenzen des Komischen, des Grotesken und Absurden.

Strindbergs Ehehölle, Symbol einer größeren Hölle des Zusammen-leben-Müssens und Nicht-zusammen-leben-Könnens, einer Hölle, in der jeder der Teufel des anderen ist, wurde später neu entfacht von Tennessee Williams, von Jean-Paul Sartre (›Geschlossene Gesellschaft‹), von Edward Albee (›Wer hat Angst vor Virginia Woolf‹) und, weiter ins Allgemeine getrieben, von Samuel Beckett. Von Beckett her gesehen, wirkt Strindbergs ›Totentanz‹ wie eine satanische Komödie. Von Virtuosen gespielt, kann sie als effektvolles Nerventheater quälend lebendig werden.

Ein Traumspiel. (1901. Uraufgeführt am 17. April 1907 in Stockholm; am 13. Dezember 1921 in Berlin, im Deutschen Theater.) In einem Brief an seinen deutschen Übersetzer Emil Schering hat Strindberg den Grundgedanken formuliert: »Indras Tochter ist auf die Erde hinabgestiegen, um zu sehen, wie die Menschen leben; und da muß sie erfahren, wie schwer ihr Leben ist, und das Schwerste ist: anderen Böses zu tun, wozu man gezwungen wird, wenn man leben will.« Die Göttertochter Indra erfährt und erleidet in immer neuen Varianten das Leid der Menschen und beklagt es mit dem Kehrreim (in Scherings Übersetzung) »Es ist schade um die Menschen«, (genauer über-

›Ein Traumspiel‹ von Strindberg, Szene ›Strand der Schande‹, inszeniert am Residenztheater München von Kurt Stieler, 7. Dezember 1927; Bild: Leo Pasetti. Szenenphoto

setzt: »Es ist ein Jammer um die Menschen«). Sie erfährt die Last der Zeit
durch den Offizier, der vergeblich auf seine Geliebte wartet: die Blumen wel-
ken in seinen Händen, er altert rasch und wird zum Greis. Sie erfährt, daß es
»schrecklich schwer ist, verheiratet zu sein«: sie heiratet den Advokaten,
durch dessen Hände die Verbrechen und Laster der Menschen gehen; mit ihm
erlebt sie die Armut, den Schmutz, den Haß, den Zwiespalt, ob sie größere
Pflichten gegenüber ihrem Kind oder gegenüber der Menschheit hat. Sie
erfährt, daß das Leben »bloß aus Wiederholungen« besteht: der promovierte
Offizier muß zurück auf die Schulbank, immer wieder das kleine Einmaleins
lernen und ›reifen‹. Sie erfährt am Mittelmeer von Kohlenträgern das soziale
Unrecht, die Hölle der Arbeit und den Müßiggang der Reichen. Der Dichter
überreicht ihr »eine Bittschrift der Menschheit an den Herrscher der Welt,
verfaßt von einem Träumer«: ein Klagelied mit den Versen »Frohe Stunden,
die dir werden, bringen allen andern Leid; doch dein Leid macht keinen froh,
denn es häuft sich Leid auf Leid! So geht die Fahrt bis an den Tod; du stirbst,
dem andern schafft dies Brot!« Die Dekane der theologischen, philosophischen, medizinischen und juristischen Fakultät streiten sich darüber, ob eine
verschlossene Tür, hinter der sich der Sinn der Lebens verberge, geöffnet
werden soll — als die Tür aufspringt, ist nichts dahinter. Bevor Indras Tochter
die Erde wieder verläßt, belehrt sie den Dichter, daß die göttliche Urkraft

sich zur Zeugung verführen ließ: »Diese Berührung der göttlichen Substanz mit dem Schoß der Erde war der Sündenfall des Himmels. Daher sind die Welt, das Leben, und die Menschen nur ein Trugbild, ein leerer Schein, ein Traum...« Nur im Leiden kann der Dichter die Erlösung finden, nur im Tod die Befreiung. Indras Tochter, die nun »des Daseins ganzes Leid« kennt, wird die Klagen der Menschen vor Gottes Thron tragen. Zurück bleibt »eine Wand von fragenden, trauernden, verzweifelten Menschengesichtern«.

Die Traumtechnik, in der sich Strindberg in ›Nach Damaskus‹ zum erstenmal versucht hat, ist im ›Traumspiel‹ perfekt. Er schreibt darüber in seiner Vorbemerkung: »Alles kann geschehen, alles ist möglich und wahrscheinlich. Die Gesetze von Raum und Zeit sind aufgehoben; die Wirklichkeit steuert nur eine geringfügige Grundlage bei, auf der die Phantasie weiterschafft und neue Muster webt: ein Gemisch von Erinnerungen, Erlebnissen, freien Erfindungen, Ungereimtheiten und Improvisationen. Personen spalten sich, verdoppeln sich, vertreten einander, gehen in Luft auf, verdichten sich, zerfließen, treten wieder zusammen. Aber ein Bewußtsein steht über allem: das des Träumers. Für dieses gibt es keine Geheimnisse, keine Inkonsequenz, keine Skrupel, kein Gesetz. Es verurteilt nicht, es spricht nicht frei, es berichtet nur. Und da der Traum meist trauriger und selten heiterer Natur ist, geht ein Ton von Wehmut und von Mitleid mit allem, was da lebt, durch die sprunghaft fortschreitende Erzählung.« Wehmut und Mitleid — diese Seelenzustände werden im ›Traumspiel‹ zu einer Flut von schmerzlichen und ekstatischen Bildern; sie allein binden die Sprunghaftigkeit der Bühnenerzählung. Es gibt keine Entwicklung, jede Befreiung ist nur scheinbar und führt in neue Gefangenschaft; es gibt nur Abwandlungen der immer gleichen Klage in immer neuen Alpträumen. Es ist die ewige Strindberg-Klage über die Misere der Ehe, der sozialen Ungerechtigkeit, des Versagens der Wissenschaft vor den großen Sinnfragen, des unausweichlichen Zwanges, Böses tun zu müssen. Doch weniger durch seine Gedanken als durch seine Form, durch seine szenische Phantasie und die Traumpoesie seiner ineinanderfließenden Bilder, ist dieses Stück bedeutend. Wie ›Nach Damaskus‹ ist das konsequentere, geschlossenere und objektiviertere ›Traumspiel‹, von Max Reinhardt 1921 im Berliner Deutschen Theater inszeniert, zu einer Keimzelle für das Drama im 20. Jahrhundert geworden, insbesondere für den Expressionismus und für den symbolischen Surrealismus. Sogar Visionen Franz Kafkas scheinen hier vorgeprägt wie die Tür, die nicht weiterführt, oder das unerreichbare Schloß, das bei Strindberg im Hintergrund des ›Traumspiels‹ wächst und am Schluß, als es Indras Tochter betreten hat, in Flammen steht, von einer Blütenknospe überragt, die in eine Riesenchrysantheme aufspringt: ein mystisches Bild nach dem letzten Wort; ein Bild als letztes ›Wort‹.

Gespenstersonate. ›Ein Kammerspiel in drei Akten‹ (1907. Uraufgeführt am 22. Januar 1908 in Stockholm, im Intimen Theater; in den Kammerspielen München, am 5. Mai 1915). »Die Höllenfahrt Jesu, das war seine Wanderung auf der Erde, durch die Narrenhäuser, Zuchthäuser und Leichenhäuser der Erde«, sagt der Student in der ›Gespenstersonate‹, in der ein von ihm bewundertes gutbürgerliches Haus als eine Mischung von Narrenhaus, Zuchthaus und Leichenhaus entlarvt wird. Der Entlarver, Direktor Hummel, ein vampirhafter Krüppel im Rollstuhl, spielt sich als Richter über die Bewohner, über den Oberst und seine Familie, auf: der Oberst ist ein Hochstapler, weder Offizier noch Adliger; die Frau des Obersten, die ›Mumie‹, vegetiert seit zwanzig Jahren in einem Wandschrank und bewundert, papageienhaft krächzend, eine Statue, die sie in ihrer Jugendschönheit zeigt; sie ist die Geliebte Hummels gewesen, und Hummel ist der Vater ihrer Tochter; der Oberst wiederum hat die Braut Hummels verführt, die nun als vergilbte Greisin im oberen Stockwerk lebt. Die ›Mumie‹ wird zur Entlarverin des Entlarvers: auch Hummel ist ein Hochstapler unter falschem Namen, ein Wucherer und Mörder. Unter ihren Anklagen schrumpft er im Rollstuhl zusammen, krächzt wie ein Papagei, gluckst wie eine Kuckucksuhr, wird wie die ›Mumie‹, die ihn in ihren Wandschrank schickt, damit er sich dort erhänge. Die ›Mumie‹ weiß, daß das Geschehene durch die Methoden Hummels, durch Drohungen und Bestechungen, nicht ungeschehen gemacht werden kann, sondern nur durch ›Leiden und Reue‹. Der Student sollte nach dem Willen Hummels das ›Fräulein‹ heiraten, die Tochter Hummels und der ›Mumie‹, doch schwindet sie im ›Hyazinthenzimmer‹ kraftlos dahin. Zu Harfenklängen rezitiert der Student: »Furcht ist fern dem Sündelosen, ihm ist wahres Glück beschieden.« Während das ›Fräulein‹ hinter einem Wandschirm wimmernd stirbt, ruft er ihr nach: »Kind dieser Welt des Wahns, der Schuld, des Leidens und des Todes; der Welt des ewigen Wechsels, der Enttäuschungen und Schmerzen! Der Herr des Himmels sei auf deiner Fahrt dir gnädig!«, und das Zimmer verschwindet, während im Hintergrund Böcklins ›Toteninsel‹ bei ›angenehm klagender Musik‹ erscheint.

Strindberg zur ›Gespenstersonate‹: »Ich wußte selbst kaum, was ich geschrieben hatte, ahnte aber etwas Erhabenes, das mich erschauern ließ.« Die Hand soll ihm bei der Niederschrift geblutet haben. Die Personen reden Alltagsprosa, doch sind sie irreale Figuren zwischen Leben und Tod, zwischen Alptraum und Wirklichkeit, nur noch Träger von Erinnerungen und Schuld, phantomistische Ausgeburten einer Welt, die nur aus Wahn, Leid und Schuld besteht — jeder ist Mörder und Opfer zugleich, und sie alle unterscheiden sich nicht von dem ›Milchmädchen‹, dem Gespenst einer Ermordeten, oder dem Toten, der im Sterbekleid erscheint. Wie in ›Nach Damaskus‹ und im

›Traumspiel‹ schafft sich Strindberg hier auf
der Bühne eine eigene gespenstische Welt mit
ihren eigenen Gesetzen, umrankt von Jugend-
stilmotiven schwarzen Kitsches.

Bernhard Diebold, Theaterkritiker der expressionistischen Epoche, konstatierte:»Ein
sadistisches Schmerzbehagen bei der Aufdeckung der Übel und in der wollüstigen Ver-
kennung des Guten. Ein rechthaberisches
Frohlocken über den Nachweis der schlechtesten aller Welten. Ein genialischer Dämon
haßt sich hier aus; ohne Abstand zu den
Dingen; unweise aus Mangel an geistiger
Verarbeitung des Lebens.«

Wetterleuchten. ›Ein Kammerspiel‹. (1907.
Uraufgeführt am 30. Dezember 1907 in Stockholm in Strindbergs Intimem Theater; am
18. Mai 1912 im Königlichen Schauspielhaus
Dresden.) Der ›Herr‹ lebt in Stockholm in der
Wohnung, in der er fünf Jahre mit seiner
Frau Gerda und seiner Tochter verbracht hat.
Er hat Gerda verlassen in dem Gefühl, ihr als
Mann nicht zu genügen. Sie sind geschieden
worden, Gerda hat einen Abenteurer geheiratet, einen Spieler. Der ›Herr‹ lebt nur noch
in seinen Erinnerungen, in freundlichen ›Um-
dichtungen gewisser Wirklichkeiten‹, macht
seinen ›Bücherabschluß mit Leben und Menschen‹ und hat sich von der Wirklichkeit
zurückgezogen. Nun lebt seit einer Woche
seine geschiedene Frau mit ihrer Tochter und
ihrem zweiten Mann in der Wohnung über
ihm. Der Bruder des ›Herrn‹, ein Konsul,

*Gertrud Eysoldt (1870–1955) als
Mumie in der ›Gespenster-
sonate‹ von Strindberg, inszeniert von Max Reinhardt an
den Berliner Kammerspielen,
20. Oktober 1916. Nach einer
Zeichnung von Emil Orlik (1870
bis 1932)*

versucht zu vermitteln, doch zwischen dem ›Herrn‹ und Gerda sind keine
anderen Beziehungen mehr möglich als Fremdheit und ein müde gewordener
Haß. Sie nimmt ihm seine Erinnerungen, seine von der Erinnerung geschönte
Vergangenheit. Der Abenteurer verläßt Gerda, nimmt ihre Tochter und die
achtzehnjährige Tochter des Konditors Starck mit, der im Keller wohnt und
dessen Lebensrhythmus allein von der Arbeit bestimmt wird, vom Herstellen

von Konserven. Gerda ertappt ihren zweiten Mann am Bahnhof, die Konditorstochter kehrt nach Hause zurück, ihr Vater nimmt sie so gleichgültig auf, wie er sie hat gehen lassen. Gerda zieht mit ihrer Tochter aufs Land. Der ›Herr‹ hält sich weiter das Leben und die Menschen vom Leibe, die er nur aus dem Abstand einigermaßen erträglich findet. Er gibt der (nicht auftretenden) Frau des Konditors recht, die, erblindet, nicht zum Arzt geht und die sich sogar wünscht, auch noch ein bißchen taub zu werden, denn:»Es gibt nichts zu sehen.«

Es geschieht nicht viel in diesem Stück, dem ersten der vier Kammerspiele, die Strindberg für sein 1907 gegründetes Intimes Theater geschaffen hat; keine großen äußeren Katastrophen, nur ein Wetterleuchten. Strindberg, von seiner dritten Frau Harriet Bosse, die ihm eine Tochter geboren hatte, seit drei Jahren geschieden, doch noch immer eifersüchtig und in der Furcht, sie wieder zu heiraten, schrieb ihr:»Ich wollte mir Dich und das Kleine aus dem Herzen schreiben! Ich wollte Vorschuß nehmen auf die Qualen, die ich erwartete!« Aus diesem biographischen Anlaß entstand dieses Stück der Vereinsamung, des Abstandes vom Leben, des Lebens in der Erinnerung und einer Abwertung des Lebens, die so weit geht, daß Blindheit und Taubheit gewünscht werden, weil das Leben nichts Sehens- und Hörenswertes zu bieten habe.

Die logische Folge dieser Lebensabwertung ist die Abwertung der Bühnenhandlung: auch sie kann nun nicht mehr sehens- und hörenswert sein; sie versickert, das Stück lebt nur noch aus Stimmungen auf verschiedenen Stufen der Resignation, in der die Konditorsfrau am weitesten gelangt ist. Hier wetterleuchten die erstarrte, quälend langweilige Welt Samuel Becketts, seine Stummelwesen mit ihren verkümmerten Sinnesorganen, ihren Erinnerungsräuschen und ihrem wütenden Haß auf jede Kreatur, durch die das Leben wieder von vorn beginnen könnte.

11. AMERIKA: DAS WUCHERNDE PFUND EUROPAS

Traditionen: Import und Do it yourself · Opposition: der Weg zum eigenen Drama · Produktion: Broadway und Off-Broadway · Export: der amerikanische Adam · Eugene O'Neill: der Tragiker gegen seine Zeit · Thornton Wilder: die Würde des Alltags · Tennessee Williams: Neurosen und Poesie · Arthur Miller: Tendenz und Thesen · William Saroyan: Traum von der Herzensgüte · Dramatiker im Nebenberuf: Wolfe, Steinbeck, Cummings, Faulkner, MacLeish · Edward Albee: Gelächter in Haß und Trauer

Ich glaube nicht, daß eine Idee einem Publikum übermittelt werden kann, außer durch Charaktere.   O'Neill

Ich glaube, daß der Mann von der Straße ebensogut, und zwar im höchsten Sinne, Held der Tragödie sein kann, wie es die Könige gewesen sind.   Arthur Miller

Was also hat Wert? Das brennende Interesse an menschlichen Schicksalen, verbunden mit einem bestimmten Maß an Mitleid und moralischer Überzeugung, wodurch man zuerst jenes Erlebnis erfährt, das sich in Farbe oder Musik oder Tanz oder Poesie oder Prosa oder in irgend etwas Dynamisches und Ausdrucksstarkes umsetzen muß — das hat Wert, wenn man es überhaupt ernst mit seinen Zielen meint.   Tennessee Williams

Alle Künste sind auf alberne Fiktionen angewiesen, das Theater aber ist die albernste von allen... Aber eben durch diese ›den Tatsachen widersprechende‹ Unglaubhaftigkeit vermag es, solche Poesie, Macht, Bezauberung und Wahrheit zu schaffen.
                    Thornton Wilder

Papa, was ist überhaupt ein Theaterstück?
Viele Dinge. Aber eines ist es immer: Menschen in der Patsche.
Welche Patsche ist das?
Am Leben sein. Aber ich habe keine Eile, der zu entwischen.
                    William Saroyan

Nach der Premiere sitzen die Schauspieler traditionsgemäß bei ›Sardi's‹, einem Restaurant in der 44. Straße, unmittelbar am Broadway, und warten auf die ersten Kritiken in den Morgenzeitungen, in der ›New York Times‹ und — bis zu ihrem Ende, 1966 — in der ›New York Herald Tribune‹.

Nach einer Premierenfeier in Deutschland, sofern sie überhaupt stattfindet, könnten Kritiken nur in ein paar Berliner Boulevard-Zeitungen gelesen werden. Die meisten Kritiker schlafen sich erst einmal aus, schreiben am Vormittag, und ihre Artikel erscheinen am Tag darauf. Die deutschen Schauspieler, Regisseure, Bühnenbildner, Intendanten können außerdem den Kritiken mit einiger Gelassenheit entgegensehen: die Kritiker haben kaum Einfluß auf den Theaterbesuch, denn ein großer Teil der Plätze ist im voraus gemietet, und wenn sie leer blieben, so wäre dies zwar unerfreulich, doch keine Katastrophe — Stadt oder Staat oder beide kommen für das Defizit auf.

Anders am Broadway: an den ersten Kritiken läßt sich im allgemeinen schon ablesen, ob das Stück nach ein paar Tagen abgesetzt werden muß, oder ein paar Jahre lang, Abend für Abend, gezeigt werden kann. Muß es zu früh abgesetzt werden, so ist dies eine Katastrophe: weniger noch für die ›Engel‹, die ›angels‹, die Geschäftsleute, die es finanziert haben und dabei meist mit Beträgen spekulieren, deren Verlust sie nicht ganz ruinieren würde; mehr für den Schauspieler, der dann arbeitslos ist und es möglicherweise lange bleiben wird, denn man hat ihn für eine ganz bestimmte Rolle sorgfältig ausgesucht, und wann wird es wieder diese ganz bestimmte Rolle für ihn geben?

Diese lebensentscheidenden amerikanischen Kritiken werden zum Teil während der Vorstellung auf den Knien geschrieben; sie halten sich nicht lange mit der Analyse des Stückes auf, sie sind mehr Berichte über die Eindrücke, die der Schreiber gerade hat, oft im Jargon einer Sportreportage oder einer Glosse über einen Dutzendfilm. Noch oberflächlicher sind die Fernsehkritiker: sie sprechen zwanzig Minuten nach der Premiere eine Minute lang etwa 180 Wörter — eine ästhetische Analyse ist da nicht möglich; gefordert sind Bonmots und Stimmungspointen. Nur im Bildungsfernsehen, Kanal 13, gibt es ausführliche Auseinandersetzungen. Die unverblümt subjektive Fernsehkritik ist keine Kritik im europäischen Sinne. Während des Zeitungsstreiks 1963 entstanden, hat sie durch das Zeitungssterben großen Einfluß gewonnen und 1967 ihren Durchbruch erlebt — nach der »New York Times« hat sie den größten Einfluß auf die Abendkasse.

In Deutschland kann ein Intendant, hält er einen neuen Dramatiker für wichtig, auch ein unausgegorenes Stück dieses Autors seinen Abonnenten vorsetzen, auf die Gefahr hin, daß nur ein kleiner Teil des Publikums applaudieren wird. Er kann neue unausgegorene Stücke dieses Autors immer wieder aufführen, in der Hoffnung, sein Publikum allmählich zu gewinnen. Kommt es zu einem Skandal, so freut er sich: die Neugierde verschafft ihm dann volle Häuser. Es gibt deutsche Regisseure, die einen Publikums-Skandal so gut wie ein Stück inszenieren. Ist der deutsche Kritiker ebenso wie der Intendant von dem neuen Dramatiker überzeugt, so wird er unermüdlich versuchen, auch seine Leser zu überzeugen. Dies alles ist am Broadway undenkbar: dort ist das Theater ein Geschäft, und es muß ein Geschäft sein, sonst geht es unter.

Damit die Aufführung das Geschäft garantiere, wird sie, bevor sie an den Broadway kommt, in der Umgebung New Yorks, in Provinz-Theatern, ausprobiert, und nach diesen ›trayouts‹ wird das Stück so lange umgeschrieben, umgestellt und umprobiert, bis es dem Publikum sitzt wie ein Maßanzug — nicht die Zuschauer werden in einem langwierigen Prozeß an einen neuen Autor herangeführt, sondern der neue Autor wird den alten Gewohnheiten der Zuschauer angepaßt, und daraus erklärt sich so mancher rüde Effekt amerikanischer Dramatiker.

Wer über diese Broadway-Methoden die Nase rümpft, der bedenke, daß das deutsche Theater ungefährdet auf sie verzichten kann, weil es noch immer ein fürstliches Geschenk ist: mag es sich auch Staats- oder Stadt-Theater nennen, insgeheim ist es nach wie vor ein Hoftheater — seine reichen Zuschüsse wurden nach dem Verschwinden der Höfe von den Städten und Staaten im wesentlichen nur deshalb übernommen, weil sich die Republik vor den Fürstentümern nicht blamieren wollte. Das subventionierte deutsche Theater, ein erfreuliches Ergebnis der Kleinstaaterei, ist ebenso ein Produkt der Geschichte wie das Broadway-Theater: ein erfreuliches Ergebnis privater Initiative.

Traditionen: Import und Do it yourself

Auch die amerikanische Bühne hat ihre jahrhundertealten, zähen Traditionen. Die Kolonisatoren und Pioniere hatten Wichtigeres zu tun, als abends ins Theater zu gehen, und die Puritaner hätten das Theater am liebsten überhaupt verboten; sie tyrannisierten es in Amerika noch länger als in ihrer britischen Heimat. Noch heute geht ein antipuritanischer und paradoxerweise zugleich ein puritanischer Zug durch das amerikanische Drama: antipuritanisch ist die Kraßheit, mit der moralischer Zerfall auf der Bühne dargestellt wird, und puritanisch ist die Pointe dieses Zerfalls: seine strenge Aburteilung durch den Dramatiker. Und noch heute ist sich der amerikanische Dramatiker bewußt, daß er keine sensationellen Effekte scheuen darf, wenn er Leute ins Theater locken will, die für den Abend eigentlich etwas Wichtigeres vorhaben und durch keine Platzmiete an das Haus gebunden sind.

Wie die Kolonisatoren, so mußte auch das Theater importiert werden. Daß die Jesuiten in Mexiko im 17. Jahrhundert Mysterienspiele aufführten, ist nicht verwunderlich, es war ein Teil ihrer Missionsarbeit. Zur gleichen Zeit aber gab es schon Amateur-Gruppen, vor allem in Virginia, geleitet von Berufs-Schauspielern, von abenteuernden Komödianten. Gelegentlich wurden sie als ›Seelenvergifter‹ von den Puritanern vor Gericht gebracht, doch waren sie nicht zu entmutigen. Begeisterte Amateure mit einigen Profis als ›Stars‹ — das ist eine noch heute für Amerika typische Form des Theaters: sie spielen auf den Bühnen der großen Städte die Broadway-Stücke, die in ihrer Stadt sonst bestenfalls von einem in New York zusammengestellten Tournee-Ensemble vorgeführt würden. Aus der Tatsache, daß es kein festes Berufs-theater gibt, wurde schon im 17. Jahrhundert und wird noch jetzt die sym-pathische Konsequenz gezogen: Do it yourself. Wo auch immer sich eine größere Anzahl Amerikaner niederläßt, und sei es nach dem zweiten Welt-krieg in Frankfurt am Main — sie gründen sofort eine Theatergruppe und führen eben keine Laienspiele auf, sondern Broadway-Stücke.

Importiert wurden nicht nur einzelne Schauspieler, sondern ganze Truppen. 1752 legte der englische Segler ›Charming Selly‹ im Hafen von Yorktown an, und Lewis Hallam ging mit seinem Ensemble, mit zwölf Erwachsenen und drei Kindern, an Land. In Williamsburg in Virginia spielten sie am 15. Sep-tember 1752 zum erstenmal auf amerikanischem Boden Shakespeares ›Kauf-mann von Venedig‹. Hallam, der 1758 starb, genügten sechs Jahre, um auch New York und Philadelphia zu erobern und sich in der Theatergeschichte den Beinamen ›Vater der amerikanischen Bühne‹ zu erwerben. Er war nicht der erste, aber der erfolgreichste, und er war selbstverständlich Privatunterneh-mer, doch scheute er sich nicht davor, auch mit Shakespeare Geschäfte zu machen.

Das Berufstheater in Amerika wurde im 18. Jahrhundert im wesentlichen von englischen Schauspiel-Truppen beherrscht. Doch schon im letzten Viertel des Jahrhunderts bildeten sich zwei Erscheinungen heraus, die sich ebenfalls zu amerikanischen Theatertraditionen auswuchsen: die Universitätsbühne und — durch sie — die politischen Zeitstücke. Heute gibt es kaum ein College, kaum eine Universität, die nicht ihre Theaterabteilung mit einer Versuchs-bühne hätte; die Studenten lernen dort alles, was mit dem Theater zu tun hat, vom Kontrollieren der Eintrittskarten über das Basteln von Kulissen bis zum Stückeschreiben, zur Schauspielerei und zur Regie, und sie können damit akademische Grade erwerben. Dies hat in den Vereinigten Staaten schon zu einem ungeheuren Vorrat an vorgebildeten Talenten geführt, und es bringt einen ständigen Zustrom von anspruchsvollen Zuschauern zum Publikum. Begonnen hat dies um 1775 an den Universitäten Princeton und Philadelphia. ›The native drama‹, das in Amerika geborene Drama, ist an den Univer-sitäten gezeugt worden: die ›dialogues‹, die Seminar-Arbeiten der Studenten, waren politisch engagiert: für ein selbständiges, freies Amerika.

Die Engländer blieben nicht müßig; ihre Berufsschauspieler waren den amerikanischen Amateuren künstlerisch überlegen, und ihre Generale unter-hielten außerdem Militär-Theater mit talentierten Soldaten als Schauspielern,

By a Company of COMEDIANS,
At the New-Theatre, in *Naſſau-Street*,
This Evening, being the 12th of *November*, will be preſented,
(By particular Deſire)
An *Hiſtorical Play*, call'd,

King RICHARD III.

CONTAINING

The Diſtreſſes and Death of King *Henry* the VIth; the artful
Acquiſition of the Crown by *Crook-back'd Richard*; the Murder
of the two young Princes in the Tower; and the memorable
Battle of *Boſworth-Field*, being the laſt that was fought between
the Houſes of *York* and *Lancaſter*.

Richard,	by	Mr. Rigby.
King Henry,	by	Mr. Hallam.
Prince Edward,	by	Maſter L. Hallam.
Duke of York,	by	Maſter A. Hallam.
Earl of Richmond,	by	Mr. Clarkſon.
Duke of Buckingham,	by	Mr. Malone.
Duke of Norfolk,	by	Mr. Miller.
Lord Stanley,	by	Mr. Singleton.
Lieutenant,	by	Mr. Bell.
Catesby,	by	Mr. Adcock.
Queen Elizabeth,	by	Mrs. Hallam.
Lady Anne,	by	Mrs. Adcock.
Duchess of York,	by	Mrs. Rigby.

To which will be added,

A Ballad F A R C E call'd,

The *DEVIL TO PAY.*

Sir John Loverale,	by	Mr. Adcock.
Jobſon,	by	Mr. Malone.
Butler,	by	Mr. Miller.
Footman,	by	Mr. Singleton.
Cook,	by	Mr. Bell.
Coachman,	by	Mr. Rigby.
Conjurer,	by	Mr. Clarkſon.
Lady Loverale,	by	Mrs. Adcock.
Nell,	by	Mrs. Beceby.
Lucan,	by	Mrs. Clarkſon.
Lucy,	by	Miſs Loxe.

PRICES: BOX, 6ſ. PIT, 4ſ. GALLERY, 2ſ.
No Perſons whatever to be admitted behind the Scenes.

N. B. *Gentlemen and Ladies that chuſe Tickets, may have them
at Mr. Parker's and Mr. Gaine's Printing-Offices.*
Money will be taken at the D O O R.

To begin at 6 o'Clock.

*Der älteste erhaltene amerikanische Theaterzettel, vom 12. November 1753. Die ein
Jahr zuvor im Hafen von Yorktown an Land gegangene englische Schauspielerfamilie
Hallam mit ihrer Truppe kündigt die Aufführung eines ›historischen Stückes, genannt
König Richard III.‹ an und nennt als besondere Attraktion ›die Ermordung zweier
junger Prinzen im Tower‹.
Die Hallam-Truppe spielte damals unter anderem auch Shakespeares ›König Lear‹,
›Romeo und Julia‹ und John Gays ›Bettleroper‹*

deren Aufgabe es war, den Ruhm Groß-Britanniens zu verherrlichen und ihre Einnahmen an die Kriegsopfer abzuführen. Bevor noch der Kongreß die von Jefferson entworfene Unabhängigkeitserklärung angenommen hatte, am 4. Juli 1776, begegneten die Amerikaner sich selbst, dem ›Yankee‹, auf ihren Amateurbühnen: sie nahmen die Unabhängigkeit, die Revolution, vorweg. Eine Freundin Jeffersons, Mercy Otis Warren, attackierte in ihrem Stück ›The Adulateur‹ den britischen Gouverneur Hutchinson, der seiner Regierung geraten hatte, die Zivilrechte der Bürger von Massachusetts aufzuheben. Theaterstücke, die in den politischen Tageskampf eingreifen (und außerhalb der Vereinigten Staaten naturgemäß wenig interessieren), gehören seitdem zum festen Bestand des amerikanischen Theaters.

Ein Kaufmann hatte den ersten Theaterbau in Amerika errichtet: William Levingston in Williamsburg in Virginia, im Jahre 1716. Sechzehn Jahre später, im Dezember 1732, eröffnete eine englische Truppe »im Gebäude Seiner Hochwohlgeboren, des Herrn Rip van Dam, Esq.« das erste Theater in New York mit dem ›Rekrutierungsoffizier‹ von George Farquhar. Den ersten festen Theaterbau aus Ziegelsteinen, das Southwark Theatre, ließ der Theaterdirektor David Douglas 1766 gegen den heftigen Widerstand der Quäker am Stadtrand von Philadelphia bauen und ein Jahr später das John Street Theatre in New York, das Präsident George Washington oft besucht hat. 1798 wurde es geschlossen und im gleichen Jahr, am 29. Januar, das Neue Theater eröffnet, später Park-Theater genannt. Zugleich begann eine kurze, aber einflußreiche Epoche, die der amerikanische Theaterhistoriker Odell ›die Regierungszeit Kotzebues‹ nennt: dieser deutsche Bestseller-Schreiber (1761–1819), den auch Goethe in Weimar weitaus mehr als jeden anderen Dramatiker gespielt hatte, beherrschte in amerikanischen Bearbeitungen bis 1800 die New Yorker Bühne. Importiert hat ihn der Amerikaner William Dunlap (der 1832 die erste amerikanische Theatergeschichte veröffentlicht hat), der ›Vater des amerikanischen Dramas‹: seine Tragödie ›André‹ (1798) spielt im Unabhängigkeitskrieg zwischen einem britischen und einem amerikanischen Offizier, zwischen Freundschaft und Patriotismus, und ist – wie Kotzebue – im Thema, in der Scheinproblematik, im Aufbau ein Bühnenvorläufer der Filmdramen aus Hollywood.

Schiller, immerhin, hatte mit seinem ›Fiesko‹ im Park-Theater am 26. März 1802 seine erste amerikanische Premiere (während Goethes ›Faust‹ erst am 1. Februar 1864 nach New York gekommen ist, und nicht in ein amerikanisches, sondern in ein deutsches Theater – rund zwanzig deutsche Vereinsbühnen gab es damals in New York). Im Park-Theater trat ein Ehepaar auf, dessen Sohn in die Weltliteratur eingegangen ist: David und Elizabeth Poe, die der englischen Schauspielerfamilie Arnold entstammte. Wie schon so oft

Das John Street Theatre in New York, eröffnet 1767, geschlossen 1798. Präsident George Washington hat es oft besucht

vorher wurde Elizabeth von der Kritik gerühmt, David aber verrissen; im Juli 1810 ließ David seine Frau mit ihrem eineinhalbjährigen Söhnchen Edgar sitzen; er verschwand spurlos; ein Jahr später starb Elizabeth, und Edgar Poe wurde in die Familie des Kaufmanns John Allan aufgenommen.

Das Park-Theater brannte 1820 ab, die Truppe spielte im Anthony Street Theater weiter und präsentierte im Herbst, zum erstenmal am 29. November 1820, einen sensationellen Gast, den englischen Shakespeare-Schauspieler Edmund Kean (1787–1833) vom Drury Lane Theatre in London. Von da an haben die Amerikaner immer wieder berühmte europäische Theaterleute eingeladen und sind auch bei dieser schönen Gewohnheit bis heute geblieben. So gastierten unter vielen anderen: Jenny Lind, Fanny Elßler und Lola Montez, Eleonora Duse und Sarah Bernhardt, Josef Kainz und Alexander Moissi; auf seiner zweiten Amerika-Reise spielte Adolf von Sonnenthal 1899 neben Schillers ›Wallenstein‹ und Lessings ›Nathan‹ bereits den ›Fuhrmann Henschel‹ von Gerhart Hauptmann, und Friedrich Mitterwurzer, der sieben Jahre lang, von 1884 bis 1891, durch Amerika zog, trat in Goldgräber-Camps als Hamlet und Richard III. auf: er spielte beide (zusammengestrichene) Tragödien an *einem* Abend und in Schillers »Räubern« *zugleich* den Karl und den Franz Moor.

STAR THEATER

G. AMBERG, MANAGER
FOR TWO WEEKS ONLY

COMMENCING

MONDAY 23ᴿᴰ NOV. 1885

Der in Dresden geborene Friedrich Mitterwurzer (1845 bis 1897), Mitglied des Wiener Burgtheaters und ›wirklicher Hofschauspieler‹, bereiste mit einer kleinen Truppe von 1884 bis 1891 Amerika, trat in Goldgräberlagern im Wilden Westen auf und hatte einen Riesenerfolg als Direktor Striese im ›Raub der Sabinerinnen‹. Doch hatte er auch Shakespeare und Schiller in seinem Programm und spielte in den ›Räubern‹ zugleich den Karl und den Franz Moor

Die Besiedlung des ›Wilden Westens‹ hatte schon 1795 begonnen, nach der Beendigung des Kampfes mit den Indianern um das Ohio-Gebiet. Den ersten Siedlern folgten sofort die Komödianten. Ihr ›Frontier Theatre‹, Theater an der Grenze der Zivilisation, zog naturgemäß das Amüsement der Literatur vor.

Der Schauspieler H. S. Chapman kam auf die gloriose Idee, Fluß-Schiffe zu schwimmenden Theatern umzubauen; das erste, das ›Chapman's Theatre‹, lief im Juli 1831 in Pittsburgh vom Stapel, und es war so erfolgreich, daß bald eine ganze Flotte von ›Showboats‹ auf den westliche Flüssen unterwegs war. Schauspieler fanden immer ihr Publikum. Mark Twain erzählt in seinem ›Huckleberry Finn‹ die groteske Geschichte vom ›König‹ und vom ›Herzog‹, zwei Schmierenkomödianten, die auf ihrem Floß einen Hamlet-Monolog einstudieren, in dem alle klassischen Zitate verquirlt sind von ›Sein oder Nichtsein‹ bis ›in ein Kloster geh, Ophelia, du‹; sie plakatieren in einem Arkansas-Dorf ›!!!Shakespeares Auferstehung!!!‹ und nennen sich unverfroren ›David Garrick‹ und ›Edmund Kean‹ — das ist selbstverständlich Parodie, doch gehörten die ›Balkon-Szene in Romeo und Julia‹, der ›schauerliche, meisterhafte und bluttriefende Zweikampf aus Richard III.‹ in der Tat zu den Zugnummern der Schwimm- und Wanderbühnen.

Im texanischen Dodge City, wo um 1870 der Wilde Westen am wildesten war, gab es damals immerhin eine Varieté-Bühne und ein Komödienhaus, und wenn die Legenden recht haben, so mußte Bat Masterson, einer der berühmtesten Sheriffs, blitzschnell eingreifen, um dem in Dodge City gastierenden Broadway-Komiker Eddy Foy das Leben zu retten: einer der als Killer gefürchteten Brüder Thompson war entschlossen, mit seinem Colt die Petroleumlampe auszublasen, als Eddy Foy, der ihn gereizt hatte, genau in der Schußlinie stand. Masterson freilich war ein Propaganda-Genie: er kaufte sich seinen Colt erst nach seiner Rückkehr aus dem Westen, in einer New Yorker Pfandleihe, schnitzte 22 Kerben ein und schwindelte seine Abenteuer für den New Yorker ›Telegraph‹ zusammen. Legende und Historie sind unentwirrbar in dieser Zeit. Ihr Erbe: das Theater als untergeordneter Teil des ›Show‹-Geschäfts. »There's no business like show business . . .«

Die ›Negro Minstrel Show‹ kam 1843 zum erstenmal an den New Yorker Broadway, ins Bowery Amphitheater, und zwanzig Jahre später gab es in New York rund fünfzehn Bühnen, die sich auf ›Minstrels‹ spezialisiert hatten, eine aus den Plantagen-Liedern der schwarzen Sklaven hervorgegangene Mischung von Gesängen, Balladen, Tänzen, Sketches und Clownerien mit den festen Figuren der Witzereißer Tambo und Bones. Die ›Minstrels‹, die sich mehr und mehr von der Tradition der Südstaaten-Plantagen entfernten und von weißen Komponisten und Show-Spezialisten beliefert wurden, verschwanden um 1920. Die um ihr Publikum kämpfende Show hat die absolute Perfektion im Unterhaltungsgewerbe gebracht, die das amerikanische Theaterwesen auszeichnet: mag die Komödie noch so dürftig, das Musical noch so albern sein, sie werden artistisch vollendet dargeboten.

Opposition: der Weg zum eigenen Drama

Wo aber blieb das ›literarische‹ Theater, die Bühne der Dichter? An den Universitäten wurden die Klassiker studiert, auch die deutschen, und Schillers ›moralische Anstalt‹ war einer der Impulse, die um 1910 zum ‹Little Theatre Movement›, zur Amateur-Bewegung der ›Kleinen Theater‹ führte; in ihr schlossen sich mehr als tausend Gruppen zusammen, sammelten Geld bei ihren Mitbürgern zum Bau kleiner Spielhäuser, der ›Playhouses‹, bestimmten in ihrem Statut: »Das Theater gehört rechtens dem Künstler, nicht dem Geschäft«, und führten auf, was in Europa modern war: die ›Naturalisten‹ Ibsen, Strindberg, Gerhart Hauptmann; auch Yeats, Shaw, Tschéchow. Zu ihren Vorbildern gehören das Pariser ›Théâtre Libre‹, das ebenfalls mit Amateuren arbeitete, und der Berliner Verein ›Freie Bühne‹.

Die folgenreichsten dieser Enthusiasten waren die ›Provincetown Players‹. In Provincetown in Massachusetts hatten sie einen Lagerschuppen am Kai zu einem Theater mit neunzig Plätzen umgebaut, spielten dort Ibsen, Strindberg und Eigenerzeugnisse, und als sie von einem dichtenden Seemann hörten, holten sie ihn vom Hafen, diskutierten mit ihm und führten seine ersten einaktigen Stücke auf. Er schloß sich ihnen 1917 als Schauspieler an, war aber vornehmlich als Haus-Autor tätig. Er kannte den kommerziellen Theaterbetrieb aus seiner eigenen Familie und haßte ihn: sein Vater war ein reisender Schauspielvirtuose, ein beliebter Star, der sechzehn Jahre lang eine einzige Rolle spielte, den ›Grafen von Monte Christo‹. Dieser Seemann wurde zum ersten amerikanischen Dramatiker, der dem europäischen Theater mit Zinsen zurückgab, was er von ihm, vor allem von Strindberg, gelernt hatte: Eugene O'Neill.

Bevor er zu den ›Provincetown Players‹ stieß, hatte O'Neill an einem Theater-Seminar an der Harvard-Universität teilgenommen, dem ›47 Workshop‹, der von George Pierce Baker (4. April 1866 bis 6. Januar 1935) geleitet wurde. Baker war von Hause aus Philologe, und das Studium des mittelalterlichen Schultheaters hatte ihn auf den Gedanken gebracht, seine Studenten mit der praktischen Theaterarbeit vertraut zu machen, mit Dramaturgie, Theatergeschichte und allen Sparten der Bühnentechnik. Er übernahm 1925 das ›Department of Drama‹ an der Yale-Universität, wo ihm eine hochmoderne Bühne, samt Probebühne und Werkstätten, zur Verfügung stand. Er bildete Beleuchter aus, Bühnenbildner, Produzenten, Direktoren, Regisseure und Stückeschreiber. Ihre Werke wurden aufgeführt, und die zur Vorstellung geladenen Zuschauer mußten schriftliche Kritiken liefern. Gleichwohl wußte er: »Dramatists are born, not made« — Dramatiker sind nicht herstellbar, sie müssen dazu geboren sein.

Bakers Harvard-Musterschüler aus dem Jahr 1923 war Thomas Wolfe, dessen Erstling ›Willkommen in Altamont‹ er im Mai 1923 im ›Workshop‹ aufführen ließ und den er — vergeblich — an die ›Theatre Guild‹ vermitteln wollte. Diese Gilde war — neben den tapferen Amateurbemühungen der ›Kleinen Theater‹ und den Versuchen der Universitätsbühnen — die dritte Einrichtung, der das eigenständige literarische Theater in Amerika zu danken ist. Sie wurde im Dezember 1918 von Theaterleitern und Schauspielern eines Amateurtheaters, den ›Washington Square Players‹ zur Förderung ernst zu nehmender moderner Autoren gegründet. Die ›Guild‹ mietete das Garrick Theatre in New York, führte es als Repertoire-Theater und spielte in den zwanziger Jahren systematisch europäische Naturalisten und Expressionisten, darunter Georg Kaiser, Ernst Toller, Franz Werfel; aber auch Goethes ›Faust‹, Bernard Shaw und viele Stücke von Eugene O'Neill, der nun so etwas wie der Haus-Autor der Theatre Guild wurde. Es war der energische Vorstoß der Dichtung zum Broadway.

Das Haus der ›Theatre Guild‹ in New York. Es wurde als Repertoiretheater geführt und war ein Vorposten der Dichtung im Herrschaftsbereich des puren Amüsiertheaters. Hier spielte die 1918 gegründete Gilde in den zwanziger Jahren viele Stücke von O'Neill, Bernard Shaw und auch deutsche Expressionisten

Aus der ›Theatre Guild‹ ging das ›Group Theatre‹ hervor, das 1931 als selbständiges Ensemble-Theater die Arbeitsweise Stanisláwskis und seines Moskauer Künstler-Theaters übernahm und weiterentwickelte (siehe auch Seiten 540, 552). Einer der Mitbegründer, der Regisseur Harold Clurman (geboren 18. September 1901), hat in seinem Buch ›The Fervent Years‹ (1945) die Geschichte des Group-Theaters geschildert, das u. a. den Poeten William Saroyan und den Sozialkritiker Clifford Odets zuerst an den Broadway brachte. Ein anderer Mitbegründer — und Direktor des Group Theatre bis 1937 — war Lee Strasberg (geboren 17. November 1901); zusammen mit Elia Kazan (geboren 7. September 1909), dem Regisseur, dem Tennessee Williams seine besten Aufführungen und seine besten Filme zu danken hat, eröffnete Strasberg 1948 in New York sein weltberühmt gewordenes ›Actor's Studio‹, das den Stil der besten amerikanischen Bühnen- und Filmschauspieler prägt: einen absolut unauffälligen, dabei hochsensiblen Naturalismus.

Dieser psychologische Realismus entspricht der unauslöschlichen Grund-

farbe der eigenständigen amerikanischen Theater-Autoren. Sie ist unver-
kennbar noch in scheinbar anderen Bereichen, in den extremsten Experimen-
ten O'Neills und Thornton Wilders, in den historischen Dramen von Maxwell
Anderson (1888–1959; ›Königin Elisabeth‹, 1930; ›Maria von Schottland‹,
1933; ›Johanna von Lothringen‹, 1946; das Sokrates-Drama ›Barfuß in
Athen‹, 1951), in den Vers-Dramen von Robinson Jeffers (1887–1962;
›Medea‹, frei nach Euripides, 1946; ›Die Frau aus Kreta‹, angeregt vom
›Hippolytos‹ des Euripides, 1954) und Archibald MacLeish (geboren 1892;
›Spiel um Job‹, 1958), dessen Hiob ein amerikanischer Geschäftsmann ist.
Ein Autor wie Elmer Rice (1896–1967), der im deutsch-expressionistischen
Stil begonnen hatte (›Die Rechenmaschine‹, 1922), verschrieb sich bald dem
realistischen Zeitstück. Das breite amerikanische Publikum läßt sich offenbar
kein Theaterstück verkaufen, in dem es sich nicht selbst wiederfindet.

Produktion: Broadway und Off-Broadway

Die Provincetown-Players, die Entdecker O'Neills, verließen nach vier Jahren
ihren Theaterschuppen und zogen 1920 nach New York, in das Künstler-
viertel Greenwich Village: ihr ›Playhouse‹, abseits vom Broadway (›off
Broadway‹), hat die Tradition der ›Off-Broadway-Bühnen‹ begründet: sie
versuchen, unbekannte Autoren zu entdecken; sie spielen europäische Dramatiker, für die sich der Broadway nicht interessiert; sie experimentieren mit
wenig Geld in ihren winzigen Häusern, deren Zahl sich zwischen zehn und
fünfundzwanzig bewegt, teils amateurhaft, teils meisterhaft. Zu überlokalem
Ruf haben es das ›Living Theatre‹ und das ›Circle in the Square Theatre‹
gebracht.

Das Living Theatre wurde von dem Bühnenbildner Julian Beck 1951 in
Greenwich Village gegründet, zusammen mit der Schauspielerin Judith Ma-
lina, die aus dem ›Dramatic Workshop‹ des deutschen Emigranten Erwin
Piscator kam. Dieses Repertoire-Theater der ›Beat‹-Generation, das 1963 mit
Kind und Kegel nach Europa auswanderte, führte Gertrude Stein auf, Alfred
Jarry (›König Ubu‹), Bertolt Brecht (›Im Dickicht der Städte‹) und den jungen
Amerikaner Jack Gelber (›The Connection‹, ›The Apple‹), der mit seinem
extremen Naturalismus im Milieu der Gammler und Süchtigen Furore machte.
Das Circle in the Square Theatre in der Bleecker Street ist, wie schon der
Name sagt, ein Arena-Theater; es wird geprägt von dem Regisseur Josef
Quintero. Berühmt wurde seine Inszenierung von Jean Genets ›Balkon‹.
Erfolgreich brachte er Stücke von Tennessee Williams (›Sommer und Rauch‹)
und von O'Neill (›Der Eismann kommt‹) neu heraus, die am Broadway

keinen Erfolg gehabt hatten. Thornton Wilder hat seinen Einakter-Zyklus ›Die sieben Zeitalter des Menschen‹ für diese Studio-Bühne geschrieben.

Mitte der sechziger Jahre sind auch die Off-Broadway-Bühnen für Experimente zu teuer geworden: mit ihren Erfolgen verlangten die Gewerkschaften der Bühnenarbeiter und -techniker so viel Geld, daß viele Off-Broadway-Bühnen schließen mußten. So bringen Amateure ›Off-Off-Broadway‹-Stücke in Hinterzimmern von Caféhäusern heraus. Um ihnen den Weg wenigstens zum ›Off-Broadway‹ zu ebnen, hat Edward Albee eine Produktionsgruppe gegründet, die das Cherry Lane Theatre in Greenwich Village zur Verfügung stellt; 1965 hat diese Gruppe bereits sechs Uraufführungen herausgebracht.

Die Bühnen, die man vereinfachend ›Broadway‹ nennt, Bühnen des kommerziellen Schauspiels und der Musicals, befinden sich keineswegs am Broadway, sondern in dem Straßengitter, das von den drei großen Parallelen, der sechsten, siebenten und achten Avenue, und den sie im rechten Winkel schneidenden Straßen, von der 40. bis zur 54., gebildet wird — diagonal durch dieses gigantische Rechteck zieht sich der Broadway, der die siebte Avenue am Times Square, dem Zentrum der großen Filmtheater, schneidet. Die Zahl der Broadway-Theater hat seit 1930 — damals rund achtzig — ständig abgenommen, im gleichen Maße, in dem die Kosten für eine Theaterproduktion gestiegen sind. Geblieben sind rund dreißig Häuser mit sechzig Inszenierungen in der Saison.

Zum Zorn extremer Off-Broadway-Fans kommt es immer wieder zu einem gewissen Ausgleich mit den Broadway-Theatern: für sie ist Off-Broadway eine Art Experimentierstätte, die sie nicht zu finanzieren brauchen, ein Tummelplatz für Stücke und Talente, die sie zu gegebener Zeit an den Broadway fesseln. So ist etwa Edward Albee, der zuerst in Berlin gespielt wurde, dann Off-Broadway, sofort an den Broadway gekommen, als er ein geeignetes Stück — ›Wer hat Angst vor Virginia Woolf?‹ — zu bieten hatte. Tennessee Williams hat, nachdem er längst am Broadway heimisch war, dennoch seine Einakter ›Garden District‹ dem York Playhouse, einem Off-Broadway-Theater, zur Uraufführung überlassen.

Mit einem Stück von Arthur Miller (›Nach dem Sündenfall‹) begann am 23. Januar 1964 das ›Theater des Lincoln Center‹ in New York seine Arbeit, noch nicht in eigenem Hause, sondern im ›Anta Washington Square Theatre‹ in Greenwich Village. Es ist ein Repertoire-Theater mit staatlichen Zuschüssen; der Start freilich, unter der Direktion von Elia Kazan, kam über das am Broadway Gebotene nicht hinaus. Dieses ›Lincoln Center Repertoire Theatre‹ eröffnete unter neuer Direktion, Herbert Blau und Jules Irving, am 21. Oktober 1965 sein neues Haus, das Vivian-Beaumont-Theater, benannt nach einer 1962 verstorbenen (Öl-)Millionärs-Witwe, die einen Teil ihres

Vermögens dem Lincoln Center vermacht hat. Zum ›Lincoln Center for the Performing Arts‹ am oberen Broadway gehören ein Ballett- und Operntheater (das New York State Theatre), ein Konzerthaus (die Philharmonic Hall) und der Neubau der Metropolitan Opera. Im Vivian-Beaumont-Theater sind die 1083 Sitzplätze wie in einer Arena angeordnet, kein Platz ist weiter als zwanzig Meter von der Bühne entfernt; es kann auf einer versenkbaren Vorderbühne gespielt werden, doch auch in einem Guckkasten mit zwei Drehbühnen, so daß stilgerechte Aufführungen aller Dramatiker von Aischylos bis Tennessee Williams möglich sind. Erstmals in New York brauchen auch die Zuschauer ihre Mäntel nicht mehr unter ihrem Sitz zu verstauen, im Foyer sind verschließbare Kleiderschränke aufgestellt. Zur Eröffnung wurde in einer Bearbeitung und Inszenierung von Herbert Blau ›Dantons Tod‹ von Georg Büchner gespielt, der in Amerika so gut wie unbekannt ist. Sartres ›Die Eingeschlossenen von Altona‹, Bertolt Brechts ›Der kaukasische Kreidekreis‹ und ›The country wife‹ von William Wycherly, einem englischen Autor aus dem 17. Jahrhundert — lauter Stücke, die am Broadway nicht spielbar wären, geboten von einem festen Ensemble im Repertoire-System.

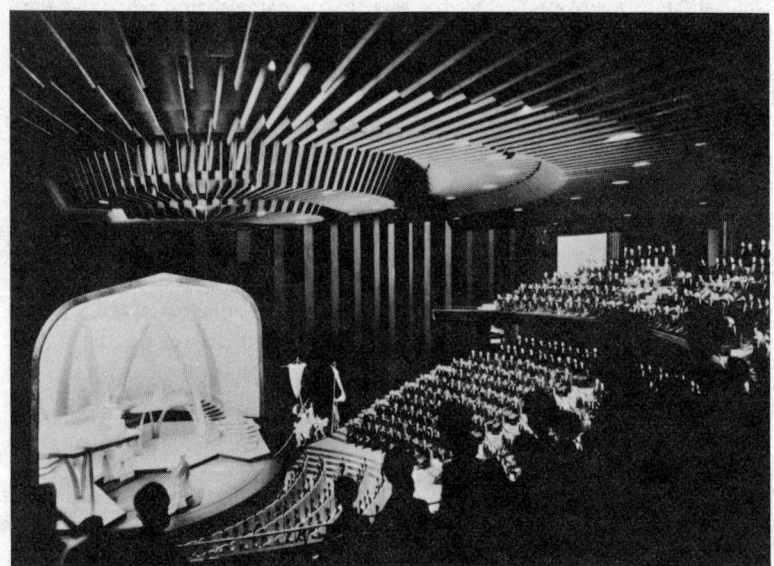

Architekturmodell des ›Lincoln Center Repertoire Theatre‹. Dieses New Yorker Repertoire-Theater mit staatlichen Zuschüssen wurde am 21. Oktober 1965 eröffnet mit ›Dantons Tod‹ von Georg Büchner. Auf dem Modell ist die Dekoration auf der versenkbaren Vorderbühne aufgebaut; die 1083 Sitze sind so angeordnet, daß kein Platz weiter als zwanzig Meter von der Bühne entfernt ist

Das ist möglicherweise der Anfang einer Entwicklung, die das amerikanische Theater nehmen muß, wenn es sich aus seiner Abhängigkeit von der Abendkasse lösen will.

Für das europäische Theater von Bedeutung sind nur die Broadway- und Off-Broadway-Bühnen. Die Theater außerhalb New Yorks, die im wesentlichen von Tourneen, den ›Road-Shows‹, und von Amateur-Aufführungen mit einigen Stars leben, sind eine inneramerikanische Angelegenheit. Das älteste amerikanische Repertoire-Theater ist das Alley-Theatre in Houston, Texas; das namhafteste die Arena Stage in der Regierungshauptstadt Washington, ein moderner (Arena-)Theaterbau aus dem Jahre 1961, mit Abonnenten-System und sieben bis acht Vorstellungen in der Saison — Amateure, Schauspiel-Studenten, gibt es hier nur noch in Nebenrollen, und der Spielplan ist literarisch anspruchsvoll. Auch das begeisterte und lokalpatriotische Publikum, das sich von Verrissen nicht vom Theaterbesuch abhalten läßt, beweist, daß die Arena-Stage auf dem Wege zu einer Form ist, die etwa einem guten deutschen Stadttheater entspricht.

Export: der amerikanische Adam

»Die Literatur hat immer einem Fackelträger-Stafettenlauf mehr geglichen als einem wütenden Erbstreit«, meinte Thornton Wilder. Die Stafette des Theaters ist weitergegeben worden von den Griechen an die Römer, an die Spanier, Engländer, Franzosen und Italiener, an die Deutschen, Russen, Iren, und Skandinavier. Sie alle hatten ihre große Stunde, in der sie mit ›klassischen‹ Mustern die Bühnen der abendländischen Welt bereicherten. Die Amerikaner sind als letzte zu diesen Nationen getreten; sie haben nach dem beim Theater in aller Welt durchaus üblichen Verfahren von ihren Vorgängern gelernt, und als sie zu Beginn des zwanzigsten Jahrhunderts die Stafette übernahmen, traten sie das Erbe der Naturalisten und der Expressionisten an. Die expressionistischen Elemente haben sie inzwischen so gut wie ausgeschieden, die naturalistischen aber weiter entwickelt.

Sie haben zwar kein neues, kein ›klassisches‹ Formen-Muster geschaffen, aber einen neuen Menschen auf die Bühne gebracht: nicht den utopischen expressionistischen Wunschtraum vom ›neuen Menschen‹, sondern Mr. Antrobus, den in seinen verschiedensten Varianten genau beobachteten, oft psychoanalysierten und immer nüchtern abgebildeten amerikanischen Adam.

An den albernen Formeln, daß O'Neill der amerikanische Sophokles, Wilder der amerikanische Calderon, Williams der amerikanische Strindberg,

Miller der amerikanische Ibsen sei, ist etwas Richtiges, sobald man das Eigenschaftswort als Hauptwort nimmt: amerikanisch. Was sie auch in die Finger nehmen, es wird amerikanisch. Sogar Herakles, der Halbgott, flucht in Ezra Pounds Version der Sophokles-Tragödie ›Die Frauen von Trachis‹ (siehe auch Seite 47) wie ein New Yorker Taxi-Chauffeur, als er entdeckt, daß er sterben muß durch seine Frau — eine Entdeckung vieler amerikanischer Dramatiker —: »Nicht Griechen, nicht Fremde, deren Land ich gesäubert hab' — ein mickriges Weibsstück hat es geschafft, allein und ohne Schwert.« Und der letzte Rat, den der sterbende Herakles für seinen Sohn hat, ist das amerikanische ›Keep smiling‹, dem Sophokles abgezwungen: »Und betoniere dein Gesicht, verschal's mit Eisen, geh heiter durch das Ziel, selbst wenn dir nicht danach zumut ist.«

Seit O'Neill haben die amerikanischen Dramatiker mit dem europäischen Pfund gewuchert, und ihre Zinsen geben sie seit dem Ende des zweiten Weltkriegs an die europäischen Bühnen zurück. Die Vereinigten Staaten sind ein Dramen-Exportland ersten Ranges geworden. Zu ihren besten Exportwaren, ihren Massen-, aber zugleich Marken-Artikeln, gehören ihre perfekten kleinen Komödien, von denen hier nicht die Rede sein muß, weil es an ihnen nichts zu erklären gibt: sie ziehen vorüber wie Gelächtergewitter, sehr rasch, manche viel rascher, als sie es verdient hätten, mit der Chance, später wieder einmal aufzutauchen.

Die amerikanischen Sorgen, ihre Familiengeschichten, ihr Kummer mit den Südstaaten, mit den Farbigen, mit dem ›Sex‹, ihre puritanisch-antipuritanische Schizophrenie, ihre ›Mommy‹, die geliebt und gehaßt wird wie der Whisky, ihre Entdeckung des Alptraums im ›amerikanischen Traum‹, ihre Ernüchterungen, ›Frustrationen‹ und Neurosen-Plantagen, sie sind nicht immer die Hauptsorgen der Europäer, doch viele ihrer Probleme von heute werden der europäische Ärger von morgen sein.

Eugene O'Neill: der Tragiker gegen seine Zeit

> Ich finde mehr Glück in einer wirklichen Tragödie als in allen
> Stücken mit glücklichem Ausgang, die je geschrieben worden
> sind. Es ist nur das heutige Tagesurteil, daß das Tragische
> ›Unglück‹ bedeute. Die Griechen und die Männer aus Shake-
> speares Zeit wußten das besser. Sie fühlten das gewaltige
> Leben innerhalb der Tragödie. Sie erhob sie zu einem tieferen
> Verstehen des Lebens, sie sahen ihr Leben veredelt durch sie. —
> Ein Kunstwerk ist immer glücklich, und alles andere ist un-
> glücklich! — Ich liebe das Leben nicht, weil es angenehm ist —
> Annehmlichkeit sitzt nur in den Kleidern. Meine Liebe ist
> tiefer, ich liebe es nackt.   O'Neill (deutsch von Julius Bab)

»Wir zerrissen die Blätter, Stück für Stück, und es war, als ob wir unsere
eigenen Kinder in Stücke rissen . . .« So schilderte Carlotta Monterey, die
Witwe O'Neills, die Vernichtung der Manuskripte, der fertigen und halb-
fertigen Dramen und Entwürfe, die ihr Mann in einem Verzweiflungsanfall
angeordnet hatte. Das war fünf Jahre vor seinem Tod. Er hatte an mehreren
gigantischen Zyklen gearbeitet: an einer Reihe autobiographischer Dramen,
zu denen ›Der Eismann kommt‹, ›Ein Mond für die Beladenen‹ und ›Eines
langen Tages Reise in die Nacht‹ gehören; an einer Reihe historischer Dramen,
in denen anderthalb Jahrhunderte amerikanischer Geschichte als Familien-
geschichte vorgeführt werden sollten — zu ihnen gehören ›Fast ein Poet‹ und
›Alle Reichtümer dieser Welt‹, das dritte und vierte Stück dieses Unternehmens; an einer Reihe von Einaktern, von denen ›Hughie‹ erhalten ist.
O'Neill litt im Alter an der Parkinsonschen Krankheit, an einer Lähmung des
Kleinhirns, einem grauenhaften Schüttelzwang der Hände; er starb an einer
Lungenentzündung am 27. November 1953.

Sein Vater, irischer Abstammung, war ein berühmter Schauspieler; er zog
sechzehn Jahre lang durch die Vereinigten Staaten mit einer einzigen Rolle,
dem ›Grafen von Monte Christo‹, verdiente damit monatlich mehr als
3000 Dollar und war besessen von einem krankhaften Geiz, einer Panik
vor der Armut. Die Mutter war eine fromme Katholikin. Durch den Vater
hat der junge Eugene Gladstone O'Neill, geboren am 16. Oktober 1888 in
New York, das System des amerikanischen Unterhaltungstheaters, das Ver-
schludern des Talents für minderwertiges Amüsement, frühzeitig hassen
gelernt. ›Eines langen Tages Reise in die Nacht‹ ist eine autobiographische,
späte Abrechnung mit dieser frühen Zeit. Er ging davon, suchte Gold in
Honduras, trampte durch Argentinien, fuhr zur See auf einer Dreimastbark
und kehrte immer wieder zum Vater zurück und spielte in seiner Truppe.

Eine Lungenkrankheit zwang 1912 den Vierundzwanzigjährigen, der sich zum Journalismus entschlossen hatte, einige Monate ins Gaylord-Farm-Sanatorium. Dort las er unendlich viel, »so ziemlich alle Klassiker«, und Dostojewski, Ibsen und Strindberg. Er hatte schon vorher Deutsch gelernt, um Nietzsche im Original zu lesen, und er las auch Wedekind deutsch. Im Sanatorium schrieb er 1913 sein erstes Drama ›The Web‹.

Der Drang, für das Theater zu schreiben, wurde durch Strindberg erweckt, dem er sein Leben lang dafür dankbar blieb. In seiner Nobelpreisrede stellte er 1936 allzu bescheiden fest: »Wenn in meinem Werk irgend etwas von bleibendem Wert enthalten sein sollte, so geht das auf diesen von Strindberg empfangenen Impuls zurück, der mich auch seitdem all die Jahre hindurch befeuert hat – und auf den damals in mir erwachten Ehrgeiz, mit derselben Lauterkeit der Gesinnung in die Fußtapfen seines Genies zu treten und ein so würdiger Nachfolger zu werden, als mein Talent mir eben erlaubte.« Die Uraufführung seiner nachgelassenen Dramen überließ er dem Königlichen Dramatischen Theater in Stockholm, das sich seiner Werke wie der Werke Strindbergs mit besonderer Liebe angenommen hatte.

Seine ersten Einakter wurden von den ›Provincetown Players‹ aufgeführt. Das war eine Gruppe von Amateuren, die sich 1916 in dem Fischerdorf Provincetown (Massachusetts) zusammengefunden hatte; sie spielte das, was damals modern und anspruchsvoll war, in einem Schuppen am Hafenkai, dem ›Wharf Theatre‹, und später auch in Greenwich Village in New York, im ›Playwrights Theatre‹, einem ›Off-Broadway-Theater‹, einem Theater der Kunst, abseits vom Amüsierbetrieb des Broadway, in der McDougal Street. O'Neill hatte 1914 an George Pierce Bakers ›47 workshop‹, einem Werkstatt-Seminar für das Drama, an der Harvard-Universität teilgenommen. Die Provincetown Players, denen er sich als Schauspieler und Autor anschloß, brachten in ihrem ›Wharf Theatre‹ seine ersten Premieren: im Sommer 1916 ›Thirst‹ und ›Bound East for Cardiff‹. Zu seinem ersten Welterfolg entwickelte sich das Matrosen-Stück ›The Moon of the Caribees‹, *Unterm karibischen Mond*, uraufgeführt von den Provincetown Players im ›Playwrights Theatre‹, New York, am 20. Dezember 1918. Mit mehr als vierzig Stücken wurde O'Neill zum erfolgreichsten unter den ernsthaften amerikanischen Dramatikern.

Seine frühen und seine späten Stücke sind naturalistisch, zumindest realistisch, und psychologisch, wenn nicht gar psychoanalytisch. Er bestand darauf, daß er der psychoanalytischen Theorien Sigmund Freuds nicht bedurft hatte, um zum Psychologen zu werden, doch liegen vielen seiner Stücke geradezu musterhafte Kindheits-›Komplexe‹ zugrunde, früheste erotische Bindungen an den Vater oder an die Mutter, wie sie Freud definiert hat. Sinn-

In diesem kleinen Theater mit 90 Plätzen, einem umgebauten Hafenschuppen im Fischerdorf Provincetown (Massachusetts), führte die Amateurgruppe der ›Provincetown Players‹ im Sommer 1916 die ersten Einakter von Eugene O'Neill auf

voller, als sie zu analysieren, ist es, sie als Symbole für einen Schicksalszwang hinzunehmen.

Experimentiert hat O'Neill vor allem in den zwanziger Jahren (doch auch noch in einem Nachlaß-Stück wie ›Alle Reichtümer dieser Welt‹): mit antinaturalistischer Szene, mit Symbolen, Allegorien, Masken und inneren Monologen, die er aus dem altmodischen ›Beiseite‹-Sprechen entwickelt hat. Manche dieser Stücke erinnern an einen Expressionismus, wie ihn Georg Kaiser in Deutschland auf die Bühne gebracht hat; O'Neill versicherte, sie geschrieben zu haben, bevor er die deutschen Expressionisten kennengelernt hatte, und daran braucht man nicht zu zweifeln — wer auch immer wo experimentiert, der hat kaum eine Chance, dem Etikett ›Expressionist‹ zu entgehen.

In dieser Zeit entstanden auch seine religiösen Mysterienspiele *Der Quell* (›The Fountain‹, 1923, uraufgeführt am 10. Dezember 1925 im Greeenwich Village Theatre, New York), *Lazarus lachte* (›Lazarus laughed‹, 1926; uraufgeführt am 9. April 1928, im Pasadena Community Playhouse, Pasadena, Kalifornien) und *Tage ohne Ende* (›Days without End‹, 1934; uraufgeführt am 8. Januar 1934 im Guild Theatre, New York) mit dem direkten christlichen Appell, daß »der Friede allein bei IHM wohnt«.

Nach der Uraufführung des Stückes ›Tage ohne Ende‹ zog sich O'Neill aus der Öffentlichkeit zurück, in sein Landhaus in Kalifornien, und begann seine Arbeit an den riesigen Zyklen. Nach zwölf Jahren gab er ›Der Eismann kommt‹ zur Aufführung frei, nahm an den Proben in New York teil, stellte sich der Presse, und dann blieb er in seinem kalifornischen Haus bis zu seinem Tod. Damals in New York sagte er: »Ich gehe aus von der Theorie, daß die Vereinigten Staaten, anstatt das erfolgreichste Land der Erde zu sein, der größte Fehlschlag sind . . . Ihre führende Idee ist jenes ewige Spiel mit dem Versuch, die eigene Seele dadurch zu gewinnen, daß sie gleichzeitig etwas außerhalb davon gewinnen. Eigentlich ist das in der Bibel viel besser gesagt worden. Wir sind das größte Beispiel für ›Was hülfe es dem Menschen, wenn er die ganze Welt gewönne und nähme an seiner Seele Schaden?‹ Wenn die menschliche Rasse so verdammt begriffsstutzig ist, daß sie in zweitausend Jahren nicht genug im Kopf hat, um zu begreifen, daß das Geheimnis des Glückes in einem simplen Satz enthalten ist, von dem Sie denken würden, irgendein Schulkind könnte ihn verstehen und beherzigen, dann ist es Zeit, sie hinwegzuschwemmen und die Ameisen einmal ihr Glück versuchen zu lassen. Dieser simple Satz lautet: ›Was hülfe es dem Menschen . . .‹«

O'Neill betrachtete sich als religiösen Dichter. Da er nicht daran glaubte, »daß eine Idee einem Publikum übermittelt werden kann, außer durch Charaktere«, brachte er ›Charaktere‹ auf die Bühne, doch ging es ihm nie um Einzelschicksale, sondern um die »hinter allem waltende Kraft«, um »Schicksal, Gott, unsere ererbte Vergangenheit, oder wie man es immer nennen mag, jedenfalls das Mysterium«. Durch seinen Kampf gegen einen seelenlosen Materialismus, gegen ein Amerika der besinnungslosen Profitjäger und eines selbstgerechten Puritanismus, stellte er Fragen, die über Zeiterscheinungen hinausgehen: Wie steht der Mensch zu seinem Schicksal, zu Gott? Er versuchte, eine Welt, die an Tragik nicht glauben will, die Tragik zu lehren, und sie auch noch vom Adel, ja vom Glück der Tragödie zu überzeugen.

Mit O'Neill· ist das amerikanische Theater mündig geworden. Vielleicht hat man ihn deshalb, als den Eröffner einer Epoche, den Aischylos der Neuen Welt genannt. Neben Aischylos freilich, dem tragischen Dichter der politisch-religiösen Ordnungskräfte, nimmt sich O'Neill aus wie ein trauriger und auch sentimentaler Dichter des privaten Weltleids. »Schicksal entspringt aus

der Familie«, hatte er 1930, bei der Arbeit am Aischylos-Stoff, an ›Trauer
muß Elektra tragen‹, notiert, und so suchte er die Tragik in wuchernden
Familienromanen, bei seiner ›Elektra‹ wie in den erhaltenen Stücken seiner
Zyklen. Wenn sein Name schon mit einem antiken Griechen verbunden
werden müßte, so wäre O'Neill eher der amerikanische Euripides.

Doch hängt sein Schicksal auf den Bühnen der Welt nicht von seinen
Ideen ab — sie sind banal geworden, soweit sie es nicht schon immer gewesen
sind —, sondern wie bei allen großen Naturalisten von seiner poetischen
Kraft. Er wird, so scheint es, nicht als Zeitkritiker, Experimentierer und
Tragiker überleben, sondern als dramatischer Geschichtenerzähler und Men-
schenmacher, als genialer Rollenschreiber: mit seiner Todestraurigkeit und
seinen wilden Späßen; mit seinem irischen Humor, der bis an die Grenze
der Grausamkeit geht und der auf dem europäischen Kontinent nur selten
ausgespielt wird.

Meinungen: »O'Neill holt den Kursus nach. Zuerst kam Georg Kaiser
nach Amerika. O'Neill schrieb wie Georg Kaiser. Die Schiffszenen im ›Haa-
rigen Affen‹ erinnern an die ›Koralle‹. Jetzt rollt er die europäische Geistes-
geschichte rückwärts auf. Er hält im ›Seltsamen Zwischenspiel‹ bei Ibsen,
Strindberg und Freud. Wann wird O'Neill bei Schiller halten?«: Herbert
Jhering, 1929. — »Die Frage, weshalb Amerika keine Tragödie gehabt hat
oder haben kann, scheint müßig angesichts der Tatsache, daß es einige solche
Werke hohen Ranges tatsächlich besitzt — und zwar durch den Genius
Eugene O'Neill«: Julius Bab, 1946. — »Er ist bereits ein Klassiker und doch
zeitnahe wie kaum ein zweiter. Müßte man einen signifikanten Vertreter
gegen die These Brechts finden, daß das Theater dazu beitragen sollte, die
Welt zu verändern: Er wäre es. Die Möglichkeit, die von den Fortschritts-
gläubigen immer wieder diskutiert wird, ob durch radikale Veränderungen sozialer Zustände nicht doch das Paradies auf Erden zu schaffen sei,
wird von ihm in schroffster Form geleugnet... Für ihn gab es noch die
Tragödie als Darstellung eines Lebenspanoramas und als Zusammenfü-
gung einer Schicksalskonfiguration. Es war nicht das Theater der antiken
Tragödie, es war auch nicht Schillers Bühne als moralische Anstalt, es
war das Leben, begriffen als dramatischer Ablauf und doch emporgestei-
gert zum Gleichnis, ohne das es eben kein echtes Drama gibt«: Oscar Fritz
Schuh, 1963.

Jenseits vom Horizont (Beyond the Horizon). ›Stück in drei Akten‹. 1919.
Uraufführung am 2. Februar 1920 im Morosco Theatre, New York. — Der
Farmersohn Robert Mayo unterdrückt sein mächtiges Fernweh nach dem

›Kaiser Jones‹ von Eugene O'Neill. Entwurf von Aaron Douglas, um 1920

Glück »jenseits vom Horizont«; als er sich von der Nachbarstochter Ruth geliebt glaubt, bleibt er ihr zuliebe daheim, bewirtschaftet und verwirtschaftet den Hof. Da er seinen eigentlichen Lebenswunsch verleugnet hat, wird seine Ehe zu einem trostlosen Kampfplatz der Haßliebe. Statt seiner ist sein Bruder Andi, den Ruth nicht gewollt, zur See gegangen, doch auch er kehrt mit leeren Händen zurück. Robert stirbt an Tuberkulose, Bruder Andi erleichtert ihm den Tod und wird sich wohl um Ruth kümmern. — Aus Strindberg- und Ibsens Peer Gynt-Motiven ist O'Neill in seinem ersten dreiaktigen Drama schon zu einem Hauptthema gelangt, das seine späten Stücke beherrschen wird: die Unmöglichkeit einer poetischen Existenz; die Elegie auf einen nicht zu verwirklichenden Lebenstraum.

Kaiser Jones (Emperor Jones). Ein Akt. Uraufführung 1. November 1920 durch Provincetown Players im Neighborhood Playhouse in New York. Deutsche Erstaufführung 17. Oktober 1924, Berlin, mit Oskar Homolka, durch Berthold Viertel. — Der Neger Jones, ehemals Schlafwagenschaffner, ein verfolgter Mörder, der sich zum ›Kaiser‹ einer westindischen Insel aufgeschwungen hat, auf der Flucht im Dschungel: gehetzt von eingeborenen Verfolgern, von Visionen, von der Natur, der er als Zivilisationsmensch nicht mehr angehört, von seiner Angst, hörbar gemacht durch Trommeln und schauerliche, sich ekstatisch steigernde Geräusche. Ein Einakter in der Manier Georg Kaisers. Das Stück war bei seiner Uraufführung so erfolgreich, daß es im Januar 1921 vom Broadway übernommen wurde. Der Kritiker Alfred Kerr, 1924: »Was sind unsere Widersacher? Fetischtrottel! Nur gradverschieden. Nicht artverschieden. Nigger sind wir — alle.«

Der Strohhalm (The Straw). ›Stück in drei Akten‹. Uraufführung am 10. November 1921, Greenwich Village Theatre New York. Europäische Erstaufführung 21. November 1962, Akademietheater des Burgtheaters, Wien. — Eine Familie amerikanischer Iren; der geizige Vater säuft, die Mutter ist tot, und ihre Stelle hat für ihre Brüder Eileene eingenommen, bis sie ins Lungensanatorium muß. Als sie erkennt, daß ihr Verlobter zu egoistisch ist, um ihre Tuberkulose zu ertragen, erleichtert sie ihm die Trennung. Im Sanatorium gibt sie dem unbedeutenden Journalisten Stephen Murray so viel Selbstvertrauen, daß er zum Dichter wird. Als er geheilt ist, verläßt und vergißt er sie, die ihn liebt, doch kommt er, erfolgreich geworden, noch einmal an ihr Sterbelager. Von einer Krankenschwester überredet, spielt er für Eileene den ›Strohhalm‹ der Hoffnung, und aus diesem Spiel wird so viel ernste Zuneigung, daß er sie nicht verlassen wird: er behauptet, krank zu sein, und wird mit ihr in ein Bergsanatorium gehen, wo sie ihn pflegen will. — Das autobiographisch gefärbte Stück (der lungenkranke O'Neill schrieb 1913 im Sanatorium sein erstes Drama ›The Web‹) ist unsentimentaler, als es in dieser Inhalts-Skizze erscheinen mag: Liebe und Hoffnung treten wie verschämt auf.

Anna Christie (Anna Christie). ›Schauspiel in drei Akten‹. Uraufführung am 2. November 1921. Vanderbilt Theatre, New York. Deutsche Erstaufführung 1923, Berlin. — Anna Christie, die Tochter eines Kapitäns, der sie an Land allein gelassen hat, ist vom Kinder- zum Straßenmädchen geworden. Der Vater begegnet ihr nach Jahren und bringt sie auf sein Kohlenschiff. Der Heizer verliebt sich in sie; sie erzählt ihm ihre schlimme Vergangenheit — Haßausbruch gegen den Vater, dem sie die Schuld an ihrem Schicksal gibt, gegen alle Männer, auch gegen den Heizer. Der Vater gibt der See die Schuld an allem, und die Liebe, schließlich, macht sie fähig, das Leben ohne Schuldvorwürfe zu akzeptieren. — Die Strindberg-Töne bleiben Episode; die allzu gefällige Lösung hat O'Neill seinen ersten Welterfolg verschafft, einschließlich Verfilmung mit Greta Garbo.

Der haarige Affe (The hairy Ape). ›Schauspiel in acht Bildern‹. Uraufführung 9. März 1922, durch Provincetown Players im Playwrights Theatre, New York. Deutsche Erstaufführung 21. Oktober 1924, Tribüne, Berlin, mit Eugen Klöpfer. — Dem Schiffsheizer Yank wird durch eine Begegnung mit einer Millionärstochter bewußt, daß er ein Ausgestoßener ist, ein häßlicher, verachteter ›haariger Affe‹. Gefängnis und Polizeiknüppel vertiefen diese Lektion. Im Zoo öffnet er einem Gorilla die Gittertür, um mit ihm gegen die feinen Leute vorzugehen, doch der Gorilla zerquetscht ihn beiläufig, mit der

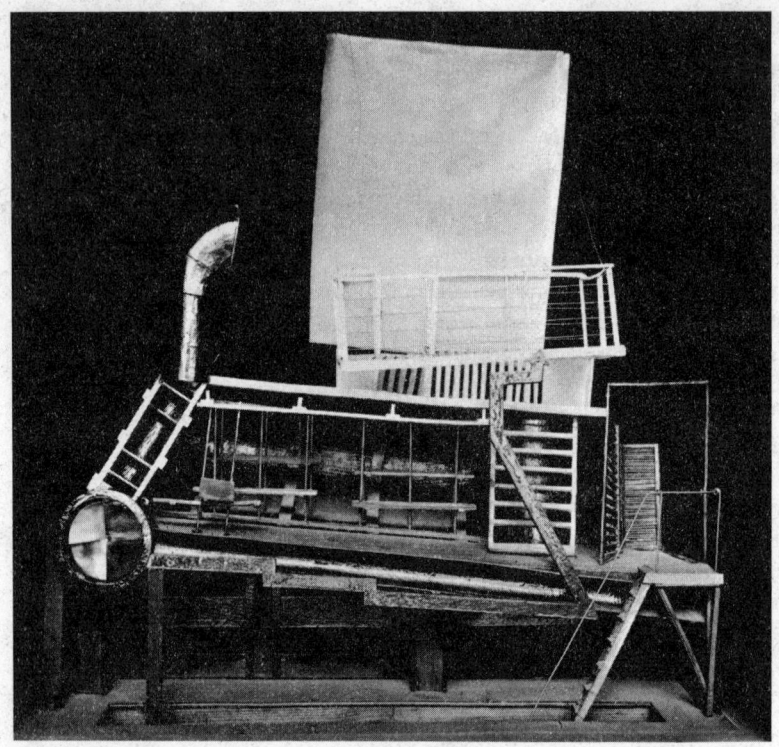

O'Neill im Moskauer Kammertheater, dem ›entfesselten Theater‹: Bühne von Alexander Tairow für ›Der haarige Affe‹; um 1925

Unschuld des Tieres. Yank kriecht in den Käfig, preist sich dem Publikum an als der »echte und originale haarige Affe aus den Urwäldern von . . .« und stirbt. – Knappe, symbolisch übersteigerte Szenen in der expressionistischen Manier Georg Kaisers und eine realistische Sprache, harter amerikanischer Slang.

Der Quell (The Fountain). ›Stück in elf Szenen‹. 1921–1922. Uraufführung 10. Dezember 1925, Greenwich Village Theatre, New York. Deutsche Erstaufführung 12. Dezember 1962, Wuppertal. – Um Juan Ponce de Leon, einen Konquistador und Begleiter des Columbus, ein symbolisches Spiel: Juan erkennt Gott als die Quelle alles Lebens; Islam, Buddhismus, Indianerkulte und Christentum erscheinen als gleichrangig. Juan stirbt erlöst und verklärt in einem Dominikanerkloster. – O'Neill hat diesen Versuch eines religiösen Mysteriums mit allegorischen Visionen 1935 als stümperhaft verworfen.

Vermählt (Welded). ›Schauspiel in drei Akten‹. Uraufführung 17. März 1924, 39th Street Theatre, New York. Deutschsprachige Erstaufführung 1955, Wien, Palais Esterhazy. Deutsche Erstaufführung 16. März 1960, Kammerspiele Saarbrücken. — Der Schriftsteller Michael Cape und die Schauspielerin Nelly sind mehr als ›vermählt‹, sie sind in einer entsetzlichen Haßliebe aneinandergekettet: einer ist des anderen Last. Er lernt von einer Dirne, sie lernt von einem Freund, daß das Leben, wie es auch sei, geliebt werden müsse. — O'Neill, ganz im Banne Strindbergs; seine eigene Botschaft der Lebensliebe wirkt angeklebt.

Die Marco-Millionen (Marco's Millions). ›Schauspiel um Marco Polo in zwei Teilen‹. 1924. Uraufführung am 9. Januar 1928, im Guild Theatre in New York. Deutsche Erstaufführung 30. Mai 1956, Frankfurt am Main, Städtische Bühnen. — Der Venezianer Marco Polo, der im 13. Jahrhundert ins Tatarenreich Kublai-Khans reiste, ist (gegen die historische Richtigkeit) bei O'Neill der Typ des modernen, skrupellosen Geschäftsmannes, der sich zum Diktator und Imperialisten entwickelt — der selbstzufriedene Erfolgsmensch ohne Gefühl für Tragik, Tod und Liebe. Der Weisheit des Ostens, die sich von ihm vergeblich die Weisheit des Westens erhofft, erscheint er lächerlich und gefährlich, denn er bringt nur Papiergeld und Kanonen. Daß er auch in der Liebe versagt — Kokachin, die Enkeltochter des Großkhan, wirbt um ihn vergeblich und stirbt daran — erscheint Kublai-Khan am schlimmsten: »Der dumme Mensch wird tatsächlich die Fleischwerdung der Allmacht, und die Polos sind die wahren Kinder Gottes.« — Eine ziemlich schwerfällige Satire, vorgeführt einem Mr. Polo des New York von 1924, einem erfolgreichen Börsianer im Zuschauerraum, der unbelehrt bleibt.

Gier unter Ulmen (Desire under the Elms). Uraufführung 11. November 1924, Greenwich Village Theatre, New York. Deutsche Erstaufführung 14. Oktober 1925, Lessing-Theater, Berlin, mit Paul Wegener, durch Berthold Viertel. — Auf einer einsamen Farm in Neu-England. Der alte Ephraim Cabot hat zum drittenmal geheiratet. Abbie, die junge Frau, die nur seines Besitzes wegen die Ehe eingegangen ist, stellt seinem Sohn Eben nach, der, stark an seine Mutter gebunden und um sein Erbe fürchtend, sich widersetzt. Sie verleumdet ihn bei seinem Vater, er lasse sie nicht in Ruhe. Der Alte ist bereit, seinen Sohn als Erben fallenzulassen, falls Abbie ihm einen anderen Erben schenkt. Als das Kind zur Welt kommt, hält der Alte seinen Haß gegen seinen ›weichen‹ Sohn nicht länger zurück: er sagt ihm, daß er ihn enterbt hat. Der neue Erbe aber ist ein Sohn von Eben, der inzwischen der Verführungskunst seiner Stiefmutter erlegen ist. Sie liebt nun Eben und, um ihm zu beweisen, daß es ihr nur noch um ihn, nicht mehr um das Erbe, geht, bringt sie das Kind um und beichtet alles dem Alten. Eben zeigt sie dem Sheriff an und auch sich selbst, da er sich mitschuldig fühlt. Der Alte bleibt einsam zurück. — Ein Drama mit psychoanalytischem Grundriß, Oedipus-Liebe zur Mutter und Haß auf den Vater, mit Sudermann-Drückern und drei effektvollen Rollen.

Alle Kinder Gottes haben Flügel (All God's Chillun got wings). ›Stück in zwei Akten‹. Uraufführung 15. Mai 1924, Provincetown Playhouse, New York. Deutsche Erstaufführung 1926, Kammerspiele Hamburg. — Der Neger Jim Harris und die Weiße Ella Downey sind als Kinder Freunde gewesen: er hat Kreide gekaut, um weiß zu werden, und sie hat sich schwarz angemalt und ist von andern Kinder ›Schminkfratze‹ gerufen worden. Im ersten Teil steht Jim vor dem Examen. Ella hat von Mike, einem weißen Rowdy, ein Kind bekommen; das Kind ist gestorben; verzweifelt kehrt sie zu Jim zurück. Sie heiraten und gehen nach Paris,»wo die Seele noch zählt«, und nicht die Hautfarbe. Im zweiten Teil, ein Jahr später, erleben sie im Hause der Mutter Jims auch den schwarzen Rassestolz. Jim, der die Weißen für eine höhere Rasse hält, fällt durch seine Minderwertigkeitsgefühle im Examen immer wieder durch. Ella, die von ihren im Unterbewußtsein verankerten Rasse-Vorurteilen bis in die krankhafte Hysterie gepeitscht wird, wünscht, daß Jim durchfällt; sie greift zum Küchenmesser, um ihn zu ermorden. Jims Liebe ist unerschütterlich; er bleibt demütig und sanft, ihr Wahn verebbt — nun können sie wenigstens miteinander spielen, wie sie als Kinder gespielt haben, und ›alle Kinder Gottes haben Flügel‹, tröstet ein Negro-Spiritual. — O'Neills Sympathien gelten dem Neger; die Wurzel der Fremdheit zwischen den Rassen sucht er mit den Mitteln der Psychoanalyse im Unbewußten, im Gruppendenken; die Versöhnung ist ein frommer Wunsch, Liebe mit religiöser Inbrunst.

Der große Gott Brown (The great God Brown). ›Stück in vier Akten mit einem Vor- und einem Nachspiel‹. Uraufführung 23. Januar 1926, Greenwich Village Theatre, New York. Deutsche Erstaufführung 1928, Köln. — Dion Anthony (dessen Namen auf Dionysos, den griechischen Gott, und den Heiligen Antonius verweisen) ist ein überempfindlicher verwundbarer Künstler, der Masken trägt (die sich im Laufe des Stückes wandeln): wie ein Visier, aus Notwehr, zum Schutz, als Symbol der Fremdheit zwischen den Menschen. Sein Gegenspieler ist der nüchterne, unschöpferische Geschäftsmann William A. Brown — beide sind seit ihrer Kindheit in Freundschaft und Feindschaft unlösbar aneinandergekettet. Sie lieben die gleichen Frauen:

›Gier unter Ulmen‹ von Eugene O'Neill. Bühne von Mordecai Gorelik für das Anta Playhouse, New York, 1952; Regie: Harold Clurman

Margaret (deren Name auf Fausts Gretchen verweist), die Ehefrau Dion Anthonys, die ihm treu ist, und die Dirne Cybel (deren Name auf Kybele, die Urmutter Erde, verweist), die von Brown ausgehalten wird, aber ihm keineswegs treu ist. Sie sind Partner in einer Architekturfirma: Brown beutet die Einfälle Dion Anthonys aus. Der sterbende Dion Anthony reißt sich die zynische Maske herunter, enthüllt ein Leidensgesicht und findet, von Cybel geleitet, zum erlösenden Gebet. Brown, den er als ›großen Gott Brown‹ verspottet hat, nimmt Dions Maske, um als Dion-Brown alles an sich zu reißen, worum er Dion-Anthony beneidet hat. In der Aufspaltung — der maskierte Erfolgsmensch Brown, der maskierte Ehemann Margrets Dion — gewinnt er durch Leid und Schuld eine, wie O'Neill kommentiert, »gequälte Christenseele, um Glauben bettelnd und ihn schließlich auf den Lippen Kybeles findend«. Die Urmutter Erde ist die Trägerin des Lebensgeheimnisses, des Werdens und Vergehens, zu dem die Erlösung im Scheitern, die Offenbarung im Untergang gehören. — Dies ist nur eine grobe Skizze der Symbolik O'Neills, die so vielgestaltig ist wie die komplizierten

Masken mit ihren schwer durchschaubaren, wechselnden Funktionen: was als Gedankendrama mit klaren Gegensätzen beginnt, endet in verwirrenden weltanschaulichen Weltunanschaulichkeiten.

Seltsames Zwischenspiel (Strange Interlude). ›Drama in neun Akten‹. 1926 bis 1927. Uraufführung 30. Januar 1928 durch Theatre Guild im John Golden Theatre, New York. Deutsche Erstaufführung 4. November 1929, Berliner Künstlertheater, mit Elisabeth Bergner. — Nina hat ihrem Verlobten, der im Kriege fällt, nie ganz gehört; sie meint, dafür büßen zu müssen und zu können, indem sie sich an Männer verschleudert. Als sie sich dabei ganz zu verlieren droht, will sie Mutter werden und heiratet Sam, den sie nicht liebt. Ihre Schwiegermutter erzählt ihr, daß Sam erblich schwer belastet ist, und zwingt sie, auf das schon entstehende Kind zu verzichten und von einem anderen Mann ein Kind zu empfangen. Der ›Vertrag‹, den Nina zu diesem Zweck mit Doktor Darrell schließt, bleibt keine kühle Abmachung — die beiden lieben sich und müssen ihre Liebe geheimhalten. Ninas Sohn wendet sich gegen seinen wahren Vater, der Oedipus-Komplex ist nicht zu täuschen. Als Sam schließlich stirbt, haben Nina und Darrell nicht mehr die Kraft, sich zu heiraten. Nina schließt eine leidenschaftslose Freundschafts-Ehe mit Marsden, einem Jugendgefährten. — O'Neill hat Ibsen- und Strindberg-Problematik psychoanalytisch zugespitzt und läßt überdies die Personen ihre geheimen Gedanken laut aussprechen — unhörbar für ihre Umgebung; das ›Beiseite‹-Sprechen ist zum inneren Monolog ausgebaut. Dialog und die oft konträren, laut gewordenen Gedanken sind kunstvoll miteinander verflochten: die äußere Realität wird durch die innere Wahrheit ausgehöhlt und als Schein bewußt gemacht — es entsteht der Eindruck eines undurchschaubaren und unaufhaltsamen Schicksals-Mechanismus: »Unser Leben ist nichts als ein seltsames, dunkles Zwischenspiel im elektrischen Feuerwerk von Gottvater.«

Dynamo (Dynamo). ›Schauspiel in drei Akten‹. 1928. Uraufführung 11. Februar 1929 im Martin Beck Theatre, New York, durch Theatre Guild; deutsche Erstaufführung 22. Oktober 1957, Landestheater Hannover. — Feindschaft zwischen dem bigotten Pastor Light und seinem Nachbarn, dem Atheisten Fife, einem Inspektor eines Wasserkraftwerks. Der Pastorensohn Ruben liebt Ada, die Tochter des Inspektors, und verläßt Heim und Glauben, als sich seine Eltern gegen Ada wenden. Er geht auf Wanderschaft, wird Techniker, studiert die Naturgesetze und meint, in ihnen die kosmischen Triebkräfte erkannt zu haben; die Elektrizität ist sein neuer Gott, in ihr sieht er eine Art Große Mutter. Aus Liebe zu seiner leibhaftigen Mutter kehrt er

nach Hause zurück, doch sie — inzwischen ebenfalls glaubenslos geworden —
ist gestorben. Liebe zur Mutter und Liebe zur mütterlichen Urkraft der
Elektrizität vermischen sich in Ruben zu einem Monstre-Komplex, und weil
seine Mutter die kleine Ada verabscheut hat, erschießt er das Mädchen und
schaltet sich in die Hochspannung seiner ›Dynamo-Mutter‹ ein: »Laß mich
nie wieder von dir gehen! Bitte, Mutter!« — Der Gegensatz Glaube und
Atheismus wird durch Pastor und Ingenieur allzu billig repräsentiert: es ist

›Dynamo‹ von Eugene O'Neill. Bühne von Lee Simonson, New York, 1929

nur Bigotterie gegen Materialismus. Das Ergebnis des Gedankenspiels ist nicht weniger abgestanden: die Technik kann Gott nicht ersetzen. Wie schon im ›Seltsamen Zwischenspiel‹ sprechen die Personen zwischen den Dialogen ihre Gedanken — unhörbar für ihre Umgebung — laut aus und sind sie mit knüppeldicken Freudschen Komplexen versehen. Wenn Ruben seine Geliebte der Mutter opfert und diese Mutter zugleich ein Dynamo, ein materialistischer Ersatz-Gott ist, so wollte O'Neill damit, wie er im Vorwort kommentierte, die »Unfähigkeit von Wissenschaft und Materialismus« treffen, »den überlebenden, elementaren religiösen Instinkten irgendeine befriedigende Lebensanschauung darzubieten und die Furcht vor dem Tode zu bannen«.

Trauer muß Elektra tragen (Mourning becomes Elektra). ›Eine Trilogie‹. 1929—1931. Uraufführung 26. Oktober 1931, New York, Guild Theatre. Deutsche Erstaufführung 11. April 1947, Schauspielhaus Hamburg. — Im Frühjahr 1926 notierte O'Neill: »Modernes psychologisches Drama mit einer der alten Sagenhandlungen der griechischen Tragödie als Hauptthema — die Geschichte Elektras? — Medeas?« Zwei Jahre später entschied er sich auf der Fahrt nach China im Arabischen Meer für Elektra; den ersten Entwurf begann er im September 1929, schrieb das Stück in Frankreich, wo er es im Februar 1931 im wesentlichen beendete. Zugrunde liegt die Geschichte der Atriden, die Aischylos zu seiner ›Orestie‹ (458 vor Christus. Siehe auch Seite 35) verarbeitet hat. O'Neills Trilogie spielt 1865/66 in und vor dem Wohnsitz des Brigadegenerals Ezra Mannon (Agamemnon), nahe bei einer kleinen Hafenstadt Neu-Englands; man betritt das Haus durch einen weißen Holz-Portikus mit sechs Säulen — dieser imitierte griechische Tempel-Stil war in der ersten Hälfte des 19. Jahrhunderts in Amerika modern.

Der erste Teil der Trilogie, *Heimkehr*, ist ein Stück in vier Akten. Ezra Mannon (Agamemnon), General in der siegreichen Armee der Nordstaaten, kehrt aus dem Sezessionskrieg zurück. Seine lebenshungrige Frau Christine (Klytämnestra), die von ihrem puritanischen Gatten sexuell enttäuscht ist, liebt Mannons Vetter, den Kapitän Adam Brant (Ägisth). Mannon und Brant, die sich sehr ähnlich sehen, haben den Großvater gemeinsam; Brants Mutter war nicht standesgemäß und der ›Bastard‹ Brant wird von der puritanischen Familie Mannon als minderwertig betrachtet. Er ist auch deshalb der Geliebte Christines geworden, um sich für die Verachtung seiner Mutter zu rächen. Lavinia (Elektra), die Tochter Mannons, ist von einem rasenden Haß gegen ihre Mutter besessen: Lavinia verehrt ihren von der Mutter betrogenen Vater über alles, und sie liebt wie ihre Mutter Adam Brant — doppelte Eifersucht ist der Antrieb ihres Hasses. Christina vergiftet ihren Mann; Lavinia, durch einen Hinweis des Sterbenden mißtrauisch gemacht, errät den Mord und findet die Giftdose bei ihrer ohnmächtigen Mutter: »Du sollst mir für dein Verbrechen büßen!«

Der zweite Teil, *Die Gejagten*, ist ein Stück in fünf Akten. Leutnant Orin (Orest), der Sohn des Generals Mannon, kehrt aus dem Bürgerkrieg zurück; er ähnelt äußerlich sehr seinem Vater und Brant. Wie Lavinia bis zum Inzest seelisch an ihren Vater, an Brant und an Orin gefesselt ist, so Orin an seine Mutter Christine und an seine Schwester Lavinia. Als er von Lavinia den Ehebruch seiner Mutter und die Ermordung seines Vaters erfährt, wird er eifersüchtig wie Lavinia; seine Liebe zur Mutter verkehrt sich in Haß: er tötet Brant, erkennt in dem Getöteten sich selbst, berichtet höhnisch seiner Mutter von diesem Mord und treibt sie damit in den Tod: sie erschießt sich mit dem Revolver Mannons. Während Lavinia noch triumphiert »Es ist Gerechtigkeit, Vater!«, wird Orin schon von Schuldgefühlen und Reue gepeinigt.

Der dritte Teil, *Die Verfluchten*, ist ein Stück in vier Akten. Lavinia, deren väterliches, puritanisches Erbteil die als ›Gerechtigkeit‹ getarnte Rache verlangt hat, wird nun ihrer Mutter immer ähnlicher: sie will ›leben‹, ›lieben‹; den Mannons hat sie genug Tribut gezahlt; sie erträumt mit ihrem Bruder ein unpuritanisches Leben, in dem Sinnlichkeit und Liebe sündlos sind. Doch Orin, verzweifelt über den Tod der Mutter und die Mutter suchend, bringt sich um. Lavinia, die besiegte Rivalin ihrer Mutter in der Liebe zu Mannon, zu Brant und nun auch zu Orin, erkennt, daß auch der Selbstmord sie nicht von ihrer als Verhängnis empfundenen Schuld befreien könnte. Sie läßt die Blumen aus dem Herrenhaus entfernen, die Fenster vernageln und wird, für immer Trauer tragend — eine Trauer, die ihr gut zu Gesicht steht — sühnen: »Ich bin die letzte Mannon. Ich muß mich selbst bestrafen! Hier allein mit den Toten zu leben, ist schlimmere Gerechtigkeit als Tod oder Kerker! ... Es ist Mannonsche Art, sich zu strafen, weil man geboren ist.« Sie sagt dies »mit einem seltsamen grausam-zufriedenen Lächeln über die selbst auferlegte Qual«.

Die ›Orestie‹ des Aischylos endet mit der Ablösung der mutterrechtlichen Blutrache durch ein von jungen Göttern eingesetztes Schwurgericht; mit der Entsühnung Orests und einer neuen, von vaterrechtlichen Göttern begründeten, zivilisatorischen Gerechtigkeit. Die ›Orestie‹ O'Neills, dieses amerikanischen Euripides, der Sigmund Freud gelesen hat, ist von solchen umfassenden Ideen weit entfernt: in einer götterlosen Welt ist O'Neills unausweichliches Schicksal im Triebleben seiner Gestalten begründet, in ihren psychoanalytisch deutbaren, unbewußten Bindungen, in Schulfällen von ›Elektra‹- und ›Oedipus‹-Komplex, von Inzest-Wünschen und Vererbung. »Schicksal entspringt aus der Familie«, hatte O'Neill 1930 notiert. Es gibt bei ihm keine Wahl und kein Entrinnen, es gibt nur den einen Weg ins Verderben; mit den Worten Orins:»Irgend jemand wird hier ein ganz gemeiner und dreckiger Streich gespielt.« Die erbarmungslose Revolte der Triebe gegen den erbarmungslosen Puritanismus, die mit der Zeugung des ›Bastards‹ Brant begonnen, endet mit einem Sieg des Puritanismus: Lavinia-Elektra straft sich dafür, daß sie überhaupt geboren ist. Entsühnung ist ohne Götter undenkbar; statt ihrer wäre nur Heilung möglich: auf dem Kanapee eines Psychoanalytikers — doch Sigmund Freud war 1866 erst zehn Jahre alt. Sosehr O'Neill die religiöspolitische ›Orestie‹ des Aischylos zu einem historisch festgelegten Seelenreißer eingeengt hat, so bühnenkräftig sind doch seine neurotischen Gestalten in einer nur ihm eigenen Atmosphäre. Gerhart Hauptmann hatte im Frühjahr 1932 die New Yorker Aufführung gesehen; nach einer Tagebuchnotiz von C. F. W. Behl rühmte er das ›ausgezeichnete Stück‹:»Es behandelt den Elektra-Stoff und ist von ungeheurer dramatischer Wirkung.«

O Wildnis! (Ah, Wilderness!). ›Komödie in drei Akten‹. 1932. Uraufführung 2. Oktober 1933, New York, Guild Theatre. Deutsche Erstaufführung 1946, Schauspielhaus Eßlingen. — Für O'Neill beruht der Wert dieser 1932 beiläufig, doch mit effektvollen Rollen geschriebenen Komödie auf ›Atmosphäre‹ und ›Stimmungsgehalt‹, auf ›der exakten Heraufbeschwörung einer vergangenen Zeit‹: 1906, in einer Mittelstadt in Connecticut hat Zeitungsverleger Miller Sorgen mit seinem sechzehnjährigen Sohn Richard, der Wilde, Shaw, Swinburne und Ibsen liest und die Nachbarstochter rührend naiv liebt, was der Nachbar gleichwohl sündig findet. Die Pubertätsprobleme werden mit viel Verständnis und Biederkeit idyllisch gelöst. Der Alltag einer Durchschnittsfamilie mit kleinen Katastrophen und kleinen Siegen pendelt zwischen Herz und Sentimentalität, Scherz und Ulk, und die Wildnis der erwachenden Liebe ist nicht mehr als ein neckender Irrgarten. Sohn Richard wird vom Besuch der Universität befreit und darf in die Redaktion der väterlichen Zeitung eintreten. Dazu der Münchener Theaterkritiker Wolfgang Drews: »Richard wird wohl zur Strafe Theaterkritiker werden müssen.«

Der Eismann kommt (The Iceman cometh). ›Schauspiel in vier Akten‹. 1939. Uraufführung 9. Oktober 1946, Martin Beck Theatre, New York. Deutschsprachige Erstaufführung 9. Dezember 1950, Schauspielhaus Zürich. Deutsche Erstaufführung 31. März 1954, Landestheater Hannover. — 1912, in einer New Yorker Hafenkneipe; alle Gäste des freigebigen Wirtes Harry Hope sind gestrandete Existenzen, aus der Gesellschaft abgerutscht in den Suff mit seinen Wunschträumen von einer besseren Zukunft. Der wohlhabende Handlungsreisende Hickman Hickey, der sie sonst mit Witzen und

Whisky traktiert hat, will sie von ihren Illusionsräuschen befreien: er hat, so meint er, den Weg zu einer nüchternen Bewältigung des Lebens dadurch gefunden, daß er seine Frau getötet hat — sie ist nun befreit von dem jammervollen Leben, dessen Ursache seine Treulosigkeit gewesen ist. Hickeys Beichte reißt ihn zu dem Geständnis hin, daß dies keineswegs ein Mord aus Liebe gewesen ist, sondern aus Haß auf das Wunschbild, das sich seine stets verzeihende Frau von ihm gemacht hat. Er hat ihren ›verdammten Wunschtraum‹ getötet, um ihm nicht ähnlich werden zu müssen, und die Kneipengäste, die ihn bei seinem Mordgeständnis für schlicht verrückt halten, fühlen sich durch ihn in ihrem alkoholisierten Traumleben nur bestätigt. Mit einer Ausnahme: Larry Slade, der Anarchist, der nicht auf eine illusionäre Zukunft, sondern nur auf den Tod gewartet hat, erkennt durch Hickey, daß seine eigene Illusionslosigkeit auch nur eine Illusion gewesen ist, und wird ›Schluß machen‹. Hickey, der ein Erwecker zum tätigen Leben sein wollte, ist der ›Eismann‹ gewesen, der Todesbote; er wird sich der Polizei stellen und auf dem elektrischen Stuhl enden. — »Ich brauche keine Fabel«, hatte O'Neill kommentiert (und dies ist ein Wunschtraum vieler Dramatiker, auch Gerhart Hauptmanns; erst Samuel Beckett hat ihn sich auf eine dramatische Weise erfüllt), »die Leute genügen«. Fast zwanzig Leute bilden hier einen Chor des Scheiterns: wie der Whisky aus den Flaschen, so läuft ihnen in endlosen Reden ihr Innenleben aus: »Die Lüge eines Wunschtraums ist das, was uns am Leben erhält.« Wer wie Hickey den Wunschtraum tötet oder wie Larry tatsächlich aus ihm erweckt wird, dem bleibt nur der Tod. Der Alkoholrausch als Zerrbild ungestillter Religiosität — O'Neill klagt nicht die Wunschträume an, die einem elementaren Glaubensbedürfnis des Menschen entspringen, sondern ihre Erbärmlichkeit, zu der sie von einer unreligiösen, seelenlosen und materialistischen Welt verurteilt sind.

Eines langen Tages Reise in die Nacht (Long Day's Journey into Night). ›Schauspiel in vier Akten‹. 1940. Aus dem Nachlaß. Uraufführung 11. Februar 1956, Stockholm, Königliches Dramatisches Theater, durch Bengt Ekerot. Deutsche Erstaufführung 25. September 1956, Berlin, Theater am Kurfürstendamm, durch Oscar Fritz Schuh. — Ein Tag aus dem Leben der Familie Tyrone, im August 1912. Sie sitzt um einen Tisch — eine geballte Ladung der Selbstquälerei. Jeder belauert jeden. Ihr Gespräch fragt nach der Schuld an ihrem Elend. Die Mutter Mary Cavan hat sich in ihrer Jugend gegen das Kloster, für den populären Bühnenliebhaber James Tyrone entschieden und ist mit seiner Truppe durch das Land gezogen. James Tyrone, der Vater, ein scheinbar jovialer, doch lebensgieriger Mann, hat sie betrogen um Liebe und auch um Geld: besessen von der Furcht vorm Armenhaus hat er seine Gagen in

Grundbesitz gesteckt und seine Familie in krankhaftem Geiz darben lassen. Die Mutter ist Morphinistin geworden und nun erst vor kurzem aus der Heilanstalt entlassen. Der Vater und der älteste Sohn, James Tyrone jr., sind Alkoholiker, und auch der jüngste Sohn, Edmund Tyrone, ist dem Whisky verfallen, ein Dichter und ein Seemann, von dem sich herausstellt, daß er unheilbar an Tuberkulose erkrankt ist. Die Süchtigkeit als Familienfluch. In Bruchstücken würgen sie ihre Vergangenheit hervor, klagen sich an und beschönigen sich, suchen die Schuld bei den andern. Sie kommen sich für Sekunden näher, ein bißchen Wärme flackert zwischen ihnen auf, und schon erlischt sie wieder: ihre Qual ist noch dadurch gesteigert, daß sie in ihrer unauflöslichen Einsamkeit unauflöslich miteinander verbunden sind. Sie weichen der Wahrheit aus in den Selbstbetrug, in den Rausch ohne Euphorie, und als die Wahrheit mühsam ans Licht gezerrt und ausgesprochen ist, hilft sie ihnen auch nicht weiter. Die Mutter bricht zusammen, flüchtet wieder in den Morphium-Rausch und zurück in ihre früheste Vergangenheit, in die Kindheit. Der Vater und der älteste Sohn werden weiter verkommen; der jüngste Sohn wird wieder irgendwohin ausreißen. Ihre Schuld erscheint als Verhängnis, und die geringen Möglichkeiten, gegen das Verhängnis anzugehen, ein bißchen mehr Liebe als Haß zu geben, haben sie immer wieder versäumt. — Das Stück wirkt wie eine Zwangsbeichte, die der Autor ablegen mußte, um nicht zu ersticken: es gehört mit ›Ein Mond für die Beladenen‹ zu einem autobiographischen Zyklus, den O'Neill geplant hatte. Die Familie Tyrone ist die Familie O'Neill (Tyrone ist der Name einer irischen Grafschaft, deren Fürsten einst O'Neill hießen). James Tyrone ist James O'Neill, der jahrelang jeden Abend den ›Grafen von Monte Christo‹ auf Tournee gespielt hat. Mary Cavan Tyrone ist Ella Quinlan O'Neill, James Tyrone jr. ist O'Neills älterer Bruder James, und Edmund Tyrone ist er selber. Er hatte bestimmt, daß das Stück erst fünfundzwanzig Jahre nach seinem Tod aufgeführt werden dürfe: »Eine der Personen in diesem Schlüsseldrama lebt noch.« Er selbst war diese Person, und drei Jahre nach seinem Tod hat seine Witwe, seine dritte Frau Carlotta, das Stück zur Uraufführung freigegeben. Ihr hatte er das Manuskript gewidmet: »Ich schenke Dir das Originalmanuskript dieses Schauspiels um alten Kummer, mit Blut und Tränen geschrieben. Das mag eine wehmütige, übel angebrachte Gabe für den Tag sein, an dem wir das Andenken unseres Glücks feiern« — es war der zwölfte Hochzeitstag —, »aber Du wirst es verstehen. Sie ist als Beweis der Dankbarkeit für Deine Liebe und Zärtlichkeit gedacht, für das Vertrauen in die Liebe, die Du mir geschenkt hast und die es mir ermöglicht hat, endlich mit meinen Toten zu verkehren und dieses Schauspiel zu schreiben — es mit dem tiefsten Verständnis und Mitgefühl für alle in der heimgesuchten Familie Tyrone zu

›Ein Mond für die Beladenen‹ von Eugene O'Neill. *Bühne von Ita Maximovna für das Akademie-Theater des Wiener Burgtheaters, 1959/60; Regie: Günther Rennert*

schreiben . . .« Auf ›Verständnis und Mitgefühl‹ für die Heimsuchungen aller Menschen will O'Neill in seinen späten naturalistisch-psychologischen Dramen hinaus, jenseits aller puritanischen Fragen nach der ›Schuld‹.

Ein Mond für die Beladenen (A Moon for the Misbegotten). ›Drama in vier Akten‹. 1943. Uraufführung 20. Februar 1947, Hartman Theatre in Columbus, Ohio. Deutsche Erstaufführung 26. September 1954, Berlin, Theater am Kurfürstendamm, durch Kurt Hirschfeld. — Die armselige Farm eines irischen Pächters in Connecticut, ein Septembermittag 1923, die darauffolgende Mondnacht und die Morgendämmerung des nächsten Tages. Der Pächter der Farm ist Phil, ein Streithahn aus Lebenslust, ein Prahler und Roßtäuscher, der scheinbar mit einem Roßtäuschertrick in die Liebesgeschichte seiner Tochter Josie eingreift und den Verdacht auf sich nimmt, mit unsauberen Mitteln für sie eine saftige Mitgift zu angeln — doch der Trick hinter diesem Trick sollte nichts anderes bezwecken, als sie glücklich zu machen. Jim (James) Tyrone, der Grundbesitzer, ist ein Broadwaybummler und verkommener Säufer — er kam schon vor in O'Neills Drama ›Eines langen Tages Reise in die Nacht‹, und sein lebendes Modell war O'Neills älterer Bruder James. Dieser Jim säuft (seitdem seine Mutter, das Zentrum seines Lebens, tot ist und er sich beim Bahntransport ihres Leichnams auf eine Huren-Affäre eingelassen hat) aus einem vernichtenden Schuldbewußtsein; die Wurzel seiner Erbärmlichkeit — das unabweisbare Gefühl, verlassen und verloren zu sein — macht ihn erbarmenswert. Josie, die Pächterstochter, mit dem Prügel in der Hand und der Zärtlichkeit im Herzen, hat das Mundwerk eines rüden Burschen und benimmt sich wie ein verludertes Weib — aber sie ist unantastbar, stolz, jungfräulich und spröde. Je mehr Mißverständnisse Jim und Josie, das Liebespaar unter dem Septembermond, zwischen sich wegräumen, je besser sie sich verstehen, desto weiter entfernen sie sich voneinander als Liebende. Jim bringt es nicht fertig, die Lauterkeit Josies, die noch hinter ihrem provozierendsten Benehmen spürbar ist, in sein hoffnungslos vergiftetes Leben zu ziehen, und Josie, die Anfang und Ursache seiner Vergiftung kennt, muß für Jim mehr werden und weniger als eine Geliebte: seine Mutter nämlich, die seine Selbstvorwürfe anhört und ihm vergibt — eine Beichtmutter aus Liebe, die Jim, dem schon im Leben hoffnungslos Toten, eine Nacht der Reinigung und des Friedens schenkt. Je fester die Brücke des Verstehens zwischen ihnen wird, um so unmöglicher ist es für sie, diese Brücke als Liebende zu betreten. Jim spricht es aus: »Wir können die Welt täuschen, doch wir können uns nicht selber etwas vormachen.« Daß sie beide durch diese Eigenschaft zum ›gleichen Klub‹ gehören, gerade dies trennt sie voneinander. Das äußerste, was den Liebenden hier an Glück erreichbar ist, besteht darin, daß sie diese Nacht haben und dann auseinandergehen. Unter dem Licht des Mondes blitzt in einer trüben Whiskypfütze ein Stückchen Himmel auf: die Möglichkeiten des liebenden Menschen. Verwirklicht wird davon, gemessen an einer vorstellbaren romantischen Erlösung durch Liebe, nicht viel. Gemessen aber an der gegebenen psychologischen Situation, auf der O'Neills Realismus mit unerbittlicher Wahrhaftigkeit besteht, ist es viel mehr als nichts. Kommen O'Neills Humor und seine Poesie auf der Bühne zum Leben, so zeigt sich, daß dieses Stück einer irischen Ballade in vier Bühnenstrophen viel mehr ähnelt als einem Krankenblatt aus der Kartei des Seelendoktors.

Fast ein Poet (A Touch of the Poet). ›Schauspiel in vier Akten‹. Aus dem Nachlaß. Uraufführung 29. März 1957, Stockholm, Königliches Dramatisches Theater. Deutschsprachige Erstaufführung, Salzburger Festspiele, 29. Juli 1957, durch O. F. Schuh. Deutsche Erstaufführung 25. Februar 1958, Schauspielhaus Düsseldorf, durch Karlheinz Stroux. — Das Gastzimmer einer irischen Kneipe in der Nähe von Boston; der 27. Juli 1828 vom frühen Morgen bis Mitternacht. Der Wirt Cornelius Melody vernachlässigt sein Haus, seine Frau Nora, seine Tochter Sara: er lebt ganz in seiner ruhmreichen europäischen Vergangenheit. Als Sohn eines irischen Kneipenwirts hatte er es bis zum Major in der englischen Armee gebracht und war — vor präzise neunzehn Jahren — nach der Schlacht von Talavera von Wellington ausgezeichnet worden. Am Jahrestag paradiert er in seiner Majorsuniform, rezitiert vorm Spiegel Lord Byron, mit dem er sich vergleicht, schimpft auf die ›Yankees‹ und Präsident Jackson, protzt mit seiner Offiziersehre, ein bombastischer Prahler und durch Whisky aufgedonnerter Schwächling — und um Mitternacht ist er aus seiner so glanzvollen wie lächerlichen Lebenslüge buchstäblich herausgeprügelt worden: betrunken hat er mit seinem ehemaligen Korporal das Haus des reichen Yankees Henry Harford gestürmt, dessen Sohn angeblich seiner Tochter Sara zu nahegetreten ist, und während ihn die Polizisten mit ihren Gummiknüppeln bearbeiten, verführt seine Tochter zielstrebig eben diesen Sohn Simon, auf daß er sie heirate. Der geschlagene Major erschießt sein Luxus-Schlachtroß, das er sich zur Qual seiner Familie gehalten hat; seine leuchtende Phantasiewelt, die er, ›fast ein Poet‹, ersonnen hat, um in ihr zu leben, ist zerschlagen; er ist wieder dort, wo er am Anfang seines Lebens gewesen: in einer irischen Kneipe, Wirt wie sein Vater. Und statt sich wie seine Stute zu erschießen, bricht er in Gelächter aus. — So grausam diese Desillusionierung, mit so viel drastischer Komik und melancholischem Humor ist sie geladen. O'Neill, so oft ›fast ein Poet‹, hier ist er ein ganzer Poet, ein fabulierender, sich an seinem jämmerlichen und stolzen Aufschneider berauschender, Tragik und Komik umarmender Ire. Das Schauspiel gehört zu einem von O'Neill geplanten, zum Teil fertiggestellten und von ihm verbrannten Zyklus von neun Dramen, in denen er 150 Jahre amerikanischer Geschichte darstellen wollte.

Hughie (Hughie). ›Stück in einem Akt‹. 1941. Aus dem Nachlaß. Uraufführung 18. September 1958, Königliches Dramatisches Theater, Stockholm. Deutsche Erstaufführung 3. Oktober 1960, Schloßpark-Theater, Berlin. — Erie, ein Herumtreiber am Broadway, Spieler und kleiner Gauner, spielt sich vor dem neuen Nachtportier eines schäbigen Hotels als große Nummer auf und enthüllt sich dabei als Niete, während der Portier, der kaum etwas sagt, seine geheime Spielleidenschaft offenbart. Aus einem einzigen Nachtgespräch werden zwei Schicksale aufgerissen, zwei Menschen, die aufeinander angewiesen sind, um sich gegenseitig ihre Lebenslügen glaubhaft zu machen. Hughie hieß der alte, nun gestorbene Nachtportier, und Hughie heißt auch der neue — am lebenserhaltenden Spiel mit der Illusion wird sich nichts ändern. Diese Ibsen-Etüde im amerikanischen Milieu gehört zu einem auf acht Einakter berechneten Zyklus ›The Way of Obit‹ (›Mit tödlichem Ausgang‹).

Alle Reichtümer dieser Welt (More Stately Mansions). Aus dem Nachlaß. 1938. Der Originaltitel ist eine Verszeile von Oliver Wendell Holmes:

»Baue dir, o Seele, höhere Wohnungen.« Aus dem hinterlassenen Rohmaterial (von acht- bis zehnstündiger Spieldauer) haben der Chef der schwedischen Nationalbühne Dr. Karl Ragnar Gierow und der Übersetzer Sven Barthel eine Bühnenfassung hergestellt, die unter dem Titel ›Bygg dig allt högre boningar‹ (›Baue dir immer höhere Häuser‹) am 9. November 1962 im Stockholmer Königlichen Dramatischen Theater uraufgeführt worden ist. Erstaufführung der deutschen Fassung von Ursula Schuh im Europa-Studio Salzburg, 1. August 1965, durch Oscar Fritz Schuh. — Das unausgeformte Sechs-Personen-Stück mit ›Traumspiel‹-Symbolismen und inneren Monologen setzt — in O'Neills geplantem und zum Teil verbrannten historischen Zyklus — ›Fast ein Poet‹ fort: Simon Harford hat Sara Melody geheiratet, die von seiner Mutter Deborah als Irin verachtet wird. Zwischen 1832 und 1841 entwickelt sich Simon, während er an utopischen Weltverbesserungsplänen spinnt, zu einem rücksichtslosen Geschäftsmann, der schließlich offen die Konsequenz aus seiner Einsicht zieht, daß der Mensch zu zehn Prozent Geist, zu neunzig Prozent Schwein sei. Seine Mutter und seine Frau, die sich teils bekämpfen, teils gegen ihn verbünden, reiben ihn bis an die Grenze des Wahnsinns auf, die seine Mutter offenbar überschreitet. Sara, seine Frau, tritt für ihn an die Stelle der Mutter. Das Stück richtet sich gegen Materialismus und amerikanisches Matriarchat.

Thornton Wilder: die Würde des Alltags

> Kein Schriftsteller, dessen Absichten nicht lehrhaft angehaucht wären. Das erst bringt die Maschine in Gang. Oder anders ausgedrückt: Vieles wird auf Gas gekocht, aber muß es deshalb denn auch nach Gas schmecken?
>
> Thornton Wilder in einem Interview, veröffentlicht in ›Writers at Work‹ von Malcolm Cowley, 1958

Kurt Hirschfeld, Direktor des Zürcher Schauspielhauses, erzählte 1960: »Ich sitze am Broadway in einem Schauspieler-Restaurant mit dem Dichter Thornton Wilder. Ein junges Mädchen streicht um uns herum und photographiert uns von allen Seiten. Wilder ist halt berühmt, auch in Amerika. Wilder bestellt Photos, und sein Sprachnuancen nie überhörendes Ohr läßt ihn deutsch sagen: ›Fräulein, sind Sie aus Frankfurt, aus Darmstadt oder aus Heidelberg?‹ Wohlgemerkt, die Dame sprach englisch. Sie sagte: ›Aus Dammstadt‹«.

Ein Amerikaner, der in New York eine amerikanisch sprechende Hessin genau ins Rhein-Main-Neckar-Viereck einzuordnen versteht — das ist wohl ein einmaliger Fall, und wüßte man nicht, wer dieser Amerikaner ist, so wüßte man doch, daß es eigentlich nur Thornton Wilder sein kann. Einem Dialekt, der Sprechweise Neu-Englands, die zur Ironie und zum trockenen Witz neigt, verdankt er sehr viel. Seine Landsleute haben ihn eine ›Ein-Mann-Universität‹ genannt. Er hat in zahlreichen Schulen und Universitäten und auf ausgedehnten Reisen unendlich viel gelernt und beherrscht die Kunst, sein profundes Wissen beiläufig mitzuteilen, als plaudere er über so simple Dinge wie Windelwaschen oder Rasenmähen. Er ist ein Intellektueller, der sich so einfach ausdrücken kann, als habe er nie ein College von innen gesehen.

Er wurde geboren am 17. April 1897 in Madison im Staate Wisconsin und kam als Achtjähriger nach China, wohin sein Vater, ein Zeitungsredakteur, als Generalkonsul berufen wurde; Thornton besuchte die Missionsschule. Nach fünf Jahren zogen die Wilders nach Kalifornien, der dreizehnjährige Thornton machte seine ersten literarischen Versuche. Am Oberlin College in Ohio begann er seine Studien, setzte sie in Yale — unterbrochen 1918/19 durch Dienst bei der Küstenartillerie — fort, studierte 1920/21 Archäologie an der Amerikanischen Akademie in Rom (worüber man in seinem auto- biographisch gefärbten Roman ›Die Cabala‹, 1926, einiges lesen kann), wurde Lehrer und schließlich Dozent für Literatur an der Universität Chi- cago. 1928 wurde sein Roman ›Die Brücke von San Luis Rey‹ mit dem Pulitzer-Preis ausgezeichnet; er erhielt ihn noch zweimal, 1938 für ›Unsere kleine Stadt‹ und 1943 für ›Wir sind noch einmal davongekommen‹. 1936, nachdem er seine Drei-Minuten-Spiele, seine Einakter und die Romane ›Die Frau von Andros‹ (1930) und ›Dem Himmel bin ich auserkoren‹ (1935) veröffentlicht hatte, verließ er die Chicagoer Universität und wurde freier Schriftsteller. Er schrieb seine großen Stücke, dazwischen noch einen Roman ›Die Iden des März‹, 1948.

Thornton Wilder ist ein gläubiger Christ. Sein Vater war ein frommer Kongregationalist, seine Mutter die Tochter eines presbyterianischen Pastors, sein Bruder Amos N. ist Theologie-Professor in Harvard geworden. Die Behauptung Molières (oder Lope de Vegas), zum Drama sei nichts anderes nötig als zwei Fässer, ein Brett und Leidenschaften, erweiterte Wilder um die ihn kennzeichnende »Leidenschaft zu wissen, was uns das menschliche Leben bedeutet«. Es gibt kaum ein Werk von ihm, in dem er nicht die Frage nach dem Sinn des Lebens stellt. Die manchmal unausgesprochene, doch un- überhörbare Antwort ist christlich. Und es ist außerdem die Antwort eines Humanisten, eines Demokraten, eines Poeten und eines amerikanischen Prag- matikers, der sich wie sein Mr. Antrobus (den Wilder in Sommertheatern einige hundert Male gespielt hat) in ›Wir sind noch einmal davongekommen‹

Thornton Wilder, gezeichnet von
B. F. Dolbin für die Zeitschrift ›Die
Literarische Welt‹, 1931

zwischen den Katastrophen heimisch einrichtet, immer gefährdet, manchmal verzweifelt, doch im Endeffekt unverdrossen.
Wilder verteidigt den Sinn der alltäglichen Verrichtungen, der Ehe (die für ihn
nicht zuerst auf Liebe, sondern auf einem
gegebenen Versprechen beruht), der geistigen und technischen Anstrengungen, kurz:
er verteidigt das, was er in dem oben
zitierten Interview die ›Würde des Trivialen‹ genannt hat, die keineswegs ausgelöscht wird durch die ungeheuren Zeiträume, in die der Archäologe Wilder seine
Gestalten gerne stellt: »Ich sehe in mir
also jemanden, der nichts unversucht läßt,
dem trivialen Alltag Würde abzugewinnen. Würde, jawohl, und zwar gerade angesichts der mit dem Absurden paktieren-
den, weil unmenschlich großen Zeitspannen. Ich will dem einzelnen sagen,
daß seine Gefühle nicht bloße Illusionen sind.«

In dieser Welt Wilders, in der alles seinen zumindest erahnbaren Sinn hat,
auch Schmerz, Katastrophen und Tod, kann Tragik nicht stattfinden. Er ist
ein Optimist, dem sogar Kain möglicherweise durch Psychoanalyse heilbar
erscheint, und ein durch Geist, Witz, Jux und Ironie getarnter, heimlicher
Sonntagsprediger, der die Literatur einmal ›die Orchestrierung von Gemein-
plätzen‹ genannt hat. Und unter den christlichen Dichtern der Gegenwart ist
er der größte Humorist; gerade unter den Bedrohungen des 20. Jahrhunderts
hält er Humor für unerläßlich, weil, wie er der ›New York Times‹ sagte,
»keine noch so ernste Vorstellung dem wahren Ernst unseres Zeitalters entsprechen kann«.

Seine Predigten, seine Fragen und Antworten, seine Hymnen auf das
Leben, so wie es ist, sind mit Hilfe der raffiniertesten dramaturgischen Tricks
derart zubereitet, daß sie Dramen zum Verwechseln ähnlich sehen, und sie
werden deshalb auch für Dramen gehalten. Extrem anders als die meisten
seiner amerikanischen Kollegen, ist Wilder von Anfang an ein Gegner der
Guckkastenbühne, des Naturalismus, der Psychologie, des Illusionstheaters
gewesen und ist es auch geblieben. Er war es schon, bevor er noch von 1928
bis 1931 mit seiner Schwester Isabel durch Europa reiste und das experimentelle Theater in Paris und in Berlin, das Theater der Pirandello, Meyerhold und der deutschen Expressionisten studierte, die er zu seinen unmittel-

baren Ahnherren zählt — aber auch die Volksstücke Nestroys, den er außerordentlich schätzt.

Er liebt die fast requisitenlose Bühne, die Pantomime, das Ansprechen des Publikums, das Aus-der-Rolle-Fallen der Schauspieler, den kommentierenden Spielleiter (den er in seiner ›Kleinen Stadt‹ oft gespielt hat), das epische Theater: alle Mittel, die es ihm erlauben, Sonderfälle des menschlichen Lebens auszuweiten in ein beispielhaftes, religiöses Welttheater, in ein Volkstheater, das dem scheinbar so banalen, so verzweifelten und elenden Leben des Menschen Sinn und Würde verleiht.

Calderon, Lope de Vega, Kierkegaard, Kafka, James Joyce, Nestroy, Gertrude Stein, die deutschen Expressionisten — nichts wäre überflüssiger, als dieser ›Ein-Mann-Universität‹ nachzuweisen, wo sie mit Erfolg gelernt hat. Er stellte 1957 gelassen fest: »Ich bin nicht einer der neuen Dramatiker, nach denen wir Ausschau halten. Ich wollte, ich wär's. Ich hoffe, ich habe mein Teil dabei geleistet, den Weg für sie vorzubereiten. Ich bin nicht ein Neuerer, sondern ein Wiederentdecker vergessener Güter und, so hoffe ich, ein Wegräumer hinderlichen Gerümpels. Und wenn ich das Werk meiner Zeitgenossen überblicke, glaube ich zu fühlen, daß ich nur in einem außergewöhnlich bin — ich mache (nicht wahr?) den Eindruck, dies ungeheuer genossen zu haben.«

Meinungen: »Für Wilder ist der amerikanische Traum eine Wirklichkeit, die zu erreichen ist; wenn O'Neill den Glauben daran verloren hat, so kennt er zum mindesten die Wirklichkeit des Verlorenen«: Alan Downer. — »Dies spezifisch Poetische entsteht bei ihm dadurch, daß das Ergehen des einzelnen auch dort, wo Pfeil und Schleudern treffen, eingeordnet bleibt in das Ergehen der im Strom der Zeit vorüberziehenden Menschheit«: Carl J. Burckhardt. — »Nur in einem Lande, in dem es Gegenden gibt, in denen noch vor wenigen Jahrzehnten die wilden Tiere hausten und heute Hochhäuser, Benzinstationen und Drugstores für die Anstrengungen der Menschen zeugen, einen Kontinent zu besiedeln, nur dort kann ein solches Gefühl entwickelt werden für die ameisenhafte Winzigkeit der Gattung Mensch im Raum und zugleich für ihre Größe«: Hans Sahl, der Übersetzer Wilders.

Einige Einakter: Der achtzehnjährige Wilder begann seine dramatischen Versuche 1915 mit ›Drei-Minuten-Spielen‹ für drei Personen, mit winzigen, pointierten Szenen, von denen er 1928 eine Auswahl unter dem Titel *Der Engel, der das Wasser bewegte* (The Angel that troubled the Waters) veröffentlichte. Sie sind fast alle religiös, aber, wie er im Vorwort schrieb, »religiös in der verwässerten Art, die eines Gläubigen Zugeständnis an die

zu seiner Zeit herrschende Norm guter Manieren ist«. Er betrachtet sie als
Beiträge zur ›Wiederbelebung der Religion‹, und dieses schwierige Werk, so
meint er, »gemahnt uns wenigstens daran, daß Unser Herr Jesus von uns
verlangte, in Seinem Dienst nicht nur sanft wie die Tauben, sondern auch
klug wie die Schlangen zu sein«.

Drei Jahre später, 1931, gab er eine Sammlung von vier Einaktern heraus,
›The long Christmas Dinner‹, darin der Titel-Einakter ›Das lange Weihnachtsmahl‹, ›Glückliche Reise‹ (›The Happy Journey‹), *Liebe — und wie
man sie heilt* (Love and how to cure it), *Schlafwagen Pegasus* (Pullman Car
Hiawatha). *Das lange Weihnachtsmahl* durchmißt neunzig Jahre, von 1840
bis 1930, an Hand eines einzigen Weihnachtsmahles: die Personen werden
geboren, indem sie durch die Geburtspforte eintreten, und sterben, indem
sie durch die Todespforte abtreten; sie altern pantomimisch und durch weiße
Perücken; vier Generationen ziehen in einer Stunde vorüber. Der spaßige
Einakter *Glückliche Reise* (The Happy Journey) stellt einen Ausflug der
Familie Kirby dar: das ›Automobil‹, eines der ersten, besteht aus vier Stühlen
und einem Podium, die ›Reise‹ wird allein durch Gespräche, Gesang und die
Kommentare des Spielleiters miterlebbar gemacht. — Der Einakter *Königinnen von Frankreich* (Queens of France, uraufgeführt 1931 in New York) ist
die Geschichte eines Rechtsanwaltes in New Orleans, der auf eine nahezu
charmante Art wohlhabende Frauen ausplündert: unter dem Vorwand, es
bedürfe nur noch weniger Dokumente, um nachzuweisen, daß sie die rechtmäßigen Königinnen von Frankreich seien, zieht er ihnen das Geld aus der
Tasche. Die erste Frau ist im Anfangsstadium des Betrugs und glaubt noch
nicht recht an ihre königliche Würde; die zweite, auf dem Höhepunkt, bezahlt
voll aufgedonnerter Würde gern und alles; die dritte, im Absinken, nimmt
zweifelnd Abschied von ihrer königlichen Scheinexistenz, bleibt aber dankbar für die Zeit mit diesem Traum. Die Pointe: wie aus einem schamlosen
Betrug doch Lebenshilfe und Glück wachsen können.

Nach seiner ›Alkestiade‹ (1955) schrieb Wilder zwei Zyklen zu je sieben
Einaktern: ›Die sieben Todsünden‹ und ›Die sieben Zeitalter des Menschen‹.
Der Einakter über die Wollust ›Einer aus Assisi‹ (Some from Assisi) aus
dem ersten und die Einakter ›In den Windeln‹ und ›Kindheit‹ aus dem zweiten Zyklus wurden unter dem Titel ›Plays for Bleecker Street‹ in José Quin-
teros Circle-in-the-Square-Theater in der New Yorker Bleecker Street im
Januar 1962 uraufgeführt. *In den Windeln* (Infancy): die Babys Tommy und
Moe, geplärrt und gespielt von zwei Erwachsenen in einem Kinderwagen,
beklagen sich über die alberne Art, in der die Erwachsenen mit ihnen umgehen, und die Erwachsenen, die Mutter, ein Polizist, ein Kindermädchen,
benehmen sich tatsächlich genauso kindisch, wie sich diese Babys erwachsen

benehmen. In *Kindheit* (Childhood) durchdringen sich, nachdem die Kinder den Tod der Eltern gespielt haben, in einem symbolischen Traum die Welten der Erwachsenen und der drei acht- bis zwölfjährigen Kinder: die Eltern nehmen sie auf eine kindlich gefährliche Busreise mit, die zum Symbol der Obhut wird, zu einem scheuen Preisgesang auf den väterlichen Chauffeur der Lebensreise, auf die schlichte Bewältigung des scheinbar banalen Alltags.

Unsere kleine Stadt (Our Town). ›Schauspiel in drei Akten‹. Uraufführung 22. Januar 1938, Princeton, New Jersey. Erstaufführung in New York: 4. Februar 1938, Henry Miller Theatre. Deutschsprachige Erstaufführung 9. März 1939, Schauspielhaus Zürich. Deutsche Erstaufführung August 1945 durch das »Schauspieler-Kollektiv des ehemaligen Hilpert-Ensembles« im Deutschen Theater, Berlin; Regie: Bruno Hübner; nach zwei Aufführungen durch die russische Kommandantur verboten. Erste Aufführung in Westdeutschland 4. Dezember 1945, Kammerspiele München. — »Unsere Forderungen, unsere Hoffnungen, unsere Verzweiflungen bestehen im Gemüt — nicht in den Dingen, nicht in der ›Szenerie‹« — so kommentierte Thornton Wilder dieses Stück. Der Spielleiter erläutert Ort und Zeit, führt die Personen ein, kommentiert und lenkt die Szenen, in denen die zwar kostümierten, doch requisitenlosen Schauspieler ihre Verrichtungen pantomimisch darstellen. Dieses Verfahren ist keine Marotte, sondern hebt die Personen des Stückes aus ihrer zeitlich und örtlich genau festgelegten Existenz ins Allgemeine. Der Spielleiter gibt den Ort — Grover's Corners in New Hampshire — nach Länge- und Breitengrad bis auf die Minute genau an und nennt auch die Daten für die drei Akte präzise — 1901, 1904, 1913 —, und gerade aus dieser Festlegung gewinnt er den extrem entgegengesetzten Blickpunkt der Ewigkeit, unter dem sich die alltäglichen Ereignisse in dieser kleinen Stadt zu den großen Ereignissen im Leben jedes Menschen an jedem Ort dieser Erde verwandeln. ›Das tägliche Leben‹ der Familien des Arztes Dr. Gibbs und des benachbarten Verlegers Webb im ersten Akt. ›Liebe und Heirat‹ der Nachbarskinder, der Emily Webb und George Gibbs, drei Jahre später, im zweiten Akt. Neun Jahre später, im dritten Akt, der Tod: Emily wird beerdigt, sie ist bei der Geburt ihres zweiten Kindes gestorben; der Toten, die an ihrem George hängt, wird gestattet, noch einmal einen Tag zu erleben, und sie kehrt an ihrem zwölften Geburtstag auf die Erde zurück. Die tote Emily spricht einen Hymnus auf das Leben, das sie nun doch nicht mehr will, denn auch den Tod bezieht der Christ Wilder in seine Verklärung des menschlichen Lebens ein. »Das Stück will ein Versuch sein«, schrieb er, »einen unbezahlbaren Wert in den kleinsten Ereignissen unseres täglichen Lebens zu finden«, und dieser Wert wird durch den Tod nicht vermindert. »Etwas gibt es da tief im Innern eines jeden Menschen«, sagt der Spielleiter, »das unsterblich ist.« Nichts anderes, als diesen einen schlichten Satz zur ›im Gemüt‹ spürbaren Gewißheit zu machen, ist die Absicht dieses poetischen Spiels – »Du mußt das Leben lieben, um wirklich zu leben, und du mußt wirklich lieben, um das Leben zu lieben.«

Die Heiratsvermittlerin (The Matchmaker). ›Farce in vier Akten‹. Uraufführung der ersten Fassung unter dem Titel ›The Merchant of Yonkers‹, inszeniert von Max Reinhardt, 28. Dezember 1938, Guild Theatre, New York. Uraufführung der kaum veränderten Fassung ›The Matchmaker‹ 23. August 1954, bei den Edinburgher Festspielen. Deutsche Erstaufführung 30. Juni 1955, Berlin, Theater am Kurfürstendamm. – Von Johann Nestroys Posse mit Gesang ›Einen Jux will er sich machen‹ (1842) hat Wilder das Personal, den größten Teil der Intrige und einige witzige Sätze übernommen; Dolly Levin, die Heiratsvermittlerin, und das von Nestroy völlig verschiedene Thema sind originaler Wilder, der dazu meinte: »Nestroys wundervolle und bitter lachende Stücke ... ›handeln von‹ dem Unheil, das Menschen in ihrem eigenen und im Leben anderer durch ihre verschrobenen Illusionen anrichten. Mein Stück ›handelt von‹ dem Streben der Jungen (und nicht nur der Jungen) nach einem größeren, freieren Teilhaben am Leben.« Wie Weinberl und Christopherl bei Nestroy auf Abenteuer ausgehen, so bei Wilder 1880 im Staate New York der Handlungsgehilfe Cornelius Hackl und sein Leidensgefährte Barnaby Tucker. Am Ende sind vier Paare durch ein Spiel zusammengewürfelt worden, das alle Mittel der Posse parodistisch benutzt: Lauscher und erkannte Lauscher, Verwechslungen, zufälliges Zusammentreffen und zufällige Trennung durch eine spanische Wand, Vertauschung der Kleider und der Namen, Anrede des Publikums und Verständigung mit dem Zuschauerraum – die optimistischen ›Ansprachen‹ der Hauptpersonen an das Publikum haben die Stelle der skeptischen Couplets in Nestroys Posse eingenommen. Die Personen des Stücks haben durch ihre possenhaften Wege alle etwas gelernt, was jenseits der Posse liegt: daß der Ausbruch aus der eigenen Einsamkeit gewagt werden muß; daß der Mut zum Risiko dazugehört; daß es kein größeres Abenteuer gibt als das Vertrauen in die Menschen, mit denen man zusammen lebt, und in die Welt, die »so voll von wunderbaren Dingen« ist. Die Kritik der ›Heiratsvermittlerin‹ an dem Leben, das sie korrigiert, richtet sich nicht gegen eine bestimmte Gesellschaftsschicht, sondern gegen eine Lebenshaltung: gegen die trügerische Sicherheit, die das Geld und die Schmoll-Ecke am Rande der Gesellschaft verleihen: »Die Fehler, die wir begehen, indem wir uns verschwenden, fügen uns weniger Schaden zu als jene Jahre, die wir scheu und zurückgezogen verbringen.« Sie erobert sich den zähen Kaufmann Vandergelder. Ihr Happy-End schließt die nüchterne Bereitschaft ein, auch künftiges Unglück zu riskieren und zu ertragen. (Daraus das Musical ›Hello Dolly!‹ von Jerry Herman, 1964.)

Wir sind noch einmal davongekommen (The Skin of our Teeth). ›Schauspiel in drei Akten‹. Uraufführung 15. Oktober 1942, Shubert Theatre in New Haven, Connecticut. Erstaufführung in New York, 18. November 1942, Plymouth Theatre. Deutschsprachige Erstaufführung 16. März 1944, Schauspielhaus Zürich, durch Oskar Wälterlin. Deutsche Erstaufführung 31. März 1946, Landestheater Darmstadt, durch Karlheinz Stroux. — Der erste Akt spielt vor einer Eiszeit, der zweite vor einer Sintflut, der dritte nach einem Weltkrieg. Gleichwohl sind die Menschen auch in den beiden ersten Akten angezogen wie Amerikaner unseres Jahrhunderts und wohnen in einem gemütlichen Heim in Excelsior, New Jersey, wenn sie sich auch einen Dinosaurier und ein Mammut als Haustiere halten. Zur Familie Mensch gehören: Mr. Antrobus, der ewige Adam, der sich ›aus dem Nichts emporgearbeitet‹ hat, der Erfinder des Rades, des Alphabetes, des Dezimalsystems und auch des Bierbrauens — eine Mischung aus mythischem Urvater, parodiertem Daddy, erfinderischem Techniker und philosophischem Kopf; seine Frau, Mrs. Antrobus, die ewige Eva, Erfinderin der Schürze, des Hohlsaums, Hüterin des Feuers und der Familie — eine Mischung von mythischer Urmutter, mütterlicher Mammy und parodierter Frauenvereins-Amerikanerin; Sohn Henry, der seinen Bruder mit einem Stein erschlagen hat, eigentlich Kain heißt und sein Haar über das Kainsmal auf der Stirn kämmt; Tochter Gladys, die nicht recht weiß, ob sie dem Vorbild ihrer Mutter folgen soll oder der Lily Sabina, die zugleich Dienstmädchen und Schönheitskönigin ist und auf eine vertrackte Art auch zur Familie gehört: in ihr steckt die mythische Lilith, die Verführerin, Adams Geliebte.

Im ersten Akt rückt das Eis näher, Mr. Antrobus telegraphiert: »Verbrenne alles außer Shakespeare!«, Flüchtlinge kommen ins Haus, darunter Homer, der Dichter, und Moses, der Richter. Henry-Kain hat wieder jemand umgebracht, und sein verzweifelter Vater möchte eigentlich, weil es ›keine Vernunft‹ gibt, das Feuer austrampeln, aber als Tochter Gladys ein Gedicht aufsagt, wird er doch wieder zum Leben verführt und läßt angesichts des Eistodes seinen Sohn das Einmaleins und seine Tochter den Anfang der Bibel lernen — die Menschheit, falls sie davonkommt, wird beides noch gebrauchen können.

Im zweiten Akt feiern in Atlantic City Herr und Frau Antrobus ihren 5000. Hochzeitstag, Antrobus ist zum Präsidenten des Ordens der Säugetiere gewählt worden und gibt über den Rundfunk die Losung aus: »Amü-

›Wir sind noch einmal davongekommen‹ von Thornton Wilder. Bühnenbild-Entwurf (2. Akt) von Max Fritzsche für die deutsche Erstaufführung am Landestheater Darmstadt, 1946; Regie: Karlheinz Stroux

siert euch!« Er geht beispielhaft voran, hat Sabina zur Schönheitskönigin gewählt, verschwindet mit ihr in der Badekabine und will sich anschließend scheiden lassen. Derweilen zieht die Sintflut herauf, Frau Antrobus kauft Regenmäntel, verkündet »Rettet die Familie!« und bringt die Familie in die Arche, samt Sohn Henry, der wieder jemand getötet hat, und samt Sabina, obwohl sie gerade versucht, die Familie zu sprengen.

Im dritten Akt kriechen sie nach dem Ende des Krieges aus den Kellern; Tochter Gladys hat von irgend jemand ein Kind bekommen; Henry kehrt als General, als ›der Feind‹, zurück; auch er ist wieder einmal davongekommen, und dies nimmt seinem Vater den Mut, noch einmal von vorn anzufangen. Doch auch Kain gehört zur Welt, und überdies besteht eine winzige Hoffnung, daß er besserungsfähig sei (und dies ist eine betrübliche Schwäche des Stücks: Kain, das Urböse, schließlich zu einem heilbaren, psychoanalytischen Fall zu machen, durfte sich der Autor nicht gestatten, der den Mut hatte, Kain jede Katastrophe überleben zu lassen und als einen unausrottbaren Teil der Menschenwelt zu akzeptieren). Vor allem aber sind es die Bücher, die überlieferten, ermutigenden Ideen, die Adam-Antrobus zum Weitermachen bringen, Aristoteles und Platon, Spinoza und die Bibel. Und so endet das Stück mit seinem Anfang: Familie Mensch lebt neuen Katastrophen und neuen Rettungen entgegen. »Sie haben viele neue Pläne im Kopf«, sagt Sabina, »und sind zuversichtlich wie am ersten Tag, als sie begannen.«

Wilder schrieb dieses Stück, kurz bevor Hitler den Vereinigten Staaten den Krieg erklärte. Höchst effektvoll mischt er die Zeiten der Menschheitsgeschichte und die Techniken der Bühne, des Films, des Rundfunks. Neu ist nur die Mischung; uralt sind ihre Elemente: aus dem Barock kommt der Gedanke, daß der Mensch eine ihm zugeteilte Rolle spielen muß, ob sie ihm nun paßt, oder ob er sie (wie Sabina) nicht ausstehen kann; aus dem chinesischen Theater kommt die epische Form mit ihrer Symbolik und den Reden ans Publikum; aus der deutschen Romantik stammt die Ironie, die Aufhebung der Bühnenillusion durch die private Existenz des Schauspielers; der Konversationston und die amerikanische Selbstpersiflage sind am Broadway heimisch; Wilder stellte ferner fest, daß dies Stück »tief in der Schuld von James Joyces ›Finnegans Wake‹« stehe, und meinte: »Die Literatur hat immer einem Fackelträger-Stafettenlauf mehr geglichen als einem wütenden Erbstreit.« Seine Mischung ist nicht spielerischer Selbstzweck, sondern steht im Dienst einer Grundidee, die sich nur so darstellen läßt. Der Anachronismus drückt Wilders Überzeugung aus, daß sich der Mensch von der Eiszeit bis zur Gegenwart im Grunde immer gleichgeblieben ist und sich in den wechselnden Katastrophen immer wieder auf die gleiche Weise gerettet hat und retten wird: durch Feuermachen und die Überlieferung seiner Ideen, durch die der Verzweiflung abgerungene Barmherzigkeit und Zuversicht. Zwischen Schöpfung und gerade noch einmal verschobenem Weltuntergang wurschtelt Familie Mensch immer weiter, samt dem mörderischen Kain und der beunruhigenden Lilith. Wilder akzeptiert die Welt, so wie sie ist, mit ihren Katastrophen und mit der Tatsache, daß es immer Mörder gibt und daß auch die Mörder von ihren Müttern geliebt und gerettet werden. Diese Menschheitsrevue eines protestantischen Broadway-Calderon hatte ihre größte Stunde in Deutschland, unmittelbar nach dem zweiten Weltkrieg: da traf fast jeder Satz, angefangen bei Äußerlichkeiten wie der neuesten Erfindung des Mr. Antrobus, der Grassuppe, auf die man keinen Durchfall bekommt, bis zur erschreckenden Einsicht des Mr. Antrobus angesichts seines mörderischen Sohnes: »Der Krieg ist ein Vergnügen, verglichen mit dem, was uns jetzt bevorsteht: den Frieden zu sichern, mit dir in der Mitte.« Das Stück hat einiges von der ehemaligen Gewalt verloren, die es im Krisenjahr 1946 gehabt hat, doch ist es so lange eine Aufführung wert, als der Weltuntergang gerade noch einmal verschoben wird.

Die Alkestiade (A Life in the Sun). Schauspiel in drei Akten. Mit einem Satyrspiel ›Die beschwipsten Schwestern‹ (›The drunken Sisters‹). Uraufführung 24. August 1955, Edinburgher Festspiele, durch Tyrone Guthrie. Deutschsprachige Erstaufführung der Neufassung ›Alkestiade‹ Juni-Festwochen 1957, Schauspielhaus Zürich, durch Leopold Lindtberg. Deutsche Erstaufführung 5. Oktober 1957, Städtische Bühnen Frankfurt am Main, durch Heinrich Koch. — Die Alkestis des Euripides (438 v. Chr. Siehe auch Seite 62) stirbt freiwillig für ihren dem Tod bestimmten Gatten, den König Admetos von Thessalien, und wird von Herakles der Unterwelt entrissen und zu Admetos zurückgebracht. In seiner ›Alkestiade‹ erzählt Wilder diese Geschichte (im zweiten Akt) neu, erweitert sie und deutet sie christlich um. Hauptthema ist das Verhältnis des Menschen zu Gott, ist die Suche nach dem Sinn des Lebens.

Im ersten Akt will Alkestis vor ihrer Vermählung mit Admetos nach Delphi fliehen, weil sie den Sinn des Lebens nur in der Priesterschaft erblicken kann. Doch Apoll, der Gott, hat sie nicht zu sich berufen; er sendet ihr durch den Seher Teiresias, einen ›schwachsinnigen Tattergreis‹, eine ernste und folgenreiche Botschaft: Apoll wird unerkannt als einer der vier schmutzigen Hirten am Hofe Admets leben. Abermals wirbt Admetos um Alkestis, und sie wird den Sinn des Lebens in der Liebe suchen: »Ich will für dich so leben, als wäre ich jeden Augenblick bereit, für dich zu sterben.«

Im zweiten Akt, zwölf Jahre später, hat einer der Hirten — war es Apoll? — den König ohne Absicht tödlich verwundet, und nur ein Opfertod — so besagt die delphische Botschaft — könne den sterbenden Admetos retten. Alkestis geht an seiner Statt — aus Liebe — in den Tod. Im strikten Gegensatz zur Alkestis des Euripides, die von Admet verlangt, daß er nach ihrem Tod keine andere Frau nehme, fordert sie Admetos auf, wieder zu heiraten. Der betrunkene Halbgott Herakles, der von seiner göttlichen Abstammung nichts wissen will, da er ein Menschenheld sein möchte, erfährt vom Tod der Alkestis, in deren Schuld er sich fühlt; sein Schmerz wird zum Zorn, er holt sie aus der Unterwelt.

Im dritten Akt, abermals zwölf Jahre später, ist Admet tot; sein Land wird (wie in der Atriden-Sage) von der Pest heimgesucht und von dem Barbaren Agis diktatorisch beherrscht. Ein Sohn Admets, Epimenes, der in der Verbannung gelebt hat, tritt als Rächer auf. Agis beschuldigt Alkestis, die als alte, gedemütigte Sklavin an seinem Hof lebt, sie sei die Ursache der Pest. Alkestis, nunmehr ganz verzeihende Liebe, hält ihren Sohn von der Rache zurück, schickt das Volk in die heilenden Schwefelgruben und wird von Apoll in seinen heiligen Hain berufen. Vergeblich hatte sie den Gott unter den vier Hirten gesucht; nun hat sie das Göttliche im Leben, auch im Schmerz und in der leidenden Liebe, erkannt.

Zwischen derben Späßen, Parodie und Ironie ein legendenhafter Hymnus auf das Leben, samt Leid, Opfer und Tod. »Nicht zu wissen, welchen Sinn unser Leben hat. Das ist Elend und Verzweiflung«, sagt Alkestis; sie hat erfahren, daß die Liebe zwar nicht der Sinn des Lebens ist, doch »eines der Zeichen, daß da ein Sinn sei, daß das Leben eine Bedeutung hat«. Sie bescheidet sich am Ende mit dem Zeichen; die Bedeutung des Ganzen bleibt ihr verschlossen, doch dies schmerzt sie nicht mehr: »Alles, was seither geschah, kam aus derselben Hand, ist Teil eines Ganzen, das ich bloß nicht zu sehen vermag.« Sie weiß nicht, wer Gott ist; doch sie weiß, daß Gott um sie ist wie Apoll, der nicht zu erkennende Gott unter den Hirten. Apoll muß am Ende Abschied nehmen von Alkestis: Liebe zwischen ihm und ihr ist nicht möglich; der Gott bleibt einsam, ein ›unglücklicher Liebhaber‹ der Menschen. Den Tod rechtfertigt er mit sanfter Ironie: »Ja, ich muß Vernichtung und Verheerung bringen, denn nur so werden sich die Menschen meiner Geschichte erinnern. In allen Geschichten, die ihnen im Gedächtnis bleiben, spielt der Tod eine große Rolle.«

Nach der Verklärung der Alkestis, dieser Vorahnung einer christlichen Heiligen, folgt das Satyrspiel ›Die beschwipsten Schwestern‹: Apoll in Gestalt eines Küchenjungen macht die Parzen betrunken und erhält von ihnen für eine gewonnene Wette das Leben des Admetos. Diese Vorgeschichte der ›Alkestiade‹ als Faschings-Maskerade entrückt nachträglich die Geschichte der Alkestis vollends ins Beispielhafte.

Tennessee Williams: Neurosen und Poesie

> Furcht und der Wunsch zu fliehen sind die beiden kleinen Raubtiere, die im rotierenden Drahtkäfig unserer nervösen Welt einander jagen. Sie hindern uns daran, an irgend etwas tiefere Gefühle zu verschwenden. Die Zeit stürzt auf uns zu mit ihren Medikamentischen voll zahlloser Betäubungsmittel, während sie uns doch schon vorbereitet auf die unvermeidliche, die tödliche Operation. — Tennessee Williams

Mit 233 Dollar wöchentlich entlohnte ihn die Metro-Goldwyn-Mayer in Hollywood für das Schreiben von Drehbüchern. Daß er nicht der richtige Mann für diese Tätigkeit sei, davon war man bald überzeugt. In Hollywood arbeitete er ein abgelehntes Drehbuch zu einem Bühnenstück um; es wurde im Dezember 1944 in Chicago uraufgeführt und machte ihn weltberühmt: ›Die Glasmenagerie‹, ein ›Spiel der Erinnerung‹ — Erinnerung an seine eigenen frühen Träume, ein Dichter zu werden, während er in St. Louis in einer Schuhfabrik arbeitete, Erinnerung an Mutter und Schwester, deren trostloses

Zimmer mit einer Menagerie von Glastierchen geschmückt war. Der abgewiesene Drehbuchautor wurde — unter anderem — zu einem der fruchtbarsten Stofflieferanten für Hollywood. Es gibt keinen anderen Dramatiker, dessen sämtliche Bühnenstücke (ausgenommen das allegorisch-symbolische Mysterium ›Camino Real‹) so pünktlich verfilmt worden sind. Die Mühe, ein Drehbuch zu schreiben, machte er sich nur noch einmal, als er 1956 den zehn Jahre alten Einakter ›27 Waggons Baumwolle‹ zu ›Baby Doll‹ umarbeitete; die Zeitschrift ›Time‹ nannte das von Elia Kazan inszenierte Produkt den »vielleicht unflätigsten amerikanischen Film, der je vorgeführt wurde«.

Es ist natürlich kein Zufall, daß sich der Film seiner Stücke mit solchem Elan, wenn auch keineswegs immer mit befriedigendem Ergebnis bemächtigt hat: sein psychologischer Realismus, seine leicht exotische Südstaaten-Atmosphäre mit ihrer schläfrigen Hitze und den träge wirbelnden Baumwollflocken, seine gewalttätigen Effekte und der neurotische Charme seiner Hauptrollen kommen den Bedürfnissen des Kinos entgegen. Anders ausgedrückt: in seinen Dramen steckt von Haus aus auch ein kräftiger Brocken Hollywood.

Tennessee Williams studierte Publizistik an der Universität von Missouri in Columbia, Theaterwissenschaften an der Washington-Universität in St. Louis, wo es eine halbprofessionelle Theatergruppe gab, die ›Mummers of St. Louis‹, die seine frühen Stücke, ›Candles to the Sun‹ und ›Fugitive Kind‹, aufführten. Er war auch Arbeiter in einer Schuhfabrik, Hotelportier, Fernschreiber und Kellner in Valeska Gerts ›Bettler-Bar‹ in New York. Seine Einakter ›American Blues‹ (1939) öffneten ihm die Tür zu den Kursen für junge Dramatiker, die der emigrierte deutsche Regisseur Erwin Piscator in New York abhielt. In seinem Universitätsinstitut ›Dramatic Workshop‹, einer Werkstatt für das Handwerk des Theaters, die ihre Ergebnisse auf zwei Broadway-Bühnen der Öffentlichkeit zeigte, haben auch Arthur Miller und der Schauspieler Marlon Brando gelernt.

Williams' erstes Stück, das von Berufsschauspielern aufgeführt wurde, war bereits sein fünftes längeres Stück, ›Die Schlacht der Engel‹. 1940 fiel es in Boston sanft durch; Piscator führte es in New York mit seinem ›Dramatic Workshop‹ auf, und Williams arbeitete es später um zu ›Orpheus steigt herab.‹ An der ›Schlacht der Engel‹ konnte er in Ruhe arbeiten, weil er für seine Einakter tausend Dollar in einem Wettbewerb, ausgeschrieben vom ›Group Theatre‹ in New York, gewonnen hatte, und eben dieses Stück brachte ihm ein Stipendium ein. Er erzählte darüber: »Eines Tages läutete das Telefon; meine Mutter sagte ängstlich, es sei ein Ferngespräch . . . Als ich wieder einhängte, sagte ich gelassen: ›Rockefeller hat mir tausend Dollar geschenkt, und ich soll nach New York kommen.‹ Zum erstenmal, seit ich sie kannte, brach meine Mutter in Tränen aus. Sie sagte: ›Ich bin so glücklich‹, und mehr konnte sie nicht sagen.« Fünf Jahre später wurde er für seine ›Glasmenagerie‹ mit drei Preisen ausgezeichnet.

Vom amerikanischen Süden, in dem er geboren wurde, am 26. März 1914, im Pfarrhaus seines Großvaters, in Columbus in Mississippi, ist er kaum je losgekommen. Für sein Publikum sind die Südstaaten — wie für die Leser William Faulkners — zu einer geradezu mythischen Provinz geworden. Im Geburtsregister stehen seine Vornamen Thomas Lanier, doch er hat sich ›Tennessee‹ genannt, und der ›southern drawl‹, der südliche Tonfall, beherrscht seine Dialoge. Nicht losgekommen ist er auch von einem Neurosen-Dschungel, in dem er sich seit seiner frühesten Kindheit bewegt. Er hat sich nicht davor gescheut, der Presse ausführlich zu berichten, wie er sich, ›Zizy‹ genannt, ein empfindsames Püppchen, an die Röcke seiner weiblichen Verwandten klammerte, wie er gepeinigt worden ist von zerstörerischen und selbstzerstörerischen Neigungen, von Sadismus und Masochismus, und er glaubt, wie er in seinem ›Selbstinterview‹ 1957 geschrieben hat, daß seine Arbeit für ihn immer eine Art Psychotherapie gewesen sei — dies hätte er freilich mit sehr vielen Schriftstellern gemeinsam. Dort steht auch der aufschlußreiche Satz: »Für mich gibt es weder Bösewichte noch Helden, sondern nur richtige und falsche Wege, die der Mensch einschlägt — nicht aus freier Entscheidung, sondern aus Notwendigkeit oder unter dem Einfluß gewisser ihm unverständlicher Faktoren seines eigenen Innern, seiner Lebensumstände und seiner Herkunft.«

Wie Ibsen verwendet er handfeste Symbole, ›Wildenten‹-Varianten, Glastiere und Brunnenengel, Leguan und Schlangenhaut. Wie Strindberg (ohne dessen ›Traumspiel‹ auch sein ›Camino Real‹ undenkbar ist) beherrscht er den zerfleischenden Dialog: aus den Wunden, die da gehackt werden, fließt kein Blut, sondern quellen Geständnisse. Symbol und Tiefenpsychologie, seine Technik und seine Themen scheinen abgeklappert, Varianten europäischer Vorbilder, Einengungen des amerikanischen Vorläufers O'Neill auf einige wenige Südstaaten-Spezialitäten, und doch gewinnen seine besten Bühnenfiguren durch die unabweisbare, innere Notwendigkeit ihres Handelns eine gewisse tragische Größe, und dies um so selbstverständlicher, je weniger sich Williams um tiefenpsychologische Begründungen ihres Handelns bemüht hat. Seine schlechtesten Bühnenfiguren werden durch psychologische Übermotivierungen zu bedauerlichen Fällen aus einer Krankenkartei.

Manchmal erinnern seine Personen an Tschéchow, manchmal seine Stimmungen an Garcia Lorca — sie sind nicht abhängig von dem Russen oder dem Spanier, aber sie erreichen dann dieselbe Höhe der Poesie. »Die Farbe, die Grazie und das Schweben, die Harmonie der Bewegung, das intime Zusammenspiel von Menschen — diese Dinge sind das Stück«, schrieb Tennessee Williams, »nicht Worte auf Papier, nicht Gedanken und Ideen eines Autors, diese schäbigen Sachen aus der Schwemme eines Konfektionsgeschäfts.«

Seine Gedanken und Ideen kommen — wie bei fast allen ›Naturalisten‹ — aus den zeitkritischen Konfektionsgeschäften; ihm allein aber gehören die Einsamkeit um seine Menschen, ihre Illusionsbedürftigkeit, ihre Hilflosigkeit und ihre panische Angst vorm Altern, vor der Zeit. So brutal sich dieser Überdruck-Dramatiker manchmal gebärdet, in ›Camino Real‹, seinem Selbstbekenntnis, hat er seine Sehnsucht unverblümt ausgesprochen: nach Reinheit, Wahrhaftigkeit, Ehre und Mut. Wie sein Don Quijote ist er ein scheuer Romantiker: er glaubt an die erlösende Kraft der Poesie. Und seine Poesie gedeiht nirgendwo anders als im amerikanischen Süden, im Mississippi-Delta.

Die Glasmenagerie (The Glass-Menagerie). ›Ein Spiel der Erinnerung‹. Uraufführung 26. Dezember 1944, Chicago, Civic Theatre. Erstaufführung in New York, 31. März 1945. Deutschsprachige Erstaufführung 17. Oktober 1946, Basel. Verfilmt in Hollywood 1950 mit Jane Wyman, Kirk Douglas; Regie: Irving Rapper. — Mutter Amanda, Sohn Tom und Tochter Laura Wingfield in sehr beengten Verhältnissen in St. Louis. Der Vater ist durchgebrannt; die Mutter, so tyrannisch wie bemitleidenswert, hält den Rest der Familie zusammen und den Sohn mit seinen Dichterträumen als Ernährer an der Leine. Tochter Laura leidet unter ihrem leicht verkrüppelten Bein, eine zerbrechliche Seele, die sich in die Traumwelt ihrer ›Glasmenagerie‹, einer Sammlung von Glastierchen, eingesponnen hat. Jim O'Connor, ein Arbeitskollege Toms, könnte sie befreien: sie liebt ihn, und ihre Mutter möchte sie unbedingt mit ihm verheiraten, doch Jim, nach dem Abendessen mit ihr allein gelassen, gesteht ihr, daß er eine andere heiraten wird. Laura schenkt ihm zum Abschied ein gläsernes Einhorn, das er beim Tanzen zerbrochen hat, und löscht die Kerzen aus. Tom, der — wie sein Vater — die Frauen verlassen und seinem Traum als Dichter folgen wird, ist zugleich der kommentierende Leiter dieses Spiels seiner Erinnerungen — Autobiographisches ist in dieses mit Symbolen beladene poetische Stück eingegangen: als Tennessee Williams zwölf Jahre alt war, zog sein Vater, der seinen Posten als Handelsvertreter verloren hatte, mit der Familie von Columbus nach St. Louis in eine Mietskaserne um; Tennessee Williams half seiner Schwester, ihr tristes Zimmer mit Glastierchen auf Wandregalen und weißgestrichenen Möbeln in ein Traumreich zu verwandeln. Mutter und Schwester sind die Modelle der weiblichen Wingfields im Stück, das nach der New Yorker Aufführung zu einem Welterfolg wurde.

›Endstation Sehnsucht‹ von Tennessee Williams. Bühne von Wolfgang Znamenacek, Kammerspiele München, 1950; Regie: Paul Verhoeven

Endstation Sehnsucht (A Streetcar named Desire). Uraufführung 4. November 1947, Barrymore Theatre, New York, durch Elia Kazan. Deutschsprachige Erstaufführung 10. November 1949, Schauspielhaus Zürich, durch Heinz Hilpert. Deutsche Erstaufführung 17. März 1950, Pforzheim. Verfilmt in Hollywood mit Vivian Leigh und Marlon Brando; Regie: Elia Kazan. — Blanche Du Bois, neurotisch und dem Alkohol verfallen, flüchtet vor ihrer traurigen und schmutzigen Vergangenheit zu ihrer Schwester Stella nach New Orleans (wo die Straßenbahnen Namen statt Nummern tragen wie ›Desire‹, was zugleich ›Sehnsucht‹ und ›Begierde‹ heißt). Die Schwester ist verheiratet mit dem polnischen Einwanderer Stanley Kowalski, einem brutalen Mannsbrocken, dem das vornehme Getue Blanches auf die Nerven geht: im Gegensatz zu seiner Frau, ihrer Schwester, pflegt sie noch die Manieren der Südstaaten-Aristokratie, der sie entstammen. Kowalski spürt, daß Blanche versucht, ihm seine Frau zu entfremden. Er zerstört die Illusionswelt, in die Blanche sich geflüchtet hat, zerstört ihre sich anbahnenden Beziehungen zu seinem Freund Harold Mitchell und vergewaltigt sie schließlich, während seine Frau in den Wehen liegt — darüber verliert Blanche vollends den Verstand, kann Illusion und Wirklichkeit nicht mehr unterscheiden: kokett folgt sie dem Arzt ins Irrenhaus. — Die effektvollen Star-Rollen, das dramatische Milieu mit dem Zusammenprall zweier Welten, der ausgezehrten, heruntergekommenen Aristokratie und den lebensprallen, aufstrebenden Einwanderern, und die leicht exotische New-Orleans-Atmosphäre haben diesem Meisterwerk Williams' den Welterfolg gebracht. Ein deutsches Witzwort trifft den Originaltitel schlagend: ›Triebwagen‹.

Der steinerne Engel, auch *Sommer und Rauch* (Summer and Smoke). Uraufführung 1947, Arena-Theater in Dallas, Texas. Im Music Box Theatre in New York, 6. Oktober 1948. Deutsche Erstaufführung 1. Dezember 1951, Junges Theater Stuttgart, und Hildesheim. In Hollywood verfilmt mit Geraldine Page und Laurence Harvey; Regie: Peter Glenville. — Glorius Hill in Mississippi, zwischen 1900 und 1916. Die Pfarrerstochter Alma Winemiller, Gesangslehrerin, puritanisch erzogen, kann sich John Buchanan, dem darwinistisch ›aufgeklärten‹ Arzt (den sie seit ihrer Kindheit liebt), nicht hingeben, und für John ist sie in ihrer Reinheit so etwas wie die Brunnenfigur des steinernen Engels auf dem Marktplatz. Als Alma (die ›Seele‹) sich endlich zur sinnlichen Liebe durchgerungen hat, ist John, der talentierte, aber verluderte Frauenverbraucher, gerade beim Entschluß angelangt, die seelische Liebe vorzuziehen. Er verlobt sich mit einer anderen, und Alma läßt sich beim steinernen Engel von einem Handlungsreisenden ins berüchtigte Kasino mitnehmen. Ihr Opfer — so sollen wir glauben — hat ihn gebessert, doch seine Besserung kommt nicht ihr zugute.

Die tätowierte Rose (The Rose Tattoo). ›Schauspiel in drei Akten‹. Uraufführung 3. Februar 1951, New York, Martin Beck Theatre. Deutsche Erstaufführung 30. September 1952, Thalia-Theater, Hamburg, durch Leo Mittler. Verfilmt in Hollywood mit Anna Magnani und Burt Lancaster; Regie: Daniel Mann. — Ein hauptsächlich von Sizilianern bewohntes Dorf bei New Orleans, Gegenwart. Die üppige Serafina delle Rose, Mutter einer zwölfjährigen Tochter, verliert ihren Mann: er ist Lastwagenchauffeur und wird beim Opiumschmuggeln erschossen; er duftete nach Rosenöl, auf seiner Brust war eine Rose eintätowiert, und immer wenn auf Serafinas Brust eine Rose erscheint, darf sie auf ein Kind hoffen. Drei Jahre lang verehrt sie, triebhaft, doch in strenger Trauer, seine Aschenurne, bis es Alvaro endlich gelingt, sie für sich zu gewinnen. Auch er ist Lastwagenfahrer, sieht in der Statur ihrem Mann ähnlich, wenn er auch einen Clownskopf besitzt. Auch er duftet nach Rosenöl und hat sich eine Rose eintätowieren lassen; er weist ihr nach, daß ihr Mann sie betrogen hat, und sie zerschmettert die Urne. Auf ihrer Brust erscheint eine Rose ... Ein Volksstück mit lärmendem Humor und tragischen Untertönen, mit zwei vor sizilianischem Temperament aus allen Nähten platzenden Star-Rollen.

Camino Real (Camino Real). ›Ein Stück in sechzehn Stationen‹. Uraufführung 19. März 1953, New York, durch Elia Kazan. Deutsche Erstaufführung 6. November 1954, Landestheater Darmstadt, durch G. R. Sellner. — Die sechzehn Stationen des ›Camino Real‹, eines teils symbolischen, teils allegorischen Bilderbogens (im Stile von Strindbergs ›Traumspiel‹), sind ein Traum Don Quijotes: in ihm sieht Tennessee Williams das höchste Beispiel eines unbeirrbaren Ritters, der sich nicht scheut, das Opfer seiner eigenen romantischen Torheiten zu sein.

Schauplatz des Traums ist die Plaza einer mexikanisch gefärbten Stadt mit Luxus-Hotel und Obdachlosenasyl; lebend kann keiner diese Stadt verlassen. Den Bewohnern bleibt allein der Fluchtweg in die Erinnerung. Wenn sie nicht von den Schergen des Staates erschossen werden, tönt ihnen das Pfeifen der Straßenkehrer in die Ohren, der Todesboten, die die Leichen im Müllwagen abtransportieren. Eine Stadt ohne Menschlichkeit: schon der Austausch ernster Fragen und Gedanken ist nicht gestattet; hier gilt als Aufruhr, wenn ein Mensch den andern ›Bruder‹ nennt. Dieser Alptraumort ist mit teils erfundenen, teils legendären, teils literarischen Gestalten bevölkert. Baron de Charlus, ein verderbter Dandy, Romanfigur von Marcel Proust, endet im Karren der tödlichen Straßenfeger. Casanova wagt es nicht einmal mehr, der Wirklichkeit ins Auge zu sehen und den Brief zu öffnen, der über seine Lebensform entscheidet: er ist über das Alter seiner Abenteuer hinaus und wird als König der Hahnrei gekrönt. Gealtert ist auch Marguerite Gautier, die Camille, die Kameliendame, Romanfigur von Dumas-Sohn; sie hat alle Zärtlichkeit ihres Herzens schon verlebt, und die Hände eines jungen Mannes suchen an ihr nur noch das Portemonnaie. Der

›Camino Real‹ von Tennessee Williams. Bühne von Franz Mertz für die europäische Erstaufführung am Landestheater Darmstadt, 1954; Regie: Gustav Rudolf Sellner

uralte Reinigungsmythos, der Vollmondzauber, der selbst eine Hure wieder zur Jungfrau verwandelt, wird von einer Zigeunerin zur Hebung ihrer Kupplergeschäfte mißbraucht. Die Legenden altern und sterben im ›Camino Real‹, der nur noch zu übersetzen ist mit ›Weg der Wirklichkeit‹, der entseelten Realität.

Doch ›Camino Real‹ hat einen Doppelsinn: früher wurde er verstanden als ›der königliche Weg‹. Auch ihn zeigt Tennessee Williams. Als erster betritt ihn ein Träumer, indem er das verbotene Wort ›Bruder‹ ausspricht. Ein Dichter hat als erster den Mut und die Kraft, den Ort des Schreckens zu verlassen: Lord Byron humpelt tapfer hinaus durchs Niemandsland, nach Griechenland, wo man noch für die Freiheit kämpft. Unter diesen europäischen Gestalten gibt es eine neue, eine amerikanische legendäre Figur: Kilroy, der Boxchampion. ›Kilroy was here‹, schrieben die amerikanischen Soldaten an die Abtrittswände in aller Welt. Er wird ein wenig ironisiert, doch auch er ist ein romantischer Außenseiter, immer auf der Suche, sei es nach dem Duschraum des Christlichen Vereins Junger Männer, sei es nach dem Sinn des Daseins. Er ist der Boy mit dem babykopfgroßen Herzen aus purem Gold — › dein Sohn, Amerika‹ —, und er stirbt im Gedenken an seine Frau und die Liebe. Kilroy verwandelt den herzlosen ›Camino Real‹: er spricht das verbotene Wort aus und nennt Casanova ›Bruder‹. Aus seinem Leichnam wird das goldene Herz geschnitten, und er verpfändet es für Esmeralda, eine Hure, die er die Aufrichtigkeit gelehrt, so daß sie liebt wie eine junge Camille und betet: »Laßt etwas sein, das das Wort Ehre wieder bedeutet.«

›Ehre‹ ist das Stichwort für den träumenden Don Quijote: er packt sein Banner des Adels, der Wahrheit, der Tapferkeit, der Pflicht, und er nimmt Kilroys Geist mit als neuen Sancho Pansa. Sie brechen auf ins Niemandsland wie Byron, der Dichter. Es ist der ›königliche Weg‹, der den Glauben daran braucht, daß die Veilchen die Kraft haben, die Felsen zu durchbrechen.

Ein Träumer, ein Dichter, ein reiner Tor — Don-Quijotische Gestalten — und Don Quijote selber auf dem königlichen Weg der romantischen Außenseiter, auf dem Weg der Brüderlichkeit, der Zärtlichkeit, der Tapferkeit und des Glaubens an die verwandelnde Kraft der Poesie und des menschlichen Herzens — nie ist Tennessee Williams jeglichem ›Nihilismus‹ so fern wie in diesem seinem persönlichsten Stück, in dem er, wie er sagte, ein Bild des romantischen Nonkonformisten in der modernen Welt geben will. Das Bekenntnis-Stück ist von sämtlichen New Yorker Kritikern als unverständlich verrissen und sensationellerweise dennoch vom Publikum in hellen Scharen besucht worden. Die deutsche Blaue Blume — hier überreicht sie ein Dichter aus Mississippi: felssprengende Veilchen, in amerikanischem Mutterboden aus Lesefrüchten europäischer Literatur gezüchtet.

›Die Katze auf dem heißen Blechdach‹ von Tennessee Williams. Bühnenbild-Entwurf von Jo Mielziner für die Uraufführung im Morosco Theatre, New York, 1955; Regie: Elia Kazan

Die Katze auf dem heißen Blechdach (Cat on a hot tin roof). Uraufführung 24. März 1955, New York, Morosco Theatre, durch Elia Kazan. Deutsche Erstaufführung 26. November 1955, Schauspielhaus Düsseldorf, durch Leo Mittler. In Hollywood verfilmt mit Elizabeth Taylor und Paul Newman; Regie: Richard Brooks. — Ein Herrenhaus im Mississippi-Delta; Gegenwart. Die Haß- und Qualverfilzungen einer Familie. ›Big Daddy‹, der Vater, Millionär und Plantagenbesitzer, gewohnt, mit der Lüge zu leben, ist ein krebskranker Koloß, dem keiner sein nahes Ende sagen und den fast jeder beerben will — ein Mann ohne Liebe, niemals richtig Vater, immer nur der ›millionenschwere Chef‹. Sein Sohn Brick säuft und ist der fleischgewordene Lebensekel; er haßt sich und seine Frau Margaret (Maggie), seitdem er seinen ›reinen und aufrichtigen‹ Freund Skipper verloren hat und verdächtigt wird, homoerotisch zu sein. Die sexgeladene Maggie besteht beharrlich auf ihrer Liebe zu Brick, der sie im ehelichen Schlafzimmer allein läßt und ihr rät, einen Liebhaber zu nehmen — sie ist die Katze, die so lange auf dem heißen Blechdach bleibt, bis ihr fast die Pfoten abgeschmort sind. Gooper, der älteste Sohn von Big Daddy, immer vom Alten zurückgesetzt und immer fügsam gewesen, steht nun im Kampf um das Erbe, belfernd unterstützt von seiner Frau Mae, dem Inbegriff der Habsucht und Bosheit unter der Standardmaske der tüchtigen Ehefrau, der Mutter einer Bande herzloser, aber auf plärrende Liebesdienste gedrillter Kinder. Die Entladung des seelischen Sprengstoffes erfolgt am Geburtstag des Alten. Eine Hölle, vollgepackt mit Verwandten, die nirgendwo einsamer sind als in dieser Scheingemeinschaft. Schicht für Schicht werden Ausflüchte, Verstockungen, Lügen abgelöst. Ein qualvoller Prozeß, doch nur scheinbar tödlich: Big Daddy kann gefaßter sterben, nachdem Maggie ihm gesagt hat, sie erwarte ein Kind. Das ist eine Lüge, doch sie sorgt dafür, daß sie Wahrheit werden kann: mit Brick findet sie einen neuen Anfang. Reinigung durch Beichten ohne Priester; der Glaube an die befreiende Kraft der Wahrheit, und sei sie noch so verzweifelt — ein bißchen Hoffnung, sofern sich eine Lüge in Wahrheit verwandeln läßt. — Das überzeugungslos angeklebte, mögliche Happy-End (der zweiten Fassung) hat Williams auf Bitten des Broadway-Regisseurs Elia Kazan geschrieben. Weniger als an einer derart ableitbaren ›Moral‹ scheint Williams interessiert am, wie er sich ausgedrückt hat, »Zusammenspiel lebendiger Wesen in der Gewitterwolke einer gemeinsamen Krise«. Für dieses Stück wurde er mit dem Pulitzer-Preis ausgezeichnet.

Orpheus steigt herab (Orpheus descending). Erstaufführung in New York (Vorpremiere in Washington) 21. März 1957, durch Harold Clurman. Deutsche Erstaufführung 8. September 1957, Schauspielhaus Düsseldorf, durch Leo Mittler. In Hollywood verfilmt mit Anna Magnani (Lady), Joanne Woodward (Carol) und Marlon Brando (Val); Regie: Sidney Lumet. — Während der legendäre Orpheus in die Totenwelt steigt, um seine Frau Eurydike zurückzuholen, und sie auf ewig verliert, als er sich nach ihr umdreht, erlebt Val Xavier, der allzu unmythische ›Orpheus‹ des Stücks, ein die Frauen anziehender Gitarrespieler und Sänger in Nacht-Klubs, die ›Totenwelt‹ auf der Erde. ›Tot‹, seelisch tot, sind die Menschen eines verrotteten Dorfes im Mississippi-Delta, und die ›Eurydike‹, die Sizilianerin Lady Torrance, ist mit einem haßgeladenen krebskranken Mann, dem Ladenbesitzer Jab Torrance, verheiratet. Die Höhe, aus der dieser Orpheus in die Menschenwelt als in eine Totenwelt herabsteigt, ist die Phantasie, das Reich der Poesie, die Val mit der schweren Zunge, der für einen ›seltsamen Schwätzer‹ gehalten wird, als ein Reich empfindet, in dem unverwundbare Vögel ohne Beine auf dem Winde schlafen; Vögel, die nur zum Sterben auf die Erde kommen. Er gehört zu ihnen — äußeres Symbol ist seine Jacke aus Schlangenhaut. Das gibt ihm die Kraft über die in der Realität erstickenden Frauen, und das tötet ihn, als er die Schlangenhaut ablegen und ein normaler Mensch, Verkäufer im Laden des Jab Torrance, werden will. Lady Torrance erfährt, daß ihr Mann zu den Mördern ihres Vaters gehört. Als sie Val sagt, daß sie ein Kind von ihm erwartet, will er seine ›Eurydike‹ aus dieser Unterwelt entführen, aber der eifersüchtige Jab erhebt sich vom Sterbebett, erschießt seine Frau und schiebt diesen Mord auf Val. Die Bluthunde des Sheriffs, die sonst schwarze Sträflinge bei der Zwangsarbeit bewachen, zerreißen den flüchtenden Val; nur seine Schlangenhaut bleibt übrig. — Dieser ›Orpheus‹ ist die Umarbeitung des frühen Stückes ›Battle of Angels‹ (Die Schlacht der Engel), geschrieben auf einer Taubenfarm, wo Williams mit einem Klarinettenbläser lebte, erfolglos uraufgeführt von der ›Theatre Guild‹ am 30. Dezember 1940 in Boston. Lady Torrance ist eine Vorläuferin der Serafina in der ›Tätowierten Rose‹; Carol, ein dem Alkohol und den Männern verfallenes Mädchen, eine Vorläuferin der Blanche in ›Endstation Sehnsucht‹. Die Trauer Carols ist auch Williams' Trauer:»Um dieses Land ist noch etwas Wildes! Es ist einmal wild gewesen — die Männer und Frauen waren wild, und in ihrem Herzen hatten sie füreinander eine Art von wilder Güte, aber nun ist es krank, krank vom Neonlicht ...«

Und plötzlich letzten Sommer (Suddenly Last Summer). Einakter. Zusammen mit dem kleinen Einakter ›Something unspoken‹ (Etwas Unausgesprochenes) unter dem Gesamttitel ›Garden District‹ am 7. Januar 1958 uraufgeführt im New York Playhouse, einem New Yorker Theater, abseits vom Broadway. Deutsche Erstaufführung 16. Oktober 1959, Ruhrkammerspiele Essen und im Zimmertheater Heidelberg. In Hollywood verfilmt mit Katharine Hepburn, Montgomery Clift und Elizabeth Taylor: Regie: Joseph Mankiewicz. — Die Hauptperson tritt nicht auf: ein Millionärssohn mit dem beziehungsvollen Namen Sebastian, der unter mysteriösen Umständen in Spanien verschwunden ist. Sein Tod soll aufgeklärt werden: ein Psychiater zwingt Sebastians Cousine Catherine Holly, die Zeugin seines schauerlichen Todes und seitdem schwer neurotisch ist, ihre Erinnerungen herauszuscharren. Mrs. Venable, die Mutter Sebastians, die ein ganz anderes Bild von ihrem Sohn hat — ›keusch‹, weil ihm keine andere Frau so vollendet erschienen ist wie seine Mutter —, versucht, den Psychiater mit Geld so weit zu bringen, daß er die Erinnerungen des Mädchens durch eine Lobotomie, einen chirurgischen Eingriff ins Gehirn, endgültig zerstört. Als der Arzt, der die Analyse dem Messer vorzieht, bei dem Mädchen den Heilerfolg hat, flüchtet sich die Mutter in eine Neurose. Wer war Sebastian? Ein dekadenter Poet aus der Meisterklasse Oscar Wildes; er schrieb pro Jahr genau ein Gedicht und war fasziniert von der Amoralität der Natur; er hielt sich eine fleischfressende Pflanze als lebendiges Symbol für die animalisch vegetative Existenz, und er konnte sich nicht satt sehen, wenn auf den Galapagos die neugeborenen Schildkröten myriadenweise von Vögeln zerfleischt werden. Er war der egozentrische Ästhet mit der Inzestbindung an die Mutter und mit der intimen

Neigung zu den Knaben, von denen er schließlich – zugleich an Orpheus und an die Schildkröten erinnernd – zu Tode gehetzt und zerfleischt worden ist. Der fortschreitenden Enthüllung Sebastians und seiner dekadenten Visionen setzt das Stück das Ethos des Arztes entgegen: die befreiende Kraft der ausgesprochenen Wahrheit.

Süßer Vogel Jugend (Sweet Bird of Youth). Uraufführung am 10. März 1959, New York, Martin Beck Theatre, durch Elia Kazan. Deutsche Erstaufführung 6. Oktober 1959, Schiller-Theater, Berlin, durch Hans Lietzau. In Hollywood verfilmt mit Geraldine Page und Paul Newman (die auch im Theater die Hauptrollen spielten); Regie: Richard Brooks. – In einem Südstaatenhotel sind die alternde Filmschauspielerin Alexandra del Lago und ihr jüngerer, doch gleichfalls alternder Gigolo Chance Wayne, ein Zyniker und Erpresser, abgestiegen. Sie fürchtet sich vor der Großaufnahme ihres Gesichtes und hat sich in Suff und Rauschgift geflüchtet; teils macht sie sich mit fataler Theatralik Illusionen, teils durchschaut und präsentiert sie sich in vollendeter Schamlosigkeit. Im gleichen Hotel war Wayne vor Jahren mit Heavenly, der unberührten Tochter des Politikers Tom Finlay; er hat das Mädchen geliebt, doch ihr Vater hat ihn aus der Stadt gejagt und die Tochter operieren lassen – seitdem ist sie unfruchtbar. Finlay hat Rache geschworen; mit biedermännischen Manieren, brutalen Methoden und seifiger Frömmigkeits-Heuchelei hat er sich an die Spitze des Staates gearbeitet und unterhält eine durchaus faschistische Privatarmee. Neben der Machtneurose dieses scheinbar gesunden Bosses wirkt das Krankheitsbild Alexandras und ihres Gigolos geradezu freundlich. Wayne fordert vergeblich die Tochter Finlays, und er gibt sich auf, als die Schauspielerin ein Angebot nach Hollywood erhält und ihn fallenläßt. Boß Finlay läßt ihn – wie vorher einen Neger – entmannen. »Ich will nicht euer Mitleid«, fordert Wayne zum Schluß, »ich will nur euer Verständnis, nein, nicht einmal das. Ich will nur, daß ihr mich in euch selbst erkennt, und den Feind, die Zeit, in uns allen« – und dies ist ein bißchen viel verlangt nach diesem Schocker und Nervenzerfetzer, in dem es schwerfällt, das zu erkennen, worauf es Williams wohl ankommt: vom Bewußtsein der verlorenen Jugend erbarmungswürdig geplagte Seelen in der Raserei der Selbstzerstörung.

Die Nacht des Leguan (The Night of the Iguana). Uraufführung 22. Dezember 1961, Royale Theatre, New York. Deutsche Erstaufführung Oktober 1962 Thalia-Theater, Hamburg, und Städtische Bühnen Köln. In Hollywood verfilmt mit Deborah Kerr (Hannah), Richard Burton (Shannon), Ava Gardner (Maxine); Regie: John Huston. – Ein heruntergekommenes Touristenhotel in Mexiko, 1940. Die jüngst verwitwete, aber erotisch lebfrische Besitzerin Maxine Faulk ist insgeheim einsam und verzweifelt. Ein bißchen Trost bringt ihr Lawrence Shannon, der Leiter einer Reisegesellschaft, die hier mit dem Bus ankommt, darunter vier lärmende Deutsche, die die Bombardierung Londons mit Champagner feiern. Shannon ist ein ehemaliger Geistlicher, der wegen Ketzerei und einer Affäre mit einer Minderjährigen sein Amt nicht mehr ausüben darf – ein gescheiterter Gottsucher, labil, von Nervenkrisen bedrängt. Wie Shannon den für den Kochtopf bestimmten Leguan (mit ibsenscher ›Wildenten‹-Symbolik) befreit, so wird er von seiner triebhaften Lust an der Selbstzerstörung befreit durch Hannah Jelkes, ein altjüngferliches, doch gar nicht lächerliches, spätes Mädchen (der Pfarrerstochter Alma im ›Steinernen Engel‹ verwandt): sie zieht umher mit ihrem Großvater, der gegen Trinkgeld Verse rezitiert, Überbleibsel aus dem 19. Jahrhundert von einer rührenden Poesie. Diese intelligente, verschämte, doch ganz unsentimental fröhliche Priesterin der Solidarität, der Liebe jenseits des Sexus, erlöst den ehemaligen puritanischen Priester, der die Kraft zum Puritanismus nicht besitzt – er legt die Haltung des verstoßenen Heiligen, den falschen Anspruch, ab und wird bei Maxine, der Wirtin, bleiben als ihr Partner, und sei es auch ohne Liebe. – »›Die Nacht des Leguan‹ ist ein Stück«, kommentierte Williams, »dessen Thema, wenn ich es ganz knapp formulieren soll, das Leben jenseits der Verzweiflung, das Dennoch-Leben, ist.« Diesen Grundton der Bescheidung und Tapferkeit gab es so unverhüllt bei Williams (neun Jahre) vorher nur in ›Camino Real‹.

Königreich auf Erden (The Seven Descents of Myrtle). Uraufführung im März 1968, Ethel Barrymore Theatre, New York, durch Joseph Quintero. Europäische Erstaufführung 12. März 1969, Thalia-Theater, Hamburg. – Eine von Überschwemmung bedrohte Farm im Mississippi-Delta. Zwei Halbbrüder: Lot, feminin, neurotisch, todkrank tuberkulös; sein Stiefbruder Hühnchen (»Chicken«), so genannt, weil er bei Hochwasser mit seinen Hühnern aufs Dach flüchtet, Fehltritt des Vaters mit einer Mulattin, kraftstrotzend, männlich bis animalisch. Lot kommt zur Farm mit der naiven, dümmlichen, rothaarigen und herzensguten Myrtle, die er bei einer Quiz-Schau gewonnen und vor den Fernseh-Kameras geheiratet hat. Er bereut, daß er seinem Halbbruder Hühnchen die Farm für den Fall seines Todes vermacht hat, und hat die ehemalige Stripperin Myrtle geheiratet, damit sie Hühnchen um sein Erbe bringe. Immer wieder steigt Myrtle, der vom homosexuellen Lot keine Hochzeitsnacht geboten wird, hinunter in die Küche zu Hühnchen, der obszöne Zeichnungen in die Tischplatte ritzt, bevor er ihr das Essen darauf stellt. Hühnchen läßt Myrtle auf die Farm schriftlich verzichten und vollzieht mit

ihr auf dem Küchenboden das, was Lot im Bett nicht kann. Pünktlich stirbt
Lot an Schwindsucht, einen Florentinerhut auf dem Kopf, im weißen Kleid
der einzigen Frau, die er je geliebt, seiner Mutter Lottie. Myrtles Begierde
überwindet ihren Südstaaten-Horror vor Negerblut; Hühnchen sieht für sie
»aus wie ein Mann, der sich gegen die Fluten des Stromes stemmen und sie
zurückhalten kann«, und Hühnchens »Königreich auf Erden« ist, so philosophiert er, »das, was zwischen Mann und Frau geschehen kann, nur diese
eine Sache ist vollkommen, und sonst nichts.« Das Hochwasser steigt,
Hühnchen und des gestorbenen Lots Weib Myrtle werden es auf dem Dach
vermutlich überleben. – Eine Anthologie der Lieblingsthemen des Autors,
grob gebunden und penetrant lila parfümiert – fast eine unfreiwillige Selbstparodie: »Endstation Schwindsucht.«

Der Milchzug hält hier nicht mehr (The milk train does not stop here any
more). ›Komödien-Drama‹. Uraufführung 12. Juli 1962 bei den Festspielen
in Spoleto, Italien. New Yorker Erstaufführung 16. Januar 1963, Morosco
Theatre. – In einer Villa am Golf von Salerno diktiert die Millionärin Flora
Goforth, die sechs Ehemänner eingefangen und überstanden hat, ihre abgebrühten Memoiren und ergötzt sich mittels Feldstecher ungeniert am Treiben auf den Nachbarterrassen. Als Chris Flanders erscheint, ein junger, bisher von ihren Freundinnen ausgehaltener Dichter, will sie ihn unverzüglich
in ihr Bett bringen, doch er weigert sich und ist nicht einmal durch Gefangenschaft und Hunger kirre zu machen — er ist gekommen, um Mrs. Goforth,
die an tödlichem Lungenkrebs erkrankt ist, die Angst vorm Tode zu nehmen
und sie geistig zu trösten; neuerdings religiös bekehrt, will er ihr ›Gott
bringen‹. Als er gegangen ist, begreift Mrs. Goforth seine Aufrichtigkeit
und schickt ihre Sekretärin, ihn zurückzuholen. — Mrs. Goforth (verwandt
mit der Filmschauspielerin Alexandra in ›Süßer Vogel Jugend‹ und Mrs.
Stone, deren ›römischen Frühling‹ Williams in einem Kurzroman (1950)
erzählt hat — nur noch älter und ordinärer) ist eine brillante, fast monologische Rolle aus Zynismus und Aufrichtigkeit. Der mit hausgemachter
Philosophie so erfolgreich seelenrettende Jüngling scheint das Ergebnis der
psychoanalytischen Behandlung, der sich Tennessee Williams unterzogen
hat — ein New Yorker Kritiker riet ihm deshalb, sich wieder hemmen zu
lassen. (Deutsche Erstaufführung 17. Mai 1967, Zimmertheater Heidelberg).

Arthur Miller: Tendenz und Thesen

Wenn unser Theater es nicht fertigbringt, zur richtigen Erkenntnis der Vorgänge in der Welt um uns vorzustoßen, wird
es meines Erachtens zu billigem Psychologismus herabsinken.
Wir müßten uns dann mit einem Ödipus ohne seine Tragik
begnügen, einem Ödipus, dessen Leiden privat und unabhängig von dem Weiterbestehen seines Volkes sind, mit einem
Wort: einem Ödipus, der – wenn er von seiner Blutschande
erfährt – sich nicht die Augen aussticht, sondern nur eine
Träne abwischt, um uns seine Vereinsamung kundzutun.

Arthur Miller

Jüngeren Nachwuchsautoren warf er vor, sie seien zu zaghaft in der Anwendung ethischer und sozialer Ideen; er klagte:»Niemand macht sich noch
Illusionen – Illusionen gelten als Torheit. Was für Illusionen übrigens? Vor
allem die, daß der Schriftsteller die Welt retten könne. In diesem Punkt ist
man allgemein der Ansicht, daß ihr einfach nicht zu helfen sei.« Jedes seiner
Stücke ist ein Aufruf an seine Mitmenschen; ein Versuch, der Welt zu helfen;
er versteht sich als Moralist.

Als Schuljunge fing er an, Dostojewski zu lesen; auf dem College war
er hingerissen von Ibsen:»In seinen Stücken steht nichts um seiner selbst
willen da, man könnte nicht eine einzige Zeile, nicht eine Geste herauslösen.«
Ibsen und Dostojewski erteilten ihm, wie er sich ausdrückte,»die Vollmacht
zum Schreiben«. An den griechischen Klassikern und an den deutschen
Expressionisten, die er gleichzeitig las, faszinierte ihn, daß sie ihre dramatischen Mittel»zur Darstellung der verborgenen Mächte« benutzten. In
seinen eigenen Dramen ging er von der Technik Ibsens aus und versuchte
zugleich, sie aufzubrechen, sie um expressionistische Techniken zu erweitern, um am realistisch gezeichneten Durchschnittsmenschen, am ›Mann von
der Straße‹, die verborgenen Mächte sichtbar zu machen, die sein ganz besonderes Geschick mit dem allgemeinen Schicksal aller Menschen verbinden.
Er hat den Ehrgeiz, mehr als ein Psychologe zu sein – er will Ideen vermitteln. Seine Stärke allerdings ist der psychologische Realismus, die Kollektion
der Alltagstypen; zur Idee gelangt er nicht ohne einige Gewalt: durch Kommentar und Selbstkommentar. Sein ›Handlungsreisender‹ bleibt im Biographischen, seine ›Hexenjagd‹ im Historischen, sein ›Blick von der Brücke‹
in den Vermischten Nachrichten, sein ›Sündenfall‹ im Autobiographischen
stecken.

Autobiographisch ist auch ›Zweimal Montag‹: der Lehrling im Versandraum des Auto-Ersatzteil-Lagers, der von zwei Dollar die Woche lebt und

die restlichen 13 Dollar seines Lohnes für das Studium zurücklegt, ist er selber. Arthur Miller wurde in New York geboren, in East Side Manhattan, am 17. Oktober 1915, und sein Vater, Isidor Mahler, dessen Familie vor dem ersten Weltkrieg aus Österreich eingewandert war, vermochte zwar seinen beiden Söhnen und seiner Tochter (aus der die Schauspielerin Jane Copeland wurde) das Leben zu erleichtern, indem er mit der amerikanischen Staatsbürgerschaft auch den Allerweltsnamen Miller erwarb, aber er konnte seinen Söhnen kein Studium bezahlen. Der neunzehnjährige Arthur hatte so viel gespart, daß er am Theater-College der Universität Michigan studieren konnte. Er blieb dort vier Jahre, ging 1938 nach New York und schlug sich als freier Schriftsteller durch. Wie Tennessee Williams lernte er in New York im ›Dramatic Workshop‹ des emigrierten deutschen Regisseurs Erwin Piscator, der 1938 nach Amerika gekommen war. Während bei Williams kaum etwas von den revolutionären Ideen Piscators zu spüren ist, von seinem gesellschaftskritisch engagierten Agitationstheater, erscheint Arthur Miller wie ein eigensinniger, aber gelehriger Schüler dieses ideenreichen Meisters der politischen Bühne.

Sein erstes am Broadway gespieltes Stück, die Tragikomödie ›The man who had all the luck‹ (1944) wurde nach sechs Aufführungen abgesetzt. ›Alle meine Söhne‹, drei Jahre später, erklärten die New Yorker Kritiker für das beste Stück der Saison, und der ›Tod des Handlungsreisenden‹, wiederum zwei Jahre später, wurde ein Welterfolg.

Im Juli 1957 wurde Arthur Miller wegen ›Mißachtung des Kongresses‹ zu einem Monat Gefängnis und 500 Dollar Buße verurteilt, weil er sich vor dem ›Kongreßausschuß für unamerikanische Umtriebe‹ geweigert hatte, Angaben über frühere Bekannte zu machen, die kommunistischer Sympathien verdächtigt wurden. Miller hatte vor dem Ausschuß bereitwillig über seine eigenen Sympathien zum Kommunismus ausgesagt, die Ende der vierziger Jahre bestanden hatten und die er als eine überwundene Stufe seiner Entwicklung bezeichnete, deren er sich nicht schäme: »Ich mußte zur Hölle gehen, um den Teufel zu treffen.« Im Juni-Heft des amerikanischen Magazins ›Esquire‹ hatte der Romanschriftsteller John Steinbeck, ein erklärter Gegner des Kommunismus, Millers Haltung verteidigt: »Mir scheint, daß man von einem Menschen, der seine Freunde verrät, keine Loyalität gegenüber seinem Land erwarten kann . . . Wer einem Menschen Unmoral in privaten Dingen aufzwingt und seine persönlichen Tugenden verletzt, der untergräbt auch seine staatsbürgerlichen Tugenden . . . Wahrhaftig: mit Arthur Miller steht auch der Kongreß vor Gericht.« Die Gefängnisstrafe war zur Bewährung ausgesetzt worden; Miller reichte Berufung ein und wurde vom Appellationsgericht im August 1958 freigesprochen.

In zweiter Ehe hatte er 1956 die weltberühmte Filmschauspielerin Marilyn Monroe (geboren am 1. Juni 1926), ein ehemaliges Modell für Akt-Photos, geheiratet, die auf der Leinwand als Sexbombe verkauft wurde, dabei jedoch Talent besaß. Er schrieb für sie den Film ›Nicht gesellschaftsfähig‹ (The Misfits), in dem Clark Gable (in seiner letzten Rolle) und Montgomery Clift ihre Partner waren. Sie spielte in diesem von John Huston inszenierten Dialog-Film neben drei Männern, die sich der Gesellschaft nicht anpassen können, ein sensibles Mädchen, das in die Welt nicht paßt, weil sie sich mit jeder leidenden Kreatur bis zur Selbstaufgabe seelisch identifiziert. Sie wurden 1960 geschieden. M. Monroe starb – ohne Abschiedsbrief – an einer Überdosis Schlaftabletten am 5. August 1962.

Arthur Miller. Nach einer Photographie

In seinem Schauspiel ›Nach dem Sündenfall‹ hat Arthur Miller, kaum verhüllt, sein Leben mit Marilyn Monroe (›Maggie‹) dargestellt; im Stück trennt sich Quentin von Maggie, weil er nicht Komplize ihres Selbstzerstörungsdranges – durch Pillen und Alkohol – werden will. Auch diesen zumindest autobiographisch stark gefärbten Intimitäten versuchte Miller, eine auf die Gesellschaft bezogene Lebenslehre abzugewinnen, getreu seiner alten Forderung:»In der Tragödie muß es die Möglichkeit des Sieges geben.«

Alle meine Söhne (All my sons). Uraufführung 29. Januar 1947, New York, Coronet Theatre. Deutschsprachige Erstaufführung 1948, Bern. Deutsche Erstaufführung Januar 1949, Weimar. – Josef Keller hat sich in vierzig Jahren mit allen Mitteln zum Fabrikbesitzer hochgearbeitet und zur Mehrung seines Vermögens schadhafte Zylinderköpfe an die Luftwaffe geliefert; er ist schuld am Tod von 21 jungen Männern, und es ist ihm gelungen, einen Unschuldigen für sich im Gefängnis büßen zu lassen. Dies alles hat er, ein skrupelloser, zärtlicher Familienvater, für seine beiden Söhne getan. Die Vertreter der jungen Generation haben in der ständigen Bedrohung des Krieges eine ›neue Art Verantwortung‹ gelernt; Sohn Chris spricht sie aus:

»Ihr könnt bessere Menschen werden. Ihr müßt ein für allemal begreifen, daß die ganze Welt hier hereinreicht, über diesen Zaun hinweg. Da draußen ist ein Universum, und dem seid ihr verantwortlich!« Vater Keller erschießt sich, als er erfährt, daß sein ältester Sohn Peter, der von seinem Verbrechen gehört hat, freiwillig in den Tod geflogen ist. Keller stirbt mit der Einsicht: »Sie sind alle meine Söhne«, auch die andern, für deren Tod er verantwortlich ist. — Konventionell sozialkritisches Familiendrama in der Aufdeckungsmanier Ibsens mit platt formuliertem ethischem Appell.

Der Tod eines Handlungsreisenden (Death of a salesman). ›Zwei Akte und ein Requiem‹. Uraufführung 10. Februar 1949, Morosco Theater, New York, durch Elia Kazan. Deutschsprachige Erstaufführung 1. März 1950, Theater in der Josefstadt, Wien, und Landestheater Linz. Deutsche Erstaufführung 26. April 1950, Kammerspiele München, und Düsseldorf. Verfilmt 1951 mit Fredric March; Regie: Laslo Benedek. — Der sechzigjährige Handlungsreisende Willy Loman, New York, Brooklyn, hat ein Leben lang geschuftet, Raten bezahlt, auch eine Geliebte gehabt, und seine Kraft aus der Illusion bezogen, er sei ein bedeutender Mann. Seine beiden Söhne Happy und Biff sind nicht so geraten, wie er sich dies wünscht: Biff, der das Gefängnis schon von innen kennt, revoltiert gegen die Illusionen des Vaters, und Happy, ein Schürzenjäger, macht sich nicht einmal die Mühe der Revolte. Loman, seiner lebenserhaltenden Lügen beraubt, wird entlassen, fährt mit

›Der Tod eines Handlungsreisenden‹ von Arthur Miller. Bühnenbild-Entwurf von Jo Mielziner für die Uraufführung im Morosco Theatre, New York, 1949; Regie: Elia Kazan

seinem alten Studebaker gegen einen Baum und verschafft durch diesen Selbstmord seiner Familie die 20 000 Dollar Versicherung. Sein Freund Charly spricht an seinem Grab das ›Requiem‹ auf den Handlungsreisenden: »Er ist ein Mann, der irgendwie in der Luft schwebt, der mit seinem Lächeln reist und mit seiner Bügelfalte. Und wenn sein Lachen nicht mehr erwidert wird — dann stürzt seine Welt ein . . . Ein Handlungsreisender muß träumen. Das gehört zu seinem Beruf.« — Das Thema der guten alten ›Lebenslüge‹ stammt von Ibsen; die Traumtechnik vom deutschen Expressionismus. Miller verwendet nicht mehr die Illusionsbühne. Es gibt keine Wände, die Türen werden nur benutzt, wenn die Handlung in der Gegenwart spielt. Wenn sich Loman erinnert, wenn die Vergangenheit vergegenwärtigt wird und Personen erscheinen, die nur in seiner Vorstellung anwesend sind, wird die angedeutete Dekoration durchschritten, als sei sie nicht vorhanden. Durch solche Mittel soll die so traurige wie rührende Geschichte Lomans verallgemeinert und dem Zuschauer suggeriert werden, seine eigenen Illusionen seien im Prinzip nichts anderes als die Illusionen, für die der Beruf des Handlungsreisenden ein Symbol ist — mit ihnen muß er notwendig zusammenbrechen. Bühnenkräftiger als solche Spekulationen ist die sozialkritische Attacke gegen die erbarmungslose Härte des Existenzkampfes in diesem speziellen Fall. Miller hat später das ›sentimentale Pathos‹ seines Loman eingesehen.

Hexenjagd (The Crucible). Uraufführung 22. Januar 1953, New York, Martin Beck Theatre. Deutsche Erstaufführung 10. Februar 1954, Schiller-Theater, Berlin. Verfilmt 1957 mit Yves Montand und Mylène Demongeot (Abigail); Drehbuch: Jean-Paul Sartre; Regie: Raymond Rouleau. — Die historische Hexenverfolgung schottisch-englischer Puritaner in Salem, Massachusetts, 1692: mehr als zwanzig Männer und Frauen wurden damals wegen Hexerei verurteilt und hingerichtet; zwanzig Jahre später hob die Regierung die Urteile auf und entschädigte die Überlebenden. — Bei Miller entdeckt der Pastor Parris junge Mädchen aus Salem nachts im Wald, nackt beim Tanzen, darunter Tituba, seine Negersklavin. Was nur ein Ausbruch puritanisch unterdrückter Triebe gewesen, wird vom auswärtigen Hexenspezialisten Pastor Hale mit Hilfe der Mädchen, die für diese Ausreden dankbar sind, zu einem Akt der Verhexung: die Beschuldigungen der Mädchen, die nun wie Kämpferinnen gegen den Satan geehrt werden, sind tödlich. Abigail, die Nichte des Pastors Parris, versucht, ihre Machtposition zu benutzen, um die Frau des Pflanzers Proctor an den Galgen und sich an die Seite Proctors zu bringen. John Proctor gesteht zwar, daß er mit Abigail die Ehe gebrochen hat, doch läßt er sich lieber henken, als gegen Wahrheit und Gewissen zu bekunden, daß er Umgang mit dem Teufel habe. Pastor Hale durchschaut schließlich den von Aberglauben, Rache und Machtgier, vor allem aber von Angst genährten Wahn. — Ein historischer Prozeß als bewußte, wenn auch nur mit einiger Gewalt schlüssige Parallele zu modernen ideologischen ›Hexen‹-Verfolgungen, bei denen die Gegner satanisiert und die Geständnisse durch Angst erpreßt werden. Miller wies in einem Selbstkommentar zu seinem belehrenden Zeigefinger-Stück in der Zeitschrift ›Theatre Arts‹, im Oktober 1953, auf die kommunistischen Hexenprozesse in Sowjetrußland hin und auf die wachsenden Gefahren, die den Demokratien drohen durch Konformismus und Unterwerfung unter die Massenmeinung; zweifellos wollte er auch die antikommunistischen Hexenjäger des amerikanischen Senators MacCarthy treffen: »Überall dort, wo die Ablehnung des politischen Gegners grausame Formen annimmt, wo man ihn mißhandelt und austilgt, eben weil man in ihm nicht mehr den Menschen sehen kann, sondern etwas dämonisch Inspiriertes — überall dort wirkt auch in unserem Jahrhundert der alte Hexenwahn.«

Blick von der Brücke (A view from the bridge). Uraufführung 29. Oktober 1955, New York, Coronet Theatre. Deutsche Erstaufführung, April 1956, Schloßpark-Theater, Berlin, und Kammerspiele Hamburg. In Frankreich 1961 verfilmt mit Raf Vallone (Eddie), Raymond Pellegrin (Marco); Regie: Sidney Lumet. — ›Ein Blick von der Brücke‹ (Uno Sguardo dal Ponte), Oper von Renzo Rosselini, Uraufführung 11. März 1961, Rom; deutsche Erstaufführung 7. November 1962, Städtische Bühnen, Frankfurt. — Der Hafenarbeiter Eddie Carbone lebt in Brooklyn mit seiner Frau Beatrice und seiner jungen, hübschen Nichte Catherine. Zwei Vettern seiner Frau sind ohne Einwanderungspapiere aus Sizilien herübergekommen, um hier eine Zeitlang Dollars für ihre hungernden Familien zu verdienen. Eddie nimmt sie in sein Haus auf. Catherine und Rodolfo, der jüngere der beiden Einwanderer, verlieben sich. Eddies, des Vierzigjährigen, Schutzbedürfnis für seine Nichte erweist sich als eine späte, leidenschaftliche Liebe. Mit allen Mitteln versucht er, die beiden jungen Leute auseinanderzubringen: der blonde Rodolfo, so behauptet er, sei homosexuell und wolle Catherine nur aus egoistischen Gründen heiraten, da illegale Einwanderer, sofern sie verheiratet sind, nicht ausgewiesen werden dürfen. Schließlich denunziert Eddie, besinnungslos vor Eifersucht, die beiden Illegalen bei der Einwanderungsbehörde. Rodolfo, der Catherine heiraten wird, darf bleiben. Marco, der ältere, rächt nach sizilianischem Brauch den Verrat: er ersticht Eddie. Der Rechtsanwalt Alfieri, ein Ein-Mann-Chor, begleitet den Vorgang mit Kommentaren, teils in freien Versen; er blickt von der Brooklyn-Brücke auf

›Hexenjagd‹ von Arthur Miller. Bühnenbild-Entwurf (4. Bild) von Teo Otto für eine
Aufführung der Städtischen Bühnen Frankfurt am Main. Regie: Harry Buckwitz

dieses Schicksal und konstatiert seine innere Notwendigkeit. — Miller verzichtet hier auf Belehrung; die Sozialkritik liegt im Stoff und ist nicht sein
Hauptthema. Er erzählt einfach eine wilde Hafenballade, die ihm als ›ge-
heiligte Geschichte‹ erscheint, weil er in ihr das »Wiederaufleben eines griechischen Mythos« entdeckt zu haben glaubt. Einen Mythos ohne Metaphysik,
ohne Götter, gibt es freilich nicht, und so bleibt es beim Trieb-Drama: der
Sexus wird zum Schicksal. Dies wird allerdings so einfach und einleuchtend abgewickelt, daß über dem Reißer, wird er außergewöhnlich gut gespielt,
ein Hauch tragischer Notwendigkeit spürbar werden kann. Miller zu seiner
Geschichte: »Sie zielt nicht in erster Linie darauf ab, das Publikum zu Tränen
zu rühren oder zum Lachen zu bringen, sondern eine besondere Atmosphäre
des Erstaunens zu schaffen über die Art, wie und aus welchen Gründen der
Mensch sein Leben in Gefahr bringt, es aufs Spiel setzt und verliert.«

Zweimal Montag (A Memory of two Mondays). Uraufführung, zusammen
mit der ersten, einaktigen Fassung von ›Blick von der Brücke‹, am 29. Oktober 1955, New York, Coronet Theatre. Deutsche Erstaufführung 24. April
1960, Berlin, Schloßpark-Theater. — Zwei beliebige Montage, einmal im
Sommer, einmal im Winter, im Versandraum eines Auto-Ersatzteil-Lagers.
Vorgeführt werden Typen, ein Laufbursche mit dem Drang nach Höherem
(ein Selbstporträt Millers), ein sentimentaler irischer Packer, eine altjüngfer-

Die Filmschauspielerin Marilyn Monroe; nach einem Photo. Sie war international berühmt als Sex-Idol und hatte ein sympathisches Talent für Komik und Selbstironie. Von 1956 bis 1960 war sie verheiratet mit dem Dramatiker Arthur Miller; 1962 vergiftete sie sich mit einer Überdosis Schlaftabletten. Sie diente Miller als Modell für ›Nach dem Sündenfall‹

liche Sekretärin, ein versoffener Buchhalter, eine aufreizende Halbreife und so fort: ein trister und komischer Alltagsausschnitt mit Anflügen der Poetisierung.

Nach dem Sündenfall (After the fall). ›Schauspiel in zwei Akten‹. Uraufführung 23. Januar 1964 im New Yorker Anta Washington Square Theatre durch Elia Kazan als erste Aufführung des ersten New Yorker Repertoire-Theaters, des ›Repertory Theatre of Lincoln Center‹. Deutschsprachige Erstaufführung 19. Oktober 1964, Burgtheater Wien. Deutsche Erstaufführung 8. November 1964, Schauspielhaus Düsseldorf. — Der Anwalt Quentin, ein Intellektueller (das kaum verhüllte Selbstporträt Arthur Millers), führt ein Selbstgespräch mit seinem Gewissen. Er ist ständig auf der Bühne; seine Gedanken bestimmen den Ablauf der nicht chronologischen, sondern in Sinnzusammenhängen stehenden Episoden aus seinem Leben. Schauplatz des Stückes ist also Millers eigenes Bewußtsein: er legt sich sozusagen vor dem Theaterpublikum in aller Welt auf die Couch, um ihm seine psychoanalytische Selbstbefreiung vorzuführen — und dies vor dem Hintergrund eines KZ-Wachtturms. — Als Quentin seine zweite Frau Maggie (eine porträtgenaue Doppelgängerin der Filmschauspielerin Marilyn Monroe, mit der Miller von 1956 bis 1960 verheiratet war und die sich 1962 mit Schlaftabletten vergiftet hatte) im Streit beinahe erwürgt, entdeckt er in sich die Möglichkeit zum Mörder. In Deutschland trifft er nach Maggies Selbstmord Holga (Miller heiratete 1962 die österreichische Photographin Ingeborg Morath), die ihn zu einem ehemaligen Konzentrationslager führt; sie sagt: »Niemand ist unschuldig, den sie nicht getötet haben.« Quentin erkennt, daß jeder Mensch zum Komplizen des Bösen werden kann, so wie er fast der Mörder Maggies geworden wäre, und daß ›nach dem Sündenfall‹ der Wunsch zu töten »nie getötet« wird, »aber mit einigem Mut kann man ihm ins Gesicht sehen, wenn er auftaucht, und mit einer Geste der Liebe – wie man einen Idioten streichelt – ihm verzeihen. Immer wieder«. – Aus intimsten privaten Erlebnissen versucht Miller, indem er Marilyn Monroe und Konzentrationslager koppelt, ins ethische Drama vorzustoßen: von der neurotischen Ehe-Katastrophe in das Problem des Bösen. Die Anerkennung der Mitschuld aller Menschen am Bösen wird zur Voraussetzung für den Kampf gegen das Böse. Maggie im Nachthemd bleibt tot auf der Strecke; Holga wird zum Symbol für die durch sie erkannte sittliche und gesellschaftliche Aufgabe: nüchterner Optimismus trotz tragischer Struktur des Menschen, trotz der Tatsache, daß auch Kain ein Mensch gewesen ist.

Zwischenfall in Vichy (Incident at Vichy). Uraufführung im Anta Washington Square Theatre, New York, am 3. Dezember 1964. Deutschsprachige Erstaufführung, Mai 1965, Akademie-Theater des Wiener Burgtheaters. Deutsche Erstaufführung durch das Thalia-Theater, Hamburg, bei den Ruhrfestspielen, Recklinghausen, Juli 1965. – In Frankreich 1942, in Vichy, dem Sitz der mit den Deutschen kollaborierenden französischen Regierung, sind von der Geheimen Staats-Polizei zehn Männer als ›judenverdächtig‹ festgenommen. Sie wissen, was sie erwartet, falls sie Juden sind. Sie werden nacheinander in das Zimmer eines deutschen ›Rasseforschers‹ kommandiert und kehren nicht wieder; Todesangst erfaßt sie und steigert sich. In einem Gespräch zwischen dem österreichischen Grafen von Berg, der offenbar aus Versehen hierhergebracht worden ist, und dem französischen Psychiater Leduc, die zuletzt allein übriggeblieben sind, fragt Leduc, wie von Berg weiterleben könne, wenn er der einzige Überlebende sei. Der Prinz gibt seinen Passierschein, den er im Zimmer des ›Rasseforschers‹ erhält, dem Arzt Leduc, der nun frei ist und die Frage, die er dem Prinzen gestellt hat, für sich selbst beantworten muß. Der Prinz hat mit dem Passierschein sein Leben aufgegeben: ein Leben, das er sich selbst schon einmal nehmen wollte und das ihm in einer Welt, in der Auschwitz möglich ist, nichts bedeutet. – »Ich kann in diesem Stück keine Lösung für die menschliche Schuld anbieten«, schrieb Miller, »nur eine Art Kommentar, nicht mehr« – es ist auch kein Stück, sondern die Darstellung des Leidens und ein bitterer Kommentar.

Der Preis (The Price). Uraufführung im Februar 1968, Morosco Theater, New York. Deutsche Erstaufführung 30. April 1968, Schloßpark-Theater, Berlin. – Ein Dachboden, vollgestopft mit Möbeln, die bessere Tage gesehen haben. Sie werden taxiert von Gregory Salomon, einem 90 Jahre alten, gerissenen und weisen Juden; er zögert, einen Preis zu nennen. Miller nutzt die Einheit des Ortes, der Zeit, der Handlung und Ibsens Technik der Vergangenheitsanalyse: die Möbel repräsentieren Lebensabschnitte, in denen, obwohl der Dollar eine entscheidende Rolle spielt, mit höheren als mit Geld meßbaren Werten gezahlt worden ist. Ausgegraben werden sie von Viktor Franz, seiner Frau Esther und später auch von Walter, dem älteren Bruder Viktors. Der fast fünfzig Jahre alte Viktor, ein Polizist, wird von seiner Frau beschworen, sich pensionieren zu lassen und nun noch sein Studium fortzusetzen. Bei der Wirtschaftskrise 1929 hat Viktors Vater bankrott gemacht, und Viktor hat den verachteten Beruf eines Polizisten ergriffen, um seinen Vater vor bitterster Armut zu bewahren – dafür hat er den Preis eines mediokren Daseins entrichtet. Bruder Walter dagegen, den Viktor nun nach 28 Jahren zum erstenmal wiedersieht, hat Karriere als Arzt gemacht, dem Vater nie mehr als fünf Dollar geschickt und dem Bruder die 500 Dollar zur Fortsetzung seines Studiums verweigert. Doch auch Walter hat einen Preis entrichten müssen: Nervenzusammenbruch, Scheidung, Enttäuschung über die Kinder. Jetzt erst führt er ein sinnvolles Leben, praktiziert die Hälfte seiner Zeit in Harlem und möchte Viktor helfen. Als Viktor ablehnt und Rechenschaft verlangt, packt Walter aus: der Vater hätte die Hilfe Viktors nicht nötig gehabt, denn er besaß noch viertausend Dollar, die Walter für ihn angelegt hatte; Viktor hat hinter Papas Hilflosigkeit seine eigene Hilflosigkeit versteckt – sein »Leben der Selbstaufopferung« hat ihn offenbar so befriedigt, daß Walter es nicht stören wollte. Als sie sich trennen, bleibt Viktor für Walter der neurotische Versager und bleibt Walter für Viktor der moralische Versager. – »Wie die Welt heute beschaffen ist«, kommentierte Miller, »braucht sie beide Brüder und das, was sie jeweils psychologisch und moralisch repräsentieren – ihr Konflikt offenbart den Kern des sozialen Dilemmas.«

Die Erschaffung der Welt und andere Geschäfte. The Creation of the World and Other Business. Uraufführung 3. November 1972, Shubert Theatre, New York. Europäische Erstaufführung 9. Februar 1974, Schauspielhaus Zürich; Regie Leopold Lindtberg. – Gott und Adam erfinden Namen für die gerade geschaffenen Tiere; Luzifer, den Gott »that son of a bitch« nennt, klärt Eva auf, und die himmlischen Helfer amüsieren sich über Adam und Evas Zeugungsbemühungen; Kain wird geboren, und Gott tanzt Walzer mit Eva, Kain wird zum Mörder, als Gott vorsätzlich sein Opfer mißachtet und Abels Lammfleisch vorzieht. Gott scheint mitschuldig am Brudermord, er unterwirft sich die Menschen, indem er sie schuldig werden läßt, und Luzifer rät ihnen zur Vernunft. Am Ende schreit Adam:»Erbarmen!«, und es hört sich an, als schreie Miller mit: Seine»Komödie« ist eine Mischung von Witzeleien mit einer konfusen Neudeutung des Schöpfungsmythos.

William Saroyan: Traum von der Herzensgüte

Ich verstehe nichts vom (sogenannten) geheimnisvollen Theater, dem Theater, das aus Hunderten von abergläubischen Vorstellungen, eingebildeten Gesetzmäßigkeiten, hochtönenden Theorien und zahllosem anderen Zeug besteht. Ich verstehe absolut nichts von der zweifelhaften Kunst des Stückeschreibens — meiner Ansicht nach bedeutet es nicht mehr und nicht weniger Kunst, eine Zwiebel zu schälen und zu verzehren. Für das eine braucht man eine Zwiebel, für das andere braucht man ein Stück. Jeder weiß, woher Zwiebeln kommen, aber über die Frage, woher Stücke kommen, darüber sind die Ansichten der Welt sehr verworren. Immer wieder erzählte ich Professoren und Wunderkindern des Theaters, daß Stücke überallher kommen, immer überall sind; daß die Welt wahrhaftig Theater und Schauspiel ist; daß das Leben das wahre Drama ist; daß jede Minute der vierundzwanzig Stunden eines jeden Tages Shakespeare, Ibsen, Tschéchow, O'Neill, O'Casey und Saroyan ist. William Saroyan im Vorwort zu ›Three Plays‹, 1939

William Saroyan, ein Sohn armenischer Eltern in Kalifornien, kauert wie ein orientalischer Märchenerzähler zwischen den Stahlskeletten seiner amerikanischen Kollegen im Straßenstaub und fühlt sich wohl dabei. Mit der Ungeniertheit eines armenischen Händlers bietet er Gefühle an, unverpackt, und hüllt sie nur in besonders warmblütigen Fällen in die kühlende Aluminiumfolie angelsächsischer Erzähltechnik. So fleht etwa in seinem Stück ›Die Höhlenbewohner‹ ein schlichtes Gemüt Gott um ein kleines Wunder an mit der wilden Inbrunst eines Derwischs, und als das Wunder tatsächlich geschieht, dankt er Gott mit der knappen Formulierung eines New Yorker Liftboys nach dem überraschenden Empfang eines Dollar-Tips:»Danke, Sir.«

Saroyan liebt die Menschen so sehr, daß er es einfach nicht fertigbringt, traurige Geschichten über sie zu schreiben. Wenn die ›Königin‹ im Stück ›Die Höhlenbewohner‹, diesem Großen Welttheater Saroyans, von einem Dramatiker, der auf der Suche nach der ›Wahrheit‹ Tragödien geschrieben hat, tadelnd bemerkt:»Es war seine Aufgabe, die Liebe zu wählen und ein besseres Stück zu schreiben und weiterzuleben, um noch andere zu schreiben«,

William Saroyan. Nach einem Photo

dann ist dies auch Saroyans Meinung: für die ›Wahrheit‹ interessiert er sich nicht sehr, er hat ›die Liebe‹ gewählt, und er trägt sie vor sich her, manchmal wie eine Blume und manchmal wie ein Plakat, manchmal als Poesie und manchmal als Predigt.

Seine Eltern, armenische Flüchtlinge, waren 1905 in die Vereinigten Staaten eingewandert. Der Vater, ein Lehrer, schrieb Gedichte in armenischer Sprache. Er starb so früh, daß sein am 31. August 1908 in Fresno, Kalifornien, geborener Sohn William im Alter von acht Jahren gezwungen war, Geld zu verdienen. Er war Zeitungsjunge, Telegrammbote, Landarbeiter und Journalist, bis er sich, zweiundzwanzig Jahre alt, ›dem Müßiggang und der Schriftstellerei‹ widmete. So groß kann der Müßiggang freilich nicht gewesen sein: zwar reiste er viel und oft in Europa herum, doch schrieb er zwischen 1934 und 1939 rund 500 Geschichten, das sind pro Jahr hundert. Inzwischen hat er etwa 25 Bände Romane und Geschichten veröffentlicht und mehr als ein Dutzend Theaterstücke geschrieben. Für sein Stück ›Ein Leben lang‹ sollte er 1939 den begehrten Pulitzer-Preis erhalten; er lehnte ab: Geschäftsleute, meinte er, seien nicht fähig, Kunst zu beurteilen, und der Reichtum habe keinerlei Berechtigung, sich gönnerhaft als Mäzen aufzuspielen. 1942 eröffnete er in New York das ›Saroyan-Theater‹ — nach acht Tagen mußte er es wieder schließen. 1943 heiratete er eine junge Dame der New Yorker Gesellschaft, Carol Marcus; die beiden brachten das Kunststück fertig, sich zweimal scheiden zu lassen und sich zweimal wieder zu heiraten.

Die Schwächen der Menschen, meint Saroyan wohl, sind oft genug beschrieben worden; er hält sich an ihre Tugenden. Die verzweifelte Welt — er stellt sie auf den Kopf: das ist zwar eine Akrobatennummer, aber die Welt im Kopfstand sieht in der Tat nicht mehr so verzweifelt aus. Wenn schon bei ihm geweint wird, dann aus überquellendem Glücksgefühl. Nicht selten ist er banal und rührselig, und er hält auch von einer straffen Form nicht viel, fabuliert und läßt fabulieren, wie es ihm gerade paßt, gleichgültig, ob es auch in sein Theaterstück paßt — aber darin liegt ein so kindlicher Zug, und seine unvernünftigen Einfälle führen so gradlinig zum vernünftigen Handeln, daß sich der Kritisierende wie ein Spielverderber vorkommt. Dieser Märchenerzähler kann Papierblumen und Teepuppen tanzen lassen, und sogar den Vorgartenzwergen, kämen sie bei ihm vor, wüchse ein lebendiger Bart. Nichts reizt ihn mehr, als verbrauchte Klischees durch poetische Applikationen wieder annehmbar, ja oft genug bezaubernd zu machen. Wir wollen doch mal sehen, so scheint er sich zu sagen, ob auf dem Müllhaufen der Poesie von gestern nicht doch ein paar poetische Blumen von heute zu züchten sind. Selbst vor dem unverblümten Kitsch geniert er sich nicht, segnet ihn mit ein paar komischen Zaubersprüchen, und schon ist er verblümt.

Geschickter, weil rührend ungeschickt, hat wohl keiner das Ungeschick gepriesen. Und raffinierter, weil rührend einfältig, auch keiner die Einfalt. Mit der Unverblümtheit seiner schreibenden Zeitgenossen, die, ohne zu warnen, Sex, Rauschgift und Revolver aus der literarischen Sakkotasche ziehen, setzt Saroyan seinem Publikum ohne Pardon die Pistole der Güte auf die Brust: Herz her, oder ich schieße!

»Ich glaube auch nicht«, meinte er in seiner ›Erklärung eines Schriftstellers‹, »daß das, was ich schreibe, sentimental ist, obgleich es etwas sehr Sentimentales ist, ein Mensch zu sein.«

Mein Herz ist im Hochland (My heart's in the Highlands). Uraufführung durch das Group Theatre am 13. April 1939 im Guild Theatre, New York. Deutschsprachige Erstaufführung 29. Dezember 1949, Theater in der Josefstadt, Wien. — In einem verfallenen Haus lebt Ben Alexander, ein erfolgloser, alternder Dichter; seine Gedichte sind ohne Bedeutung, doch ist er selbst eine Art Gedicht: so unendlich liebenswert, daß er alle Menschen, mit denen er spricht und die er zu Musik und Späßen bekehrt, liebenswert macht. Sein kleiner Sohn hält ihn für ein Genie, umsorgt ihn, stiehlt und schnorrt für ihn. Der aus dem Altersasyl geflohene schottisch-amerikanische Mime MacGregor bläst immer wieder das Burns'sche Lied vom ›Herzen im Hochland‹, »die wundervollste und erstaunlichste Musik der Welt«, und stirbt, indem er den sterbenden König Lear spielt. — Kaum Handlung; alles ist lyrisch-musikalische Stimmung; ein äußerlich armseliges, innerlich seliges Leben.

Ein Leben lang, auch *Zeit unseres Lebens*, auch *Einmal im Leben* (Time of your life). Uraufführung 25. Oktober 1939 durch Theatre Guild im Booth Theatre, New York, am 14. Mai 1948, Schloßpark-Theater, Berlin, durch Boleslaw Barlog. — Die Pacific-Street-Bar in San Francisco mit ihren Stammgästen und Zufallskunden, mit Gammlern, Hafenarbeitern, Artisten, Straßenmädchen und Gestrandeten — sie sind komisch und traurig und ein bißchen verzweifelt, vor allem aber im Grunde friedfertig und gütig. »Es herrscht tiefe amerikanische Naivität«, fordert Saroyan in einer Regie-Anweisung, »und das Vertrauen in das Verhalten eines jeden. Keiner macht den anderen etwas streitig. Keiner haßt den anderen. Jeder lebt, und jeder läßt leben.« Ein ›Schweinehund‹, der Sittenpolizist Blick, bedroht mit seiner Scheinmoral die geheime Moral der scheinbar amoralischen Gesellschaft, doch ist die Unschuld dieser Unterwelt auf die Dauer nicht zu zerstören.

Die Höhlenbewohner (The cave dwellers). Deutsche Erstaufführung 7. Dezember 1956, Landestheater Darmstadt, durch Gustav R. Sellner mit Tilla Durieux. Erstaufführung in New York: 19. Oktober 1957, Bijou Theatre. — Auf der Bühne eines leerstehenden Theaters in New York City quälen sich einige namenlose Menschen. Der ›König‹, ein alter Clown, bereut, daß sein Herz, als er noch ein berühmter Clown gewesen, kein Mitleid mit den armen Teufeln gekannt hat, zu denen er jetzt selbst gehört. Der ›Prinz‹, ein ehemaliger Berufsboxer, bereut, daß er vor zwanzig Jahren den großen Kampf verloren hat, weil er ohne die Kraft gewesen ist, Gott um Hilfe anzuflehen. Das heimatlose ›Mädchen‹ kommt nicht darüber hinweg, daß sie mit ihrer Arbeit und mit der Liebe nicht fertig geworden ist. Alle sind von ihrem Versagen fasziniert und müssen es in einer beschämenden Alptraum-Pantomime wieder durchleben. Das abbruchreife Stadtviertel rings um sie wird eingerissen, der Lärm der einstürzenden Mauern rückt näher. Nur die ›Königin‹, eine alte Schauspielerin (die Glanzrolle des Stückes, in Darmstadt von Tilla Durieux gespielt) gibt mit ihrer irdischen Festigkeit einigen Anlaß zur Hoffnung: furchtlos läßt sie die Tür öffnen, vor der es unheimlich stöhnt — draußen wird ein Kind geboren. Während in diesem ersten Akt alles wie bei Kafka vereitelt worden ist, wird im zweiten Akt wie im Märchen alles, alles wieder gut. Die ›Mutter‹ mit ihrem Neugeborenen, der ›Vater‹ mit seinem Tanzbär finden hier auf der Bühne Obdach, die Familie ist einstweilen gerettet, bis sie wieder weiterziehen kann. Der ›Prinz‹ liebt das Mädchen dergestalt, daß er es mit dem ›stummen Jungen‹ zusammenführt, den sie liebt, und er wagt es nun, den Himmel anzurufen, der prompt hilft. Der ›König‹ hat nach einem scheinbaren Mißerfolg als Clown doch einen seiner Zuschauer zu Tränen gerührt, den Boß der Abbrucharbeiter, die daraufhin zwei Tage blaumachen, um die Frist der Theaterbewohner zu verlängern. Und die ›Königin‹, die mit dem ›König‹ in ein Altersheim gehen wird, hat den Triumph ihrer Lebensart erfahren: sich helfend wie eine Familie, haben sie Angst und Narrheit überwunden und sich mit dem Leben in Grazie und Liebe befreundet. »Was tun wir in einer Höhle?« fragt die Königin. »Was tun wir in Körpern? Wir sind Engel.« — Die Engel, die in den Körpern stecken, haben gesiegt, das Elend der namenlosen Angst ist zur Idylle der Herzen geworden. Immer wenn Saroyan vom ›Theater‹ spricht, meint er die Welt, und seine Schauspieler sind Menschen auf der Bühne des Lebens. Das Geheimnis des Theaters und das Geheimnis des Lebens sind für ihn das gleiche: Liebe.

Lily Dafon oder Die Pariser Komödie (The Paris comedy, or The secret of Lily). Uraufführung 27. Februar 1960, Akademie-Theater des Wiener Burgtheaters.

— Ein reich gewordener Cowboy, ein texanischer Millionär, ist seiner öde gewordenen Ehe entflohen und hat sich in Paris in Lily verliebt, das Musterexemplar des süßen Mädchens, das es in aller Unschuld fertigbringt, den Millionär und ihren Verlobten gleichzeitig zu lieben. Beide tragen den gleichen Vornamen, und der Millionär ist in diesem Bilderbuch-Paris so unwirklich wie der Verlobte, ein Architekt, der sich damit beschäftigt, Bäume zu konstruieren. Lilys Stoßseufzer: »Warum können junge Männer nicht ältere Männer sein, wie ältere junge sind?« Der Millionär kehrt schließlich nach Texas und zu seiner Frau zurück, wobei Cowboy-Lieder auf der Mundharmonika eine nicht unwichtige Rolle spielen — seine Freiheit ist nur Urlaub gewesen; Urlaub freilich, der ihn ein bißchen verwandelt hat, und Lily werden einige großzügige Geschenke hinterlassen: der reiche Freier aus Amerika ist für sie zum reichen Märchenonkel geworden. — Nicht die Geschichte ist hier wichtig, sondern die 1001 Einfälle Saroyans, des Fabulierers: immer wieder verblüfft er mit einer hübschen Idee, und schon läßt er sie fallen, ohne etwas Dramatisches aus ihr zu machen, weil ihm inzwischen wieder etwas Neues eingefallen ist. Wenn seinen zwei sprechenden Pudeln, denen er das Bestreben nachsagt, »zwei und zwei zu addieren, was ihnen aber nicht ganz gelingt«, die Gedanken ausgehen, so bellen sie einfach ›wauwau‹, und wenn Saroyan nicht genau weiß, was in seinen Personen vorgeht, dann meint er, daß man dies bei lebendigen Menschen eben nie so genau wissen könne. Er spielt hier mit seinen Themen, und nur ein Ekel könnte ihn dabei mit humorlosen Fragen nach Dramaturgie und tieferer Bedeutung stören.

Dramatiker im Nebenberuf:
Wolfe, Steinbeck, Cummings, Faulkner, MacLeish

> Frage: Mr. Faulkner, hatten Sie einen besonderen Grund für
> die äußerst ungewöhnliche Struktur von ›Requiem für eine
> Nonne‹? War dieses Werk ursprünglich für die Bühne gedacht
> oder handelt es sich hier um ein Formexperiment, oder hatten
> Sie den Eindruck, daß der dramatische Dialog notwendig sei
> für die Entwicklung der Erzählung?
> Faulkner: . . . Es war kein Experiment, es war für mich nur die
> beste Methode, diese Geschichte zu erzählen.
>
> Aus ›Gespräche mit Faulkner‹,
> herausgegeben von Gwynn-Blotner, 1959

».. . die beste Methode, diese Geschichte zu erzählen« — für manche amerikanischen Autoren ist dies ein ausreichender Grund, sich des Dialogs zu bedienen, ohne sich im übrigen um die Gesetze der Bühne zu kümmern. Die ›Geschichte‹ ist ihnen die Hauptsache, nicht das Drama. Thomas Wolfe, der sich in seiner Studenten- und Lehrerzeit für einen Dramatiker hielt, träumte von einem Stück mit hundert Personen; Faulkner ging mit dem Dialog um wie ein Epiker; Steinbeck schrieb ›Schauspiel-Romane‹, die alle mehr Roman als Schauspiel sind, und Archibald MacLeish verteilte seine monologische Lyrik auf mehrere Personen. Obgleich sie Dramatiker nur im Nebenberuf sind, vermögen sie durch ihre dichterischen Qualitäten auch auf der Bühne zu interessieren.

THOMAS WOLFE, geboren am 3. Oktober 1900 als achtes Kind des einer pennsylvania-deutschen Familie entstammenden Steinmetzen William Oliver Wolfe in Asheville in Nord-Carolina, gestorben am 15. September 1938 in Baltimore, ein sprachmächtiger, rhapsodischer Erzähler, Autor der autobiographischen Romane ›Schau heimwärts, Engel!‹ (1929), ›Von Zeit und Strom‹ (1936), studierte von 1920 bis 1924 an der Harvard-Universität in Cambridge, Massachusetts, von 1920 bis 1923 Theaterwissenschaft bei Professor George Pierce Baker, dem Geburtshelfer der modernen amerikanischen Dramatik, bei dem auch Eugene O'Neill gelernt hatte. Bakers Studenten-Versuchsbühne ›47 Workshop‹ führte am 15. Mai 1923 Thomas Wolfes Drama ›Willkommen in Altamont‹ auf, dessen Idee und Handlung Wolfe in einem nicht genau datierten Brief, 1920 oder 1921, seiner Mutter geschildert hatte: »Ich bin so entflammt davon, daß ich mich mit rasender Eile darauf stürze.« Baker verwendete sich für das Stück bei der avantgardistischen New Yorker Theatre Guild, die damals Elmer Rice und Shaw spielte, und Wolfe

Thomas Wolfe. Nach einer Zeichnung von Rudolf Großmann

träumte schon von einer dreimonatigen Spielzeit am Broadway. Im Weihnachtsbrief 1923 schrieb er der Mutter: »Die Guild hat mein Stück abgelehnt — aber zunächst sagten sie mir, ich sei der beste Mann, den der Workshop herausgebracht habe, und der kommende junge Mann für die Bühne«; dennoch wurde er Lehrer: »Baker wird die Hölle beschwören, wenn er hört, daß ich mich entschlossen habe zu unterrichten, aber da ich die Kunst, ausschließlich von Luft und Wasser zu leben, noch nicht heraus habe, gibt es keinen besseren Ausweg.« Wolfe wurde Dozent in New York, schrieb 1924 das Drama ›Herrenhaus‹, reiste durch Europa und begann in England 1927 seinen Roman ›Schau heimwärts, Engel!‹; als er das Buch 1928 beendet hatte, dachte er nur noch an Epik. »Wenn jemand es annimmt, werde ich alles andere auf einen Schlag fallenlassen und ein neues schreiben, das ich im Kopf habe.« Das Drama blieb in seinem Werk eine Episode, die sich nach dem Roman sehnt.

Willkommen in Altamont (Welcome to Our City). 1922. ›Schauspiel in neun Bildern und einem Vorspiel‹. Uraufführung 15. Mai 1923, Universitätstheater, Harvard, ›47 Workshop‹. Erster Druck 1957 in der Zeitschrift ›Esquire‹. Deutschsprachige Erstaufführung 11. Oktober 1962, Schauspielhaus Zürich, durch Leopold Lindtberg. Deutsche Erstaufführung 1. Februar 1963, Städtische Bühnen Frankfurt. — In dem Südstaatenstädtchen Altamont versuchen in den fortschrittsberauschten zwanziger Jahren weiße Boden- und Bauspekulanten, die von Demokratie reden und Geschäft meinen, die Neger aus ihren Wohnvierteln zu vertreiben. Der hochgekommene farbige Arzt Dr. Johnson, ein Mulatte, soll gezwungen werden, das Herrenhaus, das er bewohnt, dem Anwalt William Rutledge zu verkaufen, von dessen Vater einst Dr. Johnson das Haus erworben hat. Dr. Johnson aber ertappt den Sohn des Anwalts bei seiner Tochter Annie; es kommt zu einem Aufruhr der Neger, das Herrenhaus und das Negerviertel brennen ab, Militär greift ein,

Dr. Johnson wird von Sohn Rutledge verwundet und stirbt. Das Stück endet mit einer Frage des alten Rutledge an der Leiche: »Der arme Narr! So still! So still! Warum mußtest du ein Mensch werden?« — Der zweiundzwanzigjährige Thomas Wolfe hatte die Absicht, eines Tages ein Stück »mit 50, 80, 100 Personen« zu schreiben, »eine ganze Stadt, eine ganze Rasse, eine ganze Epoche« auf die Bühne zu bringen. In ›Altamont‹ begnügt er sich mit immerhin dreißig Sprechrollen. Die hier skizzierte ›Handlung‹ ist nur ein dünner Faden in einem vielverzweigten Geflecht von epischen Szenen, die nur aus der Atmosphäre und der Gestaltenfülle leben: man spürt den großen Erzähler, der zur Bühne keine Beziehung hat. Obwohl Wolfes Sympathien bei den Negern sind, hat er kein Tendenzstück geschrieben: die Welten der Weißen und der aus nicht geringerer Distanz gezeichneten Neger, die sich mehr für ihr Amüsement als für ihre Hütten interessieren, sind sich absolut fremd. Trauer über die Einsamkeit des Menschen — auch des weißen, lungenkranken Dichters Reeves Jordan (mit autobiographischen Zügen) in der habgierigen Konjunkturgesellschaft der Weißen — bestimmt die melancholische Grundmelodie des ins uferlose wuchernden Geschehens. Die dichterisch schönsten Passagen sind die ausführlichen Regie-Anweisungen.

›Willkommen in Altamont‹ von Thomas Wolfe. Ideenskizze von Hein Heckroth für die deutsche Erstaufführung an den Städtischen Bühnen Frankfurt am Main, 1963; Regie: Harry Buckwitz

›Herrenhaus‹ von Thomas Wolfe. Skizze von Caspar Neher für die Uraufführung am Schauspielhaus Düsseldorf, 1953; Regie: Gustaf Gründgens

Herrenhaus (Mannerhouse). ›Schauspiel in drei Akten mit einem Vorspiel‹. 1924. Aus dem Nachlaß. Uraufführung 29. November 1953, Schauspielhaus Düsseldorf, durch Gustaf Gründgens. — Im 62. Kapitel seines Romans ›Von Zeit und Strom‹ läßt Thomas Wolfe seinen Doppelgänger Eugen Gant das Drama ›Mannerhouse‹ vorlesen: »Gegenstand der Handlung waren Niedergang, Fall und endgültiges Erlöschen einer stolzen alten Aristokratenfamilie aus den Südstaaten in den Jahren nach dem Bürgerkrieg. Das Familienvermögen geht in die Brüche, und das stolze Besitztum mitsamt dem großartigen alten, von Säulen getragenen Herrschaftshaus wird schließlich von einem Mitglied der aufstrebenden ›unteren Klasse‹ erworben, einem vulgären, groben, gemeinen, aber ungeheuer fähigen Mann namens Porter.« Im Vorspiel wird das Herrenhaus um 1735 in Georgia von Negersklaven gebaut und mit ihm eine Gesellschaftsordnung begründet, einhundertfünfundzwanzig Jahre vor Beginn des Dramas, 1861, dem Beginn des Bürgerkriegs; am Ende ist Eugene Ramsey, Enkel des Hausbauers, ein unerkannter Arbeiter beim Abbruch des Hauses geworden, reißt die tragende Säule ein und wird von ihr erschlagen. Im Roman ›Von Zeit und Strom‹ hat Wolfe seine Vorbilder genannt: den Simson der Bibel (für das Einreißen der Säule); Shakespeares Hamlet (für Eugenes Charakter); Bernard Shaw (für die Ironie); Rostands ›Cyrano de Bergerac‹ (für die Liebesromantik); Tschéchows ›Kirschgarten‹ (für den Abschied von einer Epoche). Das Haus mit den weißen Säulen ist das Symbol des herrschaftlichen Südens, und General Ramsey ist die Verkörperung dieser durch den Bürgerkrieg dem Untergang bestimmten

Zeit; zu seinem Glaubensbekenntnis gehört: »Ich glaube an Gott, an Himmel und Hölle; und an mein Haus; an eine große Stufenleiter von Dingen, auf denen es ruht. Ich glaube an Helden und Heldenverehrung; an Herren und an Knechte; an die Ungleichheit aller Menschen und aller Dinge.« Er kämpft, obwohl er weiß, daß der Krieg gegen die Yankees verloren ist. »Einen Sieg kann es nicht geben«, sagt der Sterbende zu seinem Sohn Eugene, »es gibt nur Tapferkeit.« Das Haus hat er kurz vor seinem Tod an den verhaßten Geschäftsmann Porter verkauft, damit es erhalten bleibe. Eugene, sein Sohn, ist hamletisch skeptisch, zynisch, verträumt, ein aus Menschenliebe zur Tat unfähiger Rebell gegen die konservative Welt seines Vater, dessen verlöschender Größe er sich unterwerfen muß. — Obwohl Wolfe auch in diesem Bilderbogen (der immerhin dramatischer ist als ›Willkommen in Altamont‹) der bühnenfremde Erzähler bleibt, reißt er mit durch die eruptive Kraft seiner Sprache und seiner mythischen Visionen. Sein Doppelgänger Eugene Gant meint in ›Von Zeit und Strom‹, »daß selbst in diesem täppisch unsicheren Werk ein wenig von der wirklichen Größe, der wahren Schönheit, der echten Fruchtbarkeit und der unsagbaren Lieblichkeit Amerikas sichtbar wurde«, und dies ist sehr bescheiden ausgedrückt: sichtbar geworden ist tragischer Urstoff in der amerikanischen Geschichte.

Schau heimwärts, Engel! (Look Homeward, Angel!). Der 1929 erschienene Roman von Thomas Wolfe, dramatisiert von Ketti Frings, uraufgeführt am 28. November 1957 in New York, Ethel Barrymore Theatre, mit Anthony Perkins als Eugene Gant, ausgezeichnet mit dem Pulitzer-Preis. Deutsche Erstaufführung 7. Oktober 1958, Schiller-Theater, Berlin, durch Boleslaw Barlog. — Die Dramatisierung der Handlungs-Höhepunkte des Romans setzt mit dem Jahr 1916 ein; die Vorgeschichte des Vaters Oliver Gant und die Rassenkonflikte sind weggelassen. Vater Oliver Gant, Friedhofssteinmetz mit höherem Künstlerehrgeiz, arbeitet an einem Carrara-Engel für sein eigenes Grab, an einem Denkmal seines verkannten Ruhmes, und greift nach dem Whisky oder schlägt das Mobiliar kurz und klein vor unerfüllbarer Sehnsucht. Die puritanische und tyrannische Mutter Eliza Gant dirigiert die Familie, jagt geschäftstüchtig nach Besitz, führt die Bruchbuden-Pension ›Dixieland‹; das Schicksal der Pensionsgäste ist verwoben mit dem Familiengeschick. Der älteste Sohn Ben, Beschützer und Berater seines Bruders Eugene (mit dem sich Wolfe porträtiert), stirbt an Schwindsucht; Eugene, der lebenstrunkene Grübler, verläßt das würgende Elternhaus und zieht in die Welt. — Ketti Frings hat fast ausschließlich Thomas Wolfes Sätze benutzt, doch sind die Gestalten, herausgefischt aus dem epischen Strom mit seinen ahnbaren, unheimlichen Tiefen, zu einer Art Strindberg-Klischees eingetrocknet. Große

Schauspieler können sie — mehr aus dem Roman als aus dem Dramentext — wachsen lassen, und darauf beruht wohl der Erfolg in New York und Berlin.

JOHN STEINBECK, geboren am 27. Februar 1902 in Monterey in Kalifornien, durch die Mutter irischer, durch den Vater deutscher Abstammung (der Großvater kam aus Deutschland und hieß noch ›Großsteinbeck‹), studierter Biologe, Gelegenheitsarbeiter in zahlreichen Berufen, zu menschenfreundlich, um ein guter New Yorker Recherchier-Reporter zu werden, Autor sozialkritischer Romane, ›Stürmische Ernte‹ (1936), ›Früchte des Zorns‹ (1939), Entdecker der Wurzel des Bösen in der Lieblosigkeit (im Familienroman ›Jenseits von Eden‹, 1952), Erzähler saftiger und burlesker Geschichten in ›Tortilla Flat‹ (1935), seinem ersten Bucherfolg, Erzähler sentimentaler Geschichten in ›Die Straße der Ölsardinen‹ (1945) und ›Wonniger Donnerstag‹ (1954), Nobelpreis (1962) für »seine stets realistische und bildhafte Sprache, die sich durch teilnehmenden Humor und soziale Erkenntnis auszeichnet«, — Steinbeck kommt von der erzählenden Prosa zur Bühne, für die er ›Schauspiel-Romane‹ schreibt in einem poetischen Realismus. ›Tortilla Flat‹ und ›Cannery Row‹ (›Die Straße der Ölsardinen‹) wurden dramatisiert, ›Wonniger Donnerstag‹ zum Musical ›Pipe Dream‹ (1955) verarbeitet. Er starb am 21. Dezember 1968.

Von Mäusen und Menschen (Of mice and men). ›Schauspiel in sechs Bildern‹. Uraufführung 23. November 1937, New York, Music Box Theatre; deutsch 14. September 1948, Wiesbaden, durch Karlheinz Stroux. — Während der Arbeit am gleichnamigen Roman hat Steinbeck zuerst den Roman dramatisiert und ihn dann zu Ende geschrieben. Eine szenische Ballade; die Geschichte zweier in Kalifornien wandernder Landarbeiter. Lennie ist ein ungeschlachter Riese, dumpfen Geistes, ein Kind, das ungeschickt tötet, was es zärtlich liebkost — Mäuse, Kaninchen, Hunde, schließlich die junge Frau eines Farmers, ein lüsternes Flittchen. Sein gerissener Freund George will ihn vorm Schlimmsten bewahren und muß ihm dann doch den letzten Liebesdienst erweisen: ihn erschießen, um ihn der Lynchjustiz des Farmers zu entziehen. — Die Lage des Landarbeiterproletariats, die Sehnsucht nach eigenem Grund und Boden werden in krassen Farben gemalt, doch geht das Stück über die Sozialkritik ebenso hinaus wie über die naturalistische Studie eines pathologischen Falls: es spielt in einer männlichen Welt, in der die Frau nur als zerstörendes Element oder als Genuß-Objekt erscheint; es beklagt die Verlorenheit in dieser Welt, die Flucht in den Rausch und feiert die männliche Überwindung der Einsamkeit durch die Freundschaft. Der Mensch als Kreatur, triebhaft und getrieben. Lennie wächst ins Symbolische: die im Menschen wirkende Kraft, die das Geliebte in aller Unschuld zerstört.

EDWARD ESTLIN CUMMINGS, geboren am 6. Oktober 1894 in Cambridge
(Mass.) als Sohn eines Dozenten an der Harvard Universität, gestorben am
3. September 1962, hat durch seine Lyrik an der Emanzipation der amerikanischen Literatur mitgewirkt. In den zwanziger Jahren war er oft in Paris,
er gehörte zum Kreis um Getrude Stein, Ezra Pound und Hemingway.

Him (Him). ›Phantasmagorisches Spiel‹. Uraufführung 18. April 1928, New
York. Deutsche Erstaufführung 19. Oktober 1968, Landestheater Darmstadt,
durch Harry Buckwitz. — Das Traumspiel der Frau »Me«, von der nicht klar
wird, ob sie in Geburts- oder Abtreibungsnarkose liegt; sie träumt von
»ihm«, von dem Manne »Him«, der ein Dramatiker ist und ihr Szenen aus
seinem Stück vorspielen läßt, ironisch satirische Kabarett-Nummern, darunter: delikate Beziehungen zwischen drei dicken Männern und einer alten
Jungfer mit Kerze; ein Wanderredner parodiert Gesundheitsreklame; in
einer Jazz-Nummer, einer Minstrel-Show-Variante, bringt eine Negersän-
gerin den Präsidenten der »Gesellschaft zur Verhütung des Lasters« durch
symbolische Kastration zum Schweigen; hinter römischen Rennwagen auftauchende, flirtende Homosexuelle begrüßen als Cäsar den von ihnen geliebten
Mussolini; in einer hungernden Nachkriegsstadt wird ein Mann mit einem
Laib Brot für Gott erklärt, worauf er sich entkleidet mit der Begründung, er
sei soeben geboren worden; auf einem Abnormitäten-Jahrmarkt taucht »Me«
auf als »Prinzessin Ananke« mit einem Kind auf dem Arm — ihr Traum ist
zu Ende. »Philosophie«, hat »Him« zu Beginn des Traums gesagt, »ist eine
Traumpistole, welche losgeht — bum — in Blüten und Honig ... lösen wir
uns auf, du und ich.« — Die Aufspaltung des Menschen in Spiegelmenschen;
die Suche der Wirklichkeit hinter der Wirklichkeit; das Gebären Gottes;
Neigung zu Revue und Jahrmarkt — dies alles sind Inkunabeln des deutschen expressionistischen Hausschatzes und des klassischen surrealistischen
Vergißmeinnichts. Als dies ziemlich zu Ende war, hat Cummings damit in
Paris seine 21 Bilder »Him« angefüllt, einen — zum Glück amerikanisch
lustigen — Secondhand Shop. Die ›Phantasmagorie‹ will mit Schlaf-Haut
und Traum-Haar gefressen werden; der freßunwillige Rationalist könnte
sich nur mit Karl Valentin über die Absurditäten und absoluten Dunkelstellen trösten: »Alles im Traum natürlich nur«.

WILLIAM FAULKNER (ursprünglich: Falkner), geboren am 25. September 1897
in New Albany, Mississippi, gestorben an einem Herzanfall am 6. Juli 1962
in seinem zerfallenden Herrenhaus mit weißen Säulen, in Oxford, Mississippi, wo er den größten Teil seines Lebens als Farmer verbracht hatte; einer
der gewaltigsten Epiker des 20. Jahrhunderts, Erfinder von Yoknapatawpha,

eines mythischen Landbezirks in Mississippi, den er »William Faulkners persönliches Eigentum« nannte und in einem wuchernden Roman-Zyklus mit ganzen Geschlechterketten von Menschen bevölkerte; er galt lange als der tragische Dichter Amerikas, als der nach Zermalmung gierige Darsteller eines unausweichlichen Fatums, bis mit seinem wachsenden Werk seine protestantische, puritanisch christliche Essenz mehr und mehr deutlich wurde: der »Fluch, der auf dem Süden liegt«, wurde begreifbar als der Fluch der unauslöschlichen sündigen Vergangenheit des Menschengeschlechts, als auferlegte und zugleich schuldhafte Erbsünde — ein Aufruf, im Leiden tätig zu sühnen. 1951 veröffentlichte er ›Requiem für eine Nonne‹, einen Dialog-Roman, ein Lesedrama, suggestiv auf der Bühne, trotz seiner undramatischen Form, durch die Sprachgewalt Faulkners und seinen religiösen Ernst. In seiner Nobelpreisrede 1950 lehnte er es ab, an den Untergang des Menschen zu glauben, »denn er besitzt eine Seele, Geist, die Fähigkeit zu Mitleid, Opfer, Ausdauer und Entbehrungen. Und der Schriftsteller und Dichter hat die Aufgabe, von diesen Dingen zu schreiben. Er genießt den Vorzug, dem Menschen zu helfen, auszuharren, indem er seinen Geist aufrichtet, ihm den Mut, die Hoffnungen, den Stolz, das Erbarmen und die Opfer zeigt, die die Geschichte der Menschheit verklären.«

Requiem für eine Nonne (Requiem for a Nun). 1951. Uraufführung 9. Oktober 1955, Schauspielhaus Zürich, durch Leopold Lindtberg. Deutsche Erstaufführung 10. November 1955, Schloßpark-Theater, Berlin, durch Erwin Piscator. Französische Erstaufführung (Requiem pour une Nonne) September 1956, Paris, Théâtre des Mathurins; Bühnenbearbeitung und Regie: Albert Camus. — Die Negerin Nancy Manningoe wird zum Tod durch Erhängen verurteilt, weil sie das jüngste Kind des Ehepaars Stevens ermordet hat; das Urteil soll in vier Monaten vollstreckt werden. Temple Stevens, die Mutter des ermordeten Kindes, geht mit Gavin, dem Onkel ihres Mannes und Verteidiger der Negerin, zum Gouverneur des Staates und legt dort ihre grauenhafte Lebensbeichte ab, die zur Selbstanklage wird: sie gibt sich die Schuld an der Ermordung ihres Kindes, denn ihre Haushälterin Nancy, eine bekehrte ›morphinistische Negerhure‹, wollte das Kind nicht in einem moralischen Sumpf verkommen lassen. Nancy war von Weißen zur Hure gemacht und mißbraucht worden. Temple hatte ihr vergangenes Hurenleben genossen, und jetzt war sie in Gefahr, ihrer Vergangenheit wieder zu erliegen, ihren Mann zu verlassen und das Kind mitzunehmen. Nancy hat das Kind aus Mitleid getötet und wollte die Seele ihrer Herrin retten; den Tod hat sie als Sühne freiwillig auf sich genommen, auch als Sühne für die Sünden ihrer eigenen Vergangenheit und ihrer Mitmenschen. Temples Mann, Gowan Stevens, hört diese Beichte, die zuweilen so erniedrigend ist, daß Gavin zum Erzähler werden muß. Der Gouverneur macht von seinem Begnadigungsrecht keinen Gebrauch:»Wer bin ich, den Kauf, den sie mit ihrem armen, verwirrten, verlorenen und wertlosen Leben getätigt hat, zu annullieren . . . ?« — er hält sich nicht für berechtigt, das Selbstopfer der Negerin zu verhindern. Temple besucht Nancy vor ihrer Hinrichtung, und auf alle ihre verzweifelten Fragen, wie sie nun weiterleben solle, und wer ihr vergeben könne, hat die Negerin nur eine Antwort: Glauben. — ›The nun‹ hat im Englischen (schon bei Shakespeare) eine Doppelbedeutung:›Nonne‹ und ›Hure‹. Nancy, durch die Verhältnisse dazu verdammt, eine Hure zu werden, war, wie Faulkner im Gespräch mit Studenten kommentierte,»dennoch mit ihrem armen, beschränkten Geist einer Handlung fähig, die sie für das Wohl eines unschuldigen Kindes beging und die, ob sie nun richtig oder verkehrt war, einen vollkommenen und beinahe religiösen Verzicht auf das Leben bedeutete. Aus diesem Grund gebrauchte ich für sie paradoxerweise die Bezeichnung Nonne, die nach meiner Meinung ihre Tragik besonders hervorhob.« Wie hinter der Hure Nancy der Umriß einer ›Nonne‹ sichtbar wird, so hinter dem geduldigen, die Beichte fördernden ›Onkel Gavin‹ eine Art ›Engel‹ des Gewissens und hinter dem Gouverneur, der den Tausch des Lebens gegen die Sühne akzeptiert, ein höherer als ein irdischer Richter. Temples Lebensbeichte ist eine Beichte ohne Sühne, ohne Vergebung, ohne Gott; sie sind ahnbar in ihrer Zukunft, in einem Leben voller Qual neben ihrem Mann. — ›Requiem für eine Nonne‹ ist die religiöse Vollendung des frühen Romans ›Die Freistatt‹ (Sanctuary, 1936), in dem die Vorgeschichte Temples und Gowans erzählt wird; Faulkner hat ihn »die gräßlichste Geschichte« genannt, »die ich mir ausdenken konnte«; er wollte mit ihr viel Geld verdienen und hat mit ihr viel Geld verdient; nach ihm wirkt das ›Requiem‹ wie eine Buße des Autors. Es war nicht für die Bühne gedacht; Faulkner sagte: »Die Geschichte dieser Menschen ließ sich am besten durch den klaren einfachen Dialog der modernen Bühnensprache darstellen«; die Form der Verhandlung wirkt selbst dann noch in gewissem Maße dramatisch, wenn sie wie hier durch wuchernde Monologe mißachtet wird. — Albert Camus hat in seiner französischen Bearbeitung die Gewichte vom religiösen Begriff der Sünde zum moralischen Begriff der Schuld verlagert.

ARCHIBALD MACLEISH, geboren am 7. Mai 1892 in Glencoe, Illinois, war u. a. Offizier im ersten Weltkrieg, Dozent für Staatswissenschaften an der Harvard-Universität, Rechtsanwalt, ›Fortune‹-Redakteur, Leiter der Kongreßbibliothek in Washington, stellvertretender Direktor des Kriegsinformationsamtes in Washington 1942/43, enger Mitarbeiter des Präsidenten Roosevelt,

Vorsitzender der amerikanischen Delegation auf der UNO-Konferenz, bei der die Statuten der UNESCO festgelegt wurden, Professor für Rhetorik, Präsident der amerikanischen Akademie der Künste und Wissenschaften, Sammler von Ehrendoktorhüten (rund ein Dutzend); er ist ein gelehrter Dichter, ein mit dem Pulitzer-Preis ausgezeichneter Lyriker, Bewunderer von W. B. Yeats und Ezra Pound, Autor von Vers-Epen, Hörspielen und Bühnenstücken in Versen, darunter ›Panic‹ (1935) und ›J. B.‹ (1958): »Seit meinem 16. Lebensjahr ungefähr war ich, aus keinem besonders zwingenden Grund, der vollen Überzeugung gewesen, Verse-Schreiben sei mein Lebensinhalt.« Die Hauptperson seines Versdramas ›J. B.‹ ist ein moderner Hiob, und dazu meinte MacLeish: »Mir, als einem Mann, der keiner Religion verhaftet ist, der hinsichtlich des Glaubens an gewisse ›letzte Dinge‹ ratloser ist, als er es sein dürfte, scheint gerade der Gott Hiobs unserer Generation näher zu sein als er es der Geschlechterfolge die Jahrhunderte hindurch gewesen ist.«

Spiel um Job (J. B. A Play in Verse). ›Versdrama in elf Szenen und einem Prolog‹. Uraufführung 1958 durch das Theater der Yale-Universität, New Haven, Connecticut. In New York am 11. Dezember 1958, im Anta Washington Square Theatre. Deutschsprachige Erstaufführung 28. Juli 1958, Salzburger Festspiele, durch Oscar Fritz Schuh. Deutsche Erstaufführung 14. Januar 1959, Hannover. – Zwei verkrachte Komödianten beschließen in einem leeren Zirkuszelt, spätnachts, die biblische Geschichte von ›Job‹ (= Hiob) aufzuführen: der eine, der Puffmaisverkäufer Haftiger, übernimmt die Rolle des Satans; der andere, der Luftballonverkäufer Zoisl, die Rolle Gottes. Auf einem Steg, dem ›Himmel‹, kommentieren sie das, was unter ihnen geschieht, als Privatpersonen, als skeptische Stellvertreter des Publikums; mit ›Gottmaske‹ und ›Satanmaske‹ greifen sie in das Geschehen ein. Unter ihnen spielen ›Job‹, der amerikanische Geschäftsmann ›J. B.‹, ein Jedermann der Gegenwart, mit Frau Sarah und ihren fünf Söhnen und Töchtern. Wie der biblische Hiob verliert Job seine Kinder, seinen Besitz – durch Autounfall, Mord, Krieg und Seuche – und muß von seiner Frau hören: »Fluche Gott und stirb!« Wie Hiob versucht Job, den Sinn der Heimsuchungen zu begreifen, den Sinn des Bösen, das Schuldige und Unschuldige gleichermaßen zugrunde richtet. Anders als Hiob, dessen ›Tröster‹ ihn von seiner Schuld überzeugen wollen, behaupten die drei ›Tröster‹ Jobs – der Psychoanalytiker, der Soziologe, der frömmelnde Priester, der die Erbsünde zitiert –, daß die Schuld unmöglich sei. Nach der Aufführung in New York (mit angehängter, verdeutlichender Predigt) wurde das Spiel in Amerika leidenschaftlich diskutiert; MacLeish schrieb in einem Kommentar für die ›New York Times‹: »Unsere Tröster sind, wenn überhaupt, noch trostloser, als die von Job es waren, denn sie

*›Spiel um Job‹ von Archibald MacLeish. Bühnen-Entwurf von Joachim Streubel für
eine Aufführung der Städtischen Bühnen Köln, 1963; Regie: Ernst Seiltgen*

verjagen uns vom letzten Zufluchtsort, an dem unser Verstand sich vor dem
ungeheuren Schweigen bergen konnte. Wenn wir nicht einmal Schuld haben
können, dann bleiben uns keine Gründe.« Job bleiben keine Gründe, doch
das ›ungeheure Schweigen‹ wird gebrochen durch ›die ferne Stimme‹ aus der
Zirkuskuppel, die plötzlich den Text Zoisl-Gottes übernimmt: von ihr hört
Job — wie der biblische Hiob — nur die Unbegreiflichkeit und Allmacht Gottes.
Job erfährt die Ursache seines Unglücks nicht, doch wie Hiob willigt er wieder in sein Leben ein, zum Zorn Heftiger-Satans, der es lieber sähe, wenn er
die Welt verfluchte. MacLeish kommentierte: »Und so nimmt J. B., ein Hiob,
die Hand vor den Mund und schickt sich in die ungeheuerliche Gleichgültigkeit des Universums. Er nimmt sein Leben wieder auf. Liebend. Zum Leben.«
MacLeishs allegorisches und demonstrierendes Spiel, das in seiner Form
einem mittelalterlichen Mysterium angenähert ist, verkündet die schlichte
Botschaft, daß Gott vorhanden, doch unbegreiflich sei, und daß der Mensch
sein Leben in Liebe anzunehmen habe, wenn er auch seinen Sinn und das
Böse, die Ungerechtigkeit in der Welt, nicht verstehen kann. Die Liebe ist
bei MacLeish keineswegs die Antwort auf die Sinnfrage: »Die Liebe bestätigt
nur. Sie bestätigt den Wert des Lebens, dem Leben zum Trotz.« MacLeishs
Verse sind in ihrer spröden Poesie dem amerikanischen Alltagsjargon abgewonnen und durchsetzt mit Bibel-Zitaten: »Ich habe ein zeitgenössisches

· Schauspiel mitten hinein in das altehrwürdige Buch Hiob gepflanzt, etwa wie die Beduinen vor dreißig Jahren in den hochragenden Ruinen von Palmyra ihre Blechverhaue aus Benzinkanistern errichteten und ihre Dächer mit Marmorschutt beschwerten.« Das ›zeitgenössische Schauspiel‹ freilich gewinnt kein Eigenleben: es bewegt lediglich als Beispiel.

Edward Albee: Gelächter in Haß und Trauer

Ich denke manchmal, es wäre hübsch, wenn Leute beim Verlassen des Theaters gelegentlich über die Fahrbahn wanderten und von einer Taxe überfahren würden. Natürlich möchte ich nicht, daß sie verletzt werden, aber wieviel besser wäre es, sie kämen so aus dem Theater als mit dem einzigen Gedanken: »Wo hatte ich bloß den Wagen geparkt?«   Edward Albee

»Zwei Jahre lang war er Zusteller bei der ›Western Union‹-Telegraphengesellschaft. Ein Teil seiner Tätigkeit bestand darin, vom Empfänger zu bezahlende Telegramme auszutragen, die von Krankenhäusern an Verwandte von gestorbenen Patienten geschickt wurden. Dann tat Albee folgendes: Er teilte dem Empfänger mit, daß er ein unbezahltes Telegramm mit schlechten Nachrichten bringe, öffnete es, ließ die Leute den Inhalt lesen, klebte es wieder zu und gab es der Gesellschaft als ›nicht zustellbar‹ zurück. ›Ich hatte nicht das Herz, das Geld zu kassieren‹, sagt er.« Diese Geschichte erzählt Mel Gussow in der Zeitschrift ›Newsweek‹ (4. Februar 1963); seinem Artikel sind auch die folgenden biographischen Einzelheiten entnommen.

Thornton Wilder riet Albee 1953, Stücke zu schreiben. »Vielleicht«, erzählte Albee, »meinte er auch nur, ich sollte mit den Gedichten aufhören.« Edward, geboren am 12. März 1928 in Washington D.C. und zwei Wochen nach seiner Geburt adoptiert von dem Ehepaar Albee, schrieb seinen ersten Einakter ›Die Zoogeschichte‹ dennoch erst 1958, kurz vor seinem dreißigsten Geburtstag: »Ich näherte mich rapid den Dreißigern, es war eine Geste mir selbst gegenüber.« New Yorker Regisseure waren nicht interessiert; die Werkstatt des Berliner Schiller-Theaters brachte 1959 die Uraufführung, es folgte eine New Yorker Off-Broadway-Bühne, und vier Jahre später spielten bereits zwei Broadway-Bühnen ausgewachsene Stücke von Albee.

Seinen Adoptivvater Reed, den steinreichen Erben eines Privattheater-Konzerns, und seine luxuriöse Adoptivmutter Frances, ein ehemaliges Mannequin der Haute Couture, hat er in seinem Einakter ›Der amerikanische Traum‹ als Daddy und Mommy rüde karikiert, nebst seiner Grandma, deren Andenken er den Einakter Der Sandkasten (The sandbox. 1959) gewidmet hat: sie spielt

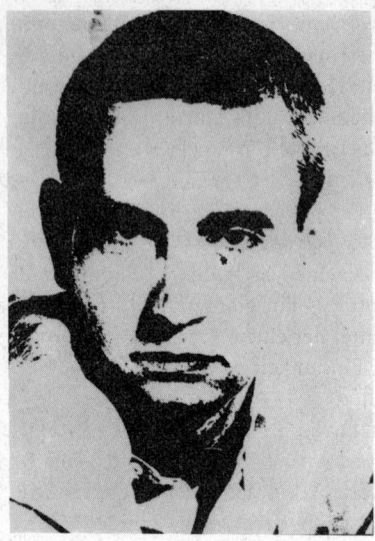

Edward Albee. Nach einem Photo

darin die Hauptrolle. Mit Grandma Cotta, der Mutter von Frau Albee, hat er sich gut vertragen: »Sie stand am Ende, und ich stand am Anfang, und so waren wir beide außerhalb des Rings.« Sie hat ihm genug Geld für ein behagliches Leben hinterlassen. Daß ihn seine leiblichen Eltern im Stich gelassen haben, erfüllt ihn mit ›tiefem Groll‹, und davon ist in seinen Stücken einiges zu spüren.

Niemand hat den ›American Way of Life‹ schärfer attackiert als er, die Inhaltslosigkeit der Jagd nach dem Lebensstandard, den Konformismus der Meinungen, die Herrschsucht der Frau, die seelisch vernachlässigten Kinder, doch fragte er 1961 mit Recht: »Gibt es nicht auch in Westeuropa nur allzu viele Menschen, in deren Gefühlsleben sich ein geistiges und moralisches Vakuum ausbreitet? Ist das furchtbare Problem der Kompromiß-Lösungen, der Selbstgefälligkeit, der inneren Leere, der geistigen Gehaltlosigkeit nur für mein Land charakteristisch? Daran glaube ich keinen Augenblick.«

Seine frühen Einakter ließen die Vermutung zu, er sei eine amerikanische Variante der französischen ›Absurden‹, ein transatlantischer Ionesco, doch sein erstes großes Stück ›Wer hat Angst vor Virginia Woolf?‹ steht eher in der Tradition des späten O'Neill. Unvergleichlich ist die zynisch-witzige Brillanz der Dialoge Albees, die noch der entsetzlichsten Situation ein (höchst unbehagliches) Lachen abzwingen. Wenn es verklungen ist, bleiben der todestraurige Ernst eines provozierenden Gesellschaftskritikers, die scheue Hoffnung eines Puritaners, der an die Vertreibung der Lüge, die reinigende Kraft der Wahrheit glaubt, und das Vertrauen in einen Restbestand unerklärbarer Liebe, der noch unter Bergen von Unflat entdeckt werden kann: im psychologischen Naturalismus ein tief verborgenes Mysterium.

Die Zoogeschichte (The Zoo-Story). ›Ein Stück in einer Szene‹. Uraufführung 28. September 1959, Werkstatt des Schiller-Theaters, Berlin. Amerikanische Erstaufführung, zusammen mit Becketts ›Das letzte Band‹, am 14. Januar 1960, New York, Provincetown Playhouse. — Im New Yorker Central-Park sitzt der Verlagsangestellte Peter auf einer Bank und liest: ein Bürger mit angenehmer Wohnung, Frau, Töchtern und einem ›Privatzoo‹, bestehend aus Katzen und Wellensittichen. Jerry, ein nachlässig gekleideter Mann, kommt aus dem öffentlichen Zoo und drängt ihm ein Gespräch auf: er lebt in einem überfüllten Mietshaus absolut allein; nicht einmal mit einem Hund kann er eine Beziehung anknüpfen, und die Einsamkeit hat ihn an den Rand des Wahnsinns getrieben. Jerry beginnt mit Peter einen lächerlichen Streit um die Bank, ohrfeigt ihn, zwingt ihm ein Messer auf und stürzt sich hinein, dankbar für diesen Tod; sterbend sagt er — »eine Mischung von Parodie und flehentlicher Bitte« — »O . . . mein . . . Gott.« — Ein glänzend geführter realistischer Dialog mit einer ›absurden‹ Pointe: der einem Fremden aufoktroyierte Mord als letzte Möglichkeit, von der Einsamkeit befreit zu werden.

Der Tod der Bessie Smith (The death of Bessie Smith). ›Ein Stück in acht Szenen‹. Uraufführung 21. April 1960, Schloßpark-Theater, Berlin. Amerikanische Erstaufführung 1. März 1961, New York, York Playhouse. — Die Negerin Bessie Smith, eine berühmte Blues-Sängerin der zwanziger Jahre, starb 1937 nach einem Verkehrsunfall in Memphis, Tennessee, weil die Krankenhäuser sich weigerten, eine Farbige aufzunehmen. Diesen authentischen Vorfall läßt Albee — ohne daß Bessie Smith auftritt — erzählen durch ihren Chauffeur und Manager, der sie zu einem Schallplatten-Come-Back nach New York bringen wollte, und sich spiegeln in den Reaktionen einiger Personen in einem Krankenhaus: eine hübsche weiße Krankenschwester beherrscht erotisch, tyrannisiert und demütigt den farbigen Krankenwärter und ihren weißen Freund, den Assistenzarzt; sie strotzt von Haß gegen jeden, der einem Farbigen helfen will. — Eine dramatische Analyse und Anklage des Rassenhasses; psychologisch realistische Dialoge; in den Aufnahmeraum des Krankenhauses werden auf einer Plattform die Szenen, die an anderen Orten spielen, anti-illusionistisch und ausdruckssteigernd eingeblendet.

Der amerikanische Traum (The American Dream). ›Komödie‹. Uraufführung 24. Januar 1961, New York, York Playhouse. Deutsche Erstaufführung 7. Oktober 1961, Werkstatt des Berliner Schiller-Theaters. — Eine amerikanische Familie, ›Mammi‹, ›Pappi‹ und ›Oma‹, und die Frauenvereinsvorsitzende Barker beim Alltagsgewäsch: eine beziehungsvoll-beziehungslose Ausgießung von sprachlichen Klischees, die an Ionescos Grotesken erinnert, doch streng komponiert ist zu einer Satire auf die amerikanischen Mittelstandsideale; auf die von ihren tyrannischen Frauen zum Schweigen gebrachten männlichen Arbeitstiere; auf die Erfolgs- und Konsumfreudigkeit der geschwätzigen Frauen; auf die Furcht, anders als die andern zu sein; auf die konformistische Selbstgefälligkeit, die in die Selbstzerstörung führt. Sogar ›Oma‹ in ihrer Alters-Tücke und Altersgerissenheit verspritzt fröhlich Gift. In Blue jeans tritt ein junger Mann auf, athletisch und gefühllos, unfähig zu hassen, zu lieben, zu denken, doch zu allem bereit, wenn er bezahlt wird: der pervertierte ›amerikanische Traum‹. — Ein soziologisch-psychologisches Kabarett aus autobiographischem Anlaß und mit schweren Säbeln. Albee fragt in seinen Anmerkungen: »Spricht die Tatsache, daß ›Der amerikanische Traum‹, oberflächlich betrachtet, komisch ist und in seinem Kolorit amerikanisch, gegen den schrecklichen Ernst, der dahintersteckt, oder gegen die übernationale Gültigkeit?«

Wer hat Angst vor Virginia Woolf . . .? (Who's afraid of Virginia Woolf?). ›Ein Stück in drei Akten‹. Uraufführung 13. Oktober 1962, New York, Billy Rose Theatre, durch Alan Schneider. Deutsche Erstaufführung 13. Oktober 1963, Schloßpark-Theater, Berlin, durch Boleslaw Barlog, mit Maria Becker und Erich Schellow. Verfilmt mit Elizabeth Taylor und Richard Burton; Regie: Mike Nichols. — Die Wohnung eines Professors an einem Provinz-College. Ein alkoholbefeuertes Geplänkel zwischen George, dem Geschichtsprofessor, einem liberalen Humanisten, und Martha, seiner herrschsüchtigen Frau; späte nächtliche Gäste treffen ein: Nick, neu an der Universität, Biologe, rücksichtsloser Karrieremacher, und Baby, seine junge Frau, der piepsnaive Prototyp des amerikanischen weiblichen Konformismus. Die Gäste werden zum Publikum eines ehelichen Schauturniers gemacht, in dem Martha ihren Mann mit hemmungsloser Wollust demütigt. Aus diesen ›Gesellschaftsspielen‹ des ersten Akts entwickelt sich die ›Walpurgisnacht‹ des zweiten: die Besucher werden in die mörderische Eheschlacht hineingezogen, nicht mehr nur Zeugen, sondern Waffen und Opfer zugleich. Im dritten Akt, der ›Austreibung‹, treibt George die Lebenslüge aus beiden Paaren: Nick hat Baby nur geheiratet, weil er auf ihre hysterische Schwangerschaft hereingefallen ist, und Baby hat eine panische Angst vorm Kinderkriegen; George ›tötet‹ den Sohn, der ihm und Martha versagt geblieben ist und den sie sich als lebenserhaltende Illusion erfunden haben (ein, nebenbei bemerkt, in homosexuellen Kreisen geläufiges Motiv: das naturgemäß zur Unfruchtbarkeit verurteilte ›Paar‹ spielt mit einem illusionären Kind). Während Martha um die Lüge dieses Sohnes kämpft, spricht George die lateinischen Worte der Totenmesse. Dazu meint Martin Esslin in seinem Buch ›Das Theater des Absurden‹: »Bei näherer Bekanntschaft zeigt das Stück deutliche allegorische Züge, die es in die Sphäre des Theaters des Absurden rücken. George und Martha, das ältere Ehepaar, tragen nicht nur zufällig die Namen von George Washington und seiner Frau. Dieses Paar ist symbolisch für den Kampf der

Geschlechter in Amerika, wo immer der weibliche Teil dominiert und den männlichen mit seinem Ehrgeiz zerstört. George und Martha sind kinderlos, steril, aber sie haben ein imaginäres Kind — und dieses nicht lebensfähige Kind wird in der Nacht, in der das Stück spielt, getötet: der amerikanische Traum vom guten Leben kann nicht aufrechterhalten werden, weil er auf einer Lüge beruht.« Den Stil dieses unerhört brillanten, zerfetzenden Seelengefechtes, neben dem sich die Ehedramen des Stammvaters August Strindberg wie Idyllen ausnehmen, trifft Martha, wenn sie sagt: »Wir weinen, stellen unsere Tränen in den Eisschrank, bis sie zu Eis gefroren sind, und dann tun wir sie in unsern Whisky . . .«, und wenn sie resümiert: »Es war furchtbar. Es war auch komisch, aber eigentlich war's furchtbar.« — »Wer hat Angst vor Virginia Woolf« — mit dieser albernen Verdrehung des Kinderverses ›Wer hat Angst vorm bösen Wolf‹ hat das Stück begonnen; mit ihr endet es, doch nun ist aus dieser Albernheit für Martha der qualvolle Ausdruck ihrer Lebensangst und für George ein verdeckter Ausdruck seiner Zärtlichkeit geworden. So ist dieses Stück der rücksichtslosen seelischen Entblößungen auch ein dreistündiger Umweg zu einer Liebeserklärung — ein Umweg freilich, der durch die fast tödliche Wahrheit führt.

Winzige Alice (Tiny Alice). ›Ein Stück in sieben Bildern‹. Uraufführung 29. Dezember 1964, New York, Billy Rose Theatre, durch Alan Schneider, mit Irene Worth und John Gielgud. Deutsche Erstaufführung 3. Februar 1966, Deutsches Schauspielhaus, Hamburg, durch Heinrich Koch, mit Joana Maria Gorvin und Will Quadflieg. — Der Laienbruder Julian ist nach einem Kommentar Albees »ein Mann, der nur deshalb kein Priester geworden ist, weil er seine Idee von Gott nicht vereinen kann mit dem von den Menschen nach ihrem Bildnis geschaffenen Gott«. Auf Wunsch des Fräuleins Alice, einer Milliardärin, wird er vom (römisch-katholischen) Kardinal in ihr Schloß geschickt, um die Formalitäten gigantischer Spenden zu regeln, die Alice der Kirche zu überlassen gedenkt. Dies ist jedoch nur ein Vorwand, Julian einzukaufen, um ihn zu versuchen. Die exzentrische und lüsterne Alice wohnt zusammen mit zwei Männern: mit ihrem Geliebten, dem Advokaten, und einem ephebenhaften Butler, der wiederum der Geliebte des Advokaten scheint; sie sind ebensosehr Salon-Ganoven wie luziferische Gestalten. Diese drei Hausbewohner werden für Julian, der die abstrakte Wahrheit Gottes sucht, zur Verkörperung aller Fragen, die ihn sein Leben lang religiös beunruhigt und gequält haben, und zu Verlockungen eines nichts als irdischen triebhaften Lebens. Alice verführt Julian (der das Zölibat gelobt hat) und heiratet ihn. Die drei Versucher bedrängen Julian, seine nunmehr glaubenslose und damit für ihn sinnlose Existenz anzuerkennen. Er weigert sich und wird von dem Advokaten erschossen. Bei seinem langen Todeskampf liegt der leidensbegierige Märtyrer – in der Haltung des Gekreuzigten – vor einer Art profanem Altar: vor einem Modell des Schlosses, in dem man sich eine ›winzige Alice‹ zu denken hat, die abstrakte, die reine Alice, die Julian so gesucht hat wie das Abstraktum des reinen, vom Menschenbild unabhängigen Gottes. Bevor ihn auch das Fräulein Alice verläßt, beweint sie ihn in einer Pietà-Szene. Julians Schlußwort:»Ich füge mich dir, Alice, denn du bist zu mir gekommen. Gott, Alice ... ich füge mich deinem Willen.« – Albee betrachtet sein Stück, ein Kriminaldrama mit brillant zynischem Dialog und mit mystischem Ehrgeiz, der freilich ungestillt bleibt, weil das Mysterium dramatisch nicht schlüssig wird, als ein ›metaphysisches Traumspiel‹. Gleichwohl sagte er zu John Gielgud, der ihn bei den Proben nach dem Sinn des Stückes fragte:»Man kann nicht den Sinn des Stückes spielen, man muß die Realität der Charaktere spielen.« Da das Stück von jedem Kritiker anders ausgelegt wurde, erläuterte es Albee auf einer Pressekonferenz im März 1965:»Der Laienbruder wird schließlich an den Punkt gebracht, wo er akzeptieren muß, was er sich immer beharrlich gewünscht hatte – das Einssein mit dem Abstraktum, und nicht mit seinem Ersatz, dem Bild, das sich die Menschen von ihm machen. Er wird mit dem reinen Abstraktum allein gelassen – wie immer man es nennen mag: Gott oder Alice ...« Albee überläßt es dem Glauben jedes Zuschauers, wie er den Schluß deuten will:»entweder das Abstraktum personifiziert sich, erweist sich als real, oder der sterbende Mann schafft sich in einer letzten notwendigen Anstrengung der Selbsttäuschung etwas, das, wie er weiß, nicht existiert, und glaubt daran.« Bühnensinnbild für das ›Abstraktum‹ ist das Modell des Schlosses, in dem sich wiederum ein verkleinertes Modell des Schlosses befindet (in jedem Modell eine verkleinerte und wegrückende ›Alice‹) und so fort bis in die unvorstellbare Unendlichkeit. Alles, was im Schloß geschieht – ein Zimmerbrand etwa –, geschieht auch in den ineinandergeschachtelten Modellen.

Empfindliches Gleichgewicht (A Delicate Balance). Uraufführung 12. September 1966, Martin Beck Theatre, New York, durch Alan Schneider. Deutsche Erstaufführung 25. April 1967, Kammerspiele München, durch August Everding. – Claire, die es bei den »Anonymen Alkoholikern« nicht aushält, weil sie schon vorm Frühstück Lust auf Martinis hat, wohnt bei ihrer Schwester Agnes und deren Mann Tobias. Die resolute Agnes, die auf Verteidigung konventioneller Formen eingeschworen ist, ihr entscheidungsschwacher, nachgiebiger Mann Tobias und die provozierende, doch im Grunde harmlose Claire leben zusammen in einem empfindlichen Gleichgewicht: sie haben es sich nebeneinander ohne größeren Gefühlsaufwand bequem gemacht, und ihre einzige Sorge gilt der Aufrechterhaltung dieses unverbindlichen Schaukelns in einer unstrapaziösen seelischen Leere. Sie könnten allenfalls noch Julia verkraften, die Tochter von Agnes und Tobias, die wieder mal nach Hause kommt, um ihre Scheidung vorzubereiten, die vierte diesmal. Daß aber zugleich mit dieser infantilen Hysterikerin die »besten Freunde« von Agnes und Tobias, die alten Ehekämpen Edna und Harry, ins Haus kommen, dies bringt alles aus der Balance. Edna und Harry haben ein einziges Mal nicht einen der üblichen Riten ausgeführt, sie sind einmal nicht in den Club gegangen, und schon haben sie solche Angst bekommen, daß sie es nicht länger miteinander aushalten und eben zu ihren »besten Freunden« geflüchtet sind. Ihre Angst steckt an – Tobias wird von der Familie beauftragt, seine Freunde hinauszuwerfen. »Ich will euch nicht hier!« sagt er, »aber bei Gott, ihr werdet hier bleiben! Ihr habt das Recht!« – für seine Freunde hat er nur »das Recht« einer Spielregel statt der Liebe, und dies ist hier nicht genug. Edna und Harry gehen freiwillig, und wenn Agnes meint, daß nun ein neuer Tag beginne, so ist diese Schlußwendung voll bitterer Ironie: kein Tag beginnt, sondern die Fortsetzung ihrer ausbalancierten, liebeleeren Nacht. – Das lästige, leicht groteske Besucherpaar ist das etwas schäbige Werkzeug einer schon religiösen Liebesprobe, vor der alle versagen. Schroff würde wahrscheinlich der Puritaner Albee das brutale, aber lebenskluge Sprichwort zurückweisen: »Der Fisch und der Gast stinken am dritten Tag.«

Alles im Garten (Everything in the Garden). Uraufführung 16. November 1967, Plymouth Theatre, New York, durch Peter Glenville. Deutsche Erstaufführung 5. Februar 1969, Kammerspiele München, durch Hans Schweikart. – Geschrieben nach der 1962 in London durchgefallenen, gleichnamigen ›schwarzen Komödie‹ des 1967 tödlich verunglückten Engländers Giles Cooper. – Jenny und der Chemiker Richard, ein Ehepaar, leben in einer Vorstadt von New York über ihre Verhältnisse: zu teuer für sie sind eigentlich ihr Haus, die vornehme Privatschule ihres Sohnes, der für Juden und Neger gesperrte Country Club, und auch das Treibhaus im Garten, das der Wettbewerb mit den Nachbarn nun erfordert. Also tritt Jenny einem Callgirl-Ring bei, und als dies Richard entdeckt, brüllt er zunächst fassungslos auf, doch erfährt er bei einer Party, daß alle anwesenden Ehefrauen sich mit Billigung ihrer Männer denselben Nebenverdienst verschaffen, und da beruhigt er sich wieder. Jede Frau eine Luxusnutte, jeder Mann ein Zuhälter – Jack, einen Freund des Hauses, der auf der Party hinter diese Verhältnisse kommt, läßt Mrs. Toothe, die ebenfalls anwesende Chefin des Callgirl-Rings, als einen störenden Mitwisser von den Männern ersticken und, »alles im Garten«, in eine Grube werfen. Jack, ein Millionär, hat Jenny und Richard sein Vermögen vermacht, was die beiden noch nicht wissen. Sie nehmen ihr normales Leben wieder auf, an dem nun freilich überhaupt nichts mehr normal ist. – Albee attackiert das Leben in der Suburb, die Prestige-Symbole, den Konsum- und Konkurrenzkampf einer materialistischen Gesellschaft, die sich, samt ihren rassischen und religiösen Vorurteilen, für eine Elite hält. Durch komödienhafte Dialoge gelangt er zum moralischen Schock. Hans Sahl zur Uraufführung:»Hier pocht einer mit Glacéhandschuhen an eine Mauer, bis sie einstürzt.«

Kiste und Worte des Vorsitzenden Mao (Box-Mao-Box). Zwei Einakter. »Box« und »Quotations From Chairman Mao Tse-tung«. Uraufführung am 13. März 1968, Studio des Arena-Theaters Buffalo, Staat New York, durch Alan Schneider. Deutsche Erstaufführung 19. Januar 1969, Werkraum der Kammerspiele München. – Auf der Bühne steht ein großer, offener Kubus, leer, aber bedeutungsvoll: er symbolisiert offenbar Gefängnis, sterile Ordnung, Abgeschlossenheit. Die Stimme einer Frau klagt über die Verkommenheit einer Welt und über die Kunst, die sich nicht mehr auf die Zukunft, auf »das Erreichbare« bezieht, sondern nur noch »an Verlust gemahnt«. Dann werden auf dem Deck eines Ozeandampfers vier Personen sichtbar: »die alte Frau« rezitiert das sentimentale Gedicht »Übern Berg ins Armenhaus« von Will Carpenter; die »redselige Dame« ergießt die Enttäuschungen ihres sex- und liebeleeren Daseins über einen Geistlichen, der stumm bleibt; ohne diese drei zu beachten, spricht Mao Tse-tung aus seinem roten Büchlein »Worte des Vorsitzenden Mao Tse-tung«, deren Revolutionsoptimismus mit dem Lebensüberdruß der Reichen, dem Todeskampf der Armen und dem Schweigen des Gottesmannes ebenso schneidend wie platt wie untröstlich kontrastiert. Dazwischen redet wieder die Stimme aus der »Kiste«; ihr gehört auch der Schluß, ihrer Anklage und Klage: »Wenn die Kunst anfängt, weh zu tun, wird es Zeit, sich zu besinnen.« – Eine Stimmen-Collage, eine fugal gesprochene Elegie. Da aber auf der Bühne Rollen stärker als Reden wirken, stampft die großartige Rolle der »redseligen Dame« den Rest der Veranstaltung in Grund und Boden.

Seeskapade (Seascape). Uraufführung 29. November 1974, Akademie-Theater, Wien, durch Pinkas Braun. – Ein älteres, leidlich miteinander auskommendes Ehepaar begegnet am Strand zwei der menschlichen Sprache mächtigen Echsen, die das Meer verlassen und die Evolution beginnen wollen, die zum Menschen führt. Auf diesen Fortschritt verzichten sie nach drei Akten Gesprächen mit den Menschen; sie sind verschreckt von der »Liebe«.

12. DAS SPRECHZIMMER DER SEELENKENNER
oder: Dramatiker, die man Naturalisten nennt

Die Kunst, aus der Natur Theater zu machen · Hauptmann: die Tragödie als Menschenopfer · Schnitzler: Erfinder der Melanchol-ödie · Horvath: die Komik der Tragödien · Sittenbilder: Sperr, Bauer, Sommer, Turrini, Henkel · Kroetz: Drama im Melodrama · Im Rückspiegel: die Fleißer · Irisches, die Poesie in der Wirklichkeit: Yeats, Synge, O'Casey, Behan · Einzelstück: Joyce. Britisches, Zorn über die Wirklichkeit: Osborne, Wesker · Die zweite Welle: Mercer, Storey, Terson · Im Rückspiegel: D. H. Lawrence

> Die Kunst hat die Tendenz, wieder die Natur zu sein.
>
> Arno Holz

> Realismus, Naturalismus: Das erste Wort hat für mich eine leidliche Farbe, das zweite sieht sumpfgrün aus, sehr dunkel, sehr trostlos. ›Der Realismus soll...‹ ›Der Naturalismus soll...‹ Ja, sind denn die beiden Begriffe Tiere, die man dressieren kann, oder was denn sonst? Ja, was ist Realismus, was ist Naturalismus? Wenn meine Auffassung die rechte ist, so sind es Schilder in einem Magazin. Aber was darin steckt, bezeichnen sie nicht — und nun gar noch Idealismus. Wenn ich das Wort Idealismus höre, so habe ich die Vorstellung von dilettantischen Künstlern, die an Krücken gehen und borgen. Wenn ich das Wort Realismus höre, so denke ich etwa an eine grasende Kuh. Spricht jemand von Naturalismus, so sehe ich Emile Zola vor mir mit einer dunkelblauen großen Brille.
>
> Gerhart Hauptmann

Sosehr sie sich unterscheiden mögen, durch Absicht und Temperament, durch Schreibweise und Talent — einige entscheidende Grundzüge haben sie gemeinsam.

Wenn der Vorhang aufgeht, erblickt man auf ihrer Bühne ein Stück sorgfältig nachgebauter ›Natur‹, sei es einen Bach mit Kopfweiden, sei es eine Kutscherkneipe mit klaren Schnäpsen. Der Bühnenbildner und die Techniker sind vollbeschäftigt: wenn der Regen auf Mansardenfenster prasselt, dann muß es veritables Wasser sein, und wenn Hühner gackern, dann kann man sich nicht mit ungefähren Geräuschen zufrieden geben. Der Regisseur muß beispielsweise wissen, daß ein Strafgefangener die aufgelesene Zigarettenkippe nach einem heftigen Zug in der hohlen Hand verbirgt, und wie sich ein Mann mit Vollbart das Plastron bindet, ohne dabei komisch zu wirken.

Der Schauspieler tut so, als sei er nicht mehr er selbst, sondern seit jeher ein buckliger Forstgehilfe gewesen: er versucht, sich zu wandeln, ganz und gar in der Bühnenfigur aufzugehen — im Extremfall wird der Darsteller zum Versteller. (Moderne Schauspieler wahren zwar ihre Persönlichkeit noch, doch verlieren auch sie sich mehr als in allen anderen Arten von Bühnenstücken in der vom Autor geforderten Figur.) Der Zuschauer schließlich hat das Gefühl, er könne, falls er auf die Bühne gebeten werde, ohne weiteres von der dort gereichten Kohlsuppe essen und den schmatzenden Personen die üblichen Fragen nach dem Wetter und dem Wohlergehen stellen. Kurz: die Bühne verschafft die Illusion, es gehe auf ihr genauso zu wie in dem Leben, das der Zuschauer aus seinem Alltag kennt oder doch wenigstens kennen könnte.

Man ist übereingekommen, Dramatiker, die solche ›Natur‹-Stücke schreiben, Naturalisten zu nennen, und es gehört zum Sport der Theaterkritiker, nach der Aufführung eines Naturalisten nachzuweisen, daß er eigentlich doch mehr sei als ein Naturalist, weil er sich einer besonderen, ganz unnatürlichen Technik oder bestimmter Symbole und poetischer Wendungen bediene. Die wenigsten Naturalisten sind überdies ihr ganzes Leben lang Naturalisten geblieben, sie haben Ausflüge in andere Bereiche gemacht oder sich in anderer Richtung entwickelt. Trotzdem werden sie in diesem Kapitel zusammengebracht; auf Abweichungen vom großlinigen und notgedrungen groben Ordnungsbegriff ›Naturalismus‹ wird im einzelnen hingewiesen.

Außer ihrem Versuch, ein Stück dramatisierter Alltagswirklichkeit auf der Bühne wiederzugeben, haben die Naturalisten gemeinsam, daß sie als Beobachter ihres Alltags, als geborene Provinzler mit Provinzmenschen und Provinzproblemen die Welt erobert haben. Mietstreitigkeiten und Tuberkulose, Lohnstreik und Wohnküchenenge, Unlust am Ehepartner und Lust am Alkohol, die Kümmernisse bürgerlicher Damen in norwegischen Kleinstädten, die Eheschlachten schwedischer Offiziere, die religiöse Inbrunst russischer Bauern, die hungernden Mägen schlesischer Weber, Familienkräche in den amerikanischen Südstaaten, die Tränen Wiener Vorstadt-Mädl, die Sauf- und Prahl-Orgien Dubliner Proletarier, die Hysterien frigider Frauen in New Orleans, die miese Laune junger Männer in mittelenglischen Industriestädten — lauter provinzielle Angelegenheiten, doch Ibsen, Strindberg, Tolstój, Hauptmann, O'Neill, Schnitzler, O'Casey, Tennessee Williams, John Osborne haben sie ans Herz der Welt gedrückt und sie zu Gegenständen der Debatten und des Mitleids in den Theater-Metropolen rund um den Globus gemacht. Manche scheuten sich nicht, bis in die Sprache bewußt provinziell zu sein: bei Hauptmann wird Schlesisch, bei Schnitzler Wienerisch, bei Synge Anglo-Irisch geredet, und es hat ihrer aller Grenzen durchstoßenden Wirkung nichts geschadet, denn ›Welt‹ ist auch in der Seele des Provinzmenschen — die Naturalisten haben sie darin entdeckt.

So ist den Naturalisten ferner gemeinsam: ihre intime Kenntnis der menschlichen Seele und ihre Liebe zu allen Menschen, besonders aber zu den Armen und Unterdrückten. Manche haben sich mit der Wissenschaft verbündet, mit den Theorien über die Zwänge von Vererbung und Umwelt, mit Soziologie, Psychologie und Psychoanalyse; manche haben ihre Gestalten solche Theorien predigen lassen, die so veränderlich sind wie der jeweilige Stand der Forschung, und manche haben versucht, durch Zeitkritik die Veränderung bestimmter gesellschaftlicher Verhältnisse zu bewirken — auch dies ist ein provinzieller Zug, denn mit ihren zeitgebundenen Problemen rutschen sie ab in eine historische Provinz. Überlebt haben diese Belastung mit rasch vergänglichem Stoff nur diejenigen Naturalisten, denen die unter ihren Schreibhänden wachsenden Menschen wichtiger gewesen sind als ihre Ansichten über diese Menschen und auch als ihre redlichen Absichten, die Menschen und die gesellschaftlichen Verhältnisse zu bessern. Die großen Naturalisten lieben auch ihre Bösewichter; sie sind groß nicht durch ihre Gedanken, sondern durch ihre Gestalten. Sie sind — vom Theater her gesprochen — nicht groß durch ihre provinzielle Tendenz, so wichtig diese als Auslöser der Produktion gewesen sein mag, sie sind groß durch ihre Rollen.

Naturalismus ist keine Erfindung des 19. Jahrhunderts. Als Euripides im 5. vorchristlichen Jahrhundert die Götter nur noch in Prolog und Epilog seiner Dramen zeigte, als Zitate eines sich auflösenden Glaubens, als er seine einsamen, klagenden Menschen aus vielfältigen, unauflösbaren seelischen Motiven handeln ließ, soziale Probleme debattierte und den religiösen Kult durch weltliche Kunst ablöste, hatte er schon die Szene für die Naturalisten bereitet, die ihren Zuschauern das Vergnügen machen, sich selbst und ihre Alltagswelt, samt ihren Zahnschmerzen, auf der Bühne wiederzufinden. Die Theater der Welt beherrschte der Naturalismus in den drei letzten Jahrzehnten des 19. Jahrhunderts. Schon 1905 hatte Karl Kraus an Frank Wedekind gerühmt: »Alle Natürlichkeitsschrullen sind wie weggeblasen. Was über und unter den Menschen liegt, ist wichtiger, als welchen Dialekt sie sprechen.« Dialekt aber sprachen sie schon wieder bei Horvath, und in den sechziger Jahren ist er durch Bond, Sperr und Bauer Mode geworden.

Der Naturalismus ist nicht tot. Im Theater ist er zwar nur noch eine Provinz, doch ein großer Teil des Films und des Fernsehens zehrt von ihm. Auf der Bühne steht ein lebendiger Mensch; auf der Leinwand erscheint nur sein Bild. Der Mensch auf der Bühne ist immer in der Gesamtansicht, der ›Totalen‹; der Mensch auf der Leinwand wird in Nah- und Großaufnahmen gezeigt, total und zerstückelt. Auf der Bühne fallen die Entscheidungen durch die Sprache, im Dialog; im Film muß alles Entscheidende im Bild gezeigt werden, und der Dialog hat nur eine unterstützende Funktion. Sehen wir einmal von diesen fundamentalen Unterschieden zwischen Bühne und Film ab, so lebt der Film fast ausschließlich von einer einzigen Absicht des Bühnen-Naturalismus: dem Zuschauer die Illusion zu verschaffen, er habe ein Stück Natur vor Augen, Menschen, die ihm verwandt sind und mit denen er sich, mitlebend, gleichsetzen kann. In diesem Punkt ist der Naturalismus die Erfindung des Films vor der Erfindung des Films.

Die Uraufführung der ›Nora‹ von Ibsen am 21. Dezember 1879 im Hoftheater Kopenhagen ist ein markantes Datum des Bühnen-Naturalismus; die ersten siebzehn Meter Film führten die Brüder Lumière sechzehn Jahre später, am 22. März 1895, in Paris vor, ›La Sortie des Usines‹, ›Arbeiter verlassen die Fabrik‹ — noch war der Film nur Reportage, doch schon ein Stück der Natur, und abermals sechzehn Jahre später, 1911, war ›Nora‹ in den Vereinigten Staaten als ›A Doll's House‹, ›Ein Puppenheim‹, bereits verfilmt, wenn auch unzulänglich. Bei aller Phantastik und absoluten Unwirklichkeit, deren der Film fähig ist, hat er sich seine Liebe zum Naturalismus, auch zum naturalistischen Theaterstück, bewahrt; nach dem zweiten Weltkrieg hat er durch die erneuerte naturalistische Technik, den ›Neorealismus‹ der Italiener, einen außergewöhnlichen künstlerischen Aufschwung genommen.

Die Ibsen-Technik beherrscht noch immer das Fernseh-Spiel, das auf der formlosen Röhre eher eine Bühnen-Illusion der Wirklichkeit als den furiosen Bildzauber eines optisch raffinierten Films vermitteln kann.

Der naturalistische Stil amerikanischer Schauspieler, die scheinbar durch ihr bloßes Vorhandensein alles auszudrücken vermögen, was auch immer ausgedrückt werden muß, hat eine lange Ahnenreihe. Sie wird erlernt im New Yorker ›Actor's Studio‹, das Lee Strasberg 1948 gegründet hat; seine weltberühmte ›Methode‹ ist eine Weiterentwicklung der Methode des russischen Naturalisten-Regisseurs Stanisláwski. Strasberg ist Mitbegründer (und war von 1930 bis 1937 Direktor) des New Yorker ›Group Theatre‹; es übernahm 1931 die Arbeitsweise Stanisláwskis und seines Moskauer Künstlertheaters; viele Schauspieler und Dramatiker — wie William Saroyan und Clifford Odets — sind aus ihm hervorgegangen. Stanisláwski, auf den sich auch der »sozialistische Realismus« beruft, ist von der Theatertruppe des Herzogs von Meiningen bei ihrem ersten Moskauer Gastspiel 1885 entscheidend angeregt worden – die Meininger haben nicht nur die verspottete ›Meiningerei‹, die Gamaschenknopf-Genauigkeit, erfunden, sie haben zwischen 1874 und 1890 mit ihren Gastspielen in 38 europäischen Städten (rund 2600 Aufführungen) die naturalistische Bühne vorbereitet und sind schon mit Ibsens ›Gespenstern‹ auf Tournee gegangen.

Verein Freie Bühne.

Sonntag, den 20. October 1889.

Vor Sonnenaufgang.

Soziales Drama in fünf Aufzügen von Gerhart Hauptmann.

Krause, Bauerngutsbesitzer	Hans Pagay.
Frau Krause, seine zweite Frau	Louise von Pöllnitz.
Helene, Krause's Tochter erster Ehe	Elsa Lehmann.
Hoffmann, Ingenieur, verheirathet mit Krause's anderer Tochter erster Ehe	Gustav Kadelburg.
Wilhelm Kahl, Neffe der Frau Krause	Carl Stallmann.
Frau Spiller, Gesellschafterin bei Frau Krause	Ida Stägemann.
Alfred Loth	Theodor Brandt.
Dr. Schimmelpfennig	Franz Guthery.
Beibst, Arbeitsmann auf Krause's Gut	Paul Pauly.
Guste, Liese, Marie, Mägde auf Krause's Gut	Sophie Berg. Clara Hayn. Antonie Ziegler.
Baer, genannt Hopslabaer	Ferdinand Meyer.
Eduard, Hoffmann's Diener	Edmund Schmasow.
Miele, Hausmädchen bei Frau Krause	Helene Schüle.
Die Kutscherfrau	Marie Gundra.
Golisch, genannt Gosch, Kuhjunge	Georg Baselt.

Ort der Handlung: ein Dorf in Schlesien.

Regie: Hans Meery.

Nach dem ersten Akt findet eine Pause statt.

Theaterzettel der Uraufführung von Gerhart Hauptmanns ›Vor Sonnenaufgang‹ in der Berliner ›Freien Bühne‹: mit dem Theaterskandal am Mittag des 20. Oktober 1889 begann die Bühnengeschichte des deutschen Naturalismus

Am Anfang war ein Skandal

»In dem Stück ward nach einer Hebamme gerufen, und dabei erhob sich ein durch seine Bissigkeit bekannter Arzt und Journalist, der in Wirklichkeit nichts ungerupft seines Weges ziehen läßt, und schwang ein chirurgisches Instrument diskretester Art, das er auf die Bühne werfen zu wollen schien. Rasender Tumult erhob sich.« So berichtete Adalbert von Hanstein über die Uraufführung des Stückes ›Vor Sonnenaufgang‹ von Gerhart Hauptmann am 20. Oktober 1889, mittags zwölf Uhr, im Berliner Lessing-Theater. Das chirurgische Instrument war eine Geburtszange, und der Arzt, Dr. Kastan, der sich übrigens später für sein Benehmen entschuldigte, hatte schon vor-

her, als auf der Bühne ein betrunkener Bauer seine Tochter umarmte, geschrien: »Sind wir denn hier in einem Bordell oder im Theater?« Ein anderer
Augenzeuge, der Dichter Richard Dehmel (1863–1920), erzählte: »Von Akt
zu Akt wuchs der Lärm. Schließlich lachte und jubelte, höhnte und trampelte
man mitten in die Unterhaltungen der Schauspieler hinein.« Otto Brahm
(1856–1912), der Leiter des ›Vereins Freie Bühne‹, der diese Aufführung
veranstaltete, schrieb: »... da den fanatischen Gegnern fanatische Bewunderer entgegentraten, so ergab sich ein Kampf der Lungen und der
Hände, der Zischenden und der Klatschenden, der mit einer ganz ungewöhnlichen Heftigkeit geführt wurde und lange unentschieden hin und her wogte,
bis eine große Liebesszene im vierten Akt selbst die Widerstrebenden zum
Beifall hinriß.«

Mit diesem Theaterskandal begann die Bühnengeschichte des deutschen
Naturalismus. Er hatte seine ausländischen Vorbilder; als der Theaterkritiker Otto Brahm ›Vor Sonnenaufgang‹ gelesen hatte, schrieb er (ein Jahr vor
der von ihm herausgebrachten Uraufführung): »... von Ibsen empfing er
die modernen Mittel des Dialogs und der Charakteristik, volle Natürlichkeit,
Reichtum des charakteristischen Details, Verzicht auf äußere Handlung und
das sogenannte eigentliche Dramatische; von Zola empfing er das große
Thema der Vererbung, und er konnte ihn lehren ... den schönfärberischen
Darstellungen der Bauernnovellen die rückhaltlos wahre Schilderung des
Lebens auf dem Lande, dieser rohen Genußsucht, dieser verheerenden Wir-
kung des Alkohols, entgegenzusetzen.«

Ibsen-Technik: ein Fremder dringt in eine verrottete Gesellschaft ein, versucht zu retten und zu heilen und ruft gerade dadurch eine Katastrophe herbei. In Hauptmanns ›Vor Sonnenaufgang‹ besteht die verrottete Gesellschaft
aus oberschlesischen Bauern, die durch die neuen Kohlengruben über Nacht
reich und durch den Reichtum zu rücksichtslosen Genußmenschen geworden sind. Der Fremde ist der sozialistische Schriftsteller Alfred Loth, anständig, aber auch engstirnig doktrinär; er liebt die in Herrnhut erzogene Helene
Krause, die sich inmitten ihrer im Alkohol verkommenen Sippschaft todunglücklich fühlt und sich an Alfred Loth klammert; doch Loth, von einem
Arzt über den erblichen Alkoholismus der Familie Krause aufgeklärt, verläßt
Helene, obwohl sie gesund ist, und Helene bringt sich mit einem Hirschfänger
um – frühmorgens, vor Sonnenaufgang; ›vor Sonnenaufgang‹ auch einer
kommenden Zeit. Loth, der Menschheitsverbesserer, der, wie er meint, erst
glücklich sein könnte, wenn alle Menschen um ihn herum glücklich wären,
hat es versäumt, den einen Menschen zu retten, der von ihm Rettung erwarten durfte – aus einem abstrakten Idealismus, der ihn blind macht für seine

konkrete Aufgabe; aus Furcht vor einer erblichen Belastung, die Zola literaturfähig und Ibsen in seinen ›Gespenstern‹ bühnenfähig gemacht hat.

Dieses Stück mit seiner, nach Brahm, »rückhaltlos wahren Schilderung des Lebens auf dem Lande« konnte im kaiserlichen Deutschland nicht öffentlich aufgeführt werden. Es gehört zum unvergänglichen Ruhm Theodor Fontanes (1819–1898), daß er als siebzigjähriger Theaterkritiker dieses Drama eines siebenundzwanzigjährigen Unbekannten gelesen, bei der Lektüre, ohne Hauptmanns Schwächen zu verkennen, seine ungewöhnliche Begabung erkannt und sich angeboten hat, ›Vor Sonnenaufgang‹ an Brahm zur Aufführung zu empfehlen. »Hauptmann hat ein sehr großes, ein seltenes Talent«, schrieb er nach der skandalösen Premiere an den Chefredakteur seines Blattes, der ›Vossischen Zeitung‹, und in dem Gefühl, daß er seine zu diesem Zeitpunkt fast alleinstehende positive Kritik dem Chefredakteur verständlich machen müsse, fügte er hinzu: »Bezwingen Sie nach Möglichkeit Ihre persönliche Abneigung gegen die Richtung (Gefühle respektiere ich durchaus), aber lassen Sie mich als ›alten Knopp‹ die festeste Überzeugung aussprechen, daß hinter einem Manne, der so was schreiben kann, mehr steckt als hinter der anderen Blase, die alle bloß nach der ›Tantieme‹ schielen.«

Sogar von Otto Brahms Premierenkritik, die Alfred Loth als objektiven Bühnencharakter in Schutz nahm (»Posa mag Schillers Held und idealisiertes Abbild sein, aber Loth ist eine Gestalt mit vielen individuellen Zügen, kein Ideal und kein Träger einer subjektiven dichterischen Tendenz«), distanzierte sich vorsichtig die Redaktion seines Blattes: »Die Redaktion der ›Nation‹ bringt die Ausführungen des Herrn Dr. Brahm gern zum Abdruck, ohne sie im vorliegenden Falle völlig zu teilen ... Man kann etwas als Gegengift für nützlich halten, ohne es als Nahrung zu empfehlen.«

Freie Bühne: die geschlossene Gesellschaft der Naturalisten

Otto Brahm konnte ›Vor Sonnenaufgang‹ nur deshalb aufführen, weil er der Leiter der ›Freien Bühne‹ war. Das war ein Verein, dessen zehn Gründer ordentliche Mitglieder waren, während alle anderen als außerordentliche Mitglieder für ihren Beitrag das Anrecht auf einen Platz im Theater, doch keinerlei Einfluß auf die künstlerische Leitung hatten, die auch von den ordentlichen Mitgliedern allein dem Theaterkritiker Otto Brahm überlassen wurde. Die ›Freie Bühne‹ war im März 1889 in Berlin in Kempinskis Weinrestaurant von Kritikern unnd Journalisten gegründet worden; eingeladen dazu hatten die einflußreichen Publizisten Theodor Wolff (1868–1943) und Maximilian Harden (1861–1927). Der Vereinscharakter der ›Freien

›Naturalistische‹ Dramatiker, ihre Werke unterm Arm, werden von der Polizei ab-
geführt: Gerhart Hauptmann mit den ›Webern‹, Henrik Ibsen mit ›Volksfeind‹ und
›Stützen der Gesellschaft‹, Ernst von Wildenbruch mit ›Das neue Gebot‹ und Her-
mann Sudermann mit ›Ehre‹ und ›Sodoms Ende‹. Karikatur von Ludwig Stutz in
der satirischen Zeitschrift ›Kladderadatsch‹, 1894, Nr. 50

Bühne‹ mit ihren geschlossenen Vorstellungen nur für Mitglieder entzog
den Spielplan der Zensur. Gespielt werden sollten die heftig umstrittenen
Autoren der Gegenwart: die ›Naturalisten‹ Frankreichs, Rußlands und
Skandinaviens.

Vorbild im Spielplan und im Stil — nicht in der Organisationsform — war
das Pariser ›Théâtre Libre‹, das zwei Jahre vorher, 1887, in Berlin gastiert
hatte. Dieses revolutionäre Theater des Naturalismus war erst im Jahr seines
Berliner Gastspiels gegründet worden von André Antoine, einem kleinen
Angestellten einer Gasanstalt (1858—1943). Antoine wiederum, moralisch
unterstützt von dem naturalistischen Romancier Emile Zola (1840—1902),
hatte für seinen Aufführungsstil ein deutsches Vorbild: die Truppe des Herzogs Georg II. von Meiningen (1826—1914. Siehe auch Seite 551), der den
Star und das Pathos von der Bühne verbannt, das beseelte Ensemble und
den Realismus in Ausstattung und Spiel eingeführt (und in Moskau 1885
auch Stanisláwski entscheidend angeregt) hatte. Antoine entdeckte in drei
Jahren dreißig unbekannte Autoren, führte neben seinen Landsleuten auch

Tolstój, Turgénjew, Ibsen (und später Gerhart Hauptmann) auf. Wie die ›neorealistischen‹ italienischen Filmregisseure nach dem zweiten Weltkrieg holte sich Antoine seine Schauspieler von der Straße, aus Fabriken und Büros. Mit Tolstójs ›Macht der Finsternis‹, gespielt von einem Architekten, einem Handlungsreisenden, einem Finanz- und einem Polizeibeamten, einem Friseur, einem Weinhändler, einer Telegraphistin und einer Schneiderin, begeisterte er sogar die Kritik, und viele seiner Laiendarsteller wurden zu gefeierten Schauspielern an größeren Bühnen.

Die Meininger, die im Mai 1874 in Berlin mit sensationellem Erfolg gastierten und schon 1886 Ibsens ›Gespenster‹ wagten; die Arbeit des ›Théâtre Libre‹ und die vom Berliner Residenz-Theater der Zensur mühsam abgerungene Erlaubnis, Ibsens ›Gespenster‹ (1887, in Anwesenheit des Dichters) und sein Stück ›Rosmersholm‹ zu spielen; das Bedürfnis, das deutsche Theater der internationalen Entwicklung zu öffnen — dies alles ermutigte diese Handvoll Journalisten zur Gründung der ›Freien Bühne‹. Zu ihnen gehörte auch Paul Schlenther (1854–1916), Verehrer Ibsens und Förderer Gerhart Hauptmanns, später Direktor des Wiener Burgtheaters.

Im September 1889 gab die ›Freie Bühne‹ ihre erste Vorstellung: Ibsens ›Gespenster‹. Dazu gehörte nun nicht mehr viel Mut, doch wirkte es als Proklamation künftiger Absichten. Danach zählte der Verein neunhundert Mitglieder, darunter nicht nur Anhänger, wie sich bei der zweiten Aufführung lautstark herausstellte: bei Gerhart Hauptmanns ›Vor Sonnenaufgang‹ — dazu gehörte Mut, denn das Stück lag gedruckt vor, und seine Gegner waren mit der Absicht, Skandal zu machen, in den Verein eingetreten.

Die Kunst, aus der Natur Theater zu machen

Hauptmann hatte die Buchausgabe dieses Stückes »Bjarne P. Holmsen, dem konsequenten Realisten, Verfasser von ›Papa Hamlet‹, zugeeignet, in freudiger Anerkennung der durch sein Buch empfangenen, entscheidenden Anregung. Erkner, den 8. Juli 1889«, und Otto Brahm, als er ›Vor Sonnenaufgang‹ las, hatte von »diesem nordischen (oder pseudonordischen?) Dichter« noch nie etwas gehört. Er war in der Tat pseudonordisch und bestand aus zwei Personen: aus Arno Holz (1863–1929) und Johannes Schlaf (1862 bis 1941). Arno Holz hatte damals erkannt: »Die Sprache des Theaters ist nicht die Sprache des Lebens«; er glaubte: »Die Kunst hat die Tendenz, wieder die Natur zu sein«; er wollte »aus dem Theater allmählich das Theater« vertreiben, um Platz zu machen für die Sprache des Lebens, für eine Kunst, die nichts anderes als wieder ›die Natur‹ sein möchte. So wurde er zum Theoretiker des deutschen, des ›konsequenten Naturalismus‹, der an Genauigkeit der Wirklichkeitswiedergabe Tolstój, Zola und Ibsen noch übertreffen sollte.

Papa Hamlet (1889) war eine Probe auf die Theorie: drei Skizzen, gemischt aus ›natürlichen‹ Dialogen und sachlichen Beschreibungen — man kann die Skizzen als geheime Theaterszenen betrachten mit besonders ausführlichen Regie-Anweisungen, aber auch als bruchstückhafte Novellen mit besonders ausschweifenden Dialogen. Von diesem ›Bjarne P.

Holmsen‹, von der praktizierten naturalistischen Theorie des Arno Holz, hat sich der junge Hauptmann ermutigt gefühlt: zum Abschied vom idealisierten ›Helden‹; zur Schilderung von Zuständen, zur Genauigkeit der Beobachtung. In ›Vor Sonnenaufgang‹ wie in seinen späteren ›naturalistischen‹ Dramen werden mehr soziale und seelische Zustände geschildert als lebhafte dramatische Bewegungen herbeigeführt, die ja der ›Natur‹ des Alltags nicht entsprächen. Die genaue Beobachtung drückt sich in der Alltagssprache aus, die bis in die geringste Wendung der ›Natur‹ abgelauscht ist und deshalb auch den Dialekt reichlich verwendet; ferner in den Regie-Anweisungen, die geradezu novellistischen Charakter haben und an Personen dort, wo die ihnen gegebene Alltagssprache zum Ausdruck ihres Empfindens oder Denkens nicht ausreicht, stumme Gebärden nahelegen.

Dennoch war Gerhart Hauptmann von Anfang an kein ›konsequenter Naturalist‹, und so griffen denn die ›konsequenten Naturalisten‹ auch schon die Liebesszene in ›Vor Sonnenaufgang‹ an, die nach Brahms Zeugnis »selbst die Widerstrebenden zum Beifall« hingerissen hatte: sie sei viel zu poetisch, um naturalistisch zu sein. Hauptmanns gelassene Erwiderung läßt schon den Weg erkennen, den er nehmen wird: »Kann ich dafür, daß die Natur auch schön ist?« Gewiß hatte sich Hauptmann anfangs in seinem Idealisten Loth, dem Antialkoholiker, dem Kämpfer für Sauberkeit und allgemeines Menschenglück, selbst porträtiert, doch am Ende war aus Loth ein feiger Schwätzer und ein jämmerlicher Doktrinär geworden — Hauptmann hat dafür Vorwürfe empfangen, doch gerade dies ist ein Beweis für sein dramatisches Talent: Loth hat sich vom Sittenprediger Hauptmann losgelöst und nach seinem eigenen inneren Gesetz zu einem selbständigen Menschen entwickelt.

Hauptmann ist nie ein sozialistischer Tendenzdichter gewesen: alle seine Personen haben auf ihre Weise recht; alle leiden sie unter einem undurchschaubaren Schicksal; mit allen leidet ihr Schöpfer Gerhart Hauptmann. Was er auch für Theorien geäußert haben mag, als Dramatiker, als Menschenschöpfer war er ein zu großer Künstler, um die unkünstlerische Theorie zu erfüllen, daß die Kunst nur die Natur zu wiederholen habe. Schon Theodor Fontane hatte bei der Lektüre von ›Vor Sonnenaufgang‹ die Stärke Hauptmanns erkannt, seine dichterische Qualität, die unabhängig ist von ›natura-

listischen Derbheiten‹, den nur ihm eigenen ›Ton‹: »Der Ton ist bei Arbeiten wie
diesen, die viel von der Ballade haben,
nahezu alles, denn er ist gleichbedeutend
mit der Frage von Wahrheit oder Nicht-
Wahrheit.«

Die ›konsequenten Naturalisten‹ Arno
Holz und Johannes Schlaf haben, bevor
sie sich zerstritten, gemeinsam ein Musterdrama *Familie Selicke* geschrieben (1891):
es ist in seiner Naturwahrheit ebenso genau wie quälend langweilig. Auch Arno
Holz ist kein Naturalist geblieben; dieser
höchst erfindungsreiche Kopf und geniale
Stilparodist hat später (1902–1924) das
ungeheuerlichste, phantastischste Lese-
Drama deutscher Sprache geschrieben, *Die
Blechschmiede*, die in der ›Zirbeldrüse des
Dichters‹ spielt. Die meisten naturalistischen Dramatiker sind vergessen; einige
werden noch gelegentlich gespielt, und
dies nicht, weil, sondern obwohl sie ›Naturalisten‹ waren. So Hermann Sudermann (1857–1928), dessen Stücke *Die
Ehre* (1889), *Sodoms Ende* (1891), *Heimat*
(1893), *Johannisfeuer* (1900) sensationelle Publikumserfolge gewesen sind;

*Arno Holz und Johannes Schlaf im
›Geschundenen Pegasus‹, karikiert
von Johannes Schlaf. Gemeinsam
hatten sie unter dem Pseudonym
Bjarne P. Holmsen ›Papa Hamlet‹
geschrieben (1889) und mit diesen
Skizzen den jungen Gerhart Hauptmann entscheidend angeregt. Gemeinsam veröffentlichten sie drei
Jahre später ›Der geschundene Pegasus‹, ein Buch mit Versen von
Arno Holz und Zeichnungen von
Johannes Schlaf*

›naturalistisch‹ waren jedoch nur ihr Mut,
aktuelle Zeitfragen aufzugreifen, und ihre Drapierung, hinter der allerdings
im Laufe der Zeit das Schema des effektvollen Pariser Boulevardtheaters
immer deutlicher hervorgetreten ist — es ist die Technik der zeitkritischen
Stücke im naturalistischen Gewand, wie sie noch heute oft und überall geschrieben werden, und sei es für das Kino, für den besseren ›Problemfilm‹.
So Max Halbe (1865–1944), dessen an Ibsen orientierte Dramen *Jugend*
(1893), *Mutter Erde* (1897) und *Der Strom* (1903) durch ihre Atmosphäre,
Lyrik und Naturgewalt über das Programm des Naturalismus hinausgehen.

Weltrang unter den deutschen Naturalisten hat allein Gerhart Hauptmann
erreicht; seine ›Weber‹ wurden schon 1893, im Jahr der nicht öffentlichen
deutschen Uraufführung, im Pariser ›Théâtre Libre‹ öffentlich gezeigt; man
spielte Hauptmann bald in New York, in Italien, Polen und in Rußland.

›Genosse Hauptmann‹,
Zeichnung von Arpad Schmidhammer
in der Zeitschrift ›Jugend‹, 1904, Nr. 7

Hauptmann:
die Tragödie als Menschenopfer

Tragödie heißt: Feindschaft,
Verfolgung, Haß und Liebe
als Lebenswut.

Gerhart Hauptmann

Bei der ›Sonnenaufgang‹-Premiere stand Hauptmann im 27. Lebensjahr. Geboren war er am 15. November 1862 in Ober-Salzbrunn in Schlesien als viertes Kind eines Hotelbesitzers; er hatte die Realschule und die Bildhauerklasse der Kunst- und Gewerbeschule in Breslau besucht, ein Semester Geschichte in Jena studiert, ein Jahr in Rom als Bildhauer gearbeitet, 1885 Marie Thienemann geheiratet und wohnte dann bis zur ›Sonnenaufgang‹-Premiere 1889 im Berliner Vorort Erkner.

Bis zur Verleihung des Nobelpreises im Jahre 1912 folgten rund zwanzig Uraufführungen. Hauptmann lebte damals, unterbrochen ___ ¹ ¹reichen Reisen, in Schreiberhau ____ _____ _____. 1894 zog seine Frau Marie mit ihr~ __.~ Sonnen nach Dresden; zehn Jahre später wurde er geschieden und h eiratete Margarete Marschalk; aus dieser Ehe stammt Benvenuto, sein jüng ster Sohn. Die für sein Werk wichtigste Reise führte ihn 1907 nach Griechenland. Die Universität Oxford hatte ihm schon 1905 den Ehrendoktor verliehen; Kaiser Wilhelm II. konnte sich erst 1914, im Kriege, als er keine ›Parteien‹ mehr kennen wollte, dazu entschließen, den neunundfünfzigjährigen Nobelpreisträger mit dem dürftigen Roten-Adler-Orden vierter Klasse zu dekorieren. Die Weimarer Republik feierte Hauptmann als ihren geistigen Repräsentanten, Heinrich Mann nannte ihn den ›erwählten Dichter‹ der Republik; die Diktatur Hitlers, der er seinem Wesen und Werk nach zuwider war, wagte nicht, sich an seiner Person zu vergreifen und ließ sein Werk, mit Einschränkungen, in Frieden.

Bis zu seinem Tod folgten nach 1912 weitere rund zwanzig Uraufführungen. Die letzten Jahrzehnte seines Lebens hatte er in Berlin, auf der Ostsee-Insel Hiddensee und in Agnetendorf, auf dem ›Wiesenstein‹, verbracht. Nach der Kapitulation 1945 besetzten sowjetische Truppen Agnetendorf, und für Hauptmanns ›Wiesenstein‹ wurde ein Schutzbrief ausgestellt, doch sollte schließlich der dreiundachtzigjährige Greis, den Russen und Polen respektvoll behandelten, wie alle Deutschen auf Verlangen der polnischen Regierung Schlesien verlassen. Der Sonderzug, den ihm die Russen zur Übersiedlung nach Berlin angeboten hatten, überführte seinen Leichnam auf die Insel Hiddensee — Gerhart Hauptmann war am 6. Juni 1946 gestorben. Er wurde auf dem Friedhof von Kloster auf Hiddensee beerdigt: in der Franziskanerkutte, die er bei morgendlichen Meditationen getragen hatte, sein zerlesenes ›Neues Testament‹ in den Händen. Er hatte den Untergang Dresdens im Feuersturm »unter den Sodom- und Gomorrha-Höllen der feindlichen Flugzeuge« erlebt und in seiner ›Totenklage auf Dresden‹ geschrieben: »Ich bin nahezu 83 Jahre alt und stehe mit meinem Vermächtnis vor Gott, das leider machtlos ist und nur aus dem Herzen kommt: es ist die Bitte, Gott möge die Menschen mehr lieben, läutern und klären zu ihrem Heil als bisher.«

Meinungen: »In Gerhart Hauptmann stecken Eigenschaften, die ihn ohne Zweifel über Ibsen hinausführen werden; er ist nicht vor allem Kämpfer, sondern Dichter, der Menschen zu schaffen versteht um ihrer selbst, nicht bloß um der Tendenz willen, und die Liebe ist bei ihm stärker als der Haß«: Heinrich Hart (1889). — »Hauptmann will, daß wir die Gefühle seiner Menschen teilen; Ibsen will, daß wir nachdenklich ihre Beschaffenheit würdigen. Hauptmann schildert ein Geschehnis; Ibsen stellt eine Frage. Hauptmann ist Altruist; Ibsen ist Forscher«: Alfred Kerr (1894). — »Alles, was man über Hauptmanns ›Naturalismus‹ gesagt hat und womit man früher die sehr törichte Vorstellung einer möglichst wirklichkeitsgetreuen Sach- und Sprachbehandlung als Zweck verband, all das hat nur Sinn, wenn wir darunter eine sehr zweckmäßige, sehr streng stilisierende Behandlung der Sprache verstehen, die den Endzweck hat, ein naturalistisches Gefühl auszudrücken, das heißt das Gefühl der Abhängigkeit und Gebundenheit, der Hingegebenheit des Menschen an die Gewalt der Natur«: Julius Bab (1911). — »Wo Hauptmann bloß bildet, hat er fast noch mehr Atmosphäre als Ibsen, wo er denkt, wird er plakathaft, undifferenziert, schief, ja dilettantisch und schülerhaft«: Egon Friedell (1931). — »Hauptmann ist der Kreatur im Menschen begegnet. Durch die Gestalten, die er auf die Bühne brachte, gehen die Ströme dessen, was Freud später das Es nannte. Aber dieses Es war und blieb bei Hauptmann das Unerforschte, das Unbekannte, das Übermächtig-Geheime. Er liebte die Menschen, weil er Mitleid hatte mit ihrer Seele, mit dieser armen Menschenseele, die der Gewalt der sie durchströmenden Mächte nicht widerstehen kann«: Siegfried Melchinger (1956). — »Hauptmann, der Dramatiker, überdauert nicht allein aus sich. Er überdauert mit den Schauspielern, denen er seine Menschen anvertraut«: Gerhard F. Hering (1959). — »Hauptmanns

Dramen sind repräsentative Leidensgeschichten. Stellvertretend für zeitlos gültige Urbilder des Menschen nehmen die Gestalten seiner Bühnenwerke ein Schicksal auf sich. Immer wird hinter den genau gezeichneten Gesichtern der Figuren die ewige Physiognomie des Menschen sichtbar. Auf diesen Archetypus hin muß Hauptmann inszeniert werden. Dieser neue Stil ist auch für die Aufführung der frühen Dramen zu fordern, wenn Hauptmann nicht in den Schlingen des Naturalismus erdrosselt werden soll. Das enge Kabuff, in dem Hauptmann am deutschen Theater meist gespielt wird, muß von der Bühne gesprengt werden«: Rolf Michaelis (1962).

Hauptmann hat die ausländischen Bühnen erobert wie vor ihm nur Kotzebue und Schiller und nach ihm nur Brecht. Dies freilich allein mit den Stücken, die einigermaßen in den ›Naturalismus‹ passen. Von diesem Teil seines dramatischen Werkes wird noch ausführlicher die Rede sein.

Erfolgversprechenden Wiederaufführungen scheinen sich die folgenden Stücke zu widersetzen, deren Uraufführungsjahr in Klammern angegeben ist: ›Elga‹ (1905), ›Die Jungfern vom Bischofsberg‹ (1907), ›Kaiser Karls Geisel‹ (1908), ›Griselda‹ (1909), ›Gabriel Schillings Flucht‹ (1912), ›Der weiße Heiland‹ (1920), ›Peter Brauer‹ (1921), ›Das Opfer‹ (= ›Indipohdi‹, 1922), ›Hamlet in Wittenberg‹ (1935), ›Die Tochter der Kathedrale‹ (1939), ›Ulrich von Lichtenstein‹ (1939).

Revisionen sind natürlich auch in dieser Reihe möglich; wahrscheinlicher aber, daß über einige Stücke das letzte Wort noch nicht gesprochen ist, für deren Eroberung durch die Bühne sich der Theaterkritiker Rolf Michaelis in seinem Buch ›Der schwarze Zeus. Gerhart Hauptmanns zweiter Weg‹ (1962) leidenschaftlich und mit Gründen eingesetzt hat. Dieser ›zweite Weg‹ beginnt mit Hauptmanns Reise nach Griechenland im Jahre 1907: »die« — so Michaelis — »bewußte Gestaltung seiner Dramen als Gleichnisspiele aus mythischer Bildhaftigkeit, aus dem Geist der antiken Tragiker und aus einem von chthonischen Mächten ständig bedrohten Lebensgefühl«.

Ausgerechnet in Delphi (siehe auch Seite 30), einem Ort der Entsühnung und der zivilisatorischen Bändigung der ›chthonischen‹, der unterirdischen Schicksalsmächte, entdeckte Hauptmann für sich, wie in seinem Tagebuch ›Griechischer Frühling‹ (1907) nachzulesen ist, »die blutige Wurzel der Tragödie« im »Menschenopfer«: »Wenn zu Beginn der großen Opferhandlung die das Schauspiel der Griechen ist, das schwarze Blut des Bocks in die Opfergefäße schoß, so wurde dadurch das spätere höhere, wenn auch nur scheinbare Menschenopfer nur vorbereitet.« Die Tragödie, so nimmt er an, habe dem gleichen Instinkt gedient wie das Menschenopfer. »Tragödie heißt: Feindschaft, Verfolgung, Haß und Liebe als Lebenswut.« Das Tragische: »die schaudernde Anerkennung unabirrbarer Blutbeschlüsse der Schicksalsmächte.«

Ob Hauptmann mit diesen Einsichten in der Tat die Wurzel der
griechischen Tragödie gefunden hat
— darüber mögen sich die Gelehrten
streiten. Unbestreitbar aber ist dies:
er hat wie alle produktiven Reisenden, die in einem fremden Land von
einer lebens- und werksentscheiden-
den Erkenntnis getroffen werden,
sich selber gefunden — Hauptmanns
größte Entdeckung in Delphi war:
Hauptmann. Schon vor der Grie-
chenlandreise nämlich sind seine
tragischen Gestalten, seine Weber
und sein Florian Geyer, sein Fuhrmann Henschel und seine Rose Bernd,
nichts anderes als Menschenopfer,
und sie werden es in seinem Spät-
werk auch dann bleiben, wenn sie
Dorothea Angermann oder Geheimrat Clausen heißen und abermals
›naturalistisch‹ auf die Bühne treten. Sie gehen schuldlos zugrunde
in einer ›Lebenswut‹, die sich in

Gerhart Hauptmann,
gezeichnet von B. F. Dolbin für die Zeit-
schrift ›Die Literarische Welt‹, 1932

Feindschaft, Verfolgung, Haß und Liebe entlädt, und ihr Publikum wird von
Hauptmann zur schaudernden Anerkennung »unabirrbarer Blutbeschlüsse
der Schicksalsmächte« gezwungen.

Zu den Stücken seines zweiten Weges, zu den bewußten Gleichnisspielen
rechnet Michaelis: ›Der Bogen des Odysseus‹ (1912), ›Magnus Garbe‹
(1915), ›Winterballade‹ (1916), ›Veland‹ (1924), ›Die schwarze Maske‹
(1928), ›Hexenritt‹ (1929), ›Die goldene Harfe‹ (1933) und die ›Atriden-
Tetralogie‹, die Hauptmann in seinen letzten Lebensjahren diktiert hat.

Die Atriden-Tetralogie (1940 bis 1944) besteht aus den Vers-Tragödien
›Iphigenie in Aulis‹ (Uraufführung am 15. November 1943 am Wiener Burgtheater), ›Agamemnons Tod‹ und ›Elektra‹ (Uraufführung am 10. September
1947 am Deutschen Theater, Berlin), ›Iphigenie in Delphi‹ (Uraufführung am
15. November 1941 am Staatlichen Schauspielhaus, Berlin). — Die erste uns
bekannte Dramatisierung der Geschichte des fluchbeladenen Geschlechtes der
Atriden ist die ›Orestie‹ des Aischylos (458 v. Chr. Siehe auch Seite 35).

Aischylos beendet seine ›Orestie‹, ein politisch-theologisches Tendenzstück, mit der göttlichen Einsetzung des Schwurgerichtes: der Muttermörder Orest wird entsühnt und freigesprochen, die Rachegeister werden in Schutzgötter Athens verwandelt. Recht, begründet auf göttlicher Vernunft, löst das archaische Gesetz der Blutrache ab. Hauptmann dagegen steht mit seiner Fassung und Deutung der Atriden-Geschichte in den archaischen Zeiten vor Aischylos, ja vor Homer: zwar wird auch bei ihm schließlich Orest entsühnt, doch wiederum durch den Tod — Iphigenie, deren Opfer auf dem Altar der Göttin Artemis am Anfang der Tetralogie gefordert wird, liegt am Ende zerschmettert in der Phädriadenschlucht: »Wer zum Opfer einmal ausersehen von einer Gottheit — ob es auch so scheint, er habe ihrem Spruche sich entwunden —: die Moiren halten immer ihn im Blick und bringen, wo er dann auch sich versteckt, an den gemiednen Altar ihn zurück.« Iphigenie stürzt sich in den Tod, der ihr vorherbestimmt war; die unterirdischen, unbegreiflichen Götter fordern das Menschenopfer, und in ihm allein erfüllt sich die Tragödie. »O Gott, in welchem Graun sind wir gefangen!« — über diesen Aufschrei, einen der ersten Verse, geht die Tetralogie, dieses vorzeitlich-zeitlose Monument des Leidens, nicht hinaus.

Den ersten Versuch, die Atriden-Tetralogie im Zusammenhang an einem Abend aufzuführen, machte Erwin Piscator 1962 im Haus der Freien Volksbühne in Berlin. Durch rigorose Streichung des mythischen Kerns, durch Bombenangriffe vom Tonband und eine Projektion des zerstörten Dresden, durch Hinweise auf die Gleichzeitigkeit der Entstehung dieser Tragödie mit furchtbaren Ereignissen des zweiten Weltkriegs verzerrte Piscator das Stück, in dem er »Ansatzpunkte zu antifaschistischer Interpretation« zu finden meinte.

Hauptmanns Entsetzen vor dem Grauen der Hitler-Diktatur und des Krieges ist gewiß in seine Tetralogie eingegangen (»Der Wahnsinn herrscht! Ganz Hellas ist ein fürchterlicher Herd, auf ihm verbrennt zu Asche, was den Griechen dem Unflat der Barbarenwelt enthob, und köpflings stürzt er sich in ihren Blutsumpf.«), doch hat er kein pazifistisches Tendenzstück geschaffen, in dem bestimmte Urheber des ›Blutsumpfes‹ mit menschlichen Maßstäben zu ermitteln wären: Hauptmanns archaische Gestalten handeln unter dem Zwang eines undurchschaubaren Schicksals; sie sind für ihre Taten, einschließlich ihrer Greuel, im Sinne einer modernen politischen Ethik nicht verantwortlich.

Hauptmanns Bühnenvorrat

Du sollst nicht mit Galle dichten!
Du sollst deine Gestalten lieben — keine unter ihnen hassen!
Gerhart Hauptmann

Daß sich die Bühnen mit einigen Werken Hauptmanns nicht mehr oder nur noch schwer befreunden können und statt dessen immer wieder zum gleichen Vorrat seiner mehr oder minder ›naturalistischen‹ Stücke greifen, hat noch einen schlichten, aber gewichtigen Grund: Hauptmanns Prosa ist besser als sein Vers.

Vor Sonnenaufgang. ›Soziales Drama‹. 1889. Ursprünglicher Titel ›Der Sämann‹. Jetziger Titel und Bezeichnung ›soziales Drama‹ stammen von Arno Holz. Uraufführung durch die ›Freie Bühne‹ im Berliner Lessing-Theater am 20. Oktober 1889. Siehe Seite 741.

Das Friedensfest. ›Eine Familienkatastrophe‹. 1889. Uraufführung durch die ›Freie Bühne‹ im Berliner Ostend-Theater am 1. Juni 1890. — An einem Weihnachtsabend scheitert der Versöhnungsversuch einer Familie, die in einer Atmosphäre von Unzufriedenheit, Mißtrauen und Trostlosigkeit zerfallen ist. Die allgemeine Willensohnmacht wird von der Mutter ausgesprochen: »Der Wille, der Wille! Geh mer nur damit! Das kenn ich besser. Da mag man wollen und wollen und hundertmal wollen, und alles bleibt doch beim alten!« Der Vater, ein Tyrann und Trinker, stirbt bei einem Anfall von Verfolgungswahn an einem Herzschlag; sein jüngster Sohn, der hoffnungsvollste, sieht zu seinem Entsetzen sich seinem Vater immer ähnlicher werden. Im dritten Akt wird über Vererbung, Willensfreiheit und die Möglichkeit eines neuen Menschen diskutiert; die Fragen bleiben offen. Jeder leidet an jedem — eine psychopathologische Zustandsschilderung.

Einsame Menschen. ›Drama‹. 1890. Uraufführung durch die ›Freie Bühne‹ im Berliner Residenz-Theater am 11. Januar 1891. — Treibt im ›Friedensfest‹ die Vererbung zur Katastrophe, so hier die Unvereinbarkeit verschiedener Lebensauffassungen. Der Naturforscher Johannes Vockerat ist mit Käthe verheiratet, die in der ständigen Furcht lebt, ihn zu verlieren, da sie äußerlich reizlos und ihm geistig nicht gewachsen ist. Seine geistige und seelische Freundschaft mit der Zürcher Studentin Anna Mahr erregt Verdacht; die beiden trennen sich, als sie spüren, daß sie sich lieben. Johannes, ein schwankender Sucher, kein Kämpfer, innerlich seinen Eltern, seiner Frau und seinem

Kind entfremdet und von Anna verlassen, begeht Selbstmord im Müggelsee.
— Das Stück, von Ibsens ›Rosmersholm‹ beeinflußt, hat, jenseits der zeitgebundenen, von Ernst Haeckels Monismus erregten Diskussionen, als psychologisches Ehedrama einige Kraft bewahrt.

Die Weber. ›Schauspiel aus den vierziger Jahren‹. Erste Fassung ›De Waber‹
in schlesischem Dialekt. 1892. Uraufführung durch die ›Freie Bühne‹ im
Berliner Neuen Theater am 26. Februar 1893. Französische Erstaufführung am
29. Mai 1893 durch das Pariser ›Théâtre Libre‹, in Anwesenheit von Emile
Zola. Erste öffentliche Aufführung in Deutschland (die zunächst polizeilich verboten war) am 25. September 1894 im Berliner Deutschen Theater, dessen Leitung Otto Brahm übernommen hatte. Kaiser Wilhelm II. ließ die Hofloge im
Deutschen Theater kündigen wegen der ›demoralisierenden Tendenz‹ des
Stückes. Aufführungen in London, Rom, Prag, Amsterdam, Brüssel, Wien
und in vielen russischen Städten. — Das Stück hält sich eng an den historischen Aufstand der Weber im schlesischen Eulengebirge, 1844. Durch mechanische Webstühle und importierte Baumwolle ist die Arbeitslosigkeit unter
den schlesischen Handwebern gestiegen; aus bäuerlichen Heimarbeitern sind

Zug der Weber. Das vierte Blatt eines Zyklus von Radierungen, die Käthe Kollwitz
(1867–1945) zwischen 1895 und 1898 unter dem Einfluß von Gerhart Hauptmanns
Schauspiel ›Die Weber‹ geschaffen hat

hungernde Proletarier geworden. Die Kapitalisten, im Stück repräsentiert durch den Barchentfabrikanten Dreißiger und seinen beflissenen, brutalen Expedienten Pfeiffer, versuchen, die niedrigen Löhne weiter zu drücken. Der Aufstand der Weber bricht als ein Akt der Notwehr wie eine Naturgewalt aus: Hunger treibt sie, nicht ein revolutionäres gesellschaftliches Bewußtsein. Sie zerstören die Villa Dreißigers; Militär wird gegen sie aufgeboten. Der alte Hilse (der seiner Einarmigkeit zum Trotz die Hände zum Gebet faltet) weigert sich, am Aufstand teilzunehmen: »Hie hat mich mei himmlischer Vater hergesetzt. Gell, Mutter? Hie bleiben mer sitzen und tun, was mer schuldig sein, und wenn d'r ganze Schnee verbrennt.« Während er webt, wird er von einer Kugel tödlich getroffen. — ›Held‹ des Stückes ist nicht ein einzelner, sondern die Masse der Weber; eine ›Masse‹ freilich, die wie ein dichtes Gewebe aus lauter unverwechselbaren Einzelnen ist. Kein revolutionäres Tendenzdrama, kein Stück des Klassenkampfes: die Aufständischen sind ohne Klassenbewußtsein, sie kämpfen nicht für die Änderung der gesellschaftlichen Verhältnisse, sondern um höheren Lohn, um die Stillung der nackten Not. Die soziale Anklage erwächst aus der Schilderung des Elends, aus dem Mitgefühl. Die sozialen Verhältnisse haben sich inzwischen geändert; geblieben ist das Mitgefühl mit Hauptmanns Menschen, mit ihrer Not und ihrer unstillbaren Sehnsucht. »Was Gerhart Hauptmann für seinen Stoff begeisterte, das war zunächst wohl das Revolutionäre darin«, kommentierte schon Theodor Fontane, »aber nicht ein berechnender Politiker schrieb das Stück, sondern ein echter Dichter, den einzig das Elementare, das Bild von Druck und Gegendruck reizte.« Wie C. F. W. Behl berichtet, fragte sich der einundachtzigjährige Hauptmann 1943: »›Wieso ist ein so kleines lokales Ereignis durch mein Drama über die Welt gegangen? — Weil irgend etwas in vielen Ländern Gemeinsames damals darin mitschwang‹. Und dann fügt er nach kurzer Pause hinzu: ›Etwas vom Geiste der Bergpredigt ist überhaupt in meiner Dichtung.‹«

Kollege Crampton. Komödie. Geschrieben 1892, nach den ›Webern‹. Uraufgeführt im Berliner Deutschen Theater, am 16. Januar 1892. — Der Maler Crampton, Professor an der Akademie einer Provinzhauptstadt, hat genialische Züge, doch ist er auf eine nicht unsympathische Weise versoffen. Er schwafelt von Kunst, schwelgt in Illusionen, arbeitet nicht mehr und wird von dem Herzog, mit dem er als Mäzen rechnet, entlassen. Seine Frau verläßt ihn, er verkriecht sich in einer Kneipe und wird von Max Strähler, seinem wohlhabenden Schüler, der in Cramptons Tochter Gertrud verliebt ist, aus dem Dunstkreis des Alkohols und des Kartenspiels herausgeholt und in ein behagliches Nest gesetzt. Gerührt über die Verlobung seiner Tochter

Trude mit Max, gerührt über den Auftrag, den Max ihm verschafft hat, und vor allem gerührt über seine eigene Rührung, will er sich bessern. — Die Komödie lebt von Gnaden eines großen Charakterdarstellers — je mehr er spüren läßt, daß in dem verkommenen Crampton doch ein Künstler steckt, zumindest als Möglichkeit, desto wirkungsvoller, weil tragikomischer, wird sie: die Belustigung wird mit Ergriffenheit, der Spott mit Mitleid gewürzt.

Der Biberpelz. ›Eine Diebskomödie‹. 1892. Uraufgeführt im Berliner Deutschen Theater am 21. September 1893. — ›Irgendwo um Berlin‹, zur Zeit des ›Septennatskampfes‹ (1887) hat die Waschfrau Wolff, verheiratet mit dem gutmütigen Trottel Julius und Mutter zweier Töchter, einen Biberpelz gestohlen, um mit dem Erlös die Schulden für ihr Häuschen zu bezahlen. Mutter Wolffen ist fleißig, energisch, schlau, schlagfertig und besorgt um ihre Familie — eine Diebin, die dort stiehlt, wo sie niemand wesentlich ärmer macht, und die dieses Stehlen nur für ›Mausen‹ hält; eine in ihrer Lebensfülle und ihrem Mutterwitz herzwärmende und rundum sympathische Figur. Den Diebstahl aufklären sollte der königstreue, arrogante und bornierte Amtsvorsteher Wehrhan, doch der macht lieber, unterstützt von Denunzianten, Jagd auf Liberale, Demokraten und Freisinnige; er sucht nach »dunklen Existenzen, politisch verfemten, reichs- und königsfeindlichen Elementen«. Wenn Kleists Dorfrichter Adam den Fall des ›Zerbrochnen Krugs‹ nicht aufklären will, weil er selbst der Täter ist, so will Wehrhan den Diebstahl des Biberpelzes nicht aufklären, weil er den Bestohlenen für einen Querulanten, für seinen politischen Gegner, hält. Wehrhan vertraut der Diebin, er läßt sich sogar von ihr beraten, und sie stellt so trocken wie richtigt fest: »Ich seh durch mei Hihnerauge mehr, wie der durch sein Glasooge, kenn Se mer glooben ... Das kann ich Ihn' sagen, wenn's druff ankommt: dem stehl' ich a Stuhl unterm Hintern weg.« Wenn Wehrhan zum Schluß Mutter Wolffen, die Diebin, als vorbildliche ›ehrliche Haut‹ rühmt und den ihm politisch verdächtigen, weil liberalen, den unschuldigen Dr. Fleischer einen ›lebensgefährlichen Kerl‹ nennt, so ist dies von so monumentaler Selbstverblendung, daß sogar die Wolffen anmerkt: »Da weeß ich nu nich ...«, womit das Stück endet. — Der scheinbar unmoralische Schluß ist von einer höheren Moral: unmoralischer als der Diebstahl ist hier die beflissene Gesinnungsschnüffelei und Menschenverachtung des Amtsvorstehers, und ihn trifft die Strafe, daß er die Diebin nicht zu bestrafen, ja nicht einmal zu erkennen vermag. ›Der Biberpelz‹, hervorgegangen aus der Altberliner Posse und dem Menschenstudium Hauptmanns in und um den Vorort Erkner im Osten Berlins, konzipiert als Zeitsatire, ist zu einer der wenigen deutschen Charakterkomödien geworden, ein ohne jeden Zweifel unverwüstliches Stück.

Der rote Hahn. ›Tragikomödie‹.
Fortsetzung des ›Biberpelz‹; die
Handlung spielt ein Dutzend Jahre
später. Uraufgeführt im Berliner
Deutschen Theater am 27. November 1901. — Mutter Wolffen, ver-
witwet und neu verheiratet mit dem
Flickschuster und Polizeispitzel Fie-
litz, setzt den ›roten Hahn‹ auf das
Dach der hochversicherten Hütte
ihres zweiten Mannes und lenkt
den Verdacht der Brandstiftung auf
den geisteskranken Jungen Gustav,
dessen Vater Rauchhaupt zu ihrem
erbitterten Gegner wird. Sie versteht es zwar, ihn zu versöhnen,
und, da Wehrhahn noch immer die
Untersuchungen führt, sich abermals dem Gefängnis zu entziehen,
doch stirbt sie, bevor sie noch die
Brandversicherung kassieren kann,
an einem Herzinfarkt als arme
Frau: älter und unsicherer geworden, hat sie überdies ihre Ersparnisse dem Schwindler Smarowski

*Der Schauspieler Max Pallenberg (1887 bis
1934) als Rentier Krüger in Gerhart Haupt-
manns Diebskomödie ›Der Biberpelz‹.
Nach einer Farblithographie von Charlotte
Berend-Corinth, der Frau des Malers Lovis
Corinth und Autorin des Buches ›Mein
Leben mit Lovis Corinth‹, 1948*

anvertraut. — Die Fortsetzung ist nicht nur deshalb schwächer, weil die
Nebenpersonen, abgesehen von Rauchhaupt, blasser sind, sondern vor
allem, weil Mutter Wolffen an Sympathie verloren hat: sie verkuppelt
ihre Tochter, sie ist zur Verbrecherin geworden und sieht zu, wie der unschuldige Gustav durch ihre Schuld in eine Irrenanstalt gebracht wird.

Hanneles Himmelfahrt. ›Traumdichtung in zwei Akten‹. 1893. Uraufgeführt
unter dem Titel ›Hannele‹ (die ›Himmelfahrt‹ galt als blasphemisch) am
14. November 1893 am Königlichen Schauspielhaus, Berlin. — Der Lehrer Gottwald trägt das vierzehnjährige Hannele Mattern in das Armenhaus eines
schlesischen Gebirgsdorfes. Das Kind, das von seinem Stiefvater, einem Säufer,
immer wieder verprügelt worden ist, hat versucht, sich im Teich zu ertränken. In ihren Fieberträumen wird Hannele von ihrem Stiefvater verfolgt,
von ihrer Mutter getröstet und von Engeln in den Schlaf gesungen. Ihre
Furcht vor dem Todesengel vergeht, als ihr ein buckliger Dorfschneider ein

*Entwurf von Eugen Quaglio für die Uraufführung von Gerhart Hauptmanns Traum-
dichtung ›Hanneles Himmelfahrt‹ durch das Königliche Schauspielhaus, Berlin, am
14. 11. 1893. Bei der Aufführung wurde der Blick in den freien Himmel zugebaut*

Seidenkleid, Kranz und Schleier bringt: sie wird als Gottesbraut geschmückt.
Sie stirbt, und zu ihrem Begräbnis kommen, geführt vom Lehrer Gottwald,
die Schulkinder und bitten um Verzeihung, daß sie Hannele als Lumpen-
prinzessin verspottet haben, kommen die Leute aus dem Dorf und nennen
sie eine Heilige. Als ihr Stiefvater betrunken hereinstürzt, tritt ihm der
›Fremde‹ entgegen: er ähnelt dem von Hannele geliebten Lehrer Gottwald
und trägt die Züge des Heilands. (Hauptmann hat in einem Brief über den
›Fremden‹ geschrieben: »Es gibt Leute, die im ›Fremden‹ den Heiland zu
erkennen glauben. Daß ich ihn aber nicht so benannt habe, geschah nicht aus
äußeren Gründen, sondern aus innern, künstlerischen. Zunächst ist die
Gestalt nicht real, sondern eine Traumerscheinung! Er ist ferner die Verkörperung von Hanneles männlichem Ideal. Der Lehrer Gottwald — erscheint
ihr in seiner Verklärung. Als der verklärte irdische Bräutigam.«) Der
›Fremde‹ erweckt Hannele in ihrem gläsernen Sarg und befreit ihre Seele
von der Qual der Welt; Engelsgestalten mit Blumen tragen Hannele »eiapo-
peia ins himmlische Reich«. Die Erscheinungen verschwinden, Hannele liegt
wie am Anfang im Bett des Armenhauses; der Arzt konstatiert ihren Tod. —
Naturalistisch sind die Szenen im Armenhaus, und in gewissem Sinne sind
auch, trotz der überirdischen Erscheinungen und der Verse, die Traumszenen

naturalistisch: Hanneles Sehnsucht wird erfüllt durch Bilder, die ihrem Wesen, ihrem Vorstellungsvermögen und ihrer kindlichen Frömmigkeit entsprechen. »Hannele ist auf dem Märchenboden gewachsen«, schrieb Gerhart Hauptmann in einem Brief, in dem er das christliche religiöse Märchen, das heidnische Volksmärchen und das christlich-heidnische Volkslied als drei Blumen bezeichnete: »... so sah ich in Hannele — selbst auf dem Märchenboden stehend — die drei Blumen nebeneinander, miteinander verflochten, ja verwachsen.« Er hatte das Stück im schlesischen Schreiberhau geschrieben, und der greise Gustav Freytag (1816—1895) meinte, daß es »nur ein echter Dichter, vielleicht nur einer aus dem Regierungsbezirk des Berggeistes Rübezahl ersinnen konnte«. So umstritten das Stück in Deutschland war — Paul Schlenther berichtete: »Die Frömmler wollten es den Sozialdemokraten, die Sozialdemokraten den Frömmlern unterschieben. Die einen ärgerte aufwiegelnde Kritik sozialer Zustände, die andern ärgerte ›Mystizismus‹ und ›Kirchlichkeit‹« — es wurde schon 1894 vom Pariser ›Théâtre Libre« und in New York, bald auch in England, Skandinavien und Rußland gespielt.

Florian Geyer. ›Die Tragödie des Bauernkrieges in fünf Akten, mit einem Vorspiel‹. 1895. (Erfolglose) Uraufführung am 4. Januar 1896 am Deutschen Theater, Berlin. — Das Ende des Bauernkrieges zwischen Ostern und Pfingsten 1525. Im Vorspiel werden den bauernfeindlichen Rittern auf der Marienfeste zu Würzburg die ›Zwölf Artikel‹ verlesen, in denen die aufständischen Bauern ihre Forderungen zusammengefaßt haben, darunter die evangelische Freiheit, die Wahl des Pfarrers durch die Gemeinde, Aufhebung des Zehnten und der Leibeigenschaft. Im ersten Akt hätte Florian Geyer, der ›schwarze Ritter‹, der sich die adligen Locken geschoren hat und sich als einen ›Bruder Bauer‹ betrachtet, die Möglichkeit, zum gemeinsamen Anführer der Bauernhaufen gewählt zu werden; bevor es jedoch zum offenen Streit mit dem konkurrierenden Götz von Berlichingen kommt (der hier nur ein Raubritter und verräterischer Strauchdieb ist), schlägt Geyer vor, einem mehrköpfigen Kriegsrat die Führung zu übertragen — er ist ein rechtschaffener Idealist, die Verkörperung aller edlen Antriebe dieser sozialen und politischen Revolution, nicht der zum Machtgebrauch entschlossene, souveräne politische Kopf, der vonnöten wäre. Geyer fordert die fünf Hauptleute auf, zum Zeichen ihrer Zustimmung ihre Messer in einen Kreidekreis zu stoßen, den er auf die Kirchentür gezogen hat; sie stoßen ihre Messer symbolisch ihren Feinden »mitten ins Herz«. In der von Hauptmann später gutgeheißenen Bühnenpraxis stößt Geyer als letzter »der deutschen Zwietracht mitten ins Herz«. Im letzten Akt sind die Bauern geschlagen — vor allem an der Zwietracht im eigenen Lager gescheitert —, wird Florian Geyer, der auf der Burg seines

Schwagers Zuflucht gesucht hat, von seiner Frau an die Ritter verraten und
von einem rachsüchtigen Landsknecht erschossen. — Mit mehr als fünfzig
Personen entwirft Gerhart Hauptmann ein breites und in manchen Einzel-
szenen auch packendes, historisches Panorama, in dem alle Kräftegruppen
und Stände vertreten sind, der hohe Adel und die kleinen Ritter, die Bürger,
die Geistlichen, die Bauern, die Landsknechte und die fahrenden Leute, nicht
aber die mächtigsten Gegenspieler Geyers, der Bundeskanzler Eck, der
Truchseß von Waldburg und Martin Luther. ›Die Tragödie des Bauernkrieges‹ wollte Hauptmann schreiben, ein Massendrama, doch zugleich auch
die Tragödie eines einzelnen, Florian Geyers. Der sollte freilich kein Held
im Sinne des klassischen Dramas sein, sondern ein Mensch, so natürlich und
seelisch greifbar wie eine Gestalt in einem naturalistischen Stück. Hauptmann
hatte die Schauplätze in Franken, die geschichtlichen Verhältnisse eingehend
studiert und sich auf der Suche nach einer angemessenen natürlichen Sprache
im Chronikstil des 16. Jahrhunderts verloren, der im Bühnendialog notwendig kunstgewerblich klingen mußte. Mit seinen ausschweifenden Debatten über das, was schon geschehen ist oder noch geschehen sollte, ist das
Stück mehr eine epische Klage über soziale und politische Nöte als das Drama
dieser Nöte. Florian Geyer tritt aus dem historischen Fresko kaum hervor:
auch er bleibt im Kreis der Debattierer; ein Dulder, kein Täter; ein Opfer,
kein Politiker. Bei dem Versuch, Geschichte mit naturalistischen Mitteln auf
die Bühne zu bringen, ist Hauptmann in ein undramatisches Niemandsland
geraten zwischen Massendrama und Individual-Drama, zwischen Ideen-
Drama und reiner Schilderung des historischen Ablaufs.

Die versunkene Glocke. ›Ein deutsches Märchendrama in fünf Akten‹. 1896.
Uraufführung am 2. Dezember 1896 am Deutschen Theater, Berlin. — Hauptmann, bis dahin als konsequenter Naturalist und objektiver Menschenschöpfer
gerühmt, schreibt sein erstes Versdrama, eine subjektive Bekenntnisdichtung
voller Märchenromantik und mystischer Symbole, die sich nicht eindeutig
entschlüsseln lassen — ein ›neuromantisches‹ Drama. Hauptmanns Schmerz
über den Mißerfolg seines ›Florian Geyer‹ wird zum Schmerz des Glocken-
gießers Heinrich: seine neue Glocke, die heller klingen sollte als alle andern,
ist auf dem Weg zur Kirche abgestürzt und in einem See versunken. Heinrich erkennt, daß seine Glocke »nicht für die Höhen« gemacht war: »Im
Tale klingt sie, in den Bergen nicht.« Der sterbenskranke Glockengießer
wird durch den Zauber, durch die Küsse Rautendeleins, eines ›elbischen
Wesens‹, gesund. Der ›Dienst der Täler‹ lockt ihn nun nicht mehr, er will
»Werke wirken aus der Kraft der Höhen«. Er verläßt seine Frau Magda und
seine Kinder und lebt im Gebirge mit Rautendelein, von der er den ›erhabe-

Der Schauspieler Rudolf Rittner (1870—1943) als Florian Geyer in Gerhart Hauptmanns Tragödie. Radierung von Lovis Corinth (1858—1925), vermutlich aus dem Jahre 1906

nen Rausch‹ erwartet, dessen seine Seele für sein neues Werk bedarf: für ein Glockenspiel, »das aus sich selber klingend sich bewegt«. Seine Frau Magda ertränkt sich im See; sie bewegt den Klöppel der versunkenen Glocke, die Heinrich wie die Stimme seines Gewissens klingen hört — auch hier spiegeln sich persönliche Konflikte Hauptmanns: er hatte 1893 bei der Uraufführung von ›Hanneles Himmelfahrt‹ Margarete Marschalk kennengelernt (die er 1904 heiratete), und seine Frau Marie war 1894 mit den Kindern nach Amerika geflohen und im gleichen Jahr nach Dresden gezogen, während Hauptmann nach Berlin ging. Der Glockengießer Heinrich, dem das Tal nicht genügt und der doch zu schwach ist für die Höhe, scheitert mit seinem geplanten Idealwerk. »Du woarscht berufa, ock bluß a Auserwählter woarschte nich«, hat ›die alte Wittichen‹ zu ihm gesagt, die als einzige schlesischen Dialekt spricht, zwischen Menschen- und Geisterwelt steht und für die Geister die ›Buschgroßmutter‹ ist, die Zauberlehrerin Rautendeleins. Heinrich stirbt in den Armen Rautendeleins mit einer Vision vom ›Sonnenglockenklang‹, während die Morgenröte heraufzieht. — Das Märchendrama wurde zu einem sogar für Hauptmann beispiellosen Welterfolg und in Deutschland um die Jahrhundertwende mehr gespielt als seine anderen

Stücke. Kritiker verglichen die Geisterwelt Hauptmanns mit Böcklins Ge-
mälden und meinten, den Dichter damit zu rühmen. Der fatale Vergleich
hat seine Richtigkeit: die ›Versunkene Glocke‹ mit ihren überanstrengten
Versen, ihrer mehr künstlichen als kunstvollen Poesie und ihrer verworrenen
Mystik ist inzwischen so versunken wie das Werk Böcklins.

Fuhrmann Henschel. ›Schauspiel in fünf Akten‹. 1898. Uraufführung am
5. November 1898 im Deutschen Theater, Berlin. — Das Stück spielt in einem
Gasthof eines schlesischen Badeorts, der in den sechziger Jahren noch keinen
Eisenbahnanschluß hat. Der redliche und gutmütige Fuhrmann Henschel
hat seiner sterbenden Frau versprochen, nach ihrem Tod nicht die robuste
Magd Hanne Schäl zu heiraten. Der berechnenden Hanne gelingt es, den
vereinsamten Mann zur Ehe zu verführen — er beschwichtigt sein Gewissen
zunächst damit, daß seine kleine Tochter eine neue Mutter brauche. Nach der
Hochzeit übernimmt die lebenspralle, herrschsüchtige und verlogene Hanne
das Regiment, läßt Henschels Kind verkommen, weigert sich, ihr eigenes
voreheliches Kind aufzunehmen und betrügt Henschel mit dem Kellner
George. Henschel empfindet Hanne als Strafe, sein gebrochenes Versprechen
als Schuld und kann doch weder Hanne schuldig sprechen noch sich selbst
schuldig fühlen: »Schlecht bin ich gewur'n, bloß ich kann nischt derfiere«;
und: »Ane Schlinge ward mir gelegt, und in die Schlinge da trat ich halt
nein.« Schon vor dem Tod seiner Frau hat er gespürt, wie unentrinnbares
Unglück über ihn gekommen ist. Er bringt sich um. — Der Kritiker Alfred
Kerr begrüßte ›Fuhrmann Henschel‹ nach der Premiere als ein »Wunder-
Phänomen an Lebensbeobachtung« und als neue Schicksalstragödie: »Gewiß
also besteht ein Zusammenhang zwischen Wortbruch und Untergang: doch
kein ethischer, bloß ein psychologischer ... Es ruht kein griechischer Fluch
auf einem Hause: bloß auf dem einzelnen der Fluch des Menschseins. Der
Fuhrmann muß von hinnen, weil Beschaffenheit und Ereignisse es fügen.«
Wie Georg Büchners ›Woyzeck‹ (1836. Siehe auch Seite 536) fühlt sich
Hauptmanns Henschel dunklen Mächten ausgeliefert, ist er mit dem ›verfluchten Muß‹ der Fatalität getauft. Als eine Tragödie von antiker Ausweglosigkeit (und in antikischen Maßen) hat ›Fuhrmann Henschel‹ die Jahrzehnte im naturalistischen Gewand überdauert, und in der Nachbarschaft
Büchners verliert auch sein Gewand an Bedeutung.

Schluck und Jau. ›Ein Scherzspiel in sechs Vorgängen‹. 1899. Uraufführung am
3. Februar 1900 im Deutschen Theater, Berlin. — Shakespeare läßt durch einen
Lord den betrunkenen Kesselflicker Schlau als Lord kostümieren und ihm
›Der Widerspenstigen Zähmung‹ vorführen. Aus dem ›Schlau‹ dieses Vor-

spiels hat Hauptmann zwei schlesische Vagabunden entwickelt, den herzensguten Schluck und den Kraftkerl Jau. Der aus seinem Rausch erwachende Jau
ist als König verkleidet und wird als König behandelt; sein Kumpan Schluck
wird ihm in Frauenkleidern als seine Gattin zugeführt — eine Adelsgesellschaft hat sich diesen Spaß geleistet, der alsbald in Ernst umschlägt. Meint
Schluck nur, eine Rolle spielen zu müssen, so wird Jau, der zunächst zu träumen glaubt, davon überzeugt, ein König zu sein; er entwickelt sich rasch
zum Despoten und wird von seinem Machtwahn an die Grenze des Mordes
geführt: ein Spiel, durch das der Unmensch im Menschen entbunden wird;
ein Beispiel, das den Adel erschreckt und belehrt.

Michael Kramer. ›Drama in vier Akten‹. 1900. Uraufführung am 21. Dezember 1900 im Deutschen Theater, Berlin. — Michael Kramer, Lehrer an einer
königlichen Kunstschule, ein Atelier-Künstler und pflichtgetreuer Familienvater, ein guter Handwerker ohne den ›Funken‹ des Genies, hat — nach dem
von ihm verehrten Arnold Böcklin — seinen Sohn Arnold genannt, doch die
Hoffnungen, die er in ihn setzt, erfüllen sich nicht: Arnold, ein Vorläufer der
›zornigen jungen Männer‹, hat zwar Genie, so glaubt der Vater, doch keinen
Fleiß. Von Stammtischspießern wird der nörgelnde, prahlsüchtige, das Mittelmaß verhöhnende Arnold in den Selbstmord getrieben. An seiner Bahre
erkennt Michael Kramer: »Ich war die Hülse, dort liegt der Kern.« — Kunst-
jargon und religiöser Kunstanspruch der Jahrhundertwende sind verblaßt;
geblieben ist der Ernst der antwortlosen Fragen Michael Kramers vor dem
Tod, den er »die mildeste Form des Lebens« nennt, »der ewigen Liebe Meisterstück«: »Wo sollen wir landen, wo treiben wir hin? . . . Wir Kleinen, im
Ungeheuren verlassen?«

Rose Bernd. ›Schauspiel in fünf Akten‹. 1903. Uraufführung am 31. Oktober
1903 im Deutschen Theater, Berlin. — Vier Männer um das Bauernmädchen
Rose Bernd. Vom lebensprallen Gutsherrn Flamm, dessen gütige, kranke
Frau im Rollstuhl lebt, erwartet Rose ein Kind. Vom Dreschmaschinisten
Artur Streckmann, einem brutalen Weiberhelden, der sie mit Flamm beobachtet hat, wird sie erpreßt: Streckmann will kein Geld; er will ihren
Körper, den sie ihm verweigert, und er nimmt sie mit Gewalt. Ihr pietisti-
scher und selbstgerechter Vater will, daß sie den schwächlichen Buchbinder
und Traktätchenhändler August Keil heiratet. Streckmann bringt sie ins Gerede und schlägt August, der ihre Ehre verteidigt, ein Auge aus. Bei der
Gerichtsverhandlung schwört sie einen Meineid. Auf dem Heimweg ins Dorf
gebiert sie ihr Kind und tötet es. August befreit sich vom moralischen Rigorismus ihres Vaters; er hat Mitleid mit ihr: »Das Mädel . . . was muß die

›Michael Kramer‹ von Gerhart Hauptmann, inszeniert von Max Reinhardt in seinem Neuen Theater, Berlin, 1904. Radierung von Emil Orlik (1870–1932)

gelitten han!« — Hauptmann hatte im April 1903 in Hirschberg als Geschworener mit der Mehrheit des Schwurgerichts für den Freispruch einer ledigen Landarbeiterin gestimmt, die des Meineids und Kindesmordes angeklagt war. In seinem im gleichen Jahr geschriebenen Drama spricht er die Ehebrecherin, Meineidige und Kindsmörderin Rose Bernd frei und bewegt sein Publikum, diesem Freispruch zuzustimmen. Wie Fuhrmann Henschel (». . . in die Schlinge, da trat ich halt nein«) fühlt sich Rose Bernd (»Hernach bin ich von Schlinge zu Schlinge getreten«) unter einem unausweichlichen Schicksalszwang: sie geht an den Männern zugrunde, an einer Umwelt ohne Liebe (»’s hat een’ kee’ Mensch ne genung lieb gehabt!«), an ihrem Gewissen, das ihr den Mund verschließt (»Ich hoa mich geschaamt!«), an ihrer Einsamkeit (»Ma’ is eemal zu sehr alleene dahier!«). Alle Personen des Stückes — außer dem spät einsichtigen August, der allen verzeiht — sind in sich selbst befangen; sogar Frau Flamm sagt zu Rose, der sie doch helfen möchte: ». . . du hast dich mit Recht verschaamt.« Und alle, auch der vom Sexus besessene Erpresser Streckmann, sind Getriebene. So genau Hauptmann das Stück zeitlich und örtlich (in der Gegend um das niederschlesische Striegau) festgelegt hat, es ist keine zeitlich bestimmte oder lokale Anklage gegen die Gesellschaft und ihre Gesetze, sondern eine Tragödie des sich schuldlos in Schuld verstrickenden Menschen, der unter einem erbarmungswürdigen Schicksal leidenden Kreatur.

Und Pippa tanzt! ›Ein Glashüttenmärchen in vier Akten‹. 1905. Uraufführung am 19. Januar 1906 im Lessing-Theater, Berlin. — Pippa ist die Tochter des italienischen Glastechnikers Tagliazoni aus Murano, der in einer Schenke des Riesengebirges beim Falschspiel ertappt und von Waldarbeitern erstochen wird. Sie ist der Mittelpunkt eines Spiels, in dem schlesischer Realismus, venezianische Träume, die winterliche Gewalt der Natur im Gebirge und eine rätselvolle Symbolik zu einem ganz persönlichen, ja privaten Mysterium Gerhart Hauptmanns miteinander verbunden sind. Hauptmann hat einige Hinweise gegeben, wie er das Märchen verstanden haben möchte: »In uns allen lebt etwas, nach dem sich unsere Seele sehnt, wir alle jagen nach etwas, was vor unserer Seele in schönen Farben und anmutigen Bewegungen hin und her tanzt. Dieses Etwas soll Pippa sein . . . Die rohe Kraft besiegt, wie so oft im Leben, auch in meinem Märchen die zarte Schönheit.« Diese rohe Kraft ist verkörpert durch den alten Glasbläser Huhn: als stehe sie unter seinem Zwang, muß Pippa tanzen, und sie bricht tot zusammen, als der alte Huhn ein Murano-Glas in seiner Faust zerdrückt. Auch Wann, den Hauptmann eine ›mythische Persönlichkeit‹ nennt, einen Weisen, »der die Tiefen

›Rose Bernd‹ von Gerhart Hauptmann.
Bühnenentwurf von Karl Gröning (geb. 1897) für eine Aufführung am Staatstheater
München im Jahre 1959; Regie: Hanskarl Zeiser

Pippa, Figurine von Leo Pasetti für G. Hauptmanns Glashüttenmärchen ›Und Pippa tanzt‹, Aufführung am Residenztheater München, 1929

der Erde kennt und die Tiefen der Menschheit erkennt«, kann sie nicht retten, »da die rohe Kraft die Schönheit in den Tod hineintanzen läßt«. Der junge Handwerksbursche Michel Hellriegel, »das Symbol für das, was in der deutschen Volksseele lebt«, ist durch den Anblick der Eisdämonen erblindet; er wird im Glauben, er sei durch Wann mit Pippa vermählt worden, »dem Schönheitsideal auch weiter nachjagen«.

Die Ratten. ›Berliner Tragikomödie‹. 1910. Uraufführung am 14. Januar 1911 im Lessing-Theater, Berlin. — Ein Mietshaus, ehemalige Kaserne, im Berliner Nordosten um 1910. Das schwangere polnische Dienstmädchen Pauline Piperkarcka, das sitzengelassen worden ist, will sich im Landwehrkanal ertränken. Frau John, deren Mann als Maurerpolier in Altona arbeitet und deren Sohn ›Adalbertchen‹ gestorben ist, überredet das Dienstmädchen, das Kind zur Welt zu bringen und ihr zu überlassen. Sie gibt es — auch vor ihrem heimgekehrten Mann — als ihr eigenes Kind, als ›Adalbertchen‹, aus und weist die Piperkarcka, die ihr Kind wiederhaben möchte, schroff ab. Als die Gefahr immer größer wird, daß die Kindesunterschiebung ans Licht kommt, bittet Frau John ihren verkommenen Bruder Benno um Hilfe. Bruno erschlägt die Piperkarcka, und die verzweifelte Frau John — »Ick bin keen Merder, det wollte ick nich« — bringt sich um. Mit dieser Tragödie verwoben ist eine Komödiantenkomödie auf dem Dachboden des Hauses, wo der ehemalige Theaterdirektor Hassenreuter, ein bornierter Deutschnationaler, seinen Fundus untergebracht hat und Schauspielunterricht erteilt. Gegen seine ›idealistische‹ Kunstauffassung, gegen die ›Schillerisch-Goethisch-Weimarische Schule der Unnatur‹, revoltiert sein Schüler Erich Spitta: er vertritt Hauptmanns soziale und künstlerische Ansichten und behauptet, »daß unter Umständen ein Barbier oder eine Reinemachefrau aus der Mulackstraße ebensogut ein Objekt der Tragödie sein könnte als Lady Macbeth und König Lear«. Hassenreuter zählt Spitta zu den ›Ratten‹, die »unser herrliches neues geeinigtes Deutsches Reich« unterminieren und die »Wurzeln des Baumes des Idealismus« abfressen. Der Polier scheint zu ahnen, wer die wahren ›Ratten‹ hinter der Fassade des Kaiserreiches sind: »Allens unterminiert, von Unjeziefer, von Ratten und Mäuse verfressen! Allens schwankt! Allens kann jeden Ojenblick bis in Keller durchbrechen.« Die Tragödie der Frau John gibt Spitta recht — und schon belehrt ihn Hassenreuter: »Die Tragik ist nicht an Stände gebunden. Ich habe Ihnen das stets gesagt.« — Nach der ausgepfiffenen Uraufführung durch Otto Brahm schrieb der Kritiker Siegfried Jacobsohn: »Ein beklemmender Anblick, diese zitternde Poetenhand unsicher und mühselig stricheln zu sehen . . .« Fünf Jahre später nahm er sein Urteil zurück: »Kritik ist Selbstkritik. Weswegen bin ich 1911 vor diesen ›Ratten‹ durchgefallen?« Dem fast fünfzigjährigen Hauptmann, der hier auf die naturalistische Technik seiner frühen Dramen zurückgreift, fällt das Symbolische wie von selber zu: die zerfallende Mietskaserne als Schauplatz; Menschen, die auf dieser Erde nicht heimischer sind als Mieter in einem fremden Haus; Frau John ist fest verwurzelt im Berliner Milieu und gewinnt doch eine geradezu antikischmythische Größe, wenn sie durch den Urtrieb zur Mutterschaft, durch den verzweifelten Versuch, das verlorene durch ein angenommenes Kind zu ersetzen, in den Tod getrieben wird. Komik ist nicht nur als Kontrastwirkung durch Hassenreuters ironisiertes, scheinhumanistisches Bildungspathos einmontiert, sondern durchdringt alle Gestalten aller sozialen Schichten vom nihilistischen Verbrecher Bruno, der Flieder vom Mord mitbringt, bis zum Landpfarrer Spitta, der sich über »die sogenannte wissenschaftliche Theologie« wie über »die anstößigsten Nuditäten« erregt. — ›Die Ratten‹ sind eine Tragikomödie, auf die Hebbels Überlegung zutrifft: »Eine Tragikomödie ergibt sich überall, wo ein tragisches Geschick in untragischer Form auftritt, wo auf der einen Seite wohl der kämpfende und untergehende Mensch, auf der anderen jedoch nicht die berechtigte sittliche Macht, sondern ein Sumpf von faulen Verhältnissen vorhanden ist, der Tausende von Opfern hinunterwürgt, ohne ein einziges zu verdienen. Man möchte vor Grausen erstarren, doch die Lachmuskeln zucken zugleich.«

Magnus Garbe. ›Tragödie in drei Akten‹. 1915. Uraufführung am 4. Februar 1956 im Schauspielhaus, Düsseldorf. — In einer reichsfreien Stadt im 16. Jahrhundert haben die Scheiterhaufen der Inquisition das Volk in einen Blutrausch versetzt. Wer vom rechten Glauben abweiche, so predigen die Dominikanermönche, sei Schuld an der Dürre, der Pest und der Hungersnot.

Magnus Garbe, der Bürgermeister, der, von Kaiser und Papst gezwungen und von der Mehrheit des Senats im Stich gelassen, die Inquisition in die' Stadt gelassen hat, protestiert gegen das Blutgericht. Die Dominikaner rächen sich; sie erpressen ein Zeugnis gegen Garbes Frau Felicia und lassen sie in das Verlies des Hexengerichtes schaffen, wo sie ihr erstes Kind zur Welt bringt. Magnus Garbe, vor Entsetzen vom Schlag getroffen und halb gelähmt, kann Felicia in der Nacht vor ihrer befohlenen Verbrennung im Kerker besuchen. Sie hat auf der Folter nichts gestanden, doch ist sie wahnsinnig geworden. Garbe bricht mit den Worten »Es ist kein Gott, es ist nur der Teufel« zusammen. Im Morgengrauen finden die Henker die beiden in enger Umarmung tot auf. Man hört das Laudate einer Prozession, ein Mönch spricht Allelujah und läutet die Armesünderglocke. — ›Die bitterste Tragödie der Menschheit‹ schrieb Hauptmann über die Titelseite des Typoskripts. Er hat sie wenige Monate vor dem Ausbruch des ersten Weltkriegs in Italien konzipiert, 1915 abgeschlossen, nie für die Bühne freigegeben und erst ein Vierteljahrhundert nach ihrer Vollendung in der Gesamtausgabe letzter Hand (1942) drucken lassen. Ihre dunkle, trostlose Melodie ist das Leid: die Ohnmacht vor Hexenjägern und Massenwahn, die als unentrinnbares Fatum erscheinen. Die Gegenkräfte sind zu schwach, Widerstand ist unmöglich: Garbe ist gelähmt, seine Freunde können nur sein Kind in Sicherheit bringen. Ein Epos in Dialogen, ohne dramatische Konflikte — Bilder des Grauens, einer von der Angst beherrschten Welt, in der nicht einmal mehr die Illusion eines möglichen Widerstandes bleibt; eine prophetische Vision künftiger Bestialitäten, jeglichen ideologischen Terrors, des lähmenden Schreckens, der hilflosen Verzweiflung.

Herbert Engelmann. Ein von Hauptmann im Rohzustand hinterlassenes Drama in vier Akten, 1924. Neufassung von Carl Zuckmayer, 1952. Uraufführung am 8. März 1952 durch das Wiener Burgtheater (im Akademie-Theater). — »Wehe dem Leichnam, der wider die Abrede heimkehrt und leben will«, sagt Herbert Engelmann; er ist ein solcher Leichnam, heimgekehrt aus den Schrecken des Krieges, aus Verschüttung und Gefangenschaft, zweifelnd am Sinn des Lebens und doch dazu getrieben, sein Leben zu retten und ihm einen Sinn zu geben. Engelmann, vor dem Kriege ein hochbegabter Student, hat — in Berlin, um 1923, im hektischen Inflationsmilieu — einen Geldbriefträger ermordet und will mit seinem Raub eine Existenz gründen. Er hat im Krieg die Menschenverachtung und das Töten gelernt; er versucht, den Mord als eine Folge der ihm befohlenen Morde vor sich selbst zu rechtfertigen — vergebens. Er wird verhaftet, durch seine intelligente Verteidigung ›mangels Beweisen‹ freigesprochen und kann sich selbst doch nicht frei-

sprechen: erst als er seiner Frau Christa seine Tat gesteht, findet er die seelische Erlösung mit dem Entschluß zu büßen. Er vergiftet sich. Seine letzten
(von Zuckmayer geschriebenen) Worte: »Jedesmal, wenn ein Mensch stirbt,
stirbt Gott. Denn das Leben ist heilig ... Wer das verletzt, ist gerichtet.« —
»Der entscheidende Inhalt des dramatischen Vorgangs«, kommentierte Zuckmayer seine Neufassung, »schien mir der Versuch einer Flucht in die Liebe,
aus der Isolation des Ichs zu liebebereiten anderen Menschen zu sein, und,
von der Frau aus gesehen, der Versuch der Rettung eines bereits Verdammten
durch unbedingte Hingabe. Es geht daraus hervor, daß der ›Engelmann‹
nicht als ›klinischer Fall‹, als pathologischer Außenseiter, gespielt werden
darf, sondern als ein — geschlagener und gestürzter — Mensch in voller Verantwortlichkeit, wodurch sich ein Geschick vom Unseligen ins Tragische
erhebt und sein Ende einer Erlösung gleichkommt.« Ein Zwittergebilde:
Zuckmayer hat sich so eng an Hauptmann gehalten, daß dieses Stück weder
ein Zuckmayer noch ein Hauptmann ist — denn es scheint gewiß, daß Hauptmann, hätte er selbst die Bühnenfassung ausgearbeitet, mit seinem ersten
Entwurf rigoroser umgegangen wäre, als Zuckmayer sich dies gestattet hat.

Dorothea Angermann. ›Schauspiel in fünf Akten‹. 1926. Uraufführung am
20. November 1926 zugleich an siebzehn deutschsprachigen Bühnen. — Der
schlesische Gefängnispastor Angermann, moralstolz und selbstgerecht, zwingt
seine Tochter Dorothea, den triebhaften Koch Mario zu heiraten, von dem
sie ein Kind erwartet. Mario geht mit ihr nach Amerika und schickt sie in
einem Chinesenviertel auf die Straße. Sie begegnet hier Herbert Pfann-
schmidt, der sie in Deutschland heiraten wollte, doch ist sie Mario derart
hörig, daß sie die mögliche Rettung durch Herbert und dessen Bruder Hubert
abweist. In Hamburg, wo sie schließlich von Hubert aufgenommen wird,
vegetiert sie, zur Morphinistin geworden, ihrem Tod entgegen. — In diesem
›spätnaturalistischen‹ Stück greift der hier mehr epische als dramatische
Hauptmann alte Motive (›Rose Bernd‹) wieder auf; schuldloses Leid (»Wir
sind nicht verantwortlich!« stellt Hubert fest) und ein ausweisloser Fatalismus — der Mensch als Opfer des blindwütenden Schicksals.

Vor Sonnenuntergang. ›Schauspiel in fünf Akten‹. 1928. Uraufführung am
16. Februar 1932 am Deutschen Theater, Berlin. — Der siebzigjährige Geheimrat Mathias Clausen, Herrscher über einen Zeitungskonzern, verliebt sich drei
Jahre nach dem Tode seiner Frau in die achtzehnjährige Inken Peters und
will sie heiraten. Er wird von seinen erwachsenen Kindern (mit Ausnahme
seines jüngsten Sohnes Egmont), von seiner Sippe, die um ihr Erbe fürchtet,
in den Tod gehetzt: sie weigern sich, Inken in die Familie aufzunehmen,

und lassen Clausen, der mit ihr in die Schweiz gehen will, entmündigen. Rasend vor Schmerz, verflucht er seine Kinder, zerstört das Brautbildnis seiner Frau und vergiftet sich im sturmumtobten Gärtnerhaus — »Mich dürstet nach Untergang« —, während Inken die Verwandten mit einem Revolver zurückschreckt. — Der fünfte Akt, in dem der vereinsamte, am Undank seiner Kinder zugrunde gehende Clausen zu einer Art großbürgerlichem König Lear wird, ist im Februar 1952 vom Wiener Burgtheater (mit Werner Krauss als Clausen) zum erstenmal gespielt worden. Max Reinhardt hat ihn bei der Uraufführung (ebenfalls mit Werner Krauss) gestrichen: Clausen erliegt, nachdem ihm die Entmündigung angedroht ist, in den Armen seiner Geliebten einer Herzattacke. Mit dem Untergang Clausens signalisiert der sechsundsechzigjährige Hauptmann den Untergang einer spätbürgerlichen Gesellschaft, für die der Besitz nur Gegenstand der Nutznießung, nicht der Verantwortung ist. Doch nicht dieser sozialkritische Aspekt, sondern die schauspielerischen Möglichkeiten der von großen Menschendarstellern wie Werner Krauss, Emil Jannings, Ernst Deutsch begehrten Rolle Clausens hat dieses Stück über die vergangene Zeit gerettet.

Die Finsternisse. ›Dramatisches Requiem‹. 1937. Ursendung am 10. Dezember 1947 durch BBC, London. Uraufführung am 5. Juli 1952 im Göttinger Studio ›Das Experiment‹. — Hauptmann schrieb diese acht Szenen 1937 im Gedenken an seinen Freund Max Pinkus, einen Großindustriellen und Philanthropen (das Modell für manche Züge des Geheimrats Clausen in ›Vor Sonnenuntergang‹), der, 1934 im schlesischen Neustadt gestorben, heimlich bestattet wurde, weil er Jude war. An der Beerdigung und dem mitternächtlichen Totenmahl hatten Hauptmann und seine Frau als einzige Nichtjuden teilgenommen. Hauptmann notierte: »Man hat den Tod des königlichen Juden nicht bekanntgemacht, weil unter den heutigen Umständen die Stadt, die ihm unendlich viel verdankt, an seinem Begräbnis nicht hätte teilnehmen können . . . Das uralte Schicksal der Juden . . : ich fühle, daß es in seiner ewigen Gegenwart unter allen Völkerschicksalen das erhabenste, größte und furchtbarste ist.« — In dem Fragment ›Die Finsternisse‹ sprechen und meditieren die Freunde und Hinterbliebenen des verstorbenen Kommerzienrats Joel beim Totenmahl im Licht des siebenarmigen Leuchters über das Schicksal der Juden, das Leid aller Verfolgten, während als ›Erscheinungen‹ der Verstorbene, der Prophet Elias, der Jünger Johannes und Ahasver bei ihnen Platz nehmen. — Das Manuskript dieses einzigen Theaterwerkes, in dem Hauptmann unverschlüsselt gegen die Judenverfolgung seiner Zeit protestiert, ist aus Furcht vor der Gestapo vernichtet worden. ›Die Finsternisse‹ wurden in Amerika nach Hauptmanns Tod auf Grund einer Abschrift als Privatdruck veröffentlicht.

Schnitzler: Erfinder der Melanchol-ödie

Es fließen ineinander Traum und Wachen,
Wahrheit und Lüge, Sicherheit ist nirgends.
Wir wissen nichts von andern, nichts von uns;
Wir spielen immer, wer es weiß, ist klug.

Arthur Schnitzler

Schnurr- und Spitzbart, tiefe Querfalten auf der Stirn und unter den Augen,
eine profilierte Nase — dem sechs Jahre älteren Sigmund Freud, dem Begründer der Psychoanalyse, sah Arthur Schnitzler so ähnlich, daß Freud ihm eines
Tages gestand: »Ich habe Sie gemieden aus einer Art Doppelgängerscheu.«
Ihre Doppelgängerschaft betraf nicht nur das Physiognomische: beide waren
Ärzte, beide entscheidend angeregt von dem französischen Neurologen Char-
cot, beide ihr Leben lang auf Forschungsreisen in »ein weites Land«, wie
Schnitzler die Seele genannt hat. Freud heilte seelisch Erkrankte; er ver-
suchte, seine Ergebnisse zu systematisieren, und gelangte zu umwälzenden
Erkenntnissen in vielen wissenschaftlichen Disziplinen von der Ästhetik bis
zur Theologie. Schnitzler, der ›österreichische Maupassant‹, wie ihn Alfred
Kerr genannt hat, schrieb Novellen und Bühnenstücke. Die beiden theoreti-
sierten nicht miteinander, sie trafen sich in Wien nur selten, und doch konnte
Freud in einem Brief, den er Schnitzler zum 60. Geburtstag schrieb, bewegt
feststellen: »Ihr Ergriffensein von den Wahrheiten des Unbewußten, von der
Triebnatur des Menschen, ihre Zersetzung der kulturell-konventionellen
Sicherheiten, das Haften Ihrer Gedanken an der Polarität Liebe und Sterben,
das alles berührte mich mit einer unheimlichen Vertrautheit.«

Freud hat mit diesem Satz den dauerhaften Kern der Werke Schnitzlers
getroffen: hinter den zeit- und ortsgebundenen Erscheinungen, den Wiener
Salons der Jahrhundertwende, den Pratercafés und dem Südbahnhotel am
Semmering, den Offizierskasinos und Wirtsgärten der Außenbezirke, hinter
der ›Dekadenz‹ der Donaumonarchie und ihres reichen Bürgertums, hinter
dem Typ des ›süßen Mädl‹ aus der Vorstadt, den gesellschaftlichen Affären,
Bankrott und Duell — die ›Wahrheiten des Unbewußten‹. In der Mitte
des 20. Jahrhunderts werden sie von amerikanischen Autoren wie Tennessee
Williams oder Edward Albee mit Hilfe der Erkenntnisse Freuds und seiner
Schüler nachkonstruiert, und es kommen dabei oft genug nur Demonstra-
tionsmarionetten psychoanalytischer Theorien auf die Bühne. Schnitzler hat
die Wahrheiten des Unbewußten, unabhängig von Freud, erspürt und doch
seinen Bühnengestalten einen Rest Geheimnis gelassen: sie sind zwar Marionetten ihrer Triebnatur, aber sie können durch medizinische Theorien nicht
ausgelotet werden. Schnitzlers Anatol meint: »Man muß immer genauso

Arthur Schnitzler,
gezeichnet von B. F. Dolbin

gesund wie die andern — man kann aber ganz anders krank sein wie jeder andere.«

Arthur Schnitzler wurde am 15. Mai 1862 in Wien geboren; er starb in Wien, am 31. Oktober 1931. Er wuchs in der kultivierten Atmosphäre eines assimilierten jüdischen Bürgerhauses auf, sein Vater war Arzt und Professor. Seine Stücke schrieb er zwischen seinem 30. und 50. Lebensjahr, in dem — 1912 — der Berliner Theaterdirektor Otto Brahm starb. Brahm, der Förderer Ibsens und Gerhart Hauptmanns, hatte eng mit Schnitzler zusammen gearbeitet und ihm zu seinen entscheidenden Erfolgen verholfen. Sein Tod war wohl einer der Gründe dafür, daß Schnitzler nun für das Theater nur noch Begonnenes vollendete und hinfort Erzählungen schrieb. Die Welt seiner Bühnengestalten, dieser wohlhabenden Bürger und kleinen Adligen in der Donaumonarchie, ging damals freilich auch im ersten Weltkrieg unter.

Sein Weltruhm begann bei Otto Brahm, auf der Berliner Bühne der Naturalisten, und seine dramaturgische Technik hatte er bei Ibsen gelernt, doch sein Einakter ›Der grüne Kakadu‹ (1898) spielte schon mit der Wirklichkeit des Scheins und der Unwirklichkeit des Seins — mit einem barocken Thema, das Luigi Pirandello zwei Jahrzehnte später abgewandelt hat und das von Giraudoux, Anouilh und Genet immer wieder aufgegriffen worden ist. In seiner Novelle ›Leutnant Gustl‹ (1900) nahm er den aus dem Unbewußten strömenden ›inneren Monolog‹ vorweg, der seit dem ›Ulysses‹ (1922) von James Joyce einen großen Teil der modernen Literatur beherrscht. Schnitzler, der ›Impressionist‹, der Porträtist flüchtiger Regungen, schwindender Leidenschaften, gereizter und ermüdender Nerven, war zu skeptisch, um sich sozialkritisch zu erregen: »Wir wissen nichts von andern, nichts von uns; wir spielen immer, wer es weiß, ist klug.« Seine Lebensspiele sind oft scheinbar frivol, immer tief melancholisch: er spielt gegen den Tod, dessen Nähe allgegenwärtig ist, und Eros ist seine stärkste, eine schwache Waffe. In einem Brief an Otto Brahm hat er vorgeschlagen, seine zwischen Tragödie und Komödie schwebenden Stücke ›Melanchol-ödien‹ zu nennen.

»Ich stelle die Liebe und den Tod dar«, sagte Schnitzler, »und ich kann

nicht einsehen, daß diese Erscheinungen weniger allgemeingültig und zeitgemäß sind als etwa eine Matrosenrevolte.« Wer ein halbes Jahrhundert
später ein Stück von Schnitzler liest, der mag die Ehe- und Seitensprung-
Probleme, das gesellschaftliche Gehabe des Wiener Bürgertums in einer nur
scheinbar natürlichen, manierierten Sprache und die Auflösung der Personen
in seelische Motivbündel für antiquierten Luxus halten. Wer aber eine gute
Schnitzler-Aufführung sieht, der wird im Wiener Tonfall die manierierte
Sprache ganz natürlich finden und im gesellschaftlichen Gehabe die ewige
Tragikomödie der Gefühle entdecken, die unvergängliche ›Polarität von Leben
und Sterben‹, die Sigmund Freud so unheimlich vertraut erschienen ist.

Meinungen: »Arthur Schnitzler ist ein deutscher Klassiker«: Frank Wede-
kind. — »Mitten im Naturalismus. Schnitzler hatte das Verschweigen an die
Stelle des Quatschens gesetzt«: Alfred Kerr. — »Das Seelenbild Wiens, das
Schnitzler gab, indem er sich selber gab, war reich an allen Zärtlichkeiten,
Halbtönen, Ironien, Zwiespältigkeiten, spielerischen Mürbigkeiten und
Müdigkeiten dieses östlichen Südens; aber hinein sprach etwas, zugrunde lag
etwas, was nicht Anmut und lächelnde Schönheit, Zweifel und Güte war,
sondern Unerbittlichkeit, etwas Männliches und Hartes, bitterletzter Lebens-
ernst, ein Aug' in Aug' mit dem Tode, das nichts von Ästhetizismus, viel
mehr von der Unerbittlichkeit des wissenden Arztes hatte«: Thomas Mann.
— »Schnitzler: das ist grausames Wissen um unsere Nichtigkeit zwischen den
Abgründen und Schwermut über so vieles, das wir wohl vermocht hätten,
aber versäumt haben. Schnitzler: das ist auch wieder Jubel, gehaltenes, zartes,
mitleidendes Mitjubeln bei unseren vergänglichen Freuden, unseren Eintags-
schönheiten, unserem Glück, über das kein Gott wacht«: Heinrich Mann. —
»Das andere Hauptmotiv seiner theatralischen Produktion dagegen ist ganz
wienerisch und drückt unverkennbar die leidenschaftliche Vorliebe für Theater aus, in der sich in Wien hundertfünfzig oder zweihundert Jahre lang alle
Stände, vom Fürsten bis zum Fiakerkutscher, fanden und verstanden: Ich
meine das ›Theater‹ als Symbol, das ›Theater‹, welches alle Lebenden, indem
sie sich voreinander zur Schau stellen, einander wechselweise bereiten, die
Komödie der Worte, der Gebärden und der sozialen Handlungen, die großen
und kleinen Szenen, mit denen man einander in der Liebschaft wie im Salon
oder in der Politik aufwartet«: Hugo von Hofmannsthal.

Anatol. ›Sieben Einakter in Prosa‹. 1890. Erste Aufführungen der gesamten
Szenenfolge am 9. Dezember 1910 am Deutschen Volkstheater in Wien und
durch Otto Brahm am Berliner Lessing-Theater. — Zwei Männer, Mädchen
und Frauen vieler sozialer Schichten. Der Dichter Anatol schlendert von einem

›Anatol‹ von Arthur Schnitzler. Illustration von M. Coschell aus dem Jahre 1901

Liebesabenteuer zum andern, und Max gibt seine witzigen bis zynischen Kommentare dazu. Anatol ist leichtsinnig, doch melancholisch; er liebt die »zärtliche Liebe ohne das Bedürfnis der Treue« und grämt sich dennoch, ob seine Partnerinnen ihm auch treu seien. Er genießt sich selbst, seine Stimmungen und die vielfältigen Reize seiner Schwächen: »Es gibt so viele Krankheiten und nur eine Gesundheit —!« Der ›bösen Mondainen‹ zieht er das ›süße Mädl‹ vor: »Sie ist nicht faszinierend schön — sie ist nicht besonders elegant — und sie ist durchaus nicht geistreich ... Aber sie hat die weiche Anmut eines Frühlingsabends ... und den Geist eines Mädchens, das zu lieben weiß.« In seinem Prolog zum Anatol schrieb Hugo von Hofmannsthal — unter seinem Gymnasiasten-Pseudonym ›Loris‹ — die vielzitierten, programmatischen Verse: »Frühgereift und zart und traurig, die Komödie unsrer Seele ...« Ein früher Reigen der halben Gefühle, des Liebesbetrugs und des betrogenen Liebesbetrügers.

Liebelei. ›Schauspiel in drei Akten‹. 1894. Uraufführung am 9. Oktober 1895 im Wiener Burgtheater. — Was in ›Anatol‹ ein frivol-melancholisches Spiel ist, wird in ›Liebelei‹ ernst genommen. Was dem Studenten und Reserveleutnant Fritz Lobheimer nur Liebelei bedeutet, ist Liebe für sein ›süßes Mädl‹, für Christine, die Tochter eines Violinspielers am Josephstädter Theater. Fritz fällt im Duell — nicht für Christine, sondern für eine verheiratete Dame, für eine gesellschaftliche Konvention. Die Tränen Theodors, der Christine dem Fritz als ein Mädel aus den Kreisen empfohlen hat, wo »der Beginn keine besonderen Schwierigkeiten und das Ende keine Qualen« bereite, fließen zu spät: Christine geht an Fritzens Grab und wird nicht wiederkommen. — Sosehr sich die gesellschaftliche Situation und die Gewohnheiten der Liebenden inzwischen verändert haben, Schnitzlers Welt ist in sich so richtig und die seelische Atmosphäre, aus der allein dieses dramatische Liebesgedicht in Prosa besteht, so stark, daß es noch immer bezaubert — falls diese zärtliche Atmosphäre unsentimental getroffen wird. Wozu es freilich, wie fast immer bei Schnitzler, der Wiener Schauspieler bedarf. Dazu der Kritiker Friedrich Luft: »Man wandert verwundert, zuweilen gerührt, entzückt und betroffen durch ein zärtliches Museum der Gefühle. Schnitzlers Bratschenton klingt sozusagen im Plusquamperfekt.«

Reigen. 1896/97. Uraufführung am 23. Dezember 1920 im Kleinen Schauspielhaus, Berlin, durch Gertrud Eysoldt und Max Reinhardt. Verbot der Aufführung durch den preußischen Kultusminister, den Hausherrn der Staatlichen Musikhochschule, in der sich das Theater befand. — Zehn Dialoge, frivol und zärtlich, ironisch und melancholisch, triebhaft und todestraurig. Zehn Triumphe des Sexus, vor dem es keine Standesunterschiede gibt: die Dirne mit dem Soldaten; der Soldat mit dem Stubenmädchen; das Stubenmädchen mit dem jungen Herrn; der junge Herr mit der jungen Frau; die junge Frau mit ihrem Ehemann; der Ehemann mit dem süßen Mädel; das süße Mädel mit dem Dichter; der Dichter mit der Schauspielerin; die Schauspielerin mit dem Grafen; der Graf mit der Dirne — der ›Reigen‹ hat sich

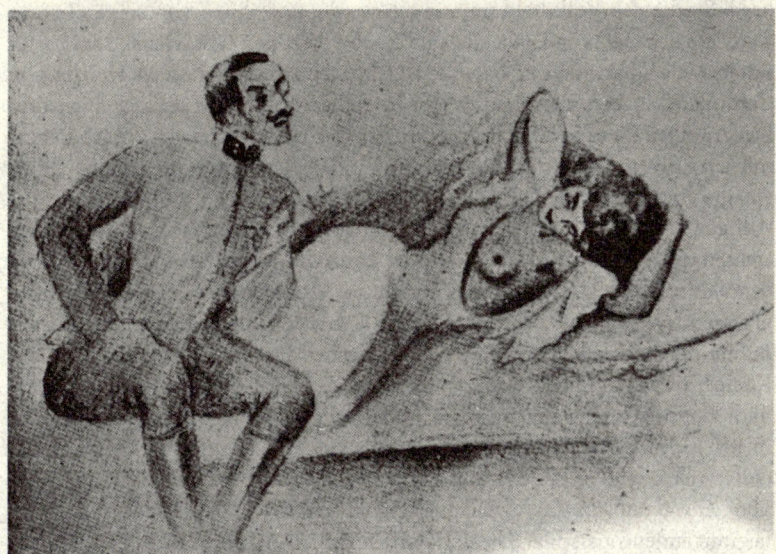

Der Graf und die Schauspielerin. Illustration von Margit Gaal für eine Buchausgabe von Arthur Schnitzlers ›Reigen‹

geschlossen, ein Ringelspiel der Amouren, die auch ihre Köstlichkeiten haben, ein Karussell der flüchtigen Umarmungen, deren Reiz nicht bestritten wird, ein Tanz mit den immer wiederkehrenden drei Schritten: Gier, Genuß und Kälte — ein Totentanz des Eros. — Schnitzler hatte für Freunde zwanzig Exemplare drucken lassen: »Da Dummheit und böser Wille immer in der Nähe sind, füge ich den Wunsch hinzu, daß meine Freunde das Buch als bescheidenes Geschenk für sich ansehen.« Er wollte das Stück nicht auf die Bühne bringen, ließ sich umstimmen, es kam zu Skandalen und in Berlin zum ›Reigen‹-Prozeß, bei dem alle Beteiligten freigesprochen wurden. Schnitzler nahm den ›Reigen‹ nicht in die Gesamtausgabe seiner Werke auf und verbot testamentarisch weitere Aufführungen. Die französischen ›Reigen‹-Verfilmungen — vor allem durch Max Ophüls (1950), aber auch durch Roger Vadim (1964) — haben mit ihrem Charme und der Delikatesse ihrer Bilder die organisierten Entrüster entwaffnet.

Der grüne Kakadu. ›Groteske in einem Akt‹. 1898. Uraufführung am 1. März 1899 am Wiener Burgtheater. Nach der dritten Aufführung auf Wunsch einer Erbherzogin abgesetzt. — Prospère, Wirt der Kellerkneipe ›Zum grünen Kakadu‹ und ehemaliger Theaterdirektor, amüsiert am Vorabend der Französischen Revolution seine aristokratischen Gäste damit, daß er sie als Schweine begrüßt, die das Volk bald umbringen werde, und ihnen von seiner Truppe Verbrecherszenen von Diebstahl und Raub vorspielen läßt. Henri, sein bester Schauspieler, berichtet, er habe den Liebhaber seiner Frau, den Herzog von Cardignan, soeben in der Garderobe erstochen und macht daraus einen großen Auftritt. Ist es Spiel, ist es Wahrheit? Der Herzog tritt ein, Henri ersticht ihn. Der Sturm auf die Bastille hat begonnen, Revolutionäre dringen in die Kneipe und rufen an der Leiche des Herzogs »Es lebe die Freiheit!« Die Adligen verlassen den Keller; eine Marquise, ›angenehm erregt‹, denn »man sieht nicht alle Tage einen wirklichen Herzog wirklich ermorden«, wird in der Nacht ihren Liebhaber empfangen. — Beschäftigt auf der Bühne ihres privaten Vergnügens, begreift die Gesellschaft durchaus nicht, was auf der Bühne der politischen Realität vor sich geht: die Adligen genießen in der Kneipe die makabre Illusion, sie hätten ihre Macht verloren, und wenn sie nach Hause gehen, so haben sie ihre Macht in der Tat verloren, doch sind sie in der nicht minder makabren Illusion befangen, sie besäßen sie noch. Mit dieser ›Groteske‹, einer Mischung von Maskerade, Seelenanalyse und Spott über eine genußsüchtige, dem Untergang geweihte ›fin de siècle‹-Gesellschaft, beginnt im europäischen Theater zum erstenmal wieder seit dem Barock das Spiel mit Sein und Schein, das von Pirandello virtuos gehandhabt und von Giraudoux, Anouilh und Genet fortgesetzt worden ist.

Das weite Land. ›Tragikomödie in fünf Akten‹. 1910. Uraufführung am 14. Oktober 1911 im Wiener Burgtheater. — Wiener Gesellschaft um 1910, Fabrikant, Offiziere, Bankier und Arzt, Schauspielerin und Schriftsteller. Die dramatische Analyse der Entfremdung eines Ehepaares, des Glühlampenfabrikanten Friedrich Hofreiter und seiner Gattin Genia. Hofreiter liebt Erna, die Tochter einer Jugendfreundin, und wird von ihr geliebt; er verspricht ihr die Ehe. Genia wird geliebt von Otto, einem Marine-Fähnrich. Hofreiter provoziert den Fähnrich und erschießt ihn im Duell; mit ihm erschießt er die Jugend, die er nicht mehr besitzt. Er wird sich stellen, hat freilich in diesem Ehrenhandel keine ernsthafte Strafe zu erwarten. Erna schickt er davon und verabschiedet sich von Genia mit einem übertrieben konventionellen »Wir sagen uns halt Adieu«. In diesem Augenblick der größten Entfernung ist ihm Genia, die ihn mit einem »Aus« verläßt, innerlich am nächsten — diese Ironie bestimmt die Stimmung des Endes, nicht der Duell-Tote. Eine ›Tragikomödie‹ durch die Unfaßbarkeit der Gefühle, deren nicht zu beherrschende Unbeständigkeit von einer verzweifelten, sublimen Komik ist. »So vieles hat zugleich Raum in uns —!« hat Aigner zu Hofreiter gesagt, »Liebe und Trug ... Treue und Treulosigkeit ... Anbetung für die eine und Verlangen nach der andern oder nach mehreren. Wir versuchen wohl, Ordnung in uns zu schaffen, so gut es geht, aber diese Ordnung ist doch nur etwas Künstliches ... Das Natürliche ... ist das Chaos. Ja — mein guter Hofreiter, die Seele ... ist ein weites Land, wie ein Dichter es einmal ausdrückte ... Es kann übrigens auch ein Hoteldirektor gewesen sein.« — Gerade dieses scheinbar so verstaubte Stück hat zur Wiederentdeckung Schnitzlers entscheidend beigetragen: durch den illusionslosen Blick des Autors, durch seinen glanzvollen, weil sensiblen und nüchternen Dialog, durch die an Halbtönen reichen Rollen des Fabrikanten und seiner Frau, gespielt bei der Aufführung des Wiener Burgtheaters 1961 im Akademie-Theater von Attila Hörbiger und Paula Wessely.

Professor Bernhardi. ›Komödie in fünf Akten‹. 1912. Uraufführung 1912 am Berliner Lessing-Theater; in Wien verboten. — Professor Bernhardi, Direktor einer Privatklinik, verweigert einem Priester den Zugang zu einer sterbenden jungen Frau aus medizinischen und menschlichen Gründen: sie glaubt sich auf dem Weg der Genesung, und der Anblick des Geistlichen könnte sie in eine Angst stürzen, die ihren Tod beschleunigen und qualvoll machen würde. Der Priester beruft sich auf das Gesetz der Kirche. Während die beiden streiten, stirbt die Frau ohne Letzte Ölung. Gegen Bernhardi, der Jude ist, beginnt eine Hexenjagd. Der Fall wird von einem Dutzend Ärzten und von Politikern diskutiert; unsachliche Gründe drängen sich vor, konfessionelle, politische,

›christlich-soziale‹, persönliche Vorurteile und unverhohlener Antisemitismus. Bernhardi, angeekelt von dem niederträchtigen Treiben, wehrt sich kaum; durch sein herrisches Selbstbewußtsein stößt er seine Freunde vor den Kopf und liefert er seinen Gegnern neues Material. Er wird zu zwei Monaten Gefängnis verurteilt. Der Schluß ist resignierend versöhnlich: Bernhardi, davon überzeugt, daß er »in diesem ganz speziellen Fall« das Richtige getan hat, wird von einem freundlichen Hofrat belehrt: »Wenn man nur einmal in der Früh, so ohne sichs weiter zu überlegen, anfing, das Richtige zu tun und so in einem fort den ganzen Tag lang das Richtige, so säße man sicher noch vorm Nachtmahl im Kriminal.« — Ein Stück gegen den Wiener Antisemitismus der Schönerer-Lueger-Epoche, der als geradezu selbstverständlicher Teil des Lebens konstatiert wird — damals konnte es noch eine streckenweise ungemein amüsante ›Komödie‹ werden, wenn auch nicht ohne Bitterkeit. »Als Wiener bin ich daheim«, sagte Schnitzler einmal von sich, »als Jude bin ich das Gefühl des Fremdseins niemals losgeworden.« Ein Tendenzstück ohne Schwarzweißmalerei; dazu der Kritiker Alfred Kerr: »... dieser Arzt, ob Jud oder Nichtjud, ist keine Zweckpuppe; kein Ideengestell; sondern ein seelenfleischerner Mensch rund-um-und-um.«

Ludwig Thoma: der dramatisierte Simplicissimus

> Spott untergräbt keine echte Autorität, weil er sie nicht treffen kann, aber dem auf Äußerlichkeiten ruhenden, konventionell festgehaltenen, dem übertriebenen und angemaßten Ansehen tut er Abbruch, und das ist nicht schädlich.   Ludwig Thoma

In seinen Erinnerungen erzählt Ludwig Thoma, wie er im Januar 1903 nach Wien gefahren war, zur Aufführung seiner Komödie Die Lokalbahn am Burgtheater. Trocken konstatierte er: »Die ›Lokalbahn‹ hatte Erfolg und wurde ziemlich oft aufgeführt; aus den Kritiken erfuhr ich, daß das Lustspiel nicht von überwältigender Bedeutung wäre. Ich hatte es schon vorher gewußt, und recht eigentlich wollte ich auch gar nicht überwältigen.«

›Überwältigen‹ wollte er als Dramatiker vermutlich nur einmal, mit seinem Schauspiel Magdalena (1912). Die Bauerntochter Leni, sitzengelassen, in der Stadt verkommen, in ihr Dorf zurückgebracht, hat nicht nur einen Burschen in ihre Kammer eingelassen, wie es ortsüblich ist, sie hat ihn hinterher, weil sie gar nichts besitzt, um ein paar Mark gebeten — und dies wird ihr nicht verziehen. Als die jungen Burschen, angeführt vom Bürgermeister, sie aus dem Dorf jagen wollen, ersticht sie ihr Vater, der ihrer Mutter auf dem

Sterbebett versprochen hat, sie
niemals zu verstoßen. ›Magdalena‹ gehört in die Geschichte
des deutschen Naturalismus —
Thoma kämpft hier gegen eine
bigotte Moral, doch hat er dieser Tendenz die innere Wahrheit seiner Charaktere nicht geopfert: sie sind, einschließlich
der dumpfen Leni, aus großer
Distanz geschildert, ebenso frei
von Sentimentalität wie von
Heroisierung.

›Von überwältigender Bedeutung‹ sind seine anderen Stücke
in der Tat nicht, aber sie besitzen
eine Eigenschaft, die vom Theaterpublikum mehr als von Lite-
rarhistorikern geschätzt wird:
sie sind überwältigend komisch,

Ludwig Thoma,
gezeichnet von Olaf Gulbransson

wenn (oder gerade weil) ihr satirischer Anlaß zu einem großen Teil vergangen
ist. Thoma, geboren am 21. Januar 1876 in Oberammergau und gestorben am
26. August 1921 in Rottach am Tegernsee, wo er ein Landhaus besaß, war
Jurist, hatte aber wenig Lust zum Beruf des Rechtsanwalts, den er eine
Zeitlang in Dachau und München ausübte. Als Redakteur der satirischen
Wochenschrift ›Simplicissimus‹ kam er nicht als Anwalt, doch als Angeklagter mehrfach vor die Schranken des Gerichts und auch ins Gefängnis. Dies
inspirierte und bestärkte ihn, gegen engstirnige Moralbegriffe und klerikale
Politik vom Leder zu ziehen. Sein bayerischer Landtagsabgeordneter ›Jozef
Filser‹, dessen »gesamelter Briefwexel« zuerst im ›Simplicissimus‹ erschien,
ist zur unsterblichen Figur geworden. Wer ein Bild von Ludwig Thoma sieht,
Lodenjoppe, Zwicker, halblange Pfeife, der läuft Gefahr, ihn für eine Provinz-
erscheinung zu halten — dies wäre eine schlimme Unterschätzung. Thoma,
der ein ›eingefleischter Friderizianer‹, ein Verehrer Potsdams gewesen ist,
geht mit dem bayerischen Dialekt um wie ein großer Schriftsteller mit dem
Hochdeutschen: ohne falsche Idyllik, ohne Kraftmeierei — präzise und bildhaft.

Er schrieb keine Charakterkomödien, sondern Satiren, randvoll mit Sim-
plicissimus-Gestalten, die er nicht verhöhnt, sondern äußerstenfalls verspottet. Der Theaterkritiker Wolfgang Drews hat ihn porträtiert: »Er ist
witzig, nie zornig, er schmunzelt und wird nicht bitter. Ein toleranter Mora-

list, ein liberaler Entlarver, kein Bußprediger und kein Weltverbesserer. Er ist ein bürgerlicher Bürgerschreck, der milde Salben auf die Wunden, nein Schrammen und Risse streicht, die Schwächen seiner Mitmenschen, er ist ihnen dankbar für die Gaudi, die sie ihm bereiten.«

Moral. ›Komödie in drei Akten‹. 1906. Uraufführung am 21. November 1908 im Schauspiel-Haus, München. — In der Hauptstadt des Herzogtums Gerolstein wird die eleganteste Kurtisane, Therese Hochstetter, ›eine Private‹, die sich Madame Ninon de Hauteville nennt, durch polizeilichen Übereifer verhaftet. In ihrem Tagebuch stehen die Namen der angesehensten Bürger der Stadt. Rentier Beermann, liberal-konservativer Reichstags-Kandidat und Vorsitzender des ›Sittlichkeitsvereins‹, scheut sich nicht, das Tagebuch dem ermittelnden Polizeiassessor zu stehlen, und findet in ihm auch mehrfach seinen Namen. Ninon muß diskret entlassen werden, denn der junge Erbprinz, zu ihr zum Unterricht geeilt, war gezwungen, sich bei ihrer Verhaftung im Kleiderschrank zu verstecken. Ninon soll aus der Stadt verschwinden — sie verlangt eine Entschädigung. Beermann, vom herzoglichen Hause um die Rettung der öffentlichen Moral ersucht, beeilt sich, im Namen des ›Sittlichkeitsvereins‹ die verlangten 10 000 Goldmark zu versprechen. — Die Rechtsbeugung aus staatspolitischen Gründen, die Vertuschung eines Skandals zugunsten der ›höheren Stände‹ hatte Ludwig Thoma als Gerichtsreferendar in Traunstein erlebt. Die Muße, daraus die dramatischen Konsequenzen zu ziehen, verschafften ihm die Sittlichkeitsvereine — sie ließen ihn wegen eines Simplicissimus-Witzes im Gefängnis Stadelheim 1906 einbuchten, und dort schrieb er ›Moral‹ in sechs Wochen. Dieser zeitkritische Schwank, der für die nichtbayerischen Theater den Vorzug nur einer altbairischen Rolle besitzt, ist Thomas schlagkräftigste Satire: solange es eine öffentliche und eine private Moral gibt (also ewig), solange Sittlichkeitsvereine nach ›obszönen Publikationen‹ schnüffeln (also: noch sehr lange), solange wird es Vergnügen bereiten, die organisierten Prediger der öffentlichen Moral als Heuchler und fleißige Kunden der von ihnen verdammten ›Unmoral‹ entlarvt zu sehen — Thomas Blitze schlagen aus der Plüschzeit in jede denkbare Gegenwart.

Lottchens Geburtstag. ›Lustspiel in einem Akt‹. 1911. Ein weltfremder Professor und Geheimrat hält sich für verpflichtet, seine Tochter Lottchen an ihrem 20. Geburtstag über die Geheimnisse der Geschlechter aufzuklären, zumindest aber, falls dies zu peinlich werden sollte, ihren künftigen Verlobten — Lottchen freilich hat hinter dem Rücken ihres Vaters längst einen Hebammenkursus absolviert. — Ein antiquierter, harmloser Witz, der seltsamerweise noch immer zündet.

Ödön von Horvath: die Komik der Tragödien

> Es soll gezeigt werden, wie tragische Ereignisse sich im All-
> tagsleben oft in eine komische Form kleiden ... Alle meine
> Stücke sind Tragödien ... sie werden nur komisch, weil sie
> unheimlich sind.
>
> Ödön von Horvath

Ernst Josef Aufricht, der Berliner Theater-Producer und Direktor des Theaters am Schiffbauerdamm, erinnert sich in seinen Memoiren »Erzähle, damit
du dein Recht erweist« an das Jahr 1931: »An einem Tisch in dem langge-
streckten Nachtlokal Schwannecke saß ein großer, dicklicher, jungenhafter
Mann mit schönen braunen Augen und fixierte mich jedesmal, wenn ich
vorbeiging. Er hatte eine Rolle schreibmaschinenbeschriebener Blätter in der
Hand. Ich blieb stehen: ›Wollen Sie mir etwas sagen?‹ — ›Ja! Ich habe ein
Stück geschrieben: Italienische Nacht! Eine aktuelle politische Komödie. Vielleicht gefällt sie Ihnen.‹ — Ich nahm die Papierrolle an mich und notierte
seinen Namen, Ödön Horvath, und seine Telefonnummer. Ich fing nachts an
zu lesen und las das ganze Stück zu Ende. Ich bat ihn am nächsten Morgen
in mein Theater und machte mit ihm einen Vertrag, seine Komödie sofort zu
spielen.«

Die »Italienische Nacht« war keineswegs Horvaths erstes Stück, sie war
eher der Abschluß eines halben Dutzends Stücke mit direkten zeitkritischen
und politischen Absichten. Davon waren in Berlin schon uraufgeführt worden
›Die Bergbahn‹ (1929 durch die Volksbühne) und *Sladek, der schwarze Reichs-
wehrmann*, eine ›Historie aus dem Zeitalter der Inflation‹ (1929, Matinee
im Lessing-Theater; danach erst wieder am 18. September 1968, Staatstheater Kassel): Sladek, eine Art Woyzeck, der, indem er seine Selbständigkeit im Denken behauptet, gerade seine Unselbständigkeit offenbart, tritt
im Inflationsjahr 1923 in die illegale Organisation der »Schwarzen Reichs-
wehr« ein, weil er meint: »Der einzelne zählt nämlich nichts, man darf nur
an das Ganze denken«; dieser Sladek, der die Ermordung seiner Geliebten
geduldet hat, muß sich am Ende fragen, wo denn der Sladek bleibt, wenn er
für das Ganze geopfert wird, und kommt, von den Geschossen regulärer Truppen getroffen, zum Schluß: »Ich bitte, mich als Menschen zu betrachten und
nicht als Zeit.« — Eklatante politische Wirkungslosigkeit hat Horvath gemeinsam mit den Stückeschreibern, die den direkten politischen Effekt wollten,
während er mit seinen »Tragödien« andere Wirkungen im Sinn hatte. Er
nannte sie »Komödien« und bediente sich für sie der Form des ›Volksstücks‹,
dessen idyllische Heimeligkeit er — in der Nachkommenschaft Nestroys —
ins Unheimliche verkehrte, indem er die Brutalität in der scheinbaren Gemüt-

lichkeit, die Herzensroheit in der scheinbaren Herzlichkeit, die Bestialität in der scheinbaren Sentimentalität spürbar macht, und dies in einer präzise getroffenen Atmosphäre. Seine Arbeitslosen, Proletarier, Kleinbürger, Angestellten benutzen in ihrer dialektgefärbten Umgangssprache die verstiegenen Banalitäten und nichtssagenden Klischees ›höherer‹ Gesellschaftsschichten, was eine ebenso komische wie erschreckende Wirkung hat. Auf diese Weise kommt es zur angestrebten ›Demaskierung des Bewußtseins‹: »Ich habe nur zwei Dinge, gegen die ich schreibe, das ist die Dummheit und die Lüge. zwei, wofür ich eintrete, das ist die Vernunft und Aufrichtigkeit.«

Ödön von Horvath wurde geboren am 9. Dezember 1901 als Sohn eines Ungarn im kroatischen Bezirk der italienischen Enklave Fiume an der Adria. Er nannte sich eine ›typisch altösterreichisch-ungarische Mischung‹ mit den Ingredienzen ›madjarisch, kroatisch, deutsch und tschechisch‹. In einer ›Autobiographischen Notiz auf Bestellung‹ (aus dem Nachlaß) schildert er seine Kindheit: »Als ich zweiunddreißig Pfund wog, verließ ich Fiume und trieb mich teils in Venedig, und teils auf dem Balkan herum und erlebte allerhand, u. a. die Ermordung S. M. des Königs Alexanders von Serbien samt seiner Ehehälfte. Als ich 1,20 Meter hoch wurde, zog ich nach Budapest und lebte dort bis 1,21 Meter. War dortselbst ein eifriger Besucher zahlreicher Kinderspielplätze und fiel durch mein verträumtes und boshaftes Wesen unliebenswert auf.« Horvath machte 1919 Abitur in Wien, studierte anschließend Philosophie und Germanistik in München und ließ sich 1924 nach einer längeren Paris-Reise in Berlin nieder. Über seinen ersten Roman ›Der ewige Spießer‹ schrieb Anton Kuh im ›Querschnitt‹: »Dieser Ödön Horvath, dessen Name so eigenartig nach Mord-Chronik, Steckbrief, k. k. Armee-Überbleibsel klingt, ist ein Ausnahmefall unter den Exzedenten seines Geschlechts. Ein amorphes Stück Natur; vulgär wie ein Noch-nicht-Literat, souverän wie ein Nicht-mehr-Literat; aus Elementarem und Dilettantischem gemengt. So könnte die Rohschrift eines großen satirischen Erzählers aussehen; aber auch die Reinschrift eines genialen Abenteurers, der sich für einen Schriftsteller ausgibt.«

Die Nationalsozialisten zwangen 1933 Heinz Hilpert, die vorgesehene Uraufführung des Horvath-Stückes ›Glaube Liebe Hoffnung‹ abzusetzen, Horvath reiste nach Salzburg und Wien, schrieb dort ›Die Unbekannte aus der Seine‹. Ein Auftrags-Stück ›Mit dem Kopf durch die Wand‹ fiel 1935 in Wien durch. Im folgenden Jahr schrieb er die Stücke ›Don Juan kommt aus dem Krieg‹, ›Figaro läßt sich scheiden‹, ›Ein Dorf ohne Männer‹, ›Der jüngste Tag‹ und ›Pompeji‹. Er lebte nun bei Salzburg und in Wien, das er 1938 verließ, jetzt endgültig ein Emigrant. Bei keinem Dramatiker erfährt man über Inflation und Wirtschaftskrise und über das, was sie mit den Menschen finanziell und seelisch angerichtet haben, mehr als bei Horvath. Seine frühen Stücke waren tendenziöse Zeitkritik, seine letzten Komödien mühten sich um christliche Metaphysik, dazwischen liegen seine besten Stücke, seine ›Volksstücke‹. In der Emigration kommen seine Bühnengestalten nicht mehr aus der erlebten Gegenwart, sondern aus der Erinnerung und aus der Literatur; seine Stücke werden zeitloser, symbolischer und damit schwächer.

Sein Tod und sein Begräbnis könnten aus einem seiner Stücke stammen: er wurde am 1. Juli 1938 in Paris durch einen im Gewittersturm niederstürzenden Ast eines hohlen Baumes getötet, gegen 19.30 Uhr, gegenüber dem Théâtre Marigny, und der Leichenbestatter, der Horvaths Eltern seine Dienste anbot, stellte sich als Betrüger heraus — ein Betrüger freilich, der zu aller Überraschung gleichwohl ein Begräbnis erster Klasse bereitete, kostbarer als abgesprochen, und dies aus eigener Tasche bezahlte, um den ›grand poète‹ gebührend zu ehren. Da er die eigene Tasche zuvor aus fremden Taschen gefüllt hatte, war er eine Woche später im Gefängnis (nachzulesen in der Studie ›Brecht, Horvath, Dürrenmatt‹ von Joseph Strelka, Wien-Hannover-Bern, 1962). Die Totenrede hielt Carl Zuckmayer, der Horvath 1931 den Kleist-Preis verliehen hatte.

Meinungen. »Nicht im Bau steckt sein Vorzug, sondern in der Fülle. Einwände sind haufenweis möglich: keiner gegen die Grundkraft eines lachenden Könners. Keiner gegen die Art, Gestalten zu sehen und zu säen. Keiner gegen das Verhältnis zwischen Bauwerk und Beiwerk. (Das Beiwerk schafft hier das Bauwerk)!: Alfred Kerr. — »Kein Wunder also, daß den Zuschauer aus den Theaterstücken dieses glänzenden Desillusionisten das ziemlich Trostlose einer entzauberten, in ihrem schnöden Mechanismus bloßgelegten Welt kalt anweht. Zum Ersatz freilich auch die ganze Komik einer solchen. Nichts ist witziger als die Wahrheit. Und kein skurrilerer Anblick als jener, den sie bietet, wenn sie sich nackt unter die Leute mischt«: Alfred Polgar.

Italienische Nacht. ›Volksstück‹. Uraufführung durch Ernst Josef Aufricht am 20. März 1931, Theater am Schiffbauerdamm, Berlin. — Die mit Vereinsmeierei und Streitigkeiten beschäftigten Republikaner in einer süddeutschen Kleinstadt feiern 1930 ihre »Italienische Nacht‹ heut nacht«, und wenn die radikalen jungen Sozialisten nicht wären, die gerade von den alten Sozialisten hinausgeschmissen worden sind, so bezögen die Alten von den braunen Faschisten die Prügel, die sie sich durch ihre selbstgewollte Blindheit eigentlich verdient haben. Die Nationalsozialisten veranstalten am gleichen Tag einen ›deutschen Tag‹ mit SA-Kapelle und Nachtübung, und der Wirt wartet ungeduldig, daß sie abziehen, damit er von national auf italienisch umdekorieren kann: »Und wenn ich jetzt den schwarzweißroten

Fetzen nicht raussteck, verderben mir sechzig Portionen Schweinsbraten, das
war doch ein furchtbarer Blödsinn, die Reichsfarben zu ändern!« Der rote
Stadtrat ist gegenüber den jungen Sozialisten so tyrannisch und zu seiner
unterdrückten Frau so überheblich gemein, wie er feige ist, wenn er an die
Faschisten nur denkt, und die einzige Person, die am Ende Mut hat, ist seine
endlich aufbegehrende Frau: ihrem Mann sagt sie »Draußen Prolet, drinnen
Kapitalist! Die Herren hier sollen dich nur mal kennenlernen! Mich beutet er
aus, mich! Dreißig Jahr, dreißig Jahr!« und den faschistenfreundlichen Major
in seiner Kolonialuniform fährt sie an:»Halten Sie Ihr Maul! Und ziehen
Sie sich mal das Zeug da aus, der Krieg ist endlich vorbei, Sie Hanswurscht!
Verzichtens lieber auf Ihre Pension zugunsten der Kriegskrüppel, und ar-
beitens mal was Anständiges, anstatt arme Menschen in ihren Gartenunter-
haltungen zu stören, Sie ganz gewöhnlicher Schweinehund!« Der junge Sozialist Martin geniert sich nicht, seine Braut Anna zum Spionieren bei den
Faschisten anzusetzen, und die Anna bemüht sich so rührend wie komisch,
mit kühner Verworfenheit einen SA-Mann auszuhorchen. Der Musiker Karl
ist ein Schlurf oder wenigstens ein Schlieferl, eine Figur, die Horvath immer
wieder variiert hat: opportunistisch, resigniert, intelligent, ein Meister der
halbhochdeutschen angelesenen Phrase und ein Vorstadt-Casanova dazu:
»Denkst du jetzt an eine Ehegemeinschaft? Nein, dazu bist du mir zu
schad!... Ich hab ja schon immer von der Erlösung durch das Weib geträumt, aber ich habs halt nicht glauben können — — ich bin nämlich sehr
verbittert, weißt du?« Die Blindheit der Republikaner wird zur Schlußpointe: Wenn der Stadtrat, gerade herausgehauen von Martin und seinen
jungen Sozialisten, dennoch meint, die Republik könne ruhig schlafen, dann
gilt Martins höhnisches »Gute Nacht!« ebendieser Republik — als Zeit der
Handlung hatte Horvath »1930 — ?« angegeben, und schon 1933 war's mit
der Republik zu Ende. — Horvath ist spezialisierter Zoologe für die Schicht,
die für den Nationalsozialismus am anfälligsten gewesen ist, für das Kleinbürgertum, von dem Bertolt Brecht wenig zu berichten weiß. So ist bei Horvath mehr und Genaueres über den Aufstieg Adolf Hitlers zu erfahren (obwohl nicht einmal dessen Name erwähnt wird) als im gesamten Œuvre Brechts.
Doch gibt Horvath nicht nur historische Aufschlüsse: seine Republikaner,
seine Sozialisten, seine unpolitischen Kleinbürger gebrauchen in ihrem Streit
die gleiche Gruppe von Argumenten, die noch in der zweiten Hälfte des
20. Jahrhunderts üblich ist, und die Phrasen seiner Nationalisten und Faschisten sind auch nicht im Zweiten Weltkrieg untergegangen. Dies alles
wird nicht an politisch präparierten Popanzen vorgeführt, sondern an höchst
lebendigen kleinen Leuten. Horvath bringt sogar das Kunststück fertig, einen
SA-Mann als recht sympathischen Menschen und einen jungen Sozialdemo-

kraten als recht unsympathischen Tyrannen vorzuführen, ohne dabei jemals daran zweifeln zu lassen, daß seine, des Autors Sympathien und seine Vernunft gegen den schüchternen SA-Mann und für den rabiaten Sozialisten sprechen.

Geschichten aus dem Wiener Wald. ›Volksstück‹. Uraufführung 2. November 1931, Deutsches Theater Berlin, durch Heinz Hilpert. — Eine der herkömmlichen verlogen sentimentalen ›G'schichten aus dem Wiener Wald‹ wird in ihr striktes, höchst ungemütliches, brutal realistisches Gegenteil verkehrt. Marianne, das liebe Mädel aus der Vorstadt, läuft ihrer Verlobung mit dem Fleischhauer Oskar davon (der das sprichwörtliche Gemüt eines Fleischerhundes hat: in aller Naivität ordinär und brutal, aber immer lieb und großzügig gemeint), sie bekommt ein Kind von Alfred, dem Schlurf (dem weiterentwickelten Karl aus der ›Italienischen Nacht‹), und sie werden todunglücklich im Wiener achtzehnten Bezirk, Alfred aber gibt das Kind zu seiner Großmutter in die schöne frische Luft der Wachau, und das Großmutterl sorgt dafür, daß das Kind stirbt, und triumphiert über seinen Tod

›Geschichten aus dem Wiener Wald‹ von Ödön von Horvath; Szene ›Stille Straße im achten Bezirk‹. Bühnenbildskizze von Günther Schneider-Siemssen für die Inszenierung von Otto Schenk, Münchner Kammerspiele, 1966

auf ihrer Zither. Zauberkönig, der hartherzige Vater Mariannes, muß sein
verstoßenes Kind im »Maxim« als nackte allegorische Figur bei ›lebenden
Bildern‹ wiedererkennen, und »der Mister«, ein aus Amerika heimgekehrter
Wiener mit heurigenseliger, verkitschter Heimatliebe, der mit Geld nur so
um sich wirft, wird ausgerechnet bei Marianne knauserig und bitterböse und
sorgt dafür, daß sie ins Gefängnis kommt. Die Tabak-Trafikantin Valerie hat
den Alfred an Marianne verloren und tröstet sich mit dem zackigen Jura-
studenten Erich, mit dem sich das Deutschland Adolf Hitlers so grotesk wie
energisch ankündigt. Wenn Marianne schließlich doch noch vom Fleischhauer
Oskar geheiratet wird, so deshalb, weil ja das störende Kind nun tot ist, und
während Marianne von Oskar geküßt wird, spielt die Großmutter, die am
Tod des Kindes schuld ist, auf ihrer Zither ›G'schichten aus dem Wiener
Wald‹ von Johann Strauß: nicht die Wendung zum Guten wird am Ende
markiert, sondern die Fortsetzung trostloser Brutalitäten besiegelt. — Sogar
ein so kluger Kritiker wie Herbert Jhering hat nach der Uraufführung die
Qualitäten dieses Stücks verkannt und nicht begriffen, daß sein »Kalender-
deutsch« ein Mittel der Entlarvung ist; Jhering schrieb: »Eine Operettenwelt
verträgt keinen Kindesmord, und wenn es die Welt gegen die Operette ist.
Eine Kitschwelt verträgt nicht eine Auflehnung gegen Gott und Kirche, und
wenn es eine Welt gegen den Kitsch ist«; erst nach dem Zweiten Weltkrieg
und nach der Wiederentdeckung des schwarzen Humors ist es zum Allge-
meingut geworden, daß ein Kindesmord nirgendwo grauenhafter ist als in
einer Kitschwelt und eine Auflehnung gegen Gott und Kirche nirgendwo
verzweifelter und niederschmetternder als in einer Kitschwelt, da sie doch
nichts anderes als die schiere Harmonie verspricht.

Kasimir und Karoline. ›Volksstück‹. Uraufführung durch Ernst Josef Aufricht im Schauspielhaus Leipzig, 18. November 1932. — Das dritte der Meisterstücke Horvaths. Auf dem Münchener Oktoberfest, das mit Achterbahn
und Abnormitäten, mit Zeppelin und Liliputanern stets aufdringlich, wenn
auch melancholisch vorhanden ist, gehen die Beziehungen zwischen Kasimir,
der arbeitslos ist, und Karoline, der Kasimir nicht glauben kann, daß sie ihn
trotzdem liebt, endgültig entzwei. »Sie hat kein schlechtes Herz«, schrieb
Alfred Polgar über Karoline, »man kann sie vielmehr einen guten Kerl
nennen: nur fehlen ihr die sittlichen Grundsätze. Eine negative Eigenschaft,
die sie mit sämtlichen Versuchspersonen des Horvathschen Laboratoriums
teilt.« Trauer über verlorene Liebe und Lachen über die hanebüchenen Klischees, in denen sich diese Trauer ausdrückt, fallen zusammen. Karoline
bringt das Kunststück fertig, echte Gefühle durch falsche Worte auszudrücken, und wenn sie sich mit Phrasen rechtfertigt, so drücken diese Phra-

sen doch auch ihren speziellen Fall genau aus: »Ich habe es mir halt eingebildet, daß ich mir einen rosigeren Blick in die Zukunft erringen könnte — und einige Momente habe ich mit allerhand Gedanken gespielt. Aber ich müßt so tief unter mich hinunter, damit ich höher hinauf kann.« Mit dem Leutnant Schürzinger, der ihr die Selbsthypnose nach der Methode Coué beibringt »Es geht immer besser, besser, immer besser ...«, begibt sie sich am Schluß auf den Weg, der sie tief unter sie hinunter führen wird, während Kasimir mit seiner neuen Freundin Erna singt »Nur der Mensch hat alleinig einen einzigen Mai« — bei Horvath entsteht Poesie aus der Satire auf pseudopoetischen Kitsch.

Glaube Liebe Hoffnung. ›Ein kleiner Totentanz‹. Geschrieben ›unter Mitarbeit von Lukas Kristl‹. Uraufführung 13. November 1936 unter dem Titel ›Liebe, Pflicht und Hoffnung‹ im ›theater für 49 am Schottentor‹ in Wien. — Elisabeth, die in der Anatomie ihren Körper verkaufen will, weil sie 150 Mark für einen Wandergewerbeschein braucht, werden von einem mitleidigen Präparator, der sie darüber aufklärt, daß die Anatomie keine Körper lebender Menschen bezahlt, die 150 Mark geliehen. Der Präparator bringt sie ins Gefängnis, als er erfährt, daß sie nur ein bißchen geschwindelt hat: sie braucht die 150 Mark dringend, um die Geldstrafe zu bezahlen, die sie dafür erhalten hat, daß sie ohne Wandergewerbeschein ertappt worden ist. Auch mit dem Wandergewerbeschein, den ihr eine Firma vorgestreckt hat, ist sie eine erfolglose Vertreterin. Als ein Schupo, der sie heiraten will und ihr als seiner Braut wöchentlich zwanzig Mark gibt, erfährt, daß sie vorbestraft ist, verläßt er sie, und sie geht ins Wasser. — Horvath schrieb diesen ›kleinen Totentanz‹ nach einem alltäglichen Fall, den ihm der Gerichtsreporter Lukas Kristl erzählt hatte, und so mannhaft Horvath im Vorwort versichert: »Ich habe und werde niemals Juxspiegelbilder gestalten, denn ich lehne alles Parodistische ab«, seine Personen wirken wie Juxspiegelbilder des Egoismus, als seien sie parodistisch kraß überzeichnet. Aufdringlich klappert der Mechanismus der Kontraste von scheinbarem Edelmut und rüdem Zynismus. Sollte sich hier Horvath nicht der billigen satirischen Übertreibung schuldig gemacht haben, so zumindest das Leben, das ihm den Rohstoff geliefert hat.

Die Unbekannte aus der Seine. ›Komödie‹. 1933. Uraufführung 2. Dezember 1949, Wien, Studio in der Kolingasse. — Das Stück, in der Emigration geschrieben, verzichtet auf Dialekt und ist lokal nicht festgelegt: es spielt »in einer großen Stadt, durch die ein Fluß fließt«, doch abermals in kleinbürgerlichem Milieu, in einer Seitengasse mit Uhrmacherladen und Blumenhandlung. Die rätselhafte Unbekannte versucht, den arbeitslosen Speditionsbeam-

ten Albert von einem Einbruch in den Uhrmacherladen abzubringen, aber
Albert hört nicht auf sie; er schlägt den erwachenden Uhrmacher mit einem
Wecker nieder, und der Uhrmacher stirbt. Die Unbekannte lenkt den Verdacht auf sich und geht ins Wasser, aus dem sie — eine Art Undine — gekommen ist. Im Epilog, Jahre später, kauft die Blumenhändlerin Irene, die
den Albert geheiratet hat, in einer Buchhandlung die Totenmaske der Unbekannten aus der Seine, die Albert irgendwie an seine Unbekannte erinnert,
und dazu ein Kochbuch. — In dieser in Sprache und Milieu vergleichsweise
blassen und elegischen Komödie gelingt es Horvath doch, dem Kitschsymbol
der Totenmaske zwei scheinbar unvereinbare Qualitäten abzugewinnen: die
Ironisierung der Kleinbürgersehnsucht und die scheue Poesie des Märchens
vom rettenden Engel. Undine ermöglicht Albert das kleine Glück.

Hin und Her. ›Posse in zwei Teilen‹. Uraufführung 13. Dezember 1934,
Schauspielhaus Zürich, durch Gustav Hartung. Deutsche Erstaufführung
29. Dezember 1965, Hessisches Staatstheater Wiesbaden. — Ferdinand Hav-
licek auf einer Brücke zwischen zwei Zollhäuschen: abgeschoben aus dem
Staat, in dem er ein halbes Jahrhundert gelebt hat, weil seine Drogerie in
Konkurs gegangen ist, und nicht aufgenommen von dem Staat, in dem er
geboren ist, weil er vergessen hat, alle fünf Jahre seine Staatsangehörigkeit
zu erneuern — er müßte den Rest seines Lebens auf dieser Brücke zwischen
den zwei Staaten verbringen, könnte er nicht durch Zufall bei der Festnahme
eines berüchtigten Schmugglerpaars helfen, was ihm eine Belohnung, eine
Einreisegenehmigung und eine Einheirat verschafft. — Der Einfall zu diesem
Stück kam Horvath, als er 1933 nach Budapest reiste, um seine ungarische
Staatsbürgerschaft zu erneuern. Allzu harmlos, märchenhaft. operettenhaft
überspielt er hier die Ausbürgerung, die bald für Millionen Menschen zu
einer Tragödie geworden ist.

Himmelwärts. 1934. Uraufführung 5. Dezember 1937, eine einmalige Mati-
neevorstellung der Freien Bühne in der Komödie, Wien. — Eine dreigeteilte
Mysterienbühne mit — übereinander — Hölle, Erde, Himmel. In der Hölle
werden die Verdammten vom Vizeteufel in ihrem Kessel umgerührt, und der
Himmel hängt wörtlich voller Geigen. Luise Steinthaler will Sängerin werden und verkauft für eine große Karriere dem Teufel ihre unsterbliche Seele.
Der Himmelspförtner philosophiert über irdische Politik, auch über »unseren
Herrn und Führer, den Teufel in persona«. Luise schafft es, bei allen Enttäuschungen, die ihr das (ironisierte) Theaterleben bringt, schließlich doch noch
mit dem Hilfsregisseur Leuterbach in gewissen Grenzen glücklich zu werden,
und dies vor allem dadurch, daß der Satan auf wienerische Weise ein bißl

schlampert ist. — Ein kabarettistisches Mysterienspiel, in dem Horvath Wiener Volkstheater-Traditionen aufnimmt und weiterführt.

Don Juan kommt aus dem Krieg. ›Schauspiel‹. 1935. Uraufführung 12. November 1952, Theater der Courage, Wien. Deutsche Erstaufführung 13. Januar 1967, Ulm. — Horvaths Don Juan ist, wie der Autor kommentiert, »der große Verführer, der immer wieder von Frauen verführt wird«; angezogen werden sie von der »ausgeprägten metaphysischen Bindung« seiner Sexualität: in jeder neuen Frau sucht er seine tote Braut. So erlebt er — während der Inflation — eine Inflation von 35 Frauen, Varianten von neun Grundtypen (gespielt von neun Schauspielerinnen), doch gibt es keine Liebesszene, denn »wirklich geliebt wird er von keiner«; er sucht die Vollkommenheit, die es auf Erden nicht gibt, »und die Frauen wollen es ihm, und auch sich selbst, immer wieder beweisen, daß er alles, was er sucht, auf Erden finden kann«; die Vollkommenheit gibt es nur im Tod, nach dem sich Don Juan sehnt und den er, als ›Schneemann‹ vereist, finden wird. — Durchbruch Horvaths zur Metaphysik, die sich in der »Unbekannten aus der Seine« schon angedeutet und in »Himmelwärts« possenhaft aufgeführt hat — sie wird ihn bis zu seinem letzten Stück *Pompeji* nicht mehr verlassen (Uraufführung 6. Januar 1959, Tribüne, Wien): diese ›Komödie eines Erdbebens in sechs Bildern‹ spielt in einer ironisierten Antike und endet mit Vesuvausbruch und christlicher Jenseitshoffnung.

Figaro läßt sich scheiden. ›Komödie‹. 1936. Uraufführung 2. April 1937, Kleine Bühne des Deutschen Theaters, Prag. Das Stück setzt die Komödie ›Ein toller Tag oder Figaros Hochzeit‹ von Beaumarchais fort und zeigt, wie sich die Personen in den sechs Jahren zwischen der Hochzeit und der Revolution verändert haben. Figaro ist mit dem Grafen Almaviva, gegen den er revoltiert hatte, ins Ausland emigriert und dort, wie seine Frau Susanne feststellt, vom ›Weltbürger‹ zum ›Spießer‹ geworden, und die zurückgebliebenen Revolutionäre sind teils korrupt, teils sehnen sie sich nach der vorrevolutionären Zeit: nicht die Zeitläufte sind wichtig, sondern die Menschen, und die wahre Revolution wäre die, die es, wie Figaro zum aus der Emigration heimgekehrten Grafen sagt, »nicht mehr nötig hat, Menschen in den Keller zu sperren, die nichts dafür können, ihre Feinde zu sein«.

Ein Dorf ohne Männer. ›Lustspiel in sieben Bildern‹, geschrieben nach Motiven des Romans ›Die Frauen von Selischtje‹ von Kálmán Mikszáth. Uraufführung 24. September 1937, Neues Deutsches Theater, Prag. — Das Stück spielt während der Türkenkriege, doch ist die Sprechweise wie immer

bei Horvath modern. Die Frauen von Selischtje haben keine Männer, denn
der Vater des Grafen von Hermannstadt hat sie durch seine Kriege ausgerottet; und sie bekommen auch keine Männer, weil sie so häßlich sind;
Männer aber brauchen sie, dies meint auch der Graf von Hermannstadt, denn
die Felder müssen bestellt werden, damit er seine Einnahmen hat. Der König,
den eine Frauen-Abordnung aus Selischtje gebeten hat, Männer zu schicken,
stellt die Bedingung, daß ihm erst drei hübschere Frauen aus dem Dorf vorgeführt werden. Durch Intrigen des Grafen und des Baders erscheinen als
angebliche Frauen aus Selischtje im Jagdschloß des Königs: die Braut eines
jungen Wirtes; eine Badmagd und die Frau des Grafen von Hermannstadt,
die später das Inkognito des Königs durchschaut und ihm einen Vortrag über
die Rechtlosigkeit der Frauen in seinem Reich hält. Zum glücklichen Ende
führt der gütige König in dieser Märchenkomödie, die bei aller Irrealität aus
einem handfesten Realismus der psychologischen Beobachtung und der Sprache lebt:»Es ist wichtig, daß es der Frau gutgehe«.

Der jüngste Tag. ›Schauspiel in sieben Bildern‹. Uraufführung 11. Dezember 1937, Deutsches Theater, Mährisch-Ostrau. Österreichische Erstaufführung 1945, Wien, Theater in der Josefstadt. Deutsche Erstaufführung 1947,
Kammerspiele München. — Achtzehn Tote bei einem Zugunglück, an dem der
Stationsvorstand Thomas Hudetz schuld ist: er hat vergessen, das Signal
zu stellen, weil die Wirtstochter Anna, ein kleines Biest, das seine eifersüchtige Frau ärgern will, ihn geküßt hat. Durch Annas falsche Aussage, er
habe das Signal rechtzeitig gestellt, wird er freigesprochen. — Horvath verordnet Nachdenken nicht über die juristische, sondern über die metaphysische Schuld vor einer jenseitigen Instanz. In die Debatte über diese sehr
viel schwierigere Schuldfrage läßt Horvath in der letzten Szene sogar die
Toten eingreifen, auch den Lokomotivführer, der beim Zusammenstoß getötet worden ist. Hudetz stellt sich am Ende zwar dem Gericht, doch verurteilt er sich selbst nicht; er spricht sich auch nicht frei, er überläßt das Urteil
dem Jüngsten Gericht, und wie dies aussehen wird, darüber steht keinem
Menschen ein Vorurteil zu: Horvath zeigt, daß der Mensch in ein Gewebe
von psychologischen und gesellschaftlichen Zwängen eingesponnen ist, und
je weiter er diese Motivketten verfolgt, desto undurchschaubarer werden sie.
Stilistisch greift Horvath auf einen (freilich durch Volkstheatertöne gemil-
derten) Expressionismus zurück, den er schon in seinen ersten Stücken hinter
sich hatte — Folgen der Emigration.

Martin Sperr: Kulinarische Kritik

> Das Abbild unserer Zeit – wie immer – muß dem Publikum
> verständlich und lebendig sein. Theater muß also – zumindest
> wie ich es mir wünsche – kulinarisch sein.
>
> Martin Sperr, 1967

Martin Sperr, geboren am 14. September 1944 in Steinberg in Bayern, ist
gelernter Schauspieler; er hat diesen Beruf in Wiesbaden, Bremen, Berlin und
München ausgeübt und sich vorher als Bauhilfsarbeiter, Industriekaufmanns-
lehrling, Nachtportier und Bäcker umgetan. In Berlin hat er den Rovo gespielt, den geistig zurückgebliebenen Halbstarken in seinem Stück »Jagdszenen aus Niederbayern«. Für die Münchener Kammerspiele hat er eine
bayerische Fassung des Stücks »Gerettet« von Edward Bond (1966) und für
das Bremer Theater und den Regisseur Peter Zadek eine Übersetzung und
Neufassung von Shakespeares »Maß für Maß« hergestellt (1967), die der
Humanität Shakespeares so wenig traut wie seiner Sprache und beispielsweise Baudissins Wendung »Holdsel'ge Schöne, Euer Bruder grüßt Euch, und,
daß ich 's kurz meld: er ist im Kerker« in die lapidaren Worte faßt: »Schöne
Schwester, Ihr Bruder ist im Knast und schickt Ihnen durch mich herzliche
Grüße.«
Bezeichnend für seine Stücke ist die etwas unbeholfene, weil sich widersprechende Antwort, die er auf eine Rundfrage der Zeitschrift »Theater
heute« (Sonderheft 1967) gab: »Ich persönlich will nicht zeigen, was gut oder
schlecht ist an unserer Zeit, bzw. – da Theater um Menschen geht – an unserer
Gesellschaft, sondern was zu verändern ist, was man verändern muß und
kann«: einerseits ist aus seinen Stücken zu spüren, wie sehr er unter dem
brutalen Egoismus seiner veränderungswürdigen Gestalten leidet, andererseits zeigt er, auf welch menschliche Weise die Unmenschlichkeiten angerichtet werden. Er haßt seine Leute nicht; er beobachtet sie nur so genau, daß
man dies für Haß halten könnte. – Sein literarisches Werk scheint
abgeschlossen: 1972 erlitt er nach einem Reifenwechsel an seinem Wagen
einen Gehirnschlag und schreibt seitdem nicht mehr.

Jagdszenen aus Niederbayern. Uraufführung 27. Mai 1966, Bremen, Kammerspiele in der Böttcherstraße. Erstaufführung einer überarbeiteten »Berliner Fassung« am 27. September 1966, Berlin, Schaubühne am Halleschen
Ufer. – Gejagt werden Menschen: die Außenseiter im niederbayerischen
Dorf Reinöd, im August 1949, kurz nach der Währungsreform, als Arbeit
und Benzin gerade noch knapp waren. Zu den Außenseitern gehört für die

*Martin Sperr, auf einem Bauernhof
fotografiert von Stefan Moses*

Dorfbewohner die Bäuerin Marie, die mit ihrem Knecht zusammenlebt und obendrein die Mutter des geistig zurückgebliebenen Rovo ist, den sie im »Dritten Reich« vor der Ermordung bewahrt hat und dem sie jetzt fremd wird, weil er meint, daß sie seinen im Krieg vermißten Vater mit dem Knecht betrügt. Sie kann sich anpassen und wird vom Dorf akzeptiert, sobald ihr vermißter Mann für tot erklärt ist — eine Nachricht, die sie mit großer Freude begrüßt —, und als sich ihr Sohn Rovo erhängt hat. Außenseiterin ist auch die Tagelöhnerin Barbara, denn ihr Sohn Abram ist aus dem Zuchthaus zurückgekommen, wo er wegen Homosexualität gesessen hat. Und Außenseiter ist selbstverständlich Abram; um diese Rolle loszuwerden, läßt er sich mit dem Mädchen Tonka ein, das prompt von ihm schwanger wird, doch die Dorfbewohner hetzen die beiden auseinander: sie haben Abram mit Rovo ertappt, der seine von niemand gewollte Zärtlichkeit auf diesen Außenseiter übertragen hat, und dies wird zur Ursache für den Selbstmord Rovos. Der gejagte Abram ersticht das Mädchen Tonka — er sieht weder für sie beide noch für das Kind eine Zukunft. Die Bauern jagen ihn und liefern ihn der Polizei aus; der Fahndungslohn hilft, die Orgel zu finanzieren. Auch Abrams Mutter kann sich nun, da ihr Sohn lebenslang ins Zuchthaus kommt, dem Dorf anpassen. — Die Gejagten sind, wenn sie erst zu den Jägern gehören, genau so schlimm wie die Jäger, und die Jäger — dies ist das schlimmste — hat Sperr nicht als besonders schlimm, sondern als brave durchschnittliche Leute porträtiert. Nichts ist einfacher, als bei diesem Erstling an Büchners »Woyzeck«, an Hauptmanns »Vor Sonnenaufgang« und an Horvaths ungemütliche Selbstentlarvungen naiver Gemüter zu erinnern, Sperr aber ist zu all dem nicht über die Lektüre, sondern spürbar über die Beobachtung gekommen, und daß sein Haupttalent auf der Horvath-Linie liegt, zeigt sein nächstes Stück.

Landshuter Erzählungen. Uraufführung 3. Oktober 1967, Kammerspiele München, durch August Everding. – Landshut 1958, Baukonjunktur in der Kleinstadt, Kampf zweier Giganten: des Baugeschäftsinhabers Otto Laiper, der traditionsstolz ist und zu wenig moderne Maschinen besitzt, gegen den Baugeschäftsinhaber Robert Grötzinger, der ein Emporkömmling ist und durch seine modernen Maschinen die besten Aufträge und Bauarbeiter für sich gewinnt. Kampfverschärfung durch die Tatsache, daß Laipers Sohn Sorm die Tochter Grötzingers, die Sieglinde, heiraten möchte, weil dadurch schließlich die beiden Unternehmen zusammenkämen und sie auch ein Kind von Sorm erwartet. Laiper bleibt nicht zu erweichen, doch als ihn, diesen kreislaufgeschädigten Biertrinker, sein Sohn Sorm im Zorn nur ein bißchen würgt, ist er schon tot und steht der gemeinsamen Firma »Gebrüder Laiper & Grötzinger« nicht länger im Wege. – Sperr bedient sich zwar grober Mittel, doch so trocken, daß sie ganz selbstverständlich wirken. Er bringt sein Publikum zum Lachen und läßt es dieses Lachens nicht froh werden: man lacht über alltägliche Gemeinheiten, weil man sie jeden Tag für möglich, ja für wahrscheinlich hält. Bierprahlerei und Hausfrauentratsch; Meineid und Antisemitismus; ein neonazistischer Hetzer und ein durch die Bundeswehr vom Bücherleser zum Fußballfan umgeschulter junger Intellektueller; eine Leichenrede mit Bratensoße und Kalkulationen im Paarungsbett – Sperr organisiert seine Themen nicht, er rauft sie zusammen.

Koralle Meier. ›Stück mit Musik‹. Uraufführung 7. Februar 1970, Württembergisches Staatstheater Stuttgart, durch Peter Palitzsch. – Der Wunsch der Koralle Meier, einer alternden Hure, ein Gemüsegeschäft aufzumachen, kommt dem Bäckermeister in die Quere, und so schafft er sie mit Hilfe des Bürgermeisters ins Konzentrationslager; Vorwand: sie hat einem Juden Geld für die Überfahrt nach Amerika geliehen. Der Ortsgruppenleiter, einer ihrer besten Kunden, holt sie wieder raus, doch der Bürgermeister bringt sie abermals hinein, und als sie ihren Mund zu weit aufreißt — kaum aus politischer Einsicht, mehr aus nicht anzupassendem Ärger —, wird sie erschossen. – Sperr versucht, an einem ihm unbekannten Modell zu zeigen, wie leicht Geschäftssinn und Rachsucht unter faschistischen Herrschaftsformen die Politik als Totschläger benutzen können. Atmosphäre und Sprache der Nazi-Zeit trifft Sperr nicht: er hat seine niederbayerischen Kleinstadttypen einfach braun angestrichen und seine Nazis aus den üblichen Klischees gefertigt.

Münchner Freiheit. Uraufführung 20. Februar 1971, Düsseldorfer Schauspielhaus, durch Michael Kehlmann. – An der Sanierung eines Münchner
Viertels, 1969, wollen ein paar Leute viel Geld verdienen: ein Architekt,
zugleich Stadtverordneter; ein Beamter im Baudezernat; eine Brauereibesitzerin. Ihrem Profit stehen protestierende Studenten im Wege: sie sind
von der Tochter der Brauereibesitzerin über die Bodenspekulationen aufgeklärt worden. Ihr bester Mann, der Student Ossi Bock, behält auch dann
einen klaren Kopf, wenn seine Anhänger »törichte Aktionen« veranstalten.
Zwischen den Gruppen zerrieben wird der »scheißliberale« Ehemann der
Brauereibesitzerin, er schneidet sich die Pulsader auf. Silvester-Feuerwerk
über dem resignierten Stückschluß: die Hochhäuser sind gebaut und die
Mieten so hoch wie die Häuser. – Sperr aber ist in diesem letzten Teil seiner »Bayrischen Trilogie« heruntergekommen auf einen schwachen Ludwig
Thoma. Je größer seine Schauplätze geworden sind – Dorf, Kleinstadt, Groß-
stadt –, desto enger seine Themen. Überdies schmarotzt er hier vom possenhaften Sensationswert seiner linken Typen.

Wolfgang Bauer: Sittenbilder

> Ich bin naturalistischer als Horvath. Im übrigen ist mir jede
> Klassifizierung gleichgültig.   Wolfgang Bauer

WOLFGANG BAUER, geboren am 18. März 1941 in Graz, studierte Theaterwissenschaft, Romanistik, Jura und Philosophie. Seine ersten dramatischen
Versuche wurden vom literaturträchtigen ›Forum Stadtpark‹ in Graz aufgeführt. Er parodierte konventionelles Theater in winzigen »Mikrodramen«
und brachte Angehörige seiner Generation und die Atmosphäre der sechziger
Jahre auf die Bühne in ausgewachsenen Stücken, die er »ganz konventionell«
nennt. Bei seinem (Jargon-) Dialog sind die Pausen so wichtig wie das,
was gesagt wird, und das, was gesagt wird, bildet zwar oft keinen Dialog
mehr, doch sind es streng komponierte Realitätspartikel.

Magic Afternoon. Uraufführung 12. September 1968, Landestheater Hannover. – Die vier Personen sind zwischen 22 und 30 Jahre alt. Charly und
Birgit öden sich durch Schweigen oder durch Reden an, sie rauchen und legen
Platten auf, Wilson Pickett, die Beatles und die Stones. Charly hat's einmal
mit der Schriftstellerei versucht, manchmal tippt er noch einen Satz, oder er
versucht's bei Birgit, aber die ist immer so müde, da muß er sie schon schla-

gen, und aus ein paar gegenseitigen Ohrfeigen blitzen plötzlich Haß und Brutalität auf. Ihre Freunde Joe und Monika sind auch rasch bei Gewalttätigkeiten angelangt. Joe tritt Monika ins Gesicht, sie muß ins Krankenhaus, Joe raucht mit Charly Haschisch-Zigaretten, Birgit sitzt dabei und beobachtet, wie die beiden in Rausch geraten, wie sie sich küssen und die Welt in Gestalt eines Globus ins Klo werfen – »Die Wölt ist nämlich unhamlich schiach« –, die beiden versuchen eine Art Stierkampf mit Birgit, verhöhnen sie als Kuh und schlagen auf sie ein – Birgit stößt Joe ein Küchenmesser ins Herz, »das war nur Notwehr«, sagt sie, und jetzt hat sie Lust auf Charly, der aber hat Angst in seinem Rausch, und als sie davongelaufen ist, versteckt er sich und sein heulendes Elend in einem Schrank. – Das Stück erinnert an Ferdinand Bruckners ›Krankheit der Jugend‹ aus dem Jahr 1924. Der melodramatische Schluß ist eine Explosion aus der Bewegungslosigkeit, der Trägheit, der Lustlosigkeit. »Das Leben«, philosophiert Charly, »ist eine Gewohnheit wie das Zigarettenrauchen«, und wie eine Zigarette wird es hier inhaliert in der Hoffnung, daß es zwischendurch mal »angenehm« oder »locker« oder gar »unheimlich klass« sei. Wie ein Zigarettenstummel wird ein Leben endlich ausgequetscht, und noch dieser Tod soll als Reizmittel nutzbar gemacht werden. Bauer moralisiert nicht, er stellt eine Diagnose.

Change. Uraufführung 26. September 1969, Volkstheater Wien. – Der Maler Fery hat die Lust am Malen verloren. Als Kritiker Reicher ihm den Blasi Okopenko vorstellt, einen Autodidakten aus St. Pölten, kommt Fery auf die Idee, mit Hilfe des Kritikers und seiner Clique aus diesem Freizeitmaler einen »riesigen Maler« zu machen, ihn »aufzubauen« und ihn dann plötzlich fallenzulassen, »seine Umwelt so arrangiert, daß er nicht anders kann wie sich umzubringen«. Blasis Selbstmord wäre dann nicht nur der »eleganteste Mord aller Zeiten«, sondern auch ein Kunstwerk: »Eine Manipulation des Fery Kaltenböck«. Blasi aber erweist sich als potenter, brutaler und amoralischer Brocken (von fern grüßt Brechts Baal herüber). Bei einer Party in seinem Atelier arrangiert er den »Change«, den Wechsel von Kleidern und Persönlichkeiten: Jeder spielt einen andern – der Blasi spielt den angeblichen Manipulator Fery, und der muß den angeblich manipulierten Blasi spielen. Die Infamie seines Manipulations-Einfalls wird dem Fery am eigenen Leibe vorgeführt, und das hält er nicht durch; er geht ins Klo und erhängt sich. – Naturalistisch sind die Details, grotesk komisch ist ihre Kombination mit Kolportage und finsterem Humor. Nährboden des Stücks ist die unendliche Langeweile eines in sich selbst befangenen und absolut abgebrühten Kunstbetriebes. »Die Manipuläschn«, meint Fery, »is a Beschäftigung wie jede andere ... nur ist sie so schön sinnlos.«

Party for Six. ›Ein Volksstück‹. 1962. Uraufführung 1967, Tiroler Landestheater, Innsbruck. Deutsche Erstaufführung 16. April 1971, Malersaal des Hamburger Schauspielhauses. – Die Party der drei jungen Männer und drei Mädchen findet hinter der Bühne statt. Die Bühne ist das Vorzimmer, in dem man ankommt, sich begrüßt, seine Kleider aufhängt, auf dem Weg zum Klosett ist, auf der Couch einschläft und durch die halboffene Tür zum Wohnzimmer von der Party nicht mehr hört als Musik und Dialogfetzen. – Dieses vor »Magic Afternoon« und »Change«, schon 1962 geschriebene, kurze Stück (in Grazer Dialekt) erfüllt sich darin, daß es kein Stück ist, es sei denn, es entstehe in den Köpfen des Publikums, das sich vorstellt, was auf dieser Party geschehen könnte. Als Spielmaterial für solche Vorstellungen wird ihm geliefert: daß die Verteilung der Jungen und Mädchen offenbar noch nicht fest ist; daß möglicherweise ein Pfänderspiel im Gange ist. Falls diese sechs Personen einen Autor suchten, könnte es nur der Zuschauer sein. Was der Autor Bauer gibt, ist verweigertes Theater: auf der Bühne geschieht nichts, dies aber sehr komisch.

Film und Frau. Uraufführung 16. April 1971, Malersaal des Hamburger Schauspielhauses; Regie: Horst Zankl. – Peter, Gernot und Bruno überlegen, welchen Film sie sich ansehen wollen: ihre Gehirnwindungen sind offenbar nichts anderes als Ablagen konsumierten Kinos. Senta legt sich aggressiv mit Bruno an, einem brutalen Typ in Lederjacke, dessen Halbglatze gleichwohl »an Shakespeare erinnert«. Peter und Gernot gehen ins Kino, um »Shakespeare The Sadist« zu sehen, und dieser Film wird von Senta und Bruno gespielt: hinter einem Gazevorhang; Bruno fesselt die nackte Senta, peitscht sie aus und foltert sie auch durch Shakespeare-Sonette, die er über Megaphon verliest; er führt mit ihr einige Varianten des Lustgewinns vor und sägt ihr schließlich den Kopf ab. Später, bei einer Pokerpartie der drei Männer, wird noch einmal das Theater zum Kino und läuft dort aus: in einer Westernszene schießt Bruno seine Mitspieler nieder und trägt das Mädchen ins Happy End. – Die »Filme« werden englisch gesprochen und sind deutsch untertitelt. Wolfgang Bauer greift Lieblingsmotive auf: die sadistisch geladene Langeweile seines »Magic Afternoon«, die Vertauschung von Wirklichkeit und manipulierter Wirklichkeit seines »Change«. Im Material des erlebnislosen Lebens und des Lebensersatzes im Kino spielt er seine Themen effektvoll durch, ohne dabei zeitkritische Trübsal zu blasen: Porno-Parodie, Manipulations-Mechanismen, Konsum-Klischees sind bei ihm angenehm konsumierbar – noch aus der Daseinslehre macht er einen Theaterspaß. – Dazu der Theaterkritiker Benjamin Henrichs: »Unbekümmert steuert er den jeweils grellsten Theatereffekt an. Die kindische Freude an Extremsituationen, die Liebe zum Theater, besonders zum schlechten Theater, der Mut zu billigen Effekten: Dies alles macht Bauer zum ersten konsequenten Vertreter des Comic-Dramas.«

Silvester oder Das Massaker im Hotel Sacher. Uraufführung 24. September 1971, Wiener Volkstheater; Regie: Bernd Fischerauer. — Einem Dramatiker, dem kein Stück mehr einfällt, fällt doch ein, seine Freunde zu einer Silvesterparty einzuladen, ein Happening zu arrangieren und das Tonbandprotokoll dieses Abends um Mitternacht dem deutschen Intendanten als das Drama zu übergeben, das er ihm zugesagt hat. — So vielversprechend der selbstironische Einfall Bauers scheint, so wenig tragfähig ist er, sobald ihm das Massaker von My Lai als Party-Happening aufgelastet wird: Moralität und Boulevard zerstören sich. Dazu Friedrich Torberg: »Zuviel Aufwand um zu wenig Substanz. Aber gerade um die Substanz braucht man sich bei Wolfgang Bauer keine Sorgen zu machen. Man merkt sie noch dann, wenn er Unfug mit ihr treibt.«

Gespenster. Uraufführung 5. Juni 1974 im Werkraum der Münchner Kammerspiele; Regie: Bernd Fischerauer. — Ein Soziologiedozent und ein Schriftsteller mit ihren geschiedenen Frauen und ihrer gemeinsamen, sich emanzipiert fühlenden, stets nackten Geliebten beim Dauer-Suff: »Warum soll ma immer mit die Händ arbeitn und net a mal mit da Leber.« Der Schriftsteller, dem es nicht gelingt, Ibsens »Gespenster« umzuarbeiten, klagt darüber, daß er eine bestimmte Szene nicht schreiben kann — eben die Szene, die gerade auf der Bühne gespielt wird. Sie blödeln, geben sich zynisch, erfinden »Spiele« und machen untereinander voneinander angemüdeten Gebrauch. Eine Schweizerin wird von ihnen erst in ihre Gruppe hereingezogen und dann beim »Bürgerspiel«, bei dem sie ihre ursprünglichen, »bürgerlichen« Beziehungen und Gewohnheiten wiederherstellen, so brutal ausgestoßen, daß sie durchdreht, in eine Zwangsjacke gesteckt und abgeholt wird. — Wieder bündelt Bauer Lieblingsmotive: das Überspielen der Verzweiflung durch Rausch und Reden; Selbstbeobachtung und Produktionsschwierigkeiten eines Schriftstellers; Vernichtung eines Menschen durch eine ihm aufgezwungene Rolle. *Meinungen:* »Vier Akte, in denen, je länger, je mehr, die Fragmente eines außerordentlichen Talentes zum Vorschein kommen«: Joachim Kaiser. — »In Szenen, deren mundfaul wortgewaltige Öde voll von chaotischer Kraft ist, rollt Bauer erneut sein Zwangsthema auf: die Manipulation durch das Spiel, oder auch: wie die Fiktion der Realität den Kragen umdreht«: Hellmuth Karasek. — »Darauf a bisserl an Input aus der Schnapsflasche, und ein süß-sauer aufgestoßenes: Na Servas«: Armin Eichholz.

In Graz, der steirischen Hauptstadt, wachsen in loser Verbindung mit der Künstlervereinigung »Forum Stadtpark« und ihrer Zeitschrift »manuskripte« die dramatischen Talente, so scheint es, wie anderswo Kartoffel. Peter Handke (Jahrgang 1942), der von 1961 bis 1965 an der Universität Graz Jura studiert hat, ist mit seiner dramatischen Sprachbefragung »Publikumsbeschimpfung« ab 1966 rasch bekannt geworden. Wolfgang Bauer (1941 in Graz geboren) folgte zwei Jahre danach mit seinen Grazer Sittenbildern »Magic Afternoon«, und abermals zwei Jahre danach, 1970, kam Harald Sommer (Jahrgang 1935) mit der Uraufführung seines ersten abendfüllenden Stücks »A unhamlich schtorka Obgaung« in Graz heraus.

HARALD SOMMER, der älteste, hat am längsten gebraucht, und dies mag sich erklären, wenn man die Kurzfassung seines von ihm geschriebenen Lebenslaufs liest: »1935 geboren. 1942 Lesen und Schreiben gelernt. 1948 Josephine Mutzenbacher gelesen. 1959 A unhamlich schtorka Obgaung angefangen. 1969 damit fertig geworden.« Wer daraus schlösse, er habe zehn Jahre am »Obgaung« geschrieben, der freilich irrte, denn dazwischen gibt es Jahre, die in Sommers selbstironischem Lebenslauf so aussehen: »1965 nichts geschrieben, nichts gelesen. 1966 beschlossen, Regisseur zu werden. 1967–1968 damit fortgefahren.« Jedenfalls hat er 1959 den Einakter *Die Leit* geschrieben (Uraufführung am 27. Oktober 1969 in Graz), und 1969 das Schicksal der Sonja aus »Die Leit« weiterentwickelt zum »Obgaung«, uraufgeführt in Abwesenheit des Autors, in Graz, am 31. Oktober 1970; Regie Bernd Fischerauer, von dem sich Sommer schon während der Proben distanziert hatte.

Das im Grazer Dialekt geschriebene Stück wurde in ein dialektgefärbtes Deutsch transponiert: *Ein unheimlich starker Abgang* (Eine schweizerdeutsche Version von Peter Höltschi wurde am 18. November 1970 in der Komödie Basel gespielt): das Schicksal der Hausgehilfin Sonja Pestitschek in neunzehn Bildern; sie ist schwanger und von ihrer Mutter aufgegeben, sie bricht aus Fürsorgeheimen aus und treibt ab, sie geht für den Studenten Manfred auf den Strich, wenn auch ungern, und sie steht Modell für pornographische Photos, sie bricht mit einer Bande von Haschischrauchern in ein Schlafzimmer ein und terrorisiert das bürgerliche Ehepaar, »damit di si net so sicha fühln«; sie steht als Massenmörderin vor Gericht und wird mit Pauken und Trompeten der Zarathustra-Musik des Richard Strauß von einem berittenen »Deus ex machina« in den Bühnenhimmel getragen. Das Stück beginnt in »Magic Afternoon«-Atmosphäre, es steigert sich in eine Phantastik, die ebensogut surrealistisch wie altwiener Volkstheater sein kann, bis zu jenem »unheimlich starken Abgang«, der ein Abgang aus dem Naturalismus bedeuten könnte. Wolfgang Bauer, der das Stück in der Grazer Zeitschrift »manuskripte« gelesen hatte, meinte dazu: »Das Schöne am Stück ist der Schluß, der Mut, die Lockerheit zum ›Stilbruch‹, zum ironisch Irrationalen, einfach zum Unlogischen (ich hoffe, daß ich recht habe) und zum Verzicht auf theatralische Ökonomie – Basis für Raffinesse und Poesie im Detail.«

Die Einakter *Triki Traki* und *Die Hure Gerhild* freilich, die Sommer 1970 geschrieben hat (uraufgeführt bei der Experimenta 4 in Frankfurt, 5. Juni 1971, durch die Grazer Bühne), beziehen ihre Wirkung wieder aus einem kruden Naturalismus, über den sich gleichwohl laut lachen läßt, wenn auch unbehaglich. In »Triki Traki« verlegen zwei österreichische und ein italienischer Arbeiter ein Kanalrohr, und der komplette Sumpf nazistisch-faschistischer Restbestände dampft in ihren Gesprächen; es geht um Südtirol und Schafskäse, um Fremden- und Rassenhaß, und dazwischen immer wieder um »Triki Traki«, um Sexualneid und Sexualprotzerei. In »Die Hure Gerhild« dampft der Sumpf von Vorurteilen und Infamien an einigen Café-haustischen, bis der plötzlich auftauchende Kino-Gangster »Lino Ventura« mit einem Maschinengewehr alles niedermäht – als Knalleffekt so über-trieben und überflüssig wie der Tod des Italieners in »Triki Traki«. Diese bündige altmodische Sketch-Dramaturgie hat Sommer nicht nötig: bei seiner brillanten Dialog-Technik könnte er sich offene Schlüsse leisten.

Ohne Schluß und ohne Anfang, ein Ausschnitt aus einem ausweglosen Verhältnis, ist *Der Sommer am Neusiedler See* (Uraufführung, inszeniert vom Autor im Werkraum der Münchner Kammerspiele, am 13. Oktober 1971). Wie 1963 Harold Pinter in ›Der Liebhaber‹ läßt Sommer zwei Ehe-leute, die einander überdrüssig sind, verschiedene Rollen spielen – wie Ver-führer und Minderjährige, Masseur und Kundin –, und diese Szenen sind aufgereiht wie die Positionswechsel der Pornographie: sie analysieren nicht, sie versuchen nur, einen Reiz durch Abwechslung fortzusetzen. Einen neuen Ansatz, weitab von jeglichem Naturalismus, versuchte Sommer 1972 mit dem Denkspiel *Das Stück mit dem Hammer* (Uraufführung, inszeniert vom Autor, am 12. Mai 1973 in den Kölner Kammerspielen): die Herren X und Y werden einem zukünftigen Herrschaftssystem eingepaßt – immer wenn sie in ihrer Unterhaltung einen Begriff gebrauchen, der dem System nicht paßt, plärrt eine quälende Musik los. So wird der eine Herr durch den Radetzkymarsch, der andere durch Mozarts Kleine Nachtmusik wie mit einem großen Hammer zurechtgeklopft. Das System verordnet ihnen beruhigende Injektionen und bedingt ihre Reflexe durch diese optisch-akustische Bestra-fung. Sie wissen, daß sie beobachtet und abgehört und durch irgendeinen Computer mit Blitzlicht und Musik gepeinigt werden, sobald sie etwas Fal-sches sagen. Sie versuchen, den Überwacher zu unterlaufen, indem sie in

scheinbar harmlosen, doppeldeutigen Erzählungen das verbergen, was sie
sich über ihre Situation mitzuteilen haben und über ihre Versuche, Widerstand zu leisten, ja eine Widerstandsbewegung aufzubauen. Zum Auslösen
des »Hammers« jedoch genügt schon ein Fluch wie »Herrschaftnochmal«,
offenbar weil er »Herrschaft« enthält. Der Grundeinfall könnte von ›Uni-
Comp‹, dem Zentralcomputer in Ira Levins Roman ›Die sanften Ungeheuer‹
(›This perfect day‹, 1970), bezogen sein. Formal ist's ein Hörspiel. Am Ende
schlagen die Herren X und Y gegen das System nicht etwa gemeinsam los
— wie sie noch zu Beginn gewollt —, sie verschaffen sich statt dessen durch
Wiederholen der Formel »gemeinsam losschlagen« einen politisch folgen-
losen, verbalen Orgasmus, und das System hat sich damit wieder ins Gleichgewicht gebracht. Über die Denkprozesse und Horror-Schocks der Science-
Fiction-Literatur geht Sommer nicht hinaus, und das beste ist — wie immer
bei ihm — sein Witz.

Anpassung an ein System — dieses Thema hat er 1972 noch einmal behandelt. Der Titel (Uraufführung unter der Regie des Autors im Wiener
Volkstheater am 28. September 1973) *Ich betone, daß ich nicht das geringste
an der Regierung auszusetzen habe* ist die Gebetsformel des politischen
Opportunismus, für dessen Finten Harald Sommers Dialog so verblüffend
hellhörig ist. In einer Diktatur, die nachfaschistisch sein muß, da es schon
Selbstverbrennungen gibt, soll ein Flüchtling, den verschiedene Leute abwechselnd im Keller verstecken, als Alibi für den Fall eines Umsturzes
dienen. Die Namen dieser Leute — Tell, Stauffacher, Fürst — spielen ironisch
auf Schillers Freiheitshelden an. Als Tell verhaftet wird, denunziert Frau
Stauffacher (deren Sohn sich selbst verbrannt hat) den Flüchtling Baum-
gartner, und Herr Stauffacher reagiert sich ab, indem er seine Frau mit
dem Gürtel auspeitscht und dabei die Namen seiner politischen Peiniger
ausstößt, denen er sich abermals anbiedern wird.

Der Hang zum Knalleffekt ist auch bei anderen Autoren aus dem Grazer
Umkreis zu konstatieren. So läßt Gerald *Szyszkowitz* (1938 in Graz geboren) im Einakter *Waidmannsheil* (Uraufführung mit Sommers Einakter
bei der Experimenta 4) das »Abschießen« politischer Rivalen als »Jagd-
unfall« mit gelassenem Zynismus praktizieren: die politische Satire wird zur
Mordgroteske. *Franz Buchrieser* (geboren 1938) stellt in seinem Einakter
Hanserl (Uraufführung 7. Januar 1971, Werkstatt des Berliner Schiller-Thea-
ters) einen moralisch empfindsamen Sohn gegen seinen von Vorurteilen
vergifteten Vater, er ist Antisemit und schwärmt immer noch von seinen
Kriegseinsätzen — Dummheit, Unbelehrbarkeit und Gemeinheit haben beim
Vater durch einen musterhaft naturalistischen Dialog eine so erschreckende
Unschuld, daß der Schlußschock dagegen ein primitiver Theatertrick ist:

während er verzweifelt »Ich brauch dich, Vater« stammelt, erwürgt der Sohn
seinen Vater. Der Kärntner *Peter Turrini* (Jahrgang 1944) läßt in seinem
Einakter *Rozznjogd* (Uraufführung 27. Januar 1971, Volkstheater Wien; Regie: Bernd Fischerauer) ein junges Paar auf einer von Ratten bewohnten
Müllhalde alle Kleider und alle geistigen Verkleidungen ablegen, bis die
beiden sind wie die Ratten, auf die der junge Mann schießt, und bis sie von
zwei Fremden erschossen werden. Ihr Leichen scheinen nicht mehr zu sein als
Zivilisationsmüll: Menschen als »wandelnde Mistkübel«, dieser Lebensekel
hat bei allem Naturalismus schon allegorisches Format. Vollends zur Allegorie übergegangen ist Turrini in *Sauschlachten* (Uraufführung 15. Januar
1972, Werkraum der Münchner Kammerspiele; Regie: Alois Michael Heigl):
aus Protest gegen seine bäuerliche bigotte Umwelt beschränkt sich der
Bauernsohn Valentin, der Bücher liest und Englisch lernt, darauf, wie eine
Sau zu grunzen. Die Säue aber sind die andern, einschließlich Anwalt und
Arzt, Lehrer und Pfarrer: sie nehmen dieses metaphorische Protestgrunzen
wörtlich und machen Valentin »zur Sau«: sie füttern, prügeln und schlachten ihn. — ›Sauschlachten‹ ist nur die Negativkopie eines Bauernschwanks
und nicht einmal zynisch unterhaltend: die brutale Dummheit mit Gelächter
beim Schwank ist bei Turrini nur noch dumme Brutalität ohne Gelächter.
Wer auf diese Weise Anzengruber eine Grube gräbt, der fällt selbst hinein.
Unvergleichlich besser ist Turrinis nächstes Stück schon deshalb, weil er
von Beaumarchais eine komplette Welt übernehmen konnte, die er nur noch
genußvoll zu zertrümmern brauchte. Fünf Jahre vor der Französischen Revolution schrieb Beaumarchais 1784 ›Ein toller Tag oder Figaros Hochzeit‹.
Aus dieser Komödie hat Turrini »frei nach Beaumarchais« das Stück *Der
tollste Tag* gemacht (Uraufführung 26. Februar 1972, Landestheater Darmstadt; Regie: Gerd Heinz). Das Stück folgt im wesentlichen dem Beaumarchais bis zum Versuch des Grafen Almaviva, Susanne, die Braut Figaros, zu
vergewaltigen: sie verhöhnt ihn: »Der Staub fällt aus euren Hosen«, der
Graf schreit: »Der Witz! Der Witz! Der Witz! Wo ist dein Witz geblieben?«
und schlägt so lange auf sie ein, bis Figaro dazukommt, dem Grafen die Peitsche entreißt und ihn mit der Peitschenschnur erwürgt. Die Gräfin seufzt:
»Es sollte eine Komödie werden.« Das letzte Wort hat Bazillus, er fleddert
die Leiche des Grafen und brüllt nach Mord, Totschlag und Revolution.
Beaumarchais feierte den Triumph des Witzes; Turrini demonstriert die
Ohnmacht des Witzes; er begründet: »Denn die Gewalt, die Macht erlaubt
den Witz des Machtlosen nur so lange, als ihre Interessen davon nicht bedroht werden. Geschieht dies, so dreht sich der Mechanismus um: die Verhältnisse sind stärker als die Sprache. Wenn die Gewalt die Tatsachen
schafft, ist der Witz keine Waffe mehr: das ist das Thema meines Stücks.« —

So einleuchtend es Peter Turrini gelungen ist, scharfe Sozialkritik in den vorrevolutionären Beaumarchais einzubauen, so mißlungen ist ihm der entsprechende Versuch mit der ›Mirandolina‹ von Goldoni: Die Wirtin (Uraufführung am 24. November 1973 in Nürnberg) zeigt, so kommentiert sich Turrini, »den Zusammenhang zwischen Liebe und Ökonomie«. Turrini macht aus der selbstbewußten Mirandolina, die ihr Gasthaus geerbt hat und am Ende den Kellner Fabrizio heiratet, nur eine Pächterin, die vor dem Besitzer des Gasthauses, dem Cavaliere Rippafratta, kuschen muß, als herrsche 1752 in Venedig noch die Leibeigenschaft. Wie Turrini die historischen Verhältnisse vergröbert, so vergröbert er Personen, Situationen und Dialoge, bis sie zu seinem Klischee-Materialismus passen, den kein gelernter Marxist akzeptieren würde. Turrini schmarotzt am Goldoni, ohne ihm außer Tantiemen etwas abzugewinnen.

Mit einer kritischen Zustandsschilderung aus dem Alltag, aus der »Arbeitswelt«, wie man sich Ende der sechziger Jahre angewöhnt hat zu sagen, mit Eisenwichser (Uraufführung 23. September 1970, Basler Theater) ist Heinrich Henkel auf verblüffend viele deutsche Bühnen vorgedrungen. Henkel, 1937 in Koblenz geboren, ein gelernter Malergeselle, hat eigene Erfahrungen verarbeitet. Seine »Eisenwichser« sind Flachmaler; in einem großen Tunnel streichen sie zum Schutz gegen Rost ein System von Rohren an, deren Funktion sie nicht einmal kennen: Lötscher ist 57 Jahre alt, der 20 Jahre alte Volker wird ihm als Gehilfe zugeteilt. Lötscher hat sich eine Lebensphilosophie zurechtgelegt, die ihn seine stumpfsinnige Arbeit als erträglich, ja als angenehm empfinden läßt. Der noch nicht angepaßte Volker dagegen revoltiert ein bißchen und kultiviert seine Freiheitsträume. Ein Monteur taucht auf und entleert seinen Kopf, in dem sich nichts als die Sex- und Kill-Sensationen des letzten Fernsehkrimis befinden. Im zweiten Akt, fünf Monate später, fallen die Ventilatoren aus, die beiden Anstreicher geraten durch Farbausdünstungen in einen Rausch: sie werden »high«, und aus ihrer künstlichen Lustigkeit wird die trostlose Öde ihrer Arbeit auf indirekte Weise noch einmal verdeutlicht. »Zuerst dachte ich an einen dritten Akt, der sozusagen die gesellschaftspolitische Einsicht mitliefert«, sagte 1971 Heinrich Henkel in einem Interview zu Rolf Seeliger, »doch dann fand ich, daß das unerwartete Blackout am ehesten geeignet ist, den Zuschauer zum Nachdenken zu zwingen. Die Bewußtseinswandlung soll im Publikum stattfinden.« Unter »Bewußtseinswandlung« tut's nicht einmal mehr der ehemalige Schiffsmaler Heinrich Henkel, der so sachlich sein kann: »Der Rausch ist Symptom einer schleichenden Berufskrankheit, wie ich sie am eigenen Leib erlebt habe. Die Folgen plagen mich noch heute. Das alles brachte mich zum Nachdenken und zum Schreiben.«

In Hamburg hat Henkel in einem St. Pauli-Spielclub das Thema seines (vor den »Eisenwichsern« geschriebenen) Stücks *Spiele um Geld* gefunden (Uraufführung 20. September 1971, Basler Theater). In einem Spielcasino für kleine Leute wartet man auf Hasard, einen betuchten Vertreter, den man ausnehmen könnte. Sobald er kommt, steigen die Einsätze, und da er der Mann mit dem Geld ist, kann er die Spielregeln manipulieren und die Mitspieler terrorisieren. Schließlich verliert er dennoch fast zweitausend Mark an den Hafenarbeiter Gilbert. Der wiederum verliert das Geld an den Zuhälter und Berufsspieler Jonny und wird, als er aufmuckt, zusammengeschlagen.

Mit der technischen Präzision, mit der Henkel das »Eisenwichsen« auf der Bühne vorführen läßt, verlangt er den Ablauf der Spiele, es ist »Bayrisch Ramso«, sie füllen fast die gesamte Aufführung. Das zum Kiebitz degradierte Publikum müßte alle Spielregeln kennen, um die Vorgänge ganz zu durchschauen und sich nicht zu langweilen. Beziehen auch die »Eisenwichser« ihre Attraktion aus dem Vergnügen an nachgespielten Arbeitsvorgängen, aus der Verblüffung über Schauspieler, die sich wie gelernte Anstreicher bewegen, so spiegeln sie immerhin Menschen bei einer zentralen Tätigkeit. Das Spielcasino dagegen ist am Rande der Gesellschaft. Überdies ist der exotische Reiz einer imitierten Alltagsprofession größer als der professionelle Exotismus im Hafenviertel.

Weniger eine sozialkritische Studie als ein Libretto für zwei Komödianten ist Heinrich Henkels Stück *Olaf und Albert* (Uraufführung 19. September 1973, Basel; Regie: Werner Düggelin). Olaf, sechzig Jahre alt, ist ein Handelsvertreter, und all sein Geld steckt in einem Lager ziemlich unverkäuflich gewordener Waren wie Kerzenleuchter und Wandbehänge. Das Viertel, in dem er wohnt, soll überdies abgerissen werden. Außer Albert, mit dem er seit Jahrzehnten im selben Haus wohnt, kennt er niemand, der ihm Geld leihen könnte. Albert, siebzig Jahre alt, erfreut sich einer soliden Beamtenpension, doch weigert er sich, Geld an Olaf zu leihen, und es macht ihm sogar Vergnügen, Olaf zu quälen: genußvoll malt er ihm den Bankrott und den Abbruch des Viertels so lange aus, bis er von Olaf niedergeschlagen und mit Gewalt zur Unterschrift unter einen Darlehensvertrag gezwungen wird. Ihr soziales Problem bewegt weniger, als daß sie es gegeneinander ausspielen in einem Kampf, den sie offensichtlich mehr aus biologisch als aus sozial bedingter Altersbosheit führen.

Karl Otto Mühl, ein 1923 in Nürnberg geborener Exportkaufmann ist mit seinem Schauspiel *Rheinpromenade* (Uraufführung 9. September 1973, Wuppertaler Bühnen) vollends auf den Boulevard entlaufen. Auf der Rheinpromenade entwickelt sich zwischen einem pensionierten Schlossermeister und der Küchenhilfe Martha — sie ist jung, aber intellektuell und sexuell zurückgeblieben — eine leicht groteske, aber zarte Liebesidylle, die von Tochter und Schwiegersohn des Alten zerstört wird. Mühl hat allerlei Themen zusammengedreht — Altersversorgung, Alterseinsamkeit, viele Formen der Demütigung — die Altersprobleme werden jedoch zum Spielzeug eines Rührstücks. Es hat freilich zwei so begehrte Rollen, daß es zu einem Saisonschlager geworden ist.

Franz Xaver Kroetz: Drama im Melodrama

> ... ich bin abgestempelt als Protagonist der Sprachlosen. Daß ich mir eine Entwicklung gestatte und heute frage, warum und wer macht wen sprachlos zu welchem Zweck, das sieht man nicht gern.
>
> Kroetz in einem Interview mit Thomas Thieringer, 1974

Was bei *Franz Xaver Kroetz* geschieht, könnte vom Bauerntheater stammen: Knecht und Bauerstochter; Impotenz, uneheliches Kind, Enterbung; Ehe als Fusion von Besitz und Arbeitskraft; Kindsmord, Vatermord. Sein Engagement am Bauerntheater (rund um den Tegernsee) gehört gewiß zu den entscheidenden Stationen des am 25. Februar 1946 in München geborenen Kroetz, der die Schauspielschule besucht, in Fassbinders »antiteater« gespielt, im Max-Reinhardt-Seminar studiert und dort Martin Sperr kennengelernt hat. Was aber am Bauerntheater zum Schauerdrama wird, das nimmt Kroetz ernst: er hat sein Drama im Melodrama entdeckt.

Die zur Identifikation einladenden Redensarten und Bibelsprüche des Bauerntheaters sind bei Kroetz distanzierende Kunstmittel: Ausdruck der Sprachohnmacht aller seiner Personen — sie können nicht sagen, was sie fühlen oder denken, sie können nur einen fertigen Satz benutzen, der in der Nähe ihres Fühlens herumliegt und den sie werfen wie einen Stein, oft in der Absicht zu verletzen. Wer wie Martha in »Heimarbeit« sagt: »Ich geh weg von dir Willy, weil ich dich verlasse«, der ist außerstande, sein Weggehen zu begründen. Sie sind in ihrer Sprachlosigkeit gefangen, und jeder ihrer Sätze ist wie ein Gitterstab ihres Kerkers. Ihr Dialekt ist Ausdruck des Schemas, in das sie geboren sind. Auch der immerwiederkehrende Koitus und die Onanie sind Bilder ihrer Ohnmacht, anders als körperlich einander näherzukommen oder noch nicht einmal dies zu vermögen. Zu ihren Schicksalen gehören — anders als in der klassischen Dramaturgie — Gebrechen, Unfälle, Zufälligkeiten und das, was man Pech nennt. Oft scheinen diese Schmerzleider mehr Chiffren für existentielles Unglück zu sein als für gesellschaftliche Zwänge — dies würde ihr Autor, der bei der Experimenta 1971 »so etwas wie einen westlichen sozialistischen Realismus« gefordert hat, sicherlich bestreiten. Manche seiner Personen sind wie Ludwig Thomas *Kleine Verwandte*, gesehen von Beckett. Seine Stücke lesen sich spröde und spielen sich gut: auch durch ihren melodramatischen Kern.

Kroetz hat 1974 in einem Interview mit Thomas Thieringer gesagt: »In meinen frühen Stücken habe ich keinen Ausweg gezeigt — die waren zu fatalistisch. Was nötig sein wird: Menschen zu zeigen, die hinuntergetreten wurden, die das nicht hinnehmen, sondern sich wehren, mit Phantasie und Energie.« Zu seinen Versuchen in den Jahren 1972/73, aus dem kleinen Kreis seiner intensiven, offenbar aber engen Begabung auszubrechen, gehören: *Oberösterreich* (1972), in dem Anni und Heinz sich wehren und der bequemen Lösung einer Abtreibung oder gar eines Mords nicht nachgeben; *Dolomitenstadt Lienz* (Uraufführung am 28. September 1972 in Bochum; Regie: Istvan Bödy), eine »Posse mit Gesang«, in der die Reden dreier Männer im Knast noch von der Bewußtlosigkeit des alten Kroetz-Fatalismus geprägt sind, der »Gesang«, die Lieder jedoch anheben, ihnen ihre Situation, ihre Ursachen und ihre Wünsche etwas bewußter zu machen; *Maria Magdalena* (1973), eine Übertragung der Tragödie Friedrich Hebbels in die Gegenwart; *Münchner Kindl* (1973), eine »Ballade aus Bayern«, sie geht (wie schon 1971 Martin Sperrs »Münchner Freiheit«) von den Grundstücksspekulationen im Münchner Stadtteil Lehel aus und fordert, daß »der monopolartige Bodenbesitz in Gemeineigentum aller« überführt wird. Kroetz will, wie er 1974 sagte, »auch weiterhin solche Stücke schreiben, die nicht mit den Kategorien der Kunst zu messen sind, sondern mit denen der agitatorischen Effizienz ... Das Problem, das sich mir bietet, ist die genaue, parteiliche Beobachtung und Beschreibung der Menschen, die in den früheren Stücken entwickelte Dramaturgie mit meiner politischen Perspektive, mit der politischen Zukunft, der Utopie in Einklang zu bringen.«

Kroetz ist Mitglied der Deutschen Kommunistischen Partei (DKP) geworden, und ihre Antworten auf die Fragen, die sich Kroetz stellt, sind klar: Schuld sind die Reichen, sie halten die Armen in der Sprachlosigkeit, um sie auszubeuten. In seinen frühen Stücken macht sich Kroetz die Antworten nicht so einfach. In *Stallerhof* beispielsweise ist er ganz bei sich zu Hause: dies kann er, dies ist seine Sache — nicht das, was man Humor oder gar Satire nennt. DKP-Mitglied Kroetz ist — mag er wollen oder nicht — durch grenzenloses Mitgefühl und Erbarmen Deutschlands einziger christlicher Dramatiker.

Meinungen: »Kroetzens Realismus beweist sich darin, daß er zeigt, wie die von Verzweiflung heraufgerufene Gewaltsamkeit der Unterdrückten sich nicht einmal mehr gegen ihre Unterdrücker, sondern nur noch gegeneinander, gegen die eigenen Kinder, gegen die eigene Liebe, gegen die letzten, schwachen menschlichen Bindungen richten kann. Kroetzens Stücke machen klar: die zugespitzten menschlichen Beziehungslosigkeiten, deren schreckliche Folgen die Polizeiberichte registrieren und die Bildzeitungen genußreich ausmalen, sind die Ergebnisse herrschender, unbefragter Realität«: Ernst Wendt. — »Man spürt, wieviel ratloses Mitleid mit diesen scheinbar rüden Stücken verborgen ist. Da gibt es während eines trist scheiternden Beischlafversuchs, inmitten eines unerhört fühllosen Dialogs, plötzlich verborgene, dumpfe Gesten von Zärtlichkeit, von Humanität. Immer wieder nähern sich Kroetz' lapidare, antitheatralische Szenen zwei erztheatralischen Genres: dem Rührstück und dem Horrordrama«: Benjamin Henrichs.

In *Wildwechsel* (Uraufführung 3. Juni 1971, Dortmunder Schauspiel) erwartet die 13 Jahre alte Hanni vom 19 Jahre alten Hilfsarbeiter Franz ein Kind, und da Hannis Vater nach der Todesstrafe für den Verführer schreit und mit der Polizei droht, erschießen die Jungen den Vater, aber als ihr Kind im Gefängnis stirbt, ist es auch mit ihrer Liebe aus.

In *Heimarbeit* (Uraufführung 3. April 1971, Werkraum der Kammerspiele München; Regie: Horst Siede) versuchen Willy und seine Frau Martha, das Kind abzutreiben, das Martha von einem anderen Mann erwartet; es mißlingt, das Kind verschärft ihren unablässigen Streit. Martha verläßt Willy, er erwürgt das Kind und holt sie zurück: »Jetzt herrscht wieder Ordnung«.

In *Hartnäckig* (Uraufführung 3. April 1971, Werkraum der Kammerspiele München; Regie: Horst Siede) hat der älteste Sohn eines Gastwirts bei einem Unfall in der Bundeswehr ein Bein verloren. Dies führt zum Verlust seiner Braut und seines Erbes, da er einbeinig und ohne Gastwirtstochter als Frau die Altersversorgung seiner Eltern gefährden würde.

In *Männersache* (Uraufführung 15. Januar 1972, Landestheater Darmstadt; Regie: Rolf Stahl) träumt der Bauarbeiter Otto über einem pornographischen Magazin von leckeren Modellen, in seiner Praxis aber gibt es nur die Kuttlerin Martha, und die hat er im Verdacht, daß sie ihre Einsamkeit mit ihrem Hund überspielt. Martha wirbt um ihn, sie muß ihren Ernst mit angelesenem Romankitsch ausdrücken: »Für meine Liebe kämpfe ich.« Ihn stört, daß sie aus ihrer Frauenrolle fällt: die Metzgerin kann er ihr noch verzeihen, die Hundeliebhaberin nicht. Beider Eifersucht läßt auch das einzige mißlingen, das sie nähergebracht hat, die Wollust ihrer Körper. Sie schießen mit einem Kleinkalibergewehr abwechselnd aufeinander, bis Martha liegenbleibt — es ist die Fortsetzung ihrer Sprachohnmacht mit anderen Mitteln. Kroetz hat einen Schluß ohne Schüsse geschrieben, doch verbreitet auch er kein Vertrauen in den Menschen, sondern den Eindruck, daß sich die Trostlosigkeit fortsetzt.

In *Michis Blut* (Uraufführung 14. Mai 1971, proT, München; Regie: Kroetz) sitzen sich Marie und Karl regungslos gegenüber, und aus dem, was sie mühsam reden, geht hervor, daß sie gerade ein Kind abtreiben. Sie »spielen« nicht, jegliches »Theater« ist erstarrt und in einen Hörtext eingegangen. Die Abtreibung wird zur Metapher für die Unlust, Leben fortzusetzen, das fremde wie das eigene. »Wer nicht geborn is, si der Best, und wer früh stirbt, der zweitbest, sagt Christus«, sagt Karl, doch Marie setzt dagegen: »Das tät ich aber ned unterschreibn.« Sie bleiben wohl zusammen, obwohl Karl meint, daß es »eh kein gut tut mit uns«.

In *Stallerhof* (Uraufführung 24. Juni 1972, Deutsches Schauspielhaus Hamburg; Regie: Ulrich Heising) schwängert der 58 Jahre alte Knecht Sepp die vierzehnjährige geistig zurückgebliebene Bauerstochter Beppi, die gar nicht recht weiß, was ihr geschieht. Der Stallerhofbauer jagt den Knecht vom Hof; die Bäuerin will zuerst Beppis Kind abtreiben, läßt es aber dann doch, und mit den Wehen der Beppi ist das Stück zu Ende. So krude dies scheint, es ist eine zarte, traurige, rührende Geschichte von Einsamkeit und Liebe. Der Knecht hat unendliche Geduld für Beppi, für die in sich richtige innere Welt, in der sie lebt. In ihrer Wortarmut haben die beiden für alle großen Gefühle nur kleine Münzen parat, doch macht dies ihre Gefühle nicht kleiner. Sie haben Minuten des Schweigens, die das reine Glück sind für sie beide. Es ist nur konsequent, wenn Kroetz in *Geisterbahn* die Geschichte von Sepp und Beppi so weitererzählt, daß Beppi nach dem Tod Sepps ihr Kind tötet: ohne Sepp fällt sie zurück in eine vernichtende Einsamkeit.

In *Oberösterreich* (Uraufführung 11. Oktober 1972, Heidelberg; Regie: Dieter Braun) werden Abtreibung und Mord nur beredet, nicht vollzogen. Heinz und Anni, beide in ungelernten Berufen tätig, drei Jahre verheiratet, führen in Genre-Bildchen 17 Stationen ihres Alltagspassionsweges vor. Ihre vom Kaufhauskatalog überernährten Wünsche verderben ihnen ein bißchen den Spaß — auch an der Liebe —, immerhin aber besitzen sie ein Auto, Farbfernseher und die Fähigkeit, sich zu bescheiden. Ihre Abzahlungsidylle wird bedroht, als sie schwanger ist. Sie machen Bilanz, um zu einem »Urteil über das Kind« zu gelangen: sie müßten auf alles verzichten, was ihnen ein wenig Freude macht. Dennoch verweigert Anni die Abtreibung und liest ihrem Heinz aus der Zeitung vor, daß ein Mann seine Frau ermordet hat, weil sie nicht abtreiben wollte, Anni aber weiß, daß ihr Heinz kein Mörder ist, und Heinz weiß es auch und ist ein bißchen stolz darauf. Eine arg traurige und durch das schöne Beispiel ehelicher Solidarität auch arg erhebende Geschichte.

Kroetz spielt wieder virtuos mit allen Elementen seiner Lapidar-Prosa, mit Redensarten, Sprichwörtern, Gegenfragen, mit »genau!«, »und wie!«, »das ist bekannt!« und »eben!« wie mit Legosteinchen. Mit dieser Sprachohnmacht versucht Kroetz nun die Ermutigung seiner Zuschauer, die über seine beschränkten, aber lieben Alltagshelden gerührt lachen.

In *Wunschkonzert* (Uraufführung 7. März 1973, Stuttgart; Regie: Istvan Bödy) macht eine Schauspielerin auf der Bühne in 75 Minuten genau das, was irgendeine alleinstehende Frau um die Vierzig abends in ihrer Einzimmerwohnung in 75 Minuten machen könnte. Noch im Mantel wischt sie nach zwei Minuten einen Fleck von der Lampe und noch zwei Minuten vor Schluß poliert sie die Tischplatte sauber von übergeschwapptem Sekt: mit ihm hat sie alle Schlaftabletten, die noch im Röhrchen waren, hinuntergespült, um nie mehr aufzuwachen — wenigstens sauber soll der Teil der Welt sein, den sie verlassen will. (Kroetz allerdings hat kommentiert, daß der Selbstmordversuch mißlingen wird, es waren zu wenig Tabletten, »schlaue Köpfe« bemerken dies). Sie hat dem Werbefernsehen zugeschaut, die Rundfunksendung ›Wunschkonzert‹ gehört, sie hat Geschirr gespült, ihre Füße gewaschen, ist auf der Toilette gewesen, hat ihr Nachthemd angelegt und immer mal wieder einen Pickel begutachtet. Kroetz läßt 75 Minuten wortloses Leben Minute für Minute wiederholen. Konsequenter als ihr Erfinder Arno Holz erfüllt er die Parole der Naturalisten: »Die Kunst hat die Tendenz, wieder die Natur zu sein« — mit der »Sprache des Lebens« wollte Holz »aus dem Theater allmählich das Theater verdrängen«. Kroetz folgt mit seinem ›Wunschkonzert‹ dieser neuesten ästhetischen Forderung aus dem Jahr 1890.

In *Maria Magdalena* (Uraufführung 6. Mai 1973, Heidelberg; Regie: Dieter Braun), einer »Komödie« nach der Tragödie von Friedrich Hebbel, versteht Meister Anton, der bei Kroetz schlicht »Papa« heißt und die Welt noch nie verstanden hat, nicht einmal mehr seine Tochter Marie — sie kreischt nach der Polizei, denn sie hat angeblich Gift genommen und möchte nun doch gerettet werden, der Papa aber drischt unerschüttert Skat mit ihrem Jugendgeliebten Peter und mit ihrem Ex-Verlobten Leo, und diese beiden Herren duellieren sich bei Kroetz nicht — wie bei Hebbel — mit Pistolen, sondern mit ihren geschäftlichen und politischen Beziehungen. Hebbels ausweglose Tragik kann für einen progressiven Dramatiker wie Kroetz nur eine faule Ausrede sein, um die Gesellschaft nicht ändern zu müssen. Gegen Hebbels metaphysische Tragödie aus dem 19. Jahrhundert setzt Kroetz jedoch leider nicht die gesellschaftliche Realität, sondern nur die Klischees einer Posse aus dem 20. Jahrhundert: er hat kein Anti-Hebbel-Stück, er hat ein Un-Hebbel-Stück geschrieben. In seinen ernsten Stücken drückt Kroetz durch die Banalität seiner Dialoge — gegen den Widerstand des Wortlauts — komplizierte innere Vorgänge aus. In seiner »Komödie« dagegen sind die inneren Vorgänge so banal wie der Wortlaut der Dialoge. Hebbels »Maria Magdalena« (siehe auch Seite 508) hat Kroetz nicht aus seiner Enge gezogen, sondern Kroetz hat »Maria Magdalena« in seine Enge eingemeindet.

Die Dramatikerin Marieluise Fleißer erzählte über die Uraufführung der »Heimarbeit« von Kroetz am Münchner Werkraumtheater: »Im voraus schon liefen Gerüchte über Straßenkundgebungen gegen den Autor. Wir waren früh daran. Genau gegenüber dem Eingang stand schon der geschlossene Trupp der Protestierer und Befehlsempfänger. Sie starrten uns feindselig an, der Schrei steckte ihnen noch im Mund. Dreißig Schritt weiter saß die Mannschaft der Polizei im langen Wagen auf Bereitschaft, nur zwei Uniformierte standen vorläufig draußen herum. Das Portal war verschlossen, ließ jeweils nur einen Besucher herein. Inzwischen füllten sich die Treppen, Sprech-Chöre drangen von draußen herein. Wir drückten uns die Stufen hinauf ... Mit ›Heimarbeit‹ hatte der Autor ein wirkliches Glück, der Schmidinger und die Drexel spielten so gut, daß es sich nicht vergißt. Dabei wurden auch sie von eingeübten Beschimpfungen der Straße gestört, man hörte es bis herein. Stinkbomben wurden geworfen im unruhigen Saal, es mußte zweimal unterbrochen werden. Zum Schluß zeigte sich der große Erfolg. Die kleinen Leute, die auf der Straße protestierten, ahnten nicht, daß es hier um die Sache der kleinen Leute ging.«

Im Rückspiegel: Marieluise Fleißer

Marieluise Fleißer paßt so wenig in irgendeine Schablone, daß sie an dieser Stelle genau so falsch steht wie an jeder anderen. Hier, immerhin, folgt sie Franz Xaver Kroetz, den sie den liebsten ihrer Söhne genannt hat. Das geschah im Jahresheft 1972 der Zeitschrift ›Theater heute‹. Unter dem Titel ›Alle meine Söhne‹ schrieb Marieluise Fleißer über die drei Autoren, als deren dramatische Ziehmutter sie sich fühlen darf: über Martin Sperr; über Rainer Werner Fassbinder, der aus ihren »Pionieren in Ingolstadt« einen Film machte und ihr seinen Film ›Katzelmacher‹ widmete, und eben über Kroetz: »Franz Xaver Kroetz hat einen schönen Zug: er kann auch an andere denken. Er hat den Stein ins Rollen gebracht, daß meine Gesammelten Werke erschienen ... Es gibt liebste Söhne. Er hat am tiefsten gegraben, und ich glaube, er hat am meisten gefunden und es um und um gedreht. Er hat das Eigentliche ›erkannt‹. Ich habe nachhaltig auf ihn gewirkt und bis ins Unterschwellige hinein. Das ist ein Vorgang, der mich beglückt. Ich sehe, daß hier was weitergeht von innen heraus.« Wie Kroetz von der Fleißer angestoßen worden ist, so die Fleißer vom jungen Bert Brecht. Über die Entstehung ihres ersten Stücks *Fegefeuer in Ingolstadt* erzählte sie Günther Rühle, dem Herausgeber ihrer in drei Bänden Gesammelten Werke: »Das Stück ist aus dem Zusammenprall meiner katholischen Klostererziehung (sechs Jahre im Institut der Englischen Fräulein in Regensburg) und meiner Begegnung mit Feuchtwanger und den Werken Brechts entstanden. Das hat sich nämlich nicht miteinander vertragen.«

Marieluise Fleißer, geboren am 23. November 1901 in Ingolstadt, hatte 1924 auf dem Münchner Fasching Feuchtwanger kennengelernt und durch ihn Brecht, von dem sie die Theaterstücke »Trommeln in der Nacht« und »Im Dickicht« in München gesehen hatte. Brecht vermittelte ihr erstes Stück *Die Fußwaschung* zur Uraufführung nach Berlin an Moritz Seeler, der einen zugkräftigeren Titel wollte. So kam es zum:

Fegefeuer in Ingolstadt. ›Schauspiel‹. Uraufführung — in einer einmaligen Matinee — am 25. April 1926, Junge Bühne, Berlin; Regie: Paul Bildt. Wiederaufführung — in einer Neufassung — erst am 30. April 1971 in Wuppertal; Regie: Günter Ballhausen. — Eine kleinstädtische Unterdrückungsgesellschaft, bestehend aus Eltern, Freunden, Ministranten, holt sich ihre Waffen gegen zwei Außenseiter — gegen Olga, die behauptet, ein uneheliches Kind zu erwarten, und gegen Roelle, den häßlichen und seltsamen Jungen, — aus dem Arsenal der Kirche. Roelle stilisiert sich schon durch seinen Anzug in die Erscheinung eines geistlichen Herrn, und hinter seinem religiösen Wahn steht der unterbewußte Wunsch, sich der religiösen Mittel zu bemächtigen, mit deren Hilfe er unterdrückt wird: er ist die Bild und Körper gewordene Wechselbeziehung zwischen Unterdrückung und sexueller Gewaltsamkeit. Schließlich hält er sich selbst für einen Teufel und schluckt — ein wahrhaft armer Teufel — seinen Beichtzettel auf. — Mit diesem Stück versuchte die ehemalige Klosterschülerin und jetzige Arthur-Kutscher-Seminaristin Fleißer, sich selbst zu befreien, und Ingolstadt wurde dabei zum Symbol für eine erstickende Lebensform.

Brecht wollte von ihr keine lyrisch erfahrenen, langsam in ihr gewachsenen Dramen, er verlangte ein rational konstruiertes Stück und beauftragte sie entschieden, ein Stück über die Pioniere zu schreiben, die 1926 von Küstrin nach Ingolstadt zu Flußübungen gekommen waren.

Pioniere in Ingolstadt. ›Komödie‹. Uraufführung der ersten Fassung 25. März 1928, Komödie Dresden; Regie: Renato Mordo. Eine lockere Szenenfolge; im Zentrum zwischen Pionier Korl und Dienstmädchen Berta eine Liebesgeschichte, deren Ton und Technik nachhaltig auf Martin Sperr, Rainer Werner Fassbinder, vor allem aber auf Franz Xaver Kroetz eingewirkt haben. In den Gesprächen zwischen dem groben Korl und der sanften Berta, die nicht weiß, wohin sie mit ihrer Seele soll, sind das emanzipatorische Thema, die Dialogtechnik und die geheime Lyrik des Franz Kroetz 1928 vorweggenommen, und schon ihr Dialog stellt keine Verbindung her zwischen zwei Menschen, sondern er konstatiert ihren Abstand. Brecht inszenierte das Stück — zusammen mit Jacob Geis — im Berliner Theater am Schiffbauerdamm und baute vorsätzlich Anlässe für einen Skandal ein, unter anderem eine Defloration in der Gerätekiste — als die Kiste zu wackeln begann, brach am 30. März 1929 der Publikumsprotest aus. Kritiker Herbert Jhering dekretierte: »Sie muß heraus aus dem Ingolstädter Winkel ... Ingolstadt erschöpft sich; mit der Verengung des Stoffkreises muß auch der Ausdruck sich verengen und der Stil erstarren ... Man muß sie heranführen an die Reportagen des Tages.«

Marieluise Fleißer hatte — anders als Brecht — kein vorgefaßtes Bild von der Welt. Um sich diesen Vorzug zu bewahren, mußte sie die Berliner Genies verlassen und zurück nach Ingolstadt. 1929 war dies noch nicht möglich, nach dem Skandal haßte man sie dort. Sie suchte Schutz und war bald verlobt mit dem Lyriker Hellmuth Draws-Tychsen, einem Mann der politischen Rechten. Über den — auch politischen — Kampf, der zwischen Brecht und Draws um sie entbrannte, schrieb sie 1929 das bei ihrem Tod noch unaufgeführte Stück *Der Tiefseefisch*, in dem der junge Brecht den Namen Tütü führt und sich von seiner Clique wie ein Pascha bedienen läßt. Als die Fleißer spürte, daß Draws sie konsequent von Brecht trennte, löste sie die Verlobung und ging 1933 zurück nach Ingolstadt. Zwei Jahre später heiratete sie Josef Haindl, einen Meisterschwimmer des Ingolstädter Turnvereins. In Ingolstadt schrieb sie *Karl Stuart*, ein historisches Drama, die Verklärung Karls des Ersten als eines sich selbst treuen, hingerichteten Märtyrers, und das realistische Volksstück *Der starke Stamm*, eine Erbschaftskomödie, die auf Betreiben Bertolt Brechts in München uraufgeführt wurde, an den Kammerspielen, am 7. November 1950, unter der Regie von Hans Schweikart. Es war ihr lautester und ungetrübtester Bühnenerfolg. Durch ihre realistischen »Volksstücke« gehört sie zu den Pionieren einer neuen Art Theater; den großen Erfolg haben immer erst die dramaturgisch geschickteren Benutzer, die zweite Welle. Sie durfte — nachdem es lange Jahre absolut still um sie geworden war — diese zweite Welle noch erleben und auch die Wiederentdeckung ihrer eigenen frühen Stücke. Voraussichtlich werden sie — trotz ihres Booms in den ersten siebziger Jahren — auch in Zukunft zu den Raritäten gehören. Marieluise Fleißer starb am 2. Februar 1974, im Krankenhaus in Ingolstadt.

*Das alte Abbey-Theater in Dublin, ursprünglich ein Leichenschauhaus, brannte 1951
aus. Das neue — ein Klinkerbau mit 628 Plätzen — wurde im Juli 1966 eröffnet*

Irisches: die Poesie in der Wirklichkeit

Auf der Bühne muß man die Wirklichkeit vor sich sehen und
zugleich Freude am Spiel haben — daran fehlt es dem modernen
intellektuellen Theater, und deshalb ist es gescheitert. Auch die
falsche, künstliche Fröhlichkeit des musikalischen Lustspiels
haben die Leute satt. Die echte, reiche Freude findet man nur in
der wilden, hinreißenden Wirklichkeit. In einem guten Theaterstück sollte jeder Dialog einen so vollen Geschmack haben wie
eine Nuß oder wie ein Apfel ...   J. M. Synge

Es war der ausdauerndste Skandal der Theatergeschichte. Er begann am
Samstag, dem 26. Januar 1907, in Dublin, im Abbey-Theater, als ›The Playboy of the Western World‹ von J. M. Synge zum erstenmal gespielt wurde,
und er brach bei jeder neuen Vorstellung erneut aus. Lady Gregory, die
Gründerin des Theaters, hat darüber berichtet: »Die Schlacht dauerte eine
Woche. Jeden Abend kamen Protestierende mit ihren Trompeten und voll-
führten einen Höllenlärm. Jeden Abend beförderte die Polizei einige von
ihnen auf die Wache. Jeden Nachmittag brachten die Zeitungen Berichte über
die Verhandlungen vor dem Polizeirichter ...«

Zum Schutz der dritten Vorstellung hatte Lady Gregory, die einen Angriff
auf die Bühne befürchtete, einige athletische Studenten gebeten — einer dieser
Verteidiger mußte schließlich von einem Schauspieler und von Autor Synge
vom Schlachtfeld getragen werden. Irische Dickschädel im Zuschauerraum
und auf der Bühne: der Kampf dauerte zweifellos nur deshalb nicht länger
als eine Woche, weil das Stück, wie vom Theater angekündigt, nur eine
Woche lang gespielt wurde. Vier Jahre später gastierte das Abbey-Theater
mit dem ›Playboy‹ in New York, und es gab abermals einen ungeheuren
Theaterskandal, entfesselt von den Mitgliedern irischer Gesellschaften.

Irische Nationaltrompeten gegen ein Theaterstück, das inzwischen zum
irischen Nationaldrama geworden ist, mit dem die besten irischen Schauspieler stolz auf internationale Tourneen gehen. Die Iren hatten damals noch
wenig Übung in der Kunst, ihrem eigenen Wesen auf der Bühne zu begegnen:
die ›Irische Nationale Theatergesellschaft‹, mit der das irische Theaterleben
überhaupt erst begann, war fünf Jahre vorher, 1902, von W. B. Yeats, Lady
Gregory, George Moore und Edward Martyn gegründet worden, und aus ihr
war das Abbey-Theater 1904 hervorgegangen. Es wurde für die irische Abart
des ›Naturalismus‹, für das irische Theater insgesamt, so wichtig wie das
›Théâtre Libre‹ (siehe auch Seite 744) für das französische und der Berliner
›Verein Freie Bühne‹ (siehe auch Seite 743) für das deutsche Theater — und
seinen Skandal hatte im übrigen auch der ›Verein Freie Bühne‹, als er 1889
Gerhart Hauptmanns ›Vor Sonnenaufgang‹ uraufführte.

Die noble Rache des Gälischen

Ohne die Kenntnis einiger einfacher Tatsachen über die irische Sprache kann
man weder diesen Skandal noch das bodenständige irische Drama verstehen.
Die ursprüngliche irische Sprache, das ›Gälische‹, ein Zweig des Keltischen,
war Ende des 19. Jahrhunderts am Aussterben; nur eineinhalb Millionen von
sechseinhalb Millionen Einwohnern beherrschten sie noch. Und mehr als ein
Fünftel seiner Bevölkerung hatte Irland nach den durch die Kartoffelfäule
verschlimmerten Notjahren 1846–1849 verloren — eine Million Menschen
durch Hungertod und die andern durch Massenauswanderung nach Amerika.
Ein paar Daten können in diesem Zusammenhang nichts schaden. Die Engländer hatten schon gegen Ende des 12. Jahrhunderts begonnen, Irland zu
erobern. England führte Mitte des 16. Jahrhunderts die protestantische Reformation ein; die Iren blieben katholisch, ihre Aufstände wurden blutig niedergeworfen. Die Engländer wandten ihre Strafgesetze gegen die Katholiken
auch auf Irland an und nahmen den Iren damit ihre politischen Rechte. So

wurde der Protestantismus für die Iren traditionsgemäß zur Religion der Unterdrücker (und als die Iren, selbständig geworden, selbst unterdrücken konnten, schritten sie gegen alles ein, was ihrer Auffassung vom Katholizismus widersprach). Erst 1829 wurde die politische Entmündigung der Katholiken aufgehoben. Um 1750 begann die irische Unabhängigkeitsbewegung: Geheimbünde, später auch Parteien, kämpften teils auf evolutionärem, teils auf revolutionärem Weg für die Freiheit. 1921 wurde Irland ›Freistaat‹ mit dem Status eines Dominions; abgetrennt wurde das protestantische Nordirland. Der unabhängige Staat ›Eire‹ wurde 1937 geschaffen, die souveräne ›Irische Republik‹ 1949 ausgerufen.

Ein Teil dieses Kampfes war die ›Irische Renaissance‹, die in den neunziger Jahren des 19. Jahrhunderts begonnen hatte. Douglas Hyde (1860–1949) wollte mit der von ihm 1893 gegründeten ›Gälischen Liga‹ den Zerfall der irischen Sprache aufhalten, ermutigte zugleich aber durch seine Übersetzungen aus dem Irischen den Dichter W. B. Yeats, den Begründer des irischen Dramas, sich der englischen Sprache zu bedienen und auf den romantischen Versuch zu verzichten, das Gälische zur modernen Schriftsprache zu entwickeln. »Können wir nicht«, fragte Yeats, »eine Nationalliteratur aufbauen, die zwar der Sprache nach englisch, dem Geist nach aber darum nicht weniger irisch ist?«

Wie Hyde für seine Übersetzungen benutzten Yeats und Synge für ihre Dramen die Sprache der anglisierten Landbevölkerung Irlands. In diese Sprache waren durch die noch Irisch redenden Eltern der Anglo-Iren die Vorzüge des Keltischen eingegangen: originelle und kraftvolle Bilder, eine ausschweifende Phantasie, pralle Lebenslust und ein Hang zu Märchenwundern, grausamen Grotesken und den Schauern des Unheimlichen. Das Gälische rächte sich für seine Unterdrückung auf die nobelste Weise: es unterwanderte und beschenkte das Englische.

Diese ungezähmte, wuchernde Sprache hörten die Dubliner bei der Uraufführung von Synges ›The Playboy of the Western World‹ von der Bühne des Abbey-Theaters und waren schockiert. »Wer je eng mit der irischen Landbevölkerung zusammen gelebt hat«, schrieb Synge, »der weiß, daß die wildesten Ausdrücke und Vorstellungen in diesem meinem Stück tatsächlich noch zahm sind, verglichen mit den Phantastereien, die man in irgendeiner Kate, an irgendeinem Berghang in Geesala, Carraroe oder in Dingle Bay hören kann.«

Heinrich Böll, der mit seiner Frau Annemarie das Stück übersetzt hat (unter dem Titel ›Ein wahrer Held‹), zählt zu den Ursachen für diesen geheimnisvollen Reichtum der Sprache: »die leidenschaftliche Wortkultur der Kelten, ihre unbezähmbare, oft grausame Phantasie; die Tatsache, daß sich in Irland, wo es jahrhundertelang verboten war, gälisch zu sprechen, die keltische Imaginationskraft dem Englischen mitgeteilt hat«. Böll erzählt:»Man braucht in Irland nur eine alte Bäuerin nach dem Weg, nach dem nächsten Hotel zu fragen; wenn sie den Mund öffnet, spricht sie Poesie, das heißt: sie übertreibt: einfache Felsen, an denen der Weg vorbeiführt, werden zu sagenumwobenen Gebilden, eine simple Wegbiegung zu ›der Stelle, wo Dermot O'Malley mit Brendan Molloy um die schöne Mary Kelleher kämpfte‹; blumige Floskeln, die völlig natürlich wirken, entströmen dem Mund der alten Frau, Poesie ist ihr selbstverständlich, ist weit davon entfernt, künstlich gezüchtete Folklore zu sein; sie spricht ›wie gedruckt‹, mag sie auch das Lesen nie gelernt oder inzwischen wieder verlernt haben. Sprache ist Natur — kein Wunder, daß in diesem Land die Dichter gedeihen.«

Yeats traf 1899 im Pariser Quartier Latin den achtundzwanzigjährigen Synge und riet ihm, auf den Aran-Inseln zu leben:»Suchen Sie ein Leben auszudrücken, das noch nie Ausdruck gefunden hat!‹ ... Er ging nach den Aran-Inseln und wurde ein Teil ihres Lebens, lebte von Salzfisch und Eiern, sprach die meiste Zeit Irisch, horchte aber auch auf das schöne Englisch, das sich in den irisch-sprechenden Landesteilen herausgebildet hat ... Vielleicht hat ein irischer Bauer niemals eben diesen Sprachrhythmus (Synges) gehabt, aber wäre Mr. Synge als Bauer zur Welt gekommen, er würde gewiß so gesprochen haben.«

So wird das irische Drama, selbst wenn es nichts anderes sein will als naturalistisch, doch poetisch: wo die poetische Sprache ein Bestandteil der alltäglichen Wirklichkeit ist, müssen Naturalismus und Poesie zusammenfallen.

Yeats: zwischen Symbol und irischer Realität

Den Weg ins gelobte Land, in dem Poesie und Natur fast das gleiche sind, hat William Butler Yeats gezeigt; zu Ende gegangen ist ihn J. M. Synge. So wichtig Yeats (geboren am 13. Juni 1865 in Dublin, gestorben am 28. Januar 1939 im südfranzösischen Cap Martin) als Anreger gewesen ist, seine eigene umfangreiche dramatische Produktion, rund dreißig Stücke, erscheint nur selten auf den Bühnen des europäischen Kontinents. Soviel er für die ›Irische Renaissance‹ leistete, seine entscheidenden Anregungen hatte er in London empfangen, von seinen Freunden William Morris und Oscar Wilde, aus der Lektüre von Nietzsche und William Blake. Sooft er als bewußter Nationalist nach irischen Stoffen griff, nach keltischen Sagen und Legenden, stilistisch war er ein Nachfolger der Präraffaeliten, ein ästhetischer Symbolist.

Zusammen mit seinem Privatsekretär, dem amerikanischen Dichter Ezra Pound, studierte er die japanischen Nô-Spiele und schrieb unter ihrem Einfluß von 1915 an seine *Spiele für Tänzer*, einfache, körperhafte Gleichnisse für seine komplizierte Gedankenmystik. Vom Stil und Personal dieser Spiele, in denen es irische Landstreicher als Symbolfiguren gibt, mag auch der irische Dramatiker Samuel Beckett angeregt worden sein. 1922 wurde Yeats bei der Gründung des irischen Freistaates Senator. Ein Jahr später empfing er den Nobelpreis. Seine Dramen schrieb er für das Dubliner Abbey-Theater; er öffnete es auch für O'Casey, dem er half, solange er ihn bewundern konnte.

Die Gräfin Katlin (The Countess Kathleen). ›Verslegende‹. 1892. Uraufführung 8. Mai 1899, Dublin, Antient Concert Rooms. Deutsche Erstaufführung unter dem Titel ›Die arme alte Frau‹ (Fassung von Henry von Heiseler) 1933/34 im Frankfurter Schauspielhaus. Erste Aufführung der Übersetzung von Herberth E. Herlitschka (›Die Gräfin Katlin‹) 1962 in den Kölner Kammerspielen. — Yeats hat seinen symbolistischen dramatischen Erstling, dessen Stoff einer Sammlung irischer Volkslegenden entnommen ist, einen ›Bildteppich‹ genannt. Hungersnot in Irland, 1798; zwei Abgesandte der Hölle, verkleidet als orientalische Händler, kaufen die Seelen der Hungernden ein — zu billigen Preisen, da die sündigen Menschen ohnehin dem Teufel verfallen seien. Gräfin Katlin, die Erbarmen mit den Hungernden hat, verkauft den Händlern ihre Seele für fünfhunderttausend Kronen und unter der Bedingung, daß alle anderen Seelen freigelassen werden. Gott lohnt ihr das Opfer ihres Heils: sie kommt nicht in die Hölle; ein geflügelter Engel verkündet, daß sie durch das Perlentor in die Ewigkeit eingeht. — Yeats hat die schlichte Legende durch die Gestalt des Dichters bereichert, der Gott für die Hungersnot und den Seelenverkauf der Armen verantwortlich macht und vergeblich versucht, Katlin durch Märchenlieder, durch Traumreiche der Poesie, bevölkert mit präraffaelitischen Elfen und Schwänen, von ihrem Opfer abzubringen. Das ist autobiographisch: in die Gräfin sind Züge der radikalen Freiheitskämpferin Maud Gonne eingegangen, die Yeats in London kennengelernt hatte und die er hoffnunslos liebte; im Dichter porträtierte er sich selbst — er stammte aus einer protestantischen Familie, doch stand er dem Christentum fern. Daß Gott die gute Absicht der Gräfin höher schätzt als ihre schlimme Tat, daß er eine Todsünde, den Verkauf der Seele, gutheißt, ist freilich nicht eine Erfindung von Yeats, sondern schon in der heidnisch-christlichen Volkslegende enthalten. Die Uraufführung konnte nur unter Polizeischutz stattfinden; es kam dennoch zu katholischen Protesten, als Katrin den Vertrag der Seelenhändler mit einer Feder unterschrieb, die dem dreimal krähenden Hahn gewachsen ist, als Petrus seinen Herrn verriet.

›Die Gräfin Katlin‹ von W. B. Yeats. Entwurf von Ekkehard Grübler für die erste Aufführung der Übersetzung von Herberth E. Herlitschka durch die Kölner Kammerspiele, 1962; Regie: Hanskarl Zeiser

Das Einhorn von den Sternen (The Unicorn from the Stars). 1907, zusammen mit Lady Gregory, geschrieben. Uraufführung 1907 im Abbey-Theater, Dublin. Deutsche Erstaufführung der Übersetzung von Herberth E. Herlitschka im Januar 1956, Kölner Kammerspiele. — In Westirland, um 1800, hat der schwärmerische junge Wagnergeselle Martin die Vision des Einhorns, des Symbols der reinen, jungfräulichen Kraft. Er zieht aus, um die bestehende Ordnung zu zerstören und um das Paradies des ›leuchtenden Landes‹ auf Erden zu errichten. Bettler und Landstreicher schließen sich ihm an, raubend und sengend. Bevor er von Konstablern getötet wird, erfährt er von seinen ›Stimmen‹, daß er sie falsch verstanden hat: sein Auftrag ist »nicht Vernichtung, sondern Verkündigung«. — Dies hat Yeats wohl auch als seinen eigenen Auftrag im irischen Freiheitskampf verstanden; revolutionären Aktionen zog er den allmählichen Wandel vor. In die lyrisch gestimmte Symbolwelt seines

Dramas mit seiner keltischen Erlösungssehnsucht, Glaubensekstase und Verquickung von Natürlichem mit Übernatürlichem bricht durch die Gestalten der Landstreicher die irische Volkspoesie kraftvoll ein.

Synge: die irische Realität, fröhlich

John Millington Synge, geboren am 16. April 1871 in Rathfarnham bei Dublin, gestorben kurz vor seinem 38. Geburtstag, am 24. März 1909 in Dublin, entwickelte sich von einem schreibenden jungen Mann zu einem großen Dichter, als er 1902 dem Rat Yeats' folgte, Paris verließ und auf den Aran-Inseln lebte. Aus seiner Familie waren protestantische Bischöfe und Erzbischöfe hervorgegangen; er hatte in Dublin Hebräisch, Irisch und Musik studiert und eine Zeitlang in Deutschland und in Paris gelebt. Auf den Aran-Inseln lernte er die anglo-irische Sprache (siehe auch Seite 815) in ihrer Blüte kennen und eine elementare ›Wirklichkeit des Lebens‹, die mit den, wie er sich ausdrückte, »freudlosen und blassen Werken Ibsens und Zolas« nichts gemein hatte. »Unter allen Dingen, die die Phantasie befruchten«, notierte er, »braucht man den Humor am dringendsten.« Seine Bühnenwerke sollten ›Wirklichkeit und Fröhlichkeit‹ ausstrahlen. Yeats rühmte ihn: »Ob er von alten Bettlern am Wegrand schreibt, welche jammern über des Lebens Elend und Häßlichkeit, oder von einer alten Frau aus Aran, die ihren ertrunkenen Sohn betrauert, oder von einem jungen Weib, das an einen alten Ehemann gebunden ist — er hat nicht den Wunsch, irgend etwas zu ändern, irgend etwas zu reformieren; alle diese Menschen gehen vorüber wie an einem offenen Fenster und murmeln seltsame, erregende Worte dazu . . .«

Das »junge Weib, das an einen alten Ehemann gebunden ist«, muß im Einakter *Der Schatten der Bergschlucht* (The Shadow of the Glen. Uraufführung 8. Oktober 1903, Dublin, Molesworth Hall) annehmen, ihr Mann sei tot; an seiner Bahre wird sie mit einem jungen Schäfer einig, eine irische Witwe von Ephesos, und als der Alte aus dem Leichentuch fährt, sie beschimpft und aus dem Haus jagt, schreit sie zurück: »Wie soll denn eine Frau an einem so verlassenen Ort hier leben, wenn sie nicht mit den Männern redet, die vorübergehen?« Daß sie so unrecht nicht hat, daß der Tod eben der Tod und Jugend eben Leben sei, das spürt insgeheim auch der Alte: er zecht mit dem Schäfer.

Die »alte Frau aus Aran, die ihren ertrunkenen Sohn betrauert«, im Einakter *Reiter am Meer* (Riders to the Sea. Uraufführung 25. Januar 1904,

Dublin, Molesworth Hall) hat schon vier Söhne verloren; sie verliert auch die beiden letzten und nimmt ihren Tod hin, trauernd, doch ungebrochen: »Niemand wird ewig leben.« Bertolt Brecht hat in seinem Stück ›Die Gewehre der Frau Carrar‹ eine politisch heroische Heldenmutter aus ihr gemacht.

Zu den »alten Bettlern am Wegrand« gehören im derbfröhlichen Zweiakter *Kesselflickers Hochzeit* (The Tinker's Wedding. Uraufführung 11. November 1909, London, His Majesty's Theatre) der Kesselflicker und seine Frau, die kirchlich getraut werden möchten und sich mit dem Pfarrer um die Bezahlung streiten, während die Mutter des Kesselflickers die Kanne, die der Pfarrer als Gebühr erhalten soll, in Schnaps umsetzt — noch die Prügelei und der Zorn des Pfarrers sind Ausdruck des hingenommenen, prallen Lebens.

Die Quelle der Heiligen (The Well of the Saints), Drei Akte. Uraufführung 4. Februar 1905, Dublin, Abbey-Theatre. — Die bettelnden Landstreicher Martin und Mary Doul sind ein alterndes, blindes Ehepaar. So grob sie miteinander umgehen, so zärtlich auch, denn sie lieben sich, genauer: sie lieben das Bild, das sie sich voneinander gemacht haben. Als sie durch das Wasser einer Wunderquelle von ihrer Blindheit geheilt werden, sind sie entsetzt über ihr Alter und ihre Häßlichkeit. Der alte Martin stellt nun der jungen Molly Byrne nach, die den Schmied Timmy heiraten will, und Martin sieht, was der vor Liebe blinde Schmied nicht sehen kann: daß Molly ein boshafter Weibsteufel ist. Die Wunderheilung hält nicht an: Martin und Mary genießen es, wieder in ihrer Blindheit geborgen zu sein, und schon fabulieren sie sich die kommende weißhaarige Schönheit ihres Greisenalters zusammen — entsetzt fliehen sie vor dem Priester, der sie mit dem Wunderwasser abermals heilen will. Der Priester ist der wahre Blinde, da er ihr Glück nicht sieht und Molly und den Schmied zu ihrem Unglück trauen wird.

Der Held des Westerlands (The Playboy of the Western World). ›Komödie in drei Akten‹. 1907. Skandalöse Uraufführung am 26. Januar 1907 im Abbey-Theater, Dublin (Bericht siehe Seite 812). — Deutsch von Syl-Vara ›Der Held von Westerland‹ (1924); von Katrin Janecke und Günter Blöcker ›Der Gaukler von Mayo‹ (1953); von Elisabeth Wiede und Peter Hacks für das Ost-›Berliner Ensemble‹ (1954) ›Der Held der westlichen Welt‹; von Annemarie und Heinrich Böll ›Ein wahrer Held‹ (1960). — ›The Western World‹ ist keineswegs ›die westliche Welt‹, die Gangster und blutrünstige Schützengrabenkämpfer als Helden verehre, während die östliche Welt die ›Helden der Arbeit‹ feiere, wie dies das Programmheft des Ost-›Berliner Ensembles‹ (1956) unterstellt, sondern ist der karge, menschenleere Westen

Irlands, den Synge besonders liebte: dort studierte er die bildhafte Sprache der anglo-irischen Landbevölkerung, und dort hörte er die phantastischsten Heldengeschichten. — In einer Kneipe an der einsamen Küste der Grafschaft Mayo taucht eines Herbstabends Christopher Mahon auf, ein schüchterner junger Mann, erschöpft und auf der Flucht. Nicht ohne verschämten Stolz gesteht er, daß er seinem tyrannischen Vater mit dem Spaten den Schädel eingeschlagen habe. Dies bringt ihn bei den Kneipengästen in hohes Ansehen, und der Wirt stellt ihn als Schankjunge ein. »Ein Mann, der seinen Vater umgebracht hat, hält alle Gefahren vom Hause fern.« Pegeen, die scharfzüngige Wirtstochter, verliebt sich unverzüglich in ihn, und auch die Witwe Quin ist hinter ihm her: »Ein Mann, der seinen Vater umgebracht hat, ist eine große Versuchung.« Christy muß seine Mordgeschichte immer wieder erzählen, dabei wird getrunken »auf die Wunder unseres Westens, auf die Seeräuber und Prediger und Schwarzbrenner, auf die Roßtäuscher, die unbestechlichen Gendarmen und die Richter, die fett davon werden, daß sie nach englischem Recht richten«. Beim Wettkampf ist der bis dahin so schwächliche Christy, berauscht von sich selbst, im Rennen, Springen und Eselreiten Sieger geworden, aber sein Ruhm ist dahin, als sein Vater erscheint, stolz seinen Kopfverband vorzeigt, auf der Jagd nach seinem Sohn, um ihn »kaputtzuschlagen, weil er mir eins mit der Hacke über den Kopf gegeben hat«. Der als Lügner verhöhnte Christy greift zur Hacke und schlägt draußen seinen Vater abermals nieder. Jetzt aber legen ihm die Dorfbewohner die Schlinge um den Hals, und Pegeen will ihn nicht mehr heiraten: »Der Fremde, der daherkam und große Reden führte, war mir wie ein Wunder, aber dann habe ich die Schlägerei vor dem Haus gesehen und den Hieb mit der Hacke, und jetzt erkenne ich den Abgrund zwischen einer Heldensage und der schmutzigen Wirklichkeit.« Christophers Vater, nicht umzubringen, kriecht herein und befreit seinen Sohn: »Wir gehen jetzt unseren eigenen Weg, und wir werden unseren Spaß haben, wenn wir herumziehen und Geschichten erzählen von der Schlechtigkeit der Leute in Mayo.« Christy freilich, zum Mann geworden, wird sich von seinem Vater nicht mehr tyrannisieren lassen — Pegeen jammert ihm nach, sie hat ihn verloren, »den einzigen richtigen Kerl in dieser Welt«.

Bernard Shaw rühmte 1912 in einem Interview das ›wundervolle Stück‹: »Es behandelt nicht eine irische Eigenheit, sondern eine der Menschheit gemeinsame Schwäche, die Gewohnheit, kühne Schurken zu bewundern. Die meisten Helden der Geschichte sind kühne Schurken ...«

Dennoch ist diese Komödie keine gesellschafts- oder moralkritische Satire, sondern ein Preisgesang auf die Leute von Mayo, samt ihren Schwächen. Sie leben so intensiv in der Phantasie, daß ein Vatermord, den sie nicht gesehen haben, für sie keine Realität besitzt, sondern sofort zur ruhmreichen Legende wird — der reale Vatermord, den sie sehen, ernüchtert sie, und schon greifen sie zum Strick, um den Mörder loszuwerden. Dies wird nicht bissig kritisch vorgetragen, sondern mit elementarem Humor erzählt.

Der eigentliche Held der Komödie ist die Sprache, aus der solche Legenden wuchern, denn erst die Legende, ein Mann zu sein, der sich von seinem Vatertyrannen befreit hat, befähigt Christopher, tatsächlich die Tyrannei seines Vaters abzuschütteln. Die Legende ist stärker als die Wirklichkeit, denn sie zwingt die Wirklichkeit, den schüchternen Christopher, sich ihr anzupassen. »In diesem Stück siegt tatsächlich das Wort«, meint Heinrich Böll, »sobald die erfundene Heldentat schmutzige Wirklichkeit zu werden droht, wird sie dumm, hat keine Größe mehr. Und der wahre Held bleibt der Wortheld, wird homerisch.«

Mit der Gestalt des Vaters, der stolz ist auf die Schädelwunden, die ihm sein Sohn geschlagen, wächst das Volksstück ins Mythische; vom Vater heißt es: »Wenn er wochenlang gesoffen hatte, stand er morgens im Dämmer auf,

›Ein wahrer Held‹ (The Playboy of the Western World) von John Millington Synge.
Bühnenbild-Entwurf von Joachim Streubel für die erste Aufführung der Übersetzung
von Annemarie und Heinrich Böll durch die Städtischen Bühnen Köln, 1960;
Regie: Maurits Belfoort

manchmal noch früher, und lief auf den Hof, so nackt wie eine Esche im Mai, schmiß den Sternen Erdklumpen ins Gesicht, daß die Säue quietschten und sogar den Geistern bang wurde.«

Sean O'Casey: die irische Realität, kritisch

Er wurde geboren als Proletarier, am 31. März 1880, in den Elendsvierteln von Dublin, und er schrieb bis zu seinem Tod, am 18. September 1964 in einem Altersheim des englischen Seebads Torquay, bewußt als Proletarier. Er nannte sich einen »Revolutionär von Natur aus«. Den Vater verlor er früh, die Mutter, eine fromme Protestantin, rackerte sich für ihre hungernden acht Kinder ab, von denen drei starben. Er war der Jüngste, und ein Augenleiden, eine Folge der Unterernährung, machte ihm das Lernen schwer. Als er in seiner Verzweiflung das Lineal gegen einen Lehrer erhob, wurde er von der Schule gejagt und mußte sich das Lesen und Schreiben selbst beibringen, während er in vielen ungelernten Berufen vom Hafenarbeiter bis zum Portier Geld verdiente.

Seinen Geburtsnamen John Cassidy änderte er in den gälischen Namen Sean (sprich: Schoun) O'Casey ab, wurde Mitglied und Sekretär einer Gruppe der ›Gälischen Liga‹ (siehe auch Seite 813) und der ›Irischen Transportarbeiter-Gewerkschaft‹, deren niedergeknüppelten Streik im Jahre 1913 er unterstützte, beschrieb und (1924) in seinem Stück ›Rote Rosen für mich‹ auf die Bühne brachte. Während des Osteraufstandes 1916 entging er nur durch Zufall der Hinrichtung durch die Engländer. Danach schloß er sich der kleinen sozialistischen Partei Irlands an.

Im Alter von vierzig Jahren bot er (1920) seine ersten beiden Theaterstücke dem Abbey-Theater in Dublin an, dessen Besuche er sich buchstäblich erhungert hatte; sie wurden abgelehnt. Drei Jahre später hatte er mit ›Der Rebell, der keiner war‹, seinen ersten Erfolg. W. B. Yeats ermutigte und half ihm. Er war Protestant (wie Yeats und Synge), Sozialist und ein scharfer Gegner des Klerus. Am 5. März 1926 fuhr er von Dublin nach London, um eine Aufführung seines Stückes ›Juno und der Pfau‹ zu sehen — er wurde als ein moderner Elisabethaner gefeiert, bezog mit seiner Frau, der Irin Eileen Carey, eine Wohnung in Chelsea, verkehrte freundschaftlich mit Bernard Shaw, und als Yeats sein für das Abbey-Theater geschriebenes pazifistisches Schauspiel ›Der Preispokal‹ ablehnte, betrachtete er England, gegen das er so heftig rebelliert hatte, endgültig als sein ›freiwilliges Exil‹. Hier schrieb er die sechs Bände seiner beleidigten, ruppigen, aber auch herrlich lebensverliebten Autobiographie. Er war einer jener Kommunisten, denen es gelingt, reinen Herzens an die Heilslehre zu glauben und dabei das Unheil der Praxis zu übersehen.

Stanislaus Joyce erzählt in seinen Erinnerungen über Synge, den sein Bruder James Joyce in Paris kennengelernt hatte: »Seine Lebensgewohnheiten waren puritanisch; und wie alle Puritaner war er auch im Herzen Pessimist und davon überzeugt, daß unser wahres Leben die Phantasie sei, die uns ein reiches, buntschillerndes Land darbietet, wohin wir mit Hilfe der ›Macht der Worte‹ aus der Wirklichkeit entkommen können.« O'Casey ist nicht müde geworden, diese Flucht aus der Wirklichkeit in die Phantasie als eine irische Nationalschwäche zu bekämpfen. Im Exil experimentierte er mit allen möglichen Stilformen, auch mit Agitation, Symbolik und einem gleichnishaften Expressionismus. Er versuchte schließlich, wie in ›Gockel, der Geck‹ (1949) alle Künste im Drama zu vereinigen, »Musik, Architektur, Malerei, Tanz und gesprochenes Wort, entweder als Vers oder schöne Prosa«.

Seine besten, die frühen Stücke sind naturalistisch grundiert, oft mit langen Strecken reiner Milieu-Schilderung, fast ohne äußere Handlung, und ihr Antrieb ist die Gesellschaftskritik, wobei O'Casey freilich die proletarischen Slum-Bewohner, die Sozialisten, Gewerkschaftler, Freiheitskämpfer, die er sehr gut kannte, denn er war ja einer der ihren, keineswegs glorifizierte; im Gegenteil: er zeichnete ihre Schwächen so rücksichtslos, daß in Irland, das 1921 zum Freistaat, zum selbständigen Dominion im Britischen Empire, geworden war, niemand mehr etwas von ihm wissen wollte. Dem Freistaat waren die nationalen Kämpfe und Eigenschaften heilig – O'Casey griff die Heldenverehrung, den Patriotismus, die Frömmigkeit und den katholischen Klerus unermüdlich an. Er trieb seine Bühnengestalten in kritische Situationen, um dann ihre ganze Erbärmlichkeit zu entlarven. Ernüchterung und Poesie, Jux und Trauer, Rülpsen und Lyrik, Tragik und Komik stehen in hartem Kontrast gegeneinander: er zeigt die komische Seite jeder tragischen und die tragische Seite jeder komischen Situation, wobei nicht die verklärende ›Tragikomödie‹ entsteht, sondern die Dissonanz des Tragischen und des Komischen einen Schock hervorruft: Gelächter unter Schmerzen. Irische Haßliebe in tragischen Satiren.

Der Rebell, der keiner war (The Shadow of a Gunman). Untertitel: ›Geschichte einer Opfertat‹. Zwei Akte. Deutsch auch: *Harfe und Gewehr*. Uraufführung 12. April 1923 im Abbey-Theater, Dublin. Deutsche Erstaufführung 26. Mai 1954, Deutsches Theater, Ost-Berlin. – Im Weltkrieg, in dem die Iren aus Englandhaß mit Deutschland sympathisierten, riefen sie Ostern 1916 die Unabhängige Irische Republik aus; ihre bewaffnete Erhebung wurde von den Engländern niedergeschlagen. Nach diesem ›Osteraufstand‹ (bei dem

O'Casey nach einer Legende fast exekutiert worden wäre), während des permanenten Bürgerkrieges, lebt 1920 Donal Davoran bei seinem Freund, dem Hausierer Seumas Shields, einem faulen Frömmler, im sechsten Stock einer verwahrlosten Dubliner Mietskaserne. Davoran produziert minderwertige Lyrik, über die er sich gelegentlich selbst belustigt. Von den Hausbewohnern wird er für einen mutigen Rebellen gehalten, für einen Flüchtling der irischen Revolutionsarmee, der sich bei dem Hausierer vor den Engländern versteckt. Er läßt sich gern als Held feiern, zumal ihm dies die Liebe der jungen Minnie Powell einträgt. Als eine Haussuchung bevorsteht, hat er nichts dagegen, daß Minnie eine Tasche voll Bomben und Handgranaten, die ein Freiheitskämpfer bei dem Hausierer deponiert hat, in ihr Zimmer bringt – sie tut es, weil sie den geliebten, angeblichen Rebellen für Irland retten will. Bei der Haussuchung entpuppen sich alle als Feiglinge, Minnie aber, das »dumme schlampige Ding, das nur Foxtrott, Kino und Kleider im Kopf hat«, wird verhaftet und auf der Flucht erschossen. Ihre Opfertat läutert niemand: die Maulhelden lügen sich sofort prahlend in Helden um, und Davoran wird Minnies Tod in poetische Phrasen verwandeln. – O'Caseys Hauptangriff richtet sich gegen die Flucht in die Phantasie, gegen die ästhetische Verklärung des ethischen Versagens. Bestürzend die ironische Kurve aus der Komik skurriler Typen im ersten Akt in die Tragik des zweiten Aktes, in dem nach Minnies Opfertat die Erbärmlichkeit der Scheinhelden sofort wiederum komisch erscheint.

Juno und der Pfau (Juno and the Paycock). Drei Akte. Uraufführung 3. März 1924 im Abbey-Theater, Dublin. Am 15. Februar 1950 in Basel; am 15. Mai 1953 in München. – 1921 war Irland ein ›Freistaat‹ mit dem Status eines britischen Dominions geworden, hatte zugleich aber den protestantischen Norden, Ulster, an England verloren. Es kam zum Bürgerkrieg zwischen den Gemäßigten, die sich damit zufrieden gaben, und der radikalen Untergrundbewegung, die ganz Irland, die Republik und die völlige Trennung vom Britischen Reich verlangte. Das Stück spielt 1922 in einer Mietskaserne der Dubliner Elendsviertel. Frau Boyle, eine handfeste, fröhliche Proletariermutter, deren wichtigste Lebensdaten im Juni liegen, wird ›Juno‹ genannt; ihr Mann Jack Boyle, ist ein arbeitsscheuer, phantasiebegabter, hochstaplerischer Aufschneider, der ›Pfau‹ – eine Rolle, so saftig wie die seines Kumpans Joxer, eines Phrasendreschers und gierigen Schmarotzers. Die Tochter Mary fällt auf einen theosophischen Schwätzer herein, einen Engländer, der hinter ihrer vermeintlichen Erbschaft her ist und sie schwanger sitzenläßt. Ein Gewerkschaftssekretär, der die Menschlichkeit in dicken Tönen predigt, entpuppt sich bei dieser Gelegenheit als kleinbürgerlicher Versager.

Der neurotische Sohn, der in den Unabhängigkeitskämpfen (gegen die Polizei) einen Arm verloren hat, verrät seine ehemaligen Untergrund-Kameraden und wird von ihnen erschossen. Wer da auch revolutionär oder klassenkämpferisch herumtummelt, er erweist sich als virtuoser Schwätzer und höchst zweifelhafter Charakter. Juno, die Mutter, bleibt mit ihrem Stolz und ihrer Kraft ein einsames Monument. »Gott« — so spricht sie das Gebet einer Nachbarin nach —»nimm von uns die steinernen Herzen und gib uns Herzen aus Fleisch.« — Mit diesem Gewebe von Kontrasten, von Humor und Verzweiflung, einem Schauspiel, das wie ein Volksstück mit dem Schwank einer vermeintlichen Erbschaft beginnt und als Trauerspiel endet, wurde O'Casey weltberühmt, von der Sowjetunion bis zu den Vereinigten Staaten.

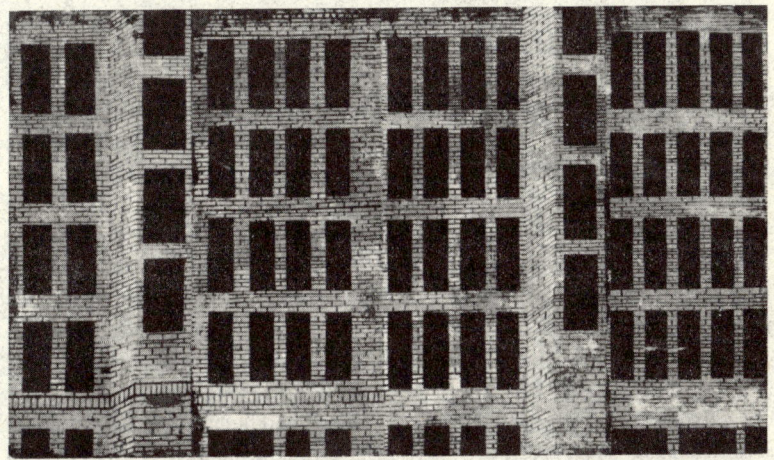

›Juno und der Pfau‹ von Sean O'Casey. Vorhang von Hans-Heinrich Palitzsch für die Aufführung der Städtischen Bühnen Köln, 1965; Regie: Peter Palitzsch

Der Pflug und die Sterne (The Plough and the Stars). Uraufführung 8. Februar 1926 im Abbey-Theater, Dublin. Deutsche Erstaufführung 7. Januar 1931, Osnabrück. — Ein Stück über den Osteraufstand 1916, doch wiederum keine Glorifizierung des Freiheitskampfes, sondern eine rücksichtslose antiheroische Demaskierung irischer Ideale. Es kam zu lautstarken Protesten nationaler und klerikaler Kreise im Abbey-Theater, zu Skandal und Boykott. Yeats trat vor den Vorhang: »Soll sich denn ewig das gleiche wiederholen, wenn sich ein neuer irischer Genius ankündigt?« — O'Casey ging ins ›freiwillige Exil‹ nach England und widerstand jeder Versuchung, nach Hause zurückzukehren.

Der Preispokal (The Silver Tassie). ›Tragikomödie in vier Akten‹. 1928. Uraufführung auf Betreiben von Bernard Shaw in London, 11. Oktober 1929, Apollo Theatre. Vom Dubliner Abbey-Theater zur Uraufführung abgelehnt. Deutschsprachige Erstaufführung 8. November 1952, Zürich. Deutsche Erstaufführung (mit Skandal) durch Fritz Kortner im Juni 1953 in Berlin, Schiller-Theater. — 1916, irische Soldaten auf Heimaturlaub: Heegan verhilft seiner Fußballmannschaft zum endgültigen Gewinn des Preispokals; Foran verprügelt seine Frau und demoliert die Wohnung; realistisches Proletariermilieu, Stumpfsinn und Lebensgier. Der zweite Akt setzt das Schlachtfeld in Frankreich als symbolistische Vision dagegen: tote Hände ragen aus Trümmerbergen, ein Kruzifix in der Winternacht; Bruchstücke aus der Liturgie des Requiem und unflätiger Schützengrabenjargon, Angst und Aufschrei, Ekel und Spott, Hohn und Gebet steigern sich zu einer Anklage gegen den Krieg. Die beiden letzten Akte, Lazarett und Kneipe, sind wieder realistisch und voller Späße. Die Urlauber des ersten Aktes sind als Kriegskrüppel heimgekehrt, Foran ist blind, Heegan lahm, beide sind Ausgestoßene, ein Alptraum für ihre lebenshungrigen Freunde im Fußballklub. Der Mensch hat das Ebenbild Gottes im Krieg geschändet: »Der Herr hat gegeben, der *Mensch* hat genommen. Der Name des Herrn sei gelobt.« — Pralle Komödie im Urlaub, visionäre Beschwörung des Krieges, danach eine Posse, die über die Verstümmelten hinwegjagt — ein pazifistisches Anklagestück, nicht ohne Sentimentalität und ranzig gewordenen Expressionismus. — Der Krieg ist eine bitterböse Groteske in der »Wuppertaler Fassung« (1967) von Tankred Dorst und Peter Zadek: »Der Pott« in unsentimentalem Jargon.

Purpurstaub (Purple Dust). Eine ›abwegige Komödie‹ in drei Akten. 1940. Uraufführung 1945, Liverpool, Playhouse. Deutsche Erstaufführung 11. April 1963 in Stuttgart. — In einem zerfallenden Tudor-Landhaus in Irland leben Pokes und Stoke, zwei reiche Engländer (auf der Flucht vor deutschen Bombenangriffen) mit ihren irischen Geliebten und träumen vom paradiesischen Leben irischer Edelleute längst vergangener Zeiten. Die vier irischen Arbeiter, die das Schlößchen renovieren sollen, reißen es ein, bis es wie ein Symbol des Geldes und der Feudalherrschaft nach einem Gewitter von den hereinbrechenden ›grünen Fluten‹ zerstört wird. Die Engländer ertrinken, die Mädchen sind rechtzeitig zu den irischen Arbeitern geflüchtet. — Iren gegen Engländer, Arbeiter gegen Börsenspekulanten, das Land gegen die Stadt, Junge gegen Alte — O'Caseys alten thematischen Gegensätzen, die ohne sein Fünkchen Selbstironie hier unerträglich wären, entsprechen die stilistischen: Volkstheater und Varieté, Sottisen und Sozialkritik, Tänze und Träume, Posse und Poesie.

Rote Rosen für mich (Red Roses for Me). 1943. Uraufführung 26. Februar 1946, London, Embassy Theatre. Deutsch am 2. April 1948 im Stadttheater Basel. — Eine Erinnerung O'Caseys an die Kämpfe in seiner Jugend. Lohnstreik um einen Schilling im Dublin des Jahres 1913. Der malende und dichtende Arbeiter Ayamonn Breydon, der Tagträumer einer besseren Zukunft, fällt auf den Barrikaden im Kampf gegen die Polizei und wird, aufgebahrt in der protestantischen Kirche, mit großer Ausdauer betrauert. Gemischt sind Lyrik und sozialer Protest, Tendenz und Seelenmusik, Pathos und Ziehharmonika — die poetisch verklärten Gestalten des sechzigjährigen Autors sind nicht einmal mehr ein schwacher Abglanz der negativen, aber lebensprallen Helden seiner frühen Stücke. Der tragische Satiriker, noch immer ein Meister der Dubliner Elendsatmosphäre, ist hier zum rührenden Ruhmsänger Gottes und der guten armen Menschen geworden.

Gockel, der Geck (Cook-a-Doodle Dandy). ›Tragische Burleske‹. 1949. Uraufführung 11. Dezember 1949, Newcastle-on-Tyne, People's Theatre. Deutsche Erstaufführung 25. September 1960, Wuppertal. — In dem irischen Dorf Nyadnanave, dessen Name ›Schlupfwinkel der Heiligen‹ und ›Schlupfwinkel der Schurken‹ bedeuten kann, regiert der Aberglaube, der vom Priester und vom Unternehmer, vom Schmarotzer und vom Dorfidioten ausgenutzt wird. Was man dem Mädchen Loreleen nachsagt — daß sie sich, mit dem Teufel verbündet, in einen Hahn verwandeln könne —, führt O'Casey, als glaube er es selbst, auf der Bühne vor, um den priesterlich geförderten Aberglauben tödlich zu treffen. ›Gockel, der Geck‹ tritt mit Donner und Schwefelwolken auf, läßt Whiskyflaschen höllisch aufleuchten und den Frauen beim Tanzen Hörner wachsen. — Eine Hexenjagd aus dem Bilderbuch, zornig gegen den Priester, die Bigotterie verhöhnend, mit Lyrik in Vers und Prosa, mit Gesang und Gockel-Tanz. Dazu der Kritiker Ivan Nagel: »Besessene Attacken einer wutgerittenen Phantasie trüben den Eindruck des Ganzen. In den besten Szenen herrscht aber Poesie — die Poesie eines kraftvollen, dichten, bild- und melodiegeschwängerten Fluches. Auch die Kunst des Fluches blüht nur noch in den katholischsten Ländern; die Iren haben sie im Blut. Ihre Blasphemie ist ein Stiefkind des Glaubens.«

Freudenfeuer (The Bishop's Bonfire). ›Ein trauriges Stück im Polkatakt‹. Uraufführung 28. Februar 1955, Dublin, Gaiety Theatre. Deutsche Erstaufführung 10. Juni 1956, Hannover. — Eine irische Kleinstadt erwartet den Besuch des Bischofs und will ihm zu Ehren Freudenfeuer mit unchristlichen Büchern veranstalten. Der reiche Ratsherr Reiligan, Inhaber der weltlichen Macht, ist entschlossen, vom Besuch der geistlichen Macht zu profitieren. Seine Tochter

Foorawn wird, während die ›Freudenfeuer‹ brennen, von ihrem ehemaligen
Geliebten erschossen, als sie ihn dabei ertappt, wie er ihr für die Kirche bestimmtes Geld stehlen will: er ist einst vom Klerus gezwungen worden, Priester zu werden, hat auf diese Weise Foorawn verloren und ist im Krieg zum
Säufer geworden. Die sterbende Foorawn, die ihn noch liebt, sorgt dafür, daß
man ihren Tod für einen Selbstmord halten wird: von Pater Boheroe hat sie
gelernt, daß man in der Not sein eigener Nothelfer sein muß. – Dazwischen
Groteskes; so stößt eine Heiligenfigur, der Sankt Tremolo, in seine Posaune,
wenn jemand böse Gedanken äußert.

Brendan Behan: der robuste Spaßvogel

Wie Sean O'Casey kam er in den Slums von Dublin zur Welt, rund vierzig
Jahre später, am 9. Februar 1923; im Hinterzimmer eines Bordells wuchs er
auf. Wie O'Casey war er irischer Freiheitskämpfer und dachte er gleichwohl
nicht daran, die Freiheitskämpfer auf der Bühne zu glorifizieren. Er gehörte
der I.R.A. an, der verbotenen Irischen Republikanischen Armee, und saß
dafür acht Jahre im Gefängnis. Seine Knast-Karriere begann mit drei Jahren
Besserungsanstalt in Bristol; man hatte Sprengstoff bei ihm gefunden. In
Dublin verurteilte man ihn wegen Mordversuchs an zwei Polizisten zu vierzehn Jahren. Vorzeitig entlassen, wurde er in Manchester abermals ins
Gefängnis gesteckt, vier Monate lang, dann nach Frankreich abgeschoben.
Dort schrieb er ein Buch über seine Gefängniserlebnisse, ›Borstal Boy‹, und
ein Stück gegen die Todesstrafe (The Quare Fellow, 1956). Mit ihm wie mit
seinem nächsten Stück (The Hostage, 1958), einer Episode aus dem irischen
Untergrundkampf, hatte er Sensationserfolge. Bei der deutschen Erstaufführung des ›Quare Fellow‹ unter dem Titel ›Der Mann von morgen früh‹
torkelte er 1959 betrunken auf die Bühne des Berliner Schiller-Theaters und
versuchte eine Ansprache, bis ihm der Vorhang das lallende Wort abschnitt.

Wie der junge O'Casey beherrschte er das Milieu der Dubliner Elendsviertel, stellte er Komik hart neben Tragik, und wie der alte O'Casey durchsetzte er naturalistische Szenen mit Songs und Tänzen. Die Formkraft
O'Caseys freilich besaß er nicht, doch überrumpelte er durch seine aus allen
Nähten platzende Vitalität.

Er verspottete alles und jeden, auch sich selbst: in ›The Hostage‹ (Die Geisel) fragen seine Personen, »ob dieses Scheißstück überhaupt 'nen Autor hat«,
und während sie nach dem Autor brüllen, erscheint er – auf einer Riesen-
photographie –, die Maschinenpistole auf das Publikum gerichtet, und die
Schauspieler spucken ihn an und taufen ihn mit Whisky. Er liebte aber auch

alles und jeden — sogar die Engländer: ein Bombenwerfer mit der Niere eines Säufers und dem Herzen eines Kindes. Er starb in Dublin an der Trunksucht am 20. März 1964, nach dem Empfang der Letzten Ölung. »Ich bin ein schlechter Katholik«, hatte er geschrieben, »immerhin hoffe ich, daß die Informationen der Kirche über die andere Welt zutreffender sind als ihre Ansichten über diese hier.«

Meinungen: »Behan ist eine anarchistische Literaturpistole. Er schießt auf alles — Kirche, Staat, Polizei, Iren, Engländer, Liebe, Mensch und Welt. Er vertritt alle Meinungen, und er ist zugleich immer Anti ... ›Er ist so verflucht antibritisch.‹ — ›Sie meinen wohl antiirisch.‹ Dieser Dialogfetzen aus ›Die Geisel‹ zeigt das Janusgesicht des wild um sich schlagenden Dramatikers«: Rolf Michaelis. — »Er nimmt uns, Stück für Stück, die Insignien unserer Würde ab, um dann uns, Gedemütigten, die Welt auf seine demütige Weise zu zeigen: als ein verrücktes, aber immerhin unterhaltendes Spektakel. Brendan Behan hat die Demut des großen Humoristen. Darin ist er, der gern Gott, Kirche und Bürgertum lästert, ein guter Katholik«: Ivan Nagel. —

Der Spaßvogel (The Quare Fellow). Drei Akte. Uraufführung 1956, London. Deutsche Erstaufführung unter dem Titel *Der Mann von morgen früh* 1959, Schiller-Theater, Berlin. Deutsch von Annemarie und Heinrich Böll. — In einem irischen Gefängnis am Vorabend der Vollstreckung eines Todesurteils. Eine Kollektion von Kriminellen, buntscheckige, fragmentarisch skizzierte Typen. Sie unterhalten sich über die Hinrichtung, spielen sich die Szene der Begnadigung vor, schaufeln das Grab, riechen an der Henkersmahlzeit, schließen Wetten über eine mögliche Begnadigung ab, und während ›Seine Herrlichkeit‹ der Henker, ein angetrunkener Gastwirt, an Hand des Körpergewichts des Verurteilten die Länge des Stricks berechnet, damit er die Halswirbel durchbricht, doch nicht den Kopf abreißt, singt sein Assistent, Mitglied eines Kirchenchores, ›Welch ein Freund ist unser Jesus‹. Die Gefangenen hinter den Gittern ihrer Zellen verfolgen und beschreiben die Hinrichtung wie einen Sportwettkampf: »... jetzt nimmt unser Vogel alle Kräfte für den Endspurt zusammen, und jetzt hat er den schwarzen Leinenbeutel über dem Kopf, nur wenige Längen bis zum Ziel ...« — Behan führt nur Gefühlsargumente gegen die Todesstrafe vor: die Abscheulichkeit des Hängens und die Todesangst, die indirekt durch die zynischen Reaktionen der Gefangenen und durch den Ekel eines Wärters spürbar wird (der Delinquent tritt nicht auf). Er hat so viel Vergnügen am naturalistischen Auspinseln grotesker Gefängnis-Episoden, an Ausbrüchen von Lebenslust hinter Gittern, daß darüber die Stoßkraft seines Angriffs auf die Todesstrafe gemindert wird.

›Die Geisel‹ von Brendan Behan. Bühne von Wilfried Minks für die Aufführung der Städtischen Bühnen Ulm, 1961; Regie: Peter Zadek

Die Geisel (The Hostage). Drei Akte. Uraufführung 1958 in London durch Joan Littlewood. Deutsche Erstaufführung (mit Skandal) 27. Oktober 1961 in Ulm. Deutsch von Annemarie und Heinrich Böll. — Da ein Mitglied der I.R.A., der verbotenen Irischen Republikanischen Armee, in Belfast, der Hauptstadt des englischen Nordirland, hingerichtet werden soll, hat die I.R.A. aus Belfast einen jungen englischen Soldaten entführt und als Geisel nach Dublin geschafft, in eine alte Mietskaserne, in der ›Damen männlichen und weiblichen Geschlechts‹ ihrem Gewerbe nachgehen. Geschäftsführer ist ein Veteran der I.R.A. mit Holzbein; seine Frau, ein ordinärer Fetzen mit Herz, ist die Bordellmutter. Strichjungen und Freudenmädchen, irische Veteranen, ein Negerboxer und ein salbungsvoller Küster, der einst eine Kirchenkasse ausgeraubt hat. Mitten in einem Wirbel drastischer Typen, wüster Witze, wilder Tänze, des Fanatismus, der Heuchelei und des versoffenen Gequatsches — eine hauchzarte Liebesromanze des gefangenen Engländers mit seiner Bewacherin, dem Putzmädchen Teresa, einer entlaufenen Klosterschülerin. Durch einen Zufall wird der Engländer erschossen, sinn- und nutzlos: »Niemand wollte ihn töten. Aber er ist tot.« Beim Chor ›Die Hölle macht kling-ling‹ erhebt sich die Leiche und stimmt den Schlußchoral an: »Trink ein Bier aus meiner Urne.« — Realismus und Revue, Tragödie und Musical sind so fest verzahnt, daß man diese Eruption gelästerten und geliebten Lebens ein Tragical oder eine Musicödie nennen könnte. Seinen Spaß am Dasein läßt sich Behan nicht einmal durch seine eigenen Entlarvungen verderben: er mag noch die Entlarvten.

Richards Korkbein. (Richard's Cork Leg). Uraufführung 1972, Abbey Theatre, Dublin. Deutsche Erstaufführung 16. Februar 1973, Schauspiel Frankfurt; Regie: Matthias Masuth. — Den ersten Akt schrieb Brendan Behan 1960, als er mit dem Trinken aufhören wollte. Alan Simpson fand bei Behans Witwe eine Reihe von Entwürfen und schrieb einiges dazu. — Auf einem Friedhof finden Andeutungen von Handlung nur statt, um Gesangsnummern auszulösen, deren Spannweite durch eine gern gebrauchte Redewendung ziemlich genau bezeichnet ist: »Himmel — Arsch!« Zwei Nutten haben eine Luftmatratze mitgebracht, weil sie eine Demonstration der »Blauhemden«, der faschistischen irischen Spanienkämpfer, auf dem Friedhof erwarten und weil die Grabsteine für ihre Arbeit zu hart sind. Auf Grab und Luftmatratze kommt jedoch zuerst die junge Deirdre zu liegen, und zwar unter den Arbeitslosen Cronin, der Brendan Behans Bühnenstellvertreter ist. Arbeitslosigkeit, Politik und Tod — ihr Pathos wird durch die Songs ausgelöscht. Nichts nimmt Brendan Behan ernst, nicht einmal die Iren. »Andere Nationen«, läßt er sagen, »haben eine Nationalität — die Juden und die Iren haben eine Psychose.« Noch aus seinem Grab stimmt Behan ein, beim Song-Refrain: »Scheiß drauf, mein Kind!«, und mehr trägt er zur Klärung irgendwelcher Probleme nicht bei. Sein Stück heißt »Richards Korkbein« nach einem Ausspruch von James Joyce, in dessen Stück »Verbannte« ein Richard vorkommt; als das Stück abgelehnt wurde, sagte Joyce: »Hätte ich Richard ein Korkbein gegeben, dann hätten sie's wahrscheinlich angenommen.«

Einzelstück: »Verbannte« von James Joyce

Ein Stück, das zunächst niemand wollte und das immer wieder entdeckt, vergessen und wiederentdeckt wurde, ist »Verbannte« von James Joyce (1882 bis 1941). Er schrieb es 1914/15 in Triest, wohin er sich selbst aus Irland verbannt hatte. Ezra Pound hielt das Stück für aufregend, aber zur Aufführung für nicht geeignet. W. B. Yeats lehnte es für das Abbey Theatre in Dublin ab: »Es ist zu weit vom Volksdrama entfernt.« Uraufgeführt wurde es 1919 in deutscher Sprache in München. Wiederentdeckt 1957 in Göteborg, 1959 im Wiener Volkstheater und 1970 in London, im Mermaid-Theatre, wo Harold Pinter als Regisseur die dialogischen Unwägbarkeiten des Dramatikers Harold Pinter in Joyce aufgespürt und präsentiert hat. In der Schweiz wurde es erst 1973 einstudiert, durch Werner Düggelin in Basel. Das Stück entstand zwischen dem Plan zum »Ulysses« (1906) und seiner Niederschrift. Der 1922 veröffentlichte »Ulysses« hat durch die Erfindung neuer epischer Formen auf den Roman des 20. Jahrhunderts einen unschätzbaren Einfluß.

Verbannte. (Exiles). 1915. Gedruckt 1918. Uraufführung 7. August 1919, München. Erstaufführung in englischer Sprache, 19. Februar 1925, New York. — So revolutionär der »Ulysses«, so traditionell die Ibsen-Technik des Stücks: drei Akte; die Handlung, soweit vorhanden, läuft in 24 Stunden ab; ein Dreiecksverhältnis. Der irische Schriftsteller Richard, der vor zehn Jahren nach einem von ihm verursachten Skandal Irland verlassen und seitdem mit Bertha, der Mutter seines Sohns, in Rom gelebt hat, ist nach Dublin zurückgekommen. Sein Jugendfreund Robert, ein Journalist, liebt Bertha und wirbt um sie. Richard erlaubt Robert, von Bertha zu nehmen, was sie ihm zu geben bereit ist. Viel gibt sie ihm nicht, doch Robert leidet darunter unendlich. — Das Stück lebt aus seiner analytischen Intelligenz, aus den Ambivalenzen des Unausgesprochenen, aus Gefühlsspannungen, die — meist in Zwiegesprächen — entstehen und ungelöst bleiben. Wenn Joyce kommentiert: »Das Stück, eine wilde Keilerei zwischen dem Marquis de Sade und dem Freiherrn von Sacher-Masoch«, so sind dies allzu starke Worte für die diffizilen seelischen Quälereien Roberts und Selbstquälereien — und auch Quälereien — Richards, der von seinem Leiden zehrt. Zu Bertha sagt er am Ende: »Nicht im Dunkel des Glaubens begehre ich dich. Sondern in rastlosem, ständigem, verwundendem Zweifel.«

Solche Zweifel haben Joyce produktiv gemacht. Sein Stück ist ein Bruchstück seiner inneren Autobiographie. In Richard steckt er selber. In Bertha steckt die Hotelangestellte Nora Barnacle, die Joyce am 10. Juni 1904 in der Nassau Street in Dublin ansprach. Er verabredete ein Rendezvous, doch suchte er vergeblich nach ihrem rotbraunen Haarschopf, sie kam erst zum zweiten Rendezvous, am 16. Juni 1904 — diesen Tag hat Joyce zum Tag seines »Ulysses« gemacht, seiner Odyssee des Annoncenacquisiteurs Leopold Bloom durch Dublin. Nora hatte weder Interesse für Literatur noch für Selbstanalysen, aber sie drückte sich mit irischem Mutterwitz drastisch aus. Joyce ging mit ihr im Oktober 1904 ins Exil, sie wurde zur Mutter seines Sohnes Giorgio 1905, seiner Tochter Lucia 1907, und er heiratete sie 1931. Er war bis zum Masochismus neugierig auf ihre früheren sexuellen Beziehungen; er war eifersüchtig auf seinen Jugendfreund, den Journalisten Vincent Cosgrave, und auf den Triester Journalisten Prezioso, sie beide versuchten, Nora zu verführen, und Joyce wehrte ihnen energisch. Was Joyce nie gewagt hat — Freiheit für Nora und für ihre Verehrer zu geben —, das tut sein Stellvertreter Richard im Stück.

Britisches: Zorn über die Wirklichkeit

»Zornig werden, heißt beteiligt sein, und da wir von Teil-
nahmslosigkeit, pedantischer Gleichgültigkeit und einem allgemein herrschenden Zustand der Drückebergerei umgeben
sind, kann es nichts schaden, wenn man ein paar Leute dazu
bringt, sich geräuschvoll von ihren Parkettsitzen zu erheben
und das Theater zu verlassen.«   John Osborne

Es läßt sich auf den Tag genau sagen, wann in England eine neue Generation
von Dramatikern ihre Chance bekam: am 8. Mai 1956 mit der Uraufführung
von John Osbornes ›Blick zurück im Zorn‹. Die zur Untertreibung neigenden
Briten sprachen danach von einer Sensation, einer Explosion, einer dramatischen H-Bombe. Der Kontinental-Europäer, der Osbornes Stück sieht, wird
diese Erregung schwerlich begreifen: ein naturalistisches Drama mit gesellschaftlichen Attacken, das ist eine altbekannte, eher schon etwas verstaubte
Sache. Sensationeller noch als das Stück aber wirkte in England die Tatsache,
daß ein solches Stück zum Publikumserfolg werden konnte. Um dies zu verstehen, ist ein kurzer Blick auf britische Theatergewohnheiten unerläßlich.

In England geht man ins Theater, um sich zu unterhalten. Das hat sich seit
Shakespeares Zeiten nicht geändert. Bildung, Belehrung, Aufrüttelung des
Gewissens und der sozialen Verantwortung – all diese Kostbarkeiten, die der
Deutsche von seinem hoch subventionierten Staats- oder Stadttheater, das
früher oft ein Hoftheater gewesen ist, geduldig hinnimmt, wenn nicht gar
energisch fordert – der Brite käme nicht auf den Gedanken, ihretwegen ein
Theater aufzusuchen. Er geht im Straßenanzug, behält den Mantel an und
lutscht Eis, wenn ihm danach ist; er benimmt sich höchst unfeierlich – außer
am Schluß der Vorstellung, wenn die Nationalhymne gespielt wird und den
Beifall abwürgt.

So ist das Theatergebäude als Geschäftshaus im Londoner West End der
Normalfall: es wird von einem Manager gemietet, der die zugkräftigsten
Stars für ein amüsantes Stück sucht, für Musicals, Possen, Revuen, Gesell-
schaftskomödier, Kriminalreißer, damit sie möglichst lange jeden Abend
gespielt werden können und den Geldgebern, die das hohe Risiko der Beteiligung eingegangen sind, möglichst hohe Gewinne bringen. Ausnahmen sind
die wenigen Kunst- oder Experimentier-Theater: sie erhalten Subventionen,
mit denen sie zwar ein wenig besser leben, doch, da die Zuschüsse nicht hoch
sind, noch immer sehr leicht sterben können.

Zu ihnen gehörte das 1833 nach der damaligen Prinzessin (und späteren
Königin) Victoria benannte ›Old Vic‹, das seit 1914 vornehmlich Shakespeare

spielte und als modernste Autoren Tschéchow und Oscar Wilde zu bieten hatte. Aus ihm ist 1963 das ›National Theatre‹ (Intendant: Sir Laurence Olivier) hervorgegangen, staatlich subventioniert, mit gemischtem Spielplan und festem Ensemble — für deutsche Verhältnisse wäre dies eine Selbstverständlichkeit, für britische ist es die denkbar größte Theaterrevolution. Durch Shakespeares immerwährende Anziehungskraft kam das ›Royal Shakespeare Theatre‹ (früher ›Shakespeare Memorial Theatre‹) im Touristenzentrum Stratford-upon-Avon ohne Subventionen aus; 1960 übernahm es als Londoner Filiale das ›Aldwych Theatre‹ dazu (Direktoren: Peter Hall und Peter Brook), dessen Experimente mit neuen Stücken, darunter Brecht und Dürrenmatt, zunächst mit den Stratforder Einnahmen finanziert wurden, doch sehr bald stellte sich heraus, daß staatliche Zuschüsse notwendig waren. Dem ›Mermaid Theatre‹, 1959 in einem ausgebauten ausgebombten Lagerhaus am Themse-Ufer in der Londoner City eröffnet, ist es gelungen, ein Stammpublikum zu gewinnen — auch dies eine Seltenheit, denn der Brite will sich im allgemeinen ein bestimmtes Stück ansehen, nicht aber ein bestimmtes Theater besuchen. Gescheitert mit seinen hohen Plänen ist das ›Theatre Workshop‹, das von 1953 bis 1961 in einem Arbeiterviertel Ost-Londons unter der Leitung von Joan Littlewood versuchte, mit Stücken aus dem Arme-Leute-Milieu einen neuen naturalistisch-gesellschaftskritischen Stil zu entwickeln und ein neues Theaterpublikum, die theaterscheuen Arbeiter, zu gewinnen; die Theaterbesucher, insbesondere die Arbeiter, kamen so spärlich wie die Subventionen, und die Früchte der Pionier-Arbeit Joan Littlewoods ernteten schließlich die Geschäftstheater im Londoner West End: dort wurden Brendan Behan (siehe auch Seite 828), Shelagh Delaney (›Bitterer Honig‹, 1958 als Film ein Welterfolg) und andere ihrer Autoren zu Kassenschlagern.

Das wichtigste dieser unzureichend subventionierten Experimental-Theater ist durch ein einziges Stück vorm finanziellen Zusammenbruch gerettet worden: das von der 1955 gegründeten ›English Stage Company‹ übernommene ›Royal Court Theatre‹, ein victorianischer Bau am Londoner Sloane Square — eben durch Osbornes ›Blick zurück im Zorn‹. Unter der Leitung von George Devine (1911–1966) verließ sich das Theater auf die Stückeschreiber und suchte systematisch neue Autoren — auch dies ist in England keineswegs selbstverständlich. John Osborne, ein sechsundzwanzigjähriger Schauspieler ohne literarischen Ruf, wurde gefunden durch ein Inserat in einer Fachzeitschrift: die English Stage Company hatte sich darin verpflichtet, jedes neue Stück innerhalb von zehn Tagen abzulehnen oder anzukaufen. ›Blick zurück im Zorn‹ war von allen einflußreichen Londoner Theateragenten abgelehnt worden, und nun verschafften allein seine Nebenrechte — Verfilmung, Übersetzungen, Aufführungen im Ausland — dem Theater die finanzielle Grundlage zur Weiterarbeit. Im Jahr 1965 ist William Gaskill künstlerischer Direktor geworden; er hat Edward Bond gefördert und inszeniert. Das kaum mehr als vierhundert Zuschauer fassende Royal Court Theatre, eine Bühne der Avantgarde schon für Ibsen und George Bernard Shaw, hat Autoren wie John Arden, Willis Hall, John Osborne, Norman Frederick Simpson, Angus Wilson, Arnold Wesker ›gemacht‹. Es spielt durchaus nicht nur Dramen des neuen Naturalismus, sondern beispielsweise auch Aristophanes, Samuel Beckett, Brecht, Sartre, O'Casey, doch ist es international berühmt geworden durch Stücke aus dem Arme-Leute-Milieu, aus der ›Wohnküche‹, den beengten Verhältnissen des ›Wohnkloletts mit Kochnische‹.

Der Naturalismus war den Engländern nichts Neues; sie kannten ihn freilich nur von ausländischen Autoren. Neu, daß er nun nicht mehr von Ibsen oder Tschéchow stammte und in seiner Gesellschaftskritik überholt und für das Publikum unverbindlich war, sondern von jungen Landsleuten, die Mißstände der britischen Gegenwart auf die Bühne brachten, ja die sich nicht scheuten, die britische Gegenwart als einen einzigen gewaltigen Mißstand anzuprangern. Neu, daß sie sich nicht nach britischer Tradition untertreibend, indirekt und im Endeffekt so beschwichtigend ausdrückten wie etwa der Kassenfüller und Gentleman Terence Rattigan, sondern offen und lautstark schimpften und den in England besonders verpönten Geruch des Selbstmitleids geradezu wütend auf sich nahmen. Neu, daß sich das zur Unterhaltung ins Theater gehende Publikum dies nicht nur gefallen ließ, sondern darauf versessen war, es zu sehen — auch und gerade in den kommerziellen Theatern. Wobei allerdings zu bemerken bleibt, daß diese zornigen Briten auf die unterhaltsamste Weise zornig sind.

Durch Osbornes ›Blick zurück im Zorn‹ ist 1956 erstmals im Theater erkennbar geworden, wie in einer in Groß-Britannien seit Jahrhunderten unvorstellbaren Weise an den ältesten Traditionen gerüttelt wird: am Klassen-System, diesen Mauern, die den Arbeiter vom Mittelstand, den Mittelstand von der Aristokratie trennen, Mauern, die in der Sprache verankert sind, in der Aussprache, im Wortgebrauch, ja in der Wortbedeutung, die sich danach richtet, von welcher Klasse bestimmte Wendungen gebraucht werden; an den geheiligten Vorrechten der ›Public Schools‹, der höheren Privatschulen, die fast ausschließlich den Angehörigen der wohlhabenden Klassen vorbehalten sind und ihren Absolventen die führenden Positionen garantieren, während den nicht minder intelligenten Schülern der Provinz-Universitäten, der traditionslosen, neu errichteten ›Backstein‹-Schulen, nur der ohnmächtige ›Zorn‹ bleibt; an dem festgefügten Herrschaftssystem, dem durch Banken, Kirche, Aristokratie und Presse zementierten ›Establishment‹. Nicht minderen Grimm erregt der ›Wohlfahrtsstaat‹ der Labour Party.

Die meisten dieser neuen Autoren kamen aus der Arbeiterklasse oder dem ›unteren Mittelstand‹, bestenfalls von einer namenlosen ›Backstein‹-Universität, an der sie meist nicht Literatur studiert hatten, und wurden als ›zornige junge Männer‹ bezeichnet. Die Stabilität und Schroffheit der englischen Gesellschaftsordnung hat diese Spätblüte des sozialkritischen Naturalismus (den es auch im Roman gibt) ebenso ermöglicht wie den nachhaltigen Einfluß Bertolt Brechts. Doch nicht nur dieser Richtung hat Osbornes ›Blick zurück im Zorn‹ die Bühne erobert, sondern neuen Theaterformen überhaupt, von denen man bis dahin behauptet hatte, an ihnen sei das britische Publikum nicht interessiert.

In der zweiten Hälfte der sechziger Jahre folgte ›die zweite Welle‹ (über sie hat John Russell Taylor sein lesenswertes Buch ›The Second Wave‹ geschrieben). Wie das in der Theatergeschichte bei zweiten Wellen üblich ist, spielt sie mit Material und Formen, die von ihren Vorgängern mühsam herbeigeschafft worden sind. So dient der Naturalismus nur als Absprungbasis bei Joe Orton zum giftigen, bei David Mercer zum komödiantischen Boulevard; oder er wird ins Extrem getrieben: David Storeys auf der Bühne nachgeahmte Realitätsausschnitte scheinen Endstationen zu sein. Kaum etwas mit dem Naturalismus zu tun hatte Edward Bond, ein Manierist und ein Moralist. John Arden versuchte mit fast jedem neuen Stück eine andere alte Form zu beleben. Tom Stoppard war nie etwas anderes als ein eleganter Luftspringer.

John Osborne: AYM 1

Jimmy Porter in Osbornes Welterfolg ›Blick zurück im Zorn‹ ist zum Inbegriff des ›zornigen jungen Mannes‹ geworden, und Osborne machte diese Redewendung vollends zum Reklame-Slogan, als er, durch sein Zorn-Stück zu Geld gekommen, sich ironisch und clever die Autonummer AYM 1 (= Angry Young Man 1, zorniger junger Mann Nr. 1) besorgte. Bis dahin, 1956, hatte er, der aus dem ›unteren Mittelstand‹ kam, in ärmlichen Verhältnissen und oft in bitterster Armut gelebt: geboren am 12. Dezember 1929 in Chelsea bei London; durch Krankheit ein unregelmäßiger Schulbesucher; Privatlehrer der Kinder der reisenden Schauspieltruppe von Barry O'Brien; Regieassistent und Schauspieler an Provinzbühnen; oft ohne Engagement; als Arbeitsloser stempelnd und Stücke schreibend; 1947 folgenlose Uraufführung seines ersten Stückes ›The devil inside‹ (Der Teufel im Leib) in Huddersfield in Yorkshire; Weltruhm durch ›Blick zurück im Zorn‹ 1956; Aufführungen in New York, Moskau, Rom, Stockholm und Berlin.

Hier ruht George Dillon, auch *Epitaph für George Dillon* (Epitaph for George Dillon). Theaterstück in drei Akten. Geschrieben 1954, zusammen mit Anthony Creighton, dem Leiter einer Wandertruppe, der Osborne angehörte. Uraufgeführt 11. Februar 1958 (nach ›Blick zurück im Zorn‹) im Royal Court Theatre, London, durch die English Stage Company. Deutsche Erstaufführung 1. November 1958 in Stuttgart. — Ein Stück mit autobiographischen Zügen aus Osbornes Hungerjahren. George Dillon, ein meist arbeitsloser Schauspieler und abgelehnter Stückeschreiber, wird von einer mütterlichen Büro-Kollegin in ihre kleinbürgerliche ›Mittelklasse‹-Wohnung aufgenommen. Er ist todunglücklich, daß er »all die scheußlichen Symptome der Begabung besitzt« und doch nicht weiß, »ob die Diagnose stimmt«. Er beutet die Hilfsbereitschaft der Familie aus, schamlos, doch nicht ohne Selbstironie, und berauscht sich an seinen Jammertiraden, und als er schließlich — nach einem Aufenthalt in einem Tuberkulose-Sanatorium — Erfolg hat, so ist es der Erfolg des Kompromisses, der Mittelmäßigkeit: er hat das von ihm verachtete kommerzielle Theater, das Schaugeschäft, beliefert. Während er im verhaßten kleinbürgerlichen Milieu versinkt, bereit, die Tochter zu heiraten, spricht er den ›Epitaph‹, die Grabinschrift für sich selbst: »Hier ruht George Dillon, ... der da glaubte, der da hoffte, eines jener geheimnisvoll-lächerlichen Wesen zu sein, die man ›Künstler‹ nennt ...« — Die Revolte eines Halbtalents gegen die Mittelmäßigkeit der Umwelt, die in bissigen Dialogen geführt wird, erstickt in der Resignation. Erstaunlich der kritische Abstand, den Osborne von seinem in Haßliebe gezeichneten Selbstporträt George bewahrt: er zeigt so viele abstoßende Züge wie die Kleinbürger um ihn liebenswerte Züge erraten lassen. Schon in diesem frühen Stück ist das Eigenleben der Figuren stärker als ihr gesellschaftskritischer Auftrag.

Blick zurück im Zorn (Look back in anger). Theaterstück in drei Akten. Uraufgeführt am 8. Mai 1956 im Royal Court Theatre, London, durch die English Stage Company (siehe auch Seite 834). Deutsche Erstaufführung 7. Oktober 1957 im Berliner Schloßpark-Theater. — Jimmy Porter, Sohn eines Hafenarbeiters, Staatsstipendiat eines billigen Colleges, bewohnt mit Frau und Freund Cliff eine elende Mansarde in einer mittelenglischen Industriestadt; sie leben von einem Bonbonladen. Jimmys Frau Alison stammt aus der ›gehobenen Mittelklasse‹, sie ist die Tochter eines pensionierten Obersten. Jimmy quält Alison und entlädt dabei seinen Haß auf das Bürgertum. Er gehört — wie sein Autor Osborne — zu den Luftschutzkeller-Jahrgängen des zweiten Weltkrieges, und er macht seinem Zorn — genauer: seinem Mißmut — über die Gegenwart furios Luft; seine zynisch formulierten Hiebe hageln von links nach rechts, von den Sozialisten zu den Monarchisten. Seine Attacken kommen aus der Qual, die ihm eine begeisterungs- und gefühllos gewordene Welt bereitet. Er gehört einer Generation an, die nirgendwo hingehört, die zwischen den Gesellschaftsklassen und sämtlichen Stühlen sitzt, aber mit einer unstillbaren Sehnsucht gesegnet oder auch geschlagen ist, loyal, menschlich und wirklich lebendig zu sein. Eine geheime Sehnsucht zwar, doch keine Hoffnung, daß sie sich je erfüllen könnte. Alison sagt zu ihrem Vater, dem nicht ohne Respekt gezeichneten Vertreter der älteren Generation und einer höheren Klasse: »Du fühlst dich verletzt, weil sich alles verändert hat. Jimmy fühlt sich verletzt, weil sich nichts geändert hat. Keiner von euch beiden kann sich damit abfinden.« Doch auch eine veränderte Gesellschaftsordnung könnte Jimmy nicht ändern: er glaubt nicht an soziale Utopien, er glaubt an überhaupt nichts; sein Ärger entzündet sich zwar an bestimmten Verhältnissen, aber er sitzt tiefer — es ist ein Weltekel, in den er sich selbst, sein Selbstmitleid und seine Ohnmacht, mit einbezieht. Alison wagt angesichts der Wohnungsmisere nicht, ihm zu sagen, daß sie ein Kind erwartet. Ihre Freundin Helena, empört darüber, wie schlecht Jimmy seine Frau behandelt, bringt Alison dazu, Jimmy zu verlassen. Helena haut Jimmy eine Ohrfeige herunter, aber als er sie küßt, bleibt sie bei ihm. Ihr Zusammenleben wird nur eine Variante der qualvollen Ehe, und als Alison, die ihr Kind verloren hat, zurückkommt, räumt Helena das Feld. Jimmy spiegelt Alison eine künftige Ehe-Idylle vor, die sich nicht verwirklichen wird: »Das Ende des Stückes ist nicht sentimental«, kommentiert der Autor, »es soll ironisch sein. Wir sehen zwei Menschen, die nicht mehr die Qual ertragen können, Menschen zu sein, sich in eine heilig-unheilige Mönchshöhle flüchten und zu kleinen pelzigen Geschöpfen mit kleinen pelzigen Gehirnen werden.« — Osborne ist hier so trostlos wie Strindberg — und oft so witzig wie Shaw. Verzweifelte Resignation ist der Grundzug seines Stückes; selbst das wilde Um-sich-Schlagen Jimmys und sein mildes Verständnis für den Obersten ist ein Akt der Resignation: nur der schiere Ausbruch des Mißvergnügens, die schimpfende Rebellion ohne Ziel ist ihm geblieben in einer Welt, die er so haßt wie sich selbst, weil er nicht weiß, was er in ihr verloren hat.

Der Entertainer, auch *Die Glanznummer* (The Entertainer). Uraufführung am 11. Mai 1957 im Royal Court Theatre, London, mit Laurence Olivier. Deutsche Erstaufführung 29. September 1957 in Hamburg mit Gustaf Gründgens. — Der ›Entertainer‹ ist ein Unterhaltungskünstler in der englischen Music Hall, eine Mischung von Conferencier, Sänger und Tänzer. Das Stück ist wie eine Music-Hall-Produktion in (13) ›Nummern‹ eingeteilt: der Schauplatz wechselt zwischen der schäbigen Varieté-Bühne, auf der Archie Rice, der ›Entertainer‹, seine patriotischen und ordinären, immer aber abgedroschenen

Laurence Olivier als Archie Rice
bei der Uraufführung des Stückes ›Der Entertainer‹ von John Osborne im Royal
Court Theatre, London, 1957. Zeichnung von Albert Hirschfeld

Späße macht, und der armseligen Wohnung, in der sich seine in Enttäuschungen, verfehlten Entscheidungen und im Suff verkommene Familie quält (als
sei sie von O'Neill erfunden). Gesellschaftlicher Hintergrund ist das zerfallende Commonwealth, der Wohlfahrtsstaat, die sich auflösende Kolonial-
politik, der falsche Patriotismus, das mißglückte Abenteuer der Regierung
Anthony Edens am Suez (1956), bei dem Archies Sohn fällt. So genau festgelegt und spezifisch britisch Zeit, Ort und Milieu sind, die Rolle des ›Entertainer‹ geht über den Spezialfall hinaus. Dieser abgerissene, unbegabte
Spaßmacher mit seinen schmuddeligen Liebesaffären, der immer mit einem
Fuß im Gefängnis steht, ein Bankrotteur und Betrüger, ein Versager, der sich
mit Starkbier betäubt, macht sich doch keine Illusionen: »Ich bin tot hinter
diesen Augen«, sagt er zu seiner Tochter, »ich bin tot wie der ganze faule
Haufen da draußen. Es macht nichts, weil ich nichts mehr fühle, und weil
auch sie nichts mehr fühlen. Sie sind alle tot, alle, jeder von uns.« Er hat den

tiefsten Grund des Zynismus erreicht, indem er nicht einmal mehr seinen
Zynismus ernst nimmt, doch hat er am Ende, wenn er in seiner ganzen Leere
an der Rampe steht, immerhin die Größe eines Menschen, der sich zu sich
selbst, so wie er ist, bekennt. Wie sein Autor Osborne muß man ihn lieben in
all seiner Erbärmlichkeit, und wenn er ins Publikum das Schlußwort spricht:
»Lassen Sie mich wissen, wo *Sie* morgen abend arbeiten werden — und ich
werde zu *Ihnen* kommen und *Sie* mir ansehen. Gute Nacht«, dann muß man
ihn fürchten: in jedem steckt ein Stück von diesem scheiternden ›Entertainer‹,
doch nicht in jedem die Kraft, das Scheitern auf sich zu nehmen; die Poesie
der inneren Wahrhaftigkeit, die keiner poetischen Formulierungen bedarf,
hat ihn zu einem Allgemeinfall gemacht. — Dem Schauspieler wird die paradoxe Aufgabe gestellt, mit höchster Kunst einen absolut kunstlosen Bühnen-
›Künstler‹ zu spielen: erstklassig zu sein, indem er drittklassig scheint; hin-
zureißen durch die mimische Vollkommenheit des miserablen Mimen.
Laurence Olivier, für den die Rolle geschrieben wurde, hat diese Aufgabe auf
der Bühne und im Film so glanzvoll-schäbig gelöst wie Gustaf Gründgens in
Hamburg und Martin Held in Berlin.

Luther (Luther). Ein Stück in drei Akten. Uraufführung 1961 in Nottingham
durch die English Stage Company, mit Albert Finney. Deutsche Erstaufführung 23. September 1962 in Bremen. — Ein undramatischer Bilderbogen,
zusammengeleimt aus historischen Szenen. Luther, ein bäuerlicher, mehr
körperlich von seiner Darmverstopfung als geistig schwergeplagter, junger
Mann: als Augustinermönch (1506), im Streit mit seinem Vater, vor der
Schloßkirche zu Wittenberg, in der Auseinandersetzung mit dem päpstlichen
Legaten Cajetan, in der Disputation mit Eck, im Gebet angesichts der im
Bauernkrieg Erschlagenen, schließlich als biederer Familienvater in der Resignation (1527). Ein Wechsel von Reden, Gebeten, Disputationen, Massen-
aufzügen von Mönchen und familiären, leicht rührseligen Genre-Bildern.
Über einige Vorgänge der Reformation und des Bauernkrieges eine oberfläch-
liche Unterrichtung, in der Luther durch die Qualen seines Gewissens und
seines Leibes, durch eine innere Unsicherheit gelegentlich einen Anflug von
der Größe erhält, die ihm Osborne im übrigen schuldig bleibt. Die Reformation als Ergebnis einer psychologisch erklärbaren Revolte gegen den Vater.
Osborne als unglückliches Opfer der Theatertheorien Bertolt Brechts, die nur
auf einen einzigen Autor passen: auf Bertolt Brecht.

Richter in eigener Sache (Inadmissable Evidence). Zwei Akte. Uraufführung
9. September 1964, London, Royal Court Theatre. Deutsche Erstaufführung
4. September 1965, Deutsches Schauspielhaus, Hamburg. — Dem neunund-

dreißigjährigen Scheidungsanwalt Bill Maitland wird in einer Alptraumszene eine unklare Anklage vorgelesen; er erklärt sich für nicht schuldig und beginnt, sich mit einer verworrenen Rede zu verteidigen. Der Gerichtshof verwandelt sich in Maitlands Anwaltsbüro, der Richter wird zum Partner Maitlands und der Ankläger zu einem jüngeren Anwalt in Maitlands Büro. Wer auch immer nun die Gesprächspartner Maitlands sind und was sie ihm auch sagen, ins Gesicht oder am Telefon, als Kollegen, Geliebte oder Klienten, es wird zum Material für seine Selbstverteidigung, es nährt seinen selbstzerstörerischen Monolog, seinen scheiternden Versuch zur Selbstrechtfertigung. Der Untergang eines mittelmäßigen und reichlich unsympathischen Menschen: er ist verheiratet, hat viele flüchtige Geliebte gehabt, fühlt sich angesichts seiner (schweigenden) siebzehnjährigen Tochter so alt, daß er ihr gereizt sagt, er werde ihren Geburtstag nicht mit ihr und ihrer Mutter, sondern bei seiner Geliebten Liz verbringen; er wird von allen verlassen, auch von Liz: zur Vereinsamung verurteilt, und zum Schluß deutet sich auch noch sein Scheitern im Beruf an. – Rund zehn Jahre nach seinem Jimmy Porter, dem ›zornigen jungen Mann‹, bringt Osborne mit Maitland den scheiternden Vierzigjährigen auf die Bühne, den Enttäuschten und Enttäuschenden, mies gelaunt, angeekelt und zerrüttet, ein mehr privater als repräsentativer Katzenjammer. Zum Zorn reicht es nur noch, wenn die Generation heruntergeputzt wird, die jetzt so alt ist wie vor einem Jahrzehnt die jungen Zornigen.

Arnold Wesker: der skeptische Idealist

> Lassen Sie mich noch etwas sehr Schmerzliches sagen. Ich bemerke, daß die Kunst anfängt, für mich bedeutungslos zu werden — sie reicht nicht aus ... Ich habe nichts an die Stelle der Kunst zu setzen als die Tat ... Wenn ich überhaupt von irgendeiner Bedeutung bin, dann nicht wegen meines Stils, sondern um dessentwillen, was ich sage.
>
> Wesker im Februar 1962,
> in der Zeitschrift ›Twentieth Century‹

Als der Naturalismus den Kontinent beherrschte, wurde er von den britischen Autoren nicht mitgemacht. Arnold Weskers Stücke wirken wie ein späte Rache für diese Mißachtung. Sie erinnern lebhaft an den jungen Gerhart Hauptmann und seinen geschwätzigen, allzu schwachen Sozialreformer Alfred Loth (›Vor Sonnenaufgang‹, 1889). Wesker, geboren 1932 im Londoner East End, entstammt dem jüdischen Kleinbürgertum. Seine Familie ist vor den osteuropäischen Pogromen geflüchtet, sein Vater war Schneider in einer Kleiderfabrik. Früh bewunderte Arnold den begeisterten Sozialismus seiner Schwester Della und ihres Mannes.

Wesker ist ein autobiographischer Dramatiker. Seine Erfahrungen bei der Royal Air Force sind in ein Anti-Militärstück eingegangen. Das Milieu seines dramatischen Erstlings ›Die Küche‹ hat er als Angestellter im Bell-Hotel in Norwich und später als Pastetenbäcker in London studiert; er heiratete eine Kellnerin, die er in Norwich kennengelernt hatte. In seiner Trilogie hat er sich als Ronnie selbstironisch porträtiert.

Der britische Gewerkschaftskongreß nahm 1960 als Nummer 42 der Tagesordnung eine Resolution an, in der die Bedeutung der Künste für das öffentliche Leben anerkannt wird. Wesker, einer der Initiatoren der Resolution, gründete daraufhin das ‹Centre 42›, das seit 1962 versucht, durch Festspiele in Industriestädten die Arbeiter mit Literatur, Theater, Malerei und Musik vertraut zu machen. Durch die geringe Resonanz und den finanziellen Mißerfolg ließ Wesker jahrelang sich nicht entmutigen und beschaffte immer wieder Geld; 1970 mußte er den Versuch aufgeben. In seinem Stück *Goldene Städte* (Their very own and golden Cities) verarbeitete er offenbar Erfahrungen, die er beim ›Centre 42‹ gemacht hatte. Das Stück wurde im Juni 1966 im Royal Court Theatre, London, uraufgeführt (Deutsche Erstaufführung 12. November 1967, Nationaltheater Mannheim). Der Architekturstudent Andrew Wadham erlebt im Jahre 1926 in zeitlich bis ins Jahr 1990 vorblendenden Szenen, was aus seinen idealistischen Plänen sozialistischer Mustersiedlungen wird – verwirklichen kann er nur einen kleinen Teil, und dies mit Hilfe von Kapitalisten, während ihn die engstirnigen Gewerkschaften ziemlich im Stich lassen. Das Stück war ebensowenig erfolgreich wie *Die vier Jahreszeiten* (The Four Seasons), uraufgeführt am 8. September 1965 im Saville Theatre, London: die Geschichte einer scheiternden Liebe zwischen Adam, der seine Frau und seine Kinder verlassen hat, und Beatrice, die ihren Mann und ihren Liebhaber verlassen hat. Der Versuch Weskers, einen neuen Stil zu finden, es war aber der alte, ungute Symbolismus, in den er auch den Schluß seines Stücks *Freunde* (1969; siehe Seite 845) taucht.

Der Dramatiker Wesker stellt die Wahrheit seiner Charaktere über die Tendenz, die der Theoretiker Wesker seinen Dramen geben möchte. Bitterer als er kann man die Enttäuschung durch Kommunismus und Sozialismus und das Scheitern idealistischer Lehren kaum darstellen. Bei ihm scheitern die Ideen am Stumpfsinn der kleinen Leute, für die sie bestimmt sind, und an der eigenen Unzulänglichkeit, die der Verwirklichung der Ideen nicht gewachsen ist. Seine dramatischen Angriffe richten sich weniger gegen die bestehende Ordnung, das ›Establishment‹, als gegen die Menschen, deren Resignation, Trägheit und Lieblosigkeit diese Ordnung hervorgebracht haben und sie noch immer ermöglichen. Er ist ein undogmatischer, humaner Sozialist. Trotz seiner Skepsis hat er noch eine Botschaft: die schlichten Tugenden der praktischen Menschenliebe. Er übt sie, wenn er Menschen auf die Bühne stellt, die er theoretisch hassen müßte — er versucht, ihnen gerecht zu werden, ja er scheint sie zu lieben, wie alle großen Naturalisten auch ihre elendesten Geschöpfe geliebt haben.

Als Milieu-Pinseler ist er oft ein arger Langweiler. Seine Stärken sind die kleinen Schwächen der Menschen, ihre leichten Verrücktheiten, an denen sich sein Humor entzünden kann. Er ist ein enttäuschter Idealist, der sich mehr verspottet als bemitleidet. Zu seiner Ratlosigkeit bekennt er sich und verliert dabei doch nicht den Glauben daran, daß es auf irgendeine, ihm nicht genau bekannte Weise besser werden könnte. Befragt, weshalb seine Welt so trübe sei, antwortete er: »Das Bild, das ich gezeichnet habe, ist düster, aber ich schlage keinen Ton des Widerwillens an. Ich fühle mich eins mit meinen Leuten. Ich bin ärgerlich über sie und über mich selbst.«

Die Küche (The kitchen). Weskers erstes Stück, geschrieben 1957 für den Dramenwettbewerb des ›Observer‹. Uraufführung der 2. Fassung 27. Juni 1961, Royal Court Theatre, London. Deutsche Erstaufführung 25. Februar 1967, Freiburg. — Eine große Restaurant-Küche im Londoner Zentrum; Köche vieler Nationalitäten, Serviermädchen, Kellner in der Hetze des Morgens und der Mittagszeit; nach der Pause die Ruhe vor dem Sturm des Abendbetriebs. Der deutsche Koch Peter liebt die Servierein Monika, die ihn liebt, sich aber von ihrem Mann nicht scheiden lassen will. In der Erregung über sie und über eine ältere Serviererin, die ihn im Streit ›Boche‹ nennt, verfolgt er die ältere Serviererin mit einem Küchenmesser — als er wieder in die Küche geführt wird, hat er sich die Pulsadern durchschnitten, sie bluten durch die Verbände. — Wesker, der eine Zeitlang als Pastetenkoch gearbeitet hat, läßt in der Küche die farbigsten Typen brodeln. Am besten ist ihm Peter gelungen: obwohl er, ein Nazilied singend, im Paradeschritt durch einen Triumphbogen marschiert, den er sich aus Besen und Eimern gebaut hat, meint Wesker diese Szene nicht politisch — sie ist nur ein oberflächlicher Zug in dem widerspruchsvollen Charakter des tüchtigen, streitlustigen, sein Abendessen einem Landstreicher schenkenden, bis zur Raserei verliebten Peter. Er ist so tendenzlos dargestellt wie alle anderen. Erst die Schlußfrage des Restaurantbesitzers »Ich lebe doch in der richtigen Welt, oder?« provoziert im Zuschauer die direkte Antwort, daß diese Welt nicht richtig sein könne.

Hühnersuppe mit Graupen (Chicken soup with barley). Uraufführung 7. Juli 1958, Belgrade Theatre, Coventry. 1. Teil einer Trilogie, die 1960 im Royal

Court Theatre durch die English Stage Company aufgeführt wurde. Deutsche Erstaufführung 16. Januar 1963, Heidelberg. — Eine jüdische Arbeiterfamilie im Londoner East End. Während des spanischen Bürgerkrieges, 1936, kämpft die Familie Kahn in der kommunistischen Partei gegen die britischen Faschisten Mosleys für eine bessere Zukunft. 1946, nach dem Sieg über Faschismus und Nationalsozialismus, löst sich die Front des Klassenkampfes auf, die Genossen zeigen sich korrupt oder verspießern; die Regierung der Labour-Party hat die Lebensumstände ein wenig verbessert, doch der Aufstieg aus den Keller-Slums in den sozialen Wohnungsbau hat die Kahns nicht glücklicher gemacht. 1956, der stalinistische Kommunismus hat mit der Niederwerfung des ungarischen Aufstandes moralisch bankrott gemacht; Katzenjammer der Ideologie, allgemeine Resignation; auch Sohn Ronnie, Weskers Bühnen-Doppelgänger, fällt von der kommunistischen Partei ab. Nur Mutter Sarah glaubt noch daran, daß Ideale — obwohl mißbraucht — notwendig seien: »Der Sozialismus ist mein Licht.« Ronnie soll sich nicht — wie sein Vater — ins Privatleben zurückziehen: »Ronnie, wenn du dich nicht kümmerst, stirbst du ab.«

Tag für Tag (Roots). 2. Teil der Trilogie. Uraufführung 25. Mai 1959, Coventry; in Bremen, 12. Oktober 1962. — Zwei Landarbeiter-Familien 1959 im ostenglischen Norfolk; sie vegetieren mit ausgetrockneten Lebenswurzeln (= Roots) Tag für Tag in Gleichgültigkeit und Stumpfsinn dahin. Tochter Beatie Bryan, in London verlobt mit dem intellektuellen Küchengehilfen und Sozialisten Ronnie (aus dem ersten Teil der Trilogie), predigt zu Hause die von ihr nur halbverdauten Ansichten ihres Verlobten (der nicht auftritt, aber als Gegenpol stets gegenwärtig ist), doch niemand will etwas von Sozialismus und abstrakter Malerei wissen. Ronnie, der an sich und seinen Ideen zweifelt (»Wir könnten keine neue Welt aufbauen, selbst wenn man uns die Regierung überließe«), löst brieflich die Verlobung — Beatie, gescheitert in ihrer Mission und in ihrer Liebe, findet in einem Zornesausbruch zu sich selber: sie begreift nun erst ganz, was sie bisher nur nachplappernd gepredigt hat. Mit ihrem Protest gelingt ihr der Ausbruch aus einer Welt, in der weiter gleichmütig der Kuchen in den Tee gestippt wird.

Nächstes Jahr in Jerusalem (I'm talking about Jerusalem). 3. Teil der Trilogie. Uraufführung 28. März 1960, Coventry; in Wuppertal, 17. September 1963. — Ada Kahn (die Tochter der Kahns aus dem ersten Teil der Trilogie), überdrüssig des Stadtlebens und der kleinen Diebstähle, ist mit ihrem Mann Dave Simmonds aufs Land gezogen, um ihr ›neues Jerusalem (die antizivilisatorische Vision William Blakes), das irdische Paradies, in einer Reformsiedlung (nach dem Vorbild des Frühsozialisten William Morris) zu finden. Dave zimmert Norfolk-Stühle, aber sie bringen nicht genug ein; die Flucht vor der Maschine in die Idylle des Handwerks mißlingt; sie gehen zurück nach London. Adas Bruders Ronnie große Reformansprüche scheitern an der Realität: er hat das Gefühl, das Richtige zu sagen, und begreift nicht, wieso dennoch alles schiefgeht. — Die Trilogie, die mit einer Familie in den Maschen der Weltpolitik (1936–1956), mit dem Katzenjammer der kommunistischen Heilslehre begonnen hat, endet (1946–1959) in einer Ratlosigkeit, die zugleich ein mutiger Verzicht auf Patentlösungen ist. Für den Autor Wesker bedeutet Ratlosigkeit nicht Resignation: seine Dramen sind nur ein Teil der praktischen, sozialpädagogischen Arbeit, die ihm die Hauptsache ist.

Der kurze Prozeß (Chips with everything). 1961. Uraufführung 27. April 1962 im Royal Court Theatre, London, durch die English Stage Company. Deutsche Erstaufführung 6. November 1965, Städtische Bühnen Freiburg. – Der Originaltitel (etwa: ›Bratkartoffeln zu allem‹) findet sich auf englischen Speisekarten. Ein Rekrutenlager der Royal Air Force; die Rekruten werden – wie ›Chips‹ – geschnitzelt und geröstet zum genormten Einheitsfraß des Krieges. Rekrut Pip Thompson, Sohn eines reichen Bankiers und Generals außer Dienst, haßt die Offiziere wie seine Familie. Er wird in die Kumpanei seiner Leidensgefährten nicht aufgenommen, mag er noch so überzeugend versichern, daß er ein Feind seines Vaters sei, der hier für die Arbeitersöhne die Macht der Oberklasse repräsentiert, das ›Establishment‹. Die Offiziere, die selbstverständlich ebenfalls zum ›Establishment‹ gehören, schicken einen Leutnant vor, der das Selbstvertrauen Thompsons erschüttern und ihn zur Einsicht zwingen soll, er rebelliere allein aus persönlichen Motiven und sei nur ein machthungriger Mitläufer der Arbeiterklasse. In der Tat versagt Thompson als Anführer der Rekruten-Opposition, und sein seelischer Widerstand wird schließlich gebrochen.

Freunde (Friends). Uraufführung 1969, Stockholm. In London, im Roundhouse, Mai 1970; Regie: Wesker. Deutsche Erstaufführung 5. Dezember 1970, Kassel; Regie: Günter Fischer. – Eine innerlich schon zerfallene Gruppe von »Freunden«, Mitte Dreißig, um 1970 in London. Eine Nacht lang reden sie über ihre gescheiterten Versuche, den richtigen Weg zum Sozialismus zu finden, ihre Enttäuschung über die nicht zu mobilisierende Arbeiterklasse. Ihr politischer Elan hat sich in Geschwätzigkeit aufgelöst; ihre Pop-Boutiquen haben pleite gemacht. Mitten in ihren sterbenselenden Gesprächen stirbt die leukämiekranke Esther. Simone, die nie ganz akzeptiert worden ist, weil sie der bürgerlichen Klasse entstammt, redet zum erstenmal ungehemmt und ermutigt sie, sich zum Lebenswillen Esthers zu bekennen. Sie nehmen die Tote aus dem Bett, küssen sie, setzen sie vor das Lenin-Bild, und Esthers Bruder hebt die Hand der Toten zum Gruß mit der geballten Faust — alle erscheinen von neuem Leben erfüllt. — Kitschige Selbstermutigung oder ironisierter Selbstbetrug? Wie auch immer, es ist der Katzenjammer Weskers: seine sozialpädagogischen Kulturprojekte für Arbeiter (im »Centre 42«) sind gescheitert, seine Variante des Frühsozialismus ist ohne Anhänger, und um sich selbst zu den verschütteten Idealen des Sozialismus zu ermutigen, braucht er schon den Lebensmut einer Toten.

Die Alten (The Old Ones). ›Komödie in zwei Akten‹. Uraufführung 8. August 1972, Royal Court Theatre, London; Regie: John Dexter. Deutsche Erstaufführung 27. Februar 1973, Kammerspiele München; Regie: Alfred Wesker. — Sieben Greise, Juden in Chelsea, beschädigt vom Gedächtnisverlust, vom Schmerz, von der Einsamkeit. Bevor sich noch ihre Lebensleere schmerzhaft auf den Zuschauer übertragen könnte, setzt Wesker rasch eine Lebenslehre dagegen: liebe Banalitäten, teils zitiert, teils hausgemacht. Dieser Marasmus in Einzelzimmern wird zusammengehalten durch das Laubhüttenfest. Gegen den Jammer des Alters wird dieses gemeinsame Fest der Alten gesetzt als eine Ermutigung zum Glück, als eine Übung in der Freude — das ist sympathisch, aber es deckt die Grausamkeiten des Alters mit Sentimentalitäten zu. Weskers Blick zurück ins Milieu seiner Lebensanfänge ist geschönt wie eine Kindheitserinnerung, und wie über Kinder ist Wesker gerührt über die Alten. Noch aus dem Zerfall der Gehirne bezieht Wesker die Süße der Verklärung: Marasmuskateller.

Britisches: die zweite Welle

JOE ORTON, geboren am 1. Januar 1933 in Leicester; Aktmodell; wegen Bücherdiebstahl ein halbes Jahr im Gefängnis, das — so sagte er — »alles herauskristallisiert hat«; Fernseh-, Bühnen- und Filmautor; am 9. August 1967 ermordet durch acht Hammerschläge von seinem eifersüchtigen Freund, der sich anschließend vergiftet hat. Seine haarsträubend brutalen Geschichten sind abscheulich, doch von einer horrenden Komik. Ortons Personen, so realistisch sie sich geben, sind Kunstfiguren in der künstlichen Welt der Farce: ihre Konversation wird dadurch giftig, daß ihr ruchloser Inhalt dem harmlosen Konversationston strikt entgegengesetzt ist. *Seid nett zu Mr. Sloane* (Entertaining Mr. Sloane, 1964. Deutsche Erstaufführung 2. November 1964, Deutsches Schauspielhaus, Hamburg; Regie: Hans Lietzau): Mr. Sloane, ein

junger Mann, der sich durch das Leben weniger schlagen als schlafen möchte,
versucht, seine Zimmerwirtin Kathrin ebenso wie ihren Bruder Ed nach
erotischen Dienstleistungen auszubeuten, doch wird er vom Vater der Geschwister als Totschläger erkannt und — nachdem er den Vater totgeschlagen
hat — von Kathrin und Ed gemeinsam ausgebeutet: die Nymphomanin und
der Homosexuelle teilen sich den Satansbraten Sloane abwechselnd je ein
halbes Jahr. — *Beute* (Loot, 1965. Deutsche Erstaufführung 15. Februar 1966,
Deutsches Schauspielhaus, Hamburg; Regie: Hansgünther Heyme). Ein
Bankräuber, verfolgt von der Polizei, versteckt seine Beute im Sarg seiner
ermordeten Mutter, deren Leiche entkleidet und als Schaufensterpuppe ausgegeben wird: eine zynische Posse um eine mörderische Krankenschwester,
um Dummheit und Korruption der Polizei. Orton sucht abermals Komik in
der menschlichen Infamie, doch findet er meist nur das Gelächter der Gemüts-
roheit. — *Was der Butler sah* (What the Butler saw, 1969. Deutsche Erstaufführung März 1970, Kammerspiele Köln; Regie: Hanno Lunin) ist eine
englische Redensart, sie meint den Blick durchs Schlüsselloch. Aus dem, was
man hinter der Fassade der bürgerlichen Wohlanständigkeit sehen könnte,
hat Orton einen virtuos konstruierten, vergleichsweise harmlosen Ver-
wechslungswirbel in einer psychiatrischen Klinik gemacht: vertauscht
werden Kleider, Geschlechter, sexuelle Möglichkeiten, komplette Identitäten,
gespickt mit Irren- und Polizistenwitzen.

DAVID MERCER, geboren 1928 als Sohn eines Lokomotivführers in Wakefield,
unterwirft spezielle Tabus seiner Landsleute einer Schocktherapie. So verachtet er das feine britische Understatement und läßt auf der Bühne Gefühle
herausbrüllen ohne Scheu vor dem verpönten Selbstmitleid. Er schlägt um
sich, auch mit ungezielten Schwingern, doch nicht ohne Talent für einen
oft saugroben, dabei schlagkräftigen und oft witzigen Dialog. Gelegentlich
löst er sich vom kruden Naturalismus ab und stößt — mit Strindberg-
Effekten — ins Symbolische vor. In England wird er weitaus höher geschätzt
als auf dem Kontinent. In *Belcher im Glück* (Belcher's Luck, 1966. Deutsche
Erstaufführung 1969, Bremen; Regie: Joachim Preen) versucht der Knecht
Belcher, den Hof eines ehemaligen Kolonialoffiziers an sich zu reißen, doch
wird er von der Nichte des Offiziers überspielt und vom Hof gejagt: seine
— auch sexuelle — Kraft reicht für den Coup nicht aus. In *Hoppe hoppe,
Reiter* (Ride a Cock Horse, 1966; deutsche Erstaufführung 1968, Zürcher
Theater am Neumarkt; Regie: Werner Düggelin) hat ein Schriftsteller
Schwierigkeiten mit seiner proletarischen Herkunft und mit drei Frauen:
mit seiner Ehefrau, die von London zurück möchte nach Yorkshire, woher
sie beide kommen; mit seiner luxuriösen Geliebten, einer Schauspielerin,

und mit seiner etwas einfältigen Freundin, einer Programmiererin. Das Kind, das er sich wünscht, bekommt er von keiner, und er bricht in einen Furor des Weltekels, der Zerstörung und Selbstzerstörung aus. *Flint* (Flint, 1970. Deutsche Erstaufführung 1971, Schiller-Theater Berlin; Regie: Hans Lietzau) ist ein siebzig Jahre alter anglikanischer Pastor, der ein fröhliches Leben in Unzucht führt, bis er auf einem Motorrad mit einem schwangeren Hippiemädchen gegen einen Munitionswagen und damit endgültig in den Klamauk rast. *Haggerty* (After Haggerty, 1970. Deutsche Erstaufführung 1971, Bochum; Regie: Hans Schalla) ist auf der Bühne nur anwesend durch seine Wohnung und durch Telegramme als eine aktive, revolutionäre Gegenfigur zu einem Theaterkritiker, der als Marxist ein Versager ist und in die Einsicht seiner Schwäche, Hilflosigkeit und Resignation geführt wird. Wie Mercer kommt dieser immer skeptischer werdende Intellektuelle aus Yorkshire und hat einen Lokomotivführer zum Vater (als ich 1968 in Zürich versuchte, mit Mercer über seine Stücke zu reden, da redeten wir beide bald nur noch von unseren Vätern, den Lokomotivführern). *Duck Song* (uraufgeführt 1974 durch die Royal Shakespeare Company), den »Entengesang«, nicht den »Schwanengesang« betrachtet Mercer als die ihm angemessene Musik auf dem unaufhaltsamen Weg der Gesellschaft in die Konfusion und in den Ruin: er ist vom aktiven Marxisten zum totalen Skeptiker geworden. Sein Erfolg in England ist wohl deshalb so groß, weil er unverblümt und grob den Pessimismus des Tages ausspricht.

DAVID STOREY, ein Bergarbeitersohn aus Yorkshire (geboren 1933), beliefert seit 1967 das Royal Court Theatre jedes Jahr mit mindestens einem neuen Stück. Er hat Romane geschrieben und überträgt, angeregt von dem Regisseur Lindsay Anderson, epische Prinzipien auf die Bühne. Vorgeführt werden alltägliche Abläufe und Arbeitsvorgänge in sekundengenauem Zeitablauf. Imitation des Lebens auf der Bühne, Fotorealismus, das läuft auf mehr oder weniger ausführliche Porträts einzelner Menschen und ihrer Beziehungen in der Gruppe hinaus: Ausschnitte aus der Realität, nicht mehr, nicht weniger — für die Realität ist das schon sehr viel, für das Theater ein bißchen wenig. *Das Festzelt* (The Contractor, 1969; deutsche Erstaufführung 1970, Schauspielhaus Köln; Regie: Eberhard Pieper) benutzt den penibel vorgeführten Aufbau und Abbau eines Zelts für eine Hochzeitsfeier dazu, um die Arbeiter und die Familie des Unternehmers zu porträtieren. *Heim* (Home, 1970; deutsche Erstaufführung 1971, Hamburger Schauspielhaus, Malersaal; Regie: Harry Meyen) zeigt zwei Herren, zwei Damen und einen Debilen mit einer stummen Liebe zu Stühlen in einer Irrenanstalt; Unterhaltungen vor und nach dem Mittagessen; Erinnerungsbruchstücke, Satzfetzen; angerissene und abgebrochene Redensarten, ein in sich richtiges, wenn auch verwirrendes Gewebe von Sprechfäden mit Boulevard-Effekt: weil dieses Gewebe von Menschen mit Webfehlern stammt. *Die Umkleidekabine* (The Changing Room, 1971; deutsche Erstaufführung 1972, Stuttgart; Regie: Alfred Kirchner) ist die Kabine eines Rugby-Klubs vor Beginn des Spiels, während der Spielpause und nach dem Spiel — sichtbar wird das Leben der Rugby-Spieler nur soweit, als es in dieser Kabine abläuft — von einer Mannschaft drei Totalaufnahmen, wie mittels einer starren Andy-Warhol-Kamera gemacht. *Zur Feier des Tages* (In Celebration, 1969; deutsch-sprachige Erstaufführung 1972, Akademie-Theater, Wien; Regie: Dieter Dorn) kommen drei Söhne nach Hause: die Eltern feiern ihren 40. Hoch-zeitstag, Vater ist Bergarbeiter, die Söhne sind beim Aufstieg in die Mittel-klasse seelisch verkrüppelt. Bei *Cromwell* (1973) hat Storey sein erfolgreiches Spezialverfahren aufgegeben zugunsten eines banalen Antikriegsbilder-bogens, dessen Held nicht Cromwell ist, er kommt gar nicht vor, sondern das leidende Volk — Storey als Opfer Brechts. Mit *Der Gutshof* (The Farm. Uraufführung 26. September 1973, Royal Court Theatre, London; deutsche Erstaufführung 11. November 1974, Staatstheater Darmstadt; Regie: Horst Siede) kehrt Storey zu seiner bewährten Methode zurück: Bilder aus dem Leben. Eine Bauernfamilie, Vater ist ruppiger Patriarch, Mutter macht Bil-dungsversuche, die Töchter sind resigniert. Nur der Sohn muckt auf: er will eine geschiedene Schauspielerin heiraten, sie ist älter als er und hat zwei Kinder. — *Life Class* (1974) ist ein Tag in einer Klasse für Aktzeichnen mit Gesprächen über Beziehungen zwischen Natur, Gesellschaft und Kunst.

PETER TERSON (geboren am 24. Februar 1932 in Newcastle upon Tyne als Peter Patterson) hat es — auch in Deutschland — zu einer gewissen Populari-tät gebracht durch Stücke, die er für das britische National Youth Theatre (N. Y. T.) geschrieben hat — seine vorzüglichen jugendlichen Laienspieler wollen in großen Gruppenauftritten beschäftigt sein. *Zicke-Zacke* (Zigger Zagger, 1967. Deutsche Erstaufführung 1969, Heidelberg; Regie: Hans Neuenfels) ist eine Revue der Fußballrowdys, die ihre seelischen Leerräume, ihre Dauerlangeweile im relativen Wohlstand auf den Fußballplätzen als Anheizer ihrer Lieblingsmannschaft betäuben. *Die Lehrlinge* (The Appren-tices, 1968. Deutsche Erstaufführung 1970, Heidelberg; Regie: Hans Neuenfels) zeigt die Hierarchie-Probleme in einer großen Schlosserei aus der Perspektive der Mittagspausen. *Fuzz* (1969) beschäftigt sich — auch kritisch — mit der englischen Studentenrebellion, *Spring-Heeled Jack* (1970) mit Halb-starken-Banden, »Skinheads« gegen »Hell's Angels«. Der Hunger in und nach der britischen proletarischen Wohnküche scheint jedoch noch immer nicht gestillt: er hat zur späten Entdeckung des Dramatikers D. H. LAWRENCE (1885 bis 1930) geführt. Von diesem Sexual- und Sozial-Reformer hat man immer nur das große epische Werk betrachtet (›Sons and Lovers‹, 1913; deutsch ›Söhne und Liebhaber‹, 1925. ›Lady Chatterly's Lover‹, 1928; deutsch ›Lady Chatterly und ihre Liebhaber‹, 1930). Seine acht Stücke, geschrieben zwischen 1909 und 1926, sind zu seinen Lebzeiten nicht aufgeführt worden. Sie sind — mit Ausnahme von *David*, 1926 — wie viele seiner Romane autobiographisch geprägt. David Herbert Lawrence ist am 11. September 1885 als Sohn eines Bergmanns in der Bergarbeitersiedlung Eastwood bei Nottingham geboren. Schon mit seinem ersten Stück *A Collier's Friday Night* (*Freitagabend*. Deutsche Erstaufführung 25. Januar 1974, Bochum) repetiert er den Feiertag eines Bergarbeiters auf der Bühne; es ist 1909 geschrieben, als Gerhart Hauptmann seine naturalistische Epoche schon hinter sich hatte. Allein vier Stücke schrieb D. H. Lawrence im Streikjahr 1912, darunter *The Fight for Barbara*, in dem er die Probleme widerspiegelt, die sich daraus ergaben, daß Frieda von Richthofen ihren Mann und ihre Kinder verließ, um seine Geliebte zu werden. Lawrences Mutter stammte aus dem Bürgertum und trug damit besondere Spannungen in sein Elternhaus. Aus ihnen nährt sich *The Daughter-In-Law*, ebenfalls 1912, uraufgeführt 1967 im Londoner Royal Court Theatre, das mit diesem Stück Lawrence erstmals auf die Bühne brachte, 37 Jahre nach seinem Tod. Deutsche Erstaufführung unter dem Titel *Die Schwiegertochter* am 26. November 1972 in Bochum durch den englischen Uraufführungs-Regisseur Peter Gill. Die Brüder Luther und Joe, zwei Bergleute, werden von ihrer verwitweten Mutter mit liebevoller Tyrannei gelenkt. Arbeitskämpfe sind — im Streikjahr 1912 — nur der Hintergrund der Familienkämpfe. Für die Frauen sind die Arbeitskämpfe gerade gut genug, um für den Kampf der Geschlechter Waffen zu liefern. Die Mutter hat die Männer sogar im Verdacht, daß sie an den Streiks nur teilnehmen, um ihre Frauen weichzumachen. Mit stillschweigender Billigung der Mutter hat die Schwiegertochter am Ende die Führungsrolle übernommen. Lawrence ist mehr an den Schächten der Seele als des Bergwerks interessiert. Bei ihm wird Psychologie gespielt und vorgeführt; von der sozialen Situation wird nur geredet.

13. DIE KLASSE DER SCHULMEISTER
oder: Dramatiker, die man Moralisten nennt

Wedekind: die Gebärde der Provokation · Sternheim: Maskenbildner mit Monokel · Kaiser: Heilsprediger und Unheilkünder · GBS: Journalist und Clown · Claudel: Entsagung und Gnade · Brecht: Kathederheiliger und Komödiant · Frisch: Welt- und Ich-Modelle · Sartre: Proklamation der Freiheit · Camus: Proklamation der Gerechtigkeit. Gatti: Politik und Imaginäres · Arden: Menschen und Macht · Bond: Alltäglicher Terror · Weiss: vom Zweifel zur Propaganda · Grass: vom Absurden zur Politik. Walser: Verdruß bis Zorn · Hochhuth: der Gewissensstellvertreter · Fassbinder: Klischee-Collagen · Hacks: der politische Artist · Schwierigkeiten in und mit der DDR: Müller, Braun, Plenzdorf · Lange: deplaciert · Im Rückspiegel: Wolf, Bruckner, Priestley

> Er schwärmte für Pestalozzi und ließ seine Bücher wie Schulbücher drucken, damit sie nach außen hin sachlich und nüchtern wirken. »Ich schreibe Schulbücher«, sagte er mir einmal, »darauf kommt es heute an.« George Grosz über Brecht

> Denn die Wurzel des Theaters liegt nicht nur im religiösen Kult, sondern auch in der Beredsamkeit ... an der Stelle von Antigone und Kreon hätte man ebensogut zwei Rechtsanwälte bemühen können. Jean-Paul Sartre zu Kenneth Tynan

Früher pflegten in der Schule gewisse Lehrer bei passender Gelegenheit die Frage zu stellen: Was können wir daraus lernen? Sie taten es, sofern sie gute Pädagogen waren, nicht ohne einen Spritzer fröhlicher Selbstironie. Die Dramatiker, von denen in diesem Kapitel die Rede ist, werden nicht müde, diese pädagogische Frage von der Bühne an ihr Publikum zu richten. Manche, wie Bertolt Brecht, tun es ungeniert und scheuen sich nicht, Theaterstücke ›Lehrstücke‹ zu nennen. Manche, wie Bernard Shaw, vermeiden die Lehrmeister-Pose und tarnen sich so geschickt, daß man sie für etwas anderes halten könnte, doch auch ihnen bedeutet das Theater eine höhere Lehranstalt, wenn nicht gar die höchste. Im Extremfall verwandeln sie das Theater in einen Schulsaal, die Aufführung in eine Vorführung mit erzieherischer Nutzanwendung, das Publikum in eine Klasse, die in irgendeiner Theorie, einer Revolutions- oder Reformidee oder aber auch im Katechismus Nachsitzen hat. Glücklicherweise sind die meisten dieser Autoren darauf bedacht, daß der Unterricht mittels der Requisiten des Theaters unterhaltsam ausfalle, doch bleibt das Vergnügliche des Spielens ein Mittel zum belehrenden Zweck: der Köder, mit dem das Publikum zur Nachhilfestunde gelockt wird.

Viele Dramatiker haben die uralte Geschichte des Gottes auf die Bühne gebracht, der die tugendsame und schöne Alkmene liebt, sie nächtlicherweile in der Gestalt ihres abwesenden Gatten Amphitryon besucht und mit ihr einen Halbgott zeugt. Erst der Moralist Georg Kaiser ist gegen die Mitte des 20. Jahrhunderts auf den Gedanken gekommen, der Gott suche dieses sehr vergnügliche, wenn auch wenig moralische Abenteuer nur, um den Menschen und dem Publikum in Kaisers Drama ›Zweimal Amphitryon‹ eine pazifistische Lehre zu erteilen. Wie Kaisers Jupiter mit Alkmene, so gehen die Moralisten mit Thalia und Melpomene, den Musen des Lust- und des Trauerspieles, um: sie zeugen mit ihnen zu Lehrzwecken.

Die ›Naturalisten‹ (siehe auch Seite 737) wollen durch das Theater die Welt so abbilden, wie sie sich ihnen darbietet: mit einem Bühnenbild, das so aussieht wie ein Ausschnitt aus der Wirklichkeit; mit Menschen, die sich so benehmen und sprechen wie im Alltag; mit einer Handlung, die vielleicht nicht alltäglich, doch immerhin im täglichen Leben möglich ist; mit der Absicht, das Herz ihrer Zuschauer zu bewegen, indem sie ihnen die Illusion verschaffen, was da auf der Bühne geschehe, das könne auch ihnen geschehen. Die ›Moralisten‹ dagegen, wie die Schulmeister-Dramatiker sich gerne nennen hören, bilden die Welt nicht so ab, wie sie sich ihnen darbietet, sondern richten sie erst zum Anschauungsunterricht als Lehrpräparat her: sie zeigen ein vereinfachtes, oft ein karikiertes Modell der Welt, wie sie es für ihre Zwecke gebrauchen können, und wenden sich damit vornehmlich an den Kopf ihrer Zuschauer, wenn auch mit der Sinnlichkeit des Theaters. Kurz, und nicht ganz freundlich: auf der Bühne wird nicht eine Illusion der Welt geschaffen, sondern eine Welt der Illusion, die sich der Moralist macht.

Das Bühnenbild der Moralisten unterscheidet sich strikt von einem Ausschnitt aus der Wirklichkeit. Es bevorzugt phantastische Szenerien, seien sie nun (scheinbar) historisch oder (märchenhaft) exotisch oder (unverblümt) utopisch — es zeigt Räume der Denk-Phantasie, die es im Alltag nicht gibt, und wenn doch einmal Alltagsräume gebraucht werden, dann fehlen ihnen mindestens die Wände, oder sie sind nur angedeutet, oder sie gehören wenigstens zu einer Irrenanstalt, oder es wird durch andere Mittel dem Zuschauer klargemacht: hier setzt sich nicht dein Alltag fort, hier sollst du einem Spiel zusehen, und durch sein Beispiel etwas lernen.

Da die Menschen der Moralisten, richtiger: ihre Bühnenfiguren, in einer künstlichen Spiel-Welt leben, benehmen sie sich und sprechen sie ganz anders als unsereiner. Sie reden Verse oder Prosa im betont schlichten Bibel-Stil — bei Brecht etwa oder bei Claudel. Sie reden ein vertracktes Papierdeutsch und bewußt hochgestelzte Phrasen — bei Wedekind etwa oder bei Sternheim. Sie sind so unglaublich witzig — bei Shaw etwa oder auch bei Frisch —, daß man sie um ihre Schlagfertigkeit beneidet. Ihre Sprache ist so ›unnatürlich‹ wie ihr Benehmen: ihre Gesten und Gänge sind stilisiert, und wenn der ›naturalistische‹ Schauspieler zum ›Versteller‹ werden kann, der so tut, als sei er wirklich die Person, die er zu spielen hat, so können sie im Extremfall zum ›Vorsteller‹ werden, der immer spüren läßt, daß er eigentlich der Herr Striese ist, der dem Publikum nur eine Figur vorstellt, so wie sie sich der Autor ausgedacht hat. Brecht hat alle Tricks für dieses von ihm geliebte Verfahren zusammengestellt, und davon wird noch die Rede sein (siehe Seite 940). Ist ein Moralist ein vorzüglicher Psychologe — wie etwa Sartre —, so vermag er seine Figuren so menschenähnlich zu machen wie die Figuren der Naturalisten, plötzlich aber läßt er sie etwas ganz Ungewöhnliches tun, das mit Psychologie nicht zu erklären ist: sie folgen dann nicht mehr ihrem inneren Gesetz, sondern den Gedanken, die ihr Erfinder mit ihnen ausdrücken will. Psychologie, wenn sie von den Moralisten nicht überhaupt verachtet wird, kann ihnen höchstens ein untergeordnetes Hilfsmittel sein. Um Sprache und Benehmen ›unnatürlich‹ zu machen, gibt es noch ganz andere Methoden, und alle haben sie wiederum den Sinn, dem Zuschauer klarzumachen: hier sollst du einem Spiel zusehen und durch beispielhafte Figuren, durch Übermenschen oder Untermenschen, durch zugespitzte Karikaturen des Bösen oder plattgeklopfte Schemen des Guten, etwas lernen.

Die Fabeln der Moralisten, die Handlungen ihrer Dramen, dürften im Alltag nur in den allerseltensten Fällen möglich sein. So greift Wedekind gern zum Abenteuer, das in wilden Kurven dahinschießt. Shaw, der nicht folgenlos Opernkritiker gewesen ist, nutzt Schablonen von Oper und Operette entweder direkt, oder er stellt sie auf den Kopf. Sternheim und Kaiser bedienen sich oft der schrillen Kolportage und auch des Kitsches, der ironisiert oder in den pathetischen Ernst getrieben wird. Sartre beutet die Spannungsfinessen des französischen Boulevard-Theaters aus. Brecht baut seine Fabeln so, daß ihre Moral am Ende klar zutage tritt, und sehr oft sind dies Parodien: er erzählt eine althergebrachte Geschichte gegen ihre Bedeutung, so daß sie eine neue Moral präsentiert, die der ursprünglichen sarkastisch entgegengesetzt ist. Um die Aufführung als Vorführung von Gedanken zu verdeutlichen, unterbrechen manche Moralisten die Handlung und wenden sich durch Reden, sei es in Vers, Lied oder Prosa, direkt ans Publikum. Formen der ›autos sacramentales‹ (siehe auch Seite 81), der spanischen Fronleichnamsspiele, des gegenreformatorischen Lehrtheaters, dieser Allegorien mit Unterhaltungseinlagen, tauchen bei so verschiedenartigen Autoren wie Brecht, Claudel und Camus wieder auf, ihren neuen Lehren angepaßt. Zum Stammbaum des Moralisten-Theaters gehören die mittelalterlichen ›Moralitäten‹ ebenso wie das bolschewistische Revolutionstheater (siehe auch Seite 552), das ›Agitprop‹-Theater der unverfrorenen Agitation und Propaganda, von dem Brecht viel gelernt und zu dessen deutscher Variante er viel beigetragen hat.

Der Lehrstoff der Moralisten hängt selbstverständlich von ihrem Glauben ab. Fast alle gebärden sich zumindest als Zerstörer der zu ihrer Zeit populären Ideen. Die meisten sind außerdem auch Verkünder. Claudel verkündet Gott, wie er ihn versteht, und Brecht verkündet den Marxismus, wie er ihn versteht. Lebensreformer wie Wedekind und Shaw, Philosophen wie Sartre und Camus verkünden ihre im wesentlichen selbstgefertigten Weltanschauungen. Ihr Erfolg? Was der Theaterkritiker Alfred Polgar einmal über den pädagogischen Effekt eines Lehrstücks von Brecht geäußert hat, das gilt wohl für sie alle: »Unbedingt stellt sich die Wirkung ein, daß jene Hörer, welche ganz der Meinung sind, die von der Bühne herab propagiert wird, zu dieser eisenfest in ihnen verankerten Meinung herumgekriegt werden. Sie werden von der Überzeugung, die sie haben, überzeugt, und zum Bekenntnis, auf das sie eingeschworen sind, hingerissen!«

Doch selbst wer nicht so skeptisch vor der zur Tribüne gewordenen Bühne sitzt, der kann nicht umhin festzustellen, wie rasch die Predigt der Prediger in den meisten Fällen veraltet. Vieles von dem, was Wedekind und Shaw gefordert haben, ist — sei es durch sie, sei es ohne sie — inzwischen verwirklicht worden: die Schüler im Theaterparkett haben das Klassenziel erreicht. Vieles von dem, was Sternheim und Kaiser gefordert haben, ist ungenießbar geworden: die Schüler im Parkett halten die Bühnenfiguren, durch die das Hirnblut des Autors fließt, für ebenso komisch wie die Figuren, die der Autor ihrem Gelächter preisgibt, und amüsieren sich, ohne es zu bemerken, auch über die Moral des Moralisten. Und wenn Brecht frühkapitalistische Zustände anprangert und singen läßt: »Um zu einem Mittagessen zu kommen, braucht es der Härte, mit der sonst Reiche gegründet werden«, so erreicht er in jenen Ländern kaum Einverständnis, deren erwachsene Einwohner nicht wissen, wie sie ihre Kinder davon abhalten sollen, ihr Frühstücksbrot in den Mülleimer zu werfen.

Glücklicherweise überleben jedoch manche Stücke des Moralisten-Theaters ihre Moral: wenn die Modell-Welt, die der Autor auf die Bühne gebracht hat, in sich richtig ist, so bricht sie hinter der Rampe auch dann nicht zusammen, wenn das nicht mehr aktuell ist, was sie eigentlich lehren soll. Das schiere, freche Theater, vom Autor ursprünglich nur als Transportmittel seiner Lehre gedacht, transportiert ihn noch dann in die Zukunft, wenn die Last seiner Lehre längst unwichtig geworden ist. Shaw als Clown und Brecht als Komödiant — so interessieren sie immer. Hat das reine Spiel nur genügend szenische Qualitäten, so verdaut es mühelos die Antiquiertheit seiner Lektion: rennt der Dramatiker auch offene Türen ein, so kann doch der Schwung entzücken, mit dem er durch die offenen Türen saust. Und über nichts diskutiert der Mensch lieber als über Probleme, die ihn nichts mehr angehen: die Sorgen von gestern sind prächtiger, weil unverbindlicher Unterhaltungsstoff von heute. Dies mag den Moralisten ärgerlich sein, doch um es zu ändern, müßte man nicht nur mit Brecht die Welt ändern, was schon schwierig genug wäre, man müßte die Menschen ändern, was ziemlich unmöglich ist.

Auch dies können wir aus den mehr oder minder unterhaltsam getarnten Lehrstücken lernen, wenn wir freilich gerade dies nicht aus ihnen lernen sollten. Doch schon in der Schule hat mancher Pädagoge auf seine klassische Frage »Was können wir daraus lernen?« eine unerwartete Antwort erhalten.

Frank Wedekind: die Gebärde der Provokation

Was schiert mich das Theater! Unsre kühne
Tagtäglichkeit erreicht's bekanntlich nie.
Das menschliche Gehirn sei meine Bühne,
Mein Lieblingsregisseur die Phantasie.   Frank Wedekind

»Ibsen gab uns eine neue Weltanschauung, eine neue Menschenschilderung, eine neue Seelenkunde«, notierte Frank Wedekind, »aber keine neue Dramatik.« Im gleichen Jahr, in dem Gerhart Hauptmanns erstes Stück, ›Vor Sonnenaufgang‹, ein naturalistisches Drama, aufgeführt wurde, 1889, begann Wedekind, zwei Jahre jünger als Hauptmann, seine Komödie ›Kinder und Narren‹ (Neufassung 1897 unter dem Titel ›Junge Welt‹), in der er sich durch die Karikatur eines fanatischen Menschen- und Alltagsbeobachters über Hauptmann und den Naturalismus mokierte, den ›spießbürgerlich‹ und ›engherzig‹ zu nennen er nicht müde wurde. »Die heutige Dramatik«, stellte er selbstbewußt fest, er meinte damit seine eigene, »behandelt ernstere Probleme und pflegt eine weitaus höhere Kunstform, als sie der Naturalismus kannte.« Wenn er 1897 zum Theater ging, inszenierte und Hauptrollen in seinen Stücken spielte, so nicht aus falschem Ehrgeiz, sondern weil er davon überzeugt war, daß für seine Mißerfolge auf der Bühne die Unfähigkeit der Regisseure und Mimen verantwortlich sei, anders als naturalistisch zu spielen und seinen neuen Stil zu begreifen; er verhöhnte sie: »Der Schauspieler steckte die Hände in die Hosentaschen, stellte sich, dem Zuschauer den Rücken zukehrend, neben den Souffleurkasten und wartete in großer Behaglichkeit, bis er das Wort, das ihm der Souffleur zurief, verstanden hatte... Der Zuschauer aber erhob jahrelang keinen höheren Anspruch an den Schauspieler, als durch das gesprochene Wort nicht aus der Stimmung gebracht zu werden.«

Frank Wedekind, geboren am 24. Juli 1864 in Hannover, trug die Vornamen Benjamin Franklin — zur Erinnerung an Amerika, das seine Eltern ein

paar Monate vor seiner Geburt verlassen hatten. Sein Vater, 1848 Kondepu-
tierter im Frankfurter Parlament, war ein vielgereister und reicher Mann,
seine Mutter eine ehemalige Schauspielerin am Deutschen Theater in San
Franzisko. Vater Wedekind kaufte 1872 das Schloß Lenzburg im Kanton
Aargau in der Schweiz; Frank machte 1883 in Aarau Abitur, schrieb für die
›Neue Zürcher Zeitung‹, war Chef des Reklame- und Pressebüros der Firma
Maggi, reiste 1888 als Sekretär mit dem Zirkus Herzog, begleitete seinen
Freund, den ›Feuermaler‹ Rudinoff, auf einer Tournee durch England und
Südfrankreich und vollendete 1890 in München sein erstes Stück, ›Frühlings
Erwachen‹. In Paris war er Sekretär des Malers und Bilderhändlers Willy
Grétor, eines genialischen Fälschers und Hochstaplers (Modell für ›Marquis
von Keith‹), für den er auch in London tätig war, und über seine Abenteuer
mit Mädchen führte er in dieser Zeit pedantisch Buch. In der Schweiz trat er
unter dem Namen Cornelius Mine-Haha als Ibsen-Rezitator auf, reiste 1896
zur Gründung der satirischen Zeitschrift ›Simplicissimus‹ nach München,
deren politischer Mitarbeiter er zwei Jahre lang blieb. Unter dem Namen
seines Großvaters Heinrich Kammerer trat er ab 1897 mit einem Tournee-
Theater als Schauspieler auf, wurde schließlich Schauspieler, Dramaturg und
Regisseur am Münchener Schauspielhaus, den heutigen ›Kammerspielen‹. Vor
einem Prozeß, der gegen ihn wegen seiner satirischen Gedichte auf Kaiser
Wilhelm II. angestrengt wurde, versteckte er sich zunächst, um den ›Marquis
von Keith‹ fertigzustellen, stellte sich dann, wurde zu Haft verurteilt und
schrieb auf der Festung Königstein seinen Roman ›Mine-Haha‹. Im Kabarett
›Überbrettl‹ der ›Elf Scharfrichter‹ sang er mit steinernem Gesicht seine pro-
vozierenden Bänkelsänge zur Gitarre (deren Nachklänge noch in Brechts
›Dreigroschenoper‹ zu hören sind). 1906 heiratete er die Schauspielerin Tilly
Newes, die Wiener ›Lulu‹; sie gebar ihm zwei (mit Recht berühmt gewordene)
Töchter, Pamela und Kadidja. Er spielte seinen Marquis von Keith, seinen
Jack the Ripper und viele andere eigene Rollen, gastierte in Berlin, Wien und
Stuttgart und war an seinem 50. Geburtstag ein berühmter und gefeierter
Mann. Vier Jahre später starb er in München, am 9. März 1918.

Gegen die Seelenstimmung der Naturalisten setzt er im Theater die
Stimmung der Zirkus-Sensationen. »Was seht ihr in den Lust- und Trauerspielen?! Haustiere, die so wohlgesittet fühlen«, spottet der Zirkusdompteur
im Prolog zu Wedekinds ›Lulu‹ und verspricht: »Das wahre Tier, das wilde,
schöne Tier, das — meine Damen! — sehn Sie nur bei mir.« Seine Bühnengestalten sind keine Haustiere, keine Alltagsmenschen, sondern fleischgewordene Leidenschaft: die Frauen sind die Leidenschaft der Sinnlichkeit; die
Männer sind die Leidenschaft, einen Gedanken, eine Idee bis zur letzten Konsequenz zu durchdenken und durchzuleben, wobei ihnen ihre zweite Leiden-

Frank Wedekind.
Karikatur
von Olaf Gulbransson

schaft, die sie zur Frau treibt, meist in die Quere kommt — das ergibt einen teils schauerlichen, teils komischen Effekt.

Wedekind ließ keinen Zweifel daran, daß ihm seine ›wilden‹ Tiere auch ›schön‹ seien. Dies brachte ihm den Ruf eines unmoralischen Dramatikers ein und setzte ihn den Verfolgungen der Zensur aus. Er war aber ein Moralist, der freilich die Schönheit der Begierde höher schätzte als die Heuchelei, mit der seine bürgerlichen Zeitgenossen die Sinnlichkeit verleugneten. Er notierte 1908: »Daß die bürgerliche Gesellschaft nicht das höchste Ziel menschlicher Entwicklung ist, ergibt sich schon daraus, daß die größten Menschen, wie z. B. Christus, direkte Feinde der bürgerlichen Gesellschaft waren.« Dabei schätzte er die bürgerliche Gesellschaft relativ hoch als »Nährboden, das Vegetative, das Postament, die Ernährerin« der Zivilisation; er wollte ihre Moral nicht umstürzen, er wollte sie von ihrer Verlogenheit befreien: »Die Menschheit ist nicht der bürgerlichen Gesellschaft wegen da, sondern die bürgerliche Gesellschaft ist der Menschheit wegen da.«

Sein Kampf scheint um die Mitte des 20. Jahrhunderts gewonnen (er wäre jedenfalls nicht mehr mit seinen Waffen zu führen): in dieser skeptischen Zeit nehmen sich die männerverzehrenden Vollweiber ebenso rührend harmlos aus wie die tödlichen Ideen der prinzipienhysterischen Männer. »Eigentlich müßte man ›Lulu‹ als Groteske spielen, als Höllen-Belustigung, nicht als Erden-Tragödie«, urteilte schon Alfred Polgar. Und in der Tat hat sich in der spezifischen Wedekind-Mischung von Groteske und Tragik das groteske Element als beständiger erwiesen. Wedekind war der Überzeugung, daß das literarische Theater »viel zuwenig Vergnügen und viel zuwenig Unterhaltung bietet«; inzwischen sind sogar die Teile seines Werkes, in denen er mehr wollte, zu Vergnügen und Unterhaltung geworden: die Botschaften des Moralisten Wedekind scheinen verstanden, verwirklicht, nicht mehr debattierenswert, und die abenteuerliche Kolportage, die ihm nur ein Vehikel seiner Ideen gewesen, das rein Theatralische, allein erhält ihn am Leben.

In der Geschichte des modernen Theaters ist er eine Schlüsselfigur. Er weist nach rückwärts zu Lenz und Büchner, mehr noch zu Grabbe, und nach vorwärts zu den Expressionisten, die sich auf ihn berufen, zum (jungen, anarchistischen) Bert Brecht und zu Dürrenmatt, die von ihm gelernt haben. In das ›Merkbuch der Bekenntnisse‹ im Hause Maximilian Hardens hat er 1906 eingetragen: »Liebling-Schriftsteller: Schiller… Liebling-Buch: Casanova… Motto: 2 × 2 = 4.« Diese Selbstcharakteristik trifft Wichtiges: das Pathos und die Leidenschaft Schillers, dessen ›Seelengröße‹ und ›Seelenglut‹ er wütend gegen Schauspieler und Regisseure verteidigt hat; Casanovas heuchelfreie Prosa (über die ›sexuelle Schamlosigkeit‹ schrieb Wedekind in einem Briefentwurf an Georg Brandes, 1909: »Ich gebe auch ohne weiteres zu, daß ich dieser einen Absonderlichkeit alles übrige verdanke«); die Rationalität des Einmaleins; dazu kommt, oft unterschätzt: die Pointenlust des Kabarettisten, der pure Spaß am Jux.

In einem Brief an das ›Berliner Tageblatt‹ hat Wedekind in einer hellsichtigen Bemerkung den Kampf der deutschen Dramatiker gegen die populär werdende Kinematographie als unfruchtbar und falsch bezeichnet: »Wie hat es die Malerei mit der Photographie gemacht? Sie hat sich stolz und zielbewußt immer weiter von ihr entfernt, so daß schon seit Jahren jedes Porträt dem Maler immer viel ähnlicher sieht als dem Gemalten. Machen wir's mit der Dramatik ebenso!« So hat er es mit der Dramatik gemacht, und die Porträts, die er in seinen Stücken gemalt hat, interessieren nur noch insofern, als sich aus ihnen das Porträt des Malers Wedekind ergibt. Er provoziert nicht mehr, doch auch die leergewordene Gebärde seiner Provokation hat ihre theatralischen Reize.

Meinungen: »Holzschnitt ist alles: grob und eckig und ohne Übergang. Er knarrt, wenn er schreitet. Er krächzt, wenn er spricht. Seine Nase ist steil und kühn. Wenn er auf der Straße der Elektrischen begegnet, zwingt er sie auszuweichen. Mißtrauisch, gereizt, verlegen. Oder taktlos, brutal, sarkastisch. Naiv wie ein Pony und tobsüchtig wie ein Narr«: Hugo Ball. — »Er hatte einen Humor auf Tod und Leben. Aus der steinernen Ruhe seiner Menschen brechen Trieb und Instinkt mit schamloser Grimasse vor wie die gotischen Tiere aus der Kirchenfassade. Moderne Walpurgisnacht«: Alfred Polgar. — »Diese unersättlichen Mädchen mit den gespreizten Schenkeln sind wunschgenährte Erdenkungen Wedekinds, denen er seine Sinnlichkeit zu geben glaubt — und damit ihre Existenz — indem er ihnen seine Anschauungen über die Sinnlichkeit gibt«: Franz Blei. — »Er benutzt die sämtlichen Kitsch-Konventionen der deutschen Epigonenliteratur, nicht ironisch wie Wilhelm Busch, sondern herzhaft wie ein Bursch vom Land, der sie zum erstenmal vernimmt und ihnen traut, und gibt ihnen seine erstmalige und ungebrochene Fülle, seine Stimme mit . . . Er ist faustischer in Hanswurstiaden, in Bordell- und in Zirkusszenen als in Faustiaden, weil er als Bildungsschüler leichter dem Epigonenfluch verfiel und weil er — zwar geistsüchtig wie kaum ein Zweiter — nicht geistsichtiger war als ein edler Gymnasiast«: Friedrich Gundolf. — »In allem, was ich bis jetzt geschrieben habe, fehlt mir die große Liebe, der Hauptmann seine gewaltige Wirkung zu verdanken hat«: Frank Wedekind, 1904.

Frühlings Erwachen. ›Eine Kindertragödie‹. 1890/91. Uraufführung am 20. November 1906, Kammerspiele Berlin, durch Max Reinhardt. — Vierzehnjährige Gymnasiasten in Pubertätsnöten. Wendla Bergmann, die mit Melchior Gabor auf dem Heuboden gewesen ist, erwartet ein Kind, ohne es zu wissen. Ihre Mutter sorgt dafür, daß sie von einer Frau Schmidt behandelt wird — Wendla stirbt daran; als Todesursache steht ›Bleichsucht‹ auf ihrem Grabstein. Moritz Stiefel, bedrängt von erwachender Sexualität und Pubertätsschwermut, im Stich gelassen von den Erwachsenen, sitzengeblieben in der Schule, erschießt sich. Die Lehrerkonferenz stellt als Ursache für den Selbstmord die schriftliche ›Aufklärung‹ fest, die Moritz von seinem Freund Melchior erhalten hat. Moritz wird an seinem Grabe von seinem Vater verleugnet: »Der Junge war nicht von mir«; Melchior wird in eine Erziehungsanstalt gesteckt, entflieht und gelangt auf den Friedhof, auf dem Wendla und Moritz beerdigt sind. Moritz steigt aus dem Grab, seinen Kopf unterm Arm, und versucht, Melchior in den Tod zu locken, doch der folgt dem ›vermummten Herrn‹, dem Wedekind das Drama gewidmet hat: dem Leben. — Den ›vermummten Herrn‹ hat Wedekind bei Reinhardt gespielt. 1911 kommentierte er: »Bis zur Aufführung durch Reinhardt galt das Stück als reine Pornographie. Jetzt hat man sich dazu aufgerafft, es als trockene Schulmeisterei anzuerkennen. Humor will noch immer niemand darin sehen.« Über das seinerzeit sensationelle Stück werden sich selbst Vierzehnjährige kaum mehr aufregen: sie haben derartige Aufklärungsprobleme nicht mehr. Die neunzehn konzentrierten Szenen erinnern an Lenz oder Büchner in der Technik, nicht jedoch in der Sprache: in seinen Bemühungen, über den Naturalismus hinauszukommen, hat Wedekind Gedanken und Poesie gemischt, wobei ihm die Gedanken oft geschraubt und viele poetische Sätze unfreiwillig komisch geraten sind. Alles Recht ist auf der Seite der Jungen, alles Unrecht auf der Seite der Erwachsenen; die Lehrerkarikaturen — mit Namen wie Affenschmalz, Knüppeldick, Knochenbruch — haben ihre Gefährlichkeit verloren, und die Symbolik der Friedhofsszene wirkt penetrant. In seinem pathetisch-grotesken, gedanklich-poetischen, satirisch-symbolischen Mischstil hat ›Frühlings Erwachen‹ dem Expressionismus Vorschub geleistet. — Eine starke Resonanz hat das Stück — unter dem Titel ›Spring Awakening‹ — im Londoner Royal Court Theatre, auf der Bühne der Osborne und Wesker (siehe auch Seite 833) 1963 gefunden: Wedekind unter zornigen jungen Männern, die stilistisch eher dem jungen Gerhart Hauptmann ähneln.

Fritz Schwigerling. Der Liebestrank. ›Schwank in drei Aufzügen‹. 1891/92. Uraufführung 28. September 1900, Zürich. — Schwigerling (Vorbild war Wedekinds Freund, der ›Feuermaler‹ Rudinoff) ist ein ehemaliger Kunstreiter, der die Hohe Schule stets der Hochschule vorgezogen und sich nun als Hauslehrer beim Fürsten Rogoschin verdungen hat. Dem prügelfreudigen Russen verkündet er sein im Zirkus erlerntes Erziehungsprogramm: »Ich löse die Glieder, damit der Geist sie durchbebt, damit Freiheit und Freude durch jede Ader zittert, bis die Faszination in hellen Funken aus beiden Augen sprüht.« Durch rohe Gewalt gezwungen, dem der jungen Katharina hoffnungslos nachstellenden alten Fürsten Rogoschin einen Liebestrank zu brauen, zieht sich Schwigerling aus der Affäre, indem er versichert, das Mittel wirke nur, wenn der Fürst beim Trinken nicht an einen Bären denke, worauf Rogoschin selbstverständlich an gar nichts anderes mehr denken kann. In der rechten Sekunde hat Schwigerling auch einen Tee bereit, dem Fürsten die Bärengedanken auszutreiben und ihn damit im entscheidenden Augenblick kampfunfähig zu machen — im Augenblick, da Katharina entflieht, um sich von Schwigerling als Kunstreiterin an einen Zirkus vermitteln zu lassen, um, wie sie sich ausdrückt, »meine glühende Sehnsucht im unersättlichen Lebensgenuß zu kühlen«. — Was Kleist im Marionettentheater entdeckte, das fand Wedekind auf seine Weise im Zirkus: ein Bild für die Beziehungen zwischen Schwerpunkt und Anmut, zwischen Grazie und Bewußtsein. In seinen in der ›Neuen Zürcher Zeitung‹ veröffentlichten ›Zirkusgedanken‹ teilte er 1887 die Menschen in zwei Gruppen ein. In Trapezkünstler, die ein stabiles Gleichgewicht haben, weil sich ihr Stützpunkt über ihnen befindet: sie haben das in ihrem Inneren geborene Ideal an das Himmelsgewölbe projiziert, und daran ist ihre Lebens-führung aufgehängt. Und in Seiltänzer, die ein labiles Gleichgewicht haben, weil sich ihr Stützpunkt unter ihnen befindet: sie sind Praktiker und zu sehr beschäftigt, keinen Fehltritt zu machen und sich aus gegebenen Verhältnissen ein Bild von gewisser Vollkommenheit herauszukonstruieren, als daß sie für abstrakte Ideale etwas übrig hätten.» Abstrakt-erhabener und real-praktischer Idealismus! Stabiles und labiles Gleichgewicht!« Wedekind war für das labile Gleichgewicht, und Fritz Schwigerling ist es auch: der Katharina, dieser Lulu-Vorgängerin, wird er durch die Hohe Schule des Zirkus die Seele zur Grazie befreien und sie in Schönheit erlösen. Aus solchen Denkbarkeiten Wedekinds sind reine Lustbarkeiten geworden. Wer könnte das Vollweib des Jahres 1891 und die Zirkusphilosophie ohne Ironie zur Kenntnis nehmen? Die Provoka-tion ist zum Amüsement geworden — in diesem Schwank ungetrübter als in den Tragödien Wedekinds, in denen seine unfreiwillige Komik dem frei-willigen Vergnügen mehr im Wege steht.

Erdgeist. ›Tragödie in vier Aufzügen‹. 1892—94. Uraufführung am 25. Februar 1898 in Leipzig mit Wedekind als Dr. Schön. — *Die Büchse der Pandora.* ›Tragödie in drei Aufzügen mit einem Prolog‹ (Fortsetzung von ›Erdgeist‹). 1892—1901. Uraufführung am 1. Februar 1904 im Intimen Theater, Nürn-berg. Von Wedekind hochgerühmte Aufführung durch Karl Kraus 1905 in Wien mit Egon Friedell als Polizeikommissär, Karl Kraus als Neger Kungu Poti, Wedekind als Jack the Ripper, Tilly Newes (die Wedekind ein Jahr später heiratete) als Lulu. — *Lulu.* Eine fünfaktige ›Monstretragödie‹, von Wedekinds Tochter Kadidja als Urfassung der beiden Teile ›Erdgeist‹ und ›Büchse der Pandora‹ herausgegeben; Uraufführung 1950, Hamburger Kam-merspiele. — ›Lulu‹, Oper nach Wedekind, von Alban Berg, 1937.

Im Prolog führt der Zirkusdompteur die Darstellerin der Lulu als Schlange vor: »Sie ward geschaffen, Unheil anzustiften, zu locken, zu verführen, zu vergiften — zu morden, ohne daß es einer spürt.« — Lulu ist verheiratet mit dem Medizinalrat Dr. Goll; er bricht tot zusammen, als er sie dabei ertappt, wie sie ihn mit dem Kunstmaler Schwarz betrügt. Lulu heiratet Schwarz und betrügt ihn mit dem Chefredakteur Dr. Schön; sie versorgt den Bettler Schi-golch, einen zynischen Gossenphilosophen und angeblich ihr Vater, mit Geld; Schwarz, der sich durch Dr. Schön und die finstere Abstammung Lulus be-trogen fühlt, schneidet sich die Kehle durch. Dr. Schön will sich von Lulu trennen, um ein gesellschaftsfähiges, unschuldiges Mädchen zu heiraten, doch ist er Lulu derart hörig, daß sie ihn zwingen kann, ihr den Abschiedsbrief an das Mädchen zu diktieren. Lulu heiratet Dr. Schön; in ihrem Hause wimmelt es von Liebhabern, darunter die lesbische Gräfin Geschwitz, ein Gymnasiast

›Die Büchse der
Pandora‹ von Frank
Wedekind
im ›Kleinen Schauspiel-
haus‹ Berlin, inszeniert
von Carl Heine,
20. Dezember 1918.
Lithographie von
Emil Orlik: Gertrud
Eysoldt (1870–1955)
als Lulu und Werner
Krauss (1884–1959)
als Schigolch

und ihr Stiefsohn Alwa Schön; Dr. Schön gibt ihr, angeekelt, einen Revolver,
mit dem sie sich erschießen soll — sie drückt in panischer Angst ab, erschießt
Dr. Schön und wird von der Polizei verhaftet.

Nach diesem Aufstieg Lulus im ›Erdgeist‹ folgt ihr Abstieg in ›Die Büchse
der Pandora‹. (Im Prolog debattieren in einer Buchhandlung der ›normale
Leser‹, der ›rührige Verleger‹ und der ›verschämte Autor‹ mit dem ›hohen
Staatsanwalt‹, der den Autor unter keinen Umständen auf die Bühne lassen
will — Wedekind hatte eine Aufführung des Stückes für unmöglich gehalten.)
Die Gräfin Geschwitz hat Lulu aus dem Zuchthaus befreit. Sie ist so schwach,
daß sich der Plan des Artisten Rodrigo Quast, mit ihr im Ausland eine arti-
stische Glanznummer aufzubauen, nicht verwirklichen läßt. Mit Schigolchs
Hilfe geht Lulu nach Frankreich, heiratet in Paris Alwa Schön, ihren Stief-
sohn, und ihr Salon ist ein Luxusbordell. Sie wird von dem Mädchenhändler
Casti-Piani und vom Artisten Rodrigo erpreßt. Casti-Piani ruft die Polizei,
Lulu und Alwa fliehen. In einer Londoner Dachkammer hausen Lulu, die
Gräfin Geschwitz, Alwa und Schigolch; Lulu geht auf den Strich, Alwa und
Schigolch räubern ihre Kunden aus. Alwa wird von dem Neger Kungu Poti

erschlagen, den er in einem Eifersuchtsanfall angegriffen hat. Die Gräfin und
Lulu werden von einem Mann erstochen, den Lulu heraufgebracht hat: von
dem Lustmörder Jack the Ripper.

Lulu ist keine psychologisch zu erfassende Frau, kein Vamp, sondern die
fleischliche Darstellung eines Prinzips: die reine, niemals bürgerlich zu bän-
digende Triebhaftigkeit in einer Unschuld, die Gut und Böse noch nicht kennt.
(Dr. Schön ist erst durch seine Philosophie à la Nietzsche jenseits von Gut
und Böse angelangt.) Lulu ist das kreatürliche Paradoxon einer unschuldigen
Schuldigen — sie ist die Lust, die folgerichtig vom Lustmörder umgebracht
wird. Diese Variante des »wahren, des wilden schönen Tiers« ist eine Ausgeburt der moralischen Empörung Wedekinds über die bürgerliche Scheinmoral; sie ist undenkbar ohne die muffige Atmosphäre ihrer Entstehungszeit,
gegen die sich ihr Angriff richtet. Ihre provokatorischen Reize hat sie durch
die Versachlichung der Erotik in den folgenden Jahrzehnten verloren.

Wedekinds enges Thema — Sexus und bürgerliche Gesellschaft — ist zum
Randproblem geworden, und die von ihm als Mittel zur antipsychologischen,
antinaturalistischen Stilisierung benutzte Kolportage tritt unverputzt hervor:

›Lulu‹ von Frank Wedekind
in den Münchener Kammerspielen, inszeniert von O. Falckenberg (1873–1947), 1928.
Bühnenbild von O. Reigbert: Lulus Dachkammer in London

je unverbindlicher sein Bühnen-Gleichnis wird, desto ungenierter amüsant ist die zugrunde gelegte Moritat. Für Wedekind war noch der zynische Witz nichts als der Diener seines Pathos — inzwischen wirkt selbst sein Pathos wie ein zynischer Witz. Er bestand darauf, »daß zum Schluß der tragische Ernst als bedingungslos anerkannter Sieger den Kampfplatz behaupten mußte«, doch die Tragik, von ihm über die Hintertreppe geschleift, hat sich bis dahin das Genick gebrochen. Im übrigen erkennt der Zeitgenosse Ionescos, daß Wedekind als Szenentechniker nicht nur ein Wegbereiter des Expressionismus gewesen, sondern auch bereits Effekte des absurden Theaters mit seinen schwarzen Humoren und seinem Hohngelächter über ausweglose Situationen vorweggenommen hat.

Der Kammersänger. Einakter. 1897. Uraufführung am 10. Dezember 1899 im Neuen Theater, Berlin. — Einen »Zusammenstoß zwischen einer brutalen Intelligenz und verschiedenen blinden Leidenschaften« hat Wedekind diesen Einakter genannt. Die brutale Intelligenz gehört dem k. k. Kammersänger Gerardo, einer, wie ihn Wedekind charakterisiert, »aufgeblasenen Philisterseele, die sich des Erfolgs wegen für einen Künstler hält und von allen Erfolgsanbetern dafür gehalten wird«. Gerardo, von Gastspielterminen gehetzt, wird bei seinen Reisevorbereitungen aufgehalten: von einem verzückten Backfisch, der sich ihm an den Hals werfen will — er wimmelt das Mädchen ab; von Professor Dühring, einem unaufgeführten Komponisten, der ihn für seine Werke interessieren will (Wedekind: »Professor Dühring bin ich selber, so wie ich mir mit dreiunddreißig Jahren dem Theater gegenüber erschien.«) — der Kammersänger kann ihm nicht helfen, doch bleibt er nicht ohne Mitgefühl; von der schönen Helena Marowa, einer verheirateten Dame der Gesellschaft mit zwei Kindern — sie ist seine Geliebte, weil dies zu seinem Renommee gehört, doch nimmt sie ihre Liebe ernst und verlangt, daß er sie auf seinen Reisen mitnehme; als er sich weigert, weil sein Kontrakt Damenbegleitung verbietet, schießt sie sich eine Kugel in den Kopf. Gerardo schickt nach einem Polizisten, er will rasch verhaftet werden: »Wenn ich abreise, bin ich ein Unmensch, und wenn ich hierbleibe, bin ich ruiniert, bin ich kontraktbrüchig.« Als der Polizist nicht schnell genug kommt, die Verhaftung, die allein den Kontraktbruch entschuldigen könnte, auf sich warten läßt, stürzt der Kammersänger davon: »Ich muß morgen abend in Brüssel den ›Tristan‹ singen!«

Eine Satire auf den Kultur-Rummel, der sich für Kunst ausgibt, auf den Star-Betrieb, der sich inzwischen prinzipiell nicht geändert, eher noch verschlimmert hat. Der Kammersänger macht sich über seine Position nicht die geringsten Illusionen; er weiß, daß er von der Gesellschaft bezahlt wird, weil sie ihn für ihre Repräsentation benötigt, und er macht dieses Spiel mit: für die Gesellschaft wie für ihn zählt allein der ›Erfolg‹. Der ›Kontrakt‹ als Schicksalsmacht — ein brillantes, völlig unverstaubtes Stück. Durch die verflossene Zeit ist sogar Professor Dühring — Wedekinds Selbstmitleid und Sentimentalität — zur Satire geworden.

Der Marquis von Keith. ›Schauspiel in fünf Aufzügen‹. 1900. Uraufführung am 11. Oktober 1901 in Berlin. — In München, 1899, gründet der hinkende Marquis von Keith die ›Feenpalast-AG.‹, um seiner Geliebten, der Gräfin Anna Werdenfels, einen Schauplatz für sängerische Triumphe und sich selbst dringend benötigte Einnahmen zu verschaffen. Er ist ein Spekulant und Hochstapler und will sich einen Platz in der bürgerlichen Gesellschaft erobern, indem er ihre Schwächen ausbeutet. Zu seinen Lebensmaximen gehören: »Sünde ist eine mythologische Bezeichnung für schlechte Geschäfte«, »Das glänzendste Geschäft in dieser Welt ist die Moral«, »Die Wahrheit ist unser kostbarstes Lebensgut, man kann nicht sparsam genug damit umgehen.« (Sein lebendes Vorbild war der Maler, Fälscher, Kunsthändler und Schwindler Willy Grétor, dessen Sekretär Wedekind eine Zeitlang gewesen ist.) Seine Antithese ist sein Jugendfreund Ernst Scholz, ein Moralist, der zuviel Nietzsche gelesen hat und durch Keith zum ›Genußmenschen‹ werden möchte. Dazu Wedekind: »Das Wechselspiel zwischen einem Don Quijote des Lebensgenusses (Keith) und einem Don Quijote der Moral (Scholz). Keith will sich als Mittel zu seinem Zweck der Moral bemächtigen. Scholz will sich als Mittel zu seinem Zweck des Lebensgenusses bemächtigen.« Keith scheitert in all seinen Projekten. Die bürgerliche Moral, deren er sich bedienen wollte, triumphiert, indem sie sich seiner bedient: als Hochstapler ist er nichts anderes als ihre Ausgeburt. Die nicht vorhandenen Geschäftsbücher werden angefordert (und das Geschäft werden die andern machen). Gräfin Anna, seine triebhafte Geliebte, treibt's zum reichen Großkaufmann Casimir. Freund Scholz gibt ihm kein Geld mehr und geht, von Anna abgewiesen, als gescheiterter Genußmensch freiwillig in eine Irren-Heilanstalt. Die kleinbürgerliche, liebe Molly, mit der Keith zusammen gelebt hat, ist in die Isar gesprungen; ihr Leichnam wird ihm ins Haus gebracht. Konsul Casimir zwingt Keith wegen einer gefälschten Unterschrift, München zu verlassen, und gibt ihm eine getarnte, entwürdigende Abfindung. Keith, das Geld in der einen, den Selbstmordrevolver in der anderen Hand, legt grinsend die Mordwaffe weg: »Das Leben ist eine Rutschbahn.«

Wedekind hielt dieses Stück für sein »künstlerisch reifstes und geistig gehaltvollstes« und den Keith »für die beste Rolle, die ich geschrieben habe«. Er hat sie oft gespielt, Thomas Mann hat ihn geschildert: »Man kennt sein

Spiel, das nicht Kunst, nicht Schauspielerei, sondern eine beklemmende Wirklichkeit ist, atemlos, linkisch, schamhaft-emphatisch und erschütternd lächerlich, wie seine Seele.« Die amoralischen Grundsätze des falschen Marquis präsentieren sich nur noch als Frechheiten; die Moralitäten Wedekinds, diese ins Absurde getriebenen Nietzsche-Parolen, können lediglich historisch nachempfunden werden — geblieben sind eine komödiantische Hochstapler-Rolle mit leicht dämonischem Wetterleuchten und ein bizarres Abenteuer, knallig wie eine Zirkus-Nummer.

König Nicolo oder So ist das Leben. ›Schauspiel in drei Aufzügen und neun Bildern mit einem Prolog‹. 1901. Uraufführung am 22. Februar 1902, Schauspielhaus München. — Der umbrische König Nicolo wird von einem Schlächtermeister entthront, mehrfach zum Tode verurteilt und verbannt. Verkleidet zieht er mit seiner Tochter als untalentierter Bettler durchs Land, verflucht als ironischerweise talentierter Zuschneider für Hofroben den König, meint damit sich selbst und wird wegen Majestätsbeleidigung in den Kerker geworfen. Auf der ›Elendskirchweih‹ des fahrenden Volkes trägt er sein Schicksal als Tragödie vor und erregt damit schallendes Gelächter; er wird als Charakterkomiker engagiert. Den Zuschauern erscheint sein Ernst als Karikatur, seine Würde als Parodie, sein Schmerz als Posse. Vor dem Schlächter, der inzwischen ein würdiger König geworden ist, spricht König Nicolo von der Verantwortung, der Bürde, den Versuchungen des Königtums und von seiner Läuterung. Betroffen macht ihn der neue König als weisen Narren zu seinem Ratgeber, doch sobald Nicolo sich als König zu erkennen gibt, glaubt man ihm nicht, und den Beweis zu führen, ist es zu spät — er stirbt. — So, räsoniert Frank Wedekind, ist das Leben. Diese Erfahrung für allgemein zu halten, hatte er damals einigen Anlaß. Er fühlte sich mißverstanden von den Theaterdirektoren, von den Schauspielern, von der Kritik. Sie konnten in ihm, dem Schiller-Verehrer, den Ethiker nicht entdecken, und sie hielten ihn, der sich vor nichts mehr als vor der Lächerlichkeit fürchtete, für einen lächerlichen Narren. So schrieb er nach dem mißverständlichen ›Marquis von Keith‹ den unmißverständlich ethischen ›König Nicolo‹ und zeigte ihnen darin das Schicksal eines Verkannten in einer gradlinigen, romantischen Parabel. Den Schmerz trägt er unmittelbar vor, und das Gelächter dient nur seiner Unterstreichung. Die Tragikomik liegt nicht mehr in der Figur, sondern in ihrer Situation; sie ist flach und plakathaft geworden: betont zeigt sich der Autor als schlichter Moralist. Wedekinds stärkste Seite ist dies nicht. Was Alfred Kerr über dieses Schauspiel schrieb, dürfte noch immer gelten: »Es mag ihm sein liebstes gewesen sein, weil er darin klagt. Aber es ist nicht sein größtes: — weil er darin klagt.«

Musik. ›Sittengemälde in vier Bildern‹. 1906. Uraufführung am 11. Januar
1908 im Intimen Theater, Nürnberg. — Der verheiratete Musikprofessor Josef
Reißner hat seine naive, kunstgläubige Schülerin Klara Hühnerwadel verführt; sie kommt wegen Abtreibung ins Gefängnis, wird auf dem ›Gnaden-
weg‹ entlassen, verfällt abermals ihrem ›Gesangspädagogen‹, erwartet abermals ein Kind. Sie bringt es zur Welt, entschlossen, mit ihm zu leben, doch
das Kind stirbt — über ihre beginnende Umnachtung täuscht der Arzt mit
Phrasen hinweg und schickt sie mit ihrer Mutter in die Schweiz. Der Professor
fährt mit Frau Else in Urlaub, und der Literat Lindekuh (ein Selbstporträt
Wedekinds), von diesen Vertretern der bürgerlichen Moral verachtet, weil er
als einziger Mitleid und Moralgefühl hat, spricht über Klara, die einst Wag-
ner-Sängerin werden wollte, das bitterböse Schlußwort: »Die kann ein Lied
singen!«

Aus taktischen Gründen hat Wedekind bestritten, daß ›Musik‹ ein Schlüssel-
stück sei, doch besteht kein Zweifel, daß eine Münchener ›Affaire‹ aus dem
Jahre 1906 zugrunde liegt; Wedekind hat aus diesem Grund die Aufführung
des Stückes in München im Herbst 1906 verhindert. Ein blutig ernster Stoff —
von Wedekind blutig parodistisch behandelt. Die Rolle der Klara, forderte er,
»ist die Karikatur einer Heroine und darf nicht als sentimentaler Schmacht-
lappen gespielt werden«. Musik, Kunst überhaupt, als Alibi für die bürgerliche Unmoral. Je ernster die Personen auf der Bühne agieren, desto schauerlich komischer wirken sie; im letzten Bild fallen Katastrophe und Lächerlichkeit
übereinander — Wedekind haut dem Publikum das eigene Gelächter um die
Ohren, bis es weh tut. Sein Stil der gebrochenen Linie — hier ist er astrein
und vollendet: schmerzvoller Hohn, tragischer Sarkasmus. »Diese kaltherzige
Karikatur«, gestand er, »ist mir eigentlich zuwider«, doch gerade in ihrer
Kaltherzigkeit, in der unbarmherzigen Distanz, die der Autor von seinen
Gestalten bewahrt (wie nur noch im ›Kammersänger‹), in seiner mitleidlosen
Objektivität liegt die Schlagkraft des Stückes und seine Dauerhaftigkeit. Die
sonst so vergänglichen Personen vom Jahrhundertbeginn sind hier durch
inneren Abstand des Autors zu präzisen Kunstfiguren eines Panoptikums aus
Fleisch und Blut geworden. Sterblich ist Wedekind, wie seine anderen Stücke
beweisen, immer dort, wo er subjektiv zu sehr beteiligt ist und zuviel Herz
investiert hat.

Carl Sternheim: Maskenbildner mit Monokel

> Also nicht Ironie und Satire, die als meine Absicht der tüchtige
> Reporter festgestellt hatte und die Menge nachschwatzte, son-
> dern vor allgemeiner Tat aus meinen Schriften schon die Lehre:
> daß Kraft sich nicht verliert, muß auf keinen überkommenen
> Rundgesang, doch auf seinen frischen Einzelton der Mensch
> nur hören, unbesorgt darum, wie Bürgersinn seine manchmal
> brutale Nuance nennt.
>
> Sternheim in ›Berlin oder Juste milieu‹, 1920

Bei der Premiere seines Stückes ›Die Kassette‹ am 25. März 1912 in München
raste das Publikum; keineswegs vor Begeisterung. Stefan Großmann berichtet:»Im tosenden Gebrüll erschien Sternheim auf der Bühne und guckte
auf die tobenden Zuschauer mit einem Lächeln, von dem ich sagen muß, es
war wohl das süffisanteste Lächeln, das ich je gesehen habe . . . Je kreischen-
der und dräuender die Münchener, die sich zum Angriff von ihren Sitzen
erhoben hatten, ihre Stimmen erschallen ließen, um so höhnischer kräuselten
sich Sternheims Lippen, die Provokation tat ihm mindestens so wohl wie der
Beifall des Publikums.« Das gleiche Stück, nach dem ersten Weltkrieg im
Wiener Burgtheater aufgeführt, regte am 2. Juni 1920 die Galeriezuschauer
zu Prügeleien an; Sternheim quittierte die Vorfälle mit einem Telegramm,
das die ›Neue Freie Presse‹ veröffentlichte:»Höre von dem Riesenskandal
der Kassette am Burgtheater und bitte, Wiens Publikum meine große Freude
über diesen seinen Reinfall auszudrücken.« Noch 1961 machte ›Die Kassette‹
Skandal, abermals in München.

Wir wissen nicht, ob Sternheim den Skandal, den sein ernstes Stück am
13. September 1912 im Berliner Deutschen Theater hervorrief, auch süffisant
genossen hat, es ist freilich sehr unwahrscheinlich — damals brachte Max
Reinhardt den ›Don Juan‹ Sternheims (nach Molière) heraus, und als Paul
Wegener, der König Philipp, auf der Bühne seinen Minister fragte:»Wer
schrieb den Unsinn?«, antwortete ihm ein Zuschauer vergnügt:»Sternheim!« — der Rest der Tragödie versank in Bravo-Rufen und allgemeiner
Heiterkeit. Aus diesem Skandal jedenfalls zog Sternheim entscheidende Konsequenzen: er schrieb nie mehr ein Trauerspiel, er bekämpfte Romantik und
Mystik, von denen sein Don Juan noch lebte, hinfort mit tödlicher Ironie.
Und wenn es nun noch zu Skandalen kam, so weil das Publikum eben
jenen Hohn, jenes süffisante Lächeln, das Sternheim ihm in München gezeigt,
auch in seinen Stücken spürte. Nicht spüren konnte es, daß Sternheims Hohn,
zumindest unbewußt, auch Sternheim galt: er kannte die Bourgeoisie, deren
Schwächen er so radikal enthüllte, genau; er stammte aus ihr, und die Roman-

tik, über die er so süffisant lächelte, sie war ein Teil von ihm: Wenn er in seinen Satiren predigt, so ist dies eine romantische Variante, und insgeheim imponiert ihm die Gerissenheit und Brutalität seiner satirisch nur scheinbar niedergeschmetterten Kreaturen, denn sie verwirklichen sich selbst, und dazu sagt der Romantiker Sternheim ja.

Groß ist er, der sich als ›Arzt am Leibe seiner Zeit‹ verstand, als Diagnostiker; verquollen und unbekömmlich geworden ist seine Therapie; groß ist er als Satiriker; als Lebenslehrer dagegen, der auf den Spuren Nietzsches einen extremen Individualismus, eine Selbstver-wirklichung auch um den Preis der

Carl Sternheim.
Radierung von Konrad Felixmüller, 1921

Brutalität, feiert, ist er antiquiert und wirkt er so komisch wie nur eine seiner komischen Gestalten.

Seine Lebensdaten: geboren am 1. April 1878 in Leipzig; gestorben am 3. November 1942 in La Hulpe bei Brüssel. Sein Vater war Bankier und Besitzer einer Zeitung. Er hat eines Tages seinem Sohn Carl folgende glanzvolle Rede gehalten: »Carl, du brennst fast bei jeder Mahlzeit ein Loch in die Tischdecke. Da eine Damastdecke 400 Mark kostet, so sind das jährlich für 427 000 Mark Tischtücher, oder bei dem heutigen Diskont von fünf Prozent die Zinsen von 8 544 000 Mark. Ich habe also im Jahr allein zehn Millionen für Tischwäsche auszugeben. Und da ich dazu nicht imstande bin, erlaubst du, daß ich mich erschieße.« Solche Rechnungen und solcher Sarkasmus werden in Carls Stücken immer wieder auftauchen.

Die gesellschaftlichen Verhältnisse studierte er schon früh im ›Belle-Alliance-Theater, dem Hofkalender und der Armeerangliste‹. Auf verschiedenen Universitäten studierte er Philosophie und Literaturgeschichte und begann nach romantisch-mystischen-eklektizistischen Anfängen 1911 mit seiner Komödien-Serie ›Aus dem bürgerlichen Heldenleben‹ (nie hat er übrigens eindeutig gesagt, welche seiner Komödien zu dieser Serie gehören). Wenn man ›Tabula rasa‹ (1916) noch dazurechnet, so war zwischen 1911 und 1916 seine fruchtbarste Zeit. Er schrieb auch nachher noch eine Menge Stücke, darunter das geistreiche Drama ›Oscar Wilde‹ (1925), doch haben sie nicht mehr den Elan, die Schlagkraft und Frische und sind auf den deutschen Bühnen, von denen ihn die Nationalsozialisten vertrieben haben, nicht heimisch geworden.

Sternheim karikierte oft die mondäne Welt, in der er lebte. Er war wohlhabend genug, sich bei München ein Schloß im Stil Louis XVI. zu bauen, lebte viel auf Reisen zwischen Berlin, Bayern und der Schweiz, ab 1912 meist in La Hulpe bei Brüssel. Er war dreimal verheiratet, in letzter Ehe mit Pamela, der Tochter Frank Wedekinds. Mit Wedekind war er stilistisch enger verwandt als mit jedem anderen Dramatiker: beide attackierten den Spießbürger, schufen Modellwelten, benutzten sprachliche Klischees zur Stilisierung. Wedekind freilich war ein unter der Gesellschaft Leidender, ein Lobsänger des Eros und der Liebe, die Sternheim, ein die Gesellschaft Verachtender, stets nur als zweitrangige Kraft betrachtete.

Sternheim verehrte Bismarck und hatte durchaus Sympathien für das preußische Militär. Wenn er in seinen Komödien den ›Bürger‹ zerfetzte, so hatte er ihn vorher kühl beobachtet, und zwar durch ein Monokel. Seine Spezialität war der Spießbürger der Nach-Bismarck-Zeit, doch verhöhnte er mit ihm die Aristokratie, die sich vom ›Bürger‹ leicht korrumpieren läßt, und das Proletariat, das insgeheim keinen anderen Wunsch hat, als genauso übel zu werden wie der ›Bürger‹, den es offen bekämpft. »Wer Sternheim ganz und gar verstehen will, auch politisch«, schrieb Willy Haas, »darf in diesem Genie der Satire auch nicht ganz das versteckte Ressentiment eines gewissen jüdisch-preußischen Typs verschweigen . . .: seine geheime Anbetung des preußischen Junkers, des preußischen ›Großen Generalstabs‹, seiner uniformierten wortkargen Hegelianer, Moltkes. Von dorther recht eigentlich zielt Sternheims Satire des reichsdeutschen Kleinbürgers — sie ist also ganz anders gesetzt als die eines Heinrich Mann.«

Sternheim gab vor, er habe nie die Absicht gehabt, satirisch zu zeichnen; er zeichne nur die Wirklichkeit fleißig und genau nach; er sei kein Humorist: die Leute seien komisch, nicht er. »Sieben Komödien schrieb ich von 1908 bis 1913«, stellte er fest, »die letzte, die des Vorkriegsjahres Namen trägt, zeigte, wohin in aller Einfalt des Bürgers Handel gediehen war. Vom Dichter gab es nichts, nur noch von Wirklichkeit hinzuzusetzen.« Er klagte die Wilhelminische Gesellschaft, deren gradliniges Ergebnis der erste Weltkrieg war, nicht dadurch an, daß er einen Dramenhelden in ihr scheitern ließ, sondern benutzte das umgekehrte Verfahren: seine ›Helden‹ sind Exponenten, Ausgeburten einer Gesellschaft, in der sie folglich nicht scheitern, sondern triumphieren: ihr Triumph ist so abscheulich, so lächerlich und so todgefährlich wie die Gesellschaft. So entstand bis 1922 ein Werk, das, wie Sternheim sagt, »die ätzende permanente Kritik jener Zustände ist, die zum Krieg geführt haben«.

Seine Personen sind skelettiert: Gerippe, die nach Macht klappern. Nicht Sexualität oder gar die Liebe treibt sie, sondern die Gier nach Besitz, Geltung und brutalem Genuß. Skelettiert ist ihre Sprache: die Artikel sind gestrichen, Partizipialkonstruktionen knallen hart aufeinander, der Satzbau ist verschroben (Polgar: »Gedrehte Ballung oder geballter Dreh?«), und einer spricht wie der andere. Da niemand ein persönlich geprägtes Wort gebraucht, sondern nur aus einem ungeheuren Vorrat von Phrasen zu zitieren scheint, ist niemand eine Person, sondern jeder ein Partikel aus einer unpersönlichen Masse, ein Zitat aus einem ungeheuren Vorrat gleichgebildeter Typen. Ob man, wie viele Expressionisten wollen, seine Sprache ›expressionistisch‹ nennt, ist eine Frage des Geschmacks und für den Theaterbesucher unerheblich. Sofern jedoch der Expressionismus eine klischeesprengende, glühende Sprache gewollt hat, ist Sternheims ausgekühlte Kasino-Kürze das Gegenteil von expressionistisch: mit ihren bewußten und bewußt übersteigerten Klischees entlarvt sie ihre Sprecher als klischierte ›Vertreter‹ ganzer Schichten, die keine andere Sprache als eben diese Klischees aus dem Wilhelminischen Lesebuch, dem Goldschnitt-Poesie-Album, dem Standesjargon kennen. Sternheims Sprache könnte man eher kubistisch nennen: die Menschen auf den kubistischen Bildern sind auch nur Gattungsvertreter, zusammengesetzt aus geometrischen Klischees. Davon mag der Epiker Sternheim, der Erzähler und Romancier, weniger betroffen sein; für seine Dramen trifft es zu. Indem die Sternheim-Personen mit dieser Sprach-Maske auftreten, die als vorgeprägte Maske hörbar wird, demaskieren sie sich selbst.

Der wirtschaftliche Aufschwung der deutschen Bundesrepublik nach dem zweiten Weltkrieg hat zwar keine Neu-Auflage der Wilhelminischen Ära gebracht, doch so manche Parallel-Erscheinung unter Arbeitgebern wie -nehmern; dies ist die Grundlage für die Sternheim-Renaissance. Bei ihr hat sich herausgestellt, daß seine kahlgeätzten Figuren, die im Gegensatz zu den Gestalten Molières (mit dem sich Sternheim gern verglichen sah) zumeist jeglicher tragikomischer Beimischung entbehren, sehr viel lebenskräftiger werden, wenn sie mit einer (Regie-)Prise Menschlichkeit versehen werden.

Meinungen: »Aber wie heute reiche Haussöhne Bolschewisten-Programme bejubeln, weil es ihnen die durch Besitz ermöglichte innere Distanz erlaubt, sich für jegliches Moderne schmerzlos zu begeistern, so ist auch Sternheims souveräner Blickpunkt aus der Höhe seelischer und materieller Unabhängigkeit begreifbar: Adel und Proletariat sind als geprägte Extreme ihm immer noch sympathischer als die verschwommene Bourgeoisie, die in einer kapitalistisch gesicherten Lebensromantik denk- und herzensfaul dahindämmert. Da engagiert sie der Grandseigneur für sein amüsantes Affentheater«: Bernhard Diebold, 1921. — »Er neigt zum Hänseln; zum Hämischen. Er ist, ganz allgemein, eine Eetsch-Potenz. Mit köstlicher Komik«: Alfred Kerr, 1919. — »Wedekinds wildes, schönes Tier bricht mit der elementaren Gewalt eines Naturereignisses in die Konventionen ein, der Dichter führt es auf freier Wildbahn vor. Deshalb muß es als Opfer auf der Strecke bleiben. Sternheims Viechskerl dagegen offenbart sich nicht gegen die Konvention, sondern in ihr, da er sie zu seiner Tarnung braucht. Seine Helden spielen mit, verbergen sich in Unscheinbarkeit, um zu sich selbst kommen zu können. Auf der Strecke bleibt ihre Umwelt. Das Ergebnis heißt bei Wedekind Tragödie, bei Sternheim Komödie«: Hellmuth Karaseck, 1965. — »Sternheim will nicht die Wirklichkeit satirisch ›geißeln‹, sondern sie ›erkennen‹ lehren. Wirklichkeit ist für ihn ›höchste‹, gottgewollte ›Realität‹, das Ideal aber Lüge, ›Entstellung‹ der ›wahrhaftigen Welt‹«: Wilhelm Emrich, 1964.

Die Hose. ›Ein bürgerliches Lustspiel‹ in vier Akten. 1909/10. Uraufführung unter dem Titel *Der Riese* (ein Polizeiverbot »aus Gründen der Sittlichkeit« war vorausgegangen) am 15. Februar 1911 in den Berliner Kammerspielen. — Luise, die Frau des Beamten Theobald Maske, hat (im Jahre 1900), angesichts einer königlichen Parade, ihre Hose verloren. Der kleine Beamte, aber kraftvolle Kerl Maske tobt, denn er fürchtet um Amt und Würden, ist jedoch mit Hammelkeule und Bohnen wieder zu besänftigen. Der lungenkranke Friseurgehilfe und Richard-Wagner-Verehrer Benjamin Mandelstam und der Dichter und Nietzsche-Verehrer Frank Scarron, beide Augenzeugen der verlorenen Hose, sind entzückt von Luise und mieten sich in Maskes kleiner Wohnung ein, doch wird nicht Maske betrogen — er nutzt den Kirchgang seiner Frau, um sie mit einer Nachbarin zu betrügen. Die Mieteinnahmen gestatten Maske, seiner Frau zu verkünden: »Jetzt kann ich es, dir ein Kind zu machen, verantworten.« — Mit den Mietern verhöhnt Sternheim die romantischen Ideale; beim Beamten Maske konstatiert er Geldgier, Selbstgefälligkeit, Berechnung und Brutalität. Kein großes Stück, aber die Exposition zu den weiteren ›Maske‹-Stücken und eine große Rolle: Maske.

Der Snob. ›Komödie‹ in drei Akten. 1913. Uraufführung am 2. Februar 1914 in den Berliner Kammerspielen; Regie: Max Reinhardt, mit Albert Bassermann. — Der ›Snob‹, der Mann ohne Adel (= sine nobilitate = S.nob.), der unbedingt adlig sein möchte, ist hier Christian, der Sohn von Theobald und Luise Maske (aus ›Die Hose‹). Mit radikalem Egoismus und eiskalter Berechnung strampelt er sich, 36 Jahre alt, hoch zum Generaldirektor; er zahlt seine Geliebte Sybill Hull aus, der er finanzielle Starthilfe und Manieren verdankt; er verfrachtet die seinen gesellschaftlichen Plänen hinderlichen Eltern

›Die Hose‹ von Carl Sternheim, inszeniert im Theater in der Behrensstraße, 1928,
von Ralph Arthur Roberts, der auch den Theobald Maske spielte (Mitte). Links
Herta Schröter als Frau Maske, rechts Curt Bois als Mandelstam.
Zeitgenössische Karikatur

in die Schweiz, saniert den bankrotten Grafen Palen, heiratet dessen Tochter
Marianne und opfert in der Hochzeitsnacht auch noch die Ehre seiner inzwischen verstorbenen Mutter, indem er seiner verzückten Gattin andeutet,
seine Mutter habe im Bois de Boulogne, wo sie von Renoir gemalt wurde,
ihre Hose verloren, und er sei der Sohn eines Pariser Vicomte. — Nicht einmal in der Hochzeitsnacht legt Maske seinen markigen Wirtschaftsjargon ab;
seiner ihm auf dem Schoß sitzenden Frau sagt er: »Eher müssen wir durch
Verlangsamung des Menschenproduktionstempos für bessere Qualität sorgen.
Da hast du einen kleinen Eindruck, wie ich Nationalökonomie praktisch
treibe« — und stößt sie vom Schoß.

1913. ›Schauspiel in drei Aufzügen‹. 1913/14. Uraufführung (während des
ersten Weltkriegs war die Aufführung verboten) am 23. Januar 1919 im
Frankfurter Schauspielhaus durch Gustav Hartung, mit Heinrich George. —
Christian Maske (aus ›Der Snob‹), inzwischen Freiherr Christian Maske von
Buchow, Exzellenz, ein schwerreicher Großindustrieller und eine imponierende
Persönlichkeit, im Machtkampf mit seiner Tochter Sofie, die von ihm das
geschäftliche Talent geerbt hat: sie hat im protestantischen Holland einen
Rüstungsauftrag verschafft, den der Alte nicht haben will, da er den Krieg
und mit ihm deutsche Rüstungsaufträge kommen sieht. Er bereitet den
Gegenzug vor, indem er zum Katholiken und damit für Holland als Geschäfts-

›1913‹ von Carl Sternheim, Uraufführung in Frankfurt am Main, 1919;
Regie: Gustav Hartung. Bühnenskizze von F. K. Delavilla

partner unmöglich wird — da trifft ihn der Schlag. — Eine Satire auf Adel,
Liebe und Familie (durch Maskes Verwandtschaft), scharfe Kritik am Hochkapitalismus und Untergangsprophetie, doch auch eine fatale Hoffnung auf
den völkischen und sozialistischen Schillerkragen-Idealisten Friedrich Stadler
(das Stück ist dem Dichter Ernst Stadler gewidmet). Stadlers Schüler, Maskes
Sekretär Wilhelm Krey (Sohn des Heinrich Krey aus ›Bürger Schippel‹), verrät zwar beim Anblick einer Maske-Tochter im Nachtgewand seine Ideale,
doch werden sie von Sternheim zweifellos ernst und als Zukunftshoffnung
genommen — hier irrt der Prophet: gerade dieser verblasene pathetische Idealismus hat — ohne Absicht freilich — dem Nationalsozialismus erfolgreiche
Propaganda-Phrasen geliefert.

Das Fossil. ›Drama in drei Aufzügen‹. 1922. Uraufführung am 6. November
1923 in den Hamburger Kammerspielen, mit Gustaf Gründgens als Ago. —
Im Jahre 1923 ist der Kavalleriegeneral a. D. Traugott von Beeskow ein
›Fossil‹ aus der Wilhelminischen Ära (er ist der Schwiegervater der Sofie,
geborene von Maske, aus ›1913‹). Er feiert Kaisers Geburtstag auf einem
Schaukelpferd mit gezogenem Degen (dazu gibt es eine Zeichnung von George

Grosz) und setzt die Liebe seiner Tochter Ursula zu Ago von Bohna, der in russischer Kriegsgefangenschaft zum Salonbolschewisten geworden ist, eben gegen dessen bolschewistische Neigungen ein — die Tochter aber stürzt sich in Agos Arme, der General erschießt beide und lehnt es ab, ins Ausland zu fliehen; er wird sich dem Gericht stellen: »Was soll mir heutzutag passieren?« — Sternheims sprachliche Manierismen, ins Extrem der äußersten Verknappung getrieben, wirken in dieser blutigen Groteske wie eine Selbstparodie, doch entsprechen dem ›fossilen‹ General diese zu Leitfossilien der Wilhelminischen Zeit gewordenen, überspitzten Sternheim-Prägungen. Das äußerst lebendige Generals-Überbleibsel, das erschießt, was ihm nicht paßt, hat die Gerichte der Weimarer Republik nicht zu fürchten; seine letzten Worte sind der schiere Hohn: »Vorwärts marsch, marsch! Über alles Ordnung und Gerechtigkeit in Deutschland! Hurrah!« Sternheims nachträglicher Kommentar 1923 zur ›Maske‹-Tetralogie: »An den Mitgliedern der Familie Maske und ihrer Abkommen ist alles Wesentliche des Zeitabschnitts, den wir miterlebten, gezeigt: Aufstieg und cynisches Verkommen einer bürgerlichen Dynastie bis zum Augenblick der Entscheidung über Europas Schicksal.«

Die Kassette. ›Komödie in fünf Aufzügen‹. 1910/11. Uraufführung am 24. November 1911 in den Berliner Kammerspielen mit Albert Bassermann. Skandale in München und Wien (siehe auch Seite 868). — Oberlehrer Heinrich Krull, in zweiter Ehe mit der jungen und hübschen Fanny verheiratet, schwärmt von seiner Hochzeitsreise zum deutschen Rhein: eine nationalisti-

›Die Kassette‹ *von Carl Sternheim, inszeniert von Rudolf Noelte im Berliner Theater am Kurfürstendamm, 1959. Bühnenskizze von Friedrich Prätorius*

sche, aufgeplusterte, eitle Null. Tante Elsbeth kommentiert: »Der Rhein hat
ungünstig auf deine Neigung zur Phrase gewirkt.« Ehe- und Familienglück
bedeuten ihm nichts mehr, sobald die Aussicht besteht, Tante Elsbeth zu
beerben, die in einer Kassette 140 000 Mark in Aktien aufbewahrt. Selbst der
Photograph Anton Seidenschnur, dem die Damen des Hauses, Fanny, Tochter Lydia und das Dienstmädchen, mühelos verfallen, selbst dieser erotische
Opportunist und Künstler der Liebe vergißt über der Jagd nach dem Geld
die durchaus bereiten, appetitlichen Frauen. Krull schließlich geht, statt mit
seiner Gattin, mit der Kassette ins Bett — doch ist sie leer, Tante Elsbeth hat
ihren Inhalt längst der Kirche gegeben, sie wollte nur noch einmal die Macht
des Geldes genießen. — Was der Spießbürger unter ›Idealismus‹ versteht, er
läßt es in dieser Wirbelgroteske fallen, sobald ein Goldenes Kalb erscheint, um
das er tanzen kann. Neben Krull ist Molières ›Geiziger‹ ein geradezu nobler,
tragikomischer und deshalb auch interessanterer Mann.

Bürger Schippel. ›Komödie in fünf Aufzügen‹. 1912. Uraufführung am
5. März 1913 in den Berliner Kammerspielen; Regie: Max Reinhardt, der die
Männerchöre im Sinne Sternheims (er spricht von seiner »tiefen Verbundenheit mit der Lieder- und Laubwaldromantik des deutschen Bürgers«) nicht
karikierte. — Paul Schippel, ein unehelich geborener Proletarier, wird in die
Bürgerschaft einer Kleinstadt aufgenommen, denn er allein hat den strahlenden Tenor, den das Gesangsquartett dringend benötigt, um den Ehrenpreis
zu retten. Außerdem soll er Thekla, die Schwester des Goldschmieds Tilmann
Hicketier heiraten, die vom Landesfürsten in einer Laube ihrer Ehre beraubt
worden ist — doch dazu findet sich Schippel trotz hoher Mitgift nicht bereit,
denn kaum hat er am Bürgertum gerochen, schon hat er den dazugehörigen
hochmütigen Ehrenkodex gelernt. Ein groteskes Pistolenduell, bei dem der
fürstliche Beamte Heinrich Krey (Vater des Wilhelm Krey in ›1913‹) ebensoviel Angst hat wie Schippel, verschafft dem nun satisfaktionsfähigen Pro-
leten endgültig »die höheren Segnungen des Bürgertums«. Gerührt macht er
vor sich selbst eine Reverenz: »Du bist ein Bürger, Paul.« (In ›Tabula rasa‹
wird er Fabrikdirektor sein.) — Der Klassenstolz des Proletariers ist bei der
Aufstiegsaussicht hingeschmolzen; beflissen vertritt der zum Bürger gewordene Prolet die Ideale seines neuen Standes mit inniger Borniertheit. Sternheim kommentierte während der Hitler-Diktatur sein erfolgreichstes Stück:
»In diesem Werk wurde prophetisch des Deutschen mentale und politische
Entwicklung bis heute, 1936, wahrscheinlich noch für lange hinaus vorweggenommen. Alle, die aus der Tiefe zur schwindelnden Höhe der Volksver-
führer inzwischen Angelangten und immer noch Anlangenden, haben ihr
Urbild in dem auch heute mentalen Bastard Schippel! Heil!!«

Tabula rasa. ›Ein Schauspiel in drei Aufzügen‹. 1915. Uraufführung (Sternheim hatte die Aufführung für die Kriegszeit verboten) am 25. Januar 1919 im Kleinen Theater, Berlin. — In der Glasfabrik des sehr souverän gewordenen Schippel (aus ›Bürger Schippel‹) ist Wilhelm Ständer ein hochbezahlter Qualitätsarbeiter, sozialdemokratischer Führer, Vertrauensmann der Arbeiter. Daß er sehr viel verdient und insgeheim Mitaktionär der Firma ist — dies droht beim Jubiläum ans Tageslicht zu kommen. Ständer will deshalb die Werksleitung durch ein Ablenkungsmanöver beschäftigen und entfacht einen Streit um eine zu errichtende Arbeiterbibliothek. Dabei stellen sich der radikale Genosse Werner Sturm als Phrasendrescher, der gemäßigte, revisionistische Genosse Artur Flocke als Schwächling und Ständer als grenzenloser Egoist heraus. Ständer lehnt es ab, Mitdirektor zu werden, scheinbar aus Bescheidenheit, in Wahrheit aber, weil ihm dieser Posten zu anstrengend ist; er schiebt ihn seinem Freund Heinrich Flocke zu, und der geht prompt daran zugrunde. Die Magd Bertha, die mit ihm das Bett geteilt und deren Arbeitskraft er ohne Entgelt ausgebeutet hat, wirft er aus dem Haus; ebenso Artur Flocke, der seine Nichte heiratet, und diese seine Nichte verdankt ihre praktische erotische Aufklärung ihm, Wilhelm Ständer, ihrem Vormund. Der reich gewordene Sozialist macht ›Tabula rasa‹, reinen Tisch, um mit einer hohen Pension und den Zinsen seiner Aktien nur noch sich selbst zu leben: »in das eigene Selbst unverzüglich aufzubrechen«. — »Es ist sehr anständig von ihm, sich nun auch links unbeliebt zu machen«, meinte Alfred Kerr in seiner Kritik der Uraufführung. Soweit er sich links unbeliebt macht, hat Sternheim eine bitterböse, glänzende Satire geschaffen; sobald er im letzten Teil den extremen Individualismus des herzlosen Sklavenhalters und Heuchlers Ständer nicht nur billigt, sondern schwülstig feiert, wird er fatal.

Der Nebbich. ›Ein Lustspiel in drei Aufzügen‹. 1922. (Auch unter dem Titel *Die Rakete* gespielt). Uraufführung am 9. Oktober 1922 in Darmstadt durch Gustav Hartung. — Der Handlungsreisende Fritz Tritz macht — im Jahre 1922 — durch die männerjagende Kammersängerin Rita Marchetti und ihren Kreis (Minister, Gesandter, Zeitungsbesitzer, Filmproduzent) rasch Karriere, doch ist er diesem Aufstieg nicht gewachsen, zumal auch die Kammersängerin das Kind, das sie sich von ihm erhofft, nicht bekommt. Er kehrt zurück in seine kleine Welt der politischen Biertischphrasen und heiratet das Mädchen — mit Kranz und Schleier — das er am Anfang in der Liebeslaube verlassen hat. — Der ›Nebbich‹ Fritz ist ein Ausbund gesichtsloser Mittelmäßigkeit, den man weder hassen noch lieben noch verachten kann; seine Existenz wird mit einem gleichgültigen, schulterzuckenden ›Nebbich‹ zur Kenntnis genommen. Sternheim sah ihn »als Mitglied der Deutschen Volkspartei,

Prototyp des Spießbürgers« — ein Dutzendmensch, doch leicht verführbar. Sternheims Tochter Thea (von ihrem Vater ›Mops‹ genannt) hatte die Bühnenbilder für die Uraufführung geschaffen. Ihr widmete er »dieses drollige Spiel«, das in einer Serie von kabarettistischen Szenen Inflationstypen mehr amüsant und possenhaft als bitter satirisch vorführt.

Georg Kaiser: Heilsprediger und Unheilkünder

> Was ich dem Nächsten nicht mit knappem Dialog versetzen kann, entschwebt ins Stupide.
>
> Georg Kaiser

Befragt, woran er arbeite, antwortete Georg Kaiser: »An mir und an euch!« Es ist die Antwort eines Mannes, der fest daran glaubte, daß er eine Sendung für die Menschheit zu erfüllen habe, und der sich deshalb für einen Ausnahmemenschen hielt. Am 15. Februar 1921 wurde er zu einem Jahr, seine Frau zu vier Monaten Gefängnis verurteilt: sie hatten aus ihren möbliert gemieteten, luxuriösen Wohnungen einige Wertgegenstände verkauft oder verpfändet, es ging um rund 35 000 Mark. Juristisch war ihre Verurteilung sicherlich gerechtfertigt, doch wie könnte die Justiz einem Manne wie Kaiser gerecht werden? Nicht nur durfte er, der nach langen Armutsjahren endlich Erfolg und sehr viel Geld zwar nicht in Händen, doch in sicherer Aussicht hatte, ohne jeden Zweifel hoffen, alles das zurückzahlen zu können, was er wie einen Vorschuß vom Schicksal genommen hatte, vor allem aber hielt er sein Werk für so wichtig, daß ihm dafür kein Opfer groß genug erschien. »Ich bin nicht jeder«, sagte er vor Gericht. »Selbst auf die Gefahr hin, für kindisch angesehen zu werden, halte ich mich für namenlos groß.«

So namenlos überheblich dieser Satz klingt — Kaiser betrachtete sich nur als Werkzeug seines dramatischen Werkes und leitete seine eigene Größe von der namenlosen Größe des Auftrags ab, als dessen Vollstrecker er sich fühlte: Helfer zu sein bei der Geburt des ›neuen Menschen‹. »Vielgestaltig gestaltet der Dichter eines: die Vision, die von Anfang ist«, so schrieb er. »Von welcher Art ist die Vision? Es gibt nur eine: die von der Erneuerung des Menschen.« Dieser durch ihn zur Gestalt werdenden Vision zuliebe hielt Kaiser sogar das Verbrechen für erlaubt und sagte vor Gericht, ein Dichter dürfe seine Kinder schlachten, wenn dies von seinem Werk gefordert werde.

Kaiser argumentierte in diesem Prozeß, als spiele er die Hauptrolle in einem seiner Stücke. Dies war keine Pose, denn in vielen seiner Hauptrollen steckt insgeheim Georg Kaiser, der seiner Vision jedes Opfer bringt. Seine Helden arbeiten — wie er — zunächst an sich, an ihrer individuellen Voll-

endung, und sie glauben, dafür
über Leichen gehen zu dürfen, weil
sie ihre eigene Vollendung als eine
Vorstufe der Menschheitsvollen-
dung betrachten — sie fühlen sich
als die ersten ›neuen Menschen‹,
denen eine neue, bessere Menschheit folgen werde.

Dieser Grundzug seiner meisten
Dramen ist eine der Hauptursachen
dafür, daß Georg Kaiser, zwischen
1918 und 1933 neben Gerhart
Hauptmann der meistgespielte
deutsche Dramatiker, nach dem
zweiten Weltkrieg trotz vieler Versuche keine entscheidende ›Renaissance‹ auf den deutschsprachigen
Bühnen erlebt hat: die moralisch
gemeinten Helden Kaisers erscheinen nun dem Zuschauer als amoralisch. Die Heraufkunft eines ›neuen

Georg Kaiser.
Kohlezeichnung von J. C. Friedrich. 1930

Menschen‹ wird bestenfalls mit äußerster Skepsis betrachtet, und die Erreichung eines individuellen und künftigen Heiles durch unheilvolle Mittel
kann nicht mehr als erlaubt gelten. Nach den Erfahrungen der dreißiger und
vierziger Jahre vermag niemand mehr an eine visionäre Humanität der Zukunft zu glauben, die nur durch gegenwärtige Inhumanitäten zu erreichen
wäre. Die konkreten Opfer, die Kaiser im Namen einer abstrakten Moral
heiligt, klagen ihn der Unmoral an.

»Das Drama schreiben ist: einen Gedanken zu Ende denken ... Wer die
Vielheit ungedachter Ideen begriff, hat kaum Zeit zur Liebe« — getreu diesen
Prinzipien, sind die Bühnenfiguren Kaisers schließlich nur noch zu Ende
gedachte Gedanken, und auch die Liebe, von der sie reden, erscheint nur als
Idee. Kaisers Figuren, oft namenlose Repräsentanten ganzer Schichten oder
Gruppen, leben selten aus eigener Kraft, sondern sind meist Positionen in
einem Denkprozeß, den Kaiser in Gestalt eines Dramas öffentlich vorführt:
wer seine Stücke sieht, der sieht ihm beim Denken zu. Er wird belehrt über
Kaisers Ideen, Visionen und seine Mystik.

Da Kaisers Gedanken und seine Visionen vom ›neuen Menschen‹ an Verführungskraft verloren haben, sind auch seine Dramen ihrer Hauptan-
ziehungskraft verlustig gegangen. Es fesseln noch: Kaisers architektonische

Meisterschaft, die Erfindung und Konstruktion seiner Fabeln und eben nicht seine Gedanken und ihre Moral, sondern die Leidenschaft seines verletzten Moralgefühls, die hinter ihnen spürbar wird.

Bernhard Diebold, der Kritiker der ›Frankfurter Zeitung‹, hat Kaiser einen ›Denkspieler‹ genannt, und dies Etikett ist nicht zu Unrecht an ihm hängengeblieben: »Ins Denkspiel sind wir eingezogen«, schrieb Kaiser, »und bereits erzogen aus karger Schaulust zu glückvoller Denklust.« Dennoch besaß Kaiser auch ein ausgeprägtes Gefühl für die Schaulust: seine symbolischen Gruppen und Farben, seine revuehaften und filmischen Effekte, seine Massen-Ekstasen und Pantomimen, in denen — wortlos — Entscheidendes gezeigt wird, sprechen dafür, doch führt auch solche Schaulust durch bedeutungsvolle Pointen in die Denklust.

Mit der Proklamation des ›neuen Menschen‹ — »Ich habe den neuen Menschen gesehen — in dieser Nacht ist er geboren!« — in seinem Bühnenspiel *Die Bürger von Calais* hatte Georg Kaiser 1917 seinen ersten großen, den entscheidenden Erfolg. Er stand damals schon im vierzigsten Lebensjahr und hatte zwölf Jahre lang ohne nennenswerte Resonanz Dramen geschrieben. Über die Zeit davor notierte er: »Georg Kaiser — von sechs Brüdern der fünfte — wurde in Magdeburg am 25. November 1878 als Sohn des Kaufmanns Friedrich Kaiser geboren. Nach der Schulzeit im Kloster Unserer Lieben Frauen gingen drei kaufmännische Lehrjahre hin. Drei Jahre in Buenos Aires folgten. Klimatische Erkrankung brachte ihn über Spanien, Italien nach Deutschland zurück.« In Buenos Aires war er Angestellter der AEG; die Erkrankung war eine schwere Malaria.

Das erste Drama, das er veröffentlichte, war *Die jüdische Witwe* (1911): in einer erotischen Groteske, einer Hebbel-Parodie, entflieht die lüsterne Judith ihrem impotenten Gatten und schlägt dem prahlerischen Holofernes den Kopf ab, um durch diese Tat den schönen König Nebukadnezar zu gewinnen, der freilich vor ihrer Leidenschaft ausreißt. Mit *König Hahnrei* (1913), dem gierigen, aber impotenten König Marke, parodierte er auf ähnliche Weise Richard Wagners ›Tristan und Isolde‹. Der Kritiker Alfred Kerr hat Kaiser einmal ein »Sternkind oder Wedeheim« genannt; dieses Wortspiel trifft auf seine frühen Dramen zu, die dem Geist Wedekinds und dem Stil Sternheims benachbart sind.

Mit Dramen wie ›Von morgens bis mitternachts‹ (1912), ›Die Bürger von Calais‹ (1914), ›Die Koralle‹ (1917), ›Gas I‹ (1918), ›Hölle, Erde, Weg‹ (1919), ›Gas II‹ (1920), ›Der gerettete Alkibiades‹ (1920), ›Nebeneinander‹ (1923), ›Papiermühle‹ (1927), ›Die Lederköpfe‹ und ›Oktobertag‹ (1928) wurde Kaiser zum erfolgreichsten Dramatiker des Expressionismus. Neben dem so völlig anders gearteten Gerhart Hauptmann beherrschte er bis 1933 die deutschen Bühnen und wurde von New York bis Moskau, von Paris bis Budapest, von Rom bis London, von Prag bis Kopenhagen aufgeführt. Seine Sprache, zerhackt und auf das notwendigste verknappt, ist enger mit dem im übrigen unpathetischeren Sternheim verwandt als mit expressionistischen Dramatikern wie Toller oder Unruh: die ›Expression‹ bei Kaiser ist nicht Gefühlsausdruck, nicht Seelenschrei, sondern überspitzter, zur Formel gehärteter und in die Abstraktion getriebener Gedanke.

Von den Nationalsozialisten geächtet und verboten, lebte er in Grünheide, wo ihm schließlich nur noch »die Wahl: Hungertod oder Selbstmord« blieb, und folgte 1938 einer Einladung des schweizerischen Dramatikers Caesar von Arx. Im Exil entstanden u. a.: ›Der Soldat Tanaka‹ (1940), ›Klawitter‹, ›Der englische Sender‹, ›Napoleon in New Orleans‹ (1941), ›Die Spieldose‹ (1942), ›Das Floß der Medusa‹, ›Zweimal Amphitryon‹ (1943), ›Pygmalion‹ und ›Bellerophon‹ (1944). »Gestern«, so schrieb er am 2. April 1944 an Caesar von Arx, »habe ich das dritte hellenistische Stück vollendet: Bellerophon. Mein Schwanengesang. Ich habe mich selbst in die Sterne versetzt ...«

Ein Jahr später, in seinem 67. Lebensjahr, wenige Wochen nach dem Ende des Krieges, starb er in Ascona, am 4. Juni 1945. Kurz zuvor hatte er verfügt: »Wo ich falle, soll man mich eingraben. Nur folgenden Grabstein wünsche ich mir: Bellerophon. Nichts weiter auf dem Grabstein. Nur diesen Namen.«

Insgesamt hatte er mehr als sechzig Dramen geschrieben. Seine anspruchslosen Nebenwerke, in denen er als Szenen-Techniker brilliert, sind für die Bühnen zu seinen Hauptwerken geworden.

Mit ›Bellerophon‹, dem Künstler, dem, samt seiner Geliebten, der Gott Apoll den Pegasus schickt, um »euch in die Sternenchöre einzustimmen«, hatte Kaiser in der Tat sich selbst »in die Sterne versetzt«: in seinem letzten Drama machte er sich so namenlos groß, wie er sich schon in jenem unseligen Prozeß vor 23 Jahren vor Gericht empfunden hatte. Das Heil, das der junge, sozialkritisch eingefärbte Kaiser noch im Diesseits für die Menschheit gesucht, war für den alternden Kaiser nur jenseits der irdischen Wirklichkeit, in einem künstlichen Paradies oder im Tod, zu finden — und selbst dort nicht mehr für alle, sondern nur noch für den Künstler.

Das Leben, das allein durch die Kunst zu rechtfertigen sei; die Kunst, der jedes Opfer, auch das schlimmste, gebracht werden dürfe und müsse; das persönliche Heil durch die Flucht in vorgestellte Paradiese — solche Gedanken und das Pathos, mit denen Georg Kaiser sie auf der Bühne durchgespielt hat, sind schwer zugänglich geworden für alle, die es in und nach dem Kriege gelernt haben, die Kunst nicht zu überschätzen und eher an die alltägliche Verwirklichung des Humanen im kleinsten Kreise zu glauben als an einen ›neuen Menschen‹ und an blutige Opfer, die dieser Vision zu bringen wären.

An der subjektiven Redlichkeit Georg Kaisers ist nicht zu zweifeln: er betrachtete sich noch in der äußersten Selbstübersteigerung als notwendiges Opfer. In einem seiner Gedichte aus dem Nachlaß heißt es:

> Ich bin zu dir, Gott, wie ein Sohn gekommen
> und habe dir mich selber dargebracht
> mit dieser Inbrunst, die es deinen Frommen,
> wenn sie sich opfern, schon zum Lohne macht.

Meinungen: »Georg Kaiser gilt als Expressionist. Er ist es als neuartiger Stilist von Ekstasen und Grotesken, als Gegner naturalistischer Bühnenwirklichkeit, als Zerteiler der Hauptperson in mehrere Reflex-Gestalten, als Allegoriker seiner Begriffe. Wenn aber Expressionismus im weitesten Sinne unmittelbarer Schrei der Seele sein will, Ausdruckskunst als Feindin formaler Fessel, lyrische Verschwingung aller Individual-Konflikte oder Austoben in rasendem Sturm und Drang — dann ist Kaiser geradezu ein Antipode des Expressionismus«: Bernhard Diebold (1921). — »Kaiser hat — so klingt das heute (›Gas‹) — eher ›modisch‹ herumgebastelt, aber nicht den Durchbruch vollzogen. Folge ist ein quälendes Auseinanderklaffen. Die Bildwelt ist futuristisch; die Sprache — nachhinkend — ›Krampf‹. Mögen die Manen Bernhard Diebolds mich nicht umbringen; was wir hier als Expressionismus benennen, ist die Beschönigung einer Notlage«: Albert Schulze Vellinghausen (1958). — »Es geschehen zwar Wunder. Mirabeau kam mit Backenzähnen zur Welt, die sich sonst erst nach drei Jahren zeigen, aber dreißig Jahre genügten nicht, um Georg Kaiser wieder in die Gunst des Publikums zurückzuführen«: Kasimir Edschmid (1961). — »Was für einen herrlichen Schwank könnte dieser Dichter schreiben, wenn er den Mut seiner Kritiker hätte und sich komisch nähme!«: Alfred Polgar (nach der ›Koralle‹).

Von morgens bis mitternachts. ›Stück in zwei Teilen‹. 1916 veröffentlicht; 1912 geschrieben. Uraufführung am 28. April 1917, Kammerspiele München. — Ein kleiner Kassierer unterschlägt 60 000 Mark, um das erfüllte Leben zu suchen, und erlebt nur Enttäuschungen: die florentinische Dame, die ihn verlockt hat, ist eine brave Bürgerin; die Masse beim Sechstagerennen, die er mit seinem Geld aufputscht, wird brav, als ›Seine Hoheit‹ erscheint; die Masken bei seinem Bankett im Ballhaus entpuppen sich als Fratzen geheuchelter Leidenschaft; bei der Heilsarmee erkennt er: »Mit keinem Geld aus allen Bankkassen der Welt kann man sich irgendwas von Wert kaufen ... Das Geld verhüllt das Echte — das Geld ist der armseligste Schwindel unter allem Betrug!« Er wirft das Geld unter die fromme Versammlung, damit sie es

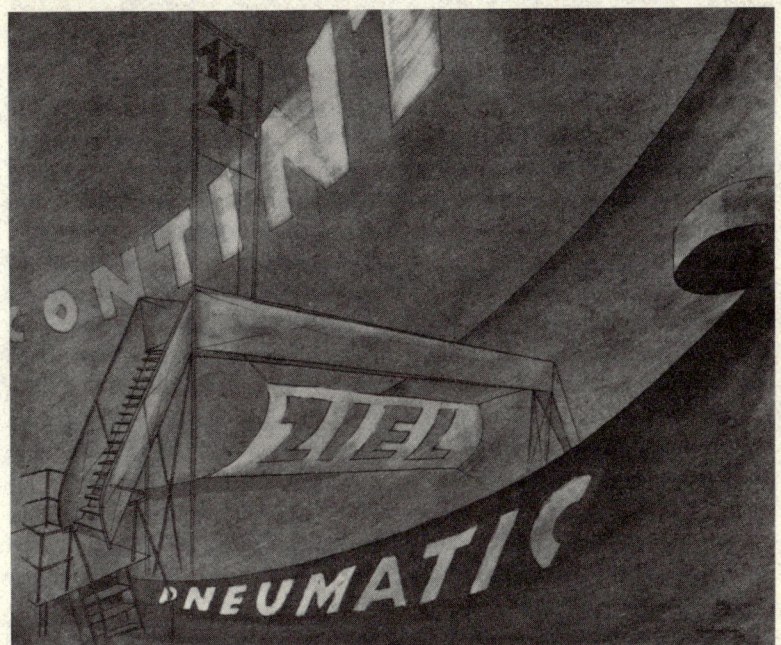

›Von morgens bis mitternachts‹ von Georg Kaiser, inszeniert von Leopold Jessner (1878–1945) am Stadttheater Altona, 1930. Bühnenbild von Karl Gröning

zerstampfe, doch jeder stürzt sich auf seine Banknoten, und das Heilsarmee-Mädchen, das ihn zur Bußbank geführt hat, verrät ihn an die Polizei, um sich die Belohnung zu verdienen. Im Kronleuchter sitzt der Tod als Gerippe, der Kassierer erschießt sich und »ist mit ausgebreiteten Armen gegen das aufgenähte Kreuz des Vorhangs gesunken. Sein Ächzen hüstelt wie ein Ecce — sein Hauchen surrt wie ein Homo.« — Ein Stationenstück nach Strindbergs Vorbild, mit Sternheimschen Sprachverknappungen, mit realistischen Restbeständen, mit filmischen Montagen und neuen expressionistischen Ekstasen, platter Moralität und überanstrengter Christus-Symbolik — noch bleibt Kaiser in der Anklage; erst in den ›Bürgern von Calais‹ wird er zum Visionär der Menschheits-Erneuerung.

Die Bürger von Calais. ›Bühnenspiel in drei Akten‹. 1914. Uraufführung am 29. Januar 1917 in Frankfurt am Main. — Calais wird von den Engländern belagert, Widerstand ist sinnlos, das französische Entsatzheer ist geschlagen. Die Engländer sind bereit, Calais und seinen Hafen nicht zu zerstören, falls sechs Gewählte Bürger, den Strick um den Nacken, im Armsündergewand, den Stadtschlüssel übergeben. Duguesclins, Hauptmann des Königs von

Frankreich, will den Handel zurückweisen: die Ehre Frankreichs steht ihm höher als der Hafen. Eustache de Saint-Pierre, Gewählter Bürger, lehnt den sinnlosen Untergang um dieser Ehre willen ab; ihm erscheint es ehrenvoll, das Opfer für den Hafen zu bringen: »Wir suchen den Ruhm Frankreichs nicht, wir suchen das Werk unserer Hände.« Sieben Bürger (statt sechs) wollen sich opfern; das Los soll entscheiden, wer am Leben bleibt. Eustache will das freiwillige Opfer nicht durch den Zufall entweihen lassen und legt sieben Todeskugeln in die Wahlschüssel — wer am nächsten Morgen »zuletzt in der Mitte des Marktes ankommt — ist los!« Eustache kommt als letzter, als Toter auf der Bahre, hinter seinem Vater; er hat sich vergiftet, um die Tat der sechs rein zu erhalten, und sein Vater verkündet: »— ich habe den neuen Menschen gesehen — in dieser Nacht ist er geboren!« Der König von England, dem ein Sohn geboren worden ist, schenkt den sechs Bürgern das Leben. Als er zum Dankgebet in der Kirche erscheint, muß er vor dem auf der höchsten Altarstufe aufgebahrten Eustache knien: vor dem ›neuen Menschen‹, seinem Überwinder. — Mit diesem von Rodins Plastik angeregten Weihespiel, dessen Stoff die Chronik von Froissart aus dem 14. Jahrhundert lieferte, hatte Kaiser

›Die Bürger von Calais‹ von Georg Kaiser, inszeniert von Louise Dumont und
Gustav Lindemann am Schauspielhaus Düsseldorf, 1928.
Bühnenskizze von Eduard Sturm

seinen bahnbrechenden Erfolg. Aus dem Jugendstil wird auf der Bühne der
Expressionismus entbunden; der durch das sinnvolle Selbstopfer geborene
›neue Mensch‹, von Kaiser durch eine Abwandlung der Abendmahls-Szene
bewußt neben Christus gerückt, wird verklärt: »er steht frei und beschwerde-
los in der Luft — die Köpfe von sechs sind mit erstaunter Drehung nach ihm
gewendet.«

Die Koralle. ›Schauspiel in fünf Akten‹. 1917. Uraufführung am 27. Oktober
1917 in Frankfurt am Main. — Was der Milliardär auch tut und als erbarmungsloser Kapitalist schafft — es ist eine Flucht vor dem Elend, aus dem er
aufgestiegen ist. Seinen Kindern hat er die paradiesische Jugend geschenkt,
nach der er sich vergeblich sehnen muß, doch sein Sohn tritt gegen ihn auf
die Seite der Armen. Der Milliardär erschießt seinen Sekretär, seinen Doppelgänger, der sich von ihm äußerlich nur durch eine Koralle an der Uhrkette
unterscheidet, um mit dem Leben des Sekretärs auch dessen idyllische Kindheit in Besitz zu nehmen. Dem vermeintlichen Sekretär und vermeintlichen
Mörder des Milliardärs wird der Prozeß gemacht — und der Milliardär
genießt das Glück der geraubten Kindheit, des durch seine ›Verwandlung‹
in den Doppelgänger erfüllten Wunschtraums: »Ich habe das Paradies, das
hinter uns liegt, wieder erreicht.« Die Koralle, Symbol eines vegetativen Pa-
radieses der Stille, »befreit vom Leid«. — Kaiser segnet hier die Flucht aus
der Realität in ein künstliches Paradies, die rücksichtslose individuelle Heils-
erfüllung um den Preis des Unheils für andere Menschen — dieses Motiv
wird in seinen späteren Dramen oft wiederkehren.

Gas I. ›Schauspiel in fünf Akten‹. Uraufführung am 28. November 1918 in
Frankfurt am Main. — Der Sohn des Milliardärs aus ›Die Koralle‹ hat die
Fabrik sozialisiert. Gas ist der Weltbetriebsstoff. Das Werk explodiert, der
Milliardärssohn, der in der Technik eine tödliche Gefahr sieht, will es nicht
wieder aufbauen; statt dessen: Siedlungshäuser für die Arbeiter, ein grünes
Paradies. Doch die Arbeiter lassen sich vom Ingenieur überzeugen, daß das
Werk ihnen nicht nur Lohn, sondern auch Macht bringt. Die Regierung
braucht Gas für die Rüstungsindustrie; die Arbeiter empfangen den Milliardärssohn, der sie vor der Hölle eines mechanisierten Daseins zwischen unver-
meidbaren Explosionen bewahren will, mit Steinwürfen. Seinen Schrei nach
dem ›neuen Menschen‹ beantwortet seine Tochter: »Ich will ihn gebären.«

Gas II. ›Schauspiel in drei Akten‹. Uraufführung 29. 10. 1920 Vereinigte
Deutsche Theater Brünn — Vierzig Jahre später (schnöde gerechnet: 1958).
Das Werk ist vom Staat übernommen worden, der Milliardär-Enkel, der ›neue

›Gas‹ von Georg Kaiser — realistisch: eine Aufführung des Moskauer Theaters
›Proletkult‹, 1924 — expressionistisch: Bühne von Karl Gröning für die Inszenierung
von Leopold Jessner (1878–1945) am Stadttheater Altona, 1928

Mensch‹, ist ein einfacher Arbeiter. Krieg zwischen ›Blaufiguren‹ und ›Gelbfiguren‹. Vergeblich versucht der Milliardär-Enkel — »nicht von dieser Welt ist das Reich!!!« — die Produktion von Giftgas zu verhindern. Er wirft schließlich die Gaskugel ins eigene Werk der ›Blaufiguren‹; die ›Gelbfiguren‹ vernichten sich selbst: »die Toten drängen aus den Gruben — — — jüngster Tag.« Der ›neue Mensch‹ ist gescheitert, untergegangen mit der Menschheit.

— In ›Gas‹ sind die Menschen zu Massenpartikeln oder Abstraktionen geworden; die Sprache ist völlig skelettiert: man schreit sich Telegramme zu. Die Technik ist romantisch dämonisiert: sie führt ein unbeeinflußbares Eigenleben, neigt zu Explosionen, obwohl die Formeln richtig sind; sie degradiert die Menschen zu Robotern und teilt die Welt in zwei kriegerische Lager. Mit Anspielung auf die Atombombe hat Erwin Piscator 1958 in Bochum einen Wiederbelebungsversuch mit dieser hochexpressionistischen Vision einer durch die Technik in die Selbstvernichtung getriebenen Menschheit gemacht, doch so leicht Gas und Atom gleichzusetzen sein mögen, so schwer fällt es, sich in den pathetischen Ekstasen der Arbeitssklaven und Ausbeuter auf der Bühne wiederzuerkennen und die Technik als mythische Macht zu akzeptieren.

Kolportage. ›Komödie in einem Vorspiel und drei Akten nach zwanzig Jahren‹, »geschrieben zur Förderung der Kinderfürsorge und des zeitgenössischen Theaters«. 1924. Uraufführung am 27. März 1924 im Berliner Lessing-Theater. — Kaum hat die aus dem reichen Bürgertum stammende Karin, geborene Pratt, ihrem Gatten, dem Grafen Stjernenhö, den Sohn Erik geschenkt, da läßt er sich scheiden und diesen kleinen Alleinerben des Prattschen Vermögens, der seiner Mutter zugesprochen ist, entführen. Mutter Karin aber hat ihm ein falsches Kind untergeschoben, das sie dem Straßenmädchen Appeblom abgekauft hat. Der Graf erzieht den falschen Erik; der richtige Erik aber wächst bei seiner Mutter auf, in Kansas, USA. Nach zwanzig Jahren kehrt sie mit ihm zurück, um sich an ihrem adelsstolzen Exgemahl zu rächen: er muß erfahren, daß sein vermeintlich so nobler Sproß der Sohn eines Straßenmädchens ist, das, inzwischen ehrsame Geschäftsfrau, triumphierend einmarschiert. Versöhnliches Ende: der Graf wird von den Amerikanern finanziell saniert (»Sie sind Amerikaner, Sie haben die Pflicht, anderen zu helfen!«), die jungen Leute vertragen sich und wandern zusammen nach den Vereinigten Staaten aus. — Diese Parodie auf Kolportage-Romane im Stile der Courths-Mahler (und ihrer Nachfolger) ist durchsetzt mit gesellschaftskritischer Aggressivität und gekrönt von einer moralischen Schluß-Abrechnung, der auch durch den Stil der Groteske nichts von ihrer Wirksamkeit genommen wird: eine neue Gesellschaftsform, die junge, die amerikanische, triumphiert über die alte, abgelebte Feudalwelt. Wie ernst Kaiser diesen Schluß-Effekt auch immer gemeint haben mag, sein Stück ist von einer unwiderstehlichen Komik — eine immergrüne Lach- und Beifallsorgie. Es geht die Fama, ein Provinz-Theaterdirektor habe diese hanebüchene Hintertreppe mit allem Ernst inszeniert und, nachdem er die Aufführung im Berliner Lessing-Theater gesehen hatte, an seine Bühne telegraphiert: »Von jetzt ab ironisch spielen.« Schon Alfred Kerr argwöhnte 1929: »Kaiser steht zu der Courths-Mahler nicht nur als Parodist: auch als Nutznießer«, doch schloß er: »Es sei, wie es wolle: man lacht.« Man lacht noch immer; außerdem verfehlt die uralte Mythe vom vertauschten Grafenkind ihre rührende Wirkung nie, und sei sie auf dem Umweg über eine Kitsch-Parodie auf das Theater gekommen.

Die Papiermühle. ›Komödie in drei Akten‹. Uraufführung am 26. Januar 1927 im Staatstheater Dresden. — Der ehrgeizige Literaturkritiker Duchut will mit einer Biographie über den Dichter Ollier Karriere machen. Wer war das lebende Vorbild für Olliers Romanfigur Francesca? Um diese Frage zu beantworten, fährt Duchut mit seiner Frau in das Landgasthaus ›Papiermühle‹, wo Ollier den vorigen Sommer mit einer Geliebten verbracht hat. Duchut erforscht, was er schon ahnt: Francine, seine eigene Frau, ist Olliers Muse und Modell gewesen. Wie soll er dies in seiner Biographie preisgeben, ohne sich als Hahnrei zu kompromittieren? Ollier findet die Lösung: er wird Francine heiraten, und Duchut tritt ihm seine Frau gerne ab — für eine korrekte Biographie, die ihn nicht verletzt. — Auch dieser sarkastische Spaß mit einer Fülle kabarettistischer Nebenrollen ist dank seines Hauptanschlusses an die Schwanktradition und Kaisers eleganter Technik lachlustig geblieben.

Die Lederköpfe. ›Schauspiel in drei Akten‹. Uraufführung am 24. November 1928 in Frankfurt am Main. — Herodot lieferte die Fabel für dieses Spiel in der archaischen Antike. Ein Feldhauptmann hat sich für eine List im Dienst des tyrannischen Königs Basileus sein Gesicht verstümmelt und trägt darüber eine Lederkappe. Ihm ist die Eroberung einer feindlichen Stadt zu danken; er soll dafür mit der Tochter des Königs verheiratet werden, doch sie weist ihn ab, da er sich aus Ehrgeiz seines Gesichts beraubt hat: »Du bist kein Mensch mehr, du bist ein Tier . . .‹ Der König befiehlt, Meuterer so zu verstümmeln wie seinen Hauptmann und ihre Köpfe mit Kappen zu verdecken — zunächst nur, damit sich seine Tochter an den Anblick von Lederköpfen gewöhne; schließlich will er »ein Volk von Lederköpfen«, um mit ihm die Gebiete zu verwüsten, »wo Menschen mit Gesichtern übrig sind«. Der Feldhauptmann aber, durch die Königstochter zur Einsicht und Reue gebracht, verstümmelt die Gefangenen nicht: er zieht ihnen Lederkappen über die Köpfe; sie umzingeln den König und enthüllen ihre unverletzten Gesichter. Der Feldhauptmann läßt sich vom König erstechen: »Vernichte des Menschen Fratze, die ich auf meinen Schultern trage — um dich zu vernichten!!!« Die Gefangenen erschlagen Basileus, die Tochter zieht mit ihnen in die Wüste, um das Zerstörte aufzubauen. — Kaisers Pathos der blutigen Symbole und der Grausamkeit schreit gegen die Schändung des Menschen durch die Tyrannis. Er setzt das zweite Selbstopfer des Feldhauptmannes für eine humanere Zukunft gegen sein erstes Selbstopfer, die Entmenschlichung seines Gesichtes im Dienste der Tyrannei und des Krieges. Dies drei Jahre vor der Diktatur Hitlers. Der Held opfert sich nicht für sein individuelles Heil, nicht für ein Traumparadies, sondern für das Heil aller Menschen — das gibt es bei Kaiser nicht oft.

Das Los des Ossian Balvesen. ›Komödie in fünf Akten‹. 1932. Uraufführung 26. 11. 1936, Burgtheater Wien. — 24 Jahre hat der Postschalterbeamte Ossian Balvesen ein Los gekauft und niemals gewonnen; im fünfundzwanzigsten Jahr gibt er es zurück, und dem Holzbildhauer Glynn, der es erwirbt, fällt der Hauptgewinn zu. Balvesen braucht gegen diese Zufallstücke nicht lange zu kämpfen — Glynn überläßt das Gewinnlos dem verblüfften Beamten. Die Million Kronen aber drohen sein Familienleben und seine sichere Beamtenlaufbahn zu ruinieren — Ossian zerreißt das Los, läßt sich bei seinem fünfundzwanzigjährigen Jubiläum dekorieren und freut sich auf seine Beförderung zum Postdirektor. — Eine unbehagliche Komödie insofern, als Kaiser sich über den Postbeamten, dessen Verzicht auf das Geld er gutheißt, gleichwohl schnöde mokiert: über seine verklemmte Eitelkeit und seine kleinbürgerliche Subalternität. Der geheime Kaiser-Held ist der Bildhauer Glynn, den der Reichtum nicht einmal in Versuchung bringen kann, weil er dem vegetativen Leben mystisch verbunden ist, der Magie des Holzes, dem wuchernden Chaos des Waldes.

Der Gärtner von Toulouse. ›Schauspiel in fünf Akten‹. Geschrieben 1938, im Jahr der Emigration in die Schweiz. Uraufführung am 22. Dezember 1945 in Mannheim. — Ein junger Gärtner schwelgt im frühen Eheglück; er hat seine erste Liebe, eine Liebe auf den ersten Blick, geheiratet. Die Villa, zu der die Gärtnerei gehört, wird von einer älteren, aber noch lebfrischen Dame gekauft, die keine ist, sondern die ehemalige Besitzerin eines öffentlichen Hauses, und sie erkennt in der Gärtnersfrau eine ihrer tüchtigsten Haus-Insassen wieder. Den Plan, diese lästige Zeugin ihrer gemeinsamen Vergangenheit fortzujagen, gibt die neue Villen-Herrin auf, als sie den Gärtner erblickt: »ein junger Gott«, blond, blauäugig und von beträchtlichem Körperbau. Der Gärtner gerät in ihre Schlinge, aber da er doch eigentlich seine Frau liebt, will er schließlich die Gärtnerei verlassen. Um ihn zu halten und um ihn mit seiner Frau zu teilen, packt die privatisierende Kuppelmutter vor ihm die üble Vergangenheit aus, doch der Gärtner, statt sie nun in Liebe zu umschlingen, umschlingt sie mit tödlichem Bast und zwingt seine Frau, deren Vorleben für ihn unsühnbar ist, diesen Mord auf sich zu nehmen, während er sich wieder der Pflanzen mit nun ungeteilter Liebe annimmt. — Dieses Stück wird überraschend oft gespielt, wohl weil in ihm ein erotischer Reißer steckt — auf ihn freilich kommt es Kaiser nicht an. Er möchte von der Kolportage zum Mysterium vordringen: der Gärtner, ein ›pflanzenseliger‹ Mensch, bewundert die Keuschheit der Gewächse, »das blühende Grün der reinen Erde«; um dieser Reinheit willen mordet er und zwingt er seine Frau — mit dem Segen Georg Kaisers — sich als Mörderin auszugeben. Wer hier nicht zum Mit-Mysten wird, der wird freilich diesen Gärtner-Helden, sobald sich sein persönliches Heilsbedürfnis als unheilbar herausstellt, als ausgesprochen widerwärtig empfinden und ihm im Kampf um seinen vegetativen Gott im grünen Tempel keineswegs alle Mittel, und schon gar nicht einen Mord, gestatten. Wer sich wie der Gärtner der durchaus unvegetarischen Liebe seiner Frau erfreut und sie dann mit einem verlebten Luder betrogen hat, wer solcherart in einem gläsernen Treibhaus sitzt, der hat keinen Grund, mit moralischen Steinen zu werfen: er gleicht, wenn er's trotzdem tut, einem wildgewordenen Spießer mehr als einem Helden. Und wer schließlich aus Reinheitsgründen und fürs Pflanzenheil lügt, einen Mord begeht, sich aufplustert mit botanischer Unmoral und dafür seine Frau, die im Grunde ein armes Luder ist, zur Guillotine schickt, der hat plötzlich Chlorophyll, aber kein Blut mehr in den Adern und statt eines Herzens eher einen Blumenkohl in der Brust. Als unmenschlich erweist sich die mörderische Reinheits-Weltanschauung dieses fleischfressenden Pflanzers.

Der Soldat Tanaka. ›Schauspiel in drei Akten‹. 1940. Uraufführung am 9. November 1940, Schauspielhaus Zürich. Erste Aufführung in Deutschland 13. Februar 1946 im Berliner Hebbel-Theater. — Der Soldat Tanaka würfelt in einem öffentlichen Teehaus mit seinen Kameraden um eine Geisha. Er gewinnt, und das Freudenmädchen stellt sich als seine Schwester heraus. Ihr Vater, ein armer Reisbauer, hat sie verkaufen müssen, als er nach Mißernten den kaiserlichen Zins nicht mehr bezahlen konnte. Tanaka ersticht seine Schwester und den Korporal, der sie herrisch verlangt. Als Mörder vor Gericht gestellt, klagt Tanaka den Kaiser an: nicht er wird den Kaiser, sondern »der Kaiser soll mich um Entschuldigung bitten«, denn der Kaiser beutet das

Land aus für seine Armee und ist schuld daran, daß seine Schwester zur
Prostituierten geworden ist. Wenn der Kaiser ihn um Verzeihung bitte, »dann
will ich dem Kaiser seine Schuld vergeben«. Damit hat Tanaka die Begnadigung bewußt verwirkt; er wird erschossen. — Kaiser entwickelt aus der
sozialen Anklage seinen Angriff gegen Diktatur, Armee und Krieg. Er glaubte,
sein Tanaka ›sei mehr als Woyzeck‹, da er handle, während Woyzeck vom
Schicksal getrieben wird. Büchners ›Woyzeck‹ aber lebt, als sei er ein Stück
Natur, während Kaisers Tanaka nur ein Posten in einer belehrenden Rechnung ist.

Napoleon in New Orleans. ›Tragikomödie in sieben Bildern‹. 1941. Uraufführung am 28. Januar 1950 in Karlsruhe. — Baron Dergan hat sich in
seinem Palast bei New Orleans ein Napoleon-Museum eingerichtet und möchte
den Kaiser aus seiner Verbannung in St. Helena befreien. Seine Museums-
Stücke sind falsch, und eine Gaunerbande, die ihn mit diesen angeblichen
Trophäen betrogen hat, redet ihm auch den angeblich von St. Helena geflohe-
nen ›Napoleon‹ auf, den einer der ihren mimt. Schon ist der Baron durch sein
Idol für jedes Opfer zur Wiedereroberung Europas entflammt, kriegsbegeistert
und todbereit. Als die Bande das Geld verpraßt hat und ihr Betrug platzt,
zündet der Baron als unbelehrbarer Kriegsfanatiker sein Haus an, und seine
Tochter Gloria, die vom falschen Napoleon ein Kind erwartet, geht mit ihm
in den Tod. — Eine von Hitler-Deutschland inspirierte, bitterböse Persiflage
auf Machtanbetung und Uniform-Fetischismus, auf den falschen Heldenkult,
der so mächtig ist, daß der Baron, dieser nach Kaiser »Don Quichote des
totalen Krieges«, unfähig ist, ohne ihn zu leben — er wird von seinem Wahn
nicht geheilt, sondern in den Tod getrieben.

Das Floß der Medusa. ›Schauspiel‹. 1942. Uraufführung am 24. Februar
1945, Stadttheater Basel. — Kaiser schrieb das Drama nach einer Zeitungs-
Notiz: im September 1940 wurde ein Schiff, das englische Kinder nach Kanada
evakuieren sollte, torpediert; aus einem Boot rettete ein Flugzeug elf Kinder;
für zwei Kinder kam die Hilfe zu spät. In Kaisers Stück fordert ein Mädchen
im Rettungsboot die anderen Kinder auf, das kleinste Kind zu opfern — dann
wären sie nicht mehr dreizehn, die Unglückszahl, und könnten gerettet werden. Nur der zehnjährige Allan, der älteste Junge (den das Mädchen lieb hat)
weigert sich — die andern opfern das dreizehnte Kind, das rettende Flugzeug
kommt, doch Allan will nicht mehr auf einer Erde leben, die Irrwahn und
Mord immer neu hervorbringt, und tötet sich. — Georg Kaiser, während des
Krieges in seiner tiefsten Verzweiflung: mit dem Selbstmord Allans aus
Enttäuschung über Mord und moralisches Versagen streckt der Idealismus

Kaisers die Waffen vor den unbegreiflichen Todesmächten im Menschen. Er
schrieb am 14. März 1945 an seinen Freund Caesar von Arx: »Ich bin Allan —
in ihm schildere ich mich — in ihm vernichte ich mich — ihn beneide ich um
seinen jungen Tod. Ich mußte lange leben und jede Scheußlichkeit des Lebens
erleiden. Ich war nicht Allan im Boot — ich wurde Allan auf der Folter des
Lebens. Ich litt furchtbar und leide weiter mit dem täglichen Adler an meiner
Leber.«

Die Spieldose. ›Schauspiel in fünf Akten‹. 1942. Uraufführung 12. Oktober
1943, Stadttheater Basel. In der Bundesrepublik 15. Oktober 1949 in
Bochum. — Frankreich; im zweiten Weltkrieg. Paul Chaudraz steht als Soldat
an der Maginot-Linie; wenn seine Braut Noelle und sein Vater Pierre zu
Hause die Spieldose erklingen lassen, fühlen sie sich ihm verbunden. Ein
Haar Noelles fällt in die Spieldose — sie verstimmt: Paul wird tot gemeldet,
Noelle heiratet Vater Pierre. Sie haben ein Kind, als der fälschlich totgemel-
dete Paul heimkehrt — er hat sein Gedächtnis verloren, sie nehmen ihn als
Knecht ins Haus. Als die Spieldose sein Gedächtnis wieder erweckt, stürzt er
seinen Vater ins Meer, stellt den Mord als Unglücksfall hin, behauptet, er
habe durch den Schock sein Gedächtnis wiedergefunden, und verlangt, daß
Noelle ihr Heiratsversprechen einlöse. Sie willigt ein, als aber Paul ihr sein
Verbrechen gesteht, will sie mit ihrem Kind fliehen. Die deutsche Besatzungsmacht fordert für die Ermordung eines deutschen Soldaten zehn Geiseln;
Paul meldet sich als Täter: zur Sühne für sein Verbrechen und um die Geiseln
vorm Tode zu retten. — Ein spätexpressionistisches Stück: der verknappte
Stil gebärdet sich klassizistisch, ohne doch seine geheime Komik zu verlieren.
Als etwa das Bauernmädchen Noelle die Nachricht vom Tod ihres Verlobten
empfängt, schreit sie: »Ins Nichts verloren und ins Nichts gehalten«, als habe
sie zuviel Heidegger gelesen, und stürzt ihrem Schwiegervater in die Arme.
Die streng parallel konstruierten Kolportage-Situationen der fünf Akte sind
weder dem Ernste des Krieges angemessen noch dem Opfer-Ethos des lehrhaft angeklebten Schlusses. Kaiser hielt dies für sein reifstes Stück.

Zweimal Amphitryon. ›Drama in fünf Akten‹. Erstes Stück der ›Hellenistischen Trilogie‹ in Jamben. 1944. Uraufführung am 29. April 1944, Schauspielhaus Zürich. — Amphitryon ist hier ein kriegslüsterner Abenteurer, und
seine jungfräuliche Gattin Alkmene betet sehnsüchtig für die Heimkehr ihres
Kriegers, und käme er selbst in der niedrigsten Gestalt, als Ziegenhirt. Der
dem verräterischen Menschengeschlecht zürnende Gott Zeus erbarmt sich
ihrer, nimmt die Gestalt des Amphitryon an und zeugt mit Alkmene den
Herakles, den Helfer der Menschen. Zeus wird hier nicht mehr angezogen

von den körperlichen Reizen Alkmenes, sondern von ihrer sanften Seele, und so vereinigt sich der Gott mit der unschuldigen Menschenfrau, um ihrem militaristischen Gatten und der sich zerfleischenden Menschheit eine Lektion in Friedensliebe zu erteilen. — Kaiser hat dem klassischen Komödien-Stoff (siehe auch Seite 286) jegliche Komik ausgetrieben zugunsten eines pazifistischen Lehrstücks, das freilich von unfreiwilliger Komik strotzt. Wie Zeus hier mit Alkmene nur aus pädagogischen Gründen zeugt, so Kaiser mit dem Stoff des ›Amphitryon‹.

Pygmalion. ›Drama in fünf Akten‹. Zweites Stück der ›Hellenistischen Trilogie‹ in Jamben. 1944. Uraufführung 16. Dezember 1953 durch das Studio Fink in München. — Ovid erzählt im zehnten Buch seiner ›Metamorphosen‹ die Fabel vom Bildhauer Pygmalion, der sich so leidenschaftlich in eine von ihm geschaffene Elfenbein-Statue verliebt, daß ihm die Liebesgöttin das Bildwerk zum Leben erweckt. (Das Thema ist in Gedicht, Prosa und Oper oft behandelt worden; 1912 durch Bernard Shaw in einer Komödie.) — Bei Georg Kaiser erfüllt die Göttin Athene dem athenischen Bildhauer Pygmalion den Wunsch, seine schönste Statue lebendig zu machen: der Marmor wird Fleisch und Blut, das Bildwerk schlägt die Augen auf und empfängt den Namen Chaire, das Grußwort des Willkommens. Höchst unwillkommen aber ist sie für die Umwelt des Künstlers: Konon, der Feigenhändler, der den Marmor bezahlt hat, will die Statue abholen und findet sie nicht vor; Korinna aus Korinth, eine reiche Witwe, will Pygmalion abholen, den sie lange ausgehalten hat, und findet die schöne Chaire vor; Pygmalion gibt Chaire als Nichte des Thebaners Alexias aus, den er erfindet — Alexias aber gibt es wirklich und ist wütend über den Lügner Pygmalion. Konon, Korinna und Alexias klagen Pygmalion vor Gericht an. Er erzählt die Wahrheit, als Chaire die Folter droht — das Volk auf dem Markt lacht ihn aus; als Phantast wird Pygmalion freigesprochen; die Hehler sollen den Marmor wieder herbeischaffen, und Chaire muß ins Hurenhaus. Athene erbarmt sich und verwandelt Chaire in das marmorne Kunstwerk zurück. — Ein pessimistisches Gleichnis der Beziehungen zwischen Kunst und Welt, Künstler und Gesellschaft. Sobald der Künstler seinen Traum verwirklicht, sobald sein Kunstwerk ›lebendig‹ wird, werden Künstler und Werk mißverstanden, ausgelacht und verfolgt. Der Künstler muß und darf lügen, um seine Kunstwerke zu schützen, um seine Ideen rein zu erhalten — für ihn gelten andere Gesetze als für die Gesellschaft, denn unterwirft er sich dem irdischen Gericht und sagt er die Wahrheit, so kann ihm kein Mensch mehr helfen, nur noch der Gott, der das Wunder des lebendig gewordenen Kunstwerks zurücknimmt. In diesem mehr lyrisch klagenden als gedanklich argumentierenden Alterswerk blitzt Haß auf gegen die verständnislose Umwelt, Trauer über die Wirkungslosigkeit der Kunst, aber auch Stolz auf eine behauptete moralische Sonderstellung des Künstlers und Resignation: Rückzug vor der Menge in die Traumwelt des Ateliers.

Bellerophon. ›Drama in fünf Akten‹. Drittes Stück der ›Hellenistischen Trilogie‹ in Jamben. 1944. Uraufführung am 25. November 1953 in Saarbrücken. — Auf der Suche nach einer Gefährtin, die mit ihm die Ewigkeit teilen soll, besteht der von Apoll geleitete und beschützte Bellerophon langwierige Abenteuer, widersteht der Verführungskunst der Königin Anteia, verwirrt mit seinem ›Weidenspiel‹ den Drachen Chimaira derart, daß dieses Untier sich selbst umbringt, befreit die geliebte Myrtis mit Hilfe eines von Apoll geschickten Flügelrosses und wird schließlich mit Myrtis an den Himmel versetzt, »in die Sternenchöre« eingestimmt. — Ein Haßgesang auf die kriegerische Macht und ein Preisgesang auf den ›reinen Menschen‹, den Künstler, der durch die Musik seines ›Weidenspiels‹, seiner ihm von den Göttern verliehenen Macht, die Gefahren der Welt besteht: der Künstler als höchster Typus des Menschen, würdig, als Stern am Himmel zu leuchten. Nach der realistischeren Resignation seines ›Pygmalion‹ hat Kaiser in seinem letzten Werk, das einer unfreiwilligen Selbstparodie bedenklich nahekommt, den Künstler und mit ihm sich selbst verklärt. »Mein Schwanengesang«, schrieb er: »Ich habe mich selbst in die Sterne versetzt . . .«

GBS: Journalist, Clown und Kritiker

> Ich bin auch ein Journalist und ich bin stolz darauf und streiche mit Vorbedacht alles aus meinen Arbeiten heraus, was nicht Journalismus ist, überzeugt, daß nichts, was nicht Journalismus ist, lange als Literatur lebendig bleiben oder, solange es lebt, von irgendeinem Nutzen sein wird. Denn der Mann, der über sich selbst und seine eigene Zeit schreibt, ist der einzige Mann, der über alle Menschen und über alle Zeiten schreibt.
>
> Bernard Shaw

George Bernard Shaw mußte 48 Jahre alt werden, bis er als Dramatiker berühmt wurde. Dies geschah 1904, das Londoner Royal Court Theatre spielte seine irische Komödie ›John Bulls andere Insel‹, die er auf Wunsch von William Butler Yeats (siehe auch Seite 815) geschrieben hatte, und König Edward VII. lachte in einer von ihm befohlenen Vorstellung derart ausschweifend, daß sein Sessel unter ihm zusammenbrach. Shaw mußte 58 Jahre alt werden, bis er weltberühmt wurde. Dies geschah 1914 durch seine Komödie ›Pygmalion‹, die ihm, zum Musical ›My Fair Lady‹ verarbeitet, nach seinem Tod noch einmal internationale Begeisterung einbrachte. Und er mußte 68 Jahre alt werden, bis England ihn als seriösen Bühnendichter betrachtete. Dies geschah 1924 durch seine ›Heilige Johanna‹ und hinderte ihn nicht daran, die ernsthaft gestellte Frage, ob er nun katholisch werden wolle, mit der Begründung zu verneinen: »Für zwei Päpste hat die Kirche keinen Platz.« Ein Jahr später wurde ihm der Nobelpreis verliehen.

Die Neigung, pathetische Situationen durch Gelächter auszukühlen, besaß schon George Carr Shaw, sein trinkfreudiger Vater. George Bernard erzählte darüber: »Als ich ein Kind war, tauchte er mich in der Killiney-Bucht zum ersten Mal ins Meer. Voraus ging eine ernste Mahnrede darüber, wie wichtig es sei, schwimmen zu lernen, die in den Worten gipfelte: ›Als vierzehnjähriger Junge war ich, weil ich schwimmen konnte, imstande, deinem Onkel Robert das Leben zu retten.‹ Als mein Vater bemerkte, daß ich tief beeindruckt war, beugte er sich herab und flüsterte mir ins Ohr: ›Und um die Wahrheit zu sagen, in meinem ganzen Leben habe ich später nichts so bedauert.‹«

Aus dem kleinen George ist für England, das ihn nie so ernst genommen hat wie die übrige Welt, ›Joey der Clown‹ geworden. Shaw hat an diesem Bild, das die Öffentlichkeit von ihm hatte und haben wollte, eifrig weitergemalt und sich selbst oft genug als alten Clown bezeichnet: da der Engländer nicht ins Theater geht, um sich belehren zu lassen, sondern um sich zu amüsieren, übernahm er die Rolle des Spaßmachers und versuchte, durch Amüsement zu belehren. Denn belehren wollte er — nie hätte er auch nur eine Zeile »für die Kunst« geschrieben. Die Wirkung in die Zeit zog er der Dichtung für die Ewigkeit vor. Er machte sich an die Reinigung des Augias-Stalles, obwohl er wußte, daß nur Herkules diese Arbeit beenden konnte. Seine Mistgabel war der Witz, und solange über diesen Witz noch gelacht wird, bleibt Shaw beteiligt an der Reinigung der Welt: von lächerlichen Konventionen, von mörderischem Fanatismus und von der tödlichen Lust, sich des Denkens zu enthalten.

Sein Platz war von Anfang an zwischen den Stühlen: im katholischen Irland als Protestant geboren (am 26. Juli 1856 in Dublin in der Synge Street 33), lernte er schon auf der Schule schmerzlich die Trennungslinie zwischen den Konfessionen und Gesellschaftsklassen kennen. »Denn daß der Sohn eines protestantischen Gentleman-Kaufmannes, ein Herabkömmling der feudalen Klasse«, so erzählte er über sich, »diese Schranken durchschreiten und sich überhaupt mit ihren Insassen, den Kindern des unteren katholischen Mittelstandes, den Söhnen von kleinen Ladenbesitzern und Handelsleuten gemein machen könnte, war vom Shawschen Standpunkt aus unfaßbar.«

Diesen elterlichen ›Shawschen Standpunkt‹ hat er sehr rasch verlassen: er ist mit seiner ganz auf das Diesseits bezogenen Ethik ein undogmatischer Christ geworden, ein undogmatischer Engländer und Ire zugleich und ein undogmatischer Sozialist.

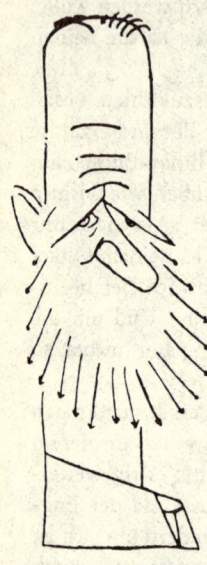

Im Lesesaal des Britischen Museums, in dem Karl Marx gesessen hatte, studierte Bernard Shaw, der als Zwanzigjähriger zu seiner Mutter nach London gezogen war (während sein Vater in Dublin blieb), zu gleicher Zeit ›Das Kapital‹ von Karl Marx und die Partitur von Richard Wagners ›Tristan und Isolde‹. Von seiner Mutter und ihrem Musiklehrer George Vandaleur Lee, mit dem sie nach London gegangen war, hatte Shaw ungewöhnlich viel über Musik gelernt. Über seine Marx-Studien schrieb er: »... den berühmten ersten Band des ›Kapital‹ habe ich tatsächlich gelesen, nur um zu entdecken, daß dieses Buch sonst niemand gelesen hatte, und daß es kein Wort über den Gegenstand des Sozialismus enthält.« 1884 trat er in die ›Fabian-Gesellschaft‹ ein, acht Monate, nachdem sie gegründet worden war: eine Gesellschaft praktischer Sozialisten, die wie der römische Feldherr Fabius, der ›Zögerer‹, den Feind allmählich ermüden wollte, um durch eine großangelegte Aufklärungsarbeit den Boden für einen Staatssozialismus geistig und politisch vorzubereiten. Sie hielten nichts von theoretischem Marxismus, von Revolution und Diktatur des Proletariats, sehr viel aber von einer demokratischen Evolution, von der Nationalisierung der Produktionsmittel und einer intelligenten Bürokratie. Zwölf Jahre lang hielt Shaw dreimal wöchentlich Vorträge für die Fabier und wurde dabei von einem gehemmten, schüchternen jungen Mann zu einem glänzenden Argumentierer, Debattierer und Dialektiker — er entwickelte die Eigenschaften, durch die sich seine Dramen auszeichnen, die in ihrer belehrenden Absicht seine Vorträge mit anderen Mitteln fortsetzen. Erst 1911 gab er seine Stellung im Exekutiv-Ausschuß der Fabier auf, und noch 1946 beantwortete er die Frage der ›Neuen Zeitung‹, des Publikationsorgans der amerikanischen Besatzungsmacht in Deutschland nach dem zweiten Weltkrieg, welche politische Struktur er dem heutigen Deutschland empfehle, mit einem lapidaren Wort: »Fabianismus.«

Vor seinem Eintritt in die ›Fabian Society‹ hatte er in fünf Jahren fünf erfolglose Romane geschrieben, jeden Tag präzise fünf Seiten — er hörte mitten im Satz auf, wenn dieses Pensum erfüllt war. Vier Jahre, nachdem er

Fabianer geworden war, begann er, unter dem Pseudonym Corno di Bassetto Musikkritiken für den ›Star‹ zu schreiben: ungemein scharfsinnige, geistreiche und polemische Artikel. Er schlachtete die musikalischen Abgötter seiner Epoche und trat leidenschaftlich für Richard Wagner ein. Dabei lernte er auch die Technik, sich durch Witz ein Publikum zu schaffen und ihm sozialistische Gedanken zu unterbreiten, die mit dem eigentlichen Thema seiner Aufsätze, der Musik, kaum etwas zu tun hatten: diesen Trick hat er auch als Dramatiker angewandt, als der er ja nichts anderes als ein Kritiker im umfassendsten Sinne des Wortes gewesen ist.

Als Schauspielkritiker trat er 1895 in die ›Saturday Review‹ ein, zeichnete seine Artikel mit ›GBS‹, belustigte sich über Shakespeare als Idol des Bildungsspießers und rühmte hartnäckig einen höchst unbeliebten ausländischen Dramatiker, über den er schon vier Jahre zuvor ein Buch geschrieben hatte: Henrik Ibsen. Mit Ibsens ›Gespenstern‹ hatte Otto Brahms ›Freie Bühne‹ 1889 in Berlin ihren revolutionären Spielplan eröffnet; zwei Jahre später brachte die von Jack Thomas Grein 1891 nach André Antoines und Brahms Vorbild gegründete ›Independent Theatre Society‹ in London als erste Aufführung ›Gespenster‹ heraus — es wurde ein Skandalerfolg. Grein benötigte dringend ein ähnliches englisches Drama, und Shaw beeilte sich, für ihn ein vor sieben Jahren angefangenes Stück fertigzuschreiben: ›Die Häuser des Herrn Sartorius‹. Es wurde 1892 zweimal aufgeführt, die konservativen Zuschauer äußerten lebhaft ihr Mißbehagen, und die Kritiker hielten den Verfasser für einen irrtümlich auf die Bühne gelangten Pamphletisten, der sechsunddreißigjährige Shaw aber war nun davon überzeugt, daß er ein geborener Dramatiker sei.

So begann Shaw seine Dramatiker-Karriere buchstäblich als Nachfolger Ibsens bei der Londoner ›Unabhängigen Theatergesellschaft‹, doch unterschied er sich schon in seinem ersten Stück grundsätzlich von seinem verehrten Vorbild: während der Norweger Henrik Ibsen, ein großer Humorloser, selbst in seinen gesellschaftskritischen Dramen vor allem Psychologe ist, Menschenschöpfer, ist Shaw vor allem Soziologe, Ideen-Verbreiter und ein witziger Formulierer überdies. Shaw kam vom Journalismus zum Theater, und er ist auf der Bühne der Publizist geblieben, der auf sein Publikum unmittelbar einwirken will. In seinem gesamten dramatischen Werk gibt es nicht eine Gestalt, die das absolut Böse verträte und also unverbesserlich wäre — Shaw glaubte nicht daran. So skeptisch er sich gab, er glaubte an die Beseitigung von Mißständen: sei es durch das Theater, sei es durch die schlichte Tätigkeit eines Stadtverordneten, die er um die Jahrhundertwende sechs Jahre lang ausgeübt, wobei er sich beispielsweise für die sicherlich wichtige Schaffung von öffentlichen Bedürfnisanstalten für Frauen einsetzte.

Den ›Häusern des Herrn Sartorius‹ (1892) folgten u. a. ›Frau Warrens Gewerbe‹ (1893), ›Helden‹ (ein großer Premierenerfolg in England) und ›Candida‹ (1894), ›Der Mann des Schicksals‹ und ›Man kann nie wissen‹ (1895), ›Der Teufelsschüler‹ (1896), der 1897 in New York das Publikum derart begeisterte, daß Shaw seine Kritikertätigkeit für die ›Saturday Review‹ einstellte. Im gleichen Jahr heiratete der Dreiundvierzigjährige die sehr kluge Charlotte Payne-Townshend, mit der er eine (von ihr kinderlos gewollte) leidenschaftslose, aber glückliche Ehe führte. 1898 schrieb er ›Cäsar und Cleopatra‹ und gab seine Stücke in zwei Bänden heraus, da sie in England offenbar niemand spielen wollte. Nach ›Kapitän Brassbounds Bekehrung‹ (1899), ›Mensch und Übermensch‹ (1901) wurde Shaw 1903 zum erstenmal in deutscher Sprache gespielt, ›Der Teufelsschüler‹ in Wien und ›Candida‹ in Berlin. So beklagenswert unelegant Siegfried Trebitsch als Übersetzer oft genug gewesen ist, er hat sein ganzes Leben Shaw gewidmet, und Shaw ist auf den deutschen Bühnen in den nächsten Jahrzehnten heimisch geworden wie kein anderer ausländischer Zeitgenosse.

›John Bulls andere Insel‹ (1904) vollzog mit dem Zusammenbruch des königlichen Theatersessels unter dem Gelächter Edwards VII. den Durchbruch des Dramatikers Shaw in der britischen Öffentlichkeit. 1905 schrieb Shaw ›Major Barbara‹ und zog in sein Landhaus in Ayot St. Lawrence, das er bis zu seinem Tod bewohnte und das seine Nachbarn ›Shaw's Corner‹ tauften. 1906 folgte ›Der Arzt am Scheideweg‹, 1908 ›Heiraten‹, 1911 ›Fannys erstes Stück‹, 1912 ›Androklus und der Löwe‹ und der Weltschlager ›Pygmalion‹, der 1913 vom Wiener Burgtheater zum erstenmal auf die Bühne gebracht wurde. Bei Ausbruch des ersten Weltkrieges war Shaw auf dem Höhepunkt seines Ruhmes; er war, wie sich Priestley ausdrückte, »der Führer des Aufräumungskommandos zur Beseitigung viktorianischen Gerümpels«.

Im Krieg verschwanden die letzten Reste dieses Gerümpels, und Shaw hatte mit ihnen seine beste Zielscheibe verloren. ›Haus Herzenstod‹ (1919) und

›Zurück zu Methusalem‹ (1920) wurden Mißerfolge. ›Die Heilige Johanna‹ aber (1923), uraufgeführt in New York und 1924 von Max Reinhardt am Berliner Deutschen Theater mit Elisabeth Bergner in der Titelrolle inszeniert, ist wohl Shaws bestes Stück. Noch einmal begeisterte er das Theaterpublikum mit ›Der Kaiser von Amerika‹ (1929). Was dann noch folgte, hatte eine bescheidenere Wirkung: ›Zu wahr, um schön zu sein‹ (1931), ›Ein Negermädchen sucht Gott‹ (1932), ›Die Millionärin‹ (1935), ›Genf‹ (1938), ›Der gute König Karl‹ (1939) und ›Zuviel Geld‹ (1947). Noch als Neunzigjähriger machte Shaw bissige Bemerkungen über das englische Theaterpublikum. So sagte er in einem Interview der französischen Zeitung ›Nuit et Jour‹: »Manchmal sehen Sie einen Engländer lachen. Das kommt dann daher, daß er ein Jahr vorher ein Stück von mir gesehen hat. Jetzt beginnt er, es zu begreifen.« Doch in England hatte man sich längst wieder daran gewöhnt, in ihm nur noch ›Joey den Clown‹ zu sehen.

Am 2. November 1950 starb der vierundneunzigjährige Shaw in Ayot St. Lawrence, die Gebete an seinem Sterbelager verrichtete Reverend Davies, die Theater am Broadway schalteten ihre Neonröhren aus, genau eine Minute lang — es war nur ein kurzes Blinzeln, kein Kapitelschluß der Theatergeschichte: die Sterbeurkunde des Dramatikers Shaw könnte nur durch das betretene Schweigen des Theaterpublikums unterschrieben werden. Vorläufig lacht das Publikum noch.

Da Shaw sich geweigert hat, Fragen zu stellen, die über die Grenzen seines Geistes hinausgehen, da er auf das diesseitig Realisierbare hartnäckig verwiesen hat, bestätigen seine Stücke, unabhängig von Metaphysik und Theologie, den Wert der moralischen Anstrengung jedes Menschen und damit seine Würde. Dies ist unverlierbar, selbst dort, wo die spezielle Themenstellung seiner Stücke mit ihrer Entstehungszeit historisch geworden ist. Shaws Cäsar fragt: »Ist Zivilisation keine Kunst?«, und für Shaw war dies eine selbstverständlich zu bejahende, eine rein rhetorische Frage. Er ordnete seine Kunst der Zivilisation unter.

Meinungen: »Er hat eine bedächtige Frau, ein sanft-tönendes Spinett und ein Fenster auf die Themse. Er sprühte von Leben und erzählte eine Menge interessanter Sachen über sich, über Strindberg, über Rodin und andere berühmte Dinge. Ihm zuzuhören ist mit Grauen verbundene Wollust«: Karel Capek. — »Er hat keine Leidenschaftlichkeit, kein Gefühl, und wie kann man Künstler sein, ohne leidenschaftlich zu fühlen? Er glaubt an nichts und liebt nichts, nicht einmal Bernard Shaw«: Oscar Wilde zu Frank Harris. — »Bernard Shaws Gehirn war im wörtlichen Sinne ein Keil. Die schärfste Seite war immer vorne. Und er spaltete unsere Gesellschaft von einem Ende zum andern in dem Augenblick, da er überhaupt Einlaß hatte«: G. K. Chesterton. — »Ein Meister-Glossierer des Augenblicks. Und fraglos ein ethischer Gewinn«: Alfred Kerr. — »Shaw ist der Name eines Gärtners, der sich zum Bock gemacht hat. Also ein Zoologe, der sich in der Rolle des Zoon gefällt, wenn er auch immer wieder aus der Rolle herausfällt...«: Franz Blei. — »Der Shawsche Terror besteht darin, daß Shaw es für das Recht jedes Menschen erklärt, in jedem Fall anständig, logisch und humorvoll zu handeln, und für die Pflicht, dies auch zu tun, wenn es Anstoß erregt. Er weiß genau, was für ein Mut dazu gehört, über das Lustige zu lachen und wieviel Ernst nötig ist, um das Lustige herauszufinden«: Bertolt Brecht. — »Der alte Knabe gefiel mir. Er ist ein Schmetterling in einem weißen Bart«: William Saroyan. — »Es ist nicht schlimm für Shaw, daß der Aristophanes, der in ihm war, den Lebensreformer, der er sein wollte, überlebt. Dichter leben länger als Reformer«: Siegfried Melchinger.

Die Häuser des Herrn Sartorius (Widower's Houses). ›Komödie in drei Akten‹. 1892. Uraufführung am 9. Dezember 1892 im Royalty Theatre London durch die ›Independent Theatre Society‹. — Die Häuser des scheinbar so noblen Herrn Sartorius sind Bruchbuden, in denen den Ärmsten der Armen Geld abgepreßt wird für Elendsquartiere, und an diesem Geschäft sind Herrschaften der Londoner Gesellschaft mit bestem Gewissen profitfroh beteiligt. Lickcheese, ein hinausgeworfener Ausgebeuteter, treibt das Geld für Sartorius ein und ahmt dabei diesen Ausbeuter eifrig nach. Dr. Harry Trenck ist zunächst entschlossen, von dem Schandgeld nicht zu profitieren, doch als er erfährt, daß er, ohne es zu wissen, schon längst durch Hypothekenzinsen am Mietwucher beteiligt ist und überdies durch Liebe zur (kalt berechnenden und herrschsüchtigen) Sartorius-Tochter Blanche korrumpiert wird, spielt er das kapitalistische Spielchen munter mit. — Shaw hatte die beiden ersten Akte schon 1885 geschrieben und das Stück sieben Jahre später beendet, als Grein, der Gründer der ›Independent Theatre Society‹ (siehe auch Seite 897) nach einem Skandalerfolg mit Ibsens ›Gespenstern‹ leichtfertig behauptete, es gebe in England Hunderte von dramatischen Meisterwerken, die von den kommerziell geführten Theatern verschmäht würden. Es kam zu zwei geschlossenen Vorstellungen von Shaws Stück, der darüber erzählte: »Man nannte mich einen Pamphletisten, bar jeden dramatischen Talents. Aber die Bühneneffekte, die ich geplant hatte, waren alle glänzend herausgekommen, und das überzeugte mich, daß ich ein geborener Dramatiker sei.« Shaw war damit Ibsens englischer Nachfolger geworden und beeilte sich, mit seinem nächsten (schwachen) Stück *Der Liebhaber* (The Philanderer, 1893) eine Satire auf den Ibsen-Kult und die Auswüchse der Frauenemanzipation zu schreiben.

Frau Warrens Gewerbe (Mrs. Warren's Profession). ›Schauspiel in vier Akten‹.
1893. Uraufführung durch die Stage Society, London, 5. 1. 1902. Erste
öffentliche englische Aufführung (nach Freigabe durch die Zensur, 1924)
3. 3. 1926, Strand Theatre, London, New Lyric Club. — Frau Kitty Warren kennt ihr Gewerbe — den Betrieb als Privatpensionen getarnter öffent-
licher Häuser in mehreren Hauptstädten Europas — von Grund auf: durch
soziale Not gezwungen, ist sie einst Prostituierte gewesen und hat als
Ausgebeutete die Methoden der Ausbeutung so gut gelernt, daß sie inzwischen
selbst zur erfolgreichen Ausbeuterin geworden ist und die Etablissements
35 Prozent Profit abwerfen. Sie ist neben dem Landadligen Sir George Crofts
die Hauptaktionärin. Ihre Tochter Vivie hat sie auf einem vornehmen College
erziehen lassen, und als Vivie vom Gewerbe ihrer Mutter erfährt, gibt es eine
scharfe Auseinandersetzung: Frau Warren ist empört über den moralischen
Hochmut ihrer Tochter, und die puritanische Tochter ist zwar gerührt über
das harte Schicksal ihrer Mutter, doch kann sie sich nicht damit abfinden, daß
ihre Mutter, aus der Not längst heraus, noch immer an diesem schmutzigen
Geschäft verdient. Vivie verläßt ihre Mutter und wird Büroangestellte. —
»Nichts würde das scheinheilige britische Publikum mehr erfreuen«, so kommentierte Shaw, »als wenn es die ganze Schuld auf Frau Warren abwälzen
könnte. Der Zweck meines Stückes ist es aber, dem britischen Publikum die
Schuld zu geben ... Frau Warren ist um keinen Deut schlechter als ihre
respektierliche Tochter, die sie nicht ertragen kann.« Als Ursache der Prostitution sah Shaw »eine schamlose Unterbezahlung, Unterbewertung und
Überbeanspruchung der Frau, daß die ärmsten unter ihnen gezwungen sind,
zur Prostitution zu greifen«. Inzwischen gibt es Wohlstandsprostituierte, die
ihre Tätigkeit keineswegs aus sozialer Not ausüben, sondern sie als eine
relativ bequeme Methode betrachten, rasch viel Geld zu verdienen. Dennoch
ist Shaws Stück dort unverwüstlich, wo es über den speziellen sozialkritischen
Anlaß hinaus die allgemeine gesellschaftliche Heuchelei angreift, die öffentlich das verdammt, was ihr geheime Profite einbringt. Zur Heuchelei gehörte
freilich heute auch, die Ursache der Prostitution dort zu suchen, wo Shaw sie
gefunden zu haben glaubte.

Helden (Arms and the Man). ›Komödie in drei Akten‹. 1894. Uraufführung
am 14. April 1894 im Avenue Theatre, London. — Der Schweizer Hauptmann
Bluntschli, Freiwilliger in serbischen Diensten im serbisch-bulgarischen Krieg
von 1885, hat seine Patronentaschen mit Schokolade statt mit Munition
gefüllt und ist stolz darauf, in der Schweiz den höchsten Rang zu besitzen,
den es dort gibt: freier Bürger. Auf der Flucht vor den Bulgaren steigt er in
das Schlafzimmer der jungen Bulgarin Raina und belehrt sie, wie vernunft-

widrig sich ihr sporenklirrender Verlobter, der arrogante Husarenmajor Sergius, benimmt, den sie für einen Helden hält. Über das Wesen des Scheinheldentums gründlich aufgeklärt, heiratet sie schließlich den Hotelbesitzer Bluntschli, der, vom Kavalleristen Sergius auf Säbel gefordert, gelassen ankündigt, als Artillerist werde er zum Duell eine kleine Kanone mitbringen. — Das erste Stück, mit dem Shaw in England einen großen Erfolg hatte. Eine antimilitaristische, doch keine antimilitärische Posse: Bluntschli, der ›Pralinésoldat‹, der Heldenpose und Kriegerpathos durch seine bloße nüchterne Anwesenheit lächerlich macht, ist ein ungemein tüchtiger, weil sachlicher Soldat, dem es nur auf den erzielten Erfolg, nicht auf die romantischen Phrasen ankommt. Dieser Soldat für Geld besitzt die von Shaw allein anerkannte Art von Heldenmut: »Zeigen Sie mir einen Mann, der jeder Macht auf Erden oder im Himmel, die ihn zwingen wollte, gegen seinen Willen oder sein Gewissen zu handeln, Trotz bietet bis in den Tod! Nur ein solcher Mann hat Mut.« — Operette von Oscar Straus ›Der tapfere Soldat‹, 1908.

Candida. ›Ein Mysterium in drei Akten‹. 1894. Uraufführung 1897 durch das ›Independent Theatre‹ auf einer Provinztournee mit Ibsens ›Nora‹. Deutsche Erstaufführung am 19. November 1903 in Berlin. — Candida, die Frau des Pastors Jacob Morell, bringt einen jungen Anbeter ins Haus, den Dichter Eugen Marchbanks, der sich von aller Welt unverstanden fühlt, doch kühn genug ist, den Pastor einen eitlen Schwätzer zu nennen und ihm seine Leidenschaft für Candida zu gestehen. Morell geht zu einer Versammlung und verlangt, daß Candida und Marchbanks allein im Hause bleiben; er kehrt zurück, als Marchbanks gerade beginnt, um Candida zu werben. Wieder streiten sich die beiden, und Candida (»Es scheint, daß ich versteigert werden soll«) zwingt sie, zu bekennen, wieviel sie »bieten«. Morell bietet seine Kraft, sein ehrliches Wollen, sein Ansehen und seine Stellung; Marchbanks seine Schwäche, seine Trostlosigkeit, seine Herzensnot. Candida erklärt, sie werde dem Schwächeren gehören, und dies ist in ihren Augen der darob verblüffte Morell: ohne die Hilfe seiner Frau verlöre er den Glauben an sich selbst, Marchbanks aber ist daran gewöhnt, von der Welt verkannt zu werden. Der junge Dichter flieht hinaus in die Nacht, Morell und Candida umarmen sich, und das Stück schließt mit der oft zitierten Bemerkung Shaws: »Aber das Geheimnis in des Dichters Herzen, das kennen sie nicht.« — Shaw hat in einem burschikosen Brief (den George A. Riding in der Wochenschrift ›The Spectator‹ 1950 veröffentlichte) 1920 die Anfrage von Schülern, welches Geheimnis dies denn nun eigentlich sei, beantwortet und dabei u. a. geschrieben: »Für Eugen als den Stärkeren von beiden würde das tägliche Einerlei mit seiner Kinder- und Windelsklaverei, mit dem einfachen Glück an Stelle der Ekstase, eine Atmosphäre schaffen, in der alle Poesie zum Sterben verurteilt wäre... Als Candida ihm dies Leben ganz deutlich vor die Augen rückt, rollt sich sein Himmel vor ihm zusammen wie ein leeres Blatt. Und stolz schreitet er davon in das herrlich-majestätische Reich der sternenschimmernden Nacht... Doch kann natürlich jeder, der das Buch kauft, dem Stück den Abschluß geben, der ihm paßt.« Dieser Abschluß — zwei beseligte Kindermänner zu Füßen Candidas — ist inzwischen sentimentaler und komischer geworden, als sich dies Shaw träumen ließ, der Candida, Marchbanks und Morell ernster nahm als die meisten seiner Bühnenfiguren. Gerade dieses innige ›Mysterium‹, das lange Zeit als ›dichterisch‹ hochgeschätzt worden ist, hat mehr als Shaws ironische Komödien unter dem Wandel der Zeit gelitten. Der Weltschmerz-Poet Marchbanks, zu Ende des 19. Jahrhunderts zeittypisch, erscheint nun so tödlich überspannt und melodramatisch, daß er als Candida-Kandidat gar nicht ernsthaft in Betracht kommt, und so viel frauliche Herzensklugheit, wie Shaw sie bei Candida für unerläßlich hielt, ist auch nicht mehr nötig, damit sie alles glücklich ordne. Morell, der verwöhnte, gutherzige, selbstgerechte, egoistische Ehemann, ist wie die satirisch überspitzten Nebenfiguren von dauerhafterem Stoff. Candida, die erzgescheite, wunderbar irdische Frau, deren Charme ihre Überlegenheit und deren Überlegenheit ihr Charme ist, wird als Rolle noch immer sehr begehrt, wenn das Stück auch kein ›Mysterium‹ mehr ist, sondern ein rührender Spaß mit einigen tiefer gehenden Sentenzen.

Man kann nie wissen oder ›Der verlorene Vater‹ (You never can tell). ›Komödie in vier Akten‹. 1895. Uraufführung 1906 im Court Theatre, London. Die vom Haymarket Theatre Royal 1897 begonnene Einstudierung wurde abgebrochen, da die Schauspieler das Stück für unaufführbar erklärten. — Ein vorsätzlich als Kassenschlager geplanter Wirbel mit einer für die Frauenemanzipation begeisterten Mutter, mit ihren unsäglich frechen Zwillingskindern, mit ihrer fortschrittlich erzogenen Tochter Gloria, die von dem Zahnarzt und Verführer Dr. Valentin gerade deshalb so rasch ›herumgekriegt‹ werden kann, weil er ihr keine altmodischen Gefühle, sondern eine fortschrittliche Gesinnung vorspielt, mit einem konservativen Vater, der für Tischgebete und Kindererziehung durch Prügel eintritt, und mit der Glanzfigur des friedensstiftenden Kellners William, der korrekt gekleideten Verkörperung des dienend auftretenden, doch souveränen, gesunden Menschenverstandes. — Ein gewichtloses Lustspiel mit albern gewordenen Witzchen und einigen amüsanten Bosheiten.

Der Teufelsschüler oder ›Ein Teufelskerl‹ (The Devil's Disciple). ›Ein Melodrama in drei Akten‹. 1896. Uraufführung (nicht öffentliche ›Copyright Per-

formance‹) 17. April 1897, London, Bijou Theatre. Erste öffentliche Aufführung 1. Oktober 1897, Albany (New York), Hermanus Bleecker Hall. —
1777, während der Unabhängigkeitskriege in Amerika. Aus Protest gegen
den in Menschenhaß ausgearteten Puritanismus seiner Mutter erklärt sich
Richard Dudgeon als Anhänger des Teufels und wird von den strenggläubi-
gen Puritanern gemieden. Dennoch verschmäht er es rechtschaffen, seine
irrtümliche Verurteilung zum Tode durch die Engländer aufzuklären und ist
bereit, sich an Stelle seines Gegners, des Pastors Anderson, hängen zu lassen.
Der Pastor wiederum, von Hause aus kein Mann der Tat, gürtet sich nicht
minder rechtschaffen die Pistolen um und rettet den ›Teufelsschüler‹ vorm
Galgen, indem er wie ein Teufelsschüler handelt. — Die in der Tat melodramatische Wildwesthandlung dient Shaw als Abschußrampe für Sottisen
gegen Puritanismus, Bigotterie, englische Gesellschaft und herkömmliche
Geschichtsschreibung. Der Erfolg des Stückes in Amerika ermutigte Shaw,
seinen Kritikerposten aufzugeben, auf künftige Theater-Tantiemen zu bauen
und zu heiraten.

Cäsar und Cleopatra (Caesar and Cleopatra). ›Eine Historie in fünf Akten‹.
1898. Uraufführung am 15. März 1899 in Newcastle-on-Tyne. Deutsche Erstaufführung 1906 in Max Reinhardts Neuem Theater, Berlin. (Deutsch auch
von Annemarie und Heinrich Böll, 1965.) — Ägypten, in den Jahren 48 und
47 v. Chr. Cleopatra ist sechzehn Jahre alt, katzenhaft und von naiver Sinnlichkeit. Sie wird politisch bedrängt von der Partei, die ihren zehnjährigen
Bruder Ptolemäus zum Pharao machen will und an deren Spitze Pothinus
steht, der Vormund des Ptolemäus. Von Cäsar, einem älteren Herrn mit
Glatze, den sie mit ›old gentleman‹ anredet, lernt sie die Kunst des Herr-
schens. Sie läßt Pothinus von ihrer Amme Ftatateeta ermorden, die sich dabei
freilich so dilettantisch anstellt, daß Pothinus noch einen Todesschrei aus-
stoßen kann, der den Aufstand gegen die Römer auslöst. Cäsar läßt Ftatateeta
unauffälliger umbringen, schlägt den Aufstand nieder, vergißt über seinen
staatsmännischen und kriegerischen Geschäften die kleine Cleopatra, mit der
er — nicht ohne Gefühl — eine Zeitlang gespielt hat. Bevor er sich nach Rom
einschifft — Rufio bleibt als römischer Statthalter in Alexandria —, verspricht
er Cleopatra, ihr einen frischen und flotten Jungen zu schicken, keinen, der
wie er »schrecklich mager in den Armen und kalt im Herzen« ist: Marcus
Antonius. — Shaw benutzt die äußere Form einer intrigenreichen und umständlichen shakespeareschen ›Historie‹, damit um so deutlicher werde, wie
sehr sich sein Cäsar von den romantischen Helden Shakespeares unterscheidet.
Shaws Cäsar ist ein ›intelligenter Zivilist‹, ein geschickter, weil großmütiger
Diplomat, nicht inhumaner als aus politischen Gründen unbedingt notwen-

›Cäsar und Cleopatra‹ von Bernard Shaw, erster Akt, zweite Szene – realistisch:
Bühne (zusammengeklebtes Papiermodell) des Meininger Theaters, 1908 –
ironisch: Bühnenentwurf von Otto Reigbert aus dem Jahre 1919

CÄSAR v. CLEOPATRA I. 2.

dig, mit Selbstironie begabt und einer wissenden Melancholie, doch auch nicht ohne die Koketterie des Alterns und die Lust am übermütigen Spiel, Daß bei seinem Flirt, den er genießt, Cleopatra zugleich im römischen Sinne erzogen wird, gehört zu seinem Genie. Er ist alles andere als ein legendärer Held, doch groß durch seine Persönlichkeit, seinen Humor und seine Vernunft. Der skeptische Shaw, der nicht daran glaubte, daß es seit Cäsars Zeiten irgendwelche Fortschritte gegeben habe, spricht durch ihn: »Und so, bis zum Ende der Geschichte, wird ein Mord den anderen ausbrüten, immer im Namen des Rechts und der Abschreckung und des Friedens, bis die Götter des Blutvergießens müde sind und ein Geschlecht erschaffen, das zur Einsicht kommt.«

Kapitän Brassbounds Bekehrung (Captain Brassbound's Conversion). ›Komödie in drei Akten‹. 1899. Uraufführung 16.2.1900, Strand Theatre, London. — Der britische Lord-Oberrichter Sir Howard Hallam und seine reiselustige Schwägerin Lady Cicely lassen sich 1899 von einem heruntergekommenen britischen Offizier, der sich Kapitän Brassbound nennt, durch Marokko geleiten. Sir Howard — so stellt sich heraus — ist Brassbounds Onkel, und Brassbound haßt ihn seit vielen Jahren, weil Sir Howard ihn um sein Erbe betrogen und seine Mutter in den Tod getrieben hat. Lady Cicely, souverän, weil ohne Angst, behandelt Brassbounds Schmugglerbande wie schlecht erzogene, aber harmlose Jungen und entwaffnet jedermann durch ihre arglose Liebenswürdigkeit, die so umfassend ist, daß sie als moralische Macht wirkt: sie bringt Brassbound von seinen Vergeltungsplänen ab, ja sie verwandelt ihn vollkommen, und Sir Howard, der sich im Namen der Gerechtigkeit an Brassbound rächen will und den sie nicht ändern kann, überlistet sie. — Shaw hat diese haarsträubende burleske Räubergeschichte mit ihrer durch Witz getarnten Moral für seine Schauspieler-Freundin Ellen Terry geschrieben, als sie sich darüber beklagt hatte, es gebe keine Stücke mehr für Großmütter: Lady Cicely ist eine Huldigung Shaws an die Kraft des weiblichen Herzens, die mit der Kraft der Vernunft zusammenfällt — sie besiegt die unmenschlichen männlichen Prinzipien einer fanatischen ›Gerechtigkeit‹, hinter der nichts als Rachsucht steckt. (Ellen Terry spielte die Lady Cicely nicht bei der Uraufführung, erst 1906 im Court Theatre.)

Mensch und Übermensch (Man and Superman). ›Eine Komödie in vier Akten‹. 1903. Uraufführung 5.9.1905, New York; am 4.6.1907 im Court Theatre, London. — Don Juan, auf den Kopf gestellt. »Ich habe in meine moderne dreiaktige Komödie ›Mensch und Übermensch‹ einen vollständig unwesentlichen Akt eingeschoben«, so kommentierte Shaw, »in dem mein Held, von der Luft der Sierra bezaubert, einen Traum hat, worin ihm sein Mozartscher

Ahnherr erscheint und in einem shawisch-sokratischen Dialog weitläufig mit der Dame, der Statue und dem Teufel philosophiert.« In der ›modernen Komödie‹ erliegt John Tanner, ein geistiger Provokateur und zynischer Rebell, der sich über die moralischen Vorurteile der Gesellschaft belustigt, schließlich doch der in Ann Whitefield verkörperten ›life-force‹, der ›Lebenskraft‹. Dieser Don Juan jagt nicht die Frauen, er wird von der Frau, von einer hier allerdings recht unkonventionellen Frau, gejagt, auf daß das Menschengeschlecht nicht aussterbe, und er ergibt sich mit Shaws Segen gefaßt in dieses Schicksal: vom Übermenschen zum Menschen, vom Mann zum Ehemann. In dem eingeschobenen Traum-Akt (der unter dem Titel *Don Juan in der Hölle* auf die Lese-Bühne gelangt ist) figurieren der vor Ann in die Sierra Nevada geflüchtete John Tanner als Don Juan, Ann als Donna Anna, der spanische Räuberhauptmann Mendoza als Teufel und Roebuck Ramsden, ein versteinerter Konservativer, als versteinerter Komtur in einer gemütlichen Hölle, die von den geschmackvolleren und intelligenteren Toten dem Himmel vorgezogen wird. — Ein Debattierstück mit überwuchernder Philosophie, Shaw mehr als Prediger denn als Satiriker. Seine Personen, dazu geschaffen, den Triumph der ›Lebenskraft‹ zu demonstrieren, besitzen keine Lebenskraft, sondern nur Ansichten, die sie ausführlich äußern. Obwohl viele Argumente abgestanden sind, vermag der pure Charme dieser von Nietzsche, Darwin und Bergson befeuerten Streitgespräche über Frau, Liebe, Ehe und Tod noch immer zu fesseln.

Major Barbara (Major Barbara). ›Komödie in drei Akten‹. 1905. Uraufführung 1905 in London. — Der Rüstungsfabrikant Andrew Undershaft fragt nicht danach, wem er seine Waffen liefert, es geht ihm nur ums Geld, und dazu bekennt er sich offen. Seine Familie hat sich aus moralischen Gründen von ihm getrennt; seine Tochter Barbara ist Major bei der Heilsarmee. Dem Fabrikanten gefällt die Aufrichtigkeit und Charakterstärke seiner ungewöhnlichen Barbara und er versucht, sie für seine ›Moral der Kanone‹ zu gewinnen. Er stiftet der Heilsarmee einen hohen Betrag, und Barbara ist tief enttäuscht, daß die ›Soldaten Christi‹ das Blutgeld angenommen haben, verläßt die Heilsarmee und zweifelt an ihrer moralischen Überlegenheit. Ihr Verlobter Adolphus Cusins, Professor für Griechisch, wird von Undershaft sehr rasch zum Rüstungskapitalismus bekehrt und zu seinem Nachfolger gemacht. Barbara begeistert sich für die sozialen Einrichtungen der Kanonenfabrik und entschließt sich, ihre Heilsbotschaft den Arbeitern des väterlichen Werks zu verkünden, zumal Cusins künftig nur die Verfechter einer gerechten Sache mit Waffen beliefern will. Undershaft aber weiß, daß sich auf die Dauer die Moral des Waffengeschäfts — jeder, der zahlt, wird beliefert — doch gegen alle

Reformversuche durchsetzen wird. — Shaws monumentaler Sarkasmus läßt den üblen Kapitalisten, dem er einen korrumpierenden Charme verliehen hat, triumphieren, um das Publikum moralisch zu schockieren. Doch was 1905 möglich gewesen ist (selbst die theaterfeindlichen Offiziere der Heilsarmee waren von dem Stück begeistert), fällt nach zwei Weltkriegen schwer: Erfahrung hat gelehrt, daß die Profitgier der Rüstungsindustriellen nicht die Ursache der Kriege ist und daß auch der verwirklichte Sozialismus nicht vorm Kriege schützt. Shaws Thesen haben an Überzeugungskraft verloren; das Amüsement über die Liebesgeschichte zwischen ›Vater Colossus‹ und seiner Tochter Barbara und über das allzu menschliche Spiel der Täuschungen und Selbsttäuschungen ist geblieben. Über den Kanonenkönig gar wird mit komplizenhaftem Zynismus gelacht.

Der Arzt am Scheidewege (The Doctor's Dilemma). ›Komödie in fünf Akten‹. 1906. Uraufführung 20. November 1906 im Court Theatre, London. Deutsche Erstaufführung 1908 in Berlin. — Am Scheideweg steht Dr. Colenso Ridgeon, als sich ihm die Frage stellt, welchen Patienten er in seine überfüllte Tuberkulose-Klinik aufnehmen muß: einen durchschnittlichen, aber pflichtgetreuen Armendoktor oder den genialen, aber moralisch bedenkenlosen Maler Dubedat? Für ihn ist dies nicht nur ein ethisches Dilemma, denn überdies liebt er Jennifer, die Frau des Malers, und könnte sie heiraten, falls ihr Mann nicht zu retten wäre. Er übergibt den Maler seinem Kollegen Bloofield Bennington, B. B. genannt, einem Modearzt, von dem er weiß, daß er mit seinem neuen Tuberkulose-Mittel leichtfertig umgeht — der Maler stirbt, Ridgeon rettet den Armenarzt. Von Jennifer später zur Rede gestellt, gesteht er, daß er sie liebe, ihren Mann bewußt zu B. B. und damit in den wahrscheinlichen Tod geschickt habe, und klärt sie über die Haltlosigkeiten des Malers auf. Sie aber ist in ihrem Glauben an ihren Maler-Gatten nicht zu erschüttern und weist die Liebeserklärung des Arztes, der ihr viel zu alt erscheint, als lächerlich ab. Im übrigen hat sie sich inzwischen wieder verheiratet, und dem Arzt wird klar, daß demnach sein Mord völlig ›uneigennützig‹ gewesen ist. — Eine bitterböse, karikaturistisch zugespitzte Satire auf die Ärzte, die der Lebensreformer, Impfgegner und Vegetarier Shaw sowenig ausstehen konnte wie Molière. Doch auch nicht ohne einen Schuß Selbstironie: der in Geldangelegenheiten unübertrefflich bedenkenlose, moralisch höchst anfechtbare Maler beruft sich darauf, ein Schüler Bernard Shaws zu sein.

Fannys erstes Stück (Fanny's first Play). ›Komödie in drei Akten‹. 1911. Uraufführung am 19. April 1911 im Little Theatre, London. — Eine in Eng-

›Künstlerpostkarte‹
aus dem Jahre 1909:
Tilla Durieux,
damals 21 Jahre alt,
und Paul Wegener,
damals 35 Jahre alt,
in Bernard Shaws
Komödie ›Der Arzt
am Scheidewege‹,
inszeniert von Felix
Hollaender am
Deutschen Theater
Berlin, 1909

1214.
Tilla Durieux   Paul Wegener
i. „Der Arzt am Scheideweg".
Verlag Hermann Leiser,
vormals Louis Blumenthal.
Berlin W. 13.
Phot. Becker & Maass, Berlin W.

land oft gespielte Satire auf die Mittelstandsmoral von 1910, die inzwischen zum harmlosen Jux geworden ist. Zwei durch ihre Eltern versprochene junge Leute kommen auf getrennten Wegen — beide haben einen Polizisten geohrfeigt — ins Polizeigefängnis, wo sie sich von den Moralbegriffen ihrer Eltern endgültig zur Moral der Selbstachtung befreien: Bobby wird ein sehr leichtes Mädchen heiraten und Margaret den Diener der Eltern Bobbys, der sich allerdings als Bruder eines Grafen entpuppt hat. Ein Vor- und Nachspiel macht diesen Spaß zu ›Fannys erstem Stück‹: im Vorspiel eröffnet Fanny ihrem entsetzten Vater, daß sie eine Komödie geschrieben habe, die sie ihm nun zeigen wird, und im Nachspiel wird Fanny von einem Kritiker (der zum Spiel gehört) dazu beglückwünscht, daß ihr Erstling immerhin besser sei, als wenn er von Shaw stamme.

Androklus und der Löwe (Androcles and the Lion). ›Märchenspiel in drei Akten‹. 1912. Uraufführung 1. September 1913, London, St. James' Theatre. Älian (2. Jahrhundert n. Chr.) erzählt: Ein entlaufener Sklave zieht einem

*›Androklus und der Löwe‹ von Bernard Shaw, inszeniert von Erwin Piscator an der
Freien Volksbühne Berlin, 1964. Bühnen-Entwurf von Hein Heckroth*

Löwen einen Dorn aus der Tatze, wird später in der Arena von dem Löwen
wiederkannt und verschont, worauf der Kaiser dem Sklaven und dem Löwen
die Freiheit schenkt. — Diese Anekdote hat Shaw in die Zeit der Christenverfolgungen verlegt. Außer einem feigen Opportunisten freilich, der seinem
Glauben abschwört und im letzten Augenblick entfliehen will, wird in Shaws
Arena kein Christ getötet. Der körpergewaltige Schmied Ferrovius wird trotz
seiner ernsten Entschlossenheit, den Märtyrertod zu sterben, von seiner vorchristlichen Wildheit überwältigt, bringt sechs Gladiatoren um, so daß der
Kaiser begeistert ruft: »Der Christenverfolgung soll ein Ende gemacht werden.
Wenn Christen so fechten können, dann will ich, daß nur mehr Christen für
mich fechten. Ich befehle euch, Christen zu werden, hört ihr?« Ferrovius wird
— mit Glaubensfreiheit — in die Prätorianergarde aufgenommen, Androklus
in seiner schönen Herzenseinfalt wird von seinem Dorn-Löwen in der Arena
dankbar umarmt, und die todeswillige Lavinia wird ihren geliebten römischen
Hauptmann im christlichen Glauben unterrichten. — Das Martyrium findet
nicht statt. Wollte sich Shaw darüber belustigen? Keineswegs, obwohl diese
spezifisch irische Mischung von Ernst und Posse, von Schrecklichem und
Komischem, von Satyrspiel und Mysterium dazu verführen könnte, Shaws
Spiel für einen frivolen Witz zu halten, zumal es Elemente der handelsübli-
chen Freidenkerei des 19. Jahrhunderts enthält. Shaw jedoch wollte die
Christen nicht veralbern, sondern sie aus der ins Unverbindliche ent-
rückten Legende holen, sie in die verbindliche Banalität des Alltags, einer

grausamen und grotesken Zirkusvorstellung, stellen, um sie als natürliche Menschen zu zeigen, mit allen Schwächen, aber auch aller Überzeugungstreue, zu der ein Mensch fähig ist. Diesen Christen, die keine unfaßbare, überhöhte Legendengestalten mehr sind, kann der normale Mensch nachfolgen, weil sie so sind wie er: sie machen ein praktisches Christentum, wie es Shaw verstand, praktisch anwendbar. Im übrigen predigt Shaw Glaubensstärke und Toleranz — er läßt sie siegen, und daß dies nur auf Grund eines kaiserlichen Mißverständnisses und nur im ›Märchen‹ möglich ist, dies gehört zu seiner skeptischen Ironie.

Pygmalion (Pygmalion). ›Komödie in fünf Akten‹. 1912. Uraufführung am 16. Oktober 1913 im Wiener Burgtheater; in London 11. April 1914, His Majesty's Theatre. — Pygmalion ist laut Ovid ein Bildhauer, der sich in eine von ihm geschaffene Elfenbeinstatue verliebt; die Liebesgöttin hat ein Einsehen mit seiner etwas abwegigen Leidenschaft und macht die Statue, die schöne Galatea, lebendig. Shaws Pygmalion, Professor Higgins, dagegen hat mit der Liebe nicht viel zu schaffen: er ist von seiner eigenen Leidenschaft als Phonetiker und Sprech-Erzieher beflügelt, wenn er seine Galatea, das ruppige und ungewaschene Blumenmädchen Eliza, zu einer Dame zurechtschnitzt. Er hat mit dem Obersten Pickering gewettet, Elizas Aussprache und ihre Manieren in einem halben Jahr so weit zu kultivieren, daß sie für eine Herzogin gelten kann, und als die Wette gewonnen ist, hat ihn das Experiment schon die letzten zwei Monate gelangweilt. Wenn er auch um die Herrschaft über sein Geschöpf kämpft, das ihm entwachsen ist, so ist er doch ein eingefleischter Junggeselle, und er will und wird es bleiben. — Shaw besteht in seinem Komödien-Nachwort darauf, daß Eliza den netten Nichtstuer Freddy heiraten und mit ihm Blumen und Gemüse verkaufen wird: »Galatea hat Pygmalion niemals wirklich lieb. Sein Verhältnis zu ihr ist zu gottähnlich, um zugleich angenehm zu sein.« Bei Shaw hat der Phonograph, der Gott der Phonetik, die Liebesgöttin entthront. Die korrekte Aussprache ist in Deutschland gesellschaftlich nie so bedeutend gewesen wie (noch heute) in England, wo die ganze Nation in zwei große, strikt voneinander getrennte Klassen geschieden ist: die eine, die feine, spricht — um wenigstens das Wichtigste zu nennen — das ›H‹ im Anlaut aus; die andere, die unfeine, verschluckt es. Wer einmal diese H-Linie überschritten hat — und dies ist sehr schwierig — der kann nie mehr zurück: er wäre dort, wo er einst heimisch gewesen ist, mit seinem neu erworbenen Königs-Englisch nur noch lächerlich. Deshalb ist Eliza, nachdem sie die Sprache der Gebildeten gelernt hat, sozial heimatlos geworden. Nur in England ist die Verbesserung der Sprache so mühsam und kann einen Menschen so radikal verwandeln wie Eliza. Im übrigen sind Shaws sozialkritische

Predigten überholt, doch um so unverfälschter tritt die gehobene Posse, ein Stück reinen Theaterspaßes, hervor, an dem auch Alfred Dolittle, Elizas Vater, beträchtlichen Anteil hat: »frei von Furcht wie von Gewissen«, jenseits von Gut und Böse, ist er eine Art Nietzsche als Müllkutscher mit einem Schuß Epikur. Noch immer bereitet es Vergnügen, den Triumph der Schülerin über den intellektuellen Hochmut und die miserablen Manieren ihres Lehrers zu erleben, und noch immer ist es bewegend, wie sich dieses Mädchen, im Kampf dagegen, daß es als Objekt eines Experimentes behandelt wird, zu einem innerlich freien und selbständigen Menschen entwickelt. Das Operettenhafte, von Shaw nur als Werkzeug der Belehrung benutzt, hat die Belehrung überlebt, und so ist es auch kein Unglück, daß man aus ›Pygmalion‹ eine als ›Musical‹ bezeichnete Operette gemacht hat, den Weltschlager *My Fair Lady*, Musik von Frederick Loewe. Uraufführung in New York, 15. März 1956. Deutsche Erstaufführung, Berlin, Theater des Westens, 25. Oktober 1961. Verfilmt 1964 durch George Cukor, mit Audrey Hepburn und Rex Harrison.

Haus Herzenstod (Heartbreak House). ›Komödie in drei Akten‹. 1914–1919. Uraufführung 10. November 1920, Garrick Theatre, New York. — Der mißlungene Versuch, in einem Landhaus bei London im Sommer 1914 eine repräsentative Auswahl der Vorkriegsgesellschaft zusammenzubringen, um an ihr zu beweisen, daß es sich nicht gelohnt hat, für sie einen Krieg zu führen. Die Bomben, die am Schluß fallen, töten zwei Menschen, entlocken aber gleichwohl gelangweilten Damen den Ausruf: »Welch herrliches Erlebnis! Hoffentlich kommen die morgen abend wieder.« Shaws ›Phantasie in russischer Manier‹, in der Manier Tschéchows nämlich, ›über englische Themen‹ scheitert daran, daß sich eine gewaltsame Posse und gewaltsame Symbolik hier sogar mit Gewalt nicht vereinigen lassen.

Zurück zu Methusalem (Back to Methuselah). ›Ein metabiologischer Pentateuch‹. 1918–1920. Uraufführung Teil I und II: 27. Februar 1922; Teil III und IV: 6. März 1922; Teil V: 13. März 1922, Garrick Theatre, New York. — Englische Erstaufführung 1923 in Birmingham. Deutsche Erstaufführung 1925, Deutsches Theater, Berlin. — Ein Zyklus von fünf Stücken; das erste spielt mit Adam und Eva im Paradies 4004 v. Chr., das letzte 31 920 n. Chr. Gleichnishaft und in endlosen Debatten wird die Grundthese illustriert, die Lebensdauer des Menschen müsse auf dreihundert Jahre ausgedehnt werden, damit der Mensch geistig und moralisch fähig werde, die modernen Probleme zu lösen — andernfalls werde er als ›mißglücktes Experiment‹ von der ›Lebenskraft‹ verworfen wie einst das Mastodon. Shaw hielt dies für sein — Goethes ›Faust‹ vergleichbares — bedeutendstes Werk (»›Zurück zu Methusalem‹ ist

entweder das Werk eines Klassikers der Weltliteratur oder es ist gar nichts«),
war aber einsichtig genug, der New Yorker Theatre Guild, die es an mehreren
Abenden eine Woche lang aufführte, zu schreiben: »Ein Vertrag erübrigt sich.
Es ist nicht wahrscheinlich, daß irgendein anderer Wahnsinniger es wird aufführen wollen.«

Die Heilige Johanna (Saint Joan). ›Dramatische Chronik in sechs Szenen mit
einem Epilog‹. 1923. Uraufführung am 28. Dezember 1923 in New York.
Englische Erstaufführung am 26. März 1924 in London. Deutsche Erstaufführung 14. Oktober 1924 am Deutschen Theater Berlin durch Max Reinhardt mit Elisabeth Bergner (Übersetzung von Wolfgang Hildesheimer,
1965). — Johanna, das Bauernmädchen, folgt ihren ›Stimmen‹; sie ist davon überzeugt, daß sie die von den Engländern belagerte Stadt Orleans entsetzen und in Reims den Dauphin zum König krönen lassen wird. Den taten-
scheuen Dauphin überredet sie dazu, daß er sie zur Oberbefehlshaberin seines
Heeres ernennt, und den zögernden Grafen Dunois, der die Engländer nicht

*Bernard Shaws ›Heilige Johanna‹, von Alexander Tairow ›entfesselt‹ in seinem
Moskauer Kammertheater in den zwanziger Jahren*

angreifen kann, weil ihn der Gegenwind daran hindert, mit seinen Truppen über die Loire zu setzen, bringt sie zum Angriff: bevor sie noch darum beten kann, daß der Wind sich drehe, hat er sich schon gedreht. Dem durch Johannas Sieg bei Orleans und ihre Hilfe in Reims zum König (Karl VII.) gekrönten Dauphin ist sein Herrscheramt lästig; er verweigert ihr jede weitere Unterstützung; die Engländer haben 6000 Pfund auf ihren Kopf gesetzt; der französische Erzbischof betrachtet sie als Ketzerin, weil sie Frankreich über die Kirche stelle und so handle, als sei sie die Kirche selbst, wie eine Beauftragte Gottes. In Rouen wird die von den Engländern gefangene Johanna vor das Inquisitionsgericht gestellt, als Ketzerin aus der Kirche ausgestoßen und von englischen Soldaten auf dem Scheiterhaufen verbrannt. Johannas Sieg 1429, ihrer Verbrennung 1431 folgt ein Epilog, 25 Jahre später, 1456. Am Bett König Karls, der die Nachricht empfängt, daß ein Revisionsgericht das Todesurteil über Johanna aufgehoben hat, erscheinen der Geist Johannas und die Geister ihrer alten, bereuenden und sich rechtfertigenden Feinde, dazu ein Abgesandter des Vatikans mit Cut und Zylinder, der verkündet, daß Johanna am 16. März 1920 heiliggesprochen worden ist. Als Johanna die vor ihr Knienden fragt, ob sie wieder auf die Erde zurückkehren solle, denn sie will lieber wieder Mensch werden als Heilige sein, ruft sie allgemeines Entsetzen hervor und wird von allen verlassen. Allein, wie sie immer gewesen ist, spricht sie die letzten Worte: »O Gott, der du diese wundervolle Erde geschaffen hast, wie lange wird es dauern, bis sie bereit sein wird, deine Heiligen zu empfangen, wie lange, o Gott, wie lange?«

Shaws eigene skeptische Melancholie vor der Geschichte scheint in dieser Frage Johannas zu liegen. Shaw sah in Johanna »ein kluges pfiffiges Landmädchen von außerordentlicher Geisteskraft und körperlicher Tapferkeit« und »obwohl erklärte und überaus fromme Katholikin ... tatsächlich eine der ersten protestantischen Märtyrerinnen« — protestantisch, weil sie ohne Vermittlung der Kirche einen Weg zu Gott gefunden zu haben glaubte. Johanna, deren Keuschheit auch ihre geistige Reinheit symbolisiert, ist Stellvertreterin jedes Menschen, der an seine göttliche Sendung glaubt, dafür verbrannt, nach seinem Tode rehabilitiert wird und von denen, die seine Anhänger geworden sind, abermals und immer wieder verbrannt würde, falls er noch einmal leben könnte. Mit Johanna unterliegt die außer-ordentliche Persönlichkeit den Ordnungsmächten, der Kirche und dem Staat, deren Vertreter Shaw nicht karikiert hat, sondern im subjektiven Bewußtsein ihrer Rechtlichkeit und Redlichkeit handeln läßt.

Schillers ›Jungfrau von Orleans‹ sah Shaw »in einem Hexenkessel tobender Romantik ertrunken«. Gegen jegliche Romantik stellt er seine Johanna, deren ›Stimmen‹ nichts anderes raten als das, was auch die pure Vernunft geraten hätte: ohne Wunder siegen die Franzosen, weil sie eben stärker sind, Johanna hat ihnen nur ihr Selbstvertrauen wiedergegeben, und dies freilich mag ein ›Wunder‹ sein. Dennoch hat Shaw seiner Johanna keineswegs allen Glanz, allen Zauber und jedes Geheimnis genommen, im Gegenteil, sie ist das Geheimnis einer lebendig gewordenen Vereinbarung von scheinbar Unvereinbarem: sie ist voller Geist durch ihre Naivität, voller Witz durch ihre Einfalt, voller Ahnungen durch ihre Ahnungslosigkeit, voller Intelligenz durch ihr Herz, voller Gottes-Vernunft durch ihre Menschen-Vernunft; sie erscheint wie ein übernatürliches Wunder gerade dadurch, daß sie ein vollkommenes Naturgeschöpf ist. Diese Johanna hat sogar den Prediger, Reformer und Rhetoriker Shaw besiegt: er hat sich ihr und ihrer Welt untergeordnet und ist damit fähig geworden, ein mehr als witziges, ein weises Stück zu schreiben.

Shaw hat mit der Benediktiner-Äbtissin Laurentia, die er »eine klausierte Nonne ohne klausierten Geist« nannte, einen lesenswerten Briefwechsel über religiöse Fragen geführt, der mit Laurentias Einwänden gegen die ›Heilige Johanna‹ 1924 begonnen und erst mit dem Tode Shaws geendet hat.

Der Kaiser von Amerika (The Apple Cart). ›Politische Komödie in drei Akten.‹ 1929. Uraufführung am Teatr Polski in Warschau am 14. Juni 1929. Englische Premiere am 19. August 1929, beim Malvern Festival. Deutsche Erstaufführung in Berlin, Deutsches Theater, 1930, durch Max Reinhardt. – Eine politische Krise im künftigen England, gegen das Jahr 2000. König Magnus, konstitutioneller Monarch, versucht, das Volk, bei dem er sehr populär ist, politisch zu beeinflussen. Die Minister fühlen sich in ihren Rechten beschnitten und wollen den König dazu verpflichten, sich solcher Tätigkeiten zu enthalten, doch der König verzichtet eher auf Zepter und Krone als auf seine verfassungsmäßigen Rechte: als er damit droht, zurückzutreten, sich bei der nächsten Wahl als Kandidat aufstellen zu lassen und ins Unterhaus einzuziehen, um dann als gewählter Abgeordneter das zu erreichen, was ihm als König verboten werden soll, lassen die Minister lieber alles beim alten – zumal als Schlußpointe Amerika sich das britische Mutterland einverleiben und König Magnus als Kaiser akzeptieren könnte. – Ein witziges Debattierstück über die Schwächen der Demokratie, über den politischen, zweirädrigen Apfelkarren (so der Originaltitel ›The Apple Cart‹), der, sobald die Äpfel rutschen, leicht aus dem Gleichgewicht gerät und nach rechts oder links umfällt. Shaw hat in seiner Vorrede behauptet, es gehe ihm nicht um den Kampf zwischen Demokratie und Monarchie, sondern um den Kampf dieser Staatsformen gegen die Plutokratie, die Herrschaft des Geldes – was freilich aus seiner Komödie nicht schlüssig wird. Der mehr als siebzigjährige Shaw hatte eine groteske Neigung zu starken Männern (einschließlich Stalin und Mussolini) und hat sich den Jux erlaubt, mit seinem König einen starken Mann auf die Bühne zu bringen, der rundum sympathisch und überdies ein guter Demokrat ist. Er liebte diesen kultivierten, überlegenen und künftigen König so sehr, daß er ihm einen ganzen Akt schrieb, der mit dem Stück eigentlich gar nichts zu tun hat und nur zeigt, wie ein solcher Mann auch mit der kapriziösesten und anspruchsvollsten Geliebten fertig wird. Dahinter steckt ein Stückchen Autobiographie: die einzige leidenschaftliche, wenn auch platonische Liebe Shaws zu der Schauspielerin Stella Patrick Campbell, mit der er sich einmal wie Magnus mit seiner Geliebten balgte — zur Verblüffung des überraschend eingetretenen Dienstmädchens.

Zu wahr, um schön zu sein (Too true to be good). ›Komödie in drei Akten‹. 1931. Uraufführung 29. Februar 1932, Boston (Mass.), National Theatre. — Ins Schlafzimmer der verwöhnten, reichen Dame Mopply, die krank ist aus Langeweile, dringt ein Gaunerpärchen ein, um die Patientin zu bestehlen: das Dienstmädchen Mausy, als Nachtschwester verkleidet, und ihr ehemaliger Galan Popsy, ein gescheiterter Pfarrer. Die Kranke tritt den Einbrecher k.o., verliebt sich in ihn und läßt sich willig entführen, um endlich einmal das Leben ohne die Last des Reichtums kennenzulernen. Auf einer Südsee-Insel tritt das ehemalige Dienstmädchen als Gräfin, die ehemalige Dame der Gesellschaft als Dienstmädchen auf und pfeffert der ehemalige Pfarrer seine amoralischen Moralitäten ab über Gesellschaft, Religion, Wissenschaft und die britische Kolonialverwaltung. — Shaw, der hier u.a. illustriert, daß eine Gesellschaftsordnung, in der es Arme gibt, sogar den Reichen unerträglich ist, ironisiert dabei auch ungeniert sich selbst mit seinem unverbesserlichen Hang zur Weltverbesserei. Für den Soldaten Meek (Freundlich), der sich mehrfach vom Obersten zum einfachen Soldaten hat degradieren lassen, stand T. E. Lawrence (1888—1935) Modell, der Autor der ›Sieben Säulen der Weisheit‹ (der tödlich verunglückte mit einem Motorrad, das ihm Shaw geschenkt hatte). Die Komödie löst sich auf (auch als dramatische Form) wie die folgenden, letzten Stücke Shaws in einer schwer bekömmlichen Mischung von erschreckender Untergangsprophetie, naivem politischem Kabarett, utopischen Thesen und Geschwätzigkeit.

Geliebter Lügner. Komödie von Jerome Kilty nach dem Briefwechsel von Bernard Shaw mit Stella Patrick Campbell. Uraufführung in Wilmington, Delaware. Deutsche Erstaufführung am 5. Oktober 1959 in Berlin mit O. E. Hasse und Elisabeth Bergner. — 1899, als Shaw zweiundvierzig Jahre alt war, ein renommierter Journalist und geistreicher Kritiker, als Dramatiker jedoch noch ganz in seinen Anfängen, begann er einen Briefwechsel mit der acht Jahre jüngeren Stella Patrick Campbell, einer der begabtesten und schönsten Schauspielerinnen seiner Zeit, die damals auf der Höhe ihres Ruhmes stand. »Stella, Stella«, hatte Shaw sie gewarnt, »schließe die Augen fest zu vor diesem einschmeichelnden Iren, diesem Lügner und Schauspieler. Er wird seinen Füllhalter in Dein Herzblut tunken und Deine geheiligtsten Empfindungen auf der Bühne verkaufen ... Er wird Dich vor sich selbst warnen aus leidenschaftlicher Rücksicht auf Dich — und zwar ganz aufrichtig, und dabei ganz genau wissen, daß das einer seiner gefährlichsten Schliche ist.« Stella ließ sich zum Glück von dieser Warnung nicht beirren. Vierzig Jahre lang schrieben sie sich Briefe: über Nichtigkeiten und Wichtigkeiten, Theater und Zeitgeschichte, über ihr Leben und das Leben überhaupt — zärtliche, verspielte, unmutige, gereizte, sehr gefühlvolle, sehr gescheite und immer geistvolle Episteln. Die Schauspielerin, deren Ruhm allmählich sank, ist dabei dem Dramatiker, dessen Ruhm sich mehrte, an Scharfsinn und Witz ebenbürtig. Den Höhepunkt ihrer Freundschaft erlebten ›Joey‹, wie sie ihn nannte, und ›Mrs. Pats‹, wie er sie nannte, im April 1914, als Stella bei der Pygmalion-Premiere die Eliza spielte.

Der Briefwechsel ist 1952, zwei Jahre nach Shaws Tod, veröffentlicht worden; deutsch von Hermann Stresau 1953. Der Amerikaner Jerome Kilty hat aus den Briefen einen Theaterabend montiert für zwei Schauspieler, die den Part der beiden Briefschreiber übernehmen. Sie lesen, sprechen frei und spielen zweimal miteinander: wenn Stella mit Shaws Hilfe die Rolle der Eliza aus ›Pygmalion‹ lernt, und wenn er mit ihr die Olynthia, die Geliebte des ›Kaisers von Amerika‹, probiert, die manche Züge von Stella hat. So ist ein Bühnengebilde entstanden, das keine Komödie und doch eine bezaubernde Komödie ist: sie stammt nicht von Shaw und enthält — außer sachlichen Bemerkungen — doch kein Wort, das nicht von Shaw stammte oder von Stella an Shaw gerichtet wäre. Eines der besten Stücke von Shaw ist also weder von Shaw geschrieben noch ist es ein Stück.

Paul Claudel: Entsagung und Gnade

Und mein Verlangen ist, der Erde Gottes Einiger zu sein!
Wie Christ' Columbus, da er einst die Segel setzte,
Nicht neue Erde zu entdecken ging sein Trachten,
Jedoch im Herzen weisheitsvoll, nach Grenze und nach abgestecktem Raum,
Den ewigen Horizont zu runden, ging sein Verlangen.

Paul Claudel

Paul Claudel hatte zwei Geburtstage: den Tag, an dem er das Licht der Welt
erblickte, es war der 6. August 1868 in Villeneuve-sur-Fère-en-Tardenois im
Departement Aisne, wo die Bauern, wie Claudel erzählte, »den Herrgott in
Samthosen auf die Erde herniedersteigen sehen«, und den Tag, an dem er
vom Licht Gottes überwältigt wurde, und dies war der 25. Dezember 1886,
als der achtzehnjährige Student der Rechte aus rein ästhetischen Gründen die
Weihnachts-Vesper in Notre Dame besuchte, um »ein geeignetes Reizmittel
und den Stoff für ein paar dekadente Übungen« zu finden. Er war zwar
katholisch getauft, doch hatte er sich schon im Alter von zwölf Jahren mit
seiner ersten Kommunion innerlich von der Kirche gelöst. Nun widerfuhr
ihm in Notre Dame, was er 27 Jahre später, 1913, geschildert hat: »Ich stand
in der Menge in der Nähe des zweiten Pfeilers am Choranfang, rechts auf der
Seite der Sakristei. Da nun vollzog sich das Ereignis, das mein ganzes Leben
bestimmte. In einem Nu wurde mein Herz ergriffen, ich glaubte. Ich glaubte
mit einer so mächtigen inneren Zustimmung, mein ganzes Sein wurde
geradezu gewaltsam emporgerissen, ich glaubte mit einer so starken Überzeugung, mit solch unbeschreiblicher Gewißheit, daß keinerlei Zweifel auch
nur für den leisesten Zweifel offen blieb, daß von diesem Tage an alle Bücher,
alles Klügeln, alle Zufälle eines bewegten Lebens meinen Glauben nicht erschüttern, ja auch nur anzutasten vermochten. Ich hatte plötzlich das durch-
bohrende Gefühl der Unschuld, der ewigen Kindschaft Gottes, einer unaus-
sprechlichen Offenbarung.«

Dennoch kam ihm die katholische Religion auch weiterhin vor »wie eine
Sammlung törichter Anekdoten«, und ihre Priester und Gläubigen flößten
ihm Widerwillen ein, »der sich zu Haß, ja bis zum Ekel steigerte«. Unverzüglich las er in einer protestantischen Bibel, und dann wußte er, »daß die
Hölle überall dort ist, wo Jesus Christus nicht ist«. Er brauchte vier Jahre
schwerster innerer Kämpfe, bis er vor der bestürzenden Gewißheit »Gott
existiert, er ist da. Er ist jemand, er ist ein ebenso persönliches Wesen wie
ich! Er liebt mich, er ruft mich« zum Entschluß gelangte, die Versöhnung mit
der Kirche zu suchen; sie geschah am 25. Dezember 1890 mit der Beichte und
zweiter Kommunion.

Der geistlichen Bekehrung war
ein vorbereitender geistiger Schock
vorausgegangen: im Juni 1886 hatte
er den Anfang der ›Illuminations‹
von Arthur Rimbaud (1854–1891)
gelesen und hatte sich durch diese
Lektüre vom Rationalismus und
Materialismus, deren unfreiwilliger
Gefangener er gewesen, befreit gefühlt: »Ich erlebte die Offenbarung
des Übernatürlichen.« Als Dramatiker hatte er 1889 mit ›Goldhaupt‹
begonnen, einem mit verschränkten
Sinnbildern überfrachteten Stück;
diesem ›Symbolismus‹ ist er, wenn
auch später maßvoller, bis zu seinem Tod treu geblieben, als von
diesem Stil schon längst niemand
mehr etwas wissen wollte.

Paul Claudel

Seine Lieblingsmotive: Die irdische sinnliche Liebe als Vorbereitung, ja als Voraussetzung der
himmlischen Liebe — so wie bei ihm das Erlebnis des allgemein
›Übernatürlichen‹ durch Rimbaud dem Erlebnis der Existenz Gottes vorausgegangen war. Die Entsagung, das Opfer, die freiwillige Selbstaufgabe,
sie bewirken die ›Wunder‹ in seinen Dramen, zu denen auch die Wiedergeburt eines toten Kindes beim Klang der Weihnachtsglocken gehört, und sie
zwingen die Gnade Gottes herab. Das Böse als notwendiger Bestandteil des
göttlichen Heilsplanes — da das Böse in seinen Dramen zur überirdischen
Ordnung gehört und schließlich dem Guten dienen muß, ist es im Konflikt
immer nur ein untergeordneter, nie ein gleichgeordneter Partner, weshalb es
bei Claudel keine Tragödie geben kann. Die Errichtung einer Theokratie,
einer Gottesherrschaft, durch einen zum Priester gewordenen Laien, in seinem
zweiten Drama ›Die Stadt‹ durch einen Dichter — im Jahre 1900 hatte Claudel versucht, Priester zu werden, doch im Bethaus der Novizen im Benedik-
tinerkloster Ligugé hatte ihm Gott ›unmißverständlich‹ zu verstehen gegeben,
»daß dies nicht meine Berufung sei«; er verzichtete, aber er verwaltete das
Amt des Dichters wie ein Priester. Er verkündete Gott, und da Gott allein
die Geschicke seiner Dramengestalten lenkt, wird Gott zur Hauptgestalt
seiner Dramen und damit zu einem Geschöpf Claudels: der Dichter, so

scheint es, schreibt Gott vor, wie er die Geschicke zu lenken habe. Dies hat Claudel die Vorwürfe der mangelnden Demut, der dickköpfigen Selbstgewißheit, des Glaubenshochmutes eingetragen, und André Gide (1869–1951), mit dem er von 1899 bis 1926 Briefe wechselte, ohne ihn bekehren zu können, hạt gar behauptet, Claudel gehe mit dem Kruzifix um wie mit einem Totschläger. Von Gide sagte Claudel: »Die goethesche Seite seines Charakters hat den Sieg über die christliche davongetragen«, und Goethe nannte er schlicht einen Esel.

Unter den Katholiken besitzt Claudel glühende Anhänger, eine hingerissene Gemeinde, die ihn als den »größten Dichter der Katholizität« feiert, doch auch Gegner, die ihn den »größten Ketzer innerhalb der Kirche« nennen. Da bei ihm das Licht aus der Finsternis geboren wird, die Sünde die notwendige Voraussetzung der Gnade ist, und da bei ihm nicht die Willensfreiheit des Menschen, sondern die Gnadenwahl Gottes entscheidet, sind ihm von Jesuiten, die auf der Willensfreiheit bestehen, ›manichäische‹ und ›jansenistische‹ Neigungen vorgeworfen worden. Unberührt von theologischen Auseinandersetzungen bleibt: wenn Claudel von den französischen Klassikern gesagt hat, »Sie lassen uns nicht ahnen, daß für uns ein Gott am Kreuz gestorben ist«, so ist er zum ersten französischen Klassiker geworden, dessen gesamtes Werk diese Ahnung zu vermitteln sucht. Der Schauspieler, Regisseur und Theaterdirektor Jean-Louis Barrault, dem Claudel die entscheidenden Inszenierungen seiner Werke verdankt, hält ihn für den Shakespeare Frankreichs, und Eugène Ionesco, ein Dramatiker völlig anderer Art, nannte ihn den größten Dichter des 20. Jahrhunderts: »durch seine Macht, die Werte wieder an ihren genauen Platz in der Hierarchie der Weltordnung zu setzen«.

Claudel begann seine berufliche Laufbahn 1890. Er war Botschafter, Gesandter und Konsul, vertrat ein Vierteljahrhundert lang sein Land im diplomatischen Dienst in New York, Boston, Schanghai, Peking, Prag, Frankfurt, Hamburg, Rom, Rio de Janeiro, Kopenhagen, Tokio, Washington und Brüssel. Seine wichtigsten dramatischen Werke entstanden zwischen 1890 und 1924; die drei letzten Jahrzehnte seines Lebens widmete er in der Hauptsache Essays, Überarbeitungen und der Lektüre, der Erklärung und der Auslegung der Bibel. Durch den Verleger und Übersetzer Jakob Hegner hatte er in Deutschland früher eine feste Gemeinde als in Frankreich; in Deutschland sind auch einige seiner Stücke uraufgeführt worden, darunter sein letztes, ›Tobias und Sara‹, zwei Jahre vor seinem Tod, in Hamburg.

Er blieb stets abseits vom gängigen literarischen Markt. Erst durch die Zusammenarbeit mit Jean-Louis Barrault ist er ab 1941 dem Theaterbesucher in Paris systematisch vorgeführt worden. ›Der seidene Schuh‹, sein Meisterwerk, mußte — bis 1943 — rund zwei Jahrzehnte auf seine Uraufführung warten. Seiner Welt-Ordnung auf der Bühne machte er Elemente der mittelalterlichen Mirakel-Spiele und des modernen Konservationstheaters dienstbar, des barocken spanischen und des epischen chinesischen Theaters, des Kabaretts und des Kinos, der Lyrik und der Liturgie, des Jugendstils und des nie verleugneten Symbolismus. Er starb an den Folgen eines Herzschlages, am 23. Februar 1955, in Paris; ein symbolischer Tag: Aschermittwoch.

Meinungen: »Ich glaube, daß von allen zeitgenössischen französischen Dramatikern allein Claudels Werk die nächsten dreihundert Jahre überdauern wird, übersetzt in alle Sprachen, mit der Majestät des ganz Großen. Er ist der katholische Shakespeare«: Francis Jammes. – »Den ›Seidenschuh‹ fertiggelesen. Erstaunlich. Man kann sich schlecht eine andere Religion vorstellen, in der sich die Fehler Claudels ähnlich üppig entfaltet hätten wie im Katholizismus«: André Gide, 1929. – »Claudel ist weltsüchtig, wie vor ihm nur Heiden, nicht Christen waren. Und doch ist Claudel weltsüchtig, weil er Christ ist. Kein christlicher Philosoph, Theologe, Mystiker oder Dichter hat vor ihm den Horizont der Welt so überwältigend erlebt«: Hans Urs von Balthasar, deutscher Claudel-Übersetzer, 1944. – »Claudel hat den Franzosen das metaphysische Drama gebracht – den Franzosen, die das unmetaphysische Volk sind; darin liegt das Wunderbar-Erregende seiner Erscheinung«: Ernst Robert Curtius. – »Die Übermacht des Weltlichen, die das aus der Revolution geborene Frankreich bestimmte, hat erst in Claudel ihr Gegengewicht erhalten. Insofern können auch wir Deutsche verstehen, daß seine Dramen die Sehnsucht der Franzosen nach einer Wiedergeburt Racines stillten«: Friedrich Sieburg. – »Das große Ja, das wir dem großen Werk dieses Dichters schulden, es kann niemals nur das Ja zu der wunderbaren Vollendung eines Kunstwerks bedeuten, sondern wo es aus voller rückhaltloser Liebe und tiefster Empfängnis seines Wesens erfolgt, da muß es auch das Ja zu einer erneuerten Welt sein«: Gertrud von le Fort. – »Er war der Aischylos im dramatischen Lyrismus seiner Zeit«: Saint-John Perse. – »Wie sehr wünschte ich, daß der Schriftsteller Claudel völlig verschwinde, und daß man unter den lächerlichen Verkleidungen des Literaten nur den Menschen sähe, der unbestreitbar da ist; ich meine: den Diener Gottes, jenen, der leidenschaftlich entflammt ist für die Ehre, die Wahrheit und die Liebe des Herrn!«: Paul Claudel, 1929.

Der Tausch (L'Echange). Drei Akte. Geschrieben 1893/94 in Amerika. Uraufführung 22. Januar 1914, Paris, Vieux-Colombier. Am 1. September 1920 in Basel. Neufassung 13. Dezember 1951, Paris, Marigny. – Der äußere Schauplatz ist die Ostküste von Südkarolina nach den Sezessionskriegen, der innere Schauplatz ist ort- und zeitlos: eine Auseinandersetzung mit dem Sakrament

der Ehe durch vier Personen, von denen Claudel gesagt hat: ». . . alle diese
Gestalten . . . das bin ich selbst.« Louis Laine, ein Naturbursche mit Indianer-
blut, tauscht seine Frau Martha gegen die Schauspielerin Lechy, die Geliebte
des Dollarkönigs Thomas Pollock, aus. Es ist ein Tausch der stillen Demut
gegen den lauten Anspruch, der schenkenden Liebe gegen die hexenhafte
Erotik. Vergeblich versucht Pollock, der alles für käuflich hält, die verlassene
Martha zu kaufen; was er schon ahnt, wird ihm zur Gewißheit, als er alle
materiellen Mittel verloren hat: Martha, die in der Wahrheit Gottes lebt, ist
für ihn das Wunder des Heils. Louis geht am Seelentausch zugrunde: Lechy
läßt ihn erschießen. An seiner Leiche reicht Martha ihre Hand Pollock. —
Claudel schrieb 1951 in einem Brief an Jean-Louis Barrault, für den er das
Symboldrama noch strenger auf die innere Auseinandersetzung konzentriert
hatte: »Das Stück bricht nicht ab, es nimmt von neuem seinen Anfang, das
von Louis Laine empfangene Kind bedarf Thomas Pollock Nageoires, um
sich zu verwirklichen (der Tausch!).« Die real angelegten Personen werden
nicht ohne Gewalt (Martha mit Näharbeiten, Lechy im Nachtfaltergewand)
ins Symbolische getrieben: Claudel feiert die heilende Macht des Opfers und
die demütige, begnadete Liebe als eine Vorstufe zur reinen Gottesliebe.

Mittagswende (Partage de Midi). 1905. Neufassung für die Bühne 1948. Uraufführung am 12. November 1921, Paris, Groupe Art et Action. Deutsche
Erstaufführung am 24. Mai 1922 im Schauspielhaus Hannover. — Die dreißigjährige, verheiratete Ysé begegnet auf einem Schiff nach China Mesa, einem
weltflüchtigen Gottsucher, der (wie 1905 Claudel) Priester werden wollte,
doch von Gott »nicht angenommen« wurde. Ysé und Mesa verfallen einander
in einer übermächtigen Leidenschaft, gegen die sie sich tapfer, aber vergeblich
wehren. Mesa schickt mit ihrem Willen De Ciz, ihren Mann, auf eine Reise
ins Innere Chinas, von der er mit Gewißheit nicht zurückkehren wird. Mesa
ist zu schwach und zu egoistisch, um Ysé zu halten. Sie geht mit Armanric,
einem gottlosen Abenteurer, ins Gebiet der aufständischen Boxer. Mesa folgt
ihr, wird von Armanric verwundet und beraubt, und Ysé kehrt zu ihm zurück,
in einen Tempel, obwohl sie weiß, daß Armanric dort eine Höllenmaschine
eingebaut hat — sie will mit ihm sterben. — In verschiedenen Fassungen hat
Claudel auch einzelne Handlungszüge verändert; geblieben sind die stilisierten Gestalten — De Ciz, der Geldmann; Armanric, der Abenteurer; Mesa, der
religiöse Geistmensch, und Ysé, der Typ der lebenshungrigen, nicht zu ent-
rätselnden Frau; geblieben ist der Versuch, einem Gemisch von Leidenschaft,
Ehebruch und Mord, diesem Weg der Verdammnis, die Liebe abzuringen und
ihr die göttliche Gnade aufzuzwingen. Ysé ist (Jugendstil-)Kokotte und ›Köder
Gottes‹ zugleich, Werkzeug eines Heilsplanes: durch die bedingungslose

Hingabe an die Frau hat Mesa die bedingungslose Hingabe an Gott gelernt; die Liebe zwischen Ysé und Mesa hat sie reif zur Demut gemacht und führt sie mit dem gemeinsamen Tod in die Gottesliebe. Die Explosion der Zeitbombe ist nur der gewaltsame Ausdruck für diese Verschmelzung der irdischen mit der göttlichen Liebe. »Ich bringe Gott diese Totenblumen dar«, schrieb Claudel 1905 — Gott tritt nicht auf, doch ist er die alles bewegende Kraft in diesem Drama der ornamentalen Wortkaskaden, des schicksalsschweren Salongeplätschers und der inbrünstigen religiösen Rhetorik.

Der seidene Schuh oder Das Schlimmste trifft nicht immer zu (Le soulier de satin). ›Spanische Handlung in vier Tagen‹. 1919–1924. Mit Musik von Arthur Honegger. Uraufführung am 27. November 1943 durch Jean-Louis Barrault in der Comédie Française, Paris. — Deutschsprachige Erstaufführung am 10. Juni 1944, Schauspielhaus Zürich. Deutsche Erstaufführung am 20. Oktober 1946, Köln. — Die vielverschlungene Handlung, deren Schauplatz ›die Welt‹ ist an der Wende vom 16. zum 17. Jahrhundert, beginnt auf dem Meer und führt durch das Spanien Philipps II., durch Afrika, Amerika, Japan, Neapel, Prag — so verwirrend die Ereignisse, so einfach ihr Sinn: nach dem portugiesischen Sprichwort auf dem Titelblatt »Gott schreibt gerade auch auf krummen Zeilen« sind sie die ›krummen Zeilen‹, die Stationen der Läuterung für Doña Proëza und Don Rodrigo, die sich erst nach ihrem Tod vereinigen dürfen, nach Gottes ›geradem‹ Willen. Am Anfang betet ein Jesuit, den Piraten auf einem steuerlosen Schiff an den Mastbaum wie ans Kreuz gefesselt haben, für seinen Bruder Rodrigo, und am Schluß hat sich sein Gebet erfüllt: Rodrigo ist »reif geworden für die Seele«, die Seele Proëzas, »die auf ihn wartet«. Das ›Schlimmste‹, das Rodrigo herausfordert, es »trifft nicht immer zu«, denn es gibt den Gott der Gnade — das weltumspannende Bühnengedicht ist am Ende nichts anderes als die umwegreiche Erfüllung eines Gebetes.

Doña Proëza, die Gattin des höchsten königlichen Richters, und Don Rodrigo, ein Conquistador, lieben sich leidenschaftlich, doch werden sie auf Erden nicht zueinanderfinden, denn die Ehe, »das große Geheimnis«, ist unauflöslich, ein Sakrament: nicht die Liebe ist für die Ehe entscheidend, sondern das vor Gott gegebene Versprechen. So wird die verheiratete Doña Proëza für den geliebten und liebenden Don Rodrigo zum ›Köder Gottes‹ durch freiwillige Entsagung. Da sie sich ihrer nicht sicher ist, übergibt sie symbolisch einen Seidenschuh der Heiligen Jungfrau: »Ich sage dir vorweg, daß ich . . . alles in Bewegung setzen werde gegen dich! Aber wenn ich dann versuche, mich in das Schlimmste zu stürzen, so sei es mit einem hinkenden Fuß.« Sie lernt, den geheimen Sinn ihrer grausamen ›unmöglichen‹ Liebe zu

›Der seidene Schuh‹ von Paul Claudel.
Oben: Entwurf von Lucien Coutaud für die Uraufführung in der Comédie Française,
Paris, 1943; Regie: Jean-Louis Barrault.

Rechte Seite: Entwurf von Karl Gröning für eine Inszenierung von Kurt Horwitz
am Deutschen Schauspielhaus Hamburg, 1960.

Unten: Entwurf von Leni Bauer-Ecsy für das Württembergische Staatstheater
Stuttgart, 1952; Regie: E. F. Brücklmeier

Rodrigo zu erkennen: »Weil ich ihm den Himmel nicht schenken darf, so kann ich ihn doch wenigstens von der Erde reißen. Ich allein kann ihm ein Ungenügen verschaffen, das dem Maß seiner Sehnsucht gleichkommt!« Sie bleibt unerreichbar für Rodrigo, auch dann, als ihr Gatte gestorben ist: sie hat sich abermals geopfert und den gewalttätigen Mauren Camillo geheiratet, einen Verräter, um ihn von schlimmen Taten abzuhalten.

Das ›Ungenügen‹, die nicht zu stillende Liebe zu Proëza, treibt Diego, den von den Jesuiten entlaufenen Novizen, durch die Welt. Er ist Bote des Königs in Afrika, Vizekönig in Amerika, gescheiterter christlicher Eroberer in Asien, Berater des neuen spanischen Königs, als er die (falsche) Nachricht empfängt, seine Armada habe das häretische, das ketzerische England besiegt. Rodrigo entwirft Pläne für eine Versöhnung der Völker und der Bekenntnisse — sie sollen »ihr Osterfest begehen um einen riesigen Tisch zwischen zwei Meeren« — und wird als Verräter behandelt, sobald die Nachricht vom Sieg der Engländer eintrifft. Er wird verkauft und schließlich — wie es im Eingangsgebet sein Bruder gesehen — »Tellerwäscher bei den armen Karmeliterinnen, die ihn mit anderem Abfall von den Soldaten« erworben haben. Proëza, die sich ihm bei ihrer letzten Begegnung in Afrika abermals verweigert und ihre Liebe ganz als ein Opfer für Gott empfunden hat, ist tot. Ihre Tochter Siebenschwert belehrt Rodrigo, was die Welt von ihm verlangt: nicht das Ungeheure, sondern das Bescheidene, die Liebe zum Nächsten. In der Verlassenheit und Einsamkeit ist nun auch seine ›gefangene Seele‹ befreit und reif zur ›Erlösung‹.

»Ach Herr, es ist nicht leicht, dir zu entkommen«, hat Rodrigos Bruder am Mastbaum gebetet: keiner ist ihm entkommen. Proëza hat rascher den Weg des Verzichts als Rodrigo gefunden; der Verzicht auf den Ehebruch, so schwer er den Liebenden gefallen ist, war ein Teil des göttlichen Heilsplanes wie die Liebe der Proëza, die Verstandeskälte ihres Gatten Don Pelayo und selbst die Untaten des zur Brutalität verdammten Camillo. Wie im spanischen Barock, in Calderons ›Großem Welttheater‹ (siehe auch Seiten 94 und 141) ist die Bühne ein Bild der Welt und ist der Mensch ein Spieler Gottes. Innerhalb dieses barocken Rahmens sind die Gestalten Claudels (wie begeisterte Verehrer meinen, dem Shakespeare nahe) individuellere Persönlichkeiten. Ihre Spannungen und Konflikte freilich heben sich als notwendige Polaritäten eines gottgewollten Gnadenweges auf: der komplizierte Aufwand ihrer Scheindramatik illustriert nur eine vorgefaßte, einfache Lehre. Was sie auch tun — Gott hat es ihnen vorgeschrieben, und was Gott ihnen vorzuschreiben hat, das hat Claudel ihm vorgeschrieben.

Mehr als Ausschnitte kann das Theater von dem gewaltigen Gewebe dieser ›vier Tage‹ nicht bringen. »Alles muß improvisorisch aussehen, ein Aufbruch, vom Zaun gerissen, planlos improvisiert in der Begeisterung!« verlangt Claudel von seiner Bühne. Ein Ansager (er spielt außerdem mehrere Rollen) verbindet, unterbricht, kommentiert das Geschehen und hält die Szenen ausschweifender Weltlust und mönchischer Entsagung, bohrender Intellektualität und schlichter Frömmigkeit, grotesker Komik und lyrischer Verströmung zusammen. Claudel will kein feierlich getragenes Mysterium, sondern durch die Freude am Theater, das alle seine Mittel nutzt, einschließlich Episierung, Desillusionierung, filmischen Überschneidungen und einstudierten Improvisationen, durch diesen theatralischen Köder Gottes will er Freude wecken an einem reineren Leben, nur dazu bestimmt, »zu atmen und sich mit Gott zu erfüllen«, die Freude am Mysterium der Entsagung und der Gnade.

Das Buch von Christoph Columbus (Le livre de Christophe Colomb). 1927 als Textbuch für die Oper von Darius Milhaud; Uraufführung 5. Mai 1930, Staatsoper Berlin. Neufassung als Schauspiel (mit einer neuen Musik von Milhaud) und Uraufführung durch Jean-Louis Barrault am 21. Mai 1953 bei den Festspielen in Bordeaux, im Théâtre Municipal; dann später im Théâtre Marigny in Paris. Deutsche Erstaufführung der Schauspielfassung am 5. Oktober 1954 im Berliner Schiller-Theater. — Der ›Columbus in der Nachwelt‹ (Columbus II auf der Vorderbühne) ist der Zuschauer und Richter seiner eigenen Geschichte (mit Columbus I auf der Hauptbühne). Er ist nicht der Abenteurer, der aus Versehen einen neuen Kontinent entdeckt, sondern ein ›Botschafter Gottes‹, der die Erde Gottes und seine Menschheit unter dem Kreuz vereinen will: Colombus (d. i. ›Colomb‹ = ›die Taube‹) wird geführt von einer Taube, dem Symbol des Heiligen Geistes. Wer gegen Columbus ist, der ist gegen Gott. Die Metzeleien unter den Indianern, deren Götter grotesk karikierte Scheusale sind, die Wiedereinführung der Sklaverei — sie sind zwar schrecklich, doch haben sie nichts zu bedeuten vor diesem Columbus, der nach dem Willen Claudels den Willen Gottes vollstreckt. Wenn der Koch dem Columbus, als dessen Gewissen er sich fühlt, vorwirft: »Du hast mit Menschenseelen bezahlt«, antwortet Columbus, unerschüttert: »Ich habe versprochen, die Welt der Finsternis zu entreißen, ich habe nicht versprochen, sie dem Leid zu entreißen.« Columbus lernt, sich als Werkzeug Gottes zu begreifen — seine Tat war die Tat Gottes, sein Weg ist zur Passion geworden, er endet in einer elenden Herberge in Valladolid, verarmt, sterbenskrank, verlassen, ein Hiob, den die Gnade trifft. Wie ein Gottesdienst beginnt das Buch von Columbus, der ›Taube, Christi Träger‹, mit einem Gebet und endet mit einem ›Hallelujah‹.

Claudels Werk erinnert in manchen Zügen an den ›Columbus‹ des Lope de Vega (siehe auch Seite 111), der freilich schon die Kehrseite der Entdeckung Amerikas mit einbezogen hat; mehr noch an die spanischen ›autos sacramentales‹, die Fronleichnamspiele (siehe auch Seite 95). Es lebt von der unangezweifelten Macht des Glaubens, vom Glanz der Legende und vom Witz des Anekdotischen. In Barraults Fassung ist es eine Glaubensrevue von höchst kunstvoller Naivität. Ein gewaltiges Segel beherrscht die Bühne: es ist Segel der Karavelle, Fahne des Triumphes und Projektionsleinwand für (von Claudel gewollte) Filme. Barrault zeigt auf diesem Segel die Schauspieler im Farbfilm, die gerade unter dem Segel agieren: ihre Leiber liefern sozusagen die Totale, während der Film über ihnen ihre Gesichter in Großaufnahme plakatiert. Wenn von der Schöpfung die Rede ist, so rührt ein realer Finger im Farbfilm in chaotischen Tinten. Chöre, Ballette, lebende Bilder, eine lebende Taube; Durchbrechung der Illusion, private Streitereien der Darsteller im Straßenanzug, Vorlesungen ans Publikum; Schwimmen als Pantomime, groteske Tänze der indianischen Götter, die ein gewaltiges Tau spannen, um Columbus von Amerika fernzuhalten, und dieses Tau wölbt sich zu einer Schlinge hoch, die, scheinbar ohne menschliche Hilfe, von rechts nach links, von links nach rechts, rhythmisch zur Musik Milhauds quer über die Bühne läuft . . . ›totales Theater‹, das mit ästhetischer Kraft sogar den Zuschauer in Bann schlagen mag, der sich mit der Vergöttlichung dieses Columbus, eines inbrünstigen, intoleranten und durch menschliches Leid nicht zu rührenden Glaubensfanatikers, schwerlich befreunden kann.

Andere Stücke. Mit einundzwanzig Jahren schrieb Claudel 1889 sein erstes Drama, *Goldhaupt* (Tête d'Or; zweite Fassung 1894). Simon Angel hat als ›General Goldhaupt‹ das Reich gerettet, den König ermordet, den Thron usurpiert und die Prinzessin vertrieben — ein nihilistischer, unersättlicher Tyrann, der ›alles‹ will; ein von Rimbaud inspirierter Welteroberer. Am Ende seines blutigen Weges begegnet er auf einem Gipfel des Kaukasus der herumirrenden Prinzessin: er gibt ihr Brot, und als er schwer verwundet aus der Schlacht zurückgebracht wird, befreit er sie mit letzter Kraft (und mit den Zähnen) von den Nägeln, mit denen sie ein Deserteur, einst ihr Palast-diener, an einen Bergbaum gekreuzigt hat, und läßt sie zur Königin krönen. Beide sterben eine Art geistigen Liebestod: Goldhaupt, der Täter, und die Prinzessin, ein Sinnbild des Glaubens. Claudel ließ bis zu seinem Tod die Aufführung dieses maßlosen und mit maßloser Symbolik überladenen (erst schüchtern christlichen) Jugendwerkes nicht zu. Erst am 26. April 1954 wurde es uraufgeführt, durch die Städtischen Bühnen, Essen.

In seinem Todesjahr, 1955, ist Claudels Drama *Die Stadt* (La Ville, 1890, Uraufführung 25. Februar 1931, Brüssel) vom Pariser Nationalen Volks-theater Jean Vilars aufgeführt worden: eine oratorienhafte Allegorie, in der eine seelenlos materialistische Stadt untergeht und von einem zum Bischof gewordenen Dichter neu gegründet wird: theokratisch, in der Ordnung Gottes.

In Warschau wurde *Der Ruhetag* (Le repos du septième jour, 1896) am 15. Dezember 1928 uraufgeführt; in Köln am 10. Mai 1952 auf der Morgen-sternbühne. Ein chinesischer Kaiser steigt in das Totenreich, um zu erfahren, warum die Ordnung der Welt gestört ist; als er mit der Botschaft zurückkehrt, die Menschen dürften am siebenten Tag der Woche nicht arbeiten, sondern müßten den Herrn des Himmels verehren, ist sein Reich im offenen Aufruhr, mit seinem Kaiserstab, der Seitenäste getrieben hat und zum Kreuz geworden ist, stellt er im priesterlichen Gewand und durch Köpfen der Rädelsführer die Ordnung wieder her, und sein kaiserlicher Nachfolger wird dem Volk den Ruhetag und das ›Abendmahl des Friedens‹ schenken — eine Predigt gegen die zum Selbstzweck gewordene Arbeit in der Gestalt einer künstlichen und undramatischen Legende, die sich vom Zeremoniell und von der Sprachkraft Claudels nährt. Ein ›geistliches Spiel‹, das, nach Claudel, »nicht gespielt, son-dern zelebriert werden muß«, ist *Mariä Verkündigung* (L'annonce faite à Marie, 1910/11. Uraufführung 20. Dezember 1912, Paris; am 5. Oktober 1913 in Dresden-Hellerau): fränkisches Mittelalter, zwei ungleiche Schwe-stern, die demütige Violaine und die triebhafte Mara; die aussätzig gewordene

Violaine überläßt Mara ihren Bräutigam Jakobäus; Jahre später bringt Mara das Kind, das sie mit Jakobäus hat, zu ihrer blind gewordenen Schwester — das Kind ist tot, beim weihnachtlichen Läuten der Angelus-Glocke aber wird es an der Brust Violaines wieder lebendig; es hat nun die Augen Violaines — es ist neugeboren allein aus der Kraft der gläubigen Seele.

Ein groteskes Satyrspiel zum Trojanischen Krieg ist *Proteus* (Protée, geschrieben 1913; zweite Fassung 1926; Uraufführung 30. März in Courtrai; am 14. Mai 1957, Berlin, Vaganten): auf der Heimfahrt von Troja wird das Schiff des Menelaos an die Klippen von Naxos geworfen, wo der Meergott Proteus, der über die Kraft der Verwandlung verfügt, die schöne Helena zum Bleiben verführt, während er den reichlich dummen Menelaos mit einer falschen Frau nach Hellas schickt; er spiegelt ihm vor, die Nymphe Weidenrute sei die wahre

Figurine von A. Wesnin für ›Die Verkündigung‹ von Paul Claudel, inszeniert von Alexander Tairow an seinem Moskauer Kammertheater, 1920

Helena — der Trojanische Krieg wird nachträglich seines Anlasses, der Helena, beraubt, und als eine blutige Posse der Ruhmsucht verspottet.

›Der Bürge‹ (L'otage, 1910), ›Das harte Brot‹ (Le pain dur, 1914) und ›Der erniedrigte Vater‹ (Le père humilié, 1916; zweite Fassung 1945) sind die ersten drei Stücke einer geplanten Tetralogie über die Schicksale eines Geschlechts zur Zeit der beiden Napoleons. *Der Bürge* (Uraufführung 1913, London; 17. Juni 1927, Nationaltheater Mannheim): Papst Pius, von Napoleons Staatspolizei verschleppt, ist vom Grafen Coufontaine befreit und auf seinem lothringischen Besitz versteckt worden. Coufontaine, Anhänger des legitimen Königshauses, hat sich gerade mit seiner schönen Cousine Synge verlobt, als Turelure, ein von der Revolution hochgeschwemmter General von Napoleons Gnaden, eintrifft und Synge erpreßt: er will sie, oder er wird den Papst verraten. Von ihrem Beichtvater Badilou dazu ermuntert, ja mit hypnotischer Kraft gezwungen, löst Synge ihr Verlöbnis, opfert ihre Liebe, ihre Reinheit, ihre Ehre und heiratet Turelure, den gewalttätigen Sohn ihrer Magd; sie wirft sich bei der Taufe ihres Sohnes, des Erben, schließlich vor Turelure und fängt mit ihrem Körper die Kugel auf, mit der ihr verlassener Verlobter ihren Erpresser-Gatten erschießen wollte. — Als Regierungsbeamter zögerte Claudel, wie er André Gide in einem Brief schrieb, seinen Namen unter dieses Drama zu setzen, das selbst ihm »zu ausgesprochen royalistische, feudale und reaktionäre Färbung« hat. Was Claudel hier für die Unantastbarkeit des Papstes an freiwilliger Selbstaufgabe verlangt, das ist in der von ihm gutgeheißenen unmenschlichen Unterwerfung unter eine Idee nur mit Bertolt Brechts kommunistischem Lehrstück ›Die Maßnahme‹ (1930; siehe auch Seite 947) zu vergleichen. Der katholische Dichter Georges Bernanos vermerkte zum ›Bürgen‹ in seinem ›Tagebuch eines Landpfarrers‹: »... und das alles unter dem Vorwand, den Papst vor dem Gefängnis zu bewahren, als ob seit dem heiligen Petrus der Platz des Papstes nicht eher im namertinischen Kerker wäre als im Palast.«

Das harte Brot (Uraufführung 1923 Stadttheater Aachen): Vater Turelure ist unter dem Bürgerkönig Louis-Philippe macht- und geldgieriger Gouverneur von Algier und liegt im Streit mit seinem nicht minder egoistischen und rücksichtslosen Sohn Louis, der ihn ermordet — die Pistolen gehen nicht los, den Alten trifft der Schlag und den Jungen kein Verdacht. Die Jüdin Sichel Habenichts, einst die Mätresse des Alten, heiratet aus Berechnung den Jungen. Claudel zeichnet eine schaurige Welt des beginnenden Hochkapitalismus und Kolonialismus — ihr Symbol, der Bronzechristus im Hause der Turelures, wird zum Metallwert an den Juden Habenichts verhökert.

Der erniedrigte Vater (Uraufführung 26. November 1928 in Dresden; in Paris im Mai 1946): der Titel spielt auf den Papst an — der römische Kirchenstaat geht unter, doch gewinnt er neue Kraft aus franziskanischer Armut. Die Liebe der blinden Halbjüdin Pensée zu Orian, dem Neffen des ›Vaters‹, und ihre Ehe mit Orso, dem jüngeren Bruder Orians, ist mit theologischen, symbolischen und mystischen Beziehungen derart überladen, daß sie eindeutig nicht zu entschlüsseln sind.

Zum Musiktheater gehören der Text für Darius Milhauds Oper *Das Buch von Christoph Columbus* (Le Livre de Christoph Colomb, 1927; zu Claudels gleichnamigem Sprechdrama hat Milhaud eine von seiner Oper unabhängige Schauspielmusik geschrieben) und *Johanna auf dem Scheiterhaufen* (Jeanne d'Arc au bûcher, 1934), Textbuch für ein Oratorium von Arthur Honegger (uraufgeführt im Mai 1938 in Basel): Johanna, gefesselt auf dem

Scheiterhaufen, überblickt die Stationen ihres Lebens, bis sie im Tod die Gewißheit ihrer göttlichen Sendung durch die Jungfrau Maria findet. Seine letzte Uraufführung erlebte Claudel in Hamburg, zwei Jahre vor seinem Tod. *Die Geschichte von Tobias und Sara* (L'histoire de Tobie et de Sara, 1938) wurde in seiner Anwesenheit im Deutschen Schauspielhaus am 15. März 1953 zum erstenmal gespielt, inszeniert von Heinrich Koch. Das ›geistliche Spiel‹ stützt sich auf die Apokryphen der Bibel, auf Tobias und Hiob. In Ninive bittet der alte, blinde Tobias Gott darum, ihn zu sich zu nehmen, und gleichzeitig bittet viele Tagereisen östlich von Ninive Sara Gott um die gleiche Gunst: sieben Männer sind ihr in der Hochzeitsnacht gestorben, ehe sie noch von ihnen berührt worden ist. Tobias schickt seinen Sohn nach Osten, um dort das Licht zu holen. Der Erzengel Raphael geleitet ihn. Der junge Tobias bringt seinem Vater die von ihrem Fluch befreite Sara und mit ihr das Augenlicht. – In diesem erbaulichen Mysterienspiel wirkt der junge Tobias wie ein Vorläufer Christi: seine Liebe und seine Gebete haben eine heilende Kraft. Der alte Tobias und die junge Sara erlösen sich gegenseitig: beide waren sie von Gott geschlagen, beide haben ihn dennoch gesucht. Ja, auf der höchsten Symbolebene des Spieles erscheint Tobias wie Gott selber, der seinen Sohn in die Wüste gesandt hat, um die menschliche Seele, Sara, zu retten. Hymnus und Prosa, Tanz und Musik, die Sprache des modernen Alltags, des Märchens und der Bibel sind zu einem Lehrgedicht des Glaubens vereint: das sakramentale Spiel steht der Liturgie näher als dem Drama. Das der Liturgie entsprungene Theater wird von Claudel der Kirche zurückgegeben.

Bertolt Brecht: Kathederheiliger und Komödiant

> ... Ach wir,
> Die wir den Boden bereiten wollten für Freundlichkeit
> Konnten selber nicht freundlich sein.
> Ihr aber, wenn es soweit sein wird,
> Daß der Mensch dem Menschen ein Helfer ist,
> Gedenkt unser
> Mit Nachsicht.   Bertolt Brecht in seinem Gedicht
>   ›An die Nachgeborenen‹

Bertold Eugen Friedrich Brecht, geboren am 10. Februar 1898 in Augsburg, starb nach einem Herzinfarkt am 14. August 1956 in Ost-Berlin. Er ließ sich in der Nähe Hegels beerdigen, auf dem Dorotheen-Friedhof »neben dem Haus, in dem ich wohne, in der Chausseestraße«. Aufbahrung und Grabreden

hatte er sich verbeten. Der Findling auf seinem Grab trägt keine andere
Inschrift als den Namen, der in seinen letzten Lebensjahren weltberühmt geworden ist: Bertolt Brecht.

Sein Leben ist überschaubar, doch so vieldeutig wie die meisten seiner
Bühnenstücke und theoretischen Schriften: teils bewußt, teils unbewußt
unterlegte er seinen Werken nachträglich Absichten, die er bei der Arbeit
kaum gehabt haben dürfte; er war ein Meister der List, der Tarnung und
des Verwischens seiner eigenen Spuren. Er war Kommunist, doch niemals
Mitglied der Partei. Als er 1940 vor den deutschen Truppen aus Finnland
fliehen mußte, reiste er mit seiner Familie zwar nach Moskau, aber er blieb
nicht dort, wo nach den Schauprozessen niemand vor der Verhaftung sicher
war, sondern fuhr weiter nach Santa Monica bei Hollywood, ging als erfolgloser Drehbuchschreiber, wie es in einem seiner Gedichte heißt, »auf den
Markt, wo Lügen gekauft werden«, und dieser entwürdigende Ort mußte
ihm sicherer erscheinen als das mörderische Moskau, doch zog er daraus
nicht die bescheidenste Konsequenz. Er schrieb einige der schönsten Gedichte,
die es in deutscher Sprache gibt, und er machte sich lächerlich durch Lobhudel-
Strophen für Stalin und die Kommunistische Partei, ja er reiste 1955 nach
Moskau, um den Stalin-Friedenspreis entgegenzunehmen.

In Washington 1947 vom Ausschuß zur Untersuchung ›unamerikanischer
Betätigung‹ verhört, zog er sich mit zweideutigen Formulierungen aus der
Schlinge, flog in die Schweiz und ging 1948, nachdem er vergeblich auf eine
Einreisegenehmigung nach Westdeutschland gewartet hatte, mit einem
tschechischen Paß nach Ost-Berlin, erwarb aber zwei Jahre später mit seiner
Frau, der Schauspielerin und doktrinären Kommunistin Helene Weigel, die
österreichische Staatsbürgerschaft. Ein Jahr danach beugte er sich dem Verlangen des SED-›Ministeriums für Volksbildung‹ und baute in sein pazifistisches ›Verhör des Lukullus‹ einen Hymnus auf den Verteidigungskrieg
ein — den uneingeschränkten Pazifismus überließ er dem kapitalistischen
Westen, wo er sich auch seinen Verlag suchte, Auslands-Tantiemen in Dollar, zahlbar auf eine Schweizer Bank.

Als die Arbeiter in dem Teil Deutschlands, der ihm ein Theater mit nahezu
unbeschränkten Subventionen zur Verfügung gestellt hatte und den er
öffentlich als den ›fortschrittlichsten‹ pries, am 17. Juni 1953 einen Aufstand gegen ihre ›sozialistischen‹ Ausbeuter machten, schrieb er einen Brief
an den SED-Chef Walter Ulbricht, in dem er seine politischen Ratschläge,
sein Eintreten für die Arbeiter, »die in berechtigter Unzufriedenheit demonstriert haben«, mit einer prinzipiellen Loyalitätserklärung für das SED-
Regime verband — Ulbricht ließ von dem Brief nur den letzten Teil drucken,
der Brecht als den Verfasser einer Huldigungs-Adresse an den Unterdrücker

des Arbeiter-Aufstandes kompromittierte. Brecht, so wird berichtet, habe bei seinen Freunden den unverstümmelten Brief als Alibi herumgezeigt.

Sarkastischer und bitterer als er es in seinem Nachlaß-Gedicht ›Die Lösung‹ getan hat, läßt sich der 17. Juni nicht kommentieren: »Nach dem Aufstand des 17. Juni / Ließ der Sekretär des Schriftstellerverbandes / In der Stalinallee Flugblätter verteilen / Auf denen zu lesen war, daß das Volk / Das Vertrauen der Regierung verscherzt habe / Und es nur durch verdoppelte Arbeit / Zurückerobern könne. Wäre es da / Nicht einfacher, die Regierung / Löste das Volk auf und / Wählte ein anderes?«

Der junge Bert Brecht, karikiert von dem französischen Zeichner Xim

Er sah sich freilich nicht veranlaßt, öffentlich gegen diese Regierung zu protestieren oder gar eine andere zu wählen: sein Theater, sein ›Berliner Ensemble‹, sein dramatisches Werk, das er mit unbegrenzter Probenzeit inszenieren und dabei vollenden wollte, war ihm wohl wichtiger.

›Herr Keuner‹, dem Brecht seine Weisheiten in den Mund gelegt hat, mag solche Handlungen und ihre Widersprüche erklären: »Eine fremde Behausung betretend, sah Herr K., bevor er sich zur Ruhe begab, nach den Ausgängen des Hauses und sonst nichts. Auf eine Frage antwortete er verlegen: ›Das ist eine alte leidige Gewohnheit. Ich bin für die Gerechtigkeit; da ist es gut, wenn meine Wohnung mehr als einen Ausgang hat.‹« Kein Zweifel, daß Brecht sich auf der Seite der Gerechtigkeit wähnte. Die unübersehbaren Ungerechtigkeiten, Brutalitäten und Mordtaten der Seite, auf die er sich geschlagen hatte, nahm er — wahrscheinlich schweren Herzens — in Kauf, weil er Weg und Ziel der Kommunisten für grundsätzlich richtig und im Endeffekt für segensreich hielt.

Wer die Hauptstrecken seines Weges kennt, der weiß, welcher Brecht ihn im Theater erwartet: der rauschhafte Anarchist, der eiskalte Doktrinär oder der weiser gewordene Stückeschreiber. Selbstverständlich sind dies nicht drei verschiedene Personen, sondern Ausprägungen derselben Person: sie hat Hegel den Gefallen getan, sich nach seinem Muster ›These-Antithese-Synthese‹ zu entwickeln.

Pazifist war Brecht von Anfang an; als siebzehnjähriger Schüler des Augsburger Realgymnasiums schrieb er im kriegsbegeisterten Jahr 1915 in einem Schulaufsatz »Der Ausspruch, daß es süß und ehrenvoll sei, für das Vaterland zu sterben, kann nur als Zweckpropaganda gewertet werden« und sollte dafür von der Schule verwiesen werden; als zwanzigjähriger Medizinstudent erlebte er im letzten Kriegsjahr als Sanitäter in Augsburg das Elend eines Lazaretts und schrieb die ›Legende vom toten Soldaten‹, den der Kaiser ausgraben und noch einmal in den ›Heldentot‹ ziehen läßt. Damals hatte er seine Mansardenbude in der Augsburger Bleichstraße ausgestattet mit einem Totenschädel, mit der aufgeschlagenen Partitur des ›Tristan‹ und mit einem Bild, das sein Schulfreund Caspar Neher, später als Bühnenbauer und -bildner einer seiner wichtigsten Mitarbeiter, gemalt: es zeigte den ›Baal‹, einen assyrisch-babylonischen Gott, der für Erde, Himmel und Wetter zuständig war. Nach ihm nannte er sein erstes großes Stück, das keineswegs in Babylon spielt, eher in Schwabylon, auf jeden Fall in der Gegenwart, unter freiem Himmel, in der Dachkammer und vornehmlich in Kneipen.

Der effektvollste der fünf Einakter, die Brecht, angeregt von dem Münchner Komiker Karl Valentin, 1919 geschrieben hat, ist *Die Kleinbürgerhochzeit* (Die Hochzeit. 1919. Uraufführung 11. Dezember 1926, Frankfurter Schauspielhaus). Bei dieser Hochzeit versucht der Brautvater immer wieder, hartnäckig eine Geschichte zu erzählen. Die Braut heuchelt Stolz darauf, daß der Bräutigam ihre Möbel selbst gezimmert hat, und der Bräutigam ist eifersüchtig auf seinen Freund, einen Gitarren-Casanova. Unter den Gästen ist »die Frau« voller Bosheit: sie verrät, daß die Braut schwanger ist, und freut sich über jedes Eigenbau-Möbelstück, das zusammenkracht. Es gibt einen allgemeinen Streit, die Gäste gehen, und das Paar findet dann noch die Kraft, über die verpfuschte Feier zu lachen — sie stürzen gemeinsam ins Bett, das unter ihnen zusammenkracht. — So viel Verständnis für menschliche Schwächen, verbunden mit Mangel an pädagogischem Ehrgeiz, so viel unangestrengten Humor hat Brecht nie wieder gehabt. Später hat er ›Die Hochzeit‹ umbenannt in »Die ›Kleinbürgerhochzeit‹, als sei klassenspezifisches Verhalten die Hauptsache; sein Einakter führt jedoch ein fröhliches Dasein aus Valentiniaden und Slapstick, aus Menschenbosheit und Menschenliebe.

›Baal‹ von Bert Brecht, inszeniert von Brecht und Oscar Homolka an der Jungen Bühne des Deutschen Theaters mit dem fünfundzwanzigjährigen Oscar Homolka als Baal und dem einundvierzigjährigen Paul Bildt als Ekart. Bühnenbild: Caspar Neher. Es kam nur zu einer Aufführung am 14. Februar 1926

Baal. 1918. Uraufführung 8. Dezember 1923 im Alten Theater in Leipzig; Mißerfolg, da der neue Brecht-Ton nicht getroffen wurde. Brecht inszenierte mit Oscar Homolka im Februar 1926 das Stück für die Junge Bühne am Deutschen Theater in Berlin. Es ist dann erst wieder — nach einer gekürzten Fassung, Kassel 1927 — 1963 in Darmstadt gespielt worden, Regie Hans Bauer, mit triumphalem Erfolg. — Für den ›Baal‹ gab es das lebende Vorbild eines Vagabunden und einen literarischen Anlaß: Brecht parodierte das kraftmeierisch-expressionistische Grabbe-Drama ›Der Einsame‹ von Hanns Johst (dem nachmaligen Präsidenten der nationalsozialistischen Reichsschrifttumskammer). Als höhnische Reaktion auf Johsts pseudodämonischen, spießbürgerlichen Geniekult zeigte Brecht, wie ein wirklich wildes Genie aussieht. Unterm Schreiben aber ist aus seinem Baal ein Kerl geworden, der die Erinnerung an Johst entbehren kann. Baal stellt wüste Gedichte her und singt sie zur Gitarre vor Fuhrleuten — wie der junge Brecht in den Kneipen der Augsburger Lechauen. Baal hat einen ungeheuren Verschleiß an Schnaps und Frauen; er wird der Frauen überdrüssig und vereinnahmt einen Freund, den er in Suff und Eifersucht ersticht. Baal stirbt auf der Flucht vor den Landjägern und von Holzfällern angespuckt, nachdem er sich selbst — »Lieber Baal!« — seine Liebe erklärt hat.

Baal ist über Parodie und Autobiographie hinausgewachsen, eine mythische Figur wie der assyrische Naturgott: ein sexueller Großunternehmer und panerotischer Trunkenbold, ein unflätiger, weltberauschter Flegel; ein Mörder, weil er nichts anderes tut als das, wozu es ihn treibt: die Sterne über sich, die Kloake unter sich, und kein moralisches Gesetz in sich. Baal ist ein Weltverschlinger, Weltverdauer und Weltausscheider, und er ist zufrieden damit. Er bejaht all dies: einen schönen, wenn auch leeren Himmel; eine Welt ohne Geist, die nur animalisch genossen sein will; der Kadaver, der er einst sein wird, ein Fraß für die Geier, die er zwischen den Sternen vermutet. Stinkende Verwesung ist ihm kein Beweis gegen, sondern für das Leben. Sterbend zieht er das Fazit seines Daseins:»Es war sehr schön . . .« Baal ist so amoralisch wie eine (fleischfressende) Pflanze, wie die Vegetation, in die er eingehen möchte, wachsend und vergehend ohne ein menschliches Gesetz, und er ist so grausam wie ein Kind. Seine Religion ist die Farbe des Himmels, der Wechsel der Jahreszeiten: ein archaisches, vorreligiöses und vorgesellschaftliches Monstrum.

Sein Sprachkörper gleicht gelegentlich einem Body Builder: mehr Muskeln, als sie ein einzelner Mensch je gebrauchen kann — die Pose eines Jünglings, der gern Mister Universum werden möchte. Doch sitzt hinter der barocken Schwellung des Muskels schon so viel Kraft, ist die zeitübliche Ekstase schon mit so viel Nüchternheit geformt, wird der Rausch schon so kalt gehandhabt, daß sich Faszination aus der Sprache einstellt. Mit Baal läßt sich, wörtlich verstanden, kein Staat machen: er ist der große Asoziale. 36 Jahre später stellte Brecht trocken fest:»Dem Stück fehlt Weisheit«, doch hat der Baal in seiner privaten Mythologie immer eine große, wenn auch geheime Rolle gespielt: als ein Symbol für das unzerstörbare ›Glücksverlangen der Menschen‹. Es lebt wie eine Erinnerung an den anarchischen Baal auch in Brechts späteren Gestalten, die um fast jeden Preis überleben und ein Stückchen Glück an sich reißen wollen.

Das rauschhafte anarchische Lebensgefühl des Baal beherrschte die Produktion Brechts im nächsten Jahrzehnt, bis zur ›Dreigroschenoper‹, 1928. Von systematischer Gesellschaftskritik ist nicht die Rede; nur von einem allgemeinen Haß gegen das Bürgertum.

Trommeln in der Nacht. ›Komödie‹, 1920. Uraufführung am 23. September 1922 an den Münchener Kammerspielen. — Der Kriegsheimkehrer Kragler gerät in Berlin in die Spartakus-Kämpfe, lehnt es aber strikt ab, sich der Revolution anzuschließen:»Mein Fleisch soll im Rinnstein verenden, daß Eure Idee in den Himmel kommt? . . . Ich bin ein Schwein, und das Schwein geht heim.« Heim mit seinem Mädchen, das inzwischen von einem Geschütz-

›Trommeln in der Nacht‹ von Bert Brecht. *Entwurf von Otto Reigbert für die Urauf-*
führung an den Münchener Kammerspielen, 1922; Regie: Otto Falckenberg

korbfabrikanten schwanger ist, und »ich liege im Bett morgen früh und ver-
vielfältige mich, daß ich nicht aussterbe«. Auch dies ist zunächst Parodie:
auf Kitsch und Rührseligkeit der Dramen von Heimkehrern mit ihren im
Kriege anderweitig vergebenen Bräuten. Obwohl Brecht 35 Jahre später in
einem Vorwort zur ostdeutschen Ausgabe seiner frühen Stücke behauptet hat,
Kragler sei von ihm als komische und negative Figur gemeint gewesen, besteht kein Zweifel, daß 1920 Kragler mit Brechts zynischem ›Baal‹-Segen auf
die Revolution pfiff. Bei der Uraufführung war der Zuschauerraum mit
Sprüchen dekoriert wie »Glotzt nicht so romantisch!«, die Dekorationen waren bewußt als Theater-Dekorationen kenntlich gemacht, als seien sie Illustrationen der Zwischenrufe: »Es ist alles Krampf!« »Es ist ganz gewöhnliches Theater!« — der junge Brecht, der Wedekind-Verehrer, brüllte damit
gegen das Illusionstheater der Naturalisten an, die das Alltagsleben auf der
Bühne vorspiegeln wollen. Später wird er die Aufhebung der Illusion in den
Dienst seiner pädagogischen Absichten stellen. Herbert Jhering, hingerissen
von Brechts »beispielloser Bildkraft der Sprache«, schrieb nach der Uraufführung: »Der vierundzwanzigjährige Dichter Bert Brecht hat über Nacht
das dichterische Antlitz Deutschlands verändert«, verlieh ihm den Kleist-
Preis und war hinfort sein wichtigster Mitstreiter im Lager der Kritik.

Im Dickicht. 1921. Uraufführung am 9. Mai 1923 am Münchener Residenztheater. Zweite Fassung: *Im Dickicht der Städte.* Uraufführung 10. Dezember 1927, Darmstadt. — Im ›Vorspruch‹ heißt es:»Sie befinden sich im Jahre 1912 in der Stadt Chicago. Sie betrachten den unerklärlichen Ringkampf zweier Menschen . . . Zerbrechen Sie sich nicht den Kopf über die Motive dieses Kampfes, sondern beteiligen Sie sich an den menschlichen Einsätzen, beurteilen Sie unparteiisch die Kampfform der Gegner und lenken Sie Ihr Interesse auf das Finish.« Der Holzhändler Shlink, ein Malaie, sucht einen Gegner für den Kampf. George Garga, Angestellter in einer Leihbibliothek, übernimmt,»ohne nach dem Grund zu fragen«, die Rolle des Gegners. Die beiden setzen alles ein, was sie besitzen und was zu ihnen gehört. Ihr Kampf scheint ihrer Einsamkeit ein Ende zu machen und dem Chaos, in dem sie sich fühlen, einen Sinn zu geben, bis Shlink gesteht:»Die unendliche Vereinzelung des Menschen macht eine Feindschaft zum unerreichbaren Ziel . . . Ja, so groß ist die Vereinzelung, daß es nicht einmal einen Kampf gibt . . .« Shlink, der den puren Kampf gewollt hat und seine Unmöglichkeit einsieht, vergiftet sich, bevor Gargas Lyncher kommen, und Garga, dem es bei dem Kampf nicht darauf ankam,»der Stärkere zu sein, sondern der Lebendige«, überlebt; die Partnerschaft der Feindschaft ist zu Ende, er ist allein. Sein ›Finish‹:»Allein sein ist eine gute Sache. Das Chaos ist aufgebraucht. Es war die beste Zeit.« — Als das wilde, genialische Stück Oktober 1960 in Zürich durch Kurt Hirschfeld wieder aufgeführt wurde, konstatierten viele Kritiker in ihm einen Vorläufer der Ionesco und Beckett: im monologischen Aneinander-Vorbeireden (»Die Sprache reicht zur Verständigung nicht aus«), in der absoluten Unfähigkeit der Figuren, irgendeinen Kontakt zu finden »in ihrer trostlosen Vereinzelung«. Brecht bejaht Untergang und Behauptung in einer sinnlosen Welt; sein ›Kampf‹ ist noch nichts anderes als der scheiternde Versuch, die dem Menschen eingeborene Einsamkeit zu durchbrechen; den klassenkämpferischen Inhalt wird er erst nach dem Studium des Marxismus erhalten.

Mann ist Mann. ›Die Verwandlung des Packers Galy Gay in den Militärbaracken von Kilkoa im Jahre neunzehnhundertfünfundzwanzig‹. ›Lustspiel‹. 1924/25. Uraufführung am 25. September 1926 in Darmstadt. — Ein gutmütiger Individualist, der Packer Galy Gay, der »letzte Charakterkopf im Jahre 1925« wird ›umgebaut‹, bis er in ein Kollektiv paßt, in die britische Kolonialarmee in Indien, und als ›menschliche Kampfmaschine‹ eine Stadt in Tibet erobert. In einen Militärberserker verwandelt wird er durch Bier und Zigarren, durch Beteiligung an einem angeblichen Geschäft, durch Erpressung und angebliche Erschießung — also durch rein materialistische Mittel. —

›Mann ist Mann‹ von Bert Brecht, inszeniert von Brecht und Ernst Legal am Staatlichen Schauspielhaus Berlin, 1931, mit dem fünfundzwanzigjährigen Peter Lorre als Galy Gay (links) und Wolfgang Heinz als Polly Baker

Was soll man daraus schließen? Die Witwe Begbick spricht es im Stück unmißverständlich aus: »... Herr Bertolt Brecht beweist auch dann, daß man mit einem Menschen beliebig viel machen kann ... man kann, wenn wir nicht über ihn wachen, ihn uns über Nacht auch zum Schlächter machen.« Brecht, der Materialist, Skeptiker und Anarchist, war damals noch nicht *für* etwas — er konstatierte nur befriedigt den Zerfall der Persönlichkeit, des ›Charakterkopfes‹.

Die Erfahrungen, die zwischen 1933 und 1945 zu sammeln waren, sind zu teuer bezahlt, um hierauf nicht angewendet zu werden. Sie haben gelehrt, daß man in der Tat mit sehr vielen Menschen beliebig viel und daß man viele Menschen auch über Nacht zu Schlächtern machen kann. Zu den Schwächen der Brechtschen ›Beweisführung‹ gehört jedoch, daß es nicht eben schwierig ist, einen extremen Einfaltspinsel wie Galy Gay zum Schlächter zu machen. Dieser Einwand wäre kindisch, bestünde Brecht nicht auf der Allgemeingültigkeit seiner Parabel; von ihr war er so fest überzeugt, daß er

1936 allen Ernstes vorschlug, ›Mann ist Mann‹ zu ›konkretisieren‹: die Verwandlung Galy Gays nach Hitler-Deutschland zu verlegen, die Sammlung der Armee als einen Parteitag und den Elefanten als SA-Auto darzustellen. Dieser Vorschlag beweist, daß Brecht von den Soldaten einer modernen Armee wie von seinem Thema, der Verwandlung eines Menschen in eine ›Kampfmaschine‹, nicht die geringste Ahnung hatte: daß der Mensch durch rein materialistische Mittel in seinem Kern zu verwandeln sei, ist eine rührend romantische Vorstellung der Materialisten. Die Menschen in den modernen Armeen werden in ›Kampfmaschinen‹ verwandelt nicht durch Wehrsold, Gelegenheit zum Plündern, oder aus Furcht, exekutiert zu werden, sondern durch ideologische Mittel: durch das Bewußtsein, daß sie allein für die gerechte Sache kämpfen. Nur der Soldat, der mit bestem Gewissen glaubt, daß er aus ›Idealismus‹ töte, ist im Kampf wirklich brauchbar. Allgemeingültig an Brechts Parabel ist bestenfalls die allgemeine Warnung davor, die Stabilität eines friedfertigen Charakters zu überschätzen. Brechts Zynismus ist so virtuos, daß er wie alles Virtuose Spaß macht. Im übrigen aber ist der Spezialfall aus dem Jahre 1925 nur noch eine Anti-Militärklamotte von mäßiger Lustigkeit. Dennoch hatte Herbert Jhering, der Brecht-Verehrer, recht, als er nach der Uraufführung Brecht rühmte – er hatte die Entwicklung eines hochbegabten jungen Dramatikers im Auge. Aber auch Alfred Kerr, der Brecht so hoch nicht schätzte, hatte – von heute aus gesehen – recht, wenn er, nur dieses Stück im Auge, mißgelaunt schrieb: »Seid ehrlich: der Elefant, den zwei Schauspieler mit umwickeltem Gebein auf der Bühne vorturnten, dieser von Darstellern geschaffene Zirkusulk war die Höhe ... nicht ein ungekonntes Dramengleichnis.«

Zwischenspiel: episches Theater, Verfremdung und dergleichen

›Mann ist Mann‹ gehört zu den ersten Versuchen Brechts mit dem ›epischen Theater‹. Darunter verstand er ein Theater, das nicht mehr – wie er es später ausdrückte – dem »bourgeoisen Rauschgifthandel«, dem »abgeschmackten Kulinarismus geistloser Augen- oder Seelenweiden« dient, sondern ein »Publikationsorgan« ist: eine Stätte der Demonstration und der Belehrung des Publikums. Brecht ist zwar – noch später, in seinem ›Kleinen Organon für das Theater‹ – von dieser strengen Absicht etwas abgerückt und hat einerseits ›Unterhaltung‹ und ›Vergnügung‹ als »die nobelste Funktion« des Theaters genannt, das ›Kulinarische‹ wieder zugelassen, andererseits aber ›Unterhaltung‹ und ›Vergnügung‹ doch wieder dem untergeordnet, was ihm nach wie vor als das wichtigste erschienen ist: das Theater »so nahe an die Lehr-

und Publikationsstätten zu rücken, wie ihm möglich ist«. Schlicht gesagt: der Genuß ist der Köder, mit dem der zu unterweisende Zuschauer ins Theater gelockt wird.

Damit das ›epische Theater‹ funktioniere, hat Brecht eine Unmenge Anregungen, die er aufgriff, wo er sie nur finden konnte, teils übernommen, teils ›umfunktioniert‹, hat dazu eine Menge Erfindungen gemacht, hat unermüdlich alles ausprobiert, was ihm für seine Zwecke nützlich erschien, hat die Ergebnisse seiner Versuche in umfangreichen theoretischen Schriften niedergelegt, immer bereit, sie nach neuen Experimenten zu revidieren, und ist darüber zu einem ungemein fruchtbaren Dramaturgen und Regisseur geworden, aber auch zum Kathederheiligen des ›epischen Theaters‹, dessen Schriften seinen Jüngern Anlaß zu den sich widersprechendsten Auslegungen bieten.

Eines aber ist seinen Tricks, woher er sie auch genommen und wie er sie auch verarbeitet haben mag, gemeinsam: sie sollen den Zuschauer dazu zwingen, gesellschaftliche Kritik an den Vorgängen auf der Bühne zu üben, sie sollen ihm die Einsicht vermitteln, daß die Welt veränderungsbedürftig ist und daß sie in der Tat verändert werden kann, und sie sollen ihn dazu engagieren, sich an der Veränderung der Welt zu beteiligen.

Damit der Zuschauer Kritik an dem Verhalten der Gestalten auf der Bühne üben kann, darf er mit ihnen nicht mehr ›kulinarisch‹ fühlen und empfinden, sondern muß immer wieder zum Abstand von ihnen und von seinen eigenen Gefühlen gezwungen werden. Hat er sich seelisch hineinreißen lassen in das Spiel, so muß er wieder herausgerissen werden, damit er über das Spiel nachdenken und es als allgemeines Beispiel betrachten kann. Mitzulieben ist er nur da, um schließlich gesellschaftskritisch mitzurichten.

Damit kein Zuschauer das Gefühl bekomme, im Theater werde ein Stück Alltag imitiert, in das er seelisch einkriechen könne, wird die ›Illusion‹ vertrieben: auf der Bühne befinden sich nur noch die Bauteile und Requisiten, die für das Spiel unbedingt gebraucht werden, die in ihm eine dramaturgische Funktion haben. Kein geschlossener Raum beispielsweise, sondern nur ein freistehender Türrahmen mit einer realistischen Tür — sie markiert den Eingang, man kann sie aufreißen und zuwerfen. Man soll sich immer bewußt bleiben, daß mit Theaterrequisiten Theater gespielt wird. Deshalb schon bei der Uraufführung von ›Trommeln in der Nacht‹, 1920, die Aufforderung an die Zuschauer: »Es ist ganz gewöhnliches Theater!« und »Glotzt nicht so romantisch!«

Damit der Eindruck des zum Denken vorgeführten Theaters verstärkt werde, ist die Bühne durch einen Halbvorhang abgeschlossen, die ›Brecht-Gardine‹, die der Bühnenbildner Caspar Neher, Brechts Schulfreund ›Cas‹

und wichtigster Mitarbeiter auf diesem Gebiet, schon 1926 bei der ›Mann ist Mann‹-Uraufführung in Darmstadt zum erstenmal benutzt hat: der Zuschauer erkennt über dem oberen Rand der geschlossenen Gardine, daß man dahinter umbaut, und wird doch beim Aufziehen von einem neuen Bild überrascht. Brecht ließ später auf die Gardine kurze, oft sarkastisch formulierte Inhaltsangaben der folgenden Szene projizieren; sie nehmen die brutale Neugierde auf das weg, was nun geschehen wird, und sollen die Spannung auf die Frage erhöhen: *Wie* wird es geschehen? Somit wird das Folgende als ein Beispiel, dessen Ausgang bekannt ist, der kritischen Begutachtung des Zuschauers ausgeliefert.

Auch der Schauspieler darf sich nicht mehr in seine Rolle einleben, sondern muß zugleich neben ihr stehen — nach dem Muster: Charles Laughton ist nicht Galilei, sondern »zeigt, wie er sich den Galilei denkt«, auf daß der Zuschauer zur Kritik an der Bühnenperson ermuntert werde, deren Verhaltensweise in einer bestimmten Situation der Schauspieler vorführt. Selbstverständlich wußten schon die Griechen im 5. vorchristlichen Jahrhundert, daß nicht etwa Oedipus persönlich in der Orchestra auftritt, sondern ein verkleideter Zivilist, der den Oedipus spielt, doch Brecht hat mit vielerlei Mitteln das Spielen einer Figur immer wieder in das Vorzeigen von Verhaltensweisen verändert. War der Schauspieler, der im naturalistischen Theater so tat, als sei er der Fuhrmann Henschel — überspitzt ausgedrückt — ein Versteller, so wird er bei Brecht zum Vorführer.

›Mann ist Mann‹ von Bert Brecht. Uraufführung, inszeniert von Jacob Geis, in Darmstadt, 1926. Der neunundzwanzigjährige Bühnenbildner Caspar Neher verwandte zum erstenmal den Halbvorhang, die ›Brecht-Gardine‹, die für Brechts Theater typisch geworden ist

Zu den gröberen Mitteln, ihn zum Vorführer zu machen, gehören das Benutzen von starren Masken, die stets als aufgesetzte Masken kenntlich sind; das bewußte Aus-der-Rolle-Fallen; das Ansprechen des Publikums durch Rede, Ballade oder Song — was schon zu Nestroys Zeiten in Hochblüte stand, zu vielen Formen des Volkstheaters gehört und von Brecht in seiner Münchener Studentenzeit bei dem genialen Komiker Karl Valentin (1882 bis 1948) gelernt werden konnte, mit dem er befreundet war und an dessen Darbietungen er 1919, die Klarinette spielend und die schicke Proletenmütze auf dem Kopf, mitgewirkt hat. An Valentin hat Brecht auch gewiß das Auseinanderfallen von Wort und Sinn begeistert, das einem Satz einen bitterbösen Sarkasmus im Gewande der Unschuld verleihen kann — Brecht ist ein Virtuose in diesem Fach geworden.

Er hat sich und das Theater bereichert unter anderem durch Rückgriffe auf Methoden der ostasiatischen Bühnen und auf das Agitations- und Propaganda-Theater des genialen sowjetischen Regisseurs Meyerhold (1874 bis 1940); er hat die Sprache der Lutherbibel, Arthur Rimbauds und der Zeitungs-Ausrufer mit

Bertolt Brecht. Karikatur von Andrzej Stopka, Polen

Gewinn studiert. Was Norbert Jacques in seinen Lebenserinnerungen vom jungen Brecht erzählt — »Bert Brecht trug bei Schwanecke eine Mütze, die so kunstvoll proletarisch war, daß sie nur von einem teuern Mützenmacher stammen konnte, der auf die differenziertesten Absichten seines Kunden einzugehen imstande war« —, das trifft auch auf Brechts Theater zu: die kostbarsten Errungenschaften der Theatergeschichte sind ihm gerade gut genug, um aus ihnen eine kunstvolle Proletariermütze zu machen. Sie entzückt freilich vor allem das Bürgertum, während der Proletarier, soweit es ihn noch gibt, lieber einen bürgerlichen Hut tragen möchte.

Für alle diese von ihm systematisierten Methoden gebrauchte Brecht gern einen Begriff, der zum Modewort geworden ist: ›Verfremdung‹. Bekannte Vorgänge oder Menschen werden durch die beschriebenen und noch andere Mittel derart ›verfremdet‹, fremd gemacht, daß der Zuschauer sie wie zum erstenmal ganz neu und damit kritisch sieht. Er soll sich über vertraute Zustände, nachdem sie ihm auf der Bühne fremd gemacht worden sind, derart wundern, daß er beschließt, sie zu ändern. Und er soll sich auch über den Menschen wundern: »Wie er ist, muß er nicht bleiben«, meinte Brecht, »nicht nur, wie er ist, darf er betrachtet werden, sondern auch wie er sein könnte«, und: »Die neuen Verfremdungen sollten nur den gesellschaftlich beeinflußbaren Vorgängen den Stempel des Vertrauten wegnehmen, der sie heute vor dem Eingriff bewahrt.« Sinn des ›V-Effektes‹, des ›Verfremdungs-Effektes‹: den Zuschauer zum Eingriff in gesellschaftliche Vorgänge, zur Aktivität zu bewegen.

Das Theater wird im Extremfall auf diese Weise zu einer Art Volkshochschule für Vulgärsoziologie, die Schauspieler sind im Nebenamt Lehrgehilfen, das Publikum verwandelt sich in eine Schulklasse, und der Autor stößt es wie ein Dorfschullehrer alter Art immer wieder mit der Nase auf die Frage: Was können wir daraus lernen?

Je älter Brecht geworden ist, desto großzügiger ist er mit seinen Grundsätzen umgegangen. Er hat sich nicht nur auf den ›V-Effekt‹ verlassen, sondern auch die ›kulinarischen‹ Effekte des komödiantischen Theaters und die Erregungen des rüden Zirkus benutzt. Er ließ beispielsweise seine Grusche im ›Kaukasischen Kreidekreis‹ auf der Flucht über eine derart hohe und klapprige Brücke balancieren, daß der Zuschauer wie bei einem Drahtseilakt um das Leben der Schauspielerin zitterte. Doch hat er sich auch in seinen letzten Inszenierungen der Emotion nur zum Zweck der Demonstration bedient: das Gefühl nutzbar gemacht für den Gedanken; sein Theater — unübertrefflich an Präzision und Schönheit der Details — untergeordnet der aus ihm zu ziehenden Lehre.

In Paris ist Brechts ›Berliner Ensemble‹ beim ›Theater der Nationen‹ (erstmals 1954) triumphal gefeiert worden. Brecht hat seine Regie-Arbeit in bebilderten Publikationen bis in die kleinsten Einzelheiten erläutert, doch schon bald nach seinem Tod wandten sich Regisseure von seinen Modell-Inszenierungen ab, lösten sich unter dem Zorngeschrei der doktrinären Brechtomanen, die ihren Katheder-Heiligen verunstaltet sahen, von den ›V-Effekten‹ und erprobten den Komödianten Brecht. Vom Ergebnis solcher Versuche hängt seine Zukunft auf der Bühne ab.

Nach der Berliner Aufführung von ›Mann ist Mann‹, 1928, bei der die Soldaten durch Teilmasken und Riesenhände, durch Stelzen und Drahtbügel unter übergroßen Uniformen als Popanze und Ungeheuer erschienen, hatte Brecht nach zehn Jahren Arbeit für das Theater schon die wesentlichen Lehrmittel für seine neue Bühne beisammen — es fehlte ihm nur noch die Lehre, der Zweck, dem diese Mittel dienen sollten. Noch war er nur gegen und nicht für etwas. Die Veröffentlichung seiner ›Hauspostille‹ im Jahre 1927 markiert das Ende seines anarchistischen Jahrzehnts; sie enthält noch den in der Neuauflage 1950 stillschweigend unterschlagenen ›Gesang der Soldaten der Roten Armee‹ mit dem Kehrreim »Die Freiheit, Kinder, die kam nie« und dem Vers:

»Doch kämen jetzt die Himmel, / Die Himmel kämen ohne sie«, ohne die Soldaten nämlich der Roten Armee. Doch inzwischen hatte Brecht begonnen, den Marxismus zu studieren, was auch immer er oder sonst wer darunter verstehen mag, und damit die beherrschende Lehre für die Form gefunden, die er in den Grundzügen schon so lange beherrschte.

Der Brecht-›Marxismus‹ äußert sich in seinen Stücken durch die materialistische und atheistische Betrachtung der Welt; durch die Darstellung der Geschichte als einer Geschichte von Klassenkämpfen; durch die Versimpelung, daß alle Reichen grundsätzlich böse sind und die Armen wenn auch nicht gerade gut, so doch wesentlich besser; durch den Kinderglauben, daß der Arme, auf den Platz des Reichen gelangt, sich anständiger benähme als der Reiche; durch die auf vielerlei Weise und unermüdlich verkündete Meinung, daß die Welt verändert werden müsse; durch die Hoffnung auf ein durch permanente Weltveränderung zu erreichendes irdisches Paradies, das der alternde Brecht freilich auch nur noch am ›Sankt Nimmerleinstag‹ erblicken konnte.

Gemäß seiner Auffassung vom ›Marxismus‹, mußte er sich mit seinen Bühnenstücken ins Wirtschaftliche mischen, und davon hängt er nun ab: er ging — auch in seinen späten Arbeiten — vom Frühkapitalismus aus und von der Depressionszeit, die er in den zwanziger Jahren kennengelernt hatte: mit der Veränderung der wirtschaftlichen Verhältnisse nehmen sich auch seine Stücke verändert aus — ihre Lehre interessiert nur noch dort, wo die wirtschaftlichen Verhältnisse trostlos sind.

Nach seinem Studium des ›Marxismus‹ suchte Brecht die Wahrheit nicht mehr, denn er glaubte, er habe sie gefunden. Die Welt war für ihn durchschaubar und erklärbar geworden. Der irrationale Anarchist hatte sich der mörderischen Disziplin einer rationalen Heilslehre unterworfen. Nie mehr überprüfte er die Grundlagen seiner Wahrheit; er beschäftigte sich nur noch damit, sie immer wieder zu formulieren und zu verkünden wie — auf seine andere Weise — ein orthodoxer Katholik. Mit der Lehre kam sein Jahrzehnt der dürren, starren, dogmatischen und zum Teil unmenschlichen ›Lehrstücke‹, von etwa 1928 bis 1938, von der ›Dreigroschenoper‹, dem Übergangsstück, bis zum ›Leben des Galilei‹, mit dem die Synthese aus Doktrin und Anarchie beginnt.

In der *Dreigroschenoper* (Uraufführung 31. August 1928, Berlin, Theater am Schiffbauerdamm) führen sich wie in ihrem Vorbild, der englischen ›Beggar's Opera‹ von John Gay (1728), die Verbrecher wie die Bürger auf, um den Zuschauer zu der Schlußfolgerung zu bringen: da die Verbrecher durch bürgerliche Manieren und Methoden erfolgreich sind, müssen die bürgerlichen Methoden und Manieren verbrecherisch sein. Doch kein Mensch dachte

daran, diese ›gesellschaftskritische‹ Schlußfolgerung zu ziehen; im Gegenteil, das
Bürgertum genoß ›kulinarisch‹ die zynisch
formulierten, von Kurt Weill hinreißend
frech komponierten Songs und machte sie
in komplizenhaftem Einverständnis zu
Schlagern: »Erst kommt das Fressen, dann
kommt die Moral.« Die ›Dreigroschenoper‹ machte Brecht über Nacht berühmt.
Ein Jahr später kam der zweite Aufguß,
Happy End (Uraufführung 31. August
1929, Berlin, Theater am Schiffbauerdamm); die Handlung folgt angeblich
»inhaltlich einer Kurzgeschichte von Dorothy Lane, erschienen in J. L. Weekley
St. Louis. Die deutsche Bearbeitung stammt
von Elisabeth Hauptmann«. Dorothy
Lane aber existiert nicht, und Brecht hat
sich nur zur Autorschaft der von Kurt
Weill mit ›Dreigroschenoper‹-Qualität
vertonten ›Gesangstexte‹ bekannt. Dieses
Chicagoer Gangsterspektakel mit dem
Heilsarmeeleutnant Hallelujah-Lilian, der
Vorgängerin der ›Heiligen Johanna der
Schlachthöfe‹, enthält nur eine einzige
›antikapitalistische‹ Bosheit: wenn die
Gangster geschlossen in die Heilsarmee
eintreten, so in der Erkenntnis: »Was ist

*Figurine von Ita Maximovna zu
Brecht-Weills ›Dreigroschenoper‹,
inszeniert von Karlheinz Martin am
Berliner Hebbel-Theater, 1945*

ein Dietrich gegen eine Aktie, was ist ein Einbruch in eine Bank gegen die
Gründung einer Bank!«

Brecht sorgte dafür, daß er unmißverständlich wurde. In *Die Ausnahme
und die Regel* beispielsweise, einem ›Lehrstück‹ aus dem Jahre 1930 (Erste
Aufführung in Givath Chajim, Palästina, 1938) führt er eine Fabel aus
kolonialistischer Zeit abschnittsweise vor, damit auch ein Schwachsinniger
ihre Moral begreifen kann; jedes Szenchen hat seine Überschrift und beginnt
und endet wie eine Runde beim Boxkampf mit dem Gong; zwischen den
Gongschlägen verrichten die Darsteller ihre pädagogische Demonstrations-
arbeit. Ein Kaufmann treibt und schlägt einen Kuli durch die Wüste; er muß
sein Ziel früher als die ihn verfolgenden Konkurrenten erreichen, sonst entgeht ihm ein großes Geschäft. Als der Kuli, der es für natürlich hält, daß er

geschunden wird, denn dies ist die Regel, mit einer Wasserflasche auf den Kaufmann zugeht, um ihm zu trinken zu geben, wird er vom Kaufmann erschossen: der nämlich hält die Wasserflasche für einen Stein, mit dem ihn der Kuli erschlagen will, denn dies schiene ihm, dem Schinder, ganz natürlich und vernünftig — ein Mordversuch wäre in der Welt der Ausbeutung die Regel; eine Tat der Menschlichkeit aber wäre die unvernünftige Ausnahme. Folglich wird der Kaufmann auch wegen erwiesener Notwehr vom Richter freigesprochen, der da singt: »Die Regel ist Auge um Auge! Der Narr wartet auf die Ausnahme«, und der Schlußchor mahnt das Publikum: »Was die Regel ist, das erkennt als Mißbrauch. Und wo ihr den Mißbrauch erkannt habt, da schafft Abhilfe!«

Lehrhaft und kahl sind auch ›Das Badener Lehrstück vom Einverständnis‹ (1929), ›Der Jasager‹, ›Der Neinsager‹ (›Schulopern‹, 1929/30), ›Die Maßnahme‹, ›Die Mutter‹ nach Maxim Gorki (1930), ›Die Rundköpfe und die Spitzköpfe‹ (1932—34), die Szenen ›Furcht und Elend des Dritten Reiches‹ (1935—38), ›Die Gewehre der Frau Carrar‹ (1937) und ein Rückfall aus dem Jahre 1939, ›Das Verhör des Lukullus‹. Fülliger in Erfindung und Witz sind aus dieser Zeit ›Aufstieg und Fall der Stadt Mahagonny‹ (1928/29; eine Oper, komponiert von Kurt Weill) und ›Die Heilige Johanna der Schlachthöfe‹ (1929/30), doch gehören auch sie zum ›Agitprop‹, zum Theater der Agitation und Propaganda.

Das übelste (und formal beste) Stück dieser Serie ist *Die Maßnahme* (Uraufführung 10. Dezember 1930 durch den Arbeiterchor Groß-Berlin), ein ›Lehrstück‹. Vor dem ›Kontrollchor‹, dem Parteigericht, verantworten sich vier von Moskau nach China geschickte Agitatoren, die einen jungen chinesischen Genossen erschossen haben, und spielen ihren Fall dem Gericht als ›Theater auf dem Theater‹ vor. Die ›Schuld‹ des Genossen besteht darin, daß er den menschlichen Regungen des Mitleids, der Empörung und des Zorns nachgegeben hat, anstatt gemäß dem Parteibefehl zu agitieren, Konflikte mit der Polizei zu vermeiden und sich mit einem Wucherer gut zu stellen, mit dem die Partei ein taktisches Bündnis schließen will. Als er seine Maske zerreißt, die ein Symbol dafür ist, daß er seine Individualität der Partei geopfert hat und nur ein leeres Blatt ist, auf das »die Revolution ihre Anweisungen schreibt«, als er damit sein eigenes Gesicht wiederherstellt, von dem es ausdrücklich heißt, es sei »offen, menschlich und arglos«, wird er erschossen und in eine Kalkgrube geworfen. Der ›Kontrollchor‹ billigt diese ›Maßnahme‹, und der junge Genosse hat sie kurz vor seinem Tod auch gebilligt »im Interesse des Kommunismus . . . ja-sagend zur Revolutionierung der Welt«. — Prophetischer Brecht! — nach diesem Muster ist fünf Jahre später bei den Moskauer Prozessen die alte Garde der Revolution zum Einverständnis mit ihrer Liquidierung gebracht worden — ein Muster für alle totalitären und terroristischen Ideologien, die sich freilich zur offenen Brutalität dieses ›Lehrstücks‹ nicht zu bekennen wagen. Es ist nur ein schwacher Trost, daß Brecht in der ›Maßnahme‹ die Rolle des wegen Menschenfreundlichkeit liquidierten Chinesen selbst gespielt hat.

Die heilige Johanna der Schlachthöfe. 1929/30. Im Februar 1932 Hörspielfassung im Radio Berlin. Uraufführung am 30. April 1959 in Hamburg; Regie: Gustaf Gründgens; Bühnenbild: Caspar Neher; mit der Brecht-Tochter Hanne Hiob in der Titelrolle. — Johanna Dark (Jeanne d'Arc), Leutnant der ›Schwarzen Strohhüte‹, der Heilsarmee, versucht, die Seele des Chicagoer Fleischkönigs Pierpont Mauler zu erwecken; sie glaubt, daß die Armut mit Suppen und Frömmigkeit bekämpft werden kann, und sie glaubt an das Gute in jedem Menschen, auch im Ausbeuter Mauler, der den Fleischmarkt ruiniert, um mit diesem Börsenmanöver Millionen zu verdienen. Als Mauler sie von der Schlechtigkeit der Armen überzeugen will, antwortet sie: »Denn warum ist die Schlechtigkeit in der Welt? Natürlich, wenn jeder seinem Nächsten wegen einem Stück Schinken aufs Brot mit der Axt über den Kopf hauen muß, wie soll da der Sinn für das Höhere nicht ersticken in des Menschen Brust? Betrachten Sie doch einmal den Dienst am Nächsten einfach als Dienst am Kunden! . . . Heben Sie die moralische Kaufkraft, dann haben wir auch die Moral!« Johanna schreckt vor der Gewalt zurück und versagt deshalb (im Sinne Brechts): zu spät erkennt sie, daß ihre Mitschwestern sich vom Kapital bestechen lassen; zu spät wendet sie sich von Gott ab, und erst bei den Hungernden, die Mauler von der Arbeit ausgesperrt hat, erst im Todeskampf erkennt sie: »Es hilft nur Gewalt, wo Gewalt herrscht, und es helfen nur Menschen, wo Menschen sind.« Ihre korrumpierten Heilsarmee-Schwestern und die Kapitalisten beuten noch die Sterbende aus: sie übertönen ihre heilkräftige Botschaft der Gewalt und kanonisieren die Johanna, die ihre Klassenkampflektion noch nicht gelernt hat, als Heilige der Schlachthöfe, als Märtyrerin der christlichen Wohltätigkeit. — Brecht schrieb dieses revolutionäre Agitationsstück zur Zeit der Massenarbeitslosigkeit, nach dem großen Börsenkrach des Jahres 1929 und der Weltwirtschaftskrise. Seine Version der Jeanne d'Arc, diese Johanna Dark, die zu Klassenkampf und Terror bekehrt wird, sollte nebenbei 1931 die katholischen Feiern zum 500. Todestag der inzwischen heiliggesprochenen Johanna tödlich ironisieren. Wie Brechts chinesischer Genosse in ›Die Maßnahme‹ (siehe auch Seite 947) versagt Johanna, weil sie sich in einzelnen Taten der Menschlichkeit verzettelt, anstatt den Auftrag der Kommunistischen Partei zu erfüllen und sich den als notwendig erkannten Gewalttaten des Klassenkampfes unterzuordnen, doch

Johannas Tod. Lithographie zu Brechts ›Die heilige Johanna der Schlachthöfe‹
von Eberhard Dänzer, 1964

lernt sie, wenn auch zu spät, noch die Brecht-Botschaft, sich nicht auf Gott, sondern auf ihre Klasse zu verlassen, und dies mit aller Brutalität: »Darum, wer unten sagt, daß es einen Gott gibt / Und kann sein unsichtbar und hülfe ihm doch / Den soll man mit dem Kopf auf das Pflaster schlagen / Bis er verreckt ist.« Die Börsenmanöver schildert Brecht im Stil der Shakespeare-Historien und läßt die Spekulanten ihre Infamien in feierlichen Blankversen sprechen; er parodiert Schillers ›Jungfrau von Orleans‹ und den zweiten Teil des goetheschen ›Faust‹: »Mensch, es wohnen dir zwei Seelen / In der Brust! / Such nicht eine auszuwählen / Da du beide haben mußt«, so heißt es im kapitalistischen Schlußchor: »Halte die hohe, halte die niedere / Halte die rohe, halte die biedere / Halte sie beide!« Die Lehre des Stückes ist museal geworden; geblieben ist die Teilnahme am Leidensweg Johannas, sofern sie ein verzweifelt die Wahrheit suchendes, getäuschtes und irrendes Wesen ist; geblieben sind das zynische Vergnügen an der Vitalität und Gerissenheit des karikierten Kapitalisten-Kolosses Mauler und das Amüsement über den schneidenden Sarkasmus der literarischen Parodien (sofern die ärgsten Primitivitäten und Geschmacklosigkeiten gestrichen sind).

Die Rundköpfe und die Spitzköpfe oder Reich und Reich gesellt sich gern.
›Ein Greuelmärchen‹. 1932–34. Uraufführung am 4. November 1936 in
Kopenhagen. Deutsche Erstaufführung 21. Oktober 1962 in Hannover. — Die
rundköpfigen Machthaber des Landes Jahoo, die Tschuchen, machen die Spitzköpfe, die Tschichen, für das wirtschaftliche Elend verantwortlich und verfolgen sie. Am Ende tafeln die reichen Rundköpfe und die reichen Spitzköpfe
miteinander, und die Armen beider ›Rassen‹ baumeln gemeinsam am Galgen.
— Hitler diente Brecht als Modell für Iberin, den Erfinder der Rassentheorie
von den Rund- und Spitzköpfen. Das von Brechts Spezial-›Marxismus‹ ver-
blendete Gleichnis ist falsch: Rassenhaß und Rassenverfolgung, die hier als
kapitalistischer Trick verharmlost werden, waren (und sind) keineswegs nur
ein Vorwand für den Kampf der Reichen gegen die Armen. Das Stück ist in
der Tat nur ein Greuelmärchen. — Die Uraufführung fand 1936 in Kopenhagen statt — Brecht war damals in Dänemark, in der Emigration. Er war am
Tage nach dem Reichstagsbrand, am 28. Februar 1933, aus Deutschland
geflohen und wurde 1935 offiziell ausgebürgert.

Furcht und Elend des Dritten Reiches. 24 Szenen. 1935–38. Sieben Szenen
wurden am 21. Mai 1938 unter dem Titel ›99 %‹ in Paris uraufgeführt;
Regie: Brecht. Die amerikanische Fassung ›The Private Life of the Master
Race‹ konnte erst am 12. Juni 1945, nach der deutschen Kapitulation, in
New York aufgeführt werden. Deutsche Erstaufführung von sieben Szenen 1947 in Ost-Berlin. — Die Szenen beruhen auf ›Augenzeugenberichten
und Zeitungsnotizen‹. Sie sind direktes Agitations-Theater, ohne jede ›Verfremdung‹, wie bei Brecht sonst nur noch ›Die Gewehre der Frau Carrar‹.
Das Grauen lebt noch in den Szenen ›Die jüdische Frau‹ — sie verabschiedet
sich 1935 von ihren Bekannten, um nach Amsterdam zu fliehen; sie will ihren
›arischen‹ Mann verlassen, um ihn nicht zu gefährden, der sie schon lästig
findet: »Charakter, das ist eine Zeitfrage. Er hält soundso lange, genau wie
ein Handschuh« — und in geringerem Maße in ›Der Spitzel‹: Eltern fürchten
sich davor, daß sie von ihrem Sohn, einem Hitlerjungen, denunziert werden.

Die Gewehre der Frau Carrar. 1937. Uraufführung am 16. Oktober 1937 mit
Helene Weigel in Paris. Geschrieben »unter Benutzung einer Idee von
J. M. Synge« (in John Millington Synges Einakter ›Reiter am Meer‹, 1904).
— In Spanien, im April 1937, zu Beginn des Bürgerkrieges, will Frau Carrar
ihre revolutionär gesonnenen Söhne vom Kampf gegen Franco abhalten, da
ihr Mann im Krieg gefallen und sie religiös ist: »Wer zum Schwert greift,
wird durch das Schwert umkommen.« Als ihr Ältester beim friedlichen
Fischen von Faschisten erschossen wird, gibt sie die versteckten Gewehre

ihres Mannes heraus und bewaffnet sich selbst und zieht mit ihrem übrig gebliebenen Sohn in den Krieg:»Das sind keine Menschen. Das ist ein Aussatz, und der muß ausgebrannt werden wie ein Aussatz.« — Brecht hat das einaktige, wortkarg-heroische Rührstück im ersten Jahr des spanischen Bürgerkriegs ohne jede Verfremdungstechnik als Kampfaufruf und gegen Neutralität geschrieben:»Es ist aristotelische (Einfühlungs-)Dramatik.«

Leben des Galilei. ›Schauspiel‹. 1938/39. Uraufführung am 9. September 1943 im Schauspielhaus, Zürich. 1946 hat Brecht das Schauspiel unter dem Eindruck der Atombombe auf Hiroshima neu gefaßt, mit Charles Laughton übersetzt und inszeniert; Uraufführung dieser Version im Coronet Theatre, Los Angeles am 30. Juli 1947. Während der New Yorker Aufführung, am 7. Dezember 1947, war der in Washington vom Ausschuß zur Untersuchung ›unamerikanischen Verhaltens‹ verhörte Brecht im Flugzeug von New York nach Zürich. — Ein Ausschnitt (von 1609 bis 1640) aus dem Leben des italienischen Mathematikers und Astronomen Galileo Galilei (1564—1642); er will das neue Weltbild mit der Sonne im Mittelpunkt des Alls durchsetzen und gerät mit der Kirche in Konflikt, die durch ihn die von Gott gesetzte Anschauung der Welt gefährdet sieht. Galilei unterwirft sich der Inquisition, widerruft nach dem Anblick der Folterinstrumente und gibt seine revolutionären Erkenntnisse heimlich weiter. — Die historischen Ereignisse liefern Brecht den Stoff für sein Hauptthema: die Beziehungen zwischen Macht und Wissenschaft. Brecht verlangt, daß die Vertreter der Kirche nicht gehässig dargestellt werden; er selbst hat sich bei ihnen jeder Gehässigkeit enthalten: es sind Leute mit diskutablen Grundsätzen, die zum Teil ihren Gegner heimlich oder gar offen bewundern. Die Kirche vertritt hier nur die Stelle jeder Obrigkeit, der geistlichen und der weltlichen, der wissenschaftlichen und der politischen. Galilei, ein skrupelloser Forscher aus Leidenschaft und ein sinnenfroher Mensch, unterwirft sich der Macht, weil er für seine Arbeit Ruhe und Hilfsmittel braucht und außerdem ein einigermaßen angenehmes Leben liebt: »Mein Lieber, ich brauche Muße, und ich will die Fleischtöpfe.« Brecht schrieb dieses Stück in Dänemark, in der Emigration, erschrocken über die Nachricht, daß deutschen Physikern die Spaltung des Uran-Atoms gelungen war, und so fragt er nach der Verantwortung des Wissenschaftlers vor der Gesellschaft. Sein Galilei verurteilt sich selbst:»Ich halte dafür, daß das einzige Ziel der Wissenschaft darin besteht, die Mühseligkeit der menschlichen Existenz zu erleichtern. Wenn Wissenschaftler, eingeschüchtert durch selbstsüchtige Machthaber, sich damit begnügen, Wissen um des Wissens willen anzuhäufen, kann die Wissenschaft zum Krüppel gemacht werden ... Ich überlieferte mein Wissen den Machthabern, es zu gebrauchen, es nicht zu gebrau-

Entwurf zu Brechts ›Galileo Galilei‹, vermutlich für einen Vorhang; Deckfarben auf Seide. Aus dem Nachlaß von Caspar Neher

chen, ganz wie es ihren Zwecken diente. Ich habe meinen Beruf verraten. Ein Mensch, der das tut, was ich getan habe, kann in den Reihen der Wissenschaft nicht geduldet werden.« Dies ist die Ansicht Brechts, der jeder Wissenschaftler entgegenhalten wird, daß es keine wissenschaftlichen Fortschritte gibt, auf die doch auch Brecht Wert legt, ohne daß Wissen um des Wissens willen angehäuft wird. Dramaturgisch meisterhaft bewältigt Brecht das Problem, schwierige wissenschaftliche Fragen so zu vereinfachen, daß sie zu wirksamen Elementen des Theaters werden. Sein Galilei ist kein Märtyrer — er sagt: »Unglücklich das Land, das Helden nötig hat« und paktiert mit der Obrigkeit, die ihn zum Schweigen bringen will, betrügt und überlistet sie: seine ›Discorsi‹, seine umwälzenden Erkenntnisse, schreibt er in der Gefangenschaft der Inquisition und läßt sie in das freie Holland schmuggeln.

Mit jeder neuen Fassung des Stückes hat Brecht seinen Galilei schärfer verdammt. Im Vorwort zur zweiten, zur amerikanischen Fassung (nach der Atombombe) verwirft er Galilei, weil er die von ihm bereicherten Wissenschaften »zugleich eines Großteils ihrer gesellschaftlichen Bedeutung beraubte«: revolutionär in der Theorie, entzog er sich aus Feigheit der revolutionären Praxis; als Wissenschaftler versagte er vor der Macht. In der Atombombe sieht Brecht, der ihre Erfinder für Verbrecher hielt, »das klassische Endprodukt seiner wissenschaftlichen Leistung und seines sozialen Versagens«.

Über der Einstudierung des ›Galilei‹, dessen Verdammung in der dritten Fassung er noch stärker betont hatte, starb Brecht am 14. August 1956, vier Tage, nachdem er im ›Theater am Schiffbauerdamm‹ zum letzten Mal mit seinem ›Berliner Ensemble‹ probiert hatte; Erich Engel setzte seine Arbeit fort. Bei der glanzvollen Ost-Berliner Premiere fragte sich mancher, ob sich Brecht nicht — wie sein Galilei — den Machthabern verkauft habe, um sich damit eine einzigartige, wohldotierte Arbeitsmöglichkeit zu erkaufen, doch besteht kein Zweifel, daß Brecht grundsätzlich mit dem ›Sozialismus‹ östlicher Prägung einverstanden war.

Die extrem doktrinäre Epoche Brechts hatte ungefähr so lange gedauert wie seine anarchistische: ein Jahrzehnt. Mit dem ›Leben des Galilei‹ begann 1938 die Reihe seiner Stücke der Synthese. Es ist, als habe ihm der ›Baal‹ seiner Jugend, der große Asoziale, beim Schreiben über die Schulter geschaut: das Glücksverlangen seiner neuen Helden ist so groß, daß sie sich höchst undoktrinär benehmen und allerlei listige, durchaus anrüchige Kompromisse schließen, um zu überleben, und dies nach Möglichkeit mit etwas Komfort. Nur durch große Anstrengungen kann Brecht sie trotz ihrer gelegentlichen Amoralität wieder zu Lehrgegenständen machen: er muß ihnen ins Wort und in die lebendige Existenz fallen, um sie in Schaupräparate zu verwandeln. Sind sie durch den Komödianten Brecht uns ans Herz gewachsen, so versucht der Schulmeister Brecht, sie durch ›Verfremdungen‹ uns wieder vom Herzen zu reißen, auf daß wir sie aus einiger Entfernung mit dem Verstand begutachten können — doch nicht jeder Regisseur und Zuschauer macht diesen zweiten, den pädagogischen Schritt mit.

Der gute Mensch von Sezuan. Parabelstück. 1938—40. Uraufgeführt am 4. Februar 1943, Schauspielhaus Zürich. — Der ›Deus ex machina‹ eilt seit altersher am Schluß gewisser Theaterstücke den Menschen zu Hilfe, um eine verfahrene Situation zu klären und, kraft seiner Macht, die Weltordnung wieder einzurenken. Die drei Götter in Brechts Parabelstück dagegen flüchten am Schluß, vom Autor zur Ohnmacht verurteilt, in ihre rosa Wolkenmaschine, um in ihre Heimat, ins ›Nichts‹, zurückzukehren; die Welt hinterlassen sie in einem höchst ungeordneten Zustand. Diese Götter waren auf die Erde gekommen, um zu untersuchen, ob die Welt so bleiben kann, wie sie ist. »Die Welt kann bleiben, wie sie ist, wenn genügend gute Menschen gefunden werden, die ein menschenwürdiges Dasein leben können«, so lautet ihr Beschluß. Das Ergebnis: sie finden nicht einen einzigen. Denn auch der gute Mensch, auf den die Götter all ihre Hoffnungen gesetzt haben, die gutherzige Prostituierte Shen Te in Sezuan, kann nur dann menschenwürdig leben, wenn sie sich, bedrängt von Gläubigern und schmarotzenden Armen, mittels Maske immer mal wieder in ihren hartherzigen Vetter Shui Ta verwandelt, der das böse Spiel der kapitalistischen Welt mitmacht. Als gutherzige Shen Te kann sie nicht einmal für das Kind sorgen, das sie erwartet; als hartherziger Vetter Shui Ta dagegen kann sie die Arbeitskraft der Armen in ihrer Fabrik ausbeuten, kann sie zwar nicht moralisch, aber finanziell ›menschenwürdig‹ leben. Am Schluß liegt dieser verhinderte gute Mensch verzweifelt auf den Knien und schreit um Hilfe, doch die Götter empfehlen ihm lächelnd, wie bisher weiterzuleben und, wenn es denn sein muß, aber »nicht zu oft«, böse zu werden. Folgt ein Epilog an die Zuschauer; eine Aufforderung, die Lehre daraus zu ziehen; eine dringende Bitte, einen guten Schluß zu finden: »Was könnt die Lösung sein? Wir konnten keine finden, die gefällt. Soll es ein andrer Mensch sein oder eine andre Welt? Vielleicht nur andre Götter? Oder keine?«

Mit den abschließenden Fragen hat Brecht seine alte Forderung erfüllt, »dem Zuschauer eine fruchtbare Kritik vom gesellschaftlichen Standpunkt aus zu ermöglichen«. Und diese Kritik suggeriert die alte Antwort: beim derzeitigen Zustand der Welt ist ein menschenwürdiges Leben nicht möglich, also muß die Welt geändert werden, und zwar von den Menschen. Die Götter sind dabei gleichgültig. »In das Wirtschaftliche«, stellt einer von ihnen trocken fest, »können wir uns nicht mischen.« Wohl aber der Mensch, er kann es und soll es.

Diese Lehre, sofern sie an eine Welt adressiert wird, in der nur noch die Betreuer der Arbeitslosen arbeitslos sind, trifft ins Leere. Wenn auch in dieser Welt der satten Mägen die Gebote der Nächstenliebe nicht ausreichend befolgt werden — woran kein Zweifel ist — so liegt dies nicht am Zustand der Welt, sondern am Zustand der Menschen. Es ist genau umgekehrt wie bei Brecht: nicht die Verhältnisse sind unzulänglich, sondern die Menschen — sie sind auch dann nicht sehr willig, die Gebote der Nächstenliebe zu befolgen, wenn sie finanziell dazu in der Lage wären.

Und doch gibt es Sezuan: es liegt auf der Bühne, es ist Theaterland, eine Phantasieprovinz wie Shakespeares meerumrauschtes Böhmen, ohne freilich die Wirklichkeitsnähe Shakespeares, der den Menschen noch als ein unausschöpfbares Ganzes dargestellt hat und nicht als ökonomische Abstraktion. Sezuan ist eine romantische Legende aus einer marxistischen Fibel für Erstklässer, ein Weihnachtsmärchen für sentimentale Weltrevolutionäre, und da die Weltrevolutionäre selten sentimental sind, haben sie von Brecht nie viel gehalten. Doch wer nicht lange danach fragt, ob er in einem der Bühne vergleichbaren Sezuan lebt; wer sich allein an die durch das Theater geschaffene Bühnenrealität hält und ihre Voraussetzungen schluckt, der kann schon seinen Spaß haben: am Spiel als Spiel, an der Doppelrolle, der Hosenrolle, dem alten Komödiantentrick. Brecht, dem Schulmeister, hat die wirtschaftliche Entwicklung vielerorts die Note ›ungenügend‹ erteilt. Dort fasziniert allein Brecht, der Theatermann: den Satten sind von seinem sozialkritischen Mantel- und Degenstück nur noch Mantel und Degen interessant.

›Der gute Mensch von Sezuan‹ von Bertolt Brecht. Entwurf von Caspar Neher aus dem Jahr 1956 für ›Wangs Nachtlager in einem Kanalrohr‹; aus dem Bertolt-Brecht-Archiv, Berlin

Mutter Courage und ihre Kinder. ›Eine Chronik aus dem Dreißigjährigen Krieg‹. 1939. Uraufgeführt am 19. April 1941 im Zürcher Schauspielhaus. — Die Marketenderin Anna Fierling, genannt ›Mutter Courage‹ (aus Grimmelshausens Roman ›Die Landstörtzerin Courasche‹, 1670), zieht mit ihrem Planwagen, zunächst begleitet von zwei Söhnen und einer Tochter, zwischen 1624 und 1635 kreuz und quer durch Mitteleuropa und geht ihren Geschäften nach. Sie ist robust, verfügt über Mutterwitz und Schlagfertigkeit, sie handelt mit Evangelischen und Katholiken: Geschäft ist Geschäft, und sie meint, der Krieg sei unter allen Geschäften das größte. Sie läßt sich den Krieg nicht »madig« machen, er »nährt seine Leut besser« als der Frieden. Sie verliert durch den Krieg ihre Kinder und hat am Ende doch nichts dazugelernt.

Der Pazifist Brecht benutzt diese Chronik, um das Wesen des Krieges zu treffen: die Erlebnisse der Mutter Courage und ihrer Bekannten ergeben exemplarische Szenen. Da wird einer Soldat, wird, was dasselbe ist, Bauernschinder und Räuber und kann's auch im Frieden nicht lassen; da ist einer dumm, aber redlich, was unter dem Gesichtspunkt des Krieges wiederum dasselbe ist, und wird erschossen; da kommt eine im Krieg unter die Männer und unter die Räder, was abermals dasselbe ist, versteht sich aber zu betten und kommt also auch gut zu liegen; da begeht eine die große, anständige Tat ihres Lebens und wird erschossen. Die Courage-Tochter Kattrin, die in ihrer

Kindheit von Soldaten stumm gemacht worden ist, trägt das schlimmste
Schicksal: in ihrer unerfüllbaren Sehnsucht nach einem Mann, in ihrer Liebe
zu Kindern, in ihrer ständigen Bereitschaft, sich für andere aufzugeben, kann
sie nur lallen und schluchzen.

*Im Oktober 1950 inszenierte Bertolt Brecht sein Stück ›Mutter Courage und ihre
Kinder‹ in München, benutzte dabei das Modell seiner Inszenierung am Ostberliner
Deutschen Theater (1949), doch nahm er auch jede neue Lösung an, wenn sie ihm
gut erschien. Bei den Proben skizzierte Teo Otto neue Figurinen
und Masken für die Münchener Aufführung*

Die innere Wahrheit der Courage, die sich mit allen Mitteln im Krieg behauptet, die alles verliert und aus dem Krieg doch nichts lernt, diese Wahrheit eines Dichters, der einen lebendigen Charakter geschaffen hat, brachte
Brecht schon bei der Zürcher Uraufführung im zweiten Weltkrieg in arge
Verlegenheit: daß die Lebenskraft dieser Mutter Mitgefühle erweckte und
gerühmt wurde, war dem Belehrer Brecht peinlich, und er schrieb noch
einige Szenen dazu, um die Skrupellosigkeit der Courage zu unterstreichen:
sie soll vom Zuschauer nicht geliebt, sie soll verurteilt werden. »Dem Stück-
schreiber obliegt es nicht, die Courage am Ende sehend zu machen«, kommentierte Brecht, »ihm kommt es darauf an, daß der Zuschauer sieht.«

Herr Puntila und sein Knecht Matti. ›Volksstück. Geschrieben nach den Erzählungen und einem Stückentwurf von Hella Wuolijoki‹. 1940/41. Uraufführung am 5. Juni 1948 im Schauspielhaus Zürich. — Der Gutsbesitzer
Puntila ist ein ordinärer, aber herzhafter, ein alle Welt umarmender, die
ganze Welt liebender, ungemein sympathischer Kerl, solange er besoffen ist.
Hat er aber einen seiner ›Anfälle‹ grauenvoller Nüchternheit, so ist er
tückisch, filzig, bösartig, ein blutsaugerischer Kapitalist. Im Suff hat er Matti
als Chauffeur engagiert, verlobt er sich mit gleich vier Mädchen, will er
Matti als Schwiegersohn haben statt eines lächerlichen und grotesken At-
tachés. Matti freilich kann die Gutsbesitzerstochter nicht gebrauchen: bei
einer Prüfung erweist sie sich als ungeeignet, einen Chauffeur zu heiraten,
weil ihr alle Tugenden einer Proletarierfrau fehlen. In einer der großartigsten
Saufszenen der deutschen dramatischen Literatur soll Puntilas Patriotismus
entlarvt werden als der Patriotismus eines Mannes, der eben das Land besitzt, für das er schwärmt, und auf ihm herrscht wie ein Despot. Matti verläßt ihn:»Der Schlimmste bist du nicht, den ich getroffen / Denn du bist fast
ein Mensch, wenn du besoffen ... 's wird Zeit, daß deine Knechte dir den
Rücken kehren. / Den guten Herrn, den finden sie geschwind / Wenn sie erst
ihre eignen Herren sind.«
   Die beiden letzten Zeilen waren sogar Brecht bei seiner Inszenierung mit
dem ›Berliner Ensemble‹ (1949) zu plump; er änderte:»Es hilft nichts und
ist auch die Trän nicht wert, / 's wird Zeit, daß dir dein Knecht den Rücken
kehrt.« Im übrigen aber gab er sich alle Mühe, durch ›Verfremdungen‹,
groteske Torkeleien des besoffenen Puntila, der letzten Szene, Puntilas
rauschhafter Liebe zu Finnland, alle Poesie auszutreiben zugunsten der Kritik
am Gutsbesitzer, der nur von seinen eigenen Gütern schwärmt. Sobald das
Stück (gegen den Willen Brechts) komödiantisch gespielt wird, schlägt Puntila als Charakter alle sozialkritischen Absichten nieder und verblaßt Matti
zu einem humorlosen Tugendprediger. — »Puntila«, Oper von Paul Dessau,
uraufgeführt am 15. November 1966 an der Ost-Berliner Staatsoper.

Der aufhaltsame Aufstieg des Arturo Ui. 1941. Aus dem Nachlaß; von Brecht
nicht endgültig redigierte Fassung. Uraufführung am 10. November 1958 in
Stuttgart. — Brecht schrieb diese ›große historische Gangsterschau‹ in Finnland wie eine elisabethanische Historie in Blankversen und nutzte (nach
seiner ›Heiligen Johanna der Schlachthöfe‹) abermals den großen Stil, um
die Kleinheit der Leute ironisch zu unterstreichen, die ihn gebrauchen; er
dachte an eine Aufführung 1941 in Amerika, das er als nächstes Fluchtziel
schon ins Auge gefaßt hatte (und nicht etwa Moskau). Er betrachtete dieses
›Gangsterspektakel‹ als einen»Versuch, der kapitalistischen Welt den Auf-

stieg Hitlers dadurch zu erklären, daß er in ein ihr vertrautes Milieu versetzt wurde«. Dabei versimpelt Brecht den ›Aufstieg Hitlers‹ (von 1932 bis 1938) zu einem Geschäftsmanöver zwischen dem alten, bestechlichen Biedermann Dogsborough (Hindenburg), dem Gangster Arturo Ui (Hitler) und dem ›Trust‹ (den ostelbischen Krautjunkern und den Industrie- und Bankmagnaten). Dem Trust geht es darum, die Preise für ›Karfiol‹ (so nennt man in Österreich den Blumenkohl) den Gemüsehändlern zu diktieren, denen der mit dem Trust verbündete Gangster Ui seinen ›Schutz‹ aufzwingt. Der ›Speicherbrand‹ ist der Reichstagsbrand; der Gemüsehändler ›Dullfeet‹ der von den Nationalsozialisten erschossene österreichische Bundeskanzler Engelbert Dollfuß; der Geist ›Romas‹ (eine Travestie von Banquos Geist aus Shakespeares ›Macbeth‹) ist der Geist Ernst Röhms, des ›Stabschefs der SA‹, den Hitler erschießen ließ; ›Giri‹ ist Göring, ›Givola‹ Goebbels usw. Ui triumphiert, und verzweifelt schreit eine blutüberströmte Frau:»Wo seid ihr? Helft! Stoppt keiner diese Pest?«

Die Schlußfrage ruft nach dem Volk, das im Stück sonst nicht vorkommt: 44 Prozent der Wähler hatten am 5. März 1933 für Hitler gestimmt, die Österreicher jubelten beim ›Anschluß‹ durchaus freiwillig, und dies paßte nicht in Brechts ›marxistische‹ Theorie, daß Hitler seinen Aufstieg allein der Hilfe des Großkapitals zu verdanken habe – es hat ihm zweifellos außerordentlich geholfen, doch besaß er auch, zusammen mit den Deutschnationalen, eine gewählte Mehrheit im Reichstag und den Zulauf fanatisierter Massen. Wie beruhigend, wenn das Volk gegen Hitler immun und er tatsächlich nur eine Kreatur des Kapitalismus gewesen wäre – Brecht irrt wie immer, wenn er die wirtschaftlichen Verhältnisse und kapitalistische Schiebereien für alle menschlichen Gebrechen und unmenschlichen Verbrechen verantwortlich macht.

Das für Propaganda-Zwecke im Kriege flüchtig geschriebene Zeitstück zerstört immerhin den ›Respekt vor den Tötern‹, den Mythos der ›großen Männer‹, indem es die Machtgangster der Lächerlichkeit preisgibt – einem höchst unbehaglichen Gelächter unter den Schaudern des Entsetzens. Darin hat das Pamphlet seine Meriten und in der Kraft der Warnung:»So was hätt fast einmal die Welt regiert! / Die Völker wurden seiner Herr, jedoch / Daß keiner uns zu früh da triumphiert – / Der Schoß ist fruchtbar noch, aus dem das kroch.«

Die Gesichte der Simone Machard. Geschrieben 1942/43 in Kalifornien ›unter Mitarbeit von Lion Feuchtwanger‹. Aus dem Nachlaß. Uraufführung am 8. März 1957 in Frankfurt am Main. – Nach der ›Heiligen Johanna der Schlachthöfe‹, 1929/30, nutzt Brecht zum zweiten Mal die Geschichte der

Jungfrau von Orleans; das drittemal, 1952, bearbeitete er für sein ›Berliner
Ensemble‹ ein Hörspiel, das Anna Seghers nach dem Prozeßprotokoll und
zeitgenössischen Berichten geschrieben hatte: ›Der Prozeß der Jeanne d'Arc
zu Rouen 1431‹, uraufgeführt im Januar 1953 in Ost-Berlin. — Die Geschichte
der Jungfrau von Orleans macht Brecht anwendbar auf die Situation Frankreichs im Juni 1940. In der Hostellerie eines mittelfranzösischen Städtchens
ist das etwa elfjährige Mädchen Simone Machard beschäftigt; sie sieht sich
beim Heranrücken der deutschen Truppen und nach der Lektüre der Legende
von der heiligen Johanna in ihren Träumen als Jungfrau von Orleans. Die
Personen der realistischen Szenen tauchen in angedeuteten historischen
Kostümen in den Traumszenen wieder auf: der Maire des Städtchens als
König Karl VII., ein Offizier und Weingutsbesitzer als Herzog von Burgund,
der Patron der Hostellerie als Connétable, seine Mutter als Königinmutter,
Angestellte der Hostellerie als Volk. Realistische und Traumszenen durch-
dringen sich. Der Traumkrönung des Königs und der Einigung Frankreichs
entspricht die reale Hilfe, die Simone dem Maire leistet: durch sie wird ihr
Patron gezwungen, Lebensmittelvorräte und Lastwagen für Flüchtlinge zur
Verfügung zu stellen. Dem Ritterschlag Johannas im Traum, bei dem ihr das
Schwert abgenommen wird, entspricht die Heuchel-Lobrede der Patronne,
die Simone den Schlüssel zu den Vorräten wieder abnimmt. Der Verurteilung
Johannas durch das geistliche Gericht im Traum entspricht die Verurteilung
Simones durch ihre Landsleute und ihre Einweisung in eine Schwachsinnigen-
Anstalt der Ursulerinnen. Von bitterem Sarkasmus sind die gesellschaftskritischen Pointen der Episoden: wie etwa unter dem Leitmotiv ›reich und
reich gesellt sich gern‹ (aus Brechts ›Die Rundköpfe und die Spitzköpfe‹)
die Zusammenarbeit der besitzfreudigen Franzosen mit der deutschen Besatzungsmacht dargestellt wird, oder wie ausgerechnet von den Menschen,
die ausschließlich von persönlichen Motiven geleitet werden, der Simone, die
ausschließlich von überpersönlichen Motiven geleitet wird, bei ihrer Verurteilung persönliche Motive unterschoben werden — die schneidend höhnische Umkehr von Sein und Schein. Die Enthüllung des Geschäfts, das mit
patriotischen Phrasen getrieben wird, ist bitterster, bester Brecht. Höchst
fragwürdig dagegen wird die Gestalt der Simone; ihre Aufträge erhält sie
von einem Engel, der auf dem Garagendach erscheint und für Simone die
Züge ihres an der Front kämpfenden oder vielleicht schon gefallenen Bruders
trägt; solange ihr Auftrag sich auf humane Hilfe beschränkt, ist Simone, das
reine Kind, ergreifend. Sobald sie jedoch vom Engel aufgerufen wird — »Geh
hin und zerstöre!« —, die Taktik der verbrannten Erde zu praktizieren und
durch das Anzünden eines Benzinlagers das Signal für Feuersbrünste gibt,
wird vor diesem Kind jeder erschauern, der die verbrannte Erde und Kinder

als in heiligem Eifer zerstörende Werwölfe und Partisanen erlebt hat. Das bleibt auch dann unmenschlich, wenn das Recht auf der Seite ist, auf der die Kinder kämpfen. Der von Brecht rührend glorifizierte patriotische Würge-Engel mag, in jenen Tagen auf den Spezialfall Frankreich angewandt, als Impuls eines Zeitstücks begreifbar sein; heute jedoch kann das Stück der nutzbar gemachten Jungfrau von jedem Verteidigungsministerium praktisch angewandt werden, wenn es ihm nur gelingt, den jeweiligen Feind als genügend barbarisch glaubhaft zu machen. Erschreckend ist ein brandlegendes Kind immer, gleichgültig, ob es gegen Deutsche, Franzosen, Diktaturen oder Demokratien kämpft.

Schweyk im zweiten Weltkrieg. 1941—1944. Aus dem Nachlaß. Uraufführung 1957 in Warschau. Westdeutsche Erstaufführung am 22. Mai 1959 in Frankfurt am Main. — Deutsche Erstaufführung 1. März 1958, Erfurt. Der brave Soldat Schweyk (des tschechischen Schriftstellers Jaroslav Hasek, 1921) wird von Brecht in den zweiten Weltkrieg versetzt: in seine Stammkneipe im besetzten Prag; ins Gestapo-Hauptquartier, aus dem er sich mit seiner gerissenen Idioten-Tour herausschwindelt; in die Moldau-Anlagen, wo er den Hund eines Kollaborateurs für einen SS-Führer stiehlt; auf den Güterbahnhof, wohin er vom ›Arbeitsdienst‹ gezwungen worden ist; schließlich auf den Weg nach Stalingrad, auf dem ihm die Erscheinung Hitlers begegnet, die er, wohin sie auch will, zurückpfeift, und dabei überlegt er sich, »ob ich jetzt auf dich schieß' oder fort auf dich scheiß'«. Ungemein amüsant sind die Taten und Meinungen des Hundehändlers Schweyk, der, »beschäftigt mit Überleben«, gerade dann innerlich triumphiert, wenn er sich äußerlich scheinbar unterwirft, und der gerade dann das Unrecht seiner Gegner bloßlegt, wenn er ihnen mit seiner doppeldeutigen Dialektik scheinbar recht gibt.

Hätte Schweyk wirklich gelebt, so hätte er freilich schon seine ersten Äußerungen nicht lange überlebt. Verschwunden im Konzentrationslager wäre nicht weniger schnell auch sein verfressener Kumpan Baloun, verschwunden wären die Gäste der Kneipe, die mittels eines Volkstanzes die SS aus dem Lokal hinausschubsen. Alle diese Leute wirken durch ihre bloße Existenz, die der brave Schweyk mit seinen kleinen Pfiffigkeiten immer wieder zu retten vermag, an der nachträglichen Verharmlosung der Hitler-Diktatur und des Krieges mit, die Brecht natürlich nicht beabsichtigt hat.

Mitten im Kriege, 1943, nach Stalingrad, mögen ihm auch seine ›Zwischenspiele‹ recht wirkungsvoll erschienen sein: da treten ›in den höheren Regionen‹ Hitler und seine Paladine auf, doch auch von diesen dämonischen Schießbudenfiguren, die Brecht im ›Stil des Gruselmärchens‹ zeichnen wollte, ist nur noch die komische und relativ harmlose Schießbude wirksam geblieben. Die Geschlossenheit einer dramatischen Welt, wenn sie szenisch derart effektvoll gebaut ist, versehen mit pointierten Dialogen und Liedern, die große Lyrik sind (›Und was bekam des Soldaten Weib‹, ›Vom schwarzen Rettich‹, ›Das deutsche Miserere‹, ›Von der Moldau‹) kann auf der Bühne darüber hinwegtäuschen, daß sie weder im Grundsätzlichen noch gar in zahllosen verzeichneten Einzelheiten mit der erfahrenen realen Welt übereinstimmt, die sie doch treffen will. Über gutgemachte lebenskluge Hundefänger und hungernde Freß-Säcke lacht man immer, selbst wenn sie sich in einem schiefliegenden Panoptikum bewegen.

Der Kaukasische Kreidekreis. 1944/45. Uraufführung 7. Oktober 1948, USA, Carlston-College, Northfield/Minn. Deutsche Erstaufführung 9. November 1954, Ost-Berliner ›Theater am Schiffbauerdamm‹; Regie: Brecht. Westdeutsche Erstaufführung am 28. April 1955 in Frankfurt am Main. – Den Streit zweier Frauen um ein Kind entschied der weise Salomon, indem er drohte, das Kind zu teilen und jeder Frau die Hälfte zu geben: die Frau, die das Kind lieber der andern als dem Schwert überlassen wollte, mußte naturgemäß die richtige Mutter sein, und ihr wurde das Kind auch zugesprochen. Entsprechendes geschieht in der chinesischen Legende vom Kreidekreis: nur soll das Kind hier nicht getötet werden, sondern es wird in einen Kreidekreis gestellt, und beide Frauen versuchen, es heraus- und auf ihre Seite zu zerren – die richtige Mutter überläßt es wiederum lieber der falschen, als daß es ihm weh täte. – Brecht hat in seinem ›Kaukasischen Kreidekreis‹ die Geschichte auf den Kopf gestellt und dies sozialkritisch gerechtfertigt. Bei ihm ist die richtige Mutter des Kindes die hartherzige Frau des Gouverneurs, die im Kriege zwar ihre Kleider in Sicherheit bringt, ihr Kind aber liegen läßt. Die Magd Grusche rettet das Kind, das als Erbe getötet werden soll, vor den Verfolgern. Sie erduldet des Kindes wegen Schreckliches, opfert sogar für dieses Kind ihren geliebten Verlobten und heiratet einen ungeliebten Wüterich. Nach dem Kriege will die Frau des Gouverneurs ihr Kind wieder, da sie nur über das Kind an das Erbe gelangen kann, aber die Magd Grusche, die das Kind aufgezogen hat, will es nicht mehr hergeben. Die Probe des ›Kreidekreises‹ erweist, daß die Pflegemutter die ›richtige‹, die leibliche Mutter dagegen die ›falsche‹ Mutter ist.

Innerhalb dieser Fabel muß man dem Urteil, obwohl es rechtlich falsch ist, von Herzen zustimmen: es ist ein Spezialfall, bei dem die leibliche Mutter durch ihre Unmütterlichkeit das moralische Recht auf ihr Kind verwirkt hat. Die teils beißend sarkastischen, teils humorprallen Szenen, im Legendenstil aneinandergereiht, besitzen alle Vorzüge des Dichters Brecht. Dem Doktrinär Brecht freilich kommt es auf diesen Spezialfall einer rührenden Magd und einer Rabenmutter nicht an: ein Vorspiel, das den Streit zweier Kolchosen um ein Tal behandelt, macht die Lösung des Spezialfalls Grusche, der man zustimmen muß, zu einer Musterlösung von allgemeiner Gültigkeit, die auf den Fall der Kolchosen angewandt wird und als ›eine neue Art Weisheit‹ auch auf andere Situationen übertragen werden soll. So harmlos die Moral klingt »Die Kinder den Mütterlichen, damit sie gedeihen / Die Wagen den guten Fahrern, damit gut gefahren wird / Und das Tal den Bewässerern, damit es Frucht bringt«, so gefährlich ist sie in der Verallgemeinerung: wie sie gemeint ist, hat das Programmheft der Ost-Berliner Uraufführung unmißverständlich formuliert: »Das Muttertum wird — anstatt biologisch — nunmehr sozial bestimmt.«

Diese ›neue Art Weisheit‹, die dem Publikum durch das Vorspiel als allgemeingültig nahegebracht wird, könnte rechtfertigen, daß der Staat, der mit dem Anspruch auftritt, für die Kinder sozial viel besser zu sorgen als die ›biologische Mutter‹ (das ›Muttertier‹ hat Brecht schon seine ›Courage‹ genannt), den Eltern die Kinder wegnimmt, um sie im Sinne ›sozial bestimmten Muttertums‹ zu erziehen; sie rechtfertigte ferner das Treiben der ›Volksrichter‹, als deren einer der weise Richter Azdak im Stück erscheint: auch dieser herrlich erfundene Eulenspiegel hat in allen geschickt konstruierten Spezialfällen moralisch recht — die durch das Stück suggerierte Verallgemeinerung seiner Methode aber rechtfertigte jede Rechtsbeugung.

Die Tage der Commune. Geschrieben 1948/49 in Zürich. Von Brecht nicht endgültig redigierte Fassung. Uraufführung 17. November 1956 im ›Städtischen Theater Karl-Marx-Stadt‹ (Chemnitz). — In der bilderbogenhaften Darstellung des Aufstandes der Pariser Kommune im Frühjahr 1871 betont Revolutionstheoretiker Brecht, daß die gemäßigten Revolutionäre vernichtet werden, weil sie ihre Feinde nicht rechtzeitig vernichtet haben. In der flachen Fresko-Malerei dieser dramatisierten Akten ist Brecht als Dramatiker kaum zu spüren, um so stärker als Prediger des radikalen Klassenkampfes.

Turandot oder der Kongreß der Weißwäscher. 1954. Aus dem Nachlaß. Uraufführung 5. Februar 1969, Schauspielhaus Zürich, durch Benno Besson. — Wer Turandot, die Tochter des chinesischen Kaisers, heiraten will, der muß Rätsel lösen oder er wird geköpft. Bei Gozzis *Turandot* (1762) geht es um Liebe und Tod; bei Brecht um Geschäft und Tod: von den Freiern muß die Lösung eines kapitalistischen Rätsels durch falsche Lösungen verschleiert werden. Der Kaiser hat das Baumwollmonopol und läßt die Baumwolle zurückhalten, damit die Preise steigen. Das Rätsel: Wo steckt die Baumwolle? Der Löser muß eine Erklärung erfinden, mit der man die Baumwollspekulation des Kaisers tarnen kann: »Ein Meister ist nötig, um zu beweisen, daß zwei mal zwei fünf ist.« Dafür werden Intellektuelle gebraucht, hier »Tuis« nach den Anfangsbuchstaben von Tellekt-Uell-In. Diese Meinungshuren kommen zum ›Kongreß der Weißwäscher‹, um den Kaiser vorm Volk weißzuwaschen und Turandot zu gewinnen, doch ihre Erklärungen sind ungenügend, sie werden geköpft. Nun übernimmt der Straßenräuber Gogher Gogh (ein ungeistiger Verwandter von Arturo Ui) die Macht, läßt die Frage nach der Baumwolle verbieten, die Hälfte der Baumwolle zwecks Preissteigerung verbrennen und schiebt die Brandstiftung den Gegnern des Kaisers in die Schuhe. Als Gogh Turandot heiraten will, rückt die Revolution näher, geführt von Kai Ho, dem Revolutionär im Hintergrund (den Brecht nicht auftreten läßt); seine Soldaten vertreiben den Kaiser und die Räuberclique. – An »Turandot« hat Brecht schon in den dreißiger Jahren geschrieben: mit seinen »Tuis« wollte er die Intellektuellen treffen, die, wie Brecht meinte, den Kapitalismus weißwuschen statt sich der kommunistischen Revolution anzuschließen, bis sie vom Räuber Hitler, dem Retter des Kapitalismus, verfolgt wurden. Brechts Attacke gegen den »Mißbrauch des Intellekts« trifft »Tuis« in allen Diktaturen, auch in den angeblich sozialistischen, und sein reinigender Revolutionär im Hintergrund könnte als Mao Tse-tung gedeutet werden. Das Lehrstück, in das konträre Erfahrungen Brechts mit Intellektuellen eingegangen sind (sie treten bei ihm auch als verfolgte Retter von Kulturgütern auf), ist unfertig: der Sarkasmus, den Brecht sonst meisterhaft beherrscht, ist lendenlahm, der Witz spärlich, die Parodie ungeschlacht. Grob aber schlagkräftig ist der Lügen-Unterricht in der Tui-Schule: dem Intellektuellen wird der Brotkorb hochgezogen, sobald er sich der Wahrheit nähert. Meinungen: »Das Geniezeichen Brechts ist, daß mit seinen Dramen eine neue künstlerische Totalität da ist, mit eigenen Gesetzen, mit eigener Dramaturgie ... Heute gilt es, einen Dramatiker zu verkünden, der seit Wedekind das aufwühlendste Erlebnis ist«: Herbert Jhering (1922). – »Im kleinen Finger der Hand, mit der er fünfundzwanzig Verse der Ammerschen Übersetzung von Villon genommen hat, ist dieser Brecht origineller als der Kerr, der ihm dahintergekommen ist ...«: Karl Kraus. – »Er schwärmte für Pestalozzi und ließ seine Bücher wie Schulbücher drucken, damit sie nach außen hin sachlich und nüchtern wirkten. ›Ich schreibe Schulbücher‹, sagte er mir einmal, ›darauf kommt es heute an‹ ... Er hätte gewiß an Stelle des Herzens gern einen feinen elektrischen Zählapparat gehabt und an Stelle der Beine Speichen wie ein Automobilrad«: George Grosz (1955). – »Brecht war immer bereit, die Spielregeln außer Kraft zu setzen. Seine ›Versuche‹ dienten dem Zweck, diese kräftige Willkür durch Parabeln, Theorien und Stücke unterhaltend zu machen. Er war einer der amüsantesten Tyrannen seiner Zeit. Er gab kein Pardon, höchst spassig«: Ludwig Marcuse (1960). — »Beide, die Unterdrückten wie die Terroristen, haben aus seinem Werk genommen, was sie gebrauchen konnten. Und haben sich an seinem Werk gestoßen. Brechts Tragik, die hinter Zynismus und Redensarten nur mühsam verborgene Melancholie seines Lebens, lag darin, daß er von dem Widerspruch wußte«: Jürgen Rühle (1960). — »Er wollte der Sache der Revolution dienen, wurde aber von den Bannerträgern der Revolution mit Argwohn betrachtet, als Formalist bekrittelt und wegen seines gefährlichen Einflusses unterdrückt; er wollte die kritischen Fähigkeiten seines Publikums wachrufen, erreichte aber nur, daß es zu Tränen gerührt wurde; er wollte sein Theater zu einem Laboratorium der sozialen Erneuerung machen, zu einem lebenden Beweis dafür, daß die Gesellschaft verändert werden kann — und mußte sehen, wie die Zuschauer das Theater verließen, bestärkt in ihrem Glauben an die unveränderliche und stetige Lebenskraft einfacher Menschen und der unerschütterlichen menschlichen Natur; er mußte sehen, wie seine Bösewichter als Helden bejubelt, wie seine Helden als Bösewichter abgelehnt wurden. Er wollte das kalte Licht logischer Klarheit verbreiten — und schuf ein kompliziertes Gewebe poetischer Ambivalenz«: Martin Esslin (1962). — »Die Faszination, die Brecht immer wieder hat, schreibe ich vor allem dem Umstand zu, daß hier ein Leben wirklich vom Denken aus gelebt wird. (Während unser Denken meistens nur eine nachträgliche Rechtfertigung ist; nicht das Lenkende, sondern das Geschleppte.)«: Max Frisch (1948). — »Brecht denkt unerbittlich, weil er an vieles unerbittlich nicht denkt«: Friedrich Dürrenmatt.

Max Frisch: Welt- und Ich-Modelle

> ... ich sehe keine Kunst, die das blutige Leben gibt; das geben uns nur die Mütter. Und was die Dichter geben, ist das Gegenteil, das Spiel, das uns von dem blutigen Leben erlöst, der heitere oder finstere Witz, immer aber Witz des Geistes über das Blut. Oder anders gesagt: was den Dichter von den Intellektuellen unterscheidet, ist nicht Mangel an Intellektualität, sondern die Bildkraft seiner Intellektualität.
>
> Max Frisch (1956)

Als Max Frisch im Jahre 1958 mit dem Georg-Büchner-Preis ausgezeichnet wurde, beendete er seine Rede auf Georg Büchner mit dem Bekenntnis: »Es ist eine Resignation, aber eine kombattante Resignation, was uns verbindet, ein individuelles Engagement an die Wahrhaftigkeit, der Versuch, Kunst zu machen, die nicht national und nicht international, sondern mehr ist, nämlich ein immer wieder zu leistender Bann gegen die Abstraktion, gegen die Ideologie und ihre tödlichen Fronten, die nicht bekämpft werden können mit dem Todesmut des einzelnen; sie können nur zersetzt werden durch die Arbeit jedes einzelnen an seinem Ort.«

Frischs Stücke leisten diese Arbeit der Zersetzung tödlicher ideologischer Fronten, indem sie die Welt und den Menschen in Modellsituationen fragwürdig machen. Frisch behauptet, daß das Schreiben bei ihm »nie mit einer Idee angefangen hat«, sondern mit Bildern und Situationen, und daran ist nicht zu zweifeln: in seinem ›Tagebuch 1946—1949‹ sind — ein in der Literatur einzigartiger Fall — schon Bilder und Situationen notiert, aus denen sich Jahre später Werke entwickelt haben, bis hin zu seinem Stück ›Andorra‹, das er im Herbst 1961 abgeschlossen hat. Hat es auch nicht »mit einer Idee angefangen«, so ist am Ende, bei der Aufführung, der Zuschauer doch mit einer Idee vertraut: er hat an einem Gedankenexperiment teilgenommen und nicht nur die Bildkraft eines scharfsinnigen Intellektuellen genossen, er ist vor allem anderen von seiner moralischen Kraft beunruhigt worden.

Die Buchausgabe seiner Dramen hat Frisch dem Dramaturgen und späteren Direktor des Zürcher Schauspielhauses Kurt Hirschfeld gewidmet: er hatte 1940 in der ›Neuen Zürcher Zeitung‹ Max Frischs Tagebuch eines Kanoniers ›Blätter aus dem Brotsack‹ gelesen, daraufhin die Bekanntschaft des Autors gesucht und ihn zum Stückeschreiben ermutigt. Der am 15. Mai 1911 in Zürich als Sohn eines Architekten geborene Max Frisch war damals im Hauptberuf Architekt; er hatte in Zürich Germanistik studiert, als Journalist viele ost- und südeuropäische Länder bereist, war 1936 Architekturstudent und 1939 Soldat im Grenzdienst geworden. 1942 gewann er den Ersten Preis in einem Wettbewerb um die Freibadanlage im Zürcher Letzigraben (deren Bau er 1949 abschloß) und veröffentlichte er seinen Roman ›Die Schwierigen‹. Zwei Jahre später schrieb er sein erstes Stück, ›Santa Cruz‹. Er wurde als Romancier (›Stiller‹ 1954, ›Homo Faber‹ 1957, ›Mein Name sei Gantenbein‹ 1964) und als ein in vielen Ländern aufgeführter Dramatiker zu einem ungewöhnlich erfolgreichen Schriftsteller, gab sein Architekturbüro auf und reiste viel. Anschaulichkeit, durchdrungen von einer analytischen Intelligenz, Genauigkeit und Klarheit gehören zu den Tugenden seines Stils. Eine unpathetische, zivile Tapferkeit ist die Tugend seiner Gestalten, die unterwegs sind zu sich selbst; als der frohgemute Rationalismus seines ›Homo Faber‹ zusammenbricht, lernt er, den Tod in seine Welt aufzunehmen: »Standhalten dem Licht, der Freude (wie unser Kind, als es sang) im Wissen, daß ich erlösche im Licht über Ginster, Asphalt und Meer, standhalten der Zeit, beziehungsweise Ewigkeit im Augenblick. Ewig sein: gewesen sein.«

In *Santa Cruz*, seinem ersten Stück, einer ›Romanze‹ (1944. Uraufführung
7. März 1946, Schauspielhaus Zürich), lebt eine Frau zwischen zwei Männern
und den durch sie verkörperten Lebensweisen: sie folgt Pelegrin, dem Abenteurer, nach Santa Cruz, einem Symbolort der exotischen Ferne, wird zurückgeholt von ihrem Gatten, dem Rittmeister, einem Mann der Ordnung, und
lebt trotz seiner Ordnung doch in ihrer Traumwelt des Abenteuers, bis
Pelegrin, alt und weise geworden, zurückkehrt und stirbt. Noch vor diesem
lyrisch überwucherten und penetrant symbolischen Stück wurde *Nun singen
sie wieder* aufgeführt (1945. Uraufführung 29. März 1945 in Zürich): es ist
der Gesang im Kriege erschossener Geiseln, den die Überlebenden hören.
Frisch hat diesen ›Versuch eines Requiems‹, in dem der Geist vor der Macht
versagt und sich Tod und Leben durchdringen, im Bewußtsein gewagt, »daß
wir, die es nicht am eigenen Leben erfahren haben, vor der Versuchung aller
Rache gefeit sind«.

Die Chinesische Mauer. ›Eine Farce‹. Uraufführung 19. Oktober 1947,
Schauspielhaus Zürich. Erstaufführung einer Neufassung 18. September
1955, Berlin, Theater am Kurfürstendamm. – Zum erstenmal stand der
große Pilz einer Atombombenexplosion, die zur Vernichtung hervorgerufen
wurde, am 6. August 1945 über der Erde, über Hiroshima. Damit war die
Situation gegeben, die Frischs ›Farce‹ zugrunde liegt: »Die Sintflut ist herstellbar.« Der Schauplatz des Stückes ist ›unser Bewußtsein‹: es gibt da zwar
200 Jahre vor Christus in Nanking einen Kaiser, der ›immer im Recht ist‹,
der alles besiegt hat außer einem Mann, der ›die Stimme des Volkes‹ genannt
wird, und dieser Kaiser läßt nun ausgerechnet einen Stummen foltern, weil
er ihn für ›die Stimme des Volkes‹ hält; außerdem läßt er die Chinesische
Mauer bauen, um seine Herrschaft zu verewigen und ›die Zeit aufzuhalten‹
– aber dieser diktatorischen Modellwelt steht der intellektuelle ›Heutige‹
gegenüber, der die Zukunft dieses Nanking kennt und aus dieser Position
mit Gestalten des europäischen Bildungsbewußtseins diskutiert. Es erscheinen
u. a.: ewig in Liebe Julia und Romeo, der freilich schon bang seufzt: »Was
heißt Atom?«; Pontius Pilatus, immer noch die Wahrheitsfrage stellend;
Brutus, der Republikaner, der auf die Freiheitsphrasen der ›Wirtschaftsfüh-
rer‹ hereinfällt; Cleopatra, immer wieder den jeweiligen Sieger ergötzend;
der kriegslüsterne Napoleon, den der ›Heutige‹ beschwört: »Sie dürfen nicht
wiederkehren, Exzellenz, auch keine hundert Tage. Die Epoche der Feldherrn
(und wäre einer noch so vortrefflich) ist vorbei.« Der ›Heutige‹ freut sich,
daß auch ›die andern‹ die Bombe besitzen; er ruft dem Philipp der spanischen
Inquisition nicht ohne Befriedigung zu: »Es ist so einfach nicht mehr, Sire,
so einfach nicht, die Christenheit zu retten! Es bleibt uns, in der Tat, nur

noch das christliche Verfahren.« Als der ›Heutige‹ dem chinesischen Diktator die Sinnlosigkeit seiner Mauer und die Fluchwürdigkeit seiner anachronistischen Existenz klarmachen will durch eine Vision von der Erde, die den Atombombentod gestorben ist, zeichnet ihn der Kaiser für die ästhetische Schönheit seiner Warnung aus, deren Inhalt er gar nicht zur Kenntnis nimmt — der ›Heutige‹ wird stumm wie ›die Stimme des Volkes‹. — Frischs Lehre: die alte Art, Geschichte zu machen, ist jetzt, da die Sintflut herstellbar geworden, nicht mehr möglich, denn »es gibt keine Arche gegen Radioaktivität«; die durch die Physik veränderte Welt verlangt die Veränderung des politischen, des gesellschaftlichen Verhaltens. Für seine einfache Botschaft hat Frisch einen ungemein komplizierten allegorischen Apparat aufgebaut. Da die Atombombe auf der Bühne keine spezielle dramatische Begabung besitzt und, dramaturgisch gesehen, nur die Wirkung haben kann, Diskussionen anzuregen, ist das Drama in der Predigt steckengeblieben: eine illustrierte Warnung vor dem kollektiven Selbstmord.

Als der Krieg zu Ende war. Schauspiel. 1947/48. Uraufführung 8. Januar 1949, Schauspielhaus Zürich. — Berlin, im Frühjahr 1945. Ein deutscher Hauptmann, aus russischer Gefangenschaft geflohen, wird von seiner Frau Agnes im Keller versteckt; über ihnen, in der Wohnung vergnügen sich russische Soldaten. Agnes wird hinaufgeholt und erwartet das Schlimmste. Ein russischer Oberst schützt sie vor seinen betrunkenen Kameraden. Agnes, der ihr Mann im innersten verwandelt erscheint und seelisch fremd geworden ist, liebt den russischen Obersten, und er liebt sie — sie können sich mit Worten nicht verständigen; sie glauben, einander zu verstehen. Als ihr Mann, der den Ehebruch unausgesprochen duldet, um sich zu retten, aus dem Keller kommt, wird offenbar, daß er an den Judenpogromen, den Massenmorden im Warschauer Ghetto beteiligt gewesen ist — der Oberst, der annehmen muß, Agnes sei für ihren Mann zur Hure geworden, verläßt wortlos das Haus. Den dritten Akt, in dem sich Agnes ein Jahr später aus dem Fenster stürzt, da sie sich mitschuldig fühlt, wenn sie mit dem Schuldigen lebt, hat Frisch 1962 gestrichen, weil er »das Thema nicht weiterführt, sondern bloß datiert«. — Frisch hat dieses Schauspiel gegen die Schablonen »der Jude, der Deutsche, der Russe undsoweiter«, gegen die tödlichen Vorurteile bewußt als »die Geschichte einer Ausnahme« geschrieben: »In Zeiten, die auf Schablonen verhext sind, schien es mir nicht überflüssig, Zeugnis abzulegen für einzelne Menschen, die nicht die Regel machen, aber dennoch wirklich sind und lebendig.« Zur Regel gehörten damals Vergewaltigung und Russenhaß — die allgemeine Forderung, daß nicht mehr nach kollektiven Vorurteilen, sondern nach ›Mensch und Unmensch‹ unterschieden werde,

versucht Frisch einem extremen Einzelfall abzuzwingen, in dem überdies die
Erfüllung einer sittlichen Forderung durch einen (wenn auch psychologisch
noch so plausibel gemachten) Ehebruch geschieht: diese Paradoxien, deren
sich Frisch durchaus bewußt ist, mindern durch ihre Gewaltsamkeit die Wirkung des moralischen Appells, um dessentwillen das Stück geschrieben ist.
In ›Andorra‹ wird Frisch dieses Thema wieder aufgreifen.

Graf Oederland. ›Eine Moritat‹. Uraufführung der ersten Fassung 10. Februar
1951, Schauspielhaus Zürich; der zweiten 4. Februar 1956, Frankfurt am
Main; der dritten, endgültigen, am 25. September 1961 im Schiller-Theater,
Berlin. — Der Mord aus Unlust am reglementierten Dasein, aus Langeweile
in der bürgerlichen Ordnung, aus Sehnsucht nach dem eigentlichen Leben —
dieser von einem unbescholtenen, durchschnittlichen Menschen begangene
Mord ›ohne bürgerliches Motiv‹ muß den Bürger erschrecken, der mildernde
Umstände nur dann gewähren kann, wenn ein für ihn leicht begreifliches,
weil egoistisches Motiv vorliegt. Absurderweise ist es bei Frisch ausgerechnet
der beamtete Hüter der bürgerlichen Welt, der Staatsanwalt, der den Mord
um des Mordes willen als einziger versteht. Er versteht ihn so gut, daß er
zur Axt greift, in die Wälder geht wie der sagenhafte Graf Oederland, dessen
Schreckenstaten mit wollüstiger Erwartung im Volk besungen werden, und
daß er Polizisten, die ihn nach seinen Papieren fragen, kurzerhand erschlägt:
die Axt in der Hand erspart den Personalausweis. Diese Methode wird populär, und es bildet sich — zum Entsetzen des Staatsanwalts — eine Partei, die
das Abzeichen der Axt und ein mörderisches Hackebeilchen in der Akten-
mappe trägt. Ehe er sich versieht, hat sie ihn zum Führer ihrer ›Bewegung‹
gemacht, und er ist gezwungen, ›die Macht zu ergreifen‹. Absurder-, doch
konsequenterweise wird nun jeder durch die Axtpartei erschossen, der keinen
Personalausweis besitzt: sogar die staatsstürzende Anarchie greift, wenn sie
zur Macht gelangt, nach den Methoden des Staates. Der Staatsanwalt, zum
Diktator geworden, setzt die vorrevolutionären Herren der Politik, des Mili-
tärs, der Polizei, der Wirtschaft und der Kultur, die sich mit beflissenem Opportunismus zur Verfügung stellen, wieder in ihre Positionen ein, denn
es erscheint ihm völlig gleichgültig, wer die Macht ausübt: ihre Konsequenzen sind für ihn in jedem Falle gleich übel. Der Präsident durchschaut die
Lage: »Wer, um frei zu sein, die Macht stürzt, übernimmt das Gegenteil der
Freiheit, die Macht.« — In der dritten Fassung läuft diese ›Moritat‹ auf einen
Traum des Staatsanwalts hinaus; er konstatiert: »Man hat mich geträumt . . .« und versucht aufzuwachen, während der Vorhang fällt. — Die
Axt ist kein Instrument, das in die Freiheit zur Selbstverwirklichung führen
könnte. Der Ausbruch aus der Ordnung mit Hilfe der Gewalt führt zwangs-

›Graf Oederland‹ von Max Frisch. Entwurf von Teo Otto für die Uraufführung am Schauspielhaus Zürich, 1951; Regie: Leonard Steckel

läufig in einen neuen Ordnungskäfig, der dem alten gittergenau gleicht. Die Gewalttat aus Überdruß an der Ordnung ist nicht nur der Traum eines einzelnen — er wird mitgeträumt und mitvollzogen von der Menge, als deren Ausgeburt der einzelne erscheint. Dies wohl ist die plakative Moral der Moritat. Auch in der dritten Fassung, die Frisch geschrieben hat, weil bei der zweiten, der Frankfurter Fassung, der Staatsanwalt als eine Art Hitler mißverstanden worden ist, erreicht sie nicht die wünschenswerte Klarheit. Die Tragikomik des Staatsanwalts, dessen Ausbruch in die Freiheit geradewegs in die Unfreiheit führt, rutscht im zweiten Teil, angesichts seiner kabarettistischen Gegenspieler, in die schiere Posse mit ironischen Bonmots und grausamen Scherzen.

Don Juan oder Die Liebe zur Geometrie. ›Komödie in fünf Akten‹. 1952, revidiert 1961. Uraufführung am 5. Mai 1953 im Schauspielhaus Zürich und im Schiller-Theater, Berlin. — Frischs Don Juan liebt die Frauen nicht — sie sind hinter ihm her: sie unterlaufen ihm, wie anderen Leuten Rechenfehler. Er liebt überhaupt nichts Menschliches; er liebt die Geometrie, die hier ein Symbol ist für den reinen Geist. Er ist derart besessen von dieser ›männlichen‹, mathematischen Welt, in der es keine Täuschungen gibt, daß er ihre Gesetzmäßigkeit, ihre in sich stimmende Richtigkeit auch in der Gesellschaft und in der Schöpfung sucht. In der Gesellschaft kann er sie nicht finden: sie ist nicht mehr christlich, sie tut nur noch christlich — in ihr muß Don Juan insofern als relativ sittlicher Mensch erscheinen, als er auf der Suche nach dem, ›was stimmt‹, ihre Heuchelei enthüllt. In der Schöpfung kann er sie auch nicht finden: die Schöpfung ist nicht ›männliche Geometrie‹, sie umschließt ebenso das Weibliche, die Möglichkeit der Täuschung und das Geheimnis. Wenn Don Juan, tief verwundet, daß auch er der Sinnlichkeit und den Irrungen des Geschöpfes unterworfen ist, den Himmel herausfordert, so ist das eine knabenhafte Handlung: Frischs Don Juan ist hier erst zwanzig Jahre alt. Freilich antwortet der Himmel bei ihm nicht mit einer Höllenfahrt — die Höllenfahrt inszeniert Don Juan als Theatercoup selber, um endlich für seine geometrischen Studien Ruhe vor den Frauen und der Welt zu haben. Aber der Himmel läßt ihn älter werden und führt ihn auf den Weg zur Reife: im letzten Akt ist er nicht nur verheiratet, sondern zeigt auch, wie sehr er es lächerlich und lästig finden mag, Ansätze zur Liebe für seine Frau. — Der verheiratete Don Juan, im Begriffe, Vater zu werden — das ist das Ende Don Juans als einer mythischen Figur (erfunden 1617 vom Spanier Tirso de Molina). Die selbstarrangierte Theaterhöllenfahrt hat dadurch doch etwas von einer echten Höllenfahrt: der ichbezogene, kontaktlose, einsame Don Juan ist in die Versenkung gerutscht; der kindliche Anspruch, die Welt müsse mit der Elle mathematischer Richtigkeit ausmeßbar sein, beginnt zu schwinden: es dämmert die Erkenntnis, daß die Liebe zur Geometrie nicht genügt; es zieht am Horizont die Liebe herauf. Der verheiratete Don Juan ist das Ende einer Abstraktion und der Anfang eines Menschen, der den Namen Don Juan wie einen verwaschenen Mantel trägt. Doch bevor er dies erkennt, ist die Komödie zu Ende.

Max Frischs Sprache, rational und bildkräftig zugleich, federt zwischen Sinnlichkeit und Nüchternheit. Alle Szenen sind auf eine gedankliche Pointe hin angelegt; sie enthüllen nicht Charaktere, sondern Positionen: sie entspringen der Welt der Geometrie, nicht der Psychologie. Frisch, der Moralist, zeigt die Absurdität einer Gestalt, die das Gefühl der Brüderlichkeit und der Liebe, die Ergänzungsbedürftigkeit des ›männlichen Geistes‹, kurz: die ihren kreatürlichen Charakter partout nicht anerkennen will.

Biedermann und die Brandstifter. ›Ein Lehrstück ohne Lehre‹. 1957/58. Uraufführung 29. März 1958, Schauspielhaus Zürich. — Biedermann weiß, daß die Welt voller Brandstifter ist; er erkennt sie sogar. Aber er unterdrückt seine Erkenntnis, bis es zu spät ist und auch das eigene Haus brennt. Zunächst nimmt Biedermann die Brandstifter Schmitz und Eisenring in sein Haus auf; er gewöhnt sich an sie, er will mit ihnen Freundschaft schließen. Die Brandstifter geben sich alle Mühe, ihn von ihrer Gefährlichkeit zu überzeugen, doch sogar ihnen glaubt er nicht, weil er an Brandstifter einfach nicht glauben will, und schließlich überreicht er ihnen noch die Streichhölzer mit der sich selbst beschwichtigenden Bemerkung: »Wenn die wirkliche Brandstifter wären, du meinst, die hätten keine Streichhölzer?« Aber sie sind in der Tat Brandstifter, und schon detonieren die Gasometer in der Stadt. — Biedermann fällt auf die Tarnungen der Brandstifter durch Sentimentalität, Scherze und das verblüffende Eingestehen der Wahrheit nur zu gern herein, denn er will das Böse nicht sehen, weil er in seinem Geschäftsleben selbst Anteil am Bösen hat. Wenn er auf den guten Willen und den Humor der Brandstifter baut, so aus Trägheit, schlechtem Gewissen, Angst vor der notwendigen eigenen Verwandlung und aus Angst vor der Angst. Er besteht auf dem vermeintlichen Bürgerrecht, »überhaupt nichts zu denken«. — Ein Gleichnis von der leichten Verführbarkeit des Biedermannes-Jedermannes durch das Böse: die Biedermänner sind unser Schicksal. Doch was heißt hier ›Schicksal‹? Frischs schneidender ironischer Effekt: er benutzt die Form einer antiken Schicksalstragödie, um davon zu überzeugen, daß vieles, was mit einem Schicksalsbegriff von antiker Unentrinnbarkeit entschuldigt wird, eben kein ›Schicksal‹ ist, sondern ›Unfug, menschlicher, allzu menschlicher‹. Sein Chor, der diese Erkenntnis trägt, besteht aus grotesken Feuerwehrmännern, die wie der antike Chor immer alles besser wissen und trotzdem zum Helfen stets zu spät kommen. »Feuergefährlich ist viel«, donnert der Chorführer vor der Katastrophe im Stile des Sophokles, »aber nicht alles, was feuert, ist Schicksal, unabwendbares«, und nach der Katastrophe faßt der Chor die Lehre zusammen: »Was nämlich jeder voraussieht, lange genug, dennoch geschieht es am End: Blödsinn, der nimmerzulöschende, jetzt Schicksal genannt.« Bei aller Skepsis appelliert Frisch an die Zuschauer, das Böse als Teil dieser Welt zu erkennen und nach dieser Erkenntnis zu handeln. So rasch der Satz des Chors verklingt: »Viel kann vermeiden Vernunft« — er bleibt die Lehre dieses ›Lehrstücks ohne Lehre‹. — In einem kabarettistischen Nachspiel (uraufgeführt in Frankfurt am Main am 28. September 1958), das die Lehre verdeutlicht, doch nicht verstärkt, verlangt Biedermann in einer Art Vorhölle ›Wiedergutmachung‹ als Opfer der Brandstiftung und wird vorm Höllenfeuer durch einen Streik gerettet: der Höllenfürst ist es satt, nur die kleinen Sünder zu rösten — die großen Mörder werden vom Him-

›Biedermann und die Brandstifter‹ von Max Frisch. Bühnenskizze von Paul Walter für Erwin Piscators Inszenierung am Nationaltheater Mannheim, Spielzeit 1958/59. Bühne und Zuschauerraum sind in Mannheim variabel; Piscator nutzte die Möglichkeit, das Schauspielhaus in ein Arena-Theater zu verwandeln

mel begnadigt, falls sie in Uniform gesündigt haben. Die Brandstifter aber radeln in die wiederaufgebaute Stadt, neuen Untaten entgegen, die ihnen nicht schwerfallen werden, denn die neue Stadt ist »im Herzen die alte« geblieben.

Die große Wut des Philipp Hotz. ›Ein Schwank‹. 1957/58. Uraufführung 29. März 1958, Schauspielhaus Zürich. — Hotz, Schriftsteller, gerät in die große Wut, weil seine Frau Dorli die Scheidungsklage zurückgezogen hat. Überzeugt davon, daß »die Ehe nicht geht«, läßt er die Wohnung kurz und klein schlagen und droht damit, in die Fremdenlegion zu gehen. Wilfrid, der ehemalige Geliebte Dorlis, kommt aus dem Ausland, küßt Dorli und verläßt sie beleidigt, als sie ihm sagt, seine Frau Clarissa sei die Geliebte Philipps gewesen. Clarissa bestreitet dies wahrheitsgemäß, und Philipp, den die Fremdenlegion wegen Kurzsichtigkeit nicht genommen hat, tut das, was er am liebsten von Anfang an getan hätte, statt sich in die große Wut zu steigern: er kehrt zu Dorli zurück. — Ein selbstironischer Jux mit einigen amüsanten Formulierungen: Spott über den Intellektuellen, der, wie seine Frau richtig erkannt hat, nur redet und nie tut — nicht einmal mit Clarissa hat er sie betrogen — und wenn er schon einmal etwas tut, dann ist es so lächerlich wie das Zertrümmern der Wohnung, und geschieht es nur, damit er ernst genommen werde — wobei er sich in jeder Phase selbst durchschaut.

Andorra. ›Stück in zwölf Bildern‹. 1958—1961. Uraufführung 2. November 1961, Schauspielhaus Zürich. — ›Andorra‹ hat nichts mit dem gleichnamigen Kleinstaat zu tun, sondern ist, wie Frisch sich ausdrückt, »der Name für ein Modell«. Als es in Andorra noch opportun gewesen ist, Mitleid mit den aus dem Nachbarland der ›Schwarzen‹ vertriebenen Juden zu haben, hat der Lehrer seinen unehelichen Sohn Andri, dessen Mutter eine der verhaßten ›Schwarzen‹ ist, für einen Juden ausgegeben; er ist dabei auch geblieben, als der Antisemitismus in Andorra gewachsen ist. Andri, der Jude, der keiner ist, wird als ›Jud‹ behandelt, wird aus seinem kindlichen Weltvertrauen in grenzenloses Mißtrauen gestoßen: man hämmert ihm solange ein, daß er ›anders‹ sei als die andern, bis er dieses Schicksal, ›anders‹ zu sein, annimmt und sich zu ihm bekennt mit dem Trotz und Hochmut eines tragischen Hel-

Bühnenmodell von Hansheinrich Palitzsch für Fritz Kortners Inszenierung des Stücks ›Andorra‹ von Max Frisch am Schiller-Theater Berlin, 1962

den — auch und erst recht dann noch, als sich herausstellt, daß er kein Jude ist. Als die ›Schwarzen‹ Andorra besetzt haben, greift ihn der ›Judenschauer‹ aus der Menge zum Erschießen: er erkennt in ihm den ›Jud‹, der Andri nun sein will. Andri wird von den ›Schwarzen‹ abgeführt.

In diese Handlung eingeblendet sind die nachträglichen Rechtfertigungsversuche aller Beteiligten, die sich — vor einem imaginären Gericht — schon von dem reinzuwaschen versuchen, was sie erst noch begehen werden: während ihre Schuld sich häuft, gebrauchen sie schon die Argumente, mit denen sie sich später freisprechen möchten.

Frisch führt den Antisemitismus vor in einem Stück ohne einen Juden: er zeigt, daß der Antisemitismus nach dem Bild seiner Vorurteile den ›Jud‹ künstlich schafft. Diesen mörderischen Mechanismus der Vorurteile, der mangelnden Zivilcourage und fehlenden Solidarität, der Panik und Feigheit in der Stunde der Gefahr hat Frisch so einleuchtend und präzise dargestellt, daß man darüber vergessen darf, nach der inneren Wahrheit solcher überkonstruierter Figuren wie der des Lehrers und seiner Tochter Barblin zu fragen, die überdies durch Selbstmord und Wahnsinn auf allzu antikische Weise bündig enden. Sind Frischs Personen auch eine Sammlung antisemitischer Argumente und Verhaltensweisen auf zwei Beinen, so geraten doch selten Parabelfiguren in einer Modellwelt so menschenähnlich wie hier.

Biografie: Ein Spiel. Uraufführung 1. Februar 1968, Schauspielhaus Zürich. — Was wäre, wenn der Verhaltensforscher Kürmann die Chance hätte, sein Leben noch einmal anzufangen und alles anders zu machen? Bei der praktischen Erprobung seiner Wunschbiographie auf der Bühne hilft der »Registrator« — unter seiner Regie werden also keine »Wirklichkeiten« vorgeführt, sondern Möglichkeiten: Leben im Konjunktiv. Kürmann wünscht sich ein Leben ohne seine (zweite) Frau Antoinette, doch wie er sie nun auch zu vermeiden versucht, er heiratet sie abermals, und obwohl er sich in ihrer Ehe jetzt oft anders als früher verhält, will er sich nach sieben Jahren abermals scheiden lassen. Frisch behauptet: »Das Stück will nichts beweisen«, und Kürmann bleibt bei seiner frühen Einsicht: »Ich weigere mich nur, daß wir allem, was einmal geschehen ist — weil es geschehen ist und somit unwiderruflich — einen Sinn unterstellen, der ihm nicht zukommt.« Daran ändert auch die Schlußpointe nichts: nun hat Antoinette die Möglichkeit einer Wunschbiographie, und ihr gelingt sofort, was Kürmann nie gelungen ist — sie geht schlicht davon, und ihre Ehe findet nicht statt. — Käme diese in Rückblendungsvarianten zerschnipselte und sehr private Ehemisere aus Paris, so hielte sie jedermann für ganz lustiges und nachdenkliches Boulevardtheater und verlangte noch ein paar Pointen mehr.

Meinungen: »Jeder Mensch erfindet sich früher oder später eine Geschichte, die er für sein Leben hält. Er hat aber unter bestimmten realen
Lebensbedingungen nur die Auswahl unter einigen vorhandenen Fertig-
modellen ... Umtausch der Modelle im Warenhaus für Lebensgeschichten
ist nicht gestattet. Was am Fall Stillers zu beweisen war. Das bedeutet eine
Gegenthese zu Sartre. Nicht Freiheit, sondern extremer gesellschaftlicher
Automatismus«: Hans Mayer, 1960/61 im Vorwort zu einer geplanten, doch
nicht erschienen DDR-Ausgabe von Frischs Roman »Stiller«. — »Max Frisch
ist mutig genug, in den Raum der Freiheit, ja der Grenzenlosigkeit, den er
für seine Geschöpfe erbauen möchte, keine Thesen, keine positiven Ratschläge hineinzustellen. Macht Euch kein Bildnis, sondern laßt leben, predigt
er ...«: Joachim Kaiser, 1957. — »Bei Brecht, in den Dienst der kompromißlosen Auseinandersetzung mit der bürgerlich-kapitalistischen Gesellschaft
gestellt, bewährte sich die Parabel als ein künstlerisches Organ für klare
Parteinahme. Von Brecht her gesehen, versteht sich Frischs gebrochenes Verhältnis zur Parabel aus seiner Unentschiedenheit zwischen bürgerlicher und
sozialistischer Position«: Walter Hinck, 1973.

Jean-Paul Sartre: Proklamation der Freiheit

> Die Menschen sind frei, aber sie wissen es nicht.
>
> Jupiter in Sartres ›Fliegen‹

»Lange hielt ich meine Feder für ein Schwert: nunmehr kenne ich unsere
Ohnmacht.« Diesen skeptischen Satz schrieb Jean-Paul Sartre in seinem
geistreichsten Buch, ›Die Wörter‹ (Les mots. 1964), der selbstironischen Darstellung und grausam sarkastischen Untersuchung seiner ersten zwölf
Lebensjahre, samt ihren denkerischen Konsequenzen; das liebenswerte Buch
eines vor sich selbst geradezu unmenschlich aufrichtigen neunundfünfzigjährigen Mannes, »der auch nicht ohne Heiterkeit an seine einstigen Irrtümer
zu denken vermag«. Die Einsicht in die Ohnmacht der Feder hat Sartre nicht
gehindert, fortzufahren: »Trotzdem schreibe ich Bücher und werde ich Bücher
schreiben; das ist nötig; das ist trotz allem nützlich. Die Kultur vermag
nichts und niemanden zu erretten; sie rechtfertigt auch nicht. Aber sie ist ein
Erzeugnis des Menschen, worin er sich projiziert und wiedererkennt; allein
dieser kritische Spiegel gibt ihm sein eigenes Bild.«
Sein eigenes Bild hat er im kritischen Spiegel der Literatur schon sehr früh
gesucht; zwei Jahre nach seiner Geburt, am 21. Juni 1905 in Paris, starb sein
Vater, und der kleine ›Poulou‹ wuchs bei seinen Großeltern auf, in der ver-

wirrenden Situation eines Katholiken unter Protestanten, in einer Welt von Büchern, als eine Art literarisches Wunderkind, zwischen der Klassikerbibliothek seines Großvaters und den Groschenheften, die ihm seine Mutter zusteckte. Corneille und den Helden der Kolportage, er hat sie beide geliebt; beide sind in seine Werke eingewachsen; von beiden hat er den Auftrag erhalten, schreibend die Menschheit zu retten, und das Schreiben hat er schon als Kind als einen Akt der Selbsterlösung empfunden.

Mit neunzehn Jahren bezog er die École Normale Supérieure, wurde nach seinem Militärdienst Gymnasiallehrer für Philosophie, studierte 1933/34 in Berlin moderne deutsche Philosophie, insbesondere Husserl und Heidegger, und veröffentlichte 1938 sein erstes, schulemachendes Buch ›Der Ekel‹, ein Jahr später die Erzählungen ›Die Mauer‹. 1939 als Krankenträger eingezogen, geriet er im Juni 1940 in deutsche Kriegsgefangenschaft und schloß sich bald nach seiner Entlassung, im April 1941, der französischen Widerstandsbewegung an. Sein philosophisches Hauptwerk ›Das Sein und das Nichts‹ erschien 1943; im gleichen Jahr wurde sein erstes Bühnenstück ›Die Fliegen‹ im besetzten Paris uraufgeführt: ein Stück des Widerstandes gegen die deutsche Besatzungsmacht und zugleich die dramatische Verlebendigung philosophischer Thesen. Sartres Feder als Schwert, das in die aktuelle Politik eingreift und zugleich seiner Philosophie eine Gasse bahnt — diese Doppelfunktion hat sie noch oft ausgeführt. Als Philosoph und Politiker hat Sartre die Bühne zu seinem Katheder gemacht, an dem er über beide Fächer gleichzeitig unterrichtet — ein Lehrer, der alle Tricks des klassischen und des Boulevardtheaters nutzt, um seine Lektionen plausibel und so aufregend zu machen, wie es für ihn die Groschenhefte seiner Kindheit gewesen sind.

Seit 1945 wohnt er, ein freier Schriftsteller, in Paris im vierten Stock eines Eckhauses in der Rue Bonaparte, mit Ausblick auf das ›Café des Deux Magots‹, eines der Stammquartiere der ›Existentialisten‹ in Saint-Germaindes-Prés. Von den ›Existentialisten‹, diesen bärtigen jungen Männern und langhaarigen jungen Mädchen, die sich unmittelbar nach dem Kriege auf ihn beriefen, die Keller-Lokale auf dem linken Seine-Ufer weltberühmt und den Begriff ›Existentialismus‹ so populär machten wie einen billigen Markenartikel, mußte er sich distanzieren: »Es ist so weit gekommen, daß man unter Existentialismus ›Sich-Ausleben‹ versteht.« Dieses Mißverständnis hat sich rasch geklärt. 1964 wurde Sartre der Nobelpreis verliehen, eine durchaus bürgerliche Einrichtung — er hat die Annahme verweigert.

In die politisch-literarischen Tageskämpfe — mit weiterführenden Perspektiven — griff Sartre durch seine Zeitschrift ›Les Temps Modernes‹ ein. Im Ost-West-Gegensatz ist er nicht festzulegen; seine Entscheidungen trifft er von Fall zu Fall, und was man auch von ihnen halten mag, man darf sicher sein,

daß es Entscheidungen seines Gewissens sind. Sein Stück ›Die
schmutzigen Hände‹ (1948) wirkt
antikommunistisch, und er verbot
seine Aufführung in Wien, als er
1952 den kommunistischen ›Völkerkongreß für den Frieden‹ besuchte;
seine Posse ›Nekrassow‹ (1955) ist
derart anti-antikommunistisch, daß
man sie getrost kommunistisch
nennen darf, doch ein Jahr später
protestierte er gegen die Niederwerfung des ungarischen Freiheitskampfes durch die Rote Armee.

Wie er seinen Existentialismus
mit dem von ihm geschätzten
Marxismus vereinbaren will, das
wird wohl ewig sein Geheimnis
bleiben. 1961 entwickelte er dem
englischen Kritiker Kenneth Tynan
die für ihn bezeichnende Perspek-

›Sein oder Nichtsein‹:
der Existentialist Jean-Paul Sartre.
Französische Karikatur aus dem Jahre 1946

tive: »Wenn sich der Westen unter dem Einfluß des Ostens weiterentwickelt, sehe ich keinen Grund, warum der sowjetische Kommunismus in
den Westen exportiert werden müßte. Ich hoffe auf etwas wie die Gegenreformation, die dem Protestantismus folgte — eine Bewegung in die andere
Richtung. Genau wie der Katholizismus seinen eigenen Protestantismus
entwickelte, sehe ich dem Tag entgegen, an dem der Westen sozialistisch
wird, ohne je durch den Kommunismus hindurchgehen zu müssen.«

Sartre glaubt nicht an Gott; der Vatikan hat seine Werke 1948 auf den
Index gesetzt. In ›Die Wörter‹ erzählt Sartre, wie er als Zwölfjähriger auf
seine Mitschüler gewartet hat: ». . . sie verspäteten sich, so daß ich bald zu
meiner Zerstreuung nichts mehr zu erfinden vermochte und beschloß, an den
Allmächtigen zu denken. Augenblicklich machte er sich in den Azur davon
und verschwand ohne irgendeine Erklärung: er existiert nicht, sagte ich, höflich erstaunt, zu mir selbst, und hielt die Angelegenheit für abgetan. In
gewisser Weise war sie es auch, denn seither habe ich niemals die leiseste
Versuchung gespürt, ihn von neuem zu beschwören.« Hier irrt Sartre: niemals hat ein Mensch etwas, von dessen Nichtexistenz er überzeugt ist, so
wütend bekämpft wie Sartre den ›Allmächtigen‹: indem er ihn unablässig
bestreitet, hat er ihn zur geheimen Hauptperson seiner Dramen gemacht.

Der Theaterbesucher wird von Sartre an Hand von Modellsituationen, von beispielhaften Personen und Vorgängen, über die Grundsätze seines atheistischen Existentialismus belehrt. Zu ihnen gehört die Behauptung, daß der Mensch absolut frei, ja zur Freiheit verurteilt und folglich für jede seiner Taten verantwortlich sei. Das ist eine (idealistische) Proklamation, nichts sonst. Die ›Existenz‹ des Menschen geht, nach Sartre, seiner ›Essenz‹ voraus, d. h. der Mensch ist zunächst nichts als eine sinnfreie Existenz, die sich ihren Sinn selbst immer wieder neu gibt durch jede ihrer frei entschlossenen Taten. Der Mensch erfindet und inszeniert gewissermaßen sein eigenes Wesen selbst, indem er handelt.

Wo kein Gott ist, da ist auch keine Sünde, keine Reue, keine Vergebung, keine Gnade: Wert oder Unwert seiner Taten ist dem subjektiven Gerechtig-keitsgefühl des Menschen unterworfen und — in den Stücken nach den ›Flie-gen‹ — dem Urteil der Gesellschaft. Sartres allein auf die Gesellschaft be-zogenen sittlichen Forderungen sind von einer eisigen, puritanischen und im Effekt wohl auch lebensvernichtenden Strenge, wie sie das Christentum nicht kennt, dessen sittliche Forderungen auf Gott bezogen sind — auf einen Gott, der die eingeborenen menschlichen Schwächen so kennt wie das Erbar-men und die Gnade.

Da Sartres Stücke als Verkündigungen einer vorgefaßten Philosophie geplant sind, wandeln sich seine Personen nicht seelisch, sondern werden durch einen Ruck plötzlich anders: durch den Ruck einer Tat, mit der sie ihrer Existenz eine neue Essenz, ihrem Dasein einen neuen Sinn geben. Dem scharfsinnigen Psychologen und Soziologen Sartre, der einen seelisch einiger-maßen einleuchtenden Menschen auf die Bühne gebracht hat, fällt der Philo-soph Sartre in den Arm und macht aus diesem Menschen den Funktionär eines Gedankenspiels, dem Psychologie und Soziologie untergeordnet werden.

Sartre schätzt die sinnzeugende Tat so hoch, wie dies nur ein Intellek-tueller kann, der darunter leidet, daß er mehr Sinnvolles denkt als tut. Doch während in seiner Philosophie der Mensch nur dadurch existiert, daß er handelt, existieren die Menschen in seinen Stücken nur dadurch, daß sie reden. Es sind lauter scharfsinnige Intellektuelle, die immer einen unsicht-baren Caféhausstuhl bei sich führen für ihre Orgien der Beredsamkeit. Pausenlos analysieren, interpretieren und kommentieren sie sich selbst, die allgemeine und ihre besondere Lage. Sie argumentieren, also sind sie.

Die Fliegen (Les mouches). Uraufführung 3. Juni 1943, Paris, Théâtre Sarah Bernhardt (dessen Name durch die deutsche Besatzungsmacht verboten war, es hieß damals Théâtre de la Cité). Deutschsprachige Erstaufführung 12. Okto-ber 1944, Schauspielhaus Zürich, durch Leonhard Steckel mit Ernst Ginsberg.

*›Die Fliegen‹ von
Jean-Paul Sartre.
Skizze von Herta
Böhm für die
deutsche Erstaufführung
am Schauspielhaus
Düsseldorf, 1947;
Regie:
Gustaf Gründgens*

— Orest, durch seinen Pädagogen zum gebildeten, bindungslosen Epikuräer
erzogen, besucht unerkannt seine Heimatstadt Argos, aus der er verstoßen
ist. Sie wird beherrscht von Orests Mutter Klytämnestra und von Ägist,
die einst gemeinsam Orests Vater ermordet haben, den aus dem Trojanischen Krieg heimgekehrten Agamemnon. Seit diesem Mord wird Argos
von Fliegen geplagt, die Jupiter, der Gott, geschickt hat: surrende und ste-
chende Symbole für Gewissensbisse. Das Mörderpaar Klytämnestra-Ägist
hat seine Blutschuld, zu der es sich bekennt, auf ganz Argos gewälzt: es hält
das Volk durch religiösen Terror, durch einen eigens erfundenen Totenkult,
im lethargischen Zustand der Reue, der Angst und des Lebenshasses. Jupiter
sind diese öffentlichen Selbstanklagen und Reue-Orgien höchst wohlgefällig;
er fürchtet, daß Orest seine Freiheit entdecke: »Wenn einmal die Freiheit in
einer Menschenseele aufgebrochen ist, können die Götter nichts mehr gegen
diesen Menschen.« Orest, der Argos zunächst nur mit Touristen-Neugierde
besichtigt hat, wird durch seine Schwester Elektra zum Bleiben bewogen: sie

traktiert die blutbeschmierte Statue Jupiters mit Müll, statt mit Opfergaben, sie haßt das Mörderpaar, verachtet den Totenkult und erwartet Rache und Befreiung von der Rückkehr ihres Bruders. Der Seelenterror des Totenfestes treibt Orest in die Empörung, er entdeckt seine Freiheit, erschlägt Ägist und Klytämnestra und zieht die Last der Angst und der Gewissensbisse von der Stadt auf sich: frei bekennt er sich zu seiner Tat. Jupiter verspricht Orest und Elektra den Thron von Argos, falls sie bereuen. Elektra nimmt Jupiters Bedingung an und macht sich damit in Orests Augen schuldig. Orest ist nicht bereit, vor Jupiter zu bereuen und zu sühnen: er nimmt die Erinnyen, die Rachegeister, mit sich: wie die Ratten dem Flötenbläser von Hameln folgen sie diesem Fliegenfänger von Argos.

Im antiken Modell für Sartres philosophisches Debattierstück, in der ›Orestie‹ des Aischylos (uraufgeführt 458 v.Chr.), wird am Ende der Muttermörder Orest vorm Schwurgericht in Athen freigesprochen: Athene, Apollon und Zeus sind auf seiner Seite, und die Erinnyen, die Rachegeister, werden in Schutzgeister der Stadt Athen verwandelt. In diesem Vorgang spiegelt sich die Aufhebung der Blutrache durch ein irdisches, aber göttlich begründetes Gerichtsverfahren, die Ablösung alter durch neue Gottesvorstellungen; die ›jungen‹ Götter sind rechtsetzend und staatserhaltend. Bei Sartre steht am Ende keine neue Gottesvorstellung, sondern die atheistische Proklamation eines absolut ›freien‹, nicht mehr auf Gott bezogenen und nicht mehr von Gott abhängigen Menschen.

Als Sartre ›Die Fliegen‹ nach der französischen Niederlage im zweiten Weltkrieg schrieb, wollte er mit einem verschlüsselten Résistance-Drama die besiegten Franzosen aus der Lethargie ihrer Schuldgefühle rütteln und zum Widerstand gegen die deutsche Besatzungsmacht und gegen das mit ihr kollaborierende Pétain-Regime anstacheln. (Mitten im Kriege wurden diese ›Fliegen‹ im besetzten Paris uraufgeführt: Sartre hatte den Widerstand so gut verschlüsselt, daß er jedenfalls von der Besatzungsmacht nicht bemerkt worden ist.) Orest war für Sartre, wie er später schrieb, die Verkörperung der »verschiedenen Widerstandsbewegungen, die, ohne ein genaues Programm aufgestellt zu haben, sich zunächst bemühten, das französische Volk von der Unterdrückung zu befreien«. So ist in Sartres Stück der Entschluß zur Befreiung von den Erinnyen-Fliegen die Hauptsache: Orest hat noch kein weiterführendes, ethisches ›Programm‹. Mit Jupiter wollte Sartre nicht ›Gott‹ auf die Bühne bringen, an den er ohnehin nicht glaubt, sondern eine Gottesvorstellung verspotten, die eine diktatorische Ordnung wie die des Pétain-Regimes unterstützt.

Der vergangene politische Anlaß dieses Jupiter beeinträchtigt die zeitlose philosophische Debatte; lebendig dagegen ist Orest geblieben: der Appell an die Selbstverantwortlichkeit des Menschen; der Protest gegen jeglichen religiösen, ideologischen und politischen Terror. Hat Orest auch noch kein anderes ›Programm‹ als die Proklamation der Freiheit, so deutet sich doch schon die spätere Ethik Sartres an, die ganz auf die Verantwortung vor der Gesellschaft bezogen sein wird: sinnvoll wird Orests Freiheit erst durch sein Engagement an seine Heimatstadt Argos. Wenn Orest frei handelt, so nützt er damit der Gesellschaft, und wenn er für die Gesellschaft handelt, so beweist er damit seine Freiheit. Kein Schwurgericht und keine Götter stehen am Ende, ihn freizusprechen und zu entsühnen: er ist mit der Verantwortung für seine Tat allein in einer Welt, in der die Götter keine Macht über den freien Menschen haben. Er entsühnt sich, indem er sich im Bewußtsein, recht gehandelt zu haben, selbst freispricht. Jupiter aber ist eine widerspruchsvolle Konstruktion: ein kurioser Gott, der die Menschen frei erschafft, sie jedoch im Bund mit der irdischen Macht in Unfreiheit hält und vor nichts mehr Angst hat als davor, daß die Menschen von der Freiheit, die er ihnen doch verliehen hat, auch tatsächlich Gebrauch machen — ein Gott, vom Atheisten Sartre eigens dazu erschaffen, daß man ihn loswerden mag und kann.

Geschlossene Gesellschaft (Huis clos). Uraufführung 27. Mai 1944 im Pariser Théâtre Vieux-Colombier. Deutsche Erstaufführung im April 1949, Kammerspiele Hamburg. — In einem abscheulichen Empire-Zimmer, dessen Licht ewig brennt, sind drei Tote eingesperrt. Garcin, ein Journalist, hat seine Frau in den Tod gequält und als Politiker in der entscheidenden Situation versagt. Die lesbische Ines, die sich vom Leiden anderer nährt, hat eine junge Frau ihrem Mann entfremdet und für die Ehe verdorben; die Frau hat sich und Ines mit Gas vergiftet. Estelle hat ihr Kind, dessen Vater ihr Geliebter ist, ermordet und den Geliebten in den Tod getrieben. Diese drei toten Mörder schmoren in einer Hölle, die keiner Bratroste bedarf, sondern aus diesen drei Sofaplätzen besteht, auf denen sie, schlaflos, ewig sitzen und sich, ihrem Wesen gemäß, ewig quälen müssen: die lesbische Ines stellt Estelle nach, die jedoch, in dieser Hinsicht durchaus normal, allein Garcin für sich gewinnen will, der wiederum, indem er sein politisches Versagen durchdenkt, auf die Intelligenz und die Anerkennung der Ines angewiesen ist. Jeder von ihnen bedürfte der Hilfe eines der beiden anderen, doch indem er sich diesem nähert, quält er den dritten. So daß hier in der Tat der vielzitierte Satz stimmt: »Die Hölle, das sind die andern«, doch ist dies kein allgemeiner Lehrsatz Sartres, sondern trifft nur in diesem Zusammenhang zu, in dieser besonderen, zum philosophischen Beispiel extrem konstruierten Lage. Die drei bleiben auch einander die Hölle: nicht einmal töten können sie sich — sie sind schon tot.

Sartres Beispiel will einige Lehren vermitteln. Zunächst: der Mensch ist frei und damit für jede seiner Taten verantwortlich. »Umsonst wird keiner verdammt«, sagt Ines und: »Du bist, was dein Leben ist.« Ferner: der Mensch ist dauernd in Versuchung, sich ein falsches Bild von sich selbst zu machen; er ist auf das Urteil des Mitmenschen wie auf einen Spiegel angewiesen. Erst als die drei in diesem Raum, in dem es mit symbolischem Bedacht keinen Spiegel gibt, sich ineinander spiegeln, werden sie zur Wahrheit vor sich selbst gezwungen. Diese schauerliche Wahrheit müssen sie, offenen Auges, ohne auch nur einen Lidschlag Dunkel und Vergessen, in alle Ewigkeit aushalten. Schließlich: mit dem Tod ist das Leben des Menschen unkorrigierbar geworden. Dies wird den dreien quälend dadurch klargemacht, daß sie vom höllischen Zimmer aus ihren Lebensumkreis noch eine Zeitlang beobachten können: sie sehen, wie von ihren Mitmenschen über ihr Leben das Urteil gesprochen wird, ohne daß sie nun noch eingreifen könnten. Hier kommt es Sartre natürlich nicht auf die Banalität dieser Feststellung an, sondern auf den sittlichen Anruf, den er aus ihr bezieht: angesichts des jederzeit möglichen Todes so zu handeln, daß man jederzeit vor dem Urteil der Gesellschaft und vor sich selber im Augenblick der Wahrheit bestehen kann.

Mit der Entfernung Gottes aus der Welt ist bei Sartre die Hölle nicht verschwunden; sie ist schlimmer geworden als die Hölle des mittelalterlichen Christentums: der Mitmensch, Sartres ›Gesellschaft‹, richtet strenger als der christliche Gott in all seiner Strenge. Überdies liegt Sartres Hölle nicht im Jenseits; sie ist ein Bild für die höllischen Möglichkeiten des Diesseits: Wer so handelt wie Estelle, Garcin, Ines, der stellt das Inferno durch Selbstbedienung her.

›Geschlossene Gesellschaft‹ ist ein Denkmodell, aufgebaut aus realistisch gezeichneten Menschen. Stilistisch hat Strindberg Pate gestanden. Daß Sartres Gedanken so deutlich werden, wie er es sich gewünscht hat, ist freilich zu bezweifeln: die Faszination des Stückes geht weniger von seiner Philosophie aus als von der dramatischen Perfektion seiner Gehirn- und Seelenfolter.

Tote ohne Begräbnis (Morts sans sépulture). — Uraufführung 8. September 1946, Théâtre Antoine, Paris. Deutsche Erstaufführung 27. Oktober 1949, Bonn. — 1944, vorletztes Kriegsjahr, alliierte Truppen sind in Frankreich gelandet, doch ist noch nicht entschieden, ob sie sich halten können. Der Auftrag französischer Widerstandskämpfer, ein Dorf zu besetzen und damit die Landung der Engländer vorzubereiten, ist gescheitert. Fünf Mitglieder der Widerstandsgruppe sind gefangen. Ihre Bewacher gehören zur Miliz des

mit der deutschen Besatzungsmacht in gewissen Grenzen zusammen arbei-
tenden Staatschefs Pétain: Franzosen der Résistance, verhört von französischen Kollaborateuren — dies ist die Ausgangssituation. Drei Männer, eine
junge Frau und deren Bruder, ein fünfzehnjähriger Junge, erwarten Folter
und Tod. Sinnlos, weil militärisch aussichtslos, ist ihnen ihr Unternehmen
von Anfang an erschienen; nun ist es gescheitert und hat überdies dreihundert unbeteiligten Dorfbewohnern das Leben gekostet. Sinnlos sind Verhör und Folter, denn was sie verraten sollen — das Versteck des Chefs ihrer
Gruppe —, das wissen sie nicht. Diese Situation ändert sich mit dem Augenblick, da ihr gesuchter Chef von der Miliz aufgegriffen, doch nicht erkannt
und mit ihnen eingesperrt wird: nun haben sie etwas zu verschweigen, und
es erscheint ihnen absolut notwendig, ihren Chef nicht zu verraten, da er
allein ihre Freunde warnen und sechzig Menschenleben retten könnte. Ihr
Dasein, ihr Schweigen auf der Folter hat durch das Opfer für die Gesellschaft einen Sinn bekommen. Einer tötet sich, damit er nicht zum Verrat gezwungen werden kann. Einer erwürgt — mit dem Einverständnis der andern — den Jungen, der auf der Folter reden würde. Dann wird der Chef entlassen; er hat ihnen eine Höhle angegeben, die sie nach vier Stunden der
Miliz als sein Versteck nennen sollen: einem dort liegenden Leichnam wird
er inzwischen seine Papiere zustecken. Mit diesem Ausweg scheinen auch der
Selbstmord und der Tod des Jungen nachträglich sinnlos geworden. Für den
Verrat ist den Gefangenen das Leben versprochen worden. Zwei von ihnen,
der Mörder des Jungen und die Schwester, die der Ermordung ihres Bruders
zugestimmt hat, wollen das Leben nun nicht mehr: sie fühlen sich beschmutzt und nur durch den Tod erlösbar. Dem dritten gelingt es, sie zum
Leben zu überreden: »Wenn du dich töten läßt, obgleich du noch etwas
leisten kannst, wird nichts sinnloser sein als dein Tod«; für ihn zählt nur
»die Welt und was du in der Welt leistest«: das Opfer für die Gesellschaft.
Er gibt der Miliz die falsche Fährte, die Höhle an, doch ein Offizier läßt sie
trotzdem erschießen. Sinnlos erscheint auch ihr Tod.

Sartre führt an diesem extremen Geflecht scheinbarer Sinnlosigkeit vor,
daß eine Tat ihren Sinn eben nicht durch Erfolg oder Mißerfolg erhält, sondern allein durch die Motive des Menschen, der sie begeht. Wenn die Milizsoldaten ihre Gefangenen — die Menschen überhaupt — als Tiere betrachten,
so wird es für die Gefangenen sinnvoll, nicht zu reden: sie widerlegen damit
die Milizsoldaten; sie beweisen, daß nicht die Gefolterten die Tiere sind,
sondern die Folterer, und sie behaupten damit ihre Freiheit und mit ihr sich
selbst als Menschen. Wenn einer der Gefangenen einräumt: »Wir sind nicht
dazu geschaffen, immer bis zu den Grenzen unserer Möglichkeiten zu leben«,
so beweist ein anderer, daß er wenigstens an den Grenzen seiner Möglich-

keiten sterben kann: er hat erkannt, daß er auf der Folter zum Verräter
würde, und gibt noch seinem freien Tod einen Sinn, der durch die Sinnlosigkeit des Gesamtgeschehens nicht gemindert werden kann.

Praktisch schon tot, treiben die ›Toten ohne Begräbnis‹ noch immer
Theorie des Lebens. Noch am Grabe pflanzt Sartre die Debatte auf. Doch
wer könnte seinen abstrakten Gedankengängen folgen, wenn vor ihm auf
der Bühne Menschen erbarmungslos gequält werden? Der krude Naturalismus Sartres verhindert, daß seine Philosophie den Anblick der Folter über-
steht.

Die ehrbare Dirne. ›Die respektvolle Dirne‹ (La putain respectueuse). 1946.
Uraufführung 8. September 1946, Théâtre Antoine, Paris. Deutsche Erstaufführung 16. April 1949, Kammerspiele Hamburg. — Lizzie, eine Dirne, war
im Zug von New York nach den Südstaaten Zeuge, wie ein angetrunkener
Weißer einen Neger erschoß. Damit der Weiße straflos davonkommen kann,
soll sie nun schwören, daß der Neger sie vergewaltigen wollte. Sie entscheidet sich zunächst für die Wahrheit, doch erliegt sie schließlich den politischen
und sentimentalen Phrasen des Senators Clark und unterschreibt ein falsches
Zeugnis. Ein Neger flüchtet in ihre Wohnung; sie versteckt ihn vor dem
Mob, der auf der Straße einen andern Neger lyncht. Der Senatorensohn
Fred, vom Lynchmord sexuell erregt (wie Mike in John Steinbecks Story
›Danach‹, aus der dieses Motiv stammen dürfte), kommt zu Lizzie, entdeckt
den Neger und schießt auf den Fliehenden. Lizzie, entschlossen, Fred zu er-
schießen, erliegt abermals ihrem Respekt vor dem Mythos des weißen
Amerikaners, der großen Pionierfamilien: sie gibt Fred ihren Revolver. Er
wird sie in einem Wochenendhaus mit Negerdienern zu seiner erotischen
Verfügung halten. — Die höhnische Pointe dieses hinreichend deutlichen
Reißers gegen den Rassenhaß: ausgerechnet das Gewissen einer berufs-
stolzen Dirne, die ihren Körper verkauft und Neger grundsätzlich nicht ausstehen kann, ist mit Dollars nicht zu kaufen; wohl aber mit Phrasen über
die amerikanische Tradition und mit der Aussicht, von der Mutter des weißen Mörders, die den vornehmsten Kreisen angehört, aus Dankbarkeit
respektiert zu werden — Lizzie wird entscheidend bewegt von der Sentimentalität der Dirne und der Deklassierten.

Die schmutzigen Hände (Les mains sales). 1948. Uraufführung am 12. April
1948 im Théâtre Antoine, Paris. Deutschsprachige Erstaufführung am 6. November 1948 im Schauspielhaus, Zürich. Deutsche Erstaufführung am 15. Januar 1949 im Renaissance-Theater, Berlin. — ›Illyrien‹, ein Phantasie-
Balkanstaat, im Jahre 1943, während der deutschen Besetzung, kurz vorm

Einmarsch der Russen. Hugo, ein junger, aus dem Bürgertum stammender Intellektueller, gehört der Kommunistischen Partei an. Er soll im Auftrag einer innerparteilichen Oppositionsgruppe den hohen kommunistischen Funktionär Hoederer erschießen, da dieser mit der Partei des Regenten und dem Block der bürgerlichen Parteien eine Koalition bilden will. Hugo hat sich zu dieser Aufgabe gedrängt: er ist ein Neurotiker und hungert danach, eine ›Tat‹ zu begehen und als ehemaliger Bourgeois von seinen Genossen anerkannt zu werden. Immer wieder hat er Schußgelegenheit, aber er hat tausend Hemmungen und schießt erst in einem Eifersuchtsanfall. Als er seine Strafe verbüßt hat und aus dem Gefängnis kommt, hat sich inzwischen die Parteilinie geändert, die Richtung Hoederers gilt als opportun, nun soll Hugo beseitigt werden, denn er hat einen Mord begangen, »den keiner haben will«. Es wird ihm die Chance gegeben, wieder für die Partei zu arbeiten und damit sein Leben zu retten, doch nimmt er seinen Mord auf sich; mit den Worten »nicht verwendungsfähig« geht er seiner Liquidierung entgegen.

Kein politisches Stück, kommentierte Sartre, sondern »die psychologische Studie eines jungen Mannes, der einen Mord beging« — einen Mord aus Eifersucht, sieht man vom Täter her; einen politischen Mord, sieht man ihn von seiner Wirkung her. Der Mord erhält seinen Sinn nicht durch die Entscheidung der Partei, die ihn erst verlangt und dann nicht mehr gebrauchen kann, sondern durch die Entscheidung des Täters, eines Miniatur-Hamlets, der sich schließlich zu ihm bekennt und lieber stirbt, als ihn zu verleugnen: durch seinen Entschluß wird der Mord nachträglich politisch.

Vom ersten bis zum letzten Wort des Stückes ist ein Revolver auf der Bühne; dramaturgisch ist seine Mündung unentwegt auf das Publikum gerichtet, das ständig in der Erwartung des großen Knalles gehalten wird. Geistige Spannungen bringen die Diskussionen darüber, ob es möglich sei, Politik zu machen, ohne dabei schmutzige Hände zu bekommen. Diskussionspartner ist Hoederer, ein sympathisch gezeichneter Mann, dessen Ansicht in dem Satz gipfelt: »Bildest du dir ein, daß man in Unschuld regieren kann?«, und dem Hugo eine neidvolle Haßliebe entgegenbringt. Erotische Spannung bringen zwei Frauen: Olga, der Typ der perfekten Funktionärin, die nur nach der jeweiligen Parteilinie handelt, und Jessica, die Frau Hugos, der Typ des erotischen Luders.

Philosophie, Psychologie und Politik als vollautomatische dramatische Räuberpistole. Sartre protestierte gegen die ›antikommunistische Tendenz‹ der New Yorker Inszenierung, und die Kommunisten protestierten gegen das Stück — zweifellos wirkt das Stück antikommunistisch: durch den zynischen Opportunismus, mit dem die Parteilinie über Wert und Unwert

eines Mordes und eines Mörders entscheidet. In der Verteilung der politischen
und moralischen Positionen spiegelt sich Sartres unklare Stellung zwischen
einem hausgemachten, auf Wahrheit zielenden Existentialismus und seiner
Sympathie für den Kommunismus, für den die Wahrheit nur eine Frage
politischer Nützlichkeit ist. Als Sartre 1952 — nach seiner vorübergehenden
Abwendung vom Stalinismus — am kommunistischen ›Völkerkongreß für
den Frieden‹ in Wien teilnahm, verbot er eine geplante Aufführung seines
Stückes in Wien. Zwei Jahre später konnte er aus juristischen Gründen die
Aufführung des Wiener Volkstheaters zwar nicht verbieten, doch protestierte er heftig gegen sie, gegen jede Aufführung an den ›neuralgischen
Punkten der Weltpolitik‹, da sie ›der antikommunistischen Propaganda‹
diene. Bei einer Pressekonferenz im Wiener ›Hotel Sacher‹ versicherte er,
seine Sympathien gehörten dem Aktivisten Hoederer, dem Mann mit den
schmutzigen Händen.

Der Teufel und der liebe Gott (Le diable et le bon Dieu). 1951. Uraufführung
am 7. Juni 1951 im Théâtre Antoine, Paris, durch Louis Jouvet mit Pierre
Brasseur als Götz. Deutsche Erstaufführung am 30. Oktober 1951, Schau-
spielhaus, Hamburg. — Deutschland 1524 und 1525, zur Zeit der Bauern-
kriege. Gott ist der einzige Gegenspieler, den Ritter Götz, ein monströses
Ungeheuer, als ebenbürtig anerkennen kann: »Es gibt auf der Welt nur
Gott, mich und Gespenster.« Weil Gott alles Gute getan hat, fordert Götz
Gott damit heraus, daß er das Böse tut, allein um des Bösen willen. Als
ihm ein Priester klarmacht, daß jedermann das Böse, doch niemand das
Gute tue, verspricht er, der ›Feldhauptmann des Guten‹ zu werden, falls er
beim Würfelspiel verliere, und betrügt beim Spiel, um zu verlieren: nun
fordert er Gott durch das Gute heraus, das er systematisch tut, mit derselben Anmaßung und Raserei wie vorher das Böse. Heinrich, ein zweifeln-
der Priester, der das Gute vertritt, solange Götz auf der Seite des Bösen ist,
und der das Böse vertritt, sobald Götz das Gute versucht, prophezeit ihm,
daß er nach einem Jahr und einem Tag auch mit dem Guten gescheitert sei.
Götz schenkt seine Güter den Armen, doch sie mißtrauen ihm und laufen
lieber dem Ablaßverkäufer Tetzel nach. Götz küßt, um Tetzel zu übertrumpfen, einen Aussätzigen auf den Mund, doch auch der Aussätzige will lieber
Tetzels Ablaß als einen Kuß. Götz betet darum, daß er stellvertretend leiden
darf, doch wird er nicht erhört. Um das Gute zu erzwingen, stigmatisiert
er sich mit seinem Dolch: durch diesen Betrug schafft er das ›Wunder‹, das
die Masse verlangt, und gewinnt er die Anhänger für seine ›Stadt des
Lichts‹. Ein revolutionärer Heilsapostel fordert ihn auf, die aufständischen
Bauern zu führen, doch Götz will kein Blut vergießen und predigt den

›Der Teufel und der liebe Gott‹ von Jean-Paul Sartre. Skizze von Max Fritzsche für die Inszenierung von Alfred Noller, Kiel, 1952

Bauern den Frieden; sie hören nicht auf ihn, sie werden geschlagen, weil er sie nicht in den Kampf geführt hat. Was Götz auch Gutes tut, es wendet sich immer wieder zum Bösen. Heinrich, der ihn nach einem Jahr wieder trifft, hat mit seiner Prophezeiung recht gehabt und spricht aus, was Götz inzwischen denkt: »Wenn Gott existiert, dann ist der Mensch nichts. Wenn aber der Mensch existiert, was ist dann Gott? Es gibt keinen Gott — Gott ist tot.« Götz beendet ›die Komödie des Guten‹ und tötet Heinrich; er tötet mit ihm seine Gegenstimme — die Stimme, die ›Gut‹ und ›Böse‹ im Jenseits sucht. »Gott sieht mich nicht, Gott hört mich nicht, Gott kennt mich nicht . . . Die Verlassenheit der Menschen ist Gott. Ergo: Gott existiert nicht . . . Nichts außer der Erde bleibt.« Götz stellt sich an die Spitze der rebellischen Bauern; er verschreibt sich der ›Partei der Menschen‹ und wird für das Gute auch das Böse in Kauf nehmen. Er löst den Bauernführer Nasty ab, einen gläubigen Revolutionär, der den Weg des Terrors gegangen ist und den Terror nicht mehr erträgt — Götz hat bessere Nerven, er tötet einen Bauernführer, der sich seinem Befehl widersetzt: »Das Reich des Menschen ist angebrochen . . . Ich werde sie schaudern machen, da ich sie anders nicht lieben kann . . . Ich werde allein sein mit dem leeren Himmel über mir, da ich nur so mit allen sein kann. Dieser Krieg muß geführt werden, und ich führe ihn.« Er führt ihn für die soziale Gerechtigkeit.

Götz hat mit dem Bösen und mit dem Guten experimentiert; ohne Antwort von Hölle oder Himmel geblieben, sagt er sich los von jeglicher überirdischen Bindung; unter einem leeren Himmel ohne Gott will er nur als Mensch unter Menschen leben, und da er in einer Zeit des Krieges lebt, nimmt er Krieg und Gewalttat auf sich, die er im Interesse des Menschen für notwendig hält.

Vier Stunden lang wird dieser Grundgedanke an Hand von üppig wuchernden Episoden mit einer Unzahl blasser, aber geschwätziger Figuren entwickelt, mit denen Sartre bestimmte soziale Verhältnisse, dialektische Positionen und Zeitumstände der deutschen Reformation ausmalt, soweit sie ihm Entsprechungen zur Gegenwart bieten. Der Philosoph Sartre, der messerscharf argumentiert, metzelt dabei allmählich den Szeniker Sartre nieder — aus dem Theaterstück wird ein Diskussionsforum. Mit (einem wörtlichen Zitat aus) Nietzsche verkündet Sartre den Tod Gottes; als moralische Instanz setzt er das Gewissen des diesseitigen Atheisten ein, der sich — wie sein Hoederer in ›Die schmutzigen Hände‹ — vor blutigen Händen nicht scheut, wenn sie ihm nützlich für das Wohl der Menschen erscheinen. Sein Götz ist kein farbiger einmaliger Charakter; als Marionette eines Gedankenspiels ändert er sich ruckartig und vertritt Sartres allgemeine Thesen. Mit ihm ließe sich in letzter Konsequenz, die Sartre angemessen wäre und die er selbstverständlich bestreiten würde, jeder politische Massenmörder rechtfertigen, wenn er nur im subjektiven Bewußtsein, damit der sozialen Gerechtigkeit zu dienen, gemordet hätte.

Meinungen: »Gerade der Christ wird Sartre nicht verdammen, weil er, das ist keinem Zweifel unterworfen, ein Leidender und, bei aller gespielten Gewißheit, ein Suchender ist. Der Haß auf einen Gott, den man für inexistent hält, ist absurd«: Fred Hepp. — »Theologischer Grand Guignol, mag man sagen. Aber es steckt mehr darin. Und der Christ braucht sich über die Anstößigkeit nicht zu entrüsten. Sie ist hart und grell, aber ganz offen. Sie zwingt die Geister, sich daran zu scheiden. Was kann man mehr wünschen? Die Lauen speit der Himmel aus«: Albert Schulze Vellinghausen.

Kean oder Unordnung und Genie (Kean ou Désordre et Génie). ›Ein Stück in fünf Akten nach Alexandre Dumas.‹ Uraufführung 14. November 1953, Théâtre Sarah Bernhardt, Paris. Deutsche Erstaufführung 16. September 1954, Stuttgart. — ›Kean‹ ist der englische Shakespeare-Schauspieler Edmund Kean (1787–1833), der auf der Bühne als Othello gestorben ist. Der Bühnenreißer ›Kean‹ wurde 1836 in Paris uraufgeführt unter dem zugkräftigen Verfasser-Namen Alexandre Dumas (Vater), der das Stück für den Schauspieler Fréderick Lemaître von einem seiner geheimen Mitarbeiter, Herrn de Courcy, hatte schreiben lassen. Auf Anregung des Pariser Schauspielers Pierre Brasseur hat Sartre diesen ›Kean‹ bearbeitet und im Sinne seiner Philosophie leicht umgedeutet. Sartre strich fünfzehn Personen, behielt aber im wesentlichen die Handlung des alten Melodramas bei: Kean begehrt Elena, die Gräfin Koefeld, der es Vergnügen macht, sich zu einem Schauspieler herab- und mit ihm einzulassen; das ergibt Schwierigkeiten mit dem Grafen und dem rivalisierenden Prinzen von Wales, der es sich gestattet, mit dem Komödianten befreundet zu sein; Kean fällt beim Theaterspiel in einem Eifersuchtsanfall aus der Rolle und beschimpft den Prinzen im Zuschauerraum; der Prinz sorgt dafür, daß Kean nicht ins Gefängnis kommt, verheiratet ihn mit der Schauspielerin Anna Damby und schickt ihn ein Jahr lang nach Amerika auf Tournee.

Leidet der Dumas-Kean, verehrt als Schauspieler und verachtet als Mensch, unter der Kluft zwischen den rechtlosen Komödianten und der sozialen Oberschicht, der er sich kraft seiner Persönlichkeit zugehörig fühlt, so leidet der Sartre-Kean als Komödiant unter der Kluft zwischen Schein und Sein, zwischen Rolle und Leben: »Man spielt, um zu lügen; um zu sein, was man nicht sein kann; und da man es satt hat, zu sein was man ist.« Er weiß nicht mehr, wann er Gefühle erlebt, und wann er sie spielt. Als Mensch ist er ein Nichts, als Schau-Spieler kann er seinen Mitmenschen alles sein. So verhält er sich nur noch im Hinblick auf die Umwelt, die ihn zu einem bestimmten Verhalten zwingt — nicht nur auf der Bühne wird jedes Gefühl zur Geste, jeder Partner zum Publikum; Kean konstatiert: »Ich existiere in Wirklichkeit nicht, ich stelle mich nur so.« Sogar sein Eifersuchtsausbruch gegen den Prinzen von Wales war nur Spiel mit der Eifersucht, und Elenas Liebe war Spiel mit der Liebe; in Amerika wird er mit dem Spiel weiterspielen — so wie alle anderen Menschen.

Doch auch ohne weiterführende ›existentialistische‹ Ausdeutung ist dieser Kean (den in der Dumas-Fassung Sonnenthal, Mitterwurzer, Matkowsky, Bassermann spielten) eine Virtuosen-Rolle für einen großen Komödianten. Sartre hat die Bühnencoups des 19. Jahrhunderts mit seiner effektvollen Intellektualität ironisch und selbstironisch verschnitten.

Nekrassow (Nekrassov). Uraufführung im Juni 1955 im Théâtre Antoine, Paris. Deutsche Erstaufführung im November 1956 in der Ost-Berliner Volksbühne. Erste Aufführung in der Bundesrepublik im Februar 1960 in Bochum. — Der Hochstapler Georges de Valéra gibt sich in Paris als in den Westen geflohener sowjetischer Innenminister Nekrassow aus, liefert ›Tatsachenberichte‹ für ein Boulevardblatt, dessen Chefredakteur zum Komplizen

und schließlich zum Opfer seines Schwindels wird. Sein größter Schlager ist
eine Liste der französischen Politiker, die nach dem Einmarsch der Roten
Armee erschossen werden sollen — sie verachten jeden, der nicht auf der
Liste steht, und gründen einen ›Club der Erschossenen von morgen‹. Die
Staatspolizei weiß, daß er ein Hochstapler ist, möchte ihn gleichwohl dazu
benutzen, daß er kommunistische Journalisten als Soldschreiber für Moskau
denunziert. ›Nekrassow‹ klärt eine kommunistenfreundliche Journalistin
auf, eine proletarische Heilige unter lauter Sündern, und taucht in der vergleichsweise ehrlichen Verbrecherwelt unter, der er entstammt. Der Präsident des Verwaltungsrates der Zeitung, dem es sehr peinlich ist, daß sein
Name nicht auf der Liste der Todeskandidaten steht, veranlaßt, daß man
unter den ›hinterlassenen Papieren‹ des Hochstaplers noch eine Erschießungs-
liste findet, mit seinem Namen an erster Stelle.

Bevor das Stück nach Ost-Berlin kam, wurde es in Moskau, Prag und
London (von einer ›linken‹ Amateurbühne) gespielt — es stellt den Antikommunismus als eine schiere Posse des Schwindels, der Heuchelei, der
Wahlbeeinflussung und kapitalistischer Geschäftemacherei dar. Die Einfalt
der Pariser Redakteure, Politiker und Kapitalisten freilich, die der durchsichtigen Gaunerei ohne jede Nachprüfung auf den Leim gehen, ist als Voraussetzung sogar für diese satirisch überdrehte ›Farce‹ zu unglaubwürdig.
Mit ihr greift Sartre auf kommunistischer Seite in den ›Kalten Krieg‹ ein,
gegen den sein Stück doch gedacht ist.

Hans Schweikart verzichtete 1956 für die Münchener Kammerspiele auf
die geplante deutsche Erstaufführung: nach dem Aufstand in Ungarn am
23. Oktober 1956, bei dem ein ganzes Volk ›die Freiheit gewählt‹ hatte und
von der Roten Armee niedergeworfen wurde, war auch dem liberalsten
Publikum der Spaß an einer Posse vergangen, in der ein Mann, der ›die
Freiheit gewählt‹ zu haben scheint, nur ein Hochstapler ist. Sartre protestierte im gleichen Jahr gegen die Unterdrückung des ungarischen Freiheitskampfes durch die Sowjetunion, zog seinen ›Nekrassow‹ jedoch nicht zurück, so daß die deutsche Erstaufführung in Ost-Berlin stattfinden konnte.

Die Eingeschlossenen (Les séquestrés d'Altona). Uraufführung am 25. September 1959 im Théâtre de la Renaissance, Paris. Deutsche Erstaufführung
am 29. April 1960, Kammerspiele München. — Altona 1959. Der alte Gerlach, Industriekapitän, Besitzer der größten Schiffswerft Europas, ist krebs-
krank. Er möchte seinen ältesten Sohn Franz als Nachfolger einsetzen, doch
Franz, ehemaliger Leutnant der Wehrmacht, hat sich vor dreizehn Jahren in
sein Zimmer eingeschlossen und gilt für die Außenwelt als tot. Er lebt
im Wahn, Deutschland sei noch immer ein Trümmerhaufen, und läßt sich

diese Vorstellung, an die er sich klammert, von Leni, seiner Schwester, mit
der ihn eine inzestuöse Liebe verbindet (aus Hochmut, wie in Thomas Manns
›Wälsungenblut‹), immer wieder bestätigen. Er trägt an seiner Uniform
Orden aus Schokolade, nährt sich von Sekt und Pervitin, bombardiert ein
Hitler-Bild mit Austernschalen und versucht, sein Zeitalter und sich selbst
mit Reden, die er auf Tonband aufnimmt, vor unsichtbaren Krabben und
dem Jahr 3000 zu rechtfertigen. – Die aus ihm herausgefragte Vorgeschichte
versucht, seinen Zustand zu erklären. Im Krieg war Franz der ›Schinder von
Smolensk‹ und hat russische Partisanen gefoltert. In den Krieg ist er freiwillig gegangen nach einem entscheidenden Erlebnis: sein Vater hat Himm-
ler Gelände für ein Konzentrationslager verkauft, und als Franz einen geflüchteten Häftling, einen Rabbiner, in seinem Zimmer versteckt, um Vaters
Schuld wiedergutzumachen, wird er entdeckt – der Vater entzieht Franz
durch ein Telefongespräch mit Göring der Verhaftung und denunziert den
Rabbiner; Franz sieht, wie der Jude ermordet wird, entdeckt seine Ohnmacht
und in sich ein geheimes, schreckliches Einverständnis mit dem, was geschehen ist – »nach diesem Zwischenfall wurde die Macht meine Berufung«. Er
hat seine Macht genutzt, um »den Menschen noch zu seinen Lebzeiten in ein
Geschmeiß zu verwandeln«, und könnte jetzt den Anblick eines wiederauf-
gebauten Deutschlands nicht ertragen: solange es zerstört ist, kann er seine
persönliche Schuld für einen Teil der allgemeinen Schuld halten. – Der alte
Gerlach schickt Johanna, die Frau seines Bruders, zu ihm, um ihn aus seinem
freiwilligen Gefängnis herauszuholen. Sie beginnt, ihn zu lieben, und er
macht sie zur Richterin über seine Vergangenheit; sie verzeiht ihm alles,
außer den Folterungen, die er insgeheim auch nicht verziehen haben will. Er
verläßt sein Zimmer und macht mit seinem Vater moralische Bilanz. Franz
gesteht: »Ich habe den Tod meines Landes herbeigesehnt, und ich habe mich
eingeschlossen, um nicht Zeuge seiner Wiederauferstehung zu sein« – er
spricht sich schuldig: lieber noch als sterben wollte er gar nicht geboren sein.
Sein Vater gesteht: »Sage deinem Gerichtshof der Krabben, daß ich allein
schuldig bin – und an allem . . . Ich habe dich gemacht, und ich werde dich
vernichten.« Der Denunzianten-Vater und der Kriegsverbrecher-Sohn fahren
gemeinsam mit einem Porsche auf der Elbchaussee in den Tod.

Das Vorstehende ist nur eine sehr grobe Skizze des Handlungsgerüstes,
ein einziger Strang aus einem ungeheuren Knäuel von philosophischen und
politischen Debatten, von symbolischen Übersteigerungen und psychoanalytischen Tiefbohrungen, von erleuchteten Formulierungen und wuchern-
dem Kitsch. In eine Familientragödie à la Strindberg, eine ausufernde Variante der ›Geschlossenen Gesellschaft‹, randvoll mit Lebenslügen à la Ibsen,
ist im Zimmer des Eingesperrten absurdes Theater à la Beckett einge-

sprengt — dies alles als Mittel einer Beweisführung à la Sartre: am Ende, das mit der völligen Aufdeckung der Vorgeschichte zusammenfällt, steht die Selbstverurteilung und Selbstvernichtung zweier Menschen, die schuldig geworden sind, weil sie ihre Freiheit dazu gebraucht haben, gegen sich selbst und damit gegen den Menschen überhaupt zu handeln.

Sartre hat den alten Gerlach zu einem Repräsentanten des alten und des neugeborenen Kapitalismus gemacht, den jungen zu einem Repräsentanten des Faschismus — beide sind in der Sicht Sartres Ausgeburten eines gescheiterten bürgerlichen Idealismus, und beide, obwohl bis zur Lächerlichkeit mit monströsen Attributen behangen, die ein Franzose für typisch deutsch halten mag, sollen überdies, nach einem Kommentar Sartres, zeigen, »wie der Mensch von heute lebt, wie er mit der Situation, in die er gestellt ist, fertig wird. In der Zeit, die wir erlebt haben, in unserem Jahrhundert der Gewalt, des Blutes, ist der erwachsene Mensch von heute zwangsläufig Zeuge oder Mithandelnder geworden und hat eine Verantwortung übernehmen müssen: ob es sich nun um jene handelt, die in Frankreich gegen gewisse Exzesse im Verlauf des Algerienkrieges nicht haben protestieren können, oder ob es sich nun um die handelt, die im Krieg von 1939 Ausschreitungen geduldet haben oder aktiv an ihnen beteiligt waren, oder ob es sich etwa um Menschen handelt, die weder Deutsche noch Franzosen sind.«

Auf der Bühne läuft das Stück Gefahr, entweder an seiner gedanklichen Überfrachtung unterzugehen, oder, wenn es durch Streichungen entlastet ist, seinen Tiefgang zu verlieren. Ein analytischer Kopf hat hier allzu ausführlich Unzucht mit der Kolportage getrieben — auf einer mühsam ins Symbolische hochgestemmten Hintertreppe argumentiert Sartre durch seine fünf Marionetten so fieberhaft, als spüre er, daß er nicht einmal sich selber überzeugen kann.

Albert Camus: Proklamation der Gerechtigkeit

> Jedenfalls können Psychologie, kunstreiche Intrigen und prikkelnde Situationen mich vielleicht als Zuschauer belustigen, als Autor aber lassen sie mich völlig kalt.   Albert Camus

Sein Tod wird oft, als habe er ihn geschrieben, wie ein Beweis für seine Grundthese zitiert, daß das Leben absurd sei: am 4. Januar 1960 raste ein Wagen aus dem Süden über die Straße Sens — Paris, ein Hinterreifen platzte, der Wagen prallte gegen eine Platane, drei Menschen wurden herausgeschleudert, der vierte, in den Trümmern der Karosserie, war tot: Albert Camus. Man fand bei ihm eine Rückfahrkarte für die Eisenbahn; aus welchen Gründen immer, hatte er den Wagen vorgezogen. Der Fahrer, Michel Gallimard, Neffe des Pariser Verlegers, dessen Lektor Camus gewesen war, starb vier Tage später.

Doch für Camus war das Leben in einem tieferen Sinne ›absurd‹, als es ein geplatzter Reifen sein kann: er konnte in ihm keinen Sinn erblicken, und er glaubte weder an Gott noch an die Geschichte, diese sinngebenden Instanzen der Christen und der Marxisten. Er kam in Algerien zur Welt, am 7. November 1913, in Mondovi im Departement Constantine; sein Vater war ein elsässischer Handwerker, seine Mutter eine Spanierin, die nicht lesen und schreiben konnte. Mit siebzehn Jahren hatte er seinen ersten Tuberkulose-Anfall; mit 21 trat er in die Kommunistische Partei ein und verließ sie ein Jahr später; er gründete ein Theater, ging auf Tournee durch Algerien, spielte Liebhaber in klassischen Stücken, führte Regie und schrieb 1938 ›Caligula‹, sein erstes Stück. Bei Kriegsausbruch meldete er sich freiwillig, wurde aber nicht genommen — seine schwache Gesundheit hatte ihm schon das philosophische Staatsexamen verwehrt. Als Reporter der liberalen Zeitung ›Alger-Républicain‹ schrieb er »Es gibt nichts Schändlicheres als den Anblick von Menschen, die zur Unmenschlichkeit herabgewürdigt werden«, schilderte er das Elend der algerischen Provinz Kabylien — 1940 erhielt er den Ausweisungsbefehl, ging als Reporter nach Paris und schrieb die Erzählung ›Der Fremde‹, sein erstes Meisterwerk, zu Ende.

Als die deutschen Truppen 1940 Paris besetzten, zog er sich nach Lyon, dann nach Oran in Algerien zurück. Hier entstand sein ›Mythos von Sisyphos‹, mit dem er seinen Begriff des ›Absurden‹ formulierte. Sisyphos ist von den Göttern dazu verurteilt, einen Felsen auf einen Berg zu wälzen, der Fels aber rollt immer wieder herab — die Strafe der sinnlosen, der absurden Arbeit. Camus deutete diesen griechischen Mythos neu: sein Sisyphos verachtet die Götter; er leidet unter dem Schmerz, den sie ihm zufügen, doch manchmal, beim Abstieg zu seinem hinuntergerollten Stein, ergreift ihn auch die Freude. Er weiß dann, »daß alles gut ist«: »Das Weltall kommt ihm weder unfruchtbar noch wertlos vor . . . Der Kampf, der zu den Gipfeln führen soll, genügt, um ein Menschenherz auszufüllen. Wir müssen uns Sisyphos als einen glücklichen Menschen vorstellen.«

Die Helden der Dramen, die Camus schreiben wird, ähneln seinem Sisyphos: sie glauben nicht an Gott, sie schieben einen Stein vor sich her, der immer wieder herabrollt, und sie sind doch glücklich — sie sind atheistische Humanisten, deren Einsicht in die Absurdität ihres Daseins sie nicht hindert, dieses Dasein zu bejahen und alles zu tun, was die Menschenliebe fordert.

Zu ihren höchsten Tugenden gehörte für Camus von Anfang an die Gerechtigkeit. Obwohl immer Algerien-Franzose, trat er für die mißhandelten Araber ein; in seinen ›Briefen an einen deutschen Freund‹ schrieb er 1943, mitten im Krieg, den er als ›Krieg gegen Hitler‹ betrachtete, nicht als Krieg gegen die Deutschen, in der illegalen Zeitung ›Combat‹ als Mitglied der Widerstandsbewegung:»Ich kann nicht zu jeder Größe ja sagen, nicht wenn sie auf Blut und Lüge gegründet ist. Indem ich die Gerechtigkeit am Leben erhalte, möchte ich mein Land am Leben erhalten.« Sein Roman ›Die Pest‹ (1947) konstatiert, »daß es an den Menschen mehr zu bewundern als zu verachten gibt«. Seine Essays ›Der Mensch in der Revolte‹ (1951) fordern die unablässige »Revolte im Namen des Maßes und des Lebens«.

Jean-Paul Sartre, mit Camus befreundet, griff den Essay-Band und seinen Verfasser scharf an und verspottete sein ›Maß‹ als »Maßlosigkeit, mit der Sie Ihre inneren Schwierigkeiten maskieren«. Camus antwortete und lehnte Sartres damals besonders betonte prokommunistische Haltung scharf ab. Mit ihrem in Sartres Zeitschrift ›Les Temps Modernes‹ (1952) veröffentlichten Briefwechsel endete ihre Freundschaft. Sartre schrieb Camus einen glanzvollen Nachruf, in dem er die Wendung nicht unterdrücken konnte: »Dieser Cartesianer des Absurden weigerte sich einfach, das sichere Gebiet der Moral zu verlassen und sich auf die ungewissen Pfade der Praxis zu begeben.« Der Moralist Camus hatte den von Sartre geprägten Existentialismus ein »großes Abenteuer des Geistes« genannt, »dessen Schlußfolgerungen falsch sind«, hatte in Sartres Bühnenstücken die mörderischen Konsequenzen einer schrankenlosen Freiheit nachgewiesen und die Praxis verurteilt, die sich im Namen einer gesellschaftlichen Moral die Hände schmutzig und blutig macht.

Auf der Bühne war Camus immer mehr Moralphilosoph als Dramatiker: er probierte Ideen aus und urteilte sie ab, sobald sie bei ihrer Verwirklichung die Grenze einer elementaren Menschenliebe überschreiten. Er wurde nicht müde, die Diktatur in jeder Form zu bekämpfen, komme sie von rechts oder von links. Er glaubte an ein künftiges freies Europa. Seine Prosa, sein selbstironischer Roman ›Der Fall‹ (1956) und seine Erzählungen ›Das Exil und das Reich‹ (1957) werden vermutlich den Appell seiner Gleichnis-Dramen überleben, vor denen man nur theoretisch, durch Erkenntnisvermittlung, spürt, wie sehr Camus das Leben geliebt hat, ein einfaches Gespräch, ein gutes Essen, und auch ein sonntägliches Fußballspiel in einem provençalischen Dorf. »Im schwärzesten Nihilismus unserer Zeit«, so schrieb er 1950, »suchte ich nur Gründe, ihn zu überwinden. Übrigens nicht aus Tugend, noch auf Grund einer besonderen Seelengröße, sondern aus instinktiver Treue zu jenem Licht, in dem ich geboren wurde und in dem seit Jahrtausenden die Menschen gelernt haben, das Leben zu bejahen bis in seine Leiden.«

Seine letzte Arbeit für das Theater war der Versuch, Dostojewskis Roman ›Die Dämonen‹ (1871) zu dramatisieren: das Schauspiel *Die Besessenen* wurde am 30. Januar 1959 im Théâtre Antoine in Paris zum erstenmal, am 20. Oktober 1959 in den Münchener Kammerspielen zum erstenmal in deutscher Sprache gespielt. Camus hatte wohl gehofft, mit dem prophetischen Dostojewski die Theorien und den Ursprung der russischen Revolutionen auf die Bühne zu bringen, doch blieb von dem Roman nur ein Gerippe übrig, das mit mißverständlichen Sentenzen klappert, weil ihm das motivierende, psychologische Erzählfleisch Dostojewskis fehlt.

Zwei Jahre vor seinem Tod nahm der vierundvierzigjährige Camus am 18. Dezember 1957 den Nobelpreis entgegen. In seiner Dankrede sagte er über die Aufgabe des Schriftstellers: »Seiner Bestimmung gemäß kann er sich heute nicht in den Dienst derer stellen, die Geschichte machen: er steht im Dienst derer, die sie erleiden.«

Caligula (Caligula). ›Schauspiel in vier Akten‹. 1938. Uraufführung Ende 1944 in der Comédie, Genf, durch Giorgio Strehler unter dem Pseudonym Georges Firmy (er besaß keine schweizerische Arbeitsgenehmigung). In Paris am 26. September 1945, Théâtre Hébertot, mit Gérard Philipe in der Titelrolle. Deutsche Erstaufführung 29. November 1947, Staatstheater Stuttgart. – Mit dem Tode seiner Schwester und Geliebten Drusilla (38 n. Chr.) erlebt der junge römische Kaiser Gaius Caligula, der bis dahin ein gerechter

›Caligula‹ von Albert Camus. Bühnenskizze von Cesar Klein für die Inszenierung von Albert Lippert am Deutschen Schauspielhaus Hamburg, 1949

Regent gewesen ist, den Tod überhaupt: »Die Menschen sterben und sind nicht glücklich.« Das Leben scheint ihm als absurd, und jeder, der sich damit abfindet, als ein Lügner. Er will, daß »in der Wahrheit« dieser seiner Erkenntnis gelebt wird und errichtet eine Herrschaft des Absurden, kraft der schrankenlosen Freiheit, die ihm als Kaiser gegeben ist. Symbol für das Absolute — die absolute Absurdität, die absolute Freiheit — ist der Mond, den er besitzen will. Er vergewaltigt und mordet, und je unterwürfiger sich die Menschen zeigen, desto mehr verachtet er sie. Gegen ihn stehen zwei Männer, die seine Gedanken verstehen, aber nicht verzeihen: der Dichter Scipio, für den der Tod nichts Absurdes, sondern ein Teil des Lebens ist, und der Patrizier Cherea, der leben und glücklich sein will: ». . . ich glaube, daß man weder das eine noch das andere kann, wenn man das Absurde auf die Spitze treibt.« Als Caligula seine Geliebte Caesonia erdrosselt hat, erkennt er vor dem Spiegel: »Ich habe nicht den Weg eingeschlagen, den ich hätte einschlagen sollen. Meine Freiheit ist nicht die richtige.« Die Verschwörer, Cherea an der Spitze, töten ihn.

In einer späteren Fassung (für Camus' eigene Pariser Inszenierung, 1958) entreißt Caligula einem Verschwörer den Dolch und tötet sich selbst. Diese ›Tragödie der Erkenntnis‹ ist ein Gedankenspiel, Camus verlangt nur eine Andeutung des historischen Kostüms: Caligula ist das Experiment der absoluten Freiheit, die in das absolute Nichts führt. »Während seine Wahrheit darin besteht, die Götter zu leugnen«, so kommentiert ihn Camus, »besteht sein Irrtum darin, die Menschen zu leugnen . . . Dem Menschen untreu aus Treue zu sich selbst, geht Caligula willig in den Tod, weil er erkannt hat, daß kein Mensch allein sich zu retten vermag und daß man nicht frei sein kann gegen die Menschen.« Die Verführungskraft der nihilistischen Gedanken, von Camus glänzend formuliert, ist so groß, daß mit ihnen keine Diskussion möglich ist. »Man muß sie erschlagen«, sagt Cherea, »widerlegen kann man sie nicht.« Wie sein Caligula glaubt Camus, daß das Leben absurd ist; gegen seinen Caligula und mit seinem Cherea gestattet Camus nicht, daß aus dieser Absurdität der Schluß der schrankenlosen Freiheit gezogen wird.

Schon in seinem ersten Stück, in dem er Gedanken, verkörpert durch Personen, gegeneinanderstellt, führt der fünfundzwanzigjährige Camus die bindungslose Freiheit ad absurdum: wo sie mörderisch wird, beginnt bei ihm die Revolte gegen das unmenschliche Prinzip. Dreizehn Jahre später hat er sie in seinem Buch ›Der Mensch in der Revolte‹ gefordert: »Sobald die Revolution im Namen der Macht und der Geschichte eine mechanische und maßlose Mörderin geworden ist, wird eine neue Revolte im Namen des Maßes und des Lebens eingeweiht. In dieser extremen Lage sind wir.«

›Belagerungszustand‹ von Albert Camus, inszeniert von Hans Schweikart an den Münchener Kammerspielen, 1950. Wolfgang Znamenacek schuf das Bühnenbild, Wilfried Seyferth (1908–1954) spielte ›die Pest‹. Zeichnung von Gerda von Stengel

Das Mißverständnis (Le Malentendu). ›Schauspiel in drei Akten‹. 1941.
Uraufführung im Mai 1944 im Théâtre des Mathurins, Paris. Deutsche Erstaufführung am 5. November 1950, Stuttgart. — Mutter und Tochter, Besitze-
rinnen eines einsamen Wirtshauses, berauben und ermorden ihre wohlhabenden Gäste, um in den Süden ziehen zu können. Der Sohn kehrt nach jahre-
langer Abwesenheit zurück, gibt sich Mutter und Schwester nicht zu erkennen,
weil er erwartet, von ihnen erkannt zu werden; er trinkt den vergifteten Tee,
den ihm seine Schwester kredenzt, und die Mutter schleppt seinen Leichnam
in den Fluß. Am nächsten Morgen lesen die Mörderinnen in seinem Paß, wen
sie umgebracht haben. Die Mutter tötet sich: Liebe und Schmerz sind in ihr
wieder lebendig geworden. Die Schwester tötet sich, obwohl sie auch ihren
Bruder ermordet hätte: sie will »mit garstiger Menschenliebe« nichts mehr
zu tun haben.

Die Fabel ist alt, erzählerischer Urstoff: schon der deutsche Dramatiker
Zacharias Werner (1768–1823) hat sie in seinem (von Goethe geschätzten)
Schicksalsdrama ›Der 24. Februar‹ (1809) verarbeitet; nach dem zweiten
Weltkrieg ist sie in deutschen Dörfern — als Heimkehrergeschichte — erzählt
worden; Camus läßt sie in seiner Erzählung ›Der Fremde‹ (1940) als Zei-
tungsmeldung aus der Tschechoslowakei auftauchen und dazu die Bemerkung
machen: »Einerseits war diese Geschichte unglaubhaft, andererseits ganz
natürlich.« Lebensentscheidende Zufälle sind ›ganz natürlich‹; ihre Häufung
in diesem Stück machen sie zugleich ›unglaubhaft‹. Der rasende Mechanismus
der Zufälle in diesem ›Versuch einer modernen Tragödie‹ ist ein Bild für die
Absurdität der Existenz, für das menschliche Leben, dessen Sinn nicht zu
erkennen ist. Mit den beiden Frauen wird (wie schon mit ›Caligula‹) die tödliche Konsequenz der Freiheit ohne Menschenliebe vorgeführt—sie ist Freiheit
zum Mord. Dieses Schauspiel zwischen Grauen und Gelächter ist ein Gleichnis; keine psychologische Studie zweier Mörderinnen. Alles wäre anders
gekommen, hätte sich der Sohn zu erkennen gegeben; dies will besagen, so
kommentierte Camus, »daß der Mensch in einer ungerechten oder gleichgültigen Welt sich selbst und seine Mitmenschen erretten kann, wenn er sich
an die einfachste Aufrichtigkeit, das treffendste Wort hält«.

Der Belagerungszustand (L'État de Siège). ›Schauspiel in drei Teilen‹. Mit
Musik von Arthur Honegger. Uraufführung am 27. Oktober 1948 im Théâtre
Marigny durch Jean-Louis Barrault. Deutsche Erstaufführung am 20. Juni
1950, Kammerspiele München. — Über der spanischen Stadt Cádiz kündet ein
Komet Unheil an: die Stadt wird besetzt von einem Diktator mit dem sym-
bolischen Namen ›Die Pest‹. Er errichtet eine Terror-Herrschaft der totalen
Organisation; die Liebe wird ausgerottet und der Mensch zum Funktionär

der Staatsmaschinerie erniedrigt. Die Sekretärin der ›Pest‹ ist der Tod: wen
sie in ihrem Einwohnerverzeichnis ausstreicht, der wird liquidiert. Die Pest
der Diktatur findet Helfer aus Feigheit und aus Lust am Töten. Zum Helfer
wird auch Nada (das spanische Wort für ›Nichts‹), der — wie auf seine Weise
schon Camus' Caligula — die falsche, die bindungslose, nihilistische Freiheit
ohne Liebe vertritt. Die Macht der Pest zerbricht an dem, der keine Angst hat:
Diego muß durch alle Höllen der Furcht und Feigheit, bis ihm die Liebe (zu
Viktoria) die Kraft zur Furchtlosigkeit gibt. Er opfert sein Leben, die ›Pest‹
muß abziehen, der ›Belagerungszustand‹ ist aufgehoben; das Leben in Cádiz
ist nicht paradiesisch geworden, doch wenigstens so halbwegs erträglich wie
vor der ›Pest‹.

Camus hat mit Massenszenen und Monolog, mit Pantomime und Posse, mit
Kabarett-Effekten und Chören, mit Lyrik und Leitartikeln bewußt im unverblümt lehrhaften Stile der spanischen ›autos sacramentales‹, dieser aus
der Prozession hervorgegangenen Fronleichnamsspiele, eine allerdings weltliche Allegorie geschrieben: die das Unheil wendende Kraft kommt nicht von
Gott; sie kommt vom furchtlosen einzelnen, dessen Revolte die Masse
bewegt und einen — vorläufigen — Sieg eringt. Camus bekannte sich zur Absicht, »das Theater den psychologischen Grübeleien zu entreißen und auf
unseren von gedämpftem Murmeln erfüllten Bühnen die lauten Schreie
ertönen zu lassen, die heute ganze Menschenmassen ins Joch beugen oder
befreien«. Sein Theater erinnert an gewisse vergessene Stücke des deutschen
Expressionismus: es ist ein durch Stimmen und Gegenstimmen vorgetragenes
Bekenntnis, ein oratorienhafter Aufruf — gegen jegliche Diktatur ein Kampfstück, das weniger durch Kunst als durch Erörterung und Bekenntnis wirkt.
Von der Pariser Uraufführung konnte Camus berichten: »Es gibt gewiß
wenige Stücke, denen ein so rückhaltloser Verriß zuteil geworden ist«; außerhalb Frankreichs hatte es mehr Erfolg.

Die Gerechten (Les Justes). ›Schauspiel in fünf Akten‹. Uraufführung am
15. Dezember 1949 im Théâtre Hébertot, Paris, mit Serge Reggiani und Maria
Casarès. Deutschsprachige Erstaufführung am 14. September 1950 in Zürich.
Deutsche Erstaufführung am 15. Oktober 1950, Hebbel-Theater, Berlin. —
Die Ermordung des Großfürsten Sergeij durch den Studenten Iwan Kaliajew
im zaristischen Rußland, 1905. Die Mitglieder der sozial-revolutionären
Gruppe, zu der Kaliajew gehört, glauben nicht an Gott und an ein paradie-
sisches Jenseits, aber an die Möglichkeit einer gerechteren Zukunft, der sie, so
ungewiß sie sein mag, ihr Leben opfern wollen. Ihre Partei hält den Tod des
Großfürsten für notwendig. Alexis, ein junger Schwärmer, ist nicht imstande,
die Bombe zu werfen, und auch Iwan Kaliajew kann es nicht, als zwei Kinder

im Wagen des Großfürsten sind: Unschuldige dürfen nicht leiden — alle Mitglieder der Gruppe, außer einem, bekennen sich zu diesem Grundsatz. Bevor Kaliajew — zwei Tage später — den Großfürsten tötet, nimmt er Abschied von Dora Duljebew. Beide lieben sich inbrünstig, und Dora sehnt sich nach einem ›Stündlein Selbstsucht‹, doch Kaliajew folgt seinem Glauben: »Aber das ist ja das Wesen der Liebe: alles geben, alles opfern, ohne auf Lohn zu hoffen.« Er bleibt seiner Tat treu, auch als er sich durch Verrat retten könnte; er besteht darauf, daß der Großfürst »durch eine Idee getötet worden ist«, und lehnt die Witwe des Großfürsten, die ihn zur Reue bekehren möchte, als Richterin ab. »Nur wenn ich nicht stürbe, wäre ich ein Mörder«, sagt Kaliajew, »ich betrachte meinen Tod als höchsten Protest gegen eine Welt der Tränen und des Blutes.« Er wird gehenkt; Vera wird die nächste Bombe werfen.

Camus ist den historischen Vorgängen sehr genau gefolgt. Er steht in diesem kühlen Seminar über Notwendigkeit und Ethik der Revolution, einer Demonstration von Thesen, auf Seiten Doras und Kaliajews, dieser ›Revolutionäre aus Liebe‹ (gegen Stephan, den Revolutionär aus Haß), doch bejaht er auch den Tod Kaliajews: daß er in seinen Tod einwilligt, macht ihn erst zu einem Gerechten. »Unsere Welt zeigt uns heute ein widerliches Gesicht«, kommentierte Camus, »gerade weil sie von Menschen gezimmert wird, die sich das Recht anmaßen, ... Mitmenschen zu töten, ohne selbst mit dem Leben zu bezahlen. So kommt es, daß die Gerechtigkeit heute überall auf der Welt den Mördern jeglicher Gerechtigkeit als Alibi dient.«

Armand Gatti: Politik und Imaginäres

> Zunächst hat nicht das Publikum eine Form des Theaters zu verlangen, denn das Theater ist nicht seine Sache. Es ist unsere Aufgabe, eine Form beim Publikum durchzusetzen. Wenn ich einem Elektriker vorschreibe, wie er eine Lampe konstruieren soll, besteht die Gefahr, daß wir über das Stadium der Kerze nicht hinauskommen. Ich kann nicht mehr von ihm verlangen, als mir beizubringen, wie ich mich der Lampe bedienen muß. So werde ich Licht haben.
>
> Gatti in »Versuch einer Theorie zu meinem Theater«

Für eine Aufführung seines Stückes vom »Imaginären Leben des Straßenkehrers Auguste G.« gab es in Paris keine Eintrittskarten mehr — Gatti hatte Busladungen voll Pariser Straßenkehrer ins Theater verfrachtet, um mit ihnen eine Woche nach der Aufführung, der meist ersten Theateraufführung ihres Lebens, zu diskutieren. Schwierigkeiten mit Gattis verschiedenen Zeitebenen hatten sie nicht — sie kannten solche Methoden vom Fernsehen.

Dante Armando Gatti, am 24. Januar 1924 in Monaco als Sohn eines Straßenkehrers geboren, hat im Konzentrationslager zu schreiben begonnen. Als er fünfzehn Jahre alt war, starb sein Vater, ein Einwanderer italienisch-russischer Abstammung; mit sechzehn Jahren ging er in den Maquis, »auch aus Abenteuerlust«, wie er später erzählte; mit achtzehn wurde er als Mitglied der Résistance von Correza 1942 festgenommen, zum Tode verurteilt, wegen seiner Jugend begnadigt und in ein Lager bei Hamburg geschafft. Er brach aus, schlug sich nach London durch und ließ sich in der Royal Air Force als Fallschirmspringer ausbilden. Das Lager aber, in dem er politisch denkende und kämpfende Menschen kennengelernt hatte, ließ ihn nicht mehr los; er drehte einen Film und schrieb drei Stücke über dieses Thema, darunter Das Rattenkind (L'enfant-rat), ein Stück, an dem er vier Jahre gearbeitet hat und das er als Fehlschlag betrachtet.

Das Konzentrationslager war seine erste große Erfahrung; seither fühlt er sich als ein Kämpfer für die Veränderung der Welt, für die Befreiung des Menschen zu sich selbst, die ihm ohne politische und soziale Befreiung nicht möglich erscheint. Er ist Kommunist, aber ein ziemlich unorthodoxer, menschenfreundlich und optimistisch. Er gehört keiner Partei an.

Noch 1968 sagte er in einem Gespräch mit der Ost-Berliner Zeitschrift ›Theater der Zeit‹: »Heute ist mir so, als ob ich den Maquis nie verlassen hätte.« Im selben Gespräch erklärte er: »Ich bin nicht für ein Theater, das vereinigt. Ich bin für ein Theater, das trennt. In einer Gesellschaft, die auf Klassenkampf beruht, kann es kein Theater geben, das jedem paßt. Entspricht dieses Theater den Bedürfnissen aller, so ist es entschärft.« Er ließ freilich auch keinen Zweifel, daß sich revolutionäre Ideen nicht mit einer kleinbürgerlichen Sprache realisieren lassen, ja daß die Sprache des Kleinbürgertums die revolutionäre Idee lächerlich mache.

Gatti betrachtet sich als ein Erbe Erwin Piscators und hat seine eigene Form des Theaters am Théâtre de la Cité Villeurbanne entwickelt, wo er durch Roger Planchon und Jacques Rosner lernte, seine poetischen Phantasien mit Realismus zu nähren. Doch wie realistisch, revolutionär, agitatorisch sein Theater sein mag, Gatti besteht darauf, daß auch das Imaginäre zur Realität des Menschen gehört, und zwar so selbstverständlich wie alltägliche Gebrauchsgegenstände.

So stellt er in seinem Theater die Möglichkeiten dar, die in jedem Menschen liegen und die durch Familie, Milieu und Erziehung entwickelt oder im Extremfall bis zur »Einbahnstraße« eingeengt, wenn nicht gar erstickt werden können. Gatti meint, daß »in jedem Menschen ein möglicher KZ-Häftling und ein möglicher SS-Mann stecken«; sein Theater soll jedem Menschen die in ihm liegenden Möglichkeiten bewußt machen, getreu seiner Überzeugung, daß jeder Mensch mehrere Leben lebt, die parallel nebeneinander herlaufen. Er selbst hat viele seiner Möglichkeiten verwirklicht: Widerstandskämpfer, Fallschirmspringer, Journalist, Gerichtsreporter, Bürgerkriegsteilnehmer 1954 in Guatemala, Bärendompteur, Schriftsteller, Filmregisseur, Dramatiker.

Wenn Gatti historische oder zeitgeschichtliche Personen — wie etwa die Anarchisten Sacco und Vanzetti — nicht als geschlossene Figuren auf die Bühne bringt, sondern heutige, alltägliche Menschen verschiedene Aspekte dieser Figuren als Rollen übernehmen und sie diese Aspektrollen mit ihren eigenen Alltagsproblemen durchdringen läßt, so fächert er in einem imaginären Spiel die Möglichkeiten des Menschen auch als die Möglichkeiten auf, die in seinen gegenwärtigen Zuschauern liegen.

Gattis Theater springt mit Zeit und Raum um, wie es seine politischen Absichten und seine Dramaturgie des Imaginären erfordern. Lichteffekte und eine Dekoration, die »den Raum berichtigt, um seine Mannigfaltigkeit zu ermöglichen«, erlauben jeden Zeit- und Ortswechsel in Sekundenschnelle. Gewiß haben auch Filmerfahrungen zu dieser Ungeniertheit verholfen: Gatti hat 1955 in China und 1956 in Sibirien an Filmen von Chris Marker mitgearbeitet (Dimanche à Pékin, Lettre de Sibirie), hat 1958 in Korea gedreht, 1961 für den Film ›L'Enclos‹ (mit Hans Christian Blech) den Kritikerpreis in Cannes und einen Regiepreis in Moskau erhalten und ist 1963 in Cannes für seinen auf Kuba gedrehten Film ›El otro Cristobal‹ abermals mit dem Kritikerpreis ausgezeichnet worden. Selbstverständlich bringt Gatti auch die seit Piscator gewohnten Projektionsflächen und Filmeinblendungen auf die Bühne, doch nicht als belehrende Illustrationen, sondern als Bilder im Bewußtseinsstrom.

Gattis Zeit- und Ortssprünge gehen über das vom Film Gewohnte hinaus, sie schließen imaginäre Zeiten und Orte ein. Ein Zeitsprung zurück kann in die Erinnerung führen, nicht an einen realen Ort, sondern an einen vergangenen Bewußtseinszustand; ein Zeitsprung nach vorn in eine Utopie, in einen zu erreichenden Bewußtseinszustand. Dabei spielen seine Stücke immer in der Gegenwart — auf sie allein sind alle Blicke gerichtet, und sei es aus der chinesischen Frühgeschichte oder aus einem Science-Fiction-Weltall. Gatti will die Gegenwart so unmittelbar, daß er seine Stücke unermüdlich umschreibt und für jede neue Inszenierung auf den allerneusten Stand bringt. Er ist ein Journalist, der von der Politik ins Feuilleton umsteigen möchte und dabei auf der Seite 3 hängenbleibt.

Sein politisches Theater ist so phantastisch im ganzen wie real im Detail, und er ist stolz darauf, für jedes Detail Dokumente zitieren zu können. Er füllt die Bühne mit Pathos und Pantomimen, Licht und Lichtspielen, Lyrik und Prosa, Versen und Vulgärsprache, Zirkusartistik und komplizierten Ritualien. Wer die öffentlichen Angelegenheiten, je mehr sie hysterisiert werden, um so rationaler und pragmatischer behandelt sehen möchte, der wird sich allerdings von Gattis phantastischen und emotionalen Aufladungen der Politik eher belästigt fühlen.

Vom Staatstheater Kassel beauftragt, zum 100. Geburtstag von Rosa Luxemburg ein Stück zu schreiben, hat Gatti eine Fernseh-Runde auf die Bühne gebracht mit u. a. einem Offizier jener Regierungstruppen, die Rosa ermordet haben, einem Spartakuskämpfer, einem NPD-Mitglied, jungen Leuten aus der DDR, einer von Tupamaros entführten US-Diplomatin, einem Black Panther. Gattis Verfahren, Menschen und Vorgänge durch ihre Wirkungen auf andere Menschen und Vorgänge zu aktivieren, ist in *Rosa kollektiv* (Uraufführung 3. April 1971, Kassel) nur noch ein Mechanismus: er klappert mit jenen Klischees, die zu vermeiden er erfunden ist.

Meinungen: »Für Gatti ist das ›Absurde‹ kein philosophisches Heil eines neuen Weltgefühls, sondern eine Technik, mit dem Mittel der Groteske, einem supra-realistischen Modell, die verborgenen Gesellschaftsmechanismen aufzudecken. Sozio-pathologische Zustände will er nicht wie die Landvögte des Absurden mystifizieren, sondern diese gerade mittels seiner surrealistischen Entwürfe demystifizieren«: Martin Wiebel. — »Gatti: das ist Orest unter unseren Poeten. Orestisches Theater ist die Form seiner Bühne: ein Gehirnspiel, in dem sich abspult, was sich je in ihm niederschlug, das nichts vergißt und seine großen sprechenden Träume träumt ... Das Phantastische der Erfindung, ihre rücksichtslos wuchernden Bilder und Sätze, die rüden und poetischen Einfälle: das gehört zur orestischen Form des Gattischen Traumtheaters, das sein historisches Material nur benutzt, um ahistorisch zu sein«: Günther Rühle. — »Gatti versucht, die Figuren aus ihrer Gegenwärtigkeit zu befreien und sie aufzulösen zu einem Strom geträumter Ängste und vorgelebter Hoffnungen und unaufhebbarer Erinnerungen; dann dies zu vereinen und auf der Bühne zusammenfließen, sich verdichten zu lassen zum Bewußtsein der Menschheit. Ein so pathetisches wie utopisches Ziel«: Ernst Wendt. — »Der Anarchist Armand Gatti ist ein so großes Talent, daß in seinem Schatten unsere Vertreter des Dokumentartheaters und der politischen Agitation auf der Bühne alle miteinander bequem Platz finden. Im Vergleich zu ihm ist Hochhuth ein Buchhalter«: Hans Daiber. — »Diese Form des marxistischen Heilsdramas (Gattis ›Schlacht der sieben Tage und der sieben Nächte‹) kennt im Grunde das Böse nur als Purzelbaum zum guten Endziel. Es gleicht darin dem barocken Erlösungsdrama«: Hellmuth Karasek.

Der schwarze Fisch (Le poisson noir) 1957. Uraufführung 29. Oktober 1964 im Grenier de Toulouse. Deutsche Erstaufführung 25. März 1966, Städtische Bühnen, Frankfurt, durch Harry Buckwitz. — 221 vor Christus, Kaiser Tsin, ein Gewaltherrscher, hat die Provinzen unterworfen und das erste chinesische Großreich gegründet. Ihm widersteht — jenseits des Grenzflusses, der auch die Bühne teilt — der humanere Herrscher Tan, der Fürst der Provinz Yen. Der Grenzfluß ist zugleich der Fluß der Zeit: in ihm erscheint die riesige Statue eines Affen und fragt sich, wessen Minister sie gewesen sei, des Tsin oder des Tan oder beider. Im Spiel ist der Affe der Minister beider Länder, schwarz gekleidet unter Tsin, grün unter Tan, in jedem Falle ein rigoroser Mehrer der staatlichen und seiner privaten Finanzen. Attentate gegen Tsin scheitern: der Dolch des Weisen Koa Tsun Li trifft nicht Tsin, nur seine Attrappe, Tsin aber ist in den Fluß eingetaucht, er sucht sein Gegenbild, den räuberischen »schwarzen Fisch«, er sucht sich selbst und wird zum »schwarzen Fisch« im Fluß der Zeit. Die Provinz Yen fällt durch Verrat, die Person des Kaisers wird nicht mehr gebraucht, sein Machtsystem ist unschlagbar etabliert und zum Mythos geworden wie er selbst als Fisch. — Im träge dahinströmenden Fluß chinesischer Eroberungszeremonien ist das Treibgut geschichtsphilosophischer Banalitäten zu entdecken — doch auch hier ist das Medium des Theaters mehr als die verworrene Botschaft.

Die zweite Existenz des Lagers Tatenberg (La deuxième existence du camp de Tatenberg). Uraufführung 13. April 1962, Théâtre des Celestins, Lyon, durch Roger Planchon. Deutsche Erstaufführung 9. Januar 1965, Städtische Bühnen, Essen. — Das Stück spielt auf drei Ebenen: die Schaubudenbesitzerin Hildegard Frölick lebt in Gedanken bei der Hinrichtung ihres Mannes, eines deutschen Gefreiten, der an der Ostfront wegen Wachvergehen erschossen worden ist, und die Vorstellungen, die Witwe Frölick davon hat, spielt sie sich mit ihren Marionetten vor; der baltische Jude Ilya Moissevitsch, ein Schaubudenbesitzer mit einem Roboter, wird beherrscht von seinen Erinnerungen an seine Gefangenschaft im Konzentrationslager Tatenberg, und diese Erinnerungen werden durch Schauspieler dargestellt; die Gegenwart auf der Kirmes zu Grein und im Wiener Wurstlprater, wo sie sich begegnen, wird auf eine Leinwand projiziert. Beide, der Jude aus dem KZ und die deutsche Kriegerwitwe, haben durch ihre Toten etwas Gemeinsames, doch als sie zueinander wollen, wird dies von den Toten verhindert. Moissevitsch versucht, die Marionetten und seine eigenen Vergangenheitsgestalten zu erschießen, aber sie lassen sich nicht ausrotten, und Moissevitsch erkennt: »Jenseits dessen, was es war, ist das Lager Tatenberg jeden Abend in seinem furchtbaren Hochzeitsbett, dort wo wir alle einschlafen.« — Eine die Kunstmittel und

Stile mischende Revue über die fortwirkende Existenz der Vergangenheit in der Gegenwart.

Das imaginäre Leben des Straßenkehrers Auguste G. La vie imaginaire de l' éboueur Auguste G. 1962. Uraufführung 16. Februar 1962, Théâtre de la Cité Villeurbanne, durch Jacques Rosner. Deutsche Erstaufführung 2. Oktober 1963, Schaubühne am Halleschen Ufer, Berlin, durch Jacques Rosner. — Der Straßenkehrer Auguste G. (der Vater Armand Gattis), ein Gewerkschaftler, wird im Alter von 46 Jahren bei einer Demonstration während eines Streiks schwer verwundet und stirbt einige Tage später. Im Stück liegt Auguste G. phantasierend auf der Bahre in der Krankenstation und begegnet sich selbst als Neunjährigem, als Einundzwanzigjährigem, als Dreißigjährigem und als altem Mann. Ein »Marathontanz« mit allen Personen seiner Vergangenheit wird zum Bild seines Lebens; von der Revolution konnte er immer nur träumen, und all seine Hoffnungen projiziert er auf seinen Sohn, der einmal Filmregisseur werden soll. Sterbend stellt er sich den Film vor, den sein Sohn über die Revolution drehen und mit dem er auch das Leben des Straßenkehrers G. rechtfertigen soll. — Das autobiographische, rührende Stück, das nicht frei von (auch revolutionärer) Sentimentalität und dadurch wie durch seine Unbeholfenheiten liebenswert ist, kombiniert reale und phantasierte Bruchstücke, erlebtes und erträumtes Leben, Möglichkeiten des Imaginären mit der handfesten Hoffnung auf eine reale Revolution.

Berichte von einem provisorischen Planeten. Chroniques d'une planète provisoire. Beendet 1962. Uraufführung im Jahr 1963 im Grenier de Toulouse. Deutsche Erstaufführung 18. Februar 1966, Ulmer Theater, durch Ulrich Brecht. — Von einer Abschußrampe im Zuschauerraum starten Astronauten und geben mehr als dreißig Berichte von einem »provisorischen Planeten«, von der Erde während des Zweiten Weltkriegs. Die Bühne wird zum Bildschirm der Raumkapsel: sie zeigt Szenen aus dem Krieg des faschistischen Barbarotien mit Pikkadillyzirkensien, Tolstojewskien und den Sternenstaaten. Nichts von dem, was aus dieser astronautischen Perspektive beobachtet wird, ist frei erfunden, sondern historische Personen und Tatsachen werden zu einer höllischen Groteske verzerrt, wobei der als ehemaliger KZ-Häftling völlig unbefangene Gatti auch vor den antifaschistischen Alliierten und den Juden nicht halt macht: er läßt alle Seiten Ungerechtigkeit widerfahren. Seine Barbarotier tragen schwarze Uniformen, aber auch Krachlederne, saufen Bier, kegeln und rotten Juden aus. Ihr Oberst Bonbon spielt Cello, während er seine Vernichtungsbefehle erteilt, und ihr Führer ist eine Maschine, ein bellender syphilitischer Roboter. Ein KZ-Häftling wird in einem giganti-

schen Reagenzglas zu Tode geschüttelt. Die Neutralen und die Vertreter der
Kirchen paktieren mit den Barbarotiern und haben so wenig Neigung wie die
operettenhaft im Gelobten Land lebenden Israelis oder wie die Juden der
freien Welt, den verfolgten Juden zu helfen. Die Vernichtungslager, wie sie
Peter Weiss in seiner ›Ermittlung‹ schildern läßt; das Versagen neutraler und
kirchlicher Instanzen, wie es Rolf Hochuth in seinem ›Stellvertreter‹ anklagt; Joel Brands schlimme Erfahrungen, wie sie Heinar Kipphardt dargestellt hat; die Korrumpierung der Verfolgten durch ihre Verfolger, wie sie
Arthur Miller in seinem ›Zwischenfall in Vichy‹ skizziert hat, — all diese
Themen hat Gatti vorweggenommen und souveräner behandelt als seine
um biederen Realismus bemühten Nachfolger. Gattis Inferno wird immer
wieder unterbrochen von den Stimmen des KZ-Häftlings Bernard Shertoc
und seiner deutschen Geliebten Pepi, und diese einzigen Menschen auf der
Bühne werden nur projiziert; ihre Vergangenheit trennt sie für immer;
durch den Kontrast ihrer lyrischen Monologe wird die Welt der blutigen Groteske ausdrücklich als eine andere Möglichkeit des Menschlichen
bestätigt — mit der Angst vor ihrer Wiederholung schließt das Stück.

General Francos Leidenswege. La passion du Général Franco. 1963/1964. Uraufführung 5. November 1967, Staatstheater Kassel, durch Kai Braak. — Die
französische Aufführung am staatlichen Théâtre National Populaire — Premiere sollte am 11. Februar 1969 sein — wurde auf Einspruch des spanischen
Botschafters verboten. Bonn hat die Einmischung des spanischen Botschafters
zurückgewiesen. — Wie Gatti in früheren Stücken das Konzentrationslager
Tatenberg und die Anarchisten Sacco und Vanzetti indirekt auf die Bühne
gebracht hat, so zeigt er hier Franco und das faschistische Spanien in den Erinnerungen und Vorstellungen spanischer Emigranten. Nicht General Francos
Leidenswege werden vorgeführt, sondern die Leiden des spanischen Volkes,
dem der falsche Erlöser Franco einen Passionsweg aufgebürdet hat. Die Exil-
spanier sind als Fliehende und Reisende gekennzeichnet schon durch die vier
Schauplätze, durch »Zwischen«-Stationen: »zwischen Kiew und Krasnojarsk,
zwischen Madrid und Frankfurt, zwischen Toulouse und Madrid, zwischen
Havanna und Mexiko«. Das Stück springt zwischen diesen Schauplätzen
rasch hin und her: drei in Rußland lebende Spanier auf dem Flug nach Sibirien, wo sie von Landsleuten als »verbannte Kameraden« begrüßt werden;
ein Spanier, dessen Vater in Francos »Blauer Division« für Hitler gefallen
ist, wird Gastarbeiter in Frankfurt, wo ein Franco-Spitzel Material für Denunziationen sammelt; die Tochter eines in Toulouse lebenden spanischen
Anarchisten fährt nach Spanien, um Ferien zu machen, und findet es, trotz
Franco, zum Entsetzen ihres Vaters ganz normal; eine Spanierin wird in

›General Francos Leidenswege‹ von Armand Gatti. Bühnenmodell von Michel Raffaeli
für die Uraufführung in Kassel, November 1967

Kuba zur Karnevalskönigin gekrönt, und ihren von Castro begeisterten Verehrer Joaquin zieht es nach Madrid, wo seine studentischen Freunde aus dem
Untergrund inzwischen in die Gefängnisse geworfen worden sind. Das
Stück springt zwischendurch in die Träume dieser und anderer Personen,
ungestrichen wären es rund zwanzig Haupt- und hundert Nebenrollen, sieben Stunden lang; die Träume kreisen um Spanien, um die Greuel des Bürgerkriegs und — in grotesken Satiren — um die Gegenwart unter Franco. So
wird Franco als Kunststoffigur aufgeblasen und in den Himmel seiner Verehrer hochgelassen; der heilige Franz von Assisi wird als Stier in der spanischen Arena gehetzt, ein Falangist und ein Carlist bearbeiten ihn mit Ban-
derillos, und ein Bischof versetzt ihm den Todesstoß mit einem Krummstab;
auf dem Laufsteg werden Christus-Mannequins vorgeführt, »für jeden Geschmack«, und gegen die opportunistische Staatskirche wird nach dem Evan-
gelium gerufen; die Antiquiertheit der exilspanischen Parteiungen wird karikiert, indem die Spanier in einem Pariser Café mit Sauriermasken aufein-
anderlosgehen. Mit rührender Unermüdlichkeit predigt Joaquin, hinter dem
der idealistische Gatti zu suchen ist, Brüderlichkeit. — Auf historische Analyse
und rationale Argumente läßt sich Gatti auch hier nicht ein; sein Feld ist die
plakative Polemik, und sein Bestes gibt er in der Darstellung des Leidens.

V wie Vietnam. V comme Vietnam. 1966. Uraufführung im Jahre 1967 im Grenier de Toulouse. Deutsche Erstaufführung 22. Juni 1968, Städtische Theater Leipzig. Erstaufführung in der Bundesrepublik 19. November 1968, Wuppertal. — Das Stück wurde geschrieben im Auftrag der französischen ›Intergewerkschaftlichen Aktionskollektivs für den Frieden in Vietnam‹, das auch seine Aufführung und eine Tournee durch Frankreich finanziert hat. — Der Ostberliner Zeitschrift ›Theater der Zeit‹ erläuterte Gatti: »In Vietnam stehen sich zwei verschiedene Konzeptionen vom Menschen gegenüber ... Diese beiden Weltanschauungen werden einmal durch den Mythos der Maschine verkörpert, zum anderen durch das neue Alphabet, das sich der vietnamesische Soldat auf der Grundlage seines Kampfes schafft.« Die technologische Kriegführung der Amerikaner, die vom Präsidenten »Megasheriff« und vom Verteidigungsminister »Quadratur« angeführt werden, versagt in Vietnam, zumal der Computer so falsch behandelt worden ist, daß ihm Shakespeares König Lear, Richard der Dritte und Macbeth als Symbole für antiquiertes Denken entsteigen. Am Ende der Agitprop-Revue rücken die Vietkong auf das Pentagon zu wie bei Shakespeare der Wald von Birnam zum Schloß des Macbeth — Gatti nimmt den Sieg symbolisch vorweg.

Die Geburt. La naissance. 1966. Uraufführung zur Eröffnung der Theater-Biennale in Venedig, 18. September 1968, Teatro la Fenice, durch die Pariser Production D'Aujourd'hui, Regie: Roland Monod. Deutsche Erstaufführung 26. Juni 1969, Staatstheater Kassel, durch Gatti. — In Guatemala nehmen Regierungssoldaten einige Guerilleros gefangen, unter denen sie — mit Recht — guatemaltekische Offiziere vermuten, die in amerikanischen Militärschulen ausgebildet worden und desertiert sind. (Fünf solcher Offiziere haben 1960 die historische »Bewegung vom 13. November« gegründet, aus der eine Revolutionsarmee hervorgegangen ist.) Die Regierungssoldaten, die von ihrem (farbigen) Berater aus den USA beherrscht werden, graben die Guerilleros bis an den Hals ein — so sind die Gefangenen frei genug, um ihre gesellschaftliche Rolle klären zu können: sobald der Mensch sich für die Selbstbefreiung entscheidet, gibt er seinem Leben eine neue »Geburt«. — Gatti wärmt Sartres Proklamation der Freiheit und Selbstdefinition des Menschen am Dschungelfeuer ein wenig auf und billigt sogar den Amerikanern die Möglichkeit einer Bewußtseinsänderung zu. Für Kassel hat Gatti eine »Autorin« erfunden, gegen deren Klischeevorstellungen sich die von ihr geschaffenen Bühnenpersonen pirandellohaft wehren, doch auch dieses Zerhacken des Stücks, diese Attitüde einer »modernen« Form, kann über die ehrwürdige Banalität der Sprache Gattis und seiner Klischeefiguren, zu denen auch die »Autorin« gehört, nicht hinwegtäuschen.

Zwischen den Nationen: Tabori

George Tabori ist 1914 in Budapest geboren; er emigrierte vor den deutschen Judenmördern 1933 von Berlin nach London. Sein Vater Cornelius ist im KZ Auschwitz gestorben. Tabori ist englischer Staatsbürger geworden, lebte von 1949 bis 1969 in New York und seit 1969 meist in Berlin. *Die Kannibalen* (The Cannibals) kam in New York am 17. Oktober 1968 im American Place Theatre (off Broadway) heraus; Regie: Tabori und Martin Fried. Sie inszenierten auch die deutsche Erstaufführung am 13. Dezember 1969 in der Werkstatt des Berliner Schiller-Theaters: Der KZ-Häftling Puffi wird in einem großen Topf gekocht, seine bis zum Wahnsinn hungrigen Mithäftlinge wollen ihn essen, außer »Onkel« (dem Bühnenstellvertreter des Cornelius Tabori): er versucht, sie vom Kannibalismus abzubringen, doch wie werfen ihm Mitschuld vor — er hat das Messer, mit dem sie Puffi zerlegt haben, auf dem Transport hierher versteckt, als sie mit dem Messer die Wachen hätten erstechen und fliehen können. »Onkel« besteht darauf, daß sie sich die Methoden des Feindes nicht aufzwingen lassen. Als ein Kapo in die Baracke kommt und von ihnen verlangt, daß sie Puffi essen, ziehen sie den Tod in der Gaskammer vor, mit zwei Ausnahmen, doch auch diesen beiden »Überlebenden« vermag niemand, einen Vorwurf zu machen. Dieses zerschmetternde Stück wird mit Ausdrucksmitteln des »Living Theatre« von einer Schauspielgruppe wie ein alptraumhaftes Ritual dargestellt. Wer imstande ist, sich auf die Voraussetzung einzulassen, daß die Welt der Konzentrationslager auf dem Theater durch Schauspieler darstellbar sei, wird Tabori zustimmen: »Es gibt Tabus, die zerstört werden müssen, wenn wir nicht ewig daran würgen sollen.«

Pinkville (Uraufführung März 1971, St. Clement's Church, New York. Deutsche Erstaufführung 24. August 1971, Dreieinigkeitskirche, Berlin-Buckow; Regie: Tabori) nannten die Amerikaner das Gebiet um das vietnamesische Dorf My Lai, in dem ein amerikanisches Kommando 1968 über 100 Frauen, Kinder und Greise massakriert hat. Tabori zeigt, wie der kriegsunlustige Jerry, durch Drill zum Killer erzogen, am Massaker teilnimmt, als Verwundeter heimkehrt und bei einer pazifistischen Demonstration vorm Weißen Haus von einem Militaristen erschossen und von seinen Freunden ans Kreuz geschlagen wird. Dieser Weg vom Opfer zum Mörder und abermals zum Opfer wird – mit Gesang, Pantomime und Tanz – aus dem Körperspiel einer Gruppe entwickelt. Tabori klagt keine bestimmte Gesellschaft an; er klagt über den Menschen, der verführbar ist: durch *jede* Gesellschaft.

John Arden: die Menschen und die Macht

Ich versuche, bei der Wahrheit zu bleiben und eine Szene zu
schreiben, wie sie jeweils vom Standpunkt einer jeden Gestalt
aussieht – folglich gibt es Auftritte, bei denen die Zuschauer
mehr mit einer Person sympathisieren als bei anderen Auf-
tritten. Und warum soll eine Bühnenfigur mir eigentlich einen
ganzen Abend lang gleich dicht auf der Pelle sitzen?

John Arden

Ossia Trilling erzählt von einem »Happening«, das Arden in seinem Haus
in Kirbymoorside (2 000 Einwohner) in Yorkshire, veranstaltet hat, »ein
freies Entertainment, um wie er sagte, ›die Kräfte der Anarchie, der Erregung
und der expressiven Energie, die auch in allem Anschein nach tristen Persönlichkeiten latent vorhanden sind, freizusetzen‹. Mehrere Tage dauernd,
schloß es freie Kost und Logis, Stück-Lesungen, Film-Vorführungen, Lyrik-
Lesungen, Spiele, Singen, Tanzen und Improvisation ein. Seine drei Kinder
rannten nackt herum, und den amourösen Bedürfnissen der Gäste wurde
freier Lauf gelassen. Alle hatten eine gute Zeit. Kurz danach zog Arden in
ein abgelegenes und verlassenes Dorf in Nordirland . . .« Auch der Dramatiker Arden liebt Menschen mit anarchistischen Neigungen und expressiver
Energie; das hindert ihn freilich nicht, sie scheitern zu lassen: die anarchistischen Außenseiter und Halbzigeuner, die er für sein Stück »Leben und leben
lassen« erfand, als er 28 Jahre alt war, müssen fliehen, werden verhaftet
oder in alle Winde zerstreut; ein Jahr später verurteilt er seinen Sergeanten
Musgrave zum Tode, obwohl der mit expressivster Energie die Belehrung
seiner Landsleute über die Schrecken des gewaltsamen Todes betrieben hatte,
und der 34 Jahre alte Arden läßt seinen doch auch erfreulichen Raubritter
Armstrong hängen, weil er die Anarchie zu weit getrieben hat. Arden weiß, daß
die Anarchisten immer verlieren, und er zeigt sogar, weshalb sie verlieren
müssen, doch verhehlt er nicht, daß er auf der Seite der Verlierer steht.

John Arden, geboren am 26. Oktober 1930 in Barnsley in Yorkshire,
stammt aus einer Arbeiterfamilie, aber er hat, anders als seine Dramatiker-
kollegen Wesker, Pinter, Saunders, traditionelle, den Wohlhabenden vorbe-
haltene Universitäten besucht, Cambridge und Edinburgh. Eine Zeitlang
arbeitete er als Architekt, und als er einen Hörspielpreis der BBC gewann
(für ›The Life of Man‹), forderte ihn George Devine auf, ein Stück für das
Royal Court Theatre zu schreiben. Devine hielt auch zu ihm, als sein Erstling
»The Waters of Babylon« kaum Resonanz hatte und »Leben und leben
lassen« sowenig ein Publikumserfolg war wie die erste Inszenierung von

»Sergeant Musgraves Tanz« — inzwischen ist »Musgrave« zu einem der schon klassischen Stücke des Royal Court Theaters geworden.

Mit »Leben und leben lassen« hat Arden den Naturalismus der Osborne und Wesker übertrumpft und zugleich begonnen, das Drama aus der Wohnküche herauszuführen. Mehr und mehr hat er sich dabei auch stilistisch vom Naturalismus entfernt und eine Art episches Theater entwickelt mit Musik, Songs und Tanz, mit einem Wechsel von Versen und Prosa, mit Ansprachen des Publikums und allerlei anderen »Verfremdungen«, die ihm den Ruf eingetragen haben, ein Schüler Brechts zu sein. Arden bestreitet dies, doch meint er, daß er der gleichen literarischen Tradition angehöre wie Brecht: »Vieles bei Brecht stammt aus den mittelalterlichen Moralitäten, vieles auch aus dem elisabethanischen Theater«. Als Vorbild für die dramatische Sprache empfiehlt er Ben Jonson: »Er schrieb genau nach den Regeln, und diese Regeln gelten, von gewissen Änderungen der Bühnenpraxis abgesehen, noch heute.« Bei seinem »Packesel« hat er sich auch der Intrigentechnik Ben Jonsons bedient. Für Songs und Conferencen ist nicht Brecht, sondern die englische Music-Hall-Tradition Ardens Vorbild, doch kann dies nichts daran ändern, daß er in Deutschland — zu seinem Nachteil — immer wieder mit dem aggressiveren Brecht verglichen wird.

Dies mag seinen Durchbruch in Deutschland ebenso verhindert haben wie seine oft sehr britischen Themen, Milieus, Witze und seine Übersetzungsschwierigkeiten. Von der künstlichen 16.-Jahrhunderts-Sprache, einem, wie er meint, ›babylonischen Dialekt‹ für die Welt seines Raubritters Armstrong, ist in der deutschen Übersetzung nichts zu bemerken. Mit dieser Sprache hat er sich am weitesten vom Reihenhaus-Naturalismus seiner Anfänge entfernt, immer beibehalten aber hat er eine skeptisch-nüchterne, kühl distanzierte, eminent realistische Betrachtung seiner Charaktere.

Anarchie und Politik, Krieg und Pazifismus, die Menschen und die Macht — das sind seine großen Themen. Da er die Menschen ebenso liebt wie er die Macht für notwendig hält, ist er zu Einsichten in tragischen Situationen gelangt, die keine Revolution und kein Wohlfahrtsstaat ändern könnten. Über die tragischen Befunde bei der Betrachtung des Menschen regt er sich nicht weiter auf, sondern konstatiert sie kühl und souverän — dies gibt ihm etwas von einem Klassiker. Dabei bringt er sein Publikum noch möglichst oft zum Lachen — dies gibt ihm etwas von einem englischen Klassiker.

Leben und leben lassen (Live like pigs). ›Schauspiel‹. Uraufführung 30. September 1958, London, Royal Court Theatre. Deutsche Erstaufführung 4. November 1966, Stuttgart, Württembergische Staatstheater, durch Peter Palitzsch. — In ein Reihenhaus in einer nordenglischen Industriestadt sind zwei höchst verschiedene Familien eingezogen: die reputierlichen Jacksons, die gerade aus dem Arbeiterstand ins Kleinbürgertum aufsteigen, und daneben die asozialen, verluderten Sawneys, die es bald fertigbringen, auch die Jacksons in ihr verkommenes, aber lustvolles Dasein einzubeziehen. Oberhaupt der Sawneys ist der alte »Seefahrer«; er lebt zusammen mit Rachel, einem vitalen Weibsstück; des »Seefahrers« Tochter Rosie muß ihr erstes Kind, die Tochter Sally, geboren haben, als sie knapp über zehn Jahre alt war; Rachels Sohn Col scheut vor der Arbeit, doch nicht vorm Diebstahl. Die Jackson-Tochter Doreen, eine nette, brave Verkäuferin, ist der Überlegenheit Cols verfallen, und ihr Vater, Mr. Jackson, dringt ins Bett der temperamentvollen Rachel vor, was ihm sehr viel Ärger verschafft. Noch pittoresker wird's, als die »alte Krächze« mit Tochter Akelei und dem Halbzigeuner Schwarzmaul zu den Sawneys kommen — sie stehen gesellschaftlich so weit unter den Sawneys wie die Sawneys unter den Jacksons. Rachels Sohn Col, dem Doreen Jackson bald auf die Nerven geht, kämpft mit Schwarzmaul um Akelei, mit der er schließlich flieht, während Schwarzmaul verhaftet wird. Rachel geht nach Southampton und läßt den sterbenden »Seefahrer« mit einem gebrochenen Bein liegen, und hilflos fragt sich ein Inspektor: »Warum könnt ihr Leute nicht anständig leben, ich versteh das nicht.« — Nach der Uraufführung wurde Arden von Labour-Leuten beschuldigt, er habe ihren Wohlfahrtsstaat lächerlich gemacht, und es wurde ihm vorgeworfen, er verteidige Anarchie und Amoral. Arden entgegnete: »Weder die Sawneys noch die Jacksons finden meine völlige Billigung. Beide Gruppen stützen sich auf Verhaltensgrundsätze, die miteinander unvereinbar sind, aber in ihrem richtigen Zusammenhang beide Gültigkeit besitzen.« Schon in diesem Stück, dessen rüder Realismus genauer beobachtet, kraftvoller und auch saftiger ist als das Gesamtwerk Weskers, zeigt sich der Hauptvorzug Ardens: die Menschen, die er auf die Bühne bringt, strotzen von Leben und innerer Wahrhaftigkeit, und der Autor identifiziert sich mit ihnen so wenig wie er sie verurteilt — er läßt höchstens ein wenig Sympathie spüren, und die gilt hier natürlich den Sawneys.

Der Tanz des Sergeanten Musgrave (Serjeant Musgrave's Dance). ›Eine unhistorische Parabel‹. Uraufführung 22. Oktober 1959, London, Royal Court Theatre. Deutschsprachige Erstaufführung 27. Februar 1962, Stadttheater Basel. Deutsche Erstaufführung 13. September 1962, Junges Theater Hamburg. — Drei Soldaten und ihr Sergeant treten — im vorigen Jahrhundert — in einem nordenglischen Bergarbeiterstädtchen als Rekrutenwerber auf. In der eingeschneiten Siedlung, die keine Verbindung zur Außenwelt mehr hat, herrschen Aufruhr und Hunger, denn die Bergarbeiter streiken oder aber

der Besitzer des Bergwerks, der zugleich Bürgermeister ist, hat sie ausgesperrt. Dem Bürgermeister, dem Pastor, dem Konstabler kommen die Rekrutenwerber gerade recht, um ihnen aus ihren Schwierigkeiten zu helfen: der
Bürgermeister bietet jedem, der sich anwerben läßt, ein Pfund in Gold und
will den Sergeanten dazu bringen, daß er es mit der Freiwilligkeit der Rekruten nicht so genau nimmt — er soll die »Agitatoren« des Streiks mit schmutzigen Tricks zur Armee pressen. Sergeant Musgrave jedoch hat insgeheim
andere Pläne; nicht anlocken zum Krieg will er die Leute, sondern abschrek-
ken. Auf dem Marktplatz baut er eine Mitrailleuse auf, richtet sie gegen die
Bevölkerung und läßt das uniformierte Skelett eines Soldaten hissen, der
aus eben dieser nordenglischen Stadt stammt, irgendwo in einem britischen
»Schutzgebiet« erschossen worden ist und die »Strafaktion« der wahllosen
Ermordung eingeborener Männer und Frauen ausgelöst hat. Dieser befohlene
Mord hat den Sergeanten und seine drei Soldaten zu Pazifisten und Deser-
teuren gemacht; sie haben das Skelett ihres toten Kumpels in seine Heimatstadt gebracht, um ihre Einwohner über den Schmutz des Krieges und des
Soldatenhandwerks deutlich zu belehren. Musgrave, davon überzeugt, daß
er im Auftrag Gottes handle, einem religiösen Wahn nahe, will wahllos
fünfundzwanzig Einwohner erschießen, um seine Lektion nachdrücklicher zu
gestalten. Doch rechtzeitig kommen die Dragoner der Königin — Musgrave
und sein letzter Soldat werden in den Kerker geworfen (einen der ihren
haben sie bei einem Streit durch einen Bajonett-Unfall selbst in den Tod
befördert, der andere ist von den Dragonern erschossen worden). Im Kerker,
angesichts des bevorstehenden Todes durch Erhängen, bleibt nur die Hoffnung, daß die Erinnerung an ihren Krieg gegen den Krieg aufgehe wie der
Samen eines Apfelbaums. — Sergeant Musgrave, der in der Patronentasche
eine Bibel mit sich führt und mit martialischer Kasernenhofstimme bellt, er
sei ein religiöser Mann, scheint wie das gesamte Personal des Stückes aus
einem grausamen Bilderbogen zu stammen: ein lebendiger Zinnsoldat; er
ist auf eine etwas künstliche Weise so komisch wie poetisch und wird dennoch in seiner Anklage gegen den Krieg zu einem tragischen Menschen, der
seine Umwelt an den Rand des tödlichen Entsetzens führt. Arden geniert sich
nicht, eine richtige Sache durch eine falsche Methode vertreten zu lassen und
mit dem Vertreter der falschen Methode, eines fanatischen, mörderischen
Heilsplanes, ein wenig zu sympathisieren. »Wenn dieses Stück für den völligen Pazifismus vielleicht nur mit einiger Zaghaftigkeit einzutreten scheint«,
kommentierte Arden nicht ohne Selbstironie, »so rührt das wahrscheinlich
daher, daß ich, wenn man mich schlägt, sehr leicht zurückschlage.« Wenn
am Schluß die alte Ordnung triumphiert und Bürgermeister, Pastor, Konstabler und die Bergleute ums Bierfaß tanzen, so ist dies zwar besser als

fünfundzwanzig Leichen, aber es bedeutet nicht, daß Arden etwa mit dieser
Ordnung sympathisiert: »Warum«, so fragte Arden, »kann ein Stück über
gesellschaftliche Zustände nicht so geschrieben werden, daß wir die Probleme
der Menschen verstehen, aber ihre Reaktionen darauf nicht unbedingt gutheißen?«

Der glückliche Hafen (The happy haven). Uraufführung 14. September 1960,
London, Royal Court Theatre. Deutsche Erstaufführung 9. Dezember 1967,
Städtische Bühnen Nürnberg, Kammerspiele. — Im Altersheim »Der glückliche Hafen« werden die fünf Alten von jungen Schauspielern mit Halbmasken gespielt. Schwestern und Pfleger sind stumme Rollen und durch
Mundschutz maskiert; die Ehrengäste tragen ebenfalls Halbmasken und
geben nur gackernde Laute von sich. Unmaskiert ist allein Chefarzt Dr. Cop-
perthwaite, der sich für einen modernen Dr. Faust hält, ein Lebenselixier
entdeckt, das alte Menschen wieder jung macht, und von den Alten, die
allesamt nicht wieder jung werden wollen, dazu gezwungen wird, sein eigenes Elixier zu trinken, das ihn in ein (maskiertes) pausbäckiges Kind in
kurzen Hosen verwandelt. — So viele satirische Spitzen das Stück enthält
gegen die Aufgeblasenheit einer dem Menschen und seinen Bedürfnissen entfremdeten Wissenschaft und gegen die staatliche Altersfürsorge, noch wichtiger sind Arden die Alten, ihr — trotz Masken — höchst individuelles Leid
und ihre gleichzeitige Komik: überzeugt davon, daß sie alt bleiben wollen,
werden sie von einem Mitpatienten, der wegen einer Erkältung vorläufig
nicht verjüngt werden soll.

Der Packesel (The Workhouse Donkey). ›Komödie‹. Uraufführung 8. Juli
1963, Chichester Festival. Deutsche Erstaufführung 15. April 1964, Freie
Volksbühne, Berlin. — Lokalpolitik in einer nordenglischen, von der Labour
Party verwalteten Stadt: am Ende gibt es zwei Verlierer: Charlie Butter-
thwaite, der aus dem Armenhaus hervorgegangene »Packesel«, der Volks-
politiker, der es mit eher lächerlichen Gesetzen nicht allzu genau nimmt und
von den Ortspolizisten erwartet, daß sie darüber hinwegsehen, wenn die
Polizeistunde überschritten wird; sein Gegner, der neue Polizeichef Feng,
der streng und unbestechlich ist und darauf besteht, daß seine Polizisten
die Labour-Leute anzeigen, die sie nach der Sperrstunde im Wirtshaus angetroffen haben. Die Konservativen könnten sich über diese Anzeige freuen,
enthüllten nun nicht die gereizten Labour-Leute, daß der städtische Führer
der Konservativen ein Bordell finanziert. Konservative und Labour-Leute
einigen sich — überspielt und erledigt werden zwei farbige Persönlichkeiten,
die dem Herzen des Autors nahestehen: der »Packesel« und der Polizei-

›Armstrong sagt der Welt Lebewohl‹
von John Arden. Bühnenbild von Max Fritzsche
für die deutsche Erstaufführung an den Städtischen Bühnen Bochum, 1966.
Regie: Hans Schalla.

präsident, die beide den aalglatten Technikern der Macht nicht gewachsen
sind. — Der Form nach »episches Theater« mit Musik, Songs und einem
Conferencier, dem Arzt Dr. Wellington Blomax, der unter seiner eigenen
Korruptheit leidet.

Armstrong sagt der Welt Lebewohl (Armstrong's Last Goodnight). ›Schauspiel‹. Uraufführung 7. Mai 1964, Glasgow, Citizens' Theatre. Deutsche
Erstaufführung 17. April 1966, Schauspielhaus Bochum. — John Armstrong,
Balladenheld aus dem 16. Jahrhundert, stört wie alle schottischen Raubritter
die Politik des Königs, des noch jugendlichen Jakobs des Fünften von Schottland. Sir David Lindsay erhält vom König den Auftrag, den selbstherrlichen
Rebellen Armstrong zu zähmen, der freilich auch ein Mörder ist und sich
nicht scheut, seinen Feind durch Friedensbeteuerungen in die Falle zu locken.
Lindsay nennt sich selbst einen »Salamander der Vernunft«; er beherrscht
die verschlungenen Pfade der Weisheit und versucht, Armstrong zur Anerkennung von Ordnung und Frieden zu bringen durch »besonnene Menschlichkeit, Geschick und List, und, ach, auch Eitelkeit«, er überläßt sogar seine
Mätresse dem zungenschweren, stotternden Armstrong, und erst als er mit
allen diesen Mitteln gescheitert ist, rät er dem König, dem Armstrong so
zu begegnen wie Armstrong seinen Feinden, und so lädt der König ihn zur
Hofjagd ein, zu der er ohne Waffen erscheint, und läßt ihn aufhängen. —

Arden hat 1960 Goethes »Götz von Berlichingen« übersetzt (»Ironhand«, uraufgeführt 1963), und vom Götz hat sein Armstrong, ein Ritter des »eigenen Rechtes« offenbar einiges mitbekommen; Lindsay auch einiges von Weislingen. Das große Thema in diesem in viele Episoden auswuchernden Bilderbogen jedoch ist die Macht: Gewalt gegen Gewalt, Ehrlosigkeit gegen Ehrlosigkeit, wenn anders der Friede nicht herzustellen ist. So unbezweifelbar Arden dem Schlußwort seines Lindsay recht gibt — »Hier mögt Ihr sehn, wie viele Arten Ehrlosigkeit es gibt, und mögt beschließen, wie Ihr es vermeiden könnt, und wann. Bedenkt: James der Fünfte, obzwar erst siebzehn Jahre alt, ist doch zum Manne geworden und hat sein Königreich regieren gelernt« —, so unbezweifelbar mag er diesen Armstrong, dessen Freibeuterei er doch noch weniger gutheißen kann als den blutigen und notwendigen Gebrauch der Macht.

Edward Bond: Alltäglicher Terror

> Selbst wenn die Welt politisch und ökonomisch so beschaffen wäre ,daß sie sich nicht ändern ließe, wäre es, glaube ich, sinnvoll, die Tatsachen genau darzustellen: damit man sich nicht in Illusionen verhüllt. Man soll seine Lage verstehen, selbst wenn sie hoffnungslos ist.
>
> Bond, in einem Interview, München 1967

In England redet man gern davon, 1956 habe mit Osborne im Theater das »zweite elisabethanische Zeitalter« begonnen. Wenn aber Edward Bond gespielt wird, der mit der Grausamkeit eines elisabethanischen Stückeschreibers in die Theater eingebrochen ist, dann kriecht der schon für begraben gehaltene Zensor aus dem Sarg: 1965 nach »Gerettet« und 1968 nach »Early Morning«. Der am 18. Juli 1934 in London geborene Edward Bond, Sohn einer Arbeiterfamilie, betrachtete nach seinem 15. Lebensjahr seine Schulbildung als abgeschlossen und wurde nach seiner Militärzeit vom Theater fasziniert. Das Royal Court Theatre brachte am 9. Dezember 1962 sein Stück *The Pope's Wedding* in einer seiner billigen, da dekorations- und kostümlosen Sonntagabend-Aufführungen heraus, die es für junge Autoren veranstaltet. Hatte Bond sich schon mit *Gerettet* vom naturalistischen Mutterboden kräftig abgestoßen, so war *Early Morning* eine surrealistische Farce in der stilistischen Nachbarschaft von Jean Genet. Bei Bond ist der Terror alltäglich, die Gesellschaft eine unverbesserliche Horde von Menschenfressern, das Leben eine nur durch den Tod heilbare Krankheit, und »gerettet« wird bestenfalls der menschenfreundliche Dulder und Anarchist.

›Gerettet‹ von Bond. Deutsche Erstaufführung, Werkraum Kammerspiele München,
1967. Regie: Peter Stein, Bühne: Jürgen Rose. Foto von H. Steinmetz: Schauspieler
beim Umbau, der im Beat-Rhythmus ins Spiel einbezogen ist.

Gerettet (Saved). Uraufführung 3. November 1965, Royal Court Theatre,
London, durch William Gaskill. Deutschsprachige Erstaufführung, Juni 1966,
Wien, Ateliertheater am Naschmarkt; Übersetzung (in den groben Wiener
Dialekt der Praterstrizzis) und Regie: Veit Relin. Deutsche Erstaufführung
15. April 1967, Werkraumtheater der Kammerspiele München, durch Peter
Stein. Münchner Fassung (im groben Dialekt der Isarauen) von Martin
Sperr, nach der Übersetzung von Klaus Reichert. — In den Londoner Arbeiter-
vierteln, südlich der Themse. Die Jungen sind zwischen zwanzig und fünf-
undzwanzig Jahre alt; Len und Fred sind einundzwanzig, Pam ist zwei
Jahre älter; Mary, Pams Mutter, ist dreiundfünfzig; Harry, Pams Vater, ist
achtundsechzig. — Das Mädchen Pam nimmt Len mit in ihre Wohnung, wie
sie schon viele Jungen mitgenommen hat; sie ist es gewöhnt, daß ihr lüsterner
Vater Harry immer mal wieder unter Vorwänden gucken kommt. Während
Len an eine kleine Wohnung für sie beide denkt, verfällt Pam dem offenbar
besonders potenten Fred. Len ist zu Pams Eltern gezogen; sie hat ein Kind,
wahrscheinlich von Fred, der sie tagsüber und auch nachts besucht; Len läßt
es geschehen, er hört zu, wenn sie miteinander schlafen. Len kümmert sich

um die kranke Pam, doch sie verlangt nur nach Fred, der sie so schroff von sich weist wie sie Len. Len versucht, den im Park angelnden Fred dazu zu bringen, daß er Pam einmal wieder besucht, doch Fred fühlt sich von ihm ebenso belästigt wie von Pam, die mit dem Kinderwagen vorüberkommt; Fred beleidigt sie, und sie läuft davon und läßt den Kinderwagen stehen. Freds Bande benutzt den Kinderwagen erst als Spielzeug, dann in einem Streit als Waffe; schließlich quälen sie das Kind und bringen es durch Steinwürfe um; auch Fred beteiligt sich daran, und Len, der den Mord von einem Baum aus beobachtet, wagt nicht einzugreifen. Fred ist geschnappt worden und sitzt im Gefängnis; Pam ist ihm noch immer hörig und verfolgt Len mit ihrem Haß. Mary, die Mutter Pams, belehrt Len über den Umgang mit Mädchen, und bei der praktischen Unterweisung, einer verfänglichen Szene, kommt ihr Mann Harry dazu und sagt nichts. In einem Café versucht Pam, den aus dem Gefängnis entlassenen Fred wiederzugewinnen, doch Fred jagt sie zum Teufel; Len ist bereit, mit ihr so weiterzumachen wie vorher. Harry geht mit dem Brotmesser auf seine Frau Mary los, jetzt erst quittiert er ihre Szene mit Len; Mary haut Harry die Teekanne über den Schädel; für die lamentierende Pam ist Len an allem schuld. Während Len seinen Koffer packt, kommt Harry dazu, und zwischen den beiden wird eine gewisse Sympathie spürbar. Aus der letzten, einer stummen Szene, ergibt sich, daß Len bleibt; er repariert einen Stuhl, niemand hilft ihm. — Lapidarer kann kein anderer Dialog sein: es kommt selten vor, daß einer mehr als eine halbe oder gar ganze Zeile redet, oft wird eine ganze Gefühlslage in ein einziges fäkalisches Wort zusammengezogen. Eine differenzierte Sprache ist den Personen nicht gegeben, nicht einmal ihre Voraussetzung: sie verstehen weder sich noch ihre Situation, sie tun nur immer das, was sie gerade tun wollen, und sei es die Ermordung eines Säuglings, und auch dabei denken sie sich nichts Besonderes — Mike meint zum Säugling: »Hat ja noch kein Gefühl«, Pete bestätigt: »Wie die Tiere«, und dies glauben die beiden wirklich. Auch ihre einsilbigen Schimpfwörter sind Chiffren für eine Dumpfheit, die sich nicht anders ausdrücken kann. Ein Dialog aus Chiffren: so naturalistisch er zu sein scheint, so hochstilisiert ist er, streng komponiert wie die gesamte Szenenfolge: ein manieristisches Gedicht aus Dreck.

Trauer zu früh (Early Morning). Uraufführung 31. März 1968, Royal Court Theatre, London. Deutschsprachige Erstaufführung 2. Oktober 1969, Schauspielhaus Zürich, durch Peter Stein. Deutsche Erstaufführung 30. Januar 1970, Bremen. — Bond projiziert seine Metaphern von den mörderischen Menschen in die viktorianische Epoche, die im Ruf der Wohlanständigkeit steht: Während Königin Viktoria und Prinzgemahl Albert als ideales Liebespaar galten, konspiriert bei Bond der Prinzgemahl gegen seine Frau und Königin; sie ist ein raubgieriges Monstrum und entjungfert Florence Nightingale, den »Engel der Lazarette«, der bei Bond »die erste Henkerin der Geschichte« ist. Prinz George, der Thronfolger, und Prinz Arthur konspirieren getrennt, doch müssen sie immer denselben Weg gehen, da sie an den Hüften miteinander verwachsen sind — siamesische Zwillinge als ein schlagendes Bild für die Doppelnatur des Menschen, der sich einerseits wie der angepaßte George in die wölfische Gesellschaft ziehen läßt, andererseits wie der anarchistische Arthur verzweifelt fragt: »Warum arbeiten die Guten den Schlechten in die Hände?« George erschießt sich, und Arthur schleppt den mit ihm verwachsenen Kadaver, der allmählich zerfällt, mit sich herum und hält Zwiesprache mit ihm; Bond paraphrasiert dabei berühmte Shakespeare-Szenen, Hamlet, Macbeth und Lear. Der Kampf aller gegen alle endet mit einem Leichenhaufen, und im Himmel treffen sich alle wieder und fressen sich buchstäblich gegenseitig auf. Arthur, der gegen den Kannibalismus predigt, wird zerstückelt und fährt aus seinem Sarg nach oben — der ohnmächtige Prediger der Menschenliebe flieht vor den Menschen, die er nicht erlösen kann, ins Unbekannte.

Schmaler Weg in den tiefen Norden (Narrow Road to the Deep North). Uraufführung am 24. Juni 1968, Belgrade Theatre, Coventry. Deutsche Erstaufführung 2. September 1969, Kammerspiele München. — In einem imaginären Japan teils zynisches Lehrstück, teils antiviktorianisches Kabarett: der Dichter und Priester Bascho überläßt, da nur an Erleuchtung interessiert, ein ausgesetztes Kind dem Tod; aus dem Kind aber wird der Diktator Schogo, den Bascho nur mit Hilfe der nicht minder terroristischen Kolonial-Briten besiegen kann — die Diktatoren haben gewechselt, der Terror ist geblieben, und Priester Kiro, der Idealist der ›Komödie‹, schneidet sich beim abschließenden Harakiri den Bauch auf.

Lear (Lear). Uraufführung am 30. September 1971, Royal Court Theatre, London; Regie: William Gaskill. Deutsche Erstaufführung am 29. September 1972, Städtische Bühnen, Frankfurt; Regie: Peter Palitzsch. — Bonds König Lear ist — anders als Shakespeares törichter alter Herr, der sein Reich vorzeitig seinen Töchtern Regan und Goneril übergibt — zunächst ein blutiger Gewaltherrscher, und sein Reich wird ihm entrissen von seinen Töchtern Bodice und Fontanelle, die seine Feinde geheiratet haben, die Herzöge von North und von Cornwall. Bonds Lear ist das Opfer eines zynischen Machtgebrauchs, den er seinen Töchtern vorgelebt hat. — Bonds Cordelia ist keine Lear-Tochter; sie ist die Frau des Totengräbersohns, sie wird von Soldaten

vergewaltigt und führt einen siegreichen Aufstand der kleinen Leute gegen
die Lear-Töchter an, die sie beide töten läßt. Cordelias neue Regierung der
»Guten, Ehrlichen, Anständigen, Aufrechten, Gesetzestreuen« ist allerdings
nicht weniger blutig als die alte: es sind die Soldaten Cordelias, die Lear die
Augen herausschneiden lassen. — Eine von Zwangsarbeitern gebaute Mauer
ist Bonds Symbol der Macht, die sich selbst verewigen will. An dieser Mauer
lernt der seiner Macht beraubte Lear unter vertriebenen Bauern und von
dem Gespenst des Totengräbersohns das Mitleid. Erst in der Blindheit sieht
Bonds Lear — wie Shakespeare Lear — die Welt und sich selber so, wie
sie sind. Cordelias Revolution hat das wichtigste nicht geändert: die Mauer
wird weitergebaut. Lear, ratlos vor dem Leben, weiß doch immerhin, daß
die Mauer zerstört werden muß. Als er anfängt, die Steine mit der Schaufel
abzutragen, wird er erschossen. — Lear, zum Mitleidsprediger geworden
— »... nur eins hält uns bei Vernunft: das Mitleid, und der Mensch ohne
Mitleid ist ein Wahnsinniger« — geht über das duldende Mitleid Lens (in
»Gerettet«, 1965) ein wenig hinaus: er greift die Mauer an, das Symbol
der Macht.

Die See (The Sea). ›Eine Komödie‹. Uraufführung am 22. Mai 1973, Royal
Court Theatre, London; Regie: William Gaskill. Deutsche Erstaufführung
am 17. November 1973, Deutsches Schauspielhaus, Hamburg; Regie: Dieter
Giesing. — An der englischen Ostküste im Jahr 1907 rettet sich bei einem
Sturm der junge Willy Carson aus einem Segelboot an Land. Nicht retten
kann er seinen Gefährten Colin — die Küstenwache verweigert ihm jegliche
Hilfe. Im Gegenteil, der Leiter der Küstenwache, der Tuchhändler Hatch,
lebt in dem Wahn, daß England von Eindringlingen aus dem Weltraum
bedroht sei, und so hält er die Schiffbrüchigen für die Vorhut einer Invasion
aus dem All — so besessen ist Hatch, daß er später, als der ertrunkene Colin
angeschwemmt wird, den Leichnam mehrfach mit dem Messer durchbohrt.
Hatch kommt ins Stadtgefängnis, der gerettete Willy verläßt die Stadt,
zusammen mit Rose, die mit dem ertrunkenen Colin verlobt gewesen ist.
— Das Stück läuft Gefahr, bei der Aufführung in isolierte Bruch-Stücke zu
zerfallen — sie werden zusammengehalten durch Spielarten der Gewaltaus-
übung: vom relativ harmlosen Herumkommandieren bei einer Theaterprobe
bis zur seelischen Brutalität, immer ausgeübt von der reichen Louise Rafi,
die diese Kleinstadt beherrscht. Auch kann man den angstgeborenen Verfolgungswahn Hatchs, wenn er in Verfolger-Wahn umschlägt, als beispielhaft betrachten für den Ausbruch von Gewalt in einer scheinbaren
Komödien-Idylle. Mit der traditionellen britischen Kleinkomik versickert
auch die Handlung samt Moralen im Sand am Strand.

Peter Weiss: Vom Zweifel zur Propaganda

> Ich könnte niemals in einem Land leben, wo ich als Individuum
> unterdrückt werde, wo ich nicht lesen darf, was ich will, und
> nicht sagen darf, was ich möchte. Andererseits weiß ich genau,
> wie es auch Brecht wußte, daß diese Gesellschaft, die westliche
> bürgerlich-kapitalistische Gesellschaft, nicht so beschaffen ist,
> daß ich in ihr leben möchte ...
>
> Peter Weiss in einem Interview mit BBC London, 1964

Peter Weiss lebt als Schriftsteller, Maler und Filmregisseur in Stockholm, in
einer bürgerlichen Gesellschaft. Geboren am 8. November 1916 in Nowawes
bei Berlin, lebte Weiss bis 1934 in Bremen und Berlin, emigrierte dann über
England nach Prag, wo er an der Kunstakademie studierte, und über die
Schweiz 1939 mit den Eltern nach Schweden. Er schrieb experimentelle Prosa
(›Der Schatten des Körpers des Kutschers‹, 1952, veröffentlicht 1960), die
klassizistische Prosa der Erinnerungsbücher ›Abschied von den Eltern‹ (1961),
›Fluchtpunkt‹ (1962) und schon 1952 ein ›Drama‹ unter dem Titel *Die Versicherung*, erst 1971 uraufgeführt, am 3. April in Essen: die Technik dieser
surrealistischen Phantasmagorie erinnert ebenso an das ›Traumspiel‹ von
Strindberg (es wurde von Peter Weiss später übersetzt; auch ›Fräulein Julie‹)
wie an die Collagen, die Weiss für sein Prosastück ›Der Schatten des Körpers
des Kutschers‹ geschaffen hat; es sind szenische Alpträume mit grotesk gekleideten, grell geschminkten, verfratzten Personen, mit Schocks einer entfesselten Sexualität und grausamer Foltern, mit Klinik, Operationstisch und
Krankenwärtern, mit infantilem Reimgelalle, ersten Ansätzen der Knittelverse, in denen Weiss seine einaktige ›Moritat‹ *Nacht mit Gästen* geschrieben
hat: eine Schauergeschichte, in der ein räuberischer Kaspar in eine Familie
eindringt, fröhlich begrüßt von den Kindern, die Mutter ersticht und von
dem Besucher Peter erstochen wird, der zuvor aus Versehen den Vater erstochen hat und der selbst an den Stichen Kaspars stirbt. Bei der Uraufführung (16. November 1963, Werkstatt des Berliner Schiller-Theaters) wurde
dieser Metzelei eine ziemlich unmotivierte Moral angehängt: »Das Gold hat
sie verdorben, am Gold sind sie gestorben«: der Vater nämlich hat die Familie durch eine Goldkiste freikaufen wollen, die im Schilf verborgen ist.
Moritat und Knittelverse, Stilisierungen ins Puppenhafte und blutrünstige
Exzesse — das Material war erprobt für das ›Marat‹-Stück, mit dem Peter
Weiss 1964 einen Welterfolg hatte. Es erinnert an Antonin Artauds ›Theater
der Grausamkeit‹ und in seiner Verschränkung verschiedener Spielebenen an
Jean Genets ›Neger‹; beide, Artaud und Genet, haben das ostasiatische
Theater bewundert, von dem sich auch Peter Weiss beeinflußt fühlt.

Die Verfolgung und Ermordung Jean Paul Marats, dargestellt durch die
Schauspielgruppe des Hospizes zu Charenton unter der Anleitung des Herrn
de Sade. ›Drama in zwei Akten‹. Uraufführung 29. April 1964, Schiller-
Theater, Berlin; Regie: Konrad Swinarski. Verfilmung der Aufführung durch
die Royal Shakespeare Company, Regie: Peter Brook, 1966. — In die staatliche
Irrenanstalt Charenton war der Marquis de Sade (der dort 1814 starb) ohne
besonderen Grund 1801 eingesperrt worden; hier fand der theaterbegeisterte
Marquis, was er ein Leben lang nicht gehabt hatte: eine Bühne, Schauspieler
(Patienten) und ein Publikum — es kam aus Paris, wo es als schick galt, die
Aufführungen in der Irrenanstalt zu besuchen und mit Marquis de Sade, dem

Autor, Regisseur und Zeremonienmeister, zu dinieren. Peter Weiss hat den
Theatersaal von Charenton in den Badesaal der Heilanstalt verlegt; im
Hintergrund der Bühne sind durch Vorhänge verschließbare Zellen für die
Irren; in der Mitte des Vordergrunds eine runde Spielfläche, rechts davon eine
Badewanne mit dem von einer Hautkrankheit geplagten Revolutionär Marat;
links von der Spielfläche sitzt der Marquis de Sade, der Autor des (natürlich
nicht von Sade, sondern von Weiss geschriebenen) aufzuführenden Stückes.
Marat und de Sade verkörpern zwei grundverschiedene Weisen, dem Leben
gegenüberzutreten. Marat, der aktive Revolutionär, ist entschlossen, dem
Leben seinen eigenen Sinn und seine eigene Wahrheit aufzuzwingen — ein
Ideologe, der an die überindividuelle ›Sache‹ glaubt. De Sade ist der passive,
extreme Individualist, der sich schaudernd von der Revolution abgewandt
hat, weil er sich zum Verbrechen unfähig fühlt; angesichts der Gleichgültigkeit der Natur vor dem menschlichen Leid kennt er keine Wahrheit mehr,
nur noch den Zweifel, glaubt er nur noch an sich selbst. Marat treibt den
Menschen in die Gefangenschaft einer Idee; de Sade beobachtet den Menschen in der Gefangenschaft des Fleisches.

  Die Spannung zwischen diesen beiden Positionen ist schon das Stück,
denn es ist nur Illustration und Demonstration dieser Antithese. In dieses

Spannungsfeld tritt Charlotte Corday, um Marat zu ermorden: sie fühlt sich als eine neue Judith, berufen, die Menschheit von dem blutigen Revolutionär zu befreien. Bevor sie zusticht, wird (nach vielen Rückblenden) zeitlich vorgeblendet: dem Marat wird vorgeführt, was nach seinem Tod geschieht — der Selbstmord der Revolution, Napoleon nennt sich Kaiser und bereitet seine Kriege vor. Dann erst stößt die Corday den Dolch in Marats Brust, die Irren formieren sich zu einer kriegerischen Kolonne, zu einem verzückten massenpsychotischen Marschtanz, Napoleon taucht mit dem Rücken zum Publikum auf, und als er sich umdreht, ist er der Knochenmann, der Tod — Ende des Stückes. So daß die ›Handlung‹ nichts anderes ist als eine Kom-

Das Marat-de-Sade-Stück von Peter Weiss, Uraufführung im Schiller-Theater Berlin, 1964; Regie: Konrad Swinarski. Mit Ernst Schröder als Marquis de Sade, links, Stefan Wigger als Ausrufer, in der Mitte mit Stab, Peter Mosbacher als Marat, rechts in der Wanne, und Lieselotte Rau als Charlotte Corday, links neben Marat.
Zeichnung: Harry Woehleke

position dramatischer Kleinformen zur farbigen Demonstration eines geistigen Gegensatzpaares.

Sobald der Vorhang aufgeht, wird das Theater-Publikum zum Publikum von Charenton, und nur der Direktor der Anstalt, sein Personal und der Marquis de Sade sind sozusagen sie selber — alle anderen Personen werden von Irren gespielt, die gelegentlich aus ihrem Spiel fallen, nur noch Irre sind und zurechtgewiesen oder mit kaltem Wasser behandelt werden müssen. Dies hält das Bewußtsein wach, daß hier nicht ›gespielt‹, sondern demonstriert wird. Demonstrations-Charakter hat auch die Sprache: Knittelverse, ironisch holpernd und ironisch gereimt; Partien im ›Arienstil‹; freie Rhythmen, monologisches Vorzeigen des Herzens. Demonstrations-Charakter hat die Spielweise: Pantomimen, teils mit satirischen Puppen, teils akrobatisch über die Forderungen des Fleisches belehrend; das bewußte Laienspiel; lebende Bilder, Gesang und Musik. Überdies wird der Tod Marats hier fünfzehn Jahre nach seiner Ermordung vorgeführt — die Zeit der Revolution also in der Zeit der Restauration, mit Rück- und Vorblenden. Ein mehrfach ver- und übersetztes Spectaculum, eine Revue aller denkbaren Bühneneffekte — und dieser Wirbel im Dienst einer, strenggenommen, ganz untheatralischen Aufgabe: eines philosophischen Dialogs. Wenn die Patienten ihre Rollen über-

nehmen, so scheinen sie dem Prinzip Marats zu folgen: dem Leben durch die
Rolle ihren Sinn aufzuzwingen. Wenn die Patienten aus ihrer Rolle fallen,
so scheinen sie die Auffassung de Sades zu bestätigen: daß der Mensch in
seinem Fleisch gefangen ist.

Das Spiel, das zwei entgegengesetzen Lebensauffassungen abgewonnen
ist, kam durch den Schluß der Berliner Uraufführung, an deren Vorbereitung
der Autor mitgewirkt hatte, aus der Balance: die Napoleon-ist-gleich-Tod-
Pointe, dieser Katzenjammer der Revolution, verengte das Stück plötzlich in
ein Tendenzdrama, indem es die Resignation de Sades, seinen Rückzug aus
der Gesellschaft, als die überlegene Haltung übrigließ.

Daß sich auch die entgegengesetzte Tendenz aus dem Drama holen läßt,
bewies das ›Volkstheater‹ Rostock und wurde von Peter Weiss dafür gerühmt. Der DDR-Schriftsteller und Propagandist Kuba stellte dazu 1965
vor dem Zentralkomitee der SED fest: »Er schrieb ein Theaterstück um
Marat, das in der westlichen Welt Furore gemacht hat. Es handelt sich um
eine Auseinandersetzung des unbestechlichen Revolutionärs mit dem Revo-
lutionsverräter de Sade. Je nach dem Standpunkt des Regisseurs siegt Marat
oder siegt de Sade. Bei uns siegt selbstverständlich Marat, und de Sade wird
unter den Tisch gespielt. Wir fragten uns, wie der bürgerlich-liberale Weiss
die Sache aufnehmen würde. Er besuchte uns. Wir machten ihm unseren
Standpunkt klar, und er stellte sich voll hinter unsere Aufführung.«

Weiss bekannte sich überdies im Prinzip zur DDR und ließ die Öffentlichkeit wissen, daß er nun Karl Marx studiere, doch protestierte er später
wiederum gegen die Unterdrückung der Meinungsfreiheit in der DDR. Die
›Unzugehörigkeit‹, von der er schrieb, daß er sie von frühester Kindheit an
erfahren habe, bestimmt offenbar noch immer sein Leben und Denken.

Jedes Werk von Weiss scheint von einem anderen Autor geschrieben: mit
jeder neuen Arbeit wechselt er den Stil, als fühle er sich sogar seiner eigenen,
vorangegangenen Produktion nicht mehr zugehörig. Konnte sein ›Marat‹-
Drama noch als potenziertes Bühnen-Spiel begriffen werden, so wechselte er
mit seiner ›Ermittlung‹ in das Lager der Moralisten über.

Die Ermittlung. ›Oratorium in 11 Gesängen‹. Uraufführung (auch szenische
Lesungen) am 19. Oktober 1965 durch sechzehn Bühnen: Erwin Piscators
Freie Volksbühne in West-Berlin; Lesung in der Ost-Berliner Akademie der
Kunst; Bühnen in Essen, Köln, München; DDR-Bühnen in Altenburg, Cott-
bus, Dresden, Erfurt, Gera, Halle, Leipzig, Neustrelitz, Potsdam, Rostock;
Lesung durch die Royal Shakespeare Company (Regie: Peter Brook) im Lon-
doner Aldwych Theatre. Französische Erstaufführung im April 1966, Paris,
Théâtre de la Commune. — Stellvertretend für die mehr als dreihundert

Zeugen, die im Frankfurter Auschwitz-Prozeß vom November 1963 bis August 1965 ausgesagt haben, läßt Peter Weiss in seinem ›Oratorium‹ neun Personen die verschiedenartigsten anonymen Zeugen darstellen; die Zeugen 1 und 2 stehen auf der Seite der Verwaltung des Konzentrationslagers Auschwitz, die Zeugen 3 bis 9 sprechen für die überlebenden Häftlinge. Die achtzehn Angeklagten treten unter ihren richtigen Namen auf; dazu Weiss: »Daß sie ihren eigenen Namen haben, ist bedeutungsvoll, da sie ja auch während der Zeit, die zur Verhandlung steht, ihre Namen trugen, während die Häftlinge ihre Namen verloren hatten. Doch sollen im Drama die Träger dieser Namen nicht noch einmal angeklagt werden. Sie leihen dem Schreiber des Dramas nur ihre Namen, die hier als Symbole stehen für ein System, das viele andere schuldig werden ließ, die vor diesem Gericht nicht erschienen.« Ein Ankläger spricht für alle Staatsanwälte und Nebenkläger. Ein Richter symbolisiert das Gericht, ein Verteidiger steht für alle Verteidiger. Die elf ›Gesänge‹ beschwören den typischen Ablauf der Menschenvernichtung in Auschwitz herauf, vom ersten, dem ›Gesang von der Rampe‹ mit der ›Selektion‹, der Auswahl der Häftlinge für die Ermordung, bis zum letzten, dem ›Gesang von den Feueröfen‹, der Massenverbrennung der Leichen in den Krematorien, in denen im Sommer 1944 bis zu 20 000 durch Gas vergiftete Häftlinge täglich vernichtet wurden. Dazwischen werden die Methoden des Folterns und des Mordens, der wirtschaftlichen Ausbeutung der Sträflinge und der Leichen beschrieben. Der Text der ›Gesänge‹ — in freien Versrhythmen — basiert auf den Prozeßakten und auf den Prozeßberichten, die Bernd Naumann für die ›Frankfurter Allgemeine Zeitung‹ geschrieben hat; sie werden faktengetreu in den Einzelheiten und oft nahezu wörtlich benutzt. Was in der ›Ermittlung‹ über Auschwitz vorgebracht wird, ist dokumentarisch; das vereinfachte Bild, das vom Auschwitz-*Prozeß* gegeben wird, ist insofern nicht dokumentarisch, als Weiss in polemischer Absicht seinem einzigen Ankläger an entscheidenden Stellen Thesen des Ost-Berliner Nebenklägers in den Mund legt und seinen einzigen Verteidiger zum Schluß mit Entschuldigungsphrasen argumentieren läßt, die in Frankfurt nur von einem der zahlreichen Verteidiger vorgebracht worden sind.

Dieses ›Oratorium‹ über die ungeheuerlichsten Verbrechen macht die Bühne zu einem Ort der Klage und einer Anklage, die ästhetisch zu werten eine Ungeheuerlichkeit wäre. Auf dem Theater findet kein Theater statt, sondern es ist zur Tribüne der Publikation geworden: Wem die gedruckten Berichte über Auschwitz unzulänglich erscheinen, dem werden durch das ›Oratorium‹ die Massenmorde vergegenwärtigt, und diese Aufgabe könnte es noch dann erfüllen, wenn die Auschwitz-Berichte in Vergessenheit geraten und nur noch Teil der Bibliotheken sein sollten.

Gesang vom lusitanischen Popanz. Uraufführung in schwedischer Sprache 26. Januar 1967, Skala Theater, Stockholm. Deutsche Erstaufführung 6. Oktober 1967, Berlin, Schaubühne am Halleschen Ufer. — Portugal wird hier bei seinem römischen Namen genannt: Lusitanien, und der »lusitanische Popanz«, in der Mitte der Bühne als überlebensgroße, drohende Schrottplastik aufgebaut, vertritt das kolonialistische Portugal, seinen Diktator Salazar und zugleich den gesamten Kolonialismus und die in der NATO mit Portugal verbündeten Länder. Vier Spielerinnen und drei Spieler (bei der Uraufführung; die Zahl ist nicht vorgeschrieben) übernehmen abwechselnd europäische und afrikanische Rollen: ihre Requisiten sind primitiv, ein Tropenhelm, ein vierarmiger Schraubenschlüssel als Symbol des Kreuzes und dergleichen. Die Phrasen der Unterdrücker — in rhythmisierter Prosa — kommen aus dem Eisenmaul des Popanz: Heuchelei des Diktators, der Kirche, der Banken, der Industriekonzerne und die tödlichen Befehle der Offiziere. Die unterdrückten Bewohner von Angola und Mosambik, die den Popanz umtanzen, reden und singen in Knittelversen. In elf Szenen werden Beispiele kolonialistischer Ausbeutung, Unterdrückung, Unmenschlichkeiten und Mordmethoden vorgeführt, unterstützt durch Dokumente und Statistiken, und in der letzten Szene reißen die Unterdrückten dem Popanz Ordensband, Schwert und Prügel ab, bringen ihn zum krachenden Einsturz und singen hoffnungsfroh: »Schon viele sind in den Städten / und in den Wäldern und Bergen / lagernd ihre Waffen und sorgfältig planend / die Befreiung / die nah ist. — Henning Rischbieter berichtet (in ›Theater heute‹, März 1967) über ein Gespräch, das er im Anschluß an die Premiere mit Peter Weiss geführt hat: »Weiss bezeichnet ziemlich genau den Punkt seines Erwachens zum sozialistischen Engagement: die Kuba-Krise. Dann die Marx-Studien. Der Schritt von der Prosa zum Theater. Seine heutige Position? Radikal links. Er sieht sich in der gleichen Haltung wie Sartre, fühlt sich solidarisch mit den sozialistischen Ländern, ohne seine kritischen Vorbehalte da aufzugeben, wo anti-humanistische Tendenzen zu beobachten sind.« —

Seitdem Peter Weiss sich für einen Sozialisten hält, will er in seinen Stücken nicht mehr abwägen, zweifeln, gerecht sein, den Verstand beschäftigen, sondern überrumpeln, absolute Gewißheiten verkünden, verhöhnen, aufregen, zornig machen, Emotionen erzeugen. Die Spieler stellen und tanzen Situationen und versuchen, durch Gefühlsübertragung zu überwältigen: das Gespenst Piscators beim Ausdruckstanz. Die glatte Zweiteilung der Welt in makellos gute und keimfrei böse Menschen und der fanatische Haß, mit dem sogar Statistisches vorgetragen wird, machen die schlimmsten Fakten über die Kolonialherrschaft, an denen nicht zu zweifeln ist, unglaubwürdig.

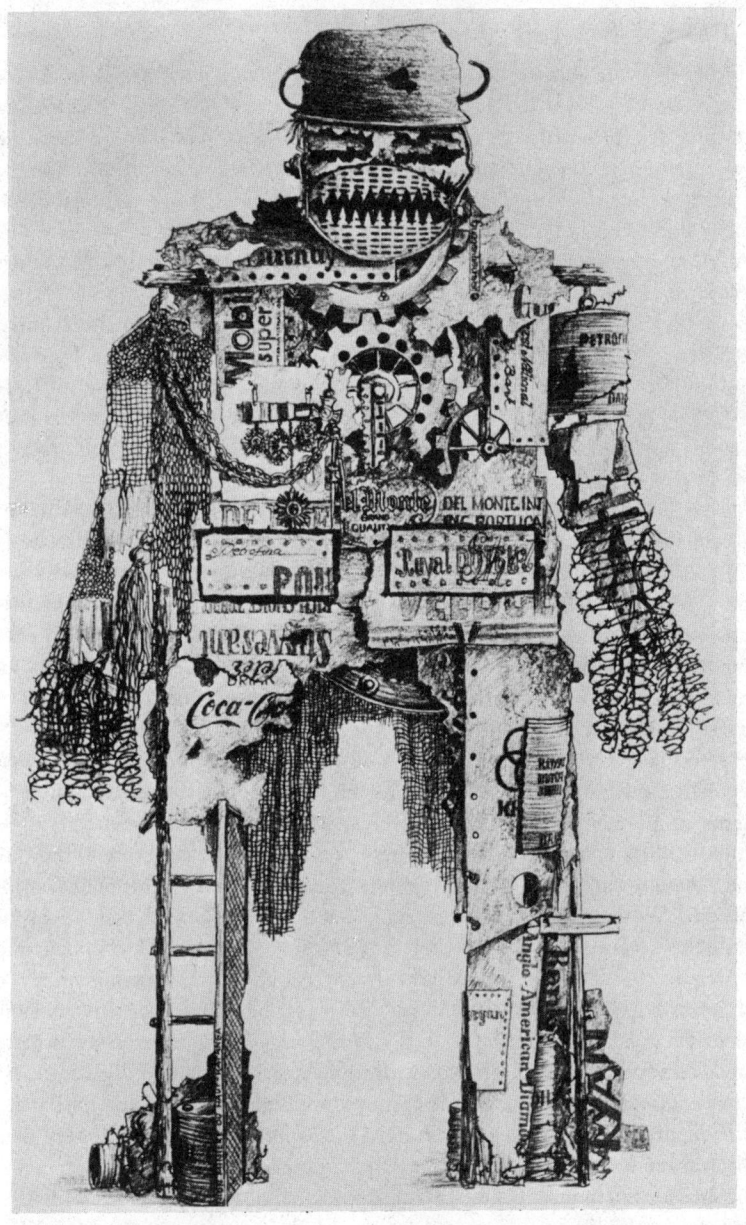

›Gesang vom Lusitanischen Popanz‹ von Peter Weiss. Entwurf von Klaus Weiffenbach zum Bühnenbild der deutschsprachigen Erstaufführung 1967 an der Berliner
Schaubühne am Halleschen Ufer

Diskurs über die Absicht und den Verlauf des lang andauernden Befreiungs-
krieges in Viet Nam als Beispiel für die Notwendigkeit des bewaffneten
Kampfes der Unterdrückten gegen ihre Unterdrücker sowie über die Versuche
der Vereinigten Staaten von Amerika, die Grundlagen der Revolution zu
vernichten. Uraufführung 20. März 1968, Städtische Bühnen Frankfurt, durch
Harry Buckwitz. — Fünfzehn Darsteller, darunter zwei weibliche, üben auf
der Bühne insgesamt fast 150 Funktionen aus; als Vertreter Viet Nams tragen
sie schwarze, als Vertreter kolonialistischer, imperialistischer Mächte tragen
sie weiße Kleidung und sind mit verdeutlichenden Attributen wie Helmen,
Perücken und Waffen ausgestattet — wie schon im «Lusitanischen Popanz«
sind die Schwarzen und die Weißen, die Guten und die Bösen, wie im Kas-
perle-Theater sauber voneinander getrennt. Der Titel des Stücks ist sein Programm: zunächst setzt Weiss 500 vor unserer Zeitrechnung ein und arbeitet
sich in der ersten Hälfte seines »Diskurses« durch »Vorgeschichte und Verlauf des lang andauernden Befreiungskrieges« bis zur Rückkehr der französischen Kolonialherren im Jahr 1952 vor, welchen Zeitraum von fast zweieinhalbtausend Jahren er als einen einzigen gigantischen Befreiungskrieg
der »Viets« darstellt — während die »Viets« in Wahrheit kriegerische, ex-
pansive Eroberer gewesen sind, die das Volk der Champa besiegt und aus-
gemordet und sich Kambodscha und Laos tributpflichtig gemacht haben. In
der zweiten Hälfte des Stückes — Zeit zwischen 1954 und 1964 — demonstriert Weiss mit Hilfe seiner schwarzen und weißen Figuren, eines Laut-
sprechers, der Ort und Zeit ansagt, und projizierten Bildern von Personen
der Zeitgeschichte seine Thesen zur Begründung des amerikanischen Engage-
ments in Vietnam — Antikommunismus, Beschäftigung von mehr als drei-
einhalb Millionen Arbeitslosen, Kampf um Absatzmärkte, Rohstoffmärkte
und Rüstungsaufträge —, wobei Weiss vor allem davon überzeugen will,
daß eine kommunistische Aggression gegen Südvietnam niemals stattgefunden habe. Daß der Vietcong schon 1956 systematisch die Dorfoberen und
Lehrer in Südvietnam umgebracht hat — 4000 Morde werden für die
schlimmste Zeit 1960/61 geschätzt —, davon ist bei Weiss ebensowenig die
Rede wie von der Diktatur Ho Tschi Minhs, der Zehntausende hinrichten,
rund 100 000 Menschen in Konzentrationslager schaffen und nach einem
Bauernaufstand im November 1956 in Nordvietnam einige Tausend Bauern
teils deportieren, teils exekutieren ließ. Weiss hat, wie er ohne Zögern dem
Nachrichtenmagazin »Der Spiegel« zugab, nicht in sein Stück aufgenommen,
daß in Nordvietnam ein großer Teil der Feudalherren ermordet worden ist
und daß in Südvietnam Dorfvorsteher und Regierungsvertreter vom Vietcong getötet worden sind; er beruft sich dabei auf seine »Parteilichkeit«,
die solche Akte der »Verteidigung, der Selbstbefreiung« für notwendig hält.

Der »Diskurs« legt Kennedy den Satz in den Mund: »Ziehen wir uns zurück vor einer kleinen Nation von asiatischen Bauern, deren Volkseinkommen nicht einmal den hundertsten Teil von unserem ausmacht, so ermuntern wir die Revolutionen in anderen Teilen der Welt.« Dies sei, so meint Weiss, das wichtigste Ziel Amerikas: zu verhindern, daß Revolutionen in anderen Interessengebieten der USA, vor allem in Südamerika, durch das Beispiel Vietnams ermuntert werden.

Die historischen Personen sagen bei Weiss nicht wörtlich das, was sie tatsächlich einmal gesagt haben, sondern ihre Worte sind »montiert« aus verschiedenen Zitaten, die von ihnen oder gar nur von ihren Mitarbeitern stammen, oder sie sind ganz frei erfunden, denn das, was in geheim gebliebenen Sitzungen gesprochen worden ist, weiß auch Weiss nicht. Auch er gibt kein »Dokumentar-Theater«, sondern Manipulations-Theater, »Agitprop«, parteiliche Agitation und Propaganda. Am enttäuschendsten, daß der »Diskurs«, der ja in der höchst rühmenswerten Absicht verfaßt ist, den Krieg in Vietnam beenden zu helfen, daß dieser theatralische Schulungsabend nicht einmal als einseitige Agitation mitreißt: Was ist für das Verständnis gewonnen, wenn die »Sprecher« Schlachtszenen als lebende Bilder stellen oder auf der Bühne hin und her marschieren, um Krieg und Besetzung zu markieren? Die Schauspieler haben nichts zu spielen, ihr Talent bleibt ungefragt: einer guten Sache – der berechtigten Anklage der Amerikaner, die diesen Krieg ausgeweitet, auf grausamste Weise geführt und am Leben erhalten haben –, ist mit müder Dramaturgie schlecht gedient. Die Amerikaner haben ihre Truppen 1973 abgezogen; der Krieg geht ohne sie weiter.

Wie dem Herrn Mockinpott das Leiden ausgetrieben wird. ›Spiel in elf Bildern‹, geschrieben 1963, beendet 1967/68. Uraufführung 16. Mai 1968, Hannover. – Herr Mockinpott sitzt unschuldig im Gefängnis, wird zu Bestechungen gezwungen und freigelassen; seine Frau schläft mit einem andern und will nichts mehr von ihm wissen; sein ehemaliger Arbeitgeber jagt ihn weg; eine Herzoperation – Herz aus der Hose geholt, gepfeffert und gesalzen – erleichtert ihn so wenig wie die Fragestunde bei der Regierung; schließlich sagt er dem »Lieben Gott«, der hustend eine Zigarre raucht, seine Meinung: »Die Ungerechtigkeiten, die sind Ihnen egal, Sie meinen wohl, die wären für unsereinen normal«, und danach scheint's dem Herrn Mockinpott besser zu gehen – jedenfalls geht er besser, nachdem er endlich seine Schuhe hat richtig anziehen können. – In Knittelversen die Hanswurstiade eines gequälten Mannes, der es lernt, das Klagen einzustellen und statt dessen richtig zu gehen – darin mag ein Hanswurstzipfelchen nachträglicher selbstbewußter Selbstdeutung des Peter Weiss stecken, der 1963, als er dieses Schaubuden-Gegenstück zu seiner ›Nacht mit Gästen‹ schrieb, sich der Französischen Revolution, Marat, de Sade und der Politik zuwandte.

Trotzki im Exil. ›Stück in 2 Akten‹. 1968/69. Uraufführung 20. Januar 1970, Schauspielhaus Düsseldorf, durch Harry Buckwitz. — Trotzki kurz vor seiner Ermordung (am 20. August 1940 in Mexico City durch einen — mit höchster Wahrscheinlichkeit — Agenten Stalins); er wird einbezogen in mehr thematische als chronologische Rückblenden, darunter die Stationen: 1902, Londoner Exil, Auseinandersetzungen mit Lenin; 1905, Trotzki entwickelt seine Forderung der »permanenten Revolution«, die international sein müsse; und auch dies wird ihm die Gegnerschaft Stalins eintragen, der zunächst die auf die Sowjetunion beschränkte, nationale Revolution diktatorisch absichern will; Exil in Zürich, 1915 Begegnung im Cabaret Voltaire mit den Gründern des Dadaismus; Oktoberrevolution 1917; nach Lenins Tod, 1924, wird Trotzki von der Erscheinung Lenins ermuntert zum Kampf gegen Stalin und seinen diktatorischen Bürokratenstaat, für internationalen Klassenkampf; die Moskauer Schauprozesse der dreißiger Jahre verleumden Trotzki als Konterrevolutionär und Agenten des Faschismus. — Peter Weiss versucht, den Linkskommunisten Trotzki zu rehabilitieren. Durch Trotzkis »Testament« agitiert Weiss: »Dem Sozialismus gegenüber steht immer noch die andere Ordnung. Die Ordnung der absoluten Gemeinheit, der absoluten Habgier, des absoluten Eigennutzes. Diese Ordnung ist unveränderlich . . . Der Sozialismus aber, trotz der Verbrechen, die in seinem Namen begangen wurden, ist veränderlich, ist zu verbessern, zu erneuern«; nur die internationale Revolution »kann endgültig Ausbeutung, Gewalt und Kriege aufheben.« — Die (rund 70) Bühenenfiguren erinnern an die bleichen Gipsstatuen der Revolutionäre, die in den Kulturparks der Sowjetunion in eingefrorenen Posen heroisch und sentimental herumstehen. Bei Weiss rechtfertigt die Revolution alles, vom taktischen Betrug bis zum Massenterror, und sogar ein so verworrenes und langweiliges Agitations-Stück wie ›Trotzki im Exil‹.

Hölderlin. ›Stück in zwei Akten‹. Uraufführung 18. September 1971, Württembergisches Staatstheater Stuttgart, durch Peter Palitzsch. — Französische Germanisten (vor allem Pierre Bertaux: »Hölderlin und die Französische Revolution«, 1969) haben der Französischen Revolution im Leben Hölderlins die Hauptrolle zugeteilt, noch vor den Griechen und vor der Geliebten »Diotima« Susette Gontard. Aus ihren Untersuchungen und Spekulationen hat Peter Weiss unbezweifelbare Gewißheiten gemacht, die Dunkelstellen in Hölderlins Biographie mit revolutionären Diskussionen und

Handlungen gefüllt und den Hölderlin und seine Zeitgenossen so zurechtgebogen, daß sie das Zentralthema seines Stücks exemplarisch illustrieren und diskutieren können: der Dichter und die Revolution. Acht Stationen aus Hölderlins Leben zeigen mögliche Beziehungen des Dichters zur Revolution. 1793 begehen die Studenten Hölderlin, Hegel, Schelling und ihre Freunde im Tübinger Stift den Jahrestag des Sturms auf die Bastille, und vor dem Herzog bezichtigt sich Hölderlin der Mitgliedschaft zu einem revolutionären Geheimbund. 1794 scheitert Hölderlin als Erzieher des Fritz von Kalb. 1794 versucht er in Jena vergeblich, Schiller für seine Revolutionsgedanken zu begeistern. 1794 wird er in der Universität Jena bei einer Rede Fichtes gefesselt abgeführt. 1798 wird er aus dem Haus der Gontards gewiesen. 1799 demonstriert er vor Freunden in Homburg sein Trauerspiel ›Der Tod des Empedokles‹ als verschlüsseltes Revolutionsdrama. 1806 schreit der in der Autenriethschen Klinik mit einer Zwangsjacke gefesselte Hölderlin: »Ich will kein Jakobiner sein!«, und es ergibt sich, daß Hölderlin 1802 in Paris durch den Anblick der Konterrevolution und durch die Wahl Napoleons zum Konsul auf Lebenszeit politisch so enttäuscht und zerschmettert worden ist, daß er sich in den Wahn geflüchtet hat. Im letzten Bild sind die Jahrzehnte zusammengerafft, die der seelenkranke Hölderlin im Tübinger Turmzimmer verbracht hat. In seinem letzten Lebensjahr, 1843, wird er bei Peter Weiss von dem damals 25 Jahre alten Karl Marx besucht, und dabei wird Marx von Weiss inthronisiert als der analytische Vollstrecker der »mythologischen Ahnung«, die Hölderlin von einer künftigen Revolution gehabt habe, wenn es ihm freilich auch nicht vergönnt war – so dieser Marx –, »vom demokratischen Grund hinüberzusteigen ins proletarische Element«. – Weiss hat den historischen Hölderlin, der mit hoher Wahrscheinlichkeit unter einer ererbten Schizophrenie gelitten hat, verabschiedet zugunsten einer Kunstfigur, die nur den Namen des Dichters trägt. Der historische Hölderlin war, wie Bertaux einleuchtend nachweist, ein Anhänger der humanen Girondisten, des »Frühlings der Französischen Revolution«. Den Tod Marats und Robespierres hielt er für gerecht; diese Terroristen waren seine Hoffnung nicht, und davon ist bei Weiss nicht die Rede. Weiss hat in seiner Knittelversballade Hölderlins zarte Stiefeletten über den stählernen Leisten seines Marat geschlagen. Er hat Hölderlin zum Johannes des Erlösers Marx gemacht, und die Zeitgenossen Hölderlins, sofern sie keine Revolutionäre gewesen sind, karikiert: Charlotte und Diotima; Goethe und Schiller; Hegel, Schelling und Fichte – alles Establishment; lauter Opportunisten. Kein historisches Stück, sondern eine Polemik gegen alle Intellektuelle, die keine Revolutionäre sind.

Günter Grass: Vom Absurden zur Politik

> Ob ich ein Stück oder einen Roman oder ein Gedicht schreibe —
> es handelt sich um einen analytischen Prozeß, mit Mitteln der
> Literatur ausgeführt. Während ich in der Politik mit bestehen-
> den Alternativen, ob sie mir gefallen oder nicht, zu rechnen
> habe.
> Günter Grass, 1969

Günter Grass, geboren am 16. Oktober 1927 in Danzig, Autor der barock
wuchernden Romane ›Die Blechtrommel‹ (1959) und ›Hundejahre‹ (1963),
hat einige Stücke voll bizarrer Einfälle und eines grimmigen Humors geschrieben, die zum Theater des Absurden gehören. *Hochwasser*, zwei Akte
(Uraufführung 21. Januar 1957, Neue Bühne Frankfurt): vorm Hochwasser
flüchten die Bewohner eines Hauses aufs Dach, philosophieren mit Ratten
und Ausgeburten ihrer Phantasie und haben, nachdem das Wasser gefallen
ist, Sehnsucht nach den Entfesselungen, die ihnen der Ausnahmezustand gebracht hat. Der Vierakter *Onkel, Onkel* (Uraufführung 3. März 1958, Köln)
ist die Geschichte eines Massenmörders, der nicht mehr zum Morden kommt,
weil kein Mensch Angst vor ihm hat; er wird in den ihm fürchterlichen Alltag seiner erwählten Opfer sachlich einbezogen und schließlich von zwei
Kindern mit seinem eigenen Revolver spielerisch erschossen. *Die bösen
Köche* (Uraufführung 16. Februar 1961 in der ›Werkstatt‹ des Berliner Schiller-Theaters), ein ›Drama in fünf Akten‹, schildert die Jagd von fünf besessenen Köchen hinter einem Rezept des ›Grafen‹ her: seine mit einer geheimnisvollen Asche gewürzte, sonst aber ordinäre Amateursuppe ist besser als
ihre Kollektivrezepte. Dabei kann man sich allerlei Symbolisches denken,
zumal auf allerlei Symbolisches angespielt wird, freilich nicht ohne Ironie:
der Heilige Gral steckt, bildlich gesprochen, hier in einer Suppenterrine; der
›Graf‹, dem Fisch zugeordnet; erlebt eine Fußwaschung durch Martha;
die Jagd nach dem Rezept als groteskes Symbol für die vergebliche Jagd eines
Kollektivs nach einem individuellen Erlösungsmittel. Schließlich ist das Rezept nur noch »ein Vorwand zum Laufen«, und das letzte, das allgemeinste
Wort hat der Chefkoch Petri (der ein individuelles Geheimnis petrifizieren
möchte): etwas in seinen Beinen will nicht mehr eine bestimmte Suppe, es
will nur noch »einem angenommenen Ziel näherkommen«. Für den ›Grafen‹
aber mit der Erlösersuppe ist es schlimm ausgegangen: für das Versprechen
des Rezeptes hat ein Koch seine Braut, die Krankenschwester Martha, mit
dem ›Grafen‹ davonziehen lassen, und der ›Graf‹ lebt mit Martha in einer
Liebesidylle, bis die bösen Köche kommen, um das versprochene Rezept zu
fordern — der ›Graf‹ aber hat das Rezept vergessen, das für ihn eine ›Erfah-

rung‹ ist, ›ein lebendiges Wissen‹: sein Zusammenleben mit Martha »hat diese Erfahrung überflüssig gemacht«; da er sein Versprechen nicht halten kann, begeht er mit Martha Selbstmord.

Günter Grass hat im Shakespeare-Gedenkjahr 1964 mit der selbstironischen Ermunterung »Die Vermessenheit hat das Wort!« eine Rede mit dem Titel gehalten ›Vor- und Nachgeschichte der Tragödie des Coriolanus von Livius und Plutarch über Shakespeare bis zu Brecht und mir‹ und dabei ein von ihm, Grass, zu schreibendes Theaterstück skizziert: ›Die Plebejer proben den Aufstand‹. Mit diesem ›deutschen Trauerspiel‹ hat er ein historisches Ereignis aufgegriffen, den von russischen Panzern niedergeschlagenen Aufstand vom 17. Juni 1953 in Ost-Berlin und in der Sowjetzone. Hier spielt Grass nicht mehr mit ›absurden‹ Erfindungen, sondern ordnet die schmerzvollen Absurditäten, die er in der Realität, in der jüngsten deutschen Vergangenheit, gefunden hat, einem politisch moralischen Thema unter.

Die Plebejer proben den Aufstand. ›Ein deutsches Trauerspiel‹. Uraufführung 15. Januar 1966, Berlin, Schiller-Theater. — Eine Probebühne in Ost-Berlin am Tage des Aufstandes, am 17. Juni 1953. Der ›Chef‹, Dramatiker und Regisseur, hat Schwierigkeiten bei der Umformung und Inszenierung des ›Coriolan‹ von Shakespeare mit dem Aufstand der römischen Plebejer: ändern will er den Coriolan dergestalt, daß er kein schicksalsgetriebener Koloß mehr ist, sondern ein Militärspezialist und ein Reaktionär, der von den klassenbewußten Volkstribunen mit Recht abgelöst wird. (Das historische Modell für diesen ›Chef‹ ist der Dramatiker Bertolt Brecht, der am Tage des Aufstandes — so meinte Grass — im Ost-Berliner Deutschen Theater die Proben zu Erwin Strittmatters ›Katzgraben‹, einem bedeutungslosen Stück, nicht unterbrochen habe. Wie der Regisseur Peter Palitzsch, damals Brecht-Assistent, zu berichten weiß, hat Brecht am 17. Juni die Proben zu Molières ›Don Juan‹ abgesetzt, gleichlautende Briefe an Ulbricht, Grotewohl und den russischen Hochkommissar Semjonow geschrieben und hat Streifzüge durch die Stadt unternommen. Was Brecht auch getan haben mag, es ist für das Stück gleichgültig, denn Grass porträtiert nicht Brecht, sondern benutzt ihn und läßt seinen ›Chef‹ den zum Aufstand beziehungsreichen ›Coriolan‹ proben.) Eine Arbeiterdelegation dringt auf die Probebühne vor und bittet den ›Chef‹, den erklärten Freund ihrer Klasse und international renommierten Dramatiker, ihnen ein Manifest zu schreiben, »nicht zu lang und radikal, doch höflich und bestimmt«. Mit dem gleichen Zynismus, mit dem der ›Chef‹ Tonbandaufnahmen murrender Hausfrauen vor Ost-Berliner HO-Läden für seine Shakespeare-Inszenierung abhört, läßt er sich nun von den Arbeitern den Aufstand erklären und auf der Probebühne die entspre-

chenden Dekorationen bauen; statt ihnen das gewünschte Manifest zu schreiben, unterschreibt er für sie zur Beruhigung eine Kantinenanweisung für Bockwurst und Flaschenbier. Ihr Aufstand erscheint ihm zwar hoffnungslos dilettantisch, doch immerhin gut genug, um ihm Parolen, Gruppierungen, Tonfälle als Modelle für seine römischen Plebejer zu liefern. Er verachtet die Arbeiter so herzhaft wie Coriolan, den er in seiner Shakespeare-Fassung doch als Feind des Volkes der Kritik seiner Zuschauer preisgeben möchte. Er ordnet die Aufständischen in seine Inszenierung ein und muß sich von der (nach dem Modell der Schauspielerin und Brecht-Witwe Helene Weigel geschaffenen) ›Volumnia‹ sagen lassen: »Was bist du doch für ein mieser Ästhet! Aus Arbeitern hast du Komparsen gebacken, wie man Plätzchen backt.«

Zeichnung von Günter Grass zu seinem Stück ›Onkel, Onkel‹, 1958

Sein Selbstkommentar: »Die Massen wird man auseinandertreiben; dies Material jedoch wird bleiben.«

Der Aufstand in der Stalin-Allee und in den Städten der Sowjetzone wird gespiegelt auf der für den ›Coriolan‹ hergerichteten Bühne: ›Coriolan‹-Probensituationen entsprechen realen Situationen draußen auf den Straßen; Straßensituationen werden auf der Bühne nachgespielt; Variationen über Blankverse von Shakespeare und Blankverse von Grass; gereimte Knittelverse und Prosa im sarkastisch-trockenen Stile Brechts. Abgesandte aus den Städten bringen Botschaften vom Aufstand in Leipzig, Halle, Merseburg und verlangen vom ›Chef‹ einen Aufruf zum Generalstreik; als sie sich verhöhnt fühlen, wollen sie ihn, samt seinem Dramaturgen Erwin (Modell: der Regisseur und Brecht-Freund Erich Engel), aufhängen — der Dramaturg rettet sich und den ›Chef‹ vorm Strick, indem er das demagogische Bauch-und-Glieder-Gleichnis des Menenius aus Shakespeares ›Coriolan‹ dergestalt abwandelt, daß es sich auf ihre Situation bezieht. Arbeiter tragen auf die Probebühne den verwundeten

Maurer, der die rote Fahne vom Brandenburger Tor geholt hat und dabei beschossen worden ist. Die Russen greifen ein, man hört die Panzer rollen. Als eine Friseuse die Arbeiter anfeuert, die Panzer anzugreifen, da meint der Dramaturg: »Die könnt' von dir sein, Chef«, und der ›Chef‹ antwortet: »Fast fürchte ich, sie ist von mir« — und in der Tat ist diese pathetische Panzernah- bekämpferin wie eine Verwandte der diversen kriegerischen, unheiligen Johannen von Brecht. Der ›Chef‹ hat einen sekundenlangen Rückfall in seine anarchistische Jugend und will — einen Augenblick lang — mit ihr gehen und über den Rundfunk zu den Aufständischen sprechen, da bringt ›Volumnia‹ die Nachricht vom Ausnahmezustand und Kriegsrecht; es ist zu spät.

Nach seinem einen großen Augenblick — »Ich, wissend, listig, kühl, allein, war ein Gedicht lang fast dabei« — wird der ›Chef‹ rasch wieder zum listigen Taktiker, der sich mit den Siegern arrangiert, um sein Theater zu retten. Er schreibt eine Erklärung an Ulbricht, und er weiß, daß Ulbricht davon nur den letzten Satz, die Erklärung seiner »Verbundenheit mit der Sozialistischen Einheitspartei Deutschlands« veröffentlichen wird, doch stört ihn dies nicht sonderlich: »Gesegnet sei das Kohlepapier« — die Durchschläge mit dem vollständigen Text gehen zur Rettung seines Ansehens an Freunde im Westen. So gelassen zynisch wie zu Beginn des 17. Juni kann der ›Chef‹ freilich nicht mehr sein. Er hat begriffen, daß er einer Änderung des Shake- speare-Coriolan nicht gewachsen ist, »daß wir, zum Beispiel, den Shakespeare nicht ändern können, solange wir uns nicht ändern . . . Und wir wollten ihn abtragen, den Koloß Coriolan! Wir, selber kolossal und des Abbruchs wür- dig.« Die letzten Worte des ›Chefs‹: »Fortan dahinleben mit Stimmen im Ohr: Du. Du. Ich sag dir, du. Weißt du, was du bist . . . Unwissende. Ihr Unwissenden! Schuldbewußt klag ich euch an.« Diese Worte variieren ein Brecht-Gedicht, das sich vielleicht auf den 17. Juni bezieht, vielleicht aber auch nicht; es endet: »Heut nacht im Traum sah ich Finger, auf mich deu- tend / Wie auf einen Aussätzigen. Sie waren zerarbeitet und / Sie waren zerbrochen. / Unwissende! schrie ich / Schuldbewußt.«

Zwei große Themen hat Grass beziehungsreich ineinander verzahnt: die Ereignisse am 17. Juni 1953 und die Reaktionen des ›Chefs‹, der ein Leben lang als Dichter und Theatermann ein theoretischer Experte und Befürworter von proletarischen Revolutionen gewesen ist, und der nun vor der Realität eines Arbeiteraufstandes steht, aus dem eine Revolution werden könnte. Wer Arbeitsweise und Äußerungen Brechts kennt, der kann nicht dagegen an, in dem ›Chef‹ immer wieder Brecht zu sehen. Und doch steckt in dem Stück mehr und Wichtigeres als eine gut erfundene Brecht-Anekdote. Wenn hier die Arbeiter anders sind und anders handeln, als ihr erklärter Stückeschreiber sie sich gedacht hat, und wenn wiederum dieser Stückeschreiber der Arbeiter anders ist und anders handelt, als die Arbeiter sich ihn gedacht haben: wenn man wechselseitig voneinander enttäuscht ist, sich gegenseitig Versagen vorwirft und nichts miteinander anfangen kann; wenn der Stückeschreiber, der die Welt belehrend verändern will, von einer sich verändernden Welt belehrt wird — ein Zauberlehrling, überrannt von den Geistern, die er beschworen hat, so wird in dieser Absurdität das größere Thema spürbar: der Zwiespalt zwischen der Lehre und ihrer Verwirklichung, zwischen Theorie und Realität, zwischen Idee und Geschichte. Allerdings verleitet die Eigenart des Stückes dazu, daß es nicht an diesen seinen exemplarischen Möglichkeiten gemessen wird, sondern an seinem historischen Rohmaterial.

Davor. Uraufführung 14. Februar 1969, Schiller-Theater, Berlin, durch Hans Lietzau. — Ende der sechziger Jahre in Berlin; der siebzehn Jahre alte Schüler Scherbaum will seinen Dackel auf dem Kurfürstendamm verbrennen und damit gegen den Krieg in Vietnam protestieren. Ein brennender Mensch, so meint er, werde die hundenärrischen Berliner kaum erschrecken: »Nur wenn ein Hund brennt, werden sie kapieren, daß die Amis da unten Menschen verbrennen, und zwar jeden Tag.« Sein Lehrer, der Studienrat Starusch, vierzig Jahre alt, ein Liberaler des »permanenten Ausgleichs«, will nicht, daß sein Schüler gelyncht wird, und versucht, ihn von der politisch und symbolisch sinnlosen Hundeverbrennung abzubringen. Jedes der dreizehn Bilder bringt eine neue Gruppe von Argumenten und von irrationalen Motiven ins Spiel, und dies auch durch eine Studienrätin mit Denunziationskomplex, durch eine extrem linke Schülerin — ihr Freund Scherbaum über sie: »Die liest ihren Mao wie meine Mutter ihren Rilke« — und durch einen Zahnarzt, der psychologisch und — durch eine Zahnbehandlung des Schülers — auch physisch auf ihn einwirkt. Diese Personen sind nicht mehr als das Bündel von Argumenten, das sie ausbreiten; ihre Auftritte sind nicht realistisch motiviert, sondern gedanklich montiert: Wenn ein bestimmtes Argument gebraucht wird, dann steht sein Vertreter ohne weitere Begründung auf der Bühne und liefert es ab. Nicht ein einzelnes Argument bringt den Schüler dazu, seinen Plan aufzugeben, sondern die Summe dessen, was auf ihn eingestürmt ist: sein Verzicht ist so irrational wie sein Plan selber. — Der Junge gibt aus psychologischen Gründen auf, Grass aber hat mit seiner Dramaturgie der Diskussion argumentierende Szenenfetzchen montiert, die kaum Psychologie erlauben: Leute, die nur von übergeordneten Problemen reden, können gar nicht zum Leben kommen. Besser wirkt das Stück beim Lesen: durch seine auf praktische Vernunft zielende Argumentation.

Martin Walser: Verdruß bis Zorn

Manchmal fürchte ich, unser Drama könnte seinen Dorn-
röschenschlaf noch später beenden, weil jeder der um den
Erweckungskuß bemühten Prinzen spürt, daß ihm ein ganzes
Land auf den Mund schaut, den er dem gipsblassen Dorn-
röschen nähert. Mein Gott, so eine Verantwortung, denkt er.
Was passiert dir, wenn du jetzt küßt und die schläft weiter.

Martin Walser, 1962

Martin Walser, geboren am 24. März 1927 in Wasserburg am Bodensee,
Autor der zeitkritischen Romane ›Ehen in Philippsburg‹ (1957), ›Halbzeit‹
(1960), ›Das Einhorn‹ (1966), hat im Jahr 1962 zur Uraufführung seines
Stückes ›Eiche und Angora‹ einen kurzen ›Lebenslauf, ausgewählt im Hinblick auf das Theater‹ verfaßt, in dem er die Frage ›Warum Stücke?‹ u. a.
beantwortet mit: »Weil unser nationales Schicksal abendfüllend ist. Weil
das Geklage, es gebe keine deutschen Stücke, auch einen Mehlsack zum Dramatiker machen muß. Weil ein Freund sagte: Du bist ein Erzähler. Das
klang, als werde ein Aktendeckel für immer zugeschlagen.« Nach vier
Stücken ist Walser noch immer mehr Erzähler als Dramatiker, doch sieht er
einem Dramatiker schon zum Verwechseln ähnlich. Seine Bühnengestalten
leiden fast alle unter dem Zwang, so glanzvoll zu formulieren wie ihr Erfinder, der von einer überschäumenden Sprachphantasie bedrängt wird, und
erklären sich mehr durch pointierte Sätze als durch Handeln.

Sein erstes Bühnenstück Der Abstecher, uraufgeführt 1961 im Werkraum-
theater der Münchener Kammerspiele, war ursprünglich als Hörspiel gedacht:
eine Frau wird von ihrem ehemaligen Geliebten bei einem ›Abstecher‹ besucht; mit ihrem eifersüchtigen Ehemann will sie den Geliebten, der sie einst
sitzenlassen hat, auf einem improvisierten elektrischen Stuhl — Füße in
der Waschschüssel, Strom aus der Leitung — umbringen, doch die Männer
verbrüdern sich schließlich beim Bier und lassen die Frau mit ihrem Weltekel
allein. Nach dieser Ehe-Satire, die in eine Herr- und Knechts-Satire ein-
gekleidet ist, teils Jux, teils geistreicher Witz, mit Anklängen an Bertolt
Brecht und Harold Pinter, nach dieser grausamen Posse aus dem intimen
Alltag hat Walser mit bemerkenswerter Hartnäckigkeit und Courage versucht, »unser nationales Schicksal abendfüllend« zu machen. Sein Ekel vor
der nationalsozialistischen Vergangenheit und sein Zorn über die bundes-
republikanische Gegenwart liefern ihm das Material.

Theoretisch proklamiert er einen neuen Realismus, praktisch jedoch arbeitet er nach vorgefaßten zeitkritischen Thesen Modellsituationen aus, deren
Personal nur dazu dient, die Richtigkeit seiner Thesen zu bestätigen. Walser

drückte dies unübertrefflich genau aus, als er vom Bühnenautor schrieb:
».. . er gibt sich seiner schwarzgetönten Empfängnis hin und erfindet aus
dem Material seiner persönlichsten Niedergeschlagenheit eine Spielwelt, in
der er jene Grausamkeit abbildet, die er in seiner Umwelt vermutet, ohne
sie im Material dieser Umwelt und Wirklichkeit abbilden und beweisen zu
können.« Seiner ›Spielwelt‹ zwingt er überdies — von Angora bis schwarzer
Schwan, von der Eiche bis zum Lebensbaum — nach der Urväterweise Ibsens
eine Abart der ›Wildenten‹-Symbolik auf. Mit dialektischer Geschicklichkeit
kann man auch dieses Verfahren ›realistisch‹ nennen, weil es die Realität
durchschaubar machen will, doch kommt es auf das Etikett nicht an.

Tief verdrossen über das, was er beobachtet, und über die Schlüsse, die er
daraus ziehen zu müssen meint, versucht Walser zu provozieren: den trägen
Schlamm der Vergangenheitsverdrängung und Gegenwartsgleichgültigkeit
aufzurühren. Ist er auch absolut humorlos, so ist er doch witzig aus Wut,
und mit der Überpointierung seiner Situationen und ihrer Beweisfiguren
macht er es seinen Zuschauern allzu leicht, die Gewissensschärfung, auf die es
ihm doch ankommt, lachend abzuweisen. Sein Fanatismus der Moral hat
wie jeder Fanatismus etwas Amoralisches: damit die Menschen seinen strengen Forderungen genügen könnten, müßte man sie zuvor alle erschießen und
dann noch einmal neu, und zwar sehr viel besser, erfinden.

Eiche und Angora. ›Eine deutsche Chronik‹. 1961/62. Uraufführung
23. September 1962, Schiller-Theater, Berlin. — Fünf Bilder spielen im April
1945, zwei Bilder im April 1950, vier Bilder im April 1960: die Deutschen
dieser ›Chronik‹ wechseln, vom Erwerbstrieb beflügelt, ihre Anschauungen,
wie es ihnen gerade nützlich erscheint. Gorbach beispielsweise, eine der beiden Hauptfiguren, versucht im ersten Teil, bei Kriegsausgang, als nationalsozialistischer Kreisleiter auf dem ›Eichkopf‹ den Kampf gegen die anrückenden Alliierten zu organisieren; im zweiten Teil ist er bereits Bürgermeister,
auf dem Eichkopf wird nun eine pazifistische Gedenktafel enthüllt, und im
dritten Teil ist Gorbach der Besitzer eines Höhenrestaurants auf dem Eichkopf, auf dem sich Gesangvereine zu einem Wettstreit treffen. Alois Grübel,
der Gehilfe Gorbachs, hinkt mit seiner jeweiligen Meinung immer hinter der
Entwicklung her; seine ›Rückfälle‹, die er bitter beklagt, sind immer Rückfälle in Meinungen von gestern, die heute nicht mehr opportun sind. So
trägt er, als Kommunist im Konzentrationslager ›umerzogen‹, angesichts
eines Vertreters der zur ›Umerziehung‹ entschlossenen Besatzungsmacht,
ungeniert vor, was er an Nazi-Phrasen im KZ gelernt hat; als sein Arbeitgeber von heute, der Kreisleiter von gestern, durch ihn zwecks Rückversiche-
rung bereits Kontakt mit den verbotenen Kommunisten aufnehmen will, ist

Alois gerade erst bei der neuen Frömmigkeit angelangt. So wird er immer wieder als Irrer in eine Heilanstalt gesteckt und kommt er zu dem Ergebnis: »Erst in der Anstalt kommt der Mensch ganz zu sich« — weshalb er schließlich freiwillig in die Anstalt geht. — Bestechend ist der Grundeinfall: Grübels naive Gläubigkeit an eine gerade überholte Weltanschauung macht den flinken Opportunismus der Gesellschaft um ihn, die sich gläubig gibt, zu einer schaurigen Groteske. Walser hat einen erbarmungslosen Blick für die Erbärmlichkeit, für die Infamie im scheinbar harmlosen Bürger. Seine Personen und Szenen leben fast ausnahmslos nicht aus sich selbst, sondern auf eine angesteuerte Pointe der Provokation hin. Diese kabarettistischen Effekte verscherzen oft den Ernst und die Größe des Themas. So in diesem Falle: im KZ hat Alois eine Angora-Zucht beaufsichtigt und den Kaninchen, auf Befehl der SS, jüdische Namen gegeben; diesen grauenhaften Brauch behält er auch bei seiner Angora-Zucht nach dem Kriege bei, und wenn er auf Wunsch Gorbachs diese ›jüdischen‹ Kaninchen tötet, weil sie durch ihren Gestank die Gäste des Restaurants vertreiben, überdies die Angorafelle an die Fahnen der singenden Vereine hängt, so legt Walser den Gedanken nahe, daß gegebenenfalls wieder die Juden ermordet würden, diesmal aus rein wirtschaftlichen Gründen — eine ebenso fatale wie abgeschmackte Symbolik.

Überlebensgroß Herr Krott. ›Requiem für einen Unsterblichen‹. Uraufführung 23. November 1963, Stuttgart. — Der Unsterbliche heißt Krott, liegt auf der Terrasse eines luxuriösen Gebirgshotels zwischen Frau und Schwägerin, ein allmächtiger Industrieller, ein überlebensgroßer Kapitalist, der Kapitalismus überhaupt: er möchte seine Macht gern loswerden, doch wird er dabei gegen seinen Willen immer mächtiger; er hofft, daß ihn endlich jemand umbringt, doch lieber bringen sich alle andern selber um. Er lebt nicht mehr recht, er läßt sich Leben vorspielen, doch kann er auch nicht sterben. Sogar seine Gegenfigur — ihm zugeordnet wie Grübel dem Gorbach in Walsers ›Eiche und Angora‹ —, der Kellner Ludwig, ist keine Figur gegen ihn: der Kellner nimmt die Hotels nicht an, die Krott ihm schenken will; er zieht es vor, nichts zu besitzen, denn da kann er auch nichts verlieren. Das Stück hört auf, wie es begonnen hat, Krott ist unsterblich, das Requiem mußte ihm zu Lebzeiten gesungen werden. — Die These, daß der Kapitalismus, in dem Walser das Übel aller Übel sieht, auf ewig zementiert und unausrottbar sei (auch die Gewerkschaftsvertreter sind hier zu seinen Nutznießern und Lakaien geworden) wird durch zeitsatirische Szenen und Szenchen, glänzende Bonmots und boshafte Witzeleien illustriert, ohne dadurch an Überzeugungskraft zu gewinnen: mit so vielen zutreffenden Realitätsbeobachtungen Krott kostümiert ist, im Kostüm steckt ein vom Autor aufgeblasener Popanz, der nicht aus der beobachteten Realität gewachsen ist, sondern aus der Lektüre von Bertolt Brecht bezogen scheint. Die Pointe Walsers freilich ist eine Anti-Brecht-Pointe: sie konstatiert die Unveränderlichkeit einer Welt, die Walser und Brecht für höchst veränderungsbedürftig halten.

Der Schwarze Schwan. 1961—64. Uraufführung 16. Oktober 1964, Stuttgart.

— Professor Leibniz, ehemals Mordarzt im Dienste der Konzentrationslager, hat sich unter dem Namen Liberé der Justiz entzogen, für seine Umgebung eine Vergangenheit in Indien erfunden und sich die Leitung einer Nervenheilanstalt als eine Art Selbstbestrafung auferlegt; er hat Tinchen adoptiert, deren Irresein darin besteht, daß sie sich im BDM, dem nationalsozialistischen ›Bund Deutscher Mädel‹ fühlt, Nazi-Lieder singt, in Uniform mit der Sammelbüchse umherläuft und eine Sonnwendfeier veranstalten will. Als säße er im Gefängnis, stellt Liberé in jeder freien Minute Sahneschläger her: »Jeder sein eigener Richter.« Sein ehemaliger Kollege im mörderischen Konzentrationslagerdienst, Professor Goothein, der mit einer verbüßten Gefängnisstrafe seine Schuld als gesühnt betrachtet, hat seinen offenbar neurotischen Sohn Rudi zur Beobachtung in Liberés Anstalt gegeben: der zwanzigjährige Rudi besitzt einen Brief aus dem Jahre 1942, mit dem sein Vater Häftlinge zur Tötung angefordert hat, und gibt vor, er habe diesen Brief geschrieben. Mit diesem ›Wahn‹ will er — eine Hamlet-Variante — seinen Vater dazu zwingen, sich als Schreiber dieses Briefes zu bekennen. Mit Liberés Tochter Irm gräbt Rudi in ihrer gemeinsamen Kindheit: Irm hieß damals Hedi, und die beiden wurden eingesperrt, wenn die Häftlingstransporte kamen; Rudi imitierte im Spiel den Transportbegleiter, den SS-Mann, der ihnen erklärt hatte, SS heiße ›Schwarzer Schwan‹. Wie Hamlet in der ›Mausefallen‹-Szene dem Mörder seines Vaters durch Schauspieler den Mord vorspielen läßt, um ihn zu überführen, so hat Rudi mit vier Insassen der Heilanstalt ein Stück zur Überführung seines Vaters eingeübt: einer ist der schuldige Arzt, die andern drei sind Erinnyen. Rudi liest den Brief vor, sein Vater geht schweigend davon. Bei der ›Sonnwendfeier‹ Tinchens erschießt sich Rudi, bei der Thuja, dem Lebensbaum, der wie ein siebenarmiger Leuchter gewachsen ist.

Walser hat damit verschiedene Weisen, auf die Schuld der Vergangenheit zu reagieren, personifiziert: Tinchen, die Irre, ist in der Vergangenheit steckengeblieben; Liberé, der keinen andern Richter als sich selber anerkennt, hat die Vergangenheit für die Außenwelt umgelogen; für Goothein ist die Vergangenheit mit der Gefängnisstrafe erledigt; Irm will nichts anderes sein als das ›Gras‹, das über die Vergangenheit wächst, und ihre Mutter hat längst einen Schlußstrich gezogen und will sich endlich amüsieren. Es sind zugleich verschiedene Weisen, das Gedächtnis auszulöschen. Rudi, ganz Gedächtnis und Gewissen, scheitert bei seinem Versuch, ein Schuldbekenntnis zu erzwingen; er ahnt in sich die Möglichkeit zur gleichen Schuld, ihm bleibt nur der Selbstmord – Gedächtnis und Gewissen sind zum Schweigen gebracht. Ein gleichnishaftes Spiel, tief pessimistisch; ein tollkühner Versuch Walsers. Leider wirkt es nicht so, wie er es wohl beabsichtigt hat: die Symbolik – der Namen, des siebenarmigen Totenbaums, der Sonnwendfeier, des Schwarzen Schwans – ist überanstrengt; die ›Mausefallen‹-Szene leidet unter läppischen Parodien und bringt nur mühsam und ausführlich ans Licht, was von Anfang an im Licht gewesen ist; Rudi, der Träger des wachen Gewissens, scheint mit seinem hysterischen Wahrheitspathos in der Tat das zu sein, was man ihm vorwirft:»ein Angeber mit fremder Schuld«; Tinchen, das irre BDM-Mädchen, ist billiges, nicht schauriges Kabarett, und der Zynismus der Frau Liberé, die mit alldem nichts mehr zu tun haben will, hat die fatalen, komplizenhaften Lacher auf ihrer Seite. Dennoch ein Stück der Gewissensprovokation, erregend noch in seinen Schwächen durch den moralischen Mut seines Autors.

Die Zimmerschlacht. ›Übungsstück für ein Ehepaar‹. Uraufführung 7. Dezember 1967, Kammerspiele München, durch Fritz Kortner. – Felix, 48 Jahre alt, und Ehefrau Trude, 44. Felix definiert:»Die Ehe ist nun mal eine seriöse Schlacht. Nein, nein, eine Operation. Zwei Chirurgen operieren einander andauernd. Ohne Narkose. Aber andauernd. Und lernen immer besser, was weh tut.« So operieren sich Felix und Trude. Felix will der Abendeinladung seines Freundes Benno nicht folgen, der mit seiner künftigen Frau imponieren möchte, einer Vierundzwanzigjährigen mit einer»Brust, zu der man hinaufbellen möchte« (meint Felix) – vor dem Vergleich mit ihr will Felix angeblich seine Frau schützen, doch gesteht er schließlich, daß er sich selber vor dieser attraktiven Jungen schützen muß, und Trude schlägt zurück: Felix sei sexuell unzureichend. Statt sich zu erschlagen oder sich zu trennen, gehen sie doch zu Benno, um ihm als harmonisches Ehepaar ihre Überlegenheit zu demonstrieren. – Diesen Akt konzipierte Walser 1962 als Fernsehspiel; 1967 überredete ihn Kortner zum (überflüssigen, da nicht weiterführenden) zweiten Akt: Fünfzehn Jahre später bereden Trude und Felix diesen Abend bei Benno (der inzwischen tot ist, das Opfer seiner Frau, die ihn in eine selbstmörderische Rivalität mit jüngeren Männern gehetzt hat), und sie spielen sich noch jetzt gegenseitig Eifersucht vor, pensionsreife Zimmerkrieger, deren Scheinkämpfe bestätigen, daß sie zueinander gehören. – Boulevard-Strindberg: harmlos bissiges Exerzitium für versöhnungsvirtuose Eheveteranen.

Ein Kinderspiel. ›Stück in zwei Akten‹. Uraufführung 22. April 1971, Stuttgart; Regie: Alfred Kirchner. – Der zwanzig Jahre alte Asti, der Abitur und
Karriere verweigert, und seine drei Jahre ältere Schwester Bille, die bereits
studiert, machen Erbschaftsbilanz: Was sie auch von ihren Eltern haben,
ob es nun biologisch ist wie fettiges Haar und brüchige Fingernägel oder
geistig wie Lebensregeln und Verhaltensmuster, es taugt nichts. Die Geschwister durchschauen die Dressur und parodieren ihre Dompteure. Sie
spielen Eltern für ein imaginäres Kind und reproduzieren die Vorwürfe und
Ratschläge ihrer eigenen Eltern vom Kinderbett bis zur Sexual- und Berufs-
beratung. Asti verurteilt den Vater zum Tode, weil der Vater schuldig ist
am Leben: er gehört, der verstorbenen Mutter und dem Selbstmord nahe,
zu den Hamletinos und Faustulussen, wie der Kritiker Alfred Kerr die
Pubertätsphilosophen in Frank Wedekinds »Frühlings Erwachen« genannt
hat. Als der Vater mit seiner zwanzig Jahre jüngeren, zweiten Frau die
Szene betritt, hebt Asti die Pistole zum Vatermord, und mit diesem Bild
wird das Publikum in die Pause geschickt. Während der Pause gelingt es
dem 48 Jahre alten Vater offenbar, den Sohn zum Senken der Pistole zu
bewegen, denn er braucht am Anfang des zweiten Akts nur noch wenige
Sätze, und schon hat er Asti die Mordwaffe in die Hosentasche diskutiert.
Asti holt die Pistole zwar immer mal wieder hervor, doch schießt er nicht,
denn der Vater nimmt Astis Probleme einerseits ganz ernst, benimmt sich
andererseits aber ganz so, als seien es theoretische Probleme für den künftigen Jungfilmer. Dies muß auch den schießwütigsten Hamletino entwaff-
nen: noch wenn Asti über den Fußboden kriecht, hin zu seiner jungen
Stiefmutter, um die sexuellen Spezialitäten seines Vaters pantomimisch vorzuführen, und sogar wenn er den Vater auf seine junge Frau wirft und stößt,
bleibt der Alte gelassen – er betrachtet dies als Probeszene für einen zu
drehenden Film und stellt sich und seine Pleiten dem Sohn als Modell zur
Verfügung. Der Vater löst Astis Realität immer wieder selbstbeherrscht und
elegant im Filmischen, im Fiktiven, im Projekt, in lauter Möglichkeitsformen auf. Am Schluß wird Walser, weil er auch noch den jungen Linken
handfeste Revolutionsnahrung reichen oder doch wenigstens von ihnen respektiert werden möchte, von seiner Ironie verlassen: Asti lernt von seiner
Schwester, die sich endlich als systemkritische Autorin mit Genossen-Sehn-
sucht herausstellt, bei einem Projekt für einen antikapitalistischen Agitprop-
Film blitzschnell die Hoffnung, daß – so Walser in einem Selbstkommentar –
»allein das systemkritische Verhalten, also zum Bauspiel das Durchschauen
des Wirtschaftssystems, eine Beschäftigung wert ist«. Die Schwester wird den
Bruder über den »Mehrwert« aufklären, und wenn die beiden nun »Klasse«
sagen, so klingt dies wie eine Kinderspiel-Vokabel für »Klassenkampf«.

Rolf Hochhuth: der Gewissensstellvertreter

> Die Wirklichkeit blieb stets respektiert, sie wurde aber ent-
> schlackt.   Hochhuth im Nachwort zum ›Stellvertreter‹

ROLF HOCHHUTH, geboren am 1. April 1931 in Eschwege bei Kassel, gelernter Buchhändler, seit 1958 Verlags-Lektor, löste mit dem Schauspiel ›Der Stellvertreter‹ eine erregte internationale Diskussion aus. Die Buchausgabe wurde zum Bestseller, das Stück im Ausland gespielt 1963 u. a. in Stockholm, London, Helsinki, Paris, Athen, Aarhus, New York, Rotterdam, Tel Aviv; 1965 in Chicago, Montevideo, Toronto, Reykjavik, Oslo.

Stellvertretend für die Stimmen gegen Hochhuth ein Zitat aus einem Brief, den Kardinal Montini, Erzbischof von Mailand, nachmals Papst Paul VI., an die englische Wochenschrift ›The Tablet‹ gerichtet hat: »Warum es schließlich Pius XII. nicht auf einen offenen Konflikt mit Hitler ankommen ließ, um so Millionen Juden vor dem nazistischen Blutbad zu retten – das ist für denjenigen nicht schwer verständlich, der nicht den Fehler Hochhuths begeht und die Möglichkeiten einer wirksamen und verantwortungsvollen Aktion in jener schrecklichen Zeit des Krieges und der nazistischen Gewaltherrschaft mit dem Maßstab beurteilt, was man unter normalen Umständen hätte tun können, das heißt, in der willkürlichen und hypothetischen Situation, die der Phantasie eines jungen Komödiegraphen entsprungen ist. Eine Verurteilung und ein Protest vor aller Welt, den nicht ausgesprochen zu haben man dem Papst vorwirft, wäre nicht nur unnütz, sondern sogar schädlich gewesen; das ist alles. Die These des ›Stellvertreters‹ offenbart ein ungenügendes Einfühlungsvermögen in die psychologische, politische und geschichtliche Wirklichkeit und sucht die Wirklichkeit mit künstlichem Flitterwerk zu umgeben.«

Stellvertretend für die Stimmen für Hochhuth ein Zitat aus einem Artikel des Baseler Literaturwissenschaftlers Walter Muschg, veröffentlicht im Programmheft der Städtischen Bühnen Frankfurt: »Hochhuth hat den ›Nathan‹ zeitgemäß umgeschrieben, indem er den Antisemitismus in die höllische Perspektive rückte, die sich Lessing noch nicht träumen ließ, die er aber für uns besitzt. So mußte sein Stück notwendig das werden, als was er es ursprünglich bezeichnete: ein unter apokalyptischem Himmel versuchtes ›christliches Trauerspiel‹ ... Der ›Stellvertreter‹ ist trotz seiner im Grund traditionellen Struktur ein revolutionäres Werk, weil er über die modischen artistischen Teufeleien des Antidramas hinaus wieder klarmacht, daß die Dichtung imstande ist, an die Vernunft des Menschen zu appellieren. Auf einen solchen jungen deutschen Dramatiker haben wir gewartet, und die

Fehler seines ersten Wurfs sind uns lieber als die schönsten Verrücktheiten des absoluten Theaters.«

Der Stellvertreter. ›Schauspiel‹ (Uraufführung 20. Februar 1963, Berlin, Theater am Kurfürstendamm, durch Erwin Piscator). Die Buchausgabe umfaßt mehr als zweihundert Seiten; eine ungekürzte Aufführung würde mindestens sieben Stunden dauern. Es liegt in der Hand des kürzenden Bearbeiters, des Regisseurs und des Papst-Darstellers, ob eine Aufführung vornehmlich zu einer Polemik gegen Pius XII. wird, oder ob die Entscheidung des Papstes zumindest einen Anhauch von Tragik gewinnt. Im Buch liegt der entscheidende Akzent auf der Polemik. Ihr Träger ist der Jesuitenpater Riccardo Fontana (ein junger idealistischer Held aus der klassischen deutschen Theatertradition). Er hört im August 1942 beim Apostolischen Nuntius in Berlin über die Ermordung der Juden in Belzec und Treblinka von SS-Obersturmführer Kurt Gerstein, der damit beauftragt ist, Blausäure für Massenvergiftungen zu liefern. Gerstein ist eine historische Gestalt; er war Mitglied der evangelischen Bekennenden Kirche und nach seiner Entlassung aus dem Konzentrationslager in die SS eingetreten, um in der Uniform des Gegners wirksamen Widerstand zu leisten. Riccardo schätzt die Stellung und die Macht des Papstes so hoch ein, daß er, angesichts der Massenmorde an den Juden und des erfolgreichen priesterlichen Protestes gegen die Ermordung der Geisteskranken, von Pius XII. fordert, nicht vorsichtig und politisch zu handeln wie ein für die Erhaltung von Menschenleben verantwortlicher Staatsmann, sondern als Stellvertreter Christi zum Martyrium aufzurufen, ohne Rücksicht auf politische Überlegungen, und notfalls wie jeder katholische Gläubige das Martyrium auf sich zu nehmen. Da der Papst die Massenmorde öffentlich nicht mit der von Riccardo für notwendig gehaltenen Schärfe verurteilt, da er wie ein weltlicher Politiker handelt und nicht so päpstlich, wie dies Riccardo — und mit ihm der Protestant Hochhuth — erwartet, geht Riccardo als Stellvertreter für den, den er nicht mehr als Stellvertreter Christi betrachten kann, freiwillig ins Konzentrationslager, den Judenstern auf der Soutane, und wird dort schließlich erschossen.

Die (mancherorts gestrichene) Szene im SS-›Jägerkeller‹ und die Verhaftung einer römischen Judenfamilie durch deutsche Soldaten entkräften den Vorwurf, Hochhuth wolle die Judenmörder auf Kosten des Papstes entlasten: dort führt er die Schuld aller Beteiligten, einschließlich der Industrie, einer pervertierten Rassen-›Wissenschaft‹ und der Wehrmacht, eindeutig vor. Ebenso eindeutig zeichnet Hochhuth Pius XII. als einen taktierenden Rechner, der Eiseskälte ausstrahlt und einer schlichten menschlichen Reaktion unfähig ist. Dies hat manchen Darsteller nicht daran gehindert, ihm innerhalb des gegebenen Textes das Höchstmaß einer schwer errungenen Überzeugung zu verleihen; der Papst schweigt dann aus wohlerwogenen Gründen, aus denen er schweigen zu müssen glaubt, und wird zum Träger eines Konfliktes, in dem er sich — nach Hochhuths Meinung — zwar falsch entscheidet, dies jedoch in einer tragischen Situation.

»Drohen Sie Hitler, direkt und schriftlich, eine halbe Milliarde Katholiken zum Protest zu zwingen, wenn er den Massenmord fortsetzt!« — die Frage, welche Auswirkung es gehabt hätte, wenn der Papst dieser Aufforderung gefolgt wäre, läßt sich selbstverständlich nicht beantworten. Die Frage, ob irgendeine irdische Instanz das Recht hat, auch nur einem einzigen Gläubigen das Martyrium aufzuerlegen, kann nur von jedem einzelnen durch eine Gewissensentscheidung beantwortet werden. Hochhuth, der als Protestant an die Stellvertreterschaft des Papstes nicht glauben kann, verlangt gleichwohl von ihm, daß er wie der Stellvertreter Gottes handle, und billigt ihm damit das Recht zu, das Martyrium zu fordern.

Stilistisch ist das Schauspiel eine Mischung von polemischem Zeitstück mit dem Ehrgeiz zum schillerschen Ideen-Drama, von zuckmayerschem Rollenstück, für das Hochhuth am meisten Talent zu haben scheint, und dem zum Scheitern verurteilten Versuch, Auschwitz in ein Mysterienspiel zu steigern: im letzten Akt mit Riccardo am Leichenverbrennungsofen wird der SS-Doktor zum Teufel, zum absolut Bösen, zum geistigen Widersacher Gottes. Doch wie man auch immer das Drama ästhetisch beurteilen mag, es erzwingt im Zuschauer das innere Bild unablässiger Fahrten in die Feueröfen, des atemlosen und gleichmütigen Mordens, und wer nicht völlig abgestumpft ist, hat mit seinem eigenen Gewissen mehr zu tun als mit der Entscheidung des Papstes.

Soldaten. ›Nekrolog auf Genf. Tragödie‹. Uraufführung 9. Oktober 1967, Freie Volksbühne, Berlin, durch Hans Schweikart. — Das von Churchill zustande gebrachte Bündnis zwischen London und Moskau, ohne das keine Aussicht bestand, Hitler-Deutschland zu besiegen und seine Massenmorde im eroberten Europa zu beenden, dieses heikle Notbündnis wurde gefährdet durch General Sikorski, den Ministerpräsidenten der polnischen Exilregierung in London: Sikorski verlangte ein von den Russen unangetastetes Polen in den Vorkriegsgrenzen, und Stalin verlangte zumindest die polnischen Ostgebiete, die unter den Zaren russisch gewesen waren. Sikorski hatte ferner in Genf das Schweizer Rote Kreuz gebeten, die Gräber von Katyn zu untersuchen; dort waren im April 1943 viertausend ermordete polnische Offiziere gefunden worden — Offiziere, die nach der Aufteilung Polens durch Hitler und Stalin in russische Lager verschwunden und vermutlich auf Befehl Stalins ermordet worden waren. — Hochhuths erster Akt (ohne Vorspiel) beginnt im April 1943, als die Massengräber von Katyn entdeckt sind (der letzte endet im Juli des gleichen Jahres); Stalin hat von Churchill verlangt, daß er einige Mitglieder der polnischen Exilregierung »austausche«; daß, grob gesagt, Sikorski verschwinde. Auf dem Schlachtschiff »Duke of York« beschwört Churchill den General Sikorski, zu Katyn zu schweigen, doch Sikorski hat das Rote Kreuz bereits um die Untersuchung gebeten — die natürlich auch ein propagandistischer Triumph für Hitler wird. Damit nicht genug, verlangt Sikorski eine schriftliche Bestätigung, daß die Grenze zwischen Polen und Rußland nicht vor dem Sieg über Hitler diskutiert wird — Churchill muß ablehnen. Sikorski ist dem Bündnis zwischen London und Moskau im Wege, und er weiß dies auch. — Im zweiten Akt hat Stalin die Beziehungen zu den Polen abgebrochen und verlangt telegraphisch abermals, daß »Maßnahmen zur Verbesserung der Zusammensetzung der gegenwärtigen polnischen Regierung« ergriffen werden. Lord Cherwell deutet an, daß der britische Geheimdienst in Gibraltar gegen Sikorski, der in britischen Flugzeugen schon dreimal knapp dem Tod entronnen ist, ein Attentat vorbereitet hat, Churchill hört dies und billigt es, indem er keinen Einspruch erhebt. — Im dritten Akt kommt die Nachricht, daß Sikorski — am 4. Juli 1943 — mit Tochter und Stab tot ist: bei Gibraltar ist die britische Maschine ins Meer gestürzt. — Ein Londoner Gericht verurteilte 1972 Hochhuth zur Zahlung von 50 000 Pfund Schadenersatz an den Piloten der Absturz-Maschine Edward Prchak. Weder zahlte Hochhuth noch bewies er seine These.

Hochhuth, der seine Quellen nicht preisgibt und die endgültige Aufklärung des Falles »spätestens in fünfzig Jahren« erwartet, belastet Churchill mit dem Tod Sikorskis, doch läßt er keinen Zweifel, daß Churchill auch moralisch berechtigt war — oder doch im Sinne Burckhardts »Dispensation von dem gewöhnlichen Sittengesetz« hatte —, um Sikorski beseitigen zu lassen, so wie Sikorski moralisch berechtigt war, Stalin der Massenmorde von Katyn anzuklagen; in einem Kommentar nennt Hochhuth die Beziehungen zwischen Churchill und Sikorski »eine Tragödienkonstellation von klassischer Ausweglosigkeit«. Daß die Ermordung Sikorskis »zur Rettung der Koalition, die die Welt gerettet hat« notwendig gewesen sei, daran zweifelt Hochhuth nicht. Dagegen bestreitet er die Notwendigkeit der Bombenangriffe gegen die Zivilbevölkerung. Dieses Thema seines Stückes ist wichtiger, wenn auch weniger sensationell als die unbeweisbare Behauptung, Churchill habe Sikorski umbringen lassen.

Hochhuth ist Pionier der ›Dokumentarstücke‹ der sechziger Jahre. Die Bearbeitung der Dokumente ist immer bestreitbar, und es ist nur zu natürlich, daß ein Betroffener, der amerikanische Physiker Oppenheimer gegen das

Stück protesiert, das ihn auf die Bühne bringt: *In der Sache J. Robert Oppenheimer*, ein ›szenischer Bericht‹ von *Heinar Kipphardt* (Uraufführung 11. Oktober 1964, Freie Volksbühne Berlin und Kammerspiele München), versuche, so sagte Oppenheimer, aus einer Farce eine Tragödie zu machen. Umstritten sind die Dokumente für Kipphardts ›Schauspiel‹ *Joel Brand* (Uraufführung 5. Oktober 1965, Kammerspiele München), und *Tankred Dorst* interpretiert in seinem *Toller* (Uraufführung 9. November 1968, Staatstheater Stuttgart) zumindest so einseitig, daß ein falsches Bild von den Anfängen der Weimarer Republik entsteht. Solche Stücke, die durch ihre Stoffe und ihre moralischen Appelle Furore machen können — so war ›Oppenheimer‹ ein Welterfolg —, nehmen sich in dem Medium am besten aus, für das sie ursprünglich geschrieben sind: im Fernsehen.

Guerillas. ›Tragödie‹. Uraufführung 15. Mai 1970, Württembergische Staatstheater, Stuttgart, durch Peter Palitzsch. — Hochhuth ist davon überzeugt, daß in den Vereinigten Staaten »200 Millionäre über 200 Millionen Menschen herrschen«. Um diese Oligarchie zu brechen, bereitet in ›Guerillas‹ der Senator Nicolson, ein Millionär, Republikaner und Mitglied des Geheimdienstes CIA, mit Stadt-Guerillas einen Staatsstreich vor: die Verschwörer wollen mit Hilfe eines Polaris-U-Bootes durch atomare Erpressung ihr Programm verwirklichen, »die Demokratie einzuführen, die unsere Verfassung vorschreibt«, eine Arbeiterpartei zu gründen, »die Amerika umwandeln wird in einen sozialen Rechtsstaat«. Doch der Senator erliegt als traditioneller Tragödienheld der Hybris, indem er zugleich Südamerika befreien will: seine Frau wird in Guatemala bei konspirativer Tätigkeit entdeckt; Senator und Frau werden vom CIA ermordet; der farbige Pilot des Senators wird die nordamerikanischen Staatsstreichpläne weiterführen. — Ein Staatsstreich von oben erscheint Hochhuth eher möglich als eine Revolution von unten. Statt dramatischer Situationen gibt er eine Polemik mit verteilten Rollen, aufgepulvert durch Kolportage. Getreu seinem Vorsatz, »geschichtliche Konstanten zu suchen, denen man den Dokumentenschutt zuordnet, anstatt umgekehrt vorzugehen«, ordnet Hochhuth seinen Staatsstreich-Phantasien eine passende Dokumenten-Auslese zu. Wahrheit und politische Science Fiction entwerten sich gegenseitig, so daß sogar die Wahrheit unglaubwürdig wird. Im ›Stellvertreter‹ konnte man zu einem feierlichen Astheniker in Soutane mühelos Papst Pius den Zwölften assoziieren und in ›Die Soldaten‹ zu einem explosiven Pykniker im Nachthemd mit geringer Mühe Winston Churchill; in ›Guerillas‹ gibt es solche nahrhaften Markenartikel der Weltgeschichte nicht, das Personal ist entsprechend mager: zusammengeklumpt aus Pappmaché mit »freien Rhythmen«.

Die Hebamme. ›Komödie‹. Uraufführung 4. Mai 1972, Schauspielhaus Zürich; Regie: Werner Kraut. — Die Hebamme ist Oberschwester und Stadträtin der CDU, mit der sie recht unzufrieden ist. Sie leitet Gelder, die ihr nicht gehören, auf eine höchst zweifelhafte Weise vernünftigen Zwecken zu. In der abschließenden Gerichtsverhandlung tut sie dem Publikum und der Justiz den Gefallen zu sterben: sie macht damit ihre sichere Verurteilung unmöglich und ein vergleichsweise gutes Ende möglich. — Hochhuths erstes Stück, das er für eine Komödie hält, ist eine Posse: es gibt keine Personen, keine Rollen, es gibt nur eine Serie von Situationen, in denen Leute mit verschiedenen Namen und von verschiedenen Parteien auf die gleiche Weise bestechlich oder einfältig sind — mit Ausnahme der Hebamme, sie ist ein todsicherer Theatergriff: diese liebenswert durchtriebene alte Dame, die sich nicht scheut, Gesetze zu verletzen, falls sie damit armen Menschen zu ihrem Recht verhelfen kann, ist eine geradezu vollautomatische Produktionsanlage für Sympathie und Gelächter. Trotz aller Verrisse war ›Die Hebamme‹ 1972/73 mit 417 Aufführungen in 19 Inszenierungen das meistgespielte Stück mit den meisten Zuschauern, rund einer Viertelmillion.

Lysistrate und die Nato. ›Komödie‹. 1973. Uraufführung 22. Februar 1974, Bühnen der Stadt Essen und Volkstheater, Wien. — Eine namenlose ägäische Insel soll Nato-Stützpunkt werden. Daß sie dafür besonders gut geeignet sei, hat eine Kommission griechischer Offiziere festgestellt. Schon rechnen sich die Großbauern und Grundbesitzer ihre Gewinne aus. Lysistrate aber, die lieber Touristen auf der Insel hätte, zwingt die Kommission, die Insel als untauglich für die Nato zu erklären — erfolgreich ruft sie die Frauen auf, die Betten der Männer leer zu lassen. Doch wenn Hochhuth seinen 3. Akt mit dem Titel versehen hat »Schwert oder Scheide«, so zeigt er im 4. Akt, daß der Sieg erst möglich wird, wenn das gezogene Schwert der entzogenen Scheide zu Hilfe eilt: die Entscheidungen werden dann doch mit Gewalt erzwungen. Lysistrate zwingt einen ehemaligen griechischen Minister und Großverdiener an Nato-Rüstungsaufträgen auf ihre Seite durch eine komplizierte Intrige. Am Ende hilft auch dies nicht mehr viel: die Obristen haben die Macht an sich gerissen, und Lysistrate geht als Partisanin auf die Insel Kreta. — Hochhuths Wille zur Komödie läuft schwitzend neben der schwerfälligen Kompliziertheit seiner Szenen her und neben der Simplizität seines Personals, das er aus der Possentradition mit schwerer Arbeitshand übertragen hat. Daß seine Lysistrate promoviert, Studiendirektorin, Witwe und Mitglied des Parlaments ist, trägt zu ihrer Attraktion auch nicht sonderlich bei. Als Vorwort- und Fußnoten-Dramatiker bleibt Hochhuth seinem politischen Theater treu.

Rainer Werner Fassbinder: Klischee-Collagen

Ich habe nichts gegen simple Bezüge.

Fassbinder, überlieferte Sprüche, 1970

Der 25 Jahre alte Rainer Werner Fassbinder spielte Bert Brechts »Baal« im Fernsehfilm von Volker Schlöndorff. Er war kein Baal, aber die Rolle stand ihm gut. Er »spielte« sie nicht im hergebrachten Sinne; er schien stattdessen einfach zu warten, daß man seiner bloßen Erscheinung den Baal glaube, und darauf wartete er so lange, bis einem gar nichts mehr anderes übrig blieb. Er sah damals auch privat aus wie ein bajuwarischer Satyr: Stiefel, Lederjacke über dem ansehnlichen Brustkasten, dunkles Haar in der Stirn, über der wilden Nase, den hängenden, mühsam geöffneten Augenlidern, und bei Diskussionen hatte er immer Kernsätze parat wie »Ich bin für eine anarchistische Gesellschaft« oder »Wir machen halt keine Kunst« oder auch nur Vokabeln wie »deppert« und »beschissen«.

Damals, 1969/70, war der am 31. Mai 1946 in Bad Wörishofen geborene Fassbinder schon so unbegreiflich berühmt, daß er wie andere berühmte Unbegreiflichkeiten oft »ein Phänomen« genannt wurde. Von 1964 bis 1966 hatte er im Schauspielstudio Leonhard in München studiert, hatte sich 1967 dem Schwabinger Action Theater angeschlossen und wurde 1968 zum Mitbegründer des daraus hervorgegangenen »antiteaters«, einer Theaterkommune mit etwa zehn festen Mitgliedern. Für das »antiteater« bearbeitete er Stücke wie »Die Verbrecher« von Ferdinand Bruckner, »Zum Beispiel Ingolstadt« nach Marie-Luise Fleißer (1967), »Orgie Ubuh« nach Alfred Jarry und Goethes »Iphigenie« (1968), »Die Bettleroper« von John Gay und »Das Kaffeehaus« nach Goldoni (1969).

Die Technik seiner Bearbeitungen war von Anfang an, schon 1967 bei Bruckners *Die Verbrecher*, komplett: keine Dekoration, keine individuellen Kostüme, kein Szenenwechsel, keine Psychologie, keine Übergänge – was auf dem Spielpodium und mit den Kräften der Theaterkommune nicht zu schaffen war, das ließ er einfach weg. Er reduzierte Bruckners Sensationsstück des Jahres 1928 auf ein sprunghaftes, einigermaßen zeitloses Szenen-Mosaik, in dem die Situationen gerade noch, manchmal aber auch nicht mehr klar werden. So zerstückelt und oft nicht mehr einsehbar die äußere Handlung ist, immer klar sind die inneren Situationen zweier oder dreier gegenübergestellter Personen. Für sie verlangt Fassbinder kein Mitgefühl; stattdessen sollen die Zuschauer »Gefühlsmechanismen kapieren«.

Diese »Gefühlsmechanismen« werden vom »antiteater« verdeutlicht und vorgeführt durch ein recht bescheidenes choreographisches Repertoire: eine sitzende oder stehende Person wird von der Gegenperson umkreist. Oder: eine Person steht, und die andere läuft betont die immergleiche Strecke hin und her. Sexuelle Attraktion wird durch rüden Landsknechtsgriff unverkennbar gemacht. Das hat etwas vom Holzschnitt, von verschlampter Laienbühne oder auch von gewolltem Amateurtheater. Und oft sieht es so aus, als spiele die Truppe, wo immer sie auch spiele, gegen die Störungen ihrer bevorzugten Münchner Spielstätte an, in der während der Vorstellung Bier serviert wird, sie liegt im Hinterhof und genau über der hörbaren Kegelbahn des Schwabinger Wirtshauses »Witwe Bolte«.

Mit einer »Bearbeitung« und Inszenierung (zusammen mit Peer Raben) des Lustspiels *Das Kaffeehaus* von Goldoni (aus dem Jahr 1750) ist Fassbinder über den Langflorteppich der von Wilfried Minks luxuriös ausgestatteten Bühne des Bremer Theaters (Uraufführung am 1. September 1969) vom dekorationslosen, zwei Quadratmeter großen Spielgeviert des »antiteaters« auf die etablierten bürgerlichen Bühnen geschritten. Von Goldoni hat er kaum mehr als die Schauplätze – Kaffeehaus und Spielsalon –, das Personal und die Ausgangssituation seiner Beziehungen übernommen. Die immerwiederkehrende Pointe sämtlicher Vorgänge: Da jeder käuflich ist, kaufen sie sich gegenseitig auf. Die Liebe ist reduziert auf die Liebe zum Geld, und jede genannte Summe wird sofort mündlich und durch eine laufende Lichtbahn auf der Bühne umgerechnet von Zechinen in Dollar, Pfund und Mark. Bei Goldoni ist man nicht minder berechnend, doch sind einige Personen besserungsfähig und stoßen am Ende den Schurken aus ihrer Gesellschaft aus; bei Fassbinder bessert sich niemand, wird das Zusammenführen der Paare als Zynismus und Kitsch denunziert, ist die gesamte Gesellschaft schurkenhaft, wohin könnte man da noch einen Schurken stoßen?

Was im Münchner »antiteater« laienhaft gewesen sein mochte, sei es gewollt, sei es ungewollt, das wurde in Bremen zu einer höchst künstlichen und manchmal auch kunstvollen Laienhaftigkeit, sie ist das Signum für Fassbinders Produktionen geworden. Die Schauspieler bewegten sich und sprachen meist sehr langsam, sie entließen die Wörter einzeln aus dem Mund wie Zitate, die nicht von ihnen stammen. Ihre Sätze sind von Fassbinder wiederum so geschrieben, als seien sie Zitate, die nicht von ihm stammen, und dies gilt sogar für seine eigenen Stücke: er montiert und collagiert Dialoge, Szenen und Dokumente wie vorfabrizierte Fertigteile, die er im Kino, in der Literatur oder auch im Alltag gefunden hat.

Fassbinder ist ein unersättlicher Kinobesucher gewesen, sein »Rekord« – so berichtet sein häufiger Mitarbeiter, der Regisseur und Komponist Peer

Raben – »sechs Filme pro Tag«. Erlebnisarmut hat viele Cineasten seiner Generation dazu gebracht, daß sie sich zwischen lauter Filmzitaten bewegen, soweit sie nicht selbst schon nur noch die Imitation eines Filmzitats sind. Ihre Lebenserfahrung nährt sich aus diesem Leben aus zweiter Hand. Im Kino hat Fassbinder das Schreiben aus zweiter Hand, seine Technik des Zitierens gelernt, des genußvollen, bewußten und genußvoll bewußten Nachspielens vorgefundener Klischees. Er hat diese Technik in seinem Film »Liebe ist kälter als der Tod« (1969) virtuos im Kino angewandt und in seiner Bremer »Kaffeehaus«-Version auf der Bühne perfektioniert.

Fassbinder arbeitet gern mit solidem Material, mit den kostbarsten Stoffen. So hat er sich Lope de Vegas Schauspiel *Das brennende Dorf* (Fuente Ovejuna) bemächtigt. Bei Lope, dem Patrioten und Priester, erschlagen die Bauern den Komtur, der sie unterdrückt, gefoltert und ihre Frauen vergewaltigt hat, und weil sie zusammenhalten und im Recht sind, werden sie von König Ferdinand und Königin Isabella begnadigt. Fassbinder, der Anarchist, macht aus der Notwehr gegen den Komtur einen Aufstand gegen Königtum, Feudalismus, das staatliche System überhaupt, dies versteht sich. Er gibt aber auch noch das damals (Uraufführung am 7. November 1970, Bremer Theater, Regie Peer Raben) gerade bevorzugte Gewürz dran, den Kannibalismus: seine Bauern fressen den Komtur auf, und in Madrid, wo der König sie nicht begnadigen sondern köpfen will, fallen sie über das Königspaar und die Höflinge her und knabbern sie an, obwohl sie »schmekken wie verfaultes Fleisch«. Ihre Revolution bricht als Blutrausch und Massenorgasmus aus. So kostbar die Stoffe sind, nach denen Fassbinder greift, sie sehen, wenn er sie erst zuschneidet, alle ein wenig nach dem letzten Boutiquen-Heuler aus. Der Weg, den sich Fassbinder durch die Theatergeschichte gebahnt hat, ist auch mit breiteren Wagen bequem befahrbar; er ähnelt partout der Leopoldstraße, und noch die von ihm ausgeschlachteten Stücke am Wegrand haben einen gewissen modischen Touch.

Schlichte Einsichten in die gesellschaftlichen Brutstätten der Gewalt, in die Riten der Unterdrückung, in die unterschwelligen Zusammenhänge von Macht, Sexus und Geld vermitteln auch Fassbinders eigene Stücke. Je weiter er sich vom ritualisierten Naturalismus und von der grobklotzigen, ungehobelten Satire seiner Anfänge entfernt hat, desto prätentiöser und gespreizter sind seine Produktionen geworden. In seinem Stück »Die bitteren Tränen der Petra von Kant« (1971) hat sich seine Formel erschöpft, aus vorgefundenen Klischees eine neue Realität zu montieren, Spannung aus überdehnter Langeweile zu pressen und Dilettantismus als Stilmittel zu verkaufen.

Fassbinder bringt es fertig, aus naturalistischen Elementen manieristische

Gebilde zu basteln: ein Feldstein, den er vom Weg aufhebt, sieht in seiner Hand aus, als sei er in einer Kunststoff-Fabrik sorgfältig imitiert worden.

Katzelmacher. Uraufführung 1968, »antiteater« München, Regie: Fassbinder und Raben. – Jorgos, ein »Fremdarbeiter«, ein »Katzelmacher«, ein »Griech von Griechenland«, wird in einer Kleinstadt zum Opfer von Fremdenhaß, Sexualneid und Langeweile. Die von ihm abgewiesene Gunda beschuldigt ihn, er habe sie vergewaltigen wollen. Marie schläft mit ihm, »weil ein Mädchen das braucht«. Erich gründet eine Bande, die den Griechen am liebsten kastrieren würde – sie schlagen Jorgos zusammen, der dies alles nicht versteht. Auch der Grieche hat seinen Fremdenhaß: sobald er mit einem Türken zusammenarbeiten soll, wird er – »Turkisch nix gut« – in eine andere Stadt gehen. – Fassbinders Meisterstück; es hat zwar schon etwas vom Schematismus eines soziologischen Modellfalls, der zu Aufklärungszwecken demonstriert wird, doch vermag es noch das Gefühl zu vermitteln, daß man menschliches Leben wie eine natürliche, unendlich langsame, aber unaufhaltsame pflanzliche Vegetation beobachtet. Fassbinders Stärke: das Klima seelischer Dumpfheit, die sich in Brutalitäten entlädt. Vom Theater schwerlich zu übertreffen ist sein Film »Katzelmacher« (1969), in dem er den Griechen spielt und Filmsequenzen nach Theatervorbild ritualisiert hat.

Anarchie in Bayern. Uraufführung 14. Juni 1969, »antiteater« München; Regie: Fassbinder und Raben. – Eine Gruppe von Schauspielern führt Angst vor der Anarchie vor und anschließend die Schwierigkeiten der Anarchie: Zwar braucht durch die Automation jeder nur noch zwei Stunden am Tag zu arbeiten, und Geld, Ehe, Zuchthäuser und Privatbesitz sind abgeschafft, doch bald gibt's Leute, die diese zwei Stunden nicht arbeiten, die auch mal einen Mitmenschen totschlagen möchten, ferner einen Lustmörder, was macht man mit ihm? Die Frage, wie die Anarchie mit dem Verbrechen fertig werden soll, wird erst durch den Witz beantwortet, daß die Verbrecher in die Bundesrepublik abgeschoben werden, dann durch den Einmarsch der Bundeswehr und der Amerikaner ins anarchistische Bayern: das Stück entzieht sich dem Ernst durch einen Sprung ins Kabarett und suggeriert im übrigen die Hoffnung, daß ein friedliches Leben in der Anarchie erlernbar sei.

Preparadise sorry now. Uraufführung 1969, »antiteater« München; Regie: Raben. – Kern der Veranstaltung sind Ian Brady und Myra Hindley, die »Moormörder« aus Manchester, sie haben 1966 Kinder gequält, ermordet und im Yorkshire-Moor versenkt. Fassbinder hat sechs »Erzählungen« über das Mörderpaar und neun fiktive Dialoge des Mörderpaars geschrieben, je eine

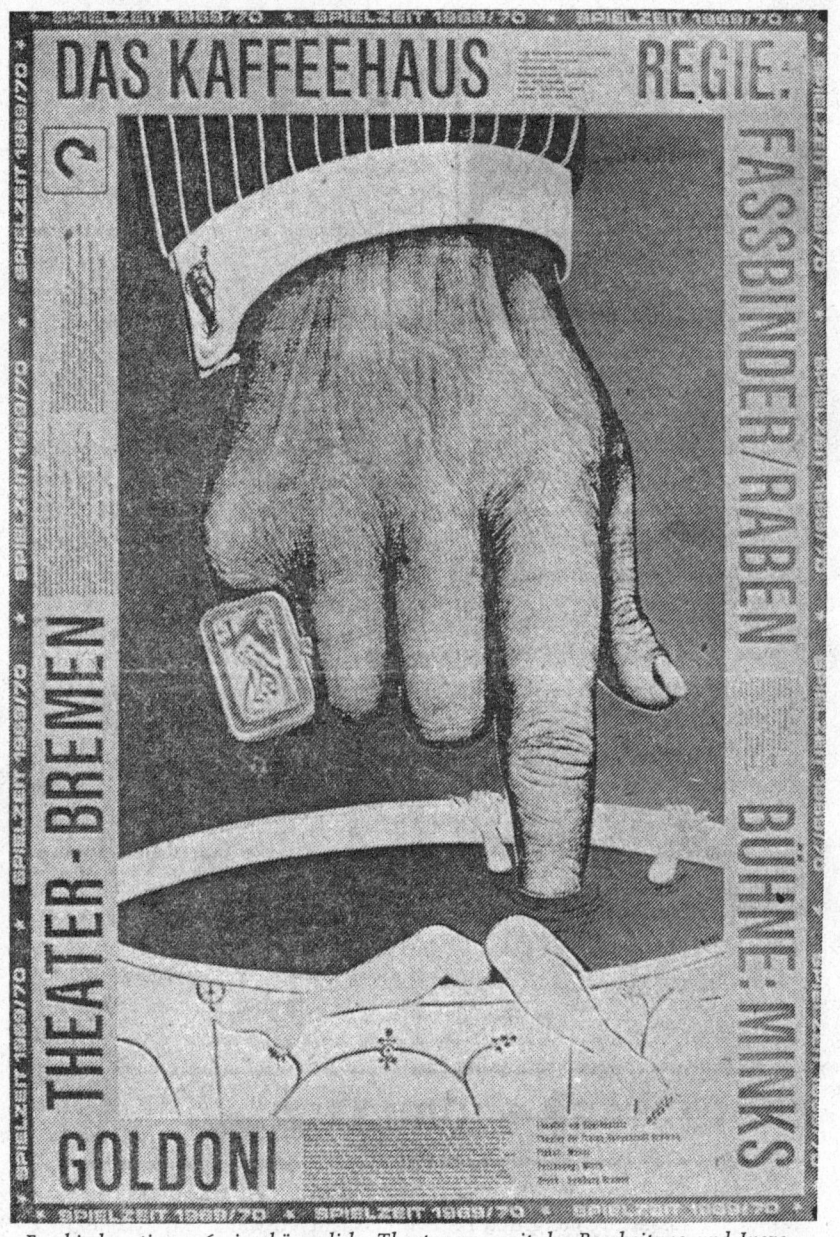

Fassbinder stieg 1969 ins bürgerliche Theater um: mit der Bearbeitung und Inszenierung des Goldoni-Lustspiels ›Das Kaffeehaus‹. Dazu lud dieses von der Pop-art angeregte Plakat ein

halbe Schreibmaschinenseite lang. Aus ihnen gehen Herkunft, sexuelle Spezialitäten und die faschistische Gedankenwelt der beiden Mörder hervor. Ian unterwirft Myra zunächst sexuell und macht sie dann zur Komplizin. Zwischen den Dialogen sollen Bruchstücke von Gebeten zeigen, daß auch die religiösen Rituale Unterdrückungsrituale sind. Das Mörderpaar wird zum faschistischen Modellfall gemacht: die beiden kultivieren ihr Elitebewußtsein und rechtfertigen ihre sadistischen Mordexzesse als »Experimente mit unwertem Leben«. Vor diesem Mittelteil der Vorführung liegen fünfzehn kurze Szenen, in denen jeweils zwei Menschen einem dritten zusetzen, und nach dem Mittelteil folgen dieselben fünfzehn Szenen in umgekehrter Reihenfolge, so daß der Abend mit derselben Kurzszene beziehungsvoll beginnt und endet: ein »Kältetest« in einem Konzentrationslager. Die andern vierzehn Kurzszenen sind unserm Alltag entnommen. Durch diese Montage von Verhaltensmodellen will Fassbinder einhämmern, daß die Moormörder nichts anderes sind als Extremfälle von Brutalisierungen, denen wir auf Schritt und Tritt begegnen und zu denen wir leicht verführbar sind. – Fassbinder zelebriert hier einen hochstilisierten Anti-Naturalismus, um anhand von Mini-Modellen menschliches Fehlverhalten vorzuführen.

Werwolf, geschrieben mit Harry Bär. Uraufführung am 19. Dezember 1969 im Berliner Forum-Theater durch das Münchner »antiteater«. – Der 1552 in Niklashausen geborene Franz Weiß, der im Krieg das Töten gelernt hat und später als Einzelgänger Schädel einschlägt und Gehirne aussaugt, kommt vor Gericht zum Ergebnis, daß auch an ihm die Gesellschaft allein schuldig ist: »Nimmer sind Dinge bestimmt von Mächten, die dunkel; bestimmt zwar, doch nimmer von Gott, nimmer vom Schicksal. Bestimmt wird alles von euch, die die Macht sind.«

Blut am Hals der Katze. Uraufführung durch das »antiteater« München zum Dürerjahr in den Nürnberger Kammerspielen, am 20. März 1971. – Phoebe Zeit-Geist (die von Michael O'Donoghue und Frank Springer erfundene Heldin sadistischer und manchmal witziger Comics) »versteht die Sprache der Menschen nicht, obwohl sie die Worte gelernt hat«. Schuld daran wie auch an allem anderen ist selbstverständlich das »System«, das hier von einem resignierten Fassbinder ziemlich hoffnungslos attackiert wird. Und so beißt denn Phoebe am Schluß der ganzen Gesellschaft in den Hals und bedient sich mit Blut. Dazu der Kritiker Ernst Wendt: »Die Schickeria aus dem Untergrund führt unter dem Vorwand von Systemkritik sich selber vor; Aufklärung ist zur theatralischen Gebärde heruntergekommen.«

Die bitteren Tränen der Petra von Kant. Uraufführung durch das Landestheater Darmstadt bei der Experimenta 4 in Frankfurt, am 5. Juni 1971; Regie: Raben. — Klischeesituationen und Klischeesätze des mondänen Frauenromans sind zu einem Stück zusammengebaut, das — in einem Modesalon — Kitsch entlarvt, indem es Kitsch wiederholt, und die Gleichgeschlechtlichkeit liebender Lesbierinnen gibt dem üblicherweise für heterosexuell gehaltenen Wortschatz der Leidenschaft einen zusätzlichen Stich ins Lächerliche. Wäre diese Liebe allerdings nicht lesbisch, so könnte sie auf der sentimentalen Love-Story-Welle des Jahres 1971 mitreiten. Die Effekte, die Fassbinder lächerlich macht, werden von ihm doch benutzt. Ohne den vorfabrizierten Duft der großen, weiten Welt ginge seiner Petra von Kant die Atemluft aus. Fassbinder drehte 1972 nach diesem Stück einen Farbfilm gleichen Titels mit Margit Carstensen (Petra von Kant), Hanna Schygulla (Karin Thimm), Eva Mattes (Gabriele von Kant). Margit Carstensen hatte im ›Kaffeehaus‹ die Vittoria gespielt, und für sie schrieb er — außer der ›Petra von Kant‹ — noch ›Das brennende Dorf‹ und:

Bremer Freiheit. ›Ein bürgerliches Trauerspiel‹. Uraufführung 10. Dezember 1971, Bremen, ›Concordia‹; Regie: Fassbinder. — Die letzte öffentliche Hinrichtung in Bremen war die Enthauptung der Giftmörderin Gesche Gottfried am 21. April 1831. Bei Fassbinder ist Gesche, die ihre gesamte Familie ausrottet, vierzehn Personen, ein Opfer der Gesellschaft: sie wird von ihrem ersten Mann aus Impotenz brutalisiert, und »Freiheit« hat sie — wie schon ihre Mutter — »nur im Gespräch mit Gott«. Sie aber will das diesseitige Glück, und so vergiftet sie die Welt, die ihr einen Giftbecher mit einem Gemisch aus sexueller Enttäuschung, Bigotterie, Unterdrückung und Kapitalismus kredenzt hat. — Die Emanzipation erscheint durch ausschweifenden Gebrauch von Arsenik als Moritat einer Selbstbefriedigung, und Gesches Opfer sieht man eher belustigt dahinschwinden, als seien sie die zehn kleinen Negerlein: sie haben kein Eigenleben, sie sind nur Gedankenfunktionäre — Zwangsvollstrecker der Gesellschaft. Fassbinders grobe, »aufklärerische« Lektion ist rasch gelernt: der Rest ist popschickes Bauerntheater, in dem der Zwang der Gesellschaft wie einst der Fluch der Ahnfrau waltet. — Bei der Uraufführung im Bremer Studio-Haus ›Concordia‹ hatte Wilfried Minks aus der Spielfläche ein Meer im Schäumen erstarter Kunststoffwagen gemacht, auf denen als Spielfläche ein gewaltiges Kreuz schwamm, während bürgerliches Mobiliar wie Kommode und Kanapee im Begriff des Untergehens war. Fischschwanz-Nixen und wehende Fähnchen am Rande. Möwen waren an die Wände gemalt und kreischten vom Tonband — ein Pop-Environment, so symbolisch, daß es des Spiels fast nicht mehr bedurfte.

Peter Hacks: der politische Artist

Ein politischer Dichter macht einen politischen Effekt. Der
politische Effekt ist ein unlösbarer Bestandteil des artistischen
Effekts ... Der politische Effekt tritt nur ein, wenn die Mo-
mente des Kunstwerks anwendbar gemacht sind auf politische
Momente der jeweiligen Gegenwart. Aber wie das erreichen?
Peter Hacks in »Wie bearbeitet man den Aristophanes?«

Sechs Jahre vor dem Bau der Berliner Mauer, 1955, als 252 870 (registrierte)
Menschen ihr Leben aufs Spiel setzten, um aus dem Osten in die Bundesrepublik zu fliehen, zog Peter Hacks mit seiner Frau von München nach Ost-
Berlin. Dazu gehörte ein ungewöhnliches Maß von Überzeugung, daß der
Weg in Ulbrichts Machtbereich, wie es dort auch gerade aussehe, schließlich
doch der richtige sei — gewiß verbesserungsbedürftig, möglicherweise sogar
zu verbessern durch Peter Hacks. Wie tief seine Überzeugung saß, läßt sich
an den drei Stücken ablesen, die er noch in München geschrieben hat: In
seinem ›Volksbuch vom Herzog Ernst‹ hatte er den »privat moralischen
Heldenbegriff« lächerlich gemacht, in seiner ›Eröffnung des indischen Zeitalters‹ den ›sozial relevanten‹ Helden besungen; in seiner ›Schlacht bei
Lobositz‹ hatte er den Krieg als eine »Verschwörung der Offiziere gegen
die Menschen« dargestellt, und mit diesem Pazifismus mochte er für das
östliche Lager, das auf der Notwendigkeit von Verteidigungs- und Befrei-
ungskriegen besteht, entschieden zu weit gegangen sein, doch ließ sich dies
korrigieren.

Peter Hacks, geboren am 21. März 1928 in Breslau, sein Vater war Rechtsanwalt, studierte in München Soziologie, Philosophie, Germanistik und Theaterwissenschaft, trug in Schwabinger Kneipen blondgelockt und zart und
bissig seine Kabarett-Verse vor und promovierte 1951 zum Dr. phil. Seine in
München geschriebenen Stücke (wie auch die späteren) sind ohne Bertolt
Brecht nicht zu denken, dessen begabtester Schüler er ist, und an Ost-Berlin
hat ihn gewiß auch das Theater Brechts angezogen. Er wurde Dramaturg
und Hausautor bei Wolfgang Langhoff, am Deutschen Theater, und er blieb
es bis 1962 — nach dem VI. Parteitag der SED im Januar 1962, auf dem den
Künstlern der DDR noch einmal ausdrücklich »sozialistischer Realismus«
und »Parteilichkeit« verordnet worden war, durfte sein Stück ›Die Sorgen
und die Macht‹ nicht länger gespielt werden und wurde ihm zum Ende der
Spielzeit gekündigt. So wenig daran zu zweifeln ist, daß Peter Hacks zur
DDR steht und ein linker, wenn auch für DDR-Verhältnisse vielleicht allzu
linker Mann ist, so wenig ist Hacks ein Musterknabe des »sozialistischen

Realismus«: sein Realismus, sein Verstand und sein Geschmack hindern ihn offenbar daran, die schematischen Arbeiter, Bauern und optimistischen Fabeln auf die Bühne zu bringen, die von Partei- und Gewerkschaftssekretären erwartet werden. Dies hat ihm nach seinem ›Moritz Tassow‹ abermals Ärger gemacht: das Stück mußte 1965 nach wenigen Vorstellungen abgesetzt werden. Was macht ein Dramatiker, dessen Gegenwartsstücke nicht gespielt werden? Er sucht sich alte Stoffe und Stücke, und er »funktioniert« sie »um«.

Wie den Sarkasmus, der besonders schneidend wirkt, wenn er sich scheinbar treuherzig naiv formuliert, wie die Konstruktion von Modellwelten, die in sich richtig, aber gegen die Realität völlig abgedichtet sind, so hat Hacks auch das »Umfunktionieren« von Brecht gelernt: die Moral eines bekannten Stoffes oder Stückes wird auf den Kopf gestellt – so beweist etwa die Anekdote vom Müller von Sanssouci bei Hacks nicht, daß Preußen ein Rechtsstaat sei, sondern ein besonders hinterlistiger Unrechtsstaat –, und oft lassen sich bei diesem Verfahren auch noch die dramatischen Qualitäten der Vorlage nutzbringend verwenden.

Der Witz des Peter Hacks ist gelenker als der seines Meisters Brecht, pfiffiger und spitzer; dafür fehlen seinen Figuren die mehrdeutigen Dunkelstellen, die den Gestalten Brechts über das doktrinäre Gesetz hinaus, nach dem sie angetreten sind, Leben verleihen. Ein sympathischer Zug bei Hacks: wenn er schulgemäß den Hauptblick auf die Ökonomie lenkt und die materielle Basis seiner Figuren ausgräbt, so stößt er oft auf eine unbändige, ganz undoktrinäre Lust am Fressen, Saufen, an der Liebe und auch an der handfesten Sauerei.

Zu seinen durch Umfunktionierung entstandenen Stücken gehören: *Die Kindermörderin*, ›ein Lust- und Trauerspiel nach Heinrich Leopold Wagner‹ (1959. Am 13. Mai 1959 an den Kammerspielen, München) – Wagners Sturm-und-Drang-Trauerspiel aus dem Jahr 1776 hat Hacks umgebaut zu einem sozialen Drama: während bei Wagner der Leutnant Gröningseck, Verführer des zur Kindsmörderin gewordenen Evchens, durch Zufall und Intrige zu spät kommt, um Evchen zu heiraten, wird er bei Hacks durch die lüsterne Tochter eines standesgemäßen Barons aufgehalten, und hintertreibt Leutnant Hasenpoth die Ehe zwischen Gröningseck und Evchen, weil er seinen Offizierskameraden vor einer nicht standesgemäßen Metzgerstochter bewahren will. Dazu Hacks: »Wagners Zeitgenossen wußten, daß die Erwartung, der Feudale könne sich zum Menschen (edel, hilfreich, gut) läutern, irreal ist. Meine erfahren's.« – *Der Frieden* ›nach Aristophanes‹ (uraufgeführt am 14. Oktober 1962, Deutsches Theater, Ost-Berlin, durch Benno Besson. Am 20. September 1964 in den Kammerspielen, München) – eine sehr effektvolle, sexualdrastische Bearbeitung, in der die zeitgebundenen, speziellen Angriffsziele des Aristophanes verallgemeinert sind als Ausbeuter, Kriegshetzer und devote Kriecher. — *Polly* oder Die Bataille am Bluewater Creek. ›Nach John Gay‹ (1963. Uraufführung 20. Juni 1965, Landestheater Halle) — schon John Gays Fortsetzung seiner »Bettleroper« war scharf sozialkritisch (wurde verboten und 1729 gedruckt); Peachums Tochter Polly in Amerika, sie gerät in ein Bordell und wird gekauft von dem reichen Mr. Ducat; immer auf der Suche nach ihrem verflossenen Gemahl Macheath Messer, findet sie ihn unter dem Namen Morano als Anführer habgieriger Weißer bei den Indianern, wo er sich aus Angst vor dem Marterpfahl vergiftet hat; Polly heiratet den tugendhaften Indianerprinzen Cawawkee: eine Art Musical, harmlos, lustig, mit ein paar sozialkritischen Einlagen. — *Die schöne Helena*, ›Operette für Schauspieler nach dem Libretto von Meilhac und Halévy‹ (1964. Uraufführung 6. November 1964, Deutsches Theater, Ost-Berlin, Kammerspiele, durch Benno Besson) — in dieser sehr freien Bearbeitung, die in der »Antike der Poesie« spielt, hat Homer, der Dichter, die Funktion, zu einer Orgie der Agamemnon, Ajax, Achilles, Orest und Kalchas die poetische Begleitung zur Harfe zu liefern, doch nicht zu laut, damit er das Amüsement nicht stört, und als es beim Glücksspiel Streit gibt, bleibt der vom Obersklaven angeschnauzte Homer allein auf der Bühne zurück: »Wie die mich behandeln. Ich muß sie noch mehr loben.« Im übrigen triumphiert die Liebe über die kriegerische Roheit; Schlußchor: »Die Roheit kommt abhanden mit den Jahren. Die Liebe bleibt in Ewigkeit.«

Meinungen: »Hacks ist von den Stückeschreibern drüben sicher der begabteste, auch der sprachmächtigste, einer der Tendenz und Poesie zusammenzwingen will, einer der wenigen, die mit Formwillen und Formkraft sich gegenüber der starr durchformulierten Doktrin des sozialistischen Realismus zu behaupten versuchen. Er ist auf die große Form aus und darauf, Klassizität und Alltäglichkeit, jedermann und die ›großen Umstülpungen der Gesellschaft‹ zusammenzubringen. Er will die Welt im großen Ausschnitt fassen, in der Historie — nur derart, scheint ihm, ist Wahrheit aufzuspüren«: Ernst Wendt. — »Bakunin fand, Marx sei ›mürrisch‹, Marx hingegen fand den Bakunin ›sentimental‹. Hacks ist ein Marxist, der das Sentiment, das Gefühl also, ebensowenig aufgeben kann wie die Erztugend des Intellektuellen, die Distanz. Er hat sich zwar mit seinem Umzug in die DDR zum Glauben entschlossen, aber der Unglaube ist ihm unausreißbar eingepflanzt«: Hans Schwab-Felisch.

Das Volksbuch vom Herzog Ernst oder der Held und sein Gefolge. ›Stück in einem Vorspiel und drei Abteilungen‹. 1953. Uraufführung 21. Mai 1967, Nationaltheater Mannheim. — Stoff liefert das Schicksal des Herzogs Ernst von Schwaben (1007–1030), wie es in dem spätmittelalterlichen Volksbuch (»Historie eines edlen Fürsten, Herzog Ernst von Bayern und Österreich«, 1493) mit gänzlich unhistorischen, fabulösen Ausschweifungen erzählt wird. — Das Heldentum des Volksbuch-Herzogs, der, von seinem Stiefvater, dem Kaiser Otto, für vogelfrei erklärt, ins Heilige Land zieht, dabei Abenteuer mit Ungeheuern besteht, mit schlohweißem Haar zurückkehrt und vom Kaiser in seine Ehren wiedereingesetzt wird, dieses »Heldentum« ist Peter Hacks höchst suspekt: er führt vor, daß Herzog Ernst ein Held nur sein kann auf Kosten der kleinen Leute, auf dem Rücken seines Gefolges — je geringer seine Macht, desto geringer sein Heldentum. Bei jedem Aktschluß wäre er am Ende, würde er nicht immer wieder durch die Privilegien seiner hohen Geburt gerettet. Hacks kommentierte: »Heroismus als Funktion des sozialen Orts« — Heroismus ist eine Kleinigkeit, sofern man Untergebene hat, die für die Blutspesen aufkommen. Als der Held bei Hacks zurückkommt, hat er sich selbst überlebt, da inzwischen soziale Veränderungen stattgefunden haben: die untertanen Städte sind Freie Reichsstädte geworden, in denen Herzog Ernst als komische Figur von Vorgestern erscheint. Am Rande werden die Kreuzzüge als ein geschäftstüchtiger Einfall eines Genueser Kaufmanns erklärt, und der Erzbischof von Köln erteilt Ratschläge wie diesen: »Tötet mit Sorgfalt. Und achtet die übrigen neun Gebote«, doch sind solche scharfen Formulierungen in der arabeskenfreudigen, umständlichen Märchenbuntheit selten. So naiv das Volksbuch den Herzog Ernst als Helden versimpelt, so bewußt versimpelt Hacks das Heldentum des Herzogs in sein naives Gegenteil.

Eröffnung des indischen Zeitalters. Schauspiel. Uraufführung 17. März 1955, Kammerspiele München. Am 26. Juni 1955 im Deutschen Theater, Ost-Berlin. — Columbus zwischen Oktober 1491 und Oktober 1492, zwischen einem vergeblichen Versuch, zu Königin Isabella vorzudringen, um sie für seinen Plan zu gewinnen, Indien auf dem westlichen Seeweg zu erreichen, und der überwundenen Meuterei auf der Karavelle Santa Maria, dem erneuten Kommando: »Nach Westen.« Gegen Columbus sind der Klerus, die Aristokratie, die Politiker und die Gelehrten; sie werden als Ausbünde von Habsucht und Borniertheit vorgeführt. Ihre Argumente faßt Don Ronco Patillas zusammen: »Diese Erdkugel vergleiche ich einer Kegelkugel. Am Ende ihrer Bahn stehen neun Kegel: Der dreieinige Gott, die Throne, die Mächte, die Erzengel, die Engel, die Kaiser, die Könige, die Edelleute und der Teufel. Die

Erde ist die Kegelkugel des Unglaubens.« Da Patillas ferner weiß »Unser
Sein, meine Herren, ist Geglaubtwerden. Wenn aufgehört wird, an uns zu
glauben, sind wir nicht mehr«, bekämpft er in Columbus den Eröffner des
Zeitalters der Vernunft, den Vorarbeiter der Aufklärung. Columbus weiß,
daß er diese welthistorische Aufgabe hat (und dies verleiht ihm etwas von
der Komik eines Mannes, der die Bücher schon gelesen hat, die nach seinem
Tod über ihn geschrieben werden); vor der Abfahrt, die ihm Isabella schließlich aus Ruhmsucht genehmigt, hat Columbus eine Vision von der Ausbeutung der Indianer, doch ist er bereit, die »Gold-Zeit«, die »Gier-Zeit« in
Kauf zu nehmen für das neue Zeitalter der Vernunft. Es herbeizuführen,
hilft ihm nur das einfache Volk: »Die spanischen Herren haben das alte
Granada erobert. Das spanische Volk das neue Indien«. – War Herzog Ernst
für Peter Hacks ein falscher Held, den es zu verspotten galt, so ist Columbus
für ihn ein richtiger Held, der gefeiert werden muß. So sind die Blutspesen
der einfachen Leute, die Hacks dem Herzog Ernst verwehrt, seinem Columbus erlaubt: Wer einem utopischen Goldenen Zeitalter der Vernunft Menschen opfert, wenn auch schweren Herzens, der tut, wie Columbus, nur »das
Nötige«. Mit diesem positiven Helden ging Hacks nach Ost-Berlin, wo sein
Columbus ein Vierteljahr nach der Münchener Uraufführung auf die Bühne
kam.

Die Schlacht bei Lobositz. Komödie in drei Akten. 1954. Uraufführung
1. Dezember 1956, Deutsches Theater, Ost-Berlin. Erste Aufführungen in
der Bundesrepublik am 12. November 1966 in Heidelberg und Göttingen. –
Stoff liefern »Lebensgeschichte und Natürliche Abentheuer des Armen Mannes im Tockenburg« (1789) des Schweizers Ulrich Braeker (1735–1798), der
durch einen Betrug des Werbeoffiziers in die Armee Friedrichs II. (des
»Großen«) geraten ist. Die Schlacht in der Nähe des nordböhmischen Lobositz am 1. Oktober 1756 war die erste im Siebenjährigen Krieg zwischen
Friedrich dem Großen und Maria Theresia. – Der Soldatenwerber Premier-
leutnant Markoni, der den Schweizer Ulrich Braeker überlistet und mit seinen Landsleuten Schärer und Bachmann unter die friderizianischen Söldner
gesteckt hat, wettet mit seinem Obristen Itzenblitz, daß seine neuen Rekruten in der Schlacht nicht desertieren werden. Durch »Herstellung menschlicher Beziehungen« will Markoni den »natürlichen Haß« der Soldaten auf
die Offiziere umwandeln in einen »unnatürlichen Haß auf den Feind«.
Seine Bemühungen scheitern an Schärer und Bachmann, die in der Nacht vor
der Schlacht desertieren. Braeker meldet die Fahnenflucht, wird von Markoni verprügelt und ins erste Glied gesteckt, denn Markoni braucht, um seine
Wette zu gewinnen, Braekers Leiche; zwei unkenntliche Leichen will er für

›Die Schlacht bei Lobositz‹ von Peter Hacks, inszeniert von Eberhard Pieper am Deutschen Theater, Göttingen, 1966. Bühnenentwurf von Hansheinrich Palitzsch

Bachmann und Schärer ausgeben. Doch der aus der Schlacht fliehende Braeker läßt sich von Markoni nicht mehr in den Kampf schicken: er hat gelernt, den »Vertrauensbeweisen« seines Vorgesetzten zu widerstehen. Am Schluß hängt Braeker seine Flinte an einen Weidenstumpf und singt: »Häng, Bruder, deine auch dazu / Dann haben wir alle Ruh.« — Von Technik und Tonfall Brechts ist Hacks hier geradezu vergewaltigt, und die immer gleiche Pointe jedes Szenchens wirkt auf die Dauer des lehrhaften Vorganges auch monoton, zumal Hacks statt einer Fabel nur deren immer gleichen Kommentar zu bieten hat. Hacks schrieb das Stück 1954, noch vor seiner Übersiedlung nach Ost-Berlin, in München, als Bundeswehr und »Bürger in Uniform« lebhaft diskutiert wurden. Wie sein Meister Brecht, der in der Ost-Fassung seines »Lukullus« den »Verteidigungskrieg« von der Verdammung des Krieges ausdrücklich ausnahm, schrieb Hacks eine kriegerische Variante: in ihr empfiehlt Braekers Schlußstrophe »für Aufführungen an Orten, wo demokratische Verhältnisse bedroht oder aber noch herzustellen sind«, nicht die Flinte aufzuhängen, sondern nur den König — »Dann trag dein Flint, / Wo schon viel blanke Flinten sind, / Und sei nicht faul und steh dazu. / Eja, dann ist Ruh«.

»Umfunktioniert« hat Hacks vor allem den preußischen Werbeoffizier Johann Markoni: Ulrich Braeker hat von ihm, wie er in seinen Erinnerungen erzählt, immer wieder den Rat erhalten, im Kriegsfalle einfach zu desertieren, und diesem Rat ist Braeker bei Lobositz gefolgt.

Der Müller von Sanssouci. ›Ein bürgerliches Lustspiel‹. 1958. Uraufführung 5. März 1958, Kammerspiele des Deutschen Theaters, Ost-Berlin. Erste Aufführung in der Bundesrepublik 28. April 1966, Stadttheater Rheydt. — Als Friedrich dem Großen das Geklapper einer Mühle auf die Nerven ging, wollte er sie beseitigen lassen, konnte es aber nicht, weil der Müller dem König mit dem königlichen Kammergericht drohte: »Es gibt noch Richter in Berlin« — mit dieser (erfundenen) Lesebuchlegende ist die Rechtsstaatlichkeit Preußens gern gerühmt worden. Hacks stellt sie, angeregt von Bertolt Brecht, auf den Kopf, um damit Preußen als Unrechtsstaat und Friedrich den Zweiten als kriegslüsternen Despoten zu verdammen. Bei Hacks verlangt Friedrich der Zweite, um dem Volk und den deutschen Fürsten seine Gerechtigkeitsliebe zu beweisen, daß ihm der Müller mit einem Prozeß droht, doch der ist ein devoter Mann und traut sich nicht. Mit dem Krückstock muß der König aus ihm die trotzigen Worte »Es gibt noch Richter in Berlin« herausprügeln, und Friedrich nutzt diesen Propaganda-Effekt, als er sein Volk »für die Ideale der Rechtsstaatlichkeit und des hohenzollernschen Volkskönigtums« zu den Waffen ruft. Sein Versprechen aber, dem Müller seinen Knecht wiederzugeben, hält er nicht — er befiehlt dem Landrat, den Knecht bei der Armee zu behalten, und weist den Müller ab: auch der König dürfe das Recht nicht verletzen, nach dem der Knecht eingezogen worden ist. Kein Knecht — kein Klappern: der Despot hat seine Ruhe und den Ruf, kein Despot zu sein. — Wer den Mechanismus des »Umfunktionierens« kennt, durchschaut die dünne Fabel und ihre Lehre von Anfang an und kann sich bestenfalls — wie oft bei Hacks — an Sexualdrastik ergötzen (zwischen Knecht Nickel, Magd Lowise und Müller), sofern er dafür Sinn hat.

Die Sorgen und die Macht. ›Stück in fünf Aufzügen‹. 1958, Neufassungen 1960 und 1962. Uraufführung am 15. Mai 1960, Senftenberg, DDR. — Geschrieben für einen Wettbewerb des Ost-Berliner Henschel-Verlags, der Geldpreise für Exposés von Stücken aus dem gegenwärtigen Leben der DDR ausgesetzt hatte. — Eine Brikettfabrik hat (im Jahre 1956) den Staatsplan mit 160 % übererfüllt, aber derart schlechte Briketts hergestellt, daß eine von ihr belieferte Glashütte ihre Planziele nicht erreichen kann. Die Brikettarbeiter, unter ihnen Max Fidorra, verdienen gut; die Glasarbeiter, unter ihnen Hede Stoll, verdienen schlecht. Dies kehrt sich um, als die Partei — gegen unendlich viele Widerstände — einen Gütewettbewerb durchsetzt, bei dem die Brikettfabrik schlecht, die Glashütte gut abschneidet. Nun hat Hede mehr Geld als Max, und Max kann dies nicht auf sich sitzen lassen: durch seine Verbesserungsvorschläge können sowohl mehr als auch bessere Briketts geliefert werden. In seiner Schicht werden die neuen Produktionsmethoden erprobt, und bis er genug Geld hat, zahlt Hede für ihn. Vor-, Zwischen- und Nachspiel, in denen ein Arbeiter die allegorische Figur des Eigennutzes in Ketten vorführt und die Solidarität der Arbeiterklasse lobt, ist in der bundesrepublikanischen Ausgabe des Stückes nicht abgedruckt. — Das Stück wurde, obwohl vom Ost-Berliner Deutschen Theater angenommen, nach einer Probeaufführung und vielen Diskussionen zunächst in die Provinz nach Senftenberg geschickt, wo Arbeiter, SED- und FDGB-Funktionäre an den Proben teilnahmen; Hacks schrieb immer wieder um, doch als die dritte Fassung zwei Jahre später in Ost-Berlin aufgeführt wurde, hatte er abermals Sorgen mit der Macht der Partei: dem Dramatiker, der auch einige nicht vorbildliche Arbeiter auf die Bühne gebracht hatte — einer geht zu den Amerikanern und eine auf den Strich —, wurde von der SED-Zeitung »Neues Deutschland« empfohlen, daß er »seine theoretischen Kenntnisse des Marxismus-Leninismus ernsthaft vertieft und mit den Werktätigen lebt«.

Moritz Tassow. ›Komödie‹. Uraufführung am 5. Oktober 1965, Volksbühne, Ost-Berlin, durch Benno Besson; die Aufführung wurde nach einigen Vorstellungen im Januar 1966 abgesetzt.

Erstaufführung in der Bundesrepublik am 24. Februar 1967, Schauspielhaus Wuppertal, durch Günter Ballhausen und Arno Wüstenhöfer. — In Gargentin in Mecklenburg hat Moritz Tassow während der zwölf Hitler-Jahre als angeblich Taubstummer die Säue gehütet und in einem Schweinestall mit vielen Büchern gehaust. Jetzt, im Spätsommer 1945, stellt sich heraus, daß er hören und reden kann und ein epikureischer Kommunist utopischer Prägung ist: für einen »unvollständigen Halbmenschen« hält er, »wer äußere Lenkung duldet, fremden Auftrag annimmt und macht, was er nicht will, und nicht macht, was er will, und weniger will als alles«. Unter seiner Führung wird Albrecht von Sack, der Herr des Gutes Gargentin, enteignet und samt Melitta, seiner Geliebten, davongejagt. Den Revolutionären schließt sich scheinbar der Gutsverwalter Achilles an, der das in eine »Kommune 3. Jahrtausend« verwandelte Gut weiterverwaltet; er folgt damit dem geheimen Auftrag des in den Westen geflüchteten Gutsherrn: Achilles soll versuchen, die Aufteilung des Gutes zu verhindern, damit es Herr von Sack zu gegebener Zeit wieder vollständig übernehmen kann. Mit so viel Begeisterung die Kommune-Mitglieder vorm Schloß des Gutsherrn, in das Moritz Tassow eingezogen ist, eine Kuh braten, Freibier trinken und das

›Moritz Tassow‹ von Peter Hacks. Horst
Dieter Sievers in der Titelrolle — als
Einmann-Kapelle beim Song — bei der
Erstaufführung in der Bundesrepublik,
Schauspielhaus Wuppertal, 1967.
Kostüm: Monika Bauert

Gründungsfest ihrer Kommune feiern, mit so wenig Begeisterung sind sie bei der Sache, als die Ernte eingebracht werden soll. Jochen, der Sohn eines Landarbeiters, der Jette, die Tochter eines reichen Mittelbauern liebt, sie aber nicht kriegen kann, weil er nichts besitzt, fordert die Aufteilung des Gutes und Land für sich. Die freßgierige und mannstolle Bäuerin Dreißigacker, die den »Nazi« aufgenommen hat, damit er Hof und Bett bewirtschafte, bereitet eine Gegenrevolution vor, die sie mit Waffengewalt erzwingen will. Moritz Tassow meint: »Natürlich wärs wirklich besser, sie wollten was arbeiten«; er fragt sich: »Wieso ist, in meiner äußerst vernünftigen Einrichtung, der Widersinn so mächtig?«, und er gibt sich die gelassene Antwort: »Es muß an den Leuten liegen ... Politik geht überhaupt nur ganz ohne Leute.« Als der heimlich zurückgekehrte Gutsbesitzer versucht, mit Hilfe des Verwalters die landwirtschaftlichen Maschinen nachts über die Grenze in den Westen zu bringen und die allgemeine Verwirrung ihren Höhepunkt erreicht hat, trifft der von der sowjetischen Militärregierung als Bezirksbevollmächtigter eingesetzte Mattukat ein, löst die Kommune auf, die er bis dahin abwartend geduldet hat, und ordnet an, daß das Gut — nach den im September 1945 erlassenen Verordnungen über die Bodenreform — in Kleinbetriebe aufgeteilt wird. Der Landarbeitersohn Jochen, der mitgeholfen hat, den Gutsbesitzer zu fangen und die Maschinen zu retten, wird nun Jette heiraten können, die inzwischen von Moritz Tassow in die Geheimnisse der Liebe lustvoll eingeweiht worden ist. Tassow wird Schriftsteller, denn »das ist der richtige Stand, in dem ich nicht verpflichtet bin, kapiert zu werden oder Anhänger zu haben«. Mattukat, der im Konzentrationslager schwere gesundheitliche Schäden erlitten hat, muß auf Befehl seiner Vorgesetzten ins Hospital. Das letzte Wort hat sein Stellvertreter, der subalterne Befehlsempfänger Blasche:»Das Alte stirbt oder verkrümelt sich. Der neue Mensch bleibt auf dem Plane. Ich.« —

Der doppeldeutige Sarkasmus dieser Schlußverse ist nicht zu überbieten: daß der engstirnige Bürokrat Blasche auf dem Plane bleibt, die Herrschaft antritt und sich für den »neuen Menschen« hält, und daß der neue Mensch des Kommunismus eben nur geplant ist, »auf dem Plane bleibt« — Peter Hacks scheint skeptischer geworden. Auch die Frage seines Tassow, wovon die Menschen andre werden, hat er unbeantwortet gelassen. Die Sympathie des Autors ist bei dem weltfremden und weltverliebten Utopisten Tassow (sein Name klingt an Goethes Tasso an, der an der gesellschaftlichen Realität seiner Zeit scheitert und sich in die Dichtung flüchtet). Sympathie *und* politische Neigung des Autors sind bei Mattukat, dem kommunistischen eigentlichen Helden des Stückes. Mit Tassow hofft Mattukat zwar, daß in fünfzehn Jahren das Gut Gargentin kollektiviert sein wird, doch in der Situation von 1945 hält es Mattukat, der pragmatische Kommunist, für richtig, das Gut in Familienbetriebe aufzuteilen, obwohl diese auf die Dauer unhaltbar sein werden. Ohne das Ziel eines rentabel organisierten Großbetriebs aus dem Auge zu verlieren, tut er das, was ihm zunächst allein möglich erscheint: »Recht haben kann man nie als hier und heut.« Von allen Personen des Stückes zeigt allein die (nach ihrer Haarfarbe so genannte) »rote Rosa«, eine Kätnerin, Ansätze zum »neuen Menschen«: nur sie arbeitet und handelt so, wie in einer »Kommune 3. Jahrtausend« alle arbeiten und handeln müßten.

Hacks hat sein Stück in fünfhebigen Versen geschrieben, die ihn vom Naturalismus entlasten und ihm parodistische Effekte ermöglichen. Elemente des Volkstheaters sind ironisch gegen den Strich gebürstet, und die Ironie wird durch eine artistische Naivität noch vertieft. Ein Meisterstück drastischer Komik, wenn der Mittelbauer Iden seine Tochter verflucht, weil sie sich zu Moritz Tassow geschlichen hat, und Tassow und Tochter, spärlich bekleidet, vom Balkon aus dem wütenden Vater die Freuden der körperlichen Liebe rühmen. Als unverblümte Clowns rüpeln Schelle und Riepel durch die Handlung. Politisches Zaubertheater ist eine Episode im »deutschen Wald«: den betrunkenen Clowns erscheint das »wütende Heer« mit Symbolfiguren aus der deutschen Geschichte von »Friedrich von Preußen« bis Hitler, angeführt vom »schwedischen Reiter«, den der Darsteller des »Nazi« spielt — dieses gespenstische Heer der Reaktion ist auf dem Weg nach Gargentin, um Moritz Tassow in Stücke zu zerreißen, weil er »alles alte Recht und Brauchtum« mißachtet.

Wenn vom Westen die Rede ist, so nur ironisch: »O wär ich am Kurfürstendamm geblieben. Dort lebet Preußens Gloria: Amerikaner«, seufzt
die Gutsbesitzers-Hure und später rühmt ausgerechnet sie Westfalen als eine
Provinz, wo »Recht und Sitte« herrschen. Daß der Ruf nach Freiheit lächerlich und verächtlich gemacht wird, dafür sorgt eine Szene, in der sich der
heimlich zurückgekehrte Gutsbesitzer, ein heuchelnder Reaktionär, in einem
Kabinett versteckt und sich für seinen Wiederauftritt das Stichwort »Freiheit« wählt. Was die Gespräche der Menschen im Spätsommer 1945 bis zum
Exzeß beherrschte — der Hunger, der Krieg, die gefallenen, vermißten und
gefangenen Söhne, die zerstörten Städte, die Konzentrationslager, die ver-
sprengten Familien, die Flüchtlinge, die Besatzungsmächte, die Überlebens-
chancen, das Chaos und die Gerüchte — davon ist in »Moritz Tassow« entweder gar nicht oder nur sehr am Rande die Rede: Peter Hacks hat dieser
Zeit nur das entnommen, was er für seine idyllische und komische Parabel
vom utopischen und vom pragmatischen Kommunismus, für seine kunstvoll
künstliche Puppenwelt, gebrauchen konnte.

Amphitryon, ›Komödie in drei Akten‹. Uraufführung 17. Februar 1968,
Deutsches Theater, Göttingen. — Der Gott Jupiter ist für den Marxisten
Hacks »der vollkommene Mensch«: er »stört und fördert die Welt, so wie
die Vorstellung menschlicher Vollkommenheit allzeit die Welt stört und
fördert«. Da bei Jupiter geistige und fleischliche Schöpferkraft gleich vollkommen sind, ist er auch der wesentlich bessere Liebhaber als Amphitryon,
und Alkmene muß daher sehr rasch erkennen, daß der Gott bei ihr ist; zum
Gatten Amphitryon sagt sie: »Da du mich liebtest, warst du, wie er ist.«
Doch auch Amphitryon weiß sich zu verteidigen: für Alkmene kämpft und
intrigiert er, ist er sogar zum Schurken geworden — sein Leben ist so schwer,
daß er Jupiter vorwerfen kann: »Es ist von solchem Ernst die Welt beschaffen, / Daß nur ein Gott vermag, ein Mensch zu sein.« Recht haben sie hier
alle drei, jeder nach seiner Weise. Unrecht hat der (unverheiratete) philosophische Sosias, der Nichtswissenwollen für Weisheit hält (»Des Forschens
Ende ist, daß man es läßt«), sich jeder Situation willig anpaßt, die Welt
durchaus nicht verändern will und sogar auf sein Ich sofort verzichtet, als
ihm Merkur in der Gestalt des Sosias begegnet — Sosias, der so weit unter
dem Durchschnittsmann Amphitryon steht wie Amphitryon unter der Vollkommenheit Jupiters, wird als Hundsstern ans Firmament verbannt als
»Leuchtturm des Nichts und Herr der langen Weile«. » Unter den Stücken,
die Hacks bekannten Stoffen abgewonnen hat, ist sein in Blankversen geschriebener »Amphitryon« das selbständigste, undogmatischste und hei-
terste.

Margarete in Aix. ›Komödie‹. Uraufführung 23. September 1969, Basel.
Deutsche Erstaufführung 8. November 1969, Wuppertal und Göttingen. —
DDR-Erstaufführung 14. Oktober 1973, Volksbühne Ost-Berlin; Regie:
Benno Besson. — Margarete von Anjou, als Witwe Heinrichs des VI. aus
England verbannt und ihres Thrones beraubt, wird von ihrem Vater René
dem I., dem letzten König der Provence, an seinen Musenhof nach Aix
geholt. René verpfändet sein Land, damit er ausschließlich für Spiel und
Kunst leben kann. In dieser Komödienwelt der Troubadoure besteht Marga-
rete auf ihrer Rache und ihrer Tragödie und wird somit zu einer komischen
Figur: als ihre Pläne mißlingen, stirbt sie aus purem Vorsatz zu sterben.
Auf ihrem Leichenversteck, dem Futteral eines Saiten-Instruments, wird ein
Vertrag mit dem politischen Kopf im Hintergrund geschlossen, mit König
Ludwig dem XI. von Frankreich: René darf die Provence bis zu seinem
Tod behalten, dann aber fällt sie an Frankreich. — Die Lieblings-Komödie
des Peter Hacks; er erläutert sich:»René will durch Kunst Margarete trösten,
die ihn aus Politik ruinieren will. Die Provence als Bild für die Idee der
Kunst wird in dem Stück — als einer der großen utopischen Entwürfe — sehr
ernst genommen... Die Frage ist: wie ist das abstrakte Reich der Kunst
politisch konstruierbar?« Eine ironisch gewürzte Spätlese klassischer Theater-
situationen und klassizistischer Jambenblüten, die das Hauptthema — Kunst
und Politik — bis zur Undurchschaubarkeit zuschütten. Kritiker Manfred
Nössig resümierte im Dezember 1973 in der Ostberliner Zeitschrift »Theater
der Zeit«, deren Chefredakteur er bis September 1974 war:»Was bleibt, ist
eine Unterhaltung à la René, kunstfertiger sicher als dazumal, aber kaum
vergnüglicher für die Zeitgenossen. Der Witz im Detail stirbt an barocker
Ausladung und Vieldeutigkeit.« Das Stück erscheint Nössig ungeeignet für
eine »Sozialistische Volkstheaterkonzeption«.

Omphale. ›Komödie‹. Uraufführung 7. März 1970, Städtische Bühnen Frankfurt; Regie: Dieter Reible. DDR-Erstaufführung 23. September 1972,
Berliner Ensemble; Regie: Ruth Berghaus. — Herakles hat die Heroen »wie
die Ungeheuer« satt; er wirft sich in Lydien in die Gewänder der Königin
Omphale und auf sie, die sich als Herakles verkleidet, damit er männliche
als weibliche Lust erleben kann. Heroenpflicht jedoch reißt ihn vom angenehmen Transvestitenlager: um seinen Bruder Iphikles, um das Liebespaar
Daphnis und Pimplea, um das ganze Land zu befreien, muß er das Ungeheuer Lityerses erschlagen, den reaktionären und menschenfressenden Bauer,
der mit seinem üblen Mundgeruch das Unkraut verfaulen und seine Gegner
in Ohnmacht fallen läßt. Königin Omphale gebärt derweilen drei Söhne, die
Herakliden, sie kommen schon ausgewachsen auf die Welt und werden für

eine glückliche Zukunft Lydiens sorgen. Herakles aber pflanzt seine Keule aus Olivenholz in die Erde, und flugs wächst sie sich zu einem Ölbaum aus: das Schwert des Helden, um es mit einer älteren, ebenso verkitschten Metapher zu sagen, wird zur Pflugschar umgeschmolzen. — Solch allegorischem Krampf und solcher Einfalt opfert hier Peter Hacks seine Intelligenz bei seinem Ausweichen vor dem in der DDR so unbekömmlichen Realismus. Oder will er etwa die neue DDR-Jambendramatik parodieren, die — wie einst Ernst Raupach mit seinen preußischen Hoftragödien — jetzt den Staatsmythos metrisch einrichtet?

Adam und Eva. ›Komödie‹. Uraufführung 19. September 1973, Dresden. Erstaufführung in der Bundesrepublik 30. September 1973, Göttingen. — Gott ist über alle Maßen zufrieden mit der Welt, die er gerade geschaffen hat, und er möchte gelobt werden. Der Erzengel Gabriel aber, mehr lieb als intelligent, ist zwar begeistert von den in sich stimmenden, klaren Welten, die Gott bisher aus Licht errichtet, aber er ist höchst bedenklich vor der neuen Welt, deren Rohstoff Gott aus dem Chaos geholt hat. Gerade darauf aber ist Gott stolz: daß Adam und Eva aus »Stoff« gearbeitet sind. Stoff und Göttliches sind in ihnen so ausgewogen, daß sie auch die Möglichkeit der Verneinung haben — so frei sind sie. Sogar den Satanael, der Adam zurückführen möchte ins ordnungslose Chaos, läßt Gott gewähren — »zum höheren Ruhme der Freiheit«, wie der törichte Gabriel diesmal richtig vermutet. Der in eine Schlange verwandelte Satanael verführt Eva, den Adam aber braucht Eva nicht zu verführen: wissend, daß er ein Gebot Gottes übertritt, und daß er die Arbeit, den Schmerz und den Tod auf sich nimmt, beißt er aus Liebe zu Eva vorsätzlich in die verbotene Frucht. Gott ist damit sehr zufrieden: gerade durch ihre freie Entscheidung haben seine Geschöpfe die von ihm gewollte Gottähnlichkeit bewiesen. Aus dem Paradies des Müßiggangs und der Paarungsspiele werden die Menschen vertrieben ins Paradies der von Gott eingeplanten Freiheit. Peter Hacks, der da meint: »Überhaupt ist es eine Aufgabe der marxistischen Kunst, das Christentum vor den Christen zu retten«, hat eine biblische Offenbachiade geschrieben: ein sozialistisches Boulevard-Stück mit sublimer Ironie und elitären literarischen Anspielungen. Hacks, dieser linke Giraudoux, dramatisiert einen Übergang von Moses zu Marx — eine Wortoperette mit Arbeitsmoral.

Schwierigkeiten in und mit der DDR: Müller, Braun, Plenzdorf

Heiner Müller ist als Verfasser von Lehrstücken seinem Range nach mindestens ein Oberlehrer. Er wurde geboren am 9. Januar 1929 im sächsischen Eppendorf und wohnt in Ost-Berlin. Anders als Lehrmeister Brecht war er so unvorsichtig, Probleme des DDR-Alltags auf die Bühne zu bringen. Mit seiner Frau Inge (geboren 1925; aus dem Leben gegangen 1966) schrieb er *Der Lohndrücker* (Uraufführung 2. September 1958, Maxim-Gorki-Theater, Ost-Berlin), die Geschichte des Ofenmaurers Balke, der ein »Aktivist« ist, von »rückständigen Arbeitskollegen« aber als »Lohndrücker« beschimpft und bei seiner Arbeit sabotiert wird; er lernt – 1948/49 in einem »Volkseigenen Betrieb« – das Schimpfwort »Denunziant« nicht zu scheuen, Saboteure anzuzeigen und mit seinen besserungswilligen Gegnern zusammenzuarbeiten. In *Die Korrektur* (Uraufführung 2. September 1958, Maxim-Gorki-Theater, Ost-Berlin) lernt – Mitte der fünfziger Jahre – im Kombinat »Schwarze Pumpe« der neue Brigadier Bremer, daß es nicht genügt, »rot bis auf die Knochen zu sein«, er muß auch Kraft und Geduld aufbringen, um seine Brigade politisch zu überzeugen; ein junger Arbeiter, der einen ehemaligen faschistischen Offizier als Saboteur entlarvt, wird reif für den Eintritt in die Partei – so jedenfalls in der »Korrektur« nach ihrer Korrektur: die vorangegangene Hörspielfassung wurde nach Diskussionen mit Arbeitern abgeändert, da sie »nicht die beabsichtigte aktivierende Wirkung« hatte. Heiner und Inge Müller wurden 1959 mit dem Heinrich-Mann-Preis ausgezeichnet, das nächste Stück Heiner Müllers jedoch, *Die Umsiedlerin oder Das Leben auf dem Lande*, wurde 1961 nach einer Aufführung durch eine Studentenbühne »zurückgezogen«, wie es im »Schauspielführer« des Ost-Berliner Henschel-Verlags (1967) heißt, denn es »weist eine unzureichende Darstellung der Wirklichkeit und eine formale Handhabung der Dialektik auf«. Sein Stück *Der Bau* nach dem Roman »Spur der Steine« von Erik Neutsch wurde noch vor der geplanten Uraufführung am Deutschen Theater (wie nach drei Vorstellungen der DEFA-Film nach demselben Roman) der Öffentlichkeit entzogen. Heiner Müller zog sich – wie auch Peter Hacks nach seinen schlechten Erfahrungen mit DDR-Zeitstücken – auf klassische Stoffe zurück. Für das Deutsche Theater in Ost-Berlin, für eine von Benno Besson grandios inszenierte Aufführung (1966) hat Müller einer Tragödie des Sophokles das Tragische aus- und den Klassenkampf eingetrieben: der *Oedipus Tyrann nach Hölderlin von Heiner Müller* ist ein Vertreter der thebanischen Herrscherkaste mit einsamen autoritären Entscheidungen, und in den Thebanern lebt der Gedanke der klassenlosen Zeit als historische Erinnerung, aber auch als Ziel – dies jedenfalls ließ sich an der Ostberliner

Aufführung dieser Geschichte vom »Schwellfuß« ablesen. Diese Aufführung ist zum Schrittmacher vieler Bemühungen geworden, die Tragödie als Ideologie zu denunzieren. 1971 schrieb Heiner Müller seinen *Macbeth. Nach Shakespeare*. Uraufführung 11. März 1972 in Brandenburg. In Basel am 22. April 1972; Regie: Hans Hollmann. In Karlsruhe am 26. November 1972; Regie: Bert Ledwoch. — In der Anhäufung von blutigen Greueln wird Shakespeare weit übertroffen. Wichtiger allerdings als das Ausmaß sind die Betroffenen: Müller baut die kleinen Leute, die Shakespeare bestenfalls wegläßt oder verspottet, als Opfer in das Stück ein und macht auch Shakespeares edle Herrscher — den Macbeth-Vorgänger Duncan und den Macbeth-Nachfolger Malcolm — zu Mördern: Müller will nicht einen einzelnen Herrscher, den Macbeth, als Mörder zeigen, sondern das gesamte Feudalsystem — in ihm wird bei Müller Macht allein durch Mord und Terror begründet. Gegen diesen »Macbeth« polemiserte der DDR-Philosoph Wolfgang Harich in der Juni-Nummer der Ostberliner Zeitschrift ›Sinn und Form‹; seine Polemik sollte sich »auf die reaktionäre Ideologie beziehen, die in seiner ›Macbeth‹-Bearbeitung zutage tritt, und sollte daneben dem rapiden Niedergang seiner Sprachkultur gelten«. »Reaktionär« vor allem, weil Harich West-Einflüsse — »Leichen-Schändung auf Porno-Basis« — »Eskapismus«, d. i. Flucht vor der Wirklichkeit, und »Geschichtspessimismus« bei Müller entdeckt zu haben behauptete. Müller antwortete in einem Interview mit dem Theaterkritiker Benjamin Henrichs, erschienen am 24. Mai 1974 in der Hamburger Zeitschrift ›Die Zeit‹. Mit Recht betonte Müller, kein anderer DDR-Autor habe so viele Stücke über die DDR geschrieben wie er. Über seinen Kollegen Peter Hacks, den Harich gerühmt hatte: »Dieser Mozart des Adaptierens, leicht, heiter, erzgescheit, von aufklärerisch-rationaler Helle, Komödienstoffe bevorzugend . . .«, sagte Müller in der ›Zeit‹: »Hacks, der schließt sich immer weiter von der Wirklichkeit aus — baut sich sein privates Weimar auf und erklärt das dann für allgemeinverbindlich.« Gegen den Vorwurf des Geschichtspessimismus führt Müller ein »geschichtsoptimistisches Element« an: »die Hexen. Jede Revolution braucht ein destruktives Element, und das sind in meinem Stück die Hexen, weil sie ausnahmslos alle Mächtigen zerstören.« Schließlich: »Der Macbeth ist eine große Figur, kein Schurke. Was ich bei Brecht — wenn man ihn mit Shakespeare vergleicht — im Moment ein bißchen langweilig finde, ist, daß er Figuren kleinmacht. Das mag in einer anderen historischen Epoche richtig gewesen sein. Jetzt kommt es darauf an, den subjektiven Faktor wichtig zu machen.« Endlich: »Wenn es mir gelingt, eine Katastrophe elegant zu beschreiben, dann ist das doch schon ein Schritt aus dem Depressiven heraus.« Dieser Streit ist aufschlußreicher als die Mord-Monotonie der Macbeth-Bearbeitung, die ihn ausgelöst hat.

Philoktet (nach Sophokles), geschrieben 1958/64, wurde in München uraufgeführt ,in den Kammerspielen, am 13. Juli 1968; Regie: Hans Lietzau. In dem Dreimännerstück (ohne Chor) wird Philoktet dazu mißbraucht, den Kriegsplänen der von ihm gehaßten Griechen zu nützen. Mit Odysseus triumphiert die verlogene Machtpolitik, vor der sich Reinheit und Mitleid des jungen Neoptolemos beugen – dies geschieht völlig unerwartet, denn Müllers drei Personen werden nie von psychologisch mitfühlbaren Motiven bewegt, sondern illustrieren nur die zu Lehrzwecken hergerichtete Fabel. Bei Müller wird die moralisch aufbegehrende Jugend von dem amoralischen Inhaber der Macht korrumpiert und wird der den Kriegsdienst Verweigernde noch im Tod dem Krieg nutzbar gemacht. Dem Metaphysiker Sophokles gewinnt Müller ein metaphysikfreies Lehrstück über die Manipulation des Menschen durch eine kriegerische Ideologie ab: der tragische Mythos verschleiert und verewigt die Herrschaft der Mächtigen.

Herakles 5. 1964/66. Uraufführung 8. Juni 1974 in der Werkstatt des Berliner Schiller-Theaters; Regie: Ernst Wendt. – Ein winziges Zwei-Szenen-Satyrspiel, in dem Herakles seine fünfte Arbeit, die Reinigung des stinkenden Augiasstalls durch einen umgeleiteten Fluß, vollbringt. Er empört sich gegen seinen Vater Zeus und taut mit der Sonne den Fluß auf, den Zeus in Eis verwandelt hat. Als Vorläufer des Sozialismus tut dieser Schwerarbeiter noch mehr: er enteignet Augias und wirft ihn in den Fluß; er – »Gestatte, daß ich deine Welt ändre, Papa« – schnappt sich die Hebe des Zeus und »rollt den Himmel ein und steckt ihn in die Tasche«.

Horatier. 1968/69. Uraufführung 3. März 1973 in der Werkstatt des Berliner Schiller-Theaters; Regie: Hans Lietzau. – Ein Streit der Stadt Rom und der Stadt Alba um die Herrschaft (überliefert von Livius) wird durch einen Zweikampf ausgetragen. Dabei tötet der Horatier, der für Rom kämpft, den Kuratier, der für Alba kämpft. Der Horatier tötet dann seine klagende Schwester, die mit dem Kuratier verlobt gewesen ist. »Das jeder Römerin / Die den Feind betrauert.« Der Horatier wird als Sieger für Rom mit Lorbeer bekränzt und als Mörder, der »einen Menschen getötet hat ohne Notwendigkeit« mit dem Beil hingerichtet, der Leichnam wird den Hunden vorgeworfen, doch: »Und wer seine Schuld nennt und nennt sein Verdienst nicht / Der soll mit den Hunden wohnen als ein Hund / Und wer sein Verdienst nennt und nennt seine Schuld nicht / Der soll auch mit den Hunden wohnen.« – Kein Rollenstück, sondern eine Lehr-Ballade: 330 mit schwellender Kaumuskulatur aus der Sprache herausgebissene Verse verkünden keine besondere dialektische Weisheit – nur die demokratische Selbstverständlichkeit, daß es auch für vaterländische Helden keine Sondergesetzgebung geben darf — vor dem Gesetz sind alle gleich. Und als Zugabe: in einer unreinen Welt müssen wenigstens »die Worte rein bleiben«. Das ist eine hohe Forderung, die Heiner Müller auch an sich selber stellt. Friedrich S. Hain tadelte in der Ostberliner Zeitschrift ›Theater der Zeit‹ im Mai 1973 an der Westberliner Aufführung: »Der Gehalt verschwindet hinter der Form. Die Moral triumphiert über die Politik.«

Die Weiberkomödie (nach dem Hörspiel »Die Weiberbrigade« seiner Frau Inge) wurde vom »Volkseigenen Betrieb« Werkzeugmaschinenfabrik Magdeburg mit den Kammerspielen Magdeburg zur Uraufführung (am 18. Dezember 1970) vorbereitet. Dieser mäßige Emanzipations-Schwank — er spielt 1950 in der DDR — ist das erste eigene Stück, mit dem Müller wieder auf eine Ostberliner Bühne gekommen ist, am 20. Juli 1971 auf die Volksbühne. Eine Brigade von Schlosserinnen, die ihren Kran so rasch handhaben will wie die Männer, hat Schwierigkeiten mit der Brigadeleiterin, weil sie morgens nackt im Baggersee zu baden pflegt: Wasserspritzer gegen den proletarischen DDR-Puritanismus.

Zement. Uraufführung im Oktober 1973 in Ost-Berlin durch das Berliner Ensemble; Regie: Ruth Berghaus. — Ein Bilderbogen in fünffüßigen reimlosen Versen aus der Frühzeit der Sowjetunion, geschneidert nach dem Roman »Zement« von Fjodor Wassiljewitsch Gladkow (1883—1958), veröffentlicht 1925. Der Schlosser Tschumalow, Regimentskommissar im Bürgerkrieg, bringt eine Zementfabrik, die im Krieg zum Ziegenstall verkommen ist, wieder in Gang. Er hat Schwierigkeiten mit seiner emanzipierten Frau und mit dem bürgerlichen Ingenieur Kleist, der ihn einst durch Weißgardisten erschießen lassen wollte und der nun in seiner Macht ist: Tschumalow läßt ihn leben, er verzichtet auf Rache, er braucht Kleists Kopf für den Aufbau, der dank Lenins Neuer Ökonomischer Politik (NEP) schließlich doch gelingt. — Ein sozialistisches Heldenlied, durchschossen mit antiken Zwischenspielen, mit Sagen, die Müller für seine Lehrzwecke hergerichtet hat — so als Höhepunkt »Herakles 2 oder Die Hydra«: die Hydra als Metapher für den umschlingenden Würgegriff der realen historischen Bedingungen. Gladkows Roman kommt Müllers Glaube entgegen, den er schon in seinen frühen Stücken dramatisiert hat: daß die ›Widersprüche‹ der sozialistischen Gesellschaft nur Restbestände der noch nicht ganz abgelösten kapitalistischen Gesellschaft sind — Anfangsschwierigkeiten, die sich mit Geduld überwinden lassen. (Das Ostberliner Publikum reagierte auf das Stück nur schwach.)

Wenn Heiner Müller seinen Macbeth als »eine große Figur« sieht und ihn 1974 mit dem Satz verteidigt »Jetzt kommt es, glaube ich, mehr darauf an, den subjektiven Faktor wichtig zu machen«, so erinnert dies nachdrücklich an große Figuren von DDR-Dramatikern: an ›Paul Bauch‹ von Volker Braun (1962), an ›Marski‹ von Hartmut Lange (1962/63), an Brigadier Barka in ›Der Bau‹ von Heiner Müller (1964/65), an ›Moritz Tassow‹ von Peter Hacks (1965) — sie sind schon durch den von ihren Autoren wichtig genommenen »subjektiven Faktor« in gesellschaftliche Schwierigkeiten geraten. Als anarchische Kraftkerle, hellhörig wie Bert Brechts ›Baal‹ für das »Glücksverlangen der Menschen«, gierig nach Lebensgenuß, sprengen sie die gesellschaftlichen Normen. Wie sie gleichwohl der Gesellschaft nützlich gemacht werden können, darüber denken ihre ungebrochen dem Sozialismus vertrauenden Urheber nach.

Volker Braun, geboren am 7. Mai 1939 in Dresden, ist nach dem Abitur als Arbeiter in verschiedenen Sparten und als Student der Philosophie in Leipzig (1960 bis 1964) tätig gewesen. 1962 hat er das Stück *Die Ballade vom Kipper Paul Bauch* geschrieben, auch genannt *Der totale Mensch*. Paul Bauch, die Zentralfigur sagt von sich selbst: »Mensch, ich paß nicht ins Konzept!« Wie recht er damit hat, zeigt der lange Weg zur Uraufführung. Sie sollte 1966 vom Berliner Ensemble, dessen Mitarbeiter Volker Braun 1965 geworden war, herausgebracht werden, doch als die Studentenzeitung ›Forum‹ im September 1966 das Stück abdruckte — in einer schon gezähmten Fassung unter dem Titel *Kipper Paul Bauch* —, wurden die Proben abgebrochen, und der für den Druck verantwortliche Redakteur verschwand aus dem Impressum. (Diese Fassung ist in der Bundesrepublik im Suhrkamp-Band ›Deutsches Theater der Gegenwart 2‹ 1967 veröffentlicht worden.) Volker Braun wurde die Überbetonung eben jenes »subjektiven Faktors« vorgeworfen, aus dem auch Barka, Moritz Tassow, Marski und Macbeth ihr pralles Leben beziehen. Ein Gedichtband Brauns aus dem Jahr 1974 trägt den bezeichnenden Titel »Gegen die symmetrische Welt«.

Volker Braun schrieb ein neues Stück *Hans Faust*, es wurde am 27. August 1968 in Weimar uraufgeführt, zum 20. Jahrestag der Wiedereröffnung des Nationaltheaters, und Intendant Fritz Bennewitz führte Regie. Hans Faust wird vom Arbeiter zum Ingenieur, Forscher und Städteplaner, er wird — wie Goethes Faust von Mephisto — begleitet von Kunze, dem Repräsentanten des Proletariats, mit dem Hans Faust einen »gesellschaftlichen Pakt« geschlossen hat. In der Ostberliner Zeitschrift ›Forum‹, im Heft 16 des Jahrgangs 1968 erläutert Volker Braun seine Absicht: »Das Hauptmerkmal dieser Version ist, daß sie die anderen Versionen so sehr vergessen muß, wie die alte Praxis der Gesellschaft von unserer ›vergessen‹, überwunden wird. Das führt zu solchen Unterschieden: Dort bekam Faust einen Teufel als Diener — hier ordnet er sich dienend der Gesellschaft unter; dort wollte Faust anfangs alles wissen — hier will er anfangs alles *ändern*; dort blieb er Einzelgänger — hier hat er schließlich Aufgaben, die nur *alle* lösen können: Er wird aufgehoben in der Aktion der Massen. Diese letzte proletarische Grundversion faßt das Verhältnis Führung-Geführte historisch, materialistisch, nicht mehr in diabolischer Verhüllung als Prozeß. Sie ist das Ende der ›Faust‹-Tragödien.« Es war nicht einmal das Ende dieser Faust-Version: eine Neufassung *Hinze und Kunze* wurde am 4. Mai 1973 im Städtischen Theater Karl-Marx-Stadt (Chemnitz) uraufgeführt (abgedruckt im Suhrkamp-Band ›Spectaculum 19‹, 1973). Wie Faust der Gesellschaft dient, so schließlich auch ›Kipper Bauch‹. Schon aus dem Titel der endlich uraufgeführten dritten Fassung ist das Individuum, der Kipper Paul Bauch, verschwunden zugunsten des Kipper-Kollektivs:

Die Kipper. Uraufführung 4. März 1972, Leipzig; Regie: Gotthardt Müller. Erste Aufführung in der Bundesrepublik 16. September 1973, Wuppertaler Bühnen; Regie: Günter Ballhausen und Jürgen Bosse. (Diese Fassung ist gedruckt im Suhrkamp-Band ›Spectaculum 16‹, 1972.) —

»Kipper« sind ungelernte Arbeiter; im Braunkohlentagebau kippen sie den Abraumsand auf Halden, eine stumpfsinnige Beschäftigung. Ende der fünfziger Jahre setzt sich Paul Bauch, ein Kraftkerl und Großmaul, als neuer Brigadier ein, nachdem er den alten in einer Messerstecherei besiegt hat. Er versteigert ein gestohlenes Motorrad und bezahlt mit dem Erlös eine Sauferei, zu der er die Brigade eingeladen hat. Zu seinem vielzitierten Satz »Das ist das langweiligste Land der Erde« kommt er im Anblick der Sandhalden; Spaß macht der Satz aber selbstverständlich nur durch seine Verallgemeinerung. Um die Langeweile zu überwinden, treibt Bauch seine Kipperbrigade zu Steigerungen ihrer Leistung und damit auch ihres Selbstbewußtseins und ihrer Selbstzufriedenheit an. Er übertreibt dabei: die Leistungssteigerung, die ja auch nicht im rechten sozialistischen Geist betrieben wird, kippt um in Unglücksfälle und schieren Terror — die Kipper verprügeln Paul Bauch und jagen ihn davon. Als er aus seiner Besoffenheit auftaucht, ordnet er sich der Brigade ein: »Ihr seid weiter als ich!« Er hat die Gruppe zwar überfordert und ist deshalb rechtens ausgestoßen worden, doch ist die Gruppe durch ihn und durch seine Überforderung ihrer selbst bewußt und selbstsicher geworden. Als Individuum ist Paul Bauch gescheitert, mit seinem Scheitern aber hat er das Kollektiv gefördert — man nennt wohl auch dies Dialektik. Der Autor kommentiert im ›Vorspruch‹: »Er verliert eine Brigade, aber die Brigade gewinnt.« Wenn Volker Braun das System kritisiert, so verhält er sich doch systemkonform, wenn dies auch nicht von allen Funktionären des Systems begriffen wird. Im Gedicht »Der Lebenswandel Volker Brauns« fragt sich Braun, »ob ich zuviel nicht rede / Zuviel nicht rede für unsern Kopf und Kragen«.

»Volker Brauns ursprüngliche ›Ballade vom Kipper Paul Bauch‹, von der fruchtbarer Streit hätte ausgehen können, ist noch ungespielt und wird es wohl bleiben«, schreibt Heinz Klunker 1972 in seinem Buch über die Gegenwartsdramatik in der DDR ›Zeitstücke — Zeitgenossen‹, er stellt darin die Geschichte von Volker Braun und seinem Kipper ausführlich dar. Der Kritiker Gerd Jäger meint in der Zeitschrift ›Theater heute‹, Volker Braun gebe ein Modell, das nicht nur für die DDR gültig ist: »Dabei handelt Brauns Stück nur an seiner kantigen Oberfläche von spezifischem DDR-Alltag, von internen Entwicklungsproblemen einer bestimmten Form von Sozialismus. Und genauso ist der historische und örtliche Aufhänger der ›Kipper‹, die Aufbaujahre in der Industrie der DDR um 1960, nur Eckpfeiler eines gewitzt dialektischen Bezugssystems, in dem Isolation des einzelnen, Überwindung auch ›entfremdeter Arbeit‹ reflektiert wird.« Die Festlegung der ›Kipper‹ auf die Zeit »um 1960« macht aus dem Modellstück allerdings auch ein historisches Stück aus einer überwundenen Epoche. Das nicht entfremdete Kippen muß erst noch erfunden werden.

Nur einem einzigen DDR-Dramatiker ist es gelungen, in der Bundesrepublik ein großes Publikum mitzureißen. Seinem literarischen Rang nach liegt er weit unter den Hacks, Müller, Braun, und sein Erfolg im Westen beruht vermutlich auf einer Serie von Mißverständnissen und einer Basis von Spießbürgerlichkeit, die der Bundesrepublik und der DDR gemeinsam ist — vielleicht die letzte, aber eine solide Gemeinsamkeit. *Ulrich Plenzdorf*, 1934 in Berlin geboren, drei Semester Philosophie in Leipzig, drei Jahre Bühnenarbeiter und seit 1963 Film-Szenarist im Ostberliner DEFA-Studio (einer seiner Filme »Die Legende von Paul und Paula«), hat einem vor allem jugendlichen Publikum ein gemeindeutsches Vergnügen bereitet mit seinem Stück:

Die Leiden des jungen W. Uraufführung 18. Mai 1972, Landestheater Halle. In West-Berlin, im Schloßparktheater, am 8. Mai 1973. Regie: Horst Siede. — Die Freuden und Leiden des jungen Edgar Wibeau werden in filmischen Rückblenden vorgeführt, denn Edgar ist bei Beginn schon tot. Edgar hat seine Lehre abgebrochen und sich in einer Laubenkolonie eingenistet. Er malt abstrakt, singt einen Blues auf die Blue jeans, sie sind für ihn »eine Einstellung und keine Hosen«. Er liebt eine verheiratete Kindergärtnerin, und was er für sie empfindet, das kann er in seinem Jargon nur mit Wendungen ausdrücken wie »haben« und »rumkriegen« — besser ausgedrückt findet er es in einem Buch, das er als Klopapier benutzt, in Goethes »Die Leiden des jungen Werthers«. Edgar ist aus der sozialistischen Gesellschaft ausgeflippt und deshalb für die DDR ein heikles Thema, auch Parteichef Erich Honecker hat sich öffentlich vor dem Stück entsetzt. Plenzdorf spricht aus, was man öffentlich in der DDR nicht so gern hört: junge Leute — kreuzbrave Anhänger des Kommunismus wie Edgar — haben einen Bedarf an Einsamkeit und Individualismus in der Massengesellschaft; an Passivität unter hochgelobten Aktivisten; an Freizügigkeit, Regellosigkeit und Anarchie im Lande der Planwirtschaft. Auch Edgars — durch ›Werthers Leiden‹ — artikulierte Liebe zu einer verheirateten Frau ist ein geheimes Bekenntnis zur Anarchie: gegen den geplanten Berufs- und Ehestand des gesellschaftsdienlichen Soldaten und Studenten, der Edgars Geliebte geheiratet hat. Da man sich mit dieser Gesinnung in der DDR eigentlich nur umbringen kann, läßt Plenzdorf vorsichtigerweise seinen Edgar bei einem Unfall den elektrischen Schlag treffen, ein Unfall überdies, dem Edgar zum Opfer fällt, als er einen Kollegen in der Bauarbeiterbrigade durch eine Erfindung übertrumpfen will: er wollte sich also doch der Gesellschaft nützlich machen, wenn auch nur aus Lust an der überlegenen Pose und noch nicht im rechten Kollektivgeist. So abgebrüht sich Edgars Jargon gibt, er ist nichts als jugendtümlich auf neuere Art. Edgar sagt:»Kein einigermaßen intelligenter Mensch kann heute mehr etwas gegen den Kommunismus haben«, und nicht einmal seine ›abstrakte Malerei‹ ist Opposition: indem er vorführt, daß er ein Porträt seiner Geliebten nur als Schattenriß nachzeichnen und also doch nicht richtig malen kann, unterstützt er die in der DDR offiziell verkündete und in der Bundesrepublik weitverbreitete Meinung, daß abstrakte Maler Nichtskönner seien. So ist das Stück am Ende harmlos auch in der DDR, es sieht nur manchmal so aus, als ob es voller Kühnheit wäre. In der Bundesrepublik rennt es mit seinem Lob des Ausflippens in blauen Farmerhosen weitoffene Türen ein, durch die ganze Horden von Hippies entlaufen sind. Dennoch ein Publikumsschlager; jedes Theater hat einen talentierten Aufmucker, für den der Edgar die Durchbruchsrolle seiner jungen Jahre ist, und überall gibt es genügend junge Leute, denen es schon genügt, wenn die Blue jeans als Weltanschauung besungen werden, während die gebildeten älteren Herrschaften darüber gerührt sind, daß ein Langhaariger dann doch noch den Respekt vor Goethe lernt und bekundet. Edgar Wibeau ist die Jugend- und Volksausgabe des bei Braun, Müller, Hacks vorgefundenen Mannes, der in das System der DDR scheinbar nicht paßt — am Ende paßt er dann doch: ein Rebell, der keiner war.

Hartmut Lange: deplaciert

Mich interessieren aber nicht Vorgänge bei Lieschen Müller im Bett oder im Tabakladen, mich interessieren zur Zeit Vorgänge an der Spitze der gesellschaftlichen Pyramide. Wie bringt man also beispielsweise Josef Stalin auf die Bühne?

Hartmut Lange vor der Westberliner Akademie der Künste, 1967

»Theaterstücke enthalten die Biographie des Verfassers, oder sie gehen niemanden etwas an«, behauptet Hartmut Lange im Vorwort zu seinem Buch »Theaterstücke 1960–72« (Reinbek, 1973). So bestreitbar dieser Satz, so unbestreitbar steckt in Hartmut Langes meisten Stücken tatsächlich ein Stück seiner Biographie. Und da er in der DDR aufgewachsen ist, auch ein Stück DDR: Ausschnitte aus ihrer Entwicklung; Auseinandersetzungen mit ihren Problemen, mit dem, was Hartmut Lange für die Widersprüche einer Gesellschaft hält, die sich im Übergang zum Sozialismus befindet. Hartmut Lange, am 31. März 1937 als Sohn eines Metzgers in Berlin geboren, hat die Oberschule vorm Abitur verlassen, Erfahrungen als Gelegenheitsarbeiter gesammelt, von 1957 bis 1960 die Deutsche Hochschule für Filmkunst in Ost-Berlin besucht und 1960 sein erstes Stück geschrieben:

Senftenberger Erzählungen oder Die Enteignung. Das aus zehn kurzen Szenen bestehende Stück spielt nach dem zweiten Weltkrieg in der sowjetischen Besatzungszone, im Braunkohlengebiet, in Senftenberg, wo eine volkseigene Zeche abgesoffen ist und deshalb ihre Arbeiter nicht entlohnen kann. Sie hungern, und es besteht die Gefahr, daß sie, bevor die Pumpen eingetroffen sind, verhungern. So gehen sie zur Arbeit bei der privaten Firma Brack und Compagnon, denn der Compagnon ist Schweizer und liefert Büchsenfleisch. Die Büchsen werden beschlagnahmt, Brack wird enteignet. Dazu Hellmuth Karasek in seinem Kommentar zum Erstdruck 1967: »Die ›Senftenberger Erzählungen‹, die scheinbar pflichtschuldigst eine notwendige Enteignung schildern, kommen dabei ohne die braven Wortblasenlieferanten des sozialistischen Realismus aus, weil sie dem Menschen auch in einer veränderten Gesellschaftsordnung das Recht zubilligen, das Fressen vor die Moral zu setzen.« Es sind burleske Szenen aus den historischen Hungerjahren, aus der längstvergangenen Zeit der »Neuen Ökonomischen Politik« (NÖP), die aus taktischen Gründen neben volkseigenen noch private Betriebe duldete, solange ihre Methoden und Fachkenntnisse benötigt wurden. In der DDR ist dies eine abgeschlossene Phase, in der Bundesrepublik Deutschland hat man ähnliches nie erlebt, so hat es schon Langes Erstling schwer, ein Publikum zu finden. Nach fünfzehn Jahren ist es noch immer nicht aufgeführt, doch wenigstens — 1967 — gedruckt, wenn auch in der Bundesrepublik. Es ist auch enthalten in Langes Buch »Theaterstücke 1960–72« (Reinbek, 1973).

Immerhin erregte das Stück schon 1960 in der Fachwelt der DDR Aufsehen, seine Aufführung wurde von verschiedenen Bühnen der DDR angekündigt, sie fand freilich nicht statt. Hartmut Lange wurde von 1961 bis 1965 Mitarbeiter des Deutschen Theaters in Ost-Berlin und Meisterschüler des Peter Hacks, der wiederum Bertolt Brechts Meisterschüler ist. Lange schrieb 1962 die Komödie »Tod und Leben des Herrn Marski«, wieder wurde die Uraufführung angekündigt, von den Kammerspielen des Ostberliner Deutschen Theaters für die Spielzeit 1964/1965, Hartmut Lange aber kletterte zwar nicht gerade über die Berliner Mauer, doch kehrte er von einer Reise nach Jugoslawien nicht in die DDR zurück. Er ging nach West-Berlin, wurde dort Mitarbeiter der Schaubühne am Halleschen Ufer, die im Februar 1968 seine Bearbeitung von Shakespeares *König Johann* aufführte: mit dem Bastard, dem das Volk mobilisierenden politischen Kopf, und einem überholten König Johann, der bei Lange am Ende nach dem Genuß von sechs Fässern Braunbier und drei Pfirsichen, sich erbrechend, stirbt. Schon Shakespeares »König Johann« gehört nicht gerade zu den Zugstücken, und Langes zaghafte Bearbeitung hat es nicht attraktiver gemacht. In *Hundsprozeß / Herakles*, ebenfalls 1968 von der Schaubühne gespielt, setzt sich Lange mit Stalin auseinander, und auch dies konnte das Publikum nicht begeistern.

Hartmut Lange hat 1967 vor der Westberliner Akademie der Künste eine ziemlich programmatische Rede gehalten, sie ist nachzulesen in einem Sammelband seiner theoretischen Schriften »Die Revolution als Geisterschiff« (Reinbek, 1973) und endet mit den Sätzen: »Die überwiegende Anzahl der Spielplanmaschinen oder Theater befindet sich in der Hand von Kulturfunktionären, die von der kapitalistischen Stadtvertretung beauftragt werden, der Bevölkerung jahrein, jahraus den alten verrotteten bürgerlichen Kulturschutt zu Gehör zu bringen, als verstaubten Nippes oder in jeweils neuer Verpackung als Pop-, Op-, Beatillustrierte oder Neckermanndekoration. Und die, wenn sie etwas Abweichendes vorhaben, unter Druck gesetzt werden. Für diese Häuser lohnt es sich eigentlich nicht, Theaterstücke zu schreiben.«

Auf diese Häuser aber ist Lange angewiesen, seitdem er die DDR verlassen hat. Noch 1974 legt er Wert darauf, daß er nicht geflohen sei, sondern daß es über ihn heißt: »Er verlegte seinen Wohnsitz nach West-Berlin«, oder, noch farbloser, »lebt seit 1965 in West-Berlin«. Auch dieser Selbstbetrug ist ein Indiz dafür, daß Hartmut Lange im Westen nie heimisch geworden ist — weder als Person noch — vielleicht abgesehen von seiner »Gräfin von Rathenow« — durch seine Stücke. Sein Platzwechsel, nur geographisch vollzogen, hat ihn deplaciert: seine Themen kommen von der DDR nicht los und in der Bundesrepublik nicht an.

Meinungen: »Er spaziert mit dem Goethe und mit dem Aristophanes, dem Shakespeare und dem Rabelais. Er nimmt sich, was er braucht, aus ihren Taschen, und mit einem solchen poetischen Recht, daß kein kritischer Gerichtshof der Welt wagen dürfte, das Genommene zurückzufordern. Unter den Bestohlenen fehlt Brecht. Auch das ist bezeichnend für die Neuesten: undenkbar ohne Brecht, ähneln sie ihm nicht«: Peter Hacks, 1965. — »Langes ewiges Thema und Trauma: daß man sich bei der Veränderung der Welt schmutzig machen muß, daß es die moralisch reine Revolution nicht geben kann; daß Wahrheit, die blind ist für die politische Wirklichkeit, Lüge und Selbstbetrug ist, daß umgekehrt aus Lügen, werden sie mit politischer Gewalt durchgesetzt, historische Wirklichkeit wird«: Benjamin Henrichs, 1974.

›Marski‹ von Hartmut Lange. Bühnenbild von Wilfried Minks für die Inszenierung von Hansgünther Heyme an der Freien Volksbühne Berlin, Dezember 1966.

Marski. Geschrieben 1962/63. Zum erstenmal gedruckt 1965 in der Bundesrepublik. Uraufführung 20. August 1966, Städtische Bühnen Frankfurt am Main; Regie: Joachim Fontheim. — Der Großbauer Marski ist ein Herkules und ein Gargantua zugleich: gewaltig in der Arbeit und im Genuß. Er ist zwar ein reaktionärer Ausbeuter, doch durch seine Freßlust und sein Bedürfnis nicht gerade nach Genossen, wenigstens aber nach Tischgenossen und nach Freundschaft, hat er auch sympathische Züge. Um sein Gut zu bestellen, braucht er die Hilfe der Kleinbauern, die er seine Freunde nennt. Die besten seiner Freunde aber treten — die Bodenreform in der DDR hat es möglich gemacht — in eine Kooperative, in eine »Landwirtschaftliche Produktions-Genossenschaft«, eine LPG, ein. Sogar sein schwächlicher Sohn läßt sich von einer Magd für die Liebe und die LPG abwerben. Als Marski, wie exzessiv er auch arbeitet, allein das Vieh nicht versorgen kann und bemerkt, daß er von seinem Besitz besessen wird, hängt er sich auf. Geführt von Staschek (dem Lange später ein eigenes Stück widmen wird), kommen jedoch seine ehemaligen Freunde, schneiden ihn ab und bereiten ihm ein gewaltiges Gelage: ihre LPG produziert im Überfluß, und Marski wird mit ihnen arbeiten, immerhin gesteht er: »Ich bin doch nicht blöd / und halte fest am eigenen Herd, / wenn er mich einsam und / verhungern läßt. Ich sterbe nicht / am eignen Vieh. Eher teil ichs auf / und eß es in Gesellschaft!« Der Ostberliner Dramatiker Peter Hacks hat »Marski« im Westen, in der Zeitschrift »Theater heute« (Juni 1965), gerühmt: »Dieses Stück ist kein Agrardrama. Wäre es eines, würde das Ende niemanden befriedigen. Allgemeiner Beitritt zur LPG ist nicht die Lösung der landwirtschaftlichen Frage; die auftauchenden Nöte und Sorgen der Genossenschaften müßten zumindest im Ansatz gezeigt werden. Der ›Marski‹-Schluß aber ist ein philosophischer Schluß. Er ist der Gipfel der Triade Ausbeutung — Tod der Ausbeutung — Kommunismus; er meint nicht weniger als die Aufhebung aller Aufhebungen, den Sprung in die Freiheit.« Es ist der Sprung in die Utopie eines in reiner Freundschaft funktionierenden Kollektivs. In der DDR ist die angekündigte Uraufführung abgesetzt worden: Hartmut Lange hatte kurz vorher die DDR verlassen und war — über Jugoslawien — nach West-Berlin gegangen. In der Bundesrepublik kann sich ein größeres Publikum bei aller Zuneigung für den saftigen Genußmenschen Marski und für Langes Witz doch nicht für die Enteignungslehre des Stücks — »Besitz macht krank« — erwärmen. So schrieb Henning Rischbieter nach der Uraufführung in Frankfurt am Main: »Wie könnte es aber sein? Denn wer teilt des Autors philosophischen Standpunkt, hier bei uns oder anderswo? Lange hat nicht nur ein Stück über das Land Nirgendwo, sondern, fürchte ich, auch für das Land Nirgendwo geschrieben. Es existiert bisher nur da, wo Besson seine Bühne aufschlägt.«

Der Hundsprozeß / Herakles. Uraufführung 26. April 1968, Schaubühne
am Halleschen Ufer, Berlin; Regie: Hansgünther Heyme. — Den »Hundsprozeß« hat Lange 1964 in Ost-Berlin geschrieben, es ist ein antistalinisti-
scher Einakter. — Eine »Gesandtschaft Dshugaschwilis«, angeführt von einem
Chefideologen, trifft in der Provinz ein, der Karpantua vorsteht, ein Statthalter in Josef Dshugaschwilis (Stalins) Diensten. Diese Gesandtschaft sind
»Füchse, Ratten und Lemuren, / Arschkriecher und politische Huren, /
schmeichlerische Katzen, Leisetreter, / Speichellecker, Klugscheißer, Nach-
beter, / Lobhudler, weihrauchschwitzende Affen, / Parteimönche und atheistische Pfaffen« — ehemals Menschen, sie sind in Tiere umdressiert. Statthalter Karpantua zerschlägt ihre Monstranz, die ein Bildnis Stalins ist, auf
dem Kopf des Chefideologen. Dem Statthalter wird der Schauprozeß gemacht,
er wird verurteilt, erhängt und begraben, und während die Darsteller ihre
Tiermasken abnehmen, erscheint Stalins Bild. — Langes Selbstkommentar im
Jahr 1967, in einer Rede vor der Westberliner Akademie der Künste: »Der
›Hundsprozeß‹ zeigt die Liquidation einer ausländischen Bruderpartei und
deren Einverleibung in die Stalinsche Internationale, was heißen soll, in die
Moskauer Nationale.«

Nach dieser wortgewaltigen Polemik schrieb Lange 1967, nunmehr in
West-Berlin, »Herakles«, einen die Verurteilung Stalins differenzierenden
Einakter. Der Darsteller des Karpantua besteht nun im »Zwischenspiel« darauf, daß Stalin trotz dem Personenkult seiner Monstranzen »ein Mann von
außerordentlichen Gaben war. Er hat Berge versetzt zum Nutzen vieler Ebenen und deren Bewohner, er hat ein Volk in Lumpen seine Lumpen mit
Kleidern vertauschen gelehrt, er hat vielen elenden Hütten als neuer Prometheus das Feuer gebracht, kurz, er war ein großer Arbeiter . . .« So war er
verwandt mit Herakles, und Herakles wird nun »als Metapher für Dshu-
gaschwili« vorgeführt. Er erscheint als der bekannte Wohltäter, der Sümpfe
trocknet, den Stall ausmistet, die wilden Tiere tötet, aber er erscheint auch als
Jungfrauenschänder und Knabenmörder. In seinem Schlußmonolog klagt
Herakles seine Hand als Urheberin aller Untaten an und mit ihr alle, die sie
so gewollt haben: »Ihr habt sie gewollt, / nicht ich, ich bin nicht schuld an
meiner Hand.« Dazu Lange in seiner schon zitierten Akademie-Rede: »Stalin
hat als historisches Subjekt die sozialistische Revolution für Rußland gerettet
und für die übrige Welt konserviert, das ist sein Verdienst; sein Verbrechen
ist, daß er unnötig blutige Spesen gemacht hat, wie übrigens auch Herakles.«
Der Literaturprofessor und Kritiker Volker Klotz zur Form: »Absichtlich
oder unabsichtlich: Lange überträgt hier das Prinzip des Distichons auf die
Bühne. Also jene seit der Antike ausgebildete Form eines Verspaars, dessen
erste Zeile plan und eindeutig abläuft, während die zweite, durch eine scharfe

Mittelzäsur, nicht nur selber zwielichtig sich gibt, sondern auch die Einhelligkeit der ersten in Frage stellt. Und zwar inhaltlich wie formal ... Dennoch bleibt das Stück als Ganzes störrisch und disparat. Warum: das Prinzip des Distichons verliert, aus seiner knappen Ballung in dramatischen Großraum versetzt, die spezifische Spannkraft und Wirkung.« — Für diese grobianische Beschimpfung Stalins besteht im Westen so wenig Bedarf wie für die Abwägung von Wohltaten und Untaten Stalins, und im Osten ist beides politisch nicht opportun und deshalb nicht möglich.

Die Gräfin von Rathenow. Uraufführung 11. September 1969, Bühnen der Stadt Köln; Regie: Hansgünther Heyme. — Aus Kleists Novelle »Die Marquise von O.« (1808) bezieht Hartmut Lange die Geschichte einer in der Ohnmacht und von ihr unbemerkt geschwängerten Frau, die den Vater ihres Kindes durch eine Zeitungsannonce sucht. Bei Kleist spielt dies in Oberitalien, bei Lange 1806 im besiegten und von der französischen Armee besetzten Preußen. Ein napoleonischer Leutnant und Marquis wirbt um die verwitwete Gräfin von Rathenow. Sie weiß nicht, daß ihre Schwangerschaft von ebendiesem Marquis herrührt: er hat sie zwar vor vergewaltigenden Soldaten gerettet, selbst aber dann ihrer schönen Ohnmacht — »eine Venus aus Stein« — nicht widerstehen können. Der Marquis hält seine Vaterschaft geheim, doch liebt er die Gräfin und möchte sie heiraten. Die Schwangere aber wird von ihrer preußisch puritanischen Familie verstoßen und des von ihr gewollten Beischlafs mit dem Diener Leopold verdächtigt. Was man ihr vorwirft, das nimmt sie in trotziger Unschuld jetzt auf sich: sie kommandiert Leopold in ihr Bett und findet, obwohl Mutter zweier Kinder, das von ihr nie empfundene Vergnügen erst bei ihm. Jetzt wäre ihrer preußischen Familie der napoleonische Offizier doch lieber als der Diener, die Gräfin aber besteht auf der Heirat mit dem Vater ihres Kindes. So muß der Marquis sein Geheimnis offenbaren: die Hochzeit findet statt, die Gräfin aber liebt den Marquis nicht, und nach der Trauung trennt sich das Paar.

In der ursprünglichen Fassung vermutet Bruyere, der Onkel des Marquis, im Epilog, »mit mehr Courage, weniger Scham / wärn sie jetzt unterm Hut«; ein halbes Jahr werde genügen, »dann fällt ihr der geliebte Schuft zu Füßen / Und sie wird ihm den Rest gewähren müssen«. Von diesem aufgeschobenen Happy-End ist Hartmut Lange in der 1973 gedruckten Fassung abgerückt: der Marquis versichert der Gräfin seine Liebe und erschießt sich; die Gräfin reist, ohne mehr Gefühle zu zeigen als eine kleine Pause vermuten läßt, ab. Möglicherweise will Lange dem Publikum, das den schieren Witz und die delikaten Formulierungen seiner Komödie genossen hat, mit diesem Schluß den kulinarischen Happen aus dem feinschmeckerischen Munde ziehen, denn

Drei Köpfe trug — zum Kummer des Autors — Odysseus, gespielt von Thomas Holtzmann, bei der von Hans Lietzau im Berliner Schiller-Theater inszenierten Uraufführung von Hartmut Langes »Die Ermordung des Aias« im Januar 1974; Ausstattung: Achim Freyer.

er hat selbstverständlich mehr als ein geistreiches Spiel im Sinn. Beispielsweise — so in seinem Selbstkommentar — »die Herr-Knecht-Bewegungen der französischen und der preußischen Seite, die den gesellschaftlichen Progreß beider Staaten unterschieden machen«, das läßt sich vertreten, aber auch dies?

»Die Geschichte von der unberührten Witwe, die gewaltsam resozialisiert wird, dem Urheber dieser Gewalt aber ihr Glück opfern will, hat Analogien zum französisch-preußischen Krieg, der mit ähnlicher Vehemenz über den rechts-elbischen Feudalstaat herfiel, um ein politisches Kind zu hinterlassen, sehr gegen den Willen des offiziösen Preußen: die Reform Hardenbergs und Steins«, das ist hübsch ausgedacht, kann aber von der Bühne herunter selbstverständlich nicht vermittelt werden.

Die Ermordung des Aias oder Ein Diskurs über das Holzhacken. 1969/1971. Uraufführung 17. Januar 1974, Schillertheater, Berlin; Regie: Hans Lietzau.

Die Griechen vor Troja stehen für Personen und Methoden aus der Geschichte der Sowjetunion, speziell der KPdSU, der Kommunistischen Partei nach dem Tod Lenins. Vor Troja bricht nach dem Tod Achills (Lenins) der Streit aus, auf welche Weise Troja zu erobern (die Weltrevolution zu verwirklichen) sei. Odysseus (Stalin) will die List, die Taktik, er will die Waffen Achill-Lenins im Trojanischen Pferd verstecken und durch pragmatische Realpolitik und eine neue Arbeitsmoral (Holzhacken) die Weltrevolution als Fernziel ansteuern. Aias (Trotzki) dagegen will die sofortige Anwendung der Waffen Achill-Lenins, die permanente Revolution. Stalin und der stalinistische Terror werden dabei als bedauerliche, aber unumgängliche Notwendigkeiten dargestellt — Motive aus Langes »Herakles« tauchen da wieder auf. Langes Lesedrama mit seinen Anspielungen, Zitaten, Parallelen, Bildern, ganz oder nicht ganz passenden Gleichnissen und dialektischen

Verschlingungen ist so kompliziert, daß ihm allenfalls durch einen analytischen Essay beizukommen wäre, wie dies Wolfgang Schievelbusch in seinem Buch »Sozialistisches Drama nach Brecht« (Darmstadt und Neuwied, 1974) auf 20 Seiten getan hat. Dazu der Theaterkritiker Henning Rischbieter: »Was Lange in sein Stück hineingedacht hat, ließ sich für mich nur mit Hilfe von Schievelbusch (der in dem Stück sitzt, wie die Griechen im Hintern des Pferdes sitzen sollen) aus dem Stück herausdenken. Deshalb ist eine Aufführung sinnlos: der Sinn des Stückes erschließt sich durch sie nicht . . . Indem Lange den Diskurs Stalin-Trotzki ins Antike enthistorisiert, bringt er sich und uns um unser Interesse an der Sache.«

Trotzki in Coyoacan. Uraufführung 24. März 1972, Deutsches Schauspielhaus, Hamburg, Malersaal' Regie: Heinz Engels. — In Coyoacan, einem Vorort von Mexiko-City, in einer zur Festung umgebauten Villa lebte Leo Trotzki vom März 1939, bis er von dem GPU-Agenten Ramon Mercader, der sich Frank Jacson nannte, am 20. August 1940 mit einem Eispickel totgeschlagen wurde. Josef Stalin hatte Trotzki, den Schöpfer der Roten Armee, 1927 aus der Partei ausschließen, 1928 aus der Sowjetunion ausweisen und schließlich 1940 in Coyoacan ermorden lassen. — Nicht der historische Gegensatz zwischen Stalins nationaler und Trotzkis internationaler, »permanenter« Revolution ist hier (wie in seinem »Aias«) Langes Thema, sondern abermals das immer aktuelle Dilemma zwischen politischem Mord und gesellschaftlicher Moral. Trotzki lebt in Coyoacan wie ein Gefangener, und seine »Vierte Internationale« besteht nur aus ein paar Freunden und Leibwächtern — der Mörder ist schon unter ihnen. Gegen Trotzki, den optimistischen Idealisten, der unerschütterlich an die Vernunft und an »das Sendungsbewußtsein der Arbeiterklasse« glaubt, hat Lange einen Besucher, den deutschen Revolutionär und Theoretiker Otto Rühle gestellt — er ist ein skeptischer Pragmatiker, der die Unbestechlichkeit Trotzkis als ein »persönliches Vergnügen« verachtet. Für Rühle sind die Intrigen und Niederträchtigkeiten Stalins ein Bestandteil der Revolution; er verlangt von Trotzki die Härte Stalins: »Sie versichern, Sie sind Marxist. Sie würden vor Ihrem Mörder niemals die Unwahrheit sagen. Ich ziehe den Hut, aber es wäre wichtiger gewesen, Sie hätten Herrn Stalin 1927 ermordet. Der Mörder Trotzkis wäre der Welt jetzt nützlicher als der reine marxistische Engel, der in Coyoacan auf die Exekution durch einen Agenten der GPU wartet.« Mit dem letzten Vers des Epilogs distanziert sich Lange von Trotzki, von der politischen Unzulänglichkeit der bloßen Reinheit endgültig und schroff: »Das ist die Tugend, die uns sehr erbittert.« Lange hält es — wie schon in seinem »Herakles« — mit dem politischen Täter, und sei der gezwungen, die üblen Mittel durch den guten Zweck zu rechtfertigen. Trotzki ist für ihn ein Bankrotteur auf dem Kehrichthaufen der Geschichte: das er nichts bezweckt ist durch die Lauterkeit seiner Mittel nicht zu rechtfertigen. Wie gefährlich es ist, die Humanität, und sei es im Namen einer »höheren«, einer »gesellschaftlichen« Humanität, zu verabschieden — davon will Lange nichts wissen.

Am Ende dieses Debattier-Stücks bleibt außerdem die Frage: Wenn Trotzki ein so machtloser Idealist war, eine leicht lächerliche Figur aus dem »bürgerlichen Heldenleben« zwischen Kakteen und Kaninchen, warum ließ ihn dann Stalin ermorden?

Staschek oder Das Leben des Ovid. Uraufführung 21. Dezember 1973, Württembergisches Staatstheater Stuttgart; Regie: Wolf Seesemann. — Staschek hat in Langes Stück »Marski« noch in der DDR Korn gedroschen; er hat dann — wie Lange — die DDR verlassen. Kein Wort darüber, wie Staschek über die Elbe gekommen ist: beschossen oder unbehelligt oder gar unterstützt von der Volkspolizei? Diesseits der Elbe liegt freilich auch nicht die Bundesrepublik, sondern Rom zur Zeit des Bürgerkriegs und der Herrschaft Oktavians, des späteren Kaisers Augustus. Der Landarbeiter Staschek erlebt, wie Horaz zynisch Oden auf Oktavian schreibt, um an ein Landhaus zu kommen; wie Ovid, der mit unpolitischen erotischen Versen berühmt wird, sich durch eine vorgetäuschte Reise davor schützt, Augustus bei der Säkularfeier andichten zu müssen; wie dieser aus privater Ruhmsucht dichtende Ovid sich dem Horaz moralisch überlegen fühlt. Bei Horaz mág man an Autoren wie Johannes R. Becher denken, bei Ovid an den schlaueren Peter Hacks — wer weiß, an wen Lange noch gedacht hat bei seinen nicht ganz durchschaubaren Variationen über das unausgesprochene Thema »Der Dichter und die Datscha«. Staschek macht noch einen Zeitsprung rund 450 Jahre weiter, nach Bordeaux, zu den Westgoten, wo man in Sidonius Appolinaris den Dichter einer abgelebten Kultur erkennen soll. Immer mal wieder tauchen Wladimir und Estragon aus Becketts »Warten auf Godot« auf — Lange denunziert sie als senile Zaungäste der Weltgeschichte, in die sie nicht eingreifen. Vergessen haben Lange und sein Staschek vom Land »jenseits der Elbe« nichts, und nichts haben sie bei ihrem Ausflug ins cäsarische Rom dazugelernt. Der bloßgestellte Literaten-Opportunismus als Dauerpointe, gewürzt mit ein paar Anachronismen, das ist ein abgespieltes Libretto.

Am Ende erkennt Staschek, daß er noch immer da steht, wo er zu Beginn gestanden hat, als er gerade über die Elbe gekommen ist, und auch dies dürfte er mit Hartmut Lange gemeinsam haben.

*>Die Matrosen von Cattaro<:
Holzschnitt von Conrad Felixmüller
zum Drama von Wolf*

*Im Rückspiegel: Wolf, Bruckner,
Priestley*

FRIEDRICH WOLF. Geboren in Neuwied, am 23. Dezember 1888. Erst Kunst-, dann Medizinstudent und Kohlentrimmer in den Ferien. 1920 Dr. med.; Schiffsarzt, im Krieg Bataillonsarzt. Während der Novemberrevolution im Arbeiter- und Soldatenrat. Von 1921 bis 1933 Arzt in Hechingen und Stuttgart. Erste Premiere am Sächsischen Landestheater Dresden, am 9. Oktober 1919 mit *Das bist du*, einem expressionistisch-symbolischen >Spiel in fünf Verwandlungen<. 1928 Eintritt in die Kommunistische Partei Deutschlands. 1933 Emigration über Frankreich in die Sowjetunion. Ein Versuch, 1938 in der Internationalen Brigade gegen Franco zu kämpfen, endete schon im französischen Internierungslager Le Vernet. 1941 Rückkehr in die Sowjetunion, wo Wolf während des Krieges als Propagandist an der Front und in Kriegsgefangenenlagern tätig war. Von 1949 bis 1951 Botschafter der DDR in Polen; dann freier Schriftsteller in Berlin bis zum Tod am 5. Oktober 1953. Ab Mitte der zwanziger Jahre Übergang von expressionistischen zu propagandistischen Stücken: nicht als Individuum, sondern pauschal behandelt wird der Mensch in beiden Gattungen. *Der arme Konrad* (Uraufführung am 14. Februar 1924 in Stuttgart) ist eine >Tragödie aus der Bauernrevolte 1514<, in der Bauernführer Konz den Sieg verspielt, weil er dem Herzog vertraut. Wolf prägt das Schlagwort >Kunst ist Waffe!< und macht es 1928 zum Titel eines Essay-Bandes, in dem er fordert: »Auch ein Arbeiterstück, gerade dies, muß >gekonnt< sein! . . . Hierzu aber gehört, so lange es eine Wortkunst gibt — man verzeihe den harten Ausdruck —, der Dichter!« Ein Dichter war er nicht, aber >gekonnt< sind seine politischen Kampfstücke: schlagkräftig in kommunistischer Agitation und Propaganda (Agitprop).

Cyankali — § 218. Uraufführung 6. September 1929 durch die >Gruppe Junger Schauspieler< im Berliner Lessing-Theater. — Hete, die Tochter einer Arbeiterwitwe, ist schwanger von ihrem Freund Paul. Er hat während der

Arbeiterwitwe, ist schwanger von ihrem Freund Paul. Er hat während der Arbeitskämpfe eine Werkskantine aufgebrochen, um die hungernden Frauen und Kinder der ausgesperrten Arbeiter mit Lebensmitteln zu versorgen. Paul muß sich vor der Polizei verstecken, die arbeitslos gewordene Hete bittet in dieser Notsituation einen Arzt um Schwangerschaftsunterbrechung. Der Arzt, den Damen der Gesellschaft immer gefällig, liest Hete den § 218 vor und weist sie ab. Hete wird schließlich — nach gelungener Abtreibung — an dem Cyankali sterben, das ihr eine Abtreiberin zur Selbsthilfe überlassen hat. Das Stück endet mit Hetes plakativer Frage: »10.000 ... müssen ... sterben ... hilft uns ... denn niemand?« — Friedrich Wolf kannte die Problematik des § 218 aus seiner Arztpraxis, und das Stück, das zur Weltsensation wurde, war für ihn auch ein ärztliches Kampfmittel. Es wurde 1930 verfilmt, mit Grete Mosheim.

Die Matrosen von Cattaro. ›Schauspiel‹. Uraufführung 8. November 1930, Berliner Volksbühne am Bülowplatz, und Lobe-Theater, Breslau. — Aufstand der österreichischen Marine in der Bucht von Cattaro, 1918. Die Matrosen unter der Führung des Bootsmannsmaats Franz Rasch übernehmen die Macht auf dem Panzerkeuzer St. Georg. Rasch ruft die 6000 Matrosen der Flotte zum Aufstand auf, und in den ersten Februartagen 1918 wird auf mehr als 40 Kriegsschiffen die rote Fahne gehißt. Statt die Führung des Aufstands zu übernehmen, überläßt Rasch die Macht dem Matrosenrat, der sich nicht einigen kann. Als Rasch sich zum Handeln — ohne Matrosenrat — entschließt, ist es zu spät: die Schiffe sind von den Küstenbatterien bedroht, eine Kriegsflotte hat die Bucht abgesperrt, die Matrosen der meuternden Schiffe verweigern Rasch den Gehorsam, er hat den Aufstand — ähnlich wie Bauernführer Konz in Wolfs Stück ›Der arme Konrad‹ — verloren, weil er sich auf Demokratie und Vertrauen verließ, statt die revolutionäre Macht zu gebrauchen. Rasch geht, verhaftet, der Erschießung entgegen mit dem Satz: »Das ist nicht das Ende, Leutnant, das ist erst der Anfang.« — Während der Premiere kam es im Zuschauerraum zu Tumulten zwischen Kommunisten und Sozialdemokraten, und der Kritiker der kommunistischen ›Linkskurve‹ kommentierte: »Dieses Drama ist eine szenisch außerordentlich wirksame Form der bolschewistischen Selbstkritik. Ein Lehrstück für kommende proletarische Revolutionen«.

Tai Yang erwacht. Uraufführung 15. Januar 1931 durch die ›Junge Volksbühne‹ im Berliner Wallner-Theater; Regie: Erwin Piscator. — In diesem Lehrstück erwacht im Schanghai des Jahres 1927 die Fabrikarbeiterin Tai Yang aus ihren opportunistischen Kompromissen. Sie ist die Geliebte des Fabrikbesitzers geworden, dessen Gerechtigkeitssinn sie vertraut, er aber läßt vor ihren Augen den Gewerkschaftsfunktionär Wan foltern. Sie befreit Wan und hilft ihm den Aufstand vorbereiten, der das revolutionäre Happy-End bildet. — Das erhoffte proletarische Publikum blieb aus. Wolf schrieb für den ›Spieltrupp Südwest‹ Agitationsstücke, sie hatten keinen Erfolg. Wolf mußte 1933 emigrieren und meinte: »Wir hätten hundert solcher Spieltrupps haben müssen, die in gleicher Richtung vorstießen! Wir hätten zwei Jahre früher damit beginnen müssen! Wir hätten ...« Es wäre ein »Hätte« der Selbsttäuschung: für Gesinnungstheater interessieren sich nur Leute, die in ihrer Gesinnung bestätigt sein wollen.

Professor Mamlock. ›Schauspiel‹. Uraufführung unter dem Titel ›Dr. Mannheim‹ am 8. Dezember 1934, Zürcher Schauspielhaus. 1935 verfilmt in der Sowjetunion. — Das Schicksal des jüdischen Arztes Professor Mamlock, Stationschef eines Berliner Krankenhauses, zwischen dem Wahlkampf im Mai 1933 und dem April 1933, als das »Gesetz zur Wiederherstellung des Berufsbeamtentums« die Entlassung aller Juden aus dem Staatsdienst bestimmte. Der bürgerliche, konservative Mamlock, der seinem Sohn den illegalen kommunistischen Kampf gegen die Nationalsozialisten verbietet, wird aus seiner Klinik gejagt, ein Schild mit der Aufschrift ›Jude‹ um den Hals. Als ehemaliger Frontkämpfer darf er dann doch weiterarbeiten, aber er lehnt eine Sonderbehandlung ab und erschießt sich. Sterbend gibt er seinem Sohn recht. — Auch dies ist ein Kampfstück: es will den bürgerlichen Humanismus (auch Mamlocks) als unzulänglich und den kommunistischen Widerstand als notwendig zeigen. Gegen Faschismus — will Wolf seinem Publikum einreden — helfe nur Kommunismus.

Wolf hat mehr als dreißig Stücke geschrieben. *Beaumarchais* (Uraufführung 8. März 1946, Deutsches Theater, Ost-Berlin) ist für Wolf ein »deklassierter Schriftsteller«, der seinen »eigenen Ideen und Gestaltungen untreu« wird. Die Komödie *Bürgermeister Anna* spielt in der unmittelbaren Nachkriegszeit (Uraufführung 14. Oktober 1950, Dresden): die 23 Jahre alte Bürgermeisterin setzt sich durch gegen den ehemaligen Bürgermeister und seinen reaktionären Anhang und gegen den Emanzipationswiderstand ihres Freundes Jupp. *Thomas Münzer, der Mann mit der Regenbogenfahne* (Uraufführung 23. Dezember 1953, Deutsches Theater, Ost-Berlin) ist ein Bilderbogen aus dem Bauernkrieg zwischen 1523 und 1525, in dem es der schließlich gefangene Münzer ablehnt, sich befreien zu lassen: nicht er, seine revolutionäre Botschaft soll gerettet werden.

Zwanzig Jahre nach dem Tod Friedrich Wolfs klagt die Ostberliner Zeitschrift ›Theater der Zeit‹, im November 1973, daß er auch in der DDR nur noch selten aufgeführt wird.

Das neue Drama

Kunst ist Waffe. Kunst ist Waffe. Kunst ist Waffe.

FRIEDRICH WOLF

CYANKALI

Einband der Erstausgabe von Friedrich Wolfs Stück ›Cyankali‹, erschienen 1929 im
Internationalen Arbeiter-Verlag, Berlin, Wien, Zürich. Auf dem Einband von Keilson
erscheint oben Wolfs Parole ›Kunst ist Waffe‹ unter dem Reihentitel ›Das neue
Drama‹. Das Stück war ein Erfolg von New York bis Tokio, von Moskau bis Paris.

FERDINAND BRUCKNER. Geboren als Theodor Tagger am 26. August 1891 in Wien. Studierte Germanistik und Musik, gab die Zeitschrift ›Marsyas‹ heraus, veröffentlichte expressionistische Gedichte, schrieb expressionistische Dramen (den Zyklus ›Die Komödie vom Untergang der Welt‹, 1920), gründete das Berliner Renaissance-Theater und leitete es von 1923 bis 1927. Ein reicher Freund hatte es ihm gebaut, damit er dort seine Stücke aufführe, doch lehnte der Theaterdirektor Tagger die Uraufführung des Schauspiels ›Krankheit der Jugend‹, das er 1924 geschrieben und unter dem Pseudonym Ferdinand Bruckner in Umlauf gebracht hatte, rigoros ab, zum Entsetzen seines Freundes, des österreichischen Schriftstellers Franz Theodor Csokor, der sich empörte: »Nicht einmal du, der sich für einen avantgardistischen Theaterdirektor hält, willst diesen hochbegabten, unbekannten Autor herausbringen, ja wer soll's denn wagen?« Unter dem bis 1930, bis zu seiner ›Elisabeth von England‹, streng gewahrten Pseudonym Ferdinand Bruckner wurde Theodor Tagger zu einem der meistgespielten Dramatiker der zwanziger Jahre. Zur Uraufführung seines Schauspiels nach Kleists Novelle *Die Marquise von O.* (die, anders als bei Kleist, den Vater ihres Kindes abweist) am 25. Februar 1933 durch Gustav Hartung war Bruckner noch in Darmstadt, wo das Theater bereits unter Polizeiaufsicht stand. Emigration über Österreich und Frankreich nach den Vereinigten Staaten; die New Yorker Theatre Guild brachte 1934 *Die Rassen*, sein Zeitstück gegen den Antisemitismus der Nationalsozialisten; Erwin Piscator inszenierte 1941 mit seinem ›Dramatic Workshop‹ Bruckners *Verbrecher*; die Washington Square Players hatten *Krankheit der Jugend* aufgeführt, und der Piscator-Schüler Tennessee Williams profitierte wohl von einer Gestalt dieses Stückes, von Freder, einem ›Barbaren des zwanzigsten Jahrhunderts‹ mit der Devise ›Zupacken und Hineinschlagen‹ einiges für seinen Kowalski in ›Endstation Sehnsucht‹. Fremdsprachige Aufführungen vor dem Krieg in siebzehn Ländern; große Erfolge vor allem in Frankreich, in der Tschechoslowakei und in Polen. Rückkehr nach Berlin 1951; Dramaturg am Schiller- und am Schloßpark-Theater. Mit neuen Zeitstücken geringe Resonanz. Gestorben am 5. Dezember 1958 an den Folgen einer Lungenentzündung in Berlin. Mit *Verbrecher*, inszeniert von Hans Lietzau im Berliner Schiller-Theater, hatte er im Februar 1958 noch einmal das Publikum erreicht.

Er hatte Erfolg auf der Bühne, sobald er sich Ferdinand Bruckner nannte, doch nicht infolge dieses vielumrätselten Pseudonyms, sondern weil sich Bruckner von dem Expressionismus Taggers energisch getrennt hatte und eine bilderlose, die Sachlichkeit anstrebende Prosa schrieb. In seinen Anfängen von der Sprache Wedekinds, den Seelenentblößungen Strindbergs, der Psychoanalyse Sigmund Freuds geprägt, war Bruckner ein effektvoller

Handlungskonstrukteur und Szenentechniker, ein Moralist und ein Zeitkritiker im Namen der Humanität auch in seinen historischen Stücken, deren Tendenzen er unmittelbar auf die Gegenwart bezog; darunter *Napoleon der Erste*, Komödie (1936. Uraufführung 1937, Tschechisches Nationaltheater, Prag. Deutsche Erstaufführung 1950, Städtische Bühnen, Köln), *Simon Bolivar*, 1943/44.

Bei seinen Versuchen, von der Zeitkritik zur großen Tragödie zu gelangen, bediente er sich in seinen späten Stücken, im Kampf gegen ›die Verkleinerung des Menschlichen‹, auch des Verses und der klassizistischen Dramaturgie: mit Chor und der Einheit von Ort, Zeit und Handlung. So in *Pyrrhus und Andromache*, ›Tragö-

Ferdinand Bruckner (1891–1958), gezeichnet von Bato

die nach klassischen Motiven‹ des Euripides und Racines (Uraufführung 16. Februar 1952, Schauspielhaus Zürich. Deutsche Erstaufführung 11. Oktober 1956 Schloßtheater Celle), in *Der Tod einer Puppe*, einem ›tragischen Spiel‹ um eine zur kosmetischen Puppe gewordene, liebes- und leidensunfähige Frau, in mondänem Milieu mit Mannequins als Chor (Uraufführung 15. Oktober 1956, Bochum), in *Der Kampf mit dem Engel*, einer ›Tragödie in zwei Teilen‹ um die Witwe eines Konzernpräsidenten, die von der Anbetung des Geldes zur Sühnebereitschaft geführt wird (Uraufführung 4. September 1957, Braunschweig). Sein letztes Stück war *Das irdene Wägelchen* (Uraufführung 29. Oktober 1957 in Essen und Mannheim), die moralisierende Neufassung des indischen mythischen Volksstücks ›Das Tonwägelchen‹, zugeschrieben dem König Sudraka aus dem 4. Jahrhundert n. Chr.: die rührende Geschichte der Bajadere Vasantanesa und ihrer unerschütterlichen Liebe zum Kaufmann Tscharudatta.

Krankheit der Jugend (1924. Uraufführung 1926, Kammerspiele Hamburg, durch Erich Ziegel, und in Wien, 17. Oktober). Wien um 1923. Zwei Medizinstudentinnen und ihre beiden Freunde in einem sexuellen Exzeß der Partnervertauschung, den sie psychoanalytisch deuten. Zu einer naiven Liebe ist nur das Zimmermädchen imstande; es wird von Freder zur Prostitution verführt. Die eine Freundin vergiftet sich mit Veronal; die andere bittet Freder, sie zu ermorden. Geistige Ziellosigkeit der Nachkriegsjugend als eine zum Selbstmord verführende Krankheit.

Die Verbrecher (1927/28. Uraufführung 23. Oktober 1928, Deutsches Theater Berlin, durch Heinz Hilpert). Ein Schnitt durch ein Mietshaus ergibt im ersten und im dritten Akt drei Schauplätze im oberen, drei im mittleren Stockwerk und einen Schauplatz, eine Schankwirtschaft, unten. Auf diesen verschiedenen Szenen wird beziehungsvoll gleichzeitig gespielt, nebeneinander, gegeneinander, untereinander. Die Verbrechen, die im ersten Akt geschehen, werden im zweiten Akt, auf einer abermals geteilten Bühne mit Schwurgerichtssaal und verschiedenen Gerichtszimmern, abgeurteilt. Eine Attacke gegen die Unzulänglichkeit der Justiz, die Rückständigkeit der Richter; Diskussionen über Homosexualität, Abtreibung und Todesstrafe. Das in seiner Entstehungszeit steckengebliebene Stück hat Erwin Piscator 1941 bei seiner New Yorker Inszenierung als historisches Drama mit dem Untertitel ›Deutschland 1926‹ aufgeführt.

Elisabeth von England. Schauspiel (Uraufführung 1. November 1930, Berlin, Bremen, Hamburg, Leipzig). Im Krieg gegen Philipp von Spanien. Auf der Szene nebeneinander betet die protestantische Elisabeth in der Londoner Paulskirche und betet der katholische Philipp im Escorial für den Sieg; beide fühlen sich im Recht, beide bekriegen sich im Namen des gleichen Gottes. Philipp will den Krieg um des Glaubens willen; Elisabeth den Frieden um der Vernunft willen, und falls Gott Urheber des Sturms wäre, der die spanische Armada vernichtet, so stünde er auf der Seite der Vernunft. Das Verhältnis der alternden Elisabeth zu dem blutjungen Grafen Essex, seine Verschwörung und seine Hinrichtung werden psychoanalytisch begründet. Ebenbürtig aber ist ihr nur Philipp, ihr Gegner, ihr geheimer Geliebter: er leidet unter den Forderungen seines Glaubens; sie leidet unter den Forderungen der Vernunft. Sein Tod im Escorial ist eingeblendet in die Einsamkeit ihres Alterns; mit dem sterbenden Philipp fühlt sie sich vereint und liest im Petrarca »vom Schmerz und der Vernunft«. Weltpolitik und intime Psychologie; Gleichzeitigkeit der gegnerischen Schauplätze; mit bestechender Kälte formulierte Leidenschaft — das vermutlich dauerhafteste Stück Bruckners, ein Bühnen-Erfolg auch nach dem zweiten Weltkrieg.

Heroische Komödie (1939. Deutschsprachige Erstaufführung 1946, Volkstheater Wien; 1948, Württembergisches Staatstheater, Stuttgart). Madame de Staël als Freiheitskämpferin und ebenbürtige Gegnerin Napoleons: sie hat den Diktator, um ihn zu bekämpfen, so nötig wie die Luft zum Leben; sie weiß, daß man sie dort, wo ohnehin die Freiheit ist, nicht braucht, und als Napoleon Elba verläßt, lebt sie geradezu wieder auf:»*Wir* haben Elba verlassen.« Menschlich wird diese intellektuelle Kampfmaschine durch ihren Freund, den Schriftsteller Benjamin Constant: sie bedarf seiner politischen Nüchternheit, seiner Trägheit, seiner Bosheit, seiner unausgesprochenen Liebe. Ein flächiger Bilderbogen mit Dialog-Pointen zu den Themen Diktatur und Republik, Unterdrückung und Freiheit, das Elend des Exils, die Restauration nach der Verjagung des Tyrannen. Vor allem durch Hermine Körner in der (einzigen) großen Rolle der Madame de Staël ein später Erfolg Bruckners.

JOHN BOYNTON PRIESTLEY, in England familiär ›J. B.‹ genannt. Geboren am 13. September 1894 in Bradford. Infanterist im ersten Weltkrieg; im zweiten als Rundfunkkommentator »die inoffizielle Stimme des englischen Volkes«. Studium in Cambridge. Literaturkritiker und Verlagslektor. Gedichte, Kurzgeschichten, Essays, Romane, Theaterstücke, Filme. In seiner Autobiographie ›Ich hatte Zeit‹ (Margin Released, 1962), der alle folgenden Priestley-Zitate entstammen, meint er zu seiner Vielseitigkeit: »In der Einstellung zu meinem Schaffen gehöre ich dem 18. Jahrhundert an, als man von Berufsschriftstellern erwartete, daß sie alles schreiben konnten, von Predigten bis zu Possen.« Gründete nach seinem ersten Bühnenerfolg mit ›Gefährliche Kurven‹ (1932) ein eigenes Theaterunternehmen; inszenierte auch selbst und trat als Schauspieler auf, doch hält er davon nicht viel. Experimentierte mit der Form seiner Stücke, arbeitete mit Zeitverschiebungen, symbolischen Personen, Utopien, doch blieb er innerhalb phantastischer Konstruktionen, die stets eine populärphilosophische Predigt verdeutlichen, immer in der Tradition des englischen Realismus, meist beim Personal der Mittelklasse: »Unter allen Bühnenschriftstellern hat der englische Dramatiker die schwierigste Aufgabe: er muß seine Szenen mit Leuten machen, die keine Szenen machen wollen.« Gehörte nie einer Partei an, doch stand er schon früh der Labour Party nahe. In Deutschland würde man ihn als einen Liberalen mit sozialer Verantwortung bezeichnen; sieht im Liberalismus britischer Prägung die engste Annäherung des Menschen an die Zivilisation: ein Bollwerk gegen Diktatoren, Geheimpolizei und Folter. Erteilte in einem Brief an Ilja Ehrenburg dem Sowjetsystem eine scharfe Absage. »Meine natürlichen Sympathien tendieren zur Linken; ich bin ein ›Rosaroter‹, und das ist eine hübsche, gesunde Farbe.« Fast alle seine Dramen enthalten eine deutliche, meist überdeutliche Moral, doch wird die Strenge der Belehrung gemildert durch einigen Witz, szenische Einfälle und einen gewissen querköpfigen

Charme. Schrieb eine Menge Stücke, über die zu reden sich nicht lohnt: sie sind flüchtig gearbeitet, und es ist schwer vorstellbar, daß jemand die simple Banalität ihrer Botschaft überhören oder gar mißverstehen könnte. An Selbstironie fehlt es ihm nicht: »Ich bin meinem Wesen nach sehr englisch, doch außerhalb Englands finde ich die meiste Anerkennung, obwohl ich diese oft mit einem finsteren Blick erwidere und überlege, was zum Teufel ich mit dem riesigen Lorbeerkranz machen soll, der mich beschwert. Ich bin zu konventionell für die Avantgarde, zu experimentell für Tante Edna; zu extrovertiert für die Introvertierten, zu introvertiert für die Oberflächlichen; den Intellektuellen erscheine ich als Biedermann,

John Boynton Priestley

den Biedermännern als Intellektueller ... Den bleibendsten Ruf habe ich für eine fast wilde Angriffslust, dabei bin ich im Grunde freundlich, mild, herzlich, schüchtern und ziemlich zaghaft.«

Ein Inspektor kommt (›An Inspector calls‹. Uraufführung 1946, Moskau und London. Deutschsprachige Erstaufführung 1947, Neues Wiener Schauspielhaus; Deutsche Erstaufführung 1947 Kammerspiele Bremen). In London (im ›Old Vic‹) abermals lau aufgenommen und ein Welterfolg. – 1912; in eine Verlobungsgesellschaft bei vermögenden Industriellen kommt ein Inspektor Goole, um Ermittlungen über den Selbstmord einer jungen Arbeiterin anzustellen. Aus seinen Verhören ergibt sich, daß alle Anwesenden in irgendeiner Weise moralisch mitschuldig am Tod der Arbeiterin sind, die ein Kind von dem verheirateten Sohn des Familienoberhaupts erwartet hat. Mit einer Mahnung, daß alle Menschen füreinander verantwortlich sind, geht der Inspektor. Als sich herausstellt, daß es einen Inspektor Goole gar nicht gibt, sind fast alle Familienmitglieder erleichtert: es kann nur ein Bluff gewesen sein, ein Skandal ist nicht mehr zu befürchten. Während sie den Schock überwinden und in ihr altes Leben der Verantwortungslosigkeit zurückgleiten, kommt ein Anruf von der Polizei: ein Inspektor ist zu ihnen unterwegs, um Ermittlungen über den Selbstmord einer Arbeiterin anzustellen. Ein Kriminalstück der Gewissenserforschung und der sozialen Moral, eine moderne Variante des ›Revisors‹ von Gogól.

14. DER SALON DER SPIELER
oder: Dramatiker, die man Komödianten nennt

Pirandello: Spiegelkabinett der Masken · Cocteau: Lust am Verblüffen · Anouilh: untröstlich und fröhlich · Dürrenmatt: blutige Späße · Zwischenspiel: Absurdes, Alptraumtechnik, Komik des Scheiterns und dergleichen · Adamov: vom Unheilbaren zum Heilbaren · Beckett: der tragische Clown · Ionesco: der grausame Humorist · Politische Exkursion: Polen und CSSR · Britisches: Pinter, Saunders, Stoppard, Hampton · Genet: Verbrechen, Schönheit, Hochmut · Handke: die Sprache der Sprache Bernhard: das Lied vom Tod · Spielereien: Sittenpossen, Possen, Boulevard

Wirklichkeit und Natürlichkeit auf dem Theater sind die unnatürlichsten Dinge auf der Welt. Glauben Sie nur nicht, daß es damit getan ist, den Ton des täglichen Lebens zu finden! Zunächst ist im Leben der Text immer so erbärmlich! Wir leben in einer Welt, die das Empfinden für ein Semikolon völlig verloren hat ... Und dann die Natürlichkeit der Konversation, die die Schauspieler wiederzugeben behaupten. Dieses Stottern, dieses Schlucken, diese Kunstpausen, dieses Schnaufen — das ist alles wirklich nicht der Mühe wert, daß man fünf- oder sechshundert Leute in einem Saal versammelt, um ihnen dafür eine Aufführung zu verkaufen. Ich weiß, manche Leute wollen es so, weil sie sich auf der Bühne wiedererkennen. Trotzdem muß man eine Komödie besser schreiben und spielen als das Leben. Das Leben kann sehr hübsch sein, doch hat es keine Form.

Jean Anouilh

Ich wollte weder eine Ideologie illustrieren, noch meinen Zeitgenossen den Heilsweg zeigen. Wenn unser Planet heute in Lebensgefahr schwebt, so ist es den Erlösern zuzuschreiben, die sich an ihm versucht haben. Ein Erlöser haßt die Menschheit, er akzeptiert sie nicht.

Eugène Ionesco

Ich hege die ziemlich feste Überzeugung — die ich erst aufgeben werde, wenn mich jemand des Irrtums überführt —, daß kein Kunstwerk (im weitesten Sinne) jemals irgend jemand in irgendeiner Weise bekehrt hat ... Was kann ein Theaterstück von drei Akten oder ein Roman von 500 Seiten ausrichten, verglichen mit einer ordentlich demagogischen Hetzrede.

James Saunders

Für mich ist das Theater keine moralische Anstalt im schillerschen Sinne. Ich will weder belehren noch verbessern noch den
Leuten die Langeweile vertreiben. Ich will Poesie in das Drama
bringen, eine Poesie, die das Nichts durchschritten hat und in
einem neuen Raum einen neuen Anfang findet. Samuel Beckett

Kinder sind imstande, ihren Vater um ein Spielzeug zu bitten, den Laden und
den Preis zu nennen und im gleichen Atemzug zu versichern, der Osterhase
werde es schon bringen. Sie wissen, daß es keinen Osterhasen gibt, aber sie
bauen ihm ein Legenest in den Garten oder unter die Couch, denn sie wollen
es nicht wissen: sie glauben trotzdem an ihn.

Kinder sind imstande, den Vorschlag zu machen: »Wir wär'n Cowboys
und ihr wärt Indianer.« Die zu Indianern ernannten Kinder werden den
interessanten Gedanken weiterspinnen: »Und wir täten lauern, und ihr kämt
von hinten.« Der Konjunktiv, den es in der Umgangssprache kaum mehr gibt
und dessen Hinscheiden der genießerische Leser von Thomas Mann und
Alexander Lernet-Holenia so lebhaft bejammert — in der Umgangssprache
der Kinder tritt er, wenn auch nicht immer richtig, in Massen auf. Das Spiel
im Konjunktiv — »Ihr wärt Indianer, und wir kämen von hinten« — ist die
Steigerung des Lebens in die Möglichkeitsform, und dieses gesteigerte Leben
wird von den Kindern in der Wirklichkeitsform genossen.

Die Kinder wissen, daß Philipp ihr Freund Philipp ist und nicht Winnetou,
aber sie wollen es nicht wissen: den Winnetou nehmen sie dem Philipp ohne
weiteres ab. Und sie wissen, daß der Vater der Osterhase ist, aber sie wollen
es nicht wissen: den Osterhasen nehmen sie ihm lieber ab. Leiden sie an
jugendlichem Spaltungs-Irresein? Keineswegs, sie spielen nur, und dieses
paradoxe seelische Doppelleben, dieses mühelose Vereinbaren von Es-besser-
Wissen und Trotzdem-dran-Glauben, ist die Spielregel Nummer eins.

Jeder Theaterbesucher beherzigt diese Regel wie ein gelerntes Kind: während jeder Sekunde der Vorstellung weiß er, daß der Schauspieler Philipp
keineswegs der Richter von Zalamea ist, aber er denkt nicht daran, das zu
glauben, was er weiß, sondern nimmt Herrn Philipp den Richter von Zalamea mühelos ab. Er läßt sich sogar in das Gefühlsleben des Richters verstricken (während ihn das Gefühlsleben des Herrn Philipp kaum interessiert),
und erst hinterher sagt er: der Philipp war heute aber großartig. Denn vorher, während der Vorstellung, hatte er es nicht mit Herrn Philipp, sondern
mit dem Richter von Zalamea zu tun. Ein paradoxes seelisches Doppelleben
führt auch der Theaterbesucher: das gesteigerte Leben auf der Bühne, das
ihm als Möglichkeitsform stets bewußt ist, genießt er trotzdem in der Wirklichkeitsform.

Für dieses durchaus lustvolle Doppelleben benötigt der Erwachsene freilich Vermittler: die Schauspieler, die das für ihn tun, was die Kinder für sich selber tun. Er verehrt sie mit Recht mehr als die tüchtigsten Vertreter anderer Berufe: stellvertretend erschließen sie ihm das gesteigerte Dasein im Konjunktiv; sie gäben ihm, wenn es denn sein müßte, sogar den Osterhasen seiner Kindheit zurück. Unter einer Bedingung: sofern sie in einem Stück auftreten, das sich an die Spielregel Nummer eins hält.

In diesem Kapitel ist von den Theater-Autoren die Rede, die Spezialisten der Möglichkeitsform sind. Sie haben es nicht unbedingt mit dem Wahrengutenschönen, der Gesellschaftsanalyse, der Sozialkritik, der Katharsis und der moralischen Anstalt. Dafür allein, so meinen sie, ziehe sich kein Theaterbesucher ein weißes Hemd an. Natürlich können auch bei ihnen das Wahreguteschöne, die Gesellschaftsanalyse, die Sozialkritik, die Katharsis und sogar die moralische Anstalt vorkommen, doch sind sie dann nicht mehr als Elemente oder Nebenprodukte des Spiels, das in der Hauptsache um des Spiels willen betrieben wird.

Einen Verfechter dieser Art des Theaters wird man in der klassischen deutschen Literatur schwerlich finden: sie hatte vornehmlich erzieherische Absichten und hätte das Spiel um des Spiels willen für so leichtfertig gehalten wie ein Stadtverordneter oder ein Landtagsabgeordneter, der Subventionen für das Theater zu genehmigen hat und dies ohne Gewissensbisse nur dann tun zu dürfen meint, wenn er vom ›Bildungsauftrag‹ der Bühne überzeugt ist. Wohl aber hat die deutsche Romantik das Theater zum Spielplatz gemacht und sie tut es durch Ludwig Tiecks *Der gestiefelte Kater* (1797) gelegentlich noch heute.

Der vierundzwanzigjährige Ludwig Tieck erzählt in diesem ›Kindermärchen in drei Akten mit Zwischenspiel, einem Prologe und Epiloge‹ die Geschichte vom Kater Hinze, der seinem geliebten Herrn, dem Bauernburschen Gottliebchen, zu einer Prinzessin und zu einem Thron verhilft, und dies bliebe ein naives Märchen, spielte Tieck nicht außerdem mit diesem Spiel: er macht einige Zuschauer zum Teil des Stückes, indem er sie vor, während und nach dem Stück über das Stück disputieren läßt; die Schauspieler fallen aus ihren und reden über ihre Rollen; der Hofnarr, ehemals Hanswurst, wendet sich ebenso unverfroren ans Publikum wie der Dichter, der zu Beginn hoffnungsvoll erklärt: »Ich wollte einen Versuch machen, durch Laune, wenn sie mir gelungen ist, durch Heiterkeit, durch wirkliche Possen zu belustigen«, und am Ende, als die Dekorationen weggenommen werden und der Souffleur aus seinem Kasten steigt, dem Publikum (kurz bevor es faules Obst auf die Bühne wirft) demütig erläutert: »Sie hätten wieder zu Kindern werden müssen.« Tieck wußte, daß beim Spielen nur die Kinder sichere Verbündete sind.

Fast ein halbes Jahrhundert mußte Tieck warten, bis ›Der gestiefelte
Kater‹ zum ersten Mal auf die Bühne kam; dies geschah elf Jahre vor seinem Tod, am 20. April 1844, in Berlin, im Königlichen Schauspielhaus. ›Der
gestiefelte Kater‹ überspringt spielend die Grenzen zwischen Bühne und
Zuschauerraum, Publikum und dem von Schauspielern dargestellten Publikum, zwischen der Rolle des Schauspielers und seiner privaten Existenz, die
wiederum eine Rolle ist, zwischen der sichtbar gemachten Bühnentechnik und
der Illusion einer Märchenwirklichkeit, zwischen dem Dichter, seinem Werk,
seinen parodistischen Ausschweifungen und dem Zuschauer. All dies kehrt,
ungemein gesteigert, technisch raffinierter und auch poetischer, bei Luigi
Pirandello wieder (der in Bonn studiert und das Werk Tiecks gewiß gekannt
hat), dem Erzvater und allzu geheimen Vorbild der modernen Bühnen-
Spiele. Er hat sein Leben lang ein verwirrendes Spiel mit Erfindung und
Wirklichkeit, mit Realität und Illusion, mit Wahrheit und Wahn, mit Schein
und Sein getrieben, und das Theater auf dem Theater, die Maske hinter
der Maske sind seine Mittel geworden, um das Sein in einer Fülle von
Möglichkeitsformen, in einem Spiegelkabinett des Scheins, aufzulösen.

Fast alle in diesem Kapitel vereinten Autoren haben diese Methoden
benutzt und das Theater als den Ort des Spiels wiederum zum Bestandteil
eines höheren Spiels mit dem Leben gemacht. Während sich Jean Anouilh,
der noch in seiner späten ›Grotte‹ Pirandello, dem Lehrmeister seiner Anfänge, ausdrücklich gehuldigt hat, in gewissen Grenzen hält, hat Jean Genet
dieses Spiel mit dem Spiel ins barocke Extrem der Unendlichkeitsperspektive getrieben, ins Spiel mit dem Spielen des Spiels, das ein Spiel mit dem
Spiel ist... und schickt nach seinem ›Balkon‹ die Zuschauer »nach Hause,
wo alles noch unwirklicher sein wird als hier...«.

Eine Spezialabteilung bilden die Autoren, die – meist recht unwillig – das
Etikett ›Theater des Absurden‹ tragen. Ihre Stunde hat mit der Parodie ihrer
Vorgänger begonnen, und sie sind, wie so vieles im Theater, so weit gekom-
men, daß sie wie irgendwelche Vorgänger parodiert werden.

Haben Cocteau und Anouilh die alten Mythen travestiert, neu einge-
kleidet und umgedeutet, so haben die ›Absurden‹ versucht, neue Mythen
zu schaffen. Wie dauerhaft diese Mythen sein werden, läßt sich noch nicht
voraussehen.

»Habt ihr's schon versucht, den Scherz als Ernst zu treiben«, hatte Ludwig
Tieck gefragt, »Ernst als Spaß nur zu behandeln?« Alle Autoren dieses
Kapitels haben es versucht, und viele haben es zu ihrer Spezialität gemacht.
Jean Anouilhs Komödien sind, genauer betrachtet, tief traurig, und seine
tragischen Geschichten schreibt er wie Komödien: auf dieser Anwendung
eines dem Stoff unangemessenen, ja ihm strikt entgegengesetzten Stils be-

ruhen sein Ernst und seine Heiterkeit, sein todeslustiger Charme. Tragische Possen haben so verschiedenartige Autoren wie Ionesco und Dürrenmatt geschrieben, und bei Samuel Beckett wird das Spiel zur einzigen Waffe, die der Mensch gegen den Schmerz des Daseins besitzt — ist das Dasein überhaupt nur durch das Spiel zu ertragen.

Kinder und Theaterbesucher erleben im Spiel eine Möglichkeitsform des Daseins als Wirklichkeit. Die Autoren dieses Kapitels machen durch ihre Spiele die Wirklichkeit des Daseins zu einer unter vielen Möglichkeitsformen. Sie haben nicht den Ehrgeiz der Naturalisten, den Alltag des Menschen auf der Bühne fortzusetzen, noch den Ehrgeiz der Moralisten, eine Spiel-Welt zu erfinden, die den Menschen zornig macht über seinesgleichen und über die Welt und ihn nach Veränderung schreien läßt. Sie glauben nicht daran, daß sie die Welt oder die Menschen verbessern können; sie zeigen gelassen, was an der Welt und den Menschen unverbesserlich ist. Und noch das Unverbesserliche, samt Tragik und Tod, ist für sie nur ein Teil ihres Spielzeugs.

Die Verwandlung seiner Trauer, seines Schmerzes, seiner Angst in ein Spiel, in — den Puritanern aller weltlichen und geistlichen Richtungen sei die Wahrheit gestanden — einen Genuß: dies ist eine der staunenswertesten Erfindungen des Menschen. Sie verschafft ihm seit mindestens dreitausend Jahren mehr Souveränität als ihm in den nächsten dreitausend Jahren die Besiedlung des Mondes und die Eroberung der gesamten Galaxis je verschaffen könnte.

Luigi Pirandello: im Spiegelkabinett der Masken

> Ich lebe vor lauter Spiegeln und vor lauter Augen, die mich beobachten.
>
> Pirandello

Sechzehn Jahre lang lebte er mit dem Wahn unter dem gleichen Dach: als Pirandello 1903 durch ein Grubenunglück das in Schwefelbergwerken investierte Vermögen seines Vaters und seiner Frau verlor, versank seine Frau Antoinetta in eine Gemütskrankheit; wenn sie nicht geistig abwesend war, tyrannisierte sie ihn mit rasender Eifersucht. Keine Frau durfte ihr Haus betreten, und sogar die weiblichen Dienstboten mußten es abends verlassen und das fünfzigste Lebensjahr überschritten haben. Pirandello versteckte seine literarischen Arbeiten vor Antoinetta — überall vermutete sie geheime Liebesbotschaften. Er nahm seine Kinder mit, wenn er ausging, damit er Zeugen hatte für jede Minute des Tages. Er akzeptierte es, daß seine Frau ihn anders sah als er sich selber; sie lebte für ihn in einer anderen Wirklichkeit, und er fragte:»Wer wollte entscheiden, welche die wahre ist?« Was ist Wahn, was ist Wirklichkeit? Ist die Wirklichkeit nicht nur eine andere Art Wahn? Ist der Mensch nicht nur ein Bild, das er sich von sich selber macht, und ist er nicht zugleich auch eine Reihe von anderen Bildern, die sich andere Menschen von ihm machen? Welches ist das richtige? Gibt es überhaupt ein richtiges Bild, oder gibt es nur eine Vielzahl von Bildern, die alle aus ihrer jeweiligen Perspektive richtig sind? Was ist Schein, was ist Sein? Ist das Sein nicht eine andere Art von Schein? Was steckt hinter diesen Schein-Bildern, hinter diesen Masken? Sind es nicht immer neue Masken, und verdecken sie nicht nur – das schiere Nichts?

Pirandello, dem sich diese Fragen jahrelang stellten, hat sie jahrelang unermüdlich dramatisiert. Er fing an, Stücke dieser Art zu schreiben, zwei Jahre bevor seine Frau, 1919, zu seinem Schmerz in eine Nervenheilanstalt überführt werden mußte (wo sie noch vierzig Jahre lebte). Geboren am 28. Juni 1867 als Sohn eines Schwefelgrubenbesitzers in Agrigent auf Sizilien, hatte er romanische Philologie in Palermo, Rom und Bonn studiert wo er mit einer deutschsprachigen Dissertation über sizilianische Dialekte seinen Doktor machte; 1891 ging er zurück nach Italien, wurde Schriftsteller und Journalist in Rom und heiratete 1894 Antoinetta, deren Vater ebenfalls Schwefelgruben besaß – neun Jahre später kam der Bankrott, und mit ihm begann seine freiwillige sechzehnjährige Gefangenschaft; von ihr beurlaubte er sich nur zum Schulunterricht, mit dem er den Lebensunterhalt verdiente. Schon Ende der achtziger Jahre hatte er begonnen, Dramen zu schreiben, doch erst nach rund drei Jahrzehnten, im Jahre 1917, hatte sich ihm das Thema der Scheinhaftigkeit des Seins aufgedrängt, und er kam von ihm bis zu seinem Tod nicht mehr los.

Noch wenige Stunden, bevor er starb, am 10. Dezember 1936 in Rom, erzählte er seinem Sohn Stefano den letzten Akt seines Stücks ›Die Riesen vom Berge‹, in dem sich Schein und Sein durchdringen wie schon 1917 in dem Spiel mit dem programmatischen Titel ›So ist es – wie es ihnen scheint‹, in dem auch das Publikum über die ›wahre‹ Identität einer rätselhaften Frau nicht mehr erfährt, als daß sie für jeden die ist, für die er sie hält. So spitzfindig seine Denkdramen oft konstruiert sind, ihre Personen sind verwurzelt zumindest in der italienischen Komödientradition, wenn nicht gar unmittelbar im sizilianischen Boden.

Einen Welterfolg hatte Pirandello mit dem 1921 geschriebenen Stück ›Sechs Personen suchen einen Autor‹, in dem eine Bühnenillusion zur blutigen Wirklichkeit und die Wirklichkeit zur bloßen Bühnenillusion wird. In seinem Lieblings- und Meisterwerk ›Heinrich der Vierte‹, das ein Jahr später entstand, ließ er einen nur scheinbar Verrückten die Normalen zu Verrückten degradieren, die nicht imstande sind, ihren Wahn zu erkennen. 1925 übernahm er die Leitung des ›Teatro d'Arte di Roma‹, das er mit jungen Schriftstellern gegründet hatte, unter ihnen sein ältester Sohn Stefano. Die Truppe reiste dreizehn Jahre lang durch Europa und Amerika, Pirandello schrieb seine Stücke zwischen Aufführungen und Proben in Hotelzimmern, immer neue, scheinbar mathematisch berechnete Varianten seines einen Themas. Als Theatermensch unter Theatermenschen machte er das Theater selber zum Gegenstand seines Theaters und enthüllte mit dem Spiel der Rollen, den Schein des Theaters, auch das Leben als Schein, als ein Spiel mit Rollen, hinter dem das Sein nicht zu fassen ist.

Die Schaubühne als Sinnbild für die Lebensbühne gab es schon im spanischen Barock; vom improvisierten Spiel der ›Masken‹ lebte die italienische Commedia dell'arte; die Bühnenillusion wurde mit Lust in der deutschen Romantik, bei Ludwig Tieck, durch die private Existenz der Schauspieler durchbrochen; Enthüllungsdramatik gab es bei Sophokles, bei Kleist, bei Ibsen, der überdies mit seiner ›Lebenslüge‹ schon die lebenserhaltende Illusion wie später Pirandello der lebensvernichtenden Wirklichkeit vorgezogen hat; Arthur Schnitzler hat in seinem ›Grünen Kakadu‹ kurz vor der Jahrhundertwende mit Sein und Schein ein todernstes Spiel unter Schauspielern und ihrem Publikum

Luigi Pirandello. Anonyme Zeichnung aus dem Jahre 1928

getrieben — bei Pirandello jedoch sieht all dies so aus, als habe er es erfunden, denn es ist die logische szenische Folge seines Grundthemas. Der ›Pirandellismo‹ ist zu einem Weltbegriff, Pirandello zum Nobelpreisträger geworden.

So schmal sein Thema, so breit die Skala seiner szenischen Mittel, es immer wieder neu zu formulieren. Er schrieb acht Romane, mehr als zweihundert Novellen, und seine rund vierzig Stücke sind zu einem gewaltigen Quellgrund geworden, dem in den verschiedensten Richtungen neue dramatische Rinnsale und Ströme entspringen. Mit Ibsen und Strindberg ist Pirandello einer der drei Nährväter des modernen Theaters und unter ihnen der jüngste und eleganteste.

Seine Gedanken über den Menschen, der seine Maske wählt und sich durch Entschluß zu dem macht, was er ist, erscheinen in neuen Ausdeutungen bei

Jean-Paul Sartre wieder; seine Menschen, die Spiegel sind, in denen sich andere Spiegel spiegeln, bei Jean Genet, der auch die vielfältigen Techniken übernommen hat, mit Hilfe des Theaters auf dem Theater die Wirklichkeit als Illusion und die Illusion als Wirklichkeit zu zeigen. Von seinen Methoden haben auf ihre besondere Weise so grundverschiedene Autoren wie O'Neill und Thornton Wilder, Anouilh und Brecht, Ionesco und Peter Weiss profitiert, und Samuel Beckett, bei dem das Leben nur noch das bewußte Spielen eines abgedroschenen Spiels ist, kann als Pirandellos letzte Konsequenz betrachtet werden — Pirandello konnte von sich in der dritten Person sprechen wie von einem Fremden, dessen Spiel er neugierig beobachtet; als er 1930, sechs Jahre vor seinem Tod, Berlin verließ, um die Direktion der staatlichen Bühnen in Rom, Turin und Mailand zu übernehmen, sagte er den Journalisten zum Abschied: »Mein Tod wird mein größtes Abenteuer sein. Ich werde mich hinsetzen und zusehen, wie Pirandello stirbt.«

So ist es — wie es ihnen scheint, auch ›So ist es, wie sie meinen‹ (Così è se vi pare). ›Ein Gleichnis in drei Akten‹. Uraufführung 18. Juni 1917, Mailand, Teatro Olimpia. Deutsche Erstaufführung im April 1924, Berlin, Theater in der Königgrätzer Straße. — Die Frau des in eine italienische Provinzstadt zugezogenen Magistratssekretärs Ponza erregt die maßlose Neugierde der eingesessenen Bürger, denn sie bleibt in ihrer Wohnung. Wird sie dort gefangengehalten? Und wenn ja, weshalb? Frau Frola, die Schwiegermutter Ponzas, behauptet sogar, sie dürfe sie nur von weitem sehen, obwohl sie doch ihre Mutter sei. Ponza dagegen behauptet, es handele sich um seine zweite Frau, und er habe sie nach dem Tod der Tochter Frau Frolas geheiratet, vor der er sie nun schützen müsse. Wer hat recht? Ponza und Frau Frola bezeichnen sich gegenseitig als verrückt. Als am Schluß Frau Ponza verschleiert vor die Menge der Sensationsgierigen tritt, wird sie von Frau Frola mit ›Lina‹, von Herrn Ponza dagegen mit ›Giulia‹ angeredet, und sie beantwortet die Frage, wer sie denn nun sei, mit »Vor mir selbst bin ich niemand ... Ich bin die, für die Sie mich halten.« Schlußwort: »Das, meine Herren, war die Stimme der Wahrheit.« — Das gleichnishafte Spiel enthält die allgemeine, schlichte Moral, daß einem leidvollen Geheimnis der Nebenmenschen nicht mit einer mörderischen ›Wahrheits‹-Liebe, sondern mit Mitleid begegnet werden sollte, und die spezielle Pirandello-Moral, daß die Wahrheit sich dem Zugriff entzieht, daß der Mensch vor sich selbst niemand, vor anderen aber immer der ist, für den er gehalten wird. Niemand kann sagen »So ist es«; für jeden ist es immer nur so, »wie es scheint«. Dieses Thema ist in dem frühen Stück noch nicht die Fabel des Spiels selbst, sondern ergibt sich als Lehre aus einem Gleichnis.

›Sechs Personen suchen einen Autor‹ von Luigi Pirandello. Dekor-Entwurf von Hermann Krehan (H M Crayon) für die Aufführung in der Berliner ›Komödie‹ durch Max Reinhardt, 1924

Sechs Personen suchen einen Autor (Sei personaggi in cerca d'autore). ›Ein Stück, das gemacht werden soll‹. Uraufführung 10. Mai 1921, Rom, Teatro Valle. Deutschsprachige Erstaufführung 4. April 1924, Raimund-Theater, Wien; danach in Frankfurt/Oder. Am 30. Dezember 1924 in Berlin, ›Komödie‹, durch Max Reinhardt. — Auf der leeren Bühne ist eine Probe für das Stück ›Spiel der Parteien‹ im Gange; der Direktor, die Schauspieler und das technische Personal sind bei der Arbeit, als der Theaterdiener sechs Personen durch den Zuschauerraum herauführt: Vater, Mutter, Stieftochter, Sohn, einen kleinen Jungen und ein kleines Mädchen. Sie »suchen einen Autor«: sie sind erfunden, doch nicht fertig geschrieben; sie haben von ihrem Erfinder so viel Eigenleben bekommen, daß sie sich von ihm lösen konnten, und nun hat er sie von sich gestoßen. Mit dem Autor, den sie suchen, suchen sie ihre Gestalt, ihre Form, das Schicksal, das in ihnen steckt. Der Vater ist ein einziger Selbstvorwurf; die Stieftochter ist ein Schrei nach Rache; der Sohn verachtet den Vater und ist finster gleichgültig gegenüber der Mutter; die Mutter ist Empörung gegen den Vater und hat eine innere, kreatürliche Sicherheit; die Kinder sind leidende Objekte. Die Schauspieler sind nicht imstande, die ›Personen‹ richtig zu spielen. Deshalb spielen nun die ›Personen‹ dem Theaterdirektor vor, um sich zu erklären (außer dem Sohn, der sich weigert, mitzuspielen); sie erklären sich mit Szenen, mit Worten, durch ihren furiosen Streit untereinander, durch ihre Ablehnung der Schauspieler,

die ihr ›Leben‹ in routinierte ›Rollen‹ verfälschen. Aus alldem wickelt sich
heraus, daß die Mutter bei einer Kupplerin ihren Mann in den Armen der
›Stieftochter‹ ertappt hat. Diese ›Stieftochter‹ stammt wie der Junge und das
Mädchen nicht vom ›Vater‹, sondern von seinem Sekretär. Der ›Vater‹ hat die
›Mutter‹ gezwungen, mit dem Sekretär davonzugehn, und erst nach dessen
Tod ist sie mit ihren Kindern zum ›Vater‹ zurückgekehrt. Das Mädchen stürzt
in den Brunnen, der Junge erschießt sich (und dies ist nicht ›Spiel, wie die
Schauspieler meinen, denn für die ›Personen‹ ist der Junge tot), der Direktor
bricht die ›Probe‹ ab, und die ›Stieftochter‹ läuft davon.

Pirandello hat berichtet, wie er aus der Beobachtung des eigenen Produk-
tionsprozesses zu diesem Einfall kam: »Warum — sagte ich mir — schildere
ich eigentlich nicht diesen ganz neuen Fall eines Autors, der sich weigert,
einige seiner Gestalten, die in seiner Phantasie geboren waren, leben zu
lassen?« Statt des Dramas, das man nicht aufführen kann, eben weil der
Autor fehlt, »wird das Drama ihres vergeblichen Versuchs aufgeführt, mit
allem, was es an Tragischem enthält, weil diese sechs Personen abgewiesen
worden sind«. So interessiert nicht das herausgeschälte ›Drama‹ (mit dem
Pirandello nebenbei die Unzulänglichkeit des Naturalismus bloßlegt), sondern die Unmöglichkeit, es durch Schauspieler aufführen zu lassen: sie sind
unfähig, es auch nur zu verstehen, denn die Sprache reicht nicht aus, die
Vielschichtigkeit einer Person so zu erklären, daß man sie nachspielen
könnte. Wenn die Schauspieler mit routinierten Effekten versuchen, ›lebende
Menschen‹ nachzuspielen, wenn sie borniert überlegen tun, dumm unterlegen
sind oder auch tief erschrecken, so sind sie die Stellvertreter aller Menschen,
die in bornierter Scheinsicherheit mit routinierten Begriffen das Leben
anderer Menschen begreifen wollen und erschrecken, wenn es ihnen unbegreiflich bleibt. Und die ›Personen‹, die von einem Autor bis zu einem gewissen Maße festgelegt sind und dann aufeinander losgelassen werden, sind
Stellvertreter des Menschen überhaupt, der sich von seinem ›Autor‹, seinem
Urheber, im Stich gelassen fühlt, nach seiner ›Form‹ sucht, von niemand
verstanden, überall abgewiesen wird und das Unvollkommene seiner
Existenz erleiden muß.

In dem Maße, in dem die unfertigen ›Personen‹, diese Phantasiegebilde,
diese Schein-Existenzen, an Realität auf der Bühne gewinnen, verlieren die
Schauspieler an Selbstsicherheit und Realität, werden auch sie zu Schein-
Existenzen, zu Phantasie-Gebilden, die es vor ihrer Geburt nicht gab, nach
ihrer Geburt nicht geben wird — sie wissen nicht, wer sie hervorgebracht hat,
und ob ihr Leben nicht auch nur eine ›Illusion‹ ist wie das Leben der ›Personen‹. »Wenn wir«, sagt der Vater, »keine andere Wirklichkeit als die
Illusion haben, dann wird es gut sein, wenn auch Sie Ihrer eigenen Wirklich-

keit, die heute in Ihnen atmet und lebt, mißtrauen, weil sie — genauso wie die von gestern — dazu bestimmt ist, sich Ihnen morgen als Illusion zu enthüllen.«

Der Gedanke Pirandellos, daß Schein und Sein, Spiel und Leben in ihren Grenzen nicht zu bestimmen sind, daß sie austauschbar sind, ist hier vollkommene sinnliche Anschauung, ist Bühnenfleisch geworden, denn die ›Lebenden‹ sind Geschöpfe eines Autors und die ›Spielenden‹, die Schauspieler, sind die eigentlich Lebenden, aber auch sie sind ja nur Schauspieler, die nach dem Willen eines Autors auf der Bühne Schauspieler spielen. Wo der Mensch zu einer unerlösten Rolle wird, da wird das Leben zum Theater, genauer: zum Schmierentheater, und das Theater wird zum Sinnbild des Lebens: der Sinn des Spiels wird allein durch das Spiel vollkommen ausgedrückt.

Bernard Shaw nannte ›Sechs Personen‹ kurzerhand »das originellste und stärkste Werk des antiken und modernen Theaters«. Das ist gewiß übertrieben, doch hat Pirandello nicht nur durch die damals verblüffende und inzwischen unzählige Male nachgeahmte Technik, die zu einem sensationellen Welterfolg führte, mit seinem Stück Epoche gemacht: der Mensch als unausdeutbares Bruchstück einer nicht zu verstehenden Rolle, als Spieler eines unbegreiflichen Spiels, als Abgewiesener auf der Suche nach seiner Existenz, als eine Frage ohne Antwort, als eine Maske vor dem Nichts; und über dieses Schicksal am Ende ein Hohngelächter — es sind die Themen, die das Theater in den folgenden Jahrzehnten bestimmen werden.

Heinrich der Vierte (Enrico IV). ›Trauerspiel‹. Uraufführung 24. Februar 1922, Mailand, Teatro Manzoni. Deutsche Erstaufführung 25. März 1925, Thalia-Theater, Hamburg. — Gegenwart, vor dem ersten Weltkrieg. Zwanzig Jahre zuvor ist bei einem Maskenzug ein Mann in den Gewändern des vierten, des Canossa-Heinrich (1056—1106) vom Pferd gestürzt (ein Nebenbuhler hat durch einen Lanzenstich nachgeholfen), ist auf den Kopf gefallen und lebt seitdem im Wahn, er sei Heinrich der Vierte. Sein italienisches Landhaus hat er eingerichtet wie die Kaiserpfalz zu Goslar; vier ›geheime Räte‹, gekleidet wie deutsche Ritter aus dem 11. Jahrhundert, umgeben ihn, und wer ihn besuchen will, der muß ein historisches Gewand anlegen. Dies ist die Vorgeschichte.

Nun wird er besucht von der Marquesa Mathilda, die er damals, vor zwanzig Jahren, liebte; von dem Baron Belcredi, der damals den Sturz vom Pferd verursachte; von Frida, ihrer Tochter; von ihrem Verlobten, dem jungen Marquese di Nolli, und von einem Arzt. Sie wollen ihn heilen, und da die Heilung nur bei dem Sturz einsetzen kann, hat Pirandello damit drei Zeit-

›Heinrich der Vierte‹ von Luigi Pirandello. Bühnenentwurf von Karl Gröning für
eine Inszenierung von Günther Haenel am Deutschen Schauspielhaus Hamburg, 1942

ebenen auf die Bühne gebracht, die sich durchdringen: die Gegenwart; den
Maskenzug vor zwanzig Jahren; die ›Gegenwart‹ Heinrichs des Vierten vor
achthundert Jahren, die durch Kostüm und Maske für alle zur gespielten
Gegenwart wird.

Den Schock, der die Krankheit ausgelöst hat, soll ein heilender Gegen-
schock bezwingen. Zwei Gemälde, die ›Heinrich IV.‹ in seinem Thronsaal
hängen hat, werden durch lebende Bilder ersetzt: durch Frida im Kostüm der
Markgräfin Mathilde von Toscana, das beim Maskenfest ihre Mutter getragen hat, und der junge Marquese im Kostüm Heinrichs IV. ›Heinrich IV.‹
wird auf diese Weise der lebendig gewordenen Zeit vor zwanzig Jahren
gegenübergestellt: dem jungen Mädchen, das er damals geliebt hat, und
sozusagen sich selbst in der Gestalt des als Heinrich IV. verkleideten Marquese — er müßte erkennen, daß er weder der kostümierte Heinrich IV. von
vor zwanzig Jahren, noch der echte von vor achthundert Jahren ist; er
müßte über beide Zeiträume in die Gegenwart springen. Dies jedenfalls
meint der Arzt.

Doch ›Heinrich IV.‹ ist nur zwölf Jahre lang im Wahn gewesen und spielt
also schon seit acht Jahren nur noch ›Heinrich IV.‹; er zieht es vor, weiterhin
seine historische Maske zu tragen, denn er ist davon überzeugt, daß ohnehin

jeder Mensch eine Maske trägt. Sein Kostüm, so sagt er, »ist für mich die offensichtliche und freiwillige Karikatur jener unaufhörlichen Maskerade, deren unfreiwillige Narren wir sind, wenn wir uns, ohne es zu wissen, so maskieren, wie wir zu sein glauben«. Hier spricht Pirandello durch seine Figur; in seinem ›Geheimtaschenbuch‹ hat er notiert: »Wir alle sind Phantome, Scheinbilder: wir sind die Bilder, die wir von uns selber machen.« Indem ›Heinrich IV.‹ freiwillig eine historische, also überschaubare und abgeschlossene Rolle spielt, fühlt er sich überdies all denen überlegen, die in der Gegenwart zu leben glauben und darin doch nur eine unfreiwillige und noch nicht überschaubare, unabgeschlossene Rolle spielen: »Euer Unglück ist es, daß ihr so aufgeregt in eurem Wahnsinn lebt, ohne ihn zu erkennen und zu sehen.« Der nur scheinbar Verrückte degradiert damit die Normalen zu Verrückten, die von ihrem Wahn nichts wissen. Der Wahn wird neben dem, was sich als normales Leben ausgibt, gleichberechtigt eingesetzt, und die Grenze zwischen beiden Bereichen erscheint als bloße Übereinkunft.

Pirandello behauptet dies nicht nur theoretisch, er macht es szenisch lebendig. Obwohl ›Heinrich IV.‹ die Menschen als historische Puppen tanzen läßt, die da glauben, ihn wie eine historische Puppe behandeln zu müssen; obwohl er der Herr des Spiels ist und das Spiel derer bestimmt, die es zu bestimmen meinen, wird er durch das Spiel der lebendig gewordenen Bilder, durch die Begegnung mit Frida, der um zwanzig Jahre verjüngten Marquese Mathilda im Kostüm der Markgräfin Mathilde, doch schockiert und an die Grenze des Wahns getrieben: er verlangt Frida für sich, denn in ihr sieht er die Mathilda, die er einst geliebt. Als der Baron Belcredi, der alte Nebenbuhler, dazwischentritt, ist ›Heinrich IV.‹ nicht mehr Herr des Spiels, sondern das Spiel wird Herr über ihn: er entreißt einem Diener den Degen und sticht ihn dem Baron in den Leib. Sein Spiel ist Wirklichkeit, seine Maske ist lebendig geworden — nun ist er gezwungen, ›Heinrich IV.‹ zu bleiben, »für immer«. Dies die letzte, die schauerlichste Pointe: der einzige, der das Maskenspiel freiwillig betrieben hat, muß es nun — wie alle andern — unfreiwillig treiben. Die Rolle ist Herr über den Menschen. Das Sein ist nicht zu fassen, es bleibt nur der Schein.

Heute abend wird aus dem Stegreif gespielt (Questa sera si recite a soggetto). 1929. Uraufführung 25. Januar 1930, Königsberg; italienische Erstaufführung 14. April 1930, Turin. — Der Regisseur Dr. Hinkfuß versucht, mit den Schauspielern ein Theaterstück zu improvisieren und benutzt als Vorlage die Novelle ›Eleonora addio‹ von Pirandello: eine leidenschaftliche sizilianische Geschichte; Eifersucht in ihrer schlimmsten, weil unheilbaren Form — Eifersucht auf die unauslöschliche Vergangenheit, auf Träume und Gedanken.

Das improvisierte Spiel wird immer wieder unterbrochen durch den Regisseur, durch Schauspieler, durch Zuschauer: sie alle halten sich für die wichtigste Instanz des Theaters, stellen Forderungen, zerstören und verändern das Spiel. Die Schauspieler improvisieren während der Pause im Foyer unter den Zuschauern weiter, rebellieren vor dem letzten Akt gegen den Regisseur, der in die Beleuchtungsanlage fliehen muß und erst zum Schluß wieder auf die Bühne kann, wo er sich beim Publikum für alle Unverschämtheiten des Abends entschuldigt.

Nach ›Sechs Personen suchen einen Autor‹, einem Spiel zwischen Mensch, Autor und Schauspieler, nach *Jeder auf seine Weise* (Ciascuno a suo modo, 1924), einem Spiel zwischen Publikum und Schauspielern, ist dies das dritte Stück der Trilogie ›Theater auf dem Theater‹. Pirandello schrieb es, nachdem er ein Jahrzehnt lang mit seiner Truppe Europa bereist hatte: ein Spiel zwischen Autor, Regisseur, Schauspieler und Publikum. Die durch die Improvisation entstehende Illusion einer dramatischen Wirklichkeit wird mit allen denkbaren Mitteln immer wieder aufgehoben: der Regisseur warnt vorm ›Vorgreifen‹ und weist damit auf den fiktiven Charakter des gerade gespielten Dramas hin, dessen Fortgang vom Autor festgelegt ist; die Schauspieler sind als Dramenfiguren so selbständig geworden, daß der Regisseur für sie ebenso störend wird wie die Dekorationen, die auf- und umgebaut werden; eine Schauspielerin wird auf ›alt‹ geschminkt und altert damit vor aller Augen, und wenn sie ausbrechen will, werden flugs Bühnenwände vor ihr aufgerichtet; es wird über eine gestrichene Szene debattiert; die Schauspieler korrigieren sich während des Spiels; eine Sterbe-Szene wird gleichzeitig gespielt und kommentiert; durch einen Kleidertausch wird ein Mädchen zum Mann, der Mann zum Mädchen; schließlich, am Ende des Spiels, erwachen die Schauspieler, samt dem Vater, der eigentlich tot sein müßte, aus ihren Rollen wie aus dem Leben und als spielten sie nun eine neue Rolle: die des Schauspielers.

So genau festgelegt diese ›Improvisationen‹ sind — durch gespielte ›Zuschauer‹ legen sie sogar die Reaktionen der Zuschauer fest —, sie erreichen einen Punkt, wo man nicht mehr weiß: Was ist nun eigentlich ›Stegreif‹, und was nicht? Das Theater selbst, samt seiner technischen Apparatur, wird hier zum Gegenstand des Theaters, wird zu einem Mittel, das Lieblingsthema Pirandellos virtuos zu demonstrieren: die Aufhebung der Grenzen zwischen Illusion und Wirklichkeit, zwischen Spiel und Leben. Allzu virtuos: das Schnellfeuer dieser verschiedenartigsten Effekte, die alle den gleichen Zweck haben, wirkt auf die Dauer ermüdend. Was Pirandello einen ›Kritiker‹ in ›Jeder auf seine Weise‹ sagen läßt, trifft auch hier zu: »Mir ist, als sähe ich die Reflexe eines verrückt gewordenen Spiegels.«

Die lebendigsten Szenen des ›Theaters‹ auf dem Theater entstehen aus dem Gefühl der Schauspieler, wenn sie erst von der vom Autor geschriebenen Rolle besessen sind, gegen den Regisseur, der schließlich nur noch die Beleuchtung korrigieren darf — dieses Stück, in dem der Autor nur als Rollenlieferant und der Regisseur (mit dem deutschen Namen Dr. Hinkfuß) nur als technische Hilfskraft gebraucht wird, hat Pirandello in Berlin geschrieben und dem berühmtesten Regisseur seiner Zeit, Max Reinhardt, gewidmet. Die

›Heute abend wird aus dem Stegreif gespielt‹ von Luigi Pirandello. Aufführung im Berliner Lessing-Theater am 1. Juni 1930. Sie führte zum größten Theaterskandal der Weimarer Republik: Regisseur Gustav Hartung mußte gehen, und Pirandello verließ Berlin, wo er drei Jahre lang gelebt hatte. Illustration von Plünnecke

Berliner Aufführung im Lessing-Theater am 1. Juni 1930 unter Gustav Hartung führte zum größten Theaterskandal der Weimarer Republik; Hartung beschimpfte das Publikum »Respektlose Bande!« und die Vorstellung löste sich auf; der Kritiker Herbert Jhering kommentierte, das Stück sei »ein Sandsturm von Langerweile«, »sensationell uninteressant«, Hartung mußte gehen, Pirandello verließ Berlin, wo er drei Jahre lang gelebt hatte.

Wie du mich willst (Come tu mi vuoi). 1930. Uraufführung 18. Februar 1930, Mailand, Teatro dei Filodrammatici. 1932 Verfilmung in Hollywood mit Greta Garbo und Eric von Stroheim. Deutschsprachige Erstaufführung 26. April 1956, Schauspielhaus, Zürich. — Elma, Tänzerin in einem Berliner

Nachtlokal, Geliebte eines Schriftstellers, wird von einem Italiener aufgestöbert; er vermutet in ihr Lucia, die Frau Bruno Pieris, die nach dem ersten Weltkrieg — vor zehn Jahren — aus Norditalien verschleppt worden ist, und er bringt sie in Pieris Landhaus in der Gegend von Udine. Ist sie wirklich Lucia? Oder ist Lucia diese andere, schwer gemütskranke Frau, die aus einer psychiatrischen Klinik in Wien kommt?»Sein bedeutet nichts; Sein bedeutet, etwas aus sich machen«: Elma, ob sie nun Lucia ist oder nicht, will Lucia sein, kraft ihrer Hoffnung auf ein neues, reineres Leben und auf die Liebe zu Pieri. Als sie erkennt, daß man ihre Rückkehr nur wegen einer gefährdeten Mitgift wünscht und daß Pieris Liebe nicht ausreicht, rächt sie sich an der Gesellschaft, die es nicht zuläßt, daß sie etwas aus sich macht, und sie in dieses Leid gestürzt hat: sie geht wieder nach Berlin und läßt den Zweifel zurück:»Ich will, daß alle an mir zweifeln, um die Genugtuung zu haben, allein an mich zu glauben.« Auch das Publikum erfährt nicht, ob Elma Lucia ist.

In diesem Altersstück hat Pirandello noch einmal seine Lieblingsthemen abgewandelt: die Auflösung des Menschen in (Schein-)Bilder, die er von sich macht und die sich andere von ihm machen; der Mensch, der das zu sein vermag, wozu er sich entscheidet und wofür er gehalten wird — all dies wird teils wörtlich, teils mit anspruchsvolleren, ›existentialistischen‹ Formulierungen bei Jean-Paul Sartre wieder auftauchen. Von Pirandello bis zu Jean Anouilhs erstem Stück ›Der Reisende ohne Gepäck‹ (1936) ist es kaum ein halber Schritt: auch Anouilhs Denkspiel ist die Geschichte einer fragwürdigen Heimkehr in eine frühere Existenz mit dem Entschluß zu einer neuen Existenz.

Die Riesen vom Berge (I giganti della montagna). 1936, aus dem Nachlaß. Uraufführung 5. April 1937, Florenz, Boboli (Maggio Musicale). Am 1. Oktober 1949 im Schauspielhaus Zürich, Regie: Giorgio Strehler. Deutsche Erstaufführung am 19. April 1958 durch Giorgio Strehler im Schauspielhaus Düsseldorf. — Die Schauspieltruppe der Gräfin (mit dem deutschen Namen) Ilse Paulsen, die das Werk eines früh gestorbenen Dramatikers durchsetzen will, ist gescheitert: niemand will Dichtung sehen. Sie kehrt ein bei den ›Unglücksraben‹, gescheiterten Existenzen, die mit ihren Wahnvorstellungen am Ätnahang in der Villa Cotrones leben, eines Magiers. Seine Welt ist der Welt der Schauspieler entgegengesetzt: während die Schauspieler Rollen zu Realität, Träume zu Wirklichkeit machen, haben die ›Unglücksraben‹ die Wirklichkeit in Träume, die Realität in Spukrollen aufgelöst. Doch der Gräfin genügt diese Traumwelt, die sich selbst genug ist, nicht: Kunst muß unter Menschen. So führt Cotrone die Truppe zu den ›Riesen der Berge‹, den Erbauern gewaltiger Projekte, den Beherrschern der Technik und des Geldes

— Kunst ist dort nicht erwünscht, die Komödianten werden ausgepfiffen, ihre Prinzipalin wird zu Tode gesteinigt. Pirandellos Abschiedswerk ist ein sehr persönlicher Mythos, ein Märchen wie Shakespeares ›Sturm‹, und Cotrone ist sein Prospero. In seiner allegorischen Phantasiewelt zwischen Traum und Tag, Trauer und Humor, Tragik und Ironie, einem vorweggenommenen Stück ›absurden Theaters‹, hat er Ideen und Empfindungen eingewoben und Beziehungen verschlüsselt, die sich auf der Bühne der Deutung entziehen. Seine letzten Gedanken über Kunst waren jedenfalls Gedanken über das Scheitern der Kunst an einer technifizierten Realität. Wenige Stunden vor seinem Tod erzählte er den Inhalt des Schlußaktes seinem Sohn; Strehler ließ ihn in seiner Düsseldorfer Inszenierung als pantomimisches Schattenspiel aufführen.

Für seine Inszenierung der ›Riesen vom Berge‹ am Mailänder Piccolo Teatro, 1967, mit Valentina Cortese als Ilse und mit Turi Ferro als Cotrone notierte Strehler unter dem Stichwort ›Cotrone‹:»Er vereinigt in sich sämtliche denkbare Schemata des Theaters. Nicht zuletzt die Lektion vom Vertrauen in die Möglichkeiten der Poesie. Die Aufforderung zu glauben, wie Kinder an das Spiel, an die Fähigkeiten der Kunst, ohne nach Gründen zu fragen, ohne zu erklären . . . ›Theater der reinen Erfindung‹. Und vielleicht reflektiert er gleichzeitig das spekulative Gesicht des klassischen Pirandello in der absoluten Brillanz der Gegenüberstellung von Form und Substanz, Erscheinung und Wahrheit, Magie und Wirklichkeit. Dadurch, daß er dem Kampf entflohen ist, um freiwillig in der ›Villa der Pechvögel‹ zu leben, scheint er dem Grunde nach zur Gesellschaft der Schauspieler zu gehören und bildet so die Berührungslinie, die dramatische Nahtstelle der beiden Welten.«

Jean Cocteau: die Lust am Verblüffen

Ich hielt es für selbstverständlich, daß die Bühne als eine besondere Welt zu erachten sei, eine durch die Rampe von der unseren getrennte Welt, in deren Bereich nichts unmöglich ist.
Cocteau in ›Autour d'Orphée et d'Oedipe‹, 1927

»Als ich fünf Jahre alt war«, so erinnerte sich Cocteau, »fragte man mich: ›Was willst du denn einmal werden?‹ Ich antwortete: ›Ingeniös!‹ Ich verwechselte ingeniös und Ingenieur.« Sein Berufswunsch hat sich erfüllt: er ist beides geworden, ›ingeniös‹, erfinderisch, und ein Ingenieur.

In seinem Film ›Orphée‹ (1950), der offenbar das Zeug dazu hat, in den Filmkunsttheatern unsterblich zu werden, fragt Orpheus, der Dichter, der in einer Produktionskrise steckt und nicht mehr weiter weiß, einen Herrn auf der Terrasse eines Literatencafés, was er denn nun tun solle, und erhält eine Antwort, die Cocteaus gesamtes literarisches Programm in zwei Wörtern enthält: »Etonnez-nous« — Erstaunen Sie uns!

Cocteau, geboren am 5. Juli 1889 in Maisons-Laffitte bei Paris, gestorben am 11. Oktober 1963 in seinem Haus bei Milly-la-Forêt in der Nähe von Paris, hat Gedichte, Aphorismen, Essays, Romane und Theaterstücke geschrieben, Zeitschriften gegründet, Ballette und Filme ersonnen, Sophokles, Shakespeare und Tennessee Williams bearbeitet, Theater gespielt, ausgestattet und inszeniert; er hat gezeichnet, gemalt, komponiert; er hat 1915 ein Manifest gegen den Chauvinismus veröffentlicht, 1938 dem Boxer Al Brown zum Weltmeistertitel verholfen, ist Jazzmusiker und Opiumraucher gewesen und 1942 in einem Prozeß für den Dieb und Dichter Jean Genet eingetreten, hat 1956 die Kapelle Saint-Pierre in Villefranche-sur-Mer ausgemalt; er war Kubist, Futurist, Dadaist, Surrealist, Neuromantiker und Neuklassizist, der Verwandlungskünstler zwischen den beiden Weltkriegen — was er auch immer getan hat, er

Jean Cocteau. Zeichnung des französischen Surrealisten und Karikaturisten Maurice Henry

hat sein Publikum ›erstaunt‹, verblüfft, manchmal ergriffen, oft bezaubert, nie gelangweilt. Seine Freunde rühmten seinen Witz, seinen Charme und seine Herzensgüte.

»Das Papier, die Tinte, die Feder jagen mir Schrecken ein«, bekannte er. »Ich weiß, daß sie sich verschworen haben, gegen meinen Willen zu schreiben. Wenn ich sie schließlich in die Flucht geschlagen habe, fängt die Maschine an, warm zu laufen, die Arbeit zwingt mich zur Arbeit, und der Geist geht seinen Weg. Aber wichtig ist dabei, daß ich mich sowenig wie möglich einmische, daß ich fast somnambul schreibe, wie im Halbschlaf. Wenn ich nur im geringsten des mechanischen Vorgangs bewußt werde, setzt es aus.« Man darf ihm dies glauben: fast alle seine Arbeiten haben diesen schlafwandlerischen Zug, und wenn man, hellwach, dem Schlafwandler Cocteau nüchterne Verstandesfragen stellt, dann stürzt er ab, und man hat ihn getötet. Schlichter gesagt:

Wenn man Spaß an ihm haben will, dann muß man sich Spaß von ihm machen lassen; man darf ihn nicht wie ein Untersuchungsrichter auf seine Absichten verhören oder ihm Widersprüche und Ungenauigkeiten nachweisen wollen — sie gehören zu seinem Charme. Es ist der Charme der schillernden Oberfläche, von der man freilich wissen muß, daß auch sie — manchmal — tiefere Geheimnisse birgt. Nachdem sein ›Orpheus‹-Drama an einem einzigen Abend in Berlin von Max Reinhardt aufgeführt worden war, schickte Rilke ihm ein Telegramm:»Nur Sie verstehen es, sich in die Antike zu begeben, und daher gebräunt wie vom Meeresstrand zurückzukommen.« Wie lange hält solche Bräune?

Niemals konnte Cocteau der Lust widerstehen, einem kuriosen Einfall zu folgen und etwas Witziges zu sagen — auch dann nicht, wenn Einfall und Witz nicht recht in den Zusammenhang passen wollten: der Blitz des Aphorismus ist ihm stets wichtiger als die Logik der Argumente. Er war Mitglied der Académie Française (1955), Ehrendoktor der Universität Oxford (1956), ›Prince des Poètes‹ (1960), ›Dichterfürst‹, gewählt von seinen Kollegen, und er war so etwas wie ein Meister der literarischen Haute Couture: seine Bühnengestalten sind oft wie Modellkleider und die Handlung gleicht einem Laufsteg, auf dem sie sich, obgleich ohne Körper, so effektvoll präsentieren, daß man zumindest Mannequins in ihnen vermuten kann.

Es ist ratsam, ihn nicht so ernst zu nehmen, wie er sich selbst kommentiert hat. Immer tut der Zauberkünstler Cocteau so, als hole er goldene Eier aus seinem schwarzen magischen Beutel, doch, genauer besehen, sind die Eier, wie in dieser Branche üblich, aus Gips. Aus vergoldetem Gips — aber eine Goldauflage hat ja auch ihre Reize.

Meinungen:»Joculator unserer technisch rationalisierten Welt — das ist ein Aspekt des Dichters Jean Cocteau. Sein innerer Engel macht manchmal einem Harlekin Platz, den wir aus Picassos Bildern kennen und der darüber hinaus auf Watteaus Gilles zurückdeutet. Dieser Jongleur ist ein Charmeur. Dieser Dichter ist ein Bezauberer«: Ernst Robert Curtius, 1927. — »Cocteau ist weder Moralist noch Zyniker, sondern absoluter Ästhet, Fanatiker der Form, des Scheins, des Ausdrucks, der Gebärde. Es gibt für ihn nur eine unverzeihliche Sünde: Stillosigkeit, Dilettantismus«: Klaus Mann, 1952. — »Ich frage mich: Hat er mehr verblüffendes Talent? oder mehr Talent zum Verblüffen ... (Das wird bei seinem Tode klarer sein als heut.)«: Alfred Kerr, 1928. — »Es muß späteren Zeiten überlassen bleiben, aus dem dann gegebenen Abstand (welcher ja auch sein Gutes hat) die heimliche Funktion Cocteaus als des großen Anregers darzustellen. Für die Kunst unseres Jahrhunderts ist er eine der Schlüsselfiguren — wie es Voltaire für die öffentliche

Meinung vor der großen Revolution, wie es Franz Liszt für die Musik des vorigen Jahrhunderts gewesen ist«: Albert Schulze Vellinghausen, 1963.

Orpheus (Orphée). ›Tragödie in einem Akt.‹ 1925. Uraufführung am 17. Juni 1926 im Théâtre des Arts, Paris, durch Pitoëff; Cocteau spielte den Heurtebise, später den Orpheus. Rilke starb während der Übersetzung. — Orpheus ist ein Dichter im modernen Paris, und Eurydike, seine Frau, fühlt sich unverstanden, woran nicht zuletzt das Pferd schuld ist, mit dem sie ihre Wohnung teilen. Orpheus ist fasziniert von dem Pferd; es diktiert ihm durch Klopfzeichen geheimnisvolle poetische Sätze, manchmal aber sagt es auch nur ›Scheiße‹. Eurydike wird von der Bacchantin Aglaonice vergiftet; aus dem Spiegel tritt der Tod in Gestalt einer mondän sachlichen Frau: ›Madame la Mort‹, eine Todesgöttin, vollzieht mit ihren antiseptischen Assistenten den seelischen Tod Eurydikes wie eine Operation. Der Engel Heurtebise-Windstoß, der als Glasermeister auftritt, zeigt Orpheus, wie er seine Frau aus der Unterwelt zurückholen kann: die Todesgöttin hat ihre Operationshandschuhe vergessen, Orpheus wird sie ihr bringen. Mit den Handschuhen kann er durch den Spiegel — wie durch Wasser — den Weg ins Schattenreich antreten: »Spiegel sind Türen, durch die der Tod kommt und geht . . . Sie brauchen nur ihr ganzes Leben in einem Spiegel zu betrachten, und Sie werden den Tod schaffen sehen wie die Bienen in einem gläsernen Korb.« Orpheus holt Eurydike, aber er darf sie nie anschauen, sonst verliert er sie auf ewig — er sieht sie doch an, nicht aus Liebe, sondern bei einem Familienkrach; sie verschwindet, Orpheus wird von den Bacchantinnen zerrissen. In der Schattenwelt werden Orpheus und Eurydike untrennbar sein, begleitet vom Schutzengel Heurtebise. In einem Gebet dankt Orpheus Gott, »daß Du mich erlöst hast, weil ich der Poesie ehrfürchtig gedient habe, denn Du und die Poesie sind eins«.

Cocteau will den alten Mythos von Orpheus und Eurydike keineswegs ironisieren, sondern durch ironische Beimischungen für die rationalistische, mythenfeindliche Gegenwart genießbar machen. In seinem Film ›Le Sang d'un Poète‹ (Das Blut eines Dichters, 1932) läßt Cocteau zu Beginn einen Fabrikschornstein sprengen — die niederstürzenden Trümmer bleiben plötzlich in der Luft hängen, der eigentliche Film, Bilder für innere Vorgänge in der Seele des Dichters, läuft ab, dann erst, am Ende, stürzt der Schornstein völlig ein — der ganze Film spielt also in einer inneren Zeit, und die äußere Zeit ist nur der Bruchteil dieser Sekunde, da der Schornstein im Einsturz ist. Diesem Trick entspricht in Cocteaus Film ›Orphée‹ (Orpheus, 1950) ein Brief, der in einen Briefkasten gesteckt wird — die Bilder der inneren, der seelischen Zeit beginnen, und wenn sie am Ende sind, fällt der Brief in den

Aus Jean Cocteaus Film ›Le Sang d'un Poète‹, 1932

Kasten. Im Film ›Orphée‹ werden Handlungselemente und Motive des Bühnenstücks durch zahllose optische Tricks verdeutlicht; das Pferd ist durch einen Rolls Royce ersetzt, aus dessen Radio die geheimnisvollen Botschaften kommen.

Auf ähnliche Weise hat Cocteau, der das bekenntnishafte Stück ›Orpheus‹ seinen ›Faust‹ nannte, Probleme des Dichters, der in der Produktion steckt — und das ist immer auch zugleich eine Produktionskrise — in bildhafte Vorgänge umgesetzt: der Dichter hört die ›Botschaften des Unsichtbaren‹, sie kommen vom höllischen Pferd, sie sind Botschaften von außen, die ihn von sich selbst fortführen und seinen Weg verwirren; er ist eingeschlossen in eine Welt, von der sich seine Frau, seine ganze bürgerliche Existenz, ausgeschlossen fühlen muß; erst durch den Tod findet der Dichter zu sich selbst, er muß sich dem Tod stellen, durch ihn hindurchgehen, und er wird vom Tod — hier einer Frau, einer der vielen Gestalten des Todes — auf geheimnisvolle Weise geliebt. Aus dem Spiegel, in dem der Mensch sich altern, sich dem Tode nähern sieht, wird ein durchschreitbarer Eingang zur Welt des Todes gemacht — ein sprachliches Bild wird wörtlich genommen und auf die Bühne gebaut.

Doch wäre es unsinnig, jede Einzelheit wie ein gleichnishaftes Rätsel mit dem Verstande auszudeuten: Cocteaus Reiz besteht gerade in der Mischung von antiken und modernen, von mythischen und ironischen Elementen, von auflösbaren Chiffren und unauflösbarer Poesie, von Schmerz und Amüsement, von aphoristischen Erkenntnissen und dem Schauer dunkler Bilder. Man mag sein Verfahren, Einzelteile der banalen Realität so miteinander zu kombinieren, daß aus ihnen eine überreale Welt entsteht, ›Surrealismus‹ nennen: geistige und seelische Vorgänge, die sich der sinnlichen Anschauung entziehen, werden durch Bildkombinationen sinnlich faßbar gemacht.

Die menschliche Stimme, auch ›Die geliebte Stimme‹ (La voix humaine). Uraufführung am 12. Februar 1930 in der Comédie Française. Deutsche Erstaufführung 1932/33 in Mannheim. — Verlockt von der »Einfachheit der Szenerie: 1 Aufzug; 1 Zimmer; 1 Wesen; und das banale Zubehör moderner Stücke, das Telefon«, schrieb Cocteau diesen 45-Minuten-Einakter: eine Frau telefoniert mit ihrem Geliebten, der sie verlassen hat und der sie belügt, und versucht verzweifelt, ihn zum Eingeständnis der Lüge zu bringen, die für sie eine häßliche Erinnerung wäre; sie schlingt sich die Telefonschnur um den Hals, und der Vorhang fällt, während sie »ich liebe dich . . .« stammelt — für eine Virtuosin ein effektvoller Alleingang, mit dem u. a. Elisabeth Bergner Furore gemacht hat. »Das Stück endet«, verlangt Cocteau, »wie in einem blutüberströmten Zimmer.«

Die Höllenmaschine (La machine infernale). Schauspiel in vier Akten. 1932. Uraufführung 10. April 1934 in der Comédie des Champs-Elysées unter Louis Jouvet. Deutsche Erstaufführung 23. Juni 1951 in Mannheim. — Oedipus, als Kind ausgesetzt, kehrt als junger Mann in seine Heimat Theben zurück, erschlägt — ohne es zu wissen — seinen Vater, löst das Rätsel der Sphinx (wer es nicht löst, muß sterben), heiratet — ohne es zu wissen — seine Mutter und blendet sich, als er sich als Vatermörder und Blutschänder entdeckt. Den Schicksalszwang, unter dem er bei Sophokles (siehe auch Seite 58) handelt, degradiert Cocteau zu einer ›Höllenmaschine‹; seine Stimme (auf Schallplatte) ersetzt den antiken Chor: »Sie sehen jetzt, meine Damen und Herren, eine der vollendetsten Maschinen, ein Uhrwerk, das, völlig aufgezogen, langsam, ein Menschenleben lang, abläuft, von den teuflischen Göttern erdacht zur mathematischen Vernichtung eines Menschen.« In den ersten drei Akten schildert Cocteau die Pest in Theben vor der Ankunft des Oedipus, die Begegnung mit der Sphinx und die Hochzeitsnacht mit der Mutter; erst der vierte Akt bringt die Ergebnisse der sophokleischen Tragödie. Die Sphinx, ein halb göttliches, halb weibliches Tier, verrät die

Lösung ihres Rätsels Oedipus, in den sie sich verliebt hat; sie meint damit, ihn vorm Tode zu retten, und handelt doch nur als ein Instrument der Götter, die diese Errettung des Oedipus brauchen, um ihn in die Ehe mit seiner Mutter Jokaste und in das Verderben zu stürzen. »Die Götter«, kommentierte Cocteau, »belustigte es, sich eine grausame Posse auszudenken, deren Opfer Oedipus ist.« Sosehr Cocteau den Stoff zu entmythologisieren scheint, sein Stück lebt doch vom Mythos und setzt ihn im Durchgang durch psychoanalytische und ironisierende Elemente schließlich als dunkle undurchschaubare Gewalt wieder ein. »Freuds Fehler besteht darin«, meinte er, »unsere Nacht in eine Rumpelkammer verwandelt zu haben, die sie in Verruf bringt; sie erschlossen zu haben, während sie bodenlos ist und nicht einmal aufgeschlossen werden kann.« Kreons Anspruch, über Oedipus und Jokaste, seine Mutter und Frau, die sich umgebracht hat, zu richten, wird am Ende abgewiesen: »Oedipus und Antigone stehen nicht mehr unter deiner Macht. Von nun an gehören sie dem Volk, den Dichtern, den reinen Herzen.«

Die Ritter von der Tafelrunde (Les chevaliers de la Table Ronde). Schauspiel in vier Akten. 1934–37. Uraufführung am 14. Oktober 1937 im Théâtre de l'Oeuvre, Paris; Regie und Ausstattung: Cocteau. Deutsche Erstaufführung November 1953 in Oldenburg. – Der Zauberer Merlin, ein Gotteslästerer und Zerstörer des Lebens, wird auf dem Schloß des Königs Artus von dem reinen Ritter Galahad besiegt. Der Kampf freilich spielt sich nicht auf einem seelischen, philosophischen, religiösen oder mythischen Schlachtfeld ab, sondern wird mit Zaubertricks und Gegentricks geführt, mit einer ›sprechenden Blume‹ (einem Tonbandgerät aus der Radio-Flora) und Personen-Verdopplungen: der Dämon Jenifer verwandelt sich zeitweilig in Gawan, Galahad und Ginevra, wodurch die Darsteller dieser Rollen Gelegenheit haben, einmal edel zu sein und dann als Jenifer-Verkörperung gemein. Cocteau hat die Legende zur Detektivgeschichte gemacht, und sogar der Heilige Gral, der mit Sonne und Vögeln hereinbricht, wirkt bei ihm wie eine Varieté-Nummer: Einfalt und Raffinement, Alltag und Legende, Kitsch und Ironie sind zusammengedreht wie ein Strauß von Papierblumen.

Die schrecklichen Eltern, auch ›Nein, diese Eltern‹, auch ›Der Zigeunerwagen‹ (Les parents terribles). Schauspiel in drei Akten. Uraufführung am 14. November 1938 im Théâtre des Ambassadeurs, Paris. Deutsche Erstaufführung 1947 in der Berliner ›Tribüne‹. – Yvonne hat ihren Sohn Michel seelisch nicht abgenabelt; ihre exaltierte Liebe zu ihm ist vor allem Besitzgier. Als Michel die junge Madeleine liebt (die einmal die Geliebte seines

Galahed in Cocteaus
Schauspiel ›Die Ritter
von der Tafelrunde‹,
gezeichnet von Cocteau

Vaters Georges gewesen ist), bricht nach einem Versuch ihrer Schwester, der
Tante Léonie, die bürgerliche Reputation zu retten, Yvonnes verschlamptes
Matriarchat zusammen, und sie vergiftet sich mit Insulin. — Cocteaus
»Attacke gegen die Unordnung eines dekadenten Bürgertums«, eine Mischung
von Strindberg und Boulevard, brachte ihm Skandalerfolge ein.

Heilige Ungeheuer (Les monstres sacrées). Schauspiel in drei Akten. Uraufführung am 17. Februar 1940 im Théâtre Michel, Paris. Deutsche Erstaufführung am 11. März 1950 in Tübingen. — Die ›Ungeheuer‹ sind Komödianten, und sie sind nicht ›heilig‹, wie der deutsche Titel will, sondern
›erhabene‹ Mimen, die ihren Beruf als heilig betrachten. Esther, eine solche
Schauspielerin vom Typ Sarah Bernhardt, ist verheiratet mit Florent, einem
vergötterten Schauspieler der Comédie Française. Liane, eine junge Kollegin,
gesteht ihr, daß sie die Geliebte ihres Mannes sei — doch ist dies eine Lüge,

mit der Liane auf ihr schauspielerisches Talent aufmerksam machen will. Esther nimmt Liane in ihr Haus auf und schickt Florent nachts zu ihr — aus selbstquälerischem Bedürfnis nach einer ›Passion‹ und nach Gewißheit. Florent, so genial wie verführbar, kehrt schließlich zur reifen Gattin zurück, während Liane mit dem beliebtesten aller Kraftwörter nach Hollywood abreist. — Schauspieler spielen Schauspieler alten Stils; Spannungen zwischen Leben, Spiel und gespieltem Spiel, geschrieben für Yvonne de Bray.

Die Schreibmaschine (La machine à écrire). Schauspiel in drei Akten. Uraufführung am 29. April 1941 im Théâtre Hébertot, Paris, Verbot durch Vichy-Regierung und deutsche Besatzungsmacht. Deutsch 1946 in Berlin, Komödie am Kurfürstendamm. — Cocteau, der das 1938 begonnene Stück während des Krieges in seinem Fluchtort Perpignan beendet hat, will »mit Hilfe einer vorgetäuschten Kriminalhandlung die schreckliche Feudalprovinz vor dem Zusammenbruch« zeichnen. Durch anonyme Briefe wird eine französische Kleinstadt terrorisiert und demaskiert; es kommt zu sieben Selbstmorden, und nicht weniger als drei Menschen stellen sich dem freundlichen Detektiv ›Onkel Fred‹ als angebliche Briefschreiber. Der knallende Schlußeffekt: Madame Solange, alternde Witwe und Schloßherrin, Urheberin der Briefe, um von ihren eigenen Schwächen abzulenken, erschießt sich.

Der Doppeladler (L'aigle à deux têtes). Schauspiel in drei Akten. 1945. Uraufführung 3. Oktober 1946 durch das Hébertot-Ensemble in Brüssel, Théâtre des Galeries; im November in Paris. Deutschsprachige Erstaufführung am 25. Oktober 1947 im Schauspielhaus Zürich. — Die Königin, deren Gemahl in der Hochzeitskutsche ermordet worden ist, überläßt die Regierungsgeschäfte der Erzherzogin-Mutter und dem Polizeipräsidenten. Der Welt abgewandt, speist sie des Abends mit ihrem toten und unsichtbaren Gatten, bis ein junger Anarchist (in bayerischen Lederhosen) bei Donner und Blitz eindringt, um sie zu ermorden. Da er dem toten König ähnelt, verbirgt sie ihn vor den Verfolgern und läßt sich von ihm bekehren: zum Entschluß, künftig eine Volksregentin zu sein (zusammen mit ihm, die beiden ein ›Doppeladler‹), und zur Liebe. Zum Regieren ist es zu spät; zur Liebe sind die Umstände nicht geeignet: so bringen sie sich gegenseitig um, sich streitend, doch endlich in Liebe. — Cocteau schrieb diese pseudoromantische, pathetische Moritat (mit Anklängen an die historische österreichische Kaiserin Elisabeth) gegen »den Verfall des aktiven Theaters zugunsten eines Theaters der Worte und der Inszenierung«; er meinte, man könne seinen »Fanfarenweckruf übelnehmen und mit einem Melodrama verwechseln« — und wer könnte dies bei dieser monströsen Kolportage nicht?

Bacchus (Bacchus). Schauspiel in drei Akten. 1951. Uraufführung am 20. Dezember 1951 im Théâtre Marigny, Paris, mit Barrault als Kardinal; Regie: Cocteau. Deutsche Erstaufführung am 10. Oktober 1952, Düsseldorfer Schauspielhaus, mit Gustaf Gründgens als Kardinal; Regie: Gründgens. — In einer kleinen süddeutschen Residenz wird nach einem alten Brauch während der Weinlese ein ›Bacchus‹ gewählt, der eine Woche lang die Regierung übernimmt und Herr ist über Leben und Tod. 1523 erklärt man Hans, den ›Dorfidioten‹, zum Bacchus, weil er als harmlos und einfältig gilt — besser einen Narren zum König auf Zeit gemacht als einen der zahlreichen, geheimen Ketzer! Doch Hans entpuppt sich als Revolutionär gegen Adel und Kirche, als ›ein zweiter Luther‹ (den er freilich auch nicht billigt); er schafft die Steuern ab, treibt die Händler aus der Kirche, bemächtigt sich aber auch der Tochter des Herzogs. Seine Gegner, die bürgerlichen Kaufleute, wollen ihn verbrennen. Der römische Kardinal Zampi, ein weltkluger und weiser Mann, versucht, Hans vorm Scheiterhaufen zu retten, doch der weigert sich abzuschwören und wird von einem seiner glühenden Anhänger erschossen, damit der Kardinal Hans nicht »das Martyrium stehlen« kann. Der Kardinal, so kommentierte Cocteau, »erspart ihm einen zweiten würdelosen Tod und erwirkt dem Leichnam, kraft einer ›frommen Lüge‹, Ruhe in geweihter Erde. Das Stück ist durchaus untendenziös. Es zeigt nur, in welch schrecklicher Einsamkeit junge Menschen leben, die sich nur sich selbst verpflichtet fühlen und es ablehnen, sich den Richtlinien, gleichviel welcher Politik, zu fügen.«

Wer von einem Kardinal die Wahrheit verlangt, dem freilich muß Zampi doch als Dieb des Martyriums erscheinen, denn er behauptet, er habe den Widerruf von Hans in der Tasche. Cocteau heißt diese ›fromme Lüge‹ eines Kardinals gut, der die Reinheit im Herzen des Aufrührers erkannt hat; überzeugt davon, daß sein Stück »zum Ruhme der Kirche« geschrieben sei, will er »Gott endlich wieder mit der Intelligenz begaben, für die man den Teufel haftbar macht«. Neben Sartres zur gleichen Zeit entstandenem Stück ›Der Teufel und der Liebe Gott‹ ist dies ein Gaukelspiel mit religiösen, politischen und sozialen Themen — ernst gemeint, doch verprassend in einem Feuerwerk von Aphorismen; die unkontrollierbare Lust am Verblüffen triumphiert über die kontrollierte Argumentation.

Nach der Pariser Premiere schrieb François Mauriac, erregt über die Ketzereien in der Rolle des Hans und besorgt um das Seelenheil des Autors, einen offenen Brief an Cocteau, der nun Mauriac in seiner Erwiderung anklagte, »wenn schon ein guter Katholik, so doch ein schlechter Christ« und außerdem »ungebildet« zu sein, da alle von ihm beanstandeten Sätze historische Zitate seien.

Jean Anouilh: untröstlich und fröhlich

Wir können uns beleidigen, verraten, massakrieren unter mehr
oder weniger noblen Vorwänden, zu scheinbaren Größen auf-
blasen: wir sind komisch. Nichts
anderes — alle zusammen wie
wir gebacken sind, einschließlich derer, die wir unsere Helden nennen. Wenn doch die
Apostel der Verzweiflung, die
immer wieder die Schrecklichkeit
der menschlichen Existenz ergründen und uns daran hindern
möchten, uns im Theater zu
amüsieren, sich in das Unabän-
derliche fügen wollen: wir sind
komisch! Und das ist am Ende
noch schrecklicher als die grauenvollen Schilderungen unseres
Nichts.   Jean Anouilh

*Jean Anouilh.
Französische
Karikatur*

Wer diese Sätze Anouilhs zweimal langsam liest, der braucht über ihn
eigentlich sonst nichts mehr zu wissen: er hat ihn in einer Nußschale, diesen
Melancholiker, der das Spiel so hochschätzt, weil es imstande ist, den
Schmerz zu überspielen. Seinen ersten annehmbaren Erfolg als Dramatiker
hatte der Siebenundzwanzigjährige mit ›Der Passagier ohne Gepäck‹. Damals
1937, trug er Shaw und Pirandello ›zerlesen‹ in der Tasche, Claudel ›im
Herzen‹, und eine ›Siegfried‹-Aufführung von Jean Giraudoux schenkte dem
einsamen und ratlosen jungen Dramatiker den Abend, an dem er »plötzlich
verstand«. So begann er in der Nachbarschaft von Claudel, Shaw, Giraudoux
und Pirandello, dem er noch als Fünfzigjähriger mit seiner ›Grotte‹ durch
eine mindestens ebenbürtige szenentechnische Virtuosität gehuldigt hat.
Mehr und mehr jedoch ist Molière zu seinem Schutzpatron geworden: er
hat Personen, Muster-Szenen, ja die Kostüme Molières bewußt in seinen
Stücken zitiert und abgewandelt, und seine gelegentlichen Äußerungen über
Molière treffen alle auf ihn selber zu: »Irgendeiner hat einmal gesagt, ohne
an ihn zu denken, der Mensch sei ein untröstliches und fröhliches Lebewesen.
Und niemals hat jemand, indem er den Menschen charakterisieren wollte,
zwei treffendere Worte gefunden, um Molière zu charakterisieren.«

Untröstlich und fröhlich — das ist Anouilh. Er mag die Welt nicht, sie ist ihm zu schmutzig, und einen christlichen Himmel kann er nicht entdecken. Seine eigene dramatische Welt hat er mit einem ganzen Schwarm reiner junger Mädchen bevölkert, als wolle er die Schöpfung korrigieren — doch in den Stücken, die er die ›schwarzen‹ nennt, gehen sie alle unter, denn diese Trotzköpfe ihrer Ideale wollen das Unbedingte, das Absolute, und dies wird in der bedingten Welt der Kompromisse nicht geboten, außer im Tod. In seinen ›schwarzen‹ Stücken ist die Liebe ein Verhängnis, und sie führt ins Verhängnis. Nur in seinen ›rosa‹ Stücken triumphieren die Mädchen, aber dies ist ein recht trauriger Triumph, denn Anouilhs Welten in Rosa sind Possen oder Märchen.

Je älter Anouilh geworden ist und je mehr er sich Molière genähert hat, desto mehr ist seine Nachsicht gewachsen: seine Unbedingten, seien sie noch Mädchen oder nun auch Männer, nehmen tragikomische, wenn nicht gar komische Züge an, die Schwächen der Bedingten, der Lebenskompromißler, erscheinen verzeihlicher und das simple kreatürliche Glück des Alltags wird akzeptabler. In ›Majestäten‹ ist das Ideal des Absoluten, das der Jugend so naheliegt, dem Ideal des Möglichen gewichen, das der Jugend so billig erscheint und doch so unendlich viel schwieriger zu erreichen ist. Untröstlich ist Anouilh auch dann noch geblieben; kaum vermindert ist seine Verachtung der Gesellschaft, ihrer Ideologien und ihres Geldes, und noch immer ungestillt ist seine Sehnsucht nach der Unschuld. Aber auch fröhlich: er schreibt seine Tragödien, als seien sie Komödien, und seine Komödien sind geheime Tragödien. Er ist der traurige Dramatiker, über den man lacht — das ist, ein bißchen grob gesagt, sein ganzes Geheimnis. Nichts wäre falscher, als seine Dialoge und Handlungen unentwegt auf ihre Philosophie abzuhorchen: daß er aus seinen untröstlichen Gedanken fröhliche Spiele macht — das ist seine Philosophie.

Er schreibt seine Spiele für das Boulevard-Theater, das — ohne irgendwelche Subventionen — unter dem Gesetz der Abendkasse steht. Wer gezwungen ist, sich der Kasse zu unterwerfen, der muß die Gesetze der Unterhaltung kennen, um sich dennoch zu behaupten. Anouilh kennt sie nicht nur, er spielt auch mit ihnen, und das hat ihn zu einem der meist aufgeführten Dramatiker des 20. Jahrhunderts gemacht, auf der Bühne und auf dem Bildschirm, der nach geistreichen Dialogen hungert. »Ich bin ein guter Stückefabrikant«, schrieb er, »und schäme mich gar nicht, ein Handwerker zu sein. So amüsiere ich an die zwanzig Jahre mein gutes Pariser Publikum: ich liefere den Schauspielern einen Vorwand, auf den Brettern den Hanswurst zu machen, und jeden Abend können fünf- oder sechshundert Personen ihren Alltagskram vergessen. Während dreier Stunden die Menschen ihr Schicksal und den Tod vergessen zu machen, das ist ein gutes, ein nützliches Handwerk, man braucht sich gar nicht noch weiter zu ›engagieren‹.« Dieses Selbstbekenntnis wird ihm manchmal wie eine Keule an den Kopf geworfen — als ob es nicht untertrieben sei!

Auf dem Montmartre, im ›Théâtre de l'Atelier‹, das André Barsacq (geboren 1909) von Charles Dullin (1885—1949) übernommen hatte, sind von 1941 bis 1951 Jean Anouilhs Stücke uraufgeführt worden. Barsacq, aus der Schule von Dullin und Jacques Copeau (1879—1949), ist ein Mann des Schauspieler-Theaters, des eleganten und präzisen Sprechens, des pantomimischen Ausdrucks und der tänzerischen Beschwingtheit. Dieser Stil entspricht vollkommen den Spielwerken Anouilhs: seine tänzerische Stilisierung der Sprache und der Figuren erfordert ebensoviel Distanz wie Vitalität. »Je mehr unsere Figuren äußerlich wie Marionetten aussehen«, so schrieb er, »desto mehr fordern wir, daß sie ›Charakter‹ haben, so widersprechend das auch scheinen mag.« Die Distanz der ›Marionette‹ — das ist der Anteil der Posse, der Enthüllungen und Maskeraden jenseits der Rampe. Die Nähe des ›Charakters‹ — das ist der schlicht menschliche Anteil, die über die Rampe springende Vitalität. Anouilh hat diesen scheinbaren Widerspruch von Marionette und Charakter, von Distanz und Nähe immer wieder gelöst und damit die Wirklichkeit des chaotischen Lebens aufgenommen in die Wahrheit des geordneten Spiels, und dies ist sehr viel mehr als drei Stunden schieres Amüsement.

Anouilh ist Sohn eines Schneiders und einer Violinspielerin. Seine Vorfahren stammen aus Cerisols, einem kleinen Dorf in Andorra, dessen sämtliche Einwohner — rund fünfzig — Anouilh heißen. Louis Jouvet (1887 bis 1951), der große Schauspieler und Regisseur, dessen Sekretär Anouilh eine Zeitlang gewesen ist, hat sein dramatisches Talent nicht erkannt, wohl aber Colette, die Schriftstellerin (1873—1954). Oft ist Anouilh Mitregisseur, manchmal Regisseur seiner Stücke. Seine Pariser Premieren sieht er sich aus dem Souffleurkasten an oder von der Galerie.

Er ist verschlossen und lebt zurückgezogen: »Ich habe keine Biographie, darüber bin ich sehr froh. Ich bin am 23. Juni 1910 in Bordeaux geboren, kam sehr jung nach Paris, besuchte die Mittelschule Colbert, dann das Collège Chaptal. Ein und ein halbes Jahr studierte ich in Paris Rechtswissenschaften. Zwei Jahre verbrachte ich in einem Verlagshaus, wo ich Unterricht in Präzision und Scharfsinn nahm, wodurch ich dem Studium der Dichtkunst verfiel. Nach ›Der Hermelin‹ (1932) habe ich beschlossen, mich ausschließlich dem Theater und nebenher dem Film zu widmen. Das war eine Torheit, aber ich habe trotzdem gut daran getan, sie auszuführen. Mit dem Journalismus habe ich nichts mehr zu tun, und was den Film anbelangt, so habe ich nur ein oder zwei Possen und einige Singspiele auf dem Gewissen, die in Vergessenheit geraten und nicht signiert sind. Über den restlichen Teil meines Lebens — soweit der Himmel mir die Entscheidung darüber überläßt — behalte ich mir alle Einzelheiten vor.«

Meinungen: »Für ihn ist die Inszenierung Teil eines Ganzen — was auf der Bühne geschieht, folgt nicht auf den geschriebenen Text, sondern ist selbst Teil des Textes, des Stückes, das, kaum begonnen, für Anouilh bereits über die Bühne geht. Das Künstliche ist ihm verhaßt. ›Hüten wir uns vor guten Einfällen!‹ meint er oft. Von allem Anfang an weiß er, was auf der Bühne geschehen wird. Wenn wir über Personen der Handlung sprechen und ihr Verhalten in einem bestimmten Augenblick, höre ich ihn nur zu häufig sagen: ›Seltsam — damals ist er ruhig dagesessen...‹«: Roland Piétri, Freund Anouilhs und Regisseur seiner späteren Stücke. — »In seinen besten Komödien erreicht Jean Anouilh die rätselhafte Poesie shakespearescher Komödien... Das Wirkliche wird zwar durchaus dargestellt, wie es ist, aber zugleich auch, wie es gesehen werden könnte, wenn man nur den Blickpunkt verändert. Aus solcher Doppelbödigkeit blüht Poesie. Sie verfeinert die Welt, nicht indem sie sie verschönt, sondern indem sie sie enthüllt. Sie verfeinert Geist und Sinne, mit denen wir sie betrachten. Sie versetzt uns selbst auf jenen doppelten Boden, auf dem sich das Entzücken mit der Melancholie vermischt«: Siegfried Melchinger. — »Anouilh neigt dazu, sich zu überschätzen. Wenn er mit den hohlen Kugeln der Jahrmarktsathleten arbeiten kann, fällt es nicht auf. Gerät er indes an wahrhaft schweres Gewicht, bricht er schnell zusammen. Diese Peinlichkeit kennzeichnet fast alle seine sogenannten ›schwarzen‹ Stücke. Hat er jedoch als ›rosafarbner‹ Autor das Glück, eine wirkliche Lustspielfigur zu finden, wie den General Quixotte, dann bezaubert er mit seinem Fund, und man übersieht gerne die Schwächen seiner beeilten Hand«: Walter Kiaulehn. — »Immer wieder ist das Theater nicht nur Medium, sondern zugleich auch Gegenstand seiner Dichtung. Immer wieder ist ihm die Kulisse nicht Abbreviatur der Welt, sondern Zeichen ihrer selbst, der kleinen, aber als Abbildungsbereich der ›großen‹ so umfassenden Welt des Theaters. Im Theatermenschen, im Komödianten, liegen verkürzt alle Möglichkeiten des Menschen überhaupt. Das macht ihn für Anouilh interessant...«: K. H. Ruppel. — »Ich mag es, wenn Anouilh von einem Gegenstand, einem Stuhl z. B. sagt: ›Er ist sehr gut, er ist wirklich sehr tüchtig‹, als handele es sich um einen Schauspieler. Recht hat er, denn dieser kleine Stuhl muß seine Rolle spielen«: Jean-Denis Malclès, Bühnenbildner Anouilhs. — »Er folgt dem christlichen Gebot, das auch das der Dichter ist. Er liebt seine Feinde«: Erich Kästner, 1946.

Der Passagier ohne Gepäck (Le voyageur sans bagage). Schauspiel in fünf Bildern. 1936. Uraufführung 17. Februar 1937, Paris, Théâtre des Mathurins, durch Georges Pitoëff. Deutschsprachige Erstaufführung 1937 in Wien. Deutsche Erstaufführung 1946 im Volkstheater, München. — Gaston hat im Krieg sein Gedächtnis verloren; als er mit 36 Jahren die Anstalt verläßt, in die man ihn achtzehn Jahre vorher eingeliefert hat, beanspruchen diesen ›lebenden unbekannten Soldaten‹ rund vierhundert Familien, die alle hinter seinem Vermögen her sind. Gaston ist mit dem Menschen, der er vor seinem Gedächtnisverlust gewesen ist, moralisch nicht mehr identisch: angeekelt erfährt er, daß er ein Tierquäler, Betrüger und Totschläger gewesen ist, ein ›gräßliches Individuum‹. Mit diesem ›Charles‹, seiner ersten Lebenshälfte, will Gaston, die zweite Lebenshälfte, die in der Anstalt bei der Salat- und Parkettpflege entstanden ist, nichts mehr zu tun haben. ›Charles‹ und ›Gaston‹, das sind zwei verschiedene Menschen, die nur den Körper gemeinsam haben. Mit medizinischen und psychologischen Begriffen kommt man diesem Fall (und diesem Stück) nicht näher; er ist kein wissenschaftlicher ›Fall‹, sondern ein dramaturgischer Einfall: ein Pirandello-Streich, (wie ihn Pirandello verübt hat in ›Wie du mich willst‹); ein Gedankenspiel. Dieses Gedankenspiel hat Gaston die Unschuld eines neugeborenen Kindes geschenkt — ein Geschenk, das niemals von der Realität, immer nur von der Phantasie gemacht werden kann. Der durch einen Gnadenakt der Phantasie gereinigte und neugeborene ›Gaston‹ schaudert vor ›Charles‹, vor dem Schmutz und der Roheit der Welt: »Ich bin ein Mann, und ich kann doch, wenn ich will — neu sein wie ein Kind! Es wäre ein Verbrechen, dieses Privilegium nicht auszunützen. Ich lehne euch ab.« Gaston kann seine Reinheit nur bewahren, wenn er das Gepäck seiner Vergangenheit, sobald er es wiederfindet, bewußt wegwirft. So verleugnet er seine richtige Familie und bekennt sich zu einem kleinen Jungen, der ihn zwar auch aus materiellen Gründen benötigt, dies jedoch in schönster Unschuld; überdies ist auch der Junge ohne Familie und wird nun groteskerweise Gastons Onkel — lachend grüßen die beiden das Publikum. So heiter der Schluß dieses ›schwarzen‹ Stückes erscheint, er enthält eine bittere Pointe: nur in der Posse ist Gastons Unschuld zu bewahren. Und schon der Eintritt in die possenhafte Welt des Knaben, diese erste Hilfe, die Gaston der Unschuld praktisch leistet, muß mit dem Betrug einer abgeleugneten und einer vorgetäuschten Verwandtschaft bezahlt werden. Gaston, der nur durch eine Pathologie unschuldige Erwachsene, als betrügerischer Neffe eines kleinen Jungen — dies die Schlußpirouette in einem ironisch-satirischen Ballett des Bösen; nicht des absolut Bösen, sondern des üblichen Schmutzes der Welt. Anouilhs Tanz ist anmutig, sein Gelächter jedoch nicht ohne Hohn.

Das Rendezvous von Senlis (Rendez-vous à Senlis). 1937. Uraufführung
Januar 1941, Théâtre de l'Atelier, Paris, durch André Barsacq. Deutsch am
12. Juni 1947 in den Kammerspielen Bielefeld. — Georges träumt von einem
›echten Leben‹: er besäße gern einen Vater, der ein charmanter Herr, ein
Kamerad und großer Bruder zugleich wäre, und eine Mutter und einen
richtigen Freund. Er muß das ›echte Leben‹ als eine Posse spielen: in Senlis
mietet er ein Haus, engagiert zwei Schauspieler und instruiert sie genau,
wie sie ihm seine Traum-Eltern vorzuspielen haben. Er führt einen grotesken Kampf mit der Eitelkeit und Borniertheit der Komödianten, die hier
Rollen ohne Text zu spielen haben und aus ihrem privaten Fundus nicht
schöpfen können, denn auch sie sind von idealen Eltern weit entfernt. Das
Leben ohne Betrug ist für Georges nur durch den Betrug des Theaters möglich. Diesem Akt einer Scheinwelt des anständigen Lebens folgt ein Akt der
zynischen Selbstentblößung: Robert, in der Traumwelt das Muster eines
Freundes, haßt Georges und überläßt ihm doch mit der Moral eines Zuhäl-
ters seine Frau als Geliebte; Georges' Eltern haben ihn, um sich vorm Bankrott zu bewahren, zur Heirat mit einer reichen, ungeliebten Frau gezwungen, und Georges mit seiner Sehnsucht, treu zu sein, betrügt doch diese
Frau mit der Frau seines Freundes und will nun in Senlis beide mit Isabelle
betrügen, für die er seine noble Traum-Familie inszeniert hat. Im dritten
Akt prallen die beiden getrennt vorgeführten Welten zusammen, und in
das Spiel kommt ein neues Element, das allein das gemäßigte Glück des
Schlusses ermöglicht: zur schmutzigen Realität und zur künstlich geschaffenen Illusion der Reinheit tritt die Realität der Reinheit, Isabelle, das zarte
und intelligente junge Mädchen. Sie wird fertig mit dem Haß der realen
Welt, mit der Lüge der Scheinwelt und — das schwierigste — mit dem Selbsthaß und der Mutlosigkeit Georges'. Die Schmarotzer werden aus Senlis vertrieben, Isabelle konstatiert: »Das Glück hat immer etwas Schreckliches« —
das ist klar, skeptisch und realistisch. Mit einer ironischen Geste setzt der
Komödiant Anouilh noch rasch die Komödianten-Eltern an den Familien-
tisch: er ist am Ende des ›rosa‹ Stückes doch fast der richtige geworden.

Antigone (Antigone). 1942. Uraufführung 4. Februar 1944 in Paris, Théâtre
de l'Atelier. Deutsche Erstaufführung am 30. März 1946 in Darmstadt. —
Die ›Antigone‹ des Sophokles (um 422 v. Chr.), in die Gegenwart versetzt und neu gedeutet. Ein ›Sprecher‹, (mit den kartenspielenden Wächtern)
der Ersatz für den antiken Chor, wendet sich erläuternd an das Publikum,
leitet und unterbricht kommentierend die Vorführung der Geschichte von
Antigone im Konversationsstil und im Gewand der Gegenwart: der Ausgang liegt von Anfang an so fest wie die ›Rollen‹, die nun von den Beteilig-

›Antigone‹ von Jean Anouilh. Bühnenentwurf von Rudolf Schulz für Erich Fritz Brücklmeiers Inszenierung am Landestheater Hannover, Ballhof, 1946

ten ausgefüllt werden müssen — schon mit dem ersten Satz des Sprechers »Also diese Damen und Herren werden vor Ihnen die Geschichte der Antigone spielen« ist der in der Geschichte enthaltene Untergang als ein festgelegtes Schicksal, ein in den Personen begründetes Fatum, ausgesprochen. Antigone wird von ihrer Forderung, ihren im Kampf gegen den Staat gefallenen Bruder beerdigen zu dürfen, nicht ablassen, und der Staatschef, ihr Onkel Kreon, wird nicht davon ablassen, diese Beerdigung aus Gründen der Staatsraison zu verbieten. Kreon versucht mit allen Mitteln, seine Nichte Antigone von der Richtigkeit seines Standpunktes zu überzeugen, sie von ihrem Vorsatz mit Vernunftgründen abzubringen und damit für das Leben zu retten, doch Antigone, da sie Antigone ist, bleibt keine Wahl: »Ich bin nicht da, um zu verstehen. Ich bin da, um dir ein Nein entgegenzusetzen und zu sterben.«

Das Stück, während des Krieges in dem von den Deutschen besetzten Paris uraufgeführt, ist von beiden Parteien politisch mißdeutet worden: es ist weder — durch Kreon — eine Rechtfertigung der faschistischen Staatsgewalt, noch ist Antigone die Rechtfertigung der französischen Résistance. Individualismus und Ordnungsprinzip sind bei Anouilh gleichwertig und in ihrer durch Antigone und Kreon verkörperten Übersteigerung unvereinbar. Die todessüchtige Antigone geht für ein abstraktes Reinhaltsideal zugrunde, denn nur im Tod kann sie die bleiben, die sie ist, und der lebenstüchtige Kreon, der nur als Praktiker der Macht der bleiben kann, der er ist, muß die unausweichlichen, furchtbaren Folgen des Machtgebrauchs erleben. Antigone erhängt sich; Hämon, ihr Verlobter und der Sohn Kreons, tötet sich angesichts seines Vaters mit seinem Degen; die Königin, Kreons Frau, durchschneidet sich den Hals; Kreon bleibt allein: »Sie sagen, es sei eine schmutzige Arbeit. Aber wer soll sie tun, wenn man sie nicht tut?« Das irdische Leben der Erwachsenen ist notwendig ›schmutzige Arbeit‹, Kompromiß und Lüge, auch dann, wenn man wie Kreon versucht, »die Ordnung dieser Welt etwas weniger sinnlos zu gestalten«. Wer wie die junge Antigone daran nicht teilnehmen, nicht erwachsen werden und sich seinen kindlichen Traum von der Reinheit des irdischen Daseins bewahren will, dem bleibt nur der Tod — dies ist Anouilhs pessimistischer Befund. Er hat die antike tragische Fatalität durch Psychologie und modernen Stil nicht aufgehoben, sondern bestätigt — dies freilich unter einem gegenwärtigen, götterlosen Himmel ohne jeden jenseitigen Trost.

Einladung ins Schloß oder Die Kunst, das Spiel zu spielen (L'invitation au château). 1947. Komödie in vier Bildern. Uraufführung 1947, Théâtre de l'Atelier, Paris, durch André Barsacq. Deutsche Erstaufführung am 7. Januar 1948, Staatstheater München. Ins Englische übersetzt und bearbeitet von Christopher Fry: ›Ring round the moon‹. Deutsche Fassung von Helmut Käutner unter dem Titel *Schloß im Mond*. — Zwillinge, äußerlich gleich, innerlich verschieden: Horace, ein zynischer, kalter Weltmann, und Frederic, ein stiller, sanfter Träumer — zwei entgegengesetzte Rollen: eine Doppelrolle für einen Schauspieler. Horace lädt ein ins Schloß zu einem Ball, um Frederic von seiner unglücklichen Liebe zu Diana, der Tochter eines Finanz-

›Einladung ins Schloß‹ von Jean Anouilh. Bühnenbild von André Barsacq für seine Inszenierung der Uraufführung am Pariser Théâtre de l'Atelier, 1947

mannes, zu heilen; seine Waffe gegen Diana ist Isabelle, die kleine, herzens-gute Tänzerin – sie soll Frederic bezaubern, doch sie liebt längst ihn, Horace. Das Finanzgenie Messerschmann, der Isabelle enorme Summen bietet, falls sie das Feld seiner Tochter Diana überläßt, scheitert mit seinem Geld an der Tugend Isabelles: sie läßt sich nicht für etwas bezahlen, zu dem sie ohnehin entschlossen ist. Die elegant verwickelten Intrigen werden von der Schloß-herrin zum guten Ende gebracht: Frederic bekommt doch Isabelle, und Ho-race bekommt Diana. Der Reiche, der arm, aber anständig werden will, wird für seinen Reichtum dadurch bestraft, daß er noch reicher wird. – In dieser graziösen Komödie, die alle Spielarten der Ironie durchtanzt, blitzen immer wieder Anlässe zu ernsten Dramen auf – Anouilh zeigt sie und läßt sie gelassen fallen. Er hat gestanden, daß er an diesem leichtfüßigen Wirbel Jahre gearbeitet hat, während ihn seine Varianten antiker Tragödien immer nur wenige Wochen gekostet haben. »Seit Goldoni lacht kein Mensch mehr über Zwillinge«, heißt es im Stück; seit diesem Anouilh, hier erstmals un-verkennbar in der Molière-Tradition, wird über Zwillinge wieder gelacht.

Jeanne oder Die Lerche (Jeanne ou L'alouette). Schauspiel in zwei Teilen. 1953. Uraufführung am 16. Oktober 1953 im Théâtre Montparnasse-Gaston Baty; Regie: Jean Anouilh, Roland Piétri. Deutsche Erstaufführung 15. Dezember 1953, Städtische Bühnen, Frankfurt. – Vorgeführt wird die Geschichte der Jungfrau von Orleans (1431 in Rouen verbrannt und 1920 heiliggesprochen) als bewußtes Spiel: die Darsteller in angedeuteten histori-schen Kostümen, Johanna in neutraler Männerkleidung, erwarten, auf Bänken sitzend, ihren Auftritt. Während des Prozesses in Rouen werden die wich-tigsten Stationen aus dem Leben Johannas dargestellt. Als sie verurteilt ist und der Scheiterhaufen schon brennt, erinnert man sich, daß man den Höhe-punkt ihres Lebens nicht gezeigt hat und holt ihn als »das wahre Ende der Geschichte unserer Jeanne« nach: die Krönung von Reims – »das ist die Lerche hoch im Himmel, das ist Jeanne zu Reims in ihrem Glanz und Ruhm ... Das wahre Ende der Geschichte Jeannes ist fröhlich«.

Soviel Ironie hier mitschwingen mag, auf eine unbeschreibliche, fast un-begreifliche Weise fröhlich ist das ganze Stück, eine Legende des Lächelns und des Lachens, selbst dort, wo Bitterkeit und Trauer das Geschehen be-stimmen. Der Zauber geht von der Musikalität des Dialogs aus, der noch das Härteste in Heiterkeit faßt, Skepsis in Lyrik, Lyrik in Witz, Witz in Schwermut, Schwermut in Anmut, und von Jeanne, dem schönsten der vielen unschuldigen Mädchen, die Anouilh auf die Bühne gebracht hat. Sie ist nicht pathetische Heldin, nicht irrationale Heilige, nicht leidende Mär-tyrerin, sie setzt schon durch ihre schlichte Anwesenheit die Richter ins

Unrecht — eine klare Stimme aus dem Herzen, die gegen die Stimmen der Ankläger darauf besteht, daß der Mensch das größte Wunder Gottes ist: »Er stirbt rein und verklärt. Und lächelnd empfängt ihn Gott. Denn er hat zweimal wie ein Mensch gehandelt, indem er das Böse und das Gute tat. Und gerade für diesen Gegensatz hat ihn Gott erschaffen.« Indem Jeanne Mut hat zu sich selber, zu ihren ›Stimmen‹, die ihre eigene Stimme sind, macht sie dem einzelnen Mut, gegen alle Mächte der Welt er selber zu sein. Mit dieser Jeanne spricht der dreiundvierzigjährige Anouilh, der gelernt hat, das Böse als einen Teil des Menschlichen zu betrachten, und der den Weg vom Ekel vor der Welt zum Erbarmen auch mit dem erbärmlichsten Menschen gegangen ist.

Ornifle oder Der erzürnte Himmel (Ornifle ou Le courant d'air). 1955. Uraufführung 3. November 1955 in der Comédie des Champs Elysées mit Pierre Brasseur. Deutsche Erstaufführung 28. Dezember 1955 im Schloßpark-Theater, Berlin, mit Martin Held, und im Staatstheater Stuttgart, mit Paul Hoffmann. — Don Juan, modernisiert (Don Juan ist erfunden von Tirso de Molina, 1617). Ornifle ist ein ehemaliger Dichter, jetzt groß verdienender Revue-Texter, der sein Herz für den Genuß verkauft hat und einer anständigen Tat höchstens noch zum Amüsement fähig ist. Mit beispiellosem Zynismus fertigt er gleichzeitig ein frommes Kinderlied und ein frivoles Chanson an, charmiert er gleichzeitig eine Pulloverschönheit und einen Pater. Dieser sexuelle Großunternehmer lebt nur für das Vergnügen; Gott hat für ihn im großen Spiel den ersten Stich gehabt, er spielt nun den zweiten nach seinem Geschmack aus, und wenn er auch weiß, daß Gott alle Asse hat, so kümmert es ihn doch wenig, wann sie den letzten Stich gewinnen werden. Als ein junger Mann erscheint, der Sohn einer seiner verlassenen Geliebten, um seine Mutter zu rächen und seinen Vater zu erschießen, geniert sich Vater Ornifle sofort nach dem ersten Schreck nicht, unverzüglich der Braut des Sohnes nachzustellen (die bei der Uraufführung von Anouilhs Tochter Cathérine gespielt wurde). Von einem Pater muß Ornifle erfahren, daß sogar zum bloßen Vergnügen mehr als Materialismus gehört, und wenn er auch vor nichts mehr Angst hat als davor, bemitleidet zu werden, so muß man nach seinem Tod — Herzschlag bei einem Blitzschlag vor einem geplanten Abenteuer — Mitleid mit ihm haben: er geht zwar in guter Laune, aber er geht doch an sich selbst und ohne es zum rechten Genuß gebracht zu haben, zugrunde. Daß er seiner Umwelt überlegen erscheint, liegt nur daran, daß seine Umwelt noch nichtiger ist als er: sie bringt nicht einmal den Mut zur Einsicht in die eigene Nichtigkeit und den Charme seiner Selbstironie auf.

Der arme Bitos oder Das Diner der Köpfe (Le pauvre Bitos ou Le dîner des têtes). Uraufführung 10. Oktober 1956 im Théâtre Montparnasse. Deutsche Erstaufführung 21. Dezember 1961 im Schloßpark-Theater, Berlin. — In einer französischen Provinzstadt wollen ehemalige Schulkameraden dem Staatsanwalt Bitos, ihrem einstigen Mitschüler und einstigen Mitkämpfer in der Résistance, eine gründliche Lektion erteilen; er hat sich durch seine Erbarmungslosigkeit bei der Verfolgung von Kollaborateuren verhaßt gemacht.

›Der arme Bitos‹ von Jean Anouilh. Bühnenskizze von Franz Mertz für Heinrich Kochs
Inszenierung an den Städtischen Bühnen Frankfurt, 1962

Bei einem ›Diner der Köpfe‹, zu dem alle die Perücke einer Gestalt der Französischen Revolution tragen, erscheint Bitos im Kostüm Robespierres. Es wird auf ihn — zum Spaß — geschossen; er fällt in Ohnmacht und träumt, er sei Robespierre in der Todeszelle, vor seiner Hinrichtung. Wie an Robespierre, dem ›Unbestechlichen‹, der die Tugend selbst zu verkörpern meinte und unzählige blutige Opfer für sie forderte, wird an Bitos die Unmenschlichkeit der verabsolutierten Tugend bloßgestellt. Dies freilich geschieht durch eine hämische Bande, und Anouilh zeigt nicht nur, daß der selbstgerechte Tugendbold moralisch noch unter diesen Hämischen steht, sondern auch, daß er in dieser seiner schrecklichsten Erniedrigung doch noch immer ein Mensch ist, bedürftig des Mitleids. Nur ein junges Mädchen fühlt mit ihm — und an ihr wird sich Bitos, sollte er einmal dazu fähig sein, zuerst rächen.

»Anouilh sagt nicht, daß sein Doppelheld (Robespierre-Bitos) ungerecht sei«, kommentierte Wolf Jobst Siedler, »er zeigt, daß die konsequente Gerechtigkeit Hekatomben von Opfern fordert. Er demonstriert, daß die Tugend inhuman ist. Er gibt die anrüchige Moral bekannt, daß die menschliche Zivilisation von der Ermüdbarkeit der Nerven, von der Nachsichtigkeit des Denkens, von der Weitherzigkeit des Gefühls, vom vorsichtig dosierten Egoismus lebt.« Anouilh hatte es gewagt, die Unmenschlichkeit der absoluten Prinzipientreue, des ideologischen Fanatikers ausgerechnet an einem Staatsanwalt zu demonstrieren, der (durchaus nach dem Gesetz) Kollaborateure anklagt, und diesen Staatsanwalt überdies noch mit den Prinzipien Robespierres identifiziert – dies ergab wütende Angriffe der Pariser Presse aller Richtungen und bei der Pariser ›Générale‹ einen ungeheuren Skandal. Der Filmregisseur H. G. Clouzot berichtete darüber:»Als der Vorhang nach dem ersten Akt gefallen war, drehte ich mich zum Parkett: ich sah 300 Bitos' hinter mir, kreideweiß vor Wut. Hätte man ihnen Maschinengewehre geliefert und ihnen von vornherein Straffreiheit zugesichert, sie hätten Anouilh auf der Stelle im Hof des Theaters erschossen.« Fünf Jahre lang gab Anouilh das Stück für Aufführungen im Ausland nicht frei.

General Quixotte oder Der verliebte Reaktionär (L'Hurluberlu ou Le réactionnaire amoureux). Uraufführung 5. Februar 1959 in der Pariser Comédie des Champs-Elysées. Deutschsprachige Erstaufführung 6. Mai 1959 im Wiener Theater in der Josefstadt. – Ein pensionierter General, der auf dem Lande lebt, tobt sein Mißvergnügen an den Zuständen in Frankreich durch einen unerschöpflichen Vorrat nationaler und reaktionärer Phrasen, aber auch mit höchst witzigen Formulierungen aus und zettelt eine lächerliche Verschwörung an. Er rief 1959 beim französischen Publikum einige Gedankenverbindungen an General de Gaulle hervor wie sein Gegenspieler Mendigalès an den französischen Politiker Mendès-France, doch hat Anouilh kein Tendenzstück geschrieben, sondern eine Tragikomödie, eine freie Variation über Molières ›Misanthrope‹, mit aktuellen, zeitsatirischen Anzüglichkeiten. Der junge, fortschrittliche Mendigalès hat mit seinen Argumenten zweifellos die Zukunft für sich, aber er weist so viele egozentrische, snobistische, herzensrohe Züge auf, daß er ausgesprochen unsympathisch wirkt, und der alte General mit seiner Verschwörung, die die ›Würmer‹ in Frankreich beseitigen und eine hoffnungslos veraltete Gesellschaftsordnung wiederherstellen soll, ist zweifellos ein phrasendreschender Reaktionär, aber, wie schon der Untertitel à la Molière sagt, ein ›verliebter‹, also ein menschlich gesehener, und da er überdies scheitert – mit seiner Verschwörung und mit seiner Liebe zu seiner sehr jungen Frau – wirkt er ausgesprochen sympathisch. Was selbstverständlich nicht heißt, daß nun die reaktionäre Haltung sympathisch würde – sympathisch wird nur dieser verliebte Reaktionär. Er ist es noch dann, wenn er das ›Theater von morgen‹ ablehnt: »Was soll das sein, Theater von morgen? Schön, dann komme ich morgen wieder« — Anouilh hat hier eine hurtige, eher liebenswürdige als boshafte Parodie auf den Ionesco-Beckett-Stil eingebaut. Abermals nimmt Anouilh den Menschen wichtiger als das, was dieser Mensch denkt: der alternde, vereinsamte General ist tragikomisch, wie reaktionär er im übrigen auch sein mag.

Becket oder die Ehre Gottes (Becket ou L'honneur de Dieu). Schauspiel in vier Akten. Uraufführung 1. Oktober 1959 im Théâtre Montparnasse, Paris, inszeniert von Roland Piétri und Anouilh. Deutschsprachige Erstaufführung 22. Oktober 1960 im Wiener Burgtheater. — England im 12. Jahrhundert; die seltsame Freundschaft zwischen König Heinrich II., einem Normannen, und Thomas Becket, einem angelsächsischen Intellektuellen, dem Sauf- und Luderkumpan seiner Jugend, der statt ›Ehre‹ nur eine Leere in sich fühlt, bis ihn der König zum Erzbischof von Canterbury macht und Becket nun ›die Ehre Gottes‹ als seine eigene Sache empfindet: sein Gewissen und die Pflicht seines Amtes, alle Gläubigen zu schützen, stehen ihm höher als Dank und Freundschaft. Becket wird in der Kathedrale von Canterbury von den Vasallen des Königs ermordet (T. S. Eliots ›Mord im Dom‹ von 1935 und Christopher Frys ›König Kurzrock‹ von 1961 behandeln den gleichen Stoff), und der König muß sich doch der ›Ehre Gottes‹ unterwerfen; er kniet vor Beckets Grab im Dom und läßt sich von Mönchen geißeln. (Dies zu Beginn und am Schluß, das Stück ist eine Art Rückblende.) Den Verlust des Freundes wird er nie verwinden.

So schwer der verschlossene Becket mit seinem plötzlichen Sprung vom Lebemann zum Gottesmann zu begreifen ist, so leicht der König, die faszinierendste Figur dieses mit Witz und Psychologie virtuos instrumentierten Schaustückes einer tragischen Freundschaft, dem die historischen Konflikte zwischen weltlicher und geistlicher Macht, England und Frankreich, Normannen und Angelsachsen, untergeordnet sind. Becket wächst sich aus zu einem jener kompromißlosen und darum zum Tode bestimmten Menschen, die in den frühen Anouilh-Stücken meist junge Mädchen gewesen sind, doch Heinrich, der dem Absoluten abgeneigte Mensch, ist in all seiner Wüstheit mit nachsichtiger Sympathie gezeichnet, und die Freundschaft, unzerstörbar durch politische Geschäfte, ja nicht einmal zerstörbar durch die Ermordung des Freundes, behält in der Totenklage Heinrichs das letzte Wort — in dieser Historie siegt der private Konflikt über das Historische.

Majestäten (Foire d'empoigne). Uraufführung 14. Mai 1960 in Den Haag. Deutsche Erstaufführung 16. Juli 1960 bei den Ruhrfestspielen in Recklinghausen. — Napoleon kehrt von Elba zurück, keineswegs aus politischen Gründen; er weiß, daß er bald wieder scheitern wird, er will sich nur einen besseren Abgang verschaffen: die Hundert Tage betrachtet er lediglich als Theatercoup. Ludwig XVIII. (vom gleichen Schauspieler wie Napoleon gespielt) kehrt aus der Emigration zurück, gefräßig und urvernünftig, der eigentliche Held des Stückes. Er weigert sich, Frankreich zu ›säubern‹, zu entnapoleonisieren; er meint: »Ich kann nicht nur der König der Handvoll Leute sein, die mir treu geblieben sind«, und er schluckt alles, was Napoleon an sinnvollen Einrichtungen geschaffen hat. Er schluckt sogar den mehr als windigen Fouché, den perfekten, hocheleganten Zyniker, der insgeheim darunter leidet, daß er noch nie geliebt worden ist: »Ich brauche die Kanaille nämlich noch.« Bittere Anmerkungen zu Kollaboration, Résistance, Emigration und Säuberung. Der idealistische, reine junge Mensch, von Anouilh sonst in den Tod geschickt, wird hier in die Ehe entlassen. Er ist der Sohn Fouchés, will immerfort für Napoleon, für ein Absolutes, sterben, doch Napoleon ist dieser Idealismus lästig (er zieht käufliche Seelen vor, denn sie sind berechenbar), und König Ludwig empfiehlt dem Jungen dringend »nach Hause zu gehen, und wenn er ein nettes Mädchen findet, heiraten, Kinder haben, im Beruf seinen Mann stehen ... das allein ist schon ein ganzes Abenteuer«. Napoleons Abschiedswort: »Erzählen Sie Ihren Kindern nicht zuviel von Idealen, das ist kein Gepäck fürs Leben« ist wie ein Echo auf Ludwigs Satz: »Und wenn Ihnen einer sagt, die Jugend braucht ein Ideal, dann ist er ein Dummkopf. Sie hat eines, das ist sie selbst und die wunderbare Vielfalt des Lebens, des eigenen, persönlichen, des einzig wahren Lebens.« — Anouilh feiert nicht mehr den trotzig-tragischen Untergang, er feiert die praktische Vernunft. Sein Held ist der Bürger; sein Abenteuer: in der von machthungrigen Zynikern und bornierten Idealisten vermurksten Welt das Ideal des eigenen und persönlichen Lebens zu verwirklichen.

Die Grotte (La grotte). Uraufführung im Oktober 1961 im Théâtre Montparnasse, Paris. Deutschsprachige Erstaufführung im Mai 1962 im Akademie-Theater des Wiener Burgtheaters. — Die Bühne, um die Jahrhundertwende, ist waagrecht zweigeteilt; unten, in der ›Grotte‹, hausen die Dienstboten, oben wohnen die Herrschaften. Der Autor, auf der Bühne, wendet sich an das Publikum, erklärt die Situation — unten ist die Köchin ermordet worden »unter Begleitumständen, die nie ganz klar waren, selbst für mich nicht« — und behauptet: »Dieses Stück konnte ich einfach nicht zu Ende schreiben.« (Er erinnert, jeden Einwand vorwegnehmend, an Pirandello — ›Sechs Personen suchen einen Autor aus dem Jahre 1921 –, und meint, »daß offenbar auch er Schwierigkeiten hatte mit seinen Stücken, der gute Pirandello.«) Der Autor probiert mit den Schauspielern Szenen aus, kommentiert sie, belustigt sich über Kritiker, Theaterdirektoren, sich selbst und geht dabei der Frage nach: Wer hat die Köchin ermordet? Eine grauenvolle Geschichte wird ans Licht gebracht: die Köchin hat (vom Grafen, ›oben‹) einen unehelichen Sohn, der nun vor der Priesterweihe steht und ›oben‹ die Kinder unterrichtet; ›unten‹ liebt er Adele, das Küchenmädchen, das freilich der Kutscher, zugleich Geliebter der Köchin, zu vergewaltigen pflegt, und von ihm erwartet sie ein Kind; die Köchin gibt ihr Abtreibungsmittel. Der Kriminalkommissar findet heraus, daß der Kutscher die Köchin ermordet hat, doch nicht auf diese kriminalistische Feststellung kommt es dem Autor an; er konstatiert durch sein Stück vielmehr: daß die Welten oben und unten im gleichen Schmutz waten, nur ihr Stil ist verschieden; daß sie unüberbrückbar sind, ja, unten besteht man noch strenger auf der Trennung als oben, und wenn sich ein Mensch guten Willens von oben zu einem leidenden Menschen guten Willens nach unten begibt, so vertieft gerade dies die Trennung; daß dies jetzt so ist wie in der Zeit, als die Köchin noch jung war, und daß es immer so bleiben wird: Anouilh gibt keine Sozialkritik zugunsten der Armen, nicht einmal einen sanften Anstoß zur Änderung der Verhältnisse, denn er glaubt nicht daran, daß diese Veränderung etwas am Bestand des Weltleids verändern würde. Als ›Autor‹ auf der Bühne hält er sich mit seinen raffinierten Über-Pirandello-Tricks dieses Elend scheinbar vom Herzen, doch wenn er am Schluß gesteht, er habe dieses Stück »nie zu Ende schreiben können«, so ist es, als habe er es deshalb nicht gekonnt, weil er sonst an ihm zugrunde gegangen wäre. Gekonnt aber hat er es ja tatsächlich — doch nur, indem er seine schrille Melodramatik, seine schmerzvolle ›Wirklichkeit‹ immer wieder zur gespielten Szene, zum distanzierten ›Theater‹ gemacht hat. Das ist ein Selbstbekenntnis, das für sein gesamtes Werk gilt — Anouilh führt sein Handwerk vor und mit ihm sich selbst: die Unerträglichkeit der Realität zwingt ihn zum Theater, und sie zwingt ihn, Tragödien wie Komödien zu servieren. Das Weltleid wird zum Bühnenamüsement, und im Bühnenamüsement ist das Weltleid zu spüren.

Blick auf andere Stücke. — Das erste Stück schrieb Anouilh, als er zwanzig war: *Hermelin* (L'Hermine, Uraufführung 1932, Théâtre de L'Œuvre). Ein junger Mann ermordet mit einem umwickelten Hammer die reiche Tante des im Reichtum aufgewachsenen Mädchens, das er liebt; nicht wegen des Geldes, sondern um ihre Liebe zu erhalten, die ihm ohne Geld nicht möglich erscheint. Eines der Hauptthemen Anouilhs, die Unmöglichkeit der Reinheit in einer unreinen Welt, ist gewaltsam zugespitzt: »Wenn ich sie getötet habe, war es nicht wegen ihres Geldes, sondern weil ihr Geld im geheimnisvollen Gleichgewicht der Dinge zum Kaufpreis unserer Reinheit geworden war.«

SPIELER

Der Ball der Diebe (Le bal des voleurs, 1932. Uraufführung 1938, Théâtre des Arts). In einem Badeort ›im Stil von 1880‹ gibt Lady Hurf, die zwei heiratsfähige Mädchen zu bewachen hat, einem Diebes-Trio und zwei Mitgiftjägern die Jagd nach den Reichtümern frei; sie tut es aus Langeweile, weil ihr Leben durch ein Übermaß an äußerem Besitz um jeden inneren Wert gebracht worden ist und ihr nur noch die Freude an der Intrige bleibt. Vor diesem Hintergrund melancholischer Ironie entwickelt sich in diesem ›Ballett für Schauspieler‹ ein turbulenter Gaunerspaß, in dem Gustav, der eher eine Wohnungseinrichtung als Liebe stiehlt, ein schmutziger Dieb aus innerer Sauberkeit ist — als habe in diesem ›rosa‹ Stück, das die Unreinheit der Welt als amüsante Betrugsmanöver, als Verkleidungen und Täuschungen, präsentiert, Anouilh seinen vorausgegangenen ›schwarzen‹ Erstling ›Hermelin‹ parodiert; es wurde sein erster Welterfolg.

Das Weib Jesebel (Jézabel, 1932) hat mit dem Weib des biblischen Königs Achab nur den Namen gemeinsam: eine lebensgierige Frau vergiftet ihren Mann, einen senilen Geizkragen, macht den Chauffeur zu ihrem Liebhaber, vergiftet das Leben ihres Sohnes, der verzweifelt um die Reinheit seiner Liebe kämpft, den Familienmakel aber nicht überwinden kann — die maßlose Katastrophe einer Familie, die unreine Welt im äußersten Extrem.

Die Wilde (La sauvage, 1934. Uraufführung 1938, Théâtre des Mathurins, durch und mit Georges Pitoëff): das Salonorchester, dessen meiste Mitglieder einer Familie angehören, ist eine moralisch schmuddelige Welt, aus der Florent seine geliebte Thérèse, die ›erste Geige‹, herausholen möchte; Familie und Orchester müssen sie freigeben, doch ist sie in ihrer Leidensfähigkeit und ihrem Leidensbedürfnis auch nicht für das Glück mit Florent geschaffen — sie geht allein, »und an allen Kanten dieser Welt wird sie sich stoßen«.

Leocadia (Léocadia, 1939. Uraufführung 30. November 1940, Théâtre de la Michodière, Paris; deutsch 9. Juni 1950, Wien, Theater in der Josefstadt), ein ›rosa‹ Märchen: ein Prinz trauert der geliebten Sängerin Leocadia nach, die drei Tage nach ihrer Bekanntschaft an einem Unfall gestorben ist; die herzogliche, bezaubernd verrückte Tante hat ihm in Schloß und Park die Erinnerungsstätten seiner Liebe nachgebaut, einschließlich eines Taxis, und läßt schließlich die Rolle der Leocadia von der ihr ähnlichen Modistin Amanda spielen, die den liebeskranken Prinzen nachdrücklich heilt.

Eurydike (Eurydice. 8. Dezember 1942, Théâtre de l'Atelier, Paris, durch André Barsacq). Orpheus und Eurydike, neu gedeutet. Orpheus ist ein Caféhausgeiger; er lernt seine Eurydike, eine männererfahrene Schauspielerin in einer Wandertruppe, in einem Bahnhofswartesaal kennen, und sie verbringen eine Nacht miteinander. Eurydike, im Gefühl, daß sie dieser reinen Liebe nicht gewachsen ist, verläßt ihn und verunglückt in einem Omnibus tödlich. Der Tod, ›Herr Hein‹ in einem Regenmantel, ein ironischer Melancholiker, führt Eurydike zu dem verzweifelten Orpheus zurück; dem klassischen Gebot, Eurydike nicht anzuschauen (sonst wird er sie auf ewig verlieren), kann auch dieser Orpheus nicht folgen: der Zweifel an der Liebe, die Eifersucht treibt ihn, Eurydikes Augen auszuforschen, und sie entschwindet schrittweise ins Totenreich, während er das Motiv ihrer Flucht begreifen lernt. Sein Vater preist ihm die Genüsse des mittelmäßigen, kompromißbereiten Daseins, doch Orpheus folgt Herrn Hein:»Ich biete dir eine unberührte Eurydike mit ihrem wahren Gesicht, das ihr das Leben nie und nimmer gelassen hätte«, und folgt ihr in den Tod — die Reinheit der Liebe ist in diesem ›schwarzen Stück‹ nur im Tod zu bewahren.

Romeo und Jeannette (Roméo et Jeannette. 1945. Uraufführung 1946, Théâtre de l'Atelier, Paris, durch André Barsacq). Wie verkommen die kleine Bestie Jeannette, Tochter einer armen und verschlampten Familie an der Kanalküste, auch scheinen mag und in der Tat ist, in einem Punkt ist sie kindlich rein und kompromißlos: bei ihrem Romeo will sie die vollkommene, die lautere Liebe, und die ist auf Erden nicht zu haben. Dieser Romeo, ein Bürgersohn namens Frederic, ist verlobt mit ihrer braven Schwester Julia; er verläßt sie um Jeannettes willen, aber als Julia sich vergiftet, eilt er zu ihr, um sie zu retten, und läßt Jeannette allein:»Es war sehr vernünftig und sehr anständig, sofort hinauszustürzen, aber es war gerade die Sekunde des Lebens, in der die guten und vernünftigen Handlungen nicht die richtigen sind.« Nicht einmal die Hilfsbereitschaft des Geliebten für ihre Schwester erträgt Jeannettes Absolutheitsanspruch; ihm kann nur der Tod gerecht werden, und erst im Meer werden Jeannette und ihr Romeo vereinigt, nicht gestorben am Streit zweier Familien, sondern an sich selbst, an der Unmöglichkeit der Liebe in einer Welt, die das Absolute nicht zuläßt.

Medea (Médée. 1946. Uraufführung 1948, Brüssel; 2. November 1948, Hamburg). Medea in der letzten Phase: Jason, für den sie ihren Vater erschlagen, ihren Bruder getötet und mit dem sie ein langes gemeinsames Leben auf der Flucht hinter sich hat, verläßt sie, um die Tochter Kreons zu heiraten — Medea tötet sie, ihre Kinder und sich selbst. Kernstück des Einakters ist das Gespräch der Gatten über ihre Trennung: Jason, des Hassens und des Mordens müde, will die selbstgerichtete, sittliche Ordnungswelt des Mannes

›Ardèle oder Das Gänseblümchen‹ *von Jean Anouilh. Bühnenskizze von Jean-Denis Malclès für Roland Piètris Inszenierung der Uraufführung an der Pariser Comèdie des Champs-Elysées, 1948*

gegen das weibliche Chaos setzen, als dessen Verkörperung ihm Medea erscheint, die einer archaisch-barbarischen Welt entstammt, eine zerstörerische und selbstzerstörerische Kraft, die Anarchie des verabsolutierten Gefühls. Nach der Selbstvernichtung Medeas bleibt das von den kleinen Leuten, der Amme und dem Wachtposten, gesprochene Lob des Vegetativen, der Ernte, der Wiederkehr des kreatürlichen Glücks (Siehe Seite 63, Euripides).

Ardèle oder Das Gänseblümchen (Ardèle ou La Marguerite. Uraufführung 4. November 1948, Paris, Comédie des Champs-Elysées; deutsch 11. November 1949, Nationaltheater Mannheim) gehört zu den ›pièces grinçantes‹, den ›zähneknirschenden‹ Stücken. Eine große Familie, deren erotische Beziehungen einen Musterkatalog der lieblosen Liebesaffären darstellen, schon nachgeahmt von zwei zehnjährigen frühreifen Kindern, treibt die beiden einzigen wahrhaft Liebenden in den Tod: die bucklige Ardèle, die von ihrem Bruder eingeschlossen wird, weil sie den gesellschaftlich unpassenden, gleichfalls buckligen Hauslehrer liebt. Ardèle bleibt im Stück unsichtbar, der Hauslehrer ist eine stumme Rolle: die Virtuosität des Szenen- und Rollentechnikers Anouilh erhöht noch die Grausamkeit des Gelächters — die Liebe als Buckel, als verachtete Abweichung von der Norm der galanten Lieblosigkeit.

Die Probe oder die bestrafte Liebe (La répétition ou L'amour puni. 1950. Uraufführung 26. Oktober 1950, Paris, Théâtre Marigny, Compagnie Renaud-Barrault; deutsche Erstaufführung 14. Februar 1951, Städtische Bühnen Köln). Geprobt wird auf dem Schloß eines Grafen für eine Liebhaber-Aufführung des Stücks ›Zweifache Untreue‹ von Marivaux in Rokoko-Kostümen, und diese Probeszenen sind beziehungsvoll in die Geschichte der ›bestraften Liebe‹ eingebaut: der Graf verliebt sich in die Kindergärtnerin Lucile; eine standesgemäße Mätresse ist ihm in dieser morbiden Adelsgesellschaft zwar erlaubt, nicht aber Liebe — Hero, ein neidischer und zynischer Kavalier, der dem Grafen das Glück nicht gönnt, sorgt dafür, daß Lucile abreist; zurück bleibt die Trostlosigkeit der Langeweile.

Colombe (Colombe. 1950. Uraufführung 1951 durch André Barsacq). Der erste Akt, der Anfang der Geschichte, wird als letzter Akt gespielt. Als Julien zum Militär eingezogen wird, vertraut er seine junge Frau Colombe seiner Mutter an, einer großen Komödiantin, und in den ersten drei Akten sieht man, wie Colombe im Theatermilieu (um 1900) zu einer eilfertigen Liebhaberin und vielfältigen Betrügerin Juliens wird, dann erst wird die Pointe der Anfang gezeigt, der Aufstieg des Lehrmädchens Colombe zur Schauspielerin, die Liebe Colombes zu Julien, deren Ausgang und illusionäre Beschaffenheit man nun schon kennt — so lächerlich Julien als Betrogener

›Colombe‹ von Jean Anouilh. Bühnenskizze von André Barsacq für seine Inszenierung der Uraufführung am Pariser Théâtre de l'Atelier, 1951

scheinen mag, als Liebender, als Ausnahme vom Lauf der Welt, ist er es nicht. Doch erteilt Anouilh in dieser heiter melancholischen Komödie keine Moralzensuren: Colombe gehört ihrem Wesen nach in diese Theaterwelt, die Julien, dessen Welt ›hart und rein‹ ist, sowenig wie Colombe je begreifen wird. Nie vorher war die Nachsicht Anouilhs mit der menschlichen Beschaffenheit so groß wie hier — sie wird noch größer werden.

Der Walzer der Toreros (La Valse des Toréadors, 1952 in Paris, in der Comédie des Champs-Elysées, durchgefallen; zum Welterfolg geworden durch die Londoner Inszenierung von Peter Hall im Arts Theatre, 22. Februar 1956). Beim ›Walzer der Toreros‹ hat ein General vor siebzehn Jahren die Liebe erlebt, den Mut zur Scheidung inzwischen aber noch nicht gefunden, immer nur Briefe mit dem Mädchen gewechselt — nun ist sie da und fordert ihn. Seine Frau simuliert seit Jahren eine Krankheit, tyrannisiert ihn sadistisch von ihrem Bett aus, betrügt ihn und wird von ihm mit jeder möglichen Schürze betrogen. Abermals kann sich der General nicht entschließen, und nach zwei ›sorgfältig mißglückten Selbstmordversuchen‹ der beiden Damen fällt die Geliebte dem Sekretär des Generals zu, von dem sich herausstellt, daß er ein unehelicher Sohn des Generals ist. Der General, der, wie es heißt, in sich gegangen ist und dort niemand angetroffen hat, wird sich mit dem neuen Zimmermädchen trösten. Die Enthüllung eines Selbstbetrügers, der die Konsequenzen eines auf verlogenen Kompromissen aufgebauten Lebens zu tragen hat und sie recht fröhlich trägt; eine boshafte Posse, Parterre-Akrobatik oft, doch immerhin Hochparterre mit Lachstürmen — für Anouilh, der mit dem General ein gewisses frivoles Erbarmen zeigt, eine schwankhafte Vorstufe zum tragikomischen ›Ornifle‹.

Cecile oder Die Schule der Väter (Cécile ou L'école des pères, 1954, Uraufführung 28. Oktober 1954, Paris, Comédie des Champs-Elysées, Regie: Jean Anouilh; deutsche Erstaufführung 11. Juni 1955, Berlin, Schloßpark-Theater), eine einaktige Rokoko-Komödie, das Hochzeitsgeschenk Anouilhs für seine Tochter Cathérine, eine Schauspielerin — ein Hochzeitsgeschenk wahrer Selbstaufopferung, denn es ist eine grausame Lektion für die Eitelkeit der Väter als Vorbild, Vertraute und Erzieher ihrer Töchter. Die Radikalkur wird dadurch vollzogen, daß der Vater im Dunkeln seine Tochter statt seiner Geliebten mit der gleichen Liebe bestürmt, die er ihr als Vater verboten hat.

Das Orchester (L'orchestre, Uraufführung 10. Januar 1962, Comédie des Champs-Elysées; 10. Mai 1962, Berlin, Schloßpark-Theater): eine Caféhauskapelle, sechs Damen und ein Klavierspieler; Alltagstratsch und Streit zwischen (und auch in) den unsäglichen Musiknummern, der hingequälten professionellen Erheiterung; die Cellistin, die den Klavierspieler liebt und auf ihre Baß-Bossin eifersüchtig ist, erschießt sich auf der Toilette; der Wirt sagt den Gästen, die Kaffeemaschine sei explodiert, und das Orchester spielt ›Die Gavotte des kleinen Marquis‹ mit ›höfisch-graziösen Faxen‹ — der Selbstmord einer empfindsamen, abgestandenen Seele, hergerichtet als giftige Posse; Trostlosigkeit, mit entlarvendem, boshaftem Witz skizziert.

Bäcker, Bäckerin und Bäckerjunge. ›Eine Fabel‹. (Le boulanger, la boulangère et le petit mitron, 1968. Uraufführung 13. November 1968, Paris, Comédie des Champs-Elysées. Deutsche Erstaufführung 15. März 1969, Berlin, Schloßpark-Theater). — Erst im Unglück, als Ludwig XVI. und Marie Antoinette nur noch »Bäcker« und »Bäckerin« gewesen sind, haben sie sich versöhnt und wieder geliebt — also erträumt sich der Junge Toto, daß seine im permanenten Ehekrieg befindlichen Eltern ins Unglück geraten, und schon erscheinen die Eltern auf der Bühne im Kostüm der gestürzten Majestäten. Den größten Teil seines Witzes bezieht das Stück daraus, daß sich erträumte Figuren mitten in der trostlosen Realität bewegen und nur von den realen Personen bemerkt werden, von denen sie geträumt sind. — Die Eltern, Adolphe und Elodie, sind so erfinderisch in den Haßtiraden ihres Überdrusses wie in ihren Wachträumen, in denen sie sich an der Realität rächen. So träumt Elodie mitten im Streit mit ihrem Mann von idealen Geliebten, vom mächtigen Börsianer und vom aristokratischen Kapitän, und Adolphe, ihr Mann, träumt zwischendurch, er demütige seinen Chef, der ihn in der Realität demütigt: im Traum jagt er ihm einen Stockdegen durch die Brust und seine Sekretärin und Geliebte Josyane ab; dieser Traum freilich schlägt in einen Alptraum um, wenn Adolphe schließlich Josyane heiratet und bei ihrer Entschleierung entdecken muß, daß sich im Brautkleid seine Frau Elodie verbirgt. Die Träume des Sohnes Toto sind voller Sehnsucht nach elterlicher Harmonie: geträumte Indianer geben seinen Eltern Gelegenheit, als treue Helden zu sterben — sie werden erschossen vom Chef seines Vaters, der hier Viehdieb im Wilden Westen ist. — Harmonie wird dem Jungen nur im Traum geliefert, und auch da erst, als seine Eltern getötet sind — finsterer kann ein Happy-End schwerlich sein.

Herr Antoine oder Die verfehlte Liebe (Cher Antoine ou l'amour raté). Uraufführung 1. Oktober 1969, Paris, Comédie des Champs-Elysées. Deutsche Erstaufführung 5. März 1970, Theater am Kurfürstendamm, Berlin; Regie: Rolf Henniger. — Der erfolgreiche Bühnenschriftsteller Antoine hat sich — im Jahr 1913 — auf ein bayrisches Barockschloß zurück-

gezogen und ist beim Reinigen seines Jagdgewehrs — sei's durch Zufall,
sei's aus Absicht — tödlich verunglückt. Zur Testamentseröffnung sind seine
Freunde und Feinde, die Geliebten und Witwen, Schauspieler und Literaten
erschienen. Der nach der Pause auferstandene Antoine de Saint-Flour probt
mit ihnen in einer traumhaften Rückblende seinen Lebensabschied mit der
Bilanz des Gefühlsdefizits, der von ihm stets verfehlten Liebe.

Die Goldfische oder Mein Vater, der Held (Les poissons rouges ou mon père
ce héros). Uraufführung 21. Januar 1970, Paris Théâtre de l'Œuvre.
Deutsche Erstaufführung 27. September 1970, Düsseldorf; Regie: Hans
Joachim Heyse. — Dem Schriftsteller Antoine de Saint-Flour (aus ›Cher
Antoine‹), der sich mit seinem reichen Talent und seinem talentierten Reichtum wohl fühlt, versucht alle Welt, Schuldgefühle und ein schlechtes Gewissen einzureden, insbesondere sein proletarischer, ehemaliger Schulkamerad,
der ihn ebenso beneidet wie ausnutzt. Anouilh-Antoine stapft quer durch
die Beete seiner Lieblingsthemen und fällt her über Kollaboration und
Résistance, über Sozialisten und Kleriker, Ärzte, Ionesco, Sartre, Brecht und
auch über sich selber mit Grobheiten, Witz und giftigen Zynismen — er
besteht auf seinem Individualismus, auf seinem Recht, wann immer er mag,
der Großmutter ins Goldfischglas zu pinkeln.

Wecken Sie Madame nicht auf (Ne réveillez pas madame). Uraufführung
21. Oktober 1970, Paris, Comédie des Champs-Elysées. Deutsche Erstaufführung 11. November 1971, Deutsches Schauspielhaus Hamburg; Regie:
Willi Schmidt. — Unter der Warnung »Wecken Sie Madame nicht auf!« hat
der Theaterdirektor, Regisseur und Ehemann Julien Paluche schon als Kind
zu leiden, wenn seine Mutter, eine Schauspielerin, ihre nächtlichen Tätigkeiten ausschlafen und am Morgen mit ihrem Sohn nicht sprechen wollte.
»Wecken Sie Madame nicht auf!« — dabei bleibt es in beiden Ehen des
Theaterdirektors, denn seine Frauen sind Schauspielerinnen, denen die
Karriere wichtiger ist als der harmonische Umgang mit den Kindern. In
Rückblenden und Parallelen werden diese Miseren vorgeführt: mit Witz und
nicht ohne Melancholie. Doch nicht nur die Frauen — einschließlich seiner
rollengierigen Mutter — machen dem Theaterdirektor zu schaffen, er selber
steht sich im Wege mit seinen Idealvorstellungen und mit seinem Wunsch,
den ›Hamlet‹ (der ja auch pikante Schwierigkeiten mit seiner Mutter hat) zu
inszenieren. — Anouilh ist mit diesem Theater von Menschen, die Theater
machen, wieder ganz bei seinen alten Vorzügen. Seine gelegentlich pene-
tranten Aphorismen zur Lebensweisheit läßt er durch den Souffleur Tonton
verbreiten — ihr Pathos wird gemildert durch Tontons Suff.

Friedrich Dürrenmatt: blutige Späße

> Wer so auf dem letzten Loch pfeift wie wir alle, kann nur noch Komödien verstehen. Romulus in ›Romulus der Große‹ Humor ist, glaube ich, wie die Ironie eine der philosophischen Grundhaltungen des Menschen und ist gerade nicht Verzweiflung. Komödie ist gar nicht aus der Grundhaltung der Verzweiflung zu machen. Man glaubt irrtümlich, es sei Verzweiflung, wenn etwas Schreckliches nicht tragisch, feierlich ist.
>
> Dürrenmatt, 1969

Seine erste Auszeichnung, eine Uhr, erhielt er mit zwölf Jahren: im Zeichen-Wettbewerb des Pestalozzi-Kalenders hatte er mit dem blutrünstigen Blatt ›Schweizerschlacht‹ den Ersten Preis gewonnen. Der Maler Cuno Amiet meinte dazu: »Der wird Oberst.« Dürrenmatt erzählt die Geschichte in einem autobiographischen Aufsatz: »Der Meister hat sich in diesem Falle geirrt: ich brachte es in der schweizerischen Armee nur zum Hilfsdienst-Soldaten und im Leben nur zum Schriftsteller.«

Er ist der Sohn eines Pfarrers, wurde am 5. Januar 1921 in Konolfingen im schweizerischen Kanton Bern geboren, ging in Bern ins Gymnasium und studierte dort und in Zürich Philosophie, Theologie, deutsche Literatur und Kunstgeschichte. Er war Zeichner und Graphiker und brachte noch 1963 ein Buch mit bitterbösen satirischen Zeichnungen heraus, ›Die Heimat im Plakat‹. Da er auch Theaterkritiken (für die Zürcher ›Weltwoche‹) geschrieben hat, kann er es nicht lassen, immer wieder gegen Theaterkritiken zu polemisieren. Die Lust zum Schreiben brach so plötzlich und unwiderstehlich aus, daß er darauf verzichtete zu promovieren. Er schrieb Kriminalromane — drei Seiten am Tag — mit moralphilosophischen Pointen, Hörspiele und Novellen. Mit 26 Jahren hatte er seine erste Uraufführung, ›Es steht geschrieben‹, samt einem Skandälchen; mit 31 war er durch seine ›Ehe des Herrn Mississippi‹ berühmt, mit 35 Jahren durch seinen ›Besuch der alten Dame‹ weltberühmt; der englische Regisseur Peter Brook setzte ihn in Amerika und in England durch, und Hollywood erwies ihm die Ehre, den ›Besuch‹ zu verfilmen und mit Hilfe der zu jungen und zu glatten Ingrid Bergman zu verfälschen.

»Aus Hitler und Stalin lassen sich keine Wallensteine mehr machen«, meint er, denn das Drama benötige eine sichtbare Welt, und die moderne Macht sei zu kompliziert, unsichtbar, abstrakt. Gestalt zu schaffen, sei nur noch in der Komödie möglich, die dann ihre Stunde habe, wenn eine gestaltete Welt zerfällt, während die Tragödie die gestaltete Welt voraussetze. So sei der Held der Tragödie heute nicht mehr möglich, wohl aber der heldenhafte Mensch der Komödie. Die Komödie verschafft Abstand, und wer Abstand hat, der verzweifelt nicht. Die Komödie setzt Freiheit voraus und ist selbst Beweis der menschlichen Freiheit.

Dürrenmatt baut in seinen Komödien künstliche Welten auf, in denen er mit Personen, auch mit Zeit und Raum, mit illusionistischen und antiillusionistischen Wirkungen, mit symbolischen und kabarettistischen Effekten schaltet und waltet, wie es ihm gerade notwendig erscheint; Anregungen von Wedekind, Pirandello, Sternheim, Brecht, vor allem aber von seinen geliebten Satirikern Aristophanes und Nestroy hat er auf seine Weise weitergeführt. Wenn man ihn theoretisieren hört oder liest, so könnte man meinen, es käme ihm nur darauf an, auf der Bühne eine Geschichte zu erzählen in einer künstlichen, aber möglichen Welt, und nicht etwa darauf, mit dieser Geschichte Diskussionen zu erregen oder gar eine Moral zu verkünden. Schon bei seiner ›Ehe des Herrn Mississippi‹ hat er sich gegen seine Kritiker gewehrt und behauptet:»Ich schreibe nicht über unsere Zeit, sondern eine Komödie unserer Zeit. Von hier aus ist mein Stil zu begreifen, der Leidenschaft zur Sprache ist und nicht Wille zur Aussage, dichterisch auch gerade dort, wo es nach der Meinung der Kritiker nur Leitartikel gibt.«

Dennoch enthalten alle seine Komödien eine mehr oder minder deutlich ausgesprochene Moral: er ist ein Moralist wider Willen, der sich für einen Spieler hält. Manchmal freilich verlieren seine ›möglichen Welten‹, in ›Romulus der Große‹ etwa oder in ›Frank V.‹, so viele Beziehungen zur ›wirklichen Welt‹, daß sie tatsächlich nur noch Spiele sind — dies aber sind nicht seine besten Stücke. Die Qualität seiner Komödien hängt völlig ab von dem Beziehungsreichtum und der inneren Richtigkeit seiner Fabeln — sind diese schwach, so zerflattern seine Stücke in Ulk und Witzchen, die man bei ihm nicht für möglich halten möchte. Seine besten Komödien sind Gedankenspiele und folgen ihren eigenen Gesetzen; sie sind nicht deckungsgleich mit einer erlebbaren Realität, treffen sie aber doch in der Pointe ihrer Handlungsführung, in szenischen und dialogischen Anmerkungen zur Lage des Menschen.

Die Familie Dürrenmatt bewohnt ein Haus in Neuchâtel; im Arbeitszimmer steht der Eßtisch aus dem väterlichen Pfarrhaus in Konolfingen — er ist mehr als ein ehrwürdiges Erinnerungsstück: Dürrenmatt ist nicht nur Protestant gegen den Zustand der Welt, für den er — in striktem Gegensatz zu Bertolt Brecht — nicht die gesellschaftlichen Verhältnisse, sondern die Menschen verantwortlich macht; er ist mitten in seinen blutigen Späßen ein geheimer Prediger, ein Lobsänger der Schöpfung, ein Hymniker der Schönheiten dieser Erde, des scheiternden, aber unverzagten Menschen und der Gnade des Himmels — seine stärkste Provokation geht keineswegs von seinen grausamen Scherzen aus, sondern von seiner Religiosität, die freilich so versteckt ist, daß mancher sie gar nicht entdecken mag:»Wenn wir auch wenig Chancen haben, die Welt zu retten — es sei denn, Gott sei uns gnädig —, bestehen können wir sie immer noch.«

Die Ehe des Herrn Mississippi. Komödie in zwei Teilen. Uraufführung am 26. März 1952, Kammerspiele München. — Fünf Hauptpersonen. 1. Mississippi, Staatsanwalt, unerschütterlich davon überzeugt, daß er, mit der Bibel aufgewachsen, die sittliche Weltordnung hinter sich hat und ihren Willen vollstreckt, indem er das Gesetz Moses' mit seiner ganzen Strenge wieder einführt; unerschütterlich von dem Irrtum überzeugt, daß er tief religiös sei und im Namen der Gerechtigkeit des Himmels die Welt rette, indem er sie richtet. Er heiratet Anastasia, um mit dieser Ehe seine Frau und sich selbst zu bestrafen. Er ist ein Utopist der absoluten Sittlichkeit mit impotentem Herzen. 2. Saint-Claude, Weltrevolutionär, unerschütterlich davon überzeugt, daß er, mit dem ›Kapital‹ von Marx aufgewachsen, die Geschichte hinter sich hat und ihren Willen vollstreckt, indem er im Namen eines irdischen Zukunftsparadieses die Gesellschaftsordnung stürzt; unerschütterlich von dem Irrtum überzeugt, daß er als Atheist, wenn es sein muß, auch durch Mord, für die Gerechtigkeit der Erde kämpfe und die Welt verbessere, indem er sie revolutioniert. Er will Anastasia, um sie für seine Ziele zu benutzen. Er ist ein Utopist der absoluten irdischen Gerechtigkeit mit impotentem Herzen. Beide handeln mit bestem Gewissen: Weltverbesserer aus sogenanntem Idealismus, der, wenn ihm die Liebe fehlt, die Welt auf dem Altar des Ideals schlachtet. Beide scheitern sie: nicht einen einzigen Menschen, geschweige denn ›die Welt‹, haben sie gebessert oder gar gerettet. Ihr Scheitern wird offenbar an: 3. Anastasia, die Dürrenmatt, wie es im Stück heißt, »weder dem Himmel noch der Hölle, sondern allein der Welt nachgebildet« hat, einer Welt, die »nur existiert, die keine Idee besitzt«. Anastasia lebt ausschließlich dem Augenblick; sie tötet nicht aus Gerechtigkeit und nicht für einen politischen Zweck, sie lügt und greift zum Giftzucker, um ihren Hals zu retten — an ihrer rein animalischen Existenz gehen die Weltverbesserer zugrunde. 4. Der Minister Diego, der die Welt nimmt, wie sie ist, und für seine kleinlichen genußsüchtigen Zwecke verwendet, ist der zynische, opportunistische Machtpolitiker mit impotentem Herzen. Er hat einen billigen und schmutzigen Erfolg, denn es scheitert auch: 5. Graf Übelohe-Zabernsee, der Utopist der Wahrheit und des grenzenlosen Mitleids. Er ist der ewige Besiegte, immer aber aus Noblesse gescheitert und aus Liebe lächerlich geworden. Er steht dem Herzen Dürrenmatts am nächsten; in seinem Part wird die Sprache rhapsodisch. Und wenn er tausendmal durch den unwürdigen Gegenstand seiner Liebe, durch Anastasia, entwürdigt scheint, so ist es doch immerhin Liebe. Er ist, ›ein letzter Christ‹, ein Ritter des Glaubens und der Hoffnung

›Die Ehe des Herrn Mississippi‹ von Friedrich Dürrenmatt. Bühnenskizze von Wolfgang Znamenacek für Hans Schweikarts Inszenierung der Uraufführung an den Münchener Kammerspielen, 1952

— der Idealist mit dem höchst potenten Herzen: Don Quichote, anstürmend gegen die Windmühlenflügel der Geschichte, einen Preisgesang auf den Lippen:»Daß aufleuchte seine Herrlichkeit, genährt durch unsere Ohnmacht.« Auch er verbessert die Welt nicht, aber er besteht sie, im Scheitern und in der Lächerlichkeit, mit Anstand.

Fünf Personen, vom Autor zu Versuchszwecken zusammengesperrt, Reinkulturen spätbürgerlicher Ideenbazillen unterm Deckglas — sie bringen Mord hervor, Revolution, rasende Lebensläufe mit krematoriumsreifem Ende. Dürrenmatt läßt seine Hauptpersonen distanzierende Conférencen halten und sie mit naivem Ernst agieren. Er arbeitet mit doppelter Ironie: der direkten der kommentierenden Zwischenbemerkungen und der indirekten der in Kolportage-Kurven dahinschießenden Handlung. Er blendet wie im Kino vor und zurück. Er episiert im Zeitraffer und montiert Simultanszenen. In der stilistischen Spur Wedekinds, Pirandellos und Brechts hat er mit dieser Komödie seinen eigenen Weg gefunden: in grellen Moritatenfarben ein blutiger Spaß. Der, wie eine seiner Personen sagt,»zäh schreibende Protestant« Dürrenmatt benutzt die Kolportage als Kunstmittel: sie macht den Hintertreppenroman der Fanatiker unserer Zeit sichtbar, den Ganovencharakter und die Unmenschlichkeit der Utopisten mit dem ruhigen Gewissen.

Ein Engel kommt nach Babylon. Komödie in drei Akten. Uraufführung am 12. Dezember 1953, Kammerspiele München. — Die ›Gnade des Himmels‹ wird in Gestalt des Mädchens Kurrubi von einem Engel nach Babylon gebracht; sie soll dem ›geringsten der Menschen‹ übergeben werden, Akki, dem letzten Bettler Babylons. Der Gewaltherrscher Nebukadnezar aber, der sich, als Bettler verkleidet, mit Akki auf ein Wettbetteln eingelassen und als Amateur dabei verloren hat, muß dem Engel noch geringer als Akki erscheinen, und so erhält Nebukadnezar das Mädchen Kurrubi. Doch er stößt sie, die ›Gnade‹, von sich, weil er sie als Bettler und nicht als König empfangen hat, und tauscht sie ein gegen die Macht über seinen Widersacher Nimrod. Kurrubi kann auch bei dem Bettler Akki auf die Dauer nicht bleiben, denn jeder begehrt sie — das Volk revoltiert und möchte sie wenigstens als Königin haben. Doch Kurrubi, die nur den als Bettler verkleideten, hilflosen König Nebukadnezar lieben konnte, weist den von der Macht besessenen Gewaltherrscher Nebukadnezar zurück: er will nicht lernen, »daß das Weltregieren dem Himmel zukommt und das Betteln dem Menschen«, aber er begreift, daß jeder vom Haß der Menschheit verfolgt wird, der ›die Gnade des Himmels‹ besitzt, und übergibt deshalb Kurrubi dem Henker. Dieser Henker aber ist kein anderer als der verkleidete Bettler Akki, der ›geringste der Menschen‹. Während der König die Herausforderung des Himmels, den Turmbau zu Babel, beschließt, zieht der Bettler, begnadet mit Kurrubi und berauscht von der Schönheit der Erde, »einmalig an Glück und einmalig an Gefahr«, einem neuen irdischen Land entgegen — »tauchend aus der Dämmerung, dampfend im Silber des Lichts, voll neuer Verfolgung, voll neuer Verheißung, und voll von neuen Gesängen«.

Dürrenmatt ist hier mehr moralisierender Allegoriker als satirischer Moralist. Lebt der Bettler Akki, eine prachtvolle Komödiengestalt, ganz aus kreatürlicher Menschlichkeit, so steht sein Gegenspieler Nebukadnezar schon mit einem Bein im allegorischen Gedankenexperiment, zu dem das Mädchen Kurrubi ganz und gar gehört, denn ihre ›Liebe‹ ist reine Abstraktion. Bester Dürrenmatt sind die Hymnen des Engels und der Schlußhymnus Akkis auf die Schönheit der Erde. Das Stück, gemischt aus scharfer Satire und bloßen Witzen, aus Dramatik und Kabarett, aus Poesie und Conférence, wirkt als Allegorie mit eingebauter Herzpumpe, die gelegentlich stockt und manchmal ganz aussetzt.

Der Besuch der alten Dame. ›Tragische Komödie‹. 1955. Uraufführung am 29. Januar 1956, Schauspielhaus Zürich. — Claire Zachanassian, geborene Wäscher, eine amerikanische Multimillionärin, kehrt als ein geschminktes Wrack in ihr Heimatdorf Güllen zurück, um sich zu rächen: vor Jahrzehnten hat sie aus dem inzwischen durch ihren Einfluß völlig verarmten Dorf fliehen müssen, denn sie bekam ein Kind von Ill, ihrem Geliebten, und dieser Ill hat damals die Vaterschaft betritten und Zeugen bestochen, die beschworen haben, daß auch sie etwas mit Claire gehabt hätten — Ill wollte die Tochter des reichen Krämers heiraten. Auf dem Umweg über das Bordell ist Claire die Frau und Witwe des Multimillionärs Zachanassian geworden, hat die meineidigen Zeugen blenden und kastrieren lassen, und jetzt hat sie nach Güllen einen Sarg mitgebracht, der für Alfred Ill bestimmt ist: sie bietet der Stadt eine Milliarde, wenn man ihr den noch lebenden Ill tot vor die Füße legt. Die Empörung über diese Zumutung legt sich rasch — schon die Aussicht auf Reichtum korrumpiert die Bewohner, sie verfallen in einen Rausch des Kaufens und erwarten von Ill, daß er sich opfere. Claire spielt grausam mit Ill; sie besucht mit ihm die Plätze, an denen sie sich einst geliebt haben, und sie bleibt unerbittlich. Ill bricht zusammen, stellt sich, wird von einem Turner erwürgt, die Stadt erhält ihre Milliarde, und Claire zieht, den Jugendgeliebten im Sarg, triumphierend nach Capri, wo sie ihm ein Mausoleum bauen wird — in Güllen aber ist der Wohlstand ausgebrochen.

Der dissonante Schluß, der Triumph einer Gerechtigkeit, die nicht Gerechtigkeit, sondern Rache ist, soll schockieren — doch die Moral dieser einleuchtenden, in ihren Konsequenzen wahrscheinlichen und absolut humorlosen, grausamen Geschichte liegt auf der Hand; sie braucht nicht ausgesprochen zu werden, und sie wird auch nicht ausgesprochen.

So bösartig grotesker Mittel sich Dürrenmatt bei diesem ins Extrem getriebenen Gedankenspiel bedient, er verhöhnt weder Ill, den gehetzten, späten Büßer, dieses Todesopfer der Konjunktur, noch seine Jäger, die Einwohner von Güllen: in das Grauen mischt sich unaufdringlich, doch unabweisbar Mitleid mit der Verführbarkeit des Menschen. Im Nachwort zur Buchausgabe vermerkte Dürrenmatt: »Der Besuch der alten Dame ist eine Geschichte, die sich irgendwo in Mitteleuropa ereignete, geschrieben von einem, der sich von diesen Leuten durchaus nicht distanziert und der nicht so sicher ist, ob er anders handeln würde.« Ein Meisterwerk: groteske Fabel und realistische Folgen, Lehre und Leben, Parabel und sogar Poesie sind zur unauflösbaren Einheit eines in sich richtigen Bühnenspiels geworden, das hinter der Rampe lebt, doch mit einem Gewissensschock über die Rampe vorstößt.

Die Physiker. Komödie. Uraufführung am 21. Februar 1962 im Schauspielhaus Zürich. — In einer privaten Irrenanstalt leben drei verrückt gewordene Physiker: einer hält sich für Newton, einer hält sich für Einstein, und einer heißt schlicht Möbius. Als sie ihre Wärterinnen ermorden, stellt sich heraus, daß sie alle drei Simulanten sind, die ihre Wärterinnen umbringen, weil sie sich durchschaut fühlen: Möbius spielt den Irren, weil seine Entdeckungen so ungeheuerlich sind, daß sie das Ende der Menschheit bedeuten, falls sie in die Hände der Macht fallen, und die beiden andern sind Geheimagenten, aus Ost und West, die ihm seine Formeln abjagen wollen. Alle drei Physiker werden zum Entschluß geführt, daß sie lieber freiwillig im Irrenhaus bleiben, als daß sie die Welt in ein Irrenhaus verwandeln. Die Irrenärztin aber hat

21 Punkte zu den 'Physikern

1 Ich gehe nicht von einer These, sondern von einer Geschichte aus.

2 Geht man von einer Geschichte aus, muss sie zu Ende gedacht werden.

3. Eine Geschichte ist dann zu Ende gedacht, wenn sie ihre schlimmst-mögliche Wendung genommen hat.

4. Die schlimmst-mögliche Wendung ist nicht voraussehbar. Sie tritt durch Zufall ein.

5. Die Kunst des Dramatikers besteht darin, in einer Handlung den Zufall möglichst wirksam einzusetzen.

Die ersten fünf von 21 Punkten zu seiner Komödie ›Die Physiker‹, am 13. Februar 1962, acht Tage vor der Uraufführung, formuliert von Friedrich Dürrenmatt

sich längst in den Besitz der Geheimnisse gebracht — sie ist die einzige wirklich Irre, und darüber werden die Physiker so verrückt, wie sie am Anfang nur simuliert haben.

Mit dieser so einfachen wie grotesken Fabel hat Dürrenmatt eine Bühnen-Formel gefunden für eine reale Situation, die jederzeit eintreten kann. Er scheut vor der Konsequenz nicht zurück, daß das, was einmal ausgedacht worden ist, das Mittel zur Massenvernichtung, nie mehr zurückgenommen werden kann — das ist der tödliche Ernst in dieser wahrhaft aristophanischen Posse, in der wilde Komik und blankes Grauen so dicht nebeneinander liegen, daß sich der Zuschauer mit seinem eigenen Gelächter verwundet.

Meisterhaft die Architektur des Stückes, die Rolle ›Newtons‹, Pfiffigkeit über einem Abgrund von Brutalität, ›Einsteins‹, Verschüchterung über einem Abgrund von Fanatismus, Möbius' mit seinen Spannungen zwischen gespieltem Irrsinn, Normalität, Erregung bis zum Irrsinn und Irrsinn. Je harmlos heiterer das Stück gespielt wird, desto schockierender wirkt es. Dürrenmatt, befragt, in welchem Verhältnis seine ›Physiker‹ zu Brechts ›Galilei‹ stünden, antwortete mit einem genau treffenden Bonmot: »Ich wollte keine Tragödie, sondern das Satyrspiel *vor* der Tragödie schreiben.«

Der Meteor. Komödie. Uraufführung 20. Januar 1966, Schauspielhaus Zürich.
— Der mit dem Nobelpreis ausgezeichnete Dramatiker Wolfgang Schwitter (mit grimmig selbstironischen Zügen Dürrenmatts) ist in der Klinik gestorben, aber vom Tode auferstanden und in das Maler-Atelier geflüchtet, das er vor vierzig Jahren bewohnt hat, um hier zu sterben, in seinem alten Bett. Aus diesem Grundeinfall lassen sich die grotesken Situationen geradezu mathematisch ableiten: Schwitter will sterben, aber er stirbt nicht, und nicht sterben wollen die Menschen, die ihn im Atelier besuchen, aber sie sterben oder werden zumindest ruiniert. Der von Glaubenszweifeln gequälte Pfarrer weigert sich, an einen Scheintod des Nobelpreisträgers zu glauben; für ihn ist das Wunder der Auferstehung geschehen, ein Glaubensgrund, und damit verbleicht er still. Dem Ateliermieter und Kunstmaler Nyffenschwander nimmt Schwitter die Frau ab: sie kommt zu ihm ins Bett, und durch ihn erkennt sie, daß Nyffenschwander weder als Maler noch als Mann etwas taugt, und so verläßt sie ihn. Der Maler wird vom ›großen Muheim‹, dem skrupellosen Unternehmer, die Ateliertreppe hinuntergeworfen, bricht sich dabei das Genick, und Muheim, dem Schwitter nachträglich das Bewußtsein einer treu geführten Ehe zerstört hat, muß ins Gefängnis. Seinen Sohn und seinen Verleger ruiniert Schwitter, indem er sein Vermögen verbrennt, seine erschriebene Million und mit ihr auch eine halbe Million, die dem Verlag gehört. Seinen Arzt, die Kapazität Professor Schlatter, ruiniert Schwitter, indem er, obwohl zweimal einwandfrei als tot diagnostiziert, einfach weiterlebt. Schwitters Frau Olga, ein ehemaliges Callgirl, vergiftet sich, weil sie ihn liebt und die diversen Todesabschiede von ihm nicht mehr ertragen kann. Schwitters Schwiegermutter, eine Abortfrau und Kupplerin, die einzige, die ihm gewachsen ist, scheint als einzige ihren eigenen Tod zu sterben. Schwitter, der zu Beginn des zweiten Teils endlich tot geschienen, mit Kränzen bedeckt und geehrt durch einen infam formulierten Nachruf des ›Starkritikers‹ Friedrich Georgen, ist abermals lebendig geworden, und der letzte Satz der Komödie, während die Heilsarmee ihn als Auferstandenen feiert, ist sein Schrei: »Wann krepiere ich denn endlich?«

Das rapide Ableben von Menschen, die weiterleben wollen, während der einzige, der ableben will, weiterlebt — dies entspricht dem Muster der ›verkehrten Welt‹, das in diesem Stück immer wieder die Gelächter-Situationen bestimmt: vom billigen Witz, wie sich hier Mutterliebe ausgerechnet darin äußert, daß die Mutter die Heirat ihrer Callgirl-Tochter bedauert, weil sie dadurch ihrem Beruf entfremdet wird, bis zu den Variationen der Zentral-Pointe: nicht der Tod ist übel, sondern das Leben und die Auferstehung. Bei der Uraufführung in Zürich und bei der deutschen Erstaufführung, am 10. Februar 1966 im Hamburger Thalia-Theater, wurde über das Stück wie über eine brillant böse Posse gelacht. Beziehungen zu theoretischen Äußerungen Dürrenmatts waren nicht zu entdecken. So hat Dürrenmatt geäußert, der ›Meteor‹ sei »der symbolische Titel eines Stückes, das von der Kraft handelt, die ein Sterbender entwickeln kann«; er sei ein »Stück vom falschen Leben«, sei »die Geschichte eines Wunders«, nämlich der Auferstehung: »Die Auferstehung ist in meinem Stück als das genommen, was sie eigentlich ist, als ein Skandalon, als ein anstößige Geschichte ... Schwitter kann seine eigene Auferstehung nicht glauben.« Solche Konsequenzen aus seiner Fabel, Anspielungen gar auf den biblischen Lazarus, von Dürrenmatt offenbar gewollt, hat er allerdings mit grotesken Szenen zugeschüttet: Schwitters Auferstehung wirkt auf der Bühne als purer Theatercoup, als szenischer Anlaß für eine Serie blutiger Witze.

Blick auf andere Stücke. — In seinem Erstling *Es steht geschrieben* (einem ›Drama‹ mit dem Untertitel ›Untergang eines Reiches, das nicht von dieser Welt war‹. Uraufführung 19. April 1947, Schauspielhaus Zürich) hat Dürrenmatt im Bistum Münster der Wiedertäuferjahre (1534–1536) antithetisch gegeneinandergestellt: den armen Bockelson, den König der Wiedertäufer, der seine Gier nach Frauen, Geld und Macht in seiner Schreckensherrschaft stillt, und den reichen Bürgermeister Knipperdollinck, der büßend seine Habe verteilt und Gott in der Armut sucht. Die barock wuchernde Bilderfolge bezeugt den Aufbruch Dürrenmatts aus dem Umkreis Wedekinds und die Entbindung seiner eigenen Sprache aus lyrischem Expressionismus. Zwanzig Jahre später hat Dürrenmatt sein unbeholfenes religiöses Symboldrama verengt in ein geöltes, obenhin witziges politisches Parabelspiel, eine ›Komödie in zwei Teilen‹ *Die Wiedertäufer* (Uraufführung 16. März 1967, Schauspielhaus Zürich, durch Werner Düggelin. Deutsche Erstaufführung 8. November 1967, Münster) — eine ›Komödie‹, die seiner inzwischen entwickelten Dramaturgie entspricht: »Die schlimmst-mögliche Wendung, die eine Geschichte nehmen kann, ist die Wendung in die Komödie.« Aus Bockelson ist ein Schmierenkomödiant geworden, der beleidigt ist, weil ihn der

JETZT

EINE PFEIFE

In den Ferien zeichnete Friedrich Dürrenmatt gallenbittere Plakatentwürfe für seine Kinder. 1963 veröffentlichte sie der Diogenes-Verlag, Zürich, in einer einmaligen Auflage mit numerierten Exemplaren unter dem Titel ›Die Heimat im Plakat, ein Buch für schweizer Kinder‹. Eines der Plakate, ›Jetzt eine Pfeife‹ nimmt eine Grundsituation aus Dürrenmatts Komödie ›Der Meteor‹ vorweg: Schwitter raucht ungerührt auf dem Totenbett, allerdings Zigarren

theaterverliebte Bischof von Münster nicht in seine Truppe aufgenommen hat. Dürrenmatt meint: »Bockelson ist ein Thema jeder Macht: ihre Begründung durch Theatralik.« Nicht mehr Machtgier treibt Bockelson, sondern komödiantische Lust (und dies beraubt Knipperdollinck seiner Antithese und damit seiner Existenzgrundlage). Für Bockelson ist die Herrschaft der Wiedertäufer, diese religiös begründete Völlerei und Hurerei, nur eine Inszenierung, in der er die Hauptrolle spielt und seine Anhänger – mit Anspielungen auf Hitler – durch Theatertricks fanatisiert. Statt seiner wird schließlich ein Doppelgänger gehenkt: Bockelson, der so glänzend um die Macht gespielt hat, wird in die Theatertruppe des Kardinals aufgenommen und von den großen Machtspielern für das »Theater dieser Welt« gerettet. Am Ende sind die seriösen Themen Dürrenmatts unter einem Haufen kleiner Witze und aufgeputzter Possen-Effekte erstickt. – Ein grotesker Schwank ist *Romulus der Große*, eine ›ungeschichtliche historische Komödie‹ (Uraufführung am 23. April 1949 im Stadttheater Basel). Kaiser Romulus Augustus hält das römische Weltreich für unmoralisch und will es als ›Richter Roms‹ liquidieren, indem er 467 n. Chr. tatenlos die einmarschierenden Germanen erwartet. Germanenfürst Odoaker freilich, ein leidenschaftlicher Hühnerzüchter wie Romulus, hat keinen sehnlicheren Wunsch, als sich zu unterwerfen, um so zu verhindern, daß die Germanen »endgültig ein Volk der Helden« werden. Romulus lehnt ab, geht in Pension, und Odoaker muß die Herrschaft antreten, schon ahnend, daß sein Neffe Theoderich ihn ermorden und ein blutiges Regiment errichten wird. Der Grundgedanke – das Scheitern des humanen Pazifisten Romulus unter den Bedingungen der inhumanen, geschichtlichen Wirklichkeit – geht in burlesken Scherzen unter; die Personen sind lediglich Pointenvollstrecker. – *Frank V.*, die ›Oper einer Privatbank‹ (Uraufführung 3. März 1959, Schauspielhaus Zürich) mit Musik von Paul Burkhard ist ein abendfüllend verlängerter, grimmiger Kabarett-Scherz mit einigen brillanten Details schwarzen Humors. Frank der Fünfte hat sein Bankhaus in ein Gangster- und Huren-Unternehmen verwandelt. Alt geworden inszeniert er seine Scheinbeerdigung, verkleidet sich als Priester, um sich nach der ordnungsgemäßen Liquidierung der Bank zur Ruhe zu setzen, doch sein Sohn, Frank der Sechste, schließt ihn im Geldschrank ein, auf daß er dort verhungere – Franks Kinder werden die Bank wieder ehrlich machen, weil damit noch mehr Geld als durch Verbrechen zu erwerben sei. Wie einer seiner Bühnengangster schießt Dürrenmatt in so viele Richtungen, daß kein Ziel, kein realer Bezug zur Welt mehr erkennbar ist. – *König Johann von Friedrich Dürrenmatt nach Shakespeare* (Uraufführung 18. September 1968, Stadttheater Basel, durch Werner Düggelin): Gegen das von König Johann von England, von König Philipp von Frankreich und von dem Kardinal von

Mailand repräsentierte feudale System setzt Dürrenmatt den Bastard Faulconbridge, nicht wie Shakespeare als englischen Patrioten, sondern:»Mein Bastard ist weder Ideologe noch Moralist, für ihn sind die Könige die Machthaber und die Völker die Opfer dieser Machthaber.« Bei Dürrenmatt gehört der Bastard zu den Opfern; als Berater des dumm brutalen Königs Johann (1199–1216) ist er die Stimme der Vernunft, die in der von Dummheit und Zufall beherrschten Geschichte immer wieder scheitert. Am Ende, als König Johann aus taktischen Gründen, um den Adel zu schwächen, dem Volk durch die Magna Charta mehr Rechte verschafft, geht der Bastard unters Volk, um – geistig, aber auch physisch – die Demokraten zu zeugen, die mit ein wenig mehr Vernunft den Feudalstaat verändern werden. Aus einer entlegenen Shakespeare-Historie hat Dürrenmatt ein zupackendes politisches Stück gemacht mit humanem Pathos im zynischen Witz. – Play Strindberg, ›Strindbergs Totentanz, arrangiert von Dürrenmatt‹ (Uraufführung 8. Februar 1969, Stadttheater Basel, durch Dürrenmatt und Erich Holliger). In Strindbergs ›Totentanz‹ (1900) benutzen nach fünfundzwanzig Jahren Ehe Kapitän Edgar und seine Frau Alice in ihrem Ehekrieg den in ihrem Festungsturm auf der Schäreninsel auftauchenden Kurt, den Vetter Alices, als Waffe gegeneinander. Bei Dürrenmatt versuchen sie dies auch, doch hier ist Kurt stärker, und am Ende ist er der Stärkste: unter Schurken der souveränste Schurke, im Ehekrieg »geistig wieder fit geworden« für die Geschäftswelt, die ebenfalls von Erniedrigung, Erpressung und Haß beherrscht wird. Dürrenmatt hat aus Strindberg das sentimentale Fett herausgekocht, bis nur noch ein Skelett des Hasses übrig geblieben ist; er schildert sein Verfahren: »Strindbergs Dialog wird als Vorlage für einen Anti-Strindberg-Dialog benutzt; aus einem Schauspielerstück wird ein Stück für Schauspieler... Aus einer bürgerlichen Ehetragödie wird eine Komödie über die bürgerliche Ehetragödie:›Play Strindberg‹.« In zwölf mit Titeln versehenen »Runden« spielen Schauspieler den Text, als führten sie mit innerer Distanz Zitate aus Strindberg vor. Die Runden sind knapp, lapidar, nach dem Muster: Rede, Gegenrede und eine schauerliche Pointe. Dem Strindberg hat Dürrenmatt die Qual, den Ernst, die Tragik ausgetrieben, bis nur noch der Dauerzynismus routinierte Wortgefechte mit sich selbst aufführt. Durch Verknappung des Dialogs und gesteigertes Tempo erhalten auch die Partien schrecklicher gegenseitiger Verletzungen ihre Komik. – Portrait eines Planeten (Uraufführung 10. November 1970, Düsseldorf; Regie: Erwin Axer). Mit Adam, Eva, Kain und Abel eine Blitztour durch die Geschichte der Erde vom Matriarchat bis zur Zerstörung durch eine Supernova; zwei Dutzend Blackout-Glossen zum Tage und zur Ewigkeit; eine Anthologie von Einfällen, die andere Autoren und Dürrenmatt schon besser gehabt haben. Hier bildet er die Banalitäten des Schreckens und der Ermutigung – »Die Erde ist eine Chance« – auf erschreckend banale Weise ab: Skizzen zu einem Stück, das noch nicht geschrieben ist. – *Titus Andronicus nach Shakespeare von Dürrenmatt* (Uraufführung 12. Dezember 1970, Düsseldorf; Regie: Stroux). Mohr Aaron, bei Shakespeare an allem mitschuldig, ist bei Dürrenmatt für alles entschuldigt: da er als Schwarzer behandelt wird, hat er sich entschlossen, als Schwarzer zu handeln. Mangelnde Gerechtigkeit ist verantwortlich für die Greuel der Welt und der blutigen Tragödie, die in allgemeiner Sinnlosigkeit endet: »Der Weltenball, er rollt dahin im Leeren und stirbt so sinnlos, wie wir alle sterben: Was war, was ist, was sein wird, muß verderben.«

Der Mitmacher (›Komödie‹. Uraufführung 8. März 1973, Schauspielhaus Zürich; Regie: Andrzej Wajda. Deutsche Erstaufführung 31. Oktober 1973, Mannheim; Regie: Dürrenmatt) heißt Doc: er ist ein entlassener Biologe und arbeitet als ›Nekrodialytiker‹, als Leichenauflöser für ein Mord-Syndikat: die Leichen werden in die Kanalisation gespült. Unter den Leichen sind die Geliebte Docs (und zugleich des Boß), Docs Sohn, schließlich der Mord-Boß und auch der Polizeipräsident Cop: der Staat hat inzwischen die Geschäfte der Unterwelt übernommen – Die Anklage der Gesellschaft als einer allgemeinen Mordgesellschaft ist zu pauschal, um zu treffen.

Zwischenspiel: Absurdes, Alptraumtechnik, Komik des Scheiterns und dergleichen

Was die kleinen Kinder zum Lachen bringt, macht den großen Leuten Angst.   Alfred Jarry in ›König Ubu‹

Man kann in dieser ein Dutzend Häuser langen, verwinkelten und dunklen Gasse im Pariser Quartier Latin, nahe dem Boulevard Saint Michel, zwischen Algeriern und Clochards in einer tristen Kneipe Rotwein trinken, bei einem Armenier Zuckerbäckereien kaufen, in einem Buchladen spiritistische Werke erstehen, ein Stundenhotel aufsuchen oder einen der achtzig Plätze des kleinsten Pariser Theaters einnehmen, des ›Théâtre de la Huchette‹ in der Rue de la Huchette, der Straße des kleinen Hifthorns. Von hier aus ist der Begriff des ›absurden Theaters‹ in alle Welt gegangen, und es wäre schön, wenn es ihn nicht gäbe, denn ›absurd‹ heißt widersinnig und sinnlos, und dies alles ist das absurde Theater nicht.

»Es war einmal ein arm Kind und hatt kein Vater und keine Mutter, war alles tot, und war niemand mehr auf der Welt. Alles tot, und es is hingangen und hat gesucht Tag und Nacht. Und weil auf der Erde niemand mehr war, wollt's in Himmel gehn, und der Mond guckt es so freundlich an; und wie es endlich zum Mond kam, war's ein Stück faul Holz. Und da is es zur Sonn gangen, und wie es zur Sonn kam, war's ein verwelkt Sonneblum. Und wie's zu den Sternen kam, waren's kleine goldne Mücken, die waren angesteckt, wie der Neuntöter sie auf die Schlehen steckt. Und wie's wieder auf die Erde wollt, war die Erde ein umgestürzter Hafen. Und es war ganz allein. Und da hat sich's hingesetzt und geweint, und da sitzt es noch und is ganz allein.«

Das arme, elternlose Kind, das vom Himmel enttäuscht und dem die Rückkehr zur Erde versperrt wird, auf ewig weinend und ganz allein – es stammt nicht aus der zweiten Nachkriegszeit und nicht von einem ›Absurden‹, sondern aus dem Jahre 1836, die Großmutter erzählt seine Geschichte im ›Woyzeck‹ des deutschen Dramatikers Georg Büchner (1813 bis 1837), doch wenn es im Jargon der zweiten Nachkriegszeit reden könnte, dann würde es wohl sagen, daß nicht nur sein Leben, seine ›Existenz‹, sondern daß die ganze Welt ›absurd‹ sei. Das Lebensgefühl des Absurden, des Sinnlosen, steckt in dieser Geschichte und auch eine beliebt gewordene Technik des Absurden: das negative Märchen, das statt zu einem glücklichen Ende in ein unbegreifliches Scheitern führt, besonders schmerzhaft dadurch, daß es in Großmutters liebvertrautem Ton erzählt wird. Arthur Adamov, einer der Erfinder des absurden Theaters, hat Georg Büchner nicht ohne Folgen ins Französische übersetzt.

Von Büchner ist es nur ein kleiner Schritt bis zu Franz Kafka (1883–1924), ohne den die Pariser Avantgarde gleichfalls nicht denkbar ist. Er hat zwei unvollendete Romane hinterlassen, ›Der Prozeß‹ und ›Das Schloß‹, die beide dramatisiert worden sind und in dieser vergröberten Form, an der Kafka schuldlos ist, zu den Geburtshelfern des modernen absurden Theaters gehören.

Der Prozeß, dramatisiert von André Gide und Jean-Louis Barrault, uraufgeführt 1947 im Pariser Théâtre Marigny (Deutsche Erstaufführung 1950 im Berliner Schloßpark-Theater): Josef K. wird an seinem 30. Geburtstag verhaftet; er erfährt nicht, wessen er angeklagt ist; nie bekommt er das Gericht zu Gesicht, immer nur niedere Angestellte; je heftiger er versucht, seine Unschuld zu beweisen, desto stärker wächst in ihm das Gefühl, schuldig zu sein, und als er schließlich, ohne je eine Gerichtsverhandlung erreicht zu haben, von zwei schäbigen Henkern erstochen wird, fragt er sich, schon das Messer im Rücken: »Ist es, weil ich nie geliebt habe?« *Das Schloß*, dramatisiert von Max Brod, uraufgeführt 1953 im Berliner Schloßpark-Theater: So vergeblich wie Josef K. im ›Prozeß‹ versucht hat, seine obersten Richter zu

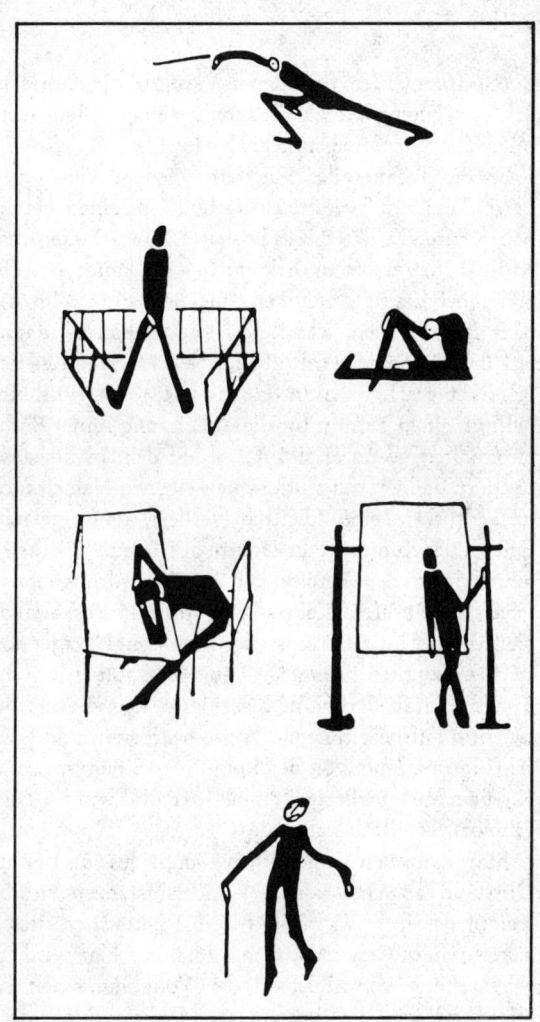

erreichen, so vergeblich versucht er hier, ein ortsfremder Landvermesser, Einlaß ins ›Schloß‹ zu erhalten; er stirbt auf dem Instanzenweg, er hat »das Tor ins rechte Leben« verfehlt; die Nachricht vom ›Schloß‹, daß er zugelassen sei, kommt zu spät.

Für Max Brod, den Nachlaßverwalter Kafkas, hat Kafka im Sinne der Kabbala »die beiden Erscheinungsformen der Gottheit, Gericht (›Der Prozeß‹), und Gnade (›Das Schloß‹),« dargestellt. Was der zweifellos vieldeutigere Kafka, in dessen Symbolschlösser mehr als ein Schlüssel paßt, mit seinen

Romanfragmenten (um deren Vernichtung nach seinem Tod er — vergeblich — gebeten hatte) auch immer gemeint haben mag, einige seiner Techniken führen zum absurden Theater. So die Technik des Scheiterns: jede Bewegung, die Josef K. zu seiner Befreiung macht, verstrickt ihn tiefer in seine Gefangenschaft. Die Absurden haben entdeckt, daß dieses boshafte Dauerscheitern, an dem man selbst widerwillig beteiligt ist, auch komisch sein kann: ein Effekt, den jeder Zirkusclown beherrscht — wenn er seiner Sehnsucht folgt, irgend etwas zu erreichen oder zu vollenden, was ihn entzücken könnte, dann fällt er immer wieder auf die Nase und wird jubelnd belacht. Wenn es dem genialen Münchener Komiker Karl Valentin (1882—1948) als ›Buchbinder Wanninger‹ nicht gelingt, einen Termin für die Ablieferung seiner Bücher und seiner Rechnung zu erhalten, wenn er sich derart auf dem Instanzenweg der Telefonate verheddert, daß er schließlich seinen eigenen Namen nicht mehr weiß, vornehm ausgedrückt: seine Identität verliert, dann gelangt Valentin durch den Bereich der Komik an die Grenze des Tragikomischen, an der auf der anderen Seite, durch den Bereich der Tragik gedrungen, Kafkas nicht ins Schloß gelassener Josef K. steht — Valentin und Kafka sind sich hier so nahe, daß sie sich über die Grenze, an der Komik und Tragik das gleiche sind, die Hand reichen könnten. Als Jean-Louis Barrault 1957 ›Das Schloß‹ im Pariser Théâtre Sarah Bernhardt inszenierte, ließ er Max·Brods Fassung durch Pol Quentin auf bezeichnende Weise bearbeiten und erweitern: die französische Aufführung lebte von der Komik des Scheiterns, und Barrault spielte einen K., über den mehr gelacht als gedacht wurde. Diese Art des ›schwarzen Humors‹ erfüllt das absurde Theater.

Man kann den vergeblichen Kampf des Josef K. um den Nachweis seiner Unschuld als einen durch Gerichtsinstanzen sichtbar gemachten, inneren Kampf des Josef K. mit sich selbst betrachten: das Todesurteil fällte dann sein strenges Gewissen, dem allmählich klar wird, daß »auch die geringste Abweichung vom Zustand der Vollkommenheit schon Schuld« ist. Entsprechend wäre die Nichtzulassung zum ›Schloß‹ der sichtbare Ausdruck für die innere Unfähigkeit des Josef K., im irdischen Leben heimisch zu werden. Diese Verbildlichung innerer Vorgänge durch groteske äußere Handlungen gehört zu den Kunstgriffen des absurden Theaters. Sie kann bei Kafka studiert werden, aber auch schon bei Strindberg, besonders bei seinem ›Traumspiel‹ (aus dem Jahre 1901). Ionesco hat 1956 halb ironisch, halb ernst gestanden: »Man hat mir bewiesen, ich sei stark von Strindberg beeinflußt. Das hat mich gezwungen, den skandinavischen Dramatiker zu lesen. Ich habe mir Klarheit darüber verschafft, daß das wirklich zutrifft.« Verbildlichung innerer Vorgänge — um sie zu studieren, braucht man den

Umweg über Strindbergs ›Traumspiel‹ nicht; man kann sie auch an den eigenen Träumen lernen. Adamov hat seinen ›Professor Taranne‹ nach einem Alptraum geschrieben, und Ionescos ›Mörder ohne Bezahlung‹ hat wie viele andere Stücke des absurden Theaters den Charakter und die Technik eines Alptraums.

Seelische Vorgänge, die sich am Tage nur mit Hilfe abstrakter Begriffe beschreiben ließen, werden nachts im Traum zu greifbaren Bildergeschichten. Wer beispielsweise vor einer Prüfung abwechselnd von Furcht und Hoffnung gebeutelt wird, dem kann es passieren, daß er nachts einen schweißtreibenden Hindernislauf zu bewältigen hat: er fühlt, daß er ein bestimmtes Ziel rechtzeitig erreichen muß, und läuft möglicherweise mit heraushängender Zunge durch eine brüllendheiße Wüstenlandschaft; er spürt, daß er bald am Ziel sein muß, da erblickt er plötzlich entsetzt einen breiten Fluß, den er unmöglich durchqueren kann, aber schwupps, ist es frostklirrender Winter, der Fluß ist zugefroren, der Mensch saust glücklich übers Eis, und schon reißt das Eis, der Abstand zwischen den Schollen wird größer, der Mensch muß immer längere Sprünge machen, bis er endlich ins Eiswasser fällt und aufwacht. Diese Bildergeschichte ist, mit der Logik des Tages betrachtet, ausgesprochen blödsinnig: Wie kommt in die Sonnenwüste ein zugefrorener Fluß, und wie könnte die Eisdecke so rasch zu Treibeis werden? Ausgesprochen logisch jedoch wird die Geschichte, wenn man ihre Bilder als Ausdruck des Wechsels von Furcht und Hoffnung betrachtet: die Furcht holt den unüberquerbaren Fluß in die Wüste, die Hoffnung gibt ihm die praktische Eisdecke, und die Furcht reißt sie auf. Das ist ein sehr simples Beispiel einer Traumdeutung, für das Verständnis einer Technik des absurden Theaters aber reicht sie aus: die Bilder, die mit Hilfe der Personengruppierungen und der Dekorationen auf die Bühne gestellt werden, sind ebenfalls nichts anderes als Ausdruck seelischer Vorgänge. Die Innenwelt eines Menschen wird in seine Außenwelt projiziert; die Außenwelt wird dadurch zum Bild seiner Innenwelt. »Innenwelt, Außenwelt«, sagt Ionescos Behringer in ›Mörder ohne Bezahlung‹, »das sind unpassende Ausdrücke, es gibt keine wirklichen Grenzen zwischen diesen zwei Welten.«

Die Logik, mit der die Bilder einander folgen, ineinander übergehen oder mit der sich irgendeine Person ohne weiteres in irgendeine andere Person verwandelt, ist nicht die Logik des Tages, einer äußeren Handlung, sondern die Logik des Traums, eines inneren Vorgangs, der die Verwandlung der Bilder oder Personen bewirkt.

Manche Stücke des absurden Theaters erinnern an diese etwas aus der Mode gekommenen Bilderrätsel, über denen ›Rebus‹ stand: ›durch die Dinge‹ drücken auch diese Stücke etwas aus, was man entschlüsseln kann. Im

Gegensatz zum ›Rebus‹-Rätsel aber sind die Bildergeschichten auf der Bühne keineswegs eindeutig, sondern verwirrend vieldeutig wie die Träume.

Dafür ein Beispiel, das kräftig genug scheint, sich länger auf den Bühnen zu halten. Der Verfasser ist Boris Vian, geboren 1920, Ingenieur, Jazztrompeter, Filmschauspieler, Dramatiker, Romanschriftsteller, Übersetzer der Kriminalromanautoren Raymond Chandler und Peter Cheyney, eine der vielseitigsten und explosivsten Figuren im ›existentialistischen‹ Saint-Germain-des-Prés nach dem zweiten Weltkrieg, gestorben 1959: er war schwer herzkrank und sah sich, als ihm das Trompetespielen vom Arzt verboten wurde, langsam zu Ende gehen. Wie Kafka möglicherweise durch seine Tuberkulose den Anstoß erhielt, einen schuldlos plötzlich zum Tode Verurteilten darzustellen, so ist vielleicht Boris Vian durch das Bewußtsein seines sich nähernden Todes zu einem merkwürdigen Stück gekommen: *Die Reichsgründer oder Das Schmürz* (Les bâtisseurs d'empire ou Le Schmurtz, uraufgeführt ein halbes Jahr nach Vians Tod, am 22. Dezember 1959 auf der Experimentierbühne Jean Vilars, im Saal des Théâtre Récamier; deutsche Erstaufführung 30. September 1960 in der ›Werkstatt‹ des Berliner Schiller-Theaters). Das dem deutschen ›Schmerz‹ verwandte künstliche Wort ›Schmürz‹ gehörte wohl zu Vians Privatmythologie — er benutzte gelegentlich das Pseudonym ›Adolphe Schmurtz‹.

Das Schmürz ist ein menschenähnliches Gebilde, das, blutend und mit Binden umwickelt, über die Bühne kriecht und immer wieder geschlagen und getreten wird. Es spricht nichts, es wird nicht angesprochen, aber es gehört zur Familie und taucht nach jedem Umzug in der neuen Wohnung wieder auf. Umgezogen wird oft, und immer liegen die Wohnungen höher und sind enger. Im zweiten Akt bezieht die Familie — Vater, Mutter, die Tochter und ein Dienstmädchen — eine elende Bude mit einer Nebenkammer; das Dienstmädchen hat die Nase voll und geht, und sobald es weg ist, läßt sich die Tür zur Kammer nicht mehr öffnen; als die Tochter ein Bett beim Nachbarn ausleihen will, fällt hinter ihr die Dielentür zu, und sie bleibt auf ewig ausgesperrt. Im dritten Akt kommt der Vater herauf in die Mansarde, höher und enger geht's nun nicht mehr, die Endstation ist erreicht, die Mutter kann ihm nicht mehr folgen, sie stirbt unten, er ist allein — allein mit dem Schmürz.

Diese Umzüge, bei denen die Familie erst ihren Besitz, dann sich selbst verliert, geschehen nicht freiwillig; sie sind Fluchten vor einem grauenerregenden Geräusch, das die Eltern zwingt, sich mit immer engeren, elenderen Verhältnissen abzufinden. Das Geräusch ist die Zeit, das Altern, das Bewußtsein des sich nähernden Todes. Dies meint jedenfalls Martin Esslin, der ein informiertes und informierendes Buch ›Das Theater des Absurden‹

(1961) geschrieben hat, und seine Deutung leuchtet ein. Die Zeit nimmt den Besitz, die Nachbarn, die Kinder, ja sogar die Erinnerung, und sie treibt in die Lebensenge und in die Einsamkeit des Alterns, die Vian durch immer engere Behausungen greifbar macht. Das Schmürz scheint mit der Zeit verbündet oder doch von ihr genährt: es wird immer dann verprügelt, wenn von der Zeit die Rede ist, trete sie nun als dieses in die Flucht schlagende Geräusch auf, oder als Erinnerung an die Vergangenheit, oder als ein Problem, das die Zukunft stellt. Von der Zeit gepeitscht, peitschen die Menschen das Schmürz, diese Ausgeburt der Zeit.

Das Schmürz ist ein sichtbar, greifbar, prügelbar gewordener Seelenzustand — die groteske Gestalt alles dessen, was dem Menschen hassenswert erscheint: ein bandagierter Sündenbock; eine Alptraumgeburt des vom Todesbewußtsein gequälten Menschen; ein Schreckenspopanz des Lebensendes, den man in seiner Ohnmacht schlagen, aber nicht besiegen kann, denn er stirbt erst mit dem Menschen. Merkwürdigerweise braucht man gar nicht so genau zu wissen, was das Schmürz sei, und sieht doch sofort ein, daß es in unseren trauten Heimen mindestens so weit verbreitet ist wie beispielsweise das Fernsehgerät.

Das Sichtbarmachen von Seelenzuständen gehört ebenso zum absurden Theater der Adamov und Ionesco wie die fast unerträgliche Grausamkeit, mit der das Schmürz gepeitscht wird. Das ›Theater des Absurden‹ beruft sich ausdrücklich auf das ›Theater der Grausamkeit‹, das ›Théâtre de la Cruauté‹, das von dem surrealistischen Dichter, dem Schauspieler, Regisseur und Theatertheoretiker Antonin Artaud (1896–1948), gefordert worden ist. Artaud war fasziniert vom symbolischen balinesischen Theater und von den japanischen Nô-Spielen, von ihrem irrationalen Ritual, von ihrer Verwurzelung in Religion und Mythos, im Märchen und im Traum. »Das Publikum wird die Träume des Theaters glauben«, so schrieb er, »in dem Maße, wie man sie für wahre Träume und nicht für einen Abklatsch der Wirklichkeit nimmt . . . Das Theater kann nur dann wieder es selbst werden, . . . wenn es dem Publikum wahrheitsgetreu die sich jagenden Traumbilder bietet, in denen seine verbrecherischen Neigungen, seine erotischen Zwangsvorstellungen, seine Wildheit, seine Chimären, seine utopischen Vorstellungen vom Leben und von den Dingen, ja, sein Kannibalismus, sich entladen, und zwar auf einer Ebene, die nicht die Illusion der Außenwelt ist, sondern innerlich.«

Zusammen mit Robert Aron und Roger Vitrac (1895–1952), dem Verfasser der bitterbösen, surrealistischen Posse ›Victor oder Die Kinder an der Macht‹ (die Vitracs Freund Jean Anouilh 1962 in Paris und 1963 in München wieder inszeniert hat) gründete Artaud das am 1. Juni 1927 eröffnete Théâtre Alfred Jarry‹ (ohne festes Haus), mit dem er auch Strindbergs ›Traum-

Antonin Artaud,
porträtiert von André Masson,
1925

spiel‹ inszenierte. Für Artaud, einen höhnischen Feind des Naturalismus und der Psychologie, bildet das Theater nicht die Wirklichkeit nach, sondern schafft selbst eine Wirklichkeit: Dekorationen, Kostüme, Musik, übersteigerte Gesten, die Sprache des Körpers, groteske Marionetten- und Kasperle-Effekte, Schreie, blutige Riten und Beschwörungen sollen den Zuschauer mitreißen und in einen Mitspieler verwandeln. Er forderte: »Jedes Handeln ist grausam. Durch eine extreme Handlung muß sich das Drama erneuern ... Wir begreifen das Theater als magischen Vorgang ... Wichtig ist vor allem, daß das Spiel auf der Bühne Raserei ist und sich mitteilt ... Das Theater der Grausamkeit beabsichtigt das Massenschauspiel, in der Aufwallung großer Massen, konvulsivisch gegeneinandergeworfen, ein bißchen von jener Poesie lebendig zu machen, die sich in den nur allzu seltenen Festen zeigt, wenn das Volk auf die Straße strömt.«

Artaud konnte seine (widerspruchsvollen) Theorien nur einmal, im Frühjahr 1935 im Théâtre de l'Etoile verwirklichen mit einem eigenen Stück, der Geschichte der Cenci nach Stendhal und Shelley, und einer eigenen Inszenierung — nach siebzehn Vorstellungen wollte niemand mehr dieses ›Theater der Grausamkeit‹ besuchen, doch war sein Einfluß außerordentlich: Regisseure wie Jean-Louis Barrault und Roger Blin (beide Regie-Assistenten bei der Cenci-Aufführung), Jean Vilar und Roger Planchon haben Artauds Ideen aufgegriffen, Adamov war sein Freund, und die Stücke von Jean Genet, diese grausamen Zeremonien, sind ohne Artaud nicht zu denken. Selbst das ›Marat‹-Stück von Peter Weiss gehört in seine Linie.

Daß Artaud sein Theater nach Alfred Jarry nannte, war ein Programm: Jarry (1873—1907) hat mit seinen ›König-Ubu‹-Stücken zunächst das klassische Historientheater parodiert, dann das surrealistische Theater begründet und schließlich die Vorformen des absurden und dadaistischen Theaters geschaffen. Bei der Uraufführung des *König Ubu* (Ubu-Roi. Deutsche Erstaufführung 9. Mai 1959, Werkraum-Theater, München) im Pariser Théâtre de l'Œuvre am 10. Dezember 1896 brach der Skandal schon nach dem ersten Wort los, das auf der Bühne gesprochen wurde. Vater Ubu rülpst es hervor: »Merdre!« Es ist ein Wort, das es gar nicht gibt, doch deutlich genug an ein anderes Wort erinnert, das inzwischen so beliebt geworden ist, daß es heute schwerlich einen Theaterskandal entfesseln könnte — in der deutschen Fassung heißt es »Schreiße!« Es geht als eine Art Leitmotiv durch das Stück.

Alfred Jarry hat sich sein ganzes, kurzes Leben lang mit Vater Ubu beschäftigt. Schon auf dem Gymnasium in Rennes, dessen Mathematiklehrer das Modell für Ubu lieferte, führten Jarry und seine Mitschüler Ubu-Stücke auf, und noch aus seinem Nachlaß hat man Ubu-Szenen zu dem Stück ›Ubu Hahnrei‹ vereinigt. Unter vielen anderen hat auch Picasso den König Ubu gezeichnet: unter einer Rüsselnase sind Wüstlingslippen über Eberzähnen geschürzt, und das Kinn sieht aus wie ein

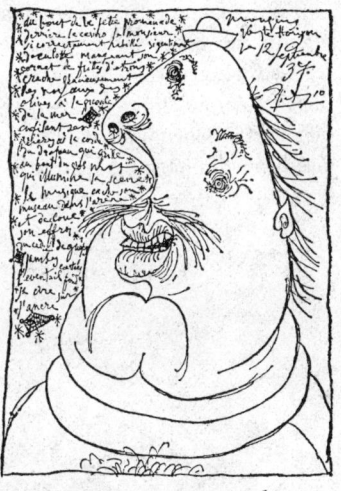

Alfred Jarrys ›König Ubu‹,
gezeichnet von Picasso

Gesäß — das Gesicht ist in seinem behaglichen Fett so spießbürgerlich wie gefährlich in seiner höchst unbehaglichen Deformation; ein Untier, das dem von Jarry so geliebten Rabelais entlaufen sein könnte.

Alfred Jarrys ›König Ubu‹,
gezeichnet von Alfred Jarry

Vater Ubu, ordinär, feige und tückisch, ist ein barockes Monstrum: die gewaltiges Fleisch gewordene Lust am Fressen, Rauben und Morden, die sich schamlos zu sich selbst bekennt. Grenzenlose Menschenverachtung ist der Urgrund, aus dem er lebt. In *Ubu Hahnrei* (Ubu-Cocu) führt er in einem von Spinnweben überzogenen Koffer sein Gewissen mit sich — seinen Doppelgänger im Nachthemd —, um es gelegentlich zu befragen und seinen Ratschlägen *nicht* zu folgen. Ubu ist das frei gesetzte Ungeheuer, das im Menschen steckt. Jarry hat das Böse ins Groteske überzeichnet bis dorthin, wo das Grauen in Gelächter umschlägt. Es ist die Sorte Humor, für die der Surrealist André Breton die populär gewordene Bezeichnung ›schwarzer Humor‹ eingeführt hat.

›König Ubu‹ aus der Gymnasialzeit Jarrys ist nicht viel mehr als ein gigantischer Schülerwitz, eine freche Parodie auf das Geschichtsdrama. Vater Ubu schwingt sich durch Verschwörung, Mord und Verrat zum Herrscher über Polen auf, immer seinen Lebensgrundsatz »Ich will reich werden« auf den verfressenen Lippen. Was es auch an pathetischen Szenen im hohen Geschichtsdrama gibt, hier wird es als reine Finanzfrage des barbarischen

Alfred Jarrys ›König Ubu‹ im Pariser Théâtre Antoine. Karikatur
von de Losques, im ›Figaro‹ vom 16. Februar 1908

Hanswursts Ubu in eine possenhafte Kolportage verwandelt. Der Pennälerwitz nimmt dämonische Züge an: das Böse steht so ordinär und lebfrisch im Saft, daß man nur mit äußerstem Unbehagen darüber lachen kann.

In *Ubu in Ketten* (Ubu enchaîné; uraufgeführt 1937 in der Comédie des Champs-Elysées, Paris) steigert Jarry nicht mehr nur Realitäten ins Absurde, sondern erfindet absurde Situationen, für die es kein Realitätsvorbild gibt, die aber Realitäten als absurd enthüllen sollen. Ubu, das Ungeheuer, weiß, daß er »am Ende alle Leute umbringen wird«. So kann er nun gelassen den Sklaven spielen: »Ich werde nicht mehr befehlen: man gehorcht mir so viel besser.« König Ubu hat die Welt als Herrscher zerstört; Ubu in Ketten zerstört und beherrscht die Welt als Sklave. Die ›Freien‹ müssen absurderweise in der ›Freiheit‹ gedrillt werden: der Ungehorsam wird auf dem Exerzierplatz gehorsam eingeübt. Ubu zwingt diesen Sklaven ihrer Freiheit seine Sklavendienste auf und macht sich damit zu ihrem Herren. Er genießt es, daß das Gericht ihm dienen muß, indem es ihn verurteilt. Er bringt die Freien so weit, daß sie mit der Parole »Die wahre Freiheit ist die Sklaverei« freiwillig ins Gefängnis gehen. Sklaverei steckt an. Die Welt gehorchte dem Ungeheuer Ubu, wenn er als König befahl; die Welt gehorcht ihm jetzt sogar dann, wenn er nichts als ihr Sklave sein will: dem Ungeheuer gelingt es gar nicht, Sklave zu sein, denn keiner ist da, der sein Herr sein will — eine wahrhaft schauerliche, prophetische Pointe.

Der Umgang mit Ubus, in welcher Maske sie auch auftreten, ist immer unbequem: eher folgt man ihnen, als daß man sie bekämpft. Mit solchen absurden Pointen legt Jarry melancholische Gedanken nahe über die Verführbarkeit des Menschen durch das Ungeheuer, das ein Teil seiner selbst ist und dem er nur allzugern gehorcht. Man kann Jarrys Ubu-Stücke auch als reine Groteske nehmen, als Spiel um des Spieles willen, als puren Quatsch, über den man lacht — doch meint schon Jarry im Stück: »Was die kleinen Kinder zum Lachen bringt, macht den großen Leuten Angst.«

Von Jarry gibt es eine unmittelbare Verbindung zu einem deutschen Dramatiker des parodistischen und grotesken, des grausamen Theaters voll der schwarzen Humore, zu Christian Dietrich Grabbe in seinem Lustspiel ›Scherz, Satire, Ironie und tiefere Bedeutung‹ aus dem Jahre 1822 (Uraufführung erst 1907): Jarry hat es unter dem Titel ›Les silènes‹ frei ins Französische übersetzt und erweitert — die innere Verwandtschaft der beiden liegt auf der Hand.

Büchner, Grabbe, Jarry und Artaud; Artaud, Adamov, Ionesco, Boris Vian — Verbildlichung innerer Vorgänge; die Welt als Alptraum, der Alptraum als Parodie der Welt; die Komik des Scheiterns, das grausame Kasperle-Spiel und der schwarze Humor: diese höllische Mixtur hat das Theater des Absurden ergeben. Wie es aus vielfältigen Elementen zusammengewachsen ist, so wuchern seine Elemente einzeln weiter.

Adamov und Ionesco haben zwischen Symbol und Allegorie begonnen, zwischen unausdeutbarem poetischem Bild und ausdeutbarem Sinnbild; Adamov ist zum politisch engagierten Theater übergegangen; Ionesco nähert sich mit zunehmendem Gebrauch von Allegorien einem verweltlichten barocken Welttheater. Beckett war von Anfang an und ist noch immer eine Klasse für sich. In England haben die Absurditäten in dem traditionellen ›Nonsense‹, dem spielerischen Unsinn, wie er bei uns etwa durch Lewis Carrolls ›Alice im Wunderland‹ (1865) bekannt geworden ist, einen fruchtbaren Nährboden gefunden, und in den zensurfreudigen Staaten des Ostens sind die Absurditäten politisch geworden.

Arthur Adamov: vom Unheilbaren zum Heilbaren

Ich versuche, in meinen Stücken das Heilbare und das Unheilbare aufzuzeigen. Das Leben läßt sich in wichtigen Punkten transformieren, damit es weniger unmenschlich sei.

Adamov in einem Gespräch mit Wolfgang Sauré, 1963

Nach der Aufführung seines Stückes ›Die Invasion‹ in Darmstadt, im Februar 1953, reiste er weiter nach Hamburg, St. Pauli, um sich zu amüsieren; wenn er ›Saint Pauli‹ französisch aussprach, klang es wie der Name eines Gnadenortes. Bevor er zum Bahnhof ging, ließ er sich durch die zerbombte Darmstädter Grafenstraße führen, die damals noch nicht wiederaufgebaut war, und suchte das Haus, in dem Georg Büchner ›Dantons Tod‹ geschrieben hatte (siehe auch Seite 529); da stand nur noch die Gartenmauer, über die Büchner in die Emigration geflohen war.

Für Jean Vilars ›Nationales Volkstheater‹ hatte Adamov ›Dantons Tod‹, ›La Mort de Danton‹, übersetzt; er liebt Büchner, zumal seinen ›Woyzeck‹, den er als einen Ausgangspunkt für die Erneuerung des Theaters betrachtet, und hat von seiner Szenentechnik gelernt. Die Personen in seinen frühen Stücken, sind, wie es bei Büchner heißt, »Puppen, von unbekannten Gewalten am Draht gezogen«, doch anders als beim lebensprallen Büchner sind sie abstrakte Schemen; die ›unbekannten Gewalten‹ hat Adamov versucht, sichtbar zu machen: durch optische Symbole wie etwa die allmähliche Verengung eines Raumes oder seine Verstopfung mit Möbeln und Papieren. Zu seinen literarischen Hausgöttern gehören auch Franz Kafka, dessen anonyme Mächte in Adamovs ›Ping-Pong‹ als Spielautomatensyndikat versinnbildlicht sind, und August Strindberg, dessen ›Traumspiel‹ (aus dem Jahre 1901) eines der Vorbilder für die Alptraumtechnik des Adamov-Theaters ist.

Arthur Adamov, Übersetzer von Büchner, Dostojewski (›Schuld und Sühne‹), C. G. Jung, Gogól (›Die toten Seelen‹), Tschéchow, Strindberg, Gorki, Kleist (›Der zerbrochene Krug‹) wurde am 23. August 1908 im Kaukasus geboren, ein Armenier mit dem Namen Adamian. Seine wohlhabenden Eltern verließen Rußland, als er vier Jahre alt war, und reisten in Westeuropa. Arthur lernte Französisch wie seine Muttersprache; die Adamovs lebten zu Beginn des ersten Weltkriegs im Schwarzwald, später in Genf und in Mainz; der Sechzehnjährige ging 1924 nach Paris und schloß sich zunächst den Surrealisten an.

Die Dramen, die er in dem Jahrzehnt zwischen 1944 und 1954 schrieb, vom ›Rendezvous‹ bis ›Ping-Pong‹, verbildlichen die Suche nach dem Sinn des Lebens, die für Adamov ergebnislos bleiben muß, aber auch nicht aufgegeben werden kann. Martin Esslin deutet in seinem Buch ›Das Theater des Absurden‹ (1961) diese Stücke als eine Selbstbefreiung Adamovs von einer schweren Neurose. Durch die Darstellung des Unheilbaren hätte er sich demnach geheilt. Der geheilte Adamov hat diese Stücke verworfen und mit ›Paolo Paoli‹ (1956) begonnen, in der Nachfolge Bertolt Brechts gesellschaftskritische Bilderbogen zu schreiben, in denen konkrete gesellschaftliche Schäden als heilbar dargestellt werden. Er dramatisierte das erste Buch des Romans *Tote Seelen* von Gogól (Uraufführung im November 1959 in Stuttgart); dieses epische Stück, die allerdings nur vergnügliche Geschichte eines Betrügers, der den Gutsbesitzern tote Leibeigene abkauft, um mit ihnen zu spekulieren, und dabei die Dummheit und Korruptheit der Gutsbesitzer enthüllt, bleibt weit hinter Gogóls satirischer Komödie ›Der Revisor‹ (uraufgeführt im Jahre 1836) zurück. *Frühling 71* (Le Printemps '71. 1961. Uraufführung in London, Juli 1962) ist ein Bilderbogen über die Pariser Kommune mit grotesken Zwischenspielen, in denen historische Gestalten karikiert auftreten.

Den Kommunisten steht Adamov schon seit Ende des zweiten Weltkrieges sehr nahe; er glaubt freilich nicht, daß die ›gerechte Güterverteilung‹, die er sich vom Kommunismus erhofft, den Menschen von seinem eingeborenen Unglück befreien könne.

Off Limits, uraufgeführt 1969 im Théâtre de la Commune in Aubervilliers durch den Avantgarde-Regisseur Gabriel Garran (Deutsche Erstaufführung 30. September 1972 im Schauspielhaus Düsseldorf; Regie: Klaus Michael Grüber) überhäuft die rührende Geschichte des Amerikaners Jim, der seinen Einberufungsbefehl nach Vietnam zerreißt und bei seiner Flucht nach Mexiko mit seiner Freundin erschossen wird, mit grotesken Parties und Happenings voller Alkohol, Drogen, Sex und Verlogenheit — Karikaturen um einen Kern pathetisch verkitschten Idealismus. Martin Esslin meinte 1961:»Die Entwicklung Adamovs von ›La Parodie‹ bis zu ›Paolo Paoli‹ zeigt, daß es dem Autor mehr und mehr gelingt, sich dank seiner schöpferischen Tätigkeit von dem Alp der Neurose und seinem schweren persönlichen Leiden zu befreien. Die Literaturgeschichte hat wohl kaum ein überzeugenderes Beispiel für die Heilkraft des künstlerischen Schaffensprozesses und seine sublimierende Wirkung anzubieten... Und doch kann man einwenden, daß dieser Gewinn an Rationalität und Bewußtheit erkauft ist mit einem Verlust der Besessenheit, der peinigenden Macht der Neurose, auf die sich die magnetische, dichterische Wirkung der früheren Stücke gründet.«

Dauerhaft ist dieser Heilungsprozeß offenbar nicht gewesen: am 15. März 1970 hat Adamov seinem Leben mit einer Überdosis Schlaftabletten ein Ende gemacht. Er hatte noch immer alle Anzeichen eines talentierten Anfängers.

Samuel Beckett: der tragische Clown

> Ich konnte nicht die Antworten geben, die man erhofft hatte.
> Es gibt keine Patentlösungen.
>
> Samuel Beckett

Richard Ellmann erzählt in seiner Biographie über James Joyce, den Autor des ›Ulysses‹ (1922) und Erzvater aller experimentellen Literatur des 20. Jahrhunderts: »Beckett hatte, ebenso wie Joyce, einen Hang zum Schweigen; sie vertieften sich in Gespräche, die oft nur aus gegeneinander gerichtetem Schweigen bestanden, beide tieftraurig, Beckett meist über die Welt, Joyce meist über sich selbst« — dies könnte eine Szene aus einem Stück von Beckett sein, und in der Tat ist vermutet worden, daß in Becketts ›Endspiel‹ in das Verhältnis zwischen dem erblindenden Hamm, der immer im Mittelpunkt der Welt stehen will, und Clov, der ihn immer dorthin schieben muß, einige autobiographische Züge eingegangen seien.

Samuel Beckett, am 13. April 1906 im katholischen Dublin geboren und wie fast alle großen irischen Dramatiker, wie Shaw, Wilde, Yeats, Synge, O'Casey, der Sohn einer protestantischen Familie, lernte seinen Landsmann Joyce 1928 in Paris kennen und hatte es nur seinen starken Nerven zu verdanken, daß er nicht von der Joyce-Tochter Lucia geheiratet wurde. Der zweiundzwanzigjährige Beckett hatte in Dublin Französisch und Italienisch studiert, seinen Doktor gemacht und war in Paris Lektor für Englisch an der École Normale Supérieure geworden, ein Kollege Jean-Paul Sartres. Er blieb dies drei Jahre, lebte dann in Irland, England und Deutschland und machte 1937 Paris zu seiner Wahlheimat. Die Romane ›Murphy‹ (1938) und ›Watt‹ (1942) schrieb er noch in seiner Muttersprache; für die meisten seiner folgenden Werke bediente er sich des Französischen.

Während der deutschen Besetzung blieb er in Paris, in seiner Wohnung in der Gegend des Montparnasse, bis es ihm, einem Mitglied der Résistance, 1942 nach der Verhaftung einiger Freunde aus seiner Widerstandsgruppe geraten schien, in die unbesetzte Zone zu gehen, wo er bei Avignon Landarbeiter wurde und den Roman ›Watt‹ schrieb. 1945 arbeitete er als Freiwilliger für das Irische Rote Kreuz und zwischen 1947 und 1952 entstanden in Paris seine Romane ›Molloy‹, ›Malone stirbt‹, ›Der Namenlose‹, sein erstes (unveröffentlichtes) Stück ›Eleutheria‹ und ›Warten auf Godot‹, das Stück, das ihn nach der Uraufführung im Januar 1953 weltberühmt machte. Als es im gleichen Jahr im Berliner Schloßpark-Theater herauskam, wurde es mit einer Mischung von Befremden und Verblüffung, Ablehnung und Begeisterung aufgenommen; ein Dutzend Jahre später, abermals in Berlin inszeniert, diesmal auf der großen Bühne des Schiller-Theaters nahm es das

Publikum mit der selbstverständlichen Zuneigung auf, die man einem Klassiker entgegenbringt. Niemand rätselte mehr darüber, wer denn ›Godot‹ nun eigentlich sei, die Mißverständnisse waren so geschwunden wie das Bedürfnis, Beckett irgendwelchen Gruppen, sei es die ›Avantgarde‹, seien es die Dramatiker des ›Absurden‹ zuzurechnen. Beckett hatte sich als einzigartige Erscheinung erwiesen; seine Vagabunden sind nicht das Produkt literarischer Theorien, sondern eher Verwandte der blinden Landstreicher seines irischen Landsmannes Synge.

Jean Anouilh, sonst ein Spötter über die ›Avantgarde‹, behielt recht mit dem, was er über die Uraufführung 1953 gesagt hatte:»›Godot‹ gehört zu den Meisterwerken, die die Menschen im allgemeinen und die Dramatiker im besonderen hoffnungslos machen. Ich glaube, daß der Abend im ›Théâtre Babylone‹ die Bedeutung der ersten Pirandello-Aufführung 1923 in Paris bei Pitoëff hat. Man kann nichts anderes tun, als den Hut ziehen — selbstverständlich eine Melone, wie im Stück — und den Himmel noch um ein wenig Talent bitten.«

Becketts Stücke lassen sich nicht ausdeuten, denn die Pointe dieser Spiele besteht eben gerade darin, daß sie nichts anderes als Spiele sind, doch wenigstens andeuten lassen sich ihre Zusammenhänge. Das Leben als Schein, als Spiel, in dem jedem Menschen eine bestimmte Rolle zugeteilt wird und Gott der Regisseur, der Kritiker und Richter ist — das war ein Grundgedanke des katholischen Barock. Bei Beckett bleiben nur die zugeteilte Rolle und das Spiel übrig — über den Regisseur und Richter, reduziert auf Scheinwerfer im ›Spiel‹, auf einen Wecker in ›Glückliche Tage‹, auf einen Boten in ›Godot‹, verweigert Beckett wie ein Agnostiker die Aussage: über das absolute Sein gibt es keine Gewißheit. Beckett hat keine Ahnung, wer oder was ›Godot‹ ist, und Luckys Refrain »Man weiß nicht warum« ist sein eigener. Noch das einsame Verenden ist ein Teil des undurchschaubaren Spiels: »Da es so gespielt wird«, sagt der zerfallende Hamm am Schluß des ›Endspiels‹, »spielen wir es eben so ... und kein Wort mehr darüber ... kein Wort mehr.« Und er bedeckt sein Gesicht mit einem Tuch.

Becketts Gestalten leben in gleichnishaften Situationen, in Metaphern aus Fleisch und Blut. Die alte Mysterienbühne war eine Metapher für die Willensfreiheit, für die Entscheidung zwischen Engeln und Teufeln. Auch Becketts Figuren stehen auf einer Mysterienbühne, auf der Erde zwischen Zenit und Grube, doch kein Engel kommt aus dem Himmel und kein Teufel aus der Hölle; die Menschen sind mit sich, mit der Erde, in die sie versinken, mit dem Tod, dem sie entgegenwachsen, mit der ablaufenden Zeit allein. Das einzige Mysterium in diesen Mysterienspielen einer metaphysikfreien Erde: daß der Mensch weitermacht im Schmerz, den die Zeit ihm zufügt.

Um den Schmerz zu lindern, gibt es bei Beckett Augenblicke des Erbarmens, der Liebe, und seien ihre Äußerungen noch so dürftig, ihre Erscheinungsformen noch so lächerlich, und seien sie nur Selbsttäuschung. Doch eine gemeinsame Hauptwaffe gegen den Schmerz haben alle Beckett-Figuren: das Spiel. Der götterlose Mensch spielt Commedia dell'arte, und ihr Canevas, der Rahmen ihrer Auftritte, Verwicklungen und Abgänge, ist durch eine Instanz festgelegt worden, über die sich nichts sagen läßt. Solange der Mensch spielt und sich mit den kleinen ihm möglichen Varianten und Improvisationen beschäftigt, schweigt der Schmerz darüber, »daß alles fällt«, wie im ›Spiel‹ gesagt wird, »alles gefallen ist, von Anfang an, ins Leere«. Die vorgezeichneten Spiele der Macht, der Kunst, der Metaphysik sind abgedroschen; sie werden von Becketts Figuren als komische Abteilungen eines abgeleierten Varieté-Programms vorgeführt. Fallen Becketts Figuren aus diesem Spiel, so dringt der Schmerz in ihre Sätze, und gepeinigt von der ›Pause‹, von der Zeit, bringen sie die Possen hastig wieder in Gang.

Beckett stellt die ältesten religiösen Fragen der Menschheit und beantwortet sie, da er keine ›Patentlösungen‹ kennt, durch das Spiel: mit den ältesten Mitteln des Theaters, mit Mimus und Maske. Er arbeitet in einem Bereich, in dem nicht wie im herkömmlichen Theater alte Mythen umgeschaffen, sondern neue Mythen geschaffen werden: Mythen vom Menschen, der ohne Antworten auskommen muß, jenseits der Sinnfragen und Wertungen, doch auch jenseits einer behaupteten Sinnlosigkeit und ihrer Abwertungen. Sein ›Godot‹ ist ein Mythos des glaubenslosen, glaubensbedürftigen Menschen, und seine ›Glücklichen Tage‹ haben das Zeug dazu, ein Mythos vom fröhlich-verdrossenen Sisyphos zu werden.

Beckett ist der Tragiker jenseits der klassischen, der metaphysik-bedürftigen Tragödie; auch die Tragik gehört bei ihm zum vorgefertigten Programm, das gespielt werden will. Nur indem man sie als Ritus bewußt spielt, sind die Rollen, die das Leben bietet, zu ertragen — manchmal sogar zum Lachen. Seine Spiele offenbaren ihren vollen Schmerz nur dem, der von ihrem vollen Lachen ausgeht. Wer ihre Bedeutung inszeniert, dem entschlüpft sie ins Dunkel. Wer sich ans Dreidimensionale, an Fleisch und Blut der Clowns und an ihre Späße hält, der erhält den Blick in die vierte Dimension, jenseits der Späße, gratis.

Die Welt als Clowns-Arena, als Commedia-Gerüst und das Leben als Theater, als ein Ritus von Stegreifnummern — das ist die Antwort Becketts auf die Fragen, über die sich der Autor des Lebenstheaters, der Rollenverteiler auf der Weltbühne, so gründlich ausschweigt. Es ist eine souveräne Antwort: sie fordert Komik heraus. »Nichts ist komischer«, sagt Nell im ›Endspiel‹, »als das Unglück, das gebe ich zu.«

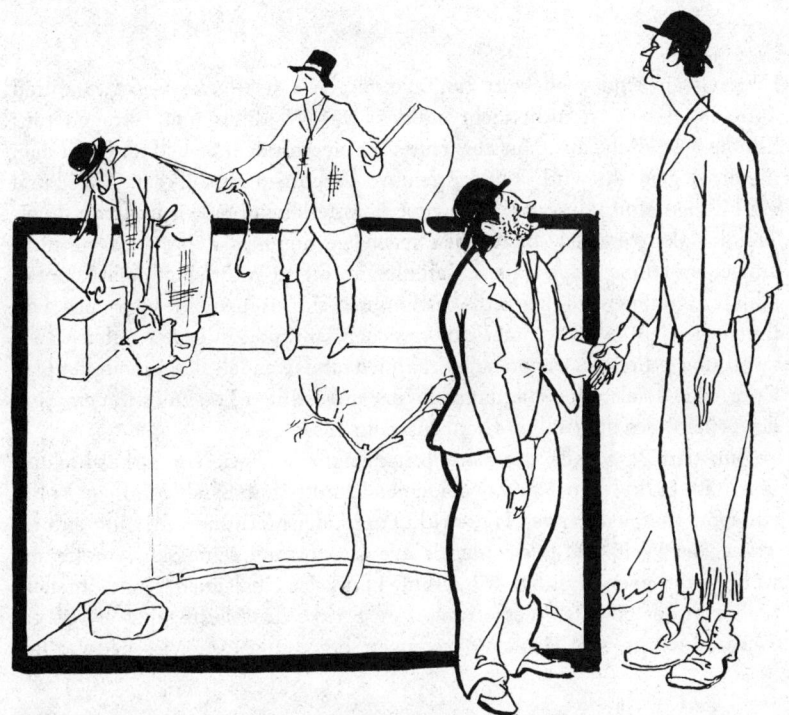

›Warten auf Godot‹ von Samuel Beckett im Berliner Schiller-Theater, 1965. Regie: Deryk Mendel. Bühne: H. W. Lenneweit. Mit Klaus Herm als Lucky, Bernhard Minetti als Pozzo, Hintergrund, und Horst Bollmann als Wladimir und Stefan Wigger als Estragon, vorn rechts. Pressezeichnung: Ring

Warten auf Godot (En attendant Godot). 1952. Uraufführung 5. Januar 1953, Théâtre de Babylone, Paris, durch Roger Blin. Deutsche Erstaufführung 8. September 1953 Schloßpark-Theater, Berlin, durch Karlheinz Stroux. — Die Vagabunden Wladimir und Estragon warten auf ›Godot‹. Beckett, von dem amerikanischen Regisseur Alan Schneider befragt, was mit ›Godot‹ gemeint sei, antwortete: »Wenn ich das wüßte, hätte ich es im Stück gesagt.« Es kommt nicht auf ›Godot‹ an, sondern auf das Warten. Wladimir und Estragon erwarten sich von dem Warten etwas: Rettung und Erlösung. Alles, was sie während des Wartens tun, sind Versuche, sich die Langeweile zu vertreiben, bis der jenseitige ›Godot‹ ihnen den Sinn des Lebens erschließt und sie vor der Langeweile rettet. In höchster Ungewißheit, zwischen Furcht und Hoffnung, leben sie allein auf ›Godot‹ hin — so sind sie alles andere als Nihilisten; sie sind religiöse Optimisten. Sie sind wie so mancher getaufte Christ: der Glaube an den Gott der Bibel ist dahin; ein paar biblische Bilder, ein Rest biblischer Sittlichkeit und das Gefühl der Abhängigkeit von etwas

Ungewissem sind geblieben; die Tage vergehen wie leeres Geschwätz, und auch die Arbeit ist nicht mehr als das, was Wladimir und Estragon tun: Schuhe an, Schuhe aus, Hut auf, Hut ab; Spiel mit dem Selbstmord, mit dem nie ernst gemacht wird — und irgendwo verborgen ein bißchen Angst und ein bißchen Hoffnung, das Ungewisse könnte hereinbrechen und von dieser Trostlosigkeit erlösen. Inzwischen reden sie dummes Zeug, weil sie nicht schweigen können; spielen sich Gefühle vor, die sie nicht empfinden können; schlafen, träumen, zanken sich, beschimpfen sich, freuen sich über alles, was ihnen die Zeit etwas weniger zäh vergehen läßt, und in seiner tiefsten Verzweiflung schreit Estragon um Erbarmen und wendet sich unverblümt an Gott — sie spielen die Tragikomödie der ungestillten Fragen nach dem Sinn des Lebens, des unerfüllten Glaubensbedürfnisses.

Nun tritt Pozzo auf, der Herr, peitschenknallend wie ein Zirkusdirektor, und hält Lucky, den Knecht, der einen sinnlos mit Sand gefüllten Koffer schleppt, an einem langen Halsstrick. Pozzo, der Machtmensch, fühlt sich als Träger der Welt, und Lucky, der Sklave, ist stolz auf seine Sklavenrolle und wehrt sich gegen jegliches Mitgefühl. Lucky ist ein Künstler und Intellektueller in der bösesten Verzerrung: Am Stricke der Macht tanzt er wie ein Tier und würgt, zum Denken gezwungen, beziehungslose Wissens- und Bil-

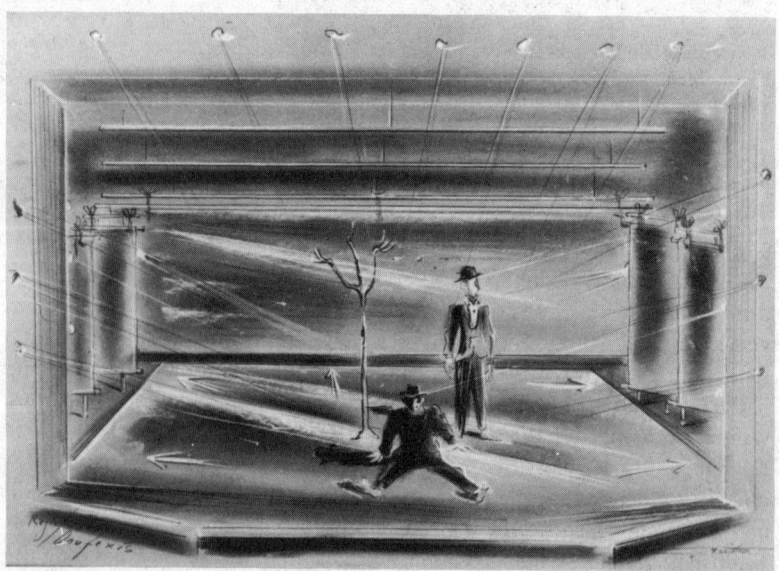

›Warten auf Godot‹ in den Städtischen Bühnen, Frankfurt am Main, 1965. Regie:
Stavros Doufexis. Bühnen-Skizze von Franz Mertz

dungsfetzen mechanisch hervor mit dem ewigen Refrain »man weiß nicht warum« — ein schauerliches Symbol dafür, daß es auf keine Sinn-Frage eine intellektuell befriedigende Antwort gibt. Pozzo ist im Zerfall begriffen: dauernd verliert er etwas, bröckelt etwas von ihm ab; sein Gedächtnisverlust ist Verlust gelebter Vergangenheit und damit Verlust der Person. Im strikten Gegensatz zur Brüderlichkeit der Vagabunden, die außerhalb der Gesellschaft stehen, quält sich dieses Paar und leidet aneinander — es demonstriert in rohester Symbolik das Abhängigkeitsverhältnis der Menschen, das jeder Gesellschaft zugrunde liegt. Pozzo und Lucky warten nicht auf Godot — sie sind das Gegensatzpaar ohne jedes Glaubensbedürfnis. Als Daseinsgrund genügt ihnen, was Pozzo über die Menschen sagt: »Sie gebären rittlings über dem Grabe, der Tag erglänzt einen Augenblick, und dann von neuem die Nacht« — Aufklärung vom Jenseits über den Sinn des Daseins wird von ihnen nicht erwartet. Und den Augenblick, da der Tag erglänzt, benutzen sie, selbst langsam in Nacht zerfallend, das uralte Gesellschaftsspiel von Herr und Knecht lust- und qualvoll zu spielen.

Becketts Stück trifft weitverbreitete Spielarten derer, die, auf irgendeinen Ersatzgott ›Godot‹ wartend, auf daß er ihnen den Sinn ihres Daseins erschließe, mit sich selber spielen, und derer, die ohne eine Beziehung zu irgend etwas Jenseitigem die Sinnfrage gar nicht erst stellen und die Brutalitäten des Daseins als ein selbstverständliches Spiel im Gange halten. So abstrakt die Figuren Becketts scheinen, abgezogen aus einem religiösen Verhältnis oder auch Mißverhältnis, so konkret spielen sie auf der Bühne im Fleische der Vagabunden und der Clowns. Wenn in der Manege der große Clown aus einem herzzerreißenden Scheitern das Gelächter der Zuschauer schlägt, so zerreißt Beckett, indem er seine scheiternden Menschen auf der Bühne als Manegenclowns zeigt, das Herz der Zuschauer. Wie komisch und wie entsetzlich, wenn sie sich, da ›Godot‹ abermals nicht gekommen ist, mit Hilfe der Kordel erhängen wollen, die Estragon um den Leib trägt, und nun die Kordel reißt und wie im billigsten Zirkus Estragons Hose bis auf die Knöchel rutscht: Tod aus Verzweiflung mündet in den dümmsten Spaß des dummen August — sie wollen ihr Leben verlieren, und sie verlieren nur die Hose.

Wenn die Scheintätigkeit der Vagabunden aufhört und wenige Sekunden lang nichts anderes getan als tatsächlich nur gewartet wird, dann wird im Schweigen, in der ›Pause‹, die Verzweiflung laut. Die ›Pause‹ ist ihr Feind: die Pause zwischen Geburt und Tod, zwischen Nichtsein und Nichtsein, muß mit dem ›Spiel‹ gefüllt werden.

Endspiel (Fin de partie). 1957. Uraufführung 3. April 1957 im Royal Court Theatre, London, in französischer Sprache durch eine französische Truppe unter Roger Blin, der am 27. April 1957 mit dieser Aufführung nach Paris ins Studio des Champs-Elysées-Theaters zieht. Deutsche Erstaufführung 30. September 1957, Schloßpark-Theater, Berlin. — Wie in ›Godot‹ sind vier Personen im Spiel, deren zwei nichts anderes sind als Varianten von ›Godot‹-Figuren, von Pozzo, dem Herrn, und Lucky, dem Sklaven. Im ›Endspiel‹ heißen sie Hamm (und es ist niemand verboten, dabei an einen verstümmelten ›homme‹ zu denken) und Clov (und es ist niemand verboten, dabei an einen verstümmelten ›esclave‹ zu denken). In ›Godot‹ wird auf etwas Unbestimmtes gewartet; im ›Endspiel‹ auf etwas ganz Bestimmtes, eben auf das Ende. Wie lebt der Mensch, der nur noch auf das Ende hinlebt? Hamm vegetiert im Rollstuhl, er kann nicht aufstehen und ist blind hinter seiner schwarzen Brille, doch lebt er auf Kosten des anderen, will immer genau im Mittelpunkt stehen, und wenn er pfeift, so kommt Clov, der noch sehen, sich aber nicht mehr setzen kann, und gehorcht seinen Befehlen. So klar das Herr-Diener-Verhältnis ist, so wissen doch beide, daß sie aufeinander angewiesen und unlösbar miteinander verkettet sind: sie sind Ergänzungs-Krüppel.

Die beiden anderen Personen heißen Nagg und Nell und sind die Eltern Hamms. Sie hocken in Mülltonnen; irgendwann stirbt die Mutter, die Trauer ist kurz, und irgendwann sähe Hamm die Tonnen samt Inhalt am liebsten im Meer — die Alten beim Müll, das ist ein brutales, in nicht seltenen Fällen aber durchaus realistisches Bild. Jenseits ihrer vier Wände ist, wie Hamm sagt, »die andere Hölle« — das schiere Nichts. Es ist nicht notwendig, einen Atomkrieg für dieses Nichts verantwortlich zu machen: das Leben auf der Erde geht auch ohne Katastrophen zu Ende — »es geht von selbst«. Wenn die Faszination durch das Ende die Sinne des Menschen verkrüppelt, dann lebt er nicht mehr, dann bleibt wiederum nur noch ›das Spiel‹: Hamm und Clov spielen sich das Leben vor.

Diese Stegreifspiele des Lebens werden als bewußte Programm-Nummern vorgeführt. Als da beispielsweise sind: das Blindekuh-Spiel, mit dem sie sich ihrer gegenseitigen Anwesenheit versichern; das Rollstuhl-Spiel, mit dem sie sich die Beschränktheit ihrer Welt bestätigen, in der gleichwohl der Herr die Mitte einnehmen will; das Religions-Spiel, das ihnen mit seinem unerfüllten Gebet erneut ihr Dasein als unbegreiflich klarmacht; das Kunst-Spiel, diese Erfindung eines logisch entwickelten Romans, für den sie sich nur interessieren können, wenn sie sich gegenseitig das Interesse an den Konventionen der Kunst einreden. Was Hamm und Clov auch philosophisch bedeuten mögen — »Wir sind doch nicht im Begriff, etwas zu ... zu ... bedeuten?« fragt sich Hamm erschrocken — als Gestalten des Theaters sind sie die pure Poesie, Erben des Mimus, Figuren der Stegreifposse: Hamm ist

›Endspiel‹ von Samuel Beckett. Bühnenskizze von Walter Gondolf für die Inszenierung von Friedrich Siems, Städtische Bühnen, Köln, 1957/58

eine Variante des alten, reichen Geizkragens Pantalone, und Clov ist der aufsässige Diener Arlecchino, der seinen Herrn ärgert, wo es nur möglich ist, und ihn doch nicht verlassen kann. Beckett hat zwei Commedia-Figuren mit dem Bewußtsein des Todes und mit dem Schmerz begabt, denn Hamm und Clov müssen mehr als die Commedia vom Herrn und vom Hanswurst, sie müssen ihre Leben angesichts des sicheren Endes aus dem Stegreif spielen.

Das letzte Band (Krapp's last tape). 1958. Uraufführung zusammen mit der englischen Erstaufführung des ›Endspiels‹ am 28. Oktober 1958 im Royal Court Theatre, London. Deutsche Erstaufführung 28. September 1959 in der ›Werkstatt‹ des Berliner Schiller-Theaters. — Ein krächzender Greis im Clowns-Habit tastet seine Taschen nach den Schlüsseln der Schubladen ab, in denen er Bananen vor sich selbst versteckt; dann tastet er die Schubladen seiner Vergangenheit ab: sie liegt vor ihm, in Schachteln mit Tonbändern, von ihm besprochen vor vielen Jahren, und wenn Krapp in seiner Vergangenheit kramt, das Ohr am Tonband wie an einem Schlüsselloch der abgelaufenen Zeit, so sucht er glückliche Tage; weniger noch — einen glücklichen Moment. Er sucht ihn auf einer ganz bestimmten Spule: ›Abschied von der Liebe‹. Damals war er neununddreißig Jahre alt, kerngesund, und schaukelte mit einem Mädchen im Nachen. Zu diesem Augenblick der Vergangenheit will er — alles andere, das Pathos dieser frühen Jahre mit ›Glaube‹ und ›Licht der Erkenntnis‹, fegt er wütend beiseite; nur diesen Blick in den Augen des Mädchens sucht er noch einmal: »Da lag alles drin, der ganze alte Dreckball,

alles Licht und alles Dunkel, alle Hungersnot und alle Völlerei der Jahrhunderte!« Es war sein erfüllter Augenblick; dreimal spielt er ihn sich vom
Band; er weiß, daß seine besten Jahre dahin sind — »da noch Aussicht auf
Glück bestand« — aber er wünscht sie nicht mehr zurück: »Jetzt nicht mehr,
wo dies Feuer in mir brennt«, das Feuer dieses vergangenen Augenblicks.
Das ist am Ende geblieben: Eros, nichts sonst, und dies war offenbar nicht
einmal mehr als das Glück eines versäumten Glücks. Krapp ist damit zufrieden — ein schäbiger, tapferer Ritter der Stoa im Clownsgewand.

Glückliche Tage (Happy Days). ›Ein Stück in zwei Akten‹. Uraufführung
17. September 1961 in New York im Cherry Lane Theater. Am 30. September
1961 in der ›Werkstatt‹ des Berliner Schiller-Theaters. — Das ›Endspiel‹
konstatierte den Zerfall; ›Glückliche Tage‹ konstatiert, daß der Zerfall den
Menschen nicht daran zu hindern braucht, in einem gewissen Maße glücklich zu sein. Winnie und Willie in ›Glückliche Tage‹ sind Varianten von Nell
und Nagg aus dem ›Endspiel‹. Winnie, eine Frau um die Fünfzig, steckt im
ersten Akt bis über die Hüften in einem kleinen Hügel auf einer versengten
Grasebene. Im zweiten Akt ist sie noch tiefer eingesunken, nur der Kopf
ragt heraus. Daß einer mit einem Bein im Grabe stehe, ist eine gebräuchliche

›Endspiel‹ *von Samuel Beckett, inszeniert von Hans Bauer am Berliner Schloßpark-*
Theater, 1957. Mit: Else Ehser, Werner Stock und Bernhard Minetti: Bühne: Werner
Kleinschmidt

Redensart: Winnie, die alternde Frau, ist bis über die Hüften ins Grab gesunken. Man kann dieses szenische Bild für das Altern gar nicht einfach genug verstehen. Hinter dem Hügel haust Willie, ein Mann um die Sechzig, Winnies Mann. Er lebt hinter Winnies Rücken — auch diese Redensart muß ganz einfach, wörtlich und ernst genommen werden. Das Leben hat die beiden so weit auseinander gebracht, doch auch nicht weiter: noch gehören sie zusammen. Auch der Titel ›Glückliche Tage‹ ist einfach und wörtlich zu nehmen, ohne jede Ironie: der Wecker, der zum Erwachen und Schlafen läutet, grenzt die Tage ein — Winnie ist soweit glücklich, als dies überhaupt möglich ist. Winnie altert zwischen einem endlosen Himmel und einer endlosen Erde. Zu Ende geht es mit ihr wie mit ihren Utensilien, und von allen Menschen ist ihr nur Willie geblieben, den sie freilich schon aus den Augen verliert, doch noch einmal vor Augen haben möchte, auf ihrer Seite des Hügels.

Fragen nach dem Sinn sind für Winnie ›Quatsch‹: sie ist darüber hinaus. Winnie ist glücklich, daß sie fast ohne Schmerzen ist und daß der Mensch sich jeder Lage anpaßt — auch der steigenden Hitze, diesem Signal der kommenden Auflösung; auch dem Grab, das ihn langsam verschluckt. Sie ist glücklich, daß sie das Bewußtsein haben kann, es höre Willie ihr zu; noch ist sie nicht allein mit ihrem Spiegel. Sie ist glücklich, daß sie die Beweglichkeit verloren hat und daß es zu Ende geht; eine Emse mit einem Ei, dieses Symbol des sich erneuernden Lebens, erscheint ihr als fauler Witz Gottes, zu dem sie doch betet: »Vielleicht nicht umsonst, das Beten.« Sie ist glücklich, denn: »Es könnte die ewige Finsternis sein.« Mit ihrem Gerede und ihren kleinen Alltäglichkeiten schiebt sie den Stein der Zeit vor sich her. Winnie lehnt die Frage nach dem Sinn ihrer versinkenden Existenz radikal ab. Sie hat sich eingerichtet im Ungewissen, sie macht ihrem Leben kein Ende, und sie ist glücklich über die ›Gnaden‹, die kleinen Hilfen, die von irgendwoher kommen. Willie gelingt es doch noch, getrieben von einem letzten Aufbegehren des Sexus, auf ihre Seite des Hügels zu kriechen und ihr ins Gesicht zu blicken, und sie singt aus der ›Lustigen Witwe‹: »... 's ist wahr: Du hast mich lieb!« Zum Nihilismus fehlt es ihr an Kraft — oder an Schwäche; sie hält durch.

Daß Sisyphos, der den immer wieder herabrollenden Stein immer wieder auf den Hügel schieben muß, glücklich sei, das hat schon Albert Camus behauptet, der die Absurdität als Einwand gegen die Tätigkeit des Menschen nicht gelten ließ. Winnie rollt ihren Stein, indem sie ›spielt‹, indem sie als ein weiblicher Clown, als eine Commedia-Rosetta ihre Requisiten für kleine Stegreif-Nummern benutzt: das Muster des Ablaufs liegt fest, doch gibt es gemütserregende Varianten. Und wenn Winnie aufseufzt: »Oh, dies ist ein

›Glückliche Tage‹ von Samuel Beckett. Europäische Erstaufführung in der ›Werkstatt‹ des Berliner Schiller-Theaters, 1961. In der Rolle der Winnie: Berta Drews. Bühne: H. W. Lenneweit. Regie: Walter Henn

glücklicher Tag, dies wird wieder ein glücklicher Tag gewesen sein! (Pause) Trotz allem. (Pause) Bislang«, so weiß sie, daß der Tag erst dann vollkommen glücklich ist, wenn er gewesen, wenn er Erinnerung geworden sein wird — im ›Spiel‹, dem nächsten Stück Becketts, ist alles Erinnerung geworden.

Spiel (Play). ›Ein Akt‹. Uraufführung Ulmer Theater, 14. Juni 1963. — Von den drei Personen sind — wie von Winnie im zweiten Akt der ›Glücklichen Tage‹ nur noch die Köpfe zu sehen: sie sitzen in Urnen, und überdies ist ihnen vom Autor jegliche Mimik untersagt: »Die Gesichter sind während des ganzen Stückes teilnahmslos.« Das Spiel hat schon stattgefunden, wenn das ›Spiel‹ auf der Bühne beginnt, es ist nur noch die Erinnerung des Mannes M an die Frauen F1 und F2 und die Erinnerung jeder Frau an den Mann und an die andere Frau. F1 wünscht sich, sie könnte denken, »dies hat keinen Sinn . . . auch dies nicht, nicht den geringsten«, aber sie kann es nicht, und F2 nimmt an, daß sie denselben Fehler macht wie einst, »nach Sinn suchen, wo möglicherweise keiner ist«. Beide Frauen müssen, wie viele Beckett-Figuren, ob sie wollen oder nicht, ›nach dem Sinn‹ fragen; der Mann aber glaubt, ihn gefunden zu haben: »Ich weiß jetzt, all das war nichts anderes als . . . Spiel.«

Spiel ist der Sinn der Erinnerungen, und mehr zu erkennen, ist niemand gegeben. Wenn diese Erinnerungen dreier Stimmen keineswegs zu Ende sind, sondern irgendeinen Punkt erreicht haben, dann beginnen sie Wort für Wort von vorn, und erst durch diese Wiederholung werden die Erinnerungen ebenfalls zum Spiel: ›Leben‹ kann man nicht repetieren; nur das Spiel ist wiederholbar.

Wenn Beckett auf der Wiederholbarkeit des Lebens besteht, so definiert er damit ausdrücklich das Leben als Spiel und die Menschen als Mitspieler, als Rollenträger. Scheinwerferlicht erzwingt das Spiel der Erinnerung, das Nachspielen des vergangenen Spiels — eine Kraft von außen, auf die die Spieler keinen Einfluß haben: es wird mit uns gespielt, es wird uns mitgespielt, also spielen wir, also spielen wir mit, also spielen wir uns mit. Dies ist der geheime Refrain aller Beckett-Stücke von ›Warten auf Godot‹ an; im ›Spiel‹ hat er nur seinen schärfsten, weil kargsten Ausdruck gefunden.

Der Dichter und der Clown: Samuel Beckett (links) schrieb ein Drehbuch für den Kurzfilm ›Film‹ mit dem Komiker Buster Keaton (rechts), inszeniert 1965 von Alan Schneider. Späße einer Stummfilmgroteske drücken ein Thema des Tragikers Beckett aus: der Mensch auf der Flucht vor dem Blick des andern und vor dem Blick auf sich selbst. Buster Keaton befördert Hund und Katze aus dem Zimmer, verhängt Fenster, Vogelkäfig, Aquarium, Spiegel, zerfetzt Familienbilder und muß sich schließlich doch in einer Vision erblicken: Großaufnahme von Buster Keaton, den man bis dahin nur von hinten gesehen hat — ein Gesicht des blanken Entsetzens vor sich selbst, dies ist die Schlußpointe

Atem. (Breath). Uraufführung als Prolog zur Revue ›Oh! Calcutta!‹, 17. Juni 1969, Eden Theater, New York. Autorisierte Uraufführung 8. März 1970, Playhouse der Universität Oxford. — 35 Sekunden: 5 Sekunden, um auf der Bühne herumliegenden Unrat zu erkennen; 10 Sekunden für einen schwachen Schrei, dem bei aufhellender Beleuchtung das Geräusch des Einatmens folgt; 5 Sekunden Stille; 10 Sekunden bei abnehmender Beleuchtung, tiefes Ausatmen, gefolgt vom schwachen Schrei; 5 Sekunden Stille; Dunkel vor und nach diesem Vorgang, den Beckett mit 125 Wörtern genau vorschreibt. Für den Schrei verlangt er einen ›vagitus‹ vom Tonband: das Wimmern des Kindes während der Geburt — der erste Sauerstoff ermöglicht und erzwingt den ersten Schrei, und das Leben ist reduziert auf einen tiefen Seufzer über einem Haufen Unrat vor der nächsten Geburt.

Nicht ich. (Not I). Uraufführung 22. November 1972 im Forum Theater des Lincoln Center, New York; Regie: Alan Schneider. Deutsche Erstaufführung 30. Oktober 1973, Werkstatt des Berliner Schiller-Theaters; Regie: Ernst Wendt. — Ein grellbeleuchteter Mund, der — außer dem stummen ›Vernehmer‹ (= auditor) — allein auf der Bühne zu sehen ist, erzählt in Satzfragmenten von einer siebzig Jahre alten Frau, die an einem frühen Aprilmorgen im Gras zusammengebrochen ist: ihr Gehirn arbeitet noch, und sie, die ihr Leben fast stumm verbracht hat, erkennt ihre Stimme, die sich in einem Wortschwall ergießt. Der Mund, der von der zusammengebrochenen Frau in der dritten Person spricht, ist der Mund ebendieser Frau; er weigert sich jedoch, dies einzugestehen. Immer, wenn er »Ich« sagen müßte, schreit er: »Nein!... sie!« Mit dem unausgesprochenen »Nicht ich!« wehrt sich der Mund gegen dieses Ich, gegen diese Reihung von Tränen, Schmerzen, Lieblosigkeit und antwortlosen Gebeten, gegen ein sinnlos verströmtes Leben. ›Nicht ich‹ beginnt mit »Raus... in diese Welt... diese Welt... winzig kleines Ding... vor der Zeit«: Erinnerung an die Geburt, die Eltern sind unbekannt, »also keine Liebe«, diese Wendung kehrt immer wieder, »überhaupt keine Liebe«. Da sie im Waisenhaus erzogen worden ist, treibt christliches Schwemmgut auf ihrem Redestrom, doch ihr wiederkehrendes »Gott ist die Liebe« ist für sie nicht mehr als eine erinnerte Phrase. ›Nicht ich‹ wehrt sich im Augenblick des Sterbens dagegen, daß dieses zu Ende gegangene Ich schon alles sein soll: der Mund nimmt dieses nichtige Ich nicht auf sich, der Mund möchte das Leben an diesem Aprilmorgen wieder »aufnehmen« lassen, doch nach »auf« schneidet der Schlußvorhang die Stimme ab, und »-nehmen« hört man schon nicht mehr. Diese Elegie, nicht mehr als 220 Zeilen, ist eine streng komponierte Fuge von Bruchstücken einer Lebensbilanz.

Eugène Ionesco: der grausame Humorist

Molière ist unser aller Meister. Trotz seines Realismus. Aber wenn die alten Autoren das Komische mit dem Tragischen zusammen verwenden, sind ihre Figuren letztlich nicht zum Lachen. Was überwiegt, ist das Tragische. Bei dem, was ich mache, verhält es sich umgekehrt. Meine Figuren gehen vom Komischen aus, sind für einen Augenblick tragisch und enden im Komischen oder Tragikomischen.

Ionesco in einem Gespräch
mit Edith Mora, 1960

Eugène Ionesco. Nach einem Photo

Wie er angefangen hat, erzählt Ionesco in einem Artikel, der 1956 in ›Arts‹ erschienen ist; man kann ihn nachlesen in seinem Buch ›Argumente und Argumente‹, in dem seine Aufsätze, Interviews und Polemiken gesammelt sind. »Es ist nun schon einige Jahre her, als ich eines schönen Tages auf die Idee kam, die banalsten, aus sinnentleerten Wörtern, ausgetretenen Klischees gebildeten Sätze aneinanderzureihen, die ich meinem eigenen oder dem Wortschatz meiner Freunde oder, in geringerem Umfang, in fremdsprachlichen Konversations-Handbüchern fand. Unglückliches Beginnen: von der Anhäufung dieser Wortleichen erdrückt und von den Automatismen der Konversation abgestumpft, erlag ich beinahe dem Ekel und einer unnennbaren Traurigkeit, einer nervösen Depression und einer richtigen Erstickung. Trotzdem konnte ich die mir selbst gestellte unsinnige Aufgabe zu Ende führen. Ein junger Spielleiter, in dessen Hände dieser Text ganz zufällig geriet, hielt ihn für ein Theaterstück und führte ihn auf. Wir haben es ›Die kahle Sängerin‹ betitelt. Das Stück hat die Leute oft zum Lachen gebracht. Das hat mich verblüfft, mich, der ich im Glauben war, die ›Tragödie der Sprache‹ geschrieben zu haben.«

›Die kahle Sängerin‹ schrieb Ionesco 1949; ein Jahr später wurde das ›Anti-Stück‹ ohne jeden Erfolg im kleinen ›Théâtre des Noctambules‹ aufgeführt. Erst 1957 wurde es neu inszeniert, wieder von Nicolas Bataille und diesmal zusammen mit ›Die Unterrichtsstunde‹ im kleinsten Pariser Theater, dem ›Théâtre de la Huchette‹ mit 80 Sitzplätzen, und seitdem werden dort beide Stücke jeden Abend gezeigt, Jahr für Jahr, ununterbrochen. 1957, als diese Serie begann, kam es in Darmstadt bei der von G. R. Sellner inszenierten deutschen Erstaufführung von ›Opfer der Pflicht‹ zu einem explosiven Theaterskandal, dessen donnerndes Echo Ionesco die großen Bühnen Europas öffnete — sie alle wollten nun ihren Skandal, aber es kam keiner mehr. Deutschland ist für Ionesco sehr wichtig geworden: nach Sellner nahm sich Karlheinz Stroux seiner an und brachte von den ›Nashörnern‹ an (1959) die Uraufführungen seiner neuen Stücke heraus, mit Karl-Maria Schley, dem vollendeten ›Jedermann‹ Ionescos, der in Frankreich ›Bérenger‹, in Deutschland ›Behringer‹ heißt. 1957, als er seinen großen Durchbruch hatte, war Ionesco 45 Jahre alt.

Er ist der Sohn eines Rumänen und einer Französin, wurde geboren am 26. November 1912 in Rumänien, in Slatina, verbrachte seine Kindheit von 1913 bis 1924 in Paris, lebte von 1925 bis 1938 wieder in Rumänien, studierte in Bukarest romanische Philologie und Literaturwissenschaft, schrieb Gedichte, Essays, Kritiken, und als er 1938 ein rumänisches Staatsstipendium erhielt, damit er in Paris seine Dissertation über Baudelaire verfasse, blieb er in Paris, schlug sich als Korrektor durch, im zweiten Weltkrieg als Mitarbeiter der Zeitschrift ›Cahier du Sud‹ in Marseille. Er schrieb die ›Kahle Sängerin‹, ein ›Anti-Stück‹, das zunächst resonanzlos blieb. 1950 wurde es uraufgeführt, und elf Jahre später, 1961, waren seine ›Nashörner‹ in Deutschland mehr als tausendmal gespielt worden, hunderte Male in Frankreich und in den Vereinigten Staaten, oft in England, Italien, Polen, Japan, Skandinavien, der Tschechoslowakei, Jugoslawien und in vielen anderen Ländern.

»Das ›Soziale‹ hängt vom ›Menschlichen‹ ab, nicht umgekehrt«, meint Ionesco, »ein Dramatiker hat keine belehrende Botschaft zu vermitteln — er drückt seine persönlichen Ängste aus und die Ängste und Nöte der andern, oder — aber das ist seltener — sein Glück.« So hält er nicht viel von den ›Moralisten‹, nennt Sartre einen ›Autor politischer Melodramen‹ und macht sich lustig über Bertolt Brecht, weil er »die künstlerischen Mittel nur einsetzt, um eine willkürliche marxistische Ideologie zu beweisen. Er unterwirft auf diese Art das Wesentliche dem Unwesentlichen.«

In seinem Impromptu oder Der Hirt und sein Chamäleon (L'Impromptu de l'alma, uraufgeführt im Februar 1956 im Studio des Champs-Elysées, Paris) tritt Ionesco selbst auf, im Begriffe, ein Stück zu schreiben, als der Kritiker Bartholomäus I ihn besucht, ein Gespräch mit ihm führt und verlangt, daß er sein neues Stück vorlese — Ionesco liest vor, wie er von Bartholomäus I besucht wird, wörtlich die Szene, die man gerade auf der Bühne erlebt hat, und nach diesem Spaß erscheinen die Kritiker Bartholomäus II und III, und alle drei fallen nun über ihn und sich selber her, um Ionesco zu belehren, wie er ein Stück zu schreiben habe. Der eine ist für Brecht, der andere für das Boulevard-Theater, der dritte ein Opportunist, und fast alles, was sie sagen, hat Ionesco den Artikeln dreier Pariser Kritiker, der Herren Roland Barthes, Bernard Dort und Jacques Gautier, wörtlich entnommen. Die Hauptstoßrichtung dieses ironischen Scherzes richtet sich gegen Brecht und sein schulmeisterliches Verfremdungstheater, und als Ionesco selber ins — abermals ironisierte — Dozieren gerät, fordert er:»Für mich ist Theater die Projektion der inneren Welt auf die Bühne. Ich behalte mir das Recht vor, den dramatischen Stoff meinen Träumen, meinen Ängsten, meinen dunklen Wünschen und meinen inneren Widersprüchen zu entnehmen. Und da ich nicht allein auf der Welt bin, da jeder von uns im Grunde seines Wesens nicht nur er selber ist, sondern zugleich auch alle andern, gehören meine Träume, Ängste und Zwangsvorstellungen nicht mir allein, sie sind ein von den Vorfahren überkommenes Erbteil, ein Gut von alters her und Allgemeinbesitz. Dies ist es, was über alle äußeren Verschiedenheiten hinweg die Menschen verbindet und unsere tiefe Gemeinschaft, die Universalsprache, darstellt.«

Bliebe es nur bei den Träumen, Ängsten und Zwangsvorstellungen, so wäre dieser Ionesco eine ziemlich trostlose Angelegenheit. Doch wie er verblüfft war, daß über ›Die kahle Sängerin‹ gelacht worden ist, so verblüfft sich sein Publikum selbst, indem es über Ionescos Stücke lacht. Sie werden im übrigen immer ernster, allegorischer und nähern sich einer barocken Art Lehrtheater.

Im Dreißigjährigen Krieg folterte man die Menschen, indem man eine Ziege Salz von ihren nackten Fußsohlen lecken ließ — sie lachten sich zu Tode. So ungefähr kann man sich auch über Ionescos Stücke zu Tode lachen — bei ihm ist das Zwerchfell der Sitz des tragischen Lebensgefühls.

Meinungen:»Ionesco, ob er es wahrhaben will oder nicht, steht in einer sehr starken Tradition, er ist nicht durch puren Zufall zu dieser H-Bombe ›Banalität‹ gekommen. Es ist die Tradition der harten Humoristen«: Albert Schulze Vellinghausen. — »Ionesco hat eine Welt von einsamen Robotern geschaffen, die untereinander nur eine Zwiesprache führen, die jener in den amerikanischen Comic-Strips ähnelt. Seine Dialoge bringen manchmal zum Lachen. Manchmal sind sie Hokuspokus. Oft sind sie aber weder das eine noch das andere. Dann rufen sie eine abgründige Langeweile hervor«: Kenneth Tynan. — »Je absurder es auf der Bühne zugeht, um so natürlicher und verdaulicher erscheint uns die Wirklichkeit, was natürlich ein Vergnügen ist, man braucht sich mit der Wirklichkeit beispielsweise unserer politischen

Verhältnisse gar nicht zu befassen. Wenn ich Diktator wäre, würde ich nur Ionesco spielen lassen«: Max Frisch. — »Ionesco tummelt munter das Roß seiner abenteuerlichen Phantasie, beschreibt aber exakt Phänomene, welche die moderne Soziologie analysiert. Insofern gibt seine Phantasie nur die Metaphorik für Fakten ab, die heute niemand mehr bestreitet«: Marianne Kesting.

Die kahle Sängerin (La Cantatrice Chauve). ›Anti-Stück‹. 1949. Uraufführung 11. Mai 1950, Théâtre des Noctambules, Paris. Deutschsprachige Erstaufführung 21. Juni 1956, Kleintheater Bern. — Ein gutbürgerliches Ehepaar, Mr. und Mrs. Smith, unterhält sich nach dem Abendessen, das heißt: sie sondern die ausgelaugten Schablonen einer inhaltsleeren Konversation ab und reden aneinander vorbei. Sie werden besucht von einem Herrn und einer Dame, die auf die gleiche Weise mündlich miteinander verkehren und nach einem langwierigen Fragespiel herausfinden, daß sie, da sie im gleichen Bett schlafen, wohl verheiratet und Mr. und Mrs. Martin sein müssen. Das zweite Paar ist die Steigerung des ersten: ihre innere Beziehungslosigkeit ist dadurch grotesk verbildlicht, daß sie nur noch mit Mühe die Tatsache ihrer Ehe rekonstruieren können. Eine ›kahle Sängerin‹ tritt nicht auf; die Frage nach ihr wird mit dem abstrusen Satz beantwortet: »Sie trägt noch immer dieselbe Frisur« — auch er ein übersteigerter Ausdruck für das von jedem Sinn entleerte Alltagsgewäsch. Es wird am Schluß in einen rhythmischen Dialog getrieben, der nur noch aus Buchstaben und Silben besteht, das Licht geht aus, und wenn es wieder hell wird, sitzen die Martins so da wie zu Beginn die Smiths, und es fängt wieder von vorne an. — Dieses erste Stück Ionescos ist zunächst eine Parodie auf die herkömmlichen Konversations-Stücke des Boulevard-Theaters, die Ionesco durch sein ›Anti-Stück‹ als bloßes Bla-bla-bla attackiert; über die Theater-Parodie hinaus wird es zur Lebens-Parodie, zur komischen Illustration der Einsicht Ionescos: »Die Menschen leben in Konventionen, Gewohnheiten, Formeln, sie führen ein mechanisiertes Leben in der Stumpfheit. Das heißt, sie sind schon nicht mehr am Leben.«

Die Unterrichtsstunde (La Leçon). ›Komisches Drama in einem Akt‹. 1950. Uraufführung 20. Februar 1951, Théâtre de Poche, Paris. Deutsche Erstaufführung Juni 1956, Zimmerspiele Mainz. — Ein älterer Professor versucht, eine ungewöhnlich dumme, aber eifrige Privatschülerin zu unterrichten, die beispielsweise kaum zählen, wohl aber die kompliziertesten Multiplikationen ausführen kann, da sie »sämtliche Ergebnisse, die bei sämtlichen Multiplikationen nur irgendwie möglich sind, auswendig gelernt« hat. Doch es bleibt nicht beim Veralbern der Sprachschablonen wie bei der ›Kahlen Sängerin‹:

der Professor beherrscht die sprachlichen Konventionen, die beim Unterricht gebraucht werden, die Schülerin aber nicht, und dies verleiht ihm die Herrschaft über das Mädchen — er ermordet sie. Dieser Mord, mit so viel körperlicher Inbrunst er vollzogen wird, ist nicht mehr als ein wörtlich genommenes Bild, ein geistiger Mord: wer die sprachlichen Konventionen nicht beherrscht, der wird von ihnen umgebracht. So ermordet der Professor logischer- und auch groteskerweise alle seine Schülerinnen — sie ist an diesem Tag das vierzigste Opfer, und das einundvierzigste wartet schon vor der Tür.

Roberta, die Braut mit den drei Nasen und neun Fingern, in Ionescos ›Jakob oder Der Gehorsam‹ inszeniert von Gustav Rudolf Sellner am Landestheater Darmstadt, 1959. Maske: Franz Mertz. Roberta: Renate Steiger

Jakob oder Der Gehorsam (Jacques ou La Soumission). ›Naturalistische Komödie in einem Akt‹. 1950. Uraufführung Oktober 1955, Théâtre de la Huchette, Paris. Deutsche Erstaufführung am 2. Oktober 1958, Tribüne, Berlin. — Jakob ist entschlossen, die von seiner Familie und der Familie seiner Braut vertretene Welt nicht zu akzeptieren. Diese Familien werden beherrscht von der Konvention, der Sexualität und von der Begierde, jeden Menschen in ihre Welt der Konvention und Sexualität hineinzuziehen. Marionettenhaft verfratzt, versuchen sie mit allen Mitteln, Jakob zur Anerkennung ihrer Werte zu zwingen. Als er widerwillig ›Bratkartoffeln mit Speck‹ akzeptiert, ist es nur noch eine Frage der Zeit, bis er völlig kapituliert: Bratkartoffeln ziehen konsequent die Anerkennung der Familie, der Tradition, der Nation, der Rasse nach sich. Es hilft Jakob nichts, daß er die Braut ablehnt, weil sie zwei Nasen hat, und eine Braut mit drei Nasen verlangt: wenn ein Einzelgänger kirre gemacht werden soll, so ist die Welt auch imstande, ihm eine Braut mit drei Nasen zu beschaffen. Mit der dreinasigen

Roberta unternimmt Jakob einen letzten Fluchtversuch in eine visionäre Welt wilder, sexusgeladener Poesie. Aber gerade dieser gemeinsam genossene Ausbruch ins Irreale kettet ihn an die Braut und an die reale Welt. Jakob ist unterworfen, er wird heiraten. Mit dem Triumphgemaunze liebestoller Katzen umtanzen ihn die Familien.

Die Zukunft liegt in den Eiern oder Wie fruchtbar ist der kleinste Kreis (L'Avenir est dans les Œufs). Uraufführung 2. Dezember 1959, Theater am Dom, Köln. — Dieser Einakter setzt ›Jakob oder Der Gehorsam‹ als satirische Hanswurstiade fort: seit drei Jahren hockt das Paar, »katz-katz-katz« jaulend, in Liebe entrückt, doch ohne Nachwuchs, auf dem Fußboden; nun wird es von der empörten Familie zur ›Produktion‹ angetrieben, um zur »Erhaltung der weißen Rasse« beizutragen — Roberta produziert endlich Eier, und Jakob brütet sie im »Dienst für das Vaterland«, der Moral und der Wirtschaft aus.

Die Stühle (Les Chaises). ›Tragische Farce‹. 1951. Uraufführung 22. April 1952 im Théâtre du Nouveau Lancry, Paris. Deutsche Erstaufführung 22. September 1957, Tribüne, Berlin. — ›Der Alte‹ und ›die Alte‹ geben eine Abendgesellschaft, zu der die ganze Menschheit eingeladen ist; die Klingeln läuten, die Türen öffnen sich, die Alten schleppen unermüdlich Sitzgelegenheiten herbei, bis die Wohnung mit sichtbaren Stühlen und unsichtbaren Gästen vollgestopft ist, mit denen die Gastgeber rege Konversation machen. Sie erwarten den Redner: er soll der Menschheit die Lebensbotschaft des Alten, das ›Licht seines Geistes‹, den Sinn seines Daseins verkünden, doch die Alten stürzen sich noch vor der Rede aus dem Fenster, und es kann auch gar nicht zu einer Rede und zu einer Botschaft kommen — der Redner ist taubstumm und das, was er auf eine Tafel kritzelt, ist unleserlich. — Diese grausame Parabel vom zerschwatzten und verpaßten Leben, von der Lächerlichkeit der Illusion und von der absoluten Unbegreiflichkeit des Daseins ist komödiantisch sehr variationsreich, falls die beiden Schauspieler imstande sind, die unsichtbaren Gäste pantomimisch lebendig zu machen und eine Posse von tödlichem Ernst zu spielen — den tödlichen Ernst in der Posse. Ein Meisterwerk Ionescos: die Komik des Nichts und zugleich die Tragik der Komik des Nichts. Das Stück blieb zunächst erfolglos, obwohl sich Adamov, Beckett, Queneau, Audiberti dafür eingesetzt hatten. Erst die zweite Pariser Inszenierung, 1956, brachte den Durchbruch. Jean Anouilh rühmte ›Die Stühle‹ im konservativen ›Figaro‹: »Ich glaube, es ist besser als Strindberg, weil es einen ›schwarzen Humor‹ à la Molière hat, auf eine manchmal irre komische Art, weil es entsetzlich, drollig, ergreifend, immer wahr ist und weil es — abgesehen von einer Spur eines ziemlich altmodischen Avantgardismus am Schluß, den ich nicht mag — klassisch ist.«

Opfer der Pflicht (Victimes du Devoir). ›Pseudodrama‹. 1952. Uraufführung Februar 1953, Théâtre du Quartier Latin, Paris. Deutsche Erstaufführung am 5. Mai 1957, Landestheater Darmstadt. — Beim Ehepaar Choubert erscheint ein Polizist, um sich zu erkundigen, ob der frühere Mieter ihrer Wohnung seinen Namen ›Mallod‹ oder ›Mallot‹ geschrieben hat, und aus dieser harmlosen Frage entwickelt sich eine fieberhafte Suche nach ›Mallot‹: der Polizist wird zum Psychoanalytiker und zwingt Choubert, in sein Unterbewußtsein zu steigen, um dort ›Mallot‹ zu suchen; Frau Choubert assistiert, indem sie verschiedene Rollen als Partnerin ihres sich im Unterbewußtsein verwandelnden Mannes übernimmt. Der Nachbar Nikolas macht dem grausamen Spiel ein Ende, indem er den Polizisten ermordet, doch, von Frau Choubert daran erinnert, daß ›Mallot‹ immer noch nicht gefunden ist, übernimmt er die Rolle des Polizisten und peinigt Choubert weiter — jeder ist ein ›Opfer der Pflicht‹, ›Mallot‹ zu suchen, und ›Mallot‹ scheint ein Symbol für die sinnlose Jagd des Menschen nach einem unbekannten Ziel — eine Pflichtjagd, der er alles opfert. Zugleich debattiert Ionesco im Stück und durch die Form des Stückes die Formen des Dramas von der Antike bis Ionesco — Thematik und Symbolik sind bis zur Unkenntlichkeit vieldeutig verschlungen. — Bei der deutschen Erstaufführung in Darmstadt ließ Regisseur G. R. Sellner den stereotypen Befehl »Kauen! 'runterschlucken!« ins Publikum sprechen — nicht gesonnen, Ionesco 'runterzuschlucken, protestierte es: dieser bis dahin größte Theaterskandal in der Bundesrepublik, ein ungeheurer Tumult, bei dem sich soignierte Herren unflätig beschimpften, führte zum endgültigen Durchbruch Ionescos von den Experimentierbühnchen zu den großen Theatern Europas.

Amédée oder Wie wird man ihn los (Amédée ou Comment s'en débarasser). 1953. ›Komödie in drei Akten‹. Uraufführung 14. April 1954, Théâtre de Babylone, Paris. Deutsche Erstaufführung 25. März 1956, Schauspielhaus Bochum. — Schriftsteller Amédée und Frau Madeleine im boshaften Kleinkrieg eines quälend gewordenen Lebens; im Schlafzimmer liegt eine Leiche: es ist der Geliebte der Ehefrau, von Amédée vor fünfzehn Jahren ermordet, und zugleich die Leiche ihrer Ehe, und dies wörtlich genommen: die Leiche wächst knarrend seit fünfzehn Jahren; ihre gigantischen Schuhe dringen jetzt ins Wohnzimmer vor, dann ihre Beine, »wie wird man ihn los?« Amédée schleppt die Leiche in die Seine, wird von der Polizei verfolgt, doch sobald er die Leiche los ist, schwebt er befreit in der Luft, brennt ein Freudenfeuerwerk ab und läßt Hut und Bart der Leiche seiner verlassenen Madeleine auf den Kopf fallen. Ein einfaches Gleichnis und ein vertrackter Jux, ausreichend für einen Sketch, sind von Ionesco zu einem (seinem ersten) abendfüllenden Stück aufgeblasen worden: teils mit amüsantem bizarrem Humor, teils auch nur mit Luft.

Das Gemälde (Le Tableau). ›Hanswurstiade in einem Akt‹. Uraufführung 1955, Théâtre de la Huchette, Paris. Deutsche Erstaufführung 29. März 1958, Staatstheater Stuttgart. — Ein reicher Dicker haut einen Maler übers Ohr — der Maler zahlt schließlich noch die Miete dafür, daß der Dicke so gnädig ist, sein Gemälde an die Wand zu hängen. Nach diesem satirischen Beginn schlägt der Einakter um in eine Zirkus-Clownerie, bei der der Dicke durch Pistolenschüsse die Menschen seiner Umwelt in kitschige Märchengestalten verwandelt, selbst aber nicht verwandelt werden kann, weil das Publikum auf ihn nicht schießen will. »Nur durch Unwahrscheinlichkeit und Idiotie«, meinte Ionesco, »kann diese Posse Wahrscheinlichkeit erlangen«, und da hat er wohl recht.

Der neue Mieter (Le nouveau Locataire). ›Ein Akt‹. 1954. Uraufführung September 1956 Arts Theatre, London. Deutsche Erstaufführung 15. Dezember 1957, Landestheater Hannover. — Der neue Mieter wird in seinem leeren Zimmer vom Straßenlärm und von der Concierge mit sinnlosem Gerede überschüttet; er läßt sich von den Packern mit Möbeln einmauern, bis er ganz in ihnen verschwunden ist — sie werfen ihm ein paar Blumen in seine Möbelgruft und gehen. — Das Dilemma, entweder der Banalität des Alltags standzuhalten oder zu vereinsamen, ist ins Groteske übersteigert: den Ernst des erlöschenden Lebens durchdringt die Komik der sich ins Phantastische vermehrenden Möbel, die körperliche Clownerie der Packer und die sprachliche Clownerie der Concierge.

Mörder ohne Bezahlung (Tueur sans Gages). ›Stück in drei Akten‹. 1957/58. Uraufführung 14. April 1958, Landestheater Darmstadt. In Frankreich im März 1959, Théâtre Récamier, Paris. — Ionescos zweites ausgewachsenes Stück bedient sich der Alptraumtechnik. Die Bühne ist, äußerlich betrachtet, leer; innerlich betrachtet, ist sie bebaut mit einer ›Sonnenstadt‹ — sie entspricht der seelischen Verfassung Behringers, der Hauptperson: er bringt sie sozusagen aus sich selbst hervor und macht sie für das Publikum miterlebbar, ›sichtbar‹ durch Sprache und Pantomime. Die Sonnenstadt ist für Behringer die verwirklichte Harmonie mit dem Universum. Es stellt sich jedoch heraus, daß dieses Paradies von den Menschen verlassen wird, weil ein unbekannter Mörder pro Tag drei Einwohner umbringt. Zum Entsetzen

Behringers wird der Mörder nur nachlässig verfolgt: mit achselzuckendem Realismus hat sich der Architekt, dieser Planer des Alltags, mit der Unausrottbarkeit des Bösen abgefunden. Nicht so der Idealist Behringer, der das Bild eines harmonischen Universums als Erinnerung und als Hoffnung in sich trägt; er will den Mörder im Polizeipräsidium abliefern. Die Suche nach Beweismaterial wird für ihn mehr und mehr zu einem Alptraum, einer Kette von kleinen Hoffnungen und großen Vereitelungen. Eine absurde Verkehrsstauung beispielsweise mit gigantisch großen Polizisten verbaut den Weg zum Präsidium, und als Behringer endlich frei wird, verirrt er sich. Schluß und Schlüssel des Stückes: der verzweifelte Versuch Behringers, das Motiv aus dem Mörder herauszufragen und den Mörder damit in seine begreifbare Welt einzubauen. Behringers lange, gehetzte Rede bietet dem Mörder alle in der Welt Behringers denkbaren Motive an: psychologische, pathologische, materielle, politische, soziale, philosophische, weltanschauliche, religiöse Motive — der Mörder kichert, aber er spricht nicht. Behringer kann den Mörder in seine ethische und idealistische Welt nicht einordnen — der Mörder ist das absolut Böse, motivlos und unbegreifbar. Vor dieser Sinnlosigkeit des Bösen streckt Behringer die Waffen. Während der Mörder das Messer gegen ihn zückt, stammelt er hilflos: »Was kann man machen . . .«, Vorhang.

Die Alptraum-Technik als ein Mittel, die alte, gleichnishafte Form des Theaters wieder zu beleben. ›Mörder ohne Bezahlung‹ ist eine Parabel: Behringer, der ›Jedermann‹, den Ionesco auch in seinen künftigen Stücken als Hauptperson beibehalten wird, vor der Tatsache, daß es in dieser Welt das Böse gibt — Moral: die Glückseligkeit ist auf dieser Erde nicht zu verwirklichen, denn das Böse ist stärker als die menschlichen Ordnungskräfte, die es nicht einmal begreifen können. Dieses Gleichnis ist zugleich Posse und Tragödie: tragisch und komisch ist die Gleichgültigkeit der Menschen vor dem Bösen, ihre leichte Verführbarkeit; tragisch und komisch ist aber auch die Idee Behringers, das Urböse mit Hilfe eines Polizeipräsidiums aus der Welt zu schaffen, und sogar der Mörder ist bei aller Tödlichkeit so komisch, wie eine Figur nur sein kann, deren Habitus aus dem Hintertreppen-Roman kommt. »Diese menschliche Ohnmacht, diese Vergeblichkeit unserer Anstrengungen kann in gewissem Sinne auch komisch sein«, schreibt Ionesco. Er ist grausam: dies hat er mit allen großen Humoristen gemeinsam.

Die Nashörner (Rhinocéros). ›Stück in drei Akten‹. Uraufführung 31. Oktober 1959, Schauspielhaus Düsseldorf. Französische Erstaufführung im Januar 1960, Théâtre de l'Odéon, Paris, durch Jean-Louis Barrault. — Plötzlich wird es schick und empfehlenswert, sich in ein Nashorn zu verwandeln, in eine bösartige, alles zertrampelnde Bestie. Wie sehr die Menschen zunächst gegen die Nashörner sind — irgendwann gewöhnen sie sich daran und reihen sich in den Marsch der Rhinozerosse ein, teils instinktiv, teils mit den bekannten Argumenten des Mit-der-Zeit-Gehens, des Sich-Angleichens und des Widerstandes ›von innen‹. Die pantomimische Vernashornung zweier Bürger auf offener Bühne ist so schauerlich wie komisch, und grauenhaft komisch ist der Marsch der zu Nashörnern gewordenen Menschheit. Nur Behringer, der ängstliche, unintellektuelle, unsichere ›Jedermann‹ Ionescos (der in ›Mörder

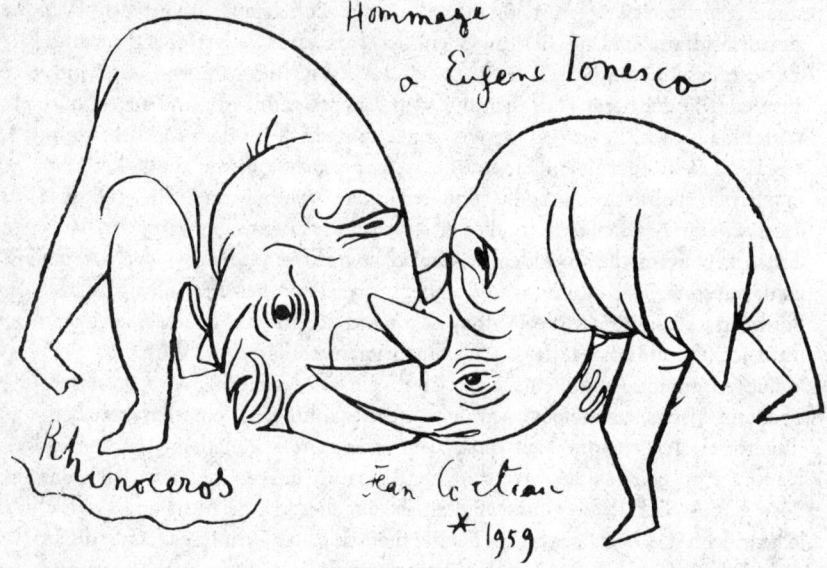

›Nashörner‹, von Jean Cocteau gezeichnet und dem Autor der ›Nashörner‹ Eugène Ionesco gewidmet, 1959

ohne Bezahlung‹ durch die unbegreifliche Existenz des Bösen in die Ohnmacht getrieben worden ist), scheint hier, in dieser Tierfabel über Massenpsychose, Opportunismus und die Ansteckungskraft des Bösen, entschlossen, nicht vor der Rhinozeritis zu kapitulieren. — ›Die Nashörner‹ wurde zu einem Welterfolg: nie vorher war Ionesco so unpoetisch, simpel, aber auch satirisch treffsicher und witzig. Er arbeitet nicht mehr mit Symbolen, die immer ein unauflösbares Geheimnis enthalten, sondern mit einem klaren Gleichnis, das mit dem Verstand ohne Rest zu erfassen ist. Selbst Ionescos französische Gegner haben ihn nach diesem Stück mit dem Erzrationalisten Molière verglichen.

Fußgänger der Luft (Le Piéton de l'Air). Uraufführung am 15. Dezember 1962, Schauspielhaus Düsseldorf. Französische Erstaufführung im Februar

1963, Théâtre de l'Odéon (Théâtre de France), Paris. — Behringer, hier ein französischer Schriftsteller und auch ein wenig ein Selbstporträt Ionescos, mit Frau und Tochter zur Erholung in England, kann aus eigener Kraft fliegen: »Es ist eine Sache der Gesundheit. Wir fliegen nur nicht, weil wir verkrüppelt sind.« Zur Verblüffung der englischen Spaziergänger, zum Entsetzen seiner Frau verschwindet er schließlich in der Luft und läßt sie mit den Qualen des Menschenlebens zurück, die ihr die Tochter vergeblich als schlechte Träume auszureden versucht. Aus der Luft zurückgekehrt, wird Behringer interviewt: er hat nur Endzeitschrecken gesehen, wie sie in der ›Offenbarung Johannis‹ zu lesen sind, und »unergründliche Höhlen, Bomben, Bomben...« — die Engländer gehen zum Teetrinken, Behringers Tochter hat das Schlußwort: »Vielleicht werden sich die Abgründe schließen... vielleicht werden die Gärten... die Gärten...«, Vorhang. — Behringer, Ionescos ›Jedermann‹, ist, sofern Dichter, zum geistigen Höhenflug fähig und bringt von ihm nur Blicke in den Abgrund zurück — das Böse, in den seitherigen Behringer-Stücken in der Menschenwelt lokalisiert, nimmt kosmische Ausmaße an; schüchtern ertönt die Botschaft der Liebe. »Die literarische Tätigkeit ist für mich kein Spiel mehr«, hatte Behringer-Ionesco gesagt, »ich möchte vom Tod genesen« — mit einem amüsanten Spiel hat es begonnen und mit der Apokalypse geendet; von ›Genesung‹ kann nicht die Rede sein. Barockes Schaustück mit zahlreichen Selbstparodien, Weltuntergangsschauern und humaner Predigt — mehr rhetorisch als bildkräftig, mehr belehrend als visionär.

Der König stirbt (Le roi se meurt). Uraufführung im Dezember 1962 im Théâtre de l'Alliance Française, Paris. Englische Erstaufführung im September 1963 im Royal Court Theatre, London, mit Alec Guinness. Deutsche Erstaufführung am 16. November 1963, Schauspielhaus Düsseldorf. — Ionesco hat den Behringer seiner letzten drei Stücke zum König avancieren lassen: als Behringer der Erste sitzt er auf dem Thron, doch schon zu Beginn wird ihm verkündet: »Du wirst am Ende dieses Schauspiels sterben.« Seine Agonie beginnt. Sein Reich zerbröselt wie sein Palast. Margarete, seine erste Frau, begleitet seinen Zerfall mit kühler Einsicht und Vernunft; sie wird zur Personifizierung des Todes. Maria, seine zweite, jüngere Frau, mit Liebe und blinder Hoffnung; sie wird zur Personifizierung des Lebens. Der Arzt ist zugleich Astrologe und Henker, Blick in die tödliche Zukunft und Vollstrecker des Todes. Ein einfältiger Wächter verkündet in ungerührtem Eifer die Stadien des Zerfalls. — Behringer ist noch immer Ionescos ›Jedermann‹, hier nur zum König geworden, damit der Prozeß des Sterbens mehr Verluste einschließen kann, als dies bei einem Kleinbürger möglich wäre: König Behringer, der jahrhundertelang gelebt, Paris gegründet und das Schießpulver erfunden hat (eine Parallel-Figur zu Thornton Wilders ›Mr. Antrobus‹), stirbt stellvertretend für die Menschheit; er repräsentiert ihre Größe, ihre Komik und ihr Elend. Vor dem Pathos des Todes verliert Ionesco mehr und mehr die Lust an der Ironie und an grotesken Späßen, wenn auch nicht ganz: sein König möchte allein am Leben bleiben, »um über alle anderen Gestorbenen zu trauern — Ihr seht, ich denke immer an die andern«. Nach diesem letzten Aufbäumen der Ichsucht folgt das Lob des bescheidenen Erdenglücks. Das Stück hat wie eine Posse begonnen, und am Ende ist es eine Klage über die Vergänglichkeit und fast so etwas wie ein Mysterienspiel, ein mittelalterlicher Totentanz gewesen. Was Ionesco über Shakespeares ›Richard II.‹ gesagt hat, gilt für seinen Behringer I.: »Richard II. macht mir eine ewige Wahrheit hell bewußt, eine Wahrheit, die wir im Fluß der Begebenheiten immer wieder vergessen und die im Grunde einfach und beinahe banal ist: ich sterbe, du stirbst, er stirbt.«

Hunger und Durst (La soif et la faim). Uraufführung 30. Dezember 1964 Schauspielhaus Düsseldorf. In der Comédie Française am 1. März 1966. — Im ersten Teil, ›Die Flucht‹, verläßt Jean-Hans (Bérenger-Behringer), angeekelt von der drohenden Abstumpfung, Frau und Baby und bricht auf in die Freiheit, um Erkenntnis und Erlösung zu suchen. Im zweiten Teil, ›Die Verabredung‹, wird er in das ›Museum der Ideen‹, wo er mit der Dame ›Freiheit‹ verabredet ist, von den Wächtern nicht eingelassen. Im dritten Teil, ›Schwarze Messe in der guten Herberge‹, beichtet er einer geheimen Bruderschaft seine Qualen und seine Lebensangst. Sie führen ihm in einem ›Lehrstück‹, einem ›Spiel der Umerziehungs-Erziehung‹, zwei Clowns vor: Tripp, einen christlichen Dichter, und Brechtoll, »einen Schriftsteller des Linkskonformismus materieller Weltsicht« à la Bertolt Brecht. Die beiden Clowns werden durch Hunger und verweigerte Suppe dazu gebracht, ihre Grundsätze zu wechseln: Brechtoll lernt beten, und Tripp lernt, allein an die Suppe zu glauben. Jean, weiter die Freiheit suchend, wird vom Bruder Buchhalter mit Zahlen eingegittert und als Gegengabe für den gewährten ›Schutz‹ zur ewigen Fronarbeit gezwungen. Seine Frau Marie mit inzwischen fünfzehnjährigem Töchterlein, von denen Jean nun weiß »Ich habe euch immer geliebt, das verstehe ich jetzt«, wird zum visionären Trost in blühender Landschaft: sie werden auf ihn warten — »Ich warte auf dich, solange es nötig ist, ich warte auf dich bis in die Unendlichkeit.« — Der nun einundfünfzigjährige Ionesco, der als Dramatiker fünfzehn Jahre vorher satirisch begonnen und Demaskierungs-Clownerien über das in der Gewöhnung versumpfte Leben geschrieben hat, ist auf dem Weg über das schon stark allegorische Behringer-Dramen-Quartett zum unverhohlenen Prediger duldender

Liebe geworden. Sogar bei seiner Attacke gegen die engagierte Literatur, sei sie nun christlich oder materialistisch, hat ihn seine spielerische Souveränität verlassen: sie ist mehr Rüpelei als Persiflage, und ihre vielleicht ungewollte Pointe besteht darin, daß sie durch den Erfolg der Hungerfolter die Materialisten, die Brechtoll-Brechts, bestätigt. Das ›Lehrstück‹ verachtend, hat Ionesco ein Lehrstück geschrieben: über das Scheitern des Menschen auf der Suche nach der Freiheit; nicht ohne Sentimentalitäten und Symbolkitsch, gepflückt auf Strindbergs ›Nach Damaskus‹-Stationen. – Der Theaterkritiker Ulrich Seelmann-Eggebert meint:»Man kommt um den Eindruck nicht herum, es sei eine mindest zum Teil autobiographisch-selbstkritische Auseinandersetzung Ionescos, der sich in einer Sackgasse verrannt fühlt und dem auch die Rückkehr zu den Anfängen nicht hilft, der daraufhin in die Ungewißheit eines Neulandes flieht, das sich alsbald als Ödland herausstellt, und schließlich erkennt, daß weder eine Bindung an Ideologien noch die Isolation in der Freiheit einen davor bewahrt, das aussagen zu müssen, was jene verlangen, von denen man die Suppe erhält.«

Triumph des Todes oder Das große Massakerspiel (Jeu de Massacre). Uraufführung 24. Januar 1970, Schauspielhaus Düsseldorf. – Jede der rund zwanzig Szenen endet letal: es sterben Einzelne, Paare und ganze Menschenansammlungen. Politiker und Ärzte werfen sich vor, sie seien schuld am Sterben. Die Todesursache wird vergeblich gesucht, man glaubt an eine Art Pest, doch als die Epidemie abflaut, bringt eine Feuersbrunst das Ende: gegen »das Sterben ohne erkennbare Ursache«, gegen den allgemeinen Tod gibt es kein Mittel. – Ein Totentanz von grotesken Blackouts mit dem immergleichen Lebens-Blackout erinnert in einer von Utopien berauschten, metaphysikfeindlichen und den Tod verdrängenden Zeit hartnäckig und monoton an den Tod als eine banale metaphysische Tatsache, die zwar uns aus der Welt schafft, selbst aber nicht aus der Welt zu schaffen ist.

Macbett (Macbett). Uraufführung 1. Februar 1972, Paris, Théâtre Rive Gauche; Regie und Hauptrolle: Jacques Mauclair. Im Burgtheater Wien am 15. November 1972; Regie: Gerhard Klingenberg. In den Kammerspielen München am 18. März 1973; Regie: Liviu Ciulei. – Glamis und Cawdor wollen König Duncan ermorden, sie werden von Banquo und Macbett besiegt. Cawdor und seine Soldaten werden auf Befehl Duncans in einer Massenhinrichtung guillotiniert, während Lady Duncan mit Macbett flirtet. Zwei Hexen prophezeien Macbett, daß er König wird, und Banquo, daß er der Stammvater von Königen wird. Vor Macbett verwandeln sich die häßlichen Hexen in einem Striptease in Lady Duncan und ihre schöne Kammerfrau. Macbett, Banquo und Lady Duncan erdolchen gemeinsam König Duncan. Macbett erdolcht Banquo. Lady nunmehr Macbett und Kammerfrau verwandeln sich zurück in bucklige Hexen. Malcolm, Duncans Sohn, tötet — in einer Opernparodie — Macbett und erklärt, er sei in Wahrheit Banquos Sohn. So begründet er die Dynastie Banquo, zu der u. a. König Ubu, Hitler und Ionesco gehören. Malcolm droht — mit Original-Shakespeare-Versen ein Schreckensregiment an — bei Shakespeare allerdings dienen Malcolm diese Verse dazu, seinen Partner auf die Probe zu stellen. Aus einer Verstellung macht Ionesco blutigen Ernst am Ende einer blutigen Farce.

Welch gigantischer Schwindel! (Ce formidable bordel). Uraufführung 10. November 1973, Paris, Théâtre Moderne. — Deutsche Erstaufführung 10. November 1974, Bühnen der Hansestadt Lübeck; Regie: Tebbe Harms Kleen. — In dieser Bühnenfassung seines Romans ›Le Solitaire‹ (›Der Einsame‹) läßt Ionesco den Angestellten, aus dessen Monolog der Roman besteht, schweigen — die Menschen um ihn stellen sich in Monologen der Enttäuschungen dar. Der Angestellte beendet sie und das Stück mit Gelächter und dem Schrei: »Welch gigantischer Schwindel!« — womit die gesamte menschliche Existenz gemeint ist.

Politische Exkursion: Polen und CSSR

Wie Alfred Jarry und Antonin Artaud in Frankreich, wie Yvan Goll in Deutschland Ideen vorgedacht und Handgriffe auf der Bühne vorgemacht haben, die im absurden Theater wiederaufgetaucht sind, so Stanislaw Ignacy WITKIEWICZ in Polen. Er wurde am 24. Februar 1885 in Warschau geboren, wuchs in Zakopane auf, und als er malen lernte, wollte er sich von seinem Vater, einem neuromantischen Maler und Kunstkritiker, unterscheiden und nannte sich Witkacy. Er studierte bildende Kunst in Polen, Deutschland, Frankreich und Italien, reiste als Sekretär einer ethnographischen Gesellschaft durch Malaya und Australien, studierte Philosophie in Rußland, dem er im ersten Weltkrieg als Offizier des Petersburger Leibregiments und während der Revolution als Politkommissar diente. Er lernte die Revolution hassen und ging 1918 nach Polen zurück. In Zakopane gründete er eine Gruppe von Malern und Schriftstellern, die »Formisten«. Zwischen 1919 und 1928, dem Jahr seiner Übersiedlung nach Warschau, schrieb er mehr als dreißig Theaterstücke, die, soweit sie überhaupt gespielt wurden, keinen Erfolg hatten. Am 18. September 1939, als Polen von deutschen und von russischen

Truppen besetzt war, nahm er sich, fast vergessen, in Lemberg das Leben. Mitte der fünfziger Jahre, als mit dem »Tauwetter« auch das westliche absurde Theater in Polen einzog, wurde Witkiewicz als Vorläufer vor allem Ionescos mit Erfolg aufgeführt.

Wie Artaud wollte er alle Künste, Architektur und Musik, Malerei und Tanz, Schauspielerei und Poesie, auch Religion und Philosophie, auf der Bühne vereinen und sie ausschließlich der »reinen Form« unterordnen. Handlung und Psychologie sollten nicht logisch, sondern phantastisch sein, und das Wort sollte nicht der Verständigung und dem Verstand, sondern der Magie und ihrer verwandelnden Kraft dienen. Seine Forderung, »die Bestie zu entfesseln«, berührt sich mit Artauds »Theater der Grausamkeit«. Auch »Happening« und »Living Theatre« könnten Witkiewicz als Ahnherr für sich beanspruchen, und der erste Veranstalter von Happenings in Polen, der Regisseur Tadeusz Kantor, Gründer des avantgardistischen Krakauer Theaters »Cricot 2«, benutzt Stücke von Witkiewicz als total umzuformende Spielanlässe für sein Theater, das »kein Apparat zur Reproduktion von Literatur« sei, sondern eine »autonome Realität« besitze — autonomes Theater, wie es schon Witkiewicz proklamiert hatte.

Witkiewicz erwartete sich von seinem Theater der »Reinen Form« einen metaphysischen Effekt, den einzigen, der in einer Welt ohne Mythos und ohne Glauben noch möglich ist. Gepackt von einem theatralischen Fest aller Künste, sollte der Mensch sich wie durch einen Traumschock der Seltsamkeit seiner Existenz bewußt werden. Absurde, surrealistische, dissonante, groteske Effekte sollen diesen metaphysischen Einbruch hervorrufen — noch einmal, vielleicht zum letzten Male Metaphysik, denn Witkiewicz hielt den Schwund aller jenseitigen Vorstellungen und Gefühle für unaufhaltsam. Als pessimistischer Kulturkritiker — er nannte sich »Katastrophist« — prophezeite er den Untergang des Individuums.

In seiner theoretischen Abhandlung »Theater« (1923) forderte er: »Beim Verlassen des Theaters muß man den Eindruck haben, man sei aus irgendeinem seltsamen Traum erwacht, in dem sogar die gemeinsten Dinge eine eigenartige unerforschliche Anmut gehabt haben, die charakteristisch ist für (Wunsch-)Träume, die sich mit nichts vergleichen lassen.«

Das Wasserhuhn, ›Sphärische Tragödie in drei Akten‹. 1921. Uraufführung 1922 in Krakau. Deutsche Erstaufführung 29. Oktober 1967, Köln, Theater am Dom. — Edgar Walpor wird bestimmt von dem Gefühl, von anonymen Mächten abhängig und völlig nichtig zu sein. Nichts bringt ihn davon ab: er erschießt »das Wasserhuhn«, eine Frau unbekannter Herkunft, sie will es so, damit er Größe erlange; er heiratet die Fürstin Alice of Nevermore, deren

Mann gerade von einem Tiger zerrissen worden ist, und wird ihr Finanz-
manager; dem »Wasserhuhn«, das, obgleich tot, wieder auftaucht, gesteht
er: »Ständig erledigen Zufälle und Menschen für mich alles. Ich bin eine
Puppe, eine Marionette. Bevor ich etwas zustande bringe, geschieht eben
dasselbe von allein und ohne mich«, doch auch die Folter, die ihm das
»Wasserhuhn« verordnet, erlöst ihn nicht von seinem Leiden unter seiner
Nichtigkeit. Als das »Wasserhuhn« Edgars Adoptivsohn Tadzio, einen »geistigen Sohn«, zur »Größe« verführen will, wird sie abermals von Edgar erschossen, der sich dann einer hereinbrechenden Revolution durch Selbstmord
entzieht. Tadzio, der ein Traumleben führt und die Realitäten verachtet, in
die sein Vater verwickelt ist, erwacht »aus dem dritten Traum«: »Jetzt weiß
ich alles. Ich bin ein vollendeter Lump.« — Nichts wäre unsinniger, als eine
schlüssige Deutung zu suchen, die der Autor unmöglich gemacht hat.

Narr und Nonne, oder ›Es gibt nichts Schlechtes, das nicht ein noch schlimmeres Ende nähme‹. 1923. Uraufführung 1924 in Thorn. Deutschsprachige
Erstaufführung September 1966, Wien, Ateliertheater. Deutsche Erst-
aufführung April 1967, Zimmertheater Tübingen. — Ein junger Lyriker
in der Irrenanstalt verführt die Nonne physisch, die eigentlich sein psychi-
sches Trauma suchen sollte; dann ersticht er — mit einem Bleistift — einen
Psychiater alter Schule, und dies freut den modernen Psychoanalytiker: »Als
Psychoanalytiker verstehe und verzeihe ich alles. Kein Verbrechen ohne
Komplex, ein Komplex aber ist eine Krankheit«: als der Lyriker mit der
Nonne bei der Liebe gestört wird, hängt er sich auf — doch schon ist er wieder
so lebendig wie der von ihm ermordete Psychiater, und diese beiden Herren
verlassen mit der zur Weltlichkeit entschlossenen Nonne die Anstalt, in
der Psychoanalytiker und Oberschwester mit Recht zurückbleiben.

Die Satire auf die Psychoanalyse ist grundiert mit dem Ohnmachtsgefühl,
das schon Edgar im »Wasserhuhn« beherrscht: »Alles muß sein — muß
zwangsläufig sein. Ich habe keinen Willen im gewöhnlichen Sinne. Über oder
in mir waltet eine höhere Macht, die mit mir tut, was sie will.« Ein Witz
zwar, doch ein blutiger, »allen Verrückten der Erde« gewidmet.

WITOLD GOMBROWICZ nannte als »die drei Musketiere der polnischen Avantgarde zwischen den Kriegen«: Witkiewicz, Bruno Schulz und sich selber. Für
seinen philosophisch grotesken Roman »Ferdydurke« (1937; deutsch 1960)
wird Gombrowicz von seinen Freunden als Genie und Bahnbrecher der modernen polnischen Literatur gerühmt und von seinen Feinden als intellektueller Snob verspottet. Der Roman setzt — wie später auch die Theaterstücke — philosophische Ideen, sprachliche Bilder, innere Vorstellungen in

Handlung um: ein Intellektueller wird in seine Schulzeit zurückversetzt, in infantile Ohnmacht, und mit ihm dringt Gombrowicz zur Kehrseite der erwachsenen, konventionellen Formen des Lebens vor. »Gombrowicz überreicht uns das Inventar dieser Hinterhofseite«, kommentierte Mit-Musketier Bruno Schulz, »das Hinterhaus unseres Ichs – ein erstaunliches Inventar: im vorderen Salon verläuft alles formell nach der Etikette, während in der Küche unseres Ichs, hinter den Kulissen offizieller Handlung, ein Haushalt schlimmster Provenienz geführt wird. Es kann gar nicht so viel ideologischen Schund geben und Schmutzformen, die hier nicht immer noch hoch im Kurs wären und sich bestens verkaufen ließen.«

Am 4. August 1904 wurde Gombrowicz in Maloszyce/Opatow in Polen geboren. Er entstammt einer Landadelsfamilie, studierte Jura und Philosophie in Warschau und Paris und brachte 1933 seinen ersten Erzählungsband heraus. Zwei Jahre nach seinem ersten Roman »Ferdydurke« wurde er 1939 in Argentinien, wo er nur zwei Wochen bleiben wollte, vom Kriegsausbruch überrascht und blieb zwanzig Jahre. Seine Bücher waren im kommunistischen Polen bis 1957 verboten. Von 1964 bis zu seinem Tod am 25. Juli 1969 lebte Gombrowicz in Vence an der Côte d'Azur.

Yvonne, Prinzessin von Burgund. 1938. Uraufführung 1957, Krakau. Deutsche Erstaufführung 17. Dezember 1964, Schauspielhaus Dortmund. – Am Hof eines fabulösen Königreichs Burgund geht Yvonne allen auf die Nerven: sie spricht kaum, bewegt sich träge, niemand kann sie ändern oder gar erziehen, sie spielt die Zeremonien des Hofstaates – Symbol für eine erstarrte Form des Lebens – nicht mit. Durch ihre Passivität wirkt sie als Herausforderung: da sie nicht mitspielt, müssen sich alle vor ihr aufspielen, und dies demütigt. Der Prinz fühlt sich aufgereizt, sie zu heiraten, doch kann er sie so wenig in seine formelle Hofwelt ziehen wie sie ihn aus der Hofwelt holen. In ihrer Gelassenheit bleibt sie eine Provokation. Also muß sie weg, und dies ist für den König kein Problem, gemordet hat er schon früher. Auch der Prinz und die Königin wollen Yvonne umbringen, können freilich mit der Methode des Königs nicht konkurrieren: er sorgt dafür, daß sie bei einem Gastmahl an einer Gräte erstickt. – Bei amüsantem Dialog ein melancholisches Märchen über die Unfähigkeit des Menschen, eine eigene Form zu finden, und eine Satire auf seine Gefangenschaft in überindividuellen Formen. Eine vorweggenommene »Tragifarce« aus vorgefertigten Klischees, aus Formparodien, wie sie später Ionesco kultiviert hat: noch der Mörder verhält sich so, daß er in den Konventionen des Mordes bleibt. (Um das provokante Außenseitertum Yvonnes zu betonen, hat Wilfried Minks diese Rolle in Bremen, 1971, von einer Zwergin spielen lassen.)

Die Trauung. Schauspiel. Geschrieben 1945 in Argentinien. Uraufführung
1964 in Paris, Compagnie Jorge Lavelli. Deutsche Erstaufführung 9. Januar
1968, Schiller-Theater, Berlin, durch Ernst Schröder. – In einer bedrückenden
Landschaft stehen Henrik und sein Freund Wladzio im Soldatenmantel; sie
meinen, sie seien an der nordfranzösischen Front. Traumhaft schweben Möbel heran, ein ganzes Zimmer: eine Kneipe mit Personen, in denen Henrik
mühsam seine Eltern erkennt, die zu Wirtsleuten geworden sind, und seine
Braut Mania, nunmehr Dienstmagd und Dirne. Diese ihm teils vertraute
und teils völlig fremd gewordene Elternwelt wird tyrannisiert von dem
namenlosen »Säufer« und seinen Kumpanen. Der Vater möchte, daß Henriks Trauung stattfindet mit Mania, in der er eine schuldlos vergewaltigte
Jungfer sieht. Henrik will diese Welt erhöhen, und schon verwandelt sie sich
in einen Königshof – in das legendäre »Burgund« des vorangegangenen
Stückes »Yvonne« –, Vater und Mutter werden zu König und Königin, Mania
zur Prinzessin, Henrik zum Prinzen und sein Freund Wladzio zu einem
Höfling. Verführt vom Säufer, stürzt Henrik seinen Vater vom Thron, wird
zum Despoten und Mörder – er zwingt Wladzio, den er der Unzucht mit
Mania beschuldigt, zum Selbstmord –, will für sich die Trauung erzwingen,
doch daraus wird ein Leichenbegängnis für Wladzio – aus König und Königin sind wieder Vater und Mutter geworden, Henrik beteuert seine Unschuld, und ein Trauermarsch beendet das Stück. – Ein Traumspiel, in seiner
unverblümten Symboltechnik näher bei dem noch grobschlächtigen Strindberg als bei dem raffinierteren Ionesco (›Mörder ohne Bezahlung‹). Der
Szenenablauf wird in Gang gesetzt durch die Vorstellungskraft Henriks: die
Außenwelt ist eine Umstülpung, eine Projektion seiner Innenwelt, in die
nun freilich die Realität korrigierend einbricht. So will Henrik zurück in eine
unzerstörte Welt und bringt Bilder seiner Eltern und seiner Braut hervor –
die Traumzensur der Realität zeigt aber, daß die Welt nicht mehr unzerstört
ist, sondern heruntergekommen wie die Braut. Als Henrik seine Welt ins
Königliche steigern will, besteht diese Zensur darauf, daß die zerstörte Reinheit nicht wiederherstellbar ist und läßt Henrik, der sie erzwingen will,
schuldig werden. Henriks Wunschtraum verkehrt sich in Alpträume, deren
Refrain das Scheitern ist – die »Trauung«, dieses Symbol für die Fortsetzung
eines heilen Lebens, ist unmöglich, und aus dem Hochzeitsmarsch wird ein
Trauermarsch. »Denn nicht nur die Welt hat man ihm ruiniert, er selbst ist
dem Ruin unterlegen«, kommentierte Gombrowicz das Stück in seinem
»Tagebuch«, in dem er es als einen gegenwärtigen Traum auslegt, »der die
Qualen unserer Zeitgenossenschaft ausdrückt, aber auch ein der Epoche vor-
auseilender Traum, der zu erraten versucht«. Eine Aufführung stellt er sich
vor »als eine Entladung der Seele, die schwanger ist von dem undeutlichen

Vorgefühl kommender Zeiten, als einen Gottesdienst der Zukunft«; er verlangte freilich, daß »diese Aufführung ebenso sinnlich wie metaphysisch sein muß«, ein Genuß am Spiel und zugleich die Offenbarung der Tragik, die »in dem Entsetzen des Menschen liegt, der sieht, daß er sich auf eine von ihm unvorhergesehene Weise gestaltet – in der Dissonanz zwischen Mensch und Form«.

Operette. Aus dem Nachlaß. Uraufführung 17. November 1969, Teatro Stabile in L'Aquila; Regie: Antonio Calenda. – In Paris, TNP, am 20. Januar 1970; Regie: Jacques Rosner. Deutsche Erstaufführung 6. März 1971, Bochum; Regie Jacques Rosner. Schweizer Erstaufführung 9. Juni 1971, Basel; Regie: Hans Hollmann. – Gombrowicz fordert: »Der monumentale Operetten-Idiotismus, Hand in Hand mit dem monumentalen Geschichtspathos – die Maske der Operette, unter der mit lächerlichem Schmerz das verzerrte Antlitz der Menschennatur blutet . . .« In die »heilige Dummheit« der Operette, in ihre parodierte Puppenwelt, dringt Geschichte ein: die Diener machen plündernd und mordend Revolution, und auch sie wird parodiert – unter dem »Wind der Geschichte« krümmen sich Aristokraten und Revolutionäre, und der Ernst ihrer Kämpfe wird immer wieder in den Walzertakt gezwungen. Sympathie des Autors und Triumph im Operettenfinale gehören dem nackten Albertinchen – an den Händen kann man noch Klassenunterschiede und Konventionen erkennen, am Popo nicht.

TADEUSZ ROZEWICZ, Pole, 1921 geboren, beruft sich in ›Der unterbrochene Akt‹, seinem Satyrspiel über die Unmöglichkeiten des Theaters, ausdrücklich auf »Witkacy«, auf Witkiewicz, den polnischen Schrittmacher des Absurden, als auf einen Klassiker, und er macht seinem Meister Ehre, wenn er von seinem eigenen Theater sagt, es habe seine dramatische Aktion verloren, »ähnlich einem Menschen, einem Invaliden, der im Krieg sein linkes Bein verloren hat, das ihn aber seitdem dauernd schmerzt«. Rózewicz macht das Absurde zu einem Hilfsmittel seiner satirischen Ironie.

Die Kartothek. Einakter. Uraufführung 25. März 1960, Dramatisches Theater, Warschau. Deutsche Erstaufführung 27. September 1961, Studio der Städtischen Bühnen Essen. – Das Eingangsgedicht schlägt das Thema des verlorenen Sohnes an, heimgekehrt aus dem Krieg. Der »Held« liegt im Bett, und gelegentlich erinnert eine Frauenstimme unter der Bettdecke daran, daß er Direktor und es Zeit für die Sitzung sei. Menschen kommen zum Bett und gehen: Vater und Mutter mit Erziehungslamento; eine verlassene Olga mit Vorwürfen; eine Dicke, die er unbekleidet gesehen hat, als sie noch schlank gewesen ist; ein deutsches Mädchen (zu dem der »Held« freundlich ist, obwohl er ihr sagt: »Ihr Vater und ich, wir waren auf einer großen Jagd ... auf uns«); ein Reporter, dem er Fundamentalfragen über Lebensziel, Seelenheil und Politik nicht beantworten kann. — Träumerisches Erinnern, lyrisch, ironisch, auch grotesk und kabarettistisch. Ein Gedicht resümiert: »Gewebe lärmender Stimmen / umschließen Menschen und Dinge / sie gleiten herab / in der Stille / enthüllen das Antlitz der Welt.«

Der unterbrochene Akt. ›Eine nichtszenische Komödie in einem Akt‹. Uraufführung 11. Dezember 1965. Ulmer Theater, durch Gerhard Winter. — Der Autor sitzt hinter seiner Schreibmaschine und redet laut über das Stück, das er schreiben will. Er geht von der (vorgeführten) Situation aus, daß ein hübsches Mädchen mit einem Koffer über die Bühne und dann nach Amerika geht, weil ihr Vater (hinter der Szene) nicht nur mit einem Gipsbein, sondern auch mit seiner Pflegerin im Bett liegt. Der Abschied der Tochter wird in verschiedenen Stilarten vorgeführt — melodramatisch mit Abschiedsbrief und brüllendem Auftritt des Vaters; surrealistisch mit Auftritt des Erzengels Gabriel; symbolisch, wobei auf der Szene gar nichts geschieht —, bis sozialistischer Realismus den Akt unterbricht, in dem er den Vater an die Arbeit ruft. Begleitet vom Autor mit skeptischen, satirischen, immer ungemein witzigen Kommentaren zum Theater — eine Art Impromptu über den Unfug, ein Theaterstück zu schreiben.

SLAWOMIR MROZEK, Pole, hatte seinen ersten Mißerfolg, als er in Paris versuchte, das Schicksal des Emigranten, seine Auseinandersetzung mit der Diktatur, der er entflohen ist, und mit seiner neuen, von Ausbeutern beherrschten Heimat in einem Tiermärchen darzustellen: *Watzlaff* (Uraufführung am 11. Februar 1970, Theater am Neumarkt, Zürich) ist durch Allegorienverschlingung undurchschaubar. Seit Mrozek nicht mehr in Polen lebt, hat er Schwierigkeiten, einen Gegner zu finden, der durch eine simple Allegorie so leicht zu fassen ist wie eine Diktatur. So sind die Verhältnisse in Westeuropa zu kompliziert für *Ein freudiges Ereignis* (Uraufführung 30. Oktober 1971, Schauspielhaus Düsseldorf): ein Reaktionär verhindert die Geburt alles Neuen, indem er seinen Sohn am Zeugen hindert. Der Sohn, ein Demokrat und Reformer, holt einen theoretischen Anarchisten zu Hilfe, der den Alten ablenkt, so daß das Kind gezeugt werden kann — dieser Säugling aber ist ein praktizierender Anarchist, er sprengt die Wohnung in die Luft und plärrt nach seiner »Mama«. Der Terror kommt hier eindeutig von Links, vom Bündnis des Liberalen mit dem Anarchisten.

Mrozek, geboren am 26. Juni 1930 in Bozerzin, war Karikaturist für Zeitungen und Zeitschriften. Sein erster Satirenband ›Der Elefant‹ und sein erstes Stück ›Die Polizei‹ wurden Welterfolge; beide kamen 1958 heraus. Damals versuchten die Sowjets den polnischen Freiheitswillen einzudämmen und ihren beherrschenden Einfluß zurückzugewinnen; sie hatten ihn zwei Jahre vorher verloren, nach dem Beginn der Entstalinisierung auf dem XX. Parteitag der Kommunistischen Partei der Sowjetunion, nach dem Oktober 1956, in dem das Zentralkomitee der polnischen Vereinigten Arbeiterpartei Gomulka gegen den Einspruch des sowjetischen Ministerpräsidenten Chruschtschow zum Ersten Sekretär wählte. 1958 frostete dieses ›Tauwetter‹ ein, der rebellische polnische Schriftsteller Marek Hlasko emigrierte in den Westen, der offene Widerstand war nicht mehr möglich, wohl aber der versteckte Widerstand literarischer Grotesken.

Viele Stilmittel des absurden Theaters tauchen in Mrożeks Grotesken auf, und was sich auf den ersten Blick wie der pure Spaß am Absurden ausnehmen mag, wirkt wie bewußte Tarnung, sobald man den politischen Kern entdeckt hat: die bizarren Einfälle, die zunächst einer verspielten Phantasiewelt anzugehören scheinen, treffen satirisch die diktatorischen Gelüste in der realen Welt — nicht nur des Ostens, versteht sich, sondern überall. Mrożek stellt seinem Stück ›Die Polizei‹ die Sätze voran: »Dieses Stück enthält nichts außer dem, was es enthält, also: keine Anspielungen auf irgend etwas und keine Metaphern. Zwischen seinen Zeilen steht nichts; zwischen ihnen lesen zu wollen, ist daher verlorene Liebesmüh. Der nackte Text ist eindeutig; die Sätze und Szenen haben ihren logischen Sinn — es braucht also nichts in sie hineingelegt zu werden.« Das klingt nach Selbstschutz und ist sublimer Hohn: es braucht in der Tat nichts in den nackten Text hineingelegt zu werden, denn er enthält schon alles, sobald man nur den richtigen Blickpunkt gefunden hat, die richtige Einstellung eines Auges, während das andere Auge die exzentrische Drapierung mustert — weshalb die polnische Kritik für diese Grotesken den Begriff ›schielende Literatur‹ geprägt hat.

Das Fernsehen hat sich mit großer Liebe der Stücke Mrożeks angenommen: die Phantastik seiner Handlungen und Kostümierungen kommt den Möglichkeiten des Bildschirms entgegen, und der reale Bezug in der phantastischen Kostümierung erreicht das Publikum leichter als das absurde Theater ohne durchschaubares politisches Engagement.

Über Mrożek erzählt sein deutscher Verleger Karl H. Henssel: »Selten ist mir ein Schriftsteller begegnet, dessen Lebensführung mit seiner Art zu schreiben so sehr übereinstimmt. Ich lernte Mrożek auf einer Party kennen, die sein Übersetzer Ludwig Zimmerer in Warschau gab. Er, der Menschenkenner und Gesellschaftskritiker, saß abseits auf einer Couch. Während er mit einer dicken Schnur Fesseln und Entfesseln übte, beobachtete er ernst und genau die heftig diskutierenden Menschen um sich herum. Dies war der günstigste Augenblick für mich. Aus dem ersten Gespräch entstand unsere Freundschaft. Ich habe viel von Mrożek gelernt, denn obwohl seine Werke sehr polnisch sind, treffen sie auch auf die Verhältnisse unserer Welt zu. Mrożek sagte einmal von sich: ›Ich bin Pole, und das läßt sich nicht ändern. Als Mensch — bin ich völlig frei, und zwar dank der großen Entdeckung, daß die Freiheit die Einsicht in die Notwendigkeit, das heißt in den Zwang ist. Deshalb meide ich peinlich alle Zustände der Verdunklung, um nicht in irgendeine Gefangenschaft zu geraten‹ . . .«

Die Polizei (Policja. ›Drama aus dem Gendarmenmilieu in drei Akten‹. Uraufführung 27. Juni 1958, Teatr Dramatyczny, Warschau. Deutsch 1. Dezember 1959, ›Kleines Theater am Zoo‹, Frankfurt). — Eine Diktatur im lächerlichen Schnurrbarts- und Säbel-Milieu des 19. Jahrhunderts hat alle Bürger zum schweigenden Gehorsam gegenüber dem Staat erzogen, zu einem Gehorsam aus Furcht, den sie ›Freiheit‹ nennt. Der Polizeikommandant kann seinen letzten Gefangenen entlassen, der willig eine Loyalitätserklärung unterschreibt. Die Polizei ist arbeitslos geworden — also will sie Widerstand provozieren, doch die Bürger fallen nicht darauf herein. So muß ein Sergeant im Auftrag der Polizei den Verschwörer spielen, damit jemand zum Verhaften vorhanden ist. Er wird im Gefängnis mit Girlanden empfangen, doch unter der Last der Aufgabe, die ihm als ›künstlichem Verschwörer‹ gestellt ist, wandelt er sich zum echten Aufrührer; während die Polizei ihren Kampf gegen eine Scheinverschwörung genießt, bricht er plötzlich in den Ruf aus: »Es lebe die Freiheit!« — In der perfekten Diktatur bleibt der Polizei nichts anderes übrig, als sich selbst zu verhaften: bei Mrożek ist die Absurdität zur satirischen Waffe geworden.

Das Martyrium des Peter O'Hey (Meczenstwo Piotra O'Heya. 20. Dezember 1959, Krakau, Teatr Groteska). Dem Kleinbürger O'Hey reden Beamte, Wissenschaftler und ein Zirkusdirektor ein, in seinem Badezimmer habe sich ein Tiger versteckt. Sie verlangen im Namen der Gesellschaft, daß er seine Wohnung für wissenschaftliche Untersuchungen und für eine Zirkusvorstellung zur Verfügung stellt, und schließlich muß er im Interesse des Staates einem Maharadscha gestatten, daß er in seinem Heim eine Tigerjagd veranstaltet — als der Tiger nicht zu fassen ist, der Maharadscha mit diplomatischen Repressalien droht, verlangt der Staat, daß O'Hey den Tiger aus dem Badezimmer holt oder selbst als Tiger auftritt. O'Hey — »Ich verlasse euch, um den Forderungen der Staatsraison, den Ansprüchen des modernen Wissens, den Verlockungen der Musen, den Befehlen der Obrigkeit Genüge zu tun — und um ihrer Herrschaft zu entrinnen« — geht ins Bad und läßt sich erschießen: ein harmloser Mensch wird, wenn es die gesellschaftlichen Forderungen verlangen, wie ein Tiger zur Strecke gebracht.

Auf hoher See (Na penym morzu. Einakter. 1. Juni 1961, Lublin, Teatr Osterwy). Schiffbrüchige, der Dicke, der Mittlere und der Schmächtige hungern auf einem Floß: Einer soll geschlachtet und verspeist werden! Jeder appelliert an die beiden andern mit menschlichen, praktischen, familiären, politischen, sozialen Argumenten, bis der Schmächtige, vom Messer des Mittleren bedroht, sich zum ›freiwilligen‹ Selbstopfer entschließt: »Die wahre Freiheit gibt es nur dort, wo es keine gewöhnliche Freiheit gibt« — ein blutiger Hohn auf das, was Mrożek die große Entdeckung genannt hat, »daß die Freiheit die Einsicht in die Notwendigkeit, das heißt in den Zwang ist«.

Karl (Karol. Einakter. Dezember 1961). Großvater will einen Menschen erschießen, und der muß partout Karl heißen. Sein Enkel hilft ihm bei der Suche des Opfers. Der Augenarzt, voller Angst, die beiden könnten ihn für Karl halten, verschreibt dem mörderischen Opa eine Brille, damit er besser treffen kann, und behauptet, sein nächster Patient heiße Karl — der Großvater erschießt ihn. Als ein Patient eintrifft, der tatsächlich Karl heißt, ruft der Arzt den Großvater händereibend herbei — eine groteske Rutschbahn von der Angst, erschossen zu werden, in die Lust, sich am Erschießen zu beteiligen. — Am 31. Dezember 1961 in Zoppot, Teatr Wybrzeze, zusammen mit:

Striptease (Striptease. Einakter. Dezember 1961). Zwei völlig gleichgekleidete Herren werden in eine Gefängniszelle gestoßen. Zunächst sieht es so aus, als könnten sie wieder hinaus. Der eine, der Aktive, will etwas für seine Befreiung tun. Der andere, der Passive, rechtfertigt mit selbstmörderischer Logik die ›innere Freiheit‹: »Mit dem Augenblick aber, wo ich aufstehe und hinausgehe, treffe ich die Wahl, beschränke also die Möglichkeiten meines Handelns und verliere die Freiheit. Ich werde zum Sklaven meines Hinausgehens.« Eine gigantische Hand erscheint und zwingt beide Herren, sich auszuziehen; noch immer verteidigt der Passive die ›innere Freiheit‹, und der Aktive will ihn dafür verprügeln — die Hand schließt sie mit Handschellen aneinander, setzt ihnen Papierhelme über Kopf und Augen und führt sie ab. Bevor sie im Nichts verschwinden, haben beide die Hand um Verzeihung für ihre bloße Existenz gebeten — zorniger Humor über die Freiheitsdiskussionen angesichts der Gewalt; ohnmächtiger Galgenhumor angesichts des Scheiterns beider Freiheitsbegriffe vor der Gewalt. — Mrożek hat, möglicherweise ohne es zu wissen, hier eine Parallele gezogen zu dem

Freiheitsdrill in ›Ubu in Ketten‹ von Alfred Jarry, einem Stammvater des absurden Theaters.

Tango (Tango. 1964. Uraufführung Januar 1965, Belgrad. 7. Juli 1965, Zeitgenössisches Theater, Warschau, durch Erwin Axer. Deutsche Erstaufführung 8. Januar 1966, Schauspielhaus Düsseldorf, durch Erwin Axer). Der erste Akt wird von der Elterngeneration beherrscht, die das Ergebnis der Revolte gegen die bürgerlichen Konventionen auf groteske Weise repräsentiert: Vater Stomil mit offenem Pyjama und Künstlermähne ist eingeschworen auf die Zertrümmerung von Konventionen, auf ›Dynamik‹ und ›Experiment‹, und es interessiert ihn kaum, daß seine Frau Eleonore (wie er ein Relikt der zwanziger Jahre) ›ab und zu‹ die Geliebte Edeks ist, des scheinbar gutmütigen Naturburschen mit Ganovencharakter. Angesteckt von ihrer absoluten Konventionslosigkeit sind Großmutter Eugenia und eine Vertreterin der jüngsten Generation, die in völliger Gleichgültigkeit verschlampte Nichte Ala. Onkel Eugen steht zwischen den Fronten und trägt zu den kurzen Hosen der Anarchie den Frack der alten bürgerlichen Ordnung. Sohn Artur, Medizinstudent, haßt das Chaos seiner Familie, die er für ein ›Bordell‹ hält, »in dem nichts funktioniert, weil alles erlaubt ist, in dem

Photographierpose, bürgerlich: Zweiter Akt des Schauspiels ›Tango‹ von Slawomir Mrozek. Deutsche Erstaufführung am Schauspielhaus Düsseldorf, 1966. Regie: Erwin Axer. Bühne: Eva Starowieyska

es keine Regeln und keine Vergehen gibt«. Seinen Eltern wirft er ›moralischen Zwang zur Unmoral‹ vor; entschlossen, eine Weltordnung zu schaffen, ein Wertsystem mit festen Normen, gewinnt er Onkel Eugen als Verbündeten, diesen Opportunisten mit der reaktionären Sehnsucht nach der Welt der Großeltern. Im zweiten Akt hat Artur seinen Kampf gewonnen: Großmutter und Eltern tragen die Kostüme ihrer vorrevolutionären Zeit, der Jahrhundertwende; Edek ist zum Butler geworden, und Ala, die kleine Sexschlampe, hat sich bereit erklärt, in weißem Brautkleid Artur zu heiraten, mit dem Segen der Oma, »ganz wie früher, wie es sich gehört«. Im dritten Akt kommt Artur zur Hochzeit zu spät, betrunken und mit der (unmotiviert gewonnenen) Einsicht, daß es keine Rückkehr vergangener Normen gibt; er hat erkannt, daß die Welt nicht durch die Form erlöst werden kann, und mustert nun mit der Familie die ›Ideen‹ durch, Gott, Sport, Experiment, Fortschritt. Erst der (unmotivierte) Tod der Großmutter entzündet Artur: er hält den Tod für die richtige Idee, und (abermals unmotiviert) wird er vom Rausch der Macht über Leben und Tod hingerissen, macht er Edek, den ›Repräsentanten einer kollektiven Vernunft‹, zu seinem Mordwerkzeug und fordert ihn auf, Onkel Eugen zu töten. Als ihm freilich Ala sagt, daß sie Edek zu ihrem Geliebten gemacht hat, tobt Artur in gutbürgerlicher Eifersucht, und Edek schlägt ihn kurzerhand tot: Artur, der intellektuelle Verführer, wird zum ersten Opfer seines brutalen Büttels. Der zieht Arturs Jacke an und übernimmt die Macht: die Familie kuscht vor ihm, und Onkel Eugen, das Monokel im Auge, weigert sich nicht, mit Edek den Tango ›La Cumparsita‹ zu tanzen, über die Leiche Arturs hinweg. Dieses Bündnis des alten Bürgertums mit dem neuen Barbaren und dieser Tanz sind von der gleichen schauerlichen Obszönität — der Tango brüllt über die Lautsprecher im Zuschauerraum und läßt das Publikum seine Verführbarkeit spüren.

Für die polnische Kritik ist Edek ›der Faschist‹, und diese eindeutige Interpretation macht die Aufführung des vieldeutigen Stückes in Warschau möglich. Mrozek hat eine merkwürdige Begabung, aus absurden Familienspäßen im Stile Ionescos Menschheitsprobleme springen zu lassen.

VACLAV HAVEL, Tscheche, geboren 1936, macht in seinem mit marionettenhaften Personen bevölkerten Stück *Das Gartenfest* (Uraufführung 3. Dezember 1963, Prag, Theater am Geländer. Deutsche Erstaufführung 2. Oktober 1964 in der ›Werkstatt‹ des Berliner Schiller-Theaters) die Entwürdigung der Sprache durch den Menschen und die Entwürdigung des Menschen durch die zur Phrase herabgewürdigte Sprache zum Motor einer grotesken Handlung — die Technik des frühen Ionesco der ›Kahlen Sänge-

rin< im Dienst einer begrenzten politischen Satire. Eine Variation über das
gleiche Thema ist sein Stück *Die Benachrichtigung* (Uraufführung 26. Juli
1965, Prag, Theater am Geländer. Deutsche Erstaufführung 13. Dezember
1965 in der >Werkstatt< des Berliner Schiller-Theaters): ein Amtsvorsteher
in einer total bürokratisierten Welt erhält eine Benachrichtigung in der
neuen künstlichen Amtssprache >Ptydepe<, kann sie nicht entziffern und
sinkt deshalb in der Verwaltungshierarchie nach unten ab, bis er dadurch
rehabilitiert wird, daß sich >Ptydepe< als Mißerfolg erweist und durch eine
neue künstliche Sprache, durch >Choruktor< ersetzt wird — eine Satire auf
die >Sprachregelung< diktatorischer Staaten, auf das Partei- und Amts-
chinesisch, das den Menschen, der es nicht beherrscht, jeglicher Verständi-
gungsmöglichkeit beraubt. Im Stück *Erschwerte Möglichkeit der Konzentration* (Uraufführung 11. April 1968, Prag, Theater am Geländer. Deutsche
Erstaufführung 14. November 1968, >Werkstatt< des Berliner Schiller-Theaters) erschwert Havel seinem Publikum die Konzentration, indem er eine
ziemlich simple Geschichte in 23 vor- und zurückspringende Szenen zerhackt.
Geordnet ergeben sie einen Tag aus dem Leben des »wissenschaftlichen
Arbeiters« Dr. Eduard Huml: seine Frau verlangt von ihm, daß er sich
von seiner Geliebten trenne; seine Geliebte verlangt von ihm, daß er sich
von seiner Frau trenne; er diktiert einen Rundfunkvortrag über das Glück
und versucht dabei, seine Sekretärin erotisch zu attackieren — glücklos; ein
soziologisches Team, ausgerüstet mit »Puzuk«, einer Frage-Maschine, will
seine Individualität erforschen, doch >Puzuk< bringt nur wirres Zeug hervor,
und eine »wissenschaftliche Arbeiterin« verlangt von ihm schließlich
Liebe — diese satirischen Zweifel an der Wissenschaftlichkeit des sozialistischen Menschenbildes haben in der CSSR offenbar mehr Verständnis als
in der Bundesrepublik gefunden. Seit dem Ende des »Prager Frühlings« im
August 1968 sind Havel Veröffentlichungen und Aufführungen in der CSSR
und die Ausreise verboten. So wurde sein Stück *Die Retter*, von dem er
behauptet, es sei unpolitisch, in Baden-Baden in seiner Abwesenheit uraufgeführt (am 8. Februar 1974). Die >Retter< sind eine Verschwörung von
fünf Menschen, ein Revolutionsrat, der die Rückkehr des vertriebenen
Diktators Olah verhindern will, ihn aber am Ende ins Land zurückruft,
das von sich zwar behauptet, es sei eine Demokratie, doch sich der Zensur
und der Folter bedient. Die Anspielungen auf Prager Verhältnisse vom
Sturz Novotnys bis zur Einsetzung Husaks sind deutlich genug; die >Retter<
sind nur Marionetten ihres Egoismus, ihrer Machtgier und ihres Mißtrauens.
Von Theaterstück zu Theaterstück sind Vaclav Havels scheinbare Absurditäten politisch eindeutiger und seine Ansichten über die Menschen pessimistischer geworden.

IVAN KLIMA, geboren am 14. September 1931 in Prag, war als Kind drei Jahre im Konzentrationslager Theresienstadt. Er studierte Literaturwissenschaft, wurde Lektor und Redakteur und im Oktober 1967 aus der Kommunistischen Partei der CSSR ausgestoßen: er hatte Ende Juli 1967 vor dem vierten tschechoslowakischen Schriftsteller-Kongreß in Prag das Pressegesetz vom 1. Januar 1967 kritisiert, weil es der bis dahin inoffiziellen Zensur die gesetzliche Handhabe lieferte. Mit seinem Stück *Ein Schloß* (Deutsche Erstaufführung 16. Januar 1966, Düsseldorfer Schauspielhaus; Regie: Jaroslav Dudek, der auch die Uraufführung im Prager Theater der Armee inszeniert hatte) spielte er 1964 bewußt auf Franz Kafkas ›Schloß‹ an: Josef Kan, Sohn eines Landvermessers, wird in ein Schloß eingeladen, wo »verdiente« Männer des Volkes proletarischer Herkunft – Schriftsteller, Wissenschaftler, Künstler, Philosoph, Abgeordneter – im Auftrag des sozialistischen Staats arbeiten sollten, in Wahrheit aber prassen, prahlen, faulenzen. Als Josef Kan ankommt, haben sie gerade einen Kybernetik-Professor erdrosselt. Ein Staatsdetektiv klärt den Fall zwar auf, doch nur für die Akten: der Ruf der Schloßbewohner ist grundsätzlich unantastbar. Am Ende erdrosseln sie Josef Kan, weil er dies alles durchschaut hat. Aus Kafkas vieldeutigem Symbol-Gewebe hat Klima eine eindeutige politische Parabel gemacht: über die Isolation, den Luxus, die Unangreifbarkeit der politisch Privilegierten. Im Einakter *Ein Bräutigam für Marcella*, geschrieben 1968 im Londoner Exil während des sowjetischen Einmarschs in die CSSR (Deutsche Erstaufführung 22. Februar 1970, Mannheim) verordnet der Staat, daß zwei junge Leute heiraten; da sie nicht wollen, wird der Junge totgeschlagen, ein neuer Bräutigam für die ohnmächtige Marcella gesucht, und ein Beamter resümiert besten Gewissens: »Liebe, das ist es, was wir wollen.« Im Einakter *Doppelzimmer* (Uraufführung Dezember 1971, Saarbrücken) wird das Doppelzimmer eines Liebespaars von fünf unerwünschten Eindringlingen mitbewohnt, die angeblich gekommen sind, um den Liebenden eine Freude zu bereiten.

PAVEL KOHOUT, geboren am 20. Juli 1928 in Prag, Journalist, Rundfunkreporter, Hauptmann der Reserve, 1949/50 Kulturattaché in Moskau, seit 1955 freier Schriftsteller, einer der geistigen Initiatoren des »Prager Frühlings« der Reformkommunisten, hat Vor- und Nachgeschichte des Einmarschs der Sowjets in die CSSR am 21. August 1968 in seinem 1969 in der Schweiz erschienenen Buch ›Aus dem Tagebuch eines Konterrevolutionärs‹ aus drei Perspektiven – Tagebuch eines »Bürgers«, »des Schriftstellers PK« und eines »Touristen« – geschildert und sich dabei gegen den Vorwurf, er habe den Sozialismus verraten, leidenschaftlich gewehrt. Auch über

Kohout wurde 1968 ein Publikations-, Aufführungs- und Ausreise-Verbot verhängt. Sein frühes Spiel *So eine Liebe* (Uraufführung im Oktober 1957, Prag, Realistisches Theater) war ein ungewöhnlicher Erfolg in allen sozialistischen Ländern, auch in der Sowjetunion: es setzt gegen den verordneten ›sozialistischen Realismus‹ formal eine Collage von Rückblenden und von Rückblenden innerhalb der Rückblenden und bekräftigt mit dieser Technik den unausweichlichen Ablauf und die Notwendigkeit einer privaten Beziehung, der Liebe — sie ist die Vorgeschichte des Selbstmords einer Jurastudentin.

Pavel Kohout schrieb Theaterstücke nach Jules Vernes *Reise um die Erde in 80 Tagen* (1961), Karel Čapeks *Krieg mit den Molchen* (1963), Jaroslav Hašeks ›Schwejk‹: *Josef Schwejk oder Sie haben uns also den Ferdinand erschlagen* (1964). Er hatte außerordentlichen Erfolg mit:

August, August, August. Uraufführung 12. Mai 1967, Prag, Theater auf den Weinbergen. Deutschsprachige Erstaufführung 12. April 1969, Akademietheater, Wien; Regie in Prag und in Wien: Jaroslav Dudek. — Schon der Untertitel ›Eine Zirkusvorstellung‹ und Kohouts Motto — ›Ich liebe den Zirkus, weil ich in ihm lebe‹ — weisen auf das Gleichnis hin: die Zirkus-Arena als Ort des Welt-Theaters; der Zirkusdirektor als Herr über die Wirklichkeit; der Clown als Stellvertreter aller Menschen, die einen Lebenstraum verwirklichen möchten. Der Clown heißt mit Vor- und Zunamen ›August‹, und der ›August‹ hinter dem Komma ist seine Berufsbezeichnung. August möchte die acht Lippizanerhengste in der Manege vorführen. Dies aber kann er nur, wenn er Zirkusdirektor wird, und dazu muß er — so erklärt ihm Direktor Holzknecht — drei Bedingungen erfüllen: er braucht eine Visitenkarte, eine Familie und einen Zirkus. Als Visitenkarte benutzt er das Kalenderblatt ›August‹. Die Puppe Lulu verwandelt er kraft seiner Phantasie in seine Frau, und August und Lulu schaffen nun auch noch Bumbul, Lulus Vater, herbei und produzieren August junior, ihren Sohn, damit die Familie vollständig werde. Der Direktor aber verlangt jetzt, daß August seinen Schwiegervater umbringt und selbst Familienchef wird. Bumbul hilft August aus dieser Verlegenheit, indem er an einem Tau nach oben klettert, ins Paradies der Akrobaten. Doch tauchen immer neue Hindernisse auf: August junior liebt Evelyne, die Tochter des Direktors, er will nicht länger Clown sein, zerstört sein Gesicht und mit ihm sich selbst und wird in der Zwangsjacke abgeführt. Schließlich bleibt August nur der freiwillige Weg ins »Paradies, wo jeder Wunsch erfüllt wird« — dies aber ist das Totenreich, und August müßte sich »ein bißchen umbringen; außerdem wären in diesem Paradies ja auch die Lippizaner tot. Lulu schafft einen neuen Sohn herbei, und gegen den Rat des Direktors »Der Traum soll ein Traum bleiben, August«, besteht August auf seinem trotzigen Satz: »Der Traum kann geträumt werden, wenn er lebendig ist.« Der Direktor gibt scheinbar nach, die Manege wird mit einem hohen Gitter umgeben, angeblich, damit die Pferde nicht scheu werden, der Direktor aber läßt die Tiger herein, und während es dunkel wird, zerreißen sie die Clowns. — Das Stück zerflattert in Clownerien und wird als Allegorie erst am Schluß unmißverständlich. Ein Jahr nach der Uraufführung sah sich Kohout durch den »Prager Frühling« und sein Ende auf das schrecklichste bestätigt: »Ich sah nicht voraus, daß es ein Jahr später eine Allegorie auf das Schicksal meines Landes und meiner Partei werden würde.« Er tröstete: »In der Zirkusarena und im Leben sind nur die ›Auguste‹ ewig. Wenn sie sterben, dann nur, um sogleich wieder vom Tode auferstehen zu können. Dies ist keine geringe Hoffnung — auch für das, was in der Welt vor einiger Zeit ›Prager Frühling‹ genannt wurde.«

Im Einakter *Evole* (von hinten gelesen: love), uraufgeführt im Oktober 1970 in Graz, bringt ein Hippie durch bloßes Fragen eine junge Frau zur Erkenntnis, daß sie ihren Mann nicht liebt—schon will sie dem Hippie folgen, doch der ist ein entsprungener Irrer und wird von Wärtern abgeführt. Im Einakter *Krieg im dritten Stock*, uraufgeführt im September 1971 in Oberhausen, werden aus Ersparnisgründen zwei Bürger — stellvertretend für Armeen — gegeneinander in den Krieg befohlen: beide überleben ihren Krieg im dritten Stock nicht, und die Generale finden für die Zukunft Armeen doch besser. *Armer Mörder* (Uraufführung 24. Februar 1973, Schauspielhaus Düsseldorf; Regie: Ulrich Brecht): In der psychiatrischen Abteilung einer Petersburger Klinik um die Jahrhundertwende führt der gefeierte Schauspieler Kérschentzew die Geschichte seines Lebens auf. Er will damit erklären, weshalb und wie er seinen Kollegen Saweljów ermordet hat. Kérschentzew fängt an, im Leben den Wahnsinnigen zu spielen, und ersticht schließlich auf der Bühne als Hamlet seinen Kollegen Saweljów, der den Polonius spielt, mit einem scharfen Degen. Der Irrenhaus-Professor greift nun in Kérschentzews Spiel ein und läßt ihm vorspielen, wie es tatsächlich bei dieser ›Hamlet‹-Aufführung zugegangen ist: Kérschentzew hat nicht die Kraft, seinen Kollegen zu erstechen, er bricht zusammen, er hat die Grenze zwischen gespieltem und echtem Wahnsinn überschritten. Es gibt keinen Ermordeten: Saweljów lebt nach wie vor. — Aus Motiven der Erzählung ›Vernunft‹ (1902) von Leonid N. Andrejew hat Pavel Kohout dieses Wechselspiel zwischen gespieltem und echtem Wahnsinn zwischen Bühne und Realität, zwischen Schein und Sein zusammengebastelt wie dereinst Luigi Pirandello: ein romantisch-sentimentaler Pirandellino, der sich mit den Effekten eines Psycho-Krimis begnügt. Mit Kérschentzew scheitert ein Mensch, »der sein

Leben lang nur an eines geglaubt hat, an die Vernunft« — falls dies schon Politik wäre, so gäbe es auch in diesem Stück ein wenig Politik.

Das Absurde, ursprünglich als Parodie und reines Spiel entworfen, hat einigen polnischen und tschechoslowakischen Autoren zur politischen Allegorie gedient; mit Kohouts ›Armem Mörder‹ scheint es, von der Zensur gewürgt, zurückzusinken ins virtuose Spiel.

Britisches: Pinter, Saunders, Stoppard, Hampton

HAROLD PINTER, Engländer, geboren am 30. Oktober 1930 in London, Schauspieler und Schriftsteller, scheint auf den ersten Blick naturalistischer als die Naturalisten: seine Stücke fangen irgendwo an und hören unvermittelt auf; London lacht über seine verblüffende Fähigkeit, die Sprache der untersten Schichten (seines Geburtsviertels Hackney im East End) präzise wiederzugeben; seine Dialoge sind wie Alltagsgespräche eben keine Dialoge, sondern jeder redet, ohne viel Rücksicht auf das, was der andere gesagt hat, mehr oder minder so vor sich hin, ohne Neigung und Fähigkeit zu brillanter Rede und Gegenrede, zu der bei den Naturalisten noch die geistig Schwachen fähig sind — allerdings mit spezifisch britischen Trockenheiten und Nonsense-Spielereien. Die Beweggründe seiner Personen sind wie bei jedem lebenden Menschen weder ganz durchschaubar, noch gar berechenbar, und ihre Handlungen können deshalb auch keine Idee vom Leben, sondern nur das Leben selber ausdrücken, das auch keine Idee offenbart. Das Merkwürdige ist, daß dieses sozusagen vom Leben abgeschriebene Bühnenleben sich ganz von selbst als absurd, auf der Oberfläche als komisch und im Grunde als unheimlich, ja tragisch erweist.

»Wenn ich überhaupt eine moralische Richtlinie aufstellen sollte«, äußerte sich Pinter, »so etwa die: Hütet euch vor dem Autor, der euch sein ›Anliegen‹ aufzudrängen versucht, der keinen Zweifel an seinem menschlichen Wert, an seiner Nützlichkeit, seinem Altruismus aufkommen läßt, der sein Herz auf dem rechten Fleck zu haben behauptet und der dafür sorgt, daß man es in seiner ganzen Größe sehen muß: es pulsiert dort, wo eigentlich seine Charaktere zu sehen sein sollten. Was einem da mit viel Zeitaufwand als ein Gefäß aktiven und positiven Denkens vorgestellt wird, ist in Wahrheit ein in leere Definitionen und Klischees hoffnungslos verstrickter Mensch.«

Meinungen: »Er wendet Becketts und Ionescos Handlungs-, Situations- und Dialogtechniken auf unsere gewohnte Umgebung an . . . Er ist der Realist unter den Absurden«: Ivan Nagel. — Pinter allein hat eingesehen, daß man

Poesie auf der Bühne nicht erreicht, indem man einfache Gefühle in eine künstliche poetische Diktion verkleidet, wie Fry, oder Verse schreibt, die dem unvorbereiteten Ohr wie Prosa klingen, wie Eliot. Statt dessen hat er das Leben aus so großer Nähe betrachtet, daß wir, sehen wir es mit seinen Augen, die seltsame, irdische Poesie entdecken, die sich im alltäglichen Gegenstand enthüllt, wenn er unter einem Mikroskop liegt«: John Russell Taylor.

Die Geburtstagsfeier (The Birthday Party). Uraufführung 28. April 1958, Arts Theatre, Cambridge. Deutsche Erstaufführung 10. Dezember 1959, Staatstheater Braunschweig. — Petey und seine Frau Meg beherbergen in ihrer Pension in einem Seebadeort einen einzigen Gast: Stanley, der möglicherweise einmal ein berühmter Pianist gewesen ist und seine Tage hier verdämmern läßt. Durch die Hintertür kommen Goldberg und McCann, zwei Fremde. Als sie erfahren, daß Stanley Geburtstag hat, arrangieren sie für ihn eine Feier. So freundlich dies scheint, so quälend sind ihre verhörähnlichen Fragen, mit denen sie Stanley traktieren. Beim Blindekuhspiel zerbricht McCann die Brille Stanleys und sorgt dafür, daß er mit verbundenen Augen in die Kindertrommel tritt, die ihm Meg geschenkt hat. Stanley tappt auf Meg zu und fängt plötzlich an, sie zu würgen, bis er von McCann und Goldberg weggezogen wird. Am andern Morgen trägt Stanley feierliche Kleidung, er gibt nur unartikulierte Laute von sich und wird von Goldberg und McCann in einem Auto weggebracht. — Pinters erstes ausgewachsenes Stück lebt schon von der Undurchschaubarkeit der Menschen und der Vorgänge. Man wird nie erfahren, ob die beiden Fremden irgendwelche Agenten sind, Irrenwärter oder Geheimpolizisten, Kriminelle oder gar Boten aus dem Totenreich. Eindeutig ist nur die Atmosphäre des Schreckens, die sie ins Haus bringen; in ihr verstummt Stanley und wird willenlos. Im gesicherten, gemütlichen Alltag bricht plötzlich ein namenloses Grauen auf und verschluckt einen Menschen.

Der Hausmeister (The Caretaker). Uraufführung 27. April 1960 in London, Arts Theatre. Deutsche Erstaufführung 29. Oktober 1960 in Düsseldorf. — Aston, ein gutmütiger, milder Irrer, nimmt den alten Landstreicher Davies in seine mit Plunder vollgestopfte Elendsbude auf, bietet ihm Tabak, Bett und schließlich eine Stelle als ›Hausmeister‹ an. Das gleiche Angebot erhält Davies ein bißchen später von Mick, dem sarkastischen, von großen Geschäften phantasierenden Bruder Astons, dem eigentlichen Besitzer des Hauses. Davies ist sehr wählerisch bei der Annahme von Arbeit wie von Geschenken, er nörgelt und quengelt pausenlos unzufrieden herum. Er lebt unter einem

falschen Namen, doch seine wahre Identität wiederherzustellen, indem er
seine richtigen Papiere holt, dies schiebt er unter demselben Vorwand immer
wieder auf: es regnet, und er hat keine passenden Schuhe. Als er immer
unverschämter wird und versucht, Mick gegen seinen Bruder Aston auszuspielen, verlangen beide Brüder, unabhängig voneinander, daß er ihr Haus
verläßt — darüber fällt der Vorhang. — »Für mich ist dieses Stück wirklich
nur eine besondere menschliche Situation, die drei bestimmte Leute angehen
und nicht etwa Symbole«, hat Pinter in einem Interview gesagt. Diese drei
bestimmten Leute haben eines gemeinsam: sie wissen, daß sie eigentlich
etwas tun könnten, und sie tun es nicht. Aston könnte seinen Verschlag
bauen, und er wird es nicht tun. Mick könnte die Wohnungen und ein
Geschäft ausbauen, und er wird es nicht tun. Der Landstreicher könnte seine
Papiere holen, und er wird es nicht tun. Das ist so komisch wie schrecklich:
jeder ist in sich selbst gefangen und handelt mit unausweichlicher Notwendigkeit, die in seiner Beschaffenheit begründet ist. Dazu Pinter in einem Zeitungsartikel: »Ich finde den ›Hausmeister‹ komisch bis zu einer bestimmten
Grenze. Jenseits dieser Grenze ist er nicht mehr komisch, und um dieser
Grenze willen habe ich das Stück geschrieben.«

Ein leichter Schmerz (A slight ache). Einakter. Uraufführung 18. Januar 1961,
London, Arts Theatre. Deutsche Erstaufführung 12. April 1962, Kammerspiele Düsseldorf. — Einem Ehepaar geht ein Streichholzverkäufer vor dem
Gartentor auf die Nerven; sie bitten ihn herein, um ihn zu verscheuchen,
packen aber statt dessen vor dem schweigenden Mann ihre Lebensgeschichten
und geheimen Wünsche aus: Langeweile der Lebensmitte. Die Frau schickt
schließlich ihren Mann, der von ihrem Geld geruhsam leben wollte, mit dem
Kasten des Streichholzverkäufers auf die Straße, und den Streichholzverkäufer wird sie zunächst unter die Dusche und dann ins Bett bringen — ihr
Mann hat nur die Chance, daß es ihm als Streichholzverkäufer auch einmal
so. ergehen wird.

Die Kollektion (The Collection). Einakter. Uraufführung 18. Juni 1962, London, Aldwych Theatre. Deutsche Erstaufführung 2. Oktober 1962, ›Werkstatt‹ des Berliner Schiller-Theaters. — Zwei Paare: ein Ehepaar und ein
Männerpaar. Es sieht ganz so aus, als sei zwischen der Frau des einen Paares
und dem durchaus unmännlichen Mann des anderen Paares etwas geschehen,
was man bei der homoerotischen Beschaffenheit dieses Mannes nicht für
möglich halten sollte. Eifersucht bei den beiden Partnern, die sich betrogen
fühlen. Die Wahrheit kommt nicht ans Licht: nur eine Fülle sich wandelnder
Aspekte aus den Blickwinkeln der vier Beteiligten.

Der Liebhaber (The Lover). Einakter. Uraufführung 18. September 1963, London, New Arts Theatre Club. Deutsche Erstaufführung 8. Mai 1965, Kammerspiele München. — Richard verläßt das Haus, um eine, wie seine Frau andeutet, Hure aufzusuchen, und um seine Frau nicht bei den Vorbereitungen zum Empfang ihres Liebhabers zu stören. Der Liebhaber erscheint: es ist, in der Aufmachung des Routine-Verführers, der Ehemann, und die ›Hure‹, die er damit besucht, ist, in entsprechendem Habit und Benehmen, seine Frau. Nach diesem Spiel der Eheauffrischung durch die Reize des Abenteuerlichen und leicht Ordinären bleiben melancholische Fragen: Wer sind diese beiden nun eigentlich, und wann spielen sie, und was lieben sie aneinander?

Die Heimkehr (The Homecoming). Schauspiel in zwei Akten. Uraufführung: 26. März 1965 in Cardiff, durch Peter Hall. Deutsche Erstaufführung: 11. Oktober 1965, Schloßpark-Theater Berlin, durch Hans Schweikart. — In einem tristen Haus im Norden Londons wohnen fünf Männer: Max, der faule und unflätige Vater, der vor seinen Söhnen der Vergangenheit und seiner verstorbenen Frau eine kleinbürgerliche Gloriole andichtet, aber auch unvermittelt die brutale Wahrheit sagt; sein Bruder Sam, ein offenbar homosexueller Chauffeur; sein Sohn Joey, der auf eine Zukunft als Boxer hofft; sein Sohn Lenny, ein geschniegelter Zuhälter. Aus den Vereinigten Staaten, wo er als Philosophie-Professor Karriere gemacht hat, kommt Sohn Teddy mit seiner Frau Ruth zu Besuch, die ebenfalls diesem Milieu entstammt und früher Aktfoto-Modell gewesen ist. Der intellektuelle Teddy ist ebenso angezogen wie abgestoßen von seiner Familie; er kehrt schließlich nach Amerika zurück, zu seinen drei Söhnen. Für seine Frau Ruth dagegen wird der Besuch zur gewollten ›Heimkehr‹: sie bleibt bei den vitalen Männern, um ihnen in einem von Zuhälter Lenny besorgten Apartment als Prostituierte, als zahlungskräftiges erotisches Objekt zu dienen. Selbst Großvater Max ist sich nicht zu alt für sie — wenn er auf allen Vieren zu ihr kriecht, fällt der Vorhang. — Jede Person reagiert in jeder Situation anders, als man von ihr zunächst erwartet, doch nach der Verblüffung scheint diese Reaktion paradoxerweise die psychologisch einzig richtige. Diese Technik, zugleich absurd und naturalistisch zu sein, beherrscht Pinter hier mit einer solchen Vollkommenheit, daß er nur noch von ihr beherrscht ist, wenn er im letzten Akt seine schmuddelig-komische Geschichte in unappetitliche Extreme treibt, in hämische Effekte, offenbar nur um der Effekte willen.

Pinter hat die Absurdität in einem von dem Theater des Absurden sonst verachteten psychologischen Naturalismus entdeckt, in einer Mikropsychologie der winzigsten Reaktionen. Seine aus dem Alltag geholten Banalitäten sind in ihrer Wiederkehr und ihrer Verflechtung streng komponiert und geben seinen naturalistisch gezeichneten Menschen einen Zug ins Stilisierte, in die von außen gelenkte, absurde Zwangsbewegung der Marionette. »Ich bin kein maßgeblicher oder verläßlicher Kommentator des Theaters, der Gesellschaft, der Comédie humaine überhaupt. Ich schreibe Bühnenstücke — das ist alles«, hat Pinter von sich gesagt.

Nach ›Heimkehr‹ hatte Pinter große Schwierigkeiten, weiter für das Theater zu schreiben. In einem Interview mit der ›Paris Review‹ sagte er im Herbst 1966: »Alles, was ich tue, scheint so berechenbar, unzulänglich und hoffnungslos zu sein.« Er schrieb damals Fernsehspiele (›Teegesellschaft‹, 1966, und ›Tiefparterre‹, 1967) und schien sich mit zwei Einaktern, ›Schweigen‹ und ›Landschaft‹ (1969), Samuel Beckett zu nähern; später wurden sie als Vorstufen erkennbar für ›Alte Zeiten‹, sechs Jahre nach der ›Heimkehr‹ wieder ein ausgewachsenes Stück.

Schweigen (Silence). Einakter, Uraufführung 2. Juli 1969, Aldwych Theatre, London. Deutsche Erstaufführung 10. Januar 1970, Deutsches Schauspielhaus Hamburg; Regie: Hans Schweikart. — Drei Spielflächen mit je einem Stuhl und je einer Person: das Mädchen Ellen; Bates, der 15 Jahre älter ist als sie; Rumsey, der zwanzig Jahre älter ist als sie. Wie Pinter dem Regisseur Hans Schweikart brieflich erläuterte, wechselt in den Augenblicken des Schweigens ihr Alter und damit die Zeitebene. Aus ihren Monologen ergeben sich ihre früheren und ihre jetzigen Beziehungen. Ihre Gedanken münden in das letzte lange Schweigen, es ist trostlos und das einzige, was sie gemeinsam haben. Wenn man ihre mangelnde ›Kommunikation‹ beklagte, so könnte Pinter mit Sätzen erwidern, die er tatsächlich geäußert hat: »Ich glaube, wir kommunizieren viel zu gut, in unserem Schweigen, in dem, was ungesagt bleibt. Es geht eine ständige Vermeidung der Kommunikation vor sich, ein verzweifeltes Rückzugsgefecht, das wir führen, damit wir uns selbst überlassen bleiben können. Kommunikation ist zu alarmierend. In das Leben eines anderen Menschen einzudringen, ist zu schrecklich. Anderen einen Einblick zu gewähren in die Armut in uns selbst, ist eine zu angsterregende Möglichkeit.«

Landschaft (Landscape). Uraufführung des Hörspiels am 25. April 1968 im Dritten Programm der BBC, London. Uraufführung der Bühnenfassung 2. Juli 1969, Aldwych Theatre, London. Deutsche Erstaufführung 10. Januar 1970, Deutsches Schauspielhaus, Hamburg; Regie: Hans Schweikart. — Duff und Beth, ein Ehepaar um die Fünfzig, reden in der Küche eines Landhauses aufeinander ein und aneinander vorbei, sie scheinen die Stimme des andern nicht einmal zu hören. Duff erzählt von Erlebnissen in der Kneipe und

im Beruf, er weiß viel über Bier; Beth entzieht sich seiner Stimme, indem
sie in eine Erinnerung flüchtet, sie erzählt, wie sie sich am Strand einem
Mann angeboten und wie sie ihn geliebt hat. Wenn Beth die letzten Sätze
des Einakters spricht:»So still der Himmel in meinen Augen. Leise das
Rauschen von Ebbe und Flut« und — nach einer Pause:»Du mein einzig
Geliebter, sagte ich«, ist sie von Duff, der damals dieser Mann am Strand
gewesen ist, am weitesten entfernt.

Alte Zeiten (Old Times). Uraufführung 1. Juni 1971, Aldwych Theatre,
London. Deutsche Erstaufführung 29. April 1972, Thalia-Theater, Hamburg;
Regie: Hans Schweikart. — Ein Ehepaar, Deeley und Kate, erwartet Anna,
die vor zwanzig Jahren, als Kate noch nicht verheiratet war, mit Kate zu-
sammengelebt hat. Anna steht plötzlich am Fenster, und wenn sie sich umdreht und mit einer Erinnerungsorgie in das Gespräch des Ehepaars einfällt,
so geschieht dies ganz selbstverständlich: niemand fragt sie, wieso sie
plötzlich da ist. Nichts geschieht, es wird nur gesprochen, und meist reden
zwei der drei Personen über die dritte und über die alten Zeiten vor
zwanzig Jahren. Je mehr sie reden, um die damaligen Verhältnisse aufzuklären, desto unklarer wird alles. Haben sich Deeley und Kate in einem
Vorstadtkino kennengelernt, oder haben Kate und Anna diesen Film gemeinsam gesehen? Hat Deeley Anna damals gekannt, gar mit ihr geschlafen?
Hatten Kate und Anna ein lesbisches Verhältnis, und ist etwa Anna daraus
von Deeley verdrängt worden? Ist Anna, als Deeley auftauchte, für Kate
›gestorben‹? — psychisch oder physisch zur Leiche geworden? Lebt in der
Gegenwart, in der dies Stück spielt, Anna überhaupt? Hat sie je gelebt,
oder — das allerwahrscheinlichste — sind Kate und Anna die gleiche Person,
und wäre dann Anna die Kehrseite der jungen Kate: Wäre Anna der
Teil ihres Wesens, den Kate abgetötet hat, als sie Deeley kennengelernt?
Leben oder tot — das ist in diesem Stück eine sinnlose Frage: Die Personen
existieren weder in der Welt des Lebens noch des Todes, sondern in einer
Theaterwelt, die aus einem gleichzeitig realen und traumhaften Gewebe
von Gegenwart und undeutlich oder falsch erinnerter Vergangenheit besteht.
Sie könnten, statt in einem realen Landhaus beim Cognac zu sitzen, genau
so gut in irrealen Urnen stecken wie die Personen in Becketts ›Spiel‹. Nicht
nur der Ort, auch die Zeit wird fragwürdig. Plötzlich haben die beiden
Frauen ein Gespräch, das in den »alten Zeiten« stattgefunden haben muß,
als seien sie mitten in der Gegenwart des Stücks (wie schon im Einakter
›Landschaft‹) durch ein Zeitloch in die Vergangenheit gefallen, aus der sie
ebenso unvermittelt wieder in die Gegenwart überwechseln. Pinters Personen
tun nur so, als seien sie realistisch. In Wahrheit sind sie drei vieldeutige

Positionen in einem Stück, das eine Dreiecks-Konstellation eben nicht fixiert, sondern in ihren Möglichkeiten durchspielt. Vergangene Figurationen wirken fort, obwohl sie nicht mehr genau bestimmbar sind, und wenn zwei unvereinbare Vergangenheitsvarianten zusammenstoßen, dann gibt's einen kleinen trockenen Ton und eine Pause wie bei einer Billard-Karambolage. Das Stück klärt nicht vergangene Beziehungen auf, wie dies die Spezialität klassischer analytischer Dramen ist von Sophokles bis Ibsen, sondern es bildet ihre nachwirkende Undurchschaubarkeit ab, die sehr ernst ist, aber sehr komisch wirkt: man lacht sogar dann, wenn man es nicht begründen könnte. Pinter konstatierte: »Alles ist komisch; die größte Ernsthaftigkeit ist komisch; sogar die Tragödie ist komisch. Ich glaube, was ich in meinen Stücken zu erreichen suche, ist: diese erkennbare Absurdität unseres Tuns, Betragens und Sprechens einzufangen.«

Boulevard-Theater mit moderneren Mitteln schreibt JAMES SAUNDERS. »Sogar die da unten wissen, daß die Welt nicht komisch ist und nicht einmal tragisch. Nein, wir bringen sie zum Lachen, damit sie auf ihren Plätzen ihre Popos hin- und herschieben können, ohne daß es ihnen bewußt wird« — so redet ›Staub‹ in ›Ein Eremit wird entdeckt‹ vom Publikum, und sein Autor James Saunders scheint ihm durch seine Stücke recht zu geben: er bringt sein Publikum immer zum Lachen, auch dann, wenn er auf der Bühne todernste Fragen stellt. Die Tricks des absurden Theaters samt den Desillusionierungs-Effekten des von ihm hochgeschätzten Pirandello brennt er wie ein Feuerwerks-Virtuose ab, ausgelernt und mühelos, und die Ironie ist seine besondere Färbung: »Die Ironie, dieses wunderbare Werkzeug, kann im gleichen Augenblick der großen Geste und der Hand, die den Hintern kratzt, recht geben. Nur die Ironie kann das Erhabene und das Lächerliche vereinen (oder doch zumindest so tun).« Saunders vereint immer wieder den Tiefsinn mit dem Unsinn, den Schmerz mit dem Witz: er macht seine Stücke so unterhaltsam wie er — zwischen Erhabenem und Lächerlichem — das Leben findet (oder doch zumindest so tut).

Seine Biographie hat er so skizziert: »Geboren in Islington, London, 1925 ... Kriegsdienst in der Marine unter Deck ohne Auszeichnung, verschiedene Berufe als Hersteller von Lacken, Hersteller von Pflastersteinen, Kellner und Lehrer. Erstes Bühnenstück 1955, kaum ein toller Erfolg.« 1959 wurde in Scarborough sein Einakter *Wirklich schade um Fred* aufgeführt (Alas, poor Fred. Deutsche Erstaufführung 7. Mai 1965 in der ›Werkstatt‹ des Berliner Schiller-Theaters — mit einem leicht vergilbten Ionesco-Porträt auf der Bühne). Saunders nennt es einen »Duolog in Ionescos Manier«: Mr. und Mrs. Pringle, ein Ehepaar, das seine Ehe längst überlebt hat, trauert um einen gewissen Fred, der ihnen einmal sehr nahegestanden hat, möglicherweise sogar mit Mrs. Pringle verheiratet gewesen, jetzt aber, da irgendwann einmal von irgend jemand in zwei Teile geschnitten, tot sein muß. Die Ionesco-Technik des absurden Dialogs ist so zugespitzt, daß jeder dem andern so lange widerspricht, bis der andere seine Ansicht aufgibt und nun selbst zum Angriff übergeht, bis sein Gegner sich widerruft und immer so fort — auf diese ungemein komische Weise kommt nicht mehr Gewißheit heraus, als daß es um Fred ›wirklich schade‹ sei. — Schon mit diesem Einakter ist der vierunddreißigjährige Saunders von seinem Vorbild Ionesco, indem er es benutzte und zugleich parodierte, in seinen eigenen Bereich abgesprungen, in dem der traditionelle britische Nonsense wuchert, begossen von Saunders' spezifischer Ironie.

Ein Eremit wird entdeckt (Next time I'll sing to you). Uraufführung 1962 in einem Vorstadt-Theater in Ealing; am 21. Januar 1963 im Londoner New Arts Theatre. Deutsche Erstaufführung 11. Oktober 1963 in der ›Werkstatt‹ des Berliner Schiller-Theaters. — Drei junge Männer und ein junges Mädchen treffen sich allabendlich, um dem Geheimnis eines abgeschlossenen Menschenlebens auf die Spur zu kommen. Sie versuchen, den Einsiedler Jimmy Mason zu rekonstruieren, der tatsächlich gelebt und 36 von seinen 84 Jahren in der Einsamkeit verbracht hat. Was ist geschehen zwischen seiner »zufälligen Empfängnis und seinem beiläufigen Tod«? Sie haben einen Komödianten engagiert, füttern ihn wie eine Hollerith-Maschine mit Daten und Beschreibungen des Einsiedlers und erwarten, daß ihnen der Komödiant das Leben des Eremiten begreifbar vorspiele — sinnvoll erscheinen lasse. Sie rekonstruieren den Tod und die Zeugung des Einsiedlers, seinen Altersrückblick und sein Gebet, doch der Komödiant hat eine verkitscht idyllische Auffassung von dieser Rolle; eine Auffassung, die diese Skeptiker gar nicht überzeugt: er will eine Art heiligen Franziskus aus ihm machen, ein glaubensstarkes, zweifelsfreies Leben spielen, er besteht auf einem göttlichen Plan, trieft vor Selbstmitleid, fühlt sich unverstanden und identifiziert sich so stark mit seiner Rolle, daß sein Umhängebart anwächst und er schließlich mit dem gespielten Eremiten stirbt. Der Einsiedler aber ist so unbegreifbar geblieben, wie sie sich selbst unbegreifbar sind und bleiben werden. Der Eremit wurde nicht entdeckt; die verwirrenden Fragen nach dem Sinn des Lebens sind auf die unterhaltsamste Weise *nicht* beantwortet worden. Das Mädchen meint abschließend: »Eines kann man von uns sagen — wir sind wenigstens nicht tot«, und dies ist für einen Briten, der so zur Untertreibung neigt wie Saunders, ein geradezu rauschhaftes Bekenntnis zum Leben.

Die Eremitengeschichte ist nicht das ganze Stück: sie ist nur das Theater
auf dem Theater. Zum Stück gehören die Reaktionen der Mitspieler aufeinander und auf den Eremiten. ›Staub‹ ist ein Pessimist: »Die Krankheit ist
das Leben, die Gesundung ist der Tod.« ›Rosch‹ ist ein religiöser Optimist
mit Anfällen einer gewissen Heilserwartung. ›Meff‹ ist ein Pragmatiker; er
nimmt's, wie's kommt, überspielt die Sinnfrage mit allerlei Unfug, und sei
es mit ›Lizzie‹, dem eineiigen Zwilling, der seiner Identität so wenig sicher
ist, daß er sich mit sich selbst verwechselt. So überwältigend einfältig Lizzie
auch nach ihrer Bestimmung fragt, sie hat gesunden Weibsverstand und
macht in der metaphysischen Fragestunde mal Pause, um sie mit Liebe auszufüllen. Jeder fühlt sich eingesperrt in ein Geheimnis, das nur der Tod
lösen kann; jeder spielt eine Rolle. Im Eremitenspiel spielen sie die Rolle, die
ihnen ›Rosch‹, ihr Anführer, der Schreiber des Stückes auf der Bühne, vorgeschrieben hat, doch auch der Rollenschreiber Rosch fühlt sich nur als ihr
›Leiter‹ im Spiel, nicht als ihr ›Lenker‹ im Leben — als Rollenschreiber spielt
er die Rolle, die ihm der ›Lenker‹ vorgeschrieben hat. Sie spielen, um zum
Sein des Eremiten vorzudringen, doch hinter seinem biographischen Schein
liegt wie in der barocken Unendlichkeitsperspektive immer wieder ein Schein,
und das Sein wird davon nicht erhellt. Schon der erste Satz des Stückes
schlägt dieses Thema an: »Hinter jedem Sein ist ein Schein und hinter diesem Schein noch ein Schein« — dies könnte wörtlich von Pirandello stammen,
dessen Stück ›Sechs Personen suchen einen Autor‹ hier Konstruktionsvor-
bilder geliefert hat.

Ein Duft von Blumen (A scent of flowers). Uraufführung 30. September
1964 London, Duke of York's Theatre. Deutsche Erstaufführung 20. Februar
1965 Schloßpark-Theater, Berlin. — Im ersten Akt wird ein Sarg ins Haus gebracht, im zweiten eingesegnet und im dritten in die Friedhofserde versenkt.
Er ist für Zoe bestimmt, ein junges Mädchen, das zu viele Schlaftabletten
genommen hat. Zoe, obschon durch Selbstmord geendet und eigentlich im
Sarg, steht die drei Akte lang auf der Bühne, empfängt die Herren vom
Bestattungsinstitut und spielt in zahlreichen Rückblenden Szenen aus ihrem
verblichenen Leben. Anlaß ihres Freitodes ist ein verheirateter College-
Professor und das Sündenbewußtsein, das sie als Katholikin quält; Ursache
ist ihre Einsamkeit. Niemand hilft ihr, und wer ihr helfen will, der kann es
nicht. Von ihr bleibt nur ›ein Duft von Blumen‹. — »Wer in der Tatsache,
daß er jetzt zwar am Leben ist, später aber tot sein wird, nicht wenigstens
eine gewisse wunderliche Unlogik erblickt, der sollte jetzt am besten weggehen«, meint Saunders zu seinem Stück; noch immer fasziniert vom Tod,
geht er, wie in seinem ›Eremiten‹, den Geheimnissen eines abgeschlossenen

Bühnenmodell von Hansheinrich Palitzsch für ›Ein Duft von Blumen‹ von James Saunders, inszeniert von Willi Rohde am Badischen Staatstheater Karlsruhe, 1965

Lebens nach. Wurde sein gestorbener Eremit von einem Schauspieler nachgespielt, so spielt seine tote Zoe sich selber. Ihre Geschichte ist Klischee, und sie ginge in Friedhofsblumen-Lyrismen und Sentimentalitäten unter, pfefferte Saunders nicht immer wieder krasse Zynismen, makabre Witze, handfeste Clownerien dazwischen. Aus Leben und Tod, Vergangenheit und Gegenwart, Verzweiflung und Unfug, Elegie und Blödsinn, Messe und Liebesbeichte ein bittersüßer Beerdigungscocktail, mit geübter Hand mondän gemixt.

In den folgenden Jahren hat Saunders mit allen möglichen Sparten und Stilen geflirtet und herumexperimentiert. Aus dem Roman *The Italian Girl* von Iris Murdoch machte er 1967 mit Hilfe der Autorin ein witziges und effektvolles Stück, es wurde am 29. November 1967 im Bristol Old Vic uraufgeführt und vom Wyndham's Theatre am 1. Februar 1968 ins Londoner West End übernommen: sexueller Kreisverkehr in einem Bildhauer-Atelier, gesehen aus dem amüsierten Blickwinkel eines moralfreien Beobachters. Im selben Jahr, am 9. Mai 1968, hatte er bei der Uraufführung seines verworrenen und geschwätzigen Stücks *Opus* am Deutschen Schauspielhaus in Hamburg einen soliden Mißerfolg mit seinen Computern und ›Metalliks‹ im Jahr 4000. Ein Jahr danach zeigt er mit dem ›Ambiance Theatre Club‹ am Londoner Marble Arch, in der Nähe der Hyde-Park-Redner-Ecke, den Einakter *Dog Accident* (Unfall eines Hundes) mitten unter den Passanten. Er ließ sich von Cervantes anregen und schrieb *Die Leiden Sancho Pansas*

(The Travails of Sancho Pansa); deutsche Erstaufführung am 11. Januar 1970, Städtische Bühne Flensburg). 1971 schrieb er für das Experimentier-Ensemble des Regisseurs Naftali Yavin »TOC« (= The Other Company) u. a. *Games* (Spiele): Schauspieler versuchen, eine Szene aus dem My-Lai-Prozeß, den sie aus Zeitungsmeldungen kennen, in einer Theaterprobe aufzuführen, bei der sie zugleich ihre künstlerischen und moralischen Schwierigkeiten diskutieren, Realitäten des Krieges für das Theater aufzubereiten. In Deutschland hatte er erst wieder einen weitläufigeren Erfolg an mehr als einem Dutzend Bühnen, als er sich von Brecht zu epischem Theater anregen ließ und sich den Stoff aus Kleists Novelle ›Michael Kohlhaas‹ (1810) holte für *Hans Kohlhaas*. Uraufführung war im Sommer 1972 in Ealing bei London im ›Questors Theatre‹, in dem die vorzügliche Laien-Truppe der ›Questors‹ spielt, mit ihr hatte Saunders bei seinen früheren Versuchen schon oft zusammengearbeitet. Profis brachten das Stück, inszeniert von Frederick Proud, am 22. Februar 1973 im Londoner Greenwich Theatre heraus. Höchst kunstvoll hat sich Hilde Spiel bei ihrer deutschen Fassung der Sprache Kleists genähert. Die deutschen Premieren waren am 9. April 1974 in Bonn, Dortmund und Stuttgart. Saunders hat die Haupthandlung herausgeschält und läßt sie durch einen Erzähler einleiten, zusammenhalten und kommentieren.

In der Arbeitsgruppe von James Saunders nahm 1964 am Literarischen Colloquium in Berlin TOM STOPPARD teil. Der am 3. Juli 1937 in der Tschechoslowakei geborene, in Indien und Groß-Britannien aufgewachsene Engländer hatte sich durch sein erstes Theaterstück, die Tragikomödie *Der Spleen des George Riley* (A Walk on the Water, 1963; deutsche Erstaufführung am 30. Juni 1964, Hamburg, Thalia-Theater) empfohlen.

Rosenkranz und Güldenstern (Rosencrantz and Guildenstern are dead). Schauspiel. Uraufführung Oxford Theatre Group, Edinburgher Festspiele, 1966. Londoner Aufführung National Theatre im Old Vic, 11. April 1967. Deutschsprachige Erstaufführung 14. Oktober 1967, Akademie-Theater des Wiener Burgtheaters. Deutsche Erstaufführung 2. November 1967, Schiller-Theater Berlin. – Aus Rosenkranz und Güldenstern, zwei Episodenfiguren im »Hamlet«, hat Stoppard Hauptpersonen gemacht; Shakespeares Hauptpersonen – Hamlet, Claudius, Gertrude, Polonius, Ophelia, Horatio – huschen als Nebenfiguren, ihre originalen Verse auf den Lippen, vorüber. Rosenkranz und Güldenstern, die Stoppards Prosa sprechen, verstehen nicht recht, was ihnen in Shakespeares Vers befohlen wird: sie sind der Hofintrige, die ihnen schließlich das Leben nimmt, nicht gewachsen. Auf dem Schiff nach England lesen sie zuerst den Brief, der ihnen klarmacht, daß sie

Hamlets Todesurteil überbringen, und nach dem Piratenüberfall erfahren sie aus dem von Hamlet ausgetauschten Brief, daß sie selber in England in den Tod befördert werden sollen. Auf dem Schiff hat sich die Schauspielertruppe versteckt und führt nun pantomimisch den Schluß des »Hamlet« vor mit seinen acht Leichen, und Güldenstern resümiert: »Unsere Namen wurden gerufen . . . Es muß einen Augenblick gegeben haben, gleich zu Anfang, da hätten wir noch nein sagen können. Aber den haben wir irgendwie verpaßt.« – Stoppard füllt die Zeit, die Rosenkranz und Güldenstern verwarten müssen, mit allerlei Clownerien und absurden Späßen aus und ist deshalb – zu Unrecht – mit Beckett verglichen worden. Am »Hamlet« schmarotzend, hat er eine geistreiche Marginalie zu Shakespeare geliefert, nichts weiter. In seinem nächsten Stück hat er am englischen Kriminalstück schmarotzt, speziell an Agatha Christies »Mausefalle«, die seit dem 25. November 1952 jeden Abend in London gespielt wird:

Der wahre Inspektor Hound (The Real Inspector Hound). Uraufführung 17. Juni 1968, Criterion Theatre, London. Deutsche Erstaufführung 7. Juni 1969, Deutsches Theater, Göttingen. – Zwei Theaterkritiker werden bei einer Premiere durch ein Bühnentelefon, dessen Läuten sie nicht widerstehen können, auf die Bühne und damit in die Handlung eines Kriminalstücks gezogen und schließlich erschossen. Ein absurder Spaß, zumal der falsche Inspektor Hound, der die Kritiker erschießt und ebenfalls erschossen wird, auch ein Kritiker ist – wie Tom Stoppard, bevor er anfing, Theaterstücke zu schreiben. Ein selbstironisches Gemetzel unter Kritikern.

Akrobaten (Jumpers). Komödie. 1971. Uraufführung 2. Februar 1972, London, National Theatre; Regie: Peter Wood; mit Diana Rigg als Dottie. Deutschsprachige Erstaufführung 20. Oktober 1973, Wien, Akademie-Theater, mit Erika Pluhar als Dottie. – Es beginnt mit dem Striptease einer Sekretärin auf einer Luftschaukel, mit Purzelbäumen und Pyramiden von acht Spring-Akrobaten, mit dem vermasselten Auftritt des abgetakelten, aber schönen Revuestars Dottie: als ihr ein Springer die Sicht verdeckt, erschießt sie ihn und befindet sich plötzlich, die blutige Leiche überm Arm, in ihrem Schlafzimmer. Im Arbeitszimmer auf der zweiten Spielebene bereitet derweil ihr Mann, ein Professor der Ethik, einen Vortrag über »Der Mensch: gut, schlecht oder gleichgültig« und nebenbei über die Fragwürdigkeit der Existenz Gottes vor und beruft sich u. a. auf den griechischen Philosophen Zeno, den Mathematiker Georg Cantor, auf Bertrand Russell und Thomas von Aquin — auch er ist ein »Springer«, ein Gedankenspringer und Beweisakrobat, und die leibhaftigen Springer zu Beginn haben wohl keine andere Aufgabe, als

*Diana Rigg, fernsehberühmt durch
›Schirm, Charme und Melone‹ spielte die
Dottie in ›Akrobaten‹ von Stoppard, der
Musical und Moralphilosophie mischt*

diesen Gedanken nahezulegen, eine Leiche zu liefern und ein verblüffender Auftakt zu sein. Wenn George seine Frau aufsucht, ist sie nackt, hängt die Leiche im Schrank und bleibt George von beidem völlig unerregt. Die Leiche stellt sich als Professor der Logik heraus, George als uninteressiert an Dottie, die sich mit Rektor Archie, einem Philosophen, Psychoanalytiker und Diplom-Akrobaten, seelisch und körperlich tröstet. Den Detektiv verwirrt sie ausreichend, um ihn die Leiche nicht finden zu lassen, und am Ende resümiert Archie: »Für uns Philosophen ist die Wahrheit immer eine einstweilige Verfügung. Wir werden niemals ganz genau wissen, wer McFee erschossen hat. Das Leben ist kein Kriminalroman, es garantiert keine Lösung — und wenn es eine gäbe, woher wüßten wir, ob wir sie glauben könnten« — dieser Parodie des positivistischen Skeptizismus folgt ein philosophisches und körperliches Schauturnen, übertrumpft vom abschließenden Auftritt Dotties. — Stoppard hat seine Komödie aus Musical und Moralphilosophie, aus Kriminalstück und klassischer Ethik, aus politischer Satire, Dreiecks-Erotik, Linguistik und logischem Skeptizismus, aus Schlagern, Bluff und Nonsense zusammengedreht und benutzt all dies — selbst ein ›Springer‹ —, um eine Akrobatennummer artistisch eleganten und hochgestochenen, parodistischen Witzes aufzubauen.

Travesties. Uraufführung 11. Juni 1974, London, Royal Shakespeare Company; Regie: Peter Wood. — Während des ersten Weltkriegs lebten ›Ulysses‹-Autor James Joyce, Revolutionär Lenin und Dadaist Tristan Tzara (»Da-Da-Darling«) zugleich in Zürich. Schon dieser Einfall der historischen Realität könnte von Stoppard stammen. Im Zerrspiegel der Erinnerungen Carrs, eines ehemaligen Angestellten des britischen Konsulats, erscheinen die drei Männer, die auf ihre Art Geschichte gemacht haben, wenn es in zwei Fällen auch nur Literaturgeschichte war. Konsulatsangestellter Henry

Carr führte einen — historisch belegten — Prozeß um den Preis einer Hose, die er gekauft hatte, um bei einer Liebhaberaufführung der Komödie »Bunbury« von Oscar Wilde, eingerichtet von James Joyce, mitwirken zu können. Stoppard läßt es zu einer — historisch nicht belegten — Begegnung von Joyce, Lenin und Tzara in der Zürcher Stadtbibliothek kommen. Neben Lenin sind Joyce und Tzara nur Schaumschläger: den Bürger, den sie bloß erschrecken, schafft Lenin ab. Carr aber hält sich selbst für den größten: weil er die Rückkehr Lenins nach Rußland und damit die Revolution nicht verhindert habe. — Abermals ein Geprassel von Zitaten, Witz und Anspielungen, die Stoppard als den geistreichsten Stückeschreiber seiner Generation bestätigen.

CHRISTOPHER HAMPTON, 1946 in Fayal (auf den Azoren) geboren, ist — wie schon John Osborne — eine Entdeckung der English Stage Society, die 1966 für die Uraufführung seines ersten Stücks am Royal Court Theatre gesorgt hat *Wann hast du meine Mutter zuletzt gesehen?* (When did you last see my mother?): zwei junge Männer zwischen Schule und Universität; der eine hat eine homoerotische Neigung zum anderen und gerät — abgewiesen — in eine Liebesbeziehung zur Mutter seines Freundes. Im Juni 1968 machte Hampton, der am Schauspielhaus Hamburg als dramaturgischer Berater tätig gewesen war, sein Examen in Deutsch und Französisch am New Oxford College, im September wurde *Sonnenfinsternis* (Total Eclipse) am Royal Court Theatre uraufgeführt (Deutsche Erstaufführung am 5. Mai 1972, Landestheater Darmstadt): die homoerotischen Beziehungen zwischen Rimbaud und Verlaine als Künstlertragödie und Dauergezänke: Verläßt Verlaine nun seine Mathilde oder nicht? Verläßt Rimbaud nun seinen Verlaine oder nicht? Aus Ansätzen satirischen Witzes entwickelt sich die Komödie *Der Menschenfreund* (The Philantropist. Uraufführung 3. August 1970, Royal Court Theatre, London. Deutsch von Martin Walser. Erstaufführung 6. Januar 1971, Schloßpark-Theater, Berlin): Philipp, eine Gegenfigur zu Molières ›Menschenfeind‹, verärgert oder kränkt alle andern Personen durch seine menschenfreundlich gemeinte Aufrichtigkeit: er hält sich nicht an die auf dem Universitäts-Campus üblichen Sprachkonventionen, und noch seine Verletzlichkeit wirkt verletzend — eine Boulevard-Komödie von scharfem Witz. — In *Die Wilden* (Savages. Uraufführung im April 1973, London, Royal Court Theatre. Deutsche Erstaufführung 12. Dezember 1973, Bochum) geht Hampton, der zu Stück-Studien nach Brasilien gereist war, der Ausrottung von Indianerstämmen nach, der Bombardierung des Cintas Largas Stammes im Jahr 1963, den brasilianischen Zuständen anfangs der siebziger Jahre. Der Diplomat Alan West sammelt Indianer-Mythen, er wird von Carlos Esquerdo, einem Revolutionär, entführt und — nach langen Sozialismus-

Diskussionen — erschossen. Die Ausrottung der Indianer interessiert auch den Revolutionär nur am Rande. Der Dialog sogar dieses Stückes, in dem sich Hampton erstmals politisch bemerkbar macht, zehrt mehr von den Schwierigkeiten der Intellektuellen: Hampton dramatisiert seine eigene Hilflosigkeit mit. Zu den Indianerritualen liest West ihre Mythen vor: sie bleiben fremd.

Jean Genet: Verbrechen, Schönheit und Hochmut

> Die Atmosphäre des Planeten Uranus, sagt man, ist so schwer, daß die Farne am Boden kriechen; die Tiere schleppen sich mühsam vorwärts, erdrückt vom Gewicht der Gase. Zu diesen Gedemütigten, die ständig auf dem Bauch liegen, will ich gehören. Wenn die Seelenwanderung mir eine neue Wohnstatt gewährt, wähle ich diesen verdammten Planeten, und ich bewohne ihn mit den Sträflingen meiner Rasse.
>
> Jean Genet in seinem
> ›Tagebuch eines Diebes‹, 1949

»Ich wurde am 19. Dezember 1910 in Paris geboren. Als Zögling der öffentlichen Fürsorge war es mir unmöglich, mehr über meine Herkunft zu erfahren. Mit einundzwanzig Jahren erhielt ich eine Geburtsurkunde. Meine Mutter hieß Gabrielle Genet. Mein Vater war unbekannt. Ich bin zur Welt gekommen im Hause Nummer 22 der Rue d'Assas. — Ich werde also einige Auskünfte über meine Abstammung erhalten, sagte ich mir, und begab mich in die Rue d'Assas. In der Nummer 22 befand sich die Entbindungsanstalt. Man verweigerte mir jede Auskunft.« Bei lieblosen Pflegeeltern auf einem Bauernhof bei Morvan aufgewachsen, ist Genet schon als Junge zum Dieb geworden, mit fünfzehn Jahren ins Gefängnis, dann in die berüchtigte Besserungsanstalt Mettray gesteckt worden. Er brach aus, schlug sich nach Nordafrika in die Fremdenlegion durch, aus der er nach wenigen Tagen desertierte, nicht ohne einige Offizierskoffer mitzunehmen. Drei Jahre lang zog er durch Spanien, lebte im Barrio Chino von Barcelona unter Zuhältern und Bettlern, wurde bei der Rückkehr nach Frankreich verhaftet und vagabundierte nach seiner Entlassung aus dem Gefängnis durch Italien, Albanien, Jugoslawien, Österreich, die Tschechoslowakei, Polen, Deutschland und Holland. Zwischen 1937 und 1943 wurde er dreizehnmal zu Gefängnis verurteilt und aus fünf europäischen Ländern ausgewiesen. Im Gefängnis von Fresnes begann er 1942 seinen ersten Roman ›Notre-Dame des Fleurs‹; er schrieb auf braunes Tütenpapier (wofür er zunächst mit drei Tagen Einzel-

haft bestraft wurde) und entwickelte
eine Art negative Theologie, die das
Verbrechen – Diebstahl, Raubüberfall und Verrat – mit ästhetischer
Verzückung preist und hochmütig
heiligspricht.

Abermals vor Gericht, wurde er
1943 als ›krankhaft veranlagt‹ freigesprochen, nachdem Jean Cocteau
für ihn eingetreten war, der ihn im
Zeugenstand einen der größten lebenden Schriftsteller Frankreichs
nannte. Seine Romane ›Wunder der
Rose‹, ›Pompes Funèbres‹ und
›Querelles de Brest‹ und sein autobiographischer Roman ›Tagebuch
eines Diebes‹ (erschienen 1949)
spielen unter Zuhältern, Homosexuellen und Mördern. 1948 sollte
er lebenslänglich eingesperrt werden und wurde, nachdem sich u. a.
André Gide, Jean Cocteau und Jean-

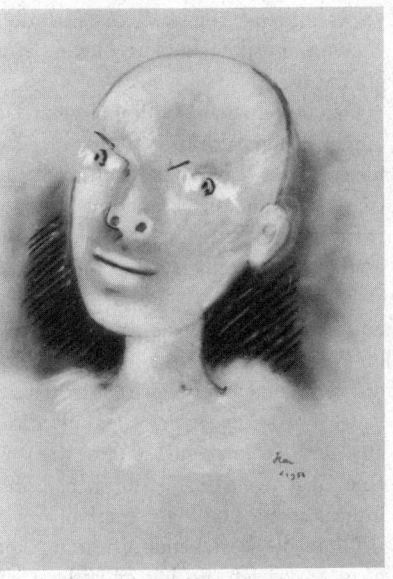

Jean Genet,
mit der Halskrause eines Harlekins,
porträtiert von Jean Cocteau, 1956

Paul Sartre für ihn verwendet hatten, von Auriol, dem Präsidenten der
Französischen Republik, begnadigt. Nur mit Mühe konnte er davon abgehalten werden, in einem Rundfunk-Vortrag gegen die unangebrachte Milde
der bürgerlichen Justiz zu protestieren, die den Verbrecher des Erlebnisses
seiner Haft beraubt.

Den Verbrecher, sich selbst, möchte Genet als die Erfüllung dessen verstehen, was die Umwelt von ihm erwartet; als das willige Produkt der Vorstellung, die sich die Gesellschaft von ihm macht. »Ich will zunächst, daß
mich die Menschen verachten, mich richten«, notierte er in seinem ›Tagebuch eines Diebes‹, einem der widerlichsten und erschütterndsten Bücher
unseres Jahrhunderts. Er fühlte sich damals als Erfüller einer Rolle, die ihm
von der Gesellschaft abgefordert wird, und die gut zu spielen – das heißt:
bis zur erbarmungslosen Vollendung des absolut Bösen zu spielen – sein
Stolz war. So unannehmbar diese Zwangsvorstellung des Anarchisten Genet
als verallgemeinerter Lebensgrundsatz wäre, so wirkungsvoll nimmt sie
sich in seinen Theaterstücken aus, in denen jeder Mensch die Rolle spielt, die
andere Menschen ihm auferlegt haben. (Im Barocktheater, mit dem Genets
Stücke in der Form und in der Abwertung des Lebens zum bloßen Schein

verwandt sind, spielte der Mensch die Rolle, die Gott ihm auferlegt hat; bei Genet gibt es keinen Gott, obwohl er gesagt hat: »Ich glaube, daß ich an Ihn glaube.«)

Der bestehenden Ordnung setzt Genet ein ebenso logisches System mit umgekehrtem Vorzeichen entgegen: das System des Bösen. Sartre schrieb über ihn: »... Rimbaud wollte das Leben und Marx die Gesellschaft ändern. Genet will gar nichts ändern. Man sollte nicht auf ihn rechnen, wenn man Institutionen kritisieren will: er kann ohne sie nicht leben, genau wie Prometheus ohne seinen Adler nicht denkbar ist... Er tut alles, um die soziale Ordnung, aus der er ausgeschlossen ist, lebensfähig zu erhalten: Genet benötigt die strenge Ausschließlichkeit dieser Ordnung, um seine Perfektion im Bösen erreichen zu können.« Diese Perfektion im Bösen ist vor ihm wohl nur von einem einzigen Schriftsteller erreicht worden, vom Marquis de Sade (1740–1814), der ebenfalls nicht aus pornographischer Lust, sondern aus der Zwangsneurose geschrieben hat, zur bestehenden Weltordnung eine Gegenwelt des Verbrechens, ein geschlossenes System des Bösen, mit infernalischer Logik zu schaffen.

Ohne die bestehende Ordnung könnte Genet sein negatives Gegenbild nicht entwerfen. So hat er Hitler-Deutschland verlassen, weil er sich unter einem ›Volk der Diebe‹ fühlte: »Wenn ich hier stehle, so begehe ich damit keine besondere Tat, die zu meiner vollkommeneren Selbstverwirklichung beitragen könnte — ich füge mich nur in die herrschende Ordnung ein.« Seine Theaterstücke leben aus den Spannungen und gegenseitigen Spiegelungen verschiedener starrer Ordnungsysteme — da Genet sie nicht ändern, sondern verewigen will, ist bei ihm keine revolutionäre, sondern nur eine erstarrte Handlung möglich: ein festgelegtes Ritual, eine Zeremonie des Hasses. Genet liebt den Ritus, das Zelebrieren vorbestimmter, durch die Rolle festgelegter Formen mit seinem hohen Pathos ebenso wie den dreckigsten Jargon. Wie er Verbrechen und Schönheit zusammenzuzwingen versucht, so montiert er Morast und Mythos, Suhle und Symbol, Unflat und Urbild, Pissoir und Poesie — ein ruppiger Rabelais im feierlichen Faltenwurf Racines.

Das amerikanische Magazin ›Playboy‹ befragte Genet im April 1964, ob er jemals Interesse an Frauen gehabt habe. Er antwortete: »Ja, vier Frauen haben mich interessiert: die Heilige Jungfrau, die Jungfrau von Orleans, Marie Antoinette und Madame Curie.« ›Playboy‹ fragte weiter: »Wir meinen: sexuell interessiert.« Genet sagte: »Nein, niemals.« Davon müßte hier nicht die Rede sein, bezeichnete Genet die Homosexualität nicht ausdrücklich als einen Segen für seine Arbeit: »Sie machte einen Schriftsteller aus mir und gab mir die Fähigkeit, menschliche Wesen zu verstehen.«

Meinungen: »Die französische Literatur ist über die Grenzen Frankreichs hinaus ihrer humanistischen und rationalen Tendenzen wegen bekannt. Ebenso ist sie aber durch Werke gekennzeichnet, die geheimnisvoll und dunkel im Sinn der schwarzen Magie sind, und diese gehören vielleicht zu ihren schönsten Schöpfungen. Sie legen Zeugnis ab von unserem schuldigen Gewissen. Von den schwarzen Magiern — wie Villon, Sade, Rimbaud und Lautréamont — ist Jean Genet der letzte und vielleicht größte«: Jean-Paul Sartre. — »Jean Genet bewegt sich, wie der Held von ›Unter Aufsicht‹ im Kerker eines Lasters, dessen literarische Nachbildung ihn der Befreiung nicht näherbringt, denn nur hinter dem Drahtverhau dieser engen verfemten Welt nimmt er etwas wahr. Er ist der Dichter des Gefängnisses, der Orpheus des Abschaums, ein begnadeter Onanist: seine Freude am Verbotenen nährt sich von Bildern, deren Mechanismus dem Uhrenwerk Jean Cocteaus nahekommt. Er hält die Visionen fest, die er für seine Lust braucht. Nicht mehr und nicht weniger«: François Mauriac. — »Jean Genet macht aus seinen Praktiken keinerlei Geheimnis. Verrat, Diebstahl und Homosexualität sind seine Hauptthemen, und er spricht von ihnen, um sie zu verherrlichen: ein Verhalten, das dem geltenden Moralempfinden derart zuwiderläuft, läßt sich nur dann rechtfertigen, wenn es in anderer Hinsicht von Interesse ist, wenn es nämlich zum Verständnis des Menschen in seinen sämtlichen, nicht nur in seinen gesellschaftlichen Dimensionen beiträgt; und das ist, glaube ich, der Fall«: Robert Kanters.

Unter Aufsicht (Haute Surveillance). ›Tragödie‹. Uraufführung Februar 1949, Paris, Théâtre des Mathurins. Deutsche Erstaufführung Januar 1960, Studio der Kieler Städtischen Bühnen. — Drei Verbrecher in einer Gefängniszelle: Grünauge hat eine Prostituierte ermordet; Maurice verehrt ihn als Mann und Mörder, und Lefranc ist eifersüchtig auf Maurice. Ihrer aller Idol aber ist der (nicht auftretende) schon zum Tode verurteilte Neger Boule-de-Neige: als Mörder gegen Honorar nimmt er in ihren Augen den höchsten Rang ein. Grünauge, minderen Ranges, da Mörder nur durch schlechte Nerven, bestreitet, daß Lefranc je zur Welt des Verbrechens gehören könne, und Lefranc, um das Gegenteil zu beweisen, ermordet Maurice. Doch noch immer erkennt ihn Grünauge nicht als echten Mörder an, denn er fühlt sich als ein vom Unglück Auserwählter, Lefranc dagegen hat sein Unglück selbst gewählt. Lefranc bleibt ausgeschlossen und einsam. — Das Stück ist keine naturalistische Gefängnisstudie und hat nichts mit realistischer Verbrecher-Psychose zu tun. Genet, der verlangt, daß es ›wie ein Traum‹ abläuft, baut zur bürgerlichen Welt eine ihr genau entsprechende, künstliche Gegenwelt des Verbrechens auf mit ihrem eigenen Wertsystem, einer präzisen Negativ-Kopie des bürgerlichen Wertsystems — steht z. B. in der bürgerlichen Welt der Berufsmörder unter dem Affektmörder, so muß es in Genets Verbrecherwelt umgekehrt sein. Lefranc hat trotz Mord die Aufnahmeprüfung in die Welt des Verbrechens nicht bestanden: Verbrecher kann man bei Genet nicht durch Entschluß werden, man muß dazu auserwählt sein. Genet überträgt das moralische Pathos der Bürgerwelt auf die Verbrecherwelt: sie ist die seitenverkehrte, moralverkehrte Spiegelwelt des Bürgers, allein auf die theatralischen Qualitäten dieses Spiegels kommt es an – ein Traum vom Bösen, das als unablösbarer Teil der Welt seine eigene Notwendigkeit und Hoheit besitzt.

Die Zofen (Les Bonnes). ›Tragödie‹. Uraufführung 17. April 1947, Paris, Théâtre de l'Athénée, durch Louis Jouvet, der Genet um ein Stück gebeten hatte. — Deutsche Erstaufführung 3. August 1957 im Bonner Kellertheater ›Contra-Kreis‹.— Die ›Zofen‹ sind Schwestern. Haßliebe kettet sie aneinander und an ihre ›gnädige Frau‹. Wenn die ›gnädige Frau‹ abwesend ist, übernimmt eine der Schwestern ihre Rolle, um ihre Zofen-Schwester zu demütigen und zu peinigen und um sich selbst als ›gnädige Frau‹ von ihrer Zofen-Schwester demütigen und peinigen zu lassen. Die eine Zofe hat den Geliebten der ›gnädigen Frau‹ durch anonyme Briefe und falsche Denunziationen ins Gefängnis gebracht. Als sich seine Unschuld herausstellt, fürchten die Schwestern, in ihrem Haß entdeckt zu werden, und wollen deshalb die ›gnädige Frau‹ mit Tee vergiften. Als dies nicht gelingt, übernimmt wieder die eine Zofe den Part der ›gnädigen Frau‹ und zwingt ihre Schwester, sie in dieser Rolle zu vergiften. — Auf der Hintertreppe eines drittklassigen Kriminaldramas werden anarchische Urtriebe ausgespielt und mit eiskalter, amoralischer Logik abreagiert. Eine Würgefingerübung der Perversion, der Mordlust und des Hasses, vorgeführt als pathetische Zeremonie. Wieder — wie schon in ›Unter Aufsicht‹ — sind zwei starre Welten, beide von Genet bejaht, gegeneinandergesetzt und spiegeln sich ineinander: ohne die Welt der ›gnädigen Frau‹ gäbe es die Welt der Zofen nicht, und der Mord, der ›oben‹ mißlingt, kann ›unten‹ stellvertretend vollzogen werden. Um den Abstraktionsgrad dieses Ritus, abermals eines Spieles um des Spieles willen, noch zu erhöhen, verlangt Genet, daß die drei Frauenrollen mit Männern besetzt werden. Das New Yorker ›Living Theatre‹ hat ihm diesen Gefallen getan; dazu Volker Klotz (1965): »Alles, was hier auf den ersten Blick faszinieren könnte, ist nichts als homosexueller Brauch, der, ungewohnt, einmal ans Bühnenlicht kommt: der Rollen- und Kleidertausch; die Redseligkeit; die Polarität von Herrschen und Beherrschtwerden; die Lust, gesehen und bewundert zu werden; das Hochgefühl des Schocks, der beim Gegenüber ausgelöst wird. Schade, daß der Autor als eitler Homosexueller zu abstandslos in sein Milieu vergafft ist, als daß er es tatsächlich zu einem unbefangenen Paradigma umfunktionieren könnte. Die handwerklichen Fähigkeiten hätte er.«

Der Balkon (Le Balcon). ›Schauspiel‹. 1956. Uraufführung 22. April 1957 im (geschlossenen) Arts Theatre Club, London. Französische Erstaufführung Mai 1960 im Théâtre du Gymnase, durch Peter Brook. Deutsche Erstaufführung 18. März 1959, Schloßpark-Theater Berlin. — ›Der Balkon‹ ist ein Bordell, und dieses Freudenhaus ist ein ›Haus der Illusionen‹, ein Traumfreuden-Haus, in dem zwar der Sexus eine der Triebkräfte ist, in dem aber vor allem der Wunsch, eine Rolle zu spielen, befriedigt wird. Kleine Leute kommen hierher, verkleiden sich und spielen, wonach es sie gelüstet: einen Bischof, der eine Beichte erzwingt; einen General, der eine Schlacht erzwingt; einen Richter, der ein Geständnis erzwingt. Alles muß Spiel bleiben, darf nie verantwortlicher Ernst werden — sie suchen ›die reine Erscheinung‹ des Amtes ohne seine Funktion. Bei einer (romantisch gezeichneten) Revolution schwingt sich der Polizeipräsident zum Diktator auf, indem er die im Bordell den Bischof, den General, den Richter Spielenden zwingt, mit der Bordellmutter als Königin, auf den Balkon zu treten — das Volk huldigt ihnen, es ist durch die verkleideten Traumhausbesucher rasch zu bändigen, das Kostüm der Idole genügt zu seiner Beruhigung: die Geschichte ist ein wüster Bordelltraum. Der Polizeipräsident hat keinen anderen Wunsch, als ebenfalls in die Liste der Gestalten aufgenommen zu werden, die man im ›Haus der Illusionen‹ verlangt, und ausgerechnet einer der Führer der von ihm niedergeschlagenen Revolution tut ihm den Gefallen — für die Nachwelt ist ein neues Idol geboren, eine neue charismatische Machtfigur. Daß sofort eine neue Revolution beginnt, zeigt nur, daß das alte Spiel von neuem anhebt: die Menschheit folgt Bildern, nicht Ideen. Die Bilder mögen sich ändern, die Welt verändert sich nicht. Die Welt des ›Hauses der Illusionen‹ und die Welt der Revolutionäre sind nur die beiden Hälften der gleichen Welt der Illusionen: die gespielten Figuren der Macht haben dank des verwandelnden Kostüms die gleiche Macht über die Menschen wie die echten. Und Madame Irma bereitet die Rollen und Kostüme für uns alle vor. »Sie müssen nun nach Hause gehen«, sagt sie am Schluß zum Publikum, »wo alles noch unwirklicher sein wird als hier . . .« — ›Der Balkon‹ lebt aus einer hochstilisierten Sprache, die ornamental ist wie der Ornat, die Robe und die Uniform — ein barockes, allegorisches Stück, und wie so viele echte Barockstücke versucht es nicht nur, Welttheater zu sein, die Welt auf dem Theater abzubilden, sondern auch die reale Welt als Schein, als bloßes Theater zu denunzieren. Welttheater freilich nicht als Festspiel Gottes, sondern des Bösen.

Die Neger (Les Nègres). ›Eine Clownerie‹. 1957. Uraufführung 28. Oktober 1959, Paris, Théâtre de Lutèce, durch Roger Blin mit dem Neger-Ensemble ›Les Griots‹. Deutsche Erstaufführung 30. Mai 1964, Landestheater Darmstadt, durch G. F. Hering und Samy Molcho; Genet hat vergeblich versucht, diese Aufführung zu verhindern und hat für die Zukunft Aufführungen dieses Stückes durch weiße Schauspieler verboten. — Schwarze spielen für Weiße: für Weiße im Zuschauerraum und für ›Weiße‹ auf der Bühne. Die ›Weißen‹ auf der Bühne tragen groteske Masken, die erkennen lassen, daß auch sie in Wahrheit Schwarze sind — sie verkörpern die Vorstellungen, die sich die Schwarzen von den Weißen machen. (Dies macht Genet unmißverständlich: er läßt einen als weiße Frau maskierten Schwarzen Puppen gebären, die den ›Weißen‹ auf der Bühne entsprechen: Königin, Gouverneur, Richter, Missionar und Diener.) Vor diesen Symbolfiguren der weißen Herrschaft führen die Schwarzen den Mord an einer weißen Frau vor — sie tanzen um einen verdeckten Sarg, und Village, der schwarze Mörder, demonstriert seine Tat: Sexual- und Ritualmord. Doch es stellt sich heraus, daß unter dem Tuch weder ein Sarg noch eine Leiche ist — damit wird dieser von allen Schwarzen ekstatisch mitvollzogene Mord zu einem Wunschrausch, zur symbolischen Ermordung aller Weißen. Die Schwarzen führen dies vor, weil sie damit dem Bild entsprechen, das sich die Weißen von ihnen gemacht haben — Archibald, der Spielleiter der Schwarzen, stellt fest: »Wir sind das, was man will, daß wir sein sollen«; der Haß der Schwarzen ist die Antwort auf den Haß der Weißen.

Wie die Schwarzen die weißen Erwartungen erfüllen, so erfüllen die von Schwarzen gespielten ›Weißen‹ die schwarzen Erwartungen: sie ziehen betrunken zu einer Strafexpedition in den Urwald. Alle Schwarzen verwandeln sich pantomimisch in einen höhnisch meckernden Dschungel, und in einem grandiosen, hochpoetischen Rededuell führen die weiße und die schwarze Königin ihre Welten, ihre Symbolgestalten und ihre Mythen, in einen Kampf, an dessen Ende die Schwarzen die Herrschaft der Weißen ablösen werden. Die Weißen werden von den Schwarzen grausam getötet, und auch dies ist eine groteske Clownerie: sie werden nur durch Worte und Feuerwerksknallerbsen exekutiert, ihre ›Leichen‹ gruppieren sich malerisch, und sie ziehen gemeinsam in die Hölle, die sie den Schwarzen gebracht haben.

Die Schwarzen und die Weißen: jede Gruppe ist das Spiegelbild der Vorstellungen, die sich die andere Gruppe von ihr macht, und in dieser gegenseitigen Spiegelung löst sich jegliches Sein auf der Bühne in Schein auf. — Nun läßt Genet dieses Spiegelspiel überdies (nach einem überflüssigen Vorschlag von Jean-Paul Sartre) nur vorführen, um das weiße Publikum vor der Bühne von dem abzulenken, was indessen unsichtbar hinter der Bühne

Der Hofstaat der Weißen, Richter, Diener, Missionar und Gouverneur, gespielt von Weißen, die Neger spielen, bei der deutschen Erstaufführung der Clownerie ›Die Neger‹ von Jean Genet am Landestheater Darmstadt, 1964. Regie: Gerhard F. Hering und Samy Molcho. Bühne, Masken und Kostüme: Ruodi Barth

geschieht: dort nämlich ist, wie ein Bote berichtet, ein Gericht von Schwarzen zusammengetreten, erschießt einen schwarzen Verräter und empfängt einen neuen Chef, der den Kampf gegen die Weißen fortsetzen wird. Das Spiel auf der Bühne wird dadurch zu einem Scheingefecht, zum kleinen Teil eines großen Machtkampfes, der in der Wirklichkeit zwischen den Weißen im Zuschauerraum und den Schwarzen stattfindet, die man auf der Bühne *nicht* sieht. Da aber auch diese ›Wirklichkeit‹ zum Theaterspiel gehört, ist nichts mehr wirklich, außer der Wirklichkeit der Rolle: alles ist Rolle innerhalb der Rolle, und ist Rolle innerhalb der Rolle innerhalb der Rolle — der Schein setzt sich, ein Super-Pirandello-Effekt, ins Unendliche fort. »Ich schreibe Stücke«, sagte Genet in einem Interview mit ›Playboy‹, »um ein theatralisches, ein dramatisches Gefühl zu kristallisieren. Es kümmert mich nicht, ob beispielsweise ›Die Neger‹ den Negern helfen. Übrigens glaube ich nicht, daß dies der Fall ist.«

Wände überall (Les Paravents). ›Phantastisches Schauspiel‹. 1961. Uraufführung 19. Mai 1961, Schloßpark-Theater Berlin, durch Hans Lietzau. Französische Erstaufführung 21. April 1966, Paris, Théâtre de France, durch

Bühnenmodell von Hansheinrich Palitzsch
für die Uraufführung des phantastischen Schauspiels ›Wände‹ von Jean Genet
am Schloßpark-Theater Berlin, 1961; Regie: Hans Lietzau

Roger Blin (Skandale, Straßendemonstrationen gegen und für Genet). — In dem noch von den Franzosen besetzten Algerien stehen sich in dem (fast hundert Personen beschäftigenden) Stück vier Gruppen gegenüber, spiegeln und durchdringen sich wechselseitig: die arabische Dorfgemeinde mit ihren alten Mythen; die (karikierten) französischen Kolonialisten, die einen aussichtslosen Kampf verbissen fortsetzen; die Rebellen gegen die Kolonialherrschaft; die Toten. Genet wünschte sich ein Freilichttheater mit vier Bühnenrängen für die vier Spielebenen, auf denen auch zu gleicher Zeit gehandelt werden sollte. Die ›Wände‹ sind deutlich als bemalte Dekorationen sichtbar gemacht (die Schauspieler sollen sie gelegentlich selbst bemalen); die Schauspieler tragen Masken oder sind übertrieben geschminkt: das Spiel ist immer als Spiel erkennbar, gleichwohl müssen die Spieler diese illusionären Wände als Wirklichkeit nehmen — Sein und Schein fallen zusammen. Obwohl Genets Sympathien den Algeriern gehören, benutzt er die algerischen Verhältnisse nur als Anlaß für ein ›phantastisches‹, poetisches Schauspiel, für sein hier noch komplizierteres, ewiges Spiel mit Schein und Sein und zur Variation seiner Lieblingsthemen. Abermals wird ein Mensch zum Verbrecher — Said, ›der ärmste Sohn des Landes‹ —, weil dies von seiner Umwelt von ihm erwartet wird, und abermals wird eine Untat gerechtfertigt: Said verrät sein Dorf, und dies löst den siegreichen Aufstand der Araber aus; auf einen ordinären Verrat projiziert Genet die Gloriole des Freiheitskampfes: der Verbrecher als Erlöser. Am Schluß springen die Personen durch die ›Wände‹ ins Totenreich — noch der Tod wird zum Spiel.

Peter Handke: die Sprache der Sprache

> Man denkt über die Gegenstände nach, die man Wirklichkeit
> nennt, aber nicht über die Worte, die doch eigentlich die Wirk-
> lichkeit der Literatur sind.
>
> Handke in der Zeitschrift ›konkret‹, Juni 1966

Seine Biographie ist unsensationell; sie hatte nur einen sensationellen Augenblick, und den sollte man vergessen. Geboren am 6. Dezember 1942 in Kärn-
ten, in Griffen; humanistisches Gymnasium, zunächst als Internatsschüler,
dann die beiden letzten Jahre in Klagenfurt, dort 1961 Matura, anschließend
vier Jahre juristisches Studium in Graz, erste Veröffentlichungen in der Zeitschrift ›Manuskripte‹ des literaturträchtigen ›Forums Stadtpark‹ in Graz;
immer wußte er, daß er Schriftsteller werden wollte, auch dies ist nicht ungewöhnlich. Damit man den sensationellen Augenblick vergessen kann, sei
noch einmal an ihn erinnert: im April 1966 protestierte Peter Handke, noch
nicht vierundzwanzig Jahre alt, in Princeton öffentlich gegen die Sorte Literatur, die er dort bei der Tagung der Gruppe 47 gerade gehört hatte; sensationell
wurde dieser Augenblick nicht durch seinen Protest, der gar nicht einfach zu
verstehen und über den viel Ungenaues berichtet worden ist, sondern durch
Handkes Beatle-Frisur: das Haupthaar lang genug, um an ihm das Interesse auch der nichtliterarischen Öffentlichkeit herbeizuziehen. Seither hängen
um Handke der Geruch eines Provokateurs, aber auch rührende Klischees wie
»der zarte Beatle aus Graz«. Darüber kann sich Handke kaum mehr amüsieren; er meint: Sensationen sind langweilig.

Das einzige Möbelstück, mit dem Handke und Frau 1968 von Düsseldorf
nach Berlin umgezogen sind, ist ein Plattenspieler. Man könnte das kleine
Gerät übersehen in der wilhelminischen Etagenwohnung, in der alles groß
ist, der marmorne Treppenaufgang, die Räume mit den Stuckdecken, die
Fenster auf die Meinekestraße, stünde der Plattenspieler nicht im Zentrum
der Wohnung und der Sitzgelegenheiten, ein akustischer Springbrunnen, um
den sich Dürstende versammeln. »Davon kann ich nicht genug haben«, sagte
Handke, als sich die Rolling Stones gerade einer Orgie in Monotonie hin-
gaben, und als sie sich geringe Abwandlungen erlaubten, lachte er leicht
gequält und nicht ohne Selbstironie: »Diese Variationen sind mir schon zu
viel, sie gehen mir auf die Nerven.« Das erste, was er von den Sprechern
seiner Stücke verlangt, ist »eine akustische Ordnung«.

In Princeton protestierte er nicht, wie oft zitiert wird, gegen die »Beschrei-
bungsliteratur«, sondern gegen die »Beschreibungsimpotenz«. In der Zeitschrift »konkret« stellte er im Juni 1966 klar: »Ich bin *für* die Beschreibung,
aber nicht für die Art von Beschreibung, wie sie heutzutage in Deutschland

als ›Neuer Realismus‹ proklamiert wird. Es wird nämlich verkannt, daß die
Literatur mit der Sprache gemacht wird und nicht mit den Dingen, die mit
der Sprache beschrieben werden ... Es wird vernachlässigt, daß die Welt
nicht nur aus den Gegenständen besteht, sondern auch aus der Sprache für
diese Gegenstände. Indem man die Sprache nur *benützt* und nicht *in* ihr und
mit ihr beschreibt, zeigt man nicht auf die Fehlerquellen in der Sprache
hin, sondern fällt ihnen selber zum Opfer.« Literatur mit der Sprache —
das sind seine Romane ›Die Hornissen‹ (1966) und ›Der Hausierer‹ (1967),
seine Prosatexte ›Begrüßung des Aufsichtsrats‹ (1967; darin ›Augenzeugenbericht‹, ein unheimlicher Vorläufer seines Stücks ›Das Mündel will Vormund sein‹), die Gedichte ›Die Innenwelt der Außenwelt der Innenwelt‹
(1969; der Titel ist die Variante eines Beatle-Songs) und seine Sprechstücke.
Als er 1964 *Weissagung* schrieb, sein erstes Sprechstück, dachte er noch
nicht an die Bühne; erst *Publikumsbeschimpfung* (1965) verlangte, um sich
gegen das Theater zu stellen, das Theater. Literatur mit der Sprache, nicht
»engagierte Literatur«, deren Existenz Handke bestreitet; in seiner Polemik
›Die Literatur ist romantisch‹ (Berlin, 1967) kommt er zu dem Schluß: »Eine
engagierte Literatur, sollte es jemals eine solche geben, müßte jedes spielerische, formale Element aus der Literatur entfernen: sie müßte ohne Fiktion
auskommen, ohne Wortspiel, ohne Rhythmus, ohne Stil.«
Literatur mit der Sprache bedeutet für Handke zugleich: Kritik an der
Sprache. »Heraus mit der Sprache« bedrängen in Handkes Hörspiel ›Hörspiel‹ (zum erstenmal gesendet vom Hessischen Rundfunk, 31. Oktober 1968)
die »Ausfrager« den »Ausgefragten«, und »Heraus mit der Sprache!« fordert
Handke, der einmal Jus studiert hat, und macht in allen seinen literarischen
Arbeiten der Sprache den Prozeß: er untersucht die Sprache der Sprache, er
läßt die Sprache aussagen, soweit sie dies vermag, und er stellt ihre Grenzen
fest — wie 1918 Ludwig Wittgenstein in seinem logisch-philosophischen
Traktat dem Ausdruck der Gedanken eine Grenze gezogen hat: »Die Grenze
wird also nur in der Sprache gezogen werden können und was jenseits der
Grenze liegt, wird einfach Unsinn sein.« In Handkes Roman ›Der Hausierer‹,
einer Mordgeschichte, ist nicht der Mörder, sondern die Sprache kriminell. In
seinem Buch ›Theater unter 4 Augen, Gespräche mit Prominenten‹ versucht
Artur Joseph dem *Kaspar* Handkes Gesellschaftskritik zu unterschieben, doch
der Autor wehrt sich: »Es ist schwierig zu sagen, ob und daß dieses Stück die
Gesellschaft oder überhaupt jede universalistische Gesellschaft kritisiert, weil
es vor allem aus Satzspielen und Satzmodellen besteht, die von der Unmöglichkeit handeln, mit der Sprache etwas *aus*zusagen: also etwas zu sagen,
was über den jeweiligen Satz hinausgeht ins Bedeutsame, ins Bedeutende.«
Bei Wittgenstein steht der lapidare Satz: »Sätze können nichts Höheres aus-

drücken.« Handke zu Artur Joseph: »Im *Kaspar* wird die Idiotie der Sprache gezeigt, die, indem sie vorgibt, dauernd etwas *aus*zusagen, nur ihre eigene Stumpfsinnigkeit aussagt.«

Es gehört zu den Vorzügen Peter Handkes, daß er sich genau ausdrückt. Für sein Publikum bringt dies den Nachteil mit sich, daß es genau zuhören muß. Wenn Handke einige seiner Produktionen für die Bühne »Sprechstücke« nennt, so mag das Publikum sie »Zuhörstücke« nennen. Die Sprecher in seinen Sprechstücken präsentieren nicht sich oder eine ihnen auferlegte Rolle, sondern Sprache; sie verwandeln den Bühnenraum in Sprechraum und Sprachraum: in einen Raum, in dem die Sprache spricht. »Die Sprechstücke«, so schrieb der 24 Jahre alte Handke, »sind Schauspiele ohne Bilder, insofern, als sie kein Bild von der Welt geben. Sie zeigen auf die Welt nicht in der Form von Bildern, sondern in der Form von Worten, und die Worte der Sprechstücke zeigen nicht auf die Welt als etwas außerhalb der Worte Liegendes, sondern auf die Welt in den Worten selber.«

Meinungen: »Denn es ist erstaunlich: mit diesen seinen Sprach-Partituren, Etüden, Exerzitien, mit diesen seinen durchsichtigen und durchrhythmisierten Sprach-Spielen schreitet er einen verblüffend großen, nahezu universalen Umkreis aus. Den Zipfel Land, auf welchem wir stehen; oder — besser noch — das Floß der Medusa, auf welchem wir uns zu halten versuchen. Er schreitet unsere Situation aus, indem er sich mit zielstrebiger Genauigkeit der Grundformen unserer Grammatik bemächtigt«: Albert Schulze Vellinghausen. — »So abstrahiert die Sprache auch ist, so sehr sie sich scheinbar mit realitätsentleerten Floskeln, mit ›Modellen‹ von Sätzen zufriedengibt — sie kommt immer wieder zu einem unsinnig-tiefsinnigen Wortwitz, der Handke als einen späten Erben Nestroys erscheinen läßt«: Hellmuth Karasek. — »Peter Handke hatte das Bread and Puppet Theatre in Paris gesehen. Er war beeindruckt, ich fragte ihn, weshalb. Wegen der Langsamkeit der Vorgänge, meinte er. Ich gab zu: langsam sei's. Aber sonst? Er wollte auch nicht streiten. — Handke sprach in Venedig davon, ob dies oder jenes Gebäude noch aus der Zeit der Monarchie stamme. Welche Monarchie sagte er nicht, aber er meinte die k. u. k. Monarchie. Er ist, dachte ich, denn doch wohl ein k. u. k. Autor, dieser Schüler Stifters, Kafkas, Wittgensteins . . .«: Henning Rischbieter in Tagebuch-Notizen vom Juni 1968.

Weissagung. 1964. Uraufführung, zusammen mit ›Selbstbezichtigung‹, 22. Oktober 1966, Theater Oberhausen, durch Günther Büch. — Vier Sprecher sagen teils einzeln, teils in Gruppen, teils gemeinsam Sätze auf wie »Die Fliegen werden sterben wie die Fliegen. Der Stier wird brüllen wie ein Stier.

Der Finger wird fingerdick sein. Der Stein wird steinhart sein«, lauter Metaphern, die nichts als sich selber aussagen, sinnlose Sätze in einer losen Reihung. Die Weissagung kann nichts weissagen, denn sie besteht aus in die Zukunft projizierten Tautologien, sie bleibt stecken in ihrer sprachlichen Voraussetzung. — Handke besteht darauf, daß dies kein »Sinnspiel«, sondern ein »Sprachspiel« sei: aus einem Vers seines Mottos von Osip Mandelstam, »die Erde dröhnt von Metaphern«, macht Handke die Forderung: »Die Erde soll dröhnen von Metaphern.« Im Dröhnen der nur sich selbst bestätigenden Metaphern Handkes wird ihre Leere laut, und insofern wird das Sprachspiel doch zum Sinnspiel: es gibt kein Sprachspiel, das den Zuschauer nicht provozierte, in ihm ein Sinnspiel zu entdecken.

Selbstbezichtigung. 1965. Uraufführung, zusammen mit ›Weissagung‹, 22. Oktober 1966. Theater Oberhausen, durch Günther Büch. — Ein Stück für einen Sprecher und eine Sprecherin, die einzeln und gemeinsam sprechen, ihr Part ist nicht voneinander abgetrennt, denn das ›Ich‹ dieser 22 Druckseiten Sätze, die fast alle mit »Ich« beginnen, ist — so Handke — »nicht das ›Ich‹ einer Erzählung, sondern nur das ›Ich‹ der Grammatik. Es ist kein persönliches Ich, sondern ein unpersönliches.« Dieses »Ich« beginnt mit Elementarsätzen wie »Ich bin geworden. Ich bin gezeugt worden. Ich bin entstanden. Ich bin gewachsen. Ich bin geboren worden«; es ergeben sich Lehrstrophen über elementare Dinge, die der Mensch lernt, Erlernen der Sprache, der Bewegung, der Zeit, vielerlei Abstraktionen, des Heraustretens aus der Natur, der Erkenntnis der eigenen Vernunft, des Sichbewußtwerdens als eines Einzelwesens und als eines Sozialwesens. Mit dem Bewußtsein des Sozialwesens beginnt das Bewußtsein, sich »vergangen« zu haben gegen Regeln, die von der Sozietät aufgestellt sind: »Ich habe getan. Ich habe unterlassen. Ich habe zugelassen.« Damit setzt die eigentliche »Selbstbezichtigung« ein: es werden Verstöße gegen sich widersprechende Regeln verschiedener Gesellschaftsformen gebeichtet, so daß die Verstöße, je nach der Regel, manchmal tatsächlich Verstöße, manchmal aber auch das Gegenteil, Erfüllungen von Forderungen, sind. Dies ergibt den vom Autor gewollten komischen Effekt, und angesichts dieses sich auf das komischste widersprechenden »Ichs« wird die Selbstsicherheit jedes Ichs im Zuschauerraum erschüttert und durch ein Gelächter über die eigene Selbstunsicherheit ersetzt. Das Arsenal der Verstöße reicht von Banalitäten wie »Ich habe Abfälle im Wald liegen lassen« bis zu religiösen Unheimlichkeiten wie »Ich habe nur an die drei Personen der Grammatik geglaubt«. Mit den letzten seiner Selbstbezichtigungen macht Handke die Zuschauer, die beiden Sprecher und sich selber vollends zu Komplizen in diesem Spiel der Selbstauflösung: »Ich habe dieses Stück gehört.

Ich habe dieses Stück gesprochen. Ich habe dieses Stück geschrieben.« Und in der Tat kann jeder in diesem Stück, das kein Stück ist, ein Stück von sich selber entdecken und mit ihm das Stück weitersprechen und weiterschreiben. Das unpersönliche Ich der Grammatik hat Personen in sich eingefangen. Handke nennt sein Stück »das formale Plagiat« einer katholischen Beichte oder einer Selbstanklage unter einem autoritären Regime: »Die Assoziation in beiden Formen ist möglich.« Diese Assoziation und die eine halbe Stunde während, variationsreiche, aber beharrliche Wiederholung einer einzigen, der allgemeinen grammatikalischen Grundfigur der Selbstanklage ziehen den Zuhörer in einen Prozeß der Selbsteinsichten und weisen ihm darin die Rolle des Nebenselbstanklägers zu.

Publikumsbeschimpfung. 1965. Uraufführung 8. Juni 1966, bei der »experimenta 1« in Frankfurt durch das Theater am Turm; Regie: Claus Peymann. — Ein Stück von fünfviertel Stunden Dauer für vier Sprecher, deren Part und Reihenfolge vom Autor nicht festgelegt sind. — Alle Sätze des Sprechstücks sind ans Publikum adressiert, dem mitgeteilt wird: »Wir stellen nichts dar. Wir machen Ihnen nichts vor. Wir sprechen nur.« Und so geschieht es: keine Handlung, sondern Sätze, Absätze, »Nummern« und Variationen dieser »Nummern« wie bei der Beat-Musik, deren formale Prinzipien bei der Taufe des Sprechstücks Pate gestanden haben. Die Sprecher reden dem Publikum aus, daß auf der Bühne Theater gespielt werde; sie reden ihm ein, das Publikum, dessen Theatererwartungen nicht erfüllt werden, sei das Thema des Abends: »Die Bühne ist keine Welt, so wie die Welt keine Bühne ist.« Die Sprecher heben alle Elemente des Theaters auf — Bühne, Publikum, Raum, Zeit, Übermittlung von Handlung und von Gedanken, Übertragung von Gefühlen —, indem sie dies alles als Theaterelemente bewußt machen und verleugnen. Wenn dabei die Sprecher dem Publikum klarmachen, daß an diesem Abend die Zeit im Zuschauerraum und auf der Bühne die gleiche ist, so machen sie dem Publikum — »jetzt, jetzt, jetzt« — den Ablauf der Zeit überhaupt bewußt, den Zeitverlust jetzt im Theater, den Sekundengalopp zum Tod. Ähnlich (wörtlich genommen:) atemraubend die Sekunden, in denen dem Zuschauer — »Sie atmen ja« — der Atem bewußt gemacht wird. In solchen Augenblicken ist das Theater tatsächlich erschreckend aufgehoben, und es beweist zugleich seine größte Überzeugungskraft, denn der Zuschauer ist jetzt — wie es die Sprecher auf der Bühne wollen — nur noch sich selbst bewußt. Im übrigen aber führt der Versuch, die Illusion des Theaters aufzuheben, keineswegs zum Nichttheater, er führt vielmehr zu einer Illusion des Nichttheaters, die durch Mittel des Theaters erzwungen wird. Handke weiß dies natürlich, einer seiner Sätze sagt: »Alles sagte aus. Auch was vorgab, nichts auszusagen, sagte aus, weil etwas, das auf dem Theater vor sich geht, etwas aussagt.« Bevor die Zuschauer entlassen werden, bevor sie »von einem Ort zu verschiedenen Orten gehen«, werden sie beschimpft. Das Schimpfen soll, abermals, »den Spielraum zerstören«, und gerade dies gelingt, abermals, nicht: Jeder Beschimpfte will die Beschimpfung nicht auf sich sitzenlassen, und dies erreicht er am einfachsten dadurch, daß er sie als Spielvorgang betrachtet und sich darüber amüsiert. Aber sein hochgestecktes, wenn auch bescheiden formuliertes Ziel hat Handke, abermals, erreicht: »aufmerksam machen«.

Hilferufe. Uraufführung am 12. September 1967 in Stockholm durch das Theater Oberhausen, Regie: Günther Büch. — Ein Sprechstück für beliebig viele (aber mindestens zwei) Sprecher, deren Aufgabe es ist — so Handke — »den Weg über viele Sätze und Wörter zu dem gesuchten Wort HILFE zu zeigen... Die Sätze und Wörter werden dabei nicht in ihrer üblichen Bedeutung gesprochen, sondern mit der Bedeutung des Suchens nach Hilfe.« — Absätze, Sätze, Halbsätze, schließlich nur noch Wörter nähern sich mit steigernder Geschwindigkeit dem Wort HILFE und enden alle mit »Nein«, mit der Feststellung, daß sie es nicht erreicht haben, bis sie es endlich erreichen: »Das *Sprechen* des Wortes Hilfe«, so verlangt Handke, »wird zu einer Ovation, die dem *Wort* Hilfe gebracht wird« — es ist eine Art Happy-End, denn es wird ja keine Hilfe gebraucht, sondern, wie es sich für ein aus nichts als Sprache bestehendes Sprechstück gehört, nur das Wort Hilfe, das nun, nachdem es erreicht ist, seine Bedeutung verloren hat: niemand braucht, was es bedeutet — Hilfe ist nicht vonnöten. — Die Jagd nach dem Wort HILFE ist so abstrakt wie beim Fußballspiel ein Tor, das auch nichts außer sich selbst bedeutet.

Kaspar. Uraufführung 11. Mai 1968, Theater am Turm, Frankfurt, durch Claus Peymann. — Kaspars Name und Situation stammen von Kaspar Hauser, dem literarisch oft strapazierten Findling, der offenbar seine ersten sechzehn Lebensjahre in Einzelhaft verbracht hat und 1828 in Nürnberg mit dem Wunsch, ein Soldat wie sein Vater zu werden, aufgetaucht ist — das Opfer vieler experimentierfreudiger Erzieher und erstochen nach fünf Jahren. Aus dem von Kaspar Hauser ausgesprochenen Wunsch »A söchener Reiter möcht i wärn wie mei Voter aner gween is« hat Handke das Thema seines Sprechstücks und den ersten Satz seines Kaspar gewonnen: »Ich möcht ein solcher werden wie einmal ein andrer gewesen ist.« Wie wird er, wie wird man ein solcher? Handkes Sprechstück beantwortet diese Frage: durch Sprache. — Seinen einzigen Satz »Ich möcht ein solcher werden wie einmal

›Kaspar‹ von Peter Handke. Kaspar, gezeichnet von Moidele Bickel für die Uraufführung im Frankfurter Theater am Turm, Mai 1968

ein andrer gewesen ist« richtet Kaspar an das Mobiliar und dabei reden Stimmen auf ihn ein: diese über Lautsprecher redenden »Einsager« treiben ihm zunächst seinen einzigen Satz aus und bringen ihn dann »mit Sprechmaterial zum Sprechen«: sie sind nichts anderes als Sprache, die sich und ihre Gesetze mitteilt und den leeren Kaspar lehrt. Mit der Sprache lernt er Ordnung und er folgt dabei den Einsagern, die sich zunächst ihm angepaßt haben, damit er sich endlich ihnen anpaßt. Kaspar lernt, daß es in der Sprache viele Möglichkeiten der Darstellung von Verhältnissen gibt, und er wird — »Denk, was du sagst!« — durch die Sprache bestehenden Verhältnissen eingeordnet. Mehrere, ihm gleiche, doch stumme Kaspars treten auf und führen ihm vor, wie Kaspar sich bewegt, wie er zuhört, beobachtet und leidet, und er lernt von ihnen: ein Kaspar unter vielen Kaspars zu sein. — Im zweiten Teil belehren die Einsager über gewaltsame Methoden, die Welt in Ordnung zu bringen, über Folter und Prügel. Während die anderen Kaspar-Figuren unartikuliert lallen und grauenhafte Geräusche erzeugen — sie kratzen auf Glas und knautschen Luftballons —, legt Kaspar Rechenschaft ab und erweist sich als ein ausgelernter Eingesagter: »Ich bin zum Sprechen gebracht. Ich bin in die Wirklichkeit übergeführt.« Die Sprache hat ihn zu einem solchen gemacht, und während ihn die Welt dieser ekelhaften und gewalttätigen Kaspar-Figuren attackiert und vereinnahmt, sagt er seinen letzten Satz: »Ich bin nur zufällig ich.« Sein Ich ist ihm durch die Sprache zugefallen — es ist ihm eingeredet worden.

Dies ist vielleicht kein Theater, gewiß aber Dramatik. Im ersten Teil die Dramatik des Sprechenlernens, des Ordnens von Realität durch eingelernte Sprache; im zweiten Teil der dramatische Kampf zwischen Sprache und Realität. »Handlung« ist hier, überspitzt gesagt, ein Sprachkurs, der zugleich ein Kurs von Verhaltensweisen ist. Die Grammatik als Gesetzgeber — Konrad Duden in der Rolle des Moses.

Das Mündel will Vormund sein. Uraufführung 31. Januar 1969, Theater am Turm, Frankfurt, durch Claus Peymann. — Ein Stück ohne ein gesprochenes Wort, ein Schweigestück. Den Titel hat Handke von Shakespeares Prospero (»My foot my tutor?«, übersetzt von Wolfgang Swaczynna). In diesem wortlosen Gegenstück zum wortmächtigen ›Kaspar‹ möchte einer, möchte das Mündel ein solcher werden wie ein andrer, wie sein Vormund ist. Was der Vormund auch tut, Sitzen, Gehen, Stehen, Klettern, Schlafen, Lesen, das Mündel folgt ihm mit geringer Verzögerung und immer ein wenig langsamer oder geduckter oder geschrumpfter. Als der Vormund zu einer Art Priester wird, zum Vollstrecker irrealer Riten, »K+M+B«, die Heiligen Drei Könige, an die Tür schreibt und dazu eine Bratpfanne mit Weihrauch schwenkt, da muckt das Mündel, das sich langweilt, zum erstenmal ein wenig auf und wirft Kletten nach dem Vormund. Schon das Nasenbluten, das offenbar Prügeln mit dem drohend an der Tür hängenden Ochsenziemer folgt, erträgt er wieder geduldig. Das Mündel soll an einer altmodischen Rübenschneidmaschine lernen, wie man das Kraut von den Rüben hackt, doch dies schafft er nicht, und der Vormund verliert endlich die Geduld und läßt ihn allein. (In Handkes Erzählung »Augenzeugenbericht« guillotiniert das Mündel den Vormund mit der Rübenschneidmaschine.) Am Ende spielt das Mündel wie ein Kind mit Wasser und Sand: es hat sein wollen wie der Vormund,

IL PUPILLO
VUOL
DIVENTARE
TUTORE

UNA PANTOMIMA   MESSINSCENA
DI   DEL
PETER HANDKE
FORUM-THEATER BERLIN

Aufgemuckt hat das Mündel (der Pantomime Pierre Byland) gegen den Vormund (Robert Wolfgang Schnell) in Hans Peter Fitzis Inszenierung des Stücks von Handke im Berliner Forum-Theater. Es gastierte mit der Aufführung in Turin. Holzschnitt fürs Programm: Rudolf Hübler

aber es ist ihm nicht gelungen. – Anders als bei der Pantomime, die sich erst in der Vorstellungskraft des Zuschauers vollendet, werden beim wortlosen Handke Vorgänge, die keiner Ergänzung bedürfen, vollständig vorgeführt; es sind – wie in der Pop-art von Claes Oldenburg – Montagen aus naturalistischen Realitätselementen. Mit unendlicher Langsamkeit werden Äpfel gegessen, Fußnägel geschnitten, wird Kaffee gekocht und auf das Pfeifen des Wassertopfes gewartet. Durch das Verlangsamen der Bewegungen ist jeder Bruchteil einer Bewegungsphase außerordentlich wichtig geworden. In den simpelsten Abläufen hat Handke ein Minimal-Theater entdeckt, das dramatischer ist als manche große Tragödie: das Drama eines stummen Gesprächs zwischen Mündel und Vormund, zwischen Wachsendem und Erwachsenem, zwischen Lernendem und Lehrendem; ein Drama voll Trauer, Schmerz und Melancholie, ein Drama voller Poesie.

Der Ritt über den Bodensee. Uraufführung 23. Januar 1971, Schaubühne am Halleschen Ufer, Berlin; Regie: Claus Peymann, Wolfgang Wiens. – Um den Typus seiner namenlosen Rollenträger zu umreißen, hat ihnen Handke im gedruckten Text die Namen berühmter Komödianten gegeben. So werden Machtkämpfe – Wer befiehlt, und wer gehorcht? – von »Emil Jannings« und »Heinrich George« ausgetragen: zwei Verbal-Clowns, die sich gegenseitig in ihre Sätze stolpern und ihre Mißverständnisse so logisch wie komisch ausspinnen. Zu ihnen stößt die Dreier-Gruppe »Elisabeth Bergner«, »Erich von Stroheim«, »Henny Porten«. In einer überrumpelnd komischen Slapstick-Nummer schreitet »Henny Porten« die Mitteltreppe herunter, während »George« und »Jannings« laut die Stufen zählen. Als sie am Schluß eine Stufe zu wenig zählen, strauchelt die Herabschreitende, weil sie keine Stufe mehr erwartet. Als die beiden beim nächsten Versuch eine Stufe zu viel zählen, strauchelt die Herabgeschrittene, weil sie nun noch eine Stufe erwartet. Solche Szenen erinnern an Handkes »Kaspar«, an die Unterwerfung Kaspar Hausers durch die Sprache: dem Menschen werden die in der Sprache formalisierten Verhaltensweisen aufgezwungen. – Ferner ergeben sich Szenen, in denen die Macht vorgeformter Haltungen und Gebärden demonstriert wird. Während beispielsweise »Jannings« und »George« ihre Machtfragen – Wer reicht wem die Zigarrenkiste? – durch Dialog auszutragen versuchen, braucht »von Stroheim« nur Gebärden, um die »Porten« zu kommandieren. Und »Jannings«, der dabei eine herrische Handbewegung lernt, bringt nun »George« mühelos dazu, ihm die Zigarrenkiste zu reichen. Solche Szenen erinnern an Handkes stummes Spiel »Das Mündel will Vormund sein«: dem Menschen werden die in den Gesten formalisierten Herrschaftsverhältnisse aufgezwungen. Im »Ritt über den Bodensee« sind die

Themen von »Kaspar« und »Mündel« vereint: Schauspieler werden – stellvertretend für jedermann – zu Gefangenen eines Sprach- und Gebärdenkanons gemacht, der vor ihnen da war. – Während auf der Bühne die beiden Gruppen versuchen, das zu deuten, was sie einander vorführen, läßt sie Handke die Eindeutigkeit des Vorgeführten zerstören. Jeder Halbsatz und jeder Gebärdenansatz erweckt eine bestimmte Erwartung – Handke läßt vorführen, wie diese Erwartung getäuscht werden kann: es gibt viele Möglichkeiten, Halbsatz und Halbgebärde fortzuführen, Dialog und Situation zu deuten. Durch diese Selbstbefragung des Theaters nach seiner Sprach- und Gebärden-Ordnung zeigt Handke, daß es die »formulierte Ordnung« nur im Bewußtsein gibt. Und indem er die fragwürdigen Mechanismen dieser formulierten Ordnung offenlegt, macht er auch das Bewußtsein fragwürdig. In Gustav Schwabs Ballade »Der Reiter und der Bodensee« heißt es: »Es siehet sein Blick nur den gräßlichen Schlund, sein Geist versinkt in den schwarzen Grund«: das Bewußtsein des Ertrinkens bringt den Reiter am sicheren Ufer ums Leben. Handkes Schauspieler reiten über das dünne Eis unsrer Sprach- und Wahrnehmungs-Ordnung, am Ende aber, als ihnen der »schwarze Grund« unter diesem Eis bewußt geworden ist, haben sie die Unbefangenheit ihrer Sprache und Gebärden verloren: sie bringen nur noch Bruchstücke von Sätzen und Bewegungen hervor, sie verstummen und erstarren. Schnöde ausgedrückt: es ergeht ihnen wie dem Manne, der, befragt, ob er beim Schlafen seinen Bart über oder unter der Bettdecke liegen habe, zum Bewußtsein eines Bartproblems kam und nie mehr schlafen konnte. – Der Mensch als Gefangener seiner Wahrnehmungsweisen und Bewußtseinsvorgänge – Handkes Beiträge zu diesem Thema sind nicht systematisch, sie sind szenische Aperçus. Der Mensch als Handelnder ist ein Gehandelter – Handke trägt seine Melancholie über diesen traurigen Befund komisch und geistreich vor.

Die Unvernünftigen sterben aus. Uraufführung 17. April 1974, Theater am Neumarkt, Zürich; Regie: Horst Zankl. – Unternehmer Quitt trifft im ersten Akt mit vier Unternehmern Kartellabsprachen über Produktion und Preise: sie wollen untereinander die Konkurrenz abschaffen und ihre kleineren Konkurrenten ruinieren. Im zweiten, dem letzten Akt hat sich Unternehmer Quitt jedoch an die Absprachen nicht gehalten, alle Preise unterboten, seinen Marktanteil vervielfacht und hört sich die Vorwürfe der andern Unternehmer gelassen an. Schwierigkeiten, die ein Unternehmer in der Realität hätte, kommen im Stück nicht vor. Außer seinen Konkurrenten, die er irgendwie in der Pause zwischen den beiden Akten leicht überspielt, hat Quitt keine Gegner. Er bringt sich selber, wie es heißt, als Kapital ins Geschäft ein; er setzt sein »altmodisches Ich-Gefühl als Produktionsmittel« ein, und dies macht ihn im »vernünftigen System« des Kapitalismus zum »Unvernünftigen«. Er selbst ist sich sein schlimmster Feind: Härter bedrücken ihn die Komplikationen seines Seelen- als seines Geschäftslebens. Psychisch ist er in den roten Zahlen: wenn er darüber nur nachdenkt, hat er schon Glücksdefizite. Während er den Kleinaktionär Kilb wie unabsichtlich zerquetscht, hat er einen schweren Anfall melancholischer Selbstbefragung. Quitt weiß, daß seine Zeit vorüber ist, doch weiß er auch: »Während die einen Monster entzaubert werden, rülpsen vor dem Fenster schon die nächsten.« Er will nicht der einzige Überlebende des Kapitalismus sein: mit wilder Energie rennt er sich an einem Felsbrocken den Schädel ein. – Quitt handelt zwar wie ein Wolf unter Wölfen, doch redet er dabei wie ein sensibler Selbstbeobachter: lyrische Sentenzen, getränkt mit Weltschmerz. Was die Kapitalismus-Kritik in einschlägigen Taschenbüchern den Unternehmern vorwirft, das sprechen die Unternehmer um Quitt mit fröhlichem Zynismus als ihre Absicht aus. Am Ende wird auf der Bühne der schiere Zeitablauf sichtbar: ein Ballon schrumpft, und in einer Wanne geht ein Teig auf. Wer da auch aussterben mag – Handke sieht mit vorwiegend ästhetischem Interesse zu.

Schaufenster-Effekt der Bühne von Klaus Weiffenbach für Peter Steins Inszenierung des Stücks ›Die Unvernünftigen sterben aus‹ in der Berliner Schaubühne am Halleschen Ufer, 1974

SPIELER

1244

Dieter Forte: das dämonisierte Portemonnaie

Dieter Forte, geboren 1935 in Düsseldorf, kommt aus der Schule der Werbung, der Fernseh- und Hörspiele. Seine Stärken sind die bündige Formulierung, der zynische Witz, die zugespitzte Mini-Szene, der Gag. Sein Dialog ist so beißend amüsant, daß sich sein erstes Stück, obwohl dramaturgisch ein Hörspiel, auf der Bühne glänzend behauptet:

Martin Luther & Thomas Münzer oder Die Einführung der Buchhaltung. Uraufführung 4. Dezember 1970, Basler Theater; Regie: Kosta Spaic. – Im Titel steckt das Programm: Der Reaktionär & der Revolutionär oder Der Triumph des Kapitalismus. Zum Schluß singen die vom Kapitalisten Fugger gekauften Fürsten mit dem Reaktionär Luther »Ein feste Burg ist unser Gott« und verdecken mit ihren Leibern die Hinrichtung des Revolutionärs Thomas Münzer. Sie singen Luthers Lied: »Nehmen sie den Leib, Gut, Ehre, Kind und Weib, laß fahren dahin, sie habens kein Gewinn, das Reich muß uns doch bleiben«. Es ist Fortes Saldo zuungunsten Luthers: er lehrt die Verachtung der Welt, er überläßt sie den Herrschenden, und die ausgebeuteten Beherrschten tröstet er mit dem »Reich«, dem Jenseits Gottes. – Fortes Luther wird ausgenutzt von den Fürsten: seine Reformation sorgt dafür, daß die Enteignung der katholischen Kirche durch die Fürsten für gottwohlgefällig gehalten wird, und er verschafft den Fürsten ein gutes Gewissen, wenn sie die revolutionären Bauern abschlachten: »Weltliches Regiment ist Gottes Ordnung«. Der Papst, ein Freund der Künste und der Wissenschaften, ist längst Atheist und wird durch Luther gezwungen, den Glauben wie eine Mode von vorgestern wieder anzulegen. Aus allen religiösen Querelen zieht Fugger, der Erfinder der Buchhaltung und des Monopolkapitalismus, reichen Nutzen. – Wohin Forte seinen Leuten auch blickt, in den Kopf, ins Herz oder in den Hosenlatz, überall sieht er ein Portemonnaie. Das Brett, das seine Personen vor dem Kopf haben, ist das Zahlbrett einer Registrierkasse.

Weiße Teufel ›nach Webster‹. Uraufführung 11. Februar 1972, Basel; Regie: Kosta Spaic. – John Websters Hauptperson in ›Der weiße Teufel‹ (1608), einem Stück um die Ermordung der Vittoria Accorambona (1586), ist der Student Flaminio, der seine Schwester Vittoria verkuppelt und sich als ›weißer Teufel‹ nach oben schafft. Bei Forte sind die Machthaber ›die weißen Teufel‹: sie zwingen den armen Teufel Flaminio so kriminell zu werden, wie sie sind. In die sinnlos böse Welt Websters hat Forte als Motiv für das Böse die Buchhaltung eingeführt.

Thomas Bernhard: das Lied vom Tod

In der Natur stellt die Natur den *Tod in der Zukunft* dar.
Die poetischen, die widernatürlichen Tage.
Aus »Amras« von Thomas Bernhard, 1964
Die Lust zu singen
und die Lust zu sterben
sind ein und dieselbe Lust
Der Philosoph in »Der Berg« von Thomas Bernhard, 1956

Tod, Musik und Gelächter — das kann eine betörende Mischung sein. Thomas Bernhard ist ihr verfallen.

Wäre Thomas Bernhard ein Arzt, so nicht Therapeut, sondern Diagnostiker verschiedener Arten zu sterben. Er hat jahrelang in der Lungenheilstätte Grafenhof gelebt. In seiner Novelle »Amras« (1964) nennt er Krankheitserreger »philosophische Spitzfindigkeiten des Todes«. Sein Verfahren, die Menschen zu betrachten, erinnert an Ärzte, die von drei Blinddärmen und zwei Mägen sprechen, wenn sie fünf Kranke meinen, deren Namen sie sich gar nicht erst gemerkt haben. Durch seine Krankheit scheint den Ärzten und Thomas Bernhard der Mensch hinreichend gekennzeichnet. Bernhards Menschen freilich sind nicht heilbar, es sei denn durch den Tod, denn ihre spezifische Krankheit ist das Leben, und vom Selbstmord reden sie deshalb wie von einem erlösenden Arkanum.

Im »Salzburger Volksblatt« ist Thomas Bernhards erste Prosa-Veröffentlichung erschienen, im Todesjahr seiner Mutter, 1950; Titel: »Vor eines Dichters Grab«. Damals war der am 10. Februar 1931 in Heerlen in Holland geborene Thomas Bernhard, der bei seinen Großeltern in Österreich und Oberbayern aufgewachsen ist, 19 Jahre alt. Um sein Essen zu verdienen, pflegte er eine siebzigjährige Irrsinnige bis zu ihrem Tode. Er reiste viel, nach Venedig, Jugoslawien, Bosnien, in die Herzegowina, nach England und Polen, bis er 1965 seßhaft wurde, im oberösterreichischen Ohlsdorf, wo er ein weißgetünchtes Bauernhaus besitzt: mit einem Kuhstall, aber ohne Kühe — denn was soll er mit Kühen? —, ohne Ackerland, aber mit einem Traktor, auf dem er gelegentlich fährt. Sein Musikunterricht begann 1937, als er sechs Jahre alt war; er studierte — mit Unterbrechungen — jahrelang Geige, Gesang, Musikästhetik und schloß seine Studien — Dramaturgie und Regie — 1957 am Salzburger Mozarteum mit einer Arbeit über Bertolt Brecht und Antonin Artaud ab. In seinem dramatischen Frühwerk »Der Berg« (1956. Gesendet vom ORF am 7. April 1970) sagt der Philosoph: »Die Lust zu singen / und die Lust zu sterben / sind ein und dieselbe Lust.«

In seinem ersten Roman »Frost« (1963) redet ein Maler vor einem
Medizinstudenten seine Krankengeschichte heraus: Leben ist ihm ein
»Prozeß, den man verliert, was man auch tut und wer man auch ist«; in
einer sich verfinsternden Welt erstarrt er im Frost. In Bernhards zweitem
Roman »Verstörung« (1967) sieht der Fürst sein Ende voraus: »Die Kälte
ist in mir ... Ich erfriere von innen heraus.« Wenn Bernhard dem Wesen
der Krankheit nachspürt, so fragt er nach dem Wesen des Lebens; es erscheint
ihm als ein einziger Sterbeprozeß, und die Hoffnung, daß es mehr sei, steht
an der Totenbahre wie ein frierender Ministrant. Bernhard zeigt die andere,
die Nachtseite des Österreichers, die Seite Stifters und Trakls: keine Wiener
Walzer, sondern erstickende Tiroler Totentänze. Seine schwerblütigen Landschaften, obschon namentlich fixiert, sind so wenig in Atlanten zu finden
wie das Gebirg, durch das Georg Büchners Lenz gegangen ist: sie sind
Außenbilder innerseelischer Expeditionen. In seinem dritten Roman »Das
Kalkwerk« (1970) spürt Bernhard den Motiven nach, die einen Mann dazu
gebracht haben, seine verkrüppelte Frau im Rollstuhl zu töten. Im selben Jahr
erscheint Bernhards erstes großes Theaterstück »Ein Fest für Boris«, es ist
bevölkert mit fünfzehn Krüppeln in Rollstühlen, und »die Gute« versucht,
sich durch allerlei lustvolle Ablenkungssysteme, durch Maskeraden und ins
Groteske gesteigerte Tyrannisierung ihrer Umwelt, über ihr Rollstuhl-
dasein hinwegzuhelfen.

Bernhards Prosa- und Theaterstücke sind randvoll mit solchen Ablen-
kungssystemen: von der Anatomie bis zur Zauberflöte. Bernhards Personen
dringen in diesen Systemen vor bis zu einer Perfektion, die zugleich unheimlich und lächerlich ist, und sie reden von ihnen wie in einem kalten Fieber.
Bernhards Sätze, diese langen Perioden von Kleistscher Genauigkeit und
Kafkascher Kälte, scheinen nicht mit den Händen geschrieben, sondern mit
jenen vielgliedrigen Greifwerkzeugen die in Atom-Laboratorien hantieren,
metallisch, aber zart: mit Todesstoff.

Sein Frühwerk »Der Berg« (1956) nannte Thomas Bernhard »Ein Spiel
für Marionetten als Menschen oder Menschen als Marionetten« — diesen
Untertitel könnten alle seine Theaterstücke tragen mit ihren kunstvoll-
künstlichen Welten und Figuren: wechselnde Motivationen für neue
Varianten des immergleichen Themas. Thomas Bernhard, der gelernte
Musiker, musiziert mit dem Tod: Krankheits-Akkorde, Sterbe-Melodik,
Gelächter-Dissonanzen.

Meinungen: »Alle agieren und argumentieren in einer grundsätzlichen
Gereiztheit, die aber zunächst linguistische Ursachen hat und auch auf die
Dauer nur das eine sicher verrät: daß der Autor nicht bloß der Meister,

sondern auch der Gefangene seiner Mittel ist ... Vielleicht das Geheimnis einer gemeindebildenden Wirkung von T. B.: in dieser Prosa läßt sich nicht denken. Sie erzeugt und signalisiert Zustände, oft nichts Bestimmtes, aber das unerhört intensiv. Sollte sich da durch den Ohlsdorfer Hintereingang doch ein mit lauter Negationen getarnter Stefan George in den allerneuesten deutschen Sprachraum eingeschlichen haben?«: Armin Eichholz, 1973. — »Beinlose oder Sprachlose; Kunstgeschöpfe, die sich dem Wahnsinn entgegensingen; Artisten, die im Forellenquintett ihre Identität zu finden glauben; ein Schriftsteller, der denkend, monologisierend sich und seine Umgebung so sehr zerfrißt wie der Borkenkäfer den Wald. Weil ihre Entfremdung so sehr weit fortgeschritten ist und deren Aufhebung ihnen schon deshalb nicht mehr denkbar ist, feiern sie den Zerfall ringsum und ihren eigenen und verklären ihn: singend, cellospielend, philosophierend. Die Kunst-Krüppel sind den Beinlosen nicht darin voraus, daß sie laufen können, sondern darin, daß sie ihrem Zustand Lust abgewinnen können oder wenigstens Wahnsinn«: Ernst Wendt, 1974.

Ein Fest für Boris. Uraufführung 29. Juni 1970, Deutsches Schauspielhaus Hamburg; Regie: Claus Peymann. — Außer zwei Dienern, zwei Pflegern, der Pflegerin Johanna sind alle Personen des Stücks beinlos: die »Gute«, Boris und dreizehn Krüppel in Rollstühlen. Die »Gute« hat vor zehn Jahren durch einen Sturz in einen Lichtschacht ihren Mann und ihre Beine verloren. Seitdem lebt sie im Rollstuhl. Sie schikaniert Johanna, ihre Pflegerin und Vorleserin, seit drei Jahren, und vor zwei Jahren hat sie Boris geheiratet, einen beinlosen Krüppel aus dem benachbarten Asyl. Die verkrüppelte »Gute«, die diesen irritierenden Beinamen von den Kranken des Asyls erhalten hat, ist alles andere als gut: nur Krüppel erträgt sie um sich, und beim »Fest für Boris« zwingt sie auch Johanna, eine Verkrüppelte im Rollstuhl zu spielen. — Im ersten »Vorspiel« verschafft sich die »Gute« durch Anprobieren von Hüten und Handschuhen mühsam die Illusion eines festlichen Lebens; im zweiten »Vorspiel«, noch im Königin-Kostüm eines Balls vom Vortag, wird sie tiefer in die Ernüchterung gezogen, daß auch das festliche Leben nur ein ausgeleiertes Libretto ist; die soziale Welt ist eingeschrumpft zu einer Ball-Erinnerung. Sie zwingt Johanna, eine Schweinsmaske zu tragen, und sie tyrannisiert Boris, der in seinem Rollstuhl am Fenster sitzt und nach dem Asyl blicken muß, in das er doch nicht mehr zurückkehren will. Die beiden Vorspiele sind zusammen länger als der dritte Teil, das »Fest für Boris«, die Feier seines Geburtstags, zu dem dreizehn beinlose Krüppel aus dem Asyl geladen sind. Die Krüppel sind auswechselbar wie ihre grotesken Doppel- und Dreifach-Namen wie Ludwig Viktor oder

Ernst August oder Ernstludwigviktor. Während sie gierig Kuchen mampfen und sich Träume erzählen, während sie sich beklagen, daß sie, obwohl verkrüppelt, in zu kurzen Betten leben müssen, und darüber beraten, wie sie sich gemeinsam umbringen könnten, »auf welche Weise der Selbstmord für uns am erträglichsten ist«, schlägt Boris auf die Pauke, bis er — von allen unbemerkt — stirbt: der Tod ist sein bestes Geburtstagsgeschenk, und im Schlußgelächter der »Guten« klingt die Enttäuschung mit, daß sie Boris als Objekt ihrer Herrschsucht verloren hat. Sie bleibt allein — die Krüppel fahren in ihren Rollstühlen aus dem Raum.

»Daß das Leben ein Dialog sei, ist Lüge, wie daß das Leben Wirklichkeit«, heißt es in Thomas Bernhards Novelle »Ungenach« (1968), und so geht es zu im »Fest für Boris«: kein Dialog, keine Wirklichkeit. Das Unbegreifliche und Unerträgliche der Lebensrolle wird nicht zum dialogischen Spiel, das sich seine eigene Wirklichkeit schafft, es bleibt in der starren Krüppel-Metapher, es stellt sich dar als monologische Klage, als Lamento der Stummel-Existenz, und es schafft sich seine eigene Unwirklichkeit. Zu spielen ist nicht Realität, sondern ein Klage-Mythos; nicht Psychologie, sondern Metaphorik. Die Krüppel sind ein grausam komischer Chor der Albernheit und der Klagen, des Gelächters und der Schmerzen, des Aufruhrs und der Vergeblichkeit. Wenn die Krüppel revoltieren und eine neue Asylordnung verlangen, so ist eine neue Daseinsordnung gemeint: nicht länger das, was Thomas Bernhard in seiner Erzählung »Ungenach« den »Daseinsdilettantismus« nennt, die »Schöpfungsintoleranz«: »Wir meinen gelebt zu haben, und sind in Wirklichkeit abgestorben.« »Ungenach« endet mit dem Satz: »Daß wir das Unerträgliche aushalten, ist die lebenslängliche Qual- und Schmerzbefähigung jedes einzelnen, ein paar ironische Elemente in ihm sind es, ein irrationaler Idiotismus, alles andere ist Verleumdung.« Im »Fest für Boris« erscheint der Mensch als ein qualvoller Witz, als ein unbegreifliches Monstrum, das — buchstäblich — zu kurz gekommen ist und doch überall anstößt.

Der Ignorant und der Wahnsinnige. Uraufführung 29. Juli 1972, Salzburger Festspiele; Regie: Claus Peymann. Deutsche Erstaufführung 7. September 1972, Schloßpark-Theater, Berlin; Regie: Dieter Dorn. — In einer Operngarderobe warten zwei Männer auf die Sängerin der »Königin der Nacht«, während man über den Lautsprecher hört, wie weit die Vorbereitungen für die Aufführung der »Zauberflöte« fortgeschritten sind. Schon beginnt die Ouvertüre, noch ist die »Königin der Nacht« nicht da. Sie ist weltberühmt, sie singt die Partie zum 222. Mal. Der eine Mann ist der Vater der Sängerin, er ist blind und ein schwerer Trinker. Der andere Mann, der »Doktor«, ist ein Arzt, der dem Vater und sich selbst die Nervosität des Wartens auszutreiben versucht, indem er die Sektion einer Leiche schildert. Er wird dabei hingerissen von seiner Lust an der präzisen Beschreibung der Organe und der Verfahren, wie man sie aus dem Körper heraustrennt. In der letzten Sekunde trifft die »Königin der Nacht« ein, sie ist geradezu zerfetzt von Nervosität. Während sie sich vor dem Garderobenspiegel für ihren Auftritt vorbereitet, nimmt sie am Gespräch durch markierte Koloraturen teil, mit denen sie ihre Kommentare, Bemerkungen, Meinungen ausdrückt: spöttisch, ironisch, erschrocken, entsetzt – was sie auch tut, spricht oder denkt, sie tut es als »Koloraturmaschine«. Und wenn der Doktor seine Beschreibung der Leichenöffnung fortsetzt, so erscheint er nun wie eine Operationsmaschine, die anatomische Arien singt. »Das Genie«, sagt der Doktor in einer seiner Tiraden, »ist eine Krankheit / der ausübende Künstler eine solche / Entwicklung ist ein Krankheitsprozeß . . .«

Menschen, die so hoch spezialisiert und perfektioniert sind, daß sie fast nichts Menschliches mehr haben: die Sängerin, der alles zur Koloratur wird, und der Doktor, dem alles zur Operation wird. Die Sängerin ist eine Kunstfigur in einer eiskalten Welt der Künstlichkeit, die von ihr eine unmenschliche Perfektion verlangt. Eben diese Perfektion verlangt der Doktor auch von sich; er sagt: »Der Mensch interessiert die Medizin überhaupt nicht / es handelt sich um eine Wissenschaft von den Organen / nicht um eine solche / von den Menschen.« Solche erschreckenden Aspekte blitzen immer wieder auf in dieser banalen Lustspielsituation mit Lampenfieber, bissigen Bemerkungen über Theater, Oper, Kritiker, Medizin, wie sie in jedem besseren Konversationsstück vorkommen könnten. Wenn die Sängerin endlich auf der Bühne ist, hört man ihre Arie – ein Aktschluß voll schadenfroher Ironie: die höchste Perfektion durch einen quarrenden Garderobenlautsprecher.

Im zweiten Teil, beim Nachtmahl nach der Vorstellung im Luxusrestaurant »Bei den drei Husaren«, folgt der Angst vor dem bevorstehenden Auftritt die Angst vor dem Auftritt in den nächsten drei Städten und die vom Doktor beschriebene Leere: »Wenn wir etwas erreicht haben / und sei es das Höchste / sehen wir / daß es nichts ist.« Während sich der Vater in die »Ignoration« hineintrinkt, die Tochter in der Angst vorm Stimmverlust hysterisch hustet und der Doktor seine Sektionsbeschreibung wie ein Wahnsinniger fortsetzt und damit den Menschen vollends in getrennte Organe auflöst, löscht der Kellner die Lichter, die Bühne wird so finster wie die Wahrnehmungen des blinden Vaters, und man hört im Dunkeln die letzten Worte, sie kommen von der »Königin der Nacht«: »Erschöpfung – nichts als Erschöpfung.« Thomas Bernhard umkreist abermals sein Zentralthema:

das Leben als ein Versuch, damit fertig zu werden, daß das Leben nicht mehr ist als ein Hinsterben. Der Doktor sagt: »Die Existenz ist wohlgemerkt immer / Ablenkung von der Existenz / dadurch existieren wir / daß wir von unserem Existieren ablenken.« Sängerin und Doktor, Kunst und Wissenschaft, erscheinen als solche in die höchste Perfektion getriebenen Ablenkungen; der Suff des Vaters ist daneben zwar dilettantisch, doch ist immerhin auch »die Trunkenheit / ein Kunstmittel«. So sterbenstraurig, so — noch schlimmer: lebenstraurig — dieser Befund Thomas Bernhards ist, so zeigt er doch auch seine grotesken Aspekte und läßt lachen über Doktor, Säufer und Sängerin.

Die Jagdgesellschaft. Uraufführung 4. Mai 1974, Burgtheater, Wien; Regie: Claus Peymann. Deutsche Erstaufführung 15. Mai 1974, Schiller-Theater, Berlin; Regie: Dieter Dorn. — Drei Akte: vor, während und nach der Jagd. Schon vor der Jagd ergeben sich aus den langen Reden eines Schriftstellers und einer Generalin sämtliche Motivationen Bernhards: Der riesige Wald, der das Jagdschloß umgibt, ist derart vom Borkenkäfer befallen, daß er ganz abgeholzt werden muß; der politisch mächtige General weiß so wenig vom Ausmaß der Zerstörung wie von der Tödlichkeit seiner Nierenkrankheit, er hat den grauen Star, man verheimlicht ihm seine Todeskrankheit wie die Todeskrankheit seines Waldes. Während der Jagd sind die Hände des Schriftstellers und der Generalin fieberhaft mit dem Kartenspiel Siebzehn und vier beschäftigt, während sie abermals über den Tod sprechen und über den General: er hat vor Stalingrad einen Arm verloren und möchte in Uniform begraben werden. Nach der Jagd, in den frühen Morgenstunden, redet vornehmlich der General: über die Welt, die er für »verschlampt« hält; über das Theater, das ihm »widerwärtig« erscheint; über den Schriftsteller, den er im Verdacht hat, daß er aus allem, was jetzt gerade im Jagdhaus geschieht, eine Komödie machen wird. Zu Mozarts Haffner-Symphonie entwirft der Schriftsteller diese Komödie und sagt in diesem Entwurf dem General, was man ihm verheimlicht hat: seine Todeskrankheit; seinen Rücktritt, der von den Ministern erzwungen werden soll; die Todeskrankheit des Waldes. Der Schriftsteller liest vor aus Lermontows Roman »Ein Held unserer Zeit« (dessen Anti-Held Petschorin vom Traurigen komisch gestimmt wird und vom Komischen melancholisch), und während man über Lermontow lacht, fällt ein Schuß im Nebenraum: der General hat sich umgebracht. In die Stille dringt der Lärm der Holzfäller, die den Wald umlegen.

Falls Bernhard mit diesem Schluß anspielen wollte auf Tschechows »Kirschgarten«, so hätte er damit zugleich seinen Abstand gekennzeichnet: Tschechows Kirschbäume werden aus Geschäftsinteresse gefällt, Bernhards

»Der Ignorant und der Wahnsinnige« von Thomas Bernhard, deutsche Erstaufführung, inszeniert von Dieter Dorn im Berliner Schloßpark-Theater, im September 1972. Stefan Wigger als Doktor, Liselotte Rau als Königin der Nacht und Wilhelm Borchert als Vater.

Wald aber ist durch Käfer, durch die Natur selber, vernichtet worden. Abermals kann Bernhard den Blick davon nicht wenden, daß mit dem Menschen sein Tod geboren ist. »Da geht ein Toter«, sagt der Schriftsteller, »müssen wir sagen, wenn wir einen Menschen sehen.« Der Tod ist auch der eigentliche Jagdherr in der »Jagdgesellschaft«, und sein Wild ist der General: dem Tod zuvorkommen kann man, wie der General demonstriert, nur durch den Tod. Dennoch hat Bernhard keinen Trauermarsch geschrieben: im emphatisch gesteigerten Konversationston seiner Nicht-Konversationen liegt so viel Komik wie in der Insistenz, mit der die schon vor der Jagd komplett versammelten Motivationen während der Jagd in verschärftem Tempo abgewandelt werden. Der Tod ist nur noch Unterhaltungsstoff, und der Schriftsteller sprüht vor Lust an der Lebensunlust. Arzt und Sängerin Thomas Bernhards in »Der Ignorant und der Wahnsinnige« sind Fluchten aus der Unerträglichkeit der Natur in die Perfektion von künstlichen Welten, von Koloratur und Operation. Ihre Komik ist erschreckender und schärfer als »Die Jagdgesellschaft«; auch ist der Unterhaltungswert der Anatomie leibnäher als der Borkenkäfer, und die Sängerin mit ihren Stimmproblemen ist theatralischer als eine Generalin beim Kartenspiel. Der Verdacht des Generals, der Schriftsteller schreibe Operetten, ist nicht unbegründet: Thomas Bernhard scheint im Begriff, sich selbst zu parodieren.

Die Macht der Gewohnheit. ›Komödie‹. Uraufführung 27. Juli 1974, Salzburger Festspiele; Regie: Dieter Dorn. — »Wenn es nur einmal / nur ein einziges Mal gelänge / das Forellenquintett / zu Ende zu bringen / ein einziges Mal eine perfekte Musik«: Caribaldis Wunschtraum. Er ist der Direktor eines kleinen Zirkus und spielt Cello. Sein Arzt, sagt er, habe ihm ein Saiteninstrument als Konzentrationsübung empfohlen, als er vor 22 Jahren bei seiner Pferdedressur nachgelassen hat in der Präzision seines Peitschenknalls. So zwingt er seit 22 Jahren seine Mitarbeiter, mit ihm Schuberts Forellenquintett zu üben, und nicht ein einziges Mal ist es gelungen, das Quintett »fehlerfrei / geschweige denn als ein Kunstwerk / zu Ende zu bringen«. Aus einer klassischen Nummer des Musical Clowns — scheiternde Versuche, ein Instrument zu spielen — hat Thomas Bernhard drei Szenen mit scheiternden Versuchen gemacht, das Forellenquintett auch nur zu üben. Der Jongleur droht mit Kündigung, der Direktor zwingt ihn zwar wieder an die Violine, doch sein störender Husten bleibt. Der Dompteur, vom Löwen angefallen, kann mit bandagiertem Arm nicht Klavier spielen und ertränkt überdies seinen Kummer in Alkohol. Der Spaßmacher läßt immer wieder seine Haube vors Gesicht fallen, statt die Baßgeige zu spielen, und die Seiltänzerin muß über die Albernheiten des Spaßmachers derart lachen, daß sie ihre Viola vernachlässigt. Die Katastrophen summieren sich: das Kolophonium muß von Anfang an gesucht werden; Augsburg, die nächste Station des Zirkus, wirkt jetzt schon wie ein Alptraum, und alle Präzisionsübungen genügen nicht. Die Probe wird zur Katastrophe, Caribaldi jagt seine Mitarbeiter davon und hört aus dem Radio fünf Takte des Forellenquintetts.

Die Rippen der drei Szenen sind monologische Ergießungen, meist Caribaldis: zuerst die Begründung seines Wunschtraums, dann das Lamento, daß er nicht zu verwirklichen ist — Sehnsucht, Klage und die Clownskomik des Scheiterns. Aus der besonderen Zirkus-Situation springen philosophische Sätze hoch und verwandeln die reale Situation rückwirkend in eine Metapher. Niemand will das Quintett, sogar Caribaldi liebt das Cello nicht. Er sagt: »Wir wollen das Leben nicht / aber es muß gelebt werden / wir hassen das Forellenquintett / aber es muß gespielt werden.« Sisyphos müht sich um Schubert. Nietzsches Rechtfertigung des Lebens durch Kunst wird lächerlich, sobald die Kunst nur Stümperei ist. Alle Kunst ist Artistik, sie verlangt nach Perfektion und bleibt unzulänglich. Der Clown als der scheiternde Artist; die Clownerie als mißlungene Rechtfertigung des Daseins durch Kunst. Solche melancholischen Allgemeinheiten legt Thomas Bernhard nahe, aber er wirft sie dann zum Gelächter hin: in einer konzertierten Nicht-Aktion.

Spielereien im Rückspiegel: Sittenpossen, Possen, Boulevard

> So schlecht diese Stücke konstruiert und geschrieben sind,
> bei allen plumpen Effekten und unmotivierten Situationen,
> trotz des leeren Geredes anstelle echter Gefühle oder Gedan-
> ken ist nur eines wirklich tragisch und ein Spiegel des Lebens:
> der Schwank! (Er schreit) Niemand hat so viel über die mensch-
> liche Existenz gesagt wie Feydeau! (Er fügt hinzu:) Nur noch
> Pascal!
>
> Adolphe zu Elodie in Anouilhs »Bäcker,
> Bäckerin und Bäckerjunge«, 1968

Spaß am frivolen Spiel und am Witz um des Witzes willen zog in die Londoner Theater ein, als sie — 1642 von den Puritanern geschlossen — nach
achtzehnjährigem Verbot 1660 wieder spielen durften. Genauer genommen,
hatten die Puritaner schon 1658 im Cockpit-Theatre, dem späteren Drury
Lane, politische Propaganda-Stücke genehmigt. Nach 1660, nach der (bis
1689, bis zur ›Bill of Rights‹) währenden »Restauration«, der Wiederein-
setzung der Stuarts (mit Karl dem Zweiten) erhielten nur zwei Männer die
Lizenz für öffentliche Aufführungen. Von Cromwells puritanischer Bevor-
mundung hatte das Publikum genug: die »Restaurations-Komödie« war
Theater aus schierer Lust am Theater.

WILLIAM WYCHERLEY (1640—1710) schrieb die sexualdrastische englische
Komödie Die Frau vom Lande (The Country Wife. Uraufführung 1675 im
Drury Lane Theatre, London): damit er ungestört mit Mädchen und Frauen
verkehren kann, läßt ein junger Herr das Gerücht verbreiten, er sei aus
Frankreich impotent heimgekehrt. Wycherley unterläßt jegliche moralische
Wertung; ihn interessieren allein komische Situationen, saftiger Witz und
rabenschwarze Scherze.

WILLIAM CONGREVE (1670—1729), erzogen in Irland, wo Jonathan Swift
sein Schulkamerad war, ging mit 19 Jahren nach England. Er wurde Meister
der »Restaurations-Komödie«; seine meistgespielte Sittenposse ist Liebe für
Liebe (Love for Love. Uraufführung 1695, London, Lincoln's Inn Field
Theatre. Deutsche Erstaufführung 1966, Münchner Kammerspiele): Valen-
tine, ein eifriger Liebhaber und Verschwender, wird von Angelica abgewiesen,
bis sie erprobt hat, daß er wirklich sie und nicht nur ihr Geld liebt, das er
dringend nötig hat. Bei dieser Probe treibt sie es mit Valentines Vater so
weit, daß der Alte sie heiraten will. Das Vergnügen am frivolen Salonleben
wird erhöht durch das moralische Entsetzen von Valentines Bruder, doch
geht die ernste Liebesprobe über das Amüsement der »Restaurations-Komödie« hinaus.

GEORGE FARQUHAR (1678–1707), ein in Irland, am Trinity College in Dublin erzogener, protestantischer Ire, war eine Zeitlang Schauspieler, gab diesen Beruf aber auf, als er in einem Stück von Dryden durch einen unglücklichen Zufall einen echten Degen statt eines Theaterdegens in die Hand bekam und einen Kollegen verwundete. Es gehört zu den Gesellschaftsspielen der Theaterhistoriker, ihn — wie viele seiner Kollegen — doch noch oder nicht mehr zur »Restaurations-Komödie« zu zählen. *Der Werbeoffizier* (The recruiting officer. Uraufführung 8. April 1706, London, Drury Lane Theatre.) — Captain Plume, ein schneidiger Frauenheld, und sein gerissener Sergeant Kite werben in Shrewsbury (wo Autor Farquhar 1705 als Werbeoffizier für Marlboroughs Armee tätig gewesen ist) Soldaten an für die Armee und — zu ihrem Vergnügen — Frauen für die Betten; ihr Prinzip: in jeder Stadt soviel Rekruten zu zeugen, wie sie mitnehmen. Silvia, von Captain Plume umworben, will nicht seine Geliebte, sie will seine Frau werden. Sie ist eine reiche Erbin und ihr Vater, der Friedensrichter Balance, ist gegen die Ehe mit einem armen Offizier. So läßt sie sich, als Mann verkleidet, von Captain Plume für die Armee anwerben. Sie nimmt sich der angeblichen Geliebten Plumes, des Landmädchens Rose, an, wird deshalb der Unzucht angeklagt und dem Richter, ihrem Vater, vorgeführt: Aufklärung des Falls und Ehe mit Plume. In einer parallelen Intrige erreicht Sergeant Kite, als Astrologe verkleidet, durch Betrug, daß die kokette Melinda ihren Widerstand gegen Worthy aufgibt: Melinda war ursprünglich bereit, Worthys bezahlte Geliebte zu werden, sie wehrte sich erst gegen ihn, als sie eine Erbschaft machte. (Bearbeiter Robert Gillner, dessen Fassung am 22. Januar 1966 in Wuppertal uraufgeführt wurde, hat Melindas Rolle verharmlost.) Der in jeder Beziehung konkurrierende Werbeoffizier Captain Brazen, ein angeberischer Uniform-Casanova, der hinter Melindas Geld her ist, wird abgewiesen, doch immerhin auch abgefunden: mit allen Soldaten, die Plume angeworben hat. — In diesen drastischen Typen- und Verkleidungsspaß hat *Bertolt Brecht* in seiner Bearbeitung *Pauken und Trompeten* (Uraufführung 20. September 1955, Berlin, Theater am Schiffbauerdamm) eine schärfere Kritik am Menschenhandel der Werber eingebracht; indem er das Stück aus der Zeit des Spanischen Erbfolgekriegs ins Jahr 1776 verlegt, in die Zeit der amerikanischen Unabhängigkeitskämpfe, auch Kritik am Kolonialismus.

OLIVER GOLDSMITH, 1728 in Irland geboren, 1774 in London gestorben, für dessen Roman *Der Landprediger von Wakefield* (1766. Dramatisiert 1878, Ellen Terry spielte die Olivia) sich Goethe erwärmte, weil er ihn fälschlich für eine empfindsame Idylle hielt, schrieb *Der Gutmütige* (The

Good-Natur'd Man. Uraufführung 23. Januar 1768, London, Covent Garden Theatre), und dieser Gutmütige, ein junger Herr, ist bis zur Blindheit gutgläubig und bis zur Selbstaufgabe herzenslieb — eine (mäßige) Erziehungskomödie, mit der Goldsmith die damals modischen Rührstücke verspotten wollte. Besser gelang ihm dies mit seiner zweiten Komödie *Die Liebe macht erfinderisch* (She stoops to conquer, or the mistakes of a night; eigentlich: Sie erniedrigt sich, um zu erobern, oder die Irrtümer einer Nacht. Uraufführung 15. März 1773, London, Covent Garden. Deutsche Erstaufführung April 1964, Oldenburgisches Staatstheater): Bei unbescholtenen Mädchen ist der junge Charles Marlow schüchtern, bei zweifelhaften wird er kühn. Von seinem Vater beauftragt, um Kate Hardcastle zu werben, wird er von einem Spaßvogel zwar ins Haus Hardcastle geschickt, aber belogen, es sei ein Wirtshaus. Er benimmt sich entsprechend ungeniert, doch Kate macht es Vergnügen, ihm ein Schankmädchen vorzuspielen. Bei Schankmädchen hat er Mut: er verliebt sich in sie und will sie trotz des Standesunterschieds heiraten. Kate gibt sich zu erkennen: ihre Klugheit hat ihn von seiner falschen Schüchternheit geheilt. Diese Haupthandlung ist verwoben mit einer Fülle von realistischen Charakteren, die sich mit Ehestiftung und Mitgiftjagd beschäftigen und durch Verwechslungen und Mißverständnisse durcheinandergewirbelt werden — ein witziges Meisterstück, in England fest im Repertoire, in Deutschland unbegreiflich spät entdeckt.

RICHARD SHERIDAN, 1751 als Sohn eines Schauspielers und einer Schriftstellerin in Dublin geboren, erzogen in Harrow, 1816 gestorben und in der Westminster Abbey beigesetzt, war Dramatiker, Theaterdirektor (erbaute 1794 das von David Garrick übernommene Drury Lane Theatre neu auf und leitete es, bis es 1803 abbrannte, wobei 23 Feuerwehrmänner ums Leben kamen) und Politiker, ab 1780 Parlamentsmitglied. In seiner ersten Komödie *Der Nebenbuhler* (The Rivals. Uraufführung 17. Januar 1775, London, Covent Garden. Uraufführung von Wolfgang Hildesheimers deutscher Bearbeitung *Rivalen* am 18. Oktober 1961 in Münster) verspottet Sheridan — wie Oliver Goldsmith — das modische Rührstück: Lydia, eine reiche Erbin, möchte wie die Heldin eines sentimentalen Romans enterbt und von einem armen Geliebten entführt werden. So muß sich der reiche Captain Jack Absolute, um sie zu erlangen, als armer Fähnrich ausgeben. Beim zweiten Pärchen ist der Mann überspannt: Faulkland peinigt seine Verlobte Julia mit krankhaftem Mißtrauen. Durch eine komplizierte, aber witzige Intrige und die gewonnene Einsicht der Unvernünftigen in ihre Marotten wird die Doppelhochzeit möglich. Effektvolle Figuren sind der Mitgiftjäger O'Trigger und Mrs. Malaprop mit ihren verwechselten Fremdwörtern.

Sheridans ›Lästerschule‹, Uraufführung 1777 im Drury Lane Theatre. Links vom umgestürzten Wandschirm: Sir Peter und Lady Teazle; rechts: Joseph und Charles Surface. Typisch für das von Christopher Wren 1672 erbaute Theater sind die gemalten Kulissen und die von Logen flankierte, vorgezogene Vorderbühne. Nach einem Stich aus dem Jahr 1178

Sheridan wurde von Lord Byron gerühmt, er habe in jeder Gattung das beste geschrieben; die »beste Komödie« mit *Die Lästerschule* (The School for Scandal. Uraufführung 8. Mai 1777, London, Drury Lane Theatre. Uraufführung der deutschen Bearbeitung von Wolfgang Hildesheimer am 5. Juni 1960 in Hannover): Der junge Charles Surface hat den berechtigten Ruf eines Verschwenders, ist aber ein lieber Kerl. Sein Bruder Joseph hat es verstanden, sich durch Heuchelei den unberechtigten Ruf eines moralischen Menschen zu verschaffen. Lady Sneerwell, Anführerin eines Klubs, der aus Langeweile den Klatsch und die Verleumdung bis zum Rufmord betreibt, liebt den guten Charles, und weil sie von ihm nicht wiedergeliebt wird, versucht sie, ihn von seiner geliebten Maria zu trennen, indem sie die Bemühungen des bösen Bruders Joseph um Maria unterstützt. Joseph macht zugleich Lady Teazle den Hof, der jungen Frau des alten dickköpfigen Sir Peter, und lenkt Sir Peters Eifersucht auf den guten Bruder Charles. In Josephs Wohnung jedoch wird Lady Teazle hinterm Wandschirm von Charles und Sir Peter entdeckt — sie kehrt zu ihrem Mann zurück, den sie ohnehin nicht betrogen hat: sie hat mit Joseph nur aus modischen Gründen geflirtet. Der wahre Charakter der Brüder wird endgültig aufgedeckt durch ihren Onkel Sir Oliver Surface, der aus Indien unerkannt heimkehrt und seine Neffen auf die Probe stellt. Dem sich als gut bewährenden Charles zahlt der reiche Onkel die Schulden. — Eine der meistgespielten englischen Komödien: so konventionell die Konstruktion der Handlungselemente, so originell der bissige Dialog, der vieles von der Pointentechnik Oscar Wildes vorwegnimmt.

Als Sheridan schon fast zwei Jahrzehnte das Theater der Politik dem Theater auf der Bühne vorgezogen hatte, brachte er seine Bearbeitung des *Pizarro* von August Kotzebue heraus.

Die folgenden Autoren haben nicht viel mit Literatur zu tun, sehr viel dagegen mit der Bühne: Wäre es nicht schnöder Undank, die Erfinder des Theaterdirektors Striese zu unterschlagen, die französischen Konstrukteure eleganter Reisser oder August Kotzebue, der, wie man auch immer zu ihm stehen mag, der international erfolgreichste deutsche Dramatiker gewesen ist?

AUGUST KOTZEBUE. Geboren am 3. Mai 1761 in Weimar als Sohn eines Legationsrates; Mutter und Schwester waren mit Goethe befreundet. Als Sechsjähriger schrieb er sein erstes Stück, als Zwölfjähriger seine ersten (von Goethe gelobten) Verse; als Fünfzehnjähriger spielte er an der Liebhaberbühne der Herzoginmutter Anna Amalia; als Zwanzigjähriger war er Sekretär beim Generalgouverneur von Petersburg, zwei Jahre später Günstling der Zarin Katharina; er heiratete eine vermögende Aristokratin, wurde geadelt und Präsident der russischen Provinz Estland. Als Siebenunddreißigjähriger Hoftheaterdirektor in Wien; zwei Jahre später an der russischen Grenze verhaftet, nach Sibirien verbannt, worüber er das lesenswerte Buch ›Das merkwürdigste Jahr meines Lebens‹ schrieb; nach einem Jahr von Zar Paul I. begnadigt und zum Direktor des Deutschen Theaters in Petersburg ernannt. Als Zweiundfünfzigjähriger russischer Generalkonsul in Preußen; zwei Jahre später russischer Staatsrat; drei Jahre später, am Nachmittag des 23. März 1819 in seiner Mannheimer Wohnung von dem Theologiestudenten und Jenaer Burschenschafter Carl Ludwig Sand ermordet, in Mund und Herz gestochen mit einem zwölf Zentimeter langen Dolch, den der Mörder sich zweimal in die Brust stieß, als Kotzebues vierjähriger Sohn Alexander ins Mordzimmer sprang.

Sand hielt sich für einen Patrioten; vor seiner Hinrichtung schrieb er auf einen Zettel: »Hr. Kotzebue ist der Verführer unserer Jugend, der Schänder unserer Volksgeschichte, der russische Spion unseres Vaterlandes.« Kotzebue hatte nach seiner Rückkehr nach Deutschland, 1817, vom Zaren ein hohes Gehalt bezogen für »Berichte über öffentliche Zustände in Deutschland« — mit ›Spionage‹ hatten diese ›öffentlichen Zustände‹ nichts zu tun, und daß

ein Schriftsteller oder Offizier in fremde Dienste trat, war damals kein
außergewöhnlicher Fall. Die nationalistische Geschichtsschreibung hat Kotzebue zum Vaterlandsverräter und den politischen Mörder Sand zum Helden
gemacht, obwohl sein Mord auch eine politische Dummheit war: er gab dem
Kanzler Metternich den schon lange gewünschten Vorwand für seine Zensur,
für die ›Demagogenverfolgung‹, die eine Welle von Denunziationen und
Verhaftungen zur Folge hatte — der lebende Kotzebue hatte gegen die Zensur
und für die Redefreiheit gekämpft; der ermordete Kotzebue wurde zum Anlaß, den Rest der gewährten Freiheit zu unterdrücken.

Kotzebue hinterließ außer miserablen Romanen und Gedichten mindestens
15 Trauerspiele, 73 Lustspiele, 30 Possen, 60 Schauspiele, 11 Parodien,
13 Vor- und Nachspiele, 17 Opern und Singspiele und 13 Kinder. Er war
ein nüchterner, kühler Kopf, ein später Aufklärer, der nichts übrig hatte
für Schwärmerei, Gefühlsseligkeit und studentischen Fanatismus. Er besaß
einen ausgeprägten Sinn für Komik und hatte Napoleon ebenso verhöhnt
wie die Burschenschafter, die Turner und die Freiheitskriege. Er verspottete
die Romantiker, besonders die Brüder Schlegel, attackierte Goethe und versuchte Schiller gegen Goethe auszuspielen, doch Schiller wurde, wie Goethe
Eckermann erzählte, »vor innerem Ekel darüber fast krank«. Er wurde angegriffen von Schiller, Goethe, Jean Paul, Hebbel, und der Kritiker Alfred
Kerr machte schließlich aus seinem Namen ein Schimpfwort für schlechte
Dramatiker. Weiser hatte Theodor Fontane geschrieben: »Wenn Kotzebue
für seine Lustspiele einen Dolchstoß empfangen mußte, wieviel Dolchstöße
muß ein moderner Lustspieldichter für die seinen empfangen?«

»Wenn er in seinem Kreise blieb und nicht über sein Vermögen hinaus-
ging«, urteilte Goethe, »so machte Kotzebue in der Regel etwas Gutes.« Und
da Goethe wußte, »wie viele Mittel er uns in die Hand gegeben hat, die Zuschauer zu unterhalten und der Casse zu nutzen«, ließ er ihn während seiner
Weimarer Intendantenzeit fast doppelt so oft aufführen wie Schiller und
mehr als zehnmal so oft wie Shakespeare; 87 Stücke brachte er von ihm heraus (siehe auch Seite 390).

Kotzebues Lustspiel *Der Rehbock* benutzte Albert Lortzing als Libretto
für seine Komische Oper ›Der Wildschütz‹ (1842), und am 18. Januar 1812
hatte Ludwig van Beethoven an Kotzebue geschrieben, er könne sich »des
lebhaften Wunsches nicht enthalten, eine Oper von Ihrem einzig dramatischen Genie zu besitzen« und wünschte sich etwas »von Ihrem poetischen
Geiste, das ich in meinen musikalischen Geist übertragen kann«.

Kotzebues erster europäischer Erfolg, viel öfter aufgeführt als Schillers
›Räuber‹ und Goethes ›Götz‹, war *Menschenhaß und Reue* (1787), ein Rührstück mit kühnem Thema; erstmals auf der Bühne wurde einer Ehebrecherin

von ihrem sie dennoch liebenden Mann verziehen: »Ach, ich fühle es: das
Hirngespinst, das wir Ehre nennen, ist nur in unsrem Kopf, nicht in unsrem
Herzen.« Eulalia hieß die also Gefallene und gleichwohl Geliebte, und die
Damen trugen hinfort ›Eulalia‹-Hauben wie dreizehn Jahre vorher die jun-
gen Männer den goetheschen ›Werther‹-Frack. Noch 1862 wurde dieses Stück
in Paris gespielt, wie Alfred Kerr erbittert bemerkte.

In seinem Lustspiel *Die beiden Klingsberg* (1801), noch 1941 in Berlin
aufgeführt, geraten sich der dreiundsechzigjährige Graf Klingsberg, der davon überzeugt ist, daß man zum Lieben nie zu alt wird, und sein Sohn
Adolph bei diversen Geliebten vom Kammermädchen bis zur Baronin auf
das amüsanteste in die nebenbuhlerische Quere.

Kotzebue, der vollendete Typ des Boulevardiers, bevor es diesen Begriff
noch gab, schrieb wirkungsvolle, leicht zu spielende Rollen, einen eleganten
Dialog, witzig bis zynisch, scheinmoralisch und frivol, und war ein Genie
des szenischen Effekts. In der Literaturgeschichte spielt er mit Recht keine
große Rolle; in der Theatergeschichte sollte er eine größere spielen: er war
der erfolgreichste internationale Export-Schlager und Kassen-Füller, den die
deutsche Sprechbühne je hervorgebracht hat. Sein Ruhm ging über Europa,
sein Einfluß weit über seine Zeit hinaus: mit seinen eigenen Stücken beherrschte er das Theaterleben in New York von 1798 bis 1800, und die
dramaturgischen Tricks, die er benutzte, sind noch heute überall in der Welt
in Gebrauch, wo zur schieren Unterhaltung Theater gespielt, ein Film gedreht oder ein Fernseh-Spiel gebastelt wird. In den deutschen Sprachschatz
eingegangen ist sein Begriff ›Krähwinkel‹.

Die deutschen Kleinstädter (1803). Sabine, die Tochter des Bürgermeisters
der Kleinstadt Krähwinkel, hat sich in der Residenz in Olmers verliebt, ein
Bild von ihm erhalten und ihre Großmutter angeschwindelt, das Porträt
stelle den König dar. Als der titellose ›Herr Olmers‹, ein großstädtischer,
liberaler Mann, in das titelsüchtige Krähwinkel kommt, in dem man Wert
darauf legt, mit ›Herr Bau-, Berg- und Weginspektorsubstitut‹ oder mit
›Frau Stadt-Akzisekassaschreiberin‹ angesprochen zu werden, ist er zunächst
ein argwöhnisch beobachtetes Nichts, bis die Großmutter, der das Bild einfällt, den ›König‹ in ihm erkennt. Olmers klärt den Irrtum auf und hält um
die Hand Sabines an, doch sie wird ihm erst gewährt, als er sich bereit findet, jeden mit seinem Titel anzureden, sich selbst als ›Geheimen Kommis-
sionsrat‹ bezeichnet und außerdem verspricht, bei Hofe die Flucht einer
Diebin zu vertuschen, die seit neun Jahren auf ihr Urteil wartet und den Ruf
Krähwinkels gefährdet. Da die ›Krähwinkel‹-Gepflogenheiten in Deutschland unausrottbar sind — ein unvergängliches, immer aktuelles Stück von

›Die deutschen Kleinstädter‹ von August Kotzebue, aufgeführt von den Kammer-
spielen des Deutschen Theaters Berlin, Premiere am 30. Oktober 1914, mit Else
Heims (geb. 1878), Leopoldine Konstantin (geb. 1886) und Lucie Höflich (geb. 1883).
Lithographie von Schlippenbach

liebenswürdiger Bosheit. Mit — schwächeren — Fortsetzungen: *Carolus Magnus* (1806) und *Des Esels Schatten oder Der Galatag in Krähwinkel* (1809).
Kotzebue benutzte das Lustspiel ›La petite ville‹ des französischen Autors
Louis Benoit Picard und nahm mit dem für einflußreich gehaltenen fremden
Herrn Olmers manchen Effekt von Gogóls ›Revisor‹ vorweg. Typisch
ein Akt-Schluß: drei Honoratiorendamen haben Schwierigkeiten, eine Tür
zu durchschreiten, weil jede der andern den Vortritt lassen will, darüber fällt
der Vorhang, und als er sich zum nächsten Akt öffnet, stehen die Damen
noch immer komplimentierend vor der Tür.

FRANZ UND PAUL VON SCHÖNTHAN kommen in neuen Nachschlagewerken nicht
mehr vor, obwohl sie eine Rolle geschrieben haben, die zum Begriff geworden
ist. In der Theatergeschichte gibt es renommierte Epochen, die dies nicht von
sich behaupten können. Über diese Rolle lacht jeder Theaterbesucher irgendwann einmal in seinem Leben, und falls er zu den seriöseren Leuten gehört,
wird er über sein schamloses Gelächter nachträglich ein bißchen erschrecken.
Die Schamlosigkeit freilich, sein gehabtes Amüsement hinterher zu bestreiten,
bringt nur der unseriösere Mensch auf. Franz von Schönthan (geboren am

20. Juni 1849 in Wien, gestorben am 2. Dezember 1913) weilte im August 1883 zur Kur in Schandau und wurde dort, da er Regisseur am Wiener Stadttheater war, von einer vornehmen und reichen Rumänin, die in Dresden lebte, mit einer Römertragödie ›Der Raub der Sabinerinnen‹ bedrängt, die das Wiener Hofburgtheater abgewiesen hatte: »Das Manuskript enthielt nach meiner ungefähren Schätzung einundeinhalb Kilo fünffüßige Jamben.« Da er die Dichterin, ohne sich unmöglich zu machen, weder aufführen noch weiterempfehlen konnte, empfahl er sie seinem jüngeren Bruder Paul (geboren am 19. März 1853 in Wien, gestorben am 5. August 1905) in Berlin. Von Paul verlangte die Dame, daß er sie mit dem Theaterdirektor L'Arronge bekannt mache, doch Paul retournierte sie samt ihrem Manuskript zu Franz mit der Empfehlung, zunächst eine Probeaufführung in der Provinz zu versuchen. Franz trieb den Direktor einer Wanderschmiere mit acht hungrigen Mitgliedern auf, die sich, während die Dame ihre Tragödie vorlas, in der Hoffnung auf das nun anbrechende Wohlleben unverzüglich Gänsebraten mit Gurkensalat bestellten. Franz schrieb aus Wien an Paul in Berlin: »Diese ganze Geschichte mit Frau von W. und ihrer Römertragödie ist ja eigentlich ein superber Lustspielstoff. Ich setze mich morgen hin und sehe, was daraus zu machen ist«, und Paul schrieb zur gleichen Stunde an Franz: »Diese Rumänin mit ihrem ›Raub der Sabinerinnen‹ hat mich auf die Idee gebracht, ein lustiges Stück mit Bezug auf die komischen Ereignisse zu schreiben.« Ihre Postkarten kreuzten sich, Paul überließ Franz das Vorrecht, doch Franz telegraphierte: »Kein Gedanke; wir schreiben das Stück zusammen. Titel: ›Der Raub der Sabinerinnen‹.« Sie schrieben es, und der berühmte Komiker Emil Thomas (1836–1904) wollte den Theaterdirektor Striese nicht spielen: »nichts hülfloseres«, so schien es ihm, habe er seit langer Zeit gelesen. Da aber das Berliner Wallner-Theater vor der Pleite stand, übernahm er doch die Rolle und mußte nach der Premiere, 1884, verblüfft konstatieren: »Vom zweiten Akt aber steigerte sich der Beifall bis zu einer bis dahin ungeahnten Intensivität und ist in den Annalen des Wallnertheaters vordem nie zu verzeichnen gewesen.« Im Stück der Brüder Schönthan ist ›Der Raub der Sabinerinnen‹ die literarische Jugendsünde des Professors Martin Gollwitz, und der Schmierendirektor Striese führt das Drama auf, um das vornehme Publikum anzulocken. In einem Schwank von unverfrorener Albernheit, zwischen dem von Angst und Stolz gebeutelten Professor, seiner tyrannischen Frau Friederike und seiner Tochter Paula mit dem romantischen Tick, ihr Mann müsse unbedingt eine sündige Vergangenheit haben, zwischen diesen Possenmarionetten und mitten in einem Platzregen lauer Späße, steht ein Mensch wie ein Brillant in einer Blechfassung, der Schmierendirektor Striese, entschlossen, das Römerdrama zum Triumph zu führen, und dies im heimatlichen Tonfall

— ein sächselnder Römer, doch ein König des Theaters mit der Würde eines
großen Künstlers noch in dieser Lächerlichkeit, die mehr als rührend, die
erbarmungswürdig ist, ja von einer gewissen Hoheit sein kann, wenn ein
großer Schauspieler den Striese spielt — und es gibt, seitdem Albert Bassermann (1867–1952) die Tragikomik in dieser Rolle entdeckt hat, kaum einen
Komödianten von Rang, der den Striese nicht gespielt hätte oder doch gern
einmal spielen möchte. Curt Goetz bearbeitete das Stück, spielte 1955 den
Striese und schrieb (für seine Frau Valérie von Martens) dem Striese seine
Frau Luise dazu, die dem Publikum des Römerdramas mit flinker sächsischer
Zunge suggeriert, daß man die Tragödie als Parodie spiele, und so gibt es
nach dem Durchfall einen rauschenden Erfolg. Im Kriegsjahr 1917 notierte
der Berliner Kritiker Alfred Kerr nach einer Aufführung des ›Raubs der
Sabinerinnen‹: ». . . die Leute liegen unter dem Stuhl. Ich auch . . . Ist man
ein Kritiker des vorliegenden Dramenbestands, vom Lukianos über Shake-
speare zu Hauptmann: dann meldet sich der Zweifel, ob Falstaff und Cramp-
ton und wie sie heißen, wirklich so hoch über dem Emanuel Striese stehn . . .
Bei Falstaff und Crampton fällt man, seien wir ehrlich, nie unter den Stuhl . . .
Püh, Striese lebt auch, für mich. Er ist bloß frei von allem Behäng' und aller
Behinderung. Er ist nur Komik — ohne die mühseligen Zutaten zu ihr. Die
Welt steht auf der Kippe. Manchmal steht auch des Kritikers Welt auf der
Kippe.«

EUGÈNE SCRIBE *und die Folgen.* Geboren an einem Weihnachtstag, am 24. Dezember 1791, in Paris; sein Vater, ein Seidenhändler, besaß einen Laden in
der Rue St. Denis. Studierte Jura, fiel mit zwanzig Jahren mit dem Stück
Le Dervis, einer Gemeinschaftsarbeit mit Delavigne, durch und hatte vierzehn
Jahre später bereits rund 130 Stücke geschrieben, für das ›Gymnase‹, das
›Vaudeville‹ und andere kleine Boulevard- und Vorstadtbühnen. (Das ›Vaudeville‹, ein kurzes Stück mit Gesangsnummern, ist zum Gattungsbegriff
geworden; ein ›Vaudeville‹ war ursprünglich ein Spottlied aus dem norman-
nischen Vire-Tal ›Val de Vire‹, später ein satirisches Singspiel, die Vorform
der Operette.) Zwei Jahre später, 1827, eroberte er sich mit *Valérie* und ›Le
Mariage d'Argent‹ *(Die Geldheirat)* die Comédie Française. 1836 in die
Académie Française gewählt und von dem Sorbonne-Professor Abel-François
Villemain mit dem Satz begrüßt: »Keinem Menschen ist es gestattet, das
Publikum dreißig Jahre lang ungestraft zu amüsieren.« Zeichnet verantwortlich für rund fünfhundert Vaudevilles, Operntexte und Dramen (Gesamtaus-
gabe 1785: 76 Bände). Lieferte Opernlibretti für Auber, Boieldieu, Donizetti,
Halévy, Meyerbeer, Verdi. Leiter einer Dramen-Manufaktur mit zahlreichen
spezialisierten ›Negern‹, Mitarbeitern, deren jeder für eine bestimmte Teil-

arbeit geeignet war: Idee, Szenen-Grundriß, Dialog, Couplets, Spezial-Effekte. (Ähnlich wurden schon im elisabethanischen England Stücke und werden im 20. Jahrhundert Drehbücher hergestellt.) Gestorben am 20. Februar 1861 im Fauteuil einer Kutsche, die ihn von seinem Haus in der Rue Pigalle zu einem Freund brachte — als der Kutscher die Tür öffnete, war Scribe entschlafen. Meister der ›pièce bien faite‹, des ›gutgemachten‹ Stückes: marionettenhafte Figuren, die nur aus einem amüsanten Dialog existieren, werden mit Hilfe raffiniert berechneter Intrigen und Gegenintrigen durch verblüffende Situationen geführt. Alles andere als realistisch, doch in einer Zeit des Bühnenpathos ein großer Schritt zum ernüchternden Realismus und durch satirische Elemente zur gesellschaftskritischen Sittenposse.

Ein Glas Wasser oder Ursache und Wirkungen (›Le verre d'eau‹. Uraufführung 17. November 1840, Paris. Deutschsprachige Erstaufführung 1841, Wiener Burgtheater). — 1710, St. James Palast, London. Vicomte von Bolingbroke tritt für die Beendigung des Krieges in Europa ein; seine Gegenspielerin ist die Herzogin von Marlborough, da der Krieg ihr geeignet erscheint, ihrem Gatten neue Ehren zu bringen. Zwischen beiden Auffassungen, den Parteien der Torys und der Whigs, schwankt die Königin Anna. Bolingbroke siegt schließlich in der politischen Intrige, indem er sich einer Liebesintrige bedient: die Herzogin und die Königin sind in den jungen, dummen, aber feurigen Fähnrich Masham verliebt, der allerdings verliebt ist in und wiedergeliebt wird von der kleinen, energischen Juwelenhändlerin Abigail. Beide Intrigen sind derart geschickt ineinander verdreht, daß durch ein einziges Requisit — ein Glas Wasser, an dem die Herzogin erkennt, daß auch die Königin ihren Fähnrich liebt — alle Entscheidungen herbeigeführt werden: die Königin empfängt den französischen Gesandten zu Friedensverhandlungen; die Herzogin verliert wie die Whig-Partei ihren politischen Einfluß; Bolingbrokes Tory-Partei wird eine neue Regierung bilden; Masham und Abigail werden heiraten und damit zugleich den in Gefahr geratenen Ruf der Königin retten. Fünf effektvolle Rollen; ein Salon-Dialog, der von gutgelaunter Kampflust sprüht, mit der damals durchaus couragierten Pointe, daß der große Lauf der Welt sehr oft von kleinen Schwächen abhängt — eine Pointe, die immer wieder abzuwandeln später Bernard Shaw nicht müde geworden ist.

Die spannende Theatertechnik Scribes und die tiefere Menschenkenntnis Balzacs wollte *Alexandre Dumas-Sohn* (1824–1895) miteinander verbinden, ein Sohn des ›Graf von Monte Christo‹-, ›Drei Musketiere‹- und ›Kean‹-Autors Alexandre Dumas-Vater. Zu einem Welt-Schlager mit Star-Rolle für große Tragödinnen wie Sarah Bernhardt und Eleonora Duse wurde sein ›dramatisches Gemälde‹ *Die Kameliendame* (›La Dame aux Camélias‹. Ur-

*›Die Kamelien-
dame‹, Zeichnung
von Aubrey
Beardsley (1872
bis 1898) aus dem
Jahre 1894 zum
Roman von
Alexandre Dumas-
Sohn. Aus ›The
Yellow Book‹,
Band 3*

aufführung 2. Februar 1852, Paris, Théâtre de Vaudeville. Textgrundlage
der Oper ›La Traviata‹ von Giuseppe Verdi, Uraufführung 6. März 1853,
Venedig): die schwindsüchtige ›grande Cocotte‹, die Geliebte vieler Männer,
Marguerite Gautier, deren Lieblingsblume die Kamelie ist, wird von einer
leidenschaftlichen Liebe zu dem jungen Armand Duval ergriffen; sie verzichtet auf ihn, um seine Familie nicht zu kompromittieren, spielt ihm zur
Erleichterung des Abschieds, blutenden Herzens, ihr altes, frivoles Leben vor,
wird von ihm beschimpft und stirbt, als Armand von seinem Vater ihre
wahren Motive erfahren und die Heiratserlaubnis erhalten hat, versöhnt in
seinen Armen.
    Der Meisterschüler Scribes war *Victorien Sardou* (1831–1908), der sich –

wie Scribe mit Hilfe von mitarbeitenden ›Negern‹ — europäischen Ruhm und mit rund hundert Stücken ein Vermögen zusammenschrieb, samt einem Schloß in Marly. Für seine Freundin, die Tragödin Sarah Bernhardt (1844 bis 1923), verfaßte er 1887 das Schauerdrama *La Tosca*, das zur Textgrundlage für Giacomo Puccinis Musikdrama ›Tosca‹ (1900) wurde. Auf der Sprechbühne lebendig geblieben ist sein Lustspiel *Cyprienne* (›Divorcons!‹. Uraufführung 6. Dezember 1880, Paris. Deutsche Fassung von Heinz Hilpert ›Also gut, lassen wir uns scheiden‹): die im Pensionat erzogene, junge Cyprienne erwartet von ihrer Ehe den Beginn des eigentlichen Lebens; ihr älterer Gatte, Herr von Prunelles, dagegen möchte sich in der Ehe zur Ruhe setzen. Während die Deputiertenkammer über ein Gesetz berät, das die bis dahin nicht gestattete Scheidung ermöglichen soll, flirtet Cyprienne mit ihrem Vetter Adhémas und mit dem Gedanken der Scheidung. Die jungfräulich Verehelichte ist neugierig auf andere Männer; sie freut sich kindlich, den Gatten ein bißchen — nicht zuviel — übers Ohr zu hauen; es macht ihr Vergnügen, dem Gatten davon triumphierend zu berichten; sie genießt die pikante Sensation, das Schockierendste unverblümt zu sagen. Ehemann Prunelles, der seine Cyprienne liebt, gewinnt sie dadurch wieder, daß er sie für ihren Geliebten freigibt, wodurch der Geliebte in die der Langeweile ausgesetzte Position des Ehemannes gedrängt, der Ehemann aber in die abenteuerliche Situation des Geliebten seiner eigenen Frau versetzt wird, so daß es zu Cypriennes Hauptspaß wird, den Geliebten mit dem Ehemann zu betrügen und schließlich auf die Scheidung zu verzichten.

Die besten der ›gut gemachten‹ französischen Stücke (denen ein deutscher Meister dieser Gattung vorangegangen ist, August Kotzebue) sind Leckerbissen für die Schauspieler. Wie alles Virtuose können sie ein heftiges Vergnügen bereiten, vorausgesetzt, sie werden von Virtuosen gespielt. Unzulänglich aufgeführt, sind sie von einer trostlosen Nichtigkeit. In der Theatergeschichte haben sie eine wichtige Schrittmacher-Rolle gespielt: das für seine Zeit realistische Sittendrama des jüngeren Dumas für den Naturalismus, für Henrik Ibsen, der die französischen Marionetten durch norwegische Alltagsmenschen ersetzte; die geistreich frivole Gesellschaftskomödie Sardous für das moderne französische und auf dem Weg über Oscar Wilde auch für das moderne englische Konversations-Stück.

Übertroffen wurde Sardou in der Konstruktion abschnurrender Pointenmechanismen durch *Georges Feydeau* (1862–1921). Er studierte Sardou und *Georges Courteline* (eigentlich Moineaux, 1860 bis 1929), den Verfasser bürgerlicher Schwänke, und trieb mit deren Technik ein Spiel, das nur noch sich selber ernst nimmt. Es ist keine Klamotte denkbar, die bei Feydeau nicht vorkäme: die unablässige Verwechslung von Personen; Sprünge in der Ehe und Seitensprünge aus der Ehe; Überpotenz und Impotenz; Sprachfehler und andere Gebrechen; Einfalt und Snobismus der Provinzler – dies alles jedoch sind nur Elementarzahlen einer berechneten Komik, die sich selbsttätig zu potenzieren scheint. Es wäre nicht nur unsinnig, es ist auch unmöglich, die Handlungen seiner Stücke zu skizzieren: sie sind verwickelter, als es die Gesetze eines einigermaßen klaren Berichtes zulassen. Der deutsche Schauspielführer ›Das Welttheater‹ (aus dem Jahr 1907) bemerkt zu Feydeau und seinen Possen ›Jagdfreuden‹, ›Die beiden Champignol‹, ›Hotel zum Freihafen‹, ›Fernands Ehekontrakt‹, ›Die Dame von Maxim‹ und deren Fortsetzung ›Herzogin Crevette‹ mit dem strengen Tadel enttäuschten Vergnügens: »Auch er läßt in jüngster Zeit bedenklich nach.« Nachgelassen hat er uns jedoch Feuerwerksanlagen, die nur richtig gezündet werden müssen. Seine Posse rund um ein Bett *Der Floh im Ohr* (La puce à l'oreille. Uraufführung am 2. März 1907, Paris. Théâtre des Nouveautés) ist anfangs der fünfziger Jahre von Georges Vitaly im Théâtre Montparnasse furios inszeniert und damit für das internationale Gelächter neu entdeckt worden.

Der Kritiker K. H. Ruppel sieht diesen »Floh im Ohr« aus der Perspektive der sechziger Jahre: »Ionesco bleibt da glatt auf der Strecke, allenfalls denkt man angesichts der Radikalität des Unsinnigen an die eschatologische Komik Becketts.«

Feydeau über seine eigenen Rezepte: »Sie fragen mich, wie man eine Farce schreibt. Nehmen Sie die tragischste Situation, die es gibt, eine Situation, die den Wächter eines Leichenschauhauses erschauern macht, und suchen Sie deren lächerliche Seite . . . Oh, nein, ich gehöre nicht zu denen, die in Freuden gebären. Indem ich den Wahnwitz organisiere, der die Heiterkeit des Publikums entfesseln wird, fühle ich mich nicht erheitert. Ich bewahre den Ernst, das kalte Blut des Apothekers, der eine Arznei bereitet: ein Gramm Verwicklung, ein Gramm Pikanterie, ein Gramm Beobachtung.«

Gegenspieler des Naturalismus und des Vaudeville war *Edmond Rostand* aus Marseille (1868–1918), Sohn des Schriftstellers Eugène Rostand und Vater des Dramatikers *Maurice Rostand* (1891–1968), der mit seinem pazifistischen Nachkriegsdrama *Der Mann, den sein Gewissen trieb* (›L'Homme que j'ai tué‹, 1925) einen Welterfolg hatte. Edmond Rostand gelang mit einem neuromantischen Versdrama ein offenbar unvergänglicher, sentimental-ironischer Bühnenreißer: *Cyrano de Bergerac* (›Romantische Komödie‹. Uraufführung 28. Dezember 1897, Paris, Porte St. Martin. Deutsch von Ludwig Fulda. Deutsche Erstaufführung 14. September 1898, Deutsches Theater, Berlin, mit Josef Kainz). Der historische Cyrano de Bergerac (1619–1659) war ein rauflustiger Gascogner und ein wissenschaftlich gebildeter Kopf, der

1648 mit seiner ›Reise zum Mond‹ und 1650 mit seiner ›Reise in die Sonne‹ noch heute erstaunliche Utopien schrieb, vorweggenommene Science Fiction mit satirischen und moralischen Tendenzen. An der überlangen Nase des Cyrano von Rostand zerschellt seine Hoffnung, die liebliche Roxane zu besitzen, und da sie einen andern liebt, Christian von Neuvilette, einen sympathischen dummen Schönling, souffliert Cyrano in edlem Verzicht dem braven Jüngling die Liebesworte unterm Balkon, schreibt für ihn die Liebesbriefe aus dem Krieg, wirbt mit seinem eigenen Geist durch den Körper des Kavaliers um die Dame seines Herzens und genießt nur dies: »Mit seinen Lippen küßt sie meine Worte.« Christian fällt im Krieg, Roxane geht ins Kloster und erkennt erst kurz vor dem Tode Cyranos, daß er die Briefe Christians, die sie so liebt, geschrieben hat. Cyrano ist eine Traumrolle: er ficht und singt seine preziösen Arien, daß die Verse und Reime wippen wie die Federn auf den Hüten; er ist rasend vor Tatendrang und tief melancholisch, pompös und hauchzart, elegant und auf eine delikate Weise nobel.

OSCAR WILDE, genauer: Oscar Fingal O'Flaherty Wills Wilde. Geboren am 10. Oktober 1854 in Dublin; der Vater war Chirurg, die Mutter politische Schriftstellerin, eine irische Patriotin, der er seine nationalstolze Galerie von Vornamen verdankt. Mit höchsten Preisen ausgezeichneter Schüler des protestantischen Trinity College in Dublin und später auch in Oxford. Autor preziöser Gedichte und Märchen (Jugendstil), des Romans ›Das Bildnis des Dorian Gray‹ (1891), glanzvoller Essays (›Intentions‹, 1891). Verheiratet seit 1884; zwei Söhne; der jüngste, der den Schriftstellernamen Vyvyan Holland führt, ist Autor einer Biographie über seinen Vater. Verfechter des Grundsatzes, daß die Kunst allein der Kunst zu dienen habe, des ›l'art pour l'art‹, von ihm vor Gericht, bei der Verteidigung seines ›Dorian Gray‹ mit den Worten erklärt: »Kein Kunstwerk vertritt jemals eine Absicht. Absichten haben nur Leute, die keine Künstler sind.« So

A WILDE IDEA
Or, More Injustice to Ireland!

›EINE WILDE IDEE oder: Eine weitere Ungerechtigkeit gegen Irland!‹ O. Wilde als Soldat mit Gewehr und Zigarette, seine 1892 mit Sarah Bernhardt schon geprobte, dann vom Zensor verbotene ›Salome‹ im Sturmgepäck. Zeitgenössische Karikatur

haben auch seine Theaterstücke keine gesellschaftskritischen Absichten: ihre Gesellschaftskritik ist nur ein untergeordneter Teil des Amüsements. Erste Premiere: *Vera oder Die Nihilisten* am 20. August 1883 im Union Square Theatre, New York; Mißerfolg, abgesetzt nach einer Woche. Sein Einakter ›Salome‹ wurde 1892 mit Sarah Bernhardt im Londoner Palace Theatre probiert, dann vom Zensor verboten und zum Libretto für das Musikdrama *Salome* von Richard Strauss, uraufgeführt am 9. Dezember 1905 in Dresden, im gleichen Jahr, in dem Wildes ›Salome‹ zum erstenmal auf eine englische Bühne kam. Die Ovationen für sein erstes erfolgreiches Stück ›Lady Windermeres Fächer‹ quittierte er, die Zigarette in der Hand, dem Premierenpublikum mit:»Meine Damen und Herren, dieser Abend hat mir ungewöhnlich gut gefallen. Die Schauspieler gaben uns eine reizende Vorstellung eines köstlichen Stücks, und Ihr Beifall zeigte höchstes Verständnis. Ich beglückwünsche Sie zu Ihrer Vorstellung, die mir beweist, daß Ihnen mein Stück fast so gut gefällt wir mir.« Mit fünf Stücken zwischen 1892 und 1895 war er der umjubeltste Dramatiker Londons. Vier Tage nach seiner letzten Premiere vom Marquess von Queensberry, mit dessen Sohn Lord Alfred Douglas, genannt ›Bosie‹, er intim befreundet war, auf einer offenen Karte als (mit orthographischem Fehler) ›Somdomit‹ bezeichnet. Lord Alfred, der seinen Vater haßte, trieb den ihm hörigen Wilde an, vor Gericht zu gehen.

Wilde verlor die Verleumdungsklage gegen den Marquess, wurde angeklagt, und der Prozeß, der durch seine witzigen und hochmütigen Antworten wie eine Komödie begann, endete mit einer Katastrophe: zwei Jahre Gefängnis mit Zwangsarbeit. Er verbüßte sie als Nr. C 33 in Reading; im Zuchthaus schrieb er:»Was mir das Paradoxe in der Sphäre des Denkens war, wurde mir das Perverse in der Sphäre der Leidenschaft.« Nach seiner Entlassung, 1897, beendete er in Frankreich die ›Ballade vom Zuchthaus zu Reading‹. Gestorben einen Tag, nachdem er katholisch geworden, am 30. November 1900 an einer Gehirnhautentzündung in Paris, im Hotel d'Alsace, Rue des Beaux-Arts. Beigesetzt (seit 1909) auf dem französischen Nationalfriedhof Père Lachaise.

Seine schockierenden, geschäftstüchtigen Dandy-Posen, seine ernst gemeinte, rein ästhetische Rechtfertigung des Lebens, seine Aphorismen, Paradoxien und Bosheiten gegen viktorianische Etikette, Moral und Heuchelei wurden von der Gesellschaft ebenso wütend bekämpft wie amüsiert genossen. Die ›Handlungen‹ seiner Stücke sind mit dem Verschwinden ihrer Angriffsziele vollends uninteressant geworden und nur noch Transportmittel für seinen Witz — das Vorbild für viele Autoren britischer Gesellschaftsstücke, für Somerset Maugham, Noel Coward, Peter Ustinov. Der Wiener Kritiker Alfred Polgar hat seine Pointen analysiert:»der den

Vordersatz aufhebende Nachsatz; das verkehrte Sprichwort; der Tausch von Schluß und Prämisse; die Pyramide mit der Spitze unten und der Basis oben; die Behandlung einer moralischen Frage als ästhetische; das Einmaleins als Geschmackssache; die Umdrehung platten Sinns zu apartem Unsinn«. So präzise Polgar die ›Herstellungsmethoden‹ beschreibt, sie lassen sich dennoch nicht wie Kochrezepte verwirklichen: um es von ihnen lernen zu können, muß man es schon vorher können. Bereits Bernard Shaw hat in seiner Kritik über Wildes ›Idealen Gatten‹ 1895 in der ›Saturday Review‹ festgestellt: »(Die Kritiker) behaupten, der Trick sei klar, und solche Epigramme könnte serienweise jeder produzieren, der leichtfertig genug wäre, sich zu solcher Frivolität zu erniedrigen. Soweit ich feststellen kann, bin ich in London der einzige, der sich nicht hinsetzen und nach Wunsch ein Oscar-Wilde-Stück schreiben kann.«

Lady Windermeres Fächer (›Lady Windermere's Fan‹). ›Ein Schauspiel, das von einer guten Frau handelt‹ (Uraufführung 20. Februar 1892, St. James Theatre, London). Die ›gute Frau‹ ist nicht Lady Windermere, sondern Mrs. Erlynne, die von Lady Windermere verdächtigt wird, die Geliebte Lord Windermeres zu sein. Mrs. Erlynne jedoch bringt sich selbst in einen schlechten Ruf, um den guten Ruf Lady Windermeres zu retten, denn sie ist (was sie verschweigt) die Mutter der Lady Windermere. *Eine Frau ohne Bedeutung* (›A Woman of No Importance‹. Uraufführung 19. April 1893, Haymarket Theatre, London): dies scheint Mrs. Arbuthnot, die betrogene Mutter eines unehelichen Kindes von Lord Illingworth, doch sie lehnt es ab, ihn zu heiraten: sie ist eine zu gute Mutter, um ihr Kind einem Vater auszuliefern, den sie verachtet. *Ein idealer Gatte* (›An Ideal Husband‹. Uraufführung 3. Januar 1895, Haymarket Theatre, London). Das Bild des ›idealen Gatten‹, das Lady Chiltern von ihrem Mann, Sir Robert Chiltern, Unterstaatssekretär im Außenministerium, besitzt, droht durch die erpresserische Mrs. Cheveley zerstört zu werden, doch Lord Goring rettet durch Gegenintrigen die Ehe seines Freundes. *Bunbury* (›The Importance of being Earnest‹. Uraufführung 14. Februar 1895, St. James Theatre, London). Der englische Titel spielt mit der Doppelbedeutung von ›Earnest‹ (›ernst‹ und der Name ›Ernst‹); deutscher Titel etwa: ›Ernst muß man sein‹. Algernon hat den kranken Bunbury auf dem Land erfunden, damit er einen Vorwand hat, aus London zu verschwinden — zu ›bunburysieren‹. Sein Freund Jack hat sich einen jüngeren Bruder namens Ernst in der Stadt erfunden, damit er, der als Vormund Jacks auf dem Lande ernst sein muß, als Ernst in der Stadt unernst sein kann. Algernon übernimmt gegen den Willen seines Freundes die Rolle des erfundenen Bruders: eine furiose Täuschungs-, Veralberungs- und Verlobungsposse.

FRANZ MOLNAR schrieb, als er siebzig Jahre alt war, in New York (wo er am
1. April 1952 starb) das Buch ›Companion in Exile‹ (deutsch ›Gefährtin im
Exil‹, Bad Wörishofen, 1953), gewidmet seiner gerade verstorbenen, geliebten Sekretärin, deren Erinnerungen an seine Erinnerungen einen großen Teil
des melancholischen Buches ausmachen; darin der Satz:»Ich habe die Namen
der meisten Gestalten in meinen einundvierzig Stücken schon fast vergessen.« Die Namen beispielsweise in *Der Schwan* (1924), *Der Leibgardist*
(1910), *Spiel im Schloß* (1926), *Olympia* (1927), lauter Welterfolge, wurden
nicht vergessen von den Molnár-Begeisterten, für die hier der Wiener Kritiker Friedrich Torberg zitiert sei: »Die Armen im kritischen Geiste aber, die
in Franz Molnár, immer noch (1957), nichts weiter sehen wollen als den
witzigen Bühnenroutinier ... — sie werden alsdann, steifbeinig auf und ab,
im himmlischen Trottelgärtlein promenieren, Arm in Arm mit jenen, die in
Nestroy zeitlebens nichts weiter als einen Possenreißer gesehen haben.«
Torberg hält Molnár für den »Brillat-Savarin des ungarischen Lustspiels«;
Robert Musil dagegen meinte 1924, sein Stück *Die Rote Mühle* sei »ein
Kinogramm des Lebens« und rühmte ihn ironisch als einen Plauderer,
der die Kunst beherrsche, »Dante, Goethe oder Beethoven einem Publikum
erträglich zu machen, das durch Lehár verwöhnt ist«. Welche der beiden Wie-
ner Molnár-Schulen recht behalten wird, ist noch nicht entschieden, in jedem
Falle aber scheint der am 12. Januar 1878 in Budapest geborene Ferenc
Molnár mit *Liliom* ein unverwüstliches Bühnenzuckerl geschaffen zu haben.
Als die Uraufführung 1909 in Budapest »lautlos durchfiel«, meinte die
Familie des Autors: »Das kommt davon, wenn man seine Stücke in lauten
Cafés schreibt.« Drei Jahre später, mit der Aufführung in der Wiener Josef-
stadt in Polgars Bearbeitung, begann der Welterfolg, auch als Film 1934,
auch als Musical ›Carousel‹ von Richard Rodgers, 1945, nicht als Oper, denn
Molnár erlaubte Puccini nicht, ›Liliom‹ als Libretto zu benutzen. Diese ›Vor-
stadtlegende‹ spielt um die Jahrhundertwende: Liliom, der Schiffschaukler,
der »Hutschenschleuderer«, ist ein rauflustiger Weiberverführer und dabei
so zart, daß er den Brutalen spielen muß: Wen er liebt, den schlägt er.
Als seine Julie ein Kind erwartet und Geld gebraucht wird, versucht er mit
dem Verbrecher Ficsur einen Raubüberfall, wird erwischt und ersticht sich. Im
Himmel wird erkannt, daß es ein Selbstmord aus Liebe gewesen ist, und
nach sechzehn Jahren darf Liliom für einen Tag zur Erde, zu seiner Witwe
und seiner Tochter Luise, für die er einen Stern vom Himmel gestohlen hat.
Luise weist ihn ab, er schlägt sie, doch spürt sie den Schlag so wenig wie
einst ihre Mutter Lilioms Prügel. Der ungeläuterte Liliom muß zurück.
Mit Glanz und Poesie gespielt von Max Pallenberg, Josef Jarno, Hans Albers
und Helmuth Lohner. .

CURT GOETZ. Geboren in Mainz, 1888, »am 17. November«, so erzählte er zu seinem 70. Geburtstag, »morgens um fünf Uhr, wie ich mich deutlich erinnere ... meine Mutter war furchtbar stolz auf mich, während mein Vater bei meinem Anblick bemerkte, ›was wir *wirklich* gebraucht hätten, wäre eine Kommode gewesen‹.« Der Vater war ein Basler, die Mutter eine Deutsche italienischer und französischer Abstammung, und tatsächlich war Curt Goetz ein Großneffe von Bernard Shaw. Aufgewachsen in Halle; Berufswunsch, unerfüllt: Arzt. Mit achtzehn Jahren als Schauspieler zum Theater, über Provinzbühnen nach Berlin, zum Kleinen Theater unter den Linden, wo er in Shaws

*Curt Goetz (1888–1960),
karikiert von Goltz*

Komödie ›Fannys erstes Stück‹ debütierte; später am Lessing-Theater. Er spielte Ibsen, Shakespeare, Sudermann, Strindberg, Kaiser, Shaw. Mal war er der Vater (in Ibsens ›Wildente‹), mal der Sohn (in Kotzebues ›Die beiden Klingsberg‹) von Albert Bassermann. Und er mimte finstere Verbrechertypen in der von Joe May inszenierten Stummfilm-Serie ›Joe Deebs‹ mit Max Landa — Autor dieser Detektivgeschichten: Curt Goetz. Sein erstes Stück *Der Lampenschirm*, das er ›Kein Stück in drei Akten‹ nannte, schrieb er 1911. Meisterhafte kurze Grotesken: ›Nachtbeleuchtung‹, ›Lohengrin‹, ›Tobby‹, ›Minna Magdalena‹, ›Der fliegende Geheimrat‹ und unter dem Titel ›Menagerie‹ die ›vier Übungen‹: ›Der Spatz vom Dache‹, ›Die Taube in der Hand‹, ›Der Hund im Hirn‹ und ›Der Hahn im Korb‹. Einakter: ›Der Mörder‹, ›Das Märchen‹, *Die tote Tante* (Uraufführung 1924, Berlin, Kammerspiele). 1923 inszenierte er in Wien seine ›Ingeborg‹ und lernte im Theater in der Josefstadt die Schauspielerin Valérie von Martens kennen, die Tochter eines Admirals der österreichisch-ungarischen Marine, eine geborene Pajér Edle von Mayersperg, die zur Bühne durchgebrannt war, und heiratete sie unverzüglich. Sie wurde seine Partnerin, auf der Bühne und in den Filmen, die er nach seinen Stücken schrieb und inszenierte: ein vollkommen aufeinander eingespieltes Paar, zwei verehelichte Pointen. Er ging mit seinen Stücken auf Tournee und zog eine Schleppe der guten Laune und des Gelächters hinter sich her. 1933 Übersiedlung in die Schweiz, 1939 auf einer Amerika-Reise vom Krieg überrascht. An Kriegspropaganda-Filmen in Hollywood wollte er sich nicht beteiligen (»Nazis hätte ich auch in Deutschland spielen können«): er züchtete (2000) Hühner in Beverly Hills. Rückkehr nach

Deutschland im Herbst 1946; Verfilmung seiner Bühnenstücke ›Dr. med. Hiob
Prätorius‹ (auch in Hollywood verfilmt, mit Cary Grant), ›Das Haus in
Montevideo‹, ›Hokuspokus‹. Zu seinem 70. Geburtstag Uraufführung seiner
Einakter ›Miniaturen‹ im Berliner Renaissance-Theater; in den Hauptrollen,
nach wie vor, Curt Goetz und Valerie von Martens. Gestorben im Krankenhaus von Grabs im Kanton St. Gallen, am 12. September 1960; beigesetzt
in Berlin.

Mit »Es lebe Seine Majestät, der Schauspieler!« hatte er an seinem 70. Geburtstag eine Rede beendet: für ihn war der Komödiant der Herr der Bühne,
und so schrieb er auch seine Stücke als Schauspieler für Schauspieler, die
Hauptrollen für seine Frau und für sich. Dieser Herr der Bühne war immer
ein Herr auf der Bühne und im Leben: von weltmännischem Charme, ein
eleganter Plauderer, ironisch, doch ohne Bosheit. Er wollte die Welt nicht
ändern, sondern unterhalten. Und wenn er einmal belehrte, meist über die
Vorzüge der Vernunft und des Humors, so tat er es liebenswürdig und verlangte von seinem Publikum nicht mehr an revolutionärem Denken, als es
insgeheim ohnehin schon vollzogen hatte — noch mit seinen Kühnheiten
bestätigte er die Gewohnheiten des Zuschauers. In seiner Geburtstagsrede
sprach er von sich in der dritten Person: »Er hatte keine literarischen Ambi-
tionen, sondern war lediglich von der fixen Idee besessen, Heiterkeit verbreiten zu wollen, eine Gabe, die ihm in die Wiege gelegt war, mit welchem
Pfunde er aber in diesen traurigen Zeiten wuchern zu sollen für seine Pflicht
hielt, weil er nun mal von der fast allmächtigen Kraft des Humors überzeugt
war. Manchmal hat er vielleicht ein bißchen viel gewuchert und ist bis an
die Grenze der Farce gegangen, er hat sich ein bißchen geschämt deswegen,
aber das waren dann seine größten Erfolge.«

Ingeborg, ›Komödie in drei Akten‹ (1921), ist, laut Regie-Anweisung, »ein
junges Weib von jenem hinreißenden Charme, wie ihn die Liebhaberinnen
unserer Bühnen verbergen«; sie hat den langweiligen Ottokar geheiratet,
weil sie in ihm den knabenhaften Autor des Gedichts auf einen Leberfleck
vermutet, der sich lieber von der Schule werfen ließ, als zu verraten, daß der
Leberfleck zu ihrem Mädchenknie gehörte. Die Leberfleck-Lyrik jedoch
stammt von Peter Peter, und als dieser auftaucht, versucht sie, ihn zu verführen — was nicht ganz leicht ist, denn »Entweder der eine oder der andere«,
meinen die Männer, sie dagegen: »Sowohl der eine als auch der andere.«
Unerschrocken beantwortet sie die Frage ihres Mannes »Wen liebst du nun
mehr?« mit der gelassenen Feststellung: »Ich liebe euch alle beide· gleich.«
Der Diener ›Herr Konjunktiv‹ kommentiert die sich andeutenden kühnsten
Konsequenzen mit: »Es wäre immerhin möglich.«

Hokuspokus. ›Komödie in drei Akten‹ (1926). In einem imaginären Mord-prozeß ein Rededuell zwischen Staatsanwalt und Verteidiger, eine schein-logische Spiegelfechterei, ein forensischer Jux. Die Indizien des Staatsanwalts gegen die Angeklagte scheinen unwiderlegbar, die Indizien des Verteidigers (die Goetz-Rolle) scheinen es nicht minder, und sie sind es in der Tat, als sich der Verteidiger als der angeblich Ermordete entpuppt.

Der Lügner und die Nonne. ›Ein Theaterstück in drei Akten‹ (Uraufführung 7. Dezember 1929, Thalia-Theater, Hamburg). Die Kloster-Novizin Angela, unter den falschen Verdacht geraten, die Mutter eines Kindes zu sein, ist ins Wasser gegangen und gerettet worden von Charly, in den sie sich verliebt, weil er dem verehrten Kardinal so ähnlich sieht. Der weltweise Kardinal fällt eine weise Entscheidung, die ihm um so leichter fällt, als Charly der Vater des Kindes und der Kardinal der Vater Charlys ist. Wenn der Kardinal seinen Sohn zur Aussprache erwartet, besteht die absolute Notwendigkeit, daß der Schlußvorhang fällt: Vater und Sohn sind eine Doppelrolle.

Dr. med. Hiob Prätorius. ›Geschichte ohne Politik nach alten, aber guten Motiven‹ (Uraufführung 31. Dezember 1932, Stuttgart). Dr. Prätorius ist der Kurpfuscherei angeklagt, weil er sich auf dem Lande als Schuster nieder-gelassen und scharenweise Kranke geheilt hat. Er jagt die Mikrobe der menschlichen Dummheit und besitzt so viel Humor, daß er sich buchstäblich totlacht und seine feurig spanisch aussehende, aber sächselnde Frau Violetta mit in den Tod reißt: er fährt, weil er über Violetta lachen muß, seinen Wagen gegen einen Baum. In der Rahmenhandlung tritt der Prätorius-Darsteller als Sherlock Holmes auf, um den Fall Prätorius zu klären — dieser Theater-Coup tröstet über den Tod des Doktors hinweg, der angesichts Sherlock Holmes' gar nicht gestorben scheint. Ein Glanzstück frühen ›schwarzen Humors‹ ist das Faktotum Shunderson: zum Mörder geworden, weil durch einen Justiz-irrtum wegen Mord verurteilt, und, nachdem er allzu flüchtig gehenkt wor-den ist, unter dem Messer des Doktors in der Anatomie zu gespenstischem Leben erwacht.

Das Haus in Montevideo oder Traugotts Versuchung. Eine Komödie im alten Stil über Moral, Versuchung und Belohnung der Tugend, frei nach der ›Toten Tante‹ (Uraufführung 27. Oktober 1950, Renaissance-Theater, Ber-lin). Oberlehrer Professor Dr. Traugott Hermann Nägler, die Karikatur eines Moralisten, Vater von zwölf Kindern, gerät in arge Versuchung: seine Schwester, einst wegen Sünde aus dem Haus verstoßen, weil sie mit siebzehn Jahren ein uneheliches Kind bekam, ist reich geworden, hat der siebzehnjährigen Tochter Näglers ein höchster Zweideutigkeit verdächtiges Haus in Montevideo vererbt und überdies ein Dollar-Vermögen ausgesetzt, falls in der Familie ihres Bruders sich ein Sündenfall ereignet, der ihrer Jugendsünde gleicht. Die Schlußpointe rettet die Dollars samt der Moral: »Nichts ist so schmutzig wie eine schmutzige Phantasie – oder eine zu moralische.«

KARL WITTLINGER, geboren am 17. Mai 1922 in Karlsruhe, Germanist, Anglist, Dr. phil., Heizer, Dachdecker, Autor einer Reihe von Stücken, hat den erfolgreichsten Bühnenspaß der fünfziger Jahre geschrieben, einen Welterfolg, die Komödie *Kennen Sie die Milchstraße?* (Uraufführung 26. November 1961, Studio der Kölner Bühnen). Die Straße, die der Patient einer Irrenanstalt morgens befährt, um die Milch zu holen, nennt er »die Milchstraße«, und er ist ein so argloser, moralisch kindlicher Mensch, daß er eigentlich von der himmlischen Milchstraße stammen müßte. Diesen Gedanken hat Wittlinger nicht überstrapaziert, sein Stück lebt vom Vergnügen, das zwei Komödianten – der Patient und der Arzt – machen können, wenn sie ein paar Rollen haben: der Arzt spielt noch vier weitere Personen und der Patient noch den Chef des Arztes, wenn sie die Geschichte des Patienten improvisieren: Spät aus dem Krieg heimgekehrt und für tot erklärt, lebt der Patient zwar biologisch, doch statistisch ist er tot; mit den Papieren eines toten Fremdenlegionärs ist er zwar biologisch tot, aber statistisch lebendig. So übernimmt er das Leben des Legionärs, eines ehemaligen Verbrechers, und muß sich, zum Guten und Rechten entschlossen, außerhalb der Gesellschaft verbergen – als Todesfahrer auf dem Jahrmarkt so lange im Kreise drehen, bis sich ihm die Milchstraße des Irrenhauses öffnet. Sein rührendes Vertrauen in Gott, in das Leben, in die Milch der frommen Denkungsart ist unerschütterlich, und so avanciert er schließlich vom Patienten zum Angestellten der Anstalt. Das Stück ist ein so liebenswürdig verspielter Leckerbissen für zwei Komödianten, daß es humorlos wäre, seine schlichten Gedanken und Anflüge von Poesie auf Festigkeit und Form abzuklopfen. – Voller sanft sozialkritischer Späße steckt auch sein für die Bühne umgearbeitetes Fernsehspiel *Seelenwanderung* (Uraufführung 21. Dezember 1963, Kammerspiele der Frankfurter Bühnen). Bum »denkt« seine »Seele« in einen Karton, den sein Freund Axel für fünf Mark im Leihhaus versetzt; der seelenlos gewordene Bum nimmt mit diesen fünf Mark seinen brutalen Aufstieg in der Gesellschaft und wird, da seelenlos, nach seinem Herzinfarkt nicht »abgeholt« – den Streit seiner Frauen an seinem Sarg, die Aufstellung seines verlogenen Denkmals muß er als ohnmächtiges Gespenst sehen, und dies ist für ihn »die Hölle« – nichts wünscht er sich mehr als seine Seele aus dem Karton. Doch sobald er die Seele wieder hat, muß er – am Strick eines Teufelchens – in die Hölle.

15. DER SCHWARM DER POETEN

oder: Dramatiker, die man Dichter im engeren Sinne nennt

Hofmannsthal: schöpferische Restauration · Giraudoux: der Apoll von Bellac · Audiberti: Feuerwerk über Traumkanälen · Montherlant: der mokante Matador · Eliot: Geheimbotschafter Gottes · Fry: Verführer zum Leben · Barlach: holzgeschnitzte Läuterungswege · Jahnn: Fleisch und kristallene Ordnung · Expressionistische Nachlese: Goering, Kornfeld, Lasker-Schüler, Hasenclever, Toller, Werfel, Goll · Valle-Inclán: Tragödien im Zerrspiegel · García Lorca: Andalusisches und Antikes · Arrabal: das Komplexikon · Im Rückspiegel: Volksstücke: Niebergall, Zuckmayer, Pagnol

Ich sage, daß das in Prosa geschriebene Drama nur ein unbeträchtliches Nebenergebnis des Versdramas ist. Die Menschenseele hat in Zuständen tiefer Erregung das Bestreben, sich im Vers Ausdruck zu verschaffen.　　　　　　　　T. S. Eliot

Der Sitzplatz im Theater hat die Exterritorialität einer Gesandtschaft ins Reich der Antike oder der Heldenzeit, in die Gebiete des Außerlogischen und der Phantasie.

Jean Giraudoux

Das Leben besteht aus Illusionen. Manche nehmen Gestalt an. Diese bilden die Realität.　　　Audiberti im ›Glapion-Effekt‹

Die Fröhlichkeit ist zu lange auf Seiten des Teufels gewesen — und so ist eine der wichtigsten Forderungen unserer Zeit, sie zurückzugewinnen.　　　　　　　　Christopher Fry

Manche Leute halten Poesie, sofern sie Poesie überhaupt für etwas halten, für aristokratischen Kitsch. Wenn sie nur das Wort ›Poesie‹ hören, fällt ihnen schon das rotgebundene Album ihrer Kindheit ein, mit Goldschnitt und Preßbildchen, und sie meinen, so grundsätzlich und groß sei der Unterschied zwischen den handgeschriebenen Versen der Mädchen und den poetischen Erzeugnissen der Dichter nun ja auch wieder nicht, denn im Grunde laufe es in beiden Fällen auf eine idyllische Welt hinaus, und die Welt sei bekanntlich alles andere als eine Idylle.

Dennoch läßt sich kaum bestreiten, daß beispielsweise die erste Strophe des idyllischen Abendliedes von Matthias Claudius

> Der Mond ist aufgegangen,
> Die goldnen Sternlein prangen
> Am Himmel hell und klar;
> Der Wald steht schwarz und schweiget,
> Und aus den Wiesen steiget
> Der weiße Nebel wunderbar

etwas anderes ist als die Wettermeldung »Sternklarer Nachthimmel, auf Waldwiesen verbreitet Bodennebel«, obwohl die Strophe des Matthias Claudius zweifellos keinen anderen ›Inhalt‹ hat als eben diese Mitteilung. Es sind auch Menschen denkbar, die zu dem Gedanken oder gar zu der Tagebuch-Notiz angeregt werden: »Beim Waldspaziergang durch Wind- und Vogelstille eine Todesahnung«, es gibt aber nur einen einzigen Menschen, den Johann Wolfgang Goethe, der statt dessen geschrieben hat:

> Über allen Gipfeln
> Ist Ruh,
> In allen Wipfeln
> Spürest du
> Kaum einen Hauch;
> Die Vögelein schweigen im Walde.
> Warte nur, balde
> Ruhest du auch.

Wer nicht einsehen will, daß Poesie eine durch Informationen nicht zu ersetzende Unbeschreiblichkeit ist, der überspringe am besten dieses Kapitel, denn in ihm ist nur von Poeten die Rede. Das Gewissen des Verfassers, das durch die vorausgegangenen ›Inhalts‹-Angaben von Theaterstücken schon genügend belastet ist, hier protestiert es so laut, daß es niedergebrüllt werden muß: Denn was kann man schon über ›Inhalte‹ des poetischen Theaters schreiben? Immer nur so etwas wie ›Zielloser Waldspaziergang‹, während es sich doch um so etwas handelt wie Goethes Strophe: »Ich ging im Walde / So für mich hin, / Und nichts zu suchen / Das war mein Sinn.«

Poesie verändert die Welt, indem sie etwas in die Welt bringt, was vorher nicht in ihr gewesen ist: das Gedicht mit allen Glücksgefühlen, die von ihm ausgehen. Man kann die Welt über ein Maschinengewehr anvisieren, durch einen Schraubenschlüssel betrachten, über einem Aktendeckel vergessen und mit einer Statistik zudecken. Man kann hinter ihren Erscheinungen und Veränderungen nach einer befriedigenden Mechanik suchen und damit den Himmel zur Klima-Anlage, die Erde zum Mistbeet, das Meer zum Heringslieferanten und den Wald zum Zellulose- und Erholungszentrum erklären.

Man kann die Natur auf ihren Nutzeffekt untersuchen und den Menschen ökonomisch, politisch, soziologisch, psychoanalytisch und philosophisch auseinandermontieren und wieder zusammensetzen — dies alles hat gelegentlich seine unbestrittene Berechtigung. Die Poeten aber bringen der Welt den Gesang bei, und wenn sie die Welt nicht nur zur sonntäglichen Erbauung metrisch einrichten, sondern auch ihre verzweifelt dunklen Seiten nicht übersehen, so machen sie etwas von dem Geheimnis spürbar, in das der Mensch verwoben ist. Das ist zwar unpraktisch und zwecklos, doch kann es sehr schön sein.

Wodurch lehrt man die Welt singen? Durch Sprache. Und so sind viele Autoren des poetischen Theaters derart sprachverliebt, daß sie darüber die anderen Damen vernachlässigen, die sich ein rechter Dramatiker in seinem Harem halten muß: die Musen des eigentlichen Spiels, der bewegten Handlung, des spannenden Aufbaus. Wenn Autoren wie Giraudoux oder Audiberti oder Fry erst einmal anfangen, mit poetischen Zungen zu reden, dann hören sie so rasch nicht wieder auf, begeistern sich an ihren Metaphern-Fontänen und halten die ungeduldig trippelnde Handlung derweilen an einem Jackett-Knopf fest. Von strengen Kritikern werden sie deswegen gerügt, manchmal sogar einfach für tot erklärt. Wer ihnen aber gern zuhört, der fühlt sich von den strengen Forderungen der Kritiker, mögen sie noch so gut begründet sein, doch eher belästigt.

Die Dichter des poetischen Theaters können, wenn sie so richtig im Schwung sind, natürlich auch keine Rücksicht darauf nehmen, daß eigentlich noch niemand einen Engel oder einen Troll, eine Erinnye oder den Tod in Gestalt einer Bettlerin gesehen hat. Den Aberglauben, dies alles gäbe es nicht, weil es niemand gesehen hat, machen sie nicht mit. Sie wissen: Was durch sie oder ihre Vorgänger in die Welt gebracht worden ist, das gibt es auch. Das gibt es in einer Phantasiewelt, und man kann es sogar sehen, sobald sich das Theater dieser Phantasiewelt annimmt. Gerade dazu, so meinen diese poetischen Dramatiker, sei das Theater ja geschaffen. Wer behauptet, er habe noch nie den Teufel gesehen, der braucht sich nur eine Eintrittskarte für den ›Faust‹ zu kaufen. Erinnyen gibt es mindestens seit Aischylos, und mindestens seit Aristophanes reden auch Vögel, Wespen und sogar Wolken, wenn ihnen danach ist — wer solche Erscheinungen im modernen Theater ›surrealistisch‹ nennen will, der mag dies tun, es wird niemand dadurch geschädigt.

Geographielehrer amüsieren sich gern darüber, daß Böhmen bei Shakespeare am Meer liegt; sie halten es für eine Unwissenheit des Dichters, diese Unwissenden: Shakespeares Böhmen hat mit Geographie so wenig zu schaffen wie ein fliegender Teppich mit Aeronautik. Das meerumschlungene Böhmen

Shakespeares ist ein Lieblingsort der poetischen Dramatiker, ob sie es nun Venedig nennen wie Hofmannsthal, Limousin wie Giraudoux, Ratzeburg wie Barlach oder Granada wie García Lorca. Was für diese märchenhafte Beschaffenheit des Ortes gilt, das gilt auch für die Zeit: der Odysseus von Giraudoux ist ein moderner französischer Diplomat, der Noah Barlachs ein zeitgenössischer mecklenburgischer Gutsbesitzer, und wer da von ›Anachronismus‹ spricht, der ist ein Pedant, den man nicht ins Theater lassen sollte.

Die Dichter des poetischen Theaters, die mit Orten und Zeiten und mit Phantasiegestalten ihrer Vorgänger jonglieren, sind meistens sehr gebildete Leute. Manchmal sogar zu gebildet, um sich einem größeren Kreis verständlich zu machen. Sie greifen in den Weltvorrat von Märchen und Mythen, von vergessenen oder halbvergessenen Dramen; sie wandeln die alten Muster ab, wie Hofmannsthal, Giraudoux oder Eliot, dessen Beziehungen zur Antike so feingesponnen waren, daß niemand sie bemerkt hätte, wären sie nicht von ihm ausgeplaudert worden. Sie kopieren alte Muster übereinander und erfinden zu den alten Symbolen neue, wie etwa Audiberti, wenn er den wolfshungrigen Sexus als schwarze Bestie kleine Mädchen zerfleischen läßt, oder wie Barlach, der seinen Gott mit einem teuflischen Hinkebein versieht, oder wie Jahnn, bei dem man nie so recht weiß, ob die Stuten nicht insgeheim Mädchen und die Mädchen insgeheim Knaben sind. Muß man alles so genau wissen? Muß man in García Lorcas Mond, der die Liebenden ihren Jägern ausliefert, die der Liebe abholde Jagdgöttin Artemis entdecken? Man muß nicht, sofern der Poet sein altes Gut und seine neuen Mythen so zu mobilisieren versteht, daß sein neues Bild alle alten Bildungsfragen zum Verstummen bringt.

Sprachverliebt sind sie, phantasiebegabt und mehr als ausreichend gebildet, die meisten Dichter des poetischen Theaters. Sie sind noch etwas, was man diesen Feuerwerkern gar nicht zutrauen möchte — sie sind erzkonservativ, wenn man unter konservativ versteht: bedürftig nach Ordnung, nach einer Welt-Harmonie, nach Glauben, nach Gott. Es sind viele Christen unter ihnen: Hofmannsthal hielt den katholischen Glauben zumindest für ein angebrachtes und unterstützungswürdiges Erziehungsmittel; Giraudoux war bei aller ironischen Skepsis ein Katholik mit der unzerstörbaren Hoffnung auf die Gnade Gottes; was Eliot auch für die Bühne schrieb, er schrieb es als bewußter ›Anglokatholik‹, und der Quäker Christopher Fry, der mit kirchlichen Legendenspielen zum Dramatiker geworden ist, hat sogar dem zynischen Witz von der Witwe aus Ephesus eine lebensfromme Pointe abgewonnen. Ein Frivolitätenbastler wie Audiberti ist nicht losgekommen von den Spannungen zwischen Heidentum und Katholizismus — wo wäre er geblieben, hätte er den Kosmos des Glaubens nicht gehabt?

In seiner 1907 veröffentlichten Rede ›Der Dichter und diese Zeit‹ hat Hofmannsthal die unaufhörliche Tätigkeit des Dichters genannt: »ein Suchen von Harmonien in sich, ein Harmonisieren der Welt, die er in sich trägt.« Die Dichter des poetischen Theaters harmonisieren die Welt. »Ich habe keinen Gott«, schrie der von den Disharmonien der Welt gequälte Protestant Barlach durch seinen Grafen von Ratzeburg am Ende seines Lebens und mußte dann fortfahren: »aber Gott hat mich.« Selbst Hans Henny Jahnn, der mit dem Christentum nichts zu tun haben wollte, wurde doch zum Verkünder kristallener, ›harmonikaler‹ Ordnungen.

Die Dichter des poetischen Theaters könnten mit Christopher Fry behaupten: »Das Dunkel ist Licht genug«, und wie die Gräfin in diesem Schauspiel haben sie allesamt »eine rührende Art, Ewigkeitswerte in einen hineinzusehen, bis man kaum noch den Nerv hat, sterblich zu sein.«

Hugo von Hofmannsthal: schöpferische Restauration

> Unsere Epoche ist eine Epoche der Wiederherstellung — obwohl der Ausdruck der Schwäche nie so ohne Scham und der Wille zur Desintegration nie so ungezügelt war. Hinter dem Treiben der Untergangspropheten und Bacchanten des Chaos, der Chauvinisten und Kosmopoliten, der Anbeter des Moments und der Anbeter des Scheines, im großen ernsten Hintergrund der europäischen Dinge sehe ich die wenigen über die Nationen verstreuten Individuen, welche zählen, sich auf einen großen Begriff einigen: den Begriff der schöpferischen Restauration.
>
> Hofmannsthal im ersten Heft
> der ›Europäischen Revue‹, 1925

Flieder und Kuhblumen, Apfelbäume und ockergelbe Häuser — Rodaun mit dem Hofmannsthal-Schlößl in der Ketzergasse. Auf dem Parkett zierliche mariatheresianische Möbel, weiß und gold, mit grünem Samt bespannt. Ein großer Ofen aus grünen Gmunder Kacheln in der Ecke, zweihundert Jahre alte Fresken im Salon, und gewaltige Kastanien vor den Fenstern zum Garten: »Er hat kein Licht mögen«, und: »Hier hat er im violetten Schlafrock gedichtet.«

Wer hier wohnt, gar noch im violetten Schlafrock bei spärlichem Licht, der lebt im 18. Jahrhundert. Hofmannsthal, nach Friedrich Gundolf »der letzte und verspätete Träger und Nachfahre des gesamteuropäischen Rokoko der Goldoni, Watteau, Mozart, Bewunderer aller vollkommenen, ganz abgeschliffenen Form«, bezog das Schlößl 1901 — im Jahr seiner Heirat und des oft zitierten ›Briefes‹, in dem sich Hofmannsthal des fiktiven ›Lord Chandos‹ bedient: er entschuldigt sich bei seinem Freund, dem Lord Bacon, »wegen des gänzlichen Verzichts auf literarische Betätigung«. Darin steht der Satz: »Es ist mir völlig die Fähigkeit abhanden gekommen, über irgend etwas zusammenhängend zu denken und zu sprechen.« Daß er alle Dinge »in so unheimlicher Nähe« sieht, lassen ihm die Worte oberflächlich und sinnlos erscheinen. Julius Bab hat in diesem Zusammenhang auf Hebbels Satz verwiesen: »Wünsche dir nicht zu scharf die Augen — denn wenn du die Toten in der Erde erst siehst, siehst du die Blumen nicht mehr!« und hinzugefügt: »Diese Sehschärfe hat aber das Geschlecht am Jahrhundertende erlangt! Sie sehen keine Blumen mehr — und überhaupt kaum noch Lebendiges.« Die dramatische Konsequenz solcher frühen Ahnungen hat erst ein halbes Jahrhundert später Samuel Beckett vollzogen. Der siebenundzwanzigjährige Hofmannsthal enthielt sich des Schreibens keineswegs, aber er schrieb nun, Boden suchend in der europäischen Vergangenheit, anders und anderes. Bab meint dazu: ». . . die höchste, die dichterisch reine Form der Rede hat er nach . . . diesem ›Brief‹ kaum noch gemeistert.«

Dem Jahre 1901 waren für die Bühne unter anderem vorausgegangen ›Der Tod des Tizian‹, ›Der Tor und der Tod‹, ›Der Abenteurer und die Sängerin‹, ›Das Bergwerk zu Falun‹ — und einige Jahrzehnte später darf man daran zweifeln, daß sein Abschied von dieser ›dichterisch reinen Form der Rede‹, mit welcher der junge Hofmannsthal seine Zeitgenossen betört hat, wirklich zu bedauern ist: im Rückblick wirken diese preziösen Verse so flächig dekorativ wie ein Geflecht von Jugendstilranken. Und nach der Wende von 1901 hat die Zusammenarbeit mit Richard Strauss begonnen, die nur der extreme Opernfeind bedauern mag. Sie hat zur ›Elektra‹ geführt (als Oper 1909), zum ›Rosenkavalier‹ (1911), zur ›Ariadne auf Naxos‹ (1912), zu ›Die Frau ohne Schatten‹ (1919), zu ›Die ägyptische Helena‹ (1928), zu ›Arabella‹, die 1933, vier Jahre nach Hofmannsthals Tod, zum erstenmal aufgeführt worden ist. Arbeitend an der ›schöpferischen Restauration‹ bemächtigte sich Hofmannsthal des Casanova-Venedigs (›Cristinas Heimreise‹), des Mittelalters (›Jedermann‹), des spanischen Barocks (›Das Salzburger große Welttheater‹ und ›Der Turm‹), und er schenkte dem Sprechtheater seine schönsten Stücke, wenn er Wiener Traditionen aufnahm, mit dem ›Schwierigen‹ und dem ›Unbestechlichen‹. Dieser Liebhaber versunkener Kulturen nahm sie freilich erst auf, als er sie versinken sah. Die kleine Zahl der deutschen Komödien hat er (mit ›Cristinas Heimreise‹) um mindestens drei vermehrt. Die harmonische Ordnung, die er der Welt geben wollte und für die ihm die Ehe Vorbedingung und Bild war — er erreichte sie leichter, schlüssiger, poetischer in diesen Lustspielen als im lyrisch-philoso-

phischen Dickicht seiner gewichtiger gemeinten Stücke. Er war ein großer Komödienschreiber und ein ermüdender Symbolist.

Er starb am 15. Juli 1929 an einem Schlaganfall, den der Schock über den Selbstmord
seines Sohnes ausgelöst hatte, und wurde auf
seinen Wunsch in einer Franziskanerkutte beerdigt. Die Gründung der Salzburger Festspiele, zusammen mit Leopold von Andrian
und Max Reinhardt im Jahre 1920, hatte ihm
eine Überfülle des Ruhmes, des Dankes und
der Verehrung gebracht. »In Schloß Leopolds-
kron strahlten alle Säle im Lichterglanz«, so
schildert der Wiener Schriftsteller Wolfgang
Kraus diese Zeit, »die erlesensten Persönlichkeiten der Kulturländer waren versammelt,
zwischen den Wasserspielen sah man Privattheater wie zu Mediceerzeiten, und in diesen
von Reinhardt inszenierten Festen bewegte
sich Herr von Hofmannsthal wie ein
Grande der Renaissance in österreichischem
Zivil.«

Hugo von Hofmannsthal, um die Jahrhundertwende gezeichnet von Bruno Paul für die ›Literarischen Steckbriefe‹ von Martin Möbius

Begonnen hatte dieser Ruhm im Wiener Café Griensteidl, wo sich die
›Modernen‹ trafen, Hermann Bahr, Arthur Schnitzler, Karl Kraus, Peter
Altenberg und andere. Hier wurde der Gymnasiast Hofmannsthal, der als
Schüler nichts veröffentlichen durfte und deshalb das Pseudonym Loris
Melnikow benutzte, als ein Genie begrüßt. Arthur Schnitzler erinnerte
sich an den Siebzehnjährigen: »Verse von solcher Vollendung hatten wir
von keinem Lebenden je gehört, ja seit Goethe kaum für möglich ge-
halten.«

Als der Bankdirektorssohn geboren wurde — »Hugo Laurenz August Hofmann, Edler von Hofmannsthal« — in der Wiener Salesianergasse, am 1. Februar 1874, war der Familienadel, den der Großvater, ein außergewöhnlich
erfolgreicher Unternehmer, erworben hatte, noch keine vierzig Jahre alt.
Snobs mögen darüber lächeln — Hugo von Hofmannsthal ging als Aristokrat durch die Literatur und das Leben, und er adelte seine jüdischen,
niederösterreichischen, italienischen Vorfahren nachträglich, indem er ihre
Welt einbrachte in die Welt seiner Lustspiele. Man weigere sich, ›Der
Schwierige‹ oder ›Der Unbestechliche‹, diese österreichischen ›Enormitäten‹,
zu sehen, wenn im Ensemble die Wiener nicht in der Überzahl sind.

Meinungen:»Was in vergangenen Epochen naiv war, gibt Hofmannsthal mit dem Gegenteil dieser Empfindung; als ein Raritätenkünstler«: Alfred Kerr, 1899. —»In einem gewissen Sinne hat Hofmannsthal nie mehr das einmalige Wunder überboten, das er von seinem sechzehnten bis etwa zum vierundzwanzigsten Jahr gewesen«: Stefan Zweig in ›Die Welt von gestern‹. —»Hofmannsthal besaß in den späteren Jahren seines kurzen Lebens die Fähigkeit, vergangene Epochen nicht von außen, sondern aus ihrer Empfindungswelt, ihrem Ethos, von innen zu erleben«: Carl J. Burckhardt. —»Zuweilen lag eine mysteriöse Traurigkeit in ein paar hastig hingeworfenen Sätzen, und er war so verzagt, daß man ihn trösten mußte wie ein verirrtes Kind; einmal brach er in die bitterkomische Klage aus: es ist wahrhaftig ein Wunder, daß man sich bei dem Metier nicht öfter aufhängt. Ich weiß keinen in unserer Welt, der mit solcher Qual und Verantwortlichkeit, solcher Demut und so überwachem Wissen von der Stufenfolge des Wirklichen und Gültigen sein Werk baute. Er verbrannte in der Flamme, die er selber schürte, des bin ich Zeuge«: Jakob Wassermann. —»Bei Hofmannsthal könnte ich mir denken, daß sein ganzes Bemühen, ein großes Glied der Tradition zu sein, als unzulänglich, ja snobisch wegfällt; aber Stellen des unwillkürlichen Gelingens übrigbleiben«: Robert Musil, Tagebuch Januar 1938 —? Ende. —»Seine Werke werden verblühen, verwehen, vergessen werden, sofern nicht Richard-Strauss-Musik sie mit sich in die Zukunft schleppt — und nur das Lustspiel ›Der Schwierige‹ — eine Ausnahme, die die Regel bestätigt — wird dauern und wird sogar an Leuchtkraft gewinnen. Dieser ›Schwierige‹ ist ein Gnadengeschenk, ein Wunder, unter den Lustspielen deutscher Sprache nur der ›Minna von Barnhelm‹ vergleichbar (mit der er mancherlei Parallelen hat)«: Hans Weigel, 1959.

Cristinas Heimreise. Komödie in drei Akten. 1908. Uraufführung (ohne den dritten Akt) 11. Februar 1910, Deutsches Theater, Berlin, durch Max Reinhardt. — Den Stoff fand Hofmannsthal in den Memoiren Casanovas, der im zweiten Buch erzählt, wie er sich in die bäuerliche Schönheit Cristina verliebte und ihr, als er nichts mehr an ihr zu entdecken hatte, einen ansehnlichen Gatten besorgte. Bei Casanova ist es schwer zu begreifen, wie klaglos sich die so aufrichtig geschilderte Cristina mit dem Ersatz-Mann abfindet — hier setzt Hofmannsthal ein. — Die Heimreise seiner Cristina ins Gebirge beginnt in Venedig mit ihrem Geständnis, daß Florindo (der Casanova des Stückes) ihr sehr wohl gefalle und daß sie ihm, eine ordentliche Trauung vorausgesetzt, gern gehöre. Die Reise führt in einen Gasthof, und hier ist Cristina schon unentrinnbar erlegen: ihrer Liebe zu Florindo mehr als seinem routinierten Verführungszeremoniell und seinem Feuer, das

Cristina, gespielt von Renate Schroeter. Kostümentwurf von Hein Heckroth für Herbert Kreppels Inszenierung der Komödie ›Cristinas Heimreise‹ von Hugo von Hofmannsthal an den Städtischen Bühnen Frankfurt am Main, 1965

zwar echt ist, solange es brennt, doch es brennt nie lange. Die Heimreise endet in der Ehe mit Kapitän Tomaso. Dies ist keine Ehe zum Trost und aus Verlegenheit — Cristina ist in dem Gasthof durch Florindo zwar nicht Gattin, aber sie ist Frau geworden: »Kapitän«, sagt sie, »vor der Begegnung dort, da war nicht viel Gescheites an mir. Auch aus Ihnen hätte ich mir nichts gemacht vordem. Jetzt weiß ich, was ein Mann ist, und auch was eine Frau ist.« Sie ist nun auch geistig nicht mehr naiv: sie sieht den Mann und das Vertrauen in dem Kapitän, und sie sieht in Florindo einen, »der immer auf Reisen sein muß« und der keiner auf der Welt jemals etwas wegnehmen könnte. Wenn es ein Sieg Florindos war, daß er sie im Gasthaus verführen konnte, so ist es seine Niederlage, daß Cristina ihn nun so sieht, wie er ist: unfähig zum Bleiben und also auch unfähig zur Liebe, denn zur Liebe gehört ein geistiges Element, das sich im Bleiben, in der Dauer, offenbart;

unfähig zum Behalten und also auch, geistig gesehen, unfähig zum Nehmen. Indem Cristina sich auf diese Weise von Florindo trennt, entreißt sie ihm nachträglich, was er ihr entrissen zu haben glaubt. Und die Fähigkeit zu solchem Handeln ist ihr nur deshalb zugewachsen, weil Florindo sie besessen hat. Das ist die Paradoxie einer Verführung, die doch Führung gewesen ist. So ist Cristinas Heimreise ins Gebirge zugleich eine Heimreise in sich selbst. Ein Mädchen reift zur Frau: das Thema Hofmannsthals; nicht das Thema Casanovas. Ein Mädchen reift zur Ehe durch Casanova: die Pointe des Stükkes. Daß es eine delikate, keine frivole Pointe ist: die Kunst Hofmannsthals.

Der Schwierige. ›Lustspiel in drei Akten‹. 1918. Uraufführung 8. November 1921, Residenztheater München. — Seine Erlaucht, der Graf Hans Karl Brühl, scheut sich vor jeder neuen Beziehung, sei sie nur gesellschaftlich oder gar tiefergehend, so sehr, daß er ›schwierig‹ geworden ist: mit dem unendlichen Charme, durch den er die Menschen anzieht, weist er sie auf das taktvollste zurück. Er repräsentiert die nobelsten Seiten des österreichischen Hochadels im Augenblick seines Versinkens, nach dem ersten Weltkrieg, ›in einer nuancenlosen Welt‹, und er repräsentiert ohne jeden Aufwand, ja gerade durch das merkliche Fehlen jedes Aufwandes, die Scheu eines empfindsamen Mannes, sich verletzen zu lassen oder jemand anderen zu verletzen, und sei es durch das Gefühl der Liebe. Worte scheinen ihm unzulänglich, die gar nicht zu fassenden Kompliziertheiten menschlichen Verhaltens auszudrücken; eher ist dies noch durch den Tonfall möglich, den er einer konventionellen Wendung gibt. Seine scheinbar unverbindlichen Formulierungen besagen verbindlich, daß er niemand seiner inneren Freiheit berauben möchte. Er selbst fühlt sich seiner inneren Freiheit beraubt, weil er eine Liaison mit einer Frau hatte, deren Mann ihm an der russischen Front so schätzenswert erschienen ist, daß er sich nun nicht mehr schätzen kann, ja sich unwürdig empfindet, das Mädchen zu lieben, das ihn liebt — falls dies nicht schon viel zu robust ausgedrückt ist. So muß er von Helene Altenwyl zu seinem Glück gezwungen werden: im wohl zärtlichsten Liebes-Dialog deutscher Sprache macht sie ihm verständlich, daß dies Zwang weder für ihn noch für sie ist. Ein geheimer Preisgesang auf die Ehe überdies, wie schon, drastischer, der dritte Akt von ›Cristinas Heimreise‹.

Das Wiener Volkstheater, dem Hofmannsthal in seiner ›Cristina‹ die Tür ein wenig geöffnet hatte, so daß sich der knochentrockene philosophische Hausknecht gerade hineindrücken konnte, strömt nun mit großem Gewinn in das zarte Spielwerk dieser menschlichen Beziehungen, die schon vergröbert wären, gingen ihre Äußerungen über die Anspielung hinaus. Carl J. Burckhardt erzählt: »Im Dezember 1918 fragte mich Hofmannsthal ein-

HOFMANNSTHAL

mal: ›Kennen Sie das Wort von Novalis: nach verlorenen Kriegen muß man Lustspiele schreiben?‹ Das Lustspiel als die schwierigste aller literarischen Kunstformen, die alles in jener völligen Gleichgewichtslage aussprechen kann, das Schwerste, das Unheimlichste in jener Gleichgewichtslage höchster versammelter Kraft, die immer den Eindruck spielerischer Leichtigkeit erweckt ... Im ›Schwierigen‹ hat er eine von der Bühne abtretende Gesellschaft noch einmal geschildert, in den Eigenschaften ihrer Vollendung, darin, daß sie alles, auch das Höchste, Seelenhafte durch die Gebärde und nicht durch Dialektik ausdrückte.« Den tiefsten Grund der Schwierigkeiten des ›Schwierigen‹ deutet Emil Staiger: »Im Kriege ist Hans Karl verschüttet worden. In einer Spanne, die sich mit den gewohnten Maßen nicht messen läßt, haben der Raum und die Zeit ihre Herrschaft verloren. Seither betrachtet er das Leben mit jenem unbegreiflichen Blick, der Sigismund im ›Turm‹ oder Elis Fröbom im ›Bergwerk zu Falun‹ eignet. Alles offenbart sich ihm in einer unergründlichen Tiefe. Und eben deshalb ist er außerstande, sich weiterhin unbefangen der immer so oder so entscheidenden, immer voreilig fixierenden, parteiischen Sprache zu bedienen. Alles ist auch noch unendlich anders, als je ein Wort zu sagen vermag.«

Der Unbestechliche. ›Lustspiel in fünf Akten‹. 1922. Uraufführung 16. März 1923 im Raimund-Theater, Wien, mit Max Pallenberg, der den Theodor auch ein halbes Jahr später im Berliner Lessing-Theater spielte. — Auf dem Landgut der Baronin in Niederösterreich im Jahre 1912 geht's moralisch ein biss'l verlottert zu. Sohn Jaromir, verheiratet und zweifacher Vater, beordert zur Anregung seiner dilettantischen Schlüsselroman-Schriftstellerei gleich zwei ehemalige Geliebte zu sich, und seine liebreizende Frau Anna weiß sich vor Eifersucht nicht zu helfen; hilflos sind auch die Baronin und der General, ihr schüchterner Verehrer. Gäbe es den Diener, den Hausmeister Theodor, nicht, den unbestechlichen, der sich — nicht ohne sanfte Erpressung — als wahrer Meister des Hauses und aller prekärer Situationen erweist, so ginge die Affäre trübe aus. Der Kritiker Albert Schulze Vellinghausen hat ihn durch seine literarische Verwandtschaft porträtiert: »Theodor ist treu wie Tellheims Just, gerieben wie Don Juans mitwisserischer Vertrauter, sozialrebellisch wie Almavivas Aufpasser, klarsichtig wie der Herzog von Saint-Simon, zynisch wie Macchiavelli und gleichzeitig moralisch wie ein Erzengel.« Kraft dieser Eigenschaften eskamotiert Theodor auf die Billard-Weise die störenden Geliebten: die eine ›direkt angespielt‹, die andere ›mit Bande indirekt‹. Er bringt den Hymnus zustande auf dieses »Institut, das aus dem Zufälligen und Unreinen das Notwendige, das Bleibende und Gültige macht: die Ehe«, diesen Hymnus, den es in allen Lustspielen Hofmannsthals gibt:

die Baronin und der General stimmen ein, wenn Jaromir und Anna sich wiederfinden, und selbst Theodor, der dies herrscherlich vollbracht, unterwirft sich dem eigenen Ordnungswillen, indem er sich mit der jungen Witwe Hermine versöhnt. »Es sind Euer Gnaden« — so Theodor zu Anna — »die irdischen Dinge sehr zerbrechlich . . . Aber ich hoffe, solange ich hier die Aufsicht in Händen behalte, wird demgemäß alles in schönster Ordnung sein.«

Jupiter, dem Weltenlenker so vieler Komödien, hat es gefallen, durch Hofmannsthal die ironische Gestalt eines Dieners anzunehmen, der nicht ohne Anspielung auf die Bedeutung seines Namens, ›Gottesgabe‹, die »Ehre hat, Theodor zu heißen«. Im Sommer 1922 hat Hofmannsthal das Lustspiel, wie er Borchardt berichtet, »neben der Arbeit am Trauerspiel so hingeschrieben« — es ist zu einem seiner Hauptwerke geworden und in Stil und Aufbau als Theaterstück dem ›Trauerspiel‹, dem ›Turm‹, weit überlegen.

Der Turm. ›Ein Trauerspiel‹. 1925. Uraufführung 4. Februar 1928, Prinzregententheater, München (erste Fassung) und Schauspielhaus Hamburg (zweite Fassung von 1927). — Die Handlung folgt zunächst Calderons ›Das Leben ein Traum‹ (1635): Basilius, der polnische König, hält seinen Sohn Sigismund in einem Turm gefangen, da ihm prophezeit worden ist, Sigismund werde sich gegen ihn erheben und ihn töten; einen Tag lang wird Sigismund ins Schloß geschafft, zum Herrscher auf Probe gemacht, und als er sich gegen seinen Vater stellt, in den Turm zurückgebracht; der Tag im Schloß wird ihm als Traum suggeriert. Bei Calderon wird nun Sigismund aus dem Turm befreit und wendet die Lehre des Traums an, der ihm gezeigt hat, daß auch das Leben nur ein Traum ist; er verzichtet auf Rache und unterwirft sich seinem Vater, obwohl er dessen Heer geschlagen hat — aus dem Barbaren Sigismund, der sich bei jeder Entscheidung an seine Einsicht in den Traumcharakter des Lebens erinnert, ist ein Muster christlicher Tugend geworden: ein glasklares Lehrstück. Bei Hofmannsthal dagegen werden neue, verwirrende Motive eingeführt: Julian, der Gouverneur des Turms, und Olivier, der ›Gefreite‹, eine chaotische Kraft aus der Tiefe, bieten Sigismund die ›Allmacht‹ an und entfachen einen Aufstand gegen seinen Vater Basilius; sie werden zwar durch die ›Überkraft‹ Sigismunds besiegt, doch Olivier läßt Sigismund durch eine Zigeunerin mit einem vergifteten Dolch ermorden. An seinem Sterbelager übergibt er die Herrschaft dem pazifistischen ›Kinderkönig‹, dessen unbewaffnetes Heer von zehntausend Kindern die Schwerter zu Pflugscharen umschmilzt, und wird in einen Erlöser hochstilisiert: »Wir brauchen sein Grab, unseren Wohnsitz zu heiligen.« Als Vision erscheint eine neue sittliche Ordnung, die zwar Sigismund nicht mehr erreicht, für die er als ›Zwischenkönig‹ doch sterben konnte: »denn die Gesetze müssen immer von den Jungen kommen«.

In der auf Wunsch Max Reinhardts hergestellten zweiten Fassung von 1927 (die Reinhardt freilich auch nicht aufführte) bleibt Olivier Sieger; er läßt Sigismund erschießen, Chaos und Anarchie brechen herein. Regisseur Heinz Hilpert, der die Hofmannsthal-›Renaissance‹ nach dem zweiten Weltkrieg in Konstanz eingeleitet hat, bearbeitete die ›große Fassung von 1925‹ mit dem Kinderkönig für eine Freilichtaufführung in der Burg Monschau (5. August 1951) und kommentierte: »Es ist ein seherisches, ein prophetisches Stück. Ein Stück, das sich einer biblischen Sprache bedient. Und heute erst, an unseren Läuften gemessen, wird uns klar, daß Hofmannsthal ein apokalyptisches Stück geschrieben hat. Zusammenbruch der Welt, Chaos zwischen den Menschen und in ihnen — das ist das Thema. Aber die Gründe dieses Zusammenbruchs sind keineswegs politischer, ökonomischer oder soziologischer Natur. Sie wirkten in diese Gebiete unaufhaltsam hinein. Aber sie entspringen dem Machtkampf der Menschen, die in die Irre gehen, ihren göttlichen Ursprung verlassen, ihrem Bewußtsein mehr trauen als ihrer Bestimmung. Keiner findet mehr zu sich — zu seiner Unverletzlichkeit in Gott — zu seinen kreatürlichen Gesetzen. Was hier gestaltet ist, ist die europäische Tragödie, die Tragödie des Zivilisationsmenschen.«

Blick auf andere Stücke. In *Gestern,* einem ›Proverb in Versen mit einer Moral‹, dem dramatischen Erstling (1891) des siebzehnjährigen Hofmannsthal, besteht die Moral darin, daß der nur in der Gegenwart (der Renaissance) lebende Andrea die Macht der Vergangenheit als Mahnung und lebendige Kraft erfährt. — In *Der Tod des Tizian* (1892. Aufgeführt zur Totenfeier für Böcklin am 14. Februar 1901 im Münchener Künstlerhaus) besingt er durch das Gespräch der Schüler Tizians vor seinem Sterbezimmer hymnisch die Kunst und macht im Prolog das bemerkenswerte Geständnis »und einfach hab ich schon verlernt zu fühlen« — die »Unbefangenheit« ist verloren, die Aneignung durch das Verstehen beginnt. — *Der Tor und der Tod* (1893. Uraufführung 13. November 1898, Theater am Gärtnerplatz, München) ist die schwermütige Elegie eines frühgereiften Jünglings auf ein aus zweiter Hand gelebtes, ästhetisches Leben, das sich ›an Künstliches verlor‹, bis der Tod, ›ein großer Gott der Seele‹, ihn vorm Sterben den vollen Geschmack des geschmähten Lebens spüren läßt.

In *Der Abenteurer und die Sängerin,* einem ›Gedicht in drei Aufzügen‹ (1898. Gemeinsame Uraufführung durch das Burgtheater, Wien, und durch Otto Brahm am Deutschen Theater, Berlin, am 18. März 1899), hat Hofmannsthal einer Episode aus Casanovas Memoiren systematisch die Frivoli-

›Der Tor und der Tod‹ von Hugo von Hofmannsthal (1893). Aquarell von Knut Ström aus dem Jahre 1912

tät ausgetrieben. Seine Casanova-Variante, ›ein Abenteurer, unter dem Namen Baron Weidenstamm‹, erkennt in Venedig in der Opernsängerin Vittoria eine ehemalige Geliebte und erfährt von ihr, daß Cesarino, ihr angeblicher Bruder, sein Sohn ist. Vittoria, inzwischen verheiratet, läßt sich nicht einmal küssen, und auch er — »Man soll kein Ding zweimal erleben wollen« — hält sich zurück. Wohlgefällig beobachtet er seinen Sohn: ein Apfel, der nicht weit von Vaters Bett gefallen ist — er stellt der gleichen jungen Tänzerin nach, mit der schon Papa verabredet ist. Der Abenteurer reist ab, Vittoria singt das große Lied der Ariadne. — »Ein Harmonisieren der Welt« nannte Hofmannsthal das Dichten. Hier baut er den Abenteurer in eine harmonisierte Welt ein, denn er hat mit der Sängerin nicht nur einen Sohn, sondern zugleich auch die Schönheit ihrer Stimme gezeugt. Als er sie in Venedig abermals verlassen hat, fragt sie: »Bin ich nicht die Musik, die er erschuf?« ›Die Geschenke des Lebens‹ heißt der Untertitel, und auch Casanova gehört zu ihnen: ohne den Abenteurer keine Arien. Die Schönheit ihres Gesangs rechtfertigt seine windige Existenz. Die Kunst heiligt den Verführer, sofern sie auch durch ihn entsteht. Die Szenenfolge ist nicht dramatisch, sondern lyrisch und optisch gebaut: venezianische Interieurs, geschmückt durch eine Requisitengesellschaft, die vor allem Bestandteil eines (Jugendstil-)Bildes, nicht Triebkraft einer Handlung ist. Eine Vorstufe zu ›Cristinas Heimreise‹.

Das Bergwerk zu Falun (nach Motiven des Dichters und Bergassessors Novalis, nach einem mittelalterlichen europäischen Stoff, den auch E. T. A. Hoffmann und Johann Peter Hebel benutzt haben. Erster Akt 1899, dritter Akt aus dem Nachlaß 1933, der gesamte fünfaktige Text 1947 veröffentlicht.

Uraufführung März 1949 in Konstanz, durch Heinz Hilpert). Elis Fröbom, ein heimkehrender Seefahrer, findet die Mutter tot, die Geliebte verloren; überdrüssig der Erde, will er, geführt von einem toten Bergmann, unter die Erde, zu den Mächten der Tiefe. Die Königin des Bergs umwirbt ihn, seine ›Erdenträume‹ rufen ihn jedoch nach oben. Doch auch oben, im tätigen Leben, bleibt er nur ›ein schauerlicher Gast‹, verläßt das reine Mädchen, das er gefunden hat, am Hochzeitstag und geht, gerufen von der Bergkönigin, auf ewig in die Tiefe. Das monologische Seelendrama spiegelt in dunklen Symbolen, mit vieldeutigen Personen und einer nur im Lyrischen lebendig gewordenen Bergkönigin des jungen Hofmannsthals Krise, der sich damals weder auf dem äußeren noch auf dem inneren Weg zugehörig fühlen konnte, von ›metaphysischem Heimweh‹ gepackt war und seinem Doppelgänger Elis die östlich mystische Erlösung ins Nichts bereitet.

Elektra, ›Tragödie in einem Akt nach Sophokles‹ (siehe auch Seite 54. Aufgeführt am 30. Oktober 1903, Kleines Theater, Berlin) wird in eine barbarisch-ekstatische Haß-Raserei gesteigert, in einen tierhaften ›namenlosen Tanz‹ nach dem durch Orest vollzogenen blutigen Rache-Akt. Hofmannsthals Zuneigung gilt ihrer jüngeren Schwester Chrysotemis, einer lyrisch verschwenderischen Partie. Richard Strauss hat das Stück, das Hofmannsthal in dem Bewußtsein schuf,»daß die antike Tragödie eine gesungene Tragödie war«, als Libretto für seine Oper (1909) verwandt.

Ödipus und die Sphinx (Uraufführung 2. Februar 1906 Deutsches Theater, Berlin). Ödipus, willenloses Opfer eines vorbestimmten Schicksals, erschlägt seinen Vater; die Sphinx, allein durch seinen Anblick besiegt, stürzt in die Tiefe; er wird zum König gekrönt — diese Dramatisierung der Vorgeschichte des sophokleischen ›König Ödipus‹ (siehe auch Seite 50) und die ›Elektra‹ wirken nach dem Stück ›Der Abenteurer und die Sängerin‹, mit dem Hofmannsthal einen ihm gemäßen Weg gefunden hatte, wie Rückfälle in eine gewaltsame Aneignung des mythisch-symbolischen Helden.

Jedermann. ›Das Spiel vom Sterben des reichen Mannes erneuert‹ (Uraufführung am 1. Dezember 1911 in Berlin, im Zirkus Schumann, durch Max Reinhardt. Aufführungen in Max Reinhardts Inszenierung vor dem Salzburger Dom während der Festspiele alljährlich seit 1920.) ›Erneuert‹ hat Hofmannsthal das mittelalterliche Spiel ›Everyman‹ (siehe auch Seite 150) aus dem ausgehenden 15. Jahrhundert in einer dem Hans Sachs und seiner ›Comedi vom reichen sterbenden Mann‹ (1549) künstlich nachempfundenen Sprache. Auf einer mittelalterlichen Bühne mit den drei Stufen Hölle, Erde,

Himmel wird der genußsüchtige, hartherzige Jedermann vom ›Tod‹ geholt, schuldig, da er keine höhere Ordnung anerkennt. Im Grabe, in das ihm die von ihm vernachlässigten ›Werke‹ und ›Glaube‹ als allegorische Figuren fürbittend folgen, betet er um Erbarmen; Gott wird ihn erhören. Ein sakrales Spiel des Glaubens, den Hofmannsthal, selbst mehr respektvoll als gläubig, dem Volk als Weg des Heils verkündet. Dies gilt auch für ›Das Salzburger große Welttheater‹ (geschrieben nach Calderons ›Großem Welttheater‹, siehe auch Seite 141, für die Festspiele in Salzburg, wo es 1922 in der Kollegienkirche durch Max Reinhardt zum erstenmal aufgeführt wurde). Von Calderon ist, wie Hofmannsthal schrieb, »hier die das Ganze tragende Metapher entlehnt: daß die Welt ein Schaugerüst aufbaut, worauf die Menschen in ihren von Gott ihnen zugeteilten Rollen das Spiel des Lebens aufführen; ferner der Titel dieses Spiels und die Namen der sechs Gestalten, durch welche die Menschheit vorgestellt wird — sonst nichts. Diese Bestandteile aber eignen nicht dem großen katholischen Dichter als seine Erfindung, sondern gehören zu dem Schatz von Mythen und Allegorien, die das Mittelalter ausgeformt und den späten Jahrhunderten übermacht hat.« — Innerhalb der ihm zugeteilten Rolle ist der Mensch, unter der göttlichen Allmacht, frei — Gott richtet über ihn. Der Engel führt die Seelen der Toten vor Gott: »Bereitet euch auf ungeheures Licht.«

›Das Salzburger große Welttheater‹ von Hugo von Hofmannsthal, aufgeführt in der Kollegienkirche bei den Salzburger Festspielen 1925

Jean Giraudoux: der Apoll von Bellac

> Es gibt Völker, die träumen; denen aber, die nicht träumen,
> bleibt das Theater.
>
> Giraudoux

»Frankreich zur Poesie zu bekehren, Deutschland zur Vernunft – ist das nicht fast die gleiche Aufgabe?« Diese Frage stellte Jean Giraudoux in seinem ›Siegfried‹, der Geschichte eines unbekannten Soldaten, der auf dem deutsch-französischen Schlachtfeld ohne Uniform, ohne Papiere, ohne Gedächtnis gefunden, als Deutscher unter Deutschen ins Leben zurückgeführt, schließlich Minister wird und dann erfahren muß, daß er Franzose ist. Giraudoux hat beide Bekehrungsversuche unternommen: er hat die Franzosen verblüfft mit den Spielen seiner Poesie, denen die Deutschen Jean Paul und Fouqué Pate gestanden haben, und die Deutschen entzückt mit seinen Formulierungen der Vernunft, in der die französischen Moralisten, die Aphoristiker des 18. Jahrhunderts, wiedergeboren scheinen. »Deutschland«, so schrieb er, »ist ein großes menschliches und poetisches Land, von dem die meisten Deutschen heute keinen Gebrauch machen, für das ich aber bisher keinen gleichwertigen Ersatz gefunden habe.«

Der dreiundzwanzigjährige Giraudoux reiste 1905 nach Deutschland, ein Stipendium der École Normale Supérieure in der Tasche; er hatte auf dieser Eliteschule deutsche Literatur studiert und sie als Bester verlassen. Er war auch ein Meister im 200-Meter-Lauf und blieb bei der Angewohnheit, sich überall und in allen Disziplinen auszuzeichnen. Nach seinem Tod schrieb Jean Cocteau, der ihn auf dem Sterbelager gezeichnet hatte: »Ein hoher Vertreter des französischen Geistes und überhaupt ein Musterschüler, der indes mit der Tüchtigkeit des letzteren das geheimnisvolle Prestige des Tunichtguts zu verbinden verstand.« In München wurde er 1905 Hauslehrer in der Familie der Herzöge von Sachsen-Meiningen; ein Jahr später war er französischer Lektor an der amerikanischen Harvard-Universität, wieder ein Jahr später feuilletonistischer Mitarbeiter und Redakteur des Literaturblattes des ›Matin‹ in Paris – hier begann sein enger Kontakt mit der Welt der Schriftsteller. Seine Freunde nannten ihn später den ›Apoll von Bellac‹, denn er war in Bellac geboren, im Limousin, einem Herzland Frankreichs, am 29. Oktober 1882, und Bellac hatte nie einen Apoll besessen – außer ihm.

Seiner Umwelt ist es immer ein unlösbares Rätsel geblieben, wann dieser vielbeschäftigte Mann, der überdies das gesellschaftliche Leben nicht scheute, seine zahlreichen Romane und Theaterstücke schrieb. Er war 1910 in den diplomatischen Dienst eingetreten und machte eine glänzende Karriere, die ihn in viele Länder führte, 1924 für kurze Zeit abermals nach Deutschland, nach Berlin, als Botschaftsrat. Als der zweite Weltkrieg ausbrach, war er Pressechef am Quai d'Orsay, und bis Anfang 1940 leitete er das französische Propaganda-Ministerium; dann zog er sich nach Cusset zurück, seine Stücke waren im besetzten Paris unerwünscht. Die Uraufführung seines ›Apoll von Bellac‹ brachte Louis Jouvet mit seiner Truppe 1942 in Rio de Janeiro heraus. Im gleichen Jahr kehrte Giraudoux nach Paris zurück, erlebte dort noch im folgenden Jahr die Uraufführung seines Stückes ›Sodom und Gomorrha‹ und starb — man weiß nicht recht, woran — plötzlich und geheimnisvoll — an Gift? — am 31. Januar 1944.

Mit seinem 1928 uraufgeführten ›Siegfried‹ öffnete er die französischen Bühnen einem neuen Stil und einer neuen Generation von Dramatikern. Louis Jouvet, der bedeutende Regisseur und Schauspieler (1887—1951), hatte ihn dazu verführt, seinen Roman ›Siegfried et le Limousin‹ (1922) zu dramatisieren, und Giraudoux ist in seinen sämtlichen Stücken, die fast alle von Jouvet herausgebracht wurden, ein zur Bühne verführter Epiker geblieben. Die Verführung hatte ihm offenbar die Kraft gegeben, selbst zum Verführer zu werden: er überredete das Publikum zu dem Glauben, er sei ein Dramatiker. Und er war es natürlich auch, obwohl ihn das, was man gemeinhin das Dramatische nennt, stets weniger interessiert hat als die beredsame Kommentierung eines dramatischen Vorfalls — wie vor ihm Marivaux und Musset.

Ein Deutscher, aufgefordert, rasch zu sagen, was ihm nach einem Stück von Giraudoux als erstes einfällt, könnte wohl nicht umhin, eine Serie von Begriffen hervorzusprudeln, die hierzulande nicht ohne jeden Grund Fremdwörter sind: Humanität und Skepsis, Caprice und Melancholie, Esprit und Ironie, Charme und Poesie. Sein Charme kommt aus der Sprache: ihre graziösen Bilder, ihre Lust an der Verblüffung, ihre ebenso kunstvolle wie künstliche Poesie, überhaucht von Ironie — dies alles flirtet mit dem Ernst, spielt mit ihm, deckt ihn plötzlich auf wie das antike Drama eine blutige Leiche und hüllt ihn nach diesem Schock sofort wieder ein. Es ist ein rhetorischer, literarischer Charme; hart ausgedrückt: Papier. Und daran hat auch der kluge Giraudoux nicht gezweifelt. In einem Vortrag sagte er 1931: »Manchmal wurde ich, dank Jouvet, ähnlich japanischen Papierblumen, obwohl ich glaubte, nur Papier zu sein, im Jouvetschen Aquarium bald eine Chrysantheme, bald eine Schwertlilie, und es ist mir nicht verboten, ein baldiges Aufblühen als Lilie oder Rose zu erhoffen. Sogar einem Gott wäre man für derartige Metamorphosen dankbar . . .«

Mag immerhin ›Papier‹ der Rohstoff solcher Metamorphosen sein, so kann es sich doch nur um eine ganz besondere Zauber-Sorte handeln: wie Isabelle in seinem ›Intermezzo‹ einer Kleinstadt im Limousin, so hat Girau-

doux seinem Publikum den ›Skandal des
Glücks‹ geschenkt, und sei es auch nur für
das Intermezzo eines Theaterabends.

Meinungen: »In seiner Stimme war ein
Necken, in seinen Augen hinter der großen
Brille ein Lachen, und sein Pudel führte
ihn an der Leine wie einen jener Blinden
der griechischen Tragödie, die das Unsichtbare sehen«: Jean Cocteau. — »Keine
Macht der Welt, außer der Barbarei, vermag dem Lächeln Giraudoux' zu widerstehen«: André Gide. — »Auch die ern-
stesten Dinge führt er uns mit leichter
Stimmgabe nahe: hohe Koloratur in den
tiefsten, ja untröstlichen Lagen«: Annette
Kolb. — »Wenn man ihn fragte, warum
er eigentlich schreibe, so anwortete er,
hinter seinen Brillengläsern mit zärtlicher
Ironie lächelnd: ›Cela m'amuse.‹«: Hans
Feist, Giraudoux-Übersetzer. — »Der junge
Giraudoux zog aus, Paradiese zu erschaffen, als hätte er die Vollmacht eines Schöpfers. Der alternde Giraudoux nahm wahr,
daß die Paradiese schwanden. Daß ein

*Figurine, gezeichnet von Jean
Giraudoux zu einem seiner ersten
dramatischen Versuche, ›La rosière
de Chamignoux‹*

Mensch altert und — daß wir sterblich sind. Nie aber hat er aufgehört, dem
Zauber und dem Glanz der Paradiese zu trauen«: Gerhard F. Hering. —
»Aber es ist selbstverständlich nicht das gleiche, ob man sagt ›Gott lebt‹ oder
›Gott ist tot‹. Man hat Gott getötet, weil man sich Besseres erhoffte, ohne
Beweise, des Beispiels wegen. Wenn sich einst all das geklärt hat, ist es sehr
gut möglich, daß Gott groß ist und Giraudoux sein Prophet«: Chris Marker,
Giraudoux-Biograph.

Siegfried. ›Stück in vier Akten.‹ Uraufführung 3. Mai 1928, Paris, Comédie
des Champs Elysées, durch Louis Jouvet. Deutsche Erstaufführung November 1930, Kammerspiele im Lustspielhaus Hamburg. — Baron Zelten, Führer
der nationalistischen Opposition in Deutschland, bereitet einen Staatsstreich
vor und geht der Vergangenheit seines Gegenspielers, des liberalen Ministers
Siegfried, nach. Siegfried war während des Krieges auf dem Schlachtfeld
aufgefunden worden: er hatte sein Gedächtnis, seine Uniform, seine Sprache

verloren und wurde durch die Krankenschwester Eva sieben Jahre lang mit allem Deutschen vertraut gemacht. Nun stellt sich heraus, daß er Franzose ist, Schriftsteller, und Jacques heißt. Der Staatsstreich mißlingt, doch ›Siegfried‹ geht mit seiner Braut Geneviève, mit deren Hilfe seine Vergangenheit aufgedeckt worden ist, nach Frankreich. Er ist nicht mehr Siegfried, doch auch nicht mehr Jacques: ein Mann zwischen zwei Nationen und für zwei Nationen. Geneviève, die geschworen hatte, ihn niemals mit seinem deutschen Namen anzusprechen, hat das letzte Wort: »Ich liebe dich, Siegfried!«

Das war einer jener Aktschlüsse, von denen der Anfänger Jean Anouilh hingerissen war; eine ›Siegfried‹-Aufführung schenkte dem ratlosen jungen Mann den erhellenden Augenblick, da er ›plötzlich verstand‹ (siehe auch Seite 1121); sein ›Passagier ohne Gepäck‹ (1936) ist ein Mann, der sein Gedächtnis verloren hat.

›Siegfried‹, das erste Stück von Giraudoux, hervorgegangen aus seinem Roman ›Siegfried et le Limousin‹ (1922), war eine politische Kühnheit und eine literarische Revolution. Politisch: zehn Jahre nach dem ersten Weltkrieg diskutierte ein französischer Autor in Paris das deutsch-französische Verhältnis und plädierte mit ebensoviel Ernst wie Anmut für Verständnis und Versöhnung; Zelten, der deutsche Nationalist, freilich argumentiert: »Deutschland soll nicht stark sein, deutsch muß es sein — stark im Unwirklichen, gewaltig im Unsichtbaren ... es ist eine Verschwörung der Dichter und Dämonen« — liebenswürdiger konnte man die deutschen Nationalisten kaum verkennen, die es stets mit den Dämonen, nie mit den Dichtern hielten und stark sein wollten im Wirklichen. Literarisch: mit ›Siegfried‹ öffnete Giraudoux für eine neue Generation von Dramatikern die Bühnen einem neuen Stil: dem poetischen Theater der Phantasie und der Sprache.

Amphitryon 38. ›Komödie in drei Akten.‹ Uraufführung 8. November 1929, Paris, Comédie des Champs Elysées, durch Louis Jouvet. Deutsche Erstaufführung 15. Januar 1931, Theater in der Stresemannstraße, Berlin. — ›38‹, damit meinte Giraudoux, vor ihm sei die Geschichte des Gottes Jupiter, der bei der treuen Alkmene eine Liebesnacht verbringen kann, weil er die Gestalt ihres Gatten Amphitryon angenommen hat, mindestens 37mal auf die Bühne gebracht worden (andere Amphitryon-Stücke siehe Seite 286). In einem sehr pariserischen Griechenland erlebt Alkmene die Nacht mit dem als Amphitryon auftretenden Gott als die ›ehelichste‹ aller Nächte. Ihren heimgekehrten Gatten Amphitryon muß sie danach für den betrügerischen Jupiter halten, der sich der Gestalt ihres Gatten bedient — also schickt sie ihn ins verdunkelte Schlafgemach zur hilfsbereiten, ehemaligen Jupiter-Geliebten Leda (die von diesem Manne mehr als vom Schwan entzückt ist), so daß sich Alkmene und Amphitryon gegenseitig unschuldig betrügen, in der Meinung, sich nicht zu betrügen — aus dem delikaten Doppel-Akt körperlicher Untreue wird ein delikater Akt der seelischen Treue: eine Verherrlichung der Ehe. — Ein inniges Thema des Kleistschen Amphitryon (siehe auch Seite 451), instrumentiert mit dem frivolen Witz des Molièreschen Amphitryon (siehe auch Seite 262), hat zwischen Rokoko und Klassizismus einen originären Giraudoux ergeben: ein innig-frivoles, frivol-inniges Zaubergebilde.

Judith. ›Tragödie in drei Akten.‹ Uraufführung 4. November 1931, Paris, Théâtre Pigalle, durch Louis Jouvet. Deutsche Erstaufführung 27. April 1952, Landestheater Darmstadt, durch G. R. Sellner. — Die biblische Judith rettet ihr Volk vor den Assyrern, indem sie in das Lager des Holofernes geht, den Feldherrn durch ihre Schönheit bestrickt und ihn, als er betrunken ist, enthauptet — bevor er sie noch berühren kann. Sie handelt in dem Bewußtsein, daß sie Gottes Willen vollstreckt; Zweifel gibt es nicht, am Ende ihrer Tat steht das Dankgebet, von ihrem Volk wird sie geehrt und gerühmt. — Die Judith Giraudoux' folgt widerwillig der Prophezeiung, daß nur die ›schönste und reinste Jungfrau‹ den Assyrer besiegen kann. Für sie ist Holofernes

Das Lager des Holofernes. Deutsche Erstaufführung der ›Judith‹ von Giraudoux, inszeniert von Gustav Rudolf Sellner am Landestheater Darmstadt, 1952. Die Bühnenbilder entwarf der Maler Willi Baumeister

nicht nur der Feind, sondern auch der erste Mann — ein faszinierender Zyniker und der gefährlichste Widersacher Gottes, denn er braucht Gott höchstens noch dazu, um seine Entfernung von ihm artistisch zu genießen. Als Judith ihn tötet, weiß sie, daß sie es nicht für ihr Volk tut und nicht für Gott: sie hat Holofernes geliebt, sie war glücklich in seinem Zelt, sie tötet ihn aus Liebe. Nach der Tat lebt in ihr das Bewußtsein, daß Gott nicht mit ihr gewesen ist, daß er sie verlassen hat: das ist ihre Wahrheit, die Wahrheit des Menschen. — Die Wahrheit Gottes erfährt sie durch einen Engel, der aus dem Wachsoldaten spricht: was sie auch in dieser Nacht gefühlt haben mag, wie sehr sie auch glaubt, eine Verräterin und eine Verratene zu sein, sie hat den Feind Gottes getötet, wie Gott es vorschrieb: »Gott reserviert sich auf tausend Jahre im voraus das Recht, die Heiligkeit auf den Frevel zu projizieren und die Reinheit auf die Wollust.« Gottes Wahrheit ist eine andere als die Wahrheit des Menschen. So senkt sich am Ende ihrer Tat Judiths Schicksal, eine Heilige zu sein, wie eine ungeheure Last auf ihre Schultern: sie läßt den einzigen Zeugen töten, der die Wahrheit des Menschen hinausschreien könnte, daß Judith eine Liebende und nicht eine Hassende gewesen.

Nach menschlichen Maßen ist Judith eine Verräterin, nach göttlichen Maßen ist sie eine Heilige; die Wahrheit des Menschen erscheint als die Lüge Gottes, und die Wahrheit Gottes als die Lüge des Menschen — auf dieses Paradox läuft der letzte Akt hinaus. Alles Vorausgegangene ist nur wie ein allmähliches Ablegen von Verhüllungen; das Stück beginnt in leichter, spielerischer Stimmung mit einer Judith, die eine verwöhnte junge Dame ist, gebildet und sportlich, es gewinnt von Szene zu Szene an Ernst, bis es das Ergebnis einer religiösen Auseinandersetzung wie eine Pointe dramatisch formuliert — Judith, zur Heiligen verdammt. Dieses Drama, das Giraudoux mehr als alle seine anderen geliebt hat, ist nicht denkbar ohne Hebbels ›Judith‹ (1840. Siehe auch Seite 507), die schon — freilich in tödlichem Ernst — Hauptmotive der Giraudoux-Version enthält.

Intermezzo. ›Komödie in drei Akten.‹ Uraufführung 27. Februar 1933, Paris, Comédie des Champs Elysées, durch Louis Jouvet. Deutsche Erstaufführung 21. Oktober 1950, Deutsches Schauspielhaus, Hamburg, durch Karlheinz Stroux. — In einer Kleinstadt der rhetorisch begabten Provinz Limousin geschehen unbegreifliche Dinge: mißhandelte Hunde beißen zurück; in der Lotterie gewinnt der Ärmste und nicht der Millionär; das verloste Motorrad fällt an einen Rennfahrer und nicht an die Vorsteherin des Nonnenklosters. Eine unbekannte Macht muß ihre Hand im Spiel haben; sie »untergräbt«, wie der Kontrolleur bemerkt, »bei uns sämtliche übrigens falschen Grundsätze, auf denen die zivilisierte Gesellschaft beruht«. Wer hat dieses Inter-

mezzo der Wunder geschaffen? Dies zu untersuchen, ist ein Regierungsinspektor eingetroffen, ein eingefleischter Rationalist, ein Choleriker der
Aufklärung, der an die öffentliche Verwaltung glaubt, auf keinen Fall aber
an Wunder oder Geister. War es Isabelle, die Lehrerin, die ihre Kinder im
Glücklichsein und in der Harmonie der Natur unterrichtet und eigens den
›Kaputtundganzmacher‹ erfunden hat, um die unharmonischen Zwischen-
fälle der Natur zu erklären? Oder war es der Geist des Selbstmörders, diese
seltsame Erscheinung aus einem Reich zwischen Leben und Tod, mit der sich
Isabelle heimlich trifft, um das Geheimnis des Todes zu ergründen? Der
Inspektor, von Berufs wegen blind für jegliche Poesie, wird es nie erfahren.
Selbst Giraudoux will es nicht genau sagen – die Hauptsache ist, daß sich
Isabelles Glücksträume in diesem Intermezzo verwirklicht haben: durch den
Glauben an die Harmonie, durch die Poesie ihres Wesens, durch ihr Be-
harren auf dem Glück hat sie für eine kurze Spanne die Welt harmonisiert.
Doch auch sie muß noch etwas lernen: daß man das Geheimnis des Todes nicht
ergründen soll; daß es besser ist, den Flirt mit dem Geist des Toten abzu-
brechen und nicht diesen hastigen, sondern den richtigen, langen Weg zum
Tode zu gehen, den Umweg über das Leben. Es hält für sie die Ehe mit einem
mittleren Beamten bereit, mit dem ›Kontrolleur der Maße und Gewichte‹, der
eine inbrünstige Leidenschaft für das Reine pflegt. Isabelle wird aus der
Umarmung des Todes, aus der Ohnmacht, erweckt durch die Geräusche des
Alltags, durch den Chor des Lebens, den ihre Freunde für sie anstimmen:
die Lernlitanei ihrer Schülerinnen, die Ausrufe der Kartenspieler, das Geschwätz der Frauen, der Gesang der Liedertafel – und durch die Liebes-
geständnisse des Kontrolleurs. Sie vertraut ihm nun so, wie sie dem Tod
vertraut hat. »So naht das Ende dieser neuen Fassung von Faust und Gretchen«, kommentiert der Drogist, »es singen zwar keine himmlischen Heerscharen, aber unser kleiner Chor ist nicht weniger erfolgreich.« Es versteht
sich, daß nach dem Erwachen Isabelles, die jetzt kein zauberisches Mädchen
mehr ist, sondern die künftige Gattin eines Beamten, das Große Los an den
Millionär und das Motorrad an einen Mann ohne Beine fällt, der damit nichts
anfangen kann. Das Intermezzo, dieser Skandal des Glücks, ist zu Ende, »das
Geld gehört wieder den Reichen, das Glück den Glücklichen und die Frau
dem Verführer« – der rationalistische Regierungsinspektor stellt es mit tiefer
Befriedigung fest. Über diese Komödie, die den Jux nicht scheut und mit dem
Tod fast die Tragödie streift, sollte man nicht weiter nachdenken: sie verträgt
es sowenig wie der Charme, aus dem sie besteht.

Kein Krieg in Troja (La guerre de Troie n'aura pas lieu). ›Stück in zwei
Akten‹. Uraufführung 21. November 1935 im Théâtre de L'Athénée, Paris,

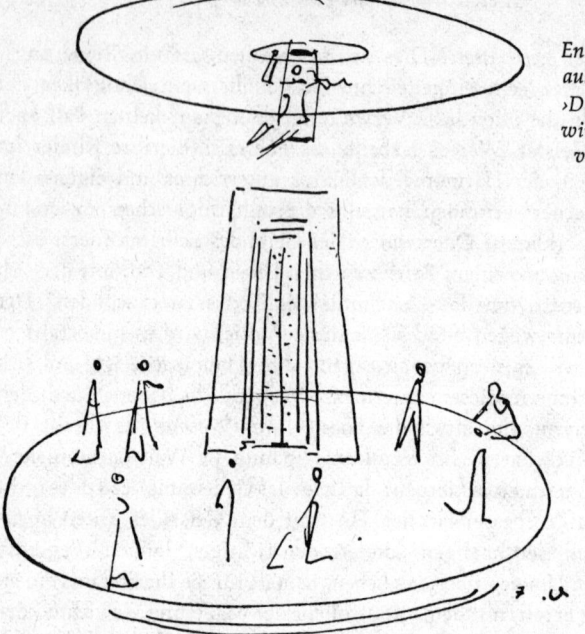

*Entwurf von Teo Otto
aus dem Jahre 1950 für
›Der Trojanische Krieg
wird nicht stattfinden‹
von Jean Giraudoux*

durch Louis Jouvet. Deutschsprachige Erstaufführung 6. November 1936 im Theater in der Josefstadt, Wien. Deutsche Erstaufführung unter dem Titel ›Der Trojanische Krieg wird nicht stattfinden‹ 16. April 1946, Kammerspiele München. — Der genußfrohe Paris hat die schöne Helena, ein kühles, begehrenswertes Luderchen, ihrem griechischen Ehemann Menelaos entwendet und nach Troja gebracht. Obwohl ihre Affäre schon an Reiz verloren hat, weigert sie sich, nach Griechenland zurückzukehren, wo es »viele Könige, viele Ziegen und dazwischen Marmor gibt«. Gegen dieses verantwortungslose Paar, das für die Spiele der Wollust einen Krieg riskiert, steht das Paar der Sittlichkeit und des Friedens: Hektor und seine Frau Andromache, die ein Kind erwartet. Was tut Hektor nicht alles, um den Ausbruch des Krieges zu verhindern! Als die griechische Flotte vor Troja erscheint, läßt er ihr durch den Völkerrechtler Busiris friedliche Absichten unterstellen, um Zeit zu Verhandlungen zu gewinnen. Er nimmt von dem griechischen Feldherrn-Rüpel Ajax Ohrfeigen hin und wird mit dem zynischen Odysseus, dem Chef der griechischen Delegation, einig, daß kein Krieg in Troja stattfinden wird. Odysseus, den die Augen der Andromache an die Augen seiner Penelope erinnern, ist sogar bereit, über gewisse Delikatessen hinwegzusehen, die ein Vollmatrose über das Treiben des Paris und der Helena auf der Überfahrt nach Troja genießerisch zu berichten weiß. Und Hektor schlägt den trojanischen Kriegshetzer

Demodok, einen phrasendreschenden Chauvinisten, kurzerhand tot, doch der
Sterbende hat noch Zeit, den Griechen Ajax fälschlich als seinen Mörder anzuklagen — die Trojaner erschlagen Ajax, und der Krieg wird also doch
stattfinden. Verantwortungslosigkeit, Nationalismus, blindwütige Dummheit, demagogische Hetze, aufgeputschte Volksmassen — undurchschaubar,
was da alles zusammenkommt — haben wieder einmal über Vernunft und
Diplomatie gesiegt; Kassandra, die Unglücksprophetin, hat recht behalten.
Während die Pforte des Krieges geöffnet wird, küßt Helena schon den Troilus.
Dieser Schluß, der Ausbruch des Krieges, der überdies durch einen Kuß seines
fadenscheinigen Anlasses beraubt wird, ist um so schockierender, als Witz
und Eleganz des Dialogs äußerstenfalls eine Tragikomödie erwarten lassen.

Ein Nachtrag zur Reise des Kapitäns Cook, auch: *Schule der Wilden* (Supplé-
ment au voyage de Cook). ›Stück in einem Akt‹. Uraufführung (zusammen
mit ›Kein Krieg in Troja‹) 21. November 1935, Paris. Théâtre de L'Athénée,
durch Louis Jouvet. Deutsche Erstaufführung 3. März 1956, Schauspielhaus
Düsseldorf. — Im Auftrag des Kapitäns Cook soll Mr. Banks auf Tahiti die
Eingeborenen in die »geheiligten Prinzipien der Zivilisation zweckdienlich«
einweisen. Er scheint dazu als Naturforscher und zweiter Vorstand an der
Kirche von Birmingham besonders geeignet, zumal Mrs. Banks eine sitten-
strenge Dame ist. Doch auch die Unschuld der Begierde hat ihre verführerischen, ja missionarischen Kräfte — Mr. und Mrs. Banks müssen und dürfen
es erfahren. ›Arbeit, Eigentum und Moral‹ lehrt er, tauscht Korkenzieher
gegen Perlen und erreicht, daß seine Moral von den lieben Wilden anders,
als er sie gemeint, interpretiert wird: sie werden die zivilisatorischen Spaten
zu allem möglichen benutzen, nur nicht zur Arbeit; sie werden die Matrosen
»geradenwegs um ein Kind angehen« und das »probate englische Mittel« des
Diebstahls anwenden.

Impromptu de Paris. ›Stück in einem Akt‹. Uraufführung 3. Dezember 1937,
Paris, Théâtre de L'Athénée, durch Louis Jouvet. Deutsche Erstaufführung
Dezember 1956, Kleines Theater am Zoo, Frankfurt am Main. — Nach dem
Muster von Molières ›Impromptu de Versailles‹ (1663) läßt Giraudoux an
einem Nachmittag des Jahres 1937, als eben dieses molièresche Impromptu
geprobt werden soll, die Schauspieler — Louis Jouvet und sein Ensemble —
über alle möglichen Theaterfragen mit aphoristischem Glanz debattieren:
über Publikum, Kritik und staatliche Subventionen. — Eugène Ionesco hat
diese Tradition des Theaters auf dem Theater über das eigene Theater fortgesetzt mit seinem ›Impromptu oder Der Hirt und das Chamäleon‹ (siehe
auch Seite 1182).

Elektra (Electre). ›Stück in zwei Akten‹. Uraufführung 13. Mai 1937, Paris, Théâtre de L'Athénée, durch Louis Jouvet. Deutsche Erstaufführung 15. November 1949, Bayerisches Staatstheater, München. — Elektras Vater Agamemnon wurde nach seiner Rückkehr aus Troja von seiner Frau Klytämnestra und ihrem Geliebten Ägisth ermordet (andere Elektra-Stücke siehe Seite 56); die Mörder beherrschen Argos. — Bei Giraudoux weiß Elektra zunächst nichts von Mord: der Tod ihres Vaters gilt als Unfall im Bad; er sei auf den Fliesen ausgerutscht und in sein Schwert gestürzt. Diese Elektra weiß erstaunlicherweise nicht einmal, daß ihre Mutter seit zehn Jahren die Geliebte Ägisths ist, doch ahnt sie einiges, und sie haßt Klytämnestra und Ägisth schon, bevor sie noch sicher ist, daß die beiden die Mörder ihres Vaters sind: bei Giraudoux muß Elektra den Grund für ihren Haß erst entdecken. — Sie überführt ihre Mutter just in dem unpassenden Augenblick, als die Korinther die Stadt angreifen. Sollte Argos gerettet werden, so müßte Elektra damit einverstanden sein, daß Ägisth ihre Mutter unverzüglich heiratet, denn das Heer von Argos fordert im Krieg einen männlichen Herrscher, und sie müßte sich mit dem Versprechen Ägisths zufrieden geben, daß er nach dem Krieg den Thron ihrem Bruder Orest überlassen und den Mord an Agamemnon sühnen wird. Elektra aber bleibt unerbittlich und ermuntert Orest, Klytämnestra und Ägisth zu töten. Daß darüber die Stadt in Brand gesteckt und die an den Atridengreueln unschuldigen Einwohner getötet werden, daß Orest von den Eumeniden verfolgt und in Irrsinn und Tod gehetzt wird, es kann ihre Befriedigung nicht brechen:»Ich habe die Gerechtigkeit«, sagt sie,»ich habe alles.« Die blutige Sühne einer sieben Jahre alten Mordgeschichte, diese konsequente ›Gerechtigkeit‹ zieht konsequent neues Unheil nach sich, und hinfort ist, wie eine der Eumeniden feststellt, Elektra die Schuldige.

Giraudoux hat seine ›Elektra‹ eine ›abgestaubte Statue‹ genannt, und eine antike Statue ist sie auch unter seinen Händen geblieben: in die durch einen Ehebruch ausgelöste Tragödie hat er zwar die Ehebruchskomödie des Gerichtspräsidenten und seiner männervernaschenden Frau eingesprengt; die Elektra hat er zwar psychologisch durchleuchtet bis zum psychoanalytischen Muster, zum inzestuösen ›Elektra-Komplex‹, und doch gibt er dem alten Stoff keine grundsätzlich neue Wendung. Melancholisch konstatiert er den unaufhaltsamen Ablauf einer überlieferten Tragödie, den der göttliche ›Bettler‹ vorausweiß und voraussagt. Im Konversationsstück setzt die Tragödie dann ein, wenn Elektra als Elektra und Ägisth als Ägisth ›offenbar‹ werden — wenn sie handeln müssen nach dem Gesetz, nach dem sie angetreten sind.

Fast alle Beteiligten versuchen, die Tragödie zu verhindern, besonders Ägisth, der kein absolut unmenschlicher Despot ist, sondern eher ein geschickter, wirtschaftlich gebildeter Wohlstandspolitiker: er will Elektra mit dem

Gärtner verheiraten, um sie zu zähmen, zu verbürgerlichen, heimisch zu machen in der praktischen Welt der Kompromisse, aber dafür ist sie eben nicht geboren. Gewiß wäre es Giraudoux lieber, wenn die Tragödie verhindert werden könnte durch zivilisiertere, humanere Manieren, durch Einsicht und Güte, durch Gnade und Liebe, aber — wie sein Trojanischer Krieg — findet sie dann doch statt. Dem von Elektra abgewiesenen Gärtner bleibt nur seine idyllische Herzenseinfalt, seine Frömmigkeit, sein Wunsch nach Freude und Liebe. Durch ihn spricht Giraudoux, und sosehr er seinen Gärtner billigt, sosehr mißbilligt er den in Unmenschlichkeit umschlagenden Gerechtigkeitsfanatismus der Elektra, doch da er Elektra sowenig wie die Menschheit ändern kann, liebt er sie auch ein bißchen. »Offenbar ist das Leben eine verfehlte Angelegenheit«, räsonniert der Gärtner, »aber schön ist das Leben, sehr schön . . .«

Fünf Jahre später wird Jean Anouilh, der Meisterschüler Giraudoux', die letzte Auseinandersetzung zwischen Elektra und Ägisth durch seine Antigone und seinen Kreon gedanklich schärfer und dramatischer formulieren.

Das Lied der Lieder (Cantique des Cantiques). ›Stück in einem Akt‹. Uraufführung 12. Oktober 1938, Paris, Comédie Française, durch Louis Jouvet. Deutsche Erstaufführung 20. September 1951, Württembergisches Staatstheater, Stuttgart. — Das Lied der Lieder, die Liebe nämlich, wird in funkelnde Prosa gesungen von Florence, die ihrem Geliebten, einem Präsidenten, im Caféhaus ihren Verlobten vorstellt — zur Begutachtung, zur Begründung des Abschieds. Tausend Gründe sprechen dafür, daß sie den Präsidenten liebe — sie ist ganz und gar sein Geschöpf, und er ist der vollkommene Geliebte. Tausend Gründe sprechen dagegen, daß sie ihren Verlobten liebe — er ist der unvollkommenste Geliebte, und sie weiß nicht einmal, ob das, was sie für ihn empfindet, Liebe ist oder ein Hexenschuß. Im Gespräch mit dem Präsidenten beklagt sie die Minderwertigkeiten ihres Verlobten mit den gleichen vernünftigen Begründungen, mit denen sie die Vorzüge des Präsidenten rühmt; kaum merklich aber werden die logischen Argumente gegen den Verlobten zu zwar unlogischen, aber unschlagbaren Argumenten für ihn: sie liebt ihn eben, und wenn sie sich in den Glanz der Erinnerung steigert, dann ist es wie ein Fluchtversuch vor dem, was sie nun ergriffen hat — die verbindliche Liebe. Das Spiel ist zu Ende, denn Eros ist ein unerbittlicher Gott.

Undine (Ondine). ›Stück in drei Akten‹. Geschrieben nach der Erzählung von Friedrich de la Motte Fouqué (1811). Uraufführung 27. April 1939, Paris, Théâtre de L'Athénée, durch Louis Jouvet. Deutschsprachige Erstaufführung 21. März 1940, Schauspielhaus Zürich. Deutsche Erstaufführung 13. November 1948, Bayerisches Staatsschauspiel, München. — Undine, das Wasserwesen, das auf einem See spazierengehen kann, lebt als Findelkind im Haus eines Fischers. Sie verliebt sich in den Ritter Hans von Wittenstein, läßt ihn seine Verlobte Bertha vergessen und geht mit ihm, obwohl ihr Onkel, der Wasserkönig, sie gewarnt hat. Sie glaubt sich der Treue ihres Hans so sicher, daß sie sein Leben dem Wasserkönig verpfändet, falls er sie betrüge. Und Hans wird Undine untreu, als der Wasserkönig seine Bertha herbeizaubert — Hans muß sterben. Mit dem Augenblick seines Todes verliert Undine ihr menschliches Gedächtnis: sie erkennt seinen Leichnam nicht mehr, fragt »Kann man ihn nicht lebendig machen?«, und als der Wasserkönig verneint und die Nixen sie mit sich fortziehen, klagt sie: »Wie ist das schade! Wie hätte ich ihn geliebt!«

Ein Zaubermärchen, bei dem man daran denken darf, doch nicht muß, daß Undine und Hans auf die Dauer sowenig zusammenkommen können wie die reine Natur, die unfähig ist zur Lüge, und die menschliche Zivilisation, zu der die konventionelle Lüge gehört; daß die Natur den Menschen liebt, der Mensch aber dieser Liebe höchstens aber für die Dauer einer Episode gewachsen ist: »Die Natur hat eine Schwäche für den Menschen. Aber wenn der Mensch ein einziges Mal der Natur mißfallen hat, ist er verloren.« Die vollkommene Hingabe, die nur durch ein Elementarwesen wie Undine zur Person werden kann, muß scheitern an der Unvollkommenheit alles Menschenwesens, das von Hans so tumb wie schön wie traurig repräsentiert wird. Französischer, romanischer Geist umspielt graziös deutsche romantische Märchenseligkeit; Psychologie durchleuchtet die Feerie, ohne sie doch ihres dunklen Zaubers zu berauben — Komplimente der Ironie an die Naivität.

Sodom und Gomorrha (Sodome et Gomorrhe). ›Stück in zwei Akten‹. Uraufführung 11. Oktober 1943 im Théâtre Hébertot, Paris, durch Douking. Deutschsprachige Erstaufführung 27. Januar 1944, Schauspielhaus Zürich. Deutsche Erstaufführung 21. Mai 1946, Schauspielhaus Hamburg. — Der Erzengel verkündet im Vorspiel, daß Gott gesonnen ist, Sodom und Gomorrha zu vernichten wegen einer besonderen, ganz neuen Sünde: Bisher sind alle Verbrechen der Menschheit gegen Gott von Paaren begangen worden, ihnen aber ist auch das Fortbestehen der Menschheit zu danken, »und wenn Gott sie auch zuweilen streng bestrafte, so hat er sie doch nie tödlich getroffen; denn dies Bündnis zu zweien gegen den Schöpfer bedeutete doch zugleich Treue und Gelöbnis für die Zukunft«. Die Pest Sodoms aber ist das ›Bewußtwerden des eigenen Geschlechts‹, die Scheidung der Geschlechter, die ihre Sünden nur noch auf eigene Rechnung begehen: »Es gibt keine gemeinsamen Freuden, keine gemeinsame Vergangenheit, keine gemeinsamen Blumen mehr.« Nur die Chance hat Sodom noch, daß ›die Jäger des Himmels‹ ein Paar finden. Mit einem einzigen Gerechten gibt sich Gott nicht mehr zufrieden; auch nicht mit einem Paar, das zum Selbstopfer bereit wäre; er verlangt ›ein glückliches Paar‹, denn er hat Mann und Weib nicht nacheinander geschaffen, sondern »Zwillingskörper, verbunden durch Bande aus Fleisch. In einem Anfall von Vertrauensseligkeit hat er sie an dem Tag durchschnitten, an dem er die Zärtlichkeit schuf.« Beobachtet werden die Paare Jean und Lia, Jacques und Ruth; ferner die burlesken Samson und Dalila, die von einer Reise zurückkehren. Damit beginnt das eigentliche Stück: miteinander verflochtene Ehedramen, unter dem Auge Gottes. Die Paare versagen; nicht der Tausch der Partner, sondern ihre Entzweiung, die Vereinzelung der Geschlechter, wird zur Ursache des Weltuntergangs. Der Engel verkündet: »Der Tod hat nicht genügt. Das Spiel geht weiter.« — Eine exemplarische Katastrophe: uns, die wir nach dem Untergang Sodoms leben, ist durch die Gnade Gottes die gleiche Chance wie den Paaren in Sodom gegeben. Die Sünde Sodoms, die im ersten Buch Mosis körperlich verstanden wird, Giraudoux hat sie in seinem Drama vergeistigt zur Sünde der Lieblosigkeit.

Die Irre von Chaillot (La Folle de Chaillot). ›Stück in zwei Akten‹. Uraufführung (fast zwei Jahre nach Giraudoux' Tod) 19. Dezember 1945, Paris, Théâtre de L'Athénée, durch Louis Jouvet. Deutschsprachige Erstaufführung

Entwurf von Willi Schmidt für ›Die Irre von Chaillot‹ von Jean Giraudoux. Aufführung am Schiller-Theater, Berlin, 1958/59; Regie: Willi Schmidt

Figurinen von Ita Maximovna für ›Die Irre von Chaillot‹ von Jean Giraudoux, gespielt von Hermine Körner. Inszenierung von Karlheinz Stroux am Deutschen Schauspielhaus Hamburg, 1949/50; Bühne: Ita Maximovna

13. Juni 1946, Schauspielhaus Zürich. Deutsche Erstaufführung 27. Juli 1948, Kammerspiele München. – Die ›Irre‹, die alte ›Gräfin‹ Aurélie, rettet Chaillot vor Börsenschiebern, die für ein Betrugsmanöver in diesem Pariser Vorstadtviertel nach Ölquellen suchen und daran denken, es in die Luft zu sprengen, indem sie diese Bande, Mann für Mann, durch eine Falltreppe im Keller ihres Hauses in die todbringenden Kloaken von Paris lockt. »Wir wollen uns wichtigeren Dingen zuwenden, Kinderchen«, meint sie zu dieser resoluten Art, ihre Gegner loszuwerden, »hier unten gibt es nur Menschen. Beschäftigen wir uns mit Wesen, die es wert sind.« – Diese ›Irre‹ ist in einer brutalen, mechanisierten Geschäftswelt, die sich auf eine materialistische Vernunft beruft und in der ein Lumpensammler der letzte freie Mensch ist, die einzig wahrhaft ›Vernünftige‹: sie irrt nur darin, daß sie meint, die ganze Menschheit gerettet zu haben. Wie schon in seinem ›Intermezzo‹ zieht Giraudoux in diesem nachgelassenen Stück gegen den rüden Materialismus zu Felde, doch, wie immer bei ihm, geschieht dies nicht durch rationale Belehrung, sondern durch ein irrationales, pittoreskes Phantasiespiel, das noch die

Entzauberung der zweckhaften Manager-Welt zu einem Mittel poetischer Verzauberung macht. Rettung vor dem Irrsinn der machtgierigen Spekulanten durch die ›Irren‹, die Kloakenreiniger, Tellerwäscher, Lumpensammler, Straßenmusikanten; Rettung des Individuums vor dem Kollektivismus — das ist bei der grundsätzlichen Skepsis Giraudoux' freilich nur im Märchen möglich — wie später bei Anouilh in den ›rosa Stücken‹, die gerade dadurch so melancholisch stimmen.

Der Apoll von Bellac (L'Apollon de Bellac). ›Stück in einem Akt‹. Uraufführung 16. Juni 1942 im Staatstheater Rio de Janeiro unter dem Titel ›L'Apollon de Marsac‹. Französische Erstaufführung 19. April 1947, Paris, Théâtre de L'Athénée, durch Louis Jouvet, dessen Truppe das Stück auch in Rio spielte. Deutsche Erstaufführung 17. September 1952, Stadttheater Aachen. — Der Herr aus Bellac hat dem stellungslosen Mädchen Agnès die Zauberformel verraten, die ihr alle Türen öffnet:»Sagen Sie den Männern, daß sie schön sind!« So macht Agnès rasch Karriere: über Türsteher und Vizepräsident dringt sie zum Präsidenten vor, der sich unverzüglich mit ihr verlobt, als sie ihm sagt, er sei schön wie der Apoll von Bellac. Diesen Apoll freilich gibt es nicht, wohl aber Bellac — es ist der Geburtsort des Herrn, der Agnès das Aufstiegsrezept der Schmeicheleien verraten hat. Als sie dem Herrn aus Bellac sagen will, daß er schön sei, und dies nun, weil es wahr ist und sie ihn zu lieben glaubt, da funkelt der Gedanke auf, der Herr sei Apoll, der Gott der Schönheit, selber — jedenfalls verschwindet er, nachdem er Agnès noch rasch einige Gescheitheiten über die Liebe gesagt hat. Und in Bellac ist Giraudoux geboren, der hier in einem Kabarett-Ulk die Geheimnisse des menschlichen Herzens aufblitzen läßt, als sei er Apoll, der Gott der Dichter, persönlich.

Für Lucretia, auch: *Um Lucretia* (Pour Lucrèce). ›Stück in drei Akten‹. Aus dem Nachlaß. Uraufführung 4. November 1953, Paris, Théâtre Marigny, durch das Ensemble Madeleine Renaud und Jean-Louis Barrault. Deutsche Erstaufführung 22. Oktober 1954, Württembergisches Staatstheater, Stuttgart. — Die römische Lucretia hat sich erstochen, weil sie von dem Tyrannen Tarquinius Superbus geschändet worden ist — Lucile Blanchard, die Frau eines Staatsanwalts in Aix-en-Provence um 1868, bringt sich um, weil sie glaubt, ihre Idee von der Reinheit verletzt zu haben. Mit untrüglichem Blick erkennt Lucile in jeder Frau das Laster und gibt dies auch durch Verstummen und Grußlosigkeit zu verstehen. Aus Wahrheitsliebe hat sie Armand alle Illusionen über seine leichtfertige Frau Paola genommen, die eine Geliebte des Grafen Marcellus ist, eines stadtbekannten Frauenjägers. Paola rächt sich:

sie gibt Lucile ein Schlafmittel ein und redet ihr am nächsten Morgen, unterstützt von den Techniken einer Kupplerin, ein, sie sei in der Nacht von dem Grafen Marcellus vergewaltigt worden. Der Graf, in diesem Falle unschuldig, bekennt sich dennoch zur Tat, in der Hoffnung, Lucile auf diese Weise zu seiner Geliebten zu machen. Lucile jedoch verlangt von ihm, daß sie, die ›seine Frau‹ gewesen ist, nun auch seine Witwe wird: Armand wird sich mit ihm duellieren. Inzwischen kommt ihr Mann von einer Reise zurück, und sie beichtet ihm das, was sie für die Wahrheit halten muß; sie stößt auf eine solche tugendstolze Herzlosigkeit, daß sie erkennt, wie wenig sie geliebt wird. Als Armand als Sieger vom Duell zurückkommt, erfährt Lucile die Wahrheit von Paola (und damit weiß Armand, daß er ein Mörder ist). Lucile vergiftet sich – sie klagt sich einer Todsünde an, für die es keine Vergebung gibt:»meine Verachtung des Lebens«. Und sie zwingt Paola zu bekennen, daß die Welt rein sei,»voll Schönheit und Licht«. Paola tut der Sterbenden den Gefallen:»Für eine Sekunde.« Dies genügt Lucile:»Das ist fast zuviel.«

Lucile und Paola sind nach den allegorischen Mustern ›Tugend‹ und ›Frau Welt‹ gearbeitet; sie repräsentieren zwei Arten, die Welt zu nehmen: als einen Ort der absoluten Reinheit oder als einen Ort der angenehmen Unreinheit. Die Reinheit kann nicht von dieser Welt sein:»Helden heben«, sagt die sterbende Lucile,»ein Leben, das sie nicht mehr ertragen können, in den Himmel.« Da Giraudoux auch in diesem mit Moralitäten befrachteten Stück kein Prediger ist, darf man ihn bei keiner der beiden Parteien suchen – er konstatiert, nichts sonst. Tragische Selbstzerstörung der Reinheit? Oder Zerstörung des Lebens durch die arrogante Selbstgerechtigkeit der Reinheit? Oder ein Spiel mit beiden Themen und drei effektvollen Frauenrollen (einschließlich der Kupplerin Barbette)? Das übertüftelte Stück aus dem Nachlaß ist schon 1943 geschrieben; Giraudoux hat es damals Edwige Feuillère, der Paola der Uraufführung, vorgelesen; es existieren mehrere voneinander abweichende Fassungen – Giraudoux hat sie nicht aus der Hand gegeben. Viele Fragen bleiben offen in dieser seltsamen Mischung von hanebüchener Moritat und klassischer Tragödie, von theologischem Streitgespräch und sprühender Gesellschaftskomödie, von essayistischen Bemerkungen über die weibliche Psyche und satirischem Vaudeville.

Jacques Audiberti: Feuerwerk über Traumkanälen

> Der literarische Wert eines Stückes und sein Bühnenerfolg sind
> zwei grundverschiedene Dinge. Viele Abgrenzungen sind mög-
> lich außer der Unterscheidung und Trennung in ›Avantgarde‹
> und ›Arrièregarde‹. Jede Generation bringt neue Nuancierun-
> gen, in allen Kunstzweigen und allen Berufen: Originalität,
> Wagemut, neue Einfälle. Ist ein Bühnenwerk ein Zugstück, hört
> es auch sofort auf, ›Avantgarde‹ zu sein.   Audiberti

»Alles was ich sagen kann: da reckt sich ein Fels. Grau und gedrungen, lang
und gewunden, Gras zwischen den Tatzen, schaut er nach irgend etwas aus.
Er schaut nach dem Verzauberer aus, der ihm Zucker gibt. Aber im Augenblick kommen nur Wolken, so weiß wie das eisige Blau des Sommers. Der
Tagmond, zernagt wie das Profil des Käses, hängt seine schwermütige Note
am Gipfel dieses restlichen sonnigen Nachmittags auf. Im Glauben, die Dauer
könnte mit etwas zu viel Beharrlichkeit anhalten und zu lang den Abend
und die Suppe hinausschieben, weinen die Grillen in den Schattenlöchern und
die Vögel kreisen sehr hoch. Vor lauter Anstrengung gucken sie sich die
Augen aus dem Kopf, ob auch alles mit der nachlassenden Ankerwinde des
Erdentages in Ordnung geht. Man muß wissen, es ist drei oder vier Uhr und
genau der Augenblick, da es der letzte Rauch der Mittagsruhe liebt, daß der
Apfel und das Vesperbrot ihn rosa und beige färben.« Dies sind nicht etwa
Sätze aus einem lyrischen Roman, sondern aus einer Regie-Anweisung zu
der Komödie ›Das schwarze Fest‹ — Jacques Audiberti scheint einfach nicht
imstande, auch nur einen einzigen nüchternen Satz zu schreiben. Worüber
er sich auch äußerte, er sprudelte mit fliegenden Lippen poetische Bilder
hervor. Und so wie er reden fast alle seine Bühnenfiguren. Orthodoxe Kritiker nennen dies ›undramatisch‹.

Klarheit war Audibertis Stärke nicht: er war ein Feuerwerker und brannte
seine Raketen ab. Auch ein Feuerwerk ist nicht besonders hell, aber es ist
farbig, verblüffend, voller Überraschungen. Die Logik seiner gedanklichen
Konstruktion — falls sie überhaupt deutlich erkennbar werden sollte — verschwindet hinter der Montagelogik der Bilder, unter Variationen über Neben-
themen, unter episodenhaften Arabesken und lyrischen Sturzbächen. Jeder
Montageteil freilich ist eine hochdramatische Szene: man ist dauernd gespannt, man weiß allerdings manchmal nicht recht, worauf. Seine Sprache
strömt aus Traumkanälen; sie schießt in surrealistischen Metaphern dahin,
teils witziger, teils symbolischer, teils grausiger Natur. In sich versponnen,
kultivierte er den heidnischen und christlichen Boden seiner mittelmeerischen

Heimat und ließ aus ihm, mit Blut begossen, seine bizarren Blumen sprießen, während der Teil seines Publikums, der nach dem nahrhaften Gemüse handfester Begriffe verlangt, langsam in der Luft verhungert.

Pfiffe und Buh-Rufe gehörten zu seinen Uraufführungen, sei es in Bochum, sei es in Paris. Unbestreitbar ist der literarische Wert seiner Stücke: sein Einfallsreichtum und seine Sprachphantasie scheinen unerschöpflich. Als Dramatiker hatte er zwar nach dem zweiten Weltkrieg in den winzigen Pariser Avantgarde-Theatern (und auf deutschen Bühnen) begonnen, doch gehörte er eher in die Comédie Française. Als sie 1962 seine ›Ameyß im Fleische‹ herausbrachte (ein Stück, das seine Uraufführung in Deutschland schon erlebt hatte), gab es den gewohnten Protest der Traditionalisten, die nicht sehen wollen, daß dieser angebliche Avantgardist die große französische Tradition der rhetorischen Poesie fortsetzt, der Marivaux, Musset und Giraudoux. Audiberti war damals 63 Jahre alt.

Sein Vater war Maurermeister. Am 25. März 1899 wurde er geboren:»In Antibes, an der Côte d'Azur, erblickte ich in einem dreistöckigen Häuschen das Licht der Welt. Die schwarze geteerte Rückfront ging zum Meer, mit Sonne, Wind, Wetter, die Vorderfront auf eine typisch provençalische Straße. Auf ihr spazierte für mich die katholische Gegenwart. Sie strömte aus beiden Kirchen der Nachbarschaft. Denn Antibes ist die Heimat der Heiligengeschichten. — So verzahnten sich Mystik und Natur.«

Mystik (aber auch Lust an der Mystifikation) und Natur; Katholizismus und Heidentum; Frömmigkeit und Blasphemie; Jungfräulichkeit und die Gewalt des Fleisches; irrationale Mythen und rationale Zivilisation; Realität und Traum; Barock und Boulevard — aus solchen Spannungen lebt seine Dramatik, und wenn in seinen Stücken Heidentum, Sexus und Traum nicht zu bändigen sind, so scheint dies Audiberti zu amüsieren; man hört ihn lachen wie einen Faun — einen fröhlichen Faun, dem man gleichwohl die Inbrunst des Gebetes zutraut. Seine Mystik der Liebe umschließt frivole erotische Späße ebenso selbstverständlich wie das himmlische Lamm.

Der junge Audiberti wurde zunächst Gerichtsschreiber in Antibes, ging 1925 nach Paris, war Journalist, Mitarbeiter am ›Journal‹ und am ›Petit Parisien‹, veröffentlichte 1930 den ersten einer Reihe von Gedichtbänden, 1938 den ersten von rund zwanzig Romanen, und als ›Quoat-Quoat‹ 1945 aufgeführt wurde, das erste seiner Stücke, das auf die Bühne kam, war er schon 46 Jahre alt und wurde in die Avantgarde der Adamov und Ionesco eingereiht, doch hatte er mit ihnen nicht mehr gemeinsam als einige Beziehungen zum Surrealismus. Seine wachsende Vorliebe für Allegorien, für phantastische Kapriolen, für Ballette und Pantomimen, für barocke Figurationen und Ausschweifungen brachte ihn in die Nähe der Oper. Sein *Falken-*

mädchen (La Houbereauté), im Dezember 1960 in Bochum mit dauer-
haftem Buh und leidenschaftlichem
Bravo aufgenommen, ist ein Libretto, für das sich kein Komponist
gefunden hat; Audiberti meinte dazu: »Man spricht auf einer Sprechbühne nicht, wie man im Leben
spricht. Es gibt eine Überhöhung.
Es war interessant, diese Überhöhung bis zur Übertreibung des
Operntheaters zu steigern.«
Der deutsche Theaterbesucher,
dem der Zugang zu Audiberti
schwerfällt, mag sich des negativen
Märchens bei Georg Büchner erinnern (siehe auch Seite 271) und
der melancholischen Heiterkeit seines ironisch-poetischen Lustspiels
›Leonce und Lena‹. Auch Audiberti

*Jacques Audiberti, nach einem Holzschnitt
von Suzanne Laugier*

war ein trauriger Mann, der die Scherze liebte: im schmerzverzogenen Mund
trug er eine den Schmerz vertiefende, heitere Blume. Er starb am 10. Juli 1965
in Paris. Was er der Welt durch seine Skepsis genommen hatte, das schenkte
er ihr wieder durch den artistischen Zauber seiner Sprache.

Meinungen: »Man nimmt ihn gleichsam als Gießbach, der die Quellkraft
des Rabelais über die Klippen Lautréamonts führt. Er selbst will den Menschen als Kampfplatz von Engel und Bestie zeigen. Aus dem Kampf sollen
Funken sprühen und Feuer zünden«: Albert Schulze Vellinghausen. — »›Den
Menschen‹ an seinen Platz im Universum stellen, ist ein durchaus universi-
tätsmäßiges Verfahren, und dem widersetzt sich Audiberti. Jeden einzelnen
Menschen an seinen Platz stellen in der ungeheuren und unaufhörlich erneuten Konstruktion eines Weltalls, das die Tiere enthält, wunderbare Minera-
lien, Blumen und Pflanzen, Frauen auch, und Bonzen und Chefs und Sklaven,
Künstler und Wüsten, Tänzerinnen und Bleiarbeiter, Vulkane auch und
Bahnhofsvorsteher — das ist der (legitime) Ehrgeiz Audibertis«: Jacques
Lemarchand, Theaterkritiker des ›Figaro Littéraire‹. — »Argot, Handwerker-
sprache, altertümliche, seltene Wendungen aus den Dialekten Südfrank-
reichs, italienische, spanische und lateinische Satzformen und Wortbildungen,
ferner eigene, neue Wortschöpfungen dienen Audiberti dazu, sich ein Medium

prallen, von Sinnlichkeit und Witz überquellenden, trotz aller barocken Fülle spezifisch romanischen, genauen Ausdrucks zu schaffen«: Franz Norbert Mennemeier.

Quoat-Quoat (Quoat-Quoat). ›Stück in zwei Bildern‹. 1945. Uraufführung 28. Januar 1946, Paris, Théâtre de la Gaîté Montparnasse. Deutsche Erstaufführung 18. Januar 1957, Städtische Bühnen, Köln. — Der junge Archäologe Amédée fährt auf einem Postschiff aus der Zeit des zweiten Kaiserreichs nach Mexiko, um Forschungen zu betreiben, besonders über den mexikanischen Gott Quoat-Quoat. Er wird vom Kapitän als ein Geheimagent der französischen Regierung behandelt, der hinter dem Maximiliansschatz her ist. Der Kapitän macht ihn darauf aufmerksam, daß er nach dem strengen Reglement, das für Geheimagenten gilt, jede Berührung mit Frauen bei Todesstrafe vermeiden muß. Doch Amédée verliebt sich in Clarisse, die Tochter des Kapitäns, in der er die Jugendfreundin erkennt, und ist damit zum Tode verurteilt. Eine erotisch geladene Mexikanerin verschafft ihm einen Splitter vom Stein des Gottes Quoat-Quoat, mit dem das All in Nichts verwandelt werden kann, aber Amédée will diesem Mittel, das die Sicherheit des Schiffes gefährdet, seine Rettung nicht verdanken und gibt den Stein an den Kapitän weiter, der ihn ungerührt erschießen ließe, könnte die nach Absinth stinkende Frau Batrilant nicht nachweisen, daß Amédée weder Geheimagent ist, noch einen Schatz besitzt — sie nämlich ist der wahre Agent, und Amédée war nur zum Schein beauftragt. Doch da er sich, Schein oder nicht, als Versager bei dieser Prüfung fühlt, will er jetzt sterben. Der Kapitän, überdrüssig des »unaufhörlichen Kampfes zwischen meinem Reglement und den Fahrgästen«, hebt den allesvernichtenden Stein gegen das Publikum: »Haltet euch fest!!!« — Ende des Stückes.

Ein phantastisches Abenteuer mit verblüffenden Wendungen wird in der Alptraumtechnik (siehe auch Seite 1159) hinfabuliert; vieldeutig schillernde Personen spielen ironische Beziehungen an — Amédée, der brave ›Gottlieb‹, auf seiner Lebensreise, unterworfen einem Auftrag, dessen Sinn er nicht durchschaut, und einem Reglement, an dem er notwendig scheitern muß; der Kapitän eine Art Gott, wenn nicht gar Gott selber, der die Lust am ewigen Scheitern der Menschen verliert — ohne daß die Fabel ein eindeutig auslegbares Gleichnis wäre. Die Geschichte stürzt von einem Schrecken in den andern und ist zugleich schockierend komisch: schon durch die historische Kostümierung, die an Collagen, an Holzstichmontagen des Surrealisten Max Ernst erinnert, an die komische Dämonie und die dämonische Komik martialischen Schnurrbarts- und Büsten-Kitsches; durch die Selbstverständlichkeit, mit der die verrücktesten Situationen kommentiert werden.

Die scheinbar so enge Verwandtschaft Audibertis mit dem Theater der ›Absurden‹ besteht jedoch nur darin, daß beide einige Techniken des Surrealismus übernommen haben. Im übrigen bleibt die Sprache der ›Absurden‹ in ihren dramatisch gebauten Fabeln karg, Audiberti aber treibt schon in diesem ersten Stück rhetorische Metaphern-Wildlinge hervor — sie werden später zu kapitalen Dschungeln auswuchern. Man kann sich an ihnen ergötzen, ohne die geringste Lust zu verspüren, sie zu entschlüsseln.

Der Lauf des Bösen (Le mal court). ›Spiel in drei Akten‹. Uraufführung 25. Juni 1947, Paris, Théâtre de Poche. Deutsche Erstaufführung 5. April 1957, Ruhrkammerspiele Essen. — Staatsaktionen im Schlafzimmer einer Märchenprinzessin. Alarica, Tochter des Königs von Duodezien, muß entdecken, daß König Perfekt von Okzidentalien sein ihr gegebenes Eheversprechen nicht einhalten will: es war nur Teil einer groß angelegten Intrige, um die Thronerbin von Spanien eifersüchtig zu machen und zu gewinnen. Okzidentalien schickt Alarica einen höchst ansehnlichen Geheimagenten ins Schlafgemach, der sie durch Verführung und Skandal unmöglich machen soll. Das Böse hat seinen Lauf genommen, und die zarte Alarica, sobald sie dies begriffen, lenkt es in ihre Bahn: sie stürzt ihren Vater, der schon die okzidentale Abfindung eingestrichen hat, macht den Geheimpolizisten zu ihrem ›Leibroß‹, zum Liebhaber und Ratgeber, und wird mit der Abfindung Sümpfe trockenlegen und industrialisieren. — Audibertis durchsichtigstes (und erfolgreichstes) Stück ist ein melancholisches Märchen, bei dem man sich an Büchners ›Leonce und Lena‹ erinnern darf: die Desillusionierung reiner Mädchenträume, die drastische Aufklärung über das Wesen des Bösen und die traurige Lektion, daß das Böse fröhlich genutzt werden muß, wenn das Gute getan werden soll. Dies freilich ohne jedes lehrhafte Pathos, mit vehementem Witz und einer kapriziösen Poesie.

Das schwarze Fest (La fête noire). ›Komödie in drei Akten‹. Uraufführung 3. Dezember 1948, Paris, Théâtre de la Huchette. Deusche Erstaufführung 26. Februar 1960 Landestheater Darmstadt, durch G. R. Sellner. — Das Stück, 1938 geschrieben, hieß in der Buchausgabe von 1945 nicht ›La fête noire‹, ›Das schwarze Fest‹, sondern ›La bête noire‹, ›Das schwarze Tier‹: ein mädchenfressendes, höchst irrationales Untier tobt sich — nicht ohne Audibertis Ironie — ausgerechnet gegen Ende des rationalistischen achtzehnten, des aufgeklärten Jahrhunderts aus, und dies mag auch ein ›schwarzes Fest‹ sein. Es beginnt scheinbar harmlos mit zwei Bauernmädchen, die Wiesen mit frischer Wäsche tapezieren, und mit Dr. Felix, einem erfolglosen Arzt und erfolglosen Lüstling; am Ende des ersten Aktes aber ist Mathilde, das eine

Mädchen, ermordet und zerfetzt von einem schwarzen Untier mit eisernen Krallen, und Dr. Felix, in dem man das Tier vermuten darf, wird von der Bevölkerung zum Befehlshaber der Truppen ernannt, die das grauenhafte Vieh erledigen sollen: der Bock wird zwar nicht zum Gärtner, doch zum Jäger des Bockes gemacht. Der zweite Akt ist erfüllt von dieser Jagd, an der sich eine groteske Geistlichkeit mit Chorälen und Gottvertrauen und die nicht minder grotesken Truppen des Königs mit Gewehren und Kanonen beteiligen. Die Jagd wird zur schmerzlichen Posse, weil statt des Untiers eine armselige Ziege erlegt, und weil diese Ziege zur allgemeinen Beruhigung für das Untier ausgegeben wird. Während des Siegesjubels wird wieder ein Mädchen vom schwarzen Vieh getötet, doch der gefeierte und vor der Entdeckung bewahrte Dr. Felix verfügt, daß dies ein Fall von Grippe sei und verordnet Lindenblütentee. Die Pointe des Aktes: das Untier ist durch institutionelle Mittel, durch Choräle und Kanonen, durch Kirche und König, nicht zu erlegen. Hinter ›Hochwürdens‹ gefährlicher Vergnügtheit werden die Einsicht in den Abgrund alles Menschlichen und eine Weltweisheit spürbar, in die sich Gläubige und Ungläubige teilen mögen. Die Institutionen jedenfalls geben sich mit einem Scheinsieg über eine unschuldige Ziege zufrieden. Im dritten Akt wird mehr oder weniger klar, weshalb das Untier nicht zu besiegen ist. Alice, das zweite Wäschemädchen, verstört von den fortdauernden Greueln, dringt zu Dr. Felix vor, der sich selbstzufrieden als Untier-Töter feiern läßt und mit angeblichen Überbleibseln des Monstrums einen schwunghaften Handel treibt. Alice enthüllt Felix als Urheber des Untiers: »Pfeifen Sie durch die Finger, es kommt Ihnen zugelaufen und kehrt in Ihre Drüsen und Traumkanäle zurück.« Das Untier ist eine fleischgewordene, mörderische Ausgeburt des Dr. Felix, genauer: seines schiefen Verhältnisses zu den Frauen, die er verfolgt mit seiner Gier und doch nicht lieben kann, während die Frauen ihn lieben und sich ihm doch nicht geben können. Felix selber leidet unter seinem Monstrum; er fühlt sich als Opfer der »verhaßten Mathematik der Geschlechter«. Und weil auch Alice und Felix sich nicht lieben können, muß das Untier von neuem entstehen, wie es überall dort entsteht, wo die Gier des Mannes und die Verweigerung der Frau zusammentreffen — als Alice und Felix schließlich erschossen werden, sind sie zwei Opfer auf dem Schlachtfeld des Sexus. — So wäre denn das reißende Untier die bildliche Entsprechung für das Versagen der Liebe, für den ungebändigten Sexus, und das ›schwarze Fest‹ so etwas wie ein ins Negative verkehrtes Märchen: nicht nur Rotkäppchen leidet unter dem Wolf, auch der Wolf leidet — er weint, daß er Rotkäppchen fressen muß. Felix, der Drachentöter, kann den Drachen nicht töten, weil der Drache aus ihm selber kommt. Die Ursache des Drachens, des Wolfes ist die unerfüllbare Liebe. Und ein Stück vom schwarzen Tier steckt deshalb in jedem Menschen. Drum:»Laßt uns sterben hier auf Erden, um im Tod geheilt zu werden« – dies die traurige Moral dieser Schreckens-Commedia und Horror-Operette.

Die Zimmerwirtin (La Logeuse). ›Stück in drei Akten‹. 1954. Uraufführung 7. Juni 1960, Städtische Bühnen Köln, durch Hans Bauer. – Homers Circe verabreicht den Männern des Odysseus Zauberkraut in Mus und verwandelt sie damit in neunjährige Mastschweine. Audibertis Madame Cirqué verwandelt ihren politisch begabten Gatten in einen vertrottelten Putzmacher, den Verlobten ihrer Tochter in einen Defraudanten, hetzt Kriminalbeamte gegeneinander auf und treibt ihre Tochter zu Selbstmordversuchen. Bei ihren Untermietern grassieren Wahnsinn, Selbstmord und Totschlag. Dies in einem bürgerlichen Pariser Milieu, und der Zaubertrank der Madame Cirqué ist ein Pferdestärkungsmittel in Kaffee, eine Roßkur der Demoralisierung. Gegen sie wird Monsieur Tienne eingesetzt: er ist ›soziologischer‹ Geheimpolizist im ›Sonderdezernat für Gesundheit‹ und muß, wie die Ärzte die Tbc, die ›moralische Fäulnis‹ bekämpfen. Wie sich schon in Audibertis ›Schwarzem Fest‹ herausstellte, daß durch institutionelle Mittel das ›schwarze Tier‹ der anarchischen Sexualität nicht zu besiegen ist, so versagt vor Madame Cirqué, diesem fleischgewordenen Lebenshunger, der zerstörerisch, weil ewig unbefriedigt ist, die Institution der moralischen Polizei. Tienne verfällt Madame und reiht sich willig mit einem Schürzchen in die Schar ihrer Opfer ein. Es ist ein Scheintriumph der Madame Cirqué: von Tienne hatte sie erhofft, daß er ihr Herr und Meister werde und sie selbst verwandle – nichts enttäuscht sie mehr als ihr eigener Triumph, und so traktiert sie den neuen Untermieter, der zum Schluß erscheint, mit gelangweilter Routine. Daß ihr Hunger nicht zu befriedigen ist, daß Circe Circe bleiben muß – das ist ihre Tragödie. Schielt man noch einmal zu Homer zurück, so ist der mit göttlichem Gegenzauber begnadete Odysseus bei Audiberti nicht gekommen – Circe wütet weiter, als Elementarkraft unbesiegbar durch staatliche Eingriffe, doch enttäuscht, überdrüssig und der Erlösung bedürftig. Audiberti bedient sich zwar der äußeren Form des Boulevard-Stückes und verschmäht sogar das berüchtigte Bett im zweiten Akt nicht, doch fragen das mythische Hintergrunds-Muster und seine explosive Sprache mitten im Gelächter über aparte Bilder – wie Komödie und Tragödie – nach den Geheimnissen des Menschen in der Welt, nicht nach seinem gesellschaftlichen Ärger.

Der Glapion-Effekt (L'effet glapion). ›Komödie in zwei Teilen‹. 1958/59. Uraufführung 9. September 1959, Paris, Théâtre de La Bruyère. Deutsche Erstaufführung 7. Februar 1961, Kleines Theater am Zoo, Frankfurt am

Main. — Mittagstisch bei Dr. Blaise Agrichant, Rheuma-Facharzt in Orleans; er speist mit seiner jungen Frau Monique, die er vor einem Jahr von der Sprechstundenhilfe zur Verlobten befördert hat, und mit dem Hauptmann der Gendarmerie. Während die Männer schwadronieren, nutzt die mit sich und der Welt unzufriedene Monique den ›Glapion-Effekt‹: schlicht ausgedrückt, flüchtet sie sich in einen Tagtraum. (Audibertis parodistische Lust läßt einen Professor Emile Glapion in seinem ›Handbuch der angewandten Psychologie‹ den nach ihm benannten Effekt erklären als »Auswertung einer konkreten objektiven Tatsache durch die visionäre subjektive Logik«.) Ausgangspunkt ihres ›Glapionierens‹ ist der Tag ihrer Verlobung: Wie wäre es, wenn statt des Doktors, der damals auf der Jagd war, der Gendarmerie-Hauptmann um sie geworben, sie vielleicht mit Gewalt bestürmt hätte? Die Antwort auf diese Frage erlebt Monique mit der Bilderlogik des Traums, in dem sich erlebte Wirklichkeit, Angst- und Wunschvorstellungen unentwirrbar mischen: der Gendarmerie-Hauptmann verwandelt sich in eine alte Patientin, unter deren Röcken sich ein Gangster versteckt hat; der Gendarmerie-Hauptmann verwandelt sich in diesen Gangster und schießt mit Parfüm aus einer Wasserpistole; der Gangster wiederum verwandelt sich in den Ordonnanzoffizier einer Illustrierten-Märchenprinzessin, in die sich nun Monique verwandelt, kurz: Moniques geheime Ängste und Sehnsüchte werden zu Gestalten (die gespielt werden) — Monique ›glapioniert‹, ja »nicht nur daß ich glapionierte«, gesteht sie gegen Ende, »ich glapionierte über das Glapionieren«. Sie tut es so lange, bis der Doktor von der Jagd heimkommt und Monique seine Liebe erklärt — das Glapionieren ist mit dem Mittagessen am Schluß angelangt. — »Das Leben besteht aus Illusionen«, läßt Audiberti hier verkünden, »manche nehmen Gestalt an. Diese bilden die Realität.« Die drei glapionierenden Figuren, deren Gestalt gewordene Illusionen zu einer anderen, phantastischen Realitäten werden, sind nichts anderes als Ausgeburten des glapionierenden Audiberti: der ›Glapion-Effekt‹, das Leben in der Möglichkeitsform, ist das wichtigste Instrument des Poeten. Hier glapioniert er aus einem Boulevard-Stück angedeuteten platonischen Tiefsinn und ironisierten psychoanalytischen Unsinn auf die amüsanteste Weise.

Die Ameyß im Fleische (La fourmi dans le corps). ›Stück in zwei Aufzügen‹. Uraufführung 14. Oktober 1961, Landestheater Darmstadt, durch Hans Bauer. Französische Erstaufführung 3. April 1962, Paris, Comédie Française, durch André Barsacq. — Seinen barocken Neigungen geht Audiberti hier gleich im Barock nach. Die fürstliche Abtei von Remiremont, Sitz einer Ordensgemeinschaft adliger Damen, schwebt 1695 in der Gefahr, von Marschall Turenne niedergebrannt zu werden. Das hält die Damen nicht davon

ab, zunächst einen kleinen Privat-
krieg zu führen: obgleich sie kein
klösterliches Gelübde abgelegt haben, lebt ein Teil von ihnen in freiwilliger klösterlicher Zucht; sie werden die ›Ameisen‹ genannt, während sich ihre weltlicher gesonnenen
Ordensschwestern des Beinamens
›die Bienen‹ erfreuen. Ihrer Erziehung nach eine ›Ameise‹, ihrem
Wesen nach eine ›Biene‹ ist die Heldin des Stückes, Jeanne-Marie Bartholomäus de Pic-Saint-Poc, eine
Jungfrau, die von philosophischen
Freunden die Verachtung des Körpers gelernt hat. Aus intellektuel-
lem Hochmut setzt sie sich an die
Spitze der ›Ameisen‹ und stört mit
ihrer Hilfe ein Fest der ›Bienen‹,
die eine barocke Allegorie um Nebukadnezar aufführen. Sie zerschlägt diesen Nebukadnezar, der
den Kampf des Menschen mit seinem eigenen Leibe allegorisiert. Es
ist ihre letzte Attacke gegen das
Fleisch, dessen sich diese Ameise
bald bewußt wird. In ihrem Bett
findet sie einen dreijährigen Kna-

Pic-Saint-Pop, die jungfräuliche Heldin in
Jacques Audibertis ›Die Ameyß im Fleische‹,
gezeichnet von Audiberti während der Proben zur Uraufführung dieses Stückes am
Landestheater Darmstadt; Regie: H. Bauer

ben; von seiner Zartheit wird sie auf der Stelle verwandelt: »Es ist die
Liebe.« Die Liebe zu retten, geht sie in das Lager Turennes, um die Be-
schießung des Stiftes abzuwenden. Inzwischen nämlich haben in einer grotesken Szene zwei uralte ›Ameisen‹ die Kanone von Remiremont versehentlich abgefeuert; der Marschall ist dem Tode nur dadurch entronnen, daß ihn
ein Befürfnis sein Bett für einen Augenblick verlassen ließ. Pic-Saint-Pop
listet ihm den Frieden ab, und dann zwingt sie einen seiner Offiziere, sie, da
sie die Liebe durch das Kind nur in der Verkleinerung kennengelernt, nun
auch über ihre erwachsene Form praktisch zu unterrichten. Auch diese Ver-
gewaltigungs-Operette hat ihre allegorische Bedeutung: sie ist eine Station
auf dem Wege der jungen Dame zu sich selbst. Damit kein Zweifel bestehe,
daß Turenne das Gegenprinzip der Liebe, das Prinzip des Krieges ist, wird

eine kommentierte Pantomime aufgeführt, und ungeniert erklärt sich Turenne von der Liebe besiegt. Das Kind freilich, das für Pic-Saint-Pop zu einer mystischen Vereinigung von himmlischem Lamm und irdischem König geworden ist, wird von seiner Mutter mit einem dreißigjährigen, sabbernden Kretin vertauscht, doch Pic-Saint-Pop hat ihre Lektion von der ›Barmherzigkeit des Fleisches‹ gut gelernt: sie akzeptiert auch das kleine Scheusal, sie nimmt das Leben an noch in seiner schauerlichsten Ausgeburt — am Ende hat sie Barmherzigkeit und Liebe ›im Fleische‹ begriffen. — So unverblümt die Allegorie, so leicht ist der Komödienton mit entwaffnend witzigen und saftigen Formulierungen, mit grotesken Arabesken, kleinen Ironien, Poetereien und frivolen Späßen.

Montherlant: der mokante Matador

Die schönsten Leidenswerke (Tragödien usw.) sind in der Freude geschrieben — der Freude am Schreiben: der Künstler ist einer, der leidet, indem er nicht leidet.

Montherlant, Tagebücher

Er fordert Stich-Worte heraus: Henry Marie Joseph Million de Montherlant, Comte de Gimart; Sproß einer alten französischen Adelsfamilie aus der Picardie: »Ich kam in Paris am 21. April 1896 zur Welt, indem ich meine Mutter tötete. Es war der Tag der Gründung Roms, unter dem Zeichen des Widders: der Widder und die Wölfin standen an meiner Wiege.« Klosterschüler am Gymnasium Sainte-Croix in Neuilly, Sportler und in den Ferien Matador in Spanien: »Mit 15 Jahren habe ich zwei und mit 17 Jahren drei Stiere getötet.« Essayist, Aphoristiker, Romancier (›Die Tiermenschen‹, 1926; ›Die Junggesellen‹, 1934; ›Erbarmen mit den Frauen‹, 1936—1939), Dramatiker (nach vereinzelten, frühen Versuchen) seit Anfang der vierziger Jahre. Spätgeborener Römer, Sammler von Statuen und Münzen. Bis zur Verachtung uninteressiert an zeitgenössischer Literatur, Gesellschaft, Mittelmaß, Kompromiß, Durchschnitt. Haßt die natürliche menschliche Unzulänglichkeit und ist fasziniert vom Absoluten, von seiner Unnatürlichkeit und seiner lebensvernichtenden Kraft. Angezogen von den gewaltsamen, extremen Ideen Spaniens und den Exzessen seiner ins Unbedingte getriebenen Mystik. Begriffe wie Heroismus, Größe, Ehre, Opfer, Tugend, Reinheit feiert er bis zur Grausamkeit und Unmenschlichkeit. Ein antifemininer Herren-Mensch im Kielwasser Nietzsches; ein tiefgekühlter Pathetiker, den seine Gegner für einen eitlen Poseur halten. Als Dramatiker ein Klassizist; Verfechter der Einheit von Ort, Zeit und Handlung; seine Bühnenfiguren sind Funktionäre seiner Spracharchitektur, unwichtig als Menschen, wichtig als Sprecher von Sentenzen. Seine Anhänger rühmen die Marmorkälte seiner klassischen Prosa und vergleichen ihn mit Racine. Er erweckt den Verdacht, daß die strenge, jansenistische Religiosität seiner ›katholischen Trilogie‹ nur eine andere Drapierung seines frühen Welt-Ekels und seines aristokratischen Hochmuts ist. Unermüdlich hämmert er radikale Sentenzen und schleudert sie wie Wurfgeschosse von der Bühne: erhaben und humorlos.

Die tote Königin (La Reine morte. Uraufführung 8. Dezember 1942, Paris, Théâtre Français. Deutsche Erstaufführung 15. Mai 1948, Regensburg). Untertitel: ›Wie man Frauen tötet‹. Zur Zeit der Maurenkämpfe läßt Ferrante, König von Portugal, seinen Sohn, den Kronprinzen Pedro, ›wegen Mittelmäßigkeit‹ ins Gefängnis werfen und Ines de Castro töten, die heimliche Gattin seines Sohnes. Ferrante ist ein hochmütiger Zyniker, der alle menschlichen Beziehungen verachtet; er läßt die ihm durchaus nicht unsympathische Ines offenbar nur deshalb ermorden, weil sie ihn in einem Augenblick der Schwäche erlebt hat und weil er sich selbst beweisen will, daß er zu dieser sinnlosen Tat fähig ist.

Der König stirbt durch das ›Schwert Gottes‹; vor der ›toten Königin‹ beugen die Hofschranzen die Knie.

Der Ordensmeister (Le Maître de Santiago. 1945. Uraufführung Januar 1948, Paris, Théâtre-Hébertot. Deutsche Erstaufführung 1. April 1949, Köln) ist der erste Teil einer ›katholischen Trilogie‹. Im Spanien der Konquistadorenzeit weigert sich der Ordensmeister Don Alvaro Dabo, sich wie seine Ordensbrüder in Amerika Reichtümer zu beschaffen; er bleibt arm und zwingt seine Tochter Mariana, auf ihre Liebe zu verzichten, ins Kloster zu gehen und die letzte ihres Geschlechtes zu sein — ein Fanatiker der Askese, die sich christlich gebärdet, doch nicht aus Demut und Barmherzigkeit, sondern aus Abscheu vor der Welt, aus Hochmut und aus Selbstgenuß in der Einsamkeit stammt.

Die Stadt, deren König ein Kind ist (La ville dont le prince est un enfant, 1951. Uraufführung 8. Dezember 1967, Paris, Théâtre Michel.), der zweite Teil der ›katholischen Trilogie‹, spielt in einem von katholischen Geistlichen geleiteten Internat in Paris; der Abbé de Pradts muß lernen, auf seine menschliche Zuneigung zu dem Tertianer Serge Sandrier zu verzichten: sie stört die Liebe des Schülers zum Absoluten, die, nach den Worten des Rektors, » der Liebe zu Gott ganz nahe« kommt.

Port Royal (Uraufführung 8. Dezember 1954, Paris, Comédie Française. Deutschsprachige Erstaufführung Januar 1956, Burgtheater Wien; Deutsche Erstaufführung Februar 1956, Kammerspiele Köln). Der dritte Teil der ›katholischen Trilogie‹. Die Nonnen des Pariser Klosters Port Royal weigerten sich im Jahr 1664, dem Befehl des Papstes zu folgen und einigen Lehren des Bischofs Cornelius Jansenius abzuschwören; zur Strafe wurden zwölf von ihnen auf verschiedene Klöster aufgeteilt. Für Montherlants Erzbischof in diesem fast handlungslosen Disputationsstück ist die Religion ein Teil der »Kunst, mit dem Nächsten zusammen zu leben«, für seine Zisterziensernonnen jedoch die von ihrem Gewissen geforderte Liebe zum Absoluten. Gnade ist hier nicht das Erbarmen Gottes, sondern die Einsicht in die göttliche Erhabenheit. In der Demut der jansenistischen Nonnen steckt ein Hochmut, dem offenbar die Bewunderung Montherlants gilt. »Ich gehe in den Tod, wie man zur Messe geht«, sagt Mater Agnes, »es gibt nichts Wirkliches außer der Ewigkeit.«

Der Kardinal von Spanien (Le cardinal d'Espagne. Uraufführung 15. Dezember 1960, Akademietheater des Burgtheaters Wien, durch Willi Schmidt. In Paris, in der Comédie Française, am 20. Dezember 1960). Montherlant nannte diesen historischen Bilderbogen mit seinen Disputationen über die Macht ein »Drama der Enttäuschung und Undankbarkeit«: Kardinal Ximenez de Cisneros regiert für Johanna, die Wahnsinnige, die Mutter Karls V. Als Herrscher gebraucht der Kardinal die Macht mit der Unbedenklichkeit eines Tyrannen; als Franziskanermönch neigt er zur Kontemplation und hat die Vergänglichkeit der Macht und alles Irdischen durchschaut. 1517 ist er 82 Jahre alt, hat noch drei Tage zu leben und stirbt, als der aus Flandern anrückende, siebzehnjährige Karl V. ihn durch Boten entläßt, an, wie Montherlant kommentierte, »verletzter Empfindlichkeit«.

Der Bürgerkrieg (La Guerre Civil). Uraufführung im Januar 1965, Paris, Théâtre de l'Œuvre. — Römischer Bürgerkrieg, 48 vor Christus. Pompejus wird an der thessalischen Küste im Lager Dyrrhachium von Caesar belagert. Caesar hat den Rubikon überschritten, Rom genommen und Italien besetzt: er vertritt die Legalität und die römische Zivilisation gegen den absolutistischen Pompejus, der den Orient beherrscht und ihn, falls er siegte, nach Rom tragen würde. Im dritten, dem letzten Akt siegt Pompejus, doch ahnt er schon seinen Untergang: Caesar wird drei Wochen danach siegen. — Montherlant läßt Caesar nicht auftreten — er sagte: »Er ist zu groß für mich.« Hauptpersonen sind Pompejus und Cato der Jüngere, der konservative, todverliebte General: in seinen Sentenzen spricht sich Montherlant aus.

Krieg und Bürgerkrieg werden als das schmutzige Geschäft von Macht-
hungrigen, Verrätern, käuflichen Opportunisten und Dummköpfen dargestellt: Zynismus und Profitgier beherrschen die Geschichte. Montherlant ist
Shakespeares »Troilus und Cressida« hier näher als seinem »Julius Caesar« —.
Montherlant las — so erzählte er — in seinen letzten Lebensjahren keine
Zeitungen mehr und nur noch Autoren vergangener Jahrhunderte. Er meinte,
die römische Geschichte reiche völlig aus. Er mußte fürchten zu erblinden.
In seiner Wohnung gegenüber dem Louvre, am Quai Voltaire 25, zwischen
römischen Marmorköpfen und griechischen Masken schoß er sich am
21. September 1972 eine Kugel in den Mund.

T. S. Eliot: Geheimbotschafter Gottes

> Der Autor muß bei einem Drama nach allen Seiten hin redlich
> sein: er muß mit Figuren sympathisieren, die einander nicht
> sympathisch sein mögen. Und er muß das ›Poetische‹ so weit
> streuen, wie es die Art der Gestalten zuläßt. Und daß er das
> Poetische verteilen muß, bringt es mit sich, daß der Vers der
> Figur, für die er bestimmt ist, angepaßt sein muß. Und daß
> die einzelnen Figuren im Stück vom Autor ihren Anteil an
> poetischer Sprache verlangen, das zwingt ihn, die Poesie von
> der Gestalt her zu schöpfen, statt ihr seine Poesie aufzuzwingen.
>
> Eliot

Thomas Stearns Eliot, bei den Edinburgher Festspielen 1953 von Journalisten
nach dem Sinn seiner gerade uraufgeführten Komödie ›Der Privatsekretär‹
befragt, antwortete:»Die Kritiker haben es verschieden gedeutet, und die
Kritiker haben immer recht. Soweit es mich angeht, bedeutet es, was es sagt.
Hätte ich etwas anderes ausdrücken wollen, so hätte ich es getan — aber
genauso obskur.«

Das klingt ganz so, als sei es Eliot ziemlich gleichgültig, ob er verstanden
wird, und doch hat er für das Theater nichts anderes als christliche Erbau-
ungs- und Lehrstücke geschrieben. Zum Drama ist der damals schon weltberühmte Lyriker im Jahre 1934 gekommen, als man ihn bat, für eine christliche Propaganda-Aktion den richtigen Text zu einem schon entworfenen
Festspiel zu schreiben: ›Der Fels‹ (The Rock). Auch sein nächstes Stück ›Mord
im Dom‹, 1935, war ein Auftrag der Kirche. Erst danach, auf der Suche nach
einer Literatur, »die eher unbewußt als vorsätzlich und herausfordernd
christlich wäre«, entstanden seine Stücke für das weltliche Theater: ›unbewußt‹ christlich konnten sie natürlich nur ›vorsätzlich‹ werden, und Eliot

T. S. Eliot. Nach einem Photo

nahm diesen Vorsatz so wichtig, daß man seine Stücke sehen und dabei ihre christliche Botschaft mühelos überhören kann, ohne deshalb ein Dummkopf zu sein — er hat sie so tief versteckt, daß sie hinter dem poetischen Zauber fast verschwindet. Und nur deshalb rangiert er hier unter den Poeten, während er seiner Absicht nach zu den Moralisten gehörte.

Eliot ist von Hause aus Amerikaner, geboren im Staate Missouri, in St. Louis, am 26. September 1888, als Sproß einer puritanischen Familie, die schon im 17. Jahrhundert eingewandert war. Daß er in Massachusetts kalvinistisch erzogen wurde, erbrachte das Resultat so vieler zielgerichteter pädagogischer Bemühungen: frühe Abneigung gegen das, was seine Erzieher mit ihm vorhatten. Nach mathematischen, philosophischen, philologischen Studien an der Universität Harvard und an der Pariser Sorbonne, ging er mit einem Reise-Stipendium zu Leibniz-Studien nach Deutschland und 1914, bei Kriegsausbruch, von Marburg nach England, wo er seine Arbeiten in Oxford fortsetzte, Lehrer, Bankbeamter, schließlich Direktor des Verlags ›Faber & Faber‹ wurde und im vierzigsten Lebensjahr Engländer und Mitglied der anglikanischen Staatskirche: 1928 bekannte er sich zur »Klassik in der Dichtung, zum Royalismus in der Politik und zum Anglokatholizismus in der Religion«. Im Alter von 76 Jahren starb er, am 4. Januar 1965, in London. Der Nobelpreisträger wurde beigesetzt in der Westminster Abbey, neben John Masefield, Alfred Tennyson, Robert Browning.

Sein ›Liebesgesang J. Alfred Prufrocks‹, die Klage eines älteren Herrn über sein Versagen auf allen Gebieten, hinter dessen Lebensüberdruß sich der Weltschmerz des jungen Eliot ironisch verbirgt, ist 1910 entstanden und konnte erst sieben Jahre später und nur durch die Hilfe Ezra Pounds, des in Europa lebenden amerikanischen Dichters, veröffentlicht werden: seine monologischen Verse, versetzt mit dem Jargon der Intellektuellen, wollte niemand als Dichtung anerkennen. Zwei Jahre nach der Veröffentlichung, 1922, wurde Eliot mit seinem eine neue Epoche eröffnenden lyrischen Werk ›Das wüste Land‹ (The Waste Land) weltberühmt. Seine Verse entstanden nicht in der literarischen Tradition, die zum kunstgewerblichen Epigonentum des 19. Jahrhunderts geführt hatte, sondern gegen sie — aus der Umgangssprache. In der unbelasteten Ungeniertheit des Zugriffs scheint noch einmal der Amerikaner in Eliot spürbar.

»Der Dichter muß eine Versform finden«, so forderte Eliot in ›Dichtung und Drama‹, »in der sich alles sagen läßt, plattes Alltagsgespräch darf durch den Vers nicht verkünstelt werden, dramatische Höhepunkte dürfen nicht von hohem Pathos unerträglich gemacht werden.« Für seine Dramen, geschrieben zwischen 1939 und 1958, hat er diese Versform gefunden. Ihre Poesie ist von einer solchen Diskretion, daß die Journalisten bei jenem Edinburgher Interview feststellen konnten, ein großer Teil des Publikums habe wohl gar nicht bemerkt, daß es sich um Verse handle — Eliot kommentierte trocken: »Natürlich ist es in Versen geschrieben, aber wenn das Publikum anderer Meinung ist, so stimmt das sicher, und wenn das Stück gefallen hat, so soll es mir recht sein.« Dennoch kann der Kontinentaleuropäer, für den das Versdrama seit eh und je zum Repertoire seines subventionierten Theaters gehört, kaum ermessen, welche Revolution Eliots Versdrama für die britischen Bühnen bedeutete, die vom Scheinrealismus des Konversationsstückes beherrscht wurden. Vorder- und Hintergrund der Dramen Eliots entwickeln sich aus einem mehr witzig pointierten als poetischen Vers, einer leicht rhythmisierten Prosa.

Wie er den auf der Bühne gewohnten Konversationsstil in Verse verwandelt hatte — so geheim, daß es mancher Zuschauer überhaupt nicht bemerkte —, so verwandelte er die Form des Konversations-Stücks: er benutzte sie, um sie, samt der mit ihr verbundenen Lebensform, zu parodieren — Gott wird bei Eliot zum Ironiker. Während man noch vor einem Gesellschafts-Stück zu sitzen meint, ist es längst in ein Drama mit religiösen Absichten umgeschlagen. Eliots Gesellschaftskomödien sind mit dem Ziel konstruiert, die Überlegenheit seiner christlichen Weltschau zu beweisen. Die Personen, die fast pausenlos miteinander diskutieren, werden auf einem trickreichen Weg zu einem vorherbestimmten Ergebnis geführt. Dabei gibt es eine Fülle brillanter Zynismen, gescheiter psychologischer Einsichten, funkelnder lyrischer Partien und atemraubender Augenblicke, da der entblößte Mensch Gott gegenübersteht.

Literarische Beziehungs-Maniaken können in jedem Eliot-Stück außerdem antike Muster oder doch wenigstens Anstöße (bei Aischylos, Sophokles, Euripides) finden, und auch sie gehören zu Eliots Geheimsachen: Wer entdeckt sie schon? Sie sind es nur insofern wert, entdeckt zu werden, als sie den Punkt markieren, an dem Eliots christliche Umdeutung einer heidnisch-mythischen Welt ansetzt.

Eliot, der Geheimagent Gottes, spricht wie alle Geheimagenten nicht gern von seinem Auftrag. Statt dessen plaudert er in seinen Dramen, als sei er

ein anderer, ein schwächerer Oscar Wilde, und überläßt es seinem Publikum,
die verschlüsselten Dokumente des Glaubens, die er nur zögernd herausgibt,
zu dechiffrieren: Sünde und Erlösung, Beichte und Absolution, Vergebung
und Gnade. Sie treten beim Entschlüsseln so zart hervor, daß man sie auch
nennen könnte: Einsicht in die eingeborene Schwäche des Menschen; tolerante
Umgangsformen; Bereitschaft, anderen Menschen zu verzeihen; Lebensver-
trauen und Lebensvernunft; Lob auch der bescheidensten Anstrengung des
Menschen, ein bißchen menschlicher zu werden.

Meinungen: »Eliot ist im genauesten Sinn des Wortes ein alexandrinischer
Dichter — so wie er heute aussehen muß und darf. Er ist zunächst ein gelehrter Dichter. Er kennt die Sprachen, die Literaturen, die Techniken . . . Seine
Poesie ist genährt mit dem Mark der Spätlateiner, der Trecenisten, der Elisabethaner und der späten Franzosen«: Ernst Robert Curtius. — »Die Menschen (Eliots) handeln nicht mehr, sie begnügen sich damit, bekehrt zu
werden«: Max Christian Feiler. — »Da ist ein Denker in christlichem Geist,
der das Mittel Magie in Wort und Bildern mit anmutig schöner Gelassenheit,
Heiterkeit, dialektischem Witz und verdeckter Würde zu meistern versteht.
Propaganda zu Tugend, zu menschlicher Güte, unter uns Sterblichen ohne
Holzhammer treibend. Den ›Sinn‹ im scheinbar sinnlosen Alltag, den Anstand im scheinbar lieblosen Leerlauf entdeckend«: Albert Schulze Vellinghausen. — »Es ist wie mit des Kaisers neuen Kleidern. Wer nicht eingeweiht
ist, sieht nur einen nackten Mann in eitler Pose daherziehen, weil aber keiner
gern für blöd gilt, applaudieren die meisten und loben den golddurchwirkten
Stoff, den es gar nicht gibt . . . Es ist so wunderbar, hochdeutsch aus dem
Munde zu reden und ausgedroschenes Stroh immer noch mehr auszudreschen.
Zudem ist alles so gepflegt und so vornehm, denn es spielt ja alles unter
feinen Leuten und in der City und die alten, süßen, kleinen Kirchen bimmeln
von allen Seiten herein«: Walter Kiaulehn. — »Das Publikum merkt, daß es
ernst genommen wird: Daß die Unverbindlichkeit unseres Lebens vom Autor
nicht einfach der Lächerlichkeit preisgegeben oder übergangen, sondern mit
einem unerhörten Aufwand an Aufmerksamkeit, Scharfsinn, Urteil durchleuchtet und seziert wird. Und wenn dem Kranken aus diesem Prozeß auch
keine Heilung erwächst, so schmeichelt es ihm doch ungemein, daß man
sich überhaupt und gar mit dieser Intensität mit ihm beschäftigt«: Manuel
Gasser. — »Die beispielhaften Verfehlungen des mittelalterlichen Everyman
und die beispiellosen des antiken Oedipus sagen mit entgegengesetzter Syn-
tax gleich Wesentliches über die Verstrickung des menschlichen Daseins aus.
Eliot aber wählt den goldenen Mittelweg, der (nach Arnold Schönberg) der
einzige ist, der nicht nach Rom führt«: Ivan Nagel.

Mord im Dom (Murder in the Cathedral). Uraufführung 10. Mai 1935 beim Canterbury-Festival. Deutschsprachige Erstaufführung 20. Januar 1939, Stadttheater Basel. – Thomas Becket, Erzbischof von Canterbury (1118–1170 . Andere Becket-Dramen siehe Seite 1133) ist aus seinem siebenjährigen Exil in Frankreich zurückgekehrt. König Heinrich II. hatte ihn dorthin verbannt, weil Becket (der als Kanzler ein Helfer Heinrichs gegen die päpstlichen Ansprüche gewesen) als Erzbischof dem König das Recht bestritten hatte, die Bischöfe einzusetzen. Becket weiß, daß die Versöhnung mit Heinrich ein Trug ist und daß ihn der Tod erwartet. Viermal wird er versucht, das Martyrium abzuweisen: ein Edelmann rühmt die Vergnügungen des höfischen Lebens, wie Becket sie in seiner Kanzlerzeit genossen hat; ein Diplomat erinnert ihn an die Möglichkeiten, die ihm die Macht bietet, Gerechtigkeit zu verwirklichen; ein Ritter wirbt um seine Hilfe

Figurine von Gischia für T. S. Eliots ›Mord im Dom‹, inszeniert von Jean Vilar am Théâtre du Vieux Colombier, Paris, 1945

im gemeinsamen Kampf des Adels gegen den König; der vierte Versucher, eine Ausgeburt seiner selbst, schildert ihm den hochmütigen Genuß des Martyriums um des ewigen Ruhmes willen. In die Versuchungen mischen sich liturgisch die Stimmen der Priester und der Chor der Frauen von Canterbury. Im Zwischenspiel predigt Erzbischof Becket am Weihnachtsmorgen: »Ein Martyrium ist immer Gottes Absicht, entsprungen aus seiner Liebe zu den Menschen, um sie zu warnen und zu leiten und sie wieder auf den Weg zurückzuführen.« In diesem Geist empfängt er – am 29. Dezember 1170 – im Dom die vier Ritter, die ihn ermorden und dann ihre Tat vor dem Publikum mit Argumenten und einer Sprache, die einer späteren Zeit angehören, zu rechtfertigen versuchen.

Becket geht für den Prioritätsanspruch der Kirche gegenüber dem Staat und im Bewußtsein, ein dafür von Gott ausersehener Märtyrer zu sein, in den Tod. Eliot hat das mittelalterliche ›Moralitäten‹-Theater mit dem antiken Chor (der Frauen von Canterbury) und (durch die Mörder) mit dem Stil und der Denkweise der Gegenwart verbunden zu einem Mysterienspiel, in dem der Sinn des Martyriums mit der Autorität Gottes gedeutet wird. Von dieser

Form der direkten Verkündigung hat er sich schon ein Jahr später distanziert: »Was ich mir wünsche, ist eine Literatur, die eher unbewußt als vorsätzlich und herausfordernd christlich wäre.«

Der Familientag (The Family Reunion). Schauspiel in Versen, 1939; zweite Fassung 1945. 21. Juni 1945, Schauspielhaus Zürich; 10. Februar 1950, Düsseldorf, durch Gustaf Gründgens. — Zum Geburtstag Amys, der verwitweten Lady Monchensey, kommt auf ihren Landsitz im Norden Englands nach achtjähriger Abwesenheit auch ihr ältester Sohn Harry, Lord Monchensey. Er ist auf der Flucht vor den ›Eumeniden‹, den Rachegeistern, und am Familientag erscheinen sie ihm leibhaftig (wenn auch stumm): er ist Witwer, und es bleibt unausgesprochen, ob er seine Frau durch einen Unfall verloren, oder ob er sie vom Schiff gestoßen hat. Es geht, wie Eliot kommentierte, nicht um eine Detektivgeschichte mit ›Verbrechen und Strafe‹, sondern um ›Sünde und Sühne‹, und der Sünde des Mordes (wenn es vielleicht auch nur ein Gedankenmord war) fühlt sich Harry schuldig. Seine Tante Agatha enthüllt ihm, daß sein Vater die gleiche Sünde begangen hat: sein Vater liebte Agatha und trug sich mit dem Gedanken, seine Frau zu ermorden, die damals die Geburt Harrys erwartete. Harry fühlt sich erleichtert: sein eigenes Schicksal erscheint ihm als Fluch der vorigen Generation, als Verhängnis, als ein Menschenlos, das er auf sich nehmen und sühnen kann. Helfer auf diesem Weg — außer Agatha — sind ihm sein Chauffeur Downing (zuweilen das Sprachrohr Eliots) und Mary, die ihm ihre lange verborgene Liebe gesteht — bei ihr freilich kann er nicht bleiben, da sie die Eumeniden nicht sieht. Er flieht nicht mehr vor den Eumeniden, er folgt ihnen als den ›hellen Engeln‹ »irgendwohin jenseits der Verzweiflung«, um zu sühnen in der »Sorge für das Wohl von geringen Menschen«.

Aus der Antike kommt das Handlungsmodell mit dem von den Eumeniden verfolgten Orest (siehe auch Aischylos, Seite 35) und dem Familienfluch der Atriden. »In dieser Welt bleibt's unfaßlich, die Lösung liegt in einer anderen« — in der Welt Gottes. Christlich ist die Umdeutung des Götterfluches in menschliche Sünde, Erbsünde, die durch Opfer und tätige Liebe für hilfsbedürftige Menschen gesühnt werden kann — sei es auch nur eine Gedankensünde, und sei es stellvertretend für vergangene Generationen. Unter dem Gewand des Gesellschaftsstücks werden in Agatha, Mary und dem Chauffeur Gestalten spürbar, in denen antik Göttliches umgeschmolzen ist in christliches Nothelfertum, das allein Harry in der Sühne ganz verwirklichen wird. Eliots Versuch, ein realistisches Familiendrama nach antikem Vorbild in einen christlichen Mythos zu stilisieren, hat zu einer christianisierten Antike im britischen Dinnerjackett geführt.

Die Cocktailparty (The Cocktail Party). ›Komödie in drei Akten‹ in Versen. Uraufführung bei den Edinburgher Festspielen, 22. August 1949. Deutsche Erstaufführung 10. Dezember 1950, Düsseldorfer Schauspielhaus, durch Gustaf Gründgens. — Von den sieben Hauptpersonen stehen vier stellvertretend für eine Gesellschaft, die keine Beziehung zu Gott hat, die nicht nur liebesunfähig, sondern überhaupt kontaktunfähig ist und die ihre Tage zubringt wie ein Geschwätz oder wie eine Cocktailparty. Im ersten Teil stellt Eliot die Diagnose, indem er wie in einer Gesellschaftskomödie die verzwickten erotischen Beziehungen dieser vier aufdeckt und sie, anders als in einer Gesellschaftskomödie, bis zu einem Punkt tiefer Verzweiflung führt. — Die drei anderen Hauptpersonen sind, teils in skurriler Maskierung, das Sprachrohr des Autors. Zwei von ihnen stellen eine kuriose Mischung zwischen Seelenspion und ›Wächter‹ dar (wenn man so will: eine Art Schutzengel) und greifen im Auftrag des dritten, des Meisters, eines Theologen im Gewande des Psychoanalytikers Sir Henry Reilly, in das Schicksal der vier ein. Der Meister, von paulinischem Missionseifer beseelt — »Gehe hin in Frieden und schaffe, daß du selig wirst mit Eifer« —, leitet die Therapie ein. Sie sieht in zwei Einzelfällen verschieden aus. Dem Ehepaar Edward und Lavinia Chamberlayne, das sich wechselseitig betrügt, weil der Ehemann unfähig ist, irgend jemand zu lieben, und die Ehefrau unfähig ist, sich lieben zu lassen, wird der gemeinsame Weg zur Mittelmäßigkeit, dem Leben mit Sparbrenner, gewiesen: die Erfüllung der täglichen Pflichten; übertriebene Erwartungen vermeiden; wissen, daß man weder sich noch seine Kinder je recht verstehen wird; lernen, die Last auf dem Gewissen zu tragen — das ist nicht gerade das beste Leben, aber »in einer Welt voller Wahnsinn, Gewalt, Dummheit, Gier« ein gutes und auch notwendiges Leben. (Dieser Geschichte, so wird behauptet, liege das Grundmuster der ›Alkestis‹ des Euripides zugrunde, die aus dem Tod an die Seite ihres Gatten zurückgeholt wird.) Das junge Mädchen Celia ist ein ganz anderer Fall: sie ist vollkommen aufrichtig, hat das Unwirkliche des Verhältnisses zu ihrem Geliebten durchschaut; sie hat, obwohl sie sich keiner unmoralischen Taten schuldig weiß, ein Gefühl von Sünde, von »Leere und Versagen vor jemandem oder etwas außer mir«; unfähig für den banalen Alltag der Eheleute, in dem ihre innere Kraft nur zerstörend wirkte, ist sie reif für den Glauben aus der Verzweiflung, reif für den einsamen Weg voller Opfer, der in die Verklärung führt. — Jeder Weg ist nicht für jeden. Die Entscheidung treffen muß jeder für sich. Der Meister bereitet sie nur vor, indem er jeden sich selbst als objektive Kraft erleben läßt, und er weiß, daß er dies mit einer höheren Kraft tut, die nicht aus ihm selber stammt. Dies etwa besagt Eliots praktische Theologie — ihre Heilmethoden könnten auch vom gesunden Menschenverstand verordnet sein.

Der Privatsekretär (The Confidential Clerk). ›Komödie in drei Akten‹ in Versen. Uraufführung bei den Edinburgher Festspielen 1953. Deutsche Erstaufführung 24. Juni 1954, Ruhrfestspiele Recklinghausen, durch Gustaf Gründgens. — Der erfolgreiche Finanzmann Sir Claude Mulhammer stellt seinen unehelichen Sohn Colby als Privatsekretär an; er hofft, daß ihn seine Frau, Lady Elizabeth, die noch nichts von dieser Vaterschaft weiß, eines Tages als Adoptivsohn akzeptieren wird. Lady Elizabeth, die vor ihrer Ehe ebenfalls ein freizügiges Leben geführt hat, schließt aber aus gewissen Anzeichen, daß Colby ihr Sohn sei. Colby verliebt sich derweilen in Lucasta, bis er erfährt, daß sie die uneheliche Tochter seines Vaters und also seine Schwester ist. Lucasta verlobt sich danach mit Barnaby. Um Klarheit über Colby zu schaffen, wird seine Adoptivmutter Mrs. Guzzard hergebeten, und zur allgemeinen Verblüffung gesteht sie, daß Colby ihr eigener Sohn ist (die Geliebte Sir Claudes ist noch vor der Geburt gestorben); Barnaby dagegen ist der uneheliche Sohn der Lady Elizabeth, die sich mit seinen etwas ordinären Manieren nicht befreunden kann. Lucasta kann also ganz beruhigt Barnaby heiraten; Colby gibt den Sekretärsposten bei dem Manne auf, der zwar seine Erziehung bestritten, doch nicht sein Vater ist, und wird — wie sein richtiger Vater — Organist.

Aus dieser Posse ergibt sich, daß Sir Claude liebevoll einen Sprößling als eigenen betrachtet hat, der ihn nichts angeht; daß Lady Elizabeth einen jungen Mann lieblos mißbilligt, der ihr Sohn ist; daß sich junge Leute ineinander verlieben können, die Geschwister sind; daß die inneren Beziehungen der Jungen zu den Alten unverbindlich sind und dies auch nach der Aufklärung über ihre wahre Abstammung bleiben, ·kurz: daß Abneigung oder Liebe zwischen Eltern und Kindern nicht von ihrer Blutsverwandtschaft abhängen. Niemand fällt sich, wie in alten Verwechslungs- und Erkennungskomödien, um den Hals: Sir Claude bleibt einsam, er hat auf seine alten Tage nicht den erhofften Sohn; versäumte Liebe kann nicht nachgeholt werden.

Damit könnte man das Stück auf sich und seinem amüsanten Dialog beruhen lassen, doch will es wohl mehr: zeigen, wie fragwürdig und wie gleichgültig der Ursprung des Menschen ist, angesichts dessen, daß alle »Kinder *eines* Vaters« sind. Es kommt nicht darauf an, woher jemand kommt, denn er kommt in jedem Falle von Gott; es kommt allein darauf an, was er aus sich macht, und daß er den ihm gemäßen Weg findet. Der junge ›Privatsekretär‹ findet ihn: er verläßt das reiche Haus seines Adoptivvaters, wird Organist in einer armen Pfarre und möglicherweise einmal Domherr oder musikalisches Genie.

Die obligaten Nothelfer Eliots, die Träger seiner geheimen Botschaften, bleiben hier im Stil der Gesellschaftskomödie: der alte Privatsekretär Eggerson, der geheime Lenker der Vorgänge, und die Adoptivmutter Mrs. Guzzard, die ›dea ex machina‹, die auflösende Göttin aus dem Taxi, die beiläufig aber nachdrücklich bemerkt, man habe sich vor der Erfüllung seiner Wünsche in acht zu nehmen, denn mancher sei ihnen nicht gewachsen.

Wenn es richtig ist, daß Eliot zu diesem Stück von dem das Tragische und Komische mischenden Drama ›Ion‹ des Euripides angeregt worden ist, dann ist dies selbst durch einen ausgepichten Literaturdetektiv nur mit Mühe zu entdecken: auch Ion, nachmaliger Stammvater der Ionier, ist ein uneheliches und ausgesetztes Kind; König Xuthos hält den herangewachsenen Jüngling auf Grund eines verzwickten Orakels für seinen Sohn, er ist aber der voreheliche Sohn seiner Frau Kreusa, und Apoll, der Gott, ist sein wahrer Vater; Göttin Athene sorgt dafür, daß sich Xuthos weiterhin für den leiblichen Vater Ions hält; Apoll hat seine Vaterrechte an Xuthos abgetreten — möglicherweise besteht der Berührungspunkt in der christlichen Verallgemeinerung, daß Gott der wahre Vater aller Menschen ist, der seine Vaterrechte einem nominellen Vater, sei er es durch Zeugung oder Adoptierung, lediglich auf Lebenszeit überläßt.

Ein verdienter Staatsmann (The Elder Statesman). Uraufführung 1958 bei den Edinburgher Festspielen. ›Schauspiel in drei Akten‹ in Versen. Deutsche Erstaufführung 29. Januar 1960, Städtische Bühnen, Köln, durch Oscar Fritz Schuh. — Der ›ältere‹ Staatsmann (daß er ›verdient‹ sei, wie der deutsche Titel meint, kann nur Ironie sein) ist nicht mehr im Amt: Lord Claverton, ehemals Minister und Geschäftsmann, alt und krank, wird von seiner Tochter gepflegt und grämt sich über seinen Sohn, der sich von ihm losgesagt hat. Er wird von einem Freund und einer Freundin aus Jugendzeiten besucht; die Freundin hat er damals sitzenlassen, der Freund ist durch ihn auf eine zumindest zweifelhafte Bahn geraten. Sie kommen nicht, um ihn anzuklagen, sondern um seine Freundschaft wiederzugewinnen; doch die Erinnerungen, die sie mitbringen, zwingen ihn, sich selbst anzuklagen: der Fahrerflucht aus Feigheit, der Schäbigkeit, eines Lebens der Gentleman-Fassade, die ihm sein Vater in allen schwierigen Situationen durch Geld gerettet hat. Cleverton gewinnt die Kraft zur Reue und zur Beichte. Er beichtet seiner Tochter und seinem zukünftigen Schwiegersohn, und dies gibt ihm die Kraft, auf seine Tochter zu verzichten und auch seinen ihm entfremdeten Sohn zu lieben: »Ich liebe ihn, sogar dafür, daß er mich abgelehnt, denn das Ich, das er abgelehnt hat, das lehne ich auch ab.« Die Tochter erklärt ihm: »Ich liebe wirklich dich — den Mann, der du bist, nicht den Mann, für den ich dich hielt«, und mit dem Lobpreis der Liebe durch die Verlobten endet das Stück in allgemeiner, vorbildhafter Liebes-Rührung.

'that I want to escape from
Is myself, is the past. But what a coward I am,
To talk of escaping.' And what a hypocrite!
A few minutes ago I was pleading with Michael
Not to try to escape from his own past failures:
I said I knew from experience. Do I understand the meaning
Of the lesson I would teach? Come, I'le start to learn again
Michael and I shall go to school together.
We'll sit side by side, at little desks
And suffer the same humiliations
At the hands of the same master. But have I still time?
There is time for Michael. Is it too late for me, Monica?

T. S. Eliots Handschrift: Lord Clavertons Worte im Schauspiel ›Ein verdienter Staatsmann‹ am Schluß des zweiten Aktes

Auch hier ist von dem antiken Modell, dem ›Oedipus auf Kolonos‹ von Sophokles (siehe auch Seite 57) nicht viel mehr übrig geblieben als der Anreiz, eine Grundsituation zu benutzen — der dem Tode nahe Mensch, bestürmt von seinen Erinnerungen — und sie durch Beichte und Reue christlich auszudeuten: auch Oedipus wird ein verklärter Tod und die Gnade der Götter gewährt, doch besteht er darauf, daß er nach menschlichen Maßen schuldlos gelebt hat; bei Eliot ist das Schuldbekenntnis die Voraussetzung der Gnade des friedlichen Todes im Park.

Christopher Fry: Verführer zum Leben

> Die Komödie ist eine Flucht, doch nicht eine Flucht vor der Wahrheit, sondern vor der Verzweiflung: eine enge Pforte zum Glauben.
> Christopher Fry

Gelegentlich mußte er den Vorwurf hören, in seinen Stücken gebe es zuwenig Handlung. Seine Antwort war entwaffnend: »Ich habe immerhin zweieinhalb Pfund für ein Buch mit den besten Kurzgeschichten der Welt ausgegeben und mindestens zwei von ihnen in ›Die Dame ist nicht fürs

Feuer‹ verwendet. Und dann haben die Zeitungen erklärt, in dem Stück geschehe nichts.«

Das erste Buch, dem er eine Geschichte entnahm, um aus ihr so etwas ähnliches wie ein Drama zu machen, hatte ihm ein Landpfarrer in die alte Mühle gebracht, in der er mit seiner Frau hauste. Es hieß ›Die Großen der Grafschaft Sussex‹, und der Pfarrer meinte, er könne darin vielleicht einen Stoff finden für ein Laienspiel zur hundertjährigen Kirchweihe. Er fand ihn; es war die Geschichte eines Hirtenjungen, der zu St. Cuthbert, zum ›Heiligen von Sussex‹, geworden ist. Fry schrieb das Legendenspiel *Der Hirt mit dem Karren* (The Boy with a Cart. 1937. Deutsche Erstaufführung 1959, Köln): der Hirtenjunge Cuthman baut eine Kirche, und als sich der Königsbalken so verschiebt, daß ihn niemand mehr ins Lot bringen kann und der Bau unvollendet bleiben müßte, steht plötzlich jemand neben Cuthman, richtet den Balken mit einer leichten Berührung ein und antwortet auf den Schrei des Jungen, wer er sei: »Ich war ein Zimmermann . . .« Das war so deutlich wie das ganze Kirchweihspiel in seiner schönen Naivität. Es wurde im Garten gegenüber der Kirche aufgeführt, es wurde gedruckt, »und dies war der Anfang«, erzählte Fry, »und gab den Anstoß zu allen späteren Stücken«.

Christopher Harris wurde im Elendsviertel von Bristol geboren, am 18. Dezember 1907; sein Vater, ein Mann »mit einem ausgeprägten sozialen Gewissen«, war eigentlich Architekt, hatte aber diesen Beruf aufgegeben, um Missionsprediger in den Slums zu werden. Er starb früh, Christopher wurde Quäker und nahm den Mädchennamen seiner Mutter an, ›Fry‹, den Namen einer angesehenen Quäkerfamilie. In der Schule hatte er nach eigener Aussage, »überhaupt nichts gelernt«, doch genügte dies bei ihm offenbar, um Lehrer zu werden: er unterrichtete an einer Vorbereitungsschule Englisch, Geschichte und Rechnen. Nach drei Jahren hatte er ein paar Pfund gespart, ging zur Bühne, einem Repertoire-Theater in Tunbridge Wells, einer besseren Schmiere, als Schauspieler und Regisseur. Er schrieb Texte und — unbelastet von der Kenntnis des Notensystems — Melodien für Revuestücke. Für die Zeit von 1935 bis 1939 teilte er dem Nachschlagewerk ›Who's who‹ mit: »Berufsleben so kompliziert, daß seine Rekonstruktion unmöglich ist.« In dieser Zeit entstand die erste Fassung seines Moses-Schauspiels *Der Erstgeborene* (The Firstborn. Deutsche Erstaufführung Juli 1952, Ruhrfestspiele Recklinghausen), an dessen Ende Moses fordert: »Wir müssen jeder unseren eigenen Sinn finden / in der Ermahnung unserer Tage, / bis wir einander wiederfinden in dem Sinn der Welt.« Der Sinn der Welt — Fry ist nicht müde geworden, nach ihm zu fragen und an ihn zu glauben, so fragwürdig er ihm auch erscheinen mag. Im zweiten Weltkrieg verweigerte er aus religiösen Gründen den Kriegsdienst und wurde 1940 zu einer waffenlosen Pionier-

Christopher Fry. Nach einem Photo

Kompanie eingezogen; vier Jahre lang half er beim Beseitigen von Bombenschäden.

Seinen ersten nennenswerten Erfolg hatte er mit seinem Einakter ›Ein Phönix zuviel‹ (1946), und nach seiner Komödie ›Die Dame ist nicht fürs Feuer‹, uraufgeführt 1948, brach der Ruhm mit unerhörter Wucht über ihn herein; selbst das Textbuch wurde ein Bestseller — ein für England beispielloser Vorgang: man wollte die Verse, die man auf der Bühne gehört, gedruckt besitzen, um sie immer wieder zu lesen. Nichts konnte unpopulärer sein als Verse — Fry machte sie populär. T. S. Eliot hatte den Vers auf die britischen Bühnen so vorsichtig eingeschmuggelt, daß ihn viele Leute für Prosa hielten, Christopher Fry aber überschüttete das Publikum ungeniert mit Versen wie ein ständig im Ausbruch befindlicher Metaphern-Vulkan.

Frys Verse fließen mit einer selbstverständlichen Anmut über die Lippen seiner Damen und Herren, die durchaus von heute sind, welches historische Kostüm sie auch tragen mögen. Seine Verse sind immer mehr als das, was sie sagen: ihre beschwörende Kraft, gespeist aus Bildfülle und Rhythmus, beginnt dort, wo der Begriff aufhört. Sie sind mit der Konstatierung von Realitäten nicht zufrieden, sie zielen auf das Weltganze, sie wollen von ihm mindestens einen Abglanz geben und heben den, der sie spricht, aus der Zufälligkeit seiner zeitlichen Existenz. Frys Fabeln und Figuren wachsen aus dem Bereich der Konversationskomödie in die Poesie: nicht zum Umlügen finsterer in heitere Farben, nicht als Zuckerbäckerei, Spritzguß auf Schwarzbrot, Verklärung des Alltags, sondern Poesie als Mittel der Weltbemächtigung — der Alltag wird nicht weggeschwindelt, er wird auf sein Maß zurückgeführt und in größere Zusammenhänge einbezogen. Frys Vers lebt nicht durchgängig diesem hohen Ziel — dies wäre auch unerträglich —, sondern er bewegt sich mit Grazie zwischen ihm und den Brettern, auf denen heitere Konversation gemacht wird; er ist durchsetzt mit possigem Gebelfer, sprühender Ironie und höchst sachlicher Ernüchterung, ohne daß er durch diese Elemente gebrochen würde; im Gegenteil: durch ihre leichtsinnige Nachbarschaft verstärken sie Direktheit und Glanz der Beschwörung.

Plötzlich wurde Fry, der mit seiner Frau in einer Arbeiterhütte wohnte, ohne Wasser, ohne Gas, ohne elektrisches Licht, im vierten Lebensjahrzehnt ein reicher Mann. So konnte ihn seine Frau dazu bringen, 1951 ein Bad einzubauen, und er leistete sich zu seinen Tweedjacken und zerknautschten Flanellhosen den Luxus bunter Westen mit Lederknöpfen. Noch immer arbeitete er, Pfeife rauchend, nachts bei Kerzenlicht und zog er jedem literarischen Gespräch eine Partie Schach mit dem Briefträger oder eine Debatte mit dem Wirt einer Landkneipe vor. Auch sein späterer Umzug nach London hat an seinen Lebensgewohnheiten wenig geändert.

Das dritte seiner Jahreszeiten-Stücke, das Winter-Spiel ›Das Dunkel ist Licht genug‹, ist 1955 in Amerika nicht verstanden worden, wohl aber im besatzungsgewohnten Europa. Für seinen ›König Kurzrock‹ (1961) hat sich in England keine Uraufführungsbühne gefunden: der Metaphern-Vulkan Fry scheint erloschen und der Tragiker Fry, der sich in diesem Stück zum erstenmal der Geschichte mit ihrem Scheitern menschlicher Ordnungsbemühungen stellt, noch nicht entdeckt.

Meinungen: »Unser größter Dichter seit Shakespeare«: Sir Laurence Olivier. — »Schon mit den ersten Versen jener funkelnden Komödie ›Die Dame ist nicht fürs Feuer‹ wurde doch offenkundig, daß dieser übermütig kecke und von lauter taufrischer Sprache überwucherte Dramatiker ein frommer Mann sein mußte, auch wo er mit keiner Silbe von Gott sprach, fromm freilich auf eine Weise, die kaum noch gebräuchlich ist, auf eine schlichte, auf eine provozierend naive und auf eine theologisch geradezu anstößig natürliche Weise. Dieser Mann, der um das Jahr 1938 mit seiner Frau in einer alten Mühle in Sussex hauste, war verwegen genug, ›Schulter an Schulter mit Gott‹ zu leben, schien Kierkegaard nicht einmal dem Namen nach zu kennen, und siehe da, es leuchtete ein Regenbogen auf, ein Regenbogen aus Komödien: ›Aber noch führt die Hand unsere Erde zur Tränke des Himmels...‹«: Heinz Beckmann. — »Partien, Spracheinfälle, Bilder, die aus Shakespeareschen Narrenszenen sein könnten, dabei gesprochen aus einem so modernen Lebensgefühl, daß der sprachlichen Erheiterungen kein Ende ist. Gestalten, so feste, poetische Figuren, daß jede ihr eigenes Gesicht sofort und mit dem ersten Satz schon zeigt. Skurrile Erfindungen darin, daß eine wirklich so flirrende, so wahrhaft zierliche Ermunterung zum Leben am Ende entsteht, wie sie uns von der Bühne lange nicht anwehte«: Friedrich Luft über ›Die Dame ist nicht fürs Feuer‹.

Ein Phönix zuviel (A Phoenix too frequent). ›Spiel in einem Akt‹. 1946. Uraufführung 25. April 1946, London, Mercury Theatre. Deutsche Erstaufführung 19. September 1951, Schloßpark-Theater, Berlin. — Die bitterböse Geschichte der Witwe, die den Leichnam ihres gerade gestorbenen Gatten zur Rettung des schon bereiten Geliebten zur Verfügung stellt, ist erzählerischer Urstoff; sie geht durch die Literatur von Altchina bis Axel von Ambesser, der sie zu dem kabarettistischen Stück ›Der Fall der Witwe von Ephesus‹ (1954) verfeuerwerkt hat. In ihrer chinesischen Version wurde sie u. a. aufgegriffen von Voltaire, Goldsmith, Rétif de la Bretonne, Musäus, Wolfgang Martin Schede mit seiner Komödie ›Der Witwenfächer‹ (1953). Die Fassung des Petronius, der die Geschichte der treulosen Witwe im ›Gastmahl des Trimalchio‹ (60 n. Chr.) erzählt, haben u. a. benutzt: die Brüder Grimm, La Fontaine, Chamisso, Musset, d'Annunzio, Cocteau, Christopher Fry. — Bei Petronius will eine Dame aus Ephesus ihrem verstorbenen Gatten verhungernd in den Tod folgen; sie vergißt diese Absicht über dem Anblick eines hübschen Soldaten, der auf dem Friedhof gekreuzigte Banditen zu bewachen hat; als ihm eine der Verbrecherleichen gestohlen wird, muß er mit der Todesstrafe rechnen, doch die Witwe, glühend in ihn verliebt, reicht ihm den toten Gatten als Ersatz. Petronius erzählt diese Geschichte, um ›den Leichtsinn der Weiber‹ zu verspotten: das galante Abenteuer in der Totengruft als zynische Satire. Lessing, soweit man das aus seinem Fragment ›Die Matrone von Ephesus‹ schließen darf, kommt es auf die Einsicht der Witwe in die Sinnlosigkeit des Freitodes an: die humanisierende Vernunft aufklärerischer Moral. Jean Cocteau in seiner ›Schule der Witwen‹ (1936) dramatisiert Ärger und Eitelkeit einer Dame von Welt: effektvolle Enthüllungspsychologie als frivoler Witz. Christopher Fry aber ist es gelungen, aus der bitterbösen Geschichte, obwohl er sie mit all ihren grausigen Konsequenzen beibehält, einen Preisgesang auf das irdische Dasein zu machen. Er führt seine Witwe Dynamene zehntelmillimeterweise auf dem Weg über Wein, Brot und gemeinsame Kindheitserinnerung mit dem Wachtposten Tegeus zusammen, einem zartbesaiteten Töpfer in Uniform, einem heimlichen Sinnierer, dem die Verwandtschaft von Liebe und Tod aufgeht; staunend erleben beide, was ihnen geschieht. Auch der Zynismus der saftig irdischen Magd Doto ist nur scheinbar; er ist ein untertreibendes, kontrastierendes Mittel, nie Selbstzweck. Hier verführt weder Wachtposten noch Witwe, hier verführt allein das Leben. Zusammengeführt werden die beiden, überwältigt vom Duft und Geschmack der Welt, überlistet von der Natur, »die ihren heimlichen Strom durch unsere Vernunft leitet«, belehrt von der Liebe, der »einzigen Schule der Welt«. Hier wird mit der Gattenleiche der Tod dem Leben geopfert — so wie die Witwen immer die erste Liebe ganz opfern müssen der zweiten, die das Leben ist. »Ich liebte sein Leben und nicht seinen Tod«, sagt Dynamene in aller Reinheit, »und jetzt können wir seinem Tod die Kraft des Lebens geben.« Aus dem Spott des Petronius über die Untreue der Witwe ist der Hymnus Frys geworden auf die Lebenstreue der Frau.

Die Dame ist nicht fürs Feuer (The Lady's not for Burning). Verskomödie in drei Akten. 1948. Uraufführung 10. März 1948, Arts Theatre, London. Deutsche Erstaufführung 1950, Schloßpark-Theater Berlin. — Thomas, ein entlassener Soldat, stellt an die Behörde eines englischen Städtchens um 1400 die ungewöhnliche Forderung, gehenkt zu werden, denn dieser Kriegsheimkehrer und Zeuge einer Hexenjagd in der Heimat, will mit dem Leben und den Menschen nichts mehr zu tun haben. Doch der Galgen, meint der Bürgermeister, sei schließlich keine Wohlfahrtseinrichtung, und so gesteht Thomas, der Formulare halber, einen Mord, den er nicht begangen hat. Schneller ist die Behörde bei der Hand, wenn es gilt, eine von einer hysterischen Meute verfolgte Hexe zu verbrennen: die Alchimisten-Tochter Jennet, die mit allen Fasern am Leben hängt. Der todessüchtige Thomas versucht vergeblich, durch seinen Tod die dem Leben verbundene Jennet zu retten. Den Konflikt der vordergründigen Handlung löst Fry mit einem Schwanktrick lässig auf: der Lumpensammler, den Thomas angeblich ermordet und den Jennet angeblich in einen Hund verhext hat, taucht betrunken auf und nimmt damit dem Gericht das Beweismaterial für zwei Todesurteile. Das Todesurteil aber, das Thomas aus Lebensekel selbst über sich verhängt hat, kann durch keine Behörde, kann nur durch Jennet aufgehoben werden. Wie schon in ›Ein Phönix zuviel‹ wird der Tod dem Leben geopfert, führt die Liebe in das Leben zurück — eine Liebe freilich, der Thomas sich nicht ohne Skepsis ergibt: »Ich liebe dich, aber die Welt ist nicht verändert. Vielleicht kann ich dich eine Weile vor meinen Augen halten, aber die Welt widert mich doch.« Wenn er seinen letzten Satz spricht »Gott sei unseren Seelen gnädig«, so ist dies keine leere Floskel.

So ernst das Thema ist, so heiter bietet Fry es dar. Sogar sein an der Welt leidender Thomas ist der Meinung, man habe so witzig als nur möglich zu leiden. Die Komödie, das erste von vier geplanten und drei ausgeführten Jahreszeitenstücken, ist dem Frühjahr gewidmet, dem April, in dem die winterliche Todesnähe noch so wirksam ist wie schon die Gewißheit, daß sie vergehen wird. Ein Monat voll rasch umschlagender Stimmungen, voll harmlosen Unfugs und wilder Anarchie. Wie sich im April das absteigende und das aufsteigende Jahr voneinander trennen, wie sich Regen und Sonne jagen und die unbestimmbarsten Mischungen entstehen, so wechseln in dieser Komödie die Todes- und die Lebensnähe, Hexenwahn und Tändelei, Fest und Scheiterhaufen, Gähnen und Entsetzen, Lebensangst und Lebensrausch, groteske Spässe und tiefes Leid. Wie man diesem Monat seine eigene Narrenfreiheit zubilligt, so erscheint schließlich sogar der Todeswunsch des Menschen wie ein kosmischer April-Scherz: der große Jahreslauf wird ihm diese Laune schon vertreiben!

Venus im Licht (Venus observed). ›Ein Spiel‹ in drei Akten. 1950. Uraufführung 18. Januar 1950, London, St. James' Theatre. Deutsche Erstaufführung 12. April 1951, Berlin, Schloßpark-Theater. — Von den Jahreszeitenstücken Frys ist dies das Spiel der Herbstes. Wenn die Verwalterstochter Perpetua sagt, daß das Jahr eine Welt voll Weisheit sei, so ist es hier die Weisheit, die Resignation, die Hoffnung des Oktobers, der ein Monat auf der Grenze ist: so wie fast alle Personen des Stücks auf der Grenze sind. Der herbstliche Herzog ist es, der so lange und so oft vergeblich seine Geliebte gewechselt, weil er das vollkommene Leben suchte, »wo Glück nicht Raum läßt für des Geistes Unrast«, und der es nun endlich zu finden hofft in der Verwalterstochter Perpetua, die freilich auch von seinem Sohn geliebt wird. Dieser Herzog, der seinen Himmel in den Frauen gesucht und später ins Schlafzimmer ein Teleskop baut, trägt die Melodien der Einsamkeit, der Ausgeschlossenheit vom Kreatürlichen, der Todesnähe und — nach einem Augenblick des Glücks — auch die des Verzichts, als Perpetua ihm verlorengeht; schließlich die des resignierten Trostes, als er zu Rosabel findet, die ihn aus seiner ästhetischen Weltbetrachtung in ihre Liebe reißt. Sein Sohn Edgar, seine »Fortsetzung im Zeitlichen«, überschreitet ebenfalls eine Grenze: aus der blassen Nachbildung des Vaters wird in der Selbstbehauptung einer, der »sich selbst zu bemerken beginnt«; in ihm liegt schon das aufsteigende Jahr. Daß es sich nicht grundsätzlich ändern und auch wieder einen Oktober haben wird, das läßt sich schon an Perpetua spüren, die als aufgehende Venus und pistolenschießende Diana in dieses Spiel gekommen ist, die sich fast aufgegeben hätte und mit der Einsicht über die Grenze wechselt, daß eigene Freiheit andern zum Zwang werden kann. Der Verwalter Reedbeck, Perpetuas Vater, ist eine satirische Variation des Herzogs auf niederer Ebene; beim ›Festmahl der Zivilisation‹ liebt er mehr als die Speisen die Teller und die Manieren, mit denen sie gereicht werden, den Anzug mehr als den Adel, und es ist ihm jedes Mittel recht, Formen aufrechtzuerhalten, von denen er fühlt, daß sie wie das sich neigende Jahr, wie die Musik des Herbstes zu Ende gehen.

Ein doppelsinniges Spiel, ›in fallender Kadenz‹, schwebend zwischen Witz und Lyrik, Ulk und Todesnähe, Schlafzimmer und Weltall. »Dichten«, sagt Christopher Fry, »ist die Sprache, in der der Mensch seinem eigenen Staunen nachspürt«, und staunen läßt er im Spiel den Herzog, »wie tief wir im Geheimnis zu leben vermögen, ohne von Sinnen zu geraten«.

*›Venus im Licht‹ von Christopher Fry. Entwurf von Hansheinrich Palitzsch für eine
Aufführung des Nationaltheaters Mannheim, 1959; Regie: H. J. Klein*

Ein Schlaf Gefangener (A Sleep of Prisoners). 1951, geschrieben auf Bitte
der Religious Drama Society, zur Aufführung in Kirchen während des Festival of Britain. Uraufführung im Juni 1951 in der St. Thomas Kirche, London.
Deutsche Erstaufführung 1951 im Schloßpark-Theater, Berlin. — Vier Kriegs-
gefangene sind in eine Kirche gesperrt. Jeder hat in der Nacht einen Traum,
in dem seine drei Kameraden als Traumfiguren auftreten (für die Schauspieler
bedeutet dies: jeder ist einmal Träumer und dreimal Geträumter, jeder hat
vier Rollen). Es mischen sich erlebte Realität, Soldatenjargon und -zynismen
mit biblischer Geschichte. Banale Redensarten erhalten plötzlich auf der
Traumebene einen verborgenen Sinn, aus den Soldaten werden Adam, Kain
und Abel; David, Absalom und Joab; Abraham, Isaak und der Engel des
Herrn, schließlich die Männer im Feuerofen, die die Botschaft Gottes hören:
die Kriegsgefangenen sind Gefangene ›im Fleische‹ geworden, Gefangene
der Geschichte, Gefangene dieser Welt: Stellvertreter aller Menschen. Aus
der Realität der Gegenwart steigen die biblischen Urbilder auf: das verlorene
Paradies; Bruder- und Sohnesmord; Gottes Gnade und Gottes Stimme im
›Menschenschlachthaus‹ der Geschichte. Die biblischen Urbilder, ins Licht der
Gegenwart gerückt, wirken in die Realität zurück: fast schamhaft wird die
Glaubensbotschaft nach dem Erwachen im Jargon des Tages wieder aufgenommen. So sind diese Träume keine Fluchtversuche aus dieser Welt, son-
dern führen — mit einem Schimmer christlicher Hoffnung — in sie zurück.
Frys modernes Mysterienspiel ist eine verkappte, unpathetische Verkündi-
gung christlicher Tugenden: Liebe, Barmherzigkeit und Glaube.

Das Dunkel ist Licht genug (The Dark is light enough). ›Schauspiel in drei Akten‹. 1954. Uraufführung April 1954, London, Aldwych Theatre, durch Peter Brook. Deutsche Erstaufführung April 1955, Schiller-Theater, Berlin. — Im Winter 1848/49 im Landhaus der österreichischen Gräfin Rosmarin Ostenburg in der Nähe der ungarischen Grenze; die Ungarn haben sich gegen die habsburgische Herrschaft erhoben. In dieser Situation versteckt und beschützt die Gräfin einen ungarischen Deserteur, der zum Tode verurteilt ist; es ist Richard, ihr ehemaliger Schwiegersohn, der erste Mann ihrer Tochter, ein talentierter, doch reichlich widerlicher Egoist. Die Gräfin, die mit fraulicher Klugheit und Charme die Soldateska zügelt, gefährdet durch ihre Hilfe für den Deserteur sich selbst, ihre Freunde, ihre Familie, besonders den zweiten Mann ihrer Tochter, den Grafen Peter, der als Geisel gefangengehalten wird. Sie rettet Richard, ohne ihn besonders zu mögen oder auch nicht zu mögen — sie rettet ihn, weil er lebt, und weil alles Leben bewahrt werden will, gleichgültig, wie hoch es der Mensch einschätzt. Als die Rebellion niedergeschlagen ist, schützt sie mit der gleichen Selbstverständlichkeit den ungarischen Obersten Janik, der sie und ihre Freunde in ihrem Landhaus bedroht hatte, vor der Bestrafung durch ihre österreichischen Landsleute: »Wir gewinnen so wenig im Austausch, / wenn die Unterdrückten ihrerseits unterdrücken. / Aber schließlich sind wir allesamt Deserteure, / vielleicht sollten wir allesamt einmal mit unseren Gegnern die Plätze wechseln.« Bevor die Gräfin stirbt, macht Richard ihr einen Heiratsantrag — er glaubt, sie habe ihn aus Liebe gerettet und einst auch aus Liebe zu ihrem Schwiegersohn gemacht. Ihre Antwort ist von sublimster Ironie: es wäre leichter, ihn zu lieben, als ihn gern zu haben.

Im Zyklus der Jahreszeitenstücke ist dies der Winter: Kälte, Verfolgung und Tod. Als bedürften die Metaphern Frys des April-Regens (›Die Dame ist nicht fürs Feuer‹) oder wenigstens noch der Herbstsonne (›Venus im Licht‹), um wuchernd zu blühen, sind sie in diesem Winter-Spiel karg, schneeblaß, wie unter Rauhreif erstarrt.

König Kurzrock (Curtmantle). ›Schauspiel in drei Akten und einem Vorspiel‹. Uraufführung 1. März 1961, Stadsschouburg Tilburg, Holland, durch Karl Guttmann und sein Amsterdamer ›Ensemble‹. Deutschsprachige Erstaufführung September 1961, Burgtheater Wien. Deutsche Erstaufführung März 1962, Nationaltheater Mannheim. — Nach Eliots ›Mord im Dom‹ (1935. Siehe auch Seite 1323) und Anouilhs ›Becket‹ (1959. Siehe auch Seite 1133) das dritte Drama um den englischen König Heinrich II. (1154—1189), den Normannen, der aus seiner französischen Heimat die kurzen Mäntel importiert und dafür den Beinamen ›Kurzrock‹ erhalten hatte. Bei Fry (dessen Sprache schlanker und abstrakter geworden ist, ein Wechsel von Vers und freier Prosa) begegnen im Vorspiel der König und sein damaliger Freund und Kanzler Becket einem halbnackten Bettler; der König will keine Nackten in seinem Reich, er fordert Becket auf, seinen Mantel dem Bettler zu geben, denn sein eigener Mantel sei zu kurz. Am Ende des Stückes wird Heinrich von seinen Söhnen (die später Richard Löwenherz und Johann ohne Land heißen werden) besiegt und gejagt; er stirbt vor seiner brennenden Heimatstadt Le Mans, Flüchtlinge rauben ihm Ring und Mantel; sein treu gebliebener, unehelicher Sohn Roger deckt seinen Mantel über den Leichnam: Heinrich wollte keinen Nackten in seinem Reich. — Im Streit um die Vorherrschaft von Kirche oder Staat, ausgelöst durch den Anspruch der Kirche auf eigene Gerichtsbarkeit, macht König Henry seinen Freund Becket, den Kanzler seines Reiches, auch zum Erzbischof von Canterbury in der Überzeugung, Becket werde ihm ergeben bleiben, doch der legt das Kanzleramt nieder und kämpft härter als sein Vorgänger für die Kirche. Becket wird in seiner Kathedrale ermordet, bei Fry (im Gegensatz zu Anouilh) nicht auf Wunsch des Königs, sondern durch den beflissenen Eifer von vier normannischen Baronen, denen der König Boten nachschickt, um den Mord zu verhindern; die Boten kommen zu spät. Die Becket-Geschichte ist in Frys Drama nur eine Episode, wenn auch eine wichtige. Die Position Beckets, den geistlichen Ordnungsauftrag der Kirche, trägt Henry in sich selbst: er ist die Zentralfigur, untadelig in seinem Wollen, und sein eigener Widersacher, fehlbar in seinem Handeln. »Du, der du so ringst um Ordnung überall«, sagt seine Frau Eleanor zu ihm, »außer in deinem eigenen Leben.« Er will seinem Reich Gerechtigkeit, Ordnung und Frieden bringen und scheitert unter den Bedingungen der geschichtlichen Welt und an sich selbst — beraubt von denen, die er bekleiden wollte. — »Gemeinsam hätten wir leicht voranschreiten können«, so hatte Königin Eleanor gemeint, »zu dritt, drei Möglichkeiten der Menschenart, du, Becket und ich, hätten wir weit in die Zukunft ausgreifen können.« Henry aber ist mehr als eine »Möglichkeit der Menschenart«, mehr als die Verkörperung des weltlichen Ordnungsprinzips — er ist ein Mensch; in ihm sind die »tiefen Wurzeln der Zwiespältigkeit, die sich eingruben und Adam Leib werden ließen«. Die Gerechtigkeit Gottes auf Erden zu errichten, ist den Abkömmlingen Adams nicht gegeben: Henrys Utopie des hundertjährigen Friedensreichs hat den hundertjährigen Krieg ausgelöst. Die Gleichheit vor dem Gesetz, die er geschaffen hat, sie, immerhin, ist geblieben.

Ein Hof voll Sonne (A Yard of Sun, A Summer Comedy). Uraufführung 9. Juli 1970, Nottingham. Deutsche Erstaufführung 26. September 1971, Bochum; Regie: Hans Schalla. — Der Innenhof eines Palazzo in Siena, ein

Julitag im Jahr 1946: Aufatmen nach einem Gewitter und nach dem Krieg. Freude auf den »Palio«, das Pferderennen — nach dem Kampf das erste Spiel mit dem Kampf. Die Zeit des Schwarzmarkts, der Suche, der Heimkehr. Vater Angelino erwartet reiche Ausländer, an die er den Palazzo vermietet hat. Sohn Luigi war Faschist und meint: »Wir waren so einsichtig zu verlieren, das verdient Kredit.« Sohn Roberto war Partisan und ist Arzt und Klassenkämpfer. Über Sohn Edmondo darf nicht gesprochen werden: er hat sich durch Erpressung Geld verschafft und ist verschwunden. Er ist der reiche Ausländer, der den Palazzo gemietet hat: er kehrt heim aus Portugal als Kriegsgewinnler und Kapitalist — jetzt will er seine Familie durch Geld sanieren und hat seinem Stadtviertel den besten Jockey für den »Palio« gekauft. Lösung und Weisheit aber kommen hier nicht von den Söhnen, sondern von den Vätern: von Vater Angelinos unpathetischem Christentum, vom moralischen Pragmatismus Cesares: er war denunziert, verschleppt, kehrt aus dem Lager heim und hat die Schrecken des Krieges um sich. — Faschismus und Resistance, Kapitalismus und Sozialismus — ihre Kämpfe sind bei Christopher Fry Kämpfe unter Brüdern: Bruderkampf im Hause Homo sapiens. Statt die Nachkriegszeit zu analysieren, personalisiert Fry ihre gesellschaftlichen und politischen Probleme und predigt unaufdringlich, aber unüberhörbar die Weisheit der Quäker. Allzu leicht werden Gegensätze in der Rührung des Sichwiederfindens und Neubeginnens aufgehoben. Mit diesem Sommerstück hat Fry — sechzehn Jahre nach seinem Winterstück — abermals ein metaphysisches Rührstück geschrieben: eine Gottes-Love-Story, einen Sommertagstraum, doch mit Shakespeare wird ihn nun niemand mehr verwechseln.

Ernst Barlach: holzgeschnitzte Läuterungswege

> Du darfst alles Deinige, das Äußerste, das Innerste, Gebärde der Frömmigkeit und Ungebärde der Wut, ohne Scheu wagen, denn für alles, heiße es höllisches Paradies oder paradiesische Hölle, gibt es einen Ausdruck.   Ernst Barlach

Bevor Leopold Jessner (1878—1945), der gerühmte Expressionisten-Regisseur, im Jahre 1921 im Berliner Staatstheater ›Die echten Sedemunds‹ inszenierte, fuhr er zum Dichter nach Güstrow. Ernst Barlach zeigte ihm die Schauplätze und lebenden Modelle seines Dramas, den ›jungen Sedemund‹ in einer Kneipe; Regisseur und Dramatiker setzten sich zum Beobachten an einen Nebentisch. Barlach fuhr zur Aufführung nach Berlin und verließ nach dem ersten Akt entsetzt das Theater: er fühlte sich mißverstanden — aus den Menschen seiner Güstrower Nachbarschaft hatte Jessner expressionistische Figuren gemacht, und mit ›Expression‹ wollte Barlach, den viele Expressionisten als einen der ihren beanspruchen, nichts zu tun haben.

Noch einmal fuhr er nach Berlin, um eines seiner Stücke zu sehen, den ›Blauen Boll‹, inszeniert von Jürgen Fehling (geboren 1885), den ihm sein Verleger Cassirer als einen ›sehr guten Sachwalter‹ seiner Werke geschildert hatte. Fehling erzählte diese Geschichte 1953 auf dem Berliner Dramaturgentag: »Und nach fünf brieflichen Bitten, etwa zur dreißigsten Aufführung vom ›Blauen Boll‹, erschien tatsächlich Barlach in Berlin. Barlach mit einem grünen Kaisermantel. Ein verschrobenes, merkwürdiges Männchen mit einem wilden Adlerblick. Und die beiden aßen bei Hiller ausgezeichnet um sechs zu Abend. Cassirer war selig, jetzt kommt endlich Barlach, und das ist doch sehr wichtig, und er wird wahrscheinlich applaudieren. Und dann gingen sie los, zehn Minuten vor halb acht, um halb acht begann die Vorstellung, und als sie an der Ecke von der Friedrichstraße und den Linden waren, kniff plötzlich Barlach Cassirer energisch in den Popo und sagte: ›Nee, Mensch, wir gehen in den Wintergarten, ich traue dem Kerl nicht, das wird wieder so ein Jessner sein!‹ Und sie gingen in den Wintergarten und Barlach fuhr ab und hat in seinem Leben nie mehr ein Stück von sich gesehen.«

Ernst Barlach dachte nicht an die Bühne, wenn er seine Dramen schrieb; zu den Möglichkeiten und Grenzen des Theaters hatte er nie eine Beziehung. So sind einige seiner Stücke, ›Der tote Tag‹, ›Der Findling‹, ›Die gute Zeit‹, praktisch unaufführbar: Wer hätte, wenn er diese Visionen liest, auch nur den Wunsch, sie auf der Bühne zu sehen?

Am 2. Januar 1870 wurde Ernst Barlach in Wedel in Holstein geboren. Er verlebte seine Jugend im mecklenburgischen Schönberg und in Ratzeburg, studierte an der Kunstgewerbeschule in Hamburg, an der Akademie in Dresden und der Académie Julien in Paris, lebte von 1905 bis 1910 in Berlin und danach, bis zu seinem Tod im Rostocker Krankenhaus, am 24. Oktober 1938, in Güstrow in Mecklenburg. Nach einer zweimonatigen Reise im Spätsommer 1906 nach Rußland hatte er als Zeichner und Bildhauer seinen Stil gefunden: die Form, »die außen ist wie innen«. Weder die klassischen Werke der griechischen Antike, noch die Renaissance scheinen für ihn vorhanden zu sein; Italien, wo er 1909 kurz gewesen war, in Florenz, war seinem Wesen zuwider. So niederdeutsch, so ›gotisch‹ wie er war kein anderer. Doch seine großen öffentlichen Denkmäler in Güstrow, Kiel, Magdeburg, Lübeck und Hamburg wurden von den Kunstbarbaren des nationalsozialistischen Regimes als undeutsch entfernt, seine Werke aus den Museen gebracht, zum Teil als ›entartet‹ in der Schweiz versteigert, sein Name war verfemt und

Selbstbildnis von Ernst Barlach.
Kohlezeichnung aus dem Jahre 1928

durfte in der Öffentlichkeit nicht mehr genannt werden. Bis zu seinem Tod arbeitete er noch am ›Grafen von Ratzeburg‹, und in Ratzeburg, wo er als Kind gelebt hatte, wurde er beerdigt.

Zu den Irrtümern Barlachs gehört seine Ansicht, ein Erzähler sei auf die Sprache angewiesen, ein Dramatiker dagegen könne hingeworfene, unbehauene Blöcke liegen lassen. Diese Blöcke aber sperren sich der Aufnahme durch das Publikum, da kann kein Schauspieler und kein Regisseur helfen. Die Dramen-Sprache Barlachs ist auf weite Strecken monologisch, selbsterklärend und verkündend. Sie steht eigentümlich zwischen Anschauung und Begriff, zwischen Sinnlichkeit und Abstraktion. Dies wird besonders deutlich an den zahlreichen Wortneubildungen, die dadurch entstanden sind, daß ein Verbum substantiviert und wie ein Begriff gebraucht wird, wobei es verhärtet und seine Sinnlichkeit einbüßt. Dazu kommen — aus dem Drang, zu verdichten und jede Formulierung auf eine doppeldeutige, mit Magie geladene Formel zu verkürzen — die Häufung der Dingwörter, die beiläufige Verwendung von Stabreim und Reim, der merkwürdig verschränkte Satzbau. Das ergibt manchmal Sätze von großer Ausdruckskraft. Es ergibt aber auch Sätze, die vor Kraft nicht mehr atmen können, ein substantivisches Geballe, derart verklumpt, daß man es erst auflösen muß, um es verstehen zu können. Und diese Sätze müssen verstanden werden, das Großhirn läßt sich hier nicht umgehen, sie sind nicht nur Melodie-, sie sind Bedeutungsträger. Aufgabe der Regie: die überkomprimierten und verklebten Sätze derart aufzugliedern, daß sich ihre Chiffren entschlüsseln.

Was dennoch Barlachs Dramen auszeichnet, ist die Tatsache, daß es in ihnen keinen Satz gibt, der nicht erlitten wäre: ein aus Qual geborenes, ein quälendes Werk. Es ist seine menschliche Substanz, die angreift, nicht die künstlerische Vollendung. Primär war Barlach ein Mystiker; Bildhauer und Dramatiker war er nur insofern, als er seine mystischen Erfahrungen in der Plastik und im Drama zu vermitteln versuchte: es ist der Versuch, über das Ästhetische zum Religiösen zu gelangen.

».. . welcher Teufel reitet die Theaterleiter, daß sie aus meinen Dramen nur Oratorien und Mysterien machen wollen, statt unterhaltende Stücke! Es ist ein Berg von Humor in der ›Sündflut‹, wollte ich denken, aber er wird zum Maulwurfshaufen gemacht«, schrieb er 1927, doch dieser ›Berg von Humor‹ ist offenbar schwer zu entdecken. Mehr als ein Maulwurfshaufen skurriler Verkauztheit und verquälter Groteske kommt in der Bühnenpraxis kaum zum Vorschein, und die meisten seiner Dramengestalten sind eben Teilstücke eines Mysteriums mit einer für Oratorien geeigneten Sprache — Aufspaltungen seiner Gewissenspein: das Drama ist ein auf die Bühne projizierter Kampf um Gott, der sich in Barlach abgespielt hat. Das Verfahren erinnert an die Weg-Dramen August Strindbergs, vor allem an ›Nach Damaskus‹ (siehe auch Seite 629). Stationen der Läuterung, wie Bildstöcke aus der Sprache geschnitzt.

Barlachs Werk ist in seiner radikalen Aufrichtigkeit das ergreifende Dokument eines höchst individuellen Kampfes. Wenn es richtig ist, was Barlach 1930 schrieb: »Wir haben also so viele Götter, wie es Gottsucher gibt«, so ist der Gott des Gottsuchers Barlach zunächst einmal Barlachs ganz persönliche — hart ausgedrückt: private — Schöpfung: eine mystische Erfahrung. Sie kann nur von Mit-Mysten mitvollzogen werden, und dieser Akt, bei dem der Nicht-Myste nur höflich schweigen kann, erfordert etwas anderes als ein Theater mit einem Publikum: einen Kultraum für die Barlach-Gemeinde.

Meinungen: »Der harte Humor von Wilhelm Busch und das von Ulkigkeit nicht freie Pathos Barlachs können verschiedene Vorzeichen eines in der Weltflucht verwandten Lebensgefühls sein. Auch Busch hat am Leben gelitten, er hat sein Pathos skeptisch karikiert. Barlach ist das Lachen in der Kehle steckengeblieben, er hat die Karikatur ins Pathetische erhöht«: Karl Scheffler. — »Das ist der Weg der Dichtung, der beschattete oder belichtete Weg des Göttlichen durch den Menschen. Es gibt eine Dichtung aus der Zeit. Es gibt eine Dichtung gegen die Zeit. Barlach ist der große Künstler gegen die Zeit. Auch sein Drama zeigt immer wieder ein neues Gesicht. Im Gestaltlosen erschütternd nach der Gestalt ringend. Adlig und einsam. Weltfern und weltnah. Weltzufern und weltzunah. Deutsch in einem tragischen, ergreifenden Sinn«: Herbert Jhering, 1924, über ›Der arme Vetter‹. — »Barlach ist neben Claudel und Eliot der einzige Dichter, der in unserer Zeit noch ein großes Mysterium zu schreiben vermochte. Der ›Graf von Ratzeburg‹ ist ein Passionsdrama . . . und die Vorgänge sind nichts anderes als eine szenische Exegese des Angelus-Silesius-Wortes ›Mensch werde wesentlich‹.«: K. H. Ruppel, 1951.

Die Sündflut. ›Drama in fünf Teilen‹. Uraufführung 27. September 1924, Stuttgart. — »Da lesen schon die Pfarrer und die Lehrerinnen meine ›Sündflut‹ mit verteilten Rollen. Der ich doch nichts anderes im Schilde führte als nachzuweisen, daß die alte Fabel schlechterdings absurd ist« — so schrieb Barlach 1932. Absurd erschien ihm die ›alte Fabel‹ von der ›Sündflut‹, weil sie die Frage offenläßt, warum der allmächtige Gott, der doch eine gute Welt hätte schaffen können, über seine eigene Schöpfung ergrimmt und sie ersäuft. Der Gott, den Barlach in Gestalt eines Bettlers und eines vornehmen Reisenden auftreten läßt, verlangt, daß die Menschen so sind, wie sie sein sollen; daß sie das denken, was er zu denken verleiht. Als dies die Menschen nicht tun, obgleich sie seine Geschöpfe und wie er ohne Gewalt über das Böse sind, beklagt er sich mit wachsender Heftigkeit darüber, daß seine Schöpfung nichts tauge, und zürnt mit seinem Werk und sich selbst. Schuld sei die Erde mit ihrem ›Wolfssamen‹, aus der Gott die Menschen geschaffen hat, meinen die »aus Licht und Kraft und Glut« geborenen Engel, die sich auch darüber wundern, daß die Menschen anders werden konnten, als Gott wollte. »Sie sind aus falschem Samen entquollen, nicht meine Kinder«: mit dieser mysteriösen Formel distanziert sich Gott von seinen Geschöpfen, bereut ›jämmerlich‹, daß er sie geschaffen, und will sie »ausraufen, ersäufen, versenken, vergessen«. Noah, der sich als (auch leibliches) Kind Gottes fühlt, ist fatalistisch gottergeben, mit Anfällen von Feigheit und Selbstgerechtigkeit in seiner ›frommen Zufriedenheit‹; seine Beziehungen zu Gott gleichen einem nicht ganz gesicherten Handelsvertrag: er liefert ängstlich Gebete und Opfer und hofft, daß Gott ihn dafür mit Segen versorge. Dem Bekenntnis Noahs »Gott ist Alles, die Welt ist weniger als Nichts« stellt Barlach die Frage Calans, der Zentralgestalt seines Stückes, entgegen: »Wenn Gott Alles ist, wo bleiben dann die Bösen?« Calan dankt Gott für die Eigenschaften, die ihn befähigen, seine irdischen Angelegenheiten selbst zu ordnen ohne den Gebets- und Gnadenhandel, den Noah betreibt. Er bekennt sich zu allen seinen Taten, auch zu den bösen — ja, er läßt einem Hirten die Hände abhacken, um Gott herauszufordern — und empfindet keinerlei Schuld: für ihn sterben alle Menschen unschuldig, da es Gottes Schuld ist, daß sie schuldig geworden sind. »Pfuscherei«, schreit die Welt Gott entgegen, und als auch Noah ihn für das Böse verantwortlich macht, läßt Gott sie in der ›Sündflut‹ untergehen, außer dem zweifelhaften Noah mit seiner nicht minder zweifelhaften Familie samt der sündigen Zebid, die die Welt genauso fortsetzen werden, wie sie vor der ›Sündflut‹ gewesen ist — Gott ahnt schon, daß er an Noahs Sippschaft wenig Freude haben wird. Calan aber, als die Flut naht, als die Ratten seine Augen ausgerissen haben, sieht Gott: nicht den zürnenden Gott und nicht den guten Hirten, nicht den Gott Noahs, sondern »den *andern*

Gott ... Er schafft und wird vom Geschaffenen neu geschaffen ... auch an mir wächst Gott und wandelt sich weiter mit mir zu Neuem ... schon sinke ich ihm zu — Er ist ich geworden und ich Er — Er mit meiner Niedrigkeit, ich mit Seiner Herrlichkeit — ein einziges Eins.« Mit diesen letzten Worten Calans legt Barlach sein eigenes Bekenntnis ab. Er schrieb in einem Brief:»Calan ahnt den Gott, der keine Gestalt mehr hat. Das erlöst ihn von sich selbst, dem Selbst, das bis zum Äußersten seiner Möglichkeit gekommen ist, so reif geworden, Teil einer höheren Gemeinschaft zu werden. Damit ist der Mensch vernichtet als Ding für sich. Ich habe oft behauptet, das größte Glück sei das Übersichhinauskommen, das momentane Eingehen in ein Übergeordnetes.« Einen in Menschengestalt vorstellbaren, persönlichen Gott, einen die Kind- und Knechtschaft fordernden, strafenden und belohnenden Gott hat Barlach in diesem Drama als Absurdität abgetan. An seine Stelle hat er eine gestaltlose Göttlichkeit gesetzt, die mystische Verschmelzung von Gott und Mensch, die in einem dauernden Verwandlungsprozeß begriffen sind.

Der blaue Boll. ›Drama in sieben Bildern‹. Uraufführung 13. Oktober 1926, Stuttgart. Inszenierung durch Jürgen Fehling am Berliner Staatstheater im Dezember 1930 mit Heinrich George als Boll. — Boll, ein aus allen Nähten platzender mecklenburgischer Gutsbesitzer, ›blau‹, da mit Lust saufend, sieht sich, angesichts des im Nebel geheimnisvoll verschwimmenden Turmes der Stadtpfarrkirche, zum erstenmal wie einen Fremden:»gemästet von Selbstachtung, frisch aus der eigenen Weihräucherei«. Mit dieser Selbstaufspaltung beginnt der Weg seiner Läuterung. Er begegnet Grete, der Frau eines Hirten, einer ›Hexe‹, einer Besessenen, die ihre Kinder erlösen,»vom Fleische befreien«, nämlich: vergiften, will; während Boll nach ihrem Fleische giert, will sie das Gift von ihm. Boll überläßt sie dem Gastwirt Elias, in dem mindestens ein Stück vom Teufel steckt, wenn er nicht gar der Teufel selber ist, und vor ihm wird Grete durch die Frau des Elias, eine ›Mutter-Erde‹-Gestalt, bewahrt und vorkuriert. Boll begegnet einem unbekannten ›Herrn‹, in dem trotz (oder gerade wegen) des Teufelshinkebeins Gott steckt, zu dem auch das Böse gehört; er bringt Boll zu dem Entschluß,»aus seinem ungeheuren Elendstal einzugehen in den Festsaal der unvermeidlichen Dereinstigkeit«. Boll beginnt seinen Kampf mit sich selber,»Boll hat Boll beim Kragen«,»Boll hat mit Boll gerungen«,»Boll muß Boll gebären«, und der neugeborene Boll hat vom alttestamentarischen»Ich muß« zum»Ich will« gefunden und ist danach imstande, Grete von ihrer Besessenheit endgültig zu erlösen und ihrer Familie zuzuführen.

»Der Mensch wird; er ist nicht«: Boll ist in Barlachs Läuterungsmysterium der Mensch in der Verwandlung — wie schon Calan in der ›Sündflut‹: er erfährt »das hüllensprengende Drängen des Werdens«, gelangt vom Selbstbehagen zur Demut, von der Begierde ins Dienen, vom Fleisch in die von Gott ergriffene und mit ihm verschmelzende Seele. Die Gestalten Gottes, des Teufels und der Mutter Erde bleiben hier Ahnungen hinter durchaus irdischen Figuren: sie fließen zusammen aus saftigem niederdeutschem Realismus, grimmigem Humor und Spökenkiekerei: zugleich Ausgeburten der Landschaft, des atmosphärischen Nebels und des Seelen-Nebels.

Der Graf von Ratzeburg. 1927–1938. Szenen aus dem Nachlaß. Uraufführung 25. November 1951, Lessing-Theater, Nürnberg. Inszenierung durch Gustav Rudolf Sellner am Landestheater Darmstadt, 15. Dezember 1951. — Schon der erste Satz schlägt das Thema an. »Herr«, wird der Graf von Ratzeburg angerufen, »Euer Weg ist aus der rechten Richtung geraten.« Der innere Weg zweier Personen, des Grafen und des Offerus, wird sichtbar gemacht durch die Schilderung ihres äußeren Weges: jede Szene ist eine Station, eine Begegnung, ein Durchgang. Der Weg beginnt mit einem ›dunklen Wald‹, mit einer Verwirrung, in die der Graf von Ratzeburg (wie schon der ›Blaue Boll‹) gerät: bis dahin hat er selbstzufrieden gelebt; sein Dasein wurde bestimmt durch seine Geburt (als ›Herr‹), durch seinen Besitz (als ›Haber und Behalter‹), durch seine soziale Bestimmung als Herrscher, Ehemann und Vater eines unehelichen Sohnes (als ›Heger und Walter‹), kurz: durch ›Geltungen‹, durch äußere Faktoren, nicht durch innere. Dies wird ihm bewußt gemacht durch seine Begegnung mit Offerus. Offerus will »etwas sein, nicht etwas gelten«, ist auf der Suche nach einem Herrn, der Herr ist durch sein Wesen, nicht durch seinen Besitz. Als Heinrich, Graf von Ratzeburg, erkennt, daß er von seinem Besitz besessen wird, durchschaut er die Fragwürdigkeit seiner ›Geltungen‹ und begibt sich auf Pilgerfahrt. Hier begegnet er der reinen Gewalt in der Gestalt des gefallenen Engels Marut, wird ein Kettensklave, der auf Mitleid angewiesen ist, begegnet der an keine Konfession gebundenen Güte in der Witwe Chansa, erfährt auf der ›Richtstätte‹, wo die für ihre Güte denunzierte Chansa auf einen Pfahl gespießt ist, den schuldlosen Jammer der Kreatur; Adam und Eva, die noch das Paradies gekannt, kommen vorüber, Adam jammernd und Eva mit dem auf die Erbsünde verweisenden Wort: »Hast du Kinder, Adam, so mußt du ihr Schreien hören können!« Dann haust Heinrich jahrelang in den ›Klüften des Sinai‹ und erlebt die Auseinandersetzung zwischen dem alttestamentarischen »Du sollst«, das von dem Gespenst des Moses gegen das »Du darfst« des christlichen Asketen Hilarion gesetzt wird. Hilarion verwirft die aus Angst oder in der Hoffnung auf Lohn vollbrachten Werke, verwirft das ewige

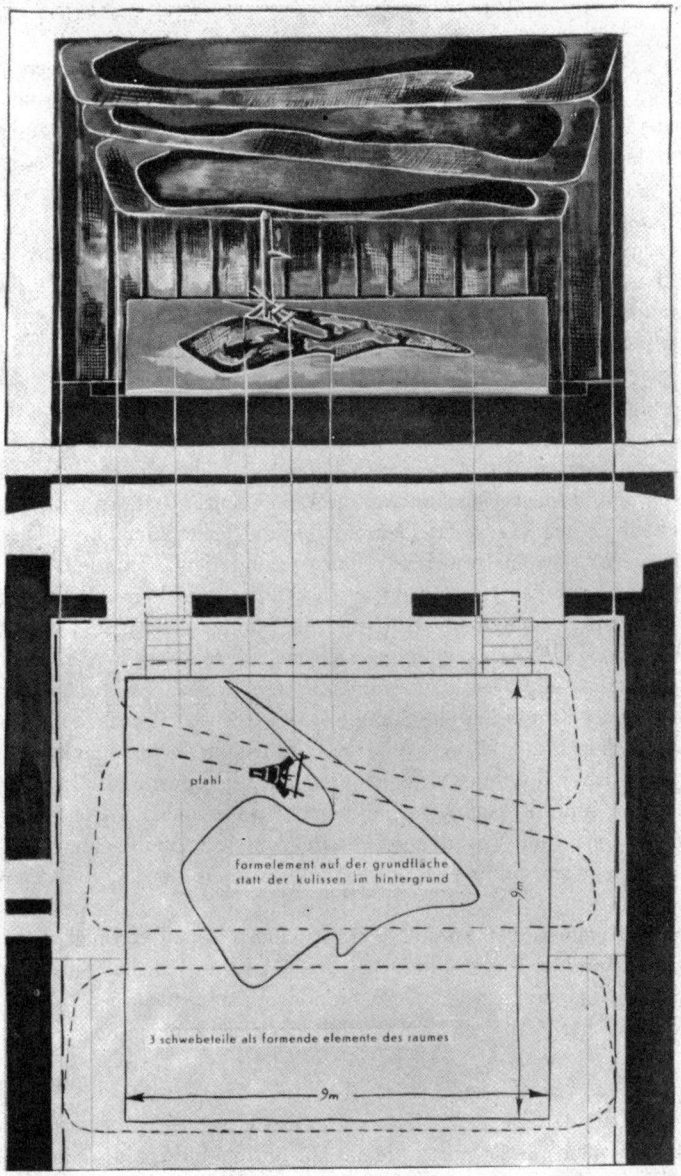

Bühnenentwurf von Franz Mertz für Ernst Barlachs ›Der Graf von Ratzeburg‹, inszeniert von Gustav Rudolf Sellner am Landestheater Darmstadt, 1951. Die Stationen des Weges, den der Graf und Offerus zurücklegen, sind auf einem zum Publikum geneigten, schrägen Spielpodium durch Teppiche und Bau-Elemente markiert

Suchen Gottes, der sich durch das ›Werk der Sohlen‹ nicht erzwingen läßt; er predigt den Dienst schlechthin, »nicht Gott zu dienen, ist not, sondern nichts als zu dienen«, predigt das ›Hängen im Schweigen‹, um Gott zu empfangen: hier in der Abgeschiedenheit, im Umkreis der deutschen Mystik, gewinnt Heinrich die Furchtlosigkeit, hier erinnert er sich an seinen unehelichen Sohn Wolf, hier wendet sich sein Weg: nicht aus der Welt hinaus, sondern, innerlich verwandelt, in die Welt zurück. In Ratzeburg begegnet er Wolf, aus dem ein Räuber geworden ist, der seinen Vater verachtet. Heinrich nimmt gelassen die Verantwortung für die Taten seines Sohnes auf sich und stellt sich mit ihm den Henkern. Wolf hetzt den Pöbel auf ihn, Heinrich stirbt als ein Mensch, der seinen irdischen Weg bejaht in der Gewißheit einer verborgenen überirdischen Kraft: »Ich habe keinen Gott, aber Gott hat mich.« Die Mordspieße umgeben ihn verklärend »wie ein Strahlenglanz«.

Auf all diesen Stationen tritt auch Offerus auf, der gleichfalls auf dem Wege ist und mit dem Heinrich »um die Wette läuft«. Heinrich wird immer geleitet: ein Dulder, der im Erleiden reift. Offerus bietet immer seine Dienste an: ein Sucher, der im Irren reift. Offerus erfährt durch Hilarion, daß der rechte Knecht sich den Herrn nicht aussuchen darf, sondern auf den Anruf des Herrn warten muß. Dann trifft ihn ›die Stimme des Kindes‹, das »Gewalt hat über die Gewalt«, er trägt es über den Strom und wird zum Christopherus. Auch sein Weg mündet in einer mystischen Gewißheit: daß nun die Stimme des Kindes und die Stimme seines eigenen Herzens, daß Gehorsam und Widerspruch, Knecht und Herr miteinander verschmolzen sind. Wenn Heinrich und Offerus sich auf ihrem Weg begegnen, wird ihre jeweilige Position deutlich: einer ist der Probierstein des anderen. Die Stationen sind die gleichen, die Wirkung ist verschieden: jeder muß seinen eigenen Weg für sich gehen, am Ende aber steht bei beiden die Gewißheit, daß es der rechte Weg ist.

Trotz der manierierten Sprache Barlachs, einem Geball von halb abstrakten, halb sinnlichen Wortzwittern, ist der ›Graf von Ratzeburg‹ sein vollkommenstes Läuterungsdrama: die Stationen sind einleuchtend und von außerordentlicher Kraft; jedes äußere Bild legt einen inneren Prozeß frei.

Blick auf andere Stücke. Am 12. November 1919 wurde im Leipziger Schauspielhaus Barlachs erstes Drama *Der tote Tag*, geschrieben 1917, zum erstenmal gespielt; Barlach besuchte die Aufführung nicht. Mutter und Sohn, Symbolgestalten in einer vorgeschichtlichen Welt, kämpfen gegeneinander und gehen aneinander zugrunde. Die Mutter, die Irdische, hält den Sohn im Keller gefangen, fern von der Sonne, dem Vater, der Geist ist und Gott. Sie ersticht das Roß Herzhorn, das der Vater dem Sohn zum Aufbruch in die

Kule, der blinde Wanderer, gespielt von Friedrich Kayssler (1874–1945). Figurine von Otto Reigbert für Ernst Barlachs Drama ›Der tote Tag‹; Aufführung der Münchener Kammerspiele, 1924

Lichtwelt des Geistes geschickt hat. Von einem Gnom zum Geständnis ihrer Tat gezwungen, ersticht sich die Mutter, und der Sohn, zu kraftlos, sich den Weg zur Vaterwelt zu erkämpfen, folgt ihr in den Tod. Der Gnom Steißbart spricht zu Kule, einem blinden Wanderer, einer Vater- und möglicherweise Gott-Gestalt, das Schlußwort: »Sonderbar ist nur, daß der Mensch nicht lernen will, daß sein Vater Gott ist.«

Der arme Vetter (1918. Uraufführung 20. März 1919 in den Hamburger Kammerspielen. Inszenierung durch Jürgen Fehling am Berliner Staatstheater, 1923, mit Heinrich George als Siebenmark) spielt in der Gegenwart, an einem Ostertag, auf einer Heide in der Nähe der Oberelbe. Die Personen wachsen aus einer derben niederdeutschen Realität in die Symbolik eines Erlöser- und Auferstehungs-Dramas. Fräulein Isenbarn, verlobt mit dem jeder höheren Welt abgeneigten, materialistischen Geschäftsmann Sieben-

*Holzschnitt von Ernst
Barlach zu seinem Spiel
›Der Findling‹, 1922*

mark, wird von ihm befreit durch den ›armen Vetter‹ Hans Iver, durch seinen
Opfertod, und aus dem Leben auf einer verekelten Erde erweckt zur ›Magd
eines hohen Herrn‹, dem sie als ›Nonne‹ dienen wird: »Ja, ihr Kloster ist
die Welt, ihr Leben — als Gleichnis.«

Die echten Sedemunds. (1920. Uraufführung 23. März 1921, Kammerspiele
Hamburg. Leopold Jessner brachte das Stück im April 1921 im Berliner
Staatstheater heraus; es war die einzige Aufführung eines seiner Stücke, die
Barlach je besuchte, und er war enttäuscht: »Mit Filmtempo und Expression
will ich nichts zu tun haben.«) Schützenfest in einer vermiesten Kleinstadt.
Grude, aus der Irrenanstalt beurlaubt, in die er sich vor Jahren freiwillig
zurückgezogen hat (»Entweder seid ihr alle verrückt oder ich allein«), sprengt
das Gerücht aus, der Löwe sei aus der Schaubude ausgebrochen. Der Löwe
jedoch ist friedlich gestorben, und mit seinem Fell verbreitet Grude, ein
moralisierender Schelm, so viel Furcht und Schrecken, daß die Kleinstädter
ihre Sünden beichten, Heuchelei, Meineid, Familientragödien. Der alte Sedemund, so stellt sich heraus, hat seine Frau in den Selbstmord getrieben; der
junge Sedemund bringt seine Schuld vor alle Leute und geht dann freiwillig
ins Irrenhaus, damit man ihn, der seinen Vater derart bloßgestellt hat, für
verrückt erklären kann. Wenn Grude am Schluß mit einer Schwangeren auf

dem Friedhof tanzt und schreit: »Jetzt kommen wir und nach uns unsere Kinder, alles wird gründlich anders, es lebe die neue Zeit und die echten Grudes«, so ist dies der schiere Hohn — die Stadt ist durch den Löwen aufgeschreckt worden, doch sie ändert sich nicht. In seinen drastischen, grotesk komischen Kleinstadtrealismus wirft Barlach das Symbol des ›unhörbar brüllenden Löwen‹, des Gewissens, des am Kreuze gestorbenen Christus: das Jüngste Gericht als bittere Komödie.

Der Findling, ein ›Spiel in zwei Stücken‹ (1922), ist ein Symboldrama in einer verholzten Sprache voll schwerfälliger Wortspiele und Stabreime: als am Gerichtstag über die in Unflat versinkende Welt ein junges Paar den Mut zur Liebe findet und ein verkrüppeltes, ekelerregendes Findelkind vom Straßenrand an sich nimmt, verwandelt es sich in »ein leuchtend schönes Kind, das munter um sich blickt«. — *Die gute Zeit* (Uraufführung 1929 in Gera), auf der Linie ›Der tote Tag‹, ›Der Findling‹, ist das dunkelste Symbolwerk Barlachs, ein durch Handlungs- und Gestaltlosigkeit der Bühne versperrtes Wort-Chaos.

Hans Henny Jahnn: Fleisch und kristallene Ordnung

> Die Hauptaufgabe jedes Bühnendichters in jeder Zeit wird sein, urtragische Probleme darzustellen. Was das heißt? Die Liebe, die den Befallenen verbrennt, ist es; das Altern ist es; die Querstellung zur Umwelt ist es.
>
> Hans Henny Jahnn bei einer Diskussion über das Drama, während der Buchwoche 1952

Zweimal emigrierte er: 1915 als Zwanzigjähriger nach Norwegen; 1933 als Neununddreißigjähriger: die Uraufführung seiner Stücke ›Straßenecke‹ und ›Neuer Lübecker Totentanz‹ hatten die Nationalsozialisten verboten, er ging über die Schweiz nach Dänemark, wo er auf Bornholm einen Bauernhof erwarb, Pferde züchtete und sich mit Hormonforschung befaßte. Wenn die Kriege zu Ende waren, 1918 und 1945, kehrte der bedingungslose Pazifist nach Deutschland zurück. Er war gegen jede Gewalt: gegen das Töten der Tiere, gegen Todesstrafe, Rassenhaß und Krieg.

Am 17. Dezember 1894 wurde er in dem Hamburger Vorort Stellingen als der jüngste Sohn des Schiffbauers Gustav William Jahnn geboren, schrieb Dramen schon in der Schule, die er 1913 mit dem Abitur verließ, und wurde Orgelbauer. Im Laufe seines Lebens hat er viele historische Orgeln gerettet,

wiederhergestellt, die gesamte europäische Orgelbaukunst reformiert und
unter großen persönlichen Opfern Gesamtausgaben von Barockmusikern
veranstaltet, von Arnold Schlick, Vincent Lübeck, Samuel Scheidt, Dietrich
Buxtehude. Architektur, Musik und Orgelbau schienen ihm die höchsten der
Künste. Mit einigen Freunden gründete er 1920 die Glaubensgemeinde
›Ugrino‹: sie sollte von sieben Künstlern geleitet werden, in allen Ländern
Kultstätten errichten mit Kirchen und Kreuzgängen eines neuen Glaubens,
mit Grabkammern, Schulen, Theatern und Musikhallen — Bollwerke, inspi-
riert von der ägyptischen und der romanischen Kunst, gegen das, was er
unter den zerstörerischen Kräften der Gegenwart verstand, gegen das Zweck-
und Nutzdenken der europäischen Zivilisation. Das utopische Unternehmen,
für das Jahnn phantastische Monumentalbauten entwarf, mußte er 1925
aufgeben, als die Geldquellen der Mäzene versiegten.

Der Literaturhistoriker Walter Muschg hält ihn »ohne jede Einschränkung
für den größten deutschen Prosaisten unserer Zeit«. Seine breit hinströmen-
den Romane ›Perrudja‹ (1929) und die beiden vollendeten Teile der geplanten Trilogie ›Fluß ohne Ufer‹ (1949/50) werden von seinen Anhängern in
ihrer Bedeutung mit dem Werk von James Joyce verglichen. Doch auch als
Epiker und Dramatiker war Jahnn insgeheim ein Religionsstifter für eine
auf seine Mystik eingeschworene Gemeinde. »Was ich schreibe«, steht in
einem Brief, den er 1948 an den Schriftsteller Werner Helwig gerichtet hat,
»steht nur in Beziehung zu einer Welt, die es nicht gibt, die sich auch nicht
formen wird — die ich in Wirklichkeit vor ein paar Jahrtausenden verfehlt
habe.« In der Tat könnte man sich ihn als ägyptischen Oberpriester vorstellen, der mit Hilfe von Tabus die Entdeckung der Technik verhindert und
gigantische Grabstätten gegen die Verwesung bauen läßt.

Die Welt seiner Dramen ist archaisch, vor-zeitlich, auch dann, wenn ihre
Personen das Kostüm der Gegenwart tragen. Knabenliebe, Inzest, Kastration,
Liebe zu Pferden sind seine immer wiederkehrenden Motive: nicht als modische oder gar parfümierte Perversitäten, sondern als seelisch-körperliche Ur-
verhältnisse, die er zu vergeistigen versucht, um aus ihnen neue Mythen zu
schaffen.

Sie sind dem Leser und dem Theaterbesucher schwer zugänglich: durch
Jahnns grammatikalische Gewaltsamkeiten, durch ein schier unbegreifliches
Gemisch nie geschauter, gewaltiger Bilder und geradezu erbarmungswürdiger
Banalitäten. Jahnns Schrecken war die ›verjauchte Zivilisation‹, seine Hoff-
nung das Variantenbedürfnis, die ›schöpferische Experimentierwut‹ der
Natur. Er war ein Ethiker des Mitleids, das er noch über die Liebe stellte,
denn das Mitleid gibt es in der Natur nicht — er betrachtete es als eine der
wenigen lebenserhaltenden Leistungen des Menschen. Obgleich sonst den

Kräften der Natur hingegeben, schreckte ihn außer dem Nützlichkeitsdenken der europäischen Zivilisation nichts mehr als das natürliche Altern, der Tod und die Verwesung. Als Hymniker des Lebens war er ein Dichter, als Verkünder seiner widerspruchsvollen Privatreligion ein Sektierer. In einem Vortrag zur Goethe-Feier der Hamburger Bühne sagte er 1932:»Je mehr Jahre sich an mir absetzen, desto sicherer werde ich in der Überzeugung, daß der Ursinn aller Kunst harmonikale Fundamente hat, also in das Reich des Rhythmus, der Zahl, des uneindämmbaren Schöpfungsstromes hinabreicht ... Daß die Seele des Menschen als nicht konstant erkannt worden ist, ist nicht unser Unglück, sondern unsere Hoffnung. Wir wollen sie umbauen und befestigen gegen die

Hans Henny Jahnn. Porträtskizze von Karl Kluth, 1957

Sturmflut rationaler Katastrophen, sie wieder einfügen in das harmonikale Gebäude des Daseins. So sind wir, kraft des Variantenbedürfnisses, wahre Revolutionäre mit guten Zielen.«

Sein letztes, ein unvollendetes Bühnenwerk, ›Der staubige Regenbogen‹, endet in einer Vision des todbringenden Atomstaubes ohne jede Hoffnung. Er starb am 29. November 1959 in einem Hamburger Krankenhaus an einem Herzinfarkt in Verbindung mit einer Lungenentzündung.

Meinungen: »Was er auf dem Instrument dieser Sprache spielt, ist Musik der Trauer über die Schöpfung und über den Menschen. Trauer über die Schöpfung, die dem Tod ausgeliefert ist, und Trauer über eine Menschheit, die sich dem Gesetz der Schöpfung verschließt. Das Leiden unter diesem doppelten Verhängnis durchzieht Jahnns Werk als ein unlösbarer Widerspruch, dessen Dissonanzen er nicht zum Einklang bringen will. Nur selten und in schwachen Spuren zeigt sich bei ihm die erlösende Eingebung in den unfaßbaren Gang der Dinge, die bei anderen Dichtern der kosmischen Harmonie gefunden wird«: Walter Muschg. — »Er war ein Heide, weil er in der Triebverengung des Christentums eine lebensfeindliche Macht sah. Aber man könnte sich ihn ebensogut als glühenden Christen vorstellen, denn das Christentum verkündet, was er nicht zu hoffen wagte: die Auferstehung des Fleisches. Das Fleisch, die Größe und das Elend des Fleisches, seine Lust und seine Qual, sein Glanz und sein Untergang, das silberne Blühen des Fleisches in geschmeidigen Körpern, sein Erschauern in den Ekstasen der Liebe, dieser Liebe, die er ganz im Sinne Klages' als ›kosmogonischen Eros‹ sah, als einzige Rückbindung (religio) der Seele an die harmonische Ordnung des Kosmos: das ist das große, immer wieder variierte Thema seines Werkes, dem man fälschlicherweise Obszönität und Perversion nachsagt . . . Er hat im Gegenteil die Keuschheit des Fleisches wiederhergestellt, weil er den Blick für seine Größe, seine Vergänglichkeit und seine Tragik von allem nur Lüsternen und Anstößigen reinigte«: Heinrich Schirmbeck. — »Jahnns Mißerfolg — und trotz aller Ehrungen, Preise und Akademie-Mitgliedschaften ist er erfolglos geblieben — hängt über alle formalen und stilistischen Schwierigkeiten hinweg mit der antigesellschaftlichen Note dieses Werks zusammen. Mit den barocken Sprachwucherungen, den brodelnden Assoziationen und den überschwappenden Wortkaskaden hätte sich ein Publikum schon zu arrangieren vermocht, das ja auch mit Joyce und Barlach — die man, zu Unrecht übrigens, Jahnns Lehrmeister genannt hat — fertig geworden ist. Was es nicht hinnehmen wollte, war Jahnns Glaube an die Regeneration des Menschen aus dem Kreatürlichen, das Bekenntnis zu den dumpfig-dampfenden Möglichkeiten des Menschen, denen Jahnn, ein zweiter D. H. Lawrence, wieder zu ihrem Recht verhelfen wollte. Wie jener den Sexus, so feierte Jahnn die biologische Natur des Menschen; der Intellekt war ihm der große Widersacher, und das Drama des Menschen spielte sich für ihn zwischen Hirn und Haut ab«: Wolf Jobst Siedler.

Medea. ›Tragödie‹. 1925. Veränderte Fassung 1959. Uraufführung 4. Mai 1926, Staatliches Schauspielhaus Berlin, durch Jürgen Fehling mit Agnes Straub. Aufführung der Neufassung, 13. Dezember 1964, Staatstheater Wiesbaden. — Um die Fremdheit der Kolcherin, der ›Barbarin‹ Medea, in Korinth für den modernen Theaterbesucher so zu verdeutlichen, wie er meint, daß sie den Griechen deutlich gewesen sei (andere Medea-Stücke siehe Seite 64), hat Jahnn seine Medea zur Negerin gemacht. Sie hat ihre Bindungen an ihr Volk und ihre Familie dem geliebten Jason geopfert, ihrem korinthischen Gatten, und hat, um ihm das Leben zu retten, ihren Bruder ermordet und zerstückelt. Durch ihre Zauberkräfte bleibt Jason ewig jung, sie aber, die nicht mehr Priesterin ist, sondern Gattin und ihm zwei Söhne geboren hat, ist älter geworden, und ihr Bett wird nun von Jason gemieden. Daraus ergibt sich das Hauptmotiv der Tragödie: der Haß der von Jasons Körper verlassenen Medea, der alternden Frau gegen ihren jungen Mann; in der Sprache Jahnns: »Daß Unheil nur und Mord verbrannten und verschmähten Schößen ausrinnt!« Untergeordnet für Jason (nicht für die andern

›Medea‹ von Hans Henny Jahnn. Entwurf von Heinz Daniel für eine Aufführung des Deutschen Schauspielhauses Hamburg, 1927; Regie: Hans Lotz

Korinther) ist das zweite Hauptmotiv: der Fremdenhaß der Griechen, Haß der Weißen gegen die Schwarze und ihre braunen Mulattensöhne. Jason kennt ihn nicht: »Nach weißen Brüsten doch nicht schrei ich, nach Jugend nur!« Nach Jugend aber muß er schreien, er leidet unter seiner eignen Jugend und bittet vergeblich Medea: »Gib mir mein Alter! Nimm von mir der Sinne Wünschen Übermaß.« Jason, von seinem Sohn gebeten, für ihn um Kreons Tochter zu werben, wirbt statt dessen um die Tochter für sich selbst. Medea läßt Kreons Boten die Augen ausreißen, weil sie den Ehebruch Jasons gesehen haben. Rassenstolz tritt Kreon vor Medea: »Niemals hätt' ich gebilligt, daß mein heißgeliebtes Kind 'nem halben Neger hergegeben würde«; er verbannt sie mit ihren Söhnen aus Korinth. Medea, scheinbar sich unterwerfend, schickt Schmuck ins Haus Kreons, unter dessen Zauberkraft Kreons Tochter verkohlt, Kreon in zwei Hälften geschnitten wird, und tötet ihre Söhne, die sich liebend umklammern, »nagelte zusammen das schöne Paar«, um die Ehe mit Jason ungeschehen zu machen. Sie verflucht Jason, der jung bleiben, aber, durch sie vergiftet, keinen Bettgenossen finden wird, und sie verflucht die Stadt, die im Meer versinkt. — Ungeheure Vorgänge: vor-psychologisch, vor-gesellschaftlich, vor-euripideisch. ›Urtragische Probleme‹ sind für Jahnn, wie er sich einmal bei einer Diskussion ausdrückte, »die Liebe, die den Befallenen verbrennt«; »das Altern«; »die Querstellung zur Umwelt«. Sie sind der Gegenstand dieser vormoralischen Tragödie der personifizierten erotischen Triebkräfte. Sprachwucht wird angestrebt durch Verrenkungen und

Verstauchungen der Sätze, durch zyklopische Wortballungen, durch Dauer-Überhitzung und pausenlosen Überdruck.

Armut, Reichtum, Mensch und Tier. ›Ein Drama‹. 1933. Uraufführung Juni 1948, Hamburger Schauspielhaus und Wuppertal. – Nüchtern betrachtet, ist die Handlung eine Art norwegische Bauernmoritat mit Kindesmord, gefälschtem Brief, Erpressung, Vergewaltigung, Brunst und Betrug. Doch die Bauern, die Knechte und Mägde, ragen in den Raum des Symbols; sie sprechen eine streng stilisierte Prosa, verschwenderisch in ihrer Fülle ausdrucksgeladener Bilder, sperrig in ihrer Diktion, oft auch hölzern, voller Manierismen und feierlicher Plattheiten. Das Stück ist nicht nach dramaturgischen Spannungsgesetzen gebaut; es hat mit seinen vier Akten zu je drei Bildern nicht die Asymmetrie des bühnenwirksamen Stückes, sondern die raumsymmetrische Struktur eines Kristalls, des ›Zwölfflachs‹, der das Schlüsselsymbol dieses epischen Dramas ist. – Der Bauer Manao Vinje lebt zunächst mit Berg und Pflanze und Tier, als sei er einer der ihren. Er widersteht den Einflüsterungen des Selbstmörders, der ihn zum Tod verführen will, und folgt dem Rat der ›Erscheinungen‹ aus dem Zwischenreich: »... du bist kein Teil des glühenden Grundes; du bist losgelöst und gehst auf Füßen ... Geh zu dir selbst und den Deinen«; er geht, wirbt um eine Frau und nimmt damit die Bestimmung des Menschen auf sich. Er gerät in die Welt der Urliebe, der Urlust und des Urfrevels, in der elementare Mächte toben, ohne Rat und Richtung für den irrenden Menschen. Manao irrt: statt um die arme Magd Sofia zu freien, läßt er sich von der reichen Bäuerin Anna heiraten, die Sofia einen von ihr begangenen Kindesmord unterschoben hat. Anna ist die Urgestalt des vor Fruchtbarkeit überquellenden Weibes, geschüttelt vor Gier nach dem einzigen Mann (und gepeinigt von zwei andern), triebhaft vernichtend, Schauer und Schrecken verbreitend, und doch von einer gefährlichen Anziehungskraft. Für sie ist Manao nur das Objekt ihres Machtwillens. Durch den Knecht Gunvald hat sie Manaos Kind töten lassen; durch den Knecht Ole läßt sie seine geliebte Stute töten, in die, wie es heißt, ein Mädchen gebannt ist. Doch auch mit der armen Sofia, zu der er nun wiederfindet, strauchelt Manao: sie folgen dem Geschwätz der Leute, nicht ihren Gesichten, und erst als »die Liebe ihr Eigentum geworden«, erleben sie ein kurzes Glück. Manao, dem mit der kreatürlichen und vegetativen Welt Verbundenen, wird durch seine Gesichte geholfen: immer wieder warnt ihn Yngve, der Troll in Gestalt eines Landstreichers, doch folgt er den Warnungen erst, als er Sofia verloren hat und mit Anna unglücklich geworden ist. Sobald er zu seinem eigenen Wesen gefunden, kommt ihm auch das Schicksal hilfreich entgegen: Jytte, das Dänenmädchen, schenkt sich ihm; sie trägt den gleichen Namen (›Falada‹) wie die gemordete Stute und ist wie er dem Geheimnis des Kreatürlichen verbunden, eine helfende und lösende Kraft. Anna schreit nun ihr Schuldbekenntnis hinaus, und der Troll hebt den Stein, den ›Zwölfflach‹, das Symbol des in Harmonie klingenden Kosmos: »Diese Welt ist ausgewogen in Lust und Pein . . . der Stoff, das Fleisch, mit dem wir uns plagen, ist die Entsprechung eines kristallenen Rätsels« — Lust, Schmerz und Frevel, sie haben ihren Platz und ihren verborgenen Sinn in einer höheren ›harmonikalen‹ Ordnung. Wenn sich auch Jahnns Preisgesang auf die selbstlose Liebe mit der christlichen Ethik berührt, so ist seine geheimnisvolle kristallene Ordnung doch ohne Gott — eine mystische, mathematisch-musikalisch-biologische Harmonie.

Thomas Chatterton. ›Tragödie in drei Akten‹. 1955. Uraufführung 26. April 1956, Deutsches Schauspielhaus, Hamburg, durch Gustaf Gründgens. — Die balladenhafte Lebens-Chronik des englischen Dichters Thomas Chatterton (1752–1770). Die Spießer in Bristol, die ihn gezwungen haben, seine Dichtungen unter dem Namen eines erfundenen mittelalterlichen Mönchs, Thomas Rawley, zu tarnen, entlarven ihn als ›Fälscher‹, verdächtigen ihn als Knabenverführer, als Schuldigen am Selbstmord eines Freundes, vertreiben ihn nach London, wo sich der Achtzehnjährige, einsam und hoffnungslos, in einem Absteigequartier vergiftet. Der Gegenspieler dieses jungen Genies ist kein einzelner Mensch, sondern die rationale Ordnung der Gesellschaft; sie treibt ihn in die Selbstvernichtung. In diesem (publikumswirksamsten) Drama Jahnns mischen sich Stolz und Trauer eines (autobiographisch bedingten) Selbstbekenntnisses und der Protest gegen eine geistfeindliche Gesellschaft mit Elementen des Volksstücks und einer handfesten Moral, gesprochen von ›Aburiel‹, einem Engel aus der Tiefe: »Die Pflicht des Menschen ist es, nicht an den Besten schuldig zu werden.«

Blick auf andere Stücke. Sein erstes Drama *Pastor Ephraim Magnus* schrieb der zweiundzwanzigjährige Jahnn 1916/17. Oskar Loerke zeichnete es 1920 mit dem Kleist-Preis aus. Expressionistisch ekstatische Szenen, geladen mit Empörung gegen Kirche, Gesellschaft und Staat; drei Gottsucher, verzweifelt über Tod und Verwesung, gehen verschiedene Wege des bewußten Frevelns und Leidens; Pastor Ephraim läßt sich kreuzigen, er entmannt und blendet sich und findet als Baumeister einer Domkapelle den Glauben an einen unverweslichen Christus — sein Halbbruder, der als Mörder hingerichtet worden ist, und seine Schwester, zugleich Geliebte, die er getötet hat, verwandeln sich danach in ihrem Sarkophag in Marmorbilder. Eine von Bert Brecht von sieben auf zwei Stunden gekürzte Fassung, inszeniert von Arnolt Bronnen, wurde am 23. August 1923 in Berlin, in der geschlossenen Gesellschaft ›Das Theater‹, uraufgeführt.

Die Krönung Richards III. ist eine ›historische Tragödie‹, geschrieben 1916/20, uraufgeführt am 5. Februar 1922 im Schauspielhaus Leipzig. Richard III. hadert mit Gott über den schuldlosen Schmerz, über die Verwesung und das Böse, über die ›viehischen Lüste‹, zu denen er sich durch seine maßlose Häßlichkeit getrieben fühlt. Seine Verworfenheit ist ein Protest, während Königin Elizabeth mit ihren kannibalischen Gelüsten das ungeistig Böse repräsentiert; mit den Prinzenknaben wird die geistige Reinheit gefeiert und geopfert.

Im Drama *Der Arzt, sein Weib, sein Sohn* (1921/22. Uraufführung 1. April 1928 an den Hamburger Kammerspielen, durch Gustaf Gründgens) werden die ins Übermenschliche gesteigerten Titelfiguren, samt einem Freund des Sohnes, auf die komplizierteste Kreuz- und Querweise teils geistig, teils körperlich, teils symbolisch liebend und frevelnd, miteinander verbunden. Der Arzt, der sich von der rationalen Medizin losgesagt hat, macht die mystische Erfahrung: ». . . ich bin, ich bin, mich umschließt ein Geist, der Geist des Steins, der ein Geist Gottes ist, ohne Gelehrsamkeit, ohne Weisheit, ohne Tröstung und doch voll Trost und Reue . . .«

Die Berliner Uraufführung des Dramas *Straßenecke* (›Ein Ort, eine Handlung‹. 1931) wurde von den Nationalsozialisten verboten. Hauptgestalt ist der Neger James: Stationen aus seinem Leben bilden eine Passion des vom Rassenhaß verfolgten und von der Industrie-Welt versklavten Menschen. (Uraufführung am 25. Februar 1965 durch die Studiobühne Erlangen.)

Die Berliner Uraufführung des Schauspiels *Neuer Lübecker Totentanz* (1931. Neufassung 1954. Uraufführung am Karfreitag 1954, Studio der Kölner Bühnen) wurde ebenfalls von Goebbels, dem nationalsozialistischen Propagandaminister, verboten. In dem Mysterienspiel, konzipiert für die Lübecker Katharinenkirche, für die Ernst Barlach Nischenfiguren geschaffen hat, treten zwei Tode auf: der altvertraute Knochenmann vertritt den individuellen Tod; der neue Tod, der den alten als ›tot‹ beschimpft, ist der Vertreter des Massensterbens durch Massenvernichtung. Sie führen mit dem ›Berichterstatter‹ und dem ›Prinzen‹, einer Art jahnnschem Privat-Christus, ein Streitgespräch und werden beide von der ›Mutter‹ akzeptiert, nachdem sie gewiß ist, daß ihr Sohn mit seiner Braut das Leben fortsetzen wird.

Im Schauspiel *Der staubige Regenbogen* (erster Titel: ›Die Trümmer des Gewissens‹. Aus dem Nachlaß. Uraufführung einer Bühnenfassung von Erwin Piscator und Karlheinz Braun 17. März 1961, Städtische Bühnen, Frankfurt am Main, verkörpert der Atomwissenschaftler Jabob Chervat eine auf Fortschritt und Nutzen eingestellte rationalistische Gesellschaftsordnung; der bevollmächtigte Regierungsfunktionär Sarkis ist Vertreter aller diktatorischen Mächte, die sich diese Gesellschaftsordnung zunutze machen, und tritt für einen atomaren Präventivkrieg ein — es genügt ihm, wenn hundert Menschen der weißen Rasse überleben. Der ›Bund der Schwachen‹, gegründet von Chervats Sohn, rekrutiert sich aus Idealisten, Anarchisten und Widerstandspredigern. Diesem Bund schließt sich der bekehrte Chervat an, doch scheint es zu spät. Sarkis wird erstochen, Chervat vergiftet sich, die Partie endet ›Remis‹ — noch ist der Weltuntergang nicht da, doch das Schlußwort des Tendenzstückes ist pessimistisch: »Sie tun das Falsche. Sie hoffen!«

Expressionistische Spätlese

> Auch der Expressionismus ist kein Stachel mehr oder tiefer wie eine rothaarige Barmaid oder die erste englische nach dem Kriege importierte Kokotte mit den neuesten Plissees am Nachtpyjama und famosen Lastern in den Fingerspitzen.
>
> Kasimir Edschmid 1919, in ›Die doppelköpfige Nymphe‹

»Nun, da der Krieg hinter uns liegt, das Gewitter der Revolution die schwüle Luft gereinigt hat, will uns der wilde Schrei der Empörung, der durch diese Tragödie gellt, schon nicht mehr ganz so wild bedünken.« Gemeint war Fritz von Unruhs Tragödie *Ein Geschlecht*, eines der Hauptwerke der expressionistischen Dramatik, uraufgeführt am 16. Juni 1918 im Frankfurter Schauspielhaus und ein halbes Jahr später schon, am vorletzten Tag des Jahres 1918, als »nicht mehr ganz so wild« beurteilt in der »Vossischen Zeitung« von Ludwig Sternaux; er sprach dem Stück den großen Atem ab, »der in die Ewigkeit trägt. Dazu ist es zu wortreich, zu pathetisch, zu schwer mit fremdem Prunk behängt, schwelgt allzu wohlgefällig in Tiraden, die noch den barocken Geist einer toten Zeit atmen.« In Fritz von Unruhs Drama *Offiziere*, uraufgeführt 1911 bei Max Reinhardt, hatte mitten im Jargon- und Dialektnaturalismus der ›Neue Mensch‹, diese Hoffnung der Expressionisten, nach einem Angriffsbefehl ekstatisch zu schreien begonnen, und schon Ende 1919 war man seines Geschreis überdrüssig: nach dem Krieg war der ›Neue Mensch‹ unglaubwürdig.

Kasimir Edschmid, einer der Wegbereiter, Theoretiker und Wortführer des Expressionismus, kanzelte schon 1919 in seiner »Doppelköpfigen Nymphe« die expressionistischen Nachzügler ab und gestand: »Das Formale ist als Frage und Problem wohl erledigt. Nun kommt die stille Arbeit. Ich bin für die Leistung. Aber ich bin gegen Expressionismus, der heute Pfarrerstöchter und Fabrikantenfrauen zu Erbauung umkitzelt. Es hat mich nie gereizt, eine Schar zu führen, die in geometrischen Orgien und stilistischen Wettrennen auch nur erstrebenswerte Stationen der Kunst erblickt.« Alfred Döblin, den die Literaturwissenschaft immerhin zu den »Spätexpressionisten« zählt, empfahl 1923 in einem ›Berliner Brief‹, den er für das ›Prager Tagblatt‹ schrieb, einer ganzen Generation junger Autoren »Die Freier« von Eichendorff: »Kunst kommt vom Sein und nicht vom Können; und wer nichts ist, ist kein Künstler. Privatsachen gehören ins Schlafzimmer. Mögen die Herren die Pathologie ruhen lassen und sich Eichendorff ansehen. Ja, es ist eine bezaubernde Dichtung. Grazie und Spaß ist drin: das sind Werte.« Statt Schrei und Ekstase verordnet ein Expressionist »Grazie und Spaß« – viele expressionistische Dramatiker fingen in den zwanziger Jahren an, Lustspiele zu schreiben, sogar Fritz von Unruh.

In seinem Buch »Theater für die Republik 1917 bis 1933« konstatiert Günther Rühle: »Mit dem Erlöschen des Expressionismus um 1923 sind wohl seine Illusionen und sein Impetus historisch geworden, nicht aber seine Sprengkraft.« Seine Sprengkraft entlädt sich in den frühen Stücken Bertolt Brechts, in »Baal«, »Trommeln in der Nacht«, »Im Dickicht der Städte«; dann geht der Dramatiker, der nach dem zweiten Weltkrieg seine stärkste, eine weltweite Wirkung erlebt, andere Wege. Noch nüchterner aber als nach dem ersten sind nach dem zweiten Weltkrieg die expressionistischen Dramen gemustert worden: wer Diktatur und Krieg überlebt hatte, war allergisch geworden gegen Wortekstasen und übertriebene Hoffnungen auf eine gewandelte Menschheit, von der Geburt eines »Neuen Menschen« ganz zu schweigen. Pathosfeindlichkeit und Skepsis der zweiten Nachkriegszeit haben nur die expressionistischen Dramatiker überstanden, die außer Proklamation und gesteigerter Stilgebärde noch etwas zu bieten hatten: gesellschaftskritischen Witz wie Sternheim; moralischen Debattierstoff wie Kaiser; naturalistischen Humus wie Else Lasker-Schüler; politische Attraktion wie Toller; Vorwegnahmen absurden Theaters wie Goll.

Der Schrei, mit dem REINHARD GOERING sein Stück »Seeschlacht« beginnt (Uraufführung 10. Februar 1918, Königliches Schauspielhaus Dresden, am 3. März 1918, inszeniert von Max Reinhardt, in Berlin), dieser namenlose Schrei über dem Panzerturm eines Kriegsschiffs, das in die Schlacht fährt, ist ebenso verklungen wie die Parolen, die sich die sieben Matrosen zurufen, ihre Fragen nach dem Sinn des Chaos und nach Gott. Der Krieg als unabwendbares Fatum – nur noch die Schlußworte des revolutionären Matrosen haken sich ein, der sich fragt, weshalb er nicht gemeutert hat: »Aber schießen lag uns wohl näher? Wie? Muß uns wohl näher gelegen haben?« Reinhard Goering, geboren 1887 in Schloß Bieberstein bei Fulda, war Militärarzt, erkrankte wenige Wochen nach Kriegsausbruch an Tuberkulose und schrieb seine »Seeschlacht« nach der Skagerakschlacht (1916) in Davos. Nach symbolistischen Weltanschauungsdramen folgte *Die Südpolexpedition des Kapitäns Scott* (Uraufführung durch Leopold Jessner am Staatlichen Schauspielhaus, Berlin, am 16. Februar 1930); mit einem Chor, der Freundschaft, Treue, Pflicht und Tugend preist, hat Goering ein modernes Schicksalsstück in antiken Maßen konzipiert, das allerdings durch die Sachlichkeit seiner Reportage-Partien am weitesten in die Zukunft weist. Es war Goerings letzter Bühnenerfolg. 1936 wurde in der Nähe von Jena sein Leichnam gefunden; der durch schwere Depressionen belastete Arzt und Dichter hatte sich das Leben genommen.

Eingesargt in der Literaturgeschichte ruhen auch die expressionistischen Dramen von PAUL KORNFELD: *Die Verführung* (Uraufführung 8. Dezember 1917, Schauspielhaus Frankfurt am Main, durch Gustav Hartung) und *Himmel und Hölle* (Uraufführung 21. April 1920, Deutsches Theater Berlin, durch Ludwig Berger). Der am 11. Dezember 1889 in Prag geborene Kornfeld war Dramaturg in Berlin und in Darmstadt und hatte in seinem Aufsatz »Der beseelte und der psychologische Mensch« gefordert, daß der Mensch im modernen Drama »nichts als Geist und Seele« sei, »und darum haben diese Gestalten etwas von Rasenden an sich«. Doch nicht mit seinen Rasenden kehrte er nach dem zweiten Weltkrieg mit einigem Erfolg auf die Bühne zurück, sondern mit seinen Komödien. In *Palme oder Der Gekränkte* (Uraufführung 11. März 1924, Kammerspiele Berlin) geht Palme, getreu dem Kalauer, dem er wohl seinen Namen verdankt, beim geringsten Anlaß auf die Palme: auch die harmloseste Situation ist ihm recht, um sie als Beleidigung mißzuverstehen, und dergestalt gekränkt zu sein, mag zwar ein Menschenleben füllen, doch abendfüllend auf der Bühne ist es nicht — es ist kein großer seelischer Makel, der tragisch bewegen oder komisch entzücken könnte; es ist ein ärgerlicher Defekt, der schließlich nur noch belästigt, zumal die Welt des Gekränkten als Kränkungsanlaß zu klein gesehen ist: Spießbürger mit der verblichenen Komik von Schnurrbartsbinden. In *Kilian oder Die gelbe Rose* (Uraufführung 2. Februar 1927, Staatliches Schauspielhaus, Berlin, durch Erich Engel) wird der Buchbinder Kilian in einem bildungsbeflissenen Damensalon für den Philosophen Natterer gehalten, und er übernimmt diese Rolle und spielt sie so glänzend, daß er aus dem Handgelenk die gleiche Weisheit verzapft wie Natterer und deshalb auch das moralische Recht hat, den inzwischen aufgetauchten Philosophen davonzujagen mit dem Ruf: »Hinaus! Sie sind ein Buchbinder!«

Kornfeld wurde im Konzentrationslager Lodz zugrunde gerichtet; er starb dort im Januar 1942.

ELSE LASKER-SCHÜLER gilt als Vorläuferin der Expressionisten, und für ihre »Hebräischen Balladen« (1913) mag dies zutreffen. Nicht für ihre Schauspiele, die freilich auch nicht naturalistisch sind, obwohl »Wopperdhaler Platt« gesprochen wird — die Bankierstochter Else Schüler ist in der Elberfelder Sadowastraße aufgewachsen, in Elberfeld wurde sie als Enkelin des Oberrabbiners von Rheinland-Westfalen am 11. Februar 1869 geboren (und später machte sie sich sieben Jahre jünger). Sie war so sehr Lyrikerin, daß sie noch aus naturalistischen Details poetische Bilderfluchten machte, Bühnengedichte, den Romanzen näher als den Balladen. Sie mußte 1933 Deutschland verlassen und kam über die Schweiz und Ägypten 1943 nach Jerusalem, wo ihr zweites lyrisches Hauptwerk erschien, »Mein blaues Klavier«, und wo sie — vereinsamt — am 22. Januar 1945 starb; ihr Grab ist am Fuß des Ölbergs. Karl Kraus 1927 über sie: »... Else Lasker-Schüler, deren ganzes Dichten eigentlich in dem Reim bestand, den ein Herz aus Schmerz gesogen hatte, ist aber auch der wahre Expressionist aller in der Natur vorhandenen Formen, welche durch andere zu ersetzen jene falschen Expressionisten am Werk sind ...«

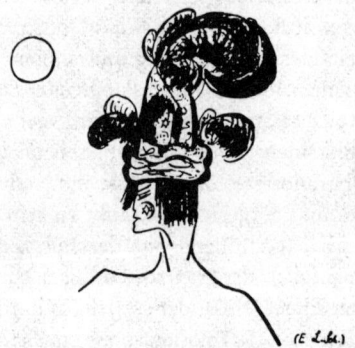

Selbstbildnis von Else Lasker-Schüler

Die Wupper. ›Schauspiel in fünf Aufzügen‹. 1909. Uraufführung 27. April 1919, Deutsches Theater Berlin, durch Heinz Herald. Entscheidende Inszenierung durch Jürgen Fehling, Staatliches Schauspielhaus, Berlin, 15. Oktober 1927. — Im Tal der Wupper zwischen Arbeiterwohnungen und der Villa der Fabrikbesitzerin Charlotte Sonntag spielt das Stück, dessen erste Fassung im Dialekt geschrieben ist. Morgens heulen die Sirenen, die Arbeiter laufen in die Fabrik, abends ziehen Sozialdemokraten vorüber und singen »Mit uns zieht die neue Zeit«, es gibt Streik und es gibt Streit unter den Streikenden, die industrielle Weberei steckt noch in ihren Anfängen. Die Schicksale der Menschen aus dem Arbeiterviertel und aus der Villa sind miteinander verwoben; im Mittelakt treffen sie sich auf dem Jahrmarkt vor dem kreisenden Karussell, es spielt »Oh, du lieber Augustin«, und der Refrain »Alles ist hin« wird zur Schicksalsmelodie. Der lungenkranke Fabrikbesitzerssohn mit seiner Klostersehnsucht ist befreundet mit dem Arbeitersohn Carl Pius, der seine Schwierigkeiten mit dem Dogma hat und protestantischer Pastor werden möchte. Carl liebt Marta, die Schwester seines Freundes Eduard, doch sie spielt nur mit ihm, und er fängt das Trinken an und wird wohl verkommen. Fabrikbesitzerssohn Heinrich Sonntag, ein Reserveleutnant, wie er im wilhelminischen Bilderbuch steht, erschießt sich, als sein Verhältnis mit dem minderjährigen Lieschen Puderbach offenbar wird, und dieses kokette Färbertöchterchen, das gewiß nicht mühsam verführt zu werden brauchte, wird ins Erziehungsheim gesteckt. Wenn ihr Vater von der Bibelstunde kommt, verdrischt er die Mutter. Drei Herumtreiber, der »Pendelfrederech«, ein Exhibitionist, ein »Schamverletzer«, wie man dortzulande sagt, wo sie häufiger sind als anderswo, »Lange Anna«, ein Transvestit in Frauenkleidern, zwei Ausgeburten und Gegenfiguren einer puritanisch-sektiererischen Welt im Grenzgebiet zwischen Protestanten und Katholiken, Westfalen und Rheinländern, Reichen und Armen, und der »gläserne Amadeus«, der von einem Sprung in seinem gläsernen Herzen fabuliert, diese drei bilden eine Art Narrenchor: Totenvögel und Nachtgespenster, und auch ihr Lied ist »Alles ist hin«. – Man weiß nicht viel von diesem Stück, wenn man die Handlungsfäden kennt, sie sind nicht mehr als Elemente in einem Gewebe, das aus naturalistischen Szenen im Elberfelder Dialekt aufschwebt in eine traumhafte Schwermutspoesie. Else Lasker-Schüler zeigt die sozialen Spannungen, doch erregt sie sich nicht darüber – sie ist an ihnen nur als Farbe in ihrem lyrischen Bild des Wuppertales interessiert, das auf der Bühne aus ihren Erinnerungen zusammenzuwachsen scheint.

Arthur Aronymus und seine Väter. ›Schauspiel in fünfzehn Bildern‹. 1932. Uraufführung 19. Dezember 1936, Schauspielhaus Zürich. Deutsche Erstaufführung 29. September 1968, Schauspielhaus Wuppertal, durch Hans Bauer. – Arthur Aronymus, der Vater von Else Lasker-Schüler, ist in diesem Bilderbogen acht Jahre alt und eines der dreiundzwanzig Kinder des Gutsbesitzers Moritz Schüler und seiner Frau Henriette. Er ist der Lieblingsenkel seines Großvaters Uriel, des Landesrabbiners von Rheinland und Westfalen, der, als er seinen Enkel Arthur vom (sichtbar durchs Zimmer gehenden) Todesengel bedroht sieht, darum betet, daß Gott ihn für Arthur sterben läßt, und dieser Wunsch wird ihm erfüllt. Antisemitismus und Hexenwahn leben wie-

*›Der Bettler‹, das erste
deutsche expressionistische
Drama, geschrieben 1911 von
Reinhard Johannes Sorge,
wurde durch Max Reinhardt
am 23. Dezember 1917
in Berlin uraufgeführt mit
Paul Wegener (1874–1948)
als Vater. Lithographie
von Bruno Paul*

der auf; sie richten sich gegen die Schüler-Tochter Dora, die unter pubertärem
Veitstanz leidet. Die jüdische Gemeinde fürchtet um das Leben ihrer Tochter,
und auch der Kaplan, der den kleinen Arthur liebt und von der Schüler-
Tochter Fanny kindlich und hoffnungslos geliebt wird, ist beunruhigt; er er-
schrickt über sich selbst, als er Arthur beim christlichen Weihnachtsfest be-
schenkt und im Zorn »dreister Judenjunge« nennt, als Arthur unartig ist.
Die Kinder singen das »Hexenliedchen«, das sich steigernde Leitmotiv des
Stückes, während Vater Schüler vorliest, wie er vor dreißig Jahren seine
Eltern und andere achtbare Judenfamilien in Paderborn aus dem Glockenturm
befreite, wo sie von aufgestachelten Christen eingesperrt worden waren. Den
Vorschlag des Kaplans, Arthur katholisch taufen zu lassen, lehnt Vater
Schüler stolz ab: Seine Väter und Vorväter »pflegten auf *direktem* Wege zu
Gott zu gelangen, und ich sollte *Seinem Sohn* – meinen noch unmündigen
Sohn auf *Umwegen* zuführen lassen?« Auf Bitten des Kaplans schreibt der
Bischof eine mahnende Botschaft an die Bevölkerung, die sich auf dem Markt
zusammenrottet. Der Bischof kommt in Schülers Haus und feiert mit der
großen Familie den Sederabend des Passahfestes – die Kinder aber spielen
dabei in aller Unschuld Hexenverbrennung, wobei Arthur die Rolle seiner
Schwester Dora auf dem Scheiterhaufen übernimmt. Vor dem Haus versammeln sich die Katholiken, und der Bischof spricht »als Mittler« zu Juden
und Katholiken, die einen Choral anstimmen. – Antisemitismus und Hexen-

*›Der Sohn‹ geschrieben 1914
von Walter Hasenclever, wurde
am 30. September 1916 von den
Kammerspielen des Deutschen
Landestheaters in Prag auf die
Bühne gebracht; es war die erste
Aufführung eines expressioni-
stischen Dramas. Holzschnitt von
Conrad Felixmüller*

wahn ziehen wie eine mittelalterliche Drohung rasch vorüber, vertrieben von besonnenen, toleranten Katholiken. So rührend, ja tränenselig diese harmonisierte, lyrische Erinnerungswelt ist, so entschieden doch auch in Glaubensfragen und so unsentimental: Else Lasker-Schüler verspricht sich Versöhnung und Friede zwischen Christen und Juden durch religiöse Erweckung — sie selbst betrachtet sich als »Judenjüngerin des Gottessohnes«.

WALTER HASENCLEVER. Geboren am 8. Juli 1890 in Aachen. Studium: Literatur, Philosophie und Geschichte in Oxford und Lausanne. 1909 in Leipzig, befreundet mit Kurt Pinthus, Franz Werfel »in einem literarisch aktiven Kreis«, wie sich Pinthus in der Neuausgabe (1959) seiner Anthologie ›Menschheitsdämmerung‹ (Erstausgabe 1920) ausdrückte, »der sich um den Ernst Rowohlt Verlag, später Kurt Wolff Verlag in Leipzig sammelte und eine Gruppe der später ›Expressionismus‹ genannten Literatur darstellte«. Das erste deutsche expressionistische Drama schrieb 1911 der neunzehnjährige Reinhard Johannes *Sorge* (geboren am 29. Januar 1892 in Berlin; gefallen bei Ablaincourt am 20. Juli 1916): *Der Bettler* (Untertitel ›Dramatische Sendung‹), in dem der Dichter, ein christlicher Mystiker, eine neue Bühne fordert, eine Stätte der Meditation und der Verkündung des Glaubens; uraufgeführt wurde es erst nach Sorges Tod, am 23. Dezember 1917, durch Max Reinhardt im Berliner Deutschen Theater.

Als erstes expressionistisches Stück auf die Bühne kam Walter Hansenclevers 1914 vollendetes Drama *Der Sohn* (Uraufführung 30. September 1916, Kammerspiele des deutschen Landestheaters in Prag). Zur ersten Aufführung in Deutschland (in geschlossener Gesellschaft) im Albert-Theater in Dresden, am 8. Oktober 1916, kam Hasenclever, der 1915 eingezogen worden war und die Ostfront erlebt hatte, als entschiedener Kriegsgegner. Im ›Sohn‹ führen der erzkonservative Vater und der aufbegehrende Sohn mit ihren sozialen und geistigen Ansprüchen einen ekstatisch pathetischen Kampf gegeneinander; Sohn: »Ich bin der Erbe, Papa! Dein Geld ist mein Geld, es ist nicht mehr dein... Ich will in die Ungeheuerlichkeit der Erde eintreten... Im größten, ja im erhabensten Blitzesschein will ich über die Grenzen schauen, denn erst, wenn ich die Wirklichkeit ganz erschöpft habe, werden mir alle Wunder des Geistes begegnen« — banale private Konflikte werden unverzüglich ins Kosmische ausgeweitet; eine Manier, die kennzeichnend für viele expressionistische Dramen ist. *Antigone* (Uraufführung 15. Dezember 1917, Leipzig) versimpelt mit ungeheurem Aufwand an Leichen, Irren und Hungernden, mit einem diktatorischen Kreon und einer den Frieden predigenden Antigone die Tragödie des Sophokles (siehe auch Seite 44) zu einem auf den Weltkrieg bezogenen, pazifistischen und sozialen Kampfstück. Im Schaupiel *Die Menschen* (Uraufführung 15. Mai 1920, Kammerspiele des deutschen Landestheaters, Prag) werden Schicksale über die Bühne gejagt und wird die Sprache aufgelöst in einzelne Wörter und Schreie. Nach einer durch die Lektüre und Nachdichtung von Emanuel Swedenborg bestimmten mystisch-okkulten Epoche ging Hasenclever im Oktober 1924 als Korrespondent des Berliner ›8-Uhr-Abendblattes‹ nach Paris; zu seinen Pariser Freunden gehörten Kurt Tucholsky und Jean Giraudoux. Schon 1918 hatte Hasenclever geschrieben: »Es ist Zeit, einen Schwindel aufzuklären, auf den die Geister hereingefallen sind. Expressionismus gibt es nicht!« Mag dies nur ein Zornausbruch gewesen sein, in Paris zog er die Konsequenz aus diesen Sätzen, schrieb in einem Feuilleton von ›metaphysischem Quatsch‹ und in dem Artikel ›Mein Weg zur Komödie‹: »Ich erkannte die Gefahr des zeitgenössischen Dramas, durch theoretische Experimente und literarische Verbohrtheit sich dem Leben zu entfremden. Ich ging nach Paris... Die heitere Grazie des französischen Lustspiels ergriff mich. Ich beschloß, von vorne anzufangen.« Er schrieb Konversationsstücke mit Kabarett-Effekten.

Ein besserer Herr. Lustspiel (Uraufführung 12. Januar 1927, Schauspielhaus Frankfurt am Main). Möbius, ein erfolgreicher Heiratsschwindler, »jung, schön und stets bei Kräften«, verliebt sich in Lia, die Tochter des Industriemagnaten Compass. Dieser Börsianer und der Witwentröster Möbius haben ihre Tätigkeiten ähnlich praktisch und umfassend organisiert und die Liebe bis dahin stets als Geschäft betrachtet. Als sich die verlassenen Bräute des Heiratsschwindlers als durchaus zufrieden mit ihrem genossenen kleinen Glück erweisen und keinerlei Forderungen stellen, kann Möbius zum Schwiegersohn und Teilhaber des Herrn Compass werden. Eine flinke, leichtgewichtige Satire auf die Bourgeoisie der zwanziger Jahre, auf die Inflation der Geld- und Gefühlsentwertung; sie ist zu einem ironischen Rückblick auf die Tango-Jahre geworden und hat dadurch an Reiz noch gewonnen.

Ehen werden im Himmel geschlossen. Komödie (Uraufführung 12. Oktober 1928, Kammerspiele des Deutschen Theaters, Berlin). Der liebe Gott, Sankt Peter und die heilige Magdalena in moderner Kleidung und einem eleganten Himmels-Salon und drei am Leben gescheiterte Selbstmörder. Magdalena, die ihnen auf der Erde durch eine im Himmel geschlossene Ehe eine neue Chance geben möchte, erreicht, daß sie wichtige Stationen ihres Erdenlebens vorspielen dürfen, doch der liebe Gott bekennt: »Ich kann den Menschen nicht helfen« – helfen könnte nur die ›Betriebsleitung‹, und auf die Frage, wer die Betriebsleitung sei, hat der liebe Gott nur ein Achselzucken. Hinter der scheinbar frivolen Blasphemie wird Hasenclevers Melancholie spürbar: fruchtlos bleiben die menschlichen Anstrengungen; undurchschaubar ist die göttliche Lenkung.

Napoleon greift ein. ›Ein Abenteuer in sieben Bildern‹ (Uraufführung 8. Februar 1930, Neues Theater, Frankfurt am Main). Napoleon im Wachsfiguren-Kabinett neben dem Massenmörder Landru, der zu des Kaisers Ärger von den jungen Damen mehr beachtet wird. Napoleon verläßt das Kabinett und tritt in die Gegenwart. Er erfährt, daß sein Ziel der Vereinigten Staaten von Europa durch einen Dollarmilliardär mit Geld leicht zu erreichen ist; erfährt, als er in einem Filmatelier sich selber spielt, daß Josephine ihn betrogen hat, wird darüber fast zum Mörder und kehrt resigniert ins Kabinett zurück: »Ein Held gehört ins Museum. Ich werde von jetzt an schweigen.« Doch warnt er den wächsernen Mussolini vor seiner bevorstehenden Karriere: »Die Hose eines Diktators ist voll von Gefahren.« Ein Bühnenspäßchen mit satirischen Seitenhieben auf Helden- und Dollar-Kult und die Unfähigkeit europäischer Diplomaten.

Hasenclever hatte schon früh Filme verfaßt und sich auch als Filmschauspieler versucht; 1930 schrieb er in Hollywood für Greta Garbo die deutsche Version des Films ›Anna Christie‹ nach O'Neills Drama. 1933 wurden seine Bücher verbrannt; Frankreich war sein Exil. In Nizza schrieb er 1934.

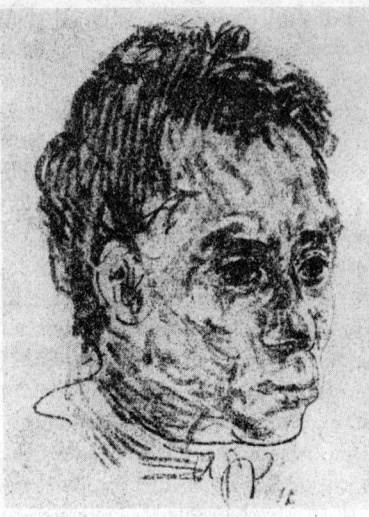

Walter Hasenclever (1880–1940).
Druck nach einer Zeichnung von
Oskar Kokoschka

Münchhausen. Schauspiel (Uraufführung 8. Februar 1948, Leipzig). Mit siebzig Jahren heiratet Münchhausen die junge Bernhardine und lebt mit ihr, die sein Geld verschwendet, in einer selbstgeschaffenen Illusion des Glücks, die er sich auch dann erhält, als sie ihn mit einem englischen Prinzen verläßt. Ihre Anwesenheit ist für sein Glück nicht mehr notwendig: sie kehrt zurück, bittet um seine Liebe, doch er weist sie mit Dankesworten auch für den Schmerz, den er durch sie erlitten, sanft, aber bestimmt hinaus, und als er stirbt, diktiert er seinem Diener: »Sie war das süßeste und bezauberndste Geschöpf, das er je kennengelernt hat. Mit ihr führte er die glücklichste Ehe seines Lebens« — von allen Lügengeschichten, die Münchhausen im Stück erzählt, ist diese Liebesgeschichte die intensivste: er erlebt sie als Wahrheit.

Konflikt in Assyrien (Uraufführung unter dem Titel ›Scandal in Assyria‹ und dem Pseudonym Axel Kjellström: 30. April 1939, International Theatre Club, London, durch John Gielgud. Deutsche Erstaufführung 15. September 1957, Deutsches Theater Göttingen, durch Heinz Hilpert). Der Ministerpräsident von Assyrien, der vom »Mythos unseres Volkes, des Blutes und der Ehre« faselt, von der »Unsterblichkeit der Nation« und einem »weltbeherrschenden Groß-Assyrien«, will 60 000 Juden töten. Sie werden gerettet durch Esther, die in Sack und Asche beim jungen und humanen König Ahasverus erscheint; der Präsident wird verbannt. Als Hasenclever 1939 diese Satire auf Hitler-Deutschland schrieb, konnte er noch nicht ahnen, zu welchen Massenmorden der nationalsozialistische Antisemitismus führen würde. Komische Effekte, die 1939 noch denkbar waren — ›Sack und Asche‹ wird Esther von einem jüdelnden Schneider als apartes Kostüm angemessen —, sind nach den Vernichtungslagern unerträglich geworden.

Im Mai 1940 wurde Hasenclever wie alle Deutschen in Südfrankreich im Lager Les Milles interniert; er fürchtete die Auslieferung an die deutsche Geheime Staatspolizei und nahm sich das Leben mit Veronal; er starb am

21. Juni 1940 im Hospital von Aix-en-Provence, während die Insassen des
Lagers dem Zugriff der anrückenden Deutschen entzogen wurden. Sein Grab
ist auf dem Friedhof von Aix-en-Provence.

ERNST TOLLER. Geboren am 1. Dezember 1893 in Samotschin (Posen, Regierungsbezirk Bromberg):»Eine jüdische Mutter hat mich geboren. Deutschland hat mich genährt, Europa mich gebildet, meine Heimat ist die Erde, die
Welt ist mein Vaterland.« Studierte Jura und Philosophie, bei Kriegsbeginn
in Grenoble; er konnte noch die deutsche Grenze erreichen und meldete sich
freiwillig zur Infanterie. In seinem Lebensbericht, seinem literarisch besten
Werk, ›Eine Jugend in Deutschland‹ (1933), schildert er das Entsetzen der
Grabenkämpfe mit dem Refrain:»Ein — toter — Mensch«:»Nicht: ein toter
Franzose. Nicht: ein toter Deutscher. Ein toter Mensch.« Nach dreizehn
Monaten Front meldete er sich zum Fliegerkorps:»Ich will aus der Masse
ausbrechen, aus dem Massenleben, aus dem Massensterben«; Magen und
Herz versagten, er wurde 1917 als kriegsuntauglich entlassen. Zum entschiedenen Pazifisten geworden, gründete er 1917 mit Heidelberger Studenten
für Völkerfrieden und zur Abschaffung der Armut einen Kampfbund, der
von der Obersten Heeresleitung verboten wurde. Wurde Sozialist, Streik-
führer in München; Verhaftung, Militärgefängnis, Untersuchung im Irrenhaus. 1919 erster Vorsitzender des Zentralrats der bayerischen Arbeiter-,
Bauern- und Soldatenräte; trat gegen jeglichen Terror auf und verhinderte
die Vollstreckung von Todesurteilen. Nach dem Zusammenbruch der Bayerischen Räte-Republik zu fünf Jahren ›Festungshaft‹ verurteilt am 16. Juli
1919 von einem Sondergericht:»Ich hätte das Verbrechen des Hochverrats
begangen, aber aus ehrenhaften Motiven.«

Die Wandlung. ›Das Ringen eines Menschen‹ (Uraufführung 20. Oktober
1919, Tribüne, Berlin, durch Karlheinz Martin, mit Fritz Kortner in der
Hauptrolle). Sein erstes Drama, vollendet im Militärgefängnis im März 1918.
Der Jude Friedrich wandelt sich vom Kriegsfreiwilligen zum Verkünder einer
Wiedergeburt des Menschen. Aus autobiographischem Anlaß ein Stationen-
Drama mit symbolischen und visionären Szenen, ein ekstatischer Appell:
»Geht hin zu den Soldaten, sie sollen ihre Schwerter zu Pflugscharen schmie-
den. Geht hin zu den Reichen und zeigt ihnen ihr Herz, das ein Schutthaufen
ward, doch seid gütig zu ihnen, denn auch sie sind Arme, Verirrte.« Das
pathetische Fanal einer inneren Revolution, die an die Wandlung aller
Menschen glaubt. Sie finden im Schluß-Chor zusammen:»Brüder, recket zer-
marterte Hand, Flammender freudiger Ton! Schreite durch unser freies Land
Revolution! Revolution!«

Ernst Toller,
gezeichnet von B. F. Dolbin.
Aus ›Die Literarische Welt‹, 1930

Masse — Mensch. ›Ein Stück aus der sozialen Revolution des 20. Jahrhunderts‹. (Uraufführung 15. November 1920, Stadttheater Nürnberg. Durch Jürgen Fehlings Inszenierung in der Berliner Volksbühne, 2. Oktober 1921, von außerordentlicher Wirkung.) Vollendet im Festungsgefängnis Niederschönfeld im Oktober 1919. Konflikt zwischen Masse und Einzelmensch. Toller in seinem Lebenbericht: »Als Individuum handelt er [der Mensch] nach der als Recht erkannten moralischen Idee. Ihr will er dienen, und wenn die Welt dabei zugrunde geht. Als Masse wird er getrieben von sozialen Impulsen, das Ziel will er erreichen, auch wenn er die moralische Idee aufgeben muß. Unlösbar scheint mir dieser Widerspruch, weil ich ihn handelnd erlebt hatte...« Sonja Irene L., die Hauptperson des Dramas, entscheidet in diesem Konflikt: »Kein Mensch darf Menschen töten um einer Sache willen« und geht lieber in den Tod, als daß sie bei ihrer Flucht ein Menschenleben gefährdet. Toller dankt Fehling, daß er auch den ›realen‹ Bildern ein ›visionäres Antlitz‹ gegeben habe: »Was kann in einem Drama wie ›Masse — Mensch‹ real sein? Nur der seelische Atem.« Als die ›Deutsche Akademie der Künste‹ in Ost-Berlin 1961 eine Auswahl aus Tollers Werken herausbrachte, fehlte dieses Revolutionsstück, und das Nachwort rügte Tollers »Zweifel an der Berechtigung zu entschlossenem, parteilichem, revolutionärem Handeln«.

Maschinenstürmer. ›Ein Drama aus der Zeit der Ludditenbewegung in England‹ (Geschrieben im Gefängnis 1920/21. Uraufführung 30. Juni 1922, Großes Schauspielhaus Berlin, durch Karlheinz Martin). Aufstand gegen die mechanischen Webstühle, Kampf gegen Kinderarbeit zur Zeit des englischen Frühkapitalismus. Der Agitator Jimmy Cobbett, das Sprachrohr Tollers, ein Prediger der Menschenliebe, wird von seinen Genossen, den Maschinenstürmern, erschlagen. Dennoch ist das letzte Wort, gesprochen vom alten Reaper: »... man muß einander helfen und gut sein.«

Hinkemann. ›Tragödie‹ (Geschrieben im Gefängnis 1921/22. Uraufführung [mit Theaterskandal]: 19. September 1923, Altes Theater Leipzig). Hinkemann, ein Brocken von einem Kerl (in Berlin von Heinrich George gespielt), ist durch eine Kriegsverwundung entmannt worden. Aus Liebe zu einer Frau, von der er sich trotz seiner Verstümmelung geliebt glaubt, und getrieben von der Not der Arbeitslosigkeit, tritt der Entmannte in einer Schaubude auf als ›fleischgewordene deutsche Kraft‹ und beißt — ein zarter Tierfreund von Hause aus — lebenden Ratten und Mäusen die Kehle durch, weil der Schaubudenbesitzer meint:»Volk will Blut sehen!!!« Die Qual des Ausgelacht-Werdens wird zum

›Hinkemann‹ von Ernst Toller.
Illustration von Carl Rabus

Hauptmotiv Hinkemanns, die Schändung des Menschens durch den Menschen:»Diese Zeit hat keine Seele. Ich habe kein Geschlecht. Ist da ein Unterschied?« — Als Symbol so verkrampft wie die expressionistische Sprache. Tollers Vorbild ist hier Georg Büchners ›Woyzeck‹, doch schafft Büchners Sprache eine poetische Welt, die so fest in sich selbst begründet ist, daß historische Fragen unwesentlich werden: Woyzeck ist das zeitlose Bild der geschundenen Kreatur, des armen Kerls, während Hinkemann ein Arbeitsloser der zwanziger Jahre bleibt, der, je mehr er sich ins Symbol reckt, um so mehr als Spezialfall erscheint. Am stärksten die Szenen, in denen Hinkemann die eingeborene Mordlust des Menschen, unabhängig von Ideologien und Heilslehren, als Ursache allen Übels, einschließlich Armut und Krieg, erkennt.

Der entfesselte Wotan. ›Komödie‹ (Geschrieben in Gefängnis 1923. Uraufführung 29. Januar 1925, Kleine Bühne Prag). Eine satirische und visionäre Groteske. Der arbeitslose Frisör Wilhelm Dietrich Wotan gründet eine Schwindelgesellschaft, wird zum Führer einer nationalistischen Massenbewegung gegen die Weimarer Republik, gegen das ›verkommene Vaterland‹, scheitert, als sein Bluff durchschaut wird, und schreibt in ›Schutzhaft‹ seine

Memoiren: »Der Dolchstoß kurz vorm Ziel.« Diese Attacke gegen völkische Demagogie, Antisemitismus, größenwahnsinnige Spießbürger, zivilisationsfeindliche Masseninstinkte, gegen Hitler, der 1923 zur Feldherrnhalle marschiert war, warnt mit präziser Prophetie: »Einmal habt ihr zu spät gelacht, lacht diesmal nicht zu früh!«

Der bayerische Justizminister wollte den durch die Berliner Serien-Aufführung der ›Wandlung‹ berühmt gewordenen Toller schon nach einem halben Jahr durch einen Gnadenakt entlassen, doch Toller verlangte Recht für sich und seine Mithäftlinge, nicht Gnade aus literarischen Gründen, und saß die fünf Jahre ab — anders als Hitler, der, wie Toller zu fünf Jahren Festung verurteilt, nach einem Jahr in Landsberg die Begnadigung annahm. Sie wurden im gleichen Jahr entlassen.

Hoppla, wir leben! ›Ein Vorspiel und fünf Akte‹ (Uraufführung 1. September 1927, Kammerspiele Hamburg), von Erwin Piscator 1927 auf einer Etagenbühne mit allen technischen, filmischen und akustischen Tricks seines Agitationstheaters inszeniert, wurde noch 1951 von Giorgio Strehler im Mailänder Piccolo Teatro als italienische Erstaufführung herausgebracht. Im Vorspiel werden zum Tod verurteilte Revolutionäre begnadigt. Im Verlauf des Stückes passen sie sich der Gesellschaft an. Ein Genosse wird, sobald er Minister ist, zum Reaktionär und dennoch als ›Bolschewik‹ von einem Rechtsextremen erschossen. Unter Mordverdacht gerät Karl Thomas, das Sprachrohr Tollers, und bevor noch der wahre Täter gefunden wird, erhängt er sich (wie zwölf Jahre später Ernst Toller): »Es gibt nur eins: sich aufhängen oder die Welt verändern.« Geschrieben nach dem szenischen Vorbild von Büchners ›Dantons Tod‹, doch in der flächigen Sprache politischer Parolen.

Nach einem mit Hermann Kesten geschriebenen Stück über die Religionsstifterin Mary Baker Eddy *Wunder in Amerika* (1930), nach einem aus Gerichtsprotokollen gefertigten Drama des Kieler Matrosenaufstandes *Feuer aus den Kesseln* (1930), dem Justizstück *Die blinde Göttin* (Uraufführung 30. August 1932, Raimund-Theater, Wien) emigrierte Toller 1933 über die Schweiz, Frankreich und Spanien in die Vereinigten Staaten. In Paris hatte er 1938 sein Stück *Pastor Hall* (Uraufführung 24. Januar 1947, Deutsches Theater, Berlin) noch optimistisch enden lassen: »Die Freiheit stirbt nicht, und die Wahrheit ist ewig.«

Toller organisierte eine Hilfsaktion für die durch den spanischen Bürgerkrieg in Not geratenen Kinder. Er war populär bei den Arbeitern vieler Länder und eine gesellschaftliche Attraktion internationaler literarischer Salons. Vom Bewußtsein politischer Ohnmacht und von grauenvoller Schlaflosigkeit gepeinigt, erhängte er sich am 22. Mai 1939 in einem New Yorker

Hotelzimmer. Klaus Mann schrieb darüber:»Kein Schlaf, kein Schlaf . . . Die Tat vergeblich, das große Umsonst, immer wieder – und niemals Schlaf . . . Endlich erzwingt man ihn.« Toller war der Prototyp des Revolutionsdramatikers nach dem ersten Weltkrieg. Er hatte 1919 als expressionistischer Dramatiker begonnen und sechs Jahre später in seinem ›Entfesselten Wotan‹ expressionistische Verstiegenheiten verspottet. Der nach dem zweiten Weltkrieg weitverbreiteten skeptischen Nüchternheit erscheint Toller als ein rührender Idealist, voller Illusionen und sentimentaler Seelenschreie, nicht frei von Selbstmitleid. Noch immer betroffen machen die Lauterkeit seiner seelischen Appelle, seine frühe Ernüchterung vor den Heilslehren, seine erschrockene Frage, wie sich die Revolution vor der Revolution retten könne, und die Tatsache, daß sich seine pessimistische Prophetie erfüllt hat. Es sind politische Qualitäten; im übrigen stecken seine Stücke sprachlich tief in der schwitzenden, schreienden und heiseren Exaltiertheit ihrer Entstehungszeit.

FRANZ WERFEL wurde anfangs der zwanziger Jahre im »Großen Bestiarium« von Franz Blei verspottet als einer der »heute sehr beliebten mondänen Schoßigel empfindsamer Seelen«; von seinen Stacheln sagt der ahnungsvolle Blei freilich:»Nur sind diese ganz zart und weich und manchmal auch, das Tier schmerzend, nach innen gekrümmt mit der Spitze« – in dieser Beschreibung wird Bosheit schon fast zum Mitleid mit einer tragischen Situation. Werfels lyrisches Talent war für einen Dramatiker zu weich. Seine religiöse Inbrunst – »Aber in jedem / Geborenen Menschen / ist mir die Heimkunft des Heilands verheißen« – und sein Weltfreund-Pathos – »Mein einziger Wunsch ist, Dir, o Mensch, verwandt zu sein« – glätten die Konflikte, die ein Dramatiker auszutragen hätte. So konnte sein bestes expressionistisches Stück »Der Spiegelmensch« nur entstehen aus der Selbstqual der nach innen gerichteten Stacheln.

Der Spiegelmensch. ›Magische Trilogie‹: Spiegel, Eins ums andere, Fenster. (Uraufführung 15. Oktober 1921, Altes Theater, Leipzig). Ein Stationendrama wie Strindbergs ›Nach Damaskus‹; mit Grotesken wie in Ibsens ›Peer Gynt‹ (Satiren auf Karl Kraus und Sigmund Freud); sprachlich und als Erlösungsdrama Goethes ›Faust‹ verpflichtet; am lebendigsten dort, wo es die Wiener Raimund-Tradition aufnimmt, das Possen-, Zauber- und Operntheater. – Als Thamal, die Zentralfigur, im Selbsthaß sein Spiegelbild erschießen will, springt aus dem Spiegel sein Spiegelmensch hervor, ein mephistophelischer Verführer:»das leidensunfähige Schein-Ich«. Macht, Ruhm und Sexualität werden als Spiegelwerte, als Scheinwerte enthüllt, bis Thamal

seine Schuld erkennt und sich selbst zum Tode verurteilt, worauf der Spiegel-
mensch im Spiegel verschwindet und ein Abt nach »selbstlosen Zielen« und
»Liebe« Thamal die letzte Vollendung verspricht —»im süßen Erlöschen und
Ausdirverschwinden«.

Von Prag, wo Werfel am 10. September 1890 geboren wurde, ging er 1912
nach Leipzig, zu dem Verleger Kurt Wolff, der Expressionisten um sich sammelte. Wolff veröffentlichte 1915, mitten im Krieg, Werfels pazifistische,
doch allzu lyrische *Troerinnen des Euripides* (uraufgeführt am 22. April 1916
im Berliner Lessingtheater. Siehe Seite 65). Mit dreißig Jahren, 1920,
schrieb Werfel den ›Spiegelmenschen‹, und als er vier Jahre später seinen
›Verdi‹ herausbrachte, einen ›Roman der Oper‹, war er mit dem Expressionismus fertig. 1938 floh er, als Jude zur Emigration gezwungen, nach Paris und
über Lourdes und Spanien 1940 nach New York. Er starb in Beverly Hills
am 26. August 1945.

Juarez und Maximilian. ›Dramatische Historie in drei Phasen und zwölf Bildern‹. (Uraufführung 20. April 1925, Stadttheater Magdeburg. In Wien, im
Theater in der Josefstadt inszeniert von Max Reinhardt, am 26. Mai 1925). —
Der redliche Maximilian von Habsburg glaubt, er könne als Kaiser von
Mexiko (in den Jahren 1865 bis 1867) die Bevölkerung glücklich machen,
doch läßt er sich gegen sein Gewissen von der Machtpolitik des napoleonischen Kaiserreichs mißbrauchen; er unterzeichnet ein Dekret, das Tausen-
den von Mexikanern den Tod bringt. So unterliegt er gegen den indianischen
Bürgerpräsidenten Juarez, der sein Volk und das Recht auf Selbstbestim-
mung hinter sich hat. Maximilian, der sich seiner Erschießung entziehen
könnte, geht bewußt in den Tod. — Das politische Ideendrama versucht, mit
Hilfe eines psychologischen Realismus dem Träumer Maximilian wie dem
energischen Politiker Juarez gerecht zu werden, wobei Juarez nicht auftritt
und allein durch die wachsende Kraft seiner Anhänger auch bühnenmächtig
wird. Die Vitalität der Hauptfiguren bleibt hinter der Redseligkeit ihrer Ideen
zurück, die schließlich von einem allgemeinen Geschichtsfatalismus aufgesogen werden. Der Kritiker Herbert Jhering rühmte 1925 das »romanhafte
Milieustück« gleichwohl als »das echteste, das wärmste, das menschlichste,
das beste« der Dramen Werfels, und Alfred Kerr spendierte ihm den Kalauer
»Alea jacta habet« — der Werfel hat gefallen.

Jacobowsky und der Oberst. ›Komödie einer Tragödie in drei Akten‹. (1942.
Uraufführung 1943, Theatre Guild, New York. Deutschsprachige Erstaufführung 17. Oktober 1944, Stadttheater Basel. Deutsche Erstaufführung im

Franz Werfel und Max Reinhardt im Theater in der Josefstadt, Wien,
bei der Generalprobe zu Werfels ›Juarez und Maximilian‹, 1925,
karikiert von Leo Haas

Juni 1947, Hebbel-Theater, Berlin). — Im Juni 1940 fliehen zwei extrem
verschiedene Männer vor den deutschen Truppen von Paris an die Atlantik-
küste: der polnische Oberst Stjerbinsky, der mit dem Säbel gegen die deutschen Panzer geritten ist, ein Kavallerist und Kavalier, ein antisemitisch
anfälliger Bilderbuchheld, der doch verloren wäre, sorgte nicht S. L. Jacobowsky, ein von den Deutschen gejagter Jude, mit Witz und Erfindungskraft
für eine alte Limousine, für Marianne, die französische Freundin des Obersten, und schließlich für eine Passage nach England: voller Todesangst
meistert er mit Charme jede Todesgefahr. — So ungeniert Werfel Klischees
und Situationen der Typenkomödie aneinanderreiht, durch Komik und Sentimentalität schlagen immer wieder realistische Schrecken: er hat diese ›Komödie einer Tragödie‹ geschrieben nach Erzählungen eines Stephan S. Jako-
bowicz, der auf der Flucht in Lourdes sein Zimmernachbar gewesen ist. —
1958 in Hollywood verfilmt, ›Me and the Colonel‹, von Regisseur Peter
Glenville mit Danny Kaye und Curd Jürgens.

Yvan Goll porträtierte sich für ›Menschheitsdämmerung‹, die von Kurt Pinthus herausgegebene, expressionistische Anthologie, im Jahr 1920, damals 29 Jahre alt: »Iwan Goll hat keine Heimat: durch Schicksal Jude, durch Zufall in Frankreich geboren, durch ein Stempelpapier als Deutscher bezeichnet. Iwan Goll hat kein Alter: seine Kindheit wurde von entbluteten Greisen aufgesogen. Den Jüngling meuchelte der Kriegsgott. Aber um ein Mensch zu werden, wie vieler Leben bedarf es.« Durch Geburt waren ihm zwei Leben bestimmt: als Deutscher und als Franzose. Er kam am 29. Mai 1891 in Saint-Dié zur Welt, der Vater war Elsässer, die Mutter Lothringerin; im Elternhaus sprach er französisch, im Gymnasium in Metz und auf der Universität Straßburg deutsch. Das meiste schrieb er französisch, manches auch englisch; ins Deutsche wurden seine Arbeiten von ihm oder von seiner Frau Claire übersetzt. Claire und Yvan gehörten so eng zusammen, daß Marc Chagall sie gezeichnet hat, als seien sie eine Person mit zwei Köpfen. Als Dichter bestimmte er sich selbst mehrere Leben: als Expressionist hatte er begonnen (und 1912 in Berlin bei der Geburt des Expressionismus mitgeholfen) und als Surrealist (1919 half er in Paris bei der Geburt des Surrealismus) fing er noch einmal neu an. 1939 emigrierte er in die Vereinigten Staaten, wo er fördernd in die amerikanische Lyrik eingriff und seine Leukämie entdeckte, kehrte nach dem Ende des zweiten Weltkriegs nach Frankreich zurück und starb am 27. Februar 1950 in Paris. Als Dramatiker ging Goll aus der Nachbarschaft von Wedekind, Sternheim, Kaiser, Jarry und Apollinaire hervor und nahm manches von der Avantgarde der fünfziger Jahre in den zwanziger Jahren vorweg: er war noch Expressionist und noch Surrealist und schon grotesk und absurd.

Die Unsterblichen. ›Zwei Überdramen‹: *Der Unsterbliche* (Uraufführung 22. März 1966, Stuttgart, Theater in der Altstadt) und *Der Ungestorbene,* 1918. (Deutsche Erstaufführung 22. März 1966, Stuttgart, Theater in der Altstadt). — Der »Unsterbliche« ist ein Musiker, der gefeiert und ausgebeutet wird, der »Ungestorbene« drischt Weltverbesserungsphrasen, spricht aber ebenso gern und schlecht über das Leben der Wanzen in Hotels. Eine logische Handlung gibt es nicht, Goll praktiziert »Alogik« — die Schauspieler tragen Masken, eine Braut schwebt durchs Fenster, »die Wahrheit«, schreibt Goll 1918 im Vorwort, »ist nicht in der Vernunft enthalten, der Dichter findet sie, nicht der Philosoph. Das Leben, nicht das Erdachte« und: »Die Kunst soll den Menschen wieder zum Kind machen. Das einfachste Mittel ist die Groteske, aber ohne daß sie zum Lachen reize. Die Monotonie und die Dummheit der Menschen sind so enorm, daß man ihnen nur mit Enormitäten beikommen kann. Das neue Drama sei enorm.«

Methusalem oder Der ewige Bürger. ›Ein satirisches Drama‹. 1919/20. Uraufführung 1922 in Königsberg. In Berlin am 13. Oktober 1924, Dramatisches Theater. — Methusalem, der Profitbürger, ein Koloß auf filzernen
Pantoffelfüßen, träumt, und seine Träume, die in Lichtbildern vorgeführt
werden, enden in Werbung für die Schuhe, die er fabriziert. Mit seiner Frau
tauscht er nur Alltagsklischees aus, und für sein Amüsement hat er einen
Menschenautomaten, der ihm jüdische Witze erzählt. Seine Tochter Ida bekommt ein Kind von einem revolutionären Studenten, der in dreifacher Gestalt auftritt, als revolutionäres Ich, als Du und als Er. Er erschießt Methusalem und wird von Idas Bruder erschossen, worauf ihn seine Seele in Gestalt
eines weißen Herrenhemdes verläßt und er nun reif ist, ein Bürger zu werden
und Ida zu heiraten — so rasch ihre lyrischen Aufschwünge sich verflüchtigt
haben, so rasch ist er ein Spießer geworden wie Methusalem, der sich ebenfalls von seiner Erschießung längst erholt hat. — Das war als antibürgerlicher
Schocker gemeint und bei der Wiederaufführung 1961 in Frankfurt am Main
so treffsicher wie vierzig Jahre vorher. Reklameslogans und Alltagsgewäsch
werden ebenso persifliert wie der frühe Expressionismus (in der Sprache des
Studenten) und Golls eigener lyrischer Ton (in der Sprache Idas). Die Satire
ist pessimistisch: der Bürger ist nicht totzukriegen, er infiziert noch den Revolutionär, und sein Sohn, der im wesentlichen aus Antenne und Telephon
besteht, läßt auch die Zukunft der roboterhaften Technokraten nicht wünschenswert erscheinen. Im Vorwort hat Goll 1921 dekretiert: »Der moderne
Satiriker muß also nach neuen Reizmitteln suchen. Er fand sie im Über-
realismus und in der Alogik . . . Alogik ist heute der geistigste Humor, also
die beste Waffe gegen die Phrasen, die das ganze Leben beherrschen. Der
Mensch redet in seinem Alltag fast nur, um die Zunge, nicht um den Geist in
Bewegung zu setzen.« Von dieser Alogik bis zu Ionescos »Kahler Sängerin«
sind es noch dreißig Jahre und ein kleiner Schritt.

Melusine. ›Ein Stück‹. 1920. Neufassung 1930. Aus dem Nachlaß. Uraufführung 16. Februar 1956, Wiesbaden. — Die nixenhafte Melusine wird von
allen geliebt, doch als ein Naturwesen darf sie nicht lieben. Als der Graf im
Park ein Schloß bauen will, betört Melusine, um den Park zu retten, mit ihrer
sich verweigernden Liebe einen Geometer, der sich prompt zu Tode stürzt,
einen Maurer, der prompt zum Streik aufruft, und einen Architekten, der
sich prompt im See ertränkt. Ihre Rettungsaktion mißlingt dennoch: sie liebt
den Grafen, und die über diesen Verrat erzürnte »Pythia«, eine Art Natur-
geist, zündet den Park an — Melusine und der Graf sterben in den Flammen. — Erst zwanzig Jahre später hat Giraudoux seine verwandte »Undine«
geschrieben und mit ihr allerdings diese »Melusine«, die drei Akte lang auf

der Stelle trippelt, an Eleganz und Form übertroffen, auch an Anmut und Ironie der Sprache.

WOLFGANG BORCHERT starb am 20. November 1947 im Clara-Spital in Basel, ein Tag später kam sein Hörspiel ›Draußen vor der Tür‹ in Hamburg zum erstenmal auf eine Bühne. Es ist verwandt mit den pazifistischen Mitleids- und Schreidramen des ersten Weltkriegs und ohne Nachfolge geblieben: der allerletzte Nachhall des Expressionismus. Wenn es noch nach Jahrzehnten lebendig ist, so wohl vor allem deshalb, weil seine artifiziellen Lyrismen immer wieder durchstoßen werden von einer Realität, die der Autor genau gekannt hat. Am 20. Mai 1921 in Hamburg geboren, ist er nach seinem ersten Engagement als Schauspieler 1941 zu den Panzergrenadieren einge- zogen und nach Rußland an die Ostfront kommandiert worden. Als Gegner des nationalsozialistischen Regimes wurde er mehrfach verhaftet und zu Ge- fängnis verurteilt. »Draußen vor der Tür« ist die Ausgangsposition einer ganzen Generation, die sich 1945 am Nullpunkt befunden hat.

Draußen vor der Tür. ›Ein Stück, das kein Theater spielen und kein Publikum sehen will‹. (1946. Als Hörspiel am 13. Februar 1947 im Nordwestdeutschen Rundfunk, Hamburg. Uraufführung 21. November 1947, Kammerspiele Hamburg.) – Der 25 Jahre alte Unteroffizier Beckmann kommt 1947 aus russischer Gefangenschaft nach Hause. Er trägt eine Gasmaskenbrille, hat Hunger und ein steifes Bein. Seine Frau hat sich einen Freund genommen, sein kleiner Sohn liegt tot unterm Trümmerschutt. Er ist müde und lebens- müde. In einem Selbstmordtraum wirft ihn die als alte Frau personifizierte Elbe zurück an den Strand. Ein »Mädchen« nimmt ihn mit, doch ihr seit drei Jahren vermißter Mann kommt nach Hause – ein Durchhaltebefehl Beck- manns in Rußland ist schuld daran, daß der Mann nur noch ein Bein besitzt. Der Oberst, dem Beckmann »die Verantwortung zurückgeben« will, lacht ihn aus. Ein Kabarettdirektor ist zu feige, Beckmanns Ernst und Pazifismus dem Publikum anzubieten. Beckmanns Eltern – der Vater war ein denunzierender Antisemit – haben sich mit Gas vergiftet. Beckmann fällt abermals in einen Selbstmordtraum: er klagt Gott an, diesen ohnmächtigen alten Mann, an den niemand mehr glaubt; er ist schuldig geworden am Tod des Einbeinigen, der in die Elbe gegangen ist, weil er Beckmann bei seiner Frau gefunden hat; die Stimme des »Anderen«, des anderen Beckmann, der zum Leben verführen will, ist verstummt; nur noch Beckmann klagt mit antwortlosen Fragen: »Wo ist denn der alte Mann, der sich Gott nennt? Warum redet er denn nicht! Gebt Antwort! Warum schweigt ihr denn? Warum? Gibt keiner Antwort? Gibt denn keiner, keiner Antwort???«

Valle-Inclán: Tragödien im Zerrspiegel

> Spanien ist die groteske Deformierung der europäischen Zivilisation. Meine Ästhetik besteht darin, daß ich die klassischen Regeln mit der mathematischen Präzision des Zerrspiegels deformiere.
>
> Máximo Estrella in Valle-Incláns »Lichter der Boheme«

Ramón Maria del Valle-Inclán y Montenegro stammt aus der Nordwestecke Spaniens, aus der Provinz Galicien, wo die Nachfahren der keltischen Galläker wohnen, und mütterlicherseits kommt er aus der Familie jener Edelleute, der Montenegro, deren einer, Don Juan, die Hauptperson vieler seiner Werke ist, auch der drei Dramen, die er »Barbarische Komödien« genannt hat. Er wurde geboren am 28. Oktober 1869 in Villanueva de Arosa und studierte Kanonisches Recht in Santiago de Compostela, der mittelalterlichsten Reliquie im noch heute mittelalterlichen Spanien. Er war Laienbruder in einem Kartäuserkloster, Soldat in Mexiko, Bohemien in Madrid, wo ihm 1899 nach einem Caféhaus-Streit der linke Arm amputiert werden mußte. Diese Operation hat er angeblich, den Ziegenbart beiseite geschoben und ohne Narkose, durch seinen Zwicker beobachtet, schon stolz darauf, daß er einarmig sein wird wie Cervantes.

Seine ersten Erzählungen, um die Jahrhundertwende erschienen, gehören zur Décadence, zu d'Annunzio und zum Symbolismus; über seiner Beschäftigung mit dem Theater — ab 1907 — kam er zu einer Umkehr dieser Ästhetik. Er setzte — auch gegen das psychologische Konversationstheater seines vielgespielten Landsmanns Jacinto Benavente (1866–1954) — die psychologiefreie Groteske, die er »Esperpento« nannte: 1928 eine — im Prinzip — Vorwegnahme absurden Theaters. In seinem Stück ›Lichter der Boheme‹ läßt er darüber seinen Dichter Max philosophieren: »Der ›Esperpento‹ ist von Goya erfunden. Die klassischen Helden, reflektiert im Zerrspiegel, ergeben den ›Esperpento‹... Der tragische Sinn des spanischen Lebens kann nur mit einer systematisch deformierten Ästhetik erfaßt werden.« Er war zunächst Anhänger der antiliberalen, konservativen Karlisten, aber auch stolz, daß er unter der Diktatur Primo de Riveras vierzehn Tage ins Gefängnis kam, und er kämpfte später für die Republik, vielleicht sogar für die Revolution — welcher Partei immer er angehörte, er bildete in ihr eine unabhängige Einmann-Fraktion. Ein halbes Jahr vor Francos Revolte starb er, am 5. Januar 1936 in Santiago de Compostela.

Anton M. Rothbauer, der phänomenale Übersetzer seines besten Romans ›Tyrann Banderas‹ (1926) berichtet: »Valle-Inclán sagte, es gebe für den

Künstler nur drei grundlegende Perspektiven: das Knien, das Stehen und die Betrachtung aus sehr großer Höhe. Betrachte man die Welt kniend, so schaffe der Künstler Wesen, die sich über die menschliche Natur erheben: Götter, Halbgötter, Helden. So habe Homer die Welt gesehen. Stehend sehe man die Gestalten so, als seien sie wie wir selbst, eine Verdoppelung des eigenen Ichs, ausgestattet mit unseren Tugenden und Schwächen. Das sei die Schau Shakespeares. Von hoch oben her gesehen, seien die Gestalten dem Autor unterlegen, Marionetten. So sehe Quevedo die Welt, so sehe sie Goya. – So sieht auch Valle- Inclán Welt und Menschen.«

Barbarische Komödien sind *Silbergesicht* (Cara de plata, 1922), *Wappenadler* (Águila de bláson, 1907, und *Wolfsbrut* (Romance de lobos, 1908). Deutsche Erstaufführung der Trilogie unter dem Titel ›Barbarische Komödie‹ am 29. März 1974, Frankfurt; Regie: Augusto Fernandes. – Mit dem Majoratsherrn Don Juan Manuel Montenegro geht gegen Ende des 19. Jahrhunderts in Galicien der Feudalismus zu Ende. Montenegro ist eine Kraftnatur, ein Übervater seiner Söhne, ein Liebhaber von ihm abhängiger Mädchen und Frauen, ein Tyrann und ein Beschützer der Armen, ein Gegner des Abts, der wiederum fähig ist zu betrügen, zu schießen und seine Seele für den Beistand des Satans zu verkaufen. An der Spitze von Armen und Krüppeln zieht Montenegro zum Bett seiner gestorbenen Frau, wo sich seine Söhne um die Erbschaft prügeln. Er beichtet und stirbt durch das Beil seines Sohns Pedrito. So enden seine Passionen und sein Passionsweg durch die Lästerung zum Sündenbekenntnis. Ein wildverschlungener Bühnenroman, durchdröhnt von keltischem Katholizismus, von Höllenängsten und Höllengelächter.

Worte Gottes (Divinas palabras. 1920. Uraufführung 26. November 1933, Madrid, Teatro Espanol. Deutsche Erstaufführung 25. November 1971, Stuttgart; Regie: Hans Neuenfels). ›Dörfliche Tragikomödie‹. In diesem ersten »Esperpento«, Zerrspiegelstück, wird ein idiotisches Kind von seiner Schwägerin Marie Gaila durch galicische Dörfer von Fiesta zu Fiesta geschleift und gewinnbringend ausgestellt, bis es an dem Schnaps stirbt, den man ihm eintrichtert. Marie Gaila wird von Dorfbewohnern mit ihrem Liebhaber im Schilf ertappt, mit Hunden gehetzt und zum Nacktttanz gezwungen. Ihr Mann, der Küster der Dorfkirche, erfüllt die allgemeine Erwartung, daß er seine Frau erdolchen wird, nicht; er tritt der Menschenmeute mit den »Worten Gottes« entgegen: »Wer ohne Schuld ist, der werfe den ersten Stein auf sie.« Erst als er den Satz in lateinischer Sprache wiederholt, zerstreut sich die Menge verlegen, und er führt seine Frau in die Kirche – ein zwischen Ernst und Ironie gebrochener Schluß.

Lichter der Boheme (Luces de bohemia, 1924. Uraufführung 1967 in Paris. Spanische Erstaufführung 1971. Deutsche Erstaufführung 23. April 1974, Kiel; Regie: Dieter Reible). Ein Stationendrama in 15 Szenen, ein tragisch-groteskes »Esperpento«. Der erblindete, dem Alkohol verfallene Dichter Máximo Estrella versetzt seinen Mantel, kauft ein Los, betrinkt sich, läßt sich durch das von sozialen Gegensätzen geprägte, schon spürbar vorfaschistische Madrid treiben und stirbt betrunken an seiner Haustür. Don Latino, sein Begleiter und räuberischer Blindenführer, hat das Los genommen, es gewinnt – die in Armut lebende Frau und Tochter des Dichters erfahren nichts davon, sie bringen sich um.

Federico García Lorca: Andalusisches und Antikes

> Ich bin nicht verträumt. Ich habe oft genug und kühl durchdacht, was ich denke, und als guter Andalusier besitze ich das Geheimnis der Kühle, weil mein Blut alt ist.
>
> García Lorca in einer ›Plauderei über das Theater‹

Aufgewachsen ist García Lorca in Granada, wo die Eisluft der Sierra Nevada die schwere Hitze des Südens wie mit einem Messer zerschneidet. Diese Glut mit dem Horizont der Kälte lebt in seinen Dichtungen. Manche sind gebaut wie die künstlichen Paradiese Granadas: die Alhambra mit ihren Spiegeleffekten in den Stalaktitendecken, dem Gitterwerk des Lichtes und der Schatten, den endlosen Varianten geometrischer Themen, wie die Gärten des Generalife, in denen die Fontänen ihre graziösen Kammerkonzerte versprühen, eine geschlossene ornamentale Welt, die sich nach draußen mit tristen, ockergelben Mauern tarnt. Aber wie die maurischen Paläste vom Schmelzwasser der Sierra gespeist werden, so spürt man in den Dichtungen García Lorcas einen elementaren Unterstrom.

Bei Granada, in dem Dorf Fuentevaqueros, wurde Federico García Lorca am 5. Juni 1898 geboren; seine Mutter war Lehrerin, sein Vater ein reicher Großgrundbesitzer. Ernsthafte Geldsorgen hat er nie gekannt. Daß er zigeunerischer Abstammung sei, ist eine Legende. »Ich bin kein Zigeuner«, sagte er 1928 in einem Interview, »ich bin Andalusier. Und das ist nicht das gleiche. Auch wenn vielleicht wir Andalusier alle etwas Zigeunerisches an uns haben.«

Er wurde zunächst in einem vornehmen Internat in Almería erzogen, legte als Fünfzehnjähriger seine Reifeprüfung in Granada ab und studierte dort an der Universität Rechtswissenschaften. Antonio Segura und der Kompo-

*Engel. Zeichnung von Federico
García Lorca*

nist Manuel de Falla waren seine Hauslehrer gewesen; er war ein guter Gitarre-
und Klavierspieler, sammelte mit de Falla
andalusische Volkslieder und später auch
Puppenspiele. 1918 ging er nach Madrid,
um an der Universität juristische und
philosophische Studien zu treiben. Durch
sein ›Gedichtbuch‹, seine ›Dichtung des
Cante Jondo‹ (1921), seine ›Lieder‹ (1927),
seine ›Zigeunerromanzen‹ (1928) wurde
er rasch populär, bei den Analphabeten,
die seine Lieder liebten, noch früher als
bei den Lesern.

Sein erstes Drama ›El maleficio de la
mariposa‹ fiel 1920 in Madrid durch; sein
nächstes, ›Mariana Pineda‹, ausgestattet
von seinem Freund, dem surrealistischen
Maler Salvador Dalí, wurde sieben Jahre
später in Barcelona zu einem Triumph.
1929 reiste er nach New York, 1930 weiter
nach Cuba; in dieser Zeit entstanden sein
Gedichtband ›Dichter in New York‹ und
sein Drama ›Sobald fünf Jahre vergehen‹.

Als Vierunddreißigjähriger verfügte er 1932 praktisch über ein eigenes
Theater: zusammen mit Eduardo Ugarte leitete er ›La Barraca‹, eine Wanderbühne, die von der spanischen Republik subventioniert und von Madrider
Studenten betrieben wurde. Sie zogen durch die Provinz mit Stücken von
Calderon, Lope de Vega, Tirso de Molina und Cervantes, die García Lorca
einstudiert hatte. 1933 folgte er einer Einladung nach Argentinien und inszenierte in Buenos Aires seine Stücke ›Bluthochzeit‹, ›Mariana Pineda‹, ›Die
wundersame Schustersfrau‹ und Lope de Vegas ›Kluge Närrin‹ mit außer-
gewöhnlichem Erfolg. 1934 kam ›Yerma‹ in Madrid heraus, 1935 ›Doña
Rosita‹, und im Juni 1936 beendete García Lorca ›Bernarda Albas Haus‹ und
reiste, wie jedes Jahr in den Ferien, nach Granada.

Einen Tag nach seiner Ankunft, am 17. Juli 1936, begann der Franco-
Putsch, am 18. Juli der falangistische Aufstand und Terror in Granada.
Tausende wurden von den Falangisten erschossen. García Lorca hatte zwar
die soziale Rückständigkeit Spaniens bekämpft, doch gehörte er keiner Partei
an. Am 19. August 1936 wurde er in der Schlucht von Viznar, in der Nähe
von Granada, erschossen. Sein Grab mußte er vorher wie seine Todesgefähr-

ten in einem ausgetrockneten Flußbett ausschaufeln. Der Schriftsteller Luis Rosales, sein Freund und ein bekannter Falangist, dessen Haus seine Zuflucht gewesen, hatte versucht, ihn zu retten. Verantwortlich für seine Verhaftung war der Abgeordnete Ramon Ruiz Alonso, ein Vertreter der CEDA, der rechtsstehenden Katholikenpartei. Die Hinrichtung befehligte der falangistische Hauptmann Nestares. Das Franco-Regime hat sich jahrzehntelang alle Mühe gegeben, die Umstände seines Todes zu verschleiern oder ihn als Unglücksfall oder Privatrache glaubhaft zu machen, doch hat die faschistische Zeitung ›Ideal‹ vom 20. August gemeldet, daß García Lorca am Tage zuvor ›amtlich‹ erschossen worden ist.

García Lorca war der letzte große Tragödiendichter Europas: nicht, weil er besonders ›modern‹ gewesen wäre, sondern weil er, im Gegenteil, in der spanischen Tradition stand. Vieles von dem, was dem Mitteleuropäer an García Lorca ›surrealistisch‹ erscheinen mag, hat es bei Don Luis de Gongora (1561–1627) und bei Lope de Vega (1562–1635) längst gegeben. Bei García Lorca war die Tragödie, die sich in Soziologie und Psychologie, in Rühr- und Lehrstücke aufgelöst hatte, nicht wieder, sondern noch möglich. In Spanien ist man dem Elementaren näher als anderswo in Europa, und García Lorca fand es, weil er selbst von ihm getragen wurde, in einem Schicksalsbegriff von antiker Härte, in den Romanzen der Zigeuner, in der durch hochgespannte Exaktheit gebändigten erotischen Ekstase ihrer Tänze, und im Zeremoniell des Stierkampfes; er fand es noch in der andalusischen Folklore, samt Gitarren und Kastagnetten, Geranien und Orangen. Wenn er von Weinbergen spricht, von Oliven, Weizen, Disteln und Nußbäumen, dann gibt er dem Vegetativen die ursprüngliche Macht und Würde zurück: kraft einer knappen und sinnenhaften Formulierung. Maurisches und Zigeunerisches, Andalusisches und Antikes — eine spanische Legierung, die García Lorca mit dem Formgefühl des Romanen verarbeitet hat. Dank dem Übersetzer Enrique Beck gibt es auch im Deutschen einen unverwechselbaren Lorca-Ton.

Er sagte: »Das Theater ist eine Schule des Weinens und des Lachens und eine freie Tribüne, auf der die Menschen alte oder irrige Morallehren deutlich zeigen und durch lebendige Beispiele ewige Regeln des menschlichen Herzens und Ge-

Zeichnung
von Federico García Lorca

fühls ausdrücken können.« Den Stoff für alle seine Tragödien hat er
in der spanischen Realität gefunden, und es besteht kein Zweifel, daß er
›alte oder irrige Morallehren deutlich zeigen‹ wollte. Bei ›Bernarda Albas
Haus‹ betont er sogar seine Absicht, »den drei Akten den Charakter eines
photographischen Berichts zu geben«. Doch liegt ihm nichts ferner als soziale
und psychologische Kleinmalerei. In seiner sinnlichen Sprache und im Fleisch
seiner Personen werden geistige Spannungen ausgetragen, für die das Soziale
und die Psychologie nur Material sind. Spannungen zwischen dem Blut und
einer in Konventionen erstarrten Sitte, zwischen der Anarchie des Gefühls
und der Strenge der Form; auch zwischen dem Elementaren und dem Graziösen. Sie haben ihm die Tragödie, jenseits der sozialkritischen Anlässe,
ermöglicht.

Meinungen: »Es ist Größe und Geheimnis Lorcas, daß bei ihm die Elemente der Tradition mit innerer Notwendigkeit der Vermählung mit dem
Zeitgeist zustreben. Spanische Leidenschaftlichkeit und spanischer Stoizis-
mus, spanische Lebensliebe und spanische Todesverachtung, spanischer Wirk-
lichkeitssinn und spanische Phantastik, das Träumerische und das Harte, die
männliche Schwermut und das heitere Formgefühl, das tragende Bewußtsein
der Einheit von Werden und Vergehen — alles dies wird zu Möglichkeiten
unseres eigenen Fühlens. Daß der Schritt von der Volkspoesie zur großen
welthaltigen Dichtung auch heute möglich ist, diese Gewißheit verdankt die
moderne Literatur — neben Yeats — vor allem García Lorca«: Günter Blöcker.
— »Charakteristisch für alle Gestalten Lorcas ist, daß sie ihren Weg konsequent zu Ende gehen. Das ist ein Teil des archaischen Wesenskernes, der
das Werk prägt. Wie Lorca kaum einen Kompromiß kannte, billigte er auch
seinen Personen keinen Ausweg zu. Leben heißt bei Federico García Lorca,
den eingeschlagenen Weg zu Ende gehen, ins Verhängnis, ob es sich nun als
Tod oder als Vergessen zeigt«: Günter W. Lorenz. — »Das alte spanische
Drama erneuert sich in seinen Versen. Tod und Liebe tanzen miteinander
einen wilden Tanz, der maskierte und der nackte Tod, die maskierte und die
nackte Liebe«: Pablo Neruda.

Die frühen Stücke:

»Mariana Pineda war einer der stärksten Eindrücke meiner Kindheit«,
sagte García Lorca 1934 in Buenos Aires. »Ich war mir bewußt, daß ich eine
Verpflichtung gegenüber Granada hatte.« So schrieb er die ›volkstümliche
Romanze‹ *Mariana Pineda* (Mariana Pineda. 1925. Uraufführung 24. Juni
1927, Barcelona. Deutsche Erstaufführung 4. September 1953, Theater der
Freien Hansestadt Bremen) als ein Denkmal für die historische andalusische

GARCIA LORCA: FÜNF JAHRE 1383

Freiheitsheldin: Mariana Pineda, eine junge Witwe, liebt den aristokratischen Revolutionär Pedro und wird Mitverschworene der antimonarchistischen Bewegung des Jahres 1831; die Verschwörung bricht zusammen, Pedro flieht nach England, Mariana könnte sich die Begnadigung durch Verrat der Verschworenen erkaufen, doch sie wird, wie García Lorca bei der Uraufführung 1927 kommentierte, »zur Personifizierung der Freiheit, indem sie begreift, daß ihr Geliebter mit eben dieser Freiheit sie betrogen hat«: »Ich bin die Freiheit«, sagt sie auf dem Weg zur Hinrichtung (durch die Garrotte, das würgende Halseisen), »weil Liebe es so wollte!« Sie ist keine pathetisch politische Heroine, sondern eine lyrische Romanzen-Gestalt, in der Liebe, Freiheit und Tod sich in Schwermut vereinen.

Sobald fünf Jahre vergehen (Asi que pasen cinco años). Aus dem Nachlaß. Geschrieben 1930 in Cuba. Veröffentlicht 1938 in Buenos Aires. Deutsche Erstaufführung 12. Oktober 1956, Bühnen der Stadt Köln, durch Hans Bauer. Diese ›Legende der Zeit‹ ist ein surrealistisches Traumspiel (in Strindbergs Szenentechnik, siehe auch Seite 637) mit einer einzigen realen Gestalt, einem in skeptischen Betrachtungen über das Leben befangenen Jüngling (einem späten, entfernten Verwandten des Hofmannsthal-Jünglings in ›Der Tor und der Tod‹ von 1893); alle anderen Figuren sind Aufspaltungen seiner Person. Seine Skepsis wird durch einen Alten, seine männlich erobernde und seine weiblich hingebungsvolle Beimischung werden durch zwei Freunde verkörpert. Er ist unfähig, das Leben zu ergreifen, und will Leid und Tod aus seinem Dasein ausschließen. So verliert er seine Braut, die er fünf Jahre lang warten läßt, an einen Rugbyspieler, und die Stenotypistin, die er (nachdem er sie früher abgelehnt) endlich fassen will, läßt ihn nun warten, fünf Jahre lang. Leid und Tod dringen als totes Kind und getötete Katze gespenstisch in sein Haus; er verliert gegen drei Spieler im Frack: das Herzas, das er auf den Tisch legt, erscheint in den Regalen seiner Bibliothek und wird von einem Spieler mit einem Pfeil durchschossen; er stirbt, als ein Spieler wie eine Parze mit der Schere in die Luft schneidet. Ein lyrisches Ich, in sich selbstsüchtig und genießerisch eingeschlossen, unfähig sich des Lebens zu bemächtigen, führt wie in einem Spiegelkabinett, das ihn mit bildgewordenen Teilstücken seines inneren Wesens umgibt, ohnmächtige Selbstgespräche: in dieser ›Legende der Zeit‹ geht ihm die Gegenwart im Warten verloren, zwischen Erinnerungen an die Vergangenheit und Vertröstungen auf die Zukunft.

Die wundersame Schustersfrau (La zapatera prodigiosa). Uraufführung 24. Dezember 1930, Madrid. Deutschsprachige Erstaufführung 11. Oktober 1949, Stadttheater Luzern. Deutsche Erstaufführung 26. März 1952, Staats-

theater Wiesbaden; Untertitel ›Eine tolle Volkskomödie in zwei Akten‹. — Die
unglückliche Ehe eines ungleichen Paares; der Schuster ist 53, die Schustersfrau 18 Jahre alt. Der gutmütige Schuster verläßt seine zänkische Frau. Sie
macht eine Kneipe auf und muß sich der Dorfbewohner erwehren: »Ich
lasse mich mit keinem ein! Eine verheiratete Frau ist verheiratet nach Gottes
Gebot.« Der Schuster verklärt sich durch seine Abwesenheit in ihrer Erinnerung, und als er zurückkommt, verkleidet als Moritatensänger, und erfährt,
daß die Schustersfrau ihn liebt, steht dem neuen Beginn dieser Ehe und auch
dem neuen Beginn der alten Zänkerei nichts mehr im Wege. Die zahlreichen
Personen sind scharf typisiert. Lied, Moritat und Coplas, Spottverse, wie sie
schon Lope de Vega gedichtet hat, sind verwoben zu einer lyrisch-musika-
lischen Posse.

Die Tragödien:
In seinem Garten liebt Don Perlimplín Belisa (Amor de Don Perlimplín
con Belisa en su Jardín). Uraufführung 8. April 1933, Madrid. Deutschsprachige Erstaufführung 15. September 1952, Komödie Basel. Deutsche
Erstaufführung 15. November 1953, Deutsches Theater, Göttingen. Untertitel: ›Vier Bilder eines erotischen Bilderbogens in der Art eines Kammer-
spiels.‹ Das klingt wie Rokoko und wird auch im Rokoko-Gewand gespielt,
aber es ist im Kern eine Tragödie — die erste, die García Lorca geschrieben
hat. Don Perlimplín, ein bejahrter Büchernarr, hat Angst vor der Frau
schon seit seiner Kindheit. Seine Dienerin verheiratet ihn mit Belisa, einem
jungen, sinnlichen Mädchen. Schon in der Hochzeitsnacht, die zwei Kobolde
durch einen Vorhang den Blicken der Zuschauer entziehen, wird Perlimplín
betrogen: über fünf Balkone kommen die Vertreter der fünf Menschenrassen
zu Belisa. Perlimplíns verkümmerte Seele hat sich jedoch durch die Hochzeit
bereichert und verfeinert: er liebt Belisa nun, und weil er sie sinnlich nicht
lieben kann, spielt er ihr in einer roten Capa einen jungen Liebhaber vor,
der sie nicht anders als sinnlich lieben will. Bei einem Rendezvous, das
Perlimplín in seinem Garten zwischen diesem jungen Liebhaber und seiner
Frau arrangiert, ersticht sich Perlimplín, als er ganz sicher ist, daß Belisa
den Jungen liebt, in dem Mantel des Jungen.

Das Stück ist im Stil verwandt dem von García Lorca oft besungenen
Stierkampf, bei dem die Gewalt der Todesbegegnung und des Opfers in das
Zeremoniell des 18. Jahrhunderts gepreßt ist. García Lorcas Spiel vollzieht
sich mit kunstvoller Naivität im Gewand des 18. Jahrhunderts: die elementare Tragödie trägt eine preziöse Komödienmaske, der Dolch im Gewande der
Lustbarkeit wird erst spät und überraschend sichtbar. In der Todes-Pointe
lösen sich komplizierte Paradoxien auf: Belisa lernt die seelische Liebe durch

den Tod des Jünglings, der ihr die sinnliche Liebe versprochen hat; indem der alte Don Perlimplín in der Maske des Jünglings seinen eigenen, unsinnlichen Körper tötet, tötet er zugleich den sinnlichen Wunschkörper des Jünglings und erweckt in der sinnlichen Belisa die seelische Liebe. So ist die Liebe Belisas zu dem Jüngling ein Triumph der Liebe Don Perlimplíns, und wenn Belisa nun den toten Jüngling liebt, so liebt sie auch den toten Don Perlimplín: im Traumbild Belisas vom toten Jüngling erfährt Don Perlimplín von ihr die Liebe, die er als lebender Alter nicht erfahren konnte. Don Perlimplín hat seine Seele Belisa geschenkt, und das Verschenken der Seele kostet wie in allen Legenden das Leben. Der Tod in der Realität wird zu einem ewigen Leben im Traum: in diesen Paradoxien blitzt die uralte, erzspanische, mystische Einheit auf von Ehre und Opfer, von Liebe und Tod, von Traum und Wirklichkeit.

Bluthochzeit (Bodas de Sangre). ›Lyrische Tragödie in drei Akten und sieben Bildern‹. Uraufführung 5. März 1933 im Teatro Beatriz, Madrid. Deutschsprachige Erstaufführung 15. April 1944, Schauspielhaus Zürich. Deutsche Erstaufführung 19. Oktober 1947, Staatstheater Stuttgart. — Die spanische Bauernhochzeit ist nach strengen Konventionen eingeleitet worden. Die Mutter hat für den Sohn geworben, Besitz kommt zu Besitz, das Versprechen ist gegeben, der Bräutigam liebt die Braut, und die Braut ist entschlossen, seine Frau zu werden, das Sakrament der Ehe hat den Bund besiegelt, nichts ist versäumt worden, was Gesetz und Sitte befehlen, die Hochzeit wird gefeiert — doch bevor noch die Nacht kommt, ist die Braut verschwunden, davongeritten mit Leonardo, einem verheirateten Mann, dem sie früher einmal verlobt gewesen ist und den sie abweisen mußte, weil er arm ist und bäuerlicher Brauch und Stolz unerbittlich fordern, daß Reichtum sich nur dem Reichtum verbinde. Nun reitet sie mit Leonardo: in ihr revoltiert das Blut gegen den gesellschaftlichen Zwang; sie wird von einer Kraft mitgerissen, die elementar ist wie ein Gewitter; sie hat sich dagegen gewehrt, aber sie ist unterlegen. Der Mond, Freund der Liebenden so oft, hier liefert er sie, bleich und blutgierig, an ihre Verfolger aus: »Kein Schatten soll sein, keine Zuflucht: Entkommen sollen sie nicht!« Die Mutter spürt das Unabwendbare von Anfang an, wenn sie das Messer verflucht, mit dem ihr Sohn nur Trauben schneiden will, und sie spricht es am Schlusse aus: ». . . damit eines Tages, der vorher bestimmt war, zwischen drei Uhr und vier, durch dies winzige Messer zwei kraftvolle Männer mit wachsgelben Lippen sterbend sich strecken.« Die Männer haben sich erstochen, die Frauen tragen das Leid: Weinen und Beten. Den Gatten, den Geliebten und ihre Bestimmung als Frau — jungfräulich noch als Ehebrecherin und Witwe! — verliert die Braut. Die Frau Leonardos ist schon verlassen, als sie ihr Mann noch nicht verlassen hat, und nach seinem Tod ist sie zum Schleier und zum Altern bei verschlossener Tür verurteilt. Wenn die Mutter das Messer verflucht, so verflucht sie nicht ein Moritatenrequisit, sondern den Tod — den schlimmsten Feind dessen, was sie hier verkörpert: Fruchtbarkeit.

Der Gesellschaftskritiker García Lorca, der sich gegen bäuerliche Konventionen, Familienfehde, Blutrache wendet, wird überwältigt vom Tragiker García Lorca. Seine Verse und Lieder, gespeist aus spanischer Folklore, besingen Urthemen, Geburt, Liebe, Hochzeit und Tod. Seine Bilder — ein Mann riecht »wie eine Nelke«, ist »wie eine Geranie«; der Bräutigam ist für die Braut »wie ein wenig Wasser«, Leonardo dagegen »wie ein dunkler Strom« — diese Bilder ziehen den Menschen in den Bannkreis der Natur, in ihre Schönheit, ihre Fruchtbarkeit und in ihren Schrecken. Das Lyrische der Lieder und Verse rhythmisiert nicht nur den antikischen Ablauf der Tragödie, sondern ist zugleich Element der Handlung, denn es beschwört das unabwendbare Schicksal, das hier nichts anderes ist als durch Lyrik spürbar gemachte naturische Kraft.

Yerma (Yerma). ›Tragische Dichtung in drei Akten und sechs Bildern‹. Uraufführung 29. Dezember 1934, Madrid, Teatro Español. Deutschsprachige Erstaufführung 26. März 1946, Stadttheater Bern. Deutsche Erstaufführung 21. Februar 1953, Schloßpark-Theater, Berlin. — Yerma, deren Name ›die Brachliegende‹ bedeutet, ist mit einem zeugungsunfähigen (doch nicht impotenten) Mann, dem Bauer Juan, verheiratet, der ihr aufgezwungen worden ist. Sie sehnt sich vergeblich nach einem Kind — »es hungert mich nach den Schmerzen einer Gebärerin« —, und als sie erkennt, daß sie durch ihren Mann ein ›verdorrter Ast‹ bleiben muß, fühlt sie sich von ihm mißbraucht und erwürgt ihn.

Die spanische Erziehung der Frau zur Unwissenheit und sexuellen Unterordnung; der starre Ehrbegriff und die sakramentale Unauflösbarkeit der Ehe — aus diesen gesellschaftskritischen Anlässen hat García Lorca einen archaisch-zeitlosen Klagegesang der zur Unfruchtbarkeit verdammten Frau geschaffen, lyrisch durchwirkt und vorangetrieben mit vorchristlichem, andalusischem Fruchtbarkeitszauber. »Es ist eine Tragödie«, kommentierte er 1934, »mit vier Hauptgestalten und Chören, wie Tragödien sein müssen.« ›Yerma‹ ist das erste Stück von García Lorca, das nach 1937 wieder in Madrid aufgeführt wurde, vierundzwanzig Jahre nach seiner Ermordung, am 21. Oktober 1960, mit triumphalem Erfolg: die Hoffnung auf eine Liberalisierung des spanischen geistigen und politischen Lebens applaudierte mit: die Zensur aber hatte größere Rezensionen verboten.

Doña Rosita bleibt ledig oder Die Sprache der Blumen (Doña Rosita la Sol-
tera o El lenguaje de las flores). ›Granadiner Dichtung um das Jahr Neun-
zehnhundert. In verschiedene Gärten eingeteilt und mit Gesang und Tanz‹.
Uraufführung 13. Oktober 1935, Barcelona, Teatro Principal. Deutsche Erstaufführung 18. Oktober 1950, Staatsschauspiel München, durch Jürgen Fehling. — Eine Abschieds-Elegie in drei Strophen. Erste Strophe, erster Akt:
In Granada nimmt Doña Rosita Abschied von ihrem Verlobten; er geht zu
seinen Eltern nach Mexiko; sie gelobt, auf seine Rückkehr zu warten. Zweite
Strophe, zweiter Akt: Uneingestandener Abschied, fünfzehn Jahre später,
von der Hoffnung, daß er jemals zurückkommen werde; zwar schreibt er, er
werde durch ›Vollmachten‹ eine Art ›Ferntrauung‹ arrangieren, doch wer
glaubt das schon? Dritte Strophe, dritter Akt: Abschied von der Illusion
seiner Treue; vor einem Monat hat er, endlich, geschrieben, daß er seit acht
Jahren verheiratet ist; Doña Rosita hat keine Hoffnung mehr, sie ist erfüllt
von dem »entsetzlichsten aller Gefühle, dem Gefühl, eine gestorbene Hoffnung aufrechtzuerhalten«, und sie weiß: »Erinnerungen machen uns das
Leben schließlich unmöglich.« Abschied auch von den Rosen, von Haus und
Besitz. Abschied einer Gesellschaftsform von ihren glücklichen äußeren
Umständen: mit der Wende des Jahrhunderts, 1900, da diese ›Granadiner‹
Dichtung beginnt, hat sich ihr Schicksal in die Armut gewendet; ein Vierteljahrhundert später mit dem Ende der Dichtung wird sie offenbar. (Anton
Tschéchow ließ um die Jahrhundertwende seine ›Drei Schwestern‹ verblühen
und das Gutshaus in seinem ›Kirschgarten‹ veröden. Von Jalta winkt er
hinüber nach Granada.)

Doña Rosita blüht und verwelkt wie die ›Rosa mutabilis‹, die veränder-
liche Rose, die morgens rot ist, mittags leuchtet, nachmittags weiß wird und
sich in der Dämmerung entblättert. Ihr Onkel züchtet die Rose im Gewächshaus, und auch Doña Rosita ist eine Blume, gezüchtet im Gewächshaus
strenger spanischer Sitte. Die Revolte des Blutes gegen die Sitte endet in
García Lorcas ›Bluthochzeit‹, zwei Jahre vorher geschrieben, mit Mord, und
in ›Bernarda Albas Haus‹, ein Jahr später, mit Selbstmord. ›Fräulein Röschen‹ dagegen revoltiert nicht; sie hat die Sitte im Blut, sie fühlt sich
›gebunden‹. Sie ist eine Pflanzenmetapher, sie bleibt im gläsernen Sitten-
gehäuse und verblüht.

Morgen, Mittag, Dämmerung — drei lyrische Zustände, scheinbar kein
Gegenspieler und keine Handlung. Doch drei Zustände, die sich mit absolu-
ter Notwendigkeit folgen: die Zeit hat sie erzwungen. Die Zeit ist der
Gegenspieler (wie schon in García Lorcas frühem Stück ›Sobald fünf Jahre
vergehen‹), sie verändert die Menschen, sie ›handelt‹. Die Personen um Doña
Rosita sind keine Zufallsbesucher aus der drastischen Typenkomödie und

nicht nur mädchenhaft alberne, komische, wehmütig humorvolle, liebenswürdig parodierte Stimmen, verwoben mit der melancholischen Grundmelodie — sie alle von den jungen, heiratslustigen Manolas am Anfang bis zum
verlobungsreifen Manola-Sohn am Schluß markieren zugleich das Werden
und Vergehen, die Stationen der Zeit — sie beherrscht die Szene.

Bernarda Albas Haus (La Casa de Bernarda Alba). ›Frauentragödie in spanischen Dörfern‹. 1936. Uraufführung 8. März 1945 Teatro Avenida, Buenos
Aires. Deutschsprachige Erstaufführung 22. November 1947, Stadttheater
Basel. Deutsche Erstaufführung 1. März 1950, Bühnen der Stadt Essen, durch
Gustav Rudolf Sellner. — Jean Gebser berichtet, wie García Lorca sich noch
im Sommer 1936 mit der Frage beschäftigt hat, ob es nicht zu gewagt sei,
nur Frauen auftreten zu lassen: »Siehst du, ich weiß nicht, ob ich nicht doch
den Mann auch in Erscheinung treten lassen sollte. Ich werde es mir in Granada nochmals überlegen.« In Granada wurde er einen Monat später ermordet — der Mann tritt nicht auf. Es geht auch nicht um diesen Pepe el Romano,
sondern um eine Frauenwelt, aus der das Männliche überhaupt ausgesperrt
ist. Die sechzigjährige Bernarda Alba ordnet nach dem Tod ihres Mannes für
ihr Haus eine achtjährige Trauer an: ihre fünf Töchter, zwischen zwanzig
und vierzig Jahre alt, können inzwischen an ihrer Aussteuer sticken. Nur die
älteste hat eine Chance, diesem Hausarrest zu entkommen: sie ist verlobt mit
Pepe und darf, gemäß der Sitte, durch das vergitterte Fenster mit ihm
sprechen. Pepe aber will sie nur wegen ihres Vermögens heiraten und liebt
Adela, ihre jüngste Schwester. Adela bricht aus der Gefangenschaft aus; sie
trifft sich mit Pepe im Stall, bis er von ihrer Mutter mit der Flinte vertrieben
wird und Adela — von einer anderen eifersüchtigen Schwester belogen, Pepe
sei erschossen — sich erhängt.
    Die Katastrophe muß aus dem von Bernarda Alba angeordneten Zustand
notwendig folgen: der ausgesperrte Mann ist durch seine Abwesenheit
stärker, als er es durch körperliche Anwesenheit je sein könnte. Er ist anwesend in den Gesprächen, in seinem Photo, im Gesang der Schnitter, im
Hufschlag des Hengstes; er ist da im Haß der Frauen, in jedem ihrer Worte,
und er geistert in einer grauenhaften Groteske noch durch die Wahnvorstellungen der achtzigjährigen Großmutter. Die Natur ist unvollständig ohne
den Mann: sie ist in diesem Stück der große Gegenspieler. Der andere, verkörpert in Bernarda Alba, ist die zur äußerlichsten Konvention pervertierte
Sitte.
    Wenn Bernarda Alba das Ansehen der Familie bei den Nachbarn über
jede natürliche Regung stellt — »Die Herzen gehen mich nichts an, aber ich
will eine schöne Fassade und Einigkeit in der Familie« —; wenn sie nach dem

Bühnenmodell von Michel Raffaeli für García Lorcas Frauentragödie ›Bernarda Albas Haus‹, inszeniert von G. R. Sellner am Landestheater Darmstadt, 1961

Selbstmord der Tochter entgegen der Wahrheit behauptet: »Bernarda Albas jüngste Tochter ist unberührt gestorben« und »Schweigen!« über die Wahrheit befiehlt, so ist dies ebenso barbarisch, wie es doch auch noch spüren läßt, daß die Sitte, die von Bernarda Alba ins äußerste Extrem getrieben und damit in ihr Gegenteil verkehrt wird, dereinst die große, zivilisationsnotwendige Barriere gegen die Barbarei gewesen ist. Was hier in der erstarrten Form in die Katastrophe treibt, ist einst, als es noch lebendig war, der einzige Schutz gegen die Katastrophe gewesen: Ordnung gegen die Anarchie, Geist gegen die Natur.

Das Stück geht weit über die ›Frauentragödie in spanischen Dörfern‹ hinaus: die Spannung zwischen der zur zerstörerischen Formel erstarrten geistigen Form und der zerstörerischen, formlosen Natur, die hier in entlegenen spanischen Verhältnissen ausgetragen wird, ist eine der Grundspannungen der Zivilisation. Und die Verödung des einzelnen unter kollektiven Zwängen bedrückt auch die Bewohner der scheinbar so freien Großstädte nördlich der Pyrenäen.

Fernando Arrabal: das Komplexikon

> Manchmal sage ich mir, daß Güte und Reinheit sehr wohl
> Erfindungen der Polizei sein könnten, vorfabrizierte Ideen,
> von denen sie profitiert, aber ich kann mich nicht davon ab-
> bringen, »Güte zu spielen« oder das Gegenteil, Bosheit.
>
> Arrabal in der Zeitschrift »Réalités«, Januar 1967

Einem Mitarbeiter der Wiener ›Kronen-Zeitung‹ schlug Fernando Arrabal im
Juni 1968 angesichts des Burgtheaters lächelnd vor: »Vielleicht sollte einmal jeder zur Abendvorstellung ein Stück Scheiße dorthin mitnehmen. Vielleicht wäre auch dies Fortschritt. Vielleicht«, und das Boulevard-Blatt bastelte
daraus die überflüssige Schlagzeile »Sch … ins Burgtheater tragen.« Mit
dem ihm eigenen sicheren Instinkt hatte Arrabals Exkre-Mentalität auch in
Wien das geeignete Objekt für eine lokale Lästerung mühelos getroffen.

Fernando Arrabal ist Hinterhoflieferant für Lästerungen jeglicher Art, sie
gehören offenbar zu seinem seelischen Stoffwechsel. Er ist von gnomenhafter
Gestalt mit ausgewachsenem Kopf, Toulouse-Lautrec-Bart, düsteren Augen
hinter dicken Brillengläsern, und wenn er lästert, so scheint er nur zurückzuzahlen, was er in seiner Kindheit an Spott über seinen Zwergenwuchs und
seinen Kopf empfangen hat. Der 35 Jahre alt gewordene Arrabal sagte: »Ich
lache über mich, ich will mich grotesk angesichts einer organisierten Welt.
Wenn ich ›normal‹ wäre, wäre ich nicht normal.«

Im November 1967 schrieb er in »Les Lettres Nouvelles« über das, was ihn
am meisten beeinflußt hat: er erinnert sich, daß sein Füße im Sand von einem
Mann vergraben worden sind, der Mann ist sein Vater und Arrabal damals
drei Jahre alt. Wenig später·wird sein Vater verhaftet, die Arrabals leben in
Spanisch-Marokko, in Melilla, wo am 11. August 1932 Fernando geboren
wird und am 17. Juli 1936 Francos Revolte beginnt. An diesem ersten Tag des
Bürgerkriegs wird der Vater festgenommen; man verurteilt ihn zum Tod,
er wird durch viele Gefängnisse geschleift, bis er 1941 in Burgos entflieht
und für immer verschwindet — falls dies nicht auch eine Lüge der Faschisten
ist. Fernando ist jahrelang auf den Spuren seines Vaters durch Spanien gefahren, und »manchmal«, so hat er geschrieben, »wenn ich an ihn denke,
kleiden sich die Orangen und der Himmel, das Echo und die Musik in Sack-
leinen und Purpur«. Damit nicht genug: er verdächtigt seine Mutter, daß sie
seinen Vater denunziert hat, und er muß seine Mutter dennoch lieben — ein
schmerzvoll-lustvoller Schrei nach der Mutter tönt durch viele seiner Dramen.

Der junge Arrabal studierte Jura in Madrid, er hatte Schwierigkeiten mit
der Zensur und ging, 23 Jahre alt, 1955 nach Paris, wo er ein Stipendium an

der Sorbonne erhielt und die Sprache wechselte: er schreibt französisch. Noch wichtiger für seine literarischen Arbeiten war eine Tuberkulose, die ihm anderthalb Jahre Ruhe in einem Sanatorium verschaffte. Er schrieb 1958 den Roman ›Baal Babylon‹ (1964 deutsch) in Gestalt eines fiktiven Briefes des Sechzehnjährigen an seine Mutter über die von Erwachsenen bedrohte und zerstörte Kindheit, ein Buch, in dem die Themen seiner Stücke vorgeprägt sind.

Sein dramatischer Erstling allerdings, 1952 noch in Spanien geschrieben, war ein pazifistischer Einakter, *Picknick im Felde* (Pique-nique en campagne. 1952. Uraufführung 22. April 1959, Paris, Théâtre de Lutèce. Deutsche Erstaufführung 6. Mai 1959, Städtische Bühnen Frankfurt). Es ist Arrabals Versuch, mit Mitteln des absurden Theaters die Absurdität des Krieges darzustellen: der Soldat Zapo langweilt sich auf Posten, wird von seinen Eltern mit Picknickkörben besucht, sie verhören ihn gutbürgerlich, ob er auch schön seine Zähne putze, während Sanitäter nach Leichen suchen, und sie laden den gefangengenommenen Gegner Zepo zum Essen ein und beschließen, Zapo und Zepo sollen ihren Kameraden sagen, daß niemand Krieg will, und nach Hause gehen; während sie vor Freude darüber tanzen, werden sie von einer Maschinengewehrsalve niedergemacht. Durch das völlig zivile Benehmen der Personen wird die Verwandlung eines ›Feldes‹ in ein Schlachtfeld hanebüchen absurd: das Grauen wird durch eine Idylle greifbar.

Zum Feld und Schlachtfeld der folgenden Stücke wird mehr und mehr das Unterbewußtsein Arrabals. Er entwickelt sich zum Marktschreier psychischer Monstrositäten, zum Zeremonienmeister seelischer Schmerzen, zum dialogisierten Lexikon seiner Komplexe, und dies so penetrant, daß sich der Kalauer ›Komplexikon‹ schwerlich vermeiden läßt.

In *Zeremonie für einen ermordeten Neger* (Cérémonic pour un noir assassiné. Mai 1956, Uraufführung Studentenbühne Los Goliardos in Nancy. Am 21. März 1968 im Staatstheater Kassel) träumen Jérôme und Vincent in ihrer schäbigen Dachkammer von einer großen Karriere auf der Bühne; sie besitzen Kisten voll Kostüme und spielen sich Zeremonien des Lebens unter Menschen vor. Sie nehmen ihre Nachbarin, das Mädchen Luce, bei sich auf, als sein Vater gestorben ist, und sie bestatten den Vater, dem sie mühsam das Gewand Cyrano de Bergeracs anziehen, in einer Kostümkiste. Sie verschaffen Luce, die sie nicht anrühren und wohl auch nicht anrühren können, einen Liebhaber, den sanften und in Musik vernarrten Neger »der heilige Franz«; die passive Luce erträgt ihn, sie setzt sich jedenfalls nicht zur Wehr, wie die beiden Voyeure wissen, doch als sie sich am Morgen davonschleicht, meinen Jérôme und Vincent, sie hätten Luce für ihre Zeremonien verloren, und Jérôme ersticht in einer Eifersuchtszeremonie den schlafenden Neger. Während der Neger unterm Bett verwest, deklamieren die beiden ›Othello‹, bis sie von der Polizei abgeholt werden. Jérôme und Vincent sind so naiv amoralisch wie ganz kleine Kinder; ihre vorzivilisatorischen Gelüste werden durch Ritualisierung erst darstellbar, ja sogar komisch gemacht. In ›Réalités‹ äußerte Arrabal 1967, manchmal denke er, »daß die Liebe gar nicht existiert und daß sie einfach ersetzt wird durch ein Ritual, durch die ›Gesten‹ der Liebe. Man wirft mir vor, daß ich Sadismus, Masochismus auf die Bühne bringe, aber ich glaube ganz einfach, daß im Leiden ein Eindruck von Leben entsteht, ein Hochgefühl, das von einer Selbstliebe herrührt, von dem Gefühl, daß im Grunde nichts wirklich Sinn hat: und deswegen erfindet man die Riten der Liebe, die Zeremonie.«

Die Haßliebe zur Mutter gehört zur ständigen Komplex-Ausrüstung seines ›théâtre panique‹, seines panischen und panerotischen Theaters, wie die daraus resultierende Haßliebe zum Schöpfer alles Ungemachs und aller Sinnlosigkeit, zu Gott. Mehr als unter dem Glauben-Wollen und Nicht-Glauben-Können leidet Arrabal, so scheint es, unter dem Nicht-Glauben-Wollen und doch Glauben-Müssen: seine Stücke strotzen von einer Art Gotteslästerung, deren Voraussetzung der Glaube an die Existenz Gottes ist.

Arrabal hat eine stattliche Reihe von Einaktern und ausgewachsenen Stücken geschrieben, darunter in den fünfziger und sechziger Jahren *Das Dreirad (Le tricycle), Das Gebet (L'oraison), Das Labyrinth (Le labyrinthe), Fando und Lis (Fando et Lis), Die beiden Henker (Les deux bourreaux), Das Fahrrad der Verdammten (La bicyclette du condamné), Der Autofriedhof (La cimetière des voitures), Die Krönung (Le couronnement)*.

Mit *Der tausendjährige Krieg (Bella Ciao)* (La guerre de mille ans. Uraufführung 2. März 1972 im Théâtre Nationale Populaire, Paris, durch Jorge Lavelli. Deutsche Erstaufführung Juli 1972 im Forum-Theater, Berlin, durch Klaus Hoser), mit diesem »Ergebnis eines erhebenden kollektiven Abenteuers« ist Arrabal, wie er schrieb, »umgeben von Freunden, die genaue Vorstellungen von der Politik und der Lösung unserer Mißstände haben«, von seinem extremen Individualismus auf einen extremen Kollektivismus, von seinem Theater der vielfältigsten Panik auf ein Theater der einfältigsten Propaganda heruntergekommen. Konstant geblieben ist nur seine Neigung zur oft zitierten »Scheiße«.

Fernando Arrabal hat die Schrecken seines Unterbewußtseins zu Schauerfiguren in einer öffentlichen Geisterbahn verarbeitet: das Publikum wird auf eine verwirrende Fahrt durchs Dunkel gejagt, wo es in den Kurven bei aufblitzendem Licht von heulenden Ungetümen erschreckt wird. Jedes neue Stück Arrabals ist seine alte Geisterbahn, in der nur die Horrorkomplexe in neuer Reihenfolge arrangiert sind. Wer ein Stück von Arrabal besucht, ist auf voraussehbare Schrecken abonniert, und obwohl er weiß, daß die Scheusale auch in Arrabals Geisterbahn vermutlich aus Pappmaché bestehen, kann er von ihnen doch verstört, geschockt und zu ziemlich ergebnislosem Nachdenken gebracht werden.

Meinungen: »Bei Arrabal blühen notfalls Hundeblumen, über denen Hunde das Bein heben«: Heinz Beckmann. — »Arrabal ist vornehmlich als Dramatiker auf der Linie einer gewissermaßen umgekehrten Beckett-Nachfolge bekanntgeworden. Nicht der endzeitliche, sondern der anfängliche Mensch ist sein Thema, der Unberührte im tödlichen und unbegriffenen Ansturm einer technisch wie moralisch gleichermaßen entfesselten Welt«: Günter Blöcker. — »Ob Arrabal in die erste Garde der modernen Dramatiker vorrücken wird, hängt davon ab, wieweit er zwei Komplexe überwindet, die ganz offensichtlich in Repressalien seiner spanischen Kindheit ihren Ursprung haben. Das eine ist der Mutterkomplex, den abendfüllend zu gestalten kaum noch lohnt, seit er wissenschaftlich durchleuchtet ist. Der zweite betrifft die naiven Blasphemien, die General Franco erregen mögen, aber in Bochum oder gar in Paris nicht von Interesse sind«: Marianne Kesting.

Die Nacht der Puppen. (Le grand cérémonial). ›Schauspiel in zwei Akten und einem Prolog‹. Uraufführung 16. März 1966, Théâtre des Mathurins, Paris. Deutsche Erstaufführung am 2. Dezember 1966 im Studio der Bühnen der Stadt Essen durch Dieter Reible. — Es beginnt mit dem jämmerlichen »Mama«-Geschrei eines jungen Mannes; er hinkt, hat einen Buckel, heißt beziehungsvoll Cavanosa und gibt sich in den Tiraden seines Selbstmitleids den Namen des Glöckners von Notre Dame, Quasimodo. Er ist seelisch an seine Mutter gekettet: sie hat ihn erzogen, den andern Kindern ferngehalten; sie war ihm und ist ihm die ihn beherrschende Geliebte; sie will, daß er jungfräulich bleibe, und wünscht sich, er sei homosexuell, um ihn nicht an eine Frau zu verlieren. Er spielt mit lebensgroßen Puppen, und mit Hilfe der Mädchen, die von ihm fasziniert sind, versucht er, seine Bindung an die Mutter zu zerreißen, die Mutter zu »töten«; bisher aber waren es immer die Mädchen, die er »getötet« hat. Das Mädchen Sil ist bereit, sich ihm zu unterwerfen — sich von ihm peitschen zu lassen; die »Leiche« seiner Mutter zu beseitigen; in einem Kinderwagen angekettet, mit ihm durch die Welt zu ziehen und den Männern ihre Schenkel zu zeigen —, doch versagt sie: spontan tut sie immer zuerst das Falsche und muß erst von ihm belehrt werden, was er sich von ihr wünscht. So überläßt er sie, nachdem er sie verkleidet und gewürgt hat, seiner keineswegs toten Mutter als Sklavin; während aus dem Nebenzimmer die Schreie der von der Mutter gepeinigten Sil zu hören

sind, zieht er einer Puppe ein Brautkleid an, setzt einen Zylinder auf und
führt die Puppe ins Bett. Das verzückt infantile Mädchen Lys dagegen braucht
er nicht um seine Spezialitäten zu bitten: sie hat den Strick durchschnitten,
mit dem ihre Mutter sie gefesselt hat; sie hat nicht wie Sil Blumen, sondern
eine Peitsche mitgebracht und ist hingerissen von seiner Lieblingspuppe; sie
will an den Kinderwagen gefesselt und von ihm durch die Welt gefahren
werden. Mit ihr, die alle seine Wünsche erfüllt, bevor er sie noch ausgesprochen hat, zieht er davon, und seine Mutter schreit vergebens hinter ihm
her. — »Ich will deinen Mythen entfliehen, all deinen schrecklichen Mythen«,
hat er seiner Mutter zugerufen, und seiner Mutter entflieht er schließlich,
wenn auch nicht ihren Mythen: daß das Mädchen, das ihn von der Mutter
befreien kann, wie eine Puppe sein muß, beweist die ungebrochene Macht
der Mutter. Obwohl dieser dramatisierte Mutterkomplex auf einer psychoanalytisch deutbaren Situation beruht, ist es kein psychologisches Drama
mit naturalistischen Personen, sondern ein stilisiertes Spiel mit Figuren, die
psychische Zwänge verbildlichen. Die tyrannische Mutter geht auf Kothurnen,
der Sohn ist eine Art Puppe, die »Mama« schreit, und auch die beiden Mädchen sind nicht von dieser Welt, sondern fleischgewordene Wunschträume
des auch psychisch verkrüppelten Cavanosa-Quasimodo. Die Unentrinnbarkeit dieser Zwänge gibt dem Ablauf — ähnlich wie bei Jean Genet — den
Charakter eines festgelegten Rituals, einer »großen Zeremonie«. Für den
Autor wird dieses Schauspiel ein Befreiungsakt gewesen sein; der Zuschauer
mag sich so gepeinigt und hilflos fühlen wie Sils Verlobter, der die Machtlosigkeit der Vernunft und Toleranz vor dieser Eruption aus dem seelischen
Untergrund demonstriert.

Der Architekt und der Kaiser von Assyrien. L'architecte et l'empereur d'As-
syrie. Uraufführung 9. März 1967, Paris, Théâtre Montparnasse-Gaston-
Baty, durch Jorge Lavelli. Deutsche Erstaufführung 18. Februar 1968, Schauspielhaus Bochum, Kammerspiele, durch Niels-Peter Rudolph. — Schauplatz
ist eine unbekannte Insel, sie ist ein Bild für das Unterbewußtsein des Autors;
Sprecher seines Unterbewußtseins sind zwei miteinander verkettete Figuren:
der zunächst sprachlose Eingeborene, der die Naturkräfte der Insel geheimnisvoll beherrscht, und der Zivilisationsmensch, der als einziger Überlebender bei einem Flugzeugabsturz — in eleganter Kleidung, mit Koffer und Stock
auf die Insel gelangt, sich als ›Kaiser von Assyrien‹ bezeichnet und den Eingeborenen zu seinem ›Architekten‹ ernennt. Nach diesem blitzartigen Prolog
setzt das Stück zwei Jahre später ein, der ›Architekt‹ hat inzwischen fast
perfekt sprechen gelernt und ist stolz darauf. Gedankenverbindungen zu
Robinson und Freitag stellen sich ein, auch an Prospero und Caliban, vor

›Die Geburt Arrabals‹, ein Gemälde, das nach Arrabals Angaben von spanischen
akademischen Malern ausgeführt worden ist

allem aber an die Vagabunden Becketts, die miteinander spielen, um sich die
Zeit zu vertreiben. So spielen ›Kaiser‹ und ›Architekt‹: Philosoph und Schüler; Pferd und Reiter; Geliebte und Bräutigam; feindliche Soldaten im Krieg;
Beichtvater und Beichtmutter; Peitschender und nach der Peitsche Begieriger;
Sterbender, der als ›Schokolade-Eskimo‹ verkleidet werden will, und Leid-
tragender, der ihn beerdigt; heiliger Elefant und auf ihm reitender Pilger;
zwei Affen, die nach der Vernichtung der Menschheit durch die Bombe wieder
wörtlich von vorn anfangen; meditierender Einsiedler und fleischliche Ver-
sucherin. Als der ›Architekt‹ den ›Kaiser‹ eine Zeitlang verläßt, fertigt sich
der inzwischen fast nackte ›Kaiser‹ einen kaiserlichen Popanz an, den er verehrt und für den er sich als Frau anzieht, langsam Kleidungsstückchen für
Kleidungsstückchen, ein Transvestiten-Strip-tease in umgekehrter Reihenfolge; dem einsamen ›Kaiser‹ bleibt nichts anderes übrig, als sich nun selbst
in zwei Personen aufzuspalten, in Karmeliterin und Beichtvater, in Gebärende
und Doktor, in Mutter und Doktor, und dazwischen schreit er nach seinem
›Architekten‹. — Während Arrabal in diesem ersten Teil immer wieder vorstößt in allgemeinere Bereiche, zieht er sich im zweiten Teil auf seinen privaten Mutterkomplex zurück. Nun ist der ›Architekt‹ als Richter verkleidet,
und der ›Kaiser‹, des Muttermordes angeklagt, spielt vor diesem Gericht auch
sämtliche Zeugen, während der ›Architekt‹ die Mutter darstellt; der ›Kaiser‹
verlangt, daß er zum Tode verurteilt wird: er will mit einem Hammer erschlagen und vom ›Architekten‹ aufgefressen werden. So geschieht's, und
beim Fressen der Leiche, beim Aufsaugen des Gehirns, verwandelt sich der
›Architekt‹ in den ›Kaiser‹, doch während er sich — angesichts des abgenagten
Gerippes — selber hochleben läßt, hört man wieder die Geräusche eines Flug-
zeugabsturzes, und der ehemalige ›Kaiser‹, der nun wie der ›Architekt‹ aussieht, stellt sich als einziger Überlebender vor — das Stück vom aufgespal-
tenen Ich, das sich wieder vereinigt und abermals aufspaltet, endet mit
seinem Neubeginn. — Große Rollen und einigermaßen abstruse Sexualpart-
nerschaften; Rollen aus dem Repertoire der Menschheitsentwicklung und
aus dem Katalog sado-masochistischer Möglichkeiten; Geistiges und Fleisch-
liches innig verschmolzen, und immer wieder Kopfsprünge aus philosophischen Höhen in die Jauchegrube — ein Psycho-Schocker für geduldige Intellektuelle, die der Dauerprovokation nicht müde werden.

Garten der Lüste. Le jardin des délices. ›Zwei Akte‹. Uraufführung 5. März
1969, Amsterdam, Theater ›De Bakke Grond‹; Regie: Lodewijk de Boer.
14. März 1970, Kammerspiele Schauspielhaus Bochum. — Der Titel bezieht
sich auf das Triptychon von Hieronymus Bosch (das im Prado in Madrid richtiger El Jardin de la Delicias ›Der Garten der Freuden‹ genannt wird). Das

Aufschweben in den ›Garten der Freuden‹ beendet diese Flucht halluzina-
torischer Bilder, eine Variante des Märchens vom Untier und der Schönen,
ein Erlösungsstück: erlöst worden ist Lais, die Schöne, aus den Sünden-
zwängen ihrer Kindheit, sie hat die christlichen Lämmer verlassen und die
Kraft gefunden, das Untier zu lieben: es wird zum Mann, und der Mann ist
für sie nicht länger ein Untier. Helfer bei ihrer Selbstbefreiung ist Teloc,
der Traumheld, ohne den sie sich von Miharca nicht hätte befreien können,
die sie als Nonne und als Freundin an ihre Kindheit gefesselt hat. Genuß
des Geschlagenwerdens und des Schlagens; Wollust des Büßens und des
Tötens; Fluchtwege in gleichgeschlechtliche Liebe und Geschlechtsvertau-
schung durch Kostümierung; Ausbruch des unterdrückten Körpers in fäka-
lische Exzesse; Liebe zum Häßlichen aus der Überzeugung, häßlich zu sein;
in Lästerung umgekippte Gebete – all diese Perversionen und Grausamkeiten erscheinen wie verzweifelte Antworten auf grausam erzwungene
Keuschheit, Selbstverleugnungen, Opfer und Anbetungen.

Und sie legen den Blumen Handschellen an. Et ils passèrent des menottes
aux fleurs. Uraufführung 26. September 1969, Paris, Théâtre de l'Epée de Bois;
Regie: Arrabal. Deutsche Erstaufführung 5. Dezember 1970, Berlin, Forum-
Theater; Regie: Klaus Hoser. – Der Titel zitiert den von Falangisten im
spanischen Bürgerkrieg ermordeten Dichter Federico Garcia Lorca. Im Stück
versammelt Arrabal wieder seine Lieblingsthemen, Obszönität und Blasphemie, Traumpoesie und Sadismus, diesmal jedoch politisch fixiert: in
einem Kerker Francos. In Spanien war Arrabal, der Vaterlands- und Gottes-
lästerung angeklagt, 1967 drei Wochen in Dunkelhaft. In seinem Stück
leben die Gefangenen zwischen der direkten politischen Empörung in der
Realität des Kerkers und der indirekten Anklage in ihren Traumvisionen.
Ein Gefangener wird bis zur Bewußtlosigkeit gefoltert; ein anderer auf der
Garotte langsam erwürgt. Sexualrausch und Rache im Traum: Verhöhnung
Christi und Kastration eines Anstaltspriesters mit bloßen Händen. – In
Berlin ließ »Forum«-Direktor und Regisseur Klaus Hoser die realen Szenen
auf einer Metallscheibe mitten im Publikum und die Traumräusche auf vie-
len Spielflächen zwischen den Zuschauern spielen, die er zu Beginn der Aufführung in den dunklen Saal führte – mit beruhigenden Worten. In Paris
stand Arrabal am Eingang zum dunklen und von wollüstigem Stöhnen erfüllten Zuschauerraum, biß die Zuschauerinnen – nicht immer nur in den
Arm – und flüsterte: »Dies ist die letzte Viertelstunde Ihres Lebens.«

Volksstücke: Niebergall, Zuckmayer, Pagnol

> Es gibt die liebende Begegnung auf dieser Welt. Es gibt die
> Freude. Es gibt die Freundschaft. Es gibt das Vertrauen.
>
> Zuckmayer

Wenn es ein Kennzeichen der Poeten ist, daß sie irgendeiner Welt-Harmonie bedürfen, und müßte sie erst von ihnen und könnte sie überhaupt nur für die Bühne hergestellt werden, so gehören die sogenannten Volksstücke der Niebergall, Zuckmayer und Pagnol zum poetischen Theater: ihr Weltvertrauen, mag es noch so viele Rückschläge erleiden, ist unzerstörbar. Über das Volksstück rümpft nur der literarische Hochmut die Nase.

Ernst Elias Niebergall. Geboren am 13. Januar 1815 in Darmstadt, hatte mit seinem zwei Jahre älteren Landsmann Georg Büchner, der das gleiche Darmstädter Gymnasium besuchte und ebenfalls in Gießen studierte, wohl keine Verbindung, doch gibt es bei Niebergall grotesk-humoristische Sätze, die auch bei Büchner stehen könnten, dessen Hochdeutsch in hessischen Ohren hessisch klingt. 1834 wurde gegen den neunzehnjährigen Theologiestudenten Niebergall eine Untersuchung eingeleitet, weil er dem Corps Palatia angehörte, das staatsfeindlicher Umtriebe verdächtig war; er durfte vorerst kein Examen ablegen, verließ die Universität und schlug sich als Hauslehrer in Dieburg bei Darmstadt durch. Um seine Gießener Schulden zu bezahlen, schrieb er ein ›Lustspiel in vier Aufzügen in der Mundart der Darmstädter‹ — *Des Burschen Heimkehr oder Der tolle Hund* — und ließ es 1837 drucken: in einer konventionellen Posse um einen der Universität verwiesenen, verbummelten Studenten, der nun wie sein Vater Metzger werden will und dafür sorgt, daß er die richtige Braut und seine Schwester den richtigen Bräutigam erhält, tauchen Volkstypen auf, deren kraftvoller Realismus, genährt aus einem mit Witz gebrauchten Dialekt, die Possenkonvention durchbricht. Nach dreijähriger Untersuchung freigesprochen, legte Niebergall seine theologische Fakultätsprüfung ab, übernahm eine Lehrstelle in Darmstadt, wo er, sehr jung, am 19. April 1843, starb. Zwei Jahre vorher hatte der Siebenundzwanzigjährige seinen ›Datterich‹ erscheinen lassen, eine ›Lokalposse‹, die, wäre sie nicht im Dialekt geschrieben, zu den großen deutschen Komödien zählte. Deshalb ist sie außerhalb ihres Mundartbereiches, auch in Berlin, gelegentlich gespielt worden, und das Fernsehen hat sich ihrer mehrfach bemächtigt. Der Biedermeier-Niebergall verspottet das Biedermeier und ist wie Nestroy skeptisch, parodistisch, antiromantisch, doch — anders als Nestroy — läßt er den Kleinbürgern, nachdem er sie verhöhnt hat, mit souveräner Gleichgültigkeit das Daseinsrecht.

›Aurora musis amica, des haaßt uf Deitsch: Morjends schläft mer am Beste‹, philo-sophiert der ›Datterich‹ in seiner Dachstube. Stammbuchblatt, gezeichnet von Ernst Elias Niebergall (1815–1843)

Der Datterich, ›Lokalposse in sechs Bildern, in der Mundart der Darm-städter‹. Gedruckt: 1841. Zum erstenmal gespielt: am 2. August 1862 im Darmstädter Chausseehaus, einem Theater für Wanderbühnen. (›Datterich‹ ist im Hessischen der Spitzname für einen Trinker, dessen Hände schon vor Begierde zittern, wenn er an Wein nur denkt.) Datterich, ein Rentner ohne Geld, ist ein Pumpgenie, immer auf der Jagd nach einer Flasche Wein, ein unverfrorener Schnorrer, weit überlegen an Wendigkeit, Witz und Grazie den biederen Bürgersleuten, repräsentiert durch die Familie Dummbach und den Drehergesellen Schmidt. Um den jungen Schmidt besser ausnehmen zu können, verspricht ihm der Datterich Protektion und versucht, den schüch-ternen Gesellen an Evchen, Datterichs Bäschen, zu verkuppeln. Alles miß-lingt kläglich: Evchen geht nicht zum Stelldichein, sondern schickt im ver-hüllenden Mantel Dummbachs Tochter Marie, die den Schmidt so liebt, wie der Schmidt eigentlich nur sie; Datterich wird von dem groben Schuster Bengler, dem er Geld schuldet, jämmerlich verhauen und von den Dumm-bachs hinausgeworfen, doch geht er nicht, ohne die Bürger in ihrer ganzen Dummheit und Spießigkeit erbarmungslos entlarvt zu haben — noch wenn er fliegt, fliegt er ›mit Glanz‹, und kaum ist er draußen, bedauert der ein-sichtigste der Bürger, daß bei der Hochzeit Schmidt—Marie der Datterich fehlen muß.

So unbürgerlich Datterichs Lebenswandel ist, er ist ein Stück dieser klein-bürgerlichen Biedermeierwelt. Dazu der Darmstädter Kritiker K. H. Ruppel: »Gerade das aber ist ein Merkmal der genialen Konzeption von Niebergalls Datterich, daß er das Spießertum nicht als ›Opponent‹, sondern als sein

Carl Zuckmayer,
gezeichnet von B. F. Dolbin.
Aus ›Die literarische Welt‹, 1927

Exponent widerlegt. Er steht nicht am Rande, sondern mitten in dieser Welt von Stammtischbrüdern und politischen Kannegießern, von denen er sich nicht durch seinen Charakter, sondern nur durch seinen Verstand unterscheidet.«

CARL ZUCKMAYER. Geboren am 27. Dezember 1896 in Nackenheim am Rhein, in einem Haus in den Weinbergen; der Vater besaß eine kleine Fabrik für Flaschenkapseln. Gymnasium in Mainz, 1914–1918 Kriegsdienst an der Westfront, Studium in Frankfurt und Heidelberg. Erste Premiere am 10. Dezember 1920 im Berliner Staatstheater, dem Haus Leopold Jessners: *Kreuzweg*, ein expressionistisches Erlöserdrama im Stil der Zeit, die dieses Stils gerade überdrüssig war; inszeniert von Ludwig Berger. Der Kritiker Alfred Kerr notierte: »Wann wird der Retter kommen aus diesem Chaos?« Er kam fünf Jahre später mit dem ›Fröhlichen Weinberg‹: Zuckmayer hatte sich — nach Volontär- und Dramaturgenzeit an verschiedenen Theatern — mit einem Volksstück selbst gerettet und wurde zum meistgespielten deutschen Dramatiker. Die Nationalsozialisten verboten im Frühjahr 1933 die Aufführung seiner Werke, zwangen ihn 1937 zur Emigration aus Österreich und bürgerten ihn 1939 aus. Ab 1939 in Amerika; Pächter der einsamen Backwoods-Farm in Barnard, Vermont, bis 1946. Dann Rückkehr nach Deutschland als Zivilangestellter der amerikanischen Regierung, für die er Gutachten über das kulturelle Leben in Deutschland und Möglichkeiten der Hilfe ausarbeitete; in der Reisetasche ›Des Teufels General‹, das erfolgreichste Stück der Nachkriegszeit. Verheiratet seit 1925 mit Alice von Herdan (die über ihre Amerika-Zeit das bezaubernde Buch ›Die Farm in den grünen Bergen‹ geschrieben hat); eine Tochter, aus Verehrung für Karl May ›Winnetou‹ genannt. Seit 1958 Wohnsitz in Saas-Fee in der Schweiz. Romane, Erzählungen, Filmdrehbücher, u. a. ›Der blaue Engel‹ nach Heinrich Manns Roman ›Professor Unrat‹, 1929, mit Emil Jannings und Marlene Dietrich, deren Fürsprache bei Präsident Roosevelt ihm 1939 auf Cuba die Wartezeit auf die Einreisegenehmigung in die Vereinigten Staaten wesentlich verkürzte.

Seinen Rechenschaftsbericht ›Die langen Wege‹ (1952) beendete er mit: »Aber ich liebe das Leben, das menschliche Leben, nicht in einer illusorischen

Vorstellung von seiner Glücksbestimmung, nicht als einen regulierbaren Vorgang zur Erreichung möglicher Zufriedenheit, sondern das bedrohte, umstellte, unendlich tragische und unendlich freudvolle Leben der Geschöpfe, die ein Schöpfer erweckt, erschaffen und beseelt hat. Ich liebe es in Furcht und Ehrfurcht, Vertrauen und Dankbarkeit.« Diese Sätze enthalten das Geheimnis seiner Wirkung: seine Liebe zum Leben und zum Schöpfer ist so ungebrochen und groß, daß sie seine Zuschauer ergreift — und sei es auch nur für die Dauer der Aufführung. Er schenkt seinem Publikum das Gefühl, in einer sinnvollen, harmonischen Welt zu leben — und sei es durch eine todtraurige Geschichte. Manchmal ist er unverblümt sentimental, und wem es an Courage fehlt, einzugestehen, daß Sentimentalität schön sein kann, der mag ihn dafür schelten.

Probleme durch Gedanken aufzufächern, liegt ihm nicht, und auch das vorsätzliche Dichten mit Hilfe von feierlicher Sprache und Symbolen gehört nicht zu seinen Stärken. Er hat das Volksstück um Poesie und Tragik bereichert, und die Fülle des Lebens formuliert er in Rollen, die von den Schauspielern geliebt werden, weil sie das Publikum in die Schauspieler verliebt machen. Er hat ein phänomenales Ohr für Zwischentöne der Umgangssprache und vieler Dialekte, und wenn er sich des heimischen Hessischen bedient, dann weiß sich der Hesse vor Begeisterung nicht zu fassen. Er ist ein herrlicher Geschichtenerzähler, schwelgt in saftigen und in zärtlichen Einzelheiten und kann sich kaum enthalten, das, was er als Dramatiker längst schon durch Handlung klargemacht hat, nachgießend als Erzähler im Dialog immer wieder zu kommentieren, doch steht ihm das Recht der Klassiker zu, für jede neue Aufführung neu gestrichen zu werden. Und als Klassiker steht er dort, wo in der deutschen Literatur nicht viel steht: bei der Heiterkeit. Das einzige, was ihm im Lande der subventionierten Bühnen fehlt, sind Theaterdirektoren mit ernsthaften Kassensorgen.

Der fröhliche Weinberg (Uraufführung 22. Dezember 1925, Berlin, Theater am Schiffbauerdamm; 23. Dezember 1925, Frankfurt am Main, durch Heinz Hilpert). Weinlese 1921 in Rheinhessen. Der Weingutsbesitzer Jean Baptiste (= ›Schambes‹) Gunderloch möchte seine uneheliche Tochter Klärchen mit dem Assessor Knuzius, einem Fatzke und ehemaligen Corps-Studenten, verheiraten, will aber, da seine verstorbene Frau unfruchtbar gewesen, zuvor untrüglich sicher sein, daß dieser Ehe Kinder entspringen. Tochter Klärchen, um ihre Ruhe zu haben, versichert wahrheitswidrig, sie erwarte von Knuzius ein Kind, während sie doch den Rheinschiffer Jochen Most zum Mann haben möchte. Beim Winzerfest, bei Most, Liedern, einer Prügelei und in einer Ligusterlaube klären sich die Paare: Klärchen kriegt Jochen; Papa Gunderloch die Annemarie, Jochens Schwester; der Weinreisende Isidorche Hahnesand heiratet die Kölner Weinhändlerstochter Stenz, und Babettchen, die Freundin Klärchens, holt sich den berauschten Knuzius vom Misthaufen. — Wie das Knurren einer hungrigen Bestie sei bei der Berliner Premiere der Beifall losgebrochen, hat Zuckmayer erzählt, und sogar der Kritiker Alfred Kerr, der an dem Stück vielerlei auszusetzen hatte, schrieb doch: »Vier Paare. Sic transit gloria expressionismi« und erklärte den triumphalen Erfolg beim Publikum im Jahre 1925, indem er den ›Spaß‹ verteidigte: »Weil er das Theater heute vielleicht vor dem hemmungslosen Literatenmist rettet: vor der anspruchsvollen Unmacht, vor dem sabbernden Chaos ...«

›Die Moritat vom Schinderhannes‹
Federzeichnung von Carl Zuckmayer

Schinderhannes (13. Oktober 1927, Lessing-Theater, Berlin). Die knallbunte, eigentlich traurige und dennoch fröhliche Moritat vom ›Schinderhannes‹, dem Räuberhauptmann Johannes Bückler, der in der ›Franzosenzeit‹, als die napoleonischen Soldaten das linke Rheinufer besetzt hatten, zwischen Mainz und Koblenz die Reichen bestiehlt und den armen Bauern im Hunsrück hilft, bis er verraten, gefangen und mit neunzehn Bandenmitgliedern vorm Holzturm in Mainz geköpft wird (1803); sein Julchen, die ein Kind von ihm bekommen hat, kann in ihrer Trauer den geheimen Stolz nicht unterdrücken, daß so viele Menschen zur Hinrichtung gekommen sind: »Fünfzehntausend Leut!«

Katharina Knie (Uraufführung 21. Dezember 1928, Lessing-Theater, Berlin. Zum ›Musical‹ verarbeitet — Gesangstexte: Robert Gilbert. Musik: Mischa Spoliansky — Uraufführung 19. Januar 1957, Gärtnerplatz-Theater, München). Ein rührendes, doch nicht rührseliges ›Seiltänzerstück‹ um den (historischen) Zirkus Knie, der im Inflationsjahr 1923 an Geld- und Hungersnot zugrunde gehen müßte, wären die junge Katharina Knie und nicht der gutmütige Landwirt Rothacker, der sich in sie verliebt, sie auf seinen Hof nimmt und heiraten möchte — doch als Vater Knie stirbt, übernimmt Katharina den Zirkus und zahlt seine Schulden mit ihrem goldenen Verlobungsring. Der Zirkus geht weiter — Katharina verspricht: »Solang mir lebe!«

Der ›Hauptmann von Köpenick‹, gezeichnet von Fritz Koch für die ›Berliner Illustrirte Zeitung‹ vom 28. Oktober 1906. ›Wer die Uniform trägt, der siegt, nicht weil er besser oder klüger oder weitsichtiger wäre als die andern, sondern weil er uniformiert ist‹, kommentierte das ›Berliner Tageblatt‹ am 17. Oktober 1906 den Streich des Schusters Wilhelm Voigt, der am Tag zuvor in einer schlecht sitzenden Hauptmannsuniform ein Dutzend Gardesoldaten nach Köpenick kommandiert, dort den Bürgermeister verhaftet und die Stadtkasse an sich genommen hatte, und die ›Neue Preußische Zeitung‹ schäumte am 18.: ›Der Gaunerstreich wird bereits zu einer politischen Sensation aufgebauscht. Namentlich soll er gegen den Militarismus ausgenutzt werden.‹

Der Hauptmann von Köpenick (Uraufführung 5. März 1931, Deutsches Theater, Berlin, durch Heinz Hilpert). Die (historische) Geschichte vom mehrfach vorbestraften Schuster Wilhelm Voigt, der am 16. Oktober 1906 in Hauptmannsuniform zwölf Soldaten des IV. Garderegiments nach Köpenick kommandiert, dort den Bürgermeister mit allem militärischen Zeremoniell verhaftet, die Stadtkasse an sich genommen und damit den preußischen Uniform-Gehorsam vor aller Welt lächerlich gemacht hatte. In Zuckmayers ›deutschem Märchen‹, seinem Meisterstück, ist dieser Schuster eine herumgestoßene, arme Kreatur: er braucht zuerst eine Aufenthaltserlaubnis, damit er in Deutschland arbeiten darf, und er braucht zuerst Arbeit, damit er eine Aufenthaltserlaubnis erhält – ein unlösbares Dilemma, verhängt von einer unpersönlichen Bürokratie. Auch ein Auslandspaß wird ihm verweigert. So kauft er eine Hauptmannsuniform beim Trödler; die nötigen militärischen Kenntnisse hat er im Zuchthaus erworben, wo es zugeht wie beim Militär. Er setzt sich nach Köpenick in Marsch, nicht um die Stadtkasse zu beschlagnahmen, sondern um sich einen Paß zu verschaffen. Eine Paßstelle aber gibt es dort nicht. Unvergänglich bleibt jedoch sein Ruhm, daß er durch seine Maskerade die Uniform als einen Fetisch demaskiert hat; dummstolz stellte der Kaiser fest: »Kein Volk der Erde macht uns das nach.« Zuckmayer möchte schließlich fast jeden mit jedem versöhnen. »Ich glaube nicht an Haß als produktive Kraft«, kommentierte er, und »worauf es hier ankommt, ist nicht die Verulkung oder Verspottung, sondern die Spiegelung des deutschen Charakters, dessen helle und lautere Anlagen ebenso wie seine Trübheiten und Abgründe in den Gestalten dieses Stückes gemeint sind«.

Der Schelm von Bergen (Uraufführung Herbst 1934, Burgtheater Wien. Deutsche Erstaufführung 4. Juni 1950, Staatstheater Stuttgart). Zuckmayer wurde zu diesem ›Schauspiel in der Zeit und im Raum der Legende‹ angeregt von Heinrich Heines gleichnamiger Ballade und verlegte die Handlung in die Zeit der Karolinger. Die Kaiserin, schön und edel, doch kinderlos, verliebt sich in einen Unbekannten, von dem sie nicht weiß, daß er der Sohn des Scharfrichters ist. Als der Scharfrichter stirbt, soll der Sohn mit der Hinrichtung einer jungen Kindsmörderin sein Amt antreten, doch ein reitender Bote, von der Kaiserin veranlaßt, kommt rechtzeitig mit der Begnadigung. Das Kind, das die Kaiserin ersehnt, wird, vom Scharfrichtersohn veranlaßt, ebenfalls kommen, und als der Kaiser von ›seinem‹ Kind erfährt, gibt er gerührt und weise seinen Segen dazu: auf einem Mummenschanz hat der Scharfrichtersohn mit der Kaiserin getanzt, dieser Frevel ist entdeckt worden, doch der Kaiser bestraft ihn nicht, sondern schlägt ihn zum ›Schelm von Bergen‹. Opernhafte Bilder und Märchenlyrik: koloriertes Mittelalter.

Des Teufels General (Uraufführung 14. Dezember 1946, Schauspielhaus Zürich, durch Heinz Hilpert. Deutsche Erstaufführung 8. November 1947, Deutsches Schauspielhaus, Hamburg). General Harras ist Gegner des nationalsozialistischen Regimes und dient ihm dennoch, weil er leidenschaftlich gerne fliegt. Er entdeckt, daß sein Freund und Untergebener, der Chefingenieur Oderbruch, Sabotage treibt in der Überzeugung, daß das Ende der Hitler-Diktatur nur durch die Niederlage der Deutschen zu erreichen ist. Seinem Charakter gemäß kann sich Harras weder dem Saboteur anschließen, noch weiterleben: »Wer auf Erden des Teufels General wurde und ihm die Bahn gebombt hat — der muß ihm auch Quartier in der Hölle machen« — er begeht Selbstmord, indem er mit einer der durch die Sabotage tödlichen Maschinen fliegt, und erhält ein ›Staatsbegräbnis‹.

Das 1942 in Amerika mit einer unerhörten Treffsicherheit im Jargon geschriebene Stück erregte 1947 Diskussionen von einer später nicht mehr vorstellbaren Heftigkeit: angegriffen wurde der verführerische Glanz, der von Harras und den Luftwaffen-Offizieren ausgehe, ebenso wie die Sinnlosigkeit der Sabotage Oderbruchs, die Menschenleben kostete, ohne den Kriegsausgang entscheidend zu beeinflussen. Unbestreitbar blieb: Zuckmayer hatte von der Bühne her die erste öffentliche und freie Diskussion über die jüngste Vergangenheit Deutschlands, über moralische Fragen des aktiven Widerstands und der passiven Duldung, zustande gebracht und vor allem in den jüngeren Deutschen das Bewußtsein erst geweckt, daß sie nun tatsächlich offen diskutieren durften — von Freiheit der Rede war damals in den Zeitungen zwar viel die Rede, doch wurde sie nicht geglaubt.

Zuckmayer schrieb in der Zeitschrift ›Die Wandlung‹ (1948, Heft 4), er habe sich mit Oderbruchs Handlungsweise nie abfinden können, »obwohl sie mir zwangsläufig erschien. Ebensowenig mit der des Generals Harras, der gegen die Nazis war und ihnen diente, bis er an seinem eigenen Zwiespalt zugrunde ging ... Wenn man ein Drama schreibt, das Lebensdeutung versucht, so sind seine Gestalten keine Prinzipienträger, sondern Menschen, die leiden und handeln, ihren Weg suchen oder ihn verfehlen.« Enthusiastisch wurde die Londoner Aufführung aufgenommen, mit Trevor Howard als General Harras, im September 1953. Zehn Jahre später, als im März 1963 Baden-Baden das Stück wieder aufführen wollte, zog es Zuckmayer vorläufig von den Bühnen zurück mit einer Erklärung, in der es heißt, »daß seine Wiederaufführung nach zwölfjähriger Pause nicht gerade zu einem Zeitpunkt« erfolgen sollte, »in dem es, auf Grund der verschiedenen innenpolitischen Vorfälle und Auseinandersetzungen des letzten Jahres, Anlaß zu Mißdeutungen geben könnte. Es wäre allzuleicht, im positiven oder negativen Sinne, das Stück heute als ›Entschuldigung‹ eines gewissen Mitmachertyps mißzuverstehen. Sein Inhalt ist jedoch die tragische Situation, und schließlich die tragische Entscheidung, von unbescholtenen Menschen, die gezwungen sind oder sich, wie Harras, aus Leichtsinn dazu hergegeben haben, einer ihnen verhaßten Gewaltherrschaft zu dienen.«

Barbara Blomberg (Uraufführung 30. April 1949, Deutsches Theater, Konstanz, durch Heinz Hilpert). Vor zwanzig Jahren ist Barbara Blomberg in Regensburg die Geliebte Karls V. gewesen und die Mutter seines Sohnes Don Juan d'Austria geworden; nun ist sie verheiratet und verschlampt mit einem trinkfreudigen kleinen Major in Brüssel, aber entschlossen, mit allen Mitteln ins Hofleben aufzusteigen. Ihr illegitimer Sohn ist bereits ein weltberühmter Admiral. Skrupellos und mit diplomatischer Gewandtheit schafft sie es, daß sie als indirektes Mitglied des Herrscherhauses anerkannt und in ein Schloß bei Brüssel ins Wohlleben gesetzt wird. Ihrem Sohn zuliebe und seinem Amt als Statthalter der Niederlande, doch auch um ihren Geliebten Ratcliff zu retten, verzichtet sie schließlich und geht in die Einsamkeit nach Kastilien. Der spanische Dichter Cervantes spricht den Epilog dieses effektvollen Intrigen- und Rollenstücks: ein Bekenntnis zur Fülle des Daseins, zu »Herz und Schoß und Lächeln einer Frau«.

Der Gesang im Feuerofen (Uraufführung 3. November 1950, Deutsches Theater Göttingen, durch Heinz Hilpert). Frankreich unter deutscher Besatzung, 1943. Während eine französische Widerstandsgruppe an Weihnachten auf einem Schloß ein Fest feiert, wird das Schloß von deutscher Feldpolizei

›Katharina Knie‹ von Carl Zuckmayer.
Federskizze von Hein Heckroth für die Aufführung in Essen, 1931

umstellt und in Brand gesteckt: die Franzosen, wie die Männer im Feuerofen das Tedeum singend, verbrennen. Diesen Vorgang (der sich tatsächlich ereignet hat) will Zuckmayer ins Gleichnishafte steigern, jenseits der Nationalitäten: deutsche und französische Soldaten werden von denselben Schauspielern dargestellt; zwei Engel klagen den Frevel an und mahnen zur Versöhnung; ›Vater Wind‹, ›Mutter Frost‹, ›Bruder Nebel‹ symbolisieren kosmische Kräfte. Ein französischer Kaplan spricht Zuckmayers Botschaft: »Wir haben die Wahl zu treffen, hier und heute — ob wir das Leben erniedrigen wollen zu einer blinden Funktion — oder ob wir es lieben können, als Gottes Geschenk, in jedem seiner Geschöpfe, noch im Feind, noch in Tod und Verwüstung!« Das realistische Drama ist der religiösen Verkündigung, die Handlung der Symbolik, das Theaterstück der rühmenswerten Absicht untergeordnet.

Das Leben des Horace A. W. Tabor (Uraufführung 18. November 1964, Schauspielhaus Zürich, durch Werner Düggelin). 1879, Colorado. Der (historische) Postmeister und Kneipenwirt Tabor kauft zwei ausgehungerten Hessen für eine Gallone Whisky zwei Drittel Anteile ihres Claims ab, wird reich, kujoniert seine Arbeiter in der Silbermine, wird Gouverneur von Colorado, betrügt seine hausmütterliche Frau ›Lady‹ mit ›Baby‹ Doe, wird von ihrem

Zuhälter erpreßt, läßt sich scheiden, heiratet Baby Doe, verliert an der Börse, kehrt in die Blockhütte seines Anfangs zurück und stirbt, von Lady und Baby, der alten und der neuen Frau, umsorgt: arm, aber glücklich.

MARCEL PAGNOL. Geboren am 28. Februar 1895 in Aubagne, zwanzig Kilometer östlich von Marseille. Mit fünfzehn Jahren schrieb er sein erstes Stück, ein neuromantisches Versdrama *Catull;* mit sechzehn gründete er mit Freunden eine Zeitschrift, die unter ihrem späteren Namen ›Cahiers du Sud‹ berühmt wurde. Studierte in Marsaille und Montpellier. Infantrist im ersten Weltkrieg. Gymnasiallehrer für Englisch in verschiedenen Provinzstädten, ab 1922 in Paris, am Lycée Concordet. Erster Bühnenerfolg durch eine bitterböse Satire gegen das Geschäft mit Nationalismus und patriotischer Heldenverehrung. Er schrieb sie zusammen mit Paul Nivoix: *Schieber des Ruhms* (auch ›Kriegsgewinnler‹. ›Les Marchands de Gloire‹. Uraufführung 1925, Paris, Théâtre de la Madeleine. Deutsche Erstaufführung 1930, Essen): Unteroffizier Henri Bachelet wird durch Opfertod im Krieg zum Nationalhelden in den Schullesebüchern, und sein Vater nutzt diesen Ruhm und wird Spitzenkandidat einer nationalen Sammelliste; am Vorabend der Parlamentswahlen taucht Henri zu Hause auf: er war ein Deserteur und ist durch eine Verwechslung zum Heldenruhm gekommen; Vater Bachelet und seine Parteifreunde machen dem Sohn klar, daß diese Wahrheit niemand nütze, und der Sohn nimmt einen andern Namen an und wird der Anführer der Schieber.

Gegen die Korruption der Nachkriegszeit richtete sich *Das große ABC* (auch: ›Topaze‹. ›Monsieur Topaze‹. Uraufführung 9. Oktober 1928, Paris, Théâtre des Varietés. Deutsche Erstaufführung 1928, Volkstheater München): Monsieur Topaze entwickelt sich vom braven, moralpredigenden, unendlich naiven und ausgebeuteten Schulmeister eines Privatinternats auf dem Wege über eine bezahlte Nichttätigkeit als rechtschaffen wirkender Strohmann für die schmutzigen Geschäfte des Stadtrats Castel zum triumphierenden Hexenmeister aller Schieber: Gewissensqualen und Angst vor der Bestrafung hat er überstanden, den Stadtrat als einen Dilettanten der Korruption ausgebootet und dessen Geliebte Suzy für sich gewonnen. Monsieur Topaze ist eine effektvolle Rolle, gespielt von Max Pallenberg (im Film von Louis Jouvet), und zum Sammelbegriff geworden für alle neureichen Nachkriegsschieber. Sein sich wandelnder Charakter ist das Meisterstück Pagnols in dieser Verhöhnung des großen ABC der Korruption.

Der unverkennbare Spaß Pagnols an der Atmosphäre und der Lebensfülle seiner Personen deutet schon seine Wandlung an vom bitteren Satiriker zum lustvollen Komödienschreiber, als der er mit seiner Marius-Trilogie

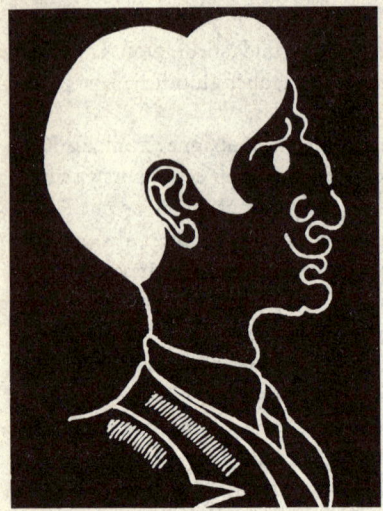

Marcel Pagnol, karikiert von Carlo Rim
(d. i. Jean-Marius Richard)

›Zum Goldenen Anker‹ (1929–1936) internationalen Ruhm gewann. Nach den Verfilmungen von ›Topaze‹ (1932; Regie: Louis Gasnier) und der beiden ersten Marius-Stücke (›Marius‹, 1931, Regie: Alexander Korda; ›Fanny‹, 1932, Regie: Marc Allégret) schrieb Pagnol das dritte Marius-Stück, ›César‹, zuerst als Drehbuch, und wurde nun im Hauptberuf ein Mann des Films, Produzent, Autor und Regisseur. Er proklamierte den Unsinn: »Der Stummfilm war gedruckte und vervielfältigte Pantomime. Der Tonfilm ist gedrucktes und vervielfältigtes Theater«, und er glaubte allen Ernstes eine Zeitlang, das Theater werde im Tonfilm wieder auferstehen. Der Welterfolg der Marius-Filme (mit Raimu als César) schien ihm recht zu geben (›Marius‹ wurde neu gedreht in Berlin mit Emil Jannings und in Hollywood mit Wallace Beery als César), doch kam dieser Erfolg nicht durch die wuchernden Dialoge, sondern trotz des verfilmten Theaters und durch die vorzüglichen Schauspieler. Als Pagnol Filmregisseur wurde, kam er von seinen die Gesetze des Films mißachtenden Theorien ab; sein Film *Die Frau des Bäckers* (Madame Aurélie, 1940, mit Raimu) wurde ein auch optisches Meisterwerk und wird wegen seiner atelierfreien Aufnahmen in der Natur für einen Vorläufer des Neorealismus gehalten.

Aus seinem Film ›La Fille du Puisatier‹, 1940, ist *Die Tochter des Brunnenmachers* (Uraufführung 3. September 1955, Thalia-Theater, Hamburg), hervorgegangen, ein rührseliger provençalischer Bilderbogen, mehr Klischee-Operette als poetisches Volksstück: Patricia, die unerfahrene Tochter des italienischen Brunnenmachers, erwartet ein Kind von Jacques, einem Testflieger, der überraschend nach Afrika kommandiert worden ist und dessen Botschaften für Patricia von seiner Mutter unterschlagen worden sind; nach Verstoßung aus dem väterlichen Haus, einem traurigen Leben als Wäscherin und der Geburt eines Sohnes folgt allseitiger Versöhnungsjubel und Rückkehr des totgeglaubten Fliegers.

Aus Pagnols Film ›Manon des Sources‹, 1952, wurde das dreiaktige Schauspiel *Gottes liebe Kinder* (Uraufführung 14. Juni 1956, Schiller-Theater,

Berlin): Das Bauernmädchen Manon, als Hexe verschrien, verstopft die Quelle, von der das ganze Dorf abhängt, aus Rache, denn vor Jahren ist ihrem Vater die Quelle zugemauert worden; der damalige Übeltäter erhängt sich, das Dorf bittet Manon um Verzeihung — ein mehr moralisierendes und sentimentales als amüsantes Volksstück. So reizvolle Filme Pagnol geschaffen hat (rund zwanzig), auf seine Theaterproduktionen hat sich der Film schädlich ausgewirkt.

Mit seiner Trilogie *Zum Goldenen Anker* hatte Pagnol sein Meisterwerk geschrieben. Erster Teil *Marius* (Uraufführung 9. März 1929, Paris, Théâtre de Paris; Deutsche Erstaufführung 1929, Deutsches Theater, Berlin, durch Heinz Hilpert). ›Zum Goldenen Anker‹ heißt eine Kneipe am Alten Hafen in Marseille. Marius, der Sohn des Wirtes César, hat das Fernweh, wenn die Schiffe tuten und von den »Inseln unter dem Wind« die Rede ist. Fanny, die kleine Muschelverkäuferin, liebt ihn so sehr, daß sie sein Opfer, ihr zuliebe auf die Große Fahrt zu verzichten, nicht annehmen kann: sie erwartet ein Kind von ihm, doch in einer herzzerreißenden Szene spielt sie ihm vor, sie sei eine im Grunde lieblose, berechnende Person, auf daß er mit gutem Gewissen zur See gehen kann, und sie hält auch noch seinen Vater César, der es besser wissen muß, so lange auf, bis Marius mit dem Schiff den Hafen verlassen hat. Das Stück lebt aus dem mittelmeerischen Temperament der Menschen, darunter César, ein Souverän hinter der Theke mit dem Gemüt eines Kindes; Escartefigue, der Hafenkapitän, der mit seinen 206 Metern Fahrt von Kai zu Kai völlig zufrieden ist; der heruntergekommene Piquoiseau, das fleischgewordene Fernweh; Panisse, der reiche Segelmacher, der Fanny so zärtlich wie hoffnungslos liebt; Honorine, Fannys lebenspralle Mutter mit ihrer Fischweib-Suada.

Zweiter Teil: *Fanny* (Uraufführung 3. Dezember 1931, Paris, Théâtre de Paris. Deutsche Erstaufführung 1932, Deutsches Theater, Berlin, durch Heinz Hilpert). Panisse hält um Fanny an, und zum Entsetzen ihrer Mutter sagt sie ihm, daß sie ein Kind von Marius erwartet. Panisse, der einen Erben braucht, ist glücklich, doch soll niemand erfahren, daß es nicht sein Kind ist. César aber will auf ›seinen‹ Enkel nicht verzichten und gibt sich schließlich damit zufrieden, daß das Kind ›César Marius‹ getauft wird. Als es zehn Monate alt ist, kommt Marius zurück, hat Fannys Opfer inzwischen begriffen und fordert sie von Panisse zurück. Fanny liebt Marius noch immer, doch sie bleibt aus eigenem Willen bei Panisse.

Dritter Teil: *César* (Uraufführung 18. Dezember 1936, Paris. Deutsche Erstaufführung 1. Dezember 1938, Kleines Haus des Berliner Staatstheaters). Panisse, zwanzig Jahre mit Fanny glücklich verheiratet, liegt im Sterben und weigert sich, Césariot, den Sohn Fannys, über seinen richtigen Vater aufzuklären. Césariot erfährt die Wahrheit erst nach dem Tod von Panisse, sucht Marius in Toulon auf, und nach vielen Mißverständnissen finden Marius und Fanny zusammen. — In ›Volksstücken‹ sind die Menschen im allgemeinen nicht so, wie sie sind, sondern wie sie sein sollten: sie haben mehr Gemüt und mehr Kraft zu schlichten Gefühlen, als es die Erfahrung lehrt. In Pagnols Trilogie sind die Menschen dann schließlich doch ein bißchen so, wie es die Erfahrung lehrt, und so kann er rühren, ohne rührselig zu sein, in dieser heimlichen Komödie der unstillbaren Herzen. (Zum Musical ›Fanny‹ vergröbert und sentimentalisiert von S. N. Behrmann und Joshua Logan; Musik: Harold Rome; Uraufführung 1954, New York; Deutsche Erstaufführung 1956, Gärtnerplatz-Theater, München.)

Madame Aurélie (auch: ›Die Frau des Bäckers‹ und: ›Der Bäcker und sein Weib‹. 1938. Von Pagnol verfilmt 1940: ›La Femme du Boulanger‹. Deutschsprachige Erstaufführung 1948, Schauspielhaus, Zürich; Deutsche Erstaufführung 1950, Kammerspiele, München). Der seelengute Bäcker Aimable (die große Rolle des Stücks), ein argloser Mensch, der an das Böse nicht glauben mag, wird unfähig, Brot zu backen, als seine junge Frau Aurélie ihn mit einem Schäfer verlassen hat. Die Dorfbewohner holen Aurélie zurück, und die Strafpredigt, die Aimable seiner Frau halten müßte, richtet er an eine Katze, die sich eine Weile herumgetrieben hat, so daß Aurélie, von so viel Liebe und Güte erschüttert, den Bäcker nie mehr verlassen will. – So viel Rührung, so viel Charme — ein Märchen aus dem provençalischen Alltag mit tragikomischen Lichtern.

Judas (1944. Uraufführung Oktober 1955, Paris Théâtre de Paris; Deutsche Erstaufführung 22. März 1961, Nationaltheater Mannheim). Pagnols Judas verrät Jesus nicht, weil er bestechlich ist, sondern weil er mit dem Verrat die Prophezeiung Christi und der Heiligen Schrift erfüllt; ohne Judas gäbe es keine Kreuzigung und keinen Triumph Christi über seine Verfolger; er fühlt sich als Werkzeug Gottes und lehnt deshalb auch mehr Geld als die prophezeiten dreißig Silberlinge ab. Er wird gezwungen, der Kreuzigung beizuwohnen, und als ihm nun scheint, daß Christus doch sterblich sei, bricht er zusammen und nimmt den Fluch der Verdammnis auf sich. Diese Verteidigung des Judas, der es für ungerecht hält, daß Christus alle Menschen erlöse, außer ihm, dem es vorbestimmt ist, der Verräter zu sein, sogar dieses theologische Thema behandelt Pagnol als ein Volksstück: die Römer sind die ›Besatzungsmacht‹ und sprechen südfranzösische Dialekte, die Soldaten fluchen im Jargon der Gegenwart, der Hohepriester Kaiphas ist ein ›Kollaborateur‹.

REGISTER

Zu den Registern

Fett gedruckte Zahlen verweisen auf Hauptstellen, Zahlen im *Schrägdruck* auf Bilder.

Das Register ›*Dramen*‹ enthält die Titel aller ausführlich behandelten und erwähnten Theaterstücke. Zur rascheren Orientierung sind die bestimmten und unbestimmten Artikel (der, die, das, ein, eine) am Anfang der Titel weggelassen.

Das Register ›*Dramatiker*‹ enthält die Autoren der Theaterstücke (in Klammern: ihre Lebensdaten).

Das Register ›*Informationen*‹ enthält (außer den im ›Dramatiker‹-Register genannten Autoren) Namen, die für die Theatergeschichte von Bedeutung sind: Zeitgenossen der Dramatiker, Schauspieler, Theaterdirektoren, Regisseure, Bühnenbildner, Wissenschaftler, Theaterkritiker usw. (in Klammern: ihre Lebensdaten). Dabei sind ihre wichtigsten Bücher angegeben — theoretische Schriften, wissenschaftliche Arbeiten, Briefe, Erinnerungen — mit Erscheinungsort und Erscheinungsjahr. ›Informationen‹ ist zugleich ein Verzeichnis der vom Autor benutzten Quellen und ein Hinweis auf weiterführende und amüsante Bücher.

Dramen

Dramatiker

Informationen und Quellen

A

Abraham a Santa Clara, eigentlich Hans Ulrich Megerle (1644—1709). Augustiner-Barfüßer: Wortspielverliebter Wanderprediger. Schriftsteller. 395
Ackermann, Konrad Ernst (1712—1771). Schauspieler. Theaterleiter. Vater der Schauspielerinnen Charlotte und Dorothea Ackermann. Heiratet die Schauspielerin Sophie Charlotte Schröder (1714—1792), die Mutter des Schauspielers Friedrich Ludwig Schröder (1744 bis 1816). Aus der 1765 in Hamburg seßhaft gewordenen Truppe entwickelt sich das Nationaltheater. 345, 544 f.
Albers, Hans (1892—1960). 1270
Alewyn, Richard (1902. Literaturhistoriker.

»Über Hugo von Hofmannsthal«, Göttingen, 1958. »Das große Welttheater«, Hamburg, 1959. 97, 142
Altenberg, Peter (1859—1919). Wiener Feuilletonist. 1281
Altenstein, Karl Freiherr von Stein zum (1770 bis 1840). Preußischer Finanzminister. 442
Ambesser, Axel von (1910). Schauspieler, Regisseur, Schriftsteller, Komödien: »Das Abgründige in Herrn Gerstenberg«, 1945, »Der Fall der Witwe Ephesus«, 1955, »Mirakel im Müll«, 1960. 1332
Amiet, Cuno (1868—1961). Schweizerischer Maler. 1143
Andrian-Werburg, Leopold Freiherr von (1875 bis 1951). Mitbegründer der Salzburger Festspiele. 1281

»Irisches Tagebuch«, Köln und Berlin, 1957.
Drama »Ein Schluck Erde«, Köln und Berlin,
1962. 814 f., 819, 829, 830, 904
Bölsche, Wilhelm (1861—1939). Schriftsteller.
»Das Liebesleben in der Natur«, 3 Bde.,
8198—1902. 622
Börne, Ludwig (1786—1837). Politischer Schrift-
steller, Theaterkritiker. »Briefe aus Paris«,
Hamburg, 1832. »Sämtliche Schriften«, 5 Bde.,
Düsseldorf, 1964. 411, 420
Boieldieu, François Adrien (1775—1834). Fran-
zösischer Komponist. Oper nach einem Text
von Eugène Scribe: »Die weiße Dame«,
1825. 1262
Boileau, Nicolas (1636—1711). Französischer
Dichter, Theoretiker der klassizistischen
Kunstlehre. »Die Dichtkunst«, 1664; deutsch
1899. 232, 245 f., 254
Bois, Curt (1901). Schauspieler. 873
Bollmann, Horst (1925). Schauspieler. 1171
Borchardt, Rudolf (1877—1945). Schriftsteller.
Übersetzer. Freund Hofmannsthals. 1286
Borchert, Wilhelm (1907). Schauspieler. 1251
Bosse, Harriet (1878—1961). Schauspielerin.
Strindbergs dritte Frau. Ehe von 1901—1904.
»Bekenntnisse an eine Schauspielerin«,
Strindbergs Briefe an Harriet Bosse, Stock-
holm, 1932; deutsch Berlin, 1943. »Strind-
berg: Okkultes Tagebuch. Die Ehe mit Har-
riet Bosse«, hg. v. Torsten Eklund; deutsch
Hamburg, 1964. 623 f., 640
Boucher, François (1703—1770). Französischer
Rokoko-Maler. 269
Braak, Kai (1933). Regisseur. 1006
Bräker, Ulrich (1735—1798). Schweizer Schrift-
steller. »Etwas über Shakespeares Schau-
spiele«, hg. v. W. Muschg, 1942. 199, 1060
Brahm, Otto (1856—1912). Kritiker, Theater-
leiter. »Heinrich von Kleist«, Berlin, 1884.
»Otto Brahm, Kritiken und Essays«, hg. von
Fritz Martini, Zürich und Stuttgart, 1964.
Oskar Seidlin: »Der Briefwechsel Arthur
Schnitzler — Otto Brahm«, Schriften der Ge-
sellschaft für Theatergeschichte, Bd. 57, Ber-
lin, 1953. 458, 462, 552, 602, 742, 743, 745,
746, 754, 757, 772, 773, 897, 1287
Brandes, Georg (1842—1927). Dänischer Literaturwissenschaftler, Kritiker. »William Shakespeare«, München 1896. »Menschen und
Werke«, Frankfurt am Main, 1895. 169, 182,
190, 197, 205, 208, 606, 611, 858
Brandl, Alois (1855—1940). Shakespeare-Forscher, »Shakespeare. Leben, Umwelt, Kunst«,
Berlin, 1894; neue Ausgabe, Berlin, 1937.
179, 188, 197
Brando, Marlon (1924). Amerikan. Schauspieler. Schüler des Actor's Studio. 693, 698
Brandt, Susanne Margarethe (1747—1772). Vorbild für Goethes »Gretchen«. Magd im Gasthaus »Einhorn« in Frankfurt am Main. Im
Winter 1770 von einem wandernden Gold-
schmiedegesellen, der von Holland nach
Rußland unterwegs ist, geschwängert. Sie

tötet das Kind, sagt im Prozeß aus, der
Geselle habe ihr Pulver in den Wein getan
und der Teufel müsse seine Hand im Spiel
gehabt haben. Öffentlich enthauptet. 357
Brasseur, Pierre (1905—1972). Französischer
Schauspieler. Filmautor und Filmregisseur.
986, 989, 1130
Braun, Dieter, Regisseur. 807, 808
Braun, Karlheinz (1932). Dramaturg. Lektor.
1356
Braun, Mattias (1933). 67
Brecht, Ulrich (1927). Regisseur und Theater-
leiter. 1005, 1209
Brentano, Clemens (1778—1842). Dichter. Schauspiel »Ponce de Leon«, 1801. 205, 447, 534
Breton, André (1896—1966). Franz. Schriftsteller. Gründer der Zeitschrift »La révolution
surréaliste«, 1924. Begründer des Surrealis-
mus im »Manifeste du Surréalisme«, 1924,
und im »Second Manifeste du Surréalisme«,
1930. 1163
Brion, Friederike (1752—1813). 1770 Geliebte
Goethes. 357
Brod, Max (1884—1968). Schriftsteller. »Franz
Kafka«, Eine Biographie, Mährisch-Ostrau,
1937. Herausgeber der »Gesammelten Schrif-
ten« Kafkas, 6 Bde., 1—4, Berlin, 1935; 5
u. 6, Prag, 1936/37; der Neuen Ausgabe,
10 Bde., New York, 1946 ff. »Franz Kafkas
Glauben und Lehre, Kafka und Tolstoi. Eine
Studie«, München, 1948. 1156, 1157, 1158
Bronnen, Arnolt (1895—1959). Schriftsteller,
Dramatiker — »Vatermord«, 1920 —, Kritiker.
»Tage mit Bertolt Brecht«, Wien—München—
Basel, 1960. 1355
Brook, Peter (1925). Englischer Regisseur. Lei-
ter der Royal Shakespeare Company. »The
Empty Space«, London, 1968; deutsch: »Der
leere Raum«, Hamburg, 1969. Bericht über
Peter Brooks Zentrum für Theaterforschung
in Paris, 1970, und über Brooks Beitrag zum
Festival von Persepolis in »Peter Brooks
›Orghast‹ in Persepolis« von A. C. H.
Smith, deutsch von Alexander Gruber,
Frankfurt am Main, 1974. 172, 834, 1022,
1024, 1143, 1229, 1336
Brooks, Richard (1912). Amerikan. Schriftstel-
ler, Filmregisseur, »The Producer«, New
York, 1951. 697, 700
Brücklmeier, Erich Fritz (1907). Regisseur. 924,
1127
Buckwitz, Harry (1904). Regisseur, Theaterlei-
ter. 709, 720, 724, 1004, 1028, 1030
Büch, Günther (1932). Regisseur. 1235, 1236,
1238
Büchner, Alexander (1827—1904), Bruder Georg
Büchners. Literaturwissenschaftler. 528
Büchner, Louise (1821—1878). Schriftstellerin,
Frauenrechtlerin. Schwester Georg Büchners,
über den sie eine fragmentarische Novelle
schrieb: »Ein Dichter«, 1878; Neudruck, her-
ausgegeben von Anton Büchner, Darmstadt,
1965. 528

BILDNACHWEIS

Autor und Verlag sind folgenden Künstlern, Museen, Archiven und Verlagen für ihre verständnisvolle Unterstützung dankbar:

Akademie der Künste, Berlin (1) — Amalthea Verlag, Wien (4) — Die Arche, Zürich (1) — Archiv für Kunst und Geschichte, Berlin (12) — Artemis Verlag, Zürich (2) — Benziger Verlag, Einsiedeln (1) — Bildarchiv der Österreichischen Nationalbibliothek, Wien (15) — Ilse Buhs, Berlin (7) — Bulloz, Paris (1) — Georg D. W. Callwey Verlag, München (5) — Rosemarie Clausen, Hamburg (1) — Eberhard Dänzer, Karlsruhe (1) — Kurt Desch Verlag, München (1) — Deutsche Verlags-Anstalt, Stuttgart (2) — Deutsches Institut für Filmkunde, Wiesbaden-Biebrich (1) — Elsevier Verlag, Amsterdam (9) — Europäische Verlagsanstalt, Frankfurt/Main (1) — S. Fischer Verlag, Frankfurt/Main (3) — Grabbe-Archiv, Lippische Landesbibliothek, Detmold (1) — Karl Gröning, Hamburg (8) — Hebbel-Museum, Wesselburen (1) — Historia-Photo, Bad Sachsa (3) — Robert Holder (Bavaria) (1) — Institut für Theaterwissenschaften der Universität Köln (30) — Kammerspiele der Stadt Köln (1) — Alfred Kröner Verlag, Stuttgart (4) — Verlag Kultur und Fortschritt, Berlin (3) — Luchterhand Verlag, Neuwied (1) — Pit Ludwig, Darmstadt (11) — Ita Maximovna, Berlin (2) — Neher-Erben (3) — Teo Otto, Zürich (2) — Paul Popper, London (1) — Rembrandt-Verlag, Berlin (1) — Rowohlt Verlag, Reinbek (4) — Schiller-National-Museum, Marbach (2) — Ursula Seitz-Gray, Frankfurt/M. (3) — Staatliche Museen, Berlin (1) — Staatsbibliothek Preußischer Kulturbesitz, Berlin (9) — Stahlberg Verlag (1) — Gerda von Stengel, München (1) — Dr. Franz Stoedtner, Düsseldorf (4) — Theatermuseum, Clara-Ziegler-Stiftung, München (107) — Ullstein-Bilderdienst, Berlin (16) — United States Information Service, Bonn-Bad Godesberg (3) — Verlag Klaus Wagenbach, Berlin (1) — Ernst Wasmuth Verlag, Tübingen (1) — Lucie Weill, Paris (4)